國家强盛部

太康之治分部

綜　述

《宋書》卷一六《禮志三》　晉武帝平吳，混一區宇。太康元年九月庚寅，尚書令衛瓘、尚書左僕射山濤、魏舒、尚書劉實、張華等奏曰：『聖德隆茂，光被四表，諸夏乂清，幽荒率從。神策廟算，席捲吳越，孫皓稽顙，六合為家，巍巍之功，格於天地。宜同古典，勒封東嶽，告三府太堂為儀制。』瓘等又奏：『臣聞肇自生民，則有後辟，載祀之數，莫之能紀。立德濟世，揮揚仁風，以登封泰山者七十有四家，其謚號可知者，十有四焉。沉淪寂寞，曾無遺聲者，不可勝記。自黄帝以前，古傳昧略，唐、虞以來，典謨炳著。三王代興，體業繼襲，周道既没，秦氏承之，至於漢、魏，而質文未復。大晉之德，始自重、黎，實佐顓頊。至於夏、商，世序天地，其在於周，不失其緒。金德將升，世濟明聖，外平蜀漢，海内歸心，武功之盛，實由文德。至於陛下受命踐阼，弘建大業，羣生仰流，唯獨江湖沅湘之表，凶桀負固，歷代不賓。神謀獨斷，命將出討，兵威暫加，數旬蕩定，羈其鯨鯢，赦其罪逆。雲覆雨施，八方來同，聲教所被，達於四極。雖黄軒之征，大禹遠略，周之奕世，何以尚今。若夫玄石素文，底號前載，象以姓表，言以事告，《河圖》、《洛書》之征，不是過也。加以騶虞麟趾，衆瑞並臻。昔夏、殷以丕崇為祥，周武以烏魚為美，咸曰休哉；然符瑞之應，備物之盛，未有若今之富者也。宜宣大典，禮中嶽，封泰山，禪梁父，發德號，明至尊，享天休，篤黎庶，勒千載之表，播流後之聲，俾百代之下，莫不興起。斯帝王之盛業，天人之至望也。』詔曰：『今逋寇雖殄，外則障塞有警，内則民黎未康，此盛德之事，所未議也。』

瓘等又奏：『今東漸於海，西被流沙，大漠之陰，日南北户，莫不通屬。茫茫禹迹，今實過之，則天人之道已周，巍巍之功已著。宜有事梁父，修禮地祇，登封泰山，致誠上帝，以答人神之願。乞如前奏。』詔曰：『今陰陽未和，政刑未當，百姓未得其所，豈可以勒功告成邪！』瓘又奏：『臣聞處帝王之位者，必有歷運之期，天命之應；濟生民之大功者，必有盛德之容，告成之典。無不可誣，有不可讓，自古道也。而明詔謙沖，屢辭其禮。雖盛德攸在，推而未居。夫三公職典天地，實掌民物，國之大事取議於此。漢氏封禪，非是官也，不在其事。臣等前奏，蓋陳祖考之功，天命又應，陛下之德，合同四海，述古考今，宜循此禮。至於克定歲月，須五府上議，然後奏聞。請寫詔及奏，如前下議。』詔曰：『雖蕩清江表，皆臨事者之勞，何足以告成。方望羣後，思隆大化，以寧區夏，百姓獲乂，與之休息，此朕日夜之望。無所復下諸府矣。勿復為煩。』瓘等又奏：『臣聞唐、虞二代，濟世弘功之君，莫不仰答天心，俯協民志，登介丘，履梁父，未有辭焉者，蓋不可讓也。今陛下勳高百王，德無與二，茂績宏規，巍巍之業，固非臣等所能究論。而聖旨勞謙，屢自抑損，時至弗應，推美不居，闕皇代之上儀，塞神祇之款望，使大晉之典謨，不同風於三、五。臣等誠不敢奉詔，請如前奏施行。』詔曰：『方當共弘治道，以康庶績，且俟他年，無復紛紜也。』

太康元年冬，王公有司又奏：『自古聖明，光宅四海，封禪名山，著于史籍，作者七十四君矣。舜、禹之有天下，巡狩四嶽，躬行其道。《易》著「觀民省方」，《禮》有「升中於天」，《詩》頌「陟其高山」，皆載在方策。文王為西伯，以服事殷；周公以魯蕃，列于諸侯，或享於岐山，或有事泰山。徒以聖德，猶得為其事。自是以來，功薄而僭其義者，不可勝言，號謚不泯，以至於今。況高祖宣皇帝肇開王業，海外有截；世宗景皇帝濟以大功，輯寧區夏；太祖文皇帝受命造晉，蕩定蜀漢；陛下應期龍興，混壹六合，澤被羣生，威震無外。昔漢氏失統，吳、蜀鼎峙，兵興以來，近將百年。地險俗殊，民望絶塞，以為分外，其日久矣。大業之隆，重光四葉，不羈之寇，二世而平。非聰明神武，先天弗違，孰能巍巍其有成功若兹者歟！臣等幸以千載，得遭運會，親奉大化，目睹太平，至公之美，誰與為讓！宜祖述先朝，憲章古昔，勒功岱岳，登封

告成，弘禮樂之制，正三雍之典，揚名萬世，以顯祖宗。是以不勝大願，敢昧死以聞。請告太常具禮儀。』上復詔曰：『所議誠前烈之盛事也；方今未可以爾。便報絕之。』

又　卷二三《天文志一》　案泰始末至太康初，【略】而晉氏隆盛。

又　卷二八《符瑞志中》　甘露，王者德至大，和氣盛，則降。柏受甘露，王者耆老見敬，則柏受甘露。竹受甘露，王者尊賢愛老，不失細微，則竹葦受甘露。【略】

晉武帝太康五年三月乙卯，甘露降東宮。太康七年四月，甘露降京兆杜陵。太康七年五月，甘露降魏郡鄴。

又　卷二九《符瑞志下》　白鹿，王者明惠及下則至。【略】

晉武帝泰始八年十月，白鹿見扶風，雍州刺史嚴詢獲以獻。晉武帝太康元年三月，白鹿見零陵泉陵。太康元年五月甲辰，白鹿見天水西縣，太守劉辛獲以獻。太康三年七月壬子，白鹿見零陵，零陵令蔣微獲以獻。

《晉書》卷三《武帝紀》　制曰：武皇承基，誕膺天命，握圖御宇，敷化導民，以佚代勞，以治易亂。絕縑緦之貢，去雕琢之飾，制奢俗以變儉約，止澆風而反淳樸。雅好直言，留心采擢，劉毅、裴楷以質直見容，嵇紹、許奇雖仇讎不棄。仁以御物，寬而得衆，宏略大度，有帝王之量焉。於是民和俗靜，家給人足，聿修武用，思啓封疆。決神算於深衷，斷雄圖於議表。馬隆西伐，王濬南征，師不延時，獯虜削迹，兵無血刃，揚越為墟。通上代之不通，服前王之未服。禎祥顯應，風教肅清，天人之功成矣，霸王之業大矣。

又　卷二一《禮志下》　及武帝平吳，混一區宇，太康元年九月庚寅，尚書令衛瓘、尚書左僕射山濤、右僕射魏舒、尚書劉寔、司空張華等奏曰：『【略】大晉之德，始自重黎，實佐顓頊，至於夏商，世序天地。其在於周，不失其緒。金德將升，世濟明聖，外平蜀漢，海內歸心，武功之盛，實由文德。至於陛下，受命踐阼，弘建大業，羣生仰流。惟獨江湖沅湘之表，凶桀負固，歷代不賓。神謀獨斷，命將出討，兵威暫加，數旬蕩定。羈其鯨鯢，赦其罪逆，雲覆雨施，八方來同，聲教所被，達於四極。雖黃軒遐征，大禹遠略，周之奕世，何以尚今！若夫玄石素文，底號前載，象以數表，言以事告，雖古《河圖洛書》之徵，不是過也。

【略】』又奏曰：『今東漸於海，西被流沙，大漢之陰，日南北户，莫不通屬，芒芒禹迹，今實過之。

又　卷二六《食貨志》　世祖武皇帝太康元年，既平孫皓，納百萬而罄三吳之資，接千年而總西蜀之用，韜干戈於府庫，破舟船于江壑，河濱海岸，三丘八藪，耒耨之所不至者，人皆受焉。農祥晨正，平秩東作，荷鍤贏糧，有同雲布。若夫因天而資五緯，因地而興五材，世屬升平，物流倉府，宮闈增飾，服玩相輝。於是王君夫、武子、石崇等更相誇尚，輿服鼎俎之盛，連衡帝室，布金埒之泉，粉珊瑚之樹，物盛則衰，固其宜也。永寧之初，洛中尚有錦帛四百萬，珠寶金銀百餘斛。【略】

及平吳之後，有司又奏：『詔書「王公以國為家，京城不宜復有田宅。今未暇作諸國邸，當使城中有往來處，近郊有芻槀之田」。今可限之，國王公侯，京城得有一宅之處。近郊田，大國田十五頃，次國十頃，小國七頃。城內無宅城外有者，皆聽留之。』

又制户調之式：丁男之户，歲輸絹三匹，綿三斤，女及次丁男為户者半輸。其諸邊郡或三分之二，遠者三分之一。夷人輸賨布，户一匹，遠者或一丈。男子一人占田七十畝，女子三十畝。其外丁男課田五十畝，丁女二十畝，次丁男半之，女則不課。男女年十六已上至六十為正丁，十五已下至十三、六十一已上至六十五為次丁，十二已下六十六已上為老小，不事。遠夷不課田者輸義米，户三斛，遠者五斗，極遠者輸算錢，人二十八文。其官品第一至於第九，各以貴賤占田，品第一者占五十頃，第二品四十五頃，第三品四十頃，第四品三十五頃，第五品三十頃，第六品二十五頃，第七品二十頃，第八品十五頃，第九品十頃。而又各以品之高卑廕其親屬，多者及九族，少者三世。宗室、國賓、先賢之後及士人子孫亦如之。而又得廕人以為衣食客及佃客，品第六已上得衣食客三人，第七第八品二人，第九品及舉輦、迹禽、前驅、由基、彊弩、司馬、羽林郎、殿中冗從武賁、殿中武賁、持椎斧武騎武賁、持鈒冗從武賁、命中武賁武騎一人。其應有佃客者，官品第一第二者佃客無過五十户，第三品十户，第四品七户，第五品五户，第六品三户，第七品二户，第八品第九品一户。

是時天下無事，賦稅平均，人咸安其業而樂其事。

唐·杜佑《通典》卷七《食貨七》　晉武帝太康元年，平吳，收其

圖籍，户五十三萬，吏三萬二千，兵二十三萬，男女口二百三十萬，後宮五千餘人。九州攸同，大抵編户二百四十五萬九千八百四十，口千六百一十六萬三千八百六十三，此晉之極盛也。蜀劉禪炎興元年，則魏常道鄉公景元四年，歲次癸未，是歲魏滅蜀。至晉武帝太康元年，歲次庚子，凡一十八年。户增九十八萬六千三百八十一，口增八百四十九萬九百八十二。則當三國鼎峙之時，天下通計户百四十七萬三千四百三十三，口七百六十七萬二千八百八十一，以奉三主，斯以勤矣。後趙石勒，據有河北，初文武官上疏，請依劉備在蜀、魏王在鄴故事，魏王即曹公，以河內、魏、汲等十一郡，并前趙國合二十四，户二十九萬為趙國。前秦苻堅滅前燕慕容暐，入鄴，閱其名籍，户二百四十五萬八千九百六十九，口九百九十八萬七千九百三十五。徙關東豪傑及諸雜夷十萬户於關中。平燕定蜀之稱，偽代之盛也。時關隴清晏，百姓豐樂，自長安至於諸州，二十里一亭，四十里一驛，旅行者取給於途，工商資販於道。

元・馬端臨《文獻通考》卷一〇《户口考一・歷代户口丁中賦役》 晉武帝太康元年，平吳之後，九州攸同，大抵編户二百四十五萬九千八百四十，口千六百一十六萬三千八百六十三，此晉之極盛也。

又 卷三二四《四裔考一・辰韓》 晉武帝太康中，三來朝貢。

藝　文

《全宋詩》卷三〇〇一《林表民〈剡中詩〉》 遺蹤曾記晉諸賢，乘興今無雪後船。斷塹毀垣難借問，磚文猶著太康年。

又 卷三〇七八《劉克莊〈題桃源圖一首〉》 但記嬴二世爾，豈知晉太康耶？一境渾無租稅，四時長有桃花。

又 卷三二二九《高斯得〈物貴〉》 一從泉法亂，都野咸荒荒。片楮母偏重，無子相爺昂。奸人竊其權，百物因大翔。握薪重尋桂，尺魚貴河魴。我聞輦轂下，鞅法牛毛詳。物物揭成價，大字懸康莊。朊鮑榷公肆，餅師聚官場。市易祖嘉問，均輸肖弘羊。罻羅四面布，搖手觸刑章。哀哉今之人，逢時何不祥。谷斛八錢漢，米斗三錢唐。安得生其時，鼓腹詠太康。

《清詩匯》卷一二三《朱紫貴〈晉太康九年殘磚硯歌〉》 張郎貽我磚一枚，迺自官奴城下來。紀元太康紀年九，斷紋斑剥如雲雷。典午寰區才混一，銅駝轉盼蘼蒿萊。龍驤將軍三級塔，不有趙逸誰知哉。頑質塊然瓦礫比，故應起滅如飛灰。胡為歷久尚完好，聲價欲比銅爵臺。當其摶埴為胚胎，豈意琢削為硯材。檀匣錦茵一位置，遂登几席離塵埃。竹頭木屑無棄物，焦琴柯笛有別裁。苟非因才妙驅使，豈免擲棄荒煙堆。自來物物有遭際，抱才何患終沈蘼。獨恨不識王右軍，為把栗尾書麝煤。羽陽宮，香姜閣，高寒碧瓦千門開。非無千秋萬歲字，寒蕪蔓草空徘徊。爾獨因緣結翰墨，龍尾鳳咮相朋儕。我歌此歌三太息，古今貉邱土一抔。

元嘉之治分部

綜　述

《宋書》卷三《武帝紀》 （永初元年）夏六月丁丑，詔曰：『古之王者，巡狩省方，躬覽民物，搜揚幽隱，拯灾恤患，用能風澤遐被，遠至邇安。朕以寡暗，道謝前哲，因受終之期，托兆庶之上，鑑寐屬慮，思求民瘼。才弱事艱，若無津濟，夕惕永念，心馳遐域。可遣大使分行四方，旌賢舉善，問所疾苦。其有獄訟虧濫，政刑乖愆，傷化擾治，未允民聽者，皆當具以事聞。萬事之宜，無失厥中。暢朝遷乃眷之旨，宣下民壅隔之情。』戊寅，詔曰：『百官事殷俸薄，禄不代耕。雖國儲未豐，要令公私周濟。諸供納昔減半者，可悉復舊。六軍見禄粗可，不在此例。其餘官僚，或自本俸素少者，亦疇量增之。』乙卯，改晉《泰始曆》為《永初曆》。

秋七月丁亥，原放劫賊餘口没在臺府者，諸徙家並聽還本土。又運舟材及運船，不復下諸郡輸出，悉委都水別量。臺府所須，皆別遣主帥與民和市，即時裨直，不復責租民求辦。又停廢虜車牛，不得以官威假借。又以市稅繁苦，優量減降。從征關、洛，殞身戰場，幽没不反者，贍賜其家。【略】

辛卯，復置五校三將官，增殿中將軍員二十人，餘在員外。【略】

壬子，詔曰：『往者軍國務殷，事有權制，劫科峻重，施之一時。今王道維新，政和法簡，可一除之，還遵舊條。反叛淫盜三犯補冶士，本謂一事三犯，終無悛革。主者頃多並數衆事，合而為三，甚違立制之旨，普更申明。』

八月辛酉，開亡叛赦，限內首出，蠲租布二年。先有資狀、黄籍猶存者，聽復本注。諸舊郡縣以北為名者，悉除；寓方于南者，聽以南為號。又制有無故自殘傷者補冶士，實由政刑煩苛，民不堪命，可除此條。罷青州並兖州。戊辰，詔曰：『彭、沛、下邳三郡，首事所基，情義繾綣，事由情獎，古今所同。彭城桑梓本鄉，加隆攸在，優復之制，宜同豐、沛。其沛郡、下邳可復租布三十年。』【略】

乙亥，詔曰：『朕承歷受終，猥饗天命。荷積善之祚，藉士民之力，率由令範。先後祗嚴宣訓，七廟肇建，情敬無違。加以儲宮備禮，皇基彌固，國慶家禮，爰集旬日，豈予一人，獨荷茲慶。其見刑罪無輕重，可悉原赦。限百日，以今為始。先因軍事所發奴僮，各還本主；若死亡及勳勞破免，亦依限還直。』【略】

（永初二年）三月乙丑，初限荆州府置將不得過二千人，吏不得過一萬人；州置將不得過五百人，吏不得過五千人。兵士不在此限。夏四月己卯朔，詔曰：『淫祠惑民費財，前典所絕，可並下在所除諸房廟。其先賢及以勳德立祠者，不在此例。』【略】

己亥，以左衛將軍王仲德為冀州刺史。五月己酉，置東宮屯騎、步兵、翊軍三校尉官。【略】

六月壬寅，詔曰：『杖罰雖有舊科，然職務殷碎，推坐相尋。若皆有其實，則體所不堪；文行而已，又非設罰之意。可籌量觕為中否之格。』【略】

甲辰，制諸署敕吏四品以下，又府署所得輒罰者，聽統府寺行四十杖。【略】

冬十月丁酉，詔曰：『兵制峻重，務在得宜。役身死叛，輒考傍親，流遷彌廣，未見其極。遂令冠帶之倫，淪陷非所。宜革以弘泰，去其密科。自今犯罪充兵合舉户從役者，便付營押領。其有户統及謫止一身者，不得復侵濫服親，以相連染。』【略】

（永初三年）春正月甲辰朔，詔刑罰無輕重，悉皆原降。【略】

乙丑，詔曰：『古之建國，教學為先，弘風訓世，莫尚於此；發蒙啓滯，咸必由之。故爰自盛王，迄於近代，莫不敦崇學藝，修建庠序。自昔多故，戎馬在郊，旌旗卷舒，日不暇給。遂令學校荒廢，講誦蔑聞，軍旅日陳，俎豆藏器，訓誘之風，將墜於地。後生大懼于牆面，故老竊歎於子衿。此《國風》所以永思，《小雅》所以懷古。今王略遠届，華域載清，仰風之士，日月以冀。便宜博延胄子，陶獎童蒙，選備儒官，弘振國學。主者考詳舊典，以時施行。』

又 卷五《文帝紀》（元嘉三年）詔曰：『夫哲王宰世，廣達四聰，猶巡岳省方，采風觀政。所以情偽必審，幽遐罔滯，王澤無擁，九皋有聞者也。朕以寡薄，猥纂洪緒。雖永念治道，志存昧旦，願言傅巖，發想宵寐，而丘園之秀，藏器未臻，物情民隱，尚隔視聽。乃眷區域，輟寐忘餐。今氛昆祛蕩，宇內寧晏，旌賢弘化，於是乎始。可遣大使巡行四方。其宰守稱職之良，閨蓽一介之善，詳悉列奏，勿或有遺。若刑獄不恤，政治乖謬，傷民害教者，具以事聞。其高年、鰥寡、幼孤、六疾不能自存者，可與郡縣優量賑給。博采輿誦，廣納嘉謀，務盡銜命之旨，俾若朕親覽焉。』【略】

（元嘉四年）三月丙子，詔曰：『丹徒桑梓綢繆，大業攸始，踐境永懷，觸感罔極。昔漢章南巡，加恩元氏，況情義二三，有兼曩日。思播遺澤，酬慰士民。其蠲此縣今年租布，五歲刑以下皆悉原遣；登城三戰及大將家，隨宜隱恤。』【略】

京師疾疫。甲午，遣使存問，給醫藥；死者若無家屬，賜以棺器。【略】

（元嘉五年）春正月乙亥，詔曰：『朕恭承洪業，臨饗四海，風化未弘，治道多昧，求之人事，鑑寐惟憂。加頃陰違序，旱疫成患，仰惟灾戒，責深在予。思所以側身克念，議獄詳刑，上答天譴，下恤民瘼。羣後百司，其各獻讜言，指陳得失，勿有所諱。』【略】

（元嘉六年）戊午，大赦天下，賜文武位一等。【略】

（元嘉七年）戊午，立錢署，鑄四銖錢。【略】

（元嘉八年）戊申，詔曰：『自頃軍役殷興，國用增廣，資儲不給，

百度尚繁。宜存簡約，以應事實。內外可通共詳思，務令節儉。』【略】

閏月庚子，詔曰：『自頃農桑惰業，遊食者衆，荒萊不辟，督課無聞。一時水旱，便有罄匱，苟不深存務本，豐給靡因。郡守賦政方畿，縣宰親民之主，宜思獎訓，導以良規。咸使肆力，地無遺利，耕蠶樹藝，各盡其力。若有力田殊衆，歲竟條名列上。』【略】

（元嘉九年）癸未，詔曰：『益、梁、交、廣，境域幽遐，治宜物情，或多偏擁。可更遣大使，巡求民瘼。』【略】

（元嘉十年）己未，大赦天下。孤老、六疾不能自存者，人賜穀五斛。【略】

（元嘉十二年）春正月辛酉，大赦天下。【略】

丙辰，詔曰：『周宗以寧，實由多士；漢室之隆，亦資得人。朕寐寤樂賢，為日已久，而俊哲難階，明揚莫效。用令遺才在野，管庫虛朝，永懷前載，慚德深矣。夫舉爾所知，宣尼之篤訓，貢士任官，先代之成准。便可宣敕內外，各有薦舉。當依方銓引，以觀厥用。』【略】

己酉，以徐豫南兗三州、會稽宣城二郡米數百萬斛賜五郡遭水民。【略】

八月壬申，於益州立南晉壽、南新巴、北巴西三郡。【略】

（元嘉十三年）庚申，大赦天下。【略】

（元嘉十四年）春正月辛卯，車駕親祠南郊，大赦天下。文武賜位一等；孤老、六疾不能自存者，人賜穀五斛。【略】

（元嘉十六年）癸巳，復分荊州置湘州。【略】

癸亥，割梁州之巴西梓潼南宕渠南漢中、南秦州之南安懷寧凡六郡，屬益州。分長沙江夏郡立巴陵郡，屬湘州。【略】

戊戌，復分豫州之淮南為南豫州。【略】

冬十二月乙亥，皇太子冠，大赦天下。【略】

（元嘉十七年）八月，徐、兗、青、冀四州大水。己未，遣使檢行賑恤。【略】

大赦天下，文武賜爵一級。【略】

丁亥，詔曰：『前所給揚、南徐二州百姓田糧種子，兗、兩豫、青、徐諸州比年所寬租穀應督入者，悉除半。今半有不收處，都原之。凡諸逋債，優量申減。又州郡估稅，所在市調，多有煩刻。山澤之利，猶或禁斷；役召之品，遂及稚弱。諸如此比，傷治害民。自今咸依法令，務盡優允。如有不便，即依事別言，不得苟趣一時，以乖隱恤之旨。主者明加宣下，稱朕意焉。』【略】

（元嘉十九年）正月乙巳，詔曰：『夫所因者本，聖哲之遠教；本立化成，教學之為貴。故詔以三德，崇以四術，用能納諸義方，致之軌度。盛王祖世，咸必由之。永初受命，憲章弘遠，將陶鈞庶品，混一殊風。有詔典司，大啓庠序，而頻溝屯夷，未及修建。永瞻前猷，思敷鴻烈，今方隅乂寧，戎夏慕響，廣訓冑子，實維時務。便可式遵成規，闡揚景業。』夏四月甲戌，以久疾愈，始奉初祠，大赦天下。【略】

閏月，京邑雨水；丁巳，遣使巡行賑恤。【略】

十二月丙申，詔曰：『冑子始集，學業方興。自微言泯絕，逝將千祀，感事思人，意有慨然。奉聖之胤，可速議繼襲。于先廟地，特為營造，依舊給祠置令，四時饗祀。闕里往經寇亂，黌校殘毀，並下魯郡修復學舍，采召生徒。昔之賢哲及一介之善，猶或衛其丘壟，禁其芻牧，況尼父德表生民，功被百代，而墳塋荒蕪，荊棘弗翦。可蠲墓側數户，以掌灑掃。』魯郡上民孔景等五户居近孔子墓側，蠲其課役，供給灑掃，並種松柏六百株。【略】

（元嘉二十年）壬午，詔曰：『國以民為本，民以食為天。故一夫輟稼，饑者必及，倉廩既實，禮節以興。自頃在所貧罄，家無宿積。賦役暫偏，則人懷愁墊；歲或不稔，而病乏比室。誠由政德弗孚，以臻斯弊；抑亦耕桑未廣，地利多遺。宰守微化道之方，氓庶忘勤分之義。永言弘濟，明發載懷，雖制令亟下，終莫征勸，而坐望滋殖，庸可致乎！有司其班宣舊條，務盡敦課。遊食之徒，咸令附業，考核勤惰，行其誅賞，觀察能殿，嚴加黜陟。古者躬耕帝籍，敬供粢盛，仰瞻前王，思遵令典。便可量處千畝，考卜元辰。朕當親率百辟，致禮郊甸，庶幾誠素，將被斯民。』【略】

是歲，諸州郡水旱傷稼，民大饑。遣使開倉賑恤，給賜糧種。【略】

（元嘉二十一年）春正月己亥，南徐、南豫州、揚州之浙江西，並禁酒。大赦天下，諸逋債在十九年以前，一切原除。去歲失收者，疇量申

減。尤弊之處，遣使就郡縣隨宜賑恤。凡欲附農，而種糧匱乏者，並加給貸，營千畝諸統司役人，賜布各有差。【略】

夏四月，晉陵延陵民徐耕以米千斛助恤饑民。【略】

六月，連雨水。丁亥，詔曰：『霖雨彌日，水潦為患，百姓積儉，易致乏匱。二縣官長及營署部司，各隨統檢實，給其柴米，必使周悉。』【略】

乙巳，詔曰：『比年穀稼傷損，淫亢成災，亦由播殖之宜，尚有未盡，南徐、兗、豫及揚州浙江西屬郡，自今悉督種麥，以助闕乏。速運彭城下邳郡見種，委刺史貸給。徐、豫土多稻田，而民間專務陸作，可符二鎮，履行舊陂，相率修立，并課墾闢，使及來年。凡諸州郡，皆令盡勤地利，勸導播殖，蠶桑麻枲，各盡其方，不得但奉行公文而已。』【略】

（元嘉二十二年）雍州刺史武陵王諱討緣沔蠻，移一萬四千餘口于京師。【略】

九月己未，開酒禁。冬十月，起湖熟廢田千頃。【略】

（元嘉二十三年）遷漢州流民於沔次。【略】

夏四月丁未，大赦天下。【略】九月己卯，車駕幸國子學，策試諸生，答問凡五十九人。冬十月戊子，詔曰：『癢序興立累載，胄子肄業有成。近親策試，睹濟濟之美，緬想洙、泗，永懷在昔。諸生答問，多可采覽。教授之官，並宜沾賚。』賜帛各有差。【略】

是歲，大有年。築北堤，立玄武湖，築景陽山于華林園。【略】

（元嘉二十四年）春正月甲戌，大赦天下，文武賜位一等。繫囚降宥，諸逋負寬減各有差。孤老、六疾不能自存，人賜穀五斛。蠲建康、秣陵二縣今年田租之半。【略】

六月，京邑疫癘。丙戌，使郡縣及營署部司，普加履行，給以醫藥。是月，以貨貴，制大錢一當兩。秋七月乙卯，以林邑所獲金銀寶物，班賚各有差。【略】

（元嘉二十五年）春正月戊辰，詔曰：『比者冰雪經旬，薪粒貴踴，貧弊之室，多有窘罄。可檢行京邑二縣及營署，賜以柴米。』二月庚寅，詔曰：『安不忘虞，經世之所同；治兵教戰，有國之恆典。故服訓明恥，然後少長知禁，頃戎政雖修，而號令未審。今宣武場始成，便可剋日大習衆軍。當因校獵，肄武講事。』閏月己酉，大搜于宣武場。三月庚辰，車駕校獵。夏四月乙巳，新作閶闔、廣莫二門，改先廣莫門曰承明，開陽曰津陽。乙卯，以撫軍將軍、雍州刺史武陵王諱為安北將軍、徐州刺史。癸亥，以右衛將軍蕭思話為雍州刺史。【略】

五月己卯，罷大錢當兩。【略】

（元嘉二十六年）春正月辛巳，車駕親祠南郊。二月己亥，車駕陸道幸丹徒，謁京陵。三月丁巳，詔曰：『朕違北京，二十餘載，雖云密邇，瞻塗莫從。今因四表無塵，時和歲稔，復獲拜奉舊塋，展罔極之思，饗宴故老，申追遠之懷。固以義兼於桑梓，情加於過沛；永言慷慨，感慰實深。宜聿宣仁惠，覃被率土。其大赦天下，復丹徒縣僑舊今歲租布之半。行所經縣，蠲田租之半。二千石官長並勤勞王務，宜有沾錫。登城三戰及大將戰亡墜没之家，老病單弱者，普加贍恤。遣使巡行百姓，問所疾苦。孤老、鰥寡、六疾不能自存者，人賜穀五斛。』【略】

乙丑，申南北沛下邳三郡復。又詔曰：『京口肇祥自古，著符近代，衿帶江山，表裏華甸，經塗四達，利盡淮、海，城邑高明，土風淳壹，苞總形勝，實唯名都。故能光宅靈心，克昌帝業。頃年岳牧遷回，軍民徙散，廛里廬宇，不逮往日。皇基舊鄉，地兼蕃重，宜令殷阜，式崇形望。可募諸州樂移者數千家，給以田宅，並蠲復。』五月丙寅，詔曰：『吾生於此城。及盧循肆亂，害流兹境。先帝以桑梓根本，實同休戚，復以蒙稚，猥同艱難，情義繾綣，夷險兼備，舊物遺蹤，猶存心目。歲月不居，逝逾三紀，時人故老，與運零落。眷惟既往，倍深感歎。可搜訪于時士庶文武今尚存者，具以名聞。人身已亡而子孫見在，優量賜賚之。』

（元嘉二十七年）春正月辛未，制交、寧二州假板郡縣，俸祿聽依臺除。【略】

以軍興減百官俸三分之一。三月乙丑，淮南太守諸葛闡求減俸祿同內百官，於是州及郡縣丞尉並悉同減。戊寅，罷國子學。【略】

丁未，大赦天下。十二月戊午，內外纂嚴。【略】

壬午，內外戒嚴。【略】

（元嘉二十八年）癸酉，詔曰：『玁狁孔熾，難及數州，眷言念之，寤寐興悼。凶羯痍挫，迸迹遠奔，凋傷之民，宜時振理。凡遭寇賊郡縣，

令還復居業，封屍掩骼，賑贍饑流。東作方始，務盡勸課。貸給之宜，事從優厚。其流寓江、淮者，並聽即屬，並蠲復稅調。』【略】

倭濟進號安東大將軍。八月癸亥，梁鄒平，斬司馬順則。冬十月癸亥，高麗國遣使獻方物。十一月壬寅，曲赦二兗、徐、豫、青、冀六州。是冬，徙彭城流民于瓜步，淮西流民于姑孰，合萬許家。【略】

（元嘉二十九年）春正月甲午，詔曰：『經寇六州，居業未能，仍值災澇，饑困薦臻。可速符諸鎮，優量救恤。今農事行興，務盡地利。若須田種，隨宜給之。』【略】

五月甲午，罷湘州並荆州。以始興、臨賀、始安三郡屬廣州。丙申，詔曰：『惡稔身滅，戎醜常數，虐虜窮凶，著於自昔。未勞資斧，已伏天誅，子孫相殘，親黨離貳，關、洛偽帥，並懷內款，河朔遺民，注誠請效。拯溺蕩穢，今其會也。可符驃騎、司空二府，各部分所統，東西應接。歸義建績者，隨勞酬獎。』是月，京邑雨水。六月己酉，遣部司巡行，賜樵米，給船。【略】

（元嘉三十年）青、徐州饑。二月壬子，遣運部賑恤。

又 卷一六《禮志三》 宋太祖在位長久，有意封禪。遣使履行泰山舊道，詔學士山謙之草封禪儀注。其後索虜南寇，六州荒毀，其意乃息。

世祖大明元年十一月戊申，太宰江夏王義恭表曰：『惟皇天崇稱大道，始行揖讓。迄于有晉，雖聿修前緒，而迹淪言廢，蔑記於竹素者，焉可單書。紹乾維，建徽號，流風聲，被絲管，自無懷以來，可傳而不朽者，七十有四君。罔仁厚而道滅，鮮義澆而德宣，鍾律之先，曠世綿絕，難得而聞。《丘》、《索》著明者，尚有遺炳。故《易》稱先天弗違，後天奉時。蓋陶唐姚姒商姬之主，莫不由斯道也。是以風化大洽，光熙於後。炎漢二帝，亦踵曩則，因百姓之心，聽輿人之頌，龍駕帝服，鏤玉梁甫，昌言明稱，告成上靈。況大宋表祥唐虞，受終素德，山龍啓符，金玉顯瑞，異采騰於軫墟，紫煙藹於邦甸，錫冕兆九五之征，文豹赴天曆之會。誠二祖之幽慶，聖後之冥休。道冠軒、堯，惠深亭毒；而猶執沖約，未言封禪之事，四海竊以恧焉。臣聞惟皇配極，惟帝祀天，故能上稽乾式，照臨黔首，協和穹昊，膺茲多福。高祖武皇帝明並日月，光振八區，拯已溺之晉，濟橫流之世，撥亂寧民，應天受命，鴻徽洽於海表，威棱震乎沙外。太祖文皇帝體聖履仁，述業興禮，正樂頌，作象曆，明達通於神祇，玄澤被乎上下。仁孝命世，睿武英挺，遭運屯否，三才湮滅，乃龍飛五洲，鳳翔九江，身先八百之期，斷出人鬼之表，慶煙應高牙之建，風耀符發迹之辰，親翦凶逆，躬清昏壒，天地革始，夫婦更造，豈與彼承業繼緒，拓復禹迹，車一其軌，書罔異文者，同年而議哉！今龍麟已至，鳳皇已儀，比李已實，靈茅已茂，雕氣降霧于宮榭，珍露呈味于禁林，嘉禾積穗於殿甍，連理合幹於園御，皆耀質離宮，植根蘭囿。至夫霜毫玄文，素翮赬羽，泉河山嶽之瑞，草木金石之祥，方織憬塗之謠，抗驛絕祖之奏，彪炳雜遝，粵不可勝言。太平之應，茲焉富矣。宜其從天人之誠，遵先王之則，備萬乘，整法駕，修封泰山，瘞玉岱趾，延喬、松於東序，詔韓、岐於西廂，麾天閽，使啓關，謁紫宮，朝太一，奏《鈞天》，詠《雲門》，讚揚幽奧，超聲前古，豈不盛哉！伏願時命宗伯，具茲典度。』詔曰：『太宰表如此。昔之盛王，永保鴻名，常為稱首，由斯道矣。朕遭家多難，入纂絕業，德薄勳淺，鑑寐崩愧。頃麟鳳表禎，茅禾兼瑞，雖符祥顯見，恧乎猶深，庶仰述先志，拓清中宇，禮祇謁神，朕將試哉。』

四年四月辛亥，有司奏曰：

臣聞崇號建極，必觀俗以樹教；正位居體，必采世以立言。是以重代列聖，咸由厥道。玄勳上烈，融章未分，鳴光委緒，歇而罔臧。若其顯謚略騰軌，則系綴聲采，徽略聞聽。爰洎姬、漢，風流尚存，遺芬餘榮，綿映紀緯。雖年絕世祀，代革精華，可得騰金彩，奏玉潤，鏤迹以熏今，鐫德以麗遠。而四望埋禋歌之禮，日觀弛修封之容，豈非神明之業難崇，功基之迹易泯。自茲以降，訖于季末，莫不欲英弘徽位，詳固洪聲。豈徒深默修文，淵幽馭世而已。諒以縢非虛奏，書匪妄埋，擊雨恕神，淳厖復樹，安得紫壇肅祇，竹宮載佇，散火投郊，流星奔座。寶緯初基，厭靈命歷，德振弛維，功濟淪象，玄浸紛流，華液幽潤，規存永馭，思詳樹遠。

太祖文皇帝以啓遘泰運，景望震凝，采樂調風，集禮宣度，祖宗相映，軌迹重暉。聖上韞籙蕃河，佇翔衡漢，金波掩照，華耀停明，運動時來，躍飛風舉，澄氛海、岱，開景中區，歇神還靈，頹天重耀，儲正凝位於兼明，哀岳蕃華於元列。故以祥映昌基，繫發篆素。重以班朝待典，飾

令詳儀，纂綜淪蕪，搜騰委逸，奏玉郊宮，禋珪玄畤，景集天廟，脉壤祥農，節至昕陽，川丘夙禮，綱威巡駐，表綏中甸，史流其詠，民挹其風。於是涵迹視陰，振聲威響，歷代之渠，沉於望內，安侯之長，賢王入侍，殊生詭氣，奉俗還鄉，羽族卉儀，懷音革狀，邊帛絕書，權光弛燭。天岱發靈，宗河開寶，崇丘淪鼎，振采泗淵，雲皇王嶽，離藻雲漢，並角即音，栖翔禁籞，袞甲霜咮，翾舞川肆，榮泉流鏡，後昭河源，故以波沸外關，雲蒸內澤。若其雪趾青毳，玄文朱綵，日月郊甸，擇木弄音，重以榮露騰軒，蕭雲掩閣，鎬潁孳萌，移華淵禁，山輿竚衡，雲鶼竦翼，海鰈泳流，江茅吐穮。校書之列，仰筆以飾辭，濟、代之蕃，獻邑以待禮。豈非神䰎氣昌，物瑞雲照，蒲軒龜軫，□泉淳芳。

太宰江夏王臣義恭咀道遵英，抽奇麗古，該潤圖史，施詳閟載，表以功懋往初，德耀炎、昊，升文中岱，登牒天關，耀冠榮名，摛振聲號。而道謙稱首，禮以虛挹，將使玄祇缺觀，幽瑞乖期，梁甫無盛德之容，介丘靡聲聞之響。加窮泉之野，獻八代之駟，交木之鄉，奠絕金之楛，肅靈重表，珍符兼貺。伏惟陛下謨詳淵載，衍屬休章，依征聖靈，潤色聲業，諏辰稽古，肅齊警列，儒僚展采，禮官相儀，懸蕤動音，洪鐘竦節，陽路整衛，正途清禁。於是績環佩，端玉藻，鳴鳳佇律，騰駕流文，間彩比象之容，昭明紀數之服。徽焯天陣，容藻神行，翠蓋懷陰，羽華列照。乃詔聯事掌祭，賓客贊儀，金支宿縣，鏞石潤響。命五神以相列，辟九關以集靈，警衛兵而開雲，先雨祇以灑路。霞凝生闕，煙起成宮，臺冠丹光，壇浮素靄。爾乃臨中壇，備盛禮，天降祥錫，壽固皇根，谷動神音，山傳稱響。然後辨年問老，陳詩觀俗，歸薦告神，奉遺清廟。光美之盛，彰乎萬古；淵祥之烈，溢乎無窮。豈不盛歟！

臣等生接昌辰，肅懋明世，束教管聞，未足言道。且章志湮微，代往淪絕，拘采遺文，辯明訓誥□□□□箎訪鄒、魯，草縢書瘞玉之禮，具竦石繩金之儀，和芝潤瑛，鐫璽乾封。懼弗軌屬上徽，輝當王則。謹奉儀注以聞。

詔曰：『天生神物，昔王稱愧，況在寡德，敢當鴻貺。今文軌未一，可停此奏。』

《南史》卷一《武帝紀》 （永初元年）秋七月丁亥，原放劫賊餘口沒在臺府者，諸流徙之家，並聽還本。又以市稅繁苦，優量減降。從征關、洛，殞身不反者，贍賜其家。【略】

辛卯，復置五校三將官，增殿中將軍員二十人，餘在員外。【略】

壬子，詔改權制，率從寬簡。

八月辛酉，詔舊郡縣以北爲名者悉除之，寓立于南者，聽以南爲號。戊辰，詔曰：『彭城桑梓，敦本斯隆，宜同豐、沛。其沛郡、下邳各復租布三十年。』【略】

乙亥，赦見罪人。閏月壬午，置晉帝諸陵守衛，其名賢先哲，詳加灑掃。

九月壬子，置東宮殿中將軍十人，員外二十人。壬申，置都官尚書。

二年春正月辛酉，祀南郊，大赦。丙寅，斷金銀塗。以揚州刺史廬陵王義真爲司徒，以尚書僕射徐羡之爲尚書令、揚州刺史。己卯，禁喪事用銅釘。罷會稽郡府。【略】

（永初二年）二月己丑，策試州郡秀、孝於延賢堂。【略】

三月乙丑，初限荊州府置將不得過二千人，吏不得過一萬人。州置將不得過五百人，吏不得過五千人。兵士不在此限。夏四月己卯，初禁淫祀，除諸房廟。其先賢以勳德立祠者，不在此例。

五月己酉，置東宮屯騎、步兵、翊軍三校尉官。【略】

（永初三年）春正月甲辰朔，詔刑罰無輕重悉原之。

又 卷二《文帝紀》 （元嘉八年）閏六月乙巳，遣使省行獄訟，簡息徭役。

論說

《宋書》卷五《文帝紀論》 太祖幼年特秀，顧無保傅之嚴，而天授和敏之姿，自稟君人之德。及正位南面，歷年長久，綱維備舉，條禁明密，罰有恒科，爵無濫品。故能內清外晏，四海謐如也。昔漢氏東京常稱建武、永平故事，自茲厥後，亦每以元嘉為言，斯固盛矣！授將遣帥，乖分閫之命，才謝光武，而遙制兵略，至於攻日戰時，莫不仰聽成旨。雖覆師喪旅，將非韓、白，而延寇蹙境，抑此之由。及至言漏衾衽，難結商

豎，雖禍生非慮，蓋亦有以而然也。嗚呼哀哉！

又　卷五一《鮑照傳》　元嘉中，河、濟俱清，當時以為美瑞，照為《河清頌》，其序甚工。其辭曰：

臣聞善談天者，必徵象於人；工言古者，先考績於今。鴻、犧以降，遐哉邈乎，鏤山嶽，雕篆素，昭德垂勳，可謂多矣。而史編唐堯之功，載『格于上下』，樂登文王之操，稱『于昭於天』。素狐玄玉，聿彰符命，朴牛大螾，爰定祥歷，魚鳥動色，禾雉興讓，皆物不盈眥，而美溢金石。詩人於是不作，頌聲為之而寢，庸非惑歟。

自我皇宋之承天命也，仰符應龍之精，俯協河龜之靈，君圖帝寶，粲爛瑰英，固業光曩代，事華前德矣。聖上天飛踐極，迄茲二十四載。道化周流，玄澤汪濊。地平天成，上下含熙；文同軌通，表裏禔福。耀德中區，黎庶知讓；觀英遐表，夷貉懷惠。恤勤秩禮，罷露臺之金；紓國振民，傾鉅橋之粟。約違迫脅，奢去泰甚。燕無留飲，畋不盤樂。物色異人，優遊據正。顯不失心，幽無怨氣。精炤日月，事洞天情。故不勞杖斧之臣，號令不嚴而自肅；無辱鳳舉之使，靈怪不召而自彰。萬里神行，飆塵不起。農商野廬，邊城偃柝。冀馬南金，填委內府；馴象西爵，充羅外囿。阿紈綦組之饒，衣覆宗國；漁鹽杞梓之利，傍贍荒遐。士民殷富，五陵既有慚德；宮宇宏麗，三川莫之能比。閭閈有盈，歌吹無絕。朱輪疊轍，華冕重肩。豈徒世無窮人，民獲休息，朝呼韓、罷酤鐵而已哉！是以嘉祥累仍，福應尤盛：青丘之狐，丹穴之鳥，棲阿閣，遊禁園。金芝九莖，木禾六刃，秀銅池，發膏畝。宜以協調律呂，謁薦郊廟，煙霏霧集，不可勝紀。然而聖上猶昧旦夙興，若有望而未至，閎規遠圖，如有追而莫及，神明之貺，推而弗居也。是以琬碑鏐檢，盛典蕪而不治；朝神省方，大化抑而未許。崇文協律之士，蘊儛頌於外；坐朝陪宴之臣，懷揄揚於內，三靈佇眷，九壤注心，既有日矣。

歲宮乾維，月躔蒼陸，長河巨濟，異源同清，澄波萬壑，潔瀾千里。斯誠曠世偉觀，昭啓皇明者也。語曰：『影從表，瑞從德。』此其效焉。宣尼稱『鳳鳥不至，河不出圖』。《傳》曰：『俟河之清，人壽幾何！』皆傷不可見也。然則古人所不見者，今殫見之矣。孟軻曰：『千載一聖，是旦暮也。』豈不大哉。夫四皇六帝，樹聲長世，大寶也。澤浸羣生，國富刑清，鴻德也。制禮裁樂，惇風遷俗，文教也。誅華逋羯，束顙絳闕，武功也。鳴鳥躍魚，滌穢河渠，至祥也。大寶鴻德，文教武功，其崇如此；幽明協贊，民祇與能，厥應如彼。唯天為大，堯實則之；皇哉唐哉，疇與為讓。抑又聞之，勢之所覃者淺，則美之所傳者近；道之所感者深，則慶之所流者遠。是以豐功韙命，潤色縢策，盛德形容，藻被歌頌。察之上代，則奚斯、吉甫之徒，鳴玉鑾於前；視之中古，則相如、王褒之屬，施金羈於後。絕景揚光，清埃繼路，班固稱漢成之世，奏御者千有餘篇，文章之盛，與三代同風。由是言之，斯乃臣子舊職，國家通義，不可輟也。臣雖不敏，寧不勉乎。

又　卷五四《孔季恭等傳論》　江南之為國，盛矣。雖南包象浦，西括邛山，至於外奉貢賦，內充府實，止于荊、揚二州。自漢氏以來，民戶凋耗，荊楚四戰之地，五達之郊，井邑殘亡，萬不餘一也。自元熙十一年司馬休之外奔，至於元嘉末，三十有九載，兵車勿用，民不外勞，役寬務簡，氓庶繁息，至餘糧棲畝，戶不夜扃，蓋東西之極盛也。既揚部分析，境極江南，考之漢域，惟丹陽會稽而已。自晉氏遷流，迄於太元之世，百許年中，無風塵之警，區域之內，晏如也。及孫恩寇亂，殲亡事極，自此以至大明之季，年逾六紀，民戶繁育，將曩時一矣。地廣野豐，民勤本業，一歲或稔，則數郡忘饑。會土帶海傍湖，良疇亦數十萬頃，膏腴上地，畝直一金，鄠、杜之間，不能比也。荊城跨南楚之富，揚部有全吳之沃，魚鹽杞梓之利，充仞八方；絲綿布帛之饒，覆衣天下。而田家作苦，役難利薄，亘歲從務，無或一日非農，而經稅橫賦之資，養生送死之具，莫不咸出於此。穰歲糶賤，糶賤則稼苦；饑年糴貴，糴貴則商倍。常平之議，行於漢世。元嘉十三年，東土潦浸，民命棘矣。太祖省費減用，開倉廩以振之，病而不凶，蓋此力也。

又　卷五五《臧燾等傳論》　迄於元嘉，甫獲克就，雅風盛烈，未及曩時，而濟濟焉，頗有前王之遺典。天子鸞旗警蹕，清道而臨學館，儲後冕旒黼黻，北面而禮先師，後生所不嘗聞，黃髮未之前睹，亦一代之盛也。

藝 文

《全宋詩》卷二一一九《李流謙〈王正卿何道夫和嘉字韻詩至數十道夫贈予數篇晉卿亦贈一篇因次其韻凡六首·其六〉》 洗甲傾河漸可涯，北征猶記宋元嘉。石劉姓字非圖録，軒礨乾坤自我家。原上鼓旗寒朔吹，日邊詔令挾春華。舞幹元是吾皇事，不必將軍號虎牙。

又 卷三五八五《徐鈞〈文帝〉》 倚女專朝旋篡位，因妃訴子竟戕身。興亡反掌都緣色，枉作車書混一人。

《清詩匯》卷九〇《謝啓昆〈文帝〉》 風流人物數元嘉，文史縱横自一家。白面書生談北伐，黑衣宰相坐南衙。長城萬里歌聲慘，合殿深宵燭影斜。儉約猶存永初意，烏篷未勝葛鐙華。

雜 録

《南史》卷六四《何承天傳》 （元嘉）十九年，立國子學，以本官領國子博士。皇太子講《孝經》，承天與中庶子顔延之同為執經。

又 卷七二《劉宏傳》 陛下以至德神臨，垂精思治，進儒禮而崇寬教，哀獄法而黜嚴刑，表忠行而舉貞節，辟處士而求賢異，修廢官而出滯賞，撤天膳而重農食，禁貴遊而弛榷酤，通山澤而易關梁，固已海内仰道，天下知德。今復開不諱之塗，獎直辭之路，四海希風，普天幸甚。

北魏圖强分部

綜 述

《魏書》卷五三《李沖傳》 舊無三長，惟立宗主督護，所以民多隱冒，五十、三十家方為一戶。沖以三正治民，所由來遠，於是創三長之制而上之。文明太后覽而稱善，引見公卿議之。中書令鄭羲、秘書令高祐等曰：『沖求立三長者，乃欲混天下一法。言似可用，事實難行。』羲又曰：『不信臣言，但試行之。事敗之後，當知愚言之不謬。』太尉元丕曰：『臣謂此法若行，於公私有益。』咸稱方今有事之月，校比民戶，新舊未分，民必勞怨。請過今秋，至冬閑月，徐乃遣使，於事為宜。沖曰：『民者，冥也，可使由之，不可使知之。若不因調時，百姓徒知立長校戶之勤，未見均徭省賦之益，心必生怨。宜及課調之月，令知賦税之均。既識其事，又得其利，因民之欲，為之易行。』著作郎傅思益進曰：『民俗既異，險易不同，九品差調，為日已久，一旦改法，恐成擾亂。』太后曰：『立三長，則課有常準，賦有恆分，苞蔭之戶可出，僥倖之人可止。何為而不可？』羣議雖有乖異，然惟以變法為難，更無異義。遂立三長，公私便之。

又 卷一一〇《食貨志》 太祖定中原，接喪亂之弊，兵革並起，民廢農業。方事雖殷，然經略之先，以食為本，使東平公儀墾闢河北，自五原至於棝陽塞外為屯田。初，登國六年破衛辰，收其珍寶、畜産，名馬三十餘萬、牛羊四百餘萬，漸增國用。既定中山，分徙吏民及徒何種人、工伎巧十萬餘家以充京都，各給耕牛，計口授田。天興初，制定京邑，東至代郡，西及善無，南極陰館，北盡參合，為畿内之田；其外四方四維置八部帥以監之，勸課農耕，量校收入，以為殿最。又躬耕籍田，率先百姓。自後比歲大熟，匹中八十餘斛。是時戎車不息，雖頻有年，猶未足以久贍矣。

太宗永興中，頻有水旱，詔簡宮人非所當御及非執作伎巧，自餘出賜鰥民。神瑞二年，又不熟，京畿之内，路有行饉。帝以饑將遷都於鄴，用博士崔浩計乃止。於是分簡尤貧者就食山東。敕有司勸課留農者曰：『前志有之，人生在勤，勤則不匱。凡庶民之不畜者祭無牲，不耕者祭無盛，不樹者死無槨，不蠶者衣無帛，不績者喪無衰。教行三農，生殖九穀；教行園囿，毓長草木；教行虞衡，山澤作材；教行藪牧，養蕃鳥獸；教行百工，飭成器用；教行商賈，阜通貨賄；教行嬪婦，化治絲枲；教行臣妾，事勤力役。』自是民皆力勤，故歲數豐穰，畜牧滋息。

泰常六年，詔六部民羊滿百口，調戎馬一匹。

世祖即位，開拓四海，以五方之民各有其性，故修其教不改其俗，齊其政不易其宜，納其方貢以充倉廩，收其貨物以實庫藏，又於歲時取鳥獸之登於俎用者以韧膳府。

先是，禁網疏闊，民多逃隱。天興中，詔采諸漏戶，令輸綸綿。自後諸逃戶占為細繭羅穀者甚衆。於是雜營戶帥遍於天下，不隸守宰，賦役不周，戶口錯亂。始光三年詔一切罷之，以屬郡縣。

神䴥二年，帝親御六軍，略地廣漠。分命諸將，窮追蠕蠕，東至瀚海，西接張掖，北度燕然山，大破之，虜其種落及馬牛雜畜方物萬計。其後復遣成周公萬度歸西伐焉耆，其王鳩尸卑那單騎奔龜茲，舉國臣民負錢懷貨，一時降款，獲其奇寶異玩以巨萬，駝馬雜畜不可勝數。度歸遂入龜茲，復獲其殊方瑰詭之物億萬已上。是時方隅未克，帝屢親戎駕，而委政於恭宗。真君中，恭宗下令修農職之教，事在《帝紀》。此後數年之中，軍國用足矣。

高宗時，牧守之官，頗為貨利。太安初，遣使者二十餘輩循行天下，觀風俗，視民所疾苦。詔使者察諸州郡墾殖田畝、飲食衣服、閭里虛實、盜賊劫掠、貧富强劣而罰之，自此牧守頗改前弊，民以安業。

自太祖定中原，世祖平方難，收獲珍寶，府藏盈積。和平二年秋，詔中尚方作黄金合盤十二具，徑二尺二寸，鏤以白銀，鈿以玫瑰，其銘曰：『九州致貢，殊域來賓，乃作茲器，錯用具珍。假以紫金，鏤以白銀，範圍擬載，吐耀含真。纎文麗質，若化若神，皇王御之，百福惟新。』其年冬，詔出內庫綾錦布帛二十萬匹，令內外百官分曹賭射。四年春，詔賜京師之民年七十已上太官廚食以終其身。

顯祖即位，親行儉素，率先公卿，思所以賑益黎庶。至天安、皇興間，歲頻大旱，絹匹千錢。言劉彧淮北青、冀、徐、兖、司五州告亂請降，命將率衆以援之。既臨其境，青冀懷貳，進軍圍之，數年乃拔。山東之民咸勤於征戍轉運，帝深以為念。遂因民貧富，為租輸三等九品之制。千里內納粟，千里外納米；上三品戶入京師，中三品入他州要倉，下三品入本州。

先是太安中，高宗以常賦之外雜調十五，頗為煩重，將與除之。尚書毛法仁曰：『此是軍國資用，今頓罷之，臣愚以為不可。』帝曰：『使地利無窮，民力不竭，百姓有餘，吾孰與不足。』遂免之。未幾，復調如前，至是乃終罷焉。於是賦斂稍輕，民復贍矣。

舊制，民間所織絹、布，皆幅廣二尺二寸，長四十尺為一匹，六十尺為一端，令任服用。後乃漸至濫惡，不依尺度。高祖延興三年秋七月，更立嚴制，令一準前式，違者罪各有差，有司不檢察與同罪。

太和八年，始準古班百官之祿，以品第各有差。先是，天下戶以九品混通，戶調帛二匹、絮二斤、絲一斤、粟二十石；又入帛一匹二丈，委之州庫，以供調外之費。至是，戶增帛三匹，粟二石九斗，以為官司之祿。後增調外帛滿二匹。所調各隨其土所出。其司、冀、雍、華、定、相、泰、洛、豫、懷、兖、陜、徐、青、齊、濟、南豫、東兖、東徐十九州，貢綿絹及絲；幽、平、并、肆、岐、涇、荆、涼、梁、汾、秦、安、營、豳、夏、光、郢、東秦，司州萬年、雁門、上谷、靈丘、廣寧、平涼郡，懷州邵郡上郡之長平、白水縣，青州北海郡之膠東縣，平昌郡之東武平昌縣、高密郡之昌安高密夷安黔陬縣，泰州河東之蒲阪、汾陰縣，東徐州東莞郡之莒、諸、東莞縣，雍州馮翊郡之蓮芍縣、咸陽郡之寧夷縣、北地郡之三原雲陽銅官宜君縣，華州華山郡之夏陽縣，徐州北濟郡之離狐豐縣、東海郡之贛榆襄賁縣，皆以麻布充稅。

九年，下詔均給天下民田：

諸男夫十五以上，受露田四十畝，婦人二十畝，奴婢依良。丁牛一頭受田三十畝，限四牛。所授之田率倍之，三易之田再倍之，以供耕作及還受之盈縮。

諸民年及課則受田，老免及身没則還田。奴婢、牛隨有無以還受。

諸桑田不在還受之限，但通入倍田分。於分雖盈，没則還田，不得以充露田之數。不足者以露田充倍。

諸初受田者，男夫一人給田二十畝，課蒔餘，種桑五十樹，棗五株，榆三根。非桑之土，夫給一畝，依法課蒔榆、棗。奴各依良。限三年種畢，不畢，奪其不畢之地。於桑榆地分雜蒔餘果及多種桑榆者不禁。

諸應還之田，不得種桑榆棗果，種者以違令論，地入還分。

諸桑田皆為世業，身終不還，恒從見口。有盈者無受無還，不足者受種如法。盈者得賣其盈，不足者得買所不足。不得賣其分，亦不得買過

所足。

諸麻布之土，男夫及課，別給麻田十畝，婦人五畝，奴婢依良。皆從還受之法。

諸有舉戶老小癃殘無授田者，年十一已上及癃者各授以半夫田，年逾七十者不還所受，寡婦守志者雖免課亦授婦田。

諸還受民田，恒以正月。若始受田而身亡，及賣買奴婢牛者，皆至明年正月乃得還受。

諸土廣民稀之處，隨力所及，官借民種蒔。役有土居者，依法封授。

諸地狹之處，有進丁受田而不樂遷者，則以其家桑田為正田分，又不足不給倍田，又不足家內人別減分。無桑之鄉準此為法。樂遷者聽逐空荒，不限異州他郡，唯不聽避勞就逸。其地足之處，不得無故而移。

諸民有新居者，三口給地一畝，以為居室，奴婢五口給一畝。男女十五以上，因其地分，口課種菜五分畝之一。

諸一人之分，正從正，倍從倍，不得隔越他畔。進丁受田者恒從所近。若同時俱受，先貧後富。再倍之田，放此為法。

諸遠流配謫、無子孫、及戶絕者，墟宅、桑榆盡為公田，以供授受。授受之次，給其所親；未給之間，亦借其所親。

諸宰民之官，各隨地給公田，刺史十五頃，太守十頃，治中別駕各八頃，縣令、郡丞六頃。更代相付。賣者坐如律。

魏初不立三長，故民多蔭附。蔭附者皆無官役，豪強徵斂，倍於公賦。十年，給事中李沖上言：『宜准古，五家立一鄰長，五鄰立一里長，五里立一黨長，長取鄉人強謹者。鄰長復一夫，里長二，黨長三。所復復征戍，餘若民。三載亡愆則陟用，陟之一等。其民調，一夫一婦帛一匹，粟二石。民年十五以上未娶者，四人出一夫一婦之調；奴任耕，婢任績者，八口當未娶者四；耕牛二十頭當奴婢八。其麻布之鄉，一夫一婦布一匹，下至牛，以此為降。大率十匹為工調，二匹為調外費，三匹為內外百官俸，此外雜調。民年八十已上，聽一子不從役。孤獨癃老篤疾貧窮不能自存者，三長內迭養食之。』

書奏，諸官通議，稱善者衆。高祖從之，於是遣使者行其事。乃詔曰：『夫任土錯貢，所以通有無；井乘定賦，所以均勞逸。有無通則民財不匱，勞逸均則人樂其業。此自古之常道也。又鄰里鄉黨之制，所由來久。欲使風教易周，家至日見，以大督小，從近及遠，如身之使手，幹之總條，然後口算平均，義興訟息。是以三典所同，隨世洿隆；貳監之行，從時損益。故鄭僑復丘賦之術，鄒人獻盍徹之規。雖輕重不同，而當時俱適。自昔以來，諸州戶口，籍貫不實，包藏隱漏，廢公罔私。富強者并兼有餘，貧弱者糊口不足。賦稅齊等，無輕重之殊；力役同科，無衆寡之別。雖建九品之格，而豐埆之土未融；雖立均輸之楷，而蠶績之鄉無異。致使淳化未樹，民情偷薄。朕每思之，良懷深慨。今革舊從新，為里黨之法，在所牧守，宜以喻民，使知去煩即簡之要。』初，百姓咸以為不若循常，豪富并兼者尤弗願也。事施行後，計省昔十有餘倍。於是海內安之。

十一年，大旱，京都民饑。加以牛疫，公私闕乏，時有以馬驢及橐駝供駕輓耕載。詔聽民就豐。行者十五六，道路給糧稟，至所在，三長贍養之。遣使者時省察焉。留業者，皆令主司審核，開倉賑貸。其有特不自存者，悉檢集，為粥於術衢，以救其困。然主者不明牧察，郊甸間甚多餧死者。時承平日久，府藏盈積，詔盡出御府衣服珍寶、太官雜器、太僕乘具、內庫弓矢刀鉾十分之八、外府衣物繒布絲纊諸所供國用者，以其大半班齎百司，下至工商皁隸，逮于六鎮邊戍，畿內鰥寡孤獨貧癃者，皆有差。

十二年，詔羣臣求安民之術。有司上言：『請析州郡常調九分之二，京都度支歲用之餘，各立官司，豐年糴貯於倉，時儉則加私之一，糶之於民。如此，民必力田以買絹，積財以取粟。官，年登則常積，歲凶則直給。又別立農官，取州郡戶十分之一，以為屯民。相水陸之宜，斷頃畝之數，以臟贖雜物市牛科給，令其肆力。一夫之田，歲責六十斛，甄其正課并征戍雜役。行此二事，數年之中則穀積而民足矣。』帝覽而善之，尋施行焉。自此公私豐贍，雖時有水旱，不為災也。

世祖之平統萬，定秦隴，以河西水草善，乃以為牧地。畜產滋息，馬至二百餘萬匹，橐駝將半之，牛羊則無數。高祖即位之後，復以河陽為牧場，恒置戎馬十萬匹，以擬京師軍警之備。每歲自河西徙牧於并州，以漸南轉，欲其習水土而無死傷也，而河西之牧彌滋矣。正光以後，天下喪亂，遂為羣寇所盜掠焉。

論說

清・王夫之《讀通鑑論》卷一五《劉宋明帝七》 有不待勸者，士之學也，農之耕也。勸士以學，士乃習為為人之學；為人而學，學乃為道術之蠹，世道之患。升俊有常典，養士有常法，人主尊師問道以倡之，士自勸矣。若旦命而夕飭之，賞法行而教令繁，徒有勸學之名，而士日以偷。果有志於學者，豈待勸哉？宋立偽學之禁，而士趨朱子之門也如歸，禁之不止，何容勸邪？

雖然，士無志於學，勸之而不學，弗能為益，而猶無傷於士。若農，則無不志於得粟者矣。其窳者，既勸之而固不加勤；而勸之也，還以傷農。方其恪共於耕之日，士女營營，匪朝伊夕，從事於隴首，而吏擁車騎喧豗於中野以貳其心，則民傷；於是刻覈之吏，搜剔壑萊以增益其賦，苛求餘丁以增益其役，而民愈傷。夫古之省耕者，君與民親，而天子之圻，諸侯之國，提封既狹，不容委之有司，且君有公田，自省其獲而以餘惠民也。後世盡地以與民，而但收其賦稅，薄賦則可弗補助，息訟輕徭則可弗省督，胡為委貪廉不可信之有司以擾婦子於耕馌哉？

拓拔氏，夷也，聞中國有聖人之道焉，取其易行者而行之，於是奔走郡縣而名為勸農；又勒取民牛力之有餘者，以借惰窳之罷民。其擾亂紛紜，以使民無寧志也，不知何若，守令乃飾美增賦以邀賞，天下之病，尚忍言哉！蒙古課民種桑，而桑絲之稅加於不宜桑之土，害極於四百餘年而不息。讀古人書而不知通，旦識而夕行之，以賊道而害及天下，陋儒之妄，［非夷］狄之［主］，其孰聽之？

又《後廢帝二》 （邊外）［夷狄］之輕於殺人，其天性然也。有時乎思所以生人，而非果有不忍人之心，乃以生之之道殺之，遂自信為矜恤。嗚呼！民之遇此也，可悲也夫！

拓拔弘重用大刑，多令覆鞫，以自詫其矜恕，而囚繫積年，不為決遣，其言曰：『幽苦則思善，故智者以囹圄為福堂。』哀哉！民之瘠痍死於犴獄者不知凡幾，而猶謂之福堂邪？《易》曰：『君子以明慎用刑，而不留獄。』明慎矣，速斷之，而刑者刑，免者免，各得其所，而無所連逮；即或明慎未至，而狂者固千百而什一也。何也？擇折獄之吏，申畫一之法，除條例之繁，嚴失入之罰，枉者固千百而什一矣。夫人之情偽，不可揜於初犯之日，證佐未累，其辭尚直，情窮色見，猶可察也；迨及已久，取案牘而重複理之，移審審於他署，而互相同異，犯者之辨，且屢屈屢伸而錯舛益甚，目眩心疑，愈以亂矣。不留者，取人之初心而驗其誠也；非令歲一官，明歲一吏，顛倒反覆之所能得其情也。徒以飢寒疾疫死之於叢棘之下，不亦慘乎！如是以為矜恤，亦嗜殺之轉念而已矣。

若其罷門房之誅，則得之矣。乃門房之誅所自來，亦有繇也。［夷狄］而主中國，王侯將相皆其種類，羣起於馳逐之中，僬僬僥僥以為羣友，則一人富貴而合族驕盈，耕者不耕，獵者不獵，依倚勢門，互相煽虐，非被誅者之陷及門房，而門房之陷人於誅者多矣。安與同其噬搏，危與共其誅夷，亦自取之矣。前之立法者，深惡夫合族之蜂集，待食於將吏，衆為虐而一人獨嬰其禍，弗與懲之，而門房之敗類橫逞益烈也。罷其誅，不禁其朋從之惡，拓拔氏之所以斂怨而終亡也。

又 卷一六《齊武帝二》 官無常祿，贓則坐死，日殺人而貪彌甚；有常祿矣，贓乃坐死，可無辭於枉矣，乃抑日殺人而貪尤彌甚。老氏曰：『民不畏死，柰何以死威之！』誠哉是言也。拓拔氏之未班祿也，枉法十疋、義贓二十疋、坐死；其既班祿也，義贓一疋、枉法無多少、皆死；徒為殘虐之令而已。

夫吏豈能無義贓一疋者乎？非於陵仲子之徒，大賢以下，未有免焉者也。人皆遊於羿之彀中，則將詭遁於法，而上下相蒙以倖免。其不免者，則無交於權貴者也，有忤於上官者也，繩姦胥之過、拂猾民之欲者也。狎姦胥，縱姦民，媚上官，事權貴，則枉法千疋而免矣。反是，不患其無義贓一疋之可搜摘者也。於是乎日殺人而貪彌甚。不知治道，而刻覈以任法，其弊必若此而不爽。故拓拔令羣臣自審不勝貪心者辭位，而慕容契曰：『小人之心無常，帝王之法有常。以無常之心，奉有常之法，非所克堪，乞從退黜。』蓋以言乎常法之設，徒使人人自危，而人人可以免脫，其意深矣！宏不悟焉，死者積而貪不懲。豈但下之流風不可止哉？以殺之者導之也。

又《齊武帝三》 拓拔氏之禁讖緯凡再矣，至太和九年詔焚之，

留者以大辟論。蓋邪說乘一時之淫氣，氾濫既極，必且消亡，此其時也。於是並委巷卜筮非經典所載而禁之，卓哉！為此議者，其以迪民於正而使審於吉凶也。《禮》於卜筮者問之曰：『義與？志與？』義則可問，志則否。』又曰：『假於時日卜筮以疑衆，殺。』蓋卜筮者，君子之事，非小人之事，委巷之所不得與也。君子之於卜筮，兩疑於義而未決於所信，問焉而以履信；事逆於志，己逆於物，未能順也，問焉而以思順。得信而履，思效於順，則自天佑之，吉無不利。若此者，豈委巷小人所知，亦豈委巷小人所務知者哉？其當嚴刑以禁之也，非但姦宄之妄興以消其萌也，即生人之日用，亦不可以此亂之也。

死生，人道之大者也。仰而父母，俯而妻子，病而不忍其死，則調持之已耳。乃從而卜筮之，其凶也，將遂置之而廢藥食邪？其吉也，將遂慰焉而疏侍省邪？委巷之人，以此而妨孝慈以致之死，追悔弗及矣。婚姻，人道之大者也。族類必辨，年齒必當，才質必堪，審酌之已耳。乃從而卜筮之，其吉也，雖匪類而與合邪？其凶也，雖佳偶而與離邪？委巷之人，其以此亂配偶而或致獄訟，追悔弗及矣。抑如寇至而避之，不容已者也。避之必以其時，而不可待；避之必於其地，而不可迷；深思而謀之，有識者雖不免焉，鮮矣。乃從而卜筮之，其吉也，時地兩失，必趨於陷阱邪？其凶也，時地兩得，必背其坦途邪？委巷之人，以此而蹈凶危，追悔弗及矣。繇此言之，委巷之有卜筮，豈但納天下於邪乎！抑且陷民於凶危咎悔之塗。而愚民無識，方且走之如騖。王者安全天下而迪之以貞，故王制以為非殺莫能禁也。

且委巷卜筮之術背於經典者，於古不知何若，而以今例之，則先天序位也，世應遊魂也，竊卦氣於陳摶也，師納甲於魏伯陽也，參六神生克神煞於星家之瑣說與巫覡之妖術也。自焦、京以來，其誣久矣。沿流不止，為君子儒者，不能自拔流俗之中以守先王之道，亦且信其妄而躋之羲、文、周、孔之間，蕪其微言，叛其大義，徒以惑民而導之於險阻。嗚呼！拓拔氏夷也，而知禁之；為君子儒者，文之以淫辭，而尊之為天人之至教，不謂之異端也，奚可哉？程子鄙康節之術而不屑學，康節之術，委巷之師也。

又《齊武帝四》　拓拔氏太和九年，從李沖之請，五家立鄰長，五鄰立里長，五里立黨長，此里長之名所自昉也。沖蓋師周禮之遺制而設焉。乃以周制考之，王畿為方千里，為田九萬萬畝，以古畝百步今畝二百四十步約之，為田三萬七千萬有奇，以今起科之中制準之，為糧大約二百二十萬石，視今吳縣、長洲二邑之賦而不足，則其為地也狹，為民也寡矣。周之侯國千八百，視今州縣之數而尤儉也。以甚狹之地，任甚寡之民，區別而屑分之也易。且諸侯制賦治民之法，固有不用周制者，如齊之軌里，楚之牧隰，不能强天下以同也。以治衆大之法治寡小，則疏而不理；以治寡小之法治衆大，則瀆而不行。故《周禮》之制，行之一邑而效，行之天下而未必效者多矣。

三長之立，李沖非求以靖民，以覈民之隱冒爾。拓拔氏之初制，三五十家而制一宗主，始為一戶，略矣，於是而多隱冒。沖立繁密之法，使民無所藏隱，是數罟以盡魚之術，商鞅之所以强秦而塗炭其民者也。且夫一切之法不可齊天下，雖聖人復起，不能易吾說也。地有肥瘠，民有淳頑，而為之長者亦異矣。民疲而瘠，則五家之累耑於一家；民悍而頑，則是五家而置一豺虎以臨之也。且所責於三長者，獨以課覈賦役與？抑以兼司其訟獄禁制也？兼司禁制，則弱肉强食，相迫而無窮；獨任賦役，則李代桃僵，交傾而不給。黠者因公私斂，拙者奔走不遑，民之困於斯極矣。非商鞅其孰忍為此哉？

夫民無長，則不可也，隱冒無稽，而非違莫詰也。乃法不可不簡，而任之也不可不輕，此王道之所以易易也。然則三五十家而立宗主，未嘗不為已密，而五家櫛比以立長，其禍豈有涯乎？民不可無長，而置長也有道；酌古今之變，參事會之宜，簡其數而網不密，遞相代而互相制，則疲羸者不困，而强豪者不橫。若李沖之法，免其賦役，三載無過，則升為黨長，復其三夫，吾知姦民之恣肆無已矣。

要而論之，天下之大，田賦之多，人民之衆，固不可以一切之法治之也。有王者起，酌腹里邊方、山澤肥瘠、民人衆寡、風俗淳頑，因其故俗之便，使民自陳之，邑之賢士大夫酌之，良有司裁之，公卿決之，天子制之，可以行之數百年而不敝。而不可合南北、齊山澤、均剛柔、一利鈍，一概强天下以同而自謂均平。蓋一切之法者，大利於此，則大害於彼者也。如之何其可行也！

又《齊武帝六》 拓拔宏詔羣臣言事，李彪所言，幾於治道，君子所必取焉。其善之尤者，曰：『父兄繫獄，子弟無慘容，子弟被刑，父兄無媿色，宴安自若，衣冠不變，骨肉之恩，豈當如此？父兄有罪，宜令子弟肉袒詣闕請罪；子弟有坐，宜令父兄露板引咎，乞解所司。』以扶人倫於已墜，動天性於已亡，不已至乎！夫父兄之引咎，子弟之請罪，文也；若其孝慈惻怛之存亡，未可知也。役於其文，亦惡足貴乎？而非然也。天下騖於文，則反之於質以去其偽；天下喪其質，則導之於文以動其心。故質以節文，為欲為君子者言也；文以存質，所以閔質之亡而使質可立也。

天下之無道也，質固澆矣，而猶有存焉者，動止色笑之間，對人而生其媿怍。不知道者曰：『忠孝慈友之淺深厚薄，稱其質而出之，而何以文為？』則坦然行於忻戚之便安，而後其質永喪而無餘。今且使父兄被罪者肉袒於闕，子弟坐刑者退省於官，則雖不肖者，亦顧其父兄子弟之免，而已可以即安。此情一動，而天性之孝慈，相引而出，小人之惡斂，而君子之志舒，此非救衰薄、挽殘忍之上術與？

近世有南昌熊文舉者，為吏部郎，其父受賕於家，貽書文舉，為人求官，邏者得之，其父逮問遣戍，而文舉以不與知匄免，涖事如故，漸以遷官，未三年而天下遂淪。悲哉！三綱絕，人道蔑，豈徒一家之有餘殃哉！

又《齊明帝二》 拓拔宏之偽也，儒者之恥也。夫宏之偽，欺人而遂以自欺久矣。欲遷雒陽，而以伐齊為辭，當時亦孰不知其偽者，特未形之言，勿敢與爭而已。出其府藏金帛衣器以賜羣臣，下逮於民，行無故之賞，以餌民而要譽，得之者固不以為德也，皆欺人而適以自欺也，猶未極形其偽也。至於天不雨而三日不食，將誰欺，欺天乎？人未有三日而可不食者，況其在豢養之子乎！高處深宮，其食也，孰知之？其不食也，孰信之？大官不進，品物不具，宦官宮妾之側孰禁之？果不食也歟哉！而告人曰：『不食數日，猶無所感。』將誰欺，欺天乎？

宏之習於偽也如此，固將曰聖王之所以聖，吾知之矣，五帝可六，三王可四也。自馮后死，宏始親政，以後五年之間，作明堂，正祀典，定祧廟，祀圜丘，迎春東郊，定次五德，朝日養老，修舜、禹、周、孔之祀，耕藉田，行三載考績之典，禁胡服胡語，親祠闕里，求遺書，立國子大學四門小學，定族姓，宴國老庶老，聽羣臣終三年之喪，小儒爭稱之以為榮。凡此者，典謨之所不道，孔、孟之所不言，立學終喪之外，皆漢儒依託附會、逐末捨本、雜讖緯巫覡之言，塗飾耳目，是為拓拔宏所行之王道而已。尉元為三老，遊明根為五更，豈不辱名教而羞當世之士哉？故曰儒者之恥也。

德立而後道隨之，道立而後政隨之。誠者德之本，欺者誠之反也。漢儒附經典以刻畫為文章，皆不誠之政也。而曰帝之所以帝，王之所以王，在是而已。乃畢行之以欺天下後世者唯宏爾。後之論者猶豔稱之，以為斯道之榮，若漢、唐、宋之賢主俱所無逮者。不恤一日之勞，不吝金錢之費，而已為後世所欣慕，則儒者將以其道博寵光而侈門庭乎？故曰儒者之恥也。

雖然，抑豈足為君子儒之恥哉？君子儒之以道佐人主也，本之以德，立之以誠，視宏之所為，沐猴之冠、優俳之戲而已矣。備紀宏之偽政於史策，所以示無本而效漢儒附託之文具，則亦索虜欺人之術也，可以鑑矣。

清·趙翼《廿二史劄記》卷一四《魏齊周隋書並北史·後魏百官無祿》

後魏未有官祿之制，其廉者貧苦異常。如高允草屋數間，布被縕袍，府中惟鹽菜，常令諸子採樵自給是也。《允傳》否則，必取給於富豪。如崔寬鎮陝，與豪宗盜魁相交結，莫不感其意氣，時官無祿力，惟取給於人，寬以善於結納，大有受取，而與之者無恨。《寬傳》文成帝詔，諸刺史每因調發，逼人假貸，大商富賈，要時射利，上下通同，分以潤屋，自今一切禁絕，犯者十疋以上皆死。明元帝又詔，使者巡行諸州，校閱守宰貲財，非自家所齎，悉簿為贓。是懲貪之法未嘗不嚴，然朝廷不制祿以養廉，而徒責以不許受贓，是不清其源而徒遏其流，安可得也。至孝文帝太和八年，始詔曰：『置官班祿，行之尚矣。自中原喪亂，茲制久絕，先朝因循，未遑釐改。今宜班祿，罷諸商人，以簡人事。戶增調絹二疋，穀二斛九升，以為官司之祿，均預調為二疋之賦，即兼商用。祿行之後，贓滿一疋者死。』俸以十月為首，每季一請。後以軍興用不足，又詔百官祿四分減一，以充軍用。至明帝時，于忠當國，欲結人心，乃悉復所減之數。此魏制官俸之大概也。按文成詔中所謂商賈邀利，刺史分潤，孝文詔中所

謂羅諸商人，以簡人事，蓋是時官未有祿，惟藉商賈取利而抽分之，至見於詔書，則陋例已習為常矣。崔寬幷交結盜魁，為受納之地，既取利於商賈，自幷及於盜賊，亦事之所必至也。上下交征如此，何以立國哉。

又《魏齊周隋書並北史·魏孝文遷洛》 魏孝文帝以國俗沿上世之陋，欲遷洛以變舊風。恐大臣不欲，乃發京師步騎百餘萬南伐，至洛陽，帝戎服執鞭而出，羣臣稽顙於馬前，請停南伐，帝曰：『今者之舉，興發不小，動而無成，何以示後？若不南伐，便當都洛。』乃議遷移之計。次年，至平城宮，部分遷留。又臨太極殿，喻在代諸臣遷移之略。《本紀》時舊臣多不欲行，帝先與彭城王澄議之，謂平城乃用武之地，非可興文，須光宅中原。澄力贊之，乃決。《澄傳》帝又謂元贊等曰：『朕為天子，何假中原，欲令卿等子弟博見多智耳。若永居恆北，卿等子弟不免面墻也。』《廣陵王羽傳》又嘗問于烈遷留孰便，烈對曰：『聖略深遠，非愚管所及。若隱心而言，樂遷之與戀舊，中半耳。』帝曰：『卿不鳴異同，朕深感不言之益。』《烈傳》時穆泰、陸叡以畏遷謀反，泰欲推陽平王頤為主，事敗賜死。《泰傳》遷洛後，太子恂守金墉，畏河南暑熱，召牧馬，欲輕騎奔代，元徽勒門阻之乃止。帝遂廢恂為庶人，尋亦賜死。《恂傳》帝引見朝臣，詔斷北語，一從正音，年三十以上，習性已久，或不可革，三十以下，見在朝之人，語音不許仍舊，違者免所居官。又詔革衣服之制。嘗出行，見婦女仍夾領小袖，乃責咸，陽王禧等。《禧傳》又詔遷洛人，死者葬河南，不得還北。於是代人南遷者，皆為洛陽人。又詔改國姓為元氏。《本紀》蓋帝優於文學，惡本俗之陋，欲以華風變之，故不憚為此舉也。然國勢之衰實始於此，一傳而宣武，再傳而孝明，而鼎祚移矣。蓋徒欲興文治以比於古帝王，不知武事已漸弛也。其先道武帝遣賀狄干至秦，為姚興所留，因在長安讀書，通《尚書》、《論語》，舉止似儒者。後歸，道武見其類中國人，遂殺之。《賀狄干傳》明元帝時，或言國家當遷都鄴，崔浩曰：『非計也。今居北方，若山東有事，則輕騎南出，誰知多少，百姓望而遠服，此國家威制四夷之長策。若南徙，則種人不滿諸州之地，參居榛林之下，不服水土，疾疫死傷，情見事露，四方聞之，有輕侮之意，則聲實俱損矣！』《崔浩傳》此又開國君臣之深識遠慮也。

顧寧人言，中國風俗多有不如外藩者。《遼史》言，契丹生計，仰給畜牧，績毛飲湩，以為衣食。狃習勞事，不見紛華，故家給人足，戎備完整。《金史》，世宗曰：『女真舊俗，雖不知書，然其祭天地，敬親戚、尊耆老，接賓客，皆出自然。』乃禁女真人不得改稱漢姓，學南人衣裝，犯者抵罪。又曰：『遼不忘舊俗，朕以為是。海陵習學漢人，是忘本也。若依國家舊風，乃長久之計也。』《金史·食貨志》亦謂，金中葉以後，鄙遼儉樸，襲宋繁縟之文，又懲宋寬柔，用遼操切之政，是棄二國之所長，而專用其所短。迄金之末，國用易竭，民心易離，實由於此。作法不慎，變法以救其弊，祇益甚焉，此又操化權者所當加意也。

又《魏齊周隋書並北史·魏孝文帝文學》 古今帝王以才學著者，曹魏父子、蕭梁父子為最，然皆生自中土，績學少年。惟魏孝文帝生本北俗，五歲即登帝位，此豈有師儒之訓，執經請業，如經生家所為，乃其聰睿夙成，有不可以常理論者。史稱其雅好讀書，手不釋卷，五經之義，覽之便講，史傳百家，無不該涉。善談《莊》、《老》，尤精釋義，才藻富贍，好為文章詩賦銘頌，任興而作。有大文筆，馬上口授，及其成也，不改一字。自太和十年以後詔冊，皆帝文也，餘文章尚百餘篇。史論亦謂帝欽明稽古，煥乎其有文章，謚之以經天緯地，信不虛也。今就各列傳所散見者，撮敘之。帝宴宗室於皇信堂，命任城王澄為七言連韻詩，帝往復極歡，乃罷。《澄傳》帝征懸瓠，賜宴，與從臣聯句，帝歌曰：『白日光天兮無不曜，江左一隅獨未照。』彭城王勰曰：『願從聖明兮登衡、會，萬國馳誠混日外。』鄭懿曰：『雲雷大振兮天門闢，率土來賓一正歷。』邢巒曰：『舜舞干戚兮天下歸，文德遠被莫不思。』鄭道昭曰：『皇風一鼓兮九地匝，戴日依天清六合。』帝又歌曰：『遵彼汝墳兮昔化貞，未若今日道風明。』帝乃命邢巒總集敘記。《鄭道昭傳》馮熙造寺於北邙山，賈元素作碑文，帝遊寺見之，稱為佳作。熙卒，帝親為作誌銘。《馮熙傳》帝以馮誕為司徒，親為製三讓表幷啓，將拜，又代為謝章。誕卒，又親為碑文及挽歌，皆窮美盡哀。《馮誕傳》又常遊幸，憩大松下，謂彭城王勰曰：『汝可作詩，比至吾間令就也。』勰去帝十步，且行且作曰：『問松林，松林經幾冬，山川何如昔，風雲與古同。』未至帝所已成。帝又嘗御清徽堂，與羣臣講喪服。李彪曰：『古未有人君親講喪禮，臣得親承音問，千載一時。』《勰傳》劉昶出鎮彭城，帝賜以御集，曰：『雖則不文，

然欲罷不能，故以相示，聊為一笑。』《緦》、《昶》二《傳》崔挺至行在，帝謂曰：『別卿以來，倏焉二載，吾所綴文，已成一集，今當給卿副本。』《挺傳》可見帝深於文學，才藻天成，有不能自諱者，雖亦才人習氣，然聰睿固不可及已。其急於遷洛，欲變國俗，而習華風，蓋發於性靈而不自止也。

雜録

北魏·楊衒之《洛陽伽藍記》卷三《城南》 東夷來附者，處扶桑館，賜宅慕化里。西夷來附者，處崦嵫館，賜宅慕義里。自葱嶺已西，至於大秦，百國千城，莫不款附。商胡販客，日奔塞下。所謂盡天地之區已。樂中國土風因而宅者，不可勝數。是以附化之民，萬有餘家。門巷修整，閭闔填列。青槐蔭陌，綠樹垂庭。天下難得之貨，咸悉在焉。

唐·杜佑《通典》卷七《食貨七·歷代盛衰戶口》 後魏起自陰山，盡有中夏。孝文遷都河洛，定禮崇儒。明帝正光以前，時惟全盛，戶口之數，比夫晉太康倍而餘矣。按晉武帝太康元年平吳後，大凡戶二百四十五萬九千八百，口千六百一十六萬三千八百六十三。今云倍而餘者，是其盛時則戶有至五百餘萬矣。

周武帝圖强分部

綜述

《周書》卷五《武帝紀上》 （保定元年）三月丙寅，改八丁兵為十二丁兵，率歲一月役。【略】

（保定）二年春正月壬寅，初於蒲州開河渠，同州開龍首渠，以廣灌溉。【略】

冬十月戊戌，詔曰：『樹之元首，君臨海內，本乎宣明教化，亭毒黔黎；豈唯尊貴其身，侈富其位。是以唐堯疏葛之衣，麤糲之食，尚臨汾陽而永歎，登姑射而興想。況無聖人之德而嗜欲過之，何以克厭衆心，處于尊位，朕甚恧焉。今巨寇未平，軍戎費廣，百姓空虛，與誰為足。凡是供朕衣服飲食，四時所須，爰及宮內調度，朕今手自減削。縱不得頓行古人之道，豈曰全無庶幾。凡爾百司，安得不思省約，勖朕不逮者哉。』辛亥，帝御大武殿大射，公卿列將皆會。戊午，講武於少陵原。【略】

（建德元年）十一月丙午，上親率六軍講武城南。庚戌，行幸羌橋，集京城以東諸軍都督以上，頒賜有差。【略】

（建德二年六月）丙辰，帝御露寢，集諸軍將，勖以戎事。庚申，詔諸軍旌旗皆畫以猛獸、鷙鳥之象。【略】

十一月辛巳，帝親率六軍講武於城東。癸未，集諸軍都督以上五十人於道會苑大射，帝親臨射宮，大備軍容。【略】

（建德三年正月）癸酉，詔：『自今已後，男年十五，女年十三已上，爰及鰥寡，所在軍民，以時嫁娶，務從節儉，勿為財幣稽留。』乙亥，親耕籍田。丙子，初服短衣，享二十四軍督將以下，試以軍旅之法，縱酒盡歡。詔以往歲年穀不登，民多乏絕，令公私道俗，凡有貯積粟麥者，皆准口聽留，以外盡糶。【略】

（五月）丙子，初斷佛、道二教，經像悉毀，罷沙門、道士，並令還民。並禁諸淫祀，禮典所不載者，盡除之。六月丁未，集諸軍將，教以戰陣之法。壬子，更鑄五行大布錢，以一當十，與布泉錢並行。【略】

（建德三年）十二月戊子，大會衛官及軍人以上，賜錢帛各有差。辛卯，月掩太白。詔荊、襄、安、延、夏五州總管內，有能率其從軍者，授官各有差。其貧下戶，給復三年。丙申，改諸軍軍士並為侍官。丁酉，利州上言騶虞見。癸卯，集諸軍講武於臨臯澤。

又 卷六《武帝紀下》 （建德四年七月）丙子，召大將軍以上於大德殿，帝曰：『太祖神武膺運，創造王基，兵威所臨，有征無戰。唯彼偽齊，猶懷跋扈。雖復戎車屢駕，而大勳未集。朕以寡昧，纂承鴻緒，往以政出權宰，無所措懷。自親覽萬機，便圖東討。惡衣菲食，繕甲治兵，數年已來，戰備稍足。而偽主昏虐，恣行無道。伐暴除亂，斯實其時。今欲數道出兵，水陸兼進，北拒太行之路，東扼黎陽之險。若攻拔河陰，

兗、豫則馳檄可定。然後養鋭享士，以待其至。但得一戰，則破之必矣。王公以為何如？』羣臣咸稱善。丁丑，詔曰：

高氏因時放命，據有汾、漳，擅假名器，歷年永久。朕以亭毒為心，遵養時晦，遂敦聘好，務息黎元。而彼懷惡不悛，尋事侵軼，背言負信，竊邑藏姦。往者軍下宜陽，釁由彼始；兵興汾曲，事非我先。此獲俘囚，禮送相繼；彼所拘執，曾無一反。加以淫刑妄逞，毒賦繁興，齊、魯軫殄悴之哀，幽、并啓來蘇之望。既禍盈惡稔，衆叛親離，不有一戎，何以大定。今白藏在辰，涼風戒節，厲兵詰暴，時事惟宜。朕當親御六師，龔行天罰。庶憑祖宗之靈，潛資將士之力，風馳九有，電掃八紘。可分命衆軍，指期進發。

以柱國陳王純為前一軍總管，滎陽公司馬消難為前二軍總管，鄭國公達奚震為前三軍總管，越王盛為後一軍總管，周昌公侯莫陳瓊為後二軍總管，趙王招為後三軍總管，齊王憲率衆二萬趣黎陽，隨國公楊堅、廣寧侯薛回舟師三萬自渭入河，柱國梁國公侯莫陳芮率衆一萬守太行道，申國公李穆帥衆三萬守河陽道，常山公於翼帥衆二萬出陳、汝。壬午，上親率六軍，衆六萬，直指河陰。

八月癸卯，入于齊境。禁伐樹踐苗稼，犯者以軍法從事。丁未，上親率諸軍攻河陰大城，拔之。進攻子城，未克。上有疾。

九月辛酉夜，班師。水軍焚舟而退。齊王憲及于翼、李穆等所在克捷，降拔三十餘城，皆棄而不守。唯以王藥城要害，令儀同三司韓正守之。正尋以城降齊。戊寅，至自東伐。己卯，以華州刺史、畢王賢為荆州總管。

冬十月戊子，初置上柱國、上大將軍官，改開府儀同三司為開府儀同大將軍，儀同三司為儀同大將軍，又置上開府、上儀同官。甲午，行幸同州。

閏月，齊將尉相貴寇大寧，延州總管王慶擊走之。以柱國齊王憲、蜀國公尉遲迥為上柱國，柱國代王達為益州總管，大司寇滎陽公司馬消難為梁州總管。詔諸畿郡各舉賢良。【略】

五年春正月癸未，行幸同州。辛卯，行幸河東涑川，集關中、河東諸軍校獵。甲午，還同州。【略】

九月丁丑，大醮於正武殿，以祈東伐。

冬十月，帝謂羣臣曰：『朕去歲屬有疹疾，遂不得克平逋寇。前入賊境，備見敵情，觀彼行師，殆同兒戲。又聞其朝政昏亂，政由羣小，百姓嗷然，朝不謀夕。天與不取，恐貽後悔。若復同往年，出軍河外，直為撫背，未扼其喉。然晉州本高歡所起之地，鎮攝要重，今往攻之，彼必來援。吾嚴軍以待，擊之必克。然後乘破竹之勢，鼓行而東，足以窮其窟穴，混同文軌。』諸將多不願行。帝曰：『幾者事之微，不可失矣。若有沮吾軍者，朕當以軍法裁之。』

己酉，帝總戎東伐。以越王盛為右一軍總管，杞國公亮為右二軍總管，隨國公楊堅為右三軍總管，譙王儉為左一軍總管，大將軍竇恭為左二軍總管，廣化公丘崇為左三軍總管，齊王憲、陳王純為前軍。庚戌，熒惑犯太微上將。戊午，歲星犯太陵。癸亥，帝至晉州，遣齊王憲率精騎二萬守雀鼠谷，陳王純步騎二萬守千里徑，鄭國公達奚震步騎一萬守統軍川，大將軍韓明步騎五千守齊子嶺，烏氏公尹升步騎五千守鼓鐘鎮，涼城公辛韶步騎五千守蒲津關，柱國、趙王招步騎一萬自華谷攻汾州諸城，柱國宇文盛步騎一萬守汾水關。遣內史王誼監六軍，攻晉州城。帝屯於汾曲。齊王憲攻洪洞、永安二城，並拔之。是夜，虹見於晉州城上，首向南，尾入紫微宮，長十餘丈。帝每日自汾曲赴城下，親督戰，城中惶窘。庚午，齊行臺左丞侯子欽出降。壬申，齊晉州刺史崔景嵩守城北面，夜密遣使送款，上開府王軌率衆應之。未明，登城鼓噪，齊衆潰，遂克晉州，擒其城主特進、開府、海昌王尉相貴，俘甲士八千人，送關中。甲戌，以上開府梁士彥為晉州刺史，加授大將軍，留精兵一萬以鎮之。又遣諸軍徇齊諸城鎮，並相次降款。

十一月己卯，齊主自幷州率衆來援。帝以其兵新集，且避之。乃詔諸軍班師，遣齊王憲為後拒。是日，齊主至晉州，憲不與戰，引軍度汾。齊主遂圍晉州，晝夜攻之。齊王憲屯諸軍於涑水，為晉州聲援。河東地震。癸巳，至自東伐。獻俘於太廟。甲午，詔曰：『偽齊違信背約，惡稔禍盈，是以親總六師，問罪汾、晉。兵威所及，莫不摧殄。賊衆危惶，烏栖自固。暨元戎反旆，方來聚結，遊魂境首，尚敢趑趄。朕今更率諸軍，應機除翦。』丙申，放齊諸城鎮降人還。丁酉，帝發京師。壬寅，度河，與諸軍合。

十二月戊申，次於晉州。初，齊攻晉州，恐王師卒至，於城南穿塹，自喬山屬於汾水。庚戌，帝帥諸軍八萬人，置陣東西二十餘里。帝乘常御馬，從數人巡陣處分，所至輒呼主帥姓名以慰勉之。將士感見知之恩，各思自厲。將戰，有司請換馬。帝曰：『朕獨乘良馬何所之？』齊主亦於塹北列陣。申後，齊人填塹南引。帝大喜，勒諸軍擊之，齊人便退。齊主與其麾下數十騎走還并州。齊衆大潰，軍資甲仗，數百里間，委棄山積。

辛亥，帝幸晉州，仍率諸軍追齊主。諸將固請還師。帝曰：『縱敵患生。卿等若疑，朕將獨往。』諸將不敢言。甲寅，齊主遣其丞相高阿那肱守高壁。帝麾軍直進，那肱望風退散。丙辰，師次介休。齊將韓建業舉城降，以為上柱國，封郇國公。丁巳，大軍次并州。齊主留其從兄安德王延宗守并州，自將輕騎走鄴。是日，詔曰：

夫樹之以君，司牧黔首，蓋以除其苛慝，恤其患害。朕君臨萬國，志清四海，思濟一世之人，置之仁壽之域。嗟彼齊趙，獨為匪民，乃睠東顧，載深長想。偽主涼德早聞，醜聲夙著，酒色是耽，盤遊是悅。閹豎居阿衡之任，胡人寄喉唇之重。棟樑骨鯁，翦為仇讎；狐、趙緒餘，降成皂隸。民不見德，唯虐是聞。朕懷茲漏網，置之度外，正欲各靜封疆，共紓民瘼故也。

爾之主相，曾不是思，欲構厲階，反貽其梗。我之率土，咸求傳刃，帷幄獻兼弱之謀，爪牙奮干戈之勇，贏糧坐甲，若赴私讎。是以一鼓而定晉州，再舉而摧逋醜。偽丞相高阿那肱驅逼餘燼，竊據高壁；偽定南王韓建業作守介休，規相抗擬。聊示兵威，應時崩潰。那肱則單馬宵遁，建業則面縛軍和，爾之逃卒，所知見也。

若其懷遠以德，則爾難以德綏；處鄰以義，則爾難以義服。且天與不取，道家所忌；攻昧侮亡，兵之上術。朕今親馭羣雄，長驅宇內，六軍舒旆，萬隊啓行。勢與雷電爭威，氣逐風雲齊舉。王師所次，已達近郊，望歲之民，室家相慶，來蘇之後，思副厥誠。偽主若妙盡人謀，深達天命，牽羊道左，銜璧轅門，當惠以焚櫬之恩，待以列侯之禮。偽將相王公已下，衣冠士民之族，如有深識事宜，建功立效，官榮爵賞，各有加隆。若下愚不移，守迷莫改，則委之執憲，以正刑書。嗟爾庶士，胡寧自棄。或我之將卒，逃彼逆朝，無問貴賤，皆從蕩滌。善求多福，無貽後悔。璽書所至，咸使聞知。

自是齊之將帥，降者相繼。封其特進、開府賀拔伏恩為郜國公。其餘，官爵各有差。

戊午，高延宗僭即偽位，改年德昌。己未，軍次并州。庚申，延宗擁兵四萬出城抗拒，帝率諸軍合戰，齊人退。帝乘勝逐北，率千餘騎入東門，詔諸軍繞城置陣。至夜，延宗率其衆排陣而前，城中軍卻，人相蹂踐，大為延宗所敗，死傷略盡。齊人欲閉門，以閫下積尸，扉不得闔。帝從數騎崎嶇危險，僅得出門。至明，率諸軍更戰，大破之。擒延宗，并州平。壬戌，詔曰：

昔天厭水運，龍戰於野，兩京圮隔，四紀於茲。朕垂拱巖廊，君臨宇縣，相邠民於海內，混楚弓於天下，一物失所，有若推溝。方欲德綏未服，義征不譓。偽主高緯，放命燕齊，怠慢典刑，俶擾天紀，加以背惠怒鄰，棄信忘義。朕應天從物，伐罪吊民，一鼓而蕩平陽，再舉而摧勍敵。偽署王公，相繼道左。高緯智窮數屈，逃竄草間。偽安德王高延宗擾攘之間，遂竊名號，與偽齊昌王莫多婁敬顯等，收合餘燼，背城抗敵。王威既振，魚潰鳥離，破竹非難，建瓴更易。延宗衆散，解甲軍門。根本既傾，枝葉自隕。幽青海岱，折簡而來；冀北河南，傳檄可定。八紘共貫，六合同風，方當偃伯靈臺，休牛桃塞，無疆之慶，非獨在餘。

漢皇約法，除其苛政，姬王輕典，刑彼新邦。思覃惠澤，被之率土，新舊臣民，皆從蕩滌。可大赦天下。高緯及王公以下，若釋然歸順，咸許自新。諸亡入偽朝，亦從寬宥。官榮次序，依例無失。其齊偽制令，即宜削除。鄒魯縉紳，幽并騎士，一介可稱，並宜銓録。百年去殺，雖或難希，期月有成，庶幾可勉。

丙寅，出齊宮中金銀寶器珠翠麗服及宮女二千人，班賜將士。以柱國趙王招、陳王純、越王盛、杞國公亮、梁國公侯莫陳芮、庸國公王謙、北平公寇紹、鄭國公達奚震並為上柱國。封齊王憲子安城郡公質為河間王，大將軍廣化公丘崇為潞國公，神水公姬願為原國公，廣業公尉遲運為盧國公。諸有功者，封授各有差。癸酉，帝率六軍趣鄴。以上柱國、陳王純為并州總管。

六年春正月乙亥，齊主傳位於其太子恒，改年承光，自號為太上皇。壬辰，帝至鄴。齊主先於城外掘塹豎柵。癸巳，帝率諸軍圍之，齊人拒守，諸軍奮擊，大破之，遂平鄴。齊主先送其母並妻子於青州，及城陷，

乃率數十騎走青州。遣大將軍尉遲勤率二千騎追之。是戰也，於陣獲其齊昌王莫多婁敬顯。帝責之曰：『汝有死罪者三：前從幷走鄴，攜妾棄母，是不孝；外為僞主戮力，內實通啓於朕，是不忠；送款之後，猶持兩端，是不信。如此用懷，不死何待。』遂斬之。是日，西方有聲如雷者一。

甲午，帝入鄴城。齊任城王湝先在冀州，齊主至河，遣其侍中斛律孝卿送傳國璽禪位於湝。孝卿未達，被執送鄴。詔去年大赦班宣未及之處，皆從赦例。封齊開府、洛州刺史獨孤永業為應國公。丙申，以上柱國、越王盛為相州總管。己亥，詔曰：『自晉州大陣至於平鄴，身殞戰場者，其子即授父本官。』尉遲勤擒齊主及其太子恒於青州。

庚子，詔曰：『僞齊之末，姦佞擅權，濫罰淫刑，動掛羅網，僞右丞相、咸陽王故斛律明月，僞侍中、特進、開府故崔季舒等七人，或功高獲罪，或直言見誅。朕兵以義動，翦除凶暴，表閭封墓，事切下車。宜追贈謚，幷窆措。其見存子孫，各隨蔭敍録。家口田宅没官者，並還之。』

辛丑，詔曰：『僞齊叛涣，竊有漳濱，世縱淫風，事窮雕飾。或穿池運石，為山學海；或層臺累構，概日凌雲。以暴亂之心，極奢侈之事，有一於此，未或弗亡。朕菲食薄衣，以弘風教，追念生民之費，尚想力役之勞。方當易茲弊俗，率歸節儉。其東山、南園及三臺可並毁撤。瓦木諸物，凡入用者，盡賜下民。山園之田，各還本主。』

二月丙午，論定諸軍功勳，置酒於齊太極殿，會軍士以上，班賜有差。丁未，齊主至，帝降自阼階，以賓主之禮相見。高湝在冀州擁兵未下，遣上柱國、齊王憲與柱國、隨公楊堅率軍討平之。齊定州刺史、范陽王高紹義叛入突厥。齊諸行臺州鎮悉降，關東平。合州五十五，郡一百六十二，縣三百八十五，户三百三十萬二千五百二十八，口二千萬六千八百八十六。乃於河陽、幽、青、南兗、豫、徐、北朔、定並置總管府，相、幷二總管各置宮及六府官。

癸丑，詔曰：『無侮煢獨，事顯前書；哀彼矜人，惠流往訓。僞齊末政，昏虐實繁，災甚滔天，毒流比屋。無罪無辜，繫虜三軍之手；不飲不食，僵仆九逵之門。朕為民父母，職養黎人，念甚泣辜，誠深罪己。除其苛政，事屬改張，宜加寬宥，兼行賑恤。自僞武平三年以來，河南諸州之民，僞齊被掠為奴婢者，不問官私，並宜放免。其住在淮南者，亦即聽還。願住淮北者，可隨便安置。其有癃殘孤老，饑餒絶食，不能自存者，仰刺史守令及親民長司，躬自檢校。無親屬者，所在給其衣食，務使存濟。』

乙卯，帝自鄴還京。丙辰，以柱國、隨公楊堅為定州總管。

三月壬午，詔山東諸州，各舉明經幹治者二人。若奇才異術，卓爾不羣者，弗拘多少。

夏四月乙巳，至自東伐。列齊主於前，其王公等並從，車輿旗幟及器物以次陳於其後。大駕布六軍，備凱樂，獻俘於太廟。京邑觀者皆稱萬歲。戊申，封齊主為温國公。庚戌，大會羣臣及諸蕃客於露寢。乙卯，廢蒲、陝、涇、寧四州總管。己巳，祠太廟。詔曰：『東夏既平，王道初被，齊氏弊政，餘風未殄。朕劬勞萬機，念存康濟。恐清淨之志，未形四海，下民疾苦，不能上達，寢興軫慮，用切於懷。宜分遣使人，巡方撫慰，觀風省俗，宣揚治道。有司明立條科，務在弘益。』

論說

清·顧祖禹《讀史方輿紀要》卷五二《陝西方輿紀要序》 苻堅之用關中也，能亡燕而不能幷晉也。宇文邕之用關中也，能滅齊吞梁而不能幷陳也。隗囂用秦、隴及身而敗，赫連勃勃用關中再世而敗。張軌據涼傳祚六十餘年，趙元昊據夏享國且二百餘載。夫以區區之地，而能垂久若此者，豈非以天下之勢恒在西北，邊塞阻險，受敵一面，雖中才亦足以自保哉？

平定禍亂部

淮南三叛分部

綜　述

《三國志》卷四《魏志・齊王芳傳》　（嘉平三年四月）丙午，聞太尉王淩謀廢，立楚王彪，太傅司馬宣王東征淩。五月甲寅，淩自殺。六月，彪賜死。【略】

（正元）二年春正月乙丑，鎮東將軍毌丘儉、揚州刺史文欽反。（戊戌）［戊寅］，大將軍司馬景王征之。癸未，車騎將軍郭淮薨。閏月己亥，破欽于樂嘉。欽遁走，遂奔吳。甲辰，（安風淮津）［安風津］都尉斬儉，傳首京都。《世語》曰：大將軍奉天子征儉，至項；儉既破，天子先還。臣松之檢諸書都無此事，至諸葛誕反，司馬文王始挾太后及帝與俱行耳。故發詔引漢二祖及明帝親征以為前比，知明帝已後始有此行也。案張璠、虞溥、郭頒皆晉之令史，璠、頒出為官長，溥，鄱陽內史。璠撰《後漢紀》，雖似未成，辭藻可觀。溥著《江表傳》，亦粗有條貫。惟頒撰《魏晉世語》，蹇乏全無宮商，最為鄙劣，以時有異事，故頗行於世。干寶、孫盛等多采其言以為《晉書》，其中虛錯如此者，往往而有之。壬子，復特赦淮南士民諸為儉、欽所詿誤者。以鎮南將軍諸葛誕為鎮東大將軍。司馬景王薨於許昌。二月丁巳，以衛將軍司馬文王為大將軍，録尚書事。

又　《高貴鄉公髦傳》　（甘露二年四月）甲子，以征東大將軍諸葛誕為司空。【略】

（五月）乙亥，諸葛誕不就徵，發兵反，殺揚州刺史樂綝。丙子，赦淮南將吏士民為誕所詿誤者。丁丑，詔曰：『諸葛誕造為凶亂，蕩覆揚州。昔鯨布逆叛，漢祖親戎，隗囂違戾，光武西伐，及烈祖明皇帝躬征吳、蜀，皆所以奮揚赫斯，震耀威武也。今宜皇太后與朕暫共臨戎，速定醜虜，時寧東夏。』己卯，詔曰：『諸葛誕造構逆亂，迫脅忠義，平寇將軍臨渭亭侯龐會、騎督偏將軍路蕃，各將左右，斬門突出，忠壯勇烈，所宜嘉異。其進會爵鄉侯，蕃封亭侯。』【略】

秋八月，詔曰：『昔燕剌王謀反，韓誼等諫而死，漢朝顯登其子。諸葛誕創造凶亂，主簿宣隆、部曲督秦絜秉節守義，臨事固爭，為誕所殺，所謂無比干之親而受其戮者。其以隆、絜子為騎都尉，加以贈賜，光示遠近，以殊忠義。』【略】

三年春二月，大將軍司馬文王陷壽春城，斬諸葛誕。三月，詔曰：『古者克敵，收其屍以為京觀，所以懲昏逆而章武功也。漢孝武元鼎中，改桐鄉為聞喜，新鄉為獲嘉，以著南越之亡。大將軍親總六戎，營據丘頭，內夷羣凶，外殄寇虜，功濟兆民，聲振四海。克敵之地，宜有令名，其改丘頭為武丘，明以武平亂，後世不忘，亦京觀二邑之義也。』【略】

（六月）辛卯，大論淮南之功，封爵行賞各有差。

又　卷二八《魏志・王淩傳》　是時，淩外甥令狐愚以才能為兗州刺史，屯平阿。舅甥並典兵，專淮南之重。淩就遷為司空。司馬宣王既誅曹爽，進淩為太尉，假節鉞。淩、愚密協計，謂齊王不任天位，楚王彪長而才，欲迎立彪都許昌。嘉平元年九月，愚遣將張式至白馬，與彪相問往來。淩又遣舍人勞精詣洛陽，語子廣。廣言：『廢立大事，勿為禍先。』《漢晉春秋》曰：淩、愚謀，以帝幼制於彊臣，不堪為主，楚王彪長而才，欲迎立之，以興曹氏。淩使人告廣，廣曰：『凡舉大事，應本人情。今曹爽以驕奢失民，何平叔虛而不治，丁、畢、桓、鄧雖並有宿望，皆專競於世。加變易朝典，政令數改，所存雖高而事不下接，民習於舊，衆莫之從。故雖勢傾四海，聲震天下，同日斬戮，名士減半，而百姓安之，莫或之哀，失民故也。今懿情雖難量，事未有逆，而擢用賢能，廣樹勝己，修先朝之政令，副衆心之所求。爽之所以為惡者，彼莫不必改，夙夜匪解，以恤民為先。父子兄弟，並握兵要，未易亡也。』淩不從。臣松之以為如此言之類，皆前史所不載，而猶出習氏。且制言法體不似於昔，疑悉鑿齒所自造者也。其十一月，愚復遣式詣彪，未還，會愚病死。《魏書》曰：愚字公治，本名浚，黃初中，為和戎護軍。烏丸校尉田豫討胡有功，小違節度，愚以法繩之。帝怒，械繫愚，免官治罪，詔曰『浚何愚』！遂以名之。正始中，為曹爽長史，後出為兗州刺史。《魏略》曰：愚聞楚王彪有智勇。初東

郡有訛言云：『白馬河出妖馬，夜過官牧邊鳴呼，衆馬皆應，明日見其迹，大如斛，行數里，還入河中。』又有謠言：『白馬素羈西南馳，其誰乘者朱虎騎。』楚王小字朱虎，故愚與王淩陰謀立楚王。乃先使人通意於王，言『使君謝王，天下事不可知，原王自愛』！彪亦陰知其意，答言『謝使君，知厚意也。』二年，熒惑守南斗，淩謂：『斗中有星，當有暴貴者。』《魏略》曰：淩聞東平民浩詳知星，呼問詳。詳疑淩有所挾，欲悅其意，不言吳當有死喪，而言淮南楚分也，今吳、楚同占，當有王者興。故淩計遂定。三年春，吳賊塞塗水。淩欲因此發，大嚴諸軍，表求討賊；詔報不聽。淩陰謀滋甚，遣將軍楊弘以廢立事告兗州刺史黄華，華、弘連名以白太傅司馬宣王。宣王將中軍乘水道討淩，先下赦赦淩罪，又將尚書廣東，使為書喻淩，大軍掩至百尺逼淩。淩自知勢窮，乃乘船單出迎宣王，遣掾王彧謝罪，送印綬、節鉞。軍到丘頭，淩面縛水次。宣王承詔遣主簿解縛反服，見淩，慰勞之，還印綬、節鉞，遣步騎六百人送還京都。淩至項，飲藥死。《魏略》載淩與太傅書曰：『卒聞神軍密發，已在百尺，雖知命窮盡，遲於相見，身首分離，不以為恨，前後遣使，有書未得還報，企踵西望，無物以譬。昨遣書之後，便乘船來相迎宿丘頭，旦發於浦口，奉被露布赦書，又得二十三日況，累紙誨示，聞命驚愕，五内失守，不知何地可以自處？僕久忝朝恩，歷試無效，統御戎馬，董齊東夏，事有闕廢，中心犯義，罪在三百，妻子同縣，無所禱矣。不圖聖恩天覆地載，横蒙視息，復睹日月。亡甥令狐愚攜惑羣小之言，僕即時呵抑，使不得竟其語。既人已知，神明所鑑，夫非事無陰，卒至發露，知此梟夷之罪也。生我者父母，活我者子也。』又重曰：『身陷刑罪，謬蒙赦宥。今遣掾送印綬，頃至，當如詔書自縛歸命。雖足下私之，官法有分。』及到，如書。太傅使人解其縛。淩既蒙赦，加怙舊好，不復自疑，徑乘小船自趣太傅。太傅使人逆止之，住船淮中，相去十餘丈。淩知見外，乃遥謂太傅曰：『卿直以折簡召我，我當敢不至邪？而乃引軍來乎！』太傅曰：『以卿非肯逐折簡者故也。』淩曰：『卿負我！』太傅曰：『我寧負卿，不負國家。』遂使人送來西。淩自知罪重，試索棺釘，以觀太傅意，太傅給之。淩行到項，夜呼掾屬與決曰：『行年八十，身名並滅邪！』遂自殺。干寶《晉紀》曰：淩到項，見賈逵祠在水側，淩呼曰：『賈梁道，王淩固忠於魏之社稷者，唯爾有神，知之。』其年八月，太傅有疾，夢淩、逵為癘，甚惡之，遂薨。宣王遂至壽春。張式等皆自首，乃窮治其事。彪賜死，諸相連者悉夷三族。《魏略》載：山陽單固，字恭夏，為人有器實。正始中，兗州刺史令狐愚與固父伯龍善，辟固，欲以為别駕。固不樂為州吏，辭以疾。愚禮意愈厚，固不欲應。固母夏侯氏謂固曰：『使君與汝父久善，故命汝不止，汝亦故當仕進，自可往耳。』固不獲已，遂往，與兼治中從事楊康並為愚腹心。後愚與王淩通謀，康、固皆知其計。會愚病，康應司徒召詣洛陽，固亦以疾解禄。康在京師露其事，太傅乃東取王淩。到壽春，固見太傅，太傅問曰：『卿知其事為邪？』固對不知。太傅曰：『且置近事。問卿，令狐反乎？』固又曰無。而楊康白，事事與固連。遂收捕固及家屬，皆繫廷尉，考實數十，固故云無有。太傅録楊康，與固對相詰。固辭窮，乃罵康曰：『老庸既負使君，又滅我族，顧汝當活邪！』辭定，事上，須報廷尉，以舊皆聽得與其母妻子相見。固見其母，不仰視，其母知其慚也，字謂之曰：『恭夏，汝本自不欲應州郡也，我强故耳。汝為人吏，自當爾耳。此自門户衰，我無恨也。汝本意與我語。』固終不仰，又不語，以至於死。初，楊康自以白其事，冀得封拜，後以辭頗參錯，亦並斬。臨刑，俱出獄，固又罵康曰：『老奴，汝死自分耳。若令死者有知，汝何面目以行地下也。』朝議咸以為《春秋》之義，齊崔杼、鄭歸生皆加追戮，陳屍斫棺，載在方策。淩、愚罪宜如舊典。乃發淩、愚塚，剖棺，暴屍於所近市三日，燒其印綬、朝服，親土埋之。干寶《晉紀》曰：兗州武吏東平馬隆，託為愚家客，以私財更殯葬，行服三年，種植松柏。一州之士愧之。進弘、華爵為鄉侯。廣有志尚學行，死時年四十餘。《魏氏春秋》曰：廣字公淵。弟飛梟、金虎，並才武過人。太傅嘗從容問蔣濟，濟曰：『淩文武俱贍，當今無雙。廣等志力，有美於父耳。』退而悔之，告所親曰：『吾此言，滅人門宗矣。』《魏末傳》曰：淩少子字明山，最知名，善書，多技藝，人得其書，皆以為法。走向太原，追軍及之，時有飛鳥集桑樹，隨枝低印，舉弓射之即倒，追人乃止不復進。明山投親家食，親家告吏，乃就執之。

又《毋丘儉傳》 毋丘儉字仲恭，河東聞喜人也。父興，黄初中為武威太守，伐叛柔服，開通河右，名次金城太守蘇則。討賊張進及討叛胡有功，封高陽鄉侯。《魏名臣奏》載雍州刺史張既表曰：『河右遐遠，喪亂彌久，武威當諸郡路道喉轄之要，加民夷雜處，數有兵難。領太守毋丘興到官，内撫吏民，外懷羌、胡，卒使柔附，為官效用。黄華、張進初圖逆亂，扇動左右，興志氣忠烈，臨難不顧，為將校民夷陳說禍福，言則涕泣。于時男女萬口，咸懷感激，形毀髮亂，誓心致命。尋率精兵踧脅張掖，濟拔領太守杜通、西海太守張睦。張掖番和、驪靬二縣吏民及郡雜胡棄惡詣興，興皆安恤，使盡力田。興每所歷，盡竭心力，誠國之良吏。殿下即位，留心萬機，苟有毫毛之善，必有賞録，臣伏緣聖旨，指陳其事。』入為將作大匠。儉襲父爵，為平原侯文學。明帝即位，為尚書郎，遷羽林監。以東宮之舊，甚見親待。出為洛陽典農。時

取農民以治宮室，儉上疏曰：『臣愚以為天下所急除者二賊，所急務者衣食。誠使二賊不滅，士民饑凍，雖崇美宮室，猶無益也。』遷荊州刺史。

青龍中，帝圖討遼東，以儉有幹策，徙為幽州刺史，加度遼將軍，使持節，護烏丸校尉。率幽州諸軍至襄平，屯遼隧。右北平烏丸單于寇婁敦、遼西烏丸都督率衆王護留等，昔隨袁尚奔遼東者，率衆五千餘人降。寇婁敦遣弟阿羅槃等詣闕朝貢，封其渠率二十餘人為侯、王，賜輿馬繒采各有差。公孫淵逆與儉戰，不利，引還。明年，帝遣太尉司馬宣王統中軍及儉等衆數萬討淵，定遼東。儉以功進封安邑侯，食邑三千九百户。

正始中，儉以高句驪數侵叛，督諸軍步騎萬人出玄菟，從諸道討之。句驪王宮將步騎二萬人，進軍沸流水上，大戰梁口，梁音渴。宮連破走。儉遂束馬縣車，以登丸都，屠句驪所都，斬獲首虜以千數。句驪沛者名得來，數諫宮，臣松之按《東夷傳》：沛者，句驪國之官名。宮不從其言。得來歎曰：『立見此地將生蓬蒿。』遂不食而死，舉國賢之。儉令諸軍不壞其墓，不伐其樹，得其妻子，皆放遣之。宮單將妻子逃竄。儉引軍還。六年，復征之，宮遂奔買溝。儉遣玄菟太守王頎追之，《世語》曰：頎字孔碩，東萊人，晉永嘉中大賊王彌，頎之孫。過沃沮千有餘里，至肅慎氏南界，刻石紀功，刊丸都之山，銘不耐之城。諸所誅納八千餘口，論功受賞，侯者百餘人。穿山溉灌，民賴其利。

遷左將軍，假節監豫州諸軍事，領豫州刺史，轉為鎮南將軍。諸葛誕戰于東關，不利，乃令誕、儉對換。誕為鎮南，都督豫州。儉為鎮東，都督楊州。吳太傅諸葛恪圍合肥新城，儉與文欽禦之，太尉司馬孚督中軍東解圍，恪退還。

初，儉與夏侯玄、李豐等厚善。揚州刺史前將軍文欽，曹爽之邑人也，驍果粗猛，數有戰功，好增虜獲，以徼寵賞，多不見許，怨恨日甚。儉以計厚待欽，情好歡洽。欽亦感戴，投心無貳。正元二年正月，有彗星數十丈，西北竟天，起于吳、楚之分。儉、欽喜，以為己祥。遂矯太后詔，罪狀大將軍司馬景王，移諸郡國，舉兵反。迫脅淮南將守諸別屯者，及吏民大小，皆入壽春城，為壇於城西，歃血稱兵為盟，分老弱守城，儉、欽自將五六萬衆渡淮，西至項。儉堅守，欽在外為遊兵。儉、欽等表曰：『故相國懿，匡輔魏室，歷事忠貞，故烈祖明皇帝授以寄託之任。懿戮力盡節，以寧華夏。又以齊王聰明，無有穢德，乃心勤盡忠以輔上，天下賴之。懿欲討滅二虜以安宇內，始分軍糧，剋時同舉，未成而薨。齊王以懿有輔己大功，故遂使師承統懿業，委以大事。而師以盛年在職，無疾託病，坐擁强兵，無有臣禮，朝臣非之，義士譏之，天下所聞，其罪一也。懿造計取賊，多春軍糧，剋期有日。師為大臣，當除國難，又為人子，當卒父業。哀聲未絕而便罷息，為臣不忠，為子不孝，其罪二也。賊退過東關，坐自起衆，三征同進，喪衆敗績，歷年軍實，一旦而盡，致使賊來，天下騷動，死傷流離，其罪三也。賊舉國悉衆，號五十萬，來向壽春，圖詣洛陽，會太尉孚與臣等建計，乃杜塞要險，不與爭鋒，還固新城。淮南將士，衝鋒履刃，晝夜相守，勤瘁百日，死者塗地，自魏有軍已來，為難苦甚，莫過於此。而師遂意自由，不論封賞，權勢自在，無所領録，其罪四也。故中書令李豐等，以師無人臣節，欲議退之。師知而請豐，其夕拉殺，載屍埋棺。豐等為大臣，帝王腹心，擅加酷暴，死無罪名，師有無君之心，其罪五也。懿每歎說齊王自堪人主，君臣之義定。奉事以來十有五載，始欲歸政，按行武庫，詔問禁兵不得妄出。師自知姦慝，人神所不祐，矯廢君主，加之以罪。孚，師之叔父，性甚仁孝，追送齊王，悲不自勝。羣臣皆怒而師懷忍，不顧大義，其罪六也。又故光禄大夫張緝，無罪而誅，夷其妻子，並及母后，逼恐至尊，强催督遣，臨時哀愕，莫不傷痛；而師稱慶，反以歡喜，其罪七也。陛下踐阼，聰明神武，事經聖心，欲崇省約，天下聞之，莫不歡慶；而師不自改悔，脩復臣禮，而方徵兵募士，毀壞宮內，列侯自衛。陛下即阼，初不朝覲。陛下欲臨幸師舍以省其疾，復拒不通，不奉法度，其罪八也。近者領軍許允當為鎮北，以廚錢給賜，而師舉奏加辟，雖云流徙，道路餓殺，天下聞之，莫不哀傷，其罪九也。三方之守，一朝闕廢，多選精兵，以自營衛，五營領兵，闕而不補，多載器杖，充聚本營，天下所聞，人懷憤怨，訛言盈路，以疑海內，其罪十也。多休守兵，以占高第，以空虛四表，欲擅强勢，以逞姦心，募取屯田，加其復賞，阻兵安忍，壞亂舊法。合聚諸藩王公以著鄴，欲悉誅之，一旦舉事廢主。天不長惡，使目腫不成，其罪十一也。臣等先人皆隨從太祖武皇帝征討兇暴，獲成大功，與高祖文皇帝即受漢禪，開國承家，猶堯舜相傳也。臣與安豐護軍鄭翼、廬江護軍呂宣、太守張休、淮南太守丁尊、督守合肥護軍王休等議，各以累世受恩，千載風塵，思盡軀命，以完全社稷安主為效。斯義苟立，雖焚妻子，吞炭漆身，死而不恨也。按師之罪，宜加大辟，以彰姦慝。《春秋》之義，一世為善，一世宥之。懿有大功，海內所書，依古典議，廢師以侯就弟。弟昭，忠肅寬明，樂善好士，有高世君子之度，忠誠為國，不與師同。臣等碎首所保，可以代師輔導聖躬。太尉孚，忠孝小心，

所宜親寵，授以保傅。護軍散騎常侍望，忠公親事，當官稱能，遠迎乘輿，有宿衛之功，可為中領軍。《春秋》之義，大義滅親，故周公誅弟，石碏戮子，季友鴆兄，上為國計，下全宗族。殛鯀用禹，聖人明典，古今所稱。乞陛下下臣等所奏，朝堂博議。臣言當道，使師遜位避賢者，罷兵去備，如三皇舊法，則天下協同。若師負勢恃衆不自退者，臣等率將所領，晝夜兼行，惟命是授。臣等今日所奏，惟欲使大魏永存，使陛下得行君意，遠絕亡之禍，百姓安全，六合一體，使忠臣義士，不愧於三皇五帝耳。臣恐兵起，天下擾亂，臣輒上事，移三征及州郡國典農，各安慰所部吏民，不得妄動，謹具以狀聞。惟陛下愛養精神，明慮危害，以寧海內。師專權用勢，賞罰自由，聞臣等舉衆，必下詔禁絕關津，使驛書不通，擅復徵調，有所收捕。此乃師詔，非陛下詔書，在所皆不得復承用。臣等道遠，懼文書不得皆通，輒臨時賞罰，以便宜從事，須定表上也。」

大將軍統中外軍討之，別使諸葛誕督豫州諸軍從安風津擬壽春，征東將軍胡遵督青、徐諸軍出於譙、宋之間，絕其歸路。大將軍屯汝陽，使監軍王基督前鋒諸軍據南頓以待之。今諸軍皆堅壁勿與戰。儉、欽進不得鬭，退恐壽春見襲，不得歸，計窮不知所為。淮南將士，家皆在北，衆心沮散，降者相屬，惟淮南新附農民為之用。大將軍遣兗州刺史鄧艾督泰山諸軍萬餘人至樂嘉，示弱以誘之，大將軍尋自洙至。欽不知，果夜來欲襲艾等，會明，見大軍兵馬盛，乃引還。《魏氏春秋》曰：欽中子俶，小名鴦。年尚幼，勇力絕人，謂欽曰：「及其未定，擊之可破也。」於是分為二隊，夜夾攻軍。俶率壯士先至，大呼大將軍，軍中震擾。欽後期不應。會明，俶退，欽亦引還。《魏末傳》曰：殿中人姓尹，字大目，小為曹氏家奴，常侍在帝側，大將軍將俱行。大目知大將軍一目已突出，啓云：「文欽本是明公腹心，但為人所誤耳，又天子鄉里。大目昔為文欽所信，乞得追解語之，令還與公復好。」大將軍聽遣大目單身往，乘大馬，被鎧甲，追文欽，遙相與語。大目心實欲曹氏安，謬言：「君侯何苦若不可復忍數日中也！」欲使欽解其旨。欽殊不悟，乃更厲聲罵大目：「汝先帝家人，不念報恩，而反與司馬師作逆；不顧上天，天不祐汝！」乃張弓傅矢欲射大目，大目涕泣曰：「世事敗矣，善自努力也。」大將軍縱驍騎追擊，大破之，欽遁走。是日，儉聞欽戰敗，恐懼夜走，衆潰。比至慎縣，左右人兵稍棄儉去，儉獨與小弟秀及孫重藏水邊草中。安風津都尉部民張屬就射殺儉，傳首京都。屬封侯。秀、重走入吳。將士諸為儉、欽所迫脅者，悉歸降。欽與郭淮書曰：「大將軍昭伯與太傅（伯）俱受顧命，登床把臂，託付天下，此遠近所知。後以勢利，乃絕其祀，及其親黨，皆一時之俊，可為痛心，奈何奈何！公侯恃與大司馬公恩親分著，義貫金石，當此之時，想益毒痛，有不可堪也。王太尉嫌其專朝，潛欲舉兵，事竟不捷，復受誅夷，害及楚王，想甚追恨。太傅既亡，然其子師繼承父業，肆其虐暴，日月滋甚，放主弑後，殘戮忠良，包藏禍心，遂至篡弑。此可忍也，孰不可忍？欽以名義大故，事君有節，忠憤内發，忘寢與食，無所吝顧也。會毋丘子邦自與父書，騰說公侯，盡事主之義，欲奮白髮，同符太公，惟須東問，影響相應，聞問之日，能不慷慨！是以不顧妻孥之痛，即與毋丘鎮東舉義兵三萬餘人，西趨京師，欲扶持王室，掃除姦逆，企踵西望，不得聲問，魯望高子，不足喻急。夫當仁不讓，況救君之難，度道遠艱，故不果期要耳。然同舟共濟，安危勢同，禍痛已連，非言飾所解，自公侯所明也。共事曹氏，積信魏朝，行道之人，皆所知見。然在朝之士，冒利偷生，烈士所耻，公侯所賤，賈豎所不忍為也，況當塗之士邪？軍屯住項，小人以閏月十六日別進兵，就于樂嘉城討師，師之徒衆，尋時崩潰，其所斬截，不復訾原，但當長驅徑至京師，而流言先至，毋丘不復詳之，更謂小人為誤，諸軍便爾瓦解。毋丘還走，追尋釋解，無所及。小人還項，復遇王基等十二軍，追尋毋丘，進兵討之，即時克破，所向全勝，要那後無繼何？孤軍梁昌，進退失所，還據壽春，壽春復走，狼狽躓閡，無復他計，惟當歸命大吳，借兵乞食，繼踵伍員耳。不若僕隸，如何快心，復君之仇，永使曹氏少享血食，此亦大國之所祐念也。想公侯不使程嬰、杵臼擅名於前代，而使大魏獨無鷹揚之士與？今大吳敦崇大義，深見滑悼。然僕於國大分連接，遠同一勢，日欲俱舉，瓜分中國，不原偏取以為己有。公侯必欲共忍帥胸懷，宜廣大勢，恐秦川之卒不可孤舉。今者之計，宜屈己伸人，託命歸漢，東西俱舉爾，乃可克定師黨耳。深思鄙言，若愚計可從，宜使漢軍克制期要，使六合校考，與周、召同封，以託付兒孫。此亦非小事也，大丈夫寧處其落落，是以遠呈忠心，時望嘉應。」時郭淮已卒，欽未知，故有此書。《世語》曰：毋丘儉之誅，黨與七百餘人，傳侍御史杜友治獄，惟舉首事十人，餘皆奏散。友字季子，東郡人，仕晉冀州刺史、河南尹。子默，字世玄，歷吏部郎，衛尉。

儉子甸為治書侍御史，先時知儉謀將發，私出將家屬逃走新安靈山上。別攻下之，夷儉三族。《世語》曰：甸字子邦，有名京邑。齊王之廢也，甸謂儉曰：「大人居方獄重任，國傾覆而晏然自守，將受四海之責。」儉然之。大將軍惡其為人也。及儉起兵，問屈頗所在，云不來無能為也。儉初起兵，遣子宗四人入吳。太康中，吳平，宗兄弟皆還中國。宗字子仁，有儉風，至零陵太守。宗子奧，巴東監軍、益州刺史。習鑿齒曰：毋丘儉感明帝之顧命，故為此役。君子謂毋丘儉事雖不成，可謂忠臣矣。夫竭節而赴義者我也，成之與敗者時也，我

苟無時，成何可必乎？忘我而不自必，乃所以為忠也。古人有言：『死者復生，生者不愧。』若毋丘儉可謂不愧也。

欽亡入吳，吳以欽為都護、假節、鎮北大將軍、幽州牧、譙侯。欽《降吳表》曰：『稟命不幸，常隸魏國，兩絕於天。雖側伏隅都，自知無路。司馬師滔天作逆，廢害二主，辛、癸、高、莽，惡不足喻。欽累世受魏恩，烏鳥之情，竊懷憤踴，在三之義，期於斃僕。前與毋丘儉、郭淮等俱舉義兵，當共討師，掃除凶孽，誠臣慺慺愚管所執。智慮淺薄，微節不騁，進無所依，悲痛切心。退惟不能扶翼本朝，抱愧俯仰，靡所自厝。冒緣古義，固有所歸，庶假天威，得展萬一，僵僕之日，亦所不恨。輒相率將，歸命聖化，慚偷苟生，非辭所陳。謹上還所受魏使持節、前將軍、山桑侯印綬。臨表惶惑，伏須罪誅。』《魏書》曰：欽字仲若，譙郡人。父稷，建安中為騎將，有勇力。欽少以名將子，材武見稱。

諸葛誕字公休，琅邪陽都人，諸葛豐後也。初以尚書郎為滎陽令，《魏氏春秋》曰：誕為郎，與僕射杜畿試船陶河，遭風覆没，誕亦俱溺。虎賁浮河救誕，誕曰：『先救杜侯。』誕飄於岸，絕而復蘇。入為吏部郎。人有所屬託，輒顯其言而承用之，後有當否，則公議其得失以為褒貶，自是羣僚莫不慎其所舉。累遷御史中丞尚書，與夏侯玄、鄧颺等相善，收名朝廷，京都翕然。言事者以誕、颺等脩浮華，合虛譽，漸不可長。明帝惡之，免誕官。《世語》曰：是時，當世俊士散騎常侍夏侯玄、尚書諸葛誕、鄧颺之徒，共相題表，以玄、疇四人為四聰，誕、備八人為八達，中書監劉放子熙、孫資子密、吏部尚書衛臻子烈三人，咸不及比，以父居勢位，容之為三豫，凡十五人。帝以構長浮華，皆免官廢錮。會帝崩，正始初，玄等並在職。復以誕為御史中丞尚書，出為揚州刺史，加昭武將軍。

王淩之陰謀也，太傅司馬宣王潛軍東伐，以誕為鎮東將軍、假節都督揚州諸軍事，封山陽亭侯。諸葛恪興東關，遣誕督諸軍討之，與戰，不利。還，徙為鎮南將軍。

後毋丘儉、文欽反，遣使詣誕，招呼豫州士民。誕斬其使，露布天下，令知儉、欽凶逆。大將軍司馬景王東征，使誕督豫州諸軍，渡安風津向壽春。儉、欽之破也，誕先至壽春。壽春中十餘萬口，聞儉、欽敗，恐誅，悉破城門出，流迸山澤，或散走入吳。以誕久在淮南，乃復以為鎮東大將軍、儀同三司、都督揚州。吳大將孫峻、呂據、留贊等聞淮南亂，會文欽往，乃帥衆將欽徑至壽春；時誕諸軍已至，城不可攻，乃走。誕遣將軍蔣班追擊之，斬贊，傳首，收其印節。進封高平侯，邑三千五百户，轉為征東大將軍。

誕既與玄、颺等至親，又王淩、毋丘儉累見夷滅，懼不自安，傾帑藏振施以結衆心，厚養親附及揚州輕俠者數千人為死士。《魏書》曰：誕賞賜過度。有犯死者，虧制以活之。甘露元年冬，吳賊欲向徐堨，計誕所督兵馬足以待之，而復請十萬衆守壽春，又求臨淮築城以備寇，內欲保有淮南。朝廷微知誕有自疑心，以誕舊臣，欲入度之。二年五月，徵為司空。誕被詔書，愈恐，遂反。召會諸將，自出攻揚州刺史樂綝，殺之。《世語》曰：司馬文王既秉朝政，長史賈充以為宜遣參佐慰勞四征，於是遣充至壽春。充還啟文王：『誕再在揚州，有威名，民望所歸。今徵，必不來，禍小事淺；不徵，事遲禍大。』乃以為司空。書至，誕曰：『我作公當在王文舒後，今便為司空！不遣使者，健步齎書，使以兵付樂綝，此必綝所為。』乃將左右數百人至揚州，揚州人欲閉門，誕叱曰：『卿非我故吏邪！』徑入，綝逃上樓，就斬之。《魏末傳》曰：賈充與誕相見，談說時事，因謂誕曰：『洛中諸賢，皆原禪代，君所知也。君以為云何？』誕厲色曰：『卿非賈豫州子？世受魏恩，如何負國，欲以魏室輸人乎？非吾所忍聞。若洛中有難，吾當死之。』充默然。誕既被徵，請諸牙門置酒飲宴，呼牙門從兵，皆賜酒令醉，謂衆人曰：『前作千人鎧仗始成，欲以擊賊，今當還洛，不復得用，欲蹔出，將見人遊戲，須臾還耳；諸君且止。』乃嚴鼓將士七百人出。樂綝聞之，閉州門。誕歷南門宣言曰：『當還洛邑，蹔出遊戲，揚州何為閉門見備？』前至東門，東門復閉，乃使兵緣城攻門，州人悉走。因風放火，焚其府庫，遂殺綝。誕表曰：『臣受國重任，統兵在東。揚州刺史樂綝專詐，說臣與吳交通，又言被詔當代臣位，無狀日久。臣奉國命，以死自立，終無異端。忿綝不忠，輒將步騎七百人，以今月六日討綝，即日斬首，函頭驛馬傳送。若聖朝明臣，臣即魏臣；不明臣，臣即吳臣。不勝發憤有日，謹拜表陳愚，悲感泣血，哽咽斷絕，不知所如，乞朝廷察臣至誠。』臣松之以為《魏末傳》所言，率皆鄙陋。疑誕表言曲，不至於此也。斂淮南及淮北郡縣屯田口十餘萬官兵，揚州新附勝兵者四五萬人，聚穀足一年食，閉城自守。遣長史吳綱將小子靚至吳請救。《世語》曰：黄初末，吳人發長沙王吳芮冢，以其塼於臨湘為孫堅立廟。芮容貌如生，衣服不朽。後豫發者見吳綱曰：『君何類長沙王吳芮，但微短耳。』綱瞿然曰：『是先祖也，君何由見之？』見者言所由，綱曰：『更葬否？』答曰：『即更葬矣。』自芮之卒年至冢發，四百餘年，綱，芮之十六世孫矣。吳人大喜，遣將全懌、全端、唐咨、王祚等，率三萬衆，密與文

欽俱來應誕。以誕為左都護、假節、大司徒、驃騎將軍、青州牧、壽春侯。是時鎮南將軍王基始至，督諸軍圍壽春，未合。咨、欽等從城東北，因山乘險，得將其衆突入城。

六月，車駕東征，至項。大將軍司馬文王督中外諸軍二十六萬衆，臨淮討之。大將軍屯丘頭。使基及安東將軍陳騫等四面合圍，表裏再重，塹壘甚峻。又使監軍石苞、兗州刺史州泰等，簡鋭卒為遊軍，備外寇。欽等數出犯圍，逆擊走之。吳將朱異再以大衆來迎誕等，渡黎漿水，泰等逆與戰，每摧其鋒。孫綝以異戰不進，怒而殺之。城中食轉少，外救不至，衆無所恃。將軍蔣班、焦彝，皆誕爪牙計事者也，棄誕，逾城自歸大將軍。《漢晉春秋》曰：蔣班、焦彝言于諸葛誕曰：『朱異等以大衆來而不能進，孫綝殺異而歸江東，外以發兵為名，而內實坐須成敗，其歸可見矣。今宜及衆心尚固，士卒思用，並力決死，攻其一面，雖不能盡克，猶可有全者。』文欽曰：『江東乘戰勝之威久矣，未有難北方者也。況公今舉十餘萬之衆內附，而欽與全端等皆同居死地，父子兄弟盡在江表，就孫綝不欲，主上及其親戚豈肯聽乎？且中國無歲無事，軍民並疲，今守我一年，勢力已困，異圖生心，變故將起，以往準今，可計日而望也。』班、彝固勸之，欽怒，而誕欲殺班。二人懼，且知誕之必敗也，十一月，乃相攜而降。大將軍乃使反間，以奇變說全懌等，懌等率衆數千人開門來出。城中震懼，不知所為。

三年正月，誕、欽、咨等大為攻具，晝夜五六日攻南圍，欲決圍而出。《漢晉春秋》曰：文欽曰：『蔣班、焦彝謂我不能出而走，全端、全懌又率衆逆降，此敵無備之時也，可以戰矣。』誕及唐咨等皆以為然，遂共悉衆出攻。圍上諸軍，臨高以發石車火箭逆燒破其攻具，弩矢及石雨下，死傷者蔽地，血流盈塹。復還入城，城內食轉竭，降出者數萬口。欽欲盡出北方人，省食，與吳人堅守，誕不聽，由是爭恨。欽素與誕有隙，徒以計合，事急愈相疑。欽見誕計事，誕遂殺欽。欽子鴦及虎將兵在小城中，聞欽死，勒兵馳赴之，衆不為用。鴦、虎單走，逾城出，自歸大將軍。軍吏請誅之，大將軍令曰：『欽之罪不容誅，其子固應當戮，然鴦、虎以窮歸命，且城未拔，殺之是堅其心也。』乃赦鴦、虎，使將兵數百騎馳巡城，呼語城內云：『文欽之子猶不見殺，其餘何懼？』表鴦、虎為將軍，各賜爵關內侯。城內喜且擾，又日饑困，誕、咨等智力窮。大將軍乃自臨圍，四面進兵，同時鼓譟登城，城內無敢動者。誕窘急，單乘馬，將其麾下突小城門出。大將軍司馬胡奮部兵逆擊，斬誕，傳首，夷三族。誕麾下數百人，坐不降見斬，皆曰：『為諸葛公死，不恨。』其得人心如此。干寶《晉紀》曰：數百人拱手為列，每斬一人，輒降之，竟不變，至盡，時人比之田橫。吳將於詮曰：『大丈夫受命其主，以兵救人，既不能克，又束手於敵，吾弗取也。』乃免胄冒陳而死。唐咨、王祚及諸裨將皆面縛降，吳兵萬衆，器仗軍實山積。

初圍壽春，議者多欲急攻之，大將軍以為：『城固而衆多，攻之必力屈，若有外寇，表裏受敵，此危道也。今三叛相聚於孤城之中，天其或者將使同就戮，吾當以全策縻之，可坐而制也。』誕以二年五月反，三年二月破滅。六軍按甲，深溝高壘，而誕自困，竟不煩攻而克。干寶《晉紀》曰：初，壽春每歲雨潦，淮水溢，常淹城邑。故文王之築圍也，誕笑之曰：『是固不攻而自敗也。』及大軍之攻，亢旱逾年。城既陷，是日大雨，圍壘皆毀。誕子靚，字仲思，吳平還晉。靚子恢，字道明，位至尚書令，追贈左光祿大夫開府。及破壽春，議者又以為淮南仍為叛逆，吳兵室家在江南，不可縱，宜悉坑之。大將軍以為古之用兵，全國為上，戮其元惡而已。吳兵就得亡還，適可以示中國之弘耳。一無所殺，分佈三河近郡以安處之。

唐咨本利城人。黃初中，利城郡反，殺太守徐箕，推咨為主。文帝遣諸軍討破之，咨走入海，遂亡至吳，官至左將軍，封侯、持節。誕、欽屠戮，咨亦生禽，三叛皆獲，天下快焉。《傅子》曰：宋建椎牛禱賽，終自焚滅。文欽日祠祭事天，斬於人手。諸葛誕夫婦聚會神巫，淫祀求福，伏屍淮南，舉族誅夷。此天下所共見，足為明鑑也。拜咨安遠將軍，其餘裨將咸假號位，吳衆悅服。江東感之，皆不誅其家。其淮南將吏士民諸為誕所脅略者，惟誅其首逆，餘皆赦之。聽鴦、虎收斂欽喪，給其車牛，致葬舊墓。習鑿齒曰：自是天下畏威懷德矣。君子謂司馬大將軍於是役也，可謂能以德攻矣。夫建業者異矣，各有所尚，而不能兼併也。故窮武之雄斃於不仁，存義之國喪於懦退，今一征而禽三叛，大虜吳衆，席捲淮浦，俘馘十萬，可謂壯矣。而未及安坐，喪王基之功，種惠吳人，結異類之情，寵鴦葬欽，忘疇昔之隙，不咎誕衆，使揚士懷愧，功高而人樂其成，業廣而敵懷其德，武昭既敷，文算又洽，推此道也，天下其孰能當之哉？喪王基，語在基傳。鴦一名俶。《晉諸公贊》曰，俶後為將軍，破涼州虜，名聞天下。太康中為東夷校尉、假節。當之職，入辭武帝，帝見而惡之，託以他事免俶官。東安公繇，諸葛誕外孫，欲殺俶，因誅楊駿，誣俶謀逆，遂夷三族。

《晉書》卷一《宣帝紀》（嘉平）二年春正月，天子命帝立廟於洛陽，置左右長史，增掾屬、舍人滿十人，歲舉掾屬任御史、秀才各一人，增官騎百人，鼓吹十四人，封子肜平樂亭侯，倫安樂亭侯。帝以久疾不任朝請，每有大事，天子親幸第以諮訪焉。兗州刺史令狐愚、太尉王淩貳於帝，謀立楚王彪。

三年春正月，王淩詐言吳人塞塗水，請發兵以討之。帝潛知其計，不聽。夏四月，帝自帥中軍，泛舟沿流，九日而到甘城。淩計無所出，乃迎于武丘，面縛水次，曰：『淩若有罪，公當折簡召淩，何苦自來邪！』帝曰：『以君非折簡之客故耳。』即以淩歸於京師。道經賈逵廟，淩呼曰：『賈梁道！王淩是大魏之忠臣，惟爾有神知之。』至項，仰鴆而死。收其餘黨，皆夷三族，並殺彪。悉録魏諸王公置於鄴，命有司監察，不得交關。天子遣侍中韋誕持節勞軍于五池。帝至自甘城，天子又使兼大鴻臚、太僕庾嶷持節，策命帝為相國，封安平郡公，孫及兄子各一人為列侯，前後食邑五萬户，侯者十九人。固讓相國、郡公不受。六月，帝寢疾，夢賈逵、王淩為祟，甚惡之。秋八月戊寅，崩于京師，時年七十三。

又 卷二《景帝文帝紀》（正元）二年春正月，有彗星見於吳楚之分，西北竟天。鎮東大將軍毌丘儉、揚州刺史文欽舉兵作亂，矯太后令移檄郡國，為壇盟於西門之外，各遣子四人質于吳以請救。二月，儉、欽帥衆六萬，渡淮而西。帝會公卿謀征討計，朝議多謂可遣諸將擊之，王肅及尚書傅嘏、中書侍郎鍾會勸帝自行。戊午，帝統中軍步騎十餘萬以征之。倍道兼行，召三方兵，大會于陳許之郊。甲申，次於隱橋，儉將史招、李績相次來降。儉、欽移入項城，帝遣荆州刺史王基進據南頓以逼儉。帝深壁高壘，以待東軍之集。諸將請進軍攻其城，帝曰：『諸君得其一，未知其二。淮南將士本無反志。且儉、欽欲蹈縱横之迹，習儀秦之說，謂遠近必應。而事起之日，淮北不從，史招、李績前後瓦解。內乖外叛，自知必敗，困獸思鬬，速戰更合其志。雖云必克，傷人亦多。且儉等欺誑將士，詭變萬端，小與持久，詐情自露，此不戰而克之也。』乃遣諸葛誕督豫州諸軍自安風向壽春，征東將軍胡遵督青、徐諸軍出譙宋之間，絕其歸路。帝屯汝陽，遣兗州刺史鄧艾督太山諸軍進屯樂嘉，示弱以誘之。欽進軍將攻艾，帝潛軍銜枚，輕造樂嘉，與欽相遇。欽子鴦，年十八，勇冠三軍，謂欽曰：『及其未定，請登城鼓譟，擊之可破也。』既謀而行，三譟而欽不能應，鴦退，相與引而東。帝謂諸將曰：『欽走矣。』命發鋭軍以追之。諸將皆曰：『欽舊將，鴦少而鋭，引軍內入，未有失利，必不走也。』帝曰：『一鼓作氣，再而衰，三而竭。鴦三鼓，欽不應，其勢已屈，不走何待？』欽將遁，鴦曰：『不先折其勢，不得去也。』乃與驍騎十餘摧鋒陷陣，所向皆披靡，遂引去。帝遣左長史司馬璉督驍騎八千翼而追之，使將軍樂林等督步兵繼其後。比至沙陽，頻陷欽陣，弩矢雨下，欽蒙盾而馳。大破其軍，衆皆投戈而降，欽父子與麾下走保項。儉聞欽敗，棄衆宵遁淮南。安風津都尉追儉，斬之，傳首京都。欽遂奔吳，淮南平。

初，帝目有瘤疾，使醫割之。鴦之來攻也，驚而目出。懼六軍之恐，蒙之以被，痛甚，齧被敗而左右莫知焉。閏月疾篤，使文帝總統諸軍。辛亥，崩于許昌，時年四十八。【略】

（文帝司馬昭）轉安東將軍、持節，鎮許昌。及大軍討王淩，帝督淮北諸軍事，帥師會于項。增邑三百户，假金印紫綬。【略】毌丘儉、文欽之亂，大軍東征，帝兼中領軍，留鎮洛陽。【略】

二年夏五月辛未，鎮東大將軍諸葛誕殺揚州刺史樂綝，以淮南作亂。遣子靚為質于吳以請救。議者請速伐之，帝曰：『誕以毌丘儉輕疾傾覆，今必外連吳寇，此為變大而遲。吾當與四方同力，以全勝制之。』乃表曰：『昔黥布叛逆，漢祖親征；隗囂違戾，光武西伐；烈祖明皇帝乘輿仍出：皆所以奮揚赫斯，震耀威武也。陛下宜暫臨戎，使將士得憑天威。今諸軍可五十萬，以衆擊寡，蔑不克矣。』秋七月，奉天子及皇太后東征，徵兵青、徐、荆、豫，分取關中游軍，皆會淮北。師次於項，假廷尉何楨節，使淮南，宣慰將士，申明逆順，示以誅賞。甲戌，帝進軍丘頭。吳使文欽、唐咨、全端、全懌等三萬餘人來救誕，諸將逆擊，不能禦。將軍李廣臨敵不進，泰山太守常時稱疾不出，並斬之以徇。八月，吳將朱異帥兵萬餘人，留輜重于都陸，輕兵至黎漿。監軍石苞、兗州刺史州泰禦之，異退。泰山太守胡烈以奇兵襲都陸，焚其糧運。苞、泰復進擊異，大破之。異之餘卒餒甚，食葛葉而遁，吳人殺異。帝曰：『異不得至壽春，非其罪也，而吳人殺之，適以謝壽春而堅誕意，使其猶望救耳。若其不爾，彼當

突圍，決一旦之命。或謂大軍不能久，省食減口，冀有他變。料賊之情，不出此三者。今當多方以亂之，備其越逸，此勝計也。』因命合圍，分遣羸疾就穀淮北，稟軍士大豆，人三升。欽聞之，果喜。帝愈羸形以示之，多縱反間，揚言吳救方至。誕等益寬恣食，俄而城中乏糧。石苞、王基並請攻之，帝曰：『誕之逆謀，非一朝一夕也，聚糧完守，外結吳人，自謂足據淮南。欽既同惡相濟，必不便走。今若急攻之，損遊軍之力。外寇卒至，表裏受敵，此危道也。今三叛相聚於孤城之中，天其或者將使同戮。吾當以長策縻之，但堅守三面。若賊陸道而來，軍糧必少，吾以遊兵輕騎絕其轉輸，可不戰而破外賊。外賊破，欽等必成擒矣。』全懌母，孫權女也，得罪于吳，全端兄子禕及儀奉其母來奔。儀兄靜時在壽春，用鍾會計，作禕、儀書以譎靜。靜兄弟五人帥其衆來降，城中大駭。

三年春正月壬寅，誕、欽等出攻長圍，諸軍逆擊，走之。初，誕、欽內不相協，及至窮蹙，轉相疑貳。會欽計事與誕忤，誕手刃殺欽。欽子鴦攻誕，不克，逾城降。以為將軍，封侯，使鴦巡城而呼。帝見城上持弓者不發，謂諸將曰：『可攻矣！』二月乙酉，攻而拔之，斬誕，夷三族。吳將唐咨、孫彌、徐韶等帥其屬皆降，表加爵位，稟其餒疾。或言吳兵必不為用，請坑之。帝曰：『就令亡還，適見中國之弘耳。』於是徙之三河。夏四月，歸於京師，魏帝命改丘頭曰武丘，以旌武功。

論說

《三國志》卷二八《魏志·王淩等傳論》　王淩風節格尚，毌丘儉才識拔幹，諸葛誕嚴毅威重，鍾會精練策數，咸以顯名，致茲榮任，而皆心大志迂，不慮禍難，變如發機，宗族塗地，豈不謬惑邪！鄧艾矯然强壯，立功立事，然闇於防患，咎敗旋至，豈遠知乎諸葛恪而不能近自見，此蓋古人所謂目論者也。《史記》曰：越王無彊與中國爭强，當楚威王時，越北伐齊，齊威王使人說越云，越王不納。齊使者曰：『幸也，越之不亡也。吾不貴其用智之如目，目見毫毛而不自見其睫也。今王知晉之失計，不自知越之過，是目論也。』

《晉書》卷九二《文苑傳·伏滔》　大司馬桓溫引為參軍，深加禮接，每宴集之所，必命滔同遊。從溫伐袁真，至壽陽，以淮南屢叛，著論二篇，名曰《正淮》。其上篇曰：

淮南者，三代揚州之分也。當春秋時，吳、楚、陳、蔡之輿地。戰國之末，楚全有之，而考烈王都焉。秦并天下，建立郡縣，是為九江。劉項之際，號曰東楚。爰自戰國至於晉之中興，六百有餘年，保淮南者九姓，稱兵者十一人，皆亡不旋踵，禍溢於世，而終莫戒焉。其天時歟，地勢歟，人事歟？何喪亂之若是也！試商較而論之。

夫懸象著明，而休徵表於列宿；山河衿帶，而地險彰於丘陵；治亂推移，而興亡見於人事。由此而觀，則兼也必矣。昔妖星出於東南而弱楚以亡，飛孛橫於天漢而劉安誅絕，近則火星晨見而王淩首謀，長彗宵映而毌丘襲亂。斯則表乎天時也。彼壽陽者，南引荊汝之利，東連三吳之富；北接梁宋，平塗不過七日；西援陳許，水陸不出千里；外有江湖之阻，內保淮肥之固。龍泉之陂，良疇萬頃，舒六之貢，利盡蠻越，金石皮革之具萃焉，苞木箭竹之族生焉，山湖藪澤之隈，水旱之所不害，土產草滋之實，荒年之所取給。此則係乎地利乎也。其俗尚氣力而多勇悍，其人習戰爭而貴詐偽，豪右并兼之門，十室而七；藏甲挾劍之家，比屋而發。然而仁義之化不漸，刑法之令不及，所以屢多亡國也。

昔考烈以衰弱之楚屢遷其都，外迫强秦之威，內遘陽申之禍，逃死劫殺，三世而滅。黥布以三雄之選，功成垓下，淮陰既囚，梁越受戮，嫌結震主之威，慮生同體之禍，遂謀圖全之計，庶幾後亡之福，衆潰于一戰，身脂於漢斧。劉長支庶，奄王大國，承喪亂之餘，御新化之俗，無德而寵，欲極禍發。王安內懷先父之憾，外眩姦臣之說，招引賓客，沈溺數術，藉二世之資，恃戈甲之盛，屈强江淮之上，西向而圖宗國，言未絕口，身嗣俱滅。李憲因亡新之餘，袁術當衰漢之末，負力幸亂，遂生僭逆之計，建號九江，稱制下邑，狼狽奔亡，傾城受戮。及至彥雲、仲恭、公休之徒，或憑宿名，或怙前功，握兵淮楚，力制東夏，屬當多難之世，仍值廢興之會，謀非所議，相係禍敗。祖約助逆，身亡家族。彼十亂者，成乎人事者也。然則侵弱昏迷，以至絕滅，亡楚當之。恃强畏逼，遂謀叛亂，黥布有焉。二王遘逆，寵之之過也。公路僭偽，乘釁之盜也。二將以圖功首難，士少以驕矜樂禍。本其所因，考其成迹，皆寵盛禍淫，福過災

生，而制之不漸，積之有由也。

其下篇曰：

昔高祖之誅黥布也，撮三策之要，馳赦過之書，乘人主之威以除逆節之虜，然猶決戰陳都，暴屍横野，僅乃克之，害亦深矣！長安之謀，雖兵未交于山東，禍未遍於天下，而馳說之士與闔境之人幽囚誅放者，亦已衆矣。光武連兵于肥舒，魏祖馳馬於蘄苦，而廬九之間流溺兵凶者十而七八焉。夫王淩面縛，得之于砎石；仲恭接刃，成之於後覺也。而高祖以之宵征，世宗以之發疾，豈不勤哉！文皇挾萬乘之威，杖伊周之權，内舉京畿之衆，外征四海之鋭，雲合雨集，推鋒以臨淮浦，而誕欽晏然，方嬰城自固，憑軾以觀王師。於是築長圍，起棼櫓，高壁連塹，負戈擊柝以守之。自夏及春，而後始知亡焉。然則屠城之禍，其可極言乎？約之出奔，淮左為墟，悲夫！

信哉魯哀之言，夫生乎深宫，長於膏粱，憂懼不切於身，榮辱不交於前，則其仁義之本淺矣。奉以南面之尊，藉以列城之富，宅以制險之居，養以衆强之盛，而無德以臨之，無制以節之，則厭溢樂禍之心生矣。夫以昏主禦姦臣，利甲資堅城，偽令行于封内，邪惠結于人心，乘間幸濟之說日交於側，猾詐錮咎之羣各馳於前，見利如歸，安在其不為亂乎！況乘舊寵，挾前功，畏逼懼亡，以謀圖身之舉者，望其俯首就羈，不亦迂哉！《易》稱『履霜堅冰，馴致之道，』蓋言漸也。嗚呼！斯所以亂臣賊子亡國覆家累世而不絶者歟！

昔先生之宰天下也，選於有德，訪之三吏，正其分位元，明其等級，畫之封疆，宣之政令，上下有序，無僭差之嫌，四人安業，無並兼之國。三載考陟，功罪不得逃其迹，九伐時修，刑賞無所謬其實。令之有漸，軌之有度，寵之有節，權不外授，威不下黷，所以杜其萌際，重其名器，深根固本，傳之百世。雖時有盛衰，弱者無所懼其亡；道有興廢，强者不得資其弊。夫如是，將使天下從風，穆然軌道，慶自一人，惠流萬國，安有向時之患哉！

宋·鄭樵《通志·總序》 曹、魏指吳、蜀為寇，北朝指東晉為僭；南謂北為索虜，北謂南為島夷。《齊史》稱梁軍為義軍，謀人之國可謂義乎？《隋書》稱唐兵為義兵，伐人之君可以為義乎？董玄齡董史冊，故房彦謙擅美名；虞世南預修書，故虞荔、虞寄有嘉傳。甚者，桀犬吠堯，吠非其主；《晉史》黨晉而不有魏，凡忠於魏者，目為叛臣，王淩、諸葛誕、毋邱儉之徒抱屈黄壤；《齊史》黨齊而不有宋，凡忠於宋者，目為逆黨，袁粲、劉秉、沈攸之之徒含冤九泉。噫！天日在上，安可如斯？似此之類，歷世有之。傷風敗義，莫大乎此！

藝文

《全宋詩》卷三六五一《陳普〈詠史下·毋丘儉〉》 十萬强兵無一人，義師翻得叛臣名。奇功一夜歸人手，空使文鴦待到明。

又《諸葛誕》 義旗照日映淮流，不爲曹孤爲夏侯。麾下諸君底心性，海中五百又揚州。

雜録

《三國志》卷一二《魏志·何曾傳》 子（何）曾嗣，咸熙中為司徒。干寶《晉紀》曰：曾字穎考。正元中為司隸校尉。時毋丘儉孫女適劉氏，以孕繫廷尉。女母荀，為武衛將軍荀顗所表活，既免，辭詣廷尉，乞為官婢以贖女命。曾使主簿程咸為議，議曰：『大魏承秦、漢之弊，未及革制。所以追戮已出之女，誠欲殄醜類之族也。若已産育，則成他家之母。於防則不足懲奸亂之源，於情則傷孝子之思，男不御罪於他族，而女獨嬰戮於二門，非所以哀矜女弱，均法制之大分也。臣以為在室之女，可從父母之刑，既醮之婦，使從夫家之戮。』朝廷從之，乃定律令。

又 卷一三《魏志·鍾繇傳》 正元中，毋丘儉、文欽反，（鍾）毓持節至揚、豫州班行赦令，告諭士民，還為尚書。諸葛誕反，大將軍司馬文王議自詣壽春討誕。會吳大將孫壹率衆降，或以為『吳新有釁，必不能復出軍。東兵已多，可須後問』。毓以為『夫論事料敵，當以己度人。今誕舉淮南之地以與吳國，孫壹所率，口不至千，兵不過三百。吳之所失，蓋為無幾。若壽春之圍未解，而吳國之内轉安，未可必其不出也。』大將軍曰：『善。』遂將毓行。臣松之以為諸葛誕舉淮南以與吳，孫壹率三百人以歸魏，謂吳有釁，本非有理之言。毓之此議，蓋何足稱耳！

又《王肅傳》 明年春，鎮東將軍毌丘儉、揚州刺史文欽反，景王謂（王）肅曰：『霍光感夏侯勝之言，始重儒學之士，良有以也。安國寧主，其術焉在？』肅曰：『昔關羽率荆州之衆，降于禁於漢濱，遂有北向爭天下之志。後孫權襲取其將士家屬，羽士衆一旦瓦解。今淮南將士父母妻子皆在内州，但急往御史衛，使不得前，必有關羽土崩之勢矣。』景王從之，遂破儉、欽。

又 卷一七《魏志·樂進傳》 建安二十三年薨，謚曰威侯。子綝嗣。綝果毅有父風，官至揚州刺史。諸葛誕反，掩襲殺綝，詔悼惜之，追贈衛尉，謚曰湣侯。子肇嗣。

又 卷二〇《魏志·楚王彪傳》 楚王彪字朱虎。建安二十一年，封壽春侯。黄初二年，進爵，徙封汝陽公。三年，封弋陽王。其年徙封吴王。五年，改封壽春縣。七年，徙封白馬。太和五年冬，朝京都。六年，改封楚。初，彪來朝，犯禁，［青龍］元年，為有司所奏，詔削縣三，户千五百。二年，大赦，復所削縣。景初三年，增户五百，并前三千户。嘉平元年，兖州刺史令狐愚與太尉王淩謀迎彪都許昌。語在《淩傳》。乃遣傳及侍御史就國案驗，收治諸相連及者。廷尉請徵彪治罪。於是依漢燕王旦故事，使兼廷尉大鴻臚持節賜彪璽書切責之，使自圖焉。孔衍《漢魏春秋》載璽書曰：『夫先王行賞不遺仇讎，用戮不違親戚，至公之義也。故周公流涕而決二叔之罪，孝武傷懷而斷昭平之獄，古今常典也。惟王，國之至親，作藩於外，不能祗奉王度，表率宗室，而謀於姦邪，乃與太尉王淩、兖州刺史令狐愚構通逆謀，圖危社稷，有悖忒之心，無忠孝之意。宗廟有靈，王其何面目以見先帝？朕深痛王自陷罪辜，既得王情，深用憮然。有司奏王當就大理，朕惟公族甸師之義，不忍肆王市朝，故遣使者賜書。王自作孽，匪由於他，燕剌之事，宜足以觀。王其自圖之！』彪乃自殺。妃及諸子皆免為庶人，徙平原。彪之官屬以下及監國謁者，坐知情無輔導之義，皆伏誅。國除為淮南郡。正元元年詔曰：『故楚王彪，背國附奸，身死嗣替，雖自取之，猶哀矜焉。夫含垢藏疾，親親之道也，其封彪世子嘉為常山真定王。』景元元年，增邑，并前二千五百户。

又 卷二一《魏志·傅嘏傳》 正元二年春，毌丘儉、文欽作亂。或以司馬景王不宜自行，可遣太尉孚往，惟嘏及王肅勸之。景王遂行。《漢晉春秋》曰：嘏固勸景王行，景王未從。嘏重言曰：『淮、楚兵勁，而儉等負力遠鬬，其鋒未易當也。若諸將戰有利鈍，大勢一失，則公事敗矣。』是時景王新割目瘤，創甚，聞嘏言，蹶然而起曰：『我請輿疾而東。』以嘏守尚書僕射，俱東。儉、欽破敗，嘏有謀焉。及景王薨，嘏與司馬文王徑還洛陽，文王遂以輔政。語在《鍾會傳》。《世語》曰：景王疾甚，以朝政授傅嘏，嘏不敢受。及薨，嘏秘不發喪，以景王命召文王於許昌，領公軍焉。孫盛評曰：晉宣、景、文王之相魏也，權重相承，王業基矣。豈蕞爾傅嘏所宜間廁？《世語》所云，斯不然矣。會由是有自矜色，嘏戒之曰：『子志大其量，而勳業難為也，可不慎哉！』嘏以功進封陽鄉侯，增邑六百户，并前千二百户。是歲薨，時年四十七，追贈太常，謚曰元侯。

又 卷二二《魏志·陳羣傳》 諸葛誕作亂壽春，司馬文王率六軍軍丘頭，泰總署行臺。司馬景王、文王皆與泰親友，及沛國武陔亦與泰善。文王問陔曰：『玄伯何如其父司空也？』陔曰：『通雅博暢，能以天下聲教為己任者，不如也；明統簡至，立功立事，過之。』泰前後以功增邑二千六百户，賜子弟一人亭侯，二人關内侯。

又 《盧毓傳》 毌丘儉作亂，大將軍司馬景王出征，毓綱紀後事，加侍中。

又 卷二七《魏志·王昶傳》 毌丘儉、文欽作亂，引兵拒儉、欽有功，封二子亭侯、關内侯，進位驃騎將軍。諸葛誕反，昶據夾石以逼江陵，持施績、全熙使不得東。誕既誅，詔曰：『昔孫臏佐趙，直湊大梁。西兵驟進，亦所以成東征之勢也。』增邑千户，并前四千七百户，遷司空，持節、都督如故。

又 《王基傳》 高貴鄉公即尊位，進封常樂亭侯。毌丘儉、文欽作亂，以基為行監軍、假節，統許昌軍，適與景王會於許昌。景王曰：『君籌儉等何如？』基曰：『淮南之逆，非吏民思亂也，儉等誑脅迫懼，畏目下之戮，是以尚羣聚耳。若大兵臨偪，必土崩瓦解，儉、欽之首，不終朝而縣於軍門矣。』景王曰：『善。』乃令基居軍前。議者咸以儉、欽慓悍，難與爭鋒。詔基停駐。基以為：『儉等舉軍足以深入，而久不進者，是其詐偽已露，衆心疑沮也。今不張示威形以副民望，而停軍高壘，有似畏懦，非用兵之勢也。若或虜略民人，又州郡兵家為賊所得者，更懷離心；儉等所迫脅者，自顧罪重，不敢復還，此為錯兵無用之地，而成

姦宄之源。吳寇因之，則淮南非國家之有，譙、沛、汝、豫危而不安，此計之大失也。軍宜速進據南頓，南頓有大邸閣，計足軍人四十日糧。保堅城，因積穀，先人有奪人之心，此平賊之要也。』基屢請，乃聽進據㶏水。既至，復言曰：『兵聞拙速，未睹工遲之久。方今外有强寇，内有叛臣，若不時決，則事之深淺未可測也。議者多欲將軍持重。將軍持重是也，停軍不進非也。持重非不行之謂也，進而不可犯耳。今據堅城，保壁壘，以積實資虜，縣運軍糧，甚非計也。』景王欲須諸軍集到，猶尚未許。基曰：『將在軍，君令有所不受。彼得則利，我得亦利，是謂爭城，南頓是也。』遂輒進據南頓，儉等從項亦爭欲往，發十餘里，聞基先到，復還保項。時兗州刺史鄧艾屯樂嘉，儉使文欽將兵襲艾。基知其勢分，進兵偪項，儉衆遂敗。欽等已平，還鎮南將軍，都督豫州諸軍事，領豫州刺史，進封安樂鄉侯。上疏求分户二百，賜叔父子喬爵關内侯，以報叔父拊育之德。有詔特聽。

諸葛誕反，基以本官行鎮東將軍，都督揚、豫諸軍事。時大軍在項，以賊兵精，詔基斂軍堅壘。基累啓求進討。會吳遣朱異來救誕，軍於安城。基又被詔引諸軍轉據北山，基謂諸將曰：『今圍壘轉固，兵馬向集，但當精脩守備以待越逸，而更移兵守險，使得放縱，雖有智者不能善後矣。』遂守便宜上疏曰：『今與賊家對敵，當不動如山。若遷移依險，人心搖盪，於勢大損。諸軍並據深溝高壘，衆心皆定，不可傾動，此御兵之要也。』書奏，報聽。大將軍司馬文王進屯丘頭，分部圍守，各有所統。基督城東城南二十六軍，文王敕軍吏入鎮南部界，一不得有所遣。城中食盡，晝夜攻壘，基輒拒擊，破之。壽春既拔，文王與基書曰：『初議者云云，求移者甚衆，時未臨履，亦謂宜然。將軍深算利害，獨秉固志，上違詔命，下拒衆議，終至制敵禽賊，雖古人所述，不是過也。』文王欲遣諸將輕兵深入，招迎唐咨等子弟，因釁有蕩覆吳之勢。基諫曰：『昔諸葛恪乘東關之勝，竭江表之兵，以圍新城，城既不拔，而衆死者太半。姜維因洮上之利，輕兵深入，糧餉不繼，軍覆上邽。夫大捷之後，上下輕敵，輕敵則慮難不深。今賊新敗於外，又内患未弭，是其脩備設慮之時也。且兵出逾年，人有歸志，今俘馘十萬，罪人斯得，自歷代征伐，未有全兵獨克如今之盛者也。武皇帝克袁紹於官渡，自以所獲已多，不復追奔，懼挫威也。』文王乃止。以淮南初定，轉基為征東將軍，都督揚州諸軍事，進封東武侯。基上疏固讓，歸功參佐，由是長史司馬等七人皆侯。

又　卷二八《魏志・鄧艾傳》　高貴鄉公即尊位，進封方城亭侯。毌丘儉作亂，遣健步齎書，欲疑惑大衆，艾斬之，兼道進軍，先趣樂嘉城，作浮橋。司馬景王至，遂據之。文欽以後大軍破敗於城下，艾追之至丘頭。欽奔吳。吳大將軍孫峻等號十萬衆，將渡江，鎮東將軍諸葛誕遣艾據肥陽，艾以與賊勢相遠，非要害之地，輒移屯附亭，遣泰山太守諸葛緒等於黎漿拒戰，遂走之。其年徵拜長水校尉。以破欽等功，進封方城鄉侯，行安西將軍。

又　《鍾會傳》　毌丘儉作亂，大將軍司馬景王東征，會從，典知密事，衛將軍司馬文王為大軍後繼。景王薨於許昌，文王總統六軍，會謀謨帷幄。時中詔敕尚書傅嘏，以東南新定，權留衛將軍屯許昌為内外之援，令嘏率諸軍還。會與嘏謀，使嘏表上，輒與衛將軍俱發，還到雒水南屯住。於是朝廷拜文王為大將軍、輔政，會遷黄門侍郎，封東武亭侯，邑三百户。

甘露二年，徵諸葛誕為司空，時會喪寧在家，策誕必不從命，馳白文王。文王以事已施行，不復追改。會時遭所生母喪。其母傳曰：『夫人性矜嚴，明於教訓，會雖童稚，勤見規誨。年四歲授《孝經》，七歲誦《論語》，八歲誦《詩》，十歲誦《尚書》，十一誦《易》，十二誦《春秋左氏傳》、《國語》，十三誦《周禮》、《禮記》，十四誦《成侯易記》，十五使入太學問《四方奇文異訓》。謂會曰：「學猥則倦，倦則意怠；吾懼汝之意怠，故以漸訓汝，今可以獨學矣。」雅好書籍，涉歷《書》，特好《易》、《老子》，每讀《易》孔子說鳴鶴在陰、勞謙君子、籍用白茅、不出户庭之義，每使會反覆讀之，曰：「《易》三百餘爻，仲尼特說此者，以謙恭慎密，樞機之發，行己至要，榮身所由故也，順斯術已往，足為君子矣。」正始八年，會為尚書郎，夫人執會手而誨之曰：「汝弱冠見敘，人情不能不自足，則損在其中矣，勉思其戒！」是時大將軍曹爽專朝政，日縱酒沉醉，會兄侍中毓宴還，言其事。夫人曰：「樂則樂矣，然難久也。居上不驕，制節謹度，然後乃無危溢之患。今奢僭若此，非長守富貴之道。」嘉平元年，車駕朝高平陵，會為中書郎，從行。相國宣文侯始舉兵，衆人恐懼，而夫人自若。中書令劉放、侍郎衛瓘、夏侯和等家皆怪問：「夫人一子在危難之中，何能無憂？」答曰：「大將軍奢僭無度，吾常疑其不安。太傅義不危國，必為大將軍舉耳。吾兒在帝側何憂？聞且出兵無他重器，其勢必不久戰。」果如其言，一時稱明。會歷

機密十餘年，頗豫政謀。夫人謂曰：「昔范氏少子為趙簡子設伐邾之計，事從民悅，可謂功矣。然其母以為乘偽作詐，末業鄙事，必不能久。其識本深遠，非近人所言，吾常樂其為人。汝居心正，吾知免矣。但當脩所志以輔益時化，不忝先人耳。常言人誰能皆體自然，但力行不倦，抑亦其次。雖接鄙賤，必以言信。取與之間，分畫分明。」或問：「此無乃小乎？」答曰：「君子之行，皆積小以致高大，若以小善為無益而弗為，此乃小人之事耳。希通慕大者，吾所不好。」會自幼少，衣不過青紺，親營家事，自知恭儉。然見得思義，臨財必讓。會前後賜錢帛數百萬計，悉送供公家之用，一無所取。年五十有九，甘露二年二月暴疾薨。比葬，天子有手詔，命大將軍高都侯厚加賵贈，喪事無巨細，一皆供給。議者以為公侯有夫人，有世婦，有妻，有妾，所謂外命婦也。依《春秋》成風、定姒之義，宜崇典禮，不得總稱妾名，於是稱成侯命婦。殯葬之事，有取于古制，禮也。』及誕反，車駕住項，文王至壽春，會復從行。

又　卷二九《魏志·方技傳》　朱建平，沛國人也。善相術，於閭巷之間，效驗非一。【略】謂曹彪曰：『君據藩國，至五十七當厄於兵，宜善防之。』【略】曹彪封楚王，年五十七，坐與王淩通謀，賜死。【略】

（管）輅隨軍西行，過毌丘儉墓下，倚樹哀吟，精神不樂。人問其故，輅曰：『林木雖茂，無形可久；碑誄雖美，無後可守。玄武藏頭，蒼龍無足，白虎銜屍，朱雀悲哭，四危以備，法當滅族。不過二載，其應至矣。』卒如其言。

又　卷五八《吳志·陸抗傳》　太平二年，魏將諸葛誕舉壽春降，拜抗為柴桑督，赴壽春，破魏牙門將偏將軍，遷征北將軍。

又　卷一二《魏志·劉曄傳》裴松之注　干寶《晉紀》曰：毌丘儉之起也，大將軍以問（劉）陶，陶答依違。大將軍怒曰：『卿平生與吾論天下事，至於今日而更不盡乎？』乃出為平原太守，又追殺之。

又　卷二六《魏志·郭淮傳》裴松之注　《世語》曰：淮妻，王淩之妹。淩誅，妹當從坐，御史史往收。督將及羌、胡渠帥數千人叩頭請淮表留妻，淮不從。妻上道，莫不流涕，人人扼腕，欲劫留之。淮五子叩頭流血請淮，淮不忍視，乃命左右追妻。於是追者數千騎，數日而還。淮以書白司馬宣王曰：『五子哀母，不惜其身；若無其母，是無五子；無五子，亦無淮也。今輒追還，若於法未通，當受罪於主者，覲展在近。』書至，宣王亦宥之。

南朝宋·劉義慶《世說新語·言語》　司馬景王東征，取上黨李喜，以為從事中郎。因問喜曰：『昔先公辟君不就，今孤召君，何以來？』喜對曰：『先公以禮見待，故得以禮進退；明公以法見繩，喜畏法而至耳！』

又　《世說新語·言語》劉孝標注　《晉諸公贊》曰：靚字仲思，琅邪人，司空誕少子也。雅正有才望。誕以壽陽叛，遣靚入質於吳，以靚為右將軍、大司馬。

《晉書》卷三七《義陽成王望傳》　（司馬望）從宣帝討王淩，以功封永安亭侯。

又　卷三八《齊獻王攸傳》　景帝無子，命攸為嗣。從征王淩，封長樂亭侯。及景帝崩，攸年十歲，哀動左右，大見稱歎。襲封舞陽侯。

又　卷三九《荀顗傳》　及高貴鄉公立，顗言于景帝曰：『今上踐阼，權道非常，宜速遣使宣德四方，且察外志。』毌丘儉、文欽果不服，舉兵反。顗預討儉等有功，進爵萬歲亭侯，邑四百户。文帝輔政，遷尚書。帝征諸葛誕，留顗鎮守。

又　卷四〇《賈充傳》　（賈充）參大將軍軍事，從景帝討毌丘儉、文欽于樂嘉。【略】

後為文帝大將軍司馬，轉右長史。帝新執朝權，恐方鎮有異議，使充詣諸葛誕，圖欲伐吳，陰察其變。充既論說時事，因謂誕曰：『天下皆願禪代，君以為如何？』誕厲聲曰：『卿非賈豫州子乎，世受魏恩，豈可欲以社稷輸人乎！若洛中有難，吾當死之。』充默然。及還，白帝曰：『誕在揚州，威名夙著，能得人死力。觀其規略，為反必也。今征之，反速而事小；不征，事遲而禍大。』帝乃徵誕為司空，而誕果叛。復從征誕，充進計曰：『楚兵輕而銳，若深溝高壘以逼賊城，可不戰而克也。』帝從之。城陷，帝登壘以勞充。帝先歸洛陽，使充統後事，進爵宣陽鄉侯，增邑千户。遷廷尉，充雅長法理，有平反之稱。

宋·李昉等《太平御覽》卷三五五《兵部八十六·甲上》　《魏末傳》曰：司馬文王秉政，徵諸葛誕。既被徵，詣諸牙門，置酒飲宴，謂衆人曰：『前作千人鎧仗始成，欲以擊賊。今當還洛，不復得用，欲蹔出，將見人遊戲。須臾還耳，諸君且止。』乃嚴鼓將七百人出，遂殺樂綝。

陳敏之叛分部

综述

《晉書》卷四《惠帝紀》（永興二年）十二月，【略】右將軍陳敏舉兵反，自號楚公，矯稱被中詔，從沔漢奉迎天子，逐揚州刺史劉機、丹楊太守王曠，遣弟恢南略江州，刺史應邈奔弋陽。

又 卷六六《劉弘傳》 陳敏寇揚州，引兵欲西上，弘乃解南蠻，以授前北軍中候蔣超，統江夏太守陶侃、武陵太守苗光，以大衆屯于夏口。又遣治中何松領建平、宜都、襄陽三郡兵，屯巴東，為羅尚後繼。又加南平太守應詹寧遠將軍，督三郡水軍，繼蔣超。侃與敏同郡，又同歲舉吏，或有間侃者，弘不疑之。乃以侃為前鋒督護，委以討敏之任。侃遣子及兄子為質，弘遣之曰：『賢叔征行，君祖母年高，便可歸也。匹夫之交尚不負心，何況大丈夫乎！』陳敏竟不敢窺境。

又 《陶侃傳》 陳敏之亂，弘以侃為江夏太守，加鷹揚將軍。侃備威儀，迎母官舍，鄉里榮之。敏遣其弟恢來寇武昌，侃出兵禦之。隨郡內史扈瓌間侃於弘曰：『侃與敏有鄉里之舊，居大郡，統强兵，脱有異志，則荆州無東門矣。』弘曰：『侃之忠能，吾得之已久，豈有是乎！』

又 卷六八《顧榮傳》 屬廣陵相陳敏反，南渡江，逐揚州刺史劉機、丹陽內史王曠，阻兵據州，分置子弟為列郡，收禮豪桀，有孫氏鼎峙之計。假榮右將軍、丹陽內史。榮數踐危亡之際，恆以恭遜自勉。會敏欲誅諸士人，榮說之曰：『中國喪亂，胡夷內侮，觀太傅今日不能復振華夏，百姓無復遺種。江南雖有石冰之寇，人物尚全。榮常憂無竇氏、孫、劉之策，有以存之耳。今將軍懷神武之略，有孫吳之能，功勳效於已著，勇略冠於當世，帶甲數萬，舳艫山積，上方雖有數州，亦可傳檄而定也。若能委信君子，各得盡懷，散蔕芥之恨，塞讒諂之口，則大事可圖也。』敏納其言，悉引諸豪族委任之。敏仍遣甘卓出橫江，堅甲利器，盡以委之。榮私于卓曰：『若江東之事可濟，當共成之。然卿觀事勢當有濟理不？敏既常才，本無大略，政令反覆，計無所定，然其子弟各已驕矜，其敗必矣。而吾等安然受其官祿，事敗之日，使江西諸軍函首送洛，題曰逆賊顧榮、甘卓之首，豈惟一身顛覆，辱及萬世，可不圖之！』卓從之。明年，周玘與榮及甘卓、紀瞻潛謀起兵攻敏。榮廢橋斂舟于南岸，敏率萬餘人出，不獲濟，榮麾以羽扇，其衆潰散。事平，還吳。

又 卷七〇《甘卓傳》 卓見天下大亂，棄官東歸，前至歷陽，與陳敏相遇。敏甚悦，共圖縱横之計，遂為其子景娶卓女，共相結託。會周玘唱義，密使錢廣攻敏弟昶，敏遣卓討廣，頓朱雀橋南。會廣殺昶，玘告丹楊太守顧榮共邀説卓。卓素敬服榮，且以昶死懷懼，良久乃從之。遂詐疾迎女，斷橋，收船南岸，共滅敏，傳首於京都。

又 卷八一《朱伺傳》 其後陳敏作亂，陶侃時鎮江夏，以伺能水戰，曉作舟艦，乃遣作大艦，署為左甄，據江口，摧破敏前鋒。敏弟恢稱荆州刺史，在武昌，侃率伺及諸軍進討，破之。敏、恢既平，伺以功封亭侯，領騎督。時西陽夷賊抄掠江夏，太守楊珉每請督將議距賊之計，伺獨不言。珉曰：『朱將軍何以不言？』伺答曰：『諸人以舌擊賊，伺惟以力耳。』珉又問：『將軍前後擊賊，何以每得勝邪？』伺曰：『兩敵共對，惟當忍之。彼不能忍，我能忍，是以勝耳。』珉大笑。

又 卷一〇〇《陳敏傳》 敏以功為廣陵相。時惠帝幸長安，四方交爭，敏遂有割據江東之志。其父聞之，怒曰：『滅我門者，必此兒也！』父亡，去職。東海王越當西迎大駕，承制起敏為右將軍、假節、前鋒都督，致書於敏曰：

將軍建謀富國，則有大漕之勳。及遭冰昌之亂，則首率義徒，以寡敵衆。外無强兵之援，內無運籌之侶，隻身挺立，雄略從橫，擢奇謀于馬首，奪靈計于臨危，金聲振于江外，精光赫于揚楚。攻堅陷險，三十餘戰，師徒無虧，勍敵自滅。五州復全，苞茅入貢，豈非將軍之功力哉！

今羯賊屯結，遊魂河濟，鼠伏雉竄，藏匿陳留，始欲姦盜，終圖不軌。將軍孫吳之術既明，已試之功先著，孤與將軍情分特隆，想割草土之哀，抑難居之思，舍絰執戈，來恤國難。天子遠巡，鑾輿未反，引領東眷，有懷山陵。當憑將軍戮力，王略有旋。將軍率將所領，承書風發，米

布軍資，惟將軍所運。

時越討豫州刺史劉喬，敏引兵會之，與越俱敗于蕭。敏因中國大亂，遂請東歸，收兵據歷陽。會吴王常侍甘卓自洛至，教卓假稱皇太弟命，拜敏為揚州刺史，並假江東首望顧榮等四十餘人為將軍、郡守，榮並偽從之。敏為息娶卓女，遂相為表裏。揚州刺史劉機、丹陽太守王廣等皆棄官奔走。敏弟昶知顧榮等有貳心，勸敏殺之，敏不從。昶將精兵數萬據烏江，弟恢率錢端等南寇江州，刺史應邈奔走，弟斌東略諸郡，遂據有吴越之地。敏命寮佐以己為都督江東軍事、大司馬、楚公，封十郡，加九錫，列上尚書，稱自江入河，奉迎鑾駕。

東海王軍諮祭酒華譚聞敏自相署置，而顧榮等並江東首望，悉受敏官爵，乃遺榮等書曰：

石冰之亂，朝廷録敏微功，故加越次之禮，授以上將之任，庶有韓盧一噬之效。而本性凶狡，素無識達，貪榮干運，逆天而動，阻兵作威，盜據吴會，內用凶弟，外委軍吏，上負朝廷寵授之榮，下孤宰輔過禮之惠。天道伐惡，人神所不祐。雖阻長江，命危朝露。忠節令圖，君子高行，屈節附逆，義士所耻。王蠋匹夫，志不可屈；於期慕義，隕首燕庭。況吴會仁人並受國寵，或剖符名郡，或列為近臣，而便辱身姦人之朝，降節逆叛之黨，稽顙屈膝，不亦羞乎！昔龔勝絶粒，不食莽朝；魯連赴海，耻為秦臣。君子義行，同符千載，遙度雅量，豈獨是安！

昔吴之武烈，稱美一代，雖奮奇宛葉，亦受折襄陽。討逆雄氣，志存中夏，臨江發怒，命訖丹徒。賴先主承運，雄謀天挺，尚內倚慈母仁明之教，外杖子布廷爭之忠，又有諸葛、顧、步、張、朱、陸、全之族，故能鞭笞百越，稱制南州。然兵家之興，不出三世，運未盈百，歸命入臣。今以陳敏倉部令史，七第頑冗，六品下才，欲躡桓王之高蹤，蹈大皇之絶軌，遠度諸賢，猶當未許也。諸君垂頭，不能建翟義之謀；而顧生俯眉，已受羈絆之辱。皇輿東軒，行即紫館，百僚垂纓，雲翔鳳闕，廟勝之謨，潛運帷幄。然後發荆州武旅，順流東下，徐州鋭鋒，南據堂邑；征東勁卒，耀威歷陽；飛橋越横江之津，泛舟涉瓜步之渚；威震丹陽，擒寇建鄴，而諸賢何顔見中州之士邪！

小寇隔津，音符道闊，引領南望，情存舊懷。忠義之人，何世蔑有！夫危而不能安，亡而不能存，將何貴乎！永長宿德，情所素重；彥先垂發，分著金石；公冑早交，恩紀特隆；令伯義聲，親好密結。上欲與諸賢效翼紫宸，建功帝籍。如其不爾，亦可泛舟河渭，擊楫清歌。何為辱身小寇之手，以蹈逆亂之禍乎！昔為同志，今已殊域；往為一體，今成異身。瞻江長歎，非子誰思！願圖良策，以存嘉謀也。

敏凡才無遠略，一旦據有江東，刑政無章，不為英俊所服，且子弟兇暴，所在為患。周玘、顧榮之徒常懼禍敗，又得譚書，皆有慚色。玘、榮遣使密報征東大將軍劉准遣兵臨江，己為內應。准遣揚州刺史劉機、寧遠將軍衡彥等出歷陽，敏使弟昶及將軍錢廣次烏江以距之，又遣弟閎為歷陽太守，戍牛渚。錢廣家在長城，玘鄉人也，玘潛使圖昶。廣遣其屬何康、錢象投募送白事於昶，昶俯頭視書，康揮刀斬之，稱州下已殺敏，敢有動者誅三族，吹角為內應。廣先勒兵在朱雀橋，陳兵水南，玘、榮又說甘卓，卓遂背敏。敏率萬餘人將與卓戰，未獲濟，榮以白羽扇麾之，敏衆潰散。敏單騎東奔至江乘，為義兵所斬，母及妻子皆伏誅，於是會稽諸郡並殺敏諸弟無遺焉。

宋·司馬光《資治通鑑》卷八六《晉紀八·教惠皇帝下》（晉惠帝永嘉元年）敏自帥萬餘人討卓，軍人隔水語敏衆曰：『本所以戮力陳公者，正以顧丹楊、周安豐耳；（敏以顧榮為丹楊太守，周玘為安豐太守，故以稱之。）今皆洪矣，汝等何為！』敏衆狐疑未決，榮以白羽扇揮之，（白羽扇，編白羽為之。）衆皆潰去。敏單騎北走，追獲之於江乘，歎曰：『諸人誤我，以至今日！』謂弟處曰：『我負卿，卿不負我！』（謂不用處言殺顧榮等也。）遂斬敏於建業，夷三族。於是會稽等郡盡殺敏諸弟。

論說

清·王夫之《讀通鑑論》卷一二《惠帝一一》 晉保江東以存中國之統，劉弘之力也。弘任陶侃、誅張昌、平陳敏，而江東復為完土。侃長以其才，而弘大以其量，唯弘能用侃，侃固在弘帡幪之中也。夫弘又豈徒以其量勝哉！弘無往而不持以正者也。司馬越之討顒，顒假詔使弘攻越，弘不為顒攻越，亦不為越攻顒，而但移書以責其罷兵，正也，顒逆而越亦

不順也；惡張方之凶悖，不得已擇於二者之閑而受越節度，亦正也；受越節度，終不北向以犯闕誅顒，亦正也；張光者，顒之私人，討陳敏有功，不以顒故而抑之，亦正也；天下方亂，而一之以正，行乎其所當行，止乎其所當止，不為慷慨任事之容，不操偏倚委重之心，千載而下，如見其嶽立海涵之氣象焉。使晉能舉國而任之，雖亂而可以不亡；惜乎其不能獨任，而弘亦早世以終也！

微弘，則周玘、顧榮、賀循無所憚而保其貞；微弘，則陶侃無所托以盡其才；微弘，則琅邪南遷，王導亦無資以立國。晉不能用弘，而弘能用晉。嗚呼，當危亂之世，鎮之以靜，慮之以密，守之以大正，而後可以為社稷之臣。挾才而急於去就者，益其亡爾。有土可憑，有人可用，而褊心詭億以召亂，曰：吾以行權。權其可與未可與立者道乎？

又《惠帝一三》 孟子言保國之道，急世臣，重巨室，蓋惡遊士之徒亂人國也。夫遊士者，即不亂人國，而抑不足以繫國之重輕，民望所不歸也。主其地，習其教，然後人心翕然而附之。陳敏之亂，甘卓反正，而告敏軍曰：『所以戮力陳公者，正以顧丹陽周安豐耳，今皆異矣，汝等何為？』顧榮羽扇一麾，而數萬人潰散。琅邪王鎮建業，榮與紀瞻拜于道左，而江東之業遂定。夫此數子者，皆孫氏有國以來所培植之世族也，率江東而定八王已亂之天下，抗五胡窺吞之雄心，立國百年而允定，孟子之言，於斯為烈矣。

雜録

《晉書》卷五《孝懷帝紀》 永嘉元年，【略】三月己未朔，平東將軍周馥斬送陳敏首。

又 卷一三《天文志下》 永興元年七月庚申，太白犯角、亢，經房、心，歷尾、箕。九月，入南斗。占曰：『犯角，天下大戰；犯亢，有大兵，人君憂；入房心，為兵喪；犯尾箕，女主憂。』一曰：『天下大亂。入南斗，有兵喪。』一曰：『將軍為亂。其所犯守，又兗、豫、幽、冀、揚州之分野。』是年七月，有蕩陰之役。九月，【略】陳敏又亂揚土。

又 卷二七《五行上》 太安中，周玘家雌雞逃承溜中，六七日而下，奮翼鳴將，獨毛羽不變。其後有陳敏之事。敏雖控制江表，終無紀綱文章，殆其象也。卒為玘所滅。雞禍見玘家，又天意也。京房《易傳》曰：『牝雞雄鳴，主不榮。』

又 卷五二《華譚傳》 陳敏之亂，吳士多為其所逼。顧榮先受敏官，而潛謀圖之。譚不悟榮旨，露檄遠近，極言其非，由此為榮所怨。

又 卷五七《張光傳》 陳敏作亂，除光順陽太守，加陵江將軍，率步騎五千詣荊州討之。刺史劉弘雅敬重光，稱為南楚之秀。時江夏太守陶侃與敏大將錢端相距於長岐，將戰，襄陽太守皮初為步軍，使光設伏以待之，武陵太守苗光為水軍，藏舟艦于沔水。皮初等與賊交戰，光發伏兵應之，水陸同奮，賊衆大敗。弘表光有殊勳，遷材官將軍，梁州刺史。

又 卷九五《藝術傳・陳訓》 及陳敏作亂，遣弟宏為歷陽太守，訓謂邑人曰：『陳家無王氣，不久當滅。』宏聞，將斬之。訓鄉人秦璩為宏參軍，乃說訓曰：『訓善風角，可試之。如不中，徐斬未晚也。』乃赦之。時宏攻征東參軍衡彥于歷陽，乃問訓曰：『城中有幾千人？攻之可拔不？』訓登牛渚山望氣，曰：『不過五百人。然不可攻，攻之必敗。』宏復大怒曰：『何有五千人攻五百人而有不得理？』命將士攻之，果為彥所敗，方信訓有道術，乃優遇之。

都水參軍淮南周亢嘗問訓以官位，訓曰：『君至卯年當剖符近郡，酉年當有曲蓋。』亢曰：『脫如來言，當相薦拔。』訓曰：『性不好官，惟欲得米耳。』後亢果為義興太守、金紫將軍。時劉聰、王彌寇洛陽，歷陽太守武瑕問訓曰：『國家人事如何？』訓曰：『胡賊三逼，國家當敗，天子野死。今尚未也。』其後懷愍二帝果有平陽之酷焉。或問其以明年吉凶者，訓曰：『揚州刺史當死，武昌大火，上方節將亦當死。』至時，劉陶、周訪皆卒，武昌大火，燒數千家。時甘卓為歷陽太守，訓私謂所親曰：『甘侯頭低而視仰，相法名為眄刀，又目有赤脈，自外而入，不出十年，必以兵死，不領兵則可以免。』卓果為王敦所害。丞相王導多病，每自憂慮，以問訓。訓曰：『公耳豎垂肩，必壽，亦大貴，子孫當興于江東。』咸如其言。訓年八十餘卒。

《北史》卷七〇《宗懍傳》 永嘉亂，討陳敏有功，封柴桑縣侯，除宜都郡守。

桓楚之篡分部

綜述

《宋書》卷一《武帝紀上》 桓玄為楚王，將謀篡盜。玄從兄衛將軍謙屏人問高祖曰：『楚王勳德隆重，四海歸懷。朝廷之情，咸謂宜有揖讓，卿意以為何如？』高祖既志欲圖玄，乃遜辭答曰：『楚王，宣武之子，勳德蓋世。晉室微弱，民望久移，乘運禪代，有何不可！』謙喜曰：『卿謂可爾，便當是真可爾。』十二月，桓玄篡帝位，遷天子于尋陽。桓修入朝，高祖從至京邑。玄見高祖，謂司徒王謐曰：『昨見劉諱，風骨不恆，蓋人傑也。』每遊集，輒引接殷勤，贈賜甚厚。高祖愈惡之。或說玄曰：『劉諱龍行虎步，視瞻不凡，恐不為人下，宜蚤為其所。』玄曰：『我方欲平蕩中原，非劉諱莫可付以大事。關隴平定，然後當別議之耳。』玄乃下詔曰：『劉諱以寡制衆，屢摧妖鋒，泛海窮追，十殄其八。諸將力戰，多被重創。自元帥以下至於將士，並宜論賞，以敍勳烈。』

先是，高祖東征盧循，何無忌隨至山陰，勸於會稽舉義。高祖以為玄未據極位，且會稽遙遠，事濟為難，俟其篡逆事著，徐於京口圖之，不憂不克。至是桓修還京，高祖托以金創疾動，不堪步從，乃與無忌同船共還，建興復之計。於是與弟道規、沛郡劉毅、平昌孟昶、任城魏詠之、高平檀憑之、琅邪諸葛長民、太原王元德、隴西辛扈興、東莞童厚之，並同義謀。時桓修弟弘為征虜將軍、青州刺史，鎮廣陵。道規為弘中兵參軍，昶為州主簿。乃令毅潛往就昶，聚徒於江北，謀起兵殺弘。長民為豫州刺史刁逵左軍府參軍，謀據歷陽相應。元德、厚之謀於京邑，聚衆攻玄，並剋期齊發。

三年二月己丑朔，乙卯，高祖托以游獵，與無忌等收集義徒，凡同謀何無忌、魏詠之、詠之弟欣之、順之、檀憑之、憑之從子韶、弟祗、隆與叔道濟、道濟從兄范之、高祖弟道憐、劉毅、毅從弟藩、孟昶、昶族弟懷玉、河內向彌、管義之、陳留周安穆、臨淮劉蔚、從弟珪之、東莞臧熹、從弟寶符、從子穆生、童茂宗、陳郡周道民、漁陽田演、譙國范清等二十七人；願從者百餘人。丙辰，詰旦，城開，無忌服傳詔服，稱詔居前。義衆馳入，齊聲大呼，吏士驚散，莫敢動，即斬修以徇。高祖哭甚慟，厚加殯斂。孟昶勸弘其日出獵。未明開門，出獵人，昶、道規、毅等率壯士五六十人因開門直入。弘方啖粥，即斬之，因收衆濟江。義軍初克京城，修司馬刁弘率文武佐吏來赴。高祖登城謂之曰：『郭江州已奉乘輿反正于尋陽，我等並被密詔，誅除逆黨，同會今日。賊玄之首，已當梟於大航矣。諸君非大晉之臣乎，今來欲何為？』弘等信之，收衆而退。毅既至，高祖命誅弘。

毅兄邁先在京師，事未發數日，高祖遣同謀周安穆報之，使為內應。邁外雖酬許，內甚震懼。安穆見其惶駭，慮事必泄，乃馳歸。時玄以邁為竟陵太守，邁不知所為，便下船欲之郡。是夜，玄與邁書曰：『北府人情云何？卿近見劉諱何所道？』邁謂玄已知其謀，晨起白之。玄驚懼，封邁為重安侯，既而嫌邁不執安穆，使得逃去，乃殺之。誅元德、扈興、厚之等。召桓謙、卞範之等謀拒高祖。謙等曰：『亟遣兵擊之。』玄曰：『不然。彼兵速銳，計出萬死。若行遣水軍，不足相抗；如有蹉跌，則彼氣成而吾事敗矣！不如屯大衆於覆舟山以待之。彼空行二百里，無所措手，銳氣已挫，既至，忽見大軍，必驚懼駭愕。我案兵堅陣，勿與交鋒。彼求戰不得，自然散走。此計之上也。』謙等固請，乃遣頓丘太守吳甫之、右衛將軍皇甫敷北拒義軍。玄自聞軍起，憂懼無復為計。或曰：『劉諱等衆力甚弱，豈辦之有成，陛下何慮之甚！』玄曰：『劉諱足為一世之雄，劉毅家無擔石之儲，摴蒲一擲百萬；何無忌，劉牢之甥，酷似其舅。共舉大事，何謂無成。』

衆推高祖為盟主，移檄京邑，曰：夫治亂相因，理不常泰，狡焉肆虐，或值聖明。自我大晉，陽九屢構。隆安以來，難結皇室。忠臣碎于虎口，貞良弊於豺狼。逆臣桓玄，陵虐人鬼，阻兵荊郢，肆暴都邑。天未亡難，凶力繁興，逾年之間，遂傾皇祚。主上播越，流幸非所；神器沉淪，七廟毀墜。夏后之罹浞、豷，有漢之遭莽、卓，方之于玄，未足為喻。自玄篡逆，於今歷年，亢旱彌時，民無生氣。加以士庶疲於轉輪，文武困於

造築，父子乖離，室家分散，豈唯《大東》有杼軸之悲，《摽梅》有傾筐之怨而已哉！仰觀天文，俯察人事，此而能久，孰有可亡！凡在有心，誰不扼腕。諱等所以叩心泣血，不遑啓處者也。是故夕寐宵興，援獎忠烈，潛構崎嶇，險過履虎。輔國將軍劉毅、廣武將軍何無忌、鎮北主簿孟昶、兖州主簿魏詠之、寧遠將軍劉道規、龍驤將軍劉藩、振威將軍檀憑之等，忠烈斷金，精貫白日，荷戈奮袂，志在畢命。益州刺史毛璩，萬里齊契，掃定荆楚。江州刺史郭昶之，奉迎主上，宮于尋陽。鎮北參軍王元德等，並率部曲，保據石頭。揚武將軍諸葛長民，收集義士，已據歷陽。征虜參軍庾賾之等，潛相連結，以為內應。同力協規，所在蜂起，即日斬偽徐州刺史安城王修、青州刺史弘首。義衆既集，文武爭先，咸謂不有一統，則事無以輯。諱辭不獲已，遂總軍要。庶上憑祖宗之靈，下罄義夫之力，翦馘逋逆，蕩清京輦。公侯諸君，或世樹忠貞，或身荷爵寵，而並俯眉猾竪，自效莫由，顧瞻周道，寧不弔乎！今日之舉，良其會也。諱以虛薄，才非古人，接勢於已替之機，受任於既頹之運。丹誠未宣，感慨憤躍，望霄漢以永懷，眄山川以增厲。授檄之日，神馳賊廷。

以孟昶為長史，總攝後事；檀憑之為司馬。百姓願從者千餘人。三月戊午朔，遇吳甫之于江乘。甫之，玄驍將也，其兵甚鋭。高祖躬執長刀，大呼以沖之，衆皆披靡，即斬甫之。進至羅落橋，皇甫敷率數千人逆戰。寧遠將軍檀憑之與高祖各御一隊，憑之戰敗見殺，其衆退散。高祖進戰彌厲，前後奮擊，應時摧破，即斬敷首。初，高祖與何無忌等共建大謀，有善相者相高祖及無忌等並當大貴，其應甚近，惟云憑之無相。高祖與無忌密相謂曰：『吾等既為同舟，理無偏異。吾徒咸皆富貴，則檀不應獨殊。』深不解相者之言。至是而憑之戰死，高祖知其事必捷。

玄聞敷等並没，愈懼，使桓謙屯東陵口，卞範之屯覆舟山西，衆合二萬。己未旦，義軍食畢，棄其餘糧，進至覆舟山東，使丐士張旗幟於山上，以為疑兵；玄又遣武騎將軍庾禕之，配以精卒利器，助謙等。高祖躬先士卒以奔之，將士皆殊死戰，無不一當百，呼聲動天地。時東北風急，因命縱火，煙焰張天，鼓噪之音震京邑。謙等諸軍，一時土崩。玄始雖遣軍置陣，而走意已決，別使領軍將軍殷仲文具舟於石頭，仍將子侄浮江南走。庚申，高祖鎮石頭城，立留臺，總百官，焚桓温神主于宣陽門外，造晉新主，立於太廟。遣諸將帥追玄，尚書王嘏率百官奉迎乘輿。司徒王謐與衆議推高祖領揚州，固辭。乃以謐為録尚書事，領揚州刺史。於是推高祖為使持節、都督揚徐兖豫青冀幽并八州諸軍事、領軍將軍、徐州刺史。

先是，朝廷承晉氏亂政，百司縱弛，桓玄雖欲釐整，而衆莫從之。高祖以身范物，先以威禁內外，百官皆肅然奉職。二三日間，風俗頓改。且桓玄雖以雄豪見推，而一朝便有極位，晉氏四方牧守及在朝大臣，盡心伏事，臣主之分定矣。高祖位微于朝，衆無一旅，奮臂草萊之中，倡大義以復皇祚。由是王謐等諸人時衆民望，莫不愧而憚焉。

諸葛長民失期不得發，刁逵執送之，未至而玄敗。玄經尋陽，江州刺史郭昶之備乘輿法物資之。玄收略得二千餘人，挾天子走江陵。冠軍將軍劉毅、輔國將軍何無忌、振武將軍劉道規率諸軍追討。尚書左僕射王愉、愉子荆州刺史綏等，江左冠族。綏少有重名，以高祖起自布衣，甚相凌忽。綏，桓氏甥，亦有自疑之志。高祖悉誅之。四月，奉武陵王遵為大將軍，承制，大赦天下，唯桓玄一祖後不在赦例。

初，高祖家貧，嘗負刁逵社錢三萬，經時無以還。逵執録甚嚴，王謐造逵見之，密以錢代還，由是得釋。高祖名微位薄，盛流皆不與相知，唯謐交焉。桓玄將篡，謐手解安帝璽紱，為玄佐命功臣。及義旗建，衆並謂謐宜誅，唯高祖保持之。劉毅嘗因朝會，問謐璽紱所在，謐益懼。及王愉父子誅，謐從弟諶謂謐曰：『王駒無罪，而義旗誅之，此是翦除勝己，以絕民望。兄既桓氏黨附，名位如此，欲求免得乎？』駒，愉小字也。謐懼，奔于曲阿。高祖箋白大將軍，深相保謐，迎還復位。光禄勳丁承之、左衛將軍褚粲、遊擊將軍司馬秀役使官人，為御史中丞王禎之所糾察，謝箋言辭怨忿。承之造司宜藏。高祖與大將軍箋，白『粲等備位大臣，所懷必盡，執憲不允，自應據理陳訴，而横興怨忿，歸咎有司，宜加裁當，以清風軌』。並免官。

桓玄兄子韶，聚衆向歷陽，高祖命輔國將軍諸葛長民擊走之。無忌、道規破玄大將郭銓等於桑落洲，衆軍進據尋陽。加高祖督江州諸軍事。玄既還荆郢，大聚兵衆，召水軍造樓船、器械，率衆二萬，挾天子發江陵，浮江東下，與冠軍將軍劉毅等相遇于崢嶸洲，衆軍下擊，大破之。玄棄

衆，復挾天子還復江陵。玄黨殷仲文奉晉二皇后還京師。玄至江陵，因西走。南郡太守王騰之、荆州別駕王康產奉天子入南郡府。初，征虜將軍、益州刺史毛璩，遣從孫祐之與參軍費恬送弟喪下，有衆二百。璩弟子修之時為玄屯騎校尉，誘玄以入蜀。至枚回洲，恬與祐之迎射之。益州督護馮遷斬玄首，傳京師，又斬玄子升於江陵市。

初，玄敗于峥嶸洲，義軍以為大事已定，追躡不速。玄死幾一旬，衆軍猶不至。玄從子振逃于華容之湧中，招聚逆黨數千人，晨襲江陵城，居民競出赴之。騰之、康產皆被殺。桓謙先匿於沮川，亦聚衆以應。振為玄舉哀，立喪廷。謙率衆官奉璽綬于安無忌、道規既至江陵，與桓振戰於靈溪。玄黨馮該又設伏于楊林，義軍奔敗，退還尋陽。兗州刺史辛禺懷貳。會北青州刺史劉該反，禺求征該，次淮陰，又反。禺長史羊穆之斬禺，傳首京師。十月，高祖領青州刺史。甲仗百人入殿。

劉毅諸軍復進至夏口。毅攻魯城，道規攻偃月壘，皆拔之。十二月，諸軍進平巴陵。義熙元年正月，毅等至江津，破桓謙、桓振，江陵平。天子反正。三月，天子至自江陵。

詔曰：古稱大者天地，其次君臣，所以列貫三辰，神人代序，諒理本於造昧，而運周于萬葉。故盈否時襲，四靈通其變；王道或昧，貞賢拯其危。天命所以永固，人心所以攸穆。雖夏、周中傾，賴靡、申之績，莽、倫載竊，實二代是維，或乘資藉號，或業隆異世，猶詩書以之休詠，記策用為美談。未有因心撫民，而誠發理應，援神器於已淪，若在今之盛者也。朕以寡昧，遭家不造，越自遘閔，屬當屯極。逆臣桓玄，乘釁縱慝，窮凶恣虐，滔天猾夏。遂誣罔人神，肆其篡亂。祖宗之基既湮，七廟之饗胥殄，若墜淵谷，未足斯譬。

皇度有晉，天縱英哲，使持節、都督揚徐兗豫青冀幽并江九州諸軍事、鎮軍將軍、徐青二州刺史，忠誠天亮，神武命世，用能貞明協契，義夫響臻。故順聲一唱，二溟卷波；英風振路，宸居清翳。暨冠軍將軍毅、輔國將軍無忌、振武將軍道規，舟旗遄邁，而元兇傳首；回戈疊揮，則荆、漢霧廓。俾宣、元之祚，永固於嵩、岱；傾基重造，再集於朕躬。宗廟歆七百之祜，皇基融載新之命。念功惟德，永言銘懷。固已道冠開闢，獨絕終古，書契以來，未之前聞矣。雖則功高靡尚，理至難文，而崇庸命德，哲王攸先者，將以弘道制治，深關盛衰。故伊、望膺殊命之錫，桓、文饗備物之禮，況宏征不世，顧邈百代者，宜極名器之隆，以光大國之盛。而鎮軍謙虛自衷，誠旨屢顯。朕重逆仲父，乃所以愈彰德美也。鎮軍可進位侍中、車騎將軍、都督中外諸軍事，使持節、徐青二州刺史如故。顯祚大邦，啓茲疆宇。

又 卷四七《劉懷肅傳》 京邑平定，振武將軍道規追桓玄，以懷肅為司馬。玄留何澹之、郭銓等戍桑落洲，進擊破之。潁川太守劉統平，除高平太守。玄既死，從子振大破義軍于楊林，義軍退尋陽。懷肅與江夏相張暢之攻澹之於西塞，破之。偽鎮東將軍馮該戍夏口東岸，孟山圖據魯山城，桓仙客守偃月壘，皆連壁相望。懷肅與道規攻之，躬擐甲胄，陷二城，馮該走石城，生擒仙客。義熙元年正月，振敗走，道規遣懷肅平石城，斬馮該及其子山靖。三月，桓振復襲江陵，荆州刺史司馬休之出奔，懷肅自雲杜馳赴，日夜兼行，七日而至。振勒兵三萬，旗幟蔽野，躍馬横矛，躬自突陣。流矢傷懷肅額，衆懼欲奔，懷肅瞋目奮戰，士氣益壯。於是士卒爭先，臨陣斬振首。

又《劉敬宣傳》 元興元年，牢之南討桓玄，元顯為征討大都督，日夜昏酣，牢之驟詣門，不得相見；帝出餞行，方遇公坐而已。桓玄既至溧州，遣信說牢之；牢之以道子昏暗，元顯淫凶，慮平玄之日，亂政方始，假手于玄，誅除執政，然後乘玄之隙，可以得志於天下，將許玄降。敬宣諫曰：『方今國家亂擾，四海鼎沸，天下之重，在大人與玄。玄藉先父之基，據荆南之勢，雖無姬文之德，實為參分之形。一朝縱之，使陵朝廷，威望既成，則難圖也。董卓之變，將生於今。』牢之怒曰：『吾豈不知今日取玄如反覆手，但平玄之後，令我那驃騎何？』遣敬宣為任，玄板為其府諮議參軍。

玄既得志，害元顯，廢道子，以牢之為征東將軍、會稽太守。牢之與敬宣謀共襲玄，期以明旦。值爾日大霧，府門晚開，日旰，敬宣不至，牢之謂所謀已泄，率部曲向白洲，欲奔廣陵。而敬宣還京口迎家，牢之尋求不得，謂已為玄所擒，乃自縊死。敬宣奔喪，哭畢，即渡江就司馬休之、高雅之等，俱奔洛陽，往來長安，各以子弟為質，求救于姚興。興與之符信，令關東募兵，得數千人，復還至彭城間，收聚義故。玄遺孫無終討冀

州刺史劉軌，軌要敬宣、雅之等共據山陽破之，不克。又進昌平澗，戰不利，衆各離散，乃俱奔鮮卑慕容德。【略】

桓歆率氐賊楊秋寇歷陽，敬宣與建威將軍諸葛長民大破之。歆單騎走渡淮，斬楊秋於練固而還。遷建威將軍、江州刺史。敬宣固辭，言于高祖曰：『仇耻既雪，四海清蕩，所願反身草澤，以終餘年。恩遇不遣，遂復僶俛，即目所忝，已為優渥。且盤龍、無忌猶未遇寵，賢二弟位任尚卑，一朝先之，必貽朝野之責。』不許。敬宣既至江州，課集軍糧，搜召舟乘，軍戎要用，常有儲擬。故西征諸軍雖失利退據，因之每即振復。其年，桓玄兄子亮自號江州刺史，寇豫章；亮又遣苻宏寇廬陵，敬宣並討破之。

又　卷四八《毛修之傳》　修之有大志，【略】桓玄克荆州，仍為玄佐，歷後軍、太尉、相國參軍。解音律，能騎射，玄甚遇之。及篡位，以為屯騎校尉。隨玄西奔，玄敗于崢嶸洲，復還江陵，人情離散，議欲西奔漢川。修之誘令入蜀，馮遷斬玄於枚回洲，修之力也。

又　卷四九《劉鍾傳》　桓謙屯於東陵，卞範之屯覆舟山西，高祖疑賊有伏兵，顧視左右，正見鍾，謂之曰：『此山下當有伏兵，卿可率部下稍往撲之。』鍾應聲馳進，果有伏兵數百，一時奔走。桓玄西奔，其夕，高祖止桓謙故營，遣鍾宿據東府，轉鎮軍參軍督護。桓歆寇歷陽，遣鍾助豫州刺史魏詠之討之，歆即奔迸。

又　卷五〇《胡藩傳》　義旗起，玄戰敗將出奔，藩于南掖門捉玄馬控，曰：『今羽林射手猶有八百，皆是義故西人，一旦舍此，欲歸可復得乎？』玄直以馬鞭指天而已，於是奔散相失。追及玄於蕪湖，玄見藩，喜謂張須無曰：『卿州故為多士，今乃復見王叔治。』桑落之戰，藩艦被燒，全鎧入水潛行三十許步，方得登岸。義軍既迫，不復得西，乃還家。

又　卷五一《臨川烈武王道規傳》　臨川烈武王道規，字道則，高祖少弟也。少倜儻有大志，高祖奇之，與謀誅桓玄。時桓弘鎮廣陵，以為征虜中兵參軍。高祖克京城，道規亦以其日與劉毅、孟昶共斬弘，收衆濟江。進平京邑，玄敗走。晉大將軍武陵王遵承制，以道規為振武將軍、義昌太守。【略】

玄西走江陵，留郭銓、何澹之等固守盆口，義軍既至，賊列艦距之。澹之空設羽儀旗幟於一舫，而別在它船，無忌欲攻羽儀所在，衆悉不同，曰：『澹之必不在此舫，雖得無益也。』無忌曰：『澹之不在此舫，固不須言也。既不在此，則戰士必弱，我以勁兵攻之，必可禽也。禽之之日，彼必以為失其軍主，我徒咸謂已得賊帥，我勇而彼懼，懼而薄之，破之必矣。』道規喜曰：『此名計也。』因往彼攻之，即禽此舫。因鼓噪倡曰：『已斬何澹之！』賊徒及義軍並以為然。因縱兵，賊衆奔敗，即克盆口，進平尋陽。因復馳進，遇玄于崢嶸洲。道規等兵不滿萬人，而玄戰士數萬，衆並憚之，欲退還尋陽。道規曰：『不可。彼衆我寡，强弱異勢。今若畏懦不進，必為所乘，雖至尋陽，豈能自固。玄雖竊名雄豪，內實恇怯，加已經奔敗，衆無固心。決機兩陣，將雄者克。昔光武昆陽之戰，曹操官渡之師，皆以少制多，共所聞也。今雖才謝古人，豈可先為之弱！』因麾衆而進，毅等從之，大破玄軍。郭銓與玄單舸走，江陵不復能守，欲入蜀，為馮遷所斬。

義軍遇風不進，桓謙、桓振復據江陵，毅留巴陵，道規與無忌俱進攻桓謐於馬頭，桓蔚於寵洲，皆破之。無忌欲乘勝直造江陵，道規曰：『兵法屈申有時，不可苟進。諸桓世居西楚，羣小皆為竭力，振勇冠三軍，難與爭勝。且可頓兵養鋭，徐以計策縻之，不憂不克也。』無忌不從，果為振所敗。乃退還尋陽，繕治舟甲，復進軍夏口。偽鎮軍將軍馮該戍夏口東岸，揚武將軍孟山圖據魯城，輔國將軍桓仙客守偃月壘。於是毅攻魯城，道規、無忌攻偃月，並克之，生禽仙客、山圖。其夕，該遁走，進平巴陵。謙、振遣使求割荆、江二州，奉歸晉帝，不許。會南陽太守魯宗之起義攻襄陽，偽雍州刺史桓蔚走江陵。宗之進至紀南，振自往距之，使桓謙留守。時毅、道規已次馬頭，馳往襲，謙奔走，即日克江陵城。振大破宗之而歸，聞城已陷，亦走。無忌翼衛天子還京師，道規留夏口。江陵之平也，道規推毅為元功，無忌為次功，自居其末。進號輔國將軍、督淮北諸軍事、并州刺史，義昌太守如故。

時荆州、湘、江、豫猶多桓氏餘燼，往往屯結。復以本官進督江州之武昌、荆州之江夏隨郡義陽綏安、豫州之西陽汝南潁川新蔡九郡諸軍事，隨宜剪撲，皆悉平之。

《魏書》卷二《太祖紀》　（天興六年）是年，島夷桓玄廢其主司馬德宗而自立，僭稱大楚。【略】

天賜元年夏四月，詔尚書郎中公孫表使於江南，以觀桓玄之釁也。值玄敗而還。是歲，島夷劉裕起兵誅桓玄。

《晉書》卷一〇《安帝紀》（隆安）二年春三月，【略】兗州刺史王恭、豫州刺史庾楷、荆州刺史殷仲堪、廣州刺史桓玄、南蠻校尉楊佺期等舉兵反。【略】

（八月）桓玄大敗王師于白石。九月辛卯，加太傅、會稽王道子黄鉞。遣征虜將軍會稽王世子元顯、前將軍王珣、右將軍謝琰討桓玄等。己亥，破庾楷于牛渚。丙午，會稽王道子屯中堂，元顯守石頭。己酉，前將軍王珣守北郊，右將軍謝琰備宣陽門。輔國將軍劉牢之次新亭，使子敬宣擊敗恭，恭奔曲阿長塘湖，湖尉收送京師，斬之。於是遣太常殷茂喻仲堪及玄，玄等走于尋陽。冬十月，新野言騶虞見。丙子，大赦。壬午，仲堪等盟于尋陽，推桓玄為盟主。十一月，以琅邪王德文為衛將軍、開府儀同三司，領軍將軍王雅為尚書左僕射。十二月己丑，魏王珪即尊位，年號天興。京兆人韋禮帥襄陽流人叛，降于姚興。己酉，前新安太守杜炯反於京口，會稽王世子元顯討斬之。秃髮烏孤自稱武威王。【略】

（三年）十二月，桓玄襲江陵，荆州刺史殷仲堪、南蠻校尉楊佺期並遇害。【略】

元興元年春正月庚午朔，大赦，改元。以後將軍元顯為驃騎大將軍、征討大都督，鎮北將軍劉牢之為元顯前鋒，前將軍、譙王尚之為後部，以討桓玄。

二月【略】丁卯，桓玄敗王師于姑孰，譙王尚之、齊王柔之並死之。以右將軍吳隱之為都督交廣二州諸軍事、廣州刺史。三月己巳，劉牢之叛降于桓玄。辛未，王師敗績於新亭，驃騎大將軍、會稽王世子元顯，東海王彦璋，冠軍將軍毛泰，遊擊將軍毛邃並遇害。壬申，桓玄自為侍中、丞相、録尚書事，以桓謙為尚書僕射，遷太傅、會稽王道子于安城。玄俄又自稱太尉、揚州牧，總百揆，以琅邪王德文為太宰。【略】

十二月庚申，會稽王道子為桓玄所害。曲赦廣陵、彭城大逆以下。【略】

二年春二月辛丑，建威將軍劉裕破徐道覆于東陽。乙卯，桓玄自稱大將軍。丁巳，冀州刺史孫無終為桓玄所害。夏四月癸巳朔，日有蝕之。秋八月，玄又自號相國、楚王。九月，南陽太守庾仄起義兵，為玄所敗。冬十一月壬午，玄遷帝于永安宮。癸未，移太廟神主于琅邪國。十二月壬辰，玄篡位，以帝為平固王。辛亥，帝蒙塵于尋陽。【略】

三年春二月，【略】乙卯，建武將軍劉裕帥沛國劉毅、東海何無忌等舉義兵。丙辰，斬桓玄所署徐州刺史桓修于京口，青州刺史桓弘于廣陵。丁巳，義師濟江。三月戊午，劉裕斬玄將吳甫之于江乘，斬皇甫敷于羅落。己未，玄衆潰而逃。庚申，劉裕置留臺，具百官。壬戌，桓玄司徒王謐推劉裕行鎮軍將軍、徐州刺史、都督揚徐兗豫青冀幽并八州諸軍事、假節。劉裕以謐領揚州刺史、録尚書事。辛酉，劉裕誅尚書左僕射王愉、愉子荆州刺史綏、司州刺史温詳。辛未，桓玄逼帝西上。丙戌，密詔以幽逼于玄，萬機虚曠，令武陵王遵依舊典，承制總百官行事，加侍中，餘如故。並大赦謀反大逆已下，惟桓玄一祖之後不宥。夏四月己丑，大將軍、武陵王遵稱制，總萬機。庚寅，帝至江陵。庚戌，輔國將軍何無忌、振武將軍劉道規及桓玄將庾稚、何澹之戰於湓口，大破之。玄復逼帝東下。五月癸酉，冠軍將軍劉毅及桓玄戰于崢嶸洲，又破之。己卯，帝復幸江陵。辛巳，荆州别駕王康産、南郡太守王騰之奉帝居於南郡。壬午，督護馮遷斬桓玄於貊盤洲。乘輿反正於江陵。【略】

閏月己丑，桓玄故將揚武將軍桓振陷江陵，劉毅、何無忌退守尋陽，帝復蒙塵于賊營。六月，益州刺史毛璩討僞梁州刺史桓希，斬之。【略】

義熙元年春正月，帝在江陵。【略】。桓振以帝屯於江津。辛卯，宗之破振將温楷於柞溪，進次紀南，為振所敗。振武將軍劉道規擊桓謙，走之。乘輿反正，帝與琅邪王幸道規舟。戊戌，詔曰：『【略】，逆臣桓玄乘釁肆亂，乃誣罔天人，篡據極位。朕躬播越，淪胥荒裔，宣皇之基，眇焉以墜。賴鎮軍將軍裕忠武英斷，誠冠終古。運謀機始，貞賢協其契；抆淚誓衆，義士感其心。故霜戈一揮，巨猾奔迸，三率棱威，大憝授首。而孽振倡狂，嗣凶荆郢。幸天祚社稷，義旗載捷，狡徒沮潰，朕獲反正。斯實宗廟之靈，勤王之勳。豈朕一人獨享伊祜，思與億兆幸兹更始。其大赦，改元，唯玄振一祖及同黨不在原例。賜百官爵二級，鰥寡孤獨穀人五斛，大酺五日。』二月丁巳，留臺備乘輿法駕，迎帝於江陵。【略】。三

月，桓振復襲江陵，荊州刺史司馬休之奔於襄陽。建威將軍劉懷肅討振，斬之。帝至自江陵。【略】。（五月）桓玄故將桓亮、苻宏、刁預寇湘州，守將擊走之。【略】

桓玄執政，進位太宰，加兗冕之服，緑綟綬。玄簒位，以帝為石陽縣公，與安帝俱居尋陽。及玄敗，隨至江陵。玄死，桓振奄至，躍馬奮戈，直至階下，瞋目謂安帝曰：『臣門户何負國家，而屠滅若是？』帝乃下床謂振曰：『此豈我兄弟意邪！』振乃下馬致拜。

又 卷三七《司馬尚之傳》 及元顯稱詔西伐，命尚之為前鋒，尚之子文仲為寧遠將軍、宣城内史。桓玄至姑孰，遣馮該等攻歷陽，斷洞浦，焚尚之舟艦。尚之率步卒九千陣於浦上，先遣武都太守楊秋屯横江。秋奔于玄軍，尚之衆潰，逃于涂中十餘日。譙國人韓連、丁元等以告玄，玄害之于建康市。

又 《司馬休之傳》 桓玄攻歷陽，休之嬰城固守。及尚之戰敗，休之以五百人出城力戰，不捷，乃還城，攜子侄奔于慕容超。聞義軍起，復還京師。大將軍武陵王令曰：『前龍驤將軍休之，才幹貞審，功業既成。歷陽之戰，事在機捷。及至勢乖力屈，奉身出奔，猶鳩集義徒，崎嶇險阻。既應親賢之舉，宜委分陝之重。可監荊益梁寧秦雍六州軍事、領護南蠻校尉、荊州刺史、假節。』到鎮無幾，桓振復襲江陵，休之戰敗，出奔襄陽。寧朔將軍張暢之、高平相劉懷肅自沔攻振，走之。

又 《司馬允之傳》 王恭、庾楷、桓玄等内伐也，會稽王道子命允之兄弟距楷，破之。

又 卷六四《司馬元顯傳》 既而楊佺期、桓玄、殷仲堪等復至石頭，元顯於竹里馳還京師，遣丹陽尹王愷、鄱陽太守桓放之、新蔡内史何嗣、潁川太守温詳、新安太守孫泰等，發京邑士庶數萬人，據石頭以距之。道子將出頓中堂，忽有驚馬蹂藉軍中，因而擾亂，赴江而死者甚衆。仲堪既知王恭敗死，狼狽西走，與桓玄屯于尋陽。朝廷嚴兵相距，内外騷然。【略】

加元顯侍中、驃騎大將軍、開府、征討大都督、十八州諸軍事、儀同三司，加黄鉞，班劍二十人，以伐桓玄，竟以牢之為前鋒。法順又言於元顯曰：『自舉大事，未有威斷，桓謙兄弟每為上流耳目，斬之，以孤荊楚之望。且事之濟不，繼在前軍，而牢之反覆，萬一有變，則禍敗立至。可令牢之殺謙兄弟，以示不貳。若不受命，當逆為其所。』元顯曰：『非牢之無以當桓玄。且始事而誅大將，人情必動，二三不可。』于時揚土饑虚，運漕不繼，玄斷江路，商旅遂絶。於是公私匱乏，士卒唯給粰橡。

大軍將發，玄從兄驃騎長史石生馳使告玄。玄進次尋陽，傳檄京師，罪狀元顯。俄而玄至西陽，帝戎服餞元顯于西池，始登舟而玄至新亭。元顯棄船退屯國子學堂。明日，列陣于宣陽門外，元顯佐吏多散走。或言玄已至大桁，劉牢之遂降于玄。元顯回入宣陽門，牢之參軍張暢之率衆逐之，衆潰。元顯奔入相府，唯張法順隨之。問計于道子，道子對之泣。玄遣太傅從事中郎毛泰收元顯送於新亭，縛於舫前而數之。元顯答曰：『為王誕、張法順所誤。』於是送付廷尉，并其六子皆害之。

又 卷七四《桓彝傳》 玄為荊州，以振為揚武將軍、淮南太守。轉江夏相，以兇横見黜。及玄之敗也，桓謙匿於沮中，振逃于華容之沮中。玄先令將軍王稚徽戍巴陵，稚徽遣人報振云：『桓歆已克京邑，馮稚等復平尋陽，劉毅諸軍並敗于中路。』振大喜。時安帝在江陵，振乃聚黨數十人襲江陵。比至城，有衆二百。謙亦聚衆而出，遂陷江陵，迎帝於行宫。振聞桓升死，大怒，將肆逆於帝，謙苦禁之，乃止。遂命羣臣，辭以楚祚不終，百姓之心復歸於晉，更奉進璽綬，以琅邪王領徐州刺史，振為都督八州、鎮西將軍、荊州刺史。帝侍御左右，皆振之腹心，既而歎曰：『公昔早不用我，遂致此敗。若使公在，我為前鋒，天下不足定。今獨作此，安歸乎！』遂肆意酒色，暴虐無道，多所殘害。

又 《桓振傳》 振營於江津。南陽太守魯宗之自襄陽破振將温楷於柞溪，進屯紀南。振聞楷敗，留其將馮該守營，自率衆與宗之大戰。振勇冠三軍，衆莫能禦，宗之敗績。振追奔，遇宗之單騎於道，弗之識也，乃問宗之所在。紿曰：『已前走矣。』宗之於是自後而退。尋而劉毅等破馮該，平江陵。振聞該敗，衆潰而走。後與該子宏出自溳城，復襲江陵。荊州刺史司馬休之奔襄陽，振自號荊州刺史。建威將軍劉懷肅率寧遠將軍索邈，與振戰于沙橋。振兵雖少，左右皆力戰，每一合，振輒瞋目奮擊，衆莫敢當。振時醉，且中流矢，廣武將軍唐興臨陣斬之。

又 《桓石秀傳》 玄之簒也，以石秀一門之令，封稚玉為臨沅王。

又《桓謙傳》　元興初，朝廷將伐玄，以桓氏世在陝西，謙父沖有遺惠于荆楚，懼人情向背，乃用謙為持節、都督荆益寧梁四州諸軍事、西中郎將、荆州刺史、假節，以安荆楚。

玄既用事，以謙為尚書左僕射，領吏部，加中軍將軍。謙兄弟顯列，玄甚倚杖之，而內不能善也。改封謙為寧都侯，拜尚書令，加散騎常侍。遷侍中、衛將軍、開府、録尚書事。玄篡位，復領揚州刺史，本官如故，封新安王。

及桓振作亂，謙保護乘輿，頗有功焉。然而暗懦，尤不可以造事。初，勸振率軍下戰，己守江陵。振既輕謙用事，故不從。及振敗，謙奔于姚興。

又　卷八一《毛璩傳》　安帝初，【略】傳及桓玄篡位，遣使加璩散騎常侍、左將軍。璩執留玄使，不受命。玄以桓希為梁州刺史，王異據涪，郭法戍宕渠，師寂戍巴郡，周道子戍白帝以防之。璩傳檄遠近，列玄罪狀，遣巴東太守柳約之、建平太守羅述、征虜司馬甄季之擊破希等，仍率衆次於白帝。武陵王令曰：『益州刺史毛璩忠誠慤亮，自桓玄萌禍，常思躡其後。今若平殄凶逆，肅清荆郢者，便當即授上流之任。』【略】

會玄敗，謀奔梁州。璩弟瑾子修之時為玄屯騎校尉，誘玄使入蜀，既而修之與祐之、費恬及漢嘉人馮遷共殺玄。約之等聞玄死，進軍到枝復攻没江陵。劉毅等還尋陽，約之亦退。俄而季子、述皆病，約子詣振偽降，因欲襲振而桓振。事泄，被害。約之司馬時延祖、涪陵太守文處茂等撫其餘衆，保涪陵。振遣桓放之為益州，屯西陵。處茂距擊，破之。振死。

又　卷八四《庾楷傳》　及玄等盟于柴桑，連名上疏自理，詔赦玄等而不赦恭、楷，楷遂依玄，玄用為武昌太守。楷後懼玄必敗，密遣使結會稽世子元顯：『若朝廷討玄，當為內應。』及玄得志，楷以謀泄，為玄所誅。

又《劉牢之傳》　元興初，朝廷將討桓玄，以牢之為前鋒都督、征西將軍，領江州事。元顯遣使以討玄事諮牢之。牢之以玄少有雄名，杖全楚之衆，懼不能制，又慮平玄之後功蓋天下，必不為元顯所容，深懷疑貳，不得已率北府文武屯洌洲。桓玄遣何穆說牢之。【略】

牢之自謂握强兵，才能算略足以經綸江表，時譙王尚之已敗，人情轉沮，乃頗納穆說，遣使與玄交通。其甥何無忌與劉裕固諫之，並不從。俄令敬宣降玄。玄大喜，與敬宣置酒宴集，陰謀誅之，陳法書畫圖與敬宣共觀，以安悅其志。敬宣不之覺，玄佐吏莫不相視而笑。【略】

元顯既敗，玄以牢之為征東將軍、會稽太守，牢之乃歎曰：『始爾，便奪我兵，禍將至矣！』時玄屯相府，敬宣勸牢之襲玄，猶豫不決，移屯班瀆，將北奔廣陵相高雅之，欲據江北以距玄，集衆大議。參軍劉襲曰：『事不可者莫大於反，而將軍往年反王兗州，近日反司馬郎君，今復欲反桓公。一人而三反，豈得立也。』語畢，趨出，佐吏多散走。而敬宣先還京口拔其家，失期不到。牢之謂其為劉襲所殺，乃自縊而死。俄而敬宣至，不遑哭，奔于高雅之。將吏共殯斂牢之，喪歸丹徒。桓玄令斫棺斬首，暴屍於市，及劉裕建義，追理牢之，乃復本官。

又《殷仲堪傳》　初，桓玄將應王恭，乃說仲堪，推恭為盟主，共興晉陽之舉，立桓文之功，仲堪然之。仲堪以王恭在京口，去都不盈二百，自荆州道遠連兵，勢不相及，乃偽許恭，而實不欲下。聞恭已誅王國寶等，始抗表興師，遣龍驤將軍楊佺期次巴陵。會稽王道子遣書止之，仲堪乃還。

初，桓玄棄官歸國，仲堪憚其才地，深相交結。玄亦欲假其兵勢，誘而悅之。國寶之役，仲堪既納玄之誘，乃外結雍州刺史郗恢，內要從兄南蠻校尉顗、南郡相江績等。恢、顗、績並不同之，乃以楊佺期代績，顗自遜位。

會王恭復與豫州刺史庾楷舉兵討江州刺史王愉及譙王尚之等，仲堪因集議，以為朝廷去年自戮國寶，王恭威名已震，今其重舉，勢無不克。而我去年緩師，已失信於彼，今可整棹晨征，參其霸功。於是使佺期舟師五千為前鋒，桓玄次之。仲堪率兵二萬，相繼而下。佺期、玄至溢口，王愉奔於臨川，玄遣偏軍追獲之。佺期等進至橫江，庾楷敗奔于玄，譙王尚之等退走，尚之弟恢之所領水軍皆没。玄等至石頭，仲堪至蕪湖，忽聞王恭已死，劉牢之反恭，領北府兵在新亭，玄等三軍失色，無復固志，乃回師屯于蔡洲。

時朝廷新平恭、楷，且不測西方人心，仲堪等擁衆數萬，充斥郊畿，內外憂逼。玄從兄修告會稽王道子曰：『西軍可說而解也。修知其情矣。

若許佺期以重利，無不倒戈于仲堪者。』道子納之，乃以玄為江州，佺期為雍州，黜仲堪為廣州，以桓修為荆州，遣仲堪叔父太常茂宣詔回軍。仲堪恚被貶退，以王恭雖敗，己衆亦足以立事，令玄等急進軍。玄等喜於寵授，並欲順朝命，猶豫未決。會仲堪弟遹為佺期司馬，夜奔仲堪，說佺期受朝命，納桓修。仲堪遑遽，即於蕪湖南歸，使徇于玄等軍曰：『若不各散而歸，大軍至江陵，當悉戮餘口。』仲堪將劉系先領二千人隸於佺期，輒率衆而歸。玄等大懼，狼狽追仲堪，至尋陽，及之。於是仲堪失職，倚玄為援，玄等又資仲堪之兵，雖互相疑阻，亦不得異。仲堪與佺期以子弟交質，遂于尋陽結盟，玄為盟主，臨壇歃血，並不受詔，申理王恭，求誅劉牢之、譙王尚之等。朝廷深憚之。於是詔仲堪曰：『間以將軍憑寄失所，朝野懷憂。然既往之事，宜其兩忘，用乃班師回旆，祇順朝旨，所以改授方任，蓋隨時之宜。將軍大義，誠感朕心，今還復本位，即撫所鎮，釋甲休兵，則內外寧一，故遣太常茂具宣乃懷。』仲堪等並奉詔，各旋所鎮。

頃之。桓玄將討佺期，先告仲堪云：『今當入沔討除佺期，已頓兵江口。若見與無貳，可殺楊廣；若其不然，便當率軍入江。』仲堪乃執玄兄偉，遣從弟遹等水軍七千至江西口。玄使郭銓、苻宏擊之，遹等敗走。玄頓巴陵，而館其穀。玄又破楊廣于夏口。仲堪既失巴陵之積，又諸將皆敗，江陵震駭。城內大饑，以胡麻為廩。仲堪急召佺期。佺期率衆赴之，直濟江擊玄，為玄所敗，走還襄陽。仲堪出奔酇城，為玄追兵所獲，逼令自殺，死於柞溪，弟子道獲、參軍羅企生等並被殺。仲堪少奉天師道，又精心事神，不吝財賄，而怠行仁義，嗇于周急，及玄來攻，猶勤請禱。然善取人情，病者自為診脈分藥，而用計倚伏煩密，少於鑒略，以至於敗。

又《楊佺期傳》　仲堪與桓玄舉衆應王恭，庾楷，仲堪素無戎略，軍旅之事一委佺期兄弟，以兵五千人為前鋒，與桓玄相次而下。至石頭，恭死，楷敗，朝廷未測玄軍，乃以佺期代郗恢為都督梁雍秦三州諸軍事、雍州刺史。仲堪、玄皆有遷換，於是俱還尋陽，結盟不奉詔。俄而朝廷復仲堪本職，乃各還鎮。

初，玄未奉詔，欲自為雍州，以郗恢為廣州。恢懼玄之來，問於衆，咸曰：『佺期來者，誰不戮力！若桓玄來，恐難與為敵。』既知佺期代己，乃謀于南陽太守閭丘羨，稱兵距守。佺期慮事不濟，乃聲言玄來入沔，而佺期為前驅。恢衆信之，無復固志。恢軍散請降，佺期入府斬閭丘羨，放恢還都，撫將士，恤百姓，繕修城池，簡練甲卒，甚得人情。

佺期、仲堪與桓玄素不穆，佺期屢欲相攻，仲堪每抑止之。玄以是告執政，求廣其所統。朝廷亦欲成其釁隙，故以桓偉為南蠻校尉。佺期內懷忿懼，勒兵建牙，聲云援洛，欲與仲堪襲玄。仲堪雖外結佺期，內疑其心，苦止之，又遣從弟遹屯北塞以駐之。佺期勢不獨舉，乃解兵。

隆安三年，桓玄遂舉兵討佺期，先攻仲堪。初，仲堪得玄書，急召佺期。佺期曰：『江陵無食，當何以待敵？可來見就，共守襄陽。』仲堪自以保境全軍，無緣棄城逆走，憂佺期不赴，乃紿之曰：『比來收集，已有儲矣。』佺期信之，乃率衆赴焉。步騎八千，精甲耀日。既至，仲堪唯以飯餉其軍。佺期大怒曰：『今茲敗矣！』乃不見仲堪。時玄在零口，佺期與兄廣擊玄。玄畏佺期之銳，乃渡軍馬頭。明日，佺期率殷道護等精銳萬人乘艦出戰，玄距之，不得進。佺期乃率其麾下數十艦，直濟江，徑向玄船。俄而回擊郭銓，殆獲銓，會玄諸軍至，佺期退走，餘衆盡沒，單馬奔襄陽。玄追軍至，佺期與兄廣俱死之，傳首京都，梟於朱雀門。弟思平，從弟尚保、孜敬，俱逃於蠻。劉裕起義，始歸國，歷位州郡。

又　卷八五《劉毅傳》　桓玄簒位，毅與劉裕、何無忌、魏詠之等起義兵，密謀討玄，毅討徐州刺史桓修于京口、青州刺史桓弘于廣陵。裕率毅等至竹里，玄使其將皇甫敷、吳甫之北距義軍，遇之于江乘，臨陣斬甫之，進至羅落橋，又斬敷首。玄大懼，使桓謙、何澹之屯覆舟山。毅等軍至蔣山，裕使羸弱登山，多張旗幟，玄不之測，益以危懼。謙等士卒多北府人，素懾伏裕，莫敢出鬪。裕與毅等分為數隊，進突謙陣，皆殊死戰，無不一當百。時東北風急，義軍放火，煙塵張天，鼓噪之音震駭京邑，謙等諸軍一時奔散。玄既西走，裕以毅為冠軍將軍、青州刺史，與何無忌、劉道規躡玄。玄逼帝及琅邪王西上，毅與道規及下邳太守孟懷玉等追及玄，戰于崢嶸洲。毅乘風縱火，盡銳爭先，玄衆大潰，燒輜重夜走。玄將郭銓、劉雅等襲陷尋陽，毅遣武威將軍劉懷肅討平之。【略】

及玄死，桓振、桓謙復聚衆距毅於靈溪。玄將馮該以兵會振，毅進擊，為振所敗，退次尋陽，【略】劉裕命何無忌受毅節度，【略】桓亮自

號江州刺史，遣劉敬宣擊走之。毅軍次夏口。時振黨馮該戍大岸，孟山圖據魯城，桓山客守偃月壘，衆合萬人，連艦二岸，水陸相援。毅督衆軍進討，未至夏口，遇風飄没千餘人。毅與劉懷肅、索邈等攻魯城，道規攻偃月壘，何無忌與檀祗列艦于中流，以防越逸。毅躬貫甲冑，陵城半日而二壘俱潰，生擒山客，而馮該遁走。毅進平巴陵。以毅為使持節、兗州刺史，將軍如故。毅號令嚴整，所經墟邑，百姓安悦。南陽太守魯宗之起義，襲襄陽，破桓蔚。毅等諸軍次江陵之馬頭。振擁乘輿，出營江津。宗之又破偽將温楷，振自擊宗之。毅因率無忌、道規等諸軍破馮該于豫章口，推鋒而進，遂入江陵。振聞城陷，與謙北走，乘輿反正。毅執玄黨卞範之、羊僧壽、夏侯崇之、桓道恭等，皆斬之。桓振復與苻宏自鄖城襲陷江陵，與劉懷肅相持。毅遣部將擊振，殺之，並斬偽輔將軍桓珍。毅又攻拔遷陵，斬玄太守劉叔祖于臨嶂。其餘擁衆假號以十數，皆討平之。

又《何無忌傳》 及玄篡位，無忌與玄吏部郎曹靖之有舊，請蒞小縣。靖之白玄，玄不許，無忌乃還京口。

初，劉裕嘗為劉牢之參軍，與無忌素相親結。至是，因密共圖玄。【略】

初，桓玄聞裕等及無忌之起兵也，甚懼。【略】曰：『劉裕勇冠三軍，當今無敵。劉毅家無儋石之儲，樗蒱一擲百萬。何無忌，劉牢之之甥，酷似其舅。共舉大事，何謂無成！』其見憚如此。及玄敗走，武陵王遵承制以無忌為輔國將軍、琅邪内史，以會稽王道子所部精兵悉配之，南追桓玄，與振武將軍劉道規俱受冠軍將軍劉毅節度。玄留其龍驤將軍何澹之、前將軍郭銓、江州刺史郭昶之守湓口。無忌等次桑落洲，澹之等率軍來戰。澹之常所乘舫旌旗甚盛，無忌曰：『賊帥必不居此，欲詐我耳，宜亟攻之。』衆咸曰：『澹之不在其中，其徒得之無益。』無忌謂道規曰：『今衆寡不敵，戰無全勝。澹之雖不居此舫，取則易獲，因縱兵騰之，可以一鼓而敗也。』道規從之，遂獲賊舫，因傳呼曰：『已得何澹之矣！』賊中驚擾，無忌之衆亦謂為然。道規乘勝徑進，無忌又鼓噪赴之，澹之遂潰。【略】

又與毅、道規破走玄于崢嶸洲。無忌進據巴陵。玄從兄謙、從子振乘間陷江陵，無忌、道規進攻謙於馬頭，攻桓蔚于龍泉，皆破之。既而為桓振所敗，退還尋陽。無忌與毅、道規復進討振，克夏口三城，遂平巴陵，進次馬頭。桓謙請割荆、江二州，奉送天子，無忌不許。進軍破江陵，謙等敗走。【略】

初，桓玄克京邑，劉裕東征，無忌密至裕軍所，潛謀舉義，勸裕于山陰起兵。裕以玄大逆未彰，恐在遠舉事，克濟為難。若玄遂竊天位，然後於京口圖之，事未晚也。

又 卷九九《桓玄傳》 是歲（元興二年），玄兄偉卒，贈開府、驃騎將軍，以桓脩代之。從事中郎曹靖之説玄以桓脩兄弟職居内外，恐權傾天下，玄納之，乃以南郡相桓石康為西中郎將、荆州刺史。偉服始以公除，玄便作樂。初奏，玄撫節慟哭，既而收淚盡歡，玄所親仗唯偉，偉既死，玄乃孤危。而不臣之迹已著，自知怨滿天下，欲速定篡逆，殷仲文、卞範之等又共催促之，於是先改授羣司，解琅邪王司徒，遷太宰，加殊禮，以桓謙為侍中、衛將軍、開府、録尚書事，王謐散騎常侍、中書監、領司徒，桓胤中書令，加桓脩散騎常侍、撫軍大將軍。置學官，教授二品子弟數百人。又矯詔加其相國，總百揆，封南郡、南平、宜都、天門、零陵、營陽、桂陽、衡陽、義陽、建平十郡為楚王，揚州牧，領平西將軍、豫州刺史如故，加九錫備物，楚國置丞相已下，一遵舊典。又諷天子御前殿而策授焉。玄屢偽讓，詔遣百僚敦勸，又云：『當親降鑾輿乃受命。』矯詔贈父温為楚王，南康公主為楚王后。以平西長史劉瑾為尚書，刁逵為中領軍，王嘏為太常，殷叔文為左衛，皇甫敷為右衛，凡衆官合六十餘人，為楚官屬。玄解平西、豫州，以平西文武配相國府。

新野人庾仄聞玄受九錫，乃起義兵，襲馮該於襄陽，走之。仄有衆七千，于城南設壇，祭祖宗七廟。南蠻參軍庾彬、安西參軍楊道護、江安令鄧襄子謀為内應。仄本仲堪黨，桓偉既死，石康未至，故乘間而發，江陵震動。桓濟之子亮起兵于羅縣，自號平南將軍、湘州刺史，以討仄為名。南蠻校尉羊僧壽與石康共攻襄陽，仄衆散，奔姚興，彬等皆遇害。長沙相陶延壽以亮乘亂起兵，遣收之。玄徙亮於衡陽，誅其同謀桓奧等。

玄偽上表求歸藩，又自作詔留之，遣使宣旨，玄又上表固請，又諷天子作手詔固留焉。玄好逞偽辭，塵穢簡牘，皆此類也。謂代謝之際宜有禎祥，乃密令所在上臨平湖開除清朗，使衆官集賀。矯詔曰：『靈瑞之事非

所敢聞也。斯誠相國至德，故事為之應。太平之化，於是乎始，六合同悅，情何可言！』又詐云江州甘露降王成基家竹上。玄以歷代咸有肥遁之士，而己世獨無，乃徵皇甫謐六世孫希之為著作，並給其資用，皆令讓而不受，號曰高士，時人名為『充隱』。議復肉刑，斷錢貨，回復改異，造革紛紜，志無一定，條制森然，動害政理。性貪鄙，好奇異，尤愛寶物，珠玉不離於手。人士有法書好畫及佳園宅者，悉欲歸己，猶難逼奪之，皆蒱博而取。遣臣佐四出，掘果移竹，不遠數千里，百姓佳果美竹無復遺餘。信悅諂譽，逆忤讜言，或奪其所憎與其所愛。

十一月，玄矯制加其冕十有二旒，建天子旌旗，出警入蹕，乘金根車，駕六馬，備五時副車，置旄頭雲罕，樂儛八佾，設鍾虡宮縣，妃為王后，世子為太子，其女及孫爵命之號皆如舊制。玄乃多斥朝臣為太宰僚佐，又矯詔使王謐兼太保，領司徒，奉皇帝璽禪位於己。又諷帝以禪位告廟，出居永安宮，移晉神主於琅邪廟。

初，玄恐帝不肯為手詔，又慮璽不可得，逼臨川王寶請帝自為手詔，因奪取璽。比臨軒，璽已久出，玄甚喜。百官到姑孰勸玄僭偽位，玄偽讓，朝臣固請，玄乃于城南七里立郊，登壇篡位，以玄牡告天，百僚陪列，而儀注不備，忘稱萬歲，又不易帝諱。榜為文告天皇后帝云：『晉帝欽若景運，敬順明命，以命于玄。夫天工人代，帝王所以興，匪君莫治，惟德司其元，故承天理物，必由一統。並聖不可以二君，非賢不可以無主，故世換五帝，鼎遷三代。爰暨漢魏，咸歸勳烈。晉自中葉，仍世多故，海西之亂，皇祚殆移，九代廓寧之功，升明黜陟之勳，微禹之德，左衽將及。太元之末，君子道消，積釁基亂。鍾于隆安，禍延士庶，理絕人倫。玄雖身在草澤，見棄時班，義情理感，胡能無慨！投袂克清之勞，阿衡撥亂之績，皆仰憑先德遺愛之利，玄何功焉！屬當理運之會，猥集樂推之數，以寡昧之身踵下武之重，膺革泰之始，托王公之上，誠仰藉洪基，德漸有由。夕惕祗懷，罔知攸厝。君位不可以久虛，人神不可以乏饗，是用敢不奉以欽恭大禮，敬簡良辰，升壇受禪，告類上帝，以永綏衆望，式孚萬邦，惟明靈是饗。』【略】

玄入建康宮，逆風迅激，旍旗儀飾皆傾偃。及小會於西堂，設妓樂，殿上施絳綾帳，縷黃金為顏，四角作金龍，頭銜五色羽葆旒蘇，羣臣竊相謂曰：『此頗似輀車，亦王莽仙蓋之流也。龍角，所謂亢龍有悔者也。』又造金根車，駕六馬。是月，玄臨聽訟觀閱囚徒，罪無輕重，多被原放。有干輿乞者，時或恤之。其好行小惠如此。自以水德，壬辰，臘于祖。改尚書都官郎為賊曹，又增置五校、三將及彊弩、積射武衛官。元興三年，玄之永始二年也，尚書答『春蒐』字誤為『春菟』，凡所關署皆被降黜。玄大綱不理，而糾擿纖微，皆此類也。以其妻劉氏為皇后，將修殿宇，乃移入東宮。又開東掖、平昌、廣莫及宮殿諸門，皆為三道。更造大輦，容三千人坐，以二百人舁之。性好畋遊，以體大不堪乘馬，又作徘徊輿，施轉關，令回動無滯。既不追尊祖曾，疑其禮義，問於羣臣。散騎常侍徐廣據晉典宜追立七廟，又敬其父則子悅，位彌高者情理得申，道愈廣者納敬必普也。玄曰：『《禮》云三昭、三穆，與太祖為七，然則太祖必居廟之主也，昭穆皆自下之稱，則非逆數可知也。禮，太祖東向，左昭右穆。如晉室之廟，則宣帝在昭穆之列，不得在太祖之位。昭穆既錯，太祖無寄，失之遠矣。』玄曾祖以上名位不顯，故不欲序列，且以王莽九廟見譏于前史，遂以一廟矯之，郊廟齋二日而已。秘書監卞承之曰：『祭不及祖，知楚德之不長也。』又毀晉小廟以廣臺榭。其庶母蒸嘗，靡有定所，忌日見賓客遊宴，唯至亡時一哭而已。期服之內，不廢音樂。玄出遊水門，飄風飛其儀蓋。夜，濤水入石頭，大桁流壞，殺人甚多。大風吹朱雀門樓，上層墜地。

玄自篡盜之後，驕奢荒侈，遊獵無度，以夜繼晝。兄偉葬日，旦哭晚遊，或一日之中屢出馳騁。性又急暴，呼召嚴速，直官咸繫馬省前，禁內嘩雜，無復朝廷之體。於是百姓疲苦，朝野勞瘁，怨怒思亂者十室八九焉。於是劉裕、劉毅、何無忌等共謀興復。裕等斬桓脩於京口，斬桓弘於廣陵，河內太守辛扈興、弘農太守王元德、振威將軍童厚之、竟陵太守劉邁謀為內應。至期，裕遣周安穆報之，而邁惶遽，遂以告玄。玄震駭，即殺扈興等，安穆馳去得免。封邁重安侯，一宿又殺之。

裕率義軍至竹里，玄移還上宮，百僚步從，召侍官皆入止省中。赦揚、豫、徐、兗、青、冀六州，加桓謙征討都督、假節，以殷仲文代桓脩，遣頓丘太守吳甫之、右衛將軍皇甫敷北距義軍。裕等於江乘與戰，臨陣斬甫之，進至羅落橋，與敷戰，復梟其首。玄聞之大懼，乃召諸道術人

推算數為厭勝之法，乃問衆曰：『朕其敗乎？』曹靖之對曰：『神怒人怨，臣實懼焉。』玄曰：『人或可怨，神何為怒？』對曰：『移晉宗廟，飄泊失所，大楚之祭，不及于祖，此其所以怒也。』玄曰：『卿何不諫？』對曰：『輦上諸君子皆以為堯舜之世，臣何敢言！』玄愈忿懼，使桓謙、何澹之屯東陵，卞範之屯覆舟山西，衆合二萬，以距義軍。裕至蔣山，使羸弱貫油帔登山，分張旗幟，數道并前。玄偵侯還云：『裕軍四塞，不知多少。』玄益憂惶，遣武衛將軍庾頤之配以精卒，副援諸軍。于時東北風急，義軍放火，煙塵張天，鼓噪之音震駭京邑。劉裕執鉞麾而進，謙等諸軍一時奔潰。玄率親信數千人聲言赴戰，遂將其子昇、兄子浚出南掖門，西至石頭，使殷仲文具船，相與南奔。

初，玄在姑孰，將相星屢有變；篡位之夕，月及太白，又入羽林，玄甚惡之。及敗走，腹心勸其戰，玄不暇答，直以策指天。而經日不得食，左右進以粗飯，咽不能下。昇時年數歲，抱玄胸而撫之，玄悲不自勝。

劉裕以武陵王遵攝萬機，立行臺，總百官。遣劉毅、劉道規躡玄，誅玄諸兄子及石康兄權、振兄洪等。

玄至尋陽，江州刺史郭昶之給其器用兵力。殷仲文自後至，望見玄舟，旌旗輿服備帝者之儀，歎息曰：『敗中復振，故可也。』玄於是逼乘輿西上。桓歆聚黨向歷陽，宣城内史諸葛長民擊破之。玄於道作起居注，敍其距義軍之事，自謂經略指授，算無遺策，諸將違節度，以致虧喪，非戰之罪。於是不遑與羣下謀議，唯耽思誦述，宣示遠近。玄至江陵，石康納之，張幔屋于城南，署置百官，以卞範之為尚書僕射，其餘職多用輕資。於是大修舟師，曾未三旬，衆且二萬，樓船器械甚盛。謂其羣黨曰：『卿等並清塗翼從朕躬，都下竊位者方應謝罪軍門，其覲卿等入石頭，無異雲霄中人也。』

玄以奔敗之後，懼法令不肅，遂輕怒妄殺，人多離怨。殷仲文諫曰：『陛下少播英譽，遠近所服，遂掃平荆雍，一匡京室，聲被八荒矣。既據有極位，而遇此圮運，非為威不足也。百姓喁喁，想望皇澤，宜弘仁風，以收物情。』玄怒曰：『漢高、魏武幾遇敗，但諸將失利耳！以天文惡，故還都舊楚，而羣小愚惑，妄生是非，方當糾之以猛，未宜施之以恩也。』玄左右稱玄為『桓詔』，桓胤諫曰：『詔者，施於辭令，不以為稱謂也。漢魏之主皆無此言，唯聞北虜以苻堅為「苻詔」耳。願陛下稽古帝則，令萬世可法。』玄曰：『此事已行，今宣敕罷之，更為不祥。必其宜革，可待事平也。』荆州郡守以玄播越，或遣使通表，有匪寧之辭，玄悉不受，仍乃更令所在表賀遷都。

玄遣游擊將軍何澹之、武衛將軍庾稚祖、江夏太守桓道恭就郭銓以數千人守溢口。又遣輔國將軍桓振往義陽聚衆，至弋陽，為龍驤將軍胡譁所破，振單騎走還。何無忌、劉道規等破郭銓、何澹之、郭昶之于桑落洲，進師尋陽。玄率舟艦二百發江陵，使苻宏、羊僧壽為前鋒。以鄱陽太守徐放為散騎常侍，欲遣說解義軍，謂放曰：『諸人不識天命，致此妄作，遂懼禍屯結，不能自反。卿三州所信，可明示朕心，若退軍散甲，當與之更始，各授位任，令不失分。江水在此，朕不食言。』放對曰：『劉裕為唱端之主，劉毅兄為陛下所誅，並不可說也。輒當申聖旨于何無忌。』玄曰：『卿使若有功，當以吳興相敍。』放遂受使，入無忌軍。

魏詠之破桓歆于歷陽，諸葛長民又敗歆於芍陂，歆單馬渡淮。毅率道規及下邳太守孟懷玉與玄戰于峥嶸洲。于時義軍數千，玄兵甚盛，而玄懼有敗衄，常漾輕舸於舫側，故其衆莫有鬬心。義軍乘風縱火，盡鋭爭先，玄衆大潰，燒輜重夜遁，郭銓歸降。玄故將劉統、馮稚等聚黨四百人，襲破尋陽城，毅遣建威將軍劉懷肅討平之。玄留永安皇后及皇后于巴陵。殷仲文時在玄艦，求出別船收集散軍，因叛玄，奉二後奔于夏口。玄入江陵城，馮該勸使更下戰，玄不從，欲出漢川，投梁州刺史桓希，而人情乖阻，制令不行。玄乘馬出城，至門，左右於暗中斫之，不中，前後相殺交横，玄僅得至船。於是荆州别駕王康產奉帝入南郡府舍，太守王騰之率文武營衛。

時益州刺史毛璩使其從孫祐之、參軍費恬送弟璠喪葬江陵，有衆二百，璩弟子脩之為玄屯騎校尉，誘玄以入蜀，玄從之。達枚回洲，恬與祐之迎擊玄，矢下如雨。玄嬖人丁仙期、萬蓋等以身蔽玄，並中數十箭而死。玄被箭，其子昇輒拔去之。益州督護馮遷抽刀而前，玄拔頭上玉導與之，仍曰：『是何人邪？敢殺天子！』遷曰：『欲殺天子之賊耳。』遂斬之，時年三十六。又斬石康及浚等五級，庾頤之戰死。昇云：『我是豫

章王，諸君勿見殺。』送至江陵市斬之。

初，玄在宮中，恆覺不安，若為鬼神所擾，語其所親云：『恐己當死，故與時競。』元興中，衡陽有雌雞化為雄，八十日而冠萎。及玄建國于楚，衡陽屬焉，自篡盜至敗，時凡八旬矣。其時有童謠云：『長干巷，巷長干，今年殺郎君，後年斬諸桓。』其凶兆符會如此。郎君，謂元顯也。

是月，王騰之奉帝入居太府。桓謙亦聚衆沮中，為玄舉哀，立喪庭，偽謚為武悼皇帝。毅等傳送玄首，梟於大桁，百姓觀者莫不欣幸。

何無忌等攻桓謙於馬頭，桓蔚于龍洲，皆破之。義軍乘勝競進，振、謙等距戰於靈溪，道規等敗績，死没者千餘人。義軍退次尋陽，更繕舟甲。毛璩自領梁州，遣將攻漢中，殺桓希。江夏相張暢之、高平太守劉懷肅攻何澹之於西塞磯，破之。振遣桓蔚代王曠守襄陽。道規進討武昌，破偽太守王旻。魏詠之、劉藩破桓石綏于白茅。義軍發尋陽。桓亮自號江州刺史，侵豫章，江州刺史劉敬宣討走之。義軍進次夏口。偽鎮東將軍馮該等守夏口，揚武將軍孟山圖據魯城，輔國將軍桓山客守偃月壘。劉毅攻魯城，道規攻偃月壘，無忌與檀祗列艦中流，以防越逸。義軍騰赴，叫聲動山谷，自辰及午，二城俱潰，馮該散走，生擒山客。毅等平巴陵。毛璩遣涪陵太守文處茂東下，振遣桓放之為益州，屯夷陵，處茂距戰，放之敗走，還江陵。

義熙元年正月，南陽太守魯宗之起義兵襲襄陽，破偽雍州刺史桓蔚。無忌諸軍次江陵之馬頭，振擁帝出營江津。魯宗之率衆於柞溪，破偽武賁中郎溫楷，進至紀南。振自擊宗之，宗之失利。時蜀軍據靈溪，毅率無忌、道規等破馮該軍，推鋒而前，即平江陵。振見火起，知城已陷，乃與謙等北走。是日，安帝反正。大赦天下，唯逆黨就戮，詔特免桓胤一人。桓亮自豫章，自號鎮南將軍、湘州刺史。苻宏寇安成、廬陵，劉敬宣遣將討之，宏走入湘中。二月，桓謙、何澹之、溫楷等奔于姚興。桓振與宏出自涢城，襲破江陵，劉懷肅自雲杜伐振等，破之。廣武將軍唐興斬振及偽輔國將軍桓珍，毅於臨鄣斬偽零陵太守劉叔祖。桓亮、苻宏復出冠湘中，害郡守長吏，檀祗討宏於湘東，斬之，廣武將軍郭彌斬亮于益陽，其餘擁衆假號皆討平之。詔徙桓胤及諸黨與于新安諸郡。

三年，東陽太守殷仲文與永嘉太守駱球謀反，欲建桓胤為嗣，曹靖之、桓石松、卞承之、劉延祖等潛相交結，劉裕以次收斬之，並誅其家屬。後桓謙走入蜀，蜀賊譙縱以謙為荊州刺史，使率兵而下，荊楚之衆多應之。謙至枝江，荊州刺史劉道規斬之，梁州刺史傅歆又斬桓石綏，桓氏遂滅。

卞範之字敬祖，濟陰宛句人也，識悟聰敏，見美於當世。太元中，自丹陽丞為始安太守。桓玄少與之游，及玄為江州，引為長史，委以心膂之任，潛謀密計，莫不決之。後玄將為篡亂，以範之為丹陽尹。範之與殷仲文陰撰策命，進範之為征虜將軍、散騎常侍。玄僭位，以範之為侍中，班劍二十人，進號後將軍，封臨汝縣公。其禪詔，即範之文也。

玄既奢侈無度，範之亦盛營館第。自以佐命元勳，深懷矜伐，以富貴驕人，子弟傲慢，衆咸畏嫉之。義軍起，範之屯兵於覆舟山西，為劉毅所敗，隨玄西走，玄又以範之為尚書僕射。玄為劉毅等所敗，左右分散，唯範之在側。玄平，斬於江陵。

殷仲文，南蠻校尉覬之弟也。少有才藻，美容貌。從兄仲堪薦之于會稽王道子，即引為驃騎參軍，甚相賞待。俄轉諮議參軍，後為元顯征虜長史。會桓玄與朝廷有隙，玄之姊，仲文之妻，疑而間之，左遷新安太守。仲文于玄雖為姻親，而素不交密，及聞玄平京師，便棄郡投焉。玄甚悅之，以為諮議參軍。時王謐見禮而不親，卞範之被親而少禮，而寵遇隆重，兼于王、卞矣。玄將為亂，使總領詔命，以為侍中，領左衛將軍。玄九錫，仲文之辭也。

初，玄篡位入宮，其床忽陷，羣下失色，仲文曰：『將由聖德深厚，地不能載。』玄大悅。以佐命親貴，厚自封崇，輿馬器服，窮極綺麗，後房伎妾數十，絲竹不絕音。性貪吝，多納貨賄，家累千金，常若不足。玄為劉裕所敗，隨玄西走，其珍寶玩好悉藏地中，皆變為土。至巴陵，因奉二后投義軍，而為鎮軍長史，轉尚書。

帝初反正，抗表自解曰：『臣聞洪波振壑，川無恬鱗；驚飆拂野，林無靜柯。何者？勢弱則受制於巨力，質微則無以自保。於理雖可得而言，於臣實非所敢譬。昔桓玄之代，誠復驅逼者衆。至如微臣，罪實深矣，進不能見危授命，亡身殉國；退不能辭粟首陽，拂衣高謝。遂乃宴安昏寵，叨昧偽封，錫文篡事，曾無獨固。名義以之俱淪，情節自茲兼

撓，宜其極法，以判忠邪。會鎮軍將軍劉裕匡復社稷，大弘善貸，佇一戮於微命，申三驅於大信，既惠之以首領，又申之以縶維。于時皇輿否隔，天人未泰，用忘進退，是以僶俛從事，自同令人。今宸極反正，唯新告始，憲章既明，品物思舊，臣亦胡顏之厚，可以顯居榮次！乞解所職，待罪私門。違離闕庭，乃心慕戀。』詔不許。

又 卷一一七《姚興載記上》 晉輔國將軍袁虔之、寧朔將軍劉壽、冠軍將軍高長慶、龍驤將軍郭恭等貳于桓玄，懼而奔興。興臨東堂引見，謂虔之等曰：『桓玄雖名晉臣，其實晉賊，其才度定何如父也？能辦成大事以不？』虔之曰：『玄籍世資，雄據荆、楚，屬晉朝失政，遂偷竊宰衡。安忍無親，多忌好殺，位不才授，爵以愛加，無公平之度，不如其父遠矣。今既握朝權，必行篡奪，既非命世之才，正可為他人驅除耳。此天以機便授之陛下，願速加經略，廓清吳、楚。』興大悅，以虔之為大司農，餘皆有拜授。虔之固讓，請疆埸自效，改授假節、寧南將軍、廣州刺史。【略】

桓玄遣使來聘，請辛恭靖、何澹之。興留恭靖而遣澹之，謂曰：『桓玄不推計歷運，將圖篡逆，天未忘晉，必將有義舉，以吾觀之，終當傾覆。卿今馳往，必逢其敗，相見之期，遲不云遠。』

又 卷一二七《慕容德載記》 時桓玄將行篡逆，誅不附己者。冀州刺史劉軌、襄城太守司馬休之、征虜將軍劉敬宣、廣陵相高雅之、江都長張誕並內不自安，皆奔於德。於是德中書侍郎韓範上疏曰：『夫帝王之道，必崇經略。有其時無其人，則弘濟之功闕；有其人無其時，則英武之志不申。至於能成王業者，惟人時合也。自晉國內難，七載於茲。桓玄逆篡，虐逾董卓，神怒人怨，其殃積矣。可乘之機，莫過此也。【略】如使後機失會，豪桀復起，梟除桓玄，布惟新之化，遐邇既寧，物無異望，非但建鄴難屠，江北亦不可冀。機過患生，憂必至矣。天與不取，悔將及焉。惟陛下覽之。』【略】咸以桓玄新得志，未可圖，乃止。【略】

俄聞桓玄敗，德以慕容鎮為前鋒，慕容鍾為大都督，配以步卒二萬，騎五千，剋期將發，而德寢疾，於是罷兵。

《北史》卷一《魏紀第一》 天興六年十二月，晉桓玄廢其主司馬德宗為平固王而自立，僭號楚。天賜元年春二月，晉劉裕起兵誅桓玄。

《南史》卷一《宋紀上》 元興元年，十二月，桓玄篡位，遷晉帝于尋陽。桓脩入朝，帝從至建鄴，玄見帝，謂司徒王謐曰：『昨見劉裕，風骨不恒，蓋人傑也。』每遊集，贈賜甚厚。玄妻劉氏，尚書令耽之女也，聰明有智鑑，嘗見帝，因謂玄曰：『劉裕龍行虎步，視瞻不凡，恐必不爲人下，宜早爲其所。』玄曰：『我方平蕩中原，非裕莫可，待關、隴平定，然後議之。』

脩尋還京口，帝托以金創疾動，不堪步從，乃與無忌同船共還，建興復計，及弟道規、沛國劉毅、平昌孟昶、任城魏詠之、高平檀憑之、琅邪諸葛長人、太原王元德、隴西辛扈興、東莞童厚之，並同義謀。時桓脩弟弘爲青州刺史，鎮廣陵，道規爲弘中兵參軍，昶爲州主簿，乃令毅就昶謀共襲弘。長人爲豫州刺史刁逵左軍府參軍，謀據歷陽相應，元德、厚之謀於建鄴攻玄，剋期齊發。

三年二月乙卯，帝托遊獵，與無忌、詠之、憑之，毅從弟藩，憑之從子韶、祗、隆、道濟，昶族弟懷玉等，集義徒凡二十七人，願從者百餘人。丙辰，候城門開，無忌等義徒服傳詔服，稱詔居前，義衆馳入齊叫，吏士驚散，即斬脩以徇。帝哭之甚慟，厚加斂恤。昶勸弘其日出獵，未明，開門出獵人，昶、道規、毅等率壯士五六十人，因開門直入。弘方噉粥，即斬之，因收衆濟江。

義軍初克京城，脩司馬刁弘率文武佐吏來赴，帝登城謂曰：『郭江州已奉乘輿反正于尋陽，我等並被密詔誅逆黨，今日賊玄之首已當梟於大航。諸君非大晉之臣乎？』弘等信之而退。毅既至，帝命誅弘等。

毅兄邁先在建鄴，事未發數日，帝遣同謀周安穆報之，使爲內應。邁甚懼，安穆慮事發，馳歸。時玄以邁爲竟陵太守，邁便下船，欲之郡。是夜玄與邁書曰：『北府人情云何？卿近見劉裕何所道？』邁謂玄已知其謀，晨起白之。玄驚，封邁爲重安侯，又以不執安穆故殺之，誅元德、扈興、厚之等。乃遣頓丘太守吳甫之、右衛將軍皇甫敷北拒義軍。

先是，帝造遊擊將軍何澹之，左右見帝光曜滿室，以告澹之，澹之以白玄，玄不以爲意。至是，聞義兵起，甚懼。或曰：『裕等甚弱，陛下何慮之深？』玄曰：『劉裕足爲一世之雄，劉毅家無儋石之儲，摴蒱一擲百萬，何無忌，劉牢之之外甥，酷似其舅，共舉大事，何謂無成。』時衆

推帝爲盟主，以孟昶爲長史，總後事，檀憑之爲司馬，百姓願從者千餘人。軍次竹里，移檄都下曰：

夫成敗相因，理不常泰，狡焉肆虐，或遇聖明。自我大晉，屢遘陽九，隆安以來，皇家多故，貞良斃于豺狼，忠臣碎于虎口。逆臣桓玄敢肆陵慢，阻兵荆郢，肆暴都邑，天未忘難，凶力實繁，踰年之間，遂傾皇祚。主上播越，流幸非所，神器沈辱，七廟毁墜，雖夏后之離浞、豷，有漢之遭莽、卓，方之於茲，未足爲喻。自玄篡逆，於今歷載，彌年亢旱，人不聊生，士庶疲於轉輸，文武困於板築，室家分析，父子乖離，豈惟大東有杼軸之悲，摽梅有頃筐之怨而已哉！仰觀天文，俯察人事，此而可存，孰有可亡！凡在有心，誰不扼腕。裕等所以叩心泣血，不遑啓處者也。

是故夕寐宵興，搜奬忠烈，潛構崎嶇，過於履虎，乘機奮發，義不圖全。輔國將軍劉毅、廣武將軍何無忌、鎮北主簿孟昶、兗州主簿魏詠之、寧遠將軍劉道規、龍驤參軍劉藩、振威將軍檀憑之等，忠烈斷金，精貫白日，荷戈俟奮，志在畢命。益州刺史毛璩，萬里齊契，掃定荆楚。江州刺史郭昶之奉迎主上，宫于尋陽。鎮北參軍王元德等並率部曲，保據石頭。揚武將軍諸葛長人收集義士，已據歷陽。征虜參軍庾賾之等潛相連結，以爲内應。同力協契，所在蜂起，即日斬僞徐州刺史安成王修、青州刺史弘。義衆既集，文武爭先，咸謂不有一統，則事無以輯。裕辭不獲命，遂總軍要，庶上憑祖宗之靈，下罄義夫之節，翦馘逋逆，蕩清京華。公侯諸君，或世樹忠貞，或身荷爵寵，而並俛眉猾豎，無由自效，顧瞻周道，寧不弔乎！今日之舉，良其會也。裕以虚薄，才非古人，受任於既頹之運，接勢於已替之機，丹誠未宣，感慨憤激。望霄漢以永懷，眄山川以增佇，投檄之日，神馳賊庭。

三月戊午，遇吴甫之于江乘，帝躬執長刀，大呼，即斬甫之。進至羅落橋，遇皇甫敷，檀憑之戰敗，死之，衆退，帝進戰彌厲，又斬敷首。初，帝建大謀，有工相者相帝與無忌等近當大貴，惟雲憑之無相。至是，憑之戰死，帝知其事必捷。

玄聞敷等没，使桓謙屯東陵口，卞範之屯覆舟山西。己未，義軍進至覆舟東，張疑兵，以油帔冠諸樹，佈滿山谷。帝先馳之，將士皆殊死戰，無不一當百，呼聲動天地。因風縱火，煙焰張天，謙等大敗。玄始雖遣軍，而走意已決，别遣領軍殷仲文具舟石頭，聞謙敗，輕船南逸。

庚申，帝鎮石頭城，立留臺百官，焚桓温主于宣陽門外，造晉新主於太廟。遣諸將追玄，命尚書王嘏率百官奉迎乘輿。司徒王謐與衆議推帝領揚州，帝固辭，乃以謐爲録尚書事、領揚州刺史，帝爲鎮軍將軍、都督八州諸軍事、徐州刺史、領軍將軍。初，晉陵人韋叟善相術，桓修令相帝當得州不，叟曰：『當得邊州刺史。』退而私於帝曰：『君相貴不可言。』帝笑曰：『若中，當相用爲司馬。』至是，叟詣帝曰：『成王不負桐葉之信，公亦應不忘司馬之言。今不敢希鎮軍司馬，願得領軍佐。』於是用焉。

時諸葛長人失期，爲刁逵執送，未至而玄敗。玄經尋陽，江州刺史郭昶之爲具乘輿法物。初，荆州刺史王綏以江左冠族，又桓氏之甥，素甚陵帝，至是，及其父尚書左僕射愉有自疑志，並及誅。

四月戊子，奉武陵王遵爲大將軍，承制，大赦，惟桓玄一祖後不免。桓玄之篡，王謐佐命，手解安帝璽紱。及義旗建，衆謂謐宜誅，惟帝素德謐，保持之。劉毅嘗因朝會，問謐璽紱所在，謐益懼。及王愉父子誅，謐從弟諶謂謐曰：『王駒無罪而誅，此是翦除勝己，兄既桓氏黨附，求免得乎？』駒，愉小字也。謐懼，奔曲阿。帝箋白大將軍迎還，復其位。

玄挾天子走江陵，又浮江東下，與劉毅、何無忌、劉道規等遇于崢嶸洲，衆軍大破之。玄黨殷仲文奉晉二皇后還建鄴。玄復挾天子至江陵，因走南郡，太守王騰之、荆州别駕王康産奉天子入南郡府。

初，益州刺史毛璩遣從孫佑之與參軍費恬送弟喪下州，璩弟子修之時爲玄屯騎校尉，誘玄入蜀，至枚回洲，恬與佑之迎射之，益州督護馮遷斬玄，傳首建鄴。玄從子振逃于華容之涌中，招集逆黨，襲江陵城，騰之、康産皆被殺。桓謙先匿沮川，亦聚衆應振。爲玄舉哀，立喪庭。謙率衆官奉璽綬于安帝。劉毅、何無忌進及桓振戰，敗績於靈溪。十月，帝領青州刺史，甲仗百人入殿。義熙元年正月，毅等至江津，破桓謙、桓振，江陵平。三月甲午，晉帝至自江陵。庚子，詔進帝侍中、車騎將軍、都督中外諸軍、録尚書事。帝固讓，旋鎮丹徒。九月乙巳，加帝領兗州刺史。

宋・司馬光《資治通鑑》卷一〇三《晉紀三五・安皇帝戊》（晉安帝元興二年）私問彭城内史劉裕曰：『楚王勳德隆重，朝廷之情，咸

謂宜有揖讓，卿以為何如？」裕曰：『楚王，宣武之子，桓温，謚曰宣武。勳德蓋世，晉微弱，民望久移，乘運禪代，有何不可？』謙喜曰：『卿謂之可即可耳。』劉裕一世之雄，桓謙問之以決可否，裕詭辭以順其意，故喜。

【略】

冬，十月，楚王玄上表請歸藩，使帝作手詔固留之。又詐言錢塘臨平湖開，臨平湖草常蓁塞，開則天下太平。江州甘露降，使百僚集賀，用為己受命之符。又以前世皆有隱士，耻于己時獨無，求得西朝隱士安定皇甫謐六世孫希之，晉氏東遷，以洛陽為西朝。皇甫謐在魏、晉之間征辟不行，自號玄晏先生。給其資用，使隱居山林；徵為著作郎，使希之固辭不就，然後下詔旌禮，號曰高士。時人謂之『充隱』。實非隱者而以之備數，故謂之充隱。又欲廢錢用穀、帛及復肉刑，製作紛紜，志無一定，變更回復，卒無所施行。性復貪鄙，人士有法書，好畫法書，謂如史籀、程邈、李斯、張芝、師宜、梁鵠、衛瓘、索靖、鍾繇諸人真迹，各有家法者。畫，與畫同。及佳園宅，必假蒱博而取之；尤愛珠玉，未嘗離手。史言桓玄志度凡近。【略】

詔楚王玄行天子禮樂，妃為王后，世子為太子。丁丑，卞範之為禪詔，使臨川王寶逼帝書之。寶，晞之曾孫也。武陵王晞死于桓温廢立之際。庚辰，帝臨軒，遣兼太保、領司徒王謐奉璽綬，禪位於楚；壬午，帝出居永安宮；癸未，遷太廟神主于琅邪國，永嘉之亂，琅邪國人隨元帝過江者千餘户，太興三年，立懷德縣。丹楊雖有琅邪相而無其地。成帝咸康元年，桓温領琅邪太守，鎮江乘之蒲洲金城，求割江乘縣境立郡，始有實土。穆章何皇后及琅邪王德文皆徙居司徒府。百官詣姑孰勸進。十二月，庚寅朔，玄築壇于九井山北，《九域志》，太平州有九井山。今太平州，古姑孰之地也。蕪湖縣南有溪，猶曰姑孰溪。《北征記》云：九井山在丹楊南。壬辰，即皇帝位。冊文多非薄晉室，或諫之，玄曰：『揖讓之文，正可陳之於下民耳，豈可欺上帝乎！』大赦，改元永始；以南康之平固縣武帝太康三年，以廬陵南部都尉立南康郡。平固，吳所置平陽縣也，太康元年，更名平固。《九域志》，虔州贛縣有平固鎮。封帝為平固王，降何后為零陵縣君，琅邪王德文為石陽縣公，武陵王遵為彭澤縣侯；追尊父温為宣武皇帝，廟號太祖，南康公主為宣皇后，封子升為豫章王；以會稽內史王愉為尚書僕射，愉子相國左長史綏為中書令。綏，桓氏之甥也。戊戌，玄入建康宮，登御坐而牀忽陷，羣下失色。殷仲文曰：『將由聖德深厚，地不能載。』玄大悅。梁王珍之國臣孔樸奉珍之奔壽陽。珍之，晞之曾孫也。晞子拔出繼梁國，珍之之祖也。

（晉安帝元興三年）玄性苛細，好自矜伐。主者奏事，或一字不體，謂字之上下偏傍不合體也。或片辭之謬，必加糾擿，以示聰明。尚書答詔誤書『春蒐』為『春菟』，自左丞王納之以下，凡所關署，皆被降黜。或手注直官，直官，入直者也。或自用令史，令史，尚書令僕所署用。詔令紛紜，有司奉答不暇；而紀綱不治，奏案停積，不能知也。又性好遊畋，或一日數出。遷居東宮，更繕宮室，土木並興，督迫嚴促，朝野騷然，思亂者衆。【略】

玄遣使加益州刺史毛璩散騎常侍、左將軍。璩執留玄使，不受其命。璩，寶之孫也。玄以桓希為梁州刺史，分命諸將戍三巴以備之。三巴，巴郡、巴東、巴西也。杜佑曰：渝州古巴國，謂之三巴，以閬、白二水東南流，曲折三回，如『巴』字也。璩傳檄遠近，列玄罪狀，遣巴東太守柳約之、建平太守羅述、征虜司馬甄季之擊破希等，仍帥衆進屯白帝。史言劉裕未起，毛璩已仗義舉兵討玄。【略】

乙卯，裕托以遊獵，與無忌收合徒衆，得百餘人。丙辰，詰旦，京口城開，無忌著傳詔服，著傳詔之服，因自稱敕使。稱敕使，居前，徒衆隨之齊入，即斬桓脩以徇。脩司馬刁弘帥文武佐吏來赴，裕登城，謂之曰：『郭江州已奉乘輿返正于尋陽，郭江州，謂郭昶之也。時帝在尋陽，裕詭言以誑弘等。我等並被密詔，誅除逆黨今日賊玄之首已當梟於大航矣。《說文》曰：日至，捕梟磔之，以頭掛木上；今謂掛首為梟。諸君非大晉之臣乎，今來欲何為！』弘等信之，收衆而退【略】。

玄聞二將死，大懼，召諸道術人推算及為厭勝。問羣臣曰：『朕其敗乎？』吏部郎曹靖之對曰：『民怨神怒，臣實懼焉。』玄曰：『民或可怨，神何為怒？』對曰：『晉氏宗廟，飄泊江濱，謂遷晉宗廟主于琅邪國，尋又隨帝上尋陽也。大楚之祭，上不及祖，謂止祭桓温於太廟。此其所以怒也。』玄曰：『卿何不諫？』對曰：『輦上君子皆以為堯、舜之世，臣何敢言！』玄默然。使桓謙及遊擊將軍何澹之屯東陵，遊擊將軍，漢雜號將軍也，魏置為中軍，及晉，以領、護、左右衛、驍騎、遊擊為六軍。建康之西有西陵，其東有東陵，東陵在覆舟山東北。侍中、後將軍卞範之屯覆舟

山西，衆合二萬。【略】

己未，裕軍食畢，悉棄其餘糧，進至覆舟山東，使羸弱登山，張旗幟為疑兵，數道并前，佈滿山谷。玄偵候者還，云『裕軍四塞，不知多少。』玄益憂恐，遣武衛將軍庾嶺賾之帥精卒副援諸軍。魏文帝踐阼，置領軍將軍，主五校、中壘、武衛等三營，後遂各置將軍。謙等士卒多北府人，素畏伏裕，莫有鬬志。裕與劉毅等分為數隊，進突謙陳；裕以身先之，將士皆殊死戰，無不一當百，呼聲動天地。時東北風急，因縱火焚之，煙炎熛天，鼓譟之音震動京邑，謙等諸軍大潰。【略】

玄時雖遣軍拒裕，而走意已決，潛使領軍將軍殷仲文具舟於石頭；聞謙等敗，帥親信數千人，聲言赴戰，遂將其子昇、兄子濬出南掖門。遇前相國參軍胡藩，執馬鞚諫曰：『今羽林射手猶有八百，皆是義故，西人受累世之恩，鞚，馬勒也。桓氏世居荆楚，西人皆其義舊，此蓋從玄東下，玄既篡，因以為羽林。不驅令一戰，一旦捨此，欲安之乎！』玄不對，但舉策指天；玄舉策指天，亦項羽所謂天之亡我之意。因鞭馬而走，西趨石頭，與仲文等浮江南走。經日不食，左右進粗飯，玄咽不能下，昇抱其胸而撫之，玄悲不自勝。【略】

裕入建康，王仲德抱元德子方回出候裕，裕于馬上抱方回與仲德對哭；追贈元德給事中，以仲德為中兵參軍。裕止桓謙故營，遣劉鍾據東府。庚申，裕屯石頭城，立留臺百官，焚桓溫神主于宣陽門外，造晉新主，納於太廟。桓玄初篡，遷七廟神主于琅邪國，既而遷帝于尋陽，宗廟主祏皆隨帝西上，故權造新主。遣諸將追玄，尚書王嘏帥百官奉迎乘輿，誅玄宗族在建康者。裕使臧熹入宮，收圖書、器物，封閉府庫；有金飾樂器，裕問熹：『卿得無欲此乎？』熹正色曰：『皇上幽逼，播越非所，將軍首建大義，劬勞王家，雖復不肖，實無情于樂。』裕笑曰：『聊以戲卿耳。』熹，燾之弟也。劉裕娶于臧氏。【略】

裕始至建康，諸大處分皆委于劉穆之，倉猝立定，無不允愜。裕遂托以腹心，動止諮焉；穆之亦竭節盡誠，無所遺隱。時晉政寬弛，綱紀不立，豪族陵縱，小民窮蹙，重以司馬元顯政令違舛，桓玄雖欲釐整，而科條繁密，衆莫之從。穆之斟酌時宜，隨方矯正；揉曲為矯。言隨事矯揉使歸於正。裕以身範物，先以威禁內外；百官皆肅然奉職，不盈旬日，風俗頓改。史言劉裕有撥亂反正之才。【略】

桓玄至尋陽，郭昶之給其器用、兵力。辛未，玄逼帝西上，劉毅帥何無忌、劉道規等諸軍追之。玄留龍驤將軍何澹之、前將軍郭銓與郭昶之守湓口。玄於道自作起居注，杜佑《通典》曰：周官有左右史，蓋今起居之本。動則左史書之，言則右史書之；左史記言，右史記事。漢武帝有禁中起居注，後漢始置起居令史，每行幸宴會，則在御左右記録帝言；後又別置脩起居注。敍討劉裕事，自謂經略舉無遺策，諸軍違節度，以致奔敗。專覃思著述，不暇與羣下議時事。起居注既成，宣示遠近。【略】

庚寅，桓玄挾帝至江陵，桓石康納之。玄更署置百官，以卞範之為尚書僕射。自以奔敗之後，恐威令不行，乃更增峻刑罰，衆益離怨。殷仲文諫，玄怒曰：『今以諸將失律，天文不利，故還都舊楚；而羣小紛紛，妄興異議，方當糾之以猛，未可施之以寬也。』荆、江諸郡聞玄播越，有上表奔問起居者，玄皆不受，更令所在賀遷新都。唐人所謂『難將一人手，掩盡天下目』，桓玄是也。【略】

己卯，玄與帝入江陵。馮該勸使更下戰，玄不從；欲奔漢中就桓希，桓希時為梁州刺史。而人情乖沮，號令不行。庚辰，夜中，處分欲發，城內已亂，乃與親近腹心百餘人乘馬出城西走。至城門，左右於闇中斫玄，不中，其徒更相殺害，前後交橫。玄僅得至船，左右分散，惟卞範之在側。

論說

《宋書》卷五一《宗室傳論》　餘妖內侮，偏衆西臨，荀、桓交逼，荆楚之勢危矣。必使上略未盡，一算或遺，則城壞壓境，上流之難方結。敵資三分有二之形，北向而爭天下，則我全勝之道，或未可知。烈武王覽羣才，揚盛策，一舉磔勍寇，非曰天時，抑亦人謀也。降年不永，遂不得與大業始終，惜矣哉！

《晉書》卷九九《桓玄傳論》　桓玄篡凶，父之餘基。挾姦回之本性，含怒於失職；苞藏其豕心，抗表以稱冤。登高以發憤，觀釁而動，竊圖非望。始則假寵于仲堪，俄而戮殷以逞欲，遂得據全楚之地，驅勁勇之兵，因晉政之陵遲，乘會稽之酗醟，縱其狙詐之計，扇其陵暴之心，敢

率犬羊，稱兵內侮。天長喪亂，凶力實繁，逾年之間，奄傾晉祚，自謂法堯禪舜，改物君臨，鼎業方隆，卜年惟永。俄而義旗電發，忠勇雷奔，半辰而都邑廓清，逾月而凶渠即戮，更延墜歷，復振頹綱。是知神器不可以暗干，天祿不可以妄處者也。夫帝王者，功高宇內，道濟含靈，龍宮鳳歷表其祥，彤雲玄石呈其瑞，然後光臨大寶，克享鴻名，允徯后之心，副樂推之望。若桓玄之幺麽，豈足數哉！適所以幹紀亂常，傾宗絕嗣，肇金行之禍難，成宋氏之驅除者乎！

又《桓玄傳贊》　靈寶隱賊，世載凶德。信順未孚，姦回是則。肆逆遷鼎，憑威縱慝。違天虐人，覆宗殄國。

《南史》卷一《宋紀論》　晉自社稷南遷，王綱弛紊，朝權國命，遞回臺輔，君道雖存，主威久謝。桓溫雄才蓋世，勳高一時，移鼎之業已成，天人之望將改。自斯以後，帝道彌昏，道子開其禍端，元顯成其釁末。桓玄乘時藉運，加以先資，革命受終，人無異望。宋武地非齊、晉，衆無一旅，曾不浹旬，夷凶翦暴，誅內清外，功格上下。若夫樂推所歸，謳歌所集，校之魏、晉，可謂收其實矣。然武皇將涉知命，弱嗣方育，顧有慈顔，前無嚴訓。少帝體易染之質，稟可下之姿，外物莫犯其心，所欲必從其志，嶮縱非學而能，危亡不期而集，其至顛沛，非不幸也。悲哉！

清·王夫之《讀通鑑論》卷一四《安帝七》　成敗之數，亦曉然易見矣，而苟非閑世之英傑，無能見者，氣燄之相取相軋有以蕩人之心神，使之回惑也。天下不可易者，理也；因乎時而為一動一靜之勢者，幾也。桓玄豎子而干天步，討之必克，理無可疑矣。然君非君，相非相，則理抑不能為之伸；以力相敵，而力尤不可恃；惡容不察其幾哉？

玄犯歷陽，司馬休之走矣，尚之潰矣，玄所畏者，劉牢之擁北府之兵爾。牢之固曰：『吾取玄如反手。』牢之即有不軌之心，何必不誅玄而挾功以軋元顯，忽懷異志以附玄，甚矣牢之之詐而愚也。唯劉裕見之也審，故與何無忌、劉敬宣極諫牢之，以決于討玄。斯時也，剛決而無容待也，幾也。玄已入建業，總百揆，督中外，佈置腹心于荆、江、徐、兗、丹陽以為鞏固，而玄抑矯飾以改道子昏亂之政，人情冀得少安。牢之乃于斯時欲起而奪之，不克而為玄所削，衆心瓦解，尚思渡江以就高雅之於廣陵，其敗必也。敬宣且昏焉，又唯劉裕見之也審，直告牢之以不能，而自還京口，結何無忌以思徐圖。斯時也，持重而無患其晚也，幾也。

夫幾亦易審矣，事後而反觀之，粲然無可疑者。而迂疏之士，執一理以忘衆理，則失之；狂狡之徒，見其幾而別挾一機，則尤失之；無他，氣燄之相取相軋，信亂而不信有已亂之幾也。裕告無忌曰：『玄若守臣節，則與卿事之。』非偽說也，亂有可已之幾，不可逆也。又曰：『不然，當與卿圖之。』則玄已在裕目中矣。所謂閑世之英傑能見幾者，如此而已矣，豈有不可測之神智乎？

清·王鳴盛《十七史商榷》卷四五《晉書三·桓玄改元大亨》　安帝元興元年正月庚午朔，既書改隆安爲元興元年矣，而《通鑑》第一百十二卷於是年正月既書『改元元興』，於三月則書『桓兵至南桁，元顯兵敗被執，復隆安年號。玄入京師，稱詔解嚴，以總百揆，都督中外諸軍事、丞相、録尚書事』，此下又書『大赦，改元大亨』，又於一百十三卷元興二年十月書『玄篡位，改元』。僭永始號固宜書，而復隆安、改大亨皆在玄未篡前，猶假詔行事，《通鑑》若必紛紛用此紀元，直至帝復辟後方重紀元興，雖爲不没其實，而殊覺糾纏可厭，故竟一槩不用，仍以元興紀年，此其不得不然者。胡注必謂其撥亂世反之正，在《通鑑》似轉不必用此誇語。若《晉書·安帝本紀》亦一槩用元興紀年是矣，元年三月絕不見復隆安號及改元大亨事，二年十二月書玄篡位亦不見僭改元永始事，大亨號見《五行志》，永始號見玄本傳，而如此大事，紀中豈可不載？其復隆安號幷不見於《晉書》，又不知《通鑑》何據。

藝　文

清·彭定求等《全唐詩》卷三五六《劉禹錫〈城西行〉》　城西簇簇三叛族，叛者為誰蔡吳蜀。中使提刀出禁來，九衢車馬轟如雷。臨刑與酒杯未覆，讎家白官先請肉。守吏能然董卓臍，飢烏來覘桓玄目。城西人散泰階平，雨洗血痕春草生。

《全宋詩》卷八一二《蘇軾〈次韻米黻二王書跋尾二首〉其一》　三館曝書防蠹毀，得見來禽與青李。秋蛇春蚓久相雜，野鶩家雞定誰美。玉函金籥天上來，紫衣敕使親臨啓。紛綸過眼未易識，磊落掛壁空雲委。歸

來妙意獨追求，坐想蓬山二十秋。怪君何處得此本，上有桓玄寒具油。巧偷豪奪古來有，一笑誰似癡虎頭。君不見長安永寧里，王家破垣誰復修。

又　卷八三六《貫休〈再游東林寺作五首〉》　臺殿參差聳瑞煙，桂花飄雪水潺潺。莫疑遠去無消息，七萬餘年始半年。桓玄舊輦殘雲濕，耶舍孤墳落照遲。有個山僧倚松睡，恐人來取白猿兒。玉像珠龕香陣橫，錦霞多傍石牆生。辟蛇行者今何在，花裏唯聞鳩鳥聲。愛陶長官醉兀兀，送陸道士行遲遲。買酒過溪皆破戒，斯何人斯師如斯。白薝卜花露滴滴，紅苾芻草香濛濛。田地更無塵一點，是何人合住其中。

又　卷一二〇三《李嶠〈諸葛菜〉》　武侯戰地記他年，戰後猶當似率然。會向渭原驚仲達，尚應江磧感桓玄。背山左澤甘如彼，傍砌繞籬今可憐。莫問興亡進羹茹，書生贏取腹便便。

又　卷二五八九《楊簡〈歷代詩·東晉〉》　夷狄隱河洛，元帝南渡江。宣帝之曾孫，立號都建康。明成康與穆，哀廢最堪傷。簡文武安後，桓玄暫稱王。卒聞恭帝世，遜位宋武皇。兩晉十五主，二百年而亡。

《全元詩》第二五冊《柳貫〈商學士畫雲壑招提歌〉》　高為巔峰下為壑，羣木慘慘風欲作。浮紅動翠何許似，別崦殘雲明佛閣。眼中疑此洛南山，咫尺便到龍門灣。暗潮已落州渚出，新月未上漁樵還。商侯胸有羣玉府，借酒時時一軒露。延春閣下墨淋漓，餘情亦及滄洲趣。好山好水如高人，豈直貌敬將心親。平生幾夢奉先寺，不知猿鳥猶相嗔。君不見飲酒吟詩狂太白，曾是匡山讀書客。泥塗失脚走幢幢，歲晚看雲情脈脈。生今益壯業益修，未可造次思巖幽。披圖漬墨歌遠遊，我無桓玄寒具油。

明·李東陽《李東陽集》卷八《題沈啓南所藏郭忠恕雪霽江行圖真迹》　洛陽老狂眼雙白，揮豪醉呼聲裂帛。手持造化奪天工，頃刻雲煙變朝夕。有時點染入毫忽，決眥未須論寸尺。平看側睨部位勻，疊見層分了無隔。更聞篆法書絕倫，二物殊科乃同格。前身合是顏平原，骨蛻空山兩無迹。君看雪霽江行圖，杳若張帆向空碧。沙明水淨天地闊，遠樹平川晴歷歷。兩舟供載百物具，細者銖藏巨山積。老稚相看宛有情，傭工僕夫皆受職。世間畫手自有數，此狂一去難再得。宣和舊物出內局，書題瘦箸印方石。風塵澒洞河洛空，流落江南歲三百。天球河圖廟不守，微物猶關世因革。富家珍襲何足論，終作貧兒一朝食。姑蘇沈郎亦好奇，袖裏黃金輕一擲。定知仙筆可通神，恐有六丁隨霹靂。桓玄竊取吾所笑，一月為君頻拂拭。還君頗覺未忘情，摹本為予君莫惜。

《清詩匯》卷二九《王士禛〈題查夏重蘆塘放鴨圖〉其一》　鴨母船依湖水濱，船頭長日飯龜蓴。憑誰寄謝桓南郡，不是鵝欄教鬬人。

雜錄

北魏·酈道元《水經注》卷三四《江水二》　（江陵）縣北有洲，號曰枚回洲，江水自此兩分而為南、北江也。北江有故鄉洲。元興之末，桓玄西奔，毛祐之與參軍費恬射玄於此洲。玄子昇，年六歲，輒拔去之。王韶之云：玄之初奔也，經日不得食，左右進粗粥，咽不能下。昇抱玄胸撫之，玄悲不自勝。至此，益州都護馮遷斬玄於此洲，斬昇於江陵矣。【略】

盛弘之曰：【略】自（枝江）縣西至上明，東及江津，其中有九十九洲。楚諺云：洲不百，故不出王者。桓玄有問鼎之志，乃增一洲，以充百數。僭號數旬，宗滅身屠。及其傾敗，洲亦消毀。今上在西，忽有一洲自生，沙流回薄，成不淹時，其後未幾，龍飛江漢矣。

又　卷三五《江水三》　北對崢嶸洲，冠軍將軍劉毅破桓玄於此洲，玄乃挾天子西走江陵矣。

南朝宋·劉義慶《世說新語·德行》　初桓南郡、楊廣共說殷荊州，宜奪殷覬南蠻以自樹。《桓玄別傳》曰：『玄字敬道，譙國龍亢人，大司馬溫少子也。幼童中，溫甚愛之。臨終命以為嗣。年七歲，襲封南郡公，拜太子洗馬、義興太守。不得志，少時去職，歸其國。與荊州刺史殷仲堪素舊，情好甚隆。』周祇《隆安記》曰：『廣字德度，弘農人，楊震後也。』《晉書校文》曰：『覬字伯道，陳郡人。由中書郎出為南蠻校尉。覬亦以率易才悟著稱，與從弟仲堪俱知名。』《中興書》曰：『初，仲堪欲起兵，密邀覬，覬不同。楊廣與弟佺期勸殺覬，仲堪不許。』覬亦即曉其旨，嘗因行散，率爾去下舍，便不復還。內外無預知者，意色蕭然，遠同鬬生之無慍。時論以此多之。【略】

王僕射在江州，為殷、桓所逐，奔竄豫章，存亡未測。徐廣《晉紀》曰：『王愉字茂和，太原晉陽人，安北將軍坦之次子也。以輔國司馬，出為江州刺史。愉始至鎮，而桓玄、楊佺期舉兵以應王恭，乘流奄至，愉無防，惶遽奔臨

川，為玄所得。玄篡位，遷尚書左僕射。』王綏在都，既憂慼在貌，居處飲食，每事有降。時人謂為試守孝子。【略】

桓南郡玄也。既破殷荆州，收殷將佐十許人，咨議羅企生亦在焉。《玄別傳》曰：『玄克荆州，殺殷道護及仲堪參軍羅企生、鮑季禮，皆仲堪所親仗也。』桓素待企生厚，將有所戮，先遣人語云：『若謝我，當釋罪。』企生答曰：『為殷荆州吏，今荆州奔亡，存亡未判，我何顔謝桓公？』《中興書》曰：『企生字宗伯，豫章人。殷仲堪初請為府功曹，桓玄來攻，轉咨議參軍。仲堪多疑少決，企生深憂之，謂其弟遵生曰：「殷侯仁而無斷，事必無成。成敗天也，吾當死生以之。」及仲堪走，文武並無送者，唯企生從焉。路經家門，遵生紿之曰：「作如此分別，何可不執手？」企生回馬授手，遵生便牽下之，謂曰：「家有老母，將欲何行？」企生揮泣曰：「今日之事，我必死之。汝等奉養，不失子道，一門之內，有忠與孝，亦復何恨！」遵生抱之愈急，仲堪於路待之。企生遥呼曰：「今日死生是同，願少見待！」仲堪見其無脱理，策馬而去。俄而玄至，人士悉詣玄，企生獨不往而營理仲堪家。或謂曰：「玄性猜急，未能取卿誠節，若遂不詣，禍必至矣！」企生正色曰：「我殷侯吏，見遇以國士，不能共殄醜逆，致此奔敗，何面目就桓求生乎？」玄聞，怒而收之。謂曰：「相遇如此，何以見負？」企生曰：「使君口血未乾，而生此奸計，自傷力劣，不能翦定凶逆，我死恨晚爾！」玄遂斬之。時年三十有七，衆咸悼之。』既出市，桓又遣人問欲何言？答曰：『昔晉文王殺嵇康，而嵇紹為晉忠臣。王隱《晉書》曰：『紹字延祖，譙國銍人。父康有奇才俊辯。紹十歲而孤，事母孝謹，累遷散騎常侍。惠帝敗於蕩陰，百官左右皆奔散，唯紹儼然端冕，以身衛帝。兵交御輦，飛箭雨集，遂以見害也。』從公乞一弟以養老母。』桓亦如言宥之。桓先曾以一羔裘與企生母胡，胡時在豫章，企生問至，即日焚裘。

又《言語》 桓玄既篡位，後御床微陷，羣臣失色。侍中殷仲文進曰：《續晉陽秋》曰：『仲文字仲文，陳郡人。祖融，太常。父康，吴興太守。仲文聞玄平京邑，棄郡投焉。玄甚説之，引為咨議參軍。時王謐見禮而不親，卞範之被親而少禮。其寵遇隆重，兼於王、卞矣。及玄篡位，以佐命親貴，厚自封崇。輿馬器服，窮極綺麗，後房妓妾數十，絲竹不絶音。性甚貪吝，多納賄賂，家累千金，常若不足。玄既敗，先投義軍。累遷侍中尚書。以罪伏誅。』『當由聖德淵重，厚地所以不能載。』時人善之。【略】

桓玄既篡位，將改置直館，問左右：『虎賁中郎省，應在何處？』有人答曰：『無省。』當時殊忤旨。問：『何以知無？』答曰：『潘岳《秋興賦・敍》曰：「余兼虎賁中郎將，寓直散騎之省。」』岳別見。其賦敍曰：『晉十有四年，余年三十二始見二毛，以太尉掾兼虎賁中郎將，寓直散騎之省。高閣連雲，陽景罕曜。僕野人也，猥廁朝列，譬猶池魚籠鳥！有江湖山藪之思。於是染翰操紙，慨然而賦。于時秋至，故以「秋興」命篇。』玄咨嗟稱善。劉謙之《晉紀》曰：『玄欲復虎賁中郎將，疑應直與不，訪之僚佐，咸莫能定。參軍劉簡之對曰：「昔潘岳《秋興賦・敍》云：『余兼虎賁中郎將，寓直於散騎之省。』以此言之，是應直也。」玄懽然從之。』此語微異，又答者未知姓名，故詳載之。

《宋書》卷二五《天文志三》 元興二年十二月，桓玄篡位，放遷帝后于尋陽，以永安何皇后為零陵君。三年二月，高祖盡誅桓氏。【略】

元興三年正月戊戌，熒惑逆行犯太微西上相。占曰：『天子戰于野，上相死。』二月甲辰，月奄歲星于左角。占曰：『天下兵起。』丙辰，熒惑逆行在左執法西北。占曰：『執法者憂。』四月甲午，月奄軒轅第二星，填星入羽林，十二月，熒惑太白皆犯羽林，占同上。是年二月丙辰，高祖殺桓修等。三月己未，破走桓玄，遣軍西討。辛巳，誅左僕射王愉及子荆州刺史綏。桓玄劫帝如江陵。五月，玄下至崢嶸洲，義軍破滅之。桓振又攻没江陵，幽劫天子。明年正月，衆軍攻之，振走，乘輿乃旋。七月，永安何皇后崩。三月，桓振又襲江陵，荆州刺史司馬休之敗走。是月，劉懷肅擊振滅之。

又卷三〇《五行志一》 桓玄篡立，殿上施絳綾帳，鏤黄金為顔，四角金龍，銜五色羽葆流蘇。羣下竊相謂曰：『頗類轜車。』此服妖也。【略】

晉安帝元興二年，衡陽有雌雞化為雄，八十日而冠萎。衡陽，桓玄楚國封略也。後篡位八十日而敗，徐廣以為玄之象也。

又卷三一《五行志二》 晉孝武泰元中，立內殿名曰清暑，少時而崩。時人曰，『清暑』者，反言楚聲也。果有哀楚之聲。有人曰：『非此之謂，豈可極言乎。讖云，代晉者楚，其在兹乎？』及桓玄篡逆，自號曰楚。太元中，小兒以兩鐵相打於土中，名曰『鬬族』。後王國寶、王孝伯一姓之中，自相攻擊也。【略】

桓玄出鎮南州，立齋名曰蟠龍。後劉毅居此齋。蟠龍，毅小字也。桓玄初改年為大亨，遐邇浤言曰：『二月了。』故義謀以仲春發也。玄篡立，又改年為建始，以與趙王倫同，又易為永始。永始，復是王莽受封之年也。【略】識者皆以為言不從之妖也。厥咎僭。【略】

晉安帝隆安中，民忽作《懊惱歌》，其曲中有『草生可攬結，女兒可攬抱』之言。桓玄既篡居天位，義旗以三月二日掃定京都，玄之宮女及逆黨之家子女伎妾，悉為軍賞。東及甌、越，北流淮、泗，皆人有所獲焉。時則草可結，事則女可抱，信矣。【略】

桓玄既篡，童謡曰：『草生及馬腹，烏啄桓玄目。』及玄敗走至江陵，五月中誅，如其期焉。桓玄時，民謡語云：『征鐘落地桓迸走。』征鐘，至穢之服；桓，四體之下稱。玄自下居上，猶征鐘之廁歌謡，下體之詠民口也。而云『落地』，墜地之祥，迸走之言，其驗明矣。【略】

司馬元顯時，民謡詩云：『當有十一口，當為兵所傷。木亘當北度，走入浩浩鄉。』又云：『金刀既以刻，娓娓金城中。』此詩云襄陽道人竺曇林所作，多所道，行於世。孟顗釋之曰，『「十一口」者，玄字象也；「木亘」，桓也。桓氏當悉走入關、洛，故云「浩浩鄉」也。「金刀」，劉也。倡義諸公，皆多姓劉。「娓娓」，美盛貌也。【略】

桓玄得志，童謡曰：『長干巷，巷長干。今年殺郎君，明年斬諸桓。』及玄走而諸桓悉誅焉。郎君，司馬元顯也。

又　卷三三《五行志四》　晉安帝元興二年十二月，桓玄篡位。其明年二月庚寅夜，濤水入石頭。是時貢使商旅，方舟萬計，漂敗流斷，骸胔相望。江右雖有濤變，未有若斯之甚。三月，義軍克京都，玄敗走，遂夷滅。元興三年二月己丑朔夜，濤水入石頭，漂没殺人，大航流敗。

又　卷三四《五行志五》　晉安帝元興二年二月甲辰，大風雨，大航門屋瓦飛落。明年，桓玄篡位，由此門入。元興三年正月，桓玄游大航南，飄風飛其卑兒蓋。三月，玄敗。元興三年五月，江陵大風折木。是月，桓玄敗于崢嶸洲，身亦屠裂。元興三年十一月丁酉，大風，江陵多死者。【略】

晉孝武帝太元十三年十二月乙未，大風晦暝。其後帝崩，而諸侯違命，干戈內侮，權奪於元顯，禍成于桓玄。是其應也。晉安帝元興二年十月，錢塘臨平湖水赤。桓玄諷吳郡使言開除，以為己瑞。俄而玄敗。【略】

晉恭帝之為琅邪王時，好奇戲，嘗閉一馬於門內，令人射之，欲觀幾箭而死。左右有諫者，曰：『馬，國姓也，而今射之，不祥甚矣。』於是乃止，而馬已被十許箭矣。此蓋射妖也。俄而桓玄篡位。【略】

晉安帝元興元年二月甲子，日暈，白虹貫日。明年，桓玄篡位。

又　卷三七《州郡志三・荊州》　武寧太守，晉安帝隆安五年，桓玄以沮、漳降蠻立。領縣二，户九百五十八，口四千九百一十四。

又　卷四三《傅亮傳》　高祖有受禪意，而難於發言，乃集朝臣宴飲，（亮）從容言曰：『桓玄暴篡，鼎命已移。』

又　卷五〇《胡藩傳》　藩因說仲堪曰：『桓玄意趣不常，每怏怏於失職。』

《梁書》卷五《武陵王紀傳》　永豐侯撝歎曰：『王不免矣！夫善人國之基也，今反誅之，不亡何待！』又謂所親曰：『昔桓玄年號大亨，識者謂之「二月了」，而玄之敗實在仲春。今年曰天正，在文為「一止」，其能久乎？』

《晉書》卷一二《天文志中》　元興元年二月甲子，日暈，白虹貫日中。三月庚子，白虹貫日。未幾，桓玄克京都，王師敗績。明年，玄篡位。【略】

四月辛丑，月奄辰星。七月，大饑，人相食。二年十一月辛巳，月犯熒惑。占悉同上。二年十二月，桓玄篡位，放遷帝、后於尋陽，以永安何皇后為零陵君。【略】

八月庚子，太白犯歲星，在上將東南。占曰：『楚兵饑。』一曰：『災在上將。』二年，桓玄篡位。三年，劉裕盡誅桓氏。二年十月丁丑，太白犯填星，在婁。占同上。三年二月壬辰，太白、熒惑合于羽林。二年十二月，桓玄篡位，放遷帝、后。三年二月，劉裕起義兵，桓玄逼帝東下。【略】

元興二年四月癸巳朔，日有蝕之。其冬桓玄篡位。【略】

三年二月，劉裕盡誅桓氏。三年二月甲辰，月醃歲星于左角。占曰：『天下兵起。』是年二月丙辰，劉裕起義兵，殺桓修等。明年正月，衆軍

攻桓振，卒滅諸桓。【略】

安帝隆安元年六月庚午，月奄太白，在太微端門外。占曰：『國受兵。』乙酉，月奄歲星，在東壁。占曰：『為饑，衛地有兵。』二年六月，郗恢遣鄧啓方等以萬人伐慕容寶於滑臺，啓方敗。三年九月，桓玄等並舉兵，於是內外戒嚴。【略】

安帝隆安五年閏月癸丑，天東南鳴。六年九月戊子，天東南又鳴。是後桓玄篡位，安帝播越，憂莫大焉。鳴每東南者，蓋中興江外，天隨之而鳴也。三月甲子，月生齒。占曰：『月生齒，天子有賊臣，羣下自相殘。』桓玄篡逆之徵也。

又　卷一三《天文志下》　安帝隆安三年六月，洛陽没於冠。桓玄破荆州，雍州殺殷仲堪等。【略】四年六月辛酉，月犯哭泣星。五年正月，太白晝見。自去年十二月在斗晝見，至於是月乙卯。案占：『災在吳越。』七月癸亥，大角星散搖五色。占曰：『王者流散。』丁卯，月犯天關。占曰：『王者憂。』九月庚子，熒惑犯少微，又守之。占曰：『處士誅。』十月甲子，月犯東次相。其年七月，太皇太后李氏崩。十月，妖賊大破高雅之于餘姚，死者十七八。五年，【略】九月，桓玄表至，逆旨陵上。十月，司馬元顯大治水軍，將以伐玄。元興元年【略】三月，桓玄，克京都，殺司馬元顯，放太傅會稽王道子。【略】

元興元年三月戊子，太白犯五諸侯，因晝見。占曰：『諸侯有誅。』七月戊寅，熒惑在東井。熒惑犯輿鬼、積屍。占並同上。八月丙寅，太白奄右執法。九月癸未，太白犯進賢。占曰：『進賢者誅。』二年二月，歲星犯西上將。六月甲辰，月奄斗第四星。占曰：『大臣誅，不出三年。』八月癸丑，太白犯房北第二星。九月己丑，歲星犯進賢，熒惑犯西上將。十月甲戌，太白犯泣星。十一月丁酉，熒惑犯東上相。十二月乙巳，月奄軒轅第二星。占悉同上。元年冬，魏破姚興軍。二年十二月，桓玄篡位，放遷帝、后於尋陽，以永安何皇后為零陵君。三年二月，劉裕盡誅桓氏。三年正月戊戌，熒惑逆行，犯太微西上相。占曰：『天子戰于野，上相死。』二月丙辰，熒惑逆行，在左執法西北。占曰：『執法者誅。』四月甲午，月奄軒轅第二星。五月壬申，月奄斗第二星，填星入羽林。占並同上。是年二月丙辰，劉裕殺桓修等。三月己未，破走桓玄，遣軍西討。辛巳，誅左僕射王愉，桓玄劫天子如江陵。五月，玄下至崢嶸洲，義軍破滅之。桓振又攻没江陵，幽劫天子。七月，永安何皇后崩。【略】

太元十一年三月，客星在南斗，至六月乃没。占曰：『有兵，有赦。』是後司、雍、兗、冀常有兵役。十二年正月大赦，八月又大赦。十五年七月壬申，有星孛於北河戍，經太微、三臺、文昌，入北斗，色白，長十餘丈。八月戊戌，入紫宫乃滅。占曰：『北河戍一名胡門，胡有兵喪。掃太微，入紫微，王者當之。三臺為三公，文昌為將相，將相三公有災。入北斗，諸侯戮。』一曰：『掃北斗，强國發兵，諸侯爭權，大人憂。』二十一年，帝崩。隆安元年，王恭、殷仲堪、桓玄等併發兵，表以誅王國寶為名。朝廷順而殺之，並斬其從弟緒，司馬道子由是失勢，禍亂成矣。十八年二月，客星在尾中，至九月乃滅。占曰：『燕有兵喪。』【略】

安帝隆安四年二月己丑，有星孛於奎，長三丈，上至閣道、紫宫西蕃，入北斗魁，至三臺。三月，遂經於太微帝坐端門。占曰：『彗星掃天子庭閣道，易主之象。』經三臺入北斗。占同上條。十二月戊寅，有星孛于貫索、天市、天津。占曰：『貴臣獄死，内外有兵喪。天津為賊斷，王道天下不通。』案占：『災在吳越。』五年二月，有孫恩兵亂，攻侵郡國。於是內外戒嚴，營陣屯守，栅斷淮口。九月，桓玄表至，逆旨陵上。其後玄遂篡位，亂京都，大饑，人相食，百姓流亡，皆其應也。【略】

元興元年十月，有客星色白如粉絮，在太微西，至十二月入太微。占曰：『兵入天子庭。』二年十二月，桓玄篡位，放遷帝、後於尋陽，以永安何皇后為零陵君。三年二月，劉裕盡誅桓氏。【略】

元興元年七月，大饑，人相食。【略】。十月，桓玄遣將擊劉軌，破走之。軌奔青州。

又　卷二七《五行志上》　桓玄始篡，龍旂竿折。時玄田獵無度，飲食奢恣，土木妨農，又多姦謀，故木失其性。天戒若曰，旂所以掛三辰，章著明也，旂竿之折，高明去矣。玄果敗。【略】

安帝隆安二年三月，龍舟二乘災，是水沴火也。其後桓玄篡位，帝乃播越。天戒若曰，王者流遷，不復御龍舟，故災之耳。【略】

元興元年八月庚子，尚書下舍曹火。時桓玄遙録尚書，故天火，示不

復居也。【略】

元興二年十二月，桓玄簒位。其明年二月庚寅夜，濤水入石頭。商旅方舟萬計，漂敗流斷，骸胔相望。江左雖頻有濤變，未有若斯之甚。三月，義軍克京都，玄敗走，遂夷滅之。【略】

孝武太元中，人不復著帩頭。天戒若曰，頭者元首，帩者助元首為儀飾者也。今忽廢之，若人君獨立無輔佐，以至危亡也。至安帝，桓玄乃簒位焉。【略】

舊為屐者，齒皆達楄上，名曰露卯。太元中忽不徹，名曰陰卯。識者以為卯，謀也，必有陰謀之事。至烈宗末，驃騎參軍袁悅之始攬搆內外，隆安中遂謀詐相傾，以致大亂。【略】

太元中，公主婦女必緩鬢傾髻，以為盛飾。用髮既多，不可恆戴，乃先於木及籠上裝之，名曰假髻，或名假頭。至於貧家，不能自辦，自號無頭，就人借頭。遂布天下，亦服妖也。無幾時，孝武晏駕而天下騷動，刑戮無數，多喪其元。至於大殮，皆刻木及蠟或縛菰草為頭，是假頭之應云。【略】

桓玄簒立，殿上施絳帳，鏤黄金為顏，四角金龍銜五色羽葆流蘇。羣下相謂曰：『頗類輀車。』尋而玄敗，此服之妖也。【略】

安帝隆安元年八月，琅邪王道子家青雌雞化為赤雄雞，不鳴不將。桓玄將簒，不能成業之象。【略】

四年，荊州有雞生角，角尋墮落。是時桓玄始擅西夏，狂慢不肅，故有雞禍。天戒若曰，角，兵象，尋墮落者，暫起不終之妖也。後皆應也。【略】

元興二年，衡陽有雌雞化為雄，八十日而冠萎。天戒若曰，衡陽，桓玄楚國之邦略也。及桓玄簒位，果八十日而敗，此其應也。【略】

安帝元興元年正月丙子，會稽王世子元顯將討桓玄，建牙竿于揚州南門，其東者難立，良久乃正。近沴妖也。而元顯尋為玄所擒。

又 卷二八《五行志中》 桓玄初改年為大亨，遐邇讙言曰『二月了』，故義謀以仲春發也。玄簒立，又改年為建始，以與趙王倫同，又易為永始，永始復是王莽受封之年也。始徙司馬道子于安成。安帝遜位，出永安宮，封為平固王，琅邪王德文為石陽公，並使住尋陽城。識者皆以為言不從之妖僭也。【略】

元興【略】二年六月，不雨。冬，又旱。時桓玄奢僭，十二月遂簒位。三年八月，不雨。【略】

桓玄既簒，童謠曰：『草生及馬腹，烏啄桓玄目。』及玄敗，走至江陵，時正五月中，誅如其期焉。【略】

桓玄將拜楚王，已設拜席，羣官陪位。玄未及出，有狗來便其席，莫不驚怪。玄性猜暴，竟無言者，逐狗改席而已。天戒若曰，桓玄無德而叨竊大位，故犬便其席，示其妄據之甚也。八十日玄敗亡焉。【略】

孝武帝太元十六年六月，鵲巢太極東頭鴟尾，又巢國子學堂西頭。十八年東宮始成，十九年正月鵲又巢其西門。此殆與魏景初同占。學堂，風教所聚；西頭，又金行之祥。及帝崩後，安皇嗣位，桓玄遂簒，風教乃穨，金行不競之象也。

又 卷二九《五行志下》 孝武太元十五年三月己酉朔，東北方有聲如雷。案劉向說，以為『雷當托於雲，猶君托於臣。無雲而雷，此君不恤於下，下人將叛之象也。』及帝崩而天下漸亂，孫恩、桓玄交陵京邑。【略】

安帝元興二年，二月甲辰夜，大風雨，大航門屋瓦飛落。明年，桓玄簒位，由此門入。十月，錢唐臨平湖水赤，桓玄諷吳郡使言開除以為己瑞，俄而桓玄敗。【略】

十二月，酷寒過甚。是時，桓玄簒位，政事煩苛。識者以為朝政失在舒緩，玄則反之以酷。案劉向曰：『周衰無寒歲，秦滅無燠年。』此之謂也。【略】

穆帝升平元年八月丁未，策立皇后何氏。是日，疾風。後桓玄簒位，乃降后為零陵縣君，不睿之罰也。五年正月戊戌朔，疾風。【略】

太元十二年正月壬子夜，暴風。七月甲辰，大風折木。十三年十二月乙未，大風，晝晦。其後帝崩而諸侯違命，權奪於元顯，禍成于桓玄，是其應也。十七年六月乙卯，大風折木。【略】

孝武帝太元十三年十二月乙未，大風晦暝。其後帝崩，而諸侯違命，干戈內侮，權奪於元顯，禍成于桓玄。【略】

桓玄之國，在荊州詣刺史殷仲堪，行至鶴穴，逢一老公驅青牛，形色

瑰異，桓玄即以所乘牛易取。乘至零陵涇溪，駿駛非常，息駕飲牛，牛逕入江水不出。玄遣人覘守，經日無所見。于後玄敗被誅。【略】

安帝元興元年十月丙申朔，黄霧昏濁不雨。是時桓玄謀逆之應。

【略】

安帝元興二年十月，錢唐臨平湖水赤，桓玄諷吳郡使言開除以為己瑞，俄而桓玄敗。【略】

安帝元興三年正月，桓玄出遊大航南，飄風飛其轜輗蓋，經三月而玄敗歸江陵。五月，江陵又大風折木。是月，桓玄敗于崢嶸洲，身亦屠裂。十一月丁酉，大風，江陵多死者。

又 卷六四《元四王傳》 梁王瑲【略】薨，子龢嗣。太元中復國。薨，子珍之嗣。桓玄篡位，國人孔樸奉珍之奔于壽陽。桓玄敗，珍之歸朝廷。

又 卷六九《刁逵傳》 桓玄篡位，以逵為西中郎將、豫州刺史，鎮歷陽；暢右衛將軍；弘撫軍桓修司馬。劉裕起義，斬桓修，時暢、弘謀起兵襲裕，裕遣劉毅討之，暢伏誅；弘亡，不知所在。逵在歷陽執劉裕參軍諸葛長民，檻車送于桓玄，至當利而玄敗，送人共破檻出長民，遂趣歷陽。

又 卷七五《王愷傳》 及桓玄等至江寧，愷令兵守石頭。俄而玄等走，復為吳郡。

又 《王愉傳》 愉至鎮，未幾，殷仲堪、桓玄、楊佺期舉兵應王恭，乘流奄至。愉既無備，惶遽奔臨川，為玄所得。玄盟于尋陽，以愉置壇所，愉甚耻之。及事解，除會稽內史。玄篡位，以為尚書僕射。

又 卷八四《劉敬宣傳》 敬宣【略】為桓玄諮議參軍。牢之敗，與廣陵相高雅之俱奔慕容超，夢丸土而服之，既覺，喜曰：『丸者桓也，丸既吞矣，我當復土也。』旬日而玄敗，【略】與諸葛長民破桓歆於芍陂，【略】又擊桓亮、苻宏於湘中，所在有功。

又 卷八五《劉邁傳》 及毅與劉裕等同謀起義，邁將應之，事泄，為玄所害。

又 《諸葛長民傳》 桓玄引為參軍平西軍事，尋以貪刻免。及劉裕建義，與之定謀，為揚武將軍。從裕討桓玄，【略】于時桓歆聚衆向歷陽，長民擊走之，又與劉敬宣破歆於芍陂。

又 《魏詠之傳》 詠之早與劉裕遊款，及玄篡位，協贊義謀。玄敗，授建威將軍、豫州刺史。桓歆寇歷陽，詠之率衆擊走之。

又 《檀憑之傳》 及桓玄將皇甫敷之至羅落橋也，憑之與裕各領一隊而戰，軍敗，為敷軍所害。贈冀州刺史。

又 卷一一七《姚興載記》 晉輔國將軍袁虔之、寧朔將軍劉壽、冠軍將軍高長慶、龍驤將軍郭恭等貳于桓玄，懼而奔興。興臨東堂引見，謂虔之等曰：『桓玄雖名晉臣，其實晉賊，其才度定何如父也？能辦成大事以不？』虔之曰：『玄籍世資，雄據荆、楚，屬晉朝失政，遂偷竊宰衡。安忍無親，多忌好殺，位不才授，爵以愛加，無公平之度，不如其父遠矣。今既握朝權，必行篡奪，既非命世之才，正可為他人驅除耳。此天以機便授之陛下，願速加經略，廓清吳、楚。』

《南史》卷一《宋紀上》 自晉中興以來，朝綱弛紊，權門兼併，百姓流離，不得保其產業。桓玄頗欲厘改，竟不能行。帝既作輔，大示軌則，豪强肅然，遠近禁止。

又 卷一六《毛修之傳》 修之仕桓玄為屯騎校尉，隨玄西奔。玄欲奔漢川，修之誘令入蜀。馮遷斬玄於枚洄洲，修之力也。

又 卷一七《胡藩傳》 藩轉參太尉大將軍相國軍事。宋武帝起兵，玄戰敗將出奔，藩扣馬曰：『今羽林射手猶有八百，皆是義故西人，一旦捨此，欲歸可復得乎？』玄直以鞭指天而已。於是奔散相失，追及玄於蕪湖。玄見藩喜謂張須無曰：『卿州故爲多士，今復見王修。』桑落之敗，藩艦被燒，並鎧入水，潛行三十許步，方得登岸。乃還家。

又 卷二五《王懿傳》 值玄篡，見輔國將軍張暢，言及世事。仲德曰：『自古革命誠非一族，然今之起者恐不足以濟大事。』元德果勁有計略，宋武帝甚知之，告以義舉，使於都下襲玄。仲德聞其謀，謂元德曰：『天下事不可不密，且兵亦不貴遲巧。玄情無遠慮，好冒夜出入，今取之正須一夫力耳。』事泄，元德爲玄誅，仲德竄走。

又 卷二七《孔靖傳》 帝後討孫恩，時桓玄篡形已著，帝欲于山陰建義。季恭以山陰路遠，且玄未居極位，不如待其篡後，於京口圖之，帝亦以爲然。時虞嘯父爲會稽內史，季恭求爲府司馬不得，乃出詣都。及

帝定桓玄，以季恭爲會稽内史，使齎封板拜授，正與季恭遇。季恭便回舟夜還，至即叩扉入郡。嘯父本爲桓玄所授，聞玄敗，開門請罪。季恭慰勉，使且安所住，明日乃移。季恭到任，釐整浮華，翦罰遊惰，由是境内肅清。

清·顧祖禹《讀史方輿紀要》卷二〇《南直二·應天府》 元興初，桓玄逼建康，至新亭，會稽世子元顯陳于宣陽門外。三年，劉裕討玄入建康，焚桓温神主于宣陽門外。

又《石頭城》 元興三年，劉裕討桓玄，玄潛具舟石頭，聞桓謙等軍敗，遂出南掖門，西趣石頭，浮江南走，裕入建康，即徙屯石頭。

清·錢大昕《廿二史考異》卷二〇《晉書三·五行志上》 安帝元興二年十二月桓玄篡位，其明年二月庚寅夜，濤水入石頭，商旅方舟萬計漂敗流斷，骸胔相望。三年十月己丑夜，濤水入石頭，漂没殺人，大航流敗。按：元興二年之明年卽三年也，庚寅後己丑，正一日，蓋一事而重出耳。

譙縱之亂分部

綜述

《宋書》卷一《武帝紀上》 盧循遣其大將荀林寇江陵，桓謙先於江陵奔羌，又自羌入蜀，僞主譙縱以為荊州刺史。謙及譙道福率軍二萬，出寇江陵，適與林會，相去百餘里。荊州刺史道規斬謙于枝江，破林於江津，追至竹町，斬之。初，循之走也，公知其必寇江陵，登遣淮陵内史索邈領馬軍步道援荊州；又遣建威將軍孫季高率衆三千，自海道襲番禺。江州刺史庾悦至五畝嶠，賊遣千餘人據斷嶠道，悦前驅鄱陽太守虞丘進攻破之。公治兵大辦。十月，率兗州刺史劉藩、寧朔將軍檀韶等舟師南伐。以後將軍劉毅監太尉留守府，後事皆委焉。是月，徐道覆率衆三萬寇江陵。荊州刺史道規又大破之，斬首萬餘級，道覆走還盆口。初，公之遣索邈也，邈在道為賊所斷，道覆敗後方達。自循東下，江陵斷絶京邑之問，傳者皆云已没。及邈至，方知循走。

又 卷二《武帝紀中》 七月，朱齡石平蜀，斬僞蜀王譙縱，傳首京師。

又 卷三七《劉敬宣傳》 假敬宣節，監征蜀諸軍事，郡如故。既入峽，分遣振武將軍、巴東太守温祚以二千人揚聲外水，自率益州刺史鮑陋、輔國將軍文處茂、龍驤將軍時延祖由墊江而進。敬宣率先士卒，轉戰而前，達遂寧郡之黄虎，去成都五百里。僞輔國將軍譙道福等悉衆距險，相持六十餘日，大小十餘戰，賊固守不敢出。敬宣不得進，食糧盡，軍中多疾疫，死者太半，引軍還。譙縱送毛璩一門諸喪，其妻女、文處茂母何，並諸士人喪柩，浮之中流，敬宣皆拯接致歸。為有司所奏，免官，削封三分之一。

又 卷四八《朱齡石傳》 義熙九年，遣諸軍伐蜀，令齡石為元帥，以為建威將軍、益州刺史，率寧朔將軍臧熹、河間太守蒯恩、下邳太守劉鍾、龍驤將軍朱林等，凡二萬人，發自江陵。【略】初，高祖與齡石密謀進取，曰：『劉敬宣往年出黄虎，無功而退。賊謂我今應從外水往，而料我當出其不意，猶從内水來也。如此，必以重兵守涪城，以備内道。若向黄虎，正墮其計。今以大衆自外水取成都，疑兵出内水，此制敵之奇也。』而慮此聲先馳，賊審虚實，別有函書，全封付齡石，署函邊曰：『至白帝乃開。』諸軍雖進，未知處分所由。至白帝，發書，曰：『衆軍悉從外水取成都，臧熹、朱林于中水取廣漢，使羸弱乘高艦十餘，由内水向黄虎。』衆軍乃倍道兼行，譙縱果備内水，使其大將譙道福以重兵戍涪城，遣其前將軍秦州刺史侯輝、尚書僕射蜀郡太守譙詵等率衆萬餘屯彭模，夾水為城。

十年六月，齡石至彭模，諸將以賊水北城險阻衆多，咸欲先攻其南，齡石曰：『不然。雖寇在北，今屠南城，不足以破北；若盡鋭以拔北壘，南城不麾而自散也。』七月，齡石率劉鍾、蒯恩等攻城，詰朝戰，至日昃，焚其樓櫓，四面並登，斬侯輝、譙詵，仍回軍以麾，南城即時散潰。凡斬大將十五級，諸營守以次土崩，衆軍乃舍船步進。

龍驤將軍臧熹至廣漢，病卒。朱林至廣漢，復破譙道福，別軍乘船陷

牛脾城，斬其大將譙撫。譙縱聞諸處盡敗，奔於涪城，巴西人王志斬送。偽尚書令馬耽封府庫以待王師。道福聞彭模不守，率精鋭五千兼行來赴，聞縱已走，道福衆亦散，乃逃於獠中。巴西民杜瑤縛送之，斬於軍門。桓謙弟恬隨謙入蜀，為寧蜀太守，至是亦斬焉。

高祖之伐蜀也，將謀元帥而難其人，乃舉齡石。衆咸謂自古平蜀，皆雄傑重將，齡石資名尚輕，慮不克辦，諫者甚衆，高祖不從。乃分大軍之半，猛將勁卒，悉以配之。臧熹，敬皇后弟，咸服高祖之知人，又美齡石之善於其事。

又　卷四九《蒯恩傳》　以本官為太尉長兼行參軍，領衆二千，隨益州刺史朱齡石伐蜀。至彭模，恩所領居前，大戰，自朝至日昃，勇氣益奮，賊破走。進平成都，擢為行參軍，改封北至縣五等男。

又　《劉鍾傳》　高祖討劉毅，鍾率軍繼王鎮惡。江陵平定，仍隨朱齡石伐蜀，為前鋒，由外水，至於彭城模，去成都二百里。偽冠軍征討督護譙亢等兩岸連營，層樓重柵，衆號三萬。鍾于時脚疾不能行，齡石乃詣鍾謀曰：『今天時盛熱，而賊嚴兵固險，攻之未必可拔，只增疲困。計其人情恇撓，必不久安，且欲養鋭息兵，以伺其隙；隙而乘之，乃可捷事。然決機兩陳，公本有所委，卿意謂何？』鍾曰：『不然。前揚聲言大衆向內水，譙道福不敢捨涪城。今重軍卒至，出其不意，蜀人已破膽矣。賊今阻兵守險，是其懼不敢戰，非能持久堅守也。因其凶懼，盡鋭攻之，其勢必克。鼓行而進，成都必不能守矣。今若緩兵相守，彼將知人虛實，涪軍忽並來力距我，人情既安，良將又集，此求戰不獲，軍食無資，當為蜀子虜耳。』齡石從之。明日進攻，陷其二城，斬其大將侯輝、譙詵，逕平成都。

又　卷五一《長沙景王道憐傳》　監征蜀諸軍事，率冠軍將軍劉敬宣等伐譙縱，而文處茂、温祚據險不得進，故不果行。

又　卷五二《袁豹傳》　高祖遣益州刺史朱齡石伐蜀，使豹為檄文，曰：【略】蕞爾譙縱，編户黔首，同惡相求，是崇是長，肆反噬於州相，播毒害于民黎，俾我西服，隔閡皇澤。自義風電靡，天光反輝，昭舊物，煙熅區宇。以庶務草創，未遑九伐，自爾以來，奄延十載。而野心不革，伺隙乘間，招聚逋叛，共相封殖，侵擾我蠻獠，搖盪我疆垂。我是以有治洲之役，醜類盡殪，匹馬無遺，桓謙折首，譙福鳥逝，奔伏窠穴，引頸待戮。

當今北狄露晞，南寇埃掃，朝風載韙，庶績其凝，康哉之歌日熙，比屋之隆可詠。孤職是經略，思一九有，眷彼禹迹，願言載懷，奉命西行，途戾荆、郢，瞻望巴、漢，憤慨交深。清江源於濫觴，澄氛昆于井絡，誅叛柔遠，今也其時。即命河間太守蒯恩、下邳太守劉鍾，精勇二萬，直指成都。龍驤將軍臧熹，戎卒二萬，進自墊江。益州刺史朱齡石，舟師三萬，電曜外水。分遣輔國將軍索邈，率漢中之衆，濟自劍道。振威將軍朱客子，提寧州之鋭，渡瀘而入。神兵四臨，天網宏掩，衡翼千里，金鼓萬張，組甲貝冑，景煥波屬，華夷百濮，雲會霧臻，以此攻戰，誰與為敵！況又奉義而行，以順而動者哉！

今三陜之隘，在我境內，非有岑彭荆門之險。彌入其阻，平衢四達，實無鄧艾綿竹之艱。山川之形，抑非曩日，攻守難易，居然百倍。當全蜀之强，士民之富，子陽不能自安於庸、僰，劉禪不敢竄命于南中，荆邯折謀，伯約挫鋭。故知成敗有數，非可智延，此皆益土前事，當今元龜也。盛如盧循，强如容超，陵威南海，跨制北岱，樓船萬艘，掩江蓋汜，鐵馬千羣，充原塞隰。然廣固之攻，陸無完雉；左里之戰，水靡全舟。或顯戮京畿，或傳首萬里。故知逆順有勢，難以力抗，斯又目前殷鑑，深切著明者也。

梁益人士，咸明王化，雖驅迫一時，本非奥主。從之淫虐，日月增播，刑殺非罪，死以澤量。而待命寇仇之戮，【略】大信之明，皦若朝日，如其迷復奸邪，守愚不改，火燎孟諸，芝艾同爛，河決金堤，淵丘同體，雖欲悔之，亦將何及！

又　卷七三《龔穎傳》　（毛）璩為譙縱所殺，故佐吏並逃亡，穎號哭奔赴，殯送以禮。縱後設宴延穎，不獲已而至。樂奏，穎流涕起曰：『北面事人，亡不能死，何忍舉觴聞樂，蹈迹逆亂乎。』縱大將譙道福引出將斬之，道福母即穎姑也，跣出救之得免。及縱僭號，備禮征又不至，乃脅以兵刃，執志終無回改，至於蜀平，遂不屈節。

又　卷七四《臧質傳》　事平，高祖遣朱齡石統大衆伐蜀，命（臧）熹奇兵出中水，以本號領建平、巴東二郡太守。蜀主譙縱遣大將譙撫之萬

餘人屯牛脾，又遣譙小苟重兵塞打鼻。熹至牛脾，撫之戰敗退走，追斬之。小苟聞撫之死，即便奔散。成都既平，熹遇疾。

《晉書》卷一〇《安帝紀》 （義熙元年）二月丁巳，【略】平西參軍譙縱害平西將軍、益州刺史毛璩，以蜀叛。【略】

二年春正月，益州刺史司馬榮期擊譙縱將譙子明于白帝，破之。【略】

六年冬十一月，蜀賊譙縱陷巴東，守將温祚、時延祖死之。【略】

（九年）秋七月，朱齡石克成都，斬譙縱，益州平。

又 卷七四《桓謙傳》 先是，譙縱稱藩于姚興，縱與盧循通使，潛相影響，乃表興請謙共順流東下。興問謙，謙曰：『臣門著恩荆楚，從弟玄末雖篡位，皆是逼迫，人神所明。今臣與縱東下，百姓自應駭動。』興曰：『小水不容大舟，若縱才力足以濟事，亦不假君為鱗翼。宜自求多福。』遂遣之。謙至蜀，欲虚懷引士，縱疑之，乃置謙于龍格，使人守之。謙向諸弟泣曰：『姚主言神矣！』後與縱引譙道福俱下，謙於道占募，百姓感沖遺惠，投者二萬人。

又 卷八一《毛璩傳》 初，璩聞振陷江陵，率衆赴難，使瑾、瑗順外江而下，使參軍譙縱領巴西、梓潼二郡軍下涪水，當與璩軍會于巴郡。蜀人不樂東征，縱因人情思歸，于五城水口反，還襲涪，害瑾，瑾留府長史鄭純之自成都馳使告璩。璩時在略城，去成都四百里，遣參軍王瓊討反者，相距於廣漢。僰道令何林聚黨助縱，而璩下人受縱誘說，遂共害璩及瑗，並子侄之在蜀者，一時殄没。

又 卷八四《劉敬宣傳》 譙縱反，以敬宣督征蜀軍事、假節，與寧朔將軍臧喜西伐。敬宣人自白帝，所攻皆克。軍次黄獸，與偽將譙道福相持六十餘日，遇癘疫，又以食盡，班師，為有司所劾，免官。

又 卷九九《桓玄傳》 （義熙）三年，東陽太守殷仲文與永嘉太守駱球謀反，欲建桓胤為嗣，曹靖之、桓石松、卞承之、劉延祖等潛相交結，劉裕以次收斬之，並誅其家屬。後桓謙走入蜀，蜀賊譙縱以謙為荆州刺史，使率兵而下，荆楚之衆多應之。謙至枝江，荆州刺史劉道規斬之，梁州刺史傅歆又斬桓石綏，桓氏遂滅。

又 卷一〇〇《譙縱傳》 譙縱，巴西南充人也。祖獻之，有重名於西土。縱少而謹慎，蜀人愛之。為安西府參軍。義熙元年，刺史遣縱及侯暉等領諸縣氐進兵東下。暉有貳志，因梁州人不樂東也，將圖益州刺史毛璩，與巴西陽昧結謀于五城水口，共逼縱為主。縱懼而不當，走投于水，暉引出而請之，至於再三，遂以兵逼縱於輿上。攻璩弟西夷校尉瑾于涪城，城陷，瑾死之，縱乃自號梁、秦二州刺史。璩聞縱反，自略城步還成都，遣參軍王瓊率三千人討縱，又遣弟瑗領四千兵繼瓊後進。縱遣弟明子及暉距瓊於廣漢，瓊擊破暉等，追至綿竹。明子設二伏以待之，大敗瓊衆，死者十八九。益州營户李騰開城以納縱。

毛璩既死，縱以從弟洪為益州刺史，明子為鎮東將軍、巴州刺史，率其衆五千人屯白帝，自稱成都王。明年，遣使稱藩于姚興，將順流東寇，以討車騎將軍劉裕為名，乞師于姚興，且請桓謙為助，興遣之。

九年，劉裕以西陽太守朱齡石為益州刺史，寧朔將軍臧喜、下邳太守劉鍾，蘭陵太守蒯恩等率衆二萬，自江陵討縱。初謀元率，僉難其人，齡石資名素淺，裕違衆拔之，授以麾下之半。臧喜，裕妻弟也，位出其右，又隸焉。齡石次於白帝，縱遣譙道福重兵守涪。齡石師次平模，去成都二百里，縱遣其大將軍侯暉、尚書僕射譙詵屯平模，夾岸連城，層樓重栅，衆未能攻。齡石謂劉鍾曰：『天方暑熱，賊今固險，攻之難拔，只困我師。吾欲蓄鋭息兵，伺隙而進，卿以為何如？』鍾曰：『不然。前揚聲言大將由内水，故道福不敢舍涪，今重軍逼之，出其不意，侯暉之徒已破膽矣。正可因其凶而攻之，勢當必克。克平模之後，自可鼓行而前，成都必不能守。若緩兵相持，虚實相見，涪軍復來，難為敵也。進不能戰，退無所資，二萬餘人因為蜀子虜耳。』從之。翌日，進攻皆克，斬侯暉等，於是遂進。縱之城守者相次瓦解，縱乃出奔。其尚書令馬耽封倉庫以待王師。及齡石入成都，誅縱同祖之親，餘皆安堵，使復其業。

縱之走也，先如其墓，縱女謂縱曰：『走必不免，只取辱焉。等死，死于先人之墓可也。』縱不從，投道福於涪。道福怒謂縱曰：『大丈夫居如斯功業，安可棄哉！今欲為降虜，豈可而得！人誰不死，何懼之甚！』因投縱以劍，中其馬鞍。縱去之，乃自縊。道福謂其徒曰：『吾養爾等，正為今日。蜀之存亡，實係在我，不在譙王。我尚在，猶足一戰。』士咸許諾。乃散金帛以賜其衆，衆受之而走。道福獨奔廣漢，廣漢

人杜瑾執之。朱齡石徙馬耽於越巂，追殺之。耽之徒也，謂其徒曰：『朱侯不送我京師，滅衆口也，吾必不免。』乃盥洗而臥，引繩而死。須臾，齡石師至，遂戮屍焉。

又　卷一一八《姚興載記下》　蜀譙縱遣使稱藩，請桓謙，欲令順流東伐劉裕。興以問謙，謙請行，遂許之。【略】

時王師伐譙縱，大敗之，縱遣使乞師於興。興遣平西姚賞、南梁州刺史王敏率衆二萬救之，王師引還。縱遣使拜師，仍貢其方物。興遣其兼司徒韋華持節策拜縱為大都督、相國、蜀王，加九錫，備物典策一如魏、晉故事，承制封拜悉如王者之儀。【略】

譙縱遣其侍中譙良、太常楊軌朝於興，請大舉以寇江東。遣其荆州刺史桓謙、梁州刺史譙道福率衆二萬東寇江陵。興乃遣前將軍苟林率騎會之。謙屯枝江，林屯江津。謙，江左貴族，部曲遍于荆、楚，晉之將士皆有叛心。荆州刺史劉道規大懼，嬰城固守。雍州刺史魯宗之率襄陽之衆救之，道規乃留宗之守江陵，率軍逆戰。謙等舟師大盛，兼列步騎以待之。大戰枝江，謙敗績，乘輕舸奔就苟林，晉人獲而斬之。苟林懼而引歸。

《南史》卷一《宋紀上》　義熙四年正月，【略】帝遣冠軍劉敬宣伐蜀賊譙縱，無功而還。【略】

義熙八年十一月，帝至江陵，分荆州十郡爲湘州，帝仍進督焉。以西陽太守朱齡石爲益州刺史，使伐蜀。【略】九年七月，朱齡石平蜀，斬譙縱，傳首建鄴。

又　卷一三《臨川烈武王道規傳》　桓謙自長安入蜀，譙縱以謙爲荆州刺史，與其大將譙道福俱寇江陵。道規乃會將士告之曰：『吾東來文武足以濟事，欲去者不禁。』因夜開城門，衆咸憚服，莫有去者。雍州刺史魯宗之自襄陽來赴，或謂宗之未可測。道規乃單車迎之，衆咸感悦。衆議欲使檀道濟、到彦之共擊苟林等。道規曰：『非吾自行不決。』乃使宗之居守，委以心腹，率諸將大敗謙，斬之。諮議劉遵追苟林，斬之巴陵。初，謙至枝江，江陵士庶皆與謙書，言城內虛實。道規一皆焚燒，衆乃大安。

又　卷一六《朱齡石傳》　義熙九年，徙益州刺史，為元帥伐蜀。初，帝與齡石密謀進取，曰：『劉敬宣往年出黃武，無功而退。賊謂我今應從外水往，而料我當出其不意猶從內水來也，必重兵守涪城以備內道。若向黃武，正墮其計。今以大衆自外水取成都，疑兵出內水，此制敵之奇也。』而慮此聲先馳，賊審虛實，別有函封付齡石，署曰至白帝乃開。諸軍雖進，未知處分。至白帝發書，曰：『衆軍悉從外水取成都；臧熹、朱枚于中水取廣漢；使羸弱乘高艦十餘，由內水向黃武。』譙縱果備內水，使其大將譙道福戍涪城，遣其秦州刺史侯暉、僕射譙詵等屯彭摸，夾水為城。十年六月，齡石至彭摸。七月，齡石率劉鍾、蒯恩等於北城斬侯暉、譙詵。朱枚至廣漢，復破譙道福別軍。譙縱奔涪城，巴西人王志斬送之，並獲道福，斬於軍門。

又　《毛修之傳》　及父瑾爲譙縱所殺，帝表修之爲龍驤將軍，配兵遣奔赴。時益州刺史鮑陋不肯進討，修之言狀，帝乃令冠軍將軍劉敬宣伐蜀，無功而退。譙縱由此送修之父伯及中表喪柩口累並得還。【略】而深結於帝，及毅敗見宥。時遣朱齡石伐蜀，修之固求行。

又　卷一七《劉敬宣傳》　義熙三年，表遣敬宣伐蜀。博士周祗諫，以爲『道遠運漕難繼，毛修之家讎不雪，不應以得死爲恨。劉敬宣蒙生存之恩，亦宜性命仰答。將軍欲驅二死之甘心，忘國家之重計，愚情竊所未安』。不從。假敬宣節，監征蜀諸軍事。敬宣至黃武，去成都五百里，食盡，遇疾疫而還。

又　《劉鍾傳》　後隨朱齡石伐蜀爲前鋒，去成都二百里，鍾于時脚疾，齡石乃詣鍾，謀且欲養鋭息兵，以伺其隙。鍾曰：『不然，前揚言大衆向內水，譙道福不敢舍涪城，今重軍卒至，出其不意，蜀人已破膽矣。賊今阻兵守險，是其懼不敢戰，非能持久也。因其凶懼攻之，其勢必克；若緩兵，彼將知人虛實，當爲蜀子虜耳。』齡石從之，明日，陷其二城，徑平成都。以廣固功，封永新縣男。

又　卷一八《臧熹傳》　武帝遣朱齡石統大衆伐蜀，命熹奇兵出中水，領建平、巴東二郡太守。蜀主譙縱遣大將譙撫之屯牛脾，又遣譙小苟重兵塞打鼻。熹至牛脾，撫之敗走，追斬之，成都平。

又　卷七三《龔穎傳》　璩辟爲勸學從事。毛璩爲譙縱所殺，故佐吏並逃亡，穎號哭奔赴，殯送以禮。縱後設宴延穎，不獲已而至。樂奏，穎流涕起曰：『北面事人，亡不能死，何忍舉觴聞樂，蹈迹逆亂乎。』縱

大將譙道福引出將斬之，道福母即穎姑也，跣出救之得免。及縱僭號，備禮徵又不至，乃脅以兵刃，執志終無回改，至於蜀平，遂不屈節。其後刺史至，輒加辟引。歷府參軍，州別駕從事史。宋文帝元嘉二十四年，刺史陸徽表穎節義，遂不被朝命，終於家。

又 卷七四《臧質傳》 事平，高祖遣朱齡石統大衆伐蜀，命（臧）熹奇兵出中水，以本號領建平、巴東二郡太守。蜀主譙縱遣大將譙撫之萬餘人屯牛脾，又遣譙小苟重兵塞打鼻。熹至牛脾，撫之戰敗退走，追斬之。小苟聞撫之死，即便奔散。成都既平，熹遇疾。

唐·杜佑《通典》卷一六二《兵十五》 晉將朱齡石伐蜀賊譙縱，縱將譙道福重兵守涪。齡石師次平模，去成都二百餘里。縱遣將侯暉、譙詵屯平模，夾岸連城立柵。齡石謂裨將劉鍾曰：『天方暑熱，賊今固險，攻之難拔，祇困我師。吾欲蓄鋭息兵，伺隙而進，卿以為何如？』鍾曰：『不然。前揚聲言大衆由內江，故譙道福不敢捨涪，今重軍逼之，出其不意，侯暉之徒已破膽矣。祇可因其凶懼而攻之，勢當必克。克平模之後，自可鼓行而前，成都必不能守。若緩兵相持，虛實相見，涪軍復來，難為敵也。進不能戰，退無所資，二萬餘人悉為蜀子虜耳。』從之。翌日，進攻皆克，斬侯暉等，縱之城守相次瓦解。

宋·司馬光《資治通鑑》卷一一四《晉紀三六·安皇帝己》 （晉安帝義熙元年）初，毛璩聞桓振陷江陵，帥衆三萬順流東下，將討之，使其弟西夷校尉瑾、蜀郡太守瑗山外水，蜀有內水、外水。內水，涪水也；外水，即蜀江發源於岷山者。參軍巴西譙縱、侯暉出涪水。蜀人不樂遠征，暉至五城水口，《水經注》：涪水自南安郡南流，其枝流西逕廣漢五城縣為五城水，又西至成都入于江。又曰：江水東絕綿、洛，逕五城界至廣都北岸，南入于江，謂之五城水口，斯為北江。沈約《宋·志》：五城縣屬廣漢郡，晉武帝咸寧四年立。《華陽國志》云：漢時立倉，發五縣人，尉部主之，晉因立五城縣，在五城山。按《五代志》，蜀郡玄武縣，舊曰伍城。玄武縣，唐屬梓州。與巴西陽昧謀作亂。縱為人和謹，蜀人愛之，暉、昧共逼縱為主。縱不可，走投于水；引出，以兵逼縱登輿。縱又投地，叩頭固辭，暉縛縱於輿。還，襲毛瑾於涪城，殺之，推縱為梁、秦二州刺史。璩至略城，據《晉書·毛璩傳》，略城去成都四百里。聞變，奔還成都，遣參軍王瓊將兵討之，為縱弟明子所敗，死者什八九。益州營户李騰開城納縱兵，民有流離逃叛分配軍營者為營户。

（晉安帝義熙二年）劉裕聞譙縱反，遣龍驤將軍毛脩之將兵與司馬榮期、文處茂、時延祖共討之。脩之至宕渠，宕渠縣，漢屬巴郡，劉蜀分屬巴西郡，惠帝復分巴西置宕渠郡。按《五代志》，果州南充縣舊置宕渠郡，合州石鏡縣亦置宕渠郡，皆當自白帝上成都之路。榮期為其參軍楊承祖所殺，承祖自稱巴州刺史，脩之退還白帝。

（晉安帝義熙四年）劉敬宣既入峽，所謂三峽也。遣巴東太守温祚以二千人出外水，自帥益州刺史鮑陋、輔國將軍文處茂、龍驤將軍時延祖由墊江轉戰而前。此由內水而進也。譙縱求救于秦，秦王興遣平西將軍姚賞、南梁州刺史王敏將兵二萬赴之。敬宣軍至黃虎，去成都五百里。黃虎近涪城。縱輔國將軍譙道福悉衆拒嶮，相持六十餘日，敬宣不得進；食盡，軍中疾疫，死者太半，乃引軍還。敬宣坐免官，削封三分之一，荆州刺史劉道規以督統降號建威將軍。《春秋》責帥之義也；道規時為征蜀都督。

又 卷一一五《晉紀三七·安皇帝庚》 （晉安帝義熙六年）江陵自盧循東下，不得建康之問，羣盜互起。荆州刺史劉道規遣司馬王鎮之帥天門太守檀道濟、吳孫休永安六夫分武陵立天門郡。充縣有松梁山，山有石，石開處數十丈，其高，以弩仰射不至，其上名天門，因以名郡。《輿地志》：澧州石門縣，古天門郡。廣武將軍彭城到彥之入援建康。道濟，祗之弟也。

鎮之至尋陽，為苟林所破。盧循聞之，以林為南蠻校尉，分兵配之，使乘勝伐江陵，聲言徐道覆已克建康。桓謙於道召募義舊，桓氏世居荆楚，舊恩所結，義不相忘，謂之義舊。民投之者二萬人。謙屯枝江，枝江縣自漢以來屬南郡，春秋之羅國也。江水於縣西別出為沱而東復合于江，故曰枝江。我朝熙寧六年，省枝江為鎮，入松滋縣。林屯江津，二寇交逼，汞陵士民多懷異心。道規乃會將士告之曰：『桓謙今在近道，聞諸長者頗有去就之計，吾東來文武足以濟事；東來文武，謂道規從行將佐兵士也。若欲去者，本不相禁。』因夜開城門，達曉不閉。衆咸憚服，莫有去者。

又 卷一一六《晉紀三八·安皇帝辛》 （晉安帝義熙九年）朱齡石等白帝發函書，曰：『衆軍悉從外水取成都，臧熹從中水取廣漢，《水經注》：洛水出洛縣章山南，逕洛縣故城南，廣漢郡治也，又南逕新都縣與綿水合，又與湔水合，亦謂之郫江，又逕犍為牛鞞水，又東逕資中縣，謂之綿水。綿

水至江陽縣方山下入江，謂之鄨水口，曰中水。老弱乘高艦十餘，從內水向黄虎。』於是諸軍倍道兼行。譙縱果命譙道福將重兵鎮涪城，以備內水。【略】諸將以水北城地險兵多，欲先攻其南城，齡石曰：『今屠南城，不足以破北，若盡鋭以拔北城，則南城不麾自散矣。』秋，七月，齡石帥諸軍急攻北城，克之，斬侯暉、譙詵；引兵回趣南城，南城自潰。齡石舍船步進；譙縱大將譙撫之屯牛脾，『牛脾』，當作『牛鞞』。孟康曰：鞞，音髀。牛鞞縣自漢以來屬犍為郡。何承天曰：晉穆帝度屬蜀郡。今簡州西岸有古牛鞞戍城。譙小苟塞打鼻。打鼻山在今眉州彭山縣南十餘里，山形孤起，東臨江水。俗云：昔周鼎淪於此，或見其鼻，故名。臧熹擊撫之，斬之，小苟聞之，亦潰。於是縱諸營屯望風相次奔潰。

戊辰，縱棄成都出走，尚書令馬耽封府庫以待晉師。壬申，齡石入成都，誅縱同祖之親，餘皆按堵，使復其業。縱出成都，先辭墓，其女曰：『走必不免，祇取辱焉；等死，死于先人之墓可也。』縱不從。譙道福聞平模不守，自涪引兵入赴，縱往投之。道福見縱，怒曰：『大丈夫有如此功業而棄之，將安歸乎！人誰不死，何怯之甚也！』因投縱以劍，中其馬鞍。縱乃去，自縊死，巴西人王志斬其首以送齡石。道福謂其衆曰：『蜀之存亡，實係於我，不在譙王，今我在，猶足一戰。』衆皆許諾；道福盡散金帛以賜衆，衆受之而走。道福逃於獠中，巴民杜瑾執送之，斬於軍門。義熙元年，譙縱據蜀，九年而滅。齡石徙馬耽於越巂，耽謂其徒曰：『朱侯不送我京師，欲滅口也，謂齡石多取庫物，殺耽以滅口。吾必不免。』乃盥洗而臥，引繩而死。須臾，齡石使至，戮其屍。詔以齡石進監梁、秦州六郡諸軍事，賜爵豐城縣侯。

清・顧祖禹《讀史方輿紀要》卷四《歷代州域形勢四・南北朝隋》

［史略］義熙三年，劉裕使劉敬宣討譙縱。敬宣既入峽巴東三峽是也。見前，遣別將出外水大江從成都府南境至瀘州，曰外水，自帥諸軍出墊江今重慶府合州。蓋由內水而進也，轉戰而前，至黄虎在今潼川州北，去成都五百里。縱遣將悉衆拒險，敬宣不得進，食盡引還。八年，復命朱齡石等進討，別函付齡石曰：衆軍悉從外水取成都，臧熹從中水取廣漢雒水自漢成都府合州至瀘州入江，曰中水。廣漢即漢州，晉曰新都。此從漢郡言也，老弱乘高艦十餘，從內水向黄虎涪水自成都府綿州東南至合州入江，曰內水。俱詳四川大川。時譙縱方屯重兵，以備內水。齡石至白帝白帝，見前，遂兼行至平模平模山，在眉州彭山縣東十里，亦曰彭亡山，濱大江，由外水至成都必繇之道，去成都二百里，出敵不意。縱分兵拒守，齡石擊破之，臧熹亦破縱別軍于牛鞞牛鞞城，在今成都府簡州城西，即中水所繇之道。縱諸營屯望風奔潰。齡石趣成都，縱走死，蜀地悉平。

論說

《晉書》卷一〇〇《譙縱傳論》 惠皇失御，政紊朝危，難起蕭牆，毒痛函夏，九州波駭，五嶽塵飛，干戈日尋，戎車競逐。王彌好亂樂禍，挾詐懷奸，命儔嘯侶，伺間候隙，助悖逆於平陽，肆殘忍於都邑，遂使生靈塗炭，神器流離，邦國軫《麥秀》之哀，宮廟興《黍離》之痛，豈天意乎？豈人事乎？何醜虜之倡狂而亂離之斯瘼者也！張昌等或鴟張淮浦，或蟻聚荆衡，招烏合之凶徒，逞豺狼之貪暴，憑陵險隘，倔强江湖，未淹歲稔，咸至誅戮，實自取之，非為不幸。峻約同惡相濟，生此亂階，孫盧同類相求，嗣成妖逆。至乃干戈掃地，災沴滔天，雖樊謝之毒被含靈，李郭之禍延宮闕，方凶比暴，弗是加也。譙縱乘茲釁隙，肆彼奸謀，旋踵而亡，無足論矣。

又《譙縱傳贊》 中朝隳政，王彌肇亂。神器流離，生靈塗炭。羣妖伺隙，構茲多難。薦食荆衡，陵虐江漢。孫盧奸慝，約峻殘賊。窮凶極暴，為鬼為蜮。縱竊岷峨，旋至顛踣。

《新唐書》卷一五九《二李傳》 憲宗立，以考功郎中召，知制誥。【略】（李吉甫）言：『漢伐公孫述，晉伐李勢，宋伐譙縱，梁伐劉季連、蕭紀，凡五攻蜀，繇江道者四。且宣、洪、蘄、鄂强弩，號天下精兵，爭險地兵家所長，請起其兵擣三峽之虛，則賊勢必分，首尾不救，崇文懼舟師成功，人有鬬志矣。』帝從之。

雜録

《宋書》卷二五《天文志三》 元興三年正月戊戌，熒惑逆行犯太微

西上相。占曰：『天子戰于野，上相死。』二月甲辰，月奄歲星于左角。占曰：『天下兵起。』丙辰，熒惑逆行在左執法西北。占曰：『執法者憂。』四月甲午，月奄軒轅第二星，填星入羽林，十二月，熒惑太白皆犯羽林，占同上。【略】（明年）其年二月，巴西人譙縱殺益州刺史毛璩及璩弟西夷校尉瑾，跨有西土，自號蜀王。

又　卷三七《州郡志三・梁州》　荊州魏元帝景元四年平蜀，復立梁州，治漢中南鄭，而益州治成都。李氏據梁、益，江左於襄陽僑立梁州。李氏滅，復舊。譙縱時，又没漢中。刺史治魏興。縱滅，刺史還治漢中之苞中縣，所謂南城也。

《南齊書》卷一五《州郡志下》　梁州，鎮南鄭。【略】建興元年，又為氐楊難敵所没。桓温平蜀，復舊土。後為譙縱所没，縱平復舊。

《魏書》卷九五《羌姚興傳》　譙縱略有益寧之地，僭稱尊號，遣使稱蕃於興，興以縱為蜀王，加九錫。

又　卷九六《僭晉司馬叡傳》　時（天賜元年）【略】德宗發江陵至尋陽，其益州刺史毛璩、參軍譙縱反，攻涪城，克之，遂以益州叛德宗。德宗發姑孰，還建業。

《晉書》卷一二《天文志中》　義熙二年十二月丁未，熒惑、太白皆入羽林，又合於壁。【略】三年二月癸亥，熒惑、填星、太白、辰星聚于奎、婁，從填星也，徐州分。是時，慕容超僭號于齊，兵連徐兗，連歲寇抄，至於淮泗，姚興、譙縱僭號秦蜀，盧循及魏南北交侵。【略】

（義熙三年）二月癸亥，熒惑、填星、太白、辰星聚于奎、婁，從填星也，徐州分。是時，【略】，姚興、譙縱僭號秦蜀，盧循及魏南北交侵。

清・顧祖禹《讀史方輿紀要》卷三《歷代州域形勢三晉十六國》　益州治成都，統郡八。【略】義熙初，没於譙縱。九年，益州平，仍治成都。

又　卷六六《四川一》　義熙初，為譙縱所據。九年，討平之。

又　卷六九《四川四・夔州府》　義熙九年，劉裕使朱齡石平譙縱，皆由白帝而上。

又　《魚復城》　義熙初，譙縱據蜀，置巴州于白帝。二年，益州刺史司馬榮期擊譙明子于白帝，破之。

南郡王之亂分部

綜述

《宋書》卷六《孝武帝紀》　（孝建元年）二月庚午，豫州刺史魯爽、車騎將軍江州刺史臧質、丞相荊州刺史南郡王義宣、兗州刺史徐遺寶舉兵反。乙亥，撫軍將軍東海王禕遷職。己卯，領軍將軍柳元景加撫軍將軍。壬午，曲赦豫州。辛卯，左衛將軍王玄謨為豫州刺史。癸巳，玄謨進據梁山。丙申，以安北司馬夏侯祖歡為兗州刺史。三月癸亥，内外戒嚴。辛丑，以安北將軍、徐州刺史蕭思話為安南將軍、江州刺史，撫軍將軍柳元景即本號為雍州刺史。癸卯，以太子左衛率龐秀之為徐州刺史。徐遺寶為夏侯祖歡所破，棄衆走。丙寅，以輔國長史明胤為冀州刺史。夏四月戊辰，以後將軍劉義綦為湘州刺史。甲申，以平西將軍、雍州刺史朱修之為安西將軍、荊州刺史。丙戌，鎮軍將軍、南兗州刺史沈慶之大破魯爽于歷陽之小峴，斬爽。癸巳，進慶之號鎮北大將軍。【略】

五月甲寅，義宣等攻梁山，王玄謨大破之。己未，解嚴。【略】

六月戊辰，臧質走至武昌，為人所斬，傳首京師。甲戌，撫軍將軍柳元景進號撫軍大將軍，鎮北大將軍沈慶之並開府儀同三司。【略】

庚寅，義宣於江陵賜死。

又　卷五〇《垣護之傳》　孝建元年，南郡王義宣反，兗州刺史徐遺寶，護之妻弟也。遠相連結，與護之書，勸使同逆。護之馳使以聞。遺寶時戍湖陸，護之留子恭祖守歷城，自率步騎襲遺寶。道經鄒山，破其别戍。未至湖陸六十里，遺寶焚城西走。袞土既定，征為遊擊將軍。

隨沈慶之等擊魯爽，加輔國將軍。義宣率大衆至梁山，與王玄謨相持。柳元景率護之及護之弟詢之、柳叔仁、鄭琨等諸軍，出鎮新亭。玄謨見賊强盛，遣司馬管法濟求救甚急。上遣元景等進據南州，護之水軍先發。賊遣將龐法起率衆襲姑孰，適值護之、鄭琨等至，奮擊，大破之，斬

獲及投水死略盡。玄謨馳信告元景曰：『西城不守，唯餘東城，衆寡相懸，請退還姑孰，更議進取。』元景不許，將悉衆赴救，護之勸分軍援之。元景然其計，乃以精兵配護之赴梁山。及戰，護之見賊舟艦累迾，謂玄謨曰：『今當以火平之。』即使隊主張談等燒賊艦，風猛水急，賊軍以此奔散。梁山平，護之率軍追討，會朱修之已平江陵，至尋陽而還。

又　卷五九《張暢傳》（元嘉三十年）元兇弒逆，義宣發哀之日，即便舉兵，暢為元佐，居僚首，哀容俯仰，廕映當時。舉哀畢，改服，著黄韋絝褶，出射堂簡人，音姿容止，莫不矚目，見之者皆願為盡命。事平，徵為吏部尚書，夷道縣侯，食邑千户。義宣既有異圖，蔡超等以暢民望，勸義宣留之，乃解南蠻校尉以授暢，加冠軍將軍，領丞相長史。暢遣門生荀僧寶下都，因顔竣陳義宣釁狀。僧寶有私貨停巴陵，不時下，會義宣起兵，津徑斷絶，僧寶遂不得去。義宣將為逆，遣嬖人翟靈寶謂暢：『朝廷簡練舟甲，意在西討，今欲發兵自衛。』暢曰：『必無此理，請以死保之。』靈寶知暢不回，勸義宣殺以徇衆。即遣召暢，止於東齋，彌日不與相見，賴司馬竺超民保持，故獲全免。既而進號撫軍，別立軍部，以收民望。暢雖署文檄，而飲酒常醉，不省文書。隨義宣東下，梁山戰敗，義宣奔走，暢於兵亂自歸，為軍人所掠，衣服都盡。值右將軍王玄謨乘輿出營，暢已得敗衣，排玄謨上輿，玄謨意甚不悦，諸將欲殺之，隊主張世營救得免。送京師，下廷尉，削爵土，配左右尚方。尋見原。復起為都官尚書，轉侍中，代子淹領太子右衛率。

又　卷六八《南郡王劉義宣傳》　初，高祖以荆州上流形勝，地廣兵强，遺詔諸子次第居之。謝晦平後，以授彭城王義康。義康入相，次江夏王義恭。又以臨川王義慶宗室令望，且臨川武烈王有大功於社稷，義慶又居之。其後應在義宣。上以義宣人才素短，不堪居上流。十六年，以衡陽王義季代義慶，而以義宣代義季為南徐州刺史，都督南徐州軍事、征北將軍，持節如故。加散騎常侍。而會稽公主每以為言，上遲回久之。二十一年，乃以義宣都督荆、雍、益、梁、寧、南北秦七州諸軍事、車騎將軍、荆州刺史，持節、常侍如故。先賜中詔曰：『師護以在西久，比表求還，出内左右，自是經國常理，亦何必其應於一往。今欲聽許，以汝代之。護雖無殊績，潔己節用，通懷期物，不恣羣下。此信未易，非唯聲著西土，朝野以為美談。在彼已有次第，為士庶所安，論者乃謂未議遷之，今之回換，更在欲為汝耳。汝與護年時一輩，各有其美，物議亦互有少劣。若今向事脱一減之者，既於西夏交有巨礙，遷代之譏，必歸責於吾矣。復當為護怨，非但一誚而已也。如此則公私俱損，為不可不先共善詳。此事亦易勉耳，無為使人動生評論也。』師護，義季小字也。

義宣至鎮，勤自課厲，政事修理。白皙，美鬚眉，長七尺五寸，腰帶十圍，多畜嬪媵，後房千餘，尼媪數百，男女三十人。崇飾綺麗，費用殷廣。進位司空，改侍中，領南蠻校尉。二十七年，索虜南侵，義宣慮寇至，欲奔上明。及虜退，太祖詔之曰：『善修民務，不須營潛逃計也。』

三十年，遷司徒、中軍將軍、揚州刺史，侍中如故。未及就徵，值元兇弒立，以義宣為中書監、太尉，領司徒，侍中如故。義宣聞之，即時起兵，征聚甲卒，傳檄近遠。會世祖入討，義宣遣參軍徐遺寶率衆三千，助為前鋒。世祖即位，以義宣為中書監，都督揚、豫二州，刺史，加羽葆、鼓吹，給班劍四十人，持節、侍中如故。改封南郡王，食邑萬户。進謚義宣所生為獻太妃，封次子宜陽侯愷為南譙王，食邑千户。義宣固辭内任，及愷王爵。於是改授都督荆、湘、雍、益、梁、寧、南北秦八州諸軍事、荆、湘二州刺史，持節、侍中、丞相如故。降愷為宜陽縣王。義宣將佐以下，並加賞秩。長史張暢，事在本傳。諮議參軍蔡超專掌書記並參謀，除尚書吏部郎，仍為丞相諮議參軍、南郡内史，封汝南縣侯，食邑千户。司馬竺超民為黄門侍郎，仍除丞相司馬、南平内史。其餘各有差。

義宣在鎮十年，兵强財富，既首創大義，威名著天下，凡所求欲，無不必從。朝廷所下制度，意所不同者，一不遵承。嘗獻世祖酒，先自酌飲，封送所餘，其不識大體如此。初，臧質陰有異志，以義宣凡弱，易可傾移，欲假手為亂，以成其姦。自襄陽往江陵見義宣，便盡禮，事在《質傳》。及至江州，每密信説義宣，以為『有大才，負大功，挾震主之威，自古鮮有全者，宜在人前，蚤有處分。且萬姓莫不係心於公，整衆入朝，内外孰不欣戴。不爾，一旦受禍，悔無所及。』義宣陰納質言。而世祖閨庭無禮，與義宣諸女淫亂，義宣因此發怒，密治舟甲，克孝建元年秋冬舉兵。報豫州刺史魯爽、兗州刺史徐遺寶使同。爽狂酒失旨，其年正月便反。遣府户曹送版，以義宣補天子，並送天子羽儀；遺寶亦勤兵向彭城。

義宣及質狼狽起兵。二月二十六日，加都督中外諸軍事，置左右長史、司馬，使僚佐悉稱名。遣傳奉表曰：

臣聞博陸毗漢，獲疑宣后；昌國翼燕，見猜惠王。常謂異姓震主，嫌隙易構；葭莩淳戚，昭亮可期。臣雖庸懦，少希忠謹。值巨逆滔天，忘家殉國，雖曆算有歸，微績不樹，竭誠盡愚，貫之幽顯。而微疑莫監，積毀日聞；投杼之聲，紛紜溢聽。諒緣姦臣交亂，成是貝錦。夫澆俗之季，少貞節之臣；冰霜競至，靡後雕之木。並寢處凶世，甘榮偽朝，皆纓冕之所棄，投畀之所取。至乃位超昔寵，任參大政，惡直醜勳，妄生邪說，疑惑明主，誣罔視聽。又南從郡僚，勞不足紀，橫叨天功，以為己力，同弊相扇，圖傾宗社。臧質去歲忠節，勳高古賢；魯爽協同大義，志契金石，此等猜毀，必欲禍陷。昔汲黯尚存，劉安寢志；孔父既逝，華督縱逆。臣雖不武，績著艱難，復肆讒狡，規見誘召。宗祀之危，綴旒非所。

臣托體皇基，連暉日月，王室顛墜，咎在微躬，敢忘抵鼠之忌，甘受犯墉之責。輒徵召甲卒，分命衆藩，使忠勤申憤，義夫效力，戮此凶醜，謝愆闕廷，則進不負七廟之靈，退無愧二朝之遇。臨表感愧，辭不自宣。

上詔答曰：

皇帝敬問。朕以不天，招罹屯難，家國阽危，剪焉將及。所以身先八百，雪清冤耻，遠憑高算，共濟艱難。遂登寡暗，嗣奉洪祀，尊戚酬勳，實表心事，粃政闕職，所願匡拯。而嘉言蔑聞，末德先著，勤王之績未終，毀冕之圖已及。臧質嶮躁無行，見棄人倫，以此不識，志在問鼎，凶意將逞，先借附從，扇誘欺熾，成此亂階。如使羣逆並濟，衆邪競逐，將恐瞻烏之命，未識所止，構怨連禍，孰知其極。公明有不照，背本崇姦，迷昵讒醜，還謀社稷，雖履霜有日，喧議糾紛。朕以至道無私，杜遏疑議，信理推誠，暴於遐邇。不虞物變難籌，醜言遂驗，是用悼心失圖，忽忘寢食。

今便親御六師，廣命羣牧，告靈誓衆，直造柴桑，梟轘元惡，以謝天下。然後警蹕清江，鳴鑾郢路，投戈襲袞，面稟規勖。有宋不造，家禍仍纏，昔歲事寧，方承遠訓，冀以虛薄，永弭厥艱。豈謂曾未期稔，復睹斯釁，二祖之業，將墜於淵，仰瞻鴻基，但深感慟。

太傅江夏王義恭又與義宣書曰：

頃聞之道路云，二魯背叛，致之有由，謂不然之言，絕于智者之耳。忽見來表，將興晉陽之甲，驚愕駭惋，未譬所由。若主幼臣强，政移塚宰，或時昏下縱，在上畏逼，然後賢藩忠構，睹難赴機。未聞聖主御世，百辟順軌，稱兵於言興之初，扶危于既安之日。以此取濟，竊為大弟憂之。

昔歲二凶構逆，四海同奮。弟協宣忠孝，奉戴明主，元功盛德，既已昭著；皇朝欽嘉，又亦優渥。丞相位極人臣，江左罕授，一門兩王，舉世稀有。表倍推誠，彰於見事，出納之宜，唯意所欲。裒升進益，方省後命，一旦棄之，可謂運也。

吾等荷先帝慈育，得及人羣，思報厚恩，昊天罔極，竭力盡誠，猶懼無補。奈何妄聽邪說，輕造禍難。國靡流言，遽歸愆于二叔；世無晁錯，仍襲轍於七藩。棄漢蒼之令範，遵齊冏之敗迹。

往時仲堪假兵靈寶，旋害其族；孝伯授之劉牢，忠誠逝踵。皆曩代之成事，當今之殷鑑也。臧質少無美行，弟所具悉，憑恃末戚，並有微勤，承乏推遷，遂超倫伍，藉西楚强力，圖濟其私。凶謀若果，恐非復池中物。魯宗父子，世為國冤，太祖方弘遐略，故爽等均雍齒之封。今據有五州，虎兕出於匣，是須為劉淵耳。徐遺寶是垣護之婦弟，前因護之歸於吾，苦求北出，不樂遠西。近磐桓湖陸，示遺劉雍，其意見可。雍是徐沖舅，適有密信，誓倒戈。自虜侵境以來，公私雕弊，安以撫之，庶可寧靜，弟復隨而擾亂，吾恐邊鄙皆為禾黍。宜遠尋高祖創業艱難，近念家國比者禍釁，時息兵戈，共安社稷。責躬謝過，誅除險佞，追保前勳，傳美竹帛。昔梁孝悔罪，景帝垂恩，阜、質改過，肅宗降澤。忠焉之誨，聊希往言；禍福之機，明者是察。

主上神武英斷，羣策如林，忠臣發憤，虎士投袂，雄騎布野，舳艫蓋川。吾以不才，忝權節鉞，總督羣帥，首戒戎先，指晨電舉，式清南服。所以積行緩期，冀弟不遠而悟。如其遂溺姦說者，天實為之。臨書慨懣，不識次第。

義宣移檄諸州郡，加進號位。遣參軍劉諶之、尹周之等率軍下就臧質。雍州刺史朱修之起兵奉順。義宣二月十一日率衆十萬發自江津，舳艫

數百里。是日大風，船垂覆没，僅得入中夏口。以第八子慆為輔國將軍，留鎮江陵。遣魯秀、朱曇韶萬餘人北討朱修之。秀初至江陵，見義宣，既出，拊膺曰：『阿兄誤人事，乃與癡人共作賊，今年敗矣！』義宣至尋陽，與質俱下，質為前鋒。至鵲頭，聞徐遺寶敗，魯爽於小峴授首，相視失色。世祖使鎮北大將軍沈慶之送爽首示義宣，並與書：『僕荷任一方，而釁生所統。近聊率輕師，指往翦撲，軍鋒裁交，賊爽授首。公情契異常，或欲相見，及其可識，指送相呈。』義宣、質並駭懼。

上先遣豫州刺史王玄謨舟師頓梁山洲內，東西兩岸為卻月城，營柵甚固。義宣屢與玄謨書，要令降。玄謨書報曰：

頻奉二誨，伏對戰駭。先在彭、泗，聞諸將皆云必有今日之事，以鄙意量，謂無此理。去年九月，故遣參軍先僧瑗修書表心，並密陳入相之計，欲使周旦之美，復見於今。豈意理數難推，果至於此。昔因幸會，蒙國士之顧，思報厚德，甘起泉壤，豈謂一旦事與願違。公崇長姦回，自放西服，信邪細之說，忘大節之重，溺流狡之志，滅君親之恩，狎玩極寵，越希非覬，祖宗世祀，自圖顛覆，瞑目行事，未有如斯之甚者也，乃復枉覃書檄，遠示見招。此則丹心微款，未亮于高鑑，赤誠幽志，虛感於平日，環念周回，始悟知己之為難也。

公但念提職在昔，不思善教有本，徒見徐、魯去就，未知仗義有人，豈不惜哉！有臣則欲其忠，誘人而導諸逆，君子忠恕，其如是乎？苟不忠恕，則擇木之翰，有所不集矣。夫挑妾者愛其易，求妻則敬其難。若承命如響，將焉用之。原轂存輿，無禮必及，竊恐荆郢之士，已當潛貳其懷，非皇都陋臣，秉義不徙。公雖心迷迹往，猶願勉建良圖。抑撫軍忠壯慷慨，亮誠有素，新亭之勳，莫與為等，而妄信姦虛，坐相貶謗，不亦惑哉！

幸承人乏，夙誡前驅，精甲已次近路；鎮軍駱驛繼發，太傅、驃騎嗣董元戎；乘輿親御六師，威靈遐振。人百其氣，慕義如林，舟騎雲回，赫弈千里。輒屬鞬秉銳，與執事周旋，授命當仁，理無所讓。夫君道既盡，民禮亦絕，執筆裁答，感慨交懷。

撫軍柳元景據姑孰為大統，偏帥鄭琨、武念戍南浦。質徑入梁山，去玄謨一里許結營，義宣屯蕪湖。五月十九日，西南風猛，質乘風順流攻玄謨西壘，冗從僕射鬍子友等戰失利，棄壘渡就玄謨。質又遣將龐法起數千兵從洲外趨南浦，仍使自後掩玄謨。與琨、念相遇，法起戰大敗，赴水死略盡。二十一日，義宣至梁山，質上出軍東岸攻玄謨。玄謨分遣遊擊將軍垣護之、竟陵太守薛安都等出壘奮擊，大敗質軍，軍人一時投水。護之等因風縱火，焚其舟乘，風勢猛盛，煙焰覆江。義宣時屯西岸，延火燒營殆盡。諸將乘風火之勢，縱兵攻之，衆一時奔潰。

義宣與質相失，各單舸迸走，東人士庶並歸順，西人與義宣相隨者，船舸猶有百餘。女先適臧質子，過尋陽，入城取女，載以西奔。至江夏，聞巴陵有軍，被抄斷，回入徑口，步向江陵。衆散且盡，左右唯十許人，脚痛不復能行，就民僦露車自載。無復食，緣道求告。至江陵郭外，遣人報竺超民，超民具羽儀兵衆迎之。時外猶自如舊，帶甲尚萬餘人。義宣既入城，仍出聽事見客，左右翟靈寶誡使撫慰衆賓，以『臧質違指授之宜，用致失利，今治兵繕甲，更為後圖；昔漢高百敗，終成大業』。而義宣忘靈寶之言，誤云『項羽千敗』，衆咸掩口而笑。魯秀、竺超民等猶為之爪牙，欲收合餘燼，更圖一決，而義宣惛墊無復神守，入內不復出。左右腹心，相率奔叛。魯秀北走，義宣不復自立，欲隨秀去，乃於內戎服，幰囊盛糧，帶佩刀，攜息慆及所愛妾五人，皆著男子服相隨。城內擾亂，白刃交橫，義宣大懼落馬，仍便步地，超民送城外，更以馬與之，超民因還守城。義宣冀及秀，望諸將送北入虜。即失秀所在，未出郭，將士逃散盡，唯餘慆及五妾兩黃門而已。夜還向城，入南郡空廨，無床，席地至旦。遣黃門報超民，超民遣故車一乘，載送刺姦。義宣送止獄户，坐地歎曰：『臧質老奴誤我。』始與五妾俱入獄，五妾尋被遣出，義宣號泣語獄吏曰：『常日非苦，今日分別始是苦。』

大司馬江夏王義恭諸公王八座與荆州刺史朱修之書曰：『義宣反道叛恩，自陷極逆。大義滅親，古今同准。無將之誅，猶或囚殺，況醜文悖志，宣灼遐邇，鋒指絳闕，兵纏近郊，釁逼憂深，臣主旰食。賴朝略震明，祖宗靈慶，罪人斯得，七廟弗隳。司刑定罰，典辟攸在。而皇慈逮下，湣其愚迷，抑法申情，屢奏不省，人神悚遑，省心震惕。義宣自絕於天，理無容受。社稷之慮，臣子責深。便宜專行大戮，以紓國難。但加諸斧鉞，有傷聖仁，示以弘恩，使自為所，上全天德，下一洪憲。臨書悲

慨，不復多云。』書未達，修之至江陵，已於獄盡焉。時年四十。世祖聽還葬。

義宣子慺、愷、恢、憬、惔、悏、惇、慆、伯實、業、悉達、法導、僧喜、慧正、慧知、明彌虜、妙覺、寶明凡十八人；愷、恢、惔、惇並于江寧墓所賜死，悏、悉達早卒，餘並與義宣俱為朱修之所殺。蔡超及諮議參軍顏樂之、徐壽之等諸同惡，並伏誅。

又《劉恢傳》　恢，字景度，既嫡長，少而辯慧，義宣甚愛重之。**【略】**義宣起義，劭收恢及弟愷、惔、慺、憬、悏繫於外，散騎郎沈煥防守之。煥密有歸順意，謂恢等曰：『禍福與諸郎同之，願勿憂。』及臧質自白下上趨廣莫門，劭令煥殺恢等。煥乃解其桎梏，率所領數十人與恢等向廣莫門欲出。門者拒之，煥曰：『臧公已至，凶人走矣。此司空諸郎，並能為諸君得富貴，非徒免禍而已，勿相留。』亦值質至，因以得出。恢至新亭，即除侍中。俄遷侍中、散騎常侍、西中郎將、湘州刺史。義宣並領湘州，轉恢侍中，領衛尉。晉氏過江，不置城門校尉及衛尉官，世祖欲重城禁，故復置衛尉卿。衛尉之置，自恢始也。轉右衛將軍，侍中如故。義宣舉兵反，恢與兄弟姊妹一時逃亡。恢藏江寧民陳銑家，有告之者，録付廷尉。恢子善藏，與恢俱死。

又《徐遺寶傳》　義宣既叛，遣使以遺寶為征虜將軍、徐州刺史，率軍出瓜步。遺寶遣長史劉雍之襲彭城，寧朔司馬明胤擊破之。更遣高平太守王玄楷與雍之復逼彭城。時徐州刺史蕭思話未之鎮，因詔安北司馬夏侯祖權率五百人馳往助胤，既至，擊玄楷斬之，雍之還湖陸。遺寶復遣使人檀休祖應玄楷，聞敗，亦潰散。遺寶棄城奔魯爽，爽敗，逃東海郡界，土人斬送之，傳首京邑。

又　卷七四《臧質傳》　義宣得質報，即日舉兵，馳信報世祖，板進質號征北將軍。

質于義宣雖為兄弟，而年大近十歲，義宣驚曰：『君何意拜弟？』質曰：『事中宜然。』時義宣已推崇世祖，故其計不行。質每慮事泄，及至新亭，又拜江夏王義恭，義恭愕然，問質所以。質曰：『天下屯危，禮異常日，前在荊州，亦拜司空。』會義宣有憾于世祖，事在《義宣傳》。質因此密信說誘，陳朝廷得失。又謂：『震主之威，不可持久，主相勢均，事不兩立。今專據閫外，地勝兵強，持疑不決，則後機致禍。』質女為義宣子采妻，謂質無復異同，納其說。且義宣腹心將佐蔡超民之徒，咸有富貴之情，願義宣得，欲倚質威名，以成其業，又勸獎義宣。義宣時未受丞相，質子敦為黃門侍郎，奉詔敦勸，道經尋陽，質令敦具更譬說，並言世祖短長，義宣乃意定。馳報豫州刺史魯爽，期孝建元年秋同舉。爽失旨，即便起兵。遣人至京邑報弟瑜，瑜席捲奔叛。瑜弟弘為質府佐，世祖遣報質，質於是執臺使，狼狽舉兵。

又《魯爽傳》　爽與義宣及質相結已久，義宣亦欲資其勇力，情契甚至。孝建元年二月，義宣報爽，秋當同舉。爽狂酒乖謬，即日便起兵，馳信報弟瑜，將家奔叛，皆得西歸。爽使其衆載黃標，稱建平元年，竊造法服，登壇自號。疑長史韋處穆、中兵參軍楊元駒、治中庾騰之不與己同，殺之。義宣、質聞爽已處分，便狼狽反，進爽號征北將軍。爽於是送所造輿服詣江陵，版義宣及臧質等並起。征北府戶曹版文曰：『丞相劉補天子，名義宣，車騎臧今補丞相，名質，平西朱今補車騎，名修之，皆版到奉行。』義宣駭愕。爽所送法物，並留竟陵縣不聽進。

爽直出歷陽，自採石濟軍，與質水陸俱下。爽遣弟瑜守蒙蘢，歷陽太守張幼緒請擊瑜，世祖配以兵力。遣左軍將薛安都步騎為前驅，別遣水軍入淵，分路並會。安都進次大峴，爽已立營。世祖以賊強壘固，未可輕拔，使量宜進止。幼緒便引軍退還，下獄。更遣驍騎將軍垣護之代幼緒據歷陽。鎮軍將軍沈慶之係安都進軍，與爽相遇於小峴。爽親自前，將戰，而飲酒過醉，安都刺爽倒馬，左右范雙斬首，傳送京都。瑜亦為部下所斬送，進平壽陽，子弟並伏誅。

義宣初舉兵，召秀加節，進號征虜將軍，當繼諶之俱下。雍州刺史朱修之起兵奉順，更遣秀擊修之。王玄謨聞之，喜曰：『魯秀不來，臧質易與耳。』秀至襄陽，大敗而反。會益州刺史劉秀之遣軍襲江陵，秀擊破之。義宣還江陵，秀與共北走，衆叛且盡。秀向城，上射之，中箭，赴水死，軍人宗敬叔、康僧念斬首，傳京邑。

又　卷七七《柳元景傳》　臧質、義宣並反，玄謨南據梁山，夾江為壘，垣護之、薛安都渡據歷陽，元景出屯採石。玄謨聞賊盛，遣司馬管法濟求益兵，上使元景進屯姑孰。元景使將武念前進，質遣將龐法起襲姑

孰，值念至，擊破之，法起單船走。質攻陷玄謨西壘，玄謨使垣護之告元景曰：『今餘東岸萬人，賊軍數倍，强弱不敵，謂宜還就節下協力當之。』元景謂護之曰：『師有常刑，不可先退。賊衆雖多，猜而不整，今當卷甲赴之。』護之曰：『逆徒皆云南州有三萬人，而麾下裁十分之一，若往造賊，虛實立見，則賊氣成矣。』元景納其言，悉遣精兵助玄謨，以羸弱居守。所遣軍多張旗幟，梁山望之如數萬人，皆曰：『京師兵悉至。』於是克捷。

又　卷八八《薛安都傳》　時王玄謨距南郡王義宣、臧質于梁山，安都復領騎為支軍。賊有水步營在蕪湖，安都遣將呂興壽率數十騎襲之，賊衆驚亂，斬首及赴水死者甚衆。義宣遣將劉湛之及質攻玄謨，玄謨命衆軍擊之，使安都引騎出賊陣右。譚金三歷賊陳，乘其隙縱騎突之，諸將係進。是朝，賊馬軍發蕪湖，欲來會戰，望安都騎甚盛，隱山不敢出。賊陣東南猶堅，安都横擊陷之，賊遂大潰。安都隊主劉元儒於艦中斬湛之首。

《南史》卷一三《南郡王劉義宣傳》　義宣在鎮十年，兵强財富。既首創大義，威名著天下，凡所求欲，無不必從。朝廷所下制度，意不同者，一不遵承。嘗獻孝武酒，先自酌飲，封送所餘，其不識大體如此。

初，臧質陰有異志，以義宣凡弱，易可傾移，欲假手爲亂，以成其姦。自襄陽往江陵見義宣，便盡禮；及至江州，每密信說義宣，以爲『有大才，負大功，挾震主之威，自古尠有全者。宜在人前早有處分，不爾，一旦受禍，悔無所及』。義宣陰納質言。而孝武閨庭無禮，與義宣諸女淫亂，義宣因此發怒，密治舟甲，克孝建元年秋冬舉兵，報豫州刺史魯爽、兗州刺史徐遺寶使同。爽狂酒失旨，其年正月便反。遣府户曹送版，以義宣補天子，並送天子羽儀。遺寶亦勒兵向彭城。義宣及質狼狽起兵，二月，加都督中外諸軍事，置左右長史、司馬，使僚佐悉稱名。遣傳奉表，以姦臣交亂，圖傾宗社，輒徵召甲卒，戮此凶醜。詔答之。太傅江夏王義恭又與義宣書，諭以禍福。

義宣移檄諸州郡，遣參軍劉諶之、尹周之等率軍下就臧質。雍州刺史朱修之起兵奉順。義宣率衆十萬，發自江津，舳艫數百里。是日大風，船垂覆没，僅得入中夏口。以第八子愔爲輔國將軍，留鎮江陵。遣魯秀、朱曇韶萬餘人北討朱修之。秀初至江陵見義宣，既出，拊膺曰：『阿兄誤人事，乃與癡人共作賊，今年敗矣。』義宣至尋陽，與質俱下。質爲前鋒至鵲頭，聞徐遺寶敗，魯爽於小峴授首，相視失色。孝武使鎮北大將軍沈慶之送爽首于義宣並與書，義宣、質並駭懼。

上先遣豫州刺史王玄謨舟師頓梁山洲內，東西兩岸爲卻月城，營栅甚固。撫軍柳元景據姑孰爲大統，偏師鄭琨、武念戍南浦。質徑入梁山，去玄謨一里許結營。義宣屯蕪湖。五月十九日，西南風猛，質乘風順流攻玄謨西壘，冗從僕射胡子友等戰失利，棄壘度就玄謨。質又遣將龐法起數千兵趣南浦，仍使自後掩玄謨。與琨、念相遇。法起戰大敗，赴水死略盡。義宣至梁山，質上出軍東岸攻玄謨。玄謨分遣遊擊將軍垣護之、竟陵太守薛安都等出壘奮擊，大敗質軍，軍人一時投水。護之等因風縱火，焚其舟乘，風勢猛盛，煙燄覆江。義宣時屯西岸，延火燒營殆盡。諸將乘風火之勢，縱兵攻之，衆一時奔潰。義宣與質相失，各單舸迸走。東人士庶並歸順，西人與義宣相隨者，船舸猶有百餘。女先適臧質子，過尋陽，入城取女，載以西奔。至江夏，聞巴陵有軍被抄斷，回入徑口，步向江陵。衆散且盡，左右唯有十許人。脚痛不復能行，就民僦露車自載。無復食，緣道求告。至江陵郭外，竺超人具羽儀迎之，時帶甲尚萬餘人。

義宣既入城，仍出聽事見客。左右翟靈寶誡使撫慰衆賓，以『臧質違指授之宜，用致失利，今治兵繕甲，更爲後圖。昔漢高百敗，終成大業』。而義宣誤云『項羽千敗』。衆咸掩口而笑。魯秀、竺超人等猶爲之爪牙，欲收合餘燼，更圖一決。而義宣惛墊，無復神守，入内不復出，左右腹心相率奔叛。魯秀北走，義宣不復自立，欲隨秀去。乃于内戎服，盛糧糗，帶背刀，攜息愔及所愛妾五人，皆著男子服相隨。城内擾亂，白刃交横，義宣大懼落馬，仍便步地。超人送城外，更以馬與之。超人還守城。

義宣冀及秀，望諸將送北入魏。既失秀所在，未出郭，將士逃盡，唯餘愔及五妾兩黄門而已。夜還向城，入南郡空廨，無床，席地至旦。遣黄門報超人，超人遣故車一乘，載送刺姦。義宣止獄户，坐地歎曰：『臧質老奴誤我。』始與五妾俱入獄，五妾尋被遣出。義宣號泣語獄吏曰：『常日非苦，今日分别始是苦。』大司馬江夏王義恭諸公王八座與荆州刺史朱修之書，言『義宣反道叛恩，便宜專行大戮』。書未達，修之已至江陵，於獄盡之。孝武聽還葬舊墓。

長子恢年十一，拜南譙王世子。晉氏過江，不置城門校尉及衛尉官。孝武欲重城禁，故復置衛尉卿，以恢爲侍中，領衛尉。衛尉之置，自恢始也。義宣反，録付廷尉，自殺。恢弟愷字景穆，生而養于宮中，寵均皇子。十歲封宜陽侯，孝武時進爲王。義宣反問至，愷于尚書寺內著婦人衣，乘問訊車投臨汝公孟詡，詡於妻室內爲地窟藏之。事覺，並詡誅。其餘並爲修之所殺。

又　卷一六《王玄謨傳》　及南郡王義宣與江州刺史臧質反，朝廷假玄謨輔國將軍，爲前鋒南討，拜豫州刺史。質尋至，大破之。加都督，封曲江縣侯。中軍司馬劉沖之白孝武，言玄謨在梁山與義宣通謀。檢雖無實，上意不能明，使有司奏玄謨沒匿所得賊寶物，虛張戰簿，與徐州刺史垣護之並免官。

又　卷一八《臧質傳》　時孝武自攬威權，而質以少主遇之，刑政慶賞，不復諮稟朝廷，自謂人才足爲一世英傑。始聞國禍，便有異圖，以義宣凡闇易制，欲外相推奉以成其志。及至江陵，便致拜稱名。質于義宣雖爲兄弟，而年近大十歲。義宣驚曰：「君何意拜弟？」質曰：「事中宜然。」時義宣已推崇孝武，故其計不行。每慮事泄，及至新亭，又拜江夏王義恭。義恭愕然，問質所以。質曰：「天下屯危，禮異常日，前在荆州，亦拜司空。」

會義宣有憾于孝武，質因此密信說誘，陳朝廷得失。又謂震主之威不可持久。質女爲義宣子悰妻，謂質無復異同，納其說。且義宣腹心將佐蔡超、竺超人等咸有富貴情願，又勸義宣。義宣時未受丞相，質子敦爲黄門侍郎，奉詔敦勸，道經尋陽，質令敦具更譬說義宣。義宣意乃定，馳報豫州刺史魯爽，期孝建元年秋同舉。

爽失旨，即起兵，遣人至都報弟瑜，席捲奔叛。瑜弟弘爲質府佐，孝武馳使報質誅弘，於是執臺使，狼狽舉兵，馳報義宣。孝武遣撫軍將軍柳元景統豫州刺史王玄謨等屯梁山洲，兩岸築偃月壘，水陸待之。元景檄書宣告，而義宣亦相次係至。江夏王義恭書曰：「昔桓玄借兵于仲堪，有似今日。」義宣由此與質相疑。質進計曰：「今以萬人取南州，則梁山中絕，萬人綴玄謨，必不敢輕動。質浮舟外江，直向石頭，此上略也。」義宣將從之，義宣客顏樂之說義宣曰：「質若復拔東城，則大功盡歸之矣。宜遣麾下自行。」義宣遣腹心劉諶之就質陳軍城南。玄謨留羸弱守城，悉精兵出戰。薛安都騎軍前出，垣護之督諸將繼之，乃大潰。質求義宣欲計事，密已走矣。質不知所爲，亦走至尋陽，焚府舍，載妓妾入南湖，摘蓮噉之。追兵至，以荷覆頭，沈于水，出鼻。軍主鄭俱兒望見，射之中心，兵刃亂至，腹胃纏縈水草。隊主裘應斬質，傳首建鄴。録尚書江夏王義恭等奏依漢王莽事，漆其頭藏於武庫，詔可。

雜録

《宋書》卷四一《前廢帝何皇后傳》　丞相南郡王義宣為逆，遣參軍王師壽斷桂陽道，以防廣州刺史宗慤，亮收斬之。

又　卷五〇《張興世傳》　南郡王義宣反，（張興世）又隨玄謨出梁山，有戰功。

又　卷五一《劉遵考傳》　（元嘉三十年）遵考斬安期等，起義兵應南譙王義宣，義宣加遵考鎮西將軍。夏侯獻率衆至瓜步承候世祖，又坐免官。

又　卷五二《褚湛之傳》　坐南郡王義宣諸子逃藏郡柢，建康令王興之、江寧令沈道源下獄，湛之免官楚錮。

又　卷五三《張永傳》　（元嘉三十年）司空南譙王義宣起義，又板永為督冀州青州之濟南樂安太原三郡諸軍事、輔國將軍、冀州刺史。永遣司馬崔勳之、中兵參軍劉則二軍馳赴國難。時蕭思話在彭城，義宣慮二人不相諧緝，與思話書，勸與永坦懷。又使永從兄長史張暢與永書曰：「近有都信，具汝刑網之原，可謂雖在縲絏，而腹心無愧矣。蕭公平厚，先無嫌隙，見汝翰迹，言不相傷，何其滔滔稱人意邪！當今世故艱迫，義旗雲起，方藉羣賢，共康時難。當遠慕廉、藺在公之德，近效平、勃忘私之美，忽此蔕芥，克申舊情。公亦命蕭示以疏達，兼令相報，共遵此旨。」

又　卷五七《蔡興宗傳》　有解士先者，告申坦昔與丞相義宣同謀。時坦已死，子令孫時作山陽郡。自繫廷尉。興宗議曰：「若坦昔為戎首，身今尚存，累經肆眚，猶應蒙宥。令孫天屬，理相為隱。況人亡事遠，追

相誣訐，斷以禮律，義不合關。若士先審知逆謀，當時即應聞啓，苞藏積年，發因私怨，況稱風聲路傳，實無定主，而千黷欺罔，罪合極法。』又有訟民嚴道恩等二十二人，事未洗正，敕以當訊，權繫尚方。興宗以訟民本在求理，故不加械，即若繫尚方，於事為苦。又司徒郡縣尉還職司十一人，坐仲良鑄錢不禽，久已判結。又送郡主簿丘元敬等九人，或前劾送武康令謝沈及下疾假，或去職已久。又加執啓，事悉見從。

又　卷六一《劉義恭傳》　（孝建元年）南郡王義宣、臧質、魯爽等反，加黃鉞，白直百人入六門。事平，以臧質七百里馬賜義恭，又增封二千户。世祖以義宣亂逆，由於强盛，至是欲削弱王侯。

又　卷六六《何尚之傳》　丞相南郡王義宣、車騎將軍臧質反，義宣司馬竺超民、臧質長史陸展兄弟並應從誅，尚之上言曰：『刑罰得失，治亂所由，聖賢留心，不可不慎。竺超民為賊既遁走，一夫可禽，若反覆昧利，即當取之，非唯免愆，亦可要不義之賞，而超民曾無此意，微足觀過知仁。且為官保全城府，謹守庫藏，端坐待縛。今戮及兄弟，與向始末無論者復成何異。陸展盡質復灼然，便同之巨逆，于事為重。臣豫蒙顧待，自殊凡隸，苟有所懷，不敢自默。』超民坐者由此得原。

又　卷七五《顏竣傳》　南郡王義宣、臧質等反，以竣普領軍。義宣、質諸子藏匿建康、秣陵、湖熟、江寧縣界，世祖大怒，免丹陽尹褚湛之官，收四縣官長，以竣為丹陽尹，加散騎常侍。

又　卷七六《朱修之傳》　及荆州刺史南郡王義宣反，檄修之舉兵；修之偽與之同，而遣使陳誠於帝。帝嘉之，以為荆州刺史，加都督。義宣聞修之不與己同，乃以魯秀為雍州刺史，擊襄陽。修之命斷馬鞍山道，秀不得前，乃退。及義宣敗于梁山，單舟南走，修之率衆南定遺寇。時竺超民執義宣，修之至，乃殺之，以功封南昌縣侯。

又　卷七九《竟陵王劉誕傳》　（孝建元年）義宣舉兵反，有荆、江、兗、豫四州之力，勢震天下。上即位日淺，朝野大懼；上欲奉乘輿法物，以迎義宣，誕固執不可，然後處分。加誕節，仗士五十人，出入六門。上流平定，誕之力也。

又　卷八一《劉秀之傳》　南譙王義宣據荆州為逆，遣參軍王曜徵兵於秀之，秀之即日斬曜戒嚴。

又　卷八二《沈懷遠傳》　會南郡王義宣反，懷遠頗閑文筆，慤起義，使造檄書，並銜命至始興，與始興相沈法系論起義事。

蕭勃據嶺南分部

綜　述

《梁書》卷四《簡文帝紀》　（太清三年）秋七月甲寅，廣州刺史元景仲謀應侯景，西江督護陳霸先起兵攻之，景仲自殺，霸先迎定州刺史蕭勃為刺史。

又　卷六《敬帝紀》　（太平二年）二月庚午，領軍將軍徐度入東關。太保、廣州刺史蕭勃舉兵反，遣偽帥歐陽頠、傅泰、勃從子孜為前軍，南江州刺史余孝頃以兵會之。詔平西將軍周文育、平南將軍侯安都等率衆軍南討。戊子，徐度至合肥，燒齊船三千艘。癸巳，周文育軍于巴山生獲歐陽頠。三月庚子，文育前軍丁法洪於蹠口生俘傅泰。蕭孜、余孝頃軍退走。甲辰，以新除司空王琳為湘、郢二州刺史。甲寅，德州刺史陳法武、前衡州刺史譚世遠於始興攻殺蕭勃。夏四月癸酉，曲赦江、廣、衡三州；並督内為賊所拘逼者，並皆不問。【略】

蕭勃故主帥前直閤蘭鼓襲殺譚世遠，鼓仍為亡命夏侯明徹所殺。勃故記室李寶藏奉懷安侯蕭任據廣州作亂。戊戌，侯安都進軍，余孝頃棄軍走，蕭孜請降，豫章平。五月乙巳，平西將軍周文育進號鎮南將軍，侯安都進號鎮北將軍，並以本號開府儀同三司。丙午，以鎮軍將軍徐度為南豫州刺史。戊辰，余孝頃遣使詣丞相府乞降。

又　卷三九《羊鵾傳》　（承聖三年）西魏圍江陵，鵾赴援不及，從王僧愔征蕭勃於嶺表。聞大尉僧辯敗，乃還，為侯瑱所破，于豫章遇害，時年二十八。

《陳書》卷一《高祖紀》　（太清二年）冬，侯景寇京師，高祖將率兵赴援，廣州刺史元景仲陰有異志，將圖高祖。高祖知其計，與成州刺史

王懷明、行臺選郎殷外臣等密議戒嚴。三年七月，集義兵於南海，馳檄以討景仲。景仲窮蹙，縊于閣下，高祖迎蕭勃鎮廣州。是時臨賀內史歐陽頠監衡州，蘭裕、蘭京禮扇誘始興等十郡，共舉兵攻頠，頠請援於勃。勃令高祖率衆救之，悉擒裕等，仍監始興郡。

十一月，高祖遣杜僧明、胡穎將二千人頓於嶺上，並厚結始興豪傑同謀義舉，侯安都、張偲等率千餘人來附。蕭勃聞之，遣鍾休悅說高祖曰：『侯景驍雄，天下無敵，前者援軍十萬，士馬精強，然而莫敢當鋒，遂令羯賊得志。君以區區之衆，將何所之？如聞嶺北王侯又皆鼎沸，河東、桂陽相次屠戮，邵陵、開建親尋干戈，李遷仕許身當陽，便奪馬仗，以君疏外，詎可暗投？未若且住始興，遙張聲勢，保此太山，自求多福。』高祖泣謂休悅曰：『僕本庸虛，蒙國成造。往聞侯景渡江，即欲赴援，遭值元、蘭，梗我中道。今京都覆没，主上蒙塵，君辱臣死，誰敢愛命！君侯體則皇枝，任重方岳，不能摧鋒萬里，雪此冤痛，見遣一軍。猶賢乎已，乃降後旨，使人慨然。僕行計決矣，憑為披述。』乃遣使間道往江陵，稟承軍期節度。時蔡路養起兵據南康，勃遣腹心譚世遠為曲江令，與路養相結，同遏義軍。大寶元年正月，高祖發自始興，次大庾嶺。路養出軍頓南野，依山水立四城以拒高祖。高祖與戰，大破之，路養脱身竄走，高祖進頓南康。

又　卷八《周文育傳》　廣州刺史蕭勃舉兵逾嶺，詔文育督衆軍討之。時新吴洞主余孝頃舉兵應勃，遣其弟孝勱守郡城，自出豫章，據於石頭。勃使其子孜將兵與孝頃相會，又遣其別將歐陽頠頓軍苦竹灘，傅泰據墌口城，以拒官軍。官軍船少，孝頃有舴艋三百艘、艦百餘乘在上牢，文育遣軍主焦僧度、羊柬潛軍襲之，悉取而歸，仍于豫章立柵。時官軍食盡，並欲退還，文育不許。乃使人間行遺周迪書，約為兄弟，並陳利害。迪得書甚喜，許饋糧餉。於是文育分遣老小乘故船舫，沿流俱下，燒豫章郡所立柵，偽退。孝頃望之，大喜，因不設備。文育由間道兼行，信宿達芉韶。芉韶上流則歐陽頠、蕭勃，下流則傅泰、余孝頃，文育據其中間，築城饗士，賊徒大駭。歐陽頠乃退入泥溪，作城自守。文育遣嚴威將軍周鐵虎與長史陸山才襲頠，擒之。於是盛陳兵甲，與頠乘舟而讌，以巡傅泰城下，因而攻泰，克之。蕭勃在南康聞之，衆皆股栗，莫能自固。其將譚世遠斬勃欲降，為人所害。世遠軍主夏侯明徹持勃首以降。蕭孜、余孝頃猶據石頭，高祖遣侯安都助文育攻之，孜降文育，孝頃退走新吴，文州平，廣育還頓豫章。以功授鎮南將軍、開府儀同三司、都督江廣衡交等州諸軍事、江州刺史。

王琳擁據上流，詔命侯安都為西道都督，文育為南道都督，同會武昌。與王琳戰於沌口，為琳所執，後得逃歸，語在《安都傳》。尋授使持節、散騎常侍、鎮南將軍、開府儀同三司，壽昌縣公，給鼓吹一部。

及周迪破余孝頃，孝頃子公颺、弟孝勱猶據舊柵，扇動南土，高祖復遣文育及周迪、黄法抃等討之。豫章內史熊曇朗亦率軍來會，衆且萬人。文育遣吴明徹為水軍，配周迪運糧，自率衆軍入象牙江，城于金口。公颺領五百人偽降，謀執文育，事覺，文育囚之，送于京師，以其部曲分隸衆軍。乃捨舟為步軍，進據三陂。王琳遣將曹慶帥兵二千人以救孝勱，慶分遣主帥常衆愛與文育相拒，自帥所領徑攻周迪、吴明徹軍。迪等敗績，文育退據金口。熊曇朗因其失利，謀害文育，以應衆愛。文育監軍孫白象頗知其事，勸令先之。文育曰：『不可，我舊兵少，客軍多，若取曇朗，人人驚懼，亡立至矣，不如推心以撫之。』初，周迪之敗也，棄船走，莫知所在，及得迪書，文育喜，齎示曇朗，曇朗害之于座，時年五十一。高祖聞之，即日舉哀，贈侍中、司空，謚曰忠愍。

又　《侯安都傳》（紹泰二年）仍都督水軍出豫章，助豫州刺史周文育討蕭勃。安都未至，文育已斬勃，並擒其將歐陽頠、傅泰等。唯余孝頃與勃子孜猶據豫章之石頭，作兩城，孝頃與孜各據其一，又多設船艦，夾水而陣。安都至，乃銜枚夜燒其艦。文育率水軍，安都領步騎，登岸結陣。孝頃俄斷後路，安都乃令軍士多伐松木，豎柵，列營漸進，頻戰屢克，孜乃降。孝頃奔歸新吴，請入子為質，許之。

又　卷一〇《周鐵虎傳》　尋隨周文育于南江拒蕭勃，恒為前軍。文育又命鐵虎偏軍，於苦竹灘襲勃前軍歐陽頠。

又　卷一八《陸山才傳》　紹泰中，都督周文育出鎮南豫州，不知書疏，乃以山才為長史，政事悉以委之。文育南討，克蕭勃，擒歐陽頠，計畫多出山才。

又　卷三五《熊曇朗傳》　及蕭勃逾領，歐陽頠為前軍，曇朗紿頠

共往巴山襲黄法抃，又報法抃期共破頠，約曰『事捷與我馬仗』。及出軍，與頠掎角而進，又紿頠曰『余孝頃欲相掩襲，須分留奇兵，甲仗既少，恐不能濟』。頠乃送甲三百領助之。及至城下，將戰，曇朗僞北，法抃乘之，頠失援，狼狽退衄，曇朗取其馬仗而歸。

《南史》卷八《梁敬帝紀》（太平二年）二月庚午【略】太保、廣州刺史蕭勃舉兵反，詔平西將軍周文育、平南將軍侯安都等南討。戊子，徐度至合肥，燒齊船舶三千艘。癸巳，周文育軍于巴山，獲蕭勃僞帥歐陽頠。

三月甲寅，德州刺史陳法武、前衡州刺史譚遠于始興攻殺蕭勃。夏四月癸酉，曲赦江、廣、衡三州，並督內爲賊所拘逼者。

又　卷九《陳武帝紀》（太清二年）冬，侯景寇逼，帝將赴援，廣州刺史元景仲陰將圖帝。帝知之，與成州刺史王懷明等，集兵於南海，馳檄以討景仲。景仲縊於合下，帝迎蕭勃鎮廣州。

時臨賀內史歐陽頠監衡州，蘭裕、蘭京禮扇誘始興等十郡共攻頠，頠請援於勃，勃令帝救之，悉禽裕等。仍監始興郡事。帝遣杜僧明、胡穎將二千人頓於嶺上，並厚結始興豪傑，同謀義舉，侯安都、張偲等率衆來附。蕭勃聞之，遣鍾休悅說停帝，帝泣謂休悅曰：『君辱臣死，誰敢愛命，僕行計決矣。』時蔡路養起兵據南康，勃遣腹心譚世遠爲曲江令，與路養相結，同遏義軍。

大寶元年正月，帝發始興，次大庾嶺，大破路養軍，進頓南康。

【略】

（太平二年）二月庚午，蕭勃舉兵自廣州度嶺，頓南康，遣其將歐陽頠、傅泰及其子孜爲前軍，至豫章，分屯要險，南江州刺史余孝頃起兵應勃，帝命周文育、侯安都率衆討平之。

又　卷五一《蕭勃傳》大寶初，廣州刺史元景仲將謀應侯景，西江督護陳霸先攻景仲，迎勃爲刺史。時湘東王繹在荆州，雖承制授職，力不能制，遂從之。勃乃鎮嶺南，爲廣州刺史。後江表定，以王琳代爲廣州，以勃爲晉州刺史。魏克江陵，勃復據廣州。

又　卷六六《周文育傳》及廣州刺史蕭勃舉兵踰嶺，詔文育督衆軍討之。時新吳洞主余孝頃舉兵應勃，遣其弟孝勱守郡城，自出豫章，據於石頭。勃使其子孜將兵與孝頃相會，又遣其別將歐陽頠頓軍苦竹灘，傅泰據墌口城，以拒官軍。官軍船少，孝頃有舴艋三百艘、艦百餘乘在上牢，文育遣軍主焦僧度、羊柬潛軍襲之，悉取而歸，仍于豫章立柵。

時官軍食盡，欲退還，文育不許。乃使人間行，遺周迪書，約爲兄弟，並陳利害。迪得書甚喜，許饋以糧。於是文育分遣老小，乘故船舫沿流俱下，燒豫章所立柵，僞退，孝頃望之大喜，因不設備。文育由間道信宿達芊韶。芊韶上流則歐陽頠、蕭勃，下流則傅泰、余孝頃，文育據其中間，築城饗士，賊徒大駭。歐陽頠乃退入泥溪，作城自守。文育遣嚴威將軍周鐵武與長史陸山才襲頠，禽之。於是盛陳兵甲，與頠乘舟而宴，以巡傅泰城下，因攻泰，克之。

蕭勃在南康，聞之，衆皆股栗。其將譚世遠斬勃欲降，爲人所害。世遠軍主夏侯明徹持勃首以降。蕭孜、余孝頃猶據石頭，武帝遣侯安都助文育攻之，孜降文育，孝頃退走新吳，廣州平。文育還頓豫章，以功授開府儀同三司。

王琳擁據上流，詔侯安都爲西道都督，文育爲南道都督，同會武昌。與琳戰於沌口，爲琳所執，後得逃歸，請罪，詔不問，復其官爵。及周迪破余孝頃，孝頃子公揚、弟孝勱猶據舊柵，擾動南土，武帝復遣文育及周迪、黄法𣰋等討之。豫章內史熊曇朗亦率衆來會。文育遣吳明徹爲水軍，配周迪運糧，自率衆軍入象牙江，築城于金口。公揚僞降，謀執文育，事覺，文育囚之送都，以其部曲分隸衆軍。乃舍舟爲步軍，進據三陂。

王琳遣將曹慶救孝勱，分遣主帥常衆愛與文育相拒，自帥所領攻周迪、吳明徹軍。迪等敗，文育退據金口。熊曇朗因其失利，謀害文育以應衆愛。文育監軍孫白象頗知其事，勸令先之。文育曰：『不可。我舊兵少，客軍多，若取曇朗，人皆驚懼，亡立至矣，不如推心撫之。』初，周迪之敗，棄船走，莫知所在。及得迪書，文育喜，齎示曇朗，曇朗害之於坐。

又　《侯安都傳》仍督水軍出豫章，助豫州刺史周文育討蕭勃。安都未至，文育已斬勃，並禽其將歐陽頠、傅泰等。唯余孝頃與勃子孜猶于豫章之石頭作兩城，孝頃與孜各據其一，又多設船艦，夾水而陣。安都至，乃銜枚夜燒其艦。文育率水軍，安都領步騎，登岸結陣。孝頃俄斷後

路，安都乃令軍士豎柵，引營漸進，頻致克獲，孜乃降。孝頃奔歸新吳，請入子爲質，許之。

又　**《歐陽頠傳》**　侯景構逆，粲自解還都征景，以頠監衡州。臺城陷後，嶺南互相吞併，蘭欽弟前高州刺史裕攻始興內史蕭昭基，奪其郡。以兄欽與頠舊，遣招之。頠不從，謂使曰：『高州昆季隆顯，莫非國恩，今應赴難援都，豈可自爲跋扈。』及陳武帝入援都，將至始興，頠乃深自結托。裕遣兵攻頠，武帝援之。裕敗，武帝以王懷明爲衡州刺史，遷頠爲始興內史。

武帝之討蔡路養、李遷仕也，頠助帝平之。梁元帝承制以始興郡爲東衡州，以頠爲刺史，封新豐縣伯。

侯景平，元帝遍問朝宰，使各舉所知，羣臣未對。元帝曰：『吾已得一人矣。歐陽頠甚公正，本有匡濟才，恐蕭廣州不肯致之。』乃授武州刺史。尋授郢州，欲令出嶺，蕭勃留之，不獲拜命。尋授衡州刺史，進封始興縣侯。

時蕭勃在廣州，兵强位重，元帝深患之，遣王琳代爲刺史。琳已至小桂嶺，勃遣其將孫瑒監州，盡率部下至始興避琳兵鋒。頠別據一城，不往謁勃，閉門高壘，亦不拒戰。勃怒，遣兵襲頠，盡收其貲財馬仗。尋赦之，還復其所，復與結盟。魏平荊州，頠委質於勃。及勃度嶺出南康，以頠爲前軍都督，周文育破擒之，送于武帝，帝釋而禮之。

蕭勃死後，嶺南亂，頠有聲南土，且與武帝有舊，乃授安南將軍、衡州刺史，封始興縣侯。未至嶺，頠子紇已克始興。及頠至，嶺南皆懾伏，仍進廣州，盡有越地。改授都督交廣等十九州諸軍事、平越中郎將、廣州刺史。

又　**《章昭達傳》**　歐陽紇據嶺南反，詔昭達都督衆軍征之。紇聞昭達奄至，乃出頓洭口，聚沙石，盛以竹籠，置於水柵之外，用遏舟艦。昭達居其上流，裝艦造拍，以臨賊柵。又令人銜刀潛行水中，以斫竹籠，籠篾皆解。因縱大艦突之，大敗紇，禽之送都。廣州平，進位司空。

周陳之叛分部

綜　述

《陳書》卷三《世祖紀》　（天嘉四年）春正月甲申，周迪棄城走，閩州刺史陳寶應納之，臨川郡平。【略】

三月辛巳，詔贈討周迪將士死王事者。【略】

九月辛未，周迪復寇臨川，詔護軍章昭達率衆討之。十一月辛酉，章昭達大破周迪，悉擒其黨與，迪脫身潛竄。十二月丙申，大赦天下。詔護軍將軍章昭達進軍建安，以討陳寶應。信威將軍、益州刺史余孝頃督會稽、東陽、臨海、永嘉諸軍自東道會之。【略】

（天嘉五年）冬十一月己丑，章昭達破陳寶應于建安，擒寶應、留異，送京師，晉安郡平。甲辰，以護軍將軍章昭達為鎮前將軍、開府儀同三司。十二月甲子，曲赦建安、晉安二郡。討陳寶應將士死王事者，並給棺槥，送還本鄉，並復其家。瘡痍未瘳者，給其醫藥。【略】

（天嘉六年）秋七月丙戌，臨川太守駱文牙斬周迪，傳首京師，梟於朱雀航。

又　**卷九《吳明徹傳》**　（天嘉三年）授安西將軍。及周迪反臨川，詔以明徹為安南將軍、江州刺史，領豫章太守，總督衆軍，以討迪。

又　**卷一〇《程靈洗傳》**　（天嘉四年）周迪重寇臨川，以靈洗為都督，自鄱陽別道擊之，迪又走山谷間。

又　**《程文季傳》**　（天嘉四年）陳寶應與留異連結，又遣兵隨周迪更出臨川，世祖遣信義太守余孝頃自海道襲晉安，文季為之前軍，所向克捷。陳寶應平，文季戰功居多，還，轉府諮議參軍，領中直兵。

又　**卷一一《黃法抃傳》**　（天嘉二年）周迪反，法抃率兵會都督吳明徹，討迪於工塘。

又　**《章昭達傳》**　周迪據臨川反，詔令昭達便道征之。及迪敗走，

征為護軍將軍，給鼓吹一部，改封邵武縣侯，增邑并前二千户，常侍如故。四年，陳寶應納周迪，復共寇臨川，又以昭達為都督討迪。至東興嶺，而迪又退走。昭達仍逾嶺，頓于建安，以討陳寶應。寶應據建安、晉安二郡之界，水陸為柵，以拒官軍。昭達與戰不利，因據其上流，命軍士伐木帶枝葉為筏，施拍於其上，綴以大索，相次列營，夾於兩岸。寶應數挑戰，昭達按甲不動。俄而暴雨，江水大長，昭達放筏衝突寶應水柵，水柵盡破。又出兵攻其步軍。方大合戰，會世祖遣余孝頃出自海道。適至，因并力乘之，寶應大潰，遂克定閩中，盡擒留異、寶應等。

又　卷一三《周敷傳》　高祖受禪，王琳據有上流，余孝頃與琳黨李孝欽等共圖周迪，敷大致人馬以助於迪。迪擒孝頃等，敷功居多。熊曇朗之殺周文育，據豫章，將兵萬餘人襲敷，徑至城下，敷與戰，大敗之，追奔五十餘里，曇朗單馬獲免，盡收其軍實。曇朗走巴山郡，收合餘黨，敷因與周迪、黄法𣰰等進兵圍曇朗，屠之。

周迪以敷素出己下，超致顯貴，深不平，乃舉兵反，遣弟方興以兵襲敷。敷與戰，大破方興。仍率衆從都督吴明徹攻迪，破之，擒其弟方興並諸渠帥。天嘉五年，迪又收合餘衆，還襲東興。世祖遣都督章昭達征迪，敷又從軍。至定川縣，與迪相對。迪紿敷曰：『吾昔與弟勠力同心，宗從匪他，豈規相害。今願伏罪還朝，因弟披露心腑，先乞挺身共立盟誓。』敷許之，方登壇，為迪所害，時年三十五。

又　卷一五《陳詳傳》　周迪據臨川舉兵，詳自州從他道襲迪於濡城別營，獲其妻子。迪敗走，詳還復本鎮。五年，周迪復出臨川，乃以詳為都督，率水步討迪。軍至南城，與賊相遇，戰敗，死之，時年四十二。

又　卷一九《虞寄傳》　及寶應結婚留異，潛有逆謀，寄微知其意，言說之際，每陳逆順之理，微以諷諫，寶應輒引說他事以拒之。又嘗令左右誦《漢書》，臥而聽之，至蒯通說韓信曰『相君之背，貴不可言』，寶應蹶然起曰『可謂智士』。寄正色曰：『覆酈驕韓，未足稱智；豈若班彪《王命》，識所歸乎？』寄知寶應不可諫，慮禍及己，乃為居士服以拒絶之。常居東山寺，偽稱脚疾，不復起，寶應以為假託，使燒寄所臥屋，寄安臥不動。親近將扶寄出，寄曰：『吾命有所懸，避欲安往？』所縱火者，旋自救之。寶應自此方信。

及留異稱兵，寶應資其部曲，寄乃因書極諫曰：東山虞寄致書于明將軍使君節下：寄流離世故，飄寓貴鄉，將軍待以上賓之禮，申以國士之眷，意氣所感，何日忘之。而寄沈痼彌留，悽陰將盡，常恐卒填溝壑，涓塵莫報，是以敢布腹心，冒陳丹款，願將軍留須臾之慮，少思察之，則瞑目之日，所懷畢矣。

夫安危之兆，禍福之機，匪獨天時，亦由人事。失之毫釐，差以千里。是以明智之士，據重位而不傾，執大節而不失，豈惑於浮辭哉？將軍文武兼資，英威不世，往因多難，仗劍興師，援旗誓衆，抗威千里，豈不以四郊多壘，共謀王室，匡時報主，寧國庇民乎？此所以五尺童子，皆願荷戟而隨將軍者也。及高祖武皇肇基草昧，初濟艱難，于時天下沸騰，民無定主，豺狼當道，鯨鯢横擊，海内業業，未知所從。將軍運動微之鑑，折從衡之辯，策名委質，自托宗盟，此將軍妙算遠圖，發於衷誠者也。及主上繼業，欽明睿聖，選賢與能，羣臣輯睦，結將軍以維城之重，崇將軍以裂土之封。豈非宏謨廟略，推赤心於物也？屢申明詔，款篤殷勤，君臣之分定矣，骨肉之恩深矣。不意將軍惑于邪說，遽生異計，寄所以疾首痛心，泣盡繼之以血。萬全之策，竊為將軍惜之。寄雖疾侵耄及，言無足采，千慮一得，請陳愚算。願將軍少戢雷霆，賒其晷刻，使得盡狂瞽之說，披肝膽之誠，則雖死之日，由生之年也。

自天厭梁德，多難薦臻，寰宇分崩，英雄互起，不可勝紀，人人自以為得之。然夷凶翦亂，拯溺扶危，四海樂推，三靈眷命，揖讓而居南面者，陳氏也。豈非歷數有在，惟天所授，當璧應運？其事甚明一也。主上承基，明德遠被，天綱再張，地維重紐。夫以王琳之强，侯瑱之力，進足以搖盪中原，爭衡天下，退足以屈强江外，雄長偏隅。然或命一旅之師，或資一士之說，琳則瓦解冰泮，投身異域，瑱則厥角稽顙，委命闕廷。斯又天假之威，而除其患。其事甚明二也。今將軍以藩戚之重，東南之衆，盡忠奉上，勠力勤王，豈不勳高竇融，寵過吴芮，析圭判野，南面稱孤？其事甚明三也。且聖朝棄瑕忘過，寬厚得人，改過自新，咸加敍擢。至於余孝頃、潘純陀、李孝欽、歐陽頠等，悉委以心腹，任以爪牙，胸中豁然，曾無纖芥。況將軍釁非張繡，罪異畢諶，當何慮于危亡，何失于富貴？此又其事甚明四也。方今周、齊鄰睦，境外無虞，並兵一向，

匪朝伊夕，非劉、項競逐之機，楚、趙連從之勢，何得雍容高拱，坐論西伯？其事甚明五也。且留將軍狼顧一隅，亟經摧衄，聲實虧喪，膽氣衰沮。高瓌、向文政、留瑜、黄子玉，此數人者，將軍所知，首鼠兩端，唯利是視；其餘將帥，亦可見矣。孰能被堅執鋭，長驅深入，繫馬埋輪，奮不顧命，以先士卒者乎？此又其事甚明六也。且將軍之强，孰如侯景？將軍之衆，孰如王琳？武皇滅侯景於前，今上摧王琳於後，此乃天時，非復人力。且兵革已後，民皆厭亂，其孰能棄墳墓，捐妻子，出萬死不顧之計，從將軍于白刃之間乎？此又其事甚明七也。歷觀前古，鑑之往事，子陽、季孟，傾覆相尋，餘善、右渠，危亡繼及，天命可畏，山川難恃。況將軍欲以數郡之地，當天下之兵，以諸侯之資，拒天子之命，强弱逆順，可得侔乎？此又其事甚明八也。且非我族類，其心必異。不愛其親，豈能及物？留將軍身縻國爵，子尚王姬，猶且棄天屬而弗顧，背明君而孤立，危急之日，豈能同憂共患，不背將軍者乎？至於師老力屈，懼誅利賞，必有韓、智晉陽之謀，張、陳井陘之勢。此又其事甚明九也。且北軍萬里遠鬭，鋒不可當，將軍自戰其地，人多顧後。梁安背向為心，修旿匹夫之力，衆寡不敵，將帥不侔，師以無名而出，事以無機而動，以此稱兵，示知其利。夫以漢朝吳、楚，晉室穎、顒，連城數十，長戟百萬，拔本塞源，自圖家國，其有成功者乎？此又其事甚明十也。

為將軍計者，莫若不遠而復，絕親留氏，秦郎、快郎，隨遣入質，釋甲偃兵，一遵詔旨。且朝廷許以鐵券之要，申以白馬之盟，朕弗食言，誓之宗社。寄聞明者鑑未形，智者不再計，此成敗之效，將軍勿疑。吉凶之幾，間不容髮。方今藩維尚少，皇子幼沖，凡預宗枝，皆蒙寵樹。況以將軍之地，將軍之才，將軍之名，將軍之勢，而能克修藩服，北面稱臣，寧與劉澤同年而語其功業哉？豈不身與山河等安，名與金石相敝？願加三思，慮之無忽。

寄氣力綿微，餘陰無幾，感恩懷德，不覺狂言，鈇鉞之誅，甘之如薺。

寶應覽書大怒。或謂寶應曰：『虞公病勢漸篤，言多錯謬。』寶應意乃小釋。亦為寄有民望，且優容之。及寶應敗走，夜至蒲田，顧謂其子扞秦曰：『早從虞公計，不至今日。』扞秦但泣而已。寶應既擒，凡諸賓客微有交涉者，皆伏誅，唯寄以先識免禍。

初，沙門慧摽涉獵有才思，及寶應起兵，作五言詩以送之，曰：『送馬猶臨水，離旗稍引風。好看今夜月，當入紫微宮。』寶應得之甚悦。慧摽齎以示寄，寄一覽便止，正色無言。摽退，寄謂所親曰：『摽既以此始，必以此終。』後竟坐是誅。

又 卷二〇《華皎傳》 周迪謀反，遣其兄子伏甲於船中，偽稱賈人，欲於湓城襲皎。未發，事覺，皎遣人逆擊之，盡獲其船仗。其年，皎隨都督吴明徹征迪，迪平，以功授散騎常侍、平南將軍、臨川太守，進爵為侯，增封并前五百户。

又 《蕭乾傳》 （永定元年）除給事黄門侍郎。是時熊曇朗在豫章，周迪在臨川，留異在東陽，陳寶應在建、晉，共相連結，閩中豪帥，往往立砦以自保，高祖甚患之，乃令乾往使，諭以逆順，並觀虚實。將發，高祖謂乾曰：『建、晉恃險，好為姦宄，方今天下初定，難便出兵。昔陸賈南征，趙佗歸順，隨何奉使，黥布來臣，追想清風，仿佛在目。況卿坐鎮雅俗，才高昔賢，宜勉建功名，不煩更勞師旅。』乾既至，曉以逆順，所在渠帥並率部衆開壁款附。【略】

（天嘉二年）留異反，陳寶應將兵助之，又資周迪兵糧，出寇臨川，因逼建安。乾單使臨郡，素無士卒，力不能守，乃棄郡以避寶應。時閩中守宰，並為寶應迫脅，受其署置，乾獨不為屈，徙居郊野，屏絕人事。及寶應平，乃出詣都督章昭達，昭達以狀表聞，世祖甚嘉之，超授五兵尚書。

又 卷二二《陸子隆傳》 （天嘉二年）時周迪據臨川反，東昌縣人修行師應之，率兵以攻子隆，其鋒甚盛。子隆設伏於外，仍閉門偃甲，示之以弱。及行師至，腹背擊之，行師大敗，因乞降，子隆許之，送于京師。【略】

（天嘉四年）周迪引陳寶應復出臨川，子隆隨都督章昭達討迪。迪退走，因隨昭達逾東興嶺，討陳寶應。軍至建安，以子隆監郡。寶應據建安之湖際以拒官軍，子隆與昭達各據一營，昭達先與賊戰，不利，亡其鼓角，子隆聞之，率兵來救，大破賊徒，盡獲昭達所亡羽儀甲仗。

又 卷三五《陳寶應傳》 （梁敬帝紹泰元年）侯景之亂，晉安太守、賓化侯蕭雲以郡讓羽，羽年老，但治郡事，令寶應典兵。是時東境饑

饉，會稽尤甚，死者十七八，平民男女，並皆自賣，而晉安獨豐沃。寶應自海道寇臨安、永嘉及會稽、餘姚、諸暨，又載米粟與之貿易，多致玉帛子女，其有能致舟乘者，亦並奔歸之，由是大致貲產，士衆强盛。侯景平，元帝因以羽為晉安太守。

高祖輔政，羽請歸老，求傳郡于寶應，高祖許之。

寶應娶留異女為妻，侯安都之討異也，寶應遣兵助之，又資周迪兵糧，出寇臨川。及都督章昭達於東興、南城破迪，世祖因命昭達都督衆軍，由建安南道渡嶺，又命益州刺史領信義太守余孝頃都督會稽、東陽、臨海、永嘉諸軍自東道會之，以討寶應，並詔宗正絕其屬籍。【略】

昭達既克周迪，逾東興嶺，頓于建安，余孝頃又自臨海道襲于晉安，寶應據建安之湖際，逆拒王師，水陸為柵。昭達深溝高壘，不與戰，但命軍士伐木為簰。俄而水盛，乘流放之，突其水柵，仍水步薄之，寶應衆潰，身奔山草間，窘而就執，並其子弟二十人送都，斬于建康市。

又《周迪傳》 （太平元年）侯景之亂，迪宗人周續起兵於臨川，梁始興王蕭毅以郡讓續，迪召募鄉人從之，每戰必勇冠衆軍。續所部渠帥，皆郡中豪族，稍驕横，續頗禁之，渠帥等並怨望，乃相率殺續，推迪為主，迪乃據有臨川之地，築城於工塘。梁元帝授迪持節、通直散騎常侍、壯武將軍、高州刺史，封臨汝縣侯，邑五百户。【略】

（文帝天嘉二年）王琳敗後，世祖徵迪出鎮湓城，又徵其子入朝，迪趑趄顧望，並不至。豫章太守周敷本屬於迪。至是與黄法㲯率其所部詣闕，世祖録其破熊曇朗之功，並加官賞，迪聞之，甚不平，乃陰與留異相結。及王師討異，迪疑懼不自安，乃使其弟方興率兵襲周敷，敷與戰，破之。又别使兵襲華皎於湓城，事覺，盡為皎所擒。天嘉三年春，世祖乃下詔赦南川士民為迪所詿誤者，使江州刺史吴明徹都督衆軍，與高州刺史黄法㲯、豫章太守周敷討迪。【略】

吴明徹至臨川，令衆軍作連城攻迪，相拒不能克，世祖乃遣高宗總督討之，迪衆潰，妻子悉擒，乃脱身逾嶺之晉安，依于陳寶應。寶應以兵資迪，留異又遣第二子忠臣隨之。

（天嘉四年）秋，復越東興嶺，東興、南城、永成縣民，皆迪故人，復共應之。世祖遣都督章昭達征迪，迪又散於山谷。初，侯景之亂也，百姓皆棄本業，羣聚為盜，唯迪所部，獨不侵擾，並分給田疇，督其耕作，民下肆業，各有贏儲，政教嚴明，徵斂必至，餘郡乏絕者，皆仰以取給。迪性質樸，不事威儀，冬則短身布袍，夏則紫紗襪腹，居常徒跣，雖外列兵衛，内有女伎，挼繩破篾，傍若無人。然輕財好施，凡所周贍，毫釐必鈞，訥於言語，而襟懷信實，臨川人皆德之。至是並共藏匿，雖加誅戮，無肯言者。昭達仍度嶺，頓于建安，與陳寶應相抗，迪復收合出東興。時宣城太守錢肅鎮東興，以城降迪。吴州刺史陳詳，率師攻迪，詳兵大敗，虔化侯陳訬、陳留太守張遂並戰死，於是迪衆復振。世祖遣都督程靈洗擊破之，迪又與十餘人竄於山穴中。日月轉久，相隨者亦稍苦之。後遣人潛出臨川郡市魚鮭，足痛，舍於邑子，邑子告臨川太守駱牙，牙執之，令取迪自效。因使腹心勇士隨入山中，誘迪出獵，伏兵於道傍，斬之，傳首京都，梟於朱雀觀三日。

又《留異傳》 （永定元年）以應接之功，除持節、通直散騎常侍、信武將軍、縉州刺史，領東陽太守，封永興縣侯，邑五百户。其年遷散騎常侍、信威將軍，增邑三百户，餘並如故。又以世祖長女豊安公主配異第三子貞臣。【略】

（永定二年）徵異為使持節、散騎常侍、都督南徐州諸軍事、平北將軍、南徐州刺史，異遷延不就。

世祖即位，改授都督縉州諸軍事、安南將軍、縉州刺史，領東陽太守。異頻遣其長史王澌為使入朝，澌每言朝廷虚弱，異信之，雖外示臣節，恒懷兩端，與王琳自鄱陽信安嶺潛通信使。王琳又遣使往東陽，署守宰。及琳敗，世祖遣左衛將軍沈恪代異為郡，實以兵襲之。異出下淮抗禦，恪與戰，敗績，退還錢塘，異乃表啓遜謝。是時衆軍方事湘、郢，乃降詔書慰喻，且羈縻之，異亦知朝廷終討於己，乃使兵戍下淮及建德，以備江路。

異本謂官軍自錢塘江而上，安都乃由會稽、諸暨步道襲之。異聞兵至，大恐，棄郡奔于桃支嶺，於嶺口立柵自固。明年春，安都大破其柵，異與第二子忠臣奔于陳寶應，於是虜其餘黨男女數千人。天嘉五年陳寶應平，並擒異送都，斬于建康市，子侄及同黨無少長皆伏誅，唯第三子貞臣以尚主獲免。

《南史》卷九《陳文帝紀》 （天嘉三年）九月丁亥，周迪請降。【略】

四年春正月【略】甲申，周迪走投閩州，刺史陳寶應納之。

九月辛未，周迪復寇臨川，詔護軍將軍章昭達討平之。

冬十二月丙申，大赦。詔昭達進軍建安，討陳寶應。【略】

五年冬十一月己丑，章昭達禽陳寶應、留異，送建鄴，晉安郡平。甲辰，以護軍將軍章昭達爲鎮軍將軍、開府儀同三司。

十二月甲子，曲赦建安、晉安二郡。討陳寶應將士死王事者，並給棺櫬，送還本鄉，並復其家。

又　卷四二《蕭乾傳》（永定元年）時熊曇朗在豫章，周迪在臨川，留異在東陽，陳寶應在建安，共相連結，閩中豪帥，立柴自保。武帝患之，令乾往，諭以逆順，謂曰：『昔陸賈南征，趙他歸順；隨何奉使，黥布來臣。追想清風，髣髴在目，卿宜勉建功名，不煩更勞師旅。』乾至，示以逆順，所在款附。【略】

（天嘉二年）留異反，陳寶應助之，又資周迪兵糧，出寇臨川，因逼建安。乾單使臨郡，不能守，乃棄郡以避寶應。時閩中宰守並受寶應署置，乾獨不屈，徙居郊野。及寶應平，都督章昭達以聞，文帝甚嘉之，超授五兵尚書。

又　卷六六《章昭達傳》臺城陷，昭達還鄉里，與陳文帝遊，因結君臣分。侯景平，文帝爲吳興太守，昭達杖策來謁。文帝見之大喜，因委以將帥，恩寵超於儕等。陳武帝謀討王僧辯，令文帝還長城招聚兵衆，以備杜龕，頻使昭達往京口稟承計畫。僧辯誅後，杜龕遣其將杜泰來攻長城，昭達因從文帝進軍吳興以討龕。龕平，又從討張彪於會稽，克之。累功除定州刺史。時留異擁據東陽，武帝患之，乃使昭達爲長山令，居其心腹。

天嘉元年，追論長城功，封欣樂縣侯。尋隨侯安都拒王琳，昭達乘平虜大艦，中流而進，先鋒發拍，中賊艦。王琳平，昭達策勳第一。二年，除都督、郢州刺史。周迪據臨川反，詔昭達便道征之。迪敗走，征爲護軍將軍，改封邵武縣侯。

四年，陳寶應納周迪，共寇臨川，又以昭達爲都督討迪。迪走，昭達乃踰嶺討陳寶應。與戰不利，因據上流爲筏，施拍其上，壞其水柵。又出兵攻其步軍。方大合戰，會文帝遣余孝頃出自海道，適至，因並力乘之，遂定閩中，盡禽留異、寶應。以功授鎮軍將軍、開府儀同三司。

又　卷六七《周敷傳》侯景之亂，鄉人周續合衆以討賊爲事，梁內史始興蕃王蕭毅以郡讓續，續所部有欲侵掠毅者，敷擁護之，親率其黨，捍送至豫章。時梁觀寧侯蕭永、長樂侯蕭基、豐城侯蕭泰避難流寓，聞敷信義，皆往依之。敷湣其危懼，屈體崇敬，厚加給恤，送之西上。俄而續部下將帥爭權，殺續以降周迪。迪素無簿閥，又失衆心，倚敷族望，深求交結。敷未能自固，事迪甚恭，迪大憑仗之。迪據臨川之工塘，敷鎮臨川故郡。侯景平，梁元帝授敷寧州刺史，封西豐縣侯。

陳武帝受禪，王琳據有上流，余孝頃與琳黨李孝欽等共圍周迪，敷助於迪，迪禽孝頃等，敷功最多。熊曇朗之殺周文育，據豫章，將兵襲敷，敷大破之。曇朗走巴山郡，敷因與周迪、黃法氍等進兵屠之。王琳平，授散騎常侍、豫章太守。時南江酋帥，並顧戀巢窟，唯敷獨先入朝。天嘉二年，詣闕，進號安西將軍，令還鎮豫章。周迪以敷素出己下，超致顯達，深不平，乃舉兵反，遣弟方興襲敷，敷大破之。仍從都督吳明徹攻破迪，禽方興。再遷都督、南豫州刺史。迪又收餘衆襲東興，文帝遣都督章昭達征迪，敷又從軍。至定川縣與迪相對，迪紿敷求還朝，欲立盟，敷許之。方登壇，爲迪所害。

平定州郡叛亂分部

綜　述

六鎮之叛

《魏書》卷九《肅宗紀》（正光五年）三月，沃野鎮人破落汗拔陵聚衆反，殺鎮將，號真王元年。詔臨淮王彧為鎮軍將軍，假征北將軍，都督北征諸軍事以討之。

夏四月，高平酋長胡琛反，自稱高平王，攻鎮以應拔陵。別將盧祖遷擊破之，琛北遁。

五月，臨淮王彧敗於五原，削除官爵。壬申，詔尚書令李崇為大都督，率廣陽王淵等北討。

六月，秦州城人莫折太提據城反，自稱秦王，殺刺史李彥。詔雍州刺史元志討之。南秦州城人孫掩、張長命、韓祖香據城反，殺刺史崔遊以應太提。太提遣城人卜朝襲克高平，殺鎮將赫連略、行臺高元榮。太提尋死，子念生代立，僭稱天子，號年天建，置立百官。丁酉，大赦。

秋七月甲寅，詔吏部尚書元脩義兼尚書僕射，為西道行臺，率諸將西討。戊午，復河間王琛、臨淮王彧本封。

都督崔暹失利於白道，大都督李崇率衆還平城，坐長史祖瑩截没軍資，免除官爵。

丁丑，念生遣其都督楊伯年、樊元、張朗等攻仇鳩、河池二戍，東益州刺史魏子建遣將尹祥、黎叔和擊破之，斬樊元首，殺賊千餘人。

是月，涼州幢帥于菩提、呼延雄執刺史宋穎據州反。

念生遣其兄高陽王天生下隴東寇。

八月甲午，元志大敗於隴東，退守岐州。丙申，詔曰：『賞貴宿勞，明主恒德；恩沾舊績，哲后常範。太祖道武皇帝應期撥亂，大造區夏；世祖太武皇帝纂戎丕緒，光闡王業，躬率六師，掃清逋穢；諸州鎮城人，本充牙爪，服勤征旅，契闊行間，備嘗勞劇。逮顯祖獻文皇帝，自北被南，淮海思乂，便差割强族，分衛方鎮。高祖孝文皇帝，遠遵盤庚，將遷嵩洛，規遏北疆，蕩闢南境，選良家酋胕，增戍朔垂，戎捍所寄，實惟斯等。先帝以其誠效既亮，方加酬錫，會宛郢馳烽，朐泗告警，軍旗頻動，兵連積歲，茲恩仍寢，用迄於今。怨叛之興，頗由於此。朕叨承乾曆，撫馭宇宙，調風布政，思廣惠液，宜追述前恩，敷茲後施。諸州鎮軍貫，元非犯配者，悉免為民，鎮改為州，依舊立稱。此等世習干戈，率多勁勇，今既甄拔，應思報效。可三五簡發，討彼沙隴。當使人齊其力，奮擊先驅，妖黨狂醜，必可蕩滌。衝鋒斬級，自依恒賞。』丁酉，南秀容牧子于乞真反，殺太僕卿陸延。別將爾朱榮討平之。

戊戌，莫折念生遣都督竇雙攻盤頭郡。東益州刺史魏子建遣將竇念祖討之，斬雙，擒斬千餘人。

九月壬申，詔尚書左僕射、齊王蕭寶夤為西道行臺大都督，率征西將軍、都督崔延伯，又詔復撫軍將軍、北海王顥官爵，為都督，並率諸將西討。乙亥，帝幸明堂，餞寶夤等。

是月，蕭衍遣將裴邃、虞鴻襲據壽春外城，刺史長孫稚擊走之，邃退屯黎漿。詔河間王琛總衆援之。衍又遣將寇淮陽，詔秘書監、安樂王鑒率衆討之。吐谷渾主伏連籌兵討涼州，于菩提棄城走，追斬之，城民趙天安復推宋穎為刺史。

冬十月，營州城人劉安定、就德興據城反，執刺史李仲遵。城人王惡兒斬安定以降。德興東走，自號燕王。

胡琛遣其將宿勤明達寇豳、夏、北華三州。壬午，詔都督北海王顥率諸將討之。

十有一月戊申，莫折天生攻陷岐州，執都督元志及刺史裴芬之。高平人攻殺卜朝，共迎胡琛。

十有二月壬辰，詔太傅、京兆王繼為太師、大將軍，率諸將討之。嚈噠、契丹、地豆於、庫莫奚諸國並遣使朝貢。

汾州正平、平陽山胡叛逆。詔復征東將軍章武王融封爵，為大都督，率衆討之。

山南行臺東益州刺史魏子建招降南秦氐民，復六君十二戍，又斬賊王韓祖香。南秦賊王張長命畏逼，乃告降於蕭寶夤。

是月，莫折念生遣兵攻涼州，城人趙天安復執刺史以應之。

孝昌元年春正月庚申，徐州刺史元法僧據城反，害行臺高諒，自稱宋王，號年天啓，遣其子景仲歸於蕭衍。衍遣其將胡龍牙、成景雋、元略等率衆赴彭城。詔秘書監安樂王鑒回師以討之。鑒於彭城南擊元略，大破之，盡俘其衆，既而不備，為法僧所敗。衍遣其豫章王綜入守彭城，法僧擁其僚屬、守令、兵戍及郭邑士女萬餘口南入。詔鎮軍將軍、臨淮王彧，尚書李憲為都督，衛將軍、國子祭酒、安豐王延明為東道行臺，復儀同三司李崇官爵，為東道大都督，俱討徐州。崇以疾不行。

癸亥，蕭寶夤、崔延伯大破秦賊於黑水，斬獲數萬，天生退走入隴西，涇、岐及隴東悉平。以太師、大將軍、京兆王繼為太尉，餘官如故。

二月，以領軍將軍元叉為驃騎大將軍、儀同三司。詔追復樂良王長命本爵，以其子忠紹之。侍中、特進、衛大將軍穆紹為儀同三司。戊戌，

大赦。

壬辰，莫折念生遣都督楊鲊、梁下辯、姜齊等攻仇池郡城，行臺、東益州刺史魏子建遣將盛遷擊破之，斬下辯、齊等首。壬寅，詔曰：『勸善黜惡，經國茂典。其令每歲一終，郡守列令長，刺史列守相，以定考課，辯其能否。若有濫謬，以考功失衷論。』是月，齊州魏郡民房伯和聚衆反。會赦，乃散。

三月己巳，詔太尉、西道都督、京兆王繼班師。壬申，詔曰：『丞相高陽王，道德淵廣，明允篤誠，儀型太階，垂風下國，實所以予違汝弼，致治責成，宜班新制，宣之遐邇。其州郡先上司徒公文，悉可改上相府施行，符告皆亦如之。』甲戌，詔曰：『選衆而舉，其來自昔。朕纘承大業，綜理萬幾，求賢致治，心焉若渴。知人則哲，振古所難，宜博訪公卿，采茲聲實。可令第一品以下五品以上，人各薦其所知，不限素身居職。必使精辯器藝，具注所能，然後依牒簡擢，隨才收敍。庶濟濟之美，無替往時；謇謇之直，有申茲歲。』蕭衍遣其北梁州長史錫休儒、司馬魚和、上康太守姜平洛等入寇直城，梁州刺史傅豎眼遣息敬紹率衆拒擊，大破之，擒斬三千餘人；休儒等走還魏興。是月，齊州清河民崔畜殺太守董遵，廣川民傅堆執太守劉莽反。青州刺史、安樂王鑒討平之。

是月，破落汗拔陵別帥王也不盧等攻陷懷朔鎮。【略】

（八月）柔玄鎮人杜洛周率衆反於上谷，號年真王，攻没郡縣，南圍燕州。

戊子，莫折念生遣都督杜黑兒、杜光等攻仇池郡。行臺魏子建遣將成遷擊破之，斬杜光首。

九月乙卯，詔減天下諸調之半。丙辰，詔左將軍、幽州刺史常景為行臺，征虜將軍元譚為都督，以討洛周。辛酉，詔曰：『追功表德，為善者勸。祖宗功臣，勒銘王府，而子孫廢替，淪於凡民，爵位無聞，遷流有失。潁川名守，重泉令宰，惠風美政，結於民心，而猶同常品，未蒙褒陟，非所謂愛及甘棠，彝倫攸敍者也。其功臣名將為先朝所知，子孫屈塞不見齒敍，牧守令長聲稱卓然者，皆仰有司具以名聞。朕將振彼幽滯，用闡治風。』壬戌，詔百官五品已上，各舉所知。辛未，曲赦南、北兩秦州。【略】

（孝昌二年正月）都督元譚次於軍都，為洛周所敗。五原降戶鮮于脩禮反於定州，號魯興元年。詔左光禄大夫長孫稚為使持節、假驃騎將軍、大都督、北討諸軍事，與都督河間王琛率將討之。

二月甲申，帝、皇太后臨大夏門，親覽冤訟。是月，疊伏羅國遣使朝貢。

三月庚子，以驃騎大將軍、徐州刺史、安豐王廷明為儀同三司。追復中山王熙本爵，子叔仁紹之。甲寅，西部敕勒斛律洛陽反於桑乾，西與河西牧子通連。別將爾朱榮擊破之。

夏四月，大赦天下。癸巳，以侍中、車騎大將軍、城陽王徽為儀同三司。朔州城人鮮于阿胡、庫狄豐樂據城反。丁未，都督李琚次於薊城之北，又為洛周所敗，琚戰没。戊申，以驃騎大將軍、開府、齊王寶夤為儀同三司。北討都督河間王琛、長孫稚失利奔還，詔免琛、稚官爵。庫莫奚國遣使朝貢。

五月丁未，車駕將北討，内外戒嚴。前給事黄門侍郎元略自蕭衍還朝，封義陽王。以丞相、高陽王雍為大司馬；吏部尚書、廣陽王淵為驃騎大將軍、儀同三司，尋為大都督，率都督章武王融北討脩禮。戊申，燕州刺史崔秉率衆棄城南走中山。乙丑，以安西將軍、光禄大夫宗正珍孫為都督，討汾州反胡。

六月己巳，曲赦齊州。絳蜀陳雙熾聚衆反，自號始建王。曲赦平陽、建興、正平三郡。詔假鎮西將軍、都督長孫稚討雙熾，平之。丙子，義陽王略改封東平王。衛大將軍、西道都督元恒芝為車騎大將軍、儀同三司。戊寅，詔復京兆王繼本封江陽王。戊子，詔曰：『自運屬艱棘，歷載於茲，烽驛交馳，旌鼓不息。祖宗盛業，危若綴旒；社稷鴻基，殆將淪墜。朕威德不能遐被，經略無以及遠，俾令蒼生罹此塗炭，何以苟安黄屋，無愧黔黎？今便避居正殿，蔬餐素服。當親自招募，收集忠勇。其有直言正諫之士，敢決徇義之夫，二十五日悉集華林東門，人別引見，共論得失。班告内外，咸使聞知。』乙未，以衛將軍、東平王略為左光禄大夫、儀同三司。

秋七月丙午，杜洛周遣其別帥曹紇真寇掠幽州。行臺常景遣都督於榮邀於粟園，大破之，斬紇真，獲三十餘級，牛驢二萬餘頭。戊申，恒州

陷，行臺元纂奔冀州。甲子，蕭衍將元樹、湛僧珍等寇壽春。

八月丙子，進封廣川縣開國公元邵為常山王。以驃騎大將軍、東道行臺、臨淮王彧為儀同三司。戊寅，帝幸南石窟寺，即日還宮。戊子，進散騎常侍、御史中尉、武城縣開國公子攸為長樂王。都督伊甕生討巴，失利戰歿。癸巳，賊帥元洪業斬鮮於脩禮，請降，為賊黨葛榮所殺。都督爾朱榮於肆州執刺史尉慶賓，令其從叔羽生統州事。

九月辛亥，葛榮敗都督廣陽王淵、章武王融於博野白牛邏，融歿於陣。榮自稱天子，號曰齊國，年稱廣安。甲申，常景又破洛周，斬其武川王賀拔文興、別帥侯莫陳升，生擒男女四百口，牛驢五千餘頭。就德興攻陷平州，殺刺史王買奴。

是月，莫折天生請降，蕭寶夤使行臺左丞崔士和入據秦州。天生復叛，送士和於胡琛，殺之。

冬十有一月戊戌，杜洛周攻陷幽州，執刺史王延年及行臺常景。丙午，稅京師田租，畝五升；借賃公田者，畝一斗。閏月，稅市人出入者各一錢，店舍為五等。齊州平原民劉樹、劉蒼生聚眾反，州軍破走之。

【略】

（孝昌三年正月）徐州民任道棱聚眾反，襲據蕭城以叛。州軍討平之。

辛巳，葛榮陷殷州，刺史崔楷固節死之，遂東圍冀州。甲申，詔峻鑄錢之制。

蕭寶夤、元恒芝大敗於涇州，大隴都督、南平王仲冏，小隴都督高聿並相尋退散。東秦州刺史潘義淵以汧城降賊。

高平虜賊逼岐州，城人執刺史魏蘭根，以城應之。豳州刺史畢祖暉、行臺羊深並奔退，祖暉於陣歿。北海王顥尋亦敗走。賊帥胡引祖據北華州以應之。賊帥比于騏驎入據豳州。曲赦關西及正平、平陽、建興。戊子，以司徒皇甫度為太尉。己丑，以四方未平，詔內外戒嚴，將親出討。辛卯，蕭衍將湛僧珍圍東豫州，詔散騎常侍元暐為都督以討之。是月，衍又遣將彭羣、王辯等率眾數萬逼琅邪，詔青州、南青二州討之。

二月丁酉，詔曰：『關隴遭罹寇難，燕趙賊逆憑陵，蒼生波流，耕農靡業，加諸轉運，勞役已甚，州倉儲實，無宜懸匱。自非開輸賞之格，何以息漕運之煩？凡有能輸粟入瀛、定、岐、雍四州者，官斗二百斛賞一階；入二華州者，五百石賞一階。不限多少，粟畢授官。』虜賊據潼關。丁未，追復故東平王匡爵，改封濟南王。庚申，東郡民趙顯德反，殺太守裴煙，自號都督，立其兄子為太守。詔都督李仁叔討之。是月，蕭衍將成景雋寇彭城，詔員外常侍，崔孝芬為行臺，率將擊走之。

三月甲子，詔將西討，中外戒嚴。虜賊走，復潼關。戊辰，詔將回駕北討。詔金紫光祿大夫源子邕為大都督，討葛榮。辛未，齊州廣川民劉鈞執清河太守邵懷，聚眾反，自署大行臺。清河民房須自署大都督，屯據昌國城。

夏四月，別將元斌之討東郡，斬顯德。己酉，蠕蠕國遣使朝貢。六月，蠕蠕國遣使朝貢。是月，詔都督李叔仁討劉鈞，平之。

秋七月，陳郡民劉獲、鄭辯反於西華，號年天授，州軍討平之。相州刺史、安樂王鑒據州反。己丑，大赦天下。是月，青州刺史、彭城王劭，南青州刺史胡平，遣將斬蕭衍將彭羣首，俘獲二千餘人。

八月，都督源子邕、李軌、裴衍攻鄴。丁未，斬鑒，相州平。仍令子邕等討葛榮。

九月辛卯，東豫州刺史元慶和以城南叛。戊子，蠕蠕國遣使朝貢。秦州城民杜粲殺莫折念生，自行州事。南秦州城民辛琛自行州事，遣使歸罪。

冬十月戊申，曲赦恒農已西，河北、正平、平陽、邵郡及關西諸州。辛亥，以衛將軍、討虜大部都督爾朱榮為車騎大將軍、儀同三司。甲寅，雍州刺史蕭寶夤據州反，自號曰齊，年稱隆緒。詔尚書右僕射長孫稚討之。十有一月己丑，葛榮攻陷冀州，執刺史元孚，逐出居民，凍死者十六七。

十有二月戊申，都督源子邕、裴衍與葛榮戰，敗於陽平東北漳水曲，並戰歿。是月，杜粲為駱超所殺，超遣使歸罪。

武泰元年春正月癸亥，以北海王顥為驃騎大將軍、開府儀同三司、相州刺史。乙丑，定州為杜洛周所陷，執刺史楊津。瀛州刺史元寧以城降於洛周。皇女生，秘言皇子。丙寅，大赦，改元。丙子，長孫稚平潼關。丁丑，雍州城人侯終德相率攻寶夤，寶夤攜南陽公主及子，與百餘騎渡渭而

走，雍州平。

二月，以長孫稚為車騎大將軍、開府儀同三司、雍州刺史、兼尚書僕射、西道行臺。羣盜燒劫鞏縣以西，關口以東，公路澗以南。詔武衛將軍李神軌為都督，討平之。【略】

是月，杜洛周為葛榮所并。

三月癸未，葛榮攻陷滄州，執刺史薛慶之，居民死者十八九。

又 卷一〇《孝莊帝紀》 （武泰元年六月）辛卯，南荊州刺史李志據城南叛。通直散騎常侍高乾邕及弟等，率合流民、起兵於齊州之平原，頻破州軍。詔東道大使元欣喻旨，乃降。

是月，葛榮飢，使其僕射任褒率車三萬餘乘南寇，至沁水。癸卯，以高昌王世子光為平西將軍、瓜州刺史，襲爵泰臨縣開國伯、高昌王。太尉公、上黨王天穆為大都督、東北道諸軍事，率都督宗正珍孫、奚毅、賀拔勝、爾朱陽都等討任褒。帝以寇難未夷，避正殿，責躬撤膳。又班募格，收集忠勇。其有直言正諫之士、敢決徇義之夫、陳國家利害之謀、赴君親危難之節者，集華林園，面論事。

幽州平北府主簿河間邢杲，率河北流民十餘萬戶反於青州之北海，自署漢王，號年天統。戊申，以征東將軍、金紫光祿大夫李叔仁為車騎大將軍、儀同三司，率衆討之。詔直寢紀業持節募新免牧戶，有投名效力者授九品官。己酉，詔諸有私馬仗從戎者，職人優兩大階，亦授實官；白民出身外，優兩階，亦授實官。若武藝超倫者，雖無私馬，亦依前條；雖不超倫，但射槊翹關一藝而膽略有施者，依第出身外，特優一大階，授實官。若無姓第者，從八品出身，階依前加，特授實官。辛亥，詔曰：『朕當親御六戎，掃靜燕代。大將軍、太原王爾朱榮率精甲十萬為左軍，上黨王天穆總衆八萬為前軍，司徒公楊椿勒兵十萬為右軍，司空公穆紹統卒八萬為後軍。』

是月，葛榮衆退屯相州之北。【略】

（七月）壬子，光州人劉舉聚衆數千反於濮陽，自稱皇武大將軍。是月，高平鎮人万俟醜奴僭稱大位，署置百官。是月，臨淮王彧自江南還朝。

八月，太山太守羊侃據郡引蕭衍將軍王辯攻兖州。甲辰，詔大都督宗正珍孫率南廣州刺史、都督鄭先護討劉舉於濮陽，破平之。以侍中、驃騎大將軍、臨淮王彧為儀同三司。是月，葛榮率衆圍相州。

九月乙丑，詔太尉公、上黨王天穆討葛榮，次於朝歌之南。己巳，以征東將軍、齊州刺史元欣為沛郡王。壬申，柱國大將軍爾朱榮率騎七萬討葛榮於滏口，破擒之，餘衆悉降。冀、定、滄、瀛、殷五州平。乙亥，以平葛榮，大赦天下，改為永安元年。辛巳，以柱國大將軍、太原王爾朱榮為大丞相、都督河北畿外諸軍事，以榮子平昌郡開國公文殊、昌樂郡公文暢並進爵為王，以司徒公楊椿為太保，城陽王徽為司徒。

冬十月丁亥，爾朱榮檻送葛榮於京師。帝臨閶闔門，榮稽顙謝罪，斬於都市。

尉遲迥之亂

《周書》卷二一《尉遲迥傳》 孝閔踐阼，進位柱國大將軍。又以（尉遲）迥有平蜀之功，同霍去病冠軍之義，封寧蜀公。進蜀公，爵邑萬戶。

宣帝即位，以迥為大前疑，出為相州總管。宣帝崩，隋文帝輔政，以迥望位夙重，懼為異圖，乃令迥子魏安公惇齎詔書以會葬徵迥。尋以鄖公韋孝寬代迥為總管。迥以隋文帝當權，將圖篡奪，遂謀舉兵，留惇而不受代。隋文帝又使候正破六汗裒詣迥喻旨，密與總管府長史晉昶等書，令為之備。迥聞之，殺長史及裒。乃集文武士庶，登城北樓而令之曰：『楊堅以凡庸之才，藉后父之勢，挾幼主而令天下，威福自己，賞罰無章，不臣之迹，暴於行路。吾居將相，與國舅甥，同休共戚，義由一體。先帝處吾於此，本欲寄以安危。今欲與卿等糾合義勇，匡國庇人，進可以享榮名，退可以終臣節。卿等以為何如？』於是衆咸從命，莫不感激。乃自稱大總管，承制署置官司。於時趙王招已入朝，留少子在國，迥又奉以號令。迥弟子勤，時為青州總管，亦從迥。迥所管相、衛、黎、毛、洺、貝、趙、冀、瀛、滄，勤所統青、膠、光、莒諸州，皆從之。衆數十萬。滎州刺史邵公宇文胄、申州刺史李惠、東楚州刺史費也利進、東潼州刺史曹孝達，各據州以應迥。迥又北結高寶寧以通突厥；南連陳人，許割江、淮之地。

隋文帝於是徵兵討迥，即以韋孝寬為元帥。惇率衆十萬入武德，軍於

沁東。孝寬等諸軍隔水相持不進。隋文帝又遣高熲馳驛督戰。惇布兵二十里，麾軍小卻，欲待孝寬軍半度擊之。孝寬因其小卻，鳴鼓齊進，惇大敗。孝寬乘勝進至鄴。迥與子惇、祐等又悉其卒十三萬，陳於城南。迥別統萬人，皆綠巾錦襖，號曰黃龍兵。勤率衆五萬，自青州赴迥，以三千騎先到。迥舊習軍旅，雖老猶被甲臨陣。其麾下兵，皆關中人，為之力戰。孝寬等軍失利而卻。鄴中士女，觀者如堵。高熲與李詢整陣，先犯觀者，因其擾而乘之。迥大敗，遂入鄴。迥走保北城，孝寬縱兵圍之。李詢、賀樓子幹以其屬先登。迥上樓，射殺數人，乃自殺。勤、惇等東走，并追獲之。餘衆，月餘皆斬之。

迥末年衰耄，惑於後妻王氏，而諸子多不睦。以開府、小御正崔達拏為長史，餘委任亦多用齊人。達拏文士，無籌略，舉措多失綱紀，不能有所匡救。迥自起兵至敗，六十八日。

《隋書》卷一《高祖紀上》 （大象二年）六月，趙王招、陳王純、越王盛、代王達、滕王逌並至於長安。相州總管尉遲迥自以重臣宿將，志不能平，遂舉兵東夏。趙、魏之士，從者若流，旬日之間，衆至十餘萬。又宇文胄以滎州，石愻以建州，席毗以沛郡，毗弟叉羅以兗州，皆應於迥。迥遣子質於陳請援。高祖命上柱國、鄖國公韋孝寬討之。雍州牧畢王賢及趙、陳等五王，以天下之望歸於高祖，因謀作亂。高祖執賢斬之，寢趙王等之罪，因詔五王劍履上殿，入朝不趨，用安其心。

七月，陳將陳紀、蕭摩訶等寇廣陵，吳州總管於顗轉擊破之。廣陵人杜喬生聚衆反，刺史元義討平之。韋孝寬破尉遲迥於相州，傳首闕下，餘黨悉平。初，迥之亂也，鄖州總管司馬消難據州響應，淮南州縣多同之。命襄州總管王誼討之，消難奔陳。荆、郢羣蠻乘釁作亂，命亳州總管賀若誼討平之。先是，上柱國王謙為益州總管，既見幼主在位，政由高祖，遂起巴蜀之衆，以匡復為辭。高祖方以東夏、山南為事，未遑致討。謙進兵屯劍閣，陷始州。至是，乃命行軍元帥、上柱國梁睿討平之，傳首闕下。巴蜀阻險，人好為亂，於是更開平道，毀劍閣之路，立銘垂誡焉。五王陰謀滋甚，高祖齎酒肴以造趙王第，欲觀所為。趙王伏甲以宴高祖，高祖幾危，賴元胄以濟，語在《胄》傳。於是誅趙王招、越王盛。

論說

清·王夫之《讀通鑑論》卷一七《梁武帝一三》 僨帥橫於邊而軍心離，賕吏橫於邊而民心離，外有寇則速叛，外無寇則必反。邊任之重，中主具臣必輕之。袁翻、李崇憂六鎮之反，請重將領守令之選，匪特驗於拓拔氏，亦萬世之永鑑已。

均是將領也，而在邊之將，貪殘駑闒者，甚於腹裏；均是守令也，而在邊之守令，汙墨冒昧者，甚於內地。夫將領或挾虜寇以恣其所為，猶有辭也。守令之理民也無以異，而貪虐甚焉，無他，才望有餘之士，據善地以易奏成勞，則清華之擢，必其所捷得，而在邊者途窮望盡，姑偷利以俟歸休也。於是而邊方郡邑永為下劣之選，才望之士且恥為之，亦惡望其有可任之人乎？且也大帥近而或挫於武人矣，監軍出而或辱於中涓矣，芻糧庤而或疲於支給矣，重臣臨而或瘁於將迎矣。非夫塗窮望盡不獲已而姑受一命者，固不屑為也。人士之習見既然，司銓者遂因之以為除授之高下，於是沿邊之守令，莫非士流不齒之材，其氣茶，其情偷，苟且狼戾，至於人之所不忍為而為之不恥。及邊民之憔悴極、反叛起，然後思矯其弊，重選人才以收拾之，禍已發而非旦夕可挽矣。

唯開國之始，無長慮以持其終，愈流愈下而極重難回也，故袁翻、李崇危言之而不能動當事之心。至於破六韓拔陵、胡琛、莫折大提稱戈競起，而後追用崇言，改鎮為州，徒以殘危之地，强才臣而致之死地，何嗟及矣！大河以北，人狃於羯胡；五嶺以南，民習於寇攘；無人以治之，而中華愈蹙。但此荆、揚、徐、豫之上，蟻封其垤，雀安於堂，不亦悲乎！

又 《梁武帝一六》 莫折念生反於秦州，元志亟攻之，李苗上書請勒大將堅壁勿戰，謂『賊猖狂非有素蓄，勢在疾攻，遲之則人情離沮』。此萬世之長策也。

天下方寧而寇忽起，勿論其為夷狄、為盜賊，皆一時慓悍之氣，瞀不畏死者也。譬如勇戾之夫，忿起而求人與，行數里而不見與者，則氣衰而思遁矣。故乍起之兵，所畏者莫甚於曠日而不見敵。其資糧幾何也？其

器仗幾何也？其所得而擄掠者幾何也？稱兵已久，而不能殺吾一卒，則所以搖惑人心而人從之者又幾何也？乃當事者輕與急爭也，其不肖之情有二：一則畏怯，而居中持議者，唯恐其深入，則必從臾人以前禦而冀緩其憂；一則乘時徼利，而擁兵柄者欲詑其勇，輕用人以試，而幸其有功。且不但此也，司農憚於支給，郡邑苦於輸將，頑民吝其芻粟，不恤國之安危，唯思速竟其事，於是而寇之志得矣。冒突以一逞，乘敗而進，兵其兵也，食其食也，地其地也，氣益鋭，人益附，遂成乎不可撲滅之勢。然後驕懦之帥，反之以不戰，坐視其日强，而國因以亡。

嗚呼！以天下敵一隅，以百年之積、四海之挽敵野掠，坐以困之，未有不日消月萎而成擒者，六鎮豈能如魏何哉！魏自亡耳。强弱衆寡虚實之數較然也，强可以壓弱，衆可以制寡，實可以困虚，而亟起以授之掠奪，惴惴然驚，悖悖然起，敗軍殺將，破國亡君，愚者之情形，古今如一，悲夫！

雜録

清·王鳴盛《十七史商榷》卷六六《北史合魏齊周隋書二·尉迥尉綱》 周之尉遲迥及其弟綱，《周書》皆有傳，尉遲自是其複姓，與魏之尉古真、尉撥、尉元，齊之尉景、尉長命、尉瑾單姓尉者不同，《北史》往往省文，竟作單姓，如周世宗明帝天王元年、高祖武帝保定元年皆書尉綱，保定二年、四年皆書尉迥，皆非也。

討平宗藩叛亂分部

綜述

《魏書》卷八《世宗紀》 （永平元年）八月癸亥，冀州刺史、京兆王愉據州反。乙丑，假尚書李平鎮北將軍、行冀州事以討之。丁卯，大赦，改年。庚午，吐谷渾、庫莫奚國並遣使朝貢。九月辛巳朔，李平大破元愉於草橋。丙戌，復前中山王英本封。壬辰，蠕蠕國遣使朝貢。定州刺史、安樂王詮大破元愉於信都北。戊戌，殺侍中、太師、彭城王勰。辛丑，詔赦冀州民雜工役爲元愉所詿誤者。其能斬獲逆黨，別加優賞。癸卯，李平克信都，元愉北走，斬其所署冀州牧韋超、右衛將軍睦雅、尚書僕射劉子直、吏部尚書崔朏等。統軍叔孫頭執愉送信都。羣臣請誅愉，帝弗許，詔送京師。冀州平。

又 卷一四《拓跋六修傳》 穆帝長子六修，少而凶悖。穆帝五年，遣六修為前鋒，與輔相衛雄、范班及姬澹等救劉琨。帝躬統大兵為後繼。劉粲懼，焚燒輜重，突圍遁走。縱騎追之，殺傷甚衆。帝因大獵於壽陽山，陳閲皮肉，山為變赤。及晉懷帝為劉聰所執，穆帝遣六脩與桓帝子普根率精騎助劉琨。初穆帝少子比延有寵，欲以為後。六修出居新平城，而黜其母。六修有驊騮駿馬，日行五百里，穆帝欲取以給比延。後六修來朝，穆帝又命拜比延，六修不從。穆帝乃坐比延於己所乘步輦，使人導從出遊。六修望見，以為穆帝，謁伏路左，及至，乃是比延，慚怒而去。召之，不還。穆帝怒，率衆伐之。帝軍不利，六修殺比延。帝改服微行民間，有賤婦人識帝，遂暴崩。普根先守於外，聞難，率衆來赴。攻六修，滅之。

又 《元丕傳》 初，李沖又德望所屬，既當時貴要，有杖情，遂與子超娶沖兄女，即伯尚妹也。（元）丕前妻子隆同產數人，皆與別居。後得宫人，所生同宅共產。父子情因此偏。

丕父子大意不樂遷洛。高祖之發平城，太子恂留於舊京，及將還洛，隆與超等密謀留恂，因舉兵斷關，規據陘北。時丕以老居并州，雖不預其始計，而隆、超咸以告丕。丕外慮不成，口雖致難，心頗然之。及高祖幸平城，推穆泰等首謀，隆兄弟並是黨。丕亦隨駕至平城，每於測問，令丕坐觀。隆、超與元業等兄弟並以謀逆伏誅。有司奏處孥戮，詔以丕應連坐，但以先許不死之詔，躬非染逆之身，聽免死，仍為太原百姓，其後妻二子聽隨。隆、超母弟及餘庶兄弟，皆徙敦煌。丕時年垂八十，猶自平城力載，隨駕至洛陽。高祖每遣左右慰勉之，乃還晉陽。

高祖崩，丕自并州來赴，世宗引見之。以丕舊老，禮有加焉。尋敕留

洛陽。後宴於華林都亭，特令二子扶侍坐起。丕仕歷六世，垂七十年，位極公輔，而還為民庶，然猶心戀京邑，不能自絕人事。尋詔以丕為三老。景明四年薨，年八十二。詔贈左光祿大夫、冀州刺史，謚曰平。

長子隆，先以反誅。隆弟乙升、超，亦同誅。

又 卷一五《衛王拓跋儀傳》 太祖以（拓跋）儀器望，待之尤重，數幸其第，如家人禮。儀矜功恃寵，遂與宜都公穆崇謀為亂，伏武士伺太祖，欲為逆。崇子遂留在伏士中，太祖召之，將有所使。遂留聞召，恐發，逾牆告狀，太祖秘而恕之。天賜六年，天文多變，占者云『當有逆臣伏屍流血』。太祖惡之，頗殺公卿，欲以厭當天災。儀內不自安，單騎遁走。太祖使人追執之，遂賜死，葬以庶人禮。

又 《朱提王拓跋悅傳》 悅外和內佷，太祖常以桓王死王事，特加親寵。為左將軍，襲封。後為宗師。悅恃寵驕矜，每謂所親王洛生之徒言曰：『一旦宮車晏駕，吾止避衛公，除此誰在吾前？』衛王儀，美髯，為內外所重，悅故云。初，姚興之贖狄伯支，悅送之。路由雁門，悅因背誘姦豪，以取其意，後遇事譴，逃亡，投雁門，規收豪傑，欲為不軌，為土人執送，太祖恕而不罪。太宗即位，引悅入侍，仍懷姦計，說帝云：『京師雜人，不可保信，宜誅其非類者。又雁門人多詐，並可誅之。』欲以雪其私忿。太宗不從。悅內自疑懼，懷刀入侍，謀為大逆。叔孫俊疑之，竊視其懷，有刀，執而賜死。

又 卷一七《永昌王拓跋仁傳》 仁亦驍勇，有父風，世祖奇之。後與濮陽王閭若文謀為不軌，發覺，賜死，國除。

又 《建寧王拓跋崇傳》 建寧王崇，泰常七年封，拜輔國將軍。從討北虜有功。高宗時，封崇子麗濟南王。後與京兆王杜元寶謀逆，父子並賜死。

又 《新興王拓跋俊傳》 新興王俊，泰常七年封，拜鎮東大將軍。少善騎射，多才藝。坐法，削爵為公。俊好酒色，多越法度。又以母先遇罪死，而己被貶削，恒懷怨望，頗有悖心。後事發，賜死，國除。

又 卷二一上《咸陽王元禧傳》 世宗既覽政，（元）禧意不安。而其國齊帥劉小苟，每稱左右言欲誅禧。禧聞而歎曰：『我不負心，天家豈應如此！』由是常懷憂懼。加以趙脩專寵，王公罕得進見。禧遂與其妃兄兼給事黃門侍郎李伯尚謀反。時世宗幸小平津，禧在城西小宅。初欲勒兵直入金墉，衆懷沮異，禧心因緩。自旦達晡，計不能決，遂約不泄而散。武興王楊集始出便馳告，而禧意不疑。乃與臣妾向匯池別墅，遣小苟奉啓，云『檢行田牧』。小苟至邙嶺，已逢軍人，怪小苟赤衣，將欲殺害。小苟困迫，言欲告反，乃緩之。禧是夜宿於洪池，大風暴雨，拔樹折木。禧不知事露。其夜，或說禧曰：『殿下集衆圖事，見意而停，恐必漏泄，今夕何宜自寬。恐危禍將至。』禧曰：『有此軀命，應知自惜，豈待人言。』又說曰：『殿下兒婦已渡河，兩頭不相知，今俯眉自安，不其危乎！』禧曰：『初遣去日，令如行人渡河，聽我動靜。我久已遣人追之，計今應還。』而尹仵期與禧長子通已入河內郡，列兵仗，放囚徒。而將士所在追禧。

禧自洪池東南走，僮僕不過數人，左右從禧者，唯兼防閤尹龍虎。禧憂迫不知所為，謂龍虎曰：『吾憒憒不能堪，試作一謎，當思解之，以釋毒悶。』龍虎欻憶舊謎云：『眠則俱眠，起則俱起，貪如豺狼，贓不入己。』都不有心於規刺也。禧亦不以為諷己，因解之曰：『此是眼也。』而龍虎謂之是箸。渡洛水，至柏谷塢，從者唯禧二舅及龍虎而已。顧謂龍虎曰：『凡夫尚有節義，相為取死，汝可勉心，作與太尉公同死計。』龍虎曰：『龍虎東野常人，遭殿下寬明，接處左右。今屬危難，恨無遠計匡濟聖躬，若與殿下同命，雖死猶生。』俄而禧被擒獲，送華林都亭。世宗親問事源，著千斤鎖格龍虎，羽林掌衛之。

初，高祖閑宴，從容言於禧等：『我後子孫，邂逅不逮，汝等觀望輔取之理，無令他人有也。』禧臨盡，雖言不次第，猶尚泣涕，追述先旨，然畏迫喪志，不能慷慨有所感激也。及與諸妹公主等訣，言及一二愛妾。公主哭且罵之云：『坐多取此婢輩，貪逐財物，畏罪作反，致今日之事，何復囑問此等！』禧愧而無言，遂賜死私第。其宮人歌曰：『可憐咸陽王，奈何作事誤。金床玉几不能眠，夜蹋霜與露。洛水湛湛彌岸長，行人那得渡？』其歌遂流至江表，北人在南者，雖富貴，弦管奏之，莫不灑泣。同謀誅斬者數十人，潛瘞禧於北邙。絕其諸子屬籍。禧之諸女，微給資產奴婢，自餘家財，悉以分賚高肇、趙脩二家。其餘賜內外百官，逮於流外，多者百餘匹，下至十匹。於後，禧諸子每乏衣食，獨彭城王勰歲中

再三賑給之。

《周書》卷一三《衛剌王宇文直傳》 衛剌王直，字豆羅突。魏恭帝三年，封秦郡公，邑一千户。武成初，出鎮蒲州，拜大將軍，進衛國公，邑萬户。保定初，爲雍州牧，尋進位柱國，轉大司空，出爲襄州總管。天和中，陳湘州刺史華皎舉州來附。詔直督綏德公陸通、大將軍田弘、權景宣、元定等兵赴援，與陳將淳于量、吴明徹等戰於沌口。直軍不利，元定遂没江南。直坐免官。

直高祖母弟，性浮詭，貪狠無賴。以晋公護執政，遂貳於帝而昵護。及沌口還，愠於免黜，又請帝除之，冀得其位。帝夙有誅護之意，遂與直謀之。及護誅，帝乃以齊王憲爲大冢宰。直既乖本望，又請爲大司馬，意欲總知戎馬，得擅威權。帝揣知其意，謂之曰：『汝兄弟長幼有序，寧可反居下列也？』乃以直爲大司徒。建德三年，進爵爲王。初，高祖以直第爲東宫，更使直自擇所居。直歷觀府署，無稱意者，至廢陟屺佛寺，欲居之。齊王憲謂直曰：『弟兒女成長，理須寬博，此寺褊小，詎是所宜。』直曰：『一身尚不自容，何論兒女！』憲怪而疑之。直嘗從帝校獵而亂行，帝怒，對衆撻之。自是憤怨滋甚。及帝幸雲陽宫，直在京師，舉兵反，攻肅章門。司武尉遲運閉門拒守，直不得入。語在《運傳》。直遂遁走，追至荆州，獲之，免爲庶人，囚於别宫。尋而更有异志，遂誅之，及其子賀、賓、塞、響、賈、秘、津、干理、干璪、干悰等十人，國除。

政治改革部

孝文帝改革分部

綜　述

《魏書》卷七上《高祖紀上》 （延興二年）二月乙巳，詔曰：『尼父稟達聖之姿，體生知之量，窮理盡性，道光四海。頃者淮徐未賓，廟隔非所，致令祠典寢頓，禮章殄滅，遂使女巫妖覡，淫進非禮，殺生鼓舞，倡優媟狎。豈所以尊明神敬聖道者也！自今已後，有祭孔子廟，制用酒脯而已，不聽婦女合雜，以祈非望之福。犯者以違制論。其公家有事，自如常禮，犧牲粢盛，務盡豐潔。臨事致敬，令肅如也。牧司之官，明糾不法，使禁令必行。』【略】

（十月）壬辰，分遣使者巡省風俗，問民疾苦。帝每月一朝崇光宫。十有二月庚戌，詔曰：『《書》云：「三載一考，三考黜陟幽明。」頃者已來，官以勞升，未久而代。牧守無恤民之心，競為聚斂，送故迎新，相屬於路，非所以固民志，隆治道也。自今牧守温仁清儉、克己奉公者，可久於其任。歲積有成，遷位一級。其有貪殘非道、侵削黎庶者，雖在官甫爾，必加黜罰。著之於令，永為彝準。』【略】

（延興三年二月）癸丑，詔牧守令長，勤率百姓，無令失時。同部之內，貧富相通。家有兼牛，通借無者。若不從詔，一門之內終身不仕。守宰不督察，免所居官。戊午，太上皇帝至自北討，飲至策勳，告於宗廟。死王事者復其家。詔畿內民從役死事者，郡縣為迎喪，給以葬費。甲戌，詔縣令能靜一縣劫盜者，兼治二縣，即食其祿；能靜二縣者，兼治三縣，三年遷為郡守。二千石能靜二郡，上至三郡，亦如之，三年遷為刺史。三月壬午，詔諸倉囷穀麥充積者，出賜貧民。【略】

（四月）詔以孔子二十八世孫魯郡孔乘為崇聖大夫，給十户以供灑掃。【略】

（太和元年正月）辛亥，詔曰：『今牧民者，與朕共治天下也。宜簡以徭役，先之勸獎，相其水陸，務盡地利，使農夫外布，桑婦內勤。若輕有徵發，致奪民時，以侵擅論。民有不從長教，惰於農桑者，加以罪刑。』【略】

（三月）丙午，詔曰：『朕政治多闕，災眚屢興。去年牛疫，死傷大半，耕墾之利，當有虧損。今東作既興，人須肄業。其敕在所督課田農，有牛者加勤於常歲，無牛者倍庸於餘年。一夫制治田四十畝，中男二十畝。無令人有餘力，地有遺利。』【略】

（太和八年）八月甲辰，詔曰：『帝業至重，非廣詢無以致治；王務至繁，非博採無以興功。先王知其如此，故虛己以求過，明恕以思咎。

是以諫鼓置於堯世，謗木立於舜庭，用能耳目四達，庶類咸熙。朕承累聖之洪基，屬千載之昌運，每布遐風，景行前式。承明之初，班下內外，聽人各盡規，以補其闕。中旨雖宣，允稱者少。故變時法，遠遵古典，班制俸祿，改更刑書。寬猛未允，人或異議，思言者莫由申情，求諫者無因自達，故令上明不周，下情壅塞。今制百辟卿士，工商吏民，各上便宜。利民益治，損化傷政，直言極諫，勿有所隱，務令辭無煩華，理從簡實。朕將親覽，以知世事之要，使言之者無罪，聞之者足以為戒。』九月甲午，蕭賾遣使朝貢。戊戌，詔曰：『俸制已立，宜時班行，其以十月為首，每季一請。』於是內外百官，受祿有差。【略】

（太和九年）冬十月丁未，詔曰：『朕承乾在位，十有五年。每覽先王之典，經綸百氏，儲畜既積，黎元永安。爰暨季葉，斯道陵替。富强者并兼山澤，貧弱者望絕一廛，致令地有遺利，民無餘財，或爭畝畔以亡身，或因饑饉以棄業，而欲天下太平，百姓豐足，安可得哉？今遣使者，循行州郡，與牧守均給天下之田，還以生死為斷，勸課農桑，興富民之本。』

又　卷七下《高祖紀下》　（太和十年）九月辛卯，詔起明堂、辟雍。

冬十月癸酉，有司議依故事，配始祖於南郊。十有一月，議定州郡縣官依戶給俸。【略】

十有一年春正月丁亥朔，詔定樂章，非雅者除之。【略】

冬十月辛未，詔罷起部無益之作，出宮人不執機杼者。甲戌，詔曰：『鄉飲禮廢，則長幼之敍亂。孟冬十月，民閑歲隙，宜於此時導以德義。可下諸州，黨里之內，推賢而長者，教其里人父慈、子孝、兄友、弟順、夫和、妻柔。不率長教者，具以名聞。』十有一月丁未，詔罷尚方錦繡綾羅之工，四民欲造，任之無禁。其御府衣服、金銀、珠玉、綾羅、錦繡，太官雜器，太僕乘具，內庫弓矢，出其太半，班賚百官及京師士庶，下至工商皂隸，逮於六鎮戍士，各有差。【略】

（太和十五年八月）己亥，詔諸州舉秀才，先盡才學。乙巳，親定禘祫之禮。丁巳，議律令事，仍省雜祀。【略】

（十一月）乙亥，大定官品。戊寅，考諸牧守。【略】丁亥，詔二千石考在上上者，假四品將軍，賜乘黃馬一匹；上中者，五品將軍；上下者，賜衣一襲。十有二月壬辰，遷社於內城之西。癸巳，頒賜刺史已下衣冠。【略】

（太和十六年）四月丁亥朔，班新律令，大赦天下。癸巳，契齧國遣使朝貢。甲寅，幸皇宗學，親問博士經義。五月癸未，詔羣臣於皇信堂更定律條，流徒限制，帝親臨決之。【略】

十有二月，賜京邑老人鳩杖。【略】

（太和十七年六月）乙巳，詔曰：『六職備於周經，九列炳於漢晉，務必有恒，人守其職。此百秩雖陳，事典未敍。自八元樹位，躬加省覽，遠依往籍，近采時宜，作《職員令》二十一卷。事迫戎期，未善周悉。雖不足綱範萬度，永垂不朽，且可釋滯目前，釐整時務。須待軍回，更論所闕，權可付外施行。其有當局所疑而令文不載者，隨事以聞，當更附之。』【略】

（太和十八年）九月壬申朔，詔曰：『三載考績，自古通經；三考黜陟，以彰能否。今若待三考然後黜陟，可黜者不足為遲，可進者大成賒緩。是以朕今三載一考，考即黜陟，欲令愚滯無妨於賢者，才能不壅於下位。各令當曹考其優劣，為三等。六品以下，尚書重問；五品以上，朕將親與公卿論其善惡。上上者遷之，下下者黜之，中中者守其本任。』壬午，帝臨朝堂，親加黜陟。【略】

（太和十九年四月）癸丑，幸小沛，遣使以太牢祭漢高祖廟。己未，行幸瑕丘，遣使以太牢祠岱嶽。詔宿衛武官增位一級。庚申，行幸魯城，親祠孔子廟。辛酉，詔拜孔氏四人、顏氏二人為官。詔兗州刺史舉部內士人才堪軍國及守宰治行，具以名聞。又詔賜兗州民爵及粟帛如徐州。又詔選諸孔宗子一人，封崇聖侯，邑一百戶，以奉孔子之祀。又詔兗州為孔子起園柏，修飾墳壟，更建碑銘，褒揚聖德。【略】

二十年春正月丁卯，詔改姓為元氏。【略】

（太和二十一年）夏四月庚申，幸龍門，遣使者以太牢祭夏禹。癸亥，行幸蒲阪，遣使者以太牢祭虞舜。戊辰，詔修堯、舜、夏禹廟。

論說

唐·杜佑《通典》卷二《食貨二·田制下》 後魏孝文帝太和十一年大旱，十二年，祕書丞李彪上表：『請別立農官，取州郡戶十分之一為屯田人。相水陸之宜，料頃畝之數，以贓贖雜物市牛科給，令其肆力。一夫之田，歲責六十斛，甄其正課並征戍雜役。行此二事，數年之中則穀積而人足矣。』帝覽而善之，尋施行焉。自此公私豐贍，雖有水旱，不為害也。

宋·王應麟《困學紀聞》卷一六《考史·歷代田制考》 劉氏恕曰：『後魏均田制度，似今世佃官田及絕戶田出租稅，非如三代井田也。魏、齊、周、隋兵革不息，農民少而曠土多，故均田之制存；至唐承平日久，丁口滋衆，官無閑田，不復給授，故田制為空文。《唐志》云：「口分、世業之田壞而為兼幷」。似指以為井田之比，失之遠矣。』

雜録

《魏書》卷一〇八之一《禮志一》 （太和）六年十一月，將親祀七廟，詔有司依禮具儀。於是羣臣議曰：『昔有虞親虔，祖考來格；殷宗躬謁，介福遄降。大魏七廟之祭，依先朝舊事，多不親謁。今陛下孝誠發中，思親祀事，稽合古王禮之常典。臣等謹案舊章，幷採漢魏故事，撰祭服冠屨牲牢之具，罍洗簠簋俎豆之器，百官助祭位次，樂官節奏之引，升降進退之法，別集為親拜之儀。』制可。於是上乃親祭。其後四時常祀，皆親之。

十年四月，帝初以法服御輦，祀於西郊。

十二年十月，帝親築圜丘於南郊。

十三年正月，帝以大駕有事於圜丘。五月庚戌，車駕有事於方澤。壬戌，高祖臨皇信堂，引見羣臣。詔曰：『《禮記祭法》稱：「有虞氏禘黃帝。」《大傳》曰「禘其祖之所自出」，又稱「不王不禘」。《論》曰：「「禘自既灌。」《詩》、《頌》：「《長發》，大禘。」《爾雅》曰：「禘，大祭也。」夏殷四時祭：礿、禘、烝、嘗，周改禘為祠。《祭義》稱「春祭、秋嘗」，亦夏殷祭也。《王制》稱：「犆礿、祫禘、祫嘗祫烝。」其禮傳之文如此。鄭玄解禘，天子祭圜丘曰禘，祭宗廟大祭亦曰禘。三年一祫，五年一禘，祫則合羣毀廟之主於太廟，合而祭之。禘則增及百官配食者，審諦而祭之。天子先禘佩而後時祭，諸侯先時祭而後禘佩。魯禮，三年喪畢而祫，明年而禘。圜丘、宗廟大祭俱稱禘，祭有兩禘明也。王肅解禘祫，稱天子諸侯皆禘於宗廟，非祭天之祭。郊祀后稷，不稱禘，宗廟稱禘。禘、祫一名也，合而祭之故稱祫，審諦之故稱禘，非兩祭之名。三年一祫，五年一禘，總而互舉之，故稱五年再殷祭，不言一禘一祫，斷可知矣。禮文大略，諸儒之說，盡具於此。卿等便可議其是非。』

尚書游明根、左丞郭祚、中書侍郎封琳、著作郎崔光等對曰：『鄭氏之義，禘者大祭之名。大祭圜丘謂之禘者，審諦五精星辰也；大祭宗廟謂之禘者，審諦其昭穆。圜丘常合不言祫，宗廟時合故言祫。斯則宗廟祫趾並行，圜丘一禘而已。宜於宗廟俱行禘祫之禮。二禮異，故名殊。依《禮》，春廢犆礿，於嘗於蒸則祫，不於三時皆行禘佩之禮。』中書監高閭、儀曹令李韶、中書侍郎高遵等十三人對稱：『禘祭圜丘之禘與鄭義同，其宗廟禘祫之祭與王義同。與鄭義同者，以為有虞禘黃帝，黃帝非虞在廟之帝，不在廟，非圜丘而何？又《大傳》稱祖其所自出之祖，又非在廟之文。《論》稱「禘自既灌」，事似據。《爾雅》稱「禘，大祭也」。《頌》「《長發》，大禘也」，殷王之祭。斯皆非諸侯之禮，諸侯無禘。禮唯夏殷，夏祭稱禘，又非宗廟之禘。魯行天子之儀，不敢專行圜丘之禘，改殷之禘，取其禘名於宗廟，因先有祫，遂生兩名。據王氏之義，祫而禘祭之，故言禘祫，總謂再殷祭，明不異也。禘祫一名也。其禘祫止於一時，止於一時者，祭不欲數，數則黷。一歲而三禘，愚以為過數。』

帝曰：『尚書、中書等，據二家之義，論禘佩詳矣。然於行事取衷，猶有未允。監等以禘佩為名，義同王氏，禘祭圜丘，事與鄭同。無所間然。尚書等與鄭氏同，兩名兩祭，並存並用，理有未稱。俱據二義，一時禘祫，而闕二時之禘，事有難從。夫先王制禮，內緣人子之情，外協尊卑之序。故天子七廟，諸侯五廟，大夫三廟，數盡則毀，藏主於太祖之廟，三年而祫祭之。世盡則毀，以示有終之義；三年而祫，以申追遠之情。

禘佩既是一祭，分而兩之，事無所據。毀廟三年一祫，又有不盡四時，於禮為闕。七廟四時常祭，祫則三年一祭，而又不究四時，於情為簡。王以禘佩為一祭，王義為長。鄭以圜丘為禘，與宗廟大祭同名，義亦為當。今互取鄭、王二義。禘佩並為一名，從王；禘佩是祭圜丘大祭之名，上下同用，從鄭。若以數則黷，五年一禘，改祫從禘。五年一禘，則四時盡禘，以稱今情。禘則依《禮》文，先禘而後時祭。便即施行，著之於令，永為世法。』

高閭曰：『《書》稱：「肆類于上帝，禋于六宗。」六宗之祀，《禮》無明文，名位壇兆，歷代所疑。漢魏及晉諸儒異說，或稱天地四時，或稱六者之間，或稱《易》之六子，或稱風雷之類，或稱星辰之屬，或曰世代所宗，或云宗廟所尚，或曰社稷五祀，凡有十一家。自晉已來，逮于聖世，以為論者雖多，皆有所闕，莫能評究。遂相因承，別立六宗之兆，總為一位而祭之。比敕臣等評議取衷，附之祀典。臣等承旨，披究往說，各有其理。較而論之，長短互有，若偏用一家，事或差舛。衆疑則從多，今惑則仍古。請依先別處六宗之兆，總為一祀而祭之。』帝曰：『詳定朝令，祀為事首，以疑從疑，何所取正？昔石渠、虎閣之議，皆准類以引義，原事以證情，故能通百家之要，定累世之疑。況今有文可據，有本可推，而不評而定之，其致安在？朕躬覽《尚書》之文，稱肆類上帝，禋於六宗，文相連屬，理似一事。上帝稱肆而無禋，六宗言禋而不別其名。以此推之，上帝、六宗當是一時之祀，非別祭之名。肆類非獨祭之目，焚煙非他祀之用。六宗者，必是天皇大帝及五帝之神明矣。禋是祭帝之事，故稱禋以關其他，故稱六以證之。然則肆類上帝，禋於六宗，一祭也，互舉以成之。今祭圜丘，五帝在焉，其牲幣俱禋，故稱肆類上帝，禋於六宗。一祭而六祀備焉。六祭既備，無煩復別立六宗之位。便可依此附令，永為定法。』

十四年八月詔曰：『丘澤初志，配尚宜定，五德相襲，分敍有常。然異同之論，著於往漢，未詳之說，疑在今史。羣官百辟，可議其所應，必令合衷，以成萬代之式。』

中書監高閭議以為：『帝王之作，百代可知，運代相承，書傳可驗。雖祚命有長短，德政有優劣，至於受終嚴祖，殷薦上帝，其致一也。故敢述其前載，舉其大略。臣聞居尊據極，允應明命者，莫不以中原為正統，神州為帝宅。苟位當名全，化迹流洽，則不專以世數為與奪，善惡為是非。故堯舜禪揖，一身異尚；魏晉相代，少紀運殊。桀紂至虐，不廢承歷之敍；厲惠至昏，不闕周晉之錄。計五德之論，始自漢劉，一時之議，三家致別。故張蒼以漢為水德，賈誼、公孫臣以漢為土德，劉向以漢為火德。以為水德者，正以嘗有水溢之應，則不推運代相承之數矣。以土德者，則以亡秦繼歷，相即為次，不推逆順之異也。以為火德者，懸證赤帝斬蛇之符，棄秦之暴，越惡承善，不以世次為正也，故以承周為火德。自茲厥後，乃以為常。魏承漢，火生土，故魏為土德。晉承魏，土生金，故晉為金德。趙承晉，金生水，故趙為水德。燕承趙，水生木，故燕為木德。秦承燕，木生火，故秦為火德。秦之未滅，皇魏未克神州，秦氏既亡，大魏稱制玄朔。故平文之廟，始稱「太祖」，以明受命之證，如周在岐之陽。若繼晉，晉亡已久；若棄秦，則中原有寄。推此而言，承秦之理，事為明驗。故以魏承秦，魏為土德，又五緯表驗，黃星曜彩，考氏定實，合德軒轅，承土祖未，事為著矣。又秦趙及燕，雖非明聖，各正號赤縣，統有中土，郊天祭地，肆類咸秩，明刑制禮，不失舊章。奄岱逾河，境被淮漢。非若齷齪邊方，僭擬之屬，遠如孫權、劉備，近若劉裕、道成，事係蠻夷，非關中夏。伏惟聖朝，德配天地，道被四海，承乾統歷，功侔百王。光格同於唐虞，享祚流於周漢，正位中境，奄有萬方。今若並棄三家，遠承晉氏，則蔑中原正次之實。存之無損於此，而有成於彼；廢之無益於今，而有傷於事。臣愚以為宜從尚黃，定為土德。又前代之君，明賢之史，皆因其可褒褒之，可貶貶之。今議者偏據可絕之義，而不録可全之禮。所論事大，垂之萬葉。宜並集中秘羣儒，人人別議，擇其所長，於理為悉。』

秘書丞臣李彪、著作郎崔光等議以為：『尚書閭議，繼近秦氏。臣職掌國籍，頗覽前書，惜此正次，慨彼非緒。輒仰推帝始，遠尋百王。魏雖建國君民，兆朕振古，祖黃制朔，綿迹有因。然此帝業，神元為首。案神元、晉武，往來和好。至於桓、穆，洛京破亡。二帝志摧聰、勒，思存晉氏，每助劉琨，申威並冀。是以晉室銜扶救之仁，越石深代王之請。平文、太祖，抗衡苻石，終平燕氏，大造中區。則是司馬祚終於郟鄏，而元

氏受命於雲代。蓋自周之滅及漢正號，幾六十年，著符尚赤。後雖張、賈殊議，暫疑而卒從火德，以繼周氏。排虐嬴以比共工，蔑暴項而同吳廣。近蠲謬僞，遠即神正，若此之明也。寧使白蛇徒斬，雕雲空結哉！自有晉傾淪，暨登國肇號，亦幾六十餘載，物色旗幟，率多從黑。是又自然合應，玄同漢始。且秦並天下，革創法度，漢仍其制，少所變易。猶仰推五運，竟蹕隆姬。而況劉、石、苻、燕，世業促褊，綱紀弗立。魏接其弊，自有彝典，豈可異漢之承木，捨晉而為土邪？夫皇統崇極，承運至重，必當推協天緒，考審正次，不可雜以僭竊，參之强狡。神元既晉武同世，桓、穆與懷、湣接時。晉室之淪，平文始大，廟號太祖，抑亦有由。紹晉定德，孰曰不可，而欲次茲僞僭，豈非惑乎？臣所以慺慺惜之，唯垂察納。』詔令羣官議之。

十五年正月，侍中、司空、長樂王穆亮，侍中、尚書左僕射、平原王陸叡，侍中、吏部尚書、中山王王元孫，侍中、尚書、駙馬都尉、南平王馮誕，散騎常侍、都曹尚書、新泰侯遊明根，散騎常侍、南部令鄧侍祖，秘書中散李愷，尚書左丞郭祚，右丞、霸城子衛慶，中書侍郎封琳，中書郎、泰昌子崔挺，中書侍郎賈元壽等言：『臣等受敕共議中書監高閭、秘書丞李彪等二人所議皇魏行次。尚書高閭以石承晉為水德，以燕承石為木德，以秦承燕為火德，大魏次秦為土德，皆以地據中夏，以為得統之征。皇魏建號，事接秦末，晉既滅亡，天命在我。故因中原有寄，即而承之。彪等據神元皇帝與晉武並時，桓、穆二帝，仍修舊好。始自平文，逮於太祖，抗衡秦、趙，終平慕容。晉祚終於秦方，大魏興於雲朔。據漢棄秦承周之義，以皇魏承晉為水德。二家之論，大略如此。臣等謹共參論，伏惟皇魏世王玄朔，下迄魏、晉，趙、秦、二燕雖地據中華，德祚微淺，並獲推敍，於理未愜。又國家積德修長，道光萬載。彪等職主東觀，詳究圖史，所據之理，其致難奪。今欲從彪等所議，宜承晉為水德。』詔曰：『越近承遠，情所未安。然考次推時，頗亦難繼。朝賢所議，豈朕能有違奪。便可依為水德，祖申臘辰。』

四年，經始明堂，改營太廟。詔曰：『祖有功，宗有德，自非功德厚者，不得擅祖宗之名，居二祧之廟。仰惟先朝舊事，舛駁不同，難以取准。今將述遵先志，具詳禮典，宜制祖宗之號，定將來之法。烈祖有創基之功，世祖有開拓之德，宜為祖宗，百世不遷。而遠祖平文功未多於昭成，然廟號為太祖；道武建業之勳，高於平文，廟號為烈祖。比功校德，以為未允。朕今奉尊道武為太祖，與顯祖為二祧，餘者以次而遷。平文既遷，廟唯有六，始今七廟，一則無主。唯當朕躬此事，亦臣子所難言。夫生必有終，人之常理。朕以不德，忝承洪緒，若宗廟之靈，獲全首領以没於地，為昭穆之次，心願畢矣。必不可豫，設可垂之文，示後必令遷之。』司空公、長樂王穆亮等奏言：『升平之會，事在於今。推功考德，實如明旨。但七廟之祀，備行日久，無宜闕一，虛有所待。臣等愚謂，依先尊祀，可垂文示後。理衷如此，不敢不言。』詔曰『理或如此。比有間隙，當為文相示。』

八月壬辰，詔郡國有時果可薦者，並送京師以供廟饗。

又詔曰：『《禮》云自外至者，無主不立。先朝以來，以正月吉日，於朝廷設幕，中置松柏樹，設五帝坐。此既無可祖配，揆之古典，實無所取，可去此祀。又探策之祭，既非禮典，可悉罷之。』

戊午詔曰：『國家自先朝以來，饗祀諸神，凡有一千二百餘處。今欲減省羣祀，務從簡約。昔漢高之初，所祀衆神及寢廟不少今日。至於元、成之際，匡衡執論，乃得減省。後至光武之世，禮儀始備，饗祀有序。凡祭不欲數，數則黷，黷則不敬。神聰明正直，不待煩祀也。』又詔曰：『明堂、太廟，並祀祖宗，配祭配享，於斯備矣。白登、崞山、雞鳴山廟唯遣有司行事。馮宣王誕生先後，復因在官長安，立廟宜異常等。可敕雍州，以時供祭。』又詔曰：『先恒有水火之神四十餘名，及城北星神。今圜丘之下，既祭風伯、雨師、司中、司命，明堂祭門、戶、井、灶、中霤，每神皆有。此四十神計不須立，悉可罷之。』

甲寅，集羣官，詔曰：『近論朝日夕月，皆欲以二分之日，於東西郊行禮。然月有餘閏，行無常准。若一依分日，或值月出於東，而行禮於西，尋情即理，不可施行。昔秘書監薛謂等嘗論此事，以為朝日以朔，夕月以朏。卿等意謂朔朏二分，何者為是？』尚書遊明根對曰：『考案舊式，推校衆議，宜從朏月。』

十一月己未朔，帝釋禫祭於太和廟。帝袞冕，與祭者朝服。既而帝冠黑介幘，素紗深衣，拜山陵而還宮。庚申，帝親省齊宮冠服及郊祀俎豆，

癸亥冬至，將祭圜丘，帝袞冕劍舄，待臣朝服。辭太和廟，之圜丘，升祭柴燎，遂祀明堂，大合。既而還之太和廟，乃入。甲子，帝袞冕辭太和廟，臨太華殿，朝羣官。既而帝冠通天，絳紗袍，臨饗禮。帝感慕，樂懸而不作。丁卯，遷廟，陳列冕服，帝躬省之。既而帝兗冕，辭太和廟，之太廟，百官陪從。奉臣主於齊車，至新廟。有司升神主於太廟，諸王侯牧守、四海蕃附，各以其職來祭。

十六年正月戊午，詔曰：『夫四時享祀，人子常道。然祭薦之禮，貴賤不同。故有邑之君，祭以首時，無田之士，薦以仲月。況七廟之重，而用中節者哉！自頃蒸嘗之禮，頗違舊義。今將仰遵遠式，以此孟月，犆礿於太廟。但朝典初改，衆務殷湊，無遑齊潔，遂及於今。又接神饗祖，必須擇日。今禮律未宣，有司或不知此。可敕太常令剋日以聞。』

二月丁酉，詔曰：『夫崇聖祀德，遠代之通黃；秩□□□，中古之近規。故三五至仁，唯德配享；夏殷私己，稍用其姓。且法施於民，祀有明典，立功垂惠，祭有恒式。斯乃異代同途，奕世共軌。今遠遵明令，憲章舊則，比於祀令，已為決之。其孟春應祀者，頃以事殷，遂及今日。可令仍以仲月而饗祀焉。凡在祀令，其數有五。帝堯樹則天之功，興巍巍之治，可祀於平陽。虞舜播太平之風，致無為之化，可祀於廣寧。夏禹禦洪水之災，建天下之利，可祀於安邑。周文公制禮作樂，垂範萬葉，可祀於洛陽。其宣尼之廟，已於中省，當別敕有司。饗薦之禮，自文公已上，可令當界牧守，各隨所近，攝行祀事，皆用清酌尹祭也。』

丙午，詔有司克吉亥，備小駕，躬臨千畝，官別有敕。

癸丑，帝臨宣文堂，引儀曹尚書劉昶、鴻臚卿遊明根、行儀曹事李韶，授策孔子，崇文聖之謚。於是昶等就廟行事。既而，帝齊中書省，親拜祭於廟。

九月甲寅朔，大享於明堂，祀文明太后於玄室，帝親為之詞。

十月己亥，詔曰：『夫先王制禮，所以經綸萬代，貽法後昆。至乃郊天享祖，莫不配祭，然而有節。白登廟者，有為而興，昭穆不次。故太祖有三層之宇，巴陵無方丈之室。又常用季秋，躬駕展虔，祀禮或有褻慢之失，嘉樂頗涉野合之譏。今授衣之旦，享祭明堂；玄冬之始，奉烝太廟。若復致齊白登，便為一月再駕，事成褻瀆。回詳二理，謂宜省一。白登之高，未若九室之美；幃次之華，未如清廟之盛。將欲廢彼東山之祀，成此二享之敬。可具敕有司，但令內典神者，攝行祭事。獻明、道武各有廟稱，可具依舊式。』自太宗諸帝，昔無殿宇，因停之。

十八年，南巡。正月，次殷比干墓，祭以太牢。

三月，詔罷西郊祭天。

十九年，帝南征。正月，車駕濟淮，命太常致祭。又詔祀岱嶽。

三月癸亥，詔曰：『知太和廟已就，神儀靈主，宜時奉寧。可克三月三日己巳，內奉遷於正廟。其出金墉之儀，一准出代都太和之式。入新廟之典，可依近至金墉之軌。其威儀鹵簿，如出代廟。百官奉遷，宜可省之。但令朝官四品已上，侍官五品已上及宗室奉迎。』

六月，相州刺史高閭表言：『伏惟太武皇帝發孝思之深誠，同渭陽之遠感，以鄴土舅氏之故鄉，有歸魂之舊宅，故為密皇后立廟於城內，歲時祭祀，置廟戶十家，齊宮三十人。春秋烝嘗，冠服從事，刺史具威儀，親行薦酌，升降揖讓，與七廟同儀，禮畢，撤會而罷。今廟殿虧漏，門牆傾毀，簠簋故敗，行禮有闕。臣備職司，目所親睹。若以七廟惟新，明堂初制，配饗之儀，備於京邑者，便應罷壞，輟其常祭。如以功高特立，宜應新其靈宇。敢陳所見，伏請恩裁。』詔罷之。

十一月庚午，帝幸委粟山，議定圜丘。己卯，帝在合温室，引咸陽王禧，司空公穆亮，吏部尚書、任城王澄及議禮之官。詔曰：『朝集公卿，欲論圜丘之禮。今短晷斯極，長日方至。案《周官》祀昊天上帝於圜丘，禮之大者。兩漢禮有參差，魏晉猶亦未一。我魏氏雖上參三皇，下考叔世近代都祭圜丘之禮，復未考《周官》，為不刊之法令。以此祭圜丘之禮示卿等，欲與諸賢考之厥衷。』帝曰：『夕牲之禮，無可依准，近在代都，已立其議。殺牲裸神，誠是一日之事，終無夕而殺牲，待明而祭。』員外散騎常侍劉芳對曰：『臣謹案《周官牧人職》，正有夕展牲之禮，實無殺牲之事。』秘書令李彪曰：『夕不殺牲，誠如聖旨。未審告廟以不？臣聞魯人將有事於上帝，必先有事於泮宮，注曰，「先人」。以此推之，應有告廟。』帝曰：『卿言有理，但朕先以郊配，意欲廢告，而卿引證有據，當從卿議。』

帝又曰：『圜丘之牲，色無常准，覽推古事，乖互不一。周家用騂，

解言是尚。晉代靡知所據。舜之命禹，悉用堯辭，復言玄牡告于后帝。今我國家，時用夏正，至於牲色，未知何准？』秘書令李彪曰：『觀古用玄，似取天玄之義，臣謂宜用玄。至於五帝，各象其方色，亦有其義。』帝曰：『天何時不玄，地何時不黃，意欲從玄。』

又曰：『我國家常聲鼓以集衆。《易》稱二至之日，商旅不行，後不省方，以助微陽、微陰。今若依舊鳴鼓，得無闕寢鼓之義，無妨古義。』員外郎崔逸曰：『臣案《周禮》，當祭之日，雷鼓雷鞀，八面而作，猶不妨陽。臣竊謂以鼓集衆無妨古義。』

癸未，詔三公衮冕八章，太常鷩冕六章，用以陪薦。

甲申長至，祀昊天於委粟山，大夫祭。

二十年，立方澤於河陰，仍遣使者以太牢祭漢光武及明、章三帝陵。

又 卷一〇九《樂志》 太和初，高祖垂心雅古，務正音聲。時司樂上書，典章有闕，求集中秘羣官議定其事，并訪吏民，有能體解古樂者，與之修廣器數，甄立名品，以諧八音。詔『可』。雖經衆議，於時卒無洞曉聲律者，樂部不能立，其事彌缺。然方樂之制及四夷歌舞，稍增列於太樂。金石羽旄之飾，為壯麗於往時矣。

五年，文明太后、高祖並為歌章，戒勸上下，皆宣之管弦。

七年秋，中書監高允奏樂府歌詞，陳國家王業符瑞及祖宗德美，又隨時歌謠，不准古舊，辨雅、鄭也。

十一年春，文明太后令曰：『先王作樂，所以和風改俗，非雅曲正聲不宜庭奏。可集新舊樂章，參探音律，除去新聲不典之曲，裨增鐘縣鏗鏘之韻。』

十五年冬，高祖詔曰：『樂者所以動天地，感神祇，調陰陽，通人鬼。故能關山川之風，以播德於無外。由此言之，治用大矣。逮乎末俗陵遲，正聲頓廢，多好鄭衛之音以悅耳目，故使樂章散缺，伶官失守。今方釐革時弊，稽古復禮，庶令樂正雅頌，各得其宜。今置樂官，實須任職，不得仍令濫吹也。』遂簡置焉。

十六年春，又詔曰：『禮樂之道，自古所先，故聖王作樂以和中，制禮以防外。然音聲之用，其致遠矣，所以通感人神，移風易俗。至乃《簫韶》九奏，鳳皇來儀；擊石拊石，百獸率舞。有周之季，斯道崩缺，故夫子忘味於聞《韶》，正樂於返魯。逮漢魏之間，樂章復闕，然博採音韻，粗有篇條。自魏室之興，太祖之世尊崇古式，舊典無墜。但干戈仍用，文教未淳，故令司樂失治定之雅音，習不典之繁曲。比太樂奏其職司，求與中書參議。覽其所請，愧感兼懷。然心喪在躬，未忍闕此。但禮樂事大，乃為化之本，自非通博之才，莫能措意。中書監高閭器識詳富，志量明允，每間陳奏樂典，頗體音律，可令與太樂詳采古今，以備茲典。其內外有堪此用者，任其參議也。』閭歷年考度，粗以成立，遇還洛不及精盡，未得施行。尋屬高祖崩，未幾，閭卒。

《北史》卷一九《咸陽王元禧傳》 孝文引見朝臣，詔斷北語，一從正音。禧贊成其事。於是詔：『年三十已上，習性已久，容或不可卒革。三十已下，見在朝廷之人，語音不聽仍舊。若有故為，當降爵黜官。若仍舊俗，恐數世之後，伊洛之下，復成被髮之人。朕嘗與李沖論此，沖言：「四方之語，竟知誰是；帝者言之，即為正矣，何必改舊從新。」沖之此言，應合死罪。』乃謂沖曰：『卿實負社稷。』沖免冠陳謝。又責留京之官曰：『昨望見婦女之服，仍為夾領小袖，何為而違前詔？』禧對曰：『陛下聖過堯、舜，光化中原。舛違之罪，實合處刑。』孝文曰：『若朕言非，卿等當奮臂廷論，如何入則順旨，退有不從？昔舜語禹：「汝無面從，退有後言。」卿等之謂乎！』

《南齊書》卷五七《魏虜傳》 （永明）三年，初令鄰里黨各置一長，五家為鄰，五鄰為里，五里為黨。四年，造戶籍。【略】佛狸已來，稍僭華典，胡風國俗，雜相揉亂。宏知談義，解屬文，輕果有遠略。遊河北至比干墓，作《吊比干文》云：『脫非武發，封墓誰因？嗚呼介士，胡不我臣！』宏以己巳歲立圓丘、方澤，置三夫人、九嬪。平城南有干水，出定襄界，流入海，去城五十里，世號為索干都。土氣寒凝，風砂恒起，六月雨雪。議遷都洛京。

九年，遣使李道固、蔣少遊報使。少遊有機巧，密令觀京師宮殿楷式。清河崔元祖啓世祖曰：『少遊，臣之外甥，特有公輸之思。宋世陷虜，處以大匠之官。今為副使，必欲模範宮闕。豈可令氈鄉之鄙，取象天宮？臣謂且留少遊，令使主反命。』世祖以非和通意，不許。少遊，安樂人。虜宮室制度，皆從其出。【略】

宏既經古洛，是歲下偽詔尚書思慎曰：『夫覆載垂化，必由四氣運其功，曦曜望舒，亦須五星助其暉。仰惟聖母，睿識自天，業高曠古，將稽詳典範，日新皇度。不圖罪逆招禍，奄丁窮罰，追惟罔極，永無逮及。思遵先旨，敕造明堂之様。卿所制體含六合，事越中古，理圓義備，可軌之千載。信是應世之材，先固之器也。羣臣瞻見模様，莫不僉然欲速造，朕以寡昧，亦思造盛禮。卿可即於今歲停宮城之作，營建此構。興皇代之奇制，遠成先志，近副朕懷。』又詔公卿參定刑律。又詔罷臘前儺，唯年一儺。又詔：『季冬朝賀，典無成文，以袴褶事非禮敬之謂，若置寒朝服，徒成煩濁，自今罷小歲賀，歲初一賀。』又詔：『王爵非庶姓所僭，伯號是五等常秩。烈祖之胄，仍本王爵，其餘王皆為公，公轉為侯，侯即為伯，子男如舊。雖名易於本，而品不異昔。公第一品，侯第二品，伯第三品，子第四品，男第五品。』

十年，上遣司徒參軍蕭琛、范雲北使。宏西郊，即前祠天壇處也。宏與偽公卿從二十餘騎戎服繞壇，宏一周，公卿七匝，謂之蹋壇。明日，復戎服登壇祠天，宏又繞三匝，公卿七匝，謂之繞天。以繩相交絡，紐木枝棖，覆以青繒，形制平圓，下容百人坐，謂之為傘，一云『百子帳』也。於此下宴息。次祠廟及布政明堂，皆引朝廷使人觀視。每使至，宏親相應接，申以言義。甚重齊人，常謂其臣下曰：『江南多好臣。』偽侍臣李元凱對曰：『江南多好臣，歲一易主；江北無好臣，而百年一主。』宏大慚，出元凱為雍州長史，俄召復職。

宇文泰改革分部

綜　述

《周書》卷二《文帝紀下》　（大統元年）三月，太祖以戎役屢興，民吏勞弊，乃命所司斟酌今古，參考變通，可以益國利民、便時適治者，為二十四條新制，奏魏帝行之。【略】

（大統十年）秋七月，魏帝以太祖前後所上二十四條及十二條新制，方為中興永式。乃命尚書蘇綽更損益之，總為五卷，班於天下。於是搜簡賢才，以為牧守令長，皆依新制而遣焉。數年之間，百姓便之。冬十月，大閱於白水。

十一年春三月，令曰：

古之帝王所以外建諸侯、內立百官者，非欲富貴其身而尊榮之。蓋以天下至廣，非一人所能獨治，是以博訪賢才，助己為治。若其知賢也，則以禮命之。其人聞命之日，則慘然曰：『凡受人之事，任人之勞，何捨己而從人。』又自勉曰：『天生俊士，所以利時。彼人主者，欲與我為治，安可苟辭。』於是降心而受命。及居官也，則晝不甘食，夜不甘寢，思所以上匡人主，下安百姓。不遑恤其私而憂其家，故妻子或有飢寒之弊而不顧也。於是人主賜之以俸祿，尊之以軒冕，而不以為惠也。賢臣受之，亦不以為德也。位不虛加，祿不妄賜。為人君者，誠能以此道授官，為人臣者，誠能以此情受位，則天下之大，可不言而治矣。昔堯、舜之為君，稷、契之為臣，用此道也。及後世衰微，此道遂廢。乃以官職為私恩，爵祿為榮惠。人君之命官也，親則授之，愛則任之。人臣之受位也，可以尊身而潤屋者，則迂道而求之；損身而利物者，則巧言而辭之。於是至公之道沒，而姦詐之萌生。天下不治，正為此矣。今聖主中興，思去澆偽。諸在朝之士，當念職事之艱難，負闕之招累，夙夜兢兢，如臨深履薄。才堪者，則審己而當之；不堪者，則收短而避之。使天官不妄加，王爵不虛受。則淳素之風，庶幾可反。【略】

（西魏恭帝）三年春正月丁丑，初行《周禮》，建六官。以太祖為太師、大冢宰，柱國李弼為太傅、大司徒，趙貴為太保、大宗伯，獨孤信為大司馬，于謹為大司寇，侯莫陳崇為大司空。初，太祖以漢魏官繁，思革前弊。大統中，乃命蘇綽、盧辯依周制改創其事，尋亦置六卿官，然為撰次未成，衆務猶歸臺閣。至是始畢，乃命行之。

又　卷二三《蘇綽傳》　太祖方欲革易時政，務弘强國富民之道，故[蘇]綽得盡其智能，贊成其事。減官員，置二長，並置屯田以資軍國。又為六條詔書，奏施行之。其一，先治心，曰：

凡今之方伯守令，皆受命天朝，出臨下國，論其尊貴，並古之諸侯也。是以前世帝王，每稱共治天下者，唯良宰守耳。明知百僚卿尹，雖各

有所司，然其治民之本，莫若宰守之最重也。凡治民之禮，先當治心。心者，一身之主，百行之本。心不清淨，則思慮妄生。思慮妄生，則見理不明。見理不明，則是非謬亂。是非謬亂，則一身不能自治，安能治民也！是以治民之要，在清心而已。夫所謂清心者，非不貪貨財之謂也，乃欲使心氣清和，志意端靜。心和志靜，則邪僻之慮，無因而作。邪僻不作，則凡所思念，無不皆得至公之理。率至公之理以臨其民，則彼下民孰不從化。是以稱治民之本，先在治心。

其次又在治身。凡人君之身者，乃百姓之表，一國之的也。表不正，不可求直影；的不明，不可責射中。今君身不能自治，而望治百姓，是猶曲表而求直影也；君行不能自修，而欲百姓修行者，是猶無的而責射中也。故為人君者，必心如清水，形如白玉。躬行仁義，躬行孝悌，躬行忠信，躬行禮讓，躬行廉平，躬行儉約，然後繼之以無倦，加之以明察。行此八者，以訓其民。是以其人畏而愛之，則而象之，不待家教日見而自興行矣。

其二，敦教化，曰：

天地之性，唯人為貴。明其有中和之心，仁恕之行，異於木石，不同禽獸，故貴之耳。然性無常守，隨化而遷。化於敦樸者，則質直；化於澆偽者，則浮薄。浮薄者，則衰弊之風；質直者，則淳和之俗。衰弊則禍亂交興，淳和則天下自治。治亂興亡，無不皆由所化也。

然世道雕喪，已數百年。大亂滋甚，且二十歲。民不見德，唯兵革是聞；上無教化，惟刑罰是用。而中興始爾，大難未平，加之以師旅，因之以饑饉，凡百草創，率多權宜。致使禮讓弗興，風俗未改。比年稍登稔，徭賦差輕，衣食不切，則教化可修矣。凡諸牧守令長，宜洗心革意，上承朝旨，下宣教化矣。

夫化者，貴能扇之以淳風，浸之以太和，被之以道德，示之以樸素。使百姓亹亹，中遷於善，邪偽之心，嗜欲之性，潛以消化，而不知其所以然，此之謂化也。然後教之以孝悌，使民慈愛；教之以仁順，使民和睦；教之以禮義，使民敬讓。慈愛則不遺其親，和睦則無怨於人，敬讓則不競於物。三者既備，則王道成矣。此之謂教也。先王之所以移風易俗，還淳反素，垂拱而治天下以至太平者，莫不由此。此之謂要道也。

其三，盡地利，曰：

人生天地之間，以衣食為命。食不足則饑，衣不足則寒。飢寒切體，而欲使民興行禮讓者，此猶逆阪走丸，勢不可得也。是以古之聖王，知其若此，故先足其衣食，然後教化隨之。夫衣食所以足者，在於地利盡。地利所以盡者，由於勸課有方。主此教者，在乎牧守令長而已。民者冥也，智不自周，必待勸教，然後盡其力。諸州郡縣，每至歲首，必戒敕部民，無問少長，但能操持農器者，皆令就田，墾發以時，勿失其所。及布種既訖，嘉苗須理。麥秋在野，蠶停於室，若此之時，皆宜少長悉力，男女并功，若援溺、救火、寇盜之將至。然後可使農夫不廢其業，蠶婦得就其功。其有遊手怠惰，早歸晚出，好逸惡勞，不勤事業者，則正長牒名郡縣，守令隨事加罰，罪一勸百。此則明宰之教也。

夫百畝之田，必春耕之，夏種之，秋收之，然後冬食之。此三時者，農之要也。若失其一時，則穀不可得而食。故先王之戒曰：『一夫不耕，天下必有受其饑者；一婦不織，天下必有受其寒者。』若此三時不務省事，而令民廢農者，是則絕民之命，驅以就死然。單劣之戶，及無牛之家，勸令有無相通，使得兼濟。三農之隙，及陰雨之暇，又當教民種桑、植果，藝其菜蔬，修其園圃，畜育雞豚，以備生生之資，以供養老之具。

夫為政不欲過碎，碎則民煩；勸課亦不容太簡，簡則民怠。善為政者，必消息時宜而適煩簡之中。故《詩》曰：『不剛不柔，布政優優，百祿是求。』如不能爾，則必陷於刑辟矣。

其四，擢賢良，曰：

天生烝民，不能自治，故必立君以治之。人君不能獨治，故必置臣以佐之。上至帝王，下及郡國，置臣得賢則治，失賢則亂，此乃自然之理，百王不能易也。

今刺史守令，悉有僚吏，皆佐治之人也。刺史府官則命於天朝，其州吏以下，並牧守自置。自昔以來，州郡大吏，但取門資，多不擇賢良；末曹小吏，唯試刀筆，並不問志行。夫門資者，乃先世之爵祿，無妨子孫之愚瞽；刀筆者，乃身外之末材，不廢性行之澆偽。若門資之中而得賢良，是則策騏驥而取千里也；若門資之中而得愚瞽，是則土牛木馬，形似而用非，不可以涉道也。若刀筆之中而得志行，是則金相玉質，內外俱

美，實為人寶也；若刀筆之中而得澆偽，是則飾畫朽木，悅目一時，不可以充榱椽之用也。今之選舉者，當不限資蔭，唯在得人。苟得其人，自可起廝養而為卿相，伊尹、傅說是也，而況州郡之職乎。苟非其人，則丹朱、商均雖帝王之胤，不能守百里之封，而況於公卿之胄乎。由此而言，官人之道可見矣。

凡所求材藝者，為其可以治民。若有材藝而以正直為本者，必以其材而為治也；若有材藝而以姦偽為本者，將由其官而為亂也，何治之可得乎。是故將求材藝，必先擇志行。其志行善者，則舉之；其志行不善者，則去之。而今擇人者多云：『邦國無賢，莫知所舉』。此乃未之思也，非適理之論。所以然者，古人有言：明主聿興，不降佐於昊天；大人基命，不擢才於后土。常引一世之人，治一世之務。故殷、周不待稷、契之臣，魏、晉無假蕭、曹之佐。仲尼曰：『十室之邑，必有忠信如丘者焉。』豈有萬家之都，而云無士。但求之不勤，擇之不審，或用之不得其所，任之不盡其材，故云無耳。古人云：『千人之秀曰英，萬人之英曰儁。』今之智效一官，行聞一邦者，豈非近英儁之士也。但能勤而審察，去虛取實，各得州郡之最而用之，則民無多少，皆足治矣。孰云無賢！

夫良玉未剖，與瓦石相類；名驥未馳，與駑馬相雜。及其剖而瑩之，馳而試之，玉石駑驥，然後始分。彼賢士之未用也，混於凡品，竟何以異。要任之以事業，責之以成務，方與彼庸流較然不同。昔呂望之屠釣，百里奚之飯牛，寧生之扣角，管夷吾之三敗，當此之時，悠悠之徒，豈謂其賢。及升王朝，登霸國，積數十年，功成事立，始識其奇士也。於是後世稱之，不容於口。彼瑰偉之材，不世之傑，尚不能以未遇之時，自異於凡品，況降此者哉。若必待太公而後用，是千載無太公；必待夷吾而後任，是百世無夷吾。所以然者，士必從微而至著，功必積小以至大，豈有未任而已成，不用而先達也。若識此理，則賢可求，士可擇。得賢而任之，得士而使之，則天下之治，何向而不可成也。

然善官人者必先省其官。官省，則善人易充，善人易充，則事無不理；官煩，則必雜不善之人，雜不善之人，則政必有得失。故語曰：『官省則事省，事省則民清；官煩則事煩，事煩則民濁。』清濁之由，在於官之煩省。案今吏員，其數不少。昔民殷事廣，尚能克濟，況今戶口減耗，依員而置，猶以為少。如聞在下州郡，尚有兼假，擾亂細民。甚為無理。諸如此輩，悉宜罷黜，無得習常。非直州郡之官，宜須善人，爰至黨族閭里正長之職，皆當審擇，各得一鄉之選，以相監統。夫正長者，治民之基。基不傾者，上必安。

凡求賢之路，自非一途。然所以得之審者，必由任而試之，考而察之。起於居家，至於鄉黨，訪其所以，觀其所由，則人道明矣，賢與不肖別矣。率此以求，則庶無愆悔矣。

其五，恤獄訟，曰：

人受陰陽之氣以生，有情有性。性則為善，情則為惡。善惡既分，而賞罰隨焉。賞罰得中，則惡止而善勸；賞罰不中，則民無所措手足。民無所措手足，則怨叛之心生。是以先王重之，特加戒慎。夫戒慎者，欲使治獄之官，精心悉意，推究事源。先之以五聽，參之以證驗，妙睹情狀，窮鑑隱伏，使姦無所容，罪人必得。然後隨事加刑，輕重皆當，赦過矜愚，得情勿喜。又能消息情理，斟酌禮律，無不曲盡人心，遠明大教，使獲罪者如歸。此則善之上也。然宰守非一，不可人人皆有通識，推理求情，時或難盡。唯當率至公之心，去阿枉之志，務求曲直，念盡平當。聽察之理，必窮所見，然後栲訊以法，不苛不暴，有疑則從輕，未審不妄罰，隨事斷理，獄無停滯。此亦其次。若乃不以仁恕而肆其殘暴，同民木石，專任捶楚。巧詐者雖事彰而獲免，辭弱者乃無罪而被罰。有如此者，斯則下矣，非共治所寄。今之宰守，當勤於中科，而慕其上善。如在下條，則刑所不赦。

又當深思遠大，念存德教。先王之制曰：『與殺無辜，寧赦有罪；與其害善，寧其利淫。』明必不得中，寧濫捨有罪，不謬害善人也。今之從政者則不然。深文巧劾，寧致善人於法，不免有罪於刑。所以然者，非皆好殺人也，但云為吏寧酷，可免後患。此則情存自便，不念至公，奉法如此，皆姦人也。夫人者，天地之貴物，一死不可復生。然楚毒之下，以痛自誣，不被申理，遂陷刑戮者，將恐往往而有。是以自古以來，設五聽三宥之法，著明慎庶獄之典，此皆愛民甚也。凡伐木殺草，田獵不順，尚違時令，而虧帝道；況刑罰不中，濫害善人，寧不傷天心、犯和氣也！天心傷，和氣損，而欲陰陽調適，四時順序，萬物阜安，蒼生悅樂者，不

可得也。故語曰，一夫吁嗟，王道為之傾覆，正謂此也。凡百宰守，可無慎乎。

若有深姦巨猾，傷化敗俗，悖亂人倫，不忠不孝，故為背道者，殺一利百，以清王化，重刑可也。識此二途，則刑政盡矣。

其六，均賦役，曰：

聖人之大寶曰位。何以守位曰仁，何以聚人曰財。明先王必以財聚人，以仁守位。國而無財，位不可守。是故三五以來，皆有徵稅之法。雖輕重不同，而濟用一也。今逆寇未平，軍用資廣，雖未遑減省，以恤民瘼，然令平均，使下無匱。夫平均者，不捨豪强而征貧弱，不縱姦巧而困愚拙，此之謂均也。故聖人曰：『蓋均無貧。』

然財貨之生，其功不易。織紝紡績，起於有漸，非旬日之間，所可造次。必須勸課，使預營理。絹鄉先事織紝，麻土早修紡績。先時而備，至時而輸，故王賦獲供，下民無困。如其不預勸戒，臨時迫切，復恐稽緩，以為己過，捶撲交至，取辦目前。富商大賈，緣茲射利，有者從之貴買，無者與之舉息。輸稅之民，於是弊矣。

租稅之時，雖有大式，至於斟酌貧富，差次先後，皆事起於正長，而繫之於守令。若斟酌得所，則政和而民悦；若檢理無方，則吏姦而民怨。又差發徭役，多不存意。致令貧弱者或重徭而遠戍，富强者或輕使而近防。守令用懷如此，不存恤民之心，皆王政之罪人也。

太祖甚重之，常置諸座右。又令百司習誦之。其牧守令長，非通六條及計帳者，不得居官。

論　説

《周書》卷二《文帝紀論》　太祖知人善任使，從諫如流，崇尚儒術，明達政事，恩信被物，能駕馭英豪，一見之者，咸思用命。沙苑所獲囚俘，釋而用之，河橋之役，率以擊戰，皆得其死力。諸將出征，授以方略，無不制勝。性好樸素，不尚虛飾，恒以反風俗、復古始為心。

史臣曰：水歷將終，羣凶放命，或威權震主，或釁逆滔天。咸謂大寶可以力征，神物可以求得，莫不窺窬九鼎，睥睨兩宮，而誅夷繼及，亡不旋踵。是知巨君篡盜，終成建武之資；仲穎凶殘，實啓當途之業。天命有底，庸可慆乎。太祖田無一成，衆無一旅，驅馳戎馬之際，躡足行伍之間。屬與能之時，應啓聖之運，鳩集義勇，糾合同盟，一舉而殄仇讎，再駕而匡帝室。於是內詢帷幄，外仗材雄，推至誠以待人，弘大順以訓物。高氏籍甲兵之衆，恃戎馬之强，屢入近畿，志圖吞噬。及英謀電發，神旆風馳，弘農建城濮之勳，沙苑有昆陽之捷。取威定霸，以弱為强。紹元宗之衰緒，創隆周之景命。南清江漢，西舉巴蜀，北控沙漠，東據伊瀍。乃擯落魏晉，憲章古昔，修六官之廢典，成一代之鴻規。德刑並用，勳賢兼敍，遠安邇悦，俗阜民和。億兆之望有歸，揖讓之期允集。功業若此，人臣以終。盛矣哉！非夫雄略冠時，英姿不世，天與神授，緯武經文者，孰能與於此乎。昔者，漢獻蒙塵，曹公成夾輔之業；晉安播蕩，宋武建匡合之勳。校德論功，綽有餘裕。至於渚宮制勝，闔城孥戮；茹茹歸命，盡種誅夷。雖事出於權道，而用乖於德教。周祚之不永，或此之由乎。

又　卷二二《蘇綽傳論》　史臣曰：《書》云：『惟後非賢弗乂，惟賢非後罔食。』是以知人則哲，有國之所先；用之則行，為下之常道。若乃庖廚、胥靡、種德、微管之臣，罕聞於世；黜魯、逐荆、抱關、執戟之士，無乏於時。斯固《典》、《謨》所以昭則，《風》、《雅》所以興刺也。誠能監前事之得喪，勞虛己於吐握，其知賢也必用，其授爵也勿疑，則舜、禹、湯、武之德可連衡矣，稷、契、伊、呂之流可比肩矣。太祖提劍而起，百度草創。施約法之制於競逐之辰，修治定之禮於鼎峙之日。終能斫雕為樸，變奢從儉，風化既被，而下肅上尊；疆埸屢擾，而內親外附。斯蓋蘇令綽之力也。名冠當時，慶流後嗣，宜哉。

周武驍勇果毅，有出人之才略，觀其卑躬勵士，法令嚴明，雖勾踐、穰苴，亦無以過也。但攻取之規，有稱於海內，而仁惠之德，無聞於天下，此猛將之奇才，非人君之度量。

雜　録

宋・王應麟《玉海》卷一三八引《鄴侯家傳》　初置府兵於西魏大

統中，周文帝與度支尚書蘇綽之謀也。自三代之後，無與為比；雖戰國之教士卒武技擊皆不及。時西魏之境自陝而有關中及隴右、河西而已，東魏河北、河南三道殷實富强而自襄、鄧蜀漢皆屬於梁。初置府不滿百，每府有郎將主之，而分屬二十四軍，每軍以開府一人將焉，每二開府屬一大將軍，二大將軍屬一柱國，大將軍仍加號持節大都督以統之。時皇家太祖景皇帝李虎為少師隴右行臺僕射隴西公，與臣五代祖弼、太保大司徒趙郡公及大宗伯趙貴、大司馬獨孤信、大司寇于謹、大司空侯莫陳崇等六家主之，是為六柱國，其有衆不滿五萬。【略】初置府兵。皆於六戶中等已上家有三丁者，選材力一人，免其身租庸調，郡守農隙教試閱，兵仗衣、馱牛驢及糒糗糧六家共備，撫養訓導，有如子弟，故能以寡克衆。自初屬六柱國家，及分隸十二衛，皆選勳德信臣為將軍。

周武帝改革分部

綜述

《周書》卷五《武帝紀上》（保定）二年春正月壬寅，初於蒲州開河渠，同州開龍首渠，以廣灌溉。【略】

二月壬寅，熒惑犯太微上相。癸丑，以久不雨，降宥罪人，京城三十里內禁酒。【略】

夏四月甲辰，禁屠宰，旱故也。【略】

冬十月戊戌，詔曰：『樹之元首，君臨海內，本乎宣明教化，亭毒黔黎；豈唯尊貴其身，侈富其位。是以唐堯疏葛之衣，粗糲之食，尚臨汾陽而永歎，登姑射而興想。況無聖人之德，而嗜欲過之，何以克厭衆心，處於尊位，朕甚恧焉。今巨寇未平，軍戎費廣，百姓空虛，與誰為足。凡是供朕衣服飲食，四時所須，爰及宮內調度，朕今手自減削。縱不得頓行古人之道，豈曰全無庶幾。凡爾百司，安得不思省約，勖朕不逮者哉。』【略】

（保定三年四月）初禁天下報仇，犯者以殺人論。壬戌，詔百官及民庶上封事，極言得失。

五月甲子朔，避正寢不受朝，旱故也。甲戌，雨。【略】

（建德元年三月癸亥）詔曰：『民亦勞止，則星動於天；作事不時，則石言於國。故知為政欲靜，靜在寧民；為治欲安，安在息役。頃興造無度，徵發不已，加以頻歲師旅，農畝廢業。去秋災蝗，年穀不登，民有散亡，家空杼軸。朕每旦恭己，夕惕兢懷。自今正調以外，無妄徵發。庶時殷俗阜，稱朕意焉。』【略】

（五月）壬戌，帝以大旱，集百官於庭，詔之曰：『盛農之節，亢陽不雨，氣序愆度，蓋不徒然。豈朕德薄，刑賞乖中歟？將公卿大臣或非其人歟？宜盡直言，無得有隱。』公卿各引咎自責。其夜澍雨。【略】

（建德二年九月戊寅）詔曰：『政在節財，禮唯寧儉。而頃者婚嫁競為奢靡，牢羞之費，罄竭資財，甚乖典訓之理。有司宜加宣勒，使咸遵禮制。』【略】

十二月癸巳，集羣臣及沙門、道士等，帝升高座，辨釋三教先後，以儒教為先，道教為次，佛教為後。【略】

（建德三年正月）癸酉，詔：『自今已後，男年十五，女年十三已上，爰及鰥寡，所在軍民，以時嫁娶，務從節儉，勿為財幣稽留。』乙亥，親耕籍田。丙子，初服短衣，享二十四軍督將以下，試以軍旅之法，縱酒盡歡。詔以往歲年穀不登，民多乏絕，令公私道俗，凡有貯積粟麥者，皆准口聽留，以外盡糶。【略】

（五月）丙子，初斷佛、道二教，經像悉毀，罷沙門、道士，並令還民。並禁諸淫祀，禮典所不載者，盡除之。六月丁未，集諸軍將，教以戰陣之法。壬子，更鑄五行大布錢，以一當十，與布泉錢並行。戊午，詔曰：『至道弘深，混成無際，體包空有，理極幽玄。但歧路既分，派源逾遠，淳離朴散，形氣斯乖。遂使三墨八儒，朱紫交競；九流七略，異說相騰。道隱小成，其來舊矣。不有會歸，爭驅靡息。今可立通道觀，聖哲微言，先賢典訓，金科玉篆，秘迹玄文，所以濟養黎元，扶成教義者，並宜弘闡，一以貫之。俾夫玩培塿者，識嵩岱之崇崛；守磧礫者，悟渤澥之泓澄，不亦可乎。』

又　卷六《武帝紀下》（建德四年正月）初置營軍器監。壬申，

詔曰：『今陽和布氣，品物資始，敬授民時，義兼敦勸。《詩》不云乎：「弗躬弗親，庶民弗信。」刺史守令，宜親勸農，百司分番，躬自率導。事非機要，並停至秋。鰥寡孤獨不能自存者，所在量加賑恤。逋租懸調，兵役殘功，並宜蠲免。』【略】

帝沉毅有智謀。初以晉公護專權，常自晦迹，人莫測其深淺。及誅護之後，始親萬機。克己勵精，聽覽不怠。用法嚴整，多所罪殺。號令懇惻，唯屬意於政。羣下畏服，莫不肅然。性既明察，少於恩惠。凡布懷立行，皆欲逾越古人。身衣布袍，寢布被，無金寶之飾，諸宮殿華綺者，皆撤毁之，改為土階數尺，不施櫨栱。其雕文刻鏤，錦繡纂組，一皆禁斷。後宮嬪御，不過十餘人。勞謙接下，自强不息。以海內未康，鋭情教習。至於校兵閲武，步行山谷，履涉勤苦，皆人所不堪。平齊之役，見軍士有跣行者，帝親脱靴以賜之。每宴會將士，必自執杯勸酒，或手付賜物。至於征伐之處，躬在行陣。性又果決，能斷大事。故能得士卒死力，以弱制强。破齊之後，遂欲窮兵極武，平突厥，定江南，一二年間，必使天下一統，此其志也。

論說

《周書》卷六《武帝紀論》　史臣曰：自東西否隔，二國爭强，戎馬生郊，干戈日用，兵連禍結，力敵勢均，疆埸之事，一彼一此。高祖纘業，未親萬機，慮遠謀深，以蒙養正。及英威電發，朝政惟新，內難既除，外略方始。乃苦心焦思，克己勵精，勞役為士卒之先，居處同匹夫之儉。修富民之政，務强兵之術。乘仇人之有釁，順大道而推亡。五年之間，大勳斯集。攄祖宗之宿憤，拯東夏之阽危。盛矣哉，其有成功者也。若使翌日之瘳無爽，經營之志獲申，黷武窮兵，雖見譏於良史，雄圖遠略，足方駕於前王者歟。

宋·李昉等《文苑英華》卷七五一《〔隋〕盧思道〈後周興亡論〉》　周太祖文皇帝，幼而機警，智數過人，屬魏末多故，召募關隴，值二將相屠，三軍未一，見推為主，遂握兵符。俄而魏武西巡，奉迎車駕，挾天子以會諸侯，萬世所（以）一時也。撫養荒餘，鳩聚兵甲。同心之旅，不滿萬人。齊神武以大兵數十萬，將清灞攏雷動雲移，萃於渭曲。太祖以數千弊卒，振旅而還，遂基王業。竇泰以勁兵深入，一戰喪元。高敖曹以鋭氣先登，臨陣授首。兵革歲動，敗鮮勝多。高氏雖怙其衆力，莫敢先至。邙山之舉，我師敗績。收合亡散，退守有餘。及蕭氏將亡，邊服震擾，荆郢內附，庸蜀來王，器械完整，貨財充實，帶甲百萬，驍將如林，晏駕之辰，國與齊人相埒矣。閔帝以嫡嗣承基，應天納禪。弱齡厭世，未及稱皇。以庶長見立，纂我鴻緒。從容文雅，亦守文之良主焉。二帝景命不融，高祖始登大位。於時大塚宰、晉公宇文護，太祖之猶子也，負圖作宰，親受顧命。國柄朝權，頓去王室。高祖高拱深視，彌歷歲年，談議儒玄，無所關預，祭則寡人，晉公不之忌也。但自下裁物，其主不堪。累世權强，一朝折首。其於黨與，咸見夷戮。惡禽梟物，埽地無餘。爾乃棄奢淫，去浮偽，施一德，布公道。屏重內之膳，躬大布之衣。始自六宮，被於九服。令行禁止，內外肅然。以釋氏立教，本貴清淨。近世以來，糜費財力，下詔削除之，亦前王所未行也。值齊季失德，取亂侮亡，親禦戎軒，再舉而滅。軍令肅然，秋毫莫犯。數巡而定，不戮一人。未及下車，革其弊政。山東士女，欣戴如歸。但天性嚴忍，果於殺戮。血流盈前，無廢飲啖。行幸四方，尤好田獵。從禽於外，非夜不還。飛走之類，值無免者。識者以此少之。雖有武功，未遑文德。彝章禮教，蓋闕如也。糸秉甲治兵，將掃沙漠。遠圖不遂，暴疾升遐。宣帝初在東京，已多罪失。高祖每加嚴訓，不能修改。嗣位之初，飾情自勵。逾年已後，變態轉興。耽酒好色，常居內寢。角抵逸遊，不捨晝夜。分命使人，徵求子女。積之後宮，以千萬數。此石虎之淫風也。寵姬四人，並立為皇后。車服節文，與內主無別。此劉聰之亂政也。少在儲宮，頗覽經籍。臨朝對衆，亦有精神。但稟猜狂，特好詭異。衣冠形色，皆與舊制不同。文武侍臣，屏棄遐裔。內外門閤，皆別令宦者看守。出入去來，並録其數，殿省以目相視。然朋淫於家，無所簡擇。乃至長樂，亦有醜聲。大象之末，忽焉慘虐。鞭撻朝士，動至數百。背及胸腹，一皆下手。楚毒之理，不可忍見。祖宗廟號，諱不得稱。變易官名，回官姓族。車乘輪輻，並有貴賤之殊；婦女莊點，亦為上下之異。後庭嬪妾，房有數人。自旦至夕，恒令危坐相對。有不如法，便即捶楚。內外命婦，朔望朝謁，皆令為丈夫拜

伏，以示肅恭。自號為天，不復稱朕。此外小事異同，不可勝紀。往惑妖僻，開闢未之有也。客曰：『齊武成荒悖庸暗，怨結人神，厥嗣不昌，理則然矣。周祖聰明神武，冠世雄奇，因愚子以至顛覆，豈人事乎，抑天道也？蒙有惑焉，請聞其說。』主人曰：『寒暑晦明，二儀之不同也。賢愚治亂，五勝之相形也。是以酒池肉林，乃周王之締構；坑儒滅學，亦漢後之驅除。齊自天保受終，迄於武平喪國，孝昭之外，竟無令主。河清已後，國基漸墜。昏主慢遊於上，黎民怨讟於下。逮於末葉，君弱臣愚，外崩內潰。周人取之，猶阪上走丸也。周武任數殖情，果敢雄斷，擁三秦之銳，屬攻昧之秋，削平天下，易同俯拾。未及三祀，宮車晚駕。嗣子披猖，肆其凶慝。真人革命，宗廟為墟。此蓋天所以啓大隋，非不幸也。』

雜録

唐·釋道宣《廣弘明集》卷八《敘周滅佛法集道俗議事》 周高祖猜忌為心，安忍嫌隙。大蒙宰晉國公護，權衡百揆，決通庶政。帝竊嫉之，恐有陵奪，召護入內，親自誅之，並大臣六家，並從族滅。帝以得志於天下，一無所慮也。然信任讖緯，偏以為心，自古相傳，黑者得也。謂有黑相，當得天下。猶如漢末訛言黃衣當王，以黃代赤，承運之像，言黑亦然。所以周太祖挾魏西奔，衣物旗幟，並變為黑，用期訛讖之言，斯亦漢光武之餘命也。昔者，高洋之開齊運，流俗亦有此謠。洋言黑者，稠禪師黑衣天子也，將欲誅之。會稠遠識，悟而得免，備如別說。故周祖初重佛法，下禮沙門，並著黃衣，為禁黑故。有道士張賓，譎詐罔上，私達其黨，以黑釋為國忌，以黃老為國祥。帝納其言，信道輕佛，親受符録，躬服衣冠。有前僧衛元嵩，與賓脣齒相扇，惑動帝情，云僧多怠惰，貪逐財食，不足欽尚。帝召百僧入內，七宵行道。時既密知，各加懇到。帝亦同僧寢處，覘候得失。或為僧讀誦，或贊唄禮悔，僧皆懍厲，莫不訝帝之微行也。既期已滿，無何而止。至天和四年，歲在己丑，三月十五日，敕召有德衆僧、名儒、道士、文武百官二千餘人，帝御正殿，量述三教，以儒教為先，佛教為後，道教最上。以出於無名之前，超於天地之表故也。時議者紛紜，情見乖咎，不定而散。至其月二十日，依前集論，是非更廣，莫簡帝心。帝曰：『儒教、道教，此國常遵。佛教後來，朕意不立，僉議如何？』時議者陳理，無由除削。帝曰：『三教被俗，義不可俱。』至四月初，更依前集，必須極言陳理，無得面從。

又敕司隸大夫甄鸞詳度佛道二教，定其深淺，辯其真偽。天和五年，鸞乃上《笑道論》三卷，用笑三洞之名。至五月十日，帝大集羣臣，詳鸞上論。以為傷蠹道法，帝躬受之。不愜本圖，即於殿庭焚蕩。時道安法師又上《二教論》，云內教、外教也。練心之術，名三乘，內教也；教形之術，名九流，外教也。道無別教，即在儒流。斯乃易之，謙謙也。帝覽論，以問朝宰，無有抗者，於是遂寢。乃經五載，至建德三年，歲在甲午，五月十七日，初斷佛、道兩教，沙門、道士並令還俗。三寶福財，散給臣下。寺觀塔廟，賜給王公，餘如別述。於時衛王不忍其事，直入宮，燒乾化門，攻帝不下，退至虎牢，捉獲入京。父子十二人，並同謀者並誅。

政治危機部

君主昏暴分部

曹魏明帝

綜述

《三國志》卷三《魏志·明帝紀》 （青龍元年）冬十月，步度根部落大人戴胡阿狼泥等詣并州降，（秦）朗引軍還。《魏氏春秋》曰：朗字元明，新興人。《獻帝傳》曰：朗父名宜祿，為呂布使詣袁術，術妻以漢宗室女。其前妻杜氏留下邳。布之被圍，關羽屢請於太祖，求以杜氏為妻，太祖疑其有色，及城陷，太祖見之，乃自納之。宜祿歸降，以為銍長。及劉備走小沛，張飛隨之，

過謂宜祿曰：『人取汝妻，而為之長，乃蚩蚩若是邪！隨我去乎？』宜祿從之數里，悔欲還，飛殺之。朗隨母氏畜于公宫，太祖甚愛之，每坐席，謂賓客曰：『世有人愛假子如孤者乎？』《魏略》曰：朗游遨諸侯間，歷武、文之世而無尤也。及明帝即位，授以內官，為驍騎將軍、給事中，每車駕出入，朗常隨從。時明帝喜發舉，數有以輕微而致大辟者，朗終不能有所諫止，又未嘗進一善人，帝亦以是親愛；每顧問之，多呼其小字阿穌，數加賞賜，為起大第於京城中。四方雖知朗無能為益，猶以附近至尊，多賂遺之，富均公侯。《世語》曰：朗子秀，勁厲能直言，為晉武帝博士。《魏略》以朗與孔桂俱在《佞倖》篇。桂字叔林，天水人也。建安初，數為將軍楊秋使詣太祖，太祖表拜騎都尉。桂性便辟，曉博弈、蹹鞠，故太祖愛之，每在左右，出入隨從。桂察太祖意，喜樂之時，因言次曲有所陳，事多見從，數得賞賜，人多餽遺，桂由此侯服玉食。太祖既愛桂，五官將及諸侯亦皆親之。其後桂見太祖久不立太子，而有意於臨菑侯，因更親附臨菑侯而簡於五官將，將甚銜之。及太祖薨，文帝即王位，未及致其罪。黄初元年，隨例轉拜駙馬都尉。而桂私受西域貨賂，許為人事。事發，有詔收問，遂殺之。魚豢曰：為上者不虚授，處下者不虚受，然後外無伐檀之歎，內無尸素之刺，雍熙之美著，太平之律顯矣。而佞倖之徒，但姑息人主，至乃無德而榮，無功而祿，如是焉得不使中正日朘，傾邪滋多乎！以武皇帝之慎賞，明皇帝之持法，而猶有若此等人，而況下斯者乎？【略】

（青龍三年）是時，大治洛陽宫，起昭陽、太極殿，築總章觀。百姓失農時，直臣楊阜、高堂隆等各數切諫，雖不能聽，常優容之。《魏略》曰：是年起太極諸殿，築總章觀，高十餘丈，建翔鳳於其上；又於芳林園中起陂池，楫棹越歌；又於列殿之北，立八坊，諸才人以次序處其中，貴人夫人以上，轉南附焉，其秩石擬百官之數。帝常遊宴在內，乃選女子知書可付信者六人，以為女尚書，使典省外奏事，處當畫可，自貴人以下至尚保，及給掖庭灑掃，習伎歌者，各有千數。通引谷水過九龍殿前，為玉井綺欄，蟾蜍含受，神龍吐出。使博士馬均作司南車，水轉百戲。歲首建巨獸，魚龍蔓延，弄馬倒騎，備如漢西京之制，築閶闔諸門闕外罘罳。太子舍人張茂以吴、蜀數動，諸將出征，而帝盛興宫室，留意於玩飾，賜與無度，帑藏空竭；又録奪士女前已嫁為吏民妻者，還以配士，既聽以生口自贖，又簡選其有姿色者內之掖庭，乃上書諫曰：『臣伏見詔書，諸士女嫁非士者，一切録奪，以配戰士，斯誠權時之宜，然非大化之善者也。臣請論之。陛下，天之子也，百姓吏民，亦陛下之子也。禮，賜君子小人不同日，所以殊貴賤也。吏屬君子，士為小人，今奪彼以與此，亦無以異於奪兄之妻妻弟也，於父母之恩偏矣。又詔書聽得以生口年紀、顏色與妻相當者自代，故富者則傾家盡產，貧者舉假貸貫，貴買生口以贖其妻；縣官以配士為名而實內之掖庭，其醜惡者乃出與士。得婦者未必有懽心，而失妻者必有憂色，或窮或愁，皆不得志。夫君有天下而不得萬姓之懽心者，鮮不危殆。且軍師在外數千萬人，一日之費非徒千金，舉天下之賦以奉此役，猶將不給，況復有宫庭非員無録之女，椒房母后之家，賞賜横興，內外交引，其費半軍。昔漢武帝好神仙，信方士，掘地為海，封土為山，賴是時天下為一，莫敢與爭者耳。自衰亂以來，四五十載，馬不捨鞍，士不釋甲，每一交戰，血流丹野，創痍號痛之聲，於今未已。猶强寇在疆，圖危魏室。陛下不兢兢業業，念崇節約，思所以安天下者，而乃奢靡是務，中尚方純作玩弄之物，炫燿後園，建承露之盤，斯誠快耳目之觀，然亦足以騁寇讎之心矣。惜乎，捨堯舜之節儉，而為漢武之侈事，臣竊為陛下不取也。原陛下沛然下詔，萬幾之事有無益而有損者悉除去之，以所除無益之費，厚賜將士父母妻子之飢寒者，問民所疾而除其所惡，實倉廩，繕甲兵，恪恭以臨天下。如是，吴賊面縛，蜀虜輿櫬，不待誅而自服，太平之路可計日而待也。陛下可無勞神思於海表，軍師高枕，戰士備員。今羣公皆結舌，而臣所以不敢不獻瞽言者，臣昔上要言，散騎奏臣書，以聽諫篇為善，詔曰：「是也」，擢臣為太子舍人；且臣作書讖為人臣不能諫諍，今有可諫之事而臣不諫，此為作書虚妄而不能言也。臣年五十，常恐至死無以報國，是以投軀没命，冒昧以聞，惟陛下裁察。』書通，上顧左右曰：『張茂恃鄉里故也。』以事付散騎而已。茂字彥林，沛人。【略】

（景初元年冬十月）乙卯，營洛陽南委粟山為圜丘。《魏書》載詔曰：『蓋帝王受命，莫不恭承天地以章神明，尊祀世統以昭功德，故先代之典既著，則禘郊祖宗之制備也。昔漢氏之初，承秦滅學之後，采摭殘缺，以備郊祀，自甘泉后土、雍宫五畤，神祇百萬位元，多不見經，是以制度無常，一彼一此，四百餘年，廢無禘祀。古代之所更立者，遂有闕焉。曹氏系世，出自有虞氏，今祀圜丘，以始祖帝舜配，號圜丘曰皇皇帝天；方丘所祭曰皇皇后地，以舜妃伊氏配；天郊所祭曰皇天之神，以太祖武皇帝配；地郊所祭曰皇地之祇，以武宣後配；宗祀皇考高祖文皇帝於明堂，以配上帝。』至晉泰始二年，並圜丘、方丘二至之祀於南北郊。【略】《魏略》曰：是歲，徙長安諸鍾虡、駱駝、銅人、承露盤。盤折，銅人重不可致，留於霸城。大發銅鑄作銅人二，號曰翁仲，列坐于司馬門外。又鑄黄龍、鳳皇各一，龍高四丈，鳳高三丈餘，置內殿前。起土山于芳林園西北陬，使公卿羣僚皆負土成山，樹松竹雜木善草於其上，捕山禽雜獸置其中。《漢晉春秋》曰：帝徙盤，盤折，聲聞數十里，金狄或泣，因留霸城。《魏略》載司徒軍

議掾河東董尋上書諫曰：『臣聞古之直士，盡言于國，不避死亡。故周昌比高祖於桀、紂，劉輔譬趙後於人婢。天生忠直，雖白刃沸湯，往而不顧者，誠為時主愛惜天下也。建安以來，野戰死亡，或闔殫戶盡，雖有存者，遺孤老弱。若今宮室狹小，當廣大之，猶宜隨時，不妨農務，況乃作無益之物，黃龍、鳳皇，九龍、承露盤，土山、淵池，此皆聖明之所不興也，其功參倍於殿舍。三公九卿侍中尚書，天下至德，皆知非道而不敢言者，以陛下《春秋》方剛，心畏雷霆。今陛下既尊羣臣，顯以冠冕，被以文繡，載以華輿，所以異於小人；而使穿方舉土，面目垢黑，沾體塗足，衣冠了鳥，毀國之光以崇無益，甚非謂也。孔子曰：「君使臣以禮，臣事君以忠。」無忠無禮，國何以立！故有君不君，臣不臣，上下不通，心懷鬱結，使陰陽不和，災害屢降，凶惡之徒，因間而起，誰當為陛下盡言事者乎？又誰當干萬乘以死為戲乎？臣知言出必死，而臣自比於牛之一毛，生既無益，死亦何損？秉筆流涕，心與世辭。臣有八子，臣死之後，累陛下矣！』將奏，沐浴。既通，帝曰：『董尋不畏死邪！』主者奏收尋，有詔勿問。後為貝丘令，清省得民心。【略】

初，青龍三年中，壽春農民妻自言為天神所下，命為登女，當營衛帝室，蠲邪納福。飲人以水，及以洗瘡，或多愈者。於是立館後宮，下詔稱揚，甚見優寵。及帝疾，飲水無驗，於是殺焉。

又 卷四《魏志·齊王芳傳》 景初三年正月丁亥朔，（明）帝甚病，乃立（芳）為皇太子。是日，即皇帝位，大赦。【略】詔曰：『【略】諸所興作宮室之役，皆以遺詔罷之。』

又 卷五《魏志·后妃傳·明悼毛皇后》 帝之幸郭元后也，后愛寵日弛。景初元年，帝遊後園，召才人以上曲宴極樂。元后曰『宜延皇后』，帝弗許。乃禁左右，使不得宣。后知之，明日，帝見后，后曰：『昨日遊宴北園，樂乎？』帝以左右泄之，所殺十餘人。賜后死，然猶加謚，葬愍陵。

又 卷一三《魏志·鍾繇傳》 時大興洛陽宮室，車駕便幸許昌，天下當朝正許昌。許昌偪狹，於城南以氈為殿，備設魚龍蔓延，民罷勞役。毓諫，以為『水旱不時，帑藏空虛，凡此之類，可須豐年。』

又 《王朗傳》 明帝即位，進封蘭陵侯，增邑五百，并前千二百戶。使至鄴省文昭皇后陵，見百姓或有不足。是時方營修宮室，朗上疏曰：『陛下即位已來，恩詔屢布，百姓萬民莫不欣欣。臣頃奉使北行，往

反道路，聞衆徭役，其可得蠲除省減者甚多。原陛下重留日昃之聽，以計制寇。昔大禹將欲拯天下之大患，故乃先卑其宮室，儉其衣食，用能盡有九州，弼成五服。句踐欲廣其御兒之疆，御兒，吳界邊戍之地名。馘夫差於姑蘇，故亦約其身以及家，儉其家以施國，用能囊括五湖，席捲三江，取威中國，定霸華夏。漢之文、景亦欲恢弘祖業，增崇洪緒，故能割意於百金之臺，昭儉於弋綈之服，內減太官而不受貢獻，外省徭賦而務農桑，用能號稱升平，幾致刑錯。孝武之所以能奮其軍勢，拓其外境，誠因祖考畜積素足，故能遂成大功。霍去病，中才之將，猶以匈奴未滅，不治第宅。明恤遠者略近，事外者簡內。自漢之初及其中興，皆於金革略寢之後，然後鳳闕猥閌，德陽並起。今當建始之前足用列朝會，崇華之後足用序內官，華林、天淵足用展遊宴，若且先成閶闔之象魏，使足用列遠人之朝貢者，脩城池，使足用絕逾越，成國險，其餘一切，且須豐年。一以勤耕農為務，習戎備為事，則國無怨曠，戶口滋息，民充兵強，而寇戎不賓，緝熙不足，未之有也。』轉為司徒。

時屢失皇子，而後宮就館者少，朗上疏曰：『昔周文十五而有武王，遂享十子之祚，以廣諸姬之胤。武王既老而生成王，成王是以鮮於兄弟。此二王者，各樹聖德，無以相過，比其子孫之祚，則不相如。蓋生育有早晚，所產有衆寡也。陛下既德祚兼彼二聖，《春秋》高於姬文育武之時矣，而子發未舉於椒蘭之奧房，藩王未繁於掖庭之衆室。以成王為喻，雖未為晚，取譬伯邑，則不為夙。周禮六宮內官百二十人，而諸經常說，咸以十二為限，至於秦漢之末，或以千百為數矣。然雖彌猥，而就時於吉館者或甚鮮，明「百斯男」之本，誠在於一意，不但在於務廣也。老臣慺慺，原國家同祚於軒轅之五五，而未及周文之二五，用為伊邑。且少小常苦被褥泰溫，泰溫則不能便柔膚弱體，是以難可防護，而易用感慨。若常令少小之縕袍，不至於甚厚，則必咸保金石之性，而比壽於南山矣。』帝報曰：『夫忠至者辭篤，愛重者言深。君既勞思慮，又手筆將順，三復德音，欣然無量。朕繼嗣未立，以為君憂，欽納至言，思聞良規。』

又 卷一四《魏志·蔣濟傳》 景初中，外勤征役，內務宮室，怨曠者多，而年穀饑儉。濟上疏曰：『陛下方當恢崇前緒，光濟遺業，誠未得高枕而治也。今雖有十二州，至於民數，不過漢時一大郡。二賊未誅，

宿兵邊陲，且耕且戰，怨曠積年。宗廟宮室，百事草創，農桑者少，衣食者多，今其所急，唯當息耗百姓，不至甚弊。弊邊之民，儻有水旱，百萬之衆，不為國用。凡使民必須農隙，不奪其時。夫欲大興功之君，先料其民力而燠休之。句踐養胎以待用，昭王恤病以雪仇，故能以弱燕服強齊，羸越滅勁吳。今二敵不攻不滅，不事即侵，當身不除，百世之責也。以陛下聖明神武之略，舍其緩者，專心討賊，臣以為無難矣。又歡娛之耽，害於精爽；神太用則竭，形太勞則弊。原大簡賢妙，足以充「百斯男」者。其冗散未齒，且悉分出，務在清靜。』詔曰：『微護軍，吾弗聞斯言也。』

又　卷二二《魏志・陳羣傳》　青龍中，營治宮室，百姓失農時。羣上疏曰：『禹承唐、虞之盛，猶卑宮室而惡衣服，況今喪亂之後，人民至少，比漢文、景之時，不過一大郡。臣松之案《漢書・地理志》云：元始二年，天下戶口最盛，汝南郡為大郡，有三十餘萬戶。則文、景之時不能如是多也。案《晉太康三年地記》，晉戶有三百七十七萬，吳、蜀戶不能居半。以此言之，魏雖始承喪亂，方晉亦當無乃大殊。長文之言，於是為過。加邊境有事，將士勞苦，若有水旱之患，國家之深憂也。且吳、蜀未滅，社稷不安。宜及其未動，講武勸農，有以待之。今舍此急而先宮室，臣懼百姓遂困，將何以應敵？昔劉備自成都至白水，多作傳舍，興費人役，太祖知其疲民也。今中國勞力，亦吳、蜀之所原。此安危之機也，惟陛下慮之。』帝答曰：『王者宮室，亦宜並立。滅賊之後，但當罷守耳，豈可復興役邪？是故君之職，蕭何之大略也。』羣又曰：『昔漢祖唯與項羽爭天下，羽已滅，宮室燒焚，是以蕭何建武庫、太倉，皆是要急，然猶非其壯麗。今二虜未平，誠不宜與古同也。孫盛曰：《周禮》，天子之宮，有斫踖之制。然質文之飾，與時推移。漢承周、秦之弊，宜敦簡約之化，而何崇飾宮室，示侈後嗣。此乃武帝千門萬戶所以大興，豈無所復增之謂邪？況乃魏氏方有吳、蜀之難，四海罹塗炭之艱，而述蕭何之過議，以為令軌，豈不惑於大道而昧得失之辨哉？使百代之君，眩於奢儉之中，何之由矣。《詩》云：『斯言之玷，不可為也。』其斯之謂乎！夫人之所欲，莫不有辭，況乃天王，莫之敢違。前欲壞武庫，謂不可不壞也；後欲置之，謂不可不置也。若必作之，固非臣下辭言所屈；若少留神，卓然回意，亦非臣下之所及也。漢明帝欲起德陽殿，鍾離意諫，即用其言，後乃復作之；殿成，謂羣臣曰：「鍾離尚書在，不得成此殿也。」夫王者豈憚一臣，蓋為百姓也。今臣曾不能少凝聖聽，不及意遠矣。』帝於是有所減省。

又　《衛臻傳》　是時，帝方隆意於殿舍，臻數切諫。及殿中監擅收蘭臺令史，臻奏案之。詔曰：『殿舍不成，吾所留心，卿推之何？』臻上疏曰：『古制侵官之法，非惡其勤事也，誠以所益者小，所墮者大也。臣每察校事，類皆如此，懼羣司將遂越職，以至陵遲矣。』

又　卷二四《魏志・高柔傳》　後大興殿舍，百姓勞役；廣采衆女，充盈後宮；後宮皇子連夭，繼嗣未育。柔上疏曰：『二虜狡猾，潛自講肄，謀動干戈，未圖束手；宜畜養將士，繕治甲兵，以逸待之。而頃興造殿舍，上下勞擾；若使吳、蜀知人虛實，通謀並勢，復俱送死，甚不易也。昔漢文惜十家之資，不營小臺之娛；去病慮匈奴之害，不遑治第之事。況今所損者非惟百金之費，所憂者非徒北狄之患乎？可粗成見所營立，以充朝宴之儀。乞罷作者，使得就農。二方平定，復可徐興。昔軒轅以二十五子，傳祚彌遠；周室以姬國四十，歷年滋多。陛下聰達，窮理盡性，而頃皇子連多夭逝，熊羆之祥又未感應。羣下之心，莫不悒戚。周禮，天子后妃以下百二十人，嬪嬙之儀，既以盛矣。竊聞後庭之數，或復過之，聖嗣不昌，殆能由此。臣愚以為可妙簡淑媛，以備內官之數，其餘盡遣還家。且以育精養神，專靜為寶。如此，則螽斯之徵，可庶而致矣。』帝報曰：『知卿忠允，乃心王室，輒克昌言；他復以聞。』

時獵法甚峻。宜陽典農劉龜竊於禁內射兔，其功曹張京詣校事言之。帝匿京名，收龜付獄。柔表請告者名，帝大怒曰：『劉龜當死，乃敢獵吾禁地。送龜廷尉，廷尉便當考掠，何復請告者主名，吾豈妄收龜邪？』柔曰：『廷尉，天下之平也，安得以至尊喜怒而毀法乎？』重復為奏，辭指深切。帝意寤，乃下京名。即還訊，各當其罪。【略】

是時，殺禁地鹿者身死，財產沒官，有能覺告者厚加賞賜。柔上疏曰：『聖王之御世，莫不以廣農為務，儉用為資。夫農廣則穀積，用儉則財畜，畜財積穀而有憂患之虞者，未之有也。古者，一夫不耕，或為之饑；一婦不織，或為之寒。中間已來，百姓供給衆役，親田者既減，加頃復有獵禁，羣鹿犯暴，殘食生苗，處處為害，所傷不貲。民雖障防，力不能御。至如滎陽左右，周數百里，歲略不收，元元之命，實可矜傷。方

今天下生財者甚少，而麋鹿之損者甚多。卒有兵戎之役，凶年之灾，將無以待之。惟陛下覽先聖之所念，愍稼穡之艱難，寬放民間，使得捕鹿，遂除其禁，則衆庶久濟，莫不悅豫矣。』《魏名臣奏》載柔上疏曰：『臣深思陛下所以不早取此鹿者，誠欲使極蕃息，然後大取以為軍國之用。然臣竊以為今鹿但有日耗，終無從得多也。何以知之？今禁地廣輪且千餘里，臣下計無慮其中有虎大小六百頭，狼有五百頭，狐萬頭。使大虎一頭三日食一鹿，一虎一歲百二十鹿，是為六百頭虎一歲食七萬二千頭鹿也。使十狼日共食一鹿，是為五百頭狼一歲共食萬八千頭鹿。鹿子始生，未能善走，使十狐一日共食一子，比至健走一月之間，是為萬狐一月共食鹿子三萬頭也。大凡一歲所食十二萬頭。其雕鶚所害，臣置不計。以此推之，終無從得多，不如早取之為便也。』

又《孫禮傳》 明帝方修宮室，而節氣不和，天下少穀。禮固爭，罷役，詔曰：『敬納讜言，促遣民作。』時李惠監作，復奏留一月，有所成訖。禮徑至作所，不復重奏，稱詔罷民，帝奇其意而不責也。

帝獵於大石山，虎趨乘輿，禮便投鞭下馬，欲奮劍斫虎，詔令禮上馬。明帝臨崩之時，以曹爽為大將軍，宜得良佐，於床下受遺詔，拜禮大將軍長史，加散騎常侍。禮亮直不撓，爽弗便也，以為揚州刺史，加伏波將軍，賜爵關內侯。吳大將全琮帥數萬衆來侵寇，時州兵休使，在者無幾。禮躬勒衛兵御之，戰於芍陂，自旦及暮，將士死傷過半。禮犯蹈白刃，馬被數創，手秉枹鼓，奮不顧身，賊衆乃退。詔書慰勞，賜絹七百匹。禮為死事者設祀哭臨，哀號發心，皆以絹付亡者家，無以入身。

又 卷二五《魏志·辛毗傳》 帝方脩殿舍，百姓勞役，毗上疏曰：『竊聞諸葛亮講武治兵，而孫權市馬遼東，量其意指，似欲相左右。備豫不虞，古之善政，而今者宮室大興，加連年穀麥不收。《詩》云：「民亦勞止，迄可小康，惠此中國，以綏四方。」唯陛下為社稷計。』帝報曰：『二虜未滅而治宮室，直諫者立名之時也。夫王者之都，當及民勞兼辦，使後世無所復增，是蕭何為漢規摹之略也。今卿為魏重臣，亦宜解其大歸。』帝又欲平北芒，令於其上作臺觀，則見孟津。毗諫曰：『天地之性，高高下下，今而反之，既非其理；加以損費人功，民不堪役。且若九河盈溢，洪水為害，而丘陵皆夷，將何以御之？』帝乃止。《魏略》曰：諸葛亮圍祁山，不克，引退。張郃追之，為流矢所中死。帝惜郃，臨朝而歎曰：『蜀未平而郃死，將若之何！』司空陳羣曰：『郃誠良將，國所依也。』毗心以為郃雖可惜，然已死，不當內弱主意，而示外以不大也。乃持羣曰：『陳公，是何言歟！當建安之末，天下不可一日無武皇帝也，及委國祚，而文皇帝受命，黄初之世，亦謂不可無文皇帝也，及委棄天下，而陛下龍興。今國內所少，豈張郃乎？』陳羣曰：『亦誠如辛毗言。』帝笑曰：『陳公可謂善變矣。』臣松之以為擬人必於其倫，取譬宜引其類，故君子於其言，無所苟而已矣。毗欲弘廣主意，當舉若張遼之疇，安有於一將之死而可以祖宗為譬哉？非所宜言，莫過於茲，進違其類，退似諂佞，佐治剛正之體，不宜有此。《魏略》既已難信，習氏又從而載之，竊謂斯人受誣不少。

又《楊阜傳》 遷將作大匠。時初治宮室，發美女以充後庭，數出入弋獵。秋，大雨震電，多殺鳥雀。阜上疏曰：『臣聞明主在上，羣下盡辭。堯、舜聖德，求非索諫；大禹勤功，務卑宮室；成湯遭旱，歸咎責己；周文刑於寡妻，以御家邦；漢文躬行節儉，身衣弋綈：此皆能昭令問，貽厥孫謀者也。伏惟陛下奉武皇帝開拓之大業，守文皇帝克終之元緒，誠宜思齊往古聖賢之善治，總觀季世放蕩之惡政。所謂善治者，務儉約、重民力也；所謂惡政者，從心恣欲，觸情而發也。惟陛下稽古世代之初所以明赫，及季世所以衰弱至於泯滅，近覽漢末之變，足以動心誡懼矣。曩使桓、靈不廢高祖之法，文、景之恭儉，太祖雖有神武，於何所施其能邪？而陛下何由處斯尊哉？今吳、蜀未定，軍旅在外，原陛下動則三思，慮而後行，重慎出入，以往鑑來，言之若輕，成敗甚重。頃者天雨，又多卒暴雷電非常，至殺鳥雀。天地神明，以王者為子也，政有不當，則見灾譴。克己內訟，聖人所記。惟陛下慮患無形之外，慎萌纖微之初，法漢孝文出惠帝美人，令得自嫁；頃所調送小女，遠聞不令，宜為後圖。諸所繕治，務從約節。《書》曰：「九族既睦，協和萬國。」事思厥宜，以從中道，精心計謀，省息費用。吳、蜀以定，爾乃上安下樂，九親熙熙。如此以往，祖考心歡，堯舜其猶病諸。今宜開大信於天下，以安衆庶，以示遠人。』時雍丘王植怨於不齒，藩國至親，法禁峻密，故阜又陳九族之義焉。詔報曰：『間得密表，先陳往古明王聖主，以諷闇政，切至之辭，款誠篤實。退思補過，將順匡救，備至悉矣。覽思苦言，吾甚嘉之。』

後遷少府。是時大司馬曹真伐蜀，遇雨不進。阜上疏曰：『昔文王有赤烏之符，而猶日昃不暇食；武王白魚入舟，君臣變色。而動得吉瑞，

猶尚憂懼，況有災異而不戰竦者哉？今吳、蜀未平，而天屢降變，陛下宜深有以專精應答，側席而坐，思示遠以德，綏邇以儉。間者諸軍始進，便有天雨之患，稽閡山險，以積日矣。轉運之勞，擔負之苦，所費以多，若有不繼，必違本圖。傳曰：「見可而進，知難而退，軍之善政也。」徒使六軍困於山谷之間，進無所略，退又不得，非主兵之道也。武王還師，殷卒以亡，知天期也。今年凶民饑，宜發明詔損膳減服，技巧珍玩之物，皆可罷之。昔邵信臣為少府於無事之世，而奏罷浮食；今者軍用不足，益宜節度。』帝即召諸軍還。

後詔大議政治之不便於民者，皐議以為：『致治在於任賢，興國在於務農。若舍賢而任所私，此忘治之甚者也。廣開宮館，高為臺榭，以妨民務，此害農之甚者也。百工不敦其器，而競作奇巧，以合上欲，此傷本之甚者也。孔子曰：「苛政甚於猛虎。」今守功文俗之吏，為政不通治體，苟好煩苛，此亂民之甚者也。當今之急，宜去四甚，並詔公卿郡國，舉賢良方正敦樸之士而選用之，此亦求賢之一端也。』

皐又上疏欲省宮人諸不見幸者，乃召御府吏問後宮人數。吏守舊令，對曰：『禁密，不得宣露。』皐怒，杖吏一百，數之曰：『國家不與九卿為密，反與小吏為密乎？』帝聞而愈敬憚皐。

帝愛女淑，未期而夭，帝痛之甚，追封平原公主，立廟洛陽，葬於南陵。將自臨送，皐上疏曰：『文皇帝、武宣皇后崩，陛下皆不送葬，所以重社稷、備不虞也。何至孩抱之赤子而可送葬也哉？』帝不從。

帝既新作許宮，又營洛陽宮殿觀閣。皐上疏曰：『堯尚茅茨而萬國安其居，禹卑宮室而天下樂其業；及至殷、周，或堂崇三尺，度以九筵耳。古之聖帝明王，未有極宮室之高麗以彫弊百姓之財力者也。桀作璿室、象廊，紂為傾宮、鹿臺，以喪其社稷，楚靈以築章華而身受其禍；秦始皇作阿房而殃及其子，天下叛之，二世而滅。夫不度萬民之力，以從耳目之欲，未有不亡者也。陛下當以堯、舜、禹、湯、文、武為法則，夏桀、殷紂、楚靈、秦皇為深誡。高高在上，實監後德。慎守天位，以承祖考，巍巍大業，猶恐失之。不夙夜敬止，允恭恤民，而乃自暇自逸，惟宮臺是侈是飾，必有顛覆危亡之禍。《易》曰：「豐其屋，蔀其家，闚其户，闃其無人。」王者以天下為家，言豐屋之禍，至於家無人也。方今二虜合從，謀危宗廟，十萬之軍，東西奔赴，邊境無一日之娛；農夫廢業，民有飢色。陛下不以是為憂，而營作宮室，無有已時。使國亡而臣可以獨存，臣又不言也；臣松之以為忠至之道，以亡己為理。是以匡救其惡，不為身計。而皐表云『使國亡而臣可以獨存，臣又不言也』，此則發憤為己，豈為國哉？斯言也，豈不傷讜烈之義，為一表之病乎！君作元首，臣為股肱，存亡一體，得失同之。孝經曰：「天子有爭臣七人，雖無道不失其天下。」臣雖駑怯，敢忘爭臣之義？言不切至，不足以感寤陛下。陛下不察臣言，恐皇祖烈考之祚，將墜於地。使臣身死有補萬一，則死之日，猶生之年也。謹叩棺沐浴，伏俟重誅。』奏御，天子感其忠言，手筆詔答。每朝廷會議，皐常侃然以天下為己任。數諫爭，不聽，乃屢乞遜位，未許。會卒，家無餘財。孫豹嗣。

又《高堂隆傳》 青龍中，大治殿舍，西取長安大鐘。隆上疏曰；『昔周景王不儀刑文、武之明德，忽公旦之聖制，既鑄大錢，又作大鐘，單穆公諫而弗聽，泠州鳩對而弗從，遂迷不反，周德以衰，良史記焉，以為永鑑。然今之小人，好說秦、漢之奢靡以蕩聖心，求取亡國不度之器，勞役費損，以傷德政，非所以興禮樂之和，保神明之休也。』是日，帝幸上方，隆與卞蘭從。帝以隆表授蘭，使難隆曰：『興衰在政，樂何為也？化之不明，豈鐘之罪？』隆曰：『夫禮樂者，為治之大本也。故簫韶九成，鳳皇來儀，雷鼓六變，天神以降，政是以平，刑是以錯，和之至也。新聲發響，商辛以隕，大鐘既鑄，周景以弊，存亡之機，恒由斯作，安在廢興之不階也？君舉必書，古之道也，作而不法，何以示後？聖王樂聞其闕，故有箴規之道；忠臣原竭其節，故有匪躬之義也。』帝稱善。

遷侍中，猶領太史令。崇華殿災，詔問隆：『此何咎？於禮，寧有祈禳之義乎？』隆對曰：『夫災變之發，皆所以明教誡也，惟率禮脩德，可以勝之。易傳曰：「上不儉，下不節，孽火燒其室。」又曰：「君高其臺，天火為災。」此人君苟飾宮室，不知百姓空竭，故天應之以旱，火從高殿起也。上天降鑑，故譴告陛下；陛下宜增崇人道，以答天意。昔太戊有桑穀生於朝，武丁有雊雉登於鼎，皆聞災恐懼，側身脩德，三年之後，遠夷朝貢，故號曰中宗、高宗。此則前代之明鑑也。今案舊占，災火之發，皆以臺榭宮室為誡。然今宮室之所以充廣者，實由宮人猥多之故。

宜簡擇留其淑懿，如周之制，罷省其餘。此則祖己之所以訓高宗，高宗之所以享遠號也。』詔問隆：『吾聞漢武帝時，柏梁灾，而大起宮殿以厭之，其義云何？』隆對曰：『臣聞西京柏梁既灾，越巫陳方，建章是經，以厭火祥；乃夷越之巫所為，非聖賢之明訓也。五行志曰：「柏梁灾，其後有江充巫蠱（也）衛太子事。」如志之言，越巫建章無所厭也。孔子曰：「灾者脩類應行，精祲相感，以戒人君。」是以聖主睹灾責躬，退而脩德，以消復之。今宜罷散民役。宮室之制，務從約節，內足以待風雨，外足以講禮儀。清埽所灾之處，不敢於此有所立作，蓮莆、嘉禾必生此地，以報陛下虔恭之德。豈可疲民之力，竭民之財！實非所以致符瑞而懷遠人也。』帝遂復崇華殿，時郡國有九龍見，故改曰九龍殿。

陵霄闕始構，有鵲巢其上，帝以問隆，對曰：『《詩》云「維鵲有巢，維鳩居之」。今興宮室，起陵霄闕，而鵲巢之，此宮室未成身不得居之象也。天意若曰，宮室未成，將有他姓制御之，斯乃上天之戒也。夫天道無親，惟與善人，不可不深防，不可不深慮。夏、商之季，皆繼體也，不欽承上天之明命，惟讒諂是從，廢德適欲，故其亡也忽焉。太戊、武丁，睹灾竦懼，祗承天戒，故其興也勃焉。今若休罷百役，儉以足用，增崇德政，動遵帝則，除普天之所患，興兆民之所利，三王可四，五帝可六，豈惟殷宗轉禍為福而已哉！臣備腹心，苟可以繁祉聖躬，安存社稷，臣雖灰身破族，猶生之年也。豈憚忤逆之灾，而令陛下不聞至言乎？』於是帝改容動色。

是歲，有星孛於大辰。隆上疏曰：『凡帝王徙都立邑，皆先定天地社稷之位，敬恭以奉之。將營宮室，則宗廟為先，廄庫為次，居室為後。今圜丘、方澤、南北郊、明堂、社稷，神位未定，宗廟之制又未如禮，而崇飾居室，士民失業。外人咸云宮人之用，與興戎軍國之費，所盡略齊。民不堪命，皆有怨怒。《書》曰「天聰明自我民聰明，天明畏自我民明威」，與人作頌，則鄉以五福，民怒吁嗟，則威以六極，言天之賞罰，隨民言，順民心也。是以臨政務在安民為先，然後稽古之化，格於上下，自古及今，未嘗不然也。夫采椽卑宮，唐、虞、大禹之所以垂皇風也；玉臺瓊室，夏癸、商辛之所以犯昊天也。今之宮室，實違禮度，乃更建立九龍，華飾過前。天彗章灼，始起於房心，犯帝坐而幹紫微，此乃皇天子愛陛下，是以發教戒之象，始卒皆於尊位，殷勤鄭重，欲必覺寤陛下；斯乃慈父懇切之訓，宜崇孝子祗聳之禮，以率先天下，以昭示後昆，不宜有忽，以重天怒。』

時軍國多事，用法深重。隆上疏曰：『夫拓迹垂統，必俟聖明，輔世匡治，亦須良佐，用能庶績其凝而品物康乂也。夫移風易俗，宣明道化，使四表同風，回首面內，德教光熙，九服慕義，固非俗吏之所能也。今有司務糾刑書，不本大道，是以刑用而不措，俗弊而不敦。宜崇禮樂，班敍明堂，修三雍、大射、養老，營建郊廟，尊儒士，舉逸民，表章制度，改正朔，易服色，布愷悌，尚儉素，然後備禮封禪，歸功天地，使雅頌之聲盈於六合，緝熙之化混於後嗣。斯蓋至治之美事，不朽之貴業也。然九域之內，可揖讓而治，尚何憂哉！不正其本而救其末，譬猶棼絲，非政理也。可命羣公卿士通儒，造具其事，以為典式。』隆又以為改正朔，易服色，殊徽號，異器械，自古帝王所以神明其政，變民耳目，故三春稱王，明三統也。於是敷演舊章，奏而改焉。帝從其議，改青龍五年春三月為景初元年孟夏四月，服色尚黃，犧牲用白，從地正也。

遷光祿勳。帝愈增崇宮殿，彫飾觀閣，鑿太行之石英，采穀城之文石，起景陽山於芳林之園，建昭陽殿於太極之北，鑄作黃龍鳳皇奇偉之獸，飾金墉、陵雲臺、陵霄闕。百役繁興，作者萬數，公卿以下至於學生，莫不展力，帝乃躬自掘土以率之。而遼東不朝。悼皇后崩。天作淫雨，冀州水出，漂没民物。隆上疏切諫曰：

蓋『天地之大德曰生，聖人之大寶曰位；何以守位？曰仁；何以聚人？曰財』。然則士民者，乃國家之鎮也；穀帛者，乃士民之命也。穀帛非造化不育，非人力不成。是以帝耕以勸農，後桑以成服，所以昭事上帝，告虔報施也。昔在伊唐，世值陽九厄運之會，洪水滔天，使鯀治之，績用不成，乃舉文命，隨山刊木，前後歷年二十二載。灾眚之甚，莫過於彼，力役之興，莫久於此，堯、舜君臣，南面而已。禹敷九州，庶士庸勳，各有等差，君子小人，物有服章。今無若時之急，而使公卿大夫並與廝徒共供事役，聞之四夷，非嘉聲也，垂之竹帛，非令名也。是以有國有家者，近取諸身，遠取諸物，嫗煦養育，故稱『愷悌君子，民之父母』。今上下勞役，疾病凶荒，耕稼者寡，饑饉薦臻，無以卒歲；宜加澹

恤，以救其困。

臣觀在昔書籍所載，天人之際，未有不應也。是以古先哲王，畏上天之明命，循陰陽之逆順，矜矜業業，惟恐有違。然後治道用興，德與神符，灾異既發，懼而脩政，未有不延期流祚者也。爰及末葉，闇君荒主，不崇先王之令軌，不納正士之直言，以遂其情志，恬忽變戒，未有不尋踐禍難，至於顛覆者也。

天道既著，請以人道論之。夫六情五性，同在於人，嗜欲廉貞，各居其一。及其動也，交爭於心。欲强質弱，則縱濫不禁；精誠不制，則放溢無極。夫情之所在，非好則美，而美好之集，非人力不成，非穀帛不立。情苟無極，則人不堪其勞，物不充其求。勞求並至，將起禍亂。故不割情，無以相供。仲尼云：『人無遠慮，必有近憂。』由此觀之，禮義之制，非苟拘分，將以遠害而興治也。

今吳、蜀二賊，非徒白地小虜、聚邑之寇，乃據險乘流，跨有士衆，僭號稱帝，欲與中國爭衡。今若有人來告，權、（備）並脩德政，復履清儉，輕省租賦，不治玩好，動咨耆賢，事遵禮度。陛下聞之，豈不惕然惡其如此，以為難卒討滅，而為國憂乎？若使告者曰，彼二賊並為無道，崇侈無度，役其士民，重其徵賦，下不堪命，吁嗟日甚。陛下聞之，豈不勃然忿其困我無辜之民，而欲速加之誅，其次，豈不幸彼疲弊而取之不難乎？苟如此，則可易心而度，事義之數亦不遠矣。

且秦始皇不築道德之基，而築阿房之宮，不憂蕭牆之變，而脩長城之役。當其君臣為此計也，亦欲立萬世之業，使子孫長有天下，豈意一朝匹夫大呼，而天下傾覆哉？故臣以為使先代之君知其所行必將至於敗，則弗為之矣。是以亡國之主自謂不亡，然後至於亡；賢聖之君自謂將亡，然後至於不亡。昔漢文帝稱為賢主，躬行約儉，惠下養民，而賈誼方之，以為天下倒縣，可為痛哭者一，可為流涕者二，可為長歎息者三。況今天下彫弊，民無儋石之儲，國無終年之畜，外有强敵，六軍暴邊，內興土功，州郡騷動，若有寇警，則臣懼版築之士不能投命虜庭矣。

又，將吏奉祿，稍見折減，方之於昔，五分居一；諸受休者又絕廩賜，不應輸者今皆出半：此為官入兼多於舊，其所出與參少於昔。而度支經用，更每不足，牛肉小賦，前後相繼。反而推之，凡此諸費，必有所在。且夫祿賜穀帛，人主所以惠養吏民而為之司命者也，若今有廢，是奪其命矣。既得之而又失之，此生怨之府也。周禮，（天）府掌九（伐）之（則），以給九式之用，入有其分，出有其所，不相干乘而用各足。各足之後，乃以式貢之餘，供王玩好。又上用財，必考于司會。會音膾。今陛下所與共坐廊廟治天下者，非三司九列，則臺閣近臣，皆腹心造膝，宜在無諱。若見豐省而不敢以告，從命奔走，惟恐不勝，是則具臣，非鯁輔也。昔李斯教秦二世曰：『為人主而不恣瞿，命之曰天下桎梏。』二世用之，秦國以覆，斯亦滅族。是以史遷議其不正諫，而為世誡。書奏，帝覽焉，謂中書監、令曰：『觀隆此奏，使朕懼哉！』

隆疾篤，口占上疏曰：

曾子有疾，孟敬子問之。曾子曰：『鳥之將死，其鳴也哀；人之將死，其言也善。』臣寢疾病，有增無損，常懼奄忽，忠款不昭。臣之丹誠，豈惟曾子，原陛下少垂省覽！渙然改往事之過謬，勃然興來事之淵塞，使神人鄉應，殊方慕義，四靈效珍，玉衡曜精，則三王可邁，五帝可越，非徒繼體守文而已也。

臣常疾世主莫不思紹堯、舜、湯、武之治，而蹈踵桀、紂、幽、厲之迹，莫不蚩笑季世惑亂亡國之主，而不登踐虞、夏、殷、周之軌。悲夫！以若所為，求若所致，猶緣木求魚，煎水作冰，其不可得，明矣。尋觀三代之有天下也，聖賢相承，歷載數百，尺土莫非其有，一民莫非其臣，萬國咸寧，九有有截；鹿臺之金，巨橋之粟，無所用之，仍舊南面，夫何為哉！然癸、辛之徒，恃其旅力，知足以拒諫，才足以飾非，諂諛是尚，臺觀是崇，淫樂是好，倡優是說，作靡靡之樂，安濮上之音。上天不蠲，眷然回顧，宗國為墟，（不）夷於隸，紂縣白旗，桀放鳴條；天子之尊，湯、武有之，豈伊異人，皆明王之胄也。且當六國之時，天下殷熾，秦既兼之，不脩聖道，乃構阿房之宮，築長城之守，矜夸中國，威服百蠻，天下震竦，道路以目；自謂本枝百葉，永垂洪暉，豈寤二世而滅，社稷崩圮哉？近漢孝武乘文、景之福，外攘夷狄，內興宮殿，十餘年間，天下囂然。乃信越巫，懟天遷怒，起建章之宮，千門萬户，卒致江充妖蠱之變，至於宮室乖離，父子相殘，殃咎之毒，禍流數世。

臣觀黃初之際，天兆其戒，異類之鳥，育長燕巢，口爪胸赤，此魏室

之大異也，宜防鷹揚之臣於蕭牆之內。可選諸王，使君國典兵，往往釭跱，鎮撫皇畿，翼亮帝室。昔周之東遷，晉、鄭是依，漢呂之亂，實賴朱虛，斯蓋前代之明鑑。夫皇天無親，惟德是輔。民詠德政，則延期過歷，下有怨歎，掇録授能。由此觀之，天下之天下，非獨陛下之天下也。臣百疾所鍾，氣力稍微，輒自輿出，歸還里舍，若遂沈淪，魂而有知，結草以報。詔曰：『生廉追伯夷，直過史魚，執心堅白，謇謇匪躬，如何微疾未除，退身里舍？昔邴吉以陰德，疾除而延壽；貢禹以守節，疾篤而濟愈。生其强飯專精以自持。』隆卒，遺令薄葬，斂以時服。習鑿齒曰：高堂隆可謂忠臣矣。君侈每思諫其惡，將死不忘憂社稷，正辭動於昏主，明戒驗於身後，謇諤足以勵物，德音没而彌彰，可不謂忠且智乎！詩云：『聽用我謀，庶無大悔。』又曰：『曾是莫聽，大命以傾。』其高堂隆之謂也。

初，太和中，中護軍蔣濟上疏曰『宜遵古封禪』。詔曰：『聞濟斯言，使吾汗出流足。』事寢歷歲，後遂議脩之，使隆撰其禮儀。帝聞隆没，歎息曰：『天不欲成吾事，高堂生舍我亡也。』子琛嗣爵。

始，景初中，帝以蘇林、秦靜等並老，恐無能傳業者。乃詔曰：『昔先聖既没，而其遺言餘教，著於六藝。六藝之文，禮又為急，弗可斯須離者也。末俗背本，所由來久。故閔子譏原伯之不學，荀卿醜秦世之坑儒，儒學既廢，則風化曷由興哉？方今宿生巨儒，並各年高，教訓之道，孰為其繼？昔伏生將老，漢文帝嗣以晁錯；穀梁寡疇，宣帝承以十郎。其科郎吏高才解經義者三十人，從光禄勳隆、散騎常侍林、博士靜，分受四經三禮，主者具為設課試之法。夏侯勝有言：「士病不明經術，經術苟明，其取青紫如俯拾地芥耳。」今學者有能究極經道，則爵禄榮寵，不期而至。可不勉哉！』數年，隆等皆卒，學者遂廢。

初，任城棧潛，太祖世歷縣令，潛字彦皇，見應璩書林。嘗督守鄴城。時文帝為太子，耽樂田獵，晨出夜還。潛諫曰：『王公設險以固其國，都城禁衛，用戒不虞。大雅云：「宗子維城，無俾城壞。」又曰：「猶之未遠，是用大諫。」若逸于游田，晨出昏歸，以一日從禽之娱，而忘無垠之釁，愚竊惑之。』太子不悦，然自後游出差簡。黄初中，文帝將立郭貴嬪為皇后，潛上疏諫，語在後妃傳。明帝時，衆役並興，戚屬疏斥，潛上疏曰：『天生蒸民而樹之君，所以覆燾羣生，熙育兆庶，故方制四海匪為天子，裂土分疆匪為諸侯也。始自三皇，爰暨唐、虞，咸以博濟加於天下，醇德以洽，黎元賴之。三王既微，降逮於漢，治日益少，喪亂弘多，自時厥後，亦罔克乂。太祖濬哲神武，芟除暴亂，克復王綱，以開帝業。文帝受天門命，廓恢皇基，踐阼七載，每事未遑。陛下聖德，纂承洪緒，宜崇晏晏，與民休息。而方隅匪寧，征夫遠戍，有事海外，縣旌萬里，六軍騷動，水陸轉運，百姓舍業，日費千金。大興殿舍，功作萬計，徂來之松，刊山窮谷，怪石碔砆，浮於河、淮，都圻之內，盡為甸服，當供秸銍粟之調，而為苑囿擇禽之府，盛林莽之穢，豐鹿兔之藪；傷害農功，地繁茨棘，災疫流行，民物大潰，上減和氣，嘉禾不植。臣聞文王作豐，經始勿亟，百姓子來，不日而成。靈沼、靈囿，與民共之。今宮觀崇侈，彫鏤極妙，忘有虞之總期，思殷辛之瓊室，禁地千里，舉足投網，麗擬阿房，役百乾谿，臣恐民力彫盡，下不堪命也。昔秦據殽函以制六合，自以德高三皇，功兼五帝，欲號謚至萬葉，而二世顛覆，原為黔首，由枝幹既（杌），本實先拔也。蓋聖王之御世也，克明俊德，庸勳親親；俊乂在官，則功業可隆，親親顯用，則安危同憂；深根固本，並為幹翼，雖歷盛衰，內外有輔。昔成王幼沖，未能涖政，周、呂、召、畢，並在左右；今既無衛侯、康叔之監，分陝所任，又非旦、奭。東宮未建，天下無副。原陛下留心關塞，永保無極，則海內幸甚。』後為燕中尉，辭疾不就，卒。

又 卷二七《魏志·王基傳》 明帝盛脩宮室，百姓勞瘁。（王）基上疏曰：『臣聞古人以水喻民，曰「水所以載舟，亦所以覆舟」。故在民上者，不可以不戒懼。夫民逸則慮易，苦則思難，是以先王居之以約儉，俾不至於生患。昔顔淵云東野子之御，馬力盡矣而求進不已，是以知其將敗。今事役勞苦，男女離曠，原陛下深察東野之弊，留意舟水之喻，息奔駟於未盡，節力役於未困。昔漢有天下，至孝文時唯有同姓諸侯，而賈誼憂之曰：「置火積薪之下而寢其上，因謂之安也。」今寇賊未殄，猛將擁兵，檢之則無以應敵，久之則難以遺後，當盛明之世，不務以除患，若子孫不競，社稷之憂也。使賈誼復起，必深切于曩時矣。』

又 卷二八《魏志·毌丘儉傳》 明帝即位，為尚書郎，遷羽林監。以東宮之舊，甚見親待。出為洛陽典農。時取農民以治宮室，儉上疏曰：『臣愚以為天下所急除者二賊，所急務者衣食。誠使二賊不滅，士民飢凍，

雖崇美宮室，猶無益也。』

《晉書》卷一《宣帝紀》 魏正始元年春正月，東倭重譯納貢，焉耆、危須諸國，弱水以南，鮮卑名王，皆遣使來獻。天子歸美宰輔，又增帝封邑。初，魏明帝好修宮室，制度靡麗，百姓苦之。帝自遼東還，役者猶萬餘人，雕玩之物動以千計。至是皆奏罷之，節用務農，天下欣賴焉。

又 卷四〇《楊駿傳》 時駿居曹爽故府，在武庫南，聞內有變，召衆官議之。太傅主簿朱振說駿曰：『今內有變，其趣可知，必是閹豎為賈后設謀，不利於公。宜燒雲龍門以示威，索造事都首，開萬春門，引東宮及外營兵，公自擁翼皇太子，入宮取奸人。殿內震懼，必斬送之，可以免難。』駿素怯懦，不決，乃曰：『魏明帝造此大功，奈何燒之！』侍中傅祇夜白駿，請與武茂俱入雲龍門觀察事勢。祇因謂羣僚『宮中不宜空』，便起揖，於是皆走。

論說

《三國志》卷三《魏志・明帝紀論》 明帝沉毅斷識，任心而行，蓋有君人之至概焉。于時百姓彫弊，四海分崩，不先聿脩顯祖，闡拓洪基，而遽追秦皇、漢武，宮館是營，格之遠猷，其殆疾乎！

蜀漢後主

綜述

《三國志》卷三三《蜀志・後主傳》 景耀元年，姜維還成都。史官言景星見，於是大赦，改年。宦人黃皓始專政。《漢晉春秋》曰：司馬文王與禪宴，為之作故蜀技，旁人皆為之感愴，而禪喜笑自若。王謂賈充曰：『人之無情，乃可至於是乎！雖使諸葛亮在，不能輔之久全，而況姜維邪？』充曰：『不如是，殿下何由并之。』他日，王問禪曰：『頗思蜀否？』禪曰：『此間樂，不思蜀。』郤正聞之，求見禪曰：『若王後問，宜泣而答曰「先人墳墓遠在隴、蜀，乃心西悲，無日不思」，因閉其目。』會王復問，對如前，王曰：『何乃似郤正語邪！』禪驚視曰：『誠如尊命。』左右皆笑。

又 卷三四《蜀志・劉永傳》 初，（劉）永憎宦人黃皓，皓既信任用事，譖構永於後主，後主稍疏外永，至不得朝見者十餘年。

又 卷三五《蜀志・諸葛亮傳》 （建興）五年，率諸軍北駐漢中，臨發，上疏曰：【略】

誠宜開張聖（德），以光先帝遺德，恢弘志士之氣，不宜妄自菲薄，引喻失義，以塞忠諫之路也。宮中府中俱為一體，陟罰臧否，不宜異同。若有作姦犯科及為忠善者，宜付有司論其刑賞，以昭陛下平明之理，不宜偏私，使內外異法也。侍中、侍郎郭攸之、費禕、董允等，此皆良實，志慮忠純，是以先帝簡拔以遺陛下。愚以為宮中之事，事無大小，悉以咨之，然後施行，必能裨補闕漏，有所廣益。將軍向寵，性行淑均，曉暢軍事，試用於昔日，先帝稱之曰能，是以衆議舉寵為督。愚以為營中之事，悉以咨之，必能使行陳和睦，優劣得所。親賢臣，遠小人，此先漢所以興隆也；親小人，遠賢臣，此後漢所以傾頹也。先帝在時，每與臣論此事，未嘗不歎息痛恨於桓、靈也。侍中、尚書、長史、參軍，此悉貞良死節之臣，原陛下親之信之，則漢室之隆，可計日而待也。【略】《華陽國志》曰：（諸葛）尚歎曰：『父子荷國重恩，不早斬黃皓，以致傾敗，用生何為！』乃馳赴魏軍而死。

自瞻、厥、建統事，姜維常征伐在外，宦人黃皓竊弄機柄，咸共將護，無能匡矯，孫盛《異同記》曰：瞻、厥等以維好戰無功，國內疲弊，宜表後主，召還為益州刺史，奪其兵權；蜀長老猶有瞻表以閻宇代維故事。晉永和三年，蜀史常璩說蜀長老云：『陳壽嘗為瞻吏，為瞻所辱，故因此事歸惡黃皓，而云瞻不能匡矯也。』然建特不與皓和好往來。

又 卷三九《蜀志・董允傳》 尚書令蔣琬領益州刺史，上疏以讓費禕及允，又表『允內侍歷年，翼贊王室，宜賜爵土以褒勳勞。』允固辭不受。後主漸長大，愛宦人黃皓。皓便辟佞慧，欲自容入。允常上則正色匡主，下則數責於皓。皓畏允，不敢為非。終允之世，皓位不過黃門丞。

又 《陳祇傳》 陳祇代允為侍中，與黃皓互相表裏，皓始預政事。祇死後，皓從黃門令為中常侍、奉車都尉，操弄威柄，終至覆國。蜀人無不追

思允。及鄧艾至蜀，聞皓姦險，收閉，將殺之，而皓厚賂艾左右，得免。

又　卷四二《蜀志・郤正傳》　（郤正）自在內職，與宦人黄皓比屋周旋，經三十年，皓從微至貴，操弄威權，正既不為皓所愛，亦不為皓所憎，是以官不過六百石，而免於憂患。

又　卷四四《蜀志・姜維傳》　（景耀五年）維本羈旅託國，累年攻戰，功績不立，而宦官黄皓等弄權於內，右大將軍閻宇與皓協比，而皓陰欲廢維樹宇。維亦疑之。故自危懼，不復還成都。《華陽國志》曰：維惡黄皓恣擅，啓後主欲殺之。後主曰：『皓趨走小臣耳，往董允切齒，吾常恨之，君何足介意！』維見皓枝附葉連，懼於失言，遜辭而出。後主敕皓詣維陳謝。維説皓求還中種麥，以避內逼耳。

又　卷四一《蜀志・霍峻傳》裴松之注　《襄陽記》曰：【略】時黄皓預政，衆多附之，憲獨不與同，皓恚，左遷巴東太守。

論説

《三國志》卷三三《蜀志・後主傳論》　後主任賢相則為循理之君，惑閹豎則為昏闇之后，傳曰『素絲無常，唯所染之』，信矣哉！禮，國君繼體，踰年改元，而章武之三年，則革稱建興，考之古義，體理為違。又國不置史，注記無官，是以行事多遺，災異靡書。諸葛亮雖達於為政，凡此之類，猶有未周焉。然經載十二而年名不易，軍旅屢興而赦不妄下，不亦卓乎！自亮没後，茲制漸虧，優劣著矣。《華陽國志》曰：丞相亮時，有言公惜赦者，亮答曰：『治世以大德，不以小惠，故匡衡、吴漢不原為赦。先帝亦言吾周旋陳元方、鄭康成間，每見啓告，治亂之道悉矣，曾不語赦也。若劉景升、季玉父子，歲歲赦宥，何益於治！』臣松之以為『赦不妄下』，誠為可稱，至於『年名不易』，猶所未達。案建武、建安之號，皆久而不改，未聞前史以為美談。『經載十二』，蓋何足云？豈別有他意，求之未至乎！亮殁後，延熙之號，數盈二十，『茲制漸虧』，事又不然也。

東吴末帝

綜述

《三國志》卷四八《吴志・孫皓傳》　孫皓字元宗，權孫，和子也，一名彭祖，字皓宗。孫休立，封皓為烏程侯，遣就國。西湖民景養相皓當大貴，皓陰喜而不敢泄。休薨，是時蜀初亡，而交阯攜叛，國內震懼，貪得長君。左典軍萬彧昔為烏程令，與皓相善，稱皓才識明斷，是長沙桓王之疇也，又加之好學，奉遵法度，屢言之於丞相濮陽興、左將軍張布。興、布説休妃太后朱，欲以皓為嗣。朱曰：『我寡婦人，安知社稷之慮，苟吴國無損，宗廟有賴可矣。』於是遂迎立皓，時年二十三。改元，大赦。是歲，於魏咸熙元年也。

元興元年八月，以上大將軍施績、大將軍丁奉為左右大司馬，張布為驃騎將軍，加侍中，諸增位班賞，一皆如舊。九月，貶太后為景皇后，追謚父和曰文皇帝，尊母何為太后。十月，封休太子霣為豫章王，次子汝南王，次子梁王，次子陳王，立皇后滕氏。《江表傳》曰：皓初立，發優詔，恤士民，開倉稟，振貧乏，科出宮女以配無妻，禽獸擾於苑者皆放之。當時翕然稱為明主。皓既得志，粗暴驕盈，多忌諱，好酒色，大小失望。興、布竊悔之。或以譖皓，十一月，誅興、布。十二月，孫休葬定陵。封後父滕牧為高密侯，《吴曆》曰：牧本名密，避丁密，改名牧，丁密避牧，改名為固。舅何洪等三人皆列侯。【略】

（甘露元年）秋七月，皓逼殺景后朱氏，亡不在正殿，於苑中小屋治喪，衆知其非疾病，莫不痛切。又送休四子於吴小城，尋復追殺大者二人。【略】

（建衡）三年春正月晦，皓舉大衆出華里，皓母及妃妾皆行，東觀令華覈等固爭，乃還。《江表傳》曰：初丹楊刁玄使蜀，得司馬徽與劉廙論運命歷數事。玄詐增其文以誑國人曰：『黄旗紫蓋見於東南，終有天下者，荆、揚之

君乎！』又得中國降人，言壽春下有童謡曰『吳天子當上』。皓聞之，喜曰：『此天命也。』即載其母妻子及後宮數千人，從牛渚陸道西上，雲青蓋入洛陽，以順天命。行遇大雪，道塗陷壞，兵士被甲持仗，百人共引一車，寒凍殆死。兵人不堪，皆曰：『若遇敵便當倒戈耳。』皓聞之，乃還。【略】

（鳳皇元年）是歲右丞相萬彧被譴憂死，徙其子弟於廬陵。《江表傳》曰：初皓游華里，彧與丁奉、留平密謀曰：『此行不急，若至華里不歸，社稷事重，不得不自還。』此語頗泄。皓聞知，以彧等舊臣，且以計忍而陰銜之。後因會，以毒酒飲彧，傳酒人私減之。又飲留平，平覺之，服他藥以解，得不死。彧自殺。平憂懣，月餘亦死。何定姦穢發聞，伏誅。皓以其惡似張布，追改定名為布。《江表傳》曰：定，汝南人，本孫權給使也，後出補吏。定佞邪僭媚，自表先帝舊人，求還內侍，皓以為樓下都尉，典知酤糴事，專為威福。而皓信任，委以衆事。定為子求少府李勖女，不許。定挾忿譖勖於皓，皓尺口誅之，焚其屍。定又使諸將各上好犬，皆千里遠求，一犬至直數千匹。御犬率具纓，直錢一萬。一犬一兵，養以捕兔供廚。所獲無幾。吳人皆歸罪於定，而皓以為忠勤，賜爵列侯。《吳曆》曰：中書郎奚熙譖宛陵令賀惠。惠，劭弟也。遣使者徐粲訊治，熙又譖粲顧護不即決斷。皓遣使就宛陵斬粲，收惠付獄。會赦得免。【略】

（二年）秋九月，改封淮陽為魯，東平為齊，又封陳留、章陵等九王，凡十一王，王給三千兵。大赦。皓愛妾或使人至市劫奪百姓財物，司市中郎將陳聲，素皓幸臣也，恃皓寵遇，繩之以法。妾以愬皓，皓大怒，假他事燒鋸斷聲頭，投其身於四望之下。【略】

（天璽元年）會稽太守車浚、湘東太守張詠不出算緡，就在所斬之，徇首諸郡。《江表傳》曰：浚在公清忠，值郡荒旱，民無資糧，表求振貸。皓謂浚欲樹私恩，遣人梟首。又尚書熊睦見皓酷虐，微有所諫，皓使人以刀環撞殺之，身無完肌。秋八月，京下督孫楷降晉。鄱陽言歷陽山石文理成字，凡二十，云『楚九州渚，吳九州都，揚州士，作天子，四世治，太平始』。《江表傳》曰：歷陽縣有石山臨水，高百丈，其三十丈所，有七穿駢羅，穿中色黃赤，不與本體相似，俗相傳謂之石印。又云，石印封發，天下當太平。下有祠屋，巫祝言石印神有三郎。時歷陽長表上言石印發，皓遣使以太牢祭歷山。巫言，石印三郎說『天下方太平』。使者作高梯，上看印文，詐以朱書石作二十字，還以啓皓。皓大喜曰：『吳當為九州作都、渚乎！從大皇帝逮孤四世矣，太平之主，非孤復誰？』重遣使，以印綬拜三郎為王，又刻石立銘，褒贊靈德，以答休祥。又吳興陽羨山有空石，長十餘丈，名曰石室，在所表為大瑞。乃遣兼司徒董朝、兼太常周處至陽羨縣，封禪國山。明年改元，大赦，以協石文。【略】

（天紀元年）初，騶子張俶多所譖白，累遷為司直中郎將，封侯，甚見寵愛，是歲姦情發聞，伏誅。《江表傳》曰：俶父，會稽山陰縣卒也，知俶不良，上表云：『若用俶為司直，有罪乞不從坐。』皓許之。俶表立彈曲二十人，專糾司不法，於是愛惡相攻，互相謗告。彈曲承言，收繫囹圄，聽訟失理，獄以賄成。人民窮困，無所措手足。俶奢淫無厭，取小妻三十餘人，擅殺無辜，衆姦併發，父子俱見車裂。

二年秋七月，立成紀、宣威等十一王，王給三千兵，大赦。

三年夏，郭馬反。馬本合浦太守脩允部曲督。允轉桂林太守，疾病，住廣州，先遣馬將五百兵至郡安撫諸夷。允死，兵當分給，馬等累世舊軍，不樂離別。皓時又科實廣州户口，馬與部曲將何典、王族、吳述、殷興等因此恐動兵民，合聚人衆，攻殺廣州督虞授。馬自號都督交、廣二州諸軍事、安南將軍，興廣州刺史，述南海太守。典攻蒼梧，族攻始興。《漢晉春秋》曰：先是，吳有說讖著曰：『吳之敗，兵起南裔，亡吳者公孫也。』皓聞之，文武職位至於卒伍有姓公孫者，皆徙於廣州，不令停江邊。及聞馬反，大懼曰：『此天亡也。』【略】

初，皓每宴會羣臣，無不咸令沈醉。置黄門郎十人，特不與酒，侍立終日，為司過之吏。宴罷之後，各奏其闕失，迕視之咎，謬言之愆，罔有不舉。大者即加威刑，小者輒以為罪。後宮數千，而采擇無已。又激水入宮，宮人有不合意者，輒殺流之。或剥人之面，或鑿人之眼。岑昏險詖貴幸，致位九列，好興功役，衆所患苦。是以上下離心，莫為皓盡力，蓋積惡已極，不復堪命故也。吳平後，晉侍中庾峻等問皓侍中李仁曰：『聞吳主披人面，刖人足，有諸乎？』仁曰：『以告者過也。君子惡居下流，天下之惡皆歸焉。蓋此事也，若信有之，亦不足怪。昔唐、虞五刑，三代七辟，肉刑之制，未為酷虐。皓為一國之主，秉殺生之柄，罪人陷法，加之以懲，何足多罪！夫受堯誅者不能無怨，受桀賞者不能無慕，此人情也。』又問曰：『云歸命侯乃惡人横睛逆視，皆鑿其眼，有諸乎？』仁曰：『亦無此事，傳之者謬耳。《曲禮》曰視天子由袷以下，視諸侯由頤以下，視大夫由衡，視士則平面，得游目五步之內；視上於衡則傲，下於帶則憂，旁則邪。以禮視瞻，高下不可不慎，況人君乎哉？視

人君相迕，是乃禮所謂傲慢；傲慢則無禮，無禮則不臣，不臣則犯罪，犯罪則陷不測矣。正使有之，將有何失？』凡仁所答，峻等皆善之，文多不悉載。

（四年）三月丙寅，殿中親近數百人叩頭請皓殺岑昏，皓惶憒從之。干寶《晉紀》曰：皓殿中親近數百人叩頭請皓曰：『北軍日近，而兵不舉刃，陛下將如之何！』皓曰：『何故？』對曰：『坐岑昏。』皓獨言：『若爾，當以奴謝百姓。』衆因曰：『唯！』遂並起收昏。皓駱驛追止，已屠之也。【略】

皓用光祿勳薛瑩、中書令胡沖等計，分遣使奉書於濬、伷、渾曰：『昔漢室失統，九州皆分裂，先人因時，略有江南，遂分阻山川，與魏乖隔。今大晉龍興，德覆四海。闇劣偷安，未喻天命。至於今者，猥煩六軍，衡蓋路次，遠臨江渚，舉國震惶，假息漏刻。敢緣天朝含夕光大，謹遣私署太常張夔等奉所佩印綬，委質請命，惟垂信納，以濟元元。』《江表傳》載皓將敗與舅何植書曰：『昔大皇帝以神武之略，奮三千之卒，割據江南，席捲交、廣，開拓洪基，欲祚之萬世。至孤末德，嗣守成緒，不能懷集黎元，多為咎闕，以違天度。闇昧之變，反謂之祥，致使南蠻逆亂，征討未克。聞晉大衆，遠來臨江，庶竭勞瘁，衆皆摧退，而張悌不反，喪軍過半。孤甚愧悵，於今無聊。得陶濬表雲武昌以西，並復不守。不守者，非糧不足，非城不固，兵將背戰耳。兵之背戰，豈怨兵邪？孤之罪也。天文縣變於上，士民憤歎於下，觀此事勢，危如累卵，吳祚終訖，何其局哉！天匪亡吳，孤所招也。瞑目黃壤，當復何顏見四帝乎！公其勖勉奇謨，飛筆以聞。』皓又遺羣臣書曰：『孤以不德，忝繼先軌。處位歷年，政教凶勃，遂令百姓久困塗炭，至使一朝歸命有道，社稷傾覆，宗廟無主，慚愧山積，沒有餘罪。自惟空薄，過偷尊號，才瑣質穢，任重王公，故周易有折鼎之誡，詩人有彼其之譏。自居宮室，仍抱篤疾，計有不足，思慮失中，多所荒替。邊側小人，因生酷虐，虐毒橫流，忠順被害。闇昧不覺，尋其壅蔽，孤負諸君，事已難圖，覆水不可收也。今大晉平治四海，勞心務於擢賢，誠是英俊展節之秋也。管仲極讎，桓公用之，良、平去楚，入為漢臣，舍亂就理，非不忠也。莫以移朝改朔，用損厥志。嘉勖休尚，愛敬動靜。夫復何言，投筆而已！』

又　卷五〇《吳志·孫和何姬傳》　孫和何姬，丹楊句容人也。父遂，本騎士。孫權嘗游幸諸營，而姬觀於道中，權望見異之，命宦者召入，以賜子和。生男，權喜，名之曰彭祖，即皓也。太子和既廢，後為南陽王，居長沙。孫亮即位，孫峻輔政。峻素媚事全主孫權女孫魯班，全主與和母有隙，遂勸峻徙和居新都，遣使賜死，嫡妃張氏亦自殺。何姬曰：『若皆從死，誰當養孤？』遂拊育皓，及其三弟。皓即位，尊和為昭獻皇帝，《吳録》曰：皓初尊和為昭獻皇帝，俄改曰文皇帝。何姬為昭獻皇后，稱升平宮，月餘，進為皇太后。【略】吳末昏亂，何氏驕僭，子弟橫放，百姓患之。故民訛言『皓久死，立者何氏子』云。《江表傳》曰：皓以張布女為美人，有寵，皓問曰：『汝父所在？』答曰：『賊以殺之。』皓大怒，棒殺之。後思其顏色，使巧工刻木作美人形象，恒置座側。問左右：『布復有女否？』答曰：『布大女適故衛尉馮朝子純。』即奪純妻入宮，大有寵，拜為左夫人，晝夜與夫人房宴，不聽朝政，使尚方以金作華燧、步搖、假髻以千數。令宮人著以相撲，朝成夕敗，輒出更作，工匠因緣偷盜，府藏為空。會夫人死，皓哀潛思念，葬于苑中，大作塚，使工匠刻柏作木人，內塚中以為兵衛，以金銀珍玩之物送葬，不可稱計。已葬之後，皓治喪於內，半年不出。國人見葬太奢麗，皆謂皓已死，所葬者是也。皓舅子何都顏狀似皓，云都代立。臨海太守奚熙信訛言，舉兵欲還誅都，都叔父植時為備海督，擊殺熙，夷三族，訛言乃息，而人心猶疑。

又　《孫皓滕夫人傳》　皓既封烏程侯，聘牧女為妃。皓即位，立為皇后，封牧高密侯，拜衛將軍，録尚書事。後朝士以牧尊戚，頗推令諫爭。而夫人寵漸衰，皓滋不悅，皓母何恒左右之。又太史言，於運歷，後不可易，皓信巫覡，故得不廢，常供養升平宮。牧見遺居蒼梧郡，雖爵位不奪，其實裔也，遂道路憂死。長秋官僚，備員而已，受朝賀表疏如故。而皓內諸寵姬，佩皇后璽紱者多矣。《江表傳》曰：皓又使黃門備行州郡，科取將吏家女。其二千石大臣子女，皆當歲歲言名，年十五六一簡閱，簡閱不中，乃得出嫁。後宮千數，而採擇無已。天紀四年，隨皓遷於洛陽。

又　卷五八《吳志·陸抗傳》　（陸）抗聞都下政令多闕，憂深慮遠，乃上疏曰：『臣聞德均則衆者勝寡，力侔則安者制危，蓋六國所以兼併於强秦，西楚所以北面於漢高也。今敵跨制九服，非徒關右之地；割據九州，豈但鴻溝以西而已。國家外無連國之援，內非西楚之强，庶政陵遲，黎民未乂，而議者所恃，徒以長川峻山，限帶封域，此乃守國之末事，非智者之所先也。臣每遠惟戰國存亡之符，近覽劉氏傾覆之釁，考之典籍，驗之行事，中夜撫枕，臨餐忘食。昔匈奴未滅，去病辭館；漢道未純，賈生哀泣。況臣王室之出，世荷光寵，身名否泰，與國同感，死生契闊，義無苟且，夙夜憂怛，念至情慘。夫事君之義犯而勿欺，人臣之節匪躬是殉，謹陳時宜十七條如左。』十七條失本，故不載。

時何定弄權，閹官預政；抗上疏曰：『臣聞開國承家，小人勿用，靖譖庸回，唐書攸戒，是以雅人所以怨刺，仲尼所以歎息也。《春秋》已來，爰及秦、漢，傾覆之釁，未有不由斯者也。小人不明理道，所見既淺，雖使竭情盡節，猶不足任，況其姦心素篤，而憎愛移易哉？苟患失之，無所不至。今委以聰明之任，假以專制之威，而冀雍熙之聲作，肅清之化立，不可得也。方今見吏，殊才雖少，然或冠冕之冑，少漸道教，或清苦自立，資能足用，自可隨才授職，抑黜羣小，然後俗化可清，庶政無穢也。』【略】

加拜都護。聞武昌左部督薛瑩徵下獄，抗上疏曰：『夫俊乂者，國家之良寶，社稷之貴資，庶政所以倫敍，四門所以穆清也。故大司農樓玄、散騎中常侍王蕃、少府李勖，皆當世秀穎，一時顯器，既蒙初寵，從容列位，而並旋受誅殛，或圮族替祀，或投棄荒裔。蓋周禮有赦賢之辟，《春秋》有宥善之義，書曰：「與其殺不辜，寧失不經。」而蕃等罪名未定，大辟以加，心經忠義，身被極刑，豈不痛哉！且已死之刑，固無所識，至乃焚爍流漂，棄之水濱，懼非先王之正典，或甫侯之所戒也。是以百姓哀聳，士民同感。蕃、勖永已，悔亦靡及，誠望陛下赦召玄出，而頃聞薛瑩卒見逮録。瑩父綜納言先帝，傅弼文皇，及瑩承基，內厲名行，今之所坐，罪在可宥。臣懼有司未詳其事，如復誅戮，益失民望，乞垂天恩，原赦瑩罪，哀矜庶獄，清澄刑網，則天下幸甚！』

時師旅仍動，百姓疲弊，抗上疏曰：『臣聞易貴隨時，傳美觀釁，故有夏多罪而殷湯用師，紂作淫虐而周武授鉞。苟無其時，玉臺有憂傷之慮，孟津有反旆之軍。今不務富國强兵，力農畜穀，使文武之才效展其用，百揆之署無曠厥職，明黜陟以厲庶尹，審刑罰以示勸沮，訓諸司以德，而撫百姓以仁，然後順天乘運，席捲宇內，而聽諸將徇名，窮兵黷武，動費萬計，士卒彫瘁，寇不為衰，而我已大病矣！今爭帝王之資，而昧十百之利，此人臣之奸便，非國家之良策也。昔齊魯三戰，魯人再克而亡不旋踵。何則？大小之勢異也。況今師所克獲，不補所喪哉？且阻兵無衆，古之明鑑，誠宜暫息進取小規，以畜士民之力，觀釁伺隙，庶無悔吝。』

又 卷五九《吳志・孫奮傳》 建衡二年，孫皓左夫人王氏卒。皓哀念過甚，朝夕哭臨，數月不出，由是民間或謂皓死，訛言奮與上虞侯奉當有立者。奮母仲姬墓在豫章，豫章太守張俊疑其或然，掃除墳塋。皓聞之，車裂俊，夷三族，誅奮及其五子，國除。《江表傳》曰：豫章吏十人乞代俊死，皓不聽。奮以此見疑，本在章安，徙還吳城禁錮，使男女不得通婚，或年三十、四十不得嫁娶。奮上表乞自比禽獸，使男女自相配偶。皓大怒，遣察戰齎藥賜奮，奮不受藥，叩頭千下，曰：『老臣自將兒子治生求治，無豫國事，乞丐餘年。』皓不聽，父子皆飲藥死。臣松之案：建衡二年至奮之死，孫皓即位，尚猶未久。若奮未被疑之前，兒女年二十左右，至奮死時，不得年三十、四十也。若先已長大，自失時未婚娶，則不由皓之禁錮矣。此雖欲增皓之惡，然非實理。

又 卷六一《吳志・陸凱傳》 皓性不好人視己，羣臣侍見，皆莫敢迕。凱說皓曰：『夫君臣無不相識之道，若卒有不虞，不知所赴。』皓聽凱自視。

皓徙都武昌，揚土百姓泝流供給，以為患苦，又政事多謬，黎元窮匱。凱上疏。【略】

時殿上列將何定佞巧便辟，貴幸任事，凱面責定曰：『卿見前後事主不忠，傾亂國政，寧有得以壽終者邪！何以專為佞邪，穢塵天聽？宜自改厲。不然，方見卿有不測之禍矣。』定大恨凱，思中傷之，凱終不以為意，乃心公家，義形於色，表疏皆指事不飾，忠懇內發。

建衡元年，疾病，皓遣中書令董朝問所欲言，凱陳：『何定不可任用，宜授外任，不宜委以國事。奚熙小吏，建起浦里田，欲復嚴密故迹，亦不可聽。姚信、樓玄、賀卲、張悌、郭逴、薛瑩、滕脩及族弟喜、抗，或清白忠勤，或姿才卓茂，皆社稷之楨幹，國家之良輔，原陛下重留神思，訪以時務，各盡其忠，拾遺萬一。』遂卒，時年七十二。

子褘，初為黃門侍郎，出領部曲，拜偏將軍。凱亡後，入為太子中庶子。右國史華覈表薦褘曰：『褘體質方剛，器幹强固，董率之才，魯肅不過。及被召當下，徑還赴都，道由武昌，曾不回顧，器械軍資，一無所取，在戎果毅，臨財有節。夫夏口，賊之衝要，宜選名將以鎮戍之，臣竊思惟，莫善於褘。』

初，皓常銜凱數犯顏忤旨，加何定譖構非一，既以重臣，難繩以法，又陸抗時為大將在疆埸，故以計容忍。抗卒後，竟徙凱家於建安。

或曰寶鼎元年十二月，凱與大司馬丁奉、御史大夫丁固謀，因皓謁

廟，欲廢皓立孫休子。時左將軍留平領兵先驅，故密語平，平拒而不許，誓以不泄，是以所圖不果。太史郎陳苗奏皓久陰不雨，風氣回逆，將有陰謀，皓深警懼云。《吴録》曰：舊拜廟，選兼大將軍領三千兵為衛，凱欲因此兵以圖之，令選曹白用丁奉。皓偶不欲，曰：『更選。』凱令執據，雖蹔兼，然宜得其人。皓曰：『用留平。』凱令其子禕謀語平。平素與丁奉有隙，禕未及得宣凱旨，平語禕曰：『聞野豬入丁奉營，此凶徵也。』有喜色。禕乃不敢言，還，因具啓凱，故輟止。

予連從荊、揚來者得凱所諫皓二十事，博問吴人，多云不聞凱有此表。又按其文殊甚切直，恐非皓之所能容忍也。或以為凱藏之篋笥，未敢宣行，病困，皓遣董朝省問欲言，因以付之。虛實難明，故不著於篇，然愛其指擿皓事，足為後戒，故鈔列於《凱傳》左云。

皓遣親近趙欽口詔報凱前表曰：『孤動必遵先帝，有何不平？君所諫非也。又建業宮不利，故避之，而西宮室宇摧朽，須謀移都，何以不可徙乎？』凱上疏。【略】《江表傳》曰：皓所行彌暴，凱知其將亡，上表。【略】初，皓始起宮，凱上表諫，不聽，凱重表。

論説

《三國志》卷四八《吴志·孫皓傳論》 皓之淫刑所濫，隕斃流黜者，蓋不可勝數。是以羣下人人惴恐，皆日日以冀，朝不謀夕。其熒惑、巫祝，交致祥瑞，以為至急。昔舜、禹躬稼，至聖之德，猶或矢誓衆臣，予違女弼，或拜昌言，常若不及。況皓凶頑，肆行殘暴，忠諫者誅，讒諛者進，虐用其民，窮淫極侈，宜腰首分離，以謝百姓。既蒙不死之詔，復加歸命之寵，豈非曠蕩之恩，過厚之澤也哉！孫盛曰：夫古之立君，所以司牧羣黎，故必仰協乾坤，覆燾萬物；若乃淫虐是縱，酷被羣生，則天殛之，剿絕其祚，奪其南面之尊，加其獨夫之戮。是故湯、武抗鉞，不犯不順之譏；漢高奮劍，而無失節之議。何者？誠四海之酷仇，而人神之所擯故也。況皓罪為逋寇，虐過辛、癸，梟首素旗，猶不足以謝冤魂，洿室薦社，未足以紀暴迹，而乃優以顯命，寵錫仍加，豈龔行天罰，伐罪吊民之義乎？是以知僭逆之不懲，而凶酷之莫戒。《詩》云：『取彼譖人，投畀豺虎。』聊譖猶然，矧僭虐乎？且神旗電掃，兵臨偽窟，理窮勢迫，然後請命，不赦之罪既彰，三驅之義又塞，極之權道，亦無取焉。

陸機著辨亡論，言吴之所以亡，其上篇曰：『昔漢氏失御，姦臣竊命，禍基京畿，毒遍宇内，皇綱弛紊，王室遂卑。於是羣雄蜂駭，義兵四合，吴武烈皇帝慷慨下國，電發荊南，權略紛紜，忠勇伯世。威稜則夷羿震盪，兵交則醜虜授馘，遂掃清宗祊，蒸禋皇祖。於時雲興之將帶州，飆起之師跨邑，哮闞之羣風驅，熊羆之族霧集，雖兵以義合，同盟戮力，然皆包藏禍心，阻兵怙亂，或師無謀律，喪威稔寇，忠規武節，未有若此其著者也。武烈既没，長沙桓王逸才命世。弱冠秀發，招攬遺老，與之述業。神兵東驅，奮寡犯衆，攻無堅城之將，戰無交鋒之虜。誅叛柔服而江外底定，飭法修師而威德翕赫，賓禮名賢而張昭為之雄，交御豪俊而周瑜為之傑。彼二君子，皆弘敏而多奇，雅達而聰哲，故同方者以類附，等契者以氣集，而江東蓋多士矣。將北伐諸華，誅鉏幹紀，旋皇輿於夷庚，反帝座於紫闥，挾天子以令諸侯，清天步而歸舊物。戎車既次，羣凶側目，大業未就，中世而隕。用集我大皇帝，以奇蹤襲於逸軌，叡心發乎令圖，從政咨於故實，播憲稽乎遺風，而加之以篤固，申之以節儉，疇咨俊茂，好謀善斷，束帛旅於丘園，旌命交于塗巷。故豪彦尋聲而響臻，志士希光而影鶩，異人輻輳，猛士如林。於是張昭為師傅，周瑜、陸公、魯肅、呂蒙之疇入為腹心，出作股肱；甘寧、凌統、程普、賀齊、朱桓、朱然之徒奮其威，韓當、潘璋、黄蓋、蔣欽、周泰之屬宣其力；風雅則諸葛瑾、張承、步騭以聲名光國，政事則顧雍、潘濬、呂岱以器任幹職，奇偉則虞翻、陸績、張温、張惇以諷議舉正，奉使則趙咨、沈珩以敏達延譽，術數則吴範、趙達以機祥協德，董襲、陳武殺身以衛主，駱統、劉基强諫以補過，謀無遺算，舉不失策。故遂割據山川，跨制荊、吴，而與天下爭衡矣。魏氏嘗藉戰勝之威，率百萬之師，浮鄧塞之舟，下漢陰之衆，羽楫萬計，龍躍順流，鋭騎千旅，虎步原隰，謀臣盈室，武將連衡，喟然有吞江滸之志，一宇宙之氣。而周瑜驅我偏師，黜之赤壁，喪旗亂轍，僅而獲免，收迹遠遁。漢王亦馮帝王之號，率巴、漢之民，乘危騁變，結壘千里，志報關羽之敗，圖收湘西之地。而我陸公亦挫之西陵，覆師敗績，困而後濟，絕命永安。續以濡須之寇，臨川摧鋭，蓬籠之戰，孑輪不反。由是二邦之將，喪氣摧鋒，勢衄財匱，而吴藐然坐乘其弊，故魏人請好，漢氏乞盟，遂躋天號，鼎峙而立。西屠庸蜀之郊，北裂淮漢之涘，東苞百越之地，南括羣蠻之表。於是講八代之禮，蒐三王之樂，告類上帝，拱揖羣後。虎臣毅卒，循江而守，長戟勁鎩，望飆而奮。庶尹盡規於上，四民展業於下，化協殊裔，風衍遐圻。乃俾一介行人，撫巡外域，臣象逸駿，擾於外閑，明珠瑋寶，輝於内府，珍瑰重迹而至，奇玩應響而赴，輶軒騁於南荒，

沖輣息於朔野，齊民免干戈之患，戎馬無晨服之虞，而帝業固矣。大皇既歿，幼主蒞朝，姦回肆虐。景皇聿興，虔修遺憲，政無大闕，守文之良主也。降及歸命之初，典刑未滅，故老猶存。大司馬陸公以文武熙朝，左丞相陸凱以謇諤盡規，而施績、范慎以威重顯，丁奉、鍾離斐以武毅稱，孟宗、丁固之徒為公卿，樓玄、賀劭之屬掌機事，元首雖病，股肱猶良。爰及末葉，羣公既喪，然後黔首有瓦解之志，皇家有土崩之釁，歷命應化而微，王師躡運而發，卒散於陳，民奔於邑，城池無藩籬之固，山川無溝阜之勢，非有工輸雲梯之械，智伯灌激之害，楚子築室之圍，燕子濟西之隊，軍未浹辰而社稷夷矣。雖忠臣孤憤，烈士死節，將奚救哉？夫曹、劉之將非一世之選，向時之師無曩日之衆，戰守之道抑有前符，險阻之利俄然未改，而成敗貿理，古今詭趣，何哉？彼此之化殊，授任之才異也。』其下篇曰：『昔三方之王也，魏人據中夏，漢氏有岷、益，吳制荊、揚而奄交、廣。曹氏雖功濟諸華，虐亦深矣，其民怨矣。劉公因險飾智，功已薄矣，其俗陋矣。吳桓王基之以武，太祖成之以德，聰明睿達，懿度深遠矣。其求賢如不及，恤民如稚子，接士盡盛德之容，親仁罄丹府之愛。拔呂蒙於戎行，識潘濬於繫虜。推誠信士，不恤人之我欺；量能授器，不患權之我逼。執鞭鞠躬，以重陸公之威；悉委武衛，以濟周瑜之師。卑宮菲食，以豐功臣之賞；披懷虛己，以納謨士之算。故魯肅一面而自託，士燮蒙險而效命。高張公之德而省游田之娛，賢諸葛之言而割情欲之歡，感陸公之規而除刑政之煩，奇劉基之議而作三爵之誓，屏氣踞蹐以伺子明之疾，分滋損甘以育淩統之孤，登壇慷慨歸魯肅之功，削投惡言信子瑜之節。是以忠臣競盡其謀，志士咸得肆力，洪規遠略，固不厭夫區區者也。故百官苟合，庶務未遑。初都建業，羣臣請備禮秩，天子辭而不許，曰：「天下其謂朕何！」宮室輿服，蓋慊如也。爰及中葉，天人之分既定，百度之缺粗修，雖醲化懿綱，未齒乎上代，抑其體國經民之具，亦足以為政矣。地方幾萬里，帶甲將百萬，其野沃，其民練，其財豐，其器利，東負滄海，西阻險塞，長江制其區宇，峻山帶其封域，國家之利，未見有弘於茲者矣。借使中才守之以道，善人御之有術，敦率遺憲，勤民謹政，循定策，守常險，則可以長世永年，未有危亡之患。或曰，吳、蜀脣齒之國，蜀滅則吳亡，理則然矣，夫蜀蓋藩援之與國，而非吳人之存亡也。何則？其郊境之接，重山積險，陸無長轂之徑；川阨流迅，水有驚波之艱。雖有銳師百萬，啓行不過千夫；軸艫千里，前驅不過百艦。故劉氏之伐，陸公喻之長蛇，其勢然也。昔蜀之初亡，朝臣異謀，或欲積石以險其流，或欲機械以御其變。天子總羣議而諮之大司馬陸公，陸公以四瀆天地之所以節宣其氣，固無可遏之理，而機械則彼我之所共，彼若棄長技以就所屈，即荊、楊而爭舟楫之用，是天贊我也，將謹守峽口以待禽耳。逮步闡之亂，憑保城以延强寇，重資幣以誘羣蠻。于時大邦之衆，雲翔電發，縣旌江介，築壘遵渚，襟帶要害，以止吳人之西，而巴漢舟師，沿江東下。陸公以偏師三萬，北據東坑，深溝高壘，案甲養威。反虜踠迹待戮，而不敢北闚生路，强寇敗績宵遁，喪師大半，分命銳師五千，西御水軍，東西同捷，獻俘萬計。信哉賢人之謀，豈欺我哉！自是烽燧罕警，封域寡虞。陸公没而潛謀兆，吳釁深而六師駭。夫太康之役，衆未盛乎曩日之師，廣州之亂，禍有愈乎向時之難，而邦家顛覆，宗廟為墟。嗚呼！人之云亡，邦國殄瘁，不其然與！《易》曰「湯武革命順乎天」，玄曰「亂不極則治不形」，言帝王之因天時也。古人有言，曰「天時不如地利」，《易》曰「王侯設險以守其國」，言為國之恃險也。又曰：「地利不如人和」，「在德不在險」，言守險之由人也。吳之興也，參而由焉，孫卿所謂合其參者也。及其亡也，恃險而已，又孫卿所謂舍其參者也。夫四州之氓非無衆也，大江之南非乏俊也，山川之險易守也，勁利之器易用也，先政之業易循也，功不興而禍遘者何哉？所以用之者失也。故先王達經國之長規，審存亡之至數，恭己以安百姓，敦惠以致人和，寬沖以誘俊乂之謀，慈和以給士民之愛。是以其安也，則黎元與之同慶；及其危也，則兆庶與之共患。安與衆同慶，則其危不可得也；危與下共患，則其難不足恤也。夫然，故能保其社稷而固其土宇，麥秀無悲殷之思，黍離無湣周之感矣。』

晉·葛洪《抱朴子·外篇·吳失》

抱朴子曰：吳之杪季，殊代同疾，知前疾之失於彼，不能改弦於此。鑑亂亡之未遠，而躡傾車之前軌，睹枳首之爭草母，而忘同身之禍，笑蟣虱之宴安，不覺事異而患等。見競濟之舟沈，而不知殊途而溺均也。余生於晉世所不見，余師鄭君，具所親悉，每誨之云：吳之晚世，尤劇之病，賢者不用，滓穢棄序，紀綱馳紊，吞舟多漏。貢舉以厚貨者在前，官人以黨强者為右，匪富匪勢，窮年無冀。德清行高者，懷英逸而抑淪；有才有力者，躡雲物以官躋。主昏於上，臣欺於下，不黨不得，不競不進，背公之俗彌劇，正直之道遂壞。於是斥鷃因驚風以淩霄，朽舟托迅波而電邁，鴛鳳卷六翮於叢棘，鷁首滯潢汙而不擢矣。秉維之佐，牧民之吏，非母后之親，則阿諂之人也。進無補過拾遺之忠，退無聽訟之幹，虛談則口吐冰霜，行己則濁於泥潦。莫愧屍祿之刺，莫畏致戎之禍，以毀譽為蠶織，以威福代稼穡。車服則光可以鑑，豐屋則羣鳥爰止。叱吒疾於雷霆，禍福速於鬼神，勢利傾於邦君，儲積富乎公室。出飾翟黄之衛從，入遊玉根之藻棁。僮僕成軍，閉門為市，

牛羊掩原隰，田池布千里。有魚滄濯裘之儉，以竊趙宣平仲之名。內崇陶侃文信之訾，實有安昌董鄧之汙。雖造賓不沐嘉旨之俟，饑士不蒙升合之救，而金玉滿堂，妓妾溢房，商販千艘，腐谷萬庾，園囿擬上林，館第僭太極，粱肉餘於犬馬，積珍陷於帑藏。

其接士也，無葭莩之薄；其自奉也，有盡理之厚。或有不開律令之篇卷，而竊大理之位；不識几案之所置，而處機要之職；不知五經之名目，而饗儒官之祿；不閑尺紙之寒暑，而坐著作之地。筆不狂簡，而受駁議之榮；低眉垂翼，而充奏劾之選；不辯人物之精粗，而委以品藻之政；不知三才之軍勢，而軒昂節蓋之下；屢為奔北之辱將，而不失前鋒之顯號；不別菽麥之同異，而忝叨顧問之近任。夫魚質龍文，似是而非，遭水而喜，見獺即悲，雖臨之以斧鉞之威，誘之以傾城之寶，猶不能奪鉛鋒於犀兕，騁駑蹇以追風，非不忌重誅也，非不悅美賞也，體不可力，無自奈何，而欲與之輯熙百揆，弘濟大務，猶托萬鈞於尺舟之上，求千鍾於升合之中，紲芻狗而責盧鵲之效，構雞鶩而崇鷹揚之功，其不可用，亦較然矣！

吳主不此之思，不加夕惕，佞諂凡庸，委以重任，危機急於弓廣弩，亡徵著於日月，而自謂安於峙岳，唐虞可仰也。目力疲於綺粲，而不以覽庶事之得失；耳聰盡於淫音，而不以證獻言之邪正；穀帛靡於不爭，而不以賑戰士之凍餒；心神悅於愛媚，而不以念存亡之弘理。蓋輕乎崇替之源，而忽乎宗廟之重者也。

鄭君又稱，其師左先生隱居天柱，出不營祿利，不友諸侯，然心願太平，竊憂桑梓，乃慨然永歎於蓬屋之下，告其門生曰：『漢必被耀，黃精載起，纘樞紐於太微，回紫蓋於鶉首。聯天理物，光宅東夏，惠風被於區外，玄澤洽乎宇內。重譯接武，貢楛盈庭，蕩蕩巍巍，格於上下，承平守文，因循甚易，而五弦謐響，南風不詠，上不獲恭己之逸，下不聞康哉之歌。飛龍翔而不集，淵蚪蟠而不躍，騶虞翳於冥昧，朱華牙而未秀，陰陽相沴，寒燠繆節，七政告凶，陵谷易所，殷雷車訇磕。於龍潛之月，凝霜肅殺乎朱明之運。玉燭不照，沈醴不湧，郊聲多壘，嘉生不遂夫豈他哉？誠由四凶不去，元凱不舉，用者不賢，賢者不用也。

『然高概遠量，被褐懷玉，守靜潔志，無欲於物，藏路淵洿，得意遺世，非禮不動，非時不見，困而無悶，窮而不悔，樂天任命，混一榮辱，進無悅色，退無慼容者，固有伏死乎雍瓦牖，安肯沽炫以進趨，揭其不貲之寶，以競燕石之售哉！孔墨之道，昔曾不行，孟軻、揚雄，亦居困否，有德無時，有自來耳。世無離朱，皂白混焉。時乏管青，騏蹇糅焉。礫積於金匱，瑾瑤委乎溝洫，匠石緬而遐淪，梓豫忽而莫識，已矣，悲夫！我生不辰，弗先弗後，將見吳土之化為晉哉，南民之變成北隸也。』言猶在耳，而孫氏輿櫬。

抱朴子聞之曰：二君之言，可為來戒。故録於篇，欲後代知有吳失國，匪降自天也。若苟諱國惡，纖芥不貶，則董狐無貴於直筆，賈誼將受譏於過秦乎！

雜録

南朝宋・劉義慶《世説新語・政事》 賀太傅作吳郡，初不出門。吳中諸强族輕之，乃題府門云：『會稽雞，不能啼。』環濟《吳紀》曰：『賀邵字興伯，會稽山陰人。祖齊，父景，並歷美官。邵歷散騎常侍，出為吳郡太守。後遷太子太傅。』賀聞故出行，至門反顧，索筆足之曰：『不可啼，殺吳兒！』於是至諸屯邸，檢校諸顧、陸役使官兵及藏逋亡，悉以事言上，罪者甚衆。陸抗時為江陵都督，《吳録》曰：『抗字幼節，吳郡人，丞相遜子，孫策外孫也。為江陵都督，累遷大司馬、荆州牧。』故下請孫皓，然後得釋。

又《規箴》 孫皓問丞相陸凱曰：『卿一宗在朝有幾人？』陸曰：『二相、五侯、將軍十餘人。』皓曰：『盛哉！』陸曰：『君賢臣忠，國之盛也。父慈子孝，家之盛也。今政荒民弊，覆亡是懼，臣何敢言盛！』《吳録》曰：『凱字敬風，吳人，丞相遜族子。忠鯁有大節，篤志好學。初為建忠校尉，雖有軍事，手不釋卷。累遷左丞相。時後主暴虐，凱正直彊諫，以其宗族彊盛，不敢加誅也。』

又《紕漏》 元皇初見賀司空，言及吳時事，問：『孫皓燒鋸截一賀頭，是誰？』司空未得言，元皇自憶曰：『是賀劭。』邵即循父也。皓凶暴驕矜，邵上書切諫，皓深恨之。親近憚邵貞正，譖云謗毀國事。被詰責。後還復職。邵中惡風，口不能言語，皓疑邵託疾，收付酒藏，考掠千數，卒無一言。鋸殺之。司空流涕曰：『臣父遭遇無道，創巨痛深，無以仰答明詔。』《禮

記》：『創巨者其日久，痛深者其愈遲。』元皇愧慚，三日不出。

《宋書》卷二三《天文志一》 晉武帝咸寧四年四月，蚩尤旗見。案《星傳》，蚩尤旗類彗，而後曲象旗。漢武帝時見，長竟天。獻帝時又見，長十餘丈，皆長星也。魏高貴時則為白氣。案校衆記，是歲無長星，宜又是異氣。後二年，傾三方伐吳，是其應。至武帝崩，天下兵又起，遂亡諸夏。咸寧四年九月，太白當見不見。占曰：『是謂失舍，不有破軍，必有死王之墓。又有亡國。』是時羊祜表求伐吳，上許之。五年十一月，兵出，太白始夕見西方。太康元年三月，大破吳軍，孫皓面縛請死，吳國遂亡。

又 卷二七《符瑞志上》 初，武帝伐吳，琅邪武王伷率衆出涂中，而王渾逼歷陽，王濬已次近路。孫皓欲降，送天子璽綬，近越二將，而遠送詣伷，識者咸怪之。吳之未亡也，吳郡臨平湖一旦自開，湖邊得石函，中有小青石，刻作皇帝字。舊言臨平湖塞天下亂，開則天下太平。吳人以為美祥。俄而吳滅。後元帝興于江左。吳亡後，蔣山上常有紫雲，數術者亦云，江東猶有帝王氣。又謡言曰：『五馬游度江，一馬化為龍。』元帝與西陽、汝南、南頓、彭城五王過江，而元帝升天位。讖書曰：『銅馬入海建業期。』元帝小字銅環。

又 卷三〇《五行志一》 吳婦人之修容者，急束其髮，而劘角過於耳。蓋其俗自操束大急，而廉隅失中之謂也。故吳之風俗，相驅以急，言論彈射，以刻薄相尚。居三年之喪者，往往有致毀以死。諸葛患之，著《正交論》，雖不可以經訓整亂，蓋亦救時之作也。孫休後，衣服之制，上長下短，又積領五六而裳居一二。干寶曰：『上饒奢，下儉逼，上有餘下不足之妖也。』至孫皓，果奢暴恣情於上，而百姓雕困于下，卒以亡國。是其應也。

又 卷三一《五行志二》 吳時，歷陽縣有巖穿似印，咸云『石印封發，天下太平』。孫皓天璽元年印發。又陽羨山有石穴，長十餘丈。皓初修武昌宮，有遷都之意。是時武昌為離宮。班固云：『離宮與城郭同占。』飾城郭之謂也。寶鼎三年，皓出東關，遣丁奉至合肥；建衡三年，皓又大舉出華里。侵邊境之謂也。故令金失其性，卒面縛而吳亡。【略】

吳孫皓寶鼎元年春夏旱。是時皓遷都武昌，勞民動衆之應也。【略】

孫皓初，童謡曰：『寧飲建業水，不食武昌魚。寧還建業死，不止武昌居。』皓尋還都武昌，民溯流供給，咸怨毒焉。孫皓遣使者祭石印山下妖祠。使者因以丹書巖曰：『楚九州渚，吳九州都。揚州士，作天子。四世治，太平矣。』皓聞之，意益張，曰：『從大皇帝至朕四世，太平之主，非朕復誰？』恣虐逾甚，尋以降亡。近詩妖也。孫皓天紀中，童謡曰：『阿童復阿童，銜刀游渡江。不畏岸上虎，但畏水中龍。』晉武帝聞之，加王濬龍驤將軍。及征吳，江西衆軍無過者，而王濬先定秣陵。

晉武帝太康後，江南童謡曰：『局縮肉，數橫目，中國當敗吳當復。』又曰：『宮門柱，且莫朽，吳當復，在三十年後。』又曰：『雞鳴不拊翼，吳復不用力。』于時吳人皆謂在孫氏子孫，故竊發亂者相繼。按横目者『四』字，自吳亡至晉元帝興，幾四十年，皆如童謡之言。元帝懦而少斷，局縮肉，直斥之也。干寶云『不知所斥』，諱之也。太康末，京、洛始為『折楊柳』之歌，其曲始有兵革苦辛之詞，終以禽獲斬截之事。是時三楊貴盛而族滅，太后廢黜而幽死。【略】

吳孫亮五鳳二年五月，陽羨縣離里山大石自立。按京房《易傳》曰：『庶士為天子之祥也。』其説曰：『石立於山，同姓；平地，異姓。』干寶以為孫皓承廢故之家得位，其應也；或曰孫休見立之祥也。

又 卷三二《五行志三》 吳孫皓建衡二年三月，大火，燒萬餘家，死者七百人。案《春秋》，齊火，劉向以為桓公好内，聽女口，妻妾數更之罰也。皓制令詭暴，蕩棄法度，勞臣名士，誅斥甚衆。後宮萬餘，女謁數行，其中隆寵佩皇后璽者又多矣。故有大火。【略】

吳孫皓天璽元年，吳郡臨平湖自漢末穢塞，是時一夕忽開除無草。長老相傳，此湖塞，天下亂；此湖開，天下平。吳尋亡，而九服為一。吳孫皓天紀三年八月，建業有鬼目菜生工黄狗家，依緣棗樹，長丈餘，莖廣四寸，厚三分。又有蕒菜生工吳平家，高四尺，如枇杷形，上圓徑一尺八寸，下莖廣五寸，兩邊生葉緑色。東觀案圖，名鬼目作芝草，蕒菜作平慮。遂以狗為侍芝郎，平為平慮郎，皆銀印青綬。干寶曰：『明年晉平吳，王濬止船，正得平渚，姓名顯然，指事之征也。黄狗者，吳以土運承漢，故初有黄龍之瑞，及其季年，而有鬼目之妖，托黄狗之家，黄稱不改，而貴賤大殊。天道精微之應也。』

又 卷三四《五行志五》 吳孫皓時，嘗歲無水旱，苗稼豐美，而

實不成，百姓以饑，皞境皆然，連歲不已。吳人以為傷露，非也。按劉向《春秋說》曰：『水旱當書，不書水旱而曰大無麥禾者，土氣不養，稼穡不成。』此其義也。皓初遷都武昌，尋還建業，又起新館，綴飾珠玉，壯麗過甚，破壞諸宮，增修苑囿，犯暑妨農，官民疲怠。《月令》，『季夏不可以興土功』。皓皆冒之。此治宮室飾臺榭之罰，與《春秋》魯莊公三築臺同應也。班固曰：『無水旱之灾，而草木百穀不熟，皆為稼穡不成。』【略】

吳孫皓寶鼎元年十二月，太史奏久陰不雨，將有陰謀。皓深驚懼。時陸凱等謀因其謁廟廢之。及出，留平領兵前驅，凱語平，平不許，是以不果。皓既肆虐，羣下多懷異圖，終至降亡。【略】

吳孫皓天冊中，龍乳于長沙民家，啖雞雛。京房《易妖》曰：『龍乳人家，王者為庶人。』其後皓降。【略】

吳孫皓寶鼎元年，丹陽宣騫母，年八十，因浴化為黿。兄弟閉户衛之，掘堂上作大坎，實水其中。黿入坎戲一二日，恒延頸外望，伺户小開，便輪轉自躍，入於遠潭，遂不復還。與漢靈帝時黄氏母事同，吳亡之象也。【略】

吳孫權赤烏五年，大疫。吳孫亮建興二年四月，諸葛恪圍新城。大疫，死者太半。吳孫皓鳳凰二年，疫。【略】

晉武帝泰始五年七月甲寅，日暈再重，白虹貫之。晉武帝太康元年正月己丑朔，五色氣冠日，自卯至酉。占曰：『君道失明。丑主斗、牛，斗、牛為吳地。』是時孫皓淫暴，四月降。

又　卷四〇《許懋傳》　孫皓遣兼司空董朝、兼太常周處至陽羨封禪國山。此朝君子，有何功德？不思古道而欲封禪，皆是主好名於上，臣阿旨於下也。

《南齊書》卷一一《樂志》　《白鳩》辭：

翩翩白鳩，再飛再鳴。懷我君德，來集君庭。

右一曲，《舞敍》云：『《白符》或云《白符鳩舞》，出江南，吳人所造。其辭意言患孫皓虐政，慕政化也。其詩本云「平平白符，思我君惠，集我金堂」。言白者金行，符，合也，鳩亦合也。符鳩雖異，其義是同。』

《魏書》卷四七《盧淵》　及高祖議伐蕭賾，淵表曰：

臣誠識不周覽，頗尋篇籍。自魏晉以前，承平之世，未有皇輿親御六軍，決勝行陳之間者。勝不足為武，弗勝有虧威德，明千鈞之弩不為鼷鼠發機故也。昔魏武以弊卒一萬而袁紹土崩，謝玄以步兵三千而苻堅瓦解。勝負不由衆寡，成敗在於須臾，若用田豐之謀，則坐制孟德矣。魏既並蜀，迄于晉世，吳介有江水，居其上流，大小勢殊，德政理絶。然猶君臣協謀，垂數十載。逮孫皓暴戾，上下攜爽，水陸俱進，一舉始克。今蕭氏以篡殺之燼，政虐役繁，又支屬相屠，人神同棄。吳會之民，延踵皇澤，正是齊軌之期，一同之會。若大駕南巡，必左衽革面，閩越倒戈，其猶運山壓卵，有征無戰。然愚謂萬乘親戎，轉漕難繼，千里饋糧，士有飢色，大軍之後，必有凶年。不若命將簡鋭，蕩滌江右，然後鳴鸞巡省，告成東嶽，則天下幸甚，率土戴賴。

臣又聞流言，關右之民，自比年以來，競設齋會，假稱豪貴，以相扇惑。顯然於衆坐之中，以謗朝廷。無上之心，莫此之甚。愚謂宜速懲絶，戮其魁帥。不爾懼成黄巾、赤眉之禍。育其微萌，不芟之毫末，斧斤一加，恐蹈害者衆。臣世奉皇家，義均休戚，誠知幹忤之愆實深，然不忠之罪莫大。

《晉書》卷一二《天文志中》　太康元年正月己丑朔，五色氣冠日，自卯至酉。占曰：『君道失明，丑為斗牛，主吳越。』是時孫皓淫暴，四月降。

又　卷一三《天文志下》　武帝咸寧四年九月，太白當見不見。占曰：『是謂失舍，不有破軍，必有亡國。』是時羊祜表求伐吳，上許之。五年十一月，兵出，太白始夕見西方。太康元年三月，大破吳軍，孫皓面縛請罪，吳國遂亡。

又　卷二六《食貨志》　世祖武皇帝太康元年，既平孫皓，納百萬而罄三吳之資，接千年而總西蜀之用，韜干戈於府庫，破舟船于江壑，河濱海岸，三丘八藪，耒耨之所不至者，人皆受焉。

又　卷二七《五行志上》　孫皓建衡二年三月，大火，燒萬餘家，死者七百人。案《春秋》齊大灾，劉向以為桓公好內，聽女口，妻妾數更之罰也。時皓制令詭暴，蕩棄法度，勞臣名士，誅斥甚衆，後宮萬餘，女謁數行，其中隆寵佩皇后璽綬者又多矣，故有大火。【略】

吳孫皓時，常歲無水旱，苗稼豐美而實不成，百姓以饑，闔境皆然，連歲不已。吳人以為傷露，非也。案劉向《春秋說》曰『水旱當書，不書水旱而曰大無麥禾者，土氣不養，稼穡不成』，此其義也。皓初遷都武昌，尋還建鄴，又起新館，綴飾珠玉，壯麗過甚，破壞諸營，增廣苑囿，犯暑妨農，官私疲怠。《月令》，季夏不可以興土功，皓皆冒之。此修宮室飾臺榭之罰也。【略】

吳時，歷陽縣有巖穿，似印，咸云『石印封發，天下太平』。孫皓天璽元年，印發。又，陽羨山有石穴，長十餘丈。皓初修武昌宮，有遷都之意。是時武昌為離宮。班固云『離宮與城郭同占』，飾城郭之謂也。其寶鼎三年後，皓出東關，遣丁奉至合肥，建衡三年皓又大舉出華里，侵邊境之謂也。故令金失其性，卒面縛而吳亡。【略】

孫休後，衣服之制上長下短，又積領五六而裳居一二。干寶曰：『上饒奢，下儉逼，上有餘下不足之妖也。』至孫皓，果奢暴恣情於上，而百姓雕困于下，卒以亡國，是其應也。【略】

孫皓寶鼎元年，春夏旱。時孫皓遷都武昌，勞役動衆之應也。【略】

孫皓遣使者祭石印山下妖祠，使者因以丹書巖曰：『楚九州渚，吳九州都。揚州士，作天子。四世治，太平矣。』皓聞之，意益張，曰：『從大皇帝至朕四世，太平之主非朕復誰！』恣虐逾甚，尋以降亡，近詩妖也。【略】

吳孫亮五鳳二年五月，陽羨縣離里山大石自立。案京房《易傳》曰『庶士為天子之祥也』，其說曰：『石立於山同姓，平地異姓。』干寶以為『孫皓承廢故之家得位，其應也。』或曰孫休見立之祥也。

南朝昏主

綜述

《宋書》卷七《前廢帝紀》 前廢帝諱子業，小字法師，孝武帝長子也。元嘉二十六年正月甲申生。世祖鎮尋陽，子業留京邑。三十年，世祖入伐元凶，被囚侍中下省，將見害者數矣，卒得無恙。世祖踐祚，立為皇太子。始未之東宮，中庶子、二率併入直永福省。大明二年，出居東宮。四年，講《孝經》於崇正殿。七年，加元服。八年閏五月庚申，世祖崩，其日，太子即皇帝位。大赦天下。太宰江夏王義恭解尚書令，加中書監，驃騎大將軍柳元景加尚書令。甲子，置録尚書，太宰江夏王義恭録尚書事。驃騎大將軍柳元景加開府儀同三司。丹陽尹永嘉王子仁為南豫州刺史。

六月辛未，詔曰：『朕以眇身，夙紹洪業，敬御天威，欽對靈命。仰遵凝緒，日鑑前圖，實可以拱默守成，詒風長世。而寶位告始，萬宇改屬，惟德弗明，昧于大道。思宣睿範，引茲簡恤，可具詢執事，詳訪民隱。凡曲令密文，繁而傷治，關市僦稅，事施一時，而姦吏舞文，妄興威福，加以氣緯舛玄，偏頗滋甚。宜其寬徭輕憲，以救民切。御府諸署，事不須廣，雕文篆刻，無施於今。悉宜並省，以酬氓願。藩王貿貨，壹皆禁斷。外便具條以聞。』戊寅，以豫州之淮南郡復為南梁郡，復分宣城還置淮南郡。庚辰，以南海太守袁曇遠為廣州刺史。秋七月己亥，鎮軍將軍、雍州刺史晉安王子勛改為江州刺史，中護軍宗慤為安西將軍、雍州刺史，鎮北將軍、徐州刺史湘東王諱為護軍將軍，中軍將軍義陽王昶為征北將軍、徐州刺史。庚戌，婆皇國遣使獻方物。崇皇太后曰太皇太后，皇后曰皇太后。乙卯，罷南北二馳道。孝建以來所改制度，還依元嘉。丙辰，追崇獻妃為皇后。乙丑，撫軍將軍、南徐州刺史新安王子鸞解領司徒。八月丁卯，領軍將軍王玄謨為鎮北將軍、南徐州刺史。新安王子鸞為青、冀二州刺史。己未，以青、冀二州刺史蕭惠開為益州刺史。己丑，皇太后崩。京師雨水。庚子，遣御史與官長隨宜賑恤。九月辛丑，護軍將軍湘東王諱為領軍將軍。癸卯，以尚書左僕射劉遵考為特進、右光祿大夫。乙卯，文穆皇后祔葬景寧陵。冬十月甲戌，太常建安王休仁為護軍將軍。戊寅，輔國將軍宋越為司州刺史。庚辰，原除揚、南徐州大明七年逋租。十二月乙酉，以尚書右僕射顏師伯為尚書左僕射。壬辰，以王畿諸郡為揚州，以揚州為東揚州。癸巳，以車騎將軍、揚州刺史豫章王子尚為司徒、揚州刺史。去歲及是歲，東諸郡大旱，甚者米一升數百，京邑亦至百餘，餓死者

十有六七。孝建以來，又立錢署鑄錢，百姓因此盜鑄，錢轉偽小，商貨不行。

永光元年春正月乙未朔，改元，大赦天下。乙巳，省諸州臺傳。戊午，以領軍將軍湘東王諱為衛將軍、南豫州刺史，護軍將軍建安王休仁為領軍將軍，秘書監山陽王休祐為豫州刺史，左衛將軍桂陽王休範為中護軍，南豫州刺史尋陽王子房為東揚州刺史。二月丁丑，減州郡縣田租之半。庚寅，鑄二銖錢。三月甲辰，罷臨江郡。五月己亥，割郢州隨郡屬雍州。丙午，以後軍司馬張牧為交州刺史。六月己巳，左軍長史劉道隆為梁、南秦二州刺史。乙亥，安西將軍、雍州刺史宗慤卒。壬午，衛將軍、南豫州刺史湘東王諱改為雍州刺史。尚書令、驃騎大將軍柳元景加南豫州刺史。秋八月辛酉，越騎校尉戴法興有罪，賜死。庚午，以尚書左僕射顏師伯為尚書僕射，吏部尚書王景文為尚書右僕射。癸酉，帝自率宿衛兵，誅太宰江夏王義恭、尚書令、驃騎大將軍柳元景、尚書僕射顏師伯、廷尉劉德願。改元為景和元年，文武賜位二等。以領軍將軍建安王休仁為安西將軍、雍州刺史，衛將軍湘東王諱還為南豫州刺史。甲戌，司徒、揚州刺史豫章王子尚領尚書令，射聲校尉沈文秀為青州刺史，左軍司馬崔道固為冀州刺史。乙亥，詔曰：『昔凝神佇逸，磻溪贊道，湛慮思才，傅巖毗化。朕位御三極，風澄萬宇，資鈇電斷，正卯斯戮。思所以仰宣遺烈，俯弘景祚，每結夢庖鼎，瞻言板築，有劬日昃，無忘昧旦。可甄訪郡國，招聘閭部：其有孝性忠節，幽居遁棲，信誠義行，廉正表俗，文敏博識，幹事治民，務加旌舉，隨才引擢。庶官克順，彝倫咸敘。主者精加詳括，稱朕意焉。』以始興公沈慶之為太尉，鎮北將軍、青冀二州刺史王玄謨為領軍將軍。庚辰，以石頭城為長樂宮，東府城為未央宮。罷東揚州並揚州。甲申，以北邸為建章宮，南第為長楊宮。以冠軍將軍邵陵王子元為湘州刺史。丙戌，原除吳、吳興、義興、晉陵、琅邪五郡大明八年以前逋租。己丑，復立南北二馳道。九月癸巳，車駕幸湖熟，奏鼓吹。戊戌，車駕還宮。庚子，以南兗州刺史永嘉王子仁為南徐州刺史，丹陽尹始安王子真為南兗州刺史。辛丑，撫軍將軍、南徐州刺史新安王子鸞免為庶人，賜死。丙午，以兗州刺史薛安都為平北將軍、徐州刺史。丁未，衛將軍湘東王諱加開府儀同三司，特進、右光祿大夫劉遵考為安西將軍、南豫州刺史，寧朔將軍殷孝祖為兗州刺史。戊申，以前梁、南秦二州刺史柳元怙復為梁、南秦二州刺史。己酉，車駕討征北將軍、徐州刺史義陽王昶，內外戒嚴。昶奔于索虜。辛亥，右將軍、豫州刺史山陽王休祐進號鎮西大將軍。甲寅，以安西長史袁顗為雍州刺史。戊午，以左民尚書劉思考為益州刺史。是日解嚴，車駕幸瓜步。開百姓鑄錢。冬十月癸亥，曲赦徐州。丙寅，車駕還宮。以建安休仁為護軍將軍。己卯，東陽太守王藻下獄死。以宮人謝貴嬪為夫人，加虎賁鈒戟，鸞輅龍旂，出警入蹕，實新蔡公主也。乙酉，以鎮北大將軍、豫州刺史山陽王休祐為鎮軍大將軍、開府儀同三司。十一月壬辰，寧朔將軍何邁下獄死。新除太尉沈慶之薨。壬寅，立皇后路氏，四廂奏樂。赦揚、南徐二州。護軍將軍建王休仁加特進、左光祿大夫。中護軍桂陽王休範遷職。丁未，皇子生，少府劉勝之子也。大赦天下，贓汙淫盜，悉皆原除。賜為父後者爵一級。壬子，以特進、左光祿大夫、護軍將軍建安王休仁為驃騎大將軍、開府儀同三司。戊午，南平王敬猷、廬陵王敬先、安南侯敬淵並賜死。

時帝凶悖日甚，誅殺相繼，內外百司，不保首領。先是訛言云：『湘中出天子。』帝將南巡荊、湘二州以厭之。先欲誅諸叔，然後發引。太宗與左右阮佃夫、王道隆、李道兒密結帝左右壽寂之、姜產之等十一人，謀共廢帝。戊午夜，帝于華林園竹堂射鬼。時巫覡云：『此堂有鬼。』故帝自射之。壽寂之懷刀直入，姜產之為副。帝欲走，寂之追而殞之，時年十七。太皇太后令曰：

司徒領護軍八座：子業雖曰嫡長，少稟凶毒，不仁不孝，著自髫齔。孝武棄世，屬當辰歷。自梓宮在殯，喜容靦然，天罰重離，歡恣滋甚。逼以內外維持，忍虐未露，而凶慘難抑，一旦肆禍，遂縱戮上宰，殄害輔臣。子鸞兄弟，先帝鍾愛，含怨既往，枉加屠酷。昶茂親作捍，橫相征討。新蔡公主逼離夫族，幽置深宮，詭雲薨殞。襄事甫爾，喪禮頓釋，昏酣長夜，庶事傾遺。朝賢舊勳，棄若遺土。管弦不輟，珍羞備膳。詈辱祖考，以為戲謔。行游莫止，淫縱無度。肆宴園陵，規圖發掘。誅剪無辜，籍略婦女。建樹偽豎，莫知誰息。拜嬪立后，慶過恒典。宗室密戚，遇若婢僕，鞭捶陵曳，無復尊卑。南平一門，特鍾其酷。反天滅理，顯暴萬端。苛罰酷令，終無紀極，夏桀、殷辛，未足以譬。闔朝業業，人不自

保；百姓遑遑，手足靡厝。行穢禽獸，罪盈三千。高祖之業將泯，七廟之享幾絕。吾老疾沉篤，每規禍鴆，憂煎漏刻，氣命無幾。開闢以降，所未嘗聞。遠近思奮，十室而九。

衛將軍湘東王體自太祖，天縱英聖，文皇鍾愛，寵冠列藩。吾早識神睿，特兼常禮。潛運宏規，義士投袂，獨夫既殞，懸首白旗，社稷再興，宗祐永固，人鬼屬心，大命允集。且勳德高邈，大業攸歸，宜遵漢、晉，纂承皇極。主者詳舊典以時奉行。

未亡人餘年不幸嬰此百艱，永尋情事，雖存若殞。當復奈何！當復奈何！

葬廢帝丹陽秣陵縣南郊壇西。帝幼而狷急，在東宮每為世祖所責。世祖西巡，子業啓參承起居，書迹不謹，上詰讓之。子業啓事陳謝，上又答曰：『書不長進，此是一條耳。聞汝素都懈怠，狷戾日甚，何以頑固乃爾邪！』初踐阼，受璽紱，悖然無哀容。始猶難諸大臣及戴法興等，既殺法興，諸大臣莫不震慴。於是又誅羣公，元凱以下，皆被毆捶牽曳。內外危懼，殿省騷然。初太后疾篤，遣呼帝。帝曰：『病人間多鬼，可畏，那可往。』太后怒，語侍者：『將刀來，破我腹，那得生如此寧馨兒！』及太后崩後數日，帝夢太后謂之曰：『汝不孝不仁，本無人君之相。子尚愚悖如此，亦非運祚所及。孝武險虐滅道，怨結人神，兒子雖多，並無天命。大運所歸，應還文帝之子。』其後湘東王紹位，果文帝子也。故帝聚諸叔京邑，慮在外為患。山陰公主淫恣過度，謂帝曰：『妾與陛下，雖男女有殊，俱託體先帝。陛下六宮萬數，而妾唯駙馬一人。事不均平，一何至此！』帝乃為主置面首左右三十人；進爵會稽郡長公主，秩同郡王侯，湯沐邑二千户，給鼓吹一部，加班劍二十人。帝每出，與朝臣常共陪輦。主以吏部郎褚淵貌美，就帝請以自侍，帝許之。淵侍主十日，備見逼迫，誓死不回，遂得免。帝所幸閹人華願兒，官至散騎常侍，加將軍帶郡。帝少好講書，頗識古事，自造《世祖誄》及雜篇章，往往有辭采。以魏武帝有發丘中郎將、摸金校尉，乃置此二官。以建安王休祐領之。其餘事蹟，分見諸傳。

又　卷八《明帝紀》　太宗明皇帝諱彧，字休炳，小字榮期，文帝第十一子也。元嘉十六年十月戊寅生。二十五年，封淮陽王，食邑二千户。二十九年，改封湘東王。元凶弒立，以為驍騎將軍，加給事中。世祖踐阼，為秘書監，遷冠軍將軍、南蘭陵下邳二郡太守，領石頭戍事。孝建元年，徙為南彭城、東海二郡太守，將軍如故，鎮京口。其年，征為中護軍。二年，遷侍中，領遊擊將軍。三年，徙衛尉，侍中如故。又為左衛將軍，衛尉如故。大明元年，轉中護軍，衛尉如故。三年，為都官尚書，領遊擊將軍，衛尉如故。七年，還領軍將軍。八年，出為使持節、都督徐兗二州豫州之梁郡諸軍事、鎮北將軍、徐州刺史，給鼓吹一部。其年，征為侍中、護軍將軍。未拜，復為領軍將軍，侍中如故。

永光元年，又出為使持節、散騎常侍、都督南豫豫司江四州揚州之宣城諸軍事、衛將軍、南豫州刺史，鎮姑孰。又徙為都督雍梁南北秦四州郢州之竟陵諸軍事、寧蠻校尉、雍州刺史，持節、常侍、將軍如故。未拜，復本位。尋以本號開府儀同三司。

廢帝景和末，上入朝，被留停都。廢帝誅害宰輔，殺戮大臣，恒慮有圖之者，疑畏諸父，並拘之殿內，遇上無禮，事在《文諸王傳》。遂收上付廷尉，一宿被原。將加禍害者，前後非一。既而害上意定，明旦便應就禍。上先已與腹心阮佃夫、李道兒等密共合謀。于時廢帝左右常慮禍及，人人有異志。唯有直閤將軍宋越、譚金、童太一等數人為其腹心，並虓虎有幹力，在殿省久，衆並畏服之，故莫敢動。是夕，越等並外宿。佃夫、道兒因結壽寂之等殞廢帝於後堂，十一月二十九日夜也。事定，上未知所為。建安王休仁便稱臣奉引升西堂，登御坐，召見諸大臣。於時事起倉卒，上失履，跣至西堂，猶著烏帽。坐定，休仁呼主衣以白帽代之，令備羽儀。雖未即位，凡衆事悉稱令書施行。己未，司徒揚州刺史豫章王子尚、山陰公主並賜死。宗越、譚金、童太一謀反伏誅。十二月庚申朔，令書以司空東海王禕為中書監、太尉，鎮軍將軍、江州刺史晉安王子勳進號車騎將軍、開府儀同三司。癸亥，以新除驃騎大將軍建安王休仁為司徒、尚書令、揚州刺史，鎮軍將軍、開府儀同三司山陽王休祐進號驃騎大將軍、荊州刺史。崇憲衛尉桂陽王休範為鎮北將軍、南徐州刺史。乙丑，改封安陸王子綏為江夏王。

泰始元年冬十二月丙寅，上即皇帝位。詔曰：

高祖武皇帝德洞四瀛，化綿九服。太祖文皇帝以大明定基，世祖孝

武皇帝以下武寧亂。日月所照，梯山航海；風雨所均，削衽襲帶。所以業固盛漢，聲溢隆周。子業凶嚚自天，忍悖成性，人面獸心，見於齠日，反道敗德，著自比年。其狎侮五常，怠棄三正，矯誣上天，毒流下國，實開闢所未有，書契所未聞。再罹遏密，而無一日之哀；齊斬在躬，方深北里之樂。虎兕難匣，憑河必彰，遂誅滅上宰，窮釁逆之酷，虐害國輔，究孥戮之刑。子鸞同生，以昔憾殄殪；敬猷兄弟，以睚眥殲夷。徵逼義陽，將加屠膾。陵辱戚藩，櫝楚妃主。奪立左右，竊子置儲，肆酗于朝，宣淫于國。事穢東陵，行汙飛走。積釁罔極，日月滋深。比遂圖犯玄宮，志窺題湊，將肆梟、獍之禍，騁商、頓之心。又欲鴆毒崇憲，虐加諸父，事均宮闈，聲遍國都。鴟梟小豎，莫不寵昵，朝廷忠誠，必加戮挫。收掩之旨，虓虎結轍；掠奪之使，白刃相望。百僚危氣，首領無有全地；萬姓崩心，妻子不復相保。所以鬼哭山鳴，星鉤血降，神器殆于馭索，景祚危於綴旒。

朕假寐凝憂，泣血待旦，慮大宋之基，於焉而泯，武、文之業，將墜於淵。賴七廟之靈，藉八百之慶，巨猾斯殄，鴻沴時褰。皇綱絕而復紐，天緯缺而更張。猥以寡薄，屬承乾統，上緝三光之重，俯顧庶民之艱。業業矜矜，若履冰谷，思與億兆，同此維新。可大赦天下，改景和元年為泰始元年。賜民爵二級。鰥寡孤獨不能自存者，人穀五斛。逋租宿債勿復收。犯鄉論清議，贓汙淫盜，並悉洗除。長徒之身，特賜原遣。亡官失爵，禁錮舊勞，一依舊典。其昏制謬封，並皆刊削。

己巳，以安西將軍、南豫州刺史劉遵考為特進、右光祿大夫，輔國將軍、歷陽南譙二郡太守建平王景素為南豫州刺史。庚午，以荊州刺史臨海王子頊為鎮軍將軍，南徐州刺史永嘉王子仁為中軍將軍，左衛將軍劉道隆為中護軍。辛未，改封臨賀王子産為南平王，晉熙王子輿為廬陵王。壬申，以尚書左僕射王景文為尚書僕射。新除中護軍劉道隆卒。壬午，詔曰：『朕戡亂寧民，屬膺景祚。鴻制初造，革道惟新。而國故頻罹，仁澤偏壅。每鑑寐疚心，罔識攸濟。巡方問俗，弘政所先，可分遣大使，廣求民瘼，考守宰之良，采衡閭之善。若獄犴淹枉，傷民害教者，具以事聞；鰥寡孤獨，癃殘六疾，不能自存者，郡縣優量賑給；貞婦孝子，高行力田，許悉條奏。務詢輿誦，廣納嘉謀，每盡皇華之旨，俾若朕親覽焉。』乙亥，追尊所生沈婕妤曰宣皇太后。後軍將軍垣閎為司州刺史，前右將軍長史殷琰為豫州刺史。丙子，詔曰：『皇室多故，糜費滋廣，且久歲不登，公私歉弊。方刻意從儉，弘濟時艱，政道未孚，慨愧兼積。大官供膳，可詳所減撤，尚方御府雕文篆刻無益之物，一皆蠲省，務存簡約，以稱朕心。』戊寅，崇太后為崇憲皇太后，立皇后王氏。鎮軍將軍、江州刺史晉安王子勳舉兵反，鎮軍長史鄧琬為其謀主，雍州刺史袁顗率衆赴之。辛巳，驃騎大將軍、前荊州刺史山陽王休祐改為江州刺史，荊州刺史臨海王子頊即留本任。加領軍將軍王玄謨鎮軍將軍。壬午，車駕謁太廟。甲申，後將軍、郢州刺史安陸王子綏進號征南將軍，右將軍、會稽太守尋陽王子房進號安東將軍，前將軍、荊州刺史臨海王子頊進號平西將軍。子綏、子房、子頊並不受命，舉兵同逆。戊子，新除中軍將軍永嘉王子仁為護軍將軍。

二年春正月己丑朔，以軍事不朝會。庚寅，以金紫光祿大夫王僧朗為左光祿大夫、開府儀同三司。壬辰，驃騎大將軍、江州刺史山陽王休祐改為南豫州刺史；鎮歷陽。鎮軍將軍、領軍將軍王玄謨為車騎將軍、江州刺史，平北將軍、徐州刺史薛安都進號安北將軍。安都亦不受命。癸巳，以左衛將軍巴陵王休若為鎮東將軍；新除安東將軍尋陽王子房為撫軍將軍；司徒左長史袁湣孫為領軍將軍。甲午，中外戒嚴。司徒建安王休仁都督征討諸軍事，統衆軍南討。以青州刺史劉祇為南兗州刺史。丙申，以征虜司馬申令孫為徐州刺史，義陽內史龐孟虯為司州刺史。令孫、孟虯及豫州刺史殷琰、青州刺史沈文秀、冀州刺史崔道固、湘州行事何慧文、廣州刺史袁曇遠、益州刺史蕭惠開、梁州刺史柳元怙並同叛逆。兗州刺史殷孝祖入衛京都，仍遣孝祖前鋒南伐。甲辰，加孝祖撫軍將軍。丙午，車駕親御六師，出頓中興堂。辛亥，驃騎大將軍、南豫州刺史山陽王休祐改為豫州刺史，統衆軍西討。吳郡太守顧琛、吳興太守王曇生、義興太守劉延熙、晉陵太守袁摽、山陽太守程天祚並舉兵反。鎮東將軍巴陵王休若統衆軍東討。壬子，崇憲皇太后崩。是日，軍主任農夫、劉懷珍平定義興。永世縣民史逸宗據縣為逆，殿中將軍陸攸之討平之。丙辰，以新除左光祿大夫、開府儀同三司王僧朗為特進，左光祿大夫如故。二月乙丑，僧朗卒。吏部尚書蔡

興宗為尚書左僕射，吳興太守張永、右軍將軍齊王東討，平晉陵。癸未，曲赦浙江東五郡。丁亥，鎮東將軍巴陵王休若進號衛將軍。建武將軍吳喜公率諸軍破賊于吳、吳興、會稽，平定三郡，同逆皆伏誅。輔國將軍齊王前鋒北討，輔國將軍劉緬前鋒南討。賊劉胡領衆四萬據赭圻。三月庚寅，撫軍將軍沈攸之代為南討前鋒。賊衆稍盛，袁顗頓鵲尾，聯營迄至濃湖，衆十餘萬。壬辰，以新除太子詹事張永為青、冀二州刺史。丙申，鎮北將軍、南徐州刺史桂陽王休範總統北討諸軍事。丁酉，以尚書劉思考為徐州刺史。戊戌，貶尋陽王子房爵為松滋縣侯。乙巳，以奉朝請鄭黑為司州刺史。辛亥，鎮北將軍、南徐州刺史桂陽王休範領南兗州刺史。壬子，斷新錢，專用古錢。癸丑，原赦揚、南徐二州囚繫，凡逋亡一無所問。夏四月壬午，以散騎侍郎明僧暠為青州刺史。五月壬辰，以輔國將軍沈攸之為雍州刺史。丁酉，曲赦豫州。丁未，新除尚書僕射王景文為中軍將軍，以青、冀二州刺史張永為鎮軍將軍。庚戌，以寧朔將軍劉乘民為冀州刺史。甲寅，葬崇憲皇太后于攸寧陵。冠軍將軍、益州刺史蕭惠開進號平西將軍。六月辛酉，鎮軍將軍張永領徐州刺史。京師雨水，丁卯，遣殿中將軍檢行賜恤。以左軍將軍垣恭祖為梁、南秦二州刺史。秋七月己丑，鎮北將軍、南徐兗二州刺史桂陽王休範進號征北大將軍。辛卯，鎮軍將軍、徐州刺史張永改為南兗州刺史。丁酉，以仇池太守楊僧嗣為北秦州刺史、武都王。壬寅，以男子時朗之為北豫州刺史。乙巳，龍驤將軍劉道符平山陽。辛亥，又以義軍主鄭叔舉為北豫州刺史，鎮軍將軍、南兗州刺史張永復領徐州刺史。甲寅，復以冀州刺史崔道固為徐州刺史。八月己卯，司徒建安王休仁率衆軍大破賊，斬偽尚書僕射袁顗，進討江、郢、荆、雍、湘五州，平定之。晉安王子勛、安陸王子綏、臨海王子頊、邵陵王子元並賜死；同黨皆伏誅。諸將軍帥封賞各有差。甲申，以護軍將軍、永嘉王子仁為平南將軍、湘州刺史。九月乙酉，曲赦江、郢、荆、雍、湘五州；守宰不得離職。壬辰，驃騎大將軍、豫州刺史山陽王休祐改為荆州刺史。分豫州立南豫州。癸巳，六軍解嚴。大赦天下，賜民爵一級。甲午，以中軍將軍王景文為安南將軍、江州刺史。戊戌，以車騎將軍、江州刺史王玄謨為左光祿大夫、開府儀同三司、護軍將軍。庚子，以建安王休仁世子伯融為豫州刺史。辛丑，衛將軍巴陵王休若即本號為雍州刺史。雍州刺史沈攸之為郢州刺史。庚戌，以太子左衛率建平王景素為南兗州刺史。十月乙卯，永嘉王子仁、始安王子真、淮南王子孟、南平王子產、廬陵王子輿、松滋侯子房並賜死。丁卯，以郢州刺史沈攸之為中領軍，與張永俱北討。庚午，以吳郡太守顧覬之為湘州刺史。戊寅，立皇子昱為皇太子。曲赦揚、南徐二州。以輔國將軍劉勔為廣州刺史，左軍將軍張世為豫州刺史。十一月甲申，以安成太守劉襲為郢州刺史。壬辰，詔曰：『治崇簡易，化疾繁侈，遠關隆替，明著軌迹者也。朕拯斯墜運，屬此屯極，仍之以凋耗，因之以師旅，而識昧前王，務艱昔代。俾夫舊賦既繁，為費彌廣，鑑寐萬務，每思弘革。方欲緩徭優調，愛民為先，有司詳加寬惠，更立科品。其方物職貢，各順土宜，出獻納貢，敬依時令。凡諸蠹俗妨民之事，趣末違本之業，雕繪靡麗，奇器異技，並嚴加裁斷，務歸要實。左右尚方御府諸署，供御製造，咸存儉約。庶淳風至教，微遵太古，阜財興讓，少敦季俗。』又詔曰：『夫秉機詢政，立教之攸本；舉賢聘逸，弘化之所基。故負鼎進策，殷代以康；釋鈞作輔，周祚斯乂。朕甫承大業，訓道未敷，雖側席忠規，佇夢巖築，而良圖莫薦，奇士弗聞，永鑑通古，無忘宵寐。今藩隅克晏，敷化維始，屢懷存治，實望箴闕。王公卿尹，羣僚庶官，其有嘉謀直獻，匡俗濟時，咸切事陳奏，無或依隱。若乃林澤貞棲，丘園耿潔，博洽古今，敦崇孝讓，四方大任，可明書搜揚，具即以聞，隨就褒立。』以建平王景素子延年為新安王。以新除左光祿大夫、開府儀同三司王玄謨為車騎將軍、南豫州刺史。丙申，制使東土經荒流散，並各還本，蠲衆調二年。十二月己未，以尚書金部郎劉善明為冀州刺史。乙丑，詔曰：『近衆藩稱亂，多染釁科。或誠係本朝，事緣逼迫，混同證錮，良以悵然。夫天道尚仁，德刑並用，雷霆時至，雲雨必解。朕眷言靜念，思弘風澤，凡應禁削，皆從原蕩。其文武堪能，隨才銓用。』辛未，以新除廣州刺史劉勔為益州刺史，前巴西、梓潼二郡太守費混為廣州刺史。劉勔克壽陽，豫州平。辛巳，以輔國將軍劉靈遺為梁、南秦二州刺史。薛安都要引索虜，張永、沈攸之大敗，於是遂失淮北四州及豫州淮西地。

三年春正月庚子，以農役將興，太官停宰牛。癸卯，曲赦豫、南豫二州。衛將軍巴陵王休若降號鎮西將軍。閏月庚午，京師大雨雪，遣使巡行，賑賜各有差。戊寅，以遊擊將軍垣閬為益州刺史。二月甲申，以御史

中丞羊南為廣州刺史。是日，車駕為戰亡將士舉哀。己丑，以鎮西司馬劉亮為梁、南秦二州刺史。索虜寇汝陰，太守張景遠擊破之。丙申，曲赦青、冀二州。三月丙子，以尚書左僕射蔡興宗為安西將軍、郢州刺史。戊寅，以冠軍將軍王玄載為徐州刺史，寧朔將軍崔平為兗州刺史。夏四月癸巳，以前司州刺史鄭黑為司州刺史。乙未，冠軍將軍、北秦州刺史楊僧嗣進號征西將軍。庚子，立桂陽王休範第二子德嗣為廬陵王，立侍中劉韞第二子銑為南豐王。丙午，安西將軍蔡興宗降號平西將軍。五月丙辰，宣太后崇寧陵禁內墳屋瘞遷徙者，給葬直，蠲復家丁。戊午，以車騎將軍、南豫州刺史王玄謨為左光祿大夫、開府儀同三司。辛酉，罷南豫州並豫州。壬戌，以太子詹事袁粲為尚書僕射。六月乙酉，以侍中劉韞為湘州刺史。秋七月壬子，以左光祿大夫、開府儀同三司王玄謨為特進、左光祿大夫、護軍將軍。薛安都子伯令略據雍州四郡，刺史巴陵王休若討斬之。八月丁酉，詔曰：『古者衡虞置制，蝝蚳不收；川澤產育，登器進御。所以繁阜民財，養遂生德。頃商販逐末，競早爭新。折未實之果，收豪家之利，籠非膳之翼，為戲童之資。豈所以還風尚本，捐華務實。宜修道布仁，以革斯蠹。自今鱗介羽毛，肴核衆品，非時月可采，器味所須，可一皆禁斷，嚴為科制。』壬寅，以中領軍沈攸之行南兗州刺史，率衆北討。癸卯，詔曰：『法網之用，期世而行，寬惠之道，因時而布。況朕尚德戡亂，依仁馭俗，宜每就弘簡，以隆至治。而頻罹兵革，徭賦未休，軍民巧偽，興事甚多。蹈刑入憲，諒非一科。至乃假名戎伍，竊爵私庭，因戰散亡，托懼逃役。且往諸淪逼，雖經累宥，逋竄之黨，猶為實繁。宵言永懷，良兼矜疚。思所以重播至澤，覃被區宇。可大赦天下。』加新除左光祿大夫王玄謨車騎將軍。丙午，遣吏部尚書褚淵慰勞緣淮將帥，隨宜量賜。戊申，以新除右衛將軍劉劻為豫州刺史。九月癸丑，鎮西將軍、雍州刺史巴陵王休若進號衛將軍，平西將軍、郢州刺史蔡興宗進號安西將軍。乙卯，以越騎校尉周寧民為兗州刺史。戊午，以皇后六宮以下雜衣千領，金釵千枚，班賜北征將士。庚申，前將軍兼冀州刺史崔道固進號平北將軍。甲子，曲赦徐、兗、青、冀四州。冬十月壬午，改封新安王延年為始平王。戊子，芮芮國遣使獻方物。辛丑，復郡縣公田。鎮西大將軍、西秦河二州刺史吐谷渾拾寅進號征西大將軍。十一月，立建安王休仁第二子伯猷為江夏王，改封義陽王昶為晉熙王。乙卯，分徐州置東徐州，以輔國將軍張讜為刺史。高麗國、百濟國遣使獻方物。十二月庚辰，以寧朔將軍劉休賓為兗州刺史。

四年春正月己未，車駕親祠南郊，大赦天下。庚午，衛將軍巴陵王休若降號左將軍。乙亥，零陵王司馬勖薨。二月辛丑，以前龍驤將軍常珍奇為平北將軍、司州刺史，珍奇子超越為北冀州刺史。乙巳，右光祿大夫、車騎將軍、護軍將軍王玄謨薨。三月乙未，以遊擊將軍劉懷珍為東徐州刺史。戊辰，以軍司馬劉靈遺為梁、南秦二州刺史，南譙太守孫奉伯為交州刺史。交州人李長仁據州叛，妖賊攻廣州，殺刺史羊南，龍驤將軍陳伯紹討平之。夏四月己卯，復減郡縣田租之半。東海王禕改封廬江王，山陽王休祐改封晉平王，改晉安郡為晉平郡。辛丑，芮芮國及河南王並遣使獻方物。甲辰，以豫章太守張辯為廣州刺史。五月乙未，曲赦廣州。癸亥，以行雍州刺史巴陵王休若行湘州刺史。會稽太守張永為雍州刺史，湘州刺史劉韞為南兗州刺史。秋七月乙巳朔，以吳郡太守王琨為中領軍。丙辰，始平王延年薨。己未，以侍中劉襲為中護軍。庚申，以驍騎將軍齊王為南兗州刺史。八月戊子，以南康相劉勃為交州刺史。辛卯，分青州置東青州，以輔國將軍沈文靖為東青州刺史。丁酉，安南將軍、江州刺史王景文進號鎮南將軍。九月丙辰，以驃騎長史張悅為雍州刺史。戊辰，詔曰：『夫愆有小大，憲隨寬猛，故五刑殊用，三典異施。而降辟次網，便暨鉗撻，求之法科，差品滋遠。朕務存欽恤，每有矜貸。尋劫制科罪，輕重同之大辟，即事原情，未為詳衷。自今凡竊執官仗，拒戰邏司，或攻剽亭寺，及害吏民者，凡此諸條，悉依舊制。五人以下相逼奪者，可特賜黥刖，投畀四遠，仍用代殺，方古為優，全命長户，施同造物。庶簡惠之化，有孚羣萌，好生之德，無漏幽品。』庚午，曲赦揚、南徐、兗、豫四州。冬十月癸酉朔，日有蝕之。發諸州兵北討。南康、建安、安成、宣城四郡，昔不同南逆，並不在徵發之例。甲戌，割揚州之義興郡屬南徐州。

五年春正月癸亥，車駕躬耕藉田。大赦天下，賜力田爵一級。二月丙申，分豫州、揚州為南豫州。以太尉廬江王禕為車騎將軍、開府儀同三司、南豫州刺史。三月乙卯，于南豫州立南義陽郡。丙寅，車駕幸中堂聽訟。己巳，河南王遣使獻方物。夏四月辛未，割雍州隨郡屬郢州。乙酉，

割豫州義陽郡屬郢州，郢州西陽郡屬豫州。戊子，以寧朔將軍崔公烈為兗州刺史。戊戌，新除給事黄門侍郎杜幼文為梁、南秦二州刺史。六月辛未，晉平王休祐子宣曜為南平王。壬申，以安西將軍、郢州刺史蔡興宗為鎮東將軍。癸酉，以左衛將軍沈攸之為郢州刺史。以軍興已來，百官斷俸，並給生食。丁丑，車騎將軍、南豫州刺史廬江王禕免官爵。戊寅，以左將軍、行湘州刺史巴陵王休若為征南將軍、湘州刺史。壬午，罷南豫州。丙戌，以新除給事黄門侍郎劉亮為益州刺史。秋七月己酉，以輔國將軍王亮為徐州刺史，東莞太守陳伯紹為交州刺史。甲寅，以山陽太守李靈謙為兗州刺史。壬戌，改輔國將軍為輔師將軍。八月己丑，以右將軍行豫州刺史劉勔為平西將軍、豫州刺史。壬辰，以海陵太守劉崇智為冀州刺史。九月甲寅，立長沙王纂子延之為始平王。戊午，中領軍王琨遷職。己未，詔曰：『夫箕、潁之操，振古所貴，沖素之風，哲王攸重。朕屬横流之會，接難晦之辰，龕暴剪亂，日不暇給。今雖關、隴猶霿，區縣澄氛，偃武修文，於是乎在。思崇廉恥，用靜馳薄，固已物色載懷，寢興佇歎。其有貞棲隱約，自事衡樊，鑿壞遺榮，負釣辭聘，志恬江海，行高塵俗者，在所精加搜括，時以名聞。將賁園矜德，茂昭厥禮。羣司各舉所知，以時授爵。』乙丑，以新除平西將軍、豫州刺史劉勔為中領軍。冬十月丁卯朔，日有蝕之。十一月丁未，索虜遣使獻方物。閏月戊子，驃騎大將軍、荆州刺史晉平王休祐以本號為南徐州刺史，征南將軍、湘州刺史巴陵王休若為征西將軍、荆州刺史，輔師將軍孟陽為兗州刺史，義陽太守呂安國為司州刺史。十二月戊戌，司徒建安王休仁解揚州刺史。己未，以征北大將軍、南徐州刺史桂陽王休範為中書監、中軍將軍、揚州刺史，吳興太守建平王景素為湘州刺史，輔師將軍建安王世子融為廣州刺史。庚申，分荆、益州五郡置三巴校尉。

六年春正月乙亥，初制間二年一祭南郊，間一年一祭明堂。二月壬寅，司徒建安王休仁為太尉，領司徒。癸丑，皇太子納妃。甲寅，大赦天下，巧注從軍，不在赦例。班賜各有差。三月乙亥，中護軍劉襲卒。丁丑，以太子詹事張永為護軍將軍。夏四月癸亥，立第六皇子燮為晉熙王。五月丁丑，以前軍將軍陳胤宗為徐州刺史。丁亥，以冠軍將軍吐谷渾拾虔為平西將軍。戊子，奉朝請孔玉為寧州刺史。六月己亥，以第五皇子智井繼東平沖王休倩。庚子，以侍中劉韞為撫軍將軍、雍州刺史，前將軍、郢州刺史沈攸之進號鎮軍將軍，揚州刺史桂陽王休範為征南大將軍、江州刺史。癸卯，以鎮南將軍、江州刺史王景文為尚書左僕射，揚州刺史，尚書僕射袁粲為尚書右僕射。己未，改臨賀郡為臨慶郡，追改東平王休倩為臨慶沖王。七月丙戌，第五皇子智井薨。九月乙丑，中領軍劉勔加平北將軍。戊寅，立總明觀，征學士以充之。置東觀祭酒。癸未，以第八皇子智渙繼臨慶沖王休倩。冬十月辛卯，立第九皇子贊為武陵王。乙巳，以前右軍馬訖為北雍州刺史。己酉，車駕幸東堂聽訟。十一月己巳，高麗國遣使獻方物。十二月癸巳，以邊難未息，制父母陷異域，悉使婚宦。戊戌，以始興郡為宋安郡。丙辰，護軍將軍張永遷職。

七年春正月甲戌，置散騎奏舉郎。二月癸巳，征南將軍、荆州刺史巴陵王休若進號征西大將軍、開府儀同三司。戊戌，置百梁、隴蘇、永寧、安昌、富昌、南流郡，又分廣、交州三郡，合九郡，立越州。己亥，以前將軍劉康為平東將軍。妖寇宋逸攻合肥，殺汝陰太守王穆之，郡縣討平之。甲寅，驃騎大將軍、開府儀同三司、南徐州刺史晉平王休祐薨。戊午，以征西大將軍、荆州刺史巴陵王休若為征北大將軍、南徐州刺史，湘州刺史建平王景素為荆州刺史。三月辛酉，索虜遣使獻方物。壬戌，芮芮國遣使奉獻。夏四月辛丑，減天下死罪一等，凡敕繫悉遣之。甲辰，于南兗州置新平郡。癸丑，金紫光禄大夫張永領護軍。五月戊午，司徒建安王休仁有罪，自殺。辛酉，以寧朔長史孫超之為廣州刺史，尚書左僕射、揚州刺史王景文以刺史領中書監。庚午，以尚書右僕射袁粲為尚書令，新除吏部尚書褚淵為尚書左僕射。辛未，監吳郡王僧虔行湘州刺史。丙戌，追免晉平王休祐為庶人。六月丁酉，以征南大將軍、江州刺史桂陽王休範為驃騎大將軍、南徐州刺史，征北大將軍巴陵王休若為車騎大將軍、江州刺史。甲辰，芮芮國遣使獻方物。秋七月丁巳，罷散騎奏舉郎。乙丑，新除車騎大將軍、江州刺史巴陵王休若薨。桂陽王休範以新除驃騎大將軍，還為江州。庚午，以第三皇子準為撫軍將軍。辛未，以太子詹事劉秉為南徐州刺史。戊寅，以寧朔將軍沈懷明為南兗州刺史。乙酉，于冀州置西海郡。八月戊子，第八皇子躋繼江夏文獻王義恭。庚寅，以疾愈，大赦天下。冀州刺史劉崇智加青州刺史。戊戌，立第三皇子準為安成王。九月辛

未，以越騎校尉周寧民為徐州刺史。冬十一月戊午，百濟國遣使獻方物。十二月丁酉，分豫州、南兗州立南豫州，以歷陽太守王玄載為南豫州刺史。

泰豫元年春正月甲寅朔，上有疾不朝會。以疾患未痊，故改元。賜孤老貧疾粟帛各有差。戊午，皇太子會萬國於東宮，並受貢計。二月辛丑，以給事黃門侍郎王瞻為司州刺史。三月癸丑朔，林邑國遣使獻方物。己未，中書監、揚州刺史王景文卒。夏四月辛卯，以撫軍司馬蔡那為益州刺史。癸巳，以右衛將軍張興為雍州刺史。己亥，上大漸。驃騎大將軍、江州刺史桂陽王休範進位司空，尚書右僕射褚淵為護軍將軍，中領軍劉勔加尚書右僕射，鎮東將軍蔡興宗為征西將軍、開府儀同三司、荊州刺史，鎮軍將軍、郢州刺史沈攸之進號安西將軍。詔曰：『朕自臨御億兆，仍屬戎寇，雖每存弘化，而惠弗覃遠，軍國凋弊，刑訟未息。今大漸維危，載深矜歎，可緩徭優調，去繁就約。因改之宜，詳有簡衷。務以愛民為先，以宣朕遺意。』袁粲、褚淵、劉勔、蔡興宗、沈攸之同被顧命。是日，上崩于景福殿，時年三十四。五月戊寅，葬臨沂縣莫府山高寧陵。

帝少而和令，風姿端雅。早失所生，養于太后宮內。大明世，諸弟多被猜忌，唯上見親，常侍路太后醫藥。好讀書，愛文義，在藩時，撰《江左以來文章志》，又續衛瓘所注《論語》二卷，行於世。及即大位，四方反叛，以寬仁待物。諸軍帥有父兄子弟同逆者，並授以禁兵，委任不易，故衆為之用，莫不盡力。平定天下，逆黨多被全；其有才能者，並見授用，有如舊臣。才學之士，多蒙引進，參侍文籍，應對左右。于華林園芳堂講《周易》，常自臨聽。末年好鬼神，多忌諱，言語文書，有禍敗凶喪及疑似之言應迴避者，數百千品，有犯必加罪戮。改『騧』為馬邊瓜，亦以『騧』字似『禍』字故也。以南苑借張永，云『且給三百年，期訖更啓』。其事類皆如此。宣陽門，民間謂之白門，上以白門之名不祥，甚諱之。尚書右丞江謐嘗誤犯，上變色曰：『白汝家門！』謐稽顙謝，久之方釋。太后停屍漆床先出東宮，上嘗幸宮，見之怒甚，免中庶子官，職局以之坐者數十人。內外常慮犯觸，人不自保。宮內禁忌尤甚，移床治壁，必先祭土神，使文士為文詞祝策，如大祭饗。泰始、泰豫之際，更忍虐好殺，左右失旨忤意，往往有斮刳斷截者。時經略淮、泗，軍旅不息，荒弊積久，府藏空竭。內外百官，並日料祿俸；而上奢費過度，務為雕侈。每所造制，必為正御三十副，御次、副又各三十，須一物輒造九十枚，天下騷然，民不堪命。其餘事蹟，別見衆篇。親近讒慝，剪落皇枝，宋氏之業，自此衰矣。

又　卷九《後廢帝紀》　廢帝諱昱，字德融，小字慧震，明帝長子也。大明七年正月辛丑，生於衛尉府。太宗諸子在孕，皆以《周易》筮之，即以所得之卦為小字，故帝字慧震，其餘皇子亦如此。泰始二年，立為皇太子。三年，始制太子改名昱。安車乘象輅。六年，出東宮。又制太子元正朝賀，服袞冕九章衣。

泰豫元年四月己亥，太宗崩。庚子，太子即皇帝位，大赦天下。尚書令袁粲、護軍將軍褚淵共輔朝政。乙巳，以護軍將軍張永為右光祿大夫，撫軍將軍安成王為揚州刺史。己酉，特進、右光祿大夫劉遵考改為左光祿大夫。五月丁巳，以吳興太守張岱為益州刺史。戊辰，緣江戍兵老疾者，悉聽還。班劍依舊入殿。六月壬辰，詔曰：『夫興王經制，實先民隱，方求廣教，刑於四維。朕以煢眇，夙膺寶歷，永言民政，未接聽覽，眷言乃顧，無忘鑒寐。可遣大使分行四方，觀采風謠，問其疾苦。令有咈民，法不便俗者，悉各條奏。若守宰威恩可紀，廉勤允著，依事騰聞；如獄訟誣枉，職事紕繆，惰公存私，害民利己者，無或隱昧。廣納芻輿之議，博求獻藝之規。巡省之道，務令精洽，深簡行識，俾若朕親覽焉。』又詔曰：『夫寢夢期賢，往誥垂美，物色求良，前書稱盛。朕以沖昧，嗣膺寶業，思仰述聖猷，勉弘政道，興言多士，常想得人。可普下牧守，廣加搜采。其有孝友聞族，義讓光閭，或匿名屠釣，隱身耕牧，足以整厲澆風，扶益淳化者，凡厥一善，咸無遺逸。虛輪佇帛，俟聞嘉薦。』京師雨水，詔賑恤二縣貧民。乙巳，尊皇后曰皇太后，立皇后江氏。秋七月戊辰，崇拜帝所生陳貴妃為皇太妃。閏月丁亥，罷宋安郡還屬廣興。己丑，割南豫州南汝陰郡屬西豫州，西豫州廬江郡屬豫州。甲辰，以新除征西將軍、開府儀同三司、荊州刺史蔡興宗為中書監、光祿大夫，安西將軍、郢州刺史沈攸之為鎮西將軍、荊州刺史，南徐州刺史劉秉為平西將軍、郢州刺史，新除太常建平王景素為鎮軍將軍、南徐州刺史。八月戊午，新除中書監、左光祿大夫、開府儀同三司蔡興宗薨。冬十月辛卯，撫軍將軍劉韞有罪免

官。辛未，護軍將軍褚淵母憂去職。十一月己亥，新除平西將軍、郢州刺史劉秉為左僕射。辛丑，護軍將軍褚淵還攝本任。芮芮國、高麗國遣使獻方物。十二月，索虜寇義陽。丁巳，司州刺史王瞻擊破之。

元徽元年春正月戊寅朔，改元，大赦天下。壬寅，詔曰：『夫緩法昭恩，裁風茂典，蠲憲貸眚，訓俗彝義。朕臨馭宸樞，夤制氓宇，式存寬簡，思孚矜惠。今開元肆宥，萬品惟新，凡兹流斥，宜均弘洗。自元年以前貽罪徙放者，悉聽還本。』二月乙亥，以晉熙王燮為郢州刺史。三月丙申，以撫軍長史何恢為廣州刺史。婆利國遣使獻方物。戊戌，以前淮南太守劉靈遺為南豫州刺史。夏五月辛卯，以輔師將軍李安民為司州刺史。丙申，河南王遣使獻方物。六月壬子，以越州刺史陳伯紹為交州刺史。乙卯，特進、左光禄大夫劉遵考卒。壽陽大水，己未，遣殿中將軍賑恤慰勞。丙寅，以左軍將軍孟次陽為兗州刺史。秋七月丁丑，散騎常侍顧長康、長水校尉何翌之表上所撰《諫林》，上自虞、舜，下及晉武，凡十二卷。八月辛亥，詔曰：『分方正俗，著自虞册，川谷異制，焕乎姬典。故井遂有辨，閭伍無雜，用能七教克宣，八政斯序。雖綿代殊軌，沿革異儀，或民懷遷俗，或國尚興徙，漢陽列燕、代之豪，關西熾齊、楚之族，並通籍新邑，即居成舊。洎金行委御，禮樂南移，中州黎庶，繈負揚、越。聖武造運，道一閎區，貽長世之規，申土斷之制。而夷險相因，盈晦遞襲，歲饉凋流，戎役惰散，違鄉寓境，漸至繁積。宜式遵鴻軌，以為永憲，庶阜俗昌民，反風定保。夷胥山之險，澄瀚海之波，括《河圖》於九服，振玉軔於五都矣。』秘書丞王儉表上所撰《七志》三十卷。京師旱。甲寅，詔曰：『比亢序愆度，留熏耀晷，有傷秋稼，方貽民瘼。朕以眇疚，未弘政道，囹圄尚繁，枉滯猶積，夕厲晨矜，每惻於懷。尚書令可與執法以下，就訊衆獄，使冤訟洗遂，困弊昭蘇。頒下州郡，咸令無壅。』癸亥，鎮軍將軍、南徐州刺史建平王景素進號鎮北將軍。庚午，陳留王曹銑薨。九月壬午，詔曰：『國賦氓税，蓋有恒品，往屬戎難，務先軍實，征課之宜，或乖昔准。湘、江二州，糧運偏積，調役既繁，庶徒彌擾。因循權政，容有未革，民單力弊，歲月愈甚。永言矜歎，情兼宵寐。可遣使到所，明加詳察。其輸違舊令，役非公限者，並即蠲改，具條以聞。』丁亥，立衡陽王嶷子伯玉為南平王。冬十月壬子，以撫軍司馬王玄載為梁、南秦二州刺史。癸酉，割南兗州之鍾離、豫州之馬頭，又分秦郡、梁郡、歷陽置新昌郡，立徐州。十一月丙子，以散騎常侍垣閎為徐州刺史。丁丑，尚書令袁粲母喪去職。十二月癸卯朔，日有蝕之。乙巳，司空、江州刺史桂陽王休範進位太尉，尚書令袁粲還攝本任，加號衛將軍。癸亥，立前建安王世子伯融為始安縣王。丙寅，河南王遣使獻方物。

二年春正月庚子，以右光禄大夫張永為征北將軍、南兗州刺史。二月己巳，加護軍將軍褚淵中軍將軍。三月癸酉，以左衛將軍王寬為南豫州刺史。夏四月癸亥，詔曰：『頃列爵敘勳，銓榮酬義，條流積廣，又各淹闕。歲往事留，理至逋壅，在所參差，多違甄飭。賞未均洽，每疚厥心。可悉依舊准，並下注職。』五月壬午，太尉、江州刺史桂陽王休範舉兵反。庚寅，内外戒嚴。加中領軍劉勔鎮軍將軍，加右衛將軍齊王平南將軍，前鋒南討，出屯新亭。征北將軍張永屯白下，前南兗州刺史沈懷明戍石頭，衛將軍袁粲、中軍將軍褚淵入衛殿省。壬辰，賊奄至，攻新亭壘。齊王拒擊，大破之。越騎校尉張敬兒斬休範。賊黨杜黑蠡、丁文豪分軍向朱雀航，劉勔拒賊敗績，力戰死之；右軍將軍王道隆奔走遇害。張永潰于白下，沈懷明自石頭奔散。戊午，撫軍典籤茅恬開東府納賊，賊入屯中堂。羽林監陳顯達擊大破之。丙申，張敬兒等破賊于宣陽門、莊嚴寺、小市，進平東府城，梟擒羣賊。賞賜封爵各有差。丁酉，詔京邑二縣埋藏所殺賊，並戰亡者，復同京城。是日解嚴，大赦天下，文武賜位一等。戊戌，原除江州逋債，其有課非常調、役為民蠹者，悉皆蠲停。詔曰：『頃國賦多騫，公儲罕給。近治戎雖淺，而軍費已多，廩藏虚罄，難用馭遠。宜矯革淫長，務在節儉。其供奉服御，悉就減撤，雕文靡麗，廢而勿修。凡諸游費，一皆禁斷，外可詳為科格。』荆州刺史沈攸之、南徐州刺史建平王景素、郢州刺史晉熙王燮、湘州刺史王僧虔、雍州刺史張興世並舉義兵赴京師。己亥，以第七皇弟友為江州刺史。芮芮國遣使獻方物。六月庚子，以平南將軍齊王為中領軍、鎮軍將軍、南兗州刺史。癸卯，晉熙王燮遣軍克尋陽，江州平。戊申，以淮南太守任農夫為豫州刺史，右將軍、南豫州刺史王寬進號平西將軍。壬戌，改輔師將軍還為輔國。秋七月庚辰，立第七皇弟友為邵陵王。辛巳，以撫軍司馬孟次陽為兗州刺史。乙酉，鎮西將軍、荆州刺史沈攸之進號征西大將軍，鎮北將軍、南徐州刺史建平王景素

進號征北將軍，並開府儀同三司。征虜將軍、郢州刺史晉熙王燮進號安西將軍，前將軍、湘州刺史王僧虔進號平南將軍。八月辛酉，以征虜行參軍劉延祖為寧州刺史。九月壬辰，以遊擊將軍呂安國為兗州刺史。丁酉，以尚書令、新除衛將軍袁粲為中書監，即本號開府儀同三司，領司徒；加護軍將軍褚淵尚書令；撫軍將軍、揚州刺史安成王進號車騎將軍。冬十月庚申，以新除侍中王蘊為湘州刺史。甲子，以遊擊將軍陳顯達為廣州刺史。十一月丙戌，御加元服，大赦天下。賜民男子爵一級；為父後及三老孝悌力田者爵二級；鰥寡孤獨篤癃不能自存者，穀五斛；年八十以上，加帛一匹。大酺五日，賜王公以下各有差。十二月癸亥，立第八皇弟躋為江夏王，第九皇弟贊為武陵王。

三年春正月辛巳，車駕親祠南郊、明堂。三月丙寅，河南王遣使獻方物。己巳，以車騎將軍張敬兒為雍州刺史。其日，京師大水，遣尚書郎官長檢行賑賜。閏月戊戌，詔曰：『頃民俗滋弊，國度未殷，歲時屢騫，編户不給。且邊虞尚警，徭費彌繁，永言夕惕，寢興增疚。思弘豐耗之制，以惇約素之風，庶偫蓄拯民，以康治道。大官珍膳，御府麗服，諸所供擬，一皆減撤，可詳為其格，務從簡衷。』夏四月，遣尚書郎到諸州檢括民户，窮老尤貧者，蠲除課調；丁壯猶有生業，隨宜寬申；貲財足以充限者，督令洗畢。丙戌，車駕幸中堂聽訟。六月癸未，北國使至。兼司徒袁粲、尚書令褚淵並固讓。秋七月庚戌，以粲為尚書令。壬戌，以給事黃門侍郎劉懷珍為豫州刺史。八月庚子，加護軍將軍褚淵中書監。九月丙辰，征西大將軍河南王吐谷渾拾寅進號車騎大將軍。冬十月丙戌，高麗國遣使獻方物。十二月乙丑，以冠軍將軍姚道和為司州刺史。

四年春正月己亥，車駕躬耕籍田，大赦天下。賜力田爵一級；貸貧民糧種。壬子，以梁、南秦二州刺史王玄載為益州刺史。二月壬戌，以步兵校尉范柏年為梁、南秦二州刺史。丁卯，加金紫光祿大夫王琨特進。夏五月，以寧朔將軍武都王楊文度為北秦州刺史。乙未，尚書右丞虞玩之表陳時事曰：

天府虛散，垂三十年。江、荊諸州，稅調本少，自頃以來，軍募多乏。其穀帛所入，折供文武。豫、兗、司、徐，開口待哺；西北戎將，裸身求衣。委輸京都，蓋為寡薄。天府所資，唯有淮、海。民荒財單，不及曩日。而國度弘費，四倍元嘉。二衛臺坊人力，五不餘一；都水材官朽散，十不兩存。備豫都庫，材竹俱盡；東西二堨，磚瓦雙匱。敕令給賜，悉仰交市。尚書省舍，日就傾頹，第宅府署，類多穿毀。視不遑救，知不暇及。尋所入定調，用恒不周，既無儲畜，理至空盡。積弊累耗，鍾於今日。昔歲奉敕，課以揚、徐衆逋，凡入米穀六十萬斛，錢五千餘萬，布絹五萬匹，雜物在外，賴此相贍，故得推移。即今所懸轉多，興用漸廣，深懼供奉頓闕，軍器輟功，將士飢怨，百官騫祿。署府謝雕麗之器，土木停緹紫之容，國戚無以贍，勳求無以給。如愚管所慮，不月則歲矣。經國遠謀，臣所不敢言，朝夕祗勤，心存於匪懈。起伏震遽，事屬冒聞。伏願陛下留須臾之鑑，垂永代之計，發不世之詔，施必行之典，則氓祇齊歡，高卑同泰。

帝優詔答之。庚戌，以驍騎將軍曹欣之為徐州刺史。六月乙亥，加鎮軍將軍齊王尚書左僕射。秋七月戊子，征北將軍、南徐州刺史建平王景素據京城反。己丑，內外纂嚴。遣驍騎將軍任農夫、領軍將軍黃回北討，鎮軍將軍齊王總統衆軍。曲赦南徐州；始安王伯融、都鄉侯伯猷賜死。辛卯，南豫州刺史段佛榮統前鋒馬步衆軍。甲午，軍主、左軍將軍張保戰敗見殺。黃回等至京城，與景素諸軍戰，連破之。乙未，克京城，斬景素，同逆皆伏誅；其日解嚴。丙申，大赦天下，封賞各有差。原京邑二縣元年以前逋調。辛丑，以武陵王贊為南徐州刺史。八月丁卯，立第十皇弟翽為南陽王，第十一皇弟嵩為新興王，第十二皇弟禧為始建王。庚午，以給事黃門侍郎阮佃夫為南豫州刺史。乙酉，以行青、冀二州刺史劉善明為青、冀二州刺史。九月丁亥，割郢州之隨郡屬司州。戊子，驍騎將軍高道慶有罪，賜死。己丑，車騎將軍、揚州刺史安成王進號驃騎大將軍，開府儀同三司，安西將軍、郢州刺史晉熙王燮進號鎮西將軍。冬十月辛酉，以吏部尚書王僧虔為尚書右僕射。宕昌王梁彌機為安西將軍、河涼二州刺史。丙寅，中書監、護軍將軍褚淵母憂去職。十一月庚戌，詔攝本任。

五年春二月壬申，以建寧太守柳和為寧州刺史。四月甲戌，豫州刺史阮佃夫、步兵校尉申伯宗、朱幼謀廢立，佃夫、幼下獄死，伯宗伏誅。五月己亥，以左軍將軍沈景德為交州刺史，驍騎將軍全景文為南豫州刺史。丙午，以屯騎校尉孫曇瓘為越州刺史。六月甲戌，誅司徒左長史沈勃、散

騎常侍杜幼文、遊擊將軍孫超之、長水校尉杜叔文，大赦天下。

七月戊子夜，帝殞于仁壽殿，時年十五。己丑，皇太后令曰：

衛將軍、領軍、中書監、八座：昱以塚嫡，嗣登皇統，庶其體識日弘，社稷有寄。豈意窮凶極悖，自幼而長，善無細而不違，惡有大而必蹈。前後訓誘，常加隱蔽，險戾難移，日月滋甚。棄冠毁冕，長襲戎衣，犬馬是狎，鷹隼是愛，皁櫪軒殿之中，韝紲宸扆之側。至仍單騎遠郊，獨宿深野，手揮矛鋋，躬行刳斮，白刃為弄器，斬害為恒務。捨交戟之衛，委天畢之儀，趨步闤闠，酣歌壚肆，宵遊忘反，宴寢營舍，奪人子女，掠人財物，方策所不書，振古所未聞。沈勃儒士，孫超功臣，幼文兄弟，並豫勳效，四人無罪，一朝同戮。飛鏃鼓劍，孩稚無遺，屠裂肝腸，以為戲謔，投骸江流，以為歡笑。又淫費無度，帑藏空竭，横賦關河，專充別蓄，黔庶嗷嗷，厝生無所。吾與其所生，每厲以義方，遂謀鴆毒，將騁凶忿。沈憂假日，慮不終朝。自昔辛、癸，爰及幽、厲，方之於此，未譬萬分。民怨既深，神怒已積，七廟阽危，四海褫氣。

廢昏立明，前代令範，況乃滅義反道，天人所棄，釁深牧野，理絶桐宫。故密令蕭領軍潛運明略，幽顯協規，普天同泰。驃騎大將軍安王體自太宗，天挺淹睿，風神凝遠，德映在田。地隆親茂，皇歷攸歸，億兆係心，含生屬望。宜光奉祖宗，臨享萬國。便依舊典，以時奉行。未亡人追往傷懷，永言感絶。

太后又令曰：『昱窮凶極暴，自取灰滅，雖曰罪招，能無傷悼。棄同品庶，顧所不忍。可特追封蒼梧郡王。』葬丹陽秣陵縣郊壇西。

初，昱在東宫，年五六歲時，始就書學，而惰業好嬉戲，主師不能禁。好緣漆帳竿，去地丈餘，如此者半食久，乃下。年漸長，喜怒乖節，左右有失旨者，輒手加撲打。徒跣蹲踞，以此為常。主師以白太宗，上輒敕昱所生，嚴加捶訓。及嗣位，内畏太后，外憚諸大臣，猶未得肆志。自加元服，變態轉興，内外稍無以制。三年秋冬間，便好出遊行，太妃每乘青篾車，隨相檢攝。昱漸自放恣，太妃不復能禁。單將左右，棄部伍，或十里、二十里，或入市里，或往營署，日暮乃歸。四年春夏，此行彌數。自京城克定，意志轉驕，於是無日不出。與左右人解僧智、張五兒恒相馳逐，夜出，開承明門，夕去晨反，晨出暮歸。從者並執鋋矛，行人男女，及犬馬牛驢，值無免者。民間擾懼，晝日不敢開門，道上行人殆絶。常著小袴褶，未嘗服衣冠。或有忤意，輒加以虐刑。有白梏數十枚，各有名號，針椎鑿鋸之徒，不離左右。嘗以鐵椎椎人陰破，左右人見之有斂眉者，昱大怒，令此人袒胛正立，以矛刺胛洞過。於耀靈殿上養驢數十頭，所自乘馬，養於御床側。先是民間訛言，謂太宗不男，陳太妃本李道兒妾，道路之言，或云道兒子也。昱每出入去來，常自稱李統，或自號李將軍。與右衛翼輦營女子私通，每從之遊，持數千錢，供酒肉之費。阮佃夫腹心人張羊為佃夫所委信。佃夫敗，叛走，後捕得，昱自於承明門以車轢殺之。杜延載、沈勃、杜幼文、孫超，皆躬運矛鋋，手自臠割。執幼文兄叔文于玄武湖北，昱馳馬執槊，自往刺之。制露車一乘，其上施篷，乘以出入，從者不過數十人。羽儀追之恒不及，又各慮禍，亦不敢追尋，唯整部伍，别在一處瞻望而已。凡諸鄙事，過目則能，鍛煉金銀，裁衣作帽，莫不精絶。未嘗吹篪，執管便韻，天性好殺，以此為歡，一日無事，輒慘慘不樂。内外百司，人不自保，殿省憂遑，夕不及旦。

齊王順天人之心，潛圖廢立，與直閤將軍王敬則謀之。七月七日，昱乘露車，從二百許人，無復鹵簿羽儀，往青園尼寺，晚至新安寺就曇度道人飲酒。醉，夕扶還于仁壽殿東阿氈幄中卧。時昱出入無恒，省内諸閤，夜皆不閉。且羣下畏相逢值，無敢出者。宿衛並逃避，内外無相禁攝。王敬則先結昱左右楊玉夫、楊萬年、吕欣之、湯成之、陳奉伯、張石留、羅僧智、鍾千載、嚴道福、雷道賜、戴昭祖、許啓、戚元寶、盛道泰、鍾千秋、王天寶、公上延孫、俞成、錢道寶、馬敬之、陳寶直、吴璩之、劉印魯、唐天寶、俞孫等二十五人，謀共取昱。其夕，敬則出外，玉夫見昱醉熟無所知，乃與萬年同入氈幄内，以昱防身刀斬之。奉伯提昱首，依常行法，稱敕開承明門出，以首與敬則，馳至領軍府，以首呈齊王。王乃戎服，率左右數十人，稱行還，開承明門入。昱他夕每開門，門者震慴不敢視，至是弗之疑。齊王既入，曉，乃奉太后令奉迎安成王。

豫章王子尚，字孝師，孝武帝第二子也。孝建三年，年六歲，封西陽王，食邑二千户。仍都督南徐、兖二州諸軍事、北中郎將、南兖州刺史。其年，遷揚州刺史。

大明二年，加撫軍將軍。三年，分浙江西立王畿，以浙江東為揚州，

命王子尚都督揚州江州之鄱陽、晉安、建安三郡諸軍事、揚州刺史，將軍如故，給鼓吹一部。五年，改封豫章王，户邑如先，領會稽太守。七年，加使持節，進號車騎將軍。其年，又加散騎常侍，以本號開府儀同三司。時東土大旱，鄞縣多穡田，世祖使子尚上表至鄞縣勸農。又立左學，召生徒，置儒林祭酒一人，學生師敬，位比州治中；文學祭酒一人，比西曹；勸學從事二人，比祭酒從事。前廢帝即位，罷王畿復舊，征子尚都督揚、南徐二州諸軍事，領尚書令，解督東揚州，餘如故。

初孝建中，世祖以子尚太子母弟，上甚留心。後新安王子鸞以母幸見愛，子尚之寵稍衰。既長，人才凡劣，凶慝有廢帝風。太宗殞廢帝，稱太皇后令曰：『子尚頑凶極悖，行乖天理。楚玉淫亂縱慝，義絶人經。並可於第賜盡。』子尚時年十六。

楚玉，山陰公主也。廢帝改封為會稽郡長公主，食湯沐邑二千户，給鼓吹一部，加班劍二十人。未及拜受，而廢帝敗。楚玉肆情淫縱，以尚書吏部郎褚淵貌美，請自侍十日，廢帝許之。淵雖承旨而行，以死自固，楚玉不能制也。

《南齊書》卷四《鬱林王紀》　鬱林王昭業，字元尚，文惠太子長子也。小名法身。世祖即位，封南郡王，二千户。永明五年十一月戊子，冠於東宮崇政殿。其日小會，賜王公以下帛各有差，給昭業扶二人。七年，有司奏給班劍二十人，鼓吹一部，高選友、學。十一年，給皂輪三望車。詔高選國官。文惠太子薨，立昭業為皇太孫，居東宮。世祖崩，太孫即位。

八月，壬午，詔稱先帝遺詔，以護軍將軍武陵王曄為衛將軍，征南大將軍陳顯達即本號，並開府儀同三司，尚書左僕射西昌侯鸞為尚書令。太孫詹事沈文季為護軍將軍。癸未，以司徒竟陵王子良為太傅。詔曰：『朕以寡薄，嗣膺寶政，對越靈命，欽若前圖，思所以敬守成規，拱揖羣後。哀荒在日，有懵大猷，宜育德振民，光昭睿範。凡逋三調及衆責，在今年七月三十日前，悉同蠲除。其備償封籍貨鬻未售，亦皆還主。御府諸署池田邸治，興廢沿事，本施一時，於今無用者，詳所罷省。公宜權禁，一以還民，關市徵賦，務從優減。』丙戌，詔曰：『近北掠餘口，悉充軍實。刑故無小，罔或攸赦，撫辜興仁，事深睿範。宜從蕩宥，許以自新，可一同放遣，還復民籍。已賞賜者，亦皆為贖。』辛丑，詔曰：『往歲蠻虜協謀，志擾邊服，羣帥授略，大殲凶醜。革城克捷，及舞陰固守，二處勞人，未有沾爵賞者，可分遣選部，往彼序用。』

九月，癸丑，詔『東西二省府國，長老所積，財單祿寡，良以矜懷。選部可甄才品能，推校年月，邦守邑丞，隨宜量處，以貧為先。』辛酉，追尊文惠皇太子為世宗文皇帝。冬，十月，壬寅，尊皇太孫太妃為皇太后，立皇后何氏。

十一月，辛亥，立臨汝公昭文為新安王，曲江公昭秀為臨海王，皇弟昭粲為永嘉王。

隆昌元年春，正月，丁未，改元，大赦。加太傅、竟陵王子良殊禮，驍騎將軍、晉熙王銶為郢州刺史，丹陽尹、安陸王子敬為南兗州刺史，征北大將軍、晉安王子懋為江州刺史，臨海王昭秀為荆州刺史，永嘉王昭粲為南徐州刺史，征南大將軍陳顯達進號車騎大將軍，郢州刺史、建安王子真為護軍將軍。詔百僚極陳得失。又詔王公以下各舉所知。戊申，以護軍將軍沈文季為領軍將軍。己酉，以前將軍曹虎為雍州刺史，右衛將軍薛淵為司州刺史。庚戌，以寧朔將軍蕭懿為梁、南秦二州刺史，輔國長史申希祖為交州刺史。辛亥，車駕祠南郊。詔曰：『執耜暫忘，懸磬比室，秉機或惰，無褐終年。非怠非荒，雖由王道，不稂不莠，實賴民和。頃歲，多稼無爽，遺秉如積，而三登之美未臻，萬斯之基尚遠。且風土異宜，百民舛務，刑章治緒，未必同源。妨本害政，事非一揆，冕旒屬念，無忘夙興。可嚴下州郡，務滋耕殖，相畝辟疇，廣開地利，深樹國本，克阜民天。又詢訪獄市，博聽謡俗，傷風損化，各以條聞，主者詳為條格。』戊午，車駕拜景安陵。己巳，以新除黄門侍郎周奉叔為青州刺史。

二月，辛卯，車駕祠明堂。夏，四月，辛巳，衛將軍、開府儀同三司武陵王曄薨。戊子，太傅竟陵王子良薨。戊戌，以前沙州刺史楊炅為沙州刺史。丁酉，以驃騎將軍廬陵王子卿為衛將軍。尚書右僕射鄱陽王鏘為驃騎將軍，並開府儀同三司。

閏月，乙丑，以南東海太守蕭穎胄為青、冀二州刺史。丁卯，鎮軍大將軍鸞即本號開府儀同三司。戊辰，以中軍將軍新安王昭文為揚州刺史。六月，丙寅，以黄門侍郎王思遠為廣州刺史。秋，七月，庚戌，以中書郎

蕭遙欣為兗州刺史，東莞太守臧靈智為交州刺史。癸巳，皇太后令曰：『鎮軍、車騎、左僕射、前將軍、領軍、左衛、衛尉、八座：自我皇歷啓基，受終於宋，睿聖繼軌，三葉重光。太祖以神武創業，草昧區夏，武皇以英明提極，經緯天人。文帝以上哲之資，體元良之重，雖功未被物，而德已在民。三靈之眷方永，七百之基已固。嗣主特鍾沴氣，爰表弱齡，險戾著于緑車，愚固彰於崇正。狗馬是好，酒色方湎。所務唯鄙事，所疾唯善人。世祖慈愛曲深，每加容掩，冀年志稍改，立守神器。自入纂鴻業，長惡滋甚。居喪無一日之哀，縗絰為歡宴之服。昏酣長夜，萬機斯壅，發號施令，莫知所從。閹豎徐龍駒專總樞密，奉叔、珍之互執權柄，自以為任得其人，表裏緝穆，邁蕭、曹而愈信、布，倚太山而坐平原。於是恣情肆意，罔顧天顯，二帝姬嬪，並充寵御，二宮遺服，皆納玩府。內外混漫，男女無別。丹屏之北，為酤鬻之所，青蒲之上，開桑中之肆。又微服潛行，信次忘反，端委以朝虛位，交戟而守空宮積旬矣。宰輔忠賢，盡誠奉主，誅鋤羣小，冀能悛革，曾無克己，更深怨憾。公卿股肱，以異己置戮，文武昭穆，以德譽見猜。放肆醜言，將行屠膾，社稷危殆，有過綴旒。昔太宗克光於漢世，簡文代興于晉氏，前事之不忘，後人之師也。鎮軍居正體道，家國是賴，伊霍之舉，實寄淵謨，便可詳依舊典，以禮廢黜。中軍將軍新安王，體自文皇，睿哲天秀，宜入嗣鴻業，永寧四海。外即以禮奉迎。未亡人屬此多難，投筆增慨。』

昭業少美容止，好隸書，世祖敕皇孫手書不得妄出，以貴重之。進對音吐，甚有令譽。王侯五日一問訊，世祖常獨呼昭業至幄座，別加撫問，呼為法身，鍾愛甚重。文惠皇太子薨，昭業每臨哭，輒號咷不自勝，俄爾還內，歡笑極樂。在世祖喪，哭泣竟，入後宮，嘗列胡妓二部夾閣迎奏。為南郡王時，文惠太子禁其起居，節其用度，昭業謂豫章王妃庾氏曰：『阿婆，佛法言，有福德生帝王家。今日見作天王，便是大罪，左右主帥，動見拘執，不如作市邊屠酤富兒百倍矣。』及即位，極意賞賜，動百數十萬。每見錢，輒曰：『我昔時思汝一文不得，今得用汝未？』期年之間，世祖齋庫儲錢數億垂盡。開主衣庫與皇后寵姬觀之，給閹人豎子各數人，隨其所欲，恣意輦取；取諸寶器以相剖擊破碎之，以為笑樂。居嘗裸袒，著紅褌，雜采袒服。好鬬雞，密買雞至數千價。世祖御物甘草杖，宮人寸斷用之。毁世祖招婉殿，乞閹人徐龍駒為齋。龍駒尤親幸，為後閤舍人，日夜在六宮房內。昭業與文帝幸姬霍氏淫通，龍駒勸長留宮內，聲云度霍氏為尼，以餘人代之。嘗以邪諂自進，每謂人曰：『古時亦有監作三公者。』皇后亦淫亂，齋閣通夜洞開，內外淆雜，無復分別。中書舍人綦母珍之、朱隆之，直閣將軍曹道剛、周奉叔，並為帝羽翼。高宗屢諫不納，先啓誅龍駒，次誅奉叔及珍之，帝並不能違。既而尼媪外入，頗傳異語，乃疑高宗有異志。中書令何胤以皇后從叔見親，使直殿省，嘗隨後呼胤為三父，與胤謀誅高宗，令胤受事，胤不敢當，依違杜諫，帝意復止。乃謀出高宗於西州，中敕用事，不復關諮。高宗慮變，定謀廢帝。二十二日壬辰，使蕭諶、坦之等於省誅曹道剛、朱隆之等，率兵自尚書入雲龍門，戎服加朱衣於上。比入門，三失履。王晏、徐孝嗣、蕭坦之、陳顯達、王廣之、沈文季係進。帝在壽昌殿，聞外有變，使閉內殿諸房閣，令閹人登興光樓望，還報云：『見一人戎服，從數百人，急裝，在西鐘樓下。』須臾，蕭諶領兵先入宮，截壽昌閣，帝走向愛姬徐氏房，拔劍自刺不中，以帛纏頸，輿接出延德殿。諶初入殿，宿衛將士皆操弓盾欲拒戰，諶謂之曰：『所取自有人，卿等不須動！』宿衛信之，及見帝出，各欲自奮，帝竟無一言。出西弄，殺之，時年二十一，輿屍出徐龍駒宅，殯葬以王禮。餘黨亦見誅。

又　卷七《東昏侯紀》　東昏侯寶卷，字智藏，高宗第二子也。本名明賢，高宗輔政後改焉。建武元年，立為皇太子。

永泰元年七月，己酉，高宗崩，太子即位。

八月，丁巳，詔雍州將士與虜戰死者，復除有差。又詔辨括選序，訪搜貧屈。庚申，鎮北將軍晉安王寶義進號征北大將軍、開府儀同三司。南中郎將建安王寶夤為郢州刺史。冬，十月，己未，詔删省科律。

十一月，戊子，立皇后褚氏，賜王公以下錢各有差。

永元元年春，正月，戊寅，大赦，改元。詔研策秀才，考課百司。辛卯，車駕祀南郊。詔三品清資官以上應食禄者，有二親或祖父母年登七十，並給見錢。癸卯，以冠軍將軍南康王寶融為荆州刺史。

二月，癸丑，以北中郎將邵陵王寶攸為南兗州刺史。是月，太尉陳顯達敗績于馬圈。夏，四月，己巳，立皇太子誦，大赦，賜民為父後爵一

級。甲戌，以寧朔將軍柳惔為梁、南秦二州刺史。

五月癸亥，以撫軍大將軍始安王遙光為開府儀同三司。六月，己酉，新除右衛將軍崔惠景為護軍將軍。癸亥，以始興內史范雲為廣州刺史。甲子，詔原雍州今年三調。秋，七月，丁亥，京師大水，死者衆，詔賜死者材器，並賑恤。八月，乙巳，蠲京邑遇水資財漂蕩者今年調稅。又詔為馬圈戰亡將士舉哀。丙午，揚州刺史始安王遙光據東府反。詔曲赦京邑，中外戒嚴。尚書令徐孝嗣以下屯衛宮城。遣領軍將軍蕭坦之率六軍討之。戊午，斬遙光，傳首。己未，以征北大將軍晉安王寶玄為南徐、兗二州刺史。己巳，尚書令徐孝嗣為司空，右衛將軍劉暄為領軍將軍。閏月，丙子，以江陵公寶覽為始安王。虜偽東徐州刺史沈陵降，以為北徐州刺史。九月，丁未，以輔國將軍裴叔業為兗州刺史，征虜長史張沖為豫州刺史。壬戌，以頻誅大臣，大赦天下。辛未，以太子詹事王瑩為中領軍。冬，十月，乙未，誅尚書令、新除司空徐孝嗣，右僕射、新除鎮軍將軍沈文季。乙巳，以始興內史顏翻為廣州刺史，征虜將軍沈陵為越州刺史。

十一月，丙辰，太尉、江州刺史陳顯達舉兵于尋陽。乙丑，護軍將軍崔慧景加平南將軍、督衆軍南討事。丙寅，以冠軍將軍王鴻為徐州刺史。十二月，癸未，以前輔國將軍楊集始為秦州刺史。甲申，陳顯達至京師，宮城嚴警，六軍固守。乙酉，斬陳顯達，傳首。丁亥，以征虜將軍邵陵王寶攸為江州刺史。

二年春，正月，壬子，以輔國將軍張沖為南兗州刺史。庚午，詔討豫州刺史裴叔業。

二月，癸未，以黃門郎蕭寅為司州刺史。丙戌，以衛尉蕭懿為豫州刺史，征壽春。己丑，裴叔業病死，兄子植以壽春降虜。

三月，癸卯，以輔國將軍張沖為司州刺史。乙卯，遣平西將軍崔慧景率衆軍伐壽春。丁未，以新除冠軍將軍張沖為南兗州刺史。崔慧景於廣陵舉兵襲京師。壬子，右衛將軍左興盛督京邑水步衆軍。南徐州刺史江夏王寶玄以京城納慧景。乙卯，遣中領軍王瑩率衆軍屯北籬門。壬戌，慧景至，瑩等敗績。甲子，慧景入京師，宮內據城拒守。豫州刺史蕭懿起義救援。夏四月，癸酉，慧景棄衆走，斬首。詔曲赦京邑、南徐兗二州。乙亥，以新除尚書右僕射蕭懿為尚書令。丙子，以晉熙王寶嵩為南徐州刺史。五月，乙巳，以虜偽豫州刺史王肅為豫州刺史。戊申，以桂陽王寶貞為中護軍。己酉，江夏王寶玄伏誅。壬子，大赦。乙丑，曲赦京邑、南徐兗二州。戊辰，以始安王寶覽為湘州刺史。六月，庚寅，車駕于樂游苑內會，如三元，京邑女人放觀。戊戌，以新除冠軍將軍張沖為郢州刺史，守五兵尚書陸慧曉為南兗州刺史。秋，七月，甲辰，以驃騎司馬張稷為北徐州刺史。八月，丁酉，以新除驃騎司馬陳伯之為豫州刺史。甲申夜，宮內火。冬，十月，己卯，害尚書令蕭懿。

十一月，辛丑，以寧朔將軍張稷為南兗州刺史。甲寅，西中郎長史蕭穎冑起義兵於荊州。十二月，雍州刺史梁王起義兵於襄陽。戊寅，以冠軍長史劉繪為雍州刺史。

三年春，正月，丙申朔，合朔時加寅漏上八刻，事畢，宮人于閱武堂元會，皇后正位，閹人行儀，帝戎服臨視。丁酉，以驃騎大將軍晉安王寶義為司徒，新除撫軍將軍建安王寶夤為車騎將軍、開府儀同三司。甲辰，以寧朔將軍王珍國為北徐州刺史。辛亥，車駕祀南郊，詔大赦天下，百官陳讜言。

二月，丙寅，乾和殿西廂火。壬午，詔遣羽林兵征雍州，中外纂嚴。乙酉，以武烈將軍胡元進為廣州刺史。

三月，己亥，以驃騎將軍沈徽孚為廣州刺史。甲辰，以輔國將軍張欣泰為雍州刺史。丁未，南康王寶融即皇帝位於江陵。癸丑，遣平西將軍陳伯之西征。六月，京邑雨水，遣中書舍人、二縣官長賑賜有差。蕭穎冑弟穎孚起兵廬陵。戊子，曲赦江州安成、廬陵二郡。秋，七月，癸巳，曲赦荊、雍二州。甲午，雍州刺史張欣泰、前南譙太守王靈秀率石頭文武奉建安王寶夤向臺，至杜姥宅，宮門閉，乃散走。己未，以征虜長史程茂為郢州刺史，驍騎將軍薛元嗣為雍州刺史。是日，元嗣以郢城降義師。八月，丁卯，以輔國將軍申冑監豫州事。辛巳，光祿大夫張瓌鎮石頭。辛未，以太子左率李居士總督西討諸軍事，屯新亭城。九月，甲辰，以居士為江州刺史，新除冠軍將軍王珍國為雍州刺史，車騎將軍建安王寶寅為荊州刺史。以輔國將軍申冑監郢州，龍驤將軍馬仙琕監豫州，驍騎將軍徐元稱監徐州。是日，義軍至南州，申冑軍二萬人于姑熟奔歸。戊申，以後軍參軍蕭璝為司州刺史，前輔國將軍魯休烈為益州刺史，輔國長史趙越嘗為梁、

南秦二州刺史。丙辰，李居士與義軍戰於新亭，敗績。冬，十月，甲戌，王珍國與義軍戰於朱雀桁，敗績。戊寅，寧朔將軍徐元瑜以東府城降。青、冀二州刺史桓和入衛，屯東宮，己卯，以衆降。光祿大夫張瓌棄石頭還宮。於是閉宮城門自守。庚辰，以驍騎將軍胡虎牙為徐州刺史，左軍將軍徐智勇為益州刺史，遊擊將軍牛平為梁、南秦二州刺史。李居士以新亭降，琅邪城主張木亦降。義師築長圍守宮城。

十二月，丙寅，新除雍州刺史王珍國、侍中張稷率兵入殿廢帝，時年十九。

帝在東宮便好弄，不喜書學，高宗亦不以為非，但勖以家人之行。令太子求一日再入朝，發詔不許，使三日一朝。嘗夜捕鼠達旦，以為笑樂。高宗臨崩，屬以後事，以隆昌為戒，曰：『作事不可在人後！』故委任羣小，誅諸宰臣，無不如意。

性重澀少言，不與朝士接，唯親信閹人及左右御刀應敕等，自江祏、始安王遙光誅後，漸便騎馬。日夜于後堂戲馬，與親近閹人倡伎鼓叫。常以五更就臥，至晡乃起。王侯節朔朝見，晡後方前，或際暗遣出。臺閣案奏，月數十日乃報，或不知所在。二年元會，食後方出，朝賀裁竟，便還殿西序寢。自巳至申，百僚陪位，皆僵僕菜色。比起就會，匆遽而罷。

陳顯達事平，漸出遊走，所經道路，屏逐居民，從萬春門由東宮以東至於郊外，數十百里，皆空家盡室。巷陌懸幔為高障，置仗人防守，謂之『屏除』。或於市肆左側過親幸家，環回宛轉，周遍京邑。每三四更中，鼓聲四出，幡戟橫路，百姓喧走相隨，士庶莫辨。出輒不言定所，東西南北，無處不驅人。高障之內，設部伍羽儀。復有數部，皆奏鼓吹羌胡伎，鼓角橫吹。夜出晝反，火光照天。拜愛姬潘氏為貴妃，乘臥輿，帝騎馬從後。著織成袴褶，金薄帽，執七寶縛槊，戎服急裝，不變寒暑，陵冒雨雪，不避坑阱。馳騁渴乏，輒下馬解取腰邊蠡器酌水飲之，復上馬馳去。馬乘具用錦繡處，患為雨所沾濕，織雜彩珠為覆蒙，備諸雕巧。教黃門五六十人為騎客，又選無賴小人善走者為逐馬，左右五百人，常以自隨，奔走往來，略不暇息。置射雉場二百九十六處，翳中帷帳及步鄣，皆袷以綠紅錦，金銀鏤弩牙，瑇瑁帖箭。郊郭四民皆廢業，樵蘇路斷，吉凶失時；乳婦婚姻之家，移產寄室，或輿病棄屍，不得殯葬。有棄病人于青溪邊者，吏懼為監司所問，推置水中，泥覆其面，須臾便死，遂失骸骨。

後宮遭火之後，更起仙華、神仙、玉壽諸殿，刻畫雕彩，青灊金口帶，麝香塗壁，錦幔珠簾，窮極綺麗。縶役工匠，自夜達曉，猶不副速，乃剔取諸寺佛刹殿藻井仙人騎獸以充足之。世祖興光樓上施青漆，世謂之『青樓』。帝曰：『武帝不巧，何不純用琉璃。』

潘氏服御，極選珍寶。主衣庫舊物，不復周用，貴市民間金銀寶物，價皆數倍。虎魄釧一隻，直百七十萬。京邑酒租，皆折使輸金，以為金塗。猶不能足，下揚、南徐二州橋桁塘埭丁計功為直，斂取見錢，供太樂主衣雜費。由是所在塘瀆，多有隳廢。又訂出雉頭鶴氅白鷺縗。親幸小人因緣為姦利，課一輸十，郡縣無敢言者。三年夏，于閱武堂起芳樂苑。山石皆塗以五采；跨池水立紫閣諸樓觀，壁上畫男女私褻之像。種好樹美竹，天時盛暑，未及經日，便就萎枯；於是徵求民家，望樹便取，毀撤牆屋以移致之。朝栽暮拔，道路相繼，花藥雜草，亦復皆然。又于苑中立市，太官每旦進酒肉雜肴，使宮人屠酤。潘氏為市令，帝為市魁，執罰，爭者就潘氏決判。

帝有膂力，能擔白虎幢。自製雜色錦伎衣，綴以金花玉鏡衆寶，逞諸意態。所寵羣小黨與三十一人，黃門十人。初任新蔡人徐世欁為直閣驍騎將軍，凡有殺戮，皆其用命。殺徐孝嗣後，封為臨汝縣子。陳顯達事起，加輔國將軍。雖用護軍崔慧景為都督，而兵權實在世欁。及事平，世欁謂人曰：『五百人軍主，能平萬人都督。』世欁亦知帝昏縱，密謂其黨茹法珍、梅蟲兒曰：『何世天子無要人，但阿儂貨主惡耳。』法珍等爭權，以白帝。帝稍惡其凶強，以二年正月，遣禁兵殺之，世欁拒戰而死。自是法珍、蟲兒用事，並為外監，口稱詔敕；中書舍人王咺之與相脣齒，專掌文翰。其餘二十餘人，皆有勢力。崔慧景平後，法珍封餘幹縣男，蟲兒封竟陵縣男。及義師起，江、郢二鎮已降，帝遊騁如舊，謂茹法珍曰：『須來至白門前，當一決。』義師至近郊，乃聚兵為固守之計。召王侯朝貴分置尚書都座及殿省。又信鬼神，崔慧景事時，拜蔣子文神為假黃皞、使持節、相國、太宰、大將軍、錄尚書、揚州牧、鍾山王。至是又尊為皇帝，迎神像及諸廟雜神皆入後堂，使所親巫朱光尚禱祀祈福。以冠軍將軍王珍國領三萬人據大桁，莫有鬭志，遣左右直長閣暨王寶孫督戰，呼為『王長

子』。寳孫切罵諸將帥，直閤將軍席豪發憤突陣死。豪，驍將，既斃，衆軍於是土崩，軍人從朱雀觀上自投及赴淮死者無數。於是閉城自守，城内軍事委王珍國。兗州刺史張稷入衛京師。以稷為副，實甲猶七萬人。帝烏帽袴褶，備羽儀，登南掖門臨望。又虚設鎧馬齋仗千人，皆張弓拔白，出東掖門，稱蔣王出蕩。素好鬭軍隊，初使宫人為軍，後乃用黄門。親自臨陳，詐被創，使人輿將去。至是于閲武堂設牙門軍頓，每夜嚴警。帝於殿内騎馬從鳳莊門入徽明門，馬被銀蓮葉具裝鎧，雜羽孔翠寄生，逐馬左右衛從，晝眠夜起如平常。聞外鼓叫聲，被大紅袍登景陽樓屋上望，弩幾中之。衆皆怠怨，不為致力。募兵出戰，出城門數十步，皆坐甲而歸。慮城外有伏兵，乃燒城傍諸府署，六門之内皆蕩盡。城中閤道西掖門内，相聚為市，販死牛馬肉。帝初與羣小計議，陳顯達一戰便敗，崔慧景圍城退走，謂義師遠來，不過旬日，亦應散去，敕太官辦樵米為百日糧而已。大桁敗後，衆情凶懼，法珍等恐人衆驚走，故閉城不復出軍。既而義師長圍既立，塹栅嚴固；然後出蕩，屢戰不捷。帝尤惜金錢，不肯賞賜。法珍叩頭請之，帝曰：『賊來獨取我邪？何為就我求物！』後堂儲數百具榜，啓為城防；帝云擬作殿，竟不與。又催御府細作三百人精仗，待圍解以擬屏除。金銀雕鏤雜物，倍急於常。王珍國、張稷懼禍及，率兵入殿，分軍又從西上閤入後宫斷之，御刀豐勇之為内應。是夜，帝在含德殿吹笙歌作《女兒子》。臥未熟，聞兵入，趨出北户，欲還後宫。清曜閤已閉，閹人禁防黄泰平以刀傷其膝，僕地。顧曰：『奴反邪？』直後張齊斬首送梁王。

宣德太后令曰：『皇室受終，祖宗齊聖，太祖高皇帝肇基駿命，膺録受圖，世祖武皇帝係明下武，高宗明皇帝重隆景業，咸降年不永，宫車早晏。皇祚之重，允屬儲元；而稟質凶愚，發於稚齒。爰自保姆，迄至成童，忍戾昏頑，觸途必著。高宗留心正嫡，立嫡惟長，輔以羣才，間以賢戚，内外維持，冀免多難，未及期稔，便逞屠戮。密戚近親，元勳良輔，覆族殲門，旬月相係。凡所任仗，盡慝窮姦，皆營伍屠販，容狀險醜，身秉朝權，手斷國命，誅戮無辜，納其財産，睚眥之間，屠覆比屋。身居元首，好是賤事，危冠短服，坐臥以之。晨出夜反，無復已極，驅斥氓庶，巷無居人。老細奔遑，置身無所。東邁西屏，北出南驅，負疾輿屍，填街塞陌。興築繕造，日夜不窮，晨構夕毁，朝穿暮塞。絡以隨珠，方斯已陋；飾以璧璫，曾何足道！時暑赫曦，流金鑠石，移竹藝果，匪日伊夜，根未及植，葉已先枯，畚鍤紛紜，勤倦無已。散費國儲，專事浮飾，逼奪民財，自近及遠，兆庶恇患，流竄道路。府帑既竭，肆奪市道，工商裨販，行號道泣。屈此萬乘，躬事角抵，昂首翹肩，逞能橦木，觀者如堵，曾無怍容！芳樂、華林，並立闤闠，踞肆鼓刀，手銓輕重。干戈鼓譟，昏曉靡息，無戎而城，豈足云譬！至於居喪淫宴之愆，三年載弄之醜，反道違常之釁，牝雞晨鳴之慝，於事已細，故可得而略也。罄楚、越之竹，未足以言，校辛、癸之君，豈或能匹！征東將軍忠武奮發，投袂萬里，光奉明聖，翊成中興。乘勝席捲，掃清京邑，而羣小靡識，嬰城自固，緩戮稽誅，倏彌旬月。宜速剿定，寧我邦家！可潛遣間介，密宣此旨，忠勇齊奮，遄加蕩撲，放斥昏凶，衛送外第。未亡人不幸，驟此百罹，感念存没，心焉如割。奈何！奈何！』又令依漢海昏侯故事，追封東昏侯。茹法珍、梅蟲兒、王咺之等伏誅。豐勇之原死。

論説

《宋書》卷七《前廢帝紀論》 廢帝之事行著於篇。若夫武王數殷紂之釁，不能掛其萬一；霍光書昌邑之過，未足舉其毫釐。假以中才之君，有一於此，足以貫社殘宗，汙宫瀦廟，況總斯惡以萃一人之體乎！其得亡，亦為幸矣。

又 卷八《明帝紀論》 聖人立法垂制，所以必稱先王，蓋由遺訓餘風，足以貽之來世也。太祖負扆南面，實有君人之懿焉，經國之義雖弘，而隆家之道不足。彭城王照不窺古，本無卓爾之資，徒見昆弟之義，未識君臣之禮，冀以此家情，行之國道，主猜而猶犯，恩薄而未悟，致以呵訓之微行，遂成滅親之大禍。開端樹隙，垂之後人。雖天倫之重，義殊凡戚，而中人以下，情由恩變。至於易衣而出，分苦而食，與夫別宮異門，形疏事隔者，宜有降矣。太宗因易隙之情，據已行之典，剪落洪枝，願不待慮。既而本根無庇，幼主孤立，神器以勢弱傾移，靈命隨樂推回改。斯蓋履霜有漸，堅冰自至，所從來遠也。

又 卷九《後廢帝紀論》 喪國亡家之主，雖適末同途，發軫或異也。前廢帝卑遊褻幸，皆龍駕帝飾，傳警清路；蒼梧王則藏璽懷紱，魚服忘反，危冠短服，匹馬孤征。至於殞身覆祚，其理若一。姬、夏之隆，質文異尚，亡國之道，其亦然乎！

《南齊書》卷四《鬱林王紀論》 鬱林王風華外美，衆所同惑。伏情隱詐，難以貌求。立嫡以長，未知瑕釁，世祖之心，不變周道。既而怨鄙內作，兆自宮闈，雖為害未遠，足傾社稷。《春秋》書梁伯之過，言其自取亡也。

又 《鬱林王紀贊》 十愆有一，無國不失。鬱林負荷，棄禮亡律。

又 卷五《海陵王紀》 延興元年秋，七月，丁酉，即皇帝位。**【略】**詔曰：『太祖高皇帝英謀光大，受命作齊；世祖武皇帝宏猷冠世，繼暉下武；世宗文皇帝（文惠太子）清明懿鑠，四海宅心：並德漏下泉，功昭上象，聲教所覃，無思不洽。洪基式固，景祚方融，而天步多阻，運鍾否剝。嗣君昏忍，暴戾滋多，棄侮天經，悖滅人紀。朝野重足，遐邇側視，民怨神恫，宗祧如綴。賴忠謨肅舉，霄漢廓清，俾三後之業，絕而更紐，七百之慶，危而復安。猥以沖人，入纂乾緒，載懷馭朽，若墜諸淵，思與黎元，共綏戩福。』

又 卷七《東昏侯紀論》 漢宣帝時，南郡獲白虎，獲之者張武，言武張而猛服也。東昏侯亡德橫流，道歸拯亂，躬當翦戮，實啓太平。推闇豎之名字，亦天意也。

又 《東昏侯紀贊》 東昏慢道，匹癸方辛。乃隳典則，乃棄彝倫，玩習兵火，終用焚身。

《陳書》卷六《後主紀論》 史臣侍中鄭國公魏徵曰：高祖拔起壟畝，有雄桀之姿。始佐下藩，奮英奇之略，弭節南海，職思靜亂。援旗北邁，義在勤王，掃侯景于既成，拯梁室於已墜。天網絕而復續，國步屯而更康，百神有主，不失舊物。魏王之延漢鼎祚，宋武之反晉乘輿，懋績鴻勳，無以尚也。于時內難未弭，外鄰勍敵，王琳作梗于上流，周、齊搖蕩于江、漢，畏首畏尾，若存若亡，此之不圖，遽移天歷，雖皇靈有眷，何其速也？然志度弘遠，懷抱豁如，或取士于仇讎，或擢才於亡命，掩其受金之過，宥其吠堯之罪，委以心腹爪牙，咸能得其死力，故乃決機百勝，成此三分，方諸鼎峙之雄，足以無慚權、備矣。世祖天姿睿哲，清明在躬，早預經綸，知民疾苦，思擇令典，庶幾至治。德刑並用，戡濟艱虞，羣凶授首，强鄰震懾。雖忠厚之化未能及遠，恭儉之風足以垂訓，若不尚明察，則守文之良主也。臨川年長於成王，過微於太甲，宣帝有周公之親，無伊尹之志，明避不復，桐宮遂往，欲加之罪，其無辭乎！高宗爰自在田，雅量宏廓，登庸御極，民歸其厚，惠以使下，寬以容衆。智勇爭奮，師出有名，揚旆分麾，風行電掃，辟土千里，奄有淮、泗，戰勝攻取之勢，近古未之有也。既而君侈民勞，將驕卒墮，帑藏空竭，折衄師徒，於是秦人方强，遂窺兵于江上矣。李克以為吳之先亡，由乎數戰數勝，數戰則民疲，數勝則主驕，以驕主御疲民，未有不亡者也。信哉言乎！高宗始以寬大得人，終以驕侈致敗，文、武之業，墜於茲矣。後主生深宮之中，長婦人之手，既屬邦國殄瘁，不知稼穡艱難。初懼阽危，屢有哀矜之詔，後稍安集，復扇淫侈之風。賓禮諸公，唯寄情于文酒，昵近羣小，皆委之以衡軸。謀謨所及，遂無骨鯁之臣，權要所在，莫匪侵漁之吏。政刑日紊，尸素盈朝，躭荒為長夜之飲，嬖寵同豔妻之孽。危亡弗恤，上下相蒙，衆叛親離，臨機不寤，自投于井，冀以苟生，視其以此求全，抑亦民斯下矣。遐觀列辟，纂武嗣興，其始也皆欲齊明日月，合德天地，高視五帝，俯協三王，然而靡不有初，克終蓋寡，其故何哉？並以中庸之才，懷可移之性，口存于仁義，心怵於嗜欲。仁義利物而道遠，嗜欲遂性而便身。便身不可久違，道遠難以固志。佞諂之倫，承顏候色，因其所好，以悅導之，若下阪以走丸，譬順流而決壅。非夫感靈辰象，降生明德，孰能遺其所樂，而以百姓為心哉？此所以成、康、文、景千載而罕遇，癸、辛、幽、厲靡代而不有，毒被宗社，身嬰戮辱，為天下笑，可不痛乎！古人有言，亡國之主，多有才藝，考之梁、陳及隋，信非虛論。然則不崇教義之本，偏尚淫麗之文，徒長澆偽之風，無救亂亡之禍矣。

史臣曰：後主昔在儲宮，早標令德，及南面繼業，實允天人之望矣。至於禮樂刑政，咸遵故典，加以深弘六藝，廣辟四門，是以待詔之徒，爭趨金馬，稽古之秀，雲集石渠。且梯山航海，朝貢者往往歲至矣。自魏正始、晉中朝以來，貴臣雖有識治者，皆以文學相處，罕關庶務，朝章大典，方參議焉。文案簿領，咸委小吏，浸以成俗，迄至於陳。後主因循，

未遑改革，故施文慶、沈客卿之徒，專掌軍國要務，奸黠左道，以哀刻為功，自取身榮，不存國計。是以朝經墮廢，禍生鄰國。斯亦運鍾百六，鼎玉遷變，非唯人事不昌，蓋天意然也。

藝文

清·彭定求等《全唐詩》卷三九《歐陽詢〈道失〉》 已惑孔貴嬪，又被辭人侮。花箋一何榮，七字誰曾許。不下結綺閣，空迷江令語。雕戈動地來，誤殺陳後主。

又 卷二六六《顧況〈題歙山棲霞寺〉》 明徵君舊宅，陳後主題詩。迹在人亡處，山空月滿時。寶瓶無破響，道樹有低枝。已是傷離客，仍逢靳尚祠。

又 卷五二三《杜牧〈臺城曲二首·其一〉》 整整復斜斜，隨旗簇晚沙。門外韓擒虎，樓頭張麗華。誰憐容足地，卻羨井中蛙。王頒兵勢急，鼓下坐蠻奴。瀲灩倪塘水，叉牙出骨須。幹蘆一炬火，回首是平蕪。

又 卷五七八《温庭筠〈和道溪君別業〉》 積潤初銷碧草新，鳳陽晴日帶雕輪。風飄弱柳平橋晚，雪點寒梅小苑春。屏上樓臺陳後主，鏡中金翠李夫人。花房透露紅珠落，蛺蝶雙飛護粉塵。

又 卷六一七《陸龜蒙〈襲美先輩以龜蒙所獻五百言既蒙見和復示榮唱至於千字提獎之重蔑有稱實再抒鄙懷用伸酬謝〉》 鄴下曹父子，獵賢甚熊羆。發論若霞駁，裁詩如錦摛。徐王應劉輩，頭角咸相衰。或有妙絕賞，或為獨步推。或許潤色美，或嫌詆訶癡。倏以中利病，且非混醇醨。雅當乎魏文，麗矣哉陳思。不肯少選妄，恐貽後世嗤。吾祖仗才力，革車蒙虎皮。手持一白旄，直向文場麾。輕若脫鉗釱，豁如抽扊扅。精鋼不足利，騕褭何勞追。大可罩山嶽，微堪析毫釐。十體免負贅，百家咸起痿。爭入鬼神奧，不容天地私。一篇邁華藻，萬古無孑遺。刻鵠尚未已，雕龍奮而為。劉生吐英辯，上下窮高卑。下臻宋與齊，上指軒從羲。豈但標八索，殆將包兩儀。人謠洞野老，騷怨明湘累。立本以致詰，驅宏來抵巇。清如朔雪嚴，緩若春煙羸。或欲開户牖，或將飾纓緌。雖非倚天劍，亦是囊中錐。皆由內史意，致得東莞詞。梁元盡索虜，後主終亡隋。哀音但浮脆，豈望分雄雌。

又 卷六四七《胡曾〈詠史詩·陳宮〉》 陳國機權未可涯，如何後主恣嬌奢。不知即入宮中井，猶自聽吹玉樹花。

又 卷六六一《羅虬〈比紅兒詩〉》 斜憑欄杆醉態新，斂眸微盻不勝春。當時若遇東昏主，金葉蓮花是此人。

又 卷六八七《吳融〈隋堤〉》 搔首隋堤落日斜，已無餘柳可藏鴉。岸傍昔道牽龍艦，河底今來走犢車。曾笑陳家歌玉樹，卻隨後主看瓊花。四方正是無虞日，誰信黎陽有古家。

又 卷七一一《徐夤〈新刺襪〉》 素手春溪罷浣紗，巧裁明月半彎斜。齊宮合贈東昏寵，好步黃金菡萏花。

又 卷七二九《周曇〈六朝門·齊廢帝東昏侯〉》 定策誰扶捕鼠兒，不憂蕭衍畏潘妃。長圍既合刀臨項，猶惜金錢對落暉。

又 《二廢帝》 肆意荒狂殺不辜，方嗟廢帝又蒼梧。自言威震為英武，肯慮湘東與玉夫。

又 卷七六七《孫元晏〈齊·潘妃〉》 曾步金蓮寵絕倫，豈甘今日委埃塵。玉兒還有懷恩處，不肯將身嫁小臣。

又 卷七七六《牛殳〈琵琶行〉》 何人劚得一片木，三尺春冰五音足。一彈決破真珠囊，迸落金盤聲斷續。飄飄颻颻寒丁丁，蟲豸出蟄神鬼驚。秋鴻叫侶代雲黑，猩猩夜啼蠻月明。潏潏汩汩聲不定，胡雛學漢語未正。若似長安月蝕時，滿城敲鼓聲噒噒。青山飛起不壓物，野水流來欲濕人。傷心憶得陳後主，春殿半酣細腰舞。黃鶯百舌正相呼，玉樹後庭花帶雨。二妃哭處山重重，二妃没後雲溶溶。夜深霜露鎖空廟，零落一叢斑竹風。金谷園中草初綠，石崇一弄思歸曲。當時二十四友人，手把金杯聽不足。又似賈客蜀道間，千鐸萬磬鳴空山。未若此調呦呦兮啁啁，嘈嘈兮啾啾。引之於山，獸不能走。吹之于水，魚不能遊。方知此藝不可有，人間萬事憑雙手。若何為我再三彈，送卻花前一尊酒。

又 卷八六六《陳宮妃嬪〈顏濬冥會詩〉》 秋草荒臺響夜蛩，白楊凋盡減悲風。彩箋曾擘欺江總，綺閣塵消玉樹空。寶閣排雲稱望仙，五雲高艷擁朝天。清溪猶有當時月，應照瓊花綻綺筵。素魄初圓恨翠娥，繁華濃豔竟如何。南朝唯有長江水，依舊門前作逝波。簫管清吟怨麗華，秋江

寒月綺窗斜。慚非後主題箋客，得見臨春閣上花。

又 **卷八九五《毛熙震〈江仙〉》** 南齊天子寵嬋娟，六宮羅綺三千，潘妃嬌豔獨芳妍。椒房蘭洞，雲雨降神仙。縱態迷歡心不足，風流可惜當年，纖腰婉約步金蓮。妖君傾國，猶自至今傳。

《全宋詩》卷九四《錢惟演〈南朝〉》 結綺臨春映夕霏，景陽鐘動曙星稀。潘妃寶釧光如晝，江令花箋落似飛。舴艋淩波朱火度，觚棱拂漢紫煙微。自從飲馬秦淮水，蜀柳無因對殿幃。

又 **卷七三一《韋驤〈陳後主〉》** 綺閣寶為床，庭花曲韻長。三妃惑沈湎，十客助驕荒。不作强鄰備，還羅獨足殃。胡顏猶侍飲，更獻請封章。

又 **卷二〇二四《王十朋〈齊後主〉》** 峩冠食祿鷄開府，搖尾承恩大郡君。將士焉能死征戰，盍驅爾輩赴三軍。

又 **卷二二五二《范成大〈弔陳叔寶詞〉》** 賞心亭上再來遊，煙月迷人獨自愁。行到江邊無去路，卻隨潮水過揚州。

又 **卷二三四四《喻良能〈潘淑妃〉》** 東昏當日寵容華，潘妃步步生蓮花。閱武堂前種楊柳，玉兒雪腕親沽酒。蓮花不見楊柳空，蒼煙白露雜悲風。

又 **卷二五八九《楊簡〈歷代詩·齊〉》** 齊主蕭道成，乃是蕭何孫。武帝鬱林王，海陵鳴帝鸞。東昏至和帝，七主不足論。二十有四年，蕭梁遂建元。

又 **卷二八四八《蘇泂〈金陵雜興二百首〉之八二》** 七寶裝成射雉場，人間還閱幾齊梁。潘妃自踏金蓮去，不見年年春草長。

又 **《其一九七》** 閱武堂前楊柳枝，如今是隔幾多時。至尊屠肉潘妃酒，問著垂楊總不知。

又 **卷三四四六《劉鏜〈詠陳後主〉》** 晉王前殿賀平陳，從此江南雨露均。四百年間重混一，誰知江令是忠臣。

又 **卷三五二〇《鄧林〈效晉樂志拂舞歌淮南王二篇〉》** 東錯侯，自言安，仙華玉壽浮雲端。繡窗錦幔飄蜚仙，丹青美女侍七賢。侍七賢，奏笙歌。笙歌逸響哀怨多。苑中花木費綺羅。我欲逾城城有圍，原作雙黄鶴，棲瑤池。棲瑤池，辟塵垢，至尊屠肉，潘妃酤酒。石頭江上龍駒走，三月松緊風吊楊柳。

又 **《玉兒》** 金蓮華上俞尼子，永壽神仙羅繡綺。苑中荆荻市令嚴，玉像支離瓦官寺。六宮鴨劃起淫風，太白便應懸妲己。此身肯許兜鍪夫，猛為東昏判一死。到今羞殺賣降人，去作練兒梁姓臣。

又 **卷三七〇一《艾性夫〈雜興五首〉》** 玉兔不可羋，金烏不可籠。蜉蝣問鶴年，槿花笑松風。郿塢不救卓，銅山終餓通。玉兒誤東昏，緑珠累石崇。誰信貪心苦，俄成旋踵空。既無九轉丹，又非千歲翁。榮枯同一夢，螻蟻大槐中。

《全宋詞》第四冊《俞國寶〈賀新郎·梅〉》 夢裏驂鸞鶴。覺三山不遠，依前海風吹落。浮到五湖煙月上，剛被梅香醉著。粲玉樹、輕明疏薄。十萬瓊琚天女隊，捧冰壺、玉液琉璃杓。來伴我，薦清酌。恍然夢斷渾非昨。問溪邊竹外，新來為誰開卻。無限冰魂招不得，擬把離騷喚覺。待抖擻、紅塵雙脚。萬里瑤臺終一到，想玉奴、不負東昏約。留此恨，寄殘角。

又 **第五冊《無名氏〈鷓鴣天〉》** 雪屋冰床深閉門。縞衣應笑纖成紋。雨中清淚無人見，月下幽香只自聞。長在眼，遠銷魂。玉奴那忍負東昏。偶然謫墮行雲去，不入春風花柳村。

《全元詩》第二七冊《丁復〈次韻劉伯善康克正新春遊冶城謁卞壼墓〉》 青陽啓初歲，朱旭煥微暄。緬懷東晉國，漸及西州門。宮庭今始敞，林墓古所存。新萌集朝露，古樹酣春雲。乃瞻傑棟起，恍若高羽翻。忠精諒斯在，族緒尚滋蕃。獨慚數友陪，再拜千載墳。自從司馬帝，誰似卞將軍。寧辭下屈膝，且欲歌招魂。皇皇晉南渡，往往齊東昏。蕃維每輕視，叛亂不可言。朝臣徒偃武，隱士且移文。國事既擾擾，兵書謾紜紜。位忘天寶定，勢欲雲夢吞。謀謨失上策，板蕩幾中原。雲黑垂天鵬，濤白横海鯤。星妖未隕夕，日馭將及曛。地軸換坱圠，天柱撐昆崙。孤臣衛兼霍，二子育與賁。早知盡忠事，亦懷罔極恩。將貽百世勸，豈念一朝勳。當時遽爾否，此道定諸坤。手足衛心腹，柯葉蔭本根。脫生愧人世，寧死萬鬼鄰。少小史書見，始終父老聞。情至劇造次，物變恒糾紛。幾萌一毫間，差遠千里分。可憐甘瓦礫，直欲譏璵璠。食檗乃知苦，食桂乃知辛。遐哉志士心，可與俗夫論。

又　第三〇冊《薩都剌〈秋日登石頭城〉》　登臨未惜馬蹄遥，古寺秋高萬木彫。廢館尚傳陳後主，斷碑猶載晉南朝。年深輦路埋花徑，雨壞山牆出翠翹。六代興亡在何許，石頭依舊打寒潮。

又　第三九冊《楊維楨〈漫興七首〉之三》　長城女兒雙結丫，陳皇宅前第一家。生來不識古井怨，唱得後主後庭花。

清·徐世昌《清詩匯》卷一一八《胡敬英〈煦齋師所藏天啓三年小鐵斧歌〉》　披圖足徵明祚敗，如鑑寫形蓍測卦。霜刃休看寸鐵輕，三百年基斲全壞。九重多暇工雕鏤，故劍肯向忠良求。紛紛章奏棄不省，可憐神似東昏侯。吁嗟弄兵兵以至，楊左諸臣空望治。讖成委鬼與茄花，劈正徒勞殿楹置。想見經營費匠心，藉娛長晝法宮深。太阿倒授他人柄，遂令神州歎陸沈。大東小東縱尋斧，讙士吞聲狂豎舞。走馬廷前督內操，那惜金錢輸左府。揮戈難返日舍三，寇鋒遍野民何堪。六州鑄鐵真成錯，事到桓靈不忍談。

又　卷一二六《俞鴻漸〈臺城〉》　妖夢妄祈四海一，梁家金甌經缺。青絲白馬渡江來，百道攻城城欲裂。太平寺主誰堪充，往者思縛蕭老公。而今幸得償厥志，豈肯復以人臣終。吁嗟乎！蕭郎三十貴莫比，尚憶兵從樊沔起。毛人夜投黃鶴磯，既得皖城益自喜。兩龍導艦來中流，六要八貴同時收。勸進豈止沈家令，崇儉力反東昏侯。奈何晚年惑象教，深宮作事盡顛倒。徒將大會詩無遮，忍令血食斷宗廟。一朝國運顛難扶，此身竟舍跛脚奴。為問爾時淨居殿，金錢欲贖其能無。於今事往已千載，世界滄桑凡幾改。剩此荒涼地數弓，道有當年遺迹在。斷址頽垣一望平，僧廬弔古添幽情。微風蕭瑟撼林樾，猶作荷荷索蜜聲。

《全清詞·順康卷》第一〇冊《彭孫遹〈滿庭芳·晚景和少遊韻〉》

飲水虹明，蒸山霞爛，亂帆爭渡津門。離人向夕，無緒對芳樽。幾上層樓極目，疏林外、落照繽紛。空凝望，天邊白苧，煙雨鎖空村。羈魂。飛欲去，清江千里，南北中分。悵瑤琴徒在，錦瑟空存。腸斷蕭娘一紙，羅巾剩、萬點檀痕。憑傳語，玉兒憔悴，終不負東昏。

北朝昏主

綜述

《北齊書》卷四《文宣帝紀》　顯祖文宣皇帝，諱洋，字子進，高祖第二子，世宗之母弟。后初孕，每夜有赤光照室，后私嘗怪之。初，高祖之歸爾朱榮，時經危亂，家徒壁立，后與親姻相對，共憂寒餒。帝時尚未能言，欻然應曰『得活』，太后及左右大驚而不敢言。及長，黑色，大頰兊下，鱗身重踝。不好戲弄，深沉有大度。晉陽曾有沙門，乍愚乍智，時人不測，呼為阿禿師。帝曾與諸童共見之，歷問祿位，至帝，舉手再三指天而已，口無所言。見者異之。高祖嘗試觀諸子意識，各使治亂絲，帝獨抽刀斬之，曰：『亂者須斬。』高祖是之。又各配兵四出，而使甲騎偽攻之。世宗等怖撓，帝乃勒衆與彭樂敵，樂免胄言情，猶擒之以獻。後從世宗行過遼陽山，獨見天門開，餘人無見者。內雖明敏，貌若不足，世宗每嗤之，云：『此人亦得富貴，相法亦何由可解。』唯高祖異之，謂薛琡曰：『此兒意識過吾。』幼時師事范陽盧景裕，默識過人，景裕不能測也。天平二年，授散騎常侍、驃騎大將軍、儀同三司、左光祿大夫、太原郡開國公。武定元年，加侍中。二年，轉尚書左僕射、領軍將軍。五年，授尚書令、中書監、京畿大都督。

武定七年八月，世宗遇害，事出倉卒，內外震駭。帝神色不變，指麾部分，自臠斬羣賊而漆其頭，徐宣言曰：『奴反，大將軍被傷，無大苦也。』當時內外莫不驚異焉。乃赴晉陽，親總庶政，務從寬厚，事有不便者咸蠲省焉。冬十月癸未朔，以咸陽王坦為太傅，潘相樂為司空。十一月戊午，吐谷渾國遣使朝貢。梁齊州刺史茅靈斌、德州刺史劉領隊、南豫州刺史皇甫慎等並以州內屬。十二月己酉，以并州刺史彭樂為司徒，太保賀拔仁為并州刺史。

八年春正月庚申，梁楚州刺史宋安顧以州內屬。辛酉，魏帝為世宗舉

哀於東堂。梁定州刺史田聰能、洪州刺史張顯等以州內屬。戊辰，魏詔進帝位使持節、丞相、都督中外諸軍事、録尚書事、大行臺、齊郡王，食邑一萬户。甲戌，地豆于國遣使朝貢。三月辛酉，又進封齊王，食冀州之渤海長樂安德武邑、瀛州之河間五郡，邑十萬户。自居晉陽，寢室夜有光如晝。既為王，夢人以筆點己額。旦以告館客王曇哲曰：『吾其退乎？』曇哲再拜賀曰：『王上加點，便成主字，乃當進也。』夏五月辛亥，帝如鄴。甲寅，進相國，總百揆，封冀州之渤海長樂安德武邑、瀛州之河間高陽章武、定州之中山常山博陵十郡，邑二十萬户，加九錫，殊禮，齊王如故。魏帝遣兼太尉彭城王韶、司空潘相樂册命曰：

於戲！敬聽朕命：夫惟天為大，列晷宿而垂象；謂地蓋厚，疏川岳以阜物。所以四時代序，萬類騈羅，庶品得性，羣形不夭。然則皇王統歷，深視高居，拱默垂衣，寄成師相，此則夏伯、殷尹竭其股肱，周成、漢昭無為而治。頃者天下多難，國命如旒，則我建國之業將墜於地。齊獻武王奮迅風雲，大濟艱危，爰翼朕躬，國為再造，經營庶土，以至勤憂。及文襄承構，愈廣前業，康邦夷難，道格穹蒼。王縱德應期，千齡一出，惟幾惟深，乃神乃聖，大崇霸德，實廣相猷。雖冥功妙實，藐絶言象，標聲示迹，典禮宜宣。今申後命，其敬虛受。

王搏風初舉，建旟上地，庇民立政，時雨滂流，下識廉耻，仁加水陸，移風易俗，自齊變魯，此王之功也。仍攝天臺，總參戎律，策出若神，威行朔土，引弓竄迹，松塞無煙，此又王之功也。逮光統前緒，持衡匡合，華戎混一，風海調夷，日月光華，天地清晏，聲接響隨，無思不偃，此又王之功也。逖矣炎方，逋違正朔，懷文曜武，授略申規，淮楚連城，灌然桑落，此又王之功也。闢、峴衿帶，跨躡蕭條，腸胃之地，嶽立鵄時，偏師才指，渙同冰散，此又王之功也。晉熙之所，險薄江雷，迥隔聲教，迷方未改，命將鞠旅，覆其巢穴，威略風騰，傾懾南海，此又王之功也。羣蠻跋扈，世絶南疆，搖盪邊垂，亟為塵梗，懷德畏威，向風請順，傾陬盡落，其至如雲，此又王之功也。胡人別種，延蔓山谷，酋渠萬族，廣袤千里，憑險不恭，恣其桀黠，有樂淳風，相攜叩款，粟帛之調，王府充積，此又王之功也。茫茫涉海，世敵諸華，風行鳥逝，倏來忽往，既飲醇醪，附同膠漆，毛裘委仞，奇獸銜尾，此又王之功也。秦川尚阻，作我仇讎，爰挹椒蘭，飛書請好，天動其衷，辭卑禮厚，區宇乂寧，遐邇畢至，此又王之功也。江陰告禍，民無適歸，蕭宗子弟，尚相投庇，如鳥還山，猶川赴海，荆江十部，俄而獻割，乘此會也，將混朱方，此又王之功也。天平地成，率土咸茂，禎符顯見，史不停筆，既連百木，兼呈九尾，素過秦雀，蒼比周烏，此又王之功也。搜揚管庫，衣冠獲序，禮云樂云，銷沉俱振，輕徭徹賦，矜獄寬刑，大信外彰，深仁遠洽，此又王之功也。王有安日下之大勳，加以表光明之盛德，宣贊洪猷，以左右朕言。昔旦、奭外分，毛、畢入佐，出內之任，王宜總之。

人謀鬼謀，兩儀協契，錫命之行，義申公道。以王踐律蹈禮，軌物蒼生，圓首安志，率心歸道，是以錫王大路、戎路各一，玄牡二駟。王深重民天，唯本是務，衣食之用，榮辱所由，是用錫王袞冕之服，赤舄副焉。王深廣惠和，易調風化，神祇且格，功德可象，是用錫王軒懸之樂，六佾之舞。王風聲振赫，九域咸綏，遠人率俾，奔走委贐，是用錫王朱户以居。王求賢選衆，草萊以盡，陳力就列，罔非其人，是用錫王納陛以登。王英圖猛概，抑揚千品，毅然之節，肅是非違，是用錫王武賁之士三百人。王興亡所係，制極幽顯，糾行天討，罪人咸得，是用錫王鈇鉞各一。王鷹揚豹變，實扶下土，狼顧鵄張，罔不彈射，是用錫王彤弓一、彤矢百，盧弓十、盧矢千。王孝悌之至，通於神明，率民興行，感達區宇，是用錫王秬鬯一卣，珪瓚副焉。往欽哉。其祇順往册，保弼皇家，用終爾休德，對揚我太祖之顯命。

魏帝以天人之望有歸，丙辰，下詔曰：

三才剖判，百王代興，治天靜地，和神敬鬼，庇民造物，咸自靈符，非一人之大寶，實有道之神器。昔我宗祖應運，奄一區宇，歷聖重光，暨于九葉。德之不嗣，仍離屯圮，盜名字者遍於九服，擅制命者非止三公，主殺朝危，人神靡繫，天下之大，將非魏有。賴齊獻武王奮揚靈武，克翦多難，重懸日月，更綴參辰，廟以掃除，國由再造，鴻勳巨業，無德而稱。逮文襄承構，世業逾廣，邇安遠服，海內晏如，國命已康，生生得性。迄相國齊王，緯文經武，統茲大業，盡睿窮幾，研深測化，思隨冥運，智與神行，恩比春天，威同夏日，坦至心於萬物，被大道于八方，故百僚師師，朝無秕政，網疏澤洽，率土歸心。外盡江淮，風靡屈膝，闢地

懷人，百城奔走，關隴慕義而請好，瀚漠仰德而致誠。伊所謂命世應期，實撫千載。禎符雜遝，異物同途，謳頌填委，殊方一致，代終之迹斯表，人靈之契已合，天道不遠，我不獨知。朕入纂鴻休，將承世祀，籍援立之厚，延宗社之算，靜言大運，欣於避賢，遠惟唐、虞禪代之典，近想魏、晉揖讓之風，其可昧興替之禮，稽神祇之望？今便遜于別宮，歸帝位于齊國，推聖與能，眇符前軌。主者宣佈天下，以時施行。

又使兼太尉彭城王韶、兼司空敬顯俊奉册曰：

咨爾相國齊王：夫氣分形化，物繫君長，皇王遞興，人非一姓。昔放勳馭世，沉璧屬子；重華握歷，持衡擁璿。所以英賢茂實，昭晰千古，豈盛衰有運，興廢在時，知命不得不授，畏天不可不受。是故漢劉告否，當塗順民，曹歷不永，金行納禪，此皆重規襲矩，率由舊章者也。

我祖宗光宅，混一萬宇。迄於正光之末，姦孽乘權，厥政多僻，九域離蕩。永安運窮，人靈殄瘁，羣逆滔天，割裂四海，國土臣民，行非魏有。齊獻武王應期授手，鳳舉龍驤，舉廢極以立天，扶傾柱而鎮地，剪滅黎毒，匡我墜歷，有大德于魏室，被博利於蒼生。及文襄繼軌，誕光前業，內剿凶權，外摧侵叛，遐邇肅晏，功格上玄。王神祇協德，舟梁一世，體文昭武，追變窮微。自舉迹藩旗，頌歌總集，入統機衡，風猷弘遠。及大承世業，扶國昌家，相德日躋，霸風愈邈，威靈斯暢，則荒遠賓士，聲略所播，而鄰敵順款。以富有之資，運英特之氣，顧眄之間，無思不服。圖諜潛蘊，千祀彰明，嘉禎幽秘，一朝紛委，以表代德之期，用啓興邦之迹，蒼蒼在上，照臨不遠。朕以虛昧，猶未逡巡，靜言愧之，坐而待旦。且時來運往，媯舜不暇以當陽，世革命改，伯禹不容于北面，況于寡薄，而可踟躕。是以仰協穹昊，俯從百姓，敬以帝位式授于王。天祿永終，大命格矣。於戲！其祗承歷數，允執其中，對揚天休，斯年千萬，豈不盛歟！

又致璽書於帝，遣兼太保彭城王韶、兼司空敬顯俊奉皇帝璽綬，禪代之禮一依唐虞、漢魏故事。又尚書令高隆之率百僚勸進。戊午，乃即皇帝位於南郊，升壇柴燎告天曰：

皇帝臣洋敢用玄牡昭告於皇皇后帝：否泰相沿，廢興迭用，至道無親，應運斯輔。上覽唐、虞，下稽魏、晉，莫不先天揖讓，考歷終歸。魏氏多難，年將三十，孝昌已後，內外去之。世道橫流，蒼生塗炭。賴我獻武，拯其將溺，三建元首，再立宗祧，掃絕羣凶，芟夷姦宄。德被黔黎，勳光宇宙。文襄嗣武，克構鴻基，功浹寰宇，威陵海外，窮發懷音，西寇納款，青丘保候，丹穴來庭，扶翼危機，重匡頹運，是則有大造于魏室也。

魏帝以卜世告終，上靈厭德，欽若昊天，允歸大命，以禪於臣洋。夫四海至公，天下為一，總民宰世，樹之以君，既川岳啓符，人神效祉，羣公卿士，八方兆庶，僉曰皇極乃顧于上，魏朝推進於下，天位不可以暫虛。遂逼羣議，恭膺大典。猥以寡薄，托於兆民之上，雖天威在顔，咫尺無遠，循躬自省，實懷祗惕。敬簡元辰，升壇受禪，肆類上帝，以答萬國之心，永隆嘉祉，保祐有齊，以被於無窮之祚。

是日，京師獲赤雀，獻於南郊。事畢，還宮，御太極前殿。詔曰：

『無德而稱，代刑以禮，不言而信，先春後秋。故知惻隱之化，天人一揆，弘宥之道，今古同風。朕以虛薄，功業無紀。昔先獻武王值魏世不造，九鼎行出，乃驅御侯伯，大號燕、趙，拯厥顛墜，俾亡則存。文襄王外挺武功，內資明德，纂戎先業，辟土服遠。年逾二紀，世歷兩都，獄訟有適，謳歌斯在。故魏帝俯遵歷數，爰念褰裳，遠取唐、虞，終同脫屣。實幽憂未已，志在陽城，而羣公卿士，誠守愈切，遂屬代終，居於民上，如涉深水，有眷終朝。始發晉陽，九尾呈瑞，外壇告天，赤雀效祉。惟爾文武不貳心之臣，股肱爪牙之將，左右先王，克隆大業，永言誠節，共斯休祉。思與億兆，同始茲日，其大赦天下。改武定八年為天保元年。其百官進階，男子賜爵，鰥寡六疾，義夫節婦，旌賞各有差。』

己未，詔封魏帝為中山王，食邑萬户；上書不稱臣，答不稱詔，載天子旌旗，行魏正朔，乘五時副車；封王諸子為縣公，邑一千户；奉絹萬匹，錢千萬，粟二萬石，奴婢二百人，水碾一具，田百頃，園一所。詔追尊皇祖文穆王為文穆皇帝，妣為文穆皇后，皇考獻武王為獻武皇帝，皇兄文襄王為文襄皇帝，祖宗之稱，付外速議以聞。辛酉，尊王太后為皇太后。乙丑，詔降魏朝封爵各有差。其信都從義及宣力霸朝者，及西來人並武定六年以來南來投化者，不在降限。辛未，遣大使于四方，觀察風俗，問民疾苦，嚴勤長吏，厲以廉平，興利除害，務存安靜。若法有不便於

時，政有未盡於事者，具條得失，還以聞奏。甲戌，遷神主於太廟。

六月己卯，高麗遣使朝貢。辛巳，詔曰：『頃者風俗流宕，浮競日滋，家有吉凶，務求勝異。婚姻喪葬之費，車服飲食之華，動竭歲資，以營日富。又奴僕帶金玉，婢妾衣羅綺，始以創出為奇，後以過前為麗，上下貴賤，無復等差。今運屬惟新，思蠲往弊，反樸還淳，納民軌物。可量事具立條式，使儉而獲中。』又詔封崇聖侯邑一百户，以奉孔子之祀，並下魯郡以時修治廟宇，務盡褒崇之至。詔分遣使人致祭於五嶽四瀆，其堯祠舜廟，下及孔父、老君等載於祀典者，咸秩罔遺。詔曰：『冀州之渤海、長樂二郡，先帝始封之國，義旗初起之地。并州之太原、青州之齊郡，霸業所在，王命是基。君子有作，貴不忘本，思申恩洽，蠲復田租。齊郡、渤海可並復一年，長樂復二年，太原復三年。』

詔故太傅孫騰、故太保尉景、故大司馬婁昭、故司徒高昂、故尚書左僕射慕容紹宗、故領軍万俟幹、故定州刺史段榮、故御史中尉劉貴、故御史中尉竇泰、故殷州刺史劉豐、故濟州刺史蔡俊等並左右先帝，經贊皇基，或不幸早徂，或殞身王事，可遣使者就墓致祭，並撫問妻子，慰逮存亡。又詔封宗室高岳為清河王，高隆之為平原王，高歸彦為平秦王，高思宗為上洛王，高長弼為廣武王，高普為武興王，高子瑗為平昌王，高顯國為襄樂王，高睿為趙郡王，高孝緒為脩城王。又詔封功臣厙狄幹為章武王，斛律金為咸陽王，賀拔仁為安定王，韓軌為安德王，可朱渾道元為扶風王，彭樂為陳留王，潘相樂為河東王。癸未，詔封諸弟青州刺史浚為永安王，尚書左僕射淹為平陽王，定州刺史澈為彭城王，儀同三司演為常山王，冀州刺史渙為上黨王，儀同三司淯為襄城王，儀同三司湛為長廣王，湝為任城王，湜為高陽王，濟為博陵王，凝為新平王，潤為馮翊王，洽為漢陽王。

丁亥，詔立王子殷為皇太子，王后李氏為皇后。庚寅，詔以太師厙狄幹為太宰，司徒彭樂為太尉，司空潘相樂為司徒，開府儀同三司司馬子如為司空。辛卯，以前太尉、清河王岳為使持節、驃騎大將軍、司州牧。壬辰，詔曰：『自今已後，諸有文啓論事並陳要密，有司悉為奏聞。』己亥，以皇太子初入東宮，赦畿内及并州死罪已下，餘州死降，徒流已下一皆原免。

秋七月辛亥，詔尊文襄妃元氏為文襄皇后，宮曰靜德。又詔封文襄皇帝子孝琬為河間王，孝瑜為河南王。乙卯，以尚書令、平原王隆之録尚書事，尚書左僕射、平陽王淹為尚書令。又詔曰：『古人鹿皮為衣，書囊成帳，有懷盛德，風流可想。其魏御府所有珍奇雜彩常所不給人者，徒為蓄積，命宜悉出，送内後園，以供七日宴賜。』

八月，詔郡國修立黌序，廣延髦俊，敦述儒風。其國子學生亦仰依舊銓補，服膺師説，研習《禮經》。往者文襄皇帝所運蔡邕石經五十二枚，即宜移置學館，依次修立。又詔曰：『有能直言正諫，不避罪辜，謇謇若朱雲，諤諤若周舍，開朕意，沃朕心，弼於一人，利兼百姓者，必當寵以榮禄，待以不次。』又曰：『諸牧民之官，仰專意農桑，勤心勸課，廣收天地之利，以備水旱之灾。』庚寅，詔曰：『朕以虚寡，嗣弘王業，思所以讚揚盛績，播之萬古。雖史官執筆，有聞無墜，猶恐緒言遺美，時或未書。在位王公文武大小，降及民庶，爰至僧徒，或親奉音旨，或承傳傍説，凡可載之文籍，悉宜條録封上。』甲午，詔曰：『魏世議定《麟趾格》，遂為通制，官司施用，猶未盡善。可令羣官更加論究。適治之方，先盡要切。引綱理目，必使無遺。』

九月癸丑，以散騎常侍、車騎將軍、領東夷校尉、遼東郡開國公、高麗王成為使持節、侍中、驃騎大將軍、領護東夷校尉，王、公如故。詔梁侍中、使持節、假黄鉞、都督中外諸軍事、大將軍、承制、邵陵王蕭綸為梁王。庚午，帝如晉陽，拜辭山陵。是日皇太子入居涼風堂，監總國事。

冬十月己卯，備法駕，御金輅，入晉陽宮，朝皇太后于内殿。辛巳，曲赦并州太原郡晉陽縣及相國府四獄囚。癸未，茹茹國遣使朝貢。乙酉，以特進元韶為尚書左僕射，并州刺史段韶為尚書右僕射。丙戌，吐谷渾國遣使朝貢。壬辰，罷相國府，留騎兵、外兵曹，各立一省，别掌機密。十一月，周文帝率衆至陝城，分騎北渡，至建州。甲寅，梁湘東王蕭繹遣使朝貢。丙寅，帝親戎出次城東。周文帝聞帝軍容嚴盛，歎曰：『高歡不死矣。』遂退師。庚午，還宮。十二月丁丑，茹茹、厙莫奚國並遣使朝貢。辛丑，帝至自晉陽。

二年春正月丁未，梁湘東王蕭繹遣使朝貢。辛亥，有事於圓丘，以神武皇帝配。癸亥，親耕籍田於東郊。乙酉，前黄門侍郎元世寳、通直散騎

侍郎彭貴平謀逆，免死配邊。有事於太廟。甲戌，帝泛舟於城東。二月壬辰，太尉彭樂謀反，伏誅。壬寅，茹茹國遣使朝貢。三月丙午，襄城王淯薨。己未，詔梁承制湘東王繹為梁使持節、假黃鉞、相國，建梁臺，總百揆，承制。梁交州刺史李景盛、梁州刺史馬嵩仁、義州刺史夏侯珍洽、新州刺史李漢等並率州內附。庚申，司空司馬子如坐事免。夏四月壬辰，梁王蕭繹遣使朝貢。閏月乙丑，室韋國遣使朝貢。五月丙戌，合州刺史斛斯顯攻克梁歷陽鎮。丁亥，高麗國遣使朝貢。是月，侯景廢梁簡文，立蕭棟為主。六月庚午，以前司空司馬子如為太尉。七月壬申，茹茹遣使朝貢。癸酉，行臺郎邢景遠破梁龍安戍，獲鎮城李洛文。己卯，改顯陽殿為昭陽殿。九月壬申，詔免諸伎作、屯、牧、雜色役隸之徒為白户。癸巳，帝如趙、定二州，因如晉陽。冬十月戊申，起宣光、建始、嘉福、仁壽諸殿。庚申，蕭繹遣使朝貢。丁卯，文襄皇帝神主入於廟。十一月，侯景廢梁主，僭即偽位於建鄴，自稱曰漢。十二月，中山王殂。

三年春正月丙申，帝親討庫莫奚於代郡，大破之，獲雜畜十餘萬，分賚將士各有差。以奚口付山東為民。二月，茹茹主阿那瓌為突厥虜所破，瓌自殺，其太子庵羅辰及瓌從弟登注俟利發、注子庫提並擁衆來奔。茹茹餘衆立注次子鐵伐為主。辛丑，契丹遣使朝貢。三月戊子，以司州牧清河王岳為使持節、南道大都督，司徒潘相樂為使持節、東南道大都督，及行臺辛術率衆南伐。癸巳，詔進梁王蕭繹為梁主。夏四月壬申，東南道行臺辛術於廣陵送傳國璽。甲申，以吏部尚書楊愔為尚書右僕射。丙申，室韋國遣使朝貢。六月乙亥，清河王岳等班師。丁未，帝至自晉陽。乙卯，帝如晉陽。九月辛卯，帝自并州幸離石。冬十月乙未，至黃櫨嶺，仍起長城，北至社幹戍四百餘里，立三十六戍。十一月辛巳，梁王蕭繹即帝位於江陵，是為元帝，遣使朝貢。十二月壬子，帝還宮。戊午，帝如晉陽。

四年春正月丙子，山胡圍離石。戊寅，帝討之，未至，胡已逃竄，因巡三堆戍，大狩而歸。戊寅，庫莫奚遣使朝貢。己丑，改鑄新錢，文曰『常平五銖』。二月，送茹茹主鐵伐父登注及子庫提還北。鐵伐尋為契丹所殺，國人復立登注為主，仍為其大人阿富提等所殺，國人復立庫提為主。夏四月戊戌，帝還宮。戊午，西南有大聲如雷。五月庚午，帝校獵于林慮山。戊子，還宮。九月，契丹犯塞。壬午，帝北巡冀、定、幽、安，仍北討契丹。冬十月丁酉，帝至平州，遂從西道趣長塹。詔司徒潘相樂率精騎五千自東道趣青山。辛丑，至白狼城。壬寅，經昌黎城。復詔安德王韓軌率精騎四千東趣，斷契丹走路。癸卯，至陽師水，倍道兼行，掩襲契丹。甲辰，帝親逾山嶺，為士卒先，指麾奮擊，大破之，虜獲十萬餘口、雜畜數十萬頭。樂又于青山大破契丹別部。所虜生口皆分置諸州。是行也，帝露頭袒膊，晝夜不息，行千餘里，唯食肉飲水，壯氣彌厲。丁未，至營州。丁巳，登碣石山，臨滄海。十一月己未，帝自平州，遂如晉陽。閏月壬寅，梁帝遣使來聘。十二月己未，突厥復攻茹茹，茹茹舉國南奔。癸亥，帝自晉陽北討突厥，迎納茹茹。乃廢其主庫提，立阿那瓌子庵羅辰為主，置之馬邑川，給其稟餼繒帛。親追突厥於朔州，突厥請降，許之而還。於是貢獻相繼。

五年春正月癸巳，帝討山胡，從離石道。遣太師、咸陽王斛律金從顯州道，常山王演從晉州道，掎角夾攻，大破之，斬首數萬，獲雜畜十餘萬，遂平石樓。石樓絕險，自魏世所不能至。於是遠近山胡莫不懾服。是月周文帝廢西魏主，立齊王廓，是為恭帝。三月，茹茹庵羅辰叛，帝親討，大破之，辰父子北遁。太保賀拔仁坐違節度除名。夏四月，茹茹寇肆州。丁巳，帝自晉陽討之，至恒州黃瓜堆，虜騎走。時大軍已還，帝率麾下千餘騎，遇茹茹別部數萬，四面圍逼。帝神色自若，指畫形勢，虜衆披靡，遂縱兵潰圍而出。虜乃退走，追擊之，伏屍二十里，獲庵羅辰妻子及生口三萬餘人。五月丁亥，地豆幹、契丹等國並遣使朝貢。丁未，北討茹茹，大破之。六月，茹茹率部衆東徙，將南侵。帝率輕騎於金山下邀擊之，茹茹聞而遠遁。秋七月戊子，肅慎遣使朝貢。壬辰，降罪人。庚戌，帝至自北伐。八月丁巳，突厥遣使朝貢。庚子，以司州牧、清河王岳為太保，司空尉粲為司徒，太子太師侯莫陳相為司空，尚書令、平陽王淹録尚書事，常山王演為尚書令，中書令、上黨王渙為尚書左僕射。乙亥，儀同三司元旭以罪賜死。丁丑，帝幸晉陽。己卯，開府儀同三司、録尚書事、平原王高隆之薨。是月，詔常山王演、上黨王渙、清河王岳、平原王段韶等率衆於洛陽西南築伐惡城、新城、嚴城、河南城。九月，帝親自臨幸，欲以致周師。周師不出，乃如晉陽。冬十月，西魏伐梁元帝於江陵。詔清河王岳、河東王潘相樂、平原王段韶等率衆救之，未至而江陵陷，梁元帝

為西魏將於謹所殺。梁將王僧辯在建康，共推晉安王蕭方智為太宰、都督中外諸軍，承制置百官。十二月庚申，帝北巡至達速嶺，覽山川險要，將起長城。

六年春正月壬寅，清河王岳以衆軍渡江，克夏首。送梁郢州刺史陸法和。詔以梁散騎常侍、貞陽侯蕭明為梁主，遣尚書左僕射、上黨王渙率衆送之。二月甲子，以陸法和為使持節、都督荆雍江巴梁益湘萬交廣十州諸軍事、太尉公、大都督、西南道大行臺，梁鎮北將軍、侍中、荆州刺史宋蒨為使持節、驃騎大將軍、郢州刺史。甲戌，上黨王渙克譙郡。三月丙戌，上黨王渙克東關，斬梁將裴之横，俘斬數千。丙申，帝至自晉陽。封世宗二子孝珩為廣寧王，延宗為安德王。戊戌，帝臨昭陽殿聽獄決訟。夏四月庚申，帝如晉陽。丁卯，儀同蕭軌克梁晉熙城，以為江州。戊寅，突厥遣使朝貢。梁反人李山花自號天子，逼魯山城。五月乙酉，鎮城李仲侃擊斬之。庚寅，帝至自晉陽。蕭明入於建鄴。丁未，茹茹遣使朝貢。六月壬子，詔曰：『梁國遘禍，主喪臣離，逷彼炎方，盡生荆棘。興亡繼絕，義在於我，納以長君，拯其危弊，比送梁主，已入金陵。藩禮既修，分義方篤。越鳥之思，豈忘南枝，凡是梁民，宜聽反國，以禮發遣。』丁卯，帝如晉陽。壬申，親討茹茹。甲戌，諸軍大會于祁連池。乙亥，出塞，至厙狄谷，百餘里內無水泉，六軍渴乏，俄而大雨。戊寅，梁主蕭明遣其子章，兼侍中袁泌、兼散騎常侍楊裕奉表朝貢。秋七月己卯，帝頓白道，留輜重，親率輕騎五千追茹茹。壬午，及於懷朔鎮。帝躬當矢石，頻大破之，遂至沃野，獲其俟利藹焉力婁阿帝、吐頭發郁久閭狀延等，並口二萬餘，牛羊數十萬頭。茹茹俟利郁久閭李家提率部人數百降。壬辰，帝還晉陽。九月乙卯，帝至自晉陽。冬十月，梁將陳霸先襲王僧辯，殺之，廢蕭明，復立蕭方智為主。辛亥，帝如晉陽。十一月丙戌，高麗遣使朝貢。梁秦州刺史徐嗣輝、南豫州刺史任約等襲據石頭城，並以州內附。壬辰，大都督蕭軌率衆至江，遣都督柳達摩等渡江鎮石頭。東南道行臺趙彦深獲秦郡等五城，户二萬餘，所在安輯之。己亥，太保、司州牧、清河王岳薨。是月，柳達摩為霸先攻逼，以石頭降。十二月戊申，厙莫奚遣使朝貢。是年，發夫一百八十萬人築長城，自幽州北夏口至恒州九百餘里。

七年春正月甲辰，帝至自晉陽。于鄴城西馬射，大集衆庶而觀之。二月辛未，詔常山王演等於涼風堂讀尚書奏按，論定得失，帝親決之。三月丁酉，大都督蕭軌等率衆濟江。夏四月乙丑，儀同婁睿率衆討魯陽蠻，大破之。丁卯，詔造金華殿。五月丙申，漢陽王洽薨。是月，帝以肉為斷慈，遂不得食。六月乙卯，蕭軌等與梁師戰于鍾山之西，遇霖雨，失利，軌及都督李希光、王敬寶、東方老、軍司裴英起並没，士卒散還者十二三。乙丑，梁湘州刺史王琳獻馴象。是年，修廣三臺宮殿。秋七月己亥，大赦天下。八月庚申，帝如晉陽。九月甲辰，厙莫奚遣使朝貢。冬十月丙戌，契丹遣使朝貢。是月，發山東寡婦二千六百人以配軍士，有夫而濫奪者五分之一。是月，周文帝殂。十一月壬子，詔曰：

崐山作鎮，厥號神州；瀛海為池，是稱赤縣。蒸民乃粒，司牧存焉。王者之制，沿革迭起，方割成灾，肇分十二，水土既平，還復九州。道或繁簡，義在通時，殷因于夏，元所改作。然則日月纏於天次，王公國于地野，皆所以上葉玄儀，下符川嶽。逮于秦政，鞭撻區宇，罷侯置守，天下為家。洎兩漢承基，曹、馬屬統，其間損益，難以勝言。魏自孝昌之季，數鍾澆否，禄去公室，政出多門，衣冠道盡，黔首塗炭。銅馬、鐵脛之徒，黑山、青犢之侶，梟張晉、趙，豕突燕、秦，綱紀從茲而頹，彝章因此而紊。是使豪家大族，鳩率鄉部，托迹勤王，規自署置。或外家公主，女謁內成，昧利納財，啓立州郡。離大合小，本逐時宜，部竹分符，蓋不獲已，牧守令長，虚增其數，求功録實，諒足為煩，損害公私，為弊殊久，既乖為政之禮，徒有驅羊之費。自爾因循，未遑删改。朕寅膺寶歷，恭臨八荒，建國經野，務存簡易。將欲鎮躁歸靜，反薄還淳，苟失其中，理從刊正。傍觀舊史，逖聽前言，周曰成、康，漢稱文、景，編户之多，古今為最。而丁口滅於疇日，守令倍於昔辰，非所以馭俗調風，示民軌物。且五嶺內賓，三江乃化，拓土開疆，利窮南海。但要荒之所，舊多浮偽，百室之邑，便立州名，三户之民，空張郡目。譬諸木犬，猶彼泥龍，循名督實，事歸烏有。今所並省，一依別制。

於是並省三州、一百五十三郡、五百八十九縣、二鎮二十六戍。又制刺史令盡行兼，不給幹物。十二月，西魏相宇文覺受魏禪。先是，自西河總秦戍築長城東至於海，前後所築東西凡三千餘里，率十里一戍，其要害置州鎮，凡二十五所。

八年春三月，大熱，人或暍死。夏四月庚午，詔諸取蝦蟹蜆蛤之類，悉令停斷，唯聽捕魚。乙酉，詔公私鷹鷂俱亦禁絕。以太師、咸陽王斛律金為右丞相，前大將軍、扶風王可朱渾道元為太傅，開府儀同三司賀拔仁為太保，尚書令、常山王演為司空、録尚書事，長廣王湛為尚書令，尚書右僕射楊愔為尚書左僕射，以并省尚書右僕射崔暹為尚書右僕射，上黨王渙録尚書事。是月，帝在城東馬射，敕京師婦女悉赴觀，不赴者罪以軍法，七日乃止。五月辛酉，冀州民劉向于京師謀逆，黨與皆伏誅。、秋八月己巳，庫莫奚遣使朝貢。庚辰，詔丘、郊、禘、祫、時祀，皆仰市取，少牢不得剖割，有司監視，必令豐備；農社先蠶，酒肉而已；雩、禖、風、雨、司民、司祿、靈星、雜祀，果餅酒脯。唯當務盡誠敬，義同如在。自夏至九月，河北六州、河南十二州、畿內八郡大蝗。是月，飛至京師，蔽日，聲如風雨。甲辰，詔今年遭蝗之處免租。是月，周冢宰宇文護殺其主閔帝而立帝弟毓，是為明帝。冬十月乙亥，陳霸先弒其主方智自立，是為陳武帝，遣使稱藩朝貢。是年，于長城內築重城，自庫洛拔而東至於塢紇戍，凡四百餘里。

九年春二月丁亥，降罪人。己丑，詔限仲冬一月燎野，不得他時行火，損昆蟲草木。三月丁酉，帝至自晉陽。夏四月辛巳，大赦。是夏，大旱。帝以祈雨不應，毀西門豹祠，掘其冢。山東大蝗，差夫役捕而坑之。是月，北豫州刺史司馬消難以城叛，入于周。五月辛丑，尚書令、長廣王湛録尚書事，驃騎大將軍、平秦王歸彥為尚書左僕射。甲辰，以前尚書左僕射楊愔為尚書令。六月乙丑，帝自晉陽北巡。己巳，至祁連池。戊寅，還晉陽。秋七月辛丑，給京畿老人劉奴等九百四十三人版職及杖帽各有差。戊申，詔趙、燕、瀛、定、南營五州及司州廣平、清河二郡去年螽澇損田，兼春夏少雨，苗稼薄者，免今年租賦。八月乙丑，至自晉陽。甲戌，帝如晉陽。是月，陳江州刺史沈泰以三千人內附。先是，發丁匠三十餘萬營三臺於鄴下，因其舊基而高博之，大起宮室及遊豫園。至是，三臺成，改銅爵曰金鳳，金獸曰聖應，冰井曰崇光。十一月甲午，帝至自晉陽，登三臺，御乾象殿，朝宴羣臣，並命賦詩。以新宮成，丁酉，大赦，內外文武並進一大階。丁巳，梁湘州刺史王琳遣使請立蕭莊為梁主，仍以江州內屬，令莊居之。十二月癸酉，詔梁王蕭莊為梁主，進居九派。戊寅，以太傅可朱渾道元為太師，司徒尉粲為太尉，冀州刺史段韶為司空，録尚書事、常山王演為大司馬，録尚書事、長廣王湛為司徒。是月，起大莊嚴寺。是年，殺永安王浚、上黨王渙。

十年春正月戊戌，以司空侯莫陳相為大將軍。甲寅，帝如遼陽甘露寺。乙卯，詔于麻城置衛州。二月丙戌，帝于甘露寺禪居深觀，唯軍國大政奏聞。三月戊戌，以侍中高德政為尚書右僕射。丙辰，帝至自遼陽。是月，梁主蕭莊至郢州，遣使朝貢。閏四月丁酉，以司州牧、彭城王浟為司空，侍中、高陽王湜為尚書右僕射。乙巳，以司空、彭城王浟兼太尉，封皇子紹廉為長樂郡王。五月癸未，誅始平西元世、東平西元景式等二十五家，特進元韶等十九家並令禁止。六月，陳武帝殂，兄子蒨立，是為文帝。秋八月戊戌，封皇子紹義為廣陽郡王，以尚書右僕射、河間王孝琬為尚書左僕射。癸卯，詔諸軍民或有父祖改姓冒入元氏，或假託攜認，妄稱姓元者，不問世數遠近，悉聽改復本姓。九月己巳，帝如晉陽。是月，使酈懷則、陸仁惠使于蕭莊。冬十月甲午，帝暴崩于晉陽宮德陽堂，時年三十一。遺詔：『凡諸凶事一依儉約。三年之喪，雖曰達禮，漢文革創，通行自昔，義有存焉，同之可也，喪月之斷限以三十六日。嗣主、百僚、內外遐邇奉制割情，悉從公除。』癸卯，發喪，斂於宣德殿。十一月辛未，梓宮還京師。十二月乙酉，殯於太極前殿。乾明元年二月丙申，葬于武寧陵，謚曰文宣皇帝，廟號威宗。武平初，又改為文宣，廟號顯祖。

帝少有大度，志識沉敏，外柔內剛，果敢能斷。雅好吏事，測始知終，理劇處繁，終日不倦。初踐大位，留心政術，以法馭下，公道為先。或有違犯憲章，雖密戚舊勳，必無容舍，內外清靖，莫不祗肅。至於軍國幾策，獨決懷抱，規模巨集遠，有人君大略。又以三方鼎跱，諸夷未賓，修繕甲兵，簡練士卒，左右宿衛置百保軍士。每臨行陣，親當矢石，鋒刃交接，唯恐前敵之不多，屢犯艱危，常致克捷。嘗于東山遊宴，以關隴未平，投杯震怒，召魏收於御前，立為詔書，宣示遠近，將事西伐。是歲，周文帝殂，西人震恐，常為度隴之計。既征伐四克，威振戎夏，六七年後，以功業自矜，遂留連耽湎，肆行淫暴。或躬自鼓舞，歌謳不息，從旦通宵，以夜繼晝。或袒露形體，塗傅粉黛，散髮胡服，雜衣錦彩。拔刃張弓，游於市肆，勳戚之第，朝夕臨幸。時乘馲駝牛驢，不施鞍勒，盛暑炎

赫，隆冬酷寒，或日中暴身，去衣馳騁，從者不堪，帝居之自若。親戚貴臣，左右近習，侍從錯雜，無復差等。徵集淫嫗，分付從官，朝夕臨視，以為娛樂。凡諸殺害，多令支解，或焚之於火，或投之於河。沉酗既久，彌以狂惑，至於末年，每言見諸鬼物，亦云聞異音聲。情有蔕芥，必在誅戮，諸元宗室咸加屠剿，永安、上黨並致冤酷，高隆之、高德政、杜弼、王元景、李蒨之等皆以非罪加害。嘗在晉陽以槊戲刺都督尉子耀，應手即殞。又在三臺大光殿上，以鋸鋸都督穆嵩，遂至於死。又嘗幸開府暴顯家，有都督韓悊無罪，忽於衆中喚出斬之。自餘酷濫，不可勝紀。朝野慘憎，各懷怨毒。而素以嚴斷臨下，加之默識强記，百僚戰慄，不敢為非，文武近臣，朝不謀夕。又多所營繕，百役繁興，舉國騷擾，公私勞弊。凡諸賞賚，無復節限，府藏之積，遂至空虛。自皇太后諸王及內外勳舊，愁懼危悚，計無所出。暨於末年，不能進食，唯數飲酒，曲蘗成災，因而致斃。

又　卷七《武成帝紀》　世祖武成皇帝，諱湛，神武皇帝第九子，孝昭皇帝之母弟也。儀表瑰傑，神武尤所鍾愛。神武方招懷荒遠，乃為帝聘蠕蠕太子庵羅辰女，號『鄰和公主』。帝時年八歲，冠服端嚴，神情閑遠，華戎歎異。元象中，封長廣郡公。天保初，進爵為王，拜尚書令，尋兼司徒，遷太尉。乾明初，楊愔等密相疏忌，以帝為大司馬，領并州刺史。帝既與孝昭謀誅諸執政，遷太傅、録尚書事、領京畿大都督。皇建初，進位右丞相。孝昭幸晉陽，帝以懿親居守鄴，政事咸見委託。二年，孝昭崩，遺詔徵帝入統大位。及晉陽宮，發喪於崇德殿。皇太后令所司宣遺詔，左丞相斛律金率百僚敦勸，三奏，乃許之。

大寧元年冬十一月癸丑，皇帝即位于南宮，大赦，改皇建二年為大寧。乙卯，以司徒、平秦王歸彥為太傅，以尚書右僕射、趙郡王睿為尚書令，以太尉尉粲為太保，以尚書令段韶為大司馬，以豐州刺史婁睿為司空，以太傅、平陽王淹為太宰，以太保、彭城王浟為太師、録尚書事，以冀州刺史、博陵王濟為太尉，以中書監、任城王湝為尚書左僕射，以并州刺史斛律光為右僕射，封孝昭皇帝太子百年為樂陵郡王。庚申，詔大使巡行天下，求政善惡，問人疾苦，擢進賢良。是歲，周武帝保定元年。

河清元年春正月乙亥，車駕至自晉陽。辛巳，祀南郊。壬午，享太廟。丙戌，立妃胡氏為皇后，子緯為皇太子。大赦，內外百官普加泛級，諸為父後者賜爵一級。己亥，以前定州刺史、馮翊王潤為尚書左僕射。詔斷屠殺以順春令。二月丁未，以太宰、平陽王淹為青州刺史，太傅、領司徒，以領軍大將軍、宗師、平秦王歸彥為太宰、冀州刺史。乙卯，以兼尚書令、任城王湝為司徒。詔散騎常侍崔瞻聘于陳。夏四月辛丑，皇太后婁氏崩。乙巳，青州刺史上言，今月庚寅河、濟清。以河、濟清，改大寧二年為河清，降罪人各有差。五月甲申，祔葬武明皇后于義平陵。己丑，以尚書右僕射斛律光為尚書令。秋七月，太宰、冀州刺史、平秦王歸彥據州反，詔大司馬段韶、司空婁睿討擒之。乙未，斬歸彥並其三子及黨與二十人於都市。丁酉，以大司馬段韶為太傅，以司空婁睿為司徒，以太傅、平陽王淹為太宰，以尚書令斛律光為司空，以太子太傅、趙郡王睿為尚書令，中書監、河間王孝琬為尚書左僕射。癸亥，行幸晉陽。陳人來聘。冬十一月丁丑，詔兼散騎常侍封孝琰使于陳。十二月丙辰，車駕至自晉陽。是歲，殺太原王紹德。

二年春正月乙亥，帝詔臨朝堂策試秀才。以太子少傅魏收為兼尚書右僕射。己卯，兼右僕射魏收以阿縱除名。丁丑，以武明皇后配祭北郊。辛卯，帝臨都亭録見囚，降在京罪人各有差。三月乙丑，詔司空斛律光督五營軍士築戍于軹關。壬申，室韋國遣使朝貢。丙戌，以兼尚書右僕射趙彥深為左僕射。夏四月，並、汾、晉、東雍、南汾五州蟲旱傷稼，遣使賑恤。戊午，陳人來聘。五月壬午，詔以城南雙堂閏位之苑，乃造大總持寺。六月乙巳，齊州言濟、河水口見八龍升天。乙卯，詔兼散騎常侍崔子武使于陳。庚申，司州牧、河南王孝瑜薨。秋八月辛丑，詔以三臺宮為大興聖寺。冬十二月癸巳，陳人來聘。己酉，周將楊忠帥突厥阿史那木汗等二十餘萬人自恒州分為三道，殺掠吏人。是時，大雨雪連月，南北千餘里平地數尺，霜晝下，雨血於太原。戊午，帝至晉陽。己未，周軍逼并州，又遣大將軍達奚武帥衆數萬至東雍及晉州，與突厥相應。是歲，室韋、庫莫奚、靺鞨、契丹並遣使朝貢。

三年春正月庚申朔，周軍至城下而陳，戰於城西。周軍及突厥大敗，人畜死者相枕，數百里不絕。詔平原王段韶追出塞而還。三月辛酉，以律令班下，大赦。己巳，盜殺太師、彭城王浟。庚辰，以司空斛律光為司

徒，以侍中、武興王普為尚書左僕射。甲申，以尚書令、馮翊王潤為司空。夏四月辛卯，詔兼散騎常侍皇甫亮使于陳。五月甲子，帝至自晉陽。壬午，以尚書令、趙郡王睿為録尚書事，以前司徒婁睿為太尉。甲申，以太傅段韶為太師。丁亥，以太尉、任城王湝為大將軍。壬辰，行幸晉陽。六月庚子，大雨晝夜不息，至甲辰乃止。是月，晉陽訛言有鬼兵，百姓競擊銅鐵以捍之。殺樂陵王百年。歸宇文媪于周。秋九月乙丑，封皇子綽為南陽王，儼為東平王。是月，歸閻媪于周。陳人來聘。突厥寇幽州，入長城，虜掠而還。閏月乙未，詔遣十二使巡行水潦州，免其租調。乙巳，突厥寇幽州。周軍三道並出，使其將尉遲迥寇洛陽，楊檦入軹關，權景宣趣懸瓠。冬十一月甲午，迥等圍洛陽。戊戌，詔兼散騎常侍劉逖使于陳。甲辰，太尉婁睿大破周軍于軹關，擒楊檦。

十二月乙卯，豫州刺史王士良以城降周將權景宣。丁巳，帝自晉陽南討。己未，太宰、平陽王淹薨。壬戌，太師段韶大破尉遲迥等，解洛陽圍。丁卯，帝至洛陽，免洛州經周軍處一年租賦，赦州城內死罪已下囚。己巳，以太師段韶為太宰，以司徒斛律光為太尉，并州刺史蘭陵王長恭為尚書令。壬申，帝至武牢，經滑臺，次於黎陽，所經減降罪人。丙子，車駕至自洛陽。是歲，高麗、靺鞨、新羅並遣使朝貢。山東大水，饑死者不可勝計，詔發賑給，事竟不行。

四年春正月癸卯，以大將軍、任城王湝為大司馬。辛未，幸晉陽。二月甲寅，詔以新羅國王金真興為使持節、東夷校尉、樂浪郡公、新羅王。壬申，以年穀不登，禁酤酒。己卯，詔減百官食稟各有差。三月戊子，詔給西兗、梁、滄、趙州，司州之東郡、陽平、清河、武都，冀州之長樂、渤海遭水潦之處貧下户粟，各有差。家別斛升而已，又多不付。是月，彗星見；有物隕於殿庭，如赤漆鼓帶小鈴；殿上石自起，兩兩相對。又有神見於後園萬壽堂前山穴中，其體壯大，不辯其面，兩齒絕白，長出於脣，帝直宿嬪御已下七百人咸見焉。帝又夢之。夏四月戊午，大將軍、東安王婁睿坐事免。乙亥，陳人來聘。太史奏天文有變，其占當有易王。丙子，乃使太宰段韶兼太尉，持節奉皇帝璽綬傳位於皇太子，大赦，改元為天統元年，百官進級降罪各有差。又詔皇太子妃斛律氏為皇后。於是羣公上尊號為太上皇帝，軍國大事咸以奏聞。始將傳政，使內參乘子尚乘驛送詔書於鄴。子尚出晉陽城，見人騎隨後，忽失之，尚未至鄴而其言已布矣。

天統四年十二月辛未，太上皇帝崩于鄴宮乾壽堂，時年三十二，謚曰武成皇帝，廟號世祖。五年二月甲申，葬于永平陵。

又　卷八《後主紀》　後主諱緯，字仁綱，武成皇帝之長子也。【略】河清四年，武成禪位於帝。【略】

（武平）四年春正月戊寅，以並省尚書令高阿那肱為録尚書事。【略】二月乙巳，拜左皇后穆氏為皇后。丙午，置文林館。乙卯，以尚書令、北平王仁堅為録尚書事。丁巳，行幸晉陽。是月，周人來聘。三月辛未，盜入信州，殺刺史和士休，南兗州刺史鮮于世榮討平之。庚辰，車駕至晉陽。夏四月戊午，以大司馬、蘭陵王長恭為太保，大將軍、定州刺史、南陽王綽為大司馬，太尉衛菩薩為大將軍，司徒、安德王延宗為太尉，司空、武興王普為司徒，開府儀同三司、宜陽王趙彥深為司空。癸丑，祈皇祠壇壝蕝之內忽有車軌之轍，按驗傍無人迹，不知車所從來。乙卯，詔以為大慶，班告天下。己未，周人來聘。五月丙子，詔史官更撰《魏書》。癸巳，以領軍穆提婆為尚書左僕射，以侍中、中書監段孝言為右僕射。是月，開府儀同三司尉破胡、長孫洪略等與陳將吳明徹戰于呂梁南，大敗，破胡走以免，洪略戰沒，遂陷秦、涇二州。明徹進陷和、合二州。是月，殺太保、蘭陵王長恭。六月，明徹進軍圍壽陽。壬子，幸南苑，從官暍死者六十人。以録尚書事高阿那肱為司徒。丙辰，詔開府王師羅使于周。九月，校獵於鄴東。冬十月，陳將吳明徹陷壽陽。辛丑，殺侍中崔季舒、張雕虎，散騎常侍劉逖、封孝琰，黃門侍郎裴澤、郭遵。癸卯，行幸晉陽。十二月戊寅，以司徒高阿那肱為右丞相。【略】

五年春正月乙丑，置左右娥英各一人。二月乙未，車駕至自晉陽。朔州行臺、南安王思好反。辛丑，行幸晉陽。尚書令唐邕等大破思好，思好投水死，焚其屍，並其妻李氏。丁未，車駕至自晉陽。甲寅，以尚書令唐邕為録尚書事。夏五月，大旱，晉陽得死魃，長二尺，面頂各二目。帝聞之，便刻木為其形以獻。庚午，大赦。丁亥，陳人寇淮北。秋八月癸卯，行幸晉陽。甲辰，以高勱為尚書右僕射。是歲，殺南陽王綽。

六年春三月乙亥，車駕至自晉陽。丁丑，烹妖賊鄭子饒於都市。是

月，周人來聘。夏四月庚子，以中書監陽休之為尚書右僕射。【略】秋七月甲戌，行幸晉陽。八月丁酉，冀、定、趙、幽、滄、瀛六州大水。是月，周師入洛川，屯芒山，攻逼洛城，縱火船焚浮橋，河橋絕。閏月己丑，遣右丞相高阿那肱自晉陽御之，師次河陽，周師夜遁。庚辰，以司空趙彦深為司徒，斛律阿列羅為司空。辛巳，以軍國資用不足，稅關市、舟車、山澤、鹽鐵、店肆，輕重各有差，開酒禁。

七年春正月壬辰，詔去秋已來，水潦人饑不自立者，所在付大寺及諸富户濟其性命。甲寅，大赦。乙卯，車駕至自晉陽。二月辛酉，括雜户女年二十已下十四已上未嫁悉集省，隱匿者家長處死刑。【略】八月丁卯，行幸晉陽。雉集於御坐，獲之，有司不敢以聞。詔營邯鄲宮。冬十月丙辰，帝大狩于祁連池。周師攻晉州。癸亥，帝還晉陽。甲子，出兵，大集晉祠。庚午，帝發晉陽。癸酉，帝列陣而行，上雞棲原，與周齊王憲相對，至夜不戰，周師斂陣而退。十一月，周武帝退還長安，留偏師守晉州。高阿那肱等圍晉州城。戊寅，帝至圍所。十二月戊申，周武帝來救晉州，庚戌，戰于城南，我軍大敗。帝棄軍先還。癸丑，入晉陽，憂懼不知所之。甲寅，大赦。帝謂朝臣曰：『周師甚盛，若何？』羣臣咸曰：『天命未改，一得一失，自古皆然。宜停百賦，安慰朝野，收拾遺兵，背城死戰，以存社稷。』帝意猶豫，欲向北朔州。乃留安德王延宗、廣寧王孝珩等守晉陽。若晉陽不守，即欲奔突厥。羣臣皆曰不可，帝不從其言。開府儀同三司賀拔伏恩、封輔相、慕容鍾葵等宿衛近臣三十餘人西奔周師。乙卯，詔募兵，遣安德王延宗為左，廣寧王孝珩為右。延宗入見，帝告欲向北朔州。延宗泣諫，不從。帝密遣王康得與中人齊紹等送皇太后、皇太子于北朔州。丙辰，帝幸城南軍，勞將士，其夜欲遁，諸將不從。丁巳，大赦，改武平七年為隆化元年。其日，穆提婆降周。詔除安德王延宗為相國，委以備御，延宗流涕受命。帝乃夜斬五龍門而出，欲走突厥，從官多散。領軍梅勝郎叩馬諫，乃回之鄴。時唯高阿那肱等十餘騎，廣寧王孝珩、襄城王彦道續至，得數十人同行。戊午，延宗從衆議即皇帝位於晉陽，改隆化為德昌元年。

庚申，帝入鄴。辛酉，延宗與周師戰于晉陽，大敗，為周師所虜。帝遣募人，重加官賞，雖有此言，而竟不出物。廣寧王孝珩奏請出宮人及珍寶班賜將士，帝不悅。斛律孝卿居中受委，帶甲以處分，請帝親勞，為帝撰辭，且曰宜慷慨流涕，感激人心。帝既出臨衆，將令之，不復記所受言，遂大笑，左右亦羣咍，將士莫不解體。於是自大丞相已下太宰、三師、大司馬、大將軍、三公等官並增員而授，或三或四，不可勝數。甲子，皇太后從北道至。引文武一品已上入朱華門，賜酒食，給紙筆，問以禦周之方。羣臣各異議，帝莫知所從。又引高元海、宋士素、盧思道、李德林等，欲議禪位皇太子。先是望氣者言，當有革易，終是依天統故事，授位幼主。

又《幼主紀》 幼主名恒，帝之長子也。母曰穆皇后，武平元年六月生於鄴。其年十月，立為皇太子。隆化二年春正月乙亥，即皇帝位，時八歲，改元為承光元年，大赦，尊皇太后為太皇太后，帝為太上皇帝，后為太上皇后。於是黄門侍郎顔之推、中書侍郎薛道衡、侍中陳德信等勸太上皇帝往河外募兵，更為經略，若不濟，南投陳國，從之。丁丑，太皇太后、太上皇后自鄴先趣濟州。周師漸逼，癸未，幼主又自鄴東走。己丑，周師至紫陌橋。癸巳，燒城西門。太上皇將百餘騎東走。乙亥，渡河入濟州。其日，幼主禪位於大丞相、任城王湝，令侍中斛律孝卿送禪文及璽紱於瀛州，孝卿乃以之歸周。又為任城王詔，尊太上皇為無上皇，幼主為守國天王。留太皇太后濟州，遣高阿那肱留守。太上皇並皇后攜幼主走青州，韓長鸞、鄧顒等數十人從。太上皇既至青州，即為入陳之計。而高阿那肱召周軍，約生致齊主，而屢使人告言，賊軍在遠，已令人燒斷橋路。太上所以停緩。周軍奄至青州，太上窘急，將遜于陳，置金囊於鞍後，與長鸞、淑妃等十數騎至青州南鄧村，為周將尉遲綱所獲。送鄴，周武帝與抗賓主禮，並太后、幼主、諸王俱送長安，封帝温國公。至建德七年，誣與宜州刺史穆提婆謀反，及延宗等數十人無少長咸賜死，神武子孫所存者一二而已。至大象末，陽休之、陳德信等啓大丞相隋公，請收葬，聽之，葬長安北原洪瀆川。

帝幼而令善，及長，頗學綴文，置文林館，引諸文士焉。而言語澀吶，無志度，不喜見朝士。自非寵私昵狎，未嘗交語，性懦不堪，人視者，即有忿責。其奏事者，雖三公令録莫得仰視，皆略陳大旨，驚走而出。每灾異寇盜水旱，亦不貶損，唯諸處設齋，以此為修德。雅信巫覡，

解禱無方。初，琅邪王舉兵，人告者誤云庫狄伏連反，帝曰：『此必仁威也。』又斛律光死後，諸武官舉高思好堪大將軍，帝曰：『思好喜反。』皆如所言。遂自以策無遺算，乃益驕縱。盛為無愁之曲，帝自彈胡琵琶而唱之，侍和之者以百數。人間謂之無愁天子。嘗出見羣厲，盡殺之，或剥人面皮而視之。任陸令萱、和士開、高阿那肱、穆提婆、韓長鸞等宰制天下，陳德信、鄧長顒、何洪珍參預機權。各引親黨，超居非次，官由財進，獄以賄成，其所以亂政害人，難以備載。諸宮奴婢、閹人、商人、胡户、雜户、歌舞人、見鬼人濫得富貴者將萬數，庶姓封王者百數，不復可紀。開府千餘，儀同無數。領軍一時二十，連判文書，各作依字，不具姓名，莫知誰也。諸貴寵祖禰追贈官，歲一進，位極乃止。宮掖婢皆封郡君，宮女寶衣玉食者五百餘人，一裙直萬匹，鏡臺直千金，競為變巧，朝衣夕弊。承武成之奢麗，以為帝王當然。乃更增益宮苑，造偃武修文臺，其嬪嬙諸宮中起鏡殿、寶殿、瑇瑁殿，丹青雕刻，妙極當時。又于晉陽起十二院，壯麗逾於鄴下。所愛不恒，數毀而又復。夜則以火照作，寒則以湯為泥，百工困窮，無時休息。鑿晉陽西山為大佛像，一夜然油萬盆，光照宮內。又為胡昭儀起大慈寺，未成，改為穆皇后大寶林寺，窮極工巧，運石填泉，勞費億計，人牛死者不可勝紀。御馬則藉以氈罽，食物有十餘種，將合牝牡，則設青廬，具牢饌而親觀之。狗則飼以粱肉。馬及鷹犬乃有儀同、郡君之號，故有赤彪儀同、逍遙郡君、淩霄郡君，高思好書所謂『駮龍』、『逍遙』者也。犬於馬上設褥以抱之，鬬雞亦號開府，犬馬雞鷹多食縣幹。鷹之入養者，稍割犬肉以飼之，至數日乃死。又于華林園立貧窮村舍，帝自弊衣為乞食兒。又為窮兒之市，躬自交易。嘗築西鄙諸城，使人衣黑衣為羌兵，鼓噪淩之，親率內參臨拒，或實彎弓射人。自晉陽東巡，單馬馳騖，衣解發散而歸。又好不急之務，曾一夜索蠍，及旦得三升。特愛非時之物，取求火急，皆須朝征夕辦，當勢者因之，貸一而責十焉。賦斂日重，徭役日繁，人力既殫，帑藏空竭。乃賜諸佞幸賣官。或得郡兩三，或得縣六七，各分州郡，下逮鄉官亦多降中旨，故有敕用州主簿，敕用郡功曹。【略】

出富商大賈，競為貪縱，人不聊生。爰自鄴都及諸州郡，所在徵税，百端俱起。凡此諸役，皆漸于武成，至帝而增廣焉。然未嘗有帷薄淫穢，唯此事頗優於武成云。初，河清末，武成夢大蝟攻破鄴城，故索境內蝟膏以絕之。識者以後主名聲與蝟相協，亡齊徵也。又婦人皆剪剔以著假髻，而危邪之狀如飛鳥，至於南面，則髻心正西。始自宮內為之，被於四遠，天意若曰元首剪落，危側當走西也。又為刀子者刃皆狹細，名曰『盡勢』。游童戲者好以兩手持繩，拂地而卻上跳，且唱曰『高末』，『高末』之言，蓋高氏運祚之末也。然則亂亡之數蓋有兆云。

《周書》卷七《宣帝紀》 宣皇帝諱贇，字乾伯，高祖長子也。母曰李太后。武成元年，生於同州。保定元年五月丙午，封魯國公。建德元年四月癸巳，高祖親告廟，冠於阼階，立為皇太子。詔皇太子巡撫西土。文宣皇后崩，高祖諒闇，詔太子總朝政，五旬而罷。高祖每巡幸四方，太子常留監國。五年二月，又詔皇太子巡西土，因討吐谷渾。

宣政元年六月丁酉，高祖崩。戊戌，皇太子即皇帝位，尊皇后為皇太后。癸丑，歲星、熒惑、太白合于東井。甲子，誅上柱國、齊王憲。封開府于智為齊國公。

閏月乙亥，詔山東流民新復業者，及突厥侵掠家口破亡不能存濟者，並給復一年。立妃楊氏為皇后。辛巳，以上柱國趙王招為太師，陳王純為太傅，柱國代王達、滕王逌、盧國公尉遲運、薛國公長孫覽並為上柱國。進封柱國、平陽郡公王誼為揚國公。是月，幽州人盧昌期據范陽反，詔柱國、東平公宇文神舉帥衆討平之。【略】

（秋七月）庚戌，以小宗伯、岐國公斛斯徵為大宗伯。丙辰，熒惑、太白合於七星。己未，太白犯軒轅大星。壬戌，以柱國、南兗州總管、隨公楊堅為上柱國、大司馬。癸亥，尊所生李氏為帝太后。八月丙寅，夕月於西郊。長安、萬年二縣民居在京城者，給復三年。壬申，行幸同州。遣大使巡察諸州。詔制九條，宣下州郡：一曰，決獄科罪，皆准律文；二曰，母族絕服外者，聽婚；三曰，以杖決罰，悉令依法；四曰，郡縣當境賊盜不擒獲者，並仰録奏；五曰，孝子順孫義夫節婦，表其門閭，才堪任用者，即宜申薦；六曰，或昔經驅使，名位未達，或沉淪蓬蓽，文武可施，宜並採訪，具以名奏；七曰，偽齊七品以上，已敕收用，八品以下，爰及流外，若欲入仕，皆聽預選，降二等授官；八曰，州舉高才博學者為秀才，郡舉經明行修者為孝廉，上州、上郡歲一人，下州、下郡

三歲一人；九曰，年七十以上，依式授官，鰥寡困乏不能自存者，並加稟恤。以大司徒、杞國公亮為安州總管，上柱國、薛國公長孫覽為大司徒，柱國、揚國公王誼為大司空。庚辰，太白入太微。丙戌，以柱國、永昌公椿為大司寇。

九月丁酉，熒惑入太微。以柱國宇文盛、張掖公王傑、枹罕公辛威、鄖國公韋孝寬並為上柱國。庚戌，封皇弟元為荆王。詔諸應拜者，皆以三拜成禮。汾州稽胡帥劉受邏千舉兵反，詔上柱國、越王盛為行軍元帥，率衆討平之。庚申，熒惑犯左執法。

冬十月癸酉，至自同州。以大司空、揚國公王誼為襄州總管。戊子，百濟遣使獻方物。

十一月己亥，講武于道會苑，帝親擐甲冑。是月，突厥寇邊，圍酒泉，殺掠吏民。

十二月甲子，以柱國、畢王賢為大司空。癸未，熒惑入氐，仍留經一月。己丑，以上柱國、河陽總管滕王逌為行軍元帥，率衆伐陳。免京師見徒，並令從軍。大象元年春正月癸巳，受朝於露門，帝服通天冠、絳紗袍，羣臣皆服漢魏衣冠。大赦，改元大成。初置四輔官，以上柱國大冢宰越王盛為大前疑，相州總管蜀國公尉遲迥為大右弼，申國公李穆為大左輔，大司馬隨國公楊堅為大後丞。癸卯，封皇子衍為魯王。甲辰，東巡狩。丙午，日有背。以柱國、常山公於翼為大司徒。辛亥，以柱國、許國公宇文善為大宗伯。癸丑，日又背。戊午，行幸洛陽。立魯王衍為皇太子。

二月癸亥，詔曰：河洛之地，世稱朝市。上則於天，陰陽所會；下紀于地，職貢路均。聖人以萬物阜安，乃建王國。時經五代，世歷千祀，規模弘遠，邑居壯麗。自魏氏失馭，城闕為墟，君子有戀舊之風，小人深懷土之思。

我太祖受命酆鎬，胥宇崤函，蕩定四方，有懷光宅。高祖神功聖略，混一區宇，往巡東夏，省方觀俗，布政此宮，遂移氣序。朕以眇身，祇承寶祚，庶幾聿修之志，敢忘燕翼之心。一昨駐蹕金墉，備嘗遊覽，百王制度，基趾尚存，今若因修，為功易立。宜命邦事，修復舊都。奢儉取文質之間，功役依子來之義。北瞻河內，咫尺非遙，前詔經營，今宜停罷。

於是發山東諸州兵，增一月功為四十五日役，起洛陽宮。常役四萬人，以迄于晏駕。並移相州六府於洛陽，稱東京六府。殺柱國、徐州總管、鄖國公王軌。停南討諸軍。以趙王招女為千金公主，嫁于突厥。戊辰，以上柱國、鄖國公韋孝寬為徐州 總管。乙亥，行幸鄴。丙子，初令授總管刺史及行兵者，加持節，餘悉罷之。

辛巳，詔曰：

有聖大寶，實惟重器，玄天表命，人事與能，幽顯同謀，確乎不易。域中之大，實懸定於杳冥；天下為公，蓋不避於內舉。我大周感蒼昊之精，受河洛之錫，武功文德，光格區宇，創業垂統，永光無窮。朕以寡薄，祇承鴻緒，上賴先朝得一之迹，下藉羣后不貳之心。職貢與雲雨俱通，憲章共光華並亙。圓首方足，咸登仁壽，思隆國本，用弘天歷。

皇太子衍，地居上嗣，正統所歸。遠憑積德之休，允協無疆之祚。帝王之量，未肅而成；天祿之期，不謀已至。朕今傳位於衍。乃睠四海，深合謳歌之望；俾予一人，高蹈風塵之表。萬方兆庶，知朕意焉。可大赦天下，改大成元年為大象元年。帝於是自稱天元皇帝，所居稱天臺，冕有二十四旒，（室）〔車〕服旗鼓，皆以二十四為節。內史、御正皆置上大夫。皇帝衍稱正陽宮，置納言、御正、諸衛等官，皆准天臺。尊皇太后為天元皇太后。封內史上大夫鄭譯為沛國公。癸未，日初出及將入時，其中並有烏色，大如雞卵，經四日滅。戊子，以上柱國大前疑越王盛為太保，大右弼蜀公尉遲迥為大前疑，代王達為大右弼。辛卯，詔徙鄴城石經於洛陽。又詔曰：『洛陽舊都，今既修復，凡是元遷之户，並聽還洛州。此外諸民欲往者，亦任其意。河陽、幽、相、豫、亳、青、徐七總管，受東京六府處分。』

三月壬寅，以上柱國、薛國公長孫覽為涇州總管。庚申，至自東巡，大陳軍伍，帝親擐甲冑，入自青門。皇帝衍備法駕從入。百官迎於青門外。其時驟雨，儀衛失容。辛酉，封趙王招第二子貫為永康縣王。

夏四月壬戌朔，有司奏言日蝕，不視事。過時不食，乃臨軒。立妃朱氏為天元帝后。癸亥，以柱國、畢王賢為上柱國。己巳，祠太廟。壬午，大醮于正武殿。戊子，太白、歲星、辰星合于東井。

五月辛亥，以洛州襄國郡為趙國，以齊州濟南郡為陳國，以豐州武

當、安富二郡為越國，以潞州上黨郡為代國，以荆州新野郡為滕國，邑各一萬户。令趙王招、陳王純、越王盛、代王達、滕王逌並之國。癸丑，有流星大如斗，出太微，落落如遺火。是月，遣使簡視京兆及諸州士民之女，充選後宮。突厥寇并州。

六月丁卯，有流星大如雞子，出氐，西北流，長一丈，入月中。己巳，月犯房北頭第二星。乙酉，有流星大如斗，出營室，流入東壁。是月，咸陽有池水變為血。發山東諸州民，修長城。秋七月庚寅，以大司空、畢王賢為雍州牧，大後丞、隨國公楊堅為大前疑，柱國、滎陽公司馬消難為大後丞。壬辰，熒惑掩房北頭第一星。丙申，納大後丞司馬消難女為正陽宮皇后。尊天元帝太后李氏為天皇太后。壬子，改天元帝后朱氏為天皇后。立妃元氏為天右皇后，妃陳氏為天左皇后。

八月庚申，行幸同州。壬申，還宮。甲戌，以天左皇后父大將軍陳山提、天右皇后父開府元晟並為上柱國。山提封鄅國公，晟封翼國公。開府楊雄為邗國公，乙弗寔戴國公。初，高祖作刑書要制，用法嚴重。及帝即位，以海内初平，恐物情未附，乃除之。至是大醮于正武殿，告天而行焉。辛巳，熒惑犯南斗第五星。

壬午，以上柱國、雍州牧、畢王賢為太師，上柱國、郇國公韓建業為大左輔。是月，所在有蟻羣鬭，各方四五尺，死者什八九。

九月己酉，太白入南斗。乙卯，以酆王貞為大塚宰。上柱國、鄖國公韋孝寬為行軍元帥，率行軍總管杞國公亮、郕國公梁士彦以伐陳。遣御正杜杲、禮部薛舒使于陳。

冬十月壬戌，歲星犯軒轅大星。是日，帝幸道會苑大醮，以高祖武皇帝配。醮訖，論議於行殿。是歲，初復佛像及天尊像。至是，帝與二像俱南面而坐，大陳雜戲，令京城士民縱觀。乙酉，熒惑、鎮星合於虛。是月，相州人段德舉謀反，伏誅。十一月乙未，幸温湯。戊戌，行幸同州。壬寅，還宮。己酉，有星大如斗，出張，東南流，光明燭地。丁巳，初鑄永通萬國錢，以一當十，與五行大布並行。是月，韋孝寬拔壽陽，杞國公亮拔黄城，梁士彦拔廣陵。陳人退走。於是江北盡平。十二月戊午，以災異屢見，帝御路寢，見百官。詔曰：

穹昊在上，聰明自下，吉凶由人，妖不自作。朕以寡德，君臨區宇，

大道未行，小信非福。始于秋季，及此玄冬，幽顯殷勤，屢貽深戒。至有金入南斗，木犯軒轅，熒惑干房，又與土合，流星照夜，東南而下。然則南斗主於爵祿，軒轅為于後宮，房曰明堂，布政所也，火土則憂孽之兆，流星乃兵凶之驗。豈其官人失序，女謁尚行，政事乖方，憂患將至？何其昭著，若斯之甚。上瞻俯察，朕實懼焉。將避正寢，齋居克念，惡衣減膳，去飾撤懸，披不諱之誠，開直言之路。欲使刑不濫及，賞弗踰等，選舉以才，宮闈修德。宜宣諸内外，庶盡弼諧，允協民心，用消天譴。

於是舍仗衛，往天興宮。百官上表勸復寢膳，許之。甲子，還宮。御正武殿，集百官及宮人内外命婦，大列妓樂，又縱胡人乞寒，用水澆沃為戲樂。乙丑，行幸洛陽。帝親御驛馬，日行三百里。四皇后及文武侍衛數百人，並乘驛以從。仍令四後方駕齊驅，或有先後，便加譴責，人馬頓僕相屬。己卯，還宮。二年春正月丁亥，帝受朝于道會苑。癸巳，祀太廟，乙巳，造二扆，畫日月之象，以置左右。戊申，雨雪。雪止，又雨細黄土，移時乃息。乙卯，詔江左諸州新附民，給復二十年，初稅入市者，人一錢。

二月丁巳，帝幸露門學，行釋奠之禮。戊午，突厥遣使獻方物，且逆千金公主。乙丑，改制詔為天制詔，敕為天敕。壬午，尊天元皇太后為天元上皇太后，天皇太后李氏曰天元聖皇太后。癸未，立天元皇后楊氏為天元大皇后，天皇后朱氏為天大皇后，天右皇后元氏為天右大皇后，天左皇后陳氏為天左大皇后。正陽宮皇后直稱皇后。是日，洛陽有禿鶖鳥集于新營太極殿前。滎州有黑龍見，與赤龍鬭于汴水之側，黑龍死。

三月丁亥，賜百官及民大酺。詔曰：『盛德之後，是稱不絶，功施於民，義昭祀典。孔子德惟藏往，道實生知，以大聖之才，屬千古之運，載弘儒業，式敍彝倫。至如幽贊天人之理，裁成禮樂之務，故以作範百王，垂風萬葉。朕欽承寶歷，服膺教義，眷言洙、泗，懷道滋深。且褒成啓號，雖彰故實，旌崇聖績，猶有闕如。可追封為鄒國公，邑數准舊。並立後承襲。別于京師置廟，以時祭享。』

戊子，行軍總管、杞國公亮舉兵反，襲行軍元帥、鄖國公韋孝寬於豫州。亮不勝，孝寬獲而殺之。辛卯，以永昌公椿為杞國公，紹簡公連後。行幸同州。增候正，前驅戒道，為三百六十重，自應門至於赤岸澤，數十

里閭，幡旗相蔽，鼓樂俱作。又令武賁持鈒馬上，稱警蹕，以至於同州。乙未，改同州宮為天成宮。庚子，至自同州。詔天臺侍衛之官，皆著五色及紅紫緑衣，以雜色為緣，名曰品色衣。有大事，與公服間服之。壬寅，詔内外命婦皆執笏，其拜宗廟及天臺，皆俛伏。甲辰，初置天中大皇后。立天左大皇后陳氏為天中大皇后，立妃尉遲氏為天左大皇后。

夏四月乙丑，有星大如斗，出天廚，流入紫宮，抵鉤陳乃滅。己巳，祀太廟。

己卯，詔曰：『朕以寡薄，昧于治方，不能使天地休和，陰陽調序。自春涉夏，甘澤未豐，既軫西郊之歎，將虧南畝之業。興言夕惕，無忘鑑昧。良由德化未敷，政刑多舛，萬方有罪，責在朕躬。思覃寬惠，被之率土。見囚死罪並降從流，流罪從徒，五歲刑已下悉皆原宥。其反叛惡逆不道，及常赦所不免者，不在降例。』

壬午，幸（中）山祈雨。至咸陽宮，雨降。甲申，還宮。令京城士女於衢巷作音樂以迎候。

五月己丑，以上柱國、大前疑、隨國公楊堅為揚州總管。甲午夜，帝備法駕幸天興宮。乙未，帝不豫，還宮。詔隨國公堅入侍疾。甲辰，有星大如三斗，出太微端門，流入翼，聲若風鼓幡旗。丁未，追趙、陳、越、代、滕五王入朝。己酉，大漸。御正下大夫劉昉，與内史上大夫鄭譯矯制，以隨國公堅受遺輔政。是日，帝崩於天德殿。時年二十二，謚曰宣皇帝。

七月丙申，葬定陵。

帝之在東宮也，高祖慮其不堪承嗣，遇之甚嚴。朝見進止，與諸臣無異，雖隆寒盛暑，亦不得休息。性既嗜酒，高祖遂禁醪醴不許至東宮。帝每有過，輒加捶撲。嘗謂之曰：『古來太子被廢者幾人，餘兒豈不堪立耶？』於是遣東宮官屬録帝言語動作，每月奏聞。帝憚高祖威嚴，矯情修飾，以是過惡遂不外聞。

嗣位之初，方逞其欲。大行在殯，曾無戚容，即閲視先帝宮人，逼為淫亂。纔及踰年，便恣聲樂，采擇天下子女，以充後宮。好自矜夸，飾非拒諫。禪位之後，彌復驕奢，耽酗于後宮，或旬日不出。公卿近臣請事者，皆附奄官奏之。所居宮殿，帷帳皆飾以金玉珠寶，光華炫耀，極麗窮奢。及營洛陽宮，雖未成畢，其規模壯麗，踰于漢魏遠矣。

唯自尊崇，無所顧憚。國典朝儀，率情變改。後宮位號，莫能詳録。每對臣下，自稱為天。以五色土塗所御天德殿，各隨方色。又于後宮與皇后等列坐，用宗廟禮器樽彝珪瓚之屬以飲食焉。又令羣臣朝天臺者，皆致齋三日，清身一日。

車旗章服，倍于前王之數。既自比上帝，不欲令人同己。嘗自帶綬及冠通天冠，加金附蟬，顧見侍臣武弁上有金蟬，及王公有綬者，並令去之。又不聽人有高大之稱，諸姓高者改為姜，九族稱高祖者為長祖，曾祖為次長祖，官名凡稱上及大者改為長，有天者亦改之。又令天下車皆以渾成木為輪，禁天下婦人皆不得施粉黛之飾，唯宮人得乘有輻車，加粉黛焉。西陽公温，杞國公亮之子，即帝之從祖兄子也。其妻尉遲氏有容色，因入朝，帝遂飲之以酒，逼而淫之。亮聞之，懼誅，乃反。纔誅温，即追尉遲氏入宮，初為妃，尋立為皇后。每召侍臣論議，唯欲興造變革，未嘗言及治政。其後遊戲無恒，出入不（飾），羽儀仗衛，晨出夜還。或幸天興宮，或游道會苑，陪侍之官，皆不堪命。散樂雜戲魚龍爛漫之伎，常在目前。好令京城少年為婦人服飾，入殿歌舞，與後宮觀之，以為喜樂。擯斥近臣，多所猜忌。又吝於財，略無賜與。恐羣臣規諫，不得行己之志，常遣左右密伺察之，動止所為，莫不鈔録，小有乖違，輒加其罪。自公卿已下，皆被楚撻，其間誅戮黜免者，不可勝言。每笞捶人，皆以百二十為度，名曰天杖。宮人内職亦如之。后妃嬪御，雖被寵嬖，亦多被杖背。於是内外恐懼，人不自安，皆求苟免，莫有固志，重足累息，以逮於終。

論説

《北齊書》卷四《文宣帝紀論》 高祖平定四胡，威權延世。遷鄴之後，雖主器有人，號令所加，政皆自出。顯祖因循鴻業，内外協從，自朝及野，羣心屬望。東魏之地，舉世樂推，曾未期月，玄運集己。始則存心政事，風化肅然，數年之間，翕斯致治。其後縱酒肆欲，事極倡狂，昏邪殘暴，近世未有。饗國弗永，實由斯疾，胤嗣殄絶，固亦餘殃者也。

又 《文宣帝紀贊》 天保定位，受終攸屬。奄宅區夏，爰膺帝籙。

勢葉謳歌，情毁龜玉。始存政術，聞斯德音。罔遵克念，乃肆其心。窮理殘虐，盡性荒淫。

又　卷六《孝昭帝紀論》　神武平定四方，威權在己，遷鄴之後，雖主器有人，號令所加，政皆自出。文宣因循鴻業，內外葉從，自朝及野，羣心屬望，東魏之地，舉國樂推，曾未期月，遂登宸極。始則存心政事，風化肅然，數年之間，朝野安出。其後縱酒肆欲，事極倡狂，昏邪殘暴，近代未有，饗國不永，實由斯疾。

又　卷八《後主幼主紀論》　武成風度高爽，經算弘長，文武之官，俱盡其力，有帝王之量矣。但愛狎庸豎，委以朝權，帷薄之間，淫侈過度，滅亡之兆，其在斯乎？玄象告變，傳位元子，名號雖殊，政猶己出，迹有虚飾，事非憲典，聰明臨下，何易可誣。又河南、河間、樂陵等諸王，或以時嫌，或以猜忌，皆無罪而殞，非所謂知命任天道之義也。後主以中庸之姿，懷易染之性，永言先訓，教匪義方。始自繈褓，至於傳位，隔以正人，閉其善道。養德所履，異乎春誦夏弦；過庭所聞，莫非不軌不物。輔之以中宮嬭媪，屬之以麗色淫聲，縱韝紲之娛，恣朋淫之好。語曰『從惡若崩』，蓋言其易。武平在御，彌見淪胥，罕接朝士，不親政事，一日萬機，委諸凶族。內侍帷幄，外吐絲綸，威厲風霜，志回天日，虐人害物，搏噬無厭，賣獄鬻官，溪壑難滿。重以名將貽禍，忠臣顯戮，始見浸弱之萌，俄觀土崩之勢，周武因機，遂混區夏，悲夫！蓋桀、紂罪人，其亡也忽焉，自然之理矣。

鄭文貞公魏徵總而論之曰：神武以雄傑之姿，始基霸業；文襄以英明之略，伐叛柔遠。于時喪君有君，師出以律。河陰之役，摧宇文如反掌；渦陽之戰，掃侯景如拉枯。故能氣攝西鄰，威加南服，王室是賴，東夏宅心。文宣因累世之資，膺樂推之會，地居當璧，遂遷魏鼎。懷譎詭非常之才，運屈奇不測之智，網羅俊乂，明察臨下，文武名臣，盡其力用。親戎出塞，命將臨江，定單于于龍城，納長君于梁國，外內充實，疆埸無警，胡騎息其南侵，秦人不敢東顧。既而荒淫敗德，罔念作狂，為善未能亡身，餘殃足以傳後。得以壽終，幸也，胤嗣不永，宜哉。孝昭地逼身危，逆取順守，外敷文教，內藴雄圖，將以牢籠區域，奄一函夏，享齡不永，勣用無成。若或天假之年，足使秦、吳旰食。武成即位，雅道陵遲，昭、襄之風，濯焉已墜。洎乎後主，外內崩離，衆潰於平陽，身離於青土。天道深遠，或未易談，吉凶由人，抑可揚榷。

觀夫有齊全盛，控帶遐阻，西苞汾、晉，南極江、淮，東盡海隅，北漸沙漠，六國之地，我獲其五，九州之境，彼分其四。料甲兵之衆寡，校帑藏之虚實，折衝千里之將，帷幄六奇之士，比二方之優劣，無等級以寄言。然其太行、長城之固自若也，江淮、汾晉之險不移也，帑藏輸税之賦未虧也，士庶甲兵之衆不缺也；然而前王用之而有餘，後主守之而不足，其故何哉？前王之御時也，沐雨櫛風，拯其溺而救其焚，信賞必罰，安而利之，既與共其存亡，故得同其生死。後主則不然，以人從欲，損物益己。雕牆峻宇，甘酒嗜音，廛肆遍于宮園，禽色荒於外內，俾晝作夜，罔水行舟，所欲必成，所求必得。既不軌不物，又暗於聽受，忠信不聞，萋斐必入，視人如草芥，從惡如順流。佞閹處當軸之權，婢媪擅回天之力，賣官鬻獄，亂政淫刑，刳剒被于忠良，祿位加於犬馬，讒邪並進，法令多聞，持瓢者非止百人，搖樹者不唯一手，於是土崩瓦解，衆叛親離，顧瞻周道，咸有西歸之志，方更盛其宮觀，窮極荒淫，謂黔首之可誣，指白日以自保。馳倒戈之旅，抗前歌之師，五世崇基，一舉而滅，豈非鐫金石者難為功，摧枯朽者易為力歟？

抑又聞之：皇天無親，唯德是輔；天時不如地利，地利不如人和。齊自河清之後，逮于武平之末，土木之功不息，嬪嬙之選無已，徵稅盡，人力殫，物產無以給其求，江海不能贍其欲。所謂火既熾矣，更負薪以足之，數既窮矣，又為惡以促之，欲求大廈不燔，延期過歷，不亦難乎！由此言之，齊氏之敗亡，蓋亦由人，匪唯天道也。

《周書》卷七《宣帝紀論》　高祖識嗣子之非才，顧宗祏之至重，滯愛同于晉武，則哲異于宋宣。但欲威之以檟楚，期之於懲肅，義方之教，豈若是乎。卒使昏虐君臨，姦回肆毒，善無小而必棄，惡無大而弗為。窮南山之簡，未足書其過；盡東觀之筆，不能記其罪。然猶獲全首領，及子而亡，幸哉！

宋·洪邁《容齋三筆》卷七《周武帝宣帝》　周武帝平齊，中原盡入輿地，陳國不足平也，而雅志節儉，至是愈篤。後宮唯置妃二人，世婦三人，御妻三人，則其下保林、良使輩，度不過數十耳。一傳而至宣帝，

奢淫酣縱，自比於天，廣搜美女，以實後宮，儀同以上女不許輒嫁，遂同時立五皇后。父子之賢否不同，一至於此！

帝位爭奪分部

太子劭弒逆

綜　述

《宋書》卷二《武帝紀》 元凶遠迸，傳首萬里，海南肅清，荒服來款。

又 卷六《孝武帝紀》 （元嘉三十年）甲子，賊劭親率衆攻元景，大敗退走。【略】

劭及始興王濬諸同逆，並伏誅。【略】

壬戌，新亭戰亡者，復同京城。劭黨南海太守蕭簡據廣州反。

又 卷七《前廢帝紀》 （元嘉三十年）世祖入伐元凶，被囚侍中下省，將見害者數矣，卒得無恙。

又 卷八《明帝紀》 元凶弒立，以為驍騎將軍，加給事中。

又 卷四二《劉穆之傳》 元凶弒立，以為青州刺史。瑀聞問，即起義遣軍，並送資實於荊州。

又 卷四七《劉懷肅傳》 世祖伐元凶，義軍至新亭，道存出奔，元凶殺其母以徇。

又 卷五〇《張興世傳》 入討元凶，隸柳元景為前鋒。事定，轉員外將軍，領從隊。

又 卷五一《劉道憐傳》 子悼王瑾，字彥瑜，官至太子屯騎校尉。三十年，為元凶所殺。【略】

祗弟楷，秘書郎，為元凶所殺，追贈通直郎。【略】

子孝侯顗嗣，官至太子翊軍校尉，為元凶所殺。【略】

子懷侯玠嗣，琅邪、秦郡太守。為元凶所殺，追贈散騎常侍。

又 《劉道規傳》 子哀王煒字景舒嗣，官至通直郎，為元凶所殺。【略】

元凶弒立，進號安西將軍，遣外監徐安期、仰捷祖防守之。

又 卷五二《袁豹傳》 元凶弒立，加洵建威將軍，置佐史。

又 《褚叔度傳》 元凶弒逆，以為吏部尚書，復出為輔國將軍、丹陽尹，統石頭戍事。

又 《褚湛之傳》 世祖入伐，劭自攻新亭壘，使湛之率水師俱進。湛之因攜二息淵、澄輕船南奔。淵有一男始生，為劭所殺。

又 卷五三《張永傳》 三十年，元凶弒立，起永督青州徐州之東安東莞二郡諸軍事、輔國將軍、青州刺史。

又 卷五四《羊玄保傳》 元凶弒立，為吏部尚書，領國子祭酒，尋加光祿大夫。及世祖入討，朝野多南奔，劭集羣僚，橫刀怒曰：『卿等便可去矣！』衆戰懼莫敢言，玄保容色不異，徐曰：『臣以死奉朝。』劭乃解。

又 《沈曇慶傳》 元凶弒立，世祖入討，劭遣曇慶還東募人，安東將軍隨王誕收付永興縣獄，久之，被原。

又 卷五五《臧燾傳》 諶之弟凝之，【略】遷尚書右丞，以徐湛之黨，為元凶所殺。

又 《傅僧祐傳》 傅僧祐，祖父弘仁，高祖外弟也。以中表歷顯官，征虜將軍、南譙太守，太常卿。子邵，員外散騎侍郎，妻燾女也，生僧祐，有吏才，再為山陰令，甚有能名，末世令長莫及。亦以徐湛之黨，為元凶所殺。

又 卷五七《蔡廓傳》 元凶弒立，僧綽被誅，凶威方盛，親故莫敢往，興宗獨臨哭盡哀。

又 卷五九《殷沖傳》 元凶妃即淳女，而沖在東宮為劭所知遇；劭弒立，以為侍中、護軍，遷司隸校尉。沖有學義文辭，劭使為尚書符，

罪狀世祖，亦為劭盡力。

又 《何偃傳》 元凶弒立，以偃為侍中，掌詔誥。

又 卷六〇《荀伯子傳》 子赤松，為尚書左丞，以徐湛之黨，為元凶所殺。

又 卷六一《劉義恭傳》 義恭長子朗，字元明，出繼少帝，封南豐縣王，食邑千户。【略】為元凶所殺。【略】

朗弟睿，字元秀，太子舍人。為元凶所害。【略】

元粹弟元仁、元方、元旒、元淑、元胤與朗等凡十二人，並為元凶所殺。【略】

值元凶肆逆，其日劭召義恭。先是，詔召太子及諸王，各有常人，慮有詐妄致害者。至是義恭求常所遣傳詔，劭遣之而後入。義恭請罷兵，凡府內兵仗，並送還臺。進位太保，進督會州諸軍事，服侍中服，又領大宗師。

世祖入討，劭疑義恭有異志，使入住尚書下省，分諸子並住神虎門外侍中下省。劭聞世祖已次近路，欲悉力逆之，決戰中道。義恭慮世祖船乘陋小，劭豕突中流，容能為患，乃進說曰：『割棄南岸，柵斷石頭，此先朝舊法；以逸待勞，不憂不破也。』劭從之。世祖前鋒至新亭，劭挾義恭出戰，恒録在左右，故不能自拔。戰敗，使義恭于東堂簡將。義恭先使人具船於東冶渚，因單馬南奔。始濟淮，追騎已至北岸，僅然得免。劭大怒，遣始興王濬就西省殺義恭十二子。

世祖時在新林浦，義恭既至，上表勸世祖即位，曰：『臣聞治亂無兆，倚伏相因，乾靈降禍，二凶極逆，深酷巨痛，終古未有。陛下忠孝自天，赫然電發，投袂泣血，四海順軌，是以諸侯雲赴，數均八百；義奮之旅，其會如林。神祚明德，有所底止，而沖居或躍，未登天祚，非所以嚴重宗社，紹延七百。昔張武抗辭，代王順請；耿純陳款，光武正位。況今罪逆無親，惡盈釁滿，阻兵安忍，戮善崇姦，履地戴天，畢命俄頃；宜早定尊號，以固社稷。景平之季，實惟樂推，王室之亂，天命有在，故抱拜兆於壓璧，赤龍表於霄徵。伏惟大明無私，遠存家國七廟之靈，近哀黔首荼炭之切，時陟帝祚，永慰羣心。臣負釁嬰罰，偷生人壤，幸及寬政，待罪有司，敢以漏刻視息，披露肝膽。』

又 卷六五《申恬傳》 蕭思話起義討元凶，假坦輔國將軍，為前鋒。世祖至新亭，坦亦進克京城。

又 卷六六《何尚之傳》 元凶弒立，進位司空，領尚書令。時三方興義，將佐家在都邑，劭悉欲誅之，尚之誘說百端，並得免。

又 卷七〇《袁淑傳》 元凶將為弒逆，其夜淑在直，二更許，呼淑及蕭斌等流涕謂曰：『主上信讒，將見罪廢。內省無過，不能受枉。明旦便當行大事，望相與戮力。』淑及斌並曰：『自古無此，願加善思。』劭怒變色，左右皆動。斌懼，乃曰：『臣昔忝伏事，常思效節，況憂迫如此，輒當竭身奉令。』淑叱之曰：『卿便謂殿下真有是邪？殿下幼時嘗患風，或是疾動耳。』劭愈怒，因問曰：『事當克不？』淑曰：『居不疑之地，何患不克。但既克之後，為天地之所不容，大禍亦旋至耳。願急息之。』劭左右引淑等袴褶，又就主衣取錦，截三尺為一段，又中破，分斌、淑及左右，使以縛袴。淑出環省，繞床行，至四更乃寢。劭將出，已與蕭斌同載，呼淑甚急，淑眠終不起。劭停車奉化門，催之相續。徐起至車後，劭使登車，又辭不上。劭因命左右：『與手刃。』見殺於奉化門外，時年四十六。劭即位，追贈太常，賜賵甚厚。

又 卷七一《江湛傳》 上將廢劭，使湛具詔草。劭之入弒也，湛直上省，聞叫噪之聲，乃匿傍小屋中。劭遣收之，舍吏紿云：『不在此。』兵士即殺舍吏，乃得湛。湛據窗受害，意色不撓。時年四十六。湛五子恁、恕、憼、愻、法壽，皆見殺。

又 《王僧綽傳》 會二凶巫蠱事泄，上獨先召僧綽具言之。及將廢立，使尋求前朝舊典。劭於東宮夜饗將士，僧綽密以啓聞，上又令撰漢魏以來廢諸王故事。撰畢，送與江湛、徐湛之。湛之欲立隨王誕，江湛欲立南平王鑠，太祖欲立建平王宏，議久不決。誕妃即湛之女，鑠妃即湛妹。太祖謂僧綽曰：『諸人各為身計，便無與國家同憂者。』僧綽曰：『建立之事，仰由聖懷。臣謂唯宜速斷，不可稽緩。當斷不斷，反受其亂。願以義割恩，略小不忍。不爾，便應坦懷如初，無煩疑論。淮南云：「以石投水，吳越之善没取之。」事機雖密，易致宣廣，不可使難生慮表，取笑千載。』上曰：『卿可謂能斷大事。此事重，不可不殷勤三思。且庶人始亡，人將謂我無復慈愛之道。』僧綽曰：『臣恐千載之後，言陛下唯能

裁弟，不能裁兒。』上默然。江湛同侍坐，出閤，謂僧綽曰：『卿向言，將不大傷切直。』僧綽曰：『弟亦恨君不直。』

及劭弑逆，江湛在尚書上省，聞變，歎曰：『不用僧綽言，以至於此。』劭既立，轉為吏部尚書，委以事任，事在《二凶傳》。頃之，劭料檢太祖巾箱及江湛家書疏，得僧綽所啓饗士並廢諸王事，乃收害焉，時年三十一。因此陷北第諸王侯，以為與僧綽有異志，並殺僧綽門客太學博士賈匪之、奉朝請司馬文穎、建平國常侍司馬仲秀等。

又 卷七二《劉鑠傳》 元凶弑立，以為中軍將軍，護軍、常侍如故。世祖入討，劭屯兵京邑，使鑠巡行撫勞。劭還立南兗，以鑠為使持節、都督南兗、徐、兗、青、冀、幽六州諸軍事、征北將軍、開府儀同三司、南兗州刺史，常侍如故。柳元景至新亭，劭親自攻之，挾鑠自隨。江夏王義恭南奔，使鑠守東府，以腹心防之。進授侍中、驃騎將軍、録尚書事，餘如故。劭迎蔣侯神于宮內，疏世祖年諱，厭祝祈請，假授位號，使鑠造策文。及義軍入宮，鑠與濬俱歸世祖，濬即伏法，上迎鑠入營。當時倉卒失國璽，事寧，更鑄給之。進侍中、司空，領兵置佐，以國哀未闋，讓侍中。

鑠素不推事世祖，又為元凶所任，上乃以藥內食中毒殺之，時年二十三，追贈侍中、司徒。

又 《劉宏傳》 元凶弑立，以宏為左將軍、丹陽尹。又以為散騎常侍、鎮軍將軍、江州刺史。世祖入討，劭録宏殿內。世祖先嘗以一手板與巨集，巨集遣左右親信周法道齎手板詣世祖。事平，以為尚書左僕射，使奉迎太后，還加中軍將軍，中書監，僕射如故。臧質為逆，宏以仗士五十人入六門。

又 卷七四《臧質傳》 元凶弑立，以質為丹陽尹，加征虜將軍。質家遣門生師顗報質，具太祖崩問。質疏顗所言，馳告司空義宣，又遣州祭酒從事田穎起銜命報世祖，率衆五千，馳下討逆，自陽口進江陵義宣。質諸子在都邑，聞質舉義，並逃亡。劭欲相慰悅，乃下書曰：『臧敦等無因自駭，急便竄逸，迷昧過甚，良可怪歎。質國戚勳臣，忠誠篤亮，方當顯位，贊翼京輦，而子弟波迸，傷其乃懷。可遣宣譬令還，咸復本位。』劭尋録得敦，使大將軍義恭行訓杖三十，厚給賜之。義宣得質報，即日舉兵，馳信報世祖，板進質號征北將軍。質徑赴尋陽，與世祖同下。

世祖至新亭即位，以質為都督江州諸軍事、車騎將軍、開府儀同三司、江州刺史，加散騎常侍，持節如故。使質率所領自白下步上，直至廣莫門，門者不守。薛安都、程天祚等亦自南掖門入，與質同會太極殿，生禽元凶。仍使質留守朝堂，甲仗百人自防。封始興郡公，食邑三千户。之鎮，舫千餘乘，部伍前後百餘里，六平乘並施龍子幡。

又 《魯爽傳》 （元嘉三十年），元凶弑逆，南譙王義宣起兵入討，爽即受命，率部曲至襄陽，與雍州刺史臧質俱詣江陵。義宣進爽號平北將軍，領巴陵太守，度支校尉，本官如故。留爽停江陵，事平，以爽為使持節、督豫、司、雍、秦、並五州諸軍事、左將軍、豫州刺史。爽至壽陽，便曲意賓客，爵命士人，蓄仗聚馬，如寇將至。元凶之為逆也，秀在京師，謂秀曰：『我為卿誅徐湛之矣，方相委任。』以為右軍將軍，配精兵五千，使攻新亭壘。將戰，秀命打退軍鼓，因此歸順。世祖即位，以為左軍將軍，出督司州豫州之新蔡、汝南、汝陽、潁川、義陽、弋陽六郡諸軍事、輔國將軍、司州刺史，領汝南太守。

又 卷七五《顔竣傳》 時元凶巫蠱事已發，故上不加推治。世祖鎮尋陽，遷南中郎記室參軍。三十年春，以父延之致仕，固求解職，不許。賜假未發，而太祖崩問至，世祖舉兵入討。

又 卷七五《王僧達傳》 （元嘉三十年）元凶弑立，世祖入討，普檄諸州郡；又符郡發兵，僧達未知所從。客說之曰：『方今釁逆滔天，古今未有，為君計，莫若承義師之檄，移告傍郡，使工言之士，明示禍福，苟在有心，誰不回應，此策上也。如其不能，可躬率向義之徒，詳擇水陸之便，致身南歸，亦其次也。』僧達乃自候道南奔，逢世祖於鵲頭，即命為長史，加征虜將軍。初，世祖發尋陽，沈慶之謂人曰：『王僧達必來赴義。』人問其所以，慶之曰：『虜馬飲江，王出赴難，見在先帝前，議論開張，執意明決，以此言之，其至必也。』

又 卷七六《宗慤傳》 （元嘉二十年）孝武伐元凶，以慤為南中郎諮議參軍，領中兵。

又 《王玄謨傳》 元凶弑立，玄謨為益州刺史。孝武伐逆，玄謨遣濟南太守垣護之將兵赴義。事平，除徐州刺史，加都督。

又　卷七七《柳元景傳》　世祖入討元凶，以為諮議參軍，領中兵，加冠軍將軍，太守如故。配萬人為前鋒，宗慤、薛安都等十三軍皆隸焉。元景與朝士書曰：『國禍冤深，凶人肆逆，民神崩憤，若無天地。南中郎親率義師，翦討元惡，司徒、臧冠軍並同大舉，舳艫千里，購賞之利備之。元景不武，忝任行間，總勒精勇，先鋒道路，勢乘上流，衆兼百倍。諸賢弈世忠義，身為國良，皆受遇先朝，荷榮日久，而拘逼寇廷，莫由申效，想聞今問，悲慶兼常。大行届道，廓清惟始，企遲面對，展雪哀情。』

時義軍船率小陋，慮水戰不敵，至蕪湖，元景大喜，倍道兼行，聞石頭出戰艦，乃于江寧步上，於板橋立柵以自固。進據陰山，遣薛安都率馬軍至南岸，元景潛至新亭，依山建壘，東西據險。世祖復遣龍驤將軍、行參軍程天祚率衆赴之。天祚又于東南據高丘，屯寨柵。凡歸順來奔者，皆勸元景速進，元景曰：『不然。理順難恃，同惡相濟，輕進無防，實啓寇心。當倚我之不可勝，豈幸寇之不攻哉！』元景壘營未立，為龍驤將軍詹叔兒覘知之，勸劭出戰，不許。經日，乃水陸出軍，劭自登朱雀門督戰。軍至瓦官寺，與義軍遊邏相逢，遊邏退走，賊遂薄壘。劭以元景壘塹未立，可得平地決戰，既至，柴柵已堅，倉卒無攻具，便使肉薄攻之。元景宿令軍中曰：『鼓繁氣易衰，叫數力易竭。但各銜枚疾戰，一聽吾營鼓音。』賊步將魯秀、王羅漢、劉簡之、騎將常伯與等及其士卒，皆殊死戰。劉簡之先攻西南，頻得燒草舫，略渡人。程天祚柴未立，亦為所摧。王羅漢等攻壘北門，賊艦亦至。元景水陸受敵，意氣彌强，麾下勇士悉遣出戰，左右唯留數人宣傳。分軍助程天祚，天祚還得固柴，因此破賊。元景察賊衰竭，乃命開壘，鼓噪以奔之，賊衆大潰，透淮死者甚多。劭更率餘衆自來攻壘，復大破之，其所殺傷，過於前戰。劭手斬退者不能禁，奔還宮，僅以身免，蕭斌被創。簡之收兵而止，陳猶未散。元景復出薄之，乃走，競投死馬澗，澗為之滿，斬簡之及軍主姚叔藝、王江寶、朱明智、諸葛逖之等，水軍主褚湛之、副劉道存並來歸順。

又　《沈慶之傳》　（元嘉三十年）正月，世祖出次五洲，總統羣帥，慶之從巴水出至五洲，諮受軍略。會世祖典籤董元嗣自京師還，陳元凶弒逆，世祖遣慶之還山引諸軍。慶之謂腹心曰：『蕭斌婦人不足數，其餘將帥，並是所悉，皆易與耳。東宮同惡不過三十人，此外屈逼，必不為用力。今輔順討逆，不憂不濟也。』衆軍既集，假慶之征虜將軍、武昌內史，領府司馬。世祖還至尋陽，慶之及柳元景等並以天下無主，勸世祖即大位，不許。賊劭遣慶之門生錢無忌齎書說慶之解甲，慶之執無忌白世祖。

世祖踐阼，以慶之為領軍將軍，加散騎常侍，尋出為使持節、督南兗、豫、徐、兗四州諸軍事、鎮軍將軍、南兗州刺史，常侍如故，鎮盱眙。上伐逆定亂，思將帥之功，下詔曰：『朕以不天，有生罔二，泣血千里，志復深逆，鞠旅伐罪，義氣雲踴，羣帥仗節，指難如歸。故曾未積旬，宗社載穆，遂以眇身，猥纂大統。永念茂庸，思崇徽錫。新除使持節、散騎常侍、都督南兗、豫、徐、兗四州諸軍事、鎮軍將軍、南兗州刺史沈慶之，新除散騎常侍、領軍將軍柳元景，新除散騎常侍、右衛將軍宗慤，督兗州諸軍事、輔國將軍、兗州刺史徐遺寶，寧朔將軍、始興太守沈法系，驃騎諮議參軍顧彬之，或盡誠謀初，宣綜戎略；或受命元帥，一戰寧亂；或稟奇軍統，協規效捷，偏師奉律，勢振東南。皆忠國忘身，義高前烈，功載民聽，誠簡朕心。定賞策勳，兹焉攸在，宜列土開邑，永蕃皇家。慶之可封南昌縣公，元景曲江縣公，並食邑三千户。慤洮陽縣侯，食邑二千户。遺寶益陽縣侯，食邑一千五百户。法系平固縣侯，彬之陽新縣侯，並食邑千户。』又特臨軒召拜。又使慶之自盱眙還鎮廣陵。

又　《沈法系傳》　世祖伐逆，以為南中郎參軍，加寧朔將軍，領三千人前發，與柳元景旦至新亭。元景居中營，宗慤居西營，法系居東營。東營據崗，賊攻元景，法系臨射之，所殺甚衆。法系塹外樹悉伐之令倒，賊劭來攻，緣樹以進，彭棑多開隙，選善射手，的發無不中，死者交橫。

又　卷七九《竟陵王劉誕傳》　元凶弒立，以揚州浙江西屬司隸校尉，浙江東五郡立會州，以誕為刺史。世祖入討，遣沈慶之兄子僧榮間報誕，又遣寧朔將軍顧彬之自魯顯東入，受誕節度。誕遣參軍劉季之與彬之並勢，自頓西陵，以為後繼。劭遣將華欽、庾導東討，與彬之相逢于曲阿之奔牛塘，路甚狹，左右皆悉入菰封，彬之軍人多齎籃屐，於菰葑中夾射之，欽等大敗。

又　卷八一《劉秀之傳》　元凶弒逆，秀之聞問，即日起兵，求率

衆赴襄陽，司空南譙王義宣不許。

又　卷八二《周朗傳》　賊劭弒立，隨王誕舉義於會稽，劭加嶠冠軍將軍，誕檄又至。

又《沈懷文傳》　元凶行巫蠱，鸚鵡預之，事泄，懷文因此失調，為治書侍御史。元凶弒立，以為中書侍郎。世祖入討，劭呼之使作符檄，懷文固辭，劭大怒，投筆於地曰：『當今艱難，卿欲避事邪！』旨色甚切。值殷沖在坐，申救得免。托疾落馬，間行奔新亭。

又　卷九九《元凶劉劭傳》　上時務在本業，勸課耕桑，使宮內皆蠶，欲以諷厲天下。有女巫嚴道育，本吳興人，自言通靈，能役使鬼物。夫為劫，坐没入奚官。劭姊東陽公主應閤婢王鸚鵡白公主云：『道育通靈有異術。』主乃白上，託云善蠶，求召入，見許。道育既入，自言服食，主及劭並信惑之。始興王濬素佞事劭，與劭並多過失，慮上知，使道育祈請，欲令過不上聞。道育輒云：『自上天陳請，必不洩露。』劭等敬事，號曰天師。後遂為巫蠱，以玉人為上形像，埋于含章殿前。

初，東陽主有奴陳天興，鸚鵡養以為子，而與之淫通。鸚鵡、天興及寧州所獻黃門慶國並預巫蠱事。劭以天興補隊主。東陽主薨，鸚鵡應出嫁，劭慮言語難密，與濬謀之。時吳興沈懷遠為濬府佐，見待異常，乃嫁鸚鵡與懷遠為妾，不以啓上，慮後事泄，因臨賀公主微言之。上後知天興領隊，遣閹人奚承祖詰讓劭曰：『臨賀公主南第先有一下人欲嫁，又聞此下人養他人奴為兒，而汝用為隊主，抽拔何乃速。汝間用主、副，並是奴邪？欲嫁置何處？』劭答曰：『南第昔屬天興，求將驅使，臣答曰：「伍那可得，若能擊賊者，可入隊。」當時蓋戲言耳，都不復憶。後天興道上通辭乞位，追存往為者，不忍食言，呼視見其形容粗健，堪充驅使，脫爾使監禮兼隊副。比用人雖取勞舊，亦參用有氣幹者。謹條牒人名上呈。下人欲嫁者，猶未有處。』時鸚鵡已嫁懷遠矣。劭懼，馳書告濬，並使報臨賀主：『上若問嫁處，當言未有定所。』濬答書曰：『奉令，伏深惶怖，啓此事多日，今始來問，當是有感發之者，未測源由爾。計臨賀故當不應翻覆言語，自生寒熱也。此姥由來挾兩端，難可孤保，正爾自問臨賀，冀得審實也。其若見問，當作依違答之。天興先署佞人府位，不審監上當無此簿領爾。急宜犍之。殿下已見王未？宜依此具令嚴自躬上啓聞。彼人若為不已，正可促其餘命，或是大慶之漸。』凡劭、濬相與書疏類如此，所言皆為名號，謂上為『彼人』，或以為『其人』；以太尉江夏王義恭為『佞人』；東陽主第在西掖門外，故云『南第』；王即鸚鵡姓，躬上啓聞者，令道育上天白天神也。

鸚鵡既適懷遠，慮與天興私通事泄，請劭殺之。劭密使人害天興。慶國謂宣傳往來，唯有二人，天興既死，慮將見及，乃具以其事白上。上驚惋，即遣收鸚鵡，封籍其家，得劭、濬書數百紙，皆咒詛巫蠱之言，得所埋上形像于宮內。道育叛亡，討捕不得。上大怒，窮治其事，分遣中使入東諸郡搜討，遂不獲。上詰責劭、濬，劭、濬惶懼無辭，唯陳謝而已。道育變服為尼，逃匿東宮，濬往京口，又載以自隨，或出止民張旿家。

江夏王義恭自盱眙還朝，上以巫蠱告之，曰：『常見典籍有此，謂之書傳空言，不意遂所親睹。劭雖所行失道，未必便亡社稷，南面之日，非復我及汝事。汝兒子多，將來遇此不幸爾。』

先是二十八年，彗星起畢、昴，入太微，掃帝座端門，滅翼、軫。二十九年，熒惑逆行守氐，自十一月霖雨連雪，太陽罕曜。三十年正月，大風飛霰且雷。上憂有竊發，輒加劭兵衆，東宮實甲萬人。車駕出行，劭入守，使將白直隊自隨。

其年二月，濬自京口入朝，當鎮江陵，復載道育還東宮，欲將西上。有告上云：『京口民張旿家有一尼，服食，出入征北內，似是嚴道育。』上初不信，試使掩録，得其二婢，云：『道育隨征北還都。』上謂劭、濬已當斥遣道育，而猶與往來，惆悵惋駭。乃使京口以船送道育二婢，須至檢核，廢劭，賜濬死，以語濬母潘淑妃，淑妃具以告濬。濬馳報劭，劭因是異謀，每夜輒饗將士，或親自行酒，密與腹心隊主陳叔兒、齋帥張超之、任建之謀之。

道育婢將至，其月二十一日夜，詐上詔云：『魯秀謀反，汝可平明守闕，率衆入。』因使超之等集素所畜養兵士二千餘人，皆使被甲，召內外幢隊主副，豫加部勒，云有所討。宿召前中庶子、右軍長史蕭斌，夜呼斌及左衛率袁淑、中舍人殷仲素、左積弩將軍王正見，併入宮，告以大事，自起拜斌等，因流涕，衆並驚愕，語在淑傳。明旦未開鼓，劭以朱服加戎服上，乘畫輪車，與蕭斌同載，衛從如常入朝之儀，守門開，從萬春門

入。舊制，東宮隊不得入城，劭與門衛云：『受敕，有所收討。』令後隊速來，張超之等數十人馳入雲龍、東中華門及齋閣，拔刀徑上合殿。上其夜與尚書僕射徐湛之屏人語，至旦燭猶未滅，直衛兵尚寢。超之手行弒逆，並殺湛之。劭進至合殿中閣，太祖已崩，出坐東堂，蕭斌執刀侍直。呼中書舍人顧嘏，嘏震懼不時出，既至，問曰：『欲共見廢，何不蚤啓？』未及答，即於前斬之。遣人於崇禮闥殺吏部尚書江湛。太祖左細杖主卜天與攻劭於東堂，見殺。又使人從東閣入殺潘淑妃，又殺太祖親信左右數十人。急召始興王濬，率衆屯中堂。又召太尉江夏王義恭、尚書令何尚之。

劭即偽位，為書曰：『徐湛之、江湛弒逆無狀，吾勒兵入殿，已無所及，號惋崩恤，肝心破裂。今罪人斯得，元凶克殄，可大赦天下。改元嘉三十年為太初元年。文武並賜位二等，諸科一依丁卯。』初，使蕭斌作詔，斌辭以不文，乃使侍中王僧綽為之。使改元為太初，劭素與道育所定。斌曰：『舊逾年改元。』劭以問僧綽，繒綽曰：『晉惠帝即位，便改號。』劭喜而從之。百僚至者裁數十人，劭便遽即位。即位畢，稱疾還入永福省，然後遷大行皇帝升太極前殿。是日，以蕭斌為散騎常侍、尚書僕射、領軍將軍；何尚之為司空；前右衛率檀和之戍石頭；侍中營道侯義綦為征虜將軍、晉陵南下邳二郡太守，鎮京城；尚書殷仲景為侍中、中護軍。大行皇帝大斂，劭辭疾不敢出。先給諸王及諸處兵杖，悉收還武庫。殺徐湛之、江湛親黨新除始興內史荀赤松、新除尚書左丞臧凝之、山陰令傅僧祐、吴令江徽、前征北行參軍諸葛詡、右衛司馬江文綱。以殷仲素為黄門侍郎，王正見為左軍將軍，張超之及諸同逆聞人文子、徐興祖、詹叔兒、陳叔兒、任建之等，並將校以下龍驤將軍帶郡，各賜錢二十萬。遣人謂魯秀曰：『徐湛之常欲相危，我已為卿除之矣。』使秀與屯騎校尉龐秀之對掌軍隊。以侍中王僧綽為吏部尚書，司徒左長史何偃為侍中。成服日，劭登殿臨靈，號慟不自持。博訪公卿，詢求治道，薄賦輕徭，損諸游費。田苑山澤，有可弛者，假與貧民。

三月，遣大使分行四方，分浙以東五郡為會州，省揚州立司隸校尉，以殷沖補之。以大將軍江夏王義恭為太保，司徒南譙王義宣為太尉，衛將軍、荊州刺史始興王濬進號驃騎將軍。王僧綽以先預廢立，見誅。長沙王瑾、瑾弟楷、臨川王燁、桂陽侯覬、新諭侯球，並以宿恨下獄死。禮官希旨，謚太祖不敢盡美稱，上謚曰中宗景皇帝。以雍州刺史臧質為丹陽尹，進世祖號征南將軍，加散騎常侍，撫軍將軍南平王鑠中軍將軍，會稽太守隨王誕會州刺史。江夏王義恭以太保領大宗師，諮稟之科，依晉扶風王故事。

世祖及南譙王義宣、隨王誕諸方鎮並舉義兵。劭聞義師大起，悉聚諸王及大臣于城內，移江夏王義恭住尚書下舍，義恭諸子住侍中下省。自永初元年以前，相國府入齋、傳教、給使，免軍户，屬南彭城薛縣。劭下書，以中流起兵，當親率六師，觀變江介，悉召下番將吏。加三吳太守軍號，置佐領兵。四月，立妻殷氏為皇后。世祖檄京邑曰：

夫運不常隆，代有莫大之釁。爰自上葉，或因多難以成福，或階昏虐以兆亂，咸由君臣義合，理悖恩離。故堅冰之遘，每鐘澆末，未有以道御世，教化明厚，而當梟鏡反噬，難發天屬者也。先帝聖德在位，功格區宇，明照萬國，道洽無垠，風之所被，荒隅變識；仁之所動，木石開心。而賊劭乘藉冢嫡，夙蒙寵樹，正位東朝，禮絕君後，凶慢之情，發於齠昇，猜忍之心，成於幾立。賊濬險躁無行，自幼而長，交相倚附，共逞姦回。

先旨以王室不造，家難亟結，故含蔽容隱，不彰其釁，訓誘啓告，冀能革音。何悟狂慝不悛，同惡相濟，肇亂巫蠱，終行弒逆，聖躬離荼毒之痛，社稷有顛墜之哀，四海崩心，人神泣血，生民以來，未聞斯禍。奉諱驚號，肝腦塗地，煩冤腷臆，容身無所。大將軍、諸王幽間窮省，存亡未測。徐僕射、江尚書、袁左率，皆當世標秀，一時忠貞，或正色立朝，或聞逆弗順，並橫分階闥，懸首都市。宗黨夷滅，豈伊一姓，禍毒所流，未知其極。

昔周道告難，齊、晉勤王，漢歷中圮，虛、牟立節，異姓末屬，猶或亡軀，況幕府職同昔人，義兼臣子。所以枕戈嘗膽，苟全視息，志梟元凶，少雪仇耻。今命冠軍將軍領諮議中直兵柳元景、寧朔將軍領中直兵馬文恭等，統勁卒三萬，風馳徑造石頭，分趨白下；輔國將軍領諮議中直兵宗慤等，勒甲楯二萬，征虜將軍領司馬武昌內史沈慶之等，領壯勇五萬，相尋就路；支軍別統，或焚舟破釜，步自姑孰；或迅楫蕪湖，入據

雲陽。凡此諸帥，皆英果權奇，智略深贍，名震中土，勳暢遐疆。幕府親董精悍一十餘萬，授律枕戈，駱驛繼邁。司徒睿哲淵謨，赫然震發，征甲八州，電起荆郢；冠軍將軍臧質忠烈協舉，雷動漢陰；冠軍將軍朱修之誠節亮款，悉力請奮。荆、雍百萬，稍次近塗，蜀、漢之卒，續已出境。又安東將軍誕、平西將軍遵考、前撫軍將軍蕭思話、征虜將軍魯爽、前寧朔將軍王玄謨，並密信俱到，不契同期，傳檄三吳，馳軍京邑，遠近俱發，揚旍萬里。樓艦騰川，則滄江霧咽；鋭甲赴野，則林薄摧根。謀臣智士，雄夫毅卒，畜志須時，懷憤待用。先聖靈澤，結在民心，逆順大數，冥發天理，無父之國，天下無之。羽檄既馳，華素響會，以此衆戰，誰能抗禦，以此義動，何往不捷！況逆醜無親，人鬼所背，計其同惡，不盈一旅，崇極羣小，是與此周，哲人君子，必加積忌。傾海注螢，頹山壓卵，商、周之勢，曾何足云。

諸君或奕世貞賢，身□皇渥，或勳烈肺腑，休否攸同。拘逼凶勢，俯眉寇手，含憤茹戚，不可為心。大軍近次，威聲已接，便宜因變立功，洗雪滓累；若事有不獲，能背逆歸順，亦其次也；如有守迷遂往，黨一凶類，刑茲無赦，戮及五宗。賞罰之科，信如日月。原火一燎，異物同灰，幸求多福，無貽後悔。書到宣告，咸使聞知。

劭自謂素習武事，語朝士曰：『卿等但助我理文書，勿措意戎陳。若有寇難，吾當自出，唯恐賊虜不敢動爾。』司隸校尉殷沖掌綜文符，左衛將軍尹弘配衣軍旅，蕭斌總衆事，中外戒嚴。防守世祖子於侍中下省，南譙王義宣諸子於太倉空屋。劭使浚與世祖書曰：『聞弟忽起狂檄，阻兵反噬，縉紳憤歎，義夫激怒。古來陵上內侮，誰不夷滅，弟洞覽墳籍，豈不斯具。今主上天縱英聖，靈武宏發，自登宸極，威澤兼宣，人懷甘死之志，物競捨生之節。弟蒙眷遇，著自少長，東宮之歡，其來如昨，而信惑姦邪，忘茲恩友，此之不義，人鬼同疾。今水步諸軍悉已備辦，上親御六師，太保又乘鉞臨統，吾與烏羊，相尋即道。所以淹霆緩電者，猶冀弟迷而知返爾。故略示懷，言不盡意，主上聖恩，每厚法師，今在殿內住，想弟欲知消息，故及。』烏羊者，南平王鑠；法師，世祖世子小名也。

劭欲殺三鎮士庶家口，江夏王義恭、何尚之說之曰：『凡舉大事者，不顧家口。且多是驅逼，今忽誅其餘累，正足堅彼意耳。』劭謂為然，乃下書一無所問。使褚湛之戍石頭，劉思考鎮東府。浚及蕭斌勸劭勒水軍自上決戰，若不爾，則保據梁山。江夏王義恭慮義兵倉卒，船舫陋小，不宜水戰。乃進策曰：『賊駿少年未習軍旅，遠來疲弊，宜以逸待之。今遠出梁山，則京都空弱，東軍乘虛，容能為患。若分力兩赴，則兵散勢離。不如養鋭待期，坐而勸釁。』劭善其議，蕭斌厲色曰：『南中郎二十年少，業能建如此大事，豈復可量。三方同惡，勢據上流，沈慶之甚練軍事，柳元景、宗愨屢嘗立功。形勢如此，實非小敵。唯宜及人情未離，尚可決力一戰。端坐臺城，何由得久。主相咸無戰意，此自天也。』劭不納。疑朝廷舊臣悉不為已用，厚接王羅漢、魯秀，悉以兵事委之，多賜珍玩美色，以悦其意。羅漢先為南平王鑠右軍參軍，劭以其有將用，故以心膂委焉。或勸劭保石頭城者，劭曰：『昔人所以固石頭，俟諸侯勤王爾。我若守此，誰當見救。唯應力戰決之，不然不克。』日日自出行軍，慰勞將士，親督都水治船艦，焚南岸，驅百姓家悉渡水北。使有司奏立子偉之為皇太子，以褚湛之為後將軍、丹陽尹，置佐史，驃騎將軍始興王浚為侍中、中書監、司徒、録尚書六條事，中軍將軍南平王鑠為使持節、都督南兗兗青徐冀五州諸軍事、征北將軍、開府儀同三司、南兗州刺史，新除左將軍、丹陽尹建平王宏為散騎常侍、鎮軍將軍、江州刺史。

龐秀之自石頭先衆南奔，人情由是大震。以征虜將軍營道侯義綦即本號為湘州刺史，輔國將軍檀和之為西中郎將、雍州刺史。十九日，義軍至新林，劭登石頭烽火樓望之。二十一日，義軍至新亭。時魯秀屯白石，劭召秀與王羅漢共屯朱雀門。蕭斌統步軍，褚湛之統水軍。二十二日，使蕭斌率魯秀、王羅漢等精兵萬人攻新亭壘，劭登朱雀門躬自督率，將士懷劭重賞，皆為之力戰。將克，而秀斂軍遽止，為柳元景等所乘，故大敗。劭又率腹心同惡自來攻壘，元景復破之；劭走還朱雀門，蕭斌臂為流矢所中。褚湛之攜二子與檀和之同共歸順。劭駭懼，走還臺城。其夜，魯秀又南奔。時江夏王義恭謀據石頭，會劭已令浚及蕭斌備守。劭並焚京都軍籍，置立郡縣，悉屬司隸為民。以前軍將軍、輔國將軍王羅漢為左衛將軍，輔國如故，左軍王正見為太子左衛率。二十五日，義恭單馬南奔，自東掖門出，於冶渚過淮。東掖門隊主吳道興是臧質門人，冶渚軍主原稚孫是世祖故史，義恭得免。劭遣騎追討，騎至冶渚，義恭始得渡淮。

史義故二千餘人，隨從南奔，多為追兵所殺。遣浚殺義恭諸子。以輦迎蔣侯神像于宮內，啓顙乞恩，拜為大司馬，封鍾山郡王，食邑萬户，加節鉞。蘇侯為驃騎將軍。使南平王鑠為祝文，罪狀世祖。

加浚使持節、都督南徐會二州諸軍事、領太子太傅、南徐州刺史，給班劍二十人；征北將軍、南兗州刺史南平王鑠進號驃騎將軍，與浚並録尚書事。二十七日，臨軒拜息偉之為太子，百官皆戎服，劭獨袞衣。下書大赦天下，唯世祖、劉義恭、義宣、誕不在原例，餘黨一無所問。先遣太保參軍庾道、員外散騎侍郎朱和之，又遣殿中將軍燕欽東拒誕。五月，世祖所遣參軍顧彬之及誕前軍，並至曲阿，與道相遇，與戰，大破之。劭遣人焚燒都水西裝及左尚方，決破柏崗方山埭以絶東軍。又悉以上守家之丁巷居者，緣淮豎舶船為樓，多設大弩。又使司隸治中監琅邪郡事羊希柵斷班瀆、白石諸水口。于時男丁既盡，召婦女親役。

其月三日，魯秀等募勇士五百人攻大航，鉤得一舶。王羅漢副楊恃德命使復航，羅漢昏酣作伎，聞官軍已渡，驚懼放仗歸降。緣渚幢隊，以次奔散，器仗鼓蓋，充塞街衢。是夜，劭閉守六門，於門內鑿塹立柵，以露車為樓，城內沸亂，無復綱紀。丹陽尹尹弘、前軍將軍孟宗嗣等下及將吏，並逾城出奔。劭使詹叔兒燒輦及袞冕服。蕭斌聞大航不守，惶窘不知所為，宣令所統，皆使解甲，自石頭遣息約詣闕請罪，尋戴白幡來降，即於軍門伏誅。四日，太尉江夏王義恭登朱雀門，總羣帥，遣魯秀、薛安都、程天祚等直趣宣陽門。劭軍主徐興祖、羅訓、虞丘要兒等率衆來降。劭先遣龍驤將軍陳叔兒東討，事急，召還。是日，始入建陽門，遙見官軍，所領並棄仗走。劭腹心白直同諸逆先屯閶闔門外，並走還入殿。天祚與安都副譚金因而乘之，即得俱入。安都及軍主武念、宋越等相繼進，臧質大軍從廣莫門入，同會太極殿前，即斬太子左衛率王正見。建平、東海等七王並號哭俱出。劭穿西垣入武庫井中，隊副高禽執之。浚率左右數十人，與南平王鑠於西明門出，俱共南奔。于越城遇江夏王義恭，浚下馬曰：『南中郎今何所作？』義恭曰：『四海無統，百司固請，上已俯順羣心，君臨萬國。』又曰：『虎頭來得無晚乎？』義恭曰：『殊當恨晚。』又曰：『故當不死耶？』義恭曰：『可詣行闕請罪。』又曰：『未審猶能賜一職自效不？』義恭又曰：『此未可量。』勒與俱歸，於道斬首。

又《劉濬傳》 初，元皇后性忌，以潘氏見幸，遂以恚恨致崩，故劭深疾潘氏及濬。濬慮將來受禍，乃曲意事劭，劭與之遂善。多有過失，屢為上所詰讓，憂懼，乃與劭共為巫蠱。【略】

至京數日而巫蠱事發，時二十九年七月也。上惋歎彌日，謂潘淑妃曰：『太子圖富貴，更是一理。虎頭復如此，非復思慮所及。汝母子豈可一日無我耶！』濬小名虎頭。使左右朱法瑜密責讓濬，辭甚哀切，並賜書曰：『鸚鵡事想汝已聞，汝亦何至迷惑乃爾。且沈懷遠何人，其詎能為汝隱此耶？故使法瑜口宣，投筆惋慨。』濬慚懼，不知所答。【略】潘淑妃抱持濬，泣涕謂曰：『汝始咒詛事發，猶冀刻己思愆，何意忽藏嚴道育耶？上責汝深，至我叩頭乞恩，意永不釋。今日用活何為，可送藥來，當先自取盡，不忍見汝禍敗。』濬奮衣而去，曰：『天下事尋自當判，願小寬憂煎，必不上累。』

劭入弒之旦，濬在西州，府舍人朱法瑜奔告濬曰：『臺內叫喚，宮門皆閉，道上傳太子反，未測禍變所至。』濬陽驚曰：『今當奈何？』法瑜勸入據石頭。濬未得劭信，不知事之濟不，騷擾未知所為。將軍王慶曰：『今宮內有變，未知主上安危，預在臣子。當投袂赴難。憑城自守，非臣節也。』濬不聽，乃從南門出，徑向石頭，文武從者千餘人。時南平王鑠守石頭，兵士亦千餘人。俄而劭遣張超之馳馬召濬，濬屏人問狀，即戎服乘馬而去。朱法瑜固止濬，濬不從。出至中門，王慶又諫曰：『太子反逆，天下怨憤。明公但當堅閉城門，坐食積粟，不過三日，凶黨自離。公情事如此，今豈宜去。』濬曰：『皇太子令，敢有復言者斬！』既入，見劭，勸殺荀赤松等。劭謂濬曰：『潘淑妃遂為亂兵所害。』濬曰：『此是下情由來所願。』其悖逆乃如此。

及劭將敗，勸劭入海，輦珍寶繒帛下船，與劭書曰：『船故未至，今晚期當於此下物令畢，願速敕謝賜出船艦。尼已入臺，願與之明日決也。臣猶謂車駕應出此，不爾無以鎮物情。』人情離散，故行計不果。濬書所云尼，即嚴道育也。及劭入井，高禽于井中牽出之。劭問禽曰：『天子何在？』禽曰：『至尊近在新亭。』將劭至殿前，臧質見之慟哭，劭曰：『天地所不覆載，丈人何為見哭。』質因辨其逆狀，答曰：『先朝當見枉廢，不能作獄中囚，問計于蕭斌，斌見勸如此。』又語質曰：『可得為

啓，乞遠徙不？』質答曰：『主上近在航南，自當有處分。』縛劭於馬上，防送軍門。既至牙下，據鞍顧望，太尉江夏王義恭與諸王皆共臨視之。義恭詰劭曰：『我背逆歸順，有何大罪，頓殺我家十二兒？』劭答曰：『殺諸弟，此事負阿父。』江湛妻庾氏乘車罵之，龐秀之亦加誚讓，劭厲聲曰：『汝輩復何煩爾！』先殺其四子，謂南平王鑠曰：『此何有哉。』乃斬劭於牙下。臨刑歎曰：『不圖宗室一至於此。』

劭、濬及劭四子偉之、迪之、彬之、其一未有名，濬三子長文、長仁、長道，並梟首大航，暴屍於市。劭妻殷氏賜死于廷尉，臨死，謂獄丞江恪曰：『汝家骨肉相殘害，何以枉殺天下無罪人。』恪曰：『受拜皇后，非罪而何？』殷氏曰：『此權時爾，當以鸚鵡為后也。』濬妻褚氏，丹陽尹湛之女，湛之南奔之始，即見離絕，故免於誅。其餘子女妾媵，並於獄賜死。投劭、濬屍首于江，其餘同逆，及王羅漢等，皆伏誅。張超之聞兵入，遂走至合殿故基，正於御床之所，為亂兵所殺。割腸刳心，臠剖其肉，諸將生啖之，焚其頭骨。當時不見傳國璽，問劭，云：『在嚴道育處。』就取得之。道育、鸚鵡並都街鞭殺，於石頭四望山下焚其屍，揚灰于江。毀劭東宮所住齋，汙瀦其處。

封高禽新陽縣男，食邑三百户。追贈潘淑妃長寧園夫人，置守塚。偽司隸校尉殷沖，丹陽尹尹弘，並賜死。沖為劭草立符文，又妃叔父也。弘二月二十一日平旦入直，至西掖門，聞宫中有變，率城內御兵至閤道下。及聞劭入，惶怖通啓，求受處分，又為劭簡配兵士，盡其心力。

《南史》卷二《文帝紀》 （元嘉三十年）二月甲子，元凶劭構逆，帝崩於合殿，時年四十七。

又《孝武帝紀》 （元嘉三十年）正月，出次西陽之五洲，會元凶弒逆，上率衆入討。荆州刺史南譙王義宣、雍州刺史臧質並舉義兵。

又 卷一三《江夏文獻王義恭傳》 元凶肆逆，其日劭急召義恭。先是，詔召太子及諸王，慮有詐妄致害者，召皆有人；至是，義恭求常所遣傳詔，劭遣之而後入。義恭凡府內兵仗，並送還臺。進位太保。

孝武入討，劭疑義恭有異志，使入住尚書下省，分諸子並住神獸門外侍中下省。孝武前鋒至新亭，劭挾義恭出戰，故不得自拔。戰敗，義恭單馬南奔。劭大怒，遣始興王濬殺義恭十二子。

又《南郡王劉義宣傳》 元凶弒立，以義宣爲中書監、太尉，領司徒。義宣聞之，即時起兵，徵聚甲卒，傳檄近遠。會孝武入討，義宣遣參軍徐遺寶率衆三千，助爲先鋒。

又 卷一四《竟陵王誕傳》 誕初討元凶，豫同舉兵，有奔牛之捷，至是又有殊勳。

又 卷一五《徐湛之傳》 二凶巫蠱事發，上欲廢劭，賜濬死，而孝武無寵，故累出外藩，不得停都下。南平王鑠、建平王宏並被愛，而鑠妃即湛妹，湛勸上立之，徵鑠自壽陽入朝。至又失旨，欲立宏，嫌其非次，議久不決。與湛之議，或連日累夕。每夜，使湛之自執燭繞壁檢行，慮有竊聽者。劭入弒之旦，其夕上與湛之屏人語，至曉猶未滅燭。湛之驚起趣北户，未及開，見害，時年四十四。孝武即位，追贈司空，謚曰忠烈公。

又 卷一七《劉道存傳》 孝武伐元凶，道存出奔義軍，元凶乃殺其母以徇。

宋明帝政變

綜述

《宋書》卷八《明帝紀》 （泰始五年）丁丑，車騎將軍、南豫州刺史廬江王禕免官爵。【略】

（泰始七年）甲寅，驃騎大將軍、開府儀同三司、南徐州刺史晉平王休祐薨。【略】五月戊午，司徒建安王休仁有罪，自殺。【略】丙戌，追免晉平王休祐為庶人。【略】乙丑，新除車騎大將軍、江州刺史巴陵王休若薨。【略】

末年好鬼神，多忌諱，言語文書，有禍敗凶喪及疑似之言應迴避者，數百千品，有犯必加罪戮。改『騧』為馬邊瓜，亦以『騧』字似『禍』字故也。以南苑借張永，云『且給三百年，期訖更啓』。其事類皆如此。

宣陽門，民間謂之白門，上以白門之名不祥，甚諱之。尚書右丞江謐嘗誤犯，上變色曰：『白汝家門！』謐稽顙謝，久之方釋。太后停屍漆床先出東宮，上嘗幸宮，見之怒甚，免中庶子官，職局以之坐者數十人。內外常慮犯觸，人不自保。宮內禁忌尤甚，移床治壁，必先祭土神，使文士為文詞祝策，如大祭饗。泰始、泰豫之際，更忍虐好殺，左右失旨忤意，往往有斮刳斷截者。時經略淮、泗，軍旅不息，荒弊積久，府藏空竭。內外百官，並日料祿俸；而上奢費過度，務為雕侈。每所造制，必為正御三十副，御次、副又各三十，須一物輒造九十枚，天下騷然，民不堪命。【略】

彭城王照不窺古，本無卓爾之資，徒見昆弟之義，未識君臣之禮，冀以此家情，行之國道，主猜而猶犯，恩薄而未悟，致以呵訓之微行，遂成滅親之大禍。

又　卷四一《后妃傳·文帝路淑媛》　太宗殺世祖諸子，因此陷休之等，宥其諸子。

又　卷七二《劉休仁傳》　時廢帝狂悖無道，誅害羣公，忌憚諸父，並因之殿內，毆捶淩曳，無復人理。休仁及太宗、山陽王休祐，形體並肥壯，帝乃以竹籠盛而稱之，以太宗尤肥，號為『豬王』，號休仁為『殺王』，休祐為『賊王』。以三王年長，尤所畏憚，故常録以自近，不離左右。東海王禕凡劣，號為『驢王』，桂陽王休範、巴陵王休若年少，故並得從容。嘗以木槽盛飯，內諸雜食，攪令和合，掘地為坑阱，實之以泥水，裸太宗內坑中，和槽食置前，令太宗以口就槽中食，用之為歡笑。欲害太宗及休仁、休祐前後以十數，休仁多計數，每以笑調佞諛悅之，故得推遷。常於休仁前使左右淫逼休仁所生楊太妃，左右並不得已順命，以至右衛將軍劉道隆，道隆歡以奉旨，盡諸醜狀。時廷尉劉矇妾孕，臨月，迎入後宮，冀其生男，欲立為太子。太宗嘗忤旨，帝怒，乃裸之，縛其手脚，以杖貫手脚內，使人擔付太官，曰：『即日屠豬。』休仁笑謂帝曰：『豬今日未應死。』帝問其故，休仁曰：『待皇太子生，殺豬取其肝肺。』帝意乃解，曰：『且付廷尉。』一宿出之。

帝將南游荆、湘二州，明旦欲殺諸父便發。其夕，太宗克定禍難，殞帝于華林園。休仁即日推崇太宗，便執臣禮。【略】

太宗末年，多忌諱，猜害稍甚，休仁轉不自安。及殺晉平王休祐，憂懼彌切。其年，上疾篤，與楊運長等為身後之計，慮諸弟强盛，太子幼弱，將來不安。運長又慮帝宴駕後，休仁一旦居周公之地，其輩不得秉權，彌贊成之。上疾嘗暴甚，內外莫不屬意於休仁，主書以下，皆往東府休仁所親信，豫自結納，其或直不得出者，皆恐懼。上既宿懷此意，至是又聞物情向之，乃召休仁入見。既而又謂曰：『夕可停尚書下省宿，明可早來。』其夜，遣人齎藥賜休仁死，時年三十九。【略】

其年五月，追免休祐為庶人。【略】

七年，晉平王休祐被殺，建安王休仁見疑。京邑訛言休若有至貴之表，太宗以言報之，休若內甚憂懼。會被征，代休祐為都督南徐、南兗、徐、兗、青、冀六州諸軍事、征北大將軍、南徐州刺史，持節、常侍、開府如故。休若腹心將佐咸謂還朝必有大禍，中兵參軍京兆王敬先固陳不宜入，勸割據荆楚以距朝廷，休若偽許之。敬先既出，執録，馳使白太宗，敬先坐誅死。休若至京口，建安王休仁又見害，益懷危慮。上以休若和善，能諧緝物情，慮將來傾幼主，欲遣使殺之。慮不奉詔，徵入朝，又恐猜駭，乃偽遷休若為都督江郢、司、廣、交、豫州之西陽、新蔡、晉熙、湘州之始興四郡諸軍事、車騎大將軍、江州刺史，持節、常侍、開府如故。征還召拜，手書殷勤，使赴七月七日，即於第賜死，時年二十四。贈侍中、司空，持節、都督、刺史如故，給班劍二十人，三望車一乘。

休若既死，上與驃騎大將軍桂陽王休範書曰：

外間有一師，姓徐名紹之，狀如狂病，自云為塗步郎所使。去三月中，忽云：『神語道巴陵王應作天子，汝使巴陵王密知之。』於是師便訪覓休若左右人，不能得。東宮典書姓何者相識，數去來，師解神語，東宮典書具道神語，東宮典書答云：『我識巴陵閭一左右，當為汝向道。』數日，東宮典書復來語師云：『我已為汝語巴陵左右，道因達巴陵，巴陵具知，云莫聲但聽。』

又頃者史官奏天文占候，頗云休若應挾異端。神道芒昧，乃不可全信，然前後相准，略亦不無仿佛。且帖肆間，自大明以來有『若好』之謠，於今未止。詔若百重章句，皆配以美辭美事，諸不逞之徒，咸云必是休若。休若且知道路有異音，里巷有『若好』之謠，在西已奇懼，致王

敬先吐倡狂之言。近休祐、休仁被誅，休若彌不自安，又左右多是不相當負罪之徒，恒說以道路之言叩動之，相與唱云：『萬民之心，屬在休若』，感激其意。

尋休若從來心迹，殊有可嫌。劉亮問高次祖，汝一應識此人，當給休若。休若在東縱恣羣下無本末，還朝被貶，爵位小退，次祖被亮使歸，過問訊，大泣，語次祖云：『我東行是一段功，在郡橫為羣小輩過失，大被貶降，我實憤怨，不解劉輔國何意不作。』次祖答云：『劉輔國蒙朝廷生成之恩，豈容有此理。』推此已是有奇意。吾使諸王在蕃，正令優遊而已，本不以武事，而休若在西，廣召弓馬健兒，都不啓聞。又戾道明等，昔親為賊，罪應萬死，休若至西，大信遇之，乃潛將往不啓京。吾知汝意謂休若處奉因事事何如，心迹既不復可測，因其還朝在第與書，事事詰誚于內，許密自引分，狀如暴疾致故，差得於其名位及見子悉得全也。休若既是汝弟，使其狼心得申者，汝得守治城邊作太尉公邪？非但事關計，亦於汝甚切，汝可密白荀太妃令知。

又 卷八五《謝莊傳》 時北中郎將新安王子鸞有盛寵，欲令招引才望，乃使子鸞板莊為長史，府尋進號撫軍，仍除長史、臨淮太守。未拜，又除吳郡太守。莊多疾，不樂去京師，復除前職。前廢帝即位，以為金紫光祿大夫。初，世祖寵姬殷貴妃薨，莊為誄云：『贊軌堯門。』引漢昭帝母趙婕妤堯母門事，廢帝在東宮，銜之。至是遣人詰責莊曰：『卿昔作殷貴妃誄，頗知有東宮不？』將誅之。或說帝曰：『死是人之所同，政復一往之苦，不足為深困。莊少長富貴，今且繫之尚方，使知天下苦劇，然後殺之未晚也。』帝然其言，繫于左尚方。太宗定亂，得出。及即位，以莊為散騎常侍、光祿大夫，加金章紫綬，領尋陽王師。

《南史》卷二《宋紀中・前廢帝》 （永光元年十一月）丁未，加衛將軍湘東王彧開府儀同三司。

時帝凶悖日甚，誅殺相繼，內外百官，不保首領。先是，訛言湘中出天子，帝將南巡荆、湘以厭之，期旦誅除四叔，然後發引。是夜湘東王彧與左右阮佃夫、王道隆、李道兒密結帝左右壽寂之、姜產之等十一人，謀共廢帝。先是，帝好游華林園竹林堂，使婦人裸身相逐，有一婦人不從命，斬之。經少時，夜夢遊後堂，有一女子罵曰：『帝悖虐不道，明年不及熟矣。』帝怒，于宮中求得似所夢者一人戮之。其夕復夢所戮女罵曰：『汝枉殺我，已訴上帝。』至是，巫覡云『此堂有鬼』。帝與山陰公主及六宮彩女數百人隨羣巫捕鬼，屏除侍衛，帝親自射之。事畢，將奏靡靡之聲，壽寂之懷刀直入，姜產之為副，諸姬迸逸，廢帝亦走。追及之，大呼：『寂！寂！』如此者三，手不能舉，乃崩于華光殿，時年十七。太皇太后令奉湘東王彧纂承皇統。

又 卷三《明帝紀》 是歲入朝，時廢帝疑畏諸父，以上付廷尉，明日將加禍害，上乃與腹心阮佃夫、李道兒等密謀。時廢帝左右直合將軍宗越、譚金、童太一等是夜並外宿，佃夫、道兒因結壽寂之等，十一月二十九日，弒廢帝於後堂。建安王休仁便稱臣，奉引升西堂，登御坐。事出倉卒，上失履，跣，猶著烏紗帽，休仁呼主衣以白紗代之。未即位，凡衆事悉稱令書。己未，司徒豫章王子尚、山陰公主並賜死，宗越、譚金、童太一伏誅。

十二月庚申朔，令書以東海王禕為中書監、太尉，以晉安王子勳為車騎將軍、開府儀同三司。癸亥，以建安王休仁為司徒、尚書令、揚州刺史。乙丑，改封安陸王子綏為江夏王。

泰始元年即大明九年也，魏和平六年。冬十二月丙寅，皇帝即位于太極前殿，大赦，改元。辛未，改封臨賀王子產為南平王，晉熙王子輿為廬陵王。壬申，以王景文為尚書僕射。乙亥，追尊所生沈婕妤曰宣皇太后。戊寅，改太皇太后為崇憲皇太后，立皇后王氏。

南齊蕭寶融另立

綜　述

《南齊書》卷七《東昏侯紀》 （永元元年）春，正月，戊寅，大赦，改元。癸卯，以冠軍將軍南康王寶融為荆州刺史。

（永元三年）三月，丁未，南康王寶融即皇帝位於江陵。

十二月，丙寅，新除雍州刺史王珍國、侍中張稷率兵入殿廢帝，時年十九。

又　卷八《和帝紀》　和帝諱寶融，字智昭，高宗第八子也。建武元年，封隨郡王，邑二千户。三年，為冠軍將軍，領石頭戍軍事。永元元年，改封南康王，為持節，督荆、雍、益、寧、梁、南北秦七州軍事，西中郎將，荆州刺史。

二年十一月，甲寅，長史蕭穎胄殺輔國將軍、巴西梓潼二郡太守劉山陽，奉梁王舉義。乙卯，教纂嚴。又教曰：『吾躬率晉陽，翦此凶孽，戎事方勤，宜覃澤惠。所領內繫囚見徒，罪無輕重，殊死已下，皆原遣。先有位署，即復本職。將吏轉一階。從征身有家口停鎮，給廩食。凡諸雜役見在諸軍帶甲之身，克定之後，悉免為民。其功效賞報，別有科條。』丙辰，以雍州刺史梁王為使持節、都督前鋒諸軍事、左將軍。丁巳，以蕭穎胄為右將軍、都督行留諸軍事。戊午，梁王上表勸進。十二月，乙亥，羣僚勸進，並不許。壬辰，驍騎將軍夏侯亶自京師至江陵，稱宣德太后令：『西中郎將南康王宜纂承皇祚，光臨億兆。方俟清宮，未即大號，可且封宣城、南琅邪、南東海、東陽、臨海、新安、尋陽、南郡、竟陵、宜都十郡為宣城王，相國、荆州牧，加黄皞，置僚屬，選百官，西中郎府南康國並如故。須軍次近路，主者詳依舊典，法駕奉迎。』

三年正月，乙巳，王受命，大赦，唯梅蟲兒、茹法珍等不在赦例。右將軍蕭穎胄為左長史，進號鎮軍將軍，梁王進號征東將軍。甲戌，以冠軍將軍楊公則為湘州刺史。甲寅，建牙于城南。二月，乙丑，以冠軍長史王茂先為江州刺史，冠軍將軍曹景宗為郢州刺史，右將軍邵陵王寶攸為荆州刺史。己巳，羣僚上尊號，立宗廟及南北郊。甲申，梁王率大衆屯沔口，郢州刺史張沖拒守。三月，丁酉，張沖死，驃騎將軍薛元嗣等固城。

中興元年春，三月，乙巳，即皇帝位，大赦，改元。

又　卷一九《五行志》　（永元二年）八月，宫内火，燒西齋芃儀殿及昭陽、顯陽等殿，北至華林牆，西及秘閣北，屋三千餘間。《京房易傳》曰：『君不思道，厥妖火燒宮。』秘閣與《春秋》宣榭火同，天意若曰，既無紀綱，何用典文為也！

冬，京師民間相驚云當行火災，南岸人家往往於籬間得布火纏者，云公家以此禳之。

三年正月，豫章郡天火燒三千餘家。京房《易》占曰：『天火下燒民屋，是謂亂治殺兵作。』是年，臺軍與義師偏衆相攻于南江諸郡。

又　卷二四《張瑰傳》　永元初，（瑰）為光禄大夫。尋加前將軍，金章紫綬。三年，義師下，東昏假瑰節，戍石頭。義師至新亭，瑰棄城走還宮。梁初復為光禄。天監四年卒。

又　卷三八《蕭穎胄傳》　和帝為荆州，以穎胄為冠軍將軍、西中郎長史、南郡太守、行荆州府、州事。東昏侯誅戮羣公，委任厮小，崔、陳敗後，方鎮各懷異計。永元二年十月，尚書令臨湘侯蕭懿及弟衛尉暢見害。先遣輔國將軍、巴西梓潼二郡太守劉山陽領三千兵受旨之官，就穎胄共襲雍州。雍州刺史梁王將起義兵，慮穎胄不識機變，遣使王天虎詣江陵，聲云山陽西上，並襲荆、雍。書與穎胄，勸同義舉。穎胄意猶未決。初，山陽出南州，謂人曰：『朝廷以白虎幡追我，亦不復還矣。』席捲妓妾，盡室而行。至巴陵，遲回十餘日不進。梁王復遣天虎齎書與穎胄，陳設其略。是時或云山陽謀殺穎胄，以荆州同義舉，穎胄乃與梁王定契，斬王天虎首，送示山陽。發百姓車牛，聲云起步軍征襄陽。十一月十八日，山陽至江津，單車白服，從左右數十人，詣穎胄，穎胄使前汶陽太守劉孝慶、前永平太守劉熙曄、鎧曹參軍蕭文照、前建威將軍陳秀、輔國將軍孫末伏兵城内。山陽入門，即于車中亂斬之。副軍主李元履收餘衆歸附。遣使蔡道猷馳驛送山陽首于梁王，乃發教纂嚴，分部購募。東昏聞山陽死，發詔討荆、雍。贈山陽寧朔將軍、梁州刺史。

穎胄有器局，既唱大事，虚心委己，衆情歸之。加穎胄右將軍，都督行留諸軍事，置佐史，本官如故。西中郎司馬夏侯詳加征虜將軍。遣寧朔將軍王法度向巴陵。穎胄獻錢二十萬，米千斛，鹽五百斛。諮議宗塞、別駕宗夬獻穀二千斛，牛二頭。换借富貲，以助軍費。長沙寺僧業富，沃鑄黄金為龍數千兩，埋土中，歷相傳付，稱為下方黄鐵，莫有見者，乃取此龍，以充軍實。

十二月，移檄：

西中郎府長史、都督行留諸軍事、右軍將軍、南郡太守、南豐縣開國侯蕭穎胄，司馬、征虜將軍、新興太守夏侯詳告京邑百官，諸州郡牧守：

夫運不常夷，有時而陂；數無恒剥，否極則亨。昔商邑中微，彭、韋投袂；漢室方昏，虛、牟效節。故風聲永樹，卜世長久者也。昔我太祖高皇帝德範生民，功格天地，仰緯彤雲，俯臨紫極。世祖嗣興，增光前業，雲雨之所沾被，日月之所出入，莫不舉踵來王，交臂納貢。鬱林昏迷，顛覆厥序，俾我大齊之祚，翦焉將墜。高宗明皇帝建道德之盛軌，垂仁義之至蹤，紹二祖之鴻基，繼三五之絕業。昧旦丕顯，不明求衣，故奇士盈朝，異人輻湊。若乃經禮緯樂之文，定鼎作洛之制，非雲如醴之詳，白質黑章之瑞，諒以則天比大，無德稱焉。而嗣主不綱，窮肆陵暴，十愆畢行，三風咸襲。喪初而無哀貌，在戚而有喜容。酣酒嗜音，罔懲其侮；讒賊狂邪，是與比周。遂令親賢嬰荼毒之誅，宰輔受葅醢之戮。江僕射、蕭、劉領軍，徐司空，沈僕射，曹右衛，或外戚懿親，或皇室令德，或時宗民望，或國之虎臣，並勳彰中興，功比周、邵，秉鈞贊契，受遺先朝。咸以名重見疑，正直貽斃，害加黨族，虐及嬰孺。曾無《渭陽》追遠之情，不顧本枝殲落之痛。信必見疑，忠而獲罪，百姓業業，罔知攸暨。崔慧景内逼淫刑，外不堪命，驅土崩之民，為免死之計，倒戈回刃，還指宮闕。城無完守，人有異圖。賴蕭令君勳濟宗祐，業拯蒼氓，四海蒙一匡之德，億兆憑再造之功。江夏王拘迫威强，牽制巨力，迹屈當時，乃心可亮，竟不能内恕探情，顯加鴆毒。蕭令君自以親惟族長，任實宗臣，至誠苦言，朝夕獻入，讒醜交構，漸見疏疑，浸潤成灾，奄離怨酷。用人之功，以寧社稷，刈人之身，以騁淫濫。

台輔既誅，姦小競用。梅蟲兒、茹法珍妖忍愚戾，窮縱醜惡，販鬻主威，以為家勢，營惑嗣主，恣其妖虐。宮女千餘，裸服宣淫，孽臣數十，祖裼相逐。帳飲闤肆之間，宵遊街陌之上，提挈羣豎，以為歡笑。

劉山陽潛受凶旨，規肆狂逆，天誘其衷，即就梟翦。

夫天生蒸民，樹之以君，使司牧之，勿使失性。豈有尊臨宇縣，毒遍黔首，絕親戚之恩，無君臣之義，功重者先誅，勳高者速斃。九族内離，四夷外叛，封境日蹙，戎馬交馳，帑藏既空，百姓已竭，不恤不憂，慢遊是好。民怨于下，天懲於上，故熒惑襲月，孽火燒宮，妖水表灾，震蝕告沴。七廟阽危，三才莫紀，大懼我四海之命，永淪於地。

南康殿下體自高宗，天挺英懿。食葉之征，著於弱年，當璧之祥，兆乎綺歲。億兆顒顒，咸思戴奉。且勢居上游，任總連帥，家國之否，寧濟是當。莫府身備皇宗，忝荷顧托，憂深責重，誓清時難。今命冠軍將軍、西中郎諮議、領中直兵參軍、軍主楊公則，寧朔將軍、領中兵參軍、軍主王法度，冠軍將軍、諮議參軍、軍主龐飄，輔國將軍、諮議參軍、領別駕、軍主宗夬，輔國將軍、諮議參軍、軍主樂藹等，領勁卒三萬，陵波電邁，逕造秣陵。冠軍將軍、領諮議、中直兵參軍、軍主蔡道恭，輔國將軍、中直兵參軍、右軍府司馬、軍主席闡文，輔國將軍、中直兵參軍、軍主任漾之，寧朔將軍、中直兵參軍、軍主韓孝仁，寧朔將軍、中直兵參軍、軍主朱斌，中直兵參軍、軍主宗冰之，建威將軍、中直兵參軍、軍主朱景舒，寧朔將軍、中直兵參軍、軍主庾域，寧遠將軍、軍主庾略等，被甲二萬，直指建業。輔國將軍、武寧太守、軍主鄧元起，輔國將軍、前軍將軍、軍主王世興等，鐵騎一萬，分趨白下。征虜將軍、領司馬、新興太守夏侯詳，寧朔將軍、諮議參軍、軍主柳忱，寧朔將軍、領中兵參軍、軍主劉孝慶，建威將軍、軍主、江陵令江詮等，帥組甲五萬，駱驛繼發。

雄劍高麾，則五星從流；長戟遠指，則雲虹變色。天地為之喬皇，山淵以之崩沸。莫府親貫甲冑，授律中權，董帥熊羆之士十有五萬，征鼓粉遝，雷動荊南。寧朔將軍、南康王友蕭穎達領虎旅三萬，抗威後拒。蕭雍州勳業蓋世，謀猷淵肅，既痛家禍，兼憤國難，泣血枕戈，誓雪怨酷，精卒十萬，已出漢川。張郢州節義慷慨，悉力齊奮。江州邵陵王、湘州張行事、王司州皆遠近懸契，不謀而同，並勒驍猛，指景風驅。舟艦魚麗，萬里蓋水，車騎雲屯，平原霧塞。以同心之士，伐倒戈之衆，盛德之師，救危亡之國，何征而不服，何誅而不克哉！

今兵之所指，唯在梅蟲兒、茹法珍二人而已。諸君德載累世，勳著先朝，屬無妄之時，居道消之運，受迫羣豎，念有危懼。大軍近次，當各思拔迹，來赴軍門。檄到之日，有能斬送蟲兒、法珍首者，封二千户開國縣侯。若迷惑凶黨，敢拒軍鋒，刑茲無赦，戮及宗族。賞罰之信，有如皦日，江水在此，餘不食言。

遣冠軍將軍楊公則向湘州。王法度不進軍，免官。公則進克巴陵，仍向湘州。遣寧朔將軍劉坦行湘州事。

穎胄遣人謂梁王曰：『時月未利，當須來年二月。今便進兵，恐非良

策。』梁王曰：『今坐甲十萬，糧用自竭。況藉以義心，一時驍鋭。且太白出西方，仗義而動，天時人謀，無有不利。昔武王伐紂，行逆太歲，豈復待年月邪？』穎胄乃從。遣西中郎參軍鄧元起率衆向夏口。

三年正月，和帝為相國，穎胄領左長史，進號鎮軍將軍。於是始選用方伯。梁王屢表勸和帝即尊號，梁州刺史柳惔、竟陵太守曹景宗並勸進。穎胄使別駕宗夬撰定禮儀，上尊號，改元，於江陵立宗廟、南北郊，州府城門悉依建康宮，置尚書五省，以城南射堂為蘭臺，南郡太守為尹。建武中，荆州大風雨，龍入柏齋中，柱壁上有爪足處，刺史蕭遙欣恐畏，不敢居之。至是以為嘉祐殿。中興元年三月，穎胄為侍中、尚書令，假節、都督如故。尋領吏部尚書，監八州軍事，行荆州刺史，本官如故。左丞樂藹奏曰：『敕旨以軍旅務殷，且停朝直。竊謂匪懈於位，義昭夙興，國容舊典，不可頓闕。與兼右丞江詮等參議，八座丞郎以下宜五日一朝，有事郎坐侍下鼓，無事許從實還外。』奏可。

梁王義師出沔口，郢州刺史張沖據城拒守。楊公則定湘州，行事張寶積送江陵，率軍會夏口。巴西太守魯休烈、巴東太守蕭惠訓遣子璝拒義師。穎胄遣汶陽太守劉孝慶進峽口，與巴東太守任漾之、宜都太守鄭法紹御之。時軍旅之際，人情未安，穎胄府長史張熾從絳衫左右三十餘人入千秋門，城内驚恐，疑有同異。御史中丞奏彈熾，詔以贖論。

穎胄弟穎孚在京師，廬陵人修靈祐竊將南上，於西昌縣山中聚兵二千人，襲郡，内史謝篹奔豫章。穎孚、靈祐據郡求援，穎胄遣寧朔將軍范僧簡入湘州南道援之。僧簡進克安成，仍以為輔國將軍、安成内史。拜穎孚為冠軍將軍、廬陵内史。合二郡兵，出彭蠡口。

東昏侯遣軍主彭盆、劉希祖三千人受江州刺史陳伯之節度，南討二郡義兵，仍進取湘州。南康太守王丹保郡應盆等。穎孚聞兵至，望風奔走。前内史謝篹復還郡。劉希祖至安成，攻戰七日，城陷，范僧簡見殺。希祖仍為安成内史。穎孚收散卒據西昌，謝篹又遣軍攻之，衆敗，奔湘州。以穎孚為督湘東衡陽零陵桂陽營陽五郡、湘東内史、假節、將軍如故。尋病卒。後修靈祐又合餘衆攻篹，篹復敗走豫章，劉希祖亦以郡降。

湘東内史王僧粲亦拒義，自稱平西將軍、湘州刺史，以南平鎮軍主周敷為長史，率前軍襲湘州，去州百餘里。楊公則長史劉坦守州城，遣軍主尹法略拒之，屢戰不勝。及聞建康城平，僧粲散走，乃斬之。南康太守王丹亦為郡人所殺。

郢城降，義師衆軍東下。八月，魯休烈、蕭璝破汶陽太守劉孝慶等於峽口，巴東太守任漾之見殺，遂至上明，江陵大震。穎胄恐，馳告梁王曰：『劉孝慶為蕭璝所敗，宜遣楊公則還援根本。』梁王曰：『公則今泝流上荆，鞭長之義耳。蕭璝、魯休烈烏合之衆，尋自退散。政須荆州少時持重。良須兵力，兩弟在雍，指遣往征，不為難至。』穎胄乃追贈任漾之輔國將軍、梁州刺史。遣軍主蔡道恭假節屯上明拒蕭璝。

時梁王已平郢、江二鎮。穎胄輔帝出居上流，有安重之勢。素能飲酒，啖白肉鱠至三升，既聞蕭璝等兵相持不決，憂慮感氣，十二月壬寅夜，卒。遺表曰：『臣疹患數日，不謂便至困篤，氣息綿微，待盡而已。臣雖庸薄，忝籍葭莩，過受先朝殊常之眷，循寵礪心，誓生以死。屬皇業中否，天地分崩，總率諸侯，翼奉明聖。賴社稷靈長，大明在運，故兵之所臨，無思不服。今四海垂平，干戈行戢，方希陪翠華，奉法駕，反東都，觀舊物。不幸遘疾，奄辭明世，懷此深恨，永結泉壤。竊惟王業至重，萬機甚大，登之實難，守之未易。陛下富於春秋，當遠尋祖宗創業艱難，殷鑑季末顛覆厥緒，思所以念始圖終，康此兆庶。征東大將軍臣衍，元勳上德，光贊天下，陛下垂拱仰成，則風流日化，臣雖萬没，無所遺恨。』時年四十。和帝出臨哭。詔贈侍中、丞相，本官如故。前後部羽葆鼓吹，班劍三十人。轀輬車，黄屋左纛。

梁王圍建康城，住在石頭，和帝密詔報穎胄凶問，秘不發喪。及城平，識者聞之，知天命之有在矣。

又　卷四七《謝朓傳》　東昏失德，江祏欲立江夏王寶玄，末更回惑，與弟祀密謂朓曰：『江夏年少輕脱，不堪負荷神器，不可復行廢立。始安年長入纂，不乖物望。非以此要富貴，政是求安國家耳。』遙光又遣親人劉渢密緻意於朓，欲以為肺腑。朓自以受恩高宗，非渢所言，不肯答。少日，遙光以朓兼知衛尉事，朓懼見引，即以祏等謀告左興盛，興盛不敢發言。祏聞，以告遙光，遙光大怒，乃稱敕召朓，仍回車付廷尉，與徐孝嗣、祏、暄等連名啓誅朓曰：『謝朓資性險薄，大彰遠近。王敬則往構凶逆，微有誠效，自爾升擢，超越倫伍。而溪壑無厭，著於觸事。比遂

扇動內外，處處姦說，妄貶乘輿，竊論宮禁，間謗親賢，輕議朝宰，醜言異計，非可具聞。無君之心既著，共棄之誅宜及。臣等參議，宜下北里，肅正刑書。』詔：『公等啓事如此，眺資性輕險，久彰物議。直以彫蟲薄伎，見齒衣冠。昔在渚宮，構扇蕃邸，日夜縱諛，仰窺俯畫。及還京師，翻自宣露，江、漢無波，以為己功。素論於兹而盡，縉紳所以側目。去夏之事，頗有微誠，賞擢曲加，逾邁倫序，感悅未聞，陵競彌著。遂復矯構風塵，妄惑朱紫，詆貶朝政，疑間親賢。巧言利口，見醜前志。涓流纖孽，作戒遠圖。宜有少正之刑，以申去害之義。便可收付廷尉，肅明國典。』又使御史中丞范岫奏收朓，下獄死。時年三十六。

又　卷四八《劉繪傳》　及梁王義師起，朝廷以（劉）繪為持節、督雍梁南北秦四州郢州之竟陵司州之隨郡諸軍事、輔國將軍、領寧蠻校尉、雍州刺史。固讓不就。衆以朝廷昏亂，為之寒心，繪終不受，東昏改用張欣泰。繪轉建安王車騎長史，行府國事。義師圍城，南兖州刺史張稷總城內軍事，與會情款異常，將謀廢立，閑語累夜。東昏殞，城內遣繪及國子博士范雲等送首詣梁王於石頭，轉大司馬從事中郎。

又　卷四九《張沖傳》　梁王義師起，東昏遣驍騎將軍薛元嗣、制局監暨榮伯領兵及糧運百四十餘船送沖，使拒西師。元嗣等懲劉山陽之敗，疑沖不敢進，停住夏口浦。聞義師將至，元嗣、榮伯相率入郢城。時竟陵太守房僧寄被代還至郢，東昏敕僧寄留守魯山，除驍騎將軍。僧寄謂沖曰：『臣雖未荷朝廷深恩，實蒙先帝厚澤。蔭其樹者不折其枝，實欲微立塵效。』沖深相許諾，共結盟誓。乃分部拒守，遣軍主孫樂祖數千人助僧寄據魯山岸立城壘。

永元三年二月，梁王出沔口，圍魯山城。遣軍主曹景宗等過江攻郢城，未及盡濟，沖遣中兵參軍陳光靜等開門出擊，為義師所破，光靜戰死，沖固守不出。景宗於是據石橋浦，連軍相續，下至加湖。東昏遣軍主巴西梓潼二郡太守吴子陽、光子衿、李文釗、陳虎牙等十三軍援郢，至加湖不得進，乃築城舉烽，城內亦舉火應之。而內外各自保，不能相救。

沖病死，元嗣、榮伯與衝子孜及長史江夏內史程茂固守。東昏詔贈沖散騎常侍、護軍將軍。假元嗣、子陽節。江水暴長，加湖城淹潰，義師乘高艦攻之，子陽等大敗散。魯山城乏糧，軍人于磯頭捕細魚供食，密治輕船，將奔夏口。梁王命偏軍斷其取路，防備越逸。房僧寄病死，孫樂祖窘，以城降。

郢城被圍二百餘日，士庶病死者七八百家。魯山既敗，程茂及元嗣等議降，使孜為書與梁王。魯山陷後二日，元嗣等以郢城降。

《梁書》卷九《王茂傳》　高祖義師起，茂私與張弘策勸高祖迎和帝，高祖以為不然，語在《高祖紀》。

又　卷一六《王瑩傳》　建康平，高祖為相國，引瑩為左長史，加冠軍將軍，奉法駕迎和帝於江陵。

《南史》卷四七《江祏傳》　（永元元年）領太子詹事，劉暄遷散騎常侍、右衛將軍。帝稍欲行意，徐孝嗣不能奪。蕭坦之雖時有異同，而祏堅意執制，帝深忌之。孝嗣謂祏曰：『主上稍有異同，詎可爲相乖反？』祏曰：『但以見付，必無所憂。』左右小人會稽茹法珍、吴興梅蟲兒、東海祝靈勇、東冶軍人俞靈韻、右衛軍人豐勇之等，並爲帝所委任。祏常裁折之，羣小切齒。

帝失德既彰，祏議欲立江夏王寶玄。劉暄初爲寶玄郢州行事，執事過刻。有人獻馬，寶玄欲看之，暄曰：『馬何用看。』妃索煮肫，帳下諮暄，暄曰：『旦已煮鵝，不煩復此。』寶玄恚曰：『舅殊無渭陽之情。』暄聞之亦不悅。至是不同祏議，欲立建安王寶寅。密謀於遙光，遙光自以年長，屬當鼎命，微旨動祏。祏弟祀以少主難保，勸祏立遙光。暄以遙光若立，己失元舅之望，不肯同。故祏遲疑久不決。遙光大怒，遣左右黄曇慶於青溪橋道中刺殺暄。曇慶見暄部伍人多，不敢發。事覺，暄告祏謀，帝處分收祏兄弟。祀時直在殿內，疑有異，遣信報祏曰：『劉暄似有謀，今作何計？』祏曰：『政當靜以鎮之。』俄而召祏入見，停中書省。先是，直齋袁文曠以王敬則勳當封，祏執不與。帝使文曠取祏，以刀環築其心，曰：『復能奪我封不？』祏、祀同日見殺。

南齊明帝弒簒

綜　述

《南齊書》卷四《鬱林王紀》　中書舍人綦母珍之、朱隆之，直閤將軍曹道剛、周奉叔，並為帝羽翼。高宗屢諫不納，先啓誅龍駒，次誅奉叔及珍之，帝並不能違。既而尼媪外入，頗傳異語，乃疑高宗有異志。中書令何胤以皇后從叔見親，使直殿省，嘗隨後呼胤為三父，與胤謀誅高宗，令胤受事，胤不敢當，依違杜諫，帝意復止。乃謀出高宗於西州，中敕用事，不復關諮。高宗慮變，定謀廢帝。二十二日壬辰，使蕭諶、坦之等於省誅曹道剛、朱隆之等，率兵自尚書入雲龍門，戎服加朱衣於上。比入門，三失履。王晏、徐孝嗣、蕭坦之、陳顯達、王廣之、沈文季係進。帝在壽昌殿，聞外有變，使閉內殿諸房閤，令閹人登興光樓望，還報云：『見一人戎服，從數百人，急裝，在西鐘樓下。』須臾，蕭諶領兵先入宮，截壽昌閤，帝走向愛姬徐氏房，拔劍自刺不中，以帛纏頸，輿接出延德殿。諶初入殿，宿衛將士皆操弓盾欲拒戰，諶謂之曰：『所取自有人，卿等不須動！』宿衛信之，及見帝出，各欲自奮，帝竟無一言。出西弄，殺之，時年二十一，輿屍出徐龍駒宅，殯葬以王禮。餘黨亦見誅。

又　卷五《海陵王紀》　其年，鬱林王廢，尚書令西昌侯鸞議立昭文為帝。

延興元年秋，七月，丁酉，即皇帝位。以尚書令、鎮軍大將軍、西昌侯鸞為驃騎大將軍、録尚書事、揚州刺史、宣城郡公。

又　卷二一《文惠太子傳》　初，太子內懷惡明帝，密謂竟陵王子良曰：『我意色中殊不悅此人，當由其福德薄所致。』子良便苦救解。後明帝立，果大相誅害。

又　卷二四《張瓌傳》　鬱林即位，（張瓌）加金章紫綬。鬱林廢，朝臣到宮門參承高宗，瓌托脚疾不至。海陵立，加右將軍。高宗疑外蕃起兵，以瓌鎮石頭，督衆軍事。

又　卷二六《王敬則傳》　世祖崩，遺詔改加（敬則）侍中。高宗輔政，密有廢立意，隆昌元年，出敬則為使持節、都督會稽東陽臨海永嘉新安五郡軍事、會稽太守，本官如故。海陵王立，進位尉。【略】

帝既多殺害，敬則自以高、武舊臣，心懷憂恐。

又　卷二七《王玄邈傳》　高宗使玄邈往江州殺晉安王子懋，玄邈苦辭不行，及遣王廣之往廣陵取安陸王子敬，玄邈不得已奉旨。

又　卷二九《周盤龍傳》　高宗廢帝之日，道剛直閤省，蕭諶先入戶，若欲論事，兵人隨後奄進，以刀刺之，洞胸死，因進宮內廢帝。

又　《王廣之傳》　高宗誅害諸王，遣廣之征安陸王子敬于江陽，給鼓吹一部。

又　卷三五《鄱陽王鏘傳》　鏘雍容得物情，為鬱林王所依信。鬱林心疑高宗，諸王問訊，獨留鏘謂之曰：『公聞鸞於法身何如？』鏘曰：『臣鸞于宗戚最長，且受寄先帝。臣等年皆尚少，朝廷之幹，唯鸞一人，願陛下無以為慮。』鬱林退謂徐龍駒曰：『我欲與公共計取鸞，公既不同，我不能獨辦，且復小聽。』及鬱林廢，鏘竟不知。

延興元年，進位司徒，侍中、驃騎如故。高宗鎮東府，權勢稍異，鏘每往，高宗常屣履至車迎鏘。語及家國，言淚俱下，鏘以此推信之。而宮臺內皆屬意於鏘，勸鏘入宮發兵輔政。制局監謝粲說鏘及隨王子隆曰：『殿下但乘油壁車入宮，出天子置朝堂，二王夾輔號令，粲等閉城門上仗，誰敢不同？東城人政共縛送蕭令耳。』子隆欲定計，鏘以上臺兵力既悉度東府，且慮事難捷，意甚猶豫。馬隊主劉巨，世祖時舊人，詣鏘請間，叩頭勸鏘立事。鏘命駕將入，復回還內與母陸太妃別，日暮不成行。數日，高宗遣二千人圍鏘宅害鏘，謝粲等皆見殺。鏘時年二十六。凡諸王被害，皆以夜遣兵圍宅，或斧關排牆叫噪而入，家財皆見封籍焉。

又　《桂陽王蕭鑠傳》　鄱陽王見害，鑠還中軍將軍，開府儀同三司。鑠不自安，至東府詣高宗還，謂左右曰：『向録公見接殷勤，流連不能已，而貌有慚色，此必欲殺我。』三更中，兵至見害。時年二十五。

又　《江夏王蕭鋒傳》　高宗殺諸王，鋒遣書誚責，左右不為通，高宗深憚之。不敢於第收鋒，使兼祠官於太廟，夜遣兵廟中收之。鋒出登

車，兵人欲上車防勒，鋒以手擊卻數人，皆應時倒地，於是敢近者遂逼害之。時年二十。

又《**南平王蕭鋭傳**》（延興元年）害諸王，遣裴叔業平尋陽，仍進湘州。鋭防閣周伯玉勸鋭拒叔業，而府州力弱不敢動，鋭見害，年十九。伯玉下獄誅。

又《**宜都王蕭鏗傳**》鬱林即位，進號征虜將軍。延興元年見害，年十八。

又《**晉熙王蕭銶傳**》（延興元年）進號征虜將軍。尋見害，年十六。

又《**河東王蕭鉉傳**》高宗誅諸王，以鉉年少才弱，故不加害。建武之世，高、武子孫憂危，鉉每朝見，常鞠躬俯僂，不敢平行直視。尋遷侍中、衛將軍。鉉年稍長。四年，誅王晏，以謀立鉉為名，免鉉官，以王還第，禁不得與外人交通。永泰元年，上疾暴甚，遂害鉉，時年十九。二子在孩抱，亦見殺。

又卷三七《**虞悰傳**》鬱林立，改領右軍將軍，揚州大中正，兼大匠卿。鬱林廢，悰竊歎曰：『王、徐遂縛袴廢天子，天下豈有此理邪？』

明帝立，悰稱疾不陪位。帝使尚書令王晏齎廢立事示悰，以悰舊人，引參佐命。悰謂晏曰：『主上聖明，公卿戮力，寧假朽老以匡贊惟新乎？不敢聞命。』

又卷三八《**蕭景先傳**》蕭景先，南蘭陵蘭陵人，太祖從子也。子毅，性奢豪，好弓馬，為高宗所疑忌。王晏事敗，並陷誅之。遣軍圍宅，毅時會賓客奏伎，聞變，索刀未得，收人突進，挾持毅入與母別，出便殺之。

又《**蕭穎胄傳**》高宗廢立，穎胄從容不為同異，乃引穎胄預功。

又卷四〇《**蕭昭胄傳**》昭胄字景胤。泛涉有父風。永明八年，自竟陵王世子為寧朔將軍、會稽太守。鬱林初，為右衛將軍，未拜，遷侍中，領右軍將軍。建武三年，復為侍中，領驍騎將軍，轉散騎常侍，太常。以封境邊虜，永元元年，改封巴陵王。

先是王敬則事起，南康侯子恪在吴郡，高宗慮有同異，召諸王侯入宮，晉安王寶義及江陵公寶覽等住中書省，高、武諸孫住西省，敕人各兩左右自隨，過此依軍法，孩抱者乳母隨入。其夜太醫煮藥，都水辦數十具棺材，須三更當悉殺之。子恪奔歸，二更達建陽門刺啓。時刻已至，而帝眠不起，中書舍人沈徽孚與帝所親左右單景雋共謀少留其事。須臾帝覺，景雋啓子恪已至，驚問曰：『未邪？』景雋具以事答。明日悉遣王侯還第。建武以來，高、武王侯居常震怖，朝不保夕，至是尤甚。

及陳顯達起事，王侯復入宮，昭胄懲往時之懼，與弟永新侯昭穎逃奔江西，變形為道人。崔慧景舉兵，昭胄兄弟出投之。慧景事敗，昭胄兄弟首出投臺軍主胡松，各以王侯還第。不自安，謀為身計。子良故防閤桑偃為梅蟲兒軍副，結前巴西太守蕭寅，謀立昭胄。昭胄許事克用寅為尚書左僕射、護軍將軍。以寅有部曲，大事皆委之。時胡松領軍在新亭，寅遣人說之云：『須昏人出，寅等便率兵奉昭胄入臺，閉城號令。昏人必還就將軍，將軍但閉壘不應，則三公不足得也。』松又許諾。會東昏新起芳樂苑，月許日不復出遊，偃等議募健兒百餘人從萬春門入突取之，昭胄以為不可。偃同黨王山沙慮事久無成，以事告御刀徐僧重。寅遣人殺山沙于路，吏於麝郤中得其事蹟，昭胄兄弟與同黨皆伏誅。

又《**廬陵王蕭子卿傳**》鬱林即位，復為侍中、驃騎將軍。鄱陽王鏘見害，以子卿代為司徒，領兵置佐。尋復見殺，時年二十七。

又《**晉安王蕭子懋傳**》鬱林即位，即本號為大將軍。子懋見幼主新立，密懷自全之計，令作部造器杖。

延興元年，加侍中。聞鄱陽、隨郡二王見殺，欲起兵赴難。母阮在都，遣書欲密迎上，阮報其兄于瑤之為計，瑤之馳告高宗。於是纂嚴，遣平西將軍王廣之南北討，使軍主裴叔業與瑤之先襲尋陽，聲云為郢州行司馬。子懋知之，遣三百人守盆城。叔業泝流直下，至夜回下襲盆城。城局參軍樂賁開門納之。子懋率府州兵力，先已具船於稽亭渚，聞叔業得盆城，乃據州自衛。子懋部曲多雍土人，皆踴躍願奮，叔業畏之，遣於瑤之說子懋曰：『今還都，必無過憂，政當作散官，不失富貴也。』子懋既不出兵攻叔業，衆情稍沮。中兵參軍於琳之，瑤之兄也，說子懋重賂叔業，子懋使琳之往。琳之因說叔業請取子懋。叔業遣軍主徐玄慶將四百人隨琳之入州城，僚佐皆奔散，琳之從二百人拔刃入齋。子懋罵曰：『小人何忍

行此事！』琳之以袖鄣面，使人害之。時年二十三。

又《隨郡王蕭子隆傳》 鬱林立，進號征西將軍。隆昌元年，為侍中、撫軍將軍，領兵置佐。延興元年，轉中軍大將軍，侍中如故。子隆年二十一，而體過充壯，常服蘆茹丸以自銷損。高宗輔政，謀害諸王，世祖諸子中，子隆最以才貌見憚，故與鄱陽王鏘同夜先見殺。

又《建安王蕭子真傳》 鬱林立，進號安西將軍。隆昌元年，為散騎常侍、護軍將軍。延興元年，轉鎮軍將軍，領兵置佐，常侍如故。其年見殺，年十九。

又《西陽王蕭子明傳》 鬱林初，進號平東將軍。隆昌元年，為右將軍、中書令。延興元年，遷侍中，領驍騎將軍，右軍如故。建武元年，轉撫軍將軍，領兵置佐。二年，誅蕭諶，誣子明及弟子罕、子貞與諶同謀，見害。年十七。

又《南海王蕭子罕傳》 鬱林即位，進號後將軍。隆昌元年，遷散騎常侍、右衛將軍。建武元年，轉護軍將軍。二年，見殺。年十七。

又《巴陵王蕭子倫傳》 鬱林即位，以南彭城祿力優厚，奪子倫與中書舍人綦母珍之，更以南蘭陵代之。隆昌元年，遷散騎常侍、左將軍。延興元年，遣中書舍人茹法亮殺子倫，子倫正衣冠出受詔，曰：『鳥之將死，其鳴也哀；人之將死，其言也善。先朝昔滅劉氏，今日之事，理數固然。君是身家舊人，今銜此使，當由事不獲已。』法亮不敢答而退。年十六。

又《邵陵王蕭子貞傳》 鬱林即位，進號征虜將軍，還為後將軍。建武二年，見誅。年十五。

又《臨賀王蕭子岳傳》 高宗誅世祖諸子，唯子岳及弟六人在後，世呼為七王。朔望入朝，上還後宮，輒歎息曰：『我及司徒諸兒子皆不長，高、武子孫日長大。』永泰元年，上疾甚，絕而復蘇。於是誅子岳等。

延興建武中，凡三誅諸王，每一行事，高宗輒先燒香火，嗚咽涕泣，衆以此輒知其夜當相殺戮也。子岳死時，年十四。

又《西陽王蕭子文傳》 建武中，改封西陽王。永泰元年，見殺。年十四。

又《衡陽王蕭子峻傳》 建武中，改封。永泰元年，見殺。年十四。

又《南康王蕭子琳傳》（永泰元年）見殺。年十四。

又《湘東王蕭子建傳》（永泰元年）見殺，年十三。

又《南郡王蕭子夏傳》（永泰元年）子夏誅。年七歲。

又卷四二《王晏傳》 高宗謀廢立，晏便回應推奉。

又《蕭諶傳》 鬱林即位，深委信諶，諶每請急出宿，帝通夕不得寐，諶還乃安。轉衛軍司馬，兼衛尉，加輔國將軍。丁母憂，敕還復本任，守衛尉。高宗輔政，有所匡諫，帝既在後宮不出，唯遣諶及蕭坦之遥進，乃得聞達。諶回附高宗，勸行廢立，密召諸王典籤約語之，不許諸王外接人物。諶親要日久，衆皆憚而從之。鬱林被廢日，初聞外有變，猶密為手敕呼諶，其見信如此。諶性險進無計略，及廢帝日，領兵先入後宮，齋內仗身素隸服諶，莫有動者。

建武二年六月，上幸華林園，宴諶及尚書令王晏等數人盡歡。坐罷，留諶晚出，至華林閣，仗身執還入省，上遣左右莫智明數諶曰：『隆昌之際，非卿無有今日。今一門二州，兄弟三封，朝廷相報，政可極此。卿恒懷怨望，乃云炊飯已熟，合甑與人邪？今賜卿死。』諶謂智明曰：『天去人亦復不遠，我與至尊殺高、武諸王，是君傳語來去。我今死，還取卿。』於省殺之。至秋而智明死，見諶為祟。詔曰：『蕭諶擢自凡庸，識用輕險，因藉幸會，早預驅馳。永明之季，曲頒恩紀。鬱林昏悖，頗立誠效。寵靈優渥，期遇兼隆，內總戎柄，外暢蕃威，兄弟榮貴，震灼朝野。曾不感佩殊荷，少答萬一，自以勳高伊、霍，事均難賞，才冠當時，恥居物後。矯制王權，與奪由己。空懷疑懼，坐構嫌猜。覘候宮掖，希覬非望。蔽上罔下之心，誣君不臣之迹，固以彰暴民聽，喧聒遐邇。遂潛散金帛，招集不逞，交結禁衛，互為唇齒，密契戚邸，將肆姦逆。朕以其任寄既重，爵列河山，每加彌縫，弘以大信，庶能懷音，翻然悛改。而豺狼其性，凶謀滋甚。夫無將必戮，《陽秋》明義，況釁積禍盈，若斯之大。可收付廷尉，速正刑書。罪止元惡，餘無所問。』

又《蕭坦之傳》 高宗謀廢少帝，既與蕭諶及坦之定謀。帝腹心直閣將軍曹道剛疑外間有異，密有處分，諶未能發。始興內史蕭季敞、南陽太守蕭穎基遷都尉並應還都，諶欲待二蕭至，藉其勢力以舉事。高宗慮

事變，以告坦之，坦之馳謂諶曰：『廢天子古來大事。比聞曹道剛、朱隆之等轉已猜疑。衛尉明日若不就事，無所復及。弟有百歲母，豈能坐聽禍敗，政應作餘計耳！』諶遑遽，明日遂廢帝，坦之力也。

又 卷四三《謝抃傳》 高宗廢鬱林，領兵入殿，左右驚走報抃。抃與客圍棋，每下子，輒云『其當有意』。竟局，乃還齋臥，竟不問外事也。明帝即位，抃又屬疾不視事。

又 《王思遠傳》 初，高宗廢立之際，思遠與晏閑言，謂晏曰：『兄荷世祖厚恩，今一旦贊人如此事，彼或可以權計相須，未知兄將來何以自立。若及此引決，猶可不失後名。』晏不納。及拜驃騎，集會子弟，謂思遠兄思微曰：『隆昌之末，阿戎勸吾自裁。若從其語，豈有今日？』思遠遽應曰：『如阿戎所見，猶未晚也。』及晏敗，故得無他。

又 卷四四《徐孝嗣傳》 高宗謀廢鬱林，以告孝嗣，孝嗣奉旨無所厘贊。高宗入殿，孝嗣戎服隨後。鬱林既死，高宗須太后令，孝嗣於袖中出而奏之，高宗大悦。以廢立功，封枝江縣侯，食邑千户。

又 卷四五《蕭遙光傳》 是時高宗欲即位，誅賞諸事唯遙光共謀議。

遙光好吏事，稱為分明。頗多慘害。足疾不得同朝列，常乘輿自望賢門入。每與上久清閒，言畢，上索香火，明日必有所誅殺。上以親近單少，憎忌高、武子孫，欲並誅之，遙光計畫參議，當以次施行。永泰元年，即本位為大將軍，給油絡車。帝不豫，遙光數入侍疾，帝漸甚，河東王鉉等七王一夕見殺，遙光意也。

又 卷五〇《巴陵王蕭昭秀傳》 （永泰元年）見殺，年十六。

又 《桂陽王蕭昭粲傳》 （永泰元年）見殺，年八歲。

《南史》卷五《齊廢帝鬱林王紀》 （隆昌元年）夏四月閏月丁卯，以鎮軍大將軍西昌侯鸞即本號開府儀同三司。【略】

帝既失道，朝事大小，皆決之西昌侯鸞，鸞有諫，多不見從。極意賞賜左右，動至百數十萬。每見錢曰：『我昔思汝一個不得，今日得用汝未？』武帝聚錢上庫五億萬，齊庫亦出三億萬，金銀布帛不可稱計。即位未期歲，所用已過半，皆賜與諸不逞羣小。取諸寶器以相擊剖破碎之，以爲笑樂。及至廢黜，府庫悉空。其在內，常裸袒，著紅紫錦繡新衣、錦帽、紅縠褌，雜采袙服。好鬬雞，密買雞至數千價。武帝御物甘草杖，宮人寸斷用之。徐龍駒爲後合舍人，日夜在六宮房內。帝與文帝幸姬霍氏淫通，改姓徐氏，龍駒勸長留宮內，聲云度霍氏爲尼，以餘人代之。皇后亦淫亂，齋合通夜洞開，內外淆雜，無復分別。中書舍人綦母珍之、朱隆之，直合將軍曹道剛、周奉叔並爲之羽翼。西昌侯鸞屢諫不納；既而尼媪外入，頗傳異語，乃疑鸞有異志。中書令何胤以皇后從叔見親，使直殿省。常隨後呼胤爲三父。與胤謀誅鸞，令胤受事，胤不敢當，依違杜諫，乃止。又謀出鸞於西州，中敕用事，不復關諮。鸞慮變，先使蕭諶、坦之等於省誅曹道剛、朱隆之等，率兵自尚書省入雲龍門，戎服加朱衣於上。比入門，三失履，王晏、徐孝嗣、蕭坦之、陳顯達、王廣之、沈文季係進。帝在壽昌殿，裸身與霍氏相對，聞外有變，使閉內殿諸房合，令閹人登興光樓望，還報云：『見一人戎服，從數百人，急裝，在西鐘樓下。』須臾，蕭諶領兵先入宮，帝走向愛姬徐氏房，拔劍自刺不入，以帛纏頸，輿接出延德殿。諶初入殿，宿衛將士皆執弓楯欲戰，諶曰：『所取自有人，卿等不須動。』宿衛信之。及帝出，各欲自奮，帝竟無一言。出西弄，遇弒，年二十二。舁屍出徐龍駒宅，殯葬以王禮。霍氏及廣昌君宋並賜死，餘黨亦見誅。

又 《齊廢帝海陵王紀》 （延興元年）秋七月丁酉，【略】以鎮軍大將軍西昌侯鸞爲驃騎大將軍、開府儀同三司、録尚書事、都督、揚州刺史，加班劍爲三十人，封宣城郡公，出鎮東城。

冬十月丁酉，加宣城公鸞黃鉞，進授都督中外諸軍事、太傅，領大將軍、揚州牧，加殊禮，進爵爲王。【略】

是時宣城王鸞輔政，帝起居皆諮而後行。思食蒸魚菜，太官令答無録公命，竟不與。辛亥，皇太后令廢帝爲海陵王，使宣城王入纂皇統。建武元年，詔海陵王依漢東海王强故事，給虎賁、旄頭、畫輪車，設鍾簴宮縣。十一月，稱王有疾，數遣御師往視，乃殞之。給溫明秘器，斂以衮冕之服，大鴻臚監護喪事。葬給轀輬車，九旒大輅，黃屋左纛，前後部羽葆、鼓吹，挽歌二部，依東海王强故事，謚曰恭。

又 《齊明帝紀》 （建武元年）冬十月癸亥，皇帝即位，大赦，改元，文武賜位二等。以太尉王敬則爲大司馬，以司空陳顯達爲太尉。

又 卷六《梁武帝紀》 至是，鬱林失德，齊明帝作輔，將爲廢立計，帝欲助齊明，傾齊武之嗣，以雪心耻，齊明亦知之，每與帝謀。

又 卷二〇《謝朏傳》 明帝謀入嗣位，引朝廷舊臣，朏内圖止足，且實避事。弟瀹時爲吏部尚書，朏至郡，致瀹數斛酒，遺書曰：『可力飲此，勿豫人事。』朏居郡，每不理，常務聚斂，衆頗譏之，亦不屑也。

又 《謝瀹傳》 明帝廢鬱林，領兵入殿，左右驚走報瀹。瀹與客圍棋，每下子，輒云『其當有意』，竟局乃還齋卧，竟不問外事。明帝即位，瀹又屬疾，不知公事。蕭諶以兵臨起之，瀹曰：『天下事，公卿處之足矣；且死者命也，何足以此懼人。』

又 卷二四《王晏傳》 及明帝謀廢立，晏便回應推奉，轉尚書令，封曲江縣侯，給鼓吹一部，甲仗五十人入殿。時明帝形勢已布，而莫敢先言，蕭諶兄弟握兵權，遲疑未決，晏頻三夜微步詣諶議，時人以此窺之。明帝與晏東府語及時事，晏抵掌曰：『公常言晏怯，今定如何？』

又 卷四三《南平王鋭傳》 延興元年，明帝作輔，害諸王，遣裴叔業平尋陽，仍進湘州。鋭防合周伯玉大言於衆曰：『此非天子意，今斬叔業，舉兵匡社稷，誰敢不同！』鋭典籤叱左右斬之，鋭見害，伯玉下獄誅。

又 《宜都王鏗傳》 及延興元年，明帝誅高、武、文惠諸子，鏗聞之，馮左右從容雅步，詠陸機弔魏武云：『昔以四海爲己任，死則以愛子托人。』如此者三，左右皆泣。後果遣吕文顯賫藥往，夜進聽事，正逢八關齋。鏗上高坐，謂文顯曰：『高皇昔寵任君，何事乃有今日之行？』答云：『出不獲已。』於是仰藥。

又 卷四四《巴陵王子倫傳》 （延興元年）明帝遣中書舍人茹法亮殺子倫，子倫時鎮琅邪城，有守兵，子倫英果，明帝恐不即罪，以問典籤華伯茂。伯茂曰：『公若遣兵取之，恐不即可辦，若委伯茂，一小吏力耳。』既而伯茂手自執鴆逼之，左右莫敢動者。子倫正衣冠，出受詔，謂法亮曰：『積不善之家，必有餘殃。昔高皇帝殘滅劉氏；今日之事，理數固然。』舉酒謂法亮曰：『君是身家舊人，今銜此命，當由事不獲已。此酒差非勸酬之爵。』因仰之而死，時年十六，法亮及左右皆流涕。

又 卷四七《江祏傳》 時新立海陵，人情未服，祏每說明帝以君臣大節，明帝轉顧而不言。明帝髀上有赤志，常秘不傳，既而祏勸帝出以示人。晉壽太守王洪范罷任還，上袒示之曰：『人皆謂此是日月相，卿幸無泄之。』洪範曰：『公日月在軀，如何可隱？轉當言之公卿。』上大悦。會直後張伯、尹瓚等屢謀竊發，祏憂虞無計，每夕輒托事外出。及明帝入纂議定，加祏寧朔將軍。

明帝爲宣城王，太史密奏圖緯云：『一號當得十四年。』祏入，帝喜以示祏曰：『得此復何所望。』

梁元帝登基

綜　述

《梁書》卷二《武帝紀》 （天監十三年）秋七月乙亥，立皇子綸為邵陵郡王，繹為湘東郡王，紀為武陵郡王。

又 卷五《元帝紀》 （大寶三年八月）聘魏使徐陵於鄴奉表曰：

臣聞封唐有聖，還承帝嚳之家；居代惟賢，終纂高皇之祚。無為稱於革舄，至治表於垂衣，而撥亂反正，非聞前古。至如金行重作，源出東莞；炎運猶昌，枝分南頓。豈得掩顯姓于軒轅，非才子于顓頊？莫不時因多難，俱繼神宗者也。伏惟陛下，出《震》等於勳、華，明讓同於旦、奭。握圖執鉞，將在御天，玉縢珠衡，先彰元后。神祇所命，非惟太室之祥；圖書斯歸，何止堯門之瑞。若夫大孝聖人之心，中庸君子之德，固以作訓生民，貽風多士。一日二日，研覽萬機；允文允武，包羅羣藝。擬茲三大，賓是四門，歷試諸難，咸熙庶績，斯無得而稱也。

自無妄興暴，皇祚浸微，封犬希修蛇，行灾中國，靈心所宅，下武其興，望紫極而長號，瞻丹陵而殞慟。家冤將報，天賜黄鳥之旗；國害宜誅，神奉玄狐之籙。滕公擁樹，雄氣方嚴；張繡交兵，風神彌勇。忠誠冠於日月，孝義感於冰霜。如霆如雷，如貔如虎，前驅效命，元惡斯殲。既掛膽於西州，方燃臍於東市。蚩尤三塚，寧謂嚴誅？王莽千剸，非云

明罰？青羌赤狄，同畀豺狼，胡服夷言，咸為京觀。邦畿濟濟，還見隆平；宗廟愔愔，方承多福。自氤氳渾沌之世，驪連、栗陸之君，卦起龍圖，文因鳥迹。雲師火帝，非無戰陣之風，堯誓湯征，咸用干戈之道。星躔東井，時破崤、潼；雷震南陽，初平尋、邑。未有援三靈之已墜，救四海之羣飛，赫赫明明，龔行天罰，如當今之盛者也。於是卿雲似蓋，晨映姚鄉；甘露如珠，朝華景寢。芝房感德，咸出銅池；蓂莢伺辰，無勞銀箭。重以東漸玄菟，西逾白狼，高柳生風，扶桑盛日，莫不編名屬國，歸質鴻臚，荒服來賓，遐邇同福。其文昭武穆，跗萼也如彼；天平地成，功業也如此。久應旁求掌固，諮詢天官，斟酌繁昌，經營高邑。宗王啓霸，非勞陽武之侯；清蹕無虞，何事長安之邸。正應揚鑾旂以饗帝，仰鳳扆以承天，歷數在躬，疇與為讓！去月二十日，兼散騎常侍柳暉等至鄴，伏承聖旨謙沖，為而弗宰，或云涇陽未復，函谷無泥，旋駕金陵，方膺天眷。愚謂大庭、少昊，非有定居；漢祖、殷宗，皆無恒宅。登封岱嶽，猶置明堂；巡狩章陵，時行司隸。何必西瞻虎據，乃建王宮；南望牛頭，方稱天闕。抑又聞之：玄圭既錫，蒼玉無陳，乃棫樸之愆期，非苞茅之不貢。雲和之瑟，久廢甘泉；孤竹之管，無聞方澤。豈不懼歟！

伏願陛下因百姓之心，拯萬邦之命。豈可逡巡固讓，方求石户之農；高謝君臨，徒引箕山之客！未知上德之不德，惟見聖人之不仁。率士翹翹，蒼生何望！昔蘇季、張儀，違鄉負俗，尚復招三方以事趙，請六國以尊秦。況臣等顯奉皇華，親承朝命，珪璋特達，通聘河陽，貂珥雍容，尋盟漳水，加牢貶館，隨勢汙隆，瞻望鄉關，誠均休戚。但輕生不造，命與時乖。忝一介之行人，同三危之遠擯。承閑內殿，事絕耿弇之恩；封奏邊城，私等劉琨之哭。不勝區區之至，謹拜表以聞。【略】

（承聖元年）冬十一月丙子，世祖即皇帝位於江陵。【略】是曰世祖不升正殿，公卿陪列而已。丁丑，以平北將軍、開府儀同三司蕭循為驃騎將軍、湘州刺史，餘如故。己卯，立王太子方矩為皇太子，改名元良。立皇子方智為晉安郡王，方略為始安郡王。追尊所生妣阮修容為文宣太后。

《南史》卷五三《邵陵攜王綸傳》 大寶元年，綸至郢州，刺史南平王恪讓州於綸，綸不受。乃上綸爲假黃鉞、都督中外諸軍事。綸於是置百官，改聽事爲正陽殿，內外齋省悉題署焉。而數有變怪，祭城隍神，將烹牛，有赤蛇繞牛口出。南浦施安幄帳，無何風起，飄没于江。

于時元帝圍河東王譽于長沙既久，譽請救於綸，綸欲往救之，爲軍糧不繼遂止。乃與元帝書曰：『道之斯美，以和爲貴，況天時地利不及人和。豈可手足肱支，自相屠害。即日大敵猶强，天讎未雪。余爾昆弟，在外三人，如不匡救，安用臣子。如使逆寇未除，家禍仍構，料今訪古，未或弗亡。夫征戰之理，義在克勝。至於骨肉之戰，愈勝愈酷，捷則非功，敗則有喪，勞兵損義，虧失多矣。侯景之軍所以未窺江外者，政爲蕃屏盤固，宗鎮强密。若自相魚肉，是謂代景行師，景便不勞兵力，坐致成效，醜徒聞此，何快如之！』元帝復書，陳譽有罪不可解圍之狀。綸省書流涕曰：『天下之事，一至於斯！』左右聞之，莫不掩泣。於是大修器甲，將討侯景。

元帝聞其盛，乃遣王僧辯帥舟師一萬以逼綸。綸將劉龍武等降僧辯，綸遂與子躓等十餘人輕舟走武昌。沙門法磬與綸有舊，藏之巖石之下。時綸長史韋質、司馬姜偉先在外，聞綸敗，馳往迎。元帝復遣將徐文盛追攻之。綸復收卒屯于齊昌郡，將引魏軍共攻南陽。侯景將任約襲綸，綸敗走。定州刺史田龍祖迎綸，綸懼爲所執，復歸齊昌。行收兵至汝南，魏所署汝南城主李素孝者，綸之故吏，開城納之。綸乃修復城池，收集士卒，將攻竟陵。魏聞之，遣大將楊忠、儀同侯幾通攻破城，執綸，綸不爲屈。通乃臥大鼓，使綸坐上殺之，投於江岸，經日色不變，鳥獸莫敢近。

又 卷四五《王僧辯傳》 及荆、湘疑貳，軍師失律，世祖又命僧辯及鮑泉統軍討之，分給兵糧，剋日就道。時僧辨以竟陵部下猶未盡來，意欲待集，然後上頓。謂鮑泉曰：『我與君俱受命南討，而軍容若此，計將安之？』泉曰：『既稟廟算，驅率驍勇，事等沃雪，何所多慮。』僧辯曰：『不然。君之所言故是，文士之常談耳。河東少有武幹，兵刃又强，新破軍師，養鋭待敵，自非精兵一萬，不足以制之。我竟陵甲士，數經行陣，已遣召之，不久當及。雖期日有限，猶可重申，欲與卿共入言之，望相佐也。』泉曰：『成敗之舉，繫此一行，遲速之宜，終當仰聽。』世祖性嚴忌，微聞其言，以為遷延不肯去，稍已含怒。及僧辯將入，謂泉曰：『我先發言，君可見係。』泉又許之。及見世祖，世祖迎問曰：『卿已辦乎？何日當發？』僧辯具對，如向所言。世祖大怒，按劍厲聲曰：『卿

憚行邪！』因起入內。泉震怖失色，竟不敢言。須臾，遣左右數十人收僧辯。既至，謂曰：『卿拒命不行，是欲同賊，今唯有死耳。』僧辯對曰：『僧辯食祿既深，憂責實重，今日就戮，豈敢懷恨。但恨不見老母。』世祖因斫之，中其左髀，流血至地。僧辯悶絕，久之方蘇。即送付廷尉，并收其子侄，並皆繫之。會岳陽王軍襲江陵，人情搔擾，未知其備。世祖遣左右往獄，問計於僧辯，僧辯具陳方略，登即赦為城內都督。俄而岳陽奔退，而鮑泉力不能克長沙，世祖乃命僧辯代之。數泉以十罪，遣舍人羅重歡領齋仗三百人，與僧辯俱發。既至，遣通泉云：『羅舍人被令，送王竟陵來。』泉甚愕然，顧左右曰：『得王竟陵助我經略，賊不足平。』俄而重歡齎令書先入，僧辯從齋仗繼進，泉方拂席，坐而待之。僧辯既入，背泉而坐，曰：『鮑郎，卿有罪，令旨使我鎖卿，勿以故意見待。』因語重歡出令，泉即下地，鎖於床側。僧辯仍部分將帥，並力攻圍，遂平湘土。

還復領軍將軍。侯景浮江西寇，軍次夏首。僧辯為大都督，率巴州刺史淳于量、定州刺史杜龕、宜州刺史王琳、郴州刺史裴之横等，俱赴西陽。軍次巴陵，聞郢州已没，僧辯因據巴陵城。世祖乃命羅州刺史徐嗣徽、武州刺史杜掞並會僧辯于巴陵。景既陷郢城，兵衆益廣，徒黨甚鋭，將進寇荆州。乃使偽儀同丁和統兵五千守江夏，大將宋子仙前驅一萬造巴陵，景悉凶徒水步繼進。於是緣江戍邏，望風請服，賊拓邏至於隱磯。僧辯悉上江渚米糧，並沉公私船于水。及賊前鋒次江口，僧辯乃分命衆軍，乘城固守，偃旗臥鼓，安若無人。翌日，賊衆濟江，輕騎至城下，問：『城內是誰？』答曰：『是王領軍。』賊曰：『語王領軍，事勢如此，何不早降？』僧辯使人答曰：『大軍但向荆州，此城自當非礙。僧辯百口在人掌握，豈得便降。』賊騎既去，俄爾又來，曰：『我王已至，王領軍何為不出與王相見邪？』僧辯不答。頃之，又執王珣等至於城下，珣為書誘說城內。景帥船艦並集北寺，又分入港中，登岸治道，廣設氈屋，耀軍城東隴上，芟除草芿，開八道向城，遣五千兔頭肉薄苦攻。城內同時鼓噪，矢石雨下，殺賊既多，賊乃引退。世祖又命平北將軍胡僧祐率兵下援僧辯。是日，賊復攻巴陵，水步十處，鳴鼓吹脣，肉薄斫上。城上放木擲火爨舂石，殺傷甚多。午後賊退，乃更起長栅繞城，大列舸艦，以樓船攻水城西南角；又遣人渡洲岸，引牂牁推蝦蟆車填壍，引障車臨城，二日方止。賊又於艦上豎木桔褈，聚茅置火，以燒水栅，風勢不利，自焚而退。既頻戰挫衄，賊帥任約又為陸法和所擒，景乃燒營夜遁，旋軍夏首。世祖策勳行賞，以僧辯為征東將軍、開府儀同三司、江州策史，封長寧縣公。

於是世祖命僧辯即率巴陵諸軍，沿流討景。師次郢城，步攻魯山。魯山城主支化仁，景之騎將也，率其黨力戰，衆軍大破之，化仁乃降。僧辯仍督諸軍渡江攻郢，即入羅城。宋子仙蟻聚金城拒守，攻之未克。子仙使其黨時靈護率衆三千，開門出戰，僧辯又大破之，生擒靈護，斬首千級。子仙衆退據倉門，帶江阻險，衆軍攻之，頻戰不克。景既聞魯山已没，郢鎮復失羅城，乃率餘衆倍道歸建業。子仙等困蹙，計無所之，乞輸郢城，身還就景。僧辯偽許之，命給船百艘，以老其意。子仙謂為信然，浮舟將發，僧辯命杜龕率精勇千人，攀堞而上，同時鼓噪，掩至倉門。水軍主宋遙率樓船，暗江四面雲合；子仙行戰行走，至於白楊浦，乃大破之，生擒子仙送江陵。即率諸軍進師九水。賊偽儀同范希榮、盧暉略尚據湓城，及僧辯軍至，希榮等因挾江州刺史臨城公棄城奔走。世祖加僧辯侍中、尚書令、征東大將軍，給鼓吹一部。仍令僧辯且頓江州，須衆軍齊集，得時更進。

頃之，世祖命江州衆軍悉同大舉，僧辯乃表皇帝凶問，告於江陵。仍率大將百餘人，連名勸世祖即位；將欲進軍，又重奉表。雖未見從，並蒙優答。事見本紀。

僧辯於是發自江州，直指建業，乃先命南兖州刺史侯瑱率鋭卒輕舸，襲南陵、鵲頭等戍，至即克之。先是，陳霸先率衆五萬，出自南江，前軍五千，行至湓口。霸先倜儻多謀策，名蓋僧辯，僧辯畏之。既至湓口，與僧辯會于白茅洲，登壇盟誓。霸先為其文曰：『賊臣侯景，凶羯小胡，逆天無狀，構造姦惡；違背我恩義，破掠我國家，毒害我生民，移毀我社廟。我高祖武皇帝靈聖聰明，光宅天下，劬勞兆庶，亭育萬民，如我考妣，五十所載。哀景以窮見歸，全景將戮之首，置景要害之地，崇景非次之榮。我高祖于景何薄？我百姓于景何怨？而景長戟强弩，陵蹙朝廷，鋸牙郊甸，殘食含靈。刳肝斫趾，不曈其快；曝骨焚屍，不謂為酷。高祖菲食卑宮，春秋九十，屈志凝威，憤終賊手。大行皇帝温嚴恭默，丕守

鴻名，于景何有，復加忍毒。皇枝湲抱已上，緦功以還，窮刀極俎，既屠且釁會。豈有率土之濱，謂為王臣，食人之禾，飲人之水，忍聞此痛，而不悼心？況臣僧辯、臣霸先等，荷稱國藩湘東王臣繹泣血銜哀之寄，摩頂至足之恩，世受先朝之德，身當將帥之任；而不能瀝膽抽腸，共誅姦逆，雪天地之痛，報君父之仇，則不可以稟靈含識，戴天履地！今日相國至孝玄感，靈武斯發，已破賊徒，獲其元帥，止餘景身，尚在京邑。臣僧辯與臣霸先協和將帥，同心共契，必誅凶豎，尊奉相國，嗣膺鴻業，以主郊祭。前途若有一功，獲一賞，臣僧辯等不推己讓物，先身帥衆，則天地宗廟百神之靈，共誅共責。臣僧辯、臣霸先同心共事，不相欺負，若有違戾，明神殛之。』於是升壇歃血，共讀盟文，皆淚下沾襟，辭色慷慨。

及王師次於南洲，賊帥侯子鑑等率步騎萬餘人於岸挑戰，又以鵃艄千艘並載士，兩邊悉八十棹，棹手皆越人，去來趣襲，捷過風電。僧辯乃麾細船，皆令退縮，悉使大艦夾泊兩岸。賊謂水軍欲退，爭出趨之，衆軍乃棹大艦，截其歸路，鼓譟大呼，合戰中江，賊悉赴水。僧辯即督諸軍沿流而下，進軍於石頭之斗城，作連營以逼賊。賊乃橫嶺上築五城拒守，侯景自出，與王師大戰於石頭城北。霸先謂僧辯曰：『醜虜遊魂，貫盈已稔，逋誅送死，欲為一決。我衆賊寡，且分其勢。』即遣强弩二千張，攻賊西面兩城，仍使結陣以當賊。僧辯在後麾軍而進，復大破之。盧暉略聞景戰敗，以石頭城降，僧辯引軍入據之。景之退也，北走朱方，於是景散兵走告僧辯，僧辯令衆將入據臺城。其夜，軍人采梠失火，燒太極殿及東西堂等。時軍人鹵掠京邑，剝剔士庶，民為其執縛者，袒衣不免。盡驅逼居民以求購贖，自石頭至於東城，緣淮號叫之聲，震響京邑，於是百姓失望。

僧辯命侯瑱、裴之橫率精甲五千，東入討景。僧辯收賊黨王偉等二十餘人，送於江陵。偽行臺趙伯超自吳松江降于侯瑱，瑱時送至僧辯。僧辯謂伯超曰：『趙公，卿荷國重恩，遂復同逆。今日之事，將欲何如？』因命送江陵。伯超既出，僧辯顧坐客曰：『朝廷昔唯知有趙伯超耳，豈識王僧辯？社稷既傾，為我所復，人之興廢，亦復何常。』賓客皆前稱歎功德。僧辯瞿然，乃謬答曰：『此乃聖上之威德，羣帥之用命。老夫雖濫居戎首，何力之有焉？』於是逆寇悉平，京都克定。世祖即帝位，以僧辯功，進授鎮衛將軍、司徒，加班劍二十人，改封永寧郡公，食邑五千户，侍中、尚書令、鼓吹並如故。

宋·李昉等《文苑英華》卷六〇〇《表四八·［南朝梁］徐陵〈勸進梁元帝表〉》 臣陵言，臣聞封唐有聖，還承帝嚳之家，居代維賢，終纂高皇之祚，無為稱於革舄，至治表於垂衣，而撥亂反正，非聞前古，至如金行重作，源出東莞，炎運猶昌，枝分南頓，豈得掩顯姓於軒轅，非才子于顓頊，莫不因時多難，俱繼神宗者也。伏惟皇帝陛下出震等於勳華，鳴謙同於旦奭，握褒秉鉞，將在御天，玉縢珠衡，先彰元后，神祇所合。非惟太室之祥，圖諜斯歸，何止堯門之瑞。若夫大孝聖人之心，中庸君子之德，固以作訓生民，貽風多士，一日二日，研覽萬機，允文允武，包羅羣藝，擬茲三大，賓是四門，歷試諸難，咸熙庶績，斯無得而稱也。自無妄為象，鍾禍上京，梟獍虔劉，□宗蕩墜，銅頭鐵額，興暴皇年，封豨脩蛇，行灾中國，靈心所宅，下武其興，望紫極而行號，瞻丹陵而殞慟，家冤將報，天賜黃鳥之旗，國害宜誅，神奉玄狐之録，克李軼於河津，征陶謙於海岱，滕公擁樹，雄氣方嚴，張繡交兵，風神彌勇，忠誠貫於日月，孝義感於冰霜，如雷如霆，非貔非虎，前驅效命，元惡斯殲，既掛膽於西州，方然臍於東市，蚩尤三塚，寧謂嚴誅，王莽千段，非云明罰，青羌赤狄，同界狼豺，胡服夷言，咸為京觀，邦畿濟濟，還見隆平，宗祀愔愔，方承多福，自氛氳渾沌之世，驪連栗陸之君，卦起龍圖，文因鳥迹，雲師火帝，非無戰陣之風，堯誓湯征，咸用干戈之道，星躔東井，時破崤潼，雷震南陽，初平尋邑，未有援三靈之已墜，救四海之羣飛，赫赫明明，龔行天罰，莫如當今之盛者也。於是卿雲似蓋，晨映姚卿，甘露如珠，朝垂原寢，芝房感德，咸出銅池，蓂莢伺辰，無勞銀箭，重以東漸玄兔，西逾白狼，高柳生風，扶桑銜日，莫不編名屬國，歸貢鴻臚，荒服來賓，遐邇同慶，其文昭武穆，跗萼也如彼，天平地成，功業也如此，久應旁求掌故，詢詔天官，斟酌繁昌，經營高邑，宗王啓霸，非勞武德之侯，清蹕無虞，何事長安之邸，揚龍旗以饗帝，御鳳扆以承天，歷數在躬，疇咨為讓。

去七月二十四日，兼散騎常侍柳暉等至鄴，伏承聖旨謙沖，為而不宰，或云洛陽未復，函谷無泥，旋駕金陵，方膺天眷。愚謂大庭少昊，非有定居，漢祖殷宗，皆無恒宅，登封岱嶽，且署明堂，巡狩荊州，時行司

隸，何必西瞻虎踞，乃建王宮，南望牛頭，方稱天闕？抑又聞之，玄圭既錫，蒼玉無陳，乃棫樸之愆期，非苞茅之不貢，雲和之瑟，久廢甘泉，孤竹之管，無聞方澤，豈不懼歟？伏願陛下，因百姓之心，振萬邦之命，豈可逡巡固讓，方示石户之農，高謝為君，徒弘箕山之客？未知上德之不德，惟見聖人之不仁，率土翹翹，蒼生何望。昔蘇季張儀，違鄉負俗，尚復招三方以事趙，請六國以尊秦；況臣等預奉皇華，親承朝命，圭璋特達，通聘河陽，貂珥雍容，尋盟漳水，加牢貶館，隨世汙隆，瞻望鄉闕，誠均休戚；但輕生不造，命與時乖，等一介之行人，同三危之遠擯，承間内殿，事絕耿弇之因，封奏邊城，私等劉琨之哭，不勝區區之至，謹拜表以聞，臣陵云云。

藝文

清・彭定求等《全唐詩》卷七二九《周曇〈六朝門・元帝〉》 木柵江城困魏軍，王褒橫議遏謀臣。賓降未免俱為戮，一死安能謝益仁？

《全宋詩》卷二〇二四《王十朋〈元帝〉》 德化欲遵周軌轍，刑名思革漢規模。更生踈斥蕭生戮，元帝何曾善用儒。

雜録

宋・李昉等《太平御覽》卷一五六《州郡部二・敘京都下》 《三國典略》：梁元帝在江陵即位，欲還都建康，領軍將軍胡僧祐、太府卿黄羅漢，吏部尚書宗懔、御史中丞劉諫等曰：『建業王氣已盡，與虜止隔一江，若有不虞，悔無及也。且渚宫洲數滿百，當出天子，陛下龍飛，是其應乎。』梁主令朝臣議之，黄門侍郎周弘正、尚書左僕射王褒曰：『帝王所都，本無定處，其如黔首萬姓，未見輿駕入建業，謂是列國諸王。宜順百姓之心，從四海之望。』時江陵人士咸云弘正等皆是東人志願，東下恐非良計。弘正面折之曰：『若東人勸東，謂為非計，君等西人欲西，豈成良策？』梁王笑之。又于後堂大會文武五百人，問之曰：『吾欲還業，諸卿以為何如？』衆皆愕然，莫敢先對。梁主曰：『勸吾去者左袒。』於是左袒者過半。武昌太守朱買臣入勸梁主云：『建業舊都，塋陵猶在。荆鎮邊疆，非王者宅。願陛下弗疑，致後悔也。臣家在荆州，豈不欲陛下住？但恐是臣富貴，非陛下富貴耳。』乃召卜者杜景象決其去留，遇兆不吉，答云『未去』。景象退而言曰：『此兆為鬼賊所留也。』

安成王篡立

綜述

《陳書》卷三《世祖紀》 （永定三年）六月丙午，高祖崩，遺詔徵世祖入纂。甲寅，至自南皖，入居中書省。【略】世祖固讓，至於再三，羣公卿士固請，其日即皇帝位於太極前殿。【略】徙封始興嗣王頊為安成王。【略】

（天嘉三年）三月丙子，安成王頊至自周，詔授侍中、中書監中衛將軍，置佐史。【略】六月丙辰，以侍中、中衛將軍安成王頊為驃騎將軍、揚州刺史。

又 卷四《廢帝紀》 （光大二年）春正月己亥，侍中、都督中外諸軍事、驃騎大將軍、司徒、録尚書、揚州刺史安成王頊進位太傅，領司徒，加殊禮，劍履上殿。【略】

十一月甲寅，慈訓太后集羣臣于朝堂，令曰：

伯宗昔在儲宮，本無令問，及居崇極，遂騁凶淫。居處諒闇，固不哀戚，嬪嬙弗隔，就館相仍，豈但衣車所納，是譏宗正，衰絰生子，得誚右師。七百之祚何憑，三千之罪為大。且費引金帛，令充椒閫，内府中藏，軍備國儲，未盈期稔，皆已空竭。太傅親承顧託，鎮守宮闈，遺誥綢繆，義深垣屏，而欑塗未御，翌日無淹，仍遣劉師知、殷不佞等顯言排斥。韓子高小豎輕佻，推心委仗，陰謀禍亂，決起蕭牆。元相雖持，但除君側。又以余孝頃密邇京師，便相徵召，殃慝之咎，凶徒自擒，宗社之靈，祆氛是滅。於是密詔華皎，稱兵上流，國祚憂惶，幾移醜類。乃至要招遠近，

葉力巳、湘，支黨縱橫，寇擾黔、歙。又別敕歐陽紇等攻逼衡州，嶺表紛紜，殊淹弦望。豈止罪浮於昌邑，非唯聲醜於太和。但賊豎皆亡，妖徒已散，日望懲改，猶加掩抑，而悖禮忘德，情性不悛，樂禍思亂，昏慝無已。張安國蕞爾凶狡，窮為小盜，仍遣使人蔣裕鉤出上京，即置行臺，分選凶黨。賊皎妻呂，春徒為戮，納自奚官，藏諸永巷，使其結引親舊，規圖戕禍。蕩主侯法喜等，太傅麾下，恒遊府朝，啖以深利，謀興肘腋。適又蕩主孫泰等潛相連結，大有交通，兵力殊强，指期挺亂。皇家有慶，歷數遐長，天誘其衷，同然開發。此諸文迹，今以相示，是而可忍，誰則不容？祖宗基業，將懼傾隕，豈可復肅恭禋祀，臨御兆民？式稽故實，宜在流放，今可特降為臨海郡王，送還藩邸。太傅安成王固天生德，齊聖廣深，二后鍾心，三靈佇眷。自前朝不悆，任總邦家，威惠相宣，刑禮兼設，指撝嘯詫，湘、郢廓清，闢地開疆，荆、益風靡，若太戊之承殷歷，中都之奉漢家，校以功名，曾何仿佛。且地彰靈璽，天表長彗，布新除舊，禎祥咸顯。文皇知子之鑑，事甚帝堯，傳弟之懷，又符太伯。今可還申曩志，崇立賢君，方固宗祧，載貞辰象。中外宜依舊典，奉迎輿駕。未亡人不幸屬此殷憂，不有崇替，容危社稷，何以拜祠高寢，歸祔武園？攬筆潸然，兼懷悲慶。

是日，出居別第。太建二年四月薨，時年十九。

帝仁弱無人君之器，世祖每慮不堪繼業。既居塚嫡，廢立事重，是以依違積載。及疾將大漸，召高宗謂曰：『吾欲遵太伯之事。』高宗初未達旨，後寤，乃拜伏涕泣，固辭。其後宣太后依詔廢帝焉。

太建元年春正月甲午，即皇帝位於太極前殿【略】，復太皇太后尊號曰皇太后。立妃柳氏為皇后，世子叔寶為皇太子，皇子南中郎將、江州刺史康樂侯叔陵為始興王，奉昭烈王祀。乙未，輿駕謁太廟。丁酉，分命大使巡行四方，觀省風俗。

又 卷五《宣帝紀》 高宗孝宣皇帝諱頊，字紹世，小字師利，始興昭烈王第二子也。梁中大通二年七月辛酉生，有赤光滿堂室。少寬大，多智略。及長，美容儀，身長八尺三寸，手垂過膝。有勇力，善騎射。高祖平侯景，鎮京口，梁元帝征高祖子侄入侍，高祖遣高宗赴江陵，累官為直閤將軍、中書侍郎。時有馬軍主李總與高宗有舊，每同遊處。高宗嘗夜被酒，張燈而寐，總適出，尋返，乃見高宗身是大龍，總便驚駭，走避他室。及江陵陷，高宗遷于關右。永定元年，遥襲封始興郡王，邑二千户。三年，世祖嗣位，改封安成王。天嘉三年，自周還，授侍中、中書監、中衛將軍，置佐史。尋授使持節、都督揚南徐東揚南豫北江五州諸軍事、揚州刺史，進號驃騎將軍，餘如故。四年，加開府儀同三司。六年，遷司空。天康元年，授尚書令，餘並如故。廢帝即位，拜司徒，進號驃騎大將軍，録尚書，都督中外諸軍事，給班劍三十人。光大二年正月，進位太傅，領司徒，加殊禮，劍履上殿，增邑并前三千户，餘並如故。十一月甲寅，慈訓太后令廢帝為臨海王，以高宗入纂。

又 卷九《吳明徹傳》 廢帝即位，授領軍將軍，尋遷丹陽尹，仍詔明徹以甲仗四十人出入殿省。到仲舉之矯令出高宗也，毛喜知其謀，高宗疑懼，遣喜與明徹籌焉。明徹謂喜曰：『嗣君諒闇，萬機多闕，外鄰强敵，內有大喪。殿下親實周、邵，德冠伊、霍，社稷至重，願留中深計，慎勿致疑。』

又 卷二一《王固傳》 時高宗輔政，固以廢帝外戚，妳媪恒往來禁中，頗宣密旨，事泄，比將伏誅，高宗以固本無兵權，且居處清潔，止免所居官，禁錮。

又 卷二六《徐陵傳》 時安成王頊為司空，以帝弟之尊，勢傾朝野。直兵鮑僧叡假王威權，抑塞辭訟，大臣莫敢言者。陵聞之，乃為奏彈，導從南臺官屬，引奏案而入。世祖見陵服章嚴肅，若不可犯，為斂容正坐。陵進讀奏版時，安成王殿上侍立，仰視世祖，流汗失色。陵遣殿中御史引王下殿，遂劾免侍中、中書監。自此朝廷肅然。

又 卷二八《始興王陳伯茂傳》 廢帝即位，時伯茂在都，劉師知等矯詔出高宗也，伯茂勸成之。師知等誅後，高宗恐伯茂扇動朝廷，光大元年，乃進號中衛將軍，令入居禁中，專與廢帝遊處。是時四海之望，咸歸高宗，伯茂深不平，日夕憤怨，數肆惡言，高宗以其無能，不以為意。及建安人蔣裕與韓子高等謀反，伯茂並陰豫其事。二年十一月，皇太后令黜廢帝為臨海王，其日又下令曰：『伯茂輕薄，爰自弱齡，辜負嚴訓，彌肆凶狡。常以次居介弟，宜秉國權，不涯年德，逾逞狂躁，圖為禍亂，扇動宮闈，要招粗險，觖望臺閣，嗣君喪道，由此亂階，是諸凶德，咸作謀

主。允宜罄彼司甸，刑斯嬪人。言念皇支，尚懷悲懣，可特降為温麻侯，宜加禁止，別遣就第。不意如此，言增泫歎。』時六門之外有別館，以為諸王冠婚之所，名為婚第，至是命伯茂出居之。于路遇盜，殞于車中，時年十八。

《南史》卷六八《韓子高傳》 廢帝即位，加散騎常侍。宣帝入輔，子高兵權過重，深不自安，好參訪臺閣，又求出爲衡、廣諸鎮。光大元年八月，前上虞縣令陸昉及子高軍主告其謀反，宣帝在尚書省，因召文武在位議立皇太子，子高預焉，執送廷尉。其夕與到仲舉同賜死。

又《毛喜傳》 右衛將軍韓子高始與仲舉通謀，其事未發，喜謂宣帝曰：『宜簡人馬配與子高，並賜鐵炭，使修器甲。』宣帝曰：『子高即欲收執，何更如是？』喜曰：『山陵始畢，邊寇尚多，而子高受委前朝，名爲杖順，宜推心安誘，使不自疑，圖之一壯士之力耳。』宣帝卒行其計。

北魏元顥入洛

綜述

《魏書》卷一〇《孝莊帝紀》 （建義元年十月）蕭衍以北海王顥為魏王，號年孝基，入據南兗之銍城。【略】

（建義二年四月）元顥攻陷考城，執行臺元暉業、都督丘大千。五月壬子朔，元顥克梁國。丁巳，以撫軍將軍、前徐州刺史楊昱為使持節、鎮東將軍、東南道大都督，率衆鎮滎陽；尚書僕射爾朱世隆鎮虎牢；侍中爾朱世承鎮崿岅。辛酉，詔私馬仗從戎優階授官。壬戌，又詔募士一依征葛榮。甲子，又詔職人及民出馬，優階各有差。乙丑，內外戒嚴。癸酉，元顥陷滎陽，執楊昱。爾朱世隆棄虎牢遁還。甲戌，車駕北巡，乙亥，幸河內。丙子，元顥入洛。丁丑，進封城陽縣開國公元祉為平原王，安昌縣開國侯元鷙為華山王，並加儀同三司。戊寅，行臺崔孝芬、

大都督刁宣破元顥後軍都督侯暄於梁國，斬之，擒其卒三千人。以侍中、車騎將軍、尚書右僕射爾朱世隆為使持節、行臺僕射、本將軍、相州刺史，鎮鄴城，以便宜從事。又詔上黨百年以下九十以上板三品郡，八十以上四品郡，七十以上五品郡。太原王爾朱榮會車駕於長子，即日反旆。上黨王天穆北渡，會車駕於河內。六月己丑，儀同三司費穆為顥所害。壬寅，克河內，斬太守元襲，都督宗正珍孫。

秋七月戊辰，都督爾朱兆、賀拔勝從硤石夜濟，破顥子冠受及安豐王延明軍，元顥敗走。庚午，車駕入居華林園，升大夏門，大赦天下。以使持節、車騎將軍、都督、潁川郡開國公爾朱兆為車騎大將軍、儀同三司。詔以前朝勳書多竊冒，宜一切焚棄之。若立效灼然為時所知者，別加科賞。蕃客及邊酋翻城降，有勳未敍者，不在焚斷之限。北來軍士及隨駕文武、馬渚立義，加泛五級；河北執事之官，二級；河南立義及迎駕之官，並中途扈從，亦二級。壬申，以柱國大將軍、太原王爾朱榮為天柱大將軍，加前後部羽葆、鼓吹。癸酉，臨潁縣卒江豐斬元顥，傳首京師。甲戌，以將軍、上黨王天穆為太宰，司徒公、城陽王徽為大司馬、太尉公。乙亥，晏勞天柱大將軍爾朱榮、上黨王天穆及北來督將於都亭，出宮人三百、繒綿雜彩數萬匹，班賜有差。又諸州郡遣使奉表行宮者，並加一大階。丁丑，獲元顥弟頊，斬於都市。詔受元顥爵賞、階級，悉追奪之。

又 卷二一上《北海王元顥傳》 子顥，字子明，襲。少慷慨，有壯氣。除襄驤將軍、通直散騎常侍。轉宗正卿、光祿大夫、長兼宗正卿、散騎常侍、平東將軍。轉都官尚書，加安南將軍。出除散騎常侍、撫軍將軍、徐州刺史。尋為御史彈劾除名。

其後，賊帥宿勤明達、叱于騏驎等寇亂豳華諸州，乃復顥王爵，以本將軍加使持節、假征西將軍、都督華豳東秦諸軍事、兼左僕射、西道行臺，以討明達。顥轉戰而前，頻破賊衆，解豳華之圍。以功增封八百戶，進號征西將軍。又除尚書右僕射，持節、行臺、都督如故。尋遷車騎大將軍、儀同三司，餘如故。值蕭寶夤等大敗於平涼，顥亦奔還京師。

於時，葛榮南進，稍逼鄴城。武泰初，以顥為侍中、驃騎大將軍、開府儀同三司、相州刺史以禦榮。顥至汲郡，屬爾朱榮入洛，推奉莊帝，詔授顥太傅，開府、侍中、刺史、王並如故。顥以葛榮南侵，爾朱縱害，遂

盤桓顧望，圖自安之策。先是，顥啓其舅范遵為殷州刺史，遵以葛榮充逼，未得行。顥令遵權停於鄴。顥既懷異謀，乃遣遵行相州事，代前刺史李神，為己表裏之援。相州行臺甄密先受朝旨，委其守鄴。知顥異圖，恐遵為變，遂相率廢遵，還推李神攝理州事，然後遣軍侯顥逆順之勢。

顥以事意不諧，遂與子冠受率左右奔於蕭衍。顥見衍，泣涕自陳，言辭壯烈，衍奇之。遂以顥為魏主，假之兵將，令其北入。永安二年四月，於梁國城南登壇燔燎，號孝基元年。莊帝詔濟陰王暉業為都督，於考城拒之，為顥所擒。又克行臺楊昱於滎陽。爾朱世隆自虎牢走退，莊帝北幸。顥遂入洛，改稱建武元年。

顥以數千之衆，轉戰輒克，據有都邑，號令自己，天下人情，想其風政。而自謂天之所授，頗懷驕怠。宿昔賓客近習之徒咸見寵待，干擾政事，又日夜縱酒，不恤軍國。所統南兵，淩竊市里。朝野莫不失望。時又酷斂，公私不安。莊帝與爾朱榮還師討顥。自於河梁拒戰，王師渡於馬渚，冠受戰敗被擒，因相繼而敗。顥率帳下數百騎及南兵勇健者，自轘轅而出。至臨潁，顥部騎分散，為臨潁縣卒所斬。出帝初，贈使持節、侍中、都督冀定相殷四州諸軍事、驃騎大將軍、大司馬、冀州刺史。武定中，子娑羅襲。齊受禪，爵例降。

顥弟頊，字寶意。起家為通直郎，轉中書郎，歷武衛將軍、光祿少卿、黄門郎。出除平北將軍、相州刺史。為大宗正卿。封平樂縣開國公，食邑八百戶。莊帝初，拜侍中、車騎將軍，封東海王，食邑千戶。俄遷中書監、左光祿大夫，兼尚書右僕射。又拜車騎大將軍，加侍中。頊無他才幹，以親屬早居重任。兄顥入洛，成敗未分，便以意氣自得，為時人所笑。顥敗，潛竄，為人執送，斬於都市。出帝初，贈侍中、都督雍華岐三州諸軍事、驃騎大將軍、太尉公、尚書令、雍州刺史。

子衍，襲爵。武定中，通直散騎侍郎。齊受禪，爵例降。

論說

宋・周應合《景定建康志》卷三四《文籍志二・〔宋〕呂祖謙〈梁論上〉》 陳慶之以東南之兵數千入中原，士馬强盛之地，大小數十戰，未嘗少挫，遂入洛陽。六朝征伐之功，未有若是之快者也。然卒以敗歸，理亦宜然。何以言之？夫孤軍獨進，不能成功，自古皆然。當時梁武使諸道並進，乘魏人上下崩離之際，分取郡縣，河南之地必可取也。慶之既至洛陽，縱士卒暴市里，此豈吊伐之師乎？當時能整軍陣，宣布梁德，取不樂爾朱氏之人而用之，改立魏主，則河南之地雖不版圖，必當為附庸之國矣。南人善戰伐而少馬，慶之能鏖北兵於平原曠野，使挾騎而用，胡可敵哉。自入敵地，務廣騎兵，使不樂南之人與南人善射參用之，縱不能守洛陽之地，多得騎軍，猶足以歸壯國勢，且安得有嵩陽之敗哉？然慶之與元顥更相猜忌，則廣兵之計，顥必不行。以此觀之，慶之進退專之，可也。顥之成敗，不可任也。恤顥之成敗，而不恤軍旅之衆寡，非計之善者也。夫慶之，固奇才未易議也，著其所不及以，俟有慶之之才者試觀焉。

雜録

《梁書》卷三二《陳慶之傳》 大通初，魏北海王元顥以本朝大亂，自拔來降，求立為魏主。高祖納之，以慶之為假節、飆勇將軍，送元顥還北。顥於涣水即魏帝號，授慶之使持節、鎮北將軍、護軍、前軍大都督，發自銍縣，進拔滎城，遂至睢陽。魏將丘大千有衆七萬，分築九城以相拒。慶之攻之，自旦至申，陷其三壘，大千乃降。時魏征東將軍濟陰王元暉業率羽林庶子二萬人來救梁、宋，進屯考城，城四面縈水，守備嚴固。慶之命浮水築壘，攻陷其城，生擒暉業，獲租車七千八百輛。仍趨大梁，望旗歸款。顥進慶之衛將軍、徐州刺史、武都公。仍率衆而西。

魏左僕射楊昱、西阿王元慶、撫軍將軍元顯恭率御仗羽林宗子庶子衆凡七萬，據滎陽拒顥。兵既精强，城又險固，慶之攻未能拔。魏將元天穆大軍復將至，先遣其驃騎將軍爾朱吐没兒領胡騎五千，騎將魯安領夏州步騎九千，援楊昱；又遣右僕射爾朱世隆、西荆州刺史王羆騎一萬，據虎牢。天穆、吐没兒前後繼至，旗鼓相望。時滎陽未拔，士衆皆恐，慶之乃解鞍秣馬，宣喻衆曰：『吾至此以來，屠城略地，實為不少；君等殺人父兄，略人子女，又為無算。天穆之衆，並是仇讎。我等纔有七千，虜衆

三十餘萬，今日之事，義不圖存。吾以虜騎不可爭力平原，及未盡至前，須平其城壘，諸君無假狐疑，自貽屠膾。』一鼓悉使登城，壯士東陽宋景休、義興魚天湣踰堞而入，遂克之。俄而魏陣外合，慶之率騎三千背城逆戰，大破之，魯安於陣乞降，元天穆、爾朱吐没兒單騎獲免。收滎陽儲實，牛馬穀帛不可勝計。進赴虎牢，爾朱世隆棄城走。魏主元子攸懼，奔并州。其臨淮王元彧、安豐王元延明率百僚，封府庫，備法駕，奉迎顥入洛陽宮，御前殿，改元大赦。顥以慶之為侍中、車騎大將軍、左光禄大夫，增邑萬戶。魏大將軍上黨王元天穆、王老生、李叔仁又率衆四萬，攻陷大梁，分遣老生、費穆兵二萬，據虎牢，刁宣、刁雙入梁、宋，慶之隨方掩襲，並皆降款。天穆與十餘騎北渡河。高祖復賜手詔稱美焉。慶之麾下悉著白袍，所向披靡。先是洛陽童謠曰：『名師大將莫自牢，千兵萬馬避白袍。』自發銍縣至於洛陽十四，旬平三十二城，四十七戰，所向無前。

初，元子攸止單騎奔走，宮衛嬪侍無改於常。顥既得志，荒于酒色，乃日夜宴樂，不復視事。與安豐、臨淮共立姦計，將背朝恩，絕賓貢之禮；直以時事未安，且資慶之之力用，外同內異，言多忌刻。慶之心知之，亦密為其計。乃說顥曰：『今遠來至此，未伏尚多，若人知虛實，方更連兵，而安不忘危，須預為其策。宜啓天子，更請精兵；並勒諸州，有南人没此者，悉須部送。』顥欲從之，元延明說顥曰：『陳慶之兵不出數千，已自難制；今增其衆，寧肯復為用乎？權柄一去，動轉聽人，魏之宗社，於斯而滅。』顥由是致疑，稍成疏貳。慮慶之密啓，乃表高祖曰：『河北、河南一時已定，唯爾朱榮尚敢跋扈，臣與慶之自能擒討。今州郡新服，正須綏撫，不宜更復加兵，搖動百姓。』高祖遂詔衆軍皆停界首。洛下南人不出一萬，羌夷十倍，軍副馬佛念言於慶之曰：『功高不賞，震主身危，二事既有，將軍豈得無慮？自古以來，廢昏立明，扶危定難，鮮有得終。今將軍威震中原，聲動河塞，屠顥據洛，則千載一時也。』慶之不從。顥前以慶之為徐州刺史，因固求之鎮。顥心憚之，遂不遣。乃曰：『主上以洛陽之地全相任委，忽聞舍此朝寄，欲往彭城，謂君遽取富貴，不為國計，手敕頻仍，恐成僕責。』慶之不敢復言。

魏天柱將軍爾朱榮、右僕射爾朱世隆、大都督元天穆、驃騎將軍爾朱吐没兒、榮長史高歡、鮮卑、芮芮，勒衆號百萬，挾魏主元子攸來攻顥。顥據洛陽六十五日，凡所得城，一時反叛。慶之渡河守北中郎城，三日中十有一戰，傷殺甚衆。榮將退，時有劉助者，善天文，乃謂榮曰：『不出十日，河南大定。』榮乃縛木為筏，濟自硤石，與顥戰於河橋，顥大敗，走至臨潁，遇賊被擒，洛陽陷。慶之馬步數千，結陣東反，榮親自來追，值蒿高山水洪溢，軍人死散。慶之乃落須髮為沙門，間行至豫州，豫州人程道雍等潛送出汝陰。至都，仍以功除右衛將軍，封永興縣侯，邑一千五百戶。

北魏京兆王元愉謀逆

綜述

《魏書》卷八《世宗紀》（永平元年）八月癸亥，冀州刺史、京兆王愉據州反。乙丑，假尚書李平鎮北將軍、行冀州事以討之。丁卯，大赦，改年。庚午，吐谷渾、庫莫奚國並遣使朝貢。九月辛巳朔，李平大破元愉於草橋。丙戌，復前中山王英本封。壬辰，蠕蠕國遣使朝貢。定州刺史、安樂王詮大破元愉於信都北。戊戌，殺侍中、太師、彭城王勰。辛丑，詔赦冀州民雜工役為元愉所詿誤者。其能斬獲逆黨，別加優賞。癸卯，李平克信都，元愉北走，斬其所署冀州牧韋超、右衛將軍睦雅、尚書僕射劉子直、吏部尚書崔朏等。統軍叔孫頭執愉送信都。羣臣請誅愉，帝弗許，詔送京師。冀州平。

又　卷二二《京兆王元愉傳》　京兆王愉，字宣德。太和二十一年封。拜都督、徐州刺史，以彭城王中軍府長史盧陽烏兼長史，州事巨細，委之陽烏。世宗初，為護軍將軍。世宗留愛諸弟，愉等常出入宮掖，晨昏寢處，若家人焉。世宗每日華林戲射，衣衫騎從，往來無間。遷中書監。

世宗為納順皇后妹為妃，而不見禮答。愉在徐州，納妾李氏，本姓楊，東郡人，夜聞其歌，悅之，遂被寵嬖。罷州還京，欲進貴之，托右中郎將趙郡李恃顯為之養父，就之禮逆，產子寶月。順皇后召李入宮，毀擊

之，强令為尼於内，以子付妃養之。歲餘，后父於勁，以后久無所誕，乃上表勸廣嬪侍。因令后歸李於愉，舊愛更甚。

愉好文章，頗著詩賦。時引才人宋世景、李神俊、祖瑩、邢晏、王遵業、張始均等共申宴喜，招四方儒學賓客嚴懷真等數十人，館而禮之。所得穀帛，率多散施。又崇信佛道，用度常至不接。與弟廣平王懷頗相夸尚，競慕奢麗，貪縱不法。於是世宗攝愉禁中推案，杖愉五十，出為冀州刺史。

始愉自以職求侍要，既勢劣二弟，潛懷愧恨，頗見言色。又以幸妾屢被頓辱，内外離抑。及在州謀逆，愉遂殺長史羊靈引及司馬李遵，稱得清河王密疏，云高肇謀殺害主上。於是遂為壇於信都之南，柴燎告天，即皇帝位。赦天下，號建平元年，立李氏為皇后。世宗詔尚書李平討愉。愉出拒王師，頻敗，遂嬰城自守。愉知事窮，攜李及四子數十騎出門，諸軍追之，見執以送。詔徵赴京師，申以家人之訓。愉每止宿亭傳，必攜李手，盡其私情。雖鎖縶之中，飲食自若，略無愧懼之色。至野王，愉語人曰：『雖主上慈深，不忍殺我，吾亦何面目見於至尊！』於是歔欷流涕，絕氣而死，年二十一。或云高肇令人殺之。斂以小棺，瘞之。諸子至洛，皆赦之。後靈太后令愉之四子皆附屬籍，追封愉臨洮王。子寶月襲。乃改葬父母，追服三年。

太子廢立风波分部

晉武帝易太子

综　述

《晉書》卷三《武帝紀》　泰始三年春正月癸丑，白龍二見於弘農澠池。丁卯，立皇子衷為皇太子。【略】

爰至末年，知惠帝弗克負荷，然恃皇孫聰睿，故無廢立之心。復慮非賈后所生，終致危敗，遂與腹心共圖後事。說者紛然，久而不定，竟用王佑之謀，遣太子母弟秦王柬都督關中，楚王瑋、淮南王允並鎮守要害，以强帝室。又恐楊氏之逼，復以佑為北軍中候，以典禁兵。既而寢疾彌留，至於大漸，佐命元勳，皆已先没，羣臣惶惑，計無所從。會帝小差，有詔以汝南王亮輔政，又欲令朝士之有名望年少者數人佐之，楊駿秘而不宣。帝復尋至迷亂，楊后輒為詔以駿輔政，促亮進發。帝尋小間，問汝南王來未，意欲見之，有所付託。左右答言未至，帝遂困篤。中朝之亂，實始於斯矣。

又　卷四《惠帝紀》　帝之為太子也，朝廷咸知不堪政事，武帝亦疑焉。嘗悉召東宫官屬，使以尚書事令太子決之，帝不能對。賈妃遣左右代對，多引古義。給事張泓曰：『太子不學，陛下所知，今宜以事斷，不可引書。』妃從之。泓乃具草，令帝書之。武帝覽而大悦，太子遂安。及居大位，政出羣下，綱紀大壞，貨賂公行，勢位之家，以貴陵物，忠賢路絕，讒邪得志，更相薦舉，天下謂之互市焉。高平王沈作《釋時論》，南陽魯褒作《錢神論》，廬江杜嵩作《任子春秋》，皆疾時之作也。

又　卷二八《五行志中》　武帝太康九年，幽州有犬，鼻行地三百餘步。天戒若曰，是時帝不思和嶠之言，卒立惠帝，以致衰亂，是言不從之罰也。

又　卷三一《武元楊皇后傳》　帝以皇太子不堪奉大統，密以語后。后曰：『立嫡以長不以賢，豈可動乎？』初，賈充妻郭氏使賂后，求以女為太子妃。及議太子婚，帝欲娶衛瓘女。然后盛稱賈后有淑德，又密使太子太傅荀顗進言，上乃聽之。

又　《惠賈皇后傳》　常疑太子不慧，且朝臣和嶠等多以為言，故欲試之。盡召東宫大小官屬，為設宴會，而密封疑事，使太子決之，停信待反。妃大懼，倩外人作答。答者多引古義。給使張泓曰：『太子不學，而答詔引義，必責作草主，更益譴負。不如直以意對。』妃大喜，語泓：『便為我好答，富貴與汝共之。』泓素有小才，具草，令太子自寫。帝省之，甚悦。先示太子少傅衛瓘，瓘大踧踖，衆人乃知瓘先有毁言，殿上皆稱萬歲。充密遣語妃云：『衛瓘老奴，幾破汝家。』

又　卷三六《衛瓘傳》　惠帝之為太子也，朝臣咸謂純質，不能親政事。瓘每欲陳啓廢之，而未敢發。後會宴陵雲臺，瓘托醉，因跪帝床前曰：『臣欲有所啓。』帝曰：『公所言何耶？』瓘欲言而止者三，因以手撫床曰：『此座可惜！』帝意乃悟，因謬曰：『公真大醉耶？』瓘於此不復有言。賈后由是怨瓘。

又　卷三九《荀勖傳》　時帝素知太子暗弱，恐后亂國，遣勖及和嶠往觀之。勖還盛稱太子之德，而嶠云太子如初。

又　卷四五《和嶠傳》　嶠見太子不令，因侍坐曰：『皇太子有淳古之風，而季世多偽，恐不了陛下家事。』帝默然不答。後與荀顗、荀勖同侍，帝曰：『太子近入朝，差長進，卿可俱詣之，粗及世事。』即奉詔而還。顗、勖並稱太子明識弘雅，誠如明詔。嶠曰：『聖質如初耳！』帝不悅而起。嶠退居，恒懷慨歎，知不見用，猶不能已。在御坐言及社稷，未嘗不以儲君為憂。帝知其言忠，每不酬和。後與嶠語，不及來事。或以告賈妃，妃銜之。太康末，為尚書，以母憂去職。

《宋書》卷二七《符瑞志上》　文帝未立世子，有意於齊獻王攸。武帝時為中撫軍，懼不立，以相貌示裴秀，秀言於文帝曰：『中撫軍振髮籍地，垂手過膝，天表如此，非人臣之相也。』由是得立。

論說

《晉書》卷三《武帝紀論》　且知子者賢父，知臣者明君；子不肖則家亡，臣不忠則國亂；國亂不可以安也，家亡不可以全也。是以君子防其始，聖人閑其端。而世祖惑荀勖之奸謀，迷王渾之偽策，心屢移於衆口，事不定於己圖。元海當除而不除，卒令擾亂區夏；惠帝可廢而不廢，終使傾覆洪基。夫全一人者德之輕，拯天下者功之重，棄一子者忍之小，安社稷者孝之大；況乎資三世而成業，延二孽以喪之，所謂取輕德而捨重功，畏小忍而忘大孝。聖賢之道，豈若斯乎！雖則善始于初，而乖令終於末，所以殷勤史策，不能無慷慨焉。

又　卷四《惠帝紀論》　不才之子，則天稱大，權非帝出，政邇宵人。褒姒共叔帶並興，襄后與犬戎俱運。昔者，丹朱不肖，赧王逃責，相彼凶德，事關休咎，方乎土梗，以墜其情。溽暑之氣將闌，淫蛙之音罕記，乃彰蚩笑，用符顛隕。豈通才俊彥猶形於前代，增淫助虐獨擅於當今者歟？物號忠良，於茲拔本，人稱襖孽，自此疏源。長樂不祥，承華非命，生靈版蕩，社稷丘墟。古者敗國亡身，分鑣共軫，不有亂常，則多庸暗。豈明神喪其精魄，武皇不知其子也！

又　《惠帝紀贊》　惠皇居尊，臨朝聽言。厥體斯昧，其情則昏。高臺望子，長夜奚冤。金墉毀冕，湯陰釋胄，及爾皆亡，滔天來遘。

清・王夫之《讀通鑑論》卷一一《晉武帝十五》　西晉之亡，亡于齊王攸之見疑而廢以死也。攸而存，楊氏不得以擅國，賈氏不得以逞奸，八王不得以生亂。故舉朝爭之，爭晉存亡之介也。雖然，盈廷而爭者，未得所以存晉之道也。

攸之不安于國，武帝初無猜忌之心，荀勖、馮紞間之耳。勖與紞，賈充之私人，非但佞以容身，懷鬻國異姓之心久矣。忌攸者，非徒忌攸，實忌晉也。攸之賢，固足以托國，然豈果有周公之德哉？即微攸而晉固可存。漢、唐、宋之延祚數百年，亦未嘗有親賢總己以制天下於一人，而卒不可亂，無他，無奸臣之在側而已。劉放、孫資在魏主之奧窔，而司馬氏援之以攘臂。勖與紞之于賈謐、楊駿，未知其誰屬，而要其市司馬氏之宗社於人，則早作夜思以謀逞志者也。攸即廢，晉不必亡；勖、紞不除，晉無存理。修賈充之餘怨，則陰擠張華；排博士之忠言，而顯斥曹志；苟有圖存晉室者，小不惜官爵，大不惜軀命，揚于王廷，揭勖、紞之奸，迸之裔夷，則不待交章訟攸，而攸固以安，抑不待措攸于磐石之安，而晉固以存。今乃舉尊卑疏戚之口合訟攸，而強帝持天下以任攸。荀勖固曰：『陛下試詔齊王之國，必舉朝以為不可。』墮其術中而猶競以爭，尚口乃窮，攸之困，晉社之危，諸臣致之矣。

夫一時徇名依附之衆，不足言也。李憙、劉毅、傅咸忠直為當時之領袖，而不能取前讒後賊為宗社效驅除，晉之廷，不可謂有人矣。植君子則小人自遠，則以進賢為本，斥奸為末，此自奸邪未逞之日言也。不逐小人則君子不安，則以斥奸為本，進賢為末，此為奸邪已盤踞於內之日言也。二者互相為本末，而君子知擇焉，乃以明於人臣之義，而為社稷所賴。非然，則相激以益其亂而已矣。

又　卷一二《晉惠帝一》　惠帝之愚，古今無匹，國因以亡。乃唐順宗之瘖而無知，宋光宗之制于悍妻而不知有父，其愈于惠帝無幾，而唐、宋不亡，有人焉耳。四顧晉廷之士，有可托以天下者乎？齊王攸之得物情也，其能為慕容恪與否，不敢信也。傅咸、劉毅諫諍之士，可任以耳目，而未可任以心膂，非能持大體者也。張華謀略之士，可與立功，而未可與守正，非能秉大節者也。托國於數子之手，不能救惠帝之危，況荀勗、馮紞、賈謐、楊駿之驕佞，挾戈矛以互競者乎！傅咸、劉毅能危言以規武帝之失矣，賈充之奸，與同朝而不能發其惡。張華秉國，朝野差能安靜，而楊後之廢，且請以趙飛燕之罪罪之，依賈謐浮慕之推重，而弗能止其邪，華不能辭亡晉之辜矣。

或曰：狄仁傑廁身淫后奸賊之間，與周旋而不恥，論者以存唐之功歸之，惡知（張）華之非有密用，特不幸而未成耳。曰：仁傑驟貴於武后之朝，當高宗之世，未嘗位大臣、秉國政，權固輕矣，故不能不假權於武后以濟大難。華被武帝之深知，與平吳之大計，以開國元老，出典方州，入管機要，為天下所傾仰，僅托淫邪之黨，塗飾治迹，而可稱大臣之職哉？體先瘝，望先失，志先奪，求有為於後，斡旋於已亂之餘，其將能乎？謂盈晉之廷無一人焉，非已甚之辭也。

夫晉之人士，蕩檢踰閑，驕淫惵靡，而名教毀裂者，非一日之故也。魏政之綜核，苛求於事功，而略於節義，天下已不知有名義；晉承之以寬弛，而廉隅益以蕩然。孔融死而士氣灰，嵇康死而清議絕，名教為天下所諱言，同流合污而固不以為恥。其以世事為心者，則毛舉庶務以博忠貞幹理之譽，張華、傅咸、劉毅之類是已。不然，則崇尚虛浮，逃於得失之外以免害，則阮籍、王衍、樂廣之流是已。兩者交競，而立國之大體、植身之大節，置之若遺；國之存亡，亦孰與深維而豫防之哉？故與賈充偕而不慚，與楊駿比而不忌。如是，則雖得中主，難持以永世，況惠帝之愚無與匹者乎！董養升太學之堂而歎曰：『天人之理既絕，大亂將作。』誠哉其言之也！

又　卷一四《晉安帝一》　國之亡，類亡於淫昏暴虐之主，而晉獨不然；前有惠帝，後有安帝，皆行屍視肉，口不知味、耳不知聲者也。與子之法，定於立適，二君者，皆適長而豫建為太子，宜有天下者也。藉廢之而更立支庶之賢者，則抑淩越而為彝倫之斁。雖然，為君父者，苟非寵嬖以喪元良，念宗社之安危，亦奚恤哉？抑非徒前君之責也，大臣有社稷之任，固知不可，而選賢以更立焉，自靖而憂國如家者所宜然也。

乃惠帝之嗣也，衛瓘爭之矣，和嶠爭之矣，賈氏飾偽以欺武帝，而武帝姑息以不決。若安帝則上下無異辭，而坐聽此不知寒暑飢飽者之為神人主。夫孝武之淫昏，誠無百年之慮矣，而何大臣之漠然不念也！

藝文

清·彭定求等《全唐詩》卷二一二《高適〈登百丈峰二首·其二〉》

晉武輕後事，惠皇終已昏。豺狼塞瀍洛，胡羯爭乾坤。四海如鼎沸，五原徒自尊。而今白庭路，猶對青陽門。朝市不足問，君臣隨草根。

又　卷七二九《周曇〈晉門·惠帝〉》　蛙鳴堪笑問官私，更勸飢人食肉糜。蒙昧萬機猶婦女，寇戎安得不紛披。

《全宋詩》卷三四六八《林泳〈雜述〉》　壞事曾聞嗔怪鬼，捉囚可不畏天公。撫床衛瓘寧非醉，對策劉蕡恐是風。

又　卷三六五一《陳普〈詠史下·衛瓘〉》　此座傾危不信人，此身便合去朝廷。凌雲莫道非真醉，直到身亡更未醒。【略】

拓拔枝柯幸少疏，洛陽宮殿已為墟。休論榮晦師田續，忍讀金墉稽顙書。

《全元詩》第一冊《耶律楚材〈懷古一百韻寄張敏之〉》　仲謀服孟德，葛亮倍曹丕。惟晉成獨統，平吳混八維。有初終鮮克，居治亂誰思。蟬鬢充蘭掖，羊車繞竹岐。孫謀無遠慮，神器委癡兒。國事歸椒室，民飢詢肉糜。為人昧菽麥，聞蟆問官私。衛瓘嘗幾諫，何曾已預知。五胡雲擾攘，六代電賓士。川谷流腥血，郊原厭積屍。

又　第二冊《元好問〈雜著三首·其一〉》　青蓋朝來帝座新，豈知衛瓘是忠臣。洛陽荊棘千年後，愁絕銅駝陌上人。

雜録

南朝宋・劉義慶《世說新語・品藻》　時人共論晉武帝出齊王之與立惠帝，其失孰多？《晉陽秋》曰：『齊王攸，字大猷，文帝第二子。孝敬忠肅，清和平允，親賢下士，仁惠好施。能屬文，善尺牘。初，荀勖、馮紞為武帝親幸，攸惡勖之佞，勖懼攸或嗣立，必誅己，且攸甚得衆心，朝賢景附。會帝有疾，攸及皇太子入問訊，朝士皆屬目於攸，而不在太子。至是勖從容曰：「陛下萬年後，太子不得立也。」帝曰：「何故？」勖曰：「百寮內外，皆歸心於齊王，太子安得立乎？陛下試詔齊王歸國，必舉朝謂之不可。若然，則臣言徵矣。」侍中馮紞又曰：「陛下必欲建諸侯，成五等，宜從親始，親莫若齊王。」帝從之。於是下詔，使攸之國。攸聞勖、紞間己，憂忿不知所為。入辭，出，歐血薨。帝哭之慟。馮紞侍曰：「齊王名過其實，而天下歸之。今自薨殞，陛下何哀之甚？」帝乃止。劉毅聞之，故終身稱疾焉。』多謂立惠帝為重。桓溫曰：『不然，使子繼父業，弟承家祀，有何不可？』武帝兆禍亂，覆神州，在斯而已。興隸且知其若此，況宣武之弘俊乎？此言非也。

又《規箴》　晉武帝既不悟太子之愚，必有傳後意。諸名臣亦多獻直言。帝嘗在陵雲臺上坐，衛瓘在側，欲申其懷，因如醉跪帝前，以手撫床曰：『此坐可惜。』帝雖悟，因笑曰：『公醉邪？』《晉陽秋》曰：『初，惠帝之為太子，咸謂不能親政事。衛瓘每欲陳啓廢之而未敢也。後因會醉，遂跪床前曰：「臣欲有所啓。」帝曰：「公所欲言者，何邪？」瓘欲言而復止者三，因以手撫床曰：「此坐可惜。」帝意乃悟，因謬曰：「公真大醉也。」帝後悉召東宮官屬大會，令左右齎尚書處事以示太子，令處決。太子不知所對。賈妃以問外人，代太子對，多引古詞義。給使張弘曰：「太子不學，陛下所知，宜以見事斷，不宜引書也。」妃從之。弘具草奏，令太子書呈，帝大說，以示瓘。於是賈充語妃曰：「衛瓘老奴，幾敗汝家。」妃由是怨瓘，後遂誅之。』

《晉書》卷三一《后妃傳・武元楊皇后》　（晉武）帝以皇太子不堪奉大統，密以語后。后曰：『立嫡以長不以賢，豈可動乎？』初，賈充妻郭氏使賂后，求以女為太子妃。及議太子婚，帝欲娶衛瓘女。然后盛稱賈后有淑德，又密使太子太傅荀顗進言，上乃聽之。【略】

及后有疾，見帝素幸胡夫人，恐後立之，慮太子不安。臨終，枕帝膝曰：『叔父駿女男胤有德色，願陛下以備六宮。』因悲泣，帝流涕許之。

晉惠帝易太子

綜述

唐・魏徵等《羣書治要》卷二九《晉書上・傳》　愍懷太子遹，字熙祖，惠帝長子也，謝才人所生。少而聰慧，惠帝即位，立爲皇太子。年轉長大，而不好學，喜與左右嬉戲，不能尊敬保傅，敬狎賓友。賈后素忌太子有佳譽，因此密敕諸黄門閹宦，媚諛於太子曰：『殿下誠可及壯時極意狡猾，『狡猾』作『所欲』何爲恒自拘束？』每見喜怒之際，輒嘆曰：『殿下不知用威刑，天下那得畏服也。』太子於是慢弛益彰，或廢朝侍，有過差之聲。洗馬江統等諫，太子不能用。賈后詐稱上不和，呼太子入朝，后不見，置別屋中，遣婢賜酒棗，逼使飲盡，仍齎謗書，多未成字，稱詔令太子寫之，累續催促。醉不暇看，粗得迹，便足成悖辭。后以呈帝，帝即幸式乾殿，召公卿入，使黄門令薰『薰』作『董』猛以太子書及青紙詔曰：『遹書如此，今賜死。』遍示諸公王，而莫敢有言者。唯張華、裴頠證明太子，議至日西不決。后懼事變，乃表免太子爲庶人。於是送幽于許昌宮，賈后矯詔害太子。趙王倫等廢后於金墉城，賜死。册復太子，謚爲愍懷。

《晉書》卷三一《后妃傳上・惠謝夫人》　謝夫人，名玖。家本貧賤，父以屠羊為業，玖清惠貞正而有淑姿，選入後庭為才人。惠帝在東宮，將納妃。武帝慮太子尚幼，未知帷房之事，乃遣往東宮侍寢，由是得幸有身。賈后妒忌之，玖求還西宮，遂生愍懷太子，年三四歲，惠帝不知也。入朝，見愍懷與諸皇子共戲，執其手，武帝曰：『是汝兒也。』及立為太子，拜玖為淑媛。賈后不聽太子與玖相見，處之一室。及愍懷遇酷，玖亦被害焉。永康初，詔改葬太子，因贈玖夫人印綬，葬顯平陵。

又　卷三六《張華傳》　及賈后謀廢太子，左衛率劉卞甚為太子所

信遇，每會宴，卞必預焉。屢見賈謐驕傲，太子恨之，形於言色，謐亦不能平。卞以賈后謀問華，華曰：『不聞。』卞曰：『卞以寒悴，自須昌小吏受公成拔，以至今日。士感知己，是以盡言，而公更有疑于卞邪！』華曰：『假令有此，君欲如何？』卞曰：『東宮俊乂如林，四率精兵萬人。公居阿衡之任，若得公命，皇太子因朝入録尚書事，廢賈后於金墉城，兩黄門力耳。』華曰：『今天子當陽，太子，人子也，吾又不受阿衡之命，忽相與行此，是無其君父，而以不孝示天下也。雖能有成，猶不免罪，況權戚滿朝，威柄不一，而可以安乎！』及帝會羣臣於式乾殿，出太子手書，遍示羣臣，莫敢有言者。惟華諫曰；『此國之大禍。自漢武以來，每廢黜正嫡，恒至喪亂。且國家有天下日淺，願陛下詳之。』尚書左僕射裴頠以為宜先檢校傳書者，又請比校太子手書，不然，恐有詐妄。賈后乃内出太子素啓事十餘紙，衆人比視，亦無敢言非者，議至日西不決，后知華等意堅，因表乞免為庶人，帝乃可其奏。

又　卷三九《王浚傳》　及愍懷太子幽于許昌，浚承賈后旨，與黄門孫慮共害太子。

又　卷四八《閻纘傳》　愍懷太子之廢也，纘輿棺詣闕，上書理太子之冤曰：

伏見赦文及榜下前太子遹手疏，以為驚愕。自古以來，臣子悖逆，未有如此之甚也。幸賴天慈，全其首領。臣伏念遹生於聖父而至此者，由於長養深宫，沈淪富貴，受饒先帝，父母驕之。每見選師傅下至羣吏，率取膏粱擊鐘鼎食之家，稀有寒門儒素如衛綰、周文、石奮、疏廣，洗馬、舍人亦無汲黯、鄭莊之比，遂使不見事父事君之道。臣案古典，太子居以士禮，與國人齒，以此明先王欲令知先賤然後乃貴。自頃東宫亦微太盛，所以致敗也。非但東宫，歷觀諸王師友文學，皆豪族力能得者，率非龔遂、王陽，能以道訓。友無亮直三益之節，官以文學為名，實不讀書，但共鮮衣好馬，縱酒高會，嬉遊博弈，豈有切磋，能相長益！臣常恐公族遲陵，以此歎息。今遹可以為戒，恐其被斥，棄逐遠郊，始當悔過，無所復及。

昔戾太子無狀，稱兵距命，而壺關三老上書，有田千秋之言，猶曰：『子弄父兵，罪應笞耳！』漢武感悟之，築思子之臺。今遹無狀，言語悖逆，受罪之日，不敢失道，猶為輕于戾太子，尚可禁持，重選保傅。如司空張華，道德深遠，乃心忠誠，以為之師。光禄大夫劉寔，寒苦自立，終始不衰，年同呂望，經藉不廢，以為之保。尚書僕射裴頠，明允恭肅，體道居正，以為之友。置游談文學，皆選寒門孤宦以學行自立者，及取服勤更事、涉履艱難、事君事親、名行素聞者，使與共處。使嚴御史監護其家，絕貴戚子弟、輕薄賓客。如此，左右前後，莫非正人。師傅文學，可令十日一講，使共論議於前。敕使但道古今孝子慈親，忠臣事君，及思愆改過之義，皆聞善道，庶幾可全。

昔太甲有罪，放之三年，思庸克復，為殷明王。又魏文帝懼於見廢，夙夜自祇，竟能自全。及至明帝，因母得罪，廢為平原侯，為置家臣庶子，師友文學，皆取正人，共相匡矯。兢兢慎罰，事父以孝，父没，事母以謹，聞于天下，於今稱之。漢高皇帝數置酒於庭，欲廢太子，後四皓為師，子房為傅，竟復成就。前事不忘，後事之戒。孟軻有云，『孤臣孽子，其操心也危，慮患也深』，故多善功。李斯云：『慈母多敗子，嚴家無格虜。』由陛下驕遹使至於此，庶其受罪以來，足自思改。方今天下多虞，四夷未寧，將伺國隙。儲副大事，不宜空虛。宜為大計，小復停留。先加嚴誨。依平原侯故事，若不悛改，棄之未晚也。

臣素寒門，無力仕宦，不經東宫，情不私遹。念昔楚國處女諫其王曰『有龍無尾』，言年四十，未有太子。臣嘗備近職，雖未得自結天日，情同閽寺，悾悾之誠，皆為國計。臣老母見臣為表，乃為臣卜卦，云『書御即死』。妻子守臣，涕泣見止。臣獨以為頻見拔擢，嘗為近職，此恩難忘，何以報德？唯當陳誠，以死獻忠。輒具棺絮，伏須刑誅。

書御不省。

又　卷五三《愍懷太子傳》　及長，不好學，惟與左右嬉戲，不能尊敬保傅。賈后素忌太子有令譽，因此密敕黄門閹宦媚諛于太子曰：『殿下誠可及壯時極意所欲，何為恒自拘束？』每見喜怒之際，輒歎曰：『殿下不知用威刑，天下豈得畏服！』太子所幸蔣美人生男，又言宜隆其賞賜，多為皇孫造玩弄之器，太子從之。於是慢弛益彰，或廢朝侍，恒在後園遊戲。愛埤車小馬，令左右馳騎，斷其鞅勒，使墮地為樂。或有犯忤者，手自捶擊之。性拘小忌，不許繕壁修牆，正瓦動屋。而于宫中為市，使人屠酤，手揣斤兩，輕重不差。其母本屠家女也，故太子好之。又令西

園賣葵菜、藍子、雞、面之屬，而收其利。東宮舊制，月請錢五十萬，備於衆用，太子恒探取二月，以供嬖寵。洗馬江統陳五事以諫之，太子不納，語在《統傳》中。舍人杜錫以太子非賈后所生，而后性凶暴，深以為憂，每盡忠規勸太子修德進善，遠於讒謗。太子怒，使人以針著錫常所坐氈中而刺之。

太子性剛，知賈謐恃后之貴，不能假借之。謐至東宮，或舍之而於後庭遊戲。詹事裴權諫曰：『賈謐甚有寵于中宮，而有不順之色，若一旦交構，大事去矣。宜深自謙屈，以防其變，廣延賢士，用自輔翼。』太子不能從。初，賈后母郭槐欲以韓壽女為太子妃，太子亦欲婚韓氏以自固。而壽妻賈午及后皆不聽，而為太子聘王衍小女惠風。太子聞衍長女美，而賈后為謐聘之，心不能平，頗以為言。謐嘗與太子圍棋，爭道，成都王穎見而訶謐，謐意愈不平，因此譖太子于后曰：『太子廣買田業，多畜私財以結小人者，為賈氏故也。密聞其言云：「皇后萬歲後，吾當魚肉之。」非但如是也，若宮車晏駕，彼居大位，依楊氏故事，誅臣等而廢后於金墉，如反手耳。不如早為之所，更立慈順者以自防衛。』后納其言，又宣揚太子之短，布諸遠近。于時朝野咸知賈后有害太子意。中護軍趙俊請太子廢后，太子不聽。

九年六月，有桑生於宮西廂，日長尺餘，數日而枯。十二月，賈后將廢太子，詐稱上不和，呼太子入朝。既至，后不見，置於別室，遣婢陳舞賜以酒棗，逼飲醉之。使黄門侍郎潘岳作書草，若禱神之文，有如太子素意，因醉而書之，令小婢承福以紙筆及書草使太子書之。文曰：『陛下宜自了；不自了，吾當入了之。中宮又宜速自了；不了，吾當手了之。並謝妃共要剋期而兩發，勿疑猶豫，致後患。茹毛飲血於三辰之下，皇天許當掃除患害，立道文為王，蔣為内主。願成，當三牲祠北君，大赦天下。要疏如律令。』太子醉迷不覺，遂依而寫之，其字半不成。既而補成之，后以呈帝。帝幸式乾殿，召公卿入，使黄門令董猛以太子書及青紙詔曰：『遹書如此，今賜死。』遍示諸公王，莫有言者，惟張華、裴頠證明太子。賈后使董猛矯以長廣公主辭白帝曰：『事宜速決，而羣臣各有不同，若有不從詔，宜以軍法從事。』議至日西不決。后懼事變，乃表免太子為庶人，詔許之。於是使尚書和郁持節，解結為副，及大將軍梁王肜、鎮東將軍淮南王允、前將軍東武公澹、趙王倫、太保何劭詣東宮，廢太子為庶人。是日太子游玄圃，聞有使者至，改服出崇賢門，再拜受詔，步出承華門，乘粗犢車。澹以兵仗送太子妃王氏、三皇孫于金墉城，考竟謝淑妃及太子保林蔣俊。明年正月，賈后又使黄門自首，欲與太子為逆。詔以黄門首辭班示公卿。又遣澹以千兵防送太子，更幽于許昌宮之別坊，令治書御史劉振持節守之。先是，有童謡曰：『東宮馬子莫聾空，前至臘月纏汝閤。』又曰：『南風起兮吹白沙，遥望魯國鬱嵯峨，千歲髑髏生齒牙。』南風，后名；沙門，太子小字也。

初，太子之廢也，妃父王衍表請離婚。太子至許，遺妃書曰：『鄙雖頑愚，心念為善，欲盡忠孝之節，無有惡逆之心。雖非中宮所生，奉事有如親母。自為太子以來，敕見禁檢，不得見母。自宜城君亡，不見存恤，恒在空室中坐。去年十二月，道文疾病困篤，父子之情，實相憐湣。于時表國家乞加徽號，不見聽許。疾病既篤，為之求請恩福，無有噁心。自道文病，中宮三遣左右來視，云：「天教呼汝。」到二十八日暮，有短函來，題言東宮發，疏云：「言天教欲見汝。」即便作表求入。二十九日早入見國家，須臾遣至中宮。中宮左右陳舞見語：「中宮旦來吐不快。」使住空屋中坐。須臾中宮遣陳舞見語：「聞汝表陛下為道文乞王，不得王是成國耳。」中宮遥呼陳舞：「昨天教與太子酒棗。」便持三升酒、大盤棗來見與，使飲酒啖棗盡。鄙素不飲酒，即便遣舞啓說不堪三升之意。中宮遥呼曰：「汝常陛下前持酒可喜，何以不飲？天與汝酒，當使道文差也。」便荅中宮：「陛下會同一日見賜，故不敢辭，通日不飲三升酒也。且實未食，恐不堪。又未見殿下，飲此或至顛倒。」陳舞復傳語云：「不孝那！天與汝酒飲，不肯飲，中有惡物邪？」遂可飲二升，餘有一升，求持還東宮飲盡。逼迫不得已，更飲一升。飲已，體中荒迷，不復自覺。須臾有一小婢持封箱來，云：「詔使寫此文書。」鄙便驚起，視之，有一白紙，一青紙。催促云：「陛下停待。」又小婢承福持筆研墨黄紙來，使寫。急疾不容復視，實不覺紙上語輕重。父母至親，實不相疑，事理如此，實為見誣，想衆人見明也。』

太子既廢非其罪，衆情憤怨。右衛督司馬雅，宗室之疏屬也，與常從督許超並有寵于太子，二人深傷之，說趙王倫謀臣孫秀曰：『國無適嗣，

社稷將危，大臣之禍必起。而公奉事中宮，與賈后親密，太子之廢，皆云豫知，一旦事起，禍必及矣。何不先謀之！』秀言于趙王倫，倫深納焉。計既定，而秀說倫曰：『太子為人剛猛，若得志之日，必肆其情性矣。明公素事賈后，街談巷議，皆以公為賈氏之黨。今雖欲建大功于太子，太子雖將含忍宿忿，必不能加賞於公，當謂公逼百姓之望，翻覆以免罪耳。若有瑕釁，猶不免誅。不若遷延卻期，賈后必害太子，然後廢賈后，為太子報仇，猶足以為功，乃可以得志。』倫然之。秀因使反間，言殿中人欲廢賈后，迎太子。賈后聞之憂怖，乃使太醫令程據合巴豆杏子丸。三月，矯詔使黃門孫慮齎至許昌以害太子。初，太子恐見鴆，恒自煮食於前。慮以告劉振，振乃徙太子于小坊中，絕不與食，宮中猶於牆壁上過食與太子。慮乃逼太子以藥，太子不肯服，因如廁，慮以藥杵椎殺之，太子大呼，聲聞於外。時年二十三。將以庶人禮葬之，賈后表曰：『遹不幸喪亡，傷其迷悖，又早短折，悲痛之懷，不能自已。妾私心冀其刻肌刻骨，更思孝道，規為稽顙，正其名號。此志不遂，重以酸恨。遹雖罪在莫大，猶王者子孫，便以匹庶送終，情實憐湣，特乞天恩，賜以王禮。妾誠暗淺不識禮義，不勝至情，冒昧陳聞。』詔以廣陵王禮葬之。

及賈庶人死，乃誅劉振、孫慮、程據等，冊復太子曰：『皇帝使使持節、兼司空、衛尉伊策故皇太子之靈曰：嗚呼！維爾少資岐嶷之質，荷先帝殊異之寵，大啓土宇，奄有淮陵。朕奉遵遺旨，越建爾儲副，以光顯我祖宗。祗爾德行，以從保傅，事親孝敬，禮無違者。而朕昧於凶構，致爾於非命之禍，俾申生、孝己復見於今。賴宰相賢明，人神憤怨，用啓朕心，討厥有罪，咸伏其辜。何補於荼毒冤魂酷痛哉？是用忉怛悼恨，震動於五內。今追復皇太子喪禮，反葬京畿，祠以太牢。魂而有靈，尚獲爾心。』帝為太子服長子斬衰，羣臣齊衰，使尚書和郁率東宮官屬具吉凶之制，迎太子喪于許昌。

喪之發也，大風雷電，幃蓋飛裂。又為哀策曰：『皇帝臨軒，使洗馬劉務告于皇太子之殯曰：咨爾遹！幼稟英挺，芬馨誕茂。既表髫齔，高明逸秀。昔爾聖祖，嘉爾淑美。顯詔仍崇，名振同軌。是用建爾儲副，永統皇基。如何凶戾潛構，禍害如茲！哀感和氣，痛貫四時。嗚呼哀哉！爾之降廢，實我不明。牝亂沈，釁結禍成。爾之逝矣，誰百其形？昔之申生，含枉莫訟。今爾之負，抱冤於東。悠悠有識，孰不哀慟！壺關幹主，千秋悟己。異世同規，古今一理。皇孫啓建，隆祚爾子。雖悴前終，庶榮後始。窀穸既營，將寧爾神。華髦電逝，戎車雷震。芒芒羽蓋，翼翼縉紳。同悲等痛，孰不酸辛！庶光來葉，永世不泯。』謚曰湣懷。六月己卯，葬于顯平陵。帝感閻纘之言，立思子臺，故臣江統、陸機並作誄頌焉。

又　卷五六《江統傳》　轉太子洗馬。在東宮累年，甚被親禮。太子頗闕朝覲，又奢費過度，多諸禁忌，統上書諫曰：

臣聞古之為臣者，進思盡忠，退思補過，獻可替否，拾遺補闕。是以人主得以舉無失行，言無口過，德音發聞，揚名後世。臣等不逮，無能云補，思竭愚誠，謹陳五事如左，惟蒙一省再省，少垂察納。

其一曰，六行之義，以孝為首，虞舜之德，以孝為稱，故太子以朝夕視君膳為職，左右就養無方。文王之為世子，可謂篤於事親者也，故能擅三代之美，為百王之宗。自頃聖體屢有疾患，數闕朝侍，遠近觀聽者不能深知其故，以致疑惑。伏願殿下雖有微苦，可堪扶輿，則宜自力。《易》曰：『君子終日乾乾。』蓋自勉強不息之謂也。

其二曰，古之人君雖有聰明之姿，睿喆之質，必須輔弼之助，相導之功，故虞舜以五臣興，周文以四友隆。及成王之為太子也，則周、召為保傅，史佚昭文章，故能聞道早備，登崇大業，刑措不用，流聲洋溢。伏惟殿下天授逸才，聰鑑特達，臣謂猶宜時發聖令，宣揚德音，諮詢保傅，訪逮侍臣，覲見賓客，得令接盡，壅否之情沛然交泰，殿下之美煥然光明。如此，則高朗之風，扇於前人；弘範令軌，永為後式。

其三曰，古之聖王莫不以儉為德，故堯稱采椽茅茨，禹稱卑宮惡服，漢文身衣弋綈，足履革舄，以身先物，政致太平，存為明王，沒見宗祀。及諸侯修之者，魯僖以躬儉節用，聲列《雅頌》；蚡冒以篳路藍縷，用張楚國。大夫修之者，文子相魯，妾不衣帛；晏嬰相齊，鹿裘不補，亦能匡君濟俗，興國隆家。庶人修之者，顏回以簞食瓢飲，揚其仁聲；原憲以蓬户繩樞，邁其清德。此皆聖主明君賢臣智士之所履行也。故能懸名日月，永世不朽，蓋儉之福也。及到末世，以奢失之者，帝王則有瑤臺瓊室，玉懷象箸，肴膳之珍則熊蹯豹胎，酒池肉林。諸侯為之者，至於丹楹

刻桷，饟征百牢。大夫有瓊弁玉纓，庶人有擊鐘鼎食。亦罔不亡國喪宗，破家失身，醜名彰聞，以為後戒。竊聞後園鏤飾金銀，刻磨犀象，畫室之巧，課試日精。臣等以為今四海之廣，萬物之富，以今方古，不足為侈也。然上之所好，下必從之，是故居上者必慎其所好也。昔漢光武皇帝時，有獻千里馬及寶劍者，馬以駕鼓車，劍以賜騎士。世祖武皇帝有上雉頭裘者，即詔有司焚之都街。高世之主，不尚尤物，故能正天下之俗，刑四方之風。臣等以為畫室之功，可且減省，後園雜作，一皆罷遣，肅然清静，優遊道德，則日新之美光于四海矣。

其四曰，以天下而供一人，以百里而供諸侯，故王侯食藉而衣稅，公卿大夫受爵而資祿，莫有不贍者也。是以士農工商四業不雜。交易而退，以通有無者，庶人之業也。《周禮》三市，旦則百族，晝則商賈，夕則販夫販婦。買賤賣貴，販鬻菜果，收十百之盈，以救旦夕之命，故為庶人之貧賤者也。樊遲匹夫，請學為圃，仲尼不答；魯大夫臧文仲使妾織蒲，又譏其不仁；公儀子相魯，則拔其園葵，言食祿者不與貧賤之人爭利也。秦、漢以來，風俗轉薄，公侯之尊，莫不殖園圃之田，而收市井之利，漸冉相放，莫以為恥，乘以古道，誠可愧也。今西園賣葵菜、藍子、雞、面之屬，虧敗國體，貶損令問。

其五曰，竊見禁土，令不得繕修牆壁，動正屋瓦。臣以為此既違典彝舊義，且以拘攣小忌而廢弘廓大道，宜可蠲除，於事為宜。

朝廷善之。

及太子廢，徙許昌，賈后諷有司不聽宮臣追送。統與宮臣冒禁至伊水，拜辭道左，悲泣流漣。都官從事悉收統等付河南、洛陽獄。付郡者，河南尹樂廣悉散遣之，繫洛陽者猶未釋。都官從事孫琰說賈謐曰：『所以廢徙太子，以為惡故耳。東宮故臣冒罪拜辭，涕泣路次，不顧重辟，乃更彰太子之德，不如釋之。』謐語洛陽令曹攄，由是皆免。及太子薨，改葬，統作誄敘哀，為世所重。

又 卷五九《趙王倫傳》 愍懷太子廢，使倫領右軍將軍。時左衛司馬督司馬雅及常從督許超，並嘗給事東宮，二人傷太子無罪，與殿中中郎士猗等謀廢賈后，復太子，以華、頠不可移，難與圖權，倫執兵之要，性貪冒，可假以濟事，乃說倫嬖人孫秀曰：『中宮凶妒無道，與賈謐等共廢太子。今國無嫡嗣，社稷將危，大臣將起大事。而公名奉事中宮，與賈、郭親善，太子之廢，皆云豫知，一朝事起，禍必相及。何不先謀之乎？』秀許諾，言於倫，倫納焉。遂告通事令史張林及省事張衡、殿中侍御史殷渾、右衛司馬督路始，使為內應。事將起，而秀知太子聰明，若還東宮，將與賢人圖政，量己必不得志，乃更說倫曰：『太子為人剛猛，不可私請。明公素事賈后，時議皆以公為賈氏之黨。今雖欲建大功于太子，太子含宿怒，必不加賞於明公矣。當謂逼百姓之望，翻覆以免罪耳。此乃所以速禍也。今且緩其事，賈后必害太子，然後廢后，為太子報仇，亦足以立功，豈徒免禍而已。』倫從之。秀乃微泄其謀，使謐黨頗聞之。倫、秀因勸謐等早害太子，以絕衆望。

宋·司馬光《資治通鑑》卷八三《晉紀五·孝惠皇帝上之下》

（晉惠帝元康九年）初，廣城君郭槐，以賈后無子，常勸後使慈愛太子。賈謐驕縱，數無禮于太子，廣城君恒切責之。廣城君欲以韓壽女為大子妃，太子亦欲婚韓氏以自固，壽妻賈午及后皆不聽，而為太子聘王衍少女。太子聞衍長女美而后為賈謐聘之，心不能平，頗以為言。及廣城君病，臨終，執后手，令盡心于太子，言甚切至。又曰：『趙粲、賈午，必亂汝家事；我死後，勿復聽入。深記吾言！』郭槐勳狠，而垂没之時，所以告弁其女者如此，蓋多權數，故其智慮能及此耳。后不從，更與粲、什謀害太子。

（晉惠帝永康元年）賈后使黄門自首欲與太子為逆。詔以黄門首辭班示公卿，遣東武公澹以千兵防衛太子，幽于許昌宮，令持書御史劉振持節守之，持書御史，即治書侍御史。詔宮臣不得辭送。洗馬江統、潘滔、舍人王敦、杜蕤、魯瑤等冒禁至伊水，拜辭涕泣。《晉志》：太子舍人十六人，職比散騎、中書等侍郎。水經注：伊水過伊闕中，東北至洛陽縣南，北入於洛。司隸校尉滿奮收縛統等送獄。其繫河南獄者，樂廣悉解遣之；樂廣時為河南尹。繫洛陽縣獄者，猶未釋。付郡者，河南尹得解遣之；繫洛陽獄者，尹不得與，故未釋。都官從事孫琰說賈謐曰：『所以廢徙太子，以其為惡故耳。今宮臣冒罪拜辭，而君以重辟；流聞四方，乃更彰太子之德也，不如釋之。』謐乃語洛湯令曹攄使釋之；廣亦不坐。敦，覽之孫；王覽見七十七卷魏高貴鄉公甘露元年。攄，肇之孫也。曹肇見十四卷魏明帝景初二年。太子

至許，遺王妃書，自陳誣枉，妃父衍不敢以聞。

太子既廢，衆情憤怒。右衛督司馬雅、常從督許超，皆嘗給事東宮，與殿中中郎士猗等右衛督、常從督、殿中中郎，皆屬二衛。武帝甚重兵官，殿中軍校，多選朝廷清望之士居之。司馬雅，宗室之疏屬也。謀廢賈后，復太子。以張華、裴頠安常保位，難與行權，右軍將軍趙王倫執兵柄，性貪冒，可假以濟事。乃說孫秀曰：『中宫凶勳無道，與賈謐兵等共誣廢太子。今國無嫡嗣，社稷將危，大臣將起大事，而公名奉事中宫，與賈、郭親善，太子之廢，皆云豫知，言倫、秀豫知廢太子之謀。一朝事起，禍必相及，何不先謀之乎！』秀許諾，言於倫，倫納焉，遂告通事令史張林通事令史，中書令史也。中書侍郎本通事郎，官名雖改，令史猶以通事冠之。陸機惠帝起居注曰：張林者，黑山賊張燕之曾孫。及省事長衡等，省事，亦吏職也。賈充為尚書令，以目疾表置省事吏四員，省事蓋自此始。使為內應。

事將起，孫秀言于倫曰：『太子聰明剛猛，若還東宮，必不受制於人。明公素黨于賈后，道路皆知之，今雖建大功于太子，太子謂公特逼于百姓之望，翻覆以免罪耳，言百姓望太子復，倫等畏逼，故背賈氏復太子以求自免罪。雖含忍宿忿，必不能深德明公，若有瑕釁，猶不免誅。不若遷延緩期，遲其事而遷延未發也。賈后必害太子，然後廢賈后，為太子報讎，非徒免禍而已，乃更可以得志。』倫然之。

秀因使人行反間，言殿中人欲廢皇后，立太子，司馬雅、許超、士猗皆殿中人也。賈后數遣宫婢微服於民間聽察，聞之甚懼。倫、秀因勸謐等早除太子以絕衆望。癸未，賈后使太醫令程據和毒藥，矯詔使黄門孫慮至許昌毒太子。太子自廢黜，恐被毒，常自煮食於前；慮以告劉振，振乃徙太子于小坊中，絕其食，宫人猶竊於牆上過食與之。慮逼太子以藥，太子不肯服，慮以藥杵椎殺之。有司請以庶人禮葬，賈后表請以廣陵王禮葬之。

論說

《晉書》卷四八《閻纘傳論》 愍懷之廢也，天下稱其冤。然皆懼亂政之參夷，懾淫嬖之凶忍，遂使謀臣懷忠而結舌，義士蓄憤而吞聲。閻纘伯官既微于侍郎，位不登於執戟，輕生重義，視死如歸，伏奏而待嚴誅，輿棺以趨鼎鑊，察言觀行，豈非忠直壯乎！顧視晉朝公卿，曾不得與其徒隸齒也。茂伯篤終，哭王經以全節。休然追遠，理鄧艾以成名。故得義感明時，仁流枯骨。雖朱勃追論新息，欒布奏事彭王，弗之尚也。

雜録

南朝宋・劉義慶《世說新語・任誕》 賀司空入洛赴命，為太孫舍人。程炎震云：『《晉書》六十八《循傳》作「太子舍人」，是滑懷太子也。永康元年，滑懷廢死，後立其子為皇太孫，太子官屬即轉為太孫官屬。』

《宋書》卷三〇《五行志一》 晉武帝太康後，天下為家者，移婦人於東方，空萊北庭，以為園囿。干寶曰：『夫王朝南向，正陽也；后北宫，位太陰也；世子居東宫，位少陽也。今居內於東，是與外俱南面也。亢陽無陰，婦人失位而干少陽之象也。賈后讒戮愍懷，俄而禍敗亦及。』

晉惠帝元康六年，陳國有雞生雄雞無翅，既大，墜坑而死。王隱曰：『雄，胤嗣象，坑地事為母象，賈后誣殺愍懷，殆其應也。』

又 卷三一《五行志二》 晉惠帝元康中，京、洛童謠曰：『南風起，吹白沙，遥望魯國何嵯峨，千歲髑髏生齒牙。』又曰：『城東馬子莫嚨㖷，比至三月纏汝鬃。』南風，賈后字也。白，晉行也。沙門，太子小名也。魯，賈謐國也。言賈后將與謐為亂，以危太子；而趙王因釁咀嚼豪賢，以成篡奪也。是時愍懷頗失衆望，卒以廢黜，不得其死。**【略】**

晉武帝太康六年，南陽送兩足虎，此毛蟲之孽也。識者為其文曰：『武形有虧，金虎失儀，聖主應天，斯異何為。』言非亂也。京房《易傳》曰：『足少者，下不勝任也。』干寶曰：『虎者陰精，而居於陽，金獸也。南陽，火名也。金精入火，而失其形，王室亂之妖也。六，水數，言水數既極，火慝得作，而金受其敗也。至元康九年，始殺太子，距此十四年。二七十四，火始終相乘之數也。自帝受命，至滑懷之廢，凡三十五年。』**【略】**

晉惠帝元康八年三月，郊禖壇石中破為二。此木沴金也。郊禖壇者，求子之神位，無故而自毀，太子將危之妖也。明年，愍懷廢死。

又　卷三二《五行志三》　晉惠帝元康五年閏月庚寅，武庫火。張華疑有亂，先固守，然後救灾。是以累代異寶，王莽頭，孔子履，漢高斷白蛇劍及二百萬人器械，一時蕩盡。是後愍懷見殺，殺太子之罰也。天戒若曰，夫設險擊柝，所以固其國；儲積戎器，所以戒不虞。今冢嗣將傾，社稷將泯，禁兵無所復施，皇旅又將誰衛！帝后不悟，終喪四海，是其應也。張華、閻纂皆曰，武庫火而氐、羌反，太子見廢，則四海可知矣。元康八年十一月，高原陵火。是時賈后凶恣，賈謐擅朝，惡積罪稔，宜見誅絕。天戒若曰，臣妾之不可者，雖親貴莫比，猶宜忍而誅之，如吾燔高原陵也。帝既眊弱，而張華又不納裴頠、劉卞之謀，故后遂與謐誣殺太子也。干寶云：『高原陵火，太子廢，其應也。漢武帝世，高園便殿火，董仲舒對與此占同。』【略】

晉惠帝元康五年三月，呂縣有流血，東西百餘步。此赤祥也。元康末，窮凶極亂，僵屍流血之應也。干寶以為後八載而封雲亂徐州，殺傷數萬人，是其應也。晉惠帝永康元年三月，尉氏雨血。夫政刑舒緩，則有常燠赤祥之妖。此歲正月，送愍懷太子幽于許宮。天戒若曰，不宜緩恣姦人，將使太子冤死。惠帝愚眊不悟，是月愍懷遂斃。於是王室釁成，禍流天下。淖齒殺齊閔王日，天雨血沾衣，天以告也，此之謂乎？京房《易傳》曰：『歸獄不解，茲謂追非，厥咎天雨血，茲謂不親，民有怨心，不出三年，無其宗人。』又曰：『佞人祿，功臣戮，天雨血。』

又　卷三三《五行志四》　晉惠帝元康二年八月，沛及湯陰雨雹。元康三年四月，滎陽雨雹；弘農湖、華陰又雨雹，深三尺。是時賈后凶淫專恣，與《春秋》魯桓夫人同事。陰氣盛也。元康五年六月，東海雨雹，深五寸；十二月，丹陽雨雹。元康五年十二月，丹陽建業大雪。元康六年三月，東海隕霜殺桑、麥。元康七年五月，魯國雨雹；七月，秦、雍二州隕霜殺稼。元康九年三月旬有八日，河南、滎陽、潁川隕霜傷禾；五月，雨雹。是時賈后凶躁滋甚，是冬遂廢湣懷。

又　卷三四《五行志五》　晉惠帝永康元年二月，大風拔木。三月，湣懷被害。己卯，喪柩發許還洛，是日，大風雷電，幬蓋飛裂。【略】

晉惠帝元康元年十二月，皇太子將釋奠，太傅趙王倫驂乘，至南城門，馬止，力士推之不能動。倫入軺車，乃進。此馬禍也。天戒若曰，倫不知義方，終為亂逆，非傅導行禮之人。倫不悟，故亡。元康九年十一月戊寅冬，有牝騮馬驚奔至廷尉訊堂，悲鳴而死。是殆愍懷冤死之象也。見廷尉訊堂，又天意乎！【略】

晉惠帝元康九年正月，日中有若飛燕者，數月乃消。王隱以為愍懷廢死之徵也。

《晉書》卷四《惠帝紀》（太熙元年）秋八月壬午，立廣陵王遹為皇太子。【略】

（永平九年）冬十一月甲子朔，日有蝕之。京師大風，發屋折木。十二月壬戌，廢皇太子遹為庶人，及其三子幽于金墉城，殺太子母謝氏。【略】

永康元年春正月癸亥朔，大赦，改元。己卯，日有蝕之。丙子，皇孫霖卒。二月丁酉，大風，飛沙拔木。三月，尉氏雨血，妖星見於南方。癸未，賈后矯詔害庶人遹於許昌。

又　卷一二《天文志中》　惠帝元康九年十一月甲子朔，日有蝕之。十二月，廢皇太子為庶人，尋殺之。【略】

惠帝元康元年十一月甲申，日暈，再重，青赤有光。九年正月，日中有若飛燕者，數日乃消。王隱以為愍懷廢死之徵。

又　卷一三《天文志下》　惠帝元康三年四月，熒惑守太微六十日。占曰：『諸侯三公謀其上，必有斬臣。』一曰：『天子亡國。』是春太白守畢，至是百餘日。占曰：『有急令之憂。』一曰：『相死。』又為邊境不安。後賈后陷殺太子。

又　卷二七《五行志上》　惠帝元康五年閏月庚寅，武庫火。張華疑有亂，先命固守，然後救火。是以累代異寶，王莽頭，孔子屐，漢高祖斷白蛇劍及二百八萬器械，一時蕩盡。是後愍懷太子見殺之罰也。天戒若曰，夫設險擊柝，所以固其國，儲積戎器，所以戒不虞。今冢嗣將傾，社稷將泯，禁兵無所復施，皇旅又將誰衛。帝后不悟，終喪四海，是其應也。張華、閻纂皆曰，武庫火而氐羌反，太子見廢，則四海可知。』【略】

八年十一月，高原陵火。是時賈后凶恣，賈謐擅朝，惡積罪稔，宜見誅絕。天戒若曰，臣妾之不可者，雖親貴莫比，猶宜忍而誅之，如吾燔高原陵也。帝既眊弱，而張華又不納裴頠、劉卞之謀，故後遂與謐殺太子

也。干寶以為『高原陵火，太子廢之應。漢武帝世，高園便殿火，董仲舒對與此占同』。【略】

八年五月，金墉城井溢。《漢志》，成帝時有此妖，後王莽僭逆。今有此妖，趙王倫篡位，倫廢帝於此城，井溢所在，其天意也。九月，荆、揚、徐、冀、豫五州大水。是時賈后暴戾滋甚，韓謐驕猜彌扇，卒害太子，旋以禍滅。九年四月，宮中井水沸溢。

又　卷二八《五行志中》　武帝太康六年，南陽獻兩足猛獸，此毛蟲之孽也。識者為其文曰：『武形有虧，金獸失儀，聖主應天，期異何為！』言兆亂也。京房《易傳》曰：『足少者，下不勝任也。』干寶以為：『獸者陰精，居於陽，金獸也。南陽，火名也。金精入火而失其形，王室亂之妖也。』六，水數，言水數既極，火慝得作，而金受其敗也。至元康九年，始殺太子，距此十四年。二七十四，火始終相乘之數也。自帝受命，至湣懷之廢，凡三十五年焉。【略】

惠帝元康八年五月，郊禖壇石中破為二，此木沴金也。郊禖壇者，求子之神位，無故自毀，太子將危之象也。明年湣懷廢死。【略】

元康九年六月庚子，有桑生東宮西廂，日長尺餘，甲辰枯死。此與殷太戊同妖，太子不能悟，故至廢戮也。班固稱『野木生朝而暴長，小人將暴居大臣之位，危國亡家之象，朝將為墟也。』是後孫秀、張林用事，遂至大亂。【略】

永康元年三月，尉氏雨血。夫政刑舒緩，則有常燠赤祥之妖。此歲正月，送愍懷太子，幽于許宮。天戒若曰，不宜緩恣姦人，將使太子冤死。惠帝愚眊不寤，是月愍懷遂斃。於是王室成釁，禍流天下。淖齒殺齊湣王日，天雨血沾衣。天以告也，此之謂乎？京房、《易傳》曰：『歸獄不解，茲謂追非，厥咎天雨血。茲謂不親，下有噁心，不出三年，無其宗。』又曰：『佞人祿，功臣戮，天雨血也。』

又　卷二九《五行志下》　（元康）九年三月旬有八日，河南、滎陽、潁川隕霜，傷禾。五月，雨雹。是時，賈后凶躁滋甚，及冬，遂廢湣懷。【略】

惠帝元康九年三月，有聲若牛，出許昌城。十二月，廢愍懷太子，幽于許宮。明年，賈后遣黃門孫慮殺太子，擊以藥杵，聲聞於外，是其應也。【略】

武帝太康中，有鯉魚二見武庫屋上。干寶以為：『武庫兵府，魚有鱗甲，亦兵類也。魚既極陰，屋上太陽，魚見屋上，象至陰以兵革之禍幹太陽也。至惠帝初，誅楊駿，廢太后，矢交館閣。元康末，賈后謗殺太子，尋亦誅廢。十年之間，母后之難再興，是其應也，自是禍亂構矣。』京房《易傳》曰：『魚去水，飛入道路，兵且作。』【略】

九年六月，飆風吹賈謐朝服飛數百丈。明年，謐誅。十一月甲子朔，京都連大風，發屋折木。十二月，湣懷太子廢，幽於許昌。【略】

惠帝元康九年十一月戊寅，忽有牡騮馬驚奔至廷尉訊堂，悲鳴而死。天戒若曰，愍懷冤死之象也。見廷尉訊堂，其天意乎！【略】

永康元年二月，大風拔木。三月，湣懷被害。己卯，喪柩發許昌還洛。是日，又大風雷電，幃蓋飛裂。

宋·司馬光《家範》卷七《兄弟姑姊妹夫》　《易》：『恒。六五，恒其德。貞，婦人吉。夫子凶。象曰：婦人貞吉，從一而終也。夫子制義，從婦凶也。』丈夫生而有四方之志，威令所施，大者天下，小者一官，而近不行於室家，為一婦人所制，不亦可羞哉！昔晉惠帝為賈后所制，廢武悼楊太后于金墉，絕膳而終。因愍懷太子于許昌，尋殺之。

清·顧祖禹《讀史方輿紀要》卷四八《河南三·金墉城》　晉楊后及湣懷太子至賈后之廢，皆徙金墉。

清·趙翼《廿二史劄記》卷一四《魏齊周隋書並北史·皇太孫》　晉惠帝立子遹為皇太子，後為賈后所殺，趙王倫廢后，復遹位號，乃立遹子臨淮王臧為皇太孫，未幾，倫又害臧，乃立臧弟襄王尚為皇太孫，尋薨。

北魏孝文帝廢太子

綜　述

《魏書》卷二二《廢太子元恂傳》　廢太子庶人恂，字元道。生而母

死，文明太后撫視之，常置左右。年四歲，太皇太后親為立名恂，字元道，於是大赦。太和十七年七月癸丑，立恂為皇太子。及冠恂於廟，高祖臨光極東堂，引恂入見，誡以冠義曰：『夫冠禮表之百代，所以正容體，齊顏色，順辭令。容體正，顏色齊，辭令順，故能正君臣，親父子，和長幼。然母見必拜，兄弟必敬，責以成人之禮。字汝元道，所寄不輕。汝當尋名求義，以順吾旨。』二十年，改字宣道。

遷洛，詔恂詣代都。其進止儀禮，高祖皆為定。及恂入辭，高祖曰：『今汝不應向代，但太師薨於恒壤，朕既居皇極之重，不容輕赴舅氏之喪，欲使汝展哀舅氏，拜汝母墓，一寫為子之情。汝至彼，太師事畢後日，宜一拜山陵。拜訖，汝族祖南安可一就問訊。在途，當温讀經籍。今日親見吾也。』後高祖每歲征幸，恂常留守，主執廟祀。

恂不好書學，體貌肥大，深忌河洛暑熱，意每追樂北方。中庶子高道悅數苦言致諫，恂甚銜之。高祖幸崧岳，恂留守金墉，於西掖門內與左右謀，欲召牧馬輕騎奔代，手刃道悅於禁中。領軍元儼勒門防遏，夜得寧靜。厥明，尚書陸琇馳啓高祖於南，高祖聞之駭惋，外寢其事，仍至汴口而還。引恂數罪，與咸陽王禧等親杖恂，又令禧等更代，百餘下，扶曳出外，不起者月餘。拘於城西別館。引見羣臣於清徽堂，議廢之。司空、太子太傅穆亮，尚書僕射、少保李沖，並免冠稽首而謝。高祖曰：『卿所謝者私也，我所議者國也。古人有言，大義滅親。今恂欲違父背尊，跨據恒朔。天下未有無父國，何其包藏，心與身俱。此小兒今日不滅，乃是國家之大禍，脫待我無後，恐有永嘉之亂。』乃廢為庶人，置之河陽，以兵守之，服食所供，粗免飢寒而已。恂在困躓，頗知咎悔，恒讀佛經，禮拜歸心於善。

高祖幸代，遂如長安。中尉李彪承間密表，告恂復與左右謀逆。高祖在長安，使中書侍郎邢巒與咸陽王禧，奉詔齎椒酒詣河陽，賜恂死，時年十五。殮以粗棺常服，瘞於河陽城。

論　說

《北史》卷一九《魏廢太子恂傳論》　庶人險暴之性，自幼而長，終以廢黜，不得其終。斯乃朱、均之性，堯、舜不能訓也。

后妃干政分部

西晉楊后干政

綜　述

唐·魏徵等《羣書治要》卷二九《晉書上·后妃傳》　武元楊皇后，弘農華陰人也。初，賈充妻郭氏，使言於后，求以女爲太子妃，兼有遺賂。及議太子婚，世祖欲娶衛瓘女，后苦譽賈后有淑德，又密使太子太傅荀顗進言，上乃聽之。遂成婚。

復以佑為北軍中候，以典禁兵。既而寢疾彌留，至於大漸，佐命元勳，皆已先沒，羣臣惶惑，計無所從。會帝小差，有詔以汝南王亮輔政，又欲令朝士之有名望年少者數人佐之，楊駿秘而不宣。帝復尋至迷亂，楊后輒為詔以駿輔政，促亮進發。帝尋小間，問汝南王來未，意欲見之，有所付託。左右答言未至，帝遂困篤。

《晉書》卷四《惠帝紀》　太熙元年四月己酉，武帝崩。是日，皇太子即皇帝位，大赦，改元為永熙。【略】以太尉楊駿為太傅，輔政。

又　卷二七《五行志上》　武帝太康八年三月乙丑，震災西閣楚王所止坊及臨商觀窗。十年四月癸丑，崇賢殿災。十一月庚辰，含章鞠室、修成堂前廡、景坊東屋、暉章殿南閣火。時有上書曰：『漢王氏五侯，兄弟迭任，今楊氏三公，並在大位，故天變屢見，竊為陛下憂之。』由是楊珧求退。是時帝納馮紞之間，廢張華之功，聽楊駿之讒，離衛瓘之寵，此逐功臣之罰也。明年，宮車宴駕。其後楚王承竊發之旨，戮害二公，身亦不免。震災其坊，又天意乎。

又　卷二八《五行志中》　惠帝永熙中，河內温縣有人如狂，造書

曰：『光光文長，大戟為牆。毒藥雖行，戟還自傷。』又曰：『兩火沒地，哀哉秋蘭。歸形街郵，終為人歎。』及楊駿居內府，以戟為衛，死時又為戟所害傷。楊后被廢，賈后絕其膳八日而崩，葬街郵亭北，百姓哀之也。兩火，武帝諱，蘭，楊后字也。其時又有童謠曰：『二月末，三月初，荊筆楊板行詔書，宮中大馬幾作驢。』此時楊駿專權，楚王用事，故言『荊筆楊板』。二人不誅，則君臣禮悖，故云『幾作驢』也。

又 卷二九《五行志下》 太康四年，會稽彭蜞及蟹皆化為鼠，甚衆，復大食稻為災。九年八月，郡國二十四螟。九月，蟲又傷秋稼。是時，帝聽讒諛，寵任賈充、楊駿，故有蟲蝗之災，不絀無德之罰。【略】

太熙元年正月，地又震，武帝世，始于賈充，終於楊駿，阿黨昧利，苟竊朝權。至於末年，所任轉斃，故頻年地震，過其序也，終喪天下。

又 卷三一《后妃傳·武元楊皇后》 帝以皇太子不堪奉大統，密以語后。后曰：『立嫡以長不以賢，豈可動乎？』初，賈充妻郭氏使賂后，求以女為太子妃。及議太子婚，帝欲娶衛瓘女。然后盛稱賈后有淑德，又密使太子太傅荀顗進言，上乃聽之。泰始中，帝博選良家以充後宮，先下書禁天下嫁娶，使宦者乘使車，給騶騎，馳傳州郡，召充選者使后揀擇。后性妒，惟取潔白長大，其端正美麗者並不見留。時卞藩女有美色，帝掩扇謂后曰：『卞氏女佳。』后曰：『藩三世后族，其女不可枉以卑位。』帝乃止。司徒李胤、鎮軍大將軍胡奮、廷尉諸葛沖、太僕臧權、侍中馮蓀、秘書郎左思及世族子女並充三夫人九嬪之列。司、冀、兗、豫四州二千石將吏家，補良人以下。名家盛族子女，多敗衣瘁貌以避之。【略】

及后有疾，見帝素幸胡夫人，恐後立之，慮太子不安。臨終，枕帝膝曰：『叔父駿女男胤有德色，願陛下以備六宮。』因悲泣，帝流涕許之。

又 卷三三《石崇傳》 元康初，楊駿輔政，大開封賞，多樹黨援。

又 卷三六《衛瓘傳》 宣尚公主，數有酒色之過。楊駿素與瓘不平，駿復欲自專權重，宣若離婚，瓘必遜位，於是遂與黃門等毀之，諷帝奪宣公主。瓘慚懼，告老遜位。

又 《張華傳》 惠帝即位，以華為太子少傅，與王戎、裴楷、和嶠俱以德望為楊駿所忌，皆不與朝政。

又 卷四〇《楊駿傳》 尚書褚、郭奕並表駿小器，不可以任社稷之重。武帝不從。帝自太康以後，天下無事，不復留心萬機，惟耽酒色，始寵后黨，請謁公行。而駿及珧、濟勢傾天下，時人有『三楊』之號。

及帝疾篤，未有顧命，佐命功臣，皆已沒矣，朝臣惶惑，計無所從。而駿盡斥羣公，親侍左右。因輒改易公卿，樹其心腹。會帝小間，見所用者非，乃正色謂駿曰：『何得便爾！』乃詔中書，以汝南王亮與駿夾輔王室。駿恐失權寵，從中書借詔觀之，得便藏匿。中書監華廙恐懼，自往索之，終不肯與。信宿之間，上疾遂篤，后乃奏帝以駿輔政，帝頷之。便召中書監華暠、令何劭，口宣帝旨使作遺詔，曰：『昔伊望作佐，勳垂不朽；周霍拜命，名冠往代。侍中、車騎將軍、行太子太保，領前將軍楊駿，經德履吉，鑒識明遠，毗翼二宮，忠肅茂著，宜正位上臺，擬迹阿衡。其以駿為太尉、太子太傅、假節、都督中外諸軍事，侍中、錄尚書、領前將軍如故。置參軍六人、步兵三千人、騎千人，移止前衛將軍珧故府。若止宿殿中宜有翼衛，其差左右衛三部司馬各二十人、殿中都尉司馬十人給駿，令得持兵仗出入。』詔成，后對暠、劭以呈帝，帝親視而無言。自是二日而崩，駿遂當寄託之重，居太極殿。梓宮將殯，六宮出辭，而駿不下殿，以武賁百人自衛。不恭之迹，自此而始。

惠帝即位，進駿為太傅、大都督、假黃鉞，錄朝政，百官總己。慮左右間己，乃以其甥段廣、張劭為近侍之職。凡有詔命，帝省訖，入呈太后，然後乃出。駿知賈后情性難制，甚畏憚之。又多樹親黨，皆領禁兵。於是公室怨望，天下憤然矣。駿弟珧、濟並有俊才，數相諫止，駿不能用，因廢於家。駿暗于古義，動違舊典。武帝崩未逾年而改元，議者咸以為違《春秋》逾年書即位之義。朝廷惜於前失，令史官沒之，故明年正月復改年焉。

駿自知素無美望，懼不能輯和遠近，乃依魏明帝即位故事，遂大開封賞，欲以悅衆，為政嚴碎，愎諫自用，不允衆心。馮翊太守孫楚素與駿厚，說之曰：『公以外戚，居伊霍之重，握大權，輔弱主。當仰思古人至公至誠謙順之道。于周則周召為宰，在漢則朱虛、東牟，未有庶姓專朝，而克終慶祚者也。今宗室親重，藩王方壯，而公不與共參萬機，內懷猜忌，外樹私昵，禍至無日矣。』駿不能從。弘訓少府蒯欽，駿之姑子。少

而相昵，直亮不回，屢以正言犯駿，珧、濟為之寒心。欽曰：『楊文長雖暗，猶知人之無罪不可妄殺，必當疏我。我得疏外，可以不與俱死。不然，傾宗覆族，其能久乎！』

殿中中郎孟觀、李肇，素不為駿所禮，陰構駿將圖社稷。賈后欲預政事，而憚駿未得逞其所欲，又不肯以婦道事皇太后。黃門董猛，始自帝之為太子即為寺人監，在東宮給事于賈后。後密通消息於猛，謀廢太后。猛乃與肇、觀潛相結托。賈后又令肇報大司馬、汝南王亮，使連兵討駿。亮曰：『駿之凶暴，死亡無日，不足憂也。』肇報楚王瑋，瑋然之。於是求入朝，駿素憚瑋，先欲召入，防其為變，因遂聽之。及瑋至，觀、肇乃啓帝，夜作詔，中外戒嚴，遣使奉詔廢駿，以侯就第。東安公繇率殿中四百人隨其後以討駿。段廣跪而言於帝曰：『楊駿受恩先帝，竭心輔政。且孤公無子，豈有反理？願陛下審之。』帝不答。

時駿居曹爽故府，在武庫南，聞內有變，召衆官議之。太傅主簿朱振說駿曰：『今內有變，其趣可知，必是閹豎為賈后設謀，不利於公。宜燒雲龍門以示威，索造事都首，開萬春門，引東宮及外營兵，公自擁翼皇太子，入宮取姦人。殿內震懼，必斬送之，可以免難。』駿素怯懦，不決，乃曰：『魏明帝造此大功，奈何燒之！』侍中傅祗夜白駿，請與武茂俱入雲龍門觀察事勢。祗因謂羣僚『宮中不宜空』，便起揖，於是皆走。

又 《楊濟傳》 初，駿忌大司馬汝南王亮，催使之藩。濟與斌數諫止之，駿遂疏濟。濟謂傅咸曰：『若家兄徵大司馬入，退身避之，門户可得免耳。不爾，行當赤族。』咸曰：『但徵還，共崇至公，便立太平，無為避也。夫人臣不可有專，豈獨外戚！今宗室疏，因外戚之親以得安，外戚危，倚宗室之重以為援，所謂脣齒相依，計之善者。』濟益懼而問石崇曰：『人心云何？』崇曰：『賢兄執政，疏外宗室，宜與四海共之。』濟曰：『見兄，可及此。』崇見駿，及焉，駿不納。後與諸兄俱見害。難發之夕，東宮召濟。濟謂裴楷曰：『吾將何之？』楷曰：『子為保傅，當至東宮。』濟好施，久典兵馬，所從四百餘人皆秦中壯士，射則命中，皆欲救濟。濟已入宮，莫不歎恨。

又 卷四四《石鑑傳》 武帝崩，鑑與中護軍張劭監統山陵。時大司馬、汝南王亮為太傅楊駿所疑，不敢臨喪，出營城外。時有告亮欲舉兵討駿，駿大懼，白太后令帝為手詔，詔鑑及張劭使率陵兵討亮。劭，駿甥也，便率所領催鑑速發，鑑以為不然，保持之，遣人密覘視亮，已別道還許昌，於是駿止，論者稱之。

又 卷四五《何攀傳》 楊駿執政，多樹親屬，大開封賞，欲以恩澤自衛。攀以為非，乃與石崇共立議奏之。

又 卷四七《傅咸傳》 帝以駿管朝政，有詔不問，駿甚憚之。咸復與駿箋諷切之，駿意稍折，漸以不平。由是欲出為京兆、弘農太守，駿甥李斌說駿，不宜斥出正人，乃止。

又 《傅梓傳》 及帝崩，梓宮在殯，而太傅楊駿輔政，欲悅衆心，議普進封爵。祗與駿書曰：『未有帝王始崩，臣下論功者也。』駿不從。入為侍中。時將誅駿，而駿不之知。祗侍駿坐，而雲龍門閉，內外不通。祗請與尚書武茂聽國家消息，揖而下階。茂猶坐，祗顧曰：『君非天子臣邪！今內外隔絕，不知國家所在，何得安坐！』茂乃驚起。

又 卷五七《胡奮傳》 時楊駿以后父驕傲自得，奮謂駿曰：『卿恃女更益豪邪？歷觀前代，與天家婚，未有不滅門者，但早晚事耳。觀卿舉措，適所以速禍。』駿曰：『卿女不在天家乎？』奮曰：『我女與卿女作婢耳，何能損益！』時人皆為之懼，駿雖銜之，而不能害。

又 卷五九《汝南文成王亮傳》 及武帝寢疾，為楊駿所排，乃以亮為侍中、大司馬、假黃鉞、大都督、督豫州諸軍事，出鎮許昌，加軒懸之樂，六佾之舞。封子羕為西陽公。未發，帝大漸，詔留亮委以後事。楊駿聞之，從中書監華暠索詔視，遂不還。帝崩，亮懼駿疑己，辭疾不入，于大司馬門外敍哀而已，表求過葬。駿欲討亮，亮知之，問計于廷尉何勖。勖曰：『今朝廷皆歸心於公，公何不討人而懼為人所討！』或說亮率所領入廢駿，亮不能用，夜馳赴許昌，故得免。

宋·司馬光《資治通鑑》卷八二《晉紀四·世祖武皇帝下》（晉武帝太康十年）楊駿忌汝南王亮，排出之。甲申，以亮為侍中、大司馬、假黃鉞、大都督、督豫州諸軍事，治許昌；徙南陽王柬為秦王，都督關中諸軍事；始平王瑋為楚王，都督荊州諸軍事；濮陽王允為淮南王，都督揚、江二州諸軍事；並假節之國。晉制：都督諸軍事有使持節，有持節，有假節；使持節得殺二千石以下持節殺無官位人，若軍事與使持節同；假節惟

軍事得殺犯軍令者。立皇子乂為長沙王，穎為成都王，晏為吳王，熾為豫章王，演為代王；皇孫遹為廣陵王。又封淮南王子迪為漢王，楚王子儀為毗陵王，徙扶風王暢為順陽王，暢弟歆為新野公。暢，駿之子也。暢嗣駿爵，而不居關中之任，故徙封。琅邪王覲弟澹為東武公，繇為東安公。覲，伷之子也。晉制：宗室封郡公者，制度如小國王。

清・趙翼《廿二史劄記》卷八《晉書・八王之亂》 武帝崩，欲以汝南王亮司馬懿之子，武帝叔父，與皇后父楊駿同輔政。駿匿其詔，矯令亮出鎮許昌。

論說

《晉書》卷九三《外戚傳》 逮于晉難，始自宮掖。楊駿藉武帝之寵私，叨竊非據，賈謐乘惠皇之蒙昧，成此厲階，遂使悼后遇雲林之災，愍懷濫湖城之酷。天人道盡，喪亂弘多，宗廟以之顛覆，黎庶於焉殄瘁。

元・馬端臨《文獻通考》卷三〇一《物異考七》 太熙元年正月，地又震。武帝世，始於賈充，終於楊駿，阿黨昧利，苟竊朝權。

清・王夫之《讀通鑑論》卷一一《晉武帝十五》 西晉之亡，亡于齊王攸之見疑而廢以死也。攸而存，楊氏不得以擅國，賈氏不得以逞姦，八王不得以生亂。故舉朝爭之，爭晉存亡之介也。雖然，盈廷而爭者，未得所以存晉之道也。

西晉賈后亂政

綜述

唐・魏徵等《羣書治要》卷二九《晉書上・后妃傳》 惠賈庶人，名南風，平陽人也。拜太子妃，性妒虐，嘗手殺數人，或以戟擲孕妾，子乃墜地。惠帝即位，爲皇后，虐誅三楊，逆弑太后，矯害二公。荒淫放恣，與太醫程據等亂，彰於內外，詐有身爲產，養妹夫韓壽兒，遂謀廢太子，以所養代立，專爲奸，誣害太子，衆惡彰著。永康元年，爲趙王倫所廢，賜死。

南朝宋・劉義慶《世說新語・規箴》 晉武帝既不悟太子之愚，必有傳後意。諸名臣亦多獻直言。帝嘗在陵雲臺上坐，衛瓘在側，欲申其懷，因如醉跪帝前，以手撫床曰：『此坐可惜。』帝雖悟，因笑曰：『公醉邪？』晉陽秋曰：『初，惠帝之為太子，咸謂不能親政事。衛瓘每欲陳啓廢之而未敢也。後因會醉，遂跪床前曰：「臣欲有所啓。」帝曰：「公所欲言者，何邪？」瓘欲言而復止者三，因以手撫床曰：「此坐可惜。」帝意乃悟，因謬曰：「公真大醉也。」帝後悉召東宮官屬大會，令左右齎尚書處事以示太子，令處決。太子不知所對。賈妃以問外人，代太子對，多引古詞義。給使張弘曰：「太子不學，陛下所知，宜以見事斷，不宜引書也。」妃從之。弘具草奏，令太子書呈，帝大說，以示瓘。於是賈充語妃曰：「衛瓘老奴，幾敗汝家。」妃由是怨瓘，後遂誅之。』

《宋書》卷二三《天文志一》 太康八年三月，熒惑守心。占曰：『王者惡之。』太熙元年四月己酉，武帝崩。太康八年九月，星孛於南斗，長數十丈，十餘日滅。占曰：『鬭主爵祿，國有大憂。』一曰：『孛于斗，王者疾病，臣誅其父，天下易政，大亂兵起。』太熙元年四月，客星在紫宮。占曰：『為兵喪。』太康末，武帝耽宴遊，多疾病。是月乙酉，帝崩。永平元年，賈后誅楊駿及其黨與，皆夷三族；楊太后亦見殺。是年，又誅汝南王亮、太保衛瓘、楚王瑋，王室兵喪之應。

又 卷二四《天文志二》 晉惠帝元康二年二月，天西北大裂。按劉向說：『天裂，陽不足；地動，陰有餘。』是時人主拱默，婦后專制。

元康三年四月，熒惑守太微六十日。占曰：『諸侯三公謀其上，必有斬臣。』一曰：『天子亡國。』是春，太白守畢，至是百餘日。占曰：『有急令之憂。』一曰：『相亡。又為邊境不安。』是年，鎮、歲、太白三星聚于畢昴。占曰：『為兵喪。畢昴，趙地也。』後賈后陷殺太子，趙王廢后，又殺之，斬張華、裴頠，遂篡位，廢帝為太上皇。天下從此遘亂連禍。

元康五年四月，有星孛於奎，至軒轅、太微，經三臺、大陵。占曰：

『奎為魯，又為庫兵，軒轅為後宮，太微天子廷，三臺為三司，大陵有積屍死喪之事。』明年，武庫火，西羌反。後五年，司空張華遇禍，賈后廢死，魯公賈謐誅。又明年，趙王倫篡位。於是三王興兵討倫，士民戰死十餘萬人。【略】

元康六年六月丙午夜，有枉矢自斗魁東南行。按占曰：『以亂伐亂。北斗主執殺，出斗魁，居中執殺者不直象也。』十月，太白晝見。後趙王殺張、裴，廢賈后，以理太子之冤，因自篡盜，以至屠滅。以亂伐亂，兵喪臣強之應也。

元康九年二月，熒惑守心。占曰：『王者惡之。』八月，熒惑入羽林。占曰：『禁兵大起。』後二年，惠帝見廢為太上皇，俄而三王起兵討倫。倫悉遣中軍兵，相距累月。

晉惠帝永康元年三月，妖星見南方，中臺星坼，太白晝見。占曰：『妖星出，天下大兵將起。臺星失常，三公憂。太白晝見為不臣。』是月，賈后殺太子，趙王倫尋廢殺后及司空張華，又廢帝自立。於是三王並起，迭總大權。永康元年五月，熒惑入南斗。占曰：『宰相死，兵大起。斗又吳分也。』是時趙王倫為相，明年篡位，三王興師誅之。太安二年，石冰破揚州。永康元年八月，熒惑入箕。占曰：『人主失位，兵起。』十二月，彗出牽牛之西，指天市。占曰：『牛者七政始，彗出之，改元易號之象也。』天市一名天府，一名天子旗，帝座在其中。明年，趙王篡位，改元，尋為大兵所滅。

又　卷三〇《五行志一》　晉武帝太康後，天下為家者，移婦人於東方，空萊北庭，以為園囿。干寶曰：『夫王朝南向，正陽也；后北宮，位太陰也；世子居東宮，位少陽也。今居內於東，是與外俱南面也。亢陽無陰，婦人失位而干少陽之象也。賈后讒戮湣懷，俄而禍敗亦及。』【略】

晉惠帝元康中，婦人之飾有五兵佩，又以金、銀、玳瑁之屬為斧、鉞、戈、戟，以當笄囗。干寶曰：『男女之別，國之大節，故服物異等，贄幣不同。今婦人而以兵器為飾，又妖之大也。遂有賈后之事，終以兵亡天下。』【略】

元康中，婦人結髮者，既成，以繒急束其環，名曰擷子紒。始自中宮，天下化之。其後賈后果害太子。元康中，天下始相仿為烏杖，以柱掖其後，稍施其鐏，住則植之。夫木，東方之行，金之臣也。杖者，扶體之器，鵂其頭者，尤便用也。必傍柱掖者，傍救之象也。王室多故，而元帝以蕃臣樹德東方，維持天下，柱掖之應也。至社稷無主，海內歸之，遂承天命，建都江外，獨立之應也。【略】

晉惠帝元康六年，陳國有雞生雄雞無翅，既大，墜坑而死。王隱曰：『雄，胤嗣象，坑地事為母象，賈后誣殺愍懷，殆其應也。』

晉惠帝太安中，周玘家有雌雞逃承溜中，六七日而下，奮翼鳴將，獨毛羽不變。其後有陳敏之事。敏雖控制江表，終無綱紀文章，殆其象也。卒為玘所滅。雞禍見玘家，又天意也。

又　卷三一《五行志二》　晉惠帝永熙中，河內温縣有人如狂，造書曰：『光光文長，大戟為牆。毒藥雖行，戟還自傷。』又曰：『兩火没地，哀哉秋蘭。歸形街郵，路人為歎。』及楊駿居內府，以戟為衛，死時，又為戟所害。楊太后被廢，賈后絕其膳，八日而崩，葬街郵亭北，百姓哀之。兩火，武帝諱；蘭，楊后字也。永熙中，童謠曰：『二月末，三月初，荆筆楊版行詔書，宮中大馬幾作驢。』楊駿初專權，楚王尋用事，故言『荆筆楊版』也。二人不誅，則君臣禮悖，故云『幾作驢』。【略】

晉惠帝元康中，京、洛童謠曰：『南風起，吹白沙，遙望魯國何嵯峨，千歲髑髏生齒牙。』又曰：『城東馬子莫嚨哅，比至三月纏汝鬉。』南風，賈后字也。白，晉行也。沙門，太子小名也。魯，賈謐國也。言賈后將與謐為亂，以危太子；而趙王因釁咀嚼豪賢，以成篡奪也。是時湣懷頗失衆望，卒以廢黜，不得其死。元康中，天下商農通著大鄣日，童謠曰：『屠蘇鄣日覆兩耳，當見瞎兒作天子。』及趙王篡位，其目實眇焉。趙王倫既篡，洛中童謠曰：『虎從北來鼻頭汗，龍從南來登城看，水從西來何灌灌。』數月而齊王、成都、河間義兵同會誅倫。按成都西蕃而在鄴，故曰『虎從北來』；齊東蕃而在許，故曰『龍從南來』；河間水區而在關中，故曰『水從西來』。齊留輔政，居宮西，有無君之心，故言『登城看』也。

又　卷三二《五行志三》　晉惠帝元康五年閏月庚寅，武庫火。張華疑有亂，先固守，然後救災。是以累代異寶，王莽頭，孔子履，漢高斷

白蛇劍及二百萬人器械，一時蕩盡。是後愍懷見殺，殺太子之罰也。天戒若曰，夫設險擊柝，所以固其國；儲積戎器，所以戒不虞。今冢嗣將傾，社稷將泯，禁兵無所復施，皇旅又將誰衛！帝后不悟，終喪四海，是其應也。張華、閻纂皆曰，武庫火而氐、羌反，太子見廢，則四海可知矣。元康八年十一月，高原陵火。是時賈后凶恣，賈謐擅朝，惡積罪稔，宜見誅絕。天戒若曰，臣妾之不可者，雖親貴莫比，猶宜忍而誅之，如吾燔高原陵也。帝既眊弱，而張華又不納裴頠、劉卞之謀，故後遂與謐誣殺太子也。干寶云：『高原陵火，太子廢，其應也。漢武帝世，高園便殿火，董仲舒對與此占同。』

又　卷三三《五行志四》　晉武帝太康二年六月，泰山、江夏大水。泰山流三百家，殺六千餘人；江夏亦殺人。是時平吳後，王浚為元功，而詆劾妄加；荀、賈為無謀，而並蒙重賞。收吳姬五千，納之後宮。此其應也。太康四年七月，司、豫、徐、兗、荊、揚郡國二十大水，傷秋稼，壞屋室，有死者。太康六年三月，青、涼、幽、冀郡國十五大水。太康七年九月，西方安定等郡國八大水。太康八年六月，郡國八大水。晉惠帝元康二年，有水災。元康五年五月，潁川、淮南大水；六月，城陽、東莞大水殺人；荊、揚、徐、兗、豫五州又大水。是時帝即位已五載，猶未郊祀，烝嘗亦多不身親近。簡宗廟，廢祭祀之罰也。班固曰：『王者即位，必郊祀天地，望秩山川。若乃不敬鬼神，政令違逆，則霧水暴至，百川逆溢，壞鄉邑，溺人民，水不潤下也。』元康六年五月，荊、揚二州大水。按董仲舒說，水者，陰氣盛也。是時賈后亂朝，寵樹賈、郭。女主專政之應也。元康八年五月，金墉城井水溢。漢成帝時有此妖，班固以為王莽之象。及趙倫篡位，即此應也。倫廢帝於此城，井溢所在，又天意乎！元康八年九月，荊、揚、徐、兗、冀五州大水。是時賈后暴戾滋甚，韓謐驕猜彌扇，卒害太子，旋亦禍滅。元康九年四月，宮中井水沸溢。【略】

晉惠帝元康二年八月，沛及湯陰雨雹。元康三年四月，滎陽雨雹；弘農湖、華陰又雨雹，深三尺。是時賈后凶淫專恣，與《春秋》魯桓夫人同事。陰氣盛也。元康五年六月，東海雨雹，深五寸；十二月，丹陽雨雹。元康五年十二月，丹陽建業大雪。元康六年三月，東海隕霜殺桑、麥。元康七年五月，魯國雨雹；七月，秦、雍二州隕霜殺稼。元康九年三月旬有八日，河南、滎陽、潁川隕霜傷禾；五月，雨雹。是時賈后凶躁滋甚，是冬遂廢湣懷。【略】

晉惠帝永康元年六月癸卯，震崇陽陵標西南五百步，標破為七十片。是時賈后陷害鼎輔，寵樹私戚。與漢桓帝時震憲陵寢同事也。後終誅滅。晉惠帝永興二年十月丁丑，雷電。【略】

晉惠帝元康九年三月，有聲若牛，出許昌城。十二月，廢太子，幽于許宮。按《春秋》晉文公柩有聲如牛，劉向以為鼓妖。其說曰：『聲如此，怒象也。將有急怒之謀，以生兵甲之禍。』此其類也。明年，賈后遣黃門孫慮殺太子，擊以藥杵，聲聞於外。【略】

晉武帝太康中，有鯉魚二見武庫屋上。干寶曰：『武庫兵府，魚有鱗甲，亦兵類也。魚既極陰，屋上太陽，魚見屋上，象至陰以兵革之禍幹太陽也。』至惠帝初，誅楊駿，廢太后，矢交館閣。元康末，賈后謗殺太子，尋亦誅廢。十年間，母后之難再興，是其應也。自是禍亂構矣。京房《易妖》曰：『魚去水，飛入道路，兵且作。』

又　卷三四《五行志五》　晉惠帝元康元年十二月辛酉，京都地震。元康四年二月，蜀郡山崩殺人；上谷、上庸、遼東地震。五月壬子，壽春山崩，洪水出，城壞，地墜方三十丈，水出殺人。六月，壽春大雷震，山崩地坼，家人陷死，上庸郡亦如之。八月，上谷地震，水出，殺百餘人。居庸地裂，廣三十六丈，長八十四丈，水出，大饑。上庸四處山崩地陷，廣三十丈，長百三十丈，水出殺人。十月，京都地震；十一月，滎陽、襄城、汝陰、梁國、南陽地皆震；十二月，京都又震。是時賈后亂朝，據權專制，終至禍敗之應也。漢鄧太后攝政時，郡國地震。李固以為：『地，陰也，法當安靜。今乃越陰之職，專陽之政，故應以震。』此同事也。京房《易傳》曰：『無德專祿，茲謂不順。厥震動，丘陵湧水出。』又曰：『小人剥廬，厥妖山崩。茲謂陰乘陽，弱勝強。』又曰：『陰背陽，則地裂。父子分離，夷、羌叛去。』元康五年五月丁丑，地震；六月，金城地震。元康六年正月丁丑，地震。元康八年正月丙辰，地震。

南朝梁・蕭統《昭明文選》卷四九《史論上・干寶〈晉紀總論〉》

又況我惠帝以盪蕩之德臨之哉！惠帝，已見《西征賦》。《毛詩》曰：盪蕩上帝，下民之辟。故賈後肆虐於六宮，韓午助亂於外內，其所由來者漸矣，豈特係一婦人之惡乎？干寶《晉紀》曰：賈庶人賜死。初，武帝爲太子取後，在宮不恭遜而甚妒忌，有孕者輒殺子，或以手戟擿之，子隨刃墜。又曰：韓壽妻賈午，寔始助亂。懷帝承亂之後得位，羈於彊臣。干寶《晉·懷紀》曰：太傅東海王越總兵輔政。

《晉書》卷四《惠帝紀》 （永平元年）賈后矯詔廢皇太后為庶人，徙于金墉城，告於天地宗廟。誅太后母龐氏。壬寅，徵大司馬、汝南王亮為太宰，與太保衛瓘輔政。【略】

六月，賈后矯詔使楚王瑋殺太宰、汝南王亮，太保、菑陽公衛瓘。乙丑，以瑋擅害亮、瓘，殺之。曲赦洛陽。【略】

二年春二月己酉，賈后弒皇太后于金墉城。【略】

（永康元年）癸未，賈后矯詔害庶人遹於許昌。【略】

帝之為太子也，朝廷咸知不堪政事，武帝亦疑焉。嘗悉召東宮官屬，使以尚書事令太子決之，帝不能對。賈妃遣左右代對，多引古義。

又 卷一二《天文志中》 惠帝（元康三年），填星、歲星、太白三星聚于畢昴。占曰：『為兵喪。畢昴，趙地也。』後賈后陷殺太子，趙王廢後，又殺之，斬張華、裴頠，遂篡位，廢帝為太上皇，天下從此遘亂連禍。

又 卷一三《天文志下》 惠帝（元康三年）四月，熒惑守太微六十日。占曰：『諸侯三公謀其上，必有斬臣。』一曰：『天子亡國。』是春太白守畢，至是百餘日。占曰：『有急令之憂。』一曰：『相死。』又為邊境不安。後賈后陷殺太子。六年十月乙未，太白晝見。九年六月，熒惑守心。占曰：『王者惡之。』八月，熒惑入羽林。占曰：『禁兵大起。』其後，帝見廢為太上皇，俄而三王起兵討趙王倫，倫悉遣中軍兵相距累月。【略】

永康元年三月，中臺星坼，太白晝見。占曰：『臺星失常，三公憂。太白晝見，為不臣。』是月，賈后殺太子，趙王倫尋廢殺后，斬司空張華。【略】

太熙元年四月，客星在紫宮。占曰：『為兵喪。』太康末，武帝耽宴遊，多疾病。是月己酉，帝崩。永平元年，賈后誅楊駿及其黨與，皆夷三族，楊太后亦見弒。又誅汝南王亮、太保衛瓘、楚王瑋，王室兵喪之應也。【略】

惠帝元康五年四月，有星孛於奎，至軒轅、太微，經三臺、太陵。占曰：『奎為魯，又為庫兵，軒轅為後宮，太微天子庭，三臺為三司，太陵有積屍死喪之事。』其後武庫火，西羌反。後五年，司空張華遇禍，賈后廢死，魯公賈謐誅。【略】

惠帝元康四年九月甲午，枉矢東北行，竟天。六年六月丙午夜，有枉矢自鬬魁東南行。案占曰：『以亂伐亂。北斗主執殺，出斗魁，居中執殺者，不直之象也。』是後，趙王殺張、裴，廢賈后，以理太子之冤，因自篡盜，以至屠滅，以亂伐亂之應也。一曰，氐帥齊萬年反之應也。

又 卷二七《五行志上》 惠帝元康三年閏二月，殿前六鐘皆出涕，五刻止。前年賈后殺楊太后于金墉城，而賈后為惡不止，故鐘出涕，猶傷之也。【略】

八年十一月，高原陵火。是時賈后凶恣，賈謐擅朝，惡積罪稔，宜見誅絕。天戒若曰，臣妾之不可者，雖親貴莫比，猶宜忍而誅之，如吾燔高原陵也。帝既眊弱，而張華又不納裴頠、劉卞之謀，故後遂與謐殺太子也。干寶以為『高原陵火，太子廢之應。漢武帝世，高園便殿火，董仲舒對與此占同』。【略】

元康中，賈謐親貴，數入二宮，與儲君遊戲，無降下心。又嘗因弈棋爭道，成都王穎厲色曰：『皇太子國之儲貳，賈謐何敢無禮！』謐猶不悛，故及於禍，貌不恭之罰也。【略】

元康六年五月，荆、揚二州大水。是時賈后亂朝，寵樹賈、郭，女主專政，陰氣盛之應也。【略】

八年五月，金墉城井溢。《漢志》，成帝時有此妖，後王莽僭逆。今有此妖，趙王倫篡位，倫廢帝於此城，井溢所在，其天意也。九月，荆、揚、徐、冀、豫五州大水。是時賈后暴戾滋甚，韓謐驕猜彌扇，卒害太子，旋以禍滅。九年四月，宮中井水沸溢。【略】

初作屐者，婦人頭圓，男子頭方。圓者順之義，所以別男女也。至太康初，婦人屐乃頭方，與男無別。此賈后專妒之徵也。【略】

惠帝元康中，婦人之飾有五兵佩，又以金銀玳瑁之屬，為斧鉞戈戟，以當笄。干寶以為『男女之別，國之大節，故服物異等，贄幣不同。今婦人而以兵器為飾，此婦人妖之甚者。於是遂有賈后之事』。終亡天下。是時婦人結髮者既成，以繒急束其環，名曰擷子紒。始自中宮，天下化之。其後賈后廢害太子之應也。【略】

惠帝元康六年，陳國有雞生雄雞無翅，既大，墜坑而死。王隱以為：『雄者，胤嗣子之象。坑者，母象。今雞生無翅，墜坑而死，此子無羽翼，為母所陷害乎？』于後賈后誣殺愍懷，此其應也。

又 卷二八《五行志中》 元康中，京洛童謠曰：『南風起，吹白沙，遙望魯國何嵯峨，千歲髑髏生齒牙。』又曰：『城東馬子莫嚨哅，此至來年纏女閤。』南風，賈后字也。白，晉行也。沙門，太子小名也。魯，賈謐國也。言賈后將與謐為亂，以危太子，而趙王因釁咀嚼豪賢，以成篡奪，不得其死之應也。

又 卷二九《五行志下》 惠帝元康二年八月，沛及蕩陰雨雹。三年四月，滎陽雨雹。六月，弘農湖、華陰又雨雹，深三尺。是時，賈后凶淫專恣，與春秋魯桓夫人同事，陰氣盛也。【略】

惠帝永康元年六月癸卯，震崇陽陵標，西南五百步標破為七十片。是時，賈后陷害鼎輔，寵樹私戚，與漢桓帝時震憲陵寢同事也。後終誅滅。【略】

惠帝元康九年三月，有聲若牛，出許昌城。十二月，廢愍懷太子，幽于許宮。明年，賈后遣黃門孫慮殺太子，擊以藥杵，聲聞於外，是其應也。【略】

武帝太康中，有鯉魚二見武庫屋上。干寶以為：『武庫兵府，魚有鱗甲，亦兵類也。魚既極陰，屋上太陽，魚見屋上，象至陰以兵革之禍幹太陽也。至惠帝初，誅楊駿，廢太后，矢交館閣。元康末，賈后謗殺太子，尋亦誅廢。十年之間，母后之難再興，是其應也，自是禍亂構矣。』京房《易傳》曰：『魚去水，飛入道路，兵且作。』【略】

惠帝元康元年十二月辛酉，京都地震。此夏，賈后使楚王瑋殺汝南王亮及太保衛瓘，此陰道盛、陽道微故也。【略】

惠帝元康四年，蜀郡山崩，殺人。五月壬子，壽春山崩，洪水出，城壞，地陷方三十丈，殺人。六月，壽春大雷，山崩地坼，人家陷死，上庸亦如之。八月，居庸地裂，廣三十六丈，長八十四丈，水出，大饑。上庸四處山崩，地墜廣三十丈，長百三十丈，水出殺人。皆賈后亂朝之應也。

又 卷三一《后妃傳上・武悼楊皇后》 太子妃賈氏妒忌，帝將廢之。后言於帝曰：『賈公閭有勳社稷，猶當數世宥之，賈妃親是其女，正復妒忌之間，不足以一眚掩其大德。』后又數誡厲妃，妃不知后之助己，因以致恨，謂后構之於帝，忿怨彌深。及帝崩，尊為皇太后。賈后凶悖，忌后父駿執權，遂誣駿為亂，使楚王瑋與東安王繇稱詔誅駿。內外隔塞，后題帛為書，射之城外，曰『救太傅者有賞』，賈后因宣言太后同逆。

又 《惠賈皇后》 惠賈皇后，【略】妒忌多權詐，太子畏而惑之，嬪御罕有進幸者。【略】帝常疑太子不慧，且朝臣和嶠等多以為言，故欲試之。盡召東宮大小官屬，為設宴會，而密封疑事，使太子決之，停信待反。妃大懼，倩外人作答。答者多引古義。給使張泓曰：『太子不學，而答詔引義，必責作草主，更益譴負。不如直以意對。』妃大喜，語泓：『便為我好答，富貴與汝共之。』泓素有小才，具草，令太子自寫。帝省之，甚悅。先示太子少傅衛瓘，瓘大踧，衆人乃知瓘先有毀言，殿上皆稱萬歲。充密遣語妃云：『衛瓘老奴，幾破汝家。』

妃性酷虐，嘗手殺數人。或以戟擲孕妾，子隨刃墮地。帝聞之，大怒，已修金墉城，將廢之。充華趙粲從容言曰：『賈妃年少，妒是婦人之情耳，長自當差。願陛下察之。』其後楊珧亦為之言曰：『陛下忘賈公閭耶？』荀勖深救之，故得不廢。惠帝即位，立為皇后，生河東、臨海、始平公主、哀獻皇女。【略】

后暴戾日甚。侍中賈模，后之族兄，右衛郭彰，后之從舅，並以才望居位，與楚王瑋、東安公繇分掌朝政。后母廣城君養孫賈謐干預國事，權侔人主。繇密欲廢后，賈氏憚之。及太宰亮、衛瓘等表繇徙帶方，奪楚王中候，后知瑋怨之，乃使帝作密詔令瑋誅瓘、亮，以報宿憾。模知后凶暴，恐禍及己，乃與裴頠、王衍謀廢之，衍悔而謀寢。【略】

初，后詐有身，內稿物為產具，遂取妹夫韓壽子慰祖養之，託諒闇所生，故弗顯。遂謀廢太子，以所養代立。時洛中謠曰：『南風烈烈吹黃沙，遙望魯國鬱嵯峨，前至三月滅汝家。』后母廣城君以后無子，甚敬重

愍懷，每勸厲后，使加慈愛。賈謐恃貴驕縱，不能推崇太子，廣城君恒切責之，及廣城君病篤，占術謂不宜封廣城，乃改封宜城。后出侍疾十餘日，太子常往宜城第，將醫出入，恂恂盡禮。宜城臨終執后手，令盡意于太子，言甚切至，又曰：『趙粲及午必亂汝事，我死後，勿復聽入，深憶吾言。』后不能遵之，遂專制天下，威服內外。更與粲、午專為姦謀，誣害太子，衆惡彰著。初，誅楊駿及汝南王亮、太保衛瓘、楚王瑋等，皆臨機專斷。宦人董猛參預其事。猛，武帝時為寺人監，侍東宮，得親信于后，預誅楊駿，封武安侯，猛三兄皆為亭侯，天下咸怨。

及太子廢黜，趙王倫、孫秀等因衆怨謀欲廢后。后數遣宮婢微服於人間視聽，其謀頗泄。后甚懼，遂害太子，以絕衆望。趙王倫乃率兵入宮，使翊軍校尉齊王冏入殿廢后。后與冏母有隙，故倫使之。后驚曰：『卿何為來！』冏曰：『有詔收后。』后曰：『詔當從我出，何詔也？』后至上閤，遙呼帝曰：『陛下有婦，使人廢之，亦行自廢。』又問冏曰：『起事者誰？』冏曰：『梁、趙。』后曰：『繫狗當繫頸，今反繫其尾，何得不然！』至宮西，見謐屍，再舉聲而哭遽止。倫乃矯詔遣尚書劉弘等持節齎金屑酒賜后死。后在位十一年。趙粲、賈午、韓壽、董猛等皆伏誅。

又　卷三五《裴頠傳》　頠深慮賈后亂政，與司空張華、侍中賈模議廢之而立謝淑妃。華、模皆曰：『帝自無廢黜之意，若吾等專行之，上心不以為是。且諸王方剛，朋黨異議，恐禍如發機，身死國危，無益社稷。』頠曰：『誠如公慮。但昏虐之人，無所忌憚，亂可立待，將如之何？』華曰：『卿二人猶且見信，然勤為左右陳禍福之戒，冀無大悖。幸天下尚安，庶可優遊卒歲。』此謀遂寢。頠旦夕勸說從母廣城君，令戒喻賈后親待太子而已。或說頠曰：『幸與中宮內外可得盡言。言若不行，則可辭病屏退。若二者不立，雖有十表，難乎免矣。』頠慨然久之，而竟不能行。

遷尚書左僕射，侍中如故。頠雖后之親屬，然雅望素隆，四海不謂之以親戚進也，惟恐其不居位。俄復使頠專任門下事，固讓，不聽。頠上言：『賈模適亡，復以臣代，崇外戚之望，彰偏私之舉。後族何常有能自保，皆知重親無脫者也。然漢二十四帝惟孝文、光武、明帝不重外戚，皆保其宗，豈將獨賢，實以安理故也。昔穆叔不拜越禮之饗，臣亦不敢聞殊常之詔。』又表云：『咎繇謨虞，伊尹相商，呂望翊周，蕭張佐漢，咸播功化，光格四極。暨于繼體，咎單、傅說，祖己、樊仲，亦隆中興。或明揚側陋，或起自庶族，豈非尚德之舉，以臻斯美哉！歷觀近世，不能慕遠，溺於近情，多任後親，以致不靜。昔疏廣戒太子以舅氏為官屬，前世以為知禮。況朝廷何取于外戚，正復才均，尚當先其疏者，以明至公。漢世不用馮野王，即其事也。』表上，皆優詔敦譬。

又　卷三六《衛瓘傳》　賈后素怨瓘，且忌其方直，不得騁己淫虐；又聞瓘與瑋有隙，遂謗瓘與亮欲為伊霍之事，啓帝作手詔，使瑋免瓘等官。黃門齎詔授瑋，瑋性輕險，欲騁私怨，夜使清河王遐收瓘。左右疑遐矯詔，咸諫曰：『禮律刑名，臺輔大臣，未有此比，且請距之。須自表得報，就戮未晚也。』瓘不從，遂與子恒、嶽、裔及孫等九人同被害，時年七十二。

又　《張華傳》　及賈后謀廢太子，左衛率劉卞甚為太子所信遇，每會宴，卞必預焉。屢見賈謐驕傲，太子恨之，形於言色，謐亦不能平。卞以賈后謀問華，華曰：『不聞。』卞曰：『卞以寒悴，自須昌小吏受公成拔，以至今日。士感知己，是以盡言，而公更有疑于卞邪！』華曰：『假令有此，君欲如何？』卞曰：『東宮俊乂如林，四率精兵萬人。公居阿衡之任，若得公命，皇太子因朝入錄尚書事，廢賈后於金墉城，兩黃門力耳。』華曰：『今天子當陽，太子，人子也，吾又不受阿衡之命，忽相與行此，是無其君父，而以不孝示天下也。雖能有成，猶不免罪，況權戚滿朝，威柄不一，而可以安乎！』及帝會羣臣於式乾殿，出太子手書，遍示羣臣，莫敢有言者。惟華諫曰：『此國之大禍。自漢武以來，每廢黜正嫡，恒至喪亂。且國家有天下日淺，願陛下詳之。』尚書左僕射裴頠以為宜先檢校傳書者，又請比校太子手書，不然，恐有詐妄。賈后乃內出太子素啓事十餘紙，衆人比視，亦無敢言非者，議至日西不決，後知華等意堅，因表乞免為庶人，帝乃可其奏。

初，趙王倫為鎮西將軍，撓亂關中，氐羌反叛，乃以梁王肜代之。或說華曰：『趙王貪昧，信用孫秀，所在為亂，而秀變詐，姦人之雄。今可遣梁王斬秀，刈趙之半，以謝關右，不亦可乎！』華從之，肜許諾。秀友人辛冉從西來，言於肜曰：『氐羌自反，非秀之為。』故得免死。倫既

還，諂事賈后，因求録尚書事，後又求尚書令。華與裴頠皆固執不可，由是致怨，倫、秀疾華如仇。武庫火，華懼因此變作，列兵固守，然後救之，故累代之寶及漢高斬蛇劍、王莽頭、孔子屐等盡焚焉。時華見劍穿屋而飛，莫知所向。

初，華所封壯武郡有桑化為柏，識者以為不詳。又華第舍及監省數有妖怪。少子韙以中臺星坼，勸華遜位。華不從，曰：『天道玄遠，惟修德以應之耳。不如靜以待之，以俟天命。』及倫、秀將廢賈后，秀使司馬雅夜告華曰：『今社稷將危，趙王欲與公共匡朝廷，為霸者之事。』華知秀等必成篡奪，乃距之。雅怒曰：『刃將加頸，而吐言如此！』不顧而出。華方晝臥，忽夢見屋壞，覺而惡之。是夜難作，詐稱詔召華，遂與裴頠俱被收。華將死，謂張林曰：『卿欲害忠臣耶？』林稱詔詰曰：『卿為宰相，任天下事，太子之廢，不能死節，何也？』華曰：『式乾之議，臣諫事具存，非不諫也。』林曰：『諫若不從，何不去位？』華不能答。須臾，使者至曰：『詔斬公。』華曰：『臣先帝老臣，中心如丹。臣不愛死，懼王室之難，禍不可測也。』遂害之于前殿馬道南，夷三族，朝野莫不悲痛之。時年六十九。

又 《劉卞傳》 知賈后廢太子之謀，甚憂之。以計干張華而不見用，益以不平。賈后親黨微服聽察外間，頗聞卞言，乃遷卞為輕車將軍、雍州刺史，卞知言泄，恐為賈后所誅，乃飲藥卒。

又 卷三九《荀顗傳》 顗明《三禮》，知朝廷大儀，而無質直之操，唯阿意苟合于荀勖、賈充之間。初，皇太子將納妃，顗上言賈充女姿德淑茂，可以參選，以此獲譏於世。

又 《荀勖傳》 時帝素知太子暗弱，恐後亂國，遣勖及和嶠往觀之。勖還盛稱太子之德，而嶠云太子如初。於是天下貴嶠而賤勖。帝將廢賈妃，勖與馮紞等諫請，故得不廢。

又 《王子浚傳》 及愍懷太子幽于許昌，浚承賈后旨，與黃門孫慮共害太子。

又 卷四〇《賈充傳》 而充無公方之操，不能正身率下，專以諂媚取容。

侍中任愷、中書令庾純等剛直守正，咸共疾之。又以充女為齊王妃，懼後益盛。及氐羌反叛，時帝深以為慮，愷因進說，請充鎮關中。乃下詔曰：『秦涼二境，比年屢敗，胡虜縱暴，百姓荼毒。遂使異類扇動，害及中州。雖復吳蜀之寇，未嘗至此。誠由所任不足以內撫夷夏，外鎮醜逆，輕用其衆而不能盡其力。非得腹心之重，推轂委成，大臣其弊，恐為患未已。每慮斯難，忘寢與食。侍中、守尚書令、車騎將軍賈充，雅量弘高，達見明遠，武有折衝之威，文懷經國之慮，信結人心，名震域外。使權統方任，綏靜西夏，則吾無西顧之念，而遠近獲安矣。其以充為使持節、都督秦涼二州諸軍事，侍中、車騎將軍如故，假羽葆、鼓吹，給第一駙馬。』朝之賢良欲進忠規獻替者，皆幸充此舉，望隆惟新之化。

充既外出，自以為失職，深銜任愷，計無所從。將之鎮，百僚餞於夕陽亭，荀勖私焉。充以憂告，勖曰：『公，國之宰輔，而為一夫所制，不亦鄙乎！然是行也，辭之實難，獨有結婚太子，不頓駕而自留矣。』充曰：『然。孰可寄懷？』對曰：『勖請行之。』俄而侍宴，論太子婚姻事，勖因言充女才質令淑，宜配儲宮。而楊皇后及荀顗亦並稱之。帝納其言。會京師大雪，平地二尺，軍不得發。既而皇儲當婚，遂不西行。詔充居本職。先是羊祜密啓留充，及是，帝以語充。充謝祜曰：『始知君長者。』【略】

及為常侍，侍講東宮，太子意有不悅，（賈）謐患之。而其家數有妖異，飄風吹其朝服飛上數百丈，墜於中丞臺，又蛇出其被中，夜暴雷震其室，柱陷入地，壓毀床帳，謐益恐。及遷侍中，專掌禁內，遂與後成謀，誣陷太子。

又 《賈謐傳》 既為充嗣，繼佐命之後，又賈后專恣，謐權過人主，至乃鎖繫黃門侍郎，其為威福如此。負其驕寵，奢侈逾度，室宇崇僭，器服珍麗，歌僮舞女，選極一時。開閣延賓。海內輻湊，貴游豪戚及浮競之徒，莫不盡禮事之。或著文章稱美謐，以方賈誼。【略】

謐時從帝幸宣武觀校獵，諷尚書于會中召謐受拜，誡左右勿使人知，於是衆疑其有異志矣。謐既親貴，數入二宮，共湣懷太子游處，無屈降心。常與太子弈棊爭道，成都王穎在坐，正色曰：『皇太子國之儲君，賈謐何得無禮！』謐懼，言之於後，遂出穎為平北將軍，鎮鄴。【略】

及為常侍，侍講東宮，太子意有不悅，謐患之。而其家數有妖異，飄風吹其朝服飛上數百丈，墜於中丞臺，又蛇出其被中，夜暴雷震其室，柱

陷入地，壓毁床帳，謐益恐。及還侍中，專掌禁內，遂與后成謀，誣陷太子。及趙王倫廢后，以詔召謐於殿前，將戮之。走入西鐘下，呼曰：『阿后救我！』乃就斬之。韓壽少弟蔚有器望，及壽兄鞏令保、弟散騎侍郎預、吴王友鑒、謐母賈午皆伏誅。

初，（賈）充伐吴時，嘗屯項城，軍中忽失充所在。充帳下都督周勤時晝寢，夢見百餘人録充，引入一逕。勤驚覺，聞失充，乃出尋索，忽睹所夢之道。遂往求之。果見充行至一府舍，侍衛甚盛。府公南面坐，聲色甚厲，謂充曰：『將亂吾家事，必爾與荀勖，既惑吾子，又亂吾孫。間使任愷黜汝而不去，又使庾純詈汝而不改。今吴寇當平，汝方表斬張華。汝之暗戇，皆此類也。若不悛慎，當旦夕加罪。』充因叩頭流血，公曰：『汝所以延日月而名器如此者，是衛府之勳耳。終當使係嗣死于鍾虡之間，大子斃于金酒之中，小子困於枯木之下。荀勖亦宜同，然其先德小濃，故在汝後，數世之外，國嗣亦替。』言畢，命去。充忽然得還營，顔色憔悴，性理昏喪，經日乃復。及是，謐死于鐘下，賈后服金酒而死，賈午考竟用大杖。終皆如所言。

又 《賈模傳》 是時賈后既豫朝政，欲委信親黨，拜模散騎常侍，二日擢為侍中。模乃盡心匡弼，推張華、裴頠同心輔政。數年之中，朝野寧靜，模之力也。乃加授光禄大夫。然模潛執權勢，外形欲遠之，每有啓奏賈后事，入輒取急，或托疾以避之。至於素有嫌忿，多所中陷，朝廷甚憚之。加貪冒聚斂，富擬王公。但賈后性甚强暴，模每盡言為陳禍福，後不能從，反謂模毁己。於是委任之情日衰，而讒間之徒遂進。模不得志，憂憤成疾。

又 《郭彰傳》 郭彰字叔武，太原人，賈后從舅也。與賈充素相親遇，充妻待彰若同生。歷散騎常侍、尚書、衛將軍，封冠軍縣侯。及賈后專朝，彰豫參權勢，物情歸附，賓客盈門。世人稱為『賈郭』，謂謐及彰也。卒，謚曰烈。

又 卷四七《傅祗傳》 及（晉武）帝崩，梓宮在殯，而太傅楊駿輔政，欲悦衆心，議普進封爵。祗與駿書曰：『未有帝王始崩，臣下論功者也。』駿不從。入為侍中。時將誅駿，而駿不之知。祗侍駿坐，而雲龍門閉，內外不通。祗請與尚書武茂聽國家消息，揖而下階。茂猶坐，祗顧曰：『君非天子臣邪！今內外隔絶，不知國家所在，何得安坐！』茂乃驚起。駿既伏誅，裴楷息瓚，駿之婿也，為亂兵所害。尚書左僕射荀愷與楷不平，因奏楷是駿親，收付廷尉。祗證楷無罪，有詔赦之。時又收駿官屬，祗復啓曰：『昔魯芝為曹爽司馬，斬關出赴爽，宣帝義之，尚遷青州刺史。駿之僚佐不可加罰。』詔又赦之。

又 卷五三《愍懷太子傳》 賈后素忌太子有令譽，因此密敕黄門閹宦媚諛于太子曰：『殿下誠可及壯時極意所欲，何為恒自拘束？』每見喜怒之際，輒歎曰：『殿下不知用威刑，天下豈得畏服！』太子所幸蔣美人生男，又言宜隆其賞賜，多為皇孫造玩弄之器，太子從之。於是慢弛益彰，或廢朝侍，恒在後園遊戲。愛埤車小馬，令左右馳騎，斷其鞅勒，使墮地為樂。或有犯忤者，手自捶擊之。性拘小忌，不許繕壁修牆，正瓦動屋。而于宫中為市，使人屠酤，手揣斤兩，輕重不差。其母本屠家女也，故太子好之。又令西園賣葵菜、藍子、雞、面之屬，而收其利。

十二月，賈后將廢太子，詐稱上不和，呼太子入朝。既至，后不見，置於別室，遣婢陳舞賜以酒棗，逼飲醉之。使黄門侍郎潘岳作書草，若禱神之文，有如太子素意，因醉而書之，令小婢承福以紙筆及書草使太子書之。文曰：『陛下宜自了；不自了，吾當入了之。中宫又宜速自了；不了，吾當手了之。並謝妃共要剋期而兩發，勿疑猶豫，致後患。茹毛飲血於三辰之下，皇天許當掃除患害，立道文為王，蔣為內主。願成，當三牲祠北君，大赦天下。要疏如律令。』太子醉迷不覺，遂依而寫之，其字半不成。既而補成之，后以呈帝。帝幸式乾殿，召公卿入，使黄門令董猛以太子書及青紙詔曰：『遹書如此，今賜死。』徧示諸公王，莫有言者，惟張華、裴頠證明太子。賈后使董猛矯以長廣公主辭白帝曰：『事宜速決，而羣臣各有不同，若有不從詔，宜以軍法從事。』議至日西不決。后懼事變，乃表免太子為庶人，詔許之。於是使尚書和郁持節，解結為副，及大將軍梁王肜、鎮東將軍淮南王允、前將軍東武公澹、趙王倫、太保何劭詣東宫，廢太子為庶人。是日太子游玄圃，聞有使者至，改服出崇賢門，再拜受詔，步出承華門，乘粗犢車。澹以兵仗送太子妃王氏、三皇孫于金墉城，考竟謝淑妃及太子保林蔣俊。明年正月，賈后又使黄門自首，欲與太子為逆。詔以黄門首辭班示公卿。又遣澹以千兵防送太子，更幽于許昌宫

之別坊，令治書御史劉振持節守之。先是，有童謡曰：「東宮馬子莫聾空，前至臘月纏汝閤。」又曰：「南風起兮吹白沙，遥望魯國郁嵯峨，千歲髑髏生齒牙。」南風，後名；沙門，太子小字也。

太子既廢非其罪，衆情憤怨。右衛督司馬雅，宗室之疏屬也，與常從督許超並有寵于太子，二人深傷之，說趙王倫謀臣孫秀曰：「國無適嗣，社稷將危，大臣之禍必起。而公奉事中宮，與賈后親密，太子之廢，皆云豫知，一旦事起，禍必及矣。何不先謀之！」秀言于趙王倫，倫深納焉。計既定，而秀說倫曰：「太子為人剛猛，若得志之日，必肆其情性矣。明公素事賈后，街談巷議，皆以公為賈氏之黨。今雖欲建大功于太子，太子雖將含忍宿忿，必不能加賞於公，當謂公逼百姓之望，翻覆以免罪耳。若有瑕釁，猶不免誅。不若遷延卻期，賈后必害太子，然後廢賈后，為太子報仇，猶足以為功，乃可以得志。」倫然之。秀因使反間，言殿中人欲廢賈后，迎太子。賈后聞之憂怖，乃使太醫令程據合巴豆杏子丸。三月，矯詔使黄門孫慮齋至許昌以害太子。初，太子恐見鴆，恒自煮食於前。慮以告劉振，振乃徙太子于小坊中，絶不與食，宫中猶於牆壁上過食與太子。慮乃逼太子以藥，太子不肯服，因如廁，慮以藥杵椎殺之，太子大呼，聲聞於外。時年二十三。

又　卷五七《胡奮傳》　胡奮，字玄威，安定臨涇人也，魏車騎將軍陰密侯遵之子也。奮性開朗，有籌略，少好武事。宣帝之伐遼東也，以白衣侍從左右，甚見接待。還為校尉，稍遷徐州刺史，封夏陽子。匈奴中部帥劉猛叛，使驍騎路蕃討之，以奮為監軍、假節，頓軍硜北，為蕃後繼。擊猛，破之，猛帳下將李恪斬猛而降。以功累遷征南將軍、假節、都督荆州諸軍事，遷護軍，加散騎常侍。奮家世將門，晚乃好學，有刀筆之用，所在有聲績，居邊特有威惠。

泰始末，武帝怠政事而耽於色，大采擇公卿女以充六宫，奮女選入為貴人。奮唯有一子，為南陽王友，早亡。及聞女為貴人，哭曰：「老奴不死，唯有二兒，男入九地之下，女上九天之上。」奮既舊臣，兼有椒房之助，甚見寵待。遷左僕射，加鎮軍大將軍、開府儀同三司。時楊駿以后父驕傲自得，奮謂駿曰：「卿恃女更益豪邪？歷觀前代，與天家婚，未有不滅門者，但早晚事耳。觀卿舉措，適所以速禍。」駿曰：「卿女不在天家乎？」奮曰：「我女與卿女作婢耳，何能損益！」時人皆為之懼，駿雖銜之，而不能害。

又　卷五九《楚隱王瑋傳》　賈后先惡瓘、亮，又忌瑋，故以計相次誅之。

唐・劉知幾《史通・書志》　初，趙王倫諂事賈后，求録尚書事，華執不可，由是致怨。華少子韙以中臺星坼，勸華遜位。華曰：「天道玄遠，惟修德以應之耳。」及倫將廢賈后，華遂被收。

《新唐書》卷九五《太子瑛傳》　惠妃女咸宜公主婿楊洄揣妃旨，伺太子短，嘩為醜語，惠妃訴於帝，且泣，帝大怒，召宰相議廢之。中書令張九齡諫曰：「【略】晉惠帝有賢子，賈后譖之，乃至喪亡。」

宋・司馬光《家範》卷七《兄弟姑姊妹夫》　昔晉惠帝為賈后所制，廢武悼楊太后于金墉，絶膳而終。囚愍懷太子于許昌，尋殺之。

宋・真德秀《大學衍義》卷四三《齊家之要》　太宰汝南王亮、太傅衛瓘皆録尚書事輔政。賈后患二公執政已不得專政，使帝作手詔，賜楚王瑋使誅之二公死，又以專殺罪瑋誅之。於是賈后專朝，委任親黨，以賈模為散騎常侍，加侍中。以張華為侍中。中書監裴頠為侍中並管機要。九月賈后淫虐日甚，賈模恐禍及已，甚憂之。

宋・司馬光《資治通鑑》卷八三《晉紀五・孝惠皇帝上之下》

（晉惠帝元康九年）太子性剛，知賈謐恃中宮驕貴，不能假借之。謐時為侍中，至東宮，或舍之，於後庭遊戲。詹事裴權諫曰：詹事，秦官，掌太子家。晉初未置詹事，宫事無大小皆由二傅。咸寧元年，置詹事，掌宫事，二傅不復領官屬。「謐，後所親昵，一旦交構，則事危矣。」不從。謐譖太子於后曰：「太子多畜私財以結小人者，為賈氏故也。若宫車晏駕，彼居大位，依楊氏故事，誅臣等，廢后於金墉，如反手耳。賈后殺楊駿，廢太后，天地之所不容也。觀其姑侄之間所言若此，則其心固不能一息安也。不如早圖之，更立慈順者，可以自安。」后納其言，乃宣揚太子之短，布於遠近。又詐為有娠，內藁物、產其，取妹夫韓壽子慰祖養之，欲以代太子。

于時朝野咸知賈后有害太子之意，中護軍趙俊請太子廢后，太子不聽。左衛率東平劉卞，以賈后之謀問張華，帝在東宮置衛率，初曰中衛率，泰始五年，分為左右，各領一軍，湣懷在東宮，又加前後二率，謂之四率。華

曰：『不聞。』卞曰：『卞自須昌小吏，受公成拔以至今日。須昌縣，屬東平國。卞自縣小吏從令入洛，歷官至左衛率。士感知己，是以盡言；而公更有疑於卞邪！』華曰：『假令有此，君欲如何？』卞曰：『東宮俊乂如林，時江統、潘滔、王敦等皆為東宮官屬。馬融曰：才過千人曰俊，百人曰乂。四率精兵萬人；公居阿衡之任，若得公命，皇太子困朝入録尚書事，廢賈后於金墉城，兩黄門力耳。』華曰：『今天子當陽，太子，人子也，吾又不受阿衡之命，華自言事任不可以伊尹自居。忽相與行，此是無君父而以不孝示天下也。況權戚漢朝，威柄不一，成可必乎！』賈后常使親黨微服聽察於外，頗聞卞言，乃遷卞為雍州刺史。卞知言泄，飲藥而死。賈后剛悍，使聞卞言而張華不以告，則華必死於賈后之手，意卞言實華泄之也。

十二月，太子長子虨病，太子為虨求王爵，不許。虨疾篤，太子為之禱祀求福。賈后聞之，乃詐稱帝不豫，召太子入朝。既至，后不見，置於別室，遣婢陳舞以帝命賜太子酒三升，使盡飲之。太子辭以不能飲三升，舞逼之曰：『不孝邪！天賜汝酒而不飲，臣子以君父為天，故以君父之賜為天賜。酒中有惡物邪！』太子不得已，强令至盡，遂大醉。后使黄門侍郎潘岳作書草，潘岳此事自當赤族，其後天假手於孫秀耳。令小婢承福，以紙筆及草，因太子醉，稱詔使書之，文曰：『陛下宜自了，不自了，吾當入了之。中宮又宜速自了，不自了，吾當手了之。並與謝妃共要剋期兩發，勿疑猶豫，以致後患。茹毛飲血於三辰之下，皇天許當掃除患害，立道文為王，蔣氏為胐主。願成，當以三牲祠北君。』太子醉迷不覺，遂依而寫之。謝妃，太子母也。要，約也，言並以書與謝妃約，刻期内外俱發也。茹毛飲血，謂盟誓也。虨字道文。蔣氏，虨母蔣保林也。内主，言將立為後也。三牲，牛、羊、豕也。北君，北帝也。按此書不惟無徵左，使常人觀之，亦知其偽為而不可信。晉朝王、公、卿、尚書、黄、散視而不敢言。張華之諫，實亦不敢發賈氏之姦，姑引古義，依違而言之耳。裴頠請檢校傳書者，賈氏之姦無所逃矣，而亦不敢竟其説。上下相蒙，宜其人亂也。其字半不成，后補成之，以呈帝。

元·馬端臨《文獻通考》卷二九八《物異考四》 惠帝元康五年閏月庚寅，武庫火。張華疑有亂，先命固守，然後救火。是以累代異寶，王莽頭，孔子屐，漢高祖斷白蛇劍及二百萬人器械，一時蕩盡。是後湣懷見殺，太子之罰也。天戒若曰，塚嗣將傾，社稷將泯，禁兵無所復施，皇旅又將誰衛。帝后不悟，終喪四海。八年十一月，高原陵火。時賈后凶恣，賈謐專朝，惡罪宜見誅絕之應。

又 卷三七〇《物異考十三》 惠帝永康元年六月癸卯，震崇陽陵標西南五百步，標破為七十片。是時賈后陷害鼎輔，寵樹私戚。與漢桓帝時震憲陵寢同事也。后終誅滅。

明·彭大翼《山堂肆考》卷五九《臣職·史官》 晉惠帝時，賈后專權，賈謐與後謀，以張華庶姓，無逼上之嫌，而儒雅有籌略，為衆望所依，乃拜為侍中。

清·傅恆等《御批歷代通鑑輯覽》卷三〇《晉》 二年春二月，皇后賈氏弑故皇太后楊氏于金墉城。時太后尚有侍御十餘人，賈后悉奪之，絕膳八日而卒。賈后恐太后有靈，覆而殯之，仍施諸厭術。

藝　文

南朝梁·蕭統《文選》卷五六《箴銘誄上·箴·張茂先〈女史箴〉》

曹嘉之《晉紀》曰：張華懼后族之盛，作《女史箴》。

茫茫造化，二儀既分。《淮南子》曰：大丈夫恬然無為，與造化逍遙。高誘曰：造化，天地。《周易》曰：易有太極，是生兩儀。散氣流形，既陶既甄。《家語》，孔子曰：地載神氣，流形庶物，無非教也。《漢書》，董仲舒曰：泥之在鈞，唯甄者之所為。如淳曰：陶人作瓦器謂之甄。在帝庖羲，肇經天人。《周易》曰：庖犧氏之王天下也，始作八卦，以通神明之德，以類萬物之情也。爰始夫婦，以及君臣。《周易》曰：有天地然後有萬物，有萬物然後有男女，有男女然後有夫婦，有夫婦然後有父子，有父子然後有君臣。家道以正，王猷有倫。《周易》曰：家道正而天下定。《毛詩》曰：王猷允塞。『猷』與『猶』古字通。婦德尚柔，含章貞吉。《周易》曰：坤至柔而動也剛，妻道也。又曰：含章貞吉，以時發也。婉嫕淑慎，正位居室。《漢書》曰：孝平王皇后為人婉嫕有節操。服虔曰：嫕，音翳桑之翳。曹大家《列女傳》注：婉，柔和；嫕，深邃也。《毛詩》曰：淑慎爾止。《周易》曰：女正位乎内。施衿結褵，虔恭中饋。《儀禮》曰：女嫁，母施衿結帨，曰：『勉之敬之，夙夜無違父母之誡。』《毛詩》曰：親結其褵，九十其儀。毛萇曰：褵，婦人之幃也。『褵』與『離』古字通也。《周易》曰：在中饋，無攸遂。肅慎爾儀，式瞻清懿。《毛詩》曰：敬慎威儀。又曰：各敬爾儀。樊姬感莊，不食鮮禽。衛女矯桓，耳忘和音。志厲義高，而二

主易心。《列女傳》曰：楚莊樊姬者，楚莊王之夫人。莊王初即位，好狩獵畢弋，樊姬諫不止，乃不食禽獸之肉，三年王改。又曰：齊侯衛姬者，衛侯之女，齊桓公之夫人。桓公好淫樂，衛姬為不聽鄭、衛之聲。曹大家曰：衛國作淫泆之音，衛姬疾桓公之好，是故不聽，以厲桓公也。玄熊攀檻，馮媛趍進。夫豈無畏？知死不吝！《漢書》曰：孝元馮昭儀，上幸虎圈鬬獸，熊佚出圈，攀檻欲上殿，左右貴人、傅昭儀皆走，馮婕妤直前當熊而立。左右格殺熊。上問何故當熊？婕妤曰：猛獸得人而止，妾恐至御座，故身當之。帝嗟歎，以此倍敬重焉。班妾有辭，割驩同輦。夫豈不懷？防微慮遠！《漢書》曰：成帝遊於後庭，欲與班婕妤同輦載，婕妤辭曰：妾觀古圖畫，賢聖之君，皆有名臣在側；三代末主，乃有嬖女。今欲同輦，得無近似乎！

道罔隆而不殺，物無盛而不衰。《長楊賦》曰：事罔隆而不殺，物靡盛而不虧。日中則昃，月滿則微。《周易》曰：日中則昃，月盈則蝕。《毛詩》曰：彼月而微，此日而微。鄭玄曰：謂不明也。崇猶塵積，替若駭機。人咸知飾其容，而莫知飾其性。蔡邕《女誡》曰：夫心猶首面，一旦不脩飾，則塵垢穢之；人心不修善，則邪惡入之。人盛飾其面而莫脩其心，惑矣。《家語》，孔子曰：容不可不飾也。性之不飾，或愆禮正。斧之藻之，克念作聖。《法言》曰：吾未見斧藻其德若斧藻其楶者。《尚書》曰：惟狂克念作聖。出其言善，千里應之。《周易》，子曰：君子居其室，出其言善，則千里之外應之，況其邇者乎？居其室，出其言不善，則千里之外違之，況其邇者乎？苟違斯義，則同衾以疑。徐幹《中論》曰：苟失其心，同衾為遠。夫出言如微，而榮辱由茲。《周易》曰；言行君子之樞機，樞機之發，榮辱之主。勿謂幽昧，靈監無象。勿謂玄漠，神聽無響。無矜爾榮，天道惡盈。《周易》曰：鬼神害盈而福謙。無恃爾貴，隆隆者墜。楊雄《解嘲》曰：炎炎者滅，隆隆者絕。鑑於小星，戒彼攸遂。《毛詩・序》曰：小星，惠及下也。《詩》曰：嘒彼小星，三五在東。《周易》曰：無攸遂。王弼曰：盡婦人之正義，無所必遂也。比心螽斯，則繁爾類。《毛詩》曰：螽斯羽，詵詵兮！宜爾子孫，振振兮！驩不可以黷，寵不可以專。《國語》，司空季子謂文公曰：男女不相及，畏黷敬也。黷則生怨，怨亂毓災，災毓滅性。韋昭曰：畏褻黷其類也。《漢書》曰：孝成趙皇后入宮，寵少衰，而女弟絕幸。姊弟專寵十餘年，卒皆無子也。專實生慢，愛極則遷。致盈必損，理有固然。《文子》，老子曰：天道極即反，盈即損，日月是也。《魯連子》，譚子曰：物之必至，理固然也。美者自美，翩以取尤。

《列子》曰：楊朱過宋，東之於逆旅。逆旅人有妾二人，其一美，其一惡，惡者貴而美者賤。楊子問其故，逆旅小子對曰：其美者自美，吾不知其美也；其惡者自惡，吾不知其惡也。冶容求好，君子所讎。《周易》曰：慢藏誨盜，冶容誨淫。結恩而絕，職此之由。《漢書》曰：王立與諸劉結恩。《左氏傳》，范宣子數諸戎曰：言語漏洩，職汝之由。

故曰：翼翼矜矜，福所以興。《太公金匱》，師尚父謂武王曰：舜之居人上，矜矜乎如履薄冰；湯之居人上，翼翼乎懼不敢息。靖恭自思，榮顯所期。《毛詩》曰：靖恭爾位，好是正直。女史司箴，敢告庶姬。毛萇《詩》傳曰：古者后夫人必有女史彤管之法，女史不記其過，其罪殺。

清・彭定求等《全唐詩》卷七二九《周曇〈晉門・賈后〉》 賈后甘為廢戮人，齊王還殺趙王倫。一從天下無真主，瓜割中原四百春。

雜　録

宋・李昉等《太平御覽》卷一三八《皇親部四・武悼楊皇后》 《晉後略》曰：賈后既殺楊庶人於金墉城，又信妖巫，謂人既死，必訴怨於先帝，乃覆而殯之，施諸厭劾符書藥物以合瘞之。

又《惠帝賈皇后》 王隱《晉書》曰：后諱南風，武帝謀太子婚，久不決，上欲取衛瓘女，元后欲娶賈充女，上曰：『衛女有五可，賈女有五不可。衛家種賢而多子，端正長白；賈女種妒少子，醜而短黑。』郭槐多輸寶物於后，遂娶南風。八年，將納妃，帝知太子不慧，故試之。盡召東宮官屬，作飲食，而密封詔，使太子決，停信待之。賈妃大懼，召人答詔草。給使張泓曰：『太子不學，而答引古義，必責草主，更益譴負，不如直以意答。』妃大喜，語泓：『便為我好答，得富貴，與汝共之。』泓素有小才，具草，令太子自寫。武帝大喜。賈妃酷妒，手擊數人，或以刀戟擲孕妾，子乃墮地。上大怒，治金墉城，將廢之。趙粲、荀勖深救之，故得不廢。洛陽尉部小吏忽有好物，尉疑為盜，召詰之。賈后疏親欲求盜物，往聽對辭。云『先行逢一老嫗，說家有疾，師卜當得城南年少厭塞，漸相煩，尋重報。小吏從之，上車下帷，內著簾箱，中行十餘里，過六七門限，開簾，忽見樓閣好屋。問此何處，云天上，即以香湯見浴，

好衣美食將入。見一婦人，年三十五六，短小青黑色，眉後有疵。見留數日，共宿，得此衆物。』賈氏親疏聞其形狀，知是賈后，慚而去，尉亦解意。云時他人多殺之不出，唯此小吏，以愛得出。賈后詐有身，內稾物為產，遂取妹夫韓壽兒，托之諒闇所生，故弗顯。賈庶人臨廢，遙喚帝曰：『陛下有婦，使人廢之，亦行自廢。』詔賜死。

《晉後略》曰：載賈后以簾車，出承明東掖東門，詣金墉城，食金屑而死。

又　卷一四五《皇親部十一・才人》（王隱《晉書》）又曰：初，惠帝幼，世祖遣美人謝玖給惠帝，因是有娠。臨娶賈妃，迎玖西宮，遂生愍懷。

《晉中興書》曰：謝夫人，名玖。家本貧賤，父以屠羊為業。玖清惠貞正，有淑姿，選入後宮，為才人。

又　卷三五二《兵部八十三・戟上》　王隱《晉書》曰：上聞賈妃酷妒，戟擿諸孕子者皆墮。已治室金墉城，尋當廢之。趙粲救於內，荀勖救於外，故不濟焉。

又　卷五〇二《逸民部二・逸民二》（王隱《晉書》）曰：董養字仲道。惠帝時，遷楊后於金墉，有侍婢十餘人，賈后奪之，然後絕膳八日而崩。仲道喟然歎曰：『天人既滅，大亂將至，傾危宗廟，在其日矣。』顧謂謝鯤、阮千里等曰：『時既如斯，難可保也，不如深居巖洞耳。』乃自荷擔，妻子推鹿車，入於蜀山，莫知所止。

又　卷七六二《器物部七・杵臼》　王隱《晉書》曰：賈后使小黄門孫慮徙滑懷太子於坊中，不與食。乃劫服杏子黑丸。其夜薨。或傳太子不肯服藥，伺至廁，以藥杵橦害之，喚聲聞於外。

宋・司馬光《資治通鑑》卷八〇《晉紀二・世祖武皇帝上之下》

（晉武帝咸寧四年十月）賈充密遣人語妃云：『衛瓘老奴，幾破汝家！』為賈妃怨衛瓘張本。語，牛倨翻。《考異》曰：《三十國春秋》在泰始八年。按《瓘傳》，泰始初，為青州刺史，徙幽州，八年不得在京師。《瓘傳》在遷司空後。按《帝紀》：『太康三年，賈充卒，十二月，瓘為司空』，故移在入為尚書令下。

陳張貴妃預政

綜　述

《陳書》卷七《張貴妃傳》　後主張貴妃，名麗華，兵家女也。家貧，父兄以織席為事。後主為太子，以選入宮。是時龔貴嬪為良娣，貴妃年十歲，為之給使，後主見而說焉，因得幸，遂有娠，生太子深。後主即位，拜為貴妃。性聰惠，甚被寵遇。後主每引貴妃與賓客遊宴，貴妃薦諸宮女預焉，後宮等咸德之，競言貴妃之善，由是愛傾後宮。又好厭魅之術，假鬼道以惑後主，置淫祀於宮中，聚諸妖巫使之鼓舞。因參訪外事，人間有一言一事，妃必先知之，以白後主。由是益重妃，內外宗族，多被引用。及隋軍陷臺城，妃與後主俱入于井，隋軍出之，晉王廣命斬貴妃，榜於青溪中橋。

《南史》卷一二《張貴妃傳》　時後主怠於政事，百司啓奏，並因宦者蔡臨兒、李善度進請，後主倚隱囊，置張貴妃於膝上共決之。李、蔡所不能記者，貴妃並爲疏條，無所遺脫。因參訪外事，人間有一言一事，貴妃必先知白之，由是益加寵異，冠絕後庭。而後宮之家，不遵法度，有絓於理者，但求恩於貴妃，貴妃則令李、蔡先啓其事，而後從容爲言之。大臣有不從者，因而譖之，言無不聽。於是張、孔之權，熏灼四方，內外宗族，多被引用，大臣執政，亦從風而靡。閹宦便佞之徒，內外交結，轉相引進。賄賂公行，賞罰無常，綱紀瞀亂矣。及隋軍克臺城，貴妃與後主俱入井，隋軍出之，晉王廣命斬之於青溪中橋。

又　卷六五《吳興王陳胤傳》　胤性聰敏好學，執經肄業，終日不倦，博通大義，兼善屬文。時張貴妃、孔貴嬪並愛幸，沈皇后無寵，日夜構成後及太子之短。孔范之徒，又于外合成其事。禎明二年，廢爲吳興王，加侍中、中衛將軍。

論說

《陳書》卷七《張貴妃傳》　史臣侍中鄭國公魏徵考覽記書，參詳故老，云：後主初即位，以始興王叔陵之亂，被傷臥於承香閣下，時諸姬並不得進，唯張貴妃侍焉。而柳太后猶居柏梁殿，即皇后之正殿也。後主沈皇后素無寵，不得侍疾，別居求賢殿。至德二年，乃於光照殿前起臨春、結綺、望仙三閣。閣高數丈，並數十間，其窗牖、壁帶、懸楣、欄檻之類，並以沈檀香木為之，又飾以金玉，間以珠翠，外施珠簾，內有寶床、寶帳、其服玩之屬，瑰奇珍麗，近古所未有。每微風暫至，香聞數里，朝日初照，光映後庭。其下積石為山，引水為池，植以奇樹，雜以花藥。後主自居臨春閣，張貴妃居結綺閣，龔、孔二貴嬪居望仙閣，並復道交相往來。又有王、李二美人、張、薛二淑媛、袁昭儀、何婕妤、江修容等七人，並有寵，遞代以遊其上。以宮人有文學者袁大舍等為女學士。後主每引賓客對貴妃等遊宴，則使諸貴人及女學士與狎客共賦新詩，互相贈答，采其尤豔麗者以為曲詞，被以新聲，選宮女有容色者以千百數，令習而歌之，分部迭進，持以相樂。其曲有《玉樹後庭花》、《臨春樂》等，大指所歸，皆美張貴妃、孔貴嬪之容色也。其略曰：『璧月夜夜滿，瓊樹朝朝新。』而張貴妃髮長七尺，鬒黑如漆，其光可鑑。特聰惠，有神采，進止閑暇，容色端麗。每瞻視眄睞，光采溢目，照映左右。常於閣上靚妝，臨於軒檻，宮中遙望，飄若神仙。才辯强記，善候人主顏色。是時後主怠於政事，百司啓奏，並因宦者蔡脫兒、李善度進請，後主置張貴妃於膝上共決之。李、蔡所不能記者，貴妃並為條疏，無所遺脫。由是益加寵異，冠絕後庭。而後宮之家，不遵法度，有掛於理者，但求哀於貴妃，貴妃則令李、蔡先啓其事，而後從容為言之。大臣有不從者，亦因而譖之，所言無不聽。於是張、孔之勢，薰灼四方，大臣執政，亦從風而靡。閹宦便佞之徒，內外交結，轉相引進，賄賂公行，賞罰無常，綱紀瞀亂矣。

宋・李昉等《文苑英華》卷七五三《興亡下・［唐］朱敬則〈陳後主論〉》　長城公器識古人，承平嗣主。觀其求忠讜之士，禁左道之人。淫祀妖書，鏤薄假物；即古明哲，何以加焉？但强寇臨邊，南國斯蹙。禮義不舉，苛刻日滋；鄰好不敦，驕傲是務。嬖妾五十，盡有珥貂之容；麗服一千，咸取夭桃之色。加以貴妃夾坐，狎客承筵。玉貌絳唇，咀嚼宮徵；花箋彩筆，吟詠煙霞。長夜不疲，略無醒日。於時也。隋德甫隆，南被江漢。厚待間諜，羊叔子之傾敵人；不伐有喪，楚恭王之結鄰好。加以賀若謀勇，應變如神，擒虎雄風，臨機若電。莫不迎刃自裂，聽鼓爭奔。斬張悌之守迷，降薛瑩之知命。紫殿正色，不用袁憲之言；白刃交前，但為無社之計。嗟乎！龍盤虎踞之地，露草霑衣；千門雙闕之間，風煙歇絕。臨江離別之感，赴洛嗚咽之悲。五百里之俘囚，纍纍不絕；三百年之王氣，寂寂長空。一國為一人興，前賢以後愚滅，其來尚矣。

或問曰：『安樂公劉禪，歸命侯孫皓，溫國公高緯，長城公陳叔寶，並稱域中之大。據天下之尊，或銜璧送降，或逃竄就縶，必不得已，何者為先？』

君子曰：『客所問者，具在方冊，請為吾子陳之，任自擇焉。若乃投井求生，橫奔畏死，面縛請罪，膝行待刑，是其謀也。馬上唱無愁之歌，侍宴索達摩之曲，劉禪不思隴蜀，叔寶絕無心肝，對賈充以不忠之詞，和晉帝以鄰國之詠，是其才也。縱黃皓，嬖岑昏，寵高壤，狎江總，是其任也。剥面鑿眼，孫皓之刑；棄親即讎，高緯之志。其餘細故，不可殫論。聽吾子之懸衡，任夫人之明鏡。』客曰：『入井，下策也。』

藝文

清・彭定求等《全唐詩》卷七六七《孫元晏〈陳・臨春閣〉》　臨春高閣上侵雲，風起香飄數里聞。自是君王正沈醉，豈知消息報隋軍。

又《結綺閣》　結綺高宜眺海涯，上淩丹漢拂雲霞。一千朱翠同居此，爭奈恩多屬麗華。

又《望仙閣》　多少沈檀結築成，望仙為號倚青冥。不知孔氏何形狀，醉得君王不解醒。

又《三閣》　三閣相通綺宴開，數千朱翠繞周回。只知斷送君王醉，不道韓擒已到來。

又《狎客》　八宮妃盡賦篇章，風揭歌聲錦繡香。選得十人為狎

客，有誰能解諫君王。

又《**淮水**》 文物衣冠盡入秦，六朝繁盛忽埃塵。自從淮水乾枯後，不見王家更有人。

又《**江令宅**》 不向南朝立諫名，舊居基在事分明。令人惆悵江中令，只作篇章過一生。

又《**後庭舞**》 嬿婉回風態若飛，麗華翹袖玉為姿。後庭一曲從教舞，舞破江山君未知。

北魏胡太后干政

綜　述

《**魏書**》**卷一三**《**皇后傳·宣武帝靈皇后胡氏**》 宣武靈皇后胡氏，安定臨涇人，司徒國珍女也。母皇甫氏，產后之日，赤光四照。京兆山北縣有趙胡者，善於卜相，國珍問之。胡云：『賢女有大貴之表，方為天地母，生天地主。勿過三人知也。』后姑為尼，頗能講道，世宗初，入講禁中。積數歲，諷左右稱后姿行，世宗聞之，乃召入掖庭為承華世婦。而椒掖之中，以國舊制，相與祈祝，皆願生諸王、公主，不願生太子。唯后每謂夫人等言：『天子豈可獨無兒子，何緣畏一身之死而令皇家不育冢嫡乎？』及肅宗在孕，同列猶以故事相恐，勸為諸計。后固意確然，幽夜獨誓云：『但使所懷是男，次第當長子，子生身死，所不辭也。』既誕肅宗，進為充華嬪。先是，世宗頻喪皇子，自以春秋長矣，深加慎護。為擇乳保，皆取良家宜子者，養於別宮，皇后及充華嬪皆莫得而撫視焉。及肅宗踐阼，尊后為皇太妃，後尊為皇太后。臨朝聽政，猶稱殿下，下令行事。后改令稱詔，羣臣上書曰陛下，自稱曰朕。太后以肅宗沖幼，未堪親祭，欲傍《周禮》夫人與君交獻之義，代行祭禮，訪尋故式。門下召禮官、博士議，以為不可。而太后欲以幃幔自鄣，觀三公行事，重問侍中崔光。光便據漢和熹鄧后薦祭故事，太后大悅，遂攝行初祀。

太后性聰悟，多才藝，姑既為尼，幼相依托，略得佛經大義。親覽萬機，手筆斷決。幸西林園法流堂，命侍臣射，不能者罰之。又自射針孔，中之。大悅，賜左右布帛有差。先是，太后敕造申訟車，時御焉，出自雲龍大司馬門，從宮西北，入自千秋門，以納冤訟。又親策孝秀、州郡計吏於朝堂。太后與肅宗幸華林園，宴羣臣於都亭曲水，令王公已下各賦七言詩。太后詩曰：『化光造物含氣貞。』帝詩曰：『恭己無為賴慈英。』王公已下賜帛有差。

太后父薨，百僚表請公除，太后不許。尋幸永寧寺，親建剎於九級之基，僧尼士女赴者數萬人。及改葬文昭高后，太后不欲令肅宗主事，乃自為喪主，出至終寧陵，親奠遣事，還哭於太極殿。至於訖事，皆自主焉。后幸嵩高山，夫人、九嬪、公主已下從者數百人，升於頂中。廢諸淫祀，而胡天神不在其列。后幸左藏，王公、嬪、主已下從者百餘人，皆令任力負布絹，即以賜之，多者過二百匹，少者百餘匹。唯長樂公主手持絹二十匹而出，示不異衆而無勞也。世稱其廉。儀同、陳留公李崇，章武王融並以所負過多，顛仆於地，崇乃傷腰，融至損腳。時人為之語曰：『陳留、章武，傷腰折股。貪人敗類，穢我明主。』尋幸闕口温水，登雞頭山，自射象牙簪，一發中之，敕示文武。

時太后得志，逼幸清河王懌，淫亂肆情，為天下所惡。領軍元叉、長秋卿劉騰等奉肅宗於顯陽殿，幽太后於北宮，於禁中殺懌。其後太后從子都統僧敬與備身左右張車渠等數十人，謀殺叉，復奉太后臨朝。事不克，僧敬坐徙邊，車渠等死，胡氏多免黜。後肅宗朝太后於西林園，宴文武侍臣，飲至日夕。叉乃起至太后前，自陳外云太后欲害己及騰。太后答云『無此語』。遂至於極昏。太后乃起執肅宗手下堂，言：『母子不聚久，今暮共一宿，諸大臣送我入。』太后與肅宗向東北小閣，左衛將軍奚康生謀欲殺叉，不果。

自劉騰死，叉又寬怠。太后與肅宗及高陽王雍為計，解叉領軍。太后復臨朝，大赦改元。自是朝政疏緩，威恩不立，在下牧守，所在貪惏。鄭儼汙亂宮掖，勢傾海內；李神軌、徐紇並見親侍，一二年中，位總禁要，手握王爵，輕重在心，宣淫於朝，為四方之所厭穢。文武解體，所在亂逆，土崩魚爛，由於此矣。僧敬又因聚集親族，遂涕泣諫曰：『陛下母儀

海內，豈宜輕脫如此！』后大怒，自是不召僧敬。

太后自以行不修，懼宗室所嫌，於是內為朋黨，防蔽耳目。肅宗所親幸者，太后多以事害焉。有蜜多道人，能胡語，肅宗置於左右。太后慮其傳致消息，三月三日於城南大巷中殺之。方懸賞募賊，又於禁中殺領左右、鴻臚少卿谷會、紹達，並帝所親也。母子之間，嫌隙屢起。鄭儼慮禍，乃與太后計，因潘充華生女，太后詐以為男，便大赦改年。肅宗之崩，事出倉卒，時論咸言鄭儼、徐紇之計。於是朝野憤歎。太后乃奉潘嬪女言太子即位。經數日，見人心已安，始言潘嬪本實生女，今宜更擇嗣君。遂立臨洮王子釗為主，年始三歲，天下愕然。

及武泰元年，爾朱榮稱兵渡河，太后盡召肅宗六宮皆令入道，太后亦自落髮。榮遣騎拘送太后及幼主於河陰。太后對榮多所陳說，榮拂衣而起。太后及幼主並沉於河。太后妹馮翊君收瘞於雙靈佛寺。出帝時，始葬以后禮而追加謚。

論說

《北齊書》卷二一《封隆之傳》 于時朝議以爾朱榮佐命前朝，宜配食明帝廟庭。隆之議曰：『榮為人臣，親行殺逆，安有害人之母，與子對饗？考古詢今，未見其義。』從之。

清・王夫之《讀通鑑論》卷一七《梁武帝一七》 人士之大禍三，皆自取之也。博士以神仟欺嬴政而謗之；元魏之臣阿淫虐之女主而又背之；唐臣不恤社稷，陰陽其意於汴、晉，惡朱全忠而又迎之：故坑於咸陽，殲於河陰，沈於白馬，皆自取之也。

君子有必去以全身，非但全其生之謂也，全其不辱之身也。拓拔氏以偽飾之詩書禮樂誘天下之士而翕然從之，且不徒當世之士為所欺也，千載而下，論史者猶稱道之而弗絕。然有通道之君子，知德而不可以偽欺，則抑豈可欺邪？而鄙夫無識，席晏安，規榮利，滔滔不反，至於一淫嫗殺子弑君，而屏息其廷，懷祿不捨。則相率以冥行，蹈凶危而不惜，其習已浸淫膠固而不解，欲弗羣趨於死地，其可得乎？

河陰之血已塗郊原，可為寒心甚矣。爾朱榮奉子攸入雒，而山偉孑然一人趨蹌而拜赦，吾不知偉之不怖而欣然以來者何心也？蓋不忍捐其散騎常侍而已。則二千餘人賓賓秩秩奉法駕以迎子攸於河陰者，皆山偉也。廉恥喪而禍福迷，二千餘人，豈有一人焉，戴髮含齒血在皮中者乎？如其道，則日遊於兵刃之下而有餘裕；喪其恥，則相忘於處堂之嬉，白刃已加其脰而赴之如歸。挾詩書禮樂之迹而怙之，聞聲望影而就之，道之賊也，德之棄也。蛾螘之智，死之徒也，自取之也。

清・趙翼《廿二史劄記》卷一三《爾朱榮傳》 《北史》魏諸臣傳多與魏收書相同，惟《爾朱榮傳》，當時謂榮子文暢遺收金，請為其父作佳傳，收論內遂有『若修德義之風，則韋、彭、伊、霍夫何足數？』等語，故《北史》此傳多有改訂。今按收書，大概著其功而減其惡。先敘其討破萬子乞真、番和婆崙嶮、乞步落堅胡劉阿如、敕勒北列步若、勒勤斛律洛陽、費也頭牧子等，詳悉不遺。至葛榮作亂，則載其請討一疏。明帝之殂，則載其請誅徐紇、鄭儼一疏。立莊帝後，載帝加以柱國大將軍一詔。擒葛榮後，載帝加以大丞相一詔。又進位太師一詔。平元顥後，載帝加以天柱大將軍一詔。及榮死後，又載廢帝追贈三詔。而於榮肆橫無君，逞凶濫殺，及莊帝畏逼，憂禍潛謀殺榮之事，則不甚詳，使閱者但覺功多罪少。此收之舞文也。《北史》則於討破萬子乞真等小賊，不過檃括數語，其疏與詔，一切刪除。此本《北史》體例如是，非專略於《榮傳》。而河陰之殺朝臣《魏書》謂千三百人，《北史》謂二千餘人。及莊帝殺榮之事，詳敘之，歷歷如繪，自是功罪各不相掩。然收書河陰之役，榮殺帝兄弟，並幽帝於別帳，將弑之，已使趙元則作禪文，因鑄已象不成，乃還奉莊帝之處。亦終不能稍諱，則亦未大失實也。惟榮女先為明帝嬪，榮欲以為莊帝後，帝從祖瑩言立之，此事榮傳中竟絕無一字，則以此後後為齊神武所納，故諱之。然則收非曲徇爾朱，乃曲徇高氏耳。

雜録

北魏・楊衒之《洛陽伽藍記》卷四《城西・白馬寺》 有沙門寶公者，不知何處人也形貌醜，通達過去未來，預三世，發言似讖，不可解，事過後，始驗其實。胡太后聞之，問以世事。寶公曰：『把粟與作喚朱

朱。』時人莫之能解。建義元年，后為爾朱榮所害，始驗其言。

皇權旁落分部

八王之亂

綜　述

《三國志》卷五一《吳志·孫鄰傳》（孫鄰）赤烏十二年卒。子苗嗣。苗弟旅及叔父安、熙、績，皆歷列位。《吳曆》曰：鄰又有子曰述，為武昌督，平荊州事。震，無難督。諧，城門校尉。歆，樂鄉督。震後御晉軍，與張悌俱死。賁曾孫惠，字德施。《惠別傳》曰：惠好學有才智，晉永寧元年，赴齊王冏義，以功封晉興侯，辟大司馬賊曹屬。冏驕矜僭侈，天下失望。惠獻言於冏，諷以五難、四不可，勸令委讓萬機，歸藩青岱，辭甚深切。冏不能納，頃之果敗。成都王穎召為大將軍參軍。是時穎將有事於長沙，以陸機為前鋒都督。惠與機鄉里親厚，憂其致禍，謂之曰：『子盍讓都督於王粹乎？』機曰：『將謂吾避賊首鼠，更速其害。』機尋被戮，二弟雲、耽亦見殺，惠甚傷恨之。永興元年，乘輿幸鄴，司空東海王越治兵下邳，惠以書干越，詭其姓名，自稱南岳逸民秦祕之，勉以勤王匡世之略，辭義甚美。越省其書，榜題道衢，招求其人。惠乃出見，越即以為記室參軍，專掌文疏，豫參謀議。每造書檄，越或驛馬催之，應命立成，皆有辭旨。累遷顯職，後為廣武將軍、安豐內史。年四十七卒。惠文翰凡數十首。

唐·魏徵等《羣書治要》卷二九《晉書上·傳》　齊王攸，字大猷，文帝第二子也。力行敦善，甚有名譽。爲侍中數年，授太子太傅，獻箴於皇太子。每朝政大議，悉心陳之。且孝敬忠肅，至性過人。太康三年，爲大司馬，都督青州諸軍事，薨。

子冏嗣，字景治，與趙王倫共廢賈后。倫簒，遷冏鎮東大將軍、開府儀同三司。冏因民心怨望，移檄天下。破倫，帝反正，就拜大司馬，加九錫輔政。大築第館，使大匠營制，與西宮等。後房施鐘懸，前庭儛八佾，沈於酒色，不入朝見，坐拜百官，符敕三臺，選舉不均，唯寵親昵。殿中御史桓豹奏事，不先經冏府，即考竟之。於是朝廷側目，海內失望。冏驕亂日甚，終無悛志。長沙王乂發兵攻冏府，生禽冏，斬於閶闔門外，諸黨屬皆夷三族。

《晉書》卷四《惠帝紀》（太安元年）冬十月，地震。十二月丁卯，河間王顒表齊王冏窺伺神器，有無君之心，與成都王穎、新野王歆、范陽王虓同會洛陽，請廢冏還第。長沙王乂奉乘輿屯南止車門，攻冏，殺之，幽其諸子于金墉城，廢冏弟北海王寔。【略】

（二年）秋七月，中書令卞粹、侍中馮蓀、河南尹李含等貳于長沙王乂，乂疑而害之。張昌陷江南諸郡，武陵太守賈隆、零陵太守孔紘、豫章太守閻濟、武昌太守劉根皆遇害。昌別帥石冰寇揚州，刺史陳徽與戰，大敗，諸郡盡沒。臨淮人封雲舉兵應之，自臯陵寇徐州。八月，河間王顒、成都王穎舉兵討長沙王乂，帝以乂為大都督，帥軍御之。庚申，劉弘及張昌戰于清水，斬之。顒遣其將張方，穎遣其將陸機、牽秀、石超等來逼京師。乙丑，帝幸十三里橋，遣將軍皇甫商距方于宜陽。己巳，帝旋軍于宣武。庚午，舍于石樓。天中裂，無雲而雷。九月丁丑，帝次於河橋。壬午，皇甫商為張方所敗。甲申，帝軍於芒山。丁亥，幸偃師。

永興元年春正月丙午，尚書令樂廣卒。成都王穎自鄴諷於帝，乃大赦，改元為永安。帝逼于河間王顒，密詔雍州刺史劉沈、秦州刺史皇甫重以討之。沈舉兵攻長安，為顒所敗。張方大掠洛中，還長安。於是軍中大餒，人相食。以成都王穎為丞相。穎遣從事中郎盛孌等以兵五萬屯十二城門，殿中宿所忌者，穎皆殺之，以三部兵代宿衛。二月乙酉，廢皇后羊氏，幽于金墉城，黜皇太子覃復為清河王。三月，陳敏攻石冰，斬之，揚、徐二州平。河間王顒表請立成都王穎為太弟。戊申，詔曰：『朕以不德，纂承鴻緒，於茲十有五載。禍亂滔天，姦逆仍起，至乃幽廢重宮，宗廟圮絕。成都王穎温仁惠和，克平暴亂。其以穎為皇太弟、都督中外諸軍事，承相如故。』

秋七月丙申朔，右衛將軍陳以詔召百僚入殿中，因勒兵討成都王穎。戊戌，大赦，復皇后羊氏及皇太子覃。己亥，司徒王戎、東海王越、高密王簡、平昌公模、吳王晏、豫章王熾、襄陽王範、右僕射荀藩等奉帝北

征，至安陽，衆十餘萬，穎遣其將石超距戰。己未，六軍敗績于蕩陰，矢及乘輿，百官分散，侍中嵇紹死之。帝傷頰，中三矢，亡六璽。帝遂幸超軍，餒甚，超進水，左右奉秋桃。超遣弟熙奉帝之鄴，穎帥羣官迎謁道左。帝下輿涕泣，其夕幸於穎軍。穎府有九錫之儀，陳留王送貂蟬文衣鶡尾，明日，乃備法駕幸於鄴，唯豫章王熾、司徒王戎、僕射荀藩從。庚申，大赦，改元為建武。八月戊辰，穎殺東安王繇。

安北將軍王浚遣烏丸騎攻成都王穎於鄴，大敗之。穎與帝單車走洛陽，服御分散，倉卒上下無齎，侍中黄門被囊中齎私錢三千，詔貸用。

永康元年【略】夏四月辛卯，日有蝕之。癸巳，梁王肜、趙王倫矯詔廢賈后為庶人，司空張華、尚書僕射裴頠皆遇害，侍中賈謐及黨與數十人皆伏誅。甲午，倫矯詔大赦，自為相國、都督中外諸軍，如宣文輔魏故事，追復故皇太子位。丁酉，以梁王肜為太宰，左光禄大夫何劭為司徒，右光禄大夫劉寔為司空，淮南王允為驃騎將軍。己亥，趙王倫矯詔害賈庶人于金墉城。五月己巳，立皇孫臧為皇太孫，尚為襄陽王。六月壬寅，葬愍懷太子于顯平陵。撫軍將軍、清河王遐薨。癸卯，震崇陽陵標。秋八月，淮南王允舉兵討趙王倫，不克，允及其二子秦王郁、漢王迪皆遇害。曲赦洛陽。平東將軍、彭城王植薨。改封吳王晏為賓徒縣王。以齊王冏為平東將軍，鎮許昌。【略】

永寧元年春正月乙丑，趙王倫篡帝位。丙寅，遷帝于金墉城，號曰太上皇，改金墉曰永昌宫。廢皇太孫臧為濮陽王。五星經天，縱横無常。癸酉，倫害濮陽王臧。洛陽流人李特殺趙廞，傳首京師。三月，平東將軍、齊王冏起兵以討倫，傳檄州郡，屯于陽翟。征北大將軍、成都王穎，征西大將軍、河間王顒，常山王乂，豫州刺史李毅，兖州刺史王彦，南中郎將、新野公歆，皆舉兵應之，衆數十萬。倫遣其將閭和出伊闕，張泓、孫輔出堮阪以距冏，孫會、士猗、許超出黄橋以距穎。及穎將趙驤、石超戰于溴水，會等大敗，棄軍走。閏月丙戌朔，日有蝕之。夏四月，歲星晝見。冏將何勖等擊張泓于陽翟，大破之，斬孫輔等。辛酉，左衛將軍王輿與尚書、淮陵王漼勒兵入宫，禽倫黨孫秀、孫會、許超、士猗、駱休等，皆斬之。逐倫歸第，即日乘輿反正。羣臣頓首謝罪，帝曰：『非諸卿之過也。』癸亥，詔曰：『朕以不德，纂承皇統，遠不能光濟大業，靖綏四方；近不能開明刑威，式遏姦宄，至使逆臣孫秀敢肆凶虐，窺間王室，遂奉趙王倫饕據天位。鎮東大將軍、齊王冏，征北大將軍、成都王穎，征西大將軍、河間王顒，並以明德茂親，忠規允著，首建大策，匡救國難。尚書漼共立大謀，左衛將軍王輿與羣公卿士，協同謀略，親勒本營，斬秀及其二子。前趙王倫為秀所誤，與其子等已詣金墉迎朕幽宫，旋軫閶闔。豈在予一人獨饗其慶，宗廟社稷實有賴焉。』於是大赦，改元，孤寡賜穀五斛，大酺五日。誅趙王倫、義陽王威、九門侯質等及倫之黨與。五月，立襄陽王尚為皇太孫。六月戊辰，大赦，增吏位二等。復封賓徒王晏為吳王。庚午，東萊王蕤、左衛將軍王輿謀廢齊王冏，事泄，蕤廢為庶人，輿伏誅，夷三族。甲戌，以齊王冏為大司馬、都督中外諸軍事，成都王穎為大將軍、録尚書事，河間王顒為太尉。罷丞相，復置司徒官。己卯，以梁王肜為太宰，領司徒。封齊王冏功臣葛旟牟平公，路季小黄公，衛毅平陰公，劉真安鄉公，韓泰封丘公。秋七月甲午，立吳王晏子國為漢王，復封常山王乂為長。【略】

（太安元年）十二月丁卯，河間王顒表齊王冏窺伺神器，有無君之心，與成都王穎、新野王歆、范陽王虓同會洛陽，請廢冏還第。長沙王乂奉乘輿屯南止車門，攻冏，殺之，幽其諸子于金墉城，廢冏弟北海王寔。大赦，改元。【略】

二年，八月，河間王顒、成都王穎舉兵討長沙王乂，帝以乂為大都督，帥軍御之。庚申，劉弘及張昌戰于清水，斬之。顒遣其將張方，穎遣其將陸機、牽秀、石超等來逼京師。乙丑，帝幸十三里橋，遣將軍皇甫商距方于宜陽。己巳，帝旋軍于宣武。庚午，舍于石樓。天中裂，無雲而雷。九月丁丑，帝次於河橋。壬午，皇甫商為張方所敗。甲申，帝軍於芒山。丁亥，幸偃師。辛卯，舍于豆田。癸巳，尚書右僕射、興晉侯羊玄之卒。帝旋於城東。丙申，進軍緱氏，擊牽秀，走之。大赦。張方入京城，燒清明、開陽二門，死者萬計。石超逼乘輿於緱氏。冬十月壬寅，帝旋于宫。石超焚緱氏，服御無遺。丁未，破牽秀、范陽王虓于東陽門外。戊申，破陸機於建春門，石超走，斬其大將賈崇等十六人，懸首銅駝街。張方退屯十三里橋。十一月辛巳，星晝隕，聲如雷。師王攻方壘，不利。方決千金堨，水碓皆涸。乃發王公奴婢手舂給兵稟，一品已下不從征者、男

子十三以上皆從役。又發奴助兵，號為四部司馬。公私窮踧，米石萬錢。詔命所至，一城而已。壬寅夜，赤氣竟天，隱隱有聲。丙辰，地震。癸亥，東海王越執長沙王乂，幽于金墉城，尋為張方所害。甲子，大赦。【略】

永興元年春正月丙午，【略】成都王穎自鄴諷於帝，乃大赦，改元為永安。帝逼于河間王顒，密詔雍州刺史劉沈、秦州刺史皇甫重以討之。沈舉兵攻長安，為顒所敗。張方大掠洛中，還長安。於是軍中大餒，人相食。以成都王穎為丞相。穎遣從事中郎盛夔等以兵五萬屯十二城門，殿中宿所忌者，穎皆殺之，以三部兵代宿衛。二月乙酉，廢皇后羊氏，幽于金墉城，黜皇太子覃復為清河王。三月，陳敏攻石冰，斬之，揚、徐二州平。【略】

永興元年秋七月丙申朔，右衛將軍陳以詔召百僚入殿中，因勒兵討成都王穎。戊戌，大赦，復皇后羊氏及皇太子覃。己亥，司徒王戎、東海王越、高密王簡、平昌公模、吳王晏、豫章王熾、襄陽王範、右僕射荀藩等奉帝北征，至安陽，衆十餘萬，穎遣其將石超距戰。己未，六軍敗績于蕩陰，矢及乘輿，百官分散，侍中嵇紹死之。帝傷頰，中三矢，亡六璽。帝遂幸超軍，餒甚，超進水，左右奉秋桃。超遣弟熙奉帝之鄴，穎帥羣官迎謁道左。帝下輿涕泣，其夕幸於穎軍。穎府有九錫之儀，陳留王送貂蟬文衣鶡尾，明日，乃備法駕幸於鄴，唯豫章王熾、司徒王戎、僕射荀藩從。庚申，大赦，改元為建武。八月戊辰，穎殺東安王繇。張方復入洛陽，廢皇后羊氏及皇太子覃。【略】

安北將軍王浚遣烏丸騎攻成都王穎於鄴，大敗之。穎與帝單車走洛陽，服御分散，倉卒上下無齎，侍中黃門被囊中齎私錢三千，詔貸用。所在買飯以供，宮人止食於道中客舍。宮人有持升餘秔米飯及燥蒜鹽豉以進帝，帝啖之，御中黃門布被。次獲嘉，市粗米飯，盛以瓦盆，帝啖兩盂。有老父獻蒸雞，帝受之。至溫，將謁陵，帝喪履，納從者之履，下拜流涕，左右皆歔欷。及濟河，張方帥騎三千，以陽燧青蓋車奉迎。方拜謁，帝躬止之。辛巳，大赦，賞從者各有差。冬十一月乙未，方請帝謁廟，因劫帝幸長安。方以所乘車入殿中，帝馳避後園竹中。

方逼帝升車，左右中黃門鼓吹十二人步從，唯中書監盧志侍側。方以帝幸其壘，帝令方具車載宮人寶物，軍人因妻略後宮，分爭府藏。魏晉已來之積，掃地無遺矣。行次新安，寒甚，帝墮馬傷足，尚書高光進面衣，帝嘉之。河間王顒帥官屬步騎三萬，迎於霸上。顒前拜謁，帝下車止之。以征西府為宮。唯僕射荀藩、司隸劉暾、太常鄭球、河南尹周馥與其遺官在洛陽，為留臺，承制行事，號為東西臺焉。【略】

二年，秋七月甲午，尚書諸曹火，燒崇禮闥。東海王越嚴兵徐方，將西迎大駕。成都王穎部將公師藩等聚衆攻陷郡縣，害陽平太守李志、汲郡太守張延等，轉攻鄴，平昌公模遣將軍趙驤擊破之。【略】

十二月，呂朗等東屯滎陽，成都王穎進據洛陽，張方、劉弘等並桉兵不能御。范陽王虓濟自官渡，拔滎陽，斬石超，襲許昌，破劉喬于蕭，喬奔南陽。【略】

光熙元年春正月戊子朔，日有蝕之。帝在長安。河間王顒聞劉喬破，大懼，遂殺張方，請和于東海王越，越不聽。宋胄等破穎將樓裒，進逼洛陽，穎奔長安。甲子，越遣其將祁弘、宋胄、司馬纂等迎帝。三月，東萊惤令劉柏根反，自稱惤公，襲臨淄，高密王簡奔聊城。王浚遣將討柏根，斬之。夏四月己巳，東海王越屯于溫。顒遣弘農太守彭隨、北地太守刁默距祁弘等於湖。五月，枉矢西南流。范陽國地燃，可以爨。壬辰，祁弘等與刁默戰，默大敗，顒、穎走南山，奔于宛。弘等所部鮮卑大掠長安，殺二萬餘人。

又 卷五《懷帝紀》 （永嘉元年）東海王越矯詔囚清河王覃于金墉城。癸卯，越自為丞相。以撫軍將軍苟晞為征東大將軍。【略】

二年春正月丙子朔，日有蝕之。丁未，大赦。二月辛卯，清河王覃為東海王越所害。【略】

三月，東海王越鎮鄄城。【略】

八月丁亥，東海王越自鄄城遷屯于濮陽。【略】

十二月辛未朔，大赦。立長沙王乂子碩為長沙王，鮮為臨淮王。【略】

三年春正月甲午，彭城王釋薨。三月，【略】丁巳，東海王越歸京師。【略】東海王越領司徒。劉元海冠黎陽，遣車騎將軍王堪擊之，王師敗績於延津，死者三萬餘人。大旱，江、漢、河、洛皆竭，可涉。夏四

月，左積弩將軍朱誕叛奔于劉元海。石勒攻陷冀州郡縣百餘壁。秋七月戊辰，當陽地裂三所，各廣三丈，長三百餘步。辛未，平陽人劉芒蕩自稱漢後，誑誘羌戎，僭帝號於馬蘭山。支胡五鬬叟、郝索聚衆數千為亂，屯新豐，與芒蕩合黨。劉元海遣子聰及王彌寇上黨，圍壺關。并州刺史劉琨使兵救之，為聰所敗。淮南內史王曠、將軍施融、曹超及聰戰，又敗，超、融死之。上黨太守龐淳以郡降賊。九月丙寅，劉聰圍浚儀，遣平北將軍曹武討之。丁丑，王師敗績。東海王越人保京城。聰至西明門，越御之，戰于宣陽門外，大破之。【略】

四年（九月），【略】東海王越羽檄征天下兵，帝謂使者曰：『為我語諸征鎮，若今日，尚可救，後則無逮矣。』時莫有至者。【略】十一月甲戌，東海王越帥衆出許昌，以行臺自隨。宮省無復守衛，荒饉日甚，殿內死人交橫，府寺營署並掘塹自守，盜賊公行，桴鼓之音不絕。越軍次項，自領豫州牧，以太尉王衍為軍司。【略】鎮東將軍周馥表迎大駕遷都壽陽，越使裴碩討馥，為馥所敗，走保東城，請救于琅邪王睿。襄陽大疫，死者三千餘人。加涼州刺史張軌安西將軍。十二月，征東大將軍苟晞攻王彌別帥曹嶷，破之。【略】

五年春正月，帝密詔苟晞討東海王越。壬申，晞為曹嶷所破。乙未，越遣從事中郎將楊瑁、徐州刺史裴盾共擊晞。【略】

戊寅，安東將軍、琅邪王睿使將軍甘卓攻鎮東將軍周馥于壽春，馥衆潰。庚辰，太保、平原王幹薨。二月，石勒寇汝南，汝南王祐奔建鄴。三月戊午，詔下東海王越罪狀，告方鎮討之。以證東大將軍苟晞為大將軍。丙子，東海王越薨。五年四月戊子，石勒追東海王越喪，及於東郡，將軍錢端戰死，軍潰，太尉王衍、吏部尚書劉望、廷尉諸葛銓、尚書鄭豫、武陵王澹等皆遇害，王公已下死者十餘萬人。東海世子毗及宗室四十八王尋又没于石勒。賊王桑、冷道陷徐州，刺史裴盾遇害，桑遂濟淮，至於歷陽。五月，益州流人汝班、梁州流人蹇撫作亂於湘州，虜刺史苟眺，南破零、桂諸郡，東掠武昌，安城太守郭察、邵陵太守鄭融、衡陽內史滕育並遇害。進司空王浚為大司馬，征西大將軍、南陽王模為太尉，太子太傅傅祗為司徒，尚書令荀藩為司空，安東將軍、琅邪王睿為鎮東大將軍。東海王越之出也，使河南尹潘滔居守。大將軍苟晞表遷都倉垣，帝將從之，諸大臣畏滔，不敢奉詔，且宮中及黃門戀資財，不欲出。

又　卷三六《張華傳》　初，趙王倫為鎮西將軍，撓亂關中，氐羌反叛，乃以梁王彤代之。或說華曰：『趙王貪昧，信用孫秀，所在為亂，而秀變詐，姦人之雄。今可遣梁王斬秀，刈趙之半，以謝關右，不亦可乎！』華從之，彤許諾。秀友人辛冉從西來，言於彤曰：『氐羌自反，非秀之為。』故得免死。倫既還，諂事賈后，因求録尚書事，後又求尚書令。華與裴頠皆固執不可，由是致怨，倫、秀疾華如仇。武庫火，華懼因此變作，列兵固守，然後救之，故累代之寶及漢高斬蛇劍、王莽頭、孔子屐等盡焚焉。時華見劍穿屋而飛，莫知所向。

初，華所封壯武郡有桑化為柏，識者以為不詳。又華第舍及監省數有妖怪。少子韙以中臺星坼，勸華遜位。華不從，曰；『天道玄遠，惟修德以應之耳。不如靜以待之，以俟天命。』及倫、秀將廢賈后，秀使司馬雅夜告華曰：『今社稷將危，趙王欲與公共匡朝廷，為霸者之事。』華知秀等必成篡奪，乃距之。雅怒曰：『刃將加頸，而吐言如此！』不顧而出。華方晝臥，忽夢見屋壞，覺而惡之。是夜難作，詐稱詔召華，遂與裴頠俱被收。華將死，謂張林曰：『卿欲害忠臣耶？』林稱詔詰曰：『卿為宰相，任天下事，太子之廢，不能死節，何也』華曰：『式乾之議，臣諫事具存，非不諫也。』林曰：『諫若不從，何不去位？』華不能答。須臾，使者至曰：『詔斬公。』華曰：『臣先帝老臣，中心如丹。臣不愛死，懼王室之難，禍不可測也。』遂害之于前殿馬道南，夷三族，朝野莫不悲痛之。

又　卷三八《平原王幹傳》　趙王倫輔政，以幹為衛將軍。惠帝反正，復為侍中，加太保。齊王冏之平趙王倫也，宗室朝士皆以牛酒勞冏，幹獨懷百錢，見冏乂之，曰：『趙王逆亂，汝能義舉，是汝之功，今以百錢賀汝。雖然，大勢難居，不可不慎。』冏既輔政，幹詣之，冏出迎拜。幹入，踞其床，不命冏坐，語之曰：『汝勿效白女兒。』其意指倫也。及冏誅，幹哭之慟，謂左右曰：『宗室日衰，唯此兒最可，而復害之，從今殆矣！』

又　卷五九《汝南文成王亮傳》　汝南文成王亮，【略】咸寧初，【略】三年，徙封汝南，出為鎮南大將軍、都督豫州軍事，開府、假節，

之國，給追鋒車、皁輪犢車，錢五十萬。頃之，征亮為侍中、撫軍大將軍，領後軍將軍，統冠軍、步兵、射聲、長水等營，給兵五百人，騎百匹。遷太尉、録尚書事、領太子太傅，侍中如故。

及武帝寢疾，為楊駿所排，乃以亮為侍中、大司馬、假黄鉞、大都督、督豫州諸軍事，出鎮許昌，加軒懸之樂，六佾之舞。封子羕為西陽公。未發，帝大漸，詔留亮委以後事。楊駿聞之，從中書監華廙索詔視，遂不還。帝崩，亮懼駿疑己，辭疾不入，于大司馬門外敘哀而已，表求過葬。駿欲討亮，亮知之，問計于廷尉何勖。勖曰：『今朝廷皆歸心於公，公何不討人而懼為人所討！』或說亮率所領入廢駿，亮不能用，夜馳赴許昌，故得免。及駿誅，詔曰：『大司馬、汝南王亮體道沖粹，通識政理，宣翼之績，顯於本朝，《二南》之風，流于方夏，將憑遠猷，以康王化。其以亮為太宰、録尚書事，入朝不趨，劍履上殿，增掾屬十人，給千兵百騎，與太保衛瓘對掌朝政。』亮論賞誅楊駿之功過差，欲以苟悅衆心，由是失望。

楚王瑋有勳而好立威，亮憚之，欲奪其兵權。瑋甚憾，乃承賈后旨，誣亮與瓘有廢立之謀，矯詔遣其長史公孫宏與積弩將軍李肇夜以兵圍之。帳下督李龍白外有變，請距之，亮不聽。俄然楚兵登牆而呼，亮驚曰：『吾無二心，何至於是！若有詔書，其可見乎？』宏等不許，促兵攻之。長史劉准謂亮曰：『觀此必是姦謀，府中俊乂如林，猶可盡力距戰。』又弗聽，遂為肇所執，而歎曰：『我之忠心，可破示天下也，如何無道，枉殺不辜！』是時大熱，兵人坐亮于車下，時人憐之，為之交扇。將及日中，無敢害者。瑋出令曰：『能斬亮者，賞布千匹。』遂為亂兵所害，投於北門之壁，鬢髮耳鼻皆悉毀焉。及瑋誅，追復亮爵位，給東園温明秘器，朝服一襲，錢三百萬，布絹三百匹，喪葬之禮如安平獻王孚故事，廟設軒懸之樂。有五子：粹、矩、羕、宗、熙。

又《楚隱王瑋傳》 楚隱王瑋，【略】楊駿之誅也，瑋屯司馬門。瑋少年果鋭，多立威刑，朝廷忌之。汝南王亮、太保衛瓘以瑋性很戾，不可大任，建議使與諸王之國，瑋甚忿之。長史公孫宏、舍人岐盛並薄於行，為瑋所昵。瓘等惡其為人，慮致禍亂，將收盛。盛知之，遂與宏謀，因積弩將軍李肇矯稱瑋命，譖亮、瓘于賈后。而後不之察，使惠帝為詔曰：『太宰、太保欲為伊、霍之事，王宜宣詔，令淮南、長沙、成都王屯宫諸門，廢二公。』夜使黄門齎以授瑋。瑋欲覆奏，黄門曰：『事恐漏泄，非密詔本意也。』瑋乃止。遂勒本軍，復矯詔召三十六軍，手令告諸軍曰：『天禍晉室，凶亂相仍。間者楊駿之難，實賴諸君克平禍亂。而二公潛圖不軌，欲廢陛下以絶武帝之祀。今輒奉詔，免二公官。吾今受詔都督中外諸軍。諸在直衛者皆嚴加警備，其在外營，便相率領，徑詣行府。助順討逆，天所福也。懸賞開封，以待忠效。皇天后土，實聞此言。』又矯詔使亮、瓘上太宰太保印綬、侍中貂蟬，之國，官屬皆罷遣之。又矯詔赦亮、瓘官屬曰：『二公潛謀，欲危社稷，今免還第。官屬以下，一無所問。若不奉詔，便軍法從事。能率所領先出降者，封侯受賞。朕不食言。』遂收亮、瓘，殺之。

岐盛說瑋，可因兵勢誅賈模、郭彰，匡正王室，以安天下。瑋猶豫未決。會天明，帝用張華計，遣殿中將軍王宮齎騶虞幡麾衆曰：『楚王矯詔。』衆皆釋杖而走。瑋左右無復一人，窘迫不知所為，惟一奴年十四，駕牛車將赴秦王柬。帝遣謁者詔瑋還營，執之于武賁署，遂下廷尉。詔以瑋矯制害二公父子，又欲誅滅朝臣，謀圖不軌，遂斬之，時年二十一。其日大風，雷雨霹靂。詔曰：『周公決二叔之誅，漢武斷昭平之獄，所不得已者。廷尉奏瑋已伏法，情用悲痛，吾當發哀。』瑋臨死，出其懷中青紙詔，流涕以示監刑尚書劉頌曰：『受詔而行，謂為社稷，今更為罪，託體先帝，受枉如此，幸見申列。』頌亦歔欷不能仰視。公孫宏、岐盛並夷三族。

又《趙王倫傳》 趙王倫，【略】魏嘉平初，封安樂亭侯。五等建，改封東安子，拜諫議大夫。武帝受禪，封琅邪郡王。坐使散騎將劉緝買工所將盜御裘，廷尉杜友正緝棄市，倫當與緝同罪。有司奏倫爵重屬親，不可坐。諫議大夫劉毅駁曰：『王法賞罰，不阿貴賤，然後可以齊禮制而明典刑也。倫知裘非常，蔽不語吏，與緝同罪。當以親貴議減，不得闕而不論。宜自于一時法中，如友所正。』帝是毅駁，然以倫親親故，下詔赦之。及之國，行東中郎將、宣威將軍。咸寧中，改封于趙，遷平北將軍、督鄴城守事，進安北將軍。元康初，遷征西將軍、開府儀同三司，鎮關中。倫刑賞失中，氐、羌反叛，征還京師。尋拜車騎將軍、太子太傅。

深交賈、郭，諂事中宮，大為賈后所親信。求録尚書，張華、裴頠固執不可。又求尚書令，華、頠復不許。

愍懷太子廢，使倫領右軍將軍。時左衛司馬督司馬雅及常從督許超，並嘗給事東宮，二人傷太子無罪，與殿中中郎士猗等謀廢賈后，復太子，以華、頠不可移，難與圖權，倫執兵之要，性貪冒，可假以濟事，乃說倫嬖人孫秀曰：『中宮凶妒無道，與賈謐等共廢太子。今國無嫡嗣，社稷將危，大臣將起大事。而公名奉事中宮，與賈、郭親善，太子之廢，皆云豫知，一朝事起，禍必相及。何不先謀之乎？』秀許諾，言於倫，倫納焉。遂告通事令史張林及省事張衡、殿中侍御史殷渾、右衛司馬督路始，使為內應。事將起，而秀知太子聰明，若還東宮，將與賢人圖政，量己必不得志，乃更說倫曰：『太子為人剛猛，不可私請。明公素事賈后，時議皆以公為賈氏之黨。今雖欲建大功于太子，太子含宿怒，必不加賞於明公矣。當謂逼百姓之望，翻覆以免罪耳。此乃所以速禍也。今且緩其事，賈后必害太子，然後廢後，為太子報仇，亦足以立功，豈徒免禍而已。』倫從之。秀乃微泄其謀，使謐黨頗聞之。倫、秀因勸謐等早害太子，以絕衆望。

太子既遇害，倫、秀之謀益甚，而超、雅懼後難，欲悔其謀，乃辭疾。秀復告右衛佽飛督閭和，和從之，期四月三日丙夜一籌，以鼓聲為應。至期，乃矯詔敕三部司馬曰：『中宮與賈謐等殺吾太子，今使車騎入廢中宮。汝等皆當從命，賜爵關中侯。不從，誅三族。』於是衆皆從之。倫又矯詔開門夜入，陳兵道南，遣翊軍校尉、齊王冏將三部司馬百人，排閤而入。華林令駱休為內應，迎帝幸東堂。遂廢賈后為庶人，幽之於建始殿。收吳太妃、趙粲及韓壽妻賈午等，付暴室考竟。詔尚書以廢后事，仍收捕賈謐等，召中書監、侍中、黃門侍郎、八坐，皆夜入殿，執張華、裴頠、解結、杜斌等，於殿前殺之。尚書始疑詔有詐，郎師景露版奏請手詔。倫等以為沮衆，斬之以徇。明日，倫坐端門，屯兵北向，遣尚書和郁持節送賈庶人于金墉。誅趙粲叔父中護軍趙浚及散騎侍郎韓豫等，內外羣官多所黜免。倫尋矯詔自為使持節、大都督、督中外諸軍事、相國，侍中、王如故，一依宣、文輔魏故事，置左右長史、司馬、從事中郎四人、參軍十人，掾屬二十人、兵萬人。以其世子散騎常侍荂領冗從僕射；子馥前將軍，封濟陽王；虔黃門郎，封汝陰王；羽散騎侍郎，封霸城侯。孫秀等封皆大郡，並據兵權，文武官封侯者數千人，百官總己聽於倫。

倫素庸下，無智策，復受制於秀，秀之威權振於朝廷，天下皆事秀而無求於倫。秀起自琅邪小史，累官于趙國，以諂媚自達。既執機衡，遂恣其姦謀，多殺忠良，以逞私欲。司隸從事游顥與殷渾有隙，渾誘顥奴晉興，偽告顥有異志。秀不詳察，即收顥及襄陽中正李邁，殺之，厚待晉興，以為己部曲督。前衛尉石崇、黃門郎潘岳皆與秀有嫌，並見誅。於是京邑君子不樂其生矣。

淮南王允、齊王冏以倫、秀驕僭，內懷不平。秀等亦深忌焉，乃出冏鎮許，奪允護軍。允發憤，起兵討倫。允既敗滅，倫加九錫，增封五萬户。倫偽為飾讓，詔遣百官詣府敦勸，侍中宣詔，然後受之。加荂撫軍將軍、領軍將軍，馥鎮軍將軍、領護軍將軍，虔中軍將軍、領右衛將軍，詡為侍中。又以孫秀為侍中、輔國將軍、相國司馬，右率如故。張林等並居顯要。增相府兵為二萬人，與宿衛同，又隱匿兵士，衆過三萬。起東宮三門四角華檐，斷宮東西道為外徼。或謂秀曰：『散騎常侍楊准、黃門侍郎劉逵欲奉梁王肜以誅倫。』會有星變，乃徙肜為丞相，居司徒府，轉准、逵為外官。

倫無學，不知書；秀亦以狡黠小才，貪淫昧利。所共立事者，皆邪佞之徒，惟競榮利，無深謀遠略。荂淺薄鄙陋，馥、虔暗很强戾，詡愚嚚輕訬，而各乖異，互相憎毀。秀子會，年二十，為射聲校尉，尚帝女河東公主。公主母喪未期，便納聘禮。會形貌短陋，奴僕之下者，初與富室兒於城西販馬，百姓忽聞其尚主，莫不駭愕。

倫、秀並惑巫鬼，聽妖邪之說。秀使牙門趙奉詐為宣帝神語，命倫早入西宮。又言宣帝於北芒為趙王佐助，於是別立宣帝廟於芒山。謂逆謀可成。以太子詹事裴劭、左軍將軍卞粹等二十人為從事中郎，掾屬又二十人。秀等部分諸軍，分佈腹心，使散騎常侍、義陽王威兼侍中，出納詔命，矯作禪讓之詔，使使持節、尚書令滿奮，僕射崔隨為副，奉皇帝璽綬以禪位於倫。倫偽讓不受。於是宗室諸王、羣公卿士咸假稱符瑞天文以勸進，倫乃許之。左衛王興與前軍司馬雅等率甲士入殿，譬喻三部司馬，示以威賞，皆莫敢違。其夜，使張林等屯守諸門。義陽王威及駱休等逼奪天子璽綬。夜漏未盡，內外百官以乘輿法駕迎倫。惠帝乘雲母車，鹵簿數百

人，自華林西門出居金墉城。尚書和郁，兼侍中、散騎常侍、琅邪王睿，中書侍郎陸機從，到城下而反。使張衡衛帝，實幽之也。

倫從兵五千人，入自端門，登太極殿，滿奮、崔隨、樂廣進璽綬於倫，乃僭即帝位，大赦，改元建始。是歲，賢良方正、直言、秀才、孝廉、良將皆不試；計吏及四方使命之在京邑者，太學生年十六以上及在學二十年，皆署吏；郡縣二千石令長赦日在職者，皆封侯；郡綱紀並為孝廉，縣綱紀為廉史。以世子荂為太子，馥為侍中、大司農、領護軍、京兆王，虔為侍中、大將軍領軍、廣平王，詡為侍中、撫軍將軍、霸城王，孫秀為侍中、中書監、驃騎將軍、儀同三司，張林等諸黨皆登卿將，並列大封。其餘同謀者咸超階越次，不可勝紀，至於奴卒斯役亦加以爵位。每朝會，貂蟬盈坐，時人為之顏曰：『貂不足，狗尾續。』而以苟且之惠取悅人情，府庫之儲不充于賜，金銀冶鑄不給于印，故有白版之侯，君子耻服其章，百姓亦知其不終矣。

倫親祠太廟，還，遇大風，飄折麾蓋。孫秀既立非常之事，倫敬重焉。秀住文帝為相國時所居內府，事無巨細，必諮而後行。倫之詔令，秀輒改革，有所與奪，自書青紙為詔，或朝行夕改者數四，百官轉易如流矣。時有雉入殿中，自太極東階上殿，驅之，更飛西鐘下，有頃，飛去。又倫於殿上得異鳥，問皆不知名，累日向夕，宮西有素衣小兒言是服劉鳥。倫使録小兒並鳥閉置牢室，明旦開視，户如故，並失人鳥所在。倫目上有瘤，時以為妖焉。

時齊王冏、河間王顒、成都王穎並擁强兵，各據一方。秀知冏等必有異圖，乃選親黨及倫故吏為三王參佐及郡守。

秀本與張林有隙，雖外相推崇，內實忌之。及林為衛將軍，深怨不得開府，潛與荂箋，具說秀專權，動違衆心，而功臣皆小人，撓亂朝廷，要一時誅之。荂以書白倫，倫以示秀。秀勸倫誅林，倫從之。於是倫請宗室會于華林園，召林、秀及王輿入，因收林，殺之，誅三族。

及三王起兵討倫檄至，倫、秀始大懼，遣其中堅孫輔為上軍將軍，積弩李嚴為折衝將軍，率兵七千自延壽關出，征虜張泓、左軍蔡璜、前軍閭和等率九千人自堮阪關出，鎮軍司馬雅、揚威莫原等率八千人自成皋關出。召東平王楙為使持節、衛將軍，都督諸軍以距義師。使楊珍晝夜詣宣帝別廟祈請，輒言宣帝謝陛下，某日當破賊。拜道士胡沃為太平將軍，以招福祐。秀家日為淫祀，作厭勝之文，使巫祝選擇戰日。又令近親于嵩山著羽衣，詐稱仙人王喬，作神仙書，述倫祚長久以惑衆。秀欲遣馥、虔領兵助諸軍戰，馥、虔不肯。虔素親愛劉輿，秀乃使輿說虔，虔然後率衆八千為三軍繼援。而泓、雅等連戰雖勝，義軍散而輒合，雅等不得前。許超等與成都王穎軍戰于黄橋，殺傷萬餘人。泓徑造陽翟，又于城南破齊王冏輜重，殺數千人，遂據城保邸閣。而冏軍已在潁陰，去陽翟四十里。冏分軍渡潁，攻泓等不利。泓乘勝至於潁上，夜臨潁而陣。冏縱輕兵擊之，諸軍不動，而孫輔、徐建軍夜亂，徑歸洛自首。輔、建之走也，不知諸軍督尚存，乃云：『齊王兵盛，不可當，泓等已没。』倫大震，秘之，而召虔及超還。會泓敗冏露布至，倫大喜，及復遣超，而虔還已至庾倉。超還濟河，將士疑阻，鋭氣内挫。泓等悉其諸軍濟潁，進攻冏營，冏出兵擊其別率孫髦、司馬譚、孫輔，皆破之，士卒散歸洛陽，泓等收衆還營。秀等知三方日急，詐傳破冏營，執得冏，以誑惑其衆，令百官皆賀，而士猗、伏胤、孫會皆杖節各不相從。倫復授太子詹事劉琨節，督河北將軍，率步騎千人催諸軍戰。會等與義軍戰于激水，大敗，退保河上，劉琨燒斷河橋。

自義兵之起，百官將士咸欲誅倫、秀以謝天下。秀知衆怒難犯，不敢出省。及聞河北軍悉敗，憂懣不知所為。義陽王威勸秀至尚書省與八坐議征戰之備，秀從之。使京城四品以下子弟年十五以上，皆詣司隸，從倫出戰。內外諸軍悉欲劫殺秀，威懼，自崇禮闥走還下舍。許超、士猗、孫會等軍既並還，乃與秀謀，或欲收餘卒出戰，或欲焚燒宮室，誅殺不附己者，挾倫南就孫旂、孟觀等，或欲乘船東走入海，計未決。王輿反之，率營兵七百餘人自南掖門入，敕宮中兵各守衛諸門，三部司馬為應於內。輿自往攻秀，秀閉中書南門。輿放兵登牆燒屋，秀及超、猗遽走出，左衛將軍趙泉斬秀等以徇。收孫奇于右衛營，付廷尉誅之。執前將軍謝惔、黄門令駱休、司馬督王潛，皆於殿中斬之。三部司馬兵於宣化闥中斬孫弼以徇，時司馬馥在秀坐，與使將士囚之於散騎省，以大戟守省閤。八坐皆入殿中，坐東除樹下。王輿屯雲龍門，使倫為詔曰：『吾為孫秀等所誤，以怒三王。今已誅秀，其迎太上復位，吾歸老于農畝。』傳詔以騶虞幡敕將士解兵。文武官皆奔走，莫敢有居者。黄門將倫自華林東門出，及荂皆還

汶陽里第。於是以甲士數千迎天子于金墉，百姓咸稱萬歲。帝自端門入，升殿，御廣室，送倫及荂等付金墉城。

初，秀懼西軍至，復召虔還。是日宿九曲，詔遣使者免虔官，虔懼，棄軍將數十人歸於汶陽里。

梁王肜表倫父子凶逆，宜伏誅。百官會議於朝堂，皆如肜表。遣尚書袁敞持節賜倫死，飲以金屑苦酒。倫慚，以巾覆面，曰：『孫秀誤我！孫秀誤我！』於是收荂、馥、虔、詡付廷尉獄，考竟。馥臨死謂虔曰：『坐爾破家也！』百官是倫所用者，皆斥免之，臺省府衛僅有存者，自兵興六十餘日，戰所殺害僅十萬人。

凡與倫為逆豫謀大事者：張林為秀所殺；許超、士猗、孫弼、謝惔、殷渾與秀為王輿所誅；張衡、閭和、孫髦、高越自陽翟還，伏胤戰敗還洛陽，皆斬於東市；蔡璜自陽翟降齊王冏，還洛自殺；王輿以功免誅，後與東萊王蕤謀殺冏，又伏法。

又《齊武閔王冏傳》 齊武閔王冏，【略】元康中，拜散騎常侍，領左軍將軍、翊軍校尉。趙王倫密與相結，廢賈后，以功轉遊擊將軍。冏以位不滿意，有恨色。孫秀微覺之，且憚其在內，出為平東將軍、假節，鎮許昌。倫篡，遷鎮東大將軍、開府儀同三司，欲以寵安之。

冏因衆心怨望，潛與離狐王盛、潁川王處穆謀起兵誅倫。倫遣腹心張烏覘之，烏反，曰：『齊無異志。』冏既有成謀未發，恐或泄，乃與軍司管襲殺處穆，送首於倫，以安其意。謀定，乃收襲殺之。遂與豫州刺史何勖、龍驤將軍董艾等起軍，遣使告成都、河間、常山、新野四王，移檄天下征鎮、州郡縣國，咸使聞知。揚州刺史郗隆承檄，猶豫未決，參軍王邃斬之，送首於冏。冏屯軍陽翟，倫遣其將閭和、張泓、孫輔出堮阪，與冏交戰。冏軍失利，堅壘自守。會成都軍破倫衆于黄橋，冏乃出軍攻和等，大破之。及王輿廢倫，惠帝反正，冏誅討賊黨既畢，率衆入洛，頓軍通章署，甲士數十萬，旌旗器械之盛，震於京都。天子就拜大司馬，加九錫之命，備物典策，如宣、景、文、武輔魏故事。

冏於是輔政，居攸故宮，置掾屬四十人。大築第館，北取五穀市，南開諸署，毁壞廬舍以百數，使大匠營制，與西宮等。鑿千秋門牆以通西閣，後房施鐘懸，前庭舞八佾，沈於酒色，不入朝見。坐拜百官，符敕三臺，選舉不均，惟寵親昵。以車騎將軍何勖領中領軍。封葛旟為牟平公，路秀小黄公，衛毅陰平公，劉真安鄉公，韓泰封丘公，號曰『五公』，委以心膂。殿中御史桓豹奏事，不先經冏府，即考竟之。於是朝廷側目，海内失望矣。南陽處士鄭方露版極諫，主簿王豹屢有箴規，冏並不能用，遂奏豹殺之。有白頭公入大司馬府大呼，言有兵起，不出甲子旬。即收殺之。

冏驕恣日甚，終無悛志。前賊曹屬孫惠復上諫曰：

惠聞天下五難，四不可，而明公皆以居之矣。捐宗廟之主，忽千乘之重，躬貫甲胄，犯冒鋒刃，此一難也。奮三百之卒，決全勝之策，集四方之衆，致英豪之士，此二難也。舍殿堂之尊，居單幕之陋，安囂塵之慘，同將士之勞，此三難也。驅烏合之衆，當凶强之敵，任神武之略，無疑阻之懼，此四難也。檄六合之内，著盟信之誓，升幽宫之帝，復皇祚之業，此五難也。大名不可久荷，大功不可久任，大權不可久執，大威不可久居。未有行其五難而不以為難，遺其不可而謂之為可。惠竊所不安也。

自永熙以來，十有一載，人不見德，惟戮是聞。公族構篡奪之禍，骨肉遭梟夷之刑，羣王被囚檻之困，妃主有離絶之哀。歷觀前代，國家之禍，至親之亂，未有今日之甚者也。良史書過，後嗣何觀！天下所以不去于晉，符命長存於世者，主無嚴虐之暴，朝無酷烈之政，武帝餘恩，獻王遺愛，聖慈惠和，尚經人心。四海所係，實在於兹。

今明公建不世之義，而未為不世之讓，天下惑之，思求所悟。長沙、成都，魯、衛之密，國之親親，與明公計功受賞，尚不自先。今公宜放桓、文之勳，邁臧、劄之風，芻狗萬物，不仁其化，崇親推近，功遂身退，委萬機于二王，命方岳於羣後，耀義讓之旗，鳴思歸之鑾，宅大齊之墟，振泱泱之風，垂拱青、徐之域，高枕營丘之藩。金石不足以銘高，八音不足以讚美，姬文不得專聖於前，太伯不得獨賢於後。今明公忘亢極之悔，忽窮高之凶，棄五嶽之安，居累卵之危，外以權勢受疑，內以百揆損神。雖處高臺之上，逍遙重仞之墉，及其危亡之憂，過於潁、翟之慮。羣下竦戰，莫之敢言。

惠以衰亡之餘，遭陽九之運，甘矢石之禍，赴大王之義，脱褐冠胄，從戎于許。契闊戰陣，功無可記，當隨風塵，待罪初服。屈原放斥，心存

南鄄；樂毅適趙，志戀北燕。況惠受恩，偏蒙識養，雖復暫違，情隆二臣，是以披露血誠，冒昧幹迕。言入身戮，義讓功舉，退就鈇鑕，此惠之死賢於生也。

冏不納，亦不加罪。

翊軍校尉李含奔于長安，詐雲受密詔，使河間王顒誅冏，因導以利謀。顒從之，上表曰：

王室多故，禍難罔已。大司馬冏雖唱義有興復皇位之功，而定都邑，克寧社稷，實成都王勳力也。而冏不能固守臣節，實協異望。在許昌營有東西掖門，官置治書侍御史，長史、司馬直立左右，如侍臣之儀。京城大清，篡逆誅夷，而率百萬之衆來繞洛城。阻兵經年，不一朝覲，百官拜伏，晏然南面。壞樂官市署，用自增廣。輒取武庫秘杖，嚴列不解。故東萊王蕤知其逆節，表陳事狀，而見誣陷，加罪黜徙。以樹私黨，僭立官屬。幸妻嬖妾，名號比之中宮。沈湎酒色，不恤羣黎。董艾放縱，無所畏忌，中丞按奏，而取退免。張偉惚恫，擁停詔可，葛旟小豎，維持國命。操弄王爵，貨賂公行。羣姦聚黨，擅斷殺生。密署腹心，實為貨謀。斥罪忠良，伺窺神器。

臣受重任，蕃衛方嶽，見冏所行，實懷激憤。即日翊軍校尉李含乘驛密至，宣騰詔旨。臣伏讀感切，五情若灼。《春秋》之義，君親無將。冏擁強兵，樹置私黨，權官要職，莫非腹心。雖復重責之誅，恐不義服。今輒勒兵，精卒十萬，與州征並協忠義，共會洛陽。驃騎將軍長沙王乂，同奮忠誠，廢冏還第。有不順命，軍法從事。成都王穎明德茂親，功高勳重，往歲去就，允合衆望，宜為宰輔，代冏阿衡之任。

顒表既至，冏大懼，會百僚曰：『昔孫秀作逆，篡逼帝王，社稷傾覆，莫能御難。孤糾合義衆，掃除元惡，臣子之節，信著神明。二王今日聽信讒言，造構大難，當賴忠謀以和不協耳。』司徒王戎、司空東海王越說冏委權崇讓。冏從事中郎葛旟怒曰：『趙庶人聽任孫秀，移天易日，當時喋喋，莫敢先唱。公蒙犯矢石，躬貫甲冑，攻圍陷陣，得濟今日。計功行封，事殷未遍。三臺納言，不恤王事，賞報稽緩，責不在府。讒言僭逆，當共誅討，虛承偽書，令公就第。漢、魏以來，王侯就第寧有得保妻子者乎！議者可斬。』於是百官震悚，無不失色。

長沙王乂徑入宮，發兵攻冏府。冏遣董艾陳兵宮西。乂又遣宋洪等放火燒諸觀閣及千秋、神武門。冏令黄門令王湖悉盜騶虞幡，唱云：『長沙王矯詔。』乂又稱：『大司馬謀反，助者誅五族。』是夕，城內大戰，飛矢雨集，火光屬天。帝幸上東門，矢集御前。羣臣救火，死者相枕。明日，冏敗，乂擒冏至殿前，帝惻然，欲活之。乂叱左右促牽出，冏猶再顧，遂斬於閶闔門外，徇首六軍。諸黨屬皆夷三族。幽其子淮陵王超、樂安王冰、濟陽王英于金墉。暴冏屍於西明亭，三日而莫敢收斂。冏故掾屬荀闓等表乞殯葬，許之。

初，冏之盛也，有一婦人詣大司馬府求寄產。吏詰之，婦人曰：『我截齊便去耳。』識者聞而惡之。時又謠曰：『著布袙腹，為齊持服。』俄而冏誅。

永興初，詔以冏輕陷重刑，前勳不宜堙没，乃赦其三子超、冰、英還第，封超為縣王，以繼冏祀，歷員外散騎常侍。光熙初，追冊冏曰：『咨故大司馬、齊王冏：王昔以宗藩穆胤紹世，緒于東國，作翰許京，允鎮靜我王室。涎率義徒，同盟觸澤，克成元勳，大濟潁東。朕用應嘉茂績，謂篤爾勞，俾式先典，以疇茲顯懿。廓士殊分，跨兼吳楚，崇禮備物，寵侔蕭、霍，庶憑翼戴之重，永隆邦家之望。而恭德不建，取侮二方，有司過舉，致王於戮。古人有言曰：「用其法，猶思其人。」況王功濟朕身，勳存社稷，追惟既往，有悼於厥心哉！今復王本封，命嗣子還紹厥緒，禮秩典度，一如舊制。使使持節、大鴻臚即墓賜策，祠以太牢。魂而有靈，祗服朕命，肆寧爾心，嘉茲寵榮。』子超嗣爵。

永嘉中，懷帝下詔，重述冏唱義元勳，還贈大司馬，加侍中、假節，追謚。及洛陽傾覆，超兄弟皆没于劉聰，冏遂無後。太元中，詔以故南頓王宗子柔之襲封齊王，紹攸、冏之祀，歷散騎常侍。元興初，會稽王道子將討桓玄，詔柔之兼侍中，以騶虞幡宣告江、荊二州，至姑孰，為玄前鋒所害。贈光祿勳。子建之立。宋受禪，國除。

又《長沙厲王乂傳》 長沙厲王乂，**【略】**會楚王瑋奔喪，諸王皆近路迎之，乂獨至陵所，號慟以俟瑋。拜步兵校尉。及瑋之誅二公也，乂守東掖門。會騶虞幡出，乂投弓流涕曰：『楚王被詔，是以從之，安知其非！』瑋既誅，乂以同母，貶為常山王，之國。

乂身長七尺五寸，開朗果斷，才力絕人，虛心下士，甚有名譽。三王之舉義也，乂率國兵應之，過趙國，房子令距守，乂殺之，進軍為成都後係。常山內史程恢將貳於乂，乂到鄴，斬恢及其五子。至洛，拜撫軍大將軍，領左軍將軍。頃之，遷驃騎將軍、開府，復本國。

乂見齊王冏漸專權，嘗與成都王穎俱拜陵，因謂穎曰：『天下者，先帝之業也，王宜維之。』時聞其言者皆憚之。及河間王顒將誅冏，傳檄以乂為內主。冏遣其將董艾襲乂，乂將左右百餘人，手斫車幰，露乘馳赴宮，閉諸門，奉天子與冏相攻，起火燒冏府，連戰三日，冏敗，斬之，並誅諸黨與二千餘人。

顒本以乂弱冏强，冀乂為冏所擒，然後以乂為辭，宣告四方共討之，因廢帝立成都王，己為宰相，專制天下。即而乂殺冏，其計不果，乃潛使侍中馮蓀、河南尹李含、中書令卞粹等襲乂。乂並誅之。顒遂與穎同伐京都。穎遣刺客圖乂，時長沙國左常侍王矩侍直，見客色動，遂殺之。詔以乂為大都督以距顒。連戰自八月至十月，朝議以乂、穎兄弟，可以辭說而釋，乃使中書令王衍行太尉，光祿勳石陋行司徒，使說穎，令與乂分陝而居，穎不從。乂因致書於穎曰：『先帝應乾撫運，統攝四海，勤身苦己，克成帝業，六合清泰，慶流子孫。孫秀作逆，反易天常，卿興義衆，還復帝位。齊王恃功，肆行非法，上無宰相之心，下無忠臣之行，遂其讒惡，離逖骨肉，主上怨傷，尋已蕩除。吾之與卿，友于十人，同產皇室，受封外都，各不能闡敷王教，經濟遠略。今卿復與太尉共起大衆，阻兵百萬，重圍宮城。羣臣同忿，聊即命將，示宣國威，未擬摧殄。自投溝澗，蕩平山谷，死者日萬，酷痛無罪。豈國恩之不慈，則用刑之有常。卿所遣陸機不樂受卿節鉞，將其所領，私通國家。想來逆者，當前行一尺，卻行一丈，卿宜還鎮，以寧四海，令宗族無羞，子孫之福也。如其不然，念骨肉分裂之痛，故復遣書。』

穎復書曰：『文、景受圖，武皇乘運，庶幾堯、舜，共康政道，恩隆洪業，本枝百世。豈期骨肉豫禍，后族專權，楊、賈縱毒，齊、趙內篡。幸以誅夷，而未靜息。每憂王室，心悸肝爛。羊玄之、皇甫商等恃寵作禍，能不興慨！於是征西羽檄，四海雲應。本謂仁兄同其所懷，便當內擒商等，收級遠送。如何迷惑，自為戎首！上矯君詔，下離愛弟，推移輦轂，妄動兵威，還任豺狼，棄戮親善。行惡求福，如何自勉！前遣陸機董督節鉞，雖黃橋之退，而溫南收勝，一彼一此，未足增慶也。今武士百萬，良將銳猛，要當與兄整頓海內。若能從太尉之命，斬商等首，投戈退讓，自求多福，穎亦自歸鄴都，與兄同之。奉覽來告，緬然慷慨。慎哉大兄，深思進退也！』

乂前後破穎軍，斬獲六七萬人。戰久糧乏，城中大饑，雖曰疲弊，將士同心，皆願效死。而乂奉上之禮未有虧失，張方以為未可克，欲還長安。而東海王越慮事不濟，潛與殿中將收乂送金墉城。乂表曰：『陛下篤睦，委臣朝事。臣小心忠孝，神祇所鑒。諸王承謬，率衆見責，朝臣無正，各慮私困，收臣別省，送臣幽宮。臣不惜軀命，但念大晉衰微，枝黨欲盡，陛下孤危。若臣死國寧，亦家之利。但恐快凶人之志，無益于陛下耳。』

殿中左右恨乂功垂成而敗，謀劫出之，更以距穎。越懼難作，欲遂誅乂。黃門郎潘滔勸越密告張方，方遣部將郅輔勒兵三千，就金墉收乂，至營，炙而殺之。乂冤痛之聲達於左右，三軍莫不為之垂涕。時年二十八。

乂將殯於城東，官屬莫敢往，故掾劉佑獨送之，步持喪車，悲號斷絕，哀感路人。張方以其義士，不之問也。初，乂執權之始，洛下謠曰：『草木萌牙殺長沙。』乂以正月二十五日廢，二十七日死，如謠言焉。永嘉中，懷帝以乂子碩嗣，拜散騎常侍，後没于劉聰。

又《成都王穎傳》 成都王穎，【略】太康末受封，邑十萬户。後拜越騎校尉，加散騎常侍、車騎將軍。賈謐嘗與皇太子博，爭道。穎在坐，厲聲呵謐曰：『皇太子國之儲君，賈謐何得無禮！』謐懼，由此出穎為平北將軍，鎮鄴。轉鎮北大將軍。

趙王倫之篡也，進征北大將軍，加開府儀同三司。及齊王冏舉義，穎發兵應冏，以鄴令盧志為左長史，頓丘太守鄭琰為右長史，黃門郎程牧為左司馬，陽平太守和演為右司馬。使兗州刺史王彥，冀州刺史李毅，督護趙驤、石超等為前鋒。羽檄所及，莫不回應。至朝歌，衆二十餘萬。趙驤至黃橋，為倫將士猗、許超所敗，死者八千餘人，士衆震駭。穎欲退保朝歌，用盧志、王彥策，又使趙驤率衆八萬，與王彥俱進。倫復遣孫會、劉琨等率三萬人，與猗、超合兵距驤等，精甲耀日，鐵騎前驅。猗既戰勝，

有輕驪之心。未及温十餘里，復大戰，猗等奔潰。穎遂過河，乘勝長驅。左將軍王輿殺孫秀，幽趙王倫，迎天子反正。及穎入京都，誅倫。使趙驤、石超等助齊王冏攻張泓于陽翟，泓等遂降。冏始率衆入洛，自以首建大謀，遂擅威權。穎營於太學，及入朝，天子親勞焉。穎拜謝曰：『此大司馬臣冏之勳，臣無豫焉。』見訖，即辭出，不復還營，便謁太廟，出自東陽城門，遂歸鄴。遣信與冏別，冏大驚，馳出送穎，至七里澗及之。穎住車言別，流涕，不及時事，惟以太妃疾苦形于顏色，百姓觀者莫不傾心。

至鄴，詔遣兼太尉王粹加九錫殊禮，進位大將軍、都督中外諸軍事、假節、加黄鉞、録尚書事，入朝不趨，劍履上殿。穎拜受徽號，讓殊禮九錫，表論興義功臣盧志、和演、董洪、王彦、趙驤等五人，皆封開國公侯。又表稱：『大司馬前在陽翟，與强賊相持既久，百姓創痍，饑餓凍餒，宜急振救。乞差發郡縣車，一時運河北邸閣米十五萬斛，以振陽翟饑人。』盧志言於穎曰：『黄橋戰亡者有八千餘人，既經夏暑，露骨中野，可為傷惻。昔周王葬枯骨，故《詩》云「行有死人，尚或墐之」。況此等致死王事乎！』穎乃造棺八千餘枚，以成都國秩為衣服，斂祭，葬于黄橋北，樹枳籬為之塋域。又立都祭堂，刊石立碑，紀其赴義之功，使亡者之家四時祭祀有所。仍表其門閭，加常戰亡二等。又命河内温縣埋藏趙倫戰死士卒萬四千餘人。穎形美而神昏，不知書，然器性敦厚，委事於志，故得成其美焉。

及齊王冏驕侈無禮，於是衆望歸之。詔遣侍中馮蓀、中書令卞粹喻穎入輔政，並使受九錫。穎猶讓不拜。尋加太子太保。穎嬖人孟玖不欲還洛，又程太妃愛戀鄴都，以此議久不決。留義募將士既久，咸怨曠思歸，或有輒去者，乃題鄴城門云：『大事解散蠶欲遽。請且歸，赴時務。昔以義來，今以義去。若復有急更相語。』穎知不可留，因遣之，百姓乃安。及冏敗，穎懸執朝政，事無巨細，皆就鄴諮之。後張昌擾亂荆土，穎拜表南征，所在嚮赴。既恃功驕奢，百度弛廢，甚于冏時。

穎方恣其欲，而憚長沙王乂在内，遂與河間王顒表請誅后父羊玄之、左將軍皇甫商等，檄乂使就第。乃與顒將張方伐京都，以平原内史陸機為前鋒都督、前將軍、假節。穎次朝歌，每夜矛戟有光若火，其壘井中皆有龍象。進軍屯河南，阻清水為壘，造浮橋以通河北，以大木函盛石，沈之以繫橋，名曰石鱉。陸機戰敗，死者甚衆，機又為孟玖所譖，穎收機斬之，夷其三族，語在《機傳》。於是進攻京城。時常山人王輿合衆萬餘，欲襲穎，會乂被執，其黨斬輿降。穎既入京師，復旋鎮於鄴，增封二十郡，拜丞相。河間王顒表穎宜為儲副，遂廢太子覃，立穎為皇太弟，丞相如故，制度一依魏武故事，乘輿服御皆遷於鄴。表罷宿衛兵屬相府，更以王官宿衛。僭侈日甚，有無君之心，委任孟玖等，大失衆望。

永興初，左衛將軍陳眕，殿中中郎逯苞、成輔及長沙故將上官巳等，奉大駕討穎，馳檄四方，赴者雲集。軍次安陽，衆十餘萬，鄴中震懼。穎欲走，其掾步熊有道術，曰：『勿動！南軍必敗。』穎會其衆問計，東安王繇乃曰：『天子親征，宜罷甲，縞素出迎請罪。』司馬王混、參軍崔曠勸穎距戰，穎從之，乃遣奮武將軍石超率衆五萬，次於蕩陰。眕二弟匡、規自鄴赴王師，云：『鄴中皆已離散。』由是不甚設備。超衆奄至，王師敗績，矢及乘輿，侍中嵇紹死於帝側，左右皆奔散，乃棄天子于槁中。超遂奉帝幸鄴。穎改元建武，害東安王繇，署置百官，殺生自己，立郊于鄴南。

安北將軍王浚、寧北將軍東嬴公騰殺穎所置幽州刺史和演，穎征浚，浚屯冀州不進，與騰及烏丸、羯朱襲穎。候騎至鄴，穎遣幽州刺史王斌及石超、李毅等距浚，為羯朱等所敗。鄴中大震，百僚奔走，士卒分散。穎懼，將帳下數十騎，擁天子，與中書監盧志單車而走，五日至洛。羯朱追至朝歌，不及而還。河間王顒遣張方率甲卒二萬救穎，至洛，方乃挾帝，擁穎及豫章王並高光、盧志等歸於長安。顒廢穎歸藩，以豫章王為皇太弟。

穎既廢，河北思之。鄴中故將公師藩、汲桑等起兵以迎穎，衆情翕然。顒復拜穎鎮軍大將軍、都督河北諸軍事，給兵千人，鎮鄴。穎至洛，而東海王越率衆迎大駕，所在鋒起。穎以北方盛强，懼不可進，自洛陽奔關中。值大駕還洛，穎自華陰趨武關，出新野。帝詔鎮南將軍劉弘、南中郎將劉陶收捕穎，於是棄母妻，單車與二子廬江王普、中都王廓渡河赴朝歌，收合故將士數百人，欲就公師藩。頓丘太守馮嵩執穎及普、廓送鄴，范陽王虓幽之，而無他意。屬虓暴薨，虓長史劉輿見穎為鄴都所服，慮為

後患，秘不發喪，偽令人為臺使，稱詔夜賜穎死。穎謂守者田徽曰：『范陽王亡乎？』徽曰：『不知。』穎曰：『卿年幾？』徽曰：『五十。』穎曰：『知天命不？』徽曰：『不知。』穎曰：『我死之後，天下安乎不安乎？我自放逐，於今三年，身體手足不見洗沐，取數斗湯來！』其二子號泣，穎敕人將去。乃散髮東首卧，命徽縊之，時年二十八。二子亦死。鄴中哀之。

穎之敗也，官屬並奔散，惟盧志隨從不怠，論者稱之。其後汲桑害東嬴公騰，稱為穎報仇，遂出穎棺，載之於軍中，每事啓靈，以行軍令。桑敗，度棺于故井中。穎故臣收之，改葬於洛陽，懷帝加以縣王禮。

穎死後數年，開封間有傳穎子年十餘歲，流離百姓家，東海王越遣人殺之。永嘉中，立東萊王蕤子遵為穎嗣，封華容縣王。後没于賊，國除。

又《河間王顒傳》 河間王顒，【略】咸寧二年就國。三年，改封河間。少有清名，輕財愛士。與諸王俱來朝，武帝歎顒可以為諸國儀表。元康初，為北中郎將，監鄴城。九年，代梁王肜為平西將軍，鎮關中。石函之制，非親親不得都督關中，顒于諸王為疏，特以賢舉。

及趙王倫篡位，齊王冏謀討之。前安西參軍夏侯奭自稱侍御史，在始平合衆，得數千人，以應冏，遣信要顒。顒遣主簿房陽、河間國人張方討擒奭，及其黨十數人，于長安市腰斬之。及冏檄至，顒執冏使，送之於倫。倫徵兵於顒，顒遣方率關右健將赴之。方至華陰，顒聞二王兵盛，乃加長史李含龍驤將軍，領督護席薳等追方軍回，以應二王。義兵至潼關，而倫、秀已誅，天子反正，含、方各率衆還。及冏論功，雖怒顒初不同，而終能濟義，進位侍中、太尉，加三賜之禮。

後含為翊軍校尉，與冏參軍皇甫商、司馬趙驤等有憾，遂奔顒，詭稱受密詔伐冏，因說利害。顒納之，便發兵，遣使邀成都王穎。以含為都督，率諸軍屯陰盤，前鋒次於新安，去洛百二十里。檄長沙王乂討冏。及冏敗，顒以含為河南尹，使與馮蓀、卞粹等潛圖害乂。商知含前矯妄及與顒陰謀，具以告乂。乂乃誅含等。顒聞含死，即起兵以討商為名，使張方為都督，領精卒七萬向洛。方攻商，商距戰而潰，方遂進攻西明門。乂率中軍左右衛擊之，方衆大敗，死者五千餘人。方初于駃水橋西為營，於是築壘數重，外引廪穀，以足軍資。乂復從天子出攻方，戰輒不利。及乂死，方還長安。詔以顒為太宰、大都督、雍州牧。顒廢皇太子覃，立成都王穎為太弟，改年，大赦。

左衛將軍陳眕奉天子伐穎，顒又遣方率兵二萬救鄴。天子已幸鄴。方屯兵洛陽。及王浚等伐穎，穎挾天子歸洛陽。方將兵入殿中，逼帝幸其壘，掠府庫，將焚宮廟以絕衆心。盧志諫，乃止。方又逼天子幸長安。顒及選置百官，改秦州為定州。及東海王越起兵徐州，西迎大駕，關中大懼，方謂顒曰：『方所領猶有十餘萬衆，奉送大駕還洛宮，使成都王反鄴，公自留鎮關中，方北討博陵。如此，天下可小安，無復舉手者。』顒慮事大難濟，不許。乃假劉喬節，進位鎮東大將軍，遣成都王穎總統樓褒、王闡等諸軍，據河橋以距越。王浚遣督護劉根，將三百騎至河上。闡出戰，為根所殺。穎頓軍張方故壘，范陽王虓遣鮮卑騎與平昌、博陵衆襲河橋，樓褒西走，追騎至新安，道路死者不可勝數。

初，越以張方劫遷車駕，天下怨憤，唱義與山東諸侯剋期奉迎，先遣說顒，令送帝還都，與顒分陝而居。顒欲從之，而方不同。及東軍大捷，成都等敗，顒乃令方親信將郅輔夜斬方，送首以示東軍。尋變計，更遣刁默守潼關，乃咎輔殺方，又斬輔。顒先遣將呂朗等據滎陽，范陽王虓司馬劉琨以方首示朗，於是朗降。時東軍既盛，破刁默以入關，顒懼，又遣馬瞻、郭傳于霸水御之，瞻等戰敗散走。顒乘單馬，逃於太白山。東軍入長安，大駕旋，以太弟太保梁柳為鎮西將軍，守關中。馬瞻等出詣柳，因共殺柳於城內。瞻等與始平太守梁邁合從，迎顒于南山。顒初不肯入府，長安令蘇衆、記室督朱永勸顒表稱柳病卒，輒知方事。弘農太守裴廙、秦國內史賈龕、安定太守賈疋等起義討顒，斬馬瞻、梁邁等。東海王越遣督護麋晃率國兵伐顒。至鄭，顒將牽秀距晃，晃斬秀，並其二子。義軍據有關中，顒保城而已。

永嘉初，詔書以顒為司徒，乃就徵。南陽王模遣將梁臣于新安雍谷車上扼殺之，並其三子。詔以彭城元王植子融為顒嗣，改封樂成縣王。薨，無子。建興中，元帝又以彭城康王釋子欽為融嗣。

又《東海孝獻王越傳》 東海孝獻王越，【略】別封東海王，食六縣。永康初，為中書令，徙侍中，遷司空，領中書監。

成都王穎攻長沙王乂，乂固守洛陽，殿中諸將及三部司馬疲于戰守，

密與左衛將軍朱默夜收乂別省，逼越為主，啓惠帝免乂官。事定，越稱疾遜位。帝不許，加守尚書令。太安初，帝北征鄴，以越為大都督。六軍敗，越奔下邳，徐州都督、東平王楙不納，越徑還東海。成都王穎以越兄弟宗室之美，下寬令招之，越不應命。帝西幸，以越為太傅，與太宰顒夾輔朝政，讓不受。東海中尉劉洽勸越發兵以備穎，越以洽為左司馬，尚書曹馥為軍司。既起兵，楙懼，乃以州與越。越以司空領徐州都督，以楙領兗州刺史。越三弟並據方任征伐，輒選刺史守相，朝士多赴越。而河間王顒挾天子，發詔罷越等，皆令就國。越唱義奉迎大駕，還復舊都，率甲卒三萬，西次蕭縣。豫州刺史劉喬不受越命，遣子祐距之，越軍敗。范陽王虓遣督護田徽以突騎八百迎越，遇祐於譙，祐衆潰，越進屯陽武。山東兵盛，關中大懼，顒斬送張方首求和，尋變計距越。越率諸侯及鮮卑許扶歷、駒次宿歸等步騎迎惠帝反洛陽。詔越以太傅録尚書，以下邳、濟陽二郡增封。

及懷帝即位，委政於越。吏部郎周穆，清河王覃舅，越之姑子也，與其妹夫諸葛玫共說越曰：『主上之為太弟，張方意也。清河王本太子，為羣凶所廢。先帝暴崩，多疑東宮。公盍思伊、霍之舉，以寧社稷乎？』言未卒，越曰：『此豈宜言邪！』遂叱左右斬之。以玫、穆世家，罪止其身，因此表除三族之法。帝始親萬機，留心庶事，越不悅，求出藩，帝不許。越遂出鎮許昌。

永嘉初，自許昌率苟晞及冀州刺史丁劭討汲桑，破之。越還于許，長史潘滔說之曰：『兗州天下樞要，公宜自牧。』及轉苟晞為青州刺史，由是與晞有隙。

尋詔越為丞相，領兗州牧，督兗、豫、司、冀、幽、并六州。越辭丞相不受，自許遷於鄄城。越恐清河王覃終為儲副，矯詔收付金墉城，尋害之。

王彌入許，越遣左司馬王斌率甲士五千人入衛京都。鄄城自壞，越惡之，移屯濮陽，又遷于滎陽。召田甄等六率，甄不受命，越遣監軍劉望討甄。初，東嬴公騰之鎮鄴也，攜并州將田甄、甄弟蘭、任祉、祁濟、李惲、薄盛等部衆萬餘人至鄴，遣就谷冀州，號為乞活。及騰敗，甄等邀破汲桑於赤橋，越以甄為汲郡，蘭為鉅鹿大守。甄求魏郡，越不許，甄怒，故召不至。望既渡河，甄退。李惲、薄盛斬田蘭，率其衆降，甄、祉、濟棄軍奔上黨。

越自滎陽還洛陽，以太學為府。疑朝臣貳己，乃誣帝舅王延等為亂，遣王景率甲士三千人入宮收延等，付廷尉殺之。越解兗州牧，領司徒。越既與苟晞構怨，又以頃興事多由殿省，乃奏宿衛有侯爵者皆罷之。時殿中武官並封侯，由是出者略盡，皆泣涕而去。乃以東海國上軍將軍何倫為右衛將軍，王景為左衛將軍，領國兵數百人宿衛。

越自誅王延等，大失衆望，而多有猜嫌。散騎侍郎高韜有憂國之言，越誣以訕謗時政害之，而不自安。乃戎服入見，請討石勒，且鎮集兗、豫以援京師。帝曰：『今逆虜侵逼郊畿，王室蠢蠢，莫有固心。朝廷社稷，倚賴於公，豈可遠出以孤根本！』對曰：『臣今率衆邀賊，勢必滅之。賊滅則不逞消殄，已東諸州職貢流通。此所以宣暢國威，藩屏之宜也。若端坐京輦以失機會，則釁弊日滋，所憂逾重。』遂行。留妃裴氏，世子、鎮軍將軍毗，及龍驤將軍李惲並何倫等守衛京都。表以行臺隨軍，率甲士四萬東屯于項，王公卿士隨從者甚衆。詔加九錫。越乃羽檄四方曰：『皇綱失御，社稷多難，孤以弱才，備當大任。自頃胡寇內逼，偏裨失利，帝鄉便為戎州，冠帶奄成殊域，朝廷上下，以為憂懼。皆由諸侯蹉跎，遂及此難。投袂忘履，討之已晚。人情奉本，莫不義奮。當須合會之衆，以俟戰守之備。宗廟主上，相賴匡救。檄至之日，便望風奮發，忠臣戰士效誠之秋也。』所征皆不至。而苟晞又表討越，語在《晞傳》。越以豫州刺史馮嵩為左司馬，自領豫州牧。

越專擅威權，圖為霸業，朝賢素望，選為佐吏，名將勁卒，充於己府，不臣之迹，四海所知。而公私罄乏，所在寇亂，州郡攜貳，上下崩離，禍結釁深，遂憂懼成疾。永嘉五年，薨于項。秘不發喪。以襄陽王範為大將軍，統其衆。還葬東海。石勒追及于苦縣寧平城，將軍錢端出兵距勒，戰死，軍潰。勒命焚越柩曰：『此人亂天下，吾為天下報之，故燒其骨以告天地。』於是數十萬衆，勒以騎圍而射之，相踐如山。王公士庶死者十餘萬。王彌弟璋焚其餘衆，並食之。天下歸罪於越。帝發詔貶越為縣王。

何倫、李惲聞越之死，秘不發喪，奉妃裴氏及毗出自京邑，從者傾

城，所經暴掠。至洧倉，又為勒所敗，毗及宗室三十六王俱没於賊。李惲殺妻子奔廣宗，何倫走下邳。裴妃為人所略，賣于吳氏，太興中，得渡江，欲招魂葬越。元帝詔有司詳議，博士傅純曰：『聖人制禮，以事緣情，設塚槨以藏形，而事之以凶；立廟祧以安神，而奉之以吉。送形而往，迎精而還。此墓廟之大分，形神之異制也。至於室廟寢廟祊祭非一處，所以廣求神之道，而獨不祭於墓，明非神之所處也。今亂形神之別，錯廟墓之宜，違禮制義，莫大於此。』於是下詔不許。裴妃不奉詔，遂葬越於廣陵。太興末，墓毁，改葬丹徒。

初，元帝鎮建鄴，裴妃之意也，帝深德之，數幸其第，以第三子沖奉越後。薨，無子，成帝以少子奕繼之。哀帝徙奕為琅邪王，而東海無嗣。隆安初，安帝更以會稽忠王次子彦璋為東海王，繼沖為曾孫。為桓玄所害，國除。

宋·司馬光《資治通鑑》卷八三《晉紀五·孝惠皇帝上之下》

（晉惠帝永康元年八月）孫秀議加相國倫九錫，百官莫敢異議。吏部尚書劉頌曰：『昔漢之錫魏，魏之錫晉，皆一時之用，非可通行。謂禪代然後有九錫，非常典也。周勃、霍光，其功至大，皆不聞有九錫之命也。』（謂周勃、霍光定策以安漢室，且不聞有九錫之命，所以折倫、秀之奸謀也。）張林積忿不已，以頌為張華之黨，將殺之。孫秀曰：『殺張、裴已傷時望，不可復殺頌。』林乃止。以頌為光祿大夫。《晉·志》：光祿大夫與卿同，秩中二千石，著進賢兩梁冠，黑介幘，五時朝服，佩水蒼玉。《考異》曰：《三十國春秋》云：『倫黨大怒，謀害頌，頌懼，自殺。』《頌傳》云：『頌為光祿，尋病卒。』今從傳。遂下詔加倫九錫，復加其子荂撫軍將軍，撫軍將軍，文帝以授武帝，遂以代魏。倫以加其世子，意趣為何？虔中軍將軍，武帝受禪，置中軍將軍，統宿衛七軍，尋罷，已而復置。詡為侍中。又加孫秀侍中、輔國將軍、相國司馬，右率如故。右率，右衛率也。不解此官者，欲握東宮兵。張林等並居顯要。增相府兵為二萬人，與宿衛同，並所隱匿之兵，數踰三萬。

又　卷八四《晉紀六·孝惠皇帝中之上》（晉惠帝永寧元年正月）

相國倫與孫秀使牙門趙奉詐傳宣帝神語云：『倫宜早入西宮。』司馬懿，追謚宣皇帝。時倫以東宮為相國府，謂禁中為西宮。散騎常侍義陽王威，望之孫也，素諂事倫，倫以威兼侍中，使威逼奪帝璽綬，作禪詔，又使尚書令滿奮持節、奉璽綬禪位於倫。左衛將軍王輿、前軍將軍司馬雅等帥甲士入殿，曉諭三部司馬，示以威賞，無敢違者。張林等屯守諸門。屯守宮城諸門也。乙丑，倫備法駕入宮，即帝位。《考異》曰：《三十國春秋》云：『倫將篡位，義陽王威執詔示嵇紹曰：「聖上法堯、舜之舉，卿其然乎？」紹厲聲曰：「有死而已，終不有二！」威怒，拔劍而出。及惠帝遷于金墉城，唯紹固志不從，宜於金墉，絕不通倫，時人皆為之懼。』《晉書·忠義傳》云：『倫篡位，紹為侍中，惠帝復阼，遂居其職。』一說不同，今皆不取。『復祚』之『祚』，當作『阼』。赦天下，改元建始。帝自華林西門出居金墉城，華林西門，華林園西門也。倫使張衡將兵守之。【略】

（三月）齊王冏謀討趙王倫，未發，會離狐王盛、離狐縣，前漢屬東郡，後漢、晉屬濟陰郡，唐天寶元年，改為南華縣，屬鄆州。潁川處穆聚衆於濁澤，濁澤在潁川長社縣。百姓從之，日以萬數。倫以其將管襲為齊王軍司，討盛、穆，斬之。冏因收襲，殺之，《考異》曰：《齊王冏傳》曰：『冏潛與盛、穆謀起兵誅倫，未發，恐事泄，乃與襲殺穆，送首於倫，以安其意。』今從《三十國春秋》。與豫州刺史何勗、龍驤將軍董艾等起兵，遣使告成都王穎、河間王顒、常山王乂及南中郎將新野公歆，《晉·志》曰：四中郎將，並後漢置；武帝以來，四中郎將或領刺史，或持節為之。歆，扶風王駿之子也。移檄征、鎮、州、郡、縣、國，征、鎮，四征、四鎮，居方面者。稱：『逆臣孫秀，迷誤趙王，當共誅討。有不從命者，誅及三族。』

使者至鄴，成都王穎召鄴令盧志謀之。志曰：『趙王篡逆，人神共憤，殿下收英俊以從人望，杖大順以討之，百姓必不召自至，攘臂爭進，蔑不克矣。』穎從之，以志為諮議參軍，諮議參軍，晉公府皆置之，蓋取諮詣謀議軍事也，其位在諸參軍之上。仍補左長史。志，毓之孫也。盧毓見七十三卷魏明帝景初元年。穎以兗州刺史王彦、冀州刺史李毅、督護趙驤、石超等為前鋒，遠近回應；至朝歌，朝歌縣，前漢屬河内郡，晉分屬汲郡；隋大業二年，改朝歌縣為衛縣，屬衛州；有紂所都朝歌城，在縣西。衆二十餘萬。超，苞之孫也。石苞事文帝、武帝，功參佐命。

常山王乂在其國，與太原内史劉暾各帥衆為穎後繼。

新野公歆得冏檄，未知所從。嬖人王綏曰：『趙親而强，齊疏而弱，歆父扶風王駿，與趙王倫皆宣帝子，歆於倫為叔侄，其屬親；冏於歆為從子，其屬視倫為疏。公宜從趙。』參軍孫詢大言於衆曰：『趙王凶逆，天下當共誅

之，何親疏强弱之有！』歆乃從冏。

前安西參軍夏侯奭在始平，合衆數千人以應冏，遣使邀河間王顒。顒用長史李含謀，遣振武將軍河間張方討擒奭及其黨，腰斬之。沈約《志》：振武將軍，始於西漢之末，王莽以命王況。冏檄至，顒執冏使送於倫，遣張方將兵助倫。方至華陰，顒聞二王兵盛，復召方還，更附二王。二王，謂齊王冏、成都王穎。

冏檄至揚州，州人皆欲應冏。刺史郗隆，慮之玄孫也，郗慮，漢獻帝時為御史大夫。以兄子鑑及諸子悉在洛陽，疑未决，悉召僚吏謀之。主簿淮南趙誘、前秀才虞潭皆曰：『趙王簒逆，海內所疾；今義兵四起，其敗必矣。為明使君計，莫若自將精兵，徑赴許昌，上策也；齊王冏時鎮許昌。遣將將兵會之，中策也；量遣小軍，隨形助勝，下策也。』隆退，密與別駕顧彦謀之，彦曰：『誘等下策，乃上計也。』治中留寶、主簿張褒、西曹留承聞之，請見，曰：『不審明使君今當何施？』隆曰：『我俱受二帝恩，二帝，謂宣帝、武帝。或曰：二帝，謂惠帝及趙王倫，非也。無所偏助，欲守州而已。』承曰：『天下，世祖之天下也；文帝廟號世祖。文帝平諸葛誕，滅蜀，始弘晉業。太上承代已久，太上，謂惠帝，時號太上皇。今上取之，不平，今上，謂趙王倫。齊王順時舉事，成敗可見。言齊王冏舉事必成，趙王倫必敗也。使君不早發兵應之，狐疑遷延，變難將生，此州豈可保也！』隆不應。潭，翻之孫也。虞翻事吳主權，以直聞。隆停檄六日不下，停冏檄不下曹。將士憤怨。參軍王邃鎮石頭，將士爭往歸之，隆遣從事於牛渚禁之，不能止。平吳之後，揚州移鎮秣陵。今於牛渚禁將士往石頭，疑此時揚州又還治淮南也。將士遂奉邃攻隆，隆父子及顧彦皆死，傳首於冏。

安南將軍、監沔北諸軍事孟觀，以為紫宮帝座無他變，《晉·志》：北極五星，鉤陳六星，皆在紫宮中。鉤陳中一星曰天皇大帝，大帝上九星曰華蓋，所以覆蔽大帝之座也。觀徒占天象而不察諸人事，此其所以死也。倫必不敗，乃為之固守。

倫、秀聞三王兵起，大懼，三王，謂齊王冏、成都王穎、河間王顒也。詐為冏表曰：『不知何賊猝見攻圍，臣懦弱不能自固，乞中軍見救，魏、晉以禁兵為中軍。庶得歸死。』以其表宣示內外；遣上軍將軍孫輔、折衝將軍李嚴上軍將軍，蓋當時所置。沈約《志》：折衝將軍，始於建安中，曹公以樂進為之。帥兵七千自延壽關出，《晉志》：河南緱氏縣有延壽城。征虜將軍張泓、左軍將軍蔡璜、前軍將軍閭和帥兵九千自崿阪關出，《晉·志》：河南陽城縣有崿阪關。杜佑曰：崿嶺在河南登封縣，登封，故嵩陽也。鎮軍將軍司馬雅、揚威將軍莫原沈約《志》：揚威將軍，魏置。《姓譜》：莫姓，楚莫敖之後。帥兵八千自成皋關出，成皋縣有成皋關。以拒冏。三路出兵以拒冏。遣孫秀子會督將軍士猗、許超帥宿衛兵三萬以拒穎。召東平王楙為衛將軍，都督諸軍；又遣京兆王馥、廣平王虔帥兵八千為三軍繼援。孫會、士猗、許超三人所將之軍。倫、秀日夜禱祈、厭勝以求福；使巫覡選戰日；又使人於嵩山著羽衣，詐稱仙人王喬，作書述倫祚長久，欲以惑衆。嵩山，中嶽，在穎川陽城縣；漢武帝分置縈高縣，以奉中嶽，東漢省，併入陽城縣。晉陽城縣，屬河南郡。著，陟略翻。劉向《列仙傳》曰：王子喬，周靈王太子晉也，好吹笙，作鳳鳴。游伊、洛間，道士浮丘公接上嵩山，三十餘年。後來於山上告桓良曰：『告我家，七月七日，待我於緱氏山頭。』果乘白鶴駐山巔，望之不得到，舉手謝時人而去。故倫、秀詐以惑衆。

閏月，丙戌朔，日有食之。自正月至於是月，五星互經天，縱横無常。《志》曰：傳曰：日陽，君道也；星陰，臣道也。日出則星亡，臣不得專也。晝而星見午上為經天，天變所未有也。

張泓等進據陽翟，陽翟縣，漢屬穎川郡，晉屬河南郡。與齊王冏戰，屢破之。冏軍穎陰，穎陰縣，在穎川郡，穎陰去陽翟四十里。夏，四月，泓乘勝逼之，冏遣兵逆戰。諸軍不動，而孫輔、徐建軍夜亂，徑歸洛自首曰：『齊王兵盛，不可當，泓等已没矣！』趙王倫大恐，秘之，而召其子虔及許超還。欲召河北之軍還以自衛。會泓破冏露布至，倫乃復遣之。泓等悉帥諸軍濟穎攻冏營，穎水出穎川陽城縣少室，東南流，過陽翟縣之北。冏出兵擊其別將孫髦、司馬譚等，破之，泓等乃退。孫秀詐稱已破冏營，擒得冏，令百官皆賀。

成都王穎前鋒至黄橋，朝歌西有黄澤，澤水右入蕩水，謂之黄雀溝。橋當在溝上。為孫會、士猗、許超所敗，殺傷萬餘人，士衆震駭。穎欲退保朝歌，盧志、王彦曰：『今我軍失利，敵新得志，有輕我之心。我若退縮，士氣沮衄，不可復用。且戰何能無勝負！不若更選精兵，星行倍道，出敵不意，此用兵之奇也。』星行者，夜行戴星而行也。穎從之。倫賞黄橋之

功，士猗、許超與孫會皆持節。由是各不相從，軍政不一，且恃勝輕穎而不設備。穎帥諸軍擊之，大戰于溴水，溴水出河內軹縣東南，至温入河。《考異》曰：《趙王倫傳》作『激水』。今從《帝紀》。會等大敗，棄軍南走。穎乘勝長驅濟河。

自冏等起兵，百官將士皆欲誅倫、秀，秀懼，不敢出中書省；及聞河北軍敗，憂懣不知所為。孫會、許超、士猗等至，與秀謀，或欲收餘卒出戰；或欲焚宮室，誅不附己者，挾倫南就孫旂、孟觀；孫旂在荆州，孟觀在宛。或欲乘船東走入海；計未決。辛酉，左衛將軍王輿與尚書廣陵公漼帥營兵七百餘人自南掖門入宮，三部司馬為應於內，攻孫秀、許超、士猗於中書省，皆斬之，遂殺孫奇、孫弼及前將軍謝惔等。漼，書之子也。王輿屯雲龍門，召八坐皆入殿中，使倫為詔曰：『吾為孫秀所誤，以怒三王；今已三王；今已誅秀。其迎太上皇復位，吾歸老于農畝。』傳詔以騶虞幡敕將士解兵。傳詔者，使之宣傳詔命，因以為官名。黄門將倫自華林東門出，及太子荂皆還汶陽里第，將，如字，引也。荂，枯花翻；楊士衡音孚。洛陽城中有汶陽里，倫私第在焉。遣甲士數千迎帝于金墉城。百姓咸稱萬歲。帝自端門入，升殿；羣臣頓首謝罪。詔送倫、荂等赴金墉城。廣平王虔自河北還，至九曲，《水經注》：九曲瀆，在河南鞏縣西。聞變，棄軍，將數十人歸里第。

癸亥，赦天下，改元，改元永寧。大酺五日。分遣使者慰勞三王。梁王肜等表：『趙王倫父子凶逆，宜伏誅。』丁卯，遣尚書袁敞持節賜倫死，收其子荂、馥、虔、詡，皆誅之。凡百官為倫所用者皆斥免，臺、省、府、衛，僅有存者。尚書、御史、謁者，臺；門下、中書、秘書，省；府，諸公府也；衛，二衛及六軍也。是日，成都王穎至。己巳，河間王顒至。穎使趙驤、石超助齊王冏討張泓等於陽翟，泓等皆降。自兵興六十餘日，戰鬬死者近十萬人。斬張衡、閭和、孫髦于東市，蔡璜自殺。五月，誅義陽王威。襄陽太守宗岱承冏檄斬孫旂，沈約曰：魏武帝分南郡編縣以北及南陽之山都立襄陽郡。魚豢曰：魏文帝立。永饒冶令空桐機斬孟觀，永饒冶當在南陽宛縣。空桐，姓；機，名。《姓譜》曰：漢覆姓有空桐、空相二氏。《世本》云：空同，子姓，蓋因崆峒山也。皆傳首洛陽，夷三族。

六月，乙卯，齊王冏帥衆入洛陽，頓軍通章署，甲士數十萬，威震京都。晉避景帝諱，謂京師曰京都。戊辰，赦天下。復封賓徒王晏為吳王。晏貶見上卷永康元年。《考異》曰：《晏傳》：『自賓徒徙封代王。倫誅，復本封。』今從《帝紀》。甲戌，詔以齊王冏為大司馬，加九錫，備物典策，如宣、景、文、武輔魏故事；成都王穎為大將軍，都督中外諸軍事，假黄鉞，録尚書事，加九錫，入朝不趨，劍履上殿；《考異》曰：《穎傳》曰：『至鄴，詔王粹加九錫，進位大將軍，都督中外；穎拜受徽號，讓殊禮。』按：穎在洛，盧志已謂穎曰：『今當與齊王共輔朝政，』明已有録尚書之命，但穎不受歸鄴，故朝廷使粹追命之耳。且穎功大於冏，不應獨賞冏而穎未賞也。今從《帝紀》。河間王顒為侍中、太尉，加三賜之禮；《記・王制》：諸侯，賜弓矢然後征，賜鈇鉞然後殺，賜圭瓚然後為鬯。常山王乂為撫軍大將軍，領左軍；左軍，即左軍將軍所統。進廣陵公漼爵為王，領尚書，加侍中；進新野公歆爵為王，都督荆州諸軍事，加鎮南大將軍。歆自南中郎將加鎮南。齊、成都、河間三府，各置掾屬四十人，武號森列，自東漢以來，公府皆有掾、有屬，但不帶武號耳。文官備員而已，識者知兵之戢也。己卯，以梁王肜為太宰，領司徒。肜以太師領丞相之職。

光禄大夫劉蕃女為趙世子荂妻，故蕃二子散騎侍郎輿、冠軍將軍琨皆為趙王倫所委任。大司馬冏以琨父子有才望，特宥之，以輿為中書郎，中書郎，即中書侍郎。琨為尚書左丞。又以前司徒王戎為尚書令，劉暾為御史中丞，王衍為河南尹。

新野王歆將之鎮，將出鎮荆州也。與冏同乘謁陵，因說冏曰：『成都王至親，帝弟之親，故曰至親。同建大勳，今宜留之與輔政；若不能爾，當奪其兵權。』常山王乂與成都王穎俱拜陵，乂謂穎曰：『天下者，先帝之業，王宜維正之。』聞其言者莫不憂懼。憂懼者，以冏與乂、穎必阻兵相圖，將罹其禍也。盧志謂穎曰：『齊王衆號百萬，與張泓等相持不能決；大王逕前濟河，功無與貳。今齊王欲與大王共輔朝政。志聞兩雄不俱立，宜因太妃微疾，求還定省，穎母程才人册為成都太妃。《記・曲禮》：凡為人子者，冬温而清，昏定而晨省。委重齊王，以收四海之心，委朝政之重於齊王，則四海之人謂穎功大不居，將歸心於穎。此計之上也。』穎從之。帝見穎於東堂，慰勞之。穎拜謝曰：『此大司馬冏之勳，臣無豫焉。』因表稱冏功德，宜委以萬機，自陳母疾，請歸藩。即辭出，不復還營，便謁太廟，

出自東陽城門，洛陽城東面北頭第二門曰東陽門。遂歸鄴。遣信與冏別，冏大驚，馳出送穎，至七里澗，及之。《水經注》：鴻臺陂在洛陽東北二十里，其水東流，左合七里澗。武帝泰始十年，立城東七里澗石橋。穎住車言別，流涕滂沱，滂沱，淚下如雨也。惟以太妃疾苦為憂，不及時事。由是士民之譽皆歸穎。

冏辟新興劉殷為軍諮祭酒，洛陽令曹攄為記室督，漢建安三年，曹公置軍謀祭酒。晉制：文武官公及諸方面征鎮府，皆置軍諮祭酒。漢三公及大將軍府，皆有記室令史，主上章表報書記。曹公輔漢，以陳琳、阮瑀管記室。晉諸公府皆有記室督。尚書郎江統、陽平太守河內荀晞參軍事，晉諸公、諸從公為持節都督，增參軍為六員。吳國張翰為東曹掾，孫惠為户曹掾，前廷尉正顧榮及順陽王豹為主簿。晉制：東曹在倉曹之上，户曹在倉曹之下。廷尉屬官有正、監、平。魏分南陽立南鄉郡，武帝太康中，更名順陽郡。惠，賁之曾孫；孫賁，吳主權從兄。榮，雍之孫也。顧雍，吳相也。殷幼孤貧，養曾祖母以孝聞，養，羊亮翻。人以穀帛遺之，殷受而不謝，直云：『待後貴當相錢耳。』及長，博通經史，性倜儻有大志，倜儻，卓異也。劉殷後事劉聰貴顯，女充聰後宮，何足尚也！儉而不陋，清而不介，望之頹然而不可侵也。冏以何勗為中領軍，董艾典樞機，又封其將佐有功者葛旟、路秀、衛毅、劉真、韓泰皆為縣公，委以心膂，號曰『五公』。葛旟，牟平公。路秀，小黄公。衛毅，陰平公。劉真，安鄉公。韓泰，封丘公。旟，音輿。《考異》曰：『路秀』，《帝紀》作『路季』，今從《齊王冏傳》。

成都王穎至鄴，詔遣使者就申前命，穎受大將軍，讓九錫殊禮。表論興義功臣，皆封公侯。穎亦表封盧志、和演、董洪、王彦、趙驤等。又表稱：『大司馬前在陽翟，與賊相持既久，百姓困敝，乞運河北邸閣米十五萬斛，以賑陽翟饑民。』造棺八千餘枚，以成都國秩為衣服，斂祭黄橋戰士，旌顯其家，加常戰亡二等。又命温縣瘞趙王倫戰士萬四千餘人。此湨水之戰也。温縣屬河内郡；周司寇蘇忿生之國也。皆盧志之謀也。穎貌美而神昏，不知書，然氣性敦厚，委事於志，故得成其美焉。詔復遣使諭穎入輔，並使受九錫。穎嬖人孟玖不欲還洛，又，程太妃愛戀鄴都，故穎終辭不拜。

初，大司馬冏疑中書郎陸機為趙王倫撰禪詔，收，欲殺之；大將軍

穎為之辯理，得免死，因表為平原内史，以其弟雲為清河内史。機友人顧榮及廣陵戴淵，以中國多難，勸機還吳；機以受穎全濟之恩，且謂穎有時望，可與立功，遂留不去。為陸機、陸雲為穎所殺張本。秋，七月，復封常山王乂為長沙王，武帝太康十年，封乂為長沙王；楚王瑋之誅，乂以同母貶為常山王；今復舊封。遷開府、驃騎將軍。

東萊王蕤，凶暴使酒，數陵侮大司馬冏，又從冏求開府不得而怨之，密表冏專權，與左衛將軍王輿謀廢冏。事覺，八月，詔廢蕤為庶人，誅輿三族，徙蕤於上庸，上庸内史陳鍾承冏旨潛殺之。《考異》曰：《帝紀》：『六月庚午，蕤與王輿謀廢冏，事覺得罪。甲戌，冏為大司馬。』按：誅輿詔已稱冏為大司馬，則輿事覺不應在冏為大司馬前。今從《三十國春秋》在八月。赦天下。【略】

大司馬冏欲久專大政，以帝子孫俱盡，太子遹死，帝無子矣；彪、臧、尚死，帝無孫矣。大將軍穎有次立之勢；穎於帝諸弟之次當及。清河王覃，遐之子也，方八歲，乃上表請立之。癸卯，立覃為皇太子，以冏為太子太師，東海王越為司空，領中書監。

又　卷八五《晉紀七·孝惠皇帝中之下》（晉惠帝太安二年）八月，顒、穎共表：『乂論功不平，與右僕射羊玄之、左將軍皇甫商專擅朝政，殺害忠良，謂殺李含等。請誅玄之、商，遣乂還國。』詔曰：『顒敢舉大兵，内向京輦，吾當親率六軍以誅奸逆。其以乂為太尉、都督中外諸軍事以禦之。』《考異》曰：《帝紀》：『太安元年十二月，乂誅齊王冏，即以乂為太尉、都督中外。』《晉春秋》：『二年七月，顒、穎起兵，乃以乂為太尉、都督以討之。』按齊王死後，穎懸執朝政，乂未應都督中外。又顒見為太尉，乂不應更為太尉。今從《晉春秋》。

（晉惠帝永興元年正月）長沙厲王乂屢與大將軍穎戰，破之，長沙王乂不得其死，穎、顒之黨加以惡謚耳。前後斬獲六、七萬人。而乂未嘗虧奉上之禮；城中糧食日窘，而士卒無離心。張方以為洛陽未可克，欲還長安。而東海王越慮事不濟，癸亥，潛與殿中諸將夜收乂送別省。《考異》曰：《越傳》云：『殿中諸將及三部司馬，疲于戰守，密與左衛將軍朱默夜收乂別省，逼越為主。』今從《乂傳》。甲子，越啓帝，下詔免乂官，置金墉城。大赦，改元。改元永安。《考異》曰：《帝紀》：『太安二年十二月甲子，大赦。』『永興元年正月，大赦改元。』疑是一事。城既開，殿中將士見外兵不

盛，悔之，更謀劫出乂以拒穎。越懼，欲殺乂以絕衆心。黄門侍郎潘滔曰：『不可，將自有靜之者。』乃遣人密告張方。丙寅，方取乂于金墉城，至營，炙而殺之，方軍士亦為之流涕。《考異》曰：《帝紀》、《三十國》、《晉春秋》云：『太安二年十三月，殺乂。』《乂傳》曰：『初，乂執權之始，洛下謡曰：「草木萌芽，殺長沙。」乂以正月二十五日廢，二十七日死，如謡言焉。』《樂廣傳》云：『成都王穎，廣之婿也，及與長沙王乂遘難，而廣既處朝望，羣小讒謗之，廣以憂卒。』《惠帝紀》：『永興元年，正月，丙午，樂廣卒。』若廣卒時乂未死，即《乂傳》正月二十五日廢為是，合移在永興元年正月。而《晉春秋》：『太安二年，八月，樂廣自裁。』按《帝紀》，今年正月，以穎為丞相，遣兵屯城門代宿衛者，疑此皆乂初死時事。又今年正月末，亦有甲子、丙寅。今從《乂傳》。

（十二月）太傅越以詔書徵河間王顒為司徒，顒乃就徵。南陽王模遣其將梁臣邀之于新安車上，扼殺之，並殺其三子。模，越之弟也。意謂殺顒父子則兄弟身安而無患矣，而不知石勒、趙染之禍已伏於冥冥之中矣。新安縣，漢屬弘農郡，晉屬河南郡。《考異》曰：《三十國》、《晉春秋》云『東海王越殺顒』，今從《顒傳》。

又　卷八六《晉紀八·孝懷皇帝上》（晉懷帝永嘉元年十一月）乙亥，以王衍為司徒。衍說太傅越曰：『朝廷危亂，當賴方伯，宜得文武兼資以任之。』乃以弟澄為荆州都督，族弟敦為青州刺史，《考異》曰：《晉春秋》：『王衍言于太傅越，以王澄為荆州，敦為揚州，據吳、楚以為形援，越從之。於是澄、敦同發，越餞之。』《敦傳》，自青州入為中書監，東海王越誅繆播後，始出為揚州。播死在永嘉三年三月，此年越在許昌，不在洛，故以《晉書》為定。

又　卷八七《晉紀九·孝懷皇帝中》（晉懷帝永嘉五年）三月，丙子，（司馬越）薨于項，《考異》曰：《帝紀》：『五年正月，帝密詔苟晞討越。乙未，越遣楊瑁、裴盾共擊晞。三月，戊午，詔下越罪狀，告方鎮討之，以晞為大將軍。丙子，越薨。』《晞傳》：『晞移告諸州，陳越罪狀。帝惡越專權，及詔晞施檄六州，協同大舉。晞移諸征鎮，帝又密詔晞討越。晞復上表稱李初至，奉被手詔，卷甲長驅，次於倉垣。五年，帝復詔晞，陳越罪惡，詔至之曰，宣告天下，率齊大舉。晞表稱，輒遣王讚將兵詣項。越使騎于成皋間獲晞使，遂大構嫌隙。』《晉春秋》：『五年，正月，上遣李初詔晞討越。』按：越若已得晞使，則帝亦不能自安，潘滔、何倫等不容晏然在洛。且滔等未去，則帝亦不敢明言使晞討越。年月事蹟，既前後參差如此，今並置於越薨之時，庶為不失。秘不發喪。【略】

撫軍將軍秦王業，吳孝王之子，荀藩之甥也，年十二，南奔密，《考異》曰：《晉書》，湣帝諱鄴，又改建鄴為建康。按：《三十國》、《晉春秋》，湣帝，名子業，或作『鄴』。又《吳志》，孫權改秣陵為建業，取興建基業為名，皆不為『鄴』字。今從之。藩等奉之，南趣許昌。

論說

《晉書》卷五九《汝南文成王亮楚隱王瑋等傳序》　自古帝王之臨天下也，皆欲廣樹蕃屏，崇固維城。唐、虞以前，憲章蓋闕，夏、殷以後，遺迹可知。然而玉帛會于塗山，雖云萬國，至於分疆胙土，猶或未詳。洎乎周室，粲焉可觀，封建親賢，並為列國。當其興也，周、召贊其升平；及其衰也，桓、文輔其危亂。故得卜世之祚克昌，卜年之基惟永。逮王赧即世，天祿已終，虛位無主，三十餘載。爰及暴秦，併吞天下，戒衰周之削弱，忽帝業之遠圖，謂王室之陵遲，由諸侯之强大。於是罷侯置守，獨尊諸己，至乎子弟，並為匹夫，惟欲肆虐陵威，莫顧謀孫翼子。枝葉微弱，宗祐孤危，内無社稷之臣，外闕藩維之助。陳、項一呼，海内沸騰，隕身於望夷，繫頸於軹道。事不師古，二世而滅。漢祖勃興，爰革斯弊。於是分王子弟，列建功臣，錫之山川，誓以帶礪。然而矯枉過直，懲羹吹齏，土地封疆，逾越往古。始則韓、彭葅醢，次乃吳、楚稱亂。然雖克滅權偪，猶足維翰王畿。洎成、哀之後，戚藩陵替，君臣乘兹間隙，竊位偷安。光武雄略緯天，慷慨下國，遂能除凶靜亂，復禹配天，休祉盛於兩京，鼎祚隆於四百，宗支繼絕之力，可得而言。魏武忘經國之宏規，行忌刻之小數，功臣無立錐之地，子弟君不使之人，徒分茅社，實傳虛爵，本根無所庇廕，遂乃三葉而亡。

有晉思改覆車，復隆磐石，或出擁旄節，蒞岳牧之榮；入踐臺階，居端揆之重。然而付託失所，授任乖方，政令不恒，賞罰斯濫。或有材而不任，或無罪而見誅，朝為伊、周，夕為莽、卓。機權失於上，禍亂作於下。楚、趙諸王，相仍構釁，徒興晉陽之甲，竟匪勤王之師。始則為身擇

利，利未加而害及；初乃無心憂國，國非憂而奚拯！遂使昭陽興廢，有甚弈棋；乘輿幽縶，更同羑里。胡羯陵侮，宗廟丘墟，良可悲也。

夫為國之有藩屏，猶濟川之有舟楫，安危成敗，義實相資。舟楫且完，波濤不足稱其險；藩屏式固，禍亂何以成其階！向使八王之中，一藩緊賴，如梁王之禦大故，若朱虛之除大憝，則外寇焉敢憑陵，內難奚由竊發！縱令天子暗劣，鼎臣奢放，雖或顛沛，未至土崩。何以言之？琅邪譬彼諸王，權輕衆寡，度長絜大，不可同年。遂能匹馬濟江，奄有吳會，存重宗社，百有餘年。雖曰天時，抑亦人事。豈如趙倫、齊冏之輩，河間、東海之徒，家國俱亡，身名並滅。善惡之數，此非其效歟！西晉之政亂朝危，雖由時主，然而煽其風，速其禍者，咎在八王，故序而論之，總為其傳云耳。

又《汝南文成王亮楚隱王瑋等傳論》 昔高辛撫運，釁起參商；宗周嗣歷，禍纏管、蔡。祥觀曩册，逖聽前古，亂臣賊子，昭鑑在焉。有晉鬱興，載崇藩翰，分茅錫瑞，道光恒典；儀臺飾衮，禮備彝章。汝南以純和之姿，失於無斷；楚隱習果鋭之性，遂成凶很。或位居朝右，或職參近禁，俱為女子所詐，相次受誅，雖曰自貽，良可哀也！倫實庸瑣，見欺孫秀，潛構異圖，煽成姦慝。乃使元良遘怨酷，上宰陷誅夷，乾耀以之暫傾，皇綱於焉中圮。遂裂冠毀冕，幸百六之會；綰璽揚纛，窺九五之尊。夫神器焉可偷安，鴻名豈容妄假！而欲托茲淫祀，享彼天年，凶暗之極，未之有也。冏名父之子，唱義勤王，摧偽業于既成，拯皇輿於已墜，策勳考績，良足可稱。然而臨禍忘憂，逞心縱欲，曾不知樂不可極，盈難久持，笑古人之未工，忘已事之已拙。向若采王豹之奇策，納孫惠之嘉謀，高謝衮章，永表東海，雖古之伊、霍，何以加焉！長沙材力絕人，忠概邁俗，投弓掖門，落落標壯夫之氣；馳車魏闕，懍懍烈士之風。雖復陽九數屯，在三之情無奪。撫其遺節，終始可觀。穎既入總大權，出居重鎮，中臺藉以成務，東夏資其宅心，乃協契河間，共圖進取。而顒任李含之狙詐，杖張方之陵虐，遂使武閔喪元，長沙授首，逞其無君之志，矜其不義之强。鑾駕北巡，異乎有征無戰；乘輿西幸，非由望秩觀風。若火燎原，猶可撲滅，矧茲安忍，能無及乎！東海糾合同盟，創為義舉，匡復之功未立，陵暴之釁已彰，罄彼車徒，固求出鎮。既而帝京寡弱，狡寇憑陵，遂令神器劫遷，宗社顛覆，數十萬衆並垂餌於豺狼，三十六王咸隕身於鋒刃。禍難之極，振古未聞。雖及焚如，猶為幸也。自惠皇失政，難起蕭牆，骨肉相殘，黎元塗炭，胡塵驚而天地閉，戎兵接而宮廟隳，支屬肇其禍端，戎羯乘其間隙，悲夫！《詩》所謂『誰生厲階，至今為梗』，其八王之謂矣。

又《汝南文成王亮楚隱王瑋等傳贊》 亮總朝政，瑋懷職競。讒巧乘間，豔妻過聽。構怨連禍，遞遭非命。倫實下愚，敢竊龍圖，亂常姦位，遄及嚴誅。偉哉武閔！首創宏謨。德之不建，良可悲夫！長沙奉國，始終靡慝；功虧一簣，奄罹殘賊。章度勤王，效立名揚；合從關右，犯順爭强，事窮勢蹙，俱為亂亡。元超作輔，出征入撫，敗國喪師，無君震主。焚如之變，抑惟自取。

清・王夫之《讀通鑑論》卷一二《晉惠帝十二》 惡有天子中毒以死，而不能推其行弒之人者哉？惠帝之為司馬越鴆也，無疑。越弒君，而當時天下不能窮其姦，因以傳疑於後世，而主名不立。當其時，司馬模、司馬騰皆唯恐無隙而不足以逞者，然而胥中外為諱之，而模與騰不能藉以為名，史臣於百世之後，因無所據以正越弒逆之罪，何也？天下胥幸惠帝之死也。惠帝死，而亂猶甚，國猶亡；惠帝不死，則琅邪雖欲存一線于江東也，不可得矣。

惠帝，必不可為天子者也；武帝護之而不易儲，武帝病矣；然司馬氏之子孫，特不如惠帝之甚耳，無而不可以亡天下者，則將孰易而可哉？惠帝之必亡也，使晉有社稷之臣，行伊、霍之事，而庶其定乎！司馬越固亦有此心矣，然而不能者，司馬倫已嘗試焉，而為天下僇；司馬穎、司馬顒皆將為之，而先伏其辜；越而行伊、霍之事，則顒與穎所不敢為者而身任其咎，以召天下之兵，越慮之熟矣。無如此土木之闇主何！不得已而聽人之斃之，越之情亦苦矣。

貴戚之卿，有易位之責，而越不能；養昏汶之主以速即於亡，而抑不可；顧懷帝之尚可有為，而非惠帝之死弗能立也。決出於倒行之一計，而扳懷帝以立，已無私焉，故天下且如釋重負而想望圖存之機。故一時人心翕然，胥為隱諱，以免越宮官之辟；後世亦存為疑案，而不推行鴆之人。夫人苟處不得已之勢而志非逆者，則天討不加，而清議不相摘發。弗

能事也，弗能廢也，社稷且岌岌焉，為天下任惡，天下所矜而容之者也。懷帝立五年，而越無篡心，其專殺而畏寇，則司馬氏驕昏之習也，不足深責也。

清・趙翼《廿二史劄記》卷八《晉書・八王之亂》 惠帝時八王之亂，《晉書》彙敘在一卷，《通鑑紀事本末》亦另為一條，然頭緒繁多，覽者不易了，今撮敘於此。

武帝崩，欲以汝南王亮司馬懿之子，武帝叔父，與皇后父楊駿同輔政。駿匿其詔，矯令亮出鎮許昌。惠帝既立，賈后擅權，殺楊駿，廢楊太后，徵亮入，與衛瓘同輔政。楚王瑋殺汝南王亮，賈后殺楚王瑋亮與楚王瑋武帝第五子，惠帝之弟不協。瑋諂於賈后，誣亮、瓘有廢立之謀。后乃使帝詔瑋殺亮、瓘，又坐瑋以矯殺亮、瓘之罪，即日殺瑋。后益肆淫恣，廢太子遹惠帝長子，非賈后生，弒楊太后。趙王倫殺賈后時趙王倫在京師懿第九子，惠帝之叔祖，素諂賈后。其嬖人孫秀說以『太子之廢，人言公實與謀，宜廢後以雪此聲。』倫從之。秀又恐太子聰明，終有疑於倫，不如待后殺太子而廢后，為太子報讎，可以立功。乃使后黨諷后，后果殺太子。倫遂矯詔，與齊王冏齊王攸之子，惠帝從弟率兵入宮，廢后，幽於金墉城，尋害之。倫自為相國、侍中，都督中外諸軍事。孫秀等恃勢肆橫。冏內懷不平，秀覺之，出冏鎮許昌。

齊王冏殺趙王倫

倫僭位，以惠帝為太上皇，遷於金墉。於是冏及河間王容司馬孚之孫，惠帝從叔，時鎮長安、成都王穎武帝第十六子，惠帝之弟，時鎮鄴中共起兵討倫。倫兵敗，其將王輿廢倫斬秀，迎惠帝復位。倫尋伏誅。穎遂還鄴。冏入京，帝拜冏大司馬，如宣、景輔魏故事。

長沙王乂殺齊王冏

冏大權在握，沈湎酒色，不入朝，坐召百官，恣行非法。有校尉李含奔於長安，詐稱有詔使河間王容討冏，容遂上表『請廢冏，以成都王輔政。』並檄長沙王乂為內主武帝第六子，惠帝之弟。冏遣兵襲乂，乂徑入宮，奉帝討斬冏。

河間王容殺長沙王乂

容本以乂弱冏强，冀乂為冏所殺，而以殺乂之罪討之，因廢帝立穎，己為宰相，可以專政。及乂先殺冏，其計不遂。穎亦以乂在內，己不得遙執朝權。於是容遣將張方，率兵與穎同向京師。帝又詔乂為大都督，拒方等，連戰，先勝後敗。東海王越在京司馬泰之子，惠帝從叔祖慮事不濟，與殿中將收乂送金墉，又為張方所殺。穎入京，尋還於鄴。

東海王越殺河間王容

容表穎為皇太弟，位相國，乘輿服御及宿衛兵皆遷於鄴，朝政悉穎主之。左衛將軍陳眕不平，奉帝討穎。穎遣將石超，敗帝於蕩陰。超遂以帝入於鄴。平北將軍王浚起兵討穎，穎戰敗，仍擁帝還洛陽。時容遣張方救穎，方遂挾帝及穎歸於長安。容廢穎，立豫章王熾武帝第二十五子，惠帝之弟，是為懷帝為皇太弟。東海王越，自徐州起兵迎大駕。容又命穎統兵拒之，河橋戰敗，越兵入關，奉惠帝還洛陽。穎竄於武關、新野間，有詔捕之，為劉輿所害。容亦單騎逃太白山，其故將迎入長安。有詔徵容為司徒，容入京，途次為南陽王模所殺。惠帝崩，懷帝即位。越出討石勒而卒。

此八王始末也。

趙王倫將篡時，淮南王允武帝子，惠帝弟在京師舉兵欲誅倫，為倫所殺。又吳王晏亦武帝子亦助淮南王允攻倫，兵敗被廢。後長沙王乂及成都王穎相攻時，晏又為前鋒都督。此二王俱不在八王之內。

藝文

清・沈德潛《清詩別裁集》卷二三《王圖炳〈平原村〉》 年少驚傳入洛名，雲津龍躍是平生。八王兵甲無臣主，兩晉文章有弟兄。晚節不堪愁鶴唳，舊交聞已賦蓴羹。春蒲細柳平原路，長使行人淚滿纓。

雜録

北魏・酈道元《水經注》卷三二《夏水》 自（華容）縣東北，徑成都郡故城南，晉永嘉中，西蜀阻亂，割華容諸城為成都王穎國。

隋・虞世南《北堂書鈔》卷一三九《車部上・總載》 （蕭方等

《三十國春秋》）曰：晉元康元年，太宰汝南王亮、太保衛瓘忌楚王瑋人果顛也，因議遣諸王之國。長史公孫容、射舍人岐盛勸王自屈。賈后乃言於帝，詔留王領太子少傳。丁卯夜，楚王瑋、公孫容、岐盛及積弩將軍李肇等圍大宰汝南王亮於府。府兵皆散，遂為岐等所執。是時天大熱，兵人坐亮於車下。車人憐之，交為之扇。瑋乃令曰：『能殺亮者，賞布十疋。』遂為亂兵所害。

《晉書》卷一二《天文志中》 穆帝昇平五年八月己卯夜，天中裂，廣三四丈，有聲如雷，野雉皆鳴。是後哀帝荒疾，海西失德，皇太后臨朝，太宗總萬機，桓溫專權，威振內外，陰氣盛，陽氣微。【略】

永寧二年十一月，熒惑、太白鬭于虛危。占曰：『大兵起，破軍殺將。虛危，又齊分也。』十二月，熒惑襲太白于營室。占曰：『天下兵起，亡君之戒。』一曰：『易相。』初，齊王冏之京都，因留輔政，遂專傲無君。是月，成都、河間檄長沙王乂討之，冏、乂交戰，攻焚宮闕，冏兵敗，夷滅。又殺其兄上軍將軍寔以下二千餘人。太安二年，成都又攻長沙，於是公私饑困，百姓力屈。

又卷一三《天文志下》 永寧元年，自正月至於閏月，五星互經天，縱橫無常。《星傳》曰：『日陽，君道也；星陰，臣道也。日出則星亡，臣不得專也。晝而星見午上者為經天，其占「為不臣，為更王」。』今五星悉經天，天變所未有也。石氏說曰：『辰星晝見，其國不亡則大亂。』是後，臺鼎方伯，互執大權，二帝流亡，遂至六夷更王，迭據華夏，亦載籍所未有也。其四月，歲星晝見。五月，太白晝見。占同前。七月，歲星守虛危。占曰：『木守虛危，有兵憂。虛危，齊分。』一曰：『守虛，饑；守危，徭役煩多，下屈竭。』辰星入太微，占曰『為內亂』，一曰『羣臣相殺』。太白守右掖門，占曰：『為兵，為亂，為賊。』八月戊午，填星犯左執法，又犯上相，占曰『上相憂』。熒惑守昴，占曰『趙魏有災』。辰星守輿鬼，占曰『秦有災』。九月丁未，月犯左角。占曰：『人主憂。』一曰：『左衛將軍死，天下有兵。』二年四月癸酉，歲星晝見。占曰：『為臣强。』初，齊王冏定京都，因留輔政，遂專慠無君。是月，成都、河間檄長沙王乂討之，冏乂交戰，攻焚宮闕，冏兵敗，夷滅。又殺其兄上軍將軍寔以下二十餘人。太安二年，成都攻長沙，於是公私饑困，百姓力屈。【略】

太安二年二月，太白入昴。占曰：『天下擾，兵大起。』七月，熒惑入東井。占曰：『兵起，國亂。』是秋，太白守太微上將。占曰：『上將以兵亡。』是年冬，成都、河間攻洛陽。八月，長沙王奉帝出距二王。三年正月，東海王越執長沙王乂，張方又殺之。三年正月，熒惑入南斗，占同永康。七月，左衛將軍陳眕等率衆奉帝伐成都王，六軍敗績，兵逼乘輿。是時，天下盜賊羣起，張昌尤盛。【略】

永興元年七月庚申，太白犯角、亢，經房、心，歷尾、箕。九月，入南斗。占曰：『犯角，天下大戰；犯亢，有大兵，人君憂；入房心，為兵喪；犯尾箕，女主憂。』一曰：『天下大亂。入南斗，有兵喪。』一曰：『將軍為亂。其所犯守，又兗、豫、幽、冀、揚州之分野。』是年七月，有蕩陰之役。九月，王浚殺幽州刺史和演，攻鄴，鄴潰，於是兗豫為天下兵衝。陳敏又亂揚土。劉元海、石勒、李雄等並起微賤，跨有州郡。皇后羊氏數被幽廢。皆其應也。二年四月丙子，太白犯狼星。占曰：『大兵起。』九月，歲星守東井。占曰：『有兵，井又秦分野。』是年，苟晞破公師藩，張方破范陽王虓，關西諸將攻河間王顒，顒奔走，東海王迎殺之。【略】

惠帝元康三年四月，熒惑守太微六十日。占曰：『諸侯三公謀其上，必有斬臣。』一曰：『天子亡國。』是春太白守畢，至是百餘日。占曰：『有急令之憂。』一曰：『相死。』又為邊境不安。後賈后陷殺太子。六年十月乙未，太白晝見。九年六月，熒惑守心。占曰：『王者惡之。』八月，熒惑入羽林。占曰：『禁兵大起。』其後，帝見廢為太上皇，俄而三王起兵討趙王倫，倫悉遣中軍兵相距累月。【略】

永康元年三月，中臺星坼，太白晝見。占曰：『臺星失常，三公憂。太白晝見，為不臣。』是月，賈后殺太子，趙王倫尋廢殺後，斬司空張華。其五月，熒惑入南斗。占曰：『宰相死，兵大起。斗，又吳分野。』是時，趙王倫為相，明年，篡位，三王興師誅之。太安二年，石冰破揚州。其八月，熒惑入箕。占曰：『人主失位，兵起。』明年趙王倫篡位，改元。二年二月，太白出西方，逆行入東井。占曰：『國失政，大臣為亂。』是時，齊王冏起兵討趙王倫，倫滅，冏擁兵不朝，專權淫奢，明年，

誅死。【略】

惠帝元康五年四月，有星孛於奎，至軒轅、太微，經三臺、太陵。占曰：『奎為魯，又為庫兵，軒轅為後宮，太微天子庭，三臺為三司，太陵有積尸死喪之事。』其後武庫火，西羌反。後五年，司空張華遇禍，賈后廢死，魯公賈謐誅。又明年，趙王倫篡位。於是三王興兵討倫，兵士戰死十餘萬人。【略】

永康元年三月，妖星見南方。占曰：『妖星出，天下大兵將起。』是月賈后殺太子，趙王倫尋廢殺后，斬司空張華，又廢帝自立。於是三王並起，迭總天權。其十二月，彗星出牽牛之西，指天市。占曰：『牛者七政始，彗出之，改元易號之象也。天市一名天府，一名天子旗，帝坐在其中。』明年，趙王倫篡位，改元，尋為大兵所滅。二年四月，彗星見齊分。占曰：『齊有兵喪。』是時，齊王冏起兵討趙王倫。倫滅，冏擁兵不朝，專權淫奢。明年，誅死。【略】

太安元年四月，彗星晝見。二年三月，彗星見東方，指三臺。占曰：『兵喪之象。三臺為三公。』三年正月，東海王越執太尉、長沙王乂，張方又殺之。【略】

永興元年五月，客星守畢。占曰：『天子絕嗣。』一曰：『大臣有誅。』時諸王擁兵，其後惠帝失統，終無繼嗣。二年八月，有星孛于昴畢。占曰：『為兵喪。昴畢又趙魏分野。』十月丁丑，有星孛於北斗。占曰：『璿璣更授，天子出走。』又曰：『强國發兵，諸侯爭權。』是後，諸王交兵，皆有應。明年，惠帝崩。

又　卷二七《五行志上》　惠帝元康八年五月，金墉城井溢。《漢志》，成帝時有此妖，後王莽僭逆。今有此妖，趙王倫篡位，倫廢帝於此城，井溢所在，其天意也。九月，荆、揚、徐、冀、豫五州大水。是時賈后暴戾滋甚，韓謐驕猜彌扇，卒害太子，旋以禍滅。九年四月，宮中井水沸溢。【略】

惠帝太安二年，成都王穎使陸機率衆向京都，擊長沙王乂，及軍始引而牙竿折，俄而戰敗，機被誅，穎遂奔潰，卒賜死。此姦謀之罰，木不曲直也。

又　卷二八《五行志中》　太康七年十一月丙辰，四角獸見於河間，河間王顒獲以獻。天戒若曰，角，兵象也，四者，四方之象，當有兵亂起于四方。後河間王遂連四方之兵，作為亂階，殆其應也。【略】

趙王倫廢惠帝于金墉城，改號金墉城為永安宮。帝尋復位而倫誅。【略】

元康中，天下商農通著大鄣日。時童謡曰：『屠蘇鄣日覆兩耳，當見瞎兒作天子。』及趙王倫篡位，其目實眇焉。趙王倫既篡，洛中童謡曰：『獸從北來鼻頭汗，龍從南來登城看，水從西來河灌灌。』數月而齊王、成都、河間義兵同會誅倫。案成都西藩而在鄴，故曰『獸從北來』。齊東藩而在許，故曰『龍從南來』。河間水源而在關中，故曰『水從西來』。齊留輔政，居於宮西，又有無君之心，故言『登城看』也。

惠帝永康元年，趙王倫既篡，京師得異鳥，莫能名。倫使人持出，周旋城邑市以問人。積日，宮西有小兒見之，遂自言曰：『服留鳥翳。』持者即還白倫，倫使更求，又見之，乃將入宮，密籠鳥，並閉小兒户中，明日視之，悉不見。此羽蟲之孽。時趙王倫有目瘤之疾，言服留者，謂倫留將服其罪也。尋而倫誅。【略】

趙王倫篡位，有鶉入太極殿，雉集東堂。天戒若曰，太極東堂皆朝享聽政之所，而鶉雉同日集之者，趙王倫不當居此位也。《詩》云：『鶉之强强，鶉之奔奔，人之無良，我以為君。』其此之謂乎！尋而倫誅。

又　卷二九《五行志下》　永康元年二月，大風拔木。三月，湣懷被害。己卯，喪柩發許昌還洛。是日，又大風雷電，幃蓋飛裂。四月，張華第舍飆風起，折木飛繒，折軸六七。是月，華遇害。十一月戊午朔，大風從西北來，折木飛沙石，六日止。明年正月，趙王倫篡位。【略】

永興元年正月乙丑，西北大風。趙王倫建始元年正月癸酉，趙王倫祠太廟，災風暴起，塵四合。其年四月，倫伏辜。【略】

惠帝元康八年十二月，皇太子將釋奠，太傅趙王倫驂乘，至南城門，馬止，力士推之不能動。倫入軺車，乃進。此馬禍也。天戒若曰，倫不知義方，終為亂逆，非傳導行禮之人也。【略】

武帝泰始五年，元城人年七十生角。殆趙王倫篡亂之象也。

又　卷三五《裴頠傳》　初，趙王倫諂事賈后，頠甚惡之，倫數求官，頠與張華復固執不許，由是深為倫所怨。倫又潛懷篡逆，欲先除朝

望，因廢賈后之際遂誅之，時年三十四。二子嵩、該，倫亦欲害之。

又　卷三八《淮陵元王漼傳》　趙王倫之篡也，三王起義，漼與左衛將軍王輿攻殺孫秀，因而廢倫。

唐・徐堅《初學記》卷二〇《政理部・刑罰》　《晉雜事》曰：齊王冏舉義兵，囚趙王倫父子五人于金墉城。

又　卷二四《居處部・樓》　蕭方等《三十國春秋》曰：張華善天文，解望氣。元康初，嘗與鄱陽雷孔章共夜登樓，而見一氣起斗牛間。華謂孔章曰：『此何氣也？』對曰：『其寶劍乎。』

宋・李昉等《太平御覽》卷一四九《皇親部十五・太弟附》　崔鴻《十六國春秋》曰：晉成都王穎為皇太弟，領丞相，自鄴懸秉朝政，事無大小，皆先關諮。

又　卷三四一《兵部七十二・幡》　王隱《晉書》曰：河間王伐齊王冏，火燒觀閣及千秋、神虎二宮門。冏盜白虎幡，唱云：『長沙王矯詔。』長沙更以白幡唱稱：『大司馬謀反。』

《晉諸公贊》曰：楚王瑋矯詔害汝南王亮。其夜，帝臨東堂，張華唱議，乃遣左右以白虎幡麾之，然後衆散。

又　卷三五九《兵部九十・鞭》　（蕭方等《三十國春秋》）又曰：城都王穎誅黄門孟玖。於是，東海王越、高密王簡皆懼，奔國，琅琊王睿又將出焉。而徼禁甚密，穎又先下諸津，禁止諸貴人王至河陽，乃見構焉？宋典後至，以鞭拂之曰：『舍長官，禁貴人，而爾見止耶？』因大笑之。吏乃放遣，因得奔國。

又　卷四二〇《人事部六十一・義上》　《三十國春秋》曰：成都王穎禦長沙王乂於建春門，陸機敗，遁走。穎誅機及弟雲，夷三族。機，吳人，而在寵族之上，人多惡之。成都王嬖人孟玖，素不快於雲，及機建門之敗，機衆多喪。牽秀譖之於穎，言機持兩端，孟玖復構之於內，使牽秀斬機。初，機之專征，請孫承為後軍司馬，至是收承下獄，考捶數百，兩髁骨見，終言機冤。吏知承義烈，謂承曰：『二陸之痛，誰不知枉？君何不愛身？』承仰天曰：『陸君兄弟，世之奇士，有顧於吾，吾危不能濟，死復相誣，非吾徒也。』乃夷三族。承門人費慈自詣穎，明承之冤。承喻之曰：『吾惟不負二陸，死自吾分，卿何為爾邪？』慈曰：『僕又安負君而求生乎？』固明承冤，玖又疾之，亦並見害。

又　卷五九三《文部九・詔》　（王隱《晉書》）又曰：楚王瑋既誅汝南王亮，尋又詔云：『瑋矯詔。』行斬刑。臨死，出其懷中青紙以示監刑尚書劉頌，流涕而言：『此詔書也，受此而行，謂為社稷。今更為罪，托體先帝，枉受如此，幸見申列。』

又　卷八二八《資產部八・賣買》　《晉後記》曰：成都王圍京邑，城中魚肉無出，營巷賣死驢馬肉，雜死人肉賣之。

元・馬端臨《文獻通考》卷二七一《封建考十二・晉諸侯王》　趙王倫篡位，齊王冏謀討之，遣使告顒，顒初不從，遣張方助倫，後見冏等兵盛，乃從之。倫既誅，顒復興兵討冏，殺之，復與成都王穎謀舉兵誅長沙王義，遣張方入京城，大掠，以穎為太弟，奉乘輿都長安。後為南陽王模所殺，並其三子。

清・顧炎武《日知錄》卷二九　以晉惠方之，八王之喪師輕于楚漢之割地，冒頓之全實過於五部之微弱。

清・趙翼《廿二史劄記》卷七《晉書》　司馬倫廢惠帝，猶號為太上皇，居之於金墉城。桓元廢安帝為平固王，遷之於尋陽，又劫至江陵。亦皆未嘗加害，故不久皆得返正。【略】

司馬倫亦有九錫文倫既敗，齊王冏疑出傅祗，將罪之，後檢文草，非祗所為，乃免。祗傳又以陸機在中書，疑九錫文、禪位詔皆機所作，遂收機，成都王穎救之，得免。機傳而鄒湛傳，謂『趙王倫篡逆，湛子捷與機共作禪文。』則九文必是機筆也。

桓温專政

綜　述

《魏書》卷一《帝序紀》　（建國）三十四年春，司馬奕臣桓温，廢奕為海西公，立睿子昱。

又　卷八四《僭晉司馬叡傳》　初，温任兼將相，其不臣之心，形於音氣，曾臥對親僚，撫枕而起曰：『為爾寂寂將為文、景所笑。』衆莫敢對。後悉衆北討，冀成陵奪之勢。及枋頭奔敗，知民望之去己，既平瑾，問中書郎郗超曰：『足以雪枋頭之恥乎？』超曰：『此未厭有識之情也。公六十之年，敗于大舉，不建不世之勳，不足以鎮愜民望。』因説温以廢立之事。温既宿有此謀，深納超言。温自廣陵將旋鎮姑孰。至於白石，乃言其主弈少同閹人之疾，初在東海、琅邪國，親近嬖人相龍、朱靈寶等並侍臥內，而美人田氏、孟氏遂生三男。衆致疑惑，然莫能審其虛實。至是，將建儲立王，温因之以定廢立之計。遂率百僚並還朝堂。温率衆入，屯兵宮門，進坐殿庭，使督護竺瑤、散騎侍郎劉亨取奕璽綬。奕著白袷單衣，步下西堂，登犢車。君臣拜辭，皆殞涕。侍御史將百餘人，送出神虎門，入東海第。於是迎司馬昱而立之。

《晉書》卷九《簡文帝紀》　咸安元年冬十一月己酉，即皇帝位。桓温出次中堂，令兵屯衛。乙卯，温奏廢太宰、武陵王晞及子綜。【略】

辛亥，桓温遣弟秘逼新蔡王晃詣西堂，自列與太宰、武陵王晞等謀反。帝對之流涕，温皆收付廷尉。癸丑，殺東海二子及其母。初，帝以沖虛簡貴，歷宰三世，温素所敬憚。及初即位，温乃撰辭欲自陳述，帝引見，對之悲泣，温懼不能言。至是，有司承其旨，奏誅武陵王晞，帝不許。温固執至於再三，帝手詔報曰：『若晉祚靈長，公便宜奉行前詔。如其大運去矣，請避賢路。』温覽之，流汗變色，不復敢言。乙卯，廢晞及其三子，徙於新安。【略】

温既仗文武之任，屢建大功，加以廢立，威振內外。帝雖處尊位，拱默守道而已，常懼廢黜。先是，熒惑入太微，尋而海西廢。及帝登阼，熒惑又入太微，帝甚惡焉。

又　卷三七《新蔡武哀王騰傳》　桓温廢武陵王，免（王）晃為庶人，徙衡陽。

又　卷五六《孫綽傳》　時大司馬桓温欲經緯中國，以河南粗平，將移都洛陽。朝廷畏温，不敢為異，而北土蕭條，人情疑懼，雖並知不可，莫敢先諫。

又　卷七三《庾冰傳》　及海西公廢，桓温陷倩及柔以武陵王黨，殺之。（庾）希聞難，便與弟邈及子攸之逃於海陵陂澤中。蘊于廣州飲鴆而死。及友當伏誅，友子婦，桓秘女也，請温，故得免。故青州刺史武沈，希之從母兄也，潛餉給希經年。温後知逾之，遣兵捕希。武沈之子遵與希聚衆于海濱，略漁人船，夜入京口城。平北司馬卞耽逾城奔曲阿，吏士皆散走。希放城內囚徒數百人，配以器杖，遵於外聚衆，宣令云逆賊醒温廢帝殺王，稱海西公密旨，誅除凶逆。京都震擾，內外戒嚴，屯備六門。平北參軍劉奭與高平太守郗逸之、遊軍督護郭龍等集衆距之。卞耽又與典阿人弘戎發諸縣兵二千，並力屯新城以擊希。希戰敗，閉城自守。温遣東海太守周少孫討之，城陷，被擒。希、邈及子侄五人斬于建康市，遵及黨與並伏誅，唯友及蘊諸子獲全。

又　《庾翼傳》　爰之有翼風，尋為桓温所廢。温既廢爰之，又以征虜將軍劉惔監沔中軍事，領義成太守，代方之。而方之、爰之並遷徙于豫章。

又　卷七五《劉惔傳》　惔每奇温才，而知其有不臣之迹。及温為荊州，惔言於帝曰：『温不可使居形勝地，其位號常宜抑之。』【略】及温伐蜀，時咸謂未易可制，惟惔以為必克。或問其故，云：『以蒱博驗之，其不必得，則不為也。恐温終專制朝廷。』及後竟如其言。

又　卷七六《王彪之傳》　頃之，復僕為射。是時温將廢海西公，百僚震栗，温亦色動，莫知所為。彪之既知温不臣迹已著，理不可奪。乃謂温曰：『公阿衡皇家，便當倚傍先代耳。』命取《霍光傳》。禮度儀制，定于須臾，曾無懼容。温歎曰：『作元凱不當如是邪！』時廢立之儀既絕於曠代，朝臣莫有識其故典者。彪之神彩毅然，朝服當階，文武儀准莫不取定，朝廷以此服之。温又廢武陵王遵，以事示彪之。彪之曰：『武陵親尊，未有顯罪，不可以猜嫌之間，便相廢徙。公建立聖明，遐邇歸心，當崇獎王室，伊周同美。此大事，宜更深詳。』温曰：『此已成事，卿勿復言。』

又　卷七七《殷浩傳》　温將以浩為尚書令，遺書告之，浩欣然許焉。將答書，慮有謬誤，開閉者數十，竟達空函，大忤温意，由是遂絕。永和十二年卒。浩子涓，亦有美名，咸安初，桓温廢太宰、武陵王晞，誣涓及庾倩與晞謀反，害之。

又 卷七九《謝安傳》 時孝武帝富於春秋，政不自己，温威振內外，人情噂遝，互生同異。【略】及温病篤，諷朝廷加九錫，使袁宏具草。

又 卷八三《江灌傳》 灌性方正，視權貴蔑如也，為大司馬桓温所惡。温欲中傷之，征拜侍中，以在郡時公事有失，追免之。後為秘書監，尋復解職。時温方執權，朝廷希旨，故灌積年不調。温末年，以為諮議參軍。會温薨，遷尚書、中護軍，復出為吳郡太守，加秩中二千石，未拜，卒。

又 卷九八《桓温傳》 温既負其才力，久懷異志，欲先立功河朔，還受九錫。既逢覆敗，名實頓減，於是參軍郗超進廢立之計，温乃廢帝而立簡文帝。詔温依諸葛亮故事，甲仗百人入殿，賜錢五千萬，絹二萬匹，布十萬匹。温多所廢徙，誅庾倩、殷涓、曹秀等。是時温威勢翕赫，侍中謝安見而遙拜，温驚曰：『安石，卿何事乃爾！』安曰：『未有君拜於前，臣揖於後。』時温有脚疾，詔乘輿入朝，既見，欲陳廢立本意，帝便泣下數十行，温兢懼，不得一言而出。【略】

初，元明世，郭璞為讖曰：『君非無嗣，兄弟代禪。』謂成帝有子，而以國祚傳弟。又曰：『有人姓李，兒專征戰。譬如車軸，脫在一面。』兒者，子也；李去子木存，車去軸為亘，合成『桓』字也。又曰：『爾來，爾來，河內大縣。』爾來謂自爾已來為元始，温字元子也；故河內大縣，温也。成康既崩，桓氏始大，故連言之。又曰：『賴子之薨，延我國祚。痛子之隕，皇運其暮。』二子者，元子、道子也。温志在簒奪，事未成而死，幸之也。會稽王道子雖首亂晉國，而其死亦晉衰之由也，故云痛也。【略】

殷浩既為温所廢死，涓頗有氣尚，遂不詣温，而與武陵王晞游，故温疑而害之，竟不識也。及是，亦見涓為祟，因而遇疾。凡停京師十有四日，歸於姑孰，遂寢疾不起。【略】

初，沖問温以謝安、王坦之所任，温曰：『伊等不為汝所處分。』温知己存彼不敢異，害之無益於沖，更失時望，所以息謀。

宋·司馬光《資治通鑑》卷一〇三《晉紀二五·太宗簡文皇帝》

（晉文帝咸安元年十一月）己酉，（桓温）於是宣太后令，廢帝為東海王，以丞相、録尚書事、會稽王昱統承皇極。百官入太極前殿，温使督護竺瑤、散騎侍郎劉亨收帝璽綬。《考異》曰：《帝紀》、《三十國春秋》，『亨』皆作『享』。《後魏書·僭晉傳》作『亨』，今從之。帝著白帢單衣，步下西堂，乘犢車出神虎門，晉制，諸公給朝車、安車、皁輪犢車各一乘。東漢都雒陽，宮有廣義、神虎門。賢注曰：廣義、神虎，洛陽宮西門也，在金商門外。然則神虎門亦建康宮西門乎？羣臣拜辭，莫不歔欷。

論說

《南齊書》卷二五《張敬兒傳》 沈攸之遺太祖書曰：【略】桓温之心，未忘於簒，海西失道，人倫頓盡，廢之以公，猶禮處之。當温强盛，誰能相抗，尚畏懼于形迹，四海不愜，未嘗有樂推之者。伊尹、霍光，名高於臣節，桓氏亦得免於脅奪，凡是諸事，布於書策，若此易曉，豈待指掌！卿常言比迹夷、叔，如何一旦行過桀、蹠邪？

《晉書》卷九八《桓温傳論》 既而總戎馬之權，居形勝之地，自謂英猷不世，勳績冠時。挾震主之威，蓄無君之志，企景文而慨息，想處仲而思齊，睥睨漢廷，窺覦周鼎。復欲立奇功于趙魏，允歸望於天人；然後步驟前王，憲章虞夏。逮乎石門路阻，襄邑兵摧，懟謀略之乖違，恥師徒之撓敗，遷怒於朝廷，委罪於偏裨，廢主以立威，殺人以逞欲，曾弗知寶命不可以求得，神器不可以力征。豈不悖哉！豈不悖哉！斯實斧鉞之所宜加，人神之所同棄。然猶存極光寵，没享哀榮，是知朝政之無章，主威之不立也。

又 卷一一三《苻堅載記上》 堅聞桓温廢海西公也，謂羣臣曰：『温前敗灞上，後敗枋頭，十五年間，再傾國師。六十歲公舉動如此，不能思愆免退，以謝百姓，方廢君以自悅，將如四海何！諺云「怒其室而作色于父」者，其桓温之謂乎！』

清·王夫之《讀通鑑論》卷一三《晉穆帝一》 導修私怨而充怙之，以貽桓温之逆，而終成桓玄之簒。

又 《晉簡文帝一》 簡文為琅邪王，相晉五年，桓温外拒燕、秦，內攻袁瑾，而漠然不相為援，蓋其惡温而忌之夙也。既惡温矣，抑不能樹

賢能、修備御，以制温，温視之如視肉，徒有目而無手足，故甚之而猶擁立之，以為是可談笑而坐攘之者也。蓋至於聽温之扳己以立而遂立焉，則生人之心，生人之氣，無有存焉者矣。帝奕未有失德，温誣其過而廢之，于斯時也，簡文既不能折之以衛奕，則以死拒温而必不立，奉名義之正，涕泣以矢之，温亦豈能遽殺己者？如其不擇而推刃於己，則温之逆，受衆惡而不足以容，即令己殺而温篡，亦可無咎於天下。乃雖靦然南面，而旋隕天年，位與壽皆朝露耳。等死也，為晉恭、齊順之飲酖，何如誓死不立，以頸血報宗社哉！

温，賊也；簡文相其君而篡之，亦賊也；賊與賊以智力為勝負，而不敢者受吞，必然之勢也。病而一日一夜四發詔召温入輔，遺詔且云『君自取之』，乃語王坦之曰：『天下儻來之運，卿何所嫌。』非但闇弱如謝安所云似惠帝者耳，得一日焉服衮冕正南面而心已愜，易其忌温之心而戴温不忘，樂以祖宗之天下奉之而酬其惠也。洵哉！簡文之為賊也。

又 卷一四《晉孝武帝一》 簡文篡而彪之不能止者，温與之協謀，内外之權交失也。簡文死，温雖有淫威，而内無為之主者，於是彪之乃得忼慨以正之，謝安乃得從容以潛消之，不足為深憂矣。簡文居中以掣曳，諸賢之困，不在虒，而在葛藟。晉祚未終，天奪匪人之速，亦快矣！若桓温者，無簡文，則雖十歲嬰兒而不能奪，固在諸賢局量之中，而弗能躍冶；雖決裂而成乎篡，亦必有以處之矣。

雜録

《宋書》卷三三《五行志四》 晉穆帝升平二年五月，大水。是時桓温權制朝廷，征伐是專。升平五年四月，大水。

《晉書》卷一二《天文志中》 穆帝升平五年八月己卯夜，天中裂，廣三四丈，有聲如雷，野雉皆鳴。是後哀帝荒疾，海西失德，皇太后臨朝，太宗總萬機，桓温專權，威振内外，陰氣盛，陽氣微。【略】

海西公太和三年九月戊辰夜，二虹見東方。四年四月戊辰，日暈，厚密，白虹貫日中。十月乙未，日中有黑子。五年二月辛酉，日中有黑子，大如李。六年三月辛未，白虹貫日，日暈，五重。十一月，桓温廢帝，即簡文咸安元年也。【略】

海西公太和四年閏月乙亥，月暈軫，復有白暈貫月北，暈斗柄三星。占曰：『王者惡之。』六年，桓温廢帝。【略】

升平二年八月戊午，熒惑犯填星，在張。占曰：『兵大起。』三年八月庚午，太白犯填星，在太微中。占曰：『王者惡之。』五年十月丁卯，熒惑犯歲星，在營室。占曰：『大臣有匿謀。』一曰：『衛地有兵。』時桓温擅權，謀移晉室。【略】

簡文咸安二年正月己酉，歲星犯填星，在須女。占曰：『為内亂。』七月，帝崩，桓温擅權，謀殺侍中王坦之等，内亂之應。

又 卷一三《天文志下》 海西太和二年正月，太白入昴。五年，慕容　為苻堅所滅，又據司、冀、幽、并四州。六年閏月，熒惑守太微端門。占曰：『天子亡國。』又曰：『諸侯三公謀其上。』一曰：『有斬臣。』辛卯，月犯心大星。占曰：『王者惡之。』十一月，桓温廢帝，並奏誅武陵王，簡文不許，温乃徙之新安，皆臣强之應也。【略】

簡文咸安元年十二月辛卯，熒惑逆行入太微，二年三月猶不退。占曰：『國不安，有憂。』是時，帝有桓温之逼。二年五月丁未，太白犯天關。占曰：『兵起。』歲星形色如太白。占曰：『進退如度，姦邪息；變色亂行，主無福。歲星于仲夏當細小而不明，此其失常也。又為臣强。』六月，太白晝見，在七星。乙酉，太白犯輿鬼。占曰：『國有憂。』七月，帝崩，桓温以兵威擅權，將誅王坦之等，内外迫脅。又，庾希入京城，盧悚入宮，並誅滅之。【略】

海西太和四年二月，客星見紫宮西垣，至七月乃滅。占曰：『客星守紫宮，臣弑主。』六年，桓温廢帝為海西公。【略】

（海西太和六年）十一月，桓温廢帝，並奏誅武陵王，簡文不許，温乃徙之新安，皆臣强之應也。【略】

穆帝永和十年，九月辛酉，太白犯左執法。是時，桓温擅命，朝臣多見迫脅。

又 卷二七《五行志上》 海西公太和中，【略】六月大旱災，火燒數千家。延及山陰倉米數百萬斛，炎煙蔽天，不可撲滅。此亦桓温强盛，將廢海西，極陰生陽之應也。【略】

孝武帝寧康元年三月，京師風火大起。是時桓温入朝，志在陵上，少主踐位，人懷憂恐，此與太寧火事同。海西公太和中，郗愔為會稽太守。六月大旱災，火燒數千家。延及山陰倉米數百萬斛，炎煙蔽天，不可撲滅。此亦桓温强盛，將廢海西，極陰生陽之應也。【略】

升平二年五月，大水。五年四月，又大水。是時桓温權制朝廷，專征伐，陰勝陽也。【略】

哀帝隆和元年夏，旱。是時桓温强恣，權制朝廷，僭逾之罰也。

【略】

簡文帝咸安二年十月，大旱，饑。自永和至是，嗣主幼沖，桓温陵僭，用兵征伐，百姓怨苦。【略】

孝武帝寧康元年三月，旱。是時桓温入覲高平陵，闔朝致拜，逾僭之應也。三年冬，旱。

又　卷二八《五行志中》　簡文帝咸安二年十月，大旱，饑。自永和至是，嗣主幼沖，桓温陵僭，用兵征伐，百姓怨苦。【略】

孝武帝寧康元年三月，旱。是時桓温入覲高平陵，闔朝致拜，逾僭之應也。三年冬，旱。

又　卷二九《五行志下》　孝武帝寧康元年三月，京都大風，火大起。是時，桓温入朝，志在陵上，帝又幼少，人懷憂恐，斯不睿之征也。三年三月戊申朔，暴風迅起，從丑上來，須臾逆轉，從子上來，飛沙揚礫。【略】

興寧元年四月甲戌，揚州地震，湖瀆溢。二年二月庚寅，江陵地震。是時，桓温專政。

唐·許嵩《建康實録》卷八《晉·康帝注》　《三十國春秋》云：謝鯤為桓温司馬，升平二年七月，卒。所逼桓温入主門即是鯤。案：謝尚、奕，並是鯤子。尚年十歲遭父憂，年五十卒。升平元年五月，尚死。七月，奕亡。無容此歲謝鯤始卒。鯤歷職，又不為桓温司馬，曾為王敦司馬。永昌元年，王敦舉兵破京師，鎮石頭，不朝而去。鯤諫令入朝，敦不從。見晉史甚明。蕭方等記事何至於誤哉！

又　卷九《晉·孝武帝》　案：《三十國春秋》：（郗）超既與桓温善，而温有不臣之心，愔深惡，以誡超。超臨亡，謂門人曰：『吾有與桓温書疏草一箱，本欲焚，恐大人年尊必悲傷為敝。我死後，若大損眠食，可呈此箱書。』及卒，愔果悲慟成疾。門人呈此書，皆是與桓温謀事，大怒，遽焚之，曰：『小子死恨晚矣。』

宋·李昉等《太平御覽》卷九九《皇王部二十四·廢帝海西公》

臧榮緒《晉書》曰：太和元年，桓温表率方伯北伐。秋九月，温以王師敗績於枋頭，温自廣陵屯于白石，集百官於朝堂，稱崇德太后詔，廢帝為東海王。妖賊盧悚遣弟殿中監許龍晨到，稱太后密詔，奉迎稱覆。帝曰：『我得罪到此，幸蒙寬宥，豈敢妄動。且太后有詔，便應官屬來迎，何得如此？必狂亂。』因叱左右縛之，龍懼，逸走。由是朝廷以帝安於屈辱，無僥倖之望，不得懷疑。帝亦知天命不再，而深慮人禍，乃閉聰塞明，無思慮，終日酣暢，耽於內寵，有子不養，庶保天年。吳民憐之，為作歌謠。帝崩于吳宮，年三十五。因葬吳地。

《續晉陽秋》曰：帝少同閹人之疾，而昵比左右。初，在東海琅琊，因親近嬖人，相龍計好，朱靈寶等並侍臥內，美人田氏遂生三男。衆致疑惑，然莫能審其虛實。至是，將建儲貳，大司馬桓温因之以定廢立之計，遂率百僚並還朝堂本省。温平旦以衆入，分兵屯宮門，呈草于皇太后。曰：『今廢奕為東海王還第，供衛之儀如漢朝昌邑故事。丞相録尚書事、會稽王昱，體自中宗，明德劭令，民望依係，為日已久，宜順天人，以統皇極。主者明依舊典，以時施行。但未亡人不幸罹此百憂，感念存歿，心焉如割，社稷大計，議著不獲已！臨紙悲塞，如何可言？』時太后在佛屋燒香，內侍啓云：『外有急奏。』太后乃出堂。倚户前視表數行，乃曰：『我本自疑。』此至半，便止，求筆題奏，後云：『未亡人離此百憂，感念存没，心焉如割。』温奏未有此十五字。即奏，遂回換內之。

又　《皇王部二十四·簡文皇帝》　《晉中興書》曰：太宗簡文帝諱昱，字道成，中宗少子也。母曰：鄭夫人，永昌二年，封琅琊王。咸和元年，鄭夫人薨。上時年七歲，哀號守誠，乞得服重，朝議哀之，故徙封會稽王。康獻皇后臨朝，建位撫軍大將軍、録尚書六條事。二年，驃騎將軍何充薨，皇太后詔上內總萬機。海西公即位。七月，以琅琊王封絕，復徙上為琅琊王，封王子昌明為會稽王，固讓不受。太和元年十月，詔以為丞相、尚書，入朝不趨，贊拜不名，劍履上殿，給羽葆鼓吹班劍六十

人，固讓不受。海西公廢，於是大司馬温及百官進太極前殿，具乘輿法駕，奉迎於朝堂變服，著平巾幘單衣，東向拜受璽，流涕即位。改太和六年為咸安元年。乙卯，廢太宰、武陵王為庶人。二年七月，上不豫。己未，立會稽王昌明為皇太子，封皇子道子為琅琊王，領會稽國。是日，帝崩於東堂，在位一年，時年五十二。

《續晉陽秋》曰：桓温始以雄盛入輔，係以廢立。帝雖登祚，內不自安。初，熒惑入太微，尋廢海西公。至是，熒惑猶在太微，帝惡之。因謂郗超曰：『命之修短，本欲不計，故當無復近日事耶！』超云：『大司馬臣温方內固社稷，外布經略，非常之事，臣以百口保之。』超假還東，帝謂之曰：『致意尊公，家國之事，一至於此！由吾不能以道自衛，思患預防，愧歎之深，言何能喻。』又誦庾闡詩云：『志士痛朝危，忠臣哀主辱。』因泣下。及不預豫，詔温曰：『吾遂委頓，足下便入，冀得相見。』又詔曰：『不謂疾患遂至於此，今者惙然，勢不復久。且雖有詔，豈復相及，慨恨兼深，如何可言！天下艱難，而昌明幼沖眇然，非阿衡輔導之計，當何以寧濟社稷？國事家計，一托之於公。』

又曰：帝以太興三年生，弱而慧異，中宗深器焉。及長，美風姿，好清言，舉止端詳，器服簡素，與劉恢、王蒙等為布衣之友。由登庸歷位散騎常侍、右將軍、撫軍將軍，以懿親民望，任登宰輔。值穆帝幼沖，母后臨朝，桓温有平蜀洛之勳，擅强西陵。帝於家國之寄，具瞻所歸，而自斷之弱，無以抗之。陳郡人殷浩，素有盛名，時論比之管、葛。又琅琊王洽，丞相導子，既是名公子，少有聲望。乃以浩為湘州刺史，屈洽為長史。徐州刺史葛美，亦以清貴名藩，同心憂國。温見此樹置，知在抗已。温既以雄武專朝，任兼將相，悉衆北討以成樂推之勢，及枋頭奔敗，知民望之去，乃屠豫州刺史袁真于壽陽城，既而問郗超曰：『足下何以何雪枋頭之耻乎？』超因說温以廢立之事。温既宿有此謀，深納超言。既廢昏立明，民人悅服，然恭已南面，政自温出。帝性韻深沈，雅有局鎮。嘗與太宰、武陵王晞，桓温同乘至板橋，温密敕令，無因而鳴角鼓噪，部伍並皆驚馳。温佯為駭異，而晞大震驚，急求下車，帝舉止自若，音顏色不變，温每以此稱其德量。故論者謂服憚之深，若假帝修年，則温篡逆之圖絕矣。

又 卷三三八《兵部六十九·角》《晉中興書》曰：大司馬桓温屯中堂，夜吹警角。御史中丞司馬恬奏劾大不敬，請治罪。明日，温見奏事，歎曰：『此兒乃敢彈我，真可畏也。』

司馬道子專權

綜　述

《晉書》卷九《孝武帝紀》 謝安可以鎮雅俗，彪之足以正紀綱，桓沖之夙夜王家，謝玄之善斷軍事。于時上天乃眷，强氏自泯。五盡童子，振袂臨江，思所以掛旆天山，封泥函谷；而條綱弗垂，威恩罕樹，道子荒乎朝政，國寶匯以小人，拜授之榮，初非天旨，鬻刑之貨，自走權門，毒賦年滋，愁民歲廣。是以聞人、許榮馳書詣闕，烈宗知其抗直，而惡聞逆耳，肆一醉於崇朝，飛千觴於長夜。

又 卷四七《劉敬宣傳》 元興元年，牢之南討桓玄，元顯為征討大都督，日夜昏酣，牢之驟詣門，不得相見；帝出餞行，方遇公坐而已。桓玄既至溧洲，遣信說牢之；牢之以道子昏暗，元顯淫凶，慮平玄之日，亂政方始，假手于玄，誅除執政，然後乘玄之隙，可以得志於天下，將許玄降。【略】

玄既得志，害元顯，廢道子，以牢之為征東將軍、會稽太守。

又 卷六四《會稽文孝王道子傳》 于時孝武帝不親萬機，但與道子酣歌為務，姏姆尼僧，尤為親暱，並竊弄其權。凡所幸接，皆出自小豎。郡守長吏，多為道子所樹立。既為揚州總録，勢傾天下，由是朝野奔湊。中書令王國寶性卑佞，特為道子所寵昵。官以賄遷，政刑謬亂。又崇信浮屠之學，用度奢侈，下不堪命。太元以後，為長夜之宴，蓬首昏目，政事多闕。桓玄嘗候道子，正遇其醉，賓客滿坐，道子張目謂人曰：『桓温晚途欲作賊，云何？』玄伏地流汗不得起。長史謝重舉板答曰：『故宣武公黜昏登聖，功超伊霍，紛紜之議，宜裁之聽覽。』道子頷曰：『儂

知儂知。』因舉酒屬玄，玄乃得起。由是玄益不自安，切齒于道子。【略】

于時朝政既紊，左衛領營將軍會稽許榮上疏曰：『今臺府局吏、直衛武官及僕隸婢兒取母之姓者，本臧獲之徒，無鄉邑品第，皆得命議，用為郡守縣令，並帶職在內，委事於小吏手中；僧尼乳母，競進親黨，又受貨賂，輒臨官領衆。無衛霍之才，而比方古人，為患一也。臣聞佛者清遠玄虛之神，以五誡為教，絕酒不淫。而今之奉者，穢慢阿尼，酒色是耽，其違二矣。夫致人於死，未必手刃害之。若政教不均，暴濫無罪，必夭天命，其違三矣。盜者未必躬竊人財，江乙母失布，罪由令尹。今禁令不明，劫盜公行，其違四矣。在上化下，必信為本。昔年下書，敕使盡規，而衆議兼集，無所採用，其違五矣。尼僧成羣，依傍法服。誡粗法，尚不能遵，況精妙乎！而流惑之徒，競加敬事，又侵漁百姓，取財為惠，亦未合佈施之道也。』又陳『太子宜出臨東宮，克奬德業』。疏奏，並不省。中書郎范寧亦深陳得失，帝由是漸不平于道子，然外每優崇之。國寶即寧之甥，以諂事道子，寧奏請黜之。國寶懼，使陳郡袁悅之因尼妙音致書與太子母陳淑媛，說國寶忠謹，宜見親信。帝因發怒，斬悅之。國寶甚懼，復潛寧於帝。帝不獲已，流涕出寧為豫章太守。道子由是專恣。【略】

道子既為皇太妃所愛，親遇同家人之禮，遂恃寵乘酒，時失禮敬。帝益不能平，然以太妃之故，加崇禮秩。博平令吴興聞人奭上疏曰：『驃騎諮議參軍茹千秋協輔宰相，起自微賤，竊弄威權，衒賣天官。其子壽齡為樂安令，贓私狼藉，畏法奔逃，竟無罪罰，傲然還縣。又尼姏屬類，傾動亂時。穀賤人饑，流殣不絕，由百姓單貧，役調深刻。又振武將軍庾恒鳴角京邑，主簿戴良夫苦諫被囚，殆至没命。而恒以醉酒見怒，良夫以執忠廢棄。又權寵之臣，各開小府，施置吏佐，無益於官，有損于國。』疏奏，帝益不平，而逼於太妃，無所廢黜，乃出王恭為兗州，殷仲堪為荆州，王珣為僕射，王雅為太子少傅，以張王室，而潛制道子也。道子復委任王緒，由是朋黨競扇，友愛道盡。太妃每和解之，而道子不能改。【略】

中書郎徐邈以國之至親，唯道子而已，宜在敦穆，從容言於帝曰：『昔漢文明主，猶悔淮南；世祖聰達，負愧齊王。兄弟之際，實宜深慎。』帝納之，復委任道子如初。【略】

時有人為《雲中詩》以指斥朝廷曰：『相王沈醉，輕出教命。捕賊千秋，干預朝政。王愷守常，國寶馳競。荆州大度，散誕難名；盛德之流，法護、王寧；仲堪、仙民，特有言詠，東山安道，執操高抗，何不征之，以為朝匠？』荆州，謂王忱也；法護，即王珣；寧，即王恭；仙民，即徐邈字；安道，戴逵字也。

及恭帝為琅邪王，道子受封會稽國，並宣城為五萬九千户。安帝踐阼，有司奏：『道子宜進位太傅、揚州牧、中書監，假黄鉞，備殊禮。』固辭不拜，又解徐州。詔內外衆事，動靜諮之。帝既冠，道子稽首歸政，王國寶始總國權，勢傾朝廷。王恭乃舉兵討之。道子懼，收國寶付廷尉，並其徒弟琅邪內史緒悉斬之，以謝於恭，恭即罷兵。道子乞解中外都督、録尚書以謝方岳，詔不許。

道子世子元顯，時年十六，為侍中，心惡恭，請道子討之。乃拜元顯為征虜將軍，其先衛府及徐州文武悉配之。屬道子妃薨，帝下詔曰：『會稽王妃尊賢莫二，朕義同所親。今葬加殊禮，一依琅邪穆太妃故事。』元顯夙令光懋，乃心所寄，誠孝性蒸蒸，至痛難奪。然不以家事辭王事，《陽秋》之明義；不以私限違公制，中代之變禮。故閔子腰絰，山王逼屈。良以至戚由中，軌容著外，有禮無時，賢哲斯順。須妃葬畢，可居職如故。』

于時王恭威振內外，道子甚懼，復引譙王尚之以為腹心。尚之說道子曰：『藩伯强盛，宰相權輕，宜密樹置，以自藩衛。』道子深以為然，乃以其司馬王愉為江州刺史以備恭，與尚之等日夜謀議，以伺四方之隙。王恭知之，復舉兵，以討尚之為名。荆州刺史殷仲堪、豫州刺史庾楷、廣州刺史桓玄並應之。道子使人說楷曰：『本情相與，可謂斷金。往年帳中之飲，結帶之言，寧可忘邪！卿今棄舊交，結新援，忘王恭疇昔陵侮之耻乎，若乃欲委體而臣之。若恭得志，以卿為反覆之人，必不相信，何富貴可保，禍敗亦旋及矣！』楷怒曰：『王恭昔赴山陵，相王憂懼無計，我知事急，即勒兵而至。去年之事，亦俟命而奮。我事相王，無相負者。既不能距恭，反殺國寶。自爾已來，誰復敢攘袂於君之事乎！庾楷實不能以百口助人屠滅，當與天下同舉，誅鉏姦臣，何憂府不開，爵不至乎！』時楷已應恭檄，正征士馬。信反，朝廷憂懼，於是內外戒嚴。元顯攘袂慷慨謂道子曰：『去年不討王恭，致有今役。今若復從其欲，則太宰之禍至

矣。』道子日飲醇酒，而委事於元顯。元顯雖年少，而聰明多涉，志氣果銳，以安危為己任。尚之為之羽翼。時相傅會者，皆謂元顯有明帝神武之風。於是以為征討都督、假節，統前將軍王珣、左將軍謝琰及將軍桓之才、毛泰、高素等伐恭，滅之。

既而楊佺期、桓玄、殷仲堪等復至石頭，元顯於竹里馳還京師，遣丹陽尹王愷、鄱陽太守桓放之、新蔡內史何嗣、潁川太守温詳、新安太守孫泰等，發京邑士庶數萬人，據石頭以距之。道子將出頓中堂，忽有驚馬蹂藉軍中，因而擾亂，赴江而死者甚衆。仲堪既知王恭敗死，狼狽西走，與桓玄屯于尋陽。朝廷嚴兵相距，內外騷然。詔元顯甲杖百人入殿，尋加散騎常侍、中書令，又領中領軍，持節、都督如故。

會道子有疾，加以昏醉，元顯知朝望去之，謀奪其權，諷天子解道子揚州、司徒，而道子不之覺元顯自以少年頓居權重，慮有譏議，於是以琅邪王領司徒，元顯自為揚州刺史。既而道子酒醒，方知去職，於是大怒，而無如之何。廬江太守會稽張法順以刀筆之才，為元顯謀主，交結朋援，多樹親黨，自桓謙以下，諸貴遊皆斂衽請交。元顯性苛刻，生殺自己，法順屢諫，不納。又發東土諸郡免奴為客者，號曰『樂屬』，移置京師，以充兵役，東土囂然，人不堪命，天下苦之矣。既而孫恩乘釁作亂，加道子黄鉞，元顯為中軍以討之。又加元顯録尚書事。然道子更為長夜之飲，政無大小，一委元顯。時謂道子為東録，元顯為西録。西府車騎填湊，東第門下可設雀羅矣。元顯無良師友，正言弗聞，諂譽日至，或以為一時英傑，或謂為風流名士，由是自謂無敵天下，故驕侈日增。帝又以元顯有翼亮之功，加其所生母劉氏為會稽王夫人，金章紫綬。會洛陽覆没，道子以山陵幽辱，上疏送章綬，請歸藩，不許。及太皇太后崩，詔道子乘輿入殿。元顯因諷禮官下議，稱己德隆望重，既録百揆，內外羣僚皆應盡敬。於是公卿皆拜。于時軍旅薦興，國用虛竭，自司徒已下，日廩七升，而元顯聚斂不已，富過帝室。及謝琰為孫恩所害，元顯求領徐州刺史，加侍中、後將軍、開府儀同三司、都督十六州諸軍事，封其子彥璋為東海王。尋以星變，元顯解録，復加尚書令。

又　卷七五《王愷傳》　及道子輔政，以為秘書丞。俄遷琅邪內史，領堂邑太守，加輔國將軍。人補侍中，遷中書令、中領軍，與道子持威權，扇動內外。中書郎范寧，國寶舅也，儒雅方直，疾其阿諛，勸孝武帝黜之。國寶乃使陳郡袁悦之因尼支妙音致書與太子母陳淑媛，說國寶忠謹，宜見親信。帝知之，托以他罪殺悦之。國寶大懼，遂因道子譖毀寧，寧由是出為豫章太守。及弟忱卒，國寶自表求解職迎母。並奔忱喪。詔特賜假，而盤桓不時進發，為御史中丞褚粲所奏。國寶懼罪，衣女子衣，托為王家婢，詣道子告其事。道子言之於帝，故得原。後驃騎參軍王徽請國寶同宴，國寶素驕貴使酒，怒尚書左丞祖臺之，攘袂大呼，以盤盞樂器擲臺之，臺之不敢言，復為粲所彈。詔以國寶縱肆情性，甚不可長，臺之懦弱，非監司體，並坐免官。頃之，復職，愈驕蹇不遵法度。起齋侔清暑殿，帝惡其僭侈。國寶懼，遂諂媚於帝，而頗疏道子。道子大怒，嘗於內省面責國寶，以劍擲之，舊好盡矣。

是時王雅亦有寵，薦王珣於帝。帝夜與國寶及雅宴，帝微有酒，令召珣，將至，國寶自知才出珣下，恐至，傾其寵，因曰：『王珣當今名流，不可以酒色見。』帝遂止，而以國寶為忠。將納國寶女為琅邪王妃，未婚，而帝崩。

安帝即位，國寶復事道子，進從祖弟緒為琅邪內史，亦以佞邪見知。道子復惑之，倚為心腹，並為時之所疾。國寶遂參管朝權，威震內外。遷尚書左僕射。領選，加後將軍、丹陽尹，道子悉以東宮兵配之。

時王恭與殷仲堪並以才器，各居名藩。恭惡道子、國寶亂政，屢有憂國之言。道子等亦深忌憚之，將謀去其兵。未及行，而恭檄至，以討國寶為名，國寶惶遽不知所為。緒說國寶，令矯道子命，召王珣、車胤殺之，以除羣望，因挾主相以討諸侯。國寶許之。珣、胤既至，而不敢害，反問計於珣。

又　卷八一《桓伊傳》　時謝安女婿王國寶專利無檢行，安惡其為人，每抑制之。及孝武末年，嗜酒好內，而會稽王道子昏醟尤甚，惟狎昵諂邪，於是國寶讒諛之計稍行於主相之間。而好利險詖之徒，以安功名盛極，而構會之，嫌隙遂成。帝召伊飲宴，安侍坐。帝命伊吹笛。伊神色無迕，即吹為一弄，乃放笛云：『臣於箏分乃不及笛，然自足以韻合歌管，請以箏歌，並請一吹笛人。』帝善其調達，乃敕御妓奏笛。伊又云：『御府人於臣必自不合，臣有一奴，善相便串。』帝彌賞其放率，乃許召之。

奴既吹笛，伊便撫箏而歌《怨詩》曰：『為君既不易，為臣良獨難。忠信事不顯，乃有見疑患。周旦佐文武，《金縢》功不刊。推心輔王政，二叔反流言。』聲節慷慨，俯仰可觀。安泣下沾衿，乃越席而就之，捋其須曰：『使君于此不凡！』帝甚有愧色。

又　卷八三《江績傳》　（江績）以父與謝氏不穆，故謝安之世辟召無所從，論者多之。安薨，始為會稽王道子驃騎主簿，多所規諫。歷諮議參軍，出為南郡相。會荆州刺史殷仲堪舉兵以應王恭，仲堪要績與南蠻校尉殷顗同行，並不從。仲堪等屢以為言，績終不為之屈。顗慮績及禍，乃于仲堪坐和解之。績曰：『大丈夫何至以死相脅！江仲元行年六十，但未知獲死所耳。』一坐為之懼。仲堪憚其堅正，以楊佺期代之。朝廷聞而徵績為御史中丞，奏劾無所屈撓。會稽世子元顯專政，夜開六門，績密啓會稽王道子，欲以奏聞，道子不許。車胤亦曰：『元顯驕縱，宜禁制之。』道子默然。元顯聞而謂衆曰：『江績、車胤間我父子。』遣人密讓之。俄而績卒。【略】

昌明年長，嗜酒好內，而昌明弟會稽王道子任居宰相，昏酗尤甚，狎昵諂邪。于時尼娼構扇內外，風俗頹薄，人無廉恥。左僕射王珣兒婚，門客車數百乘，會聞王雅為太子少傅，回以詣雅者半焉。雅素有寵，人情去就若此。

又　《王雅傳》　帝以道子無社稷器幹，慮晏駕之後皇室傾危，乃選時望以為藩屏，將擢王恭、殷仲堪等，先以訪雅。雅以恭等無當世之才，不可大任，從容曰：『王恭風神簡貴，志氣方嚴，既居外戚之重，當親賢之寄，然其稟性峻隘，無所苞容，執自是之操，無守節之志。仲堪雖謹於細行，以文義著稱，亦無弘量，且幹略不長。若委以連率之重，據形勝之地，今四海無事，足能守職，若道不常隆，必為亂階矣。』帝以恭等為當時秀望，謂雅疾其勝己，故不從。二人皆被升用，其後竟敗，有識之士稱其知人。

宋·司馬光《資治通鑑》卷一〇五《晉紀二七·烈宗孝武皇帝上之下》　（晉武帝太元八年）十二月，謝安壻王國寶，坦之之子也；安惡其為人，每抑而不用，以為尚書郎。國寶自以望族，故事唯作吏部，不為餘曹，尚書郎，晉制三十五曹，置郎二十三人，更相統攝。及江左，無直事、右民、屯田、車部、別兵、都兵、騎兵、左、右士、運曹十曹郎。康、穆以後，又無虞曹、二千石二郎，但有殿中、祠部、吏部、儀曹、三公、比部、金部、倉部、度支、都官、左民、起部、水部、主客、駕部、庫部、中兵、外兵十八曹。後又省主客、起部、水部，餘十五曹，而吏部最為清選。固辭不拜，由是怨安。國寶從妹為會稽王道子妃，帝與道子皆嗜酒，狎昵諂諛，國寶乃譖安於道子，使離間之於帝。安功名既盛，而險詖求進之徒，多毀短安，帝由是稍踈忌之。

論說

《南史》卷一《宋紀論》　帝道彌昏，道子開其禍端，元顯成其釁末。【略】宋武地非齊、晉，衆無一旅，曾不浹旬，夷凶翦暴，誅內清外，功格上下。若夫樂推所歸，謳歌所集，校之魏、晉，可謂收其實矣。然武皇將涉知命，弱嗣方育，顧有慈顏，前無嚴訓。少帝體易染之質，稟可下之姿，外物莫犯其心，所欲必從其志，嶮縱非學而能，危亡不期而集，其至顛沛，非不幸也。悲哉！

《晉書》卷六四《簡文三子傳論》　泰始之受終也，乃憲章往昔，稽古前王，廣誓山河，大開藩屏，文昭武穆，方駕于魯、衛、應、韓；磐石犬牙，連衡于吳、楚、齊、代。然而作法於亂，付託非才，何曾歎經國之無謀，郭欽識危亡之有兆。及宮車晏駕，填土未幹，國難薦臻，朝章馳廢。重以八王繼亂，九服沸騰，戎羯交馳，乘輿幽逼，瑤枝瓊蕚，鋒鏑而消亡；朱芾緑車，與波塵而殄瘁。遂使茫茫禹迹，咸窟穴於豺狼；惵惵周餘，竟沈淪於塗炭。嗚呼！運極數窮，一至於此！詳觀載籍，未或前聞。道子地則親賢，任惟元輔，耽荒曲糵，信惑讒諛。遂使尼嫗竊朝權，姦邪制國命，始則彝倫攸斁，終則宗社淪亡。元顯以童丱之年，受棟樑之寄，專制朝廷，陵蔑君親，奮庸瑣之常材，抗姦凶之臣寇，喪師殄國。不亦宜乎！斯則元顯為安帝之孫强，道子實晉朝之宰嚭者也。列代之崇建維城，用藩王室；有晉之分封子弟，實樹亂階。《詩》云：『懷德惟寧，宗子維成。無俾城壞，無獨期畏。』城既壞矣，畏也宜哉！典午之喪亂弘多，實此之由矣。

又《簡文三子傳贊》 帝子分封，嬰此鞠凶。劄瘥繼及，禍難仍鍾。秦獻聰悟，清河內顧。淮南忠勇，宣城識度。道子昏凶，遂傾國祚。

唐·許嵩《建康實録》卷九《晋·孝武帝論》 前史稱：不有廢也，君何以興？若乃天挺，惟神光膺嗣位，邁油雲而驤首，濟沉川而能躍。少康一旅之衆，所以闡帝圖；成湯七十之基，所以興王業。靜河海於既泄，補穹圓於已紊。事異於斯，則不由也。簡文以虚白之姿，在屯如之會，政由桓氏，祭則寡人。太宗晏駕，寧康纂業，天誘其衷，奸臣自殞。於時土境西逾劍岫而跨靈山，北振長河而臨清洛。荆吴戰旅，嘯吒成雲，名賢間出，舊德斯在。謝安可以鎮雅俗，彪之足以正綱紀。桓沖之夙夜王家，謝玄之善料軍事。於是上天乃眷彊氏，自泯五尺童子，振袂臨江，思所以掛旆天山，封泥函谷，而條綱弗垂，威恩罕樹。道子荒乎朝政，國寶彙以小人拜受之榮。初，非天旨鬻刑之貨自走權門，毒賦年滋，愁民歲廣。是以聞人許榮馳書詣闕，烈宗嘉其抗直，而惡聞逆耳。肆一醉於崇朝，飛千觴於長夜，雖復昌明表夢，安德神言，而金行頹弛，抑亦人事。語曰：大國之政未陵夷，小邦之亂已傾覆也。屬苻堅百六之秋，棄淝水之衆，帝號為武，不亦優哉！

清·王夫之《讀通鑑論》卷一四《晋安帝一》 司馬道子利其無知而擅之，固已。王恭猶皎皎者，而抑緘默以處此也，何哉？恭方與道子為難，恐道子執廢適以為名而行其誅逐，天下不知安帝之果不勝任，而被恭以逆名，恭所不敢任也。道子爭權，而人皆懷貳，豈徒恭哉？謝安且不敢任而抱東山之志。舉國昏昏，授天下於聾瞽，而晋以亡；天也，抑人任其咎矣。

夫安功在社稷，言即不庸，而必無覆宗之禍，何恤而不為君父任知罪之權？若恭也，與其稱兵而死于劉牢之之手也，則何如危言國本以身殉宗社乎？見義不為，而周章失措，則不勇者不可與托國，信夫！

又《晋安帝二》 公論者，朝廷之柄也。小人在位，天下未聞其惡，外臣未受其傷，而臺諫爭之，大臣主之，斥其姦而屏逐之，則臣民安於下而忘言，即其擊之不勝，而四方猶靜處以聽，知朝廷之終有人而弗難澄汰也。如是，則不保國之無姦邪，而四海無爭衡之禍。公論之廢於上也，臺諫緘脣，大臣塞耳，惡已聞於天下，而倒授公論之柄於外臣，於是而清君側之師起，而禍及宗社。

劉隗、刁協以苛刻失人心而王敦反，庾亮以輕躁損物望而蘇峻反，晋廷之臣，未有持片辭以與隗、協、亮爭者；貽強臣以犯順，宗社幾亡，固有以召之也。然猶曰隗、協之持論非不正也，庾亮之秉心非不忠也。若夫司馬道子、王國寶，荒淫貪蔑，灼然為晋之蟊賊，孝武雖與同昏，既而疑忌之、疏遠之矣，乃在廷之士，持禄取容，無或以片言摘發而正名其為姦邪者。於是而外臣測國之無人，以激其不平之氣，王恭、殷仲堪建鼓以鳴，而不軌之桓玄藉之以逞。公論操於下，而朝廷為養姦之淵藪，天下靡然效順於逆臣，誰使之然邪？

或曰：道子帝之母弟，國寶居奥窔以交熒，未易除也。夫苟懷忠自靖，則以頸血濺姦邪，而何憚于强御？道子者，尤昏庸而弗難控制者也。孝武崩，國寶扣宫門求入，王爽拒之則止矣；王恭反，車胤以危言動之，國寶即解職待罪，而道子弗難殺之矣，是可鞭棰使而銜勒馭者也。孝武疑道子之專，而徐邈進漢文、淮南之邪說；國寶就王珣與謀，而珣猶有卿非曹爽之遊詞；在廷之臣胥若此矣。遠邇憤盈之氣，決發以逞，非特恭與仲堪，即桓玄之蓄逆不可揜，而天下從之以風靡，勢之所必至也。謝安没而晋無大臣；謝安為門户計以退處，而晋早無親臣矣。諫諍之職久廢，士相習於迂緩，相尚以苟容，晋更不得謂有羣臣矣。

方州重於朝廷，是非操於牧督，相尋而亂，終六代之世，假趙鞅晋陽之名以行篡弑，至唐而後定。故言路者，國之命也，言路無絕而能不亂者，未之有也。

又《晋安帝六》 當其時，桓玄操逆志于上流，道子、元顯亂國政於中朝，王凝之、謝琰以庸劣當巨寇，若鴻毛之試於烈焰。

雜録

南朝宋·劉義慶《世説新語·規箴》 王緒、王國寶相爲脣齒，並上下權要。王大不平其如此，乃謂緒曰：『汝爲此欻欻，曾不慮獄吏之爲貴乎？』

《宋書》卷二五《天文志三》 太元十五年七月壬申，有星孛於北河

戒，經太微、三臺、文昌，入北斗，長十餘丈。八月戊戌，入紫微，乃滅。占曰：『北河戒，一名胡斗。胡門有兵喪。掃太微，入紫微，王者當之。三臺為三公，文昌為將相，將相三公有災。入北斗，强國發兵，諸侯爭權，大夫憂。』十一月，太白入羽林。占曰：『天子為軍自守，有反臣。』二十一年九月，孝武帝崩。隆安元年，王恭、殷仲堪、桓玄等併發兵表誅王國寶，朝廷從而殺之，並斬其從弟緒，司馬道子由是失勢，禍亂成矣。

《晉書》卷二八《五行志中》 太元十五年七月，旱。十七年，秋旱至冬。是時烈宗仁恕，信任會稽王道子，政事舒緩。又茹千秋為驃騎諮議，竊弄主相威福。又比丘尼乳母親黨及婢僕之子階緣近習，臨部領衆。又所在多上春竟囚，不以其辜，建康獄吏，枉暴既甚。此又僭逾不從冤濫之罰。【略】

安帝隆安二年冬，旱，寒甚。四年五月，旱。五年，夏秋大旱。十二月，不雨。時【略】司馬元顯又諷百僚悉使敬己，內外騷動，兵革煩興。此皆陵僭憂愁之應也。

又 卷二九《五行志下》 孝武太元八年二月癸未，黄霧四塞。是時，道子專政，親近佞人，朝綱方替。

又 卷三〇《刑法志》 孝武時，會稽王道子傾弄朝權，其所樹之黨，貨官私獄，烈祖惛迷，不聞司敗，晉之綱紀大亂焉。

又 卷七七《陸納傳》 時會稽王道子以少年專政，委任羣小，納望闕而歎曰：『好家居，纖兒欲撞壞之邪！』

《南史》卷一七《劉敬宣傳》 元興元年，牢之南討桓玄，元顯爲征討大都督，日夜昏酣。牢之以道子昏闇，元顯淫凶，慮平玄之日，亂政方始；會玄遣信說牢之，牢之欲假手于玄誅執政，然後乘玄之隙，可以得志天下。【略】玄既得志，害元顯，廢道子，以牢之爲會稽太守。

宋·李昉等《太平御覽》卷八二八《資產部八·肆》 《晉中興徵祥記》曰：烈宗世，會稽王輔政於府內園中穿池築山，山池之間處處有肆，使婢酤酒賣肉於其中。道子將見幸，乘船至灑肆，輒攜入肆，買酒肉，狀如市廛，以為笑樂。

清·趙翼《廿二史劄記》卷八《晉書·建業有三城》 臺城之東，則有東府，凡宰相録尚書事兼揚州刺史者居之。實甲嘗數千人。晉時會稽王道子居之。劉裕秉政亦居此。裕出征，則曰『留府』。嘗使劉穆之監府事。裕討劉毅回，公卿咸侯於新亭，而裕已潛還東府矣。

又 卷一五《魏齊周隋書並北史·北齊以廝役為縣令》 又會稽王道子傳：孝武不親萬機，與道子酣飲，姏姆尼僧，尤為親昵，竊弄其權。許榮上疏曰『今臺府局吏、直衛武官，凡僕隸婢兒取母之姓者，本臧獲之徒（奴婢），無鄉邑品第，皆得用為郡守縣令』云云。嬖人趙牙出自倡優，道子以為魏郡太守；茹千秋本捕賊吏，為諮議參軍。是又在北齊以前故事也。

劉裕專政

綜　述

《晉書》卷一〇《安帝紀》 （義熙）三年春二月己酉，車騎將軍劉裕來朝。誅東陽太守殷仲文、南蠻校尉殷叔文、晉陵太守殷道叔、永嘉太守駱球。【略】

（八年九月）己卯，太尉劉裕害右將軍兗州刺史劉藩、尚書左僕射謝混。庚辰，裕矯詔曰：『劉毅苞藏禍心，構逆南夏，藩、混助亂，志肆姦宄。賴寧輔玄鑑，撫機挫鋭，凶黨即戮，社稷乂安。夫好生之德，所因者本，肆眚覃仁，實資玄澤。況事興大憝，禍自元凶。其大赦天下，唯劉毅不在其例。普增文武位一等。孝順忠義，隱滯遺逸，必令聞達。』己丑，劉裕帥師討毅。裕參軍王鎮惡陷江陵城，毅自殺。【略】

九年春三月丙寅，劉裕害前將軍諸葛長民及其弟輔國大將軍黎民、從弟寧朔將軍秀之。戊寅，加劉裕鎮西將軍、豫州刺史。【略】

十一年春正月，荆州刺史司馬休之、雍州刺史魯宗之並舉兵貳于劉裕，裕帥師討之。庚午，大赦。丁丑，以吏部尚書謝裕為尚書左僕射。二月丁未，姚興死，子泓嗣偽位。三月辛巳，淮陵王藴薨。壬午，劉裕及休

之戰於江津，休之敗，奔襄陽。【略】論平蜀功，封劉裕子義隆彭城公，朱齡石豐城公。【略】

十四年春正月辛巳，大赦。青州刺史沈田子害龍驤將軍王鎮惡于長安。夏六月，劉裕為相國，進封宋公。【略】

帝不惠，自少及長，口不能言，雖寒暑之變，無以辯也。凡所動止，皆非己出。故桓玄之篡，因此獲全。初讖云『昌明之後有二帝』，劉裕將為禪代，故密使王韶之縊帝而立恭帝，以應二帝云。

又《恭帝紀》（元熙元年）秋八月，劉裕移鎮壽陽。以劉懷慎為前將軍、北徐州刺史，鎮彭城。九月，劉裕自解揚州。冬十月乙酉，裕以其子桂陽公義真為揚州刺史。十一月丁亥朔，日有蝕之。十二月辛卯，裕加殊禮。己卯，太史奏，黑龍四見於東方。【略】

時太尉裕都督中外諸軍，詔曰：『大司馬地隆任重，親賢莫貳。雖府受節度，可身無致敬。』劉裕之北征也，帝上疏，請帥所蒞，啓行戎路，修敬山陵。朝廷從之，乃與裕俱發。及有司以即戎不得奉辭陵廟，帝復上疏曰：『臣推轂閫外，將革寒暑，不獲展情埏隧，私心罔極。伏願天慈，特垂聽許，使臣微誠粗申，即路無恨。』許之。及姚泓滅，歸於京都。十四年十二月戊寅，安帝崩。劉裕矯稱遺詔曰：『唯我有晉，誕膺明命，業隆九有，光宅四海。朕以不德，屬當多難，幸賴宰輔，拯厥顛覆。仍恃保祐，克黜禍亂，遂冕旒辰極，混一六合。方憑阿衡，惟新洪業，而遘疾大漸，將遂弗興。仰惟祖宗靈命，親賢是荷。咨爾大司馬、琅邪王，體自先皇，明德光懋，屬惟儲貳，衆望攸集。其君臨晉邦，奉係宗祀，允執其中，變和天下。闡揚末誥，無廢我高祖之景命。』是日，即帝位，大赦。

元熙元年春正月壬辰朔，改元。以山陵未厝，不朝會。立皇后褚氏。甲午，征劉裕還朝。戊戌，有星孛於太微西藩。庚申，葬安皇帝于休平陵。帝受朝，懸而不樂。以驃騎將軍劉道憐為司空。秋八月，劉裕移鎮壽陽。以劉懷慎為前將軍、北徐州刺史，鎮彭城。九月，劉裕自解揚州。冬十月乙酉，裕以其子桂陽公義真為揚州刺史。十一月丁亥朔，日有蝕之。十二月辛卯，裕加殊禮。己卯，太史奏，黑龍四見於東方。

二年夏六月壬戌，劉裕至於京師。傅亮承裕密旨，諷帝禪位，草詔，請帝書之。帝欣然謂左右曰：『晉氏久已失之，今復何恨。』乃書赤紙為詔。甲子，遂遜於琅邪第。劉裕以帝為零陵王，居於秣陵，行晉正朔，車旗服色一如其舊，有其文而不備其禮。帝自是之後，深慮禍機，褚後常在帝側，飲食所資，皆出褚後，故宋人莫得伺其隙。宋永初二年九月丁丑，裕使後兄叔度請後，有間，兵人逾垣而入，弒帝于內房。【略】

（義熙十四年）十二月戊寅，安帝崩。劉裕矯稱遺詔曰：『唯我有晉，誕膺明命，業隆九有，光宅四海。朕以不德，屬當多難，幸賴宰輔，拯厥顛覆。仍恃保祐，克黜禍亂，遂冕旒辰極，混一六合。方憑阿衡，惟新洪業，而遘疾大漸，將遂弗興。仰惟祖宗靈命，親賢是荷。咨爾大司馬、琅邪王，體自先皇，明德光懋，屬惟儲貳，衆望攸集。其君臨晉邦，奉系宗祀，允執其中，燮和天下。闡揚末誥，無廢我高祖之景命。』是日，即帝位，大赦。

論說

《新唐書》卷二二五《逆臣傳贊》 張謂譏劉裕『近希曹、馬，遠棄桓、文，禍徒及於兩朝，福未盈於三載，八葉傳其世嗣，六君不以壽終，天之報施，其明驗乎！』杜牧謂：『相工稱隋文帝當為帝者，後篡竊果得之。【略】』張、杜確論，至今多稱誦之。如祿山、思明，希劉裕、楊堅而不至者，是以著其論。

清·王夫之《讀通鑑論》卷一四《晉安帝十》 廉耻之喪也，與人比肩事主，而歆於佐命之榮賞，手取人之社稷以奉姦賊而北面之，始于西漢劉歆、公孫祿之徒，其後華歆、郗慮相踵焉。然天下猶知指數之也；幸而不遇光復之主，及身為戮，而猶無獎之者。上有獎之者，天下乃不知有廉耻，而後廉耻永亡。

王謐世為晉臣，居公輔之位，手解安帝璽綬以授桓玄，為玄佐命元臣，位司徒，此亦華歆、郗慮之流耳。義兵起，桓玄走，晉社以復，謐以玄司徒復率百官而奉迎安帝，此誠豺虎不食、有北不受之匪類矣。劉毅詰之，逃奔曲阿，正王法以誅之，當無俟安帝之復辟。而劉裕念疇昔之私好，追還復位，公然鵠立於百僚之上，則其崇獎姦頑以隳天下之廉耻也，唯恐不夙。苟非志士，其孰不相率以即於禽獸哉？俄而事此以為主，而

吾之富貴也無損；俄而事彼以為主，而吾之富貴也無損；奪人之大位以與人，見奪者即復得焉，而其富貴也抑無損。奬之以敗閑喪檢，而席榮寵為故物，則何怪謝晦、褚淵、沈約之無憚無慚，唯其所欲易之君而易之邪？

嗚呼！忠與孝，非可勸而可懲者也。其為忠臣孝子矣，則誘之以不忠不孝，如石之不受水而不待懲也。其為逆臣悖子矣，則奬之以忠孝，如虎之不可馴而不可懲也。然則勸懲之道，唯在廉耻而已。不能忠，而不敢為逆臣；不能孝，而不敢為悖子；刑齊之也，而禮之精存焉。刑非死之足懼也，奪其生之榮，而小人之懼之也甚於死。天子正法以誅之，公卿守法以詰之，天下之士，衣裾不襒其門，比閭之氓，望塵而笑其失據，則懼以生耻。始耻于名利之得喪，而漸以觸其羞惡之真，天子大臣所以濯磨一世之人心而保固天下者在此也。手解其璽綬，而復延之坐論之列，兩相覿而不慚，則耻先喪於上，而何望其下乎？裕之不戮謐也，人心風俗之禍延及百年。唐黜蘇威，而後老姦販國之惡習以破。惜老成，徇物望，以為悖逆師，禍將自及矣。

又《晉安帝十二》　殷仲文推戴桓玄，諂以求容，哀章之徒也。義兵起，隨玄西走，復與俱東下以抗順，及靜嶸洲之敗，玄且誅殛，乃叛玄而降，挾二婦人以求免，此宜膺黨賊之誅而勿赦者也。幸逃於死，復守東陽，曾不赧而更以出守不執權為怨望。仲文之敢爾者何也？王謐為三公，而人喪其耻心，故幹榮之情不息也。劉裕、何無忌按法而誅之，而時論不協，史氏尤憾裕之擅權以枉法，何也？謐登庸而仲文受戮，裕任愛憎之情，仲文死而無以服其心也。

雖然，謐之辱人賤行，疲懦無能為者也，借令重用仲文，而假之以權，禍豈有極哉？始與玄共逆者仲堪也，繼為玄佐命者仲文也，挾其門族與其虛譽，搖動人心以恣狂逞，不能有劉裕之功，而篡謀更亟，天下之爚亂如沸羹，愈不知其所止矣。仲文之誅也，並誅桓胤，前此桓氏滅而胤以沖之子獨免，謂沖忠耳。桓溫死，謝安、王彪之正綱紀以匡晉室，北府兵強，荆、江氣折，沖自保其軀命，不敢嘗試，而遂許之以忠，蛇蠍冬蟄而無毒於人，其許之為祥麟威鳳乎？謝玄破苻堅，而沖鬱抑以死，推此心也，滅其族焉非濫也。

又《晉安帝十五》　國之將亡，懼內逼而逃之夷，自司馬國璠兄弟始。楚之、休之相繼以走歸姚興，劉昶、蕭寶寅因以受王封於拓拔氏，日導之以南侵，于家為敗類，于國為匪人，於物類為禽蟲，偷視息於人閑，恣其忿戾以僥倖，分豺虎之餘食，而猶自號曰忠孝，鬼神其赦之乎？

夫尊則君也，親則祖若考也，宗祏將毀，不忍臣人而去之，義也。雖然，苟其忠孝之情發為義憤，如漢劉信、劉崇蹀血以起，捐脰領而報宗祊，斯則尚矣。若其可以待時而有為，則南陽諸劉、大則帝而小則侯，仇讎之首不難斮於漸臺也。抑或勢無可為而覆族之足憂乎？山之椒，海之澨，易姓名、混耕釣，以全身而延支裔，夫豈遂無道以處此哉？然則國璠之流，上非悼宗社之亡，下非僅以避死亡之禍，貪失其富貴，而倒行逆施以儌幸，乃使中夏之士相率而不以事夷為羞，罪可勝誅乎？國璠之始奔慕容氏也，以桓玄之篡，玄固可旦暮俟其亡者，而遽不能待；繼奔姚氏也，劉裕之篡固尚未成，可靜俟其成敗者也，不能一日處於蕭條岑寂之中；望犬羊而分餘食，廉耻滅而天良無遺矣。

丕之篡，劉氏之族全，炎之篡，曹氏之族全，山陽、陳留令終而不逢刀鴆。劉裕篡而恭帝弑，司馬氏幾無噍類。豈操、懿、丕、炎之凶慝淺于劉裕哉？司馬氏投夷狄以亟病中夏，劉裕之窮凶以推刃也，亦有辭矣，曰『彼將引封豕長蛇以蔑我冠裳者也』。而中夏之士，亦不為之抱憤以興矣。紀季以酅入于齊，春秋無貶詞焉。齊，紀讎也，寧附于齊，而不東走萊夷，南奔句吳，則猶能知其類也。

又《晉安帝十六》　劉裕之篡，劉穆之導之也；其殺劉毅，胡藩激之也。不逞之士，游於帷幕，而干戈起于几席，亦可畏矣哉！誠其為姦雄矣，既能識夫成敗之機，則亦知有名義也，故孫權勸曹操以僭奪，而操有踞爐著火之歎，既畏人之指摘，抑有慎動之思焉。而不逞之士，迫欲使之嘗試，以幸得而已居其功；於是揣摩情形，動之以可疑，而懾之以可畏，則且謂天下之士業已許我，而事會不得不然；錢鳳、郗超僅失之，而詭得者多矣，禍不可止矣。

先王收之於膠庠，而奬之以飲射，非以鉗束之也，凡以養其和平之氣而潛消其險詐也。王澤既斬，士非遊說不顯，流及戰國，蔑宗周，鬭羣雄，誅夷親臣，斬艾士民，皆不逞之士讎其攀附之私以爚亂天下。嗣是而

後，上失其道，則遊士蜂起。朱温之為梟獍，敬翔、李振導之也。石敬瑭之進犬羊，桑維翰導之也。乃至女直、蒙古之吞噬中華，皆衣冠無賴之士投幕求榮者窺測事機而勸成之。廉希憲、姚樞、許衡之流，又變其局而以理學為捭闔，使之自躋於堯、舜、湯、文之列，而益無忌憚。遊士之禍，至於此而極矣。故婁敬、馬周不遇英主，不值平世，皆足以亂天下而有餘。李沆以不用梅詢，曾致堯為報國，解縉言雖可賞，必罷遣歸田以老其才而戢其躁，聖主賢臣所以一風俗、正人心、息禍亂者，誠慎之也，誠畏之也。

又《晉安帝二十》　劉裕初自廣固歸，盧循直逼建康，勢甚危，而裕方要太尉黄鉞之命；朱齡石方伐蜀，破賊與否未可知也，而裕方要太傅揚州牧之命；督諸軍始發建康以伐秦，滅秦與否未可知也，而裕方要相國宋公九錫之命；則胡不待盧循已誅、譙縱已斬、姚泓已俘之日，始挾大功以逼主而服人乎？此裕之狡於持天下之權而用人之死力也。

夫能用人者，太上以德，其次以信，又其次則惟其權耳。人好逸而不憚勞，人好生而不畏死，自非有道之世，民視其君如父母，則權之所歸，冀依附之以取利名而已。裕若揭其懷來以告衆曰：吾且為天子矣，可以榮人富人，而操其生死者也。於是北歸之疲卒、西征之孤軍，皆倚之以効尺寸，而分利祿。如其不然，則勞為誰勞，死為誰死，則嚴刑以驅之而不奮。裕有以揣人心而固持之，劉穆之雖狡，且不測其機，而欲待之凱還之日，其愧懼而死者，智不逮也。

因是而知晉之必亡也久矣。謝太傅薨，司馬道子父子昏愚以播惡，而繼以飢飽不知之安帝，雖積功累仁之天下，人且去之，況晉以不道而得之，延及百年而亡已晚乎！晉亡決于孝武之末年，人方周爰四顧而思爰止之屋，裕乘其閑以收人望，人胥冀其為天子而為之効死，其篡也，時且利其篡焉。所惡於裕者，弒也，篡猶非其大惡也。

又《晉安帝二十一》　劉裕滅姚秦，欲留長安經略西北，不果而歸，而中原遂終於淪没。史稱將佐思歸，裕之師說也。王、沈、毛、傅之獨留，豈繫不有思歸之念乎？西征之士，一歲而已，非久役也。新破人國，子女玉帛足繫其心，梟雄者豈必故土之安乎？固知欲留經略者，裕之初志，而造次東歸者，裕之轉念也。夫裕欲歸而急於篡，固其情已。然使裕據關中，撫雒陽，捍拓拔嗣而營河北，拒屈丐而固秦雍，平沮渠蒙遜而收隴右，勳愈大，威愈張，晉之天下其將安往？曹丕在鄴，而漢獻遥奉以璽綬，奚必反建康以面受之于晉廷乎？蓋裕之北伐，非徒示威以逼主攘奪，而無志于中原者，青泥既敗，長安失守，登高北望，慨然流涕，志欲再舉，止之者謝晦、鄭鮮之也。蓋當日之貪佐命以弋利祿者，既無遠志，抑無定情，裕欲孤行其志而不得，則急遽以行篡弒，裕之初心亦絀矣。

裕之為功於天下，烈於曹操，而其植人才以贊成其大計，不如操遠矣。操方舉事據兗州，他務未遑，而亟於用人；逮其後而丕與睿猶多得剛直明敏之才，以匡其闕失。裕起自寒微，以敢戰立功名，而雄俠自喜，與士大夫之臭味不親，故胡藩言：一談一詠，搢紳之士輻湊歸之，不如劉毅。當時在廷之士，無有為裕心腹者，孤恃一機巧汰縱之劉穆之，而又死矣；傅亮、徐羨之、謝晦，皆輕躁而無定情者也。孤危遠處於外，求以制朝廷而遙授以天下也，既不可得，且有反面相距之憂，此裕所以汔濟濡尾而僅以偏安艸竊終也。當代無才，而裕又無馭才之道也。身殂而弒奪興，況望其能相佐以成底定之功哉？曹操之所以得志於天下，而待其子始篡者，得人故也。豈徒姦雄為然乎？聖人以仁義取天下，亦視其人而已矣。

雜録

《魏書》卷一〇五之三《天象志》　太宗永興二年五月己亥，月掩昴。昴為髦頭之兵，虜君憂之。是月，蠕蠕社侖圍長孫嵩于牛川，上自將擊之，社侖遁走，道死。六月甲午，太白晝見。占曰『為不臣』。七月，月犯鬼。占曰『亂臣在内』。明年五月，昌黎王慕容伯兒謀反，誅之。是歲三月至秋八月，月三掩南斗第五星。斗，吳分也。且曰：强大之臣有干天祿者，大人憂之。是月乙未，太白犯少微，晝見；九月甲寅，進犯左執法。占曰『且有杖其霸刑，以戮社稷之衛而專威令者，徵在南朔』。先是，三月丁卯，月掩房次將；六月己丑，又如之；八月甲申，犯心前星。占曰『服軛者當之，君失馭，徵在豫州』。時劉裕謀弱晉室，四年九

月，專殺僕射謝混，因襲荊州刺史劉毅于江陵，夷之。明年三月，又誅晉豫州刺史諸葛長人，其君托食而已。

又　卷三五《崔浩傳》　泰常三年，彗星出天津，入太微，經北斗，絡紫微，犯天棓，八十餘日，至漢而滅。太宗復召諸儒術士問之曰：『今天下未一，四方嶽峙，灾咎之應，將在何國？朕甚畏之，盡情以言，勿有所隱。』咸共推浩令對。浩曰：『古人有言，夫灾異之生，由人而起。人無釁焉，妖不自作。故人失于下，則變見於上，天事恒象，百代不易。【略】

『唯僭晉卑削，主弱臣强，累世陵遲，故桓玄逼奪，劉裕秉權。彗孛者，惡氣之所生，是爲僭晉將滅，劉裕篡之之應也。』諸人莫能易浩言，太宗深然之。五年，裕果廢其主司馬德文而自立。

《晉書》卷一二《天文志中》　義熙元年五月庚午，日有彩珥。六年五月丙子，日暈，有璚。時有盧循逼京都，内外戒嚴。七月，循走。七年七月，五虹見東方。占曰：『天子黜。』其後劉裕代晉。【略】

七年七月丁卯，歲星犯填星，在參。占曰：『歲填合，爲内亂。』一曰：『益州戰，不勝，亡地。』是時朱齡石伐蜀，後竟滅之。明年，誅謝混，劉毅。八年七月甲申，太白犯填星，在東井。占曰：『秦有大兵。』九年二月丙午，熒惑、填星皆犯東井。占曰：『秦有兵。』三月壬辰，歲星、熒惑、填星、太白聚于東井，從歲星也。東井，秦分。十三年，劉裕定關中，其後遂移晉祚。【略】

八年七月甲申，太白犯填星，在東井。占曰：『秦有大兵。』九年二月丙午，熒惑、填星皆犯東井。占曰：『秦有兵。』三月壬辰，歲星、熒惑、填星、太白聚于東井，從歲星也。東井，秦分。十三年，劉裕定關中，其後遂移晉祚。十四年十月癸巳，熒惑入太微，犯西蕃上將，仍順行至左掖門内，留二十日乃逆行。至恭帝元熙元年三月五日，出西蕃上將西三尺許，又順還入太微。時填星在太微，熒惑繞填星成鉤己，其年四月丙戌，從端門出。占曰：『熒惑填星鉤己天庭，天下更紀。』十二月，安帝母弟琅邪王踐阼，是曰恭帝。來年，禪于宋。【略】

義熙九年十二月辛卯朔，月猶見東方。是謂之仄慝，則侯王其肅。是時劉裕輔政，威刑自己，仄慝之應云。十一年十一月乙未，月入輿鬼而暈。占曰：『主憂，財寶出。』一曰：『月暈，有赦。』

又　卷一三《天文志下》　（義熙元年）七月庚辰，太白晝見，在翼、軫。占曰：『爲臣强，荊州有兵喪。』【略】四年【略】，三月，左僕射孔安國卒。自後政在劉裕，人主端拱而已。【略】

九年二月，熒惑入輿鬼。占曰：『有兵喪。』太白犯南河。占曰：『兵起。』五月壬辰，太白犯右執法，晝見。七月庚午，月奄鉤鈐。占曰：『喉舌臣憂。』九月庚午，歲星犯軒轅大星。己丑，月犯左角。時劉裕擅命，兵革不休。【略】

十四年三月癸巳，太白犯五諸侯。五月庚子，月犯太微。七月甲辰，熒惑犯輿鬼。占曰：『秦有兵，又爲旱，爲兵喪。』亦曰：『大人憂，宗廟改，亦爲亂臣。』時劉裕擅命，軍旅數興，饑旱相屬，其後卒移晉室。

又　卷二九《五行志下》　義熙五年十一月，大霧。十年十一月，又大霧。是時，帝室衰微，臣下權盛，兵及土地，略非君有，此其應也。

又　卷一一八《姚興載記下》　休之等至長安，興謂之曰：『劉裕崇奉晉帝，豈便有闕乎？』休之曰：『臣前下都，琅邪王德文泣謂臣曰：「劉裕供御主上，克薄奇深。」以事勢推之，社稷之憂方未可測。』

《北史》卷一八《元澄傳》　神龜元年，詔加女侍中貂蟬，同外侍中之飾。澄上表諫曰：『高祖、世宗皆有女侍中官，未見綴金蟬於象珥，極鼲貂於鬢髮。江南僞晉穆何後有女尚書而加貂襠，此乃衰亂之世，妖妄之服。且婦人而服男子之服，至陰而陽，故自穆、哀以降，國統二絕。因是劉裕所以篡逆。禮容舉措，風化之本，請依常儀，追還前詔。』帝從之。

唐·許嵩《建康實録》卷一〇《晉·安帝注》　《三十國春秋》云：皇甫（敷）人馬既倒，仰謂裕曰：『君有天分，願以子孫相屬。』裕殺敷而善待其子孫。初，義兵舉也，劉裕嘗與何無忌、魏詠之同會檀憑之舍。時相者晉陵韋叟遍相諸公，皆吉，而目憑之曰：『有急兵厄，其候不過三日，宜深避之，不可輕出。』而果羅落橋之所害也。【略】

《三十國春秋》：王鎮惡既破秦軍於横門，泓奔石橋，明日，率妻子詣軍門降劉裕。裕送泓于建康，斬之。建康百里内草木燋死。

徐傅廢立

綜　述

《宋書》卷三《武帝紀》（永初三年）三月，上不豫。太尉長沙王道憐、司空徐羨之、尚書僕射傅亮、領軍將軍謝晦、護軍將軍檀道濟併入侍醫藥。【略】五月，上疾甚，召太子誡之曰：『檀道濟雖有幹略，而無遠志，非如兄韶有難御之氣也。徐羨之、傅亮當無異圖。謝晦數從征伐，頗識機變，若有同異，必此人也。小郤，可以會稽、江州處之。』又為手詔曰：『朝廷不須復有別府，宰相帶揚州，可置甲士千人。若大臣中任要，宜有爪牙以備不祥人者，可以臺見隊給之。有征討悉配以臺見軍隊，行還復舊。後世若有幼主，朝事一委宰相，母后不煩臨朝。仗既不許入臺殿門，要重人可詳給班劍。』癸亥，上崩於西殿，時年六十。秋七月己酉，葬丹陽建康縣蔣山初寧陵。

又　卷四《少帝紀》（景平二年）始徐羨之、傅亮將廢帝，諷王弘、檀道濟求赴國訃。弘等來朝，使中書舍人邢安泰、潘盛為內應。是旦，道濟、謝晦領兵居前，羨之等隨後，因東掖門開，入自雲龍門。盛等先戒宿衛，莫有御者。時帝于華林園為列肆，親自酤賣。又開瀆聚土，以象破岡埭，與左右引船唱呼，以為歡樂。夕游天泉池，即龍舟而寢。其朝未興，兵士進，殺二侍者于帝側，傷帝指。扶出東閤，就收璽紱，羣臣拜辭，送於東宮，遂幽于吳郡。是日，赦死罪以下。太后令奉還璽紱，檀道濟入守朝堂。六月癸丑，徐羨之等使中書舍人邢安泰弒帝于金昌亭。帝有勇力，不即受制，突走出昌門，追以門關踣之，致殞。時年十九。

又　卷五《文帝紀》（景平二年）七月中，少帝廢。百官備法駕奉迎，入奉皇統。行臺至江陵，進璽紱。【略】

八月丙申，車駕至京城。丁酉，謁初寧陵，還于中堂即皇帝位。

元嘉元年秋八月丁酉，大赦天下，改景平二年為元嘉元年。文武賜位二等，逋租宿債勿復收。庚子，以行撫軍將軍、荊州刺史謝晦為撫軍將軍、荊州刺史。癸卯，司空、録尚書事、揚州刺史徐羨之進位司徒，衛將軍、江州刺史王弘進位司空，中書監、護軍將軍傅亮加左光祿大夫、開府儀同三司，撫軍將軍、荊州刺史謝晦進號衛將軍，鎮北將軍、南兗州刺史檀道濟進號征北將軍。【略】

三年春正月丙寅，司徒、録尚書事、揚州刺史徐羨之，尚書令、護軍將軍、左光祿大夫傅亮，有罪伏誅。遣中領軍到彥之、征北將軍檀道濟討荊州刺史謝晦。上親率六師西征，大赦天下。【略】二月戊辰，到彥之、檀道濟大破謝晦於隱磯。丙子，車駕自蕪湖反旆。己卯，擒晦於延頭，送京師伏誅。三月辛巳，車駕還宮。

又　卷四二《王弘傳》（景平二年）少帝景平二年，徐羨之等謀廢立，召弘入朝。太祖即位，以定策安社稷，進位司空，封建安郡公，食邑千户。【略】

徐羨之等以廢弒之罪將見誅，弘既非首謀，弟曇首又為上所親委，事將發，密使報弘。

又　卷四三《徐羨之傳》高祖不豫，加班劍三十人。宮車晏駕，與中書令傅亮、領軍將軍謝晦、鎮北將軍檀道濟同被顧命。少帝詔曰：『平理獄訟，政道所先。朕哀荒在疚，未堪親覽。司空、尚書令可率衆官月一決獄。』

帝后失德，羨之等將謀廢立，而廬陵王義真輕動多過，不任四海，乃先廢義真，然後廢帝。時謝晦為領軍，以府舍內屋敗應治，悉移家人出宅，聚將士於府內。鎮北將軍、南兗州刺史檀道濟先朝舊將，威服殿省，且有兵衆，召使入朝，告之以謀。事將發，道濟入宿領軍府。中書舍人邢安泰、潘盛為內應，其日守關。道濟領兵居前，羨之等繼其後，由東掖門雲龍門入，宿衛先受處分，莫有動者。先是帝于華林園為列肆，親自酤賣，又開瀆聚土，以像破崗，率左右唱呼引船為樂。是夕，寢於龍舟，在天淵池。兵士進殺二人，又傷帝指。扶帝出東閤，收璽綬。羣臣拜辭，衛送故太子宮，遷于吳郡。侍中程道惠勸立第五皇弟義恭，羨之不許。遣使殺義真於新安，殺帝于吳縣。時為帝築宮未成，權居金昌亭，帝突走出昌門，追者以門關擊之倒地，然後加害。

太祖即阼，進羨之司徒，餘如故，改封南平郡公，食邑四千户，固讓加封。有司奏車駕依舊臨華林園聽訟，詔曰：『政刑多所未悉，可如先二公推訊。』

元嘉二年，羨之與左光禄大夫傅亮上表歸政，曰：『臣聞元首司契，運樞成務；臣道代終，事盡宣翼。冕旒之道，理絕於上皇；拱己之事，不行於中古。故高宗不言，以三齡為斷；塚宰聽政，以再期為節。百王以降，罔或不然。陛下聖德紹興，負荷洪業，憶兆顒顒，思陶盛化。而聖旨謙挹，委成羣司。自大禮告終，鑽燧三改，大明佇照，遠邇傾屬。臣等雖率誠屢聞，未能仰感，敢藉品物之情，謹因蒼生之志。伏願陛下遠存周文日昃之道，近思皇室締構之艱，時攬萬機，躬親朝政，廣辟四聰，博詢庶業，則雍熙可臻，有生幸甚。』上未許。羨之等重奏曰：『近寫下情，言為心罄，奉被還詔，鑑許未回。豈惟愚臣，秉心有在，詢之朝野，人無異議。何者？形風四方，實係王德，一國之事，本之一人。雖世代不同，時殊風異，至於主運臣贊，古今一揆。未有渾心委任，而休明可期，此之非宜，布自遐邇。臣等荷遇二世，休戚以均，情為國至，豈容順默。重披丹心，冒昧以請。』上猶辭。羨之等又固陳曰：『比表披陳，辭誠俱盡，詔旨沖遠，未垂聽納，三復屏營，伏增憂歎。臣聞克隆先構，幹蠱之盛業；昧旦丕顯，帝王之高義。自皇宋創運，英聖有造，殷憂未闕，艱患仍纏。賴天命有底，聖明承業，時屯國故，猶在民心。泰山之安，未易可保，昏明隆替，繫在聖躬。斯誠周詩夙興之辰，殷王待旦之日，豈得無為拱己，復玄古之風，逡巡虛挹，徇匹夫之事。伏願以宗廟為重，百姓為心，弘大業以嗣先軌，隆聖道以增前烈。愚瞽所獻，情盡於此。』上乃許之。羨之仍遜位退還私第，兄子佩之及侍中程道惠、吳興太守王韶之等並謂非宜，敦勸甚苦，復奉詔攝任。

三年正月，詔曰：『民生於三，事之如一，愛敬同極，豈惟名教，況乃施侔造物，義在加隆者乎！徐羨之、傅亮、謝晦，皆因緣之才，荷恩在昔，擢自無聞，超居要重，卵翼而長，未足以譬。永初之季，天禍横流，大明傾曜，四海遏密，實受顧托，任同負圖。而不能竭其股肱，盡其心力，送往無復言之節，事居闕忠貞之效，將順靡記，匡救蔑聞，懷寵取容，順成失德。雖末因懼禍，以建大策，而逞其悖心，不畏不義。播遷之始，謀肆鴆毒，至止未幾，顯行怨殺，窮凶極虐，荼酷備加，顛沛皁隸之手，告盡逆旅之館，都鄙哀愕，行路飲涕。故廬陵王英秀明遠，徽風夙播，魯衛之寄，朝野屬情。羨之等暴蔑求專，忌賢畏逼，造構貝錦，成此無端，罔主蒙上，横加流屏，矯誣朝旨，致茲禍害。寄以國命，而翦為仇讎，旬月之間，再肆鴆毒，痛感三靈，怨結人鬼。自書契以來，棄常安忍，反易天明，未有如斯之甚者也。昔子家從弑，鄭人致討；宋肥無辜，蕩澤為戮。況逆亂倍於往釁，情痛深於國家，此而可容，孰不可忍！即宜誅殛，告謝存亡。而于時大事甫爾，異同紛結，匡國之勳實著，莫大之罪未彰。是以遠酌民心，近聽輿訟，雖欲討亂，慮或難圖，故忍戚含哀，懷耻累載。每念人生實難，情事未展，何嘗不顧影慟心，伏枕泣血。今逆臣之釁，彰暴遐邇，君子悲情，義徒思奮，家仇國耻，可得而雪，便命司寇，肅明典刑。晦據有上流，或不即罪，朕當親率六師，為其遏防。可遣中領軍到彦之即日電發，征北將軍檀道濟絡驛繼路，符衛軍府州以時收翦。已命征虜將軍劉粹斷其走伏。罪止元凶，餘無所問。感惟永往，心情崩絕。氛霧既祛，庶幾治道。』

爾日詔召羨之。行至西明門外，時謝晦弟　爵子肖反為黄門郎，正直，報亮云：『殿内有異處分。』亮馳報羨之。羨之回還西州，乘内人問訊車出郭，步走至新林，入陶灶中自剄死，時年六十三。羨之初不應召，上遣中領軍到彦之、右衛將軍王華追討。羨之死，野人以告，載屍付廷尉。子喬之，尚高祖第六女富陽公主，官至竟陵王文學。喬之及弟乞奴從誅。

初，羨之年少時，嘗有一人來，謂之曰：『我是汝祖。』羨之因起拜之。此人曰：『汝有貴相，而有大厄，可以錢二十八文埋宅四角，可以免災。過此可位極人臣。』後羨之隨親之縣，住在縣内，嘗暫出，而賊自後破縣；縣内人無免者，雞犬亦盡，唯羨之在外獲全。隨從兄履之為臨海樂安縣，嘗行經山中，見黑龍長丈餘，頭有角，前兩足皆具，無後足，曳尾而行。及拜司空，守關將入，彗星晨見危南。又當拜時，雙鶴集太極東鴟尾鳴喚。

兄子佩之，輕薄好利，高祖以其姻戚，累加寵任，為丹陽尹，吳郡太守。景平初，以羨之秉權，頗豫政事。與王韶之、程道惠、中書舍人邢安

泰、潘盛相結黨與。時謝晦久病，連炙，不堪見客。佩之等疑其托疾有異圖，與韶之、道惠同載詣傅亮，稱羨之意，欲令亮作詔誅之。亮答以為：『己等三人，同受顧命，豈可相殘戮！若諸君果行此事，便當角巾步出掖門耳。』佩之等乃止。羨之既誅，太祖特宥佩之，免官而已。其年冬，佩之又結殿中監茅亨謀反，並告前寧州刺史應襲，以亨為兗州，襲為豫州。亨密以聞，襲亦告司徒王弘。佩之聚黨百餘人，殺牛犒賜，條牒時人，並相署置，期明年正會，於殿中作亂。未及數日，收斬之。

又《傅亮傳》（永初三年）高祖不豫，與徐羨之、謝晦並受顧命，給班劍二十人。

少帝即位，進為中書監，尚書令。景平二年，領護軍將軍。少帝廢，亮率行臺至江陵奉迎太祖。既至，立行門于江陵城南，題曰『大司馬門。』率行臺百僚詣門拜表，威儀禮容甚盛。太祖將下，引見亮，哭慟甚，哀動左右。既而問義真及少帝薨廢本末，悲號嗚咽，侍側者莫能仰視。亮流汗沾背，不能答。於是布腹心於到彥之、王華等，深自結納。太祖登阼，加散騎常侍、左光祿大夫、開府儀同三司，本官悉如故。司空府文武即為左光祿府。又進爵始興郡公，食邑四千户，固讓進封。

元嘉三年，太祖欲誅亮，先呼入見；省內密有報之者，亮辭以嫂病篤，求暫還家。遣信報徐羨之，因乘車出郭門，騎馬奔兄迪墓。屯騎校尉郭泓收付廷尉，伏誅。時年五十三。初至廣莫門，上遣中書舍人以詔書示亮，並謂曰：『以公江陵之誠，當使諸子無恙。』初，亮見世路屯險，著論名曰《演慎》，曰：

大道有言，慎終如始，則無敗事矣。《易》曰：『括囊無咎。』慎不害也。又曰：『藉之用茅，何咎之有。』慎之至也。文王小心，《大雅》詠其多福；仲由好勇，馮河貽其苦箴。《虞書》著慎身之譽，周廟銘陛坐之側。因斯以談，所以保身全德，其莫尚於慎乎！夫四道好謙，三材忌滿，祥萃虛室，鬼瞰高屋，豐屋有蔀家之災，鼎食無百年之貴。然而徇欲厚生者，忽而不戒；知進忘退者，曾莫之懲。前車已摧，後鑾不息；乘危以庶安，行險而僥幸，於是有顛墜覆亡之禍，殘生夭命之釁。其故何哉？流溺忘反，而以身輕於物也。

故昔之君子，同名爵於香餌，故傾危不及；思憂患而豫防，則針石無用。洪流壅於涓涓，合拱挫於纖蘖，介焉是式，色斯而舉，悟高鳥以風逝，鑒醴酒而投紱。夫豈敝著而後謀通，患結而後思復云爾而已哉！故《詩》曰：『慎爾侯度，用戒不虞。』言防萌也。夫單以營內喪表，張以治外失中，齊、秦有守一之敗，偏恃無兼濟之功，冰炭滌於胸心，巖牆絕於四體。夫然，故形神偕全，表裏寧一，營魄內澄，百骸外固，邪氣不能襲，憂患不能及，然可以語至而言極矣！

夫以嵇子之抗心希古，絕羈獨放，五難之根既拔，立生之道無累，人患殆乎盡矣。徒以忽防于鍾、呂，肆言于禹、湯，禍機發於豪端，逸翮鎩於垂舉。觀夫貽書良友，則匹厚味于甘鴆，□□□□□□□其懼患也，若無轡而乘奔，其慎禍也，猶履冰而臨谷。或振褐高棲，揭竿獨往，或保約違豐，安於卑位。故漆園外楚，忌在龜犧；商洛遐遁，畏此駟馬。平仲辭邑，殷鑑于崔、慶，張臨挹滿，灼戒乎桑、霍。若君子覽茲二塗，則賢鄙之分既明，全喪之實又顯。非知之難，慎之惟難，慎也者，言行之樞管乎！

夫據圖揮刃，愚夫弗為，臨淵登峭，莫不惴栗。何則？害交故慮篤，患切而懼深。故《詩》曰：『不敢暴虎，不敢馮河。』慎微之謂也。故庖子涉族，怵然為戒，差之一毫，弊猶如此。況乎觸害犯機，自投死地。禍福之具，內充外斥，陵九折於邛僰，泛沖波于呂梁，傾側成於俄頃，性命哀而莫救。嗚呼！嗚呼！故語有之曰，誡能慎之，福之根也。曰是何傷，禍之門爾。言慎而已矣。

亮布衣儒生，僥倖際會，既居宰輔，兼總重權。少帝失德，內懷憂懼，作《感物賦》以寄意焉。其辭曰：

余以暮秋之月，述職內禁，夜清務隙，遊目藝苑。于時風霜初戒，蟄類尚繁，飛蛾翔羽，翩翾滿室，赴軒幌，集明燭者，必以燋滅為度。雖則微物，矜懷者久之。退感莊生異鵲之事，與彼同迷而忘反鑑之道，此先師所以鄙智，及齊客所以難日論也。悵然有懷，感物興思，遂賦之云爾。

在西成之暮晷，肅皇命於禁中。聆蜻蛚於前廡，鑑朗月于房櫳。風蕭瑟以陵幌，霜皚皚而被墉。憐鳴蜩之應節，惜落景之懷東。嗟勞人之萃感，何夕永而慮充。眇今古以遐念，若循環之無終。詠倚相之遺矩，希董生之方融。鑽光燈而散袠，溫聖哲之遺蹤。墳素杳以難暨，九流紛其異

封。領三百於無邪，貫五千于有宗。考舊聞于前史，訪心迹於汙隆。豈夷阻之在運，將全喪之由躬。游翰林之彪炳，嘉美手於良工。辭存麗而去穢，旨既雅而能通。雖源流之深浩，且揚榷而發蒙。

習習飛蚋，飄飄纖蠅，緣幌求隙，望爛思陵。糜蘭膏而無悔，赴朗燭而未懲。瞻前軌之既覆，忘改轍於後乘。匪微物之足悼，悵永念而撫膺。彼人道之為貴，參二儀而比靈。稟清曠以授氣，修緣督而為經。照安危於心術，鏡纖兆於未形。有徇末而捨本，或耽欲而忘生。碎隨侯於微爵，捐所重而要輕。矧昆蟲之所昧，在智士其猶嬰。悟雕陵于莊氏，幾鑑濁而迷清。仰前修之懿軌，知吾迹之未並。雖宋元之外占，曷在予之克明。豈知反之徒爾，喟投翰以增情。

初，奉迎大駕，道路賦詩三首，其一篇有悔懼之辭，曰：『夙櫂發皇邑，有人祖我舟。餞離不以幣，贈言重琳球。知止道攸貴，懷祿義所尤。四牡倦長路，君轡可以收。張邴結晨軌，疏董頓夕輈。東隅誠已謝，西景逝不留。性命安可圖，懷此作前修。敷衽銘篤誨，引帶佩嘉謀。迷寵非予志，厚德良未酬。撫躬愧疲朽，三省慚爵浮。重明照蓬艾，萬品同率由。忠誥豈假知，式微發直謳。』亮自知傾覆，求退無由，又作辛有、穆生、董仲道贊，稱其見微之美。

又《檀道濟傳》 徐羡之將廢廬陵王義真，以告道濟，道濟意不同，屢陳不可，不見納。羡之等謀欲廢立，諷道濟入朝；既至，以謀告之。將廢之夜，道濟入領軍府就謝晦宿。晦其夕竦動不得眠，道濟就寢便熟，晦以此服之。太祖未至，道濟入守朝堂。上即位，進號征北將軍，加散騎常侍，給鼓吹一部。

及討謝晦，道濟率軍繼到彦之。彦之戰敗，退保隱圻，會道濟至。晦本謂道濟與羡之等同誅，忽聞來上，人情凶懼，遂不戰自潰。事平，遷都督江州之江夏豫州之西陽新蔡晉熙四郡諸軍事、征南大將軍、開府儀同三司、江州刺史，持節、常侍如故；增封千户。

又 卷四四《謝晦傳》 （永初三年）三月，高祖不豫，給班劍二十人，與徐羡之、傅亮、檀道濟並侍醫藥。少帝即位，加領中書令，與羡之、亮共輔朝政。少帝既廢，司空徐羡之録詔命，以晦行都督荆湘雍益寧南北秦七州諸軍事、撫軍將軍、領護南蠻校尉、荆州刺史，欲令居外為援，慮太祖至或別用人，故遽有此授。精兵舊將，悉以配之，器仗軍資甚盛。

至是上欲誅羡之等，並討晦。聲言北伐，又言拜京陵，治裝舟艦。傅亮與晦書曰：『薄伐河朔，事猶未已，朝野之慮，憂懼者多。』又言：『朝士多諫北征，上當遣外監萬幼宗往相咨訪。』時朝廷處分異常，其謀頗泄。三年正月，晦弟黄門侍郎　爵馳使告晦，晦猶謂不然，呼諮議參軍何承天，示以亮書，曰：『計幼宗一二日必至，傅公慮我好事，故先遣此書。』承天曰：『外間所聞，咸謂西討已定，幼宗豈有上理。』晦尚謂虚妄，使承天豫立答詔啓草，伐虜宜須明年。江夏内史程道惠得尋陽人書，言：『朝廷將有大處分，其事已審。』使其輔國府中兵參軍樂冏封以示晦。晦又謂承天曰：『幼宗尚未至，若復二三日無消息，便是不復來邪？』承天答曰：『詔使本無來理，如程所說，其事已判，豈容復疑。』

晦欲焚南蠻兵籍，率見力決戰。士人多勸發兵，乃立幡戒嚴，謂司馬庾登之曰：『今當自下，欲屈卿以三千人守城，備御劉粹。』登之曰：『下官親老在都，又素無旅，情計二三，不敢受此旨。』晦仍問諸佐：『戰士三千，足守城不？』南蠻司馬周超對曰：『非徒守城而已，若有外寇，可以立勳。』登之乃曰：『超必能辦，下官請解司馬、南郡以授。』即於坐命超為司馬、建威將軍、南義陽太守，轉登之為長史，南郡如故。

太祖誅羡之等及晦子新除秘書郎世休，收嚼、嚼子世平、兄子著作佐郎紹等。樂冏又遣使告晦：『徐、傅二公及嚼等並已誅。』晦先舉羡之、亮哀，次發子弟凶問。既而自出射堂，配衣軍旅。數從高祖征討，備睹經略，至是指麾處分，莫不曲盡其宜。二三日中，四遠投集，得精兵三萬人。乃奉表曰：

臣階緣幸會，蒙武皇帝殊常之眷，外聞政事，内謀帷幄，經綸夷險，毗贊王業，預佐命之勳，膺河山之賞。及先帝不豫，導揚末命，臣與故司徒臣羡之、左光禄大夫臣亮、征北將軍臣道濟等，並升御床，跪受遺詔，載貽話言，托以後事。臣雖凡淺，感恩自厲，送往事居，誠貫幽顯。逮營陽失德，自絶宗廟，朝野岌岌，憂及禍難，忠謀協契，徇國忘己，援登聖朝，惟新皇祚。陛下馳傳乘流，曾不惟疑，臨朝殷勤，增崇封爵。此則臣等赤心已亮於天鑑，遠近萬邦咸達於聖旨。若臣等志欲專權，不顧國典，

便當協翼幼主，孤背天日，豈復虛館七旬，仰望鑾旗者哉？故廬陵王于營陽之世，屢被猜嫌，積怨犯上，自貽非命。天祚明德，屬當昌運，不有所廢，將何以興？成人之美，《春秋》之高義；立帝清館，臣節之所司。耿弇不以賊遺君父，臣亦何負于宋室邪？況釁結閱牆，禍成畏逼，天下耳目，豈伊可誣！

臣忝居蕃任，乃誠匪懈，為政小大，必先啓聞。糾剔羣蠻，清夷境內，分留弟侄，並侍殿省。陛下聿遵先志，申以婚姻，童稚之目，猥荷齒召，薦女遷子，合門相送。事君之道，義盡於斯。臣羨之總録百揆，翼亮三世，年耆乞退，屢抗表疏，優旨綢繆，未垂順許。臣亮管司喉舌，恪虔夙夜，恭謹一心，守死善道。此皆皇宋之宗臣，社稷之鎮衛，而讒人傾覆，妄生國釁，天威震怒，加以極刑，並及臣門，則被孥戮。雖未知臣道濟問，推理即事，不容獨存。先帝顧托元臣翼命之佐，剿於佞邪之手，忠貞匪躬之輔，不免夷滅之誅。陛下春秋方富，始覽萬機，民之情偽，未能鑑悉。王弘兄弟，輕躁昧進；王華猜忌忍害，規弄威權，先除執政，以逞其欲。天下之人，知與不知，孰不為之痛心憤怨者哉！

臣等見任先帝，垂二十載，小心謹慎，無纖介之愆，伏事甫爾，而嬰若斯之罪。若非先帝謬於知人，則為陛下未察愚款。臣去歲末使反，得朝士及殿省諸將書，並言嫌隙已成，必有今日之事。臣推誠仰期，罔有二心，不圖姦回潛遘，理順難恃，忠賢隕朝，愚臣見襲，到彥之、蕭欣等在近路。昔白公稱亂，諸梁嬰胄，惡人在朝，趙鞅入伐。臣義均休戚，任居分陝，豈可顛而不扶，以負先帝遺旨！輒率將士，繕治舟甲，須其自送，投袂撲討。若天祚大宋，卜世靈長，義師克振，中流清蕩，便當浮舟東下，戮此三豎，申理冤耻，謝罪闕庭，雖伏鑕赴鑊，無恨於心。伏願陛下遠尋永初託付之旨，近存元嘉奉戴之誠，則微臣丹款，猶有可察。臨表哽慨，言不自盡。

太祖時已戒嚴，諸軍相次進路。尚書符荆州曰：

禍福無門，逆順有數，天道微於影響，人事鑑於前圖，未有蹈義而福不延，從惡而禍不至也。故智計之士，審敗以立功，守正之臣，臨難以全節。徐羨之、傅亮、謝晦，安忍鴆殺，獲罪於天，名教所極，政刑所取，已遠暴四海，宣於聖詔。羨之父子、亮及晦息，電斷之初，並即大憲。復王室之仇，攄義夫之憤，國典澄明，人神感悦。三姓同罪，既擒其二，晦之室屬，縲僕獄户，苟幽明所怨，孤根易拔，以順討逆，雖厚必崩。然歸死難圖，獸困則噬，是以爰整其旅，用為過防。京師之衆，天下雲集，士練兵精，大號響震。

使持節、中領軍佷山縣開國侯到彥之率羽林選士果勁二萬，雲旍首路，組甲曜川。使持節、散騎常侍、都督南徐兗之江北淮南青州徐州之淮陽下邳琅邪東莞七郡諸軍事、征北將軍、南兗州刺史、永修縣開國公檀道濟統勁鋭武卒三萬，戈船蔽江，星言繼發，千帆俱舉，萬棹遄征。散騎常侍、驍騎將軍段宏鐵馬二千，風驅電擊，步自竟陵，直至鄢郢。又命征虜將軍、雍州刺史劉粹控河陰之師，沖其巢窟。湘州刺史張邵提湘川之衆，直據要害。巴、蜀杜荆門之險，秦、梁絕丹圻之逕，雲網四合，走伏路盡。然後鑾輿效駕，六軍鵬翔，警蹕前驅，五牛整旆。雖以英布之氣，彭寵之資，登陴無名，授兵誰御？加以西土之人，咸沐皇澤，東吳將士，懷本首丘，必不自陷罪人之黨，橫為亂亡之役。置軍則魚潰，嬰城則鳥散，其勢然矣。聖上殷勤哀湣，其罪由晦，士民何辜。是用一分前麾，宣示朝旨。符到，其即共收擒晦身，輕舟護送。若已猖蹶，先事阻衛，宜翻然背亂，相率歸朝。頃大刑所加，洪恩曠洽，傅亮三息，特蒙全宥，晦同產以下，羨之諸侄，咸無所染。況彼府州文武，並列王職，荷國榮任，身雖在外，乃心辰極。夫轉禍貴速，後機則凶，遂使王師臨郊，雷電皆至，噬臍之恨，亦將何及。

時益州刺史蕭摹之、巴西太守劉道產被征還，始至江陵，晦並繫縶，没其財貨，以充軍資。竟陵內史殷道鸞未之郡，以為諮議參軍。以弟遁為冠軍、竟陵內史，總留任；兄子世猷為建威將軍、南平太守。劉粹若至，周超能破之者，即以為龍驤將軍、雍州刺史。晦率衆二萬，發自江陵，舟艦列自江津至於破塚，旍旗相照，蔽奪日光。晦乃歎曰：『恨不得以此為勤王之師！』自領湘州刺史，以張邵為輔國將軍，邵不受命。晦檄京邑曰：

王室多故，禍難薦臻。營陽失德，自絕宗廟。廬陵王構閱有本，屢被猜嫌，且居喪失禮，遐邇所具，積怨犯上，自貽非道。羣後釋位，爰登聖明，亂之未乂，職有所係。按車騎大將軍王弘、侍中王曇首，謬蒙時私，

叨竊權要。弘于永初之始，實荷不世之恩，元嘉之讓，自謂任遇浮淺，進誣先皇委誠之寄，退長嫌隙異同之端。曇首往因使下，訪以今上起居，不能光揚令德，彰於朝聽，其言多誣，故不具說。王華賊亡之餘，賞擢之次，先帝常見訪逮，庶有一分可取，而華稟性凶猜，多所忍害。曩者縱人入城，托疾辭事，此都士庶，咸所聞知。以其所啓及上手答示宗叔獻，又令宣告徐、傅二公。及周糾使下，又令見啓，云：『欲自攬政事，求離任還都，並令曇首具述此意。』又惠觀道人說，外人告華及到彦之謀反，不謂無之。城內東將，數日之內，操戈相待。華說數為秋當所譖，常不自安。凡此諸事，豈有忠誠冥契若此者邪？自以父亡道側，情事異人，外絕酒醴，而宵飲是恣。靦貌□□□□□凡厥士庶，誰不側目。又常歎宰相頓有數人，是何憒憒，規總威權，不顧國典。保祐皇家者，罹屠戮之誅；效勤社稷者，致殲夷之禍。搢紳之徒，孰不慷慨！遂矯違詔旨，遣到彦之、蕭欣之輕舟見襲。即日監利左尉露檄衆軍已至揚子。

雖以不武，忝荷蕃任，國家艱難，悲憤兼集。若使小人得志，君子道消，凡百有殄瘁之哀，蒼生深橫流之懼。輒糾勒義徒，繕治舟甲，舳艫亙川，駟介蔽野，武夫鷙勇，人百其誠。今遣南蠻司馬寧遠將軍庾登之統參軍事建武將軍建平太守安泰、宣威將軍昭弘宗、參軍事宣威將軍王紹之等，精鋭一萬，前鋒致討。南蠻參軍、振武將軍魏像統參軍事、宣威將軍陳珍虎旅二千，參軍事、建威將軍、新興太守賀愔甲卒三千，相係取道。南蠻參軍、振威將軍郭卓鐵騎二千，水步齊舉。大軍三萬，駱驛電邁。行冠軍將軍竟陵內史河東太守謝遁、建威將軍南平太守謝世猷驍勇一萬，留守江陵。分命參軍、長寧太守竇應期步騎五千，直出義陽。司馬、建威將軍、行南義陽太守周超之統軍司馬、振武將軍胡崇之精悍一萬，北出高陽，長兼行參軍、寧遠將軍朱澹之步騎五千，西出雁塞，同討劉粹，並趨襄陽。奇兵尚速，指景齊奮。諸賢並同國恩，情兼義烈，今誠志士忘身之日，義夫著績之秋，見機而動，望風而不待勖。

晦至江口，到彦之已到彭城洲。庾登之據巴陵，畏懦不敢進。會霖雨連日，參軍劉和之曰：『彼此共有雨耳，檀征北尋至，東軍方强，唯宜速戰。』登之恇怯，使小將陳祐作大囊，貯茅數千斛，縣於帆檣，云可以焚艦，用火宜須晴，以緩戰期。晦然之，遂停軍十五日。乃攻蕭欣于彭城洲，中兵參軍孔延秀率三千人進戰，甚力。欣于陳後擁楯自衛，又委軍還船，於是大敗。延秀又攻洲口柵，陷之，彦之退保隱圻。

晦又上表曰：

臣聞凶邪敗國，先代成患；讒豎亂朝，異世齊禍。故趙高矯逼，秦氏用傾；董卓階亂，漢祚伊覆。雖哲王宰世，大明照臨，未能使其漸弗興，茲害不作。姦臣王弘等竊弄威權，興造禍亂，遂與弟華內外影響，同惡相成，忌害忠賢，圖希非望。故司徒臣羨之、左光祿大夫臣亮橫被酷害，並及臣門。雖未知征北將軍臣道濟存亡，不容獨免。遂遣蕭欣、到彦之等輕舟見襲，姦偽之甚，一至於斯。羨之及亮，或宿德元臣，姻婭皇極，或任總文武，位班三事，道濟職惟上將，捍城是司，皆受遇先朝，棟樑一代。臣昔因時幸，過蒙先眷，內聞政事，外經戎旅，與羨之、亮等同被齒盼。既經啓王基，協濟大業，爰自權輿，暨於揖讓，誠策雖微，仍見紀録，並蒙丹書之誓，各受山河之賞，欲使與宋升降，傳之無窮。及聖體不預，穆卜無吉，召臣等四人，同升御床，顧命領遺，委以家國。仰奉成旨，俯竭股肱，忠貞不效，期之以死。但營陽悖德，自絕於天，社稷之危，憂在託付，不有所廢，將焉以興。乃遠稽殷、漢，用升聖德。

陛下順流乘傳，不聽張武之疑，入邸龍飛，非俟宋昌之議，斯乃主臣相信，天人合契，九五當陽，化形四海。羨之及亮，內贊皇猷，臣與道濟，分翰於外，普天之下，孰曰不宜。遂蒙寵授，來鎮此方，分留弟侄，以侍臺省。到任以來，首尾三載，雖形在遠外，心係本朝，事無大小，動皆咨啓，八州之政，罔一專輒，尊上之心，足貫幽顯。陛下遠述先旨，申以婚姻，大息世休，復蒙引召，是以去年送女遣兒，闔家俱下，血誠如此，未知所愧。而凶狡無端，妄生釁禍，羨之內誅，臣受外伐，顧省諸懷，不識何罪？天聽遐邈，陳訴靡由。弘等既蒙寵任，得侍左右，自謂勢擅狐鼠，理隔熏掘。又以陛下富於春秋，始覽政事，欲馮陵恩幸，窺望國權，親從磐峙，規自封殖，不除臣等，罔得專權，所以交結讒慝，成是亂階。又惟弘等所構，當以營陽為言，廬陵為罪。又以臣等位高功同，內外膠固。陛下信其厚貌，忘厥左道，三至下機，能不暫惑。

伏自尋省，廢昏立明，事非為己。廬陵之事，不由傍人，內積蕭牆之釁，外行叔段之罰，既制之有主，臣何預焉。然廬陵為性輕險，悌順不

足，武皇臨崩，亦有口詔，比雖發自營陽，實非國禍。至於羨之、亮等，周旋同體，心腹內外，政欲戮力皇家，盡忠報主。若令臣等頗欲執權，不專為國，初廢營陽，陛下在遠，武皇之子，尚有童幼，擁以號令，誰敢非之。而溯流三千，虛館三月，奉迎鑾駕，以遵下武，血心若斯，易為可鑑。

且臣等奉事先朝，十有七年，並居顯要，世稱恭謹，不圖一旦致茲釁罰。夫周公大賢，尚有流言之謗，伯奇至孝，不免譖訴之禍。慈父非無情于仁子，明君豈有志於貞臣。姦讒所移，勢回山嶽，況乃精誠微淺，而望求信者哉！《詩》不云乎：『讒人罔極，交亂四國。愷悌君子，無信讒言。』陛下躬覽篇籍，研核是非，釁兆之萌，宜應深察。臣竊懼王室小有皇甫之患，大有閻樂之禍，夙夜殷憂，若無首領。夫周道浸微，桓、文稱伐，君側亂國，趙鞅入誅。況今凶禍滔天，辰極危逼，臺輔孥戮，岳牧傾陷。臣才非絳侯，安漢是職，人愧博陸，肅奉遺旨。國難既深，家痛亦切。輒簡徒繕甲，軍次巴陵，蕭欣窘懾，望風奔迸。臣誠短劣，在國忘身，仰憑社稷之靈，俯厲義勇之氣，將長驅電掃，直入石頭，梟翦元凶，誅夷首惡，弔二公之冤魂，寫私門之禍痛。然後分歸司寇，甘赴鼎鑊，雖死之日，猶生之年。

伏惟陛下德合乾元，道侔玄極，鑑凶禍之無端，察貞亮之有本，回日月之照，發霜電之威，梟四凶於廟庭，懸三監于絳闕，申二臺之匪辜，明兩蕃之無罪，上謝祖宗，下告百姓，遣一乘之使，賜咫尺之書，臣便勒衆旋旗，還保所任。須次近路，尋復表聞。

初，晦與徐羨之、傅亮謀為自全之計，晦據上流，而檀道濟鎮廣陵，各有強兵，以制持朝廷；羨之、亮于中秉權，可得持久。及太祖將行誅，王華之徒咸云：『道濟不可信。』太祖曰：『道濟止於脅從，本非事主。殺害之事，又所不關。吾召而問之，必異。』於是詔道濟入朝，授之以衆，委之西討。晦聞羨之等死，謂道濟必不獨全，及聞率衆來上，惶懼無計。

道濟既至，與彥之軍合，牽艦緣岸。晦始見艦數不多，輕之，不即出戰。至晚，因風帆上，前後連咽，西人離阻，無復鬬心。臺軍至忌置洲尾，列艦過江，晦大軍一時潰散。晦夜出，投巴陵，得小船還江陵。初，雍州刺史劉粹遣弟竟陵太守道濟與臺軍主沈敞之襲江陵，至沙橋，周超率萬餘人與戰，大破之。俄而晦敗問至。晦至江陵，無它處分，唯愧謝周超而已。超其夜舍軍單舸詣到彥之降。衆散略盡，乃攜其弟遁、兄子世基等七騎北走。遁肥壯不能騎馬，晦每待之，行不得速。至安陸延頭，為戍主光順之所執。順之，晦故吏也。檻送京師，于路作《悲人道》，其詞曰：

悲人道兮，悲人道之實難。哀人道之多險，傷人道之寡安。懿華宗之冠胄，固清流而遠源。樹文德於庭户，立操學於衡門。應積善之餘祐，當履福之所延。何小子之凶放，實招禍而作愆。值革變之大運，遭一顧於聖皇。參謀猷于創物，贊帝制於宏綱。出治戎於禁衛，入關言于帷房。分河山之珪組，繼文武之龜章。稟顧命於西殿，受遺寄於御床。伊懦劣其無節，實懷此而不忘。荷隆遇於先主，欲報之于後王。憂託付之無效，懼愧言於存亡。謂繼體其嗣業，能增輝於前光。居遏密之未幾，越禮度而湎荒。普天壤而殞氣，必社稷之淪喪。矧吾儕之體國，實啓處而匪遑。藉億兆之一志，固昏極而明彰。諒主尊而民晏，信卜祚之無疆。國既危而重構，家已衰而載昌。獲扶顛而休否，冀世道之方康。

朝褒功以疏爵，祇命服於西蕃。奏簫管之嘈囋，擁朱旄之赫煌。臨八方以作鎮，響文武之桓桓。厲薄弱以為政，實忘食於日旰。豈申甫之敢慕，庶惟宋之屏翰。甫逾歷其三稔，實周回其未再。豈有慮於內□□□□其云裁。痛夾輔之二宰，並加辟而靡貸。哀弱息之從禍，悲發中而心痗。

伊荆漢之良彥，逮文武之子民。見忠貞而弗亮，睹理屈而莫申。皆義概而同憤，咸荷戈而競臻。浮舳艫之弈弈，陳車騎之轔轔。觀人和與師整，謂茲兵其誰陳。庶亡魂之雪怨，反涇、渭於彝倫。齊輕舟于江曲，殄鋭敵其皆湮。勒陸徒於白水，寇無反於隻輪。氣有捷而益壯，威既肅而彌振。嗟時哉之不與，迕風雨以逾旬。我謀戰而不克，彼繼奔其躡塵。乏智勇之奇正，忽孟明而是遵。苟成敗其有數，豈怨天而尤人。恨矢石之未竭，遂摧師而覆陳。誠得喪之所遭，固當之其無吝。痛同懷之弱子，橫遭罹之殃釁。智未窮而事傾，力未極而莫振。誓同盡於鋒鏑，我怯力而愆信。湣弟侄之何辜，實吾咎之所嬰。謂九夷其可處，思致免以全生。嗟性命之難遂，乃窘絏于邊亭。亦何忤於天地，備艱危而是丁。

我聞之於昔誥，功彌高而身蹙。霍芒刺而倖免，卒傾宗而滅族。周歎貴于獄吏，終下蕃而靡鞠。雖明德之大賢，亦不免於殘戮。懷今憚而忍

人，忘向惠而莫復。績無賞而震主，將何方以自牧。非砃石之圓照，孰違禍以取福，著殷鑑於自古，豈獨歎于季叔。能安親而揚名，諒見稱于先哲。保歸全而終孝，傷在餘而皆缺。辱歷世之平素，忽盛滿而傾滅。惟烝嘗與灑掃，痛一朝而永絕。問其誰而為之，實孤人之險戾。罪有逾於丘山，雖萬死其何雪。

羈角偃兮衡閭，親朋交兮平義。雖履尚兮不一，隆分好兮情寄。俱憚耕兮從祿，睹世道兮艱詖。規志局兮功名，每謂之兮為易。今定謚兮闔棺，慚明智兮昔議。雖待盡兮為耻，嗟厚顏兮靡置。長揖兮數子，謝爾兮明智。百齡兮浮促，終焉兮斟克。臥盡兮斧斤，理命兮同得。世安彼兮非此，豈曉分兮辨惑。御莊生之達言，請承風以為則。

周超既降，到彥之以參府事，劉粹遣參軍沈敞之告彥之沙橋之敗，事由周超，彥之乃執之。先繫嚼等，猶未即戮，於是與晦、遁、兄子世基、世猷及同黨孔延秀、周超、賀愔、竇應期、蔣虔、嚴千斯等並伏誅。世基，絢之子也，有才氣。臨死為連句詩曰：『偉哉橫海鱗，壯矣垂天翼。一旦失風水，翻為螻蟻食。』晦續之曰：『功遂侔昔人，保退無智力。既涉太行險，斯路信難陟。』晦死時，年三十七。庾登之、殷道鸞、何承天並皆原免。

又 卷五七《蔡廓傳》 太祖入奉大統，尚書令傅亮率百僚奉迎，廓亦俱行。至尋陽，遇疾，不堪前。亮將進路，詣廓別，廓謂曰：『營陽在吳，宜厚加供奉。營陽不幸，卿諸人有弑主之名，欲立於世，將可得邪！』亮已與羨之議害少帝，乃馳信止之，信至，已不及。羨之大怒曰：『與人共計議，云何裁轉背，便賣惡於人。』及太祖即位，謝晦將之荆州，與廓別，屏人問曰：『吾其免乎？』廓曰：『卿受先帝顧命，任以社稷，廢昏立明，義無不可。但殺人二昆，而以之北面，挾震主之威，據上流之重，以古推今，自免為難也。』

又 卷六〇《范泰傳》 徐羨之、傅亮等與泰素不平，及廬陵王義真、少帝見害，泰謂所親曰：『吾觀古今多矣，未有受遺顧托，而嗣君見殺，賢王嬰戮者也。』

又 卷六一《劉義真傳》 徐羨之等嫌義真與靈運、延之昵狎過甚，故使范晏從容戒之。【略】

羨之等每裁量不盡與，深怨執政，表求還都。而少帝失德，羨之等密謀廢立，則次第應在義真，以義真輕吵，不任主社稷，因其與少帝不協，乃奏廢之，曰：

臣聞二叔不咸，難結隆周，淮南悖縱，禍興盛漢，莫不義以斷恩，情為法屈。二代之事，殷鑑無遠，仁厚之主，行之不疑。故共叔不斷，幾傾鄭國；劉英容養，釁廣難深。前事之不忘，後王之成鑑也。

案車騎將軍義真，凶忍之性，爰自稚弱，咸陽之酷，醜聲遠播。先朝猶以年在紈綺，冀能改厲，天屬之愛，想聞革心。自聖體不豫，以及大漸，臣庶憂惶，內外屏氣。而縱博酣酒，日夜無輟，肆口縱言，多行無禮。先帝貽厥之謀，圖慮經固，親敕陛下，面詔臣等，若遂不悛，必加放黜；至言苦厲，猶在紙翰。而自茲迄今，日月增甚，至乃委棄藩屏，志還京邑，潛懷異圖，希幸非冀，轉聚甲卒，徵召車馬。陵墳未幹，情事猶昨，遂蔑棄遺旨，顯違成規，整棹浮舟，以示歸志，肆心專己，無復諮承。聖恩低徊，深垂隱忍，屢遣中使，苦相敦釋。而親對散騎侍郎邢安泰、廣武將軍茅仲思，縱其悖罵，訕主謗朝，此久播於遠近，暴於人聽。

臣聞原火不撲，蔓草難除；青青不伐，終致尋斧。況憂深患著，社稷慮切。請一遵晉朝武陵舊典，使顧懷之旨，不墜於武廟；全宥之德，獲申於昵親。仰尋感慟，臨啓悲咽。

乃廢義真為庶人，徙新安郡。前吉陽令堂邑張約之上疏諫曰：

臣聞仁義之在天下，若中原之有菽；理感之被萬物，故不繫於貴賤。是以考叔反悔誓于及泉，壺關復冤魂於湖邑。當斯之時，豈無尊卿賢輔，或以事迫心違，或以道壅謀屈，何嘗不願聞善於輿隸，藥石于阿氏哉！臣雖草芥，備充黔首，少不量力，頗高殉義之風，謂蹈善於朝聞，愈徒生於白首。用敢幹禁忘戮，披敍丹愚。

伏惟高祖武皇帝誕茲神武，撫運龍興，仰清天步，則齊德有虞，俯廓九州，則侔功大夏，故虔順天人，享有萬國。雖靈祚修長，聖躬弗永，陛下繼明紹統，遐邇一心，藩王哲茂，四維寧謐，傾耳康哉之詠，企踵升平之風。

竊念廬陵王少蒙先皇優慈之遇，長受陛下睦愛之恩。故在心必言，所懷必亮，容犯臣子之道，致招驕恣之愆。至於天姿夙成，實有卓然之美。

宜在容養，録善掩瑕，訓盡義方，進退以漸。今猥加剥辱，幽徙遠郡，上傷陛下棠棣之篤，下令遠近恇然失圖，士庶杜口，人為身計。臣伏思大宋之興，雖協應符緯，而開基造次，根條未繁。宜廣樹藩戚，敦睦以道，使兄弟之美，比輝魯、衛；龜策告同，祚均七百，豈不善哉！

陛下富於春秋，慮未重複，忽安危之遠算，肆不忍於一朝。特願留神允思，重加詢采。上考前代興亡之由，中存武皇締構之業，下顧蒼生顒顒之望，時開曲宥，反王都邑。選保傅於舊老，求四友于髦俊，引誘情性，導達聰明。凡人在苦，皆能自厲，況王質朗心聰，易加訓範。且中賢之人，未能無過；過貴自改，罪願自新。以武皇之愛子，陛下之懿弟，豈可以其一眚，長致淪棄哉！謹昧死詣闕，伏地以聞。惟願丹誠，一經天聽，退就斧鑕，無愧地下矣。

書奏，以約之為梁州府參軍，尋又見殺。景平二年六月癸未，羨之等遣使殺義真於徙所，時年十八。【略】

三年正月，誅徐羨之、傅亮等。

又 卷六三《王華傳》 太祖入奉大統，以少帝見害，疑不敢下。華建議曰：『羨之等受寄崇重，未容便敢背德，廢主若存，慮其將來受禍，致此殺害。蓋由每生情多，寧敢一朝頓懷逆志。且三人勢均，莫相推伏，不過欲握權自固，以少主仰待耳。今日就征，萬無所慮。』太祖從之，留華總後任。

《南史》卷一《宋武帝紀》 （永初三年）六月壬申，以尚書僕射傅亮爲中書監、尚書令，司空徐羨之、領軍將軍謝晦及亮輔政。

又 卷二《宋文帝紀》 （元嘉二年）春正月丙寅，司徒徐羨之、尚書令傅亮奉表歸政，上始親覽萬機。

又 卷一五《檀道濟傳》 文帝即位，給鼓吹一部，進封武陵郡公。固辭進封。道濟素與王弘善，時被遇方深，道濟彌相結附，每構羨之等，弘亦雅仗之。上將誅徐羨之等，召道濟欲使西討。王華曰：『不可。』上曰：『道濟從人者也，曩非創謀，撫而使之，必將無慮。』道濟至之明日，上誅羨之、亮。既而使道濟與中領軍到彦之前驅西伐，上問策於道濟。對曰：『臣昔與謝晦同從北征，入關十策，晦有其九。才略明練，殆難與敵；然未嘗孤軍決勝，戎事恐非其長。臣悉晦智，晦悉臣勇。今奉王命外討，必未陣而禽。』時晦本謂道濟與羨之同誅，忽聞來上，遂不戰自潰。事平，遷征南大將軍、開府儀同三司、江州刺史。

又 《謝靈運傳》 靈運多愆禮度，朝廷唯以文義處之，不以應實相許。自謂才能宜參權要，既不見知，常懷憤惋。廬陵王義真少好文籍，與靈運情款異常。少帝即位，權在大臣，靈運構扇異同，非毁執政，司徒徐羨之等患之，出爲永嘉太守。郡有名山水，靈運素所愛好。出守既不得志，遂肆意遊遨，遍歷諸縣，動踰旬朔。理人聽訟，不復關懷，所至輒爲詩詠以致其意。

又 卷二〇《王宏傳》 少帝景平二年，徐羨之等謀廢立，召弘入朝。【略】徐羨之等以廢弑罪，將及誅，弘以非首謀，且弟曇首又爲上所親委。事將發，密使報弘。羨之既誅，遷侍中、司徒、揚州刺史、録尚書事，給班劍三十人。上西征謝晦，與彭城王義康居守，入住中書下省，引隊仗出入，司徒府權置參軍。

又 卷二三《王華傳》 文帝將入奉大統，以少帝見害，不敢下。華曰：『先帝有大功于天下，四海所服。雖嗣主不綱，人望未改。徐羨之中才寒士，傅亮布衣諸生，非有晉宣帝、王大將軍之心明矣。畏廬陵嚴斷，將來必不自容。殿下寬叡慈仁，天下所知，已且越次奉迎，冀以見德，悠悠之論，殆必不然。羨之、亮、晦又要檀道濟、王弘五人同功，孰肯相讓，勢必不行。今日就征，萬無所慮。』帝從之，曰：『卿復欲爲吾之宋昌矣。』乃留華總後任。

寧子與華並有富貴之願，自羨之等執權，日夜構之于文帝。寧子嘗東歸至金昌亭，左右欲泊船，寧子命去之，曰：『此殺君亭，不可泊也。』華每閒居諷詠，常誦王粲登樓賦曰：『冀王道之一平，假高衢而騁力。』出入逢羨之等，每切齒憤叱，歎曰：『當見太平時否？』元嘉二年，寧子卒。三年，誅羨之等。

又 卷二五《到彦之傳》 及文帝入奉大統，以徐羨之等新有篡虐，懼，欲使彦之領兵前驅。彦之曰：『了彼不貳，便應朝服順流；若使有虞，此師既不足恃，更開嫌隙之端，非所以副遠邇之望也。』會雍州刺史褚叔度卒，乃遣彦之權鎮襄陽。羨之等欲即以彦之爲雍州，上不許，徵爲中領軍，委以戎政。彦之自襄陽下，謝晦已至鎮，慮彦之不過己，彦之至

楊口，步往江陵，深布誠款，晦亦厚自結納。彥之留馬及利劍名刀以與晦，晦由此大安。

元嘉三年討晦，進彥之鎮軍，于彭城洲戰不利，咸欲退還夏口，彥之不回。會檀道濟至，晦乃敗走。

又　卷三三《何承天傳》（元嘉三年）晦將見討，問計於承天，曰：『大小既殊，逆順又異，境外求全，上計也。以腹心領兵戍義陽，將軍率衆于夏口一戰。若敗，即趨義陽，以出北境，此其次也。』晦良久曰：『荆楚用武之國，且當決戰，走不晚也。』及晦下，承天留府不從。到彥之至馬頭，承天自詣歸罪，見宥。

彭城王專政

綜　述

《宋書》卷五三《庾登之傳》　府公彭城王義康專覽政事，不欲自下厝懷，而登之性剛，每陳己意，義康甚不悅，出為吳郡太守。州郡相臨，執意無改，因其蒞任贓貨，以事免官。

又　卷六三《王曇首傳》　彭城王義康與弘並録，意常怏怏，又欲得揚州，形於辭旨。以曇首居中，分其權任，愈不悅。曇首固乞吳郡，太祖曰：『豈有欲建大廈而遺其棟樑者哉？賢兄比屢稱疾，固辭州任，將來若相申許者，此處非卿而誰？亦何吳郡之有。』時弘久疾，屢遜位，不許。義康謂賓客曰：『王公久疾不起，神州詎合臥治。』曇首勸弘減府兵力之半以配義康，義康乃悅。

又　卷六八《劉義康傳》　六年，司徒王弘表義康宜還入輔，徵侍中、都督揚、南徐、兗三州諸軍事、司徒、録尚書事，領平北將軍、南徐州刺史，持節如故。二府並置佐領兵，與王弘共輔朝政。弘既多疾，且每事推謙，自是內外衆務，一斷之義康。【略】

有司上曰：『義康昔擅國權，恣心淩上，結朋樹黨，苞納凶邪。重釁彰著，事合明罰。特遭陛下仁愛深至，敦惜周親，封社不削，爵寵無貶。四海之心，朝野之議，咸謂皇德雖厚，實撓典刑。而義康曾不思此大造之德，自出南服，詭飾情貌，外示知懼，內實不悛。窮好極欲，幹請無度。聖慈含弘，每不折舊，矜釋屢加，恩疇已往。而陰敦行李，方啓交通之謀，潛資左右，以要死士之命。崎嶇伺隙，不忘窺窬。時猶隱忍，罰止僕侍。狂疾之性，永不懲革，凶心遂成，悖謀仍構。遠投羣醜，千里相結，再議宗社，重窺鼎祚。賴陛下至誠感神，宋歷方永，故姦事昭露，罪人斯得。周公上聖，不辭同氣之刑；漢文仁明，無隱從兄之惡。況義康釁深二叔，謀過淮南，背親反道，自棄天地。臣等參議，請下有司削義康王爵，收付廷尉法獄治罪。』詔特宥大辟。於是免義康及子泉陵侯允、女始寧、豐城、益陽、興平四縣主為庶人，絕屬籍，徙付安成郡。以寧朔將軍沈邵為安成公相，領兵防守。義康在安成讀書，見淮南厲王長事，廢書歎曰：『前代乃有此，我得罪為宜也。』

又　卷六九《劉湛傳》　時彭城王義康專秉朝權，而湛昔為上佐，遂以舊情委心自結，欲因宰相之力以回主心，傾黜景仁，獨當時務。義康屢構之于太祖，其事不行。義康僚屬及湛諸附隸潛相約勒，無敢歷殷氏門者。【略】

義康擅勢專朝，威傾內外，湛愈推崇之，無復人臣之禮，上稍不能平。【略】

時上與義康形迹既乖，釁難將結，湛亦知無復全地。及至丁艱，謂所親曰：『今年必敗。常日正賴口舌爭之，故得推遷耳。今既窮毒，無復此望，禍至其能久乎！』十月，詔曰：『劉湛階藉門廕，少叨榮位，往佐歷陽，姦詖夙著。謝晦之難，潛使密告，求心即事，久宜誅屏。朕所以棄罪略瑕，庶收後效，寵秩優忝，逾越倫匹。而凶忍忌克，剛愎靡厭，無君之心，觸遇斯發。遂乃合黨連羣，構扇同異，附下蔽上，專弄威權，薦子樹親，互為表裏，邪附者榮曜九族，乘理者推陷必至。旋觀姦慝，為日已久，猶欲弘納遵養，冀或悛革。自邇以來，淩縱滋甚，悖言懟容，罔所顧忌，險謀潛計，睥睨兩宮。豈唯彰暴國都，固亦達于四海。比年七曜違度，震蝕表灾，侵陽之征，事符幽顯。搢紳含憤，義夫興歎。昔齊、魯不綱，禍頃邦國；昭、宣電斷，漢祚方延。便收付廷尉，肅明刑典。』於獄

伏誅，時年四十九。

又《范曄傳》 凡素所不善及不附義康者，又有別簿，併入死目。

《南齊書》卷一《高帝紀》 （元嘉十七年）宋大將軍彭城王義康被黜，鎮豫章，皇考領兵防守，太祖舍業南行。

《南史》卷一《宋武帝紀》 （永初元年）夏六月乙亥，封皇子桂陽公義真爲廬陵王，彭城公義隆爲宜都王，義康爲彭城王。

又 卷二《宋文帝紀》 （元嘉六年）春正月辛丑，祀南郊。癸丑，以荆州刺史彭城王義康爲司徒、録尚書事。

十六年春正月庚寅，進彭城王義康爲大將軍、領司徒，以開府儀同三司江夏王義恭爲司空。

二十二年丁酉，免大將軍彭城王義康爲庶人，絕屬籍。

又 卷一三《彭城王劉義康傳》 義康少而聰察，及居方任，職事修理。六年，司徒王弘表義康宜還入輔。征爲侍中、司徒、録尚書事、都督、南徐州刺史。二府置佐領兵，與王弘共輔朝政。弘既多疾，且每事推謙，自是內外衆務一斷之義康。太子詹事劉湛有經國才用，義康昔在豫州，湛爲長史，既素情款，至是待遇特隆，動皆諮訪，故前後在藩多善政。九年，王弘薨，又領揚州刺史。十二年，又領太子太傅。

義康性好吏職，鋭意文案，糾剔是非，莫不精盡。既專朝權，事決自己，生殺大事，皆以録命斷之。凡所陳奏，入無不可，方伯以下，並委義康授用，由是朝野輻湊，權傾天下。義康亦自强不息，無有懈倦。府門每旦常有數百乘車，雖重定卑人微，皆被接引。又聰識過人，一聞必記，嘗所暫遇，終身不忘。稠人廣坐，每標題所憶，以示聰明，人物益以此推服之。愛惜官爵，未嘗以階級私人。凡朝士有才用者，皆引入己府，自下樂爲竭力，不敢欺負。文帝有虛勞疾，每意有所想，便覺心中痛裂，屬纊者相係。義康入侍醫藥，盡心衛奉，湯藥飲食，非口所嘗不進。或連夕不寢，彌日不解衣。內外衆事，皆專決施行。十六年，進位大將軍，領司徒。義康素無術學，待文義者甚薄。袁淑嘗詣義康，義康問其年，答曰：『鄧仲華拜袞之歲。』義康曰：『身不識也。』淑又曰：『陸機入洛之年。』義康曰：『身不讀書，君無爲作才語見向。』其淺陋若此。既闇大體，自謂兄弟至親，不復存君臣形迹。率心而行，曾無猜防。私置僮六千餘人，不以言臺。時四方獻饋，皆以上品薦義康，而以次者供御。上嘗冬月噉柑，歎其形味並劣，義康在坐，曰：『今年柑殊有佳者。』遣還東府取柑，大供御者三寸。

僕射殷景仁爲帝所寵，與劉湛素善，而意好晚乖，湛常欲因宰輔之權傾之。景仁爲帝所保持，義康屢言不見用，湛愈憤。南陽劉斌，湛之宗也，有涉俗才用，爲義康所知，自司徒右長史擢爲左長史。從事中郎琅邪王履、主簿沛郡劉敬文、祭酒魯郡孔胤秀並以傾側自入，見帝疾篤，皆謂宜立長君。上嘗危殆，使義康具顧命詔。義康還省，流涕以告湛及景仁。湛曰：『天下艱難，詎是幼主所御。』義康、景仁並不答；而胤秀等輒就尚書儀曹索晉咸康立康帝舊事，義康不知也。及帝疾瘳，微聞之；而斌等既爲義康所寵，遂結朋黨，若有盡忠奉國不同己者，必構以罪黜。每采景仁短長，或虛造同異以告湛，自是主相之勢分矣。

義康欲以斌爲丹陽尹，言其家貧。上覺之，曰：『以爲吴郡。』後會稽太守羊玄保求還，義康又欲以斌代之。上時未有所擬，倉卒曰：『我已用王鴻。』上以嫌隙既成，將致大禍，十七年，乃收劉湛；又誅斌及大將軍録事參軍劉敬文並賊曹孔劭秀、中兵邢懷明、主簿孔胤秀、丹陽丞孔文秀、司空從事中郎司馬亮、烏程令盛曇泰；徙尚書庫部郎何默子、餘姚令韓景之、永興令顔遥之、湛弟黄門郎素、斌弟給事中温於廣州；王履廢於家。青州刺史杜驥勒兵殿內，以備非常。義康時入宿，留止中書省，遣人宣旨告以湛等罪。義康上表遜位，改授江州刺史，出鎮豫章，實幽之也。停省十餘日，桂陽侯義融、新渝侯義宗、秘書監徐湛之往來慰視。於省奉辭，便下渚，上唯對之慟哭，遣沙門慧琳視之。義康曰：『弟子有還理不？』琳公曰：『恨公不讀數百卷書。』征虜司馬蕭斌爲義康所昵，劉斌等讒之被斥，乃以斌爲諮議，領豫章太守，事無大小皆委之。司徒主簿謝綜素爲義康所狎，以爲記室。左右愛念者並聽隨從至豫章。辭州見許，資奉優厚，朝廷大事，皆報示之。

義康未敗時，東府聽事前井水忽湧，野雉江鷗併入所住齋前。龍驤參軍巴東扶令育上表申明義康，奏，即收付建康獄賜死。

以此激之曰：『丈人若謂朝廷相待厚者，何故不與丈人婚，爲是門户不得邪？人作犬豕相遇，而丈人欲爲之死，不亦惑乎。』曄默然不答，其

意乃定。

又　卷三三《范曄傳》　時曄與沈演之並爲上所知待，每被見多同，曄若先至，必待演之，演之先至，常獨被引，曄又以此爲怨。曄累經義康府佐，見待素厚，及宣城之授，意好乖離。綜爲義康大將軍記室參軍，隨鎮豫章。綜還，申義康意於曄，求解晚隙，復敦往好。

曄既有逆謀，欲探時旨，乃言於上曰：『臣歷觀前史二漢故事，諸蕃王政以妖詛幸灾，便正大逆之罰。況義康姦心釁迹，彰著遐邇，而至今無恙，臣竊惑焉。且大梗常存，將成亂階。』上不納。

熙先素善天文，云：『文帝必以非道晏駕，當由骨肉相殘。江州應出天子。』以爲義康當之。綜父述亦爲義康所遇，綜弟約又是義康女夫，故文帝使綜隨從南上。既爲熙先獎說，亦有酬報之心。

廣州人周靈甫有家兵部曲，熙先以六十萬錢與之，使於廣州合兵。靈甫一去不反。大將軍府史仲承祖，義康舊所信念，屢銜命下都，亦潛結腹心，規有異志。聞熙先有誠，密相結納。丹陽尹徐湛之素爲義康所愛，雖爲舅甥，恩過子弟，承祖因此結事湛之，告以密計。承祖南下，申義康意於蕭思話及曄，云：『本欲與蕭結婚，恨始意不果。與範本情不薄，中間相失，傍人爲之耳。』

有法略道人先爲義康所養，粗被知待。又有王國寺法靜尼出入義康家内，皆感激舊恩，規相拯拔，並與熙先往來。使法略罷道。法略本姓孫，改名景玄，以爲臧質寧遠參軍。

熙先善療病兼能診脈，法靜尼妹夫許耀領隊在臺，宿衛殿省，嘗有疾，因法靜尼就熙先乞療得損，因成周旋。熙先以耀膽幹，因告逆謀，耀許爲内應。豫章胡藩子遵世與法靜甚款，亦密相酬和。法靜尼南上，熙先遣婢采藻隨之，付以箋書，陳說圖讖。法靜還，義康餉熙先銅匕銅鑷袍段棋奩等物。熙先慮事泄，酖采藻殺之。

湛之又謂曄等：『臧質見與異常，質與蕭思話款密，二人並受大將軍眷遇，必無異同，不憂兵力不足，但當勿失機耳。』乃備相署置：湛之爲撫軍將軍、揚州刺史，曄中軍將軍、南徐州刺史，熙先左衛將軍。其餘皆有選擬。凡素所不善及不附義康者，又有别簿，併入死目。

熙先使弟休先豫爲檄文，言賊臣趙伯符肆兵犯蹕，禍流儲宰，乃奉戴義康。又以既爲大事，宜須義康意旨，乃作義康與湛之書，宣示同黨。

又　卷三五《劉湛傳》　武帝入受晉命，以第四子義康爲冠軍將軍、豫州刺史，留鎮壽陽。以湛爲長史、梁郡太守。義康弱年未親政，府州事悉委湛。進號右將軍，仍隨府轉。義康以本號徙南豫州，湛改領歷陽太守。【略】

（元嘉十二年）湛與景仁素款，又以其建議徵之，甚相感悅。及俱被時遇，猜隙漸生。以景仁專内任，謂爲間己。時彭城王義康專執朝權，而湛昔爲上佐，遂以舊情委心自結，欲因宰相之力回主心，傾黜景仁，獨當時務。義康屢言之于文帝，其事不行。義康僚屬及湛諸附隸潛相約勒，無敢歷殷氏門者。湛黨劉敬文父成未悟其機，詣景仁求郡，敬文遽謝湛曰：『老父悖耄，遂就殷鐵幹禄。由敬文闇淺，上負生成，合門慚懼，無地自處。』敬文之姦諂如此。

義康擅權專朝，威傾内外，湛愈推崇之，無復人臣之禮，上稍不能平。湛初入朝，委任甚重，善論政道，並諳前代故事，聽者忘疲。每入雲龍門，御者便解駕，左右及羽儀隨意分散，不夕不出，以此爲常。及晚節驅煽義康，陵轢朝廷，上意雖内離而接遇不改。上謂所親曰：『劉斑初自西還，吾與語常看日早晚，慮其當去；比入亦看日早晚，慮其不去。』

十七年，上與義康形迹既乖，釁難將結，湛亦知無復全地。及至丁艱，謂所親曰：『今年必敗，常日賴口舌爭之，故得推遷耳。今既窮毒，無復此望，禍至其能久乎。』伏甲於室，以待上臨弔。謀又泄，竟弗之幸。十月，詔收付廷尉，於獄伏誅，時年四十九。子黯等從誅。弟素，黄門郎，徙廣州。湛初被收，歎曰：『便是亂邪。』又曰：『不言無我應亂，殺我日自是亂法耳。』

北魏宗愛逆節

綜　述

《魏書》卷四下《世祖紀下》（正平二年）三月甲寅，帝崩於永安宮，時年四十五。秘不發喪。中常侍宗愛矯皇后令，殺東平王翰，迎南安王余入而立之，大赦，改元為永平，尊皇后赫連氏為皇太后。三月辛卯，上尊謚曰太武皇帝，葬於雲中金陵，廟號世祖。

夏六月，劉義隆將檀和之寇濟州，梁坦及魯安生軍於京索，龐萌、薛安都寇弘農。

秋七月，征南將軍、安定公韓元興討之。和之退，梁坦、安生亦走。八月，冠軍將軍封禮率騎二千從洹津南渡赴弘農。九月，司空、高平公兒烏干屯潼關，平南將軍、昌黎西元遼屯河內。

冬十月丙午朔，余為宗愛所賊。殿中尚書長孫渴侯與尚書陸麗迎立皇孫，是為高宗焉。

又　卷九四《閹官傳·宗愛》　宗愛，不知其所由來，以罪為閹人，歷碎職至中常侍。正平元年正月，世祖大會於江上，班賞羣臣，以愛為秦郡公。

恭宗之監國也，每事精察。愛天性險暴，行多非法，恭宗每銜之。給事仇尼道盛、侍郎任平城等任事東宮，微為權勢，世祖頗聞之。二人與愛並不睦。為懼道盛等案其事，遂構告其罪。詔斬道盛等於都街。時世祖震怒，恭宗遂以憂薨。

是後，世祖追悼恭宗，愛懼誅，遂謀逆。二年春，世祖暴崩，愛所為也。尚書左僕射蘭延、侍中吳興公和疋、侍中太原公薛提等秘不發喪。延、疋二人議以高宗沖幼，欲立長子，徵秦王翰置之秘室。提以高宗有世嫡之重，不可廢所宜立而更求君。延等猶豫未決。愛知其謀。始愛負罪於東宮，而與吳王余素協，乃密迎余自中宮便門入，矯皇后令徵延等。延等以愛素賤，弗之疑，皆隨之入。愛先使閹豎三十人持仗於宮內，及延等入，以次收縛，斬於殿堂。執秦王翰，殺之於永巷而立余。余以愛為大司馬、大將軍、太師、都督中外諸軍事，領中秘書，封馮翊王。

愛既立余，位居元輔，録三省，兼總戎禁，坐召公卿，權恣日甚，內外憚之。羣情咸以為愛必有趙高、閻樂之禍，余疑之，遂謀奪其權。愛憤怒，使小黄門賈周等夜殺余，事在《余傳》。高宗立，誅愛、周等，皆具五刑，夷三族。

北魏乙渾謀篡

綜　述

《魏書》卷六《顯祖紀》　和平六年夏五月甲辰，即皇帝位，大赦天下。尊皇后曰皇太后。車騎大將軍乙渾矯詔殺尚書楊保年、平陽公賈愛仁、南陽公張天度於禁中。戊申，侍中、司徒、平原王陸麗自湯泉入朝，渾又殺之。己酉，以侍中、車騎大將軍乙渾為太尉、録尚書事，東安王劉尼為司徒，尚書左僕射和其奴為司空。壬子，以淮南王他為鎮西大將軍、儀同三司，鎮涼州。六月，封繁陽侯李嶷為丹陽王，征東大將軍馮熙為昌黎王。【略】

秋七月癸巳，太尉乙渾為丞相，位居諸王上，事無大小，皆決於渾。九月庚子，曲赦京師。【略】

天安元年春正月乙丑朔，大赦，改年。二月庚申，丞相、太原王乙渾謀反伏誅。乙亥，以侍中元孔雀為濮陽王，侍中陸定國為東郡王。三月庚子，以隴西王源賀為太尉。辛丑，高宗文成皇帝神主祔於太廟。辛亥，帝幸道壇，親受符籙；曲赦京師。

北魏（高）肇（于）忠用事

綜　述

《魏書》卷八三下《外戚傳·高肇》　高肇，字首文，文昭皇太后之兄也，自云本渤海蓨人，五世祖顧，晉永嘉中避亂入高麗。父颺，字法脩。高祖初，與弟乘信及其鄉人韓內、冀富等入國，拜厲威將軍、河間子，乘信明威將軍，俱待以客禮，賜奴婢牛馬采帛。遂納颺女，是為文昭皇后，生世宗。

颺卒。景明初，世宗追思舅氏，徵肇兄弟等。録尚書事、北海王詳等奏：『颺宜贈左光祿大夫，賜爵渤海公，謚曰敬。其妻蓋氏宜追封清河郡君。』詔可。又詔颺嫡孫猛襲渤海公爵，封肇平原郡公，肇弟顯澄城郡公。三人同日受封。始世宗未與舅氏相接，將拜爵，乃賜衣幘引見肇、顯於華林都亭。皆甚惶懼，舉動失儀。數日之間，富貴赫弈。是年，咸陽王禧誅，財物珍寶奴婢田宅多入高氏。未幾，肇為尚書左僕射、領吏部、冀州大中正，尚世宗姑高平公主，遷尚書令。

肇出自夷土，時望輕之。及在位居要，留心百揆，孜孜無倦，世咸謂之為能。世宗初，六輔專政，後以咸陽王禧無事構逆，由是遂委信肇。肇既無親族，頗結朋黨，附之者旬月超升，背之者陷以大罪。以北海王詳位居其上，構殺之。又說世宗防衛諸王，殆同囚禁。時順皇后暴崩，世議言肇為之。皇子昌薨，僉謂王顯失於醫療，承肇意旨。及京兆王愉出為冀州刺史，畏肇恣擅，遂至不軌。肇又譖殺彭城王勰。由是朝野側目，咸畏惡之。因此專權，與奪任己。又嘗與清河王懌於雲龍門外廡下，忽忿諍，大至紛紜。太尉、高陽王雍和止之。高后既立，愈見寵信。肇既當衡軸，每事任己，本無學識，動違禮度，好改先朝舊制，出情妄作，減削封秩，抑黜勳人。由是怨聲盈路矣。延昌初，遷司徒。雖貴登臺鼎，猶以去要怏怏形乎辭色。衆咸嗤笑之。父兄封贈雖久，竟不改瘞。三年，乃詔令遷葬。

肇不自臨赴，唯遣其兄子猛改服詣代，遷葬於鄉。時人以肇無識，哂而不責也。

其年，大舉征蜀，以肇為大將軍，都督諸軍為之節度。與都督甄琛等二十餘人俱面辭世宗於東堂，親奉規略。是日，肇所乘駿馬停於神虎門外，無故驚倒，轉臥渠中，鞍具瓦解，衆咸怪異。肇出，惡焉。

四年，世宗崩，赦罷征軍。肅宗與肇及征南將軍元遙等書，稱諱言，以告凶問。肇承變哀愕，非唯仰慕，亦私憂身禍，朝夕悲泣，至於羸悴。將至，宿瀍澗驛亭，家人夜迎省之，皆不相視，直至闕下，衰服號哭，升太極殿，奉喪盡哀。

太尉高陽王先居西柏堂，專決庶事，與領軍於忠密欲除之。潛備莊士直寢邢豹、伊甕生等十餘人於舍人省下。肇哭梓宮訖，於百官前引入西廊，清河王懌、任城王澄及諸王等皆竊言目之。肇入省，壯士搤而拉殺之。下詔暴其罪惡，又云刑書未及，便至自盡，自餘親黨，悉無追問，削除職爵，葬以士禮。及昏，乃於廁門出其屍歸家。初，肇西征，行至函谷，車軸中折。從者皆以為不獲吉還也。靈太后臨朝，令特贈營州刺史。永熙二年，出帝贈使持節、侍中、中外諸軍事、太師、大丞相、太尉公、録尚書事、冀州刺史。

又　卷三一《于忠傳》　（于）祚弟忠，字思賢，本字千年。弱冠拜侍御中散。文明太后臨朝，刑政頗峻，侍臣左右，多以微譴得罪。忠樸直少言，終無過誤。太和中，授武騎侍郎，因賜名登。轉太子羽軍校尉。

世宗即位，遷長水校尉。尋除左右侍郎將，領直寢。元禧之謀亂也，車駕在外，變起倉卒，未知所之。忠進曰：『臣世蒙殊寵，乃心王室。臣父領軍，付留守之重計，防遏有在，必無所慮。』世宗即遣忠馳騎觀之，而烈分兵嚴備，果如所量。世宗還宮，撫背曰：『卿差强人意。』賜帛五百匹。又曰：『先帝賜卿名登，誠為美稱；朕嘉卿忠款，今改卿名忠。既表貞固之誠，亦所以名實相副也。』

父憂去職。未幾，起復本官。遷司空長史。於時太傅、録尚書、北海王詳親尊權重，將作大匠王遇多隨詳所欲而給之。後因公事，忠於詳前謂遇曰：『殿下國之周公，阿衡王室，所須材用，自應關旨，何至阿諛附勢，損公惠私也。』遇既不寧，詳亦慚謝。遷征虜將軍，餘如故。以平元

禧功，封魏郡開國公，食邑九百戶。尋遷散騎常侍，兼武衛將軍。每以鯁氣正辭，為北海王詳所忿，面責忠曰：『我憂在前見爾死，不憂爾見我死時也。』忠曰：『人生於世，自有定分，若應死於王手，避亦不免；若其不爾，王不能殺。』詳因忠表讓之際，密勸世宗以忠為列卿，令解左右，聽其讓爵。於是詔停其封，優進太府卿。

正始二年秋，詔忠以本官使持節、兼侍中，為西道大使，刺史、鎮將贓罪顯暴者，以狀申聞，守令已下，便即行決。與撫軍將軍、尚書李崇分使二道。忠劾并州刺史高聰贓罪二百餘條，論以大辟。還，除平西將軍、華州刺史。遭繼母憂，不行。服闋，授安北將軍，相州刺史。又為衛尉卿，河南邑中正。詔忠與吏部尚書元暉、度支尚書元匡、河南尹元萇等推定代方姓族。高肇忌其為人，欲密出之，乃言於世宗，稱中山要鎮，作捍須才，以忠器能，宜居其位。於是出授安北將軍、定州刺史。世宗既而悔之，復授衛尉卿、領左衛將軍、恒州大中正。密遣中使詔曰：『自比股肱褫落，心膂無寄。方任雖重，比此為輕。故輟茲外任，委以內務。當勤夙無怠，稱朕所寄也。』延昌初，除都官尚書，加平南將軍，領左衛，中正如故。又加散騎常侍。嘗因侍宴，賜之劍杖，舉酒屬忠曰：『卿世秉貞節，故恒以禁衛相委。昔以卿行忠，賜名曰忠。今以卿才堪禦侮，以所御劍杖相賜。循名取義，意在不輕。其出入周旋，恒以自防也。』忠頓首陳謝。遷侍中、領軍將軍。忠面陳讓云：『臣無學識，不堪兼文武之任。』世宗曰：『當今學識有文者不少，但心直不如卿。欲使卿劬勞於下，我當無憂於上。』

及世宗崩，夜中與侍中崔光遣右衛將軍侯剛迎肅宗於東宮而即位。忠與門下議，以肅宗幼年，未親機政；太尉、高陽王雍屬尊望重，宜入居西柏堂，省決庶政；任城王澄明德茂親，可為尚書令，總攝百揆。奏中宮，請即敕授。御史中尉王顯欲逞姦計，與中常侍、給事中孫伏連等厲色不聽，寢門下之奏。宮□侍中、黃門，但牒六輔姓字齎來。孫伏連等密欲矯太后令，以高肇録尚書事，顯與高猛為侍中。忠即於殿中收顯殺之。

忠既居門下，又總禁衛，遂秉朝政，權傾一時。初，太和中軍國多事，高祖以用度不足，百官之祿四分減一。忠既擅權，欲以惠澤自固，乃悉歸所減之祿，職人進位一級。舊制：天下之民絹布一匹之外，各輸綿麻八兩。忠悉以與之。忠白高陽王雍，自云世宗本許優轉。雍憚忠威權，便順其意，加忠車騎大將軍。忠自謂新故之際，有安社稷之功，諷動百僚，令加己賞。於是太尉雍、清河王懌、廣平王懷難違其意，議封忠常山郡開國公，食邑二千戶。百僚咸以為然。忠又難於獨受，乃諷朝廷，同在門下者皆加封邑。尚書左僕射郭祚、尚書裴植以忠權勢日盛，勸雍出忠。忠聞之，逼有司誣奏其罪。郭祚有師傅舊恩，裴植擁地入國，忠並矯詔殺之。朝野憤怨，莫不切齒，王公已下，畏之累迹。又欲殺高陽王雍，侍中崔光固執，乃止，遂免雍太尉，以王還第。自此之後，詔命生殺，皆出於忠。即尊靈太后為皇太后，居崇訓宮，忠為儀同三司、尚書令、領崇訓衛尉、侍中、領軍如故。靈太后臨朝，解忠侍中、領軍、崇訓衛尉，止為儀同、尚書令，加侍中。忠為令旬餘，靈太后引門下侍官於崇訓宮，問曰：『忠在端右，聲聽如何？』咸曰：『不稱厥位。』乃出忠使持節、都督冀定瀛三州諸軍事、征北大將軍、冀州刺史。太傅清河王等奏曰：『竊惟先帝升遐之初，皇上登極之始，四海諠然，宇內晏清。至於奉迎乘輿，侍衛省闥，斯乃臣子之常節，職司之恒理，不容以此為功，妄開井邑。臣等前議所以廣建茅土者，正以畏迫威權，苟免暴戾故也。是以中議之際，以十三日夜入為無勳，唯以拒違矯令，抑黜姦回，微可褒敍。以前侍中臣忠總攝文武，侍中臣光久在樞密，贊同其意，故唯賞二人。今尚書臣昭等無涯上訴，奉敕重議。案王顯陰結姦徒，志為不逞；高肇遠同凶逆，遙構禍端。無將之罪，事合洿戮，而忠等徵罪，唯以厥身，不至孥戮，又出罪人，窮治不盡。案律准憲，事在不輕。暨皇上纂歷，聖后別宮，母子隔異，溫清道絕，皆忠等之咎。過方厥勳，功微罪重。又忠專權之後，擅殺樞納，輒廢宰輔，令朝野駭心，遠近怪愕。功過相除，悉不合賞。請悉追奪。』靈太后從之。

熙平元年春，御史中尉元匡奏曰：『臣聞事主不以幽貞革心，奉上不以趣舍虧節。是以倚秦宮而慟哭，復楚之功已多；陟廬龍而樹勳，廣魏之勳不淺。而申包避賞，君子於是義之；田疇拒命，良史所以稱美。竊唯宮車晏駕，天人位易，正是忠臣孝子致節之秋。前領軍將軍臣忠不能砥礪名行，自求多福，方因矯制，擅相除假，清官顯職，歲月隆崇。臣等在蕃之時，乃心家國，書謂往來，憤氣成疚，傷禮敗德，臣忠即主。謹案臣

忠世以鴻勳盛德，受遇累朝，出入承明，左右機近。幸國大災，肆其愚戇，專擅朝命，無人臣之心。裴郭受冤於既往，宰輔黜辱於明世。又自矯旨為儀同三司、尚書令、領崇訓衛尉，原其此意，便欲無上自處。既事在恩後，宜加顯戮。請御史一人，令史一人，就州行決。崔光與忠雖同受召，而謂光既儒望，朝之禮宗，攝心虛遠，不關世務。但忠以光意望崇重逼光，光若不同，又有危禍。伏度二聖欽明，深垂昭恕。而自去歲正月十三日世宗晏駕以後，八月一日皇太后未親覽以前，諸有不由階級而權臣用命，或發門下詔書，或由中書宣敕，擅相拜授者，已經恩宥，正可免其叨竊之罪。既非時望，朝野所知，冒階而進者，並求追奪。』靈太后令曰：『直繩所糾，實允朝憲。但忠事經肆宥，又蒙特原，無宜追罪。餘如奏。』又詔曰：『忠以往年大諱之際，開崇邑土，然酬庸理乖，有司執奪。豈宜一謬，棄其餘勳也。但忠厥任禁要，誠節皎然，宜褒錫山河，以安厥望。可靈壽縣開國公，邑五百戶。』

初，世宗崩後，高太后將害靈太后。劉騰以告侯剛，剛以告忠。忠請計於崔光，光曰：『宜置胡嬪於別所，嚴加守衛，理必萬全，計之上者。』忠等從之，具以此意啓靈太后，太后意乃安。故太后深德騰等四人，並有寵授。忠以毀之者多，懼不免禍，願還京師，欲自營救。靈太后不許。二年四月，除尚書右僕射，加侍中，將軍如故。

神龜元年三月，復儀同三司，疾病未拜，見裴郭為祟，忠自知必死。表曰：『先帝録臣父子一介之誠，昭臣家世奉公之節，故申之以婚姻，重之以爵祿，至乃位亞三槐，秩班九命。自大明利見之始，百官總己之初，臣復得猥攝禁戎，緝寧內外，斯誠社稷之靈，兆民之福，臣何力之有焉？但陛下以睿明御宇，皇太后以聖善臨朝，衽席不遺，簪履弗棄，復乃寵窮出內，榮遍宮闈，外牧兩河，入參百揆。顧服知妖，省躬識戾。而臣將慎靡方，致茲屙疢。自去秋苦痢，纏綿迄今，藥石備嘗，日增無損。又今年已來，力侯轉惡，微喘緒息，振復良難。鴻慈未酬，伏枕涕咽。臣薄福無男，遺體莫嗣，貪及餘生，謹陳宿抱。臣先養亡第四弟第二子司徒掾永超為子，猶子之念實切於心，乞立為嫡，傳此山河。』靈太后令曰：『於忠表如此。既誠動宜録，又無子可矜。臨危所祈，不容致奪，可特聽如請，以彰殊效。』忠薨，年五十七。給東園秘器、朝服一具、衣一襲、錢二十萬、布七百匹、蠟三百斤，贈侍中、司空公。有司奏：『太常少卿元端議，忠剛直猛暴，專戇好殺，案謚法剛強理直曰「武」，怙威肆行曰「醜」，宜謚武醜公。太常卿元修義議，忠盡心奉上，剪除凶逆，依謚法除偽寧真曰「武」，夙夜恭事曰「敬」，謚武敬公。二卿不同。』事奏，靈太后令曰：『可依正卿議。』

于氏自曾祖四世貴盛，一皇后，四贈三公，領軍、尚書令、三開國公。忠性多猜忌，不交勝己，唯與直閣將軍章初瑰、千牛備身楊保元為斷金之交。李世哲求寵於忠，私以金帛寶貨事初瑰、保元，初瑰、保元談之，遂被賞愛，引為腹心。忠擅權昧進，為崇訓之由，皆世哲計也。忠後妻中山王尼須女，微解《詩書》，靈太后臨朝，引為女侍中，賜號范陽郡君。

論說

《魏書》卷八三下《外戚傳論》　三五哲王，深防遠慮。舅甥之國。罕執鈞衡；母后之家，無聞傾敗。愛及後世，顛覆繼軌。蓋由進不以禮，故其斃亦速。其間或不泯舊基，弗虧先構者，蓋處之以道，遠權之所致也。

北魏元叉幽后

綜述

《魏書》卷一六《元叉傳》　（元）叉，（元）繼長子，字伯儁，小字夜叉。世宗時，拜員外郎。靈太后臨朝，以叉妹夫，除通直散騎侍郎。叉妻封新平郡君，後遷馮翊郡君，拜女侍中。叉以此意勢日盛，尋遷散騎常侍，光祿少卿，領嘗食典御，轉光祿卿。叉女夭，靈太后詔曰：『叉長女，年垂弱笄，奄致夭喪，悼念兼懷，可贈鄉主。』尋遷侍中，餘官如故，

加領軍將軍。既在門下，兼總禁兵，深為靈太后所信委。太傅、清河王懌，以親賢輔政，參決機事，以叉恃寵驕盈，志欲無限，懌裁之以法。叉輕其為人，每欲斥黜之。叉遂令通直郎宋維告司染都尉韓文殊欲謀逆立懌，懌坐禁止。後窮治無實，懌雖得免，猶以兵衛守於宮西別館。久之，叉恐懌終為己害，乃與侍中劉騰密謀。靈太后時在嘉福，未御前殿，騰詐取主食中黃門胡玄度、胡定列誣懌，云許度等金帛，令以毒藥置御食中以害帝；自望為帝，許度兄弟以富貴。騰以具奏，肅宗聞而信之，乃御顯陽殿。騰閉永巷門，靈太后不得出。懌入，遇叉於含章殿後，欲入徽章東閤，叉厲聲不聽。懌曰：『汝欲反邪？』叉曰：『元叉不反，正欲縛反人。』叉命宗士及直齋等三十人執懌衣袂，將入含章東省，使數十人防守之。騰稱詔召集公卿，議以大逆論，咸畏憚叉，無敢異者。唯僕射遊肇執意不同。語在其《傳》。叉、騰持公卿議入奏，俄而事可，夜中殺懌。於是假為靈太后辭遜之詔。叉遂與太師高陽王雍等輔政，常直禁中，肅宗呼為姨父。

自後專綜機要，巨細決之，威振於內外，百僚重迹。相州刺史、中山王熙抗表起義，以討叉為名，不果，見誅。叉尋遷衛將軍，餘如故。後靈太后與肅宗宴於西林園，日暮還宮，右衛將軍奚康生復欲圖叉，不克而誅。語在其《傳》。是後，肅宗徙御徽音殿，叉亦入居殿右。既在密近，曲盡佞媚，以承上旨，遂蒙寵信。出入禁中，恒令勇士持刀劍以自先後，公私行止，彌加威防。叉於千秋門外廠下施木闌檻，有時出入，止息其中，腹心防守，以備竊發。人物求見者，遙對之而已。乃封其子亮平原郡開國公，食邑一千戶。及拜，肅宗御南門臨觀，並賜御馬，帛千匹。

初，叉之專政，矯情自飾，勞謙待士，時事得失，頗以關懷，而才術空淺，終無遠致。得志之後，便驕愎，耽酒好色，與奪任情。乃於禁中自作別庫掌握之，寶充牣其中。又曾臥婦人於食輿，以帕覆之，令人輿入禁內，出亦如之。直衛雖知，莫敢言者。輕薄趣勢之徒，以酒色事之，姑姊婦女，朋淫無別。政事怠惰，綱紀不舉，州鎮守宰，多非其人。於是天下遂亂矣。

從劉騰死後，防衛微緩。叉頗亦自寬，時宿於外，每日出遊，留連他邑。靈太后微察知之。叉積習生常，無復虞慮。其所親諫叉，叉又不納。

正光五年秋，靈太后對肅宗謂君臣曰：『隔絕我母子，不聽我往來兒間，復何用我為？放我出家，我當永絕人間，修道於嵩高閑居寺。先帝聖鑑，鑑於未然，本營此寺者正為我今日。』欲自下髮。肅宗與羣臣大懼，叩頭泣涕，殷勤苦請。靈太后聲色甚厲，意殊不回。肅宗乃宿於嘉福殿，積數日，遂與太后密謀圖叉。肅宗內雖圖之，外形彌密，靈太后瞋忿之言，欲得往來顯陽之意，皆以告叉。又對叉流涕，敘太后欲出家，憂怖之心，如此密言，日有數四。叉殊不為疑，乃勸肅宗從太后意。於是太后數御顯陽，二宮無復禁礙。

叉舉其親元法僧為徐州刺史，法僧據州反叛。靈太后數以為言，叉深愧悔。丞相、高陽王雍，雖位重於叉，而甚畏憚，欲進言於肅宗，而事無因。會太后與肅宗南遊洛水，雍邀請，車駕遂幸雍第。日晏，肅宗及太后至雍內室，從者莫得而入，遂定圖叉之計。後雍從肅宗朝太后，乃進言曰：『臣不慮天下諸賊，唯慮元叉。何者？叉總握禁旅，兵皆屬之；父率百萬之衆，虎視京西；弟為都督，總三齊之衆。元叉無心則已，若其有心，聖朝將何以抗？叉雖曰不反，誰見其心？而不可不懼。』太后曰：『然。』元郎若忠於朝廷而無反心，何故不去此領軍，以餘官輔政？叉聞之，甚懼，免冠求解。乃以叉為驃騎大將軍、儀同三司、尚書令、侍中、領左右。叉雖去兵權，然總任內外，殊不慮有黜廢之理也。後叉出宿，遂解其侍中。旦欲入宮，門者不納。尋除名為民。

初，咸陽王禧以逆見誅，其子樹奔蕭衍，衍封為鄴王。及法僧反叛後，樹遺公卿百僚書曰：

魏室不造，姦豎擅朝，社稷阽危，綴旒非譬。元叉險慝狼戾，人倫不齒，屬籍疏遠，素無問望，特以太后姻婭，早蒙寵擢。曾不懷音，公行反噬，肆茲悖逆，人神同憤。自頃境土所傳，皆云：叉狼心蠆毒，藉權位而日滋；含忍諂詐，與日月而彌甚。無君之心，非復一日；篡逼之事，旦暮必行。

抑叉聞之，夫名以出信，信以制義，山川隱疾，且猶不以名，成師兆亂，巨君不臣，求之史籍，有自來矣。元叉本名夜叉，弟羅實名羅刹，夜叉、羅刹，此鬼食人，非遇黑風，事同飄墜。嗚呼魏境，離此二災！惡木盜泉，不息不飲；勝名梟稱，不入不為。況昆季此名，表能噬物，日

露久矣，始信斯言。況乃母后幽辱，繼主蒙塵，釋位揮戈，言謀王室，不在今日，何謂人臣！諸賢或奕世載德，或將相繼踵，或受任累朝，或職居機要，或姻戚匪他，或忠義是秉，俯眉逆手，見制凶威，臣節未申，徒有勤悴。

又聞自叉專政，億兆離德，重以歲時災厲，年年水旱，牛馬殪踣，桑柘焦枯，饑饉相仍，菜色滿道，妖災告譴，人皆歎息。瀍澗西北，羌戎陸梁；泗汴左右，戍漕流離。加以剖斮忠賢，殲殄宗室，哀彼本邦，一朝橫潰。今既率師，將除君側。區區之懷，庶令冠屨得所，大憝同必誅之戮，魏祀無忽諸之非。

叉為遠近所惡如此。

其後靈太后顧謂侍臣曰：『劉騰、元叉昔邀朕索鐵券，望得不死，朕賴不與。』中書舍人韓子熙曰：『事關殺活，豈計與否？陛下昔雖不與，何解今日不殺？』靈太后憮然。未幾，有人告叉及其弟爪謀反，欲令其黨攻近京諸縣，破市燒邑郭以驚動內外，先遣其從弟洪業率六鎮降戶反於定州，又令人勾魯陽諸蠻侵擾伊闕，叉兄弟為內應。起事有日，得其手書。靈太后以妹婿之故，未忍便決。黃門侍郎李琰之曰：『元叉之罪，具騰遐邇，豈容復停，以惑視聽。』黃門徐紇趨前欲諫，逡巡未敢。羣臣固執不已，肅宗又以為言，太后乃從之。於是叉及弟爪並賜死於家。太后猶以妹故，復追贈叉侍中、驃騎大將軍、儀同三司、尚書令、冀州刺史。

論　說

《魏書》卷一六《元叉傳論》　叉階緣寵私，智小謀大，任重才弱，遂亂天下，殺身全祀，不亦幸哉！

北周宇文護專權

綜　述

《周書》卷一一《晉蕩公宇文護傳》　晉蕩公護，字薩保，太祖之兄邵惠公顥之少子也。幼方正有志度，特為德皇帝所愛，異於諸兄。年十二，惠公薨，隨諸父在葛榮軍中。榮敗，遷晉陽。太祖之入關也，護以年小不從。普泰初，自晉陽至平涼，時年十九。太祖諸子並幼，遂委護以家務，內外不嚴而肅。太祖嘗歎曰：『此兒志度類我。』

及出臨夏州，留護事賀拔岳。岳之被害，太祖至平涼，以護為都督。從征侯莫陳悅，破之。後以迎魏帝功，封水池縣伯，邑五百戶。大統初，加通直散騎常侍、征虜將軍。以預定樂勳，進爵為公，增邑通前一千戶。從太祖擒竇泰，復弘農，破沙苑，戰河橋，並有功。遷鎮東將軍、大都督。八年，進車騎大將軍、儀同三司。邙山之役，護率衆先鋒，為敵人所圍，都督侯伏侯龍恩挺身捍禦，方得免。是時，趙貴等軍亦退，太祖遂班師。護坐免官。尋復本位。十二年，加驃騎大將軍、開府儀同三司，進封中山公，增邑四百戶。十五年，出鎮河東，遷大將軍。與於謹征江陵，護率輕騎為先鋒，晝夜兼行，乃遣裨將攻梁臨邊城鎮，並拔之。並擒其候騎，進兵徑至江陵城下。城中不意兵至，惶窘失圖。護又遣騎二千斷江津，收舟艦以待大軍之至，圍而克之。以功封子會為江陵公。初，襄陽蠻帥向天保等萬有餘落，恃險作梗。及師還，護率軍討平之。初行六官，拜小司空。太祖西巡至牽屯山，遇疾，馳驛召護。護至涇州見太祖，而太祖疾已綿篤。謂護曰：『吾形容若此，必是不濟。諸子幼小，寇賊未寧。天下之事，屬之於汝。宜勉力以成吾志。』護涕泣奉命。行至雲陽而太祖崩。護秘之，至長安乃發喪。時嗣子沖弱，强寇在近，人情不安。護綱紀內外，撫循文武，於是衆心乃定。先是，太祖常云『我得胡力』。當時莫曉其旨，至是，人以護字當之。尋拜柱國。太祖山陵畢，護以天命有歸，遣

人諷魏帝，遂行禪代之事。

孝閔帝踐阼，拜大司馬，封晉國公，邑一萬戶。趙貴、獨孤信等謀襲護。護因貴入朝，遂執之，黨與皆伏誅。拜大塚宰。時司會李植、軍司馬孫恒等，在太祖之朝，久居權要。見護執政，恐不見容。乃密要宮伯乙弗鳳、張光洛、賀拔提、元進等為腹心，說帝曰：『護誅趙貴以來，威權日盛，謀臣宿將，爭往附之。大小政事，皆決於護。以臣觀之，將不守臣節。恐其滋蔓，願早圖之。』帝然其言。鳳等又曰：『以先王之聖明，猶委植、恒以朝政，今若左提右挈，何向不成。且晉公常云：「我今夾輔陛下，欲行周公之事。」臣聞周公攝政七年，然後復子明辟，陛下今日，豈能七年若此乎。深願不疑。』帝愈信之。數將武士於後園講習，為執縛之勢。

護微知之，乃出植為梁州刺史，恒為潼州刺史，欲遏其謀。後帝思植等，每欲召之。護諫曰：『天下至親，不過兄弟。若兄弟自構嫌隙，他人何易可親。太祖以陛下富於春秋，顧命托臣以後事。臣既情兼家國，實願竭其股肱。若使陛下親覽萬機，威加四海，臣死之日，猶生之年。但恐除臣之後，姦回得逞其欲，非唯不利陛下，亦恐社稷危亡。臣所以勤勤懇懇，干觸天威者，但不負太祖之顧托，保安國家之鼎祚耳。不意陛下不照愚臣款誠，忽生疑阻。且臣既為天子兄，復為國家宰輔，知更何求而懷冀望？伏願陛下有以明臣，無惑讒人之口。』因泣涕，久之乃止。帝猶猜之。

鳳等益懼，密謀滋甚。遂剋日將召羣公入宴，執護誅之。光洛具以其前後謀告護，護乃召柱國賀蘭祥、小司馬尉遲綱等，以鳳謀告之。祥等並勸護廢帝。時綱總領禁兵，護乃遣綱入宮，召鳳等議事。及出，以次執送護第。因罷散宿衛兵，遣祥逼帝，幽於舊邸。於是召諸公卿畢集，護流涕謂曰：『先王起自布衣，躬親行陣，勤勞王業，三十餘年。寇賊未平，奄棄萬國。寡人地則猶子，親受顧命。以略陽公既居正嫡，與公等立而奉之，革魏興周，為四海主。自即位以來，荒淫無度，昵近羣小，疏忌骨肉，大臣重將，咸欲誅夷。若此謀遂行，社稷必致傾覆。寡人若死，將何面目以見先王。今日寧負略陽，不負社稷爾。寧都公年德兼茂，仁孝聖慈，四海歸心，萬方注意。今欲廢昏立明，公等以為如何？』羣臣咸曰：『此公之家事，敢不惟命是聽。』於是斬鳳等於門外，並誅植、恒等。尋亦弒帝。迎世宗於岐州而立之。

二年，拜太師，賜輅車冕服。封子至為崇業郡公。初改雍州刺史為牧，以護為之，並賜金石之樂。武成元年，護上表歸政，帝許之。軍國大事尚委於護。帝性聰睿，有識量，護深憚之。有李安者，本以鼎俎得寵於護，稍被升擢，位至膳部下大夫。至是，護乃密令安因進食於帝，加以毒藥。帝遂寢疾而崩。護立高祖，百官總己以聽於護。

自太祖為丞相，立左右十二軍，總屬相府。太祖崩後，皆受護處分，凡所徵發，非護書不行。護第屯兵禁衛，盛於宮闕。事無巨細，皆先斷後聞。保定元年，以護為都督中外諸軍事，令五府總於天官。或有希護旨，云周公德重，魯立文王之廟，以護功比周公，宜用此禮。於是詔於同州晉國第，立德皇帝別廟，使護祭焉。三年，詔曰：『大塚宰晉國公，智周萬物，道濟天下，所以克成我帝業，安養我蒼生。況親則懿昆，任當元輔，而可同班羣品，齊位衆臣！自今詔誥及百司文書，並不得稱公名，以彰殊禮。』護抗表固讓。

初，太祖創業，即與突厥和親，謀為掎角，共圖高氏。是年，乃遣柱國楊忠與突厥東伐。破齊長城，至幷州而還。期後年更舉，南北相應。齊主大懼。先是，護母閻姬與皇第四姑及諸戚屬，並沒在齊，皆被幽縶。護居宰相之後，每遣間使尋求，莫知音息。至是，幷許還朝，且請和好。四年，皇姑先至。齊主以護既當權重，乃留其母，以為後圖。【略】移書未送而母至。舉朝慶悅，大赦天下。護與母暌隔多年，一旦聚集，凡所資奉，窮極華盛。每四時伏臘，高祖率諸親戚，行家人之禮，稱觴上壽。榮貴之極，振古未聞。

是年也，突厥復率衆赴期。護以齊氏初送國親，未欲即事征討，復慮失信蕃夷，更生邊患。不得已，遂請東征。九月，詔曰：『神若軒皇，尚云三戰；聖如姬武，且曰一戎。弧矢之威，干戈之用，帝王大器，誰能去兵。太祖丕受天命，造我周室，日月所照，罔不率從。高氏乘釁跋扈，竊有幷、冀，世濟其惡，腥穢彰聞。皇天震怒，假手突厥，驅略汾、晉，掃地無遺。季孟勢窮，伯珪是蹙，坐待滅亡，鑑之愚智。故突厥班師，仍屯彼境，更集諸部，傾國齊至，星流電擊，數道俱進，期在仲冬，同會幷、鄴。大冢宰晉公，朕之懿昆，任隆伊、呂，平一宇宙，惟公是屬。朕當親執斧鉞，廟庭祇授。有司宜勒衆軍，量程赴集，進止遲速，委公處

分。』於是徵二十四軍及左右廂散隸、及秦隴巴蜀之兵、諸蕃國之衆二十萬人。十月，帝於廟庭授護斧鉞。出軍至潼關，乃遣柱國尉遲迥率精兵十萬為前鋒，大將軍權景宣率山南之兵出豫州，少師楊摽出軹關。護連營漸進，屯軍弘農。迥攻圍洛陽。柱國齊公憲、鄭國公達奚武等營於邙山。

護性無戎略，且此行也，又非其本心。故師出雖久，無所克獲。護本令塹斷河陽之路，遏其救兵，然後同攻洛陽，使其内外隔絕。諸將以為齊兵必不敢出，唯斥候而已。值連日陰霧，齊騎直前，圍洛之軍，一時潰散。唯尉遲迥率數十騎捍敵，齊公憲又督邙山諸將拒之，乃得全軍而返。權景宣攻克豫州，尋以洛陽圍解，亦引軍退。楊摽於軹關戰没。護於是班師。以無功，與諸將稽首請罪，帝弗之責也。

天和二年，護母薨。尋有詔起令視事。四年，護巡歷北邊城鎮，至靈州而還。五年，又詔曰：『光宅曲阜，魯用郊天之樂；地處參墟，晉有大蒐之禮。所以言時計功，昭德紀行。使持節、太師、都督中外諸軍事、柱國大將軍、大冢宰晉國公，體道居貞，含和誕德，地居戚右，才表棟隆。國步艱難，寄深夷險，皇綱締構，事均休戚。故以迹冥殆庶，理契如仁。今文軌尚隔，方隅猶阻，典策未備，聲名多闕，宜賜軒懸之樂，六佾之舞。』護性甚寬和，然暗於大體。自恃建立之功，久當權軸。凡所委任，皆非其人。兼諸子貪殘，僚屬縱逸，恃護威勢，莫不蠹政害民。上下相蒙，曾無疑慮。高祖以其暴慢，密與衛王直圖之。

七年三月十八日，護自同州還。帝御文安殿，見護訖，引護入含仁殿朝皇太后。先是，帝於禁中見護，常行家人之禮。護謁太后，太后必賜之坐，帝立侍焉。至是護將入，帝謂之曰：『太后春秋既尊，頗好飲酒。諸親朝謁，或廢引進。喜怒之間，時有乖爽。比雖犯顔屢諫，未蒙垂納。兄今既朝拜，願更啓請。』因出懷中《酒誥》以授護曰：『以此諫太后。』護既入，如帝所戒，讀示太后。未訖，帝以玉珽自後擊之，護踣於地。又令宦者何泉以御刀斫之。泉惶懼，斫不能傷。時衛王直先匿於戶內，乃出斬之。

初，帝欲圖護，王軌、宇文神舉、宇文孝伯頗豫其謀。是日，軌等并在外，更無知者。殺護訖，乃召宮伯長孫覽等告之，即令收護子柱國譚國公會、大將軍莒國公至、崇業公静、正平公乾嘉，及乾基、乾光、乾蔚、乾祖、乾威等，并柱國侯伏侯龍恩、龍恩弟大將軍萬壽、大將軍劉勇、中外府司録尹公正、袁傑、膳部下大夫李安等，於殿中殺之。齊王憲白帝曰：『李安出自皂隸，所典唯庖廚而已。既不預時政，未足加戮。』高祖曰：『公不知耳，世宗之崩，安所為也。』十九日，詔曰：

君親無將，將而必誅。太師、大冢宰、晉公護，地實宗親，義兼家國。爰初草創，同濟艱難，遂任總朝權，寄深國命。不能竭其誠效，罄以心力，盡事君之節，申送往之情。朕兄略陽公，英風秀遠，神機穎悟，地居聖胤，禮歸當璧。遺訓在耳，忍害先加。永尋摧割，貫切骨髓。世宗明皇帝聰明神武，惟幾藏智。護内懷凶悖，外托尊崇。凡厥臣民，誰亡怨憤。

朕纂承洪基，十有三載，委政師輔，責成宰司。護志在無君，義違臣節。懷茲蠆毒，逞彼狼心，任情誅暴，肆行威福，朋黨相扇，賄貨公行，所好加羽毛，所惡生瘡痏。朕約己菲躬，情存庶政。每思施寬惠下，輒抑而不行。遂使戶口凋殘，徵賦勞劇，家無日給，民不聊生。且三方未定，邊隅尚阻，疆埸待戎旗之備，武夫資捍城之力。侯伏侯龍恩、萬壽、劉勇等，未效庸勳，先居上將，高門峻宇，甲第雕牆，實繁有徒，同惡相濟。民不見德，唯利是視。百姓嗷嗷，道路以目；含生業業，相顧鉗口。常恐七百之基，忽焉顛墜，億兆之命，一旦阽危，上累祖宗之靈，下負蒼生之責。

今肅正典刑，護已即罪，其餘凶黨，咸亦伏誅。氛霧既清，遐邇同慶。朝政惟新，兆民更始。可大赦天下，改天和七年為建德元年。

護世子訓為蒲州刺史。其夜，遣柱國、越國公盛乘傳往蒲州，征訓赴京師，至同州賜死。護長史代郡叱羅協、司録弘農馮遷及所親任者，皆除名。護子昌城公深使突厥，遣開府宇文德齎璽書就殺之。三年，詔復護及諸子先封，謚護曰蕩，並改葬之。

論說

《周書》卷一一《晉蕩公宇文護傳論》 仲尼有言：『可與適道，未可與權。』夫道者，率禮之謂也；權者，反經之謂也。率禮由乎正理，易

以成佐世之功；反經繫乎非常，難以定匡時之業。故得其人則治，伊尹放太甲，周旦相孺子是也；不得其人則亂，新都遷漢鼎，晉氏傾魏族是也。是以先王明上下之序，聖人重君臣之分。委質同於股肱，受爵均其休戚。當其親受顧托，位居宰衡，雖復承利劍，臨沸鼎，不足以懾其慮；據帝圖，君海內，不足以回其心。若斯人者，固以功與山嶽爭其高，名與穹壤齊其久矣。有周受命之始，宇文護實預艱難。及太祖崩殂，諸子沖幼，羣公懷等夷之志，天下有去就之心。卒能變魏為周，俾危獲乂者，護之力也。向使加之以禮讓，繼之以忠貞，桐宮有悔過之期，未央終天年之數，則前史所載，焉足以道哉。然護寡於學術，昵近羣小，威福在己，征伐自出。有人臣無君之心，為人主不堪之事。忠孝大節也，違之而不疑；廢弑至逆也，行之而無悔。終於身首橫分，妻孥為戮，不亦宜乎。

宮廷政變分部

綜述

北魏拓跋紹弑君

《魏書》卷一六《清河王拓跋紹傳》　清河王紹，天興六年封。凶佷儉悖，不遵教訓。好輕遊里巷，劫剝行人，斫射犬豕，以為戲樂。太祖嘗怒之，倒懸井中，垂死乃出。太宗常以義方責之，遂與不協，恒懼其為變。而紹母夫人賀氏有譴，太祖幽之於宮，將殺之。會日暮，未決。賀氏密告紹曰：『汝將何以救吾？』紹乃夜與帳下及宦者數人，逾宮犯禁。左右侍御呼曰：『賊至！』太祖驚起，求弓刀不獲，遂暴崩。明日，宮門至日中不開，紹稱詔召百僚於西宮端門前北面而立，紹從門扇間謂羣臣曰：『我有父，亦有兄，公卿欲從誰也？』王公已下皆驚愕失色，莫有對者。良久，南平公長孫嵩曰：『從王。』羣臣乃知宮車晏駕，而不審登遐之狀。唯陰平公元烈哭泣而去。於是朝野凶凶，人懷異志。肥如侯賀護舉烽於安陽城北，故賀蘭部人皆往赴之，其餘舊部亦率子弟招集族人，往往相聚。紹聞人情不安，乃出布帛班賜王公以下，上者數百匹，下者十匹。

先是，太宗在外，聞變乃還，潛於山中。使人夜告北新侯安同，衆皆響應。太宗至城西，衛士執送紹。於是賜紹母子死，誅帳下閹官、宮人為內應者十數人，其先犯乘輿者，羣臣於城南都街生臠割而食之。紹時年十六。紹母即獻明皇后妹也，美而麗。初太祖如賀蘭部，見而悅之，告獻明后，請納焉。后曰：『不可，此過美不善，且已有夫。』太祖密令人殺其夫而納之，生紹，終致大逆焉。

北魏河陰之變

《魏書》卷七四《爾朱榮傳》　尋屬肅宗崩，事出倉卒。（爾朱）榮聞之大怒，謂鄭儼、徐紇為之，與元天穆等密議稱兵，入匡朝廷，討定之。乃抗表曰：『伏承大行皇帝，背棄萬方，奉諱號踴，五內摧剝。仰尋詔旨，實用驚惋。今海內草草，異口一言，皆云大行皇帝，鴆毒致禍。臣等外聽訟言，內自追測。去月二十五日聖體康悆，至於二十六日奄忽升遐。即事觀望，實有所惑。且天子寢疾，侍臣不離左右，親貴名醫，瞻仰患狀，面奉音旨，親承顧托。豈容不豫初不召醫，崩棄曾無親奉，欲使天下不為怪愕，四海不為喪氣，豈可得乎？復皇后女生，稱為儲兩，疑惑朝野，虛行慶宥。宗廟之靈見欺，兆民之望已失；使七百危於累卵，社稷墜於一朝。方選君嬰孩之中，寄治乳抱之日，使姦豎專朝，賊臣亂紀，惟欲指影以行權，假形而弄詔，此則掩眼捕雀，塞耳盜鐘。今秦隴塵飛，趙魏霧合，竇夤、醜奴勢逼豳雍，葛榮、就德憑陵河海，楚兵吳卒密邇在郊。古人有言：邦之不臧，鄰之福也。一旦聞此，誰不窺窬？竊惟大行皇帝，聖德馭宇，繼體正君，猶邊烽迭舉，妖寇不滅，況今從佞臣之計，隨親戚之談，舉潘嬪之女以誑百姓，奉未言之兒而臨四海，欲使海內安乂，愚臣所未聞也。伏願留聖善之慈，回須臾之慮，照臣忠誠，録臣至款，聽臣赴闕，預參大議，問侍臣帝崩之由，訪禁旅不知之狀，以徐、鄭之徒付之司敗，雪同天之恥，謝遠近之怨。然後更召宗親，推其年德，聲副遐邇，改承寶祚，則四海更蘇，百姓幸甚。』於是遂勒所統將赴京師。

靈太后甚懼，詔以李神軌為大都督，將於大行杜防。

榮抗表之始，遣從子天光、親信奚毅及倉頭王相入洛，與從弟世隆密議廢立。天光乃見莊帝，具論榮心，帝許之。天光等還北，榮發晉陽。猶疑所立，乃以銅鑄高祖及咸陽王禧等六王子孫像，成者當奉為主，惟莊帝獨就。師次河內，重遣王相密來奉迎，帝與兄彭城王劭、弟始平王子正於高渚潛渡以赴之。榮軍將士咸稱萬歲。於時武泰元年四月九日也。

十一日，榮奉帝為主，詔以榮為使持節、侍中、都督中外諸軍事、大將軍、開府、兼尚書令、領軍將軍、領左右、太原王，食邑二萬戶。十二日，百官皆朝於行宮。十三日，榮惑武衛將軍費穆之說，乃引迎駕百官於行宮西北，云欲祭天。朝士既集，列騎圍繞，責天下喪亂，明帝卒崩之由，云皆緣此等貪虐，不相匡弼所致。因縱兵亂害，王公卿士皆斂手就戮，死者千三百餘人。皇弟、皇兄並亦見害，靈太后、少主其日暴崩。榮遂有大志，令御史趙元則造禪文，遣數十人遷帝於河橋。至夜四更中，復奉帝南還營幕。帝憂憤無計，乃令人喻旨於榮曰：『帝王迭襲，盛衰無常，既屬屯運，四方瓦解。將軍仗義而起，前無橫陳，此乃天意，非人力也。我本相投，規存性命，帝王重位，豈敢妄希？直是將軍見逼，權順所請耳。今璽運已移，天命有在，宜時即尊號。將軍必若推而不居，存魏社稷，亦任更擇親賢，共相輔戴。』榮既有異圖，遂鑄金為己像，數四不成。時幽州人劉靈助善卜占，為榮所信，言天時人事必不可爾。榮亦精神恍惚，不自支持，久而方悟，遂便愧悔。於是獻武王、榮外兵參軍司馬子如等切諫，陳不可之理。榮曰：『愆誤若是，惟當以死謝朝廷。今日安危之機，計將何出？』獻武王等曰：『未若還奉長樂，以安天下。』於是還奉莊帝。十四日，輿駕入宮。

北齊高演政變

《北齊書》卷六《孝昭帝紀》　孝昭皇帝演，字延安，神武皇帝第六子，文宣皇帝之母弟也。幼而英特，早有大成之量，武明皇太后早所愛重。魏元象元年，封常山郡公。及文襄執政，遣中書侍郎李同軌就霸府為諸弟師。帝所覽文籍，源其指歸而不好辭彩。每歎云：『雖盟津之師，左驂震而不衄。』以為能。遂篤志讀《漢書》，至《李陵傳》，恒壯其所為焉。聰敏過人，所與遊處，一知其家諱，終身未嘗誤犯。同軌病卒，又命開府長流參軍刁柔代之，性嚴褊，不適誘訓之宜，中被遣出。帝送出閣，慘然斂容，淚數行下，左右莫不歔欷。其敬業重舊也如此。

天保初，進爵為王。五年，除並省尚書令。帝善斷割，長於文理，省內畏服。七年，從文宣還鄴。文宣以尚書奏事，多有異同，令帝與朝臣先論定得失，然後敷奏。帝長於政術，剖斷咸盡其理，文宣歎重之。八年，轉司空、錄尚書事。九年，除大司馬，仍錄尚書。時文宣溺於遊宴，帝憂憤表於神色。文宣覺之，謂帝曰：『但令汝在，我何為不縱樂？』帝唯啼泣拜伏，竟無所言。文宣亦大悲，抵杯於地曰：『汝以此嫌我，自今敢進酒者，斬之！』因取所御盃盡皆壞棄。後益沉湎，或入諸貴賤家角力批拉，不限貴賤。唯常山王至，內外肅然。帝又密撰事條，將諫，其友王晞以為不可。帝不從，因間極言，遂逢大怒。順成后本魏朝宗室，文宣欲帝離之，陰為帝廣求淑媛，望移其寵。帝雖承旨有納，而情義彌重。帝性頗嚴，尚書郎中剖斷有失，輒加捶楚，令史姦慝，便即考竟。文宣乃立帝於前，以刀環擬脅召被帝罰者，臨以白刃，求帝之短，咸無所陳，方見解釋。自是不許笞箠郎中。後賜帝魏時宮人，醒而忘之，謂帝擅取，遂以刀環亂築，因此致困。皇太后日夜啼泣，文宣不知所為。先是禁友王晞，乃捨之，令侍帝。帝月餘漸瘳，不敢復諫。

及文宣崩，帝居禁中護喪事，幼主即位，乃即朝班。除太傅、錄尚書，朝政皆決於帝。月餘，乃居藩邸，自是詔敕多不關帝。客或言於帝曰：『鷙鳥舍巢，必有探卵之患，今日之地，何宜屢出。』乾明元年，從廢帝赴鄴，居於領軍府。時楊愔、燕子獻、可朱渾天和、宋欽道、鄭子默等以帝威望既重，內懼權逼，請以帝為太師、司州牧、錄尚書事；長廣王湛為大司馬、錄並省尚書事，解京畿大都督。帝時以尊親而見猜斥，乃與長廣王期獵，謀之於野。三月甲戌，帝初上省，旦發領軍府，大風暴起，壞所御車幔，帝甚惡之。及至省，朝士咸集。坐定，酒數行，執尚書令楊愔、右僕射燕子獻、領軍可朱渾天和、侍中宋欽道等於坐。帝戎服與平原王段韶、平秦王高歸彥、領軍劉洪徽入自云龍門，於中書省前遇散騎常侍鄭子默，又執之，同斬於御府之內。帝至東閤門，都督成休寧抽刃呵帝。帝令高歸彥喻之，休寧厲聲大呼不從。歸彥既為領軍，素為兵士所

服，悉皆弛仗，休寧歎息而罷。帝入至昭陽殿，幼主、太皇太后、皇太后並出臨御坐。帝奏愔等罪，求伏專擅之辜。時庭中及兩廊下衛士二千餘人皆被甲待詔，武衛娥永樂武力絕倫，又被文宣重遇，撫刃思效。廢帝性吃訥，兼倉卒不知所言。太皇太后又為皇后誓，言帝無異志，唯去逼而已。高歸彥敕勞衛士解嚴，永樂乃內刀而泣。帝乃令歸彥引侍衛之士向華林園，以京畿軍入守門閤，斬娥永樂於園。詔以帝為大丞相、都督中外諸軍、録尚書事，相府佐史進位一等。帝尋如晉陽，有詔軍國大政咸諮決焉。

帝既當大位，知無不為，擇其令典，考綜名實，廢帝恭己以聽政。太皇太后尋下令廢少主，命帝統大業。皇建元年八月壬午，皇帝即位於晉陽宣德殿，大赦，改乾明元年為皇建。詔奉太皇太后還稱皇太后，皇太后稱文宣皇后，宮曰昭信。【略】

初，帝與濟南約不相害。及輿駕在晉陽，武成鎮鄴，望氣者云鄴城有天子氣。帝常恐濟南復興，乃密行鴆毒，濟南不從，乃扼而殺之。後頗愧悔。初苦內熱，頻進湯散。時有尚書令史姓趙，於鄴見文宣從楊愔、燕子獻等西行，言相與復仇。帝在晉陽宮，與毛夫人亦見焉。遂漸危篤。備禳厭之事，或煮油四灑，或持炬燒逐。諸厲方出殿梁，騎棟上，歌呼自若，了無懼容。時有天狗下，乃於其所講武以厭之。有兔驚馬，帝墜而絕肋。太后視疾，問濟南所在者三，帝不對。太后怒曰：『殺之耶？不用吾言，死其宜矣！』臨終之際，唯扶服床枕，叩頭求哀。遣使詔追長廣王入纂大統，手書云：『宜將吾妻子置一好處，勿學前人也。』

論說

《魏書》卷七四《爾朱榮傳論》　太祖撫運乘時，奄開王業。世祖以武功一海內，高祖以文德革天下。世宗之後，政道頗虧。及明皇幼沖，女主南面。始則於忠專恣，繼以元義權重，握賞罰之柄，擅生殺之威；榮悴在親疏，貴賤由離合；附會者結之以子女，進趨者要之以金帛。且佞諛用事，功勤不賞，居官肆其聚斂，乘勢極其陵暴。於是四海囂然，已有羣飛之漸矣。逮於靈后反政，宣淫於朝。鄭儼手運天機，口吐王制。李軌、徐紇刺促以求先，元略、元徽喔咿以競入。私利畢舉，公道盡亡，遐邇怨憤，天下鼎沸。傾覆之徵，於此至矣。

爾朱榮緣將帥之列，藉部衆之用，屬肅宗暴崩，民怨神怒，遂有匡頹拯弊之志，援主逐惡之圖，蓋天啓之也。於是上下離心，文武解體，咸企忠義之聲，俱聽桓文之舉。勞不汗馬，朝野靡然，扶翼懿親，宗祏有主，祀魏配天，不殞舊物。及夫擒葛榮，誅元顥，戮邢杲，翦韓婁，醜奴、寶夤咸梟馬市。此諸魁者，或據象魏，或僭號令，人謂秉皇符，身各謀帝業，非徒鼠竊狗盜，一城一聚而已。苟非榮之致力，克夷大難，則不知幾人稱帝，幾人稱王也。然則榮之功烈，亦已茂乎！而始則希覬非望，睥睨宸極；終乃靈后、少帝，沉流不反；河陰之下，衣冠塗地。此其所以得罪人神，而終於夷戮也。向使榮無姦忍之失，修德義之風，則彭、韋、伊、霍夫何足數？至於末迹見猜，地逼貽斃，斯則蒯通致說於韓王也。

《北齊書》卷六《孝昭帝紀論》　論曰：神武平定四方，威權在己，遷鄴之後，雖主器有人，號令所加，政皆自出。文宣因循鴻業，內外葉從，自朝及野，羣心屬望，東魏之地，舉國樂推，曾未期月，遂登宸極。始則存心政事，風化肅然，數年之間，朝野安出。其後縱酒肆欲，事極倡狂，昏邪殘暴，近代未有，饗國不永，實由斯疾。濟南繼業，大革其弊，風教粲然，搢紳稱幸。股肱輔弼，雖懷厥誠，既不能贊弘道德，和睦親懿，又不能遠慮防身，深謀衛主，應斷不斷，自取其咎。臣既誅夷，君壽廢辱，皆任非其器之所致爾。孝昭早居臺閣，故事通明，人吏之間，無所不委。文宣崩後，大革前弊。及臨尊極，留心更深，時人服其明而譏其細也。情好稽古，率由禮度，將封先代之胤，且敦學校之風，徵召英賢，文武畢集。於時周氏朝政移於宰臣，主將相猜，不無危殆。乃眷關右，實懷兼併之志，經謀宏遠，實當代之明主，而降年不永，其故何哉？豈幽顯之間，實有報復，將齊之基宇止在於斯，帝欲大之，天不許也？

清·王鳴盛《十七史商榷》卷六八《北史合魏齊周隋書四·清河王紹母賀》　《道武子清河王紹傳》紹母賀有罪，將死，密告紹，遂弒道武。賀即獻明后妹，此從母也，豈可納，而納之及禍，宜矣。

朝臣黨爭分部

綜　述

《魏書》卷三五《崔浩傳》　崔浩，字伯淵，清河人也。白馬公玄伯之長子。少好文學，博覽經史。玄象陰陽，百家之言，無不關綜，研精義理，時人莫及。弱冠為直郎。天興中，給事秘書，轉著作郎。太祖以其工書，常置左右。太祖季年，威嚴頗峻，宮省左右多以微過得罪，莫不逃隱，避目下之變。浩獨恭勤不怠，或終日不歸。太祖知之，輒命賜以御粥。其砥直任時，不為窮通改節，皆此類也。【略】

著作令史太原閔湛、趙郡郄標素諂事浩，乃請立石銘，刊載《國書》，并勒所注《五經》。浩贊成之。恭宗善焉，遂營於天郊東三里，方百三十步，用功三百萬乃訖。【略】

真君十一年六月誅浩，清河崔氏無遠近，范陽盧氏、太原郭氏、河東柳氏，皆浩之姻親，盡夷其族。初，郄標等立石銘刊《國記》，浩盡述國事，備而不典。而石銘顯在衢路，往來行者咸以為言，事遂聞發。有司按驗浩，取秘書郎吏及長歷生數百人意狀。浩伏受賕，其秘書郎吏已下盡死。

《北齊書》卷三四《楊愔傳》　楊愔，字遵彥，小名秦王，弘農華陰人。父津，魏時累為司空侍中。【略】

正光中，隨父之并州。性既恬默，又好山水，遂入晉陽西縣甕山讀書。孝昌初，津為定州刺史，愔亦隨父之職。以軍功除羽林監，賜爵魏昌男，不拜。及中山為杜洛周陷，全家被囚縶。未幾，洛周滅，又没葛榮。榮欲以女妻之，又逼以偽職。愔乃託疾，密含牛血數合，於衆中吐之，仍佯喑不語。榮以為信然，乃止。永安初，還洛，拜通直散騎侍郎，時年十八。元顥入洛，時愔從父兄侃為北中郎將，鎮河梁。愔適至侃處，便屬乘輿失守，夜至河。侃雖奉迎車駕北渡，而潛欲南奔，愔固諫止之。遂相與

扈從達建州。除通直散騎常侍。愔以世故未夷，志在潛退，乃謝病，與友人中直侍郎河間邢邵隱於嵩山。

及莊帝誅爾朱榮，其從兄侃參贊帷幄。朝廷以其父津為并州刺史、北道大行臺，愔隨之任。有邯鄲人楊寬者，求義從出藩，愔請津納之。俄而孝莊幽崩，愔時適欲還都，行達邯鄲，過楊寬家，為寬所執。至相州，見刺史劉誕，以愔名家盛德，甚相哀念，付長史慕容白澤禁止焉。遣隊主鞏榮貴防禁送都。至安陽亭，愔謂榮貴曰：『僕家世忠臣，輸誠魏室，家亡國破，一至於此。雖曰囚虜，復何面目見君父之讎得自縊於一繩，傳首而去，君之惠也。』榮貴深相憐感，遂與俱逃。愔乃投高昂兄弟。

既潛竄累載，屬神武至信都，遂投刺轅門。便蒙引見，讚揚興運，陳訴家禍，言辭哀壯，涕泗横集，神武為之改容。即署行臺郎中。大軍南攻鄴，歷楊寬村，寬於馬前叩頭請罪。愔謂曰：『人不識恩義，蓋亦常理，我不恨卿，無遐驚怖。』時鄴未下，神武命愔作祭天文，燎畢而城陷。由是轉大行臺右丞。于時霸圖草創，軍國務廣，文檄教令，皆自愔及崔棱出。遭離家難，以喪禮自居，所食唯鹽米而已，哀毀骨立。神武湣之，恒相開慰。及韓陵之戰，愔每陣先登，朋僚咸共怪歎曰：『楊氏儒生，今遂為武士，仁者必勇，定非虚論。』

頃之，表請解職還葬。一門之內，贈太師、太傅、丞相、大將軍者二人，太尉、録尚書及中書令者三人，僕射、尚書者五人，刺史、太守者二十餘人。追榮之盛，古今未之有也。及喪柩進發，吉凶儀衛亙二十餘里，會葬者將萬人。是日隆冬盛寒，風雪嚴厚，愔跣步號哭，見者無不哀之。尋征赴晉陽，仍居本職。

愔從兄幼卿為岐州刺史，以直言忤旨見誅。愔聞之悲懼，因哀感發疾，後取急就雁門温湯療疾。郭秀素害其能，因致書恐之曰：『高王欲送卿於帝所。』仍勸其逃亡。愔遂棄衣冠於水濱若自沉者，變易名姓，自稱劉士安，入嵩山，與沙門曇謨徵等居成削迹。又潛之光州，因東入田横島，以講誦為業。海隅之士，謂之劉先生。太守王元景陰佑之。

神武知愔存，遣愔從兄寶猗齎書慰喻，仍遣光州刺史奚思業令搜訪，以禮發遣。神武見之悦，除太原公開府司馬，轉長史，復授大行臺右丞，封華陰縣侯，遷給事黃門侍郎，妻以庶女。又兼散騎常侍，為聘梁使主。

至碻磝戍，州内有愔家舊佛寺，入精廬禮拜，見太傅容像，悲感慟哭，嘔血數升，遂發病不成行，輿疾還鄴。久之，以本官兼尚書吏部郎中。武定末，以望實之美，超拜吏部尚書，加侍中、衛將軍，侍學典選如故。

天保初，以本官領太子少傅，別封陽夏縣男。又詔監太史，遷尚書右僕射。尚太原長公主，即魏孝靜后也。會有雉集其舍，又拜開府儀同三司、尚書左僕射，改封華山郡公。九年，徙尚書令，又拜特進、驃騎大將軍。十年，封開封王。文宣之崩，百僚莫有下淚，愔悲不自勝。濟南嗣業，任遇益隆，朝章國命，一人而已，推誠體道，時無異議。乾明元年二月，為孝昭帝所誅，時年五十。天統末，追贈司空。

愔貴公子，早著聲譽，風表鑑裁，為朝野所稱。家門遇禍，唯有二弟一妹及兄孫女數人，撫養孤幼，慈旨温顔，咸出人表。重義輕財，前後賜與，多散之親族，羣從弟侄十數人，並待而舉火。頻遭迍厄，冒履艱危，一餐之惠，酬答必重，性命之讎，捨而不問。

典選二十餘年，獎擢人倫，以為己任，然取士多以言貌，時致謗言，以為愔之用人，似貧士市瓜，取其大者。愔聞，不屑焉。其聰記强識，半面不忘。每有所召問，或單稱姓，或單稱名，無有誤者。後有選人魯漫漢，自言猥賤，獨不見識。愔曰：『卿前在元子思坊，騎秃尾草驢，經見我不下，以方曲鄣面，我何不識卿？』漫漢驚服。又調之曰：『名以定體，漫漢果自不虚。』又令吏唱人名，誤以盧士深為士琛，士琛自言，愔曰：『盧郎玉潤，所以從玉。』自尚公主後，衣紫羅袍，金縷大帶。遇李庶，頗以為恥，謂曰：『我此衣服，都是内裁，既見子將，不能無愧。』

及居端揆，權綜機衡，千端萬緒，神無滯用。自天保五年已後，一人喪德，維持匡救，實有賴焉。每天子臨軒，公卿拜授，施號發令，宣揚詔冊。愔辭氣温辯，神儀秀發，百僚觀聽，莫不悚動。自居大位，門絶私交。輕貨財，重仁義，前後賞賜，積累巨萬，散之九族，架篋之中，唯有書數千卷。太保、平原王隆之與愔鄰宅，愔嘗見其門外有富胡數人，謂左右曰：『我門前幸無此物。』性周密畏慎，恒若不足，每聞後命，愀然變色。

文宣大漸，以常山、長廣二王位地親逼，深以後事為念。愔與尚書左僕射平秦王歸彦、侍中燕子獻、黄門侍郎鄭子默受遺詔輔政，並以二王威望先重，咸有猜忌之心。初在晉陽，以大行在殯，天子諒暗，議令常山王在東館，欲奏之事，皆先諮決。二旬而止。仍欲以常山王隨梓宫之鄴，留長廣王鎮晉陽。執政復生疑貳，兩王又俱從至于鄴。子獻立計，欲處太皇太后於北宫，政歸皇太后。又自天保八年已來，爵賞多濫，至是，愔先自表解其開府封王，諸叨竊恩榮者皆從黜免。由是嬖寵失職之徒，盡歸心二叔。高歸彦初雖同德，後尋反動，以疏忌之迹盡告兩王。可朱渾天和又每云：『若不誅二王，少主無自安之理。』宋欽道面奏帝，稱二叔威權既重，宜速去之。帝不許曰：『可與令公共詳其事。』愔等議出二王為刺史。以帝仁慈，恐不可所奏，乃通啓皇太后，具述安危。有宫人李昌儀者，北豫州刺史高仲密之妻，坐仲密事入宫，太后以昌儀宗情，甚相昵愛。太后以啓示之，昌儀密啓太皇太后。愔等又議不可令二王俱出，乃奏以長廣王為大司馬、并州刺史，常山王為太師、録尚書事。

及二王拜職，於尚書省大會百僚，愔等並將同赴。子默止之，云：『事不可量，不可輕脱。』愔云：『吾等至誠體國，豈有常山拜職，有不赴之理，何為忽有此慮？』長廣旦伏家僮數十人於録尚書後室，仍與席上勳貴數人相知。並與諸勳胄約，行酒至愔等，我各勸雙杯，彼必致辭。我一曰『捉酒』，二曰『捉酒』，三曰『何不捉』，爾輩即捉。及宴如之。愔大言曰：『諸王構逆，欲殺忠良邪！尊天子，削諸侯，赤心奉國，未應及此。』常山王欲緩之，長廣王曰：『不可。』於是愔及天和、欽道皆被拳杖亂毆擊，頭面血流，各十人持之。使薛孤延、康買執子默於尚藥局。子默曰：『不用智者言，以至於此，豈非命也。』

二叔率高歸彦、賀拔仁、斛律金擁愔等唐突入雲龍門。見都督叱利騷，招之不進，使騎殺之。開府成休寧拒門，歸彦喻之，乃得入。送愔等於御前。長廣王及歸彦在朱華門外。太皇太后臨昭陽殿，太后及帝側立。常山王以磚叩頭，進而言曰：『臣與陛下骨肉相連。楊遵彦等欲擅朝權，威福自己，王公以還，皆重足屏氣。共相脣齒，以成亂階，若不早圖，必為宗社之害。臣與湛等為國事重，賀拔仁、斛律金等惜獻皇帝基業，共執遵彦等領入宫，未敢刑戮，專輒之失，罪合萬死。』帝時默然，領軍劉桃枝之徒陛衛，叩刀仰視，帝不睨之，太皇太后令卻仗，不肯。又厲聲曰：『奴輩即今頭落。』乃卻。因問楊郎何在，賀拔仁曰：『一目已出。』太皇太后愴然曰：『楊郎何所能，留使不好耶！』乃讓帝曰：『此等懷逆，

欲殺我二兒，次及我，爾何縱之？』帝猶不能言。太皇太后怒且悲，王公皆泣。太皇太后曰：『豈可使我母子受漢老嫗斟酌。』太后拜謝。常山王叩頭不止。太皇太后謂帝：『何不安慰爾叔？』帝乃曰：『天子亦不敢與叔惜，豈敢惜此漢輩？但願乞兒性命，兒自下殿去，此等任叔父處分。』遂皆斬之。長廣王以子默昔讒己作詔書，故先拔其舌，截其手。太皇太后臨愔喪，哭曰：『楊郎忠而獲罪。』以御金為之一眼，親內之，曰：『以表我意。』常山王亦悔殺之。先是童謠曰：『白羊頭尾禿，羝頭生角。』又曰：『羊羊吃野草，不吃野草遠我道，不遠打爾腦。』又曰：『阿麼姑禍也，道人姑夫死也。』羊為愔也，『角』文為用刀，『道人』謂廢帝小名，太原公主嘗作尼，故曰『阿麼姑』，愔子獻、天和皆帝姑夫云。於是乃以天子之命下詔罪之，罪止一身，家口不問。尋復簿録五家，王晞固諫，乃各没一房，孩幼兄弟皆除名。

論說

《魏書》卷三五《崔浩傳論》　崔浩才藝通博，究覽天人，政事籌策，時莫之二，此其所以自比於子房也。屬太宗為政之秋，值世祖經營之日，言聽計從，寧廓區夏。遇既隆也，勤亦茂哉。謀雖蓋世，威未震主，末途邂逅，遂不自全。豈鳥盡弓藏，民惡其上？將器盈必概，陰害貽禍？何斯人而遭斯酷，悲夫！

謀反作亂分部

東晉王敦之亂

綜述

《魏書》卷一〇二《僭晉司馬叡傳》　是時叡大將軍王敦宗族擅勢，權重於叡，迭為上下，了無君臣之分。叡侍中劉隗言於叡曰：『王氏強大，宜漸抑損。』敦聞而惡之。惠帝時，叡改年曰永昌。昌敦先鎮武昌，乃表於叡曰：『劉隗前在門下，遂秉權寵。今輒進軍，指討姦孽，宜速斬隗首，以謝遠近。朝梟隗首，諸軍夕退。昔太甲不能遵明湯典，顛覆厥度，幸納伊尹之訓，殷道復昌，頗智故有先失後得者矣。』敦又移告州郡，以沈充為大都督，護東吳諸軍。叡乃下書曰：『王敦恃寵，敢肆狂逆，方朕於太甲，欲見囚于桐宫。是可忍也，孰不可忍也！今當親帥六軍，以誅大逆。』叡光祿勳王含率其子瑜以輕舟棄叡，歸於武昌。叡以其司空王導為前鋒大都督，尚書陸曄為軍司；以廣州刺史陶侃為江州，梁州刺史甘卓為荆州，使其率衆掎躡敦後；以太子右率周莚率中軍三千人討沈充。敦至洌州，表尚書令刁協黨附，宜加誅戮。叡遣右將軍周劄戍於石頭，劄潛與敦書，許軍至為應。敦使司馬楊朗等入於石頭，劄見敦。朗等既據石頭，叡征西將軍戴淵、鎮北將軍劉隗率衆攻之，戴淵親率士，鼓衆陵城。俄而鼓止息，朗等乘之，叡軍敗績。隗、協入見叡，叡遣其避禍，二人泣而出。隗還淮陰，後奔石勒。協奔江乘，為敦追兵所害。叡師敗。

敦自為丞相，武昌郡公，邑萬户，朝事大小皆關諮之。敦收戴淵及叡尚書左僕射周顗，並斬於石頭，皆叡朝之望也。於是改易百官及諸州鎮，其餘轉徙黜免者過百數，或朝行暮改，或百日半年。敦所寵沈充、錢鳳等所言必用，所譖必死。敦將還武昌，其長史謝鯤曰：『公不朝，懼天下私議。』敦曰：『君能保無變乎？』對曰：『鯤近入覲，主上側席待公，遲得相見，宫省穆然，必然不虞之慮。公若入朝，鯤請侍從。』敦曰：『正復殺君等數百，何損朝廷！』遂不朝而去。敦召安南將軍甘卓，轉譙王承為軍司，並不從。敦遣從母弟南蠻校尉魏乂率江夏太守李恒攻承於臨湘，旬日城陷，執承送于武昌。敦從弟王廙使賊迎之，害于車中。先是，王敦表疏，言旨不遜，叡以示承曰：『敦言如此，豈有厭哉？』對曰：『陛下不早裁之，難將作矣。』敦惡之。襄陽太守周慮襲殺甘卓。

叡畏迫于敦，居常憂戚，發病而死。【略】

王敦將纂，諷紹征己。乃為書曰：『孤子紹頓首。天下事大，紹以眇身，弗克負荷，哀憂孔疚，如臨于谷，實賴塚宰，以濟艱難。公邁德樹動，遐邇歸懷，任社稷之托，居總己之統，然道里長遠，江川阻深，動有

介石之機，而迴旋之間，固以有所喪矣。謂公宜入輔朝政，得旦夕訓諮，朝士亦僉以為然。以公高亮忠肅，至心憂國，苟其宜然，便當以至公處之，期於靜國寧民，要之括囊無咎。伏想暗同此志，顧便速克近期，以副堯企之懷。』紹恭憚於敦若此。復使兼太常應詹拜敦承相、武昌郡公，奏事不名，入朝不趨，劍履上殿。敦於是屯於蕪湖。敦乃轉王導為司徒，自領揚州刺史，以兄含子應為武衛將軍，以自副貳。敦無子，養應為後。敦疾逾年，故召含還，欲屬以後事。是時敦令紹宿衛之兵三番休二。紹密欲襲敦，微行察敦營壘。及敦疾，紹屢遣大臣訊問起居，遷含驃騎大將軍、儀同三司。

敦疾甚，紹召其司徒王導、中書監庾亮、丹陽尹温嶠、尚書卞壺密謀討之。導、嶠及右將軍卞敦共據石頭，光祿勳應詹都督朱雀桁南諸軍事，尚書令郗鑑都督從駕諸軍事，紹出次於中堂。敦聞兵起，怒，欲自將，困不能坐。召其黨錢鳳、鄧岳、周撫等率衆三萬指造建業。含謂敦曰：『北事吾便當行。』於是以含為元帥。鳳等問敦曰：『事克之日，天子云何？』敦曰：『尚未南郊，何為天子！便盡卿兵勢，唯保護東海王及裴妃而已。』初，紹謂敦已死，故敢發兵。及下詔數日，敦猶能與王導書，後自手筆曰：『太真別來幾日，作如此事！』太真，温嶠字也，紹朝見之，咸共駭懼。含等兵至，温嶠輒燒朱雀桁以挫其鋒。紹使中軍司馬曹渾、左衛參軍陳嵩、段匹磾弟禿率壯士千人逆含等，戰于江寧，斬其前鋒將何康，殺數百人。敦聞康死，軍不獲濟，怒曰：『我兄老婢耳！門户衰微，羣從中才兼文武者皆早死，今年事去矣。』語參軍呂寶曰：『我當力行。』因作勢而起，困乏，乃復臥。使術士郭璞筮之，卦成，對曰：『不能佳。』敦既疑璞勸亮、嶠等舉事，又聞卦惡，於是殺璞。

敦疾轉困，語其舅羊鑑及子應曰：『我亡後，應便即位，先立朝廷百官，然後營葬。』初敦敗叡之後，夢白犬自天而下，噬之。及疾甚，見刁協、甘卓為祟，遂死。王應秘不發喪，裹屍以席，埋於齋中，與其將諸葛瑤等縱酒淫逸。沈充將萬餘人來會含等。充臨行，顧謂其妻曰：『男兒不建豹尾，不能歸也。』紹平西將軍祖約率衆至於淮南，逐敦所置淮南太守任臺。紹將劉遐、蘇峻濟自滿洲，含相率渡兵，應詹逆擊，大破之。周撫斬錢鳳，沈充將吳儒斬充。紹遣御史劉彝發敦瘞，斬屍，梟首朱雀桁。

《晉書》卷三七《閔王承傳》　王敦有無君之心，表疏輕慢。帝夜召承，以敦表示之，曰：『王敦頃年位任足矣，而所求不已，言至於此，將若之何？』承曰：『陛下不早裁之，難將作矣。』帝欲樹藩屏。【略】初，劉隗以王敦威權太盛，終不可制，勸帝出諸心腹，以鎮方隅。故先以承為湘州，續用隗及戴若思等，並為州牧。承行達武昌，釋戎備見王敦。敦與之宴，欲觀其意，謂承曰：『大王雅素佳士，恐非將帥才也。』承曰：『公未見知耳，鉛刀豈不能一割乎！』承以敦欲測其情，故發此言。敦果謂錢鳳曰：『彼不知懼而學壯語，此之不武，何能為也。』聽承之鎮。時湘土荒殘，公私困弊，承躬自儉約，乘葦茭車，而傾心綏撫，甚有能名。敦恐其為己患，詐稱北伐，悉召承境內船乘。承知其姦計，分半與之。

敦尋構難，遣參軍桓羆說承，以劉隗專寵，今便討擊，請承以為軍司，以軍期上道。【略】

府長史虞悝慷慨有志節，謂承曰：『王敦居分陝之任，而一旦作逆，天地所不容，人神所痛疾。大王宗室藩屏，寧可從其偽邪！便宜電奮，存亡以之。』於是與悝及弟前丞相掾望、建昌太守長沙王循、衡陽太守淮陵劉翼等共盟誓，囚桓羆，馳檄湘州，指期至巴陵。零陵太守尹奉首同義謀，出軍營陽，於是一州之內，皆同義舉。乃使虞望討諸不服，斬湘東太守鄭澹。澹，敦姊夫也。【略】

敦遣南蠻校尉魏乂、將軍李恒、田嵩等甲卒二萬以攻承。承且戰且守，待救于尹奉、虞望，而城池不固，人情震恐。或勸承南投陶侃，又云可退據零桂。承曰：『吾舉義衆，志在死節，寧偷生苟免，為奔敗之將乎！事之不濟，其令百姓知吾心耳。』

初，安南將軍甘卓與承書，勸使固守，當以兵出沔口，斷敦歸路，則湘圍自解。【略】卓軍次睹口，聞王師敗績，停師不進，乂等攻戰日逼，敦又送所得臺中人書疏，令乂射以示承。城內知朝廷不守，莫不悵惋。劉翼戰死，相持百餘日，城遂没。乂檻送承荊州，刺史王廙承敦旨於道中害之，時年五十九。敦平，詔贈車騎將軍。

又　卷四三《王澄傳》　時王敦為江州，鎮豫章，澄過詣敦。澄夙有盛名，出於敦右，士庶莫不傾慕之。兼勇力絕人，素為敦所憚，澄猶以

舊意侮敦。敦益忿怒，請澄入宿，陰欲殺之。而澄左右有二十絶人，持鐵馬鞭為衛，澄手嘗捉玉枕以自防，故敦未之得發。後敦賜澄左右酒，皆醉，借玉枕觀之。因下床而謂澄曰：『何與杜弢通信？』澄曰：『事自可驗。』敦欲入内，澄手引敦衣，至於絶帶。乃登于梁，因罵敦曰：『行事如此，殃將及焉。』敦令力士路戎搤殺之，時年四十四，載屍還其家。

又　卷四九《謝鯤傳》　及敦將為逆，謂鯤曰：『劉隗姦邪，將危社稷。吾欲除君側之惡，匡主濟時，何如？』對曰：『隗誠始禍，然城狐社鼠也。』敦怒曰：『君庸才，豈達大理。』出鯤為豫章太守，又留不遣，藉其才望，逼與俱下。敦至石頭，歎曰：『吾不復得為盛德事矣。』鯤曰：『何為其然？但使自今以往，日忘日去耳。』初，敦謂鯤曰：『吾當以周伯仁為尚書令，戴若思為僕射。』及至都，復曰：『近來人情何如？』鯤對曰：『明公之舉，雖欲大存社稷，然悠悠之言，實未達高義。周顗、戴若思，南北人士之望，明公舉而用之，羣情帖然矣。』是日，敦遣兵收周、戴，而鯤弗知，敦怒曰：『君粗疏邪！二子不相當，吾已收之矣。』鯤與顗素相親重，聞之愕然，若喪諸己。參軍王嶠以敦誅顗，諫之甚切，敦大怒，命斬嶠，時人士畏懼，莫敢言者。鯤曰：『明公舉大事，不戮一人。嶠以獻替忤旨，便以釁鼓，不亦過乎！』敦乃止。

敦既誅害忠賢，而稱疾不朝，將還武昌。鯤喻敦曰：『公大存社稷，建不世之勳，然天下之心實有未達。若能朝天子，使君臣釋然，萬物之心於是乃服。杖衆望以順羣情，盡沖退以奉主上，如斯則勳侔一匡，名垂千載矣。』敦曰：『君能保無變乎？』對曰：『鯤近日入覲，主上側席，遲得見公，宮省穆然，必無虞矣。公若入朝，鯤請侍從。』敦勃然曰：『正復殺君等數百人，亦復何損于時！』竟不朝而去。是時朝望被害，皆為其憂。而鯤推理安常，時進正言。敦既不能用，内亦不悦。軍還，使之郡，涖政清肅，百姓愛之。尋卒官，時年四十三。

又　卷五一《皇甫方回傳》　王敦遣從弟廙代侃，遷侃為廣州。侃將詣敦，方回諫曰：『吾聞敵國滅，功臣亡。足下新破杜弢，功莫與二，欲無危，其可得乎！』侃不從而行。敦果欲殺侃，賴周訪獲免。廙既至荆州，大失物情，百姓叛廙迎杜弢。廙大行誅戮以立威，以方回為侃所敬，責其不來詣己，乃收而斬之。荆土華夷，莫不流涕。

又　卷五八《周劄傳》　王敦舉兵攻石頭，劄開門應敦，故王師敗績。敦轉劄為光禄勳，尋補尚書。【略】

劄一門五侯，並居列位，吴士貴盛，莫與為比，王敦深忌之。後筵喪母，送者千數，敦益憚焉。及敦疾，錢鳳以周氏宗强，與沈充權勢相侔，欲自托於充，謀滅周氏，使充得專威揚土，乃説敦曰：『夫有國者患於强逼，自古釁難恒必由之。今江東之豪莫强周、沈，公萬世之後，二族必不静矣。周强而多俊才，宜先為之所，後嗣可安，國家可保耳。』敦納之。

又　卷六五《王導傳》　王敦之反也，劉隗勸帝悉誅王氏，論者為之危心。導率羣從昆弟子侄二十餘人，每旦詣臺待罪。帝以導忠節有素，特還朝服，召見之。導稽首謝曰：『逆臣賊子，何世無之，豈意今者近出臣族！』帝跣而執之曰：『茂弘，方托百里之命於卿，是何言邪！』乃詔曰：『導以大義滅親，可以吾為安東時節假之。』及敦得志，加導守尚書令。初，西都覆没，海内思主，羣臣及四方並勸進於帝。時王氏强盛，有專天下之心，敦憚帝賢明，欲更議所立，導固爭乃止。及此役也，敦謂導曰：『不從吾言，幾致覆族。』導猶執正議，敦無以能奪。【略】

王敦又舉兵内向。時敦始寢疾，導便率子弟發哀，衆聞，謂敦死，咸有奮志。及帝伐敦，假導節，都督諸軍，領揚州刺史。

又　卷六七《温嶠傳》　及敦構逆，加嶠中壘將軍、持節、都督東安北部諸軍事。敦與王導書曰：『太真别來幾日，作如此事！』表誅姦臣，以嶠為首。募生得嶠者，當自拔其舌。及王含、錢鳳奄至都下，嶠燒朱雀桁以挫其鋒，帝怒之，嶠曰：『今宿衛寡弱，徵兵未至，若賊豕突，危及社稷，陛下何惜一橋。』賊果不得渡。嶠自率衆與賊夾水戰，擊王含，敗之，復督劉遐追錢鳳于江寧。事平，封建寧縣開國公，賜絹五千四百匹，進號前將軍。

又　《郗鑒傳》　敦素懷無君之心，聞鑒言，大忿之，遂不復相見，拘留不遣。敦之黨與譖毁日至，鑒舉止自若，初無懼心。敦謂錢鳳曰：『郗道徽儒雅之士，名位既重，何得害之！』乃放還臺。鑒遂與帝謀滅敦。既而錢鳳攻逼京都，假鑒節，加衛將軍、都督從駕諸軍事。鑒以無益事實，固辭不受軍號。時議者以王含、錢鳳衆力百倍，苑城小而不固，宜及軍勢未成，大駕自出距戰。鑒曰：『羣逆縱逸，其勢不可當，可以算

屈，難以力競。且含等號令不一，抄盜相尋，百姓懲往年之暴，皆人自為守。乘逆順之勢，何往不克！且賊無經略遠圖，惟恃豕突一戰，曠日持久，必啓義士之心，令謀猷得展。今以此弱力敵彼强寇，決勝負於一朝，定成敗於呼吸，雖有申胥之徒，義存投袂，何補於既往哉！』帝從之。鑑以尚書令領諸屯營。

又 卷六九《劉隗傳》 初，隗以王敦威權太盛，終不可制，勸帝出腹心以鎮方隅，故以譙王承為湘州，續用隗及戴若思為都督。敦甚惡之，與隗書曰：『頃承聖上顧眄足下，今大賊未滅，中原鼎沸，欲與足下周生之徒戮力王室，共靜海內。若其泰也，則帝祚於是乎隆；若其否也，則天下永無望矣。』隗答曰：『魚相忘於江湖，人相忘於道術。竭股肱之力，效之以忠貞，吾之志也。』敦得書甚怒。及敦作亂，以討隗為名，詔征隗還京師，百官迎之於道，隗岸幘大言，意氣自若。及入見，與刁協奏請誅王氏。不從，有懼色，率衆屯金城。及敦克石頭，隗攻之不拔，入宮告辭，帝雪涕與之別。隗至淮陰，為劉遐所襲，攜妻子及親信二百餘人奔于石勒，勒以為從事中郎、太子太傅。

又 《刁協傳》 王敦構逆，上疏罪協。帝使協出督六軍。既而王師敗績，協與劉隗俱侍帝於太極東除，帝執協、隗手，流涕嗚咽，勸令避禍。協曰：『臣當守死，不敢有貳。』帝曰：『今事逼矣，安可不行！』乃令給協、隗人馬，使自為計。協年老，不堪騎乘，素無恩紀，募從者，皆委之行。至江乘，為人所殺，送首於敦，敦德刁氏，收葬之。

又 《戴若思傳》 王敦作逆，加左將軍。及敦得志，而若思遇害，遂坐免官。敦誅後，拜尚書僕射。

若思至合肥，而王敦舉兵，詔追若思還鎮京都，進驃騎將軍，與右衛將軍郭逸夾道築壘於大桁之北。尋而石頭失守，若思與諸軍攻石頭，王師敗績。若思率麾下百餘人赴宮受詔，與公卿百官於石頭見敦。敦問若思曰：『前日之戰有餘力乎？』若思不謝而答曰：『豈敢有餘，但力不足耳。』又曰：『吾此舉動，天下以為如何？』若思曰：『見形者謂之逆，體誠者謂之忠。』敦笑曰：『卿可謂能言。』敦參軍呂猗昔為臺郎，有刀筆才，性尤姦諂，若思為尚書，惡其為人，猗亦深憾焉。至是，乃說敦曰：『周顗、戴若思皆有高名，足以惑衆，近者之言曾無愧色。公若不除，恐有再舉之患，為將來之憂耳。』敦以為然，又素忌之，俄而遣鄧嶽、繆坦收若思而害之。若思素有重望，四海之士莫不痛惜焉。賊平，册贈右光祿大夫、儀同三司，謚曰簡。

又 《周顗傳》 初，敦之舉兵也，劉隗勸帝盡除諸王，司空導率羣從詣闕請罪，值顗將入，導呼顗謂曰：『伯仁，以百口累卿！』顗直入不顧。既見帝，言導忠誠，申救甚至，帝納其言。顗喜飲酒，致醉而出。導猶在門，又呼顗。顗不與言，顧左右曰：『今年殺諸賊奴，取金印如斗大繫肘。』既出，又上表明導，言甚切至。導不知救己，而甚銜之。敦既得志，問導曰：『周顗、戴若思南北之望，當登三司，無所疑也。』導不答。又曰：『若不三司，便應令僕邪？』又不答。敦曰：『若不爾，正當誅爾。』導又無言。

又 卷七〇《應詹傳》 及敦作逆，明帝問詹計將安出。詹厲然慷慨曰：『陛下宜奮赫斯之威，臣等當得負戈前驅，庶憑宗廟之靈，有征無戰。如其不然，王室必危。』帝以詹為都督前鋒軍事、護軍將軍、假節，都督朱雀橋南。賊從竹格渡江，詹與建威將軍趙胤等擊敗之，斬賊率杜發，梟首數千級。賊平，封觀陽縣侯。

又 《甘卓傳》 王敦稱兵，遣使告卓。卓乃偽許，而心不同之。及敦升舟，而卓不赴，使參軍孫雙詣武昌諫止敦。敦聞雙言，大驚曰：『甘侯前與吾語云何，而更有異！正當慮吾危朝廷邪？吾今下唯除姦凶耳。卿還言之，事濟當以甘侯作公。』雙還報卓，卓不能決。或說卓且偽許敦，待敦至都而討之。【略】

時敦以卓不至，慮在後為變，遣參軍樂道融苦要卓俱下。道融本欲背敦，因說卓襲之，語在融傳。卓既素不欲從敦，得道融說，遂決曰：『吾本意也。』乃與巴東監軍柳純、南平太守夏侯承、宜都太守譚該等十餘人，俱露檄遠近，陳敦肆逆，率所統致討。遣參軍司馬讚、孫雙奉表詣臺，參軍羅英至廣州，與陶侃剋期，參軍鄧騫、虞沖至長沙，令譙王承堅守。征西將軍戴若思在江西，先得卓書，表上之，臺內皆稱萬歲。武昌驚，傳卓軍至，人皆奔散。詔書遷卓為鎮南大將軍、侍中、都督荆梁二州諸軍事、荆州牧，梁州刺史如故，陶侃得卓信，即遣參軍高寶率兵下。

卓雖懷義正，而性不果毅，且年老多疑，計慮猶豫，軍次豬口，累旬

不前。敦大懼，遣卓兄子行參軍仰求和，謝卓曰：『君此自是臣節，不相責也。吾家計急，不得不爾。想便旋軍襄陽，當更結好。』時王師敗績，敦求臺騶虞幡駐卓。卓聞周顗、戴若思遇害，流涕謂仰曰：『吾之所憂，正謂今日。每得朝廷人書，常以胡寇為先，不悟忽有蕭牆之禍。且使聖上元吉，太子無恙，吾臨敦上流，亦未敢便危社稷。吾適徑據武昌，敦勢逼，必劫天子以絕四海之望。不如還襄陽，更思後圖。』即命旋軍。都尉秦康說卓曰：『今分兵取敦不難，但斷彭澤，上下不得相赴，自然離散，可一戰擒也。將軍既有忠節，中道而廢，更為敗軍將，恐將軍之下亦各便求西還，不可得守也。』卓不能從。樂道融亦日夜勸卓速下。卓性先寬和，忽便强塞，徑還襄陽，意氣騷擾，舉動失常，自照鏡不見其頭，視庭樹而頭在樹上，心甚惡之。其家金櫃鳴，聲似槌鏡，清而悲。巫云：『金櫃將離，是以悲鳴。』主簿何無忌及家人皆勸令自警。卓轉更很愎，聞諫輒怒。方散兵使大佃，而不為備。功曹榮建固諫，不納。襄陽太守周慮等密承敦意，知卓無備，詐言湖中多魚，勸卓遣左右皆捕魚，乃襲害卓於寢，傳首於敦。四子散騎郎蕃等皆被害。太寧中，追贈驃騎將軍，謚曰敬。

又 卷七二《郭璞傳》 王敦之謀逆也，温嶠、庾亮使璞筮之，璞對不決。嶠、亮復令占己之吉凶，璞曰：『大吉。』嶠等退，相謂曰：『璞對不了，是不敢有言，或天奪敦魄。今吾等與國家共舉大事，而璞云大吉，是為舉事必有成也。』於是勸帝討敦。初，璞每言『殺我者山宗』，至是果有姓崇者構璞於敦。敦將舉兵，又使璞筮。璞曰：『無成。』敦固疑璞之勸嶠、亮，又聞卦凶，乃問璞曰：『卿更筮吾壽幾何？』答曰：『思向卦，明公起事，必禍不久。若住武昌，壽不可測。』敦大怒曰：『卿壽幾何？』曰：『命盡今日日中。』敦怒，收璞，詣南岡斬之。

又 卷七五《王嶠傳》 敦在石頭，欲禁私伐蔡洲荻，以問羣下。時王師新敗，士庶震懼，莫敢異議。嶠獨曰：『中原有菽，庶人采之。百姓不足，君孰與足！若禁人樵伐，未知其可。』敦不悅。敦將殺周顗、戴若思，嶠於坐諫曰：『濟濟多士，文王以寧。安可戮諸名士，以自全生！』敦大怒，欲斬嶠，賴謝鯤以免。敦猶銜之，出為領軍長史。

又 卷七六《王彬傳》 從兄敦舉兵石頭，帝使彬勞之。會周顗遇害，彬素與顗善，先往哭顗，甚慟。既而見敦，敦怪其有慘容，而問其所以。彬曰：『向哭伯仁，情未能已。』敦怒曰：『伯仁自致刑戮，且凡人遇汝，復何為者哉！』彬曰：『伯仁長者，君之親友，在朝雖無謇諤，亦非阿黨，而赦後加以極刑，所以傷惋也。』因勃然數敦曰：『兄抗旌犯順，殺戮忠良，謀圖不軌，禍及門户。』音辭慷慨，聲淚俱下。敦大怒，厲聲曰：『爾狂悖乃可至此，為吾不能殺汝邪！』時王導在坐，為之懼，勸彬起謝。彬曰：『有脚疾已來，見天子尚欲不拜，何跪之有！此復何所謝！』敦曰：『脚痛孰若頸痛？』彬意氣自若，殊無懼容。後敦議舉兵向京師，彬諫甚苦。敦變色目左右，將收彬，彬正色曰：『君昔歲害兄，今又殺弟邪？』先是，彬從兄豫章太守棱為敦所害，敦以彬親故容忍之。

又 《虞潭傳》 及敦構逆，令衆出軍，衆遲回不發。敦大怒，以軍期召衆還，詰之，聲色甚厲。衆不為動容，敦意漸釋。時敦又怒宣城内史陸嗜，衆又辨明之。敦長史陸玩在坐，代衆危懼，出謂衆曰：『卿真所謂剛亦不吐，柔亦不茹，雖仲山甫何以加之！』敦事捷，欲以衆為吳興内史。衆固辭，舉吏部郎桓彝，彝亦讓衆，事並不行。敦鎮姑孰，復以衆為從事中郎。敦平，除太子中庶子，為義興太守，加揚威將軍。

又 卷八九《周崎傳》 王敦之難，譙王承使崎求救於外，與周該俱為魏乂偵人所執，乂責崎辭情，臨以白刃。崎曰：『州將使求援於外，本無定指，隨時制宜耳。』乂謂崎曰：『汝為我語城中，稱大將軍已破劉隗、戴若思，甘卓住襄陽，無復異議，三江州郡，萬里肅清，外援理絕。如是者，我當活汝。』崎偽許之。既到城下，大呼曰：『王敦軍敗于于湖，甘安南已克武昌，即日分遣大衆來赴此急，努力堅守，賊今散矣！』乂於是數而殺之。

又 《易雄傳》 刺史、譙王承既距王敦，將謀起兵以赴朝廷。雄承符馳檄遠近，列敦罪惡，宣募縣境，數日之中，有衆千人，負糧荷戈而從之。承既固守，而湘中殘荒之後，城池不完，兵資又闕。敦遣魏乂、李恒攻之，雄勉厲所統，捍禦累旬，士卒死傷者相枕。力屈城陷，為乂所虜，意氣慷慨，神無懼色。送到武昌，敦遣人以檄示雄而數之。雄曰：『此實有之，惜雄位微力弱不能救國之難。王室如毀。雄安用生為！今日即戮，得作忠鬼，乃所願也。』敦憚其辭正，釋之。衆人皆賀，雄笑曰：

『昨夜夢乘車，掛肉其傍。夫肉必有筋，筋者斤也，車傍有斤，吾其戮乎！』尋而敦遣殺之。當時見者，莫不傷惋。

又《樂道融傳》　為王敦參軍。敦將圖逆，謀害朝賢，以告甘卓。卓以為不可，遲留不赴。敦遣道融召之。道融雖為敦佐，忿其逆節，因說卓曰：『主上躬統萬機，非專任劉隗。今慮七國之禍，故割湘州以削諸侯，而王氏擅權日久，卒見分政，便謂被奪耳。王敦背恩肆逆，舉兵伐主，國家待君至厚，今若同之，豈不負義！生為逆臣，死為愚鬼，永成宗黨之恥邪！君當偽許應命，而馳襲武昌，敦衆聞之，必不戰自散，大勳可就矣。』卓大然之，乃與巴東監軍柳純等露檄陳敦過逆，率所統致討。又遣齎表詣臺。卓性不果決，且年老多疑，遂待諸方同進，出軍稽遲。至豬口，敦聞卓已下兵，卓兄子仰時為敦參軍，使仰求和于卓，令其旋軍。卓信之，將旋，主簿鄧騫與道融勸卓曰：『將軍起義兵而中廢，為敗軍之將，竊為將軍不取。今將軍之下，士卒各求其利，一旦而還，恐不可得也。』卓不從。道融晝夜涕泣諫卓，憂憤而死。

又　卷九八《王敦傳》　初，敦務自矯厲，雅尚清談，口不言財色。既素有重名，又立大功于江左，專任閫外，手控强兵，羣從貴顯，威權莫貳，遂欲專制朝廷，有問鼎之心。帝畏而惡之，遂引劉隗、刁協等以為心膂。敦益不能平，於是嫌隙始構矣。每酒後輒詠魏武帝樂府歌曰：『老驥伏櫪，志在千里。烈士暮年，壯心不已。』以如意打唾壺為節，壺邊盡缺。及湘州刺史甘卓遷梁州，敦欲以從事中郎陳頒代卓，帝不從，更以譙王承鎮湘州。敦復上表陳古今忠臣見疑于君，而蒼蠅之人交構其間，欲以感動天子。帝愈忌憚之。俄加敦羽葆鼓吹，增從事中郎、掾屬、舍人各二人。帝以劉隗為鎮北將軍，戴若思為征西將軍，悉發揚州奴為兵，外以討胡，實禦敦也。永昌元年，敦率衆內向，以誅隗為名，上疏曰：

劉隗前在門下，邪佞諂媚，譖毀忠良，疑惑聖聽，遂居權寵，撓亂天機，威福自由，有識杜口。大起事役，勞擾士庶，外托舉義，內自封植；奢僭過制，乃以黃散為參軍，晉魏已來，未有此比。傾盡帑藏，以自資奉；賦役不均，百姓嗟怨；免良人奴，自為惠澤。自可使其大田以充倉廩，今便割配，皆充隗軍。臣前求迎諸將妻息，聖恩聽許，而隗絕之，使三軍之士莫不怨憤。又徐州流人辛苦經載，家計始立，隗悉驅逼，以實己府。當陛下踐阼之始，投刺王官，本以非常之慶使豫蒙榮分。而更充征役，復依舊名，普取出客，從來久遠，經涉年載，或死亡滅絕，或自贖得免，或見放遣，或父兄時事身所不及，有所不得，輒罪本主，百姓哀憤，怨聲盈路。身欲北渡，以遠朝廷為名，而密知機要，潛行險慝，進人退士，高下任心，姦狡饕餮，未有隗比，雖無忌、宰嚭、弘恭、石顯未足為喻。是以遐邇憤慨，羣後失望。

臣備位宰輔，與國存亡，誠乏平勃濟時之略，然自忘駑駘，志存社稷，豈忍坐視成敗，以虧聖美。事不獲已，今輒進軍，同討姦孽，願陛下深垂省察，速斬隗首，則衆望厭服，皇祚復隆。隗首朝懸，諸軍夕退。昔太甲不能遵明湯典，顛覆厥度，幸納伊尹之勳，殷道復昌。漢武雄略，亦惑江充讒佞邪說，至乃父子相屠，流血丹地，終能克悟，不失大綱。今日之事，有逾於此，願陛下深垂三思，諮詢善道，則四海乂安，社稷永固矣。

又曰：

陛下昔鎮揚州，虛心下士，優賢任能，寬以得衆，故君子盡心，小人畢力。臣以暗蔽，豫奉徽猷，是以遐邇望風，有識自竭，王業遂隆，惟新克建，四海延頸，咸望太平。

自從信隗已來，刑罰不中，街談巷議，皆云如吳之將亡。聞之惶惑，精魂飛散，不覺胸臆摧破，泣血橫流。陛下當全祖宗之業，存神器之重，察臣前後所啓，奈何棄忽忠言，遂信姦佞，誰不痛心！願出臣表，諮之朝臣，介石之幾，不俟終日，令諸軍早還，不至虛擾。

敦黨吳興人沈充起兵應敦。敦至蕪湖，又上表罪狀刁協。帝大怒，下詔曰：『王敦憑恃寵靈，敢肆狂逆，方朕太甲，欲見幽囚。是可忍也，孰不可忍也！今親率六軍，以誅大逆，有殺敦者，封五千户侯。』召戴若思、劉隗並會京師。敦兄含時為光祿勳，叛奔於敦。

敦至石頭，欲攻劉隗，其將杜弘曰：『劉隗死士衆多，未易可克，不如攻石頭。周劄少恩，兵不為用，攻之必敗。劄敗，則隗自走。』敦從之。劄果開城門納弘。諸將與敦戰，王師敗績。既入石頭，擁兵不朝，放肆兵士劫掠內外。官省奔散，惟有侍中二人侍帝。帝脫戎衣，著朝服，顧而言曰：『欲得我處，但當早道，我自還琅邪，何至困百姓如此！』敦收周

顗、戴若思害之。以敦為丞相、江州牧，進爵武昌郡公，邑萬户，使太常荀崧就拜，又加羽葆鼓吹，並偽讓不受。還屯武昌，多害忠良，寵樹親戚，以兄含為衛將軍、都督沔南軍事、領南蠻校尉、荆州刺史，以義陽太守任愔督河北諸軍事、南中郎將，敦又自督寧、益二州。

及帝崩，太寧元年，敦諷朝廷徵己，明帝乃手詔徵之，語在《明帝紀》。又使兼太常應詹拜授加黄鉞，班劍武賁二十人，奏事不名，入朝不趨，劍履上殿。敦移鎮姑孰，帝使侍中阮孚齎牛酒犒勞，敦稱疾不見，使主簿受詔。以王導為司徒，敦自為揚州牧。

敦既得志，暴慢愈甚，四方貢獻多入己府，將相岳牧悉出其門。徙含為征東將軍、都督揚州江西諸軍事，從弟舒為荆州，彬為江州，邃為徐州。含字處弘，凶頑剛暴，時所不齒，以敦貴重，故歷顯位。敦以沈充、錢鳳為謀主，諸葛瑤、鄧嶽、周撫、李恒、謝雍為爪牙。充等並凶險驕恣，共相驅扇，殺戮自己；又大起營府，侵人田宅，發掘古墓，剽掠市道，士庶解體，咸知其禍敗焉。敦從弟豫章太守棱日夜切諫，敦怒，陰殺之。敦無子，養含子應。及敦病甚，拜應為武衛將軍以自副。錢鳳謂敦曰：『脫其不諱，便當以後事付應。』敦曰：『非常之事，豈常人所能！且應年少，安可當大事。我死之後，莫若解衆放兵，歸身朝廷，保全門户，此計之上也。退還武昌，收兵自守，貢獻不廢，亦中計也。及吾尚存，悉衆而下，萬一僥倖，計之下也。』鳳謂其黨曰：『公之下計，乃上策也。』遂與沈充定謀，須敦死後作難。

敦又忌周劄，殺之而盡滅其族。常從督冉曾、公乘雄等為元帝腹心，敦又害之。以宿衛尚多，奏令三番休二。及敦病篤，詔遣侍中陳晷、散騎常侍虞翯問疾。時帝將討敦，微服至蕪湖，察其營壘，又屢遣大臣訊問其起居。遷含驃騎大將軍、開府儀同三司，含子瑜散騎常侍。

敦以温嶠為丹陽尹，欲使覘伺朝廷。嶠至，具言敦逆謀。帝欲討之，知其為物情所畏服，乃偽言敦死，於是下詔曰：

先帝以聖德應運，創業江東，司徒導首居心膂，以道翼讚。故大將軍敦參處股肱，或内或外，夾輔之勳，與有力焉。階緣際會，遂據上宰，杖節專征，委以五州。刁協、劉隗立朝不允，敦抗義致討，情希鬻拳，兵雖犯順，猶嘉乃誠，禮秩優崇，人臣無貳。事解之後，劫掠城邑，放恣兵人，侵及宫省；背違赦信，誅戮大臣；縱凶極逆，不朝而退。六合阻心，人情同憤。先帝含垢忍耻，容而不責，委任如舊，禮秩有加。朕以不天，尋丁酷罰，煢煢在疚，哀悼靡寄。而敦曾無臣子追遠之誠，又無輔孤同獎之操，繕甲聚兵，盛夏來至，輒以天官假授私屬，將以威脅朝廷，傾危宗社。朕湣其狂戾，冀其覺悟，故且含隱以觀其終。而敦矜其不義之强，有侮弱朝廷之志，棄親用羈，背賢任惡。錢鳳豎子，專為謀主，逞其凶慝，誣罔忠良。周嵩亮直，讜言致禍；周劄、周莚累世忠義，聽受讒構，殘夷其宗。秦人之酷，刑不過五。敦之誅戮，傍濫無辜，滅人之族，莫知其罪。天下駭心，道路以目。神怒人怨，篤疾所嬰，昏荒悖逆，日以滋甚，輒立兄息以自承代，多樹私黨，莫非同惡，未有宰相繼體而不由王命者也。頑凶相奬，無所顧忌，擅録冶工，輒割運漕，志騁凶醜，以窺神器。社稷之危，匪夕則旦。天下長姦，敦以隕斃。鳳承凶宄，彌復煽逆。是可忍也，孰不可忍也！

今遣司徒導，鎮南將軍、丹陽尹嶠，建威將軍趙胤武旅三萬，十道並進；平西將軍邃率兗州刺史遐、奮武將軍峻、奮威將軍瞻精鋭三萬，水陸齊勢；朕親御六軍，左衛將軍亮，右衛將軍胤，護軍將軍詹，領軍將軍瞻，中軍將軍壺，驍騎將軍艾，驃騎將軍、南頓王宗，鎮軍將軍、汝南王祐，太宰、西陽王羕被練三千，組甲三萬，總統諸軍，討鳳之罪。罪止一人，朕不濫刑。有能殺鳳送首，封五千户侯，賞布五千匹。

冠軍將軍鄧嶽志氣平厚，識經邪正；前將軍周撫質性詳簡，義誠素著；功臣之胄，情義兼常，往年從敦，情節不展，畏逼首領，不得相違，論其乃心，無貳王室，朕嘉其誠，方任之以事。其餘文武，諸為敦所授用者，一無所問，刺史二千石不得輒離所職。書到奉承，自求多福，無或猜嫌，以取誅滅。敦之將士，從敦彌所，怨曠日久，或父母隕没，或妻子喪亡，不得奔赴，銜哀從役，朕甚湣之，希不悽愴。其單丁在軍無有兼重者，皆遣歸家，終身不調，其餘皆與假三年，休訖還臺，當與宿衛同例三番。明承詔書，朕不負信。

又詔曰：『敢有舍王敦姓名而稱大將軍者，軍法從事。』

敦病轉篤，不能御衆，使錢鳳、鄧嶽、周撫等率衆三萬向京師。含謂敦曰：『此家事，吾便當行。』於是以含為元帥。鳳等問敦曰：『事克之

日，天子云何？』敦曰：『尚未南郊，何得稱天子！便盡卿兵勢，保護東海王及裴妃而已。』乃上疏罪狀温嶠，以誅姦臣為名。

含至江寧，司徒導遺含書曰：

近承大將軍困篤綿綿，或云已有不諱，悲怛之情，不能自勝。尋知錢鳳大嚴，欲肆姦逆，朝士忿憤，莫不扼腕。去月二十三日，得征北告，劉遐、陶瞻、蘇峻等深懷憂慮，不謀同辭。都邑大小及二宫宿衛咸懼有往年之掠，不復保其妻孥，是以聖主發赫斯之命，具如檄旨。近有嘉詔，崇兄八命，望兄獎羣賢忠義之心，抑姦細不逞之計，當還武昌，盡力藩任。卒奉來告，乃承與犬羊俱下，雖當逼近，猶以罔然。兄立身率素，見信明于門宗，年逾耳順，位極人臣，仲玉、安期亦不足作佳少年，本來門户，良可惜也！

兄之此舉，謂可得如大將軍昔年之事乎？昔年佞臣亂朝，人懷不寧，如導之徒，心思外濟。今則不然。大將軍來屯于湖，漸失人心，君子危怖，百姓勞弊。將終之日，委重安期，安期斷乳未幾日，又乏時望，便可襲宰相之迹邪？自開闢以來，頗有宰相孺子者不？諸有耳者皆是將禪代意，非人臣之事也。先帝中興，遺愛在人。聖主聰明，德洽朝野，思與賢哲弘濟艱難。不北面而執臣節，乃私相樹建，肆行威福，凡在人臣，誰不憤歎！此直錢鳳不良之心聞於遠近，自知無地，遂唱姦逆。至如鄧伯山、周道和恒有好情，往來人士咸皆明之，方欲委任，與共戮力，非徒無慮而已也。

導門户小大受國厚恩，兄弟顯寵，可謂隆矣。導雖不武，情在寧國。今日之事，明目張膽為六軍之首，寧忠臣而死，不無賴而生矣。但恨大將軍桓文之勳不遂，而兄一旦為逆節之臣，負先人平素之志，既没之日，何顔見諸父于黄泉，謁先帝於地下邪？執省來告，為兄羞之，且悲且慚。願速建大計，惟取錢鳳一人，使天下獲安，家國有福，故是竹素之事，非惟免禍而已。

夫福如反手，用之即是。導所統六軍，石頭萬五千人，宫内後苑二萬人，護軍屯金城六千人，劉遐已至，征北昨已濟江萬五千人。以天子之威，文武畢力，豈可當乎！事猶可追，兄早思之。大兵一奪，導以為灼炟也。

含不答。帝遣中軍司馬曹渾等擊含於越城，含軍敗，敦聞，怒曰：『我兄老婢耳，門户衰矣！兄弟才兼文武者，世將、處季皆早死，今世事去矣。』語參軍呂寶曰：『我當力行。』因作勢而起，困乏復臥。

鳳等至京師，屯于水南。帝親率六軍以御鳳，頻戰破之。敦謂羊鑒及子應曰：『我亡後，應便即位，先立朝廷百官，然後乃營葬事。』初，敦始病，夢白犬自天而下齧之，又見刁協乘軺車導從，瞋目令左右執之。俄而敦死，時年五十九。應秘不發喪，裹屍以席，蠟塗其外，埋於廳事中，與諸葛瑤等恒縱酒淫樂。

沈充自吳率衆萬餘人至，與含等合。充司馬顧颺説充曰：『今舉大事，而天子已扼其喉，情離衆沮，鋒摧勢挫，持疑猶豫，必致禍敗。今若決破栅塘，因湖水灌京邑，肆舟艦之勢，極水軍之用，此所謂不戰而屈人之兵，上策也。籍初至之鋭，並東南衆軍之力，十道俱進，衆寡過倍，理必摧陷，中策也。轉禍為福，因敗為成，召錢鳳計事，因斬之以降，下策也。』充不能用，颺逃歸於吳。含復率衆渡淮，蘇峻等逆擊，大敗之，充亦燒營而退。

既而周光斬錢鳳，吳儒斬沈充，並傳首京師。有司議曰：『王敦滔天作逆，有無君之心，宜依崔杼、王淩故事，剖棺戮屍，以彰元惡。』於是發瘞出屍，焚其衣冠，跽而刑之。敦、充首同日懸于南桁，觀者莫不稱慶。敦首既懸，莫敢收葬者。尚書令郗鑒言於帝曰：『昔王莽漆頭以輗車，董卓然腹以照市，王淩儭土，徐馥焚首。前朝誅楊駿等，皆先極官刑，後聽私殯。然《春秋》許齊襄之葬紀侯，魏武義王修之哭袁譚。由斯言之，王誅加於上，私義行於下。臣以為可聽私葬，於義為弘。』詔許之，於是敦家收葬焉。含父子乘單船奔荆州刺史王舒，舒使人沈之于江，餘黨悉平。

敦眉目疏朗，性簡脱，有鑑裁，學通《左氏》，口不言財利，尤好清談，時人莫知，惟族兄戎異之。經略指麾，千里之外肅然，而麾下擾而不能整。武帝嘗召時賢共言伎藝之事，人人皆有所説，惟敦都無所關，意色殊惡。自言知擊鼓，因振袖揚枹，音節諧韻，神氣自得，傍若無人，舉坐歎其雄爽。石崇以奢豪矜物，廁上常有十餘婢侍列，皆有容色，置甲煎粉、沈香汁，有如廁者，皆易新衣而出。客多羞脱衣，而敦脱故著新，意

色無怍。羣婢相謂曰：『此客必能作賊。』又嘗荒恣於色，體為之弊，左右諫之，敦曰：『此甚易耳。』乃開後閤，驅諸婢妾數十人並放之，時人歎異焉。

沈充，【略】敦引為參軍，充因薦同郡錢鳳。鳳字世儀，敦以為鎧曹參軍，數得進見。知敦有不臣之心，因進邪說，遂相朋構，專弄威權，言成禍福。遭父喪，外托還葬，而密為敦使，與充交構。

初，敦參軍熊甫見敦委任鳳，將有異圖，因酒酣謂敦曰：『開國承家，小人勿用，佞幸在位，鮮不敗業。』敦作色曰：『小人阿誰？』甫無懼容，因此告歸。臨與敦別，因歌曰：『徂風飆起蓋山陵，氛霧蔽日玉石焚。往事既去可長歎，念別惆悵復會難。』敦知其諷己而不納。

明帝將伐敦，遣其鄉人沈禎諭充，許以為司空。

又　卷一〇〇《王如傳》　初，敦有不臣之迹，稜每諫之，敦常怒其異己。及敦聞如為稜所辱，密使人激怒之，勸令殺稜。如詣稜，因閑宴，請劍舞為歡，稜從之。如於是舞刀為戲，漸漸來前。稜惡而呵之不止，叱左右使牽去，如直前害稜。敦聞而陽驚，亦捕如誅之。

宋·司馬光《資治通鑑》卷九二《晉紀一四·肅宗明皇帝上》

（晉明帝太寧元年）王敦謀簒位，諷朝廷征己；帝手詔征之。夏，四月，加敦黃鉞、班劍，劉良《文選》注曰：班劍，謂執劍而從行者也。呂向曰：班，列也，言使勇士行列持劍以為儀仗也。李周翰曰：班劍，木劍無刃，假作劍形，畫之以文，故曰班也。《晉·志》，文武官公，給虎賁二十人，持班劍。奏事不名，入朝不趨，劍履上殿。敦移鎮姑孰，屯于湖，姑孰，前漢丹楊春谷縣地，今太平州當塗縣，即姑孰之地。縣南三里，有姑孰溪，西入大江。於湖縣，本吳督農校尉治，武帝太康二年，分丹楊縣立於湖縣。杜佑曰：宣州當塗縣城，即晉姑孰城。于湖故城在縣南。張舜民曰：今太平州跨姑孰溪。陸遊曰：姑孰城在當塗北，今州城正據姑孰溪；溪東南數峰如黛，蓋青山也。自姑孰溪行夾中，三十里至大信口，出口，泝江過大、小褐山磯，又過蟂磯。蕪湖，即於湖，並大江有王敦城，氣象宏敞。並，步浪翻。《考異》曰：《晉春秋》及《後魏書·僭晉傳》云『屯蕪湖』；《晉書·明帝紀》云『下屯於湖』，今從之。

又　卷九三《晉紀一五·肅宗明皇帝下》　（晉明帝太寧二年）司徒導聞敦疾篤，帥子弟為敦發哀，衆以為敦信死，咸有奮志。於是尚書騰詔下敦府，列敦罪曰：『敦輒立兄息以自承代，未有宰相繼體而不由王命者也。自，子也；謂以兄含子應為嗣也。頑凶相奬，無所顧忌；志騁凶醜，以窺神器。天不長奸，敦以隕斃；鳳承凶宄，彌復煽逆。今遣司徒導等虎旅三萬，十道並進；平西將軍邃等精鋭三萬，水陵齊勢；朕親統諸軍，討鳳之罪。有能殺鳳送首，封五千户侯。《考異》曰：《晉春秋》此詔在王導為敦發喪前，故云『有能斬送敦首，封萬户侯，賞布萬匹。』按此詔云『敦以隕斃』，是稱敦已死也，不應復購敦首。今從《敦傳》。【略】

秋，七月，壬申朔，王含等水陸五萬奄至江寧南岸，武帝太康二年，分秣陵立臨江縣，二年，更名江寧。南岸，即秦淮南岸也。《考異》曰：《敦傳》及《晉春秋》皆云『三萬』，今從《明帝紀》。人情恟懼。温嶠移屯水北，燒朱雀桁以挫其鋒，含等不得渡。【略】

錢鳳走至闔廬洲，周光斬之，詣闕自贖。《考異》曰：《晉春秋》云『戴淵弟良斬鳳』，今從《敦傳》。

又　卷九四《晉紀一六·顯宗成皇帝上之下》　（晉成帝咸和三年）亮、嶠互相推為盟主；嶠從弟充曰：《考異》曰：《晉春秋》作『從兄』，今從《晉書·嶠傳》。『陶征西位重兵强，侃時為征西大將軍、都督荆、湘、雍、梁，專制上流。宜共推之。』

論說

《晉書》卷六七《温嶠傳》　時制王敦綱紀除名，參佐禁固，嶠上疏曰：『王敦剛愎不仁，忍行殺戮，親任小人，疏遠君子，朝廷所不能抑，骨肉所不能間。處其朝者恒懼危亡，故人士結舌，道路以目，誠賢人君子道窮數盡，遵養時晦之辰也。且敦為大逆之日，拘録人士，自免無路，原其私心，豈遑晏處，如陸玩、羊曼、劉胤、蔡謨、郭璞常與臣言，備知之矣。必其凶悖，自可罪人斯得；如其枉入姦黨，宜施之以寬。加以玩等之誠，聞於聖聽，當受同賊之責，實負其心。陛下仁聖含弘，思求允中；臣階緣博納，幹非其事，誠在愛才，不忘忠益。』帝從之。

又　卷九八《王敦傳論》　琅邪之初鎮建鄴，龍德猶潛，雖當璧膺圖預定於冥兆，豐功厚利未被于黎氓。王敦歷官中朝，威名夙著，作牧淮海，望實逾隆，遂能托魚水之深期，定金蘭之密契，弼成王度，光佐中

興，卜世延百二之期，論都創三分之業，此功固不細也。既而負勳高而圖非望，恃勢逼而肆驕陵。釁隙起自刁劉，禍難成于錢沈。興晉陽之甲，纏象魏之兵。蜂目既露，豺聲又發，擅竊國命，殺害忠良，遂欲篡盜乘輿，逼遷龜鼎。賴嗣君英略，晉祚靈長，諸侯釋位，股肱戮力，用能運茲廟算，殄彼凶徒，克固鴻圖，載清天步者矣。

《舊唐書》卷九三《姚璹傳》 璹上言：『昔王敦稱兵犯順，王導仍典樞機。』

《明史》卷一二一《成祖五女傳》 初，都指揮款臺乘馬過袁（容）門，容怒其不下，棰之幾死。帝聞之，賜趙王高燧書曰：『【略】昔晉王敦為駙馬，縱恣暴橫，卒以滅亡。【略】』容由是斂戢。

清・王夫之《讀通鑑論》卷七《晉明帝一》 明帝不夭，中原其復矣乎！天假五胡以亂中夏，氣數之窮也，帝乃早世！王敦之橫，元帝惴惴而崩，帝以幼沖當多難，舉動偉然出人意表，可不謂神武哉？

王敦謀篡，而諷朝廷征己，使帝疑畏憂戚不欲征，而待其黨之相迫，則敦之橫逞矣。帝坦然手詔征之，若人主征大臣之故事，無所疑畏，而敦固心折不敢入也。敦欲以王導為司徒，聽之也，導本可為司徒，無所疑也；抑以此獎導為君子，使浣濯其同逆之耻以乃心王室，而解散羣臣阿比王氏之戾氣。於是而導之志移，敦之黨孤，奄奄且死而以篡為下計；區區為難者，錢鳳輩亡賴之徒而已，殄滅之如摧枯矣。導貽王含之書曰：『昔年佞臣亂朝，人懷不寧，如導之徒，心思外濟。今則不然，聖主聰明，德洽朝野，凡在人臣，誰不憤歎。』導之情可見，從王氏者之情可見，天下之大勢，明帝之大略，從可知矣。

折大疑者，處之以信；奠大危者，予之以安。天假明帝以年，以之收北方離合不定之人心，而乘再閔之亂，吹枯折槁，以復衣冠禮樂之中夏，知其無難也。帝早没而不可為矣，悲夫！

又 卷一二《晉湣帝五》 建大業者必有所與俱起之人，未可忘也；乃厚信而專任之，則亂自此起。元帝之得延祚于江東，王氏贊之也，而卒致王敦之禍，則使王敦都督江、湘軍事，其禍源矣。

王氏雖有翼戴之功，而北拒石勒于壽春者，紀瞻以江東之衆捍之於淮右，相從渡江之人，未有尺寸之效也。若夫輯寧江、湘，奠上流以固建業者，則劉弘矣；弘之所任以有功，則陶侃矣；平陳敏，除杜弢，皆侃也，侃功甫奏，而急遣王敦奪其權而踞其上，左遷侃于廣州，以快敦之志，使侃欲効忠京邑，而敦已扼其吭而不得前，何其悖也！侃之得成功于荆、湘者，劉弘推誠不疑，有以大服其心爾。至是而侃不可保矣。迨其後有登天之夢，而蘇峻之亂，躊躕不進，固將曰專任侃而侃且為敦，而不知其不然也。敦殺其兄而不恤，侃則輸忱劉弘而不貳，其貞邪亦既較然矣。侃之不得為純忠，帝啓之，敦又首亂以倡之，而侃終不忍為敦之為；疑之制之，王氏之私，豈晉之利哉！

俱起之臣，雖無大權，而固相親昵；新附者，雖權藉盛，而要領非其所操，腹心非其所測。故蕭、曹與高帝俱興，而參帷幄、定危疑，則授之張良、陳平；握重兵、鎮重地，則授之韓信、彭越；新附者喜於見信，而俱起者安焉。韓信曰：『陛下善於將將。』此之謂也。元帝懷翼戴之恩，疑才臣而疏遠之，幸王導之猶有忌，而敦之凶頑不足以餌人心使歸己，不然，司馬氏其能與王氏分天下乎？有陶侃而不知任，帝之不足有為，內亂作而外侮終不能御也，不亦宜乎！

又 卷一四《晉安帝二》 劉隗、刁協以苛刻失人心而王敦反，庾亮以輕躁損物望而蘇峻反，晉廷之臣，未有持片辭以與隗、協、亮爭者；貽强臣以犯順，宗社幾亡，固有以召之也。然猶曰隗、協之持論非不正也，庾亮之秉心非不忠也。若夫司馬道子、王國寶，荒淫貪蔑，灼然為晉之蟊賊，孝武雖與同昏，既而疑忌之、疏遠之矣，乃在廷之士，持祿取容，無或以片言摘發而正名其為姦邪者。於是而外臣測國之無人，以激其不平之氣，王恭、殷仲堪建鼓以鳴，而不軌之桓玄藉之以逞。公論操於下，而朝廷為養姦之淵藪，天下靡然效順於逆臣，誰使之然邪？

藝文

《全宋詩》卷三八四《張伯玉〈王敦城〉》 晉氏天霸圖，潛飛入堅壁。夢日有餘祥，留鞭無舊迹。雖矜錢鳳計，終墮太真策。不作忠良臣，高城有何益。

又 卷一一一一《賀鑄〈蕪湖王敦城下作〉》 闞立孤城日四圍，賊

奴曾未懾天威。風生虎帳豺聲厲，塵犯龍顔魚服歸。首揭大航遺臭在，歌流樂府舊音非。當時不慕桓文舉，草滿中原胡馬肥。

又　卷一一九九《許翰〈艤舟大藤峽口武陵使至忽奉福唐珍牘附以古風招隱攬之欣聳有會初心〉》　避兵窮嶺海，我豈文休孫。慨彼鳴鳳郊，化為逐鹿原。北吹戰塵腥，南接瘴霧昏。森然一彗孛，敢近六龍暾。轉舟大藤峽，脱死鱷與黿。纜嫋蒼崖樹，落日銜未吞。忽得素書尺，若窺黄裳坤。招我以隱淪，雉澤遺塵樊。游心太易初，攓逐萬化根。耿光百世後，樂此不亡存。寧知虎符下，擁公萬旌幡。英威祖豫州，非心折王敦。從容謝東山，逆氣沮桓温。自昔國其國，治忽信有源。豈容社稷鎮，端老孤獨園。至人心淑清，一為斯民渾。胡騎卻長嘯，晉史徒清言。武侯揮白羽，亦有軍務繁。要封鯨鯢觀，復睹宸極尊。功成去冥冥，與我俱鴻軒。

又　卷一二一二《晁説之〈金陵二首〉》　金陵形勢眼中見，一弔興亡夢寐間。侯景長驅走龍虎，王敦内叛壓江山。中原有主申明命，下國何人敢肆奸。白首自傷歸未得，此身何處得清閒。

又　《和高二偶作長句》　流落歸來少故人，婆娑白髮强容身。雷霆能斷王敦首，宇宙猶多庾亮塵。以國與盟非所志，在邊不戰豈其仁。兼資文武唯高子，誰識中原有虎臣。

又　卷三六四八《陳普〈讀史八首〉》　王敦自歎非盛德，國忠自言無令名。狐死不知正丘首，人倫都盡虎狼行。

《全元詩》第一册《耶律楚材〈德新先生惠然見寄佳制二十韻和而謝之〉》　當年職都水，曾不入其門。德重文章傑，年高道義尊。雖聞傳國士，恨不識王孫。韻語如蘇武，離騷類屈原。煙霞供好句，江海入雄吞。意氣輕三傑，才名冠八元。著述歸至賾，議論探深源。藉藉名雖重，區區席不温。家貧謁魯肅，國難避王敦。北鄙來雲内，西邊退吐蕃。勉將嚴韻繼，不得細論文。遠害雖君智，全身亦聖恩。大才宜應詔，豪氣傲司閽。學識光先哲，風流遺後昆。莫尋三島客，好謁萬松軒。六度真光發，三毒妄影奔。素絲忘染習，古鏡去塵昏。爐上飛寒雪，胸中洗熱煩。到家渾不識，得象固忘言。心月孤圓處，澄澄泯六根。乙未閏月上休日，玉泉書。

又　第二册《劉詵〈釋枯林鐵如意歌〉》　君不是金谷園中石季倫，明珠買妾長安春。錦絲幃障輕一世，珊瑚高株碎如塵。又不是黄鶴樓邊王處仲，萬騎上流縱馳鞚。狂醧千石發浩歌，唾壺敲碎天為動。君是天臺丞相之嫡孫，胸中八九吞昆崙。少年寶玦落荆棘，再拜禪林依世尊。手持鐵如意，笑傲典午二豪之富貴。良工精發生碧花，古制蟬螭隱元氣。木杯不用輕大江，蛟鯨辟易馮夷僵。薊門駿馬疾秋鶻，飛箭穿髀心如忘。談經説史似支遁，四座公卿遜高論。古來豪傑多竄托，槁面布衫塵土混。晝蘭千紙生秋風，賦詩萬卷老愈工。承平智策無所用，落魄行遍江湖中。嗟哉爾之如意兮，不願為大梁遊俠之袖椎。寧落為許行耕野之鋤犁，寶光發匣閭里怪。珍重深藏莫輕賣，君不見幹將莫邪困豐城。化為兩龍飛去延平津，利器不識空有神。

《全明詩》卷四〇《袁凱〈題葛洪移家圖〉》　當時司馬衷，愚呆回不慧。牝雞肆淫虐，骨肉互吞噬。淵聰乘時起，諸夏受其敝。琅琊遂東來，單弱何由濟。賴此晉夷吾，草草正神器。國步未盡康，禍亂亦遄至。王敦反上游，蘇峻復凶悖。淵褌已雲亡，超雅從茲斃。葛生當是時，皤然思遠逝。駕言覓丹砂，神仙或可致。青牛載妻子，舁冊付奴婢。遙遙向南海，蓋欲避斯世。嬴秦亂黔首，留侯佐高帝。婉婉幕中畫，取勝千里外。韓彭既誅醢，相國下廷尉。辟穀謝人間，赤松乃吾契。明哲終保身，疇能測其意。生也雖後來，心迹頗相類。茫茫宇宙中，清風飄無際。斯人不可見，撫卷增歎喟。

雜　録

南朝宋・劉義慶《世説新語・方正》　王敦既下，住船石頭，欲有廢明帝意。賓客盈坐，敦知帝聰明，欲以不孝廢之。每言帝不孝之狀，而皆云温太真所説。温嘗為東宮率，後為吾司馬，甚悉之。須臾，温來，敦便奮其威容，問温曰：『皇太子作人何似？』温曰：『小人無以測君子。』敦聲色並厲，欲以威力使從己，乃重問温：『太子何以稱佳？』温曰：『鉤深致遠，蓋非淺識所測。然以禮侍親，可稱為孝。』劉謙之晉紀曰：『敦欲廢明帝，言於衆曰：「太子子道有虧，温司馬昔在東宮悉其事。」嶠既正言，敦忿而愧焉。』

王含作廬江郡，貪濁狼籍。王敦護其兄，故於衆坐稱：『家兄在郡定

佳，盧江人士咸稱之！』時何充為敦主簿，在坐，正色曰：『充即盧江人，所聞異於此！』敦默然。旁人為之反側，充晏然，神意自若。中興書曰：『王敦以震主之威，收羅賢俊，辟充為主簿。充知敦有異志，逡巡疏外。及敦稱含有惠政，一坐畏敦，擊節而已，充獨抗之。其時衆人為之失色。由是忤敦，出為東海王文學。』

明帝在西堂，會諸公飲酒，未大醉，帝問：『今名臣共集，何如堯、舜？』時周伯仁為僕射，因厲聲曰：『今雖同人主，復那得等於聖治！』帝大怒，還內，作手詔滿一黃紙，遂付廷尉令收，因欲殺之。按明帝未即位，顗已為王敦所殺，此說非也。後數日，詔出周，羣臣往省之。周曰：『近知當不死，罪不足至此。』

又《言語》 王敦兄含為光祿勳。敦既逆謀，屯據南州，含委職奔姑孰，王丞相詣闕謝，司徒、丞相、揚州官僚問訊，倉卒不知何辭。顧司空時為揚州別駕，援翰曰：『王光祿遠避流言，明公蒙塵路次，羣下不寧，不審尊體起居何如？』

又《假譎》 王大將軍既為逆，頓軍姑孰。晉明帝以英武之才，猶相猜憚，乃箸戎服，騎巴賨馬，齎一金馬鞭，陰察軍形勢。未至十餘里，有一客姥，居店賣食。帝過愒之，謂姥曰：『王敦舉兵圖逆，猜害忠良，朝廷駭懼，社稷是憂。故劬勞晨夕，用相覘察，恐形迹危露，或致狼狽。追迫之日，姥其匿之。』便與客姥馬鞭而去。行敦營 而出，軍士覺，曰：『此非常人也！』敦臥心動，曰：『此必黃須鮮卑奴來！』命騎追之，已覺多許里，追士因問向姥：『不見一黃須人騎馬度此邪？』姥曰：『去已久矣，不可復及。』於是騎人息意而反。異苑曰：『帝躬往姑孰，敦時晝寢，卓然驚悟曰：「營中有黃頭鮮卑奴來，何不縛取？」帝所生母荀氏，燕國人，故貌類焉。』

《宋書》卷二四《天文志二》 晉元帝太興元年七月，太白犯南斗。占曰：『吳、越有兵，大人憂。』二年二月甲申，熒惑犯東井。占曰：『兵起，貴臣相戮。』八月己卯，太白犯軒轅大星。占曰：『後宮憂。』乙未，太白犯歲星，在翼。占曰：『為兵亂。』三年四月壬辰，枉矢出虛、危，沒翼、軫。占曰：『枉矢所觸，天下之所伐。翼、軫，荊州之分也。』五月戊子，太白入太微，又犯上將。占曰：『天子自將，上將誅。』六月丙辰，太白與歲星合于房。占曰：『為兵饑。』九月，太白犯南斗，占同元年。十月己亥，熒惑在東井，居五諸侯南，踟躕留止，積三十日。占曰：『熒惑守井二十日以上，大人憂；守五諸侯，諸侯有誅者。』十二月己未，太白入月，在斗。郭景純曰：『月屬坎，陰府法象也。太白金行而來犯之，天意若曰刑理失中，自毀其法也。』四年十二月丁亥，月犯歲星在房。占曰：『其國兵饑，民流亡。』永昌元年三月，王敦率江、荊之衆，來攻京都，六軍距戰，敗績。於是殺護軍將軍周顗、尚書令刁協，驃騎將軍劉隗出奔。四月，又殺湘州刺史譙王承、鎮南將軍甘卓。閏十二月，元帝崩。間一年，敦亦梟夷，枉矢觸翼之應也。十月，石他入豫州略城父、霦二縣民以北，刺史祖約遣軍追之，為其所沒，遂退守壽春。

又 卷三〇《五行志一》 晉元帝太興三年二月辛未，雨，木冰。後二年，周顗、戴淵、刁協、劉隗皆遇害，與《春秋》同事，是其應也。一曰，是後王敦攻京師，又其象也。【略】

王敦在武昌，鈴下儀仗生華如蓮花狀，五六日而萎落，此木失其性而為變也。干寶曰：『鈴合，尊貴者之儀；鈴下，主威儀之官。今狂花生於枯木，又在鈴合之間，言威儀之富，榮華之盛，皆如狂花之發，不可久也。』其後終以逆命，沒又加戮，是其應也。一說此花孽也，于《周易》為『枯楊生華』。【略】

晉元帝太興以來，兵士以絳囊縛紒。紒在首，莫上焉。《周易》、《乾》為首，《坤》為囊。《坤》，臣道也。晉金行，赤火色，金之賊也。以朱囊縛紒，臣道上侵之象也。到永昌元年，大將軍王敦舉兵內攻，六軍散潰。【略】

舊為羽扇，柄刻木，象其骨形，羽用十，取全數也。晉中興初，王敦南征，始改為長柄下出，可捉，而減其羽用八。識者尤之曰：『夫羽扇，翼之名也。創為長柄者，執其柄制羽翼也。以十改八者，將以未備奪已備也。』是時為衣者，又上短，帶至於掖；著帽者，以帶縛項。下逼上，上無地也。下褲者，直幅為口無殺，下大失裁也。尋有兵亂，三年而再攻京師。晉海西初嗣位，迎官忘設豹尾。識者以為不終之象，近服妖也。【略】

晉元帝太興中，王敦鎮武昌，有雌雞化為雄。天戒若曰：『雌化為

雄，臣陵基上。』其後王敦再攻京師。【略】

晉明帝太寧元年，周延自歸王敦，既立宅宇，而所起五間六架，一時躍出墮地，餘桁猶亙柱頭。此金沴木也。明年五月，錢鳳謀亂，遂族滅筵，而湖熟尋亦為墟矣。

又 卷三一《五行志二》 晉元帝永昌元年，甘卓將襲王敦，既而中止。及還家，多變怪，照鏡不見其頭。此金失其性而為妖也。尋為敦所襲，遂夷滅。【略】

永昌二年，大將軍王敦下據姑熟。百姓訛言行蟲病，食人大孔，數日入腹，入腹則死。治之有方，當得白犬膽以為藥。自淮、泗遂及京都，數日之間，百姓驚擾，人人皆自云已得蟲病。又云，始在外時，當燒鐵以灼之。於是翕然被燒灼者十七八矣。而白犬暴貴，至相請奪，其價十倍。或有自云能行燒鐵者，賃灼百姓，日得五六萬，憊而後已。四五日漸靜。說曰，夫裸蟲人類，而人為之主，今云蟲食人，言本同臭類而相殘賊也。自下而上，斯其逆也。必入腹者，言害由中不由外也。犬有守禦之性，白者金色，而膽用武之主也。帝王之運，五霸會於戌，戌主用兵。金者晉行，火燒鐵以治疾者，言必去其類而來，火與金合德，共治蟲害也。案中興之際，大將軍本以腹心受伊、呂之任，而元帝末年，遂攻京邑，明帝諒暗，又有異謀。是以下逆上，腹心內爛也。及錢鳳、沈充等逆兵四合，而為王師所挫，踰月而不能濟。北中郎將劉遐及淮陵內史蘇峻率淮、泗之衆以救朝廷，故其謠言首作於淮、泗也。朝廷卒以弱制强，罪人授首，是用白犬膽可救之效也。【略】

晉元帝太興四年五月，旱。是時，王敦强僭之釁漸著。又去歲蔡豹、祖逖等，並有征役。晉元帝永昌元年，大旱。是年三月，王敦有石頭之變，二宮陵辱，大臣誅死。僭逾無上，故旱尤甚也。永昌元年閏十一月，京都大旱，川谷並竭。【略】

晉明帝太寧三年，自春不雨，至於六月。去年秋，滅王敦，亢陽動衆自大之應也。【略】

義熙三年中，小兒相逢於道，輒舉其兩手曰『盧健健』，次曰『鬭歎鬭歎』，末復曰『翁年老，翁年老』。當時莫知所謂。其後盧龍內逼，舟艦蓋川，『健健』之謂也。既至查浦，屢剋期欲與官鬬，『鬭歎』之應也。

『翁年老』，羣公有期頤之慶，知妖逆之徒，自然消殄也。其時復有謠言曰：『盧橙橙，逐水流，東風忽如起，那得入石頭。』盧龍果敗，不得入石頭。昔温嶠令郭景純卜己與庾亮吉凶。景純云『元吉』。嶠語亮：『景純每筮，當是不敢盡言。吾等與國家同安危而曰元吉，事有成也。』於是協同討滅王敦。

又 卷三二《五行志三》 晉元帝太興中，王敦鎮武昌。武昌火起，興衆救之。救于此而發於彼，東西南北數十處俱應，數日不絕。班固所謂濫炎妄起，雖興師不能救之之謂也。干寶曰：『此臣而君行，亢陽失節之灾也。』晉元帝永昌二年正月癸巳，京都大火。三月，饒安、東光、安陵三縣火，燒七千餘家，死者萬五千人。【略】

晉明帝太寧元年正月，京都火。是時王敦威侮朝廷，多行無禮，內外臣下，咸懷怨毒。極陰生陽，故有火灾。與董仲舒說《春秋》陳火同事也。【略】

晉明帝太寧元年九月，會稽剡縣木生如人面。是後王敦稱兵作逆，禍敗無成。漢哀、靈之世，並有此妖，而人貌備具，故其禍亦大。今此但人面而已，故其變亦輕。

又 卷三三《五行志四》 晉元帝太興三年六月，大水。是時王敦內懷不臣，傲很作威，後終夷滅。大興四年七月，大水。明年有石頭之敗。【略】

晉明帝太寧元年五月，丹陽、宣城、吳興、壽陽大水。是時王敦疾害忠良，威權震主，尋亦誅滅。

晉元帝太興二年三月丁未，成都風雹殺人。太興三年三月，海鹽郡雨雹。是時王敦陵上。

又 卷三四《五行志五》 晉元帝太興元年四月，西平地震，湧水出；十二月，廬陵、豫章、武昌、西陵地震，山崩。干寶曰：『王敦陵上之應。』【略】

晉明帝太寧初，武昌有大蛇，常居故神祠空樹中，每出頭從人受食。京房《易妖》曰：『蛇見於邑，不出三年，有大兵。國有大憂。』其後討滅王敦及其黨與。【略】

晉元帝大興二年，丹陽郡吏濮陽演馬生駒，兩頭自頸前別，生而

死。按司馬彪說，政在私門，二頭之象也。是後王敦陵上。【略】

晉明帝太寧元年正月己丑朔，日暈無光；癸巳，黄霧四塞。占曰：『君道失明，臣有陰謀。』是時王敦陵上，卒伏其辜。

北齊・顔之推《還冤記》　晉大將軍王敦，枉害刁玄亮。及敦入石頭，夢白犬自天下而噬之。既還姑熟，遇病，白日見刁乘軺車道從吏卒來，仰頭瞑目，乃入攝録敦。敦大怖，逃不得脫。

《晉書》卷一二《天文志中》　（元帝太興）二年八月戊戌，天鳴東南，有聲如風水相薄。京房易妖占曰：『天有聲，人主憂。』三年十月壬辰，天又鳴，甲午止。其後王敦入石頭，王師敗績。元帝屈辱，制于强臣，即而晏駕，大恥不雪。【略】

永昌元年十月辛卯，日中有黑子。時帝寵倖劉隗，擅威福，虧傷君道，王敦因之舉兵，逼京都，禍及忠賢。【略】

明帝太寧元年正月乙卯朔，日暈無光。癸巳，黄霧四塞。占曰：『君道失明，陰陽昏，臣有陰謀。』京房曰：『下專刑，茲謂分威，蒙微而日不明。』先是，王敦害尚書令刁協、僕射周顗、驃騎將軍戴若思等，是專刑之應。敦既陵上，卒伏其辜。十一月丙子，白虹貫日。史官不見，桂陽太守華包以聞。【略】

（元帝太興）二年十一月辛巳，月犯熒惑。占曰：『有亂臣。』三年十二月己未，太白入月，在斗。郭璞曰：『月屬《坎》，陰府法象也。太白金行而犯之，天意若曰，刑理失中，自毀其法。』四年十二月丁亥，月犯歲星，在房。占曰：『其國兵饑，人流亡。』永昌元年三月，王敦作亂，率江荆之衆來攻，敗京都，殺將相。又，鎮北將軍劉隗出奔，百姓並去南畝。困於兵革。四月，又殺湘州刺史、譙王司馬承，鎮南將軍甘卓。【略】

（元帝太興）二年七月甲午，歲星、熒惑會于東井。八月乙未，太白犯歲星，合在翼。占曰：『為兵饑。』三年六月丙辰，太白與歲星合于房。占同上。永昌元年王敦攻京師，六軍敗績。王敦尋死。

又　卷一三《天文志下》　（元帝太興）三年四月壬辰，枉矢出虚、危，没翼、軫。占曰：『枉矢所觸，天下之所伐。翼、軫，荆州之分野。』太寧二年，王敦殺譙王承及甘卓，而敦又梟夷，枉矢觸翼之應也。

永昌元年七月甲午，有流星大如甕，長百餘丈，青赤色，從西方來，尾分為百餘岐，或散。時王敦之亂，百姓流亡之應也。

又　卷二七《五行志上》　元帝太興四年，王敦在武昌，鈴下儀仗生華如蓮華，五六日而萎落。此木失其性。干寶以為狂華生枯木，又在鈴閣之間，言威儀之富，榮華之盛，皆如狂華之發，不可久也。其後王敦終以逆命加戮其屍。一說亦華孽也，于《周易》為『枯楊生華』。【略】

元帝太興中，王敦鎮武昌，武昌災，火起，興衆救之，救於此而發於彼，東西南北數十處俱應，數日不絕。舊說所謂『濫炎妄起，雖興師衆，不能救之』之謂也。干寶以為『此臣而君行，亢陽失節，是為王敦陵上，有無君之心，故灾也。』【略】

明帝太寧元年正月，京都火。是時王敦威侮朝廷，多行無禮，内外臣下咸懷怨毒，極陰生陽也。【略】

元帝太興三年六月，大水。是時王敦内懷不臣，傲很陵上，此陰氣盛也。四年七月，又大水。【略】

永昌二年五月，荆州及丹陽、宣城、吴興、壽春大水。【略】

明帝太寧元年五月，丹陽、宣城、吴興、壽春大水。是時王敦威權震主，陰氣盛故也。【略】

元帝太興中，兵士以絳囊縛紒。識者曰：『紒者在首，為乾，君道也。囊者坤，臣道也。今以朱囊縛紒，臣道上侵君之象也。』於是王敦陵上焉。【略】

舊為羽扇柄者，刻木象其骨形，列羽用十，取全數也。自中興初，王敦南征，始改為長柄，下出可捉，而減其羽用八。識者尤之曰：『夫羽扇，翼之名也。創為長柄者，將執其柄以制羽翼也。改十為八者，將未備奪已備也。此殆敦之擅權以制朝廷之柄，又將以無德之材欲竊非據也。』是時，為衣者又上短，帶才至於掖，著帽者又以帶縛項。下逼上，上無地也。為袴者直幅為口，無殺，下大之象。尋而王敦謀逆，再攻京師。【略】

元帝太興中，王敦鎮武昌，有雌雞化為雄。天戒若曰，雌化為雄，臣陵其上。其後王敦再攻京師。

又　卷二八《五行志中》　元帝太興四年五月，旱。是時王敦陵僭

已著。【略】

永昌元年夏，大旱。是年三月，王敦有石頭之變，二宮陵辱，大臣誅死，僭踰無上，故旱尤甚也。其閏十一月，京都大旱，川谷並竭。

又　卷二九《五行志下》　元帝太興二年三月丁未，成都風雹，殺人。三年三月，海鹽雨雹。是時，王敦陵上。【略】

元帝永昌元年七月丙寅，大風拔木，屋瓦皆飛。八月，暴風壞屋，拔御道柳樹百餘株。其風縱横無常，若風自八方來者。是時，王敦專權，害尚書令刁協、僕射周顗等，故風縱横若非一處也。此臣易上政，諸侯不朝之罰也。【略】

太興元年，武昌太守王諒牛生子，兩頭八足，兩尾共一腹，三年後死。又有牛一足三尾，皆生而死。案司馬彪說，『兩頭者，政在私門，上下無別之象也。』京房《易傳》曰：『足多者，所任邪也；足少者，不勝任也。』其後王敦等亂政，此其祥也。【略】

明帝太守元年正月癸巳，黄霧四塞。二月，又黄霧四塞。是時王敦擅權，謀逆愈甚。【略】

元帝太興元年四月，西平地震，湧水出。十二月，廬陵、豫章、武昌、西陵地震，湧水出，山崩。干寶以為王敦陵上之應也。【略】

元帝太興元年二月，廬陵、豫章、武昌，西陽地震山崩。二年五月，祁山地震，山崩，殺人。三年，南平郡山崩，出雄黄數千斤。時王敦陵傲，帝優容之，示含養禍萌也。【略】

明帝太寧初，武昌有大蛇，常居故神祠空樹中，每出頭從人受食。京房《易妖》曰：『蛇見於邑，不出三年有大兵，國有大憂。』尋有王敦之逆。【略】

元帝太興二年，丹陽郡吏濮陽演馬生駒，兩頭，自項前別，生而死。司馬彪說曰：『此政在私門，二頭之象也。』其後王敦陵上。【略】

元帝太興初，有女子其陰在腹，當臍下，自中國來至江東，其性淫而不產。又有女子陰在首，渡在揚州，性亦淫。京房《易妖》曰：『人生子，陰在首，天下大亂；在腹，天下有事；在背，天下無後。』于時王敦據上流，將欲為亂，是其征。

又　卷三六《衛玠傳》　（玠）以王敦豪爽不羣，而好居物上，恐非國之忠臣，求向建鄴。

又　卷四九《羊曼傳》　王敦既與朝廷乖貳，羈録朝士，曼為右長史。曼知敦不臣，終日酣醉，諷議而已。敦以其士望，厚加禮遇，不委以事，故得不涉其難。敦敗，代阮孚為丹陽尹。

又　卷五五《夏侯承傳》　太興末，王敦舉兵內向，承與梁州刺史甘卓、巴東監軍柳純、宜都太守譚該等，並露檄遠近，列敦罪狀。會甘卓懷疑不進，王師敗績，敦悉誅滅異己者，收承，欲殺之，承外兄王廙苦請得免。

又　卷五八《周筵傳》　及王敦作難，加冠軍將軍、都督會稽、吳興、義興、晉陵、東陽軍事，率水軍三千人討沈充，未發而王師敗績。筵聞劄開城納敦，憤吒慷慨形於辭色。尋遇害。

又　《周撫傳》　王敦命為從事中郎，與鄧嶽俱為敦爪牙。甘卓遇害。敦以撫為沔北諸軍事、南中郎將，鎮沔中。及敦作逆，撫領二千人從之。敦敗，撫與嶽俱亡走。

又　卷六一《周嵩傳》　嵩，王應嫂父也，以顗横遇禍，意恒憤憤，嘗衆中云：『應不宜統兵。』敦密使妖人李脫誣嵩及周筵潛相署置，遂害之。

又　卷六二《劉琨傳》　然琨既忠於晉室，素有重望，被拘經月，遠近憤歎。匹磾所署代郡太守辟閭嵩，與琨所署雁門太守王據、後將軍韓據連謀，密作攻具，欲以襲匹磾。而韓據女為匹磾兒妾，聞其謀而告之匹磾，於是執王據、辟閭嵩及其徒黨悉誅之。會王敦密使匹磾殺琨，匹磾又懼衆反己，遂稱有詔收琨。初，琨聞敦使到，謂其子曰：『處仲使來而不我告，是殺我也。死生有命，但恨仇耻不雪，無以下見二親耳。』因歔欷不能自勝。

又　《祖逖傳》　王敦久懷逆亂，畏逖不敢發，至是始得肆意焉。

又　卷六三《魏該傳》　王敦之反也，梁州刺史甘卓不從，欲觀該去就，試以敦旨動之。該曰：『我本去賊，惟忠於國。今王公舉兵向天子，非吾所宜與也。』遂距而不應。

又　卷六六《陶侃傳》　及王敦舉兵反，詔侃以本官領江州刺史，尋轉都督、湘州刺史。敦得志，上侃復本職，加散騎常侍。

又　卷七一《熊遠傳》　時王敦作逆，沈充舉兵應之，加遠將軍，距而不受，不輸軍資於充，保境安衆為務。敦至石頭，諷朝廷征遠，乃拜太常卿，加散騎常侍。敦深憚其正而有謀，引為長史。數月病卒。

又　卷七三《庾亮傳》　王敦既有異志，内深忌亮，而外崇重之。亮憂懼，以疾去官。復代王導為中書監。及敦舉兵，加亮左衛將軍，與諸將距錢鳳。及沈充之走吳興也，又假亮節、都督東征諸軍事，追充。事平，以功封永昌縣開國公，賜絹五千四百匹，固讓不受。

又　卷七四《桓彝傳》　明帝將伐王敦，拜彝散騎常侍，引參密謀。

又　卷七六《王棱傳》　棱知從兄敦驕傲自負，有罔上心，日夕諫諍，以為宜自抑損，推崇盟主，且羣從一門，並相與服事，應務相崇高，以隆勳業。每言苦切。敦不能容，潛使人害之。

又　《王允之傳》　敦嘗夜飲，允之辭醉先臥。敦與錢鳳謀為逆，允之已醒，悉聞其言，慮敦或疑己，便於臥處大吐，衣面並汙。鳳既出，敦果照視，見允之臥吐中，以為大醉，不復疑之。時父舒始拜廷尉，允之求還定省，敦許之。至都，以敦、鳳謀議事白舒，舒即與導俱啓明帝。

又　《王暠傳》　及王敦構禍，帝遣暠喻敦，既不能諫其悖逆，乃為敦所留，受任助亂。敦得志，以暠為平南將領護南蠻校尉、荆州刺史。尋病卒。帝猶以親故，深痛湣之。

又　卷七七《列褚翜傳》　永昌初，王敦構逆，征西將軍戴若思令翜出軍赴難，翜遣將領五百人從之。

又　卷八九《忠義傳・桓雄》　王敦之逆，承為敦將魏乂所執，佐吏奔散，雄與西曹韓階，從事武延並毀服為僮豎，隨承向武昌。乂見雄姿貌長者，進退有禮，知非凡人，有畏憚之色，因害之。

又　卷九〇《良吏傳・鄧攸》　太寧二年，王敦反，明帝密謀起兵，乃遷攸為會稽太守。初，王敦伐都之後，中外兵數每月言之於敦。攸已出在家，不復知護軍事，有惡攸者，誣攸尚白敦兵數。帝聞而未之信，轉攸為太常。

又　卷九一《儒林傳・孔衍》　王敦專權，衍私于太子曰：『殿下宜博延朝彦，搜揚才俊，詢謀時政，以廣聖聽。』敦聞而惡之，乃啓出衍為廣陵郡。

唐・徐堅《初學記》卷二二《武部・甲》　《晉建武故事》曰：王敦死，秘不發喪。賊水南北渡，攻宮壘柵，皆重鎧浴鐵。都督應詹等出精鋭距之。

又　《鞭》　蕭方等《三十國春秋》曰：王敦謀害王澄，而澄衆有二十人，持鐵馬鞭為衛。

宋・李昉等《太平御覽》卷三〇《時序部十五・三月三日》　《晉中興書》曰：王導謂從兄敦曰：『王仁德未著而名位猶輕，兄名已振，宜有以共相匡舉。』會三月三日中宗出禊，乘肩輦，敦、導並騎從。紀瞻使人覘之，既聞敦、導騎從，乃大驚，自出拜於道左。中宗從容謂導曰：『卿，吾之蕭何也。』

又　卷二四九《職官部四十七・府參軍》　《晉中興書》又曰：郭亞為尚書郎，大將軍王敦以璞有術，取為參軍。璞畏，不敢辭。

又　卷三五六《兵部八十七・甲下》　《晉建武故事》曰：王敦死，秘不發喪。賊於水南北渡攻宮壘柵，皆重鎧浴鐵。都督應詹等出精鋭距之。

又　卷四二八《人事部六十九・正直下》　郭粲《晉紀》曰：初，王敦將下朝士共議。周顗以為敦剛愎不仁，親害乎子，必能稱兵以向朝廷。敦既克石頭，顗與戴淵共詣敦，敦謂顗曰：『伯仁卿負我。』顗答曰：『公戎車內侮下官，親帥六軍不能其事，使王旅敗績，以此負公。』又問淵：『吾此舉動，天下為何如？』答曰：『見形者謂之逆，體識者以為忠。』敦笑曰：『若思卿能言。』

又　卷五九三《文部九・詔》　《語林》曰：明帝函封詔與庾公，信誤致王公。王公開詔，末云『勿使冶城公知』。導既視表，答曰：『伏讀明詔，似不在臣。臣開臣閉，無有見者。』明帝甚愧，數月不能見王公。

又　卷七〇九《服用部十一・薦席》　《晉中興書》曰：王敦死，裹以席，塗以蠟，埋齋中。

又　卷九五四《木部三・柏》　蕭方等《三十六國春秋》曰：王敦令郭璞筮卦，曰：『明公起事，禍必不久。』敦怒曰：『卿壽幾何？』曰：『命盡日中。』引出斬之，璞曰：『當何之乎？』曰：『南山之首。』曰：『我知之矣，必在雙柏之間乎？』時有鵲巢而甚茂。

宋・洪邁《容齋隨筆》卷一一《袁盎温嶠》 趙談常害袁盎，盎兄子種曰：『君與鬭，廷辱之，使其毀不用。』文帝出，談參乘，盎前曰：『天子所與共六尺輿者，皆天下豪英，陛下奈何與刀鋸餘人載？』上笑下談，談泣下車。温嶠將去王敦，而懼錢鳳為之姦謀，因敦餞别，嶠起行酒，至鳳，擊鳳幘墜，作色曰：『錢鳳何人，温太真行酒而敢不飲！』及發後，鳳入説敦曰：『嶠於朝廷甚密，未必可信。』敦曰：『太真昨醉，小加聲色，豈得以此便相讒貳。』由是鳳謀不行。二吉之智如此。

元・馬端臨《文獻通考》卷一七二《刑考一一・赦宥》 元帝建武元年，即晉王位，大赦。【略】永昌元年，【略】四月，王敦反，入石頭。大赦。明帝即位，大赦。二年正月，赦五歲刑以下。十月，誅王敦，大赦；惟敦黨不原。

又 卷二七一《封建考・晉諸侯王》 王敦構逆，闔（閔王）承，兵敗死之。

又 《晉五等侯》 戴淵，廣陵人。以討賊功封秣陵侯。王敦反，淵拒之，兵敗，為敦所殺。【略】

甘卓，丹陽人。以討周馥、杜弢等功封于湖侯。王敦反，卓討之，敦襲殺卓。

清・顧祖禹《讀史方輿紀要》卷一九《南直一・梁山》 東晉時，王敦作亂及桓温專命，皆自上流移鎮姑孰。説者曰：奪梁山之險也。

又 卷二〇《南直二・應天府》 隆安二年，王敦、殷仲堪自京口、江陵，舉兵逼建康，詔謝琰屯于宣陽門。

又 《石頭城》 東晉永昌元年，王敦自武昌舉兵向建康，以征虜將軍周劄都督石頭諸軍事，守石頭，敦至，劄開門納之，敦據石頭，歎曰：吾不復為盛德事矣。帝命刁協，劉隗等，帥衆攻石頭，皆大敗。太寧二年，王敦復自姑孰謀犯京師，命温嶠、卞敦守石頭。

又 《江寧城》 太寧二年，王敦使王含等犯建康，敗遁，温嶠等追之于江寧。

又 《一臺城》 太寧二年，王敦使王含等入犯，議者以苑城小而不固，宜及含等軍勢未成，出城拒戰，郗鑒以為不可，乃止。

又 《金城》 晉永昌初，王敦逼建康，詔劉隗屯金城。

又 《倪塘》 王敦使王含、錢鳳逼建康，敗於越城，含率餘黨于倪塘西置五城，如卻月勢。

又 《中堂》 晉明帝大寧二年，王敦復反，帝屯于中堂，或謂之南皇堂。自是建康有警，多以親貴出頓中堂。

又 《朱雀桁》 大寧二年，王敦使王含犯建康，奄至江寧南岸，温嶠燒朱雀航以挫其鋒，自是以泊船為浮航，航長九十步，廣六丈，每有警，則撤航為備。

清・趙翼《廿二史劄記》卷八《晉書・建業有三城》 六朝時，建業之地有三城。【略】其西則石頭城，嘗宿兵以衛京師。王敦内犯，周劄守石頭城，開門納敦，敦遂據之以敗王師。

又 《南朝多以寒人掌機要》 魏正始（齊王芳）、晉永熙（惠帝）以來，皆大臣當國。晉元帝忌王氏之盛，欲政自己出，用刁協、劉隗等為私人，即召王敦之禍。自後非幼君即孱主，悉聽命於柄臣，八、九十年，已成故事。

東晉蘇峻祖約之亂

綜述

《魏書》卷一〇二《僭晉司馬叡傳》 衍歷陽太守蘇峻不順於衍，衍護軍庾亮曰：『蘇峻豺狼，終為禍亂，晁錯所謂削之亦反，不削亦反，削之反速而禍小，不削反遲而禍大。』乃以大司農徵之，令峻弟逸領峻部曲。徵書至，峻怒曰：『庾亮專擅，欲誘殺我也。』阜陵令匡術、樂安人任讓並為峻謀主，勸峻誅亮。乃使使推崇祖約，共討亮，約大喜。於是約命兄逖子沛國内使渙、女婿淮南太守許柳將兵會峻。峻使其黨韓光，光名犯恭宗廟諱，入姑熟，殺于湖令陶馥，殘掠而還。衍假庾亮節為征討都督，使其右衛將軍趙胤、右將軍司馬流率衆次於慈湖。韓光晨襲流，殺之。衍以其驍騎將軍鍾雅為前鋒監軍，假節，率舟軍拒峻。宣城内史桓彝統吏士次

於蕪湖，韓光敗之，大掠宣城諸縣而還。江州刺史温嶠使督護王愆期、西陽太守鄧岱、鄱陽太守紀睦等以舟軍赴於建業。衍期，岱次直瀆，峻督衆二萬濟自横江，登牛渚山。愆期等邀擊不制。峻至於蔣山，衍假領軍卞壺節，率諸將陳兵。衍之將怯兵弱，為峻所敗，卞壺及其二子、丹陽尹羊曼、黄門侍郎周導、廬江太守陶瞻、散騎侍郎任臺等皆死，死者三千餘人。庾亮兵敗，與三弟奔于柴桑。峻遂焚衍宫，君賊突掠，百僚奔散，唯有米數石而已，無以自供。峻逼衍大赦，庾亮兄弟不在赦限。峻以祖約為太尉、尚書令，加侍中，自為驃騎將軍、領軍將軍、録尚書事。於是建業荒毁，奔投吳會者十八九。

温嶠聞之，移告征鎮州郡。庾亮至盆口，嶠分兵配給。又招衍荆州刺史陶侃欲共討峻。侃不從，曰：『吾疆埸外將，本非顧命大臣，今日之事，所不敢當。』時侃子為峻所害，峻復喻侃曰：『蘇峻遂得志，四海雖廣，公寧有容足地乎？賢子越騎酷没，天下為公痛心，況慈父之情哉！』侃乃許之。

蘇峻屯于於湖。衍母庾氏憂怖而死。蘇峻聞兵起，自姑孰還建業，屯於石頭。使其黨張瑾、管商率衆拒諸軍，逼遷衍於石頭』衍哀泣升車，宫人盡哭，隨從衍者，莫不流涕。峻以倉屋為宫，使鄉人許方為司馬，督將兵守衛。陶侃、庾亮、温嶠率舟軍二萬至於石頭，俄引還，次於蔡洲沙門浦。庾亮守白石壘，詰朝，峻將萬餘人攻之。亮等逆擊，峻退。吳國內史庾冰率三吳之衆驟戰，不勝。瑾、商等破庾冰前軍於無錫，焚掠肆意。韓光攻宣城內史桓彝，彝率吏民力戰不勝，為光所殺。祖約為潁川人陳光率其屬攻之，約乃奔于歷陽。長樂人賈寧勸峻殺王導，盡誅諸大臣，峻不從，乃改計叛峻。王導使袁耽潛誘納之，謀奉衍出奔温嶠。

嶠食盡，貸于陶侃。侃怒曰：『使君前云不憂無士衆及糧食也，唯欲得老民為主耳。今比戰皆北，良將安在？今若無食，民便欲西歸。』先是嶠慮侃不赴，故以甘言招侃。嶠乃卑辭謝之，且曰：『今者，騎虎之勢可得下乎？賊垂滅，願公留思。』侃怒少止。其將李陽説曰：『今事若不捷，雖有粟，焉得而食之。公宜割見儲，以卒大事。』乃以米五萬石供軍。

祖渙襲湓口，欲以沮温嶠之兵。渙過皖，攻譙國內史桓雲，不剋，乃還。蘇峻並兵攻大業，大業水竭，皆飲糞汁。諸將謀救之，慮不能當，且欲水陸攻峻。陶侃以舟師攻石頭，温嶠、庾亮陳于白石。峻子碩以數十騎出戰，峻見碩騎，乃舍其衆，自以四馬北下突陳，陳堅乃還。軍士彭世、李千投之以矛，峻墜馬，遂梟首，臠割之，焚其骸骨。任讓及諸賊帥復立峻弟逸，救峻屍弗獲，乃發衍父母塚，剖棺焚屍。匡術率其徒據苑城以降，韓光、蘇碩等率衆攻苑，苑中饑，谷石四萬。諸將攻石頭。蘇碩及章武王世子休率勁賊孔盧、張偏等數十人擊李陽於柤浦，退走，碩等追之，庾冰司馬滕含以鋭卒自後擊之，碩、逸等震潰，奔于曲阿。含入抱衍，始得出奔温嶠之舟。

《晉書》卷七《成帝紀》（咸和二年）五月甲申朔，日有蝕之。丙戌，加豫州刺史祖約為鎮西將軍。戊子，京師大水。冬十月，劉曜使其子胤侵枹罕，遂略河南地。十一月，豫州刺史祖約、歷陽太守蘇峻等反。十二月辛亥，蘇峻使其將韓晃入姑孰，屠於湖。壬子，彭城王雄、章武王休叛，奔峻。庚申，京師戒嚴。假護軍將軍庾亮節為征討都督，以右衛將軍趙胤為冠軍將軍、歷陽太守，使與左將軍司馬流帥師距峻，戰於慈湖，流敗，死之。假驍騎將軍鍾雅節，帥舟軍，與趙胤為前鋒，以距峻。丙寅，徙封琅邪王昱為會稽王，吳王岳為琅邪王。辛未，宣城內桓彝及峻戰於蕪湖，彝軍敗績。軍騎將軍郗鑒遣廣陵相劉矩帥師赴京師。

三年春正月，平南將軍温嶠帥師救京師，次於尋陽，遣督護王愆期、西陽太守鄧嶽、鄱陽太守紀睦為前鋒。征西大將軍陶侃遣督護龔登受嶠節度。鍾雅、趙胤等次慈湖，王愆期、鄧嶽等次直瀆。丁未，峻濟自横江，登牛渚。二月庚戌，峻至於蔣山。假領軍將軍卞壺節，帥六軍，及峻戰於西陵，王師敗績。丙辰，峻攻青溪柵，因風縱火，王師又大敗。尚書令、領軍將軍卞壺，丹陽尹羊曼，黄門侍郎周導，廬江太守陶瞻並遇害，死者數千人。庾亮又敗于宣陽門內，遂攜其諸弟與郭默、趙胤奔尋陽。於是司徒王導、右光禄大夫陸曄、荀崧等衛帝於太極殿，太常孔愉守宗廟。賊乘勝麾戈接於帝座，突入太后後宫，左右侍人皆見掠奪。是時太官唯有燒餘米數石，以供御膳。百姓號泣，響震都邑。丁巳，峻矯詔大赦，又以祖約為侍中、太尉、尚書令，自為驃騎將軍、録尚書事。吳郡太守庾冰奔於會稽。三月丙子，皇太后庾氏崩。夏四月，石勒攻宛，南陽太守王國叛，降於勒。壬申，葬明穆皇后于武平陵。五月乙未，峻逼遷天子于石頭，帝哀

泣升車，宮中慟哭。峻以倉屋為宮，遣管商、張瑾、弘徽寇晉陵，韓晃寇義興。吳興太守虞潭與庾冰、王舒等起義兵于三吳。丙午，征西大將軍陶侃、平南將軍温嶠、護軍將軍庾亮、平北將軍魏該舟軍四萬，次於蔡洲。六月，韓晃攻宣城，内史桓彝力戰，【略】秋七月，祖約為石勒將石聰所攻，衆潰，奔于歷陽。【略】九月戊申，司徒王導奔于白石。庚午，陶侃使督護楊謙攻峻於石頭。温嶠、庾亮陣于白石，竟陵太守李陽距賊南偏。峻輕騎出戰，墜馬，斬之，衆遂大潰。賊黨復立峻弟逸為帥。【略】

四年春正月，帝在石頭，賊將匡術以苑城歸順，百官赴焉。侍中鍾雅、右衛將軍劉超謀奉帝出，為賊所害。戊辰，冠軍將軍趙胤遣將甘苗討祖約于歷陽，敗之，約奔于石勒，其將牽騰帥衆降。峻子碩攻臺城，又焚太極東堂、秘閣，皆盡。城中大饑，米斗萬錢。二月，大雨霖。丙戌，諸軍攻石頭。李陽與蘇逸戰於柤浦，陽軍敗。建威長史滕含以鋭卒擊之，逸等大敗。【略】

甲午，蘇逸以萬餘人自延陵湖將入吳興。乙未，將軍王允之及逸戰于溧陽，獲之。【略】秋七月，有星孛於西北。會稽、吳興、宣城、丹陽大水。詔復遭賊郡縣租税三年。

又　卷六五《王導傳》　庾亮將征蘇峻，訪之於導。導曰：『峻猜阻，必不奉詔。且山藪藏疾，宜包容之。』固爭不從，亮遂召峻。既而難作，六軍敗績，導入宫侍帝。峻以導德望，不敢加害，猶以本官居己之右。峻又逼乘輿幸石頭，導爭之不得。峻日來帝前肆醜言，導深懼有不測之禍。時路永、匡術、賈寧並説峻，令殺導，盡誅大臣，更樹腹心。峻敬導，不納，故永等貳於峻。導使參軍袁耽潛諷誘永等，謀奉帝出奔義軍。而峻衛御甚嚴，事遂不果。導乃攜二子隨永奔于白石。

又　卷六六《陶侃傳》　暨蘇峻作逆，京都不守，侃子瞻為賊所害，平南將軍温嶠要侃同赴朝廷。初，明帝崩，侃不在顧命之列，深以為恨，答嶠曰：『吾疆埸外將，不敢越局。』嶠固請之，因推為盟主。侃乃遣督護龔登率衆赴嶠，而又追回。嶠以峻殺其子，重遣書以激怒之。侃妻龔氏亦固勸自行。於是便戎服登舟，星言兼邁，瞻喪至不臨。五月，與温嶠、庾亮等俱會石頭。諸軍即欲決戰，侃以賊盛，不可爭鋒，當以歲月智計擒之。累戰無功，諸將請于查浦築壘。監軍部將李根建議，請立白石壘。侃不從，曰：『若壘不成，卿當坐之。』根曰：『查浦地下，又在水南，唯白石峻極險固，可容數千人，賊來攻不便，滅賊之術也。』侃笑曰：『卿良將也。』乃從根謀，夜修曉訖。賊見壘大驚。賊攻大業壘，侃將救之，長史殷羨曰：『若遣救大業，步戰不如峻，則大事去矣。但當急攻石頭，峻必救之，而大業自解。』侃又從羨言。峻果棄大業而救石頭。諸軍與峻戰陳陵東，侃督護竟陵太守李陽部將彭世斬峻於陣，賊衆大潰。峻弟逸復聚衆。侃與諸軍斬逸於石頭。【略】

初，庾亮少有高名，以明穆皇后之兄受顧命之重，蘇峻之禍，職亮是由。【略】蘇峻之役，庾亮輕進失利。

又　卷六七《郗鑒傳》　咸和初，領徐州刺史。及祖約、蘇峻反，鑒聞難，便欲率所領東赴。詔以北寇不許。於是遣司馬劉矩領三千人宿衛京都。尋而王師敗績，矩遂退還。中書令庾亮宣太后口詔，進鑒為司空。鑒去賊密邇，城孤糧絶，人情業業，莫有固志，奉詔流涕，設壇場，刑白馬，大誓三軍曰：『賊臣祖約、蘇峻不恭天命，不畏王誅，凶戾肆逆，幹國之紀，陵汩五常，侮弄神器，遂制脅幽主，拔本塞原，殘害忠良，禍虐黎庶，使天地神祇靡所依歸。是以率土怨酷，兆庶泣血，咸願奉辭罰罪，以除元惡。昔戎狄泯周，齊桓糾盟；董卓陵漢，羣後致討。義存君親，古今一也。今主上幽危，百姓倒懸，忠臣正士志存報國。凡我同盟，既盟之後，戮力一心，以救社稷。若二寇不梟，義無偷安。有渝此盟，明神殛之！』鑒登壇慷慨，三軍爭為用命。乃遣將軍夏侯長等間行，謂平南將軍温嶠曰：『今賊謀欲挾天子東入會稽，宜先立營壘，屯據要害，既防其越逸，又斷賊糧運，然後静鎮京口，清壁以待賊。賊攻城不拔，野無所掠，東道既斷，糧運自絶，不過百日，必自潰矣。』嶠深以為然。

及陶侃為盟主，進鑒都督揚州八郡軍事。時撫軍將軍王舒、輔軍將軍虞潭皆受鑒節度，率衆渡江，與侃會於茄子浦。鑒築白石壘而據之。會舒、潭戰不利，鑒與後將軍郭默還丹徒，立大業、曲阿、庱亭三壘以距賊。而賊將張健來攻大業，城中乏水，郭默窘迫，遂突圍而出，三軍失色。參軍曹納以為大業京口之捍，一旦不守，賊方軌而前，勸鑒退還廣陵以俟後舉。鑒乃大會僚佐，責納曰：『吾蒙先帝厚顧，荷託付之重，正復捐軀九泉不足以報。今强寇在郊，衆心危迫，君腹心之佐，而生長異端，

當何以率先義衆，鎮一三軍邪！』將斬之，久而乃釋。會峻死，大業圍解。及蘇逸等走吴興，鑑遣參軍李閎追斬之，降男女萬餘口。

又《温嶠傳》 嶠聞蘇峻之征也，慮必有變，求還朝以備不虞，不聽。未幾而蘇峻果反。嶠屯尋陽，遣督護王愆期、西陽太守鄧嶽、鄱陽内史紀瞻等率舟師赴難。及京師傾覆，嶠聞之號慟。人有候之者，悲哭相對。俄而庾亮來奔，宣太后詔，進嶠驃騎將軍、開府儀同三司。嶠曰：『今日之急，殄寇為先，未效勳庸而逆受榮寵，非所聞也，何以示天下乎！』固辭不受。時亮雖奔敗，嶠每推崇之，分兵給亮。遣王愆期等要陶侃同赴國難，侃恨不受顧命，不許。嶠初從之，後用其部將毛寶說，復固請侃行，語在寶傳。初，嶠與庾亮相推為盟主，嶠從弟充言于嶠曰：『征西位重兵强，宜共推之。』嶠於是遣王愆期奉侃為盟主。侃許之，遣督護龔登率兵詣嶠。嶠於是列上尚書，陳峻罪狀，有衆七千，灑泣登舟，移告四方征鎮曰：

賊臣祖約、蘇峻同惡相濟，用生邪心。天奪其魄，死期將至。譴負天地，自絶人倫。寇不可縱，宜增軍討撲，輒屯次湓口。即日護軍庾亮至，宣太后詔，寇逼宫城，王旅撓敗，出告藩臣，謀寧社稷。後將軍郭默、冠軍將軍趙胤、奮宗將軍龔保與嶠督護王愆期、西陽太守鄧嶽、鄱陽内史紀瞻，率其所領，相尋而至。逆賊肆凶，陵蹈宗廟，火延宫掖，矢流太極，二御幽逼，宰相困迫，殘虐朝士，劫辱子女。承問悲惶，精魂飛散。嶠暗弱不武，不能徇難，哀恨自咎，五情摧隕，慚負先帝托寄之重，義在畢力，死而後已。今躬率所統，為士卒先，催進諸軍，一時電擊。西陽太守鄧嶽、尋陽太守褚誕等連旗相繼，宣城内史桓彝已勒所屬屯濱江之要，江夏相周撫乃心求征，軍已向路。

又 卷七〇《卞壼傳》 峻至東陵口，詔以壼都督大桁東諸軍事、假節，復加領軍將軍、給事中，壼率郭默、趙胤等與峻大戰於西陵，為峻所破。壼與鍾雅皆退還，死傷者以千數。壼、雅並還節，詣闕謝罪。峻進攻青溪，壼與諸軍距擊，不能禁。賊放火燒宫寺，六軍敗績。壼時發背創，猶未合，力疾而戰，率厲散衆及左右吏數百人，攻賊麾下，苦戰，遂死之，時年四十八。二子眕、盱見父没，相隨赴賊，同時見害。【略】峻平，朝議贈壼左光禄大夫，加散騎常侍。

又《劉超傳》 及蘇峻謀逆，超代趙胤為左衛將軍。時京邑大亂，朝士多遣家人入東避難。義興故吏欲迎超家，而超不聽，盡以妻孥入處宫内。及王師敗績，王導以超為右衛將軍，親侍成帝。【略】

峻遷車駕石頭，時天大雨，道路沈陷，超與侍中鍾雅步侍左右，賊給馬不肯騎，而悲哀慷慨。峻聞之，甚不平，然未敢加害，而以其所親信許方等補司馬督、殿中監，外托宿衛，内實防御超等。時饑饉米貴，峻等問遺，一無所受，繾綣朝夕，臣節愈恭。帝時年八歲，雖幽厄之中，超猶啓授《孝經》、《論語》。温嶠等至，峻猜忌朝士，而超為帝所親遇，疑之尤甚。後王導出奔，超與懷德令匡術、建康令管旆等密謀，將欲奉帝而出。未及期，事泄，峻使任讓將兵入收超及鍾雅。

又 卷七三《庾亮傳》 琅邪人卞咸，宗之黨也，與宗俱誅。咸兄闡亡奔蘇峻，亮符峻送闡，而峻保匿之。峻又多納亡命，專用威刑，亮知峻必為禍亂，征為大司農。舉朝謂之不可，平南將軍温嶠亦累書止之，皆不納。峻遂與祖約俱舉兵反。温嶠聞峻不受詔，便欲下衛京都，三吴又欲起義兵，亮並不聽，而報嶠書曰：『吾憂西陲過於歷陽，足下無過雷池一步也。』既而峻將韓晃寇宣城，亮遣距之，不能制，峻乘勝至於京都。詔假亮節、都督征討諸軍事，戰于建陽門外。軍未及陣，士衆棄甲而走。亮乘小船西奔，亂兵相剥掠，亮左右射賊，誤中柂工，應弦而倒，船上咸失色欲散。亮不動容，徐曰：『此手何可使著賊！』衆心乃安。【略】

既至石頭，亮遣督護王彰討峻黨張曜，反為所敗。亮送節傳以謝侃，侃答曰：『古人三敗，君侯始二。當今事急，不宜數耳。』又曰：『朝政多門，用生國禍。喪亂之來，豈獨由峻也！』亮時以二千人守白石壘，峻步兵萬餘，四面來攻，衆皆震懼。亮激厲將士，並殊死戰，峻軍乃退，追斬數百級。

又 卷七六《王舒傳》 時將征蘇峻，司徒王導欲出舒為外援，乃授撫軍將軍、會稽内史，秩中二千石。舒上疏辭以父名，朝議以字同音異，於禮無嫌。舒復陳音雖異而字同，求换他郡。於是改『會』字為『鄶』。舒不得已而行。在郡二年而蘇峻作逆，乃假舒節都督，行揚州刺史事。時吴國内史庾冰棄郡奔舒，舒移告屬縣，以吴王師虞駿為軍司，御史中丞謝藻行龍驤將軍、監前鋒征討軍事，率衆一萬，與庾冰俱渡浙江。

前義興太守顧衆、護軍參軍顧颺等，皆起義軍以應舒。舒假衆揚威將軍、督護吳中軍事，颺監晉陵軍事，於御亭築壘。峻聞舒等兵起，乃赦庾亮諸弟，以悅東軍。舒率衆次郡之西江，為冰、藻後繼。冰、颺等遣前鋒進據無錫，遇賊將張健等數千人，交戰，大敗，奔還御亭，復自相驚擾，冰、颺等並退于錢唐，藻守嘉興。賊遂入吳，燒府舍，掠諸縣，所在塗地。舒以輕進奔敗，斬二軍主者，免冰、颺督護，以白衣行事。更以顧衆督護吳晉陵軍，屯兵章埭。吳興太守虞潭率所領討健，屯烏苞亭，並不敢進。時暴雨大水，賊管商乘船旁出，襲潭及衆。潭等奔敗。潭還保吳興，衆退守錢唐。舒更遣將軍陳孺率精鋭千人增戍海浦，所在築壘。或勸舒宜還都，使謝藻守西陵，扶海立栅。舒不聽，留藻守錢唐，使衆、颺守紫壁。於是賊轉攻吳興，潭諸軍復退。賊復掠東遷、餘杭、武康諸縣。舒遣子允之行揚烈將軍，與將軍徐遜、陳孺及揚烈司馬朱燾，以精鋭三千，輕邀賊于武康，出其不意，遂破之，斬首數百級，賊悉委舟步走。允之收其器械，進兵助潭。時賊韓晃既破宣城，轉入故鄣、長城。允之遣朱燾、何准等於之，戰擊於湖。潭以强弩射之，晃等退走，斬首千餘級，納降二千人。潭由是得保郡。是時臨海、新安諸山縣並反應賊，舒分兵悉討平之。會陶侃等至京都，舒、潭等並以屢戰失利，移書盟府，自貶去節。侃遣使敦喻，不聽。及侃立行臺，上舒監浙江東五郡軍事，允之督護吳郡、義興、晉陵三郡征討軍事。既而晃等南走，允之追躡於長塘湖，復大破之。賊平，以功封彭澤縣侯，尋卒官，贈車騎大將軍、儀同三司，謚曰穆。

又《顧衆傳》 蘇峻反，王師敗績，衆還吳，潛圖義舉。時吳國內史庾冰奔於會稽，峻以蔡謨代之。前陵江將軍張悊為峻收兵于吳，衆遣人喻悊，悊從之。衆乃遣郎中徐機告謨曰：『衆已潛圖家兵，待時而奮。又與張悊剋期效節。』謨乃檄衆為本國督護，揚威將軍仍舊，衆從弟護軍將軍颺為威遠將軍、前鋒督護。吳中人士同時響應。【略】

峻遣將弘徽領甲卒五百，鼓行而前。衆與颺、悊要擊徽，戰于高莋，大破之，收其軍實。謨以冰當還任，故便去郡。衆遣颺率諸軍屯無錫。冰至，鎮御亭，恐賊從海虞道入，衆自往備之。而賊率張健、馬流攻無錫，颺等大敗，庾冰亦失守，健等遂據吳城。衆自海虞由婁縣東倉與賊別率交戰，破之，義軍又集進屯烏苞。會稽內史王舒、吳興內史虞潭並檄衆為五郡大督護，統諸義軍討健。潭遣將姚休為衆前鋒，與賊戰沒。衆還守紫壁。

時賊黨方鋭，義軍沮退，人咸勸衆過浙江。衆曰：『不然。今保固紫壁，可得全錢唐以南五縣。若越他境，便為寓軍，控引無所，非長計也。』臨平人范明亦謂衆曰：『此地險要，可以制寇，不可委也。』衆乃版明為參軍。明率宗黨五百人，合諸軍，凡四千人，復進討健。健退于曲阿，留錢弘為吳令。軍次路丘，即斬弘首。衆進住吳城，遣督護朱祈等九軍，與蘭陵太守李閎共守庱亭。健遣馬流、陶陽等往攻之。閎與祈等逆擊，大破之，斬首二千餘級。

又《張闓傳》 蘇峻之役，闓與王導俱入宮侍衛。峻使闓持節權督東軍。王導潛與闓謀，密宣太后詔于三吳，令速起義軍。陶侃等至，假闓節，行征虜將軍，與振威將軍陶回共督丹陽義軍。闓到晉陵，使內史劉耽盡以一部穀，並遣吳郡度支運四部穀，以給車騎將軍郗鑒。又與吳郡內史蔡謨、前吳興內史虞潭、會稽內史王舒等招集義兵，以討峻。峻平，以尚書加散騎常侍，賜爵宜陽伯。

又卷七七《列褚翜傳》 蘇峻之役，朝廷戒嚴，以翜為侍中，典征討軍事。既而王師敗績，司徒王導謂翜曰：『至尊當御正殿，君可啓令速出。』翜即入上大閤，躬自抱帝登太極前殿。導升御床抱帝，翜及鍾雅、劉超侍立左右。時百官奔散，殿省蕭然。峻兵既入，叱翜令下。翜正立不動，呵之曰：『蘇冠軍來覲至尊，軍人豈得侵逼！』由是兵士不敢上殿。及峻執政，猶以為侍中，從乘輿幸石頭。明年，與光祿大夫陸曄等出據苑城。蘇逸、任讓圍之，翜等固守。賊平，以功封長平縣伯，遷丹陽尹。

又《孔坦傳》 尋屬蘇峻反，坦與司徒司馬陶回白王導曰：『及峻未至，宜急斷阜陵之界，守江西當利諸口，彼少我衆，一戰決矣。若峻未至，可往逼其城。今不先往，峻必先至。先人有奪人之功，時不可失。』導然之。庾亮以為峻脱徑來，是襲朝廷虛也，故計不行。峻遂破姑熟，取鹽米，亮方悔之。坦謂人曰：『觀峻之勢，必破臺城。自非戰士，不須戎服。』既而臺城陷，戎服者多死，白衣者無他，時人稱其先見。及峻挾天子幸石頭，坦奔陶侃，侃引為長史。時侃等夜築白石壘，至曉而成。聞峻軍嚴聲，咸懼來攻。坦曰：『不然。若峻攻壘，必須東北風急，令我水軍

不得往救。今天清靜，賊必不動，決遣軍出江乘，掠京口以東矣。』果如所籌。時郗鑒鎮京口，侃等各以兵會。既至，坦議以為本不應須召郗公，遂使東門無限。今宜遣還，雖晚，猶勝不也。侃等猶疑，坦固爭甚切，始令鑒還據京口，遣郭默屯大業，又令驍將李閎、曹統、周光與默並力，賊遂勢分，卒如坦計。

又《陶回傳》 蘇峻之役，回與孔坦言於導，請早出兵守江口，語在坦傳。峻將至，回復謂亮曰：『峻知石頭有重戍，不敢直下，必向小丹陽南道步來，宜伏兵要之，可一戰而擒。』亮不從。峻果由小丹陽經秣陵，迷失道，逢郡人，執以為鄉導。時峻夜行，甚無部分。亮聞之，深悔不從回等之言。尋王師敗績，回還本縣，收合義軍，得千餘人，並為步軍，與陶侃、温嶠等並力攻峻，又別破韓晃，以功封康樂伯。

又 卷八一《桓宣傳》 祖約之棄譙城也，宣以箋諫，不從，由是石勒遂有陳留。及約與蘇峻同反，宣謂祖智曰：『今強胡未滅，將戮力以討之，而與峻俱反，此安得久乎！使君若欲為雄霸，何不助國討峻，威名自舉。』智等不能用。宣欲諫約，遣其子戎白約求入。約知宣必諫，不聽。宣遂距約，不與之同。邵陵人陳光率部落數百家降宣，宣皆慰撫之。約還歷陽，宣將數千家欲南投尋陽，營於馬頭山。值祖煥欲襲湓口，陶侃使毛寶救之。煥遣衆攻宣，宣使戎求救於寶。寶擊煥，破之，宣因投温嶠。嶠以戎為參軍。賊平，宣居於武昌，戎復為劉胤參軍。

又《毛寶傳》 蘇峻作逆，嶠將赴難，而征西將軍陶侃懷疑不從。嶠屢說不能回，更遣使順侃意曰：『仁公且守，僕宜先下。』遣信已二日，會寶別使還，聞之，說嶠曰：『凡舉大事，當與天下共同，衆克在和，不聞有異。假令可疑，猶當外示不覺，況自作疑耶！便宜急追信，改舊書，說必應俱征。若不及前信，宜更遣使。』嶠意悟，即追信改書，侃果共征峻。寶領千人為嶠前鋒，俱次茄子浦。

初，嶠以南軍習水，峻軍便步，欲以所長制之，宜令三軍，有上岸者死。時蘇峻送米萬斛饋祖約，約遣司馬桓撫等迎之。寶告其衆曰：『兵法，軍令有所不從，豈可不上岸邪！』乃設變力戰，悉獲其米，虜殺萬計，約用大饑。嶠嘉其勳，上為廬江太守。

約遣祖煥、桓撫等欲襲湓口，陶侃將自擊之，寶曰：『義軍恃公，公不可動，寶請討之。』侃顧謂坐客曰：『此年少言可用也。』乃使寶行。先是，桓宣背約，南屯馬頭山，為煥、撫所攻，求救於寶。寶衆以宣本是約黨，疑之。宣遣子戎重請，寶即隨戎赴之。未至，而賊已與宣戰。寶軍懸兵少，器杖濫惡，大為煥、撫所破。寶中箭，貫髀徹鞍，使人蹋鞍拔箭，血流滿靴，夜奔船所百餘里，望星而行。到，先哭戰亡將士，洗瘡訖，夜還救宣。寶至宣營，而煥、撫亦退。寶進攻祖約，軍次東關，破合肥，尋召歸石頭。陶侃、温嶠未能破賊，侃欲率衆南還。寶謂嶠曰：『下官能留之。』乃往說侃曰：『公本應領蕪湖，為南北勢援，前既已下，勢不可還。且軍政有進無退，非直整齊三軍，示衆必死而已，亦謂退無所據，終至滅亡。往者杜弢非不強盛，公竟滅之，何至於峻獨不可破邪！賊亦畏死，非皆勇健，公可試與寶兵，使上岸斷賊資糧，出其不意，使賊困蹙。若寶不立效，然後公去，人心不恨。』侃然之，加寶督護。寶燒峻句容、湖孰積聚，峻頗乏食，侃遂留不去。

峻既死，匡術以苑城降。侃使寶守南城，鄧嶽守西城。賊遣韓晃攻之，寶登城射殺數十人。晃問寶曰：『君是毛廬江邪？』寶曰：『是。』晃曰：『君名壯勇，何不出鬭！』寶曰：『君若健將，何不入鬭！』晃笑而退。賊平，封州陵縣開國侯，千六百户。

又 卷九五《藝術傳·戴洋》 咸和初，月暈左角，有赤白珥。約問洋，洋曰：『角為天門，開布陽道，宮門當有大戰。』俄而蘇峻遣使招約俱反，洋謂約曰：『蘇峻必敗，然其初起，兵鋒不可當，可外和內嚴，以待其變。』約不從，遂與峻反。至三年五月，大風雷雨西北來，城內晦暝，洋謂約曰：『雷鳴人上，明使君當遠佞近直，愛下振貧。昔秦有此變，卒致亂亡。』約大怒，收洋繫之。遣部將李概將兵到盧江，其衆盡散。約召洋出，問之曰：『吾還東何如留壽陽？若留壽陽，何如入胡？』洋曰：『東入失半，入胡滅門，留壽陽尚可。』約欲東向歷陽，其衆不樂東下，皆叛約，劫約姊及嫂奔于石勒。約到歷陽，祖煥問洋曰：『君昔言平西在壽陽可得五年，果如君言。今在歷陽，可得幾時？』洋曰：『得六月耳。』約問洋：『臺下及此氣候何如？』洋曰：『此當復有反者。臺下來年三月當太平，江州當大喪。後南方復有軍事，去此千里。』尋而牽騰叛約，約率所親將家屬奔于石勒。二月而天子反正，四月而温嶠卒，郭默

據溢口以叛。後勒誅約及親屬並盡，皆如洋言。

又　卷七四《桓彝傳》　蘇峻之亂也，彝糾合義衆，欲赴朝廷。其長史裨惠以郡兵寡弱，山人易擾，可案甲以須後舉。彝厲色曰：『夫見無禮於其君者，若鷹鸇之逐鳥雀。今社稷危逼，義無晏安。』乃遣將軍朱綽討賊別帥於蕪湖，破之。彝尋出石硊。會朝廷遣將軍司馬流先據慈湖，為賊所破，遂長驅徑進。彝以郡無堅城，遂退據廣德。尋王師敗績，彝聞而慷慨流涕，進屯涇縣。時州郡多遣使降峻，裨惠又勸彝偽與通和，以紓交至之禍。彝曰：『吾受國厚恩，義在致死，焉能忍垢蒙辱與醜逆通問！如其不濟，此則命也。』遣將軍俞縱守蘭石。峻遣將韓晃攻之。縱將敗，左右勸縱退軍。縱曰：『吾受桓侯厚恩，本以死報。吾之不可負桓侯，猶桓侯之不負國也。』遂力戰而死。晃因進軍攻彝。彝固守經年，勢孤力屈。賊曰：『彝若降者，當待以優禮。』將士多勸彝偽降，更思後舉。彝不從，辭氣壯烈，志節不撓。城陷，為晃所害，年五十三。時賊尚未平，諸子並流迸，宣城人紀世和率義故葬之。賊平，追贈廷尉，謚曰簡。咸安中，改贈太常。俞縱亦以死節，追贈興古太守。

又　卷一〇〇《蘇峻祖約傳》　約異母兄光祿大夫納密言於帝曰：『約內懷陵上之心，抑而使之可也。今顯侍左右，假其權勢，將為亂階矣。』帝不納。時人亦謂納與約異生，忌其寵貴，故有此言。而約竟無綏馭之才，不為士卒所附。

及蘇峻舉兵，遂推崇約而罪執政，約聞而大喜。從子智及衍並傾險好亂，又贊成其事，於是命逖子沛內史渙、女婿淮南太守許柳以兵會峻。逖妻，柳之姊也，固諫不從。及峻克京都，矯詔以約為侍中、太尉、尚書令。潁川人陳光率其屬攻之，約左右閻禿貌類約，光謂為約而擒之，約逾垣獲免。光奔于石勒，而約之諸將復陰結於勒，請為內應。勒遣石聰來攻之，約衆潰，奔歷陽。遣兄子渙攻桓宣於皖城，會毛寶援宣，擊渙，敗之。趙胤復遣將軍甘苗從三焦上歷陽，約懼而夜遁，其將牽騰率衆出降。

約以左右數百人奔于石勒，勒薄其為人，不見者久之。勒將程遐說勒曰：『天下粗定，當顯明逆順，此漢高祖所以斬丁公也。今忠於事君者莫不顯擢，背叛不臣者無不夷戮，此天下所以歸伏大王也。祖約猶存，臣切惑之。且約大引賓客，又占奪鄉里先人田地，地主多怨。』於是勒乃詐約曰：『祖侯遠來，未得喜歡，可集子弟一時俱會。』至日，勒辭之以疾，令遐請約及其宗室。約知禍及，大飲致醉。既至於市，抱其外孫而泣。遂殺之，並其親屬中外百餘人悉滅之，婦女伎妾班賜諸胡。

初，逖有胡奴曰王安，待之甚厚。及在雍丘，告之曰：『石勒是汝種類，吾亦不在爾一人。』乃厚資遣之，遂為勒將。祖氏之誅也，安多將從人於市觀省，潛取逖庶子道重，藏之為沙門，時年十歲。石氏滅後來歸。

蘇峻，【略】峻本以單家聚衆於擾攘之際，歸順之後，志在立功，既有功于國，威望漸著。至是有銳卒萬人，器械甚精，朝廷以江外寄之。而峻頗懷驕溢，自負其衆，潛有異志，撫納亡命，得罪之家有逃死者，峻輒蔽匿之。衆力日多，皆仰食縣官，運漕者相屬，稍有不如意，便肆忿言。

時明帝初崩，委政宰輔，護軍庾亮欲徵之。峻聞將徵，遣司馬何仍詣亮曰：『討賊外任，遠近從命，至於內輔，實非所堪。』不從，遂下優詔徵峻為大司農，加散騎常侍，位特進，以弟逸代領部曲。峻素疑帝欲害己，表曰：『昔明皇帝親執臣手，使臣北討胡寇。今中原未靖，無用家為，乞補青州界一荒郡，以展鷹犬之用。』復不許。峻嚴裝將赴召，而猶豫未決，參軍任讓謂峻曰：『將軍求處荒郡而不見許，事勢如此，恐無生路，不如勒兵自守。』峻從之，遂不應命。朝廷遣使諷諭之，峻曰：『臺下云我欲反，豈得活邪！我寧山頭望廷尉，不能廷尉望山頭。往者國危累卵，非我不濟，狡兔既死，獵犬理自應烹，但當死報造謀者耳。』於是遣參軍徐會結祖約，謀為亂，而以討亮為名。約遣祖渙、許柳率衆助峻，峻遣將韓晃、張健等襲姑孰，進逼慈湖，殺于湖令陶馥及振威將軍司馬流。峻自率渙、柳衆萬人，乘風濟自橫江，次於陵口，與王師戰，頻捷，遂據蔣陵覆舟山，率衆因風放火，臺省及諸營寺署一時蕩盡。遂陷宮城，縱兵大掠，侵逼六宮，窮凶極暴，殘酷無道。驅役百官，光祿勳王彬等皆被捶撻，逼令擔負登蔣山。裸剝士女，皆以壞席苫草自鄣，無草者坐地以土自覆，哀號之聲震動內外。時官有布二十萬匹，金銀五千斤，錢億萬，絹數萬匹，他物稱是，峻盡費之。矯詔大赦，惟庾亮兄弟不在原例。自為驃騎領軍將軍、録尚書事，許柳丹陽尹，加前將軍馬雄左衛將軍，祖渙驍騎將軍，復弋陽王羕為西陽王、太宰、録尚書事，羕息播亦復本官。於是改易官司，置其親黨，朝廷政事一皆由之。又遣韓晃入義興，張健、管

商、弘徽等入晉陵。

時温嶠、陶侃已唱義于武昌，峻聞兵起，用參軍賈寧計，還據石頭，更分兵距諸義軍，所過無不殘滅。嶠等將至，峻遂遷天子于石頭，逼迫居人，盡聚之後苑，使懷德令匡術守苑城。嶠等既到，乃築壘于白石，峻率衆攻之，幾至陷没。東西抄掠，多所擒虜，兵威日盛，戰無不克，由是義衆沮衄，人懷異計。朝士之奔義軍者，皆云：『峻狡黠有智力，其徒黨驍勇，所向無敵。惟當以天討有罪，誅滅不久；若以人事言之，未易除也。』温嶠怒曰：『諸君怯懦，乃是譽賊。』及後累戰不捷，嶠亦深憚之。管商等進攻吳郡，焚吳縣、海監、嘉興，敗諸義軍。韓晃又攻宣城，害太守桓彝。商等又焚餘杭，而大敗于武康，退還義興。嶠與趙胤率步兵萬人，從白石南上，欲以臨之。峻與匡孝將八千人逆戰，峻遣子碩與孝以數十騎先薄趙胤，敗之。峻望見胤走，曰：『孝能破賊，我更不如乎！』因舍其衆，與數騎北下突陣，不得入，將回趨白木陂，牙門彭世、李千等投之以矛，墜馬，斬首臠割之，焚其骨，三軍皆稱萬歲。峻司馬任讓等共立峻弟逸為主。求峻屍不獲，碩乃發庾亮父母墓，剖棺焚屍。逸閉城自守。韓晃聞峻死，引兵赴石頭。管商及弘徽進攻庱亭壘，督護李閎及輕車長史滕含擊破之，斬首千級。商率衆走延陵，李閎與庱亭諸軍追之，斬獲數千級。商詣庾亮降，匡術舉苑城降。韓晃與蘇逸等並力攻術，不能陷。温嶠等選精鋭將攻賊營，碩率驍勇數百渡淮而戰，於陣斬碩。晃等震懼，以其衆奔張健于曲阿，門阨不得出，更相蹈藉，死者萬數。逸為李湯所執，斬于車騎府。

管商之降也，餘衆並歸張健。健又疑弘徽等不與己同，盡殺之，更以舟軍自延陵向長塘，小大二萬餘口，金銀寶物不可勝數。揚烈將軍王允之與吳興諸軍擊健，大破之，獲男女萬餘口。健復與馬雄、韓晃等輕軍俱走，閎率鋭兵追之，及於巖山，攻之甚急。健等不敢下山，惟晃獨出，帶兩步靫箭，卻據胡床，彎弓射之，傷殺甚衆。箭盡，乃斬之。健等遂降，並梟其首。

論　說

《晉書》卷六七《郗鑒傳》　咸和初，領徐州刺史。及祖約、蘇峻反，鑑聞難，便欲率所領東赴。詔以北寇不許。於是遣司馬劉矩領三千人宿衛京都。尋而王師敗績，矩遂退還。中書令庾亮宣太后口詔，進鑑為司空。鑑去賊密邇，城孤糧絶，人情業業，莫有固志，奉詔流涕，設壇場，刑白馬，大誓三軍曰：『賊臣祖約、蘇峻不恭天命，不畏王誅，凶戾肆逆，幹國之紀，陵汩五常，侮弄神器，遂制脅幽主，拔本塞原，殘害忠良，禍虐黎庶，使天地神祇靡所依歸。』

又　卷一〇〇《蘇峻祖約傳論》　惠皇失御，政紊朝危，難起蕭牆，毒痡函夏，九州波駭，五嶽塵飛，干戈日尋，戎車競逐。【略】峻約同惡相濟，生此亂階。

又　《蘇峻祖約傳贊》　中朝隳政，王彌肇亂。神器流離，生靈塗炭。羣妖伺隙，構茲多難。薦食荆衡，陵虐江漢。孫盧姦慝，約峻殘賊。窮凶極暴，為鬼為蜮。縱竊岷峨，旋至顛踣。

清·王夫之《讀通鑑論》卷七《晉成帝六》　庾亮徵蘇峻而激之反，天下怨之，固不能辭其咎矣。雖然，其志有可原者也。亮受輔政之命而不自擅也，尊王導於己上，而引郗鑒、卞壼、温嶠以共濟艱難，竇武之所不逮，非直異于梁冀、楊駿已也。晉之東遷，王氏執國而敦倡為逆，執兵柄者，皆有侵上之志而不可信。陶侃登天之夢，天下疑焉。祖約之悖，蘇峻之姦，尤其不可揖盗以入室者也。以是為侃所怨，以激約、峻之速逆。特其識量不充，未足以乘高墉而解羣悖耳。如必委曲以延不軌之姦宄於沖人之側，則禍遲而大。亮免于激成之責，而孔光延王莽、褚淵推道成之罪，其可逃乎？

亮以衛國無術而任罪，司馬温公乃欲明正典刑以窮其罪，則何以處夫延王敦殺周、戴以逼天子之王導乎？温嶠，人傑也，亮敗竄，而嶠敬之不衰，必有以矣。峻雖反，主雖危，而終平大難者，郗鑒、温嶠也，以死殉國者，卞壼也，皆亮所引與同衛社稷者也。抑權臣，扶幼主，亮與諸君子有同心，特謀大而智小，志正而術疏耳。原其情，酌其罰，何遽以典刑加之？温公曰：『晉室無政，任是責者，非王導乎？』導豈能劾功罪以伸求全之法者？卞敦觀望逆黨，擁兵不赴，導且不能加誅，有諸己，不能非諸人，況庾亮哉！

雜録

《宋書》卷二四《天文志二》　明帝太寧三年正月，熒惑逆行入太微。占曰：『為兵喪，王者惡之。』閏八月，帝崩。咸和二年，蘇峻反，攻宮室，太后以憂逼崩，天子幽劫于石頭，遠近兵亂，至四年乃息。

又　卷三一《五行志二》　晉明帝太寧初，童謠歌曰：『惻力惻力，放馬山側。大馬死，小馬餓，高山崩，石自破。』及明帝崩，成帝幼，為蘇峻所逼，遷於石頭，御膳不足。『高山崩』，言峻尋死；『石』，峻弟蘇石也，峻死後，石據石頭，尋為諸公所破也。

又　卷三二《五行志三》　晉明帝太寧三年八月庚戌，有鳥二，蒼黑色，翼廣一丈四尺。其一集司徒府，射而殺之；其一集市北家人舍，亦獲焉。此羽蟲之孽，又黑祥也。閏月戊子，帝崩。後有蘇峻、祖約之亂。【略】

晉成帝咸和二年正月，有五鶡鳥集殿庭。此又白祥也。是時庾亮苟違衆謀，將召蘇峻，有言不從之咎，故白祥先見也。三年二月，峻果作亂，宮室焚毁，化為汙萊，其應也。晉成帝咸康八年七月，白鷺集殿屋。是時康帝始即位，此不永之祥也。後涉再期而帝崩。劉向曰：『野鳥入處，宮室將空。』張瓘在涼州正朝，放隹雀諸鳥，出手便死；左右放者悉飛去。【略】

晉成帝咸和二年五月，司徒王導廄，羊生無後足。此羊禍也。京房《易傳》曰：『足少者，下不勝任也。』明年，蘇峻入京都，導與成帝俱幽石頭，僅乃免身。是其應也。

又　卷三三《五行志四》　晉成帝咸和元年五月，大水。是時嗣主幼沖，母后稱制，庾亮以元舅民望，決事禁中。陰勝陽也。咸和二年五月戊子，京都大水。是冬，蘇峻稱兵，都邑塗炭。咸和四年七月，丹陽、宣城、吳興、會稽大水。是冬，郭默作亂，荆、豫共討之，半歲乃定。咸和七年五月，大水。是時帝未親務，政在大臣。陰勝陽也。【略】

晉明帝太寧元年十二月，幽、冀、并州大雪。太寧二年四月庚子，京都大雨雹，燕雀死。太寧三年三月丁丑，雨雹；癸巳，隕霜；四月，大雨雹。是年帝崩，尋有蘇峻之亂。【略】

蘇峻在歷陽，外營將軍鼓自鳴，如人弄鼓者。峻手自斫之，曰：『我鄉土時有此，則城空矣。』俄而作亂夷滅。此聽不聰之罰，鼓妖先作也。石虎末，洛陽城西北九里石牛在青石趺上，忽鳴喚，聲聞四十里。虎遣人打落兩耳及尾，鐵釘釘四脚。

又　卷三四《五行志五》　晉成帝咸和二年五月，護軍牛生犢，兩頭六足。是冬，蘇峻作亂。咸和七年，九德民袁榮家牛產犢，兩頭八足，二尾共身。京房《易傳》：『殺無罪，則牛生妖。』【略】

晉成帝咸和二年三月，益州地震；四月己未，豫章地震。是年，蘇峻作亂。咸和九年三月丁酉，會稽地震。是時政在臣下。

又　卷三五《州郡志·揚州》　淮南太守，秦立為九江郡，兼得廬江豫章。漢高帝四年，更名淮南國，分立豫章郡，文帝又分為廬江郡。武帝元狩元年，復為九江郡，治壽春縣。後漢徙治陰陵縣。魏復曰淮南，徙治壽春。晉武帝太康元年，復立歷陽別見、當塗、逡道諸縣，二年，復立鍾離縣別見，並二漢舊縣也。三國時，江淮為戰爭之地，其間不居者各數百里，此諸縣並在江北淮南，虛其地，無復民户。吳平，民各還本，故復立焉。其後中原亂，胡寇屢南侵，淮南民多南度。成帝初，蘇峻、祖約為亂于江淮，胡寇又大至，民南度江者轉多，乃於江南僑立淮南郡及諸縣。晉末，遂割丹陽之於湖縣為淮南境。宋孝武大明六年，以淮南郡並宣城，宣城郡徙治於湖。八年，復立淮南郡，屬南豫州。明帝泰始三年，還屬揚州。領縣六，户五千三百六十二，口二萬五千八百四十。去京都水一百七十，陸一百四十。

隋·虞世南《北堂書鈔》卷一三九《車部上·總載》　蕭方等《三十國春秋》又曰：蘇峻之將興兵也，祈於鍾山廟，許盡朱給之車及宏。郤鑑又禱於鍾山，見神謂鑑曰：『蘇峻為逆，人神所忿，當與蔣子文等鋤之，社稷不安及也，今以願疏相示。』於是像移而願疏□，郤鑑知辨峻之必亡焉。

《晉書》卷六《元帝紀》　（永昌元年）冬十月，【略】京師大霧，黑氣蔽天，日月無光。石勒攻陷襄城、城父，遂圍譙，破祖約別軍，約退據壽春。

又　卷一二《天文志中》　明帝太寧三年十一月癸巳朔，日有蝕之，在卯至斗。斗，吳分也。其後蘇峻作亂。

又　卷一三《天文志下》　明帝太寧三年正月，熒惑逆行，入太微。占曰：『為兵喪，王者惡之。』閏八月，帝崩。後二年，蘇峻反，攻焚宮室，太后以憂逼崩，天子幽劫于石頭城，遠近兵亂，至四年乃息。

又　卷二七《五行志上》　成帝咸和二年五月戊子，京都大水。是冬，以蘇峻稱兵，都邑塗地。

又　卷二八《五行志中》　明帝太寧初，童謠曰：『惻惻力力，放馬山側。大馬死，小馬餓。高山崩，石自破。』及明帝崩，成帝幼，為蘇峻所逼，遷於石頭，御膳不足，此『大馬死，小馬餓』也。高山，峻也，又言峻尋死。石，峻弟蘇石也。峻死後，石據石頭，尋為諸公所破，復是崩山石破之應也。【略】

明帝太寧三年八月庚戌，有大鳥二，蒼黑色，翼廣一丈四尺，其一集司徒府，射而殺之，其一集市北家人舍，亦獲焉。此羽蟲之孽，又黑祥也。及閏月戊子而帝崩，後遂有蘇峻、祖約之亂。【略】

成帝咸和二年正月，有五鷗鳥集殿庭，此又白祥也。是時庾亮苟違衆謀，將召蘇峻，有言不從之咎，故白祥先見也。三年二月，峻果作亂，宮掖焚毀，化為汙萊，此其應也。

又　卷二九《五行志下》　明帝太寧元年十二月，幽、冀、並三州大雪。二年四月庚子，京都雨雹，燕雀死。三年三月丁丑，雨雪。癸巳，隕霜。四月，大雨雹。是年，帝崩，尋有蘇峻之亂。【略】

成帝咸和二年五月，護軍牛生犢，兩頭六足。是冬，蘇峻作亂。七年，九德人袁榮家牛產犢，兩頭八足，二尾共身。【略】

成帝咸和二年二月，江陵地震。三月，益州地震。四月己未，豫章地震。是年，蘇峻作亂。九年三月丁酉，會稽地震。

又　卷三九《荀邃傳》　蘇峻作亂，邃與王導、荀崧並侍天子于石頭。

又　卷四九《羊曼傳》　蘇峻作亂，加前將軍，率文武守雲龍門。王師不振，或勸曼避峻。曼曰：『朝廷破敗，吾安所求生？』勒衆不動，為峻所害，年五十五。

又　卷五八《周撫傳》　蘇峻作逆，率所領從溫嶠討之。

又　卷六三《魏該傳》　及蘇峻反，率衆救臺，軍次石頭，受陶侃節度。

又　《郭默傳》　朝廷將征蘇峻，懼其為亂，召默拜後將軍，領屯騎校尉。初戰有功，及六軍敗績，南奔。郗鑒議于曲阿北大業里作壘，以分賊勢，使默守之。峻遣韓晃等攻默甚急，壘中頗乏水，默懼，分人馬出外，乃潛從南門蕩出，留人堅守。會峻死，圍解，征為右軍將軍。

又　卷七〇《卞敦傳》　蘇峻反，溫嶠、庾亮移檄征鎮同赴京師。敦擁兵不下，又不給軍糧，唯遣督護荀璲領數百人隨大軍而已。時朝野莫不怪歎，獨陶侃亦切齒忿之。【略】敦既不討蘇峻，常懷愧耻，名論自此虧矣。

又　《鍾雅傳》　蘇峻之難，詔雅為前鋒監軍、假節，領精勇千人以距峻。雅以兵少，不敢擊，退還。拜侍中。尋王師敗績，雅與劉超並侍衛天子。【略】及峻逼遷車駕幸石頭，雅、超流涕步從。明年，並為賊所害。賊平，追贈光祿勳。

又　卷七三《庾冰傳》　會蘇峻作逆，遣兵攻冰，冰不能御，便棄郡奔會稽。會稽內史王舒以冰行奮武將軍，距峻別率張健于吳中。時健黨甚衆，諸將莫敢先進。冰率衆擊健走之，於是乘勝西進，赴於京都。又遣司馬滕含攻賊石頭城，拔之。

又　卷七五《荀崧傳》　蘇峻之役，崧與王導、陸曄共登御床擁衛帝，及帝被逼幸石頭，崧亦侍從不離帝側。

又　卷七六《虞潭傳》　蘇峻反，加潭督三吳、晉陵、宣城、義興五郡軍事。會王師敗績，大駕逼遷，潭勢弱，不能獨振，乃固守以俟四方之舉。會陶侃等下，潭與郗鑒、王舒協同義舉。侃等假潭節，監揚州浙江西軍事。潭率衆與諸軍並勢，東西犄角。遣督護沈伊距管商于吳縣，為商所敗，潭自貶還節。

又　卷七七《蔡謨傳》　蘇峻構逆，吳國內史庾冰出奔會稽，乃以謨為吳國內史。謨既至，與張闓、顧衆、顧颺等共起義兵，迎冰還郡。

又　卷八一《劉胤傳》　蘇峻作亂，溫嶠率衆而下，留胤等守湓口。

又　《鄧嶽傳》　及蘇峻反，平南將軍溫嶠遣嶽與督護王愆期、鄱

陽太守紀睦等率舟軍赴難。峻平，還郡。

又　卷八三《袁耽傳》　蘇峻之役，王導引為參軍，隨導在石頭。初，路永、匡術、寧等皆峻心腹，聞祖約奔敗，懼事不立，迭說峻誅大臣。峻既不納，永等慮必敗，陰結於導。導使耽潛說路永，使歸順。峻平，封秭歸男，拜建威將軍、歷陽太守。

又　卷一一六《姚弋仲載記》　後晉豫州刺史祖約奔於勒，勒禮待之，弋仲上疏曰：『祖約殘賊晉朝，逼殺太后，不忠於主，而陛下寵之，臣恐姦亂之萌，此其始矣。』勒善之，後竟誅約。

宋・李昉等《太平御覽》卷六九《地部三十四・洲》　《三十國春秋》曰：晉咸和二年，温嶠與陶侃起義兵伐蘇峻，帥師四萬直指石頭，侃泊加子洲，即此處也。夏月堪泊船，冬月淺涸，自永昌之初，其洲忽一朝崩陷數里，隨其形曲折，凡作九灣，行者所依，東西浩然矣。

又　卷二四九《職官部四十七・府參軍》　《晉中興書》又曰：蘇峻反，范汪逃遁西歸。時庾亮、温嶠治兵潯陽，咸以衆少賊強未敢即路，且信使阻絶，不相知聞。及汪經過，嶠等訪焉。汪曰：『賊政令不一，貪暴縱橫，滅亡已兆，雖強易弱。朝廷倒懸，宜時進討。』嶠等納之。是日，護軍、平南二府交命，始解褐，參護軍事。

又　卷三六四《人事部五・頭下》　《晉中興書》曰：庾亮與蘇峻戰於建陽門，王師敗績。亮於陣擕其三弟懌、條、翼南奔温嶠，顯宗幸嶠船，亮泥首謝罪。

又　卷四五六《人事部九十七・諫諍六》　《晉中興書》曰：蘇峻反，温嶠推陶侃為盟主。侃欲西歸，嶠說侃曰：『天子幽逼，社稷危殆，四海臣子，肝腦塗地，嶠等與公致命之秋。事若克濟，則臣主同休；如其不然，身雖灰滅，足以謝責於先帝。今之事勢，義無旋踵，騎虎之勢，可得下平。公若違衆獨反，衆心必沮；沮衆以敗事，義旗將回指於公矣。』侃無以對，遂留不去。

又　卷五〇〇《人事部一百四十一・奴婢》　《晉中興書》曰：祖約為丞相從事中郎，於府內為婢所傷，司直劉隗奏約患生婢僕，身被刑傷。約甚慚恥，遂解職還家。

又　卷五一一《宗親部一・父母》　蕭方等《三十國春秋》曰：蘇峻作逆，領軍卞壼，以王師敗績，遂單騎赴難，二子眕盱隨之俱歿。母裴氏撫屍而哭之：『父為忠臣，子為孝子，夫何恨乎！』征士翟陽聞之，歎曰：『父死於前，子歿於後，忠孝之道萃於一門，可謂賢矣。』

又　卷五六七《樂部五・鼓吹樂》　王隱《晉書》曰：陶侃平蘇峻，除侍中太尉，加羽葆鼓吹。

清・顧祖禹《讀史方輿紀要》卷二〇《南直二・應天府》　咸和三年，蘇峻作亂，庾亮率衆將陳于宣陽門內。

又　《石頭城》　咸和初，庾亮疑蘇峻、祖約，又畏陶侃，修石頭以備之。二年，峻以歷陽叛，亮使弟翼備石頭，既而峻入臺城，聞西方兵起，遂逼帝遷于石頭，陶侃等以勤王之兵東下，會于石頭，官兵共攻之，卒不能克。四年，侃等入石頭，京邑之禍始解。

又　《一臺城》　咸和三年，蘇峻作亂，入臺城，既而迫，遷帝於石頭，逼劫居民，聚之後苑，使其黨匡術守苑城。四年，術以苑城來歸。陶侃等推陸曄督宮城軍事，命毛寶守南城，鄧嶽守西城，宮城即苑城之別名，南城、西城，即苑城南、苑城西也。既而蘇逸等並力來攻，不能克；及亂平，宮闕灰燼，以建平園為宮。

清・趙翼《廿二史劄記》卷八《晉書・建業有三城》　後蘇峻之反，劫遷成帝於石頭。峻敗，帝始出。

東晉孫恩盧循之亂

綜　述

《宋書》卷一《武帝紀上》　孫恩自奔敗之後，徒旅漸散，懼生見獲，乃於臨海投水死。餘衆推恩妹夫盧循為主。桓玄欲且緝寧東土，以循為永嘉太守。循雖受命，而寇暴不已。五月，玄復遣高祖東征。時循自臨海入東陽。二年正月，玄復遣高祖破循於東陽。循奔永嘉，復追破之，斬其大帥張士道，追討至於晉安，循浮海南走。六月，加高祖彭城內史。

【略】

盧循浮海破廣州，獲刺史吳隱之。即以循為廣州刺史，以其同黨徐道覆為始興相。

公之北伐也，徐道覆仍有闚闟之志，勸盧循乘虛而出，循不從。道覆乃至番禺說循曰：『本住嶺外，豈以理極於此，正以劉公難與為敵故也。今方頓兵堅城之下，未有旋日。以此思歸死士，掩襲何、劉之徒，如反掌耳。不乘此機而保一日之安，若平齊之後，小息甲養衆，不過一二年間，必璽書徵君。若劉公自率衆至豫章，遣鋭師過嶺，雖復將軍神武，恐必不能當也。今日之機，萬不可失。既克都邑，傾其根本，劉公雖還，無能為也。』循從之，乃率衆過嶺。是月，寇南康、廬陵、豫章，諸郡守皆委任奔走。于時平齊問未至，即馳使徵公。公之初克齊也，欲停鎮下邳，清蕩河、洛，既而被徵使至，即日班師。

鎮南將軍何無忌與徐道覆戰于豫章，敗績，無忌被害。内外震駭。朝廷欲奉乘輿北走就公，尋知賊定未至，人情小安。公至下邳，以船運輜重，自率精鋭步歸。至山陽，聞無忌被害，則慮京邑失守，乃卷甲兼行，與數十人至淮上，問行旅以朝廷消息。人曰：『賊尚未至，劉公若還，便無所憂也。』公大喜，單船過江，逕至京口，衆乃大安。四月癸未，公至京師，解嚴息甲。

撫軍將軍劉毅抗表南征，公與毅書曰：『吾往習擊妖賊，曉其變態，新獲姦利，其鋒不可輕。宜須裝嚴畢，與弟同舉。』又遣毅從弟藩往止之。毅不從，舟師二萬，發自姑孰。循之初下也，使道覆向尋陽，自寇湘中諸郡。荆州刺史道規遣軍至長沙，為循所敗。逕至巴陵，將向江陵。道覆聞毅上，馳使報循曰：『毅兵衆甚盛，成敗事係之於此，宜并力摧之。若此克捷，天下無復事矣。根本既定，不憂上面不平也。』循即日發巴陵，與道覆連旗而下。別有八艚艦九枚，起四層，高十二丈。公以南藩覆没，表送章綬，詔不聽。五月，劉毅敗績于桑落洲，棄船步走，餘衆不得去者，皆為賊所擒。

初循至尋陽，聞公已還，不信也。既破毅，乃審凱入之問，並相視失色。循欲退還尋陽，進平江陵，據二州以抗朝廷。道覆謂宜乘勝徑進，固爭之。疑議多日，乃見從。

毅敗問至，内外洶擾。于時北師始還，多創痍疾病。京師戰士，不盈數千。賊既破江、豫二鎮，戰士十餘萬，舟車百里不絶。奔敗還者，並聲其雄盛。孟昶、諸葛長民懼寇漸逼，欲擁天子過江，公不聽，昶固請不止。公曰：『今重鎮外傾，强寇内逼，人情危駭，莫有固志。若一旦遷動，便自瓦解土崩，江北亦豈可得至！設令得至，不過延日月耳。今兵士雖少，自足以一戰。若其克濟，則臣主同休；苟厄運必至，我當以死衛社稷，横屍廟門，遂其由來以身許國之志，不能遠竄於草間求活也。我計決矣，卿勿復言！』昶恐其不濟，乃為表曰：『臣裕北討，衆並不同，唯臣贊裕行計，致使强賊乘間，社稷危逼，臣之罪也。今謹引分以謝天下。』封表畢，乃仰藥而死。

於是大開賞募，投身赴義者，一同登京城之科。發居民治石頭城，建牙戒嚴。時議者謂宜分兵守諸津要。公以為：『賊衆我寡，若分兵屯，則人測虚實。且一處失利，則沮三軍之心。今聚衆石頭，隨宜應赴，既令賊無以測多少，又於衆力不分。若徒旅轉集，徐更論之耳。』移屯石頭，乃柵淮斷查浦。既而羣賊大至，公策之曰：『賊若於新亭直進，其鋒不可當，宜且迴避，勝負之事，未可量也。若回泊西岸，此成擒耳。』

道覆欲自新亭、白石焚舟而上。循多疑少決，每欲以萬全為慮，謂道覆曰：『大軍未至，孟昶便望風自裁，大勢言之，自當計日潰亂。今決勝負於一朝，既非必定之道，且殺傷士卒，不如按兵待之。』公于時登石頭城以望循軍，初見引向新亭，公顧左右失色。既而回泊蔡洲。道覆猶欲上，循禁之。自是衆軍轉集，修治越城，築查浦、藥園、廷尉三壘，皆守以實衆。冠軍將軍劉敬宣屯北郊，輔國將軍孟懷玉屯丹陽郡西，建武將軍王仲德屯越城，廣武將軍劉懷默屯建陽門外。使寧朔將軍索邈領鮮卑具裝虎班突騎千餘匹，皆被練五色，自淮北至於新亭。賊並聚觀，咸畏憚之；然猶冀京邑及三吳有應之者。遣十餘艦來拔石頭柵，公命神弩射之，發輒摧陷，循乃止不復攻柵。設伏兵於南岸，使羸老悉乘舟艦向白石。公憂其從白石步上，乃率劉毅、諸葛長民北出拒之，留參軍徐赤特戍南岸，命堅守勿動。公既去，賊焚查浦步上，赤特軍戰敗，死没有百餘人。赤特棄餘衆，單舸濟淮。賊遂率數萬屯丹陽郡。公率諸軍馳歸。衆憂賊過，咸謂公當徑還拒戰。公先分軍還石頭，衆莫之曉。解甲息士，洗浴飲食之，乃出

列陳於南塘。以赤特違處分，斬之。命參軍褚叔度、朱齡石率勁勇千餘人過淮。羣賊數千，皆長刀矛鋋，精甲曜日，奮躍爭進。齡石所領多鮮卑，善步槊，並結陳以待之。賊短兵弗能抗，死傷者數百人，乃退走。會日莫，衆亦歸。

劉毅之敗，豫州主簿袁興國反叛，據歷陽以應賊。琅邪內史魏順之遣將謝寶討斬之。興國司馬襲寶，順之不救而退，公怒斬之。順之，詠之之弟也。於是功臣震懾，莫敢不用命。

六月，更授公太尉、中書監，加黃鉞。受黃鉞，餘固辭。以司馬庚悅為建威將軍、江州刺史，自東陽出豫章。

七月庚申，羣賊自蔡洲南走，還屯尋陽。遣輔國將軍王仲德、廣川太守劉鍾、河間太守蒯恩追之。公還東府，大治水軍，皆大艦重樓，高者十餘丈。盧循遣其大將荀林寇江陵，桓謙先於江陵奔羌，又自羌入蜀，偽主譙縱以為荊州刺史。謙及譙道福率軍二萬，出寇江陵，適與林會，相去百餘里。荊州刺史道規斬謙于枝江，破林於江津，追至竹町斬之。

初循之走也，公知其必寇江陵，登遣淮陵內史索邈領馬軍步道援荊州。又遣建威將軍孫季高率衆三千，自海道襲番禺。江州刺史庾悅至五畝嶠，賊遣千餘人據斷嶠道，悅前驅鄱陽太守虞丘進攻破之。公治兵大辦。十月，率兗州刺史劉藩、寧朔將軍檀韶等舟師南伐。以後將軍劉毅監太尉留守府，後事皆委焉。是月，徐道覆率衆三萬寇江陵。荊州刺史道規又大破之，斬首萬餘級，道覆走還盆口。初公之遣索邈也，邈在道為賊所斷，道覆敗後方達。自循東下，江陵斷絕京邑之問，傳者皆云已沒。及邈至，方知循走。循初自蔡洲南走，留其親黨范崇民五千人，高艦百餘，戍南陵。王仲德等聞大軍且至，乃進攻之。十一月，大破崇民軍，焚其舟艦，收其散卒。

循廣州守兵，不以海道為防。是月，建威將軍孫季高乘海奄至，而城池峻整，兵猶數千。季高焚賊舟艦，悉力而上，四面攻之，即日屠其城。循父以輕舟奔始興。季高撫其舊民，戮其親黨，勒兵謹守。初公之遣季高也，衆咸以海道艱遠，必至為難；且分撤見力，二三非要。公不從。敕季高曰：『大軍十二月之交，必破妖虜。卿今時當至廣州，傾其巢窟，令賊奔走之日，無所歸投。』季高受命而行，如期克捷。

循方治兵旅舟艦，設諸攻備。公欲御以長算，乃屯軍雷池。賊揚聲不攻雷池，當乘流逕下。公知其欲戰，且慮賊戰敗，或於京江入海，遣王仲德以水艦二百於吉陽下斷之。十二月，循、道覆率衆數萬，方艦而下，前後相抗，莫見舳艫之際。公悉出輕利鬬艦，躬提幡鼓，命衆軍齊力擊之。又上步騎於西岸。右軍參軍庾樂生乘艦不進，斬而徇之。於是衆軍並踴騰爭先。軍中多萬鈞神弩，所至莫不摧陷。公中流蹙之，因風水之勢，賊艦悉泊西岸。岸上軍先備火具，乃投火焚之，煙燄張天，賊衆大敗，追奔至夜乃歸。循等還尋陽。初分遣步軍，莫不疑怪，及燒賊艦，衆乃悅服。召王仲德，請還為前驅。留輔國將軍孟懷玉守雷池。循聞大軍上，欲走向豫章，乃悉力柵斷左里。大軍至左里，將戰，公所執麾竿折，折幡沈水，衆並怪懼。公歡笑曰：『往年覆舟之戰，幡竿亦折，今者復然，賊必破矣。』即攻柵而進。遁兵雖殊死戰，弗能禁。諸軍乘勝奔之，循單舸走。所殺及投水死，凡萬餘人。納其降附，宥其逼略。遣劉藩、孟懷玉輕軍追之。循收散卒，尚有數千人，逕還廣州。道覆還保始興。公旋自左里。天子遣侍中、黃門勞師於行所。

《晉書》卷一〇《安帝紀》 隆安四年春正月乙亥，大赦。二月己丑，有星孛于奎婁，進至紫微。三月，彗星見於太微。夏四月，地震。孫恩寇浹口。五月丙寅，散騎常侍、衛將軍、東亭侯王珣卒。己卯，會稽內史謝琰為孫恩所敗，死之。恩轉寇臨海。六月庚辰朔，日有蝕之。旱。輔國司馬劉裕破恩于南山。恩將盧循陷廣陵，死者三千餘人。以琅邪王師何澄為尚書左僕射。【略】

九月癸丑，地震。冬十一月，寧朔將軍高雅之及孫恩戰于餘姚，王師敗績。【略】

五年春二月丙子，孫恩復寇浹口。呂超殺呂纂，以其兄隆僭即偽位。

【略】

三月甲寅，衆星西流，歷太微。夏五月，孫恩寇吳國，內史袁山松死之。沮渠蒙遜殺段業，自號大都督、北涼州牧。【略】

六月甲戌，孫恩至丹徒。乙亥，內外戒嚴，百官入居於省。冠軍將軍高素、右衛將軍張崇之守石頭，輔國將軍劉襲柵斷淮口，丹陽尹司馬恢之戍南岸，冠軍將軍桓謙、輔國將軍司馬允之、遊擊將軍毛邃備白石，左衛

將軍王瑕、領軍將軍孔安國屯中皇堂。征豫州刺史、譙王尚之衛京師。寧朔將軍高雅之擊孫恩于廣陵之郁洲，為賊所執。【略】

元興元年三月，【略】臨海太守辛景擊孫恩，斬之。【略】

三年冬十月，盧循寇廣州，刺史吳隱之為循所敗。執始興相阮腆之而還。【略】

義熙六年春正月【略】廣州刺史盧循反，寇江州。三月，【略】壬申，鎮南將軍、江州刺史何無忌及循戰于豫章，王師敗績，無忌死之。夏四月，青州刺史諸葛長民、兗州刺史劉藩、并州刺史劉道憐乃入衛京師。五月丙子，大風，拔木。戊子，衛將軍劉毅及盧循戰于桑落洲，王師敗績。尚書左僕射孟昶懼，自殺。己未，大赦。乙丑，循至淮口，內外戒嚴。大司馬、琅邪王德文都督宮城諸軍事，次中皇堂，太尉劉裕次石頭，梁王珍之屯南掖門，冠軍將軍劉敬宣屯北郊，輔國將軍孟懷玉屯南岸，建武將軍王仲德屯越城，廣武將軍劉懷默屯建陽門，淮口築柤浦、藥園、廷尉三壘以距之。丙寅，震太廟鴟尾。秋七月庚申，盧循遁走。甲子，使輔國將軍王仲德、廣川太守劉鍾、河間內史蒯恩等帥衆追之。是月，盧循寇荆州，刺史劉道規、雍州刺史魯宗之等敗之。又破徐道覆于華容，賊復走尋陽。【略】

冬十一月，蜀賊譙縱陷巴東，守將温祚、時延祖死之。十二月壬辰，劉裕破盧循于豫章。【略】

七年春二月壬午，右將軍劉藩斬徐道覆於始興，傳首京師。夏四月，盧循走交州，刺史杜慧度斬之。

又 卷八四《劉牢之傳》 及孫恩攻陷會稽，牢之遣將桓寶率師救三吳，復遣子敬宣為寶後繼。比至曲阿，吳郡內史桓謙已棄郡走，牢之乃率衆東討，拜表輒行。至吳，與衛將軍謝琰擊賊，屢勝，殺傷甚衆，徑臨浙江。進拜前將軍、都督吳郡諸軍事。時謝琰屯烏程，遣司馬高素助牢之。牢之率衆軍濟浙江，恩懼，逃於海。牢之還鎮，恩復入會稽，害謝琰。牢之進號鎮北將軍、都督會稽五郡，率衆東征，屯上虞，分軍戍諸縣。恩復攻破吳國，殺內史袁山松。牢之使參軍劉裕討之，恩復入海。頃之。恩浮海奄至京口，戰士十萬，樓船千餘。牢之在山陰，使劉裕自海鹽赴難，牢之率大衆而還。裕兵不滿千人，與賊戰，破之。恩聞牢之已還京口，乃走郁洲，又為敬宣、劉裕等所破。及恩死，牢之威名轉振。

又 卷八五《劉毅傳》 及何無忌為盧循所敗，賊軍乘勝而進，朝廷震駭。毅具舟船討之，將發，而疾篤，內外失色。朝議欲奉乘輿北就中軍劉裕，會毅疾瘳，將率軍南征，裕與毅書曰：『吾往與妖賊戰，曉其變態。今修船垂畢，將居前撲之。克平之日，上流之任皆以相委。』又遣毅從弟藩往止之。毅大怒，謂藩曰：『我以一時之功相推耳，汝便謂我不及劉裕也！』投書於地。遂以舟師二萬發姑孰。徐道覆聞毅將至建鄴，報盧循曰：『劉毅兵重，成敗擊此一戰，宜並力距之。』循乃引兵發巴陵，與道覆連旗而下。毅次於桑落洲，與賊戰，敗績，棄船，以數百人步走，餘衆皆為賊所虜，輜重盈積，皆棄之。毅走，經涉蠻晉，饑困死亡，至得十二三。參軍羊邃竭力營護之，僅而獲免。

又 《何無忌傳》 盧循遣別帥徐道覆順流而下，舟艦皆重樓。無忌將率衆距之，長史鄧潛之諫曰：『今以神武之師抗彼逆衆，回山壓卵，未足為譬。然國家之計在此一舉。聞其舟艦大盛，勢居上流。蜂蠆之毒，邾魯成鑑。宜決破南塘，守二城以待之，其必不敢舍我遠下。蓄力俟其疲老，然後擊之。若棄萬全之長策，而決成敗于一戰，如其失利，悔無及矣。』無忌不從，遂以舟師距之。既及，賊令強弩數百登西岸小山以邀射之，而薄於山側。俄而西風暴急，無忌所乘小艦被飄東岸，賊乘風以大艦逼之，衆遂奔敗，無忌尚厲聲曰：『取我蘇武節來！』節至，乃躬執以督戰。賊衆雲集，登艦者數十人。無忌辭色無撓，遂握節死之。

又 卷九〇《良吏傳·吳隱之》 及盧循寇南海，隱之率厲將士，固守彌時，長子曠之戰沒。循攻擊百有餘日，逾城放火，焚燒三千餘家，死者萬餘人，城遂陷。隱之攜家累出，欲奔還都，為循所得。

又 卷九六《列女傳·王凝之妻謝氏》 及遭孫恩之難，舉厝自若，既聞夫及諸子已為賊所害，方命婢肩輿抽刃出門。亂兵稍至，手殺數人，乃被虜。其外孫劉濤時年數歲，賊又欲害之，道韞曰：『事在王門，何關他族！必其如此，寧先見殺。』恩雖毒虐，為之改容，乃不害濤。

又 卷一〇〇《孫恩盧循傳》 孫恩，字靈秀，琅邪人，孫秀之族也。世奉五斗米道。恩叔父泰，字敬遠，師事錢唐杜子恭。【略】泰見天下兵起，以為晉祚將終，乃扇動百姓，私集徒衆，三吳士庶多

從之。于時朝士皆懼泰為亂，以其與元顯交厚，咸莫敢言。會稽內史謝輶發其謀，道子誅之。恩逃於海。衆聞泰死，惑之，皆謂蟬蛻登仙，故就海中資給。恩聚合亡命得百餘人，志欲復仇。

及元顯縱暴吳會，百姓不安，恩因其騷動，自海攻上虞，殺縣令，因襲會稽，害內史王凝之，有衆數萬。於是會稽謝鍼、吳郡陸瓌、吳興丘尪、義興許允之、臨海周胄、永嘉張永及東陽、新安等凡八郡，一時俱起，殺長史以應之，旬日之中，衆數十萬。於是吳興太守謝邈，永嘉太守謝逸，嘉興公顧胤，南康公謝明慧，黃門郎謝沖、張琨，中書郎孔道，太子洗馬孔福，烏程令夏侯愔等皆遇害。吳國內史桓謙，義興太守魏傿，臨海太守、新蔡王崇等並出奔。於是恩據會稽，自號征東將軍，號其黨曰『長生人』，宣語令誅殺異己，有不同者戮及嬰孩，由是死者十七八。畿內諸縣處處蜂起，朝廷震懼，內外戒嚴。遣衛將軍謝琰、鎮北將軍劉牢之討之，並轉鬬而前。吳會承平日久，人不習戰，又無器械，故所在多被破亡。諸賊皆燒倉廩，焚邑屋，刊木堙井，虜掠財貨，相率聚於會稽。其婦女有嬰累不能去者，囊簏盛嬰兒投于水，而告之曰：『賀汝先登仙堂，我尋後就汝。』

初，恩聞八郡回應，告其屬曰：『天下無復事矣，當與諸君朝服而至建康。』既聞牢之臨江，復曰：『我割浙江，不失作句踐也。』尋知牢之已濟江，乃曰：『孤不羞走矣。』乃虜男女二十餘萬口，一時逃入海。懼官軍之躡，乃緣道多棄寶物子女。時東土殷實，莫不粲麗盈目，牢之等遽於收斂，故恩復得逃海。朝廷以謝琰為會稽，率徐州文武戍海浦。

隆安四年，恩復入餘姚，破上虞，進至刑浦。琰遣參軍劉宣之距破之，恩退縮。少日，復寇刑浦，害謝琰。朝廷大震，遣冠軍將軍桓不才、輔國將軍孫無終、寧朔將軍高雅之擊之，恩復還於海。於是復遣牢之東屯會稽，吳國內史袁山松築扈瀆壘，緣海備恩。明年，恩復入浹口，雅之敗績。牢之進擊，恩復還於海。轉寇扈瀆，害袁山松，仍浮海向京口。牢之率衆西擊，未達，而恩已至，劉裕乃總兵緣海距之。及戰，恩衆大敗，狼狽赴船。尋又集衆，欲向京都，朝廷駭懼，陳兵以待之。恩至新州，不敢進而退，北寇廣陵，陷之，乃浮海而北。劉裕與劉敬宣並軍躡之于郁洲，累戰，恩復大敗，由是漸衰弱，復沿海還南。裕亦尋海要截，復大破恩于扈瀆，恩遂遠迸海中。

及桓玄用事，恩復寇臨海，臨海太守辛景討破之。恩窮戚，乃赴海自沈，妖黨及妓妾謂之水仙，投水從死者百數。餘衆復推恩妹夫盧循為主。自恩初入海，所虜男女之口，其後戰死及自溺並流離被傳賣者，至恩死時裁數千人存，而恩攻沒謝琰、袁山松，陷廣陵，前後數十戰，亦殺百姓數萬人。【略】

循娶孫恩妹。及恩作亂，與循通謀。恩性酷忍，循每諫止之，人士多賴以濟免。恩亡，餘衆推循為主。元興二年正月，寇東陽，八月，攻永嘉。劉裕討循至晉安，循窘急，泛海到番禺，寇廣州，逐刺史吳隱之，自攝州事，號平南將軍，遣使獻貢。時朝廷新誅桓氏，中外多虞，乃權假循征虜將軍、廣州刺史、平越中郎將。

義熙中，劉裕伐慕容超，循所署始興太守徐道覆，循之姊夫也，使人勸循乘虛而出，循不從。道覆乃至番禺，說循曰：『朝廷恒以君為腹心之疾，劉公未有旋日，不乘此機而保一日之安，若平齊之後，劉公自率衆至豫章，遣銳師過嶺，雖復君之神武，必不能當也。今日之機，萬不可失。既克都邑，劉裕雖還，無能為也。君若不同，便當率始興之衆直指尋陽。』循甚不樂此舉，無以奪其計，乃從之。

初，道覆密欲裝舟艦，乃使人伐船材于南康山，偽云將下都貨之。後稱力少不能得致，即於郡賤賣之，價減數倍，居人貪賤，賣衣物而市之。贛石水急，出船甚難，皆儲之。如是者數四，故船版大積，而百姓弗之疑。及道覆舉兵，案賣券而取之，無得隱匿者，乃並力裝之，旬日而辦。遂舉衆寇南康、廬陵、豫章諸郡，守相皆委任奔走。鎮南將軍何無忌率衆距之，兵敗被害。

循遣道覆寇江陵，未至，為官軍所敗，馳走告循曰：『請並力攻京都，若克之，江陵非所憂也。』乃連旗而下，戎卒十萬，舳艫千計，敗衛將軍劉毅于桑落洲，逕至江寧。道覆素有膽決，知劉裕已還，欲乾沒一戰，請於新亭至白石，焚舟而上，數道攻之。循多謀少決，欲以萬全之計，固不聽。道覆以循無斷，乃歎曰：『我終為盧公所誤，事必無成。使我得為英雄驅馳，天下不足定也！』裕懼其侵軼，乃栅石頭，斷柤浦，以距之。循攻栅不利，船艦為暴風所傾，人有死者。列陣南岸，戰又敗績。

乃進攻京口，寇掠諸縣，無所得。循謂道覆曰：『師老矣！弗能復振。可據尋陽，並力取荆州，徐更與都下爭衡，猶可以濟。』因自蔡洲南走，復據尋陽。裕先遣羣率追討，自統大衆繼進，又敗循於雷池。循欲遁還豫章，乃悉力柵斷左里。裕命衆攻柵，循衆雖死戰，猶不能抗。裕乘勝擊之，循單舸而走，收散卒得千餘人，還保廣州。裕先遣孫處從海道據番禺城，循攻之不下。道覆保始興，因險自固。循乃襲合浦，克之，進攻交州。至龍編，刺史杜慧度譎而敗之。

循勢屈，知不免，先鴆妻子十餘人，又召妓妾問曰：『我今將自殺，誰能同者？』多云：『雀鼠貪生，就死實人情所難。』有云：『官尚當死，某豈願生！』於是悉鴆諸辭死者，因自投于水。慧度取其屍斬之，及其父嘏；同黨盡獲，傳首京都。

《南史》卷一《宋紀上》 義熙元年正月，毅等至江津，破桓謙、桓振，江陵平。【略】九月【略】盧循浮海破廣州，獲刺史吳隱之，即以循為廣州刺史，以其黨徐道覆為始興相。孫恩自敗後，懼見獲，乃投水死於臨海，餘衆推恩妹夫盧循為主。玄復遣帝東征。【略】

二年，循奔永嘉，帝追破之。六月，加帝彭城內史。初，帝之北也，徐道覆勸盧循乘虛而出，循不從，道覆乃至番禺說循曰：『今日之機，萬不可失。若克京都，劉公雖還，無能為也。』循從之。是月，寇南康、廬陵、豫章諸郡，郡守皆奔走。時帝將鎮下邳，進兵河、洛，及徵使至，即日班師。鎮南將軍何無忌與道覆戰，敗死於豫章，內外震駭，朝議欲奉乘輿北走。帝次山陽，聞敗，卷甲與數十人造江上徵問，知賊尚未至。四月癸未，帝至都。劉毅自表南征，帝以賊新捷鋒鋭，須嚴軍偕進，使劉藩止之，毅不從。五月壬午，盧循敗毅于桑落洲。及審帝凱入，相視失色，欲還尋陽，平江陵，據二州以抗朝廷。道覆請乘勝遂下，爭之旬日，乃從。于時北師始還，傷痍未復，戰士纔數千，賊衆十餘萬，舳艫亙千里。孟昶、諸葛長人懼，欲擁天子過江，帝曰：『今兵士雖少，猶足一戰，若其克濟，臣主同休；如其不然，不復能草間求活，吾計決矣。』初，帝征慕容超，惟孟昶勸行，丙辰，昶乃表天子，引罪，仰藥而死。時議者欲分兵屯守諸津，帝曰：『賊衆我寡，分其兵則人測虛實，一處失利，則沮三軍之心，若聚衆石頭，則衆力不分。』戊午，帝移鎮石城。乙丑，賊大至，帝曰：『賊若新亭直上，且將避之；若回泊蔡洲，成禽耳。』徐道覆欲自新亭焚舟而戰，循多疑少決，每求萬全，乃泊蔡洲以待軍潰。帝登石頭以望，見之，悅。庚辰，賊設伏於南岸，疑兵向白石。帝率劉毅、諸葛長人北拒焉，留參軍徐赤特戍查浦，戒令勿戰。帝既北，賊焚查浦而至張侯橋，赤特與戰，大敗，賊進屯丹陽郡。帝馳還石頭，斬徐赤特。解甲久之，乃出陣於南塘。七月庚申，循自蔡洲退，將還歸尋陽，帝遣輔國將軍王仲德等追之。使建威將軍孫處自海道襲番禺，戒之曰：『我十二月必破祆寇，卿亦足至番禺，先傾其巢窟也。』十月，帝率舟師南伐，使劉毅監太尉留府。是月，徐道覆寇江陵，荆州刺史劉道規大破之，道覆走還湓口。十一月，孫處至番禺，克其城，盧循父嘏奔始興，處撫其人以守。十二月己卯，大軍次大雷。庚辰，賊方江而下，帝躬提幡鼓，命衆軍齊力擊之，軍中多萬鈞神弩，所至莫不摧陷。帝自於中流蹙之，因風水之勢，賊艦悉薄西岸，岸上軍先備火具焚之，大敗。循還尋陽，遂走豫章，悉力柵左里。丙申，大軍次左里，將戰，帝麾之，麾竿折，幡沉于水，衆咸懼，帝笑曰：『昔覆舟之役亦如此，今勝必矣。』攻其柵，循單舸走，衆皆降。師旋，晉帝遣侍中黃門勞師於行所。【略】

七年正月己未，振旅而歸，改授大將軍、揚州牧，給班劍二十人，本官並如故。固辭。凡南北征伐戰亡者，並列上賻贈，屍喪未反者，遣主帥迎接，致還本土。二月，盧循至番禺，為孫處所破，收餘衆南走。劉藩、孟懷玉斬徐道覆於始興。【略】交州刺史杜惠度斬盧循父子，函七首送都。

宋・李昉等《太平御覽》卷一二八《偏霸部》 盧循寇南康、廬陵、豫章，諸郡守皆委任奔走。馳使征公。公至下邳，留船運輜重，自帥精騎步歸。孟昶、諸葛長民懼寇之深也，欲擁天子過江，公弗聽。昶窮窘無餘圖，飲藥而卒。羣賊大至，公悉出輕利，帝躬提幡鼓，命軍衆齊力擊之，賊衆大敗。追奔，逮夜乃收兵而歸。循等還潯陽。公更簡練三軍，將進攻討。循聞大軍至，欲遁還豫章，乃悉力柵斷左里。丙申，大軍至左里。將戰，公麾以進兵，幡竿折，遂沉于水。衆皆失色，公自忻笑曰：『往年覆舟之戰，亦幡竿折，今復然，賊必破矣。』衆乃大悅，即攻柵並進。循兵雖死戰，猶弗能禁。諸軍乘勝擊之，循單舸走。劉蕃、孟懷玉斬徐道覆於

始興，傳首京師。交州刺史杜慧度斬盧循父子，函七首送都。

宋・司馬光《資治通鑑》卷一一五《晉紀三七・安皇帝庚》（晉安帝義熙六年）初，徐道覆聞劉裕北伐，勸盧循乘虛襲建康，循不從。道覆自至番禺，說循曰：『本住嶺外，交、廣之地在五嶺之外。豈以理極於此，傳之子孫邪？正以劉裕難與為敵故也。今裕頓兵堅城之下，未有還期，我以此思歸死士孫泰徒黨本三吳之人，孫恩所掠者又三吳人也；久在海中，故皆懷土思歸。掩擊何、劉之徒，如反掌耳。何、劉，謂何無忌、劉毅也。不乘此機而苟求一日之安，朝廷常以君為腹心之疾；若裕平齊之後，息甲歲餘，以璽書徵君，裕自將屯豫章，遣諸將帥銳師過嶺，雖復以將軍之神武，恐必不能當也。今日之機，萬不可失。若先克建康，傾其根蒂，裕雖南還，無能為也。君若不同，便當帥始興之衆直指尋陽。』元興三年，循使道覆攻陷始興，因使守之。循甚不樂此舉而無以奪其計乃從之。

初，道覆使人伐船材於南康山，南康山，南康縣之山也。吳立安南縣於漢豫章梅嶺，武帝太康元年更名南康。所謂梅嶺，今大庾嶺是也。南康山，即大庾諸山，皆在今南安軍界。玉始興，賤賣之，自南康西至始興四百里。居人爭市之，船材大積而人不疑，至是，悉取以裝艦，旬日而辦。循自始興寇長沙，道覆寇南康、廬陵、豫章，諸守相皆委任奔走。道覆順流而下，順贛石之流而下。舟械甚盛。時克燕之問未至，朝廷急徵劉裕。裕方議留鎮下邳，經營司、雍，會得詔書，乃以韓範為都督八郡軍事、燕郡太守，青州舊督齊、濟南、樂安、城陽、東萊、長廣、平昌、高密八郡；而所謂燕郡者，蓋南燕於廣固置燕都尹而今改為燕郡太守耳。封融為勃海太守，檀韶為琅邪太守；戊申，引兵還。韶，祇之兄也。久之，劉穆之稱範、融謀反，皆殺之。二人燕之舊臣，穆之恐其為變，故殺之。

安成忠肅公何無忌自尋陽引兵拒盧循。《謚法》：危身奉上曰忠；剛德克就曰肅。長史鄧潛之諫曰：『國家安危，在此一舉。聞循兵艦大盛，勢居上流，宜決南塘，守二城以待之，贛水出漢豫章南野縣聶都山；漢南野，晉南康之地也。贛水至南昌縣，歷南塘。二城，謂豫章、尋陽也。《水經注》曰：豫章城東大湖，十里二百二十六步，北與城齊，南緣回折至南塘，本通贛江，增減與江水同。漢永元中，太守張躬築塘以通南路，兼遏此水。若決南塘，則盧循之舟兵無所用，可以堅守而待其敝。彼必不敢捨我遠下。蓄力養銳，俟其疲老，然後擊之，此萬全之策也。今決成敗於一戰，萬一失利，悔將無及。』參軍殷闡曰：『循所將之衆皆三吳舊賊，百戰餘勇，始興溪子，拳捷善鬭，未易輕也。始興溪子，謂徐道覆所統始興兵也。《詩》云：無拳無勇。《毛傳》曰：拳，力也。將軍宜留屯豫章，徵兵屬城，兵至合戰，未為晚也；若以此衆輕進，殆必有悔。』無忌不聽。三月，壬申，與徐道覆遇於豫章，賊令强弩數百登西岸小山邀射之。會西風暴急，飄無忌所乘小艦向東岸。賊乘風以大艦逼之，衆遂奔潰。無忌厲聲曰：『取我蘇武節來！』節至，執以督戰。賊衆雲集，無忌辭色無撓，握節而死。於是中外震駭，朝議欲奉乘輿北走，就劉裕；既而知賊未至，乃止。【略】

盧循伏兵南岸，南岸，即秦淮口南岸。使老弱乘舟向白石，聲言悉衆自白石步上。劉裕留參軍沈林子徐赤特南岸，斷查浦，戒令堅守勿動；裕及劉毅、諸葛長民北出拒之。林子曰：『妖賊此言，未必有實，宜深為之防。』裕曰：『石頭城險，且淮柵甚固，留卿在後，足以守之。』林子，穆夫之子也。沈穆夫，吳興武康人。隆安三年，孫恩寇會稽，三吳回應。穆夫在會稽，恩以為餘姚令，恩為劉牢之所破，並殺穆夫。

庚辰盧循焚查浦，進至張侯橋。徐赤特將擊之，林子曰：『賊聲往白石而屢來挑戰，其情可知。吾衆寡不敵，不如守險以待大軍。』赤特不從，遂出戰；伏兵發，赤特大敗，單舸奔淮北。秦淮北岸也。林子及將軍劉鍾據柵力戰，朱齡石救之，賊乃退。循引精兵大上，至丹陽郡。丹陽郡，丹陽尹治所也。裕帥諸軍馳還石頭，斬徐赤特，解甲久之，乃出陳於南塘。南塘，秦淮南岸也。陳，讀曰陣。

六月，以劉裕為太尉、中書監，君黃鉞；裕受黃鉞，餘固辭。以車騎中軍司馬庾悅為江州刺史。悅，准之子也。劉裕為車騎將軍，以劉敬宣征蜀失利，乞降號中軍將軍，故車騎、中軍二府共一司馬。庾准，庾亮之孫也。

司馬國璠及弟叔璠、叔道奔秦。秦王興曰：『劉裕方誅桓玄，輔晉室，卿何為來？』對曰：『裕削弱王室，臣宗族有自修立者，裕輒除之；方為國患，甚於桓玄耳。』興以國璠為揚州刺史，叔道為交州刺史。

盧循寇掠諸縣無所得，謂徐道覆曰：『師老矣，不如還尋陽，並力取荆州，據天下三分之二，徐更與建康爭衡耳。』秋，七月，庚申，循自蔡洲南還尋陽，留其黨范崇民將五千人據南陵。南陵在宣城郡宣縣，西梁置南陵郡及南陵縣，蓋漢丹陽郡石城縣之界也，今為池州貴池縣。循慮兵有利鈍，欲

南歸番禺，故使崇民守之以固彭蠡湖口。宋白曰：栅江口對縣即舊南陵縣地，今為繁昌縣。甲子，裕使輔國將軍王仲德、廣川太守劉鍾、河間内史蘭陵蒯恩、中軍諮議參軍孟懷玉等帥衆追循。【略】

劉裕軍雷池。盧循揚聲不攻雷池，當乘流徑下；裕知其欲戰，十二月，己卯，進軍大雷。杜佑曰：晉大雷戍，舒州望江縣是，今皖口之西有雷江口，即其地。《宋書·志》云：望江縣西岸有大雷江，自尋陽池桑沿流三百里入江，即望江縣。庚辰，盧循、徐道覆帥衆數萬塞江而下，前後莫見舳艫之際。裕悉出輕艦，帥衆軍齊力擊之；又分步騎屯於西岸，先備火具。裕以勁弩射循軍，因風水之勢以蹙之。循艦悉泊西岸，岸上軍投火焚之，煙炎漲天；循兵大敗，走還尋陽。將趣豫章，乃悉力栅斷左里；左里以其地在章江之左，故名。杜佑曰：左里即江州尋陽縣彭蠡湖口。丙申，裕軍至左里，不得進。裕麾兵將戰，所執麾竿折幡沈于水，衆並怪懼。裕笑曰：『往年覆舟之戰，謂討桓玄與桓謙等戰時也。幡竿亦折，今者復然，賊必破矣。』即攻栅而進，循兵雖殊死戰，弗能禁。循單舸走，所殺及投水死者凡萬餘人。納其降附，宥其逼略，遣劉藩、孟懷玉輕軍追之。循收散卒，尚有數千人，徑還番禺；道覆走保始興。

論說

《晉書》卷一〇〇《孫恩盧循傳論》 惠皇失御，政紊朝危，難起蕭牆，毒痡函夏，九州波駭，五嶽塵飛，干戈日尋，戎車競逐。【略】孫盧同類相求，嗣成妖逆。至乃干戈掃地，灾沴滔天，雖樊謝之毒被含靈，李郭之禍延宮闕，方凶比暴，弗是加也。譙縱乘茲釁隙，肆彼姦謀，旋踵而亡，無足論矣。

又《孫恩盧循傳贊》 中朝隳政，王彌肇亂。神器流離，生靈塗炭。羣妖伺隙，構兹多難。薦食荆衡，陵虐江漢。孫盧姦慝，約峻殘賊。窮凶極暴，為鬼為蜮。縱竊岷峨，旋至顛踣。

藝文

清·彭定求等《全唐詩》卷七六七《孫元晏〈晉·新亭〉》 容易乘虚逼帝畿，滿江艘艣與旌旗。盧循若解新亭上，勝負還應未可知。

《全宋詩》卷三六五一《陳普〈詠史下·劉道規〉》 荆州一席不肯取，晉鼎百年寧忍移。不死盧循函首日，忍看張偉授罌時。

《番禺縣志》卷五四《〔宋〕方信孺〈盧循河南故城〉》 蛙據方州妄自尊，沈郎百萬若雲屯。歸舟無路尋巢穴，空有盧亭舊子孫。

《清詩匯》卷七六《沈德潛〈甘露寺〉》 高閣真疑坐九霄，鐘聲遠送海門潮。峰巔片石留三國，檻外長江咽六朝。何處雲煙辨吳越，此間蒼翠壓金焦。老僧猶說孫恩亂，白骨青磷尚未消。

又 卷一一一《馬鼎梅〈憶昔〉》 征南幕府詡名流，蠻語參軍憶昔遊。錦帳夜懸珠海月，牙旗高卷虎門秋。解鞍立就盧循表，飲器擎看林邑頭。今日扁舟風雨惡，短篷孤枕蓼花洲。

又 卷一三二《徐繼畬〈聞客談南中事〉》 遊魂尚未脫黃巾，千里江流映碧磷。淮蔡何人方李愬，潯陽猶自阻盧循。蕭條林木巢春燕，咫尺清波惘涸鱗。八載宵衣勞聖主，徒聞送喜萬方頻。

又 卷一四三《蔡壽祺〈挽向軍門榮·其一〉》 將星一夜墮江東，耿耿元精返太空。小醜孫恩仍負險，將軍向寵竟無功。縱橫霧氣愁難掃，嗚咽濤聲恨不窮。兩浙三吳失屏障，萬家涕淚灑秋風。

又 卷一五〇《趙樹吉〈曾滌生師奉命督師江南·其二〉》 痛哭祁連冢，春蕪漬淚痕。長城千里壞，荒郡幾家存。有地徵輸急，無功將吏尊。樓船早下瀨，旦夕縛孫恩。

又 卷一五九《姚浚昌〈軍中雜感·其一〉》 上卿承詔轉雙旌，獨立東南萬里清。千嶂青山環大幕，五更白雪壓孤城。弓刀近徙良家子，刁斗遙傳漢將營。為語孫恩莫輕敵，如公忠赤在平生。

《全臺詩》第二七冊《林朝崧〈滬瀆懷古〉》 楚封春申君，乃在江水邊。孫、盧擾晉室，曾於此泊船。奸雄與亂賊，到頭俱化煙。祇今惟潮水，來去如往年。我登江上樓，懷古心爽然。豈無芳樽酒，捧以小嬋娟？悲來不能咽，雙淚流漣漣。白日無留停，百年同逝川。少壯不努力，老死終邱山。轉遜遺臭者，名字長流傳。古來三不朽，功、德以為先。作詩告知心，立志同勉旃！

雜録

唐・歐陽詢等《藝文類聚》卷八七《果部下・益智》 《三十六國春秋》曰：安帝元年，盧循為廣州刺史，循遺裕益智粽，裕乃答以續命湯。

《宋書》卷五《文帝紀》 盧循之難，上年四歲，高祖使諮議參軍劉粹輔上鎮京城。

又 卷四八《朱齡石傳》 盧循至石頭，領中軍。循選敢死之士數千人上南岸，高祖遣齡石領鮮卑步槊，過淮擊之。率厲將士，皆殊死戰，殺數百人，賊乃退。

北魏・酈道元《水經注》卷三七《葉榆河》 盧循之寇交州也，交州刺史杜惠度，率水步軍，晨出南津，以火箭攻之，燒其船艦，一時潰散，循亦中矢赴水而死。於是斬之，傳首京師。惠度以斬循動，封龍編侯。

《晉書》卷一二《天文志中》 安帝隆安元年六月庚午，月奄太白，在太微端門外。占曰：『國受兵。』乙酉，月奄歲星，在東壁。占曰：『為饑，衛地有兵。』二年六月，郗恢遣鄧啓方等以萬人伐慕容寶於滑臺，啓方敗。三年九月，桓玄等並舉兵，於是內外戒嚴。四年正月乙亥，月犯填星，在牽牛。占曰：『吳越有兵喪，女主憂。』六月乙未，月又犯填星，在牽牛。十月乙未，月奄歲星，在北河。占曰：『為饑，胡有兵。』其四年五月，孫恩破會稽，殺內史謝琰。後又破高雅之于餘姚，死者十七八。【略】

元興元年，孫恩寇臨海，人衆餓死，散亡殆盡。

又 卷一三《天文志下》 安帝隆安元年正月癸亥，熒惑犯哭泣星。占曰：『有哭泣事。』四月丁丑，太白晝見，在東井。占曰：『秦有兵喪。』【略】三年六月，【略】孫恩聚衆攻没會稽，殺內史。四年六月辛酉，月犯哭泣星。五年正月，太白晝見。自去年十二月在斗晝見，至於是月乙卯。案占：『灾在吳越。』七月癸亥，大角星散搖五色。占曰：『王者流散。』丁卯，月犯天關。占曰：『王者憂。』九月庚子，熒惑犯少微，又守之。占曰：『處士誅。』十月甲子，月犯東次相。其年七月，太皇太后李氏崩。十月，妖賊大破高雅之于餘姚，死者十七八。五年，孫恩攻侵郡縣，殺內史，至京口，進軍蒲洲，於是內外戒嚴。恩遣別將攻廣陵，殺三千餘人，退據郁洲，是時劉裕又追破之。【略】

元興元年正月，盧循自稱征虜將軍，領孫恩餘衆，略有永嘉、晉安之地。【略】

義熙六年五月，盧循逼郊甸，宮衛被甲。

六年三月丁卯，月奄房南第二星。灾在次相。己巳，又奄斗第五星。占曰：『斗主吳，吳地兵起。』太白犯五諸侯。占曰：『諸侯有誅。』五月甲子，月奄斗第五星。己亥，月奄昴第三星。占曰：『國有憂。』一曰：『有白衣之會。』六月己丑，月犯房南第二星。甲午，太白晝見。

七月己亥，月犯輿鬼。占曰：『國有憂。』一曰：『秦有兵。』八月壬午，太白犯軒轅大星。甲申，月犯心前星。灾在豫州。丙戌，月犯斗第五星。占同上。丁亥，月奄牛宿南星。占曰：『天下有大誅。』乙未，太白犯少微。丙午，太白在少微而晝見。九月甲寅，太白犯左執法。丁丑，填星犯畢。占曰：『有邊兵。』是年三月，始興太守徐道覆反。

四月，盧循寇湘中，没巴陵，率衆逼京畿。是月，左僕射孟昶懼王威不振，仰藥自殺。

七年十二月，劉蕃梟徐道覆首，杜慧度斬盧循，並傳首京都。【略】

安帝隆安四年二月己丑，有星孛於奎，長三丈，上至閣道、紫宮西蕃，入北斗魁，至三臺，三月，遂經於太微帝坐端門。占曰：『彗星掃天子庭閣道，易主之象。』經三臺入北斗。占同上條。十二月戊寅，有星孛于貫索、天市、天津。占曰：『貴臣獄死，內外有兵喪。天津為賊斷，王道天下不通。』案占：『灾在吳越。』五年二月，有孫恩兵亂，攻侵郡國。於是內外戒嚴，營陣屯守，栅斷淮口。【略】

安帝隆安五年三月甲寅，流星赤色，衆多西行，經牽牛、虛、危、天津、閣道，貫太微、紫宮。占曰：『星庶人類，衆多西行，衆將西流之象。經天子庭，主弱臣强，諸侯兵不制。』其年五月，孫恩侵吳郡，殺內史。六月，至京口。於是內外戒嚴，營陣屯守，劉裕追破之。

又 卷二七《五行上》 （元興）三年，盧循攻略廣州，刺史吳隱

之閉城固守。其十月壬戌夜，火起。時百姓避寇盈滿城內，隱之懼有應賊者，但務嚴兵，不先救火。由是府舍焚蕩，燒死者萬餘人，因遂散潰，悉為賊擒。【略】

（安帝隆安）五年五月，大水。是時，【略】孫恩亂東國，陰勝陽之應也。【略】

義熙六年五月丁巳，大水。乙丑，盧循至蔡洲。

又　卷二八《五行中》　安帝隆安二年冬，旱，寒甚。四年五月，旱。五年，夏秋大旱。十二月，不雨。時孫恩作亂。【略】

會稽王道子於東府造土山，名曰靈秀山。無幾而孫恩作亂，再踐會稽。會稽，道子所封；靈秀，孫恩之字也。【略】

安帝隆安初，吳郡治下狗恒夜吠，聚高橋上，人家狗有限而吠聲甚衆。或有夜覘視之云：『一狗假有兩三頭，皆前向亂吠。』無幾，孫恩亂于吳會焉。

又　卷二九《五行志下》　孝武太元十五年三月己酉朔，東北方有聲如雷。案劉向說，以為『雷當托於雲，猶君托於臣。無雲而雷，此君不恤於下，下人將叛之象也。』及帝崩而天下漸亂，孫恩、桓玄交陵京邑。【略】

吳興長城夏架山有石鼓，長丈餘，面逕三尺許，下有磐石為足，鳴則聲如金鼓，三吳有兵。至安帝隆安中大鳴，後有孫恩之亂。【略】

（義熙）五年閏十月丁亥，大風發屋。明年，盧循至蔡洲。【略】六年五月壬申，大風拔北郊樹，樹幾百年也。並吹琅邪、揚州二射堂倒壞。是日，盧循大艦漂没。甲戌，又風，發屋折木。是冬，王師南討。九年正月，大風，白馬寺浮圖刹柱折壞。十年四月己丑朔，大風拔木。六月辛亥，大風拔木。七月，淮北大風，壞廬舍。明年，西討司馬休之應。

又　卷四八《朱齡石傳》　盧循至石頭，領中軍。循選敢死之士數千人上南岸，高祖遣齡石領鮮卑步槊，過淮擊之。率厲將士，皆殊死戰，殺數百人，賊乃退。

又　卷八三《袁山松傳》　孫恩作亂，山松守滬瀆，城陷被害。

唐・徐堅《初學記》卷二五《器物部上・舟》　蕭方等《三十國春秋》曰：盧循寇京邑，芙蓉艦千餘艘。

唐・許嵩《建康實録》卷一〇《晉・安帝》注　《三十國春秋》：時有童謡云：『官家養蘆化作荻，蘆生不止自成積。』又曰：『蘆荻泛泛逐水流，東風吹爾起，那能入石頭！』

清・顧祖禹《讀史方輿紀要》卷二〇《南直二・應天府・石頭城》（元興）六年，盧循入寇建康，劉裕方平南燕，倍道馳還，發民亟治石頭城。議者謂宜分兵守諸津要，裕曰：賊衆我寡，若分兵屯守，則測人虚實，且一處失利，則沮三軍之心，今聚衆石頭，隨宜應赴，既令彼無以測多少，又於衆刀不分也。既而循至淮口，裕自屯石頭，恐循侵軼，伐樹栅石頭淮口。

又　《中堂》　（隆安）五年，孫恩犯丹徒，遣將軍王嘏等屯中堂。義熙六年，盧循犯建康，至淮口，琅邪王德文屯中皇堂。

又　卷二二《南直四》　及盧循逼建康，裕還至下邳，以船載輜重，自帥精鋭，步歸建康，則下邳實水陸之沖矣。

又　卷七八《湖廣四》　（義熙）六年，劉道規鎮荆州，時盧循據尋陽，以姚秦將苟林為南蠻校尉，使寇江陵，屯於江津。譙縱復使桓謙來侵，道規敗謙于枝江。謙單舸奔苟林，道規追斬之。

又　卷一〇〇《廣東方輿紀要敘》　廣東，在南服最為完固。地皆沃衍，耕耨以時，魚鹽之饒，市舶之利，資用易足也。【略】

或曰：『廣東以守則有餘，以攻則不足也。【略】盧循、徐道覆自嶺南圖江東而敗蕭勃，自嶺南圖豫章而敗歐陽紇，未越嶺南而敗王仲宣，欲以嶺南復陳而敗。【略】』余曰：『戰與守各以其時耳。當守而不知守，以一隅之地而冀爭雄於天下，其至於覆亡也，宜也。當戰而不知戰，使數郡以外盡為他人之幅員，而猶冀人之不為我患，其可得乎？從來有事于一方者，必當審天下之大勢。不審天下之勢而漫應之，戰與守雖異，而其至於敗亡則一也。尉佗受任嚚之命，即移檄告横浦、陽山、湟溪關曰：盜兵且至，急絶道聚兵自守。夫劉、項相爭，中國擾亂，此可戰之時也。而佗乃聚兵自守者，佗新尉南海，衆心未一，欲先固根本而後從事於外耳。漢既定天下，急封吳芮以長沙，所以塞嶺南之口也，佗遂不敢與抗。及呂后亂政，佗始自尊為帝，發兵攻長沙邊邑，敗數縣而去。呂後亡而陀兵亦罷矣，陀亦智矣哉！夫陀固未嘗一日而忘用兵也。觀其初行尉

事，即擊並桂林、象郡，其後地益斥，東西且萬餘里。使當可乘之時，其遂無意於中國哉？劉巖據嶺南不能為北出計者，以湖南扼其吭也。及湖南覆敗，此嶺南得志之時矣。乃僅西取昭、桂，北并郴、連，為固圉計者，劉晟非遠略之主也。嗟夫！盧循、徐道覆海上逋逃耳，一旦陷番禺，陷始興，晉力未能討也。及循犯長沙而北，道覆犯南康、廬陵、豫章而北，順流長驅直指建康，建康幾殆。其終於無成者，以盧循畏葸不盡用道覆之謀耳，非廣州之不足用也。【略】

夫時勢所在，得人以乘之，則起於草澤可以轉移六合也。時勢既去，則關河雖險，不遑保矣，何必嶺海之間能亡人國哉？且不聞陳霸先之初起乎？霸先之初，不過始興相耳。【略】

蓋嶺南當中原多故時，進不能以有為，退猶可以自立。及紛紜既定，必難久存矣。善乎徐道覆之言曰：本住嶺外，豈欲以此傳之子孫哉？夫嶺外之不可以傳子孫也，道覆且能知之也。然則守誠不易言也。又吾聞嶺南之勢在於嶺北。徐道覆謂盧循，劉裕若有將屯豫章，遣諸將率銳師過嶺，恐君不能當也。高駢以黃巢在廣南，請遣兵於郴州守險，又分兵於循、潮邀遮，而身帥重兵於大庾嶺趨廣州。潘美伐南漢，先拔郴州，又拔道州，蓋所以奪其上游也。至於大海在南，上接三江，東西便利。劉裕方與盧循相持于豫章、潯陽間，水師已自海道襲番禺，傾其巢穴矣。

又 卷一〇〇《廣東一》 海，環廣東南界，倚為險固，然攻守之計亦莫切於海。晉義熙七年，劉裕與盧循相持于豫章，而遣別將孫處等由海道徑搗廣州，傾其巢穴，循以敗亡。

又 卷一〇二《廣東三・韶州府》 始興郡城在府城南官灘下十里。晉盧循寇番禺，以徐道覆保始興，因徙郡城而北，當嶺門以自固。劉裕討之，遣沈田子築城伏兵於此，後遂為郡治，亦名沈將軍壘。

清・趙翼《廿二史劄記》卷九《宋齊梁陳書・宋書南史俱無沈田子沈林子傳》 盧循內逼，田子與孫季高從海道襲廣州，傾其巢穴，循無所歸，遂被誅戮。【略】

盧循奄至京邑，林子與徐赤特斷拒查浦，赤特輕戰而死，林子收敗卒，再戰破之。徐道覆又至，林子復斷塘而鬬。會朱齡石至，與林子並力，賊乃散去。

宋竟陵王之叛

綜　述

《宋書》卷六《孝武帝紀》 （大明三年）夏四月乙卯，司空、南兗州刺史竟陵王誕有罪，貶爵；誕不受命，據廣陵城反，殺兗州刺史垣閬。以始興公沈慶之為車騎大將軍、開府儀同三司、南兗州刺史討誕。甲子，上親御六師，車駕出頓宣武堂。【略】

秋七月己巳，克廣陵城，斬誕。悉誅城內男丁，以女口為軍賞；是日解嚴。

又 卷七七《沈慶之傳》 （大明三年），司空竟陵王誕據廣陵反，復以慶之為使持節、都督南兗、徐、兗三州諸軍事、車騎大將軍、開府儀同三司、南兗州刺史，率衆討之。至歐陽，誕遣客慶之宗人沈道湣齎書說慶之，餉以玉鋌刀，慶之遣道湣反，數以罪惡。慶之至城下，誕登樓謂之曰：『沈君白首之年，何為來？』慶之曰：『朝廷以君狂愚，不足勞少壯，故使僕來耳！』上慮誕北奔，使慶之斷其走路。慶之移營白土，去城十八里。夕進新亭，誕果出走，不得去，還城，事在《誕傳》。

慶之進營洛橋西，焚其東門，值雨不克。慶之兄子僧榮，時為兗州刺史，鎮瑕丘，遣子懷明率數百騎詣受慶之節度。慶之塞壍，造攻道，立行樓土山，並諸攻具。時夏雨，不得攻城，上使御史中丞庾徽之奏免慶之官以激之，詔無所問。誕餉慶之食，提挈者百餘人，出自北門，慶之不問，悉焚之。誕於城上授函表，倩慶之為送，慶之曰：『我奉詔討賊，不得為汝送表。汝必欲歸死朝廷，自應開門遣使，吾為汝送護之。』每攻城，輒身先士卒。上戒之曰：『卿為統任，當令處分有方，何蒙楯城下，身受矢石邪！脫有傷挫，為損不少。』自四月至於七月，乃屠城斬誕。

又 卷五〇《垣護之傳》 （大明三年）徵為右衛將軍，還，于道聞司空竟陵王誕於廣陵反叛，護之即率部曲受車騎大將軍沈慶之節度。

又《**垣閬傳**》　閬，大明三年，自義興太守為寧朔將軍、兗州刺史，為竟陵王誕所殺。

又　卷五一《**臨川烈武王劉道規傳**》　誕作亂，以為中兵參軍，不就，縶係數十日，終不受，乃殺之。

又　卷五二《**袁豹傳**》　會安東將軍隨王誕起義，檄洵為前鋒，加輔國將軍。事平，頃之卒，追贈征虜將軍，謚曰貞子。

又　卷五七《**蔡興宗傳**》　竟陵王誕據廣陵城為逆，事平，興宗奉旨慰勞。州別駕範義與興宗素善，在城內同誅。興宗至廣陵，躬自收殯，致喪還豫章舊墓。上聞之，甚不悅。

又　卷五九《**江智淵傳**》　誕將為逆，智淵悟其機，請假先反。誕事發，即除中書侍郎。

又　卷七六《**宗慤傳**》　（大明三年）竟陵王誕據廣陵反，慤表求赴討，乘驛詣都，面受節度；上停輿慰勉，慤聳躍數十，左右顧盼，上壯之。及行，隸車騎大將軍沈慶之。初，誕誑其衆云：『宗慤助我。』及慤至，躍馬繞城呼曰：『我宗慤也！』事平，入為左衛將軍。

又　卷七七《**柳元景傳**》　元景從父弟先宗，大明初，為竟陵王誕司空參軍，誕作亂，殺之，追贈黃門侍郎。

又　《**顏師伯傳**》　（大明三年）竟陵王誕反，師伯遣長史嵇玄敬率五千人赴難。

又　卷七八《**劉延孫傳**》　（大明元年）先是，高祖遺詔，京口要地，去都邑密邇，自非宗室近戚，不得居之。延孫與帝室雖同是彭城人，別屬呂縣。劉氏居彭城縣者，又分為三里，帝室居綏輿里，左將軍劉懷肅居安上里，豫州刺史劉懷武居叢亭里，及呂縣凡四劉。雖同出楚元王，由來不序昭穆。延孫于帝室本非同宗，不應有此授。時司空竟陵王誕為徐州，上深相畏忌，不欲使居京口，遷之於廣陵。廣陵與京口對岸，欲使腹心為徐州，據京口以防誕，故以南徐授延孫，而與之合族，使諸王序親。

三年，南兗州刺史竟陵王誕有罪，不受征，延孫馳遣中兵參軍杜幼文率兵起討。既至，誕已閉城自守，乃還。誕遣使劉公泰齎書要之，延孫斬公泰，送首京邑。

又　卷七九《**竟陵王劉誕傳**》　初討元凶，與上同舉兵，有奔牛之捷，至是又有殊勳。上性多猜，頗相疑憚。而誕造立第舍，窮極工巧，園池之美，冠于一時。多聚才力之士，實之第內，精甲利器，莫非上品，上意愈不平。孝建二年，乃出為使持節、都督南徐、兗二州諸軍事、太子太傅、南徐州刺史，侍中如故。上以京口去都密邇，猶疑之。大明元年秋，又出為都督南兗、南徐、兗、青、冀、幽六州諸軍事、南兗州刺史，餘如故。誕既見猜，亦潛為之備，至廣陵，因索虜寇邊，修治城隍，聚糧治仗。嫌隙既著，道路常云誕反。

三年，建康民陳文紹上書曰：『私門有幸，亡大姑元嘉中蒙入臺六宮，薄命早亡，先朝賜贈美人，又聽大姑二女出入問訊。父饒，司空誕取為府史，恒使入山圖畫道路，勤劇備至，不敢有辭，不復聽歸，消息斷絕。姑二女去年冒啓歸訴，蒙陛下聖恩，賜敕解饒吏名。誕見符至，大怒，喚饒入交問：「汝欲死邪？訴臺求解。」饒即答：「官比不聽通家信，消息斷絕。若是姊為啓聞，所不知。」誕因問饒：「汝那得入臺？」饒被問，依實啓答。既出，誕主衣莊慶、畫師王强語饒：「汝今年敗，汝姊誤汝。官云小人輩敢持臺家逼我。」饒因叛走歸，誕即遣王强將數人逐，突入家內縛録，將還廣陵。至京口客舍，乃陊死井中，托云「饒懼罪自殺」。抱痛懷冤，冒死歸訴。』吳郡民劉成又詣闕上書，告誕謀反，稱：『息道龍昔伏事誕，親見姦狀。又見誕在石頭城內，修乘輿法物，習倡警蹕。道龍私獨憂懼，向伴侶言之，語頗漏泄，誕使大吏令監內執道龍，道龍逸走，誕怒鞭殺監，又捕殺道龍。』又豫章民陳談之上書訴枉，稱：『弟詠之昔蒙誕採録，隨從歷鎮；大駕南下，為誕奉送箋書，經涉危險，時得上聞。聖明登阼，恩澤周普，回改小人，使命微勤，賜署臺位。詠之恒見誕與左右小人莊慶、傅元祀潛圖姦逆，言詞醜悖，每云：「天下方是我家有，汝等不憂不富貴。」又常疏陛下年紀姓諱，往巫鄭師憐家祝詛。詠之既聞此語，又不見其事，恐一旦事發，橫罹其罪，密以告建康右尉黃宣達，並有啓聞，希以自免。元祀弟知詠之與宣達來往，自嫌言語漏泄，即具以告誕。誕大怒，令左右飲詠之酒，逼使大醉，因言詠之乘酒罵詈，遂被害。自顧冤枉，事有可哀。』其年四月，上乃使有司奏曰：

臣聞神極尊明，大儀所以貞觀；皇天峻邈，玄化所以幽宣。故能經緯氓俗，大庇黔首。庶道被八紘，不遺疏賤之賞；威格天區，豈漏親貴

之罰。此不刊之鴻則，古今之恒訓。

謹按元嘉之末，天綱崩褫，人神哀憤，含生喪氣。司空竟陵王誕義兼臣子，任居藩維。進不能泣血提戈，忘身徇節；退不能閉關拒險，焚符斬使。遂至拜受僞爵，欣承榮寵，沈淪姦逆，肆於昏放。以妻故司空臣湛之女，誅亡餘類，單舟尚遺，披猖千里，事哀行路，賊忍無親，莫此為甚。

故山陰傅僧祐，誠亮國朝，義均休戚。重門峻衛，不能拒折簡之使；巖險千里，不能庇匹夫之身。乃更助虐憑凶，抽兵勒刃，遂使頓僕牢井，死不旋踵，妻子播流，庭筵莫立，見之者流涕，聞之者含歎。及神鋒首路，欃槍東指，風捲四嶽，電埽三江。誕猶持疑兩端，陰規進退。陛下頻遣書檄，告譬殷勤，方改姦圖，末乃奉順。分遣弱旅，永塞符文，宴安所蒞，身不越境，悖禮忘情，不顧物議，彎弧躍馬，務是畋遊，致奔牛有崩碎之陳，新亭無獨克之術。假威義鋭，乞命皇旅，竟有何勞，而論功伐。既妖祲廓清，大明升曜，幽顯宅心，遠邇雲集。誕忽星行之悲，違開泰之慶，遲回顧望，淹逾旬朔。逆黨陳叔兒等，泉寶鉅億，資貨不貲，誕收籍所得，不歸天府，辭稱天軍，實入私室。又太官東傳，舊有獻御，喪亂既平，猶加斷遏，珍羞庶品，回充私膳。於號諱之辰，遽甘滋之品，當惟新之始，絕苞苴之貢，忠孝兩忘，敬愛俱盡。乃徵引巫史，潛考圖緯，自謂體應符相，富貴可期，悖意醜言，不可勝載。遂復遙諷朝廷，占求官爵，侮蔑宗室，詆毀公卿，不義不昵，人道將盡。荷任神州，方懷姦慝，每窺向宸御，妄生規幸；多樹淫祀，顯肆祆詛，遂在石頭，潛修法物；傳警稱蹕，擬則天行，皆已駭暴觀聽，彰布朝野。

昔內難甫寧，珍瑋散佚，有御刀利刃，擅價諸夏，天府禁器，歷代所珍。誕密加購賞，頓藏私室。賊義宣初平，餘黨逃命，誕含縱罔忌，私竊招納，名工細巧，悉匿私第。又引義宣故將裘興為己腹心，事既彰露，猶執欺罔，公文面啓，矯稱舊隸。加以營幹制館，僭擬天居，引石徵材，專擅興發，驅迫士族，役同輿皁，殫木土之姿，窮吞并之勢。故會稽宣長公主受遇二祖，禮級尊崇，臣湛之亡身徇國，追榮典軍。誕以廣拓宅宇，地妨藝植，輒逼遺孤，頓相驅徙。遂令神主宵遷，改卜委巷，宗戚含傷，行路掩涕。又緣溪兩道，積代通衢，誕拓宇開埴，擅斷其一。致使徑塗擁隔，川陸阻礙，神怒民怨，毒遍幽顯。

故丞相臨川烈武王臣道規，名德茂親，勳光常策，異禮殊榮，受自先旨者。嗣王臣義慶受任西夏，靈寢暫移，先帝親枉鑾輿，拜辭路左，恩冠終古，事絕常班。誕又以廟居宅前，固請毀換，詔旨不許，怨懟彌極。

有靦面目，豺狼為性，規牧江都，希廣兵力，天德尚弘，甫申所請，仍謂應住東府，宜為中臺，貪冒無厭，人莫與比。雖聖慈全救，每垂容納，而虐戾不悛，姦詖彌甚。受命還鎮，猜怨愈深，忠規正諫，必加鴆毒，諂瀆膚躁，是與比周。又矯稱符敕，設榜開募，事發辭寢，委罪自下。及録事徐靈壽以常署受坐，將就囚執，舀韓近恭，中護軍遣吏夏嗣伯密相屬請，求寬桎梏。且王僧達臨刑之啓事，高闍即戮之辭，皆稱潛驛往來，遙相要契，醜聲穢問，宣著遐邇，含識能言，孰不憤歎。又獲吳郡民劉成、豫章民陳談之、建康民陳文紹等並如訴狀，則姦情猜志，歲月增積。

昔周德初升，公旦有流言之釁，魯道方泰，季子斷逵泉之誅。近則淮厲覆車於前，義康襲軌於後，變發柴奇，禍成范、謝，亦皆以義奪親，情為憲屈。況乃上悖天經，下誣政道，結釁於無妄之辰，希幸于文明之日，皇穹所不覆，厚土所不容。夫無禮之誡，臣子所宜服膺；幹紀之刑，有國所應慎守。

臣等參議，宜下有司，絕誕屬籍，削爵土，收付廷尉法獄治罪。諸所連坐，別下考論。伏願遠尋宗周之重，近監興亡之由，割恩棄私，俯順羣議，則卜世靈根，於茲克固，鴻勳盛烈，永永無窮。陛下如復隱忍，未垂三思，則覆皇基於七百，擠生民於塗炭。此臣等所以夙夜危懼，不敢避鈇鉞之誅者也。

上不許，有司又固請，乃貶爵為侯，遣令之國。上將誅誕，以義興太守垣閬為兗州刺史，配以羽林禁兵，遣給事中戴明寶隨閬襲誕，使閬以之鎮為名。閬至廣陵，誕未悟也。明寶夜報誕典籤蔣成，使明晨開門為內應。成以告府舍人許宗之，宗之奔入告誕。誕驚起，呼左右及素所畜養數百人，執蔣成，勒兵自衛。明旦將曉，明寶與閬率精兵數百人卒至，天明而門不開，誕已列兵登陴，自在門上斬蔣成，焚兵籍，赦作部徒繫囚，開門遣腹心率壯士擊明寶等，破之。閬即遇害，明寶奔逃，自海陵界得還。

上乃遣車騎大將軍沈慶之率大衆討誕。誕焚燒郭邑，驅居民百姓，悉使入城，分遣書檄，要結近遠。時山陽内史梁曠家在廣陵，誕執其妻子，遣使要曠，曠斬使拒之。誕怒，滅其家。誕奉表投之城外，曰：『往年元凶禍逆，陛下入討，臣背凶赴順，可謂常節。及丞相構難，臧、魯協從，朝野恍惚，咸懷憂懼，陛下欲百官羽儀，星馳推奉，臣前後固執。方賜允俞，社稷獲全，是誰之力？陛下接遇殷勤，累加榮寵，驃騎、揚州，旬月移授，恩秩頻加，復賜徐、兗，仰屈皇儲，遠相餞送。臣一遇之感，感此何忘，庶希偕老，永相娛慰。豈謂陛下信用讒言，遂令無名小人來相掩襲，不任枉酷即加誅剪。雀鼠貪生，仰違詔敕。今親勒部曲，鎮捍徐、兗。先經何福，同生皇家；今有何愆，便成胡、越？陵鋒奮戈，萬没豈顧，蕩定以期，冀在旦夕。右軍、宣蘭，爰及武昌，皆以無罪，並遇枉酷，臣有何過，復致於此。陛下宫帷之醜，豈可三緘。臨紙悲塞，不知所言。』世祖忿誕，左右復心同籍期親並誅之，死者以千數。或有家人已死，方自城内叛出者。

車駕出頓宣武堂，内外纂嚴。慶之進廣陵，誕幢主韓道元來降。豫州刺史宗慤、徐州刺史劉道隆率衆來會。誕中兵參軍柳光宗、參軍何康之、劉元邁、幢主索智朗謀開城北門歸順，未期而康之所鎮隊主石貝子先衆出奔，康之懼事泄，夜與智朗斬關而出。誕禽光宗殺之。光宗，柳元景從弟也。康之母在城内，亦為誕所殺。

誕見衆軍大集，欲棄城北走，留中兵參軍申靈賜居守，自將騎步數百人，親信並隨，聲云出戰，邪趨海陵道。誕將周豐生馳告慶之，慶之遣龍驤將軍武念追躡。誕行十餘里，衆並不欲去，請誕還城。誕曰：『我還，卿能為我盡力不？』衆皆曰：『願盡力。』左右楊承伯牽誕馬曰：『死生且還保城，欲持此安之？速還尚得入，不然，敗矣。』慶之所遣將戴寶之單騎前至，刺誕殆獲，誕懼，乃馳還。武念去誕遠，未及至，故誕得向城。既至，曰：『城上白須，非沈公邪？』左右曰：『申中兵。』誕乃入。以靈賜為驃騎府録事參軍，王璵之為中軍長史，世子景粹為中軍將軍，州別駕範義為中軍長史，其餘府州文武，皆加秩。

先是，右衛將軍垣護之、左軍將軍崔道固、屯騎校尉龐番虯、太子旅賁中郎將殷孝祖破索虜還，至廣陵，上並使受慶之節度。司州刺史劉季之，誕故佐也，驍果有膂力，梁山之役，又有戰功，增邑五百户。在州貪殘，司馬翟弘業諫爭甚苦，季之積忿，置毒藥食中殺之。少年時，宗慤共蒱戲，曾手侮加慤，慤深銜恨。至是慤為豫州刺史，都督司州，季之慮慤為禍，乃委官間道欲歸朝廷。會誕反，季之至盱眙，盱眙太守鄭瑗以季之素為誕所遇，疑其同逆，因邀道殺之，送首詣道隆。時誕亦遣間信要季之，及季之首至，沈慶之送以示誕。季之缺齒，垣護之亦缺，誕謂衆曰：『此垣護之頭，非劉季之也。』

太宗初即位，鄭瑗為山陽王休祐驃騎中兵參軍。豫州刺史殷琰與晉安王子勛同逆，休祐遣瑗及左右邢龍符說琰，琰不受。鄭氏，壽陽强族。瑗即使琰鎮軍。子勛責琰舉兵遲晚，琰欲自解釋，乃殺龍符送首，瑗固爭不能得。及壽陽城降，瑗隨輩同出，龍符兄僧滑時在城外，謂瑗構殺龍符，輒殺瑗。即為劉勔所録，後見原。僧滑尋擊虜於淮西戰死。此四人者，並由横殺，旋受身禍，論者以為有天道焉。

誕幢主公孫安期率兵隊出降。誕初閉城拒使，記室參軍賀弼固諫再三，誕怒，抽刃向之，乃止。或勸弼出降，弼曰：『公舉兵向朝廷，此事既不可從；荷公厚恩，又義無違背，唯當死明心耳。』乃服藥自殺。弼字仲輔，會稽山陰人也。有文才。贈車騎將軍、山陽、海陵二郡太守，長史如故。幢主王璵之賞募數百人，從東門出攻龍驤將軍程天祚營，斷其弩弦，天祚擊破之，即走還城。誕又加申靈賜南徐州刺史。軍主馬元子逾城歸順，追及殺之，乃於城内建列立壇誓，誕將歃血，其所署輔國將軍孟玉秀曰：『陛下親歃。』羣臣皆稱萬歲。

初，誕使黄門吕曇濟與左右素所信者，將世子景粹藏於民間，謂曰：『事若濟，斯命全脱，如其不免，可深埋之。』分以金寶，齊送出門，並各散走。唯曇濟不去，攜負景粹，十餘日，乃為沈慶之所捕得，斬之。

誕所署平南將軍虞季充又出降書。上使慶之于桑里置烽火三所。誕又遣千餘人自北門攻强弩將軍苟思達營，龍驤將軍宗越擊破之。開東門掩攻劉道隆營，復為殷孝祖及員外散騎侍郎沈攸之所破。誕又加申靈賜左長史，王璵之右長史，范義左司馬、左將軍，孟玉秀右司馬、右將軍。范義母妻子並在城内，有勸義出降，義曰：『我人吏也，且豈能作何康活邪！』義字明休，濟陽考城人也。早有世譽。

五月十九日夜，有流星大如斗杆，尾長十餘丈，從西北來墜城內，是謂天狗。占曰：『天狗所墜，下有伏屍流血。』誕又遣二百人出東門攻劉道産營，別遣疑兵二百人出北門。沈攸之於東門奮短兵接戰，大破之。門者又為苟思達所破。誕又遣數百人出東門攻寧朔司馬劉勔營，攸之又破之。廣陵城舊不開南門，云開南門者，不利其主，至誕乃開焉。彭城邵領宗在城內，陰結死士，欲襲誕。先欲布誠于慶之，乃說誕求為間諜，見許。領宗既出，致誠畢，復還城內，事泄，誕鞭二百，考問不服，遂支解之。

上遣送章二紐，其一曰竟陵縣開國侯，食邑一千户，募賞禽誕；其二曰建興縣開國男，三百户，募賞先登。若克外城，舉一烽；克內城，舉兩烽；禽誕，舉三烽。上又遣屯騎校尉譚金、前虎賁中郎將鄭景玄率羽林兵隸慶之。誕復遣三百人自南門攻劉勔土山，為勔所破。

慶之填塹治攻道，值夏雨，不得攻城。上每璽書催督之，前後相繼。及晴，再怒，使太史擇發日，將自濟江。太宰江夏王義恭上表諫曰：『誕素無才略，畜養又寡，自拒王命，士庶離散。城內乏糧，器械不足，徒賴免兵倉頭三四百人，造次相附，恩怨夙結。臣始短慮，謂一旬可殄，而假息流遷，七十餘日。上將受律，羣蕃嶽峙，鋭卒精旅，動以萬計，大威所震，未有成功。臣雖凡怯，猶懷憤踴。陛下入翦封豕，出討長蛇，兵不血刃，再興七百。而蕞爾小醜，遂延晷漏，致皇赫斯怒，將動乘輿。此實臣下素食駑鈍之責，行留百司，莫不仰慚俯愧。今盛暑被甲，日費千金，天威一麾，孰不幸甚。臣伏尋晉文王征淮南，淹師出二百日，方能制寇。今誕餱糧垂竭，背逆者多；慶之等轉悟遲重之非，漸見乘機之利。且成旨頻降，必應旦夕夷殄。愚又以廣陵塗近，人信易達，雖為江水，約示不難。且睹理者寡，暗塞者衆，忽見雲旗移次，京都既當祇悚，四方之志，必有未達。臣愚伏重思計，今寧不當計小醜，省生命，以安遐邇之情。又以長江險闊，風波難期，王者尚不乘危，況乃泛不測之水。昔魏文濟江，遂有遺州之名，今雖先天不違，動幹休慶，龍舟所幸，理必利涉，然居安慮危，不可不懼。私誠款款，冒啓赤心，追用悚汗，不自宣盡。』

七月二日，慶之率衆軍進攻，克其外城，乘勝而進，又克小城。誕聞軍入，與申靈賜走趨後園。隊主沈胤之、義征客周滿、胡思祖馳至，誕執玉鈈刀與左右數人散走，胤之等追及誕於橋上，誕舉刀自衛，胤之傷誕面，因墜水，引出殺之，傳首京邑。時年二十七，因葬廣陵，貶姓留氏。同黨悉誅，殺城內男為京觀，死者數千，女口為軍賞。誕母殷、妻徐，並自殺。追贈殷長寧園淑妃。嘉梁曠誠節，擢為後將軍。封周滿山陽縣侯，食邑四百五十户，胤之萊陽子，食邑三百五十户。胡思祖高平縣男食邑二百户。臨川內羊璿之以先協附誕，伏誅。

誕為南徐州刺史，在京，夜大風飛落屋瓦，城門鹿床倒覆，誕心惡之。及還鎮廣陵，入城，沖風暴起揚塵，晝晦。又中夜閑坐，有赤光照室，見者莫不怪愕。左右侍直，眠中夢人告之曰：『官鬚髮為槊毦。』既覺，已失鬐矣，如此者數十人，誕甚怪懼。大明二年，發民築治廣陵城，誕循行，有人幹輿揚聲大罵曰：『大兵尋至，何以辛苦百姓！』誕執之，問其本末，答曰：『姓夷名孫，家在海陵。天公去年與道佛共議，欲除此間民人，道佛苦諫得止。大禍將至，何不立六慎門。』誕問：『六慎門云何？』答曰：『古時有言，禍不入六慎門。』誕以其言狂悖，殺之。又五音士忽狂易見鬼，驚怖啼哭曰：『外軍圍城，城上張白布帆。』誕執録二十餘日，乃赦之。城陷之日，雲霧晦暝，白虹臨北門，亘屬城內。

八年，前廢帝即位，義陽王昶為征北將軍、徐州刺史，道經廣陵，上表曰：『竊聞淮南中霧，眷求遺緒；楚英流殛，愛存丘墓。並難結兩臣，義開二主，法雖事斷，禮或情申。伏見故賊劉誕，稱戈犯節，自貽逆命，膏斧嬰戮，在憲已彰。但尋屬忝皇枝，位叨列辟，一以罪終，魂骸莫赦。生均宗籍，死同匹豎，旅窆委雜，封樹不修。今歲月愈邁，愆流譬往，踐境興懷，感事傷目。陛下繼明升運，咸與惟新，大德方臨，哀矜未及。夫欒布哭市，義犯雷霆；田叔鉗赭，志於夷戮。況在天倫，何獨無感。伏願稽若前准，降申丹志，乞薄改褊衬，微表窀穸。則朽骨知榮，窮泉識荷。臨紙哽慟，辭不自宣。』詔曰：『征北表如此。省以慨然。誕及妻女，並可以庶人禮葬，並置守衛。』太宗泰始四年，又更改葬，祭以少牢。

又　卷八一《顧琛傳》　（大明三年）誕據廣陵反，遣客陸延稔齎書板琛為征南將軍，牧為安東將軍，琛子前尚書郎寶素為諮議參軍，寶素弟前司空參軍寶先為從事中郎，牧兄前吳郡丞濟為冠軍將軍，從弟前司空主簿晏為諮議參軍。

時世祖以琛素結事誕，或有異志，遣使就吴郡太守王曇生誅琛父子。會延稔先至，琛等即執斬之，遣二子送延稔首啓世祖曰：『劉誕倡狂，遂構釁逆，凡在含齒，莫不駭惋，臣等預荷國恩，特百常憤。忽以今月二十四日中獲賊誕疏，欲見邀誘。臣即共執録僞使，並得誕與撫軍長史沈懷文、揚州别駕孔道存、撫軍中兵參軍孔璪、前司兵參軍孔桓之、前司空主簿張晏書，具列本郡太守王曇生。臣即日便應星馳歸骨輦轂，臣母年老，身在侍養，輒遣息竇素、竇先束骸詣闕。』世祖所遣誅琛使其日亦至，僅而獲免。

又　卷八二《沈懷文傳》　竟陵王誕據廣陵反，及城陷，士庶皆裸身鞭面，然後加刑，聚所殺人首于石頭南岸，謂之髑髏山。懷文陳其不可，上不納。

又　卷八三《宗越傳》　竟陵王誕據廣陵反，越領馬軍隸沈慶之攻誕。及城陷，世祖使悉殺城内男丁，越受旨行誅，躬臨其事，莫不先加捶撻，或有鞭其面者，欣欣然若有所得，所殺凡數千人。

又　卷八六《殷孝祖傳》　竟陵王誕據廣陵為逆，孝祖隸沈慶之攻誕，又有戰功，遷西陽王子尚撫軍、寧朔將軍、南濟陰太守。

又　《劉勔傳》　竟陵王誕據廣陵為逆，勔隨道隆受沈慶之節度，事平，封金城縣五等侯。

《南齊書》卷二九《周山圖傳》　竟陵王誕據廣陵反，僧榮遣山圖領二百人詣沈慶之受節度，事平論勳，為中書舍人戴明寶所仰。

又　卷三八《蕭赤斧傳》　宋大明初，竟陵王誕反廣陵，赤斧為軍主，隸沈慶之。圍廣陵城，攻戰有勳，事寧，封永安亭侯，食邑三百七十户。

《南史》卷二《宋孝武帝紀》　（大明三年）夏四月乙卯，司空、南兗州刺史竟陵王誕有罪，貶爵，誕不受命，據廣陵反。以沈慶之爲車騎大將軍、開府儀同三司、南兗州刺史，討誕。

秋七月己巳，克廣陵城，斬誕，悉誅城内男丁，以女口爲軍賞。是日解嚴。辛未，大赦。

又　卷一四《竟陵王誕傳》　初，誕爲南徐州刺史，在京口，夜大風飛落屋瓦，城門鹿床倒覆，誕心惡之。及遷鎮廣陵，將入城，沖風暴起，揚塵，晝晦。又嘗中夜閑坐，有赤光照室，見者莫不駭愕。誕左右侍直，眠中夢人告之曰：『官鬚髮爲稍毦。』既覺已失髻矣，如此者數十人。誕甚怪懼。大明二年，發人築廣陵城，誕循行，有人幹輿，揚聲大罵曰：『大兵尋至，何以辛苦百姓。』誕使執之，問其本末。答曰：『姓夷名孫，家在海陵。天公與道佛先議，欲燒除此間人。道佛苦諫，强得至今。大禍將至，何不立六慎門。』誕問『六慎門云何』？答曰：『古有言，禍不過六慎門。』誕以其言狂悖，殺之。又五音士忽狂易見鬼，驚怖啼哭曰：『外軍圍城，城上張白布帆。』誕執録二十餘日乃殺。城陷之日，雲霧晦冥，白虹臨北門，亙屬城内。

（大明八年），前廢帝即位，義陽王昶爲徐州刺史，道經廣陵，至墓盡哀，表請改葬誕。詔葬誕及妻子並以庶人禮。明帝泰始四年，又改葬，祭以少牢。

又　卷三七《沈慶之傳》　（大明三年）司空竟陵王誕據廣陵反，復以慶之爲車騎大將軍、開府儀同三司，固讓南兗州刺史，加都督，率衆討之。誕遣客沈道滑齎書説慶之，餉以玉環刀。慶之遣道滑反，數以罪惡。慶之至城下，誕登樓謂曰：『沈公，君白首之年，何爲來此？』慶之曰：『朝廷以君狂愚，不足勞少壯，故使僕來耳。』慶之塞塹，造攻道，立行樓土山並諸攻具。時夏雨不得攻城，上使御史中丞庾徽之奏免慶之官以激之，制無所問。誕餉慶之食，提挈者百餘人，慶之不開，悉焚之。誕於城上投函表，令慶之爲送。慶之曰：『我奉制討賊，不得爲汝送表。』每攻城，慶之輒身先士卒。上戒之曰：『卿爲統任，當令處分有方，何須身受矢石邪？』自四月至七月，乃屠城斬誕。

又　卷四〇《宗越傳》　竟陵王誕據廣陵反，越領馬軍隸沈慶之攻誕。及城陷，孝武使悉殺城内男丁。越受旨行誅，躬臨其事，莫不先加捶撻，或有鞭其面者，欣欣然若有所得，凡殺數千人。

宋桂陽王之亂

綜　述

《宋書》卷九《後廢帝紀》（元徽二年）五月壬午，太尉、江州刺史桂陽王休範舉兵反。庚寅，内外戒嚴。加中領軍劉勔鎮軍將軍，加右衛將軍齊王平南將軍，前鋒南討，出屯新亭。征北將軍張永屯白下，前南兗州刺史沈懷明戍石頭，衛將軍袁粲、中軍將軍褚淵入衛殿省。壬辰，賊奄至，攻新亭壘。齊王拒擊，大破之。越騎校尉張敬兒斬休範。賊黨杜黑蠡、丁文豪分軍向朱雀航，劉勔拒賊敗績，力戰死之；右軍將軍王道隆奔走遇害。張永潰于白下，沈懷明自石頭奔散。戊午，撫軍典籤茅恬開東府納賊，賊入屯中堂。羽林監陳顯達擊大破之。丙申，張敬兒等破賊于宣陽門、莊嚴寺、小市，進平東府城，梟擒羣賊。賞賜封爵各有差。丁酉，詔京邑二縣埋藏所殺賊，並戰亡者，復同京城。【略】

荆州刺史沈攸之、南徐州刺史建平王景素、郢州刺史晉熙王燮、湘州刺史王僧虔、雍州刺史張興世並舉義兵赴京師。

又　卷五〇《張興世傳》（元徽二年）桂陽王休範反，興世遣軍赴朝廷，未發而事平。

又　卷五一《劉道憐傳》（元徽元年）桂陽王休範為逆，中領軍劉勔出守石頭，秉權兼領軍將軍，所給加兵，自隨入殿。

又　卷五三《張永傳》（元徽二年）未之鎮，值桂陽王休範作亂，永率所領出屯白下。休範至新亭，大桁不守，前鋒遂攻南掖門。永遣人覘賊，既返，唱云：『臺城陷矣。』永衆於此潰散，永亦棄軍奔走，還先所住南苑。以永舊臣不加罪，止免官削爵，永亦愧歎發病。

又　卷七二《晉熙王劉燮傳》（元徽二年）太尉、江州刺史桂陽王休範舉兵逼朝廷，燮遣中兵參軍馮景祖襲尋陽，休範留中兵參軍毛惠連、州别駕程罕之居守，開門詣景祖降。

又　卷七四《沈攸之傳》江州刺史桂陽王休範密有異志，以微旨動攸之，使道士陳公昭作天公書一函，題云『沈丞相』，送付攸之門者；攸之不開書，推得公昭，送之朝廷。後廢帝元徽二年，休範舉兵襲京邑，攸之謂僚佐曰：『桂陽今反朝廷，必聲云與攸之同。若不顛沛勤王，必增朝野之惑。』於是遣軍主孫同、沈懷奥興軍馳下，受郢州刺史晉熙王燮節度。同等始過夏口，會休範平，還。進攸之號征西大將軍、開府儀同三司，固讓開府。

又　卷七七《沈慶之傳》桂陽王休範為逆，起為冠軍將軍，統水軍防固石頭，朱雀失守，懷明委軍奔走，頃之憂卒。

又　卷七九《桂陽王劉休範傳》及太宗晏駕，主幼時艱，素族當權，近習秉政，休範自謂宗戚莫二，應居宰輔，事既不至，怨憤彌結。招引勇士，繕治器械，行人經過尋陽者，莫不降意折節，重加問遺，□□留則傾身接引，厚相資給。於是遠近同應，從者如歸。朝廷知其有異志，密相防御，雖未表形迹，而釁難已成。母荀太妃薨，葬廬山，以示不還之志。解侍中。

時夏口闕鎮，朝議以居尋陽上流，欲樹置腹心，重其兵力。元徽元年，乃以第五皇弟晉熙王燮為郢州刺史，長史王奂行府州事，配以資力，出鎮夏口。慮為休範所撥留，自太子洑去，不過尋陽。休範大怒，欲舉兵襲朝廷，密與典籤新蔡人許公輿謀之。表治城池，修起樓堞，多解榜板，擬以備用。其年，進位太尉。明年五月，遂舉兵反。虜發百姓船乘，使軍隊稱力請受，付以榜解板，合手裝治，二三日間，便悉整辦。率衆二萬，鐵騎數百匹，發自尋陽，晝夜取道。書與袁粲、褚淵、劉秉曰：

夫治政任賢，宜親疏相輔，得其經緯，則結繩可及；失其規矩，則危亡可期。漢承戰國之餘，傷周室衰殄，立磐石之宗，而致七國之亂。魏革漢典，創於前失，遂使諸王絕朝聘之禮，是以根疏葉枯，政移異族。今宗室衰微，自昔未有，泰寧之世，足以為譬。孤子忝枝皇族，預關興毁，雖欲忘言，其可得乎！

高祖武皇帝升睿三光，滌紛四表。太祖文皇帝欽明冠古，資乾承歷，秉鉞西服，鳴鑾東京，搜賢選能，納奇賞異。孝武皇帝歧嶷天縱，先機雷發，陵波靜亂，宏業中興，儲嗣不腆，遂貽禍難。于時建安王以家難頻

遘，宜立長主，明皇帝恢郎淵懿，仁潤含遠，奉戴南面，允合天人。而太尉以年長居卑，怨心形色，柳欣慰等規行不軌，事蹟披猖。驃騎以忤顔失旨，應對不順，在蕃刻削，怨結人鬼。先帝明於號令，豈枉法為親，二王之釁，實自由己。但司徒巴陵王勞謙為國，中流事難，有不世之勳，奉時如天，事兄猶父，非唯令友，信為國器。唐叔之忠，而受管、蔡之罪，親戚哀憤，行路嗟歎。王地籍光潔，德厭民望，並無寸罪，受斃讒邪。先帝穆于友于，留心親戚，去昔事平之後，面受詔誨，禮則君臣，樂則兄弟，升級賜賞，動不移年，撫慰孜孜，恒如不足，豈容一旦鬩牆，致此禍害，良有由也。

先帝寢疾彌年，體疲膳少，雖神照無虧，而慮有失德，補闕拾遺，責在左右。于時出入臥內，唯有運長、道隆，羣細無狀，因疾遘禍，見上不和，知無瘳拯，慮晏駕之日，長王作輔，奪其寵柄，不得自專。是以內假帝旨，外托朝議，諛辭詭貌，萬類千端，升進姦回，屠斥賢哲，外矯天則，內誣人鬼。是以星紀違常，義望失度。昔魏顆擇命，《春秋》美之；秦穆殉良，《詩》有明刺。臣子之節，得失必書，不及匡諫，猶以為罪。交間蒼蠅，驅扇禍戮，爵以貨重，才由貧輕，先帝舊人，無罪黜落，薦致鄉親，遍佈朝省。諂諛親狎者，飛榮玉除；靜立貞粹者，柴門生草。事先關己，雖非必行；若不諮詢，雖是必抑。海內遠近，人誰不知，未解執事，不加斧鉞，遂致先帝有殺弟之名，醜聲遺于君父，格以古義，豈得為忠！先帝崩殂，若無天地，理痛常情，便應赴泣。但兄弟枉酷，已陷讒細，孤子已下，復觸姦機。是以望陵墳而摧裂，想變旂而抽慟。雖復才違寄寵，而地屬負荷，顧命之辰，曾不見及。分崩之際，詔出兩豎，天誘其衷，得居乎外。若受制羣邪，則玉石同碎矣！以宇宙之基，一旦受制卑瑣，劉氏家國，使小人處分，終古以來，未有斯酷。昔石顯、曹節，方今為優，而望之、仲舉，由以致弊。至於遭逢醜慝，豈有古今者乎！

諸賢胄籍冠冕，世歷忠貞，位非恩樹，勳豈寵結，憂國勤王，社稷之鎮，豈可含縱讒凶，坐觀傾覆。自惟宋室未殞，得以推移者，正內賴諸賢，防勒姦軌；外有孤子，跨據中流。而人非金石，何能支久，使一虧落，則本根莫庇。當今主上沖幼，宜明典章，征虜之鎮，不見慰省，逆旅往來，尚有顧眄，骨肉何仇，逼使離隔。禽獸之心，横生疑貳，經由此者，每加約截，同惡相求，有若市賈。以孤子知其情狀，恒恐以此乘之，鉗勒州郡，過見防御。近遣西南二使，統內宣傳，不容恐懼，即遣啓並有別書。若以孤子有過，便應鳴鼓見伐；如其不爾，宜令各有所歸。與殺不辜，憲有常辟，三公之使，無罪而斬，鄙雖不肖，天子之季父，卑小主者，敢不如是乎！孤子承奉今上，如事先朝，夙宵恭謹，散心雲日，晦望表驛，相從江衢，有何虧違，頓至於此。既已甘心，其可再乎！如往來所說，以孤子納士為尤，此輩懼其身罪，豈為國計。

在昔四豪，列國公子，猶博引廣納，門客三千。況孤子位居鼎司，捍衛畿甸，且今與昔異，咸所知也。狡虜陵掠，江、淮侵逼，主上年稚，宗室衰微，邪僭用命，親賢結舌，疆埸嬰塗炭之苦，征夫有勤役之勞，瓜時不代，齊猶致禍，況長淮戍卒，歷年怨思，不務拓遠强邊，而先事國君親戚，以此求心，何事非亂。又以繕治盆壘，復致囂聲。自晉、宋之災，積貯百萬，孤子到鎮，曾不數千里，且修城池，整郭邑，為治常理，復何足致嫌邪？若以中流清蕩，則任農夫不應實力强兵，作鎮姑孰，俱防寇害，豈得獨嫌於此。昔成王之明，而為流言致惑，若使金縢不開，則周公無以自保。樂毅歸趙，不忍謀燕，況孤子禮則君臣，恩猶父子者乎！所以枕戈泣血，只以兄弟之仇爾。觀其不逞之意，豈可限量。設使遂其虐志，諸君欲安坐得乎！脣亡齒寒，理不難見。桂蠹必除，人邪必翦，枉突徙薪，何勞多力。望便執録二豎，以謝冤魂，則先帝不失順悌之名，宋世無枉筆之史。

此州地居形要，路枕九江，控弦跨馬，越關而至。重氣輕死，排藪競出，練甲照水，總戈成林，剿此纖隸，何患不克。但千鈞之弩，不為鼷鼠發機，欲使薰蕕內辨，晉陽外息爾。功有所歸，不亦可乎！便當投命有司，謝罪天闕，同奉溫清，齊心庶事。伊、霍之任，非君而誰；周、邵之職，頗以自許。左提右挈，無愧古人。昔平、勃剛斷，產、祿蚤誅；張、溫趑趄，文臺扼腕。事之樞機，得失俄頃，往車今轍，庶無惑焉。近持此意，申之沈攸，其憤難不解諸王致此！既知禍原，鋭然奮發，蓄兵厲卒，以俟同舉。張興世發都日，受制凶黨，揚飆直逝，遂不見遇，孤子近遣信申述姦禍，方大惆惋，追恨前迷，比者信使，每申勤款。王奐佐郢，兵權在握，厥督屠枉，朝野嗟痛，猶父之怨，寧可與之比肩。孤子此

舉，增其慷慨，義之所勸，其應猶響。諸君或未得此意，故先告懷。徙倚一隅，遲及委問。孤子哀疾尪毁，窮盡無日，庶規史鰍，死不忘本。臨紙荒哽，言不詮第。

大雷戍主杜道欣馳下告變。道欣至一宿，休範已至新林，朝廷震動。平南將軍齊王出次新亭壘，領軍將軍劉勔、前兖州刺史沈懷明據石頭，征北將軍張永屯白下，衛將軍袁粲、中軍褚淵、尚書左僕射劉秉等入衛殿省。時事起倉卒，不暇得更處分，開南北二武庫，隨將士意取。

休範于新林步上，及新亭壘，自臨城南，於臨滄觀上，以數十人自衛。屯騎校尉黄回見其可乘，乃僞往請降，並宣齊王意旨，休範大悦，以二子德宣、德嗣付回與為質，至即斬之。回與越騎校尉張敬兒直前斬休範首，持還，左右並奔散。

初，休範自新林分遣同黨杜耳、丁文豪、杜墨蠡等，直向朱雀。休範雖死，墨蠡等不相知聞。王道隆率羽林兵在朱雀門內，聞賊至，急召劉勔。勔自石頭來赴，仍進桁南，戰敗，死之。墨蠡等乘勝直入朱雀門，王道隆為亂兵所殺。墨蠡等唱：『太尉至。』休範之死也，齊王遣隊主陳靈寶齎首詣臺，道逢賊，棄首于水，挺身得達。雖唱云已平，而無以為據，衆愈疑惑。張永棄衆于白下，沈懷明於石頭奔散，撫軍典籤茅恬開東府納賊。墨蠡徑至杜姥宅，中書舍人孫千齡開承明門出降，宫省恇擾，無復固志。時庫藏賞賜已盡，皇太后、太妃剔取宫內金銀器物以充用。羽林監陳顯達率所領于杜姥宅與墨蠡戰，破之。至宣陽御道，諸賊一時奔散，斬墨蠡、文豪及同黨姜伯玉、柳中虔、任天助等。許公輿走還新茶，村民斬送之。晉熙王燮自夏口遣軍平尋陽，德嗣弟青牛、智藏並伏誅。詔建康、秣陵二縣收斂諸軍死者，並殺賊屍，並加藏埋。

又 卷八三《黄回傳》 後廢帝元徽初，桂陽王休範為逆，回以屯騎校尉領軍隸齊王，於新亭創詐降之計，事在《休範傳》。回見休範可乘，謂張敬兒曰：『卿可取之，我誓不殺諸王。』敬兒即日斬休範。

又 《農夫傳》 時桂陽王休範在江州，有異志，朝廷慮其下，以農夫為輔師將軍、淮南太守，戍姑孰以防之。休範尋率衆向京邑，奄至近道，農夫棄戍還都。

又 卷八五《王蘊傳》 廢帝元徽初，復為黄門郎，東陽太守。未之郡，值桂陽王休範逼京邑，蘊領兵於朱雀門戰敗被創，事平，除侍中，出為寧朔將軍、湘州刺史。

又 卷八九《袁粲傳》 （元徽二年）桂陽王休範為逆，粲扶曳入殿，詔加兵自隨，府置佐史。時兵難危急，賊已至南掖門，諸將意沮，咸莫能奮。粲慷慨謂諸將帥曰：『寇賊已逼，而衆情離沮。孤子受先帝顧托，本以死報，今日當與褚護軍同死社稷！』因命左右被馬，辭色哀壯。於是陳顯達等感激出戰，賊即平殄。

《南齊書》卷一《高帝紀》 明帝誅戮蕃戚，江州刺史桂陽王休範以人凡獲全。及蒼梧王立，更有窺窬之望，密與左右閹人于後堂習馳馬，招聚士衆。元徽二年五月，舉兵于尋陽，收略官民，數日得士衆二萬人，騎五百匹。發盆口，悉乘商旅船艦。大雷戍主杜道欣、鵲頭戍主劉僁期告變，朝廷惶駭。太祖與護軍褚淵、征北張永、領軍劉勔、僕射劉秉、遊擊將軍戴明寶、驍騎將軍阮佃夫、右軍將軍王道隆、中書舍人孫千齡、員外郎楊運長集中書省計議，莫有言者。太祖曰：『昔上流謀逆，皆因淹緩，至於覆敗。休範必遠懲前失，輕兵急下，乘我無備。今應變之術，不宜念遠，若偏師失律，則大沮衆心。宜頓新亭、白下，堅守宫掖、東府、石頭以待。賊千里孤軍，後無委積，求戰不得，自然瓦解。我請頓新亭以當其鋒；征北可以見甲守白下；中堂舊是置兵地，領軍宜屯宣陽門為諸軍節度；諸貴安坐殿中，右軍諸人不須競出。我自前驅，破賊必矣。』因索筆下議，並注同。

中書舍人孫千齡與休範有密契，獨曰：『宜依舊遣軍據梁山、魯顯間，右衛若不出白下，則應進頓南州。』太祖正色曰：『賊今已近，梁山豈可得至！新亭既是兵衝，所以欲死報國耳。常日乃可屈曲相從，今不得也。』座起，太祖顧謂劉勔曰：『領軍已同鄙議，不可改易。』乃單車白服出新亭。加太祖使持節、都督征討諸軍、平南將軍，加鼓吹一部。

治新亭城壘未畢，賊前軍已至。太祖方解衣高卧，以安衆心，乃索白虎幡，登西垣。使寧朔將軍高道慶、羽林監陳顯達、員外郎王敬則浮舸與賊水戰，自新林至赤岸，大破之，燒其船艦，死傷甚衆。賊步上新林，太祖馳使報劉勔，急開大小桁，撥淮中船舫，悉渡北岸。休範乘肩輿率衆至壘南，上遣寧朔將軍黄回、馬軍主周盤龍將步騎出壘對陣。休範分兵攻壘

東，短兵接戰，自巳至午，衆皆失色。太祖曰：『賊雖多而亂，尋破也。』楊運長領三齊射手七百人，引强命中，故賊不得逼城。未時，張敬兒斬休範首。太祖遣隊主陳靈寶送首還臺，靈寶路中遇賊軍，埋首道側。臺軍不見休範首，愈疑懼。賊衆亦不知休範已死，别率杜黑蠡急攻壘東；司空主簿蕭惠朗數百人突入東門，叫噪至堂下，城上守門兵披退。太祖挺身上馬，率數百人出戰；賊皆推　盾而前，相去數丈，分兵横射。太祖引滿將發，左右將戴仲緒舉　盾扞之，箭應手飲羽，傷百餘人。賊死戰不能當，乃卻。衆軍復得保城，與黑蠡拒戰，自晡達明旦，矢石不息。其夜大雨，鼓叫不復相聞，將士積日不得寢食，軍中馬夜驚，城内亂走，太祖秉燭正坐，厲聲呵止之，如此者數四。

賊帥丁文豪設伏破臺軍於皂莢橋，直至朱雀桁，劉勔欲開桁，王道隆不從，勔及道隆並戰没。初，勔高尚其意，托造園宅，名為『東山』，頗忽世務。太祖謂之曰：『將軍以顧命之重，任兼内外；主上春秋未幾，諸王並幼沖，上流聲議，遐邇所聞。此是將軍艱難之日，而將軍深尚從容，廢省羽翼，一朝事至，雖悔何追！』勔竟不納。賊進至杜姥宅，車騎典籤茅恬開東府納賊，冠軍將軍沈懷明於石頭奔散，張永潰于白下，宫内傳新亭亦陷。太后執蒼梧王手泣曰：『天下敗矣！』太祖遣軍主陳顯達、任農夫、張敬兒、周盤龍等，從石頭濟淮，間道從承明門入衛宫闕。

休範即死，典籤許公與詐稱休範在新亭，士庶惶惑，詣壘投名者千數，太祖隨得輒燒之，乃列兵登城北，謂曰：『劉休範父子先昨皆已即戮，屍在南岡下。身是蕭平南，諸君善見觀。君等名皆已焚除，勿有懼也。』臺分遣衆軍擊杜姥宅、宣陽門諸賊，皆破平之。太祖振旅凱入，百姓緣道聚觀，曰：『全國家者此公也。』

又　卷三《武帝紀》　桂陽王休範反，上遣軍襲尋陽，至北嶠，事平，除晉熙王安西諮議，不拜，復還郡。

又　卷二二《豫章文獻王蕭嶷傳》　桂陽之役，太祖出頓新亭壘，板嶷為寧朔將軍，領兵衛從。休範率士卒攻壘南，嶷執白虎幡督戰，屢摧卻之。

又　卷二三《褚淵傳》　（元徽二年）桂陽王休範反，淵與衛將軍袁粲入衛宫省，鎮集衆心。

又　卷二五《張敬兒傳》　朝廷疑桂陽王休範，密為之備，乃起敬兒為寧朔將軍、越騎校尉。

桂陽事起，隸太祖頓新亭。賊矢石既交，休範白服乘輿往勞樓下，城中望見其左右人兵不多，敬兒與黄回白太祖曰：『桂陽所在，備防寡闕，若詐降而取之，此必可擒也。』太祖曰：『卿若能辦事，當以本州相賞。』敬兒相與出城南，放仗走，大呼稱降。休範喜，召至輿側，回陽致太祖密意，休範信之。回目敬兒，敬兒奪取休範防身刀，斬休範首，休範左右數百人皆驚散，敬兒馳馬持首歸新亭。

又　卷二六《王敬則傳》　（元徽二年）隨太祖拒桂陽賊於新亭，敬則與羽林監陳顯達、寧朔將軍高道慶乘舸艒于江中迎戰，大破賊水軍，焚其舟艦。

又　《陳顯達傳》　隸太祖討桂陽賊於新亭壘，劉勉大桁敗，賊進杜姥宅，及休範死，太祖欲還衛宫城，或諫太祖曰：『桂陽雖死，賊黨猶熾，人情難固，不可輕動。』太祖乃止。

又　卷二七《劉懷珍傳》　朝廷疑桂陽王休範，中書舍人王道隆宣旨，以懷珍為冠軍將軍、豫章太守。懷珍曰：『休範須有禍萌，安敢便發，若終為寇，必請奉律吞之。今者賜使，恐成猜迫。』固請不就，乃除黄門郎，領虎賁中郎將、青州大中正。桂陽反，加懷珍前將軍，守石頭。

又　《李安民傳》　及桂陽王休範起事，安民出頓，遣軍援京師。為使持節、督豫司二州郢州之西陽軍事、冠軍將軍、豫州刺史。征授左將軍，加給事中。

又　卷二八《崔祖思傳》　元徽初，從太祖于新亭拒桂陽賊，著誠效，除遊擊將軍。

又　《蘇侃傳》　桂陽之難，上復以侃為平南録事，領軍主，從頓新亭，使分金銀賦賜諸將。

又　卷二九《周盤龍傳》　（元徽二年）桂陽賊起，盤龍時為冗從僕射、騎官主、領馬軍主，隨太祖頓新亭，與屯騎校尉黄回出城南，與賊對陣，尋引還城中，合力拒戰。

又　卷三〇《曹虎傳》　桂陽賊起，隨太祖出新亭壘出戰，先斬一級持還，由是識太祖。

又　卷四六《王秀之傳》　秀之知休範將反，辭疾不就。

又　《蕭惠基傳》　桂陽之役，惠基姊為休範妃，太祖謂之曰：『卿家桂陽遂復作賊。』太祖頓新亭壘，以惠基為軍副，惠基弟惠朗親為休範攻戰，惠基在城內了不自疑。

《南史》卷三《宋後廢帝紀》　（元徽二年）夏五月壬午，江州刺史桂陽王休範舉兵反。庚寅，內外戒嚴，中領軍劉勔、右衛將軍蕭道成前鋒南討，出屯新亭；征北將軍張永屯白下；前南兗州刺史沈懷明戍石頭；衛將軍袁粲、中軍將軍褚彦回入衛殿省。壬辰，賊奄至，攻新亭壘，道成拒擊，大破之。越騎校尉張苟兒斬休範，賊黨杜黑蠡、丁文豪分軍向朱雀航，劉勔拒賊，敗績，死之。右將軍王道隆奔走，遇害。張永潰于白下，沈懷明自石頭奔散。甲午，車騎典籤茅恬開東府納賊，賊入屯中堂，羽林監陳顯達擊，大破之。丙申，張苟兒等又破賊，進平東府城，梟禽羣賊。丁酉，大赦，解嚴。荆州刺史沈攸之、南徐州刺史建平王景素、郢州刺史晉熙王燮、湘州刺史王僧虔、雍州刺史張興世並舉義兵赴建鄴。

六月癸卯，晉熙王燮遣軍克尋陽，江州平。

又　卷四《齊高帝紀》　（元徽二年）五月，江州刺史桂陽王休範舉兵于尋陽，朝廷惶駭，帝與褚彦回等集中書省計議，莫有言者。帝曰：『昔上流謀逆，皆因淹緩以敗，休範必遠懲前失，輕兵急下，乘我無備，請頓新亭以當其鋒。』因索筆下議，餘並注同。中書舍人孫千齡與休範有密契，獨曰：『宜依舊遣軍據梁山。』帝正色曰：『賊今已近，梁山豈可得至！新亭既是兵衝，所欲以死報國耳。』乃單車白服出新亭。加帝使持節、都督征討諸軍事、平南將軍，加鼓吹一部。築新亭城壘未畢，賊前軍已至，帝方解衣高臥，以安衆心。乃索白虎幡，登西垣，使寧朔將軍高道慶、羽林監陳顯達、員外郎王敬則，浮舸與賊水戰，大破之。未時，張敬兒斬休範首，臺軍及賊衆俱不知。其別率杜黑蠡急攻東壘，帝挺身上馬，帥數百人出戰，與黑蠡拒戰，自晡達明旦，矢石不息。其夜大雨，鼓叫不復相聞。將士積日不得寢食，軍中馬夜驚，城內亂走。帝執燭正坐，厲聲呵止之，如是者數四。

賊帥丁文豪設伏，破臺軍於皁莢橋，直至朱雀航，王道隆、劉勔並戰没。初，勔高尚其意，托造園宅，名爲『東山』，頗忽時務。帝謂曰：『將軍以顧命之重，此是艱難之日，而深尚從容，廢省羽翼，一朝事至，悔可追乎！』勔不納，竟敗。及賊進至杜姥宅，車騎典籤茅恬開東府納賊，冠軍將軍沈懷明於石頭奔散，張永潰于白下，宮內傳新亭亦陷，太后執蒼梧王手泣曰：『天下事敗矣。』帝遣軍主陳顯達、任農夫、張敬兒、周盤龍等從石頭濟淮，間道自承明門入衛宮闕。

時休範典籤許公與詐稱休範在新亭，士庶惶惑，詣壘期赴休範，投名者千數，及至，乃是帝。隨得輒燒之。登城北謂曰：『劉休範父子先昨皆已死，戮屍在南岡下，身是蕭平南，諸君善見觀。汝等名皆已焚除，勿懼也。』臺分遣衆軍擊平賊，帝振旅凱入。

又　卷一四《桂陽王休範傳》　桂陽王休範，文帝第十八子也。孝建三年，年九歲，封順陽王。大明元年，改封桂陽。泰始六年，累遷驃騎大將軍、江州刺史，加都督。遺詔進位司空、侍中，加班劍三十人。休範素凡訥，少知解，不爲諸兄齒遇。明帝常指左右人謂王景文曰：『休範人才不及此，以我弟故，生便富貴。釋氏願生王家，良有以也。』及明帝晚年，晉平王休佑以狠戾致禍，建安王休仁以權逼不容，巴陵王休若素得人情，以此見害；唯休範謹澀無才，不爲物情所向，故得自保而常憂懼。

及明帝晏駕，主幼時艱，休範自謂宗戚莫二，應居宰輔。事既不至，怨憤彌結。招引勇士，繕修器械。行人經過尋陽者，莫不降意折節，於是至者如歸。朝廷知之，密相防御。母荀太妃薨，即葬廬山，以示不還之志。時夏口闕鎮，朝議以居尋陽上流，欲樹置腹心，重其兵力。元徽元年，乃以第五皇弟晉熙王燮爲郢州刺史，長史王奐行府州事，配以實力，出鎮夏口。慮爲休範所撥留，自太子洑去，不過尋陽。休範怒，欲舉兵，乃上表修城堞。其年進位太尉，明年五月遂反。發自尋陽，晝夜取道。大雷戍主杜道欣馳下告變。道欣至一宿，休範已至新林，朝廷震動。

齊高帝出次新亭壘。時事起倉卒，朝廷兵力甚弱，及開武庫，隨將士意取。休範于新林步上攻新亭壘。屯騎校尉黄回乃僞往降，並宣齊高帝意。休範大悦，置之左右。休範壯士李恒、鍾爽進諫不宜親之，休範曰：『不欺人以信。』時休範日飲醇酒，以二子德宣、德嗣付與齊高帝爲質，至即斬之。回與越騎校尉張敬兒直前斬休範首持還，左右並散。

初，休範自新林分遣同黨杜墨蠡、丁文豪等直向朱雀門。休範雖死，

墨蠢等不知。王道隆率羽林兵在朱雀門內，聞賊至，急召劉勔，勔自石頭來赴戰，死之。墨蠢等乘勝直入朱雀門，道隆爲亂兵所殺。墨蠢等唱云『太尉至』。休範之死也，齊高帝遣隊主陳靈寶齎首還臺，逢賊，埋首道側，挺身得達。雖唱云已平，而無以爲據，衆愈疑惑。墨蠢徑至杜姥宅，宮省恇擾，無復固志。撫軍長史褚澄以東府納賊。賊擁安成王據東府，稱休範教曰：『安成王吾子也，勿得侵。』賊勢方逼，衆莫能振。尋而丁文豪之衆知休範已死，稍欲退散。文豪勇氣殊壯，厲聲曰：『我獨不能定天下邪。』休範首至，又羽林監陳顯達率所領于杜姥宅破墨蠢等，諸賊一時奔散。斬墨蠢、文豪等。晉熙王燮自夏口遣軍平尋陽。

又　卷二八《褚彦回傳》　（元徽二年）桂陽王休範反，彦回與衞將軍袁粲入衞宮省，鎮集衆心。

又　卷三一《張永傳》　未之鎮，遇桂陽王休範作亂，永率所領屯白下。休範至新亭，前鋒攻南掖門，永遣人覘賊，既反，唱言臺城陷，永衆潰，棄軍還。

又　卷四五《陳顯達傳》　陳顯達，南彭城彭城人也。仕宋以軍功封彭澤縣子，位羽林監、濮陽太守，隸齊高帝討桂陽賊於新亭壘。劉勔大桁敗，賊進杜姥宅。及休範死，顯達出杜姥宅，大戰于宣陽津陽門，大破賊，矢中左目而鏃不出。地黄村潘嫗善禁，先以釘釘柱，嫗禹步作氣，釘即出，乃禁顯達目中鏃出之。事平，封豐城侯，再遷平越中郎將、廣州刺史，加都督。

宋建平王之亂

綜　述

《宋書》卷九《後廢帝紀》　（元徽四年）秋七月戊子，征北將軍、南徐州刺史建平王景素據京城反。己丑，内外纂嚴。遣驍騎將軍任農夫、領軍將軍黄回北討，鎮軍將軍齊王總統衆軍。曲赦南徐州；始安王伯融、都鄉侯伯猷賜死。辛卯，南豫州刺史段佛榮統前鋒馬步衆軍。甲午，軍主、左軍將軍張保戰敗見殺。黄回等至京城，與景素諸軍戰，連破之。乙未，克京城，斬景素，同逆皆伏誅；其日解嚴。

又　卷七二《劉景素傳》　桂陽王休範為逆，景素雖纂集兵衆，以赴朝廷為名，而陰懷兩端。

時太祖諸子盡殂，衆孫唯景素為長，建安王休祐諸子並廢徙，無在朝者。景素好文章書籍，招集才義之士，傾身禮接，以收名譽。由是朝野翕然，莫不屬意焉。而後廢帝狂凶失道，内外皆謂景素宜當神器，唯廢帝所生陳氏親戚疾忌之。而楊運長、阮佃夫並太宗舊隸，貪幼少以久其權，慮景素立，不見容於長主，深相忌憚。元徽三年，景素防閤將軍王季符失景素旨，怨恨，因單騎奔京邑，告運長、佃夫云『景素欲反』。運長等便欲遣軍討之，齊王及衞將軍袁粲以下並保持之，謂為不然也。景素亦馳遣世子延齡還都，具自申理。運長等乃徙季符于梁州，又奪景素征北將軍、開府儀同三司。

自是廢帝狂悖日甚，朝野並屬心景素，陳氏及運長等彌相猜疑。景素因此稍為自防之計，與司馬廬江何季穆、録事參軍陳郡殷濔、記室參軍濟陽蔡履、中兵參軍略陽垣慶延、左右賀文超等謀之。以參軍沈顒、毌丘文子、左暄、州西曹王潭等為爪牙。季穆薦從弟豫之為參軍。景素遣豫之、潭、文超等去來京邑，多與金帛，要結才力之士。由是冠軍將軍黄回、遊擊將軍高道慶、輔國將軍曹欣之、前軍韓道清、長水校尉郭蘭之、羽林監垣祗祖，並皆響附，其餘武人失職不得志者，莫不歸之。

時廢帝單馬獨出，遊走郊野，曹欣之謀據石頭，韓道清、郭蘭之欲説齊王使同，若不回者圖之。候廢帝出行，因衆作難，事克奉景素。景素每禁駐之，未欲匆匆舉動。運長密遣傖人周天賜偽投景素，勸為異計；景素知為運長所遣，即斬之，遣司馬孫謙送首還臺。

元徽四年七月，垣祗祖率數百人奔景素，云京邑已潰亂，勸令速入。景素信之，即便舉兵，負戈至者數千人。運長等常疑景素有異志，及聞祗祖叛走，便纂嚴備辦。齊王出屯玄武湖，冠軍將軍任農夫、黄回、左軍將軍李安民各領步軍，右軍將軍張保率水軍，並北討。冠軍將軍、南豫州刺史段佛榮為都統，其餘衆軍相繼進。冠軍將軍齊王世子鎮東府。齊王知

黃回有異圖，故使安民、佛榮俱行以防之。

景素欲斷據竹里，以拒臺軍。垣慶延、祇祖、沈顒等曰：『今天時旱熱，臺軍遠來疲困，引之使至，以逸待勞，可一戰而克也。』殷瀰等固爭不能。農夫等既至，放火燒市邑，而垣慶延等各相顧望，並無鬭志。景素本乏威略，恇擾不知所為。時張保水軍泊西渚，景素左右勇士數十人，並荆楚快手，自相要結，擊水軍，應時摧陷，斬張保，而諸將不相應赴，復為臺軍所破。臺軍既薄城池，顒先衆叛走，垣祇祖次之，其餘諸軍相係奔敗。左暄驍果有膽力，欲為景素盡節，而所配兵力甚弱，猶力戰不退，於萬歲樓下橫射臺軍，不能禁，然後退散。右衛殿中將軍張倪奴、前軍將軍周盤龍攻陷京城，倪奴禽景素斬之，時年二十五，即葬京口。垣慶延、祇祖、左暄、賀文超並伏誅；殷瀰、蔡履徙梁州；何季穆先遷官，故不及禍；其餘皆逃亡，值赦得免。景素即敗，曹欣之反告韓道清、郭蘭之之謀，道清等並誅。黃回、高道慶等，齊王撫之如舊。景素子延齡及二少子，並從誅。其年冬，封長沙成王義欣子緦第三子恬為秭歸縣侯，食邑千户，繼宏後。順帝升明二年，卒，國除。張倪奴以禽景素功，封築陽縣侯，食邑千户。

景素敗後，故記室參軍王螭、故主簿何昌禹並上書訟景素之冤。齊受禪，建元初，故景素秀才劉璡又上書曰：

臣聞曾子孝於其親而沈乎水，介生忠於其主而焚于火，何則？仁也不必可依，信也不必可恃。昔者墨翟議雲梯于荆臺之下，宋人逐之；夷叔為衛軍隱難於晉，公子殪之；李牧北逝强胡之旗，南拒全秦之卒；趙王不圖其功，賜以利劍；陳蕃白首固義，忘生事主；漢靈不明其忠，卒被刑戮。彼數子者，皆身棲青雲之上，而困於泥塵之裏，誠以危行不容於衰世，孤立聚尤於衆人，加讒諂蛆蟲其中，謗隙蜂飛而至故也。臣聞浸潤之行，骨肉離絕，疑似一至，君臣易心，此中山所以歔欷奏樂，孟博所以慷慨囊頭者也。臣每惟故舉將宋建平王之禍，悲徹骨髓，氣凝霜霰。今璿鼎啓運，人神改物，生罪尚有，死冤必申。臣誠不忍王之負謗而不雪，故敢明言其理。

臣聞孝悌為志者，不以犯上，曾子不逆薪而爨，知其不為暴也；秦仁獲麑，知其可為傅也。臣聞王之事獻太妃也，朝夕不違養，甘苦不見色。帳下進珍饌，太妃未食，王投箸輟飯。太妃起居有不安，王傍行蓬發。臣聞求忠臣者于孝子之門，安有孝如王而不忠者乎？其可明一也。

當泰始、元徽中，王公貴人無謁景寧陵者，王獨抗情而行，不以趨時舍義，出鎮入朝，必俯拜陵所。王尚不棄先君，豈背今君乎？其可明二也。

王博聞而容衆，與諫而愛士，與人言呴呴若有傷。聞人之善，譽而進之；見人之惡，掩而誨之。李蔚之，蓬廬之寒素也，王枉駕而訊之；何季穆等，宣簡王之舊也，王提挈以升之。王虛己以厚天下之士，尚不欲傷一人之心，何乃親戚圖相葅膾乎？其可明三也。

臣昔以法曹參軍，奉訊於聽朝之末。王每斷獄，降聲辭，和顏色，以待士女之訟。時見夏伯以童子縲紲，王愴然改貌，用不加刑。徐州嘗歲饑，王散秩粟俸帛，以斷民之乏。蠲理冤疑，咸息徭務，所在皆有愛於民。臣聞善人，國之紀也。安有仁於民庶，而虐其宗國者乎？其可明四也。

王修身潔行，言無近雜，內去聲酌之娛，外無田弋之好。每所臨踐，不加穿築，直衛不繁，第宅無改。荆州高齋，刻楹柏構，王廢而不處。昔朝廷欲賜王東陵甲第，又辭而不當。兩宮所遺珍玩，塵於笥篋。無它嬖私，不耽內寵，姬嬙數人，皆詔令所賜。王身食不逾一肉，器用瓦素，時有獻鏤玉器，王顧謂何昌宇曰：『我持此安所用哉？』乃謝而反之。王恭己蹈義若此。其可明五也。

王之在荆州也，時獻太妃初薨，宋明帝新棄天下，京畿諸王又相繼非命，王乃征入為太常，楚下人士並勸勿下，王謂：『為臣而距先皇之命，不忠；為子不奉親之窀穸，不孝。』於是棄西州之重，而匍伏北闕。王若志欲倔强，便應高枕江漢，何為屈折而受制於人乎？其可明六也。

王名高海內，義重太山，耆幼懷仁，士庶慕德。故從昏者忌明，同枉者毀正，搦弦為鉤，張一作百，行坐欬嚏，皆生風塵。會王季符負罪流謗，事會讒人之心，權醜相扇，鴟梟奮翼。王雖遘潛離凶，而誠分彌款，散情中孚，揮斥滿素。虞玩之銜使歸旋，世子入質京邑，續解徐州，請身東第，後求會稽，降階外撫。虞玩、殷煥實為詮譯，誠心殷勤，備留聖聽。王若倘張跋扈，何事若斯？其可明七也。

自是以後，日同殊論，蒼梧之衰德既彰，羣小之姦慝彌廣，下盈其毒，上不可依。時長王並見誅鋤，公卿如蹈虎尾，衆人翕翕，莫不注仰于王。廂閣諸人，同謀異志，王心不從利，忠不背本，執周天賜而斬之，以距王宜與等，遣司馬孫謙歸款朝廷。王若欲擬非覬，寧當如此乎？其可明八也。

又是年五月以後，道路皆謂阮佃夫等欲潛圖宮禁，因兵北襲，而黃回、高道慶等傳構其事，武人獎亂，更相恐脅。至六月而京師征賦車徒，將講衆北壘，都鄙疑駭，僉言釁作。垣祇祖因民情囂蕩，揚聲北奔，紿辭惑衆，窮亂極禍。會州人自都還，說：『掖門已閉，殊不知臺中安不？』王既素籍異論，謂為信然，收率疲弱，志在投散，冰炭在懷，但恐遲後。何圖兵以順出，翻為逆動乎？夫往來之人，喧嘩幻惑，皆出輦轂，非從徐州起也。且臺以六月晦夜無何呼北兵已至，皆登陴抽刃，而朱方七月朔猶緩帶從容，其晚聞京都變亂，始乃鳩兵簡甲耳。王豈先造禍哉！其可明九也。

王聞京室有難，坐不安，食不甘，言及太后，未嘗不交巾掩泣。又臨危之際，撫楹而歎曰：『吾恐三才於斯絕矣。』茲豈不誠在本朝，以天下為憂乎？自非深忠遠概，孰能身滅之不恤，獨眷眷國家安危哉？其可明十也。

夫王起兵之日，止在匡救昏難，放殛姦盜，非它故也。請較言之。當時君臣之道，治亂云何？楊運長、阮佃夫為有罪邪？為無罪邪？若其無罪，何故為戮？若其有罪，討之何辜？王豈不知君親之無將乎？顧以救火之家，豈遑先白丈人，非不恭也，徒以運屬陵喪，智力無所用之，蹉跌傾覆，此乃時也，豈謂反乎？果然今日王亡，明日宋亡，王何負于社稷，何愧於天下哉！

臣聞武王克商，未及下車，而封王子之墓；漢高定天下，過大梁，躡燕、代，修信陵之祀，存望諸之裔；晉世受命，亦追王淩之冤，而詔其孫為郎。夫比干，殷辛之罪人也；無忌，魏之疑臣也；樂毅，燕之逃將也；彥云，齊之賊而晉害也。適逢聖明之君，革運創制，昭功誠，蕩嫌怨，清議以天下之善也。或殊世而相明，故四賢咸濟其令問，三後馳光于萬葉，君子榮其輝，小人服其義。

今陛下尊英雄之高軌，振逸世之奇聲，何至仍衰世之異議，以掩賢人之名哉！若王之中外不明，終始慆德，臣懼方今之人，不復為善矣。且世之興衰，何代無有，今齊苗裔萬世之後，其能無汙隆乎？苟前良可廢，何以勸後之能者。伏願上同周、漢、西晉之如彼，下為來胤垂範之如此。儻能降明詔，箋枉道，使往王得洗謗議，拯冥魂，賜以王禮反葬，則民之從義，猶若回風之卷草也。臣聞鸛鳴皋垤，則降陰吐雨；騰蛇聳躍，而沈雲欝冥。但傷臣言輕落毛，身如橫芥，神高聽邈，終焉莫省，直欲內不負心，庶將來知王之意耳。

又不省。至今上即位，乃下詔曰：『宋建平王劉景素，名父之子，少敦清尚。雖末路失圖，而原心有本。年流運改，宜弘優澤，可聽以王禮還葬舊墓。』

又 卷七二《劉休仁傳》 建平王景素為逆，楊運長等畏忌宗室，稱詔賜伯融等死。伯融時年十九，伯猷年十一。

又 卷七四《沈攸之傳》 （元徽四年）建平王景素據京城反，攸之復應朝廷，景素尋平。

又 卷八三《黃回傳》 建平王景素反，回又率軍前討，假節。城平之日，回軍先入，又以景素讓張倪奴，回增邑五百户，進號征虜將軍，加散騎常侍，太守如故。

又 《高道慶傳》 建平王景素反，道慶領軍北討，而與景素通謀。

《南齊書》卷一《高帝紀》 休範平後，蒼梧王漸行凶暴。南徐州刺史建平王景素少有令譽，朝野歸心。景素亦潛為自全之計，布款誠于太祖，太祖拒而不納。七月，羽林監袁祇奔景素，便舉兵。太祖出屯玄武湖，遣衆軍北討，事平乃還。

又 卷二七《劉懷珍傳》 建平王景素為荆州，仍徙右軍司馬，遷南郡太守，加寧朔將軍。明帝手詔懷珍曰：『卿性忠讜，平所仗賴。在彼與年少共事，不可深存受益。景素兒乃佳，但不能接物，頗亦墮事，卿每諫之。』懷珍奉旨。帝寢疾，又詔懷珍曰：『卿不應乃作景素佐，才舊所寄，今征卿參二衛直。』會帝崩，乃為安成王撫軍司馬，領南高平太守。建平王景素反，懷珍遣子靈哲領兵赴京師。

又 《李安民傳》 建平王景素作難，冠軍黃回、遊擊將軍高道慶、

輔國將軍曹欣之等皆密遣致誠，而遊擊將軍高道慶領衆出討，太祖慮其有變，使安民及南豫州刺史段佛榮行以防之。安民至京口，破景素軍于葛橋。景素誅，留安民行南徐州事。

又　卷三一《江謐傳》　元徽末，朝野咸屬意建平王景素，謐深自委結，景素事敗，僅得免禍。

又　卷三七《劉悛傳》　建平王景素反，太祖總衆軍出頓玄武湖。悛初免喪，太祖欲使領支軍，召見悛兄弟，皆羸削改貌，於是乃止。除中書郎，行宋南陽八王事，轉南陽王南中郎司馬、長沙内史，行湘州事。未發，霸業初建，悛先致誠節。

《梁書》卷一四《江淹傳》　少帝即位，多失德。景素專據上流，咸勸因此舉事。淹每從容諫曰：『流言納禍，二叔所以同亡；抵局銜怨，七國於焉俱斃。殿下不求宗廟之安，而信左右之計，則復見麋鹿霜露棲于姑蘇之臺矣。』景素不納。及鎮京口，淹又為鎮軍參軍事，領南東海郡丞。景素與腹心日夜謀議，淹知禍機將發，乃贈詩十五首以諷焉。

《南史》卷三《宋後廢帝紀》　（元徽三年）秋七月戊子，建平王景素據京城反。己丑，内外纂嚴。遣驍騎將軍任農夫、冠軍將軍黄回北討，蕭道成總統衆軍。【略】乙未，克京城，斬景素，同逆皆伏誅。

又　卷一四《建平王景素傳》　桂陽王休範爲逆，景素雖纂集兵衆以赴朝廷爲名，而陰懷兩端。及事平，進號鎮北將軍。

景素好文章書籍，招集才義之士，以收名譽，由是朝野屬意。而後廢帝狂凶失道，内外皆謂景素宜當神器；唯廢帝所生陳氏親戚疾忌之，而楊運長、阮佃夫並明帝舊隸，貪幼主以久其權，慮景素立，不見容於長主，深相忌憚。

元徽三年，景素防合將軍王季符恨景素，因奔告之。運長等便欲遣軍討之。齊高帝及衛將軍袁粲以下並保持之，景素亦馳遣世子延齡還都，具自申理。運長等乃徙季符于梁州，又奪景素鎮北將軍、開府儀同三司。自是廢帝狂悖日甚，朝野並屬心景素。陳氏及運長等彌相猜疑。景素因此稍爲自防之計，多以金帛結材力之士。時大臣誅夷，孝武諸子孫或殺或廢，無復在朝者。且景素在蕃甚得人心，而謗聲日積，深懷憂懼。嘗與故吏劉璡獨處曲臺，有鵲集於承塵上，飛鳴相追。景素泫然曰：『若斯鳥者，游則參於風煙之上，止則隱于林木之下，飢則啄，渴則飲，形體無累於物，得失不關於心，一何樂哉。』時廢帝單馬獨出，遊走郊野。輔國將軍曹欣之等謀候廢帝出行，因聚衆作難，事克，奉景素。景素每禁之，未欲匆匆舉動。運長密遣傖人周天賜僞投景素勸爲異計，景素知即斬之，送首還臺。

四年七月，羽林監垣祗祖奔景素，言臺城已潰。景素信之，即舉兵。運長等常疑景素有異志，即纂嚴。景素本乏威略，不知所爲，竟爲臺軍破，斬之。即葬京口。

宋鄧琬之亂

綜述

《宋書》卷五九《張暢傳》　晉安王子勛建僞號于尋陽，召為吏部尚書，與鄧琬共輔僞政。事敗，殺琬歸降，事在《琬傳》。

又　卷八〇《晉安王子勛傳》　時廢帝狂凶，多所誅害。前撫軍諮議參軍何邁少好武，頗招集才力之士。邁先尚太祖女新蔡公主，帝詐云主薨，殺宫人代之，顯加殯葬，而納主于後宫。深忌邁，邁慮禍及，謀因帝出行為變，迎立子勛。事泄，帝自率宿衛兵誅邁，使八座奏子勛與邁通謀。又手詔子勛曰：『何邁殺我立汝，汝自計孰若孝武邪？可自為其所。』遣左右朱景雲送藥賜子勛死。景雲至盆口，停不進，遣信使報長史鄧琬。琬等因奉子勛起兵，以廢立為名。

太宗定亂，進子勛號車騎將軍、開府儀同三司。琬等不受命，傳檄京邑。泰始二年正月七日，奉子勛為帝，即僞位於尋陽城，年號義嘉元年，備置百官，四方並回應，威震天下。是歲四方貢計，並詣尋陽。遣左衛將軍孫沖之等下據赭圻，又遣豫州刺史劉胡率大衆來屯鵲尾，又遣安北將軍袁顗總統衆軍。臺軍屯據前溪斷顗等糧援，胡遣將攻之，大敗，於是焚營遁走。顗聞胡去，亦棄衆南奔。沈攸之諸軍至尋陽，誅子勛及其母，同逆

皆夷滅。子勳死時，年十一，即葬尋陽廬山。

又　卷八四《鄧琬傳》　（大明八年）出為晉安王子勳鎮軍長史、尋陽內史，行江州事。前廢帝狂悖無道，以太祖、世祖並第數居三以登極位，子勳次第既同，深構嫌隙，因何邁之謀，乃遣使齎藥賜子勳死。使至，子勳典籤謝道遇、齋帥潘欣之、侍書褚靈嗣等馳以告琬，泣涕請計。琬曰：『身南土寒士，蒙先殊恩，以愛子見托，豈得惜門户百口，其當以死報效。幼主昏暴，社稷危殆，雖曰天子，事猶獨夫。今便指率文武，直造京邑，與羣公卿士，廢昏立明。』景和元年十一月十九日，稱子勳教，即日戒嚴。子勳戎服出聽事，集僚佐，使潘欣之口宣旨曰：『少主昏狂悖戾，並是諸君所見聞。顧命重臣，悉皆誅戮。驅逼王公，幽辱太后。不逞之徒，共成其釁。京師諸王，並見囚逼，委厄虎口，思奮莫因。身義兼家國，豈可坐視橫流！今便欲舉九江之衆，馳檄近遠，以謀王室。于諸君何如？』四座未答，録事參軍陶亮曰：『少主昏狂，醜毒已積。伊、霍行之于古，殿下當之於今。鄙州士子，世習忠節，況屬千載之會，請效死前驅。』衆並奉旨。文武普進位一階。轉亮為諮議參軍事，領中兵，加寧朔將軍，總統軍事。功曹張沈為諮議參軍，統作舟艦。參軍事顧昭之、沈伯玉、荀道林等參管書記。南陽太守沈懷寶、岷山太守薛常寶之郡，始至尋陽，與新蔡太守韋希直並為諮議參軍，領中兵，及彭澤令陳紹宗並為將帥。

初，廢帝使荆州録送前軍長史、荆州行事張悅下至盆口，琬稱子勳命，釋其桎梏，迎以所乘之車，以為司馬，加征虜將軍。加琬冠軍將軍，二人共掌內外衆事。遣將軍俞伯奇率五百人出斷大雷，禁絶商旅，及公私使命。遣使上諸郡民丁，收斂器械。十日之內，得甲士五千人，出頓大雷，於兩岸築壘。巴東、建平二郡太守孫沖之之郡，始至孤石，琬以沖之為子勳諮議參軍，領中兵，加輔國將軍，與陶亮並統前軍。使記室參軍荀道林造檄文，馳告遠近。

會太宗定亂，進子勳號車騎將軍、開府儀同三司。令書至，諸佐吏並喜，造琬曰：『暴亂既除，殿下又開黃閣，實為公私大慶。』琬以子勳次第居三，又以尋陽起事，有符世祖，理必萬克。乃取令書投地曰：『殿下當開端門，黃閣是吾徒事耳！』衆並駭愕。琬與陶亮等繕治器甲，徵兵四方。郢州刺史安陸王子綏、荆州刺史臨海王子頊、會稽太守尋陽王子房、雍州刺史袁顗、梁州刺史柳元怙、益州刺史蕭惠開、廣州刺史袁曇遠、徐州刺史薛安都、青州刺史沈文秀、冀州刺史崔道固、湘州行事何慧文、吳郡太守顧琛、吳興太守王曇生、晉陵太守袁標、義興太守劉延熙並同叛逆。

先是，廢帝以邵陵王子元為冠軍將軍、湘州刺史，中兵參軍沈仲玉為道路行事。至鵲頭，聞尋陽兵起，停住，白太宗進止之宜。太宗以子勳起兵，本在幼主，雖疑其不即解甲，不欲先彰同異，敕令進道。信未報，琬聞子元停鵲頭不進，遣數百人劫迎之。乃建牙于桑尾，傳檄京師曰：

陽六數艱，雲雷相襲。高皇受歷，時乘雲轡，頓于促路。文祖定祥，係昭睿化，翦于中年。二凶縱禍，三綱理滅，宗王俯首，姑息逆朝，枕戈無聞，偷榮有秩。孝武皇帝釋位泣血，糾義入討，投袂戎首，親戮鯨鯢，九服還輝，兩儀更造。而穹旻不惠，棄離萬國，皇運重替，嗣王荒淫。孤以不才，任居藩長，大懼宗稷，殲覆待日。故招徒楚郢，飛檄京甸，志遵前典，黜幽陟明，庶七廟復安，海昏有紹。豈圖宋未悔禍，弑亂奄臻，遂矯害明茂，篡竊天寶，反道效尤，蔑我皇德，翦我昭穆，寡我兄弟，恣鴟鴞之心，蹈倫、潁之志，覆移鼎祚，誣罔天人。藐孤同氣，猶有十三，聖靈何辜，而當乏饗。

昔隆周弛御，晉、鄭是依；盛漢中陵，居、章抗節。支苗輕屬，猶或忘軀，況孤忝惟臣子，情地兼切，號慼一隅，心與事痛。是用歃血衽金，誓復宗祀。今遣輔國將軍諮議領中直兵孫沖之、龍驤將軍陳紹宗，率螭虎之士，組甲二萬，沿流電發，徑取白下。龍驤將軍領中直兵薛常寶、建威將軍領中直兵沈懷寶，長戟萬刃，羽騎千羣，徑出南州，直造朱雀。寧朔將軍諮議領中直兵陶亮、龍驤將軍焦度，總中黃之旅，梟雄三萬，風掩江介，雲臨石頭。建威將軍張洌，龍驤將軍何休明，提育、獲之徒，勁悍之卒，邪趨金陵，北指閶闔。龍驤將軍張係伯、龍驤將軍陳慶，勒輕鋭五千，强弩一萬，飛鋒班瀆，齊會西明。冠軍將軍、尋陽內史鄧琬，撮湘、雍之兵，勇敢四萬，授律總威，飆集京邑。征虜將軍領府司馬張悅，蒼兕千艘，水軍五萬，大董羣校，絡繹繼道。冠軍將軍豫章內史劉衍、寧朔將軍武昌太守劉弼、寧朔將軍西陽太守謝稚、建威將軍領中直兵晉熙太

守閤湛之，皆掃境勝兵，薦誠請效。後將軍、郢州刺史安陸王子綏懷恩纏慕，鞠旅先辰。冠軍將軍、湘州刺史邵陵王子元席驅陵波，整衆遄至。前將軍、荆州刺史臨海王子頊練甲陝西，獻徒萬數。輔國將軍、冠軍長史、長沙内史何惠文，見拔先皇，誠深投袂。冠軍將軍、雍州刺史袁顗，不謀同契，雷發漢南。建武將軍、順陽太守劉道憲，懷忠抱慨，不遠三千。梁、益、青、徐、兗、豫、吳、會，皆密介歸誠，誓為表裏。孤親總烝徒，十有餘萬，白羽咽川，霜鋒照野，金聲振谷，鳴鼙聒天。凡諸將帥，皆忠無匿情，智無遺計，果乾剛鷙，譎略多奇。水陸長驅，數道並進，發舟逾險，背水爭先。以此衆戰，孰能斯御，推此義鋭，滄海可堙。諸君或荷寵前朝，感恩舊日；或弈世貞淳，見危授命。而逼迫寇手，效節莫由。今大軍密邇，形援已接，見幾而作，豈俟終日！便宜轉禍趣福，因變立功。夫旦、奭與三監並時，金、霍與上官共主，邪正粗雜，何世無之！但績亮則名播，姦騁則道消耳。紀季入齊，陳平歸漢，身尊譽遠，明誓是哀，成范全規，殷監匪遠。若玩咎惟休，告舍罔悟，則誅及五族，有殄無遺。軍科爵賞，信如皦日，巫山既燎，芝艾共煙，幸遵良塗，無守毁轍。檄到宣告，咸使聞知。

購太宗萬户侯，布絹二萬匹，金銀五百斤，其餘各有差。太宗遣荆州典籤邵宰乘驛還江陵，經過襄陽，袁顗馳書報琬，勸勿解甲，並奉表勸子勳即位。郢州承子勳初檄，及聞太宗定大事，即解甲下標。繼聞尋陽不息，而鳺又回應，郢府行事録事參軍荀卞之大懼，慮為琬所咎責，即遣諮議領中兵參軍鄭景玄率軍馳下，並送軍糧。琬乃稱說符瑞，造乘輿御服，云松滋縣生豹自來，柴桑縣送竹有『來奉天子』字，又云青龍見東淮，白鹿出西岡。令顧昭之撰為《瑞命記》。立宗廟，設壇場，矯作崇憲太后璽，令羣僚上偽號於子勳。泰始二年正月七日，即位于尋陽城，改景和二年為義嘉元年。以安陸王子綏為司徒、驃騎將軍、揚州刺史，尋陽王子房車騎將軍，臨海王子頊衛將軍，並開府儀同三司，邵陵王子元撫軍將軍。其日雲雨晦合，行禮忘稱萬歲。取子勳所乘車，除脚以為輦，置偽殿之西。其夕，有鳩棲其中，鴞鳥集其　憲；又有禿鶖集城上。子綏拜司徒日，雷電晦冥，震其黄閤柱，鵄尾墮地；又有鵄棲其帳上。以鄧琬為左將軍、尚書右僕射，張悦領軍將軍、吏部尚書，征虜將軍如故；進袁顗號安北將軍，加尚書左僕射。臨川内史張淹為侍中。府主簿顧昭之、武昌太守劉弼並為黄門侍郎。廬江太守王子仲委郡奔尋陽，亦為黄門侍郎。鄱陽内史丘景先、廬陵内史殷損、西陽太守謝稚、後軍府記室參軍孫詵、長沙内史孔靈産、參軍事沈伯玉、荀道林並為中書侍郎。荀卞之為尚書左丞，府主簿江乂為右丞，府主簿蕭寶欣為通直郎。琬大息粹、悦息洵並正員郎，粹領衛尉，洵弟洌司徒主簿。建武將軍、領軍主、晉熙太守閻湛之加寧朔將軍。廬陵内史王僧胤為秘書丞。桂陽太守劉卷為尚書殿中郎。褚靈嗣、潘欣之、沈光祖，中書通事舍人。餘諸州郡，並加爵號。

琬性鄙暗，貪吝過甚，財貨酒食，皆身自量校。至是父子並賣官鬻爵，使婢僕出市道販賣，酣歌博奕，日夜不休。大自矜遇，賓客到門者，歷旬不得前。内事悉委褚靈嗣等三人，羣小横恣，競為威福，士庶忿怨，内外離心矣。

太宗遣散騎常侍、領軍將軍王玄謨領水軍南討，吳興太守張永為其後繼；又遣寧朔將軍尋陽内史沈攸之、寧朔將軍江方興、龍驤將軍劉靈遺率衆屯虎檻。時東賊甚急，張永、江方興回軍東討。尚書下符曰：

夫晦明遞運，崇替相沿，帝宋之基，懋業維永，聖祖重光，氤氲上業。狂昏承祀，國維以紊，毒流九縣，釁穢三靈，搢紳戮辱，黔庶塗炭，人神同憤，朝野泣血。聖上明睿在躬，膺符握曜，眷懷家國，夙夜劬勞，懼社稷湮蕪，彝倫左衽。天威雷發，氛沴冰消，殄凶譙門，不俟鳴條之旅；殲虐牧野，無勞孟津之鉞。華、夷即晏，晷緯還光，鏗鏘聞於管弦，趨翔被於冠冕，同軌仰化，異域懷風。劉子勳昏世稱兵，義同翦惡，明朝不戢，罔識邪正。窺窬畿甸，逼遏兩江，陵上無君，暴於遐邇。王赫斯怒，興言討違，命彼上將，治兵薄伐。

今遣寧朔將軍、尋陽内史沈攸之，輕鋭七千，飛舟先邁。龍驤將軍劉靈遺，羽林虎旅，連鋒繼造。假節、督南討前鋒諸軍事、冠軍將軍、兗州刺史殷孝祖，驅濟、河勁卒，電擊雷動。使持節、車騎將軍、江州刺史曲江縣開國侯王玄謨，烝徒五萬，董統前師。使持節、侍中、司徒、揚州刺史建安王休仁，擁神州之衆，總督羣帥。龍驤將軍劉勔、寧朔將軍劉懷珍，步騎五千，直指大雷。寧朔將軍柳倫、司州刺史龐孟虯，淮、潁突騎，邪趣西陽。使持節、驃騎大將軍、豫州刺史山陽王休祐，總勒步師，

連旗百萬，河舟代馬，遄鶩江濆，越棘吳鉤，交曜織服，笳鼓動坤維，金甲震雲漢，掎角相望，水陸俱發。冠軍將軍武念，率雍、司之銳，已據樊、沔。徐州刺史申令孫，提彭、宋剽勇，陸塗猋奮。皇上當親馭六師，降臨江服，旌旆掩雲，舳艫咽海。

昔吳、楚連衡，燕、淮勁悍，塵擾區內，聲沸秦中，霧散埃滅，豈非先鑒。而嬰彼孤城，以待該天之網，迫此烏合，以抗絡宇之師。雲羅四掩，霜鋒交集，猶勁飆之拂細草，烈火之掃寒原，燋卷之形，昭然已著。朝廷惻涽我僚吏，哀矜我士民，並亦何辜，拘誤迷黨。故加宣示，令得自新。如其淪惑不改，抵冒王威，同焚既至，雖悔奚補。奉詔以四王幼弱，不幸陷難，兵交之日，不得妄加侵犯，若有逼損，誅翦無貸。左右主帥，嚴相衛奉，詿誤之罪，一無所問。

琬遣孫沖之率陳紹宗、胡靈秀、薛常寶、張繼伯、焦度等前鋒一萬，來據赭圻。沖之於道與子勛書曰：『舟楫已辦，器械亦整，三軍踴躍，人爭效命，便欲沿流掛颿，直取白下。願速遣陶亮衆軍，兼行相接，分據新亭、南州，則一麾定矣。』乃加沖之左衛將軍，以陶亮為右衛將軍，統諸州兵俱下。郢州軍主鄭景玄、荆州軍主劉亮、湘州軍主何昌、梁州軍主柳登、雍州軍主宗庶等合二萬人，一時俱下。亮本無干略，聞建安王休仁自上，殷孝祖又至，不敢進，屯軍鵲洲。

時琬遣閻湛之來寇廬江，臺軍主、龍驤將軍段佛榮受命討之。更使佛榮領鐵騎一千，回軍南討。三月三日，水陸攻赭圻，亮等率衆來救，殷孝祖為流矢所中死，軍主朱輔之、申謙之、張靈符並失利，輔之副正員將軍皇甫仲遠、謙之副虎賁中郎將徐稚賓並没。孝祖支軍主範潛率五百人投亮。時東軍已捷，江方興復還虎檻，建安王休仁遣方興、劉靈遺各領三千人助赭圻，以方興領孝祖軍，沈攸之代孝祖為前鋒都督。沖之謂陶亮曰：『孝祖梟將，一戰便死。天下事定矣，不須復戰，便當直取京都。』亮不從。太宗遣員外散騎侍郎王道隆至赭圻督戰。孝祖死之明日，建安王休仁又遣軍主郭季之馬步三千就攸之，攸之乃率季之及輔國將軍步兵校尉杜幼文、寧朔將軍屯騎校尉垣恭祖、龍驤將軍朱輔之、員外散騎侍郎高遵世、馬軍主龍驤將軍頓生、段佛榮等三萬人，詰旦進戰，奮擊，大破之，斬獲數千，追奔至姥山而反。沖之等於湖、白口築二城，為軍主張興世所拔。陶亮聞湖、白二城陷没，大懼，急呼沖之還鵲尾，留薛常寶代沖之守赭圻。先于姥山及諸岡分立營寨，亦悉敗還，共保濃湖。濃湖即在鵲尾。

時軍旅大起，國用不足，募民上米二百斛，錢五萬，雜穀五百斛，同賜荒縣除。上米三百斛，錢八萬，雜穀千斛，同賜四品正令史；滿報，若欲署四品在家，亦聽。上米四百斛，錢十二萬，雜穀一千三百斛，同賜四品正令史；滿報，若欲署三品在家，亦聽。上米五百斛，錢十五萬，雜穀一千五百斛，同賜三品令史；滿報，若欲署內監在家，亦聽。上米七百斛，錢二十萬，雜穀二千斛，同賜荒郡除；若欲署諸王國三令在家，亦聽。

琬又遣輔國將軍、豫州刺史劉胡率衆三萬，鐵騎二千，來屯鵲尾。胡宿將，屢有戰功，素多狡詐，為衆推伏，攸之等甚憚之。時胡鄉人蔡那、佼長生、張敬兒各領軍隸攸之在赭圻，胡以書招之，那等並拒絕。胡因要那等共語，陳說平生，那等詰誚，說令歸順。胡回軍入鵲尾，無他權略。輔國將軍吳喜平定三吳，率所領五千人，並運資實，至於赭圻，于戰鳥山築壘，分遣千人，乘輕舸二百，與佼長生為遊軍。

薛常寶糧盡，告胡求援。三月二十九日，胡率步卒一萬，夜斫山開道，以布囊運米，來餉赭圻。平旦至城下，猶隔小塹，未能得入。沈攸之率衆軍攻之，軍主郭季之、荀僧韶、幢主韓欣宗等，率衆三千，為攸之勢援。胡發所由橋道，僧韶等接楯行戰，復橋得渡。軍主劉沙彌輕騎深入，至胡麾下，遂見殺。攸之策馬陷陳，回還，為追騎所刺；馬軍主段佛榮、武保救之得免。並殊死戰，多所傷殺。胡衆大敗，舍糧棄甲，緣山遁走，乘勝追之，斬獲甚衆。胡被創，僅得還營。常寶惶懼無計，遣信告胡，欲突圍奔出。四月四日，胡自率數千人迎之，常寶等開城突圍走。攸之率輔國將軍沈懷明、軍主周普孫、江方興、申謙之等諸軍悉力擊之。吳喜率衆來赴，為胡別軍所圍，甚急。有人來捉喜馬，將蔡保以刀斫之，斷手，然後得免。正員將軍幢主卜伯宗、江夏國侍郎幢主張渙力戰没陳。伯宗，益州刺史天與子也。攸之、喜等苦戰移日，常寶、張繼伯、胡靈秀、焦度等皆被重創，走還胡軍。赭圻城陷，斬偽寧朔將軍南陽太守沈懷寶、偽奉朝請領中舍人督戰謝道遇，納降數千。陳紹宗單舸奔西岸，與其部曲俱還鵲尾。建安王休仁自虎檻進據赭圻。劉胡遣陳紹宗、陳慶率輕艓二百，大艦

五十，出鵲外挑戰；吳喜、張興世、佼長生等擊之。喜支軍主吳獻之飛舸衝突，所向摧陷，斬獲及投水死甚多，追至鵲裏而還。太宗慮胡等或于步路向京邑，使寧朔將軍、廣德令王蘊千人防魯顯。

時胡等兵衆强盛，遠近疑惑。太宗欲綏慰人情，遣吏部尚書褚淵至虎檻選用將帥以下，申謙之、杜幼文因此求黄門郎，沈懷明、劉亮求中書郎。建安王休仁即使褚淵擬選，上不許，曰：『忠臣殉國，不謀其報，臨難以幹朝典，豈臣下之節邪？』

始安內史王職之、建安內史趙道生、安成太守劉襲，並舉郡奉順。琬遣龍驤將軍廖琰率數千人，併發廬陵白丁攻襲。襲與郡丞檀玢拒戰，大敗，玢臨陳見殺，襲棄郡走，據險自守。琰虜掠而退，襲復出據郡。

時齊王率衆東北征討，而齊王世子為南康贛令，琬遣使收世子；世子腹心蕭欣祖、桓康等數十人，奉世子長子奔竄草澤，召募得百餘人，攻郡出世子。世子自號寧朔將軍，與南康相沈用之、前南海太守何曇直、晉康太守劉紹祖、北地傅浩、東莞童禽等，據郡起義。琬征始興相殷孚為御史中丞，並令率郡人俱下。孚衆盛，世子避之于揭陽山。琬遣武昌戴凱之為南康相，世子率衆攻之，凱之戰敗遁走。世子遣幢主檀文起千人戍西昌，與襲相應。琬又遣廖琰與其中兵參軍胡昭等築壘於西昌，堅壁相守。琬召豫章太守劉衍以為右將軍、中護軍，殷孚代為豫章太守，督上流五郡，以防襲等。

衡陽內史王應之率郡文武五百許人，起義兵襲何慧文于長沙，徑至城下。慧文率左右出城與戰，應之勇氣奮發，擊殺數人，遂與慧文交手戰，斫慧文八創，慧文斫應之斷足，遂殺之。時湘東國侍郎虞洽為太宗督國秩，在湘東，勸太守顔躍發兵應朝廷，躍不從。洽乃投桂陽，收募得數百人，還欲攻躍，躍懼求和，許之；有衆二千。時琬征慧文率衆下尋陽，發長沙，已行數百里，聞洽起兵，乃回還攻洽，洽尋戰敗奔走。

殷孚既去始興，以郡五官掾譚伯初留知郡事。士人劉嗣祖等斬伯初，據郡起義。琬遣始興太守韋希真、鷹揚將軍楊弘之領衆一千討嗣祖。嗣祖亦遣衆出南康，與齊王世子合。希真等以義徒强盛，住廬陵不敢進。廣州刺史袁曇遠聞始興起義，遣將李萬周、陳伯紹率衆討嗣祖。嗣祖遣兵戍湞陽，萬周亦築壘相守。嗣祖遣人誑萬周曰：『尋陽已平，臺遣劉勔為廣州，垂至。』萬周信之，便回還襲番禺，夜以長梯入城；曇遠怯弱無防，聞萬周反，便徒跣出奔，萬周追斬之於城內。交州刺史檀翼被代還至廣州，資貨鉅萬，萬周誣以為逆，襲而殺之。遂刼掠公私銀帛，藉略袁、檀珍寶，悉以自入。

袁顗悉雍州之衆，來赴尋陽。時孔道存為衛軍長史，行荆州事。琬以黄門侍郎劉道憲代之，以道存為侍中，行雍州事。柳元景之誅也，元景弟子世隆為上庸太守，民吏共藏匿之。顗起兵，召世隆，不至。顗既下，世隆乃合率蠻、宋二千餘人，起義於上庸，來襲襄陽。道存遣將王式民、康元隆等迎擊于萬山，世隆大敗，還郡自守。

沈攸之等與劉胡相持久不決，上又遣强弩將軍任農夫、振武將軍武會倉、冗從僕射全景文、軍主劉伯符等領兵繼至。攸之繕治船舸，材板不周，計無所出。會琬送五千片榜供胡軍用，俄而風潮奔迅，榜捍突栅出江，胡等力不能制，自撞船艦，殺没數十人，赴流而下，來泊攸之等營，於是材板大足。

琬進袁顗都督征討諸軍事，給鼓吹一部。六月十八日，顗率樓船千艘，來入鵲尾，張興世建議越鵲尾上據錢溪，斷其糧道。胡累攻之，不能克，事在《興世傳》。劉亮率所領至胡寨下，胡遣其副孫犀及張靈、焦度鐵騎五匹，越磵取亮，不能得，犀回馬去，亮使左右善射者夾身之，墜馬，斬犀首。張繼伯副馬可率所領來降。劉亮營寨，深入賊地，袁顗畏憚之，曰：『賊入我肝臟裏，何由得活！』劉胡率輕舸四百，由鵲頭內路欲攻錢溪。既而謂其長史王念叔曰：『吾少習步戰，未間水鬭。若步戰，恒在數萬人中，水戰在一舸之上，舸舸各進，不復相關，正在三十人中取，此非萬全之計，吾不為也。』乃托瘧疾，住鵲頭不進。遣龍驤將軍陳慶領三百舸向錢溪，戒慶不須戰：『張興世、武會倉，吾之所悉，自當走耳。』陳慶至錢溪，不敢攻。越錢溪，于梅根立寨。胡別遣將王起領百舸攻興世，興世擊，大破之。胡率其餘舸馳還，謂顗曰：『興世營寨已立，不可卒攻，昨日小戰，未足為損。陳慶已與南陵、大雷諸軍共遏其上，大軍在此，鵲頭諸將又斷其下流，已墮圍中，不足復慮。』顗怒胡不戰，謂曰：『糧運梗塞，當如此何？』胡曰：『彼尚得溯流越我而上，此運何以不得沿流越彼而下邪！』顗更使胡率步卒二萬，鐵馬一千，往攻興世。

休仁因此命沈攸之、吳喜、佼長生、劉靈遺、劉伯符等進攻濃湖，造皮艦十乘，拔其營栅，苦戰移日，大破之。顗被攻既急，馳信召胡令還。

張興世既據錢溪，江路岨斷，胡軍乏食，琬大送資糧，畏興世不敢下。胡遣將迎之，為錢溪所破，資實覆没都盡，燒米三十萬斛，胡衆駭懼。胡副張喜來降，說胡欲叛。八月二十四日，胡誑顗云：『更率步騎二萬，上取興世，兼下大雷餘餫。』令顗悉度馬配之，其夜，委顗奔走，徑趣梅根。先令薛常寶辦船舸，悉撥南陵諸軍，燒大雷諸城而走。顗聞胡走，亦棄衆西奔，至青林見殺。

胡率數百舸二萬人向尋陽，報子勛詐云：『袁顗已降，軍皆散，唯己率所領獨反。宜速處分，為一戰之資，當停據盆城，誓死不貳。』乃于江外夜取沔口。琬聞胡去，惶擾無復計，呼褚靈嗣等謀之，並不知所出，唯云更集兵力，加賞五階，或云三階者。張悅始發兒子浩喪，乃稱疾呼琬計事，令左右伏甲帳後，戒之：『若聞索酒，便出。』琬既至，悅曰：『卿首唱此謀，今事已急，計將安出？』琬曰：『正當斬晉安王，封府庫，以謝罪耳。』悅曰：『今日寧可賣殿下求活邪？』因呼求酒，再呼，左右震懾不能應。第二子洵提刀走出，餘人續至，即斬琬。琬死時，年六十。時中護軍劉順在座，驚起抱悅，左右人欲殺之，悅顧曰：『無關護軍。』乃止。

潘欣之聞琬死，勒兵而至，悅使人語之曰：『鄧琬謀反，即已梟戮。』欣之乃回還，取琬兒並殺之。悅因單舸齎琬首馳下，詣建安王休仁降。蔡那子道淵，以父為太宗效力，被係作部，因亂脫鎖入城，執子勛囚之。沈攸之諸軍至江州，斬子勛于桑尾牙下，傳首京都。劉順及餘同逆，並伏誅。吳喜、張興世進向荆州，沈懷明向郢州，劉亮、張敬兒向雍州，孫超之向湘州，沈思仁、任農夫向豫章，所至皆平定。

劉胡走入沔，衆稍散，比至石城，裁餘數騎。竟陵郡丞陳懷真，憲子也，聞胡經過，率數十人斷道邀之。胡人馬既疲，自度不免，因隨懷真入城，告渴，與之酒，胡飲酒畢，引佩刀自刺，不死，斬首送京邑。張興世弟僧產追胡，未至石城數十里，逢送胡首信，將還竟陵，殺懷真，竊有其功。郢州行事張沈、偽竟陵太守丘景先聞敗，變形為沙門逃走，追擒伏誅。

荆州聞濃湖平，議欲更遣軍與郢州合勢，又欲斷據巴陵，經日不決。乃遣將趙道始於江津築壘，任演戍沙橋，諸門津要，皆有屯兵。人情轉離，將士漸逃散。更議奉子頊奔益州，就蕭惠開，典籤阮道預、邵宰不同，曰：『近奉別詔，諸藩若改迷歸順者，悉復本爵。且任叔兒已斷白帝，楊僧嗣據梁州，雖復欲西，豈可得至？』道預、邵宰即與劉道憲解遣白丁，遣使歸罪。荆州治中宗景、土人姚儉等勒兵入城，殺道憲、預、記室參軍鮑照，劫掠府庫，無復孑遺，執子頊以降。

初，鄧琬徵兵巴東，巴東太守羅寶稱辭以郡接凶蠻，兵力不足分。巴東人任叔兒聚徒起義，遣信要寶稱，寶稱持疑未決，暴疾死。叔兒乃自號輔國將軍，引兵據白帝，殺寶稱二子，阻守三陜。蕭惠開遣費欣壽等五千人攻叔兒，叔兒與戰，大破之，斬欣壽。子頊又遣中兵參軍何康之領宜都太守，討叔兒。軍至陜口，為夷帥向子通所破，挺身走還。叔兒遂固白帝。

孔道存知尋陽已平，遣使歸順。尋聞柳世隆、劉亮當至，衆悉奔逃，道存及三子同時自殺。何慧文始謀同逆，其母禁之不從，母乃攜女歸江陵，遽嫁之。慧文才兼將吏，幹略有施，雖害王應之，上特加原宥，吳喜宣旨赦之。慧文曰：『既陷逆節，手害忠義，天網雖復恢恢，何面目以見天下之士。』和藥將飲，門生覆之，乃不食而死。

顔躍慮洽還都，說其始時同逆，密使人殺之。

初，淮南定陵人賈襲宗本縣已為劉胡所得，率二十人投沈攸之。攸之言之建安王休仁，休仁版為司徒參軍督護，使還鄉里招集，為胡所禽，以火炙之，問臺軍消息，一無所言，瞋目謂胡曰：『君稱兵內侮，窺覦神器，未聞奇謀遠略，而為砲烙之刑。僕本以身奉義，死亦何有。』胡乃斬之。前軍典籤範道興志不同逆，為琬所誅，其餘奉順見害者，並為上所湣。詔曰：『前鎮軍參軍督護範道興，朕之舊隸，經從北藩，徒役南畿，遭離命會，抱恩固節，受害羣凶，言念純誠，良有惻愴。可贈員外散騎侍郎。南城令鮑法度、後軍典籤馮次民、永新令應生、新建令庫延寶、上饒令黃難等，違逆識順，同被誅滅，言念既往，宜在追榮。可贈生奉朝請，法度南臺御史，次民、延寶、難並員外將軍。』

有司奏：『寧朔將軍、督豫州之梁郡諸軍事、豫州刺史、領南梁郡太

守竟陵張興世，都統水軍，屢戰克捷，仍進斷賊上流錢溪，貴口苦戰，平定凶逆，今封南平郡作唐縣開國侯，食邑一千户。寧朔將軍、參司徒中直兵軍事廣平佼長生，同統水軍屢戰，及興世上據錢溪，長生獨距賊衝要，功次興世，今封武陵郡遷陵縣開國侯，食邑八百户。寧朔將軍試守西陽太守吳興全景文、尚書比部郎吳縣孫超之、假輔國將軍右衛將軍南彭城劉亮等三人，並經晉陵苦戰，景文、超之仍又北討破釜，水軍斷賊糧運，及經葛塚、石梁二處破賊，亮南伐經大戰，又最處險劇。景文今封西陽郡孝寧縣，超之封長沙郡羅縣，亮封順陽縣，並開國侯，食邑各六百户。假輔國將軍驃騎司馬劉靈遺、寧朔將軍右軍蔡那、寧朔將軍屯騎校尉段佛榮等三人，統治攻道，並經苦戰，靈遺今封新野郡新野縣，那封始平郡平陽縣，佛榮封湘東郡臨蒸縣，並開國伯，食邑各五百户。假輔國將軍左軍吳興沈懷明、龍驤將軍積射將軍東平周盤龍、司徒參軍南彭城李安民等三人，懷明經晉陵破賊，又水軍南伐，統治攻道，盤龍雖不統軍，並經大戰，先登陷陳，安民又隨張興世遏斷錢溪，別統軍貴口破賊，今封懷明建安郡吳興縣，盤龍封晉安郡晉安縣，安民封建安郡邵武縣，並開國子，食邑各四百户。假輔國將軍遊擊將軍彭城杜幼文、龍驤將軍羽林監太原王穆之、龍驤將軍羽林監濟北頓生、龍驤將軍羽林監沛郡周普孫、員外散騎侍郎朱重恩等五人，幼文經晉陵破賊，在軍統攻道，南伐濃湖，普孫副沈攸之都統衆軍，穆之、生、重恩並南伐有功。今封幼文邵陵郡邵陽縣，穆之封衡陽郡衡山縣，生封始平郡武功縣，普孫封順陽郡清水縣，重恩封南海郡龍川縣，並開國男，食邑各三百户。」

江方興以戰功為太子左衛率，賊未平，病卒，追封武當縣侯，食邑五百户。方興，濟陽考城人，衣冠之舊也。龍驤將軍、虎賁中郎將董凱之，隨張興世破胡、白城，先登，封河隆縣子，食邑四百户。軍主張靈符，東南征討有功，封上饒縣男，食邑三百户。前征北長兼行參軍楊覆，以貴口有功，封綏城縣男，食邑二百户。追贈虞洽、檀玢給事中。以李萬周為步兵校尉。陳懷真以斬劉胡功，追封永豐縣男，食邑三百户。

又　卷八四《孔璪傳》　先是，鄧琬遣臨川內史張淹自南路出東陽，淹遣龍驤將軍桂遑、征西行參軍劉越緒屯據定陽縣。巴陵王休若遣沈思仁討之，思仁遣軍主崔公烈攻其營，斬幢主朱伯符首，桂遑、劉越緒諸軍並奔逸。晉安太守劉瞻據郡同逆，建安內史趙道生起義討之，聚徒未合。七月，思仁遣軍主姚宏祖、鮑伯奮、應寄生等討破瞻，斬之于羅江縣。

鄧琬先遣新安太守陽伯子及軍主任獻子襲黟縣，縣令吳茹公固守，力不敵，棄城走，伯子等屯據縣城。茹公與臺軍主丘敬文、李靈賜、蕭柏壽等攻圍彌時，八月乃克，斬伯子、獻子首。張淹屯軍上饒縣，聞劉胡敗，軍副鄱陽太守費曇欲圖之，詐云：『得鄧琬信，急宜諮論。』欲因此斬淹。淹素事佛，方禮佛，不得時進。曇復詐云捕虎，借大鼓及仗士二百人，淹信而與之。曇因率衆入山，饗士約誓，揚言虎走城西，鳴鼓大呼，直來趣城；城門守衛，悉委仗觀之，曇率衆突入，淹正禮佛，聞難走出，因斬首。

《梁書》卷一二《韋睿傳》　宋永光初，袁抃為雍州刺史，見而異之，引為主簿。抃到州，與鄧琬起兵，睿求出為義成郡，故免抃之禍。

《南史》卷三《宋明帝紀》　（泰始元年）江州刺史晉安王子勛舉兵反，鎮軍長史鄧琬爲其謀主，雍州刺史袁顗赴之。壬午，謁太廟。甲申，郢州刺史安陸王子綏、會稽太守尋陽王子房、臨海王子頊並舉兵同逆。

又　卷三二《張暢傳》　暢弟悅亦有美稱，歷侍中、臨海王子頊前軍長史、南郡太守。晉安王子勳建僞號，召拜爲吏部尚書，與鄧琬共輔僞政。事敗，悅殺琬歸降，復爲太子中庶子。

又　卷四〇《鄧琬傳》　前廢帝以文帝、孝武並次居第三，以登極位。子勳次第既同，深致嫌疑，因何邁之謀，乃遣使齎藥賜死。使至，子勳典籤謝道遇、主帥潘欣之、侍書褚靈嗣等馳以告琬，泣涕請計。琬曰：『身南土寒士，蒙先帝殊恩，以愛子見托，當以死報效。』景和元年冬，子勳戎服出聽事宣旨，欲舉兵，四坐未荅。録事參軍陶亮曰：『請效死前驅。』衆並奉旨。

會明帝定亂，進子勳號車騎將軍、開府儀同三司。令書至，諸佐史並喜造琬曰：『暴亂既除，殿下又開黄合，實爲公私大慶。』琬以子勳次第居三，又以尋陽起事，有符孝武，理必萬克。乃取令書投地曰：『殿下當開端門，黄合是吾徒事耳。』衆並駭愕。

琬與陶亮等繕甲器，徵兵四方。郢州刺史安陸王子綏、荆州刺史臨海王子頊、會稽太守尋陽王子房、雍州刺史袁顗、梁州刺史柳元怙、益州刺

史蕭惠開、廣州刺史袁曇遠、徐州刺史薛安都、青州刺史沈文秀、冀州刺史崔道固、湘州行事何慧文、吳郡太守顧琛、吳興太守王曇生、晉陵太守袁標、義興太守劉延熙並同叛逆。琬乃建牙于桑尾，傳檄建鄴，購明帝萬户侯，布絹二萬匹，金銀五百斤，其餘各有差。

明帝遣荆州典籤邵宰乘驛還江陵，經過襄陽。袁顗馳書報琬，勸勿解甲，並奉勸子勛即僞位。琬乃稱說符瑞，令顧昭之撰爲瑞命記。造乘輿御服，立宗廟，設壇場，矯作崇憲太后璽令，羣僚上僞號於子勛。泰始二年正月七日，即位于尋陽城。改景和三年爲義嘉元年。其日雲雨晦合，行禮忘稱萬歲。取子勛所乘車除脚以爲輦，置僞殿之西，其夕有鳩棲其中，鴞集其幰，又有禿鶖鳥集城上。拜安陸王子綏爲司徒，因雷電晦冥，震其黄合柱，鵄尾墮地。又有鵄棲其帳上。

琬性鄙闇，貪吝過甚，財貨酒食，皆身自量校。至是父子並賣官鬻爵，使婢僕出市道販賣，酣歌博弈，日夜不休。賓客到門者，歷旬不得前。内事悉委褚靈嗣等三人，羣小競爲威福，士庶忿怨，内外離心矣。

明帝遣領軍將軍王玄謨領水軍南討，吳興太守張永爲繼。尚書下符：『奉詔以四王幼弱，不幸陷難，兵交之日，不得妄加侵犯。若有逼損，誅翦無貸。』

琬遣孫沖之等前鋒一萬據赭圻，沖之於道與子勛書，欲沿流掛帆，直取白下，請速遣陶亮衆軍相接，分據新亭。亮本無干略，聞建安王休仁自上，殷孝祖又至，不敢進。及孝祖中流矢死，沈攸之代爲前鋒。沖之謂陶亮曰：『孝祖梟將，一戰便死，天下事定矣，不須復戰。便當直取京都。』亮不從。

明帝遣員外散騎侍郎王道隆至赭圻督戰，衆軍奮擊，大破之。琬又遣豫州刺史劉胡來屯鵲尾。胡宿將，攸之等甚憚之。胡鄉人蔡那、佼長生、張敬兒各領軍隸攸之在赭圻，胡因要那等共語。那等說令歸順。胡回軍入鵲尾，無他權略。

建安王休仁自武檻進據赭圻，時胡等兵衆强盛，遠近疑惑。明帝欲綏慰人情，遣吏部尚書褚彦回至武檻，選用將帥以下。申謙、杜幼文因此求黄門，沈懷明、劉亮求中書郎。建安王休仁即使彦回擬選，上不許，曰：『忠臣殉國，不謀其報，臨難以幹朝典，豈爲下之節。』

沈攸之等與劉胡相持久不決，上又遣彊弩將軍任農夫等領兵繼至。攸之繕修船舸，板材不周，計無所出。會琬送五千片榜供胡軍用，俄而風潮奔迅，榜突柵出江，胡等力不能制，趁流而下，泊攸之等營，於是材板大足。

琬進袁顗都督征討諸軍事，率樓船千艘來入鵲尾。張興世建議越鵲尾上據錢溪，斷其糧道。胡累攻之不能克，乃遣龍驤將軍陳慶領三百舸向錢溪，戒慶不須戰。陳慶至錢溪不敢攻，越溪于梅根立砦。胡別遣將王起領百舸攻興世，擊大破之，胡率其餘舸馳還。顗更使胡攻興世。休仁因此命沈攸之、吳喜、佼長生、劉靈遺、劉伯符等進攻濃湖，造皮艦千乘，拔其營柵，苦戰移日，大破之。顗被攻急，馳信召胡令還。張興世既據錢溪，江路阻斷，胡軍乏食。琬大送資糧，畏興世不敢下。胡遣將迎之，爲錢溪所破，夜走徑趣梅根。顗聞胡走，亦棄衆西奔，至青林見殺。

琬惶擾無計，時張悦始發兄子浩喪，乃稱疾呼琬計事，令左右伏甲戒之，若聞索酒便出。琬至，謀斬晉安王，封府庫以謝罪。悦曰：『寧可賣殿下求活邪。』因呼求酒，再呼，左右震慴不能應，第二子詢提刀出，餘人續至，即斬琬。悦因齎琬首詣建安王休仁降。蔡那子道深以父爲明帝效力被繫作部，因亂脱鎖入城，執子勛囚之。

沈攸之諸軍至江州，斬子勛于桑尾牙下，傳首建鄴。劉胡走入沔，竟陵郡丞陳懷直，憲子也，斷道邀之。胡人馬既疲困，因隨懷直入城，告渴得酒，飲酒畢，引佩刀自刺不死，斬首送建鄴。張興世弟僧彦追殺懷直，取胡首，竊有其功。

荆州聞濃湖平，更議奉子頊奔益州就蕭惠開。典籤阮道預、邵宰不同，曰：『雖復欲西，豈可得至。』遣使歸罪。荆州中從事宗景、土人姚儉等勒兵入城，執子頊以降。

南齊巴東王之亂

綜　述

《南齊書》卷三《武帝紀》　（永明三年）夏四月戊戌，以新除右衛將軍豫章王世子子響為豫州刺史，輔國將軍桓敬為兗州刺史。

六年三月，己亥，以豫章王世子子響為巴東王。

七年二月，丙子，以左衛將軍、巴東王子響為中護軍。

三月，庚戌，以中護軍、巴東王子響為江州刺史，中書令、隨郡王子隆為中護軍。

十二月，己亥，以中護軍、建安王子真為郢州刺史，江州刺史、巴東王子響為荆州刺史，前安西司馬垣榮祖為兗州刺史。

八年八月，巴東王子響有罪，遣丹陽尹蕭順之率軍討之，子響伏誅。

又　卷二八《垣榮祖傳》　巴東王子響事，方鎮皆啓稱子響為逆，榮祖曰：『此非所宜言。政應云劉寅等孤負恩獎，逼迫巴東，使至於此。』

又　卷三〇《薛淵傳》　（永明八年，薛淵）為右將軍、大司馬，領軍討巴東王子響。子響軍主劉超之被捕急，以眠褥雜物十餘種賂淵自逃，淵匿之軍中，為有司所奏，詔原。

又　《戴僧靜傳》　（永明八年）巴東王子響殺僚佐，世祖召僧靜使領軍向江陵，僧靜面啓上曰：『巴東王年少，長史捉之太急，忿不思難故耳。天子兒過誤殺人，有何大罪！官忽遣軍西上，人情惶懼，無所不至，僧靜不敢奉敕。』上不答而心善之。

又　《桓康傳》　淮南人尹略，永明八年，為遊擊將軍，討巴東王子響，見害。

又　《焦度傳》　焦度，字文績，南安氏人也。子世榮，永明中為巴東王防閤。子響事，世榮避奔雍州，世祖嘉之，以為始興中兵參軍。

又　卷三七《胡諧之傳》　胡諧之，豫章南昌人也。（永明）八年，上遣諧之率禁兵討巴東王子響于江陵，兼長史行事。臺軍為子響所敗，有司奏免官，權行軍事如故。

又　卷四〇《魚復侯子響傳》　魚復侯子響，字雲音，世祖第四子也。豫章王嶷無子，養子響，後有子，表留為嫡。世祖即位，為輔國將軍、南彭城臨淮二郡太守，見諸王不致敬。子響勇力絶人，關弓四斛力，數在園池中帖騎馳走竹樹下，身無虧傷。既出繼，車服異諸王，每入朝，輒忿怒，拳打車壁。世祖知之，令車服與皇子同。

永明三年，遷右衛將軍。仍出為使持節、都督豫州郢州之西陽司州之汝南二郡軍事、冠軍將軍、豫州刺史。明年，進號右將軍。進督南豫州之歷陽、淮南、潁川、汝陽四郡。入為散騎常侍，右衛將軍。六年，有司奏：『子響體自聖明，出繼宗國。大司馬臣嶷昔未有胤，所以因心鞠養。陛下弘天倫之愛，臣嶷深猶子之恩，遂乃繼體扶疏，世祚垂改，茅蔣奄蔚，塚嗣莫移。誠欣惇睦之風，實虧立嫡之教。臣等參議，子響宜還本。』乃封巴東郡王，遷中護軍，常侍如故。尋出為江州刺史，常侍如故。

七年，遷使持節、都督荆湘雍梁寧南北秦七州軍事、鎮軍將軍、荆州刺史。子響少好武，在西豫時，自選帶仗左右六十人，皆有膽幹。至鎮，數在內齋殺牛置酒，與之聚樂。令內人私作錦袍絳襖，欲餉蠻交易器仗。長史劉寅等連名密啓，上敕精檢。寅等懼，欲秘之。子響聞臺使至，不見敕，召寅及司馬席恭穆、諮議參軍江愈、殷曇粲、中兵參軍周彦、典籤吳修之、王賢宗、魏景淵於琴臺下詰問之。寅等無言。修之曰：『既以降敕旨，政應方便答塞。』景淵曰：『故應先檢校。』子響大怒，執寅等於後堂殺之。以啓無江愈名，欲釋之，而用命者已加戮。

上聞之怒，遣衛尉胡諧之、遊擊將軍尹略、中書舍人茹法亮領齋仗數百人，檢捕羣小，敕：『子響若束首自歸，可全其性命。』諧之等至江津，築城燕尾洲，遣傳詔石伯兒入城慰勞。子響曰：『我不作賊，長史等見負，今政當受殺人罪耳。』乃殺牛具酒饌，餉臺軍。而諧之等疑畏，執録其吏。子響怒，遣所養數十人收集府州器仗，令二千人從靈溪西渡，克明旦與臺軍對陣南岸。子響自與百餘人袍騎，將萬鈞弩三四張，宿江堤上，明日，凶黨與臺軍戰，子響於堤上放弩，亡命王沖天等蒙楯陵城，臺

軍大敗，尹略死之，官軍引退。上又遣丹陽尹蕭順之領兵繼至，子響部下恐懼，各逃散。

子響乃白服降，賜死。時年二十二。臨死，啓上曰：『劉寅等入齋檢杖，具如前啓。臣罪既山海，分甘斧鉞。奉敕遣胡諧之、茹法亮賜重勞，其等至，竟無宣旨，便建旗入津，對城南岸築城守。臣累遣書信喚法亮渡，乞白服相見，其永不肯，羣小懼怖，遂致攻戰，此臣之罪也。臣此月二十五日束身投軍，希還天闕，停宅一月，臣自取盡，可使齊代無殺子之譏，臣免逆父之謗。既不遂心，今便命盡，臨啓哽塞，知復何陳。』

有司奏絕子響屬籍，削爵土，收付廷尉法獄治罪。賜為蛸氏。諸所連坐，別下考論。

上憐子響死，後游華林園，見猿對跳子鳴嘯，上留目久之，因嗚咽流涕。豫章王嶷上表曰：『臣聞將而必戮，炳自《春秋》，罄於甸人，著於《經禮》，猶懷不忍之言，尚有如倫之痛。豈不事因法往，情以恩留。故庶人蛸子響，識懷靡樹，見淪不逞，肆憤一朝，取陷凶德，遂使迹鄰非孝，事近無君，身膏草野，未云塞釁。但韔矢倒戈，歸罪司戮，即理原心，亦既迷而知返。釁骨不收，幸魂莫赦，撫事惟往，載傷心目。昔閔榮伏痍，愴動墳園；思荆就辟，側懷丘墓。皆兩臣釁結于明時，二主議加于盛世，積代用之為美，歷史不以云非。伏願一下天矜，爰詔蛸氏，使得安兆末郊，旋窆餘麓，微列葦蔽之容，薄申封樹之禮。豈伊窮骸被德，實且天下歸仁。臣屬忝皇枝，偏留友睦，以臣繼別未安，子響言承出命，提攜鞠養，俯見成人，雖輟胤蕃條，歸體璿萼，循執之念不移，傳訓之憐何已。敢冒宸嚴，布此悲乞。』上不許。先是貶為魚復侯。

又　卷四九《張沖傳》　（新蔡太守席謙）父恭穆，鎮西司馬，為魚復侯所害。

又　卷五六《茹法亮傳》　巴東王子響于荆州殺僚佐，上遣軍西上，使法亮宣旨慰勞，安撫子響。法亮至江津，子響呼法亮，法亮疑畏不肯往。又求見傳詔，法亮又不遣。故子響怒，遣兵破尹略軍。事平，法亮至江陵，刑賞處分，皆稱敕斷決。軍還，上悔誅子響，法亮被責。少時，親任如舊。

《梁書》卷一〇《楊公則傳》　（永明中年）頃之，荆州刺史巴東王子響構亂，公則率師進討。事平，遷武寧太守。

《南史》卷四《齊武帝紀》　（永明六年）春三月己亥，封皇子子響爲巴東王。【略】

（永明八年）八月壬辰，荆州刺史巴東王子響反，遣丹陽尹蕭順之討之，子響伏誅。

又　卷四四《魚復侯子響傳》　子響少好武，帶仗左右六十人，皆有膽幹，數在內齋殺牛置酒，與之聚樂。令私作錦袍絳襖，欲餉蠻交易器仗。長史劉寅等連名密啓，上敕精檢，寅等懼，欲秘之。子響聞臺使至，不見敕，乃召寅及司馬席恭穆、諮議參軍江悆、殷曇粲、中兵參軍周彥、典籤吳修之、王賢宗、魏景深等俱入，於琴臺下並斬之。上聞之怒，遣衛尉胡諧之、遊擊將軍尹略、中書舍人茹法亮領羽林三千人檢捕羣小。敕『子響若束手自歸，可全其性命』。諧之等至江津，築城燕尾洲。子響白服登城，頻遣信與相聞，曰：『天下豈有兒反，身不作賊，直是粗疏。今便單舸還闕，何築城見捉邪？』尹略獨答曰：『誰將汝反父人共語。』子響聞之唯灑泣。又送牛數十頭，酒二百石，果饌三十輿，略棄之江流。子響膽力之士王沖天不勝忿，乃率黨度洲攻壘斬略，而諧之、法亮單艇奔逸。

上又遣丹陽尹蕭順之領兵繼之，子響即日將白衣左右三十人，乘舴艋中流下都。初，順之將發，文惠太子素忌子響，密遣不許還，令便爲之所。子響及見順之，欲自申明，順之不許，於射堂縊之。有司奏絕子響屬籍，賜爲蛸氏。

子響密作啓數紙，藏妃王氏裙腰中，具自申明，云：『輕舫還闕不得，此苦之深，唯願矜憐，無使竹帛齊有反父之子，父有害子之名。』及順之還，上心甚怪恨。百日于華林爲子響作齋，上自行香，對諸朝士嚬蹙。及見順之，嗚咽移時，左右莫不掩涕。他日出景陽山，見一沐透擲悲鳴，問後堂丞：『此沐何意？』答曰：『沐子前日墮崖致死，其母求之不見，故爾。』上因憶子響，歔欷良久，不自勝。順之慚懼，感病，遂以憂卒。於是豫章王嶷上表曰：『故庶人蛸子響識懷靡樹，見淪不逞，肆憤一朝，取陷凶德，身膏草野，未云塞釁。但歸罪司戮，迷而知返，撫事惟往，載傷心目。伏願一下天矜，使得旋窆餘麓，豈伊窮骸被德，實且天下

歸仁。』上不許，貶爲魚復侯。

南齊陳裴崔之叛

綜　述

《南齊書》卷七《東昏侯紀》（永元元年）十一月，丙辰，太尉、江州刺史陳顯達舉兵于尋陽。【略】十二月甲申，陳顯達至京師，宮城嚴警，六軍固守。乙酉，斬陳顯達，傳首。【略】

二年春，正月【略】庚午，詔討豫州刺史裴叔業。二月【略】己丑，裴叔業病死，兄子植以壽春降虜。三月【略】乙卯，遣平西將軍崔慧景率衆軍伐壽春。丁未【略】崔慧景於廣陵舉兵襲京師。壬子，右衛將軍左興盛督京邑水步衆軍。南徐州刺史江夏王寶玄以京城納慧景。乙卯，遣中領軍王瑩率衆軍屯北籬門。壬戌，慧景至，瑩等敗績。甲子，慧景入京師，宮內據城拒守。豫州刺史蕭懿起義救援。夏四月，癸酉，慧景棄衆走，斬首。詔曲赦京邑、南徐兗二州。【略】

（東昏侯）有膂力，能擔白虎幢。所寵羣小黨與三十一人，黃門十人。初任新蔡人徐世檦為直閤驍騎將軍，陳顯達事起，加輔國將軍。雖用護軍崔慧景為都督，而兵權實在世檦。又信鬼神，崔慧景事時，拜蔣子文神為假黃鉞、使持節、相國、太宰、大將軍、録尚書、揚州牧、鍾山王。至是又尊為皇帝，迎神像及諸廟雜神皆入後堂，使所親巫朱光尚禱祀祈福。

又　卷一九《五行志》　永元中，童謡云：『野豬雖嗃嗃，馬子空閭渠。不知龍與虎，飲食江南墟。七九六十三，廣莫人無餘。烏集傳舍頭，今汝得寬休。但看三八後，摧折景陽樓。』識者解云『陳顯達屬豬，崔慧景屬馬』，非也。東昏侯屬豬，馬子未詳，梁王屬龍，蕭穎胄屬虎。崔慧景攻臺，頓廣莫門死，時年六十三。烏集傳舍，即所謂『瞻烏爰止，於誰之屋』。三八二十四，起建元元年，至中興二年，二十四年也。摧折景陽樓，亦高臺傾之意也。言天下將去，乃得休息也。

崔慧景圍臺城，有一五色幡，飛翔在雲中，半日乃不見，衆皆驚怪，相謂曰：『幡者，事尋當翻覆也。』數日而慧景敗。

又　卷二六《陳顯達傳》　上欲悉除高、武諸孫，微言問顯達，答曰：『此等豈足介慮。』上乃止。顯達建武世心懷不安，深自貶匿，車乘朽故，導從鹵薄，皆用羸小，不過十數人。侍宴，酒後啓上曰：『臣年已老，富貴已足，唯少枕枕死，特就陛下乞之。』上失色曰：『公醉矣。』以年禮告退，不許。

是時虜頻寇雍州，衆軍不捷，失沔北五郡。永泰元年，乃遣顯達北討。詔曰：『晉氏中微，宋德將謝，蕃臣外叛，要荒內侮，天未悔禍，左衽亂華，巢穴神州，逆移年載。朕嗣膺景業，踵武前王，靜言隆替，思又區夏。但多難甫夷，恩化肇治，興師擾衆，非政所先，用戢遠圖，權緩北略，冀戎夷知義，懷我好音。而凶醜剽狡，專事侵掠，驅扇異類，蟻聚西偏，乘彼自來之資，撫其天亡之會，軍無再駕，民不重勞，傳檄以定三秦，一麾而臣禹迹，在此舉矣。且中原士庶，久望皇威，乞師請援，結軌馳道。信不可失，時豈終朝。宜分命方嶽，因茲大號。侍中太尉顯達，可暫輟槐陰，指授羣帥。』中外纂嚴。加顯達使持節，向襄陽。

永元元年，顯達督平北將軍崔慧景衆軍四萬，圍南鄉界馬圈城，去襄陽三百里，攻之四十日，虜食盡，啖死人肉及樹皮，周邊既急，虜突走，斬獲千計。官軍競取城中絹，不復窮追。顯達入據其城，遣軍主莊丘黑進取南鄉縣故從陽郡治也。虜主元宏自領十餘萬騎奄至，顯達引軍渡水西據鷹子山築城，人情沮敗。虜兵甚急，軍主崔恭祖、胡松以烏布幔盛顯達，數人簷之，逕道從分磧山均水口，臺軍緣道奔退，死者三萬餘人。左軍將張千虎死，追贈遊擊將軍。顯達素有威名，著於蠻虜，至是大損喪焉。御史中丞范岫奏免顯達官，朝議優詔答曰：『昔衛、霍出塞，往往無功，馮、鄧入關，有時虧喪。況公規謨肅舉，期寄兼深，見可知難，無損威略，方振遠圖，廓清朔土，雖執憲有常，非所得議。』顯達表解職，不許，求降號，又不許。

以顯達為都督江州軍事、江州刺史，鎮盆城，持節本官如故。初，王敬則事起，始安王遙光啓明帝慮顯達為變，欲追究軍還，事尋平，乃寢。

顯達亦懷危怖。及東昏立，彌不樂還京師，得此授，甚喜。尋加領片南大將軍，給三望車。

顯達聞京師大相殺戮，又知徐孝嗣等皆死，傳聞當遣兵襲江州，顯達懼禍，十一月十五日，舉兵。令長史庚弘遠、司馬虎龍與朝貴書曰：

諸君足下：我太祖高皇帝睿哲自天，超人作聖，屬彼宋季，綱紀自頓，應禪從民，構此基業。世祖武皇帝昭略通遠，克纂洪嗣，四關罷險，三河靜塵。鬱林海陵，頓孤負荷。明帝英聖，紹建中興。至乎後主，行悖三才，琴橫由席，繡積麻筵，淫犯先宮，穢興閨闈，皇陛為市廛之所，雕房起征戰之門。任非華尚，寵必寒廝。

江僕射兄弟，忠言屬薦，正諫繁興，覆族之誅，於斯而至。故乃犴噬之刑，四剽於海路，家門之釁，一起於中都。蕭、劉二領軍，並升御座，共稟遺詔，宗戚之苦，諒不足談，渭陽之悲，何辜至此。徐司空歷葉忠榮，清簡流世，匡翼之功示著，傾宗之罰已彰。沈僕射年在懸車，將念機杖，歡歌園藪，絕影朝門，忽招陵上之罰，何萬古之傷哉。遂使紫臺之路，絕縉紳之儔；纓組之閣，罷金、張之胤。悲哉！蟬冕為賤寵之服。嗚呼！皇陛列劫豎之坐。

且天人同怨，乾象變錯，往歲三州流血，今者五地自動。昔漢池異色，胥王因之見廢；吳郡暫震，步生以為姦倖。況事隆於往怪，釁倍於前虐，此而未廢，孰不可興？

王僕射、王領軍、崔護軍，中維簡正，逆念剖心。蕭衛尉、蔡詹事、沈左衛，各負良家，共傷時咍。先朝遺舊，志在名節，同列丹書，要同義舉。建安殿下季德沖遠，實允神器。昏明之舉，往聖流言。今忝役戎驅，丞請乞路。須京塵一靜，西迎大駕，歌舞太平，不亦佳哉！裴豫州宿遺誠言，久懷慷慨，計其勁兵，已登淮路；申司州志節堅明，分見迎合，總勒偏率，殿我而進；蕭雍州、房僧寄並已纂邁，旌鼓將及；南兗州司馬恭祖壯烈超羣，嘉驛屢至，佇聽烽諜，共成脣齒；荆郢行事蕭、張二賢，莫不案劍餐風，橫戈待節；關畿蕃守之儔，孰非義侶。

我太尉公禮道合聖，杖德修文，神武橫於七伐，雄略震於九綱。是乃從彼英序，還抗社稷。本欲鳴笳細錫，無勞戈刃。但忠黨有心，節義難遺。信次之間，森然十萬。飛旍咽於九派，列艦迷於三川，此蓋捧海澆螢，列火消凍耳。吾子其擇善而從之，無令竹帛空為後人笑也。

朝廷遣後軍將軍胡松、驍騎將軍李叔獻水軍據梁山；左衛將軍左興盛假節，加征虜將軍，督前鋒軍事，屯新亭；輔國將軍驍騎將軍徐世標領兵屯杜姥宅。顯達率衆數千人發尋陽，與胡松戰於採石，大破之，京邑震恐。十二月十三日，顯達至新林築城壘，左興盛率衆軍為拒戰之計。其夜，顯達多置屯火於巖側，潛軍渡取石頭北上襲宮城，遇風失曉，十四日平旦，數千人登落星崗，新亭軍望火，謂顯達猶在，既而奔歸赴救，屯城南。宮掖大駭，閉門守備。顯達馬矟從步軍數百人，於西州前與臺軍戰，再合，大勝，手殺數人，矟折，官軍繼至，顯達不能抗，退走至西州後烏榜村，為騎官趙潭注矟刺落馬，斬之於離側，身湧湔離，似淳于伯之被刑也。時年七十二。顯達在江州，遇疾不治，尋而自差，意甚不悅。是冬連大雪，梟首於朱雀，百雪不集之。諸子皆伏誅。

又　卷二九《王廣之傳》　王廣之，字林之，沛郡相人也。（泰始）十一年，虜動，（明帝）假廣之節，招募。隆昌元年，遷給事中、左衛將軍。時豫州刺史崔慧景密與虜通，有異志。延興元年，以廣之為持節、督豫州郢州之西陽司州之汝南二郡軍事、平西將軍、豫州刺史。

又　卷四〇《竟陵文宣王子良傳》　及陳顯達起事，王侯復入宮，昭胄懲往時之懼，與弟永新侯昭穎逃奔江西，變形為道人。崔慧景舉兵，昭胄兄弟出投之。慧景事敗，昭胄兄弟首出投臺軍主胡松，各以王侯還第。不自安，謀為身計。

又　卷五〇《江夏王寶玄傳》　（永元二年）崔慧景舉兵，還至廣陵，遣使奉寶玄為主。寶玄斬其使，因是發將吏防城。帝遣馬軍主戚平、外監黃林夫助鎮京口。慧景將渡江，寶玄密與相應，殺司馬孔矜、典籤呂承緒及平、林夫，開門納慧景。使長史沈佚之、諮議柳憕分部軍衆，乘八扛輿，手執絳麾幡，隨慧景至京師，住東城，百姓多往投集。慧景敗，收得朝野投寶玄及慧景軍名，帝令燒之，曰：『江夏尚爾，豈復可罪餘人。』寶玄逃奔數日乃出。帝召入後堂，以步鄣裹之，令羣小數十人鳴鼓角馳繞其外，遣人謂寶玄曰：『汝近圍我亦如此。』少日乃殺之。

又　卷五一《裴叔業傳》　高宗為豫州，叔業為右軍司馬，加建威將軍、軍主，領陳留太守。七年，為王敬則征西司馬，將軍、軍主如故。

隨府轉驃騎。在壽春為佐數年。九年，為寧蠻長史、廣平太守。雍州刺史王奂事難，叔業率部曲於城內起義。上以其有幹用，仍留為晉安王征北諮議，領中兵，扶風太守，遷晉熙王冠軍司馬。延興元年，加寧朔將軍，司馬如故。叔業早與高宗接事，高宗輔政，厚任叔業以為心腹，使領軍掩襲諸蕃鎮，叔業盡心用命。

建武二年，虜圍徐州，叔業以軍主隸右衛將軍蕭坦之救援。叔業攻虜淮柵外二城，克之，賊衆赴水死甚衆。除黄門侍郎。上以叔業有勳誠，封武昌縣伯，五百户。仍為持節、督徐州軍事、冠軍將軍、徐州刺史。四年，虜主寇沔北，上令叔業援雍州。叔業啓：『北人不樂遠行，唯樂侵伐虜堺，則雍司之賊，自然分張，無勞動民向遠也。』上從之。叔業率軍攻虹城，獲男女四千餘人。徙督豫州，輔國將軍、豫州刺史，持節如故。

永泰元年，叔業領東海太守孫令終、新昌太守劉思效、馬頭太守李僧護等五萬人圍渦陽，虜南兗州所鎮，去彭城百二十里。偽兗州刺史孟表固守拒戰，叔業攻圍之，積所斬級高五丈，以示城內。又遣軍主蕭璝、成寶真分攻龍亢戍，即虜馬頭郡也。虜閉城自守。偽徐州刺史廣陵王率二萬人、騎五千匹至龍亢，璝等拒戰不敵。叔業三萬餘人助之，數道攻虜。虜新至，營未立，於是大敗。廣陵王與數十騎走，官軍追獲其節。虜又遣偽將劉藻、高聰繼至，叔業率軍迎擊破之，再戰，斬首萬級，獲生口三千人，器仗驢馬絹布千萬計。虜主聞廣陵王敗，遣偽都督王肅、大將軍楊大眼步騎十八萬救渦陽，叔業見兵盛，夜委軍遁走。明日，官軍奔潰，虜追之，傷殺不可勝數，日暮乃止。叔業還保渦口，上遣使慰勞。

高宗崩，叔業還鎮。少主即位，誅大臣，京師屢有變發。叔業登壽春城北望肥水，謂部下曰：『卿等欲富貴乎？我言富貴亦可辦耳。』永元元年，徙督南兗兗徐青冀五州軍事、南兗州刺史，將軍、持節如故。叔業見時方亂，不樂居近蕃，朝廷疑其欲反，叔業亦遣使參察京師消息，於是異論轉盛。叔業兄子植、揚並為直閣，殿內驅使。慮禍至，棄母奔壽陽，說叔業以朝廷必見掩襲。徐世檦等慮叔業外叛，遣其宗人中書舍人裴長穆宣旨，許停本任。叔業猶不自安，而植等說之不已，叔業憂懼，問計于梁王，梁王令遣家還都，自然無患。叔業乃遣子芬之等還質京師。明年，進號冠軍將軍。傳叔業反者不已，芬之愈懼，復奔壽春。於是發詔討叔業，

遣護軍將軍崔慧景、征虜將軍豫州刺史蕭懿督水陸衆軍西討，頓軍小峴。叔業病困，植請救魏虜，送芬之為質。叔業尋卒，虜遣大將軍李醜、楊大眼二千餘騎入壽春。初，虜主元宏建武二年至壽春，其下勸攻城。宏曰：『不須攻，後當降也。』植等皆還洛陽。

又《崔慧景傳》 慧景以少主新立，密與虜交通，朝廷疑懼。高宗輔政，遣梁王至壽春安慰之，慧景遣密啓送誠勸進，征還，為散騎常侍，左衛將軍。建武二年，虜寇徐、豫，慧景以本官假節向鍾離，受王玄邈節度。尋加冠軍將軍。四年，遷度支尚書，領太子左率。

冬，虜主攻沔北五郡，假慧景節，率衆二萬，騎千匹，向襄陽。雍州衆軍並受節度。永泰元年，慧景至襄陽，五郡已没。加慧景平北將軍，置佐史，分軍助戍樊城。慧景頓渦口村，與太子中庶子梁王及軍主前寧州刺史董仲民、劉山陽、裴帟、傅法憲等五千餘人進行鄧城。前參騎還，稱虜軍且至。須臾，望數萬騎俱來，慧景據南門，梁王據北門，令諸軍上城上。時慧景等蓐食輕行，皆有饑懼之色。軍中北館客三人走投虜，具告之。虜偽都督中軍大將軍彭城王元勰分遣偽武衛將軍元蚪趣城東南，斷慧景歸路，偽司馬孟斌向城東，偽右衛將軍播正屯城北，交射城內。梁王欲出戰，慧景曰：『虜不夜圍人城，待日暮自當去也。』既而虜衆轉盛，慧景于南門拔軍，衆軍不相知，隨後奔退。虜軍從北門入，劉山陽與部曲數百人斷後死戰，虜遣鎧馬百餘匹突取山陽，山陽使射手射之，三人倒馬，手殺十餘人，不能禁，且戰且退。慧景南出過鬧溝，軍人蹈藉，橋皆斷壞，虜軍夾路射之，軍主傅法憲見殺，赴溝死者相枕。山陽取襖杖填溝，乘之得免。虜主率大衆追之，晡時，虜主至沔北，圍軍主劉山陽，山陽據城苦戰，至暮，虜乃退。衆軍恐懼，其夕皆下船還襄陽。

東昏即位，改領右衛將軍，平北、假節如故。未拜。永元元年，遷護軍將軍，尋加侍中。陳顯達反，加慧景平南將軍，都督衆軍事，屯中堂。時輔國將軍徐世檦專勢號令，慧景備員而已。帝既誅戮將相，舊臣皆盡，慧景自以年宿位重，轉不自安。明年，裴叔業以壽春降虜，改授慧景平西將軍，假節、侍中、護軍如故，率軍水路征壽陽。軍頓白下，將發，帝長圍屏除出琅邪城送之。帝戎服坐城樓上，召慧景單騎進圍內，無一人自隨者。裁交數言，拜辭而去。慧景既得出，甚喜。子覺為直閣將軍，慧景密

與期。四月慧景至廣陵，覺便出奔。

慧景過廣陵數十里，召會諸軍主曰：『吾荷三帝厚恩，當顧托之重。幼主昏狂，朝廷壞亂，危而不扶，責在今日。欲與諸君共建大功，以安宗社，何如？』衆皆回應。於是回軍還廣陵，司馬崔恭祖守廣陵城，開門納之。帝聞變，以征虜將軍右衛將軍左興盛假節，督京邑水陸衆軍。慧景停二日，便收衆濟江集京口。江夏王寶玄又為內應，合二鎮兵力，奉寶玄向京師。

臺遣驍騎將軍張佛護、直閤將軍徐元稱、屯騎校尉姚景珍、西中郎參軍徐景智、遊蕩軍主董伯珍、騎官桓靈福等據竹里為數城。寶玄遣信謂佛護曰：『身自還朝，君何意苦相斷遏？』佛護答曰：『小人荷國重恩，使于此創立小戍。殿下還朝，但自直過，豈敢幹斷。』遂射慧景軍，因合戰。慧景子覺及崔恭祖領前鋒，皆傖楚善戰；又輕行不爨食。以數舫緣江載酒肉為軍糧。每見臺軍城中煙火起，輒盡力攻擊，臺軍不復得食，以此饑困。元稱等議欲降，佛護不許。十二日，恭祖等復攻之，城陷，佛護單馬走，追得斬首，徐元稱降，餘軍主皆死。慧景至臨沂，令李玉之發橋斷路，慧景收殺之。

臺遣中領軍王瑩都督衆軍，據湖頭築壘，上帶蔣山西巖，實甲數萬。慧景至查硎，竹塘人萬副兒善射獵，能捕虎，投慧景曰：『今平路皆為臺軍所斷，不可議進。唯宜從蔣山龍尾上，出其不意耳。』慧景從之，分遣千餘人魚貫緣山，自西巖夜下，鼓叫臨城中。臺軍驚恐，即時奔散。帝又遣右衛將軍左興盛率臺內三萬人拒慧景於北籬門，望風退走。慧景引軍入樂游苑，恭祖率輕騎十餘匹突進北掖門，乃復出，宮門皆閉。慧景引衆圍之。於是東府、石頭、白下、新亭諸城皆潰。左興盛走，不得入宮，逃淮渚荻舫中，慧景擒殺之。宮中遣兵出蕩，不克。慧景燒蘭臺府署為戰場，守衛尉蕭暢屯南掖門處分城內，隨方應擊，衆心以此稍安。

慧景稱宣德太后令，廢帝為吳王。時巴陵王昭胄先逃民間，出投慧景，慧景意更向之，故猶豫未知所立。竹里之捷，子覺與恭祖爭勳，慧景不能決。恭祖勸慧景射火箭燒北掖樓，慧景以大事垂定，後若更造，費用功力，不從其計。性好談義，兼解佛理，頓法輪寺，對客高談。恭祖深懷怨望。

先是衛尉蕭懿為征虜將軍、豫州刺史，自歷陽步道征壽陽。帝遣密使告之，懿率軍主胡松、李居士等數千人自採石濟岸，頓越城，舉火，臺城中鼓叫稱慶。恭祖先勸慧景遣二千人斷西岸軍，令不得渡，慧景以城旦夕降，外救自然應散。至是恭祖請擊義師，又不許。乃遣子覺將精手數千人渡南岸。義師昧旦進戰，數合，士皆致死，覺大敗，赴淮死者二千餘人，覺單馬退，開桁阻淮。其夜，崔恭祖與驍將劉靈運詣城降，慧景衆情離壞，乃將腹心數人潛去，欲北渡江，城北諸軍不知，猶為拒戰。城內出蕩，殺數百人。義軍渡北岸，慧景餘衆皆奔。慧景圍城凡十二日，軍旅散在京師，不為營壘。及走，衆於道稍散，單馬至蟹浦，為漁父所斬，以頭內鰍魚籃，擔送至京師，時年六十三。

《梁書》卷一四《江淹傳》 永元中，崔慧景舉兵圍京城，衣冠悉投名刺，淹稱疾不往。及事平，世服其先見。

又 卷一六《王瑩傳》 永元初，會護軍崔慧景自京口奉江夏王入伐，瑩假節，率衆拒慧景於湖頭，夜為慧景所襲，衆散，瑩赴水，乘榜入樂遊，因得還臺城。慧景敗，還居領軍府。

又 卷二三《長沙郡王蕭懿傳》 （永元二年）裴叔業據豫州反，授持節、征虜將軍、督豫州諸軍事、豫州刺史，領歷陽、南譙二郡太守，討叔業。叔業懼，降于魏。既而平西將軍崔慧景入寇京邑，奉江夏王寶玄圍臺城。齊室大亂，詔征懿。懿時方食，投箸而起，率銳卒三千人援城。慧景遣其子覺來拒，懿奔擊，大破之，覺單騎走。乘勝而進，慧景衆潰，追斬之。

《南史》卷五《廢帝東昏侯紀》 （永泰元年）十一月丙辰，太尉、江州刺史陳顯達舉兵反于尋陽。乙丑，加護軍將軍崔慧景平南將軍，督衆軍南討。

十二月甲申，陳顯達至都，宮城嚴警。乙酉，斬顯達，傳其首。餘黨盡平。

二年春正月庚午，詔討豫州刺史裴叔業。

二月己丑，叔業病死，兄子植以壽春降魏。

三月乙卯，命平西將軍崔慧景攻壽春。丙午，尚書右僕射蕭惠休卒。丁未，崔慧景於廣陵反，舉兵內向。壬子，命右衛將軍左興盛督都下水步

衆軍御之。南徐州刺史江夏王寶玄以京城納慧景。乙卯，遣中領軍王瑩率衆軍屯北籬門。壬戌，慧景至，瑩等敗績。甲子，慧景入建鄴，臺城內閉門拒守。豫州刺史蕭懿興兵入援。己巳，以懿爲尚書右僕射。

夏四月癸酉，慧景棄衆走，斬之。詔曲赦都下及南徐、南兗二州。

又　卷六《武帝紀》　豫州刺史崔慧景既齊武舊臣，不自安，齊明憂之，乃起帝鎮壽陽，外聲備魏，實防慧景。師次長瀨，慧景懼罪，白服來迎，帝撫而宥之。將軍房伯玉、徐玄慶並曰：『慧景反迹既彰，實是見賊，我曹武將，譬如韝上鷹，將軍一言見命，便即制之。』帝笑曰：『其如掌中嬰兒，殺之不武。』於是曲意和釋之，慧景遂安。

又　卷三〇《何點傳》　永元中，崔慧景圍城，人間無薪，點悉伐園樹以贍親黨。慧景性好佛義，先慕交點，點不顧之。至是乃逼召點，點裂裙爲褲，往赴其軍，終日談說，不及軍事。其語默之迹如此。慧景平後，東昏大怒，欲誅之。王瑩爲之懼，求計于蕭暢。暢謂茹法珍曰：『點若不誘賊共講，未必可量，以此言之，乃應得封。』東昏乃止。

又　卷四五《陳顯達傳》　顯達建武世心懷不安，深自貶退，車乘朽敗，導從鹵簿皆用羸小。侍宴，酒後啓上借枕，帝令與之。顯達撫枕曰：『臣年已老，富貴已足，唯少枕枕死，特就陛下乞之。』上失色曰：『公醉矣。』以年老告退，不許。

永泰元年，乃遣顯達北侵。永元元年，顯達督平北將軍崔慧景衆軍四萬圍南鄉界馬圈城，去襄陽三百里。攻之四十日，魏軍食盡，噉死人肉及樹皮。周邊急，魏軍突走。顯達入據其城，遣軍主莊丘黑進取南鄉縣。魏孝文帝自領十餘萬騎奄至，軍主崔恭祖、胡松以烏布幔盛顯達，數人擔之，出沟水口，臺軍緣道奔退，死者三萬餘人。顯達素有威名，著於外境，至是大損喪焉。御史中丞範岫奏免顯達官，又表解職，並不許。以爲江州刺史，鎮盆城。初，王敬則事起，始安王遙光啓明帝慮顯達爲變，欲追軍還，事平乃寢。顯達亦懷危怖。及東昏立，彌不樂還都，得此授甚喜。尋加領征南大將軍，給三望車。顯達聞都下大相殺戮，徐孝嗣等皆死，傳聞當遣兵襲江州。顯達懼禍，十一月十五日舉兵，欲直襲建鄴，以掩不備，又遙指郢州刺史建安王寶寅爲主。朝廷遣後軍將軍胡松等據梁山，顯達率衆數千人發尋陽，與松戰於採石，大破之，都下震恐。十二月，潛軍度取石頭北上襲城，宮掖大駭，閉門守備。顯達馬稍從步軍數百人，於西州前與臺軍戰，再合大勝，綃折，手猶殺十餘人。官軍繼至，顯達不能抗，退走至西州後烏榜村。騎官趙潭注綃刺落馬，斬之籬側，血湧湔籬，似淳于伯之被刑。時年七十三。

顯達在江州遇疾，不療之而差，意甚不悅。是時連冬大雪，梟首朱雀而雪不集，諸子皆伏誅。

又　卷四五《崔慧景傳》　鬱林即位，慧景以少主新立，密與魏通，朝廷疑之。明帝輔政，遣梁武帝至壽春安慰之。慧景密啓送誠勸進。建武四年，爲度支尚書，領太子左率。

東昏即位，爲護軍。時輔國將軍徐世標專權號令，慧景備員而已。帝既誅戮將相，舊臣皆盡，慧景自以年宿位重，轉不自安。及裴叔業以壽陽降魏，即授慧景平西將軍，假節、侍中、護軍如故。率軍水路征壽陽。軍頓白下將發，帝長圍屏除，出琅邪城送之。帝戎服坐樓上，召慧景騎進圍內，無一人自隨，裁交數言，拜辭而去。慧景出至白下甚喜，曰：『頸非復小豎等所折也。』子覺爲直合將軍，慧景密與之期。

時江夏王寶玄鎮京口，聞慧景北行，遣左右余文興說之曰：『朝廷任用羣小，猜害忠賢，江、劉、徐、沈，君之所見，身雖魯、衛，亦不知滅亡何時。君今段之舉，有功亦死，無功亦死，欲何求所免。機不可失，今擁强兵，北取廣陵，收吳、楚勁卒；身舉州以相應，取大功如反掌耳。』慧景常不自安，聞言回應。

于時廬陵王長史蕭寅、司馬崔恭祖守廣陵城，慧景以寶玄事告恭祖。恭祖先無宿契，口雖相和，心實不同。還以事告寅，共爲閉城計。寅心謂恭祖與慧景同，謂曰：『廢昏立明，人情所樂，寧可違拒。』恭祖猶執不同。俄而慧景至，恭祖閉門不敢出。慧景知其異己，泣數行而去。

中兵參軍張慶延、明巖卿等勸慧景襲取廣陵，及密遣軍主劉靈運間行突入。慧景俄繫至，遂據其城。子覺至，仍使領兵襲京口。寶玄本謂大軍並來，及見人少，極失所望，拒覺，擊走之。恭祖及覺精兵八千濟江。恭祖心本不同反，至蒜山，欲斬覺以軍降京口，事既不果而止。

覺等軍器精嚴，柳憕、沈佚之等謂寶玄曰：『崔護軍威名既重，乃誠可見，既已唇齒，忽中道立異。彼以樂歸之衆，亂江而濟，誰能拒之。』於

是登北固樓，並千蠟燭爲烽火，舉以應覺。帝聞變，以右衛將軍左興盛假節、督都下水陸衆軍。慧景停二日，便率大衆一時俱濟江，趣京口，寶玄仍以覺爲前鋒，恭祖次之，慧景領大都督爲衆軍節度。東府、石頭、白下、新亭諸城皆潰，左興盛走，不得入宮，逃淮渚荻船中，慧景禽殺之。慧景稱宣德皇后令，廢帝爲吳王。

時柳憕別推寶玄，恭祖爲寶玄羽翼，不復承奉，慧景嫌之。巴陵王昭胄先逃人間，出投慧景，意更向之，故猶豫未知所立，此聲頗泄。憕、恭祖始貳于慧景。又恭祖勸慧景射火箭燒北掖樓，慧景以大事垂定，後若更造，費用功多，不從其計。性好談義，兼解佛理，頓法輪寺，對客高談，恭祖深懷怨望。

先是，衛尉蕭懿爲豫州刺史，自歷陽步道征壽陽，帝遣密使告之。懿率軍主胡松、李居士等自採石濟岸，頓越城舉火，臺城中鼓叫稱慶。恭祖先勸慧景遣二千人斷西岸軍，令不得度，慧景以城旦夕降，外救自然應散，不許。恭祖請擊義師，又不許。乃遣子覺將精甲數千人度南岸，義師昧旦進戰，覺大敗。慧景人情離沮。

恭祖頓軍興皇寺，於東宮掠得女妓，覺來逼奪，由是忿恨。其夜，崔恭祖與驍將劉靈運詣城降。慧景乃將腹心數人潛去，欲北度江，城北諸軍不知，猶爲拒戰。城内出蕩，殺數百人，慧景餘衆皆奔。

慧景圍城凡十二日，軍旅散在都下，不爲營壘。及走，衆於道稍散，單馬至蟹浦，投漁人太叔榮之。榮之故爲慧景門人，時爲蟹浦戍，謂之曰：『吾以樂賜汝，汝爲吾覓酒。』既而爲榮之所斬，以頭内鰌籃中擔送都。

又 卷五一《長沙宣武王懿傳》 （永元二年）裴叔業據豫州反，懿以豫州刺史領歷陽、南譙二郡太守討之，叔業懼，遂降魏。武帝時在雍州，遣典籤趙景悅說懿興晉陽之甲，誅君側之罪。懿不答。既而平西將軍崔慧景入寇，奉江夏王寶玄圍臺城，齊室大亂，馳信召懿。懿時方食，投箸而起，率鋭卒三千人入援。武帝馳遣虞安福下都說懿曰：『誅賊之後，則有不賞之功，當明君賢主，尚或難立；況於亂朝，何以自免。若賊滅之後，仍勒兵入宮，行伊、霍故事，此萬世一時。若不欲爾，便放表還歷陽，托以外拒爲事，則威振内外，誰敢不從。一朝放兵，受其厚爵，高而無人，必生後悔。』長史徐曜甫亦苦勸，並不從。慧景遣其子覺來拒，懿擊大破之，乘勝而進，慧景衆潰，追斬之。

梁王僧辯之亂

綜述

《梁書》卷五《元帝紀》 （承聖四年）三月，齊遣其上黨王高渙送貞陽侯蕭淵明來主梁嗣，至東關，遣吳興太守裴之横與戰，敗績，之横死。太尉王僧辯率衆出屯姑孰。四月，司徒陸法和以郢州附于齊，遣江州刺史侯瑱討之。七月辛丑，王僧辯納貞陽侯蕭淵明，自採石濟江。甲辰，入于京師，以帝為皇太子。九月甲辰，司空陳霸先舉義，襲殺王僧辯，黜蕭淵明。丙午，帝即皇帝位。**【略】**

（紹泰元年）冬十月己巳，詔曰：『王室不造，嬰罹禍釁，西都失守，朝廷淪覆，先帝梓宮，播越非所，王基傾弛，率土罔戴。朕以荒幼，仍屬艱難，泣血枕戈，志復仇逆。大耻未雪，夙宵鯁憤。羣公卿尹，勉以大義，越登寡暗，嗣奉洪業。顧惟夙心，念不至此。庶仰憑先靈，傍資將相，克清元惡，謝冤陵寢。今墜命載新，宗祊更祀，慶流億兆，豈予一人。可改承聖四年為紹泰元年，大赦天下，内外文武賜位一等。』以貞陽侯淵明為司徒，封建安郡公，食邑三千户。

又 卷四二《傅岐傳》 （太清元年）此年冬，豫州刺史貞陽侯蕭淵明率衆伐彭城，兵敗陷魏。二年，淵明遣使還，述魏人欲更通和好，敕有司及近臣定議。左衛朱異曰：『高澄此意，當復欲繼好，不爽前和；邊境且得靜寇息民，於事為便。』議者並然之。岐獨曰：『高澄既新得志，其勢非弱，何事須和？此必是設間，故令貞陽遣使，令侯景自疑當以貞陽易景。景意不安，必圖禍亂。今若許澄通好，正是墮其計中。且彭城去歲喪師，渦陽新復敗退，令便就和，益示國家之弱。若如愚意，此和宜不可許。』朱異等固執，高祖遂從異議。

又　卷四五《王僧辯傳》　齊主高洋遣郭元建率衆二萬，大列舟艦於合肥，將謀襲建業，又遣其大將邢景遠、步六汗薩、東方老等率衆繼之。時陳霸先鎮建康，既聞此事，馳報江陵。世祖即詔僧辯次於姑孰，即留鎮焉。先命豫州刺史侯瑱率精甲三千人築壘于東關，以拒北寇；征吳郡太守張彪、吳興太守裴之横會瑱于關；因與北軍戰，大敗之，僧辯率衆軍振旅於建業。【略】

時齊主高洋又欲納貞陽侯淵明以為梁嗣，因與僧辯書曰：『梁國不造，禍難相仍，侯景傾蕩建業，武陵彎弓巴、漢。卿志格玄穹，精貫白日，戮力齊心，芟夷逆醜。凡在有情，莫不嗟尚；況我鄰國，緝事言前。而西寇承間，復相掩襲。梁主不能固守江陵，殞身宗祐。王師未及，便已降敗；士民小大，皆畢寇虜。乃眷南顧，憤歎盈懷。卿臣子之情，念當鯁裂。如聞權立枝子，號令江陰，年甫十餘，極為沖藐；梁釁未已，負荷諒難。祭則衛君，政由寧氏；幹弱枝强，終古所忌。朕以天下為家，大道濟物。以梁國淪滅，有懷舊好，存亡拯墜，義在今辰，扶危嗣事，非長伊德。彼貞陽侯，梁武猶子，長沙之胤，以年以望，堪保金陵，故置為梁主，納于彼國。便詔上黨王涣總攝羣將，扶送江表，雷動風馳，助掃冤逆。清河王岳，前救荆城，軍度安陸，既不相及，憤惋良深。恐及西寇乘流，復躡江左。今轉次漢口，與陸居士相會。卿宜協我良規，厲彼羣帥，部分舟艫，迎接今王，鳩勒勁勇，並心一力。西羌烏合，本非勍寇，直是湘東怯弱，致此淪胥。今者之師，何往不克，善建良圖，副朕所望也。』

貞陽承齊遣送，將届壽陽。貞陽前後頻與僧辯書，論還國繼統之意，僧辯不納。及貞陽、高涣至於東關，散騎常侍裴之横率衆拒戰，敗績，僧辯因遂謀納貞陽，仍定君臣之禮。啓曰：『自秦兵寇陝，臣便營赴援，纔及下船，荆城陷没，即遣劉周入國，具表丹誠，左右勳豪，初並同契。周既多時不還，人情疑阻；比册降中使，復遣諸處詢謀，物論參差，未甚決定。始得侯瑱信，示西寇權景宣書，令以真迹上呈。觀視將帥，恣欲同泰，若一朝仰違大國，臣不辭灰粉，悲梁祚永絶中興。伏願陛下便事濟江，仰藉皇齊之威，憑陛下至聖之略，樹君以長，雪報可期，社稷再輝，死且非吝。請押別使曹沖馳表齊都，續啓事以聞，伏遲拜奉在促。』貞陽答曰：『姜皓至，枉示具公忠義之懷。家國喪亂，於今積年。三後蒙塵，四海騰沸。天命元輔，匡救本朝。弘濟艱難，建武宗祐。至於丘園板築，尚想來儀；公室皇枝，豈不虛遲。聞孤還國，理會高懷，但近再命行人，或不宣具。公既詢謀卿士，訪逮藩維，沿泝往來，理淹旬月，使乎届止，殊副所期。便是再立我蕭宗，重興我梁國。億兆黎庶，咸蒙此恩；社稷宗祧，曾不相愧。近軍次東關，頻遣信裴之横處，示其可否。答對驕凶，殊駭聞矚。上黨王陳兵見衛，欲敍安危，無識之徒，忽然逆戰。前旌未舉，即自披猖，驚悼之情，彌以傷惻。上黨王深自矜嗟，不傳首級，更蒙封樹，飾棺厚殯，務從優禮。齊朝大德，信感神民。方仰藉皇威，敬憑元宰，討逆賊於咸陽，誅叛子於雲夢，同心協力，克定邦家。覽所示權景宣書，上流諸將，本有忠略，棄親向仇，庶當不爾，防姦定亂，終在於公。今且頓東關，更待來信，未知水陸何處見迎。夫建國立君，布在方策，入盟出質，有自來矣。若公之忠節，上感蒼旻；羣帥同謀，必匪攜貳。則齊師反璟，義不陵江，如致爽言，誓以無克。韜旗側席，遲復行人。曹沖奉表齊都，即押送也。渭橋之下，惟遲敍言；汜水之陽，預有號懼。』僧辯又重啓曰：『員外常侍姜皓還，奉敕伏具動止。大齊仁義之風，曲被鄰國，恤灾救難，申此大猷。皇家枝戚，莫不榮荷；江東冠冕，俱知憑賴。今歃不忘信，信實由衷，謹遣臣第七息顯，顯所生劉並弟子世珍，往彼充質；仍遣左民尚書周弘正至歷陽奉迎。艫舳浮江，俟一龍之渡；清宮丹陛，候六傳之入。萬國傾心，同榮晉文之反；三善克宣，方流宋昌之議。國祚既隆，社稷有奉。則羣臣竭節，報厚施于大齊；戮力展愚，效忠誠于陛下。今遣吏部尚書王通奉啓以聞。』僧辯因求以敬帝為皇太子。貞陽又答曰：『王尚書通至，復枉示，知欲遣賢弟世珍以表誠質，具悉憂國之懷。復以庭中玉樹，掌內明珠，無累胸懷，志在匡救，豈非劬勞我社稷，弘濟我邦家？慚歎之懷，用忘興寢。晉安王東京貽厥之重，西都繼體之賢，嗣守皇家，寧非民望。但世道喪亂，宜立長君，以其蒙孽，難可承業。成、昭之德，自古希儔；沖、質之危，何代無此。孤身當否運，志不圖生。忽荷不世之恩，仍致非常之舉。自惟虛薄，兢懼已深。若建承華，本歸皇胄；心口相誓，惟擬晉安。如或虛言，神明所殛。覽今所示，深遂本懷。戢慰之情，無寄言象。但公憂勞之重，既稟齊恩；忠義之情，復及梁貳。華夷兆庶，豈不懷風？宗廟明靈，豈不相感？正爾回璟，仍

向歷陽。所期質累，便望來彼。衆軍不渡，已著盟書。斯則大齊聖主之恩規，上黨英王之然諾，得原失信，終不為也。惟遲相見，使在不賒。鄉國非遥，觸目號咽。』僧辯使送質於鄴。貞陽求渡衛士三千，僧辯慮其為變，止受散卒千人而已，並遣龍舟法駕往迎。貞陽濟江之日，僧辯擁楫中流，不敢就岸。後乃同會于江寧浦。

貞陽既踐偽位，仍授僧辯大司馬，領太子太傅、揚州牧，餘悉如故。陳霸先時為司空、南徐州刺史，惡其翻覆，與諸將議，因自京口舉兵十萬，水陸俱至，襲于建康。於是水軍到，僧辯常處於石頭城，是日正視事，軍人已逾城北而入，南門又馳白有兵來。僧辯與其子頠遽走出閤，左右心腹尚數十人。衆軍悉至，僧辯計無所出，乃據南門樓乞命拜請。霸先因命縱火焚之，方共頠下就執。霸先曰：『我有何辜，公欲與齊師賜討？』又曰：『何意全無防備？』僧辯曰：『委公北門，何謂無備。』爾夜斬之。

《陳書》卷一《高祖紀》 （承聖三年）十一月，西魏攻陷江陵，高祖與王僧辯等進啓江州，請晉安王以太宰承制，又遣長史謝哲奉箋勸進。十二月，晉安王至自尋陽，入居朝堂，給高祖班劍二十人。四年五月，齊送貞陽侯深明還主社稷，王僧辯納之，即位，改元曰天成，以晉安王為皇太子。初，齊之請納貞陽也，高祖以為不可，遣使詣僧辯苦爭之，往返數四，僧辯竟不從。高祖居常憤歎，密謂所親曰：『武皇雖磐石之宗，遠布四海，至於克雪仇耻，寧濟艱難，唯孝元而已，功業茂盛，前代未聞。我與王公俱受重寄，語未絕音，聲猶在耳，豈期一旦便有異圖。嗣主高祖之孫，元皇之子，海內屬目，天下宅心，竟有何辜，坐致廢黜，遠求夷狄，假立非次，觀其此情，亦可知矣。』乃密具袍數千領，及錦彩金銀，以為賞賜之具。九月壬寅，高祖召徐度、侯安都、周文育等謀之，仍部列將士，分賞金帛，水陸俱進。是夜發南徐謅討王僧辯。甲辰，高祖步軍至石頭前，遣勇士自城北逾入。時僧辯方視事，外白有兵。俄而兵自內出，僧辯遽走，與其第三子頠相遇，俱出閤，左右尚數十人，苦戰。高祖大兵尋至，僧辯衆寡不敵，走登城南門樓。高祖因風縱火，僧辯窮迫，乃就擒。是夜縊僧辯及頠。丙午，貞陽侯遜位，百僚奉晉安王上表勸進。十月己酉，晉安王即位，改承聖四年為紹泰元年。

又　卷三《世祖傳》 （承聖三年）高祖之將討王僧辯也，先召世祖與謀。時僧辯女婿杜龕據吳興，兵衆甚盛，高祖密令世祖還長城，立栅以備龕。世祖收兵纔數百人，戰備又少，龕遣其將杜泰領精兵五千，乘虛奄至。將士相視失色，而世祖言笑自若，部分益明，於是衆心乃定。泰知栅內人少，日夜苦攻。世祖激厲將士，身當矢石，相持數旬，泰乃退走。及高祖遣周文育率兵討龕，世祖與並軍往吳興。時龕兵尚衆，斷據衝要，水步連陣相結，世祖命將軍劉澄、蔣元舉率衆攻龕，龕軍大敗，窘急，因請降。

又　卷二五《裴忌傳》 及高祖誅王僧辯，僧辯弟僧智舉兵據吳郡，高祖遣黃他率衆攻之，僧智出兵於西昌門拒戰，他與相持，不能克。高祖謂忌曰：『三吳奧壤，舊稱饒沃，雖凶荒之餘，猶為殷盛，而今賊徒扇聚，天下搖心，非公無以定之，宜善思其策。』忌乃勒部下精兵，輕行倍道，自錢塘直趣吳郡，夜至城下，鼓噪薄之。僧智疑大軍至，輕舟奔杜龕，忌入據其郡。

又　卷二六《徐陵傳》 （太清二年）兼通直散騎常侍。使魏，魏人授館宴賓。是日甚熱，其主客魏收嘲陵曰：『今日之熱，當由徐常侍來。』陵即答曰：『昔王肅至此，為魏始制禮儀；今我來聘，使卿復知寒暑。』收大慚。

及侯景寇京師，陵父摛先在圍城之內，陵不奉家信，便蔬食布衣，若居憂恤。會齊受魏禪，梁元帝承制於江陵，復通使于齊。陵累求復命，終拘留不遣，陵乃致書于僕射楊遵彥曰：【略】

遵彥竟不報書。及江陵陷，齊送貞陽侯蕭淵明為梁嗣，乃遣陵隨還。太尉王僧辯初拒境不納，淵明往復致書，皆陵詞也。及淵明之入，僧辯得陵大喜，接待饋遺，其禮甚優。以陵為尚書吏部郎，掌詔誥。其年高祖率兵誅僧辯，仍進討韋載。時任約、徐嗣徽乘虛襲石頭，陵感僧辯舊恩，乃往赴約。及約等平，高祖釋陵不問。

《南史》卷九《武帝紀》 （承聖四年）九月壬寅，帝召徐度、侯安都、周文育，仍部列將士，水陸俱進，夜發南徐州，討王僧辯。甲辰，帝至石頭，前遣勇士自城北踰入。時僧辯方視事，聞外白有兵，遽走。帝大兵尋至，因風縱火，僧辯就禽。是夜縊之，及其子頠。

又　卷六六《侯安都傳》　武帝謀襲王僧辯，唯與安都定計。仍使安都率水軍自京口趣石頭，武帝自從江乘羅落會之。安都至石頭北，棄舟登岸，僧辯弗之覺。石頭城北接岡阜，不甚危峻，安都被甲，帶長刀，軍人捧之，投於女垣內，衆隨而入，進逼僧辯臥室。武帝大軍亦至，與僧辯戰於聽事前，安都自內合出，腹背擊之，遂禽僧辯。

梁侯景之亂

綜述

《梁書》卷三《武帝紀》　（太清二年）秋八月戊戌，侯景舉兵反，擅攻馬頭、木栅、荆山等戍。甲辰，以安前將軍、開府儀同三司邵陵王綸都督衆軍討景。曲赦南豫州。九月丙寅，加左光祿大夫元羅鎮右將軍。

冬十月，侯景襲譙州，執刺史蕭泰。丁未，景進攻歷陽，太守莊鐵降之。戊申，以新除光祿大夫臨賀王正德為平北將軍，都督京師諸軍，屯丹陽郡。己酉，景自横江濟於採石。辛亥，景師至京，臨賀王正德率衆附賊。

十一月辛酉，賊攻陷東府城，害南浦侯蕭推、中軍司馬楊曒。庚辰，邵陵王綸帥武州刺史蕭弄璋、前譙州刺史趙伯超等，入援京師，頓鍾山愛敬寺。乙酉，綸進軍湖頭，與賊戰，敗績。丙戌，安北將軍鄱陽王範遣世子嗣、雄信將軍裴之高等帥衆入援，次於張公洲。

十二月丙辰，司州刺史柳仲禮、前衡州刺史韋粲、高州刺史李遷仕、前司州刺史羊鴉仁等並帥軍入援，推仲禮為大都督。【略】

（太清三年）春正月丁巳朔，柳仲禮帥衆分據南岸。是日，賊濟軍於青塘，襲破韋粲營，粲拒戰死。庚申，邵陵王綸、東揚州刺史臨成公大連等帥兵集南岸。乙丑，中領軍朱異卒。丙寅，以司農卿傅岐為中領軍。戊辰，高州刺史李遷仕、天門太守樊文皎進軍青溪東，為賊所破，文皎死之。壬午，熒惑守心。【略】

三月戊午，前司州刺史羊鴉仁等進軍東府北，與賊戰，大敗。【略】丁卯，賊攻陷宮城，縱兵大掠。己巳，賊矯詔遣石城公大款解外援軍。庚午，侯景自為都督中外諸軍事大丞相、録尚書。辛未，援軍各退散。丙子，熒惑守心。

又　卷四《簡文帝紀》　（大寶元年）春正月癸酉，前江都令祖皓起義，襲廣陵，斬賊南兗州刺史董紹先。侯景自帥水步軍擊皓。二月癸未，景攻陷廣陵，皓等並見害。丙戌，以安陸王大春為東揚州刺史。省吳州，如先為郡。詔曰：『近東垂擾亂，江陽縱逸。上宰運謀，猛士雄奮，吳、會肅清，濟、兗澄謐，京師畿內，無事戎衣。朝廷達宮，齋內左右，並可解嚴。』乙巳，以尚書僕射王克為左僕射。是月，邵陵王綸自尋陽至於夏口，郢州刺史南平王恪以州讓綸。丙午，侯景逼太宗幸西州。【略】

秋七月戊辰，賊行臺任約寇江州，刺史尋陽王大心以州降約。是月，以南郡王大連為江州刺史。八月甲午，湘東王繹遣領軍將軍王僧辯率衆逼郢州。乙亥，侯景自進位相國，封二十郡為漢王。邵陵王綸棄郢州走。冬十月乙未，侯景又逼太宗幸西州曲宴，自加宇宙大將軍、都督六合諸軍事。立皇子大鈞為西陽郡王，大威為武寧郡王，大球為建安郡王，大昕為義安郡王，大摯為綏建郡王，大圜為樂梁郡王。壬寅，景害南康嗣王會理。十一月，任約進據西陽，分兵寇齊昌，執衡陽王獻送京師，害之。湘東王繹遣前寧州刺史徐文盛督衆軍拒約。南郡王前中兵張彪起義於會稽若邪山，攻破浙東諸縣。【略】

（大寶二年）春三月，侯景自帥衆西寇。丁未，發京師，自石頭至新林，舳艫相接。四月，至西陽。乙亥，景分遣偽將宋子仙、任約襲郢州。丙子，執刺史蕭方諸。閏月甲子，景進寇巴陵，湘東王繹所遣領軍將軍王僧辯連戰不能克。五月癸未，湘東王驛遣遊擊將軍胡僧祐、信州刺史陸法和援巴陵，景遣任約帥衆拒援軍。六月甲辰，僧祐等擊破任約，擒之。乙巳，景解圍宵遁，王僧辯督衆軍追景。庚申，攻魯山城，克之，獲魏司徒張化仁、儀同門洪慶。辛酉，進圍郢州，下之，獲賊帥宋子仙等。鄱陽王故將侯瑱起兵，襲偽儀同于慶于豫章，慶敗走。秋七月丁亥，侯景還至京師。辛丑，王僧辯軍次湓城，賊行江州事范希榮棄城走。八月丙午，晉熙人王僧振、鄭寵起兵襲郡城，偽晉州刺史夏侯威生、儀同任延遁走。戊

午，侯景遣衛尉卿彭俊、厢公王僧貴率兵入殿，廢太宗為晉安王，幽於永福省。害皇太子大器、尋陽王大心、西陽王大鈞、武寧王大威、建平王大球、義安王大昕及尋陽王諸子二十人。矯為太宗詔，禪于豫章嗣王棟，大赦改年。遣使害南海王大臨于吳郡，南郡王大連于姑孰，安陸王大春於會稽，新興王大莊於京口。冬十月壬寅，帝謂舍人殷不害曰：『吾昨夜夢吞土，卿試為我思之。』不害曰：『昔重耳饋塊，卒還晉國。陛下所夢，得符是乎。』及王偉等進觴於帝曰：『丞相以陛下憂憤既久，使臣上壽。』帝笑曰：『壽酒，不得盡此乎？』於是並賫酒肴、曲項琵琶，與帝飲。帝知不免，乃盡酣，曰：『不圖為樂一至於斯！』既醉寢，偉乃出，俊進土囊，王修纂坐其上，於是太宗崩於永福省，時年四十九。賊僞謚曰明皇帝，廟稱高宗。

又　卷五《元帝紀》　（大寶三年）三月，王僧辯等平侯景，傳其首於江陵。戊子，以賊平告明堂、太社。【略】

五月乙酉，斬賊左僕射王偉、尚書呂季略、少卿周石珍、舍人嚴亶於江陵市。是日，世祖令曰：『君子赦過，著在周經；聖人解網，聞之湯令。自獫狁孔熾，長蛇薦食，赤縣阽危，黔黎塗炭，終宵不寐，志在雪耻。元惡稽誅，本屬侯景；王偉是其心膂，周石珍負背恩義，今並烹諸鼎鑊，肆之市朝。但比屯邅寇擾，為歲已積，衣冠舊貴，被逼偷生，猛士勳豪，和光苟免，凡諸惡侶，諒非一族。今特闡以王澤，削以刑書，自太清六年五月二十日昧爽以前，咸使惟新。』【略】是月，魏遣使賀平侯景。

又　卷八《哀太子傳》　（太清二年）十月，侯景寇京邑，敕太子為臺內大都督。三年五月，太宗即位。六月丁亥，立為皇太子。【略】

（大寶二年）八月，賊景廢太宗，將害太子，時賊黨稱景命召太子，太子方講《老子》，將欲下床，而刑人掩至。太子顏色不變，徐曰：『久知此事，嗟其晚耳。』刑者欲以衣帶絞之。太子曰：『此不能見殺。』乃指係帳竿下繩，命取絞之而絕，時年二十八。

太子性寬和，兼神用端嶷，在於賊手，每不屈意。初，侯景西上，攜太子同行，及其敗歸，部伍不復整肅，太子所乘船居後，不及賊衆，左右心腹並勸因此入北。太子曰：『家國喪敗，志不圖生；主上蒙塵，寧忍違離？吾今逃匿，乃是叛父，非謂避賊。』便涕泗嗚咽，令即前進。賊以太子有器度，每常憚之，恐為後患，故先及禍。承聖元年四月，追謚哀太子。

又　卷二三《蕭藻傳》　侯景亂，藻遣長子彧率兵入援，及城開，加散騎常侍、大將軍。景遣其儀同蕭邕代之，據京口，藻因感氣疾，不自療。或勸奔江北，藻曰：『吾國之臺鉉，位任特隆，既不能誅翦逆賊，正當同死朝廷，安能投身異類，欲保餘生。』

又　卷二七《陸襄傳》　（太清二年）侯景舉兵圍宮城，以襄直侍中省。【略】

（太清三年）三月，城陷，襄逃還吳。賊尋寇東境，没吳郡。景將宋子仙進攻錢塘，會海鹽人陸黯舉義，有衆數千人，夜出襲郡，殺僞太守蘇單于，推襄行郡事。時淮南太守文成侯蕭寧逃賊入吳，襄遣迎寧為盟主，遣黯及兄子映公帥衆拒子仙。子仙聞兵起，乃退還，與黯等戰於松江，黯敗走，吳下軍聞之，亦各奔散。襄匿於墓下，一夜憂憤卒，時年七十。

又　卷二八《裴之横傳》　時尋陽王大心在江州，范副梅思立密要大心襲湓城，之横斬思立而拒大心。大心以州降景。之横率衆與兄之高同歸元帝，承制除散騎常侍、廷尉卿，出為河東內史。又隨王僧辯拒侯景于巴陵，景退，遷持節、平北將軍、東徐州刺史，中護軍，封豫寧侯，邑三千户。又隨僧辯追景，平郢、魯、江、晉等州，恒為前鋒陷陣。仍至石頭，破景，景東奔，僧辯令之横與杜掞入守臺城。

又　卷二九《南康王蕭會理傳》　（太清二年）侯景圍京邑，會理治嚴將入援，會北徐州刺史封山侯正表將應其兄正德，外托赴援，實謀襲廣陵，會理擊破之。方得進路，臺城陷，侯景遣前臨江太守董紹先以高祖手敕召會理，其僚佐咸勸距之。會理曰：『諸君心事，與我不同，天子年尊，受制賊虜，今有手敕召我入朝，臣子之心，豈得違背。且遠處江北，功業難成，不若身赴京都，圖之肘腋。吾計決矣。』遂席捲而行，以城輸紹先。至京，景以為侍中、司空、兼中書令。雖在寇手，每思匡復，與西鄉侯勸等潛布腹心，要結壯士。時范陽祖皓斬紹先，據廣陵城起義，期以會理為內應。皓敗，辭相連及，景矯詔免會理官，猶以白衣領尚書令。

是冬，景往晉熙，景師虛弱，會理復與柳敬禮謀之。敬禮曰：『舉大事必有所資，今無寸兵，安可以動？』會理曰：『湖熟有吾舊兵三千餘

人，昨來相知，剋期響集，聽吾日定，便至京師。計賊守兵不過千人耳，若大兵外攻，吾等內應，直取王偉，事必有成。縱景後歸，無能為也。』敬禮曰『善』，因贊成之。于時百姓厭賊，咸思用命，自丹陽至於京口，靡不同之。後事不果，與弟祁陽侯通理並遇害。

又《蕭乂理傳》 太清中，侯景內寇，乂理聚賓客數百，輕裝赴南兗州，隨兄會理入援，恒親當矢石，為士卒先。及城陷，又隨會理還廣陵，因入齊為質，乞師。行二日，會侯景遣董紹先據廣陵，遂追會理，因為所獲。紹先防之甚嚴，不得與兄弟相見，乃偽請先還京，得入辭母，謂其姊安固公主曰：『事既如此，豈可闔家受斃。兄若至，願為言之，善為計自勉，勿賜以為念也。家國阽危，雖死非恨，前途亦思立效，但未知天命何如耳！』至京師，以魏降人元貞立節忠正，可以托孤，乃以玉柄扇贈之。貞怪其故，不受。乂理曰：『後當見憶，幸勿推辭。』會祖皓起兵，乂理奔長蘆，收軍得千餘人。其左右有應賊者，因間劫會理，其衆遂駭散，為景所害，時年二十一。

又《邵陵攜王蕭綸傳》 （太清二年）侯景構逆，加征討大都督，率衆討景。將發，高祖誡曰：『侯景小豎，頗習行陣，未可以一戰即殄，當以歲月圖之。』綸次鍾離，景已度採石。綸乃晝夜兼道，遊軍入赴。濟江中流，風起，人馬溺者十一二。遂率寧遠將軍西豊公大春、新淦公大成等，步騎三萬，發自京口。將軍趙伯超曰：『若從黄城大道，必與賊遇，不如徑路直指鍾山，出其不意。』綸從之。衆軍奄至，賊徒大駭，分為三道攻綸，綸與戰，大破之，斬首千餘級。翌日，賊又來攻，相持日晚，賊稍引卻，南安侯駿以數十騎馳之。賊回拒駿，駿部亂。賊因逼大軍，軍遂潰。綸至鍾山，衆裁千人，賊圍之，戰又敗，乃奔還京口。

又《蕭確傳》 鍾山之役，確苦戰，所向披靡，羣虜憚之。確每臨陣對敵，意氣詳贍。帶甲據鞍，自朝及夕，馳驟往反，不以為勞，諸將服其壯勇。及侯景乞盟，確在外，慮為後患，啓求召確入城。詔乃召確為南中郎將、廣州刺史，增封二千户。確知此盟多貳，城必淪没，因欲南奔。攜王聞之，逼確使入，確猶不肯。攜王流涕謂曰：『汝欲反邪！』時臺使周石珍在坐，確謂石珍曰：『侯景雖云欲去，而不解長圍，以意而推，其事可見。今召我入，未見其益也。』石珍曰：『敕旨如此，侯豈得辭？』確執意猶堅，攜王大怒，謂趙伯超曰：『譙州，卿為我斬之，當賫首赴闕。』伯超揮刃眄確曰：『我識君耳，刀豈識君？』確於是流涕而出，遂入城。及景背盟復圍城，城陷，確排闥入，啓高祖曰：『城已陷矣。』高祖曰：『猶可一戰不？』對曰：『不可。臣向者親格戰，勢不能禁，自縋下城，僅得至此。』高祖歎曰：『自我得之，自我失之，亦復何恨。』乃使確為慰勞文。

確既出見景，景愛其膂力，恒令在左右。後從景行，見天上飛鳶，羣虜爭射不中，確射之，應弦而落。賊徒忿嫉，咸勸除之。先是攜王遣人密導確，確謂使者曰：『侯景輕佻，可一夫力致，確不惜死，正欲手刃之；但未得其便耳。卿還啓家王，願勿以為念也。』事未遂而為賊所害。

又 卷三〇《徐摛傳》 （太清三年）侯景攻陷臺城，時太宗居永福省，賊衆奔入，舉兵上殿，侍衛奔散，莫有存者。摛獨嶷然侍立不動，徐謂景曰：『侯公當以禮見，何得如此。』凶威遂折。

又《鮑泉傳》 （太清三年）郢州平，元帝以長子方諸為刺史，泉為長史，行府州事。侯景密遣將宋子仙、任約率精騎襲之。方諸與泉不恤軍政，唯蒲酒自樂，賊騎至，百姓奔告，方諸與泉方雙陸，不信，曰：『徐文盛大軍在東，賊何由得至？』既而傳告者衆，始令闔門。賊縱火焚之，莫有抗者，賊騎遂入，城乃陷。執方諸及泉送之景所。後景攻王僧辯于巴陵，不克，敗還，乃殺泉于江夏，沉其屍于黄鵠磯。

又 卷三七《何敬容傳》 （太清二年）侯景襲京師，敬容自府移家臺內。初，景于渦陽退敗，未得審實，傳者乃云其將暴顯反，景身與衆並没，朝廷以為憂。敬容尋見東宮，太宗謂曰：『淮北始更有信，侯景定得身免，不如所傳。』敬容對曰：『得景遂死，深是朝廷之福。』太宗失色，問其故。敬容曰：『景翻覆叛臣，終當亂國。』是年，太宗頻于玄圃自講《老》、《莊》二書，學士吳孜時寄詹事府，每日入聽。敬容謂孜曰：『昔晉代喪亂，頗由祖尚玄虛，胡賊殄覆中夏。今東宮復襲此，殆非人事，其將為戎乎？』俄而侯景難作，其言有徵也。

又 卷三八《朱異傳》 （太清二年）高祖夢中原平，舉朝稱慶，旦以語異，異對曰：『此宇內方一之征。』及侯景歸降，敕召羣臣議，尚書僕射謝舉等以為不可，高祖欲納之，未決；嘗夙興至武德閣，自言

『我國家承平若此，今便受地，詎是事宜，脫致紛紜，悔無所及』。異探高祖微旨，應聲答曰：『聖明御宇，上應蒼玄，北土遺黎，誰不慕仰？為無機會，未達其心。今侯景分魏國太半，輸誠送款，遠歸聖朝，豈非天誘其衷，人奬其計！原心審事，殊有可嘉。今若不容，恐絕後來之望。此誠易見，願陛下無疑。』高祖深納異言，又感前夢，遂納之。及貞陽敗沒，自魏遣使還，述魏相高澄欲更申和睦。敕有司定議，異又以和為允，高祖果從之。其年六月，遣建康令謝挺、通直郎徐陵使北通好。是時，侯景鎮壽春，累啓絕和，及請追使。又致書與異，辭意甚切，異但述敕旨以報之。八月，景遂舉兵反，以討異為名。募兵得三千人，及景至，仍以其衆守大司馬門。

初，景謀反，合州刺史鄱陽王范、司州刺史羊鴉仁並累有啓聞，異以景孤立寄命，必不應爾，乃謂使者：『鄱陽王遂不許國家有一客！』並抑而不奏，故朝廷不為之備。及寇至，城內文武咸尤之。皇太子又制《圍城賦》，其末章云：『彼高冠及厚履，並鼎食而乘肥，升紫霄之丹地，排玉殿之金扉，陳謀謨之啓沃，宣政刑之福威，四郊以之多壘，萬邦以之未綏。問豺狼其何者？訪虺蜴之為誰？』蓋以指異。異因慚憤，發病卒，時年六十七。

又《**賀琛傳**》（太清二年）侯景舉兵襲京師，王移入臺內，留琛與司馬楊曒守東府。賊尋攻陷城，放兵殺害，琛被槍未至死，賊求得之，轝至闕下，求見僕射王克、領軍朱異，勸開城納賊。克等讓之，涕泣而止，賊復轝送莊嚴寺療治之。明年，臺城不守，琛逃歸鄉里。其年冬，賊進寇會稽，復執琛送出都，以為金紫光祿大夫。

又　卷三九《**元景仲傳**》　侯景作亂，以景仲元氏之族，遣信誘之，許奉為主。景仲乃舉兵，將下應景。會西江督護陳霸先與成州刺史王懷明等起兵攻之，霸先徇其衆曰：『朝廷以元景仲與賊連從，謀危社稷，今使曲江公勃為刺史，鎮撫此州。』衆聞之，皆棄甲而散，景仲乃自縊而死。

又《**羊侃傳**》（太清二年）侯景反，攻陷歷陽，高祖問侃討景之策。侃曰：『景反迹久見，或容豕突，宜急據采石，令邵陵王襲取壽春。景進不得前，退失巢窟，烏合之衆，自然瓦解。』議者謂景未敢便逼京師，遂寢其策，令侃率千餘騎頓望國門。景至新林，追侃入副宣城王都督城內諸軍事。時景既卒至，百姓競入，公私混亂，無復次第。侃乃區分防擬，皆以宗室間之。軍人爭入武庫，自取器甲，所司不能禁，侃命斬數人，方得止。及賊逼城，衆皆恟懼，侃僞稱得射書，云『邵陵王、西昌侯已至近路』。衆乃少安。賊攻東掖門，縱火甚盛，侃親自距抗，以水沃火，火滅，引弓射殺數人，賊乃退。

賊為尖頂木驢攻城，矢石所不能制，侃作雉尾炬，施鐵鏃，以油灌之，擲驢上焚之，俄盡。賊又東西兩面起土山，以臨城，城中震駭，侃命為地道，潛引其土，山不能立。賊又作登城樓車，高十餘丈，欲臨射城內，侃曰：『車高塹虛，彼來必倒，可臥而觀之，不勞設備。』及車動果倒，衆皆服焉。賊既頻攻不捷，乃築長圍。朱異、張綰議欲出擊之，高祖以問侃，侃曰：『不可。賊多日攻城，既不能下，故立長圍，欲引城中降者耳。今擊之，出人若少，不足破賊，若多，則一旦失利，自相騰踐，門隘橋小，必大致挫衄，此乃示弱，非騁王威也。』不從，遂使千餘人出戰，未及交鋒，望風退走，果以爭橋赴水，死者太半。

初，侃長子鷟為景所獲，執來城下示侃，侃謂曰：『我傾宗報主，猶恨不足，豈復計此一子，幸汝早能殺之。』數日復持來，侃謂鷟曰：『久以汝為死，猶復在邪？吾以身許國，誓死行陣，終不以爾而生進退。』因引弓射之。賊感其忠義，亦不之害也。景遣儀同傅士哲呼侃與語曰：『侯王遠來問訊天子，何為閉距，不時進納？尚書國家大臣，宜啓朝廷。』侃曰：『侯將軍奔亡之後，歸命國家，重鎮方城，懸相任寄，何所患苦？忽致稱兵？今驅烏合之卒，至王城之下，虜馬飲淮，矢集帝室，豈有人臣而至於此？吾荷國重恩，當稟承廟算，以掃大逆耳，不能妄受浮說，開門揖盜。幸謝侯王，早自為所。』士哲又曰：『侯王事君盡節，不為朝廷所知，正欲面啓至尊，以除姦佞，既居戎旅，故帶甲來朝，何謂作逆？』侃曰：『聖上臨四海將五十年，聰明睿哲，無幽不照，有何姦佞而得在朝？欲飾其非，寧無詭說。且侯王親舉白刃，以向城闕，事君盡節，正若是邪！』士哲無以應，乃曰：『在北之日，久挹風猷，每恨平生，未獲披敘，願去戎服，得一相見。』侃為之免胄，士哲瞻望久之而去。其為北人所欽慕如此。

後大雨，城內土山崩，賊乘之垂入，苦戰不能禁，侃乃令多擲火，為

火城以斷其路，徐於裏築城，賊不能進。十二月，遘疾卒於臺內，時年五十四。

又《羊鵾傳》 隨侃臺內，城陷，竄于陽平。侯景呼還，待之甚厚。及景敗，鵾密圖之，乃隨其東走。景于松江戰敗，惟餘三舸，下海欲向蒙山。會景倦晝寢，鵾語海師：「此中何處有蒙山！汝但聽我處分。」遂直向京口。至胡豆洲，景覺，大驚，問岸上人，云「郭元建猶在廣陵」，景大喜，將依之。鵾拔刀叱海師，使向京口。景欲透水，鵾抽刀斫之，景乃走入船中，以小刀抉船，鵾以槊入刺殺之。

又《羊鴉仁傳》 侯景降，詔鴉仁督士州刺史桓和之、仁州刺史湛海珍等精兵三萬，趨懸瓠應接景，仍為都督豫、司、淮、冀、殷、應、西豫等七州諸軍事、司、豫二州刺史，鎮懸瓠。會侯景敗于渦陽，魏軍漸逼，鴉仁恐糧運不繼，遂還北司，上表陳謝。高祖大怒，責之，鴉仁懼，又頓軍於淮上。及侯景反，鴉仁率所部入援。太清二年，景既背盟，鴉仁乃與趙伯超及南康王會理共攻賊於東府城，反為賊所敗。臺城陷，鴉仁見景，為景所留，以為五兵尚書。

又 卷四一《王褒傳》 太清中，侯景陷京城，江州刺史當陽公大心舉州附賊，賊轉寇南中，褒猶據郡拒守。

又《劉潛傳》 （太清二年）侯景寇京邑，孝儀遣子勵帥郡兵三千人，隨前衡州刺史韋粲入援。三年，宮城不守，孝儀為前歷陽太守莊鐵所逼，失郡。

又 卷四二《傅岐傳》 （太清元年）在禁省十餘年，機事密勿亞於朱異。此年冬，豫州刺史貞陽侯蕭淵明率衆伐彭城，兵敗陷魏。二年，淵明遣使還，述魏人欲更通和好，敕有司及近臣定議。左衛朱異曰：「高澄此意，當復欲繼好，不爽前和；邊境且得靜寇息民，於事為便。」議者並然之。岐獨曰：「高澄既新得志，其勢非弱，何事須和？此必是設間，故令貞陽遣使，令侯景自疑當以貞陽易景。景意不安，必圖禍亂。今若許澄通好，正是墮其計中。且彭城去歲喪師，渦陽新復敗退，令便就和，益示國家之弱。若如愚意，此和宜不可許。」朱異等固執，高祖遂從異議。及遣和使，侯景果有此疑，累啓請追使，敕但依違報之。至八月，遂舉兵反。十月，入寇京師，請誅朱異。三年，遷中領軍，舍人如故。二月，景于闕前通表，乞割江右四州，安其部下，當解圍還鎮，敕許之。乃於城西立盟，求遣宣城王出送。岐固執宣城嫡嗣之重，不宜許，遣石城公大款送之。及與景盟訖，城中文武喜躍，望得解圍。岐獨言於衆曰：「賊舉兵為逆，未遂求和，夷情獸心，必不可信，此和終為賊所詐也。」衆並怨怪之。及景背盟，莫不嘆服。

又 卷四三《韋粲傳》 （太清二年）征為散騎常侍。粲還至廬陵，聞侯景作逆，便簡閱部下，得精卒五千，馬百匹，倍道赴援。至豫章，奉命報云「賊已出橫江」，粲即就內史劉孝儀共謀之。孝儀曰：「必期如此，當有別敕。豈可輕信單使，妄相驚動，或恐不然。」時孝儀置酒，粲怒，以杯抵地曰：「賊已渡江，便逼宮闕，水陸俱斷，何暇有報；假令無敕，豈得自安？韋粲今日何情飲酒！」即馳馬出，部分將發，會江州刺史當陽公大心遣使要粲，粲乃馳往見大心曰：「上游蕃鎮，江州去京最近，殿下情計，實宜在前；但中流任重，當須應接，不可闕鎮。今直且張聲勢，移鎮湓城，遣偏將賜隨，於事便足。」大心然之，遣中兵柳昕帥兵二千人隨粲。粲悉留家累于江州，以輕舸就路。至南州，粲外弟司州刺史柳仲禮亦帥步騎萬餘人至橫江，粲即送糧仗贍給之，並散私金帛以賞其戰士。

先是，安北將軍鄱陽王範亦自合肥遣西豫州刺史裴之高與其長子嗣，帥江西之衆赴京師，屯于張公洲，待上流諸軍至。是時，之高遣船渡仲禮，與合軍進屯王游苑。粲建議推仲禮為大都督，報下流衆軍。裴之高自以年位耻居其下，乃云：「柳節下是州將，何須我復鞭板？」累日不決。粲乃抗言於衆曰：「今者同赴國難，義在除賊，所以推柳司州者，政以久捍邊疆，先為侯景所憚；且士馬精鋭，無出其前。若論位次，柳在粲下；語其年齒，亦少於粲，直以社稷之計，不得復論。今日形勢，貴在將和；若人心不同，大事去矣。裴公朝之舊齒，年德已隆，豈應復挾私情，以沮大計。粲請為諸將解釋之。」乃單舸至之高營，切讓之曰：「前諸將之議，豫州意所未同，即二宮危逼，猾寇滔天，臣子當勠力同心，豈可自相矛盾！豫州必欲立異，鋒鏑便有所歸。」之高垂泣曰：「吾荷國恩榮，自應帥先士卒，顧恨衰老，不能效命，企望柳使君共平凶逆，謂衆議已從，無俟老夫耳。若必有疑，當剖心相示。」於是諸將定議，仲禮方

得進軍。

次新亭，賊列陣于中興寺，相持至晚，各解歸。是夜，仲禮入粲營，部分衆軍，旦日將戰，諸將各有據守，令粲頓青塘。青塘當石頭中路，粲慮柵壘未立，賊必爭之，頗以為憚，謂仲禮曰：『下官才非禦侮，直欲以身殉國。節下善量其宜，不可致有虧喪。』仲禮曰：『青塘立柵，迫近淮渚，欲以糧儲船乘盡就泊之，此是大事，非兄不可。若疑兵少，當更差軍相助。』乃使直閤將軍劉叔胤師助粲，帥所部水陸俱進。時值昏霧，軍人迷失道，比及青塘，夜已過半，壘柵至曉未合。景登禪靈寺門閣，望粲營未立，便率鋭卒來攻。軍副王長茂勸據柵待之，粲不從，令軍主鄭逸逆擊之，命劉叔胤以水軍截其後。叔胤畏懦不敢進，逸遂敗。賊乘勝入營，左右牽粲避賊，粲不動，猶叱子弟力戰，兵死略盡，遂見害，時年五十四。粲子尼及三弟助、警、構，從弟昂皆戰死，親戚死者數百人。賊傳粲首闕下，以示城內，太宗聞之流涕曰：『社稷所寄，惟在韋公，如何不幸，先死行陣。』詔贈護軍將軍。世祖平侯景，追謚曰忠貞，並追贈助、警、構及尼皆中書郎，昂員外散騎常侍。

又《江子四傳》 及侯景反，攻陷歷陽，自橫江將渡，子一帥舟師千餘人，於下流欲邀之，其副董桃生家在江北，因與其黨散走。子一乃退還南洲，復收餘衆，步道赴京師。賊亦尋至，子一啓太宗曰：『賊圍未合，猶可出蕩，若營柵一固，無所用武。』請與其弟子四、子五帥所領百餘人，開承明門挑賊。許之。子一乃身先士卒，抽戈獨進，羣賊夾攻之，從者莫敢繼。子四、子五見事急，相引赴賊，並見害。

又《張嵊傳》 （太清二年）侯景圍京城，嵊遣弟伊率郡兵數千人赴援。三年，宮城陷，御史中丞沈浚違難東歸。嵊往見而謂曰：『賊臣憑陵，社稷危耻，正是人臣效命之秋。今欲收集兵力，保據貴鄉。若天道無靈，忠節不展，雖復及死，誠亦無恨。』浚曰：『鄙郡雖小，仗義拒逆，誰敢不從！』固勸嵊舉義。於是收集士卒，繕築城壘。時邵陵王東奔至錢唐，聞之，遣板授嵊征東將軍，加秩中二千石。嵊曰：『朝廷危迫，天子蒙塵，今日何情，復受榮號。』留板而已。賊行臺劉神茂攻破義興，遣使說嵊曰：『若早降附，當還以郡相處，復加爵賞。』嵊命斬其使，仍遣軍主王雄等帥兵於鱧瀆逆擊之，破神茂，神茂退走。侯景聞神茂敗，乃遣其中軍侯子鑑帥精兵二萬人，助神茂以擊嵊。嵊遣軍主范智朗出郡西拒戰，為神茂所敗，退歸。賊騎乘勝焚柵，柵內衆軍皆土崩。嵊乃釋戎服，坐於聽事，賊臨之以刃，終不為屈。乃執嵊以送景，景刑之於都市，子弟同遇害者十餘人，時年六十二。賊平，世祖追贈侍中、中衛將軍、開府儀同三司。

又《沈浚傳》 侯景逼京城，遷御史中丞。是時外援並至，侯景表請求和，詔許之。既盟，景知城內疾疫，復懷姦計，遲疑不去。數日，皇太子令浚詣景所，景曰：『即已向熱，非復行時。十萬之衆，何由可去，還欲立效朝廷，君可見為申聞。』浚曰：『將軍此論，意在得城。城內兵糧，尚支百日。將軍儲積內盡，國家援軍外集，十萬之衆，將何所資？而反設此言，欲脅朝廷邪？』景橫刃於膝，瞋目叱之。浚正色責景曰：『明公親是人臣，舉兵向闕，聖主申恩赦過，已共結盟，口血未乾，而有翻背。沈浚六十之年，且天子之使，死生有命，豈畏逆臣之刀乎！』不顧而出。景曰：『是真司直也。』然密銜之。及破張嵊，乃求浚以害之。

又《柳敬禮傳》 侯景渡江，敬禮率馬步三千赴援。至都，據青溪埭，與景頻戰，恒先登陷陳，甚著威名。臺城没，敬禮與仲禮俱見於景，景遣仲禮經略上流，留敬禮為質，以為護軍。景餞仲禮於後渚，敬禮密謂仲禮曰：『景今來會，敬禮抱之，兄拔佩刀，便可斫殺，敬禮死亦無所恨。』仲禮壯其言，許之。及酒數行，敬禮目仲禮，仲禮見備衛嚴，不敢動，計遂不果。會景征晉熙，敬禮與南康王會理共謀襲其城，剋期將發，建安侯蕭賁知而告之，遂遇害。

又 卷四四《潯陽王蕭大心傳》 （大寶元年）初，歷陽太守莊鐵以城降侯景，既而又奉其母來奔，大心以鐵舊將，厚為其禮，軍旅之事，悉以委之，仍以為豫章內史。侯景數遣軍西上寇抄，大心輒令鐵擊破之，賊不能進。時鄱陽王範率衆棄合肥，屯於柵口，待援兵總集，欲俱進。大心聞之，遣要範西上，以湓城處之，廩餽甚厚，與戮力共除禍難。會莊鐵據豫章反，大心令中兵參軍韋約等將軍擊之，鐵敗績，又乞降。鄱陽世子嗣先與鐵遊處，因稱其人才略從橫，且舊將也，欲舉大事，當資其力，若降江州，必不全其首領，嗣請援之。範從之，乃遣將侯瑱率精甲五千往救

鐵，夜襲破韋約等營。大心聞之大懼，於是二藩釁起，人心離貳。景將任約略地至於湓城，大心遣司馬韋質拒戰，敗績。時帳下猶有勇士千餘人，咸說曰：『既無糧儲，難以守固。若輕騎往建州，以圖後舉，策之上者也。』大心未決，其母陳淑容曰：『即日聖御年尊，儲宮萬福，汝久奉違顏色，不念拜謁闕庭，且吾已老，而欲遠涉險路，糧儲不給，豈謂孝子？吾終不行。』因撫胸慟哭，大心乃止。遂與約和。

又《**南郡王大連傳**》（太清元年）侯景入寇京師，大連率衆四萬來赴。及臺城没，援軍散，復還揚州。【略】

（大寶元年）景仍遣其將趙伯超、劉神茂來討，大連設備以待之。會將留異以城應賊，大連棄城走，至信安，為賊所獲。侯景以為輕車將軍、行揚州事，遷平南將軍、江州刺史。大連既迫寇手，恒思逃竄，乃與賊約曰：『軍民之事，吾不預焉。候我存亡，但聽鐘響。』欲簡與相見，因得亡逸，賊亦信之。事未果。二年秋，遇害，時年二十五。

又《**貞惠世子蕭方諸傳**》時世祖遣徐文盛督衆軍，與侯景將任約相持未決。方諸恃文盛在近，不恤軍政，日與鮑泉蒱酒為樂。侯景知之，乃遣其將宋子仙率輕騎數百，從間道襲之。屬風雨晦冥，子仙至，百姓奔告，方諸與鮑泉猶不信，曰：『徐文盛大軍在下，虜安得來？』始命閉門，賊騎已入，城遂陷，子仙執方諸以歸。王僧辯軍至蔡洲，景遂害之。

又 卷四六《**徐文盛傳**》（太清二年）聞國難，乃召募得數萬人來赴。世祖嘉之，以為持節、散騎常侍、左衛將軍、督梁、南秦、沙、東益、巴、北巴六州諸軍事、仁威將軍、秦州刺史，授以東討之略。於是文盛督衆軍東下，至武昌，遇侯景將任約，遂與相持。久之，世祖又命護軍將軍尹悅、平東將軍杜幼安、巴州刺史王珣等會之，並受文盛節度。擊任約于貝磯，約大敗，退保西陽。文盛進據蘆洲，又與相持。侯景聞之，乃率大衆西上援約，至西陽。文盛不敢戰。諸將咸曰：『景水軍輕進，又甚饑疲，可因此擊之，必大捷。』文盛不許。文盛妻石氏，先在建鄴，至是，景載以還之。文盛深德景，遂密通信使，都無戰心，衆咸憤怨。杜幼安、守箎等乃率所領獨進，與景戰，大破之，獲其舟艦以歸。會景密遣騎從間道襲陷郢州，軍中凶懼，遂大潰。文盛奔還荊州，世祖仍以為城北面都督。又聚贓汙甚多，世祖大怒，下令責之，數其十罪，除其官爵。文盛既失兵權，私懷怨望，世祖聞之，乃以下獄。時任約被擒，與文盛同禁。文盛謂約曰：『汝何不早降，令我至此。』約曰：『門外不見卿馬迹，使我何遽得降？』文盛無以答，遂死獄中。

又《**杜幼安傳**》又命率精甲一萬，助左衛將軍徐文盛東討侯景。至貝磯，遇景將任約來逆，遂與戰，大敗之。斬其儀同叱羅子通、湘州刺史趙威方等，傳首江陵。乃進軍大舉，因與景相持。別攻武昌，拔之。景渡蘆洲上流以壓文盛等，幼安與衆軍攻之，景大敗，盡獲其舟艦。會景密遣襲陷郢州，執刺史方諸等以歸，人情大駭，徐文盛由漢口遁歸，衆軍大敗，幼安遂降于景。景殺之，以其多反覆故也。

又《**杜龕傳**》與叔幼安俱隨王僧辯討河東王，平之。又隨僧辯下，繼徐文盛軍至巴陵，聞侯景襲陷郢州，西上將至，乃與僧辯等守巴陵以待之。景至，圍之數旬，不克而遁。【略】

仍隨僧辯追景至江夏，圍其城。景將宋子仙棄城遁，龕追至楊浦，生擒之。大寶三年，衆軍至姑孰，景將侯子鑑逆戰，龕與陳霸先、王琳等率精銳擊之，大敗子鑑，遂至於石頭。景親率其黨會戰，龕與衆軍奮擊，大破景，景遂東奔。

又 卷五六《**侯景傳**》景既據壽春，遂懷反叛，屬城居民，悉召募為軍士，輒停責市估及田租，百姓子女悉以配將卒。又啓求錦萬匹，為軍人袍，領軍朱异議以御府錦署止充頒賞遠近，不容以供邊城戎服，請送青布以給之。景得布，悉用為袍衫，因尚青色。又以臺所給仗，多不能精，啓請東冶鍛工，欲更營造，敕並給之。景自渦陽敗後，多所徵求，朝廷含弘，未嘗拒絕。

先是，豫州刺史貞陽侯淵明督衆軍圍彭城，兵敗没于魏。至是，遣使還述魏人請追前好。二年二月，高祖又與魏連和。景聞之懼，馳啓固諫，高祖不從。爾後表疏跋扈，言辭不遜。鄱陽王範鎮合肥，及司州刺史羊鴉仁俱累啓稱景有異志，領軍朱异曰：『侯景數百叛虜，何能為役？』並抑不奏聞，而逾加賞賜，所以姦謀益果。又知臨賀王正德怨望朝廷，密令要結，正德許為內啓。八月，景遂發兵反，攻馬頭、木柵，執太守劉神茂、戍主曹璆等。於是詔鄱陽王範為南道都督，北徐州刺史封山

侯正表為北道都督，司州刺史柳仲禮為西道都督，通直散騎常侍裴之高為東道都督，同討景，濟自歷陽；又令開府儀同三司、丹陽尹、邵陵王綸持節，董督衆軍。

十月，景留其中軍王顯貴守壽春城，出軍偽向合肥，遂襲譙州，助防董紹先開城降之，執刺史豊城侯泰。高祖聞之，遣太子家令王質率兵三千巡江遏防。景進攻歷陽，歷陽太守莊鐵遣弟均率數百人夜斫景營，不克，均戰没，鐵又降之。蕭正德先遣大船數十艘，偽稱載荻，實裝濟景。景至京口，將渡，慮王質為梗。俄而質無故退，景聞之尚未信也，乃密遣覘之。謂使者曰：『質若審退，可折江東樹枝為驗。』覘人如言而返，景大喜曰：『吾事辦矣。』乃自採石濟，馬數百匹，兵千人，京師不之覺。景即分襲姑孰，執淮南太守文成侯寧，遂至慈湖。於是詔以揚州刺史宣城王大器為都督城内諸軍事，都官尚書羊侃為軍師將軍以副焉；南浦侯推守東府城，西豊公大春守石頭城，輕車長史謝禧守白下。

既而景至朱雀航，蕭正德先屯丹陽郡，至是，率所部與景合。建康令庾信率兵千餘人屯航北，見景至航，命徹航，始除一舶，遂棄軍走南塘，遊軍復閉航渡景。皇太子以所乘馬授王質，配精兵三千，使援庾信。質至領軍府，與賊遇，未陣便奔走，景乘勝至闕下。西豊公大春棄石頭城走，景遣其儀同於子悦據之。謝禧亦棄白下城走。景於是百道攻城，持火炬燒大司馬、東西華諸門。城中倉卒，未有其備，乃鑿門樓，下水沃火，久之方滅。賊又斫東掖門將開，羊侃鑿門扇，刺殺數人，賊乃退。又登東宮牆，射城内，至夜，太宗募人出燒東宮，東宮臺殿遂盡。景又燒城西馬廄、士林館、太府寺。明日，景又作木驢數百攻城，城上飛石擲之，所值皆碎破。景苦攻不克，傷損甚多，乃止攻，築長圍以絕内外，啓求誅中領軍朱异、太子右衛率陸驗、兼少府卿徐驎、制局監周石珍等。城内亦射賞格出外：『有能斬景首，授以景位，並錢一億萬，布絹各萬匹，女樂二部。』

十一月，景立蕭正德為帝，即偽位於儀賢堂，改年曰正平。初，童謡有『正平』之言，故立號以應之。景自為相國、天柱將軍，正德以女妻之。

景又攻東府城，設百尺樓車，鉤城堞盡落，城遂陷。景使其儀同盧暉略率數千人，持長刀夾城門，悉驅城内文武裸身而出，賊交兵殺之，死者二千餘人。南浦侯推是日遇害。景使正德子見理、儀同盧暉略守東府城。

景又於城東西各起一土山以臨城内，城内亦作兩山以應之，王公以下皆負土。初，景至，便望克定京師，號令甚明，不犯百姓。既攻城不下，人心離阻，又恐援軍總集，衆必潰散，乃縱兵殺掠，交屍塞路，富室豪家，恣意哀剥，子女妻妾，悉入軍營。及築土山，不限貴賤，晝夜不息，亂加毆棰，疲羸者因殺之以填山，號哭之聲，響動天地。百姓不敢藏隱，並出從之，旬日之間，衆至數萬。

景儀同范桃棒密遣使送款乞降，會事泄見殺。至是，邵陵王綸率西豊公大春、新塗將軍永安侯確、超武將軍南安鄉侯駿、前譙州刺史趙伯超、武州刺史蕭弄璋、步兵校尉尹思合等，馬步三萬發自京口，直據鍾山。景黨大駭，具船舟咸欲逃散，分遣萬餘人距綸，綸擊大破之，斬首千餘級。旦日，景復陳兵覆舟山北，綸亦列陣以待之。景不進，相持。會日暮，景引軍還，南安侯駿率數十騎挑之，景回軍與戰，駿退。時趙伯超陳于玄武湖北，見駿急，不赴，乃率軍前走，衆軍因亂，遂敗績。綸奔京口。賊盡獲輜重器甲，斬首數百級，生俘千餘人，獲西豊公大春、綸司馬莊丘惠達、直閣將軍騶子約、廣陵令霍俊等，來送城下徇之，逼云『已擒邵陵王』，俊獨云『王小小失利，已全軍還京口，城中但堅守，援軍尋至』。賊以刀毆之，俊言辭顔色如舊，景義而釋之。

是日，鄱陽世子嗣、裴之高至後渚，結營于蔡洲。景分軍屯南岸。

十二月，景造諸攻具及飛樓、橦車、登城車、登堞車、階道車、火車，並高數丈，一車至二十輪，陳于闕前，百道攻城並用焉。以火車焚城東南隅大樓，賊因火勢以攻城，城上縱火，悉焚其攻具，賊乃退。又築土山以逼城，城内作地道以引其土山，賊又不能立，焚其攻具，還入於栅。材官將軍宋嶷降賊，因為立計，引玄武湖水灌臺城，城外水起數尺，闕前御街並為洪波矣。又燒南岸民居營寺，莫不咸盡。

司州刺史柳仲禮、衡州刺史韋粲、南陵太守陳文徹、宣猛將軍李孝欽等，皆來赴援。鄱陽世子嗣、裴之高又濟江。仲禮營朱雀航南，裴之高營南苑，韋粲營青塘，陳文徹、李孝欽屯丹陽郡，鄱陽世子嗣營小航南，並緣淮造栅。及曉，景方覺，乃登禪靈寺門樓望之，見韋粲營壘未合，先渡

兵擊之。粲拒戰敗績，景斬粲首徇於城下。柳仲禮聞粲敗，不遑貫甲，與數十騎馳赴之，遇賊交戰，斬首數百，投水死者千餘人。仲禮深入，馬陷泥，亦被重創。自是賊不敢濟岸。

邵陵王綸與臨成公大連等自東道集于南岸，荊州刺史湘東王繹遣世子方等、兼司馬吳曄、天門太守樊文皎下赴京師，營於湘子岸前，高州刺史李遷仕、前司州刺史羊鴉仁又率兵繼至。既而鄱陽世子嗣、永安侯確、羊鴉仁、李遷仕、樊文皎率衆渡淮，攻賊東府城前柵，破之，遂結營于青溪水東。景遣其儀同宋子仙頓南平王第，緣水西立柵相拒。景食稍盡，至是米斛數十萬人相食者十五六。

初，援兵至北岸，百姓扶老攜幼以候王師，纔得過淮，便競剥掠，賊黨有欲自拔者，聞之咸止。賊之始至，城中纔得固守，平蕩之事，期望援軍。既而四方雲合，衆號百萬，連營相持，已月餘日，城中疾疫，死者太半。

景自歲首以來乞和，朝廷未之許，至是事急乃聽焉。請割江右四州之地，並求宣城王大器出送，然後解圍濟江；仍許遣其儀同於子悅、左丞王偉入城為質。中領軍傅岐議以宣城王嫡嗣之重，不容許之。乃請石城公大款出送，詔許焉。遂于西華門外設壇，遣尚書僕射王克、兼侍中上甲鄉侯韶、兼散騎常侍蕭瑳與於子悅、王偉等，登壇共盟。左衛將軍柳津出西華門下，景出其柵門，與津遙相對，刑牲歃血。

南兗州刺史南康嗣王會理、前青、冀二州刺史湘潭侯退、西昌侯世子彧率衆三萬，至於馬卬州。景慮北軍自白下而上，斷其江路，請悉勒聚南岸，敕乃遣北軍進江潭苑。景啓稱：『永安侯、趙威方頻隔柵見詬臣，云「天子自與汝盟，我終當逐汝」。乞召入城，即當進發。』敕並召之。景又啓云：『西岸信至，高澄已得壽春、鍾離，便無處安足。權借廣陵、譙州，須征得壽春、鍾離，即以奉還朝廷。』

初，彭城劉邈說景曰：『大將軍頓兵已久，攻城不拔，今援衆雲集，未易而破；如聞軍糧不支一月，運漕路絕，野無所掠，嬰兒掌上，信在於今。未若乞和，全師而返，此計之上者。』景然其言，故請和。後知援軍號令不一，終無勤王之效；又聞城中死疾轉多，必當有應之者。景謀臣王偉又說曰：『王以人臣舉兵背叛，圍守宮闕，已盈十旬，逼辱妃主，淩穢宗廟，今日持此，何處容身？願王且觀其變。』【略】

三月朔旦，城內以景違盟，舉烽鼓譟，於是羊鴉仁、柳敬禮、鄱陽世子嗣進軍於東府城北。柵壘未立，為景將宋子仙所襲，敗績，赴淮死者數千人。賊送首級于闕下。

景又遣於子悅至，更請和。遣御史中丞沈浚至景所，景無去意，浚固責之。景大怒，即決石闕前水，百道攻城，晝夜不息，城遂陷。於是悉鹵掠乘輿服玩、後宮嬪妾，收王侯朝士送永福省，撤二宮侍衛。使王偉守武德殿，於子悅屯太極東堂，矯詔大赦天下，自為大都督、督中外諸軍事、録尚書，其侍中、使持節、大丞相、王如故。初，城中積屍不暇埋瘞，又有已死而未斂，或將死而未絕，景悉聚而燒之，臭氣聞十餘里。尚書外兵郎鮑正疾篤，賊曳出焚之，宛轉火中，久而方絕。於是援兵並散。

景矯詔曰：『日者，姦臣擅命，幾危社稷，賴丞相英發，入輔朕躬，征鎮牧守可各復本任。』降蕭正德為侍中、大司馬，百官皆復其職。景遣董紹先率兵襲廣陵，南兗州刺史南康嗣王會理以城降之。景以紹先為南兗州刺史。

初，北兗州刺史定襄侯祗與湘潭侯退，及前潼州刺史郭鳳同起兵，將赴援。至是，鳳謀以淮陰應景，祗等力不能制，並奔于魏。景以蕭弄璋為北兗州刺史，州民發兵拒之，景遣廂公丘子英、直閤將軍羊海率衆赴援，海斬子英，率其軍降于魏，魏遂據其淮陰。景又遣儀同於子悅、張大黑率兵入吳，吳郡太守袁君正迎降。子悅等既至，破掠吳中，多自調發，逼掠子女，毒虐百姓，吳人莫不怨憤，於是各立城柵拒守。是月，景移屯西州，遣儀同任約為南道行臺，鎮姑孰。

五月，高祖崩于文德殿。初，臺城既陷，景先遣王偉、陳慶入謁高祖，高祖曰：『景今安在？卿可召來。』時高祖坐文德殿，景乃入朝，以甲士五百人自衛，帶劍升殿。拜訖，高祖問曰：『卿在戎日久，無乃為勞？』景默然。又問：『卿何州人，而敢至此乎？』景又不能對，從者代對。及出，謂廂公王僧貴曰：『吾常據鞍對敵，矢刃交下，而意氣安緩，了無怖心。今日見蕭公，使人自懾，豈非天威難犯？吾不可再見之。』高祖雖外迹已屈，而意猶忿憤，時有事奏聞，多所譴卻。景深敬憚，亦不敢逼。景遣軍人直殿省內，高祖問制局監周石珍曰：『是何物人？』

對曰：『丞相。』高祖乃謬曰：『何物丞相？』對曰：『是侯丞相。』高祖怒曰：『是名景，何謂丞相！』是後，每所徵求，多不稱旨，至於御膳亦被裁抑，遂憂憤感疾而崩。景乃密不發喪，權殯于昭陽殿，自外文武咸莫知之。二十餘日，升梓宮於太極前殿，迎皇太子即皇帝位。於是矯詔赦北人為奴婢者，冀收其力用焉。

又遣儀同來亮率兵攻宣城，宣城內史楊華誘亮斬之；景復遣其將李賢明討華，華以郡降。景遣儀同宋子仙等率衆東次錢塘，新城戍主戴僧易據縣拒之。

是月，景遣中軍侯子鑑入吳軍，收於子悅、張大黑，還京誅之。

時東揚州刺史臨成公大連據州，吳興太守張嵊據郡，自南陵以上，皆各據守。景制命所行，惟吳郡以西、南陵以北而已。

六月，景以儀同郭元建為尚書僕射、北道行臺、總江北諸軍事，鎮新秦。郡人陸緝、戴文舉等起兵萬餘人，殺景太守蘇單于，推前淮南太守文成侯寧為主，以拒景。宋子仙聞而擊之，緝等棄城走。景乃分吳郡海鹽、胥浦二縣為武原郡。至是，景殺蕭正德於永福省。封元羅為西秦王，元景龍為陳留王，諸元子弟封王者十餘人。以柳敬禮為使持節、大都督，隸大丞相，參戎事。

景遣其中軍侯子鑑監行臺劉神茂等軍東討，破吳興，執太守張嵊父子送京師，景並殺之。景以宋子仙為司徒，任約為領軍將軍，爾朱季伯、叱羅子通、彭俊、董紹先、張化仁、于慶、魯伯和、紇奚斤、史安和、時靈護、劉歸義，並為開府儀同三司。

是月，鄱陽嗣王範率兵次栅口，江州刺史尋陽王大心要之西上。景出頓姑孰，范將裴之悌、夏侯威生以衆降景。

十一月，宋子仙攻錢塘，戴僧易降。景以錢塘為臨江郡，富陽為富春郡。又王偉、元羅並為儀同三司。

十二月，宋子仙、趙伯超、劉神茂進攻會稽，東揚州刺史臨成公大連棄城走，遣劉神茂追擒之。景以裴之悌為使持節、平西將軍、合州刺史，以夏侯威生為使持節、平北將軍、南豫州刺史。

是月，百濟使至，見城邑丘墟，於端門外號泣，行路見者莫不灑淚。景聞之大怒，送小莊嚴寺禁止，不聽出入。

大寶元年正月，景矯詔自加班劍四十人，給前後部羽葆鼓吹，置左右長史、從事中郎四人。前江都令祖皓起兵於廣陵，斬景刺史董紹先，推前太子舍人蕭勔為刺史；又結魏人為援，馳檄遠近，將以討景。景聞之大懼，即日率侯子鑑等出自京口，水陸並集。皓嬰城拒守，景攻城，陷之。景車裂皓以徇，城中無少長皆斬之。以侯子鑑監南兖州事。

是月，景召宋子仙還京口。

四月，景以元思虔為東道行臺，鎮錢塘。以侯子鑑為南兖州刺史。文成侯寧于吳西鄉起兵，旬日之間，衆至一萬，率以西上。景廂公孟振、侯子榮擊破之，斬寧，傳首于景。

七月，景以秦郡為西兖州，陽平郡為北兖州。任約、盧暉略攻晉熙郡，殺鄱陽世子嗣。

景以王偉為中書監。

任約進軍襲江州，江州刺史尋陽王大心降之。世祖時聞江州失守，遣衛軍將軍徐文盛率衆軍下武昌，拒約。

景又矯詔自進位為相國，封泰山等二十郡為漢王，入朝不趨，贊拜不名，劍履上殿，如蕭何故事。景以柳敬禮為護軍將軍，姜詢義為相國左長史，徐洪為左司馬，陸約為右長史，沈衆為右司馬。

是月，景率舟師上皖口。

十月，盜殺武林侯諮于廣莫門。諮常出入太宗卧內，景黨不能平，故害之。【略】

齊遣其將辛術圍陽平，景行臺郭元建率兵赴援，術退。徐文盛入資磯，任約率水軍逆戰，文盛大破之，仍進軍大舉口。時景屯於皖口，京師虛弱，南康王會理及北兖州司馬成欽等將襲之。建安侯賁知其謀，以告景，景遣收會理與其弟祈陽侯通理、柳敬禮、成欽等，並害之。

十二月，景矯詔封賁為竟陵王，賞發南康之謀也。

是月，張彪起義於會稽，攻破上虞，景太守蔡臺樂討之，不能禁。至是，彪又破諸暨、永興等諸縣，景遣儀同田遷、趙伯超、謝答仁等東伐彪。

二年正月，彪遣別將寇錢塘、富春，田遷進軍與戰，破之。

景以王克為太師，宋子仙為太保，元羅為太傅，郭元建為太尉，張化

仁為司徒，任約為司空，于慶為太子太師，時靈護為太子太保，紇奚斤為太子太傅，王偉為尚書左僕射，索超世為尚書右僕射。

北兗州刺史蕭邕謀降魏，事泄，景誅之。

是月，世祖遣巴州刺史王珣等率衆下武昌助徐文盛。任約以西臺益兵，告急于景。三月，景自率衆二萬，西上援約。四月，景次西陽，徐文盛率水軍邀戰，大破之。景訪知郢州無備，兵少，又遣宋子仙率輕騎三百襲陷之，執刺史方諸、行事鮑泉，盡獲武昌軍人家口。徐文盛等聞之，大潰，奔歸江陵，景乘勝西上。

初，世祖遣領軍王僧辯率衆東下代徐文盛，軍次巴陵，會景至，僧辯因堅壁拒之。景設長圍，築土山，晝夜攻擊，不克。軍中疾疫，死傷太半。世祖遣平北將軍胡僧祐率兵二千人救巴陵，景聞，遣任約以精卒數千逆擊僧祐，僧祐與居士陸法和退據赤亭以待之，約至與戰，大破之，生擒約。景聞之，夜遁。以丁和為郢州刺史，留宋子仙、時靈護等助和守，以張化仁、閻洪慶守魯山城，景還京師。王僧辯乃率衆東下，次漢口，攻魯山及郢城，皆陷之。自是衆軍所至皆捷。

景乃廢太宗，幽於永福省。作詔草成，逼太宗寫之，至『先皇念神器之重，思社稷之固』，歔欷嗚咽，不能自止。是日，景迎豫章王棟即皇帝位，升太極前殿，大赦天下，改元為天正元年。有回風自永福省吹其文物，皆倒折，見者莫不驚駭。

初，景既平京邑，便有篡奪之志，以四方須定，且未自立；既巴陵失律，江、郢喪師，猛將外殲，雄心內沮，便欲偽僭大號，遂其姦心。其謀臣王偉云『自古移鼎，必須廢立』，故景從之。其太尉郭元建聞之，自秦郡馳還，諫景曰：『四方之師所以不至者，政為二宮萬福；若遂行弒逆，結怨海內，事幾一去，雖悔無及。』王偉固執不從。景乃矯棟詔，追尊昭明太子為昭明皇帝，豫章安王為安皇帝，金華敬妃為敬皇后，豫章國太妃王氏為皇太后，妃張氏為皇后；以劉神茂為司空，徐洪為平南將軍，秦晃之、王曄、李賢明、徐永、徐珍國、宋長寶、尹思合併為儀同三司。景以哀太子妃賜郭元建，元建曰：『豈有皇太子妃而降為人妾？』竟不與相見。

十月壬寅夜，景遣其衛尉彭儁、王修纂奉酒于太宗曰：『丞相以陛下處憂既久，故令臣等奉進一觴。』太宗知其將弒，乃大酣飲酒，既醉還寢，修纂以帊盛土加於腹，因崩焉。斂用法服，以薄棺密瘞於城北酒庫。初，太宗久見幽縶，朝士莫得接覲，慮禍將及，常不自安；惟舍人殷不害後稍得入，太宗指所居殿謂之曰：『龐涓當死此下。』又曰：『吾昨夜夢吞土，卿試為思之。』不害曰：『昔重耳饋塊，卒反晉國。陛下所夢，將符是乎？』太宗曰：『儻幽冥有徵，冀斯言不妄耳。』至是見弒，實以土焉。

是月，景司空東道行臺劉神茂、儀同尹思合、劉歸義、王曄、雲麾將軍桑乾王元頵等據東陽歸順，仍遣元頵及別將李占、趙惠朗下據建德江口。尹思合收景新安太守元義，奪其兵。張彪攻永嘉，永嘉太守秦遠降彪。

十一月，景以趙伯超為東道行臺，鎮錢塘，遣儀同田遷、謝答仁等將兵東征神茂。

景矯蕭棟詔，自加九錫之禮，置丞相以下百官。陳備物於庭，忽有野鳥翔于景上，赤足丹觜，形似山鵲，賊徒悉駭，競射之不能中。景以劉勸、戚霸、朱安王為開府儀同三司，索九升為護軍將軍。南兗州刺史侯子鑒獻白麞，建康獲白鼠以獻，蕭棟歸之于景。景以郭元建為南兗州刺史、太尉、北行臺如故。

景又矯蕭棟詔，追崇其祖為大將軍，考為丞相。自加冕，十有二旒，建天子旌旗，出警入蹕，乘金根車，駕六馬，備五時副車，置旄頭雲罕，樂儛八佾，鍾虡宮懸之樂，一如舊儀。

景又矯蕭棟詔，禪位於己。於是南郊，柴燎於天，升壇受禪文物，並依舊儀。以轀車床載鼓吹，橐駝負犧牲，輦上置筌蹄、垂脚坐。景所帶劍水精標無故墮落，手自拾之。將登壇，有兔自前而走，俄失所在；又白虹貫日。景還升太極前殿，大赦，改元為太始元年。封蕭棟為淮陰王，幽於監省。偽有司奏改『警蹕』為『永蹕』，避景名也。改梁律為漢律，改左民尚書為殿中尚書，五兵尚書為七兵尚書，直殿主帥為直寢。景三公之官動置十數，儀同尤多，或匹馬孤行，自執羈絆。其左僕射王偉請立七廟，景曰：『何謂為七廟？』偉曰：『天子祭七世祖考，故置七廟。』並請七世之諱，敕太常具祭祀之禮。景曰：『前世吾不復憶，惟阿爺名

標。』衆聞咸竊笑之。景黨有知景祖名周者，自外悉是王偉制其名位，以漢司徒侯霸為始祖，晉征士侯瑾為七世祖。於是追尊其祖周為大丞相，父標為元皇帝。

十二月，謝答仁、李慶等至建德，攻元頵、李占栅，大破之，執頵、占送景。景截其手足徇之，經日乃死。

景二年正月朔，臨軒朝會。景自巴丘挫衄，軍兵略盡，恐齊人乘釁與西師掎角，乃遣郭元建率步軍趣小峴，侯子鑒率舟師向濡須，曜兵肥水，以示武威。子鑒至合肥，攻羅城，克之。郭元建、侯子鑒俄聞王師既近，燒合肥百姓邑居，引軍退，子鑒保姑孰，元建還廣陵。時謝答仁攻劉神茂，神茂别將王華、麗通並據外營降答仁。劉歸義、尹思合等懼，各棄城走。神茂孤危，復降答仁。

王僧辯軍至蕪湖，蕪湖城主宵遁。景遣史安和、宋長貴等率兵二千，助子鑒守姑孰，追田遷等還京師。是月，景黨郭長獻馬駒生角。三月，景往姑孰，巡視壘栅，又誡子鑒曰：『西人善水戰，不可與爭鋒，往年任約敗績，良為此也。若得馬步一交，必當可破，汝但堅壁以觀其變。』子鑒乃舍舟登岸，閉營不出。僧辯等遂停軍十餘日，賊黨大喜，告景曰：『西師懼吾之强，必欲遁逸，不擊，將失之。』景復命子鑒為水戰之備。子鑒乃率步騎萬餘人渡洲，並引水軍俱進，僧辯逆擊，大破之，子鑒僅以身免。景聞子鑒敗，大懼涕下，覆面引衾以臥，良久方起，歎曰：『誤殺乃公！』

僧辯進軍，次張公洲。景以盧暉略守石頭，紇奚斤守捍國城，悉逼百姓及軍士家累入臺城內。僧辯焚景水栅，入淮，至祥靈寺渚。景大驚，乃緣淮立栅，自石頭至朱雀航。僧辯及諸將遂於石頭城西步上連營立栅，至於落星墩。景大恐，自率侯子鑒、于慶、史安和、王僧貴等，于石頭東北立栅拒守。使王偉、索超世、呂季略守臺城，宋長貴守延祚寺。遣掘王僧辯父墓，剖棺焚屍。王僧辯等進營於石頭城北，景列陣挑戰。僧辯率衆軍奮擊，大破之，侯子鑒、史安和、王僧貴各棄栅走，盧暉略、紇奚斤並以城降。

景既退敗，不入宫，斂其散兵，屯于闕下，遂將逃竄。王偉攬轡諫曰：『自古豈有叛天子！今宫中衛士，尚足一戰，寧可便走，棄此欲何所之？』景曰：『我在北打賀拔勝，破葛榮，揚名河、朔，與高王一種人。今來南渡大江，取臺城如反掌，打邵陵王於北山，破柳仲禮于南岸，皆乃所親見。今日之事，恐是天亡。乃好守城，我當復一決耳。』仰觀石闕，逡巡歎息。久之，乃以皮囊盛二子掛馬鞍，與其儀同田遷、范希榮等百餘騎東奔。王偉委臺城竄逸，侯子鑒等奔廣陵。

王僧辯遣侯瑱率軍追景。景至晉陵，劫太守徐永東奔吴郡，進次嘉興，趙伯超據錢塘拒之。景退還吴郡，達松江，而侯瑱軍掩至，景衆未陣，皆舉幡乞降。景不能制，乃與腹心數十人單舸走，推墮二子于水，自滬瀆入海。至壺豆洲，前太子舍人羊鯤殺之，送屍于王僧辯，傳首西臺，曝屍于建康市。百姓爭取屠膾啖食，焚骨揚灰。曾罹其禍者，乃以灰和酒飲之。及景首至江陵，世祖命梟之於市，然後煮而漆之，付武庫。

《陳書》卷一《高祖紀》 （大寶二年）是時承制遣征東將軍王僧辯督衆軍討侯景。八月，僧辯軍次湓城，高祖率杜僧明等衆軍及南川豪帥合三萬人將會焉。時西軍乏食，高祖先貯軍糧五十萬石，至是分三十萬以資之，仍頓巴丘。會侯景廢簡文帝，立豫章嗣王棟，高祖遣兼長史沈衮奉表於江陵勸進。【略】

三年正月，高祖率甲士三萬人，强弩五千張，舟艦二千乘，發自豫章。二月，次桑落洲，遣中記室參軍江元禮以事表江陵，承制加高祖鼓吹一部。是時僧辯已發湓城，會高祖于白茅灣，乃登岸結壇，刑牲盟約。進軍次蕪湖，侯景城主張黑棄城走。三月，高祖與諸軍進克姑孰，仍次蔡洲。侯景登石頭城觀望形勢，意甚不悦，謂左右曰：『此軍上有紫氣，不易可當。』乃以艘艕貯石沈塞淮口，緣淮作城，自石頭迄青溪十餘里中，樓雉相接。諸將未有所決，僧辯遣杜崱問計于高祖，高祖曰：『前柳仲禮數十萬兵隔水而坐，韋粲之在青溪，竟不渡岸，賊乃登高望之，表裏俱盡，肆其凶虐，覆我王師。今圍石頭，須渡北岸。諸將若不能當鋒，請先往立栅。』高祖即于石頭城西横隴築栅，衆軍次連八城，直出東北。賊恐西州路斷，亦于東北果林作五城以遏大路。景率衆萬餘人、鐵騎八百餘匹，結陣而進。高祖曰：『軍志有之，善用兵者，如常山之蛇，首尾相應。今我師既衆，賊徒甚寡，應分賊兵勢，以弱制强，何故聚其鋒鋭，令必死於我？』乃命諸將分處置兵。賊直沖王僧志，僧志小縮，高祖遣徐度

領弩手二千横截其後，賊乃卻。高祖與王琳、杜龕等以鐵騎悉力乘之，賊退據其柵。景儀同盧輝略開石頭北門來降。蕩主戴冕、曹宣等攻拔果林一城，衆軍又克其四城。賊復還，殊死戰，又盡奪所得城柵。高祖大怒，親率攻之，士卒騰柵而入，賊復散走。景與百餘騎棄槊執刀，左右沖陣，陣不動，景衆大潰，逐北至西明門。景至闕下，不敢入臺，遣腹心取其二子而遁。高祖率衆出廣陵應接，會景將郭元建奔齊，高祖納其部曲三千人而還。僧辯啓高祖鎮京口。

又　卷一〇《周鐵虎傳》　及侯景西上，鐵虎從僧辯克任約，獲宋子仙，每戰皆有功。

又　《程靈洗傳》　侯景之亂，靈洗聚徒據黟、歙以拒景。景軍據有新安，新安太守湘西鄉侯蕭隱奔依靈洗，靈洗奉以主盟。梁元帝於荆州承制，又遣使間道奉表。劉神茂自東陽建義拒賊，靈洗攻下新安，與神茂相應。【略】

神茂為景所破，景偏帥呂子榮進攻新安，靈洗退保黟、歙。及景敗，子榮退走，靈洗復據新安。進軍建德，擒賊帥趙桑乾。

又　卷一一《淳于量傳》　侯景之亂，梁元帝凡遣五軍入援京邑，量預其一。臺城陷，量還荆州。元帝承制以量為假節、通直散騎常侍、都督巴州諸軍事、信威將軍、巴州刺史。侯景西上攻巴州，元帝使都督王僧辯入據巴陵。量與僧辯並力拒景，大敗景軍，擒其將任約。進攻郢州，獲宋子仙。仍隨僧辯克平侯景。

又　卷一三《徐世譜傳》　侯景之亂，因預征討，累遷至員外散騎常侍。尋領水軍，從司徒陸法和討景，與景戰於赤亭湖。時景軍甚盛，世譜乃別造樓船、拍艦、火舫、水車以益軍勢。將戰，又乘大艦居前，大敗景軍，生擒景將任約，景退走。因隨王僧辯攻郢州，世譜復乘大艦臨其倉門，賊將宋子仙據城降。以功除使持節、信武將軍、信州刺史，封魚復縣侯，邑五百户。仍隨僧辯東下，恒為軍鋒。又破景將侯子鑑於湖熟。

又　《荀朗傳》　侯景之亂，朗招率徒旅，據巢湖間，無所屬。臺城陷後，簡文帝密詔授朗雲麾將軍、豫州刺史，令與外藩討景。景使儀同宋子仙、任約等頻往征之，朗據山立砦自守，子仙不能克。【略】侯景敗于巴陵，朗出自濡須截景，破其後軍。王僧辯東討，朗遣其將范寶勝及弟曉領兵二千助之。

又　《周炅傳》　侯景之亂，元帝承制改授西陽太守，封西陵縣伯。景遣兄子思穆據守齊安，炅率驍勇襲破思穆，擒斬之。【略】是時炅據武昌、西陽二郡，招聚卒徒，甲兵甚盛。景將任約來據樊山，炅與寧州長史徐文盛擊約，斬其部將叱羅子通、趙迦婁等。因乘勝追之，頻克，約衆殆盡。

又　卷一八《沈衆傳》　侯景之亂，衆表于梁武，稱家代所隸故義部曲，並在吳興，求還召募以討賊，梁武許之。及景圍臺城，衆率宗族及義附五千餘人，入援京邑，頓於小航，對賊東府置陣，軍容甚整，景深憚之。梁武於城内遙授衆為太子右衛率。京城陷，衆降于景。

又　《袁泌傳》　侯景之亂，泌欲求為將。是時泌兄君正為吳郡太守，梁簡文板泌為東宮領直，令往吳中召募士卒。及景圍臺城，泌率所領赴援。京城陷，退保東陽，景使兵追之，乃自會稽東嶺出湓城，依于鄱陽嗣王蕭範。范卒，泌乃降景。

又　《王質傳》　（太清元年）除假節、寧遠將軍，領東宮兵，從貞陽侯北伐。及貞陽敗績，質脱身逃還。侯景于壽陽構逆，質又領舟師隨衆軍拒之。景軍濟江，質便退走。尋領步騎頓于宣陽門外。景軍至京師，質不戰而潰，乃翦髪為桑門，潛匿人間。及柳仲禮等會援京邑，軍據南岸，質又收合餘衆從之。

《南史》卷七《梁武帝紀》　（太清三年）二月，侯景遣使求和，皇太子固請，帝乃許之。盟于西華門下。景既運東城米歸於石頭，亦不解圍，啓求遣諸軍退。丁未，皇太子又命南兗州刺史南康王會理、前青冀二州刺史湘潭侯退率江北之衆，頓于蘭亭苑。【略】時景姦計既成，乃表陳帝失，復舉兵向闕。

三月，城内以景違盟，設壇告天地神祇。戊午，前司州刺史羊鴉仁等進軍東府北，與賊戰，大敗。時四方徵鎮入援者三十餘萬，莫有鬬志，自相抄奪而已。丁卯，賊攻陷宮城，縱兵大掠。己巳，賊矯詔遣石城公大款解外援軍。庚午，侯景自爲都督中外諸軍事、大丞相、録尚書事。辛未，援軍各退散。丙子，熒惑守心。

又　卷八《元帝紀》　（大寶二年）四月，景遣其將宋子仙、任約

襲郢州，執刺史方諸。庚戌，領軍王僧辯屯師巴陵。

五月癸未，帝遣將胡僧佑、陸法和援巴陵。

六月，僧佑等擊破景將任約軍，禽約，景解圍宵遁。以王僧辯爲征東將軍、開府儀同三司、尚書令，帥衆追景，所至皆捷。進圍郢州，獲賊將宋子仙等。

（承聖元年）二月，王僧辯衆軍發自尋陽，帝馳檄四方，購獲景及逆者，封萬户開國公，絹布五萬疋。

三月，僧辯等平景，傳首江陵。戊子，以賊平告明堂、太社。

又　卷三八《柳仲禮傳》　初，侯景潛圖反噬，仲禮先知之，屢啓求以精兵三萬討景，朝廷不許。及景濟江，朝野便望其至。兼蓄雍、司精卒，與諸蕃赴援，見推總督。景素聞其名，甚憚之。仲禮亦自謂當世英雄，諸將莫己若也。

韋粲見攻，仲禮方食，投箸被練馳之，騎能屬者七十。比至，粲已敗，仲禮因與景戰於青塘，大敗之。景與仲禮交戰，各不相知。仲禮稍將及景，而賊將支伯仁自後斫仲禮，再斫仲禮中肩。馬陷於淖，賊聚矟刺之，騎將郭山石救之以免。自此壯氣外衰，不復言戰。神情傲佷，淩蔑將帥。邵陵王綸亦鞭策軍門，每日必至，累刻移時，仲禮亦弗見也。綸既忿歎，怨隙遂成。而仲禮常置酒高會，日作優倡，毒掠百姓，污辱妃主。父津登城謂曰：『汝君父在難，不能盡心竭力，百代之後，謂汝爲何。』仲禮聞之，言笑自若。晚又與臨城公大連不協。景嘗登朱雀樓與之語，遺以金環。是後閉營不戰，衆軍日固請，皆悉拒焉。南安侯駿謂曰：『城急如此，都督不復處分，如脱不守，何面以見天下義士。』仲禮無以應之。

及臺城陷，侯景矯詔使石城公大款以白虎幡解諸軍。仲禮召諸將軍會議，邵陵王以下畢集。王曰：『今日之命，委之將軍。』仲禮熟視不對。裴之高、王僧辯曰：『將軍擁衆百萬，致宮闕淪没，正當悉力決戰，何所多言。』仲禮竟無一言，諸軍乃隨方各散。

時湘東王繹遣王琳送米二十萬石以饋軍，至姑孰聞臺城陷，乃沈米于江而退。仲禮及弟敬禮、羊鴉仁、王僧辯、趙伯超並開營降賊。時城雖淪陷，援軍甚衆，軍士咸欲盡力，及聞降，莫不歎憤。論者以爲梁禍始于朱異，成于仲禮。

仲禮等入城，並先拜景而後見帝，帝不與言。既而景留柳敬禮、羊鴉仁，而遣仲禮、僧辯西上，各復本位。餞于後渚，景執仲禮手曰：『天下之事在將軍耳。郢州、巴西並以相付。』

又　卷五〇《庾肩吾傳》　及簡文即位，以肩吾爲度支尚書。時上流蕃鎮，並據州拒侯景，景矯詔遣肩吾使江州喻當陽公大心。大心乃降賊，肩吾因逃入東。後賊宋子仙破會稽，購得肩吾欲殺之，先謂曰：『吾聞汝能作詩，今可即作，若能，將貸汝命。』肩吾操筆便成，辭采甚美，子仙乃釋以爲建昌令。

又　卷六三《王僧辯傳》　及侯景反，元帝命僧辯總督舟師一萬赴援。及至，臺城陷没，侯景悉收其軍實而厚加綏撫，遣歸竟陵。於是倍道兼行，西就元帝。元帝承制，以爲領軍將軍。及荆、湘疑貳，元帝令僧辯及鮑泉討之。時僧辯以竟陵間部下皆勁勇，猶未盡來，意欲待集然後上頓。與泉俱入，使泉先言之，泉入不敢言。元帝問僧辯，僧辯以情對。元帝性忌，以爲遷延不去，大怒厲聲曰：『卿憚行拒命，欲同賊邪？今唯死耳。』僧辯對曰：『今日就戮甘心，但恨不見老母。』帝自斫之，中其髀，流血至地，悶絶，久之方蘇。即送廷尉，並收其子侄並繫之。其母脱簪珥待罪，帝意解，賜以良藥，故不死。會岳陽軍襲江陵，人情搔擾。元帝遣就獄出僧辯以爲城内都督。俄而岳陽奔退，而鮑泉力不能克長沙，帝命僧辯代之。僧辯仍部分將帥，並力攻圍，遂平湘土。還復領軍將軍。

侯景浮江西寇，軍次夏首。僧辯爲大都督，軍次巴陵。景既陷郢城，將進寇荆州，於是緣江屯戍望風請服。僧辯並沈公私船于水，分命衆軍乘城固守，偃旗卧鼓，安若無人。翌日，賊衆濟江，輕騎至城下，謂城中曰：『語王領軍，何不早降？』僧辯使答曰：『大軍但向荆州，此城自當非礙。僧辯百口在人掌握，豈得便降。』景軍肉薄苦攻，城内同時鼓噪，矢石雨下，賊乃引退。元帝又命平北將軍胡僧佑率兵援僧辯。是日，賊復攻城不克，又爲火艦燒柵，風不便，自焚而退。有流星墮其營中，賊徒大駭，相顧失色。賊帥任約又爲陸法和所禽，景乃燒營夜遁，旋軍夏首。

元帝以僧辯爲征東將軍、開府儀同三司、江州刺史，封長寧縣公，命即率巴陵諸軍沿流討景。攻拔魯山，仍攻郢，即入羅城。又有大星如車輪墜賊營，去地十丈變成火，一時碎散。有龍自城出，五色光曜，入城前鸚

鵲洲水中。景聞之，倍道歸建鄴。賊帥宋子仙等困蹙，求輸郢城，身還就景。僧辯僞許之。子仙謂爲信然，浮舟將發，僧辯命杜龕鼓噪掩至，大破之，禽子仙、丁和等送江陵。元帝命生釘和舌臠殺之。

郢州既平，僧辯進師尋陽。軍人多夢周何二廟神云：『吾已助天子討賊。』自稱征討大將軍，並乘朱航。俄而反曰：『已殺景。』同夢者數十百焉。

元帝加僧辯侍中、尚書令、征東大將軍。僧辯頻表勸進，並蒙優答。於是發江州直指建鄴，乃先命南兗州刺史侯瑱襲南陵、鵲頭等戍，並克之。

先是，陳武帝率衆五萬出自南江，前軍五千行至盆口。陳武名蓋僧辯，僧辯憚之。既至盆口，與僧辯會于白茅洲爲盟。於是升壇歃血，共讀盟文，辭氣慷慨，皆淚下沾衿。及發鵲頭，中江而風浪，師人咸懼。僧辯再拜告天曰：『僧辯忠臣，奉辭伐罪，社稷中興，當使風息；若鼎命中淪，請從此逝。』言訖風止，自此遂泛安流。有羣魚躍水飛空引導，賊望官軍上有五色雲，雙龍挾艦，行甚迅疾。

景自出戰於石頭城北，僧辯等大破之。盧暉略聞景戰敗，以石頭城降。僧辯引軍入據之。景走朱方，僧辯命衆將入據臺城。其夜軍人失火燒太極殿及東西堂。僧辯雖有滅賊之功，而馭下無法，軍人鹵掠，驅逼居人。都下百姓父子兄弟相哭，自石頭至於東城，被執縛者，男女裸露，袒衣不免。緣淮號叫，翻思景焉。

僧辯命侯瑱、裴之横東追景，僞行臺趙伯超自吳松江降侯瑱，瑱送至僧辯，僧辯謂曰：『卿荷國重恩，遂復同逆，今日之事，將欲如何。』因命送江陵。伯超既出，僧辯顧坐客曰：『朝廷昔唯知有趙伯超，豈識王僧辯乎。社稷既傾，爲我所復，人之興廢，亦復何常。』賓客皆前稱歎功德，僧辯矍然，乃謬答曰：『此乃聖上威德，羣帥用命，老夫雖濫居戎首，何力之有焉。』於是逆寇悉平。

又 卷六三《羊從傳》 第三子從字子鵬，隨侃臺内，城陷，竄于陽平。侯景以其妹爲小妻，呼還待之甚厚，以爲庫真都督。及景敗，從密圖之，乃隨其東走。景於松江戰敗，惟餘三舸，下海欲向蒙山。會景晝寢，從語海師：『此中何處有蒙山，汝但聽我處分。』遂直向京口，至胡豆洲，景覺，大驚。問岸上，云『郭元建猶在廣陵』。景大喜，將依之。從拔刀叱海師使向京口。從與王元禮、謝答仁弟葳蕤，並景之昵也，三人謂景曰：『我等爲王百戰百勝，自謂無敵，卒至於此，豈非天乎。今就王乞頭以取富貴。』景欲透水，從抽刀斫之。景乃走入船中，以小刀抉船。從以矟入刺殺之。景僕射索超世在別船，葳蕤以景命召之，斬於京口。

又 卷六四《江子一傳》 及侯景攻陷歷陽，自横江將度，子一帥舟師千餘人於下流欲邀之，其副董桃生走，子一乃退還南洲，收餘衆步赴建鄴，見於文德殿。帝怒之，具以事對，且曰：『臣以身許國，常恐不得其死，今日之事，何所復惜。不死闕前，終死闕後耳。』及城被圍，開承明門出戰。子一及弟尚書左丞子四、東宮直殿主帥子五並力戰直前，賊坐甲不起。子一引矟撞之，賊縱突騎，衆並縮。子一刺其騎，騎倒矟折，賊解其肩，時年六十二。弟曰：『與兄俱出，何面獨旋。』乃免胄赴敵，子四矟洞胸死，子五傷脰，還至塹一慟而絶。賊義子一之勇，歸之，面如生。

又 卷六四《胡僧祐傳》 （大寶二年）景圍王僧辯于巴陵，元帝乃引僧佑於獄，拜爲假節、武猛將軍，封新市縣侯，令援僧辯。將發泣下，謂其子岊曰：『汝可開朱白二門，吾不捷則死。吉則由朱，凶則由白也。』元帝聞而壯之。前至赤沙亭，會陸法和至，乃與並軍，大敗景將任約軍，禽約送江陵。侯景聞之遂遁。

論說

宋·洪邁《容齋隨筆》卷五《李後主梁武帝》 東坡書李後主去國之詞云：『「最是蒼皇辭廟日，教坊猶奏別離歌，揮淚對宮娥。」以為後主失國，當慟哭於廟門之外，謝其民而後行，乃對宮娥聽樂，形於詞句。』予觀梁武帝啓侯景之禍，塗炭江左，以致覆亡，乃曰：『自我得之，自我失之，亦復何恨。』其不知罪己亦甚矣！竇嬰救灌夫，其夫人諫止之，嬰曰：『侯自我得之，自我捐之，無所恨。』梁武用此言而非也。

藝文

清・彭定求等《全唐詩》卷六四七《胡曾〈詠史詩・金陵〉》 侯景長驅十萬人，可憐梁武坐蒙塵。生前不得空王力，徒向金田自捨身。

《全宋詩》卷三六五一《陳普〈詠史下・侯景〉》 曹操桓温不自持，跛侯面上雨淋漓。奸人何事乾坤里，一日雷霆十二時。

雜録

唐・李亢《獨異志》卷上 侯景常有一瘤，如小龜。每戰勝，龜則起。及其敗死之日，瘤入一寸。

又 卷中 梁武帝大清三年，侯景反，圍臺城，遠近不通。簡文與太子大器為計，縛鳶飛空，告急於外。侯景謀臣謂景曰：『此必厭勝術，不然即事達人。』令左右射之。及墮，皆化為禽鳥飛去，不知所在。

宋・李昉等《太平御覽》卷三四二《兵部七十三・劍上》 《三國典略》曰：侯景篡位，遷豫章王揀別官。白虹貫日，三重；其夜，月入太微掩帝坐，景所帶劍水精標無故墜落，景身自俯拾，心亟惡之。

又 卷三七二《人事部十三・膝》 《三國典略》曰：王僧辯平侯景，或謂僧辯曰：『朝士來者，孰當先至？』僧辯曰：『其周弘正乎？』俄而，弘正與弟弘讓自拔迎軍，僧辯甚喜，謂之曰：『公可坐膝上。』弘正對曰：『可謂加諸膝也，老夫何足當之？』

又 《足》 《三國典略》曰：侯景左足上有肉瘤，其狀如龜。戰慶克捷，瘤則隱起；如其不勝，瘤則低下；及奔敗，瘤陷肉中。

又 卷三七四《人事部十五・須髯》 《三國典略》又曰：侯景使宋子仙等執梁湘東王世子方諸及中撫軍長史鮑泉、司馬虞預於郢州。是日，子仙等至，百姓奔告方諸，以五色雜彩編鮑泉白須，對之雙六，弗之信也。告者既衆，方命闔門。縣門未下，子仙已入，方諸等膜拜，而鮑泉遁於床下。子仙窺見泉素髯間彩，疑愕憚之。及其被執，莫不驚笑。

又 卷五九〇《文部六・連珠》 《三國典略》曰：梁簡文為侯景所幽，作《連珠》曰：『吾聞言可覆也，人能育物，是以欲輕其禮。有德必昌，兵賤於義，無思不服。』

又 卷八九五《獸部七・馬三》 《三國典略》又曰：梁普通中，童謡言或云『青絲白馬』者，侯景乃常乘白馬，以青絲為勒，用應謡言。

陳始興王謀逆

綜述

《陳書》卷六《後主紀》（太建十四年）正月甲寅，高宗崩。乙卯，始興王叔陵作逆，伏誅。

又 卷二八《長沙王陳叔堅傳》 及高宗弗豫，叔堅、叔陵等並從後主侍疾。叔陵陰有異志，乃命典藥吏曰：『切藥刀甚鈍，可礪之。』及高宗崩，倉卒之際，又命其左右於外取劍，左右弗悟，乃取朝服所佩木劍以進，叔陵怒。叔堅在側聞之，疑有變，伺其所為。及翌日小斂，叔陵袖銼藥刀趨進，斫後主，中項，後主悶絶于地，皇太后與後主乳母樂安君吳氏俱以身捍之，獲免。叔堅自後扼叔陵，擒之，並奪其刀，將殺之，問後主曰：『即盡之，為待也？』後主不能應。叔陵舊多力，須臾，自奮得脫，出雲龍門，入於東府城，召左右斷青溪橋道，放東城囚以充戰士。又遣人往新林，追其所部兵馬，仍自被甲，著白布帽，登城西門，招募百姓。是時衆軍並緣江防守，臺內空虛，叔堅乃白太后使太子舍人司馬申以後主命召蕭摩訶，令討之。即日擒其將戴温、譚騏驎等，送臺，斬于尚書閣下，持其首徇於東城。叔陵惶擾不知所為，乃盡殺其妻妾，率左右數百人走趨新林。摩訶追之，斬於丹陽郡，餘黨悉擒。其年，以功進號驃騎將軍、開府儀同三司、揚州刺史。尋遷司空，將軍、刺史如故。

是時後主患創，不能視事，政無小大，悉委叔堅決之，於是勢傾朝廷。叔堅因肆驕縱，事多不法，後主由是疏而忌之。孔范、管斌、施文慶之徒，並東宮舊臣，日夜陰持其短。至德元年，乃詔令即本號用三司之

儀，出為江州刺史。未發，尋有詔又以為驃騎將軍，重為司空，實欲去其權勢。叔堅不自安，稍怨望，乃為左道厭魅以求福助，刻木為偶人，衣以道士之服，施機關，能拜跪，晝夜於日月下醮之，祝詛於上。其年冬，有人上書告其事，案驗並實，後主召叔堅囚于西省，將殺之。其夜，令近侍宣敕，數之以罪，叔堅對曰：『臣之本心，非有他故，但欲求親媚耳。臣既犯天憲，罪當萬死，臣死之日，必見叔陵，願宣明詔，責於九泉之下。』後主感其前功，乃赦之，特免所居官，以王還第。尋起為侍中、鎮左將軍。二年，又給鼓吹，油幢車。三年，出為征西將軍、荆州刺史。四年，進號中軍大將軍、開府儀同三司。禎明二年，秩滿還都。

又 卷三一《蕭摩訶傳》 （太建十四年）高宗崩，始興王叔陵于殿內手刃後主，傷而不死，叔陵奔東府城。時衆心猶預，莫有討賊者，東宮舍人司馬申啓後主，馳召摩訶，入見受敕，乃率馬步數百，先趣東府城西門屯軍。叔陵惶遽，自城南門而出，摩訶勒兵追斬之。以功授散騎常侍、車騎大將軍，封綏建郡公，邑三千户，叔陵素所蓄聚金帛累巨萬，後主悉以賜之。尋改授侍中、驃騎大將軍，加左光祿大夫。舊制三公黄閤聽事置鴟尾，後主特賜摩訶開黄閤，門施行馬，聽事寢堂並置鴟尾。仍以其女為皇太子妃。

又 卷三六《新安王伯固傳》 後主初在東宮，與伯固甚相親狎，伯固又善嘲謔，高宗每宴集，多引之。叔陵在江州，心害其寵，陰求疵瑕，將中之以法。及叔陵入朝，伯固懼罪，諂求其意，乃共訕毁朝賢，歷詆文武，雖耆年高位，皆面折之，無所畏忌。伯固性好射雉，叔陵又好開發塚墓，出遊野外，必與偕行，於是情好大款，遂謀不軌。伯固侍禁中，每有密語，必報叔陵。及叔陵出奔東府，遣使告之，伯固單馬馳赴，助叔陵指揮。知事不捷，便欲遁走，會四門已閉不得出，因同趣白揚道。臺馬容至，為亂兵所殺，屍於東昌館門，時年二十八。詔曰：『伯固同茲悖逆，殞身途路。今依外議，意猶弗忍，可特許以庶人禮葬。』又詔曰：『伯固隨同巨逆，自絕於天，俾無遺育，抑有恒典。但童孺靡識，兼預葭莩，置之甸人，良以惻憫，及伯固所生王氏，可並特宥為庶人。』國除。

又 《始興王叔陵傳》 始興王叔陵，字子嵩，高宗之第二子也。

【略】

及高宗不豫，太子諸王並入侍疾。高宗崩于宣福殿，翌日旦，後主哀頓俯伏，叔陵以剉藥刀斫後主中項。太后馳來救焉，叔陵又斫太后數下。後主乳媪吳氏，時在太后側，自後掣其肘，後主因得起。叔陵仍持後主衣，後主自奮得免。長沙王叔堅手搤叔陵，奪去其刀，仍牽就柱，以其褶袖縛之。時吳媪已扶後主避賊，叔堅求後主所在，將受命焉。叔陵因奮袖得脫，突走出雲龍門，馳車還東府，呼其甲士，散金銀以賞賜，外召諸王將帥，莫有應者，唯新安王伯固聞而赴之。

叔陵聚兵僅千人，初欲據城保守，俄而右衛將軍蕭摩訶將兵至府西門，叔陵事急惶恐，乃遣記室韋諒送其鼓吹與摩訶，仍謂之曰：『如其事捷，必以公為臺鼎。』摩訶紿報之，曰『須王心膂節將自來，方敢從命』。叔陵即遣戴温、譚騏驎二人詣摩訶所，摩訶執以送臺，斬於閣道下。叔陵自知不濟，遂入內沈其妃張氏及寵妾七人于井中。叔陵有部下兵先在新林，於是率人馬數百，自小航渡，欲趨新林，以舟艦入北。行至白楊路，為臺軍所邀，伯固見兵至，旋避入巷，叔陵馳騎拔刃追之，伯固復還。叔陵部下，多棄甲潰散，摩訶馬容陳智深迎刺叔陵，僵斃於地，閹豎王飛禽抽刀斫之十數下，馬容陳仲華就斬其首，送於臺。自寅至巳乃定。

叔陵諸子，即日並賜死。前衡陽內史彭暠諮議參軍兼記室鄭信、中録事參軍兼記室韋諒、典籤俞公喜，並伏誅。暠，叔陵舅也，初隨高宗在關中，頗有勤效，因藉叔陵將領歷陽、衡陽二郡。信以便書記，有寵，謀謨皆預焉。諒，京兆人，梁侍中、護軍將軍粲之子也，以學業為叔陵所引。

陳智深以誅叔陵之功為巴陵內史，封游安縣子。陳仲華為下嶲太守，封新夷縣子。王飛禽除伏波將軍。賜金各有差。

《南史》卷六五《始興王叔陵傳》 始興王叔陵字子嵩，宣帝之第二子也。梁承聖中，生於江陵。魏克江陵，宣帝遷關右，叔陵留穰城。宣帝之還，以後主及叔陵爲質。天嘉三年，隨後主還朝，封康樂縣侯。叔陵少機辯，狥聲名，强梁無所推屈。太建元年，封始興王，奉昭烈王祀。位都督、江州刺史，時年十六，政自己出，僚佐莫預焉。性嚴刻，部下懾憚。諸公子侄及罷縣令長，皆逼令事己。豫章內史錢法成詣府進謁，即配其子季卿將領馬仗。季卿慚耻不時至，叔陵大怒，侵辱法成，法成憤怨，自縊而死。州縣非其部內，亦征攝案之。朝貴及下吏有乖忤者，輒誣奏其罪，

陷以重辟。

四年，遷都督、湘州刺史。諸州鎮聞其至，皆震恐股栗。叔陵日益横，征伐夷、獠，所得皆入己，絲毫不以賞賜。徵求役使，無有紀極。夜常不臥，執燭達曉，呼召賓客，說人間細事，戲謔無所不爲。性不飲酒，唯多置肴胾，晝夜食噉而已。自旦至中，方始寢寐。曹局文案，非呼不得輒白。笞罪者皆繫獄，動數年不省視。瀟、湘以南，皆逼爲左右，廛里殆無遺者。其中脱有逃竄，輒殺其妻子。州縣無敢上言，宣帝弗之知。

九年，除都督、揚州刺史。十年，至都，加扶，給油幢車。叔陵居東府，事務多關涉省閣，執事之司，承意順旨，即諷上進用之。微致違忤，必抵大罪，重者至殊死。道路藉藉，皆言其有非常志。叔陵修飾虛名，每入朝，常于車中馬上，執卷讀書，高聲長誦，陽陽自若。歸坐齋中，或自執斧斤，爲沐猴百戲。又好遊塚墓間，遇有塋表主名可知者，輒命左右發掘，取其石志、古器並骸骨肘脛，持爲翫弄，藏之府庫。人間少妻處女，微有色貌者，並即逼納。

十一年，丁所生母彭氏憂，去職。頃之，起爲本職。晉世王公貴人，多葬梅嶺，及彭氏卒，叔陵啓求梅嶺葬之，乃發故太傅謝安舊墓，棄去安柩，以葬其母。初喪日，僞爲哀毁，自稱刺血寫涅盤經。未及十旬，乃日進甘膳。又私召左右妻女，與之姦合，所作尤不軌，侵淫上聞。宣帝責御史中丞王政以不舉奏，免政官。又黜其典籤、親事，仍加鞭捶。宣帝素愛叔陵，不繩以法，但責讓而已。服闋，又爲侍中、中軍大將軍。

及宣帝不豫，後主諸王併入侍疾。叔陵陰有異志，命典藥吏礪切藥刀。及倉卒之際，又命左右取劍，左右不悟，乃取朝服所佩木劍以進，叔陵怒。及翌日小斂，後主哀頓俯伏，叔陵以剉藥刀斫後主中項。太后馳來救焉，叔陵又斫太后數下。後主乳媪樂安君吳氏時在太后側，自後掣肘，後主因得起。叔陵仍持後主衣，後主自奮得免。長沙王叔堅以手搤叔陵，奪去其刀，仍牽就柱，以其褶袖縛之，棄池水中，將殺之，問後主曰：『即盡之，爲待也？』時吳媪已扶後主避賊，叔堅求後主所在，將受命。叔陵多力，因奮袖得脱，突出雲龍門，馳車還東府，呼其甲士斷青溪橋道。放東城囚，以充戰士。又遣人往新林追所部兵馬。仍自被甲，著白帽，登城西門，招募百姓，散金銀以賞賜。外召諸王將帥，無有應者，唯新安王伯固聞而赴之。叔陵聚兵僅得千人，欲據城保守。

時衆軍並緣江防守，臺内空虛，叔堅白太后，使太子舍人司馬申急召右衛將軍蕭摩訶，將兵至府西門。叔陵事急，遣記室韋諒送鼓吹與摩訶，謂曰：『事捷以公爲臺鼎。』摩訶紿報曰：『須王心膂節將自來，方敢從命。』叔陵即遣戴溫、譚騏驎二人詣摩訶。摩訶執以送臺，斬於閣道下，持其首徇東城，仍懸於朱雀門。叔陵自知不濟，遂入沈其妃張氏及寵妾七人于井中。叔陵有部下兵先在新林，於是率人馬數百，自小航度，欲趣新林，以舟艦入北。行至白楊路，爲臺軍所邀。伯固見兵至，旋避入巷，叔陵拔刀追之，伯固復還。叔陵部下多棄甲潰散，摩訶馬容陳智深迎刺叔陵，閹豎王飛禽斫之數十下，馬容陳仲華就斬首送臺。自寅至巳乃定。尚書八坐奏：『請依宋世故事，流屍江中，汙瀦其室，並毁其所生彭氏墳廟，還謝氏之塋。』後主從所奏。叔陵諸子，即日並賜死。

又 卷六五《長沙王叔堅傳》 初，叔堅與始興王叔陵並招聚賓客，各爭權寵，甚不平。每朝會鹵簿，不肯爲先後，必分道而趨，左右或爭道而鬭，至有死者。及宣帝不豫，叔堅與叔陵等並從後主侍疾。叔陵陰有異志，叔堅疑之，微伺其所爲。及行逆，賴叔堅以免。以功進驃騎將軍、開府儀同三司、揚州刺史。尋遷司空，將軍、刺史如故。

時後主患創，不能視事，政無大小，悉決于叔堅，權傾朝廷，後主由是疏忌之。孔范、管斌、施文慶等，並東宫舊臣，日夕陰持其短。至德元年，乃詔令即本號用三司之儀，出爲江州刺史。未發，尋以爲司空，實欲奪其權。又陰令人造其厭魅，刻木爲偶人，衣以道士服，施機關，能拜跪，晝夜於星月下醮之，祝詛於上。又令人上書告其事，案驗令實。後主召叔堅囚于西省，將黜之，令近侍宣敕數之。叔堅自陳爲佞人所構，死日慚見叔陵。後主感其前功，乃赦之，免所居官，以王還第。後位中軍大將軍、開府儀同三司、荆州刺史。秩滿還都。

又 卷六七《摩訶傳》 及宣帝崩，始興王叔陵于殿内手刃後主，遂奔東府城。摩訶入受敕，乃率馬步數百趣東府城，斬之。以功授車騎大將軍，封綏建郡公。叔陵素所蓄聚金帛累巨萬，後主悉以賜之。改授侍中、驃騎大將軍、左光祿大夫。舊制三公黄合聽事置鴟尾。後主特詔摩訶開黄合，門施行馬，聽事寢堂，並置鴟尾。仍以其女爲皇太子妃。

政治名人部

曹操分部

傳記

《三國志》卷一《魏志・武帝紀》　太祖武皇帝，沛國譙人也，姓曹，諱操，字孟德，漢相國參之後。《曹瞞傳》曰：太祖一名吉利，小字阿瞞。王沈《魏書》曰：其先出於黃帝。當高陽世，陸終之子曰安，是為曹姓。周武王克殷，存先世之後，封曹俠於邾。《春秋》之世，與於盟會，逮至戰國，為楚所滅。子孫分流，或家於沛。漢高祖之起，曹參以功封平陽侯，世襲爵土，絕而復紹，至今適嗣國於容城。桓帝世，曹騰為中常侍大長秋，封費亭侯。司馬彪《續漢書》曰：騰父節，字元偉，素以仁厚稱。鄰人有亡豕者，與節豕相類，詣門認之，節不與爭；後所亡豕自還其家，豕主人大慚，送所認豕，並辭謝節，節笑而受之。由是鄉黨貴歎焉。長子伯興，次子仲興，次子叔興。騰字季興，少除黃門從官。永寧元年，鄧太后詔黃門令選中黃門從官年少溫謹者配皇太子書，騰應其選。太子特親愛騰，飲食賞賜與衆有異。順帝即位，為小黃門，遷至中常侍大長秋。在省闥三十餘年，歷事四帝，未嘗有過。好進達賢能，終無所毀傷。其所稱薦，若陳留虞放、邊韶、南陽延固、張温、弘農張奐、潁川堂谿典等，皆致位公卿，而不伐其善。蜀郡太守因計吏修敬於騰，益州刺史种暠於函谷關搜得其箋，上太守，並奏騰内臣外交，所不當為，請免官治罪。帝曰：『箋自外來，騰書不出，非其罪也。』乃寢暠奏。騰不以介意，常稱歎暠，以為暠得事上之節。暠後為司徒，語人曰：『今日為公，乃曹常侍恩也。』騰之行事，皆此類也。桓帝即位，以騰先帝舊臣，忠孝彰著，封費亭侯，加位特進。太和三年，追尊騰曰高皇帝。養子嵩嗣，官至太尉，莫能審其生出本末。《續漢書》曰：嵩字巨高。質性敦慎，所在忠孝。為司隸校尉，靈帝擢拜大司農、大鴻臚，代崔烈為太尉。黃初元年，追尊嵩曰太皇帝。吳人作《曹瞞傳》及郭頒《世語》並云：嵩，夏侯氏之子，夏侯惇之叔父。太祖於惇為從父兄弟。嵩生太祖。

太祖少機警，有權數，而任俠放蕩，不治行業，故世人未之奇也；《曹瞞傳》云：太祖少好飛鷹走狗，遊蕩無度，其叔父數言之於嵩。太祖患之，後逢叔父於路，乃陽敗面喎口；叔父怪而問其故，太祖曰：『卒中惡風。』叔父以告嵩。嵩驚愕，呼太祖，太祖口貌如故。嵩問曰：『叔父言汝中風，已差乎？』太祖曰：『初不中風，但失愛於叔父，故見罔耳。』嵩乃疑焉。自後叔父有所告，嵩終不復信，太祖於是益得肆意矣。惟梁國橋玄、南陽何顒異焉。玄謂太祖曰：『天下將亂，非命世之才不能濟也，能安之者，其在君乎！』《魏書》曰：太尉橋玄，世名知人，睹太祖而異之，曰：『吾見天下名士多矣，未有若君者也！君善自持。吾老矣！原以妻子為託。』由是聲名益重。《續漢書》曰：玄字公祖，嚴明有才略，長於人物。張璠《漢紀》曰：玄歷位中外，以剛斷稱，謙儉下士，不以王爵私親。光和中為太尉，以久病策罷，拜太中大夫，卒，家貧乏產業，柩無所殯。當世以此稱為名臣。《世語》曰：玄謂太祖曰：『君未有名，可交許子將。』太祖乃造子將，子將納焉，由是知名。孫盛《異同雜語》云：太祖嘗私入中常侍張讓室，讓覺之；乃舞手戟於庭，踰垣而出。才武絕人，莫之能害。博覽羣書，特好兵法，抄集諸家兵法，名曰『接要』，又注《孫武》十三篇，皆傳於世。嘗問許子將：『我何如人？』子將不答。固問之，子將曰：『子治世之能臣，亂世之姦雄。』太祖大笑。年二十，舉孝廉為郎，除洛陽北部尉，遷頓丘令，《曹瞞傳》曰：太祖初入尉廨，繕治四門。造五色棒，縣門左右各十餘枚，有犯禁，不避豪强，皆棒殺之。後數月，靈帝愛幸小黃門蹇碩叔父夜行，即殺之。京師斂迹，莫敢犯者。近習寵臣咸疾之，然不能傷，於是共稱薦之，故遷為頓丘令。徵拜議郎。《魏書》曰：太祖從妹夫强侯宋奇被誅，從坐免官。後以能明古學，復徵拜議郎。先是大將軍竇武、太傅陳蕃謀誅閹官，反為所害。太祖上書陳武等正直而見陷害，姦邪盈朝，善人壅塞，其言甚切；靈帝不能用。是後詔書敕三府：舉奏州縣政理無效，民為作謡言者免罷之。三公傾邪，皆希世見詔用，貨賂並行，强者為怨，不見舉奏，弱者守道，多被陷毀。太祖疾之。是歲以災異博問得失，因此復上書切諫，說三公所舉奏專迴避貴戚之意。奏上，天子感悟，以示三府責讓之，諸以謡言徵者皆拜議郎。是後政教日亂，豪猾益熾，多所摧毀；太祖知不可匡正，遂不復獻言。

光和末，黃巾起。拜騎都尉，討潁川賊。遷為濟南相，國有十餘縣，長吏多阿附貴戚，贓汙狼藉，於是奏免其八；禁斷淫祀，姦宄逃竄，郡界肅然。《魏書》曰：長吏受取貪饕，依倚貴勢，歷前相不見舉；聞太祖至，咸皆舉免，小大震怖，姦宄遁逃，竄入他郡。政教大行，一郡清平。初，城陽景

王劉章以有功於漢，故其國為立祠，青州諸郡轉相仿效，濟南尤盛，至六百餘祠。賈人或假二千石輿服導從作倡樂，奢侈日甚，民坐貧窮，歷世長吏無敢禁絕者。太祖到，皆毀壞祠屋，止絕官吏民不得祠祀。及至秉政，遂除姦邪鬼神之事，世之淫祀由此遂絕。久之，徵還為東郡太守；不就，稱疾歸鄉里。《魏書》曰：於是權臣專朝，貴戚橫恣。太祖不能違道取容。數數幹忤，恐為家禍，遂乞留宿衛。拜議郎，常託疾病，輒告歸鄉里；築室城外，春夏習讀書傳，秋冬弋獵，以自娛樂。

頃之，冀州刺史王芬、南陽許攸、沛國周旌等連結豪傑，謀廢靈帝，立合肥侯，以告太祖，太祖拒之。芬等遂敗。司馬彪《九州春秋》曰：於是陳蕃子逸與術士平原襄楷會於芬坐，楷曰：『天文不利宦者，黃門、常侍（貴）族滅矣。』逸喜。芬曰：『若然者，芬原驅除。』於是與攸等結謀。靈帝欲北巡河間舊宅，芬等謀因此作難，上書言黑山賊攻劫郡縣，求得起兵。會北方有赤氣，東西竟天，太史上言『當有陰謀，不宜北行』，帝乃止。敕芬罷兵，俄而徵之。芬懼，自殺。《魏書》載太祖拒芬辭曰：『夫廢立之事，天下之至不祥也。古人有權成敗、計輕重而行之者，伊尹、霍光是也。伊尹懷至忠之誠，據宰臣之勢，處官司之上，故進退廢置，計從事立。及至霍光受託國之任，藉宗臣之位，內因太后秉政之重，外有羣卿同欲之勢，昌邑即位日淺，未有貴寵，朝乏讜臣，議出密近，故計行如轉圜，事成如摧朽。今諸君徒見曩者之易，未睹當今之難。諸君自度，結衆連黨，何若七國？合肥之貴，孰若吳、楚？而造作非常，欲望必克，不亦危乎！』

金城邊章、韓遂殺刺史郡守以叛，衆十餘萬，天下騷動。徵太祖為典軍校尉。會靈帝崩，太子即位，太后臨朝。大將軍何進與袁紹謀誅宦官，太后不聽。進乃召董卓，欲以脅太后，《魏書》曰：太祖聞而笑之曰：『閹豎之官，古今宜有，但世主不當假之權寵，使至於此。既治其罪，當誅元惡，一獄吏足矣，何必紛紛召外將乎？欲盡誅之，事必宣露，吾見其敗也。』卓未至而進見殺。卓到，廢帝為弘農王而立獻帝，京都大亂。卓表太祖為驍騎校尉，欲與計事。太祖乃變易姓名，間行東歸。《魏》曰：太祖以卓終必覆敗，遂不就拜，逃歸鄉里。從數騎過故人成皋呂伯奢；伯奢不在，其子與賓客共劫太祖，取馬及物，太祖手刃擊殺數人。《世語》曰：太祖過伯奢。伯奢出行，五子皆在，備賓主禮。太祖自以背卓命，疑其圖己，手劍夜殺八人而去。孫盛《雜記》曰：太祖聞其食器聲，以為圖己，遂夜殺之。既而悽愴曰：『寧我負人，毋人負我！』遂行。出關，過中牟，為亭長所疑，執詣縣，邑中或竊識之，為請得解。《世語》曰：中牟疑是亡人，見拘於縣。時掾亦已被卓書；唯功曹心知是太祖，以世方亂，不宜拘天下雄俊，因白令釋之。卓遂殺太后及弘農王。太祖至陳留，散家財，合義兵，將以誅卓。冬十二月，始起兵於己吾，《世語》曰：陳留孝廉衛茲以家財資太祖，使起兵，衆有五千人。是歲中平六年也。【略】

（建安元年二月）夏六月，遷鎮東將軍，封費亭侯。【略】九月，車駕出轘轅而東，以太祖為大將軍，封武平侯。【略】

（袁紹）將攻許。【略】《魏氏春秋》載紹檄州郡文曰：『蓋聞明主圖危以制變，忠臣慮難以立權。曩者强秦弱主，趙高執柄，專制朝命，威福由己，終有望夷之禍，汙辱至今。及臻呂后，祿、產專政，擅斷萬機，決事省禁，下陵上替，海內寒心。於是絳侯、朱虛興威奮怒，誅夷逆亂，尊立太宗，故能道化興隆，光明顯融，此則大臣立權之明表也。司空曹操，祖父騰，故中常侍，與左悺、徐璜並作妖孽，饕餮放橫，傷化虐民。父嵩，乞丐攜養，因贓假位，輿金輦璧，輸貨權門，竊盜鼎司，傾覆重器。操贅閹遺醜，本無令德，僄狡鋒俠，好亂樂禍。幕府昔統鷹揚，掃夷凶逆。續遇董卓侵官暴國，於是提劍揮鼓，發命東夏，方收羅英雄，棄瑕録用，故遂與操參諮策略，謂其鷹犬之才，爪牙可任。至乃愚佻短慮，輕進易退，傷夷折衄，數喪師徒。幕府輒復分兵命銳，修完補輯，表行東郡太守、兗州刺史，被以虎文，授以偏師，奬蹙威柄，冀獲秦師一克之報。而操遂乘資跋扈，肆行酷烈，割剥元元，殘賢害善。故九江太守邊讓，英才俊逸，天下知名，以直言正色，論不阿諂，身被梟縣之戮，妻孥受灰滅之咎。自是士林憤痛，民怨彌重，一夫奮臂，舉州同聲，故躬破於徐方，地奪於呂布，彷徨東裔，蹈據無所。幕府唯强幹弱枝之義，且不登叛人之黨，故復援旌擐甲，席捲赴征，金鼓響震，布衆破沮，拯其死亡之患，復其方伯之任，是則幕府無德於兗土之民，而有大造於操也。後會鑾駕東反，羣虜亂政。時冀州方有北鄙之警，匪遑離局，故使從事中郎徐勳就發遣操，使繕修郊廟，翼衛幼主。而便放志專行，脅遷省禁，卑侮王官，敗法亂紀，坐召三臺，專制朝政，爵賞由心，刑戮在口，所愛光五宗，所惡滅三族，羣談者蒙顯誅，腹議者蒙隱戮，道路以目，百寮鉗口，尚書記朝會，公卿充員品而已。故太尉楊彪，歷典三司，享國極位，操因睚眦，被以非罪，榜楚並兼，五毒俱至，觸情放慝，不顧憲章。又議郎趙彥，忠諫直言，議有可納，故聖朝含聽，改容加錫，操欲迷奪時權，杜絕言路，擅收立殺，不俟報聞。又梁孝王，先帝母弟，墳陵尊顯，松柏桑梓，猶宜恭肅，而操率將校吏士親臨發掘，破棺裸屍，略取金寶，至令聖朝流涕，士民傷懷。又署發丘中郎將、摸金校尉，所

過墮突，無骸不露。身處三公之官，而行桀虜之態，殄國虐民，毒流人鬼。加其細政苛慘，科防互設，罾繳充蹊，坑阱塞路，舉手掛網羅，動足蹈機陷，是以兗、豫有無聊之民，帝都有吁嗟之怨。歷觀古今書籍，所載貪殘虐烈無道之臣，於操為甚。幕府方詰外姦，未及整訓，加意含覆，冀可彌縫。而操豺狼野心，潛苞禍謀，乃欲撓折棟樑，孤弱漢室，除滅中正，專為梟雄。往歲伐鼓北征，討公孫瓚，強禦桀逆，拒圍一年。操因其未破，陰交書命，欲託助王師，以相掩襲，故引兵造河，方舟北濟。會其行人發露，瓚亦梟夷，故使鋒芒挫縮，厥圖不果。屯據敖倉，阻河為固，乃欲以螗螂之斧，御隆車之隧。幕府奉漢威靈，折衝宇宙，長戟百萬，胡騎千羣，奮中黃、育、獲之材，騁良弓勁弩之勢，並州越太行，青州涉濟、漯，大軍汎黃河以角其前，荆州下宛、葉而掎其後，雷震虎步，並集虜庭，若舉炎火以焫飛蓬，覆滄海而沃熛炭，有何不消滅者哉？當今漢道陵遲，綱弛紀絕。操以精兵七百，圍守宮闕，外稱陪衛，內以拘執，懼其篡逆之禍，因斯而作。乃忠臣肝腦塗地之秋，烈士立功之會也，可不勖哉！』此陳琳之辭。【略】

（建安十五年）冬，作銅雀臺。《魏武故事》載公十二月己亥令曰：『孤始舉孝廉，年少，自以本非巖穴知名之士，恐為海內人之所見凡愚，欲為一郡守，好作政教，以建立名譽，使世士明知之；故在濟南，始除殘去穢，平心選舉，違迕諸常侍。以為強豪所忿，恐致家禍，故以病還。去官之後，年紀尚少，顧視同歲中，年有五十，未名為老，內自圖之，從此卻去二十年，待天下清，乃與同歲中始舉者等耳。故以四時歸鄉里，於譙東五十里築精舍，欲秋夏讀書，冬春射獵，求底下之地，欲以泥水自蔽，絕賓客往來之望，然不能得如意。後徵為都尉，遷典軍校尉，意遂更欲為國家討賊立功，欲望封侯作征西將軍，然後題墓道言「漢故征西將軍曹侯之墓」，此其志也。而遭值董卓之難，興舉義兵。是時合兵能多得耳，然常自損，不欲多之；所以然者，多兵意盛，與強敵爭，倘更為禍始。故汴水之戰數千，後還到揚州更募，亦復不過三千人，此其本志有限也。後領兗州，破降黃巾三十萬衆。又袁術僭號於九江，下皆稱臣，名門曰建號門，衣被皆為天子之制，兩婦預爭為皇后。志計已定，人有勸術使遂即帝位，露布天下，答言「曹公尚在，未可也」。後孤討禽其四將，獲其人衆，遂使術窮亡解沮，發病而死。及至袁紹據河北，兵勢強盛，孤自度勢，實不敵之，但計投死為國，以義滅身，足垂於後。幸而破紹，梟其二子。又劉表自以為宗室，包藏姦心，乍前乍卻，以觀世事，據有當州，孤復定之，遂平天下。身為宰相，人臣之貴已極，意望已過矣。今孤言此，若為自大，欲人言盡，故無諱耳。設使國家無有孤，不知當幾人稱帝，幾人稱王。或者人見孤強盛，又性不信天命之事，恐私心相評，言有不遜之志，妄相忖度，每用耿耿。齊桓、晉文所以垂稱至今日者，以其兵勢廣大，猶能奉事周室也。《論語》云「三分天下有其二，以服事殷，周之德可謂至德矣」，夫能以大事小也。昔樂毅走趙，趙王欲與之圖燕，樂毅伏而垂泣，對曰：「臣事昭王，猶事天王；臣若獲戾，放在他國，沒世然後已，不忍謀趙之徒隸，況燕後嗣乎！」胡亥之殺蒙恬也，恬曰：「自吾先人及至子孫，積信於秦三世矣；今臣將兵三十餘萬，其勢足以背叛，然自知必死而守義者，不敢辱先人之教以忘先王也。」孤每讀此二人書，未嘗不愴然流涕也。孤祖父以至孤身，皆當親重之任，可謂見信者矣，以及（子植）〔子桓〕兄弟，過於三世矣。孤非徒對諸君說此也，常以語妻妾，皆令深知此意。孤謂之言：「顧我萬年之後，汝曹皆當出嫁，欲令傳道我心，使他人皆知之。」孤此言皆肝鬲之要也。所以勤勤懇懇敘心腹者，見周公有金縢之書以自明，恐人不信之故。然欲孤便爾委捐所典兵衆以還執事，歸就武平侯國，實不可也。何者？誠恐己離兵為人所禍也。既為子孫計，又己敗則國家傾危，是以不得慕虛名而處實禍，此所不得為也。前朝恩封三子為侯，固辭不受，今更欲受之，非欲復以為榮，欲以為外援，為萬安計。孤聞介推之避晉封，申胥之逃楚賞，未嘗不捨書而歎，有以自省也。奉國威靈，仗鉞征伐，推弱以克強，處小而禽大，意之所圖，動無違事，心之所慮，何向不濟，遂蕩平天下，不辱主命，可謂天助漢室，非人力也。然封兼四縣，食户三萬，何德堪之！江湖未靜，不可讓位；至於邑土，可得而辭。今上還陽夏、柘、苦三縣户二萬，但食武平萬户，且以分損謗議，少減孤之責也。』

十六年春正月，《魏書》曰：庚辰，天子報：減户五千，分所讓三縣萬五千封三子，植為平原侯，據為范陽侯，豹為饒陽侯，食邑各五千户。【略】

（十八年）五月丙申，天子使御史大夫郗慮持节策命公為魏公。【略】

（二十一年）夏五月，天子進公爵為魏王。【略】

庚子，王崩於洛陽，年六十六。《世語》曰：太祖自漢中至洛陽，起建始殿，伐濯龍祠而樹血出。《曹瞞傳》曰：王使工蘇越徙美梨，掘之，根傷盡出血。越白狀，王躬自視而惡之，以為不祥，還遂寢疾。遺令曰：『天下尚未安定，未得遵古也。葬畢，皆除服。其將兵屯戍者，皆不得離屯部。有司各率乃職。斂以時服，無藏金玉珍寶。』謚曰武王。二月丁卯，葬高陵。《魏書》曰：太祖自統御海內，芟夷羣醜，其行軍用師，大較依孫、吳之法，而因事設奇，譎敵制勝，變化如神。自作兵書十萬餘言，諸將征伐，皆以新書從事。臨事又手為節度，從令者克捷，違教者負敗。與虜對陳，意思安間，如不欲戰，然及至決機乘勝，氣勢盈溢，故每戰必克，軍無幸勝。知人善察，難眩以偽，拔于

禁、樂進於行陳之間，取張遼、徐晃於亡虜之內，皆佐命立功，列為名將；其餘拔出細微，登為牧守者，不可勝數。是以創造大業，文武並施，御軍三十餘年，手不捨書，晝則講武策，夜則思經傳，登高必賦，及造新詩，被之管弦，皆成樂章。才力絕人，手射飛鳥，躬禽猛獸，嘗于南皮一日射雉獲六十三頭。及造作宮室，繕治器械，無不為之法則，皆盡其意。雅性節儉，不好華麗，後宮衣不錦繡，侍御履不二采，帷帳屏風，壞則補納，茵蓐取溫，無有緣飾。攻城拔邑，得美麗之物，則悉以賜有功，勳勞宜賞，不吝千金，無功望施，分毫不與，四方獻御，與羣下共之。常以送終之制，襲稱之數，繁而無益，俗又過之，故預自製終亡衣服，四篋而已。《傅子》曰：太祖湣嫁取之奢僭，公女適人，皆以皁帳，從婢不過十人。張華《博物志》曰：漢世，安平崔瑗、瑗子寔、弘農張芝、芝弟昶並善草書，而太祖亞之。桓譚、蔡邕善音樂，馮翊山子道、王九真、郭凱等善圍釭，太祖皆與埒能。又好養性法，亦解方藥，招引方術之士，廬江左慈、譙郡華佗、甘陵甘始、陽城郤儉無不畢至，又習啖野葛至一尺，亦得少多飲鴆酒。《傅子》曰：漢末王公，多委王服，以幅巾為雅，是以袁紹、（崔豹）［崔鈞］之徒，雖為將帥，皆著縑巾。魏太祖以天下凶荒，資財乏匱，擬古皮弁，裁縑帛以為帢，合于簡易隨時之義，以色別其貴賤，於今施行，可謂軍容，非國容也。《曹瞞傳》曰：太祖為人佻易無威重，好音樂，倡優在側，常以日達夕。被服輕綃，身自佩小鞶囊，以盛手巾細物，時或冠帢帽以見賓客。每與人談論，戲弄言誦，盡無所隱，及歡悅大笑，至以頭沒杯案中，肴膳皆沾汙巾幘，其輕易如此。然持法峻刻，諸將有計畫勝出己者，隨以法誅之，及故人舊怨，亦皆無餘。其所刑殺，輒對之垂涕嗟痛之，終無所活。初，袁忠為沛相，嘗欲以法治太祖，沛國桓邵亦輕之，及在兗州，陳留邊讓言議頗侵太祖，太祖殺讓，族其家，忠、邵俱避難交州，太祖遣使就太守士燮盡族之。桓邵得出首，拜謝於庭中，太祖謂曰：『跪可解死邪！』遂殺之。常出軍，行經麥中，令『士卒無敗麥，犯者死』。騎士皆下馬，付麥以相持，於是太祖馬騰入麥中，敕主簿議罪；主簿對以《春秋》之義，罰不加於尊。太祖曰：『制法而自犯之，何以帥下？然孤為軍帥，不可自殺，請自刑。』因援劍割髮以置地。又有幸姬常從晝寢，枕之臥，告之曰：『須臾覺我。』姬見太祖臥安，未即寤，及自覺，棒殺之。常討賊，廩穀不足，私謂主者曰：『如何？』主者曰：『可以小斛以足之。』太祖曰：『善。』後軍中言太祖欺衆，太祖謂主者曰：『特當借君死以厭衆，不然事不解。』乃斬之，取首題徇曰：『行小斛，盜官穀，斬之軍門。』其酷虐變詐，皆此類也。

綜　述

《三國志》卷三《魏志·明帝紀》　明皇帝諱叡，**【略】**生而太祖愛之，常令在左右。《魏書》曰：帝生數歲而有岐嶷之姿，武皇帝異之，曰：『我基於爾三世矣。』每朝宴會同，與侍中近臣並列帷幄。好學多識，特留意於法理。**【略】**

（青龍元年）冬十月，步度根部落大人戴胡阿狼泥等詣并州降，（秦）朗引軍還。《魏氏春秋》曰：朗字元明，新興人。《獻帝傳》曰：朗父名宜祿，為呂布使詣袁術，術妻以漢宗室女。其前妻杜氏留下邳。布之被圍，關羽屢請於太祖，求以杜氏為妻，太祖疑其有色，及城陷，太祖見之，乃自納之。宜祿歸降，以為銍長。及劉備走小沛，張飛隨之，過謂宜祿曰：『人取汝妻，而為之長，乃蚩蚩若是邪！隨我去乎？』宜祿從之數里，悔欲還，飛殺之。朗隨母氏畜于公宮，太祖甚愛之，每坐席，謂賓客曰：『世有人愛假子如孤者乎？』《魏略》曰：朗游遨諸侯間，歷武、文之世而無尤也。**【略】**《魏略》以朗與孔桂俱在《佞倖》篇。桂字叔林，天水人也。建安初，數為將軍楊秋使詣太祖，太祖表拜騎都尉。桂性便辟，曉博弈、蹹鞠，故太祖愛之，每在左右，出入隨從。桂察太祖意，喜樂之時，因言次曲有所陳，事多見從，數得賞賜，人多餽遺，桂由此侯服玉食。太祖既愛桂，五官將及諸侯亦皆親之。其後桂見太祖久不立太子，而有意於臨菑侯，因更親附臨菑侯而簡於五官將，將甚銜之。及太祖薨，文帝即王位，未及致其罪。黃初元年，隨例轉拜駙馬都尉。而桂私受西域貨賂，許為人事。事發，有詔收問，遂殺之。魚豢曰：為上者不虛授，處下者不虛受，然後外無伐檀之歎，內無尸素之刺，雍熙之美著，太平之律顯矣。而佞倖之徒，但姑息人主，至乃無德而榮，無功而祿，如是焉得不使中正日朘，傾邪滋多乎！以武皇帝之慎賞，明皇帝之持法，而猶有若此等人，而況下斯者乎？

又　卷五《魏志·后妃傳·武宣卞皇后》　武宣卞皇后，琅邪開陽人，文帝母也。本倡家，年二十，太祖於譙納后為妾。後隨太祖至洛。及董卓為亂，太祖微服東出避難。袁術傳太祖凶問，時太祖左右至洛者皆欲歸，後止之曰：『曹君吉凶未可知，今日還家，明日若在，何面目復相見也？正使禍至，共死何苦！』遂從后言。太祖聞而善之。建安初，丁夫人廢，遂以后為繼室。諸子無母者，太祖皆令後養之。《魏略》曰：太祖

始有丁夫人，又劉夫人生子脩及清河長公主。劉早終，丁養子脩。子脩亡於穰，丁常言：『將我兒殺之，都不復念！』遂哭泣無節。太祖忿之，遣歸家，欲其意折。後太祖就見之，夫人方織，外人傳云『公至』，夫人踞機如故。太祖到，撫其背曰：『顧我共載歸乎！』夫人不顧，又不應。太祖卻行，立於户外，復云：『得無尚可邪！』遂不應，太祖曰：『真訣矣。』遂與絕，欲其家嫁之，其家不敢。初，丁夫人既為嫡，加有子脩，丁視後母子不足。後為繼室，不念舊惡，因太祖出行，常四時使人饋遺，又私迎之，延以正坐而己下之，迎來送去，有如昔日。丁謝曰：『廢放之人，夫人何能常爾邪！』其後丁亡，後請太祖殯葬，許之，乃葬許城南。後太祖病困，自慮不起，歎曰：『我前後行意，於心未曾有所負也。假令死而有靈，子脩若問「我母所在」，我將何辭以答！』《魏書》曰：後性約儉，不尚華麗，無文繡珠玉，器皆黑漆。太祖常得名璫數具，命後自選一具，後取其中者，太祖問其故，對曰：『取其上者為貪，取其下者為偽，故取其中者。』文帝為太子，左右長御賀后曰：『將軍拜太子，天下莫不歡喜，後當傾府藏賞賜。』后曰：『王自以丕年大，故用為嗣，我但當以免無教導之過為幸耳，亦何為當重賜遺乎！』長御還，具以語太祖。太祖悅曰：『怒不變容，喜不失節，故是最為難。』

二十四年，拜為王后，策曰：『夫人卞氏，撫養諸子，有母儀之德。今進位王后，太子諸侯陪位，羣卿上壽，減國內死罪一等。』二十五年，太祖崩，文帝即王位，尊後曰王太后，及踐阼，尊後曰皇太后，稱永壽宮。《魏書》又曰：【略】太后每見外親，不假以顏色，常言『居處當務節儉，不當望賞賜，念自佚也。外舍當怪吾遇之太薄，吾自有常度故也。吾事武帝四五十年，行儉日久，不能自變為奢，有犯科禁者，吾且能加罪一等耳，莫望錢米恩貸也。』

初，太后弟秉，以功封都鄉侯，黄初七年進封開陽侯，邑千二百户，為昭烈將軍。《魏略》曰：初，卞後弟秉，當建安時得為別部司馬，後常對太祖怨言，太祖答言：『但得與我作婦弟，不為多邪？』後又欲太祖給其錢帛，太祖又曰：『但汝盜與，不為足邪？』故訖太祖世，秉官不移，財亦不益。

又　卷一〇《魏志·荀彧傳》　天子拜太祖大將軍，進（苟）彧為漢侍中，守尚書令。常居中持重，太祖雖征伐在外，軍國事皆與彧籌焉。又《平原禰衡傳》曰：衡字正平，建安初，自荊州北游許都，恃才傲逸，臧否過差，見不如已者不與語，人皆以是憎之。唯少府孔融高貴其才，上書薦之曰：『淑質貞亮，英才卓犖。初涉藝文，升堂睹奧，目所一見，輒誦於口，耳所暫聞，不忘於心。性與道合，思若有神。弘羊心計，安世默識，以衡准之，誠不足怪。』衡時年二十四。是時許都雖新建，尚饒人士。衡嘗書一刺懷之，字漫滅而無所適。或問之曰：『何不從陳長文、司馬伯達乎？』衡曰：『卿欲使我從屠沽兒輩也！』又問曰：『當今許中，誰最可者？』衡曰：『大兒有孔文舉，小兒有楊德祖。』又問：『曹公、荀令君、趙蕩寇皆足蓋世乎？』衡稱曹公不甚多；又見荀有儀容，趙有腹尺，因答曰：『文若可借面弔喪，稚長可使監廚請客。』其意以為荀但有貌，趙健啖肉也。於是衆人皆切齒。衡知衆不悅，將南還荊州。裝束臨發，衆人為祖道，先設供帳於城南，自共相誡曰：『衡數不遜，今因其後到，以不起報之。』及衡至，衆人皆坐不起，衡乃號咷大哭。衆人問其故，衡曰：『行屍柩之間，能不悲乎？』衡南見劉表，表甚禮之。將軍黄祖屯夏口，祖子射與衡善，隨到夏口。祖嘉其才，每在坐，席有異賓，介使與衡談。後衡驕蹇，答祖言徘優饒言，祖以為罵己也，大怒，顧伍伯捉頭出。左右遂扶以去，拉而殺之。臣松之以本傳不稱彧容貌，故載《典略》與《衡傳》以見之。【略】張衡《文士傳》曰：孔融數薦衡于太祖，欲與相見，而衡疾惡之，意常憤懣。因狂疾不肯往，而數有言論。太祖聞其名，圖欲辱之，乃録為鼓（吏）。後至八月朝，大宴，賓客並會。時鼓（吏）擊鼓過，皆當脫其故服，易著新衣。次衡，衡擊為漁陽參撾，容態不常，音節殊妙。坐上賓客聽之，莫不慷慨。過不易衣，吏呵之，衡乃當太祖前，以次脫衣，裸身而立，徐徐乃著褌帽畢，復擊鼓參撾，而顏色不怍。太祖大笑，告四坐曰：『本欲辱衡，衡反辱孤。』至今有漁陽參撾，自衡造也。融深責數衡，並宣太祖意，欲令與太祖相見。衡許之，曰：『當為卿往。』至十月朝，融先見太祖，說『衡欲求見』。至日晏，衡著布單衣，（疏巾）〔綀布〕履，坐太祖營門外，以杖捶地，數罵太祖。太祖敕外廄急具精馬三匹，並騎二人，謂融曰：『禰衡豎子，乃敢爾！孤殺之無異於雀鼠，顧此人素有虛名，遠近所聞，今日殺之，人將謂孤不能容。今送與劉表，視卒當何如？』乃令騎以衡置馬上，兩騎扶送至南陽。《傅子》曰：衡辯于言而剋于論，見荊州牧劉表日，所以自結於表者甚至，表悅之以為上賓。衡稱表之美盈口，而論表左右不廢繩墨。於是左右因形而譖之，曰：『衡稱將軍之仁，西伯不過也，唯以為不能斷；終不濟者，必由此也。』是言實指表智短，而非衡所言也。表不詳察，遂疏衡而逐之。衡以交絕于劉表，智窮于黃祖，身死名滅，為天下笑者，譖之者有形也。

《後漢書》卷七〇《孔融傳》　初，曹操攻屠鄴城，袁氏婦子多見侵略，而操子丕私納袁熙妻甄氏。李賢注：《袁紹傳》：熙，紹之中子也。甄氏，中山無極人，漢太保甄邯後也。父逸，上蔡令。《魏略》曰：『熙出在幽州，

甄氏侍姑，及鄴城破，文帝入紹舍，後怖，伏姑膝上。帝令舉頭就視，見其顏色非凡。太祖聞其意，為迎取之。』融乃與操書，稱『武王伐紂，以妲己賜周公』。操不悟，後問出何經典。對曰：『以今度之，想當然耳。』後操討烏桓，又嘲之曰：『大將軍遠征，蕭條海外。昔肅慎不貢楛矢，丁零盜蘇武牛羊，可並案也。』

時年饑兵興，操表制酒禁，融頻書爭之，多侮慢之辭。李賢注：《融集》與操書云：『酒之為德久矣。古先哲王，類帝禋宗，和神定人，以濟萬國，非酒莫以也。故天垂酒星之耀，地列酒泉之郡，人著旨酒之德。堯不千鍾，無以建太平。孔非百觚，無以堪上聖。樊噲解厄鴻門，非豕肩鍾酒，無以奮其怒。趙之廝養，東迎其王，非引巵酒，無以激其氣。高祖非醉斬白蛇，無以暢其靈。景帝非醉幸唐姬，無以開中興。袁盎非醇醪之力，無以脫其命。定國不酣飲一斛，無以決其法。故酈生以高陽酒徒，著功於漢；屈原不餔糟歠醨，取困于楚。由是觀之，酒何負於政哉？』又書曰：『昨承訓答，陳二代之禍，及衆人之敗，以酒亡者，實如來誨。雖然，徐偃王行仁義而亡，今令不絕仁義；燕噲以讓失社稷，今令不禁謙退；魯因儒而損，今令不棄文學；夏、商亦以婦人失天下，今令不斷婚姻。而將酒獨急者，疑但惜穀耳，非以亡王為戒也。』既見操雄詐漸著，數不能堪，故發辭偏宕，多致乖忤。又嘗奏宜准古王畿之制，千里寰內，不以封建諸侯。操疑其所論建漸廣，益憚之。然以融名重天下，外相容忍，而潛忌正議，慮鯁大業。山陽郗慮承望風旨，以微法奏免融官。因顯明讎怨，操故書激厲融曰：『蓋聞唐虞之朝，有克讓之臣，故麟鳳來而頌聲作也。後世德薄，猶有殺身為君，破家為國。及至其敝，睚眦之怨必讎，一餐之惠必報。故晁錯念國，遘禍于袁盎；屈平悼楚，受譖于椒、蘭；彭寵傾亂，起自朱浮；鄧禹威損，失于宗、馮。由此言之，喜怒怨愛，禍福所因，可不慎與！昔廉、藺小國之臣，猶能相下；寇、賈倉卒武夫，屈節崇好；光武不問伯升之怨；齊侯不疑射鉤之虜。夫立大操者，豈累細故哉！往聞二君有執法之平，以為小介，當收舊好；而怨毒漸積，志相危害，聞之憮然，中夜而起。昔國家東遷，文舉盛歎鴻豫名實相副，綜達經學，出於鄭玄，又明司馬法，鴻豫亦稱文舉奇逸博聞，誠怪今者與始相違。孤與文舉既非舊好，又於鴻豫亦無恩紀，然願人之相美，不樂人之相傷，是以區區思協歡好。又知二君羣小所構，孤為人臣，進不能風化海內，退不能建德和人，然撫養戰士，殺身為國，破浮華交會之徒，計有餘矣。』

曹操既積嫌忌，而郗慮復構成其罪，遂令丞相軍謀祭酒路粹枉狀奏融曰：『少府孔融，昔在北海，見王室不靜，而招合徒衆，欲規不軌，云「我大聖之後，而見滅于宋，有天下者，何必卯金刀」。及與孫權使語，謗訕朝廷。又融為九列，不遵朝儀，禿巾微行，唐突宮掖。又前與白衣禰衡跌盪於言，云「父之于子，當有何親？論其本意，實為情欲發耳。子之於母，亦復奚為？譬如寄物缻中，出則離矣」。既而與衡更相讚揚。衡謂融曰：「仲尼不死。」融答曰：「顏回復生。」大逆不道，宜極重誅。』書奏，下獄棄市。時年五十六。妻子皆被誅。

初，女年七歲，男年九歲，以其幼弱得全，寄它舍。二子方弈潟，融被收而不動。左右曰：『父執而不起，何也？』答曰：『安有巢毀而卵不破乎！』主人有遺肉汁，男渴而飲之。女曰：『今日之禍，豈得久活，何賴知肉味乎？』兄號泣而止。或言於曹操，遂盡殺之。及收至，謂兄曰：『若死者有知，得見父母，豈非至願！』乃延頸就刑，顏色不變，莫不傷之。

初，京兆人脂習元升，與融相善，每戒融剛直。李賢注：《魏略》曰：『曹操為司空，威德日盛，融故以舊意書疏倨傲，習常責融令改節，融不從之。』及被害，許下莫敢收者，習往撫屍曰：『文舉舍我死，吾何用生為？』操聞大怒，將收習殺之，後得赦出。

又《荀彧傳》 彧比至冀州，而袁紹已奪馥位，紹待彧以上賓之禮。彧明有意數，見漢室崩亂，每懷匡佐之義。時曹操在東郡，彧聞操有雄略，而度紹終不能定大業。

初平二年，乃去紹從操。操與語大悅，曰：『吾子房也。』以為奮武司馬，時年二十九。明年，又為操鎮東司馬。

興平元年，操東擊陶謙，使彧守甄城，任以留事。會張邈、陳宮以兗州反操，而潛迎呂布。布既至，諸城悉應之。邈乃使人譎彧曰：『呂將軍來助曹使君擊陶謙，宜亟供軍實。』彧知邈有變，即勒兵設備，故邈計不行。豫州刺史郭貢率兵數萬來到城下，求見彧。彧將往，東郡太守夏侯惇等止之。

曰：『何知貢不與呂布同謀，而輕欲見之。今君為一州之鎮，往必危

也。』彧曰：『貢與邈等分非素結，今來速者，計必未定，及其猶豫，宜時說之，縱不為用，可使中立。若先懷疑嫌，彼將怒而成謀，不如往也。』貢既見彧無懼意，知城不可攻，遂引而去。彧乃使程昱說范、東阿，使固其守，卒全三城以待操焉。

二年，陶謙死，操欲遂取徐州，還定呂布。彧諫曰：『昔高祖保關中，光武據河內，皆深根固本，以制天下。進可以勝敵，退足以堅守，故雖有困敗，而終濟大業。將軍本以兗州首事，故能平定山東，此實天下之要地，而將軍之關河也。若不先定之，根本將何寄乎？宜急分討陳宮，使虜不得西顧，乘其間而收熟麥，約食稸穀，以資一舉，則呂布不足破也。今舍之而東，未見其便。多留兵則力不勝敵，少留兵則後不足固。布乘虛寇暴，震動人心，縱數城或全，其餘非復己有，則將軍尚安歸乎？且前討徐州，威罰實行，其子弟念父兄之恥，必人自為守。就能破之，尚不可保。彼若懼而相結，共為表裏，堅壁清野，以待將軍，將軍攻之不拔，掠之無獲，不出一旬，則十萬之衆未戰而自困矣。夫事固有棄彼取此，以權一時之埶，願將軍慮焉。』操於是大收孰麥，復與布戰。布敗走，因分定諸縣，兗州遂平。

建安元年，獻帝自河東還洛陽，操議欲奉迎車駕，徙都于許。衆多以山東未定，韓暹、楊奉負功恣睢，未可卒制。彧乃勸操曰：『昔晉文公納周襄王，而諸侯景從；漢高祖為義帝縞素，而天下歸心。自天子蒙塵，將軍首唱義兵，徒以山東擾亂，未遑遠赴，雖禦難於外，乃心無不在王室。今鑾駕旋軫，東京榛蕪，義士有存本之思，兆人懷感舊之哀。誠因此時奉主上以從人望，大順也；秉至公以服天下，大略也；扶弘義以致英俊，大德也。四方雖有逆節，其何能為？韓暹、楊奉，安足恤哉！若不時定，使豪桀生心，後雖為慮，亦無及矣。』操從之。

及帝都許，以彧為侍中，守尚書令。操每征伐在外，其軍國之事，皆與彧籌焉。

彧又進操計謀之士從子攸，及鍾繇、郭嘉、陳羣、杜襲、司馬懿、戲志才等，皆稱其舉。唯嚴象為楊州，韋康為涼州，後並負敗焉。

袁紹既兼河朔之地，有驕氣。而操敗于張繡，紹與操書甚倨。李賢注：陳琳為紹作檄書曰：『操祖父騰饕餮放橫，父嵩乞匄攜養，操贅閹遺醜。』並倨慢之詞也。操大怒，欲先攻之，而患力不敵，以謀於彧。彧量紹雖強，終為操所制，乃說先取呂布，然後圖紹，操從之。三年，遂擒呂布，定徐州。

五年，袁紹率大衆以攻許，操與相距。紹甲兵甚盛，議者咸懷惶懼。少府孔融謂彧曰：

『袁紹地廣兵強，田豐、許攸智計之士為其謀，審配、逄紀盡忠之臣任其事，顏良、文醜勇冠三軍，統其兵，殆難克乎？』彧曰：『紹兵雖多而法不整，田豐剛而犯上，許攸貪而不正，審配專而無謀，逄紀果而自用，顏良、文醜匹夫之勇，可一戰而擒也。』後皆如彧之籌，事在袁紹傳。操保官度，李賢注：官度，即古之鴻溝也。于滎陽下引河東南流，其所保處在今鄭州中牟縣北官度口是也。與紹連戰，雖勝而軍糧方盡，書與彧議，欲還許以致紹師。彧報曰：『今穀食雖少，未若楚漢在滎陽、成皋間也。是時劉項莫肯先退者，以為先退則埶屈也。公以十分居一之衆，畫地而守之，搤其喉而不得進，已半年矣。情見埶竭，必將有變，此用奇之時，不可失也。』操從之，乃堅壁持之。遂以奇兵破紹，紹退走。封彧萬歲亭侯，邑一千户。

六年，操以紹新破，未能為患，但欲留兵衛之，自欲南征劉表，以計問彧。彧對曰：『紹既新敗，衆懼人擾，今不因而定之，而欲遠兵江漢，若紹收離糾散，乘虛以出，則公之事去矣。』操乃止。

九年，操拔鄴，自領冀州牧。有說操宜復置九州者，以為冀部所統既廣，則天下易服。操將從之。彧言曰：『今若依古制，是為冀州所統，悉有河東、馮翊、扶風、西河、幽、並之地也。公前屠鄴城，海內震駭，各懼不得保其土宇，守其兵衆。今若一處被侵，必謂以次見奪，人心易動，若一旦生變，天下未可圖也。願公先定河北，然後修復舊京，南臨楚郢，責王貢之不入。天下咸知公意，則人人自安。須海內大定，乃議古制，此社稷長久之利也。』操報曰：『微足下之相難，所失多矣！』遂寑九州議。

十二年，操上書表彧曰：『昔袁紹作逆，連兵官度，時衆寡糧單，圖欲還許。尚書令荀彧深建宜住之便，遠恢進討之略，起發臣心，革易愚慮，堅營固守，徼其軍實，遂摧撲大寇，濟危以安。紹既破敗，臣糧亦

盡，將舍河北之規，改就荆南之策。彧復備陳得失，用移臣議，故得反旆冀土，克平四州。向使臣退軍官度，紹必鼓行而前，敵人懷利以自百，臣衆怯沮以喪氣，有必敗之形，無一捷之勢。復若南征劉表，委棄兗、豫，饑軍深入，踰越江、沔。

利既難要，將失本據。而彧建二策，以亡為存，以禍為福，謀殊功異，臣所不及。是故先帝貴指縱之功，薄搏獲之賞；古人尚帷幄之規，下攻拔之力。原其績睉，足享高爵。而海内未喻其狀，所受不侔其功，臣誠惜之。乞重平議，增疇户邑。』彧深辭讓。操譬之曰：『昔介子推有言：「竊人之財，猶謂之盜。」況君奇謨拔出，興亡所係，可專有之邪？

雖慕魯連飻高之結，將為聖人達節之義乎！』於是增封千户，幷前二千户。又欲授以正司，彧使荀攸深自陳讓，至於十數，乃止。操將伐劉表，問彧所策。彧曰：『今華夏以平，荆、漢知亡矣，可聲出宛、葉而間行輕進，以掩其不意。』操從之。會表病死。

十七年，董昭等欲共進操爵國公，九錫備物，密以訪彧。彧曰『曹公本興義兵，以匡振漢朝，雖勳庸崇著，猶秉忠貞之節。君子愛人以德，不宜如此。』事遂寢。操心不能平。會南征孫權，表請彧勞軍於譙，因表留彧曰：

『臣聞古之遣將，上設監督之重，下建副二之任，所以尊嚴國命，謀而鮮過者也。臣今當濟江，奉辭伐罪，宜有大使肅將王命。文武並用，自古有之。使持節侍中守尚書令萬歲亭侯彧，國之（望）［重］臣，德洽華夏，既停軍所次，便宜與臣俱進，宣示國命，威懷醜虜。軍禮尚速，不及先請，臣輒留彧，依以為重。』書奏，帝從之，遂以彧為侍中、光禄大夫，持節，參丞相軍事。至濡須，李賢注：濡須，水名也，在今和州歷陽縣西南。《吳録》曰：『孫權聞操來，夾水立塢，狀如偃月，以相拒，月餘乃退。』彧病留壽春，操饋之食，發視，乃空器也，於是飲藥而卒。時年五十。李賢注：《獻帝春秋》，董承之誅，伏後與父完書，言司空殺董承，帝方為報怨。完得書以示彧，彧惡之，隱而不言。完以示其妻弟樊普，普封以呈太祖，太祖陰為之備。彧恐事覺，欲自發之，因求使至鄴，勸太祖以女配帝。太祖曰：『今朝廷有伏後，吾女何得配上？』彧曰：『伏後無子，性又凶邪，往嘗與父書，言詞醜惡，可因此廢也。』太祖曰：『卿昔何不道之？』彧陽驚曰：『昔已嘗為公言也。』太祖曰：『此豈小事，而吾忘之！』太祖以此恨彧，而外含容之。至董昭建魏公議，彧意不同，欲言之于太祖，乃齎璽書犒軍，飲饗禮畢，彧請間，太祖知彧欲言，揖而遣之，遂不得。留之，卒于壽春。帝哀惜之，祖日為之廢燕樂。謚曰敬侯。明年，操遂稱魏公云。

又　卷七一《朱儁傳》　詔敕州郡修理攻守，簡練器械，自函谷、大谷、廣城、伊闕、轘轅、旋門、孟津、小平津諸關，並置都尉。召羣臣會議。嵩以為宜解黨禁，益出中藏錢、西園廄馬，以班軍士。帝從之。於是發天下精兵，博選將帥，以嵩為左中郎將，持節，與右中郎將朱儁，共發五校、三河騎士及募精勇，合四萬餘人，嵩、儁各統一軍，共討潁川黄巾。

儁前與賊波才戰，戰敗，嵩因進保長社。波才引大衆圍城，嵩兵少，軍人皆恐，乃召軍吏謂曰：『兵有奇變，不在衆寡。今賊依草結營，易為風火。若因夜縱燒，必大驚亂。吾出兵擊之，四面俱合，田單之功可成也。』其夕遂大風，嵩乃約敕軍士皆束苣乘城，使鋭士間出圍外，縱火大呼，城上舉燎應之，嵩因鼓而奔其陳，賊驚亂奔走。會帝遣騎都尉曹操將兵適至，嵩、操與朱儁合兵更戰，大破之，斬首數萬級。封嵩都鄉侯。嵩、儁乘勝進討汝南、陳國黄巾，追波才于陽翟，擊彭脱于西華，並破之。餘賊降散，三郡悉平。

又　卷七四上《袁紹傳》　紹於是進軍攻許。【略】乃先宣檄曰：

蓋聞明主圖危以制變，忠臣慮難以立權。曩者强秦弱主，趙高執柄，專制朝命，威福由己，終有望夷之禍，污辱至今。及臻呂后，禄、產專政，擅斷萬機，決事禁省，下陵上替，海内寒心。於是絳侯、朱虚興威奮怒，誅夷逆暴，尊立太宗，故能道化興隆，光明融顯。此則大臣立權之明表也。呂后崩，欲為亂，絳侯周勃、朱虚侯劉章等共誅之，立文帝，廟稱太宗。《左傳》閔子馬曰：『下陵上替，能無亂乎？』

司空曹操祖父騰，故中常侍，與左悺、徐璜並作妖孽，饕餮放横，傷化虐人。父嵩，乞匄攜養，李賢注：《續漢·志》曰：『嵩字巨高。靈帝時賣官，嵩以貨得拜大司農、大鴻臚，代崔烈為太尉。』《魏志》曰：『嵩，騰養子，莫能審其生出本末。』《曹瞞傳》及郭頒《代語》並云嵩，夏侯氏子，惇之叔父。魏太祖于惇為從父兄弟也。『匄』亦『乞』也。因臧買位，輿金輦寶，輸貨權門，竊盜鼎司，傾覆重器。

操（姦）［贅］閹遺醜，本無令德，僄狡鋒俠，好亂樂禍。幕府董統鷹揚，埽夷凶逆，續遇董卓侵官暴國，於是提劍揮鼓，發命東夏，廣羅英雄，棄瑕録用，故遂與操參咨策略，謂其鷹犬之才，爪牙可任。至乃愚佻短慮，輕進易退，傷夷折衄，數喪師徒。幕府輒復分兵命銳，修完補輯，表行東郡太守、兖州刺史，被以虎文，李賢注：《續漢・志》曰：『虎賁將，冠鶡冠，虎文單衣。襄邑歲獻織成虎文衣。』授以偏師，鉼就威柄，冀獲秦師一克之報。而遂乘資跋扈，肆行酷烈，割剥元元，殘賢害善。故九江太守邊讓，英才儁逸，以直言正色，論不阿諂，身被梟懸之戮，妻孥受灰滅之咎。自是士林憤痛，人怨天怒，一夫奮臂，舉州同聲，故躬破于徐方，地奪于吕布，彷徨東裔，蹈據無所。幕府惟强幹弱枝之義，且不登畔人之黨，故復援旍擐甲，席捲赴征，金鼓響震，布衆破沮，拯其死亡之患，復其方伯之任。是則幕府無德於兖土，而有大造於操也。

會後鑾駕東反，羣虜亂政。時冀州方有北鄙之警，匪遑離局，李賢注：北鄙之儆謂公孫瓚攻紹也。《左傳》曰：『局部也。』杜預注曰：『遠其部曲為離局。』故使從事中郎徐勳就發遣操，使繕修郊廟，翼衛幼主。而便放志專行，威劫省禁，卑侮王僚，敗法亂紀，坐召三臺，專制朝政，李賢注：《晉書》曰：『《漢官》尚書為中臺，御史為憲臺，謁者為外臺，是謂三臺。』爵賞由心，刑戮在口，所愛光五宗，所怨滅三族，李賢注：五宗謂上至高祖，下及孫。三族謂父族、母族、妻族。羣談者受顯誅，腹議者蒙隱戮，李賢注：大農顔異與張湯有隙，人告異，湯推異與客言詔令下有不便者，異不言，微反脣。湯遂奏，異九卿，見令不便，不入言而腹非，論死，見《前書》。道路以目，百辟鉗口，尚書記期會，公卿充員品而已。

故太尉楊彪，歷典二司，元綱極位。李賢注：《續漢書》曰：『彪代董卓為司空，又代黄琬為司徒。時袁術僭亂，操托彪與術婚姻，誣以欲圖廢置，奏收下獄，劾以大逆。』操因睚眦，被以非罪，篣楚並兼，五毒俱至，李賢注：《獻帝春秋》曰：『收彪下獄考實，遂以策罷。』觸情放慝，不顧憲章。又議郎趙彦，忠諫直言，議有可納，故聖朝含聽，改容加錫。操欲迷奪時明，杜絶言路，擅收立殺，不俟報聞。又梁孝王先帝母弟，墳陵尊顯，松栢桑梓猶宜恭肅。操率將吏士，親臨發掘，破棺裸屍，掠取金寶，至令聖朝流涕，士民傷懷。又署發丘中郎將、摸金校尉，所過毁突，無骸不露。身處三公之官，而行桀虜之態，汙國虐民，毒施人鬼。

加其細政苛慘，科防互設，矰繳充蹊，坑穽塞路，舉手掛網羅，動足蹈機埳，是以兖、豫有無聊之人，帝都有呼嗟之怨。李賢注：《管子》曰：『天下無道，人在爵位者皆不自聊生。』

歷觀古今書籍所載，貪殘虐烈無道之臣，於操為甚。莫府方詰外姦，未及整訓，加意含覆，冀可彌縫。而操豺狼野心，潛包禍謀，乃欲橈折棟樑，孤弱漢室，除忠害善，專為梟雄。往歲伐鼓北征，討公孫瓚，强禦桀逆，拒圍一年。操因其未破，陰交書命，欲托助王師，以見掩襲，故引兵造河，方舟北濟。會行人發露，瓚亦梟夷，故使鋒芒挫縮，厥圖不果。屯據敖倉，阻河為固，李賢注：《獻帝春秋》曰：『操引軍造河，托言助紹，實圖襲鄴，以為瓚援。會瓚破滅，紹亦覺之，以軍退，屯于敖倉。』乃欲運螳蜋之斧，御隆車之隧。莫府奉漢威靈，折衝宇宙，長戟百萬，胡騎千羣，奮中黄、育、獲之士，騁良弓勁弩之埶，并州越太行，李賢注：紹甥高幹為并州刺史，故言越太行山而來助。青州涉濟、漯，李賢注：紹長子譚為青州刺史。濟，漯，二水名，在今齊州界。大軍泛黄河以角其前，荆州下宛、葉而掎其後。雷震虎步，並集虜廷，若舉炎火以焚飛蓬，覆滄海而注熛炭，有何不消滅者哉？

當今漢道陵彁，綱弛網絶，操以精兵七百，圍守宫闕，外稱陪衛，內以拘質，懼篡逆之禍，因斯而作。乃忠臣肝腦塗地之秋，烈士立功之會也。可不勖哉！李賢注：據陳琳集，此檄陳琳之詞也。《魏志》曰：『琳字孔璋，廣陵人，避難冀州，袁紹使典文章。紹敗，歸太祖。太祖謂曰：「卿昔為本初移書，但可罪狀孤而已，惡惡止其身，何乃上及父祖邪？」琳謝罪。太祖愛其才而不咎也。』流俗本此下有『陳琳之辭』者，非也。

論説

《三國志》卷一《魏志・武帝紀論》 漢末，天下大亂，雄豪並起，而袁紹虎眎四州，强盛莫敵。太祖運籌演謀，鞭撻宇內，擥申、商之法術，該韓、白之奇策，官方授材，各因其器，矯情任算，不念舊惡，終能總御皇機，克成洪業者，惟其明略最優也。抑可謂非常之人，超世之

傑矣。

宋・李昉等《文苑英華》卷七五二《興亡中・唐朱敬則〈魏武帝論〉》 皇漢失圖，網漏讒慝，賊臣承間，搖盪宸居，宗廟焚燒，天子播越。於是九州幅裂，四海橫流，釋位勤王，天下雲集。初平元年，後將軍袁術、冀州牧韓馥、豫州刺史孔伷、兗州刺史劉岱、河內太守王匡、渤海太守袁紹、陳留太守張邈、東郡太守喬瑁、山陽太守袁遺、濟北相鮑信、長沙太守孫堅等同時俱起，以討董卓為名，然包藏禍心，以暴易亂，竊命矯制，結黨樹朋，觀釁待時，莫敢先犯。唯魏太祖有汴水之戰，孫討虜有陽人之師矣。

觀曹公明銳權略，神變不窮，兵折而意不衰，在危而聽不惑，臨事決機，舉無遺悔，近古以來，未之有也。故梁國橋元、南陽何禺皆云：『天下將亂，非命世之才，不能濟也。能安之者，其在君乎？』雖復名微衆寡，地小力窮，官渡受圍，濮陽戰屈。然天下精明之士，拓落之材，趨若百川之崇巨海，遊塵之集高嶽。故有荀彧、郭嘉、邢禺、程昱、賈詡、朱雲等，或斂風長感，或一見盡懷。然後覽英雄之心，騁熊羆之勇，挾天子以崇大順，扶幼主而顯至公。旌賁忠良，芟夷叛逆，神道輔德，百姓與能，武功赫然，霸業成矣。若乃獲魏種而有之，高祖之封雍齒也；降張繡而不怨，光武之全朱鮪也。感臧霸之言，以成其氣；重關羽之義，抑而不追。王霸之術也。然後法令嚴峻，賞罰必行，惟材是求，惟力是視，縱夷齊滿路，顏閔並居，未暇存也。

救弊即可，仁則未知。且以術臨人，力無餘地；用智濟物，迹若容身。欲使蕩蕩元波，涯而不竭；飈飈薰風，周遍草木。元雲蔭而方雨，黃葉衰而木落，不可得也。荀文若首豫經綸，提挈草昧，清神昭乎物表，妙識出乎機先，造我魏邦，緊其是賴？一言不合，五毒將施，無詞寄文，空器見志，可不劇哉？加以孔文舉與道翱翔，盡忠漢室；崔季珪天骨高爽，志在扶傾。豈大盜之所安也？嗚乎！欲盜之子，見錦而不見人；弭謗之君，尤人而不尤已。豈知羣鷗不下，衆雀遙驚者乎？故陰謀未泄，天下已知；毒志潛行，忠良前懼。何夔所以帶藥，楊彪由是不出，雲長受恩而不謝，元德失箸而思奔。席上無懷疑之人，閫外少自信之士，良可恥也。固知曹公不能用天下之材，成天下之務也。昔周武之澤及昆蟲，不能感食薇之士；漢高之功濟草木，未能屈歌芝之賢。猶且遂其孤貞，容其怨讟，況功未半古，德異樂推，遭神器之流離，問寶鼎之輕重，欲使庶人不議，寧可得乎？翻乃疾走惡迹，掩耳畏聲，讎匹夫，念平素，殺桓邵，斃婁珪，道路以目，天下鉗口，豈不惜哉？楊德祖才雖清秀，志非遠圖，托事行誅，死非其罪；司馬懿雄材大度，勇而有謀，審其狼顧，知而不翦。若言天意也，則吾未知。若言人事也。其智安在？故知忌小怨而忘遠圖，料目前而忽身後，豈所謂旁求哲人，俾輔後嗣者哉？

或問曰：『天厭漢德，海內分崩，三雄鼎立，俱受眷命，乃至控御豪傑，削平區宇，英圖遠算，何者為先？』君子曰：『孫仲謀藉父兄之資，負江海之固，未敢爭盟上國，競鹿中原，自守未餘，何足言也？蜀先主抱英濟之器，無角逐之材。遠竄荊蠻，畏曹公之神武；奄有庸蜀，乘劉璋之政衰。國小人夷，風頹俗陋。山川險澀，異崤函之奧區；江漢通流，殊河洛之朝市。豈得抗衡中夏，齊足當途乎？』前賢易地之談，全是不關胸臆。且夫度德而處，量力而行，劉備豈薄先王之舊居，輕齊魯之故俗？若泰伯之適吳越，孔子之入九夷哉！蓋不得已也。是知才雄者地廣，國大者兵強。地既由才，才寧可易也？

清・趙翼《廿二史劄記》卷六《三國志・三國之主用人各不同》 人才莫盛於三國，亦惟三國之主各能用人，故得衆力相扶，以成鼎足之勢。而其用人亦各有不同者，大概曹操以權術相馭，劉備以性情相契，孫氏兄弟以意氣相投。後世尚可推見其心迹也。

曹操以權術相馭。

荀彧、程昱為操畫策，人所不知，操一一表明之，絕不攘為已有，此固已足令人心死。劉備為呂布所襲，奔于操，程昱以備有雄才，勸操圖之。操曰：『今收攬英雄時，殺一人而失天下之心，不可也。』然此猶非與操有怨者。臧霸先從陶謙，後助呂布，布為操所擒，霸藏匿，操募得之，即以霸為琅邪相，青、徐二州悉委之。先是操在兗州，以徐翕、毛暉為將。兗州亂，翕、暉皆叛，後操定兗州，翕、暉投霸，至是操使霸出二人，霸曰：『霸所以能自立者，以不為此也。』操歎其賢，並以翕、暉為郡守。《霸傳》

操以畢諶為兗州別駕刺史佐官，隨行另乘車駕，故稱別駕。張邈之叛，劫諶母、妻去，操遣諶往，諶頓首無二，既出，又亡歸從呂布。布破，操生得諶，衆為之懼，操曰：『人能孝於親者，豈不忠於君乎？吾所求也。』以為魯相。操初舉魏種為孝廉。兗州之叛，操謂『種必不棄我。』及聞種走，怒曰：『種不南走越，北走胡，不汝置也。』及種被擒，操曰：『惟其才也。』釋而用之。《本紀》

此等先臣後叛之人，既已生擒，誰肯復貸其命？乃一一棄嫌録用。蓋操當初起時，方欲藉衆力以成事，故以此奔走天下。楊阜所謂『曹公能用度外之人也。』及其削平羣雄，勢位已定，則孔融、許攸、婁圭等，皆以嫌忌殺之；荀彧素為操謀主，亦以其阻九錫而脅之死。甚至楊修素為操所賞拔者，以厚于陳思王而殺之。崔琰素為操所倚信者，亦以疑似之言殺之。然後知其雄猜之性，久而自露，而從前之度外用人，特出於矯偽以濟一時之用。所謂以權術相馭也。

清·趙翼《陔餘叢考》卷一五《魏三祖》　隋文帝開皇四年，李諤上書曰：『魏之三祖，崇尚文詞，遂成風俗。江左齊、梁，其弊彌甚。』《質實》云：魏平文帝廟號太祖，昭成帝廟號高祖，太武帝廟號世祖。按此說非也，謂所云乃曹魏，非元魏也。三祖者，太祖操、世祖丕、烈祖叡也。陳壽《三國·魏志·明帝紀》：『景初元年，有司奏武皇帝撥亂反正，為魏太祖，文皇帝應天受命，為魏高祖。帝制作興治，為魏烈祖。』是當明帝在日，已定三祖之稱。後孫盛且譏其生前豫自尊顯。是李諤所云魏三祖，正指曹魏也。史稱操手不捨書，登高必賦。丕天資文藻，下筆成章。叡自在東宮，潛思書籍。觀于鍾嶸《詩品》，三祖並列。劉勰《文心雕龍》亦云：『魏之三祖，氣爽才麗。』則知其崇尚文詞，洵為江左之倡矣。若元魏之平文、昭成、太武，武略雖優，文風未振，奚暇以雕蟲為務哉！

藝文

南朝梁·蕭統《文選》卷六〇《弔文·陸機〈弔魏武帝文並序〉》

元康八年，機始以臺郎出補著作，游乎秘閣，而見魏武帝遺令，愾然歎

息，傷懷者久之。《毛詩》曰：嘯歌傷懷。

客曰：夫始終者，萬物之大歸；死生者，性命之區域。《家語》，孔子曰：命者，性之始也。死者，生之終也。有始必有終矣。《尸子》，老萊子曰：人生於天地之間，寄也，寄者同歸也。是以臨喪殯而後悲，睹陳根而絕哭。《國語》曰：楚子西歎於朝，藍尹亹曰：吾聞君子思前世之崇替與哀殯喪，於是有歎，其餘則否。《禮記》曰：朋友之墓，有宿草而不哭焉。鄭玄曰：宿草，謂陳根也。今乃傷心百年之際，興哀無情之地，意者無乃知哀之可有，而未識情之可無乎？

機答之曰：夫日食由乎交分，山崩起於朽壤，亦云數而已矣。《左氏傳》曰：秋七月壬午朔，日有蝕之。公問於梓慎曰：是何物也？禍福何為？對曰：二至二分，日有蝕之，不為災。日月之行也，分同道，至相遇也。其他日則為災，陽不克也。《國語》曰：梁山崩，伯宗問絳人曰：若何？對曰：山有朽壤而崩，將若何！然百姓怪焉者，豈不以資高明之質，而不免卑濁之累；《尚書》曰：高明柔克。高明，謂日月也。居常安之勢，而終嬰傾離之患故乎？《穀梁傳》曰：沙麓崩，林屬於山為麓。沙，山名。無崩壞之道而云崩，故志之也。夫以回天倒日之力，而不能振形骸之內；范曄《後漢書》曰：左回天，貝獨坐。謂中官左悺、貝瑗也。《淮南子》曰：魯陽公與韓遘戰酣，日暮，援戈而麾之，日為之反三舍。《莊子》曰：申徒，兀者也，謂子產曰：今子與我遊於形骸之內，而子索我於形骸之外。濟世夷難之智，而受困魏闕之下。崔寔《政論》曰：及其出也，足以濟世寧民。《呂氏春秋》，公子牟曰：心居魏闕之下。許慎《淮南子》注曰：魏闕，王之闕也。已而格乎上下者，藏於區區之木；《尚書》曰：格於上下。《左氏傳》，楚靈王曰：是區區者，而不畀餘也。光於四表者，翳乎蕞爾之土。《尚書》曰：光被四表。《左氏傳》，子產曰：諺曰：蕞爾之國。杜預注曰：蕞爾，小貌也。雄心摧於弱情，壯圖終於哀志。長算屈於短日，遠迹頓於促路。算，計謀也。迹，功業也。《思玄賦》曰：盍遠迹以飛聲。嗚呼！豈特瞽史之異闕景，黔黎之怪頹岸乎？觀其所以顧命冢嗣，貽謀四子，顧命，已見上文。《爾雅》曰：冢，大也。《左氏傳》，里克曰：太子奉冢祀社稷之粢盛，故曰冢子。謂文帝也。《毛詩》曰：貽厥孫謀。經國之略既遠，隆家之訓亦弘。又云：吾在軍中，持法是也。至小忿怒，大過失，不當效也。』善乎達人之讜言矣！《聲類》曰：讜，善言也。持姬女而指季豹以示四子曰：『以累汝！』因泣下。

《魏略》曰：太祖杜夫人生沛王豹及高城公主。四子即文帝已下四王也。太祖崩，文帝受禪，封母弟彰為中牟王，植為雍丘王，庶弟彪為白馬王，又封支弟豹為侯。然太祖子在者尚有十一人，今唯四子者，蓋太祖崩時，四子在側。《史記》不言，難以定其名位矣。傷哉！曩以天下自任，今以愛子託人。自任，已見上文。《列子》，相室謂東門吾曰：公之愛子也。同乎盡者無餘，而得乎亡者無存。言人命盡而神無餘，身亡而識無存，今太祖同而得之，故可悲傷也。鄭玄《禮記》注曰：死，言精神盡也。然而婉孌房闥之內，綢繆家人之務，則幾乎密與！班固《漢書·哀紀·述》曰：婉孌董公。力婉切。《毛詩》曰：綢繆束薪。毛萇曰：綢繆，猶纏綿也。杜預《左氏傳》注曰：幾，近也。又曰：『吾婕妤妓人，皆著銅爵臺。《魏志》曰：建安十五年冬，作銅爵臺。於臺堂上施八尺床，繐帳，鄭玄《禮記》注曰：凡布細而疏者謂之繐。朝晡上脯糒之屬。《漢書》，東方朔曰：乾肉為脯。方武切。《說文》曰：糒，乾飯也，蒲秘也。月朝十五，輒向帳作妓。汝等時時登銅爵臺，望吾西陵墓田。』又云：『餘香可分與諸夫人。諸舍中無所為，學作履組賣也。舍中，謂衆妾。衆妾既無所為，可學作履組賣之。《晏子春秋》曰：景公為履，黃金之綦，飾以組，連以珠。吾歷官所得綬，皆著藏中。吾餘衣裘，可別為一藏。不能者兄弟可共分之。』既而竟分焉。亡者可以勿求，存者可以勿違，求與違不其兩傷乎？令衣裘別為一藏，是亡者有求也。既而竟分焉，是存者有違也。求為吝而虧廉，違為貪而害義，故曰兩傷。悲夫！愛有大而必失，惡有甚而必得；智惠不能去其惡，威力不能全其愛。言愛是情之所厚，故雖大而必失之；惡是行之所穢，故雖甚而必得之。故智惠不能去其惡，威力不能用其愛，故可悲也。《尸子》，曾子曰：父母愛之，喜而不忘；父母惡之，懼而無咎。然則愛與惡，其於成孝也無擇。令人雖未得愛，不得惡矣。故前識所不用心，而聖人罕言焉。《老子》曰：前識者道之華。《論語》，子曰：飽食終日，無所用心。又曰：子罕言利。若乃繫情累於外物，留曲念於閨房，亦賢俊之所宜廢乎？《慎子》曰：德精微而不見，是故物不累於內。於是遂憤懣而獻弔云爾。《白虎通》曰：天子崩，臣子哀痛憤懣。

接皇漢之末緒，值王途之多違。《東都賦》曰：係唐統，接漢緒。《答賓戲》曰：王途蕪穢，周失其馭。蔡邕《釋誨》曰：王途壞，人極疏。《漢書》，元帝詔曰：政令多違。佇重淵以育鱗，撫慶雲而遐飛。以龍喻太祖也。重淵，九重之淵也。楊雄《釋愁》曰：懿神龍之淵潛，俟慶雲而將舉。《史記》曰：若煙非煙，若雲非雲，鬱鬱紛紛，蕭索輪囷，是謂慶雲。運神道以載德，乘靈風而扇威。《周易》曰：聖人以神道設教。《國語》曰：祭公謀父曰：奕世載德。載，猶行也。摧羣雄而電擊，舉勍敵其如遺。《左氏傳》，子魚曰：君未知戰。勍敵之人，隘而不成列，天贊我也。杜預曰：勍，强也。《漢書》，梅福上書曰：高祖取楚如拾遺。指八極以遠略，必翦焉而後綏。《淮南子》曰：八紘之外，乃有八極也。釐三才之闕典，啓天地之禁闈。三才，已見《頭陀寺碑》文。范曄《後漢書》曰：梁太后詔曰：周舉在禁闈，有密靜之風。舉脩網之絕紀，紐大音之解徽。《老子》曰：大音希聲。許慎《淮南子》注曰：鼓琴循弦謂之徽。掃雲物以貞觀，要萬途而來歸。雲物，喻羣凶也。《左氏傳》曰：分至啓閉，必書雲物。《周易》曰：天地之道，貞觀者也。來歸，歸之於己也。丕大德以宏覆，援日月而齊暉。《周易》曰：天地之大德曰生。《禮記》曰：天無私覆。《淮南子》曰：為帝異道，而德覆天下。《楚辭》曰：與天地兮比壽，與日月兮齊光。宏，普也。濟元功於九有，固舉世之所推。《史記》，太史公曰：惟祖元功，輔臣股肱。《毛詩》曰：奄有九有。《老子》曰：天下樂推而不厭。

彼人事之大造，夫何往而不臻。《左氏傳》，呂相曰：我有大造乎西也。杜預注曰：造成也。將覆簣於浚谷，擠為山乎九天。《論語》，孔子曰：譬如平地，雖覆一簣，進，吾往也。孔安國《尚書》傳曰：擠，墜也。《司馬兵法》曰：善攻者動於九天之上。苟理窮而性盡，豈長算之所研。《周易》曰：窮理盡性，以至於命。鄭玄曰：言窮其義理，盡人之情性，以至於命，吉凶所定。又曰：研，喻思慮也。悟臨川之有悲，固梁木其必顛。《論語》，子在川上曰：逝者如斯夫！梁木，已見上文。當建安之三八，實大命之所艱。大命，謂天命也。《尚書》曰：天監厥德，用集大命。雖光昭於曩載，將稅駕於此年。《史記》，李斯曰：當今可謂富貴極矣，吾未知稅駕也。《法言》曰：仲尼之駕稅矣。李範曰：稅，舍也。

惟降神之綿邈，眇千載而遠期。降神，謂生聖智也。千載一出，故曰遠期也。《毛詩》曰：惟嶽降神。桓子《新論》曰：夫聖人乃千載一出，賢人君子所想思而不可得見者也。信斯武之未喪，膺靈符而在茲。茲，此也。此，太祖也。《論語》曰：子畏於匡，曰：文王既没，文不在茲乎？天之未喪斯文也，匡人其如予何？曹植《大魏篇》曰：大魏膺靈符，天祿方茲始。《春秋孔演圖》曰：靈符滋液，以類相感。雖龍飛於文昌，非王心之所怡。《周易》曰：飛

龍在天，大人造也。《東京賦》曰：龍飛白水。《漢書》，文昌宮，一曰上將，二曰次將，三曰貴相。憤西夏以鞠旅，溯秦川而舉旗。《魏志》曰：建安二十四年三月，王自長安出斜谷，劉備固險距守。五月，引軍還長安。陳思王《述征賦》曰：恨西夏之不綱。《毛詩》曰：陳師鞠旅。魏明帝《自惜薄祐行》曰：出身秦川，爰居伊陽。逾鎬京而不豫，臨渭濱而有疑。冀翌日之云瘳，彌四旬而成災。《毛詩》曰：宅是鎬京。《答賓戲》曰：周望兆動於渭濱。《尚書》曰：既克商二年，王有疾不豫，公乃告太王、王季、文王。公歸，王翌日乃瘳。孔安國曰：翌日，明日也。瘳，差也。詠歸途以反旆，登崤澠而揭來。《魏志》曰：建安二十四年十月，還洛陽。《東京賦》曰：乃反旆而回復。《漢書》曰：王莽冊命王奇曰：崤、澠之險，東當鄭、衛。《新序》，大臣曰：洛陽西有崤、澠。《思玄賦》曰：回志揭來從玄謀。次洛汭而大漸，指六軍曰念哉。《魏志》曰：建安二十五年正月，至洛陽。庚子，王崩。《尚書》曰：東至於洛汭。大漸，已見上文。《尚書》曰：帝念哉。

伊君王之赫奕，寔終古之所難。《楚辭》曰：長無絕兮終古。威先天而蓋世，力蕩海而拔山。《周易》曰：先天而天弗違。《漢書》，項羽歌曰：力拔山兮氣蓋世，時不利兮騅不逝。田邑《與馮衍書》曰：欲搖太山而蕩北海。厄奚險而弗濟，敵何彊而不殘。每因禍以提福，亦踐危而必安。《難蜀父老》曰：遐邇一體，中外提福。《說文》曰：提，安也，時移切。迄在茲而蒙昧，慮噤閉而無端。《楚辭》曰：口噤閉而不言。委軀命以待難，痛没世而永言。《鶡冠子》曰：從祀委命。《鵩鳥賦》曰：縱軀委命。《論語》，子曰：君子疾没世而名不稱焉。撫四子以深念，循膚體而頹歎。迨營魄之未離，假餘息乎音翰。《楚辭》曰：我營魄而登遐。《老子》曰：抱一能無離乎？鍾會曰：經護為營，形氣為魄。執姬女以嚬瘁，指季豹而漼焉。《孟子》曰：嚬蹙而言。嚬蹙，謂人頻眉蹙頞，憂貌也。漼，泣涕垂貌。氣沖襟以嗚咽，涕垂睫而汍瀾。蔡琰詩曰：行路亦嗚咽。桓子《新論》曰：雍門周以琴見孟嘗君，孟嘗君淚承睫，涕出。《漢書》，息夫躬《絕命辭》曰：涕泣流兮萑蘭。臣瓚曰：萑蘭，涕泣闌幹也。萑與汍古今字同。

違率土以靖寐，戢彌天乎一棺。《毛詩》曰：率土之濱。古詩曰：潛寐黃泉下。毛萇《詩》傳曰：戢，聚也。彌天，喻志高遠也。《尚書五行傳》曰：雲起於山，彌於天。《淮南子》曰：吾死也朽，有一棺之土。咨宏度之峻邈，壯大業之允昌。《周易》曰：富有之謂大業。思居終而恤始，命臨没而肇揚。《穀梁傳》曰：先君有正終，後君有正始也。援貞咎以惎悔，雖在我而不臧。言為履組及分香，令藏衣裘，是引貞咎之道，教為可悔之行也。《周易》曰：自邑告命，貞吝。《毛詩》曰：何用不臧。惜內顧之纏綿，恨末命之微詳。《西京賦》曰：嗟內顧之所觀。張堅《與任彥昇書》曰：纏綿惠好，庶躡高蹤。《尚書》曰：道揚末命也。紓廣念於履組，塵清慮於餘香。結遺情之婉孌，何命促而意長！陳法服於帷座，陪窈窕於玉房。《孝經》曰：非先王之法服不敢服。《毛詩》曰：窈窕淑女。《漢書》，《郊祀歌》曰：神之出，排玉房。宣備物於虛器，發哀音於舊倡。《禮記》曰：孔子謂盟器者，備物而不可用。《說文》曰：倡，樂也。謂作伎人也。矯慼容以赴節，掩零淚而薦觴。《家語》曰：子貢問居父母之喪，子曰：慼容稱其服。《楚辭》曰：長太息以掩涕。物無微而不存，體無惠而不亡。言服玩雖微而必存，儀形無善而必逝。言物在而人亡也。《家語》，孔子謂哀公曰：君入廟，仰視榱桷，俯察機筵，其器皆存而不睹人，君以此思哀，則意可知矣。庶聖靈之響像，想幽神之復光。響像，音影之異名。《魯靈光殿賦》曰：忽縹緲以響像。《孫卿子》曰：下和上譬響之應聲，影之像形。苟形聲之翳没，雖音景其必藏。音以應聲，景以隨形；形聲咸已翳没，影響故亦必藏也。《鶡冠子》曰：景則隨形，響則應聲也。徽清弦而獨奏，進脯糒而誰嘗？悼繐帳之冥漠，怨西陵之茫茫。《毛詩》曰：宅殷土茫茫。登爵臺而羣悲，眝美目其何望？《字林》曰：眝，長眙也。《博雅》曰：眝，視也。『眝』與『貯』同。《毛詩》曰：美目盼兮。既晞古以遺累，信簡禮而薄葬。禮繁則易亂，厚葬則傷生，能遵簡薄，所以遺累。《詩緯》曰：齊數好道，廢義簡禮。宋均曰：簡，猶闕也。《漢書》，劉向曰：賢臣孝子，亦命順意而薄葬。《史記》曰：因其俗，簡其禮也。彼裘紱於何有，貽塵謗於後王。言裘紱輕微何所有，而空貽塵謗而及後王。嗟大戀之所存，故雖哲而不忘。言情苟存乎大戀，雖復上聖亦不能忘，故可嗟也。覽見遺籍以慷慨，獻茲文而淒傷。

《宋書》卷二一《樂志三》《但歌》四曲，出自漢世。無弦節，作伎，最先一人倡，三人和。魏武帝尤好之。時有宋容華者，清澈好聲，善唱此曲，當時特妙。自晉以來，不復傳，遂絕。《相和》，漢舊歌也。絲竹更相和，執節者歌。本一部，魏明帝分為二，更遞夜宿。本十七曲，朱生、宋識、列和等復合之為十三曲。

《相和》

《駕六龍》、《氣出倡》，武帝詞：

駕六龍乘風而行，行四海外。路下之八邦，歷登高山，臨溪谷，乘雲而行，行四海外，東到泰山。仙人玉女，下來翱遊，驂駕六龍，飲玉漿，河水盡，不東流。解愁腹，飲玉漿。奉持行，東到蓬萊山。上至天之門。玉闕下，引見得入，赤松相對，四面顧望，視正焜煌。開王心正興，其氣百道至，傳告無窮。閉其口，但當愛氣，壽萬年。東到海，與天連。神仙之道，出窈入冥。常當專之，心恬憺無所愒欲，閉門坐自守，天與期氣。願得神之人，乘駕雲車，驂駕白鹿，上到天之門，來賜神之藥。跪受之，敬神齊。當如此，道自來。

華陰山，自以為大，高百丈，浮雲為之蓋。仙人欲來，出隨風，列之雨。吹我洞簫鼓瑟琴，何誾誾，酒與歌戲。今日相樂誠為樂，玉女起，起儛移數時。鼓吹一何嘈嘈，從西北來時，仙道多駕煙，乘雲駕龍，郁何蓩蓩。遨遊八極，乃到昆侖之山，西王母側。神仙金止玉亭，來者為誰？赤松王喬，乃德旋之門。樂共飲食到黃昏，多駕合坐，萬歲長宜子孫。

遊君山，甚為真，磪魄砟硌，爾自為神。乃到王母臺，金階玉為堂，芝草生殿旁。東西廂，客滿堂。主人當行觴，坐者長壽遽何央。長樂甫始宜孫子，常願主人增年，與天相守。

《厥初生》、《精列》，武帝詞：

厥初生，造化之陶物，莫不有終期。莫不有終期，聖賢不能免，何為懷此憂。願螭龍之駕，思想昆侖居。思想昆侖居，見期於迂怪，志意在蓬萊。志意在蓬萊，周孔聖徂落，會稽以墳丘。會稽以墳丘，陶陶誰能度，君子以弗憂。年之暮，奈何，過時時來微。【略】

《天地間》、《度關山》，武帝詞：

天地間，人為貴。立君牧民，為之軌則。車轍馬迹，經緯四極。絀陟幽明，黎庶繁息。于鑠賢聖，總統邦域，封建五爵，井田刑獄。有燔丹書，無普赦贖。皋陶《甫刑》，何有失職。嗟哉後世，改制易律。勞民為君，役賦其力。舜漆食器，畔者十國；不及唐堯，采椽不斫。世歎伯夷，欲以厲俗。侈惡之大，儉為恭德。許由推讓，豈有訟曲。兼愛尚同，疏者為戚。【略】

《惟漢二十二世》、《薤露》，武帝詞：

惟漢二十二世，所任誠不良。沐猴而冠帶，智小而謀强。猶豫不敢斷，因狩執君王。白虹為貫日，己亦先受殃。賊臣持國柄，殺主滅宇京。蕩覆帝基業，宗廟以燔喪。播越西遷移，號泣而且行。瞻彼洛城郭，微子為哀傷。

《關東有義士》、《蒿里行》，武帝詞：

關東有義士，興兵討羣凶。初期會孟津，乃心在咸陽。軍合力不齊，躊躇而雁行。勢利使人爭，嗣還自相戕。淮南弟稱號，刻璽於北方。鎧甲生蟣虱，萬姓以死亡。白骨露於野，千里無雞鳴。生民百遺一，念之絕人腸。

《對酒歌太平時》、《對酒》，武帝詞：

對酒歌，太平時，吏不呼門。王者賢且明，宰相股肱皆忠良，咸禮讓，民無所爭訟。三年耕有九年儲，倉穀滿盈，斑白不負戴。雨澤如此，五穀用成。卻走馬以糞其土田。爵公侯伯子男，咸愛其民，以黜陟幽明，子養有若父與兄。犯禮法，輕重隨其刑。路無拾遺之私，囹圄空虛，冬節不斷人。耄耋皆得以壽終，恩德廣及草木昆蟲。【略】

《駕虹霓》、《陌上桑》，武帝詞：

駕虹霓，乘赤雲，登彼九疑歷玉門。濟天漢，至昆侖，見西王母，謁東君。交赤松，及羨門，受要秘道愛精神。食芝英，飲醴泉，柱杖桂枝佩秋蘭。絕人事，遊渾元，若疾風遊欻飄飄。景未移，行數千，壽如南山不忘愆。

清商三調歌詩，荀勖撰，舊詞施用者，平調。

《周西》、《短歌行》，武帝詞六解：

周西伯昌，懷此聖德，參分天下，而有其二。修奉貢獻，臣節不墜。崇侯讒之，是以拘繫。一解後見赦原，賜之斧鉞，得使征伐。為仲尼所稱，達及德行，猶奉事殷，論敘其美。二解齊桓之功，為霸之首，九合諸侯，一匡天下。一匡天下，不以兵車。正而不譎，其德傳稱。三解孔子所歎，並稱夷吾，民受其恩。賜與廟胙，命無下拜。小白不敢爾，天威在顏咫尺。四解晉文亦霸，躬奉天王。受賜珪瓚，秬鬯彤弓、盧弓、矢千，虎賁三百人。五解威服諸侯，師之者尊，八方聞之，名亞齊桓。河陽之會，詐稱周王，是以其名紛葩。六解【略】

《對酒》、《短歌行》，武帝詞六解：

對酒當歌，人生幾何！譬如朝露，去日苦多。一解慨當以慷，憂思難忘。以何解愁，唯有『杜康』。二解青青子衿，悠悠我心。但為君故，沈吟至今。三解明明如月，何時可掇。憂從中來，不可斷絕。四解呦呦鹿鳴，食野之蘋。我有嘉賓，鼓瑟吹笙。五解山不厭高，水不厭深。周公吐哺，天下歸心。六解

清調

《晨上》、《秋胡行》，武帝詞：

晨上散關山，此道當何難！晨上散關山，此道當何難！牛頓不起，車墮谷間。坐磐石之上，彈五弦之琴，作為清角韻，意中述煩。歌以言志，晨上散關山。一解有何三老公，卒來在我傍。有何三老公，卒來在我傍。員掩被裘，似非恒人。謂卿云何，困苦以自怨，徨徨所欲，來到此間。歌以言志，有何三老公。二解我居昆侖山，所謂者真人。我居昆侖山，所謂者真人。道深有可得。名山歷觀，遨遊八極。枕石漱流飲泉。沈吟不決，遂上升天。歌以言志，我居昆侖山。三解去去不可追，長恨相牽攀。去去不可追，長恨相牽攀。夜夜安得寐，惆悵以自憐。正而不譎，辭賦依因。經傳所過，西來所傳。歌以言志，去去不可追。四解。又本：晨上散關山，此道當何難。有何三老公，卒來在我傍。我居我昆侖山，所謂真人，去不可追，長相牽攀。

《北上》、《苦寒行》，武帝詞六解：

北上太行山，艱哉何巍巍。羊腸阪詰屈，車輪為之摧。一解樹木何蕭瑟，北風聲正悲。熊羆對我蹲，虎豹夾道啼。二解溪谷少人民，雪落何霏霏。延頸長歎息，遠行多所懷。三解我心何佛鬱，思欲一東歸。水深橋梁絕，中道正裴回。四解迷惑失徑路，暝無所宿棲。行行日以遠，人馬同時飢。五解擔囊行取薪，斧冰持作糜。悲彼東山詩，悠悠使我哀。六解

《願登》、《秋胡行》，武帝詞五解：

願登泰華山，神人共遠遊。經歷昆侖山，到蓬萊。飄濆八極，與神人俱。思得神藥，萬歲為期。歌以言志，願登泰華山。一解天地何長久，人道居之短。世言伯陽，殊不知老，赤松王喬，亦云得道。得之未聞，庶以壽考。歌以言志，天地何長久！二解明明日月光，何所不光昭。二儀合聖化，貴者獨人不。萬國率土，莫非王臣。仁義為名，禮樂為榮。歌以言志，明明日月光。三解四時更逝去，晝夜以成歲。大人先天，而天弗違。不戚年往，世憂不治。存亡有命，慮之為蚩。歌以言志，四時更逝去。四解戚戚欲何念，歡笑意所之。盛壯智惠，殊不再來。愛時進趣，將以惠誰。泛泛放逸，亦同何為。歌以言志，戚戚欲何念？五解。【略】

《蒲生》、《塘上行》，武帝詞五解：

蒲生我池中，其葉何離離。傍能行儀儀，莫能縷自知。衆口鑠黃金，使君生別離。一解念君去我時，獨愁常苦悲。想見君顔色，感結傷心脾。今悉夜夜愁不寐。二解莫用豪賢故，棄捐素所愛；莫用魚肉貴，棄捐葱與薤；莫用麻枲賤，棄捐菅與蒯。三解倍恩者苦枯，蹶船常苦沒。教君安息定，慎莫致倉卒。念與君一共離別，亦當何時共坐復相對。四解出亦復苦愁，入亦復苦愁。邊地多悲風，樹木何蕭蕭。今日樂相樂，延年壽千秋。五解。【略】

瑟調【略】

《古公》、《善哉行》，武帝詞七解：

古公亶甫，積德垂仁。思弘一道，哲王於幽。一解太伯仲雍，王德之仁。行施百世，斷髮文身。二解伯夷叔齊，古之遺賢。讓國不用，餓殂首山。三解智哉山甫，相彼宣王。何用杜伯，累我聖賢。四解齊桓之霸，賴得仲父。後任豎刁，蟲流出户。五解晏子平仲，積德兼仁。與世沈德，未必思命。六解仲尼之世，王國為君。隨制飲酒，揚波使官。七解

《自惜》、《善哉行》，武帝詞六解：

自惜身薄祜，夙賤罹孤苦。既無三徙教，不聞過庭語。一解其窮如抽裂，自以思所怙。雖懷一介志，是時其能與。二解守窮者貧賤，惋歎淚如雨。泣涕於悲夫，乞活安能睹。三解我願於天窮，琅邪傾側左。雖欲竭忠誠，欣公歸其楚。四解快人曰為歎，抱情不得敍。顯行天教人，誰知莫不緒。五解我願何時隨，此歎亦難處。今我將何照于光耀，釋銜不如雨。六解【略】

大曲【略】

《碣石》、《步出夏門行》，武帝詞四解：

雲行雨步，超越九江之皋，臨觀異同。心意懷遊豫，不知當復何從。

經過至我碣石，心惆悵我東海。《雲行》至此為豔。東臨碣石，以觀滄海。水何淡淡，山島竦峙。樹木叢生，百草豐茂。秋風蕭瑟，洪濤湧起。日月之行，若出其中；星漢粲爛，若出其裏。幸甚至哉！歌以詠志。《觀滄海》，一解。

孟冬十月，北風裴回。天氣肅清，繁霜霏霏。鵾雞晨鳴，鴻雁南飛，鷙鳥潛藏，熊羆窟棲。錢鎛停置，農收積場。逆旅整設，以通賈商。幸甚至哉！歌以詠志。《冬十月》，二解。

鄉土不同，河朔隆寒。流澌浮漂，舟船行難。錐不入地，蘴藾深奧。水竭不流，冰堅可蹈。士隱者貧，勇俠輕非。心常歎怨，戚戚多悲。幸甚至哉！歌以詠志。《河朔寒》，三解。

神龜雖壽，猶有竟時；騰蛇乘霧，終為土灰。驥老伏櫪，志在千里；烈士暮年，壯心不已。盈縮之期，不但在天；養怡之福，可得永年。幸甚至哉！歌以詠志。《神龜雖壽》，四解。

又　卷二二《樂志四》《拂舞》歌詩五篇：

《白鳩篇》：翩翩白鳩，再飛再鳴。懷我君德，來集君庭。白雀呈瑞，素羽明鮮。翔庭舞翼，以應仁乾。交交鳴鳩，或丹或黄。樂我君惠，振羽來翔。東壁餘光，魚在江湖。惠而不費，敬我微軀。策我良駟，習我驅馳。與君周旋，樂道亡餘。我心虚靜，我志沾濡。彈琴鼓瑟，聊以自娱。陵雲登臺，浮游太清。扳龍附鳳，日望身輕。

《濟濟篇》：暢飛暢舞，氣流芳。追念三五，大綺黄。去失有，時可行。去來同時，此未央。時冉冉，近桑榆。但當飲酒，為歡娱。衰老逝，有何期。多憂耿耿，内懷思。淵池廣，魚獨希。願得黄浦，衆所依。恩感人，世無比。悲歌具舞，無極已。

《獨祿篇》：獨祿獨祿，水深泥濁。泥濁尚可，水深殺我。雍雍雙雁，遊戲田畔。我欲射雁，念子孤散。翩翩浮萍，得風遙輕。我心何合，與之同並。空床低帷，誰知無人。夜衣錦繡，誰別偽真。刀鳴削中，倚床無施。父冤不報，欲活何為。猛虎班班，遊戲山間。虎欲齧人，不避豪賢。

《碣石篇》：東臨碣石，以觀滄海。水何澹澹，山島竦峙。樹木叢生，百草豐茂。秋風蕭瑟，洪波湧起。日月之行，若出其中。星漢粲爛，若出其裏。幸甚至哉！歌以詠志。《觀滄海》。

孟冬十月，北風裴回。天氣肅清，繁霜霏霏。鵾雞晨鳴，雁過南飛。鷙鳥潛藏，熊羆窟棲。錢鎛停置，農收積場。逆旅整設，以通賈商。幸甚至哉！歌以詠志。《冬十月》。

鄉土不同，河朔隆寒。流澌浮漂，舟船行難。錐不入地，豐籟深奧，水竭不流，冰堅可蹈。士隱者貧，勇俠輕非。心常歎怨，戚戚多悲。幸甚至哉！歌以詠志。《土不同》。

神龜雖壽，猶有竟時；騰蛇乘霧，終為土灰。老驥伏櫪，志在千里；烈士莫年，壯心不已。盈縮之期，不但在天；養怡之福，可得永年。幸甚至哉！歌以詠志。《龜雖壽》。

《淮南王篇》：淮南王，自言尊，百尺高樓與天連。後園鑿井銀作床，金瓶素綆汲寒漿。汲寒漿，飲少年。少年窈窕何能賢？揚聲悲歌音絶天。我欲度河河無梁，願化雙黄鵠，還故鄉。還故鄉，入故里。徘徊故鄉，苦身不已。繁舞寄聲無不泰，徘徊桑梓遊天外。

右五篇《拂舞行》。

宋・李昉等《太平御覽》卷九三《皇王部十八・魏太祖武皇帝》

唐太宗皇帝《祭魏武帝文》曰：夫大德曰生，資二儀以成化；大寶曰位，應五運而遞昌。貴賤廢興，莫非天命。故龍顔日角，顯帝王之符；電影虹光，表乾坤之瑞。不可以智競，不可以力爭。昔漢室三分，羣雄並立。夫民離政亂，安之者哲人；德喪時危，定之者賢輔。伊尹之匡殷室，王道昏而復明；霍光之佐漢朝，皇綱否而還泰。立忠履節，爰在於斯。帝以雄武之姿，常艱難之運。棟樑之任，同乎曩時；匡正之功，異乎往代。觀沉溺而不拯，視顛覆而不持，乖狗國之情，有無君之迹。既而三分，肇慶黄星之應，久彰五十啓期，真人之運斯屬，其天意也，豈人事乎？

雜録

《三國志》卷九《魏志・諸夏侯曹傳》（何）晏，進孫也。母尹氏，為太祖夫人。【略】晏字平叔。《魏略》曰：『太祖為司空時，納晏母並收

養晏，其時秦宜祿兒阿蘇亦隨母在公家，並見寵如公子。

又　卷一一《魏志·國淵傳》　田銀、蘇伯反河間，銀等既破，後有餘黨，皆應伏法。淵以為非首惡，請不行刑。太祖從之，賴淵得生者千餘人。破賊文書，舊以一為十，及淵上首級，如其實數。太祖問其故，淵曰：『夫征討外寇，多其斬獲之數者，欲以大武功，且示民聽也。河間在封域之內，銀等叛逆，雖克捷有功，淵竊耻之。』太祖大悅，遷魏郡太守。

又《王脩傳》　魏國既建，（王脩）為大司農郎中令。太祖議行肉刑，脩以為時未可行，太祖采其議。徙為奉尚。其後嚴才反，與其徒屬數十人攻掖門。脩聞變，召車馬未至，便將官屬步至宮門。太祖在銅爵臺望見之，曰：『彼來者必王叔治也。』相國鍾繇謂脩：『舊，京城有變，九卿各居其府。』脩曰：『食其祿，焉避其難？居府雖舊，非赴難之義。』

又《邴原傳》　太祖辟為司空掾。原女早亡，時太祖愛子倉舒亦沒，太祖欲求合葬，原辭曰：『合葬，非禮也。原之所以自容於明公，公之所以待原者，以能守訓典而不易也。若聽明公之命，則是凡庸也，明公焉以為哉？』太祖乃止。【略】《原別傳》曰：【略】魏太祖為司空，辟原署東閤祭酒。太祖北伐三郡單于，還住昌國，燕士大夫。酒酣，太祖曰：『孤反，鄴守諸君必將來迎，今日明旦，度皆至矣。其不來者，獨有邴祭酒耳！』言訖未久，而原先至。門下通謁，太祖大驚喜，攬履而起，遠出迎原曰：『賢者誠難測度！孤謂君將不能來，而遠自屈，誠副饑虛之心。』謁訖而出，軍中士大夫詣原者數百人。太祖怪而問之，時荀文若在坐，對曰：『獨可省問邴原耳！』太祖曰：『此君名重，乃亦傾士大夫心？』文若曰：『此一世異人，士之精藻，公宜盡禮以待之。』太祖曰：『固孤之宿心也。』自是之後，見敬益重。

又　卷一二《魏志·崔琰傳》　琰聲姿高暢，眉目疏朗，鬚長四尺，甚有威重，朝士瞻望，而太祖亦敬憚焉。《先賢行狀》曰：琰清忠高亮，雅識經遠，推方直道，正色於朝。魏氏初載，委授銓衡，總齊清議，十有餘年。文武羣才，多所明拔。朝廷歸高，天下稱平。琰嘗薦鉅鹿楊訓，雖才好不足，而清貞守道，太祖即禮辟之。後太祖為魏王，訓發表稱讚功伐，褒述盛德。時人或笑訓希世浮偽，謂琰為失所舉。琰從訓取表草視之，與訓書曰：『省表，事佳耳！時乎時乎，會當有變時。』琰本意譏論者好譴呵而不尋情理也。有白琰此書傲世怨謗者，太祖怒曰：『諺言「生女耳」，「耳」非佳語。「會當有變時」，意指不遜。』於是罰琰為徒隷，使人視之，辭色不撓。太祖令曰：『琰雖見刑，而通賓客，門若市人，對賓客虬須直視，若有所瞋。』遂賜琰死。《魏略》曰：人得琰書，以裹幘籠，行都道中。時有與琰宿不平者，遙見琰名著幘籠，從而視之，遂白之。太祖以為琰腹誹心謗，乃收付獄，髡刑輸徒。前所白琰者又復白之云：『琰為徒，虬須直視，心似不平。』時太祖亦以為然，遂欲殺之。乃使清公大吏往經營琰，敕吏曰：『三日期消息。』琰不悟，後數日，吏故白琰平安。公忿然曰：『崔琰必欲使孤行刀鋸乎！』吏以是教告琰，琰謝吏曰：『我殊不宜，不知公意至此也！』遂自殺。

初，太祖性忌，有所不堪者，魯國孔融、融字文舉。《續漢書》曰：融，孔子二十世孫也。高祖父尚，鉅鹿太守。父宙，太山都尉。融幼有異才。時河南尹李膺有重名，敕門下簡通賓客，非當世英賢及通家子孫弗見也。融年十餘歲，欲觀其為人，遂造膺門，語門者曰：『我，李君通家子孫也。』膺見融，問曰：『高明父祖，嘗與僕周旋乎？』融曰：『然。先君孔子與君先人李老君，同德比義而相師友，則融與君累世通家也。』衆坐奇之，僉曰：『異童子也。』太中大夫陳煒後至，同坐以告煒，煒曰：『人小時了了者，大亦未必奇也。』融答曰：『即如所言，君之幼時，豈實慧乎！』膺大笑，顧謂曰：『高明長大，必為偉器。』山陽張儉，以中正為中常侍侯覽所忿疾，覽為刊章下州郡捕儉。儉與融兄褒有舊，亡投褒。遇褒出，時融年十六，儉以其少不告也。融知儉長者，有窘迫色，謂曰：『吾獨不能為君主邪！』因留舍藏之。後事泄，國相以下密就掩捕，儉得脫走，登時收融及褒送獄。融曰：『保納藏舍者融也，融當坐之。』褒曰：『彼來求我，罪我之由，非弟之過，我當坐之。』兄弟爭死，郡縣疑不能決，乃上讞，詔書令褒坐焉。融由是名震遠近，與平原陶丘洪、陳留邊讓，並以俊秀，為後進冠蓋。融持論經理不及讓等，而逸才宏博過之。司徒大將軍辟舉高第，累遷北軍中候、虎賁中郎將、北海相，時年三十八。承黄巾殘破之後，修復城邑，崇學校，設庠序，舉賢才，顯儒士。以彭璆為方正，邴原為有道，王脩為孝廉。告高密縣為鄭玄特立一鄉，名為鄭公鄉。又國人無後，及四方遊士有死亡者，皆為棺木而殯葬之。郡人甄子然孝行知名，早卒，融恨不及之，乃令配食縣社。其禮賢如此。在郡六年，劉備表融領青州刺史。建安元年，徵還為將作大匠，遷少府。每朝會訪對，輒為議主，諸卿大夫寄名而已。司馬彪《九州春秋》曰：融在北海，自以智慧優贍，溢才命世，當時豪俊皆不能及。亦自許大志，且欲舉軍曜甲，與羣賢要功，自於海岱結殖根本，不肯碌碌如平居郡守，事方伯、赴期會而已。然其所任用，好奇取異，皆輕剽之才。至於稽古之士，謬為恭敬，禮之雖備，不與論國事也。高密鄭玄，稱之鄭公，執子孫禮。及高談教令，盈溢官曹，辭氣溫雅，可

玩而誦。論事考實，難可悉行。但能張磔網羅，其自理甚疏。租賦少稽，一朝殺五部督郵。姦民汙吏，猾亂朝市，亦不能治。幽州精兵亂，至徐州，卒到城下，舉國皆恐。融直出說之，令無異志。遂與別校謀夜覆幽州，幽州軍敗，悉有其衆。無幾時，還復叛亡。黃巾將至，融大飲醇酒，躬自上馬，禦之淶水之上。寇令上部與融相拒，兩翼徑涉水，直到所治城。城潰，融不得入，轉至南縣，左右稍叛。連年傾覆，事無所濟，遂不能保鄣四境，棄郡而去。後徙徐州，以北海相自還領青州刺史，治郡北陲。欲附山東，外接遼東，得戎馬之利，建樹根本，孤立一隅，不與共也。于時曹、袁、公孫共相首尾，戰士不滿數百，穀不至萬斛。王子法、劉孔慈凶辯小才，信為腹心。左丞祖、劉義遜清儁之士，備在坐席而已，言此民望，不可失也。丞祖勸融自託强國，融不聽而殺之。義遜棄去。遂為袁譚所攻，自春至夏，城小寇衆，流矢雨集。然融憑几安坐，讀書論議自若。城壞衆亡，身奔山東，室家為譚所虜。張璠《漢紀》曰：融在郡八年，僅以身免。帝初都許，融以為宜略依舊制，定王畿，正司隸所部為千里之封，乃引公卿上書言其義。是時天下草創，曹、袁之權未分，融所建明，不識時務。又天性氣爽，頗推平生之意，狎侮太祖。太祖制酒禁，而融書嘲之曰：『天有酒旗之星，地列酒泉之郡，人有旨酒之德，故堯不飲千鍾，無以成其聖。且桀紂以色亡國，今令不禁婚姻也。』太祖外雖寬容，而內不能平。御史大夫郗慮知旨，以法免融官。歲餘，拜太中大夫。雖居家失勢，而賓客日滿其門，愛才樂酒，常歎曰：『坐上客常滿，樽中酒不空，吾無憂矣。』虎賁士有貌似蔡邕者，融每酒酣，輒引與同坐，曰：『雖無老成人，尚有典刑。』其好士如此。《續漢書》曰：太尉楊彪與袁術婚姻，術僭號，太祖與彪有隙，因是執彪，將殺焉。融聞之，不及朝服，往見太祖曰：『楊公累世清德，四葉重光，《周書》「父子兄弟，罪不相及」，況以袁氏之罪乎？易稱「積善餘慶」，但欺人耳。』太祖曰：『國家之意也。』融曰：『假使成王欲殺召公，則周公可得言不知邪？今天下纓緌搢紳之士所以瞻仰明公者，以明公聰明仁智，輔相漢朝，舉直措枉，致之雍熙耳。今橫殺無辜，則海內觀聽，誰不解體？孔融魯國男子，明日便當褰衣而去，不復朝矣。』太祖意解，遂理出彪。《魏氏春秋》曰：袁紹之敗也，融與太祖書曰：『武王伐紂，以妲己賜周公。』太祖以融學博，謂書傳所紀。後見，問之，對曰：『以今度之，想其當然耳！』十三年，融對孫權使，有訕謗之言，坐棄市。二子年八歲，時方弈棋，融被收，端坐不起。左右曰：『而父見執，不起何也？』二子曰：『安有巢毀而卵不破者乎！』遂俱見殺。融有高名清才，世多哀之。太祖懼遠近之議也，乃令曰：『太中大夫孔融既伏其罪矣，然世人多采其虛名，少於核實，見融浮豔，好作變異，眩其誑詐，不復察其亂俗也。此州人說平原禰衡受傳融論，以為父母與人無親，譬若缻器，寄盛其中，又言若遭饑饉，而父不肖，寧贍活餘人。融違天反道，敗倫亂理，雖肆市朝，猶恨其晚。更以此事列上，宣示諸軍將校掾屬，皆使聞見。』《世語》曰：融二子，皆齠齓。融見收，顧謂二子曰：『何以不辭？』二子俱曰：『父尚如此，復何所辭！』以為必俱死也。臣松之以為《世語》云融二子不辭，知必俱死，猶差可安。如孫盛之言，誠所未譬。八歲小兒，能玄了禍福，聰明特達，卓然既遠，則其憂樂之情，宜其有過成人，安有見父收執而曾無變容，弈釭不起，若在暇豫者乎？昔申生就命，言不忘父，不以己身將死而廢念父之情也。父安猶尚若茲，而況於顛沛哉？盛以此為美談，無乃賊夫人之子與！蓋由好奇情多，而不知言之傷理。南陽許攸、《魏略》曰：攸字子遠，少與袁紹及太祖善。初平中隨紹在冀州，嘗在坐席言議。官渡之役，諫紹勿與太祖相攻，語在紹傳。紹自以强盛，必欲極其兵勢。攸知不可為謀，乃亡詣太祖。紹破走，及後得冀州，攸有功焉。攸自恃勳勞，時與太祖相戲，每在席，不自限齊，至呼太祖小字，曰：『某甲，卿不得我，不得冀州也。』太祖笑曰：『汝言是也。』然內嫌之。其後從行出鄴東門，顧謂左右曰：『此家非得我，則不得出入此門也。』人有白者，遂見收之。婁圭，皆以恃舊不虔見誅。《魏略》曰：婁圭字子伯，少與太祖有舊。初平中在荊州北界合衆，後詣太祖。太祖以為大將，不使典兵，常在坐席言議。及河北平定，隨在冀州。其後太祖從諸子出遊，子伯時亦隨從。子伯顧謂左右曰：『此家父子，如今日為樂也。』人有白者，太祖以為有腹誹意，遂收治之。《吳書》曰：子伯少有猛志，嘗歎息曰：『男兒居世，會當得數萬兵千匹騎著後耳！』儕輩笑之。後坐藏亡命，被繫當死，得踰獄出，捕者追之急，子伯乃變衣服如助捕者，吏不能覺，遂以得免。會天下義兵起，子伯亦合衆與劉表相依。後歸曹公，遂為所用，軍國大計常與焉。劉表亡，曹公向荊州。表子琮降，以節迎曹公，諸將皆疑詐，曹公以問子伯。子伯曰：『天下擾攘，各貪王命以自重，今以節來，是必至誠。』曹公曰：『大善。』遂進兵。寵秩子伯，家累千金，曰：『婁子伯富樂於孤，但勢不如孤耳！』從破馬超等，子伯功為多。曹公常歎曰：『子伯之計，孤不及也。』後與南郡習授同載，見曹公出，授曰：『父子如此，何其快耶！』子伯曰：『居世間，當自為之，而但觀他人乎！』授乃白之，遂見誅。魚豢曰：古人有言曰：『得鳥者，羅之一目也，然張一目之羅，終不得鳥矣。鳥能遠飛，遠飛者，六翮之力也，然無衆毛之助，則飛不遠矣。』以此推之，大魏之作，雖有功臣，亦未必非茲輩胥附之由也。而琰最為世所痛惜，至今冤之。《世語》曰：琰兄孫諒，字士文，以簡素稱，仕晉為尚書大鴻臚。荀綽

《冀州記》云諒即琰之孫也。

又《毛玠傳》 崔琰既死，玠內不悅。後有白玠者：『出見黥面反者，其妻子没為官奴婢，玠言曰「使天不雨者蓋此也」。』太祖大怒，收玠付獄。大理鍾繇詰玠曰：『自古聖帝明王，罪及妻子。書云：「左不共左，右不共右，予則孥戮女。」司寇之職，男子入於罪隸，女子入於春藁。漢律，罪人妻子没為奴婢，黥面。漢法所行黥墨之刑，存於古典。今真奴婢祖先有罪，雖歷百世，猶有黥面供官，一以寬良民之命，二以宥並罪之辜。此何以負於神明之意，而當致旱？案典謀，急恒寒若，舒恒燠若，寬則亢陽，所以為旱。玠之吐言，以為寬邪，以為急也？急當陰霖，何以反旱？成湯聖世，野無生草，周宣令主，旱魃為虐。亢旱以來，積三十年，歸咎黥面，為相值不？衛人伐邢，師興而雨，罪惡無徵，何以應天？玠譏謗之言，流於下民，不悅之聲，上聞聖聽。玠之吐言，勢不獨語，時見黥面，凡為幾人？黥面奴婢，所識知邪？何緣得見，對之歎言？時以語誰？見答云何？以何日月？於何處所？事已發露，不得隱欺，具以狀對。』玠曰：『臣聞蕭生縊死，困於石顯；賈子放外，讒在絳、灌；白起賜劍於杜郵；晁錯致誅於東市；伍員絕命於吳都：斯數子者，或妒其前，或害其後。臣垂齠執簡，累勤取官，職在機近，人事所竄。屬臣以私，無勢不絕，語臣以冤，無細不理。人情淫利，為法所禁，法禁於利，勢能害之。青蠅橫生，為臣作謗，謗臣之人，勢不在他。昔王叔、陳生爭正王廷，宣子平理。命舉其契，是非有宜，曲直有所，《春秋》嘉焉，是以書之。臣不言此，無有時、人。說臣此言，必有徵要。乞蒙宣子之辨，而求王叔之對。若臣以曲聞，即刑之日，方之安駟之贈；賜劍之來，比之重賞之惠。謹以狀對。』時桓階、和洽進言救玠。玠遂免黜，卒於家。孫盛曰：魏武於是失政刑矣。《易》稱『明折庶獄』，《傳》有『舉直措枉』，庶獄明則國無怨民，枉直當則民無不服，未有徵青蠅之浮聲，信浸潤之譖訴，可以允釐四海，惟清緝熙者也。昔者漢高獄蕭何，出復相之，玠之一責，永見擯放，二主度量，豈不殊哉！太祖賜棺器錢帛，拜子機郎中。

又《徐奕傳》 丁儀等見寵於時，並害之，而奕終不為動。《魏書》曰：或謂奕曰：『夫以史魚之直，孰與蘧伯玉之智？丁儀方貴重，宜思所以下之。』奕曰：『以公明聖，儀豈得行其偽乎！且姦以事君者，吾所能御也，子寧以他規我。』《傅子》曰：武皇帝，至明也。崔琰、徐奕，一時清賢，皆以忠信顯於魏朝；丁儀間之，徐奕失位而崔琰被誅。

又 卷一九《魏志·任城威王彰傳》 任城威王彰，字子文。少善射御，膂力過人，手格猛獸，不避險阻。數從征伐，志意慷慨。太祖嘗抑之曰：『汝不念讀書慕聖道，而好乘汗馬擊劍，此一夫之用，何足貴也！』課彰讀《詩》、《書》，彰謂左右曰：『丈夫一為衛、霍，將十萬騎馳沙漠，驅戎狄，立功建號耳，何能作博士邪？』太祖嘗問諸子所好，使各言其志。彰曰：『好為將。』太祖曰：『為將柰何？』對曰：『被堅執銳，臨難不顧，為士卒先；賞必行，罰必信。』太祖大笑。

又 卷二〇《魏志·武文世王公傳》 時軍國多事，用刑嚴重。太祖馬鞍在庫，而為鼠所齧，庫吏懼必死，議欲面縛首罪，猶懼不免。沖謂曰：『待三日中，然後自歸。』沖於是以刀穿單衣，如鼠齧者，謬為失意，貌有愁色。太祖問之，沖對曰：『世俗以為鼠齧衣者，其主不吉。今單衣見齧，是以憂戚。』太祖曰：『此妄言耳，無所苦也。』俄而庫吏以齧鞍聞，太祖笑曰：『兒衣在側，尚齧，況鞍縣柱乎？』一無所問。沖仁愛識達，皆此類也。凡應罪戮，而為沖微所辨理，賴以濟宥者，前後數十。《魏書》曰：沖每見當刑者，輒探睹其冤枉之情而微理之。及勤勞之吏，以過誤觸罪，常為太祖陳說，宜寬宥之。辨察仁愛，與性俱生，容貌姿美，有殊於衆，故特見寵異。臣松之以『容貌姿美』一類之言，而分以為三，亦敘屬之一病也。

又 卷二二《魏志·衛臻傳》 衛臻字公振，陳留襄邑人也。父茲，有大節，不應三公之辟。太祖之初至陳留，茲曰：『平天下者，必此人也。』太祖亦異之，數詣茲議大事。

又 卷二三《魏志·杜襲傳》 時將軍許攸擁部曲，不附太祖而有慢言。太祖大怒，先欲伐之。羣臣多諫：『可招懷攸，共討強敵。』太祖橫刀於膝，作色不聽。襲入欲諫，太祖逆謂之曰：『吾計以定，卿勿復言。』襲曰：『若殿下計是邪，臣方助殿下成之；若殿下計非邪，雖成宜改之。殿下逆臣，令勿言之，何待下之不闡乎？』太祖曰：『許攸慢吾，如何可置乎？』襲曰：『殿下謂許攸何如人邪？』太祖曰：『凡人也。』襲曰：『夫惟賢知賢，惟聖知聖，凡人安能知非凡人邪？方今豺狼當路而狐狸是先，人將謂殿下避強攻弱，進不為勇，退不為仁。臣聞千

鈞之弩不為鼷鼠發機，萬石之鍾不以莛撞起音，今區區之許攸，何足以勞神武哉？』太祖曰：『善。』遂厚撫攸，攸即歸服。

又 卷二八《魏志・王淩傳》 王淩字彦雲，太原祁人也。叔父允，為漢司徒，誅董卓。卓將李傕、郭汜等為卓報仇，入長安，殺允，盡害其家。淩及兄晨，時年皆少，逾城得脱，亡命歸鄉里。淩舉孝廉，為發幹長，《魏略》曰：淩為長，遇事，髡刑五歲，當道掃除。時太祖車過，問此何徒，左右以狀對。太祖曰：『此子師兄子也，所坐亦公耳。』於是主者選為驍騎主簿。稍遷至中山太守，所在有治，太祖辟為丞相掾屬。

又 卷二九《魏志・方技傳》 太祖聞而召（華）佗，佗常在左右。太祖苦頭風，每發，心亂目眩，佗針鬲，隨手而差。

後太祖親理，得病篤重，使佗專視。佗曰：『此近難濟，恒事攻治，可延歲月。』佗久遠家思歸，因曰：『當得家書，方欲暫還耳。』到家，辭以妻病，數乞期不反。太祖累書呼，又敕郡縣發遣。佗恃能厭食事，猶不上道。太祖大怒，使人往檢。若妻信病，賜小豆四十斛，寬假限日；若其虛詐，便收送之。於是傳付許獄，考驗首服。荀彧請曰：『佗術實工，人命所縣，宜含宥之。』太祖曰：『不憂，天下當無此鼠輩耶？』遂考竟佗。佗臨死，出一卷書與獄吏，曰：『此可以活人。』吏畏法不受，佗亦不强，索火燒之。佗死後，太祖頭風未除。太祖曰：『佗能愈此。小人養吾病，欲以自重，然吾不殺此子，亦終當不為我斷此根原耳。』及後愛子倉舒病因，太祖歎曰：『吾悔殺華佗，令此兒强死也。』

又 卷三六《蜀志・關羽傳》 關羽字雲長，【略】《蜀記》曰：曹公與劉備圍呂布於下邳，關羽啓公，布使秦宜祿行求救，乞娶其妻，公許之。臨破，又屢啓於公。公疑其有異色，先遣迎看，因自留之，羽心不自安。此與《魏氏春秋》所說無異也。

《後漢書》卷八《靈帝紀》 （二年是歲，長樂太僕曹節為車騎將軍，百餘日罷。

（中平四年）十一月，太尉崔烈罷，大司農曹嵩為太尉。

（五年四月）太尉曹嵩罷。

八月，初置西園八校尉。李賢注：樂資《山陽公載記》曰：『小黄門蹇碩為上軍校尉，虎賁中郎將袁紹為中軍校尉，屯騎校尉鮑鴻為下軍校尉，議郎曹操為典軍校尉，趙融為助軍左校尉，馮芳為助軍右校尉，諫議大夫夏牟為左校尉，淳于瓊為右校尉：凡八校［尉］，皆統於蹇碩。』

又 卷二七《趙典傳》 （趙）温從車駕都許。建安十三年，以辟司空曹操子丕為掾，操怒，奏温辟（忠）臣子弟選舉不實，免官。是歲卒，年七十二。

又 卷五一《橋玄傳》 初，曹操微時，人莫知者，嘗往候玄，玄見而異焉，謂曰：『今天下將亂，安生民，者其在君乎！』操常感其知己。及後經過玄墓，輒悽愴致祭。自為其文曰：『故太尉橋公，懿德高軌，泛愛博容。國念明訓，士思令謨。幽靈潛翳，邈哉緬矣！操以幼年，逮升堂室，特以頑質，見納君子。增榮益觀，皆由鉗助，猶仲尼稱不如顔淵，李生厚歎賈復。士死知己，懷此無忘。又承從容約誓之言：「徂没之後，路有經由，不以斗酒隻雞過相沃酹，車過三步，腹痛勿怨。」雖臨時戲笑之言，非至親之篤好，胡肯為此辭哉？懷舊惟顧，念之悽愴。奉命東征，屯次鄉里，北望貴土，乃心陵墓。裁致薄奠，公其享之！』

又 卷五四《楊震傳》 中平六年，代董卓為司空，其冬，代黄琬為司徒。明年，關東兵起，董卓懼，欲遷都以違其難。乃大會公卿議曰：『高祖都關中十有一世，光武宫洛陽，於今亦十世矣。案石包讖，宜徙都長安，以應天人之意。』百官無敢言者。彪曰：『移都改制，天下大事，故盤庚五遷，殷民胥怨。昔關中遭王莽變亂，宫室焚蕩，民庶塗炭，百不一在。光武受命，更都洛邑。今天下無虞，百姓樂安，明公建立聖主，光隆漢祚，無故捐宗廟，棄園陵，恐百姓驚動，必有糜沸之亂。石包室讖，妖邪之書，豈可信用？』

卓曰：『關中肥饒，故秦得併吞六國。且隴右材木自出，致之甚易。又杜陵南山下有武帝故瓦陶竈數千所，並功營之，可使一朝而辦。百姓何足與議！若有前濫，我以大兵驅之，可令詣滄海。』彪曰：『天下動之至易，安之甚難，惟明公慮焉。』卓作色曰：『公欲沮國計邪？』太尉黄琬曰：『此國之大事，楊公之言得無可思？』卓不答。司空荀爽見卓意壯，恐害彪等，因從容言曰：『相國豈樂此邪？山東兵起，非一日可禁，故當遷以圖之，此秦、漢之埶也。』卓意小解。爽私謂彪曰：『諸君堅爭不止，禍必有歸，故吾不為也。』議罷，卓使司隸校尉宣播以災異奏免琬、彪等，詣闕謝，即拜光禄大夫。十餘日，遷大鴻臚。從入關，轉少府、太

常，以病免。復為京兆尹、光祿勳，再遷光祿大夫。

三年秋，代淳于嘉為司空，以地震免。復拜太常。興平元年，代朱儁為太尉，録尚書事。及李傕、郭汜之亂，彪盡節衛主，崎嶇危難之間，幾不免於害。語在《董卓傳》。及車駕還洛陽，復守尚書令。

建安元年，從東都許。時天子新遷，大會公卿，兗州刺史曹操上殿，見彪色不悅，恐於此圖之，未得燕設，托疾如廁，因出還營。彪以疾罷。時袁術僭亂，操托彪與術婚姻，誣以欲圖廢置，奏收下獄，劾以大逆。將作大匠孔融聞之，不及朝服，往見操曰：李賢注：《獻帝春秋》曰：「〔融見〕操〔曰〕：『刑之不濫，君之明也。楊彪獲罪，懼者甚衆。』」『楊公四世清德，海內所瞻。周書父子兄弟罪不相及，況以袁氏歸罪楊公。易稱「積善餘慶」，徒欺人耳。』操曰：『此國家之意。』融曰：『假使成王殺邵公，周公可得言不知邪？今天下纓緌搢紳所以瞻仰明公者，以公聰明仁智，輔相漢朝，舉直厝枉，致之雍熙也。今橫殺無辜，則海內觀聽，誰不解體！孔融魯國男子，明日便當拂衣而去，不復朝矣。』操不得已，遂理出彪。

四年，復拜太常，十年免。十一年，諸以恩澤為侯者皆奪封。彪見漢祚將終，遂稱腳攣不復行，積十年。後子修為曹操所殺，操見彪問曰：『公何瘦之甚？』

對曰：『愧無日磾先見之明，猶懷老牛舐犢之愛。』操為之改容。

修字德祖，好學，有俊才，為丞相曹操主簿，李賢注：《典略》曰：『修，建安中舉孝廉，除郎中，丞相請署倉曹屬主簿。是時軍國多事，修總知內外事，皆稱意。自魏太子以下，並爭與交好。』用事曹氏。及操自平漢中，欲因討劉備而不得進，欲守之又難為功，護軍不知進止何依。操於是出教，唯曰『雞肋』而已。外曹莫能曉，修獨曰：『夫雞肋，食之則無所得，棄之則如可惜，公歸計決矣。』乃令外白稍嚴，操於此回師。修之幾決，多有此類。修又嘗出行，籌操有問外事，乃逆為答記，敕守舍兒：『若有令出，依次通之。』既而果然。如是者三，操怪其速，使廉之，知狀，于此忌修。且以袁術之甥，慮為後患，遂因事殺之。李賢注：《續漢書》曰：『人有白修與臨淄侯曹植飲醉共載，從司馬門出，謗訕鄢陵侯章。太祖聞之大怒，故遂收殺之，時年四十五矣。』

及魏文帝受禪，欲以彪為太尉，先遣使示旨。彪辭曰：『彪備漢三公，遭世傾亂，不能有所補益。耄年被病，豈可贊惟新之朝？』遂固辭。乃授光祿大夫，賜几杖衣袍，李賢注：《續漢書》曰『魏文帝詔曰：「先王制几杖之賜，所以賓禮黃耇。太尉楊彪，乃祖以來世著名績，其賜公延年杖。延請之日便使杖入」』也。因朝會引見，令彪著布單衣、鹿皮冠，杖而入，待以賓客之禮。

年八十四，黃初六年卒於家。自震至彪，四世太尉，德業相繼，與袁氏俱為東京名族云。李賢注：華嶠《書》曰：『東京楊氏、袁氏，累世宰相，為漢名族。然袁氏車馬衣服極為奢僭，能守家風，為世所貴，不及楊氏也。』

又 卷五七《劉陶傳》 時司徒東海陳耽，亦以非罪與陶俱死。耽以忠正稱，歷位三司。光和五年，詔公卿以謡言舉刺史、二千石為民蠹害者。時太尉許馘、司空張濟承望內官，受取貨賂，其宦者子弟賓客，雖貪污穢濁，皆不敢問，而虛糾邊遠小郡清修有惠化者二十六人。吏人詣闕陳訴，耽與議郎曹操上言：『公卿所舉，率黨其私，所謂放鴟梟而囚鸞鳳。』其言忠切，帝以讓馘、濟，由是諸坐謡言徵者悉拜議郎。宦官怨之，遂誣陷耽死獄中。

又 卷六四《盧植傳》 建安中，曹操北討柳城，過涿郡，告守令曰：『故北中郎將盧植，名著海內，學為儒宗，士之楷模，國之楨幹也。昔武王入殷，封商容之閭；鄭喪子產，仲尼隕涕。孤到此州，嘉其餘風。《春秋》之義，賢者之後，宜有殊禮。亟遣丞掾除其墳墓，存其子孫，並致薄醊，以彰厥德。』子毓，知名。

又 卷六六《陳王傳》 趙戩字叔茂，長陵人，性質正多謀。初平中，為尚書，典選舉。董卓數欲有所私授，戩輒堅拒不聽，言色強厲。卓怒，召將殺之，衆人悚栗，而戩辭貌自若。卓悔，謝釋之。長安之亂，客于荆州，劉表厚禮焉。及曹操平荆州，乃辟之，執戩手曰：『恨相見晚。』卒相國鍾繇長史。

又 卷六七《黨錮傳》 （李）膺子瓚，位至東平相。初，曹操微時，瓚異其才，將沒，謂子宣等曰：『時將亂矣，天下英雄無過曹操。張孟卓與吾善，袁本初汝外親，雖爾勿依，必歸曹氏。』諸子從之，並免於亂世。

及黨錮解，（何）顒辟司空府。每三府會議，莫不推顒之長。累遷。及董卓秉政，逼顒以為長史，托疾不就，乃與司空荀爽、司徒王允等共謀卓。會爽薨，顒以它事為卓所繫，憂憤而卒。初，顒見曹操，歎曰：『漢家將亡，安天下者必此人也。』操以是嘉之。

又 卷六八《許劭傳》 曹操微時，常卑辭厚禮，求為己目。劭鄙其人而不肯對，操乃伺隙脅劭，劭不得已，曰：『君清平之姦賊，亂世之英雄。』操大悅而去。

又 卷六九《竇武傳》 （竇）武孫輔，時年二歲，逃竄得全。事覺，節等捕之急。胡騰及令史南陽張敞共逃輔於零陵界，詐云已死，騰以為己子，而使聘娶焉。後舉桂陽孝廉。至建安中，荆州牧劉表聞而辟焉，以為從事，使還竇姓，以事列上。會表卒，曹操定荆州，輔與宗人徙居於鄴，辟丞相府。從征馬超，為流矢所中死。

又 卷八《魏志・張魯傳》裴松之注 《魏略》曰：劉雄鳴者，藍田人也。少以采藥射獵為事，常居覆車山下，每晨夜，出行雲霧中，以識道不迷，而時人因謂之能為雲霧。郭、李之亂，人多就之。建安中，附屬州郡，州郡表薦為小將。馬超等反，不肯從，超破之。後詣太祖，太祖執其手謂之曰：『孤方入關，夢得一神人，即卿邪！』乃厚禮之，表拜為將軍，遣令迎其部黨。部黨不欲降，遂劫以反，諸亡命皆往依之，有衆數千人，據武關道口。太祖遣夏侯淵討破之，雄鳴南奔漢中。漢中破，窮無所之，乃復歸降。太祖捉其須曰：『老賊，真得汝矣！』復其官，徙勃海。時又有程銀、侯選、李堪，皆河東人也，興平之亂，各有衆千餘家。建安十六年，並與馬超合。超破走，堪臨陳死。銀、選南入漢中，漢中破，詣太祖降，皆復官爵。

南朝宋・劉義慶《世說新語・方正》 南陽宗世林，魏武同時，而甚薄其為人，不與之交。及魏武作司空，總朝政，從容問宗曰：『可以交未？』答曰：『松柏之志猶存。』世林既以忤旨見疏，位不配德。文帝兄弟每造其門，皆獨拜床下，其見禮如此。《楚國先賢傳》曰：『宗承字世林，南陽安衆人。父資，有美譽。承少而修德雅正，确然不羣，徵聘不就，聞德而至者如林。魏武弱冠，屢造其門，值賓客猥積，不能得言。乃伺承起，往要之，捉手請交，承拒而不納。帝後為司空，輔漢朝，乃謂承曰：「卿昔不顧吾，今可為交未？」承曰：「松柏之志猶存。」帝不說，以其名賢，猶敬禮之。敕文帝修子弟禮，就家拜漢中太守。武帝平冀州，從至鄴，陳羣等皆為之拜。帝猶以舊情介意，薄其位而優其禮，就家訪以朝政，居賓客之右。文帝徵為直諫大夫。明帝欲引以為相，以老固辭。』

又《識鑑》 曹公少時見喬玄，玄謂曰：『天下方亂，羣雄虎爭，撥而理之，非君乎？然君實亂世之英雄，治世之姦賊。恨吾老矣，不見君富貴，當以子孫相累。』《續漢書》曰：『玄字公祖，梁國睢陽人。少治禮及嚴氏春秋。累遷尚書令。玄嚴明有才略，長於知人。初，魏武帝為諸生，未知名也，玄甚異之。』《魏書》曰：『玄見太祖曰：「吾見士多矣，未有若君者！天下將亂，非命世之才不能濟也。能安之者，其在君乎？」』按《世語》曰：『玄謂太祖：「君未有名，可交許子將。」太祖乃造子將，子將納焉。』孫盛雜語曰：『太祖嘗問許子將：「我何如人？」固問，然後子將答曰：「治世之能臣，亂世之姦雄。」太祖大笑。』《世說》所言謬矣。

又《捷悟》 楊德祖為魏武主簿，時作相國門，始構榱桷，魏武自出看，使人題門作『活』字，便去。楊見，即令壞之。既竟，曰：『「門」中「活」，「闊」字。王正嫌門大也。』《文士傳》曰：『楊脩字德祖，弘農人，太尉彪子。少有才學思幹。魏武為丞相，辟為主簿。脩常白事，知必有反覆教，豫為答對數紙，以次牒之而行。敕守者曰：「向白事，必教出相反覆，若按此次第連答之。」已而風吹紙次亂，守者不別，而遂錯誤。公怒推問，脩慚懼，然以所白甚有理，終亦是脩。後為武帝所誅。』

人餉魏武一桮酪，魏武噉少許，蓋頭上題『合』字以示衆。衆莫能解。次至楊脩，脩便噉，曰：『公教人噉一口也，復何疑？』

魏武嘗過曹娥碑下，楊脩從，碑背上見題作『黃絹幼婦，外孫虀臼』八字。魏武謂脩曰：『解不？』答曰：『解。』魏武曰：『卿未可言，待我思之。』行三十里，魏武乃曰：『吾已得。』令脩別記所知。脩曰：『黃絹，色絲也，於字為絶。幼婦，少女也，於字為妙。外孫，女子也，於字為好。虀臼，受辛也，於字為辭。所謂「絶妙好辭」也。』魏武亦記之，與脩同，乃歎曰：『我才不及卿，乃覺三十里。』《會稽典録》曰：『孝女曹娥者，上虞人。父盱，能撫節按歌，婆娑樂神。漢安二年，迎伍君神，泝濤而上，為水所淹，不得其尸。娥年十四，號慕思盱，乃投瓜于江，存其父尸曰：「父在此，瓜當沈。」旬有七日，瓜偶沈，遂自投於江而死。縣長度尚悲憐其

義，為之改葬，命其弟子邯鄲子禮為之作碑。」按：曹娥碑在會稽中，而魏武、楊修未嘗過江也。《異苑》曰：「陳留蔡邕避難過吳，讀碑文，以為詩人之作，無詭妄也。因刻石旁作八字。魏武見而不能了，以問羣寮，莫有解者。有婦人浣於汾渚，曰：『第四車解。』既而，禰正平也。衡即以離合義解之。或謂此婦人即娥靈也。」

魏武征袁本初，治裝，餘有數十斛竹片，咸長數寸，衆云並不堪用，正令燒除。太祖思所以用之，謂可為竹椑楯，而未顯其言。馳使問主簿楊德祖。應聲答之，與帝心同。衆伏其辯悟。

又《夙惠》 何晏七歲，明惠若神，魏武奇愛之。因晏在宮內，欲以為子。晏乃畫地令方，自處其中。人問其故？答曰：『何氏之廬也。』魏武知之，即遣還。《魏略》曰：「晏父蚤亡，太祖為司空時納晏母。其時秦宜祿、阿鰾亦隨母在宮，並寵如子，常謂晏為假子也。」

又《容止》 魏武將見匈奴使，自以形陋，不足雄遠國，《魏氏春秋》曰：「武王姿貌短小，而神明英發。」使崔季珪代，帝自捉刀立床頭。既畢，令間諜問曰：『魏王何如？』匈奴使答曰：『魏王雅望非常，《魏志》曰：「崔琰字季珪，清河東武城人。聲姿高暢，眉目疏朗，鬚長四尺，甚有威重。」然床頭捉刀人，此乃英雄也。』魏武聞之，追殺此使。

又《假譎》 魏武少時，嘗與袁紹好為游俠，觀人新婚，因潛入主人園中，夜叫呼云：『有偷兒賊！』青廬中人皆出觀，魏武乃入，抽刃劫新婦與紹還出，失道，墜枳棘中，紹不能得動，復大叫云：『偷兒在此！』紹遑迫自擲出，遂以俱免。《曹瞞傳》曰：「操小字阿瞞，少好譎詐，遊放無度。」孫盛《雜語》云：「武王少好俠，放蕩不修行業。嘗私入常侍張讓宅中，讓乃手戟於庭，踰垣而出，有絕人力，故莫之能害也。」

魏武行役，失汲道，軍皆渴，乃令曰：『前有大梅林，饒子，甘酸，可以解渴。』士卒聞之，口皆出水，乘此得及前源。

魏武常言：『人欲危己，己輒心動。』因語所親小人曰：『汝懷刃密來我側，我必說心動。執汝使行刑，汝但勿言其使，無他，當厚相報！』執者信焉，不以為懼，遂斬之。此人至死不知也。左右以為實，謀逆者挫氣矣。《曹瞞傳》曰：「操在軍，廩穀不足，私語主者曰：『何如？』主者云：『可以小斛足之。』操曰：『善。』後軍中言操欺衆，操題其主者，背以徇曰：『行小斛，盜軍穀。』遂斬之。仍云：『特當借汝死，以厭衆心。』其變詐皆此類也。」

魏武常云：『我眠中不可妄近，近便斫人，亦不自覺，左右宜深慎此！』後陽眠，所幸一人竊以被覆之，因便斫殺。自爾每眠，左右莫敢近者。

袁紹年少時，曾遣人夜以劍擲魏武，少下，不箸。魏武揆之，其後來必高，因帖臥床上。劍至果高。按：袁、曹後由鼎跱，迹始攜貳。自斯以前，不聞讎隙，有何意故而剚之以劍也？

又《忿狷》 魏武有一妓，聲最清高，而情性酷惡。欲殺則愛才，欲置則不堪。於是選百人一時俱教。少時，還有一人聲及之，便殺惡性者。

又《惑溺》 魏甄后惠而有色，先為袁熙妻，甚獲寵。曹公之屠鄴也，令疾召甄，左右白：『五官中郎已將去。』公曰：『今年破賊正為奴。』《魏略》曰：「建安中，袁紹為中子熙娶甄會女。紹死，熙出在幽州，甄留侍姑。及鄴城破，五官將從而入紹舍，見甄怖，以頭伏姑膝上。五官將謂紹妻袁夫人：『扶甄令舉頭。』見其色非凡，稱歎之。太祖聞其意，遂為迎娶，擅室數歲。」《世語》曰：「太祖下鄴，文帝先入袁尚府，見婦人被髮垢面垂涕，立紹妻劉後。文帝問，知是熙妻，使令攬髮，以袖拭面，姿貌絕倫。既過，劉謂甄曰：『不復死矣。』遂納之，有子。」《魏氏春秋》曰：「五官將納熙妻也，孔融與太祖書曰：『武王伐紂，以妲己賜周公。』太祖以融博學，真謂書傳所記。後見融問之，對曰：『以今度古，想其然也。』」

唐・李亢《獨異志》卷中 曹操無道，置發丘中郎、謀金校尉數十員。天下人冢墓，無問新舊，發掘時，骸骨橫暴草野，人皆悲傷。其凶酷殘忍如此。【略】

魏武帝嘗居銅雀臺，及終，令妓樂登臺望西陵而歌舞。

又 卷下 曹操密語左右一人曰：『汝明日可挾一刃入吾室中，吾令人執汝，汝勿言，吾有重報於汝。』其人不悟，遂緘默至於死。操用此以惑衆，能察人眉睫之用也。

宋・李昉等《太平御覽》卷三八〇《人事部二十一・美丈夫下》

《何晏別傳》曰：何晏，南陽人，大將軍進之孫。遇害，魏武納晏母，晏小，養于魏宮，至七八歲，惠心天悟，形貌絕美。武帝欲以為子，每扶將遊觀，令與諸子長幼相次。晏微覺之，坐則專席，止則獨立，或問其

故，答曰：『禮，異姓不相貫。』

又 卷三八五《人事部二十六・幼知下》 《何晏別傳》曰：『晏小時養魏宮，七八歲便慧心大悟。衆無愚智，莫不貴異之。魏武帝讀兵書，有所未解，試以問晏。晏分散所疑，無不冰釋。』

又 卷五六七《樂部五・鼓吹樂》 魏武帝令曰：孤所以能常以少兵敵衆者，常念增戰士忽餘事。是以往者有鼓吹而使步行，為戰士愛馬也；不樂多署吏，為戰士愛糧也。

司馬懿分部

傳記

《晉書》卷一《宣帝紀》 宣皇帝諱懿，字仲達，河內温縣孝敬里人，姓司馬氏。其先出自帝高陽之子重黎，為夏官祝融，歷唐、虞、夏、商，世序其職。及周，以夏官為司馬。其後程伯休父，周宣王時，以世官克平徐方，錫以官族，因而為氏。楚漢間，司馬仰為趙將，與諸侯伐秦。秦亡，立為殷王，都河內。漢以其地為郡，子孫遂家焉。自仰八世，生征西將軍鈞，字叔平。鈞生豫章太守量，字公度。量生潁川太守俊，字元異。俊生京兆尹防，字建公。帝即防之第二子也。少有奇節，聰明多大略，博學洽聞，伏膺儒教。漢末大亂，常慨然有憂天下心。南陽太守同郡楊俊名知人，見帝，未弱冠，以為非常之器。尚書清河崔琰與帝兄朗善，亦謂朗曰：『君弟聰亮明允，剛斷英特，非子所及也。』

漢建安六年，郡舉上計掾。魏武帝為司空，聞而辟之。帝知漢運方微，不欲屈節曹氏，辭以風痹，不能起居。魏武使人夜往密刺之，帝堅臥不動。及魏武為丞相，又辟為文學掾，敕行者曰：『若復盤桓，便收之。』帝懼而就職。於是，使與太子游處，遷黄門侍郎，轉議郎、丞相東曹屬，尋轉主簿。從討張魯，言于魏武曰：『劉備以詐力虜劉璋，蜀人未附而遠爭江陵，此機不可失也。今若曜威漢中，益州震動，進兵臨之，勢必瓦解。因此之勢，易為功力。聖人不能違時，亦不失時矣。』魏武曰：『人苦無足，既得隴右，復欲得蜀！』言竟不從。既而從討孫權，破之。軍還，權遣使乞降，上表稱臣，陳說天命。魏武帝曰：『此兒欲踞吾著爐炭上邪！』答曰：『漢運垂終，殿下十分天下而有其九，以服事之。權之稱臣，天人之意也。虞、夏、殷、周不以謙讓者，畏天知命也。』

魏國既建，遷太子中庶子。每與大謀，輒有奇策，為太子所信重，與陳羣、吳質、朱樂號曰四友。遷為軍司馬，言于魏武曰：『昔箕子陳謀，以食為首。今天下不耕者蓋二十餘萬，非經國遠籌也。雖戎甲未卷，自宜且耕且守。』魏武納之，於是務農積穀，國用豐贍。帝又言荆州刺史胡修粗暴，南鄉太守傅方驕奢，並不可居邊。魏武不之察。及蜀將羽圍曹仁于樊，于禁等七軍皆没，修、方果降羽，而仁圍甚急焉。是時漢帝都許昌，魏武以為近賊，欲徙河北。帝諫曰：『禁等為水所没，非戰守之所失，於國家大計未有所損，而便遷都，既示敵以弱，又淮沔之人大不安矣。孫權、劉備，外親內疏，羽之得意，權所不願也。可喻權所，令掎其後，則樊圍自解。』魏武從之。權果遣將呂蒙西襲公安，拔之，羽遂為蒙所獲。

魏武以荆州遺黎及屯田在潁川者逼近南寇，皆欲徙之。帝曰：『荆楚輕脫，易動難安。關羽新破，諸為惡者藏竄觀望。今徙其善者，既傷其意，將令去者不敢復還。』從之。其後諸亡者悉復業。及魏武薨於洛陽，朝野危懼。帝綱紀喪事，內外肅然。乃奉梓宮還鄴。

魏文帝即位，封河津亭侯，轉丞相長史。會孫權帥兵西過，朝議以樊、襄陽無穀，不可以禦寇。時曹仁鎮襄陽，請召仁還宛。帝曰：『孫權新破關羽，此其欲自結之時也，必不敢為患。襄陽水陸之沖，禦寇要害，不可棄也。』言竟不從。仁遂焚棄二城，權果不為寇，魏文悔之。及魏受漢禪，以帝為尚書。頃之，轉督軍、御史中丞，封安國鄉侯。

黄初二年，督軍官罷，遷侍中、尚書右僕射。

五年，天子南巡，觀兵吳疆。帝留鎮許昌，改封向鄉侯，轉撫軍、假節，領兵五千，加給事中、録尚書事。帝固辭。天子曰：『吾於庶事，以夜繼晝，無須臾寧息。此非以為榮，乃分憂耳。』

六年，天子復大興舟師征吳，復命帝居守，內鎮百姓，外供軍資。臨行，詔曰：『吾深以後事為念，故以委卿。曹參雖有戰功，而蕭何為重。

使吾無西顧之憂，不亦可乎！』天子自廣陵還洛陽，詔帝曰：『吾東，撫軍當總西事；吾西，撫軍當總東事。』於是帝留鎮許昌。及天子疾篤，帝與曹真、陳羣等見於崇華殿之南堂，並受顧命輔政。詔太子曰：『有間此三公者，慎勿疑之。』明帝即位，改封舞陽侯。及孫權圍江夏，遣其將諸葛瑾、張霸並攻襄陽，帝督諸軍討權，走之。進擊，敗瑾，斬霸，並首級千餘。遷驃騎將軍。

太和元年六月，天子詔帝屯于宛，加督荊、豫二州諸軍事。初，蜀將孟達之降也，魏朝遇之甚厚。帝以達言行傾巧，不可任，驟諫，不見聽，乃以達領新城太守，封侯，假節。達於是連吳固蜀，潛圖中國。蜀相諸葛亮惡其反覆，又慮其為患。達與魏興太守申儀有隙，亮欲促其事，乃遣郭模詐降，過儀，因漏泄其謀。達聞其謀漏泄，將舉兵。帝恐達速發，以書喻之曰：『將軍昔棄劉備，託身國家，國家委將軍以疆埸之任，任將軍以圖蜀之事，可謂心貫白日。蜀人愚智，莫不切齒于將軍。諸葛亮欲相破，惟苦無路耳。模之所言，非小事也，亮豈輕之而令宣露，此殆易知耳。』達得書大喜，猶與不決。帝乃潛軍進討。諸將言達與二賊交構，宜觀望而後動。帝曰：『達無信義，此其相疑之時也，當及其未定促決之。』乃倍道兼行，八日到其城下。吳蜀各遣其將向西城安橋、木闌塞以救達，帝分諸將距之。初，達與亮書曰：『宛去洛八百里，去吾一千二百里，聞吾舉事，當表上天子，比相反覆，一月間也，則吾城已固，諸軍足辦。則吾所在深險，司馬公必不自來；諸將來，吾無患矣。』及兵到，達又告亮曰：『吾舉事，八日而兵至城下，何其神速也！』上庸城三面阻水，達於城外為木柵以自固。帝渡水，破其柵，直造城下。八道攻之，旬有六日，達甥鄧賢、將李輔等開門出降。斬達，傳首京師。俘獲萬餘人，振旅還于宛。乃勸農桑，禁浮費，南土悅附焉。初，申儀久在魏興，專威疆埸，輒承制刻印，多所假授。達既誅，有自疑心。時諸郡守以帝新克捷，奉禮求賀，皆聽之。帝使人諷儀，儀至，問承制狀，執之，歸於京師。又徙孟達餘衆七千餘家於幽州。蜀將姚靜、鄭他等帥其屬七千餘人來降。時邊郡新附，多無户名，魏朝欲加隱實。屬帝朝于京師，天子訪之于帝。帝對曰：『賊以密網束下，故下棄之。宜弘以大綱，則自然安樂。』又問二虜宜討，何者為先？對曰：『吳以中國不習水戰，故敢散居東關。凡攻敵，必扼其喉而搉其心。夏口、東關，賊之心喉。若為陸軍以向皖城，引權東下，為水戰軍向夏口，乘其虚而擊之，此神兵從天而墜，破之必矣。』天子並然之，復命屯于宛。

四年，遷大將軍，加大都督、假黄鉞，與曹真伐蜀。帝自西城斫山開道，水陸並進，泝沔而上，至於朐，拔其新豐縣。軍次丹口，遇雨，班師。明年，諸葛亮寇天水，圍將軍賈嗣、魏平于祁山。天子曰：『西方有事，非君莫可付者。』乃使帝西屯長安，都督雍、梁二州諸軍事，統車騎將軍張郃、後將軍費曜、征蜀護軍戴淩、雍州刺史郭淮等討亮。張郃勸帝分軍往雍、郿為後鎮，帝曰：『料前軍獨能當之者，將軍言是也。若不能當，而分為前後，此楚之三軍所以為黥布禽也。』遂進軍隃麋。亮聞大軍且至，乃自帥衆將芟上邽之麥。諸將皆懼，帝曰：『亮慮多決少，必安營自固，然後芟麥。吾得二日兼行足矣。』於是卷甲晨夜赴之。亮望塵而遁。帝曰：『吾倍道疲勞，此曉兵者之所貪也。亮不敢據渭水，此易與耳。』進次漢陽，與亮相遇，帝列陣以待之。使將牛金輕騎餌之，兵纔接而亮退，追至祁山。亮屯鹵城，據南北二山，斷水為重圍。帝攻拔其圍，亮宵遁。追擊，破之，俘斬萬計。天子使使者勞軍，增封邑。時軍師杜襲、督軍薛悌皆言，明年麥熟，亮必為寇，隴右無穀，宜及冬豫運。帝曰：『亮再出祁山，一攻陳倉，挫衄而反。縱其後出，不復攻城，當求野戰，必在隴東，不在西也。亮每以糧少為恨，歸必積穀，以吾料之，非三稔不能動矣。』於是表徙冀州農夫佃上邽，興京兆、天水、南安監冶。

青龍元年，穿成國渠，築臨晉陂，溉田數千頃，國以充實。

二年，亮又率衆十餘萬出斜谷，壘於郿之渭水南原。天子憂之，遣征蜀護軍秦朗督步騎二萬，受帝節度。諸將欲住渭北以待之，帝曰：『百姓積聚皆在渭南，此必爭之地也。』遂引軍而濟，背水為壘。因謂諸將曰：『亮若勇者，當出武功依山而東，若西上五丈原，則諸軍無事矣。』亮果上原，將北渡渭，帝遣將軍周當屯陽遂以餌之。數日，亮不動。帝曰：『亮欲爭原而不向陽遂，此意可知也。』遣將軍胡遵、雍州刺史郭淮共備陽遂，與亮會于積石，臨原而戰，亮不得進，還于五丈原。會有長星墜亮之壘，帝知其必敗，遣奇兵掎亮之後，斬五百餘級，獲生口千餘，降者六百餘人。時朝廷以亮僑軍遠寇，利在急戰，每命帝持重，以候其變。亮數

挑戰，帝不出，因遣帝巾幗婦人之飾。帝怒，表請決戰，天子不許，乃遣骨鯁臣衛尉辛毗杖節為軍師以制之。後亮復來挑戰，帝將出兵以應之，毗杖節立軍門，帝乃止。初，蜀將姜維聞毗來，謂亮曰：『辛毗杖節而至，賊不復出矣。』亮曰：『彼本無戰心，所以固請者，以示武於其衆耳。將在軍，君命有所不受，苟能制吾，豈千里而請戰邪！』帝弟孚書問軍事，帝復書曰：『亮志大而不見機，多謀而少決，好兵而無權，雖提卒十萬，已墮吾畫中，破之必矣。』與之對壘百餘日，會亮病卒，諸將燒營遁走，百姓奔告，帝出兵追之。亮長史楊儀反旗鳴鼓，若將距帝者。帝以窮寇不之逼，於是楊儀結陣而去。經日，乃行其營壘，觀其遺事，獲其圖書、糧穀甚衆。帝審其必死，曰：『天下奇才也。』辛毗以為尚未可知。帝曰：『軍家所重，軍書密計、兵馬糧穀，今皆棄之，豈有人捐其五藏而可以生乎？宜急追之。』關中多蒺藜，帝使軍士二千人著軟材平底木屐前行，蒺藜悉著屐，然後馬步俱進。追到赤岸，乃知亮死。審問，時百姓為之諺曰：『死諸葛走生仲達。』帝聞而笑曰：『吾便料生，不便料死故也。』先是，亮使至，帝問曰：『諸葛公起居何如，食可幾米？』對曰：『三四升。』次問政事，曰：『二十罰已上皆自省覽。』帝既而告人曰：『諸葛孔明其能久乎！』竟如其言。亮部將楊儀、魏延爭權，儀斬延，並其衆。帝欲乘隙而進，有詔不許。

三年，遷太尉，累增封邑。蜀將馬岱入寇，帝遣將軍牛金擊走之，斬千餘級。武都氐王苻雙、强端帥其屬六千餘人來降。關東饑，帝運長安粟五百萬斛于京師。

四年，獲白鹿，獻之。天子曰：『昔周公旦輔成王，有素雉之貢。今君受陝西之任，有白鹿之獻，豈非忠誠協符，千載同契，俾乂邦家，以永厥休邪！』及遼東太守公孫文懿反，征帝詣京師。天子曰：『此不足以勞君，事欲必克，故以相煩耳。君度其行何計？』對曰：『棄城預走，上計也。據遼水以距大軍，次計也。坐守襄平，此成擒耳。』天子曰：『其計將安出？』對曰：『惟明者能深度彼己，豫有所棄，此非其所及也。今懸軍遠征，將謂不能持久，必先距遼水而後守，此中下計也。』天子曰：『往還幾時？』對曰：『往百日，還百日，攻百日，以六十日為休息，一年足矣。』是時大修宮室，加之以軍旅，百姓饑弊。帝將即戎，乃諫曰：『昔周公營洛邑，蕭何造未央，今宮室未備，臣之責也。然自河以北，百姓困窮，外內有役，勢不並興，宜假絕內務，以救時急。』

景初二年，帥牛金、胡遵等步騎四萬發自京都。車駕送出西明門。詔弟孚、子師送過溫，賜以穀帛牛酒，敕郡守典農以下皆往會焉。見父老故舊，宴飲累日。帝歎息，悵然有感，為歌曰：『天地開闢，日月重光。遭遇際會，畢力遐方。將掃羣穢，還過故鄉。肅清萬里，總齊八荒。告成歸老，待罪舞陽。』遂進師，經孤竹，越碣石，次於遼水。文懿果遣步騎數萬，阻遼隧，堅壁而守，南北六七十里，以距帝。帝盛兵多張旗幟，出其南，賊盡鋭赴之。乃泛舟潛濟以出其北，與賊營相逼，沈舟焚梁，傍遼水作長圍，棄賊而向襄平。諸將言曰：『不攻賊而作圍，非所以示衆也。』帝曰：『賊堅營高壘，欲以老吾兵也。攻之，正入其計，此王邑所以恥過昆陽也。古人曰，敵雖高壘，不得不與我戰者，攻其所必救也。賊大衆在此，則巢窟虛矣。我直指襄平，則人懷內懼，懼而求戰，破之必矣。』遂整陣而過。賊見兵出其後，果邀之。帝謂諸將曰：『所以不攻其營，正欲致此，不可失也。』乃縱兵逆擊，大破之，三戰皆捷。賊保襄平，進軍圍之。初，文懿聞魏師之出也，請救于孫權。權亦出兵遙為之聲援，遺文懿書曰：『司馬公善用兵，變化若神，所向無前，深為弟憂之。』會霖潦，大水，平地數尺，三軍恐，欲移營。帝令軍中敢有言徙者斬。都督令史張靜犯令，斬之，軍中乃定。賊恃水，樵牧自若。諸將欲取之，皆不聽。司馬陳圭曰：『昔攻上庸，八部並進，晝夜不息，故能一旬之半，拔堅城，斬孟達。今者遠來而更安緩，愚竊惑焉。』帝曰：『孟達衆少而食支一年，吾將士四倍于達而糧不淹月，以一月圖一年，安可不速？以四擊一，正令半解，猶當為之。是以不計死傷，與糧競也。今賊衆我寡，賊飢我飽，水雨乃爾，功力不設，雖當促之，亦何所為。自發京師，不憂賊攻，但恐賊走。今賊糧垂盡，而圍落未合，掠其牛馬，抄其樵采，此故驅之走也。夫兵者詭道，善因事變。賊憑衆恃雨，故雖飢困，未肯束手，當示無能以安之。取小利以驚之，非計也。』朝廷聞師遇雨，咸請召還。天子曰：『司馬公臨危制變，計日擒之矣。』既而雨止，遂合圍。起土山地道，楯櫓鉤橦，發矢石雨下，晝夜攻之。時有長星，色白，有芒鬣，自襄平城西南流于東北，墜于梁水，城中震懾。文懿大懼，乃使其所署相國王

建、御史大夫柳甫乞降，請解圍而縛。不許，執建等，皆斬之。檄告文懿曰：『昔楚鄭列國，而鄭伯猶肉袒牽羊而迎之。孤為王人，位則上公，而建等欲孤解圍退舍，豈楚鄭之謂邪！二人老耄，必傳言失旨，已相為斬之。若意有未已，可更遣年少有明決者來。』文懿復遣侍中衛演乞剋日送任。帝謂演曰：『軍事大要有五，能戰當戰，不能戰當守，不能守當走，餘二事惟有降與死耳。汝不肯面縛，此為決就死也，不須送任。』文懿攻南圍突出，帝縱兵擊敗之，斬于梁水之上星墜之所。既入城，立兩標以別新舊焉。男子年十五已上七千餘人皆殺之，以為京觀。偽公卿已下皆伏誅，戮其將軍畢盛等二千餘人。收户四萬，口三十餘萬。初，文懿篡其叔父恭位而囚之。及將反，將軍綸直、賈範等苦諫，文懿皆殺之。帝乃釋恭之囚，封直等之墓，顯其遺嗣。令曰：『古之伐國，誅其鯨鯢而已，諸為文懿所詿誤者，皆原之。中國人欲還舊鄉，恣聽之。』時有兵士寒凍，乞襦，帝弗之與。或曰：『幸多故襦，可以賜之。』帝曰：『襦者官物，人臣無私施也。』乃奏軍人年六十已上者罷遣千餘人，將吏從軍死亡者致喪還家。遂班師。天子遣使者勞軍于薊，增封食昆陽，并前二縣。初，帝至襄平，夢天子枕其膝，曰：『視吾面。』俯視有異于常，心惡之。先是，詔帝便道鎮關中；及次白屋，有詔召帝，三日之間，詔書五至。手詔曰：『間側息望到，到便直排閤入，視吾面。』帝大遽，乃乘追鋒車晝夜兼行，自白屋四百餘里，一宿而至。引入嘉福殿臥內，升御床。帝流涕問疾，天子執帝手，目齊王曰：『以後事相托。死乃復可忍，吾忍死待君，得相見，無所復恨矣。』與大將軍曹爽並受遺詔輔少主。及齊王即帝位，遷侍中、持節、都督中外諸軍、録尚書事，與爽各統兵三千人，共執朝政，更直殿中，乘輿入殿。爽欲使尚書奏事先由己，乃言于天子，徙帝為大司馬。朝議以為前後大司馬累薨于位，乃以帝為太傅。入殿不趨，贊拜不名，劍履上殿，如漢蕭何故事。嫁娶喪葬取給於官，以世子師為散騎常侍，子弟三人為列侯，四人為騎都尉。帝固讓子弟官不受。

魏正始元年春正月，東倭重譯納貢，焉耆、危須諸國，弱水以南，鮮卑名王，皆遣使來獻。天子歸美宰輔，又增帝封邑。初，魏明帝好修宮室，制度靡麗，百姓苦之。帝自遼東還，役者猶萬餘人，雕玩之物動以千計。至是皆奏罷之，節用務農，天下欣賴焉。

二年夏五月，吴將全琮寇芍陂，朱然、孫倫圍樊城，諸葛瑾、步騭掠柤中，帝請自討之。議者咸言，賊遠來圍樊，不可卒拔。挫於堅城之下，有自破之勢，宜長策以禦之。帝曰：『邊城受敵而安坐廟堂，疆埸騷動，衆心疑惑，是社稷之大憂也。』六月，乃督諸軍南征，車駕送出津陽門。帝以南方暑濕，不宜持久，使輕騎挑之，然不敢動。於是休戰士，簡精鋭，募先登，申號令，示必攻之勢。吴軍夜遁走，追至三州口，斬獲萬餘人，收其舟船軍資而還。天子遣侍中常侍勞軍于宛。秋七月，增封食郾、臨潁，并前四縣，邑萬户，子弟十一人皆為列侯。帝勳德日盛，而謙恭愈甚。以太常常林鄉邑舊齒，見之每拜。恒戒子弟曰：『盛滿者道家之所忌，四時猶有推移，吾何德以堪之。損之又損之，庶可以免乎？』

三年春，天子追封，謚皇考京兆尹為舞陽成侯。三月，奏穿廣漕渠，引河入汴，溉東南諸陂，始大佃於淮北。先是，吴遣將諸葛恪屯皖，邊鄙苦之，帝欲自擊恪。議者多以賊據堅城，積穀，欲引致官兵，今懸軍遠攻，其救必至，進退不易，未見其便。帝曰：『賊之所長者水也，今攻其城，以觀其變。若用其所長，棄城奔走，此為廟勝也。若敢固守，湖水冬淺，船不得行，勢必棄水相救，由其所短，亦吾利也。』

四年秋九月，帝督諸軍擊諸葛恪，車駕送出津陽門。軍次於舒，恪焚燒積聚，棄城而遁。帝以滅賊之要，在於積穀，乃大興屯守，廣開淮陽、百尺二渠，又修諸陂於潁之南北，萬餘頃。自是淮北倉庾相望，壽陽至於京師，農官屯兵連屬焉。

五年春正月，帝至自淮南，天子使持節勞軍。尚書鄧颺、李勝等欲令曹爽建立功名，勸使伐蜀。帝止之，不可，爽果無功而還。

六年秋八月，曹爽毀中壘中堅營，以兵屬其弟中領軍羲，帝以先帝舊制禁之不可。冬十二月，天子詔帝朝會乘輿升殿。

七年春正月，吴寇柤中，夷夏萬餘家避寇北渡沔。帝以沔南近賊，若百姓奔還，必復致寇，宜權留之。曹爽曰：『今不能修守沔南而留百姓，非長策也。』帝曰：『不然。凡物致之安地則安，危地則危。故兵書曰「成敗，形也；安危，勢也」。形勢，御衆之要，不可以不審。設令賊以二萬人斷沔水，三萬人與沔南諸軍相持，萬人陸梁柤中，將何以救之？』爽不從，卒令還南。賊果襲破柤中，所失萬計。

八年夏四月，夫人張氏薨。曹爽用何晏、鄧颺、丁謐之謀，遷太后于永寧宮，專擅朝政，兄弟並典禁兵，多樹親黨，屢改制度。帝不能禁，於是與爽有隙。五月，帝稱疾不與政事。時人為之謡曰：『何、鄧、丁，亂京城。』

九年春三月，黄門張當私出掖庭才人石英等十一人，與曹爽為伎人。爽、晏謂帝疾篤，遂有無君之心，與當密謀，圖危社稷，期有日矣。帝亦潛為之備，爽之徒屬亦頗疑帝。會河南尹李勝將涖荊州，來候帝。帝詐疾篤，使兩婢侍，持衣衣落，指口言渴，婢進粥，帝不持杯飲，粥皆流出霑胸。勝曰：『衆情謂明公舊風發動，何意尊體乃爾！』帝使聲氣才屬，說『年老枕疾，死在旦夕。君當屈并州，并州近胡，善為之備。恐不復相見，以子師、昭兄弟為托。』勝曰：『當還忝本州，非并州。』帝乃錯亂其辭曰：『君方到并州。』勝復曰：『當忝荊州。』帝曰：『年老意荒，不解君言。今還為本州，盛德壯烈，好建功勳！』勝退告爽曰：『司馬公屍居餘氣，形神已離，不足慮矣。』他日，又言曰：『太傅不可復濟，令人愴然。』故爽等不復設備。

嘉平元年春正月甲午，天子謁高平陵，爽兄弟皆從。是日，太白襲月。帝於是奏永寧太后，廢爽兄弟。時景帝為中護軍，將兵屯司馬門。帝列陣闕下，經爽門。爽帳下督嚴世上樓，引弩將射帝，孫謙止之曰：『事未可知。』三注三止，皆引其肘不得發。大司農桓範出赴爽，蔣濟言於帝曰：『智囊往矣。』帝曰：『爽與範內疏而智不及，駑馬戀棧豆，必不能用也。』於是假司徒高柔節，行大將軍事，領爽營，謂柔曰：『君為周勃矣。』命太僕王觀行中領軍，攝羲營。帝親帥太尉蔣濟等勒兵出迎天子，屯于洛水浮橋，上奏曰：『先帝詔陛下、秦王及臣升於御床，握臣臂曰「深以後事為念」。今大將軍爽背棄顧命，敗亂國典，內則僭擬，外專威權。羣官要職，皆置所親；宿衛舊人，並見斥黜。根據盤牙，縱恣日甚。又以黄門張當為都監，專共交關，伺候神器。天下洶洶，人懷危懼。陛下便為寄坐，豈得久安？此非先帝詔陛下及臣升御床之本意也。臣雖朽邁，敢忘前言。昔趙高極意，秦是以亡；呂霍早斷，漢祚永延。此乃陛下之殷鑑，臣授命之秋也。公卿羣臣皆以爽有無君之心，兄弟不宜典兵宿衛；奏皇太后，皇太后敕如奏施行。臣輒敕主者及黄門令罷爽、羲，訓吏兵各以本官侯就第，若稽留車駕，以軍法從事。臣輒力疾將兵詣洛水浮橋，伺察非常。』爽不通奏，留車駕宿伊水南，伐樹為鹿角，發屯兵數千人以守。桓範果勸爽奉天子幸許昌，移檄征天下兵。爽不能用，而夜遣侍中許允、尚書陳泰詣帝，觀望風旨。帝數其過失，事止免官。泰還以報爽，勸之通奏。帝又遣爽所信殿中校尉尹大目諭爽，指洛水為誓，爽意信之。桓範等援引古今，諫說萬端，終不能從。乃曰：『司馬公正當欲奪吾權耳。吾得以侯還第，不失為富家翁。』範拊膺曰：『坐卿。滅吾族矣！』遂通帝奏。既而有司劾黄門張當，併發爽與何晏等反事，乃收爽兄弟及其黨與何晏、丁謐、鄧颺、畢軌、李勝、桓範等誅之。蔣濟曰：『曹真之勳，不可以不祀。』帝不聽。初，爽司馬魯芝、主簿楊綜斬關奔爽。及爽之將歸罪也，芝、綜泣諫曰：『公居伊周之任，挾天子，杖天威，孰敢不從？舍此而欲就東市，豈不痛哉！』有司奏收芝、綜科罪，帝赦之，曰：『以勸事君者。』二月，天子以帝為丞相，增封潁川之繁昌、鄢陵、新汲、父城，并前八縣，邑二萬户，奏事不名。固讓丞相。冬十二月，加九錫之禮，朝會不拜。固讓九錫。

二年春正月，天子命帝立廟於洛陽，置左右長史，增掾屬、舍人滿十人，歲舉掾屬任御史、秀才各一人，增官騎百人，鼓吹十四人，封子肜平樂亭侯，倫安樂亭侯。帝以久疾不任朝請，每有大事，天子親幸第以諮訪焉。兗州刺史令狐愚、太尉王淩貳於帝，謀立楚王彪。

三年春正月，王淩詐言吳人塞塗水，請發兵以討之。帝潛知其計，不聽。夏四月，帝自帥中軍，泛舟沿流，九日而到甘城。淩計無所出，乃迎于武丘，面縛水次，曰：『淩若有罪，公當折簡召淩，何苦自來邪！』帝曰：『以君非折簡之客故耳。』即以淩歸於京師。道經賈逵廟，淩呼曰：『賈梁道！王淩是大魏之忠臣，惟爾有神知之。』至項，仰鴆而死。收其餘黨，皆夷三族，並殺彪。悉録魏諸王公置於鄴，命有司監察，不得交關。天子遣侍中韋誕持節勞軍于五池。帝至自甘城，天子又使兼大鴻臚、太僕庾嶷持節，策命帝為相國，封安平郡公，孫及兄子各一人為列侯，前後食邑五萬户，侯者十九人。固讓相國、郡公不受。六月，帝寢疾，夢賈逵、王淩為祟，甚惡之。秋八月戊寅，崩于京師，時年七十三。天子素服臨吊，喪葬威儀依漢霍光故事，追贈相國、郡公。弟孚表陳先

志，辭郡公及轀輬車。九月庚申，葬于河陰，謚曰文貞，後改謚文宣。先是，預作終制，于首陽山為土藏，不墳不樹，作顧命三篇，斂以時服，不設明器，後終者不得合葬。一如遺命。晉國初建，追尊曰宣王。武帝受禪，上尊號曰宣皇帝，陵曰高原，廟稱高祖。

綜　述

《晉書》卷二《景帝紀》　景皇帝諱師，字子元，宣帝長子也。雅有風彩，沈毅多大略。少流美譽，與夏侯玄、何晏齊名。晏常稱曰：『惟幾也能成天下之務，司馬子元是也。』魏景初中，拜散騎常侍，累遷中護軍。為選用之法，舉不越功，吏無私焉。宣穆皇后崩，居喪以至孝聞。宣帝之將誅曹爽，深謀秘策，獨與帝潛畫，文帝弗之知也。將發夕乃告之，既而使人覘之，帝寢如常，而文帝不能安席。晨會兵司馬門，鎮靜內外，置陣甚整。宣帝曰：『此子竟可也。』初，帝陰養死士三千，散在人間，至是一朝而集，衆莫知所出也。事平，以功封長平鄉侯，食邑千户，尋加衛將軍。及宣帝薨，議者咸云『伊尹既卒，伊陟嗣事』，天子命帝以撫軍大將軍輔政。魏嘉平四年春正月，遷大將軍，加侍中，持節、都督中外諸軍、録尚書事。命百官舉賢才，明少長，恤窮獨，理廢滯。諸葛誕、毌丘儉、王昶、陳泰、胡遵都督四方，王基、州泰、鄧艾、石苞典州郡，盧毓、李豐裳選舉，傅嘏、虞松參計謀，鍾會、夏侯玄、王肅、陳本、孟康、趙酆、張緝預朝議，四海傾注，朝野肅然。或有請改易制度者，帝曰：『「不識不知，順帝之則」，詩人之美也。三祖典制，所宜遵奉；自非軍事，不得妄有改革。』

論　說

《晉書》卷一《宣帝紀論》　帝內忌而外寬，猜忌多權變。魏武察帝有雄豪志，聞有狼顧相。欲驗之。乃召使前行，令反顧，面正向後而身不動。又嘗夢三馬同食一槽，甚惡焉。因謂太子丕曰：『司馬懿非人臣也，必預汝家事。』太子素與帝善，每相全佑，故免。帝於是勤於吏職，夜以忘寢，至於芻牧之間，悉皆臨履，由是魏武意遂安。及平公孫文懿，大行殺戮。誅曹爽之際，支黨皆夷及三族，男女無少長，姑姊妹女子之適人者皆殺之，既而竟遷魏鼎云。明帝時，王導侍坐。帝問前世所以得天下，導乃陳帝創業之始，用文帝末高貴鄉公事。明帝以面覆床曰：『若如公言，晉祚復安得長遠！』迹其猜忍，蓋有符于狼顧也。

（唐太宗）制曰：夫天地之大，黎元為本。邦國之貴，元首為先。治亂無常，興亡有運。是故五帝之上，居萬乘以為憂；三王已來，處其憂而為樂。競智力，爭利害，大小相吞，强弱相襲。逮乎魏室，三方鼎峙，干戈不息，氛霧交飛。宣皇以天挺之姿，應期佐命，文以纘治，武以棱威。用人如在己，求賢若不及；情深阻而莫測，性寬綽而能容，和光同塵，與時舒卷，戢鱗潛翼，思屬風雲。飾忠於已詐之心，延安于將危之命。觀其雄略內斷，英猷外決，殄公孫於百日，擒孟達於盈旬，自以兵動若神，謀無再計矣。既而擁衆西舉，與諸葛相持。抑其甲兵，本無鬭志，遺其巾幗，方發憤心。杖節當門，雄圖頓屈，請戰千里，詐欲示威。且秦蜀之人，勇懦非敵，夷險之路，勞逸不同，以此爭功，其利可見。而返閉軍固壘，莫敢爭鋒，生怯實而未前，死疑虛而猶遁，良將之道，失在斯乎！文帝之世，輔翼權重，許昌同蕭何之委，崇華甚霍光之寄。當謂竭誠盡節，伊傅可齊。及明帝將終，棟樑是屬，受遺二主，佐命三朝，既承忍死之托，曾無殉生之報。天子在外，內起甲兵，陵土未乾，遽相誅戮，貞臣之體，寧若此乎！盡善之方，以斯為惑。夫征討之策，豈東智而西愚？輔佐之心，何前忠而後亂？故晉明掩面，恥欺偽以成功；石勒肆言，笑姦回以定業。古人有云：『積善三年，知之者少，為惡一日，聞於天下。』可不謂然乎！雖自隱過當年，而終見嗤後代。亦猶竊鐘掩耳，以衆人為不聞；銳意盜金，謂市中為莫睹。故知貪于近者則遺遠，溺於利者則傷名；若不損己以益人，則當禍人而福己。順理而舉易為力，背時而動難為功。況以未成之晉基，逼有餘之魏祚？雖復道格區宇，德被蒼生，而天未啓時，寶位猶阻，非可以智競，不可以力爭，雖則慶流後昆，而身終於北面矣。

宋·李昉等《文苑英華》卷七五二《興亡中·唐朱敬則〈晉高祖論〉》　王業不同，其來尚矣。若乃待辛癸之禪，湯武不得稱仁；要西

伯之資，高光無由濟世。或寧亂以得志，或興禍以取威，遭遇雖殊，天命一也。

宣帝聰豪明允，博學洽聞，敏而好謀，寬而能斷。其未得志也，服勤王事，夙夜在公，知無不為，芻牧必履，取信嚴主，所謂能臣也。及勳德日隆，雄材漸著，權略不世，合變如神。受命崇華，竭股肱於明帝；忍死嘉福，遂無君於沖人，所謂姦臣也。及內難既平，外寇斯殄，威力翕赫，指麾風飛，遂乃臨神器以徘徊戮，公族以顧望。雖大業初構，人望斯存，若格以名神，請罪不暇；歸諸天命，則前代有辭。美哉！未盡善也。

且成湯之在夏世，行仁以動諸侯；文王之處殷朝，好讓以懷鄰國。高祖以豁達容物，光武以長者得人，未有專仗陰謀，每行詭計，寄何晏以鞠獄，示李勝以謬言。請戰以見威，指水以表信。乞糯不與，懼有陳恒之譏；封墓釋囚，不嫌武王之事。愧情負理，掩耳避聲，狼顧以噬魏人，狐媚以取天下，亦前史所醜也。

藝文

《晉書》卷二二《樂志上》 及武帝受命之初，百度草創。泰始二年，詔郊祀明堂禮樂權用魏儀，遵周室肇稱殷禮之義，但改樂章而已，使傅玄為之詞云。

祠宣皇帝登歌

于鑠皇祖，聖德欽明。勤施四方，夙夜敬止。載敷文教，載揚武烈。匡定社稷，龔行天罰。經始大業，造創帝基。畏天之命，于時保之。

【略】

歌宣帝曹毗

于赫高祖，德協靈符。應運撥亂，厘整天衢。勳格宇宙，化動八區。肅以典刑，陶以玄珠。神石吐瑞，靈芝自敷。肇基天命，道均唐虞。

雜録

《三國志》卷三《魏志・明帝紀》 （太和四年二月）癸巳，以大將軍曹真為大司馬，驃騎將軍司馬宣王為大將軍，遼東太守公孫淵為車騎將軍。

又 卷一一《魏志・管寧傳》 胡昭始避地冀州，亦辭袁紹之命，遁還鄉里。太祖為司空丞相，頻加禮辟。昭往應命，既至，自陳一介野生，無軍國之用，歸誠求去。太祖曰：『人各有志，出處異趣，勉卒雅尚，義不相屈。』昭乃轉居陸渾山中，躬耕樂道，以經籍自娛。閭里敬而愛之。《高士傳》曰：初，晉宣帝為布衣時，與昭有舊。同郡周生等謀害帝，昭聞而步陟險，邀生於崤、澠之間，止生，生不肯。昭泣與結誠，生感其義，乃止。昭因與斫棗樹共盟而別。昭雖有陰德於帝，口終不言，人莫知之。信行著於鄉黨。建安十六年，百姓聞馬超叛，避兵入山者千餘家，飢乏，漸相劫略，昭常遜辭以解之，是以寇難消息，衆咸宗焉。故其所居部落中，三百里無相侵暴者。建安二十三年，陸渾長張固被書調丁夫，當給漢中。百姓惡憚遠役，並懷擾擾。民孫狼等因興兵殺縣主簿，作為叛亂，縣邑殘破。固率將十餘吏卒，依昭住止，招集遺民，安復社稷。狼等遂南附關羽。羽授印給兵，還為寇賊，到陸渾南長樂亭，自相約誓，言：『胡居士賢者也，一不得犯其部落。』一川賴昭，咸無怵惕。天下安輯，徙宅宜陽。

又 卷一二《魏志・崔琰傳》 始琰與司馬朗善，晉宣王方壯，琰謂朗曰：『子之弟，聰哲明允，剛斷英跱，殆非子之所及也。』臣松之案：『跱』或作『特』，竊謂『英特』為是也。朗以為不然，而琰每秉此論。

又 卷二三《魏志・常林傳》 明帝即位，進封高陽鄉侯，徙光祿勳太常。晉宣王以林鄉邑耆德，每為之拜。或謂林曰：『司馬公貴重，君宜止之。』林曰：『司馬公自欲敦長幼之敍，為後生之法。貴非吾之所畏，拜非吾之所制也。』言者踧而退。《魏略》曰：初，林少與司馬京兆善。太傅每見林，輒欲跪。林止之曰：『公尊貴矣，止也！』及司徒缺，太傅有意欲以林補之。案《魏略》此語，與本傳反。臣松之以為林之為人，不畏權貴者也。論其然否，謂本傳為是。

又 卷四四《魏志・費禕傳》裴松之注 殷基《通語》曰：司馬懿誅曹爽，禕設甲乙論平其是非。甲以為曹爽兄弟凡品庸人，苟以宗子枝屬，得蒙顧命之任，而驕奢僭逸，交非其人，私樹朋黨，謀以亂國。懿奮誅討，一朝殄盡，此所以稱其任，副士民之望也。乙以為懿感曹仲付己不一，豈爽與相干？事勢不專，以此陰成疵瑕。初無忠告侃爾之訓，一朝

屠戮，擒其不意，豈大人經國篤本之事乎！若爽信有謀主之心，大逆已構，而發兵之日，更以芳委爽兄弟。懿父子從後閉門舉兵，蹙而向芳，必無悉寧，忠臣為君深慮之謂乎？以此推之，爽無大惡明矣。若懿以爽奢僭，廢之刑之可也，滅其尺口，被以不義，絕子丹血食，及何晏子魏之親甥，亦與同戮，為僭濫不當矣。

又　卷四八《吳志·三嗣主傳》裴松之注　《襄陽記》曰：【略】悌曰：『【略】司馬懿父子，自握其柄，累有大功，除其煩苛而布其平惠，為之謀主而救其疾，民心歸之，亦已久矣。故淮南三叛而腹心不擾，曹髦之死，四方不動，摧堅敵如折枯，蕩異同如反掌，任賢使能，各盡其心，非智勇兼人，孰能如之？其威武張矣，本根固矣，羣情服矣，姦計立矣。』

《宋書》卷二七《符瑞志上》　宣帝有狼顧之相，能使面正向後而身形不異。

唐·李亢《獨異志》卷上　晉宣王司馬懿，自顧見背。

宋·李昉等《太平御覽》卷九五《皇王部二十·西晉宣帝》　虞預《晉書》曰：上雖服膺文藝，以儒素立德，而雅有雄霸之量。值魏氏短祚，內外多難，謀而鮮過，舉必獨克，知人拔善，顯用仄陋。王基、鄧艾、周泰、賈越之徒，皆起自寒門，而著績於朝，經略之才，可謂遠矣。

《異苑》曰：晉宣帝誅王陵後寢疾，日見陵逼，帝呼曰：『彥雲彥雲，陵之字也。緩我。』身上便有打處。賈逵亦為祟，少日遂薨。初，陵既被執，過賈逵廟，呼曰：『賈梁道，王陵魏之忠臣，惟爾有神知之。』故逵助焉。及永嘉之亂，有覡見帝，涕泗云：『家國傾覆，是曹爽、夏侯玄訴怨得伸故也。』爽以勢族致誅，玄從時望被戮。

劉備分部

傳記

《三國志》卷三二《蜀志·先主傳》　先主姓劉，諱備，字玄德，涿郡涿縣人，漢景帝子中山靖王勝之後也。勝子貞，元狩六年封涿縣陸城亭侯。坐酎金失侯，因家焉。《典略》曰：備本臨邑侯枝屬也。先主祖雄，父弘，世仕州郡。雄舉孝廉，官至東郡範令。

先主少孤，與母販履織席為業。舍東南角籬上有桑樹生高五丈餘，遙望見童童如小車蓋，往來者皆怪此樹非凡，或謂當出貴人。《漢晉春秋》曰：涿人李定云：『此家必出貴人。』先主少時，與宗中諸小兒於樹下戲，言：『吾必當乘此羽葆蓋車。』叔父子敬謂曰：『汝勿妄語，滅吾門也！』年十五，母使行學，與同宗劉德然、遼西公孫瓚俱事故九江太守同郡盧植。德然父元起常資給先主，與德然等。元起妻曰：『各自一家，何能常爾邪！』起曰：『吾宗中有此兒，非常人也。』而瓚深與先主相友。瓚年長，先主以兄事之。先主不甚樂讀書，喜狗馬、音樂、美衣服。身長七尺五寸，垂手下膝，顧自見其耳。少語言，善下人，喜怒不形於色。好交結豪俠，年少爭附之。中山大商張世平、蘇雙等貲累千金，販馬周旋於涿郡，見而異之，乃多與之金財。先主由是得用合徒眾。

靈帝末，黃巾起，州郡各舉義兵，先主率其屬從校尉鄒靖討黃巾賊有功，除安喜尉。《典略》曰：平原劉子平知備有武勇，時張純反叛，青州被詔遣從事將兵討純，過平原，子平薦備於從事，遂與相隨，遇賊於野，備中創陽死，賊去後，故人以車載之，得免。後以軍功，為中山安喜尉。督郵以公事到縣，先主求謁，不通，直入縛督郵，杖二百，解綬繫其頸著馬枊，五葬反。棄官亡命。《典略》曰：其後州郡被詔書，其有軍功為長吏者，當沙汰之，備疑在遣中。督郵至縣，當遣備，備素知之。聞督郵在傳舍，備欲求見督郵，督郵稱疾不肯見備，備恨之，因還治，將吏卒更詣傳舍，突入門，言『我被府君密教收督郵』。遂就床縛之，將出到界，自解其綬以繫督郵頸，縛之著樹，鞭杖百餘下，欲殺之。督郵求哀，乃釋去之。頃之，大將軍何進遣都尉毋丘毅詣丹楊募兵，先主與俱行，至下邳遇賊，力戰有功，除為下密丞。復去官。後為高唐尉，遷為令。《英雄記》云：靈帝末年，備嘗在京師，後與曹公俱還沛國，募召合衆。會靈帝崩，天下大亂，備亦起軍從討董卓。為賊所破，往奔中郎將公孫瓚，瓚表為別部司馬，使與青州刺史田楷以拒冀州牧袁紹。數有戰功，試守平原令，後領平原相。郡民劉平素輕先主，恥為之下，使客刺之。客不忍刺，語之而去。其得人心如此。《魏書》曰：劉平結客刺備，備不知而待

客甚厚，客以狀語之而去。是時人民饑饉，屯聚鈔暴。備外禦寇難，內豐財施，士之下者，必與同席而坐，同簋而食，無所簡擇。衆多歸焉。

袁紹攻公孫瓚，先主與田楷東屯齊。曹公征徐州，徐州牧陶謙遣使告急於田楷，楷與先主俱救之。時先主自有兵千餘人及幽州烏丸雜胡騎，又略得饑民數千人。既到，謙以丹楊兵四千益先主，先主遂去楷歸謙。謙表先主為豫州刺史，屯小沛。謙病篤，謂別駕麋竺曰：『非劉備不能安此州也。』謙死，竺率州人迎先主，先主未敢當。下邳陳登謂先主曰：『今漢室陵遲，海內傾覆，立功立事，在於今日。彼州殷富，户口百萬，欲屈使君撫臨州事。』先主曰：『袁公路近在壽春，此君四世五公，海內所歸，君可以州與之。』登曰：『公路驕豪，非治亂之主。今欲為使君合步騎十萬，上可以匡主濟民，成五霸之業，下可以割地守境，書功於竹帛。若使君不見聽許，登亦未敢聽使君也。』北海相孔融謂先主曰：『袁公路豈憂國忘家者邪？冢中枯骨，何足介意。今日之事，百姓與能，天與不取，悔不可追。』先主遂領徐州。《獻帝春秋》曰：陳登等遣使詣袁紹曰：『天降災沴，禍臻鄙州，州將殂殞，生民無主，恐懼姦雄一旦承隙，以貽盟主日昃之憂，輒共奉故平原相劉備府君以為宗主，永使百姓知有依歸。方今寇難縱橫，不遑釋甲，謹遣下吏奔告于執事。』紹答曰：『劉玄德弘雅有信義，今徐州樂戴之，誠副所望也。』袁術來攻先主，先主拒之於盱眙、淮陰。曹公表先主為鎮東將軍，封宜城亭侯，是歲建安元年也。先主與術相持經月，呂布乘虛襲下邳。下邳守將曹豹反，間迎布。布虜先主妻子，先主轉軍海西。《英雄記》曰：備留張飛守下邳，引兵與袁術戰於淮陰石亭，更有勝負。陶謙故將曹豹在下邳，張飛欲殺之。豹衆堅營自守，使人招呂布。布取下邳，張飛敗走。備聞之，引兵還，比至下邳，兵潰。收散卒東取廣陵，與袁術戰，又敗。楊奉、韓暹寇徐、揚間，先主邀擊，盡斬之。先主求和於呂布，布其妻子。先主遣關羽守下邳。

先主還小沛，《英雄記》曰：備軍在廣陵，飢餓困踧，吏士大小自相啖食，窮餓侵逼，欲還小沛，遂使吏請降布。布令備還州，並勢擊術。具刺史車馬童僕，發遣備妻子部曲家屬於泗水上，祖道相樂。《魏書》曰：諸將謂布曰：『備數反覆難養，宜早圖之。』布不聽，以狀語備。備心不安而求自託，使人說布，求屯小沛，布乃遣之。復合兵得萬餘人。呂布惡之，自出兵攻先主，先主敗走歸曹公。曹公厚遇之，以為豫州牧。將至沛收散卒，給其軍糧，益與兵使東擊布。布遣高順攻之，曹公遣夏侯惇往，不能救，為順所敗，復虜先主妻子送布。曹公自出東征，《英雄記》曰：建安三年春，布使人齎金欲詣河內買馬，為備兵所鈔。布由是遣中郎將高順、北地太守張遼等攻備。九月，遂破沛城，備單身走，獲其妻息。十月，曹公自征布，備於梁國界中與曹公相遇，遂隨公俱東征。助先主圍布於下邳，生禽布。先主復得妻子，從曹公還許。表先主為左將軍，禮之愈重，出則同輿，坐則同席。袁術欲經徐州北就袁紹，曹公遣先主督朱靈、路招要擊術。未至，術病死。

先主未出時，獻帝舅車騎將軍董承臣松之案：董承，漢靈帝母董太后之姪，於獻帝為丈人。蓋古無丈人之名，故謂之舅也。辭受帝衣帶中密詔，當誅曹公。先主未發。是時曹公從容謂先主曰：『今天下英雄，唯使君與操耳。本初之徒，不足數也。』先主方食，失匕箸。《華陽國志》云：于時正當雷震，備因謂操曰：『聖人云「迅雷風烈必變」，良有以也。一震之威，乃可至於此也！』遂與承及長水校尉种輯、將軍吳子蘭、王子服等同謀。會見使，未發。事覺，承等皆伏誅。《獻帝起居注》曰：承等與備謀未發，而備出。承謂服曰：『郭多有數百兵，壞李傕數萬人，但足下與我同不耳！昔呂不韋之門，須子楚而後高，今吾與子由是也。』服曰：『惶懼不敢當，且兵又少。』承曰：『舉事訖，得曹公成兵，顧不足邪？』服曰：『今京師豈有所任乎？』承曰：『長水校尉种輯、議郎吳碩是我腹心辦事者。』遂定計。

先主據下邳。靈等還，先主乃殺徐州刺史車冑，留關羽守下邳，而身還小沛。胡沖《吳曆》曰：曹公數遣親近密覘諸將有賓客酒食者，輒因事害之。備時閉門，將人種蕪菁，曹公使人闚門。既去，備謂張飛、關羽曰：『吾豈種菜者乎？曹公必有疑意，不可復留。』其夜開後柵，與飛等輕騎俱去，所得賜遺衣服，悉封留之，乃往小沛收合兵衆。臣松之案：魏武帝遣先主統諸將要擊袁術，郭嘉等並諫，魏武不從，其事顯然，非因種菜遁逃而去。如胡沖所云，何乖僻之甚乎！東海昌霸反，郡縣多叛曹公為先主，衆數萬人，遣孫乾與袁紹連和，曹公遣劉岱、王忠擊之，不克。五年，曹公東征先主，先主敗績。《魏書》曰：是時，公方有急於官渡，乃分留諸將屯官渡，自勒精兵征備。備初謂公與大敵連，不得東，而候騎卒至，言曹公自來。備大驚，然猶未信。自將數十騎出望公軍，見麾旌，便棄衆而走。曹公盡收其衆，虜先主妻子，並禽關羽以歸。

先主走青州。青州刺史袁譚，先主故茂才也，將步騎迎先主。先主隨

譚到平原，譚馳使白紹。紹遣將道路奉迎，身去鄴二百里，與先主相見。《魏書》曰：備歸紹，紹父子傾心敬重。駐月餘日，所失亡士卒稍稍來集。曹公與袁紹相拒於官渡，汝南黃巾劉辟等叛曹公應紹。紹遣先主將兵與辟等略許下。關羽亡歸先主。曹公遣曹仁將兵擊先主，先主還紹軍，陰欲離紹，乃說紹南連荆州牧劉表。紹遣先主將本兵復至汝南，與賊龔都等合，衆數千人。曹公遣蔡陽擊之，為先主所殺。

曹公既破紹，自南擊先主。先主遣麋竺、孫乾與劉表相聞，表自郊迎，以上賓禮待之，益其兵，使屯新野。荆州豪傑歸先主者日益多，表疑其心，陰禦之。《九州春秋》曰：備住荆州數年，嘗於表坐起至廁，見髀裏肉生，慨然流涕。還坐，表怪問備，備曰：『吾常身不離鞍，髀肉皆消。今不復騎，髀裏肉生。日月若馳，老將至矣，而功業不建，是以悲耳。』世語曰：備屯樊城，劉表禮焉，憚其為人，不甚信用。曾請備宴會，蒯越、蔡瑁欲因會取備，備覺之，偽如廁，潛遁出。所乘馬名的盧，騎的盧走，墮襄陽城西檀溪水中，溺不得出。備急曰：『的盧：今日厄矣，可努力！』的盧乃一踊三丈，遂得過，乘浮渡河，中流而追者至，以表意謝之，曰：『何去之速乎！』孫盛曰：此不然之言。備時羈旅，客主勢殊，若有此變，豈敢晏然終表之世而無釁故乎？此皆世俗妄說，非事實也。使拒夏侯惇、于禁等於博望。久之，先主設伏兵，一旦自燒屯偽遁，惇等追之，為伏兵所破。

十二年，曹公北征烏丸，先主說表襲許，表不能用。《漢晉春秋》曰：曹公自柳城還，表謂備曰：『不用君言，故為失此大會。』備曰：『今天下分裂，日尋干戈，事會之來，豈有終極乎？若能應之於後者，則此未足為恨也。』曹公南征表，會表卒，《英雄記》曰：表病，上備領荆州刺史。《魏書》曰：表病篤，託國於備，顧謂曰：『我兒不才，而諸將並零落，我死之後，卿便攝荆州。』備曰：『諸子自賢，君其憂病。』或勸備宜從表言，備曰：『此人待我厚，今從其言，人必以我為薄，所不忍也。』臣松之以為表夫妻素愛琮，舍適立庶，情計久定，無緣臨終舉荆州以授備，此亦不然之言。子琮代立，遣使請降。先主屯樊，不知曹公卒至，至宛乃聞之，遂將其衆去。過襄陽，諸葛亮說先主攻琮，荆州可有。先主曰：『吾不忍也。』孔衍《漢魏春秋》曰：劉琮乞降，不敢告備。備亦不知，久之乃覺，遣所親問琮。琮令宋忠詣備宣旨。是時曹公在宛，備乃大驚駭，謂忠曰：『卿諸人作事如此，不早相語，今禍至方告我，不亦太劇乎！』引刀向忠曰：『今斷卿頭，不足以解忿，亦耻大丈夫臨別復殺卿輩！』遣忠去，乃呼部曲議。或勸備劫將琮及荆州吏士徑南到江陵，備答曰：『劉荆州臨亡託我以孤遺，背信自濟，吾所不為，死何面目以見劉荆州乎！』乃駐馬呼琮，琮懼不能起。琮左右及荆州人多歸先主。《典略》曰：備過辭表墓，遂涕泣而去。比到當陽，衆十餘萬，輜重數千兩，日行十餘里，別遣關羽乘船數百艘，使會江陵。或謂先主曰：『宜速行保江陵，今雖擁大衆，被甲者少，若曹公兵至，何以拒之？』先主曰：『夫濟大事必以人為本，今人歸吾，吾何忍棄去！』習鑿齒曰：先主雖顛沛險難而信義愈明，勢偪事危而言不失道。追景升之顧，則情感三軍；戀赴義之士，則甘與同敗。觀其所以結物情者，豈徒投醪撫寒含蓼問疾而已哉！其終濟大業，不亦宜乎！

曹公以江陵有軍實，恐先主據之，乃釋輜重，輕軍到襄陽。聞先主已過，曹公將精騎五千急追之，一日一夜行三百餘里，及於當陽之長阪。先主棄妻子，與諸葛亮、張飛、趙雲等數十騎走，曹公大獲其人衆輜重。先主斜趨漢津，適與羽船會，得濟沔，遇表長子江夏太守琦衆萬餘人，與俱到夏口。先主遣諸葛亮自結於孫權，《江表傳》曰：孫權遣魯肅弔劉表二子，並令與備相結。肅未至而曹公已濟漢津。肅故進前，與備相遇於當陽。因宣權旨，論天下事勢，致殷勤之意。且問備曰：『豫州今欲何至？』備曰：『與蒼梧太守（吳臣）（吳巨）有舊，欲往投之。』肅曰：『孫討虜聰明仁惠，敬賢禮士，江表英豪，咸歸附之，已據有六郡，兵精糧多，足以立事。今為君計，莫若遣腹心使自結於東，崇連和之好，共濟世業，而云欲投（吳臣）［吳巨］，（臣）是凡人，偏在遠郡，行將為人所并，豈足託乎？』備大喜，進住鄂縣，即遣諸葛亮隨肅詣孫權，結同盟誓。權遣周瑜、程普等水軍數萬，與先主并力，《江表傳》曰：備從魯肅計，進住鄂縣之樊口。諸葛亮詣吳未還，備聞曹公軍下，恐懼，日遣邏吏於水次候望權軍。吏望見瑜船，馳往白備，備曰：『何以知（之）非青徐軍邪？』吏對曰：『以船知之。』備遣人慰勞之。瑜曰：『有軍任，不可得委署，儻能屈威，誠副其所望。』備謂關羽、張飛曰：『彼欲致我，我今自結託於東而不往，非同盟之意也。』乃乘單舸往見瑜，問曰：『今拒曹公，深為得計。戰卒有幾？』瑜曰：『三萬人。』備曰：『恨少。』瑜曰：『此自足用，豫州但觀瑜破之。』備欲呼魯肅等共會語，瑜曰：『受命不得妄委署，若欲見子敬，可別過之。又孔明已俱來，不過三兩日到也。』備雖深愧異瑜，而心未許之能必破北軍也，故差池在後，將二千人與羽、飛俱，未肯繫瑜，蓋為進退之計也。孫盛曰：劉備雄才，處必亡之地，告急於吳，而獲奔助，無緣復顧望江渚而懷後計。《江表傳》之

言，當是吳人欲專美之辭。與曹公戰於赤壁，大破之，焚其舟船。先主與吳軍水陸並進，追到南郡，時又疾疫，北軍多死，曹公引歸。《江表傳》曰：周瑜為南郡太守，分南岸地以給備。備別立營於油江口，改名為公安。劉表吏士見從北軍，多叛來投備。備以瑜所給地少，不足以安民，（後）從權借荊州數郡。

先主表琦為荊州刺史，又南征四郡。武陵太守金旋、長沙太守韓玄、桂陽太守趙范、零陵太守劉度皆降。《三輔決録》注曰：金旋字元機，京兆人，歷位黄門郎、漢陽太守，徵拜議郎，遷中郎將，領武陵太守，為備所攻劫死。子禕，事見《魏武本紀》。廬江雷緒率部曲數萬口稽顙。琦病死，羣下推先主為荊州牧，治公安。權稍畏之，進妹固好。先主至京見權，綢繆恩紀。《山陽公載記》曰：備還，謂左右曰：『孫車騎長上短下，其難為下，吾不可以再見之。』乃晝夜兼行。臣松之案：《魏書》載劉備與孫權語，與蜀志述諸葛亮與權語正同。劉備未破魏軍之前，尚未與孫權相見，不得有此說。故知蜀志為是。權遣使云欲共取蜀，或以為宜報聽許，吳終不能越荊有蜀，蜀地可為己有。荊州主簿殷觀進曰：『若為吳先驅，進未能克蜀，退為吳所乘，即事去矣。今但可然贊其伐蜀，而自說新據諸郡，未可興動，吳必不敢越我而獨取蜀。如此進退之計，可以收吳、蜀之利。』先主從之，權果輟計。遷觀為別駕從事。《獻帝春秋》曰：孫權欲與備共取蜀，遣使報備曰：『米賊張魯居王巴、漢，為曹操耳目，規圖益州。劉璋不武，不能自守。若操得蜀，則荊州危矣。今欲先攻取璋，進討張魯，首尾相連，一統吳、楚，雖有十操，無所憂也。』備欲自圖蜀，拒答不聽，曰：『益州民富强，土地險阻，劉璋雖弱，足以自守。張魯虛偽，未必盡忠於操。今暴師於蜀、漢，轉運於萬里，欲使戰克攻取，舉不失利，此吳起不能定其規，孫武不能善其事也。曹操雖有無君之心，而有奉主之名，議者見操失利於赤壁，謂其力屈，無復遠志也。今操三分天下已有其二，將欲飲馬於滄海，觀兵於吳會，何肯守此坐須老乎？今同盟無故自相攻伐，借樞於操，使敵承其隙，非長計也。』權不聽，遣孫瑜率水軍住夏口。備不聽軍過，謂瑜曰：『汝欲取蜀，吾當被髮入山，不失信於天下也。』使關羽屯江陵，張飛屯秭歸，諸葛亮據南郡，備自住孱陵。權知備意，因召瑜還。

十六年，益州牧劉璋遙聞曹公將遣鍾繇等向漢中討張魯，內懷恐懼。別駕從事蜀郡張松說璋曰：『曹公兵强無敵於天下，若因張魯之資以取蜀土，誰能禦之者乎？』璋曰：『吾固憂之而未有計。』松曰：『劉豫州，使君之宗室而曹公之深讎也，善用兵，若使之討魯，魯必破。魯破，則益州强，曹公雖來，無能為也。』璋然之，遣法正將四千人迎先主，前後賂遺以巨億計。正因陳益州可取之策。《吳書》曰：備前見張松，後得法正，皆厚以恩意接納，盡其殷勤之歡。因問蜀中闊狹，兵器府庫人馬衆寡，及諸要害道里遠近，松等具言之，又畫地圖山川處所，由是盡知益州虛實也。先主留諸葛亮、關羽等據荊州，將步卒數萬人入益州。至涪，璋自出迎，相見甚歡。張松令法正白先主，及謀臣龐統進說，便可於會所襲璋。先主曰：『此大事也，不可倉卒。』璋推先主行大司馬，領司隸校尉；先主亦推璋行鎮西大將軍，領益州牧。璋增先主兵，使擊張魯，又令督白水軍。先主並軍三萬餘人，車甲器械資貨甚盛。是歲，璋還成都。先主北到葭萌，未即討魯，厚樹恩德，以收衆心。

明年，曹公征孫權，權呼先主自救。先主遣使告璋曰：『曹公征吳，吳憂危急。孫氏與孤本為脣齒，又樂進在青泥與關羽相拒，今不往救羽，進必大克，轉侵州界，其憂有甚於魯。魯自守之賊，不足慮也。』乃從璋求萬兵及資（寶），欲以東行。璋但許兵四千，其餘皆給半。《魏書》曰：備因激怒其衆曰：『吾為益州征强敵，師徒勤瘁，不遑寧居；今積帑藏之財而吝於賞功，望士大夫為出死力戰，其可得乎！』張松書與先主及法正曰：『今大事垂可立，如何釋此去乎！』松兄廣漢太守肅，懼禍逮己，白璋發其謀。於是璋收斬松，嫌隙始構矣。《益部耆舊雜記》曰：張肅有威儀，容貌甚偉。松為人短小，放蕩不治節操，然識達精果，有才幹。劉璋遣詣曹公，曹公不甚禮；公主簿楊脩深器之，白公辟松，公不納。脩以公所撰兵書示松，松宴飲之間一看便闇誦。脩以此益異之。璋敕關戍諸將文書勿復關通先主。先主大怒，召璋白水軍督楊懷，責以無禮，斬之。乃使黄忠、卓膺勒兵向璋。先主徑至關中，質諸將並士卒妻子，引兵與忠、膺等進到涪，據其城。璋遣劉玻、冷苞、張任、鄧賢等拒先主於涪，《益部耆舊雜記》曰：張任，蜀郡人，家世寒門。少有膽勇，有志節，仕州為從事。皆破敗，退保綿竹。璋復遣李嚴督綿竹諸軍，嚴率衆降先主。先主軍益强，分遣諸將平下屬縣，諸葛亮、張飛、趙雲等將兵溯流定白帝、江州、江陽，惟關羽留鎮荊州。先主進軍圍雒；時璋子循守城，被攻且一年。

十九年夏，雒城破，《益部耆舊雜記》曰：劉璋遣張任、劉玻率精兵拒捍先主於涪，為先主所破，退與璋子循守雒城。任勒兵出於雁橋，戰復敗。禽任。先主聞任之忠勇，令軍降之，任厲聲曰：『老臣終不復事二主矣。』乃殺之。先主

嘆惜焉。進圍成都數十日，璋出降。《傅子》曰：初，劉備襲蜀，丞相掾趙戩曰：『劉備其不濟乎？拙於用兵，每戰則敗，奔亡不暇，何以圖人？蜀雖社區，險固四塞，獨守之國，難卒並也。』徵士傅幹曰：『劉備寬仁有度，能得人死力。諸葛亮達治知變，正而有謀，而為之相；張飛、關羽勇而有義，皆萬人之敵，而為之將：此三人者，皆人傑也。以備之略，三傑佐之，何為不濟也？』《典略》曰：趙戩，字叔茂，京兆長陵人也。質而好學，言稱詩書，愛恤於人，不論疏密。辟公府，入為尚書選部郎。董卓欲以所私並充臺閣，戩拒不聽。卓怒，召戩欲殺之，觀者皆為戩懼，而戩自若。及見卓，引辭正色，陳說是非，卓雖凶戾，屈而謝之遷平陵令。故將王允被害，莫敢近者，戩棄官收斂之。三輔亂，戩客荊州，劉表以為賓客。曹公平荊州，執戩手曰：『何相見之晚也！』遂辟為掾。後為五官將司馬，相國鍾繇長史，年六十餘卒。蜀中殷盛豐樂，先主置酒大饗士卒，取蜀城中金銀分賜將士，還其穀帛。先主復領益州牧，諸葛亮為股肱，法正為謀主，關羽、張飛、馬超為爪牙，許靖、麋竺、簡雍為賓友。及董和、黃權、李嚴等本璋之所授用也，吳壹、費觀等又璋之婚親也，彭羕又璋之所排擯也，劉巴者宿昔之所忌恨也，皆處之顯任，盡其器能。有志之士，無不競勸。

二十年，孫權以先主已得益州，使使報欲得荊州。先主言：『須得涼州，當以荊州相與。』權忿之，乃遣呂蒙襲奪長沙、零陵、桂陽三郡。先主引兵五萬下公安，令關羽入益陽。是歲，曹公定漢中，張魯遁走巴西。先主聞之，與權連和，分荊州、江夏、長沙、桂陽東屬，南郡、零陵、武陵西屬，引軍還江州。遣黃權將兵迎張魯，張魯已降曹公。曹公使夏侯淵、張郃屯漢中，數數犯暴巴界。先主令張飛進兵宕渠，與郃等戰於瓦口，破郃等，收兵還南鄭。先主亦還成都。

二十三年，先主率諸將進兵漢中。分遣將軍吳蘭、雷銅等入武都，皆為曹公軍所沒。先主次于陽平關，與淵、郃等相拒。

二十四年春，自陽平南渡沔水，緣山稍前，於定軍山勢作營。淵將兵來爭其地。先主命黃忠乘高鼓譟攻之，大破淵軍，斬淵及曹公所署益州刺史趙顒等。曹公自長安舉衆南征。先主遙策之曰：『曹公雖來，無能為也，我必有漢川矣。』及曹公至，先主斂衆拒險，終不交鋒，積月不拔，亡者日多。夏，曹公果引軍還，先主遂有漢中。遣劉封、孟達、李平等攻申耽於上庸。

秋，【略】遂於沔陽設壇場，陳兵列衆，羣臣陪位，讀奏訖，御王冠於先主。

於是還治成都。拔魏延為都督，鎮漢中。《典略》曰：備於是起館舍，築亭障，從成都至白水關，四百餘區。時關羽攻曹公將曹仁，禽于禁於樊。俄而孫權襲殺羽，取荊州。

二十五年，魏文帝稱尊號，改年曰黃初。或傳聞漢帝見害，先主乃發喪制服，追謚曰孝愍皇帝。【略】即皇帝位於成都武擔之南。《蜀本紀》曰：武都有丈夫化為女子，顔色美好，蓋山精也。蜀王娶以為妻，不習水土，疾病欲歸國，蜀王留之，無幾物故。蜀王發卒之武都擔土，於成都郭中葬，蓋地數畝，高十丈，號曰武擔也。臣松之案：武擔，山名，在成都西北，蓋以乾位在西北，故就之以即阼。

章武元年夏四月，大赦，改年。以諸葛亮為丞相，許靖為司徒。置百官，立宗廟，祫祭高皇帝以下。臣松之以為先主雖云出自孝景，而世數悠遠，昭穆難明，既紹漢祚，不知以何帝為元祖以立親廟。于時英賢作輔，儒生在宫，宗廟制度，必有憲章，而載記闕略，良可恨哉！五月，立皇后吳氏，子禪為皇太子。六月，以子永為魯王，理為梁王。車騎將軍張飛為其左右所害。初，先主忿孫權之襲關羽，將東征，秋七月，遂帥諸軍伐吳。孫權遣書請和，先主盛怒不許，吳將陸議、李異、劉阿等屯巫、秭歸；將軍吳班、馮習自巫攻破異等，軍次秭歸，武陵五谿蠻夷遣使請兵。

二年春正月，先主軍還秭歸，將軍吳班、陳式水軍屯夷陵，夾江東西岸。二月，先主自秭歸率諸將進軍，緣山截嶺，於夷道猇亭猇，許交反。駐營，自佷山佷，音恒。通武陵，遣侍中馬良安慰五谿蠻夷，咸相率回應。鎮北將軍黃權督江北諸軍，與吳軍相拒於夷陵道。夏六月，黃氣見自秭歸十餘里中，廣數十丈。後十餘日，陸議大破先主軍於猇亭，將軍馮習、張南等皆没。先主自猇亭還秭歸，收合離散兵，遂棄船舫，由步道還魚復，改魚復縣曰永安。吳遣將軍李異、劉阿等踵躡先主軍，屯駐南山。秋八月，收兵還巫。司徒許靖卒。冬十月，詔丞相亮營南北郊於成都。孫權聞先主住白帝，甚懼，遣使請和。先主許之，遣太中大夫宗瑋報命。冬十二月，漢嘉太守黃元聞先主疾不豫，舉兵拒守。

三年春二月，丞相亮自成都到永安。三月，黃元進兵攻臨邛縣。遣將軍陳曶音笏。討元，元軍敗，順流下江，為其親兵所縛，生致成都，斬

之。先主病篤，託孤於丞相亮，尚書令李嚴為副。夏四月癸巳，先主殂于永安宮，時年六十三。《諸葛亮集》載先主遺詔敕後主曰：『朕初疾但下痢耳，後轉雜他病，殆不自濟。人五十不稱夭，年已六十有餘，何所復恨，不復自傷，但以卿兄弟為念。射君到，說丞相歎卿智量，甚大增脩，過於所望，審能如此，吾復何憂！勉之，勉之！勿以惡小而為之，勿以善小而不為。惟賢惟德，能服於人。汝父德薄，勿效之。可讀《漢書》、《禮記》，閒暇歷觀諸子及《六韜》、《商君書》，益人意智。聞丞相為《寫申》、《韓》、《管子》、《六韜》一通已畢，未送，道亡，可自更求聞達。』臨終時，呼魯王與語：『吾亡之後，汝兄弟父事丞相，令卿與丞相共事而已。』

亮上言於後主曰：『伏惟大行皇帝邁仁樹德，覆燾無疆，昊天不弔，寢疾彌留，今月二十四日奄忽升遐，臣妾號咷，若喪考妣。乃顧遺詔，事惟大宗，動容損益；百寮發哀，滿三日除服，到葬期復如禮；其郡國太守、相、都尉、縣令長，三日便除服。臣亮親受敕戒，震畏神靈，不敢有違。臣請宣下奉行。』五月，梓宮自永安還成都，謚曰昭烈皇帝。秋，八月，葬惠陵。葛洪《神仙傳》曰：仙人李意其，蜀人也。傳世見之，云是漢文帝時人。先主欲伐吳，遣人迎意其。意其到，先主禮敬之，問以吉凶。意其不荅而求紙筆，畫作兵馬器仗數十紙已，便一一以手裂壞之，又畫作一大人，掘地埋之，便徑去。先主大不喜。而自出軍征吳，大敗還，忿恥發病死，衆人乃知其意。其畫作大人而埋之者，即是言先主死意。

綜述

《三國志》卷二六《魏志・田豫傳》　田豫字國讓，漁陽雍奴人也。劉備之奔公孫瓚也，豫時年少，自託於備，備甚奇之。備為豫州刺史，豫以母老求歸，備涕泣與別，曰：『恨不與君共成大事也。』

又　卷三七《蜀志・法正傳》裴松之注　先主與曹公爭，勢有不便，宜退，而先主大怒不肯退，無敢諫者。矢下如雨，正乃往當先主前，先主云：『孝直避箭。』正曰：『明公親當矢石，況小人乎？』先主乃曰：『孝直，吾與汝俱去。』遂退。

論說

《三國志》卷三二《蜀志・先主傳論》　先主之弘毅寬厚，知人待士，蓋有高祖之風，英雄之器焉。及其舉國託孤於諸葛亮，而心神無貳，誠君臣之至公，古今之盛軌也。機權幹略，不逮魏武，是以基宇亦狹。然折而不撓，終不為下者，抑揆彼之量必不容己，非唯競利，且以避害云爾。

又　卷四五《蜀志・楊戲傳》　（楊）戲以延熙四年著《季漢輔臣贊》。

昔文王歌德，武王歌興，夫命世之主，樹身行道，非唯一時，亦由開基植緒，光于來世者也。自我中漢之末，王綱棄柄，雄豪並起，役殷難結，生人塗地。於是世主感而慮之，初自燕、代則仁聲洽著，行自齊、魯則英風播流，寄業荆、郢則臣主歸心，顧援吳、越則賢愚賴風，奮威巴、蜀則萬里肅震，厲師庸、漢則元寇斂迹，故能承高祖之始兆，復皇漢之宗祀也。然而姦凶懟險，天征未加，猶孟津之翔師，復須戰於鳴條也。天祿有終，奄忽不豫。雖攝歸一統，萬國合從者，當時俊乂扶攜翼戴，明德之所懷致也，蓋濟濟有可觀焉。遂乃並述休風，動於後聽。其辭曰：

皇帝遺植，爰滋八方，別自中山，靈精是鍾，順期挺生，傑起龍驤。始于燕、代，伯豫君荆，吳、越憑賴，望風請盟，挾巴跨蜀，庸漢以並。乾坤復秩，宗祀惟寧，躡基履迹，播德芳聲。華夏思美，西伯其音，開慶來世，歷載攸興。贊昭烈皇帝。

清・陸心源《唐文拾遺》卷一三《虞世南〈論略〉》　自炎精不競，宇縣分崩，曹孟德挾天子而令諸侯，劉玄德憑蜀漢之阻，孫仲謀負江淮之固，三分天下，鼎足而立，皆肇開王業，光啓霸圖。三方之君，孰有優劣？』虞南曰：『曹公兵機智算，殆難與敵，故能肇迹開基，居中作相，實有英雄之才矣。然譎詭不常，雄猜多忌，至於殺伏後，鴆荀彧，誅朱融，戮崔琰，婁生斃於一言，桓邵勞於下拜，棄德任刑，其虐已甚，坐論西伯，實非其人。許劭所謂「治世之能臣，亂世之姦雄」，斯言為當。劉公侍劉璋以賓禮，委諸葛而不疑，人君之德，於斯為美。彼孔明者，命世之奇才，伊呂之儔匹，臣主同心，魚水為譬，但以國小兵弱，斗絕一隅，

支對二方，抗衡上國，若使與曹公易地而處，騁其長算，肆關、張之武，盡諸葛之文，則霸王之業成矣。孫主因厥兄之資，用前朝之佐，介以天險，僅得自存。比於二人，理弗能逮。

宋·蕭常《續後漢書》卷一《昭烈帝紀》　帝寬仁大度，知人善任，使有高帝之風，臣下雖有顯過必曲意原貸，待關羽、張飛如親父子，一見諸葛亮，違衆用之，遂成帝業。又性儉約，嘗毀帳鉤銅以鑄錢，非軍功不妄賜予。以故國用不至匱乏。初入益州，丞相掾趙戩問于征士傅幹曰：劉玄德其濟乎？幹曰：玄德寬仁有度，能得人死力，諸葛亮達治知變，正而有謀，而為之相；關羽、張飛勇而有義，皆萬人敵，而為之將。此三人者，皆人傑也！以玄德之畧，三傑佐之，何為不濟？時馬謖有盛名，亮每器之，帝謂亮曰：馬謖言過其實，不可大用，亮不以為然。後竟有街亭之敗。贊曰漢承秦慘刻之後，高文以寬仁結人心，淪浹既久，牢不可解，雖中更禍變，而人之謳吟思漢，不絶于口。世祖因之，卒復舊物。重以章帝，惠及胎養，培殖益固。靈、獻之際，可謂大壞極亂矣！而一時英雄擁兵負固者，猶以劉氏藉口。昭烈父子以帝室支屬，介在一隅，而正位號，尚數十年，由先漢至是垂祀五百，三代以還，蓋未之有。人主之結人心，其效迺爾，有大物者庸可忽諸！

雜録

《三國志》卷三四《蜀志·二主妃子傳》　先主甘皇后，沛人也。先主臨豫州，住小沛，納以為妾。先主數喪嫡室，常攝內事。隨先主於荆州，產後主。值曹公軍至，追及先主於當陽長阪，于時困偪，棄后及後主，賴趙雲保護，得免於難。後卒，葬于南郡。章武二年，追謚皇思夫人，遷葬於蜀，未至而先主殂隕。丞相亮上言：『皇思夫人履行脩仁，淑慎其身。大行皇帝昔在上將，嬪妃作合，載育聖躬，大命不融。大行皇帝存時，篤義垂恩，念皇思夫人神柩在遠飄飖，特遣使者奉迎。會大行皇帝崩，今皇思夫人神柩以到，又梓宮在道，園陵將成，安厝有期。臣輒與太常臣賴恭等議：《禮記》曰：「立愛自親始，教民孝也；立敬自長始，教民順也。」不忘其親，所由生也。春秋之義，母以子貴。昔高皇帝追尊太上昭靈夫人為昭靈皇后，孝和皇帝改葬其母梁貴人，尊號曰恭懷皇后，孝愍皇帝亦改葬其母王夫人，尊號曰靈懷皇后。今皇思夫人宜有尊號，以慰寒泉之思，輒與恭等案謚法，宜曰昭烈皇后。詩曰：「穀則異室，死則同穴。」故昭烈皇后宜與大行皇帝合葬，臣請太尉告宗廟，布露天下，具禮儀別奏。』制曰可。

先主穆皇后，陳留人也。兄吳壹，少孤，壹父素與劉焉有舊，是以舉家隨焉入蜀。焉有異志，而聞善相者相后當大貴。焉時將子瑁自隨，遂為瑁納后。瑁死，后寡居。先主既定益州，而孫夫人還吳，《漢晉春秋》云：先主入益州，吳遣迎孫夫人。夫人欲將太子歸吳，諸葛亮使趙雲勒兵斷江留太子，乃得止。羣下勸先主聘后，先主疑與瑁同族，法正進曰：『論其親疏，何與晉文之於子圉乎？』於是納后為夫人。習鑿齒曰：夫婚姻，人倫之始，王化之本，匹夫猶不可以無禮，而況人君乎？晉文廢禮行權，以濟其業，故子犯曰，有求於人，必先從之，將奪其國，何有於妻，非無故而違禮教者也。今先主無權事之偪，而引前失以為譬，非導其君以堯、舜之道者。先主從之，過矣。建安二十四年，立為漢中王后。章武元年夏五月，策曰：『朕承天命，奉至尊，臨萬國。今以后為皇后，遣使持節丞相亮授璽綬，承宗廟，母天下，皇后其敬之哉！』建興元年五月，後主即位，尊后為皇太后，稱長樂宮。壹官至車騎將軍，封縣侯。延熙八年，后薨，合葬惠陵。孫盛《蜀世譜》曰：壹孫喬，没李雄中三十年，不為雄屈也。

又　卷三八《麋竺傳》　後徐州牧陶謙辟為別駕從事。謙卒，竺奉謙遺命，迎先主於小沛。建安元年，呂布乘先主之出拒袁術，襲下邳，虜先主妻子。先主轉軍廣陵海西，竺於是進妹於先主為夫人，奴客二千，金銀貨幣以助軍資；于時困匱，賴此復振。

唐·李亢《獨異志》卷上　蜀先主劉備，自見其耳。

諸葛亮分部

傳記

《三國志》卷三五《蜀志·諸葛亮傳》　諸葛亮字孔明，琅邪陽都人也。漢司隸校尉諸葛豐後也。父珪，字君貢，漢末為太山郡丞。亮早孤，從父玄為袁術所署豫章太守，玄將亮及亮弟均之官。會漢朝更選朱皓代玄。玄素與荊州牧劉表有舊，往依之。《獻帝春秋》曰：初，豫章太守周術病卒，劉表上諸葛玄為豫章太守，治南昌。漢朝聞周術死，遣朱皓代玄。皓從揚州太守劉繇求兵擊玄，玄退屯西城，皓入南昌。建安二年正月，西城民反，殺玄，送首詣繇。此書所云，與本傳不同。玄卒，亮躬耕隴畝，好為梁父吟。《漢晉春秋》曰：亮家于南陽之鄧縣，在襄陽城西二十里，號曰隆中。身長八尺，每自比於管仲、樂毅，時人莫之許也。惟博陵崔州平、潁川徐庶元直與亮友善，謂為信然。按《崔氏譜》：州平，太尉烈子，均之弟也。《魏略》曰：亮在荊州，以建安初與潁川石廣元、徐元直、汝南孟公威等俱遊學，三人務於精熟，而亮獨觀其大略。每晨夜從容，常抱膝長嘯，而謂三人曰：『卿三人仕進可至刺史郡守也。』三人問其所至，亮但笑而不言。後公威思鄉里，欲北歸，亮謂之曰：『中國饒士大夫，遨遊何必故鄉邪！』臣松之以為《魏略》此言，謂諸葛亮為公威計者可也，若謂兼為己言，可謂未達其心矣。老氏稱知人者智，自知者明，凡在賢達之流，固必兼而有焉。以諸葛亮之鑑識，豈不能自審其分乎？夫其高吟俟時，情見乎言，志氣所存，既已定於其始矣。若使游步中華，騁其龍光，豈夫多士所能沈翳哉！委質魏氏，展其器能，誠非陳長文、司馬仲達所能頡頏，而況於餘哉！苟不患功業不就，道之不行，雖志恢宇宙而終不北向者，蓋以權御已移，漢祚將傾，方將翊贊宗傑，以興微繼絕克復為己任故也。豈其區區利在邊鄙而已乎！此相如所謂『鵾鵬已翔於遼廓，而羅者猶視於藪澤』者矣。公威名建，在魏亦貴達。

時先主屯新野。徐庶見先主，先主器之，謂先主曰：『諸葛孔明者，臥龍也，將軍豈原見之乎？』《襄陽記》曰：劉備訪世事於司馬德操。德操曰：『儒生俗士，豈識時務？識時務者在乎俊傑。此間自有伏龍、鳳雛。』備問為誰，曰：『諸葛孔明、龐士元也。』先主曰：『君與俱來。』庶曰：『此人可就見，不可屈致也。將軍宜枉駕顧之。』由是先主遂詣亮，凡三往，乃見。因屏人曰：『漢室傾頹，姦臣竊命，主上蒙塵。孤不度德量力，欲信大義於天下，而智術淺短，遂用猖蹷（獗），至於今日。然志猶未已，君謂計將安出？』亮答曰：『自董卓已來，豪傑並起，跨州連郡者不可勝數。曹操比於袁紹，則名微而衆寡，然操遂能克紹，以弱為强者，非惟天時，抑亦人謀也。今操已擁百萬之衆，挾天子而令諸侯，此誠不可與爭鋒。孫權據有江東，已歷三世，國險而民附，賢能為之用，此可以為援而不可圖也。荊州北據漢、沔，利盡南海，東連吳會，西通巴、蜀，此用武之國，而其主不能守，此殆天所以資將軍，將軍豈有意乎？益州險塞，沃野千里，天府之土，高祖因之以成帝業。劉璋闇弱，張魯在北，民殷國富而不知存恤，智能之士思得明君。將軍既帝室之胄，信義著於四海，總攬英雄，思賢如渴，若跨有荊、益，保其巖阻，西和諸戎，南撫夷越，外結好孫權，內脩政理；天下有變，則命一上將將荊州之軍以向宛、洛，將軍身率益州之衆出於秦川，百姓孰敢不簞食壺漿以迎將軍者乎？誠如是，則霸業可成，漢室可興矣。』先主曰：『善！』於是與亮情好日密。關羽、張飛等不悅，先主解之曰：『孤之有孔明，猶魚之有水也。原諸君勿復言。』羽、飛乃止。《魏略》曰：劉備屯於樊城。是時曹公方定河北，亮知荊州次當受敵，而劉表性緩，不曉軍事。亮乃北行見備，備與亮非舊，又以其年少，以諸生意待之。坐集既畢，衆賓皆去，而亮獨留，備亦不問其所欲言。備性好結毦，時適有人以髦牛尾與備者，備因手自結之。亮乃進曰：『明將軍當復有遠志，但結毦而已邪！』備知亮非常人也，乃投毦而答曰：『是何言與！我聊以忘憂耳。』亮遂言曰：『將軍度劉鎮南孰與曹公邪？』備曰：『不及。』亮又曰：『將軍自度何如也？』備曰：『亦不如。』曰：『今皆不及，而將軍之衆不過數千人，以此待敵，得無非計乎！』備曰：『我亦愁之，當若之何？』亮曰：『今荊州非少人也，而著籍者寡，平居發調，則人心不悅；可語鎮南，令國中凡有遊户，皆使自實，因録以益衆可也。』備從其計，故衆遂强。備由此知亮有英略，乃以上客禮之。《九州春秋》所言亦如之。臣松之以為亮表云『先帝不以臣卑鄙，猥自枉屈，三顧臣於草廬之中，諮臣以當世之事』，則非亮先詣備，明矣。雖聞見異辭，各生彼此，然乖背至是，亦良為可怪。

劉表長子琦，亦深器亮。表受後妻之言，愛少子琮，不悅於琦。琦每欲與亮謀自安之術，亮輒拒塞，未與處畫。琦乃將亮遊觀後園，共上高樓，飲宴之間，令人去梯，因謂亮曰：『今日上不至天，下不至地，言出子口，入於吾耳，可以言未？』亮答曰：『君不見申生在內而危，重耳在外而安乎？』琦意感悟，陰規出計。會黃祖死，得出，遂為江夏太守。俄而表卒，琮聞曹公來征，遣使請降。先主在樊聞之，率其衆南行，亮與徐庶並從，為曹公所追破，獲庶母。庶辭先主而指其心曰：『本欲與將軍共圖王霸之業者，以此方寸之地也。今已失老母，方寸亂矣，無益於事，請從此別。』遂詣曹公。《魏略》曰：庶先名福，本單家子，少好任俠擊劍。中平末，嘗為人報讎，白堊突面，被髮而走，為吏所得，問其姓字，閉口不言。吏乃於車上立柱維磔之，擊鼓以令於市鄽，莫敢識者，而其黨伍共篡解之，得脫。於是感激，棄其刀戟，更疏巾單衣，折節學問。始詣精舍，諸生聞其前作賊，不肯與共止。福乃卑躬早起，常獨掃除，動靜先意，聽習經業，義理精熟。遂與同郡石韜相親愛。初平中，中州兵起，乃與韜南客荊州，到，又與諸葛亮特相善。及荊州內附，孔明與劉備相隨去，福與韜俱來北。至黃初中，韜仕歷郡守、典農校尉，福至右中郎將、御史中丞。逮大和中，諸葛亮出隴右，聞元直、廣元仕財如此，歎曰：『魏殊多士邪！何彼二人不見用乎？』庶後數年病卒，有碑在彭城，今猶存焉。

先主至於夏口，亮曰：『事急矣，請奉命求救於孫將軍。』時權擁軍在柴桑，觀望成敗，亮說權曰：『海內大亂，將軍起兵據有江東，劉豫州亦收衆漢南，與曹操並爭天下。今操芟夷大難，略已平矣，遂破荊州，威震四海。英雄無所用武，故豫州遁逃至此。將軍量力而處之：若能以吳、越之衆與中國抗衡，不如早與之絕；若不能當，何不案兵束甲，北面而事之！今將軍外託服從之名，而內懷猶豫之計，事急而不斷，禍至無日矣！』權曰：『苟如君言，劉豫州何不遂事之乎？』亮曰：『田橫，齊之壯士耳，猶守義不辱，況劉豫州王室之胄，英才蓋世，衆士慕仰，若水之歸海，若事之不濟，此乃天也，安能復為之下乎！』權勃然曰：『吾不能舉全吳之地，十萬之衆，受制於人。吾計決矣！非劉豫州莫可以當曹操者，然豫州新敗之後，安能抗此難乎？』亮曰：『豫州軍雖敗於長阪，今戰士還者及關羽水軍精甲萬人，劉琦合江夏戰士亦不下萬人。曹操之衆，遠來疲弊，聞追豫州，輕騎一日一夜行三百餘里，此所謂「彊弩之末，勢不能穿魯縞」者也。故兵法忌之，曰「必蹶上將軍」。且北方之人，不習水戰；又荊州之民附操者，偪兵勢耳，非心服也。今將軍誠能命猛將統兵數萬，與豫州協規同力，破操軍必矣。操軍破，必北還，如此則荊、吳之勢强，鼎足之形成矣。成敗之機，在於今日。』權大悅，即遣周瑜、程普、魯肅等水軍三萬，隨亮詣先主，並力拒曹公。《袁子》曰：張子布薦亮於孫權，亮不肯留。人問其故，曰：『孫將軍可謂人主，然觀其度，能賢亮而不能盡亮，吾是以不留。』臣松之以為袁孝尼著文立論，甚重諸葛之為人，至如此言則失之殊遠。觀亮君臣相遇，可謂希世一時，終始以分，誰能間之？寧有中違斷金，甫懷擇主，設使權盡其量，便當翻然去就乎？葛生行己，豈其然哉！關羽為曹公所獲，遇之甚厚，可謂能盡其用矣，猶義不背本，曾謂孔明之不若雲長乎！曹公敗於赤壁，引軍歸鄴。先主遂收江南，以亮為軍師中郎將，使督零陵、桂陽、長沙三郡，調其賦稅，以充軍實。《零陵先賢傳》云：亮時住臨烝。

建安十六年，益州牧劉璋遣法正迎先主，使擊張魯。亮與關羽鎮荊州。先主自葭萌還攻璋，亮與張飛、趙雲等率衆泝江，分定郡縣，與先主共圍成都。成都平，以亮為軍師將軍，署左將軍府事。先主外出，亮常鎮守成都，足食足兵。二十六年，羣下勸先主稱尊號，先主未許，亮說曰：『昔吳漢、耿弇等初勸世祖即帝位，世祖辭讓，前後數四，耿純進言曰：「天下英雄喁喁，冀有所望。如不從議者，士大夫各歸求主，無為從公也。」世祖感純言深至，遂然諾之。今曹氏篡漢，天下無主，大王劉氏苗族，紹世而起，今即帝位，乃其宜也。士大夫隨大王久勤苦者，亦欲望尺寸之功如純言耳。』先主於是即帝位，策亮為丞相曰：『朕遭家不造，奉承大統，兢兢業業，不敢康寧，思靖百姓，懼未能綏。於戲！丞相亮其悉朕意，無怠輔朕之闕，助宣重光，以照明天下，君其勖哉！』亮以丞相録尚書事，假節。張飛卒後，領司隸校尉。《蜀記》曰：晉初扶風王駿鎮關中，司馬高平劉寶、長史滎陽桓隰諸官屬士大夫共論諸葛亮，于時譚者多譏亮託身非所，勞困蜀民，力小謀大，不能度德量力。金城郭沖以為亮權智英略，有逾管、晏，功業未濟，論者惑焉，條亮五事隱沒不聞於世者，寶等亦不能復難。扶風王慨然善沖之言。臣松之以為亮之異美，誠所原聞，然沖之所說，實皆可疑，謹隨事難之如左：其一事曰：亮刑法峻急，刻剝百姓，自君子小人咸懷怨歎，法正諫曰：『昔高祖入關，約法三章，秦民知德，今君假借威力，跨據一州，初

有其國，未垂惠撫；且客主之義，宜相降下，原緩刑弛禁，以慰其望。』亮答曰：『君知其一，未知其二。秦以無道，政苛民怨，匹夫大呼，天下土崩，高祖因之，可以弘濟。劉璋暗弱，自焉已來有累世之恩，文法羈縻，互相承奉，德政不舉，威刑不肅。蜀土人士，專權自恣，君臣之道，漸以陵替；寵之以位，位極則賤，順之以恩，恩竭則慢。所以致弊，實由於此。吾今威之以法，法行則知恩，限之以爵，爵加則知榮；榮恩並濟，上下有節。為治之要，於斯而著。』難曰：案法正在劉主前死，今稱法正諫，則劉主在也。諸葛職為股肱，事歸元首，劉主之世，亮又未領益州，慶賞刑政，不出於己。尋沖所述亮答，專自有其能，有違人臣自處之宜。以亮謙順之體，殆必不然。又云亮刑法峻急，刻剥百姓，未聞善政以刻剥為稱。其二事曰：曹公遣刺客見劉備，方得交接，開論伐魏形勢，甚合備計。稍欲親近，刺者尚未得便會，既而亮入，魏客神色失措。亮因而察之，亦知非常人。須臾，客如廁，備謂亮曰：『向得奇士，足以助君補益。』亮問所在，備曰：『起者其人也。』亮徐歎曰：『觀客色動而神懼，視低而忤數，姦形外漏，邪心內藏，必曹氏刺客也。』追之，已越牆而走。難曰：凡為刺客，皆暴虎馮河，死而無悔者也。劉主有知人之鑑，而惑於此客，則此客必一時之奇士也。又語諸葛云『足以助君補益』，則亦諸葛之流亞也。凡如諸葛之儔，鮮有為人作刺客者矣，時主亦當惜其器用，必不投之死地也。且此人不死，要應顯達為魏，竟是誰乎？何其寂蔑而無聞！

章武三年春，先主於永安病篤，召亮於成都，屬以後事，謂亮曰：『君才十倍曹丕，必能安國，終定大事。若嗣子可輔，輔之；如其不才，君可自取。』亮涕泣曰：『臣敢竭股肱之力，效忠貞之節，繼之以死！』先主又為詔敕後主曰：『汝與丞相從事，事之如父。』孫盛曰：夫杖道扶義，體存信順，然後能匡主濟功，終定大業。語曰弈者舉釭不定猶不勝其偶，況量君之才否而二三其節，可以摧服强鄰囊括四海者乎？備之命亮，亂孰甚焉！世或有謂備欲以固委付之誠，且以一蜀人之志。君子曰，不然；苟所寄忠賢，則不須若斯之誨，如非其人，不宜啓篡逆之塗。是以古之顧命，必貽話言；詭偽之辭，非託孤之謂。幸值劉禪闇弱，無猜險之性，諸葛威略，足以檢衛異端，故使異同之心無由自起耳。不然，殆生疑隙不逞之釁。謂之為權，不亦惑哉！建興元年，封亮武鄉侯，開府治事。頃之，又領益州牧。政事無巨細，咸決於亮。南中諸郡，並皆叛亂，亮以新遭大喪，故未便加兵，且遣使聘吳，因結和親，遂為與國。《亮集》曰：是歲，魏司徒華歆、司空王朗、尚書令陳羣、太史令許芝、謁者僕射諸葛璋各有書與亮，陳天命人事，欲使舉國稱藩。亮遂不報書，作正議曰：『昔在項羽，起不由德，雖處華夏，秉帝者之勢，卒就湯鑊，為後永戒。魏不審鑑，今次之矣；免身為幸，戒在子孫。而二三子各以耆艾之齒，承偽指而進書，有若崇、竦稱莽之功，亦將偪于元禍苟免者邪！昔世祖之創迹舊基，奮羸卒數千，摧莽强旅四十餘萬於昆陽之郊。夫據道討淫，不在衆寡。及至孟德，以其譎勝之力，舉數十萬之師，救張郃於陽平，勢窮慮悔，僅能自脫，辱其鋒鋭之衆，遂喪漢中之地，深知神器不可妄獲，旋還未至，感毒而死。子桓淫逸，繼之以篡。縱使二三子多逞蘇、張詭靡之說，奉進驩兜滔天之辭，欲以誣毁唐帝，諷解禹、稷，所謂徒喪文藻煩勞翰墨者矣。夫大人君子之所不為也。又軍誡曰：「萬人必死，横行天下。」昔軒轅氏整卒數萬，制四方，定海內，況以數十萬之衆，據正道而臨有罪，可得幹擬者哉！』

三年春，亮率衆南征，詔賜亮金鈇鉞一具，曲蓋一，前後羽葆鼓吹各一部，虎賁六十人。事在《亮集》。其秋悉平。軍資所出，國以富饒，《漢晉春秋》曰：亮至南中，所在戰捷。聞孟獲者，為夷、漢所服，募生致之。既得，使觀於營陳之間，問曰：『此軍何如？』獲對曰：『向者不知虛實，故敗。今蒙賜觀看營陳，若祇如此，即定易勝耳。』亮笑，縱使更戰，七縱七禽，而亮猶遣獲。獲止不去，曰：『公，天威也，南人不復反矣。』遂至滇池。南中平，皆即其渠率而用之。或以諫亮，亮曰：『若留外人，則當留兵，兵留則無所食，一不易也；加夷新傷破，父兄死喪，留外人而無兵者，必成禍患，二不易也；又夷累有廢殺之罪，自嫌釁重，若留外人，終不相信，三不易也；今吾欲使不留兵，不運糧，而綱紀粗定，夷、漢粗安故耳。』乃治戎講武，以俟大舉。五年，率諸軍北駐漢中，臨發，上疏曰：

先帝創業未半而中道崩殂，今天下三分，益州疲弊，此誠危急存亡之秋也。然侍衛之臣不懈於內，忠志之士忘身於外者，蓋追先帝之殊遇，欲報之於陛下也。誠宜開張聖（德），以光先帝遺德，恢弘志士之氣，不宜妄自菲薄，引喻失義，以塞忠諫之路也。宮中府中俱為一體，陟罰臧否，不宜異同。若有作姦犯科及為忠善者，宜付有司論其刑賞，以昭陛下平明之理，不宜偏私，使內外異法也。侍中、侍郎郭攸之、費禕、董允等，此皆良實，志慮忠純，是以先帝簡拔以遺陛下。愚以為宮中之事，事無大小，悉以咨之，然後施行，必能裨補闕漏，有所廣益。將軍向寵，性行淑均，曉暢軍事，試用於昔日，先帝稱之曰能，是以衆議舉寵為督。愚以為營中之事，悉以咨之，必能使行陳和睦，優劣得所。親賢臣，遠小人，此

先漢所以興隆也；親小人，遠賢臣，此後漢所以傾頹也。先帝在時，每與臣論此事，未嘗不歎息痛恨於桓、靈也。侍中、尚書、長史、參軍，此悉貞良死節之臣，原陛下親之信之，則漢室之隆，可計日而待也。

臣本布衣，躬耕於南陽，苟全性命於亂世，不求聞達於諸侯。先帝不以臣卑鄙，猥自枉屈，三顧臣於草廬之中，諮臣以當世之事，由是感激，遂許先帝以驅馳。後值傾覆，受任於敗軍之際，奉命於危難之間，爾來二十有一年矣。臣松之案：劉備以建安十三年敗，遣亮使吳，亮以建興五年抗表北伐，自傾覆至此整二十年。然則備始與亮相遇，在敗軍之前一年時也。先帝知臣謹慎，故臨崩寄臣以大事也。受命以來，夙夜憂歎，恐託付不效，以傷先帝之明，故五月渡瀘，深入不毛。《漢書·地理志》曰：瀘惟水出牂牁郡句町縣。今南方已定，兵甲已足，當獎率三軍，北定中原，庶竭駑鈍，攘除姦凶，興復漢室，還於舊都。此臣所以報先帝，而忠陛下之職分也。

至於斟酌損益，進盡忠言，則攸之、禕、允之任也。原陛下託臣以討賊興復之效；不效，則治臣之罪，以告先帝之靈。（若無興德之言，則）責攸之、禕、允等之慢，以彰其咎。陛下亦宜自謀，以諮諏善道，察納雅言，深追先帝遺詔。臣不勝受恩感激，今當遠離，臨表涕零，不知所言。遂行，屯于沔陽。郭沖《三事》曰：亮屯于陽平，遣魏延諸軍並兵東下，亮惟留萬人守城。晉宣帝率二十萬衆拒亮，而與延軍錯道，徑至前，當亮六十里所，偵候白宣帝說亮在城中兵少力弱。亮亦知宣帝垂至，已與相偪，欲前赴延軍，相去又遠，回迹反追，勢不相及，將士失色，莫知其計。亮意氣自若，敕軍中皆臥旗息鼓，不得妄出菴幔，又令大開四城門，埽地卻灑。宣帝常謂亮持重，而猥見勢弱，疑其有伏兵，於是引軍北趣山。明日食時，亮謂參佐拊手大笑曰：『司馬懿必謂吾怯，將有彊伏，循山走矣。』候邏還白，如亮所言。宣帝后知，深以為恨。難曰：案陽平在漢中。亮初屯陽平，宣帝尚為荆州都督，鎮宛城，至曹真死後，始與亮於關中相抗禦耳。魏嘗遣宣帝自宛由西城伐蜀，值霖雨，不果。此之前後，無復有於陽平交兵事。就如沖言，宣帝既舉二十萬衆，已知亮兵少力弱，若疑其有伏兵，正可設防持重，何至便走乎？案魏延傳云：『延每隨亮出，輒欲請精兵萬人，與亮異道會於潼關，亮制而不許；延常謂亮為怯，歎己才用之不盡也。』亮尚不以延為萬人別統，豈得如沖言，頓使將重兵在前，而以輕弱自守乎？且沖與扶風王言，顯彰宣帝之短，對子毁父，理所不容，而云『扶風王慨然善沖之言』，故知此書舉引皆虚。

六年春，揚聲由斜谷道取郿，使趙雲、鄧芝為疑軍，據箕谷，魏大將軍曹真舉衆拒之。亮身率諸軍攻祁山，戎陳整齊，賞罰肅而號令明，南安、天水、安定三郡叛魏應亮，關中響震。《魏略》曰：始，國家以蜀中惟有劉備。備既死，數歲寂然無聲，是以略無備預；而卒聞亮出，朝野恐懼，隴右、祁山尤甚，故三郡同時應亮。魏明帝西鎮長安，命張郃拒亮，亮使馬謖督諸軍在前，與郃戰於街亭。謖違亮節度，舉動失宜，大為郃所破。亮拔西縣千餘家，還于漢中，郭沖《四事》曰：亮出祁山，隴西、南安二郡應時降，圍天水，拔冀城，虜姜維，驅略士女數千人還蜀。人皆賀亮，亮顔色愀然有戚容，謝曰：『普天之下，莫非漢民，國家威力未舉，使百姓困於豺狼之吻。一夫有死，皆亮之罪，以此相賀，能不為愧。』於是蜀人咸知亮有吞魏之志，非惟拓境而已。難曰：亮有吞魏之志久矣，不始於此衆人方知也，且于時師出無成，傷缺而反者衆，三郡歸降而不能有。姜維，天水之匹夫耳，獲之則於魏何損？拔西縣千家，不補街亭所喪，以何為功，而蜀人相賀乎？戮謖以謝衆。上疏曰：『臣以弱才，叨竊非據，親秉旄鉞以厲三軍，不能訓章明法，臨事而懼，至有街亭違命之闕，箕谷不戒之失，咎皆在臣授任無方。臣明不知人，恤事多闇，《春秋》責帥，臣職是當。請自貶三等，以督厥咎。』於是以亮為右將軍，行丞相事，所總統如前。《漢晉春秋》曰：或勸亮更發兵者，亮曰：『大軍在祁山、箕谷，皆多於賊，而不能破賊為賊所破者，則此病不在兵少也，在一人耳。今欲減兵省將，明罰思過，校變通之道於將來；若不能然者，雖兵多何益！自今已後，諸有忠慮於國，但勤攻吾之闕，則事可定，賊可死，功可蹻足而待矣。』於是考微勞，甄烈壯，引咎責躬，布所失於天下，厲兵講武，以為後圖，戎士簡練，民忘其敗矣。亮聞孫權破曹休，魏兵東下，關中虚弱。十一月，上言曰：『先帝慮漢、賊不兩立，王業不偏安，故託臣以討賊也。以先帝之明，量臣之才，故知臣伐賊才弱敵彊也；然不伐賊，王業亦亡，惟坐待亡，孰與伐之？是故託臣而弗疑也。臣受命之日，寢不安席，食不甘味，思惟北征，宜先入南，故五月渡瀘，深入不毛，並日而食。臣非不自惜也，顧王業不得偏全於蜀都，故冒危難以奉先帝之遺意也，而議者謂為非計。今賊適疲於西，又務於東，兵法乘勞，此進趨之時也。謹陳其事如左：高帝明並日月，謀臣淵深，然涉險被創，危然後安。今陛下未及高帝，謀臣不如良、平，而欲以長計取勝，坐定天下，此臣之未解一也。劉繇、王朗各據州郡，論安言計，動引聖人，羣疑滿腹，衆難塞胸，今歲不戰，明年不征，使孫策坐大，遂并江東，此臣之未解二也。曹操智計殊絶於人，其用兵也，仿佛孫、吳，然困於南陽，險於烏巢，危於祁連，偪於黎

陽，幾敗北山，殆死潼關，然後偽定一時耳，況臣才弱，而欲以不危而定之，此臣之未解三也。曹操五攻昌霸不下，四越巢湖不成，任用李服而李服圖之，委夏侯而夏侯敗亡，先帝每稱操為能，猶有此失，況臣駑下，何能必勝？此臣之未解四也。自臣到漢中，中間期年耳，然喪趙雲、陽羣、馬玉、閻芝、丁立、白壽、劉郃、鄧銅等及曲長屯將七十餘人，突將無前。賨、叟、青羌散騎、武騎一千餘人，此皆數十年之內所糾合四方之精鋭，非一州之所有，若復數年，則損三分之二也，當何以圖敵？此臣之未解五也。今民窮兵疲，而事不可息，事不可息，則住與行勞費正等，而不及今圖之，欲以一州之地與賊持久，此臣之未解六也。夫難平者，事也。昔先帝敗軍於楚，當此時，曹操拊手，謂天下以定。然後先帝東連吳、越，西取巴、蜀，舉兵北征，夏侯授首，此操之失計而漢事將成也。然後吳更違盟，關羽毀敗，秭歸蹉跌，曹丕稱帝。凡事如是，難可逆見。臣鞠躬盡力，死而後已，至於成敗利鈍，非臣之明所能逆睹也。』於是有散關之役。此表，《亮集》所無，出張儼《默記》。

冬，亮復出散關，圍陳倉，曹真拒之，亮糧盡而還。魏將王雙率騎追亮，亮與戰，破之，斬雙。七年，亮遣陳式攻武都、陰平。魏雍州刺史郭淮率衆欲擊式，亮自出至建威，淮退還，遂平二郡。詔策亮曰：『街亭之役，咎由馬謖，而君引愆，深自貶抑，重違君意，聽順所守。前年燿師，馘斬王雙；今歲爰征，郭淮遁走；降集氐、羌，興復二郡，威鎮凶暴，功勳顯然。方今天下騷擾，元惡未梟，君受大任，幹國之重，而久自挹損，非所以光揚洪烈矣。今復君丞相，君其勿辭。』《漢晉春秋》曰：是歲，孫權稱尊號，其羣臣以並尊二帝來告。議者咸以為交之無益，而名體弗順，宜顯明正義，絕其盟好。亮曰：『權有僭逆之心久矣，國家所以略其釁情者，求掎角之援也。今若加顯絕，讎我必深，便當移兵東（戍），與之角力，須並其土，乃議中原。彼賢才尚多，將相緝穆，未可一朝定也。頓兵相持，坐而須老，使北賊得計，非算之上者。昔孝文卑辭匈奴，先帝優與吳盟，皆應權通變，弘思遠益，非匹夫之為（分）者也。今議者咸以權利在鼎足，不能並力，且志望以滿，無上岸之情，推此，皆似是而非也。何者？其智力不侔，故限江自保；權之不能越江，猶魏賊之不能渡漢，非力有餘而利不取也。若大軍致討，彼高當分裂其地以為後規，下當略民廣境，示武於內，非端坐者也。若就其不動而睦於我，我之北伐，無東顧之憂，河南之衆不得盡西，此之為利，亦已深矣。權僭之罪，未宜明也。』乃遣衞尉陳震慶權正號。

九年，亮復出祁山，以木牛運，《漢晉春秋》曰：亮圍祁山，招鮮卑軻比能，比能等至故北地石城以應亮。於是魏大司馬曹真有疾，司馬宣王自荆州入朝，魏明帝曰：『西方事重，非君莫可付者。』乃使西屯長安，督張郃、費曜、戴陵、郭淮等。宣王使曜、陵留精兵四千守上邽，餘衆悉出，西救祁山。郃欲分兵駐雍、郿，宣王曰：『料前軍能獨當之者，將軍言是也；若不能當而分為前後，此楚之三軍所以為黥布禽也。』遂進。亮分兵留攻，自逆宣王於上邽。郭淮、費曜等徼亮，亮破之，因大芟刈其麥，與宣王遇於上邽之東，斂兵依險，軍不得交，亮引而還。宣王尋亮至於鹵城。張郃曰：『彼遠來逆我，請戰不得，謂我利在不戰，欲以長計制之也。且祁山知大軍以在近，人情自固，可止屯於此，分為奇兵，示出其後，不宜進前而不敢偪，坐失民望也。今亮縣軍食少，亦行去矣。』宣王不從，故尋亮。既至，又登山掘營，不肯戰。賈栩、魏平數請戰，因曰：『公畏蜀如虎，奈天下笑何！』宣王病之。諸將咸請戰。五月辛巳，乃使張郃攻無當監何平於南圍，自案中道向亮。亮使魏延、高翔、吳班赴拒，大破之，獲甲首三千級，玄鎧五千領，角弩三千一百張，宣王還保營。糧盡退軍，與魏將張郃交戰，射殺郃。郭沖《五事》曰：魏明帝自征蜀，幸長安，遣宣王督張郃諸軍，雍、涼勁卒三十餘萬，潛軍密進，規向劍閣。亮時在祁山，旌旗利器，守在險要，十二更下，在者八萬。時魏軍始陳，幡兵適交，參佐咸以賊衆强盛，非力不制，宜權停下兵一月，以並聲勢。亮曰：『吾統武行師，以大信為本，得原失信，古人所惜；去者束裝以待期，妻子鶴望而計日，雖臨征難，義所不廢。』皆催遣令去。於是去者感悅，原留一戰，住者憤踴，思致死命。相謂曰：『諸葛公之恩，死猶不報也。』臨戰之日，莫不拔刃爭先，以一當十，殺張郃，卻宣王，一戰大剋，此信之由也。難曰：臣松之案：亮前出祁山，魏明帝身至長安耳，此年不復自來。且亮大軍在關、隴，魏人何由得越亮徑向劍閣？亮既在戰場，本無久住之規，而方休兵還蜀，皆非經通之言。孫盛、習鑿齒搜求異同，罔有所遺，而並不載沖言，知其乖刺多矣。十二年春，亮悉大衆由斜谷出，以流馬運，據武功五丈原，與司馬宣王對於渭南。亮每患糧不繼，使己志不申，是以分兵屯田，為久駐之基。耕者雜於渭濱居民之間，而百姓安堵，軍無私焉。《漢晉春秋》曰：亮自至，數挑戰。宣王亦表固請戰。使衞尉辛毗持節以制之。姜維謂亮曰：『辛佐治仗節而到，賊不復出矣。』亮曰：『彼本無戰情，所以固請戰者，以示武於其衆耳。將在軍，君命有所不受，苟能制吾，豈千里而請戰邪！』《魏氏春秋》曰：亮使至，問其寢食及其事之煩簡，不問戎事。使對曰：『諸葛公夙興夜寐，罰二十以上，皆親擥焉；所啖食不至數升。』宣王曰：『亮將死矣。』相持百餘日。其年八月，亮疾病，卒于軍，時年五十四。《魏書》曰：亮糧盡勢窮，

憂恚歐血，一夕燒營遁走，入谷，道發病卒。《漢晉春秋》曰：亮卒于郭氏塢。《晉陽秋》曰：有星赤而芒角，自東北西南流，投于亮營，三投再還，往大還小。俄而亮卒。臣松之以為亮在渭濱，魏人躡迹，勝負之形，未可測量，而云歐血，蓋因亮自亡而自誇大也。夫以孔明之略，豈為仲達歐血乎？及至劉琨喪師，與晉元帝箋亦云「亮軍敗歐血」，此則引虛記以為言也。其云入谷而卒，緣蜀人入谷發喪故也。及軍退，宣王案行其營壘處所，曰：「天下奇才也！」《漢晉春秋》曰：楊儀等整軍而出，百姓奔告宣王，宣王追焉。姜維令儀反旗鳴鼓，若將向宣王者，宣王乃退，不敢偪。於是儀結陳而去，入谷然後發喪。宣王之退也，百姓為之諺曰：「死諸葛走生仲達。」或以告宣王，宣王曰：「吾能料生，不便料死也。」

亮遺命葬漢中定軍山，因山為墳，冢足容棺，斂以時服，不須器物。詔策曰：「惟君體資文武，明叡篤誠，受遺託孤，匡輔朕躬，繼絕興微，志存靖亂；爰整六師，無歲不征，神武赫然，威鎮八荒，將建殊功於季漢，參伊、周之巨勳。如何不吊，事臨垂克，遘疾隕喪！朕用傷悼，肝心若裂。夫崇德序功，紀行命謚，所以光昭將來，刊載不朽。今使使持節左中郎將杜瓊，贈君丞相武鄉侯印綬，謚君為忠武侯。魂而有靈，嘉茲寵榮。嗚呼哀哉！嗚呼哀哉！」

初，亮自表後主曰：「成都有桑八百株，薄田十五頃，子弟衣食，自有餘饒。至於臣在外任，無別調度，隨身衣食，悉仰於官，不別治生，以長尺寸。若臣死之日，不使內有餘帛，外有贏財，以負陛下。」及卒，如其所言。

亮性長於巧思，損益連弩，木牛流馬，皆出其意；推演兵法，作八陳圖，咸得其要云。《魏氏春秋》曰：亮作八務、七戒、六恐、五懼，皆有條章，以訓厲臣子。又損益連弩，謂之元戎，以鐵為矢，矢長八寸，一弩十矢俱發。亮集載作木牛流馬法曰：「木牛者，方腹曲頭，一脚四足，頭入領中，舌著於腹。載多而行少，宜可大用，不可小使；特行者數十里，羣行者二十里也。曲者為牛頭，雙者為牛脚，橫者為牛領，轉者為牛足，覆者為牛背，方者為牛腹，垂者為牛舌，曲者為牛肋，刻者為牛齒，立者為牛角，細者為牛鞅，攝者為牛鞦軸。牛仰雙轅，人行六尺，牛行四步。載一歲糧，日行二十里，而人不大勞。流馬尺寸之數，肋長三尺五寸，廣三寸，厚二寸二分，左右同。前軸孔分墨去頭四寸，徑中二寸。前脚孔分墨二寸，去前軸孔四寸五分，廣一寸。前杠孔去前脚孔分墨二寸七分，孔長二寸，廣一寸。後軸孔去前杠分墨一尺五分，大小與前同。後脚孔分墨去後軸孔三寸五分，大小與前同。後杠孔去後脚孔分墨二寸七分，後載剋去後杠孔分墨四寸五分。前杠長一尺八寸，廣二寸，厚一寸五分。後杠與等版方囊二枚，厚八分，長二尺七寸，高一尺六寸五分，廣一尺六寸，每枚受米二斛三斗。從上杠孔去肋下七寸，前後同。上杠孔去下杠孔分墨一尺三寸，孔長一寸五分，廣七分，八孔同。前後四脚，廣二寸，厚一寸五分。形制如象，靬長四寸，徑面四寸三分。孔徑中三脚杠，長二尺一寸，廣一寸五分，厚一寸四分，同杠耳。」亮言教書奏多可觀，別為一集。

景耀六年春，詔為亮立廟於沔陽。《襄陽記》曰：亮初亡，所在各求為立廟，朝議以禮秩不聽，百姓遂因時節私祭之於道陌上。言事者或以為可聽立廟於成都者，後主不從。步兵校尉習隆、中書郎向充等共上表曰：「臣聞周人懷召伯之德，甘棠為之不伐；越王思範蠡之功，鑄金以存其像。自漢興以來，小善小德而圖形立廟者多矣。況亮德範遐邇，勳蓋季世，王室之不壞，實斯人是賴，而蒸嘗止於私門，廟像闕而莫立，使百姓巷祭，戎夷野祀，非所以存德念功，述追在昔者也。今若盡順民心，則瀆而無典，建之京師，又偪宗廟，此聖懷所以惟疑也。臣愚以為宜因近其墓，立之於沔陽，使所親屬以時賜祭，凡其臣故吏欲奉祠者，皆限至廟。斷其私祀，以崇正禮。」於是始從之。秋，魏鎮西將軍鍾會征蜀，至漢川，祭亮之廟，令軍士不得於亮墓所左右芻牧樵采。亮弟均，官至長水校尉。亮子瞻，嗣爵。《襄陽記》曰：黃承彥者，高爽開列，為沔南名士，謂諸葛孔明曰：「聞君擇婦；身有醜女，黃頭黑色，而才堪相配。」孔明許，即載送之。時人以為笑樂，鄉里為之諺曰：「莫作孔明擇婦，正得阿承醜女。」

宋·胡寅《斐然集》卷二四《諸葛孔明傳》 諸葛亮，字孔明，瑯琊陽都人也，漢司隸校尉豐之後。亮早孤，隨叔父玄避亂荆州。建安初，與潁川石廣元、汝南孟公威等俱遊學，諸人務於精熟，而亮獨觀其大略。晨夜從容，常抱膝長嘯，顧謂廣元等曰：「卿曹仕進可至郡守刺史也。」或問其所志，亮笑而不言。及玄卒，躬耕隴畝，好爲《梁父吟》，身長八尺，容貌甚偉，每自比管仲、樂毅，時人莫之許也。惟博陵崔州平、潁川徐庶元直與亮友善，皆信然之。襄陽龐德公有重名於當世，目亮爲卧龍，從子統爲鳳雛，同郡司馬徽爲水鏡。亮每至其家，獨拜牀下，德公初不令止。徽字德操，清雅有知人之鑑。劉先主訪世事於徽，徽曰：「儒生俗士豈識時務，識時務者在乎俊傑。此間有伏龍、鳳雛。」先主問其人，曰：

『諸葛孔明、龐士元也。』徐庶見先主於新野，先主器之，謂先主曰：『諸葛孔明者，卧龍也。將軍豈願見之乎？』先主曰：『君與俱來。』庶曰：『此人可就見，不可屈致，將軍宜枉駕顧之。』由是先主遂詣亮，凡三往乃得見。因屏人曰：『漢室傾頽，姦臣竊命。主上蒙塵，孤不度德量力，欲信大義於天下，而智術短淺，遂用猖獗，至於今日，然志猶未已。君謂計將安出？』亮答曰：『今曹操已擁百萬之衆，挾天子而令諸侯，此誠不可與争鋒。孫權據有江東，已歷三世，國險而民附，賢能爲之用。此可與爲援，而不可圖也。荆州北據漢沔，利盡南海，東連吴會，西通巴蜀。此用武之國，而其主不能守，殆天所以資將軍，豈有意乎？益州險塞，沃野千里。天府之土，高祖因之以成帝業。劉璋闇弱，張魯在北，民殷國富，而不知存恤，智能之士，思得明君。將軍既帝室之胄，信義著於四海，總攬英雄，思賢如渴。若跨有荆益，保其巖阻，西和諸戎，南撫夷越，外結好孫權，内修政理。天下有變，則命一將將荆州之軍以向宛洛，將軍身率益州之衆以出秦川，百姓孰敢不簞食壺漿，以迎將軍者乎？誠如是，則帝業可成，漢室可興矣。』先主曰：『善。』於是與亮情好日密，關公、張飛等不説，先主解之曰：『自孤得孔明，猶魚之有水也，願諸君勿復言。』關、張乃止。劉表長子琦亦深敬亮。表受後妻之言，愛少子琮，不悦於琦，琦每欲與亮謀自安之術，亮輒拒塞。既乃將亮遊觀後園，共登高樓，飲宴之間，令人去梯，因謂亮曰：『今日上不至天，下不至地，言出子口，入於吾耳，可以言未？』亮答曰：『君不見申生在内而危，重耳在外而安乎？』琦意感悟，陰規出計，遂得爲江夏太守。俄而表卒，曹操征荆州，琮遣使請降。先主在樊聞之，率其衆南行，亮與徐庶並從，爲操所追，破獲庶母，庶辭先主而指其心曰：『本欲與將軍共圖王霸之業者，以此方寸地也。今失老母，方寸亂矣。無益於事，請從此别。』遂詣曹公。先主至於夏口，亮曰：『事急矣，請奉命求救於孫將軍。』時權擁衆在柴桑，觀望成敗，宿仰先主大名，又睹亮英偉，甚敬重之。亮説權曰：『海内大亂，將軍起兵據有江東，劉豫州亦收衆漢南，與曹操並争天下。今操芟夷大難，略已平定，遂破荆州，威震四海。英雄無用武之地，故豫州遁逃至此。將軍量力而處之，若能以吴越之衆與中國抗衡，不如早與之絶。若不能當，何不按兵束甲，北面而事之？今將軍外託服從之名，內懷猶豫之計，事急而不斷，禍至無日矣。』權曰：『苟如君言，劉豫州何不遂事之乎？』亮曰：『田横，齊之壯士耳，猶守義不辱，況劉豫州王室之胄，英才蓋世，衆士仰慕，若水之歸海。事之不濟，此乃天也，安能復爲之下乎？』權勃然曰：『吾不能舉全吴之地，十萬之衆，受制於人。吾計决矣。非劉豫州莫可以當曹操者，然豫州新敗之後，安能抗此難乎？』亮曰：『豫州兵雖敗於長阪，今戰士還者及關某水軍精甲萬人，劉琦合江夏戰士，亦不下萬人。曹操之衆，遠來疲弊，聞追豫州，輕騎一日一夜行三百餘里，此所謂彊弩之末，勢不能穿魯縞者也。故兵法忌之，曰「必蹶上將軍」。且北方之人，不習水戰，又荆州之民附操者偪兵勢耳，非心服也。今將軍誠能命猛將統兵數萬，與豫州協規同力，必破操軍。操軍破，必北還，如此則荆、吴之勢强，鼎足之形成矣。成敗之機，在於今日。』權大悦，即遣周瑜、程普、魯肅等水軍三萬，隨亮詣先主，并力拒曹操。操敗於赤壁，果引軍歸鄴。先主遂收江南。建安十六年，先主攻益州，亮與關公留鎮荆土。居無何，亮率張飛、趙雲等泝江而上，分定州郡。會圍成都，劉璋遂降。宜城馬良致書於亮曰：『聞雒城已拔，此天祚也。明公應期贊世，配業光國，魄兆見矣。夫變用雅慮，審貴垂明，于以簡才，宜適其時。若乃和光悦遠，邁德天壤，使時閑于聽，世服于道，齊高妙之音，正鄭衛之聲，並利於世，無相奪倫，此乃管絃之至，牙、曠之調也。雖非鍾期，敢不擊節？』二十六年，羣下勸先主即帝位，先主未之許，亮曰：『今曹氏篡漢，天下無主。大王劉氏苗族，紹世而起，今即帝位宜矣。』於是稱尊號，策亮爲丞相，曰：『朕遭家不造，奉承大統，兢兢業業，不敢康寧，思靖百姓，懼未能綏。於戲！丞相亮其悉朕意，無怠輔朕之闕，助宣重光，以昭明天下。君其勗哉！』以丞相録尚書事，其治頗尚嚴峻，人多怨嘆。法正謂亮曰：『昔高祖入關，約法三章，秦民知德。今君假借威力，跨據一州，初有其國，未垂惠撫，胡不緩刑弛禁，全客主之義乎？』亮曰：『君知其一，未知其二。秦以無道，政苛民怨，匹夫大呼，天下土崩，高祖因之可以弘濟。劉璋闇弱，自焉已來，有累世之恩，文法羈縻，互相承奉，德政不舉，威刑不肅。蜀土吏民專權自恣，君臣之道漸以陵替，寵之以位，位極則僭；順之以恩，恩竭則慢。積弊致亡，職由此也。吾今威之以法，法行則知恩；限之以爵，

爵加則知榮。恩榮並濟，上下有節，爲治之要著矣。』章武三年春，先主于永安疾篤，召亮屬以後事，謂亮曰：『君才十倍曹丕，必能安國，終定大業。若嗣子可輔輔之，如其不才，當自取也。』亮涕泣曰：『臣敢不竭股肱之力，效忠貞之節，繼之以死？』建興元年封亮武鄉侯，開府治事，又領益州牧。事無巨細，咸決於亮。是歲越巂夷高定背叛，建寧大姓雍闓負阻不賓，柯太守朱褒擁郡相繼而反，南中騷動。亮以新遭大喪，故未即加兵。初，孫權聞先主住白帝，使大夫鄭泉來聘，蜀亦遣人相與報答。及先主殂殞，亮策權有異計謀，欲聘之而未發也。於是鄧芝見亮曰：『上幼弱，初在位，宜遣使人重申吳好。』亮答曰：『吾思之久矣，未得其人，今日始得之耳。』芝問其人謂誰，亮曰：『即使君也。』因遣芝修好於權。權果狐疑，不時見芝。芝表請面陳吳蜀唇齒之計，權乃絶魏，與蜀申盟。自後和親，遂爲與國。亮將自南征，長史王連力諫，以爲此不毛之地，疫癘之鄉，而丞相者一國之望也，不宜冒險而行。亮度諸將才不及己，意欲必往，而連言輒懇至，故稽留者久之。三年春，亮遂率衆南征，其秋悉平。軍資所出，國以饒富。有孟獲者，爲夷所服，亮募軍中生致之麾下，使獲周觀營陣之間，問曰：『此軍何如？』對曰：『向者不知虛實，故敗。今蒙賜觀營陣，若祗如此，即易勝耳。』亮笑，縱使更戰，七縱七擒，而亮猶遣獲。獲止不去，曰：『公天威也，南人不復反矣。』遂至滇池，使其渠帥自相統領，不復別置漢官，亦不留兵鎮守。或者以爲不便，亮曰：『夷新傷破，父兄死喪，若置官吏而無兵，必成禍患。一不易也。留兵鎮守而無食，必當運糧。二不易也。夫夷人累有廢殺之罪，自嫌釁重，若留外人，終不相信，夷漢雜居，猜嫌必起。及其反叛，勞費蕭然矣。三不易也，今吾欲使不留兵，不運糧，而綱紀粗定，夷漢粗安，策猶有便於此者乎？』初，參軍馬謖送亮南征，臨別獻言曰：『南中恃其險遠，驕黠不賓之日久矣。雖今旦破降，明日必反耳。今公方欲傾國北伐，遠事強賊，彼知吾勢内虛，其叛亦速。若殄盡遺類，以除後患，既非仁者之情，且又不可倉卒也。夫用兵之道，攻心爲上，攻城爲下，心戰爲上，兵戰爲下，願公服其心而已。』亮深納其策，赦孟獲以服南方。故終亮之世，夷人無敢反者。五年，率諸軍北駐漢中。臨發上疏曰：『先帝創業未半，而中道崩殂。今天下三分，益州罷弊，此誠危急存亡之秋也。然侍衛之臣不懈於内，忠志之士忘身於外者，蓋追先帝之殊遇，欲報之於陛下也。誠宜開張聖聽，以光先帝遺德，恢弘志士之氣，不宜妄自菲薄，引喻失義，以塞忠諫之路也。宮中府中，俱爲一體，陟罰臧否，不宜異同。若有作姦犯科及爲忠善者，宜付有司，論其刑賞，以昭陛下平明之理，不宜偏私，使内外異法也。侍中侍郎郭攸之、費禕、董允等，此皆良實，志慮忠純，是以先帝簡拔，以遺陛下。愚以爲宮中之事，事無大小，悉以咨之，然後施行，必能裨補闕漏，有所廣益。將軍向寵，性行淑均，曉暢軍事，試用於昔，先帝稱之，是以衆議舉寵爲督，愚以爲營中之事，悉以咨之，必能使行陣和睦，優劣得所。親賢臣，遠小人，此先漢所以興隆也。親小人，遠賢臣，此後漢所以傾頹也。先帝在時，每與臣論此事，未嘗不嘆惜痛恨於桓、靈也。侍中尚書長史參軍，此悉貞亮死節之臣，願陛下親之信之，則漢室之隆，可計日而待也。臣本布衣，躬耕南陽，苟全性命於亂世，不求聞達於諸侯。先帝不以臣卑鄙，猥自枉屈，三顧臣於草廬之中，咨臣以當世之事。由是感激，遂許先帝以驅馳。後值傾覆，受任於敗軍之際，奉命於危難之間，爾來二十有一年矣。先帝知臣謹慎，故臨崩寄臣以大事也。受命已來，夙夜憂歎，恐託付不效，以傷先帝之明。故五月渡瀘，深入不毛。今南方已定，兵甲已足，當獎率三軍，北定中原，庶竭駑鈍，攘除姦凶，興復漢室，還於舊都。此臣所以報先帝而忠陛下之職分也。至於斟酌損益，進盡忠言，則攸之、禕、允之任也。願陛下託臣以討賊興復之效，不效則治臣之罪，以告先帝之靈。若無興德之言，則責攸之、禕、允等之慢，以彰其咎。陛下亦宜自謀，以諮諏善道，察納雅言，深追先帝遺詔。臣不勝受恩感激。今當遠離，臨表涕泣，不知所云。』遂行，屯於沔陽。六年春，使趙雲、鄧芝據箕谷，魏大將曹真舉衆拒之，雲、芝兵弱失利。亮身率諸軍攻祁山，戎陣整齊，賞罰肅而號令明，南安、天水、安定三郡叛魏應蜀，關中震響。魏明帝西鎮長安，命張郃拒亮。亮使馬謖督諸軍在前，與郃戰於街亭，謖違亮節度，舉動失宜，爲郃所破。亮拔西縣千户還于漢中。蜀人或以此賀亮者，亮愀然有戚曰：『普天之下莫非漢民，國家威力未舉，使百姓墜於塗炭，一夫有死，皆亮之罪。以此相賀，能不愧乎？』由是蜀人悉知亮有吞魏之志矣。下馬謖於獄，或說亮曰：『楚誅子玉，二世不競。秦赦孟明，遂伯諸侯。天下未定，不宜戮計謀之士，請

釋之以圖後效。』亮曰：『古人所以能制勝於天下者，用法明也。故楊干亂行，魏絳戮其僕。四海分裂，兵交方始。若復廢法，何用討賊耶？』遂戮謖以謝衆，上疏曰：『臣以弱才，竊叨非據，親秉旄鉞，以厲三軍。不能訓章明法，臨事而懼，至有街亭違命之闕，箕谷不誡之失，咎皆在臣授任無方。臣明不知人，撫事多暗，《春秋》責帥，臣職是當，請自貶三等，以督厥咎。』於是以右將軍行丞相事，所總統如前。或勸亮更發兵者，亮曰：『大軍在祁山數多於賊，而爲賊所破，則其病在一人，而非兵之少也。今欲減兵省將，明罰思過，權變通之道，爲將來之舉。若不能者，雖兵多，何益乎？而今而後有忠於國者，但勤攻吾闕，則事可定，而賊可滅也。』於是考微勞，甄烈壯，引咎責躬，布宣所失，厲兵講武，以爲後圖，戎士簡練，民忘其敗矣。孫權破曹休，魏兵東下，關中虛弱，亮上言曰：『昔先帝託臣以討賊，臣受命之日，寢不安席，食不甘味。思惟北征，宜先入南。是故冒危歷險，不敢自惜，以奉先帝之遺意，而議者謂爲非策。今賊適疲於西，又務於東，兵法乘勞進取之時也。謹陳其事如左。高帝明並日月，謀臣淵深，涉險被創，危然後安。今陛下未及高帝，謀臣不如良、平，而欲坐定天下。臣之未解一也。劉繇、王朗各據州郡，論安言計，動引聖人，羣疑滿腹，衆難塞胸。今歲不戰，明年不征，使孫策坐大，遂幷江左。臣之未解二也。曹操智計殊絶於人，其用兵也，彷彿孫吳。然困於南陽，險於烏巢，危於祁連，偪於黎陽，幾敗北山，殆死潼關，然後僞定一時耳。況臣才弱而欲以不危而定之？此臣之未解三也。曹操五攻昌霸不下，四越巢湖不成，任用李服而李服圖之，委夏侯而夏侯敗亡。先帝每稱操爲能，猶有此失，況臣駑下，何能必勝？臣之未解四也。自臣到漢中，纔及期年，而喪趙雲、馬玉、閻芝、丁立、劉郃、鄧銅等及曲長屯將七十餘輩，青羌武騎一千餘人。凡此皆糾合四方精鋭於數年之內，非一州所有而取備於旬日之中者也。若復數年，則損三分之二矣，將何以圖敵？臣之未解五也。今民窮兵疲，而事不可息，則止與行勞費正等，而不及早圖之，欲以一州與賊持久。臣之未解六也。夫難平者事也，昔先帝敗軍於楚，當此時，曹操拊手謂天下定矣。而先帝東連吳越，西取巴蜀，舉兵北征，夏侯授首，此操之失計而漢事將成也。及吳人違盟，關某毀敗，秭歸蹉跌，曹丕稱帝，凡事如此，難以逆知。臣鞠躬盡力，死而後已，至於成敗利鈍，非臣之明所能逆睹也。』於是復出散關，圍陳倉，未克，糧盡退軍。魏將王雙率騎追亮，與戰，破之，臨陣斬雙。七年遣陳式攻武都陰平，雍州刺史郭淮率衆擊式，亮自出至建威，淮聞之遁還，遂平二郡。八年，使魏延西入羌中，大破郭淮及費瑶於陽谿，詔策亮曰：『街亭之役，咎由馬謖，而君引愆，深自貶抑。重違君意，聽順所守。前年耀師，馘斬王雙，今歲爰征，郭淮遁走，降集氐羌，興復二郡。威震凶暴，功烈著明。今天下騷擾，元惡未梟。君受大任，幹國之重，而久自挹損，非所以光揚盛業也。其復君丞相，勿辭。』九年，亮復出祁山，以木牛運。司馬懿自荆州入朝，魏明帝曰：『西方事重，非君莫可付者。』乃使懿督張郃等諸軍雍凉勁卒三十餘萬，西救祁山。郃欲分兵駐雍郿，司馬懿曰：『料前軍能獨當之者，將軍言是也。若不能當而分爲前後，此楚之三軍所以爲黥布禽也。』遂進。亮留兵攻城，自逆懿於上邽。懿斂兵依險，軍不得交。亮引還，而懿追躡其後。至於鹵城，張郃曰：『彼遠來逆我，請戰不得，謂吾利在不戰，欲以長計制之也。可止屯於此，爲祁山聲援，分遣奇兵，示出其後。今亮縣兵食少，行亦歸矣，不可更前而不敢逼，沮三軍之氣也。』懿不從，兵既相銜，復不肯戰，而登山掘營。於是諸將咸曰：『公畏蜀如虎，奈天下笑何？』懿病之，乃使郃等攻別圍，自按中道向亮。時蜀兵更下者十二，魏軍始陣，幡兵適交，參佐俱言賊衆强盛，宜權留更卒，張助聲勢。亮曰：『吾統武行師，大信爲本。得原失信，古人所惜。更者束裝以待期，妻子鶴望而計日。雖臨征難，義不廢也。』皆督遣令行，於是去者感悦，願留一戰，止者憤踊，思致死命，臨陣争先，以一當十。却司馬懿，殺張郃，獲甲首三千級，玄鎧五千而還。十二年春，亮率大衆由斜谷出，以流馬運，據武功五丈原，與司馬懿對於渭南。亮每患糧乏，使己志不伸。是以分兵屯田，爲久駐之基。耕者雜於渭濱居民之間，百姓安堵，軍無私焉。亮數欲合戰，懿亦表固請戰，魏明帝恐不能禁，使衛尉辛毗制其軍。姜維謂亮曰：『辛毗仗節而來，賊不復出矣。』亮曰：『彼本無戰情，所以固請戰者，以示武於其衆耳。將在軍，君命有所不受。苟能制我，肯千里而請戰耶？』相持百餘日，其秋八月，亮疾病。密授長史楊儀、司馬費禕、護軍姜維等，以身殁之後退軍節度。亮適薨，儀等按亮成規，整軍而出，百姓奔告司馬懿。懿率衆追

焉，儀反旗鳴鼓，若將向懿者，乃不敢逼。於是蜀兵結陣而去，入谷然後發喪。司馬懿之退也，百姓爲之諺曰：『死諸葛走生仲達。』或以告懿，懿曰：『吾能料生，不便料死。』因按行其營壘處所，歎曰：『天下奇才也。』亮遺命葬漢中定軍山，因山爲墳，冢足容棺，斂以時服，不須器物。策謚爲忠武侯。初，亮自表後主曰：『成都有桑八百株，薄田十五頃，子弟衣食自有餘饒。至於臣在外任，無別調度，隨身衣食悉仰於官，不別治生，以長尺寸。若臣死之日，不使内有餘帛，外有贏財，以負陛下。』及薨，如其所言。景耀六年春，詔立亮廟於沔陽。初，亮亡，所在各求爲立廟。時議以禮秩，不聽，民間遂因時節私祭之于道陌之上。校尉習隆等上言曰：『周人懷召伯之教，甘棠爲之勿伐。越王思范蠡之績，鑄金以存其像。自漢以來，小善微德而圖形立廟者多矣。況亮德範遐邇，勳蓋天下，興扶王室，實賴斯人。而烝嘗止於私門，廟像闕而莫立，使百姓巷祭，夷戎野祀，非所以存德念功，聿追往昔也。今若盡順民心，則瀆而無典，建於京師，又逼宗廟，宜因其墓立之沔陽，使親屬以時賜祭。凡亮故時臣吏欲奉祀者，令至廟所。斷其私祀，以崇正禮。』於是始從之。亮體資文武，明睿篤誠，英略絶時而行治純懿，直方守正而應變無窮。自爲幼童，已欲興微繼絶，撥亂世反之正。其規模大策素定於胸中，見諸行事，皆平時所蘊積者，非臨危演思，嘗試其説而行也。故翼戴先主於傾覆顛沛之間，從容談笑，分割山河，興復漢宗，與疇昔語先主於南陽，其策無不效者。及夫受六尺之孤，履危急之地，事凡庸之主，故由己出而不失臣禮，身握强兵而中外無間，行法嚴峻而國人悦服，用民盡其力而下不怨勞。死之日，百姓追思，如喪考妣。庶幾哉，帝王之輔，伊、吕之儔，度越管、蕭遠矣。亮雖雄姿傑出，而從諫如流，改過不吝，嘗教於羣下曰：『夫參署者集衆思，廣忠益也。若遠小嫌，難相違覆，曠闕損矣。違覆而得中，猶棄敝蹻而獲珠玉。然人心苦不能盡，惟徐元直處兹不惑。又董幼宰參署七年，事有不至，至於十反來相啓告。苟能慕元直之不惑，希幼宰之慇懃，有忠於國，則亮可少過矣。』又曰：『昔初交州平，屢聞得失，後交元直，勤見啓誨。前參軍於幼宰，每言則盡，後從事於偉度，數有諫止。雖姿性鄙暗，不能悉納，然與此四子終始好合，亦足以明其不疑於直言也。』其好善如此。亮之治國，撫百姓，示儀軌，約官職，從權制。盡忠益時者，雖讎必賞；犯法怠慢者，雖親必罰；服罪輸情者，雖重必赦；遊辭好飾者，雖輕必戮。庶事精練，物理其本，循名責實，虛僞不齒，終於邦域之内，咸畏而愛之。其用心平，而勸戒明也。人有言亮惜赦者，亮答曰：『治世以大德，不以小惠，故匡衡、吴漢不願爲赦。先帝亦言，吾周旋陳元方、鄭康成間，每見啓告治亂之道悉矣，曾不語赦也。若劉景升父子，歲歲赦宥，何益於治乎？』都護李平同受遺詔，平後挾詐自營，無憂國之事。侍中廖立徙長水校尉，因怏怏懷恨，疵毁亂羣。亮表廢平、立爲民，平徙梓潼郡，立徙汶川郡。後聞亮卒，平發病卒，立垂泣歎曰：『吾終爲左衽矣。』或謂亮之致廖立垂泣，李平致死，豈徒伯氏奪邑，没齒無怨言而已哉！於是可謂能用刑矣。自秦漢已來，未之有也。亮之行師本仁義，明節制，其止如山，其進如風，踐敵人之境而芻蕘者不止，耕者不變。初出祁山，三郡應蜀，亮不速進，志大會而不就近功也。前軍敗於街亭，亮屯去數里不救，魏兵相接，又徐行，其安静堅重而有勇乃如此。魏大將司馬懿善用兵，殄公孫淵，擒孟達如探取囊中物耳。及與亮相抗，衆寡强弱客主勞佚之勢相去甚懸絶矣。然終不敢交戰，懿亦雅知亮師有節制，終非詭變之所能敵也，故閉營自守而已。其損益連弩、木牛流馬創物之智，出人意表。所作八陣圖，黄帝、太公丘井法也，周衰而後，亮獨得其要云。亮知人賢否，而能盡其才。初，蔣琬爲廣都長，先主因遊獵奄至廣都，琬衆事不治，時又沈醉，先主大怒，將加誅戮。亮曰：『蔣琬社稷之器，非百里之才。其爲治以安民爲本，不事修飾，願加督之。』先主雅敬亮，乃不加罪。費禕爲黄門侍郎，亮南征還，羣僚迎謁於數十里外，年位多在禕右者。而亮特命禕同載，衆人莫不易觀。其後二人相繼總政事，琬方整有威重，而禕寬濟博愛，見稱爲賢相，其當國功名略相比擬云。犍爲太守李嚴命楊洪爲郡曹，先主爭漢中，急書發兵，亮以問洪，洪曰：『無漢中則無蜀矣，此家門之禍也。發兵何疑？』亮因表洪領蜀郡太守，衆事皆辦，遂使即真，而嚴未去犍爲。洪迎門下書佐何祇有才策，洪尚在蜀郡，而祇已爲廣漢太守。於是西土莫不服亮能盡時人之器用也。先主稱漢中王，升黄忠爲後將軍，亮説之曰：『黄忠名望素非關馬之倫，而今便令同列，馬張在近，親見其功，尚可喻旨。關遥聞之，恐必不悦，無乃不可乎？』先主不聽。頃之，策關爲前軍，關果大怒曰：『大丈夫終不肯

與老兵同列。』賴行人費詩緩頰説之，關始拜命。劉封初爲先主養子，後領上庸太守。關公圍樊，促令發兵，封不肯助，又侵陵孟達，遂降魏。及魏攻上庸，封敗，自歸成都。亮慮封剛猛，易世之後，終難制御，勸先主因此除之，遂賜封死。魏延、楊儀，小人之難養者也，然延驍勇善撫士卒，儀雅有才幹，二人積不相能。自亮在時，使儀當勞劇，延冒險阻，皆捐軀受命，不敢辭難。及亮没，即舉兵相圖，同以誅滅。其燭微消患，駕馭姦桀，皆此類也。亮書奏言教皆有可觀，晋時嘗令著作郎陳壽録亮故事，壽定著二十四篇爲《諸葛氏集》、《開府》、《作牧》、《權制》、《計算》、《南征》、《北出》、《綜覈》、《訓厲》、《貴和》、《傳運》、《軍令》、《法檢》、《兵要》等皆名篇之目也。壽又爲之奏，其略曰：『亮少有逸才，英霸之氣，遭漢擾亂，不求聞達，後遇先主，解帶寫誠，厚相結納。及魏武南征，先主失勢，亮時年二十七，乃建奇策，大破魏軍，托據荆益。先主殂殁，嗣子幼弱，於是專決政事，外連孫吴，内平南越，立法施度，整理戎旅，科教嚴明，賞罰必信，無惡不懲，無善不顯。至於吏不容姦，人懷自厲，道不拾遺，强不侵弱，風化肅然也。當此之時，亮之素志進欲龍驤虎視，包括四海，退欲跨陵邊疆，震蕩宇内。又自以爲無身之日，則未有能蹈涉中原，抗衡上國者，是以用兵不戢，屢耀其武。然所與對敵，或值人傑，加衆寡不侔，攻守異體，故雖連年動衆，未能成功。昔蕭何薦韓信，管仲舉王子成父，皆忖己之長，未能兼有故也。亮之器能政理，管、蕭之匹，而時乏名將，無成父、韓信，故使功業不及耶？蓋天命有歸，不可智力争也。青龍二年，亮率衆出武功，其秋病卒。黎庶追思以爲口實，至今梁益之民咨述亮者，言猶在耳。雖《甘棠》之詠召公，鄭人之歌子産，無以遠譬也。孟軻有云：「以佚道使民，雖勞不怨。以生道殺民，雖死不憤。」信矣。論者或怪亮文采不艷，而過於丁寧周至。臣愚以爲臯陶大賢也，周公聖人也，考之《尚書》，臯陶之謨略而雅，周公之誥煩而悉，何則？臯陶與舜禹共談，周公與羣下矢誓故也。亮所與言盡衆人凡士，故其文指不得及遠。然聲教遺言，皆經事綜物，公誠之心，形於文墨，足以知其人之意理而有補於當世。』壽不爲知亮，而其言亦多有可取者。

綜述

《三國志》卷一四《魏志·賈詡傳》 帝問詡曰：『吾欲伐不從命以一天下。吴、蜀何先？』對曰：『【略】吴、蜀雖蕞爾小國，依阻山水。劉備有雄才，諸葛亮善治國，孫權識虚實，陸遜見兵勢，據險守要，汎舟江湖，皆難卒謀也。』

又《劉曄傳》 曄進曰：『【略】諸葛亮明於治而爲相，關羽、張飛勇冠三軍而爲將，蜀民既定，據險守要，則不可犯矣。』

又卷三九《蜀志·馬良傳》 先主領荆州，辟爲從事。及先主入蜀，諸葛亮亦從後往。良留荆州，與亮書曰：『聞雒城已拔，此天祚也。尊兄應期贊世，配業光國，魄兆見矣。夫變用雅慮，審貴垂明，於以簡才，宜適其時。若乃和光悦遠，邁德天壤，使時閑於聽，世服於道，齊高妙之音，正鄭、衛之聲，並利於事，無相奪倫，此乃管弦之至，牙、曠之調也。雖非鍾期，敢不擊節！』

又卷四〇《蜀志·劉封傳》 諸葛亮慮封剛猛，易世之後終難制御，勸先主因此除之。於是賜封死，使自裁。

又《彭羕傳》 羕聞當遠出，私情不悦，往詣馬超。超問羕曰：『卿才具秀拔，主公相待至重，謂卿當與孔明、孝直諸人齊足並驅，寧當外授小郡，失人本望乎？』羕曰：『老革荒悖，可復道邪！』又謂超曰：『卿爲其外，我爲其内，天下不足定也。』超羈旅歸國，常懷危懼，聞羕言大驚，默然不答。羕退，具表羕辭，於是收羕付有司。

羕於獄中與諸葛亮書曰：『僕昔有事於諸侯，以爲曹操暴虐，孫權無道，振威闇弱，其惟主公有霸王之器，可與興業致治，故乃翻然有輕舉之志。會公來西，僕因法孝直自衒鬻，龐統斟酌其間，遂得詣公於葭萌，指掌而譚，論治世之務，講霸王之義，建取益州之策，公亦宿慮明定，即相然贊，遂舉事焉。僕於故州不免凡庸，憂於罪罔，得遭風雲激矢之中，求君得君，志行名顯，從布衣之中擢爲國士，盜竊茂才。分子之厚，誰復過此。羕一朝狂悖，自求葅醢，爲不忠不義之鬼乎！先民有言，左手據天下之圖，右手刎咽喉，愚夫不爲也。况僕頗别菽麥者哉！所以有怨望意

者，不自度量，苟以爲首興事業，而有投江陽之論，不解主公之意，意卒感激，頗以被酒，侻失老語。此僕之下愚薄慮所致，主公實未老也。且夫立業，豈在老少，西伯九十，寧有衰志，負我慈父，罪有百死。至於內外之言，欲使孟起立功北州，戮力主公，共討曹操耳，寧敢有他志邪？孟起說之是也，但不分別其間，痛人心耳。昔每與龐統共相誓約，庶託足下末蹤，盡心於主公之業，追名古人，載勳竹帛。統不幸而死，僕敗以取禍。自我墮之，將復誰怨！足下，當世伊、呂也，宜善與主公計事，濟其大猷。天明地察，神祇有靈，復何言哉！貴使足下明僕本心耳。行矣努力，自愛，自愛！」羕竟誅死，時年三十七。

又　**《廖立傳》**　立躬率妻子耕殖自守，聞諸葛亮卒，垂泣歎曰：「吾終爲左衽矣！」

又　**《李平傳》**　十二年，平聞亮卒，發病死。平常冀亮當自補復，策後人不能，故以激憤也。

又　**卷四一《蜀志・張裔傳》**　亮出駐漢中，裔以射聲校尉領留府長史。常稱曰：「公賞不遺遠，罰不阿近，爵不可以無功取，刑不可以貴勢免。此賢愚之所以僉忘其身者也。」

又　**卷四三《蜀志・呂凱傳》**　闓數移檄永昌，稱說云云。凱答檄曰：「**【略】**今諸葛丞相英才挺出，深睹未萌，受遺托孤，翊贊季興，與衆無忌，録功忘瑕。」

又　**卷四五《蜀志・楊戲傳》**　（李）永南名邵，廣漢郪人也。**【略】**《華陽國志》曰：邵兄邈，字漢南，劉璋時為牛鞞長。先主領牧，為從事。正旦命行酒，得進見，讓先主曰：「振威以將軍宗室肺腑，委以討賊，元功未效，先寇而滅；邈以將軍之取鄙州，甚為不宜也。」先主曰：「知其不宜，何以不助之？」邈曰：「匪不敢也，力不足耳。」有司將殺之，諸葛亮為請，得免。久之，為犍為太守、丞相參軍、安漢將軍。建興六年，亮西征。馬謖在前敗績，亮將殺之，邈諫以「秦赦孟明，用伯西戎，楚誅子玉，二世不競」，失亮意，還蜀。十二年，亮卒，後主素服發哀三日，邈上疏曰：「呂祿、霍、禹未必懷反叛之心，孝宣不好為殺臣之君，直以臣懼其偪，主畏其威，故姦萌生。亮身杖強兵，狼顧虎視，五大不在邊，臣常危之。今亮殞没，蓋宗族得全，西戎靜息，大小為慶。」後主怒，下獄誅之。

（李）孫德名福，梓潼涪人也。**【略】**《益部耆舊雜記》曰：諸葛亮於武功病篤，後主遣福省侍，遂因諮以國家大計。福往具宣聖旨，聽亮所言，至別去數日，忽馳思未盡其意，遂卻騎馳還見亮。亮語福曰：「孤知君還意。近日言語，雖彌日有所不盡，更來一決耳。君所問者，公琰其宜也。」福謝：「前實失不諮請公，如公百年後，誰可任大事者？故輒還耳。乞復請，蔣琬之後，誰可任者？」亮曰：「文偉可以繼之。」又復問其次，亮不答。福還，奉使稱旨。

又　**卷四六《吳志・吳主傳》**　六月，蜀遣衛尉陳震慶權踐位。權乃參分天下，**【略】**造為盟曰：「**【略】**諸葛丞相德威遠著，翼戴本國，典戎在外，信感陰陽，誠動天地，重復結盟，廣誠約誓，使東西士民咸共聞知。」

又　**卷五七《吳志・張溫傳》**　以輔義中郎將使蜀。權謂溫曰：「卿不宜遠出。恐諸葛孔明不知吾所以與曹氏通意，以故屈卿行。若山越都除，便欲大搆於蜀。行人之義，受命不受辭也。」溫對曰：「臣入無腹心之規，出無專對之用。懼無張老延譽之功，又無子產陳事之效。然諸葛亮達見計數，必知神慮屈申之宜，加受朝廷天覆之惠。推亮之心，必無疑貳。」

晉・常璩《華陽國志》卷七《劉後主志》　初，丞相亮時，有言公惜赦者，亮答曰：「治世以大德，不以小惠，故匡衡、吳漢不願爲赦。先帝亦言吾周旋陳元方、鄭康成間，每見啓告，治亂之道備矣，曾不語赦也。若景升、季玉父子，歲歲赦宥，何益於治！」故亮時軍旅屢興，赦不妄下也。自亮殁後，茲制遂虧。

又　**卷一〇中《廣漢士女》**　李邈，字漢南，邵兄也。牧璋時爲牛鞞長。先主領牧，爲從事。正旦，命行酒，得進見，讓先主曰：「振威以將軍宗室肺腑，委以討賊，元功未効，先寇而滅。邈以將軍之取鄙州甚爲不宜也。」先主曰：「知其不宜，何以不助之？」邈曰：「匪不敢也，力不足耳。」有司將殺之，諸葛亮爲請，得免。久之，爲犍爲太守、丞相參軍、安漢將軍。建興六年，亮西征，馬謖在前，亮將殺之。邈諫以「秦赦孟明，用霸西戎；楚誅子玉，二世不競」，失亮意，還蜀。十三年，亮卒。後主素服發哀三日。邈上疏曰：「呂祿、霍、禹未必懷反叛之心，孝宣不好爲殺臣之君，直以臣懼其偪，主畏其威，故姦萌生。亮身杖強兵，狼顧虎視，五大不在邊，臣常危之。今亮殞殁，蓋宗族得全，西戎靜息，大小爲慶。」後主怒，下獄誅之。

《三國志》卷三《魏志・明帝紀》裴松之注　《魏略》載帝《露布天下並班告益州》曰：『劉備背恩，自竄巴蜀。諸葛亮棄父母之國，阿殘賊之黨，神人被毒，惡積身滅。亮外務立孤之名，而內貪專擅之實，劉升之兄弟守空城而已。亮又侮易益土，虐用其民，是以利狼、宕渠、高定、青羌莫不瓦解，爲亮仇敵。而亮反裘負薪，裹盡毛殫，刖趾適屨，刻肌傷骨，反更稱說，自以爲能，行兵于井底，遊步于牛蹄。自朕即位，三邊無事，猶哀憐天下數遭兵革，且欲養四海之耆老，長後生之孤幼，先移風於禮樂，次講武於農隙，置亮畫外，未以爲虞。而亮懷李熊愚勇之智，不思荆邯度德之戒，驅略吏民，盜利祁山。王師方振，膽破氣奪；馬謖、高祥，望旗奔敗。虎臣逐北，蹈屍涉血；亮也小子，震驚朕師。猛鋭踴躍，咸思長驅。朕惟率土，莫非王臣；師之所處，荆棘生焉，不欲使千室之邑忠信貞良，與夫淫昏之黨共受塗炭。故先開示，以昭國誠。勉思變化，無滯亂邦。巴蜀將吏士民諸爲亮所劫迫，公卿以下皆聽束手。』

又　卷二九《魏志・杜夔傳》裴松之注　時有扶風馬鈞，巧思絕世。傅玄序之曰：『【略】先生見諸葛亮連弩，曰：「巧則巧矣，未盡善也。」言作之可令加五倍。』

又　卷三三《蜀志・後主傳》裴松之注　《諸葛亮集》載禪三月下詔曰：『朕聞天地之道，福仁而禍淫；善積者昌，惡積者喪，古今常數也。是以湯、武脩德而王，桀、紂極暴而亡。曩者漢祚中微，網漏凶慝。董卓造難，震蕩京畿。曹操階禍，竊執天衡，殘剥海內，懷無君之心。子丕孤豎，敢尋亂階，盜據神器，更姓改物，世濟其凶。當此之時，皇極幽昧，天下無主，則我帝命隕越於下。昭烈皇帝，體明叡之德，光演文武，應乾坤之運，出身平難，經營四方，人鬼同謀，百姓與能，兆民欣戴，奉順符讖，建位易號，丕承天序，補弊興衰，存復祖業，誕膺皇綱，不墜於地。萬國未定，早世遐殂。朕以幼沖，繼統鴻基，未習保傅之訓，而嬰祖宗之重。六合壅否，社稷不建，永惟所以，念在匡救，光載前緒，未有攸濟，朕甚懼焉。是以夙興夜寐，不敢自逸，每從菲薄以益國用，勸分務穡以阜民財，授方任能以參其聽，斷私降意以養將士。欲奮劍長驅，指討凶逆。朱旗未舉，而丕復隕喪，斯所謂不燃我薪而自焚也。殘類餘醜，又支天禍，恣睢河、洛，阻兵未弭。諸葛丞相，弘毅忠壯，忘身憂國，先帝託以天下，以勖朕躬。今授之以旄鉞之重，付之以專命之權，統領步騎二十萬衆，董督元戎，龔行天罰，除患寧亂，克復舊都，在此行也。昔項籍總一强衆，跨州兼土，所務者大，然卒敗垓下，死於東城，宗族（如焚）〔焚如〕，爲笑千載，皆不以義，陵上虐下故也。今賊效尤，天人所怨，奉時宜速，庶憑炎精祖宗威靈相助之福，所向必克。吳王孫權同恤災患，潛軍合謀，掎角其後。涼州諸國王各遣月支、康居胡侯支富、康植等二十餘人詣受節度，大軍北出，便欲率將兵馬，奮戈先驅。天命既集，人事又至，師貞勢並，必無敵矣。夫王者之兵，有征無戰，尊而且義，莫敢抗也。故鳴條之役，軍不血刃；牧野之師，商人倒戈。今旍麾首路，其所經至，亦不欲窮兵極武。有能棄邪從正，簞食壺漿以迎王師者，國有常典，封寵大小，各有品限。及魏之宗族、支葉、中外，有能規利害、審逆順之數，來詣降者，皆原除之。昔輔果絕親於智氏，而蒙全宗之福；微子去殷，項伯歸漢，皆受茅土之慶。此前世之明驗也。若其迷沈不反，將助亂人，不式王命，戮及妻孥，罔有攸赦。廣宣恩威，貸其元帥，弔其殘民。他如詔書律令，丞相其露布天下，使稱朕意焉。』

又　卷三五《蜀志・李平傳》裴松之注　《諸葛亮集》有嚴與亮書，勸亮宜受九錫，進爵稱王。亮荅書曰：『吾與足下相知久矣，可不復相解！足下方誨以光國，戒之以勿拘之道，是以未得默已。吾本東方下士，誤用於先帝，位極人臣，祿賜百億，今討賊未效，知己未荅，而方寵齊、晉，坐自貴大，非其義也。若滅魏斬叡，帝還故居，與諸子並升，雖十命可受，況於九邪！』

《晉書》卷一《宣帝紀》　明年，諸葛亮寇天水，圍將軍賈嗣、魏平於祁山。天子曰：『西方有事，非君莫可付者。』乃使帝西屯長安，都督雍、梁二州諸軍事，統車騎將軍張郃、後將軍費曜、征蜀護軍戴淩、雍州刺史郭淮等討亮。張郃勸帝分軍住雍、郿為後鎮。帝曰：『料前軍獨能當之者，將軍言是也；若不能當而分為前後，此楚之三軍所以為黥布禽也。』遂進軍隃麋。亮聞大軍且至，乃自帥衆將芟上邽之麥。諸將皆懼，帝曰：『亮慮多決少，必安營自固，然後芟麥，吾得二日兼行足矣。』於是卷甲晨夜赴之。亮望塵而遁。帝曰：『吾倍道疲勞，此曉兵者之所貪也。亮不敢據渭水，此易與耳。』進次漢陽，與亮相遇，帝列陣以待之。

使將牛金輕騎餌之，兵才接而亮退。追至祁山，亮屯鹵城，據南北二山，斷水為重圍。帝攻拔其圍，亮宵遁，追擊破之，俘斬萬計。天子使使者勞軍，增封邑。時軍師杜襲、督軍薛悌皆言明年麥熟亮必為寇，隴右無穀，宜及冬豫運。帝曰：『亮再出祁山，一攻陳倉，挫衄而反。縱其後出，不復攻城，當求野戰。必在隴東，不在西也。亮每以糧少為恨，歸必積穀，以吾料之，非三稔不能動矣。』於是表徙冀州農夫佃上邽，興京兆、天水、南安監冶。青龍元年，穿成國渠，築臨晉陂，溉田數千頃，國以充實焉。二年，亮又帥衆十餘萬出斜谷，壘于郿之渭水南原。天子憂之，遺征蜀護軍秦朗督步騎二萬，受帝節度。諸將欲住渭北以待之，帝曰：『百姓積聚，皆在渭南，此必争之地也。』遂引軍而濟，背水為壘，因謂諸將曰：『亮若勇者，當出武功，依山而東；若西上五丈原，則諸軍無事矣。』亮果上原，將北渡渭。帝遺將軍周當屯陽遂以餌之。數日，亮不動。帝曰：『亮欲争原而不向陽遂。此意可知也。』遺將軍胡遵、雍州刺史郭淮共備陽遂，與亮會于積石，臨原而戰。亮不得進，還于五丈原。會有長星墜亮之壘，帝知其必敗。遺奇兵掎亮之後，斬五百餘級，獲生口千餘，降者六百餘人。時朝廷以亮僑軍遠寇，利在急戰，每命帝持重以候其變。亮數挑戰，帝不出。因遺帝巾幗、婦人之飾。帝怒，表請决戰，天子不許。乃遺骨鯁臣衛尉辛毗杖節為軍師以制之。後亮復來挑戰，帝將出兵以應之，毗杖節立軍門，帝乃止。初，蜀將姜維聞毗來，謂亮曰：『辛毗杖節而至，賊不復出矣。』亮曰：『彼本無戰心，所以固請者，以示武於其衆耳。將在軍，君命有所不受。苟能制吾，豈千里而請戰邪？』帝弟孚書問軍事，帝復書曰：『亮志大而不見機，多謀而少决，好兵而無權。雖提卒十萬，已墮吾畫中，破之必矣。』與之對壘百餘日，會亮病卒，諸將燒營遁走。百姓奔告，帝出兵追之。亮長史楊儀反旗鳴鼓，若將距帝者。帝以窮寇不之逼，於是楊儀結陣而去。經日，乃行其營壘，觀其遺事，獲其圖書、糧穀甚衆。帝審其必死，曰：『天下奇才也。』辛毗以為尚未可知。帝曰：『軍家所重軍書密計、兵馬糧穀，今皆棄之，豈有人捐其五藏而可以生乎？宜急追之。』關中多蒺藜，帝使軍士二千人著軟材平底木屐前行，蒺藜悉著屐，然後馬步俱進，追到赤岸，乃知亮死。審問時，百姓為之諺曰：『死諸葛走生仲達。』帝聞而笑曰：『吾便料生、不便料死故也。』先是，亮使至，帝問曰：『諸葛公起居何如？食可幾米？』對曰：『三四升。』次問政事。曰：『二十罰已上，皆自省覽。』帝既而告人曰：『諸葛孔明其能久乎？』竟如其言。

又　卷八七《涼武昭王傳》　武昭王諱暠，字玄盛，【略】玄盛上巳日讌於曲水，命羣寮賦詩而親為之序。於是寫《諸葛亮訓誡》以勖諸子曰：『吾負荷艱難，寧濟之勳未建，雖外總良能，憑股肱之力，而戎務孔殷，坐而待旦。以維城之固，宜兼親賢，故使汝等未及師保之訓，皆弱年受任。常懼弗克，以貽咎悔。古今之事不可以不知，苟近而可師，何必遠也。覽諸葛亮訓勵，應璩奏諫，尋其終始，周孔之教盡在中矣。為國足以致安，立身足以成名，質畧易通，寓目則了，雖言發往人，道師於此。且經史道德如采菽中原，勤之者則功多。汝等可不勉哉！』

論　說

《三國志》卷三五《蜀志・諸葛亮傳》　臣壽等言：【略】亮少有羣逸之才，英霸之器，身長八尺，容貌甚偉，時人異焉。造漢末亂，隨叔父玄避難荆州，躬耕於野，不求聞達。時左將軍劉備以亮有殊量，乃三顧亮於草廬之中；亮深謂備雄姿傑出，遂解帶寫誠，厚相結納。及魏武帝南征荆州，劉琮舉州委質，而備失勢衆寡，無立錐之地。亮時年二十七，乃建奇策，身使孫權，求援吴會。權既宿服備，又觀亮奇雅，甚敬重之，即遣兵三萬以助備。備得用與武帝交戰，大破其軍，乘勝克捷，江南悉平。後備又西取益州。益州既定，以亮爲軍師將軍。備稱尊號，拜亮爲丞相，録尚書事。及備殂没，嗣子幼弱，事無巨細，亮皆專之。於是外連東吴，内平南越，立法施度，整理戎旅，工械技巧，物究其極，科教嚴明，賞罰必信，無惡不顯，至於吏不容姦，人懷自厲，道不拾遺，疆不侵弱，風化肅然也。

當此之時，亮之素志，進欲龍驤虎視，包括四海，退欲跨陵邊疆，震蕩宇内。又自以爲無身之日，則未有能蹈涉中原、抗衡上國者，是以用兵不戢，屢耀其武。然亮才，於治戎爲長，奇謀爲短，理民之幹，優於將略。而所與對敵，或值人傑，加衆寡不侔，攻守異體，故雖連年動衆，未

能有克。昔蕭何薦韓信，管仲舉王子城父，皆忖己之長，未能兼有故也。亮之器能政理，抑亦管、蕭之亞匹也，而時之名將無城父、韓信，故使功業陵遲，大義不及邪？蓋天命有歸，不可以智力爭也。

青龍二年春，亮帥衆出武功，分兵屯田，爲久駐之基。其秋病卒，黎庶追思，以爲口實。至今梁、益之民，咨述亮者，言猶在耳，雖《甘棠》之詠召公、鄭人之歌子產，無以遠譬也。孟軻有云：『以逸道使民，雖勞不怨；以生道殺人，雖死不忿。』信矣！論者或怪亮文彩不豔，而過於丁寧周至。臣愚以爲咎繇大賢也，周公聖人也，考之《尚書》，咎繇之謨略而雅，周公之誥煩而悉。何則？咎繇與舜、禹共談，周公與羣下矢誓故也。亮所與言，盡衆人凡士，故其文指不得及遠也。然其聲教遺言，皆經事綜物，公誠之心，形于文墨，足以知其人之意理，而有補於當世。

【略】泰始十年二月一日癸巳，平陽侯相臣陳壽上。

又《諸葛亮傳論》 諸葛亮之為相國也，撫百姓，示儀軌，約官職，從權制，開誠心，布公道；盡忠益時者雖讎必賞，犯法怠慢者雖親必罰，服罪輸情者雖重必釋，遊辭巧飾者雖輕必戮；善無微而不賞，惡無纖而不貶；庶事精練，物理其本，循名責實，虛偽不齒；終於邦域之內，咸畏而愛之，刑政雖峻而無怨者，以其用心平而勸戒明也。可謂識治之良才，管、蕭之亞匹矣。然連年動衆，未能成功，蓋應變將略，非其所長歟！《袁子》曰：或問諸葛亮何如人也，袁子曰：張飛、關羽與劉備俱起，爪牙腹心之臣，而武人也。晚得諸葛亮，因以為佐相，而羣臣悅服，劉備足信、亮足重故也。及其受六尺之孤，攝一國之政，事凡庸之君，專權而不失禮，行君事而國人不疑，如此即以為君臣百姓之心欣戴之矣。行法嚴而國人悅服，用民盡其力而下不怨。及其兵出入如賓，行不寇，芻蕘者不獵，如在國中。其用兵也，止如山，進退如風，兵出之日，天下震動，而人心不憂。亮死至今數十年，國人歌思，如周人之思召公也，孔子曰『雍也可使南面』，諸葛亮有焉。又問諸葛亮始出隴右，南安、天水、安定三郡人反應之，若亮速進，則三郡非中國之有也，而亮徐行不進；既而官兵上隴，三郡復，亮無尺寸之功，失此機，何也？袁子曰：蜀兵輕銳，良將少，亮始出，未知中國強弱，是以疑而嘗之；且大會者不求近功，所以不進也。曰：何以知其疑也？袁子曰：初出遲重，屯營重復，後轉降未進兵欲戰，亮勇而能鬬，三郡反而不速應，此其疑徵也。曰：何以知其勇而能鬬也？袁子曰：亮之在街亭也，前軍大破，亮屯去數里，不救；官兵相接，又徐行，此其勇也。亮之行軍，安靜而堅重；安靜則易動，堅重則可以進退。亮法令明，賞罰信，士卒用命，赴險而不顧，此所以能鬬也。曰：亮率數萬之衆，其所興造，若數十萬之功，是其奇者也。所至營壘、井竈、圊溷、藩籬、障塞皆應繩墨，一月之行，去之如始至，勞費而徒為飾好，何也？袁子曰：蜀人輕脫，亮故堅用之。曰：何以知其然也？袁子曰：亮治實而不治名，志大而所欲遠，非求近速者也。曰：亮好治官府、次舍、橋梁、道路，此非急務，何也？袁子曰：小國賢才少，故欲其尊嚴也。亮之治蜀，田疇辟，倉廩實，器械利，蓄積饒，朝會不華，路無醉人。夫本立故末治，有餘力而後及小事，此所以勸其功也。曰：子之論諸葛亮，則有證也。以亮之才而少其功，何也？袁子曰：亮，持本者也，其於應變，則非所長也，故不敢用其短。曰：然則吾子美之，何也？袁子曰：此固賢者之遠矣，安可以備體責也。夫能知所短而不用，此賢者之大也；知所短則知所長矣。夫前識與言而不中，亮之所不用也，此吾之所謂可也。吳大鴻臚張儼作默記，其述佐篇論亮與司馬宣王書曰：漢朝傾覆，天下崩壞，豪傑之士，競希神器。魏氏跨中土，劉氏據益州，並稱兵海內，為世霸主。諸葛、司馬二相，遭值際會，託身明主，或收功於蜀漢，或冊名於伊、洛。丕、備既沒，後嗣繼統，各受保阿之任，輔翼幼主，不負然諾之誠，亦一國之宗臣，霸王之賢佐也。歷前世以觀近事，二相優劣，可得而詳也。孔明起巴、蜀之地，蹈一州之土，方之大國，其戰士人民，蓋有九分之一也，而以貢贄大吳，抗對北敵，至使耕戰有伍，刑法整齊，提步卒數萬，長驅祁山，慨然有飲馬河、洛之志。仲達據天下十倍之地，仗兼併之衆，據牢城，擁精銳，無禽敵之意，務自保全而已，使彼孔明自來自去。若此人不亡，終其志意，連年運思，刻日興謀，則涼、雍不解甲，中國不釋鞍，勝負之勢，亦已決矣。昔子產治鄭，諸侯不敢加兵，蜀相其近之矣。方之司馬，不亦優乎！或曰，兵者兇器，戰者危事也，有國者不務保安境內，綏靜百姓，而好開闢土地，征伐天下，未為得計也。諸葛丞相誠有匡佐之才，然處孤絕之地，戰士不滿五萬，自可閉關守險，君臣無事。空勞師旅，無歲不征，未能進咫尺之地，開帝王之基，而使國內受其荒殘，西土苦其役調。魏司馬懿纔用兵衆，未易可輕，量敵而進，兵家所慎；若丞相必有以策之，則未見坦然之勳，若無策以裁之，則非明哲之謂，海內歸向之意也，餘竊疑焉，請聞其說。答曰：蓋聞湯以七十里、文王以百里之地而有天下，皆用征伐而定之。揖讓而登王位者，惟舜、禹而已。今蜀、魏為敵戰之國，勢不俱王，自操、備時，強弱縣殊，而備猶出兵陽平，禽夏侯淵。羽圍襄陽，將降曹仁，生獲於禁，當時北邊大小憂懼，孟德身出南陽，樂進、徐晃等為救，圍不即解，故蔣子通言

彼時有徒許渡河之計，會國家襲取南郡，羽乃解軍。玄德與操，智力多少，士衆衆寡，用兵行軍之道，不可同年而語，猶能暫以取勝，是時又無大吳掎角之勢也。今仲達之才，減於孔明，當時之勢，異於曩日，玄德尚與抗衡，孔明何以不可出軍而圖敵邪？昔樂毅以弱燕之衆，兼從五國之兵，長驅强齊，下七十餘城。今蜀漢之卒，不少燕軍，君臣之接，信於樂毅，加以國家為脣齒之援，東西相應，首尾如蛇，形勢重大，不比於五國之兵也，何憚於彼而不可哉？夫兵以奇勝，制敵以智，土地廣狹，人馬多少，未可偏恃也。余觀彼治國之體，當時既肅整，遺教在後，及其辭意懇切，陳進取之圖，忠謀謇謇，義形於主，雖古之管、晏，何以加之乎？

《蜀記》曰：晉永興中，鎮南將軍劉弘至隆中，觀亮故宅，立碣表閭，命太傅掾犍為李興為文曰：『天子命我，于沔之陽，聽鼓鼙而永思，庶先哲之遺光，登隆山以遠望，軾諸葛之故鄉。蓋神物應機，大器無方，通人靡滯，大德不常。故谷風發而騶虞嘯，雲雷升而潛鱗驤；摯解褐於三聘，尼得招而褰裳，管豹變於受命，貢感激以回莊，異徐生之摘寶，釋臥龍於深藏，偉劉氏之傾蓋，嘉吾子之周行。夫有知己之主，則有竭命之良，固所以三分我漢鼎，跨帶我邊荒，抗衡我北面，馳騁我魏疆者也。英哉吾子，獨含天靈。豈神之祇，豈人之精？何思之深，何德之清！異世通夢，恨不同生。推子八陳，不在孫、吳，木牛之奇，則非般模，神弩之功，一何微妙！千井齊甃，又何秘要！昔在顛、夭，有名無迹，孰若吾儕，良籌妙畫？臧文既没，以言見稱，又未若子，言行並徵。夷吾反坫，樂毅不終，奚比於爾，明哲守沖。臨終受寄，讓過許由，負扆莅事，民言不流。刑中於鄭，教美於魯，蜀民知耻，河、渭安堵。匪皋則伊，甯彼管、晏，豈徒聖宣，慷慨屢歎！昔爾之隱，卜惟此宅，仁智所處，能無規廓。日居月諸，時殞其夕，誰能不殁，貴有遺格。惟子之勳，移風來世，詠歌餘典，懦夫將厲。遐哉邈矣，厥規卓矣，凡若吾子，難可究已。疇昔之乖，萬里殊塗；今我來思，覿爾故墟。漢高歸魂於豐、沛，太公五世而反周，想罔兩以仿佛，冀影響之有餘。魂而有靈，豈其識諸！』

王隱《晉書》云：李興，密之子；一名安。

《晉書》卷四九《嵇康傳》 諸葛孔明不迫元直以入蜀，華子魚不强幼安以卿相，此可謂能相始終，真相知者也。

又 卷八八《李密傳》 昔舜、禹、皋陶相與語，故得簡雅；《大誥》與凡人言，宜碎。孔明與言者無己敵，言教是以碎耳。

晉·傅玄《傅子·附録》 徵士傅朝曰：『劉備寬仁有度，能得人死力。諸葛亮達治知變，正而有謀，而為之相；張飛、關羽勇而有義，皆萬人之敵，而為之將。此三人者，皆人杰也。以劉備之略，三杰佐之，何為而不濟也？』

晉·常璩《華陽國志》卷七《劉後主志》 譔曰：諸葛亮雖資英霸之能，而主非中興之器，欲以區區之蜀，假已廢之命，北吞强魏，抗衡上國，不亦難哉！似宋襄求霸者乎？然亮政脩民理，威武外振，爰迄琬、褘，遵脩弗革，攝乎大國之間，以弱為强，猶可自保；姜維才非亮匹，志繼洪軌，民嫌其勞，家國亦喪矣。

清·嚴可均《全晉文》卷一〇五《張輔〈名士優劣論〉》 樂毅、諸葛孔明之優劣，或以毅相弱燕，合五國之兵以破强齊，雪君王之耻，圍城而不急攻，將令道窮而義服，此則仁者之師，莫不謂毅為優。余以五國之兵共伐一齊不足為强；大戰濟西，伏屍流血不足為仁。夫孔明包文武之德，劉先主以知人之明屢造其廬，咨以濟世。奇策泉湧，智謀從横，遂東説孫權，北抗大魏，以乘勝之師，翼佐取蜀。及先主臨終，禪以大位；在擾攘之際，立童蒙之主。設官分職，班叙衆才，文以寧內，武以折衝。然後布其恩澤於中國之民。其行軍也路不拾遺，毫毛無犯，勳業垂濟而隕。觀其遺文，謀謨弘遠，雅規恢廓。已有功則讓於下，下有闕則躬自咎。見善則遷，納諫則改，故聲烈振於遐邇也。孟子曰『聞伯夷之風，貪夫廉』。余以為覩孔明之忠，姦臣立節矣。殆將與伊呂爭儔，豈徒樂毅為伍哉？

又 卷一三四《習鑿齒〈側周魯通諸葛論〉》 客問曰：『周瑜、魯肅何人也？』主人曰：『小人也。』客曰：『周瑜奇孫策於總角，定大好於一面，摧魏武百勝之鋒，開孫氏偏王之業，威震天下，名馳四海；魯肅一見孫權，建東吳之略。子謂之小人，何也？』主人曰：『皆乃真所以爲小人也。夫君子之道，故將竭其真忠，佐扶帝室，尊主寧時，遠崇名教。若乃力不能合，事與志違，躬耕南畝，遁迹當年。何由盡臣禮於孫氏於漢室未亡之日耶？』客曰：『諸葛武侯，翼戴玄德，與瑜、肅何異？而子重諸葛毀瑜、肅，何其偏也！』主人曰：『夫論古今者，故宜先定其所爲之本，迹其致用之源。諸葛武侯龍蟠江南，託好管、樂，有匡漢之望，是有崇本之心也。今玄德漢高之正胄也，信義著於當年，將使漢室亡

而更立，宗廟絶而復繼。誰云不可哉？』

《三國志》卷二八《魏志·鄧艾傳》裴松之注　《袁子》曰：諸葛亮，重人也，而驟用蜀兵，此知小國弱民難以久存也。今國家一舉而滅蜀，自征伐之功，未有如此之速者也。方鄧艾以萬人入江由之危險，鍾會以二十萬衆留劍閣而不得進，三軍之士已饑，艾雖戰勝克將，使劉禪數日不降，則二將之軍難以反矣。故功業如此之難也。國家前有壽春之役，後有滅蜀之勞，百姓貧而倉廩虚，故小國之慮，在於時立功以自存，大國之慮，在於既勝而力竭，成功之後，戒懼之時也。

又卷三七《蜀志·法正傳》裴松之注　孫盛曰：夫威福自下，亡家害國之道，刑縱於寵，毁政亂理之源；安可以功臣而極其陵肆、嬖幸而藉其國柄者哉？故顛頡雖勤，不免違命之刑；揚幹雖親，猶加亂行之戮，夫豈不愛，王憲故也。諸葛氏之言，於是乎失政刑矣！

又卷三九《蜀志·馬良傳》裴松之注　習鑿齒曰：諸葛亮之不能兼上國也，豈不宜哉！夫晉人規林父之後濟，故廢法而收功；楚成闇得臣之益己，故殺之以重敗。今蜀僻陋一方，才少上國，而殺其俊傑，退收駑下之用，明法勝才，不師三敗之道，將以成業，不亦難乎！且先主誡謖之不可大用，豈不謂其非才也？亮受誡而不獲奉承，明謖之難廢也。爲天下宰匠，欲大收物之力，而不量才節任，隨器付業；知之大過，則違明主之誡，裁之失中，即殺有益之人，難乎其可與言智者也。

又卷四〇《蜀志·李嚴傳》裴松之注　習鑿齒曰：昔管仲奪伯氏駢邑三百，没齒而無怨言，聖人以爲難。諸葛亮之使廖立垂泣，李平致死，豈徒無怨言而已哉！夫水至平而邪者取法，鏡至明而醜者無怒，水鏡之所以能窮物而無怨者，以其無私也。水鏡無私，猶以免謗，況大人君子懷樂生之心，流矜恕之德，法行於不可不用，刑加乎自犯之罪，爵之而非私，誅之而不怒，天下有不服者乎！諸葛亮於是可謂能用刑矣，自秦、漢以來未之有也。

隋·王通《中說》卷一《王道篇》　子曰：『使諸葛亮而無死，禮樂其有興乎！』

唐·吳兢《貞觀政要》卷五《公平》　貞觀二年，太宗謂房玄齡等曰：『**【略】**又漢魏以來，諸葛亮爲丞相，亦甚平直。亮嘗表廢廖立、李嚴于南中，立聞亮卒，泣曰：「吾其左衽矣！」嚴聞亮卒，發病而死。故陳壽稱亮之爲政，「開誠心，布公道，盡忠益時者雖仇必賞，犯法怠慢者雖親必罰」。卿等豈可不企慕及之！朕近每慕前代帝王之善者，卿等亦可慕宰相之賢者。若如此，則榮名高位，可以長守。』

唐·劉知幾《史通》卷七《曲筆》　陸機《晉史》，虚張拒葛之鋒。蜀老猶存，知葛亮之多枉。

唐·馬總《意林》卷五　《傅子》曰：諸葛亮誠一時之異人也。治國有分，御軍有法，積功興業，事得其機，入無餘力，出有餘糧，知蜀本弱而危。故持重以鎮之。姜維欲速立其功，勇而無決也。

宋·李昉等《文苑英華》卷七四三《論五·武·［唐］王叡〈將畧論〉》　孔明翃蜀，決沈機，一三策遽成鼎峙，英雄之大畧，將帥之宏規也。安危之機，存亡之要，審諸將略可見徵焉。

又卷七四四《論六·賢臣·［唐］李翰〈三名臣論〉》　或問於翰曰：『昔諸葛亮擁膝南陽，為《梁甫吟》，自比管仲、樂毅，州平、元直以為信然。雖涯量罕窺，而遺迹可見。夫此三名臣者，亦有優劣乎？願聞其說。』翰辭不敢對，至於再三。問者固請，不得已應之曰：『**【略】**孔明從容，三顧後起，籌畫必當，締構必成。事屯而業亨，主暗而國治，兵弱而强鄰畏服，功大而本朝不疑，斯亦難矣；然窺其軍令，迹其用法，必俟中原克復然後厚賞寬刑。玄德嘗稱馬謖言過其實，不可大用，卒至喪敗，斯所謂濟於事而未全於道，得諸已而未審於人。』

宋·胡瑗《周易口義》卷一《上經·乾》　然後之人臣居於顯位，上而奉一人之尊，下而有百官萬民之責，内無覬覦僭竊之心，若伊尹之於太甲、周公之於成王、霍光之於昭帝、諸葛亮之於蜀主，此數君子，是謂知終。

宋·鄭獬《鄖溪集》卷一六《武侯論》　武侯曷爲不能兼天下？曰：遭時然也。夫時者，雖聖與賢不可以違也。聖與賢知時之不可違，則亦因之以制變。茲武侯之不能兼天下也。武侯之得先主最晚，於時魏已遷許、孫氏已得吳，天下之勢判矣。故其說先主曰：『今曹操擁百萬之衆，挾天子而令諸侯，此不可與爭鋒。孫權據有江東，已歷三世，此可與爲援而不可圖也。若進取荊、益，内修政理，以待天下之變，則霸業可成矣。』武侯之兆基發策已不能兼有天下者明矣。然猶區區矯勵川蜀脆陋之

民、屢窺秦川者，非不知魏與吳之勢猶前日也，以不忘先主之顧託，不計其死生險易，惟義之存，示不負漢於天下也。故又曰：『先帝三顧臣於草廬之中，由是感激。今獎率三軍，北定中原，此臣所以報先帝之職分也。』於是，蜀之土地廣狹不如魏，民力衆寡不如魏，才傑之多不如魏，曹公雖死，其遺臣老將尚存也。武侯一出漢中，張郃拒之，而馬謖先敗；再出散關，曹真拒之，糧盡而還；又出斜谷，司馬宣王再拒之，武侯提孤兵以深入，宣王扼其喉而不戰，遺之巾幗，宣王之不戰計得也。武侯之糧屈勢格則將如之何？尚何責其將畧非長歟？此終不能兼有天下者，又已明矣！夫以蜀不能取魏，猶魏不能取蜀，勢然也。故雖聖與賢不可以違者，時也。湯不遭桀，不能取夏；武王不遭紂，不能取商。武侯安能獨兼天下乎？然則以武侯之才，治民治兵，足以兼天下，然其遂不能者，所遭之時然也哉！

宋·沈括《夢溪筆談》卷二五《雜誌二》　史稱諸葛亮能用度外人。用人者莫不欲盡天下之才，常患近己之好惡而不自知也。能用度外人，然後能周大事。

宋·楊時《二程粹言》卷下　子曰：『人臣身居大位、公蓋天下而民懷之，則危疑之地。必也誠積於中，動不違理，威福不自己出，人惟知有君而已，然後位極而無避上之嫌，勢重而無專權之過，斯可謂明哲君子矣，周公、孔明其人也。郭子儀有再造社稷之功，威震人主而上不疑之地，亦其次歟！』

宋·朱熹《二程集》卷一八《伊川先生語四》　『王通言「諸葛無死，禮樂其有興」，信乎？』曰：『諸葛近王佐才，禮樂興不興則未可知。』問曰：『亮果王佐才，何為僻守一蜀而不能有為於天下？』曰：『孔明固言明年欲取魏，幾年定天下，其不及而死，則命也。某嘗謂孫覺曰：「諸葛武侯有儒者氣象。」孫覺曰：「不然。聖人行一不義、殺一不辜雖得天下不為。武侯區區保完一國，不知殺了多少人耶！」某謂之曰：「行一不義、殺一不辜以利一己，則不可。若以天下之力，誅天下之賊，殺戮雖多，亦何害？陳恒弒君，孔子請討，孔子豈保得討陳恒時不殺一人耶？蓋誅天下之賊，則有所不得顧爾。」』曰：『三國之興孰為正？』曰：『蜀志在興復漢室，則正也。』

又　卷一九《伊川先生語五》　問：『文中子謂：「諸葛亮無死，禮樂其有興乎！」諸葛亮可以當此否？』先生曰：『禮樂則未敢望他，只說諸葛已近王佐。』又問：『如取劉璋事如何？』先生曰：『只是這一事大不是，便是計較利害。當時只為不得此，則無以為資，然豈有人特地出迎，他却於坐上執之？大段害事，只是箇為利。君子則不然，只一箇義，不可便休，豈可苟為？』又問：『如湯兼弱攻昧如何？』先生曰：『弱者兼之，非謂并兼，取他只為助他，與之相兼也。昧者乃攻，亂者乃取，亡者乃侮。』

又　卷二一下《附師說後》　諸葛瑾使蜀，其弟亮與瑾非公會不覿，亮之處瑾為得矣。使吳之知瑾如備之遇亮，復何嫌而不得悉兄弟之懽也？

又　卷二二上《伊川雜録》　或問：『諸葛孔明亦無足取。大凡殺一不辜而得天下，則君子不為。亮殺戮甚多也。』先生曰：『不然。所謂殺一不辜非此之謂。亮以天子之命誅天下之賊，雖多何害？』

又　卷二二下《附雜録後》　若論至王佐才，須是伊、周，其次莫如張良、諸葛亮、陸宣公。

凡赦何嘗及得善人？諸葛亮在蜀，十年不赦，審此爾。

又　卷二四《伊川先生語十》　劉備託孔明以『嗣子不可使，自為之』，非權數之言，其利害昭然也。立者非其人，則劉氏必為曹氏屠戮，寧使孔明為之也。

孔明有王佐之心，道則未盡。王者如天地之無私心焉，行一不義而得天下不為。孔明必求有成而取劉璋，聖人寧無成耳，此不可為也。若劉表子琮將為曹公所幷，取而興劉氏可也。

孔明不死，三年可以取魏，且宣王有英氣，久不得伸，必沮死不久也。

孔明庶幾禮樂。

孔明營五丈原，宣王言『無能為』，此偽言安一軍耳！兵自高地來可勝。宣王嘗自觀五丈原，非（非，一曰言）此地不可據。英雄欺人，不可盡信。

宋·程顥、程頤《二程文集》卷六《伊川文集一·奏疏·上仁宗皇帝書》　所謂不私其身、應時而作者，諸葛亮及臣是也。亮感先主三顧之

義，閔生民塗炭之苦，思致天下於三代，義不得自安而作也。

宋·蘇軾《東坡全集》卷一五《史評》 西漢之士多智謀，薄于名義；東京之士尚風節，短于權略；兼之者，三國名臣也。而孔明巍然三代王者之佐，未易以世論也。

又 卷三四《樂全先生文集敍》 諸葛孔明不以文章自名，而開物成務之姿、綜練名實之意，自見於言語。至《出師表》，簡而盡，直而不肆。大哉言乎，與《伊訓》、《說命》相表裏，非秦、漢以來事君爲悅者所能至也。

又 卷三四《范文正公文集敍》 諸葛孔明臥草廬中，與先主策曹操、孫權，規取劉璋，因蜀之資以爭天下，終身不易其言。此豈口傳耳受，嘗試為之，而僥倖其或成者哉？

又 卷四三《諸葛亮論》 取之以仁義、守之以仁義者，周也；取之以詐力、守之以詐力者，秦也；以秦之所以取取之、以周之所以守守之者，漢也；仁義、詐力雜用以取天下者，此孔明之所以失也。曹操因衰乘危，得逞其姦，孔明恥之，欲信大義於天下。當此時，曹公威震四海，東據許、兖，南收荆、豫，孔明之恃以勝之者，獨以其區區之忠信，有以激天下之心耳。夫天下廉隅節槩、慷慨死義之士，固非心服曹氏也，特以威刼而彊臣之；聞孔明之風，宜其千里之外有響應者，如此則雖無措足之地而天下固為之用矣。且夫殺一不義而得天下有所不為，而後天下忠臣義士樂為之死。劉表之喪，先主在荆州，孔明欲襲殺其孤，先主不忍也。其後劉璋以好逆之至蜀，不數月扼其吭、拊其背而奪之國，此其與曹操異者幾希矣。曹劉之不敵，天下之所知也。言兵不若曹操之多，言地不若曹操之廣，言戰不若曹操之能，而有以一勝之者，區區之忠信也。孔明遷劉璋，既已失天下義士之望，乃始治兵振旅，為仁義之師，東嚮長驅，而欲天下嚮應，蓋亦難矣。曹操既死，子丕代立，當此之時，可以計破也。何者？操之臨終召丕而屬之植，未嘗不以譚尚為戒也。而丕與植終於相殘如此，此其父子兄弟且為寇讎，而況能以得天下英雄之心哉？此可間之勢。不過捐數十萬金，使其大臣骨肉內自相殘，然後舉兵而伐之，此高祖所以滅項籍也。孔明既不能全其信義以服天下之心，又不能奮其智謀以絕曹氏之手足，宜其屢戰而屢卻哉！故夫敵有可間之勢而不間者，湯武行之為大義，非湯武而行之為失機，此仁人君子之大患也。呂温以為孔明承桓靈之後，不可彊民以思漢，欲其播告天下之民，且曰『曹氏利汝吾事之，害汝吾誅之』，不知蜀之與魏果有以大過之乎。苟無以大過之而又決不能事魏，則天下安肯以空言竦動哉？嗚呼！此書生之論，可言而不可用也。

宋·蘇轍《欒城應詔集》卷七《進策五道·臣事·第二道》 臣聞仲尼之稱管仲曰：『奪伯氏駢邑三百，飯蔬食，没齒無怨言。』及讀《蜀志》，其言諸葛孔明遷李平、殛廖立，及孔明既死，而此二人皆哭泣有至死者。臣每讀書至此，未嘗不嗟歎古人之不可及而竊湣今世之不能也。夫爲天下國家，惟剛者能守其法，而公者能以剛服天下。曾子曰：『士不可以不弘毅，任重而道遠。』天下者，天子之天下也。賞罰之柄，予奪之事，其出於天子，本無敢言者。惟其不公，故有一人焉受戮而去，雖其當罪而亦勃然有不服之心，而上之人雖其甚公，於此而亦畏其不服而不敢顯然明斥其罪。故夫天下之不公，足以敗天下之至剛；而天下之不剛，亦足以破天下之至公。二者相與並行，然後可以深服天下之衆。

宋·秦觀《淮海集》卷二一《諸葛亮論》 晁錯曰：五帝神聖，其臣莫及，三王臣主俱賢，五霸不及其臣。臣竊以為不然。夫覆杯水於坳堂之上，置杯焉則膠；焦鵬之翮拔，而傅鳲鳩則累矣。故有帝者之君，則有帝者之臣；有王者之君，則有王者之臣；有霸者之君，則有霸者之臣。諸葛亮雖天下之奇材，亦霸者之臣耳。何則？亮帝王之輔，肯為蜀先主而委邪！王通以為『使亮而無死，禮樂其有興乎』，尤非也。臣以為，亮雖無死，曾不足以取天下，況於興禮樂乎！何則？亮之所事者蜀先主，而所自比者管仲、樂毅也。先主雖號人傑，然取天下則不及曹孟德，保一方則不如孫仲謀，其所以得蜀者，以劉璋之闇弱而已。先主雖存，司馬仲達、陸伯言諸公皆無恙，尚不足以取魏，而死其能取天下乎？管仲相齊，九合諸侯，一正天下，然不能先自治而後治人，故孔子以為小器。樂毅為弱燕合五國之從，夷萬乘之齊，然曠日持久不能下莒與即墨，至間者得行，捐燕之趙。管仲、樂毅雖得志於天下，尚不能興禮樂；亮而無死，其能興禮樂乎？夫古之君子，進難而退易。伊尹耕於有莘之野也，則固已曰：『使是君為堯舜之君，使是民為堯舜之民』，蓋求之而不

用其道，則彼有不出而已。孔子曰：『如有用我者，吾其為東周乎？』蓋用之而不盡其蘊，則彼有不留而已。是故有所不出，出則可以取天下；有所不留，留則可以興禮樂。方先主之顧亮於草廬之中，所言者取荆、益二州耳。至言天下有變，則一軍向宛洛，一軍出秦川，所謂『傒河之清，人壽幾何』者耶？關羽之死，大舉伐吴，亮曾不能强諫。及兵敗，乃歎曰：『法孝直若在，能制主上，令不東。就復東行，必不危矣。』所謂『虎兕出於柙，龜玉毁於櫝中，是誰之過歟？』以此論之，亮不足以取天下而興禮樂，亦明矣。然亮與先主一言道合，遂能霸有荆、益，成鼎峙之勢；及受寄託孤，義盡於主，國無間言；身死之日，雖遷廢之人，為之泣下，有致死者，雖古往社稷之臣，何以加諸？陳壽以謂『管、蕭之亞匹』，蓋近之矣。然壽以謂『應變將略非其所長』，信乎此非也。亮之征孟獲，曰：『公天威也，南人不復反矣。』其卒於渭上，司馬仲達按行其營壘處所，曰：『天下之奇材也。』所作《八陣圖》，後世言兵者必稽焉。則亮之應變將略不言可知矣。嗚呼！豈壽果挾髡其父之故耶？抑其所自見如此也？

宋·李新《跨鼇集》卷一四《武侯論》 嘗怪劉先主以宏深之度，推誠得士，固曹、孫之所不逮，方其親屈將軍之貴，三顧諸葛亮於草廬之中，盡其所欲聞者，得臣有如亮，當時一國之才無出其右，宜其破吴吞魏如唾手之易。然而鼎峙六合，終其身不能取中原，此其故何哉？為之深思遠慮，然後如先主之用亮，此其所以不可圖天下也。蓋嘗聞之，論大臣者有二，有謀臣，有輔臣。謀臣以相濟而相資，輔臣以相投而相合。相濟如天地之升降，日月之晝夜，布而為雨，凝而為霜，瑞而為慶雲祥風，然後可以成歲。相資如邪溪之鋌、赤山之精，鑄以火，淬以水，然後可以刅物。燕國之角、荆山之幹，液以春，析以冬，然後可以傷人。此則為謀臣之效也。相投如立乎大澤之陂，脰鳴、注鳴、旁鳴者，居其右；翼鳴、股鳴、胷鳴者，居其左，則不過同於聲。相合如植芝於蘭之側，則不過同於香；和膠於漆之中，則不過同於固。此則為輔臣之效也。創業之君寧無輔臣，不可以無謀臣，若高祖之有張子房，此所謂謀臣也。先主之氣愈沮而愈剛，此其與高祖無異，然才高而慮短，志大而機不足，機不足則未免於怯，慮短則遂至於謀疎。孔明雖有為之才，然智無子房之奇，故善於守正而拙於用權，以拙於用權之臣而事慮短、機不足之君，故可以相合而不可以相濟，可以相投而不可以相資也。方漢之末，曹已據中原，孫已守江東，先主方為荆州之遊客，悵然計不知其所從，方是時為之始謀者孔明而已。漢中、巴蜀，此高祖所以因而王天下也。足食足兵於西南之隅，然後徐起而圖之，則其謀固然矣。孰謂孔明而不善於守正者乎？惟先主之才高，故聽其言而能用；惟先主之志大，故决行其言而不疑。然而不知孱弱之草，不依託於盤根高干之木，則不能伸其身，此古今之常理也。況先主孤奮於東漢之末，欲有為於天下，則曹、孫之勢最可假以為託。惜乎！亮之拙於用權而不能借資於人也。亮雖知曹公挾天子以令諸侯，難與之爭鋒，乃欲結好於權以為援，而曾不知事吴不若事魏之為利也。亮之不知事魏之為利者，竊意其心徒以玄德漢室之胄，可區區慕湯、武之名以正征伐之由，而不知湯、武之先世惟積德取信，於天下以無心得之，此術不可施於漢末離散之際也。惟孔明昧其名而失其實，此所以不能事魏也。惟先主聽用其言，復不知審其是非行之不疑，亦不能遠觀，卻顧於成敗未然之際，此其慮短、機不足致然也。然則事魏之策奈何？噫！豈不見孫仲謀之能臣魏背蜀，而保其國乎！事魏之勢在仲謀可以謀國，在備可以取天下；仲謀之勢在外，備之勢在内，而亮卒不之悟也。然仲謀雖知所以事魏，而不知資魏以事漢，至乃奉書稱臣以媚於操，此所謂得其一而未得其二者也。方操脅帝以制下，先主以帝室之英勢有漢蜀，武侯曷不為先主謀，使盡夫尊事獻帝之禮，仍通好於操，無暴其罪，偽推其動，明告天下曰：『吾今與孟德戮力除兇，以奉漢宗廟。』操雖欲不吾從，不可得矣。吾屈身卑節以奉於操正朔號令，以稟於操，子女玉帛以歸於操，使操欲絶我而不能，伐我而不可，漢天子將賴我以為固，操將若之何？於是修仁行義，休息衣食乎？漢蜀之民捐數十萬金，奉口舌之士以乘操猜忌多疑之間，踈隔其君臣之歡，且吾迹就内附，則凡謀皆易行，假之數年，可以得志，是我外無犯漢之名、陰有謀魏之實，此為蜀之上計也。亮既不能出此矣。雖外結於權，又不能終事之，至於失荆州，蜀之形勢不具。嗟乎！使先主曩事魏，則豈得有曹仁、于禁、吕蒙、陸遜之徒，腹背以困吾雲長乎！荆州為蜀之右臂，為吴之咽喉，為魏之南門。魏始得之，則以之拒吴而捍蜀；蜀中用之，則以之控魏而抑吴；吴卒奪之，則以之扼

蜀而塞魏。蓋荆州，皆三國不可失之地也。先主失荆州，天下之大勢已去矣。由是觀之，武侯昔雖有命一上將出軍以向宛、洛之策，卒不得行，所以終其身不能取天下也。噫！安得謀臣如張良者，以佐先主之謀，而使亮優處蕭何之任，庶乎當其才也。人才之難，創業守成之君念之哉！

宋・羅從彦《豫章文集》卷一一《雜著・議論要語》 西漢人才可與適道，東漢人才可與立，三國人才可與權。杜欽、谷永可與適道而不可與立，故附王氏。陳蕃、竇武可與立而不可與權，故困於宦官。至於諸葛孔明，然後可與權。夫人才至可與權而不可以有加。張良近太公之材畧，諸葛近伊尹之出處。然良佐高祖，論其時則宜，語其德則合；亮處三國則材大任小。惜哉！

宋・馬永卿《元城語録》卷中 先生與僕（馬永卿）論淮陰、武侯二人不同：『若論人品，則淮陰不及孔明遠甚；若論功業，而武侯何寥寥也。』僕曰：『西南者，漢始終之地也，故漢起於西南而卒終於此。而淮陰當漢之初興，故能卓卓如此；而武侯之時，火將燼矣，故無所成也。』先生曰：『此固然矣。然淮陰所以得便宜者，以平日名太卑；而武侯所以無成者，以平日名太高也。淮陰有乞食、袴下之辱也，而武侯即隱於隆中，而當時謂之「臥龍」。此一事也。又淮陰既從項梁，又事項羽，又歸漢，而武侯則必待三顧而後起。此又一事也。又楚漢之時用兵者皆非淮陰之敵而嘗易之，故淮陰能取勝也。三國之時若司馬仲達輩，乃武侯等輩人也，而又素畏孔明，故武侯不能取勝也。譬如奕碁，有二國手，一國手未有名，而對之乃低碁，不知其為國手而嘗易之，故狼狽大敗；有一國手已有名，對局者亦國手，而差弱焉，謹以待之，故勝敗未分也。且淮陰既平魏、趙而功業如此，其卓犖也，而龍且尚且輕之，曰「吾平生知韓信為人，易與耳。寄食於漂母，無資身之策；受辱於袴下，無兼人之勇」，以淮陰平日名素卑也。孔明與司馬宣王對壘不能取尺寸地，宣王受其巾幗之辱而不敢出兵，至其已死，按行軍壘，猶曰「天下奇材也」，故當時有「死諸葛走生仲達」之嘲，以孔明平日名素高故也。人品高下不同，而其功業反相去之遠者，由此。』

宋・李光《讀易詳説》卷一《上經・坤》 雖志在得君，又惡不由其道，如伊尹耕有莘之野必待三聘而後行；諸葛亮臥草廬之中，必待三顧而後見。蓋先則迷惑而失道，後則順而得常，此人臣進退去就之大節也。

宋・李綱《梁谿集》卷一四八《迂論四・論諸葛孔明六事與今日同》

諸葛孔明既定蜀，將有事于中原，乃先南征。既禽孟獲，南中悉平，上疏出師屯沔陽，攻祁山，三郡相應，關中響震，于是有街亭之戰，馬謖敗而戮之。將復出師，又上疏條陳利害，其略曰：『先帝慮漢賊不兩立，王業不偏安，故託臣以討賊也。以先帝之明，量臣之才，故知臣伐賊才弱敵强；然不伐賊，王業亦亡，惟坐待亡，孰與伐之？是故託臣而弗疑也。臣惟北征，宜先入南。故五月渡瀘，深入不毛。臣非不自惜也，顧王業不可得偏全于蜀都，故冒危難以奉先帝之遺意也。而議者謂爲非計，謹陳其事如左。高帝明並日月，謀臣淵深，然涉險被創，危然後安。今陛下未及高帝，謀臣不如良、平，而欲以長計取勝，坐定天下，此臣之未解一也。劉繇、王朗各據州郡，論安言計，動引聖人，羣疑衆難，今歲不戰，明年不征，使孫策坐大，遂并江東，此臣之未解二也。曹操智計殊絶于人，其用兵也彷彿孫吴，然困于南陽，險于烏巢，危于祁連，偪于黎陽，幾敗北山，殆死潼關，然後僞定一時耳。況臣才弱，而欲以不危定之，此臣之未解三也。曹操五攻昌霸不下，四越巢湖不成，任用李服而李服圖之，委夏侯而夏侯敗亡。先帝每稱操爲能，猶有此失，況臣駑下，何能必勝？此臣之未解四也。自臣到漢中，中間期年耳，然喪趙雲、楊羣、馬玉、閻芝、丁立、劉郃等，及曲長屯將七十餘人，散騎武騎一千餘人。此皆數十年之内所糾合四方之精鋭，非一州之所有。若復數年，則損三分之二，當何以圖敵？此臣之未解五也。今民窮兵疲，而事不可息，則住與行勞費正等，而不及今圖之，欲以一州之地與賊持久，此臣之未解六也。夫難平者，事也。昔先帝敗軍于楚，曹操拊手，謂天下已定。然後先帝東連吴越，西取巴蜀，舉兵北征，夏侯授首，此操之失計，而漢事將成也。其後吴更違盟，關羽毁敗，秭歸蹉跌，曹丕稱帝。凡事如是，難可逆見。臣鞠躬盡力，死而後已，至于成敗利鈍，非臣之明所能逆睹也。』于是有散關之役。九年復出祁山，與張郃戰，射殺郃。十二年悉大衆由斜谷出以據武功，與司馬宣王對壘，而孔明病死於軍中。夫用區區之蜀以抗强魏，而孔明連年動衆，未曾少休。夫豈不懷安？勢不得已也，以謂不然，則坐待

亡耳。觀其所陳六事，與今日之勢頗同，故備載之，以俟識者。

宋・佚名《國朝二百家名賢文粹》卷一二《王騰〈孔明不取中原說〉》 東溪先生曰：古者用兵，必先知彼己。以孔明之才略，誠辦取中原。曹丕雖非上聖之資，然不至闇亂，舉天下三分之二，不爲無人。無釁可乘，未可動也。

宋・韓元吉《南澗甲乙稿》卷一七《孔明論》 君子之事君也，必將告其君以所欲為者，而濟其君之所未為者。君以為然耶，吾將起而就之；其不然耶，吾將引而去之。是故君不勞而臣不辱。伊尹之於湯也，將使為王也；管仲之於齊也，將使為霸也。其王與霸者，莫不一告其君而終身未嘗言也。其終身言者，附其王霸者也。其君也，亦不以其一告於我者，朝夕而問之也。其朝夕而問之者，亦附其一告者也。故上下寂然，安坐以待其成。嗚呼！今儒之言曰：吾君未能用我也，吾將以其小者告之，小者而用也，吾將以其大者告之。而君之待其臣，亦曰是人其可用耶？姑試其小者，而徐咨其大者。旦是而夕非者有之矣，朝可而暮否者有之矣。是待凡君與凡臣之道也。望其成功者則不然也。孔明之始告其君也，蓋將以興漢室而取荆、益也。興漢室者所以正名於天下也，取荆、益者所以為興漢室之資也。善耕者必有其地，善賈者必有其財，無地與財而言耕與賈者，是惰農與遊手也。而天下非之曰：曹操之得罪於天下者，以脅漢而取之也。方誅之而亦脅人以取之，則何以正名於天下哉？嗚呼！帝王之興也，雖湯、武不能無慚德，孔子與之者，以其救民之功而贖其放弑之罪也。曹操脅漢而可以誅之者，漢非有桀、紂之惡也，弱而不振，散而不守爾。玄德之于荆、益，賓客也，非君臣也。雖然，景升之既死也，孔明欲襲其孤，可乎？此玄德之失而敗於吳者也。玄德之在新野也，景升蓋嘗疑之矣。魏兵一旦加之，其孤不愛其地而降焉，而其民惟玄德之歸也。今也令民之歸、廢其孤而用其地，則不失為湯、武也。非特不失為湯、武，而其豪傑之衆猶可以効一戰。戰而勝耶，則荆州固吾有也；其不勝耶，借力于吳而勝之，則荆州亦固吾有也。尚何用假於人乎？惟其小不忍而終無以寓其足也，於是從吳而假之。夫假之者，他人之物也。假人之車者必畏其折，假人之馬者必畏其跌。夫折與跌非所畏也，畏其傷輪與足也。既假之，必歸之，傷且不敢，而況於不歸乎！不歸而猶怒人取之，是已負其曲而他人擅其直也。猇亭之釁，於是啓矣！噫！荆州者爭物也，而曲直不可以不先定。故孔明之計，吾未見其失也。

宋・楊萬里《誠齋策問》卷下《問高宗孔明謝玄孫權漢武魏武用兵》 諸葛孔明與司馬仲達軍于渭南，雌雄之形未有敢決，亮欲激之使戰也，故遺之以巾幗婦人之飾。儻非魏帝使人仗節以止之，則仲達亦烏能自已？是雖不能致仲達之出戰，而亦不害爲天下之奇才，又何拘于『我欲戰，則敵人不得不與戰』之法乎？

宋・朱熹、吕祖謙《近思録》卷一四《總論聖賢》 此卷論聖賢相傳之統，而諸子附焉。【略】楚有荀卿，漢有毛萇、董仲舒、揚雄、諸葛亮，隋有王通，唐有韓愈，雖未能傳斯道之統，然其立言、立事有補於世教，皆所當攷也。

宋・朱熹《晦庵集》卷二〇《申請・乞加封陶威公狀》 機神明鑑似魏武，忠順勤勞似孔明。

又 卷三九《書・答魏元履》 老兄所論昭烈知有權而不知有正，愚意則以謂先主見幾不明，經權俱失當。劉琮迎降之際，不能取荆州，烏在其知權耶？至於狼狽失據，乃不得已，而出於盜竊之計善用權者，正不如此。若聲罪致討，以義取之，乃是用權之善。蓋權不離正，正自有權，二者初非二物也。子房用智之過有微近譎處，其小者如躡足之類，其大則扶漢以為韓，而終身不以語人也。若武侯即名義俱正，無所隱匿，其為漢復讎之志，如青天白日，人人得而知之，有補於天下後世，非子房比也。蓋為武侯之所為則難，而子房投間乘隙得為即為，故其就之為易耳。頃見李先生亦言孔明不若子房之從容，而子房不若武侯之正大也，不審尊意以為如何。

又 卷四〇《書・答何叔京》 示喻孔明事，以為天民之未粹者。此論甚當。然以為略數千戶而歸，不肯徒還，乃常人之態，而孔明於此亦未能免俗者，則熹竊疑之。夫孔明之出祁山，三郡響應，既不能守而歸，則魏人復取三郡，必齮齕首事者墳墓矣，拔衆而歸，蓋所以全之，非『賊人諱空手』之謂也。近年南北交兵，淮漢之間數有降附，而吾力不能守，敵騎復來，則委而去之，使忠義遺民為我死者肝腦塗地而莫之收。省此則孔明之所不忍也。故其言曰國家威力未舉，使赤子困於豺狼之吻，蓋傷此

耳。此見古人忠誠仁愛之心，招徠懷附之畧，恐未必如明者之論也。

孔明失三郡，非不欲盡徙其民，意其倉卒之際，力之所及止是而已。若其心則豈有窮哉？以其所謂困於豺狼之吻者觀之，則亦安知前日魏人之暴其邊境之民，不若今之外敵哉？孔明非急近功見小利、詭衆而自欺者，徙民而歸，殆亦昭烈不肯棄民之意歟？

《武侯傳》讀之如何，更有可議處否？問疑數條例小差，以書問之。欽夫皆以為然。但熹所傳，末畧載諸葛瞻及子尚死節事，以見善善及子孫之義。欽夫却不以為然，以為瞻任兼將相而不能早去黃皓，又不能奉身而去以冀其君之悟，可謂不克肖矣。此法甚嚴，非慮所及也。

所喻孔明於管、樂取其得君以行志，此說恐未盡。欽夫論瞻權兼將相而不能極諫以去黃皓，諫而不聽又不能奉身以退以冀主之一悟，兵敗身死，雖能不降，僅勝於賣國者耳。以其猶能如此，故書『子瞻嗣爵』，以微見善善之長。以其智不足稱，故不詳其事，不足法也。此論甚精，愚所不及。

又　卷四一《書·答程允夫》　古者言之不出，耻躬之不逮也。如諸葛孔明草廬中對先主，論曹孫利害，其後輔蜀、抗魏吳，其言無一不酬者。蓋古人無侈心，故無侈言如此。

又　卷六四《書·答或人》　義利之大分，武侯知之，有非他人所及者，亦其天資有過人處。若其細微之間，則不能無未察處，豈其學有未足故耶？觀其讀書之時，他人務為精熟而已，則獨觀大意，此其大者，固非人所及，而不務精熟，亦豈得無欠闕耶？若極言之，則以孟子、顏子亦未免有如此處。故横渠先生云：『孟子之於聖人，猶是麤者。』

宋·黎靖德《朱子語類》卷四四《〈論語〉二十六〈憲問篇〉》

問：『武侯於廖立、李平是如何？』曰：『看武侯事迹，儘有駁雜去處，然事雖未純，却是王者之心。管仲連那心都不好。程先生稱武侯有王佐之才，亦即其心而言之。事迹間有不純也，然其要分兵攻魏，先主將一軍入斜谷，關侯將荆州之衆北向，則魏首尾必不相應，事必集矣。蜀人材難得，都是武侯逐旋招致許多人，不似高祖、光武時雲合響應也。』

又　卷一三五《歷代二》　論三代以下人品皆稱子房、孔明。【略】唐子西云：『自漢而下，惟有子房、孔明爾。而子房尚黃老，孔明喜申韓也。』說得好。子房分明是得老子之術，其處己、謀人皆是。孔明手寫申韓之書以授後主，而治國以嚴，皆此意也。

問子房、孔明人品。曰：『子房全是黃老，皆自黃石一編中來。【略】孔明學術亦甚雜。』廣云：『他雖嘗學申韓，卻覺意思頗正大。』曰：『唐子西嘗說子房與孔明皆是好人才，但其所學，一則從黃老中來，一則從申韓中來。』

又　卷一三六《歷代三》　先主之敗於陸遜，雖言不合輕敵，亦是自不合連營七百餘里，先自做了敗形。是時，孔明在成都督運餉，後云『法孝直若在，不使主上有此行』，孔明先不知曾諫止與否，今皆不可考。但孔明雖正，然盆。法孝直輕快，必有術以止之。

諸葛孔明大綱資質好，但病於粗疏。孟子以後人物只有子房與孔明。子房之學出於黃老，孔明出於申韓，如授後主以《六韜》等書與用法嚴處可見。若以比王仲淹，則不以其細密。他却事事理會過來。當時若出來施設一番，亦須可觀。

或問孔明。曰：『南軒言其體正大，問學未至。此語也好。但孔明本不知學，全是駁雜了。然却有儒者氣象，後世誠無他比。』

問：『孔明興禮樂何如？』曰：『也不見得孔明都是禮樂中人，也只是粗底禮樂。』

忠武侯天資高，所為一出於公。若其規模，并寫《申子》之類，則其學只是伯。程先生云：『孔明有王佐之心，然其道則未盡。』其論極當。魏延請從間道出關中，侯不聽。侯意中原已是我底物事，何必如此？故不從。不知先主當時只從孔明，不知孔明如何取荆取蜀。若更從魏延間道出，關中所守者只是庸人。從此一出，是甚聲勢！如拉朽然。侯竟不肯為之。

致道問孔明出處。曰：『當時只有蜀先主可與有為耳。如劉表、劉璋之徒，皆了不得。曹操自是賊，既不可從。孫權又是兩間底人。只有先主名分正，故只得從之。』時舉問：『王猛從苻堅如何？』曰：『苻堅事自難看。觀其殺苻生與東海公陽，分明是特地殺了，而史中歷數苻生酷惡之罪。東海公之死，云是太后在甚樓子上，見它門前車馬甚盛，欲害苻堅，故令人殺之。此皆不近人情。蓋皆是己子，不應便專愛堅而特使人殺東海

公也。此皆是史家要出脱苻堅殺兄之罪，故裝點許多，此史所以難看也。』

『諸葛亮之事，其於荆蜀亦合取。當日草廬亦是商量準擬在此。但此時不當恁地。若是恁地取時，全不成舉措。如二人視魏而不伐，自合當取。兼在是時捨此無以為資。若能聲其罪，用兵而取之，却正。但當時劉焉父子亦得人情，恐亦未易取。』伯豐問：『聖人處此，合如何？』曰：『亦須別有箇道理。若似如此，寧可事不成。只為後世事欲苟成功，欲苟就，便有許多事。亮大綱却好，只為如此，便有斑駁處。』

器遠問：『諸葛武侯殺劉璋，是如何？』曰：『這只是不是。初間教先主殺劉璋，先主不從。到後來先主見事勢迫也，打不過便從他計。要知不當恁地行計殺了他，若明大義，聲罪致討，不患不服。看劉璋欲從先主之招，傾城人民願留之，那時郡國久長，能得人心如此。』

毅然問：『孔明誘奪劉璋，似不義。』曰：『便是後世聖賢難做，動着便粘手惹脚。』

諸葛孔明天資甚美，氣象宏大，但所學不盡純正，故亦不能盡善。取劉璋一事，或以為先主之謀，未必是孔明之意。然在當時多有不可盡曉處。如先主東征之類，不見孔明一語議論，後來壞事，却追恨『法孝直若在，則能制主上東行』。孔明得君如此，猶有不能盡言者乎？先主不忍取荆州，不得已而為劉璋之圖；若取荆州，雖不為當，然劉表之後君弱勢孤，必為他人所取，較之取劉璋，不若得荆州之為愈也。學者皆知曹氏為漢賊，而不知孫權之為漢賊也。若孫權有意興復漢室，自當與先主協力并謀，同正曹氏之罪。如何先主纔整頓得起時，便與壞倒，如襲取關侯之類是也？權自知與操同是竊據漢土之人。若先主事成，必滅曹氏，且復滅吴矣。權之姦謀蓋不可掩，平時所與先主交通，姑為自全計爾。或曰：『孔明與先主俱留益州，獨令關侯在外，遂為陸遜所襲。當時只先主在内、孔明在外如何？』曰：『正當經理西向宛洛，孔明如何可出？此特關羽署恃才疎鹵，自取其敗。據當時處置如此，若無意外齟齬，曹氏不足平。兩路進兵，何可當也？此亦漢室不可復興、天命不可再續而已，深可惜哉！』

直卿問：『孔明出師每乏糧。古人做事須有道理，須先立些根本。』曰：『孔明是殺賊，不得不急，如人有箇大家，被賊來占了，趕出在外墻下住，殺之豈可緩？一纔緩，人便一切都忘了。孔明亦自言一年死了幾多人，不得不急為之意。司馬懿甚畏孔明，便使得辛毗來遏，令不出兵，其實是不敢出也。國家只管與講和，聘使往來，賀正賀節，稱叔稱侄，只是見鄰國，不知是讎了。』又問：『勾踐謀吴，二十年又如何？』曰：『事體不同，諸侯各有國，未便伐吴，則越亦自在，如此謀乃是。』

孔明《出師表》，《文選》與《三國志》所載字多不同，互有得失。『五月渡瀘』，是説前事。如孟獲之七縱七擒，正其時也。渡瀘是先理會南方許多去處。若不先理會許多去處，到向北去，終是被他在後乘間作撓。既理會得了，非惟不被他來撓，又卻得他兵衆來使。

誦武侯之言曰：『治世以大德不以小惠。』

問武侯『寧静致遠』之説。曰：『静，便養得根本深固，自可致遠。』

孔明治蜀，不曾立史官。陳壽險甚而為《蜀志》，故甚略。孔明極是子細者。亦恐是當時經理王業之急，有不暇及此。

諸葛亮臨陣對敵，意思安閒，如不欲戰。而符堅踴躍不寐而行師，此其敗，不待至淝水而決矣。

看史策，自有該載不盡處。如後人多説武侯不過子午谷路。往往那時節必有重兵守這處，不可過。今只見子午谷易過，而武侯自不過。史只載魏延之計，以為夏侯楙是曹操壻，怯而無謀，守長安，甚不足畏。這般所在，只是該載不盡。亮以為此危計，不如安從坦道。又揚聲由斜谷，又使人據箕谷，此可見未易過。

用之問：『諸葛武侯不死，與司馬仲達相持，終如何？』曰：『少間只管算來筭去，看那箇錯了便輸，輸贏處也不在多，只是爭些子。』季通云：『看諸葛亮不解輸。』曰：『若諸葛亮輸時，輸得少；司馬懿輸時，便狼狽。』

諸葛公是忠義底司馬懿，司馬懿是無狀底諸葛公，劉禪備位而已。

又《别集》卷二《劉共甫》 孔明擇婦，正得醜女，奉身調度，人所不堪，彼其正大之氣，經綸之藴，固已得於天資。然竊意其智慮之所以日益精明、威望之所以日益隆重者，則寡欲養心之助與為多焉。

宋·陳埴《木鍾集》卷一〇《近思雜問附》 文中子曰：諸葛亮而

無死，禮樂其有興乎？《近思録》程子亦以此許之。敢問孔明自比管、樂，使果能興復漢室，恐未必便能興禮樂如三代？孔明是天資帶得，又從學問中攛出來。據他用事行師調度，若當升平之時做出，必須光明不止漢唐人物。

又 卷一一《史》 巴蜀四塞，非進取之地，惟一江陵。然諸葛亮不勸先主都之，及關公之危，又不聞救之，何也？江陵屬荆州，武侯首陳取荆州之策，先主不能用。其後爭之於吳而不得，吳止分數郡以與之。至關公之敗，并數郡而失之，況得而都之邪？況荆襄為南北咽喉，在三國為必争之地，乃戎馬之場，非帝之都也。

蜀先主以國委孔明，無言不聽。伐吳之役，先主誠失計也，而孔明曾不以為非。及其既敗，乃曰『法孝直若在，必能制主上東行』，何孔明不能諫於知己之主而猶有待於孝直也？只緣孔明規模在據荆、益方成伯業，以荆州為必爭之地，爭而不得後方悔耳。

諸葛亮在三國時蓋人才之巨擘也，觀其治國行師屢以無糧退，豈其糧儲賫備之不多耶？豈其漕運之不繼耶？蜀以失荆州，欲出關、洛，無路不免崎嶇，子午谷、大散諸關阨中運糧最難，卒以此困。

宋・陳亮《龍川集》卷七《酌古論三・諸葛孔明上》 英雄之士能為智者之所不能為，則其未及為者，蓋不可以常理論矣。騏驥之馬，足如奔風，升高不軒，履濕不濡，度山越塹，瞬息千里。而適值一馬，蓋亦能然，則雖有此駿，而不足以勝之也。於是駕以輕車，鳴以和鸞，步驟中度，緩急中節，鏘鏘乎道路之間，能行千里而能不行。雖無一時之駿，而久則有萬全之功。何者？吾乖其所能，而出其所不能，可以扼其喉而奪之氣也。且譎詐無方，術畧橫出，智者之能也。去譎詐而示之以大義，置術畧而臨之以正兵，此英雄之事而智者之所不能為矣。故夫譎詐者，司馬仲達之所長也。使孔明而出於此，則是以智攻智，以勇擊勇，而勝負之數未可判。孰若以正而攻智，以義而擊勇？此孔明之志也，而何敢以求近效哉？故仲達以姦，孔明以忠；仲達以私，孔明以公；仲達以殘，孔明以仁；仲達以詐，孔明以信兵未至而仲達之氣已沮矣。八頭列於前，四頭八尾觸處為首，進無速奔，退無遽走，突兵不能觸其膺，奇兵不能繚其背，伏兵不能衝其脇，追兵不能襲其後，諜間無所窺，詐謀無所用，當之則破，觸之則靡，鋒未交而仲達之能已乖矣。夫仲達出奇制勝，變化如神，天下莫不憚之，雖孫權亦以為可憚，而仲達亦自負其能也。孔明以步卒十餘萬，遠行千里，行行然求與之戰；而仲達以勁騎三十萬，僅能自守，來不敢敵，去不敢追，賈詡等常逼之戰矣，兵交即敗，不敢復出，姑以待斃為名，而其為計者，不過日夕望其死，而無他術也。彼豈孔明敵哉？論者以孔明制戎為長，奇謀為短，雖知者亦止以為知其短而不用。吾獨謂其能為而不為，蓋將以乖仲達之所能，而出其所不能也。故吾嘗論孔明而無死，則仲達敗、關中平、魏可舉、吳可并、禮樂可興。請遂言之。夫仲達以所能要其君，壓其同列，而誇其國人，今斂重兵以自守，姑曰待其斃；然孔明始試其兵或以饑退，晚年雜耕渭濱為久住之基，木牛流馬日運而至，則其斃不可待矣。遲之一二年，仲達將何辭哉？不戰則君疑之，同列議之，國人輕之，其身不安，其英氣無所騁，固不免於戰；戰則敗耳，敗則魏人破膽，郡縣響震。引兵略地，關中可有。分慰居民，彰明漢德，然後舉兵而臨關東，勢如破竹，所攻者下。關東平則諭以信義，燕趙可指麾而定矣。至五六年，而魏明即世，齊王踐位，上下相疑，蕭墻釁起，引兵合進，可以一舉而覆其巢穴，俘其君臣，分定州縣，安集流亡。魏既舉則吳人膽破矣。況權之末年，猜疑益甚，果於殺戮，雖陸遜不能自明。至十年而遜没，其後步隲、朱然、全琮之徒復相繼云亡，權之勇決之氣亦已就衰，適庶分爭，內不能制。於是使蜀漢之師，順流而下；荆襄之師，乘勢而進。一軍出夏口，一軍出皖城，一軍出廣陵，吳之羣臣，無亮敵也。攻城略地，孰能御之？盡一年之力，而吳可舉。江東既平，天下既一，偃武修文，彰善癉惡，崇教化，移風俗，數年之間，天下略治。然後興典禮，修正樂，斯民復見太平之盛矣。且孔明之治蜀，王者之治也，治者實也，禮樂者文也，焉有為其實而不能為其文者乎？人能捐千金之璧，而不能辭遜者，天下未之有。吾固知其必能興禮樂也。不幸而天不相蜀，孔明早喪，天下猶未能一，而況禮樂乎。使後世妄儒得各肆所見，以議孔明者，天也，非人之所能為也。

又 《諸葛孔明下》 孔明，伊、周之徒也，而論之者多異說，以其適時之難而處英雄之不幸也。夫衆人皆進而我獨退，雍容草廬，三顧後起，挺身托孤，不放不攝，而人無間言。權偪人主而上不疑，勢傾羣臣而

下不忌。厲精治蜀，風化肅然，宥過無大，刑故無小。帝者之政也，以佚道使人，雖勞不怨；以生道殺人，雖死不怨。殺者，王者之事也，孔明皆優為之，信其為伊、周之徒也。而論者乃謂其自比管、樂，委身偏方，特霸者之臣爾，是何足與論孔子之仕魯與自比老、彭哉？甚者至以為非仲達敵，此無異於兒童之見也。彼豈非以仲達之言而信之耶？而不知其言皆譎也。仲達不能逞其譎於孔明，故常伺孔明之開闔，妄為大言以譎其下。論者特未之察耳。始孔明出祁山，仲達出兵拒之。聞孔明將芟上邽之麥，卷甲疾行，晨夜往赴。孔明糧乏已退，仲達譎言曰：『吾倍道疲勞，此曉兵者之所貪也。亮不敢據渭水，此易與耳。』夫軍無見糧而轉軍與戰，縱能勝之，後何以繼此？少辨事機者之所必不為也。仲達心知其然，外為大言，以譎其下耳。已而孔明出斜谷，仲達又率兵拒之，知孔明兵未逼渭，引軍而濟，背水為壘。孔明移軍且至，仲達譎言曰：『亮若勇者當出武功，依山而陣，若西上五丈原，諸軍無事矣。』夫敵人之兵，已在死地，而率衆直進來與之戰，此亦少辨事機者之所不為也。仲達知其必不出此，姑誑為此言以妄表其怯，以示吾之能料，且以少安其三軍之心也。故孔明持節制之師不用權譎，不貪小利，彼則曰：『亮志大而不見機，多謀而少決，好兵而無權。』凡此者皆伺孔明之開闔，妄為大言以譎其下，此豈其真情也夫？善觀人之真情者，不於敵存之時而於敵亡之後。孔明之存也，仲達之言則然；及其歿也，仲達接行其營壘，斂袵而歎曰『天下奇才也』，彼見其規矩、法度出於其所不能為，恍然自失，不覺其言之發也，可以觀其真情矣。論者不此之信而信其譎，豈非復為仲達所譎哉！唐李靖談兵之雄者也，吾嘗讀其《問對》之書，見其述孔明兵制之妙，曲折備至，曾不一齒仲達。彼曉兵者，固有以窺之矣。書生之論，曷為其不然也？孔明距今且千載矣，未有能諒其心者。吾憤孔明之不幸，故備論之，使世以成敗論人物者，其少戒也。

又　卷八《酌古論四·李靖》　兵有正有奇，善審敵者然後識正奇之用。敵堅則用正，敵脆則用奇，正以挫之，奇以掩之，均勝之道也。【略】故吾嘗謂諸葛孔明所用之兵無非正，靖所用之兵無非奇。其亦以時之所遇有難、易而敵之所當有堅、脆歟？請遂言之。東都之末，英雄之都會也，大者爭雄，小者固守。孔明於是以正兵臨之，南收孟獲，七縱七擒；西攻祁山，三郡響應，一戰而梟王雙，再出而走郭淮，兵退木門，張郃追之，交鋒而斃；師次渭南，司馬懿拒之，卒不敢決戰。其陣堂堂，其旗正正，此非正兵不能然也。【略】故吾嘗謂自漢以來，識奇正而用者，孔明與靖而已。然非深曉機者，孰肯以吾言為信哉？嗟夫！奇兵之效捷，正兵之效迂。孔明非不欲用奇也，而時之難，敵之堅，勢有所不可者。彼郭淮、司馬懿之徒，未嘗無詐謀也，使吾以奇兵乘之，彼亦將設詐以覆我矣。故孔明特挫之以正兵，欲收功於數年之後，而不幸早喪。論者見其功之不成，遂以為不用奇之罪，是所謂不能盡人之詞而欲斷其曲直也。悲夫！

又　卷一一《子房賈生孔明魏徵何以學異端》　孔明苟全於危世，不求聞達，三顧後起而惓惓漢事，每以天人之際為難知，管、樂功利之學蓋未能造此室也。天資之高，目力之異，卓然有會於胸中，必有因而發耳。賈生於漢道初成之際，經營講畫，不遺餘慮，推而達之於仁義，禮樂無所不可，《申》、《韓》之書直發其經世之志耳。魏徵於太宗求治如不及之時，從容議論，有過必救，有善必達，雖禮樂之未暇而治體，蓋亦略盡縱横之學，直發其遇合之機耳。豪傑之士，天資之高，目力之異，未可以一書而律之也。嗟夫！使聖人之道未散，六經之學尚明，而皆得以馳騁於孔氏之門，由賜遊夏不足進也。昔者聖人歷觀上古之書，商周之典禮，斷自唐、虞以下迄於周，嘆其前定不足為法而傷其後之不可復知，所以塞異端之原而使其流之無以復開也。而春秋、戰國之君子卒取唐、虞以上不足存之説以馳騖於世，則孔子之慮誠遠矣。然而《詩》、《書》、《執禮》乃孔子之所雅言，日與羣弟子共之者，而《易》、《春秋》不與焉，何以發豪傑不羣之志哉？子路以為有民人焉，有社稷焉，何必讀書？然後為學則深排而力斥之，以為非教人之常也。宜其律天下豪傑於規矩、準繩之中而乃上許管仲以一正天下之仁，下許顏子以四代之禮樂，是殆其他未有以當孔氏之心耳。賈生、魏徵可也，吾是以三嘆於子房、孔明焉。

又　卷一二《諸葛亮·附録》　曹操以漢天子之令，征伐四出，為漢功臣。孫權秉義稱藩，當是時，心雖不可量，曹逆節未暴於天下也。如孔明言荆、蜀之勢成，操之逆心或折，不可折則可圖；及吳詐取關羽，秭歸又以敗，孔明甚恨恨也。丕既已易姓，玄德中道而殞，屬大事於孔明

而及其子焉。孔明懼奉先帝遺詔不謹，義不敢即安，是以兵出之日天下震動，而人心不憂。末年渭濱之師，其規為志意遠矣。惓惓漢事之心，對越天地，鼎足之計非孔明本指也。年踰五十而死，豈非天哉！初，孔明之游學也，潁川石廣元、徐元直、孟公威等往往務精熟，孔明獨觀其大略。及耕隆中而龐德公在焉，司馬德操兄事龐公。孔明每至龐公家，獨拜龐公牀下，龐公不為止。孔明為丞相時，許靖為太傅。靖在中州有英偉稱，兄事潁川陳紀，與陳郡袁煥、平原華歆、東海王朗等善，於是靖老矣。爰樂人物，風流藹然，孔明親為之拜。玄德嘗為孔明言『吾周旋陳元方、鄭康成間，每見啓告，治亂之道甚悉』，其君臣之間，始終可考者如此。

宋・袁燮《絜齋家塾書鈔》卷七《說命中》　諸葛孔明論先、後漢之興亡，而斷之以君子、小人之用舍。治亂之分果在乎他哉？後世於此等事太畧忽了。

宋・袁燮《絜齋集》卷七《諸葛孔明論》　君子胸中之規模，要不可狹也。有三代王佐之規模，斯有三代王佐之事業。甚哉王佐之規模！非淺識所可窺也。彼道德之富、涵養之深，胸中所藏，莫知其際，豈可以一節稱一行名哉？後世之士不足以進於三代，我知之矣！自處為甚卑，一節一行足以自表，則其心足焉。宜其規模之狹，不足以望古人也。春秋以來，如鄭子產、晉叔向，皆賢卿大夫也，其規模已不足以望三代之士，又況秦漢而下乎！偉哉孔明，生於兩漢之後，而庶幾乎三代王佐之規模！此豈區區一節一行之士哉！高臥隆中，不求聞達，每抱膝從容長嘯，其所以自養者，孰得而測之？先主以帝室之胄，英才蓋世，枉駕草廬，三往而後見。非自尊也，其所抱負者大，用之不敢輕使。先主不能降屈以至於再三，吾有獨善其身而已矣。世方汲汲于功名，而孔明恬然若無意者，此其所存者何如，而規模豈易量哉！相先主治蜀，明賞罰，核名實，撫百姓，示儀範，此未足以見其規模也。蓋讀《出師》一表而後知之。昔周家之制，中外一體，故王之左右職，衣服飲食者皆屬之天官，惟其一體故也。自漢而下，無能識此意者。今孔明之言曰『宮中府中，俱為一體。陟罰臧否，不宜異同』，具言其臣良實忠純者，宮中之事，宜悉咨之，其深明夫一體之義乎！自古大臣出征于外，而國中晏然者，惟周公為然。今孔明亦連歲出師，而未嘗以根本為憂，非疎也，蓋有以處之也。郭攸之、費禕、董允之徒，朝夕翊贊於內，又有性行淑均如向寵者。又言侍中、尚書、長史、參軍，皆端良死節之臣，願親信之。其國中多賢若是，而誰敢萌窺覬之心？王佐之經綸，豈意復見於此時乎？彼非仕而後學者，意其在畎畝中，龐德公、徐元直之流，相與講之者熟矣。王通氏言『亮而無死，禮樂其有興乎』，即其經畫而探其所存，誠有足以興禮樂者，然吾有疑焉。劉璋本以好逆，而乃為譎計以取其國。璋固漢賊也，孔明為漢除殘，雖誅之可也。然既與之合矣，而又襲之，得無虧於信乎？治蜀太嚴，纖惡不宥，法正規之而不能從，且筆《申》、《韓》、《管子》、《六韜》之書以授後主，亦非三代王佐所以輔其君者，毋乃時不逮古，思其上者不可得而姑為其次者歟？然古人惟道之行不可則止，未嘗少貶也。而孔明姑為其次者，毋乃其學有所未至而然歟？雖然，王佐之不得見久矣，得見幾及焉者斯可矣。孔明之心，未嘗須臾忘漢，觀其大略，于王佐蓋幾焉。圖畫其國，決非兩漢人物所可及也。迹其將有事於北，而恐有乘其後者，遂五月渡瀘，深入不毛，既得孟獲，七縱七擒，以深折其心，然後孔明得安意北征而無所忌。蜀兵既寡，難以歲歲用，則使十二番休，故雖屢用之，而兵不罷。所為八陣法，深得古意；用兵止如山，進退如風；所至營壘、井竈皆應繩墨，誠可謂善治軍者。行國君事而人不疑，李平、廖立没齒懷德。當三國土地分裂之餘，乃有人物如孔明者，而又何議焉？曰：孔明人傑也，君子要當以人傑待之。闊略優容，所以待常人，而施之賢者則否。擿其所未至，而以王佐繩之，所以愛孔明也。以孔明之規模，而充以古聖賢之學，將為漢伊、周矣。惜乎其不全不盡也！開國立配，而所納乃劉焉之子婦，身為宰相而躬校簿書。孔明而有伊、周之學，豈其不全不盡若是歟？此吾所以重為孔明惜也。

又　卷一四《送馮提刑赴召序》　夫醫，一也，善診者不必善用藥。人才，一也，善談者不必善集事。馬謖與孔明論兵，孔明心服之，用之街亭，衄焉。夫孔明之心服，必其說之過人也，而成敗乃爾，則謖善診而不善於用藥也。惟盧、扁能具是二者，故公前日之言，其於醫，蓋診者今用藥焉，刀圭未下咽，病隨去矣。天下之盧、扁，非公尚誰屬之？

宋・葉適《水心集》卷六《梁父吟並序》　諸葛亮生初平、建安時，值何、董交亂，豪傑並爭，皆藉王室為辭，知其勢非代漢不已。又自量其

材非有超世之度者，亦莫能用也。耕於荆山之陽，以苟免不聞為事，其甘窮約而不厭者，將終焉。然自是遂與先主周旋於長阪、武林之間，使先主得益州而相之，立禪丕，制天下之命。雖功業不究，然秦、漢以來，可謂人臣之盛未有若此者。亮之未没也，自表後主曰：『成都有桑八百株，薄田十五頃，子弟衣食自有餘饒，至於臣在外任，日别無調度，隨身衣食，悉仰於官，不别治生，以長尺寸，臣死之日，不使内有餘帛外有餘財，以負陛下。』及卒，如所言。余讀至此，未嘗不太息也。使亮終已不遇而抱孫長息以老於隆中者，其躬耕之獲，豈少此哉！何故自親漢、魏之勞，至令遺恨以死，是殆以天下厚其身者乎？當幼孤之際，不潔其名，處富貴之隆，不安其利，伊尹、周公，蓋庶幾焉！豈與管仲能合諸侯，則三歸反坫；蕭何保關隴，乃賴田宅、貰貸以自汙比哉？史記亮耕隴畝，好為《梁父吟》，身長八尺餘，既高孔明之行事，而想見其詠歌之思，於是追述其意，為《梁父詞》以傳於後，使讀是詞者，孔明之心猶有考也。

金·許衡《魯齋遺書》卷一《語録上》 不問利害，只求義理，孔明見得真。當時只有復漢討賊為當然，『至於成敗利鈍，非臣之明所能逆睹也』，歸之於天而已。只得如此做，便是聖賢之心，常人則必計其成敗利害也。

宋·黄震《黄氏日抄》卷三九《漢丞相諸葛忠武侯傳》 傳後云：或謂侯勸昭烈取荆州為不義。不知劉琮既已迎降於操，則荆州固魏之荆州矣。於以取之，豈不正乎？惜昭烈之失此機也。又或謂魏延之策，惜侯不用。不知夫天將昌漢，以侯之舉措掃禽亂賊，直餘事耳。行險僥倖，非侯志也。嗚呼！秦漢以來，士狃於戰國之餘習，張子房為拔出者而猶未免乎雜以伯術，若侯真豪傑之士，無文王猶興者耶。然使侯得遊於洙、泗之門，講學以終之，則其所至又非予所知也。又曰：朱元晦以予不當不載以管、樂自許事，謂侯為後主寫《申》、《韓》、《管子》、《六韜》之書及勸昭烈取荆、益，可見其所學未免駁雜。然方曹氏篡竊之際，侯以身從帝室之胄，允執大剛，終始不渝。使侯當齊侯時，其肯自富其國而忘天下之大訓乎！使侯當燕昭時，其肯志在土地，珍寶而自以為功莫大乎？故不欲書以惑觀，拔本塞源之意也。予讀《出師表》所以告後主，一出於正，殊非刻核陰謀之語，故於手寫《申》、《韓》等書之事疑，則可闕也。

侯在草廬，一見昭烈，遂定取荆、益之計，蓋以興復漢室為己任，則諸侯内懷他圖者，得以正名而討之。然昭烈小不忍而妨大計，故劉琮降操，荆、益可取而不取，是侯之策昭烈未能盡從也。及狼狽而遁，藉吴敗操，又廹於吴而入蜀，以譎計取之，予知侯有不得已者，非草廬所以告昭烈之本意也。然侯於學未足，故昭烈譎取劉璋，終為有愧。若夫開國建后大事也，而奉冊所立者，乃亡國之宗婦，以日易月，後世之大失也。而昭烈之喪，冢宰所贊者，乃固繆之禮。然則當斷之曰：若侯者，體正大而學未至者也。

宋·葉采《近思録集解》卷一四《總論聖賢》 諸葛亮，字孔明。東漢末曹操據漢將篡，孔明輔先主，志欲攘除姦凶，興復漢室，而其規模宏遠，操心公平，有王佐之心，然於王道則有所未盡。蓋聖人之道，如天地發育，無有私意。行一不義，雖可以得天下而不為。先主以詐取劉璋，孔明不得以無責，蓋其志於有成，行不義而不暇顧。若聖人，則寧漢無興，不忍為此。

先主依劉表，曹操南侵，會表卒，子琮迎降。孔明説先主取荆州，先主不忍，琮降，則地歸曹氏矣。取以興漢，何負於表？較之取劉璋，則曲直有間矣。或謂先主雖得荆州，未必能御曹操，然此又特以利鈍言也。

孔明輔漢討賊，以信義為主，以節制行師，以公誠待人。至於親賢臣、遠小人，諮諏善道，察納雅言，有大臣格君之業。朱子曰：孔明雖嘗學申、韓，然資質好，却有正大氣象。

文中子曰：使孔明而無死，禮樂其有興乎？亮之治國，政刑修舉而人心豫附，名正言順，禮其庶幾乎！

元·吴澄《吴文正集》卷五八《題跋·跋楊顒諫諸葛武侯之辭後》 『開誠心、布公道，集衆思、廣忠益，諸有忠慮於國但勤攻吾之闕』，漢丞相諸葛忠武侯語也，可以為萬世相天下者之法矣。孔明豈不知為相之體哉？於主簿楊顒之諫也，生既謝之，死又哀之。孔明豈不知其言之忠哉？然而罰二十以上皆親覽，食少事繁，至為敵國所窺而慶幸其不久。孔明豈不知愛重其身哉？其若是者何也？嗚呼！是未可以常情度、淺識議也夫。知相之體而未免自勞，知言之忠而未見樂取，知一身係國之存亡而竟中敵國慶幸之計，苟非甚愚者或有所不為，而謂蓋世絶人之智者為

之乎？予故曰：是未可以常情度、淺識議也。且當時事勢如何耶？以一木支大廈之傾，事君而致其身，盡瘁於國，遑恤其他？夫豈可已而不已者。楊顒之諫，謂之愛孔明則可，謂之知孔明則未也。杜子美詩云：『三分割據紆籌策，萬里雲霄一羽毛。』又云：『運移漢祚難恢復，志決身殲軍務勞』，此詩字字有意，細味之庶乎知孔明之心，而豈常情、淺識之所能測度、擬議者哉？齊右王良父嘗書楊顒諫孔明之辭于片紙，其孫出以示人，予獲觀焉，撫卷再三而不忍釋。嗚呼！前輩或者其亦有感於斯歟？

明·林文俊《方齋存稿》卷三《序·忠武録序》 予讀史至漢諸葛忠武侯，未嘗不反覆太息也。漢之末造，羣雄並起。曹操以鬼蜮之雄，逞其詐力，以脅制天下。孫權乘間據有江東。當是時，一時材智之士爭為之用，不復知有劉氏矣。侯獨起從先主於三顧之後，曰：『將軍，帝室之胄也。』曹丕既篡漢，乃勸先主正位號於蜀，以紹漢統。而其為心，直以滅賊興漢為已任。其言曰：『漢賊不兩立，王業不偏安。』侯之志蓋可見矣。惜乎炎祚告終，其功不克就。然千載之下，讀《出師》二表，猶使人凜然知討賊大義，而背君狥利者無所逃於天地之間。其於綱常，豈不重有賴哉？南陽城西七里，有崗曰卧龍，即侯草廬所在，古今題詠甚富。唐府承奉魏君景仁，恐歲月寖久，散逸無傳，屬良醫沈津編次成帙，名《忠武録》，將刻梓以傳，而介大理寺副王君懋德徵予序。予不敏，謹以侯所以為心者，為之論著，其他故不遑論也。魏君鄢陵人，事唐成王，以恭謹聞。成王薨，遺令分賜府僚。君獨不以自私，既以修國之養正書院，又以刻斯集，其志有足嘉哉，故併及。

明·程敏政《篁墩文集》卷一一《孔明論》 或曰：昭烈伐吳，乃千古之失策，而孔明略無一字之諫，當時武臣若趙雲者，乃有『國賊曹操非孫權』之言。然則孔明之智不足以及此乎？曰：非也。伐吳之失策，孔明諫之不聽，而昭烈悔之不及。人特未之知耳！何以知孔明之諫？孔明之初語昭烈曰：『孫權據有江東，已歷三世，國險而民附，賢能為之用，此可與為援而不可圖也。』孔明之初意如此，後來之諫可知矣。何以知昭烈之悔？永安之詔曰：『君才十倍曹丕，必能安國家，終定大事。』且昭烈方敗於孫權，其慚憤以圖再舉，不言可知；而託孤之際，乃舍權稱丕，意必孔明之諫有如雲之言者。故昭烈至是乃悟其言，而深恨始謀之不臧也。曾是而謂孔明之智不足以及此乎！曰：昭烈之於孔明，嘗有魚水之喻矣。迹是觀之，則孔明之言昭烈固有不能盡用者哉？曰：豈特不能盡用而已？蓋所謂十不一試者也。孔明之言曰：『荆州用武之國，而其主不能守，此殆天所以資將軍也。』使孔明處此，蓋必有策。而昭烈追景升之顧寧舍之以去，反為逆操之資，赤壁之勝，雖幸得其半，而終不能守，蓋非孔明之初意矣。又曰：『益州，天府之土，劉璋闇弱。將軍既帝室之胄，若跨有荆、益，漢室可興矣。』使孔明處此，亦必有策。而昭烈乃聽法正之詭謀，襲取成都，雖得璋而理不直，又非孔明之初意矣。孔明所以興漢之策，蓋素定於草廬三顧坐談之頃，其大者則取荆、益，援孫權，而昭烈曾無一之見。從而後世乃歸之天不祚漢，豈不過乎？曰：孔明嘗自歎『法孝直在，必能制主上東行』，然則孔明之智不逮正矣。曰：非也。孔明嘗勸取益州，昭烈不聽而聽於正。伐吳之舉，孔明亦必諫之不聽，而思其人也。正言難入，詭謀易從，雖大賢君子，猶所不免，而況昭烈乎！

明·張志淳《南園漫録》卷一《武侯》 論諸葛武侯於前，而引杜子『霸氣西南歇，雄圖歷數屯』結之是已。至後論漢士，擇所從，乃以武侯見昭烈事埒之荀彧、和洽、高柔、郭嘉、趙儼、邢顒、呂范、周瑜之間。夫三往方見，自三代而下，唯武侯一人，而乃概等諸魏、吳隨時求用之士，且又若武侯有心先事昭烈以為自謀者，何其悖也！

又 卷三《武侯論》 嘗疑武侯、昭烈欲復漢，而不知桓、靈寵任閹宦，賊害忠良，盡失天人之心，非成、哀之比。及讀呂温《武侯廟記》，則温固有此論矣。但温欲武侯諭民曰『我欲安時，非為漢也』，此則不可。蓋昭烈，固漢之子孫，不當叛漢，自便以求成功，此武侯所以有『先帝每與臣論此事，未嘗不歎息痛恨於桓、靈』之説，蓋其君臣之義，亦庶幾明道不計功之識矣。若如温言，明言桓、靈不君，我則為民，義士先已輕之也。此其君臣所以痛恨之意，正在於斯之難，武侯豈無温之見哉！至司馬公論昭烈，只以族屬踈遠，為言而以南唐比之，其乖誤已甚。朱子固正之矣。然論者只辯其非疏，則亦非盡理之論。蓋人君之命，由於得天本於有德，故天佑民歸，皆以一德。昭烈雖不能純一於德，然在當

時，比之操、權，可謂有德矣。雖非漢之宗室，其志在匡時，其才堪遏操，固君子之所當從，而後世之所當與也，豈可校其親疏哉？若以疏而黜之，則見存之劉嬰其視光武孰親？則當責光武以奉嬰而不當自立矣！《通鑑》既知不責光武奉嬰，或立劉氏之親且賢者，顧可以昭烈於漢為疎遠而比之南唐哉？在當時則漢不當復，勢不可復，在昭烈、孔明則當以復漢為義，而不計其勢之難。温豈足以知此？

明·王崇慶《元城語録解》卷中 解曰：人品之高下，係乎人；功業之成敗，係乎天。故以淮陰之輔漢，不害其為卑；以武侯之無成，不害其為高。又況英雄不可以成敗論乎！

明·海瑞《備忘集》卷二《贈顧肖坡榮奬序》 昔李平、廖立，諸葛武侯論法，廢之終身，垂念武侯，没世如在，素有恩貸，及已者不至是也。武侯何以得此於人哉？習鑿齒謂武侯水鑑無私。觀武侯者，蓋不必求之恢復之心、開濟之業，即武侯之不忘於人者，而武侯王佐之才盡之矣。天下凡章程、號令，或可以聲音笑貌為於一時；以心感心，不待吾言而自能曉吾意者，不可强也。【略】武侯有淡泊寧靜之學，是以有李平、廖立之感。李平、廖立之感於其心不於其事也。以心感心，是以能終。武侯終其身，不忘其德。

明·王世貞《讀書後》卷二《書蘇子瞻諸葛亮論後》 蘇子瞻以仁義、詐力雜用而取天下為孔明之所以失，而謂：『劉表之喪，昭烈在荆州，孔明欲襲而取其孤，昭烈不忍。其後劉璋以好逆之至蜀，不數月扼其吭，拊其背而奪之國，其與曹操異者幾希矣。曹、劉之不敵，天下之所知也。言兵不若曹操之强，言地不若曹操之廣，言戰不若曹操之能，而有以一勝之者，區區之忠信也。孔明遷劉璋，既已失天下義士之望，乃始治兵振旅，為仁義之師，東向長驅而欲天下響應，難矣。』凡蘇子之持論，甚至而事甚美。雖然，吾以為蘇子書生也，不識理勢，且又不讀書，不攷其時事。夫荆州用武之地，孔明之初見昭烈已言之。昭烈不得荆州，不可以抗曹氏；曹氏不得荆州，不可以滅昭烈而扼江左之上游。然則，曹氏未嘗一日而忘荆州與昭烈也。昭烈以左將軍領豫州牧，劉表僅鎮南將軍領荆州牧，其位在表上。特以羈旅相依，粗具契誼，非有君臣之分也。表，天子之一刺史，非世守之國也。表兄也，昭烈弟也，兄終弟及非過也，取之固可。否則，取之而表琦為刺史，而身輔之以拒曹氏亦可。昭烈之不忍，固仁也；而孔明之計，非不義也。當陽之敗，幸而夏口尚有歸，又幸而孫權不與曹氏合耳。不然，昭烈之首已懸之許昌矣。吾故曰：蘇子不曉理勢也。昭烈之入蜀，劉璋逆之，欲破張魯，孔明不在行也。其即會而欲掩劉璋者，龐統、法正也。而昭烈不忍也。既劉璋微覺之，而不給軍食，所至以兵守關隘，昭烈欲歸荆州而跋尾之不能，且立槁矣。劉璋，焉子也。焉不恤宗室之阽危，而據險自固，朝貢俱廢，又擅造郊祀乘輿法物，非叛臣而何？璋之立，未請命也。曹氏之拜官，曹氏與國而已。仗義以討之，夫誰曰不宜？吾故曰：蘇子不讀書，又不攷其時事。蘇子又曰：『曹操既死，子丕代立。當操之臨終，召丕而囑之植，未嘗不以譚尚為戒也。而丕與植相殘如此，其父子兄弟且為寇讐，而況能以得天下心哉？此有可間之勢。不過捐數十萬金，使其大臣骨肉内自相殘，然後舉兵而伐之，此高祖所以滅項籍也。』愚以為蘇子蓋不特書生而已，一妄庸人囈語也。夫自古捐金而間者，豈惟漢高？秦始之於趙、魏亦有之矣。夫秦之間信陵、李牧，其勢固已如太山壓一卵，而當時信使、遊客車相錯而無禁。高帝之與項籍，兩軍相拒不過數十里，信使、遊客亦不絶。而後皆得以行金而為間。今魏、蜀之使不通，而關譏若戟門，誰為之行金？兩國之臣非故交，誰為之通間？且夫丕嗣之三月而篡漢，篡之踰月而召植而囚之若孤豚。又其大臣皆曹氏之心腹也，夫間必自隙入，所謂隙者安在也？夫守義而責其所當得之。吳、蜀廢義而言其必可乘之間，抑何前後翻覆也！吾故曰：蘇子者，一妄庸人囈語也。

又 卷二《書諸葛亮等傳後》 孔明與子瑜為親昆季，而公休則從弟也。孔明為漢丞相，秉國鈞，子瑜至大將軍，亦參預吳大政，而公休仕魏至司空，各以身分事三國而不相猜，又皆三公也，又皆自致功名，封徹侯。而公休獨不終，即《世說》所載『蜀得其龍，吳得其虎，魏得其狗』，而公休之望實俱下下矣。第考其行事，恐公休亦不分為狗也。在洛下，與夏侯太初齊名，為吏部郎、中丞尚書，皆有望實。出鎮壽春，使一方肅戢。及敗死，而麾下數百人無一降敵者，且曰『為諸葛公死不恨』，此豈常人所能及哉！抑不但公休而已也，即子瑜之子元遜，其材亦孔明流亞也，識度故不及耳。元遜事事效孔明，孔明相幼主則亦相幼主，孔明

伐魏則亦伐魏，孔明斬馬謖則亦斬朱異，孔明責李嚴則亦責李默，循迹而效之，此其所以愈速禍也。且夫山越之收何下於孟獲之禽，而淮南之勝亦有光於祁山之捷，最後頓兵堅城，以疫退舍，雖損失亦不至斜谷之敗也。其所以人情相徑庭、後事遂霄壤者，孔明密、元遜疎，孔明靜、元遜躁，孔明遂而順、元遜遂而倨，孔明嚴而仁、元遜嚴而刻耳。嗟乎！孔明之忠漢也，與子瑜之忠吳也，思遠之繼孔明而死忠也，尚之死孝也，壽知之亦能言之；公休之忠魏也，壽不知之矣。後世尚能知之，而元遜之忠吳也，後世亦不知。嗚呼！壽不唯不知也，而列公休於鍾會，列元遜於孫峻、孫綝，不亦冤哉！尋元遜之初輔政，其聲望赫然。每出，百姓延頸，思見其貌。而淮南之役，覆魏之全師而取之，中原大震。其後雖不利，亦不至掩前勝也。何三月之間而頓失人心，以至覆宗僇身、為世口實乃爾？蓋孫峻之徒畏其嚴、忌其盛，而搆之少主，未必皆實録也。嗚呼！人固不可以成敗論哉！元遜滅於吳而仲弟喬有後於蜀，公休滅於魏而少子靚有後於吳，其子復顯於晉，思遠與子尚俱徇節而季京仕晉為郎，天之巧於全賢者後若此。

明·胡應麟《少室山房集》卷一〇二《讀十二首·讀空同子》 李獻吉《空同子》云：關、張死而蜀事去矣。王元美《孔明論》云：以關、張之鷙悍而死，孔明安得不親戎陣？其用魏延、馬謖輩，非得已也。兩公語皆卓識。初，昭烈入川，忠義、忠武同鎮荊州。洎龐統卒，而孔明赴蜀，蜀甫定而取漢中，時事劻勷，日不暇給，其委忠義與魏角者，以侯鎮兩郡，威信大行，即樊城不拔，魏未能卒取荊也。詎意吳寇之肘腋哉！俾士元弗夭，孔明弗西，漢事寧當至此，大概炎精垂燼，匪人力所能噓也。王允寧《諸葛蕭何論》，尤陋不足辯。

明·黃淳耀《陶菴全集》卷三《諸葛亮論上》 先主將東征孫權以復荊州之恥，羣臣多諫，一不從。章武二年大軍敗績，還住白帝。亮嘆曰：『法孝直若在，則能制主上，令不東行，就令東行，必不傾危矣。』或曰：甚矣！武侯之處此，爲可議也。法正之見信於先主孰若武侯？運籌帷幄之中、決勝千里之外孰若武侯？今伐吳之失計，羣臣皆能知之，武侯既不力諫於前，傾危已及而始追思法正，何哉？黃子曰：『此以形迹論人，而未嘗設身處武侯之地者也。』古者小臣之諫其君也，爭之以是非而不得，則爭之以去就；爭之以去就而不得，則爭之以生死。大臣則不然。彼其君臣相與之際，義已深矣，情已戚矣，勢不能以一言之不合奉身而去，則度其君之不我從也，而其言不可以徒發，必將權一敢言之人以去就、生死爭之於前，而吾因而導之，則吾之言行而無變色易容之患。昔者高帝入秦宮，見其宮室、狗馬、重寶、婦女之美，意欲留居之。樊噲諫帝出舍，帝不聽。張良曰：『夫秦爲無道，故沛公得至此。爲天下除殘賊，宜縞素爲資。今始入秦即安其樂，此所謂助桀爲虐也。且忠言逆耳利於行，毒藥苦口利於病。願沛公聽樊噲言。』帝乃還軍霸上。人知帝之從良而不知樊噲之言有以爲之先也。及即位，數欲易太子。周昌諫曰：『臣口不能言，然臣期期知其不可。陛下雖欲易太子，臣期期不奉詔。』帝欣然而笑。叔孫通繼昌而諫，至欲以頸血汚地。帝曰：『公罷矣。吾直戲耳。』及張良招四皓，從太子入見上，乃遂無易太子志。人知帝之陰從乎良而不知周昌、叔孫通之言有以爲之先也。先主、孔明相與之際，有過乎高帝、留侯。而先主股肱虧喪，義在復仇，則其理之是非，不至如留秦宮中與欲易太子之斷然其不可也。度孔明必嘗進諫，諫而不聽，固無面折廷諍之理，而時又無法孝直佐之者，故先主遂行耳。且正之爲人，權譎多智，與孔明好尚不同，而以公義相取，蓋先主之有孫夫人，固肘腋之患也，而正爲之輔翼，遂使先主翻然翺翔，無內顧憂，則其爲人可知矣。孔明以正，法正以奇，奇非大臣之所以施於其君，而或可以輔大臣之所不及。此孔明之所以反覆嘆息於其人也，而豈可執此以議孔明爲不諫哉？嗚呼！古大臣之所以匡君謀國者多存於不可見之間，其言與事之載諸史冊者什二三而已。而世之儒者乃欲執是以議其短長，亦多見其不知量也夫。

又 《諸葛亮論下》 諸葛亮伐魏，與羣下計議。魏延欲請兵萬人，與亮異道，會於潼關，如韓信故事，亮制而不許。延嘗謂亮爲怯，嘆恨已才用之不盡。黃子曰：蜀、吳、魏血食五六十年，先主備、大帝權、武帝操及漢丞相亮皆命世之傑也。三國者皆有事於戰，而其意不同。魏嘗以戰爲取，吳、蜀嘗以戰爲守。何以明之？先主與操頡頏起兵，而操得勝勢獨先。先主領徐州時，操已破南單于、降黃巾三十萬、屢破陶謙、挾天子令諸侯矣。先主爲呂布所襲，狼狽奔操，則固遊操轂中者耳。及先主得

出，而操已破呂布、袁紹大勢成矣。計操之所憚者獨先主，而天若杌先主以待操之成。及孫、劉並力，僅足支操。故操之戰嘗主於取也。孫氏先蜀立國，乘間抵巇，可以難操，而伯符降年速隕，襲許之計不成，則過此無取操之時矣。赤壁雖敗，操之根本尚完。先主間關入蜀，復挫于吳，雖有武侯爲之相，而宿將謀臣後先凋盡，蜀民輕脆，兵力單少，則其不能難魏明矣。故吳、蜀之戰嘗主於守也。武侯之屢出祁山，所以守蜀也。而魏延之計，乃欲懸軍深，是所以取魏也。夫使魏而可取也，武侯豈不欲取之哉？昔者曹操欺劉表之不能襲許也，冒兵家之忌以攻袁紹，而倖勝於官渡；欺周瑜之非我敵也，冒兵家之忌以攻孫權，而卒敗於赤壁。故夫行師而不出於什全者，非大勝則大敗之道也。操敗不可以遽亡，蜀敗不可以復存。曾是孔明而出於不可復存之地，以倖其一勝乎？吾觀孔明之告後主曰：『今不伐賊，王業亦亡。惟坐待亡，孰若伐之？』又曰：『今民窮兵疲，而事不可息。事不可息，則住與行勞費正等。』吾是以知孔明之意常在於守也。人之守蜀在劍閣，孔明之守蜀在祁山。人之守吳在長江，孫權之守吳在合肥。其意一也。吳之諸葛恪破魏於東興，遂欲違衆大舉，幸而身死，吳得以延數年之命；蜀之姜維破魏於狄道，而仍歲出師，不幸而身不死，蜀遂爲墟矣。恪與維皆不知大帝、武侯之深意而從乎魏延之策者也。吾嘗爲之說曰：今有御盜者於此，盜至其門而御之，則無及也；持兵出門，若將捕之，而盜自不至此。諸葛武侯之謂也。一夫奮梃而追盜，此盜卻於前而彼盜入其室，執其主以出此。姜維之謂也。嗚呼！後世之守危國者，其必以孔明爲法與？

清·李光地《榕村集》卷一五《論·留侯武侯論》 留侯、武侯，皆漢之傑也。論者或以留侯出必于其機應必於其會，其事漢也。若賓其避侯封以行其志若神龍之變化於八紘之內，而不可羈以豢也。武侯者，正志於結托之初自任以興復之重忘乎？時之不可為以卒其軀於是乎？疑二子者所術之學，殊所趣之致異，故其出處終始大較不同若此。雖然，君子之於人蓋莫大乎論其世也。留侯之君非漢也，韓也。雖識漢王於邂逅之間，知天授之主而韓國猶存，則於漢有不純臣之義。及乎韓亡而歸漢，而後主臣之交定矣。前此之往來去就於漢者，蓋古之君子，拳拳故舊之心，豈若戰國之士朝暮秦楚者哉？九域已一，叛亂已除，雄都已建，嫡貳已定，時則謝成功、遠人事，託意寓言導引避穀。武侯處草廬之中，承二顧之誼，投合之契，厚許與之分明及乎。託六尺而專國命，統戎行而興漢室，任重道遠，無有休時，蓋其職然也。假令留侯生季興，而負重寄，充其傾家報韓之心，鞠躬效死，殆非所難，而使武侯從容指顧之間，大業早就則躬耕之初，服淡薄之本志，其與飄然世外遊者，意豈異哉？論者又謂武侯弘毅忠壯，慨然展布四體以盡其心，留侯優游譎諫，每若有所懷，而難發故一則有從容之論，一則有正大之褒。夫古之君子，其出也，所以直已行志也。然亦將以順時體變，弘濟於艱難。是故外度其主，內度其身，遇之不同，而其應異焉。況乎武侯晚年，閫外之寄，而留侯初終，帷幄之臣也。在《易》坎之六四，近君以濟險，而曰納約自牖，無咎蹇之六二，得其正，應居外平難，則曰王臣蹇蹇，匪躬之故，豈可以是疑？坎四之委蛇矜蹇，二之亮節哉？《傳》曰：二多譽、四多懼，近也。武侯厲、蹇二之節，故在外而譽不虧。留侯有納約之心，故居中而事，獲濟。大哉二卦之義，留侯、武侯當之矣。愚嘗尚論三代之下，以合於三代之英，以謂莫先於義利之間，莫大乎父子君臣之際，良之功成漢室而不居。亮死之日，家無餘蓄，其高致同也。良報五世相韓之恩，亮追先帝之遇其大節，均也。此其志如日月之光，而行有冰霜之潔，豈區區功名之士贊世之流哉？或者乃謂亮三顧而出而良朱免於挾策干人，以為優劣，夫良有不共戴天之怨於虎狼之秦，有能報之者，良所從也。秦項滅而良之志畢良，豈區區功名之士哉？故曰：君子之於古人，豈苟焉而已，亦莫大乎，有以論其世也。

清·愛新覺羅·弘曆《御製文集三集》卷二《論·伊尹周公諸葛亮論》 輔少主而能格其非，終成令辟者，伊、周尚矣。諸葛亮有伊、周之能而未成其志，斯可哀焉。是以敍而論之。【略】予獨惜夫諸葛亮之有伊尹之能而未成其志，遇劉禪之昏，足以亡漢，則亦有說焉。蓋光武、明、章之德不及成湯、文、武遠矣，不惟五世而斬，而又加之以桓、靈之殄德，天之厭漢久矣。諸葛亮一人其能挽漢已隳之運哉？且其時外有强隣，自救之不暇，使亮而為伊尹之事，蜀中先自亂，安能尚存乎？予讀《出師》二表，實矜亮之心，且憐亮之不能為伊尹之事。而終於責為人君者，當識天難諶命靡常，兢兢業業以永保其祖宗之基，或庶幾乎！

清·趙翼《廿二史劄記》卷六《三國志·陳壽論諸葛亮》　《陳壽傳》（《晉書》）『壽父為馬謖參軍，謖為諸葛亮所誅，壽父亦被髡刑罰，剃髮也，故壽為《亮傳》，謂將略非所長。』此真無識之論也！亮之不可及處，原不必以用兵見長。觀壽校定諸葛集、表，言『亮科教嚴明，賞罰必信，無惡不懲，無善不顯。至於吏不容姦，人懷自勵。至今梁、益之民，雖《甘棠》之詠召公，鄭人之歌子產，無以過也。』又《亮傳》後評曰『亮之為治也，開誠心，布公道，善無微而不賞，惡無纖而不貶。終於邦域之內，咸畏而愛之。刑政雖峻而無怨者，以其用心平而勸戒明也。』其頌孔明，可謂獨見其大矣！又於《楊洪傳》，謂『西土咸服亮之能盡時人之器能也。』《廖立傳》，謂『亮廢立為民。及亮卒，立泣曰「吾終為左衽矣！」』《李平傳》，亦謂『平為亮所廢。及亮卒，平遂發病死。平常冀亮在當自補復，策後人不能故也。』壽又引孟子之言，以為『佚道使民，雖勞不怨；生道殺民，雖死不怨殺者。』此真能述王佐心事。至於用兵不能克捷，亦明言『所與對敵，或值人傑，加以衆寡不侔，攻守異體，又時無名將，故使功業陵遲，且天命有歸，不可以智力爭也。』壽於司馬氏最多回護，故亮遺懿巾幗，及死諸葛走生仲達等事，傳中皆不敢書。而持論獨如此，固知其折服於諸葛深矣！而謂其以父被髡之故，以此寓貶，真不識輕重者！

藝文

《三國志》卷四五《蜀志·楊戲傳》　忠武英高，獻策江濱。攀吳連蜀，權我世真。受遺阿衡，整武齊文。敷陳德教，理物移風。賢愚競心，僉忘其身。誕靜邦內，四裔以綏。屢臨敵庭，實耀其威。研精大國，恨於未夷。

《晉書》卷九二《文苑傳·袁宏》　孔明盤桓，俟時而動。遐想管樂，遠明風流。治國以禮，人無怨聲。刑罰不濫，没有餘泣。雖古之遺愛，何以加茲？及其臨終顧託，受遺作相。劉備授之無疑心，武侯受之無懼色，繼體納之無貳情，百姓信之無異辭。君臣之際，良可詠矣！

【略】堂堂孔明，基宇宏邈。器同生靈，獨稟先覺。標榜風流，遠明管、樂。初九龍盤，雅志彌確。百六道喪，干戈疊用。苟非命世，孰掃雰雺！宗子思寧，薄言解控。釋褐中林，鬱爲時棟。

清·嚴可均輯《全晉文》卷一三四《習鑿齒〈諸葛武侯宅銘〉》　達人有作，振此頹風。彫薄蔚采，鴟闌唯豐。義範蒼生，道格時雍。自昔爰止，於焉盤桓。躬耕西畝，永嘯東巒。迹逸中林，神凝巖端。罔窺其奧，誰測斯歎。堂堂偉匠，婉翮揚朝。傾巖搜寶，高羅九霄。慶雲集矣，鸞駕亦招。

明·馮惟訥《古詩紀》卷四二《［晉］桓温〈八陣圖〉》　望古識其真，臨源愛往迹。恐君遺事節，聊下南山石。

宋·郭茂倩輯《樂府詩集·相和歌辭》卷四一《［陳］陸瓊〈梁甫吟〉》　臨淄佳麗地，年少習名倡。似笑唇朱動，非愁眉翠揚。掩映隨竿轉，和柔會瑟張。輕扇屢回指，飛塵亟繞梁。寄言諸葛相，此曲作難忘。

唐·李華《李遐叔文集》卷四《詠史》　蜀主相諸葛，功高名亦尊。驅馳千萬衆，怒目瞰中原。曹伯任公孫，國亡身不存。社宮久蕪没，白雁猶飛翻。勿言君臣合，可以濟黎元。爲蜀諒不易，如曹難復論。

唐·李白《李太白文集》卷七《讀〈諸葛武侯傳〉書懷贈長安崔少府叔封昆季》　漢道昔云季，羣雄方戰爭。霸圖各未立，割據資豪英。赤伏起頹運，臥龍得孔明。當其南陽時，隴畝躬自耕。魚水三顧合，風雲四海生。武侯立岷蜀，壯志吞咸京。何人先見許，但有崔州平。餘亦草間人，頗懷拯物情。晚途值子玉，華髮同衰榮。託意在經濟，結交為弟兄。毋令管與鮑，千載獨知名。

又　卷一〇《贈友人三首·三》　蜀主思孔明，晉家望安石。

唐·岑參《岑嘉州詩》卷一《五言古詩·先主武侯廟》　先主與武侯，相逢雲雷際。感通君臣分，義激魚水契。遺廟空蕭然，英靈貫千歲。

唐·杜甫《杜工部詩集》卷七《蜀相》　丞相祠堂何處尋？錦官城外柏森森。映堦碧草自春色，隔葉黄鸝空好音。三顧頻繁天下計，兩朝開濟老臣心。出師未捷身先死，長使英雄淚滿襟。

又　卷一一《登樓》　花近高樓傷客心，萬方多難此登臨。錦江春色來天地，玉壘浮雲變古今。北極朝廷終不改，西山盜寇莫相侵。可憐後主還祠廟，日暮聊爲梁父吟。

又　卷一二《承聞故房相公靈櫬自閬州啓殯歸葬東都有作二首》　遠聞房太守，歸葬陸渾山。一德興王後，孤魂久客間。孔明多故事，安石竟崇班。他日嘉陵涕，仍沾楚水還。

又　卷一三《諸葛廟》　久游巴子國，屢入武侯祠。竹日斜虛寢，溪風滿薄帷。君臣常共濟，賢聖亦同時。翊戴歸先主，并吞更出師。蟲蛇穿畫壁，巫覡醉珠絲。疑憶吟梁父，躬耕起未遲。

又　卷一四《古柏行》　孔明廟前有老柏，柯如青銅根如石。霜皮溜雨四十圍，黛色參天二千尺。君臣已與時際會，樹木猶爲人愛惜。雲來氣接巫峽長，月出寒通雪山白。憶昨路繞錦亭東，先主武侯同閟宮。崔嵬枝干郊原古，窈窕丹青户牖空。落落盤踞雖得地，冥冥孤高多烈風。扶持自是神明力，正直原因造化功。大廈如傾要梁棟，萬牛回首丘山重。不露文章世已驚，未辭翦伐誰能送。苦心豈免容螻蟻，香葉終經宿鸞鳳。志士幽人莫怨嗟，古來材大難爲用。

又　《八陣圖》　功蓋三分國，名成《八陣圖》。江流石不轉，遺恨失吞吴。

又　《武侯廟》　遺廟丹青落，空山草木長。猶聞辭後主，不復卧南陽。

又　卷一五《詠懷古迹五首·四》　蜀主窺吴幸三峽，崩年亦在永安宫。翠華想象空山裏，玉殿虛無野寺中。古廟松柏巢水鶴，歲時伏臘走村翁。武侯祠屋長鄰近，一體君臣祭祀同。

又　《詠懷古迹五首·五》　諸葛大名垂宇宙，宗臣遺像肅清高。三分割據紆籌策，萬古雲霄一羽毛。伯仲之間見伊呂，指揮若定失蕭曹。運移漢祚終難復，志決身殲軍務勞。

又　卷一七《夔州歌十絶句·十》　武侯祠堂不可望，中有松柏參天長。干戈滿地客愁破，雲日如火炎天凉。

又　《上卿翁請修武侯廟遺像缺落時崔卿權夔州》　大賢爲政即多聞，刺史真符不必分。尚有西郊諸葛廟，卧龍無首對江濆。

清·劉於義等［雍正］《陝西通志》卷九一《藝文七·沈迴〈諸葛武侯廟碑有銘〉》　皇帝御極，貞元三祀，時乘盛秋，府主左僕射馮翊嚴氏總，帥文武將佐，洎蒙輪突鬢之旅，疆理西鄙，營軍沔陽，先聲馳於種落，伐謀息其狂狡。於時威武震疊，虜騎收迹，塞垣蕭條，烽爟滅熖，士無保障之役，馬無服轅之勞，重關弛柝，邊轂棲野，我師惟揚，則有餘力。乃昇高訪古，周覽原隰，敬修兹廟，式薦馨香。光靈若存，年祀寖遠，雖簫鼓忻奏，邑里祈禳，而風雨飄飆，祠堂落構，土階莫數尺之崇，庭除無袤丈之隙，登舉不能成禮，牲玉不得備陳，頹墉露肩，灌木翳景，樵蘇滿徑，麋鹿走集。馮翊曰：『丞相以命世令德，功存季漢，遺風餘烈，顯赫南方，丘隴南山，實在兹地，荒祠偏欹，廟貌詭裂，非所以式先賢、崇祀典也。乃發泉府，徵役徒，撤編管，薙叢薄，是營是葺，衆工羣至，繚以高墉，隔閡芻牧，增以峻宇，昭示威神，靈英昔賢，像設如在，翼翼新廟，日至而畢。顧謂小子，揚搉前烈，銘於廟門，曰：

在昔君臣合德，興造功業，有若伊尹相湯，呂望興周，夷吾霸齊，樂毅昌燕，是數君子，皆風雲元感，垂裕來世。嘗以為阿衡則尊立聖主，天下樂推，尚父則上讐獨夫，諸侯同舉，管氏藉强齊之力，以宗周，周無令主，樂生因建國之資，贊燕昭為奥主，君臣同道，僅能成功。惟武侯遭時昏亂，羣雄競起，高光之澤已竭，桓靈之虐在人，遇先主之短促，值曹魏之雄富，能以區區一州，介在山谷，驅羸卒，輔孱主，衡擊中原，撐拒强敵，論時則辛癸惡稔，語地則燕齊勢勝，遷夏、殷者未可校功，霸桓昭者不足侔力。向使天假之年，理兵渭汭，其將席捲西邑，底綏東周，祀漢配天，不失舊物矣。洪伐彰彰，宜冠古今，卓軼前烈，其誰曰不然？武侯名迹，存乎國志，今之羣書，姑務統論大畧，敍我新意，至於備載爵位，追述史傳，非作者之意也，今則不書。其銘曰：

桓、靈濟虐，雲海横流。羣雄蝟起，毒螫九州。天既厭漢，人思代劉。沸渭交爭，存亡之秋。其誰存之，時惟武侯。伊昔武侯，踠足南陽。退藏於密，不曜其光。有時有君，將排垢氛。魚脱溪泉，龍躍風雲。先主纘緒，天下三分。馥馥德馨，悠悠清塵。前哲後賢，心迹暗淪。建兹新廟，式是梁、岷。大唐貞元十一年，歲在乙亥，正月庚午朔，十九日戊子建。山南西道節度使行軍司馬檢校尚書刑部員外郎侍御史沈迴撰，節度推官將仕郎試太常寺協律郎元錫書。

唐·呂温《呂衡州集》卷一〇《諸葛武侯廟記》　天厭漢德，俾絶其紐，羣生墜塗，四海飛水。武侯命世，實念皇極，魏姦吳輕，未獲心

胥，南陽堅臥，待時而起。三顧雖晚，羣雄粗定，必也彗掃，是資鼎立。變化消息，謀成掌中，龍戰玄黄，再得雲雨。於是右揭如天之府，左提用武之國。因山分力，與水合勢，蟠亘萬里，張為龍形。亦欲首吞咸、鎬，尾束河、洛，翼乎中夏，飛於天衢，然後魚驅句吳，東入晏海。大勲未集，天奪其魄。至誠無妄，炳在日月。烈氣不散，長為風雷。英雄痛心，六百年矣！於戲！以武侯之才，知己託國。土雖狹，國以勤儉富；民雖寡，兵以節制强。魏武既没，晉宣非敵，而戎車薦駕，不復中原。或奇謀非長，則斬將覆軍，無虚舉矣；或餽糧不繼，則築室反耕，有成筭矣。嘗試念之，頗頤其原。夫民無德，以德為歸，撫則思，虐則忘。其思也，不可使忘，其忘也，不可使思。當漢道方休，哀、平無罪，王莽乃欲憑戚寵，造符命，脅之以威，動之以神，使人忘漢，終不可得也。及高、光舊德，與世衰遠，桓、靈流毒，在人骨髓。武侯乃欲開季世，振絶緒，論之不以本，臨之不以忠，使人思漢，亦不可得也。向使武侯奉先主之命告天下曰：『我之舉也，匪私劉宗，惟活元元。曹氏利汝乎，吾事之；曹氏害汝乎，吾除之。』俾虐魏偪從之民，聳誠感動，然後經武觀釁，長驅義聲，咸、洛不足定矣。奈何當至公之運，而强人以私，此猶力爭，彼未心服，勤而靡獲，不亦宜哉！乃知務開濟之業者，未能審時定勢而大順人心，而克觀厥成，吾不信也。惜其才有餘而見未至，述於遺廟，以俟通識。唐貞元十四年七月二十五日東平呂温記。

唐・劉禹錫《劉賓客文集》卷二二《觀八陣圖》 軒皇傳上略，蜀將運神機。水落龍蛇出，沙平鵝鸛飛。波濤無動事，鱗介避餘威。會有知兵者，臨流指是非。

唐・褚藏言《竇氏联珠集》卷一《竇常〈謁諸葛武侯廟〉》 永安宫外有祠堂，魚水恩深祚不長。角立一方初退舍，擬稱三漢更圖王。人同過隙無留影，石在窮沙尚啓行。歸蜀降吳竟何事，爲陵爲谷共蒼蒼！

宋・程遇孫等《成都文類》卷六《詩・陵廟・［唐］武少儀〈武侯廟〉》 執簡焚香入廟門，武侯神像儼如存。因機定蜀延衰漢，以計連吳振弱孫。欲盡智慧傾僭盗，善持忠節輔庸昏。宣王請戰貽巾幗，始見才吞亦氣吞。

唐・李商隱《李義山詩集》卷上《籌筆驛》 魚鳥猶疑畏簡書，風雲長爲護儲胥。徒令上將揮神筆，終見降王走傳車。管樂有才真不忝，關張無命欲如何？他年錦里經祠廟，梁父吟成恨有餘。

又《武侯廟古柏》 蜀相階前柏，龍蛇捧閟宫。陰成外江畔，老向惠陵東。大樹思馮異，《甘棠》憶召公。葉彫湘燕雨，枝拆海鵬風。玉壘經綸遠，金刀歷數終。誰將《出師表》，一為問昭融？

唐・孫樵《孫可之集》卷八《刻武侯碑陰》 赤帝子火熾四百年，天厭其熱，洎獻燼矣。武侯獨憤激不顧，收死灰於蜀，欲嘘而再燃之，艱乎為力哉！是以國稱用武、岐、雍間，地不尺闊，抑非智不周，天意炳炳也。夫以武侯之賢，寧靡籌其不可邪？蓋激備隆中以天下託，不欲曲肱安穀，終兒女子手，將驅馳死備志邪？由是覈武侯之所為，殆庶幾矣。然跨西南一隅，與吳、魏抗國，提卒數萬，綽綽乎去留，無我技者，是亦善為兵矣。史壽以為短於應變，真抑武侯哉！俾武侯不早入地，曹之君臣將奔走固圉之不暇，鍾、鄧寧能越巖懸兵，決勝指取邪？是井絡之野，與武侯存亡俱矣。天殲武侯，其不愛劉，愈明白矣，其姜維何力焉？曩蟠南陽，時人不與仲毅伍，洎受社稷寄，擅刑賞柄，曾心不愧畏，人不疑黷，何意氣明信之卓卓也！武侯死殆五百載，訖今梁、漢之民，歌道遺烈，廟而祭者如在，其愛於民如此而久也。獨謂武侯之治，比於燕奭，彼屠齊城、合諸侯，在下矣。

唐・温庭筠《温飛卿詩集箋注》卷四《經五丈原》 鐵馬雲雕共絶塵，柳陰高壓漢宫春。天清殺氣屯關右，夜半妖星照渭濱。下國臥龍空寤主，中原逐鹿不由人。象床寶帳無言語，從此譙周是老臣。

唐・陸龜蒙《甫里集》卷一《讀〈襄陽耆舊傳〉因作詩五百言寄皮襲美》 漢臯古來雄，山水天下秀。高當軫翼分，化作英髦囿。暴秦之前人，灰滅不可究。自從宋生賢，特立冠耆舊。離騷既日月，九辯即列宿。卓哉悲秋辭，合在風雅右。龐公樂幽隱，辟聘無所就。祇愛鹿門泉，泠泠倚巖漱。孔明臥龍者，潛伏躬耕耨。忽遭玄德雲，遂起鱗角鬭。三胡節皆峻，二習名亦茂。其餘文武家，相望如斥堠。緬思齊梁降，寂寞寡清胄。凝融為漪瀾，復結作瑩琇。不知粹和氣，有得方大受。將生皮夫子，上帝可其奏。並包數公才，用以殿厥後。嘗聞兒童歲，嬉戲陳俎豆。積漸開詞源，一派分萬溜。先崇丘旦室，大懼隳結構。次補荀孟垣，所貴亡罅漏。

仰瞻三皇道，蟣虱在宇宙。卻視五霸圖，股掌弄孩幼。或能醢髑髏，或與翼雛鷇。或喜掉直舌，或樂斬邪脰。或耨鉏翳薈，或整理錯謬。或如百千騎，合遝原野狩。又如曉江平，風死波不皺。幽埋力須掘，遺落貲必購。乃於文學中，十倍猗頓富。囊乏向咸鎬，馬重遲步驟。專場射策時，縛虎當羿彀。歸來把通籍，且作高堂壽。未足逞戈矛，誰云被文繡。從知偶東下，帆影拂吳岫。物象悉摧藏，精靈畏雕鏤。伊余抱沈疾，顛頷守圭竇。方推洪範疇，更念大玄首。陳詩採風俗，學古窮篆籀。朝朝貰薪米，往往逢責詬。既被鄰里輕，亦為妻子陋。持冠適甌越，敢怨不得售。窘若曬沙魚，悲如哭霜狖。唯君枉車轍，以逐海上臭。披襟兩相對，半夜忽白晝。執熱濯清風，忘憂飲醇酎。驅為文翰侶，駑皁參驥廐。有時諧宮商，自喜真邂逅。道孤情易苦，語直詩還瘦。藻匠如見酬，終身致懷袖。

唐・羅隱《羅昭諫集》卷三《籌筆驛》　抛擲南陽爲主憂，北征東討盡良籌。時來天地皆同力，運去英雄不自由。千里山河輕孺子，兩朝冠劍恨譙周。惟餘巖下多情水，猶解年年傍驛流。

清・彭定求等《全唐詩》卷一六八《李白〈讀諸葛武侯傳〉》　漢道昔云季，羣雄方戰爭。霸圖各未立，割據資豪英。赤伏起頹運，臥龍得孔明。當其南陽時，隴畝躬自耕。魚水三顧合，風雲四海生。武侯立岷蜀，壯志吞咸京。何人先見許，但有崔州平。餘亦草間人，頗懷拯物情。晚途值子玉，華髮同衰榮。托意在經濟，結交為弟兄。毋令管與鮑，千載獨知名。

又　卷一九八《岑參〈先主武侯廟〉》　先主與武侯，相逢雲雷際。感通君臣分，義激魚水契。遺廟空蕭然，英靈貫千歲。

又　卷二二九《杜甫〈八陣圖〉》　功蓋三分國，名成八陣圖。江流石不轉，遺恨失吞吳。

又　《諸葛廟》　久游巴子國，屢入武侯祠。竹日斜虛寢，溪風滿薄帷。君臣當共濟，賢聖亦同時。翊戴歸先主，并吞更出師。蟲蛇穿畫壁，巫覡醉蛛絲。欻憶吟梁父，躬耕也未遲。

又　《武侯廟》　遺廟丹青落，空山草木長。猶聞辭後主，不復臥南陽。

又　《上卿翁請修武侯廟，遺像缺落，時崔卿權夔州》　大賢為政即多聞，刺史真符不必分。尚有西郊諸葛廟，臥龍無首對江濆。

又　卷二三〇《杜甫〈詠懷古迹〉之五》　諸葛大名垂宇宙，宗臣遺像肅清高。三分割據紆籌策，萬古雲霄一羽毛。伯仲之間見伊呂，指揮若定失蕭曹。運移漢祚終難復，志決身殲軍務勞。

又　卷三五七《劉禹錫〈觀八陣圖〉》　軒皇傳上略，蜀相運神機。水落龍蛇出，沙平鵝鸛飛。波濤無動勢，鱗介避餘威。會有知兵者，臨流指是非。

又　卷三九五《劉叉〈入蜀〉》　望空問真宰，此路為誰開。峽色侵天去，江聲滾地來。孔明深有意，鍾會亦何才。信此非人事，悲歌付一杯。

又　卷四〇三《元稹〈哭呂衡州六首〉之一》　氣敵三人傑，交深一紙書。我投冰瑩眼，君報水憐魚。髀股惟夸瘦，膏肓豈暇除。傷心死諸葛，憂道不憂餘。

又　《之二》　望有經綸釣，虔收宰相刀。江文駕風遠，雲貌接天高。國待球琳器，家藏虎豹韜。盡將千載寶，埋入五原蒿。

又　《之三》　白馬雙旌隊，青山八陣圖。請纓期繫虜，枕草誓捐軀。勢激三千壯，年應四十無。遙聞不瞑目，非是不憐吳。

又　卷五〇六《章孝標〈諸葛武侯廟〉》　木牛零落陣圖殘，山姥燒錢古柏寒。七縱七擒何處在，茅花櫪葉蓋神壇。

又　卷五一八《雍陶〈武侯廟古柏〉》　密葉四時同一色，高枝千歲對孤峰。此中疑有精靈在，爲見盤根似臥龍。

又　卷五二三《杜牧〈和野人殷潛之題籌筆驛十四韻〉》　三吳裂婺女，九錫獄孤兒。霸主業未半，本朝心是誰。永安宮受詔，籌筆驛沉思。畫地乾坤在，濡毫勝負知。艱難同草創，得失計毫釐。寂默經千慮，分明渾一期。川流縈智思，山聳助扶持。慷慨匡時略，從容問罪師。褒中秋鼓角，渭曲晚旌旗。仗義懸無敵，鳴攻故有辭。若非天奪去，豈復慮能支。子夜星才落，鴻毛鼎便移。郵亭世自換，白日事長垂。何處躬耕者，猶題殄瘁詩。

又　卷五三九《李商隱〈武侯廟古柏〉》　蜀相階前柏，龍蛇捧閟宮。陰成外江畔，老向惠陵東。大樹思馮異，甘棠憶召公。葉凋湘燕雨，

枝拆海鵬風。玉壘經綸遠，金刀歷數終。誰將出師表，一為問昭融。

又《**籌筆驛**》　猿鳥猶疑畏簡書，風雲長為護儲胥。徒令上將揮神筆，終見降王走傳車。管樂有才原不忝，關張無命欲何如？他年錦里經祠廟，《梁父吟》成恨有餘。

又　**卷五四六**《**殷潛之**〈**題籌筆驛**〉》　江東矜割據，鄴下奪孤嫠。霸略非匡漢，宏圖欲佐誰。奏書辭後主，仗劍出全師。重襲褒斜路，懸開反正旗。欲將苞有截，必使舉無遺。沈慮經謀際，揮毫決勝時。圜觚當分畫，前箸此操持。山秀扶英氣，川流入妙思。算成功在彀，運去事終虧。命屈天方厭，人亡國自隳。艱難推舊姓，開創極初基。總歎曾過地，寧探作教資。若歸新歷數，誰復顧衰危。報德兼明道，長留識者知。

又　**卷五四八**《**薛逢**〈**題籌筆驛**〉》　天地三分魏蜀吳，武侯倔起贊訏謨。身依豪傑傾心術，目對雲山演陣圖。赤伏運衰功莫就，皇綱力振命先徂。出師表上留遺懇，猶自千年激壯夫。

又　**卷五六〇**《**薛能**〈**籌筆驛餘為蜀從事，病武侯非王佐才，因有是題。**〉》　葛相終宜馬革還，未開天意便開山。生欺仲達徒增氣，死見王陽合厚顏。流運有功終是擾，陰符多術得非姦。當初若欲酬三顧，何不無為似有鰥。

又　**卷五七八**《**温庭筠**〈**過五丈原**〉》　鐵馬雲雕久絕塵，柳營高壓漢營春。天清殺氣屯關右，夜半妖星照渭濱。下國臥龍空寤主，中原得鹿不由人。象床寶帳無言語，從此譙周是老臣。

又　**卷六〇二**《**汪遵**〈**南陽**〉》　陸困泥蟠未適從，豈妨耕稼隱高蹤。若非先主垂三顧，誰識茅廬一臥龍。

又　**卷六四三**《**李山甫**〈**代孔明哭先主**〉》　憶昔南陽顧草廬，便乘雷電捧乘輿。酌量諸夏須平取，期刻羣雄待遍鋤。南面未能成帝業，西陵那忍送宮車。九疑山下頻惆悵，曾許微臣水共魚。

又《**又代孔明哭先主**》　鯨鬣翻騰四海波，始將天意用干戈。盡驅神鬼隨鞭策，全罩英雄入網羅。提劍尚殘吳郡國，垂衣猶欠魏山河。鼎湖無路追仙駕，空使羣臣泣血多。

又　**卷六四七**《**胡曾**〈**詠史詩·南陽**〉》　世亂英雄百戰餘，孔明方此樂耕鋤。蜀王不自垂三顧，爭得先生出舊廬。

又　**卷六五七**《**羅隱**〈**籌筆驛**〉》　拋擲南陽為主憂，北征東討盡良籌。時來天地皆同力，運去英雄不自由。千里山河輕孺子，兩朝冠劍恨譙周。唯餘巖下多情水，猶解年年傍驛流。

又　**卷七一四**《**崔道融**〈**過隆中**〉》　玄德蒼黄起臥龍，鼎分天下一言中。可憐蜀國關張後，不見商量徐庶功。

又　**卷七二九**《**周曇**〈**蜀先主**〉》　豫州軍敗信途窮，徐庶推能薦臥龍。不是卑詞三訪謁，誰令玄德主巴邛？

又　**卷七四八**《**李中**〈**讀蜀志**〉》　鼎分天地日，先主力元微。魚水從相得，山河遂有歸。任賢無間忌，報國盡神機。草昧爭雄日，君臣似此稀。

又　**卷七六六**《**劉兼**〈**中夏晝臥**〉》　寂寂無聊九夏中，傍簷依壁待清風。壯圖奇策無人問，不及南陽一臥龍。

宋·程遇孫等《**成都文類**》**卷四九**《**雜著·〔唐〕段文昌**〈**諸葛武侯廟古柏文**〉》　是草木有異，於草木則靈。武侯祠前，柏壽千齡。盤根擁門，勢如龍形。含碧太空，散霧虛庭。合抱在於旁枝，駢梢葉之青青。百尋及於半身，蓄風雷之冥冥。攢柯垂陰，分翠間明。忽如虯螭，向空爭行。上承翔雲，孤鸞時鳴。下蔭芳苔，凡草不生。古色天風，蒼蒼泠泠。曾到靈山，老柏縱横。亦有大者，莫之與京。於惟武侯，佐蜀有程。神其不昏，表此為禎。斯廟斯柏，實播芳馨。

宋·姚鉉《**唐文粹**》**卷五五上**《**碑·〔唐〕裴度**〈**蜀丞相諸葛武侯祠堂碑銘並序**〉》　度嘗諸舊史，詳求往哲，或秉事君之節，無開國之才，得立身之道，無治人之術。四者備矣，兼而行之，則蜀丞相諸葛公其人也。公本系在簡策，大名蓋天地，不復以云。當漢祚衰陵，人心競逐，取威定霸者，求賢如不及；藏器在身者，擇主而後動。公是時也，躬耕南陽，自比管、樂，我未從虎，時稱臥龍。《詩》曰：『潛雖伏矣，亦孔之昭。』故州平心與，元直神交。洎乎三顧而許以驅馳，一言而定其機勢，於是翼扶劉氏，纘承舊服，結吳抗魏，擁蜀稱漢，刑政達於荒外，道化行乎域中。誰謂阻深，殷為强國；誰為遴脆，厲為勁兵。則知地無常形，人無常性，自我而作，若金在鎔。故九州之地，魏有其七，我無其一。由僻陋而啓雄圖，出封疆以延大敵。財用足而不曰浚我以生，干戈動而不曰

殘人以逞。其底定南方也，不以力制，而取其心服；震攝諸夏也，不敢角其勝負，而止候其存亡。法加於人也，雖從死而無怨；德及於人也，雖奕葉而見思。此所謂精義入神，自誠而明者矣。若其人存，其政舉，則四海可平，五服可傾。而陳壽之評，未極其能事，崔浩之説，又詰其成功，此皆以變詐之略，論節制之師，以進取之方，語化成之道，不其謬歟！夫委棄荆州，不能遂有三郡，此乃務增德以吞宇宙，不黷武以爭尋常。及出斜谷，據武功，分兵屯田，謀久駐之計，與敵對壘，待可勝之期，雜乎居人，如適虚邑，彼則喪氣，我方養威，若天假之年，則繼大漢之祀，成先主之志，不難矣。且權傾一國，聲震八紘，上下無異辭，始終無愧色，苟非運膺五百，道冠生知，曷以臻於此乎？故玄德知人之明者，倚仗曰魚之有水；仲達姦人之雄者，嗟稱曰天下奇才。度每迹其行事，度其遠心，願奮短劄，以排羣議，而文字蚩鄙，志願未果。元和三年冬十月，聖上以西南奧區，寇亂餘孽，罷甿未息，汚俗未清，輟我股肱，為之父母，乃詔相國臨淮公，由秉鈞之重，承推轂之寄，戎軒乃降，藩服乃理，將明帝道，陬落綏懷，溥暢仁風，閭閻茲殖，府中無留事，宇下無棄才，人知嚮方，我有餘地，則諸葛公在昔之治，與相國當今之政，異代而同塵矣。度謬以庸薄，獲忝管記，隨旌旄而爰止，望祠宇而修謁，有儀可象，以赫厥靈，雖徽烈不忘，而碑表未立。或拳拳一善，或師長一城，尚流斯文，以示來裔，況如在之歎，終古不紀，其可闕乎？乃刻貞石，庶此都之人，存必拜之感云爾。銘曰：

昔在先主，思啓彊宇，擾攘靡依，英雄無輔，爰得武侯，先定蜀土。道德城池，禮義干櫓。煦物如春，化人如神。勞而不怨，用之有倫。柔服蠻落，鋪敷渭濱，攝迹畏威，雜居懷仁。中原旰食，不測不克，以待可勝，允臻其極。天未悔禍，公命不果，漢祚其亡，將星中墮。反旗鳴鼓，猶走司馬，死而可作，當小天下。尚父作周，阿衡佐商，兼齊管、晏，總漢蕭、張；易代而生，易地而理，遭遇豐約，亦皆然矣。嗚呼！奇謀奮發，美志夭遏。吁嗟嚴、立，咸受謫罰，聞之痛之，或泣或絶。甘棠勿翦，騂邑斯奪，由是而言，殊途共轍。本於忠恕，孰不感悦；苟非誠慤，徒云固結。古柏森森，遺廟沈沈，不殄禋祀，以迄於今，靡不駿奔，若有照臨。蜀國之風，蜀人之心，錦江清波，玉壘峻岑，入海際天，如公德音。元和二年，歲次己丑，二月二十九日建。

又《尚馳諸葛武侯廟碑銘並序》 漢代之季，天下不得不三分，蓋有由矣。曹氏挾王室之威重，孫氏藉父兄之餘業，劉氏獨不階尺土，開國於亡命行旅之間，天贊一武侯，即鼎足之勢均也。公諱亮，字孔明，身長八尺，嘗躬耕壠畝，好為《梁甫吟》。雖經綸之材，隱括未用，而寥廓之志，舉措輒形。既先主扶世奠民，渴明智用謀之佐，致三顧見咨當代之畫。公於是輕重中夏、揣摩全吳，定王業於胸心，決神機於掌握。由是身為先主所起，計為先主所用。自北徂南，周爰執事，夷險平亂，靡所不之。卒使劉氏以岷、峨之地為己封，梁、益之人為己蓄，曹操不敢以兵强驟進，孫權不敢以境鬩妄動，彼相之力焉。屬先主創業未半，中道而歿，遺詔邦家之事，大録於公，敕後主事公如事父。至於職為臣，行令如君，其名近嫌也；位為君，事臣如父，其形近猜也。不然豈周公賦《鴟鴞》之詩，成王啓《金縢》之語，此雖大小有異，託付不殊，竟能上不生疑心，下不興流言，苟非誠信結於人，格於神，移於物，則莫能至是。公復總戎仗律，無歲不征，將繼舊邦之業，用復先君之命，所以南擒孟獲而不殺，志在綏戎狄矣；西拔岐山而不賀，志在吞河、洛矣；設木牛流馬，濟人之力已紓矣；制陣圖兵法，敵國之軍可玩矣。故得三關不封，二邦喪氣。大勳未集，行師而殞，戎夷野祠，甿庶巷祭，遺愛所使，豈求而得之？噫！國之將亡，本必先顛，且以蜀之連山峻極，其險不為公死而平；沃土富饒，其利不為公死而薄；甲兵士卒，其衆不為公死而減；府藏穀帛，其富不為公死而貪；及鄧艾揚聲於前，鍾會躡迹於後，減蜀三十萬户，如撓羊羣，劉禪竟不免面縛壘門，身為降虜，天事歟？人事歟？天事遠，吾不知之矣，以人事而論，使武侯常存，殷若一敵國，勝於本朝百萬之師，北向爭衡，司馬懿復惕息而不敢戰，足明中原非曹丕所有也。舉其大略，真命世之雄，未可以身許小國之君，延霸王之佐，因曰才有所詣，不逮前賢。向令伊、呂並世而生，殷、周易地而處，則太甲不放桐宮，而四海咸理，諸侯不誓孟津，而天下大定。但為天不假年，志盡莫就，生居於後，功績在其下耳。然非先主之識武侯，或不能輔成於王業。使百代令君，用人必由此道，欲使社稷不振，賢智逃於藪澤，其可得邪？公死之日，遺令塟漢中宅軍前。祭法曰：『法施於民，以死勤事，

以勞定國，則祀之。』至今官書廟食，成不刊之典，一山之內，每有風行草動，狀帶威神，若歲大旱，邦人禱之，能為雲為雨，是謂存與没人皆福利，生死古今一也。死而不朽，反貴於生。銘曰：漢室大壞，掃地無依，人心各動，天命未歸，角力爭負，有翼者飛。突兀臥龍，吟嘯待時，一論世事，超拜軍師，魚水相得，生死以之。仗順收兵，行權略地，氣蓋全吳，脅吞大魏，國政成，三人臣莫二，乃建社稷，興王之器。既得武侯，跪跪魏都，敵國未滅，謀臣已殂。大本去矣，不降得乎？荒墳四頹，拱木皆枯，尚餘精爽，能禁樵蘇。人生異代，仰止山隅。

元·方回《瀛奎律髓》卷三《懷古類·［宋］錢惟演〈成都〉》 武侯千載有餘靈，磬石刀痕尚未平。巴婦自饒丹穴富，漢庭還負碧砮征。雨經蜀市應和酒，琴到臨邛別寄情。知有忠臣能叱馭，不論雲棧更崢嶸。

宋·宋庠《孔明》 漢家亂無象，賢才戢鱗翼。武侯霸王器，隆中事耕殖。堂堂劉豫州，介紹徐元直。一聞臥龍譽，三駕荒廬側。士爲知己用，陳辭薄霄極。說吳若轉丸，抗魏猶卷席。談笑馭關張，從容羈梁益。持邦二紀餘，君臣絕纖隙。浮埃蔽穹壤，大節淪金石。梁甫不復聞，懷賢涕霑臆。

宋·王安石《臨川文集》卷四《諸葛武侯》 漢日落西南，中原一星黃。羣盜伺昏黑，聯翩各飛揚。武侯當此時，龍臥獨摧藏。掉頭梁父吟，羞與衆爭光。邂逅得所從，幅巾起南陽。崎嶇巴漢間，屢以弱攻强。暉暉若長庚，孤出照一方。勢欲起六龍，東回出扶桑。惜哉淪中路，怨者爲悲傷。豎子祖餘策，猶能走强梁。

又 卷三三《諸葛武侯》 慟哭楊顒爲一言，餘風今日更誰傳？區區庸蜀支吳魏，不是虛心豈得賢？

又《題定力院壁》 溪北溪南水暗通，隔溪遙見夕陽春。思量諸葛成何事，只合終身作臥龍。

又 卷六五七《徐積〈和楊掾月蝕篇〉》 諸葛武侯爲將相，心迹皎然無所枉。有罪至親而必誅，有功雖讎而必賞。

宋·程遇孫等《成都文類》卷六《詩·陵廟·［宋］范鎮〈武侯廟柏〉》 滿葉是清霜，培根無沃土。耻作秦皇松，寧為憑異樹。英靈自有風，蔭蔚長如雨。可憐青青姿，不知人事古。

宋·蘇軾《東坡全集》卷二七《隆中》 諸葛來西國，千年愛未衰。今朝遊故里，蜀客不勝悲。誰言襄陽野，生此萬乘師。山中有遺貌，矯矯龍之姿。龍蟠山水秀，龍去淵潭移。空餘蜿蜒迹，使我寒涕垂。

又 卷八三一《是日至下馬磧憩於北山僧舍有閣曰懷賢南直斜谷西臨五丈原諸葛孔明所從出師也》 南望斜谷口，三山如犬牙。西觀五丈原，鬱屈如長蛇。有懷諸葛公，萬騎出漢巴。吏士寂如水，蕭蕭聞馬檛。公才與曹丕，豈止十倍加。顧瞻三輔間，勢若風捲沙。一朝長星墜，竟使蜀婦髽。山僧豈知此，一室老煙霞。往事逐雲散，故山依渭斜。客來空弔古，清淚落悲笳。

又《八陣磧》 平沙何茫茫，仿佛見石蕝。蹤横滿江上，歲歲沙水逝。孔明死已久，誰復辨行列。神兵非學到，自古不留訣。至人已心悟，後世徒妄說。自從漢道衰，蜂起盡姦傑。英雄不相下，禍難久連結。驅民市無煙，戰野江流血。萬人賭一擲，殺盡如沃雪。不爲久遠計，草草常無法。孔明最後起，意欲掃羣孽。崎嶇事節制，隱忍久不決。志大遂成迂，歲月去如瞥。六師紛未整，一日英氣折。惟餘《八陣圖》，千古壯夔峽。

又《與周長官李秀才遊徑山二君先以詩見寄次其韻二首·其二》 孔明不自愛，臨老起三顧。吾歸便卻掃，誰踏門前路。

又《嚴顏碑》 先主反劉璋，兵意頗不義。孔明古豪傑，何乃爲此事。

又《〈讀史六首〉之四》 桓文服荆楚，安取破國都。孔明不料敵，一世空馳驅。

宋·黃庭堅《山谷詩外集補》卷一 蓋世英雄不自知，暮年初志各參差。南陽隴底臥龍日，北固樽前失者時。霸主三分割天下，宗臣十倍勝曹丕。寒爐夜發塵書讀，似覆輸籌一局棋。

宋·裴士禹《蜀先主廟古柏》 武侯翊漢嗣，始欲大神器。天命固有常，雲雷極屯否。流星墜武帳，萬卒摧鋭氣。孤負臥龍心，三顧君臣意。廟貌今寂寥，握節空垂淚。興廢事徒然，無以窮往志。陵前古柏樹，千丈起平地。根大壓巨鼇，心虛藏野燧。風動虯龍枝，雷雨隨聲至。疑是虛空間，神明專擁庇。不爾千萬年，突兀無枯瘁。觀栢又慘然，念侯功業

熾。功業亙無窮，與柏共蒼翠。

宋・徐積《〈和呂秘校〉之四》 兵法每羞孫臏詐，將才惟愛武侯高。

又 卷一一八五《張耒〈郭圃送蕪菁感成長句〉》 孔明用蜀最艱窘，百計掇拾無遺策。當時此物助軍行，渭上褒中有遺植。英雄臨事究瑣屑，終服奇才屈强敵。想見躬耕自灌畦，當時有意誰能測。

又 卷一〇二三《李廌〈題廟〉》 築巖傅胥靡，耕野莘老農。倏來坐廟堂，談笑樹奇功。卯金運徂謝，孔明隱隆中。誰言一丘壑，臥此夭矯龍。古來王佐才，中間千載空。之人輔玄德，真有宰相風。惜哉小用之，功烈不復東。嚮非三顧重，白首田舍翁。

宋・李復《潏水集》卷六《渭源諸葛武侯祠題記》 漢建安十六年益州牧劉璋遣法正來荆州迎先主西往益州。十九年先主克蜀。二十三年先主復漢中，武侯自益州來漢中。後主建興三年，武侯南征四郡。五年將北伐，上疏曰：『今南方已定，兵甲已足，當帥三軍，北平中原。』六月出漢中，營於石馬。六年揚聲取郿，由斜谷出。及取天水、南安二郡，叛魏來應，遂辟天水姜維爲倉曹掾。七年遣護軍陳戒攻武都、陰平，遂平二郡。九年出圍祁山，參軍王平守南圍。司馬懿來拒武侯，張郃來拒王平。至青封交戰，遂克張郃。十二年武侯以流馬運，遂出斜谷至武功，據五丈原，分兵屯田。八月武侯殞於軍中。其始末未嘗至渭源也。建興十六年改延興元年。延興九年姜維出隴西，與魏將郭淮、夏侯霸戰，克之。十七年，維又出隴西狄道，狄道令李簡舉邑降。十八年維又出狄道，大破魏雍州刺史王經于洮西。十九年維復出天水，至上邽，爲魏將鄧艾所破死者甚衆。延興二十年改景耀元年。六年魏相國晉文王命鄧艾、鍾會五道伐蜀，譙周勸後主降魏。以此考之惟姜維屢至於此。漢中乃高祖始興，全蜀所恃之地，故武侯兩來。既得漢中，乃有恢復中原之意。中原若定，則岐、隴以西自歸。姜維，世家天水，但習西州事機，不知舉事本末先後之序，自負雄勇，屢至西陲，雖戰有克捷，不能有其地。鄧艾以疲兵二萬出江由，維舉十萬之師按道南歸，足以擒艾。破艾而還拒鍾會，蜀之存亡未可知也。乃迂道入巴，使艾輕進，徑至於益。自艾、會交怨而會圖異計，乃還。維之節益，其本兵謂長史杜預曰：姜伯約，此中州名士，夏侯太初、諸葛公伏不如也。蓋欲説以誘之。會既自稱益州牧，遂以維爲前將軍。乃復教會盡誅北將、坑北兵。而密通書後主，令忍數日之辱，使社稷危而復安、日月幽而復明。謀泄被誅，計亦晚矣！予觀武侯、先主初就見，一語而霸業遂定，懸衡吳、魏，使二國不得偏重，志雖不展，天下至今仰之。姜維才非亮比，乃欲繼其高躅，民勞士怨，致譙周有仇國之論。蜀亡雖非盡繫於維，亦安可以逃罪也。武侯於此立祠，考之舊史，不見其事迹，故備書之，更俟多聞者博訪焉。

宋・張栻《南軒集》卷一〇《衡州石鼓山諸葛忠武侯祠記》 自五伯功利之説興，謀國者不知先王仁義之為貴，而競於末塗。【略】 相傳四百餘年而曹氏篡漢。諸葛忠武侯當此時間關百，為左右昭烈父子，立國於蜀，明討賊之義，不以强弱利害二其心，蓋凛凛乎三代之佐也。侯之言曰『漢賊不兩立，王業不偏安』，又曰『臣鞠躬盡力，死而後已，至於成敗利鈍，非臣之明所能逆睹』。嗟乎！誦味斯言，則侯之心可見矣！雖不幸功業未究，中道而殞，然其扶皇極、正人心，挽回先王仁義之風，垂之萬世、與日月同其光明可也。夫有天地，則有三綱，中國之所以異於外域、人類之所以別於庶物者，以是故耳。若汨於利害之中而忘夫天理之正，則雖有天下，不能一朝居此。侯所以不敢斯須而忘討賊之義，盡其心力至死不悔者也。方天下雲擾之初，侯獨高臥，昭烈以帝室之冑三顧其廬，而後起從之，則夫出處之際，固已有大過人者。其治國，立經陳紀而不為近圖；其用兵，正義明律而不以詭計。凡其所為，悉本大公，曾無纖毫姑息之意，類皆非後世所可及。至讀其將没自表之辭，則天下之物欲舉不足以動之。所養者深，則所發者大，理固然也。曾子曰：『士不可以不弘毅』。若侯者其所謂弘且毅者歟？孟子曰：『富貴不能滛，貧賤不能移，威武不能屈，此之謂大丈夫。』若侯者，所謂大丈夫非耶？侯既没，蜀人追思，時節祭於道。後主用廷臣之議，立廟沔陽，使得申其敬，去今千有餘歲。蜀漢間往往有祠，奉祀不替，侯之澤在人者深矣。衡州石鼓山，舊亦有祠。按《蜀志》，昭烈牧荆州時，侯以軍師中郎將駐臨蒸，督零陵、桂陽、長沙三郡調賦，以供軍實。臨蒸，今衡陽縣是也，蒸水出縣境，逕石鼓山之左，會于湘江，則其廟食于此固宜。考昌黎韓愈及刺史蔣防詩碑，祠之立，其來遠矣。宋乾道戊子之歲，湖南路提舉常平范君成

象始以圖志，搜訪舊迹，得廢宇于榛莽中。乃率提點刑獄鄭君思恭知衡州、趙君公邁，乃徙于高明而一新之。移書俾某為記。某謂侯之名不待祠而顯，而侯之心亦不待記而明，然而仁賢昔時經履之地，山川草木，光采猶在，表而出之，以詔來世，使見聞者竦然知所敬仰師慕。當道術衰微之際，其為益蓋非淺也。惟某不敏，不足以推本侯胸中所存萬一，是則愧且懼焉耳。

又　卷三六《漢丞相諸葛忠武侯畫像贊》　惟忠武侯，識其大者。仗義履正，卓然不捨。方臥南陽，若將終身。三顧而起，時哉屈伸。難平者事，不昧者幾。大綱既得，萬目乃隨。我奉天討，不震不竦。維其一心，而以時動。噫侯此心，萬世不泯。遺像有嚴，瞻者起敬。

宋·張耒《柯山集》卷六《雜詠三首》　隆中臥龍公，平昔事耕釣。無言顧同儕，高視獨長嘯。彼寧惜開口，顧爾非同調。何事逢玄德，曹孫一言料。

宋·唐庚《眉山集》卷一〇《祭孔明文》　天降喪亂，漢祚將傾。公抱器業，南陽躬耕。隱而未見，行而未成。嗚呼清哉！萬乘知已，三顧茅廬。計安天下，周爰諮諏。協力合謀，克贊霸圖。嗚呼智哉！帝念公心，戰戰兢兢。舉國託孤，知公之能。公受顧命，拳拳服膺。嗚呼忠哉！建國之初，國如綴旒。負扆蒞政，為伊為周。燕蓋不亂，民言不流。嗚呼難哉！步卒數萬，哆然北出。河洛騷動，雍梁震慄。曹氏君臣，為之仄席。嗚呼壯哉！天未厭亂，短公之命。禮樂不興，斯民不幸。曹氏君臣，酌酒相慶。嗚呼痛哉！昔我先子，旅病瀘川。乃禱公祠，冀得生還。神鑑孔昭，生還故山。嗚呼靈哉！西蜀遺民，荷公之恩。登公之祠，拜公之神。祭公以饌，弔公以文。嗚呼歆哉！

宋·程遇孫等《成都文類》卷六《詩·陵廟·［宋］陳古〈過武侯廟〉》　羣雄角逐自驅除，邂逅真龍起畏途。材並管蕭非亞匹，氣吞曹馬直庸奴。兩朝冠蓋尊元遠，千載風雲屈壯圖。天欲鼎分終割據，可憐憂國竟捐軀。

宋·王之望《漢濱集》卷一六《祭武侯廟文》　嗚呼！公才命世，王佐之奇。若在唐、虞，皐、夔可希。使遇湯、武，伊、周庶幾。其治巴蜀，因蜀制宜。較其蘊蓄，十未一施。用於神州，豈止如斯？蜀政寬弛，萎弱不持，公檢以法，上尊下卑。蜀兵脆怯，折北不支。公御以嚴，侮敵畏威。蜀尚文雅，華實多違。公取有用，不主夸毗。蜀喜侈靡，民無宿貲。公率以躬，明示軌儀。蜀風和易，各私所私。公蒞以公，秋毫莫欺。有功必賞，雖仇弗遺。有罪必罰，雖親不疑。法不盡用，惟仁是依。伏罪輸誠，貸則有辭。蜀在三國，地小兵羸。如其不武，坐底陵夷。公用其衆，振起衰微。以攻為守，屢耀其師。南中六郡，獷悍莫羈。公服其心，聽我撫綏。三郡來降，進取遲遲。量力而動，不開禍機。謀人之國，托受孤兒。寧容僥倖，或致顛危。公之相蜀，勳騰道肥。馳驅至死，昭烈之知。公若在魏，未必逢時。雖或見用，焉盡猷為。不幸之中，有幸於茲。天不助漢，置公一維。匪公之恤，惟世之咨。公歿千載，蜀有餘思。豈惟蜀人，古今共推。名參管蕭，公論莫移。德聲袞袞，江漢同馳。求仁得仁，抑又何悲。

宋·程遇孫等《成都文類》卷六《詩·陵廟·［宋］喻汝礪〈謁諸葛廟〉》　孤雲何其高，明月不可繫。灼灼抱此心，與世自涇渭。釋來從所歡，感亂亦虛欷。咨惟今之人，竊國未云耻。匕首入吾市，秋風動燕水。區區袁與曹，等是刺客耳。而我於其間，秉義不敢墜。哀音回衡飈，清義動幽邃。天心固難亮，吾獨信所履。溶溶日間雲，漠漠苔點砌。飢鼯墮蒼瓦，澹薄公所憇。靜然想英姿，孤懷亦差尉。

又　卷一一《詩·題詠二·［宋］王剛中〈彌牟鎮孔明八陣圖〉》　我稽《八陣圖》，規模載方冊。朅來鎮西蜀，夔門送疊石。賦詩百數位，字字究來歷。進涉漢川西，彌牟鎮之北。平原列堆阜，灘石同一式。細思作者意，孔明有深策。高峰或爲谷，灘石存遺迹。江海復桑田，平原猶可覓。古今兩處存，千載必一得。再歌遂成篇，當有智者識。

宋·王十朋《梅溪集·後集》卷一〇《夢觀八陣圖是夜宿章田》　易任夔子國，身猶在重湖。夢魂輒先往，臨江觀陣圖。奇才蓋三國，壯志吞兩都。惜哉功不遂，英雄為欷歔。胡為恍惚間，微茫見規模。清時耻談兵，武侯其戲予。

又　卷一二《初到夔州》　某甲申七月至饒州，以表謝上，云：雖才非太公，不能五月報政，然忠猶杜甫，未嘗一飯忘君。既而與諸公唱和，有夔字韻詩。果有易夔之命，人以為識。方力丐祠，夢觀《八陣

圖》。乙酉十一月朔至夔，水落沙露，宛然在目，所歷山川，皆少陵詩中景物也。因成一絶，用楚東韻：

分甘易守不勞麾，夢已先予到古夔。讖語端符楚東韻，忠懷雅合杜陵詩。

又 卷二六《夔州新修諸葛武侯祠堂記》 益與夔皆祠諸葛丞相，並見於杜少陵詩。『錦官城外栢森森』者，益也；『臥龍無首對江濆』者，夔也。夔州永安縣據三峽上流，水有瞿塘、灩澦，山有赤甲、白鹽，形勢險天下。丞相昔與先主屯兵講武，控扼吳、魏，經營中原之所有《八陣圖》永安宮臥龍山遺迹在焉。祀而廟食宜矣。然祠在州之南隅，地非爽塏，巷無喬木，堂廡庫陋，丹青黝剥，祀事弗嚴，無異乎蟲蛇，穿晝壁時僅免無首而已，吁可歎也。前帥紫微舍人張公震嘗立新祠於臥龍，命緇徒奉之，而城中之祠未暇修，豈留以有待耶？乾道改元，某被命自番易夔，時方匄祠力甚，俄一夕夢觀《八陣》，豈丞相精誠，默有以告之？十有一月，至郡首謁祠下，誄之以文，曰：『丞相忠武，蜀之伊、呂，高臥南陽，悲吟《梁父》，草廬之中，三顧先主。將漢是興，非劉曷與？君臣魚水，蛟龍雲雨。才十曹丕，志小寰宇。假令毋死，師一再舉。吳魏可吞，禮樂宜許。寧使英雄，墮淚今古。將略非長，庸史之語。』因命工葺之，廟貌一新，闢路植木，榜其坊曰：臥龍。明年二月辛夘告成。帥同僚祀之。嗚呼！公之生也，能使其君委國託孤而不疑；其没也，能使洶湧江流不轉千載之石。然遺像缺落，未嘗一出禍福以驚。動之益。足以見其聰明正直，不顯其靈於土木偶以求人之敬畏，殆非柳之羅池比也。今夔之二祠相繼鼎新，郡人四時香火，牲牢酒醴之奉有加，而不怠盛德，百世之祀益章，可以一洗江濆異代之耻，無愧乎錦官城矣。於是乎書。七月二十七日永嘉王某記。

又 卷二八《謁武侯廟文》 丞相忠武，蜀之伊、呂。高臥南陽，悲吟《梁甫》。草廬之中，三顧先主。將漢是興，非劉曷與？君臣魚水，蛟龍雲雨。才十曹丕，志小寰宇。假令無死，師一再舉。吳魏可吞，禮樂可許。寧使英雄，墮淚今古。將略非長，庸史之語。某受命天子，來帥茲土。夢觀八陣，果至夔府。廟貌僅存，風流可覩。旁有闢張，一龍二虎。安得斯人，以消外侮。

又 《修武侯廟奉安祝文》 《八陣圖》之北、永安宮之南，侯有祠焉。蓋昔與先主控扼吳、魏，經營中原之地，死而廟食，宜矣！然廟貌不稱，非所以崇明祀也。某至官之初，首謁祠下，命工葺之，榜其坊曰『臥龍』。擇日之吉，帥同僚祀之，不敢不告。

宋·程遇孫等《成都文類》卷六《詩·陵廟·〔宋〕陳薦〈武侯祠〉》 建安綱紀如綫微，高光基業春冰危。姦豪拔劍將羣盜，駈龍控虎爭雄雌。武侯當日臥南陽，韜稜晦角陰營為。高吟梁甫比管樂，胸中造化無人知。東吳北魏至强大，不肯逆德為其師。先主欻聞元直語，三往咨求當世宜。勤勤陳說扶漢室，慷慨感義許驅馳。一說孫權敗曹操，劉氏遂肇中興基。申明號令皷雷電，鼂勵士卒獰蛟螭。分留猛將控荆渚，翼載昭烈來坤維。獻皇遘害首勸進，應天嗣位開羣疑。本謀憑藉蜀富庶，養威用作併吞資。大勳未集昭烈崩，遵守顧命如周伊。均平賞罰重恩信，比屋道路皆熙熙。七擒孟獲除後患，至今南詔崇靈祠。今諸蠻聚落中皆立武侯祠。東征直據五丈原，欲復咸鎬綏華夷。上成先帝創業意，下副四海蒼生思。推忠仗氣順百倍，俯視敵衆真嬰兒。流星落帳芒角惡，暴然不起軍如癡。仲達雖走漢終失，人謀不可違天時。精魂埋没已千歲，奈無英傑齊高規。朔方男子過廟下，秋天寥落霜風悲。林梢脱葉響颯颯，煙頭暮雨寒絲絲。妖狐怪兔穴壞壁，飢鴞餓鵲啼枯枝。樵兒敲斵段尹石，苔蘚斕斑裴相碑。手植勁柏尚蒼翠，疑有神靈潛護持。睟容昏剥堂廡陋，龍祠神廟窮珍奇。吾心切切慕風概，灑淚踟躕成此詩。

宋·袁説友《東塘集》卷一六《謁諸葛武侯廟祝文》 惟侯間關隴谷，以義制兵。君臣大分，百世昭明。祁山出師，中營隕星。遺恨如在，心事難平。某稟命而來，盡會蜀府。英靈不朽，永奠斯土。

宋·辛弃疾《稼軒詞》卷九《遊諸葛武侯書臺》 沔陽道中草離離，臥龍往矣空遺祠。當年典午稱滑賊，氣喪不敢當王師。定軍山前寒食路，至今人祠丞相墓。松風想象梁父吟，尚憶幡然答三顧。出師一表千載無，遠比管樂蓋有餘。世上俗儒寧辦此，高臺當年讀何書？

又 卷三三《感昔》 五丈原頭秋色新，當時許國欲忘身。長安之西過萬里，北斗以南惟一人。往事以如遼海鶴，餘年空羡葛天民。腰間白羽凋零盡，卻照清溪整角巾。

又 卷三七《感秋》 凜然出師表，一字不可刪。

宋·唐士耻《靈巖集》卷五《武成王十哲蜀丞相諸葛亮贊》 唐上元元年，尊太公以王爵，謚曰『武成』，俾其宗主用武之教，如文之宣尼。祭典一同，樂用軒架，復以歷代良將為十哲像坐侍，蜀丞相諸葛亮實居第三。夫文武之途，至唐始歧為二事。蓋將肖其形貌，施之丹青，書之姓氏、官爵，以昭示後世，為永遠觀美，此豈苟然哉？惟亮身起三顧，法善八陣，擇劉氏而事之，《出師》一表皆至公盡誠之言，雖崎嶇蜀漢而其事躂矣，其義著矣。況用兵行師，蓋威文節制之流亞，足以服孟獲、斬王雙、仆張郃。而其既死也，猶足以走生仲達。屢戰屢勝，天不假年，巾幗之遺方行，而蓋棺之事已定，夫豈人力之所能及哉？侑食武成之庭而配孔門十哲之列，宜也。夫使後世想其風采，人不可存，名則可存，身不可固，象則可固，欽贊以遺之億千，是可後乎哉！後之人入武成之堂，瞻諸葛之貌，而誦斯贊也。其有益於英雄義烈也，豈小補乎哉！贊曰：漢之季世，四海鼎足。蜀居其間，尤小而蹙。諸葛用之，抗守如欲。孟獲崛强，七禽以覆。仲達勍敵，亦畏而服。而況他人，皆輒敗北。節制之師，如日之煜。不幸天年，夭焉如倏。使其義襟，不振不縟。使其英烈，不年不祿。維唐遴擇，以標以録。視之十哲，威畧振俗。我肖我貌，載屍載祝。俾配武成，尚論以篤。參之羣彥，覆以廈屋。後世觀之，化成自速。寫此儀形，視之武彀。俾之烈烈，俾之肅肅。俾之想象，存其心曲。維茲宣聖，私之以淑。維茲十哲，四科之目。示之後世，白不日浴。今之大柄，各司其局。一張一弛，英才並育。以垂永年，齊人是告。欽贊樂石，用昭武塾。

宋·魏了翁《鶴山集》卷四四《敘州諸葛武侯忠靈廟碑六年七月》 古者自天子至於大夫、士皆有廟，廟之子姓以昭、穆為序。祭非正主則不厭不嘏、不旅不酢，非同姓、同宗、同族則不得與於祭。大烝嘗宗，雖有他姓之祀，而不立同氣之屍，與廟祀異。自鯀祀於晉、相祀于衛、周公而祀于鄭、董安于而祀於趙，大非先王之舊。魯展禽至謂先王制祀，有法施於民、以勞定國、御災捍患之目，然五六經之書終於無文。漢高起沛，黃帝有祠。迨其中葉，故侯有祠。又其後也，先墓有祠。至永平以來，則墓祀尤盛，極于諸葛公之卒，人思之不置巷祭、野祀，朝論以禮秩止之，然則士大夫至是尚知禮秩之不可踰也。習隆、尚充因人情之不可遏，請即墓之近，立廟沔陽，而斷其私祀，親屬故吏，乃得與祭。雖然，是猶近墓為廟，非節不祠，非親故不與也。其後所至郡國，為他人之親立廟，不知始于何年也。非鬼祭之越望之祠無所無之，姑即夫禮之變而言，則有功有德於其國而祠之，尚人心之不可已也。敘故有諸葛、武興王廟，至興國、皇祐一再更修，猶存孟蜀武興之名，元豐三年賜瀘州廟額曰『忠靈』，而敘未之有。改紹定五年遂寧馮侯邦佐為守，上距皇祐歷玄默、執徐之歲，凡三廟既久弗，侯徹而大之，以屬記於予。會被命守瀘，道出敘，侯要予於新廟落，是役之成，滕爵而言曰：『祠記之請，願毋我忘。』予謝未皇也。既抵攸司，馮侯又以書來曰：『公之行乎蜀江，非一役矣。建興二年渡瀘之後，由越嶲而入，則瀘之原也；四郡悉平，歸至漢陽，遇降人李鴻，漢陽今之長寧，則瀘之委也。或者猶謂非今江陽，不知瀘有三重，大渡水也、孫水也、瀘水也，其源雖分，其歸則一。』予即其言，又為探原索委而重有感焉，且渡瀘，公細事耳。山川流峙千古，一日而傳注淆訛，靡有定屆，況公用蜀之心，人得而盡知乎？裴松之引《漢地理書》謂瀘水出牂柯郡句町縣，古今異名，既無以證。樂史直謂盧峰地瘴，惟五月可渡。盧峰即今堡山是，殆以郡名瀘，指盧峰為瀘水，不知是峰乃在不韋縣之北，於堡山奚與？公雖嘗至江陽，而非所謂渡瀘也哉！或謂在徼外沙野城之境，或謂姚州河鎖驛之濱，尤為無據。獨《華陽國志》與《雲南録》差若可信，而二書亦相抵牾。嗚呼！周公瑾之赤壁非黃也，庾元規之南樓非鄂也，況公瑾、元規匪公敢匹而猶牽引傅會，仞非其實，此地實公所行也。人之疑信，乃反不一。竊嘗考之史志，參以《水經》，又證之以建興南討之由，大抵是水也始於西南徼外吐蕃之地，曲羅東下三百又東注為三重瀘。又東為西瀘水縣，又東北會孫水、嶲水，又北會大渡水，其支分為朱提水、若水、芊官水、繩水、淹水，咸會於越嶲郡之馬湖縣，由東北至僰道縣入江。其地則西距黎雅，東接五谿，北抵瀘敘，其通稱之皆曰瀘。昭烈伐吳之役，蓋慮五谿諸蠻附吳以撓我也，亟使馬良招之。至於秭歸之敗，諸蠻果叛，益州、牂柯、永昌、建寧四郡，怙險嗇禍。渠帥雝闓至於殺正昂、縛刺史張裔以畀吳人，嗾孟獲以扇諸蠻，越嶲、牂柯胥為畔援。當斯時也，使雝闓不誅則四郡不平，四郡不平則內難未弭，而巴蜀

不得安、中原未可圖也。是以南征之師，勢不可已。然尚以昭烈之殁，須暇之三年，然後遣李恢出建寧，馬忠出牂柯，而身自出越巂。迹公道所從出，大抵涉大渡，亂孫水，破越巂，斬雝闓，絶馬湖，禽孟獲，蕩平四郡，遍歷三瀘，遂南極滇池，深入不毛之地，勒銘誓虜，道滇水、漢陽以歸。以予所知，合馮侯所考，公之渡瀘，昭昭乎聲迹之可尋。而敘之廟公也，洋洋乎精神之如在。藐兹某敢以寡陋不辭為謝，乃為敘其事而系之銘曰：人以一心，奠位堪輿。或為大人，或小人儒。其大伊何，我居廣居。我立正位，我行大途。無詭而獲，有範而迂。所謂小人，功不蓋媿。伐罪似仁，尊王似義。會盟似信，險詐似知。迹其本心，假名成事。行之以正，猶曰小器。又其小者，私欲求濟。皇皇奕奕，祇嚇庸穉。拔本而言，穿窬之類。自秦滅學，罔擇善利。惟兩董公，獨識此意。是開叔末，蹈誼秉節。迨諸葛公，皦如天日。開誠廣益，引咎布失。是心之度，臯伊旦奭。漢主未顧，隱然人龍。厥既顧之，前無二雄。扶漢植華，薅姦剪戎。以奠人極，以宅帝京。其在梁益，風績彌密。今其僅存，八陣遺蹤。在昔風後，佐帝有熊。爰作握奇，八陣所宗。八八相乘，陣間容陣。翕闢乾坤，翼長首奮。考之先天，方圓二圖。後天卦氣，以莫不符。謂比管樂，謂書申韓。迹公所為，史牒可刊。或者謂公，嘔血酸辛。又云卧龍，盍終其身？義理不競，成敗論人，人生海內，曾不百年，是心昭昭，不與迹陳，我盡吾分，君君臣臣，功成不成，奈何乎天。

又 卷六八《答馮敘州謝武侯廟碑啓》 孔明五月渡瀘，著忠勞於僰道，景燿四年立廟限禮秩於沔陽。雖後來祀典之滋章，而故國叢祠之久茀，不有浚明之識，孰崇開濟之勳？伏惟某官為時，碩儒輩古循吏慨卧龍之遺烈，拊麗牲之斷碑，自肇祀於壬辰，已三周於甲子。扶輿磅礴，鬱積之氣，實鍾是人；昭明焄蒿，悽愴之精，如在其上。乃崇祠宇，以宴神娭。不鄙謂余盍書成事，適濫分於閫寄，獲祗謁於朝垣。銘錦江玉壘之《甘棠》，悵莫追於裴相；詠黛色霜皮之古柏，徒有感於杜陵。姑憑不腆之詞，敬拜先施之辱。

宋·徐鈞《史詠詩集》卷下《續後漢·孔明》 草廬初志漢重興，向洛趨秦擬策勳。芒角一星如未墜，不應天下只三分。

宋·朱熹《晦庵集》卷七《詩·卧龍菴武侯祠》 空山龍卧處，蒼峭神所鑿。下有寒潭幽，上有明河落。我來愛佳名，小築寄幽壑。永念千載人，丹心豈今昨？英姿儼繪事，凛若九原作。寒藻薦芳馨，飛泉奉明酌。公來識此意，顧步慘不樂。抱膝一長吟，神交付冥漠。

宋·陳起《江湖小集》卷五一《［宋］姚鏞〈題孔明抱膝長嘯圖〉》 俗工圖孔明抱膝長嘯者，類多髯而巾九雲，殊不知九雲乃征南蠻後之巾也。按：孔明事昭烈、相後主凡二十六年，而隕星之變乃五十四，則抱膝長嘯正年二十四五時。少年英概如此，司馬德操目之『伏龍』、『鳳雛』，諒哉！

宋·周應合《景定建康志》卷三一《［宋］馮去非〈漢丞相忠武侯諸葛孔明〉》 讚曰：戴天履地，三綱五常。孰闕漢鼎，海內披猖。草廬定猷，天下大義。踞虎蟠龍，匪吳都是議。同力絶操，皦皦信誓，髦殲昭敓，蜀不少延，而已無魏矣。蓋炎興、咸熙，曾不閱歲，大星可賈。漢賊迄不兩立，烈哉武侯之志！

宋·劉黻《蒙川遺稿》卷四《贊·諸葛武侯贊》 卧南陽，吟《梁父》，不吳不魏事先主。開誠布公，集思廣益，而經綸如是，唯有所不為而後可。大有為，宜出師，一表與《伊訓》相表裏。魚腹沙磧，廟前古柏，誠斯形，形斯著。

宋·王應麟《困學紀聞》卷一三《邵公濟〈謁武侯廟文〉》 公昔高卧，隱然一龍。鬼蜮亂世，其誰可從？惟明將軍，漢氏之宗。相挽以起，意氣所同。欲持尺箠，盡逐姦雄。天未悔禍，世豈能容？惟史臣壽，姦言非公。惟大夫周，誤國非忠。廟食故里，羞此南充。置公左右，不堪僕童。我實鄙之，築公之宫。《春秋》之法，孰敢不恭？俾千萬年，仰其高風。

宋·文天祥《文山集》卷一九《懷孔明》 斜谷事不濟，將星殞營中。至今出師表，讀之淚沾胸。漢賊明大義，赤心貫蒼穹。世以成敗論，操懿真英雄。

宋·程遇孫等《成都文類》卷八《詩·亭館二·［宋］宋京〈書臺〉》 君不見孔明書臺遺廟旁，古書不見臺荒涼。卧龍未起蜀天遠，茅廬日日空南陽。赤符光寒白水涸，秣陵王氣猶能作。璋若嬰兒操虎狼，脱去荆州殊不惡。十倍奇才安用書，此臺昔時知有無。蜀人思君識古處，未

若江水存兵圖。黃冠所居門第改，秖有坊名今尚在。安得臺邊見古人，秋草重生類書帶。

《全宋詩》卷二一七三文彥博《題籌筆驛》 臥龍纔起扶衰世，料敵謀攻後出師。幃幄既持先聖術，肯來山驛旋沉思。

又 卷三〇七張方平《籌筆驛》 本規一舉定乾坤，遽見長星墜壘門。公在必無生仲達，師昭何業得中原。

又 卷三〇七張方平《雨中登籌筆驛後懷古亭》 山寒雨急曉冥冥，更躡蒼崖上驛亭。深秀林巒都不見，白雲堆裏亂峰青。

又 卷四四七《文同〈籌筆諸峰〉》 君看籌筆驛江邊，翠壁蒼崖起畫煙。正是峽中佳絕處，土人休用作畬田。

又 卷四五八《曾鞏〈隆中〉》 志士固有待，顯默非苟然。孔明方微時，息駕隆中田。出身感三顧，魚水相後先。開迹在庸蜀，欲正九鼎遷。垂成中興業，復漢臨秦川。平生許與際，獨比管樂賢。人材品目異，自得豈虛傳。

又 卷五一七《張載〈八翁吟十首·其九〉》 褒斜谷口臥龍翁，量如江海風如虹。不應三顧逢先主，至今千載慕冥鴻。

又 卷五四一《王安石〈諸葛武侯〉》 漢日落西南，中原一星黃。羣盜伺昏黑，聯翩各飛揚。武侯當此時，龍臥獨摧藏。掉頭梁甫吟，羞與衆爭光。邂逅得所從，幅巾起南陽。崎嶇巴漢間，屢以弱攻强。暉暉若長庚，孤出照一方。勢欲起六龍，東迴出扶桑。惜哉淪中路，怨者爲悲傷。豎子祖餘策，猶能走强梁。

又 卷五七〇《王安石〈諸葛武侯〉》 慟哭楊顒爲一言，餘風今日更誰傳。區區庸蜀支吳魏，不是虛心豈得賢。**【略】**

漢日落西南，中原一星黃。羣盜伺昏黑，聯翩各飛揚。武侯當此時，龍臥獨摧藏。掉頭梁甫吟，羞與衆爭光。邂逅得所從，幅巾起南陽。崎嶇巴漢間，屢以弱攻强。暉暉若長庚，孤出照一方。勢欲起六龍，東回出扶桑。惜哉淪中路，怨者為悲傷。豎子祖餘策，猶能走强梁。

又 卷七八四《蘇軾〈八陣磧〉》 平沙何茫茫，仿佛見石蕝。縱橫滿江上，歲歲沙水齧。孔明死已久，誰復辨行列。神兵非學到，自古不留訣。至人已心悟，後世徒妄說。自從漢道衰，蜂起盡姦傑。英雄不相下，禍難久連結。驅民市無煙，戰野江流血。萬人賭一擲，殺盡如沃雪。不為久遠計，草草常無法。孔明最後起，意欲掃羣孽。崎嶇事節制，隱忍久不決。志大遂成迂，歲月去如瞥。六師紛未整，一旦英氣折。惟餘八陣圖，千古壯夔峽。

又 卷七八七《蘇軾〈是日至下馬磧憩於北山僧舍有閣曰懷賢南直斜谷西臨五丈原諸葛孔明所從出師也〉》 南望斜谷口，三山如犬牙。西觀五丈原，郁屈如長蛇。有懷諸葛公，萬騎出漢巴。吏士寂如水，蕭蕭聞馬檛。公才與曹丕，豈止十倍加。顧瞻三輔間，勢若風捲沙。一朝長星墜，竟使蜀婦髽。山僧豈知此，一室老煙霞。往事逐雲散，故山依渭斜。客來空吊古，清淚落悲笳。

又 卷八七八《頓起〈贈廣都遇寓舍賢婦二喻詩〉》 世無梁伯鸞，應嫌孟光醜。孔明若再生，承女甘箕箒。

又 卷八八四《孔武仲〈諸葛武侯〉》 天下軍書動，西南霸氣偏。太公謀國妙，伊尹佐時專。季漢基還立，强吳勢外連。兵從新節制，志復舊山川。霜肅關中晚，春浮渭上天。恩威人並附，將相器俱全。醜虜羞巾幗，遺音被管弦。妖星如不墮，功業管蕭前。

又 卷一〇五二《魏憲叔〈贈魏憲〉》 中興事業須王導，撥亂韜鈐要孔明。

又 卷一〇九九《李復〈題武侯廟〉》 天厭炎靈暗不開，欲吹餘燼發寒灰。强因徐庶南陽起，能枉周瑜赤壁來。常見英風吹草木，尚存精魄動雲雷。西南遺愛無時歇，不逐長江去不回。

又 卷一二五五《李新〈籌筆驛〉》 惡潮翻海真龍泣，未央庭露秋蓬濕。崧雲無意招不來，旌旗日月隨山入。茅屋主人長臥揖，盛氣虯髯橫槊立。漢陵白骨生春光，半夜平懷聽呼吸。筆端隱語飛英略，潛拉秦原老鯢角。天心不肯續金刀，渭橋水急妖星落。

又 卷一二五七《李新〈題籌筆驛〉》 流馬飛糧下蜀都，臥龍曾此寫雄圖。金刀有義輕三顧，銅爵雖强視一夫。鼎足山河終有漢，雁行兄弟亦忠吳。當年若盡毫端計，魏狗還羞不令無。

又 卷一九八四《陳長方〈孔明〉》 阿衡專美有商初，誰氏仿佛前規模。漢末諸君憤城孤，外召紹卓為韓盧。毒流三輔被京都，鈇鑕至乃誅

無須。紛紜少定郿塢誅，諸君自名轂與孤。海內各各援鼓桴，才如粟毛爭馳驅。孔明高臥南陽廬，視之過前初若無。三顧幡然去枌榆，實類有莘彼丈夫。玄德没地存孤雛，昏暗僅比曹丕奴。扶之立國西南區，君臣內外靡咨吁。茲事可直桐宮居，孔明乃古阿衡徒。何人欲並齊夷吾，是將魚目方璠璵。九原可作誰歸與，嗚呼斯人真起予。

又 **卷一九八九《李石〈謁武侯廟〉》** 此地蛟龍伏，中原蛇豕多。借君白羽扇，萬馬飲黄河。

又 **卷二〇三三《王十朋〈夢觀八陣圖〉》** 易任夔子國，身猶在重湖。夢魂輒先往，臨江觀陣圖。奇才蓋三國，壯志吞兩都。惜哉功不遂，英雄爲欷歔。胡爲恍惚間，微茫見規模。清時耻談兵，武侯其戲予。

又 **卷二〇三五《王十朋〈題諸葛武侯祠〉》** 八陣圖旁丞相祠，風雲慘淡會當時。功成豈止三分漢，才大非惟十倍丕。渭上忽傳司馬走，蜀中長起臥龍思。我來再拜瞻遺像，淚滿襟如老杜詩。

又 **卷二一四〇《姜特立〈諸葛孔明〉》** 臨發漢中時，精誠見表辭。此心誰盡了，死後有天知。

又 **卷二一五六《陸游〈籌筆驛〉》** 運籌陳迹故依然，想見旌旗駐道邊。一等人間管城子，不堪譙叟作降箋。

又 **卷二一五九《陸游〈謁諸葛丞相廟〉》** 漢終四百天所命，老賊方持太阿柄。區區梁益豈足支，不忍安坐觀異姓。遺民亦知王室在，閏位那幹天統正。公雖已没有神靈，猶假賊手誅鍾鄧。前年我過沔陽祠，再拜奠俎衰淚迸。潔齋請作送迎詩，精忠大義神其聽。

又 **卷二一六二《陸游〈謁漢昭烈惠陵及諸葛公祠宇〉》** 雨止風益豪，雪作雲不動。淒涼漢陵廟，衰草臥翁仲。畫妓空笙竽，土馬闕羈鞚。壤沃黄犢耕，柏密幽鳥哢。尚想忠武公，身任社稷重。整整渭上營，氣已無岐雍。少須天意定，破賊寧患衆。興亡信有數，星隕事可痛。陵邊四五家，茆竹居接棟。手皸紙上箔，醅熟酒鳴甕。雖嗟生理微，亦足逭飢凍。劉葛固雄傑，閲世均一夢。論高常近迂，才大本難用。九原不可作，再拜臨風慟。

又 **《游諸葛武侯書臺》** 沔陽道中草離離，臥龍往矣空遺祠。當時典午稱猾賊，氣喪不敢當王師。定軍山前寒食路，至今人祠丞相墓。松風想像梁甫吟，尚憶幡然答三顧。出師一表千載無，遠比管樂蓋有餘。世上俗錦寧辦此，高臺當日讀何書？

又 **卷二三七六《項安世〈隆中次吴襄陽韻二首〉》** 葛公未易談，佳處當自曉。輕身托人生，歲晚那得保。哀哉楊德祖，所恨機太早。文若豈不遲，萬變要難了。書生法當驕，正懼此身小。空桑視湯幣，不博一介草。向來磻溪人，所願直鉤老。孔明平生志，豈必書江表。但從德翁遊，時和司馬好。胸中管樂事，本自不足道。所以劉葛交，終焉契魚藻。舊時耕鑿地，千歲迹未掃。客來訪遺事，淚落日杲杲。罔頭雙白鷺，飛去何渺渺。

又 **卷二四三八《陳造〈孔明二首〉》** 古今深忌忿爲兵，及雷師臣要力爭。白帝敗歸思孝直，端知難抗魏元成。

又 搴蜀寧鑾走阿瞞，功名繼此坐天慳。平生囊括華夷策，畏虎才教見一斑。

又 **卷二五七五《袁説友〈孔明廟柏〉》** 陵邱冉冉煙草新，叢祠寂寂君與臣。千年不死一庭柏，八陣猶餘三峽春。昔人已化遼東鶴，古往今來事如昨。當年魚水奮雲龍，天不興劉死諸葛。

又 **卷二六九三《孫應時〈定軍山歎〉》** 仲達受巾國，佐治來閉營。君看此情事，豈辨吾孔明。八陣有天威，千里無留行。但度渭水去，賊勢能不爭。便當截狼頭，三輔即日平。連年計茲役，獨坐糧運縈。所以五丈原，駐軍方雜耕。俄截維首夏，望望秋穀升。雲何西風至，忽已落大星。痛哉萬世功，於此喪垂成。炎精遂淪謝，王路終榛荆。三馬肆蹄齒，羣雄迄縱横。公科少徐死，此禍何由生。天機定誰執，變化紛可驚。喬木定軍山，空有身後名。世論復齒莽，嗚咽志士情。朗詠少陵詩，何誅陳壽評。

又 **卷二六九七《孫應時〈辭武侯廟〉》** 三分遺論久難明，獨有河汾與杜陵。工拙人休計曹馬，興亡天亦恨桓靈。大星忍向中宵落，老柏空餘千載青。再拜征途重迴首，雪風吹斷淚成冰。

又 **《謁武侯祠》** 城南風景故堪憐，勝日經行意灑然。江上竹寒偏卻暑，廟前柏老尚參天。堂堂不配能千古，鼎鼎何能漫百年。醉裏狂歌心浩蕩，為君一吸倒觥船。

又《題籌筆驛武侯祠》　北出當年此運籌，悠然敍臥與神謀。三軍節制馴貔虎，千里餱糧捷馬牛。漢業興亡惟我在，蜀山重複遺人愁。驛前風景應如舊，江水無情日夜流。

又　卷二七一四《陳文蔚〈武侯像〉》　堂堂千載人，遺像凜如生。趨舍同一操，豈無當代英。欲喚臥龍起，四海盲聾驚。此意無今昨，未應歸杳冥。

又　卷二七三五《金朋說〈諸葛武侯〉》　南陽高臥隱人龍，出處躬耕莘野同。討賊祁山聲大義，於今史冊播丹忠。

又　卷二七六六《韓淲〈題隆中圖〉》　何意求聞達，偶逢劉豫州。隆中三顧處，抱膝也風流。

又　卷二八九二《洪咨夔〈潭毒關〉》　倚天翠壁夾黃流，傴僂嘔啞挽上舟。今古英雄愁絕處，夕陽籌筆驛東頭。

又　卷二九六七《岳珂〈觀八陣圖說·其二〉》　天分三百六十度，巧歷難窺本在奇。萬世機緘發龍臥，六軍偏伍漫魚麗。常山變化徒言用，斜谷崎嶇不遇時。積石平沙人不識，儘從靺鞨說行師。

又　卷二九八五《程公許〈臥龍亭〉》　隆中抱膝吟，意豈慕聞達。翻然起潛蟄，了不愆宿諾。廢興渠有命，忠直理難奪。出處士所重，羞死荀文若。

又　卷二九九〇《程公許〈侍飲寶子山游忠武侯祠〉》　一郡最高處，元戎領客遊。雲根棲萬井，城角帶雙流。日薄樓臺暝，風悲鼓角秋。臥龍千古恨，煙靄隔神州。

又　卷三一七〇《王柏〈題諸葛武侯畫像〉》　隆中高臥匪無情，鼎峙規模豈素心。自是將軍三顧晚，坐看世變轉移深。

又　卷三二四七《李曾伯〈以勸分出伏龍因謁武侯廟〉》　廬存龍去迹成非，草木空山聖得知。成敗論人陳壽史，功名餘恨少陵詩。初心何只三分漢，偉略徒誇十倍丕。半夜松聲捲風雨，猶如抱膝嘯吟詩。

又　《題孔明白帝二祠》　安劉事固異危劉，相去英雄二百秋。火德方中徒僭帝，星營何隕遽亡侯。草廬龍去存吳恨，陛戟蛙狂遺漢羞。成敗不同俱廟食，寧非霸業結偏州。

又　卷三四五一《陳傑〈孔明〉》　千載生諸葛，餘才了十丕。百年巴蜀佐，三代渭濱師。禮樂無興日，乾坤有閏時。空留文字在，不愧說兼伊。

又　卷三五八五《徐鈞〈孔明〉》　草廬初志漢重興，向洛趨秦擬策勳。芒角一星如未墜，不就天下只三分。

又　卷三五九八《文天祥〈懷孔明〉》　斜谷事不濟，將星殞營中。至今出師表，讀之淚沾胸。漢賊明大義，赤心貫蒼穹。世以成敗論，操懿真英雄。

又　卷三六二四《鄭思肖〈孔明成都八陣圖〉》　孔明抱義恥偏安，不道中興事業難。賴有石頭知落處，任從人換八門看。

又　《孔明出師表圖》　一身英氣射光芒，北定中原事轉長。落得兩篇出師表，至今只是漢文章。

又　《先主三顧草廬圖》　抱膝高吟梁父時，臥龍致雨未爲遲。若無三顧草廬意，剖出心肝賣與誰。

又　卷三六三八《黃庚〈孔明高臥圖〉》　未用胸中八陣兵，草廬高臥掩柴扃。當時不見劉玄德，誰識先生是將星。

又　卷三六六九《汪元量〈忠武侯廟〉》　夔門春水拍天流，人日傾城踏磧遊。古廟蟲蛇穿畫壁，竹風溪雨共啾啾。

又　《蜀相廟》　我謁武侯祠，陰郎草淒淒。當時南陽結廬學龍臥，深山大澤無人知。胡為蜀先主，三顧前致辭。欲煩恢復天下計，先生籌策天下奇。浩然出山來，凜凜虎豹姿。乘時既得人，上曰真吾師。已曉關與張，二子不復疑。孤有孔明在軍中，如龍有水相因依。歷數既有歸，破賊當自茲。可憐復漢社稷心未已，當時三峽圖壘空巍巍。先生有才過曹丕，中原恢復未可知。惜哉軍務勞，一心死無私。出師一表如皎日，千古萬古鴻名垂。

又　卷三六七六《于石〈梁父吟〉》　建安天下如潰瓜，一榻之外非吾家。黃屋飄飄定何許，龍為魚兮鼠為虎。老瞞持力敢欺天，朵頤漢鼎方垂涎。紫髯將軍一攘臂，控荆引越三千里。慷慨山東大耳兒，南飛烏鵲棲撫枝。草廬一語君臣契，目中久已無吳魏。堂堂大義劍不磨，靈關劍閣爭嵯峨。昨夜西南一星落，六尺之孤竟誰托。渭水旌旗歸故都，江上空存八陣圖。抱膝長歌出師表，古柏蒼蒼為誰老。

又　卷三六七七《于石〈孔明〉》　居荆不肯吞劉表，入蜀胡為詐取璋。二子孰非劉氏後，豈惟玄德可興王。

又　卷三七二三《宋無〈孔明〉》　有心興漢室，不意托孤兒。帝昔曾三顧，臣今表出師。

《全宋詞》第四冊《劉克莊〈沁園春五和。韻狹不可復和，偶讀《孔明傳》，戲成。〉》　昔臥龍公，北走曹瞞，西克劉璋。看沙頭八陣，百神呵護，渭濱一表，三代文章。絕笑渠儂，平生姦僞，死未忘情履與香。籌筆處，遣子丹引去，仲達奔忙。紛紛跋扈飛揚。這老子高深未易量，但綸巾指授，關河震動，靈旗征討，夷漢賓將。到得市朝，變為陵谷，千載烝嘗丞相堂。錦城外，有囀鸝音好，古柏皮蒼。

《宋詩紀事》卷一〇《石延年〈籌筆驛〉》　漢室虧皇象，乾坤未即寧。姦臣與逆子，搖岳復翻溟。權表分江域，曹袁鬭夏坰。虎奔咸逐逐，龍臥獨冥冥。從衆非無術，欺孤乃不經。惟思恢正道，直起復炎靈。管樂韜方略，關徐駭觀聽。一言俄遻至，三顧已忘形。南既清蠻土，東期赤魏廷。出師功自著，治國志誰銘。歷劫兵如水，臨秦策若瓴。舉聲將潰虜，橫勢欲逾涇。仲達耻巾幗，辛毗嚴壁扃。可煩親細務，遽見墮長星。戰地悲陵谷，來賢賞德刑。意中流水遠，愁外舊山青。想像音徽在，侵尋毛骨醒。遲留慕英氣，沉歎撫青萍。

元·元好問《中州集》卷二《〔金〕居中〈題五丈原武侯廟〉》　籌筆無功事可哀，長星飛墮蜀山摧。三分豈是平生志？十倍寧論蓋世才？壞壁丹青仍白羽，斷碑文字只蒼苔。夜深老木風聲惡，尚想褒斜萬馬來。

又　《〔金〕李晏〈題武原直赤壁圖〉》　鼎足分來漢祚移，阿瞞曾困火船歸。一時豪傑成何事？千里江山半落暉。雲破小蟾分樹暗，夜深孤鶴掠舟飛。夢尋仙老經行處，只有當年舊釣磯。

又　卷七《〔金〕王元粹〈武侯廟〉》　武侯祠廟南山曲，苔滿荒碑不堪讀。客子登臨又一時，秋色蒼蒼入喬木。天下不可無奇材，千年精爽安在哉？孤吟徘徊不忍去，寒日欲下悲風來。

元·楊維禎《鐵厓詠史》卷三《梁父吟並序》　吾讀《蜀志》，嘗怪孔明有不及昭烈之明，重違昭烈所用之人，且又違其臨終之命。魏文長，昭烈親拔之重將也；馬謖，言過其實，不可大用，昭烈臨終爲之戒者也。祁山之役，關中響震，天水、南安皆叛以應我，王業之成在茲一舉，奈何文長既制而不行，而專委謖爲前鋒，吾不知其去取何在。街亭一敗，爲謖所誤，至今千載而下志士爲扼腕，豈天必使蜀安於一隅也？代之賦《梁父吟》者，貶晏褒亮，予以《春秋》責賢之法責亮，以繼《梁父篇》。

《梁父》歌，臥龍起，中山王孫移玉趾。自比管與樂，不比齊晏子。帝中崩，賊未庭，牛馬走餉，龍蛇走兵，魏司馬十日不到長安城。馬參軍殺以釁鼓莫謝先帝靈。坐令巾幗婦，寢食問鬭升。歌《梁父》，西日傾，西風爲我生火聲。

元·薩都剌《雁門集》卷七《回風波弔孔明先生》　大江東流日夜白，已矣英雄不堪說。朔風挾雨過江來，猶向磯頭濺腥血。漢家神氣四海搖，姦雄賊子相貪饕。二龍雌雄尚未決，將軍戰骨如山高。先生謀略滿懷抱，坐視腥羶不為掃。若非蜀主三顧賢，終只如龍臥南畝。仰天一出摧姦鋒，綸巾羽扇生清風。許君義氣肝膽裂，兵樞盡在掌握中。赤壁樓船滿江夏，伏劍登壇惟叱吒。忠心耿耿天必從，烈火回風山亦赭。可憐一炬功未成，將星已墜西南營。力吹漢水灰未醒，嗚呼天命何不平？佇立磯頭盼吳越，感慨令人生白髮。先生雖死遺表存，大義晶晶明日月。

元·耶律楚材《湛然居士文集》卷二《〈除戎堂二首〉之一》　除戎堂主震威名，一掃塵氛消未萌。不出户庭成廟算，折衝樽俎有奇兵。何須公瑾長江險，安用蒙恬萬里城。坐鎮大河兵偃息，居延不復塞塵驚。

又　《之二》　除戎廳事築城阿，烽火平安師旅和。遠勝長城欺李勣，徒標銅柱笑伏波。服心不用七擒策，禦侮何勞三箭歌。高枕幽窗無一事，西人不敢牧長河。

元·王惲《秋澗集》卷一五《南陽北城同陳節齋晚眺》　大野東豬楚塞遮，清川西鶩抱城斜。瓜分鼎峙連三國，地闊天開到一家。丞相大名垂宇宙，龐公高節動雲霞。千年事往空遺迹，立遍殘陽數去鴉。

又　卷六二《祭諸葛丞相乞靈文》　維大元至元八年，歲次辛未，九月壬戌朔。某日，承事郎、前監察御史、衛人王某敢昭告于漢大丞相忠武侯諸葛公之靈：嗚呼！事有曠百世而相感者，以道義故也。維公挺天人之資，奮雲雷而起，黜功利之邪說，明剛健之正體。攘伏羣陰，嗣興漢紀。兩立偏安，幽燭厥理。茲少康克復之本心，何戰國縱橫之可擬，由是

而觀公之志，何意於鼎足而峙也？至於開誠心、布公道，從權制、示儀軌，牧民、訓兵、賞善、黜戾，以君臣大義而言，乃忠武開濟之餘事也，宜魏人畏之。而如虎走狐狸而號魍魅，偃回旆之威靈，嘆奇材於壁壘，故三代而下，巍然王者之佐，惟公一人而已。緊一介之凡庸，何清光之敢企！然揚洪蜀郡之功曹，楊顒幕府之屬吏，躡一言而表擢，感忠規而隕涕。又如李平、廖立以過見廢，俾之怨艾，固匪遐棄。及夫蜀婦既髽，痛吾已矣。恨終左衽，發憤而斃。是又見公不屑與新之教，采葑、采菲之意。無以下體而為累也。

元・程鉅夫《雪樓集》卷七《敕賜碑・南陽書院碑》 皇帝即位之四年冬十有二月，集賢大學士臣顥言：『臣幸得待罪周行，在帝左右，位崇智下，無以仰答聖明。有能推尊聖人之道、表章大賢之業、作興民俗、敷宏治化者，此真人臣之職，而上之所宜聞也。臣謹按：南陽城西五里，有岡阜隆然隱起曰「卧龍岡」、有井淵然渟深曰「諸葛井」者，相傳漢相忠武侯故宅。民歲祠之，巫覡雜揉，薦獻無節，黷禮慢賢，君子病之。至大初，故河南行省平章政事何瑋行農至郡，率官吏老長伏謁祠下，顧瞻徘徊，愾然興懷，謂守臣史烜曰：『孔明三代而下，一人而已。武昌相去千有餘里，猶建廟學而尊祀之，况其所游處也哉！』出步祠東，得隙地焉，曰：『是足以建廟學矣。』遂以諉烜，烜下邑主簿趙守訓董其役。乃合僚吏禄入之贏以備傭，相山之有良木石隸官者以具材。審制度地與設官養士之宜，上于省以聞，報：『可。』至大二年春，即工大修侯祠而加廣焉。祠之東為孔子廟，廟之後為學，凡堂序門廡、庖湢庫庾、肄業之齋、庋書之閣、官守之舍咸備。屋以間計：祠十有二，廟學四十有六，皆端壯廣直，不務侈麗。皇慶元年秋落成，割官之廢地四十頃籍于學，置山長一人掌其教。而訖功，且再歲矣。廟學之顔，麗牲之碑，惟陛下幸焉。』即日下中書平章政事秦國公孟與翰林集議。臣孟等言：『夫子廟宜因舊制，殿曰大成之殿，門曰大成之門，侯之祠宜曰武侯之祠。侯曰「非澹泊無以明志，非學無以廣材，非静無以成學」，學為侯作也。宜以講堂為静成之堂，東序為明志之齋，西為廣材之齋。閣所以崇羣書也，宜曰崇文之閣。合而名之曰「南陽書院」。』制曰：『可。』其命翰林學士承旨賡書之，翰林學士承旨某為碑文，書篆幷以付賡。臣某竊謂：周道既衰，孔子作《春秋》而萬世君臣之法定。曹操篡竊，羣雄並起而争之，《春秋》幾廢。昭烈揭大義、發大號，再造劉氏。侯首稱『漢賊不兩立，王業不偏安』，間關百折，期復漢祚，《春秋》之義焕然復明。至今三尺之童猶知賊曹而帝漢者，侯之功也。《傳》曰『有功於民則祀之』，侯之功萬世之功也，况又居其鄉哉！烏乎！我朝聖祖神孫，武定文承，薄海内外，罔不臣妾。諸學子以及有位之人師聖人之道，仰大賢之業，夙興夜寐，可不思廟學之所以建、聖天子之所以命，豈徒夸前人、聳後觀哉？所以教天下知為君臣之道也。烜世有勳伐，今守饒州，守訓供俸翰林，云：

《詩》曰：惟皇上帝，降衷于民。惟皇作極，以君以臣。皇風既邈，王霸攸作。乃修《春秋》，褒善黜惡。漢有天下，擬迹舜禹。厥德既衰，冠履易處。不有昭烈，孰扶天綱？不有武侯，《春秋》以亡。河漢之間，南陽之郭。盤盤卧龍，惟侯之宅。山縈川絡，霧矯霞舒。尚想君王，顧彼草廬。惟侯之學，伯仲伊吕。惟侯之志，光我漢祖。躬耕之憂，廊廟是蹈。義信志詘，四海其悼。廟學之設，惟侯之思。天子之錫，惟侯之儀。高山景行，君子所履。詞臣作詩，永作臣軌。

又 卷一二《記・忠武侯祠亭記》 楚有材，尚矣！至於丞相忠武侯，遂為古今冠冕，南陽書院所以名、所以祀者。書院成六十年而敝。部使者廣平程某來新之，内外完好，祠亦補舊而加飾焉。行省都事尉氏楊君處恭又即祠前築臺為屋，江夏尹滑臺趙君仁協謀幷力。於是亟成，翼然華邃，其高山景行之意蓋惓惓也。夫孔明不可作矣。觀其崎嶇一隅，所就不酬所願，自太平之時之臣視之，曾何足芥其襟懷？而君輩神交意悟，有為平原執鞭之想，有志事功之士固非流俗所能並哉！雖然，嘗試言之，使孔明生當建武中元，事固未易可知；使玄德顧不至三，其亦終於躬耕而已。蓋古之君子，未嘗無志於天下，然亦不以所遇而制吾身之重輕，此孔明所以不可及已。既與南陽耆舊慨嘆之餘，因俾刻之石，使學者知所勉，且無忘楊君之美、趙君之勤。大德七年某月某日記。

元・吴澄《吴文正集》卷五四《題卧龍圖》 謂其卧與則已見矣，謂其見矣則非龍也。雖然，能大能小，能有能無，蓋不可測而可盡乎。斯翁可作，吾將問諸。

又 卷五八《跋楊顒諫諸葛武侯之辭後》 開誠心、布公道，集衆

思、廣忠益，『諸有忠慮於國，但勤攻吾之闕。』漢丞相諸葛忠武侯語也，可以為萬世相天下者之法矣。孔明豈不知為相之體哉？於主簿楊顒之諫也，生既謝之，死又哀之。孔明豈不知其言之忠哉？然而罰二十以上皆親覽，食少事繁，至為敵國所窺，而慶幸其不久。孔明豈不知愛重其身哉？其若是者何也？嗚呼！是未可以常情度淺識議也。夫知相之體而未免自勞，知言之忠而未見樂取，知一身繫國之存亡，而竟中敵國慶幸之計，苟非甚愚者，或有所不為，而謂蓋世絕人之智者，為之乎。予故曰：是未可以常情度淺識議也。且當時事勢何如耶？以一木支大廈之傾，事君而致其身，盡瘁於國，遑恤其他？夫豈可已而不已者，楊顒之諫謂之愛，孔明則可謂之知，孔明則未也。杜子美詩云：『三分割據紆籌策，萬里雲霄一羽毛。』又云：『福移漢祚難恢復，志決身殲軍務勞。』此詩字字有意，細味之庶乎知孔明之心，而豈常情淺識之所能測度擬議者哉？齊右王良父嘗書《楊顒諫孔明之辭於片紙，其孫出以示人。予獲觀焉，撫卷再三，而不忍釋。嗚呼！前輩或者其亦有感於斯歟？

又　卷六一《跋張葛狄范四公傳》　韓司徒、張文成侯、漢丞相諸葛忠武侯、唐司徒狄文惠公、宋參知政事范文正公，四人之功業不盡同，而其為百代殊絕之人物則一。文成身事漢而心在報韓仇，文惠身仕周而心在復唐祚，常人莫能測知，卒克遂其志，故邵子稱其忠。且言忠武扶漢於末造，文正佐宋於盛際，而器局公平廣大，設施精審詳密，心事如青天白日，遘時雖異，易地則皆然，故朱子稱其磊磊落落，無纖芥之可疑也。張鑑子明類四公行事為一編，其尚論古人也識亦卓哉！予是以題其卷端云。

元·王逢《梧溪集》卷一《龐公攜家圖引為張橘隱題》　鴻鵠巢高林，黿鼉穴深淵。所以龐德公，躬耕峴山田。當時劉表儕雄才，黃金足置燕王臺。臺成禽荒甘鴆毒，醉轔臂錦呼鷹來。鷹飢受呼飽則去，非熊之倫孰得馭？諸兒豚犬遺以危，況復蒼生天下慮。蘇嶺石鹿雙聳然，霞日絢爛芝莖鮮。囊衣裹粻車連連，白騾青牸叅後先。舉家相攜入長煙，竟託採藥終天年。至今事迹有，在心無傳。嗚呼！孔明不遇大耳主，亦必老向隆中眠。

元·郝經《陵川集》卷三三《漢丞相諸葛忠武侯廟碑》　以天下自任，佐王而行道濟時，伊尹也；以天下自任，無王而不能行道濟時，孟軻也；以天下自任，佐王行道，不能盡濟斯民，不盡其用，諸葛孔明也。伊尹之佐王而行道，孟軻之無王而道不行，皆判一定，無復於憾。至於孔明，以王佐全才，立政於區區庸蜀，不能疆理天下，完漢故物，制禮作樂，比隆三代。以節制之師，祗平雍闓、禽孟獲、馘王雙、斃張郃，不能汛掃中原、討魏黜吳、翦操虜懿。方雜耕固壘，敦信明義，張漢天聲，信九伐之法，而遽隕星嘔血。與道而不與命，與之才而不盡其用，是以有志之士，莫不痛哭流涕而致惜焉。嗚呼！唐、虞、三代之盛，孔子歎其才難而僅稱九人；至孟子，則又獨與伊尹一人為聖之任。何哉？蓋士不能自重，則不能任重；不能輕天下，則不能有天下。伊尹耕於有莘之野，不以道義，繫馬千駟、祿之天下不顧。三聘而起，遂任天下之重，一夫不獲，若撻於市，放夏桀，廢太甲，一以天下為計，已獨任其責，故為聖之任也。孟子為稱道，則亦已之志也。當其時，中國無王，有王者起，則必為伊尹之事，行道以救天下。故每自謂『天未欲平治天下則已，如欲平治天下，舍我其誰』、『若齊能用予，則豈徒齊民安，天下之民舉安』、『以齊王猶反手也』，又謂『萬鍾於我何加焉』、『富貴不能淫，貧賤不能移，威武不能屈，乃為大丈夫』，則亦伊尹之儔也。故伊尹而下，以天下自任者，孟子一人。漢室傾頽，羣雄競起，天下之士莫不徼倖功利，反復於智數詐力，汲汲以爭天下。獨孔明高臥南陽，抱膝長吟，視天下不足為，躬耕隴畝，若將終身焉，則亦伊尹耕莘之志也。及昭烈三往，知其仁誠敬讓，可以有為，遂起而委質焉，則亦伊尹幡然而改也。既從昭烈，慨然以興復漢室為己任，及永安顧命，則曰『臣竭股肱之力，加之以忠貞，繼之以死』，則亦伊尹佐太甲之事也。至於內治既修，將以外攘以圖報効，臨發上疏，精忠懇盡，藹然三代君臣，復見《伊訓》、《太甲》之書。其將兵薄伐，出入巖阻，一以節制，不為浪戰，申明賞罰，開布公道，不規近利，恢張遠圖，秦漢而下復見王者之師。其駐兵五丈原，懿終不敢出，則己定勝，至其臨沒，懿按視營壘，亦歎服以為天下奇才，則孟子以來以天下自任者又祇一人耳。論者乃以為自比管、樂、蕭、曹亞匹，將畧非所長；又謂不當復漢，不可以詐力雜仁義去中原、入巴蜀，非其地，當如陳平，用金間魏君臣；或者又以魏為正統，而書伐罪之師為『入寇』。嗟乎！孔明其可若是班乎！乃以是奇孔明而又以是責之乎！豈真知孔

明者哉！初昭烈即漢中王位，以孔明為軍師將軍；及繼漢即帝位，遂以為丞相；安樂公即位，封武鄉侯，領益州牧；及薨，謚曰『忠武』。魏晉以來，既以昭烈為蜀先主，乃書孔明為『蜀相』。至於杜甫，甄別題評，號為精當，亦仍『蜀相』之名。今既正昭烈之號，而碑之涿郡樓桑之廟，復正孔明位號曰『漢丞相諸葛忠武侯』，則君臣統體皆得其正。推本論著，碑之、配享之廟庭，作歌以悲其志，云：

季末汨於功利兮，咸跋蹶以顛躋。苟無益於已兮，則並其民而棄之。士氣日卑兮，任天下之重者其誰？莫不欲臣其臣而莫予違兮，孰能以臣而為師？莫不患失而欲得其君順而弗違兮，而甘妾婦之為。治弗逮於古昔兮，皆苟且而詭隨。漢室傾於桓、靈兮，薄崦嵫而日益阽危。姦渠偽魁羣起兮，鬨為力爭而竊窺。或豺狼以肆毒兮，或狐鬼而誣欺。不以為羞而助桀兮，自以為是而不知其非。獨之人高臥而不起兮，若太山之四維。雖不足以有為兮，胡淟涊以自脂。王室乃有遐孤兮，逼無所容而民莫知歸。三往乃見而益之以恭兮，沛然龍起而夾之以飛。以復漢自任兮，吐胷中之奇。君臣之契灑落兮，相與撥亂而興衰。顧命而托國與子兮，涕泣而以死繼之。仗義而討賊兮，雜耕按堵而軍無私。反正而抉偽兮，還舊都而有期。巍然聖之任兮，將越孟而配伊。天不假年兮，忽隕星而反旗。志士莫不痛惜兮，至今以為悲。嗚呼噫嘻！使侯不死兮，禮樂其可興、三代其庶幾（兮）。不侯之知兮，侯其可幾。有格天之才兮以造命，有佐王之畧兮以濟衆。有不可奪之節兮以輔政，有不可窮之智兮以應變，有必信而不可屈之義兮以誅仇而匡時。成敗利鈍畀之天兮，一不動於中而死生以之。處世而磊磊軒天地兮，其道淳曜而無疵俾。萬世之敬仰兮，視此麗牲之碑。

元·虞集《道園學古録》卷八《悠然亭記》 古之君子常以陶先生上配孔明，論者以為至當，信之不疑。非知言而能若是乎？試以孔明論之。方其龍臥草廬，三顧之車未至，其悠然固與采菊者無異也。及其五月渡瀘，深入不毛，將率三軍北定中原，軍務誠勞矣。然八陣之方嚴，雜耕之整暇，羽扇指揮於從容，而山川形勝盡在風雲之變化。子謂此時孔明悠然乎，不悠然乎？客曰：淵明之悠然，衆所共聞；孔明之悠然，誠未之聞也。然則彥達上荷主知，雖進用顯要，有不足悠然者乎！客請書其說，與彥達為亭記。

《全元文》第三六冊《王謙〈漢丞相諸葛忠武侯祠碑〉》 有至大至剛之氣，然後能行至公至正之道。是氣也，蘊於天地未分之前，散於天地既分之後，不爲堯存，不爲桀亡，誠天地之正氣也。古人有大行不加，窮居不損，遇患難不爲屈，臨死生不少變動者何？善養此氣故也。孔子而下，惟孟子爲善養；孟子而下，其諸葛忠武侯乎！漢自桓靈失德，曹氏竊命，一時智臣謀士悉爲之用。獨武侯高臥草廬，不求聞達若將終身焉，及感昭烈三顧之恩，奮然起應。雲龍風虎，千載一時，振墜緒於一隅闕絕之地，奪遺黎於羣盜垂涎之口。武侯果何所見哉？所見者至公至正之道，行之果，處之當，不容一毫私僞雜乎其間。非胸中剛大之氣培養有素疇克爾邪！已而長驅祁山，有飲馬河洛之志。不幸天不祚漢，大廈方隆而梁木告摧，則君子當歸之天，而亦不敢以成敗例論之也。向使昭烈、武侯不死，則復漢祚而成王業可翹足而待矣。嘗謂：《出師》一表見武侯。所以告後主，本于正初非刻險陰謀之說，信可與伊訓說命相表裏。昔人有言，讀《出師表》而不流涕者，其人必不忠，非過論也。宋巨儒作史編書昭烈爲僭，武侯爲寇。嗚呼！昭烈帝室胄也，武侯王者佐也，孰爲僭？孰爲寇？善讀者能自知，奚喋喋爲哉。距南陽治城西七里而遠，有崗曰臥龍，俗以爲武侯隱居之所。前人卜地一區，起屋四楹，繪像而祠祀焉，歷幾歲月，棟宇傾撓，危基頹圮，鞠爲瓦礫，榛莽丘墟，良可痛悼。大德戊戌，監郡奉直公馬哈馬拜謁，竟顧謂左右曰：武侯，漢之賢相，正義明道，誠有功於後世，若視廟貌之毀，祭血久乾，漫不加省，守此土者能無愧乎！退與少府朝列李君源貳政武略程公國僧、總判承務公忽辛暨幕府高翊輩同其議，遂庀徒藏事一易而新之，命典史李從善董役，立象儀於中，以雲長、翼德從祀。綸巾羽扇其容肅然，足以起四方觀者之敬。庚子春功已告成，禮請解梁大虛觀道士張上和主住持事，又割旁近田二百畝有奇，以爲歲時香火之具。嗚呼！若數公者，可謂敬於事神矣，神既能敬，余不言可知。一日遣兵曹掾劉熙來速文，愚曰：武侯大節，陳壽且不能悉，況碌碌者乎！牢讓不可，因掇民謠作迎送神辭，以遺之，俾歌以侑神。其辭曰：侯之來兮，飆馭雲車。其冠峨峨兮，其纓于於。肴在俎兮，酒在壺。禮雖不足兮，敬有餘。侯之去兮，何方？溪風清冷兮，

山月蒼涼。望之不見兮，我涕滂。澤在人心兮，終千古而不忘。

《全元詩》第三冊《劉秉忠〈讀諸葛傳〉》 賢聖隨時出處同，道存元不計窮通。一番天地鴻蒙後，千載君臣草昧中。玄德必諮當世事，孔明良有古人風。長才自獻成何用，三顧還酬莫大功。

又 第三冊《劉秉忠〈蜀先主孔明〉》 智涉圖深往事非，茅廬一論定真依。風雲龍虎隨時有，魚水君臣自古稀。月照錦江翻夜色，煙波玉壘動朝暉。精英不死青天上，留得文昌奉紫薇。

又 第四四冊《張昱〈題諸葛孔明像〉》 一笑出隆中，黄星掩日紅。妖氛不敢作，白羽起西風。

明・楊基《眉庵集》卷一《感懷十四首・之三》 鄧禹南陽來，仗策歸光武。孔明臥隆中，不即事先主。英雄各有見，何必問出處。孫曹與更始，未可同日語。向非昭烈賢，三顧猶未許。君子當識時，守身如處女。

明・方孝孺《遜志齋集》卷一九《贊・諸葛武侯贊》 漢治任法，難乎大臣。惟忠武公，千載一人。綜覈萬變，以義而動。虎躍龍驤，天下震恐，極其智能，亂不足平。天實厄之，大勳無成。成敗紛然，處之甚暇。論其所存，伊、呂流亞。古學不傳，士氣益卑。公心不忘，百世之師。

明・李賢《古穰集》卷二一《題臥龍圖》 漢家神器風波舟，姦雄環顧涎欲流。斯時誰有匡扶具，南陽嘉遯阿衡儔。帝室之胄何英偉，草廬三顧驚神鬼。幡然感激釋耕耘，一旦君臣若魚水。鼎分畢竟不能休，務償初志復神州。永安遺恨抱終古，《出師》二表彈嘉猷。錦水祠堂宛如故，劍閣荒蕪流馬路。七擒南徼讋天威，八陣夔城訝神護。營中星隕渭濱秋，五丈原頭殺氣收。歸櫬猶能走仲達，運移漢祚終難留。英雄千載空惆悵，商周人物能多讓。世間成敗不足憑，臥龍遺址人爭訪。

明・周瑛《翠渠摘稿》卷七《謁諸葛武侯廟》 萬樹鴉聲送夕曛，孤祠寂寂倚江濆。霸途獨識炎綱正，國執終成鼎足分。伊傅襟懷明日月，軒黄行陣結風雲。相材將畧寡儔侶，一瓣心香特地焚。

明・張吉《古城集》卷五《謁諸葛武侯廟》 炎精欲墮仍餘煜，敢奠瞻烏止誰屋。不聞詩紀黍離初，蕞爾東周已無祿。《春秋》予奪嚴鈇衮，隻字何曾假臣僕？威靈不君四海沸，龍種翩然躍潛服。天猶祚漢卓難誣，神鼎窺覦罪當族。二荀周陸號英俊，卻與孫曹作心腹。君親大義竟茫然，縱有微長烏足録？惟公志在安劉氏，玄德那知不文叔？配天繼統旋舊都，不屬公躬更誰屬？假遭借僞雖百顧，堅臥惟應老空谷。勳名事業等遊氛，萬古誰明此衷曲？紫陽特筆二三策，昭烈高光胥瞑目。古廟崢嶸八桂陰，花間拜謁香滿襟。筆誅陳壽恨不早，誤彼温公帝魏心。

明・鄒智《立齋遺文》卷二《諸葛武侯贊》 人有恒言，皆曰義利。義根於天，匪利可二。孟軻既没，此道不明。天下之人，惟利是征。猗歟武侯，卓有高致。自其讀書，獨觀大義。靜以義卷，動以義舒。順以義撫，逆以義誅。外無餘財，内無餘帛。一夫有死，曰予之責。寢不安席，食不甘味。元惡未梟，曰臣之罪。人之有過，孰不掩之？侯惟不知，知則改之。人之有技，孰不妬之？侯惟不聞，聞則聚之。將星熒熒，自天而墜。大義雖明，竟莫之遂。萬古在後，千古在前。青天白日，高山大川。

明・程敏政《篁墩文集》卷七七《題四景畫・諸葛春耕》 一夜春溪新雨足，曉耕已徧前川曲。烏犍少脱半犂閒，烏外茸茸草根緑。坐愛一株沙柳陰，展卷疑聞《梁父吟》。布衣未接隆中聘，誰識當年開濟心？

清・陳邦彦《歷代題畫詩類》卷三五《故實類・［明］程敏政〈諸葛春耕圖〉》 一夜春溪新雨足，曉耕已徧前川曲。烏犍少脱半犂閒，烏外茸茸草根緑。坐愛一株沙柳陰，展卷疑聞梁父吟。布衣未接隆中聘，誰識當年開濟心？

明・李東陽《懷麓堂集》卷一《詩稿一・古樂府・五丈原》 五丈原頭動地鼓，魏人畏蜀如畏虎。營門不開呼者怒，揮戈指天天宇漏。將星墜空化爲土，煉石心勞竟何補。侯歸上天多舊武，羽爲前驅飛後拒。鬼魂不逐降王車，長爲英孫朝烈祖。

明・于謙《忠肅集》卷一一《過南陽挽孔明》 三面英雄正角持，孤臣生死繫安危。大星不向營前墜，混一寰區未可知。

明・楊慎《升庵集》卷五六《武侯祠詩》 正德戊寅，予訪余方池編修于武侯祠，見壁間有詩云：

劍江春水緑沄沄，五丈原頭日又曛。舊業未能歸後主，大星先已落前

軍。南陽祠宇空秋草，西蜀關山隔暮雲。正統不慚傳萬古，莫將成敗論三分。

明・黃佐《泰泉集》卷一〇《桂林雨中望諸葛亭有感集杜句》 雲水長和島嶼青，江中風浪雨冥冥。霜凋碧樹作錦樹，色過棕亭入草亭。諸葛大名垂宇宙，元戎小隊出郊坰。臥龍躍馬俱黃土，極目秋天虛翠屏。

明・夏原吉《忠靖集》卷四《題孔明像》 當年高遯草廬中，誰識先生是臥龍。昭烈特勤三顧禮，南夷頓服七擒功。祇緣佐漢心逾切，竟使吞吳恨莫窮。今拜遺容千載下，不堪吟望永安宮。

又 卷六《孔明》 八陣圖成已絕倫，出師二表更忠勤。可憐五丈星宵殞，後主含酸入魏軍。

明・李賢《古穰集》卷二一《題臥龍圖》 漢家神器風波舟，姦雄環顧涎欲流。斯時誰有匡扶具，南陽嘉遁阿衡儔。帝室之胄何英偉，草廬三顧驚神鬼。幡然感激釋耕耘，一旦君臣若魚水。鼎分畢竟不能休，務償初志復神州。永安遺恨抱終古，出師二表殫嘉猷。錦水祠堂宛如故，劍閣荒蕪流馬路。七擒南徼讋天威，八陣夔城訝神護。營中星隕渭濱秋，五丈原頭殺氣收。歸櫬猶能走仲達，運移漢祚終難留。英雄千載空惆悵，商周人物能多讓。世間成敗不足憑，臥龍遺址人爭訪。

明・唐文鳳《梧岡集》卷一《諸葛孔明》 王道既以熄，霸業亦就隳。秦起居閏位，漢興承帝基。綿延四百載，炎祚德日衰。當塗轉凶悖，挾威神器危。天心有所托，挈歸大耳兒。為求匡輔任，夢卜何人宜。誰識隆中叟，道合司馬知。臥龍自偃蹇，肯學忘世為。三顧煩枉駕，幡然出無疑。欲纘東都緒，便把西蜀麾。諸將敵萬人，桓桓熊虎姿。讒說莫能惑，魚水情怡怡。益郡遂款附，荊州從政施。經營事征伐，吳魏相賓士。竟成鼎足勢，山河壯藩維。袖中出師表，快讀涕淚垂。祈連路寂寞，褒斜谷險巇。流光將星墮，憤激巾幗遺。大廈窘風雨，一木誠難支。千年八陣磧，長江漾寒漪。

明・胡應麟《少室山房集》卷二《補蜀漢鐃歌十二首・祁山》 祁山出，漢賊驚。創業未半先帝崩。丞相匪躬夜弗寧。上表師師東鄉征。卒徒十萬如風霆。潛張箕谷為疑兵。身率大衆屯街亭。三郡響答如流星。惜哉馬謖毀垂成。毀垂成，載出軍。王雙梟，郭淮遁。拔武都陰，平魏大震。

又 《渡瀘》 渡瀘師徒一何勞。五月盛暑深入不毛。託孤寄命，予惟伊咎陶。勞實在予，予曷敢逃。五月盛暑深入不毛。獲彼大酋以令羣豪。七縱七擒，俾返其巢。衆懾天威，永戴大朝。振旅而還，徒御弗號。雍雍旆旌，肅肅羽旄。文德誕敷，爰格有苗。千秋兩階，載覩唐堯。

又 《五丈原》 五丈原，駐三師。三代以還僅覩茲。濱渭雜畊軍無私。芻糧百萬饒餘貲。中原克復功須斯。功須斯，定關洛。滅魏斬叡梟懿殛。權混一，四海興禮樂。

明・祝允明《枝山文集》卷四《孔明》 八畝桑田日日耕，老農辛苦過平生。曹公自愛劉郎物，相帶千年喚孔明。

明・曹學佺《石倉歷代詩選》卷四五九《何景明〈登五丈原謁武侯廟〉》 風日高原暮，松杉古廟陰。三分扶漢業，萬里出師心。星落營空在，雲橫陣已沉。千秋一瞻眺，梁甫為誰吟。

清・沈德潛《明詩別裁集》卷六《楊慎〈武侯廟〉》 劍江春水綠沄沄，五丈原頭日又曛。舊業未能歸後主，大星先已落前軍。南陽祠宇空秋草，西蜀關山隔暮雲。正統不慚傳萬古，莫將成敗論三分。

清・錢謙益《列朝詩集》甲集第四《「明」高啓〈讀史十首・孔明〉》 莫恨流星墮渭濱，出師未捷已沾巾。天應留取生司馬，歸作他年取魏人。

《全明詩》卷六九《陶安〈詠史十五首・葛武侯〉》 扶漢如周夙所期，遺孤委託在艱危。出師二表文猶在，伊傅存心世共知。

清・陳邦彥《歷代題畫詩類》卷三五《故實類・「明」王臯〈題劉先主三顧草廬圖〉》 火星匿輝三光翳，當時妖鬼移神器。中山華胄左將軍，仗鉞西南伸大義。南陽臥龍天下無，枉駕三顧風雲趨。草廬傾蓋君臣際，魚水同心契合初。大將荊益三分傑，赤壁樓船煙燼滅。漢中纘緒帝業成，青史煌煌載功烈。關張龍虎皆殞身，直以中原仗老臣。木牛轉餉關中粟，甲馬空思渭北城。渭兵十萬揚威武，典午滑賊虎成鼠。《出師》二表《八陣圖》，耿耿孤忠照千古。

又 《「明」唐寅〈三顧草廬圖〉》 草廬三顧屈英雄，忼慨南陽起臥龍。鼎足未安星又隕，陣圖留與浪淘春。

又《［明］李堅〈題孔明出師表圖〉》　永安宮中日欲落，榻前面拜遺孤託。先皇飲恨臣所知，忍見翠華終劍閣。臣身與賊不俱生，誓提義旅清中京。汛除九廟光舊物，上謝先帝酬忠貞。六師戒日臨河渭，曉發披誠表天陛。諄諄恢復次第陳，縷縷忠肝兼義氣。事關宮府在相通，親賢遠佞先漢隆。後王不鑒高祖訓，累我漢業遭塵蒙。漢家賊姓難兩立，王業偏安大無策。鞠躬盡瘁臣所安，利鈍成虧非可臆。炎精無光赤灰冷，五丈原頭將星隕。牙前長史整旋軍，巾幗老奴拜天幸。煌煌二表明丹青，文追伊傅光六經。留傳人世勸忠盡，呵護時有神威靈。英雄無命古如此，大節堂堂映青史。君不見二十四疏請回鑾，東京留守銜悲死。

清·王士禎《精華録》卷七《今體詩·彌牟道中望八陣圖遺址》　落日彌牟道，霜風百戰場。青天回玉壘，遠樹出華陽。陸海三都闊，雄圖八陣荒。臥龍虛故迹，駐馬惜降王。

清·李光地《榕村集》卷三四《贊·諸葛武侯像贊》　王佐不生，於茲千載。鄒魯羣聖，靡遇其配。天恐臯伊，其迹渺芒。欲修厥業，而世未昌。岌岌晚造，鼎運難移。聊使先生，為臣之師。先生不降，蕭管立極。霸圖施張，邈矣王澤。先生之道，足俟後聖。紫陽伊川，莫敢改評。誰追軌躅，誰識容光。我摭史書，以命長康。

又　卷三七《諸葛武侯步王荆國韻》　後人於古老，易地遂雌黄。炎季忠武侯，論者每推揚。嗚呼公不作，千載無行藏。受託白帝城，東征斧鉞光。區區控三巴，步卒馳咸陽。仲達四十萬，鼠匿畏其强。剋日還舊都，流星没西方。以死殉先帝，咬咬慘黄桑。我讀公遺文，胸臆填悲傷。惜哉漢業傾，虛有大廈梁。

清·愛新覺羅·弘曆《御製樂善堂全集定本》卷一〇《贊·十臣贊·諸葛武侯》　南陽之藪，有龍而蟠。金玉其音，碩人之寬。昭烈下賢，三顧彌虔。風雲蒸變，乃出其淵。東聘吳都，綸巾羽扇。業業樓船，煌煌火焰。摧曹和孫，克定益州。乃集其勢，乃成其謀。白帝託孤，實肩鉅任。盡瘁鞠躬，王臣之藎。七擒六出，八陣千井。集思廣益，澹泊寧靜。察變以明，動物以誠。姦回丕革，宮府肅清。諸葛大名，星輝雲爛。惟公一身，存亡繫漢。

清·愛新覺羅·弘曆《御製詩集·初集》卷二五《讀〈諸葛武侯傳〉》　盡瘁終身翊赤符，豈虞一木不勝扶。隴中已走生司馬，地下何慚鬼董狐？南北未忘先主志，桓文不道仲尼徒。錦官城外森森柏，丞相祠堂尚有無。

清·天然和尚《瞎堂詩集》卷四《［明］釋函是〈詠史十二首·其四〉》　不可與爭鋒，臥龍猶守雌。運會倘默定，鞅掌欲何爲。仁人之用心，盡瘁以死期。連營七百里，嘗爲此輩嗤。孝直即不死，骨肉終難移。丞相真天威，南人無所施。魏延不可用，豈故從坦夷。竟出五丈原，仲達安足窺。有道未必昌，古今長歎咨。姦雄亦有成，聖哲能無疑。曷求所從來，毋爲昧當時。

清·何紹基《東洲草堂詩集》卷一六《焚香拜疏勒》　名儒開濟自天秋，籌筆勤勞苦未休。陵墓永照昭烈帝，祠堂偏屬武鄉侯。錦城葱郁遺蹤遍，青史推崇正統留。一代朝廷雖小小，君臣氣象近虞周。

清·舒位《缾水齋詩集》卷六《臥龍岡作·之一》　到此橫拖一道岡，茅廬開出古南陽。平生交有崔徐在，王佐才非管樂當。抱膝終成名士累，鞠躬始感受恩長。何如決計招偕隱，廡下分明有孟光。

又　《之二》　談笑巾講想定軍茫茫玉壘變浮雲。其間王者有名世，天下英雄惟使君。創業自知難兩立，輟耕早已定三分。成都八百株桑樹，不及隆中手自耘。

又　《之三》　一面東風掃舳艫，荆襄形勝控成都。婚姻失意幹金賞，兵法傾心八陣圖。受禪壇高終代漢，橫江鎖斷並忘吳。不堪白帝城邊語，付與先生六尺孤。

又　《之四》　象床寶帳悄無言，草得降書又幾番。兩表涕零前出塞，一官安樂老稱藩。祠官香火三間屋，大將星辰五丈原。異代蕭條吾悵望，斜陽滿樹暮雲蘩。

清·王澤宏《鶴嶺山人詩集》卷三《諸葛武侯》　諸葛功成二十餘，出師只似在茅廬。生逢伍水池何慕，老刑桑田意自如。三顧惟將嘔血報，兩朝不改鞠躬初。古人出處心先定，置我山林卻不虛。

清·唐夢賚《志壑堂詩集》卷三《諸葛故里》　人生遭遇偶然耳，臥龍强力三征起。五畝茅廬八行予，他時身退期歸止。吳魏英雄孫仲謀，霸圖草就聊爾爾。白帝城高八陣寒，將星墜落人如此。陰平不守劍門開，

子孫戰歿降王喜。嘔血徒為木鏡噴，抱膝高吟良已矣。高陽故業不歸耕，海嶠空傳諸葛里。嗚呼，回首伏波下澤車，長源貶謫青田死。諸君仙骨且蹉跎，餘人碌碌何能齒。芝草東園綺里公，桃花西塞玄真子。掉臂長歌歸去來，人生遭遇偶然耳！

清·李澄中《臥象山房詩集》卷三《南陽謁武侯祠》　層崗回遠勢，傳是武侯居。世外聞山鳥，人間有草廬。艱難出師後，辛苦渡瀘餘。輕起酬三顧，英雄氣未除。

清·李光地《榕村集》卷三五《讀唐末名人詠諸葛武侯詩·之一》

武侯誠龍德，潛臥天地否。一嘯渺無儔，名浮猶有耻。置身管樂間，後稷平人爾。遇主煩三顧，托孤寄千里。普天困豺狼，一民悲有死。王佐久不生，此心誰與比。才美戒吝驕，器大斯儉禮。所以大賢度，抑抑以終已。不見烈如火，但見平如水。惠政流甘棠，佳兵聞苦李。原公茅廬初，躬耕沒則已。翳翳成都桑，百代頑者起。前輩盛謳歌，微辭安足齒。雲羽動儀型，高山勞仰止。載覽季興編，一魁三歔唏。

又《之二》　賢聖三季後，十九生屯否。或以晦避禍，或以遁遠耻。武侯居南陽，其志聊爾爾。公威能一郡，士元非百里。公則笑無言，不遇寧守死。無奈龐馬推，姑且管毅比。豈曰知己恩，難者訪賢禮。一洗虛聲辱，幡然不為已。慾吹西歇炎，力挽東流水。主威移董桃，中壞食螬李。竭股言若茲，鞠躬事則已。思結渭河深，恨逐秋風起。輿人為悲謳，伯氏痛沒齒。晉武求遺裔，劉弘表居止，豈獨異代人，仲達亦嗟唏。

又《之三》　漢業自桓靈，運長小人否。管寧之遼東，侯印田疇耻。之子亦南遊，嘯罷長莞爾。英英豫方牧，階身無百里。元龍固盛推，二虎顧同死。片席定大謀，繾綣莫與比。幡然十年心，來酬三晝禮。在田欲及時，輟耕豈以已。出師重于山，刑國平若水。八八軒後陳，三千咎繇李。大器夙既成，清風流不已。前輩共心傾，來者尤興起。知深鮑叔牙，論定習鑿齒。但言名世生，誰覺霸圖止。禮樂未應興，吞魏何足唏。

清·查慎行《敬業堂詩集》卷三《諸葛武侯祠》　割據人才出，真從運數爭。苦心扶季漢，餘力到南征。廟古寒鴉集，山高薄雪成。渡瀘緣底事，錯莫笑書生。

清·查嗣瑮《查浦詩鈔》卷一《臥龍岡》　三十六峰莽爭逐，三十六陂互盤曲。臥龍象在易初爻，神物非時等潛伏。岡前耕地野草色，猶似成都桑柘綠。人言國士不可招，三顧王前誰敢歎？操難爭鋒權可援，一詔已破時務鵠。疾趨地脊扼荆襄，急植豐基踞巴蜀。高皇創業亦由此，席捲山東有前躅。眼中形勢判三分，囊底經綸歸一局。惜哉運移赤帝祚，初志未伸年命促。回軍諸葛尚不死，僕達生難免蹐跼。豈惟四郡斷長蛇，直恐中原方逐鹿。平生學力在謹慎，大節分明留實録。嗣王不才忍取之，效死忠貞矢彌篤。畀畀管樂何足比，伯仲伊周差不辱。赤星芒角射東南，夜夜寒光猶四燭。直教埋骨定軍山，不向首丘岡下哭。

清·李調元《童山詩集》卷三一《武侯祠》　南陽原是一名儒，魚水君臣萬古無。孺子不才非治命，托臣討賊是良圖。心悲王業三分鼎，力盡偏安六尺孤。綿竹雙忠俱血食，可憐累世為捐軀。

清·王文治《夢樓詩集》卷九《臨安諸葛祠》　七擒偶爾效驅馳，千古文疆遍有祠。羽肩從容遺像在，松林醃暍曙光遲。同時木信比管樂，異代空勞況呂伊。生亮問天緣底事，故留單劫向殘棋。

清·曹振鏞《話雲軒詠史詩》卷上《諸葛亮》　三分統接漢西東，爲許馳驅矢鞠躬。大著威棱瀘水外，預籌韜略草廬中。豈爭管樂千秋業，獨壓孫曹一世雄。天命有歸知莫濟，泣承遺詔永安宮。

清·嚴如熤《樂園詩稿·詠史集》卷三《諸葛武侯》　王業偏安痛不支，宗臣抗表鞠躬時。草廬規畫三分業，斜谷艱難六出師。蛇鳥陣圖懸節制，河潼父老泣旌旗。龍驤虎步生平願，炎鼎勞勞獨力持。

清·鮑桂星《覺生詠史詩鈔》卷一《蜀·諸葛亮》　風雲日日起隆中，何不天心竟屬公？漢鼎一分歸帝胄，祁山兩表瘁臣躬。兒孫戰骨香綿竹，邊徼威名壓鑄銅。畢竟士爲知己死，草廬三顧賺英雄。

清·陳啓疇《詠史擬古樂府》卷上《奇才歎（三國志）》　蜀丞相諸葛亮率大衆由斜谷伐魏，分兵屯田爲久駐計，司馬懿堅壁不戰。亮卒於軍，懿追之。姜維令反旗鳴鼓，懿遂走。後按行其營壘，歎曰：『天下奇才也』。

十倍曹丕竟何有，斜谷師出戰且守。賊軍聞之心膽寒，五丈原頭日回首。一步不敢逾鴻溝，諸葛丈夫懿妾婦。天不祚漢漢臣危，中營星隕大如斗。反旗鳴鼓仲達走，天下奇才不絕口。吁嗟！伯約亦是出羣才，降王輿陣櫬可哀。時乎時乎不再來，火井三炎空燼灰。

清·王楷堂《澹香齋詩草》卷二《諸葛亮》 成都桑老帶青煙，回首隆中抱膝年。管樂襟期來蜀道，蕭曹功業本西川。未還漢鼎先王恨，不阻軍籌嗣主賢。二十七齡今又半，哪能揮筆賤歸田？

清·胡興仁《詠史詩·諸葛武侯》 二表精誠天地哀，爲扶炎漢臥龍來。隆中識破三分局，先帝心傾十倍才。怪底仲謀能佩服，最難後主不疑猜。攻城略地非無術，謀國深衷寓妙才。

清·羅惇衍《集義軒詠史詩鈔》卷二一《蜀漢·諸葛亮》 南陽龍見定三分，名士真退諸葛君。兩表蜀天開日月，六師漢地起風雲。史無禮樂書生惜，陣有威靈敵國聞。正統於今留正義，歐公辯論太斤斤。

清·沈德潛《清詩別裁集》卷七《魏際瑞〈諸葛公墓〉》 定軍山下柏蒙茸，曠古精誠在此中。三尺孤墳猶漢土，一生心事畢秋風。孫曹未滅成何世，天地無知喪此公。千載傷情惟杜宇，年年啼血樹頭紅。

又 卷一六《唐孫華〈諸葛武侯祠〉》 臥龍潛下國，逐鹿走羣雄。慷慨吟梁父，撝謙拜德公。管蕭才豈匹，伊呂望應同。漢廟靈猶在，劉天姓未終。一犁耕隴畔，三顧出隆中。旒綴千年璽，絲懸九鼎銅。黃圖分社稷，赤壁掃艨艟。入蜀神基固，分荆狹路通。一噓火井焰，再起沛鄉風。操懿真如鬼，關張並是熊。崎嶇箕谷路，流涕永安宮。定計收關隴，深期卜鎬豐。雜耕屯渭曲，籌筆洗荒戎。吞貉曾無芥，鞭狐欲折凶。風雲開絕業，日月照孤忠。委寄尋前諾，艱危誓鞠躬。三分非素志，八陣漸成功。炎景終移祚，流星忽隕空。宅桑仍索寞，廟柏自菁葱。異地留祠宇，靈旗卷暮虹。

又 卷一七《顧圖河〈諸葛銅鼓〉》 武侯未築祁山壘，先出偏師渡瀘水。人言孟獲不足擒，股掌玩之徒戲耳。豈知北伐用南夷，正欲中原掃仇耻。僰人笮馬供鞭驅，羅鬼烏蠻皆效死。至今銅鼓散山谷，峒户流傳尚夸侈。精銅其質革其音，想見援桴兵四起。烏蛇龍虎倏離合，戎機萬變人難擬。曾傳八陣有遺迹，更説旗臺餘故址。此鼓千年尚宛存，血戰消磨土花紫。君不聞，定軍山下陰雨中，山鳴雷動聲隆隆，埋鼓鎮蠻功未畢，反旗走敵恨無窮。

又 卷二一《李寅〈書武侯傳〉》 寤想宗臣握帝圖，盟心無地不艱虞。運移京國方扶漢，力竭西南更托孤。縱使河山分鼎足，忍教正朔委當塗。可知空谷龍蟠日，莘野躬耕道自符。

《清詩匯》卷七《吞珠〈三忠祠〉》 萋萋河畔草，黯黯城頭日。居民莽牢落，荒祠迥獨出。蟏蛸罥户青，贔屭綉苔碧。往嘗讀遺傳，三公事如一。茅廬三顧恩，鞠躬許漢室。凛凛《出師表》，經綸邈無匹。西風五丈原，嘔血千秋泣。何知廣漢兒，曲筆肆評騭。宋趙當南遷，國勢已潛拆。志在抵黃龍，痛為姦檜抑。金牌銷壯心，功成旋復失。吁嗟文文山，艱危存社稷。一蹶興國軍，再躓五坡役。被執抗不回，從容成大節。砥柱障狂瀾，汗青耿赫奕。正氣天壤間，三峰高崒嵂。我來瞻廟貌，慷慨仰前哲。河水流湯湯，秋風鳴瑟瑟。鄙彼二心臣，經過應戰慄。

又 卷一三五《陳鍾祥〈古槐行〉》 清溪縣庭有古槐，霜皮剥蝕青銅摧。云是漢時丞相手所植，至今千載餘崔嵬。子桓潰竊特一蟻，丞相雍容事南鄙。銅鼓聲中七縱擒，山陽湖外兩咥齮。陽平未出收四郡，圖遠故應先服近。越巂部接古沈黎，賨叟青羌知漢運。駐節東歸各晏然，行營夏午陰初圓。神靈風雨總呵護，遂令鬱鬱長參天。參天遺韻邛蜀，祠堂樹作甘棠木。槐乎槐乎汝獨手澤存，蔭庇夷夏千年同百祿。

又 卷一四三《黃兆麟〈諸葛武侯銅蒺藜歌〉》 罡風捲空雲四垂，扁舟駕浪帆不倚。篷窗開笥光陸離，雲看武侯銅蒺藜。芒耀四射形模奇，苔斑變作鱗之而。古如寶采騰鼎彝，峭如圭角森岐嶷。鋭如穎脱囊中錐，晃如霜鍔生戟枝。是真神物何崛崎，當年武功屯虎貔。風雲八陣開魚麗，連濠密佈如棘茨。賊騎卻顧奔且馳，定軍山畔愁雲迷。五丈原頭星隕輝，金刀祚盡哲人萎。此物光芒長不隳，鄴宮銅雀久塵泥。此物雷霆為護持，木牛流馬千秋遺。奇籌轉餉咸仰追，豈知當日雄軍威。杈丫滿營助險巇，即今入手含霜暉。英風颯颯砭人肌，眼中如見千熊羆。戈矛森列揚靈旗，昔讀我鄉陶園詩。漢中通守曾得之，毛君何緣憩神祠。沙場寸鐵行囊攜，舟中濡筆不敢題，滿江白浪騰蛟螭。

又 卷一六三《濮文暹〈入蜀〉》 雲蹤留印古蒼苔，猿鳥驚疑客子哀。雲雨有靈誰夢見，河山無恙我歸來。一夔守險成孤注，八陣窺圖失將才。聞道玉關猶遺戍，莫將灩滪比龍堆。

又 卷一六八《薛福保〈武侯祠堂〉》 赤伏餘光未肯頹，黃初雄視紫髯雌。一龍中道還寥廓，三馬平原脱轡羈。陳迹總隨流水逝，空祠獨與大名垂。悠悠已是嬴劉後，一羽雲霄渺可思。

雜録

北魏・酈道元《水經注》卷一八《渭水》 諸葛亮《表》云：臣遣虎步監孟琰據武功水東。司馬懿因渭水漲攻琰營。臣作竹橋越水射之。橋成，遂馳去。此諸葛遺事本傳不載者。

宋・張敦頤《六朝事迹編類》卷上《石城》 諸葛亮論金陵地形云『鍾阜龍盤，石城虎踞，真帝王之宅』，正謂此也。

宋・王讜《唐語林》卷二《文學》 王武子曾在夔州之西市，俯臨江岸沙石下看諸葛亮《八陣圖》，箕張翼舒，鵝形鶴勢，聚石分，宛然尚存。當峽水大時，三蜀雪消之際，瀕滂滉瀁，大樹十圍，枯槎百尺，破碓巨石，隨波塞川而下。水與岸齊，雷奔山裂，聚石為堆者，斷可知也。及乎水已平萬物，皆失故態。惟陣圖小石之堆，標聚行列依然如是者。垂六七百年間，淘灑推激，迨不動。劉禹錫曰：『是諸葛公誠明一心為先主効死。況此法出《六韜》，是太公上智之材所構，自有此法。惟孔明行之，所以神明，保持一定而不可改也。』東晉桓温征蜀，過此曰：『此常山蛇陣，擊頭則尾應，擊尾則頭應，擊其中則頭尾皆應。』常山者，地名。其蛇兩頭，出於常山。其陣適類其蛇之兩頭，故名之也。温遂勒銘曰：『望古識其真，臨源愛往迹。恐君遺事節，聊下南山石。』

陸法和嘗征蜀，及上白帝城，插標曰：『此下必握得諸葛亮鏃。』既掘之，得箭鏃一斛。或曰：『當法和至此時，去諸葛亮猶近，應有人向説，故法和掘之耳。』法和雖是異人，必未知諸葛亮箭鏃在此也。

諸葛亮所止，令兵士獨種蔓菁者何也？曰：取其甲注唊一也，葉舒者煮食二也，久居則隨以滋長三也，棄去不惜四也，回則易尋而採之五也，冬有根可斸食六也。比諸蔬屬，其利博哉！三蜀之人，今呼蔓菁為諸葛菜，江陵亦然。

元・柳貫《待制集》卷一九《題重摹唐本諸葛忠武侯像下方》 右漢丞相諸葛忠武侯畫像，重摹王齊賢家朱文公所識本。齊賢，姓王氏，諱師愈，丞相魯文定公從父，文公作《寧菴記》所云『侍講王公』是也。諸子，即謂伯海兄弟。伯海諱瀚，卒官，主管仙都觀，是生魯齋先生。其家寶藏忠武侯此像，錦標玉軸，極其潢飾之美矣。魯齋先生自少獨慕忠武侯之大節，至摹此像，刻石齋中。比年子孫不振，以像歸富民，而石亦皴剥。予嘗即家訪得之，揭致數本。旌德令劉君粹衷，與予同有嗜古之癖，因以其一寄之粹，衷愛其名筆，而惜其漫漶不真，復求善工，移置縑素，寄書請題。按：文公撰侍講碑文，敍其學出於鄉先生潘公，而受《易》、《論語》説於龜山楊公，令長沙日，汶上劉子駒、廣漢張敬夫皆居郡中，因得遊從講貫，則從子駒借像臨摹而請敬夫題贊蓋是時也。文公於慶元乙卯題辭，謂子駒『劉丈』而兄呼齊賢，兩家夙有事契，故親之耳。是年初，改慶元，距三君子之亡已久，又四年而山頽梁壞，公亦已矣。忠武侯有王佐之才，而時則不偶，有經世之畧而用則不究，乃其所立之正、所志之大則自伊、傅而下一人而已。像傳于唐，要有所據，即而觀之，所謂『有儒者氣象而庶幾禮樂』者尚可槩見。於兹藏於子駒、臨於齊賢，而宣公贊之、文公識之，其以是哉。然則粹衷其亦知所慕乎！謂世變日下而無有聞風興起焉者，則吾不信已。

明・楊慎《全蜀藝文志》卷四八《説・［宋］范孫〈八陣圖説〉》 夔州八陣之磧聞天下，歷千有餘年至存於岐口之江浦。往時每過其下，惑於傳聞，眩於目擊，終莫得其説。今蒙恩從宦於此，始得以暇日澄崇臺而縱觀之。臺高而磧平，累石粲然，一一數之，而無差。於是推尋具意，而為之説。曰：『陣法之大要，方圓、奇正而已。爾武侯之法前為八者八，皆東嚮，其勢直而方；後為十二者二，皆南北嚮，其勢曲而圓。方者，所以為正也。圓者，所以為奇也。夫奇者，正之餘，李靖所論握奇文是也。方圓相生，奇正相揉，而陣法無餘事矣。然前為八者八、後為十二者二，何也？曰：此分數之法，皆以八計之，是以為八陣也。前為八者八，總而計之為八八六十四；後為十二者二，總而計之為三八二十四。凡為八者十一，絶長補短而三分之，以其二為正，而以一為奇，合為八八矣。古八陣之法，其別凡八。李筌《陰符經》以為常山之勢者是也。武侯之法為陣者一而已，非古八陣也，然而為常山之勢者固自若，桓温之言近之矣。若武侯之所以為八者，未知温能悉之否也。五人為伍，五伍為兩，萬二千五百人為隊。二百五十，十取三而以為奇者，古也。武侯之法，八八六十四為正，三八二十四為奇，是十一取三焉以為奇，則精於古

矣。夫奇正也，方圓也，陰陽也，一而已矣。方者其陰，圓者其陽也，前為方者八八六十四，後為圓者三八二十四。絶長補短，大概二陰而一陽。其在《易》，二陰而一陽為《震》，倍之四陰而二陽為《臨》。嗟乎！武侯之意，儻取諸此乎！古者用奇之法，或取於中，或列於左右，或伏於後。處於中者，李靖之握奇是也。列於左右者，淮陰侯與楚戰垓下之勢也。伏於後，則武侯之法。司馬遷書言：漢與楚決勝垓下，淮陰侯自以三十萬當之。皇帝在後，孔將軍居左，費將軍居右，絳侯、柴將軍又在皇帝後。淮陰侯先合不利，卻。孔將軍、費將軍縱，楚兵不利。淮陰侯復乘之，楚以大敗。史傳之紀軍陣，未有詳於此者。淮陰侯與高帝、絳侯、柴將軍所居之軍，正也；孔、費二將列於左右者，奇也。淮陰侯喜以弱致人，故其為奇者，列於左右，將佯卻而後勝。武侯節制之師，使奇而將出於左右者，常匿於後，以固其軍。正兵既有所持，而奇兵唯無出，出將不可御。比司馬仲達之所避而終身不敢與戰也，然武侯之法密矣。

宋·祝穆《方輿勝覽》卷五一《成都府路·成都府》 武侯廟：在府西北二里，今為乘煙觀。孔明表云『薄田十頃，桑八百株』，即此地。孔明初亡，百姓遇節朔，各私祭於道上。李雄稱王，始為廟於少城內。桓温平蜀，夷少城，獨存孔明廟，後封武興王廟，至今祠祀不絶。

又 卷五七《夔州路·夔州》 諸葛忠武侯廟：在州城中八陣臺下。後封威烈武靈仁濟王。

《金史》卷九二《圖克坦克寧傳》 （金章宗）詔譯《諸葛孔明傳》賜之。

明·程敏政《篁墩文集》卷三六《書〈諸葛忠武侯傳〉後》 右《漢丞相諸葛忠武侯傳》一卷，宋南軒先生張宣公之所訂者。板刻在南京國子監，有甲、乙兩本，皆殘缺不完，文亦小異。予嘗攜入史館，請閣本參校之，手自鈔補如上。而乙本殘缺為甚，不復成編矣。然乙本有附録一卷，得可屬讀者。南軒先生論、記、贊、詩四篇，論雖復出而不可芟也，輒校以附甲本之後。予嘗見朱子有《與何叔京書》及武侯贊跋、卧龍菴詩，多與南軒此傳相發，輒録以附。宋季有清江胡洵直者，嘗考訂《出師表》中脱誤數處，及補亡七字，見《蘆浦筆記》，而人多未之知也，又録以附，將寄南監補刻以傳。惟南軒先生以丞相忠獻公之長子當宋社之南，力排和議，倡復讎之舉，其心事實與武侯同，故惓惓訂此傳以見志，且力非武侯之子瞻身兼將相，不能力諫以去黄皓，又不能奉身而退、冀主之一悟，兵敗身死，僅勝於賣國者爾。故止書子瞻嗣爵，以微見善善之長，而餘固不足書也。為法嚴立義精如此，是豈陳壽輩所能窺其萬一？至求其旨意所在，直將以拯天綱、紓國難，而不墜其世烈，不撓于一毫功利之私，則去今雖數百載，而讀之猶有生氣也。非有得于聖門正誼明道之説，惡足以與此哉？朱子以韓侂胄柄國殺趙忠定公，乃注《楚詞》傷宋國之亡，以蔡西山之竄決道之不行，乃注《參同契》致長往不反之意，皆大賢君子之心事，非得已者。而世猶疑其長詞華之習、倡導引之端，所謂淺之。為丈夫者類如此，因併及之，以見斯傳之非徒作云爾。

清·陳廷敬《午亭文編》卷五〇《杜律詩話下·詠懷古迹五首》 公詩屢用『宗臣』字。此二字，本出《蕭曹列傳贊》，尤可與第六句相映。武侯在軍亦綸巾羽扇，遺像清高不可畧，身都將相氣象，猶然草廬，功名富貴不能束縛，卓然高出，古今無兩。『萬古雲霄一羽毛』，謂此也。《易·漸卦》有『鴻漸於陸』，其羽可用為儀，詩意本此而不見用古之迹。或言孔明聲名飛揚，卓絶萬古，如雲霄一羽，誰能匹之？或言嗣主不才，再傳而失，鞠躬盡瘁，所謂高義薄雲霄者，徒付灰飛煙滅，不啻羽毛之輕。皆非。焦氏《筆乘》云：昔人以三分割據為孔明功業，不知此乃其所輕為，正如雲霄間一羽毛耳。亦非。諸將末章巫峽、清秋，此第二章悵望、灑淚與《秋興八首》是一時作，可合觀之。

清·紀昀等《四庫全書總目提要》卷八八《三國雜事》 今觀其論諸葛亮寬待法正及不踰年改元事，論荀彧爭曹操九錫事，皆故與前人相反。至亮之和吴，本爲權計，而以爲王道之正；亮拔西縣千餘家，本以招安，而以爲擾累無辜，皆不中理。

又 卷九〇《讀史商語》 論劉琰撻妻，小過至於棄市，諸葛亮不能辭責；【略】謂諸葛亮不善用兵，陳壽所評爲確。

又 卷一二一《脚氣集》 其論史，謂諸葛亮之勸取劉璋爲申明大義，

又 卷一二七《吹劍録》 然議論實多紕繆，於古人多所詆詞。如【略】斥諸葛亮爲不明大義、不忠漢室，亦本其兄文龍之妄説。蓋文龍以

此說取解於同文館，故文豹述之也。

又 卷一三五《事物紀原》 又謂諸葛亮始造木牛，即今小車之有前轅者；流馬，即今獨推者是，民間謂之江州車子。不知《三國志注》引《亮文集》載所作木牛、流馬之法甚詳，與今之獨輪車制度絶不相類。

定軍山武侯祠對聯　義膽忠肝，六經以來二表；托孤寄命，三代而後一人。

古隆中諸葛武侯祠對聯　有廬堪千古，讀策定三分。

草廬臥龍，王佐勳先主三顧。蘭田生玉，英才起吳帝唯稱。

梁父吟成高士志，出師表見老臣心。【略】

收二川，排八陣，六出七擒，五丈原前，點四十九盞明燈，一心只爲酬三顧。取西蜀，定南蠻，東和北拒，中軍帳里，變金木土草爻卦，水面偏能用火攻。

孫權分部

傳　記

《三國志》卷四七《吳志・吳主傳》 孫權字仲謀。兄策既定諸郡，時權年十五，以為陽羨長。《江表傳》曰：堅為下邳丞時，權生，方頤大口，目有精光，堅異之，以為有貴象。及堅亡，策起事江東，權常隨從。性度弘朗，仁而多斷，好俠養士，始有知名，侔於父兄矣。每參同計謀，策甚奇之，自以為不及也。每請會賓客，常顧權曰：『此諸君，汝之將也。』郡察孝廉，州舉茂才，行奉義校尉。漢以策遠脩職貢，遣使者劉琬加錫命。琬語人曰：『吾觀孫氏兄弟雖各才秀明達，然皆祿祚不終，惟中弟孝廉，形貌奇偉，骨體不恒，有大貴之表，年又最壽，爾試識之。』

五年，策薨，以事授權，權哭未及息。策長史張昭謂權曰：『孝廉，此寧哭時邪？且周公立法而伯禽不師，非違父，時不得行也。臣松之按：《禮記・曾子問》子夏曰：『三年之喪，金革之事無避也者，禮與？初有司與？』孔子曰：『吾聞諸老聃曰，昔者魯公伯禽有為為之也。』鄭玄注曰：『周人卒哭而致事。時有徐戎作難，伯禽卒哭而征之，急王事也。』昭所云『伯禽不師』，蓋謂此也。況今姦宄競逐，豺狼滿道，乃欲哀親戚，顧禮制，是猶開門而揖盜，未可以為仁也。』乃改易權服，扶令上馬，使出巡軍。是時惟有會稽、吳郡、丹楊、豫章、廬陵，然深險之地猶未盡從，而天下英豪布在州郡，賓旅寄寓之士以安危去就為意，未有君臣之固。張昭、周瑜等謂權可與共成大業，故委心而服事焉。曹公表權為討虜將軍，領會稽太守，屯吳，使丞之郡行文書事。待張昭以師傅之禮，而周瑜、程普、呂範等為將率。招延俊秀，聘求名士，魯肅、諸葛瑾等始為賓客。分部諸將，鎮撫山越，討不從命。《江表傳》曰：初策表用李術為廬江太守，策亡之後，術不肯事權，而多納其亡叛。權移書求索，術報曰：『有德見歸，無德見叛，不應復還。』權大怒，乃以狀白曹公曰：『嚴刺史昔為公所用，又是州舉將，而李術兇惡，輕犯漢制，殘害州司，肆其無道，宜速誅滅，以懲醜類。今欲討之，進為國朝掃除鯨鯢，退為舉將報塞怨仇，此天下達義，夙夜所甘心。術必懼誅，復詭說求救。明公所居，阿衡之任，海內所瞻，原敕執事，勿復聽受。』是歲舉兵攻術於皖城。術閉門自守，求救於曹公。曹公不救。糧食乏盡，婦女或丸泥而吞之。遂屠其城，梟術首，徙其部曲三萬餘人。

七年，權母吳氏薨。

九年，權弟丹楊太守翊為左右所害，以從兄瑜代翊。《吳録》曰：是時權大會官寮，沈友有所是非，令人扶出，謂曰：『人言卿欲反。』友知不得脫，乃曰：『主上在許，有無君之心者，可謂非反乎？』遂殺之。友字子正，吳郡人。年十一，華歆行風俗，見而異之，因呼曰：『沈郎，可登車語乎？』友逡巡卻曰：『君子講好，會宴以禮，今仁義陵遲，聖道漸壞，先生銜命，將以裨補先王之教，整齊風俗，而輕脫威儀，猶負薪救火，無乃更崇其熾乎！』歆慚曰：『自桓、靈以來，雖多英彥，未有幼童若此者。』弱冠博學，多所貫綜，善屬文辭。兼好武事，注孫子兵法。又辯於口，每所至，衆人皆默然，莫與為對，咸言其筆之妙，舌之妙，刀之妙，三者皆過絶於人。權以禮聘，既至，論王霸之略，當時之務，權斂容敬焉。陳荊州宜並之計，納之。正色立朝，清議峻厲，為庸臣所譖，誣以謀反。權亦以終不為己用，故害之，時年二十九。

十六年，權徙治秣陵。明年，城石頭，改秣陵為建業。聞曹公將來侵，作濡須塢。

十八年正月，曹公攻濡須，權與相拒月餘。曹公望權軍，歎其齊肅，乃退。《吳曆》曰：曹公出濡須，作油船，夜渡洲上。權以水軍圍取，得三千餘人，其没溺者亦數千人。權數挑戰，公堅守不出。權乃自來，乘輕船，從濡須口入公軍。諸將皆以為是挑戰者，欲擊之。公曰：『此必孫權欲身見吾軍部伍也。』敕軍中皆精嚴，弓弩不得妄發。權行五六里，回還作鼓吹。公見舟船器仗軍伍整肅，喟然歎曰：『生子當如孫仲謀，劉景升兒子若豚犬耳！』權為箋與曹公，說：『春水方生，公宜速去。』別紙言：『足下不死，孤不得安。』曹公語諸將曰：『孫權不欺孤。』乃徹軍還。《魏略》曰：權乘大船來觀軍，公使弓弩亂髮，箭著其船，船偏重將覆，權因回船，復以一面受箭，箭均船平，乃還。

（十九年）權反自陸口，遂征合肥。合肥未下，徹軍還。兵皆就路，權與淩統、甘寧等在津北為魏將張遼所襲，統等以死扞權，權乘駿馬越津橋得去。《獻帝春秋》曰：張遼問吳降人：『向有紫髯將軍，長上短下，便馬善射，是誰？』降人答曰：『是孫會稽。』遼及樂進相遇，言不早知之，急追自得，舉軍歎恨。《江表傳》曰：權乘駿馬上津橋，橋南已見徹，丈餘無版。谷利在馬後，使權持鞍緩控，利於後著鞭，以助馬勢，遂得超度。權既得免，即拜利都亭侯。穀利者，本左右給使也，以謹直為親近監，性忠果亮烈，言不苟且，權愛信之。

二十二年春，權令都尉徐詳詣曹公請降，公報使脩好，誓重結婚。

（二十四年）曹公表權為驃騎將軍，假節領荆州牧，封南昌侯。權遣校尉梁寓奉貢於漢，及令王惇市馬，又遣朱光等歸。《魏略》曰：梁寓字孔儒，吳人也。權遣寓觀望曹公，曹公因以為掾，尋遣還南。

（黃初）二年四月，劉備稱帝於蜀。權自公安都鄂，改名武昌，以武昌、下雉、尋陽、陽新、柴桑、沙羨六縣為武昌郡。【略】十一月，策命權曰：『【略】今封君為吳王，【略】』遣都尉趙咨使魏。魏帝問曰：『吳王何等主也？』咨對曰：『聰明仁智，雄略之主也。』帝問其狀，咨曰：『納魯肅於凡品，是其聰也；拔呂蒙於行陳，是其明也；獲于禁而不害，是其仁也；取荆州而兵不血刃，是其智也；據三州虎視於天下，是其雄也；屈身於陛下，是其略也。』《吳書》曰：咨字德度，南陽人，博聞多識，應對辯捷，權為吳王，擢中大夫，使魏。魏文帝善之，嘲咨曰：『吳王頗知學乎？』答曰：『吳王浮江萬艘，帶甲百萬，任賢使能，志存經略，雖有餘間，博覽書傳歷史，藉采奇異，不效諸生尋章摘句而已。』

初權外託事魏，而誠心不款。【略】權遂改年，臨江拒守。【略】然猶與魏文帝相往來，至後年乃絕。

（二年）夏四月，權羣臣勸即尊號，權不許。《江表傳》曰：權辭讓曰：『漢家堙替，不能存救，亦何心而競乎？』羣臣稱天命符瑞，固重以請。權未之許，而謂將相曰：『往年孤以玄德方向西鄙，故先命陸遜選衆以待之。聞北部分，欲以助孤，孤内嫌其有挾，若不受其拜，是相折辱而趣其速發，便當與西俱至，二處受敵，於孤為劇，故自抑按，就其封王。低屈之趣，諸君似未之盡，今故以此相解耳。』劉備薨于白帝。《吳書》曰：【略】後使于魏，文帝【略】又曰：『聞吳國比年災旱，人物彫損，以大夫之明，觀之何如？』熙對曰：『吳王體量聰明，善於任使，賦政施役，每事必咨，教養賓旅，親賢愛士，賞不擇怨仇，而罰必加有罪，臣下皆感恩懷德，惟忠與義。帶甲百萬，穀帛如山，稻田沃野，民無饑歲，所謂金城湯池，强富之國也。以臣觀之，輕重之分，未可量也。』帝不悦，以陳羣與熙同郡，使羣誘之，啗以重利。熙不為回。送至摩陂，欲困苦之。後又召還，未至，熙懼見迫不從，必危身辱命，乃引刀自刺。御者覺之，不得死。權聞之，垂涕曰：『此與蘇武何異？』竟死於魏。

五年春，令曰：『軍興日久，民離農畔，父子夫婦，不聽相恤，孤甚愍之。今北虜縮竄，方外無事，其下州郡，有以寬息。』是時陸遜以所在少穀，表令諸將增廣農畝。權報曰：『甚善。今孤父子親自受田，車中八牛以為四耦，雖未及古人，亦欲與衆均等其勞也。』【略】《江表傳》曰：權於武昌新裝大船，名為長安，試泛之釣臺圻。時風大盛，穀利令柂工取樊口。權曰：『當張頭取羅州。』利拔刀向柂工曰：『不取樊口者斬。』工即轉柂入樊口，風遂猛不可行，乃還。權曰：『阿利畏水何怯也？』利跪曰：『大王萬乘之主，輕於不測之淵，戲於猛浪之中，船樓裝高，邂逅顛危，奈社稷何？是以利輒敢以死爭。』權於是貴重之，自此後不復名之，常呼曰穀。

七年春三月，封子慮為建昌侯。

黃龍元年春，公卿百司皆勸權正尊號。夏四月，夏口、武昌並言黃龍、鳳凰見。丙申，南郊即皇帝位，是日大赦，改年。追尊父破虜將軍堅為武烈皇帝，母吳氏為武烈皇后，兄討逆將軍策為長沙桓王。吳王太子登為皇太子。將吏皆進爵加賞。【略】秋九月，權遷都建業，因故府不改館，徵上大將軍陸遜輔太子登，掌武昌留事。

（二年）詔立都講祭酒，以教學諸子。遣將軍衛温、諸葛直將甲士萬

人浮海求夷洲及亶洲。亶洲在海中，長老傳言秦始皇帝遣方士徐福將童男童女數千人入海，求蓬萊神山及仙藥，止此洲不還。世相承有數萬家，其上人民，時有至會稽貨布，會稽東縣人海行，亦有遭風流移至亶洲者。所在絶遠，卒不可得至，但得夷洲數千人還。

三年春二月，遣太常潘濬率衆五萬討武陵蠻夷。衛温、諸葛直皆以違詔無功，下獄誅。夏，有野蠶成繭，大如卵。由拳野稻自生，改為禾興縣。【略】會稽南始平言嘉禾生。十二月丁卯，大赦，改明年元也。

嘉禾元年春正月，建昌侯慮卒。三月，遣將軍周賀、校尉裴潛乘海之遼東。秋九月，魏將田豫要擊，斬賀于成山。冬十月，魏遼東太守公孫淵遣校尉宿舒、閬中令孫綜稱藩於權，並獻貂馬。權大悅，加淵爵位。《江表傳》曰：是冬，羣臣以權未郊祀，奏議曰：『頃者嘉瑞屢臻，遠國慕義，天意人事，前後備集，宜脩郊祀，以承天意。』權曰：『郊祀當於土中，今非其所，於何施此？』重奏曰：『普天之下，莫非王土；王者以天下為家。昔周文、武郊於酆、鎬，非必土中。』權曰：『武王伐紂，即阼於鎬京，而郊其所也。文王未為天子，立郊於酆，見何經典？』復書曰：『伏見《漢書》郊祀志，匡衡奏徙甘泉河東，郊於長安，言文王郊於酆。』權曰：『文王性謙讓，處諸侯之位，明未郊也。經傳無明文，匡衡俗儒意說，非典籍正義，不可用也。』《志林》曰：吴王糾駮郊祀之奏，追貶匡衡，謂之俗儒。凡在見者，莫不慨然以為統盡物理，達於事宜。至於稽之典籍，乃更不通。毛氏之說云：『堯見天因邰而生後稷，故國之於邰，命使事天。』故詩曰：『後稷肇祀，庶無罪悔，以迄於今。』言自後稷以來皆得祭天，猶魯人郊祀也。是以棫樸之作，有積燎之薪。文王郊酆，經有明文，匡衡豈俗，而枉之哉？文王雖未為天子，然三分天下而有其二，伐崇戡黎，祖伊奔告。天既棄殷，乃眷西顧，太伯三讓，以有天下。文王為王，於義何疑？然則匡衡之奏，有所未盡。按世宗立甘泉、汾陰之祠，皆出方士之言，非據經典者也。方士以甘泉、汾陰黄帝祭天地之處，故孝武因之，遂立二畤。漢治長安，而甘泉在北，謂就乾位，而衡云『武帝居甘泉，祭於南宫』，此既誤矣。祭汾陰在水之脽，呼為澤中，而衡云『東之少陽』，失其本意。此自吴事，於傳無非，恨無辨正之辭，故矯之云。脽，音誰，見《漢書》音義。

二年春正月，詔曰：『朕以不德，肇受元命，夙夜兢兢，不遑假寢。思平世難，救濟黎庶，上答神祇，下慰民望。是以眷眷，勤求俊傑，將與戮力，共定海内，苟在同心，與之偕老。今使持節督幽州領青州牧遼東太守燕王，久脅賊虜，隔在一方，雖乃心於國，其路靡緣。今因天命，遠遣二使，款誠顯露，章表殷勤，朕之得此，何喜如之！雖湯遇伊尹，周獲呂望，世祖未定而得河右，方之今日，豈復是過？普天一統，於是定矣。書不云乎，『一人有慶，兆民賴之』。其大赦天下，與之更始，其明下州郡，咸使聞知。特下燕國，奉宣詔恩，令普天率土備聞斯慶。』三月，遣舒、綜還，使太常張彌、執金吾許晏、將軍賀達等將兵萬人，金寶珍貨，九錫備物，乘海授淵。《江表傳》載權詔曰：『故魏使持節車騎將軍遼東太守平樂侯：天地失序，皇極不建，元惡大憝，作害於民，海内分崩，羣生堙滅，雖周餘黎民，靡有孑遺，方之今日，亂有甚焉。朕受歷數，君臨萬國，夙夜戰戰，念在弭難，若涉淵水，罔知攸濟。是以把旄仗鉞，翦除凶虐，自東徂西，靡遑寧處，苟力所及，民無災害。雖賊虜遺種，未伏辜誅，猶繫囚枯木，待時而斃。惟將軍天姿特達，兼包文武，觀時睹變，審於去就，逾越險阻，顯致赤心，肇建大計，為天下先，元勳巨績，侔於古人。雖昔竇融背棄隴右，卒占河西，以定光武，休名美實，豈復是過？欽嘉雅尚，朕實欣之。自古聖帝明王，建化垂統，以爵褒德，以祿報功；功大者祿厚，德盛者禮崇。故周公有夾輔之勞，太師有鷹揚之功，並啓土宇，兼受備物。今將軍規萬年之計，建不世之略，絶僭逆之虜，順天人之肅，濟成洪業，功無與比，齊魯之事，奚足言哉！《詩》不云乎，「無言不讎，無德不報」。今以幽、青二州十七郡七十縣，封君為燕王，使持節守太常張彌授君璽綬策書、金虎符第一至第五、竹使符第一至第十。錫君玄土，苴以白茅，爰契爾龜，用錫冢社。方有戎事，典統兵馬，以大將軍曲蓋麾幢，督幽州、青州牧遼東太守如故。今加君九錫，其敬聽後命。以君三世相承，保綏一方，寧集四郡，訓及異俗，民夷安業，無或攜貳，是用錫君大輅、戎輅、玄牡二駟。君務在勸農，嗇人成功，倉庫盈積，官民俱豐，是用錫君袞冕之服，赤舄副焉。君正化以德，敬下以禮，敦義崇謙，内外咸和，是用錫君軒縣之樂。君宣導休風，懷保邊遠，遠人回面，莫不影附，是用錫君朱户以居。君運其才略，官方任賢，顯直錯枉，羣善必舉，是用錫君虎賁之士百人。君戎馬整齊，威震遐方，糾虔天刑，彰厥有罪，是用錫君鈇鉞各一。君文和於内，武信於外，禽討逆節，折衝掩難，是用錫君彤弓一、彤矢百、玈弓十、玈矢千。君忠勤有效，温恭為德，明允篤誠，感於朕心，是用錫君秬鬯一卣，珪瓚副焉。欽哉！敬茲訓典，寅亮天工，相我國家，永終爾休。』舉朝大臣，自丞相雍已下皆諫，以為淵未可信，而寵待太厚，但可遣吏兵數百護送舒、綜，權終不聽。臣松以為權愎諫違衆，信淵意了，非有攻伐之規，重復之慮。宣達錫命，乃用萬人，是何不愛其民，昏虐之甚

乎？此役也，非惟闇塞，實為無道。淵果斬彌等，送其首于魏，没其兵資。權大怒，欲自征淵，《江表傳》載權怒曰：『朕年六十，世事難易，靡所不嘗，近為鼠子所前卻，令人氣湧如山。不自截鼠子頭以擲於海，無顔復臨萬國。就令顛沛，不以為恨。』尚書僕射薛綜等切諫乃止。【略】《吴書》曰：初，張彌、許晏等俱到襄平，官屬從者四百許人。淵欲圖彌、晏，先分其人衆，置遼東諸縣，以中使秦旦、張羣、杜德、黄疆等及吏兵六十人，置玄菟郡。玄菟郡在遼東北，相去二百里，太守王贊領户二百，兼重可三四百人。旦等皆舍於民家，仰其飲食。積四十許日，旦與疆等議曰：『吾人遠辱國命，自棄於此，與死亡何異？今觀此郡，形勢甚弱。若一旦同心，焚燒城郭，殺其長吏，為國報耻，然後伏死，足以無恨。孰與偷生苟活長為囚虜乎？』疆等然之。於是陰相約結，當用八月十九日夜發。其日中時，為部中張松所告，贊便會士衆閉城門。旦、羣、德、疆等皆踰城得走。時羣病疽創著膝，不及輩旅，德常扶接與俱，崎嶇山谷。行六七百里，創益困，不復能前，臥草中，相守悲泣。羣曰：『吾不幸創甚，死亡無日，卿諸人宜速進道，冀有所達。空相守，俱死於窮谷之中，何益也？』德曰：『萬里流離，死生共之，不忍相委。』於是推旦、疆使前，德獨留守羣，捕菜果食之。旦、疆別數日，得達句驪（王宫），因宣詔於句驪王宫及其主簿，詔言有賜為遼東所攻奪。宫等大喜，即受詔，命使人隨旦還迎羣、德。其年，宫遣皁衣二十五人送旦等還，奉表稱臣，貢貂皮千枚，鶡雞皮十具。旦等見權，悲喜不能自勝。權義之，皆拜校尉。間一年，遣使者謝宏、中書陳恂拜宫為單于，加賜衣物珍寶。恂等到安平口，先遣校尉陳奉前見宫，而宫受魏幽州刺史諷旨，令以吴使自效。奉聞之，倒還。宫遣主簿笮咨、帶固等出安平，與宏相見。宏即縛得三十餘人質之，宫於是謝罪，上馬數百匹。宏乃遣咨、固奉詔書賜物與宫。是時宏船小，載馬八十匹而還。

三年春正月，詔曰：『兵久不輟，民困於役，歲或不登。其寬諸逋，勿復督課。』【略】秋八月，以諸葛恪為丹楊太守，討山越。九月朔，隕霜傷穀。冬十一月，太常潘濬平武陵蠻夷，事畢，還武昌。詔復曲阿為雲陽，丹徒為武進。廬陵賊李桓、羅厲等為亂。

四年夏，遣呂岱討桓等。秋七月，有雹。魏使以馬求易珠璣、翡翠、玳瑁，權曰：『此皆孤所不用，而可得馬，何苦而不聽其交易？』

五年春，鑄大錢，一當五百。詔使吏民輸銅，計銅畀直。設盜鑄之科。二月，武昌言甘露降於禮賓殿。輔吴將軍張昭卒。中郎將吾粲獲李桓，將軍唐咨獲羅厲等。自十月不雨，至於夏。冬十月，彗星見於東方。鄱陽賊彭旦等為亂。

六年春正月，詔曰：『夫三年之喪，天下之達制，人情之極痛也；賢者割哀以從禮，不肖者勉而致之。世治道泰，上下無事，君子不奪人情，故三年不逮孝子之門。至於有事，則殺禮以從宜，要經而處事。故聖人制法，有禮無時則不行。遭喪不奔非古也，蓋隨時之宜，以義斷恩也。前故設科，長吏在官，當須交代，而故犯之，雖隨糾坐，猶已廢曠。方事之殷，國家多難，凡在官司，宜各盡節，先公後私，而不恭承，甚非謂也。中外羣僚，其更平議，務令得中，詳為節度。』顧譚議，以為『奔喪立科，輕則不足以禁孝子之情，重則本非應死之罪，雖嚴刑益設，違奪必少。若偶有犯者，加其刑則恩所不忍，有減則法廢不行。愚以為長吏在遠，苟不告語，勢不得知。比選代之間，若有傳者，必加大辟，則長吏無廢職之負，孝子無犯重之刑。』將軍胡綜議，以為『喪紀之禮，雖有典制，苟無其時，所不得行。方今戎事軍國異容，而長吏遭喪，知有科禁，公敢幹突，苟念聞憂不奔之耻，不計為臣犯禁之罪，此由科防本輕所致。忠節在國，孝道立家，出身為臣，焉得兼之？故為忠臣不得為孝子。宜定科文，示以大辟，若故違犯，有罪無赦。以殺止殺，行之一人，其後必絶。』丞相雍奏從大辟。其後吴令孟宗喪母奔赴，已而自拘於武昌以聽刑。陸遜陳其素行，因為之請，權乃減宗一等，後不得以為比，因此遂絶。二月，陸遜討彭旦等，其年，皆破之。冬十月，遣衛將軍全琮襲六安，不克。諸葛恪平山越事畢，北屯廬江。

赤烏元年春，鑄當千大錢。夏，呂岱討廬陵賊，畢，還陸口。秋八月，武昌言麒麟見。有司奏言麒麟者太平之應，宜改年號。詔曰：『間者赤烏集於殿前，朕所親見，若神靈以為嘉祥者，改年宜以赤烏為元。』羣臣奏曰：『昔武王伐紂，有赤烏之祥，君臣觀之，遂有天下，聖人書策載述最詳者，以為近事既嘉，親見又明也。』於是改年。步夫人卒，追贈皇后。初，權信任校事呂壹，壹性苛慘，用法深刻。太子登數諫，權不納，大臣由是莫敢言。後壹姦罪發露伏誅，權引咎責躬，乃使中書郎袁禮告謝諸大將，因問時事所當損益。禮還，復有詔責數諸葛瑾、步騭、朱然、呂岱等曰：『袁禮還，云與子瑜、子山、義封、定公相見，並以時事當有所先後，各自以不掌民事，不肯便有所陳，悉推之伯言、承明。伯言、承明

見禮，泣涕懇惻，辭旨辛苦，至乃懷執危怖，有不自安之心。聞此悵然，深自刻怪。何者？夫惟聖人能無過行，明者能自見耳。人之舉措，何能悉中，獨當己有以傷拒衆意，忽不自覺，故諸君有嫌難耳；不爾，何緣乃至於此乎？自孤興軍五十年，所役賦凡百皆出於民。天下未定，孽類猶存，士民勤苦，誠所貫知。然勞百姓，事不得已耳。與諸君從事，自少至長，發有二色，以謂表裏足以明露，公私分計，足用相保。盡言直諫，所望諸君；拾遺補闕，孤亦望之。昔衛武公年過志壯，勤求輔弼，每獨歎責。《江表傳》曰：權又云：『天下無粹白之狐，而有粹白之裘，衆之所積也。夫能以駁致純，不惟積乎？故能用衆力，則無敵於天下矣；能用衆智，則無畏於聖人矣。』且布衣韋帶，相與交結，分成好合，尚污垢不異。今日諸君與孤從事，雖君臣義存，猶謂骨肉不復是過。榮福喜戚，相與共之。忠不匿情，智無遺計，事統是非，諸君豈得從容而已哉！同船濟水，將誰與易？齊桓諸侯之霸者耳，有善管子未嘗不歎，有過未嘗不諫，諫而不得，終諫不止。今孤自省無桓公之德，而諸君諫諍未出於口，仍執嫌難。以此言之，孤於齊桓良優，未知諸君於管子何如耳？久不相見，因事當笑。共定大業，整齊天下，當復有誰？凡百事要所當損益，樂聞異計，匡所不逮。』

二年春《江表傳》載權正月詔曰：『郎吏者，宿衛之臣，古之命士也。間者所用頗非其人。自今選三署皆依四科，不得以虛辭相飾。』【略】零陵言甘露降。夏五月，城沙羨。冬十月，將軍蔣秘南討夷賊。秘所領都督廖式殺臨賀太守嚴綱等，自稱平南將軍，與弟潛共攻零陵、桂陽，及搖動交州、蒼梧、鬱林諸郡，衆數萬人。遣將軍呂岱、唐咨討之，歲餘皆破。

三年春正月，詔曰：『蓋君非民不立，民非穀不生。頃者以來，民多征役，歲又水旱，年穀有損，而吏或不良，侵奪民時，以致饑困。自今以來，督軍郡守，其謹察非法，當農桑時，以役事擾民者，舉正以聞。』夏四月，大赦，詔諸郡縣治城郭，起譙樓，穿塹發渠，以備盜賊。冬十一月，民饑，詔開倉廩以賑貧窮。

四年春正月，大雪，平地深三尺，鳥獸死者大半。【略】五月，太子登卒。【略】六月，軍還。閏月，大將軍瑾卒。秋八月，陸遜城邾。

五年春正月，立子和為太子，大赦，改禾興為嘉興。百官奏立皇后及四王，詔曰：『今天下未定，民物勞瘁，且有功者或未録，飢寒者尚未恤，猥割土壤以豐子弟，崇爵位以寵妃妾，孤甚不取。其釋此議。』三月，海鹽縣言黃龍見。夏四月，禁進獻御，減太官膳。秋七月，遣將軍聶友、校尉陸凱以兵三萬討珠崖、儋耳。是歲大疫，有司又奏立後及諸王。八月，立子霸為魯王。

六年春正月，新都言白虎見。【略】冬十一月，丞相顧雍卒。十二月，扶南王範旃遣使獻樂人及方物。

七年春正月，以上大將軍陸遜為丞相。秋，宛陵言嘉禾生。是歲，步騭、朱然等各上疏云：『自蜀還者，咸言欲背盟與魏交通，多作舟船，繕治城郭。又蔣琬守漢中，聞司馬懿南向，不出兵乘虛以犄角之，反委漢中，還近成都。事已彰灼，無所復疑，宜為之備。』權揆其不然，曰：『吾待蜀不薄，聘享盟誓，無所負之，何以致此？又司馬懿前來入舒，旬日便退，蜀在萬里，何知緩急而便出兵乎？昔魏欲入漢川，此間始嚴，亦未舉動，會聞魏還而止，蜀寧可復以此有疑邪？又人家治國，舟船城郭，何得不護？今此間治軍，寧復欲以禦蜀邪？人言苦不可信，朕為諸君破家保之。』蜀竟自無謀，如權所籌。《江表傳》載權詔曰：『督將亡叛而殺其妻子，是使妻去夫，子棄父，甚傷義教，自今勿殺也。』

八年春二月，丞相陸遜卒。夏，雷霆犯宮門柱，又擊南津大橋楹。茶陵縣鴻水溢出，流漂居民二百餘家。秋七月，將軍馬茂等圖逆，夷三族。八月，大赦。遣校尉陳勳將屯田及作士三萬人鑿句容中道，自小其至雲陽西城，通會市，作邸閣。《吳曆》曰：茂本淮南鍾離長，而為王淩所失，叛歸吳，吳以為征西將軍、九江太守、外部督，封侯，領千兵。權數出苑中，與公卿諸將射。茂與兼符節令朱貞、無難督虞欽、牙門將朱志等合計，伺權在苑中，公卿諸將在門未入，令貞持節稱詔，悉收縛之；茂引兵入苑擊權，分據宮中及石頭塢，遣人報魏。事覺，皆族之。

（九年）夏四月，武昌言甘露降。秋九月，以驃騎（將軍）步騭為丞相，車騎（將軍）朱然為左大司馬，衛將軍全琮為右大司馬，鎮南（將軍）呂岱為上大將軍，威北將軍諸葛恪為大將軍。《江表傳》曰：是歲，權詔曰：『謝宏往日陳鑄大錢，云以廣貨，故聽之。今聞民意不以為便，其省息之，鑄為器物，官勿復出也。私家有者，敕以輸藏，計畀其直，勿有所枉也。』

十年春正月，右大司馬全琮卒。二月，權適南宮。三月，改作太初

宮，諸將及州郡皆義作。《江表傳》載權詔曰：『建業宮乃朕從京來所作將軍府寺耳，材柱率細，皆以腐朽，常恐損壞。今未復西，可徙武昌宮材瓦，更繕治之。』有司奏言曰：『武昌宮已二十八歲，恐不堪用，宜下所在通更伐致。』權曰：『大禹以卑宮為美，今軍事未已，所在多賦，若更通伐，妨損農桑。徙武昌材瓦，自可用也。』夏五月，丞相步騭卒。冬十月，赦死罪。

十一年春正月，朱然城江陵。二月，地仍震。《江表傳》載權詔曰：『朕以寡德，過奉先祀，涖事不聰，獲譴靈祇，夙夜祗戒，若不終日。羣僚其各厲精，思朕過失，勿有所諱。』三月，宮成。夏四月，雨雹，雲陽言黃龍見。五月，鄱陽言白虎仁。瑞應圖曰：白虎仁者，王者不暴虐，則仁虎不害也。詔曰：『古者聖王積行累善，脩身行道，以有天下，故符瑞應之，所以表德也。朕以不明，何以臻茲？書云「雖休勿休」，公卿百司，其勉脩所職，以匡不逮。』

十二年春三月，左大司馬朱然卒。四月，有兩烏銜鵲墮東館。丙寅，驃騎將軍朱據領丞相，燎鵲以祭。《吳録》曰：六月戊戌，寶鼎出臨平湖。八月癸丑，白鳩見於章安。

十三年夏五月，日至，熒惑入南斗，秋七月，犯魁第二星而東。八月，丹楊、句容及故鄣、寧國諸山崩，鴻水溢。詔原逋責，給貸種食。廢太子和，處故鄣。魯王霸賜死。【略】十一月，立子亮為太子。【略】是歲，神人授書，告以改年、立後。

太元元年夏五月，立皇后潘氏，大赦，改年。初臨海羅陽縣有神，自稱王表。《吳録》曰：羅陽今安固縣。周旋民間，語言飲食，與人無異，然不見其形。又有一婢，名紡績。是月，遣中書郎李崇齎輔國將軍羅陽王印綬迎表。表隨崇俱出，與崇及所在郡守令長談論，崇等無以易。所歷山川，輒遣婢與其神相聞。秋七月，崇與表至，權於蒼龍門外為立第舍，數使近臣齎酒食往。表說水旱小事，往往有驗。孫盛曰：盛聞國將興，聽於民；國將亡，聽於神。權年老志衰，讒臣在側，廢適立庶，以妾為妻，可謂多涼德矣。而偽設符命，求福妖邪，將亡之兆，不亦顯乎！秋八月朔，大風，江海湧溢，平地深八尺，吳高陵松柏斯拔，郡城南門飛落。冬十一月，大赦。權祭南郊還，寢疾。《吳録》曰：權得風疾。十二月，驛徵大將軍恪，拜為太子太傅。詔省徭役，減征賦，除民所患苦。

二年春正月，立故太子和為南陽王，居長沙；子奮為齊王，居武昌；子休為琅邪王，居虎林。二月，大赦，改元為神鳳。皇后潘氏薨。諸將吏數詣王表請福，表亡去。夏四月，權薨，時年七十一，謚曰大皇帝。秋七月，葬蔣陵。《傅子》曰：孫策為人明果獨斷，勇蓋天下，以父堅戰死，少而合其兵將以報讎，轉鬬千里，盡有江南之地，誅其名豪，威行鄰國。及權繼其業，有張子布以為腹心，有陸議、諸葛瑾、步騭以為股肱，有呂範、朱然以為爪牙，分任授職，乘間伺隙，兵不妄動，故戰少敗而江南安。

綜述

《三國志》卷四八《吳志・孫亮傳》 孫亮字子明，權少子也。權春秋高，而亮最少，故尤留意。姊全公主嘗譖太子和子母，心不自安，因倚權意，欲豫自結，數稱述全尚女，勸為亮納。赤烏十三年，和廢，權遂立亮為太子，以全氏為妃。

太元元年夏，亮母潘氏立為皇后。冬，權寢疾，徵大將軍諸葛恪為太子太傅，會稽太守滕胤為太常，並受詔輔太子。明年四月，權薨，太子即尊號，大赦，改元。是歲，於魏嘉平四年也。

太平元年春。《吳曆》曰：正月，為權立廟，稱太祖廟。

論說

《三國志》卷四七《吳志・吳主傳論》 孫權屈身忍辱，任才尚計，有句踐之奇英，人之傑矣。故能自擅江表，成鼎峙之業。然性多嫌忌，果於殺戮，暨臻末年，彌以滋甚。至於讒說殄行，胤嗣廢斃，馬融注尚書曰：殄，絕也，絕君子之行。豈所謂貽厥孫謀以燕翼子者哉？其後葉陵遲，遂致覆國，未必不由此也。臣松之以為孫權橫廢無罪之子，雖為兆亂，然國之傾覆，自由暴皓。若權不廢和，皓為世適，終至滅亡，有何異哉？此則喪國由於昏虐，不在於廢黜也。設使亮保國祚，休不早死，則皓不得立。皓不得立，則吳不亡矣。

又 卷五〇《吳志・妃嬪傳論》 《易》稱『正家而天下定』。《詩》云：『刑于寡妻，至於兄弟，以御於家邦。』誠哉，是言也！遠觀齊桓，近察孫權，皆有識士之明，傑人之志，而嫡庶不分，閨庭錯亂，遺

笑古今，殃流後嗣。由是論之，惟以道義為心、平一為主者，然後克免斯累邪！

雜　録

《三國志》卷四八《吴志·孫亮傳》　（太平）二年春二月甲寅，大雨，震電。乙卯，雪，大寒。以長沙東部為湘東郡，西部為衡陽郡，會稽東部為臨海郡，豫章東部為臨川郡。夏四月，亮臨正殿，大赦，始親政事。綝所表奏，多見難問，又科兵子弟年十八已下十五已上，得三千餘人，選大將子弟年少有勇力者為之將帥。亮曰：『吾立此軍，欲與之俱長。』日於苑中習焉。《吴曆》曰：亮數出中書視孫權舊事，問左右侍臣：『先帝數有特製，今大將軍問事，但令我書可邪！』亮後出西苑，方食生梅，使黄門至中藏取蜜漬梅，蜜中有鼠矢，召問藏吏，藏吏叩頭。亮問吏曰：『黄門從汝求蜜邪？』吏曰：『向求，實不敢與。』黄門不服，侍中刁玄、張邠啓：『黄門、藏吏辭語不同，請付獄推盡。』亮曰：『此易知耳。』令破鼠矢，矢裹燥。亮大笑謂玄、邠曰：『若矢先在蜜中，中外當俱濕，今外濕裹燥，必是黄門所為。』黄門首服，左右莫不驚悚。《江表傳》曰：亮使黄門以銀碗並蓋就中藏吏取交州所獻甘蔗餳。黄門先恨藏吏，以鼠矢投餳中，啓言藏吏不謹。亮呼吏持餳器入，問曰：『此器既蓋之，且有掩覆，無緣有此，黄門將有恨於汝邪？』吏叩頭曰：『嘗從某求宫中莞席，宫席有數，不敢與。』亮曰：『必是此也。』覆問黄門，具首伏。即於目前加髡鞭，斥付外署。臣松之以為鼠矢新者，亦表裏皆濕。黄門取新矢則無以得其姦也，緣遇燥矢，故成亮之慧。然猶謂《吴曆》此言，不如《江表傳》為實也。

亮以綝專恣，與太常全尚，將軍劉丞謀誅綝。九月戊午，綝以兵取尚，遣弟恩攻殺丞於蒼龍門外，召大臣會宫門，黜亮為會稽王，時年十六。

又　卷四九《吴志·劉繇傳》　繇長子基，字敬輿，年十四，居繇喪盡禮，故吏餽餉，皆無所受。《吴書》曰：基遭多難，嬰丁困苦，潛處味道，不以為戚。與羣弟居，常夜卧早起，妻妾希見其面。諸弟敬憚，事之猶父。不妄交遊，門無雜賓。姿容美好，孫權愛敬之。權為驃騎將軍，辟東曹掾，拜輔義校尉、建忠中郎將。權為吴王，遷基大農。權嘗宴飲，騎都尉虞翻醉酒犯忤，權欲殺之，威怒甚盛，由基諫爭，翻以得免。權大暑時，嘗於船中宴飲，於船樓上值雷雨，權以蓋自覆，又命覆基，餘人不得也。其見待如此。徙郎中令。權稱尊號，改為光禄勳，分平尚書事。年四十九卒。後權為子霸納基女，賜第一區，四時寵賜，與全、張比。

又　卷五〇《吴志·妃嬪傳》　吴主權謝夫人，會稽山陰人也。父煚，漢尚書郎、徐令。權母吴，為權聘以為妃，愛幸有寵。後權納姑孫徐氏，欲令謝下之，謝不肯，由是失志，早卒。

吴主權徐夫人，吴郡富春人也。祖父真，與權父堅相親，堅以妹妻真，生琨。【略】琨生夫人，初適同郡陸尚。尚卒，權為討虜將軍在吴，聘以為妃，使母養子登。後權遷移，以夫人妒忌，廢處吴。積十餘年，權為吴王及即尊號，登為太子，羣臣請立夫人為后，權意在步氏，卒不許。後以疾卒。

吴主權步夫人，臨淮淮陰人也，與丞相騭同族。漢末，其母攜將徙廬江，廬江為孫策所破，皆東渡江，以美麗得幸於權，寵冠後庭。生二女，長曰魯班，字大虎，前配周瑜子循，後配全琮；少曰魯育，字小虎，前配朱據，後配劉纂。《吴曆》曰：纂先尚權中女，早卒，故又以小虎為繼室。

夫人性不妒忌，多所推進，故久見愛待。權為王及帝，意欲以為后，而羣臣議在徐氏，權依違者十餘年，然宫内皆稱皇后，親戚上疏稱中宫。及薨，臣下緣權指，請追正名號，乃贈印綬，策命曰：『惟赤烏元年閏月戊子，皇帝曰：嗚呼皇后，惟後佐命，共承天地。虔恭夙夜，與朕均勞。内教脩整，禮義不愆。寬容慈惠，有淑懿之德。民臣縣望，遠近歸心。朕以世難未夷，大統未一，緣後雅志，每懷謙損。是以于時未授名號，亦必謂後降年有永，永與朕躬對揚天休。不寤奄忽，大命近止。朕恨本意不早昭顯，傷後殂逝，不終天禄。湣悼之至，痛於厥心。今使使持節丞相（醴陵亭侯雍）［醴陵侯雍］，奉策授號，配食先後。魂而有靈，嘉其寵榮。嗚呼哀哉！』葬於蔣陵。

吴主權王夫人，琅邪人也。夫人以選入宫，黄武中得幸，生（孫）和，寵次步氏。步氏薨後，和立為太子，權將立夫人為後，而全公主素憎夫人，稍稍譖毁。及權寢疾，言有喜色，由是權深責怒，以憂死。

吴主權潘夫人，會稽句章人也。【略】生（孫）亮。赤烏十三年，亮

立為太子。請出嫁夫人之姊，權聽許之。明年，立夫人為皇后。性險妒容媚，自始至卒，譖害袁夫人等甚衆。《吳録》曰：袁夫人者，袁術女也，有節行而無子。權數以諸姬子與養之，輒不育。及步夫人薨，權欲立之。夫人自以無子，固辭不受。權不豫，夫人使問中書令孫弘呂后專制故事。侍疾疲勞，因以羸疾，諸宮人伺其昏臥，共縊殺之，託言中惡。後事泄，坐死者六七人。權尋薨，合葬蔣陵。孫亮即位，以夫人姊婿譚紹為騎都尉，授兵。亮廢，紹與家屬送本郡廬陵。

又 卷五二《吳志・張昭傳》 權每田獵，常乘馬射虎，虎常突前攀持馬鞍。昭變色而前曰：『將軍何有當爾？夫為人君者，謂能駕御英雄，驅使羣賢，豈謂馳逐於原野，校勇於猛獸者乎？如有一旦之患，奈天下笑何？』權謝昭曰：『年少慮事不遠，以此慚君。』然猶不能已，乃作射虎車，為方目，間不置蓋，一人為御，自於中射之。時有逸羣之獸，輒復犯車，而權每手擊以為樂。昭雖諫爭，常笑而不答。

權於武昌，臨釣臺，飲酒大醉。權使人以水灑羣臣曰：『今日酣飲，惟醉墮臺中，乃當止耳。』昭正色不言，出外車中坐。權遣人呼昭還，謂曰：『為共作樂耳，公何為怒乎？』昭對曰：『昔紂為糟丘酒池長夜之飲，當時亦以為樂，不以為惡也。』權默然，有慚色，遂罷酒。初，權當置丞相，衆議歸昭。權曰：『方今多事，職統者責重，非所以優之也。』後孫邵卒，百寮復舉昭，權曰：『孤豈為子布有愛乎？領丞相事煩，而此公性剛，所言不從，怨咎將興，非所以益之也。』乃用顧雍。

權既稱尊號，昭以老病，上還官位及所統領。《江表傳》曰：權既即尊位，請會百官，歸功周瑜。昭舉笏欲褒贊功德，未及言，權曰：『如張公之計，今已乞食矣。』昭大慚，伏地流汗。昭忠謇亮直，有大臣節，權敬重之，然所以不相昭者，蓋以昔駮周瑜、魯肅等議為非也。臣松之以為張昭勸迎曹公，所存豈不遠乎？夫其揚休正色，委質孫氏，誠以厄運初遘，塗炭方始，自策及權，才略足輔，是以盡誠匡弼，以成其業，上藩漢室，下保民物；鼎峙之計，本非其志也。若曹公仗順而起，功以義立，冀以清一諸華，拓平荆郢，大定之機，在於此會。若使昭議獲從，則六合為一，豈有兵連禍結，遂為戰國之弊哉！雖無功於孫氏，有大當於天下矣。昔竇融歸漢，與國升降；張魯降魏，賞延於世。況權舉全吳，望風順服，寵靈之厚，其可測量哉！然則昭為人謀，豈不忠且正乎！

昭每朝見，辭氣壯厲，義形於色，曾以直言逆旨，中不進見。後蜀使來，稱蜀德美，而羣臣莫拒，權歎曰：『使張公在坐，彼不折則廢，安復自誇乎？』明日，遣中使勞問，因請見昭。昭避席謝，權跪止之。昭坐定，仰曰：『昔太后、桓王不以老臣屬陛下，而以陛下屬老臣，是以思盡臣節，以報厚恩，使泯没之後，有可稱述，而意慮淺短，違逆盛旨，自分幽淪，長棄溝壑，不圖復蒙引見，得奉帷幄。然臣愚心所以事國，志在忠益，畢命而已。若乃變心易慮，以偷榮取容，此臣所不能也。』權辭謝焉。

權以公孫淵稱藩，遣張彌、許晏至遼東拜淵為燕王，昭諫曰：『淵背魏懼討，遠來求援，非本志也。若淵改圖，欲自明於魏，兩使不反，不亦取笑於天下乎？』權與相反覆，昭意彌切。權不能堪，案刀而怒曰：『吳國士人入宮則拜孤，出宮則拜君，孤之敬君，亦為至矣，而數於衆中折孤，孤嘗恐失計。』昭熟視權曰：『臣雖知言不用，每竭愚忠者，誠以太后臨崩，呼老臣於床下，遺詔顧命之言故在耳。』因涕泣橫流。權擲刀致地，與昭對泣。然卒遣彌、晏往。昭忿言之不用，稱疾不朝。權恨之，土塞其門，昭又於内以土封之。淵果殺彌、晏。權數慰謝昭，昭固不起，權因出過其門呼昭，昭辭疾篤。權燒其門，欲以恐之，昭更閉户。權使人滅火，住門良久，昭諸子共扶昭起，權載以還宮，深自克責。昭不得已，然後朝會。習鑿齒曰：張昭於是乎不臣矣！夫臣人者，三諫不從則奉身而退，身苟不絶，何忿懟之有？且秦穆違諫，卒霸西戎，晉文暫怒，終成大業。遺誓以悔過見録，狐偃無怨絶之辭，君臣道泰，上下俱榮。今權悔往之非而求昭，後益回慮降心，不遠而復，是其善也。昭為人臣，不度權得道，匡其後失，夙夜匪懈，以延來譽，乃追忿不用，歸罪於君，閉户拒命，坐待焚滅，豈不悖哉！

昭容貌矜嚴，有威風，權常曰：『孤與張公言，不敢妄也。』舉邦憚之。年八十一，嘉禾五年卒。遺令幅巾素棺，斂以時服。權素服臨吊，謚曰文侯。《典略》曰：余曩聞劉荆州嘗自作書欲與孫伯符，以示禰正平，正平蚩之，言：『如是為欲使孫策帳下兒讀之邪，將使張子布見乎？』如正平言，以為子布之才高乎？雖然，猶自蘊藉典雅，不可謂之無筆迹也。加聞吳中稱謂之仲父，如此，其人信一時之良幹，恨其不於嵩嶽等資，而乃播殖於會稽。

承字仲嗣，少以才學知名，與諸葛瑾、步騭、嚴畯相友善。【略】初，承喪妻，昭欲為索諸葛瑾女，承以相與有好，難之，權聞而勸焉，遂為婿。臣松之案：承與諸葛瑾同以赤烏中卒，計承年小瑾四歲耳。生女，權為子和納之。權數令和脩敬於承，執子婿之禮。

權常遊獵，迨暮乃歸，（張）休上疏諫戒，權大善之，以示於昭。

又《顧雍傳》 黄武四年，迎母於吳。既至，權臨賀之，親拜其母於庭，公卿大臣畢會，後太子又往慶焉。雍為人不飲酒，寡言語，舉動時當。權嘗歎曰：『顧君不言，言必有中。』至飲宴歡樂之際，左右恐有酒失而雍必見之，是以不敢肆情。權亦曰：『顧公在坐，使人不樂。』其見憚如此。

又 卷五五《吳志·陳武傳》 建安二十年，（陳武）從擊合肥，奮命戰死。權哀之，自臨其葬。《江表傳》曰：權命以其愛妾殉葬，復客二百家。孫盛曰：昔三良從穆，秦師以之不征；魏妾既出，杜回以之僵僕。禍福之報，如此之效也。權仗計任術，以生從死，世祚之促，不亦宜乎！

又《淩統傳》 二子烈、封，年各數歲，權內養於宮，愛待與諸子同，賓客進見，呼示之曰：『此吾虎子也。』及八九歲，令葛光教之讀書，十日一令乘馬，追録統功，封烈亭侯，還其故兵。後烈有罪免，封復襲爵領兵。孫盛曰：觀孫權之養士也，傾心竭思，以求其死力，泣周泰之夷，殉陳武之妾，請呂蒙之命，育淩統之孤，卑曲苦志，如此之勤也。是故雖令德無聞，仁澤（內）著，而能屈强荆吳，僭擬年歲者，抑有由也。然霸王之道，期於大者遠者，是以先王建德義之基，恢信順之宇，制經略之綱，明貴賤之序，易簡而其親可久，體全而其功可大，豈委瑣近務，邀利於當年哉？語曰『雖小道，必有可觀者焉，致遠恐泥』，其是之謂乎！

又 卷五六《吳志·呂範傳》 其居處服飾，於時奢靡，然勤事奉法，故權悅其忠，不怪其侈。《江表傳》曰：人有白範與賀齊奢麗夸綺，服飾僭擬王者，權曰：『昔管仲逾禮，桓公優而容之，無損於霸。今子衡、公苗，身無夷吾之失，但其器械精好，舟車嚴整耳，此適足作軍容，何損於治哉？』告者乃不敢復言。

初策使範典主財計，權時年少，私從有求，範必關白，不敢專許，當時以此見望。權守陽羨長，有所私用，策或料覆，功曹周谷輒為傅著簿書，使無譴問。權臨時悅之，及後統事，以范忠誠，厚見信任，以穀能欺更簿書，不用也。

黄武七年，範遷大司馬，印綬未下，疾卒。權素服舉哀，遣使者追贈印綬。及還都建業，權過範墓呼曰：『子衡！』言及流涕，祀以太牢。《江表傳》曰：初，權移都建業，大會將相文武，時謂嚴畯曰：『孤昔歎魯子敬比鄧禹，呂子衡方吳漢，間卿諸人未平此論，今定云何？』畯退席曰：『臣未解指趣，謂肅、范受饒，褒歎過實。』權曰：『昔鄧仲華初見光武，光武時受更始使，撫河北，行大司馬事耳，未有帝王志也。禹勸之以復漢業，是禹開初議之端矣。子敬英爽有殊略，孤始與一語，便及大計，與禹相似，故比之。呂子衡忠篤亮直，性雖好奢，然以憂公為先，不足為損，避袁術自歸於兄，兄作大將，別領部曲，故憂兄事，乞為都督，辦護脩整，加之恪勤，與吳漢相類，故方之。皆有指趣，非孤私之也。』畯乃服。

又 卷五七《吳志·虞翻傳》 權既為吳王，歡宴之末，自起行酒，翻伏地陽醉，不持。權去，翻起坐。權於是大怒，手劍欲擊之，侍坐者莫不惶遽，惟大（司）農劉基起抱權諫曰：『大王以三爵之後（手）殺善士，雖翻有罪，天下孰知之？且大王以能容賢畜衆，故海內望風，今一朝棄之，可乎？』權曰：『曹孟德尚殺孔文舉，孤於虞翻何有哉？』基曰：『孟德輕害士人，天下非之。大王躬行德義，欲與堯、舜比靈斯，何得自喻於彼乎？』翻由是得免。權因敕左右，自今酒後言殺，皆不得殺。

又 卷六四《吳志·諸葛恪傳》 （諸葛）恪父瑾面長似驢，孫權大會羣臣，使人牽一驢入，長檢其面，題曰『諸葛子瑜』。恪跪曰：『乞請筆益兩字。』因聽與筆。恪續其下曰『之驢』。舉坐歡笑，乃以驢賜恪。他日復見，權問恪曰：『卿父與叔父孰賢？』對曰：『臣父為優。』權問其故，對曰：『臣父知所事，叔父不知，以是為優。』權又大噱。命恪行酒，至張昭前，昭先有酒色，不肯飲，曰：『此非養老之禮也。』權曰：『卿其能令張公辭屈，乃當飲之耳。』恪難昭曰：『昔師尚父九十，秉旄仗鉞，猶未告老也。今軍旅之事，將軍在後，酒食之事，將軍在先，何謂不養老也？』昭卒無辭，遂為盡爵。

唐·李冗《獨異志》卷下 吳孫權獵于武昌，有神女見，曰：『今日當獵異獸。』忽然不見。俄頃，獵得一豹。女復見，曰：『可豎其尾於我處而立祠焉。』或曰，豹尾之設，自孫權始焉。

宋·李昉等《太平御覽》卷四五四《人事部九十五·諫諍四》 梁祚《魏國統》曰：吳丞相顧雍諫孫權曰：『公孫泉未可信，後必悔也。』權入禁中，雍後隨之，頓首曰：『此國之大事，臣以死爭之。』權使左右扶出。

司馬炎分部

傳記

《晉書》卷三《武帝紀》　武皇帝諱炎，字安世，文帝長子也。寬惠仁厚，沈深有度量。魏嘉平中，封北平亭侯，歷給事中、奉車都尉、中壘將軍，加散騎常侍，累遷中護軍、假節。迎常道鄉公于東武陽，遷中撫軍，進封新昌鄉侯。及晉國建，立為世子，拜撫軍大將軍，開府、副貳相國。初，文帝以景帝既宣帝之嫡，早世無後，以帝弟攸為嗣，特加愛異，自謂攝居相位，百年之後，大業宜歸攸。每曰：『此景王之天下也，吾何與焉。』將議立世子，屬意於攸。何曾等固爭曰：『中撫軍聰明神武，有超世之才。髮委地，手過膝，此非人臣之相也。』由是遂定。

咸熙二年五月，立為晉王太子。八月辛卯，文帝崩，太子嗣相國、晉王位。下令寬刑宥罪，撫衆息役，國內行服三日。是月，長人見於襄武，長三丈，告縣人王始曰：『今當太平。』九月戊午，以魏司徒何曾為丞相，鎮南將軍王沈為御史大夫，中護軍賈充為衛將軍，議郎裴秀為尚書令、光祿大夫，皆開府。十一月，初置四護軍，以統城外諸軍。乙未，令諸郡中正以六條舉淹滯：一曰忠恪匪躬，二曰孝敬盡禮，三曰友于兄弟，四曰潔身勞謙，五曰信義可復，六曰學以為己。是時晉德既洽，四海宅心。於是天子知歷數有在，乃使太保鄭沖奉策曰：『咨爾晉王：我皇祖有虞氏誕膺靈運，受終於陶唐，亦以命于有夏。惟三後陟配於天，而咸用光敷聖德。自茲厥後，天又輯大命於漢。火德既衰，乃眷命我高祖。方軌虞夏四代之明顯，我不敢知。惟王乃祖乃父，服膺明哲，輔亮我皇家，勳德光于四海。格爾上下神祇，罔不克順，地平天成，萬邦以乂。應受上帝之命，協皇極之中。肆予一人，祗承天序，以敬授爾位，曆數實在爾躬。允執其中，天祿永終。於戲！王其欽順天命。率循訓典，底綏四國，用保天休，無替我二皇之弘烈。』帝初以禮讓，魏朝公卿何曾、王沈等固請，乃從之。

泰始元年冬十二月丙寅，設壇於南郊，百僚在位及匈奴南單于四夷會者數萬人，柴燎告類於上帝曰：『皇帝臣炎敢用玄牡明告於皇皇后帝：魏帝稽協皇運，紹天明命以命炎。昔者唐堯，熙隆大道，禪位虞舜，舜又以禪禹，邁德垂訓，多歷年載。暨漢德既衰，太祖武皇帝撥亂濟時，扶翼劉氏，又用受命於漢。粵在魏室，仍世多故，幾於顛墜，實賴有晉匡拯之德，用獲保厥肆祀，弘濟於艱難，此則晉之有大造于魏也。誕惟四方，罔不祗順，郭清梁岷，包懷揚越，八紘同軌，祥瑞屢臻，天人協應，無思不服。肆予憲章三後，用集大命於茲。炎維德不嗣，辭不獲命。於是羣公卿士，百辟庶僚，黎獻陪隸，暨於百蠻君長，僉曰：『皇天鑒下，求人之瘼，既有成命，固非克讓所得距違。天序不可以無統，人神不可以曠主。』炎虔奉皇運，寅畏天威，敬簡元辰，升壇受禪，告類上帝，永答衆望。』禮畢，即洛陽宮幸太極前殿，詔曰：『昔朕皇祖宣王，聖哲欽明，誕應期運，熙帝之載，肇啓洪基。伯考景王，履道宣猷，緝熙諸夏。至於皇考文王，睿哲光遠，允協靈祇，應天順時，受茲明命。仁濟於宇宙，功格於上下。肆魏氏弘鑑於古訓，儀刑于唐虞，疇咨羣后，爰輯大命於朕身。予一人畏天之命，用不敢違。惟朕寡德，負荷洪烈，托于王公之上，以君臨四海，惴惴惟懼，罔知所濟。惟爾股肱爪牙之佐，文武不貳之臣，乃祖乃父，實左右我先王，光隆我大業。思與萬國，共用休祚。』於是大赦，改元。賜天下爵，人五級；鰥寡孤獨不能自存者穀，人五斛。復天下租賦及關市之稅一年，逋債宿負皆勿收。除舊嫌，解禁錮，亡官失爵者悉復之。丁卯，遣太僕劉原告于太廟。封魏帝為陳留王，邑萬户，居於鄴宮；魏氏諸王皆為縣侯。追尊宣王為宣皇帝，景王為景皇帝，文王為文皇帝，宣王妃張氏為宣穆皇后。尊太妃王氏曰皇太后，宮曰崇化。封皇叔祖父孚為安平王，皇叔父幹為平原王，亮為扶風王，伷為東莞王，駿為汝陰王，彤為梁王，倫為琅邪王，皇弟攸為齊王，鑒為樂安王，機為燕王，皇從伯父望為義陽王，皇從叔父輔為渤海王，晃為下邳王，瑰為太原王，圭為高陽王，衡為常山王，子文為沛王，泰為隴西王，權為彭城王，綏為范陽王，遂為濟南王，遜為譙王，睦為中山王，淩為北海王，斌為陳王，皇從父兄洪為河間王，皇從父弟楙為東平王。以驃騎將軍石苞為大司馬，封樂

陵公，車騎將軍陳騫為高平公，衛將軍賈充為車騎將軍、魯公，尚書令裴秀為巨鹿公，侍中荀勖為濟北公，太保鄭沖為太傅、壽光公，太尉王祥為太保、睢陵公，丞相何曾為太尉、郎陵公，御史大夫王沈為驃騎將軍、博陵公，司空荀顗為臨淮公，鎮北大將軍衛瓘為菑陽公。其餘增封進爵各有差，文武普增位二等。改《景初曆》為《太始曆》，臘以酉，社以丑。戊辰，下詔大弘儉約，出御府珠玉玩好之物，頒賜王公以下各有差。置中軍將軍，以統宿衛七軍。己巳，詔陳留王載天子旌旗，備五時副車，行魏正朔，郊祀天地，禮樂制度皆如魏舊，上書不稱臣。賜山陽公劉康、安樂公劉禪子弟一人為附馬都尉。乙亥，以安平王孚為太宰、假黃鉞、大都督中外諸軍事。詔曰：『昔王淩謀廢齊王，而王竟不足以守位。鄧艾雖矜功失節，然束手受罪。今大赦其家，還使立後。興滅繼絶，約法省刑。除魏氏宗室禁錮。諸將吏遭三年喪者，遣寧終喪。百姓復其徭役。罷部曲將長吏以下質任。省郡國御調，禁樂府靡麗百戲之伎及雕文遊畋之具。開直言之路，置諫官以掌之。』是月，鳳皇六、青龍三、白龍二、麒麟各一見於郡國。

二年春正月丙戌，遣兼侍中侯史光等持節四方，循省風俗，除禳祝之不在祀典者。丁亥，有司請建七廟，帝重其役，不許。庚寅，罷雞鳴鼓。辛丑，尊景皇帝夫人羊氏曰景皇后，宮曰弘訓。丙午，立皇后楊氏。二月，除漢宗室禁錮。己未，常山王衡薨。詔曰：『五等之封，皆録舊勳。本為縣侯者傳封次子為亭侯，鄉侯為關內侯，亭侯為關中侯，皆食本户十分之一。』丁丑，郊祀宣皇帝以配天，宗祀文皇帝于明堂以配上帝。庚午，詔曰：『古者百官，官箴王闕。然保氏特以諫諍為職，今之侍中、常侍實處此位。擇其能正色弼違匡救不逮者，以兼此選。』三月戊戌，吴人來弔祭，有司奏為答詔。帝曰：『昔漢文、光武懷撫尉佗、公孫述，皆未正君臣之儀，所以羈縻未賓也。皓遣使之始，未知國慶，但以書答之。』夏五月戊辰，詔曰：『陳留王操尚謙沖，每事輒表，非所以優崇之也。主者喻意，非大事皆使王官表上之。』壬子，驃騎將軍博陵公王沈卒。六月壬申，濟南王遂薨。秋七月辛巳，營太廟，致荊山之木，采華山之石；鑄銅柱十二，塗以黃金，鏤以百物，綴以明珠。戊戌，譙王遜薨。丙午晦，日有蝕之。八月丙辰，省右將軍官。初，帝雖從漢魏之制，既葬除服，而深衣素冠，降席撤膳，哀敬如喪者。戊辰，有司奏改服進膳，不許，遂禮終而後復吉。及太后之喪，亦如之。九月乙未，散騎常侍皇甫陶、傅玄領諫官，上書諫諍，有司奏請寢之。詔曰：『凡關言人主，人臣所至難，而苦不能聽納，自古忠臣直士之所慷慨也。每陳事出付主者，多從深刻，乃云恩貸當由主上，是何言乎？其詳評議。』戊戌，有司奏：『大晉繼三皇之蹤，蹈舜禹之迹，應天順時，受禪有魏，宜一用前代正朔服色，皆如虞遵唐故事。』奏可。冬十月丙午朔，日有蝕之。丁未，詔曰：『昔舜葬蒼梧，農不易畝；禹葬成紀，市不改肆。上惟祖考清簡之旨，所徙陵十里內居人，動為煩擾，一切停之。』十一月己卯，倭人來獻方物。並圜丘、方丘于南、北郊，二至之祀合於二郊。罷山陽公國督軍，除其禁制。己丑，追尊景帝夫人夏侯氏為景懷皇后。辛卯，遷祖禰神主於太廟。十二月，罷農官為郡縣。是歲，鳳皇六、青龍十、黃龍九、麒麟各一見於郡國。

三年春正月癸丑，白龍二見於弘農澠池。丁卯，立皇子衷為皇太子。詔曰：『朕以不德，托于四海之上，兢兢祗畏，懼無以康濟寓內，思與天下式明王度，正本清源，於置胤樹嫡，非所先務。又近世每建太子，寬宥施惠之事，間不獲已，順從王公卿士之議耳。方今世運垂平，將陳之以德義，示之以好惡，使百姓蠲多幸之慮，篤終始之行，曲惠小仁，故無取焉。咸使知聞。』三月戊寅，初令二千石得終三年喪。丁未，晝昏。罷武衛將軍官。以李憙為太子太傅。太山石崩。夏四月戊午，張掖太守焦勝上言，氐池縣大柳谷口有玄石一所，白畫成文，實大晉之休祥，圖之以獻。詔以制幣告于太廟，藏之天府。秋八月，罷都護將軍，以其五署還光祿勳。九月甲申，詔曰：『古者以德詔爵，以庸制祿，雖下士猶食上農，外足以奉公忘私，內足以養親施惠。今在位者祿不代耕，非所以崇化之本也。其議增吏俸。』賜王公以下帛各有差。以太尉何曾為太保，義陽王望為太尉，司空荀顗為司徒。冬十月，聽士卒遭父母喪者，非在疆場，皆得奔赴。十二月，徙宗聖侯孔震為奉聖亭侯。山陽公劉康來朝。禁星氣讖緯之學。

四年春正月辛未，以尚書令裴秀為司空。丙戌，律令成，封爵賜帛各有差。有星孛於軫。丁亥，帝耕于藉田。戊子，詔曰：『古設象刑而衆不犯，今雖參夷而姦不絶，何德刑相去之遠哉！先帝深湣黎元，哀矜庶獄，

乃命羣后，考正典刑。朕守遺業，永惟保乂皇基，思與萬國以無為為政。方今陽春養物，東作始興，朕親率王公卿士耕藉田千畝。又律令既就，班之天下，將以簡法務本，惠育海內。宜寬有罪，使得自新，其大赦天下。長吏、郡丞、長史各賜馬一匹。』二月庚子，增置山陽公國相、郎中令、陵令、雜工宰人、鼓吹車馬各有差。罷中軍將軍，置北軍中候官。甲寅，以東海劉儉有至行，拜為郎。以中軍將軍羊祜為尚書左僕射，東莞王伷為尚書右僕射。三月戊子，皇太后王氏崩。夏四月戊戌，太保、睢陵公王祥薨。己亥，祔葬文明皇后王氏于崇陽陵。罷振威、揚威護軍官，置左右積弩將軍。六月甲申朔，詔曰：『郡國守相，三載一巡行屬縣，必以春，此古者所以述職宣風展義也。見長吏，觀風俗，協禮律，考度量，存問耆老，親見百年。録囚徒，理冤枉，詳察政刑得失，知百姓所患苦。無有遠近，便若朕親臨之。敦喻五教，勸務農功，勉勵學者，思勤正典，無為百家庸末，致遠必泥。士庶有好學篤道，孝弟忠信，清白異行者，舉而進之；有不孝敬于父母，不長悌於族黨，悖禮棄常，不率法令者，糾而罪之。田疇辟，生業修，禮教設，禁令行，則長吏之能也。人窮匱，農事荒，姦盜起刑，獄煩，下陵上替，禮義不興，斯長吏之否也。若長吏在官公廉，慮不及私，正色直節，不飾名譽者，及身行貪穢，諂黷求容，公節不立，而私門日富者，並謹察之。揚清激濁，舉善彈違，此朕所以垂拱總綱，責成於良二千石也。於戲戒哉！』秋七月，太山石崩，衆星西流。戊午，遣使者侯史光循行天下。己卯，謁崇陽陵。九月，青、徐、兗、豫四州大水，伊洛溢，合於河，開倉以振之。詔曰：『雖詔有所欲，及奏得可而於事不便者，皆不可隱情。』冬十月，吳將施績入江夏，萬郁寇襄陽。遣太尉義陽王望屯龍陂。荆州刺史胡烈擊敗郁。吳將顧容寇鬱林，太守毛炅大破之，斬其交州刺史劉俊、將軍修則。十一月，吳將丁奉等出芍陂，安東將軍汝陰王駿與義陽王望擊走之。己未，詔王公卿尹及郡國守相，舉賢良方正直言之士。十二月，班五條詔書于郡國：一曰正身，二曰勤百姓，三曰撫孤寡，四曰敦本息末，五曰去人事。庚寅，帝臨聽訟觀，録廷尉洛陽獄囚，親平決焉。扶南、林邑各遣使來獻。

五年春正月癸巳，申戒郡國計吏守相令長，務盡地利，禁游食商販。丙申，帝臨聽訟觀録囚徒，多所原遣。青龍二見於滎陽。二月，以雍州隴右五郡及涼州之金城、梁州之陰平置秦州。辛巳，白龍二見於趙國。青、徐、兗三州水，遣使振恤之。壬寅，以尚書左僕射羊祜都督荆州諸軍事，征東大將軍衛瓘都督青州諸軍事，東莞王伷為鎮東大將軍都督徐州諸軍事。丁亥，詔曰：『古者歲書羣吏之能否，三年而誅賞之。諸令史前後，但簡遣疏劣，而無有勸進，非黜陟之謂也。其條勤能有稱尤異者，歲以為常。吾將議其功勞。』己未，詔蜀相諸葛亮孫京隨才署吏。夏四月，地震。五月辛卯朔，鳳皇見於趙國。曲赦交趾、九真、日南五歲刑。六月，鄴奚官督郭暠上疏陳五事以諫，言甚切直，擢為屯留令，西平人曲路伐登聞鼓，言多襖謗，有司奏棄市。帝曰：『朕之過也。』舍而不問。罷鎮軍將軍，復置左右將軍官。秋七月，延羣公，詢讜言。九月，有星孛于紫宮。冬十月丙子，以汲郡太守王宏有政績，賜穀千斛。十一月，追封謚皇弟兆為城陽哀王，以皇子景度嗣。十二月，詔州郡舉勇猛秀異之才。

六年春正月丁亥朔，帝臨軒，不設樂。吳將丁奉入渦口，揚州刺史牽弘擊走之。三月，赦五歲刑已下。夏四月，白龍二見於東莞。五月，立壽安亭侯承為南宮王。六月戊午，秦州刺史胡烈擊叛虜于萬斛堆，力戰，死之。詔遣尚書石鑒行安西將軍、都督秦州諸軍事，與奮威護軍田章討之。秋七月丁酉，復隴右五郡遇寇害者租賦，不能自存者稟貸之。乙巳，城陽王景度薨。詔曰：『自泰始以來，大事皆撰録秘書，寫副。後有其事，輒宜綴集以為常。』丁未，以汝陰王駿為鎮西大將軍、都督雍涼二州諸軍事。九月，大宛獻汗血馬，焉耆來貢方物。冬十一月，幸辟雍，行鄉飲酒之禮，賜太常博士、學生帛牛酒各有差。立皇子東為汝南王。十二月，吳夏口督、前將軍孫秀帥衆來奔，拜驃騎將軍、開府儀同三司，封會稽公。戊辰，復置鎮軍官。

七年春正月丙子，皇太子冠，賜王公以下帛各有差。匈奴帥劉猛叛出塞。二月，孫皓帥衆趨壽陽，遣大司馬望屯淮北以距之。三月，丙戌，司空、巨鹿公裴秀薨。癸巳，以中護軍王業為尚書左僕射，高陽王珪為尚書右僕射。孫秀部將何崇帥衆五千人來降。夏四月，九真太守董元為吳將虞汜所攻，軍敗，死之。北地胡寇金城，涼州刺史牽弘討之。羣虜內叛，圍弘于青山，弘軍敗，死之。五月，立皇子憲為城陽王。雍、涼、秦三州饑，赦其境內殊死以下。閏月，大雩，太官減膳。詔交趾三郡、南中諸郡

無出今年户調。六月，詔公卿以下舉將帥各一人。辛丑，大司馬義陽王望薨。大雨霖，伊、洛、河溢，流居人四千餘家，殺三百餘人，有詔振貸給棺。秋七月癸酉，以車騎將軍賈充為都督秦、涼二州諸軍事。吳將陶璜等圍交趾，太守楊稷與鬱林太守毛炅及日南等三郡降于吳。八月丙戌，以征東大將軍衛瓘為征北大將軍、都督幽州諸軍事。丙申，城陽王憲薨。分益州之南中四郡置寧州，曲赦四郡殊死已下。冬十月丁丑，日有蝕之。十一月丁巳，衛公姬署薨。十二月，大雪。罷中領軍，並北軍中候。以光祿大夫鄭袤為司空。

八年春正月，監軍何楨討匈奴劉猛，累破之，左部帥李恪殺猛而降。癸亥，帝耕于藉田。二月乙亥，禁雕文綺組非法之物。壬辰，太宰、安平王孚薨。詔內外羣官舉任邊郡者各三人。帝與右將軍皇甫陶論事，陶與帝爭言，散騎常侍鄭徽表請罪之。帝曰：『讜言謇諤，所望於左右也。人主常以阿媚為患，豈以爭臣為損哉！徽越職妄奏，豈朕之意。』遂免徽官。夏四月，置後將軍，以備四軍。六月，益州牙門張弘誣其刺史皇甫晏反，殺之，傳首京師。弘坐伏誅，夷三族。壬辰，大赦。丙申，詔復隴右四郡遇寇害者田租。秋七月，以車騎將軍賈充為司空。九月，吳西陵督步闡來降，拜衛將軍、開府儀同三司，封宜都公。吳將陸抗攻闡，遣車騎將軍羊祜帥衆出江陵，荆州刺史楊肇迎闡於西陵，巴東監軍徐胤擊建平以救闡。冬十月辛未朔，日有蝕之。十二月，肇攻抗，不克而還。闡城陷，為抗所禽。

九年春正月辛酉，司空、密陵侯鄭袤薨。二月癸巳，司徒、樂陵公石苞薨。立安平亭侯隆為安平王。三月，立皇子祗為東海王。夏四月戊辰朔，日有蝕之。五月，旱。以太保何曾領司徒。六月乙未，東海王祗薨。秋七月丁酉朔，日有蝕之。吳將魯淑圍弋陽，征虜將軍王渾擊敗之。罷五官左右中郎將、弘訓太僕、衛尉、大長秋等官。鮮卑寇廣寧，殺略五千人。詔聘公卿以下子女以備六宮，采擇未畢，權禁斷婚姻。冬十月辛巳，制女年十七父母不嫁者，使長吏配之。十一月丁酉，臨宣武觀大閱諸軍，甲辰乃罷。

十年春正月辛亥，帝耕于藉田。閏月癸酉，太傅、壽光公鄭沖薨。己卯，高陽王珪薨。庚辰，太原王瓌薨。丁亥，詔曰：『嫡庶之別，所以辨上下，明貴賤。而近世以來，多皆內寵，登妃後之職，亂尊卑之序。自今以後，皆不得登用妾媵以為嫡正。』二月，分幽州五郡置平州。三月癸亥，日有蝕之。夏四月己未，太尉、臨淮公荀顗薨。六月癸巳，臨聽訟觀録囚徒，多所原遣。是夏，大蝗。秋七月丙寅，皇后楊氏崩。壬午，吳平虜將軍孟泰、偏將軍王嗣等帥衆降。八月，涼州虜寇金城諸郡，鎮西將軍、汝陰王駿討之，斬其帥乞文泥等。戊申，葬元皇后于峻陽陵。九月癸亥，以大將軍陳騫為大尉。攻拔吳枳里城，獲吳立信校尉莊祐。吳將孫遵、李承帥衆寇江夏，太守嵇喜擊破之。立河橋于富平津。冬十一月，立城東七里澗石橋。庚午，帝臨宣武觀，大閱諸軍。十二月，有星孛於軫。置藉田令。立太原王子緝為高陽王。吳威北將軍嚴聰、揚威將軍嚴整、偏將軍朱買來降。是歲，鑿陝南山，決河，東注洛，以通運漕。

咸寧元年春正月戊午朔，大赦，改元。二月，以將士應已娶者多，家有五女者給復。辛酉，以故鄴令夏謖有清稱，賜穀百斛。以奉祿薄，賜公卿以下帛有差。叛虜樹機能送質請降。夏五月，下邳、廣陵大風，拔木，壞廬舍。六月，鮮卑力微遣子來獻。吳人寇江夏。西域戊己校尉馬循討叛鮮卑，破之，斬其渠帥。戊申，置太子詹事官。秋七月甲申晦，日有蝕之。郡國螟。八月壬寅，沛王子文薨。以故太傅鄭沖、太尉荀顗、司徒石苞、司空裴秀、驃騎將軍王沈、安平獻王孚等及太保何曾、司空賈充、太尉陳騫、中書監荀勖、平南將軍羊祜、齊王攸等皆列於銘饗。九月甲子，青州螟，徐州大水。冬十月乙酉，常山王殷薨。癸巳，彭城王權薨。十一月癸亥，大閱于宣武觀，至於己巳。十二月丁亥，追尊宣帝廟曰高祖，景帝曰世宗，文帝曰太祖。是月大疫，洛陽死者大半。封裴頠為鉅鹿公。

二年春正月，以疾疫廢朝。賜諸散吏至於士卒絲各有差。二月丙戌，河間王洪薨。甲午，赦五歲刑以下。東夷八國歸化。并州虜犯塞，監并州諸軍事胡奮擊破之。初，燉煌太守尹璩卒，州以燉煌令梁澄領太守事。議郎令狐豐廢澄，自領郡事。豐死，弟宏代之。至是，涼州刺史楊欣斬宏，傳首洛陽。先是，帝不豫，及瘳，羣臣上壽。詔曰：『每念頃遇疫氣死亡，為之愴然。豈以一身之休息，忘百姓之艱邪？諸上禮者皆絕之。』夏五月，鎮西大將軍、汝陰王駿討北胡，斬其渠帥吐敦。立國子學。庚午，大雩。六月癸丑，薦荔支於太廟。甲戌，有星孛於氐。自春旱，至於是月

始雨。吳京下督孫楷帥衆來降，以為車騎將軍，封丹陽侯。白龍二見於新興井中。秋七月，有星孛於大角。吳臨平湖自漢末壅塞，至是自開。父老相傳云：『此湖塞，天下亂；此湖開，天下平。』癸丑，安平王隆薨。東夷十七國內附。河南、魏郡暴水，殺百餘人，詔給棺。鮮卑阿羅多等寇邊，西域戊己校尉馬循討之，斬首四千餘級，獲生九千餘人，於是來降。八月庚辰，河東、平陽地震。己亥，以太保何曾為太傅，太尉陳騫為大司馬，司空賈充為太尉，鎮軍大將軍齊王攸為司空。有星孛於太微，九月又孛於翼。丁未，起太倉於城東，常平倉於東西市。閏月，荆州五郡水，流四千餘家。冬十月，以汝陰王駿為征西大將軍，平南將軍羊祜為征南大將軍。丁卯，立皇后楊氏，大赦，賜王公以下及于鰥寡各有差。十一月，白龍二見於梁國。十二月，征處士安定皇甫謐為太子中庶子，封後父鎮軍將軍楊駿為臨晉侯。是月，以平州刺史傅詢、前廣平太守孟桓清白有聞，詢賜帛二百匹，桓百匹。

三年春正月丙子朔，日有蝕之。立皇子裕為始平王，安平穆王隆弟敦為安平王。詔曰：『宗室戚屬，國之枝葉，欲令奉率德義，為天下式。然處富貴而能慎行者寡，召穆公糾合兄弟而賦《棠棣》之詩，此姬氏所以本枝百世也。今以衛將軍、扶風王亮為宗師，所當施行，皆咨之于宗師也。』庚寅，始平王裕薨。有星孛於西方。使征北大將軍衛讙討鮮卑力微。三月，平虜護軍文淑討叛虜樹機能等，破之。有星孛於胃。乙未，帝將射雉，慮損麥苗而止。夏五月戊子，吳將邵凱、夏祥帥衆七千餘人來降。六月，益、梁八郡水，殺三百餘人，没邸閣別倉。秋七月，以都督豫州諸軍事王渾為都督揚州諸軍事。中山王睦以罪廢為丹水侯。八月癸亥，徙扶風王亮為汝南王，東莞王伷為琅邪王，汝陰王駿為扶風王，琅邪王倫為趙王，渤海王輔為太原王，太原王顒為河間王，北海王陵為任城王，陳王斌為西河王，汝南王柬為南陽王，濟南王耽為中山王，河間王威為章武王。立皇子瑋為始平王，允為濮陽王，該為新都王，遐為清河王，鉅平侯羊祜為南城侯。以汝南王亮為鎮南大將軍。大風拔樹，暴寒且冰，郡國五隕霜，傷穀。九月戊子，以左將軍胡奮為都督江北諸軍事。兗、豫、徐、青、荆、益、梁七州大水，傷秋稼，詔振給之。立齊王子蕤為遼東王，贊為廣漢王。冬十一月丙戌，帝臨宣武觀大閲，至於壬辰。十二月，吳將孫愼入江夏、汝南，略千餘家而去。是歲，西北雜虜及鮮卑、匈奴、五溪蠻夷、東夷三國前後十餘輩，各帥種人部落內附。

四年春正月庚午朔，日有蝕之。三月甲申，尚書左僕射盧欽卒。辛酉，以尚書右僕射山濤為尚書左僕射。東夷六國來獻。夏四月，蚩尤旗見於東井。六月丁未，陰平、廣武地震，甲子又震。涼州刺史楊欣與虜若羅拔能等戰于武威，敗績，死之。弘訓皇后羊氏崩。秋七月己丑，祔葬景獻皇后羊氏于峻平陵。庚寅，高陽王緝薨。癸巳，范陽王綏薨。荆、揚郡國二十皆大水。九月，以大傅何曾為太宰。辛巳，以尚書令李胤為司徒。冬十月，以征北大將軍衛瓘為尚書令。揚州刺史應綽伐吳皖城，斬首五千級，焚穀米百八十萬斛。十一月辛巳，太醫司馬程據獻雉頭裘，帝以奇技異服典禮所禁，焚之於殿前。甲申，敕內外敢有犯者罪之。吳昭武將軍劉翻、厲武將軍祖始來降。辛卯，以尚書杜預都督荆州諸軍事。征南大將軍羊祜卒。十二月乙未，西河王斌薨。丁未，太宰郎陵公何曾薨。是歲，東夷九國內附。

五年春正月，虜帥樹機能攻陷涼州。乙丑，使討虜護軍武威太守馬隆擊之。二月甲午，白麟見於平原。三月，匈奴都督拔弈虛帥部落歸化。乙亥，以百姓饑饉，減御膳之半。有星孛于柳。夏四月，又孛於女御。大赦，降除部曲督以下質任。丁亥，郡國八雨雹，傷秋稼，壞百姓廬舍。秋七月，有星孛于紫宮。九月甲午，麟見於河南。冬十月戊寅，匈奴餘渠都督獨雍等帥部落歸化。汲郡人不准掘魏襄王冢，得竹簡小篆古書十餘萬言，藏于秘府。十一月，大舉伐吳，遣鎮軍將軍、琅邪王伷出涂中，安東將軍王渾出江西，建威將軍王戎出武昌，平南將軍胡奮出夏口，鎮南大將軍杜預出江陵，龍驤將軍王濬、廣武將軍唐彬率巴蜀之卒浮江而下，東西凡二十餘萬。以太尉賈充為大都督，行冠軍將軍楊濟為副，總統衆軍。十二月，馬隆擊叛虜樹機能，大破，斬之，涼州平。肅愼來獻楛矢石砮。

太康元年春正月己丑朔，五色氣冠日。癸丑，王渾克吳尋陽賴鄉諸城，獲吳武威將軍周興。二月戊午，王濬、唐彬等克丹陽城。庚申，又克西陵，殺西陵都督、鎮軍將軍留憲，征南將軍成璩，西陵監鄭廣。壬戌，濬又克夷道樂鄉城，殺夷道監陸晏、水軍都督陸景。甲戌，杜預克江陵，斬吳江陵督王延；平南將軍胡奮克江安。於是諸軍並進，樂鄉、荆門諸

戍相次來降。乙亥，以浚為都督益、梁二州諸軍事，復下詔曰：『浚、彬東下，掃除巴丘，與胡奮、王戎共平夏口、武昌，順流長騖，直造秣陵，與奮、戎審量其宜。杜預當鎮靜零、桂，懷輯衡陽。大兵既過，荊州南境固當傳檄而定，預當分萬人給浚，七千給彬。夏口既平，奮宜以七千人給浚。武昌既了，戎當以六千人增彬。太尉充移屯項，總督諸方。』浚進破夏口、武昌，遂泛舟東下，所至皆平。王渾、周浚與吳丞相張悌戰於版橋，大敗之，斬悌及其將孫震、沈瑩，傳首洛陽。孫皓窮蹙請降，送璽綬于琅邪王伷。三月壬申，王浚以舟師至於建鄴之石頭，孫皓大懼，面縛輿櫬，降於軍門。浚杖節解縛焚櫬，送於京都。收其圖籍，得州四，郡四十三，縣三百一十三，户五十二萬三千，吏三萬二千，兵二十三萬，男女口二百三十萬。其牧守下皆因吳所置，除其苛政，示之簡易，吳人大悦。乙酉大赦，改元，大酺五日，恤孤老困窮。夏四月，河東、高平雨雹，傷秋稼。遣兼侍中張側、黄門侍郎朱震分使揚越，尉其初附。白麟見於頓丘。三河、魏郡、弘農雨雹，傷宿麥。五月辛亥，封孫皓為歸命侯，拜其太子為中郎，諸子為郎中。吳之舊望，隨才擢敘。孫氏大將戰亡之家徙于壽陽，將吏渡江復十年，百姓及百工復二十年。丙寅，帝臨軒大會，引皓升殿，羣臣咸稱萬歲。丁卯，薦酃淥酒於太廟。郡國六雹，傷秋稼。庚午，詔諸士卒年六十以上罷歸於家。庚辰，以王浚為輔國大將軍、襄陽侯，杜預當陽侯，王戎安豐侯，唐彬上庸侯，賈充、琅邪王伷以下增封。於是論功行封，賜公卿以下帛各有差。六月丁丑，初置翊軍校尉官。封丹水侯睦為高陽王。甲申，東夷十國歸化。秋七月，虜軻成泥寇西平、浩亹，殺督將以下三百餘人。東夷二十國朝獻。庚寅，以尚書魏舒為尚書右僕射。八月，車師前部遣子入侍。己未，封皇弟延祚為樂平王。白龍三見於永昌。九月，羣臣以天下一統，屢請封禪，帝謙讓弗許。冬十月丁巳，除五女復。十二月戊辰，廣漢王贊薨。

二年春二月，淮南、丹陽地震。三月丙申，安平王敦薨。賜王公以下吳生口各有差。詔選孫皓妓妾五千人入宫。東夷五國朝獻。夏六月，東夷五國内附。郡國十六雨雹，大風拔樹，壞百姓廬舍。江夏、泰山水，流居人三百餘家。秋七月，上黨又暴風雨雹，傷秋稼。八月，有星孛于張。冬十月，鮮卑慕容廆寇昌黎。十一月壬寅，大司馬陳騫薨。有星孛于軒轅。鮮卑寇遼西，平州刺史鮮于嬰討破之。

三年春正月丁丑，罷秦州，並雍州。甲午，以尚書張華都督幽州諸軍事。三月，安北將軍嚴詢敗鮮卑慕容廆于昌黎，殺傷數萬人。夏四月庚午，太尉、魯公賈充薨。閏月丙子，司徒、廣陸侯李胤薨。癸丑，白龍二見於濟南。秋八月，罷平州、寧州刺史三年一入奏事。九月，東夷二十九國歸化，獻其方物。吳故將莞恭、帛奉舉兵反，攻害建鄴令，遂圍揚州，徐州刺史嵇喜討平之。冬十二月甲申，以司空齊王攸為大司馬、督青州諸軍事，鎮東大將軍、琅邪王伷為撫軍大將軍，汝南王亮為太尉，光禄大夫山濤為司徒，尚書令衛瓘為司空。丙申，詔四方水旱甚者無出田租。

四年春正月甲申，以尚書右僕射魏舒為尚書左僕射，下邳王晃為尚書右僕射。戊午，司徒山濤薨。二月己丑，立長樂亭侯寔為北海王。三月辛丑朔，日有蝕之。癸丑，大司馬齊王攸薨。夏四月，任城王陵薨。五月己亥，大將軍、琅邪王伷薨。徙遼東王蕤為東萊王。六月，增九卿禮秩。牂柯獠二千餘落内屬。秋七月壬子，以尚書右僕射、下邳王晃為都督青州諸軍事。丙寅，兗州大水，復田租。八月，鄯善國遣子入侍，假其歸義侯。以隴西王泰為尚書右僕射。冬十一月戊午，新都王該薨。以尚書左僕射魏舒為司徒。十二月庚午，大閲于宣武觀。是歲，河南及荊州、揚州大水。

五年春正月己亥，青龍二見於武庫井中。二月丙寅，立南宫王子玷為長樂王。壬辰，地震。夏四月，任城、魯國池水赤如血。五月丙午，宣帝廟梁折。六月，初置黄沙獄。秋七月戊申，皇子恢薨。任城、梁國、中山雨雹，傷秋稼。減天下户課三分之一。九月，南安大風折木。郡國五大水，隕霜，傷秋稼。冬十一月甲辰，太原王輔薨。十二月庚午，大赦。林邑、大秦國各遣使來獻。閏月，鎮南大將軍、當陽侯杜預卒。

六年春正月庚申朔，以比歲不登，免租貸宿負。戊辰，以征南大將軍王渾為尚書左僕射，尚書褚契都督揚州諸軍事，揚濟都督荊州諸軍事。三月，郡國六隕霜，傷桑麥。夏四月，扶南等十國來獻，參離四千餘落内附。郡國四旱，十大水，壞百姓廬舍。秋七月，巴西地震。八月丙戌朔，日有蝕之。減百姓綿絹三分之一。白龍見於京兆。以鎮軍大將軍王浚為撫軍大將軍。九月丙子，山陽公劉康薨。冬十月，南安山崩，水出。南陽郡獲兩足獸。龜兹、焉耆國遣子入侍。十二月甲申，大閲于宣武觀，旬日而

罷。庚寅，撫軍大將軍、襄陽侯王浚卒。

七年春正月甲寅朔，日有蝕之。乙卯，詔曰：『比年災異屢發，日蝕三朝，地震山崩。邦之不臧，實在朕躬。公卿大臣各上封事，極言其故，勿有所諱。』夏五月，郡國十三旱。鮮卑慕容廆寇遼東。秋七月，朱提山崩，犍為地震。八月，東夷十一國內附。京兆地震。九月戊寅，驃騎將軍、扶風王駿薨。郡國八大水。冬十一月壬子，以隴西王泰都督關中諸軍事。十二月，遣侍御史巡遭水諸郡。出後宮才人、妓女以下三百七十人歸於家。始制大臣聽終喪三年。己亥，河陰雨赤雪二頃。是歲，扶南等二十一國、馬韓等十一國遣使來獻。

八年春正月戊申朔，日有蝕之。太廟殿陷。三月乙丑，臨商觀震。夏四月，齊國、天水隕霜，傷麥。六月，魯國大風，拔樹木，壞百姓廬舍。郡國八大水。秋七月，前殿地陷，深數丈，中有破船。八月，東夷二國內附。九月，改營太廟。冬十月，南康平固縣吏李豐反，聚衆攻郡縣，自號將軍。十一月，海安令蕭輔聚衆反。十二月，吳興人蔣迪聚黨反，圍陽羨縣，州郡捕討，皆伏誅。南夷扶南、西域康居國各遣使來獻。是歲，郡國五地震。

九年春正月壬申朔，日有蝕之。詔曰：『興化之本，由政平訟理也。二千石長吏不能勤恤人隱，而輕挾私故，興長刑獄，又多貪濁，煩撓百姓。其敕刺史二千石糾其穢濁，舉其公清，有司議其黜陟。令內外羣官舉清能，拔寒素。』江東四郡地震。二月，尚書右僕射、陽夏侯胡奮卒，以尚書朱整為尚書右僕射。三月丁丑，皇后親桑于西郊，賜帛各有差。壬辰，初並二社為一。夏四月，江南郡國八地震；隴西隕霜，傷宿麥。五月，義陽王奇有罪，黜為三縱亭侯。詔內外羣官舉守令之才。六月庚子朔，日有蝕之。徙章武王威為義陽王。郡國三十二大旱，傷麥。秋八月壬子，星隕如雨。詔郡國五歲刑以下決遣，無留庶獄。九月，東夷七國詣校尉內附。郡國二十四螟。冬十二月癸卯，立河間平王洪子英為章武王。戊申，青龍、黃龍各一見於魯國。

十年夏四月，以京兆太守劉霄、陽平太守梁柳有政績，各賜穀千斛。郡國八隕霜。太廟成。乙巳，遷神主於新廟，帝迎于道左，遂祫祭。大赦，文武增位一等，作廟者二等。丁未，尚書右僕射、廣興侯朱整卒。癸丑，崇聖殿災。五月，鮮卑慕容廆來降，東夷十一國內附。六月庚子，山陽公劉瑾薨。復置二社。冬十月壬子，徙南宮王承為武邑王。十一月丙辰，守尚書令、左光祿大夫荀勖卒。帝疾瘳，賜王公以下帛有差。含章殿鞠室火。甲申，以汝南王亮為大司馬、大都督、假黃鉞。改封南陽王柬為秦王，始平王瑋為楚王，濮陽王允為淮南王，並假節之國，各統方州軍事。立皇子乂為長沙王，穎為成都王，晏為吳王，熾為豫章王，演為代王，皇孫遹為廣陵王。立濮陽王子迪為漢王，始平王子儀為毗陵王，汝南王次子羕為西陽公。徙扶風王暢為順陽王，暢弟歆為新野公，琅邪王覲弟澹為東武公，繇為東安公，漼為廣陵公，卷為東莞公。改諸王國相為內史。十二月庚寅，太廟梁折。是歲，東夷絕遠三十餘國、西南夷二十餘國來獻。壬戌，虜奚軻男女十萬口來降。

太熙元年春正月辛酉朔，改元。乙巳，以尚書左僕射王渾為司徒，司空衛瓘為太保。二月辛丑，東夷七國朝貢。琅邪王覲薨。三月甲子，以右光祿大夫石鑒為司空。夏四月辛丑，以侍中車騎將軍楊駿為太尉、都督中外諸軍、録尚書事。己酉，帝崩于含章殿，時年五十五，葬峻陽陵，廟號世祖。

綜述

《晉書》卷四《惠帝紀》 太熙元年四月己酉，武帝崩。是日，皇太子即皇帝位，大赦。【略】夏五月辛未，葬武皇帝于峻陽陵。

又 卷六《元帝紀》 太興四年五月，旱。庚申，詔曰：『昔漢二祖及魏武皆免良人，武帝時，涼州覆敗，諸為奴婢亦皆復籍，此累代成規也。其免中州良人遭難為揚州諸郡僮客者，以備征役。』

又 卷三三《何劭傳》 劭字敬祖，少與武帝同年，有總角之好。帝為王太子，以劭為中庶子。及即位，轉散騎常侍，甚見親待。劭雅有姿望，遠客朝見，必以劭侍直。每諸方貢獻，帝輒賜之，而觀其占謝焉。咸寧初，有司奏劭及兄遵等受故鬲令袁毅貨，雖經赦宥，宜皆禁止。事下廷尉。詔曰：『太保與毅有累世之交，遵等所取差薄，一皆置之。』遷侍中尚書。

又《石苞傳》 自諸葛破滅，苞便鎮撫淮南，士馬强盛，邊境多務，苞既勤庶事，又以威德服物。淮北監軍王琛輕苞素微，又聞童謡曰：『宫中大馬幾作驢，大石壓之不得舒。』因是密表苞與吳人交通。先時望氣者云『東南有大兵起』。及琛表至，武帝甚疑之。會荆州刺史胡烈表吳人欲大出為寇，苞亦聞吳師將入，乃築壘遏水以自固。帝聞之，謂羊祜曰：『吳人每來，常東西相應，無緣偏爾，豈石苞果有不順乎？』祜深明之，而帝猶疑焉。會苞子喬為尚書郎，上召之，經日不至。帝謂為必叛，欲討苞而隱其事。遂下詔以苞不料賊勢，築壘遏水，勞擾百姓，策免其官。遣太尉義陽王望率大軍征之，以備非常。又敕鎮東將軍、琅邪王伷自下邳會壽春。苞用掾孫鑠計，放兵步出，住都亭待罪。帝聞之，意解。及苞詣闕，以公還第。苞自耻受任無效而無怨色。

又 卷四〇《楊駿傳》 尚書褚、郭奕並表駿小器，不可以任社稷之重。武帝不從。帝自太康以後，天下無事，不復留心萬機，惟耽酒色，始寵後黨，請謁公行。而駿及珧、濟勢傾天下，時人有『三楊』之號。

論說

《晉書》卷三《武帝紀論》 帝宇量弘厚，造次必於仁恕；容納讜正，未嘗失色於人；明達善謀，能斷大事，故得撫寧萬國，綏靜四方。承魏氏奢侈革弊之後，百姓思古之遺風，乃厲以恭儉，敦以寡欲。有司嘗奏御牛青絲紖斷，詔以青麻代之。臨朝寬裕，法度有恒。高陽許允既為文帝所殺，允子奇為太常丞。帝將有事於太廟，朝議以奇受害之門，不欲接近左右，請出為長史。帝乃追述允夙望，稱奇之才，擢為祠部郎，時論稱其夷曠。平吳之後，天下乂安，遂怠於政術，耽于遊宴，寵愛後黨，親貴當權，舊臣不得專任，彝章紊廢，請謁行矣。爰至未年，知惠帝弗克負荷，然恃皇孫聰睿，故無廢立之心。復慮非賈後所生，終致危敗，遂與腹心共圖後事。說者紛然，久而不定，竟用王佑之謀，遣太子母弟秦王柬都督關中，楚王瑋、淮南王允並鎮守要害，以强帝室。又恐楊氏之逼，復以佑為北軍中候，以典禁兵。既而寢疾彌留，至於大漸，佐命元勳，皆已先没，羣臣惶惑，計無所從。會帝小差，有詔以汝南王亮輔政，又欲令朝士之有名望年少者數人佐之，楊駿秘而不宣。帝復尋至迷亂，楊後輒為詔以駿輔政，促亮進發。帝尋小間，問汝南王來未，意欲見之，有所付託。左右答言未至，帝遂困篤。中朝之亂，實始於斯矣。

（唐太宗）制曰：武皇承基，誕膺天命，握圖御宇，敷化導民，以佚代勞，以治易亂。絕縑緦之貢，去雕琢之飾，制奢俗以變儉約，止澆風而反淳樸。雅好直言，留心采擢，劉毅、裴楷以質直見容，嵇紹、許奇雖仇讎不棄。仁以御物，寬而得衆，宏略大度，有帝王之量焉。於是民和俗靜，家給人足，聿修武用，思啓封疆。決神算於深衷，斷雄圖於議表。馬隆西伐，王濬南征，師不延時，獯虜削迹，兵無血刃，揚越為墟。通上代之不通，服前王之未服。禎祥顯應，風教肅清，天人之功成矣，霸王之業大矣。雖登封之禮，讓而不為，驕泰之心，因斯而起。見土地之廣，謂萬棄而無虞；睹天下之安，謂千年而永治。不知處廣以思狹，則廣可長廣；居治而忘危，則治無常治。加之建立非所，委寄失才，志欲就於升平，行先迎於禍亂。是猶將適越者指沙漠以遵途，欲登山者涉舟航而覓路，所趣逾遠，所尚轉難，南北倍殊，高下相反，求其至也，不亦難乎！況以新集易動之基，而久安難拔之慮，故賈充凶竪，懷姦志以擁權；楊駿豺狼，苞禍心以專輔。及乎宫車晚出，諒闇未周，藩翰變親以成疏，連兵競滅其本；棟樑回忠而起僞，擁衆各舉其威。曾未數年，網紀大亂，海内版蕩，宗廟播遷。帝道王猷，反居文身之俗；神州赤縣，翻成被髮之鄉。棄所大以資人，掩其小而自托，為天下笑，其故何哉？良由失慎於前，所以貽患於後。且知子者賢父，知臣者明君；子不肖則家亡，臣不忠則國亂；國亂不可以安也，家亡不可以全也。是以君子防其始，聖人閑其端。而世祖惑荀勖之姦謀，迷王渾之偽策，心屢移於衆口，事不定於己圖。元海當除而不除，卒令擾亂區夏；惠帝可廢而不廢，終使傾覆洪基。夫全一人者德之輕，拯天下者功之重，棄一子者忍之小，安社稷者孝之大；況乎資三世而成業，延二孽以喪之，所謂取輕德而舍重功，畏小忍而忘大孝。聖賢之道，豈若斯乎！雖則善始于初，而乖令終於末，所以殷勤史策，不能無慊慨焉。

又 卷三四《杜預傳》 帝與中書令張華圍棋，而預表適至。華推枰斂手曰：『陛下聖明神武，朝野清晏，國富兵强，號令如一，吳主荒淫

驕虐，誅殺賢能，當今討之，可不勞而定。』帝乃許之。

又 卷四〇《賈充傳》 初，文帝以景帝恢贊王業，方傳位於舞陽侯攸。充稱武帝寬仁，且又居長，有人君之德，宜奉社稷。

又 卷四三《山簡傳》 簡欲令朝臣各舉所知，以廣得才之路。上疏曰：『【略】世祖武皇帝應天順人，受禪于魏，泰始之初，躬親萬機，佐命之臣，咸皆率職。時黄門侍郎王恂、庾純始於太極東堂聽政，評尚書奏事，多論刑獄，不論選舉。

又 卷四七《傅咸傳》 惠帝即位，楊駿輔政。咸言於駿曰：『事與世變，禮隨時宜，諒暗之不行尚矣。【略】世祖武皇帝雖大孝蒸蒸，亦從時釋服，制心喪三年，至於萬機之事，則有不違。

又 卷九七《四夷傳》 武帝受終衰魏，廓境全吳，威略既申，招攜斯廣，迷亂華之議，矜來遠之名，撫舊懷新，歲時無怠，凡四夷入貢者，有二十三國。

清・陸心源《唐文拾遺》卷一三《虞世南〈論略〉》 公子曰：『武帝克平江表，混一宇內，可謂晉之明主乎？』先生曰：『武帝平一天下，誰曰不然，至於創業垂統，其道則闕矣。夫帝王者，必立德立功，可大可久，經之以仁義，緯之以文武，深根固蒂，貽厥子孫，一言一行，以為軌範，垂之萬代，為不可易。武帝平吳之後，怠於政事，蔽惑邪佞，留心內寵，用馮紞之讒言，拒和嶠之正諫，智士永歎，有識寒心。以此國風，傳之庸子，遂使墳土未乾，四海鼎沸，衣冠殄滅，縣宇星分，何曾之言，於是信矣。其去明主，不亦遠乎？』

《舊唐書》卷二五《禮儀志一》 晉武帝炎以宣帝懿為始祖者。夫孟德、仲達者，皆人傑也。擁天下之强兵，挾漢、魏之微主，專制海內，令行草偃，服衮冕，陳軒懸，天子決事于私第，公卿列拜于道左，名雖為臣，勢實淩君。後主因之而業帝，前王由之而禪代，子孫尊而祖之，不亦可乎？

又 卷一七七《鄭覃傳》 覃曰：『晉武帝以采擇之失，中原化為左衽；陛下以為殷鑑，放去攸宜。』

宋・李昉等《太平御覽》卷九五《皇王部二十・世祖武皇帝》 謝靈運論曰：世祖受命，禎祥屢臻，苛慝不作，萬國欣戴。遠至邇安，德足以彰，天啓其運，民樂其功矣。反古之道，當以美事為先。今五等罔刑，井田王制，凡諸禮律，未能定正，而采擇嬪媛，不拘華門者。昔武王伐紂，歸傾宮之女，不以助紂為虐。而世祖平皓，納吳妓五千，是同皓之弊。婦人之封，六國亂政。如追贈外曾祖母，違古之道。凡此非事，並見前書，誠有點於徽猷，史氏所不敢蔽也。

《新唐書》卷一四五《吳兢傳》 玄宗初立，收還權綱，鋭於決事，羣臣畏伏。兢慮帝果而不及精，乃上疏曰：自古人臣不諫則國危，諫則身危。【略】晉武帝受劉毅桓、靈之譏，況陛下豁達大度，不能容此狂直耶？

又 卷一六三《常袞傳》 袞以為：『漢文帝還千里馬不用，晉武帝焚雉頭裘，宋高祖碎琥珀枕，是三主者，非有聰明大聖以致治安，謹身率下而已。』

《明史》卷二八二《儒林傳・潘府》 略言：『子為父，臣為君，皆斬衰三年，仁之至，義之盡也。漢文帝遺詔短喪，止欲便天下臣民，景帝遂自行之，使千古綱常一墜不振。晉武帝欲行而不能，【略】詔禮官參考載籍，使喪不廢禮，朝不廢政，勒為彝典，傳之子孫，豈不偉哉。』

清・錢大昕《廿二史劄記》卷七《三國志晉書》 至司馬炎既受禪，陳留王遷居於鄴，以事上表，炎猶下詔曰：『陳留王，志尚謙沖，每事上表，非所以優崇之也。自後非大事，皆使王官表上之。』及元帝南渡，營繕宮室，尚書符下陳留王出夫，荀奕奏曰『陳留王，位在三公之上，坐在太子之右，答表曰書，賜物曰與，豈可令出夫役？』以前朝殘裔，而臣下猶敢為之執奏，可見是時尚有虞賓之意。

案：山陽公（漢獻帝）居河內，至晉時始罷督軍，除其禁制，又除漢宗室禁錮。是遜位後，魏仍有人監之也。案《後漢書》：東海王强、沛王輔、東平王蒼之後，至魏受禪，猶皆封為崇德侯。

陳留王遜位後，晉令山濤護送至鄴。琅邪王胄嘗監守鄴城。是晉於陳留王亦有監製之法。然皆未嘗加害也。

藝　文

晉・潘岳《潘黃門集・哀文・世祖皇帝誄》　奧若稽古帝皇，誕受休命，作我晉室。赫赫文皇，配天並日，大行龍飛，創制改物。沉恩汪濊，流澤洋溢。上齊七政，下綏萬邦。四門穆穆，五典克從。惟清緝熙，於變時雍。愛盡事親，教加百姓，于喪過哀，在祭餘敬。后蠶冕幅，躬籍粢盛，六代畢奏，九功咸詠。行敦醇樸，思貫玄妙，蒞政端位，臨朝光曜。胄子入學，辟雍宗禮，國老恂恂，貴遊濟濟。莫孝匪子，莫悌匪弟，化自外明，訓法以禮。獷彼吳楚，稱亂三代，世歷五偽，年幾百載，邊垂虔劉，王化阻閡，羽檄星馳，鉦骨日榕，帝御羣帥，奉辭奪旅。腹心庭爭，爪牙疑沮，天監獨照，聖策乃舉，朝服濟江，止戈曜武，野無交兵，役不淹月，僭號歸命，稽顙晉闕。邪界蠻流，傍納百越，表閭旌善，德音爰發。虞人獻珍，周書垂誥，酒懼其彝，獸戒其冒。於我大行，縱心所好，道不踰矩，性與道奧，厭厭酣飲，樂不辯顏，桓桓振旅，田無遊盤。我德如風，民應如蘭，靡不夙夜，無感宴安，務農望歲，時或不稔，小心翼翼，恤民以甚，御坐不怡，撤膳振廩。西流垂精，南金抑施。永言孝思，天經地義。問誰暫事，英彥髦士；問誰翼侍，博物君子。潛明神鑑，從衆屈己，道濟羣生，為而不恃，先天弗違，後天降時，萬物熙熙，懷而慕思，顒顒縉紳，不謀同辭，巖巖岱宗，想望翠旗。恭惟天行，功成不居，議寢封禪，心棲沖虛，策告不足，太平有餘，七十二君，方之蔑如。思樂天德，等壽嵩華，如何寢疾，背世登遐，還幸梓宮，孤我邦家，龜筮既襲，吉日惟良，永指太極，窅神峻陽。羣后擗踴，長訣轜輬。聖靈斯顧，豈伊不傷，家無遠邇，邦靡小大，四海供職，同軌畢會。茫茫原野，庭庭素蓋，縞輅解駕，白虎弭旆，龍輴即定，玄闥載扃。如天斯崩，如地斯傾，哀哀庶寮，煢煢自愍。彼蒼者天，胡窅斯忍，聖君不返，我獨旋軫。

雜　録

南朝宋・劉義慶《世說新語・排調》　晉武帝問孫皓：《吳録》曰：『皓字元宗，一名彭祖，大皇帝孫也。景帝崩，皓嗣位，為晉所滅，封歸命侯。』『聞南人好作爾汝歌，頗能為不？』皓正飲酒，因舉觴勸帝而言曰：『昔與汝為鄰，今與汝為臣。上汝一桮酒，令汝壽萬春。』帝悔之。

《宋書》卷一四《禮志一》　晉武帝泰始四年、九年，咸寧元年，太康四年、六年冬，皆自臨宣武觀，大習衆軍，然不自令進退也。自惠帝以後，其禮遂廢。

晉武帝泰始二年九月，羣公奏：『唐堯、舜、禹不以易祚改制；至於湯、武，各推行數。宣尼答為邦之問，則曰行夏之時，輅冕之制，通為百代之言。蓋期於從政濟治，不繫於行運也。今大晉繼三皇之蹤，踵舜、禹之迹，應天從民，受禪有魏，宜一用前代正朔服色，皆如有虞遵唐故事，於義為弘。』奏可。孫盛曰：『仍舊，非也。且晉為金行，服色尚赤，考之天道，其違甚矣。』及宋受禪，亦如魏、晉故事。

晉武帝泰始十年，南宮王承年十五，依舊應冠。有司議奏：『禮十五成童。國君十五而生子，以明可冠之宜。又漢、魏遣使冠諸王，非古典。』於是制諸王十五冠，不復加命。

晉武帝咸寧二年，臨軒，遣太尉賈充策立后楊氏，納悼后也。因大赦，賜王公以下各有差。百僚上禮。

晉武帝泰始十年，將聘拜三夫人九嬪。有司奏：『禮，皇后聘以穀珪，無妾媵禮贄之制。』詔曰：『拜授可依魏氏故事。』於是臨軒使使持節兼太常拜夫人，兼御史中丞拜九嬪。漢、魏之禮，公主居第，尚公主者來第成婚。司空王朗以為不可，其後乃革。

晉武帝世，更定元會注，今有《咸寧注》是也。

晉武帝太康二年，有司奏：『春分依舊車駕朝日，寒温未適，可不親出。』詔曰：『禮儀宜有常，如所奏，與故太尉所撰不同，復為無定制。間者方難未平，故每從所奏。今戎事弭息，唯此為大。』案此詔，帝復為親朝日也。此後廢。

晉武帝太始七年四月，帝將親祠，車駕夕牲，而儀注還不拜。詔問其故。博士奏：『歷代相承如此。』帝曰：『非致敬宗廟之禮也。』於是實拜而還，遂以為制。太康中，有司奏議，十一月一日合朔奠、冬烝、夕牲同日，可有司行事。詔曰：『夕牲而令有司行事，非也。改擇上旬他

日。』案此則武帝夕牲必躬臨拜，而江左以來復止也。

晉武帝咸寧三年、四年，並以正旦合朔卻元會，改魏故事也。

晉武帝泰始四年，有司奏始耕祠先農，可令有司行事。詔曰：『夫民之大事，在祀與農。是以古之聖王，躬耕帝籍，以供郊廟之粢盛，且以訓化天下。近代以來，耕籍止于數步中，空有慕古之名，曾無供祀訓農之實，而有百官車徒之費。今修千畝之制，當與羣公卿士，躬稼穡之艱難，以帥先天下。主者詳具其制，並下河南處田地于東郊之南，洛水之北，平良中水者。若無官田，隨宜便換，不得侵民人也。』自此之後，其事便廢，史注載多有闕。

晉武帝末，有司奏：『古諸侯耕籍百畝，躬秉耒耜，以奉社稷宗廟，以勸率農功。今諸王治國，宜修耕籍之義。』然未施行。宋太祖東耕後，乃班下州郡縣，悉備其禮焉。

晉武帝太康六年，散騎常侍華嶠奏：『先王之制，天子諸侯親耕千畝，後夫人躬蠶桑。今陛下以聖明至仁，修先王之緒，皇后體資生之德，合配乾之義，而教道未先，蠶禮尚闕。以為宜依古式，備斯盛典。』詔曰：『古者天子親籍以供粢盛，後夫人躬蠶以備祭服。所以聿遵孝敬，明教示訓也。今籍田有制，而蠶禮不修。中間務多，未暇崇備。今天下無事，宜修禮以示四海。其詳依古典及近代故事，以參今宜。明年施行。』於是使侍中袁粲草定其儀。皇后采桑壇在蠶室西，帷宮中門之外，桑林在其東，先蠶壇在宮外門之外而東南。取民妻六人為蠶母。蠶將生，擇吉日，皇后著十二笄，依漢魏故事，衣青衣，乘油蓋雲母安車，駕六馬。女尚書著貂蟬，佩璽，陪乘，載筐鉤。公主、三夫人、九嬪、世婦、諸太妃、公太夫人、公夫人，及縣鄉君、郡公侯特進夫人、外世婦、命婦，皆步搖，衣青，各載筐鉤從。蠶桑前一日，蠶官生蠶著薄上。桑日，太祝令以一太牢祠先蠶。皇后至西郊，升壇，公主以下陪列壇東。皇后東面躬桑，采三條；諸妃公主各采五條；縣鄉君以下各采九條。悉以桑授蠶母。還蠶室。事訖，皇后還便坐，公主以下以次就位，設饗賜絹各有差。

晉武帝泰始八年，有司奏：『太學生七千餘人，才任四品，聽留。』詔：『已試經者留之，其餘遣還郡國。大臣子弟堪受教者，令入學。』咸寧二年，起國子學。蓋《周禮》國之貴游子弟所謂國子，受教于師氏者也。太康五年，修作明堂、辟雍、靈臺。孫休永安元年，詔曰：『古者建國，教學為先。所以導世治性，為時養器也。自建興以來，時事多故，吏民頗以目前趨務，棄本就末，不循古道。夫所尚不淳，則傷化敗俗。其按舊置學官，立《五經》博士，核取應選，加其寵祿。科見史之中及將吏子弟有志好者，各令就業。一歲課試，差其品第，加以位賞。使見之者樂其榮，聞之者羨其譽。以淳王化，以隆風俗。』於是立學。

晉武帝泰始六年十二月，帝臨辟雍，行鄉飲酒之禮。詔曰：『禮儀之廢久矣，乃今復講肄舊典。賜太常絹百匹，丞、博士及學生牛酒。』

晉武帝泰始四年、九年、咸寧元年、太康四年、六年冬，皆自臨宣武觀，大習衆軍，然不自令進退也。自惠帝以後，其禮遂廢。

又 卷一五《禮志二》 晉武帝泰始四年，詔刺史二千石長吏曰：『古之王者，以歲時巡狩方嶽，其次則二伯述職，不然則行人巡省，撣人誦志。故雖幽遐側微，心無壅隔。人情上通，上指遠喻。至於鰥寡，罔不得所。用垂風遺烈，休聲猶存。朕在位累載，如臨深泉，夙興夕惕，明發不寐，坐而待旦。思四方水旱災眚，為之怛然。勤躬約己，欲令事事當宜。常恐衆吏用情，誠心未著，萬機兼猥，慮有不周。政刑失謬，而弗獲備覽。百姓有過，在予一人。惟歲之不易，未遑卜征巡省之事。人之未乂，其何以恤之。今使使持節侍中、副給事黄門侍郎，銜命四出，周行天下，親見刺史二千石長吏，申喻朕心懇誠至意，訪求得失損益諸宜，觀省政治，問人間患苦。周典有之曰：『其萬人利害為一書，其禮俗政事教治刑禁之逆順為一書，其悖逆暴亂作慝犯令為一書，其劄喪凶荒厄貧為一書，其康樂和親安平為一書。每國辯異之，以反命于王，以周知天下之故。』斯舊章前訓，今率由之。還具條奏，俾朕昭然鑑於幽遠，若親行焉。大夫君子，其各悉乃心，各敬乃事，嘉謀令圖，苦言至戒，與使者盡之，無所隱諱。方將虛心以俟。其勉哉勖之，稱朕意焉。』摯虞新禮儀曰：『魏氏無巡狩故事，新禮則巡狩方嶽，柴望告至，設壝宮，如禮諸侯之覲者。擯及執贄，皆如朝儀，而不建其旗。臣虞案觀禮，諸侯覲天子，各建其旗章，所以殊爵命，示等威。《詩》稱「君子至止，言觀其旂」。宜定新禮建旗如舊禮。』然終晉世，巡狩廢矣。

晉武帝以來，國有大喪未除，正會亦廢樂。

漢以後，天下送死奢靡，多作石室石獸碑銘等物。【略】晉武帝咸寧四年，又詔曰：『此石獸碑表，既私褒美，興長虛僞，傷財害人，莫大於此；一禁斷之。其犯者雖會赦令，皆當毀壞。』

又　卷一六《禮志三》　晉武帝太康三年正月，帝親郊禮。皇太子、皇弟、皇子悉侍祠，非前典也。

晉武帝太康二年冬，有司奏：『三年正月立春祠，時日尚寒，可有司行事。』詔曰：『郊祀禮典所重，中間以軍國多事，臨時有所妨廢，故每從奏可。自今方外事簡，唯此為大，親奉禋享，固常典也。』

晉武帝咸寧五年十一月己酉，弘訓羊太后崩，宗廟廢一時之祀，天地明堂去樂，且不上胙。

又　卷一七《禮志四》　晉武帝太康九年，楊皇后躬桑于西郊，祀先蠶。壇高一丈，方二丈，為四出陛，陛廣五尺。在采桑壇東南帷宮之外，去帷宮十丈。皇后未到，太祝令質明以一太牢告祠。謁者一人監祠。畢，徹饌，班餘胙于從桑及奉祠者。【略】

晉武帝咸寧二年春，久旱。四月丁巳，詔曰：『諸旱處廣加祈請。』五月庚午，始祈雨於社稷山川。六月戊子，獲澍雨。此雩禜舊典也。太康三年四月、十年二月，又如之。是後，修之至今。【略】

晉武帝泰始元年十二月，詔：『昔聖帝明王，修五嶽、四瀆，名山川澤，各有定制。所以報陰陽之功，而當幽明之道故也。然以道蒞天下者，其鬼不神，其神不傷人也。故史薦而無愧詞，是以其人敬慎幽冥，而淫祀不作。末代通道不篤，僭禮瀆神，縱欲祈請，曾不敬而遠之，徒偷以求幸，妖妄相扇，舍正為邪，故魏朝疾之。其按舊禮，具為之制，使功著於人者，必有其報，而妖淫之鬼，不亂其間。』二年正月，有司奏：『春分祠厲殃及禳祠。』詔曰：『不在祀典，除之。』【略】

晉武帝泰始三年十一月，改封宗聖侯孔震為奉聖亭侯。又昭太學及魯國四時備三牲，以祀孔子。

晉武帝泰始七年，皇太子講《孝經》。

又　卷一八《禮志五》　晉武帝太康四年，詔依漢故事，給九卿朝車駕及安車各一乘。傅暢《故事》，尚書令軺車，黑耳後户。僕射但後户無耳。中書監令如僕射。

晉武帝時，護軍將軍羊琇乘羊車，司隸校尉劉毅奏彈之。詔曰：『羊車雖無制，猶非素者所服。』江左來無禁也。

晉武帝泰始三年，詔太宰安平王孚服侍中之服，賜大司馬義陽王望袞冕之服。四年，又詔趙、樂安、燕王服散騎常侍之服。十年，賜彭城王袞冕之服。僞楚桓玄將篡，亦加安帝母弟太宰琅邪王袞冕服。

又　卷一九《樂志一》　晉武帝泰始二年，改制郊廟哥，其樂舞亦仍舊也。

晉武帝太康二年八月，有星孛于張。占曰：『為兵喪。』周分野，災在洛邑。十一月，星孛軒轅。占曰：『後宮當之。』四年三月戊申，星孛於西南。四年三月癸丑，齊王攸薨。四月戊寅，任城王陵薨。五月己亥，琅邪王伷薨。十一月戊午，新都王該薨。

又　卷三〇《五行志一》　晉武帝太康五年五月，宣帝廟地陷梁折。八年正月，太廟殿又陷，改作廟，築基及泉。其年九月，遂更營新廟，遠致名材，雜以銅柱。陳勰為匠，作者六萬人。十年四月，乃成。十一月庚寅，梁又折。按地陷者，分離之象；梁折者，木不曲直也。孫盛曰：于時後宮殿有孽火，又廟梁無故自折。先是帝多不豫，益惡之。明年，帝崩，而王室頻亂，遂亡天下。【略】

晉武帝泰始六年六月，大雨霖；甲辰，河、洛、沁水同時並溢，流四千九百餘家，殺二百餘人，没秋稼千三百六十餘頃。晉武太康五年七月，任城、梁國暴雨，害豆麥。太康五年九月，南安霖雨暴雪，折樹木，害秋稼；魏郡、淮南、平原雨水，傷秋稼。是秋，魏郡、西平郡九縣霖雨暴水，霜傷秋稼。【略】

晉武帝泰始後，中國相尚用胡床、貊盤，及為羌煮、貊炙。貴人富室，必置其器，吉享嘉會，皆此為先。太康中，天下又以氈為絈頭及絡帶、衿口，百姓相戲曰，中國必為胡所破也。氈產于胡，而天下以為絈頭帶身、衿口，胡既三制之矣，能無敗乎。干寶曰：『元康中，氐、羌反，至於永嘉，劉淵、石勒遂有中都。自後四夷迭據華土，是其應也。』【略】

晉武帝太康後，天下為家者，移婦人於東方，空萊北庭，以為園囿。干寶曰：『夫王朝南向，正陽也；後北宮，位太陰也；世子居東宮，位少陽也。今居內於東，是與外俱南面也。亢陽無陰，婦人失位而幹少陽之

象也。賈後讒戮湣懷，俄而禍敗亦及。』

又　卷三一《五行志二》　魏世起安世殿，晉武帝后居之。安世，武帝字也。晉武帝每延羣臣，多説平生常事，未嘗及經國遠圖。此言之不從也。何曾謂子遵曰：『國家無貽厥之謀，及身而已，後嗣其殆乎，此子孫之憂也。』【略】

晉武帝泰始七年五月閏月，旱，大雩。是春，孫皓出華里，大司馬望帥衆次於淮北。四月，北地胡寇金城西平，涼州刺史牽弘出戰，敗没。泰始八年五月，旱。是時帝納荀勖邪説，留賈充不復西鎮，而任愷稍疏，上下皆蔽之應也。又李喜、魯芝、李胤等並在散職，近欲德不用之謂也。泰始九年，自正月旱，至於六月，祈宗廟社稷山川，癸未雨。去年九月，吴西陵督步闡據城來降，遣羊祜統楊肇等衆八萬救迎闡。十二月，陸抗大破肇軍，攻闡滅之。泰始十年四月，旱。去年秋冬，采擇卿校諸葛沖等女，是春五十餘人入殿簡選。又取小將吏女數十人，母子號哭于宮中，聲聞于外，行人悲酸。是殆積陰生陽之應也。【略】

晉武帝咸寧二年五月，旱，大雩，及社稷山川。至六月，乃澍雨。【略】

晉武帝太康二年，自去冬旱，至此春平吴，亢陽動衆自大之應也。太康三年四月，旱。乙酉，詔司空齊王攸與尚書、廷尉、河南尹録訊繫囚，事從蠲宥。太康五年六月，旱。此年正月，天陰，解而復合。劉毅上疏曰：『必有阿黨之臣，姦以事君者，當誅而不赦也。』帝不答。是時荀勖、馮紞僭作威福，亂朝尤甚。太康六年三月，青、涼、幽、冀郡國旱。【略】

晉武帝太熙元年二月，旱。自太康以後，雖正人滿朝，不被親仗；而賈充、荀勖、楊駿、馮紞憐等，迭居要重。所以無年不旱者，欲德不用，上下皆蔽，庶位逾節之罰也。

晉武帝太康後，江南童謡曰：『局縮肉，數横目，中國當敗吴當復。』又曰：『宮門柱，且莫朽，吴當復，在三十年後。』又曰：『雞鳴不拊翼，吴復不用力。』于時吴人皆謂在孫氏子孫，故竊發亂者相繼。按横目者『四』字，自吴亡至晉元帝興，幾四十年，皆如童謡之言。元帝懦而少斷，局縮肉，直斥之也。干寶云『不知所斥』，諱之也。太康末，京、洛始為『折楊柳』之歌，其曲始有兵革苦辛之詞，終以禽獲斬截之事。是時三楊貴盛而族滅，太后廢黜而幽死。

晉武帝太康六年，南陽送兩足虎，此毛蟲之孽也。識者為其文曰：『武形有虧，金虎失儀，聖主應天，斯異何為。』言非亂也。京房《易傳》曰：『足少者，下不勝任也。』干寶曰：『虎者陰精，而居於陽，金獸也。南陽，火名也。金精入火，而失其形，王室亂之妖也。六，水數，言水數既極，火慝得作，而金受其敗也。至元康九年，始殺太子，距此十四年。二七十四，火始終相乘之數也。自帝受命，至湣懷之廢，凡三十五年。』太康九年，荆州獻兩足玃。太康七年十一月丙辰，四角獸見於河間，河間王顒獲以獻。角，兵象也。董仲舒以四角為四方之象。後河間王數連四方之兵，作為亂階，殆其應也。

晉武帝太康五年五月丁巳，隕石于温及河陽各二。太康六年正月，隕石于温三。

晉武帝泰始八年五月，蜀地雨白毛。此白祥也。是時益州刺史皇甫晏冒暑伐汶山胡，從事何旅固諫，不從。牙門張弘等因衆之怨，誣晏謀逆，害之。京房《易傳》曰：『前樂後憂，厥妖天雨羽。』又曰：『邪人進，賢人逃，天雨毛。』其《易妖》曰：『天雨毛羽，貴人出走。』三占皆應也。

又　卷三二《五行志三》　晉武帝太康八年三月乙丑，震災西閣、楚王所止坊，及臨商觀窗。十年四月癸丑，崇賢殿災。十月庚辰，含章鞠室、修成堂前廡、内坊東屋、輝章殿南閣火。時有上書者曰：『漢王氏五侯兄弟迭任，今楊氏三公並在大位，天變屢見，竊為陛下憂之。』楊珧由是乞退。是時帝納馮紞之間，廢張華之功；聽楊駿之讒，離衛瓘之寵。此逐功臣之罰也。明年，宮車晏駕。其後楚王承竊發之旨，戮害二公，身亦不免。震災其坊，又天意乎！

晉武帝泰始四年八月，翟雉飛上閶闔門。趙倫既篡，洛陽得異鳥，莫能名。倫使人持出，周旋城邑匝以問人。積日，宮西有小兒見之，逆自言曰：『服留鳥鷖。』持者即還白倫。倫使更求小兒。至，又見之，將入宮，密籠鳥，閉兒户中。明日視，悉不見。此羽蟲之孽，又妖之甚者也。

晉武帝太康七年十一月，河陰有赤雪二頃。此赤祥也。後涉四載而帝

崩，王宮遂亂。

又　卷三三《五行志四》　晉武帝泰始四年九月，青、徐、兗、豫四州大水。七年六月，大雨霖，河、洛、伊、沁皆溢，殺二百餘人。帝即尊位，不加三後祖宗之號。泰始二年，又除明堂南郊五帝坐，同稱昊天上帝，一位而已。又省先後配地之禮。此簡宗廟，廢祭祀之罰，與漢成帝同事。一曰，昔歲及此年，藥蘭泥、白虎文秦涼殺刺史胡烈、牽弘，遣田璋討泥。又司馬望以大衆次淮北禦孫皓。內外兵役，西州饑亂，百姓愁怨，陰氣盛也。咸寧初，始上祖宗號，太熙初，還復五帝位。【略】

晉武帝咸寧元年九月，徐州水。二年七月癸亥，河南魏郡暴水，殺百餘人；八月，荊州郡國五大水。去年采擇良家子女，露面入殿，帝親簡閱，務在姿色，不訪德行。有蔽匿者，以不敬論。搢紳愁怨，天下非之。陰盛之應也。咸寧三年六月，益、梁二州郡國八暴水，殺三百餘人；七月，荊州大水；九月，始平郡大水；十月，青、徐、兗、豫、荊、益、梁七州又水。是時賈充等用事日盛，而正人疏外者多。咸寧四年七月，司、冀、兗、豫、荊、揚郡國二十大水。【略】

晉武帝太康二年六月，泰山、江夏大水。泰山流三百家，殺六千餘人；江夏亦殺人。是時平吳後，王浚為元功，而詆劾妄加；荀、賈為無謀，而並蒙重賞。收吳姬五千，納之後宮。此其應也。太康四年七月，司、豫、徐、兗、荊、揚郡國二十大水，傷秋稼，壞屋室，有死者。太康六年三月，青、涼、幽、冀郡國十五大水。太康七年九月，西方安定等郡國八大水。太康八年六月，郡國八大水。

晉武帝泰始六年冬，大雪。泰始七年十二月，大雪。明年。有步闡、楊肇之敗，死傷甚衆。泰始九年四月辛未，隕霜。是時賈充親黨比周用事。與魯定公、漢元帝時隕霜同應也。【略】

晉武帝咸寧三年八月，平原、安平、上黨、秦郡霜害三豆。咸寧三年八月，河間暴風寒冰，郡國五隕霜傷穀。是後大舉征吳，馬隆又帥精勇討涼州。咸寧五年五月丁亥，鉅鹿、魏郡雨雹傷禾、麥；辛卯，雁門雨雹傷秋稼穡。咸寧五年六月庚戌，汲郡、廣平、陳留、滎陽雨雹；丙辰，又雨雹，損傷秋麥千三百餘頃，壞屋百三十餘間；癸亥，安定雨雹；七月丙申，魏郡又雨雹；閏月壬子，新興又雨雹；八月庚子，河東、弘農又雨雹，兼傷秋稼三豆。【略】

晉武帝太康元年三月，河東、高平霜雹，傷桑、麥；四月，河南、河內、河東、魏郡、弘農雨雹，傷麥、豆；五月，東平、平陽、上黨、雁門、濟南雨雹，傷禾、麥、三豆。太康元年四月庚午，畿內縣二及東平范陽縣雨雹；癸酉，畿內縣五又雨雹。是時王浚有大功，而權戚互加陷抑，帝從容不斷。陰脅陽之應也。太康二年二月辛酉，殞霜於濟南、琅邪，傷麥；壬申，琅邪雨雪傷麥；三月甲午，河東隕霜害桑。太康二年五月丙戌，城陽、章武、琅邪傷麥；庚寅，河東、樂安、東平、濟陰、弘農、濮陽、齊國、頓丘、魏郡、河內、汲郡、上黨雨雹，傷禾稼。太康二年六月，郡國十六雨雹。太康三年十二月，大雪。太康五年七月乙卯，中山、東平雨雹，傷秋稼。太康五年七月甲辰，中山雨雹；九月，南安大雪折木。太康六年二月，東海霜傷桑、麥。太康六年三月戊辰，齊郡臨菑、長廣不其等四縣，樂安梁鄒等八縣，琅邪臨沂等八縣，河間易城等六縣，高陽北新城等四縣，隕霜傷桑、麥。太康六年六月，滎陽、汲郡、雁門雨雹。太康八年四月，齊國、天水二郡隕霜；十二月，大雪。太康九年正月，京都大風雨雹，發屋拔木；四月，隴西隕霜。太康十年四月，郡國八隕霜。

晉武帝太康六年十二月甲申朔，淮南郡震電。太康七年十二月己亥，毗陵雷電，南沙司鹽都尉戴亮以聞。太康十年十二月癸卯，廬江、建安雷電大雨。

晉武帝太康中，有鯉魚二見武庫屋上。干寶曰：『武庫兵府，魚有鱗甲，亦兵類也。魚既極陰，屋上太陽，魚見屋上，象至陰以兵革之禍幹太陽也。』至惠帝初，誅楊駿，廢太后，矢交館閣。元康末，賈後謗殺太子，尋亦誅廢。十年間，母后之難再興，是其應也。自是禍亂構矣。京房《易妖》曰：『魚去水，飛入道路，兵且作。』

晉武帝泰始十年六月，蝗。是時荀、賈任政，疾害公直。

晉武帝太康五年六月，任城、魯國池水皆赤如血。案劉向說，近火沴水也。聽之不聰之罰也。京房《易傳》曰：『淫于色，賢人潛，國家危，厥異水流赤。』

又　卷三四《五行志五》　晉武帝泰始五年五月辛卯朔，廣平大風

折木。晉武帝咸寧元年五月，下邳、廣陵大風，壞千餘家，折樹木。咸寧元年五月甲申，廣陵、司吾、下邳大風折木。咸寧三年八月，河間大風折木。【略】

晉武帝太康二年五月，濟南大風，折木傷麥。太康二年六月，高平大風折木，發壞邸閣四十餘區。太康八年六月，郡國八大風。太康九年正月，京都風雹，發屋拔木。後二年，宮車晏駕。

晉武帝太康四年，會稽彭蜞及蟹皆化為鼠，甚衆，覆野，大食稻為災。太康九年八月，郡國二十四螟，螟說與蝗同。是時帝聽讒訴。太康九年九月，蟲傷稼。

晉武帝太康九年，幽州塞北有死牛頭語。近牛禍也。是時帝多疾病，深以後事為念，而託付不以至公，思心瞀亂之應也。師曠曰：『怨沓動於民，則有非言之物而言。』又其義也。

晉武帝泰始五年四月辛酉，地震。是年冬，新平氐、羌叛。明年，孫皓大遣衆入渦口。叛虜寇秦、涼，刺史胡烈、蘇愉並為所害。泰始七年六月丙申，地震。武帝世，始于賈充，終於楊駿，阿黨昧利，苟專權寵，終喪天下，由是也。末年所任轉敝，故亦一年六震，是其應也。裴叔則曰：『晉德所以不比靈斯堯、舜者，以有賈充諸人在朝。』

晉武帝咸寧二年八月庚辰，河南、河東、平陽地震。咸寧四年六月丁未，陰平、廣武地震；甲子，陰平、廣武地又震。【略】

晉武帝太康二年二月庚申，淮南、丹陽地震。太康五年正月壬辰，地震。太康六年七月己丑，地震。太康七年七月，南安、犍為地震；八月，京兆地震。太康八年五月壬子，建安地震；七月，陰平地震；八月，丹陽地震。太康九年正月，會稽、丹陽、吳興地震；四月辛酉，長沙、南海等郡國八地震；七月至於八月，地又四震，其三有聲如雷。太康十年十二月己亥，丹陽地震。【略】

晉武帝太始元年，地震。

晉武帝太始三年三月戊子，太行山崩。太始四年七月，泰山崩，墜三里。此晉之咎征也。至帝晏駕，而祿去王室，懷、湣淪胥於北，元帝中興于南，是其應也。京房《易傳》曰：『自上下者為崩，厥應泰山之石顛而下，聖王受命，人君虜。』【略】

晉武帝太康五年丙午，宣帝廟地陷。太康六年三月，南安新興縣山崩，湧水出。太康七年七月，朱提之大瀘山崩，震壞郡舍；陰平之仇池崖隕。太康八年七月，大雨。殿前地陷，方五尺，深數丈。

晉武帝咸寧二年六月丙申，白龍二見於九原井中。晉武帝太康五年正月癸卯，二龍見於武庫井中。帝見龍，有喜色，百僚將賀。劉毅獨表曰：『昔龍漦夏庭，禍發周室；龍見鄭門，子產不賀。』帝答曰：『朕德政未修，未有以膺受嘉祥。』遂不賀也。孫盛曰：『龍，水物也，何與於人，子產言之當矣。但非其所處，實為妖災。夫龍以飛翔顯見為美，則潛伏幽處，非休祥也。漢惠帝二年，兩龍見蘭陵井中，本志以為其後趙王幽死之象也。武庫者，帝王威御之器所寶藏也，室宇邃密，非龍所處。後七年，蕃王相害，二十八年，果有二胡僭竊神器。勒、虎二逆皆字曰龍，此之表異，為有證矣。』史臣案龍為休瑞，而屈于井中，前史言之已祥。但兆幽微，非可臆斷，故《五行》、《符瑞》兩存之。

晉武帝咸寧中，司徒府有二大蛇，長十許丈，居聽事平上，數年而人不知，但怪府中數失小兒及豬犬之屬。後一蛇夜出，傷於刃，不能去，乃覺之。發徒攻擊，移時乃死。夫司徒五教之府，此皇極不建，故蛇孽見之。漢靈帝時，蛇見御座，楊賜以為帝溺于色之應也。魏氏宮人猥多，晉又過之，宴遊是湎，此其孽也。《詩》云：『惟虺惟蛇，女子之祥。』

晉武帝太熙元年，遼東有馬生角，在兩耳下，長三寸。按劉向說，此兵象也。及帝晏駕之後，王室毒於兵禍，是其應也。京房《易傳》曰：『臣易上，政不順，厥妖馬生角。』又有『天子親伐，馬生角』。《呂氏春秋》曰：『人君失道，馬有生角。』

晉武帝泰始五年，元城人年七十，生角。案《漢志》說，殆趙王倫簒亂之象也。晉武帝咸寧二年二月，琅邪人顔畿病死，棺斂已久，家人咸夢畿謂己曰：『我當復生，可急開棺。』遂出之。漸能飲食屈申視瞻，不能行語也。二年復死。其後劉淵、石勒遂亡晉室。

晉武帝泰始十年，大疫。吳土亦同。晉武帝咸寧元年十一月，大疫，京都死者十萬人。晉武帝太康三年春，疫。

晉武帝泰始二年七月丙午晦，日有蝕之。泰始七年五月庚辰，日有蝕之。泰始八年十月辛未朔，日有蝕之。泰始九年四月戊辰朔，日有蝕之。

泰始十年三月癸亥，日有蝕之。【略】

晉武帝咸寧元年七月甲申晦，日有蝕之。咸寧三年正月丙子朔，日有蝕之。【略】

晉武帝太康四年三月辛丑朔，日有蝕之。太康六年八月丙戌朔，日有蝕之。太康七年正月甲寅朔，日有蝕之。乙亥，詔曰：『比年災異屢發，邦之不臧，實在朕躬。震蝕之異，其咎安在？將何施行，以濟其愆？』太尉亮、司徒舒、司空瓘遜位，弗許。太康八年正月戊申朔，日有蝕之。太康九年六月庚子朔，日有蝕之。後二年，宮車晏駕。

晉武帝泰始五年七月甲寅，日暈再重，白虹貫之。晉武帝太康元年正月己丑朔，五色氣冠日，自卯至酉。占曰：『君道失明。丑主鬬、牛，鬬、牛為吳地。』是時孫皓淫暴，四月降。

北魏・酈道元《水經注》卷一〇《濁漳水》 衡漳又東逕武邑縣故城北，王莽之順桓也。晉武帝封子于縣以為王國，後分武邑、武隧、觀津為武邑郡，治此。

又 卷二八《沔水》 夷水，蠻水也。桓温父名夷，改曰蠻水。夷水導源中廬縣界康狼山，山與荆山相鄰。其水東南流，歷宜城西山，謂之夷溪。又東南逕羅卅城，故羅國也。又謂之鄢水，《春秋》所謂楚人伐羅渡鄢者也。夷水又東南流，與零水合，零水即沶水也。上通梁州没陽縣之默城山，司馬懿出沮之所由。其水東逕新城郡之沶鄉縣，縣，分房陵立，謂之沶水。又東歷軨鄉，謂之軨水。晉武帝平吳，割臨沮之北鄉，中廬之南鄉，立上黃縣，治軨鄉。

《南齊書》卷一一《樂志》 晉武帝泰始二年，郊祀明堂，詔禮遵用周室肇稱殷祀之義，權用魏儀。後使傅玄造《祠天地五郊夕牲歌》詩一篇，《迎神歌》一篇。

《魏書》卷一《帝紀序》 文皇帝諱沙漠汗，以國太子留洛陽，為魏賓之冠。聘問交市，往來不絕。魏人奉遺金帛繒絮，歲以萬計。始祖與鄰國交接，篤信推誠，不為倚伏以要一時之利，寬恕任真，而遐邇歸仰。魏晉禪代，和好仍密。始祖春秋已邁，帝以父老求歸，晉武帝具禮護送。

又 卷一一六《刑罰志七》 晉武帝以魏制峻密，又詔車騎賈充集諸儒學，刪定名例，為二十卷，併合二千九百餘條。

《晉書》卷一二《天文志中》 武帝泰始五年七月甲寅，日暈再重，白虹貫之。

太康九年八月壬子，星隕如雨。《劉向傳》云：『下去其上之象。』後三年，帝崩而惠帝立，天下自此亂矣。

又 卷一三《天文志下》 咸熙二年五月，彗星見王良，長丈餘，色白，東南指，積十二日滅。占曰：『王良，天子御駟。彗星掃之，禪代之表，除舊佈新之象也。白色為喪。王良在東壁宿，又并州之分野。』八月，文帝崩。十二月，武帝受魏禪。

太康八年三月，熒惑守心。占曰：『王者惡之。』太熙元年四月乙酉，帝崩。

太熙元年四月，客星在紫宮。占曰：『為兵喪。』太康末，武帝耽宴遊，多疾病。是月己酉，帝崩。

又 卷一七《律曆志中》 武帝踐阼，泰始元年，因魏之《景初曆》，改名《泰始曆》。

又 卷一九《禮志上》 太康平吳，九州共一，禮經咸至，樂器同歸，於是齊魯諸生，各攜緗素。武皇帝亦初平寇亂，意先儀範。其吉禮也，則三茅不翦，日觀停瑄；其凶禮也，則深衣布冠，降席撤膳。

魏元帝咸熙二年十二月甲子，使持節侍中太保鄭沖、兼太尉司隸校尉李憙奉皇帝璽綬策書，禪位於晉。丙寅，武皇帝設壇埸于南郊，柴燎告類於上帝，是時尚未有祖配。泰始二年正月，詔曰：『有司前奏郊祀權用魏禮，朕不慮改作之難，令便為永制，衆議紛互，遂不時定，不得以時供饗神祇，配以祖考。日夕難企，貶食忘安，其便郊祀。』

成帝咸和五年六月丁未，有司奏讀秋令。兼侍中散騎常侍荀奕、兼黃門侍郎散騎侍郎曹宇駁曰：『【略】臣等參議光祿大夫臣華恒議，武皇帝以秋夏盛暑，常闕不讀令，在春冬不廢也。』【略】

及武帝，以李少君故，始祠灶；及生戾太子，始立高禖。

又 卷二〇《禮志中》 武帝亦遵漢魏之典，既葬除喪，然猶深衣素冠，降席撤膳。

又 卷二二《樂志上》 武皇帝采漢魏之遺范，覽景文之垂則，鼎鼐唯新，前音不改。

又　卷二五《輿服志》　世祖武皇帝接天人之貺，開典午之基，受終之禮，皆如唐虞故事。

象車，漢鹵簿最在前。武帝太康中平吳後，南越獻馴象，詔作大車駕之，以載黃門鼓吹數十人，使越人騎之。元正大會，駕象入庭。

又　卷二七《五行志上》　武帝太康八年三月乙丑，震災西閣楚王所止坊及臨商觀窗。十年四月癸丑，崇賢殿災。十一月庚辰，含章鞠室、修成堂前廡、景坊東屋、暉章殿南閣火。時有上書曰：『漢王氏五侯，兄弟迭任，今楊氏三公，並在大位，故天變屢見，竊為陛下憂之。』由是楊珧求退。是時帝納馮紞之間，廢張華之功，聽楊駿之讒，離衛瓘之寵，此逐功臣之罰也。明年，宮車宴駕。其後楚王承竊發之旨，戮害二公，身亦不免。震災其坊，又天意乎。

又　卷二八《五行志中》　孫皓天紀中，童謡曰：『阿童復阿童，銜刀游渡江。不畏岸上獸，但畏水中龍。』武帝聞之，加王濬龍驤將軍。及征吳，江西衆軍無過者，而王濬先定秣陵。

太康末，京洛為《折楊柳》之歌，其曲始有兵革苦辛之辭，終以擒獲斬截之事。是時三楊貴盛而被族滅，太后廢黜，幽死中宮，『折楊柳』之應也。

武帝太康九年，幽州有犬，鼻行地三百餘步。天戒若曰，是時帝不思和嶠之言，卒立惠帝，以致衰亂，是言不從之罰也。

武帝太康五年四月壬子，魯國池水變赤如血。【略】七年十月，河陰有赤雪二頃。此赤祥也。是後四載而帝崩，王室遂亂。

又　卷三一《后妃傳・武元楊皇后》　泰始中，帝博選良家以充後宮，先下書禁天下嫁娶，使宦者乘使車，給騶騎，馳傳州郡，召充選者使后揀擇。后性妒，惟取潔白長大，其端正美麗者並不見留。時卞藩女有美色，帝掩扇謂后曰：『卞氏女佳。』后曰：『藩三世后族，其女不可枉以卑位。』帝乃止。司徒李胤、鎮軍大將軍胡奮、廷尉諸葛沖、太僕臧權、侍中馮蓀、秘書郎左思及世族子女並充三夫人九嬪之列。司、冀、兗、豫四州二千石將吏家，補良人以下。名家盛族子女，多敗衣瘁貌以避之。【略】

及帝女萬年公主薨，帝痛悼不已，詔（左）芬為誄，其文甚麗。帝重芬詞藻，每有方物異寶，必詔為賦頌，以是屢獲恩賜焉。【略】

胡貴嬪名芳。父奮，別有傳。泰始九年，帝多簡良家子女以充內職，自擇其美者以絳紗繫臂。而芳既入選，下殿號泣。左右止之曰：『陛下聞聲。』芳曰：『死且不畏，何畏陛下！』帝遣洛陽令司馬肇策拜芳為貴嬪。帝每有顧問，不飾言辭，率爾而答，進退方雅。時帝多內寵，平吳之後復納孫皓宮人數千，自此掖庭殆將萬人，而並寵者甚衆，帝莫知所適，常乘羊車，恣其所之，至便宴寢。宮人乃取竹葉插戶，以鹽汁灑地，而引帝車。然芳最蒙愛幸，殆有專房之寵焉，侍御服飾亞于皇后。帝嘗與之摴蒱，爭矢，遂傷上指。帝怒曰：『此固將種也！』芳對曰：『北伐公孫，西距諸葛，非將種而何？』帝甚有慚色。芳生武安公主。

又　卷三八《齊獻王攸傳》　武帝踐阼，封齊王，時朝廷草創，而攸總統軍事，撫寧內外，莫不景附焉。【略】

咸寧二年，代賈充為司空，侍中、太傅如故。【略】先是太后有疾，既瘳，（武）帝與攸奉觴上壽，攸以太后前疾危篤，因歔欷流涕，（武）帝有愧焉。攸嘗侍（武）帝疾，恒有憂戚之容，時人以此稱歎之。及太后臨崩，亦流涕謂（武）帝曰：『桃符性急，而汝為兄不慈，我若遂不起，恐必不能相容。以是屬汝，勿忘我言。』

及（武）帝晚年，諸子並弱，而太子不令，朝臣內外，皆屬意於攸。中書監荀勗、侍中馮紞皆諂諛自進，攸素疾之。勗等以朝望在攸，恐其為嗣，禍必及己，乃從容言於帝曰：『陛下萬歲之後，太子不得立也。』帝曰：『何故？』勗曰：『百僚內外皆歸心于齊王，太子焉得立乎！陛下試詔齊王之國，必舉朝以為不可，則臣言有征矣。』紞又言曰：『陛下遣諸侯之國，成五等之制者，宜先從親始。親莫若齊王。』帝既信勗言，又納紞說，太康三年乃下詔曰：『古者九命作伯，或入毗朝政，或出御方嶽。周之呂望，五侯九伯，實得征之，侍中、司空、齊王攸，明德清暢，忠允篤誠。以母弟之親，受臺輔之任，佐命立勳，劬勞王室，宜登顯位，以稱具瞻。其以為大司馬、都督青州諸軍事，侍中如故，假節，將本營千人，親騎帳下司馬大車皆如舊，增鼓吹一部，官騎滿二十人，置騎司馬五人。餘主者詳案舊制施行。』攸不悅，主簿丁頤曰：『昔太公封齊，猶表東海；桓公九合，以長五伯。況殿下誕德欽明，恢弼大藩，穆然東軫，

莫不得所。何必絳闕，乃弘帝載！』攸曰：『吾無匡時之用，卿言何多。』

攸知勖、紞構己，憤怨發疾，乞守先後陵，不許。帝遣御醫診視，諸醫希旨，皆言無疾。疾轉篤，猶催上道。攸自强入辭，素持容儀，疾雖困，尚自整厲，舉止如常，帝益疑無疾。辭出信宿，歐血而薨，時年三十六。帝哭之慟，馮紞侍側曰：『齊王名過其實，而天下歸之。今自薨隕，社稷之福也，陛下何哀之過！』帝收淚而止。

《隋書》卷三三《經籍二・史志》 古者朝廷之政，發號施令，百司奉之，藏於官府，各修其職，守而弗忘。

晉初，甲令已下，至九百餘卷，晉武帝命車騎將軍賈充，博引羣儒，刪采其要，增律十篇。其餘不足經遠者為法令，施行制度者為令，品式章程者為故事，各還其官府。搢紳之士，撰而録之，遂成篇卷，然亦隨代遺失。今據其見存，謂之舊事篇。

《南史》卷一一《后妃傳上》 晉武帝采漢魏之制，置貴嬪、夫人、貴人，是爲三夫人，位視三公；淑妃、淑媛、淑儀、修華、修容、修儀、婕妤、容華、充華，是爲九嬪，位視九卿；其餘有美人、才人、中才人，爵視千石以下。【略】中才人，晉武帝所制。

唐・杜佑《通典》卷六四《嘉禮九・天子車輅》 晉武帝承魏陳留王命，乘金根車，駕六馬，備五時副車。及受禪，設玉金象革木五輅，並為法駕，旗旂服用，悉取周制，文物華藻，因金根車，更增其飾。朱斑漆輪，加畫文。兩箱之後，加玳瑁為從翅，金銀雕飾，時人亦謂為金從車。邪注旂旗於車之左，又加棨戟於車之右，皆橐而施之。棨戟韜以黻繡，上為亞字，繫大蛙蟆幡。輈長丈餘。於戟之杪，以氂牛尾，大如鬬，置左騑馬軛上，是為左纛。轅皆曲向上，取夏殷山車垂鉤之義。玉輅駕六黑馬，金象革木駕駟，以黄金為叉髦，插以翟尾。象鑣鏤錫，金鍐方釳，繁纓赤罽易茸，金就十有二。五輅皆有錫鑾之飾，和鈴之響，鉤膺玉瓖，龍輈華轙，朱幩。法駕行則五輅各有所主。複製金根車，去漢之文物，駕四馬，不建旗幟，上如畫輪車，下猶金根之飾。

又《嘉禮九・象車》 晉武帝太康中，平吳後，南越獻馴象，詔作大車駕之，載鼓吹十人，使越人騎之。元正大會，入庭。大駕鹵簿行，則試橋道。自後不見。

《舊唐書》卷二八《禮儀志四》 給事中孔穎達曰：『禮，天子藉田于南郊，諸侯于東郊。晉武帝猶于東南。』

又 卷二九《禮儀志五》 按《禮論》，晉太常賀循云：『廟以容主為限，無拘常數。』故晉武帝時，廟有七主六代。

又 卷四八《職官志三》 晉武帝始置左、右、中三衛將軍。

又 卷一五三《歸崇敬傳》 崇敬以國學及官名不稱，請改國學之制，兼更其名，曰：【略】晉武帝亦作明堂、辟雍、靈臺，親臨辟雍，行鄉飲酒之禮。又別立國子學，以殊士庶。

《舊五代史》卷一四二《禮志上》 夫宗廟之制，歷代為難，須考禮經，以求故事。謹按《尚書・舜典》曰：『正月上日，受終於文祖。』此是堯之廟也，猶未載其數。又按《郊祀録》曰：【略】晉武帝受禪，初立六廟，後復立七廟。

宋・李昉等《太平御覽》卷一四五《皇親部十一・才人》 王隱《晉書》曰：太康七年，出後宮才人、妓女已下百七十人歸家。

又 卷三四六《兵部七十七・刀下》 西晉司馬炎咸寧元年造刀八千口，銘曰『司馬』。

《新唐書》卷一三《禮樂志三》 禮官曰：『晉武帝時，景、文同廟，廟雖六代，其實七主。至元帝、明帝，廟皆十室，故賀循曰：「廟以容主為限，而無常數也。」』

晉武帝太始三年丁亥歲冬至，日當在斗十六度。晉用魏《景初曆》，其冬至亦在斗二十一度少。太元九年，姜岌更造《三紀術》，退在斗十七度。曰：『古曆斗分强，故不可施於今；《乾象》斗分細，故不可通于古。《景初》雖得其中，而日之所在，乃差四度，合朔虧盈，皆不及其次。假月在東井一度蝕，以日檢之，乃在參六度。』岌以月蝕沖知日度，由是躔次遂正，為後代治曆者宗。

又 卷一七七《歸崇敬傳》 皇太子欲臨國學行齒胄禮，崇敬以學與官名皆不正，乃建議：古天子學曰辟雍。以制言之，壅水環繚如璧然；以誼言之，以禮樂明和天下云爾。在《禮》為澤宮，故前世或曰璧池，或曰璧沼，亦言學省。漢光武立明堂、辟雍、靈臺，號『三雍宮』。

晉武帝臨辟雍，行鄉飲酒禮，別立國子學，以殊士庶。

又 卷一七八《鄭覃傳》 開成三年，旱，帝多出宮人，李玨入賀曰：『漢制，八月選人；晉武帝平吳，多采擇，仲尼所謂未見好德者。陛下以為無益，放之，盛德也。』覃又推贊曰：『晉以采擇之失，舉天下為左衽，宜陛下以為殷鑑。』

又 卷二一三《儒學傳下》 今謂晉武帝越崇其父，而廟毀及亡，何漢出惠帝而享世長久乎？七廟、五廟，明天子、諸侯也；父子相繼，一統也。

宋·王欽若等《冊府元龜》卷四七《帝王部·友愛》 晉武帝弟樂平王延祚，字大思。少有篤疾，不任封爵。太康初詔曰：『弟祚早孤無識，情所哀湣。幼得篤疾，日冀其差。今遂廢痼，無復後望。意甚傷之。其封為樂平王，使有名號，以慰吾心。』

又 卷六四五《貢舉部·科目》 晉武帝泰始四年十一月，詔王公卿及郡國守相舉賢良方正直言之士。【略】太康九年五月，詔內外羣臣舉守令之才。

元·馬端臨《文獻通考》卷二七《國用考五·蠲貸》 晉武帝泰始元年，受禪。復天下租賦及關市之稅一年，逋債宿負皆勿收。太康元年，平吳，將吏渡江復十年；百姓及百工復二十年。二年，詔四方水旱甚者，無出田租。五年，減天下戶課三分之二。六年，以歲不登，免租貸宿負。

又 卷四八《職官考二·三公總序》 晉武帝即位之初，以安平王孚為太宰，鄭沖為太傅，王祥為太保，義陽王子初為太尉，何曾為司徒，荀顗為司空，石苞為大司馬，陳騫為大將軍，凡八公，同時並置，惟無丞相焉，時所謂『八公同辰，攀雲附翼』者也。遂以太傅、太保為上公，論道經邦，燮理陰陽。無其人則闕，蓋居者甚寡。諸公，品第一，食俸日五斛。太康二年，又給絹，春百疋，秋二百疋，綿二百斤。

又 卷八四《郊社考一七》 晉武帝平吳，太康九年，衛瓘議封禪，帝曰：『此盛德之事，非所議也。』瓘等又奏，至於再三，詔報絕之。

又 卷一五六《兵考八》 晉武帝大封同姓。大國三軍，兵五千人；次國二軍，兵三千人；小國一軍，兵千五百人。太康元年，既平吳，詔悉去州郡兵。大郡置武吏百人，小郡五十人。

又 卷一五七《兵考九·教閱》 晉武帝太始四年、九年，咸寧元年、太康四年、六年冬，皆曰臨宣武觀，大閱習衆軍，然不自令進退。自惠帝以後，其禮遂廢。

又 卷二八八《象緯考十一·月五星淩犯》 晉武帝太康八年三月，熒惑守心。占曰：『王者惡之。』太熙元年四月乙酉，帝崩。

又 卷三三〇《物異考九·恒雨》 晉武帝泰始六年六月，大雨霖。甲辰，河、洛、伊、沁水同時並溢，流四千九百餘家，殺二百餘人，沒秋稼千三百六十餘頃。太康五年七月，任城、梁國暴雨，害豆麥。九月，南安郡霖雨暴雪，樹木摧折，害秋稼。是秋，魏郡西平郡九縣、淮南、平原霖雨暴水，霜傷秋稼。

《元史》卷一三〇《不忽木傳》 至元十三年，與同舍生堅童、太答、禿魯等上疏曰：【略】晉武帝嘗平吳矣，始起國子學。

王導分部

傳記

《晉書》卷六五《王導傳》 王導，字茂弘，光祿大夫覽之孫也。父裁，鎮軍司馬。導少有風鑑，識量清遠。年十四，陳留高士張公見而奇之，謂其從兄敦曰：『此兒容貌志氣，將相之器也。』初襲祖爵即丘子。司空劉寔尋引為東閤祭酒，遷秘書郎、太子舍人、尚書郎，並不行。後參東海王越軍事。

時元帝為琅邪王，與導素相親善。導知天下已亂，遂傾心推奉，潛有興復之志。帝亦雅相器重，契同友執。帝之在洛陽也，導每勸令之國。會帝出鎮下邳，請導為安東司馬，軍謀密策，知無不為。及徙鎮建康，吳人不附，居月餘，士庶莫有至者，導患之。會敦來朝，導謂之曰：『琅邪王仁德雖厚，而名論猶輕。兄威風已振，宜有以匡濟者。』會三月上巳，帝親觀禊，乘肩輿，具威儀，敦、導及諸名勝皆騎從。吳人紀瞻、顧榮，皆

江南之望，竊覘之，見其如此，咸驚懼，乃相率拜于道左。導因進計曰：『古之王者，莫不賓禮故老，存問風俗，虛己傾心，以招俊乂。況天下喪亂，九州分裂，大業草創，急於得人者乎！顧榮、賀循，此土之望，未若引之以結人心。二子既至，則無不來矣。』帝乃使導躬造循、榮，二人皆應命而至，由是吳會風靡，百姓歸心焉。自此之後，漸相崇奉，君臣之禮始定。

俄而洛京傾覆，中州士女避亂江左者十六七，導勸帝收其賢人君子，與之圖事。時荊揚晏安，户口殷實，導為政務在清靜，每勸帝克己勵節，匡主寧邦。於是尤見委杖，情好日隆，朝野傾心，號為『仲父』。帝嘗從容謂導曰：『卿，吾之蕭何也。』對曰：『昔秦為無道，百姓厭亂，巨猾陵暴，人懷漢德，革命反正，易以為功。自魏氏以來，迄于太康之際，公卿世族，豪侈相高，政教陵遲，不遵法度，羣公卿士，皆饜於安息，遂使人乘釁，有虧至道。然否終斯泰，天道之常。大王方立命世之勳，一匡九合，管仲、樂毅，於是乎在，豈區區國臣所可擬議！願深弘神慮，廣擇良能。顧榮、賀循、紀瞻、周玘皆南士之秀，願盡優禮，則天下安矣。』帝納焉。

永嘉末，遷丹陽太守，加輔國將軍。導上箋曰：『昔魏武，達政之主也；荀文若，功臣之最也，封不過亭侯。倉舒，愛子之寵，贈不過別部司馬。以此格萬物，得不局迹乎！今者臨郡，不問賢愚豪賤，皆加重號，輒有鼓蓋，動見相准。時有不得者，或為恥辱。天官混雜，朝望頹毀。導忝荷重任，不能崇浚山海，而開導亂源，饕竊名位，取紊彝典，謹送鼓蓋加崇之物，請從導始。庶令雅俗區別，羣望無惑。』帝下令曰：『導德重勳高，孤所深倚，誠宜表彰殊禮。而更約己沖心，進思盡誠，以身率衆，宜順其雅志，式允開塞之機。』拜寧遠將軍，尋加振威將軍。愍帝即位，征吏部郎，不拜。

晉國既建，以導為丞相軍諮祭酒。桓彝初過江，見朝廷微弱，謂周顗曰：『我以中州多故，來此欲求全活，而寡弱如此，將何以濟！』憂懼不樂。往見導，極談世事，還，謂顗曰：『向見管夷吾，無復憂矣。』過江人士，每至暇日，相要出新亭飲宴。周顗中坐而歎曰：『風景不殊，舉目有江河之異。』皆相視流涕。惟導愀然變色曰：『當共戮力王室，克復神州，何至作楚囚相對泣邪！』衆收淚而謝之。俄拜右將軍、揚州刺史、監江南諸軍事，遷驃騎將軍，加散騎常侍、都督中外諸軍、領中書監、録尚書事、假節，刺史如故。導以敦統六州，固辭中外都督。後坐事除節。

于時軍旅不息，學校未修，導上書曰：

夫風化之本在於正人倫，人倫之正存乎設庠序。庠序設，五教明，德禮洽通，彝倫攸敍，而有恥且格，父子兄弟夫婦長幼之序順，而君臣之義固矣。《易》所謂『正家而天下定』者也。故聖王蒙以養正，少而教之，使化沾肌骨，習以成性，遷善遠罪而不自知，行成德立，然後裁之以位。雖王之世子，猶與國子齒，使知道而後貴。其取才用士，咸先本之於學。故《周禮》，卿大夫獻賢能之書于王，王拜而受之，所以尊道而貴士也。人知士之貴由道存，則退而修其身以及家，正其家以及鄉，學於鄉以登朝，反本復始，各求諸己，敦樸之業著，浮偽之競息，教使然也。故以之事君則忠，用之莅下則仁。孟軻所謂『未有仁而遺其親，義而後其君者也』。

自頃皇綱失統，頌聲不興，於今將二紀矣。《傳》曰：『三年不為禮，禮必壞；三年不為樂，樂必崩。』而況如此之久乎！先進忘揖讓之容，後生惟金鼓是聞，干戈日尋，俎豆不設，先王之道彌遠，華偽之俗遂滋，非所以端本靖末之謂也。殿下以命世之資，屬陽九之運，禮樂征伐，翼成中興。誠宜經綸稽古，建明學業，以訓後生，漸之教義，使文武之道墜而復興，俎豆之儀幽而更彰。方今戎虜扇熾，國耻未雪，忠臣義夫所以扼腕拊心。苟禮儀膠固，淳風漸著，則化之所感者深而德之所被者大。使帝典闕而復補，皇綱弛而更張，獸心革面，饕餮檢情，揖讓而服四夷，緩帶而天下從。得乎其道，豈難也哉！故有虞舞幹戚而化三苗，魯僖作泮宮而服淮夷。桓文之霸，皆先教而後戰。今若聿遵前典，興復道教，擇朝之子弟併入於學，選明博修禮之士而為之師，化成俗定，莫尚於斯。

帝甚納之。

及帝登尊號，百官陪列，命導升御床共坐。導固辭，至於三四，曰：『若太陽下同萬物，蒼生何由仰照！』帝乃止。進驃騎大將軍、儀同三司。以討華軼功，封武岡侯。進位侍中、司空、假節、録尚書，領中書監。會太山太守徐龕反，帝訪可以鎮撫河南者，導舉太子左衛率羊鑒。既

而鑑敗，抵罪。導上疏曰：『徐龕叛戾，久稽天誅，臣創議征討，調舉羊鑑。鑑暗懦覆師，有司極法。聖恩降天地之施，全其首領。然臣受重任，總録機衡，使三軍挫衄，臣之責也。乞自貶黜，以穆朝倫。』詔不許。尋代賀循領太子太傅。時中興草創，未置史官，導始啓立，於是典籍頗具。時孝懷太子為胡所害，始奉諱，有司奏天子三朝舉哀，羣臣一哭而已。導以為皇太子副貳宸極，普天有情，宜同三朝之哀。從之。及劉隗用事，導漸見疏遠，任真推分，澹如也。有識咸稱導善處興廢焉。

王敦之反也，劉隗勸帝悉誅王氏，論者為之危心。導率羣從昆弟子侄二十餘人，每旦詣臺待罪。帝以導忠節有素，特還朝服，召見之。導稽首謝曰：『逆臣賊子，何世無之，豈意今者近出臣族！』帝跣而執之曰：『茂弘，方托百里之命於卿，是何言邪！』乃詔曰：『導以大義滅親，可以吾為安東時節假之。』及敦得志，加導守尚書令。初，西都覆没，海內思主，羣臣及四方並勸進於帝。時王氏强盛，有專天下之心，敦憚帝賢明，欲更議所立，導固爭乃止。及此役也，敦謂導曰：『不從吾言，幾致覆族。』導猶執正議，敦無以能奪。

自漢魏已來，賜謚多由封爵，雖位通德重，先無爵者，例不加謚。導乃上疏，稱『武官有爵必謚，卿校常伯無爵不謚，甚失制度之本意也』。從之。自後公卿無爵而謚，導所議也。

初，帝愛琅邪王裒，將有奪嫡之議，以問導。導曰：『夫立子以長，且紹又賢，不宜改革。』帝猶疑之。導日夕陳諫，故太子卒定。及明帝即位，導受遺詔輔政，解揚州，遷司徒，一依陳羣輔魏故事。王敦又舉兵內向。時敦始寢疾，導便率子弟發哀，衆聞，謂敦死，咸有奮志。及帝伐敦，假導節，都督諸軍，領揚州刺史。敦平，進封始興郡公，邑三千户，賜絹九千匹，進位太保，司徒如故，劍履上殿，入朝不趨，贊拜不名。固讓。帝崩，導復與庾亮等同受遺詔，共輔幼主，是為成帝。加羽葆鼓吹，班劍二十人。及石勒侵阜陵，詔加導大司馬、假黄鉞，出討之。軍次江寧，帝親餞於郊。俄而賊退，解大司馬。

庾亮將征蘇峻，訪之於導。導曰：『峻猜阻，必不奉詔。且山藪藏疾，宜包容之。』固爭不從，亮遂召峻。既而難作，六軍敗績，導入宮侍帝。峻以導德望，不敢加害，猶以本官居己之右。峻又逼乘輿幸石頭，導爭之不得。峻日來帝前肆醜言，導深懼有不測之禍。時路永、匡術、賈寧並說峻，令殺導，盡誅大臣，更樹腹心。峻敬導，不納，故永等貳於峻。導使參軍袁耽潛諷誘永等，謀奉帝出奔義軍。而峻衛御甚嚴，事遂不果。導乃攜二子隨永奔于白石。

及賊平，宗廟宮室並為灰燼，温嶠議遷都豫章，三吳之豪請都會稽，二論紛紜，未有所適。導曰：『建康，古之金陵，舊為帝里，又孫仲謀、劉玄德俱言王者之宅。古之帝王不必以豐儉移都，苟弘衛文大帛之冠，則無往不可。若不績其麻，則樂土為虛矣。且北寇遊魂，伺我之隙，一旦示弱，竄於蠻越，求之望實，懼非良計。今特宜鎮之以靜，羣情自安。』由是嶠等謀並不行。

導善於因事，雖無日用之益，而歲計有餘。時帑藏空竭，庫中惟有練數千端，鬻之不售，而國用不給。導患之，乃與朝賢俱制練布單衣，於是士人翕然競服之，練遂踊貴。乃令主者出賣，端至一金。其為時所慕如此。

六年冬，烝，詔歸胙於導，曰：『無下拜。』導辭疾不敢當。初，帝幼沖，見導，每拜。又嘗與導書手詔，則云『惶恐言』，中書作詔，則曰『敬問』，於是以為定制。自後元正，導入，帝猶為之興焉。

時大旱，導上疏遜位。詔曰：『夫聖王御世，動合至道，運無不周，故能人倫攸敍，萬物獲宜。朕荷祖宗之重，托于王公之上，不能仰陶玄風，俯洽宇宙，亢陽逾時，兆庶胥怨，邦之不臧，惟予一人。公體道明哲，弘猶深遠，勳格四海，翼亮三世，國典之不墜，實仲山甫補之。而猥崇謙光，引咎克讓，元道之愆，寄責宰輔，只增其闕。博綜萬機，不可一日有曠。公宜遺履謙之近節，遵經國之遠略。門下速遣侍中以下敦喻。』導固讓。詔累逼之，然後視事。

導簡素寡欲，倉無儲穀，衣不重帛。帝知之，給布萬匹，以供私費。導有羸疾，不堪朝會，帝幸其府，縱酒作樂，後令輿車入殿，其見敬如此。

石季龍掠騎至歷陽，導請出討之。加大司馬、假黄鉞、中外諸軍事，置左右長史、司馬，給布萬匹。俄而賊退，解大司馬，復轉中外大都督，進位太傅，又拜丞相，依漢制罷司徒官以並之。冊曰：『朕夙罹不造，肆

陟帝位，未堪多難，禍亂旁興。公文貫九功，武經七德，外緝四海，內齊八政，天地以平，人神以和，業同伊尹，道隆姬旦。仰思唐虞，登庸雋乂，申命羣官，允釐庶績。朕思憑高謨，弘濟遠猷，維稽古建爾於上公，永為晉輔。往踐厥職，敬敷道訓，以亮天工。不亦休哉！公其戒之！』

是歲，妻曹氏卒，贈金章紫綬。初，曹氏性妒，導甚憚之，乃密營別館，以處衆妾。曹氏知，將往焉。導恐妾被辱，遽令命駕，猶恐遲之，以所執麈尾柄驅牛而進。司徒蔡謨聞之，戲導曰：『朝廷欲加公九錫。』導弗之覺，但謙退而已。謨曰：『不聞餘物，惟有短轅犢車，長柄麈尾。』導大怒，謂人曰：『吾往與羣賢共遊洛中，何曾聞有蔡克兒也。』

于時庾亮以望重地逼，出鎮於外。南蠻校尉陶稱間說亮當舉兵內向，或勸導密為之防。導曰：『吾與元規休戚是同，悠悠之談，宜絕智者之口。則如君言，元規若來，吾便角巾還第，復何懼哉！』又與稱書，以為庾公帝之元舅，宜善事之。於是讒間遂息。時亮雖居外鎮，而執朝廷之權，既據上流，擁強兵，趣向者多歸之。導內不能平，常遇西風塵起，舉扇自蔽，徐曰：『元規塵汙人。』

自漢魏以來，羣臣不拜山陵。導以元帝睠同布衣，匪惟君臣而已，每一崇進，皆就拜，不勝哀戚。由是詔百官拜陵，自導始也。

咸康五年薨，時年六十四。帝舉哀於朝堂三日，遣大鴻臚持節監護喪事，賵襚之禮，一依漢博陸侯及安平獻王故事。及葬，給九游轀輬車、黃屋左纛、前後羽葆鼓吹、武賁班劍百人，中興名臣莫與為比。冊曰：『蓋高位以酬明德，厚爵以答懋勳；至乎闔棺標迹，莫尚號謚，風流百代，於是乎在。惟公邁達沖虛，玄鑑劭邈；夷淡以約其心，體仁以流其惠；棲遲務外，則名雋中夏，應期濯纓，則潛算獨運。昔我中宗、肅祖之基中興也，下帷委誠而策定江左，拱己宅心而庶績咸熙。故能威之所振，寇虐改心，化之所鼓，檮杌易質；調陰陽之和，通彝倫之紀，遼隴承風，丹穴景附。隆高世之功，復宣武之績，舊物不失，公協其猷。若乃荷負顧命，保朕沖人，遭遇艱圮，夷險委順；拯其淪墜而濟之以道，扶其顛傾而弘之以仁，經緯三朝而蘊道彌曠。方賴高謨，以穆四海，昊天不吊，奄忽薨殂，朕用震慟於心。雖有殷之殞保衡，有周之喪二南，曷諭茲懷！今遣使持節、謁者僕射任瞻錫謚曰文獻，祠以太牢。魂而有靈，嘉茲榮寵！』【略】

初，導渡淮，使郭璞筮之，卦成，璞曰：『吉，無不利。淮水絕，王氏滅。』其後子孫繁衍，竟如璞言。

綜　述

《魏書》卷九六《僭晉司馬叡傳》 長樂人賈寧勸峻殺王導，盡誅諸大臣，峻不從，乃改計叛峻。王導使袁耽潛誘納之，謀奉衍出奔溫嶠。

《晉書》卷一《宣帝紀》 明帝時，王導侍坐。帝問前世所以得天下，導乃陳帝創業之始，用文帝末高貴鄉公事。明帝以面覆床曰：『若如公言，晉祚復安得長遠！』

又 卷六《元帝紀》 永嘉初，用王導計，始鎮建鄴，以顧榮為軍司馬，賀循為參佐，王敦、王導、周顗、刁協並為腹心股肱，賓禮名賢，存問風俗，江東歸心焉。

（建武元年春三月）以【略】右將軍王導都督中外諸軍事、驃騎將軍。

（太興元年）夏四月加大將軍王敦江州牧，進驃騎將軍王導開府儀同三司。

（四年秋七月）壬午，以驃騎將軍王導為司空。

（永昌元年）敦據石頭，戴若思、劉隗帥衆攻之，王導、周顗、郭逸、虞潭等三道出戰，六軍敗績。【略】五月壬申，敦以太保、西陽王羕為太宰，加司空王導尚書令。

帝性簡儉沖素，容納直言，虛己待物。初鎮江東，頗以酒廢事，王導深以為言，帝命酌，引觴覆之，於此遂絕。

又 卷六《明帝紀》 及帝即尊號，立為皇太子。性至孝，有文武才略，欽賢愛客，雅好文辭。當時名臣，自王導、庾亮、溫嶠、桓彝、阮放等，咸見親待。嘗論聖人真假之意，導等不能屈。

（太寧元年）夏四月，敦下屯於湖，轉司空王導為司徒，自領揚州牧。

丁酉，帝還宮，大赦，惟敦黨不原。於是分遣諸將追其黨與，悉平

之。封司徒王導為始興郡公，邑三千户，賜絹九千匹。

（二年）壬午，帝不豫，召太宰、西陽王羕，司徒王導，尚書令卞壼，車騎將軍郗鑒，護軍將軍庾亮，領軍將軍陸曄，丹陽尹温嶠並受遺詔，輔太子。

又　卷七《成帝紀》　（太寧三年）己丑，太子即皇帝位，【略】秋九月【略】司徒王導録尚書事，與中書令庾亮參輔朝政。

（咸和元年）十一月，石勒將石聰攻壽陽，不克，遂侵逡遒、阜陵。加司徒王導大司馬、假黄鉞、都督中外征討諸軍事以禦之。

石勒將石聰攻壽陽，不克，遂侵逡遒、阜陵。加司徒王導大司馬、假黄鉞、都督中外征討諸軍事以禦之。

九月戊申，司徒王導奔于白石。

（咸康四年）五月乙未，以司徒王導為太傅、都督中外諸軍事，【略】六月，改司徒為丞相，以太傅王導為之。

又　卷三六《毛玠傳》　咸和中，改塋于江寧。丞相王導教曰：『衛洗馬明當改葬。此君風流名士，海內所瞻，可修薄祭，以敦舊好。』

又　卷四四《華恒傳》　恒亦欲棄郡東渡，而從兄軼為元帝所誅，以此為疑。先書與驃騎將軍王導，導言於帝。帝曰：『兄弟罪不相及，況羣從乎！』

又　卷四九《阮放傳》　放素知名，而性清約，不營產業，為吏部郎，不免飢寒。王導、庾亮以其名士，常供給衣食。

又　《羊曼傳》　（羊）聃初辟元帝丞相府，累遷廬陵太守。剛克粗暴，恃國戚，縱恣尤甚，睚眥之嫌輒加刑殺。疑郡人簡良等為賊，殺二百餘人，誅及嬰孩，所髡鎖復百餘。庾亮執之，歸於京都。有司奏聃罪當死，以景獻皇后是其祖姑，應八議。【略】王導又啓：『聃罪不容恕，宜極重法。山太妃憂戚成疾，陛下罔極之恩，宜蒙生全之宥。』

又　卷六四《元四王傳》　及帝為晉王，有司奏立太子，帝以哀有成人之量，過於明帝，從容謂王導曰：『立子以德不以年。』導曰：『世子、宣城俱有朗儁之目，固當以年。』於是太子位遂定。

又　卷六六《陶侃傳》　蘇峻之禍，職亮是由。及石頭平，懼侃致討，亮用温嶠謀，詣侃拜謝。侃遽止之，曰：『庾元規乃拜陶士行邪！』王導入石頭城，令取故節，侃笑曰：『蘇武節似不如是！』導有慚色，使人屏之。

又侃與王導書曰：『郭默殺方州，即用為方州；害宰相，便為宰相乎？』導答曰：『默居上流之勢，加有船艦成資，故苞含隱忍，使其有地。一月潛嚴，足下軍到，是以得風發相赴，豈非遵養時晦以定大事者邪！』

又　卷六七《温嶠傳》　嶠既至，引見，具陳琨忠誠，志在效節，因說社稷無主，天人係望，辭旨慷慨。舉朝屬目，帝器而喜焉。王導、周顗、謝鯤、庾亮、桓彝等並與親善。于時江左草創，綱維未舉，嶠殊以為憂。及見王導共談，歡然曰：『江左自有管夷吾，吾復何慮！』

初，峻黨路永、匡術、賈寧中途悉以衆歸順，王導將褒顯之，嶠曰：『術輩首亂，罪莫大焉。晚雖改悟，未足以補前失。全其首領，為幸已過，何可復寵授哉！』導無以奪。朝議將留輔政，嶠以導先帝所任，固辭還藩。

帝以其有器望，萬機動靜輒問之，乃詔鑒特草上表疏，以從簡易。王導議欲贈周劄官，鑒以為不合，語在劄傳。導不從。【略】尋而帝崩，鑒與王導、卞壼、温嶠、庾亮、陸曄等並受遺詔，輔少主，進位車騎大將軍、開府儀同三司，加散騎常侍。

又　卷七三《庾亮傳》　時王導輔政，主幼時艱，務存大綱，不拘細目，委任趙胤、賈寧等諸將，並不奉法，大臣患之。陶侃嘗欲起兵廢導，而郗鑒不從，乃止。至是，亮又欲率衆黜導，又以諮鑒，而鑒又不許。

又　卷七七《何充傳》　充即王導妻之姊子，充妻，明穆皇后之妹也，故少與導善，早歷顯官。嘗詣導，導以麈尾反指床呼充共坐，曰：『此是君坐也。』導繕揚州解會，顧而言曰：』正為次道耳。』明帝亦友昵之。成帝即位，遷給事黄門侍郎。蘇峻作亂，京都傾覆，導從駕在石頭，充東奔義軍。其後導奔白石，充亦得還。賊平，封都鄉侯，拜散騎常侍，出為東陽太守，仍除建威將軍、會稽內史。在郡甚有德政，薦征士虞喜，拔郡人謝奉、魏顗等以為佐吏。後以墓被髮去郡。詔征侍中，不拜。改葬畢，除建威將軍、丹陽尹。王導、庾亮並言於帝曰：『何充器局方概，有

萬夫之望，必能總録朝端，為老臣之副。臣死之日，願引充内侍，則外譽唯緝，社稷無虞矣。」由是加吏部尚書，進號冠軍將軍，又領會稽王師。及導薨，轉護軍將軍，與中書監庾冰參録尚書事。

又《諸葛恢傳》 恢弱冠知名，試守即丘長，轉臨沂令，為政和平。值天下大亂，避地江左，名亞王導、庾亮。導嘗謂曰：「明府當為黑頭公。」及導拜司空，恢在從，導指冠謂曰：「君當復著此。」導嘗與恢戲爭族姓，曰：「人言王葛，不言葛王也。」恢曰：「不言馬驢，而言驢馬，豈驢勝馬邪！」其見親狎如此。

又 卷七八《陶回傳》 回性雅正，不憚强禦。丹陽尹桓景佞事王導，甚為導所昵。回常慷慨謂景非正人，不宜親狎。會熒惑守南斗經旬，導語回曰：「南斗，揚州分，而熒惑守之，吾當遜位以厭此謫。」回答曰：「公以明德作相，輔弼聖主，當親忠貞，遠邪佞，而與桓景造膝，熒惑何由退舍！」導深愧之。

宋·司馬光《資治通鑑》卷九三《晉紀一五·顯宗成皇帝上之上》

（晉成帝咸和元年）司徒導稱疾不朝，而私送郗鑒。卞壼奏「導虧法從私，無大臣之節，請免官。」雖事寢不行，舉朝憚之。壼儉素廉絜，裁斷切直，當官幹實，性不弘裕，不肯苟同時好，故為諸名士所少。重之曰多，輕之曰少。少，始紹翻。阮孚謂之曰：「卿常無泰，如含瓦石，不亦勞乎！」壼曰：「諸君子以道德恢弘，風流相尚，執鄙吝者，非壼而誰！」時貴遊子弟多慕王澄、謝鯤為放達，壼厲色於朝曰：「悖禮傷教，罪莫大焉；中朝傾覆，實由於此。」欲奏推之，中朝，謂西晉。奏推，奏之於上，推按其罪也。王導、庾亮不聽，乃止。

又 卷八六《晉紀八·孝惠皇帝下》 （晉惠帝永興二年）司空越以琅邪王睿為平東將軍，監徐州諸軍事，留守下邳。睿請王導為司馬，委以軍事。《考異》曰：《導傳》曰：「元帝鎮下邳，請導為安東司馬。」按元帝時為平東，及徙揚州，乃為安東耳。或者「平」字誤為「安」，或後為安東司馬，故但云司馬。

又 《孝懷皇帝上》 （晉惠帝永嘉元年）九月，戊申，琅邪王睿至建業。睿以安東司馬王導為謀主，推心親信，每事咨焉。睿名論素輕，吳人不附，居久之，士大夫莫有至者，導患之。會睿出觀禊，導使睿乘肩輿，具威儀，禊，胡計翻，祓除不祥也。《漢儀》：季春上巳，官及百姓皆禊于東流水上。應劭《風俗通》曰：按《周禮》，女巫掌歲時以祓除疾病。禊者，潔也，于水上盥潔之也。肩輿，平肩輿也，人以肩舉之而行。導與諸名勝皆騎從，紀瞻、顧榮等見之驚異，相帥拜于道左。導因說睿曰：「顧榮、賀循，此土之望，宜引之以結人心；二子既至，則無不來矣。」睿乃使導躬造循、榮，二人皆應命而至。《考異》曰：《導傳》曰：「元帝鎮建康，居月餘，士庶莫有至者。會從兄敦來朝，導謂之曰：『琅邪王仁德雖厚，而名論猶輕；兄威風已振，宜有以匡濟者。』會三月上巳，帝觀禊，敦、導皆騎從。」《王敦傳》：「東海王越誅繆播後，乃以敦為揚州刺史，其後征拜尚書，不就。」《周玘傳》：「錢璯聞劉聰逼洛陽，不敢進，乃謀反。時王敦遷尚書，與璯俱西，欲殺敦，敦奔告元帝。」《懷帝紀》：「永嘉元年七月，琅邪王睿鎮建業。三年三月，殺繆播。四年二月，錢璯反。」是時睿在建業已三年矣，安得言月餘！又睿名論雖輕，安有為都督數年而士庶莫有至者！陳敏得江東，猶首用周、顧以收人望；導為睿佐，豈得待數年然後薦之乎！然則《導傳》所云，難以盡信，今删去導語及放名而已。以循為吳國内史；榮為軍司，軍司，軍司馬也。加散騎常侍，職為軍司，此加官也。凡軍府政事，皆與之謀議。又以紀瞻為軍祭酒，卞壼為從事中郎，周玘為倉曹屬，琅邪劉超為舍人，晉諸王國有謁者四人，中大夫六人，舍人十人。張闓及魯國孔衍為參軍。壼粹之子；闓，昭之曾孫也。王導說睿：「謙以接士，儉以足用，以清靜為政，撫綏新舊。」新，謂自中原來者；舊，謂江東人。故江東歸心焉。睿初至，頗以酒廢事；導以為言。睿命酌，引觴覆之，於上遂絶。史言元帝能用王導所以興于江左。

又 卷九一《晉紀一三·中宗元皇帝中》 （晉元帝太興四年）七月壬午，以驃騎將軍王導為侍中、司空、假節、録尚書、領中書監。帝以敦故，並疏忌導。御史中丞周嵩上疏，以為：「導忠素竭誠，輔成大業，不宜聽孤臣之言，惑疑似之説，放逐舊德，以佞伍賢，用兵列陳，五人為伍。伍，同列也。以佞伍賢，言賢佞同列也。虧既往之恩，招將來之患。」向者親倚導而今疏忌之，是虧既往之恩也；導或自疑，外而與敦同，是招將來之患也。招，之遙翻。帝頗感寤，導由是得全。史言周顗兄弟保護王導。

論說

《晉書》卷六五《王導傳論》 飛龍御天，故資雲雨之勢；帝王興運，必俟股肱之力。軒轅，聖人也，杖師臣而授圖；商湯，哲後也，托負鼎而成業。自斯已降，罔不由之。原夫典午發蹤，本於陵寡，金行撫運，無德在時。九土未宅其心，四夷已承其弊。既而中原蕩覆，江左嗣興，兆著玄石之圖，乖少康之祀夏；時無思晉之士，異文叔之興劉；輔佐中宗，艱哉甚矣！茂弘策名枝屏，葉情交好，負其才智，恃彼江湖，思建克復之功，用成翌宣之道。於是王敦內侮，憑天邑而狼顧；蘇峻連兵，指宸居而隼擊。實賴元宰，固懷匪石之心；潛運忠謨，竟翦吞沙之寇。乃誠貫日，主垂餌以終全；貞志陵霜，國綴旒而不滅。觀其開設學校，存乎沸鼎之中，爰立章程，在乎櫛風之際；雖則世道多故，而規模弘遠矣。比夫蕭曹弼漢，六合為家；奭望匡周，萬方同軌，功未半古，不足為儔。至若夷吾體仁，能相小國；孔明踐義，善翊新邦，撫事論情，抑斯之類也。提挈三世，終始一心，稱為『仲父』，蓋其宜矣。恬珣踵德，副呂虔之贈刀；謐乃聵聲，慚劉毅之征璽。語曰：『深山大澤，有龍有蛇。』實斯之謂也。

又《王導傳贊》 虎嘯猋馳，龍升雲映。武岡矯矯，匡時輯政。懿績克宣，忠規靡競。契葉三主，榮逾九命。貽刀表祥，巫水流慶。赫矣門族，重光斯盛。

又 卷七一《王鑑傳》 時杜弢作逆，【略】鑑上疏勸帝征之，【略】然守不可虛，鑑謂王導可委以蕭何之任。

又 卷七五《坦之傳》 （王坦之）上表曰：『【略】昔肅祖崩殂，成康幼沖，事無大小，必諮丞相導，所以克就聖德，實此之由。【略】（謝安、桓沖）二臣之于陛下，則周之旦、奭，漢之霍光，顯宗之于王導。』

又 卷九八《王敦傳》 帝初鎮江東，威名未著，敦與從弟導等同心翼戴，以隆中興，時人為之語曰：『王與馬，共天下。』

唐・歐陽詢等《藝文類聚》卷四《歲時中・三月三日》 （南朝宋・何法盛）《晉中興書》曰：王導謂從兄敦曰：『王仁德未著，而名位猶輕，兄威名日已振，宜有以共相匡舉。』會三月三日，中宗出禊，乘肩輦，敦、導並騎從。紀瞻使人覘之，既聞敦導騎從，乃大驚，自出拜於道左，中宗從容謂導曰：『卿，吾之蕭何也。』

《舊唐書》卷二四《哀帝紀》 庚子，敕：『漢代元勳，鄧禹冠諸侯之上；晉朝重位，王導居百辟之先。皆道著匡扶，功宣寰宇，其於崇寵，迥異等倫。

清・王夫之《讀通鑑論》卷七《明帝一》 明帝不夭，中原其復矣乎！天假五胡以亂中夏，氣數之窮也，帝乃早世！王敦之橫，元帝惴惴而崩，帝以幼沖當多難，舉動偉然出人意表，可不謂神武哉？

王敦謀簒，而諷朝廷征己，使帝疑畏憂戚不欲征，而待其黨之相迫，則敦之橫逞矣。帝坦然手詔征之，若人主征大臣之故事，無所疑畏，而敦固心折不敢入也。敦欲以王導為司徒，聽之也，導本可為司徒，無所疑也；抑以此獎導為君子，使浣濯其同逆之恥以乃心王室，而解散羣臣阿比王氏之戾氣。於是而導之志移，敦之黨孤，奄奄且死而以簒為下計；區區為難者，錢鳳輩亡賴之徒而已，殄滅之如摧枯矣。導貽王含之書曰：『昔年佞臣亂朝，人懷不寧，如導之徒，心思外濟。今則不然，聖主聰明，德洽朝野，凡在人臣，誰不憤歎。』導之情可見，從王氏者之情可見，天下之大勢，明帝之大略，從可知矣。

折大疑者，處之以信；奠大危者，予之以安。天假明帝以年，以之收北方離合不定之人心，而乘再閔之亂，吹枯折槁，以復衣冠禮樂之中夏，知其無難也。帝早没而不可為矣，悲夫！

又《明帝二》 君子之過，不害其為君子，唯異于小人之文過而已。王敦稱兵犯闕，王導荏苒而無所匡正，周顗、戴淵之死，導實與聞，其獲疚於名教也，無可飾也。故自言曰：『如導之徒，心思外濟。』蓋劉隗、刁協不擇逆順，逞其私志，欲族誅王氏，而導勢迫於家門之隕獲，不容已於詭隨，此亦情之可原而弗容隱飾以欺天下者也。及敦死而其黨伏誅，譙王丞、戴淵、周顗以死事褒贈，豈非導悔過自反以謝周、戴於地下之日乎？而導猶且狎開門延寇之周劄，違卞壼、郗鑑之讜議，而曰：『劄與譙王、周、戴見有異同，皆人臣之節。』導若曰劄可盡人臣之節，

則吾之於節亦未失也。假劄以文己之過，而導乃終絕于君子之塗矣。

郗公愛子死而不哭，卞令力疾戰而喪元，二君子者，無諸己非諸人，危言以定褒貶，非導之所能也。而引咎知非，以無異說於論定之後，夫豈不可？怙慝而欲蓋彌章，不學于君子之道，雖智弗庸也。

又《明帝五》 蘇峻之亂，建業殘敝，廷議遷都，王導獨持不可，江左百年之基，導一言以定之，審乎難易之數也。

又《明帝六》 庾亮征蘇峻而激之反，天下怨之，固不能辭其咎矣。雖然，其志有可原者也。亮受輔政之命而不自擅也，尊王導於己上，而引郗鑑、卞壺、溫嶠以共濟艱難，竇武之所不逮，非直異于梁冀、楊駿已也。晉之東遷，王氏執國而敦倡為逆，執兵柄者，皆有侵上之志而不可信。陶侃登天之夢，天下疑焉。祖約之悖，蘇峻之姦，尤其不可揖盜以入室者也。以是為侃所怨，以激約、峻之速逆。特其識量不充，未足以乘高墉而解羣悖耳。如必委曲以延不軌之姦宄於沖人之側，則禍遲而大。亮免于激成之責，而孔光延王莽、褚淵推道成之罪，其可逃乎？

亮以衛國無術而任罪，司馬溫公乃欲明正典刑以窮其罪，則何以處夫延王敦殺周、戴以逼天子之王導乎？溫嶠，人傑也，亮敗竄，而嶠敬之不衰，必有以矣。峻雖反，主雖危，而終平大難者，郗鑑、溫嶠也，以死殉國者，卞壺也，皆亮所引與同衛社稷者也。抑權臣，扶幼主，亮與諸君子有同心，特謀大而智小，志正而術疏耳。原其情，酌其罰，何遽以典刑加之？溫公曰：『晉室無政，任是責者，非王導乎？』導豈能劾功罪以伸求全之法者？卞敦觀望逆黨，擁兵不赴，導且不能加誅，有諸己，不能非諸人，況庾亮哉！

又 卷一二《懷帝六》 王導秉江東之政，陳頵勸其改西晉之制，明賞信罰，綜名責實，以舉大義，論者韙之，而惜導之不從。然使導亟從頵言，大反前軌，任名法以懲創久弛之人心，江東之存亡未可知也。語曰：『琴瑟之不調，必改而更張之。』非知治之言也。弦之不調，因其故而為節其緩急耳，非責之弦而亟易其故也。不調之弦，失之緩矣，病其緩而急張之，大弦急，小弦絕，而況可調乎？

又 卷一三《元帝二》 元帝之立也，王氏逼王室而與亢尊，非但王敦之兇悍也，王導之志亦僭矣。

又《元帝七》 王導之不得為純臣也，殺周顗而不可掩，論者摘之，允矣。然謂王敦篡而導北面為佐命之臣，以導生平揆之，抑必其所不忍。且王敦之凶忍，賊殺其兄而不忌，藉其篡立，導德望素出其上，必不能終保其死，導即愚，豈曾此之不察哉？乃導之澒洞兩端，不足以為晉之純臣也，則有繇矣。蓋導者，以庇其宗族為重，而累其名節者也。王氏之族，自導而外，未有賢者，而驕橫不軌之徒則多有之。乃其合族以隨帝渡江，患難相依而不離，於此而無協比之心焉，固非人之情矣。然而忠臣之衛主，君子之保家，則有道焉。愛之以其情也，親之以其道也，因其賢不肖而用舍之以其才也，盡己所可為，而國家之刑賞，非己所得而私也。當其時，紀瞻、卞壺、陶侃、郗鑑之儔，林立于江左，而以上流兵柄授之于王敦，導豈有不逞之謀哉？恤其宗族，而不欲抑之焉耳。將謂管叔之逆，周公且不忍防之於早乎？乃管叔者，非但周公之兄也，周公非但以己兄之故而使之監殷也。管叔者，固文王之子，武王之弟，成王之叔父也。俱為天子之懿親，而以己之賢，疑彼之不肖而早制之，於是乎不可。而導豈其然哉？天下者，司馬氏之天下，非王氏之天下也。惜其閥閱之素盛，念其辛苦之共嘗，以人之天下而慰己之情，未有不陷於惡者。而其究也，乃至親統六師，名為賊而推之刃，又何足以救名義而全天性哉？嗚呼！豈徒如導者，繫國家安危之大故，人臣貞邪之大辨哉！凡人之親愛其宗族也，亦各有道矣。己所得為，無不可推也；上而君，降而友，又降而凡今之人與凡天下之物，非吾所得私者，不得以自私，則抑不得以私其諸父昆弟。妄欲者何厭之有哉？教以正，迪以自立之方，士習為士，農習為農，黠者戢之，弱者振之，非徒無傷於天下，而抑可以保躍冶之子弟而予之安，則可以上告祖考而無憾矣。徇族黨好惡之私，己雖正而必陷於邪，辱身不孝之罪，又奚逭哉！

壬午，以驃騎將軍王導為侍中、司空、假節、錄尚書、領中書監。帝以敦故，並疏忌導。御史中丞周嵩上疏，以為：『導忠素竭誠，輔成大業，不宜聽孤臣之言，惑疑似之說，放逐舊德，以佞伍賢，虧既往之恩，招將來之患。』帝頗感寤，導由是得全。

清·王鳴盛《十七史商榷》卷五〇《王導傳多溢美》 《王導傳》一篇凡六千餘字，殊多溢美。要之，看似煌煌一代名臣，其實乃並無一

事，徒有門閥顯榮、子孫官秩而已。所謂『翼戴中興，稱江左夷吾』者，吾不知其何在也。以懼婦爲蔡謨所嘲，乃斥之云：『吾少遊洛中，何知有蔡克兒？』導之所以驕人者，不過以門閥耳。

蘇峻之亂，庾亮所召，非導之由，然導身爲大臣，當任其危，而本傳始言『入宫衛帝』，衛帝者，欲避賊鋒也，終言『賊人，導懼禍，攜二子出奔白石』，則不衛帝矣。白石壘乃陶侃所築險固處，故奔此以圖免也。賊平後乃入石頭城，令取故節，陶侃笑曰蘇武節似不如是。』導有慙色。郭默反，導言『遵養時晦』，侃曰：『是乃遵養時賊也。』皆見侃傳。導之庸鄙無恥甚矣。劉超傳亦言蘇峻之亂，成帝被幽，超等縫綣朝夕，卒爲峻所殺，而王導出奔。

末一段纔説導不忌庾亮，忽又説導深惡庾亮，東起西倒，毫無定見。晉書之專務多載，而不加裁翦每如此。

清·趙翼《廿二史劄記》卷七《三國志晉書·王導陶侃二傳褒貶失當》

晉書惟王導、陶侃二傳，褒貶頗為失中。導為元帝佐命功臣，歷事三朝，以弘厚鎮物，固稱賢相。當元帝初政時，其從弟敦，憚帝賢明，欲更以所立，導固爭乃止。其後敦以討刁協、劉隗、戴若思為名，稱兵向闕。導率羣從，待罪闕下，帝亦諒導之心，曰『導大義滅親，可以吾安東時節假之。』《導傳》

是其心固信於君也。孔愉在帝前，極言『導忠賢，有佐命之勳。』《愉傳》

周顗亦極言『導忠誠，申救甚力。』《顗傳》

是其心又信於友也。然當敦入石頭，王師戰敗。敦問導曰『周顗、戴若思當登三司也？』導不答。又曰『若不三司，便應令僕耶？』導亦不答。敦曰『若不爾，正應誅耳！』導亦無言。敦遂誅周、戴。

王彬數敦曰『兄抗旌犯順，將禍及門户。』敦大怒，欲殺之。導在坐，勸彬謝。彬竟不拜。是導之於敦，情好甚密，既不阻其稱兵，反欲借敦以誅除異己。蓋渡江之初，王氏兄弟布列中外，其勢甚大，當時有『王與馬共天下』之謡。帝心忌之，特用劉隗、刁協、戴若思等為腹心，排抑豪强，疏忌王氏。刁、劉等勸帝出親信以鎮方隅，乃用譙王丞為湘州，隗及若思為都督，隗、協並請盡誅王氏。《隗等傳》

是以不惟敦惡之，即導亦惡之。而是時敦亦未敢遽有篡奪之舉，觀其申雪導枉一疏，全以刁、劉等為詞。甘卓自襄陽將襲敦，敦聞之曰『甘侯慮吾危朝廷耶？吾但除姦凶耳！』《卓傳》

此敦初次起兵，專欲除刁、劉、戴數人，正與導意相合。其後敦再起兵，時病已危篤，與兄含偕行。導與含書曰『兄此舉，謂可如往年大將軍乎？往年姦人亂朝，人懷不寧，如導之徒，心思外濟。』《敦傳》

此直自吐衷懷，謂敦之誅刁、劉，與己意同也。敦初次起兵時，兵至石頭。周劄守石頭，即開門納之。以是敦兵勢盛而王師敗。敦後又忌劄宗强而殺之。敦死後，劄家請雪，卞壼等以劄開門延賊不宜雪，導獨曰『劄在石頭，知隗、協亂政，信敦匡救，開門延之，正以忠於社稷。』《劄傳》

是更以敦之稱兵，為匡救朝廷之失。可見是時導雖不欲敦移國祚，而欲敦誅刁、劉等，則其肝膈本懷。

夫帝即偏信刁、劉，疏外王氏，豈遂可肆其威脅乎？顗之論曰『人主非堯舜，豈能無失？人臣遂可舉兵正其失耶？』此論最為嚴正。則導之幸敦舉兵以除異己，安得尚稱純臣也？

且導之可議也，更不止於此。導輔政，委任羣小趙允、賈宣等。陶侃嘗欲起兵廢之，庾亮亦欲舉兵黜之。《亮傳》

桓景諂導，導昵之。陶回謂『景非正人，不宜親狎。』《回傳》

成帝每幸導第，猶拜導妻曹氏，孔坦甚非之。《坦傳》

蘇峻賊黨匡術，嘗欲殺孔羣，或救之，得免。後術既降，與羣同在導坐，導令術勸羣酒，以釋前憾。羣答曰『羣非孔子，戹同匡人，雖陽和布氣，鷹化為鳩，而識者猶憎其目。』導有愧色。《羣傳》。魯之陽虎嘗暴匡人，孔子過匡，匡人以孔子狀類陽虎而止之，拘焉五日。

此亦皆導之弛縱處。

而《晉書·導傳·論》，至比之管仲、孔明，謂『管仲能相小國，孔明善撫新邦，撫事論情，抑斯之類也。提挈三世，始終一心。稱為仲父，蓋其宜矣。』又於《劉隗、刁協傳·論》，謂其『專行刻薄，使賢宰見疏，以致物情解體。』是轉以激變之罪坐劉、刁，而導無譏焉，殊未為平允也。

【略】於導則略其疵累而比之管、葛，於侃則因一夢而懸坐以無將之罪，豈非褒貶失當乎！

又　卷八《晉書・東晉多幼主》　然東晉猶能享國八、九十年，則猶賴大臣輔相之力。明帝、成帝時，有王導、庾亮、郗鑒等。康帝、穆帝時，有褚裒、庾冰、蔡謨、王彪之等。孝武時有謝安、謝元、桓沖等。主雖孱弱，臣尚公忠，是以國脈得以屢延。一桓溫出而宗社幾移，迨會稽王道子昏庸當國，元顯以狂愚亂政，而淪胥及溺矣！國家所貴有樹人之計也。

又　卷一二《宋齊梁陳書並南史・江左世族無功臣》　而所謂高門大族者，不過雍容令僕，裙屐相高，求如王導、謝安柱石國家者，不一二數也。

雜録

南朝宋・劉義慶《世説新語・德行》　周鎮罷臨川郡還都，未及上，住泊青溪渚，王丞相往看之。時夏月，暴雨卒至，舫至狹小，而又大漏，殆無復坐處。王曰：『胡威之清，何以過此！』即啓，用為吳興郡。

王長豫（王悦）為人謹順，事親盡色養之孝。丞相見長豫輒喜，見敬豫輒嗔。長豫與丞相語，恒以慎密為端。丞相還臺，及行，未嘗不送至車後。恒與曹夫人並當箱篋。長豫亡後，丞相還臺，登車後，哭至臺門；曹夫人作簏，封而不忍開。

又　《言語》　過江諸人，每至美日，輒相邀新亭，藉卉飲宴。周侯中坐而歎曰：『風景不殊，正自有山河之異！』皆相視流淚。唯王丞相愀然變色曰：『當共戮力王室，克復神州，何至作楚囚相對！』

顧司空未知名，詣王丞相。丞相小極，對之疲睡。顧思所以叩會之，因謂同坐曰：『昔每聞元公道公協贊中宗，保全江表。體小不安，令人喘息。』丞相因覺，謂顧曰：『此子珪璋特達，機警有鋒。』

温嶠初為劉琨使來過江。于時，江左營建始爾，綱紀未舉。温新至，深有諸慮。既詣王丞相，陳主上幽越、社稷焚滅、山陵夷毀之酷，有黍離之痛。温忠慨深烈，言與泗俱，丞相亦與之對泣。敍情既畢，便深自陳結，丞相亦厚相酬納。既出，歡然言曰：『江左自有管夷吾，此復何憂！』

王敦兄含，為光祿勳。敦既逆謀，屯據南州，含委職奔姑孰。王丞相詣闕謝。司徒、丞相、揚州官僚問訊，倉卒不知何辭。顧司空時為揚州別駕，援翰曰：『王光祿遠避流言，明公蒙塵路次，羣下不寧，不審尊體起居何如？』

周僕射雍容好儀形。詣王公，初下車，隱數人，王公含笑看之。既坐，傲然嘯詠。王公曰：『卿欲希嵇、阮邪？』答曰：『何敢近舍明公，遠希嵇、阮！』

宣武移鎮南州，制街衢平直。人謂王東亭曰：『丞相初營建康，無所因承，而制置紆曲，方此為劣。』東亭曰：『此丞相乃所以為巧。江左地促，不如中國。若使阡陌條暢，則一覽而盡，故紆餘委曲，若不可測。』

又　《政事》　王丞相拜揚州，賓客數百人並加沾接，人人有説色。唯有臨海一客姓任及數胡人為未洽，公因便還到過任邊，云：『君出，臨海便無復人。』任大喜説。因過胡人前，彈指云：『蘭闍，蘭闍。』羣胡同笑，四坐並懽。

陸太尉詣王丞相咨事，過後輒翻異，王公怪其如此。後以問陸，陸曰：『公長民短，臨時不知所言，既後覺其不可耳。』【略】

丞相嘗夏月至石頭看庾公，庾公正料事。丞相云：『暑，可小簡之。』庾公曰：『公之遺事，天下亦未以為允。』【略】

丞相末年，略不復省事，正封籙諾之。自歎曰：『人言我憒憒，後人當思此憒憒。』

又　《文學》　舊云，王丞相過江左，止道聲無哀樂、養生、言盡意，三理而已，然宛轉關生，無所不入。【略】

殷中軍（浩）為庾公（亮）長史，下都，王丞相為之集，桓公（温）、王長史（蒙）、王藍田（述）、謝鎮西（尚）並在。丞相自起解帳帶麈尾，語殷曰：『身今日當與君共談析理。』既共清言，遂達三更。丞相與殷共相往反，其餘諸賢略無所關。既彼我相盡，丞相乃歎曰：『向來語，乃竟未知理源所歸。至於辭喻不相負，正始之音，正當爾耳。』明旦，桓宣武語人曰：『昨夜聽殷、王清言，甚佳，仁祖亦不寂寞，我亦時復造

心；顧看兩王掾，輒翣如生母狗馨。』

又《方正》 元皇帝既登阼，以鄭後之寵，欲舍明帝而立簡文。時議者咸謂舍長立少，既於理非倫，且明帝以聰亮英斷，益宜為儲副。周、王諸公並苦爭肯切，唯刁玄亮獨欲奉少主以阿帝旨。元帝便欲施行，慮諸公不奉詔，於是先喚周侯、丞相入，然後欲出詔付刁。周、王既入，始至階頭，帝逆遣傳詔，遏使就東廂。周侯未悟，即卻略下階。丞相披撥傳詔，徑至御床前，曰：『不審陛下何以見臣？』帝默然無言，乃探懷中黃紙詔裂擲之，由此皇儲始定。周侯方慨然愧歎曰：『我常自言勝茂弘，今始知不如也！』【略】

王丞相初在江左，欲結援吳人，請婚陸太尉。對曰：『培塿無松柏，薰蕕不同器。玩雖不才，義不為亂倫之始。』【略】

蘇峻時，孔羣在橫塘，為匡術所逼。王丞相保存術，因衆坐戲語，令術勸羣酒，以釋橫塘之憾。羣答曰：『德非孔子，厄同匡人。雖陽和布氣，鷹化為鳩，至於識者，猶憎其眼。』【略】

蘇子高事平，王、庾諸公欲用孔廷尉為丹陽。亂離之後，百姓凋弊。孔慨然曰：『昔肅祖臨崩，諸君親臨御床，並蒙眷識，共奉遺詔。孔坦疏賤，不在顧命之列。既有艱難，則以微臣為先，今猶俎上腐肉，任人膾截耳！』於是拂衣而去，諸公亦止。【略】

梅頤嘗有惠于陶公，後為豫章太守，有事，王丞相遣收之。侃曰：『天子富於春秋，萬機自諸侯出，王公既得録，陶公何為不可放！』乃遣人于江口奪之。頤見陶公，拜，陶公止之，頤曰：『梅仲真膝，明日豈可復屈邪？』【略】

王丞相作女伎，施設床席。蔡公先在坐，不說而去，王亦不留。【略】

江僕射年少，王丞相呼與共棋。王手嘗不如兩道許，而欲敵道戲，試以觀之。江不即下，王曰：『君何以不行？』江曰：『恐不得爾。』傍有客曰：『此年少戲乃不惡。』王徐舉首曰：『此年少非唯圍棋見勝。』

後來年少，多有道深公者。深公謂曰：『黃吻年少，勿為評論宿士。昔嘗與元明二帝、王庾二公周旋。』

又《雅量》 王夷甫嘗屬族人事，經時未行。遇于一處飲燕，因語之曰：『近屬尊事，那得不行？』族人大怒，便舉樏擲其面。夷甫都無言，盥洗畢，牽王丞相臂，與共載去。在車中照鏡，語丞相曰：『汝看我眼光，乃出牛背上。』

有往來者云：『庾公有東下意。』或謂王公：『可潛稍嚴，以備不虞。』王公曰：『我與元規雖俱王臣，本懷布衣之好。若其欲來，吾角巾徑還烏衣，何所稍嚴。』

王丞相主簿欲檢校帳下，公語主簿：『欲與主簿周旋，無為知人几案閒事。』

許侍中、顧司空俱作丞相從事，爾時已被遇，遊宴集聚，略無不同。嘗夜至丞相許戲，二人歡極，丞相便命使入己帳眠。顧至曉回轉，不得快孰。許上床便咍臺大鼾。丞相顧諸客曰：『此中亦難得眠處。』

郗太傅在京口，遣門生與王丞相書，求女婿。丞相語郗信：『君往東廂，任意選之。』門生歸，白郗曰：『王家諸郎亦皆可嘉，聞來覓婿，咸自矜持，唯有一郎在東床上坦腹臥，如不聞。』郗公云：『正此好！』訪之，乃是逸少，因嫁女與焉。

顧和始為揚州從事，月旦當朝，未入頃，停車州門外。周侯詣丞相，歷和車邊，和覓虱，夷然不動。周既過，反還，指顧心曰：『此中何所有？』顧搏虱如故，徐應曰：『此中最是難測地。』周侯既入，語丞相曰：『卿州吏中有一令僕才。』

又《識鑑》 諸葛道明初過江左，自名道明，名亞王、庾之下。先為臨沂令，丞相謂曰：『明府當為黑頭公。』

又《賞譽》 王公目太尉：『巖巖清峙，壁立千仞。』

王長史是庾子躬之外孫，丞相目子躬云：『入理泓然，我已上人。』

王大將軍與元皇表云：『舒風概簡正，允作雅人，自多於邃，最是臣少所知拔。中間夷甫、澄見語：「卿知處明、茂弘，茂弘已有令名，真副卿清論；處明親疏無知之者。吾常以卿言為意，殊未有得，恐已悔之？」臣慨然曰：「君以此試。」頃來始乃有稱者，言常人正自患知之使過，不知使負實。』【略】

周侯於荊州敗績，還，未得用。王丞相與人書曰：『雅流宏器，何可得遺！』

王丞相云：『刁玄亮之察察，戴若思之巖巖，卞望之峰距。』

王丞相召祖約夜語，至曉不眠。明旦有客，公頭鬢未理，亦小倦。客曰：『公昨如是似失眠。』公曰：『昨與士少語，遂使人忘疲。』

王大將軍與丞相書，稱楊朗曰：『世彦識器理致，才隱明斷。既為國器，且是楊侯淮之子。位望殊為陵遲，卿亦足與之處。』【略】

何次道往丞相許，丞相以麈尾指坐，呼何共坐曰：『來，來，此是君坐。』

丞相治揚州廨舍，按行而言曰：『我正為次道治此爾。』何少為王公所重，故屢發此歎。

王丞相拜司徒而歎曰：『劉王喬若過江，我不獨拜公。』【略】

王藍田為人晚成，時人乃謂之癡。王丞相以其東海子，辟為掾。常集聚，王公每發言，衆人競贊之，述於末坐曰：『主非堯、舜，何得事事皆是？』丞相甚相歎賞。

又《品藻》 正始中，人士比論，以五荀方五陳：荀淑方陳寔，荀靖方陳諶，荀爽方陳紀，荀彧方陳羣，荀顗方陳泰。又以八裴方八王：裴徽方王祥，裴楷方王夷甫，裴康方王綏，裴綽方王澄，裴瓚方王敦，裴遐方王導，裴頠方王戎，裴邈方王玄。

會稽虞馬斐，元皇時與桓宣武同俠，其人有才理勝望。王丞相嘗謂馬斐曰：『孔愉有公才而無公望，丁潭有公望而無公才，兼之者其在卿乎？』馬斐未達而喪。

人問王丞相：『周侯何如和嶠？』答曰：『長輿嵯櫱。』【略】

王丞相二弟不過江，曰潁、曰敞。時論以潁比鄧伯道，敞比温忠武，議郎、祭酒者也。

王丞相云：『頃下論以我比安期、千里，亦推此二人。唯共推太尉，此君特秀。』

王丞相辟王藍田為掾，庾公問丞相：『藍田何似？』王曰：『真獨簡貴，不減父祖，然曠澹處，故當不如爾。』

王丞相云：『見謝仁祖，恒令人得上。與何次道語，唯舉手指地曰：『正自爾馨。』』【略】

王右軍少時，丞相云：『逸少何緣復減萬安邪？』

又《規箴》 元帝過江猶好酒，王茂弘與帝有舊，常流涕諫。帝許之，命酌酒一酣，從是遂斷。

郗太尉晚節好談，既雅非所經，而甚矜之。後朝覲，以王丞相末年多可恨，每見，必欲苦相規誡。王公知其意，每引作他言。臨還鎮，故命駕，詣丞相，翹須厲色，上坐便言：『方當乖別，必欲言其所見。』意滿口重，辭殊不流。王公攝其次曰：『後面未期，亦欲盡所懷，願公勿復談。』郗遂大瞋，冰衿而出，不得一言。【略】

王丞相為揚州，遣八部從事之職，顧和時為下傳還，同時俱見。諸從事各奏二千石官長得失，至和獨無言。王問顧曰：『卿何所聞？』答曰：『明公作輔，寧使網漏吞舟，何緣采聽風聞，以為察察之政？』丞相咨嗟稱佳，諸從事自視缺然也。

又《捷悟》 王敦引軍至大桁，明帝自出中堂。温嶠為丹陽尹，帝令斷大桁，故未斷，帝大怒瞋目，左右莫不悚懼。召諸公來。嶠至，不謝，但求酒炙。王導須臾至，徒跣下地，謝曰：『天威在顔，遂使温嶠不得謝。』嶠於是下謝，帝乃釋然。諸公共歎王機悟名言。

又《容止》 有人詣王太尉，遇安豐、大將軍、丞相在坐。往别屋，見季胤、平子。還，語人曰：『今日之行，觸目見琳琅珠玉。』

王丞相見衛洗馬曰：『居然有羸形，雖復終日調暢，若不堪羅綺。』【略】

庾太尉在武昌，秋夜氣佳景清，佐吏殷浩、王胡之之徒登南樓理詠，音調始遒，聞函道中有屐聲甚厲，定是庾公。俄而率左右十許人步來，諸賢欲起避之，公徐云：『諸君少住，老子於此處興復不淺。』因便據胡床，與諸人詠謔，竟坐甚得任樂。後王逸少下，與丞相言及此事，丞相曰：『元規爾時風範，不得不小頹。』右軍答曰：『唯丘壑獨存。』

王敬豫有美形，問訊王公。王公撫其肩曰：『阿奴恨才不稱！』又云：『敬豫事事似王公。』

又《企羨》 王丞相拜司空，桓廷尉作兩髻，葛裙策杖，路邊窺之，歎曰：『人言阿龍超，阿龍故自超！』不覺至臺門。【略】

王丞相過江，自說昔在洛水邊，數與裴成公、阮千里諸賢共談道。羊曼曰：『人久以此許卿，何須復爾？』王曰：『亦不言我須此，但欲爾

時不可得耳！」

又《傷逝》 衛洗馬以永嘉六年喪，謝鯤哭之，感動路人。咸和中，丞相王公教曰：「衛洗馬當改葬。此君風流名士，海內所瞻，可修薄祭，以敦舊好。」

又《棲逸》 李廞是茂曾第五子，清貞有遠操，而少羸病，不肯婚宦。居在臨海，住兄侍中墓下。既有高名，王丞相欲招禮之，故辟為府掾。廞得箋命，笑曰：「茂弘乃復以一爵假人。」

又《術解》 王丞相令郭璞試作一卦。卦成，郭意色甚惡，云：「公有震厄！」王問：「有可消伏理不？」郭曰：「命駕西出數里，得一柏樹，截斷如公長，置床上常寢處，災可消矣。」王從其語，數日中，果震柏粉碎，子弟皆稱慶。大將軍云：「君乃復委罪于樹木。」

又《崇禮》 元帝正會，引王丞相登御床，王公固辭，中宗引之彌苦。王公曰：「使太陽與萬物同暉，臣何以瞻仰？」

又《任誕》 鴻臚卿孔羣好飲酒。王丞相語云：「卿何為恒飲酒？不見酒家覆瓿布，日月糜爛？」羣曰：「不爾。不見糟肉乃更堪久？」羣嘗書與親舊：「今年得七百斛秫米，不了麴糱事。」【略】

王長史、謝仁祖同為王公掾，長史云：「謝掾能作異舞。」謝便起舞，神意甚暇。王公熟視，謂客曰：「使人思安豐。」

又《簡傲》 高坐道人于丞相坐，恒偃臥其側。見卞令，肅然改容，云：「彼是禮法人。」

又《排調》 陸太尉詣王丞相，王公食以酪。陸還遂病。明日，與王箋云：「昨食酪小過，通夜委頓。民雖吳人，幾為傖鬼。」【略】

諸葛令、王丞相共爭姓族先後。王曰：「何不言葛、王，而云王、葛？」令曰：「譬言驢馬，不言馬驢，驢寧勝馬邪！」

劉真長始見王丞相，時盛暑之月，丞相以腹熨彈棋局，曰：「何乃淘！」劉既出，人問見王公云何，劉曰：「未見他異，唯聞作吳語耳。」

王公與朝士共飲酒，舉琉璃碗謂伯仁曰：「此碗腹殊空，謂之寶器，何邪？」答曰：「此碗英英，誠為清澈，所以為寶耳。」

王長豫幼便和令，丞相愛恣甚篤，每共圍棋，丞相欲舉行，長豫按指不聽。丞相笑曰：「詎得爾，相與似有瓜葛。」

王丞相枕周伯仁膝，指其腹曰：「卿此中何所有？」答曰：「此中空洞無物，然容卿輩數百人。」

又《輕詆》 庾公權重，足傾王公。庾在石頭，王在冶城坐。大風揚塵，王以扇拂塵曰：「元規塵汙人。」

王右軍少時甚澀訥。在大將軍許，王、庾二公後來，右軍便起欲去。大將軍留之，曰：「爾家司空、元規，復可所難！」

王丞相輕蔡公，曰：「我與安期、千里共遊洛水邊，何處聞有蔡充兒！」

又王右軍在南，丞相與書，每歎子侄不令，云：「虎豚、虎犢，還其所如。」

又《儉嗇》 王丞相儉節，帳下甘果盈溢不散。涉春爛敗，都督白之，公令舍去，曰：「慎不可令大郎知！」

又《尤悔》 王平子始下，丞相語大將軍：「不可復使羌人東行。」平子面似羌。

王大將軍起事，丞相兄弟詣闕謝。周侯深憂諸王，始入，甚有憂色。丞相呼周侯曰：「百口委卿！」周直過不應。既入，苦相存救。既釋，周大說，飲酒。及出，諸王故在門。周曰：「今年殺諸賊奴，當取金印如斗大繫肘後。」大將軍至石頭，問丞相曰：「周侯可為三公不？」丞相不答。又問：「可為尚書令不？」又不應。因云：「如此，唯當殺之耳！」復默然。逮周侯被害，丞相後知周侯救己，歎曰：「我不殺周侯，周侯由我而死，幽冥中負此人！」

王導、温嶠俱見明帝，帝問温前世所以得天下之由。温未答，頃，王曰：「温嶠年少未諳，臣為陛下陳之。」王乃具敘宣王創業之始，誅夷名族，寵樹同己，及文王之末高貴鄉公事。明帝聞之，覆面著床曰：「若如公言，祚安得長！」

又《紕漏》 任育長年少時，甚有令名。武帝崩，選百二十挽郎，一時之秀彥，育長亦在其中。王安豐選女婿，從挽郎搜其勝者，且擇取四人，任猶在其中。童少時，神明可愛，時人謂育長影亦好。自過江，便失志。王丞相請先度時賢共至石頭迎之，猶作疇日相待，一見便覺有異。坐席竟，下飲，便問人云：「此為茶，為茗？」覺有異色，乃自申明云：

『向問飲為熱為冷耳。』嘗行從棺邸下度，流涕悲哀。王丞相聞之，曰：『此是有情癡。』

又 **《惑溺》** 王丞相有幸妾姓雷，頗預政事，納貨。蔡公謂之雷尚書。

北魏·酈道元《水經注》卷四〇《漸江水》 晉建武元年，驃騎王導迎（郭）文，置之西園。

《晉書》卷一九《禮志上》 元帝渡江，太興二年始議立郊祀儀。尚書令刁協、國子祭酒杜夷議，宜須旋都洛邑乃修之。司徒荀組據漢獻帝都許即便立郊，自宜於此修奉。驃騎王導、僕射荀崧、太常華恒、中書侍郎庾亮皆同組議，事遂施行，立南郊於已地。其制度皆太常賀循所定，多依漢及晉初之儀。

又 **卷二四《職官志》** 丞相、相國，為之者，趙王倫、梁王肜、成都王穎、南陽王保、王敦、王導之徒，皆非復尋常人臣之職。江左以來，都督中外尤重，唯王導等權重者乃居之。

又 **卷二七《五行志上》** 孝懷帝永嘉四年四月，江東大水。時王導等潛懷翼戴之計，陰氣盛也。

又 **卷二八《五行志中》** 咸康元年六月，旱。是時成帝沖弱，未親萬機，內外之政，決之將相。此僭逾之罰，連歲旱也。至四年，王導固讓太傅，復子明辟。是後不旱，殆其應也。時天下普旱，會稽、餘姚特甚，米斗直五百，人有相鬻者。二年三月，旱。三年六月，旱。時王導以天下新定，務在遵養，不任刑罰，遂盜賊公行，頻五年亢旱，亦舒緩之應也。【略】

成帝咸和二年五月，司徒王導廄羊生無後足，此羊禍也。京房《易傳》曰：『足少者，下不勝任也。』明年，蘇峻破京都，導與帝俱幽石頭，僅乃得免，是其應也。

又 **卷二九《五行志下》** 四年十二月，郊牛死。案劉向說《春秋》效牛死曰：『宣公區霿昏亂，故天不饗其祀。』今元帝中興之業，實王導之謀也。劉隗探會上意，以得親幸，導見疏外，此區霿不睿之禍。

又 **卷三九《荀奕傳》** 時又通議元會日帝應敬司徒王導不。博士郭熙、杜援等以為禮無拜臣之文，謂宜除敬。侍中馮懷議曰：『天子修禮，莫盛於辟雍。當爾之日，猶拜三老，況今先帝師傅。謂宜盡敬。』事下門下，奕議曰：『三朝之首，宜明君臣之體，則不應敬。若他日小會，自可盡禮。又至尊與公書手詔則曰「頓首言」，中書為詔則云「敬問」，散騎優冊則曰：「制命」。今詔文尚異，況大會之與小會，理豈得同！』詔從之。

《舊唐書》卷九三《姚璹傳》 有司以璹從父弟犯法，奏言不合更為侍臣。璹上言：『昔王敦稱兵犯順，王導仍典樞機；嵇康戮于晉朝，嵇紹忠於晉室。竊惟前古，尚不為疑；今奉聖恩，豈由臣下。必以體例有乖，伏請甘從擯退。』則天曰：『此乃我意，卿復何言！但當盡忠，無聽浮說。』

又 **卷一七七《杜審權傳》** 十一年，制曰：『【略】王導以蕭灑之名，不忘戎事；謝安以恬淡之德，亦在兵間。』

元·馬端臨《文獻通考》卷二三《國用考一·歷代國用》 蘇峻既平，帑藏空竭，庫中唯有練數千端，鬻之不售，而國用不給。王導患之，乃與朝賢俱制練布單衣，於是士人翕然競服之，練遂踴貴，乃令主者出賣，端至一金。

又 **卷四九《職官考三·宰相》** 成帝以王導為丞相，罷司徒府為丞相府。導薨，罷丞相，復為司徒府。【略】東晉庾亮、庾冰相次為中書監。先是王導輔政，以寬和得衆，庾亮以法裁飭，頗失人心。

桓温分部

傳　記

《晉書》卷九八《桓温傳》 桓温，字元子，宣城太守彝之子也。生未期而太原温嶠見之，曰：『此兒有奇骨，可試使啼。』及聞其聲，曰：『真英物也！』以嶠所賞，故遂名之曰温。嶠笑曰：『果爾，後將易吾姓也。』彝為韓晃所害，涇令江播豫焉。温時年十五，枕戈泣血，志在復仇。

至年十八，會播已終，子彪兄弟三人居喪，置刃杖中，以為温備。温詭稱弔賓，得進，刃彪於廬中，並追二弟殺之，時人稱焉。

温豪爽有風概，姿貌甚偉，面有七星。少與沛國劉惔善，惔嘗稱之曰：『温眼如紫石稜，須作猬毛磔，孫仲謀、晉宣王之流亞也。』選尚南康長公主，拜駙馬都尉，襲爵萬寧男，除琅邪太守，累遷徐州刺史。

温與庾翼友善，恒相期以寧濟之事。翼嘗薦温於明帝曰：『桓温少有雄略，願陛下勿以常人遇之，常婿畜之，宜委以方召之任，托其弘濟艱難之勳。』翼卒，以温為都督荆梁四州諸軍事、安西將軍、荆州刺史、領護南蠻校尉、假節。

時李勢微弱，温志在立勳於蜀，永和二年，率衆西伐。時康獻太后臨朝，温將發，上疏而行。朝廷以蜀險遠，而温兵寡少，深入敵場，甚以為憂。初，諸葛亮造八陣圖于魚復平沙之上，壘石為八行，行相去二丈。温見之，謂『此常山蛇勢也。』文武皆莫能識之。及軍次彭模，乃命參軍周楚、孫盛守輜重，自將步卒直指成都。勢使其叔父福及從兄權等攻彭模，楚等禦之，福退走。温又擊權等，三戰三捷，賊衆散，自間道歸成都。勢於是悉衆與温戰於笮橋，參軍龔護戰没，衆懼欲退，而鼓吏誤鳴進鼓，於是攻之，勢衆大潰。温乘勝直進，焚其小城，勢遂夜遁九十里，至晉壽葭萌城，其將鄧嵩、昝堅勸勢降，乃面縛輿櫬請命。温解縛焚櫬，送于京師。温停蜀三旬，舉賢旌善，偽尚書僕射王誓、中書監王瑜、鎮東將軍鄧定、散騎常侍常璩等，皆蜀之良也，並以為參軍，百姓咸悦。軍未旋而王誓、鄧定、隗文等反，温復討平之。振旅還江陵，進位征西大將軍、開府，封臨賀郡公。

及石季龍死，温欲率衆北征，先上疏求朝廷議水陸之宜，久不報。時知朝廷杖殷浩等以抗己，温甚忿之，然素知浩，弗之憚也。以國無他釁，遂得相持彌年，雖有君臣之迹，亦相羈縻而已，八州士衆資調，殆不為國家用。聲言北伐，拜表便行，順流而下，行達武昌，衆四五萬。殷浩慮為温所廢，將謀避之，又欲以騶虞幡住温軍，内外噂遝，人情震駭。簡文帝時為撫軍，與温書明社稷大計，疑惑所由。温即回軍還鎮，上疏曰：

臣近親率所統，欲北掃趙魏，軍次武昌，獲撫軍大將軍、會稽王昱書，説風塵紛紜，妄生疑惑，辭旨危急，憂及社稷。省之惋愕，不解所由，形影相顧，隕越無地。臣以暗蔽，忝荷重任，雖才非其人，職在靜亂。寇仇不滅，國耻未雪，幸因開泰之期，遇可乘之會，匹夫有志，猶懷憤慨，臣亦何心，坐觀其弊！故荷戈驅馳，不遑寧處，前後表陳，於今歷年矣。丹誠坦然，公私所察，有何纖介，容此嫌忌？豈醜正之徒心懷怵惕，操弄虛説，以惑朝聽？

昔樂毅竭誠，垂涕流奔，霍光盡忠，上官告變。讒説殄行，姦邪亂德，及歷代之常患，存亡之所由也。今主上富於陽秋，陛下以聖淑臨朝，恭己委任，責成羣下，方寄會通於羣才，布德信於遐荒。況臣世蒙殊恩，服事三朝，身非羈旅之賓，迹無韓彭之釁，而反間起於胸心，交亂過於四國，此古賢所以歎息於既往，而臣亦大懼于當年也。今横議妄生，成此貝錦，使垂滅之賊復獲蘇息，所以痛心絶氣，悲慨彌深。臣雖所存者公，所務者國；然外難未弭，而内弊交興，則臣本心陳力之志也。

進位太尉，固讓不拜。時殷浩至洛陽修復園陵，經涉數年，屢戰屢敗，器械都盡。温復進督司州，因朝野之怨，乃奏廢浩，自此内外大權一歸温矣。温遂統步騎四萬發江陵，水軍自襄陽入均口。至南鄉，步自淅川以征關中，命梁州刺史司馬勳出子午道。别軍攻上洛，獲苻健荆州刺史郭敬，進擊青泥，破之。健又遣子生、弟雄衆數萬屯嶢柳、愁思堆以距温，遂大戰，生親自陷陣，殺温將應庭、劉泓，死傷千數。温軍力戰，生衆乃散。雄又與將軍桓沖戰白鹿原，又為沖所破。雄遂馳襲司馬勳，勳退次女媧堡。温進至霸上，健以五千人深溝自固，居人皆安堵復業，持牛酒迎温于路者十八九，耆老感泣曰：『不圖今日復見官軍！』初，温恃麥熟，取以為軍資。而健芟苗清野，軍糧不屬，收三千餘口而還。帝使侍中黄門勞温於襄陽。

初，温自以雄姿風氣是宣帝、劉琨之儔，有以其比王敦者，意甚不平。及是征還，於北方得一巧作老婢，訪之，乃琨伎女也，一見温，便潸然而泣。温問其故，答曰：『公甚似劉司空。』温大悦，出外整理衣冠，又呼婢問。婢云：『面甚似，恨薄；眼甚似，恨小；須甚似，恨赤；形甚似，恨短；聲甚似，恨雌。』温於是褫冠解帶，昏然而睡，不怡者數日。

母孔氏卒，上疏解職，欲送葬宛陵，詔不許。贈臨賀太夫人印綬，謚

曰敬，遣侍中弔祭，謁者監護喪事，旬月之中，使者八至，軺軒相望於道。温葬畢視事，欲修復園陵，移都洛陽，表疏十餘上，不許。進温征討大都督、督司冀二州諸軍事，委以專征之任。

温遣督護高武據魯陽，輔國將軍戴施屯河上，勒舟師以逼許洛，以譙梁水道既通，請徐豫兵乘淮泗入河。温自江陵北伐，行經金城，見少為琅邪時所種柳皆已十圍，慨然曰：『木猶如此，人何以堪！』攀枝執條，泫然流涕。於是過淮泗，踐北境，與諸僚屬登平乘樓，眺矚中原，慨然曰：『遂使神州陸沈，百年丘墟，王夷甫諸人不得不任其責！』袁宏曰：『運有興廢，豈必諸人之過！』温作色謂四座曰：『頗聞劉景升有千斤大牛，啖芻豆十倍于常牛，負重致遠，曾不若一羸牸，魏武入荆州，以享軍士。』意以況宏，坐中皆失色。師次伊水，姚襄屯水北，距水而戰。温結陣而前，親被甲督弟沖及諸將奮擊，襄大敗，自相殺死者數千人，越北芒而西走，追之不及，遂奔平陽。温屯故太極殿前，徙入金墉城，謁先帝諸陵，陵被侵毁者皆繕復之，兼置陵令。遂旋軍，執降賊周成以歸，遷降人三千餘家于江漢之間。遣西陽太守滕畯出黄城，討蠻賊文盧等，又遣江夏相劉岵、義陽太守胡驥討妖賊李弘，皆破之，傳首京都。温還軍之後，司、豫、青、兖復陷於賊。升平中，改封南郡公，降臨賀為縣公，以封其次子濟。

隆和初，寇逼河南，太守戴施出奔，冠軍將軍陳祐告急，温使竟陵太守鄧遐率三千人助祐，並欲還都洛陽，上疏曰：

巴蜀既平，逆胡消滅，時來之會既至，休泰之慶顯著。而人事乖違，屢喪王略，復使二賊雙起，海內崩裂，河洛蕭條，山陵危逼，所以遐邇悲惶，痛心於既往者也。伏惟陛下稟乾坤自然之姿，挺羲皇玄朗之德，鳳妻外藩，龍飛皇極，時務陵替，備徹天聽，人之情偽，盡知之矣。是以九域宅心，幽遐企踵，思佇雲羅，混網四裔。誠宜遠圖廟算，大存經略，光復舊京，疆理華夏，使惠風陽澤洽被八表，霜威寒飆陵振無外，豈不允應靈休，天人齊契！今江河悠闊，風馬殊邈，故向義之徒履亡相尋，而建節之士猶繼踵無悔。況辰極既回，衆星斯仰，本源既運，枝泒自還，則晉之餘黎欣皇德之攸憑，羣凶妖逆知滅亡之無日，騁思順之心，鼓雷霆之勢，則二豎之命不誅而自絶矣。故員通貴於無滯，明哲尚于應機，砎如石焉，所以成務。若乃海運既徙，而鵬翼不舉，永結根于南垂，廢神州于龍漠，令五尺之童掩口而歎息。

夫先王經始，玄聖宅心，畫為九州，制為九服，貴中區而內諸夏，誠以晷度自中，霜露惟均，冠冕萬國，朝宗四海故也。自强胡陵暴，中華蕩覆，狼狽失據，權幸揚越，蠖屈以待龍伸之會，潛蟠之俟風雲之期，蓋屯圮所鍾，非理勝而然也。而喪亂緬邈，五十餘載，先舊徂没，後來童幼，班荆輟音，積習成俗，遂望絶於本邦，宴安於所托。眷言悼之，不覺悲歎！臣雖庸劣，才不周務，然攝官承乏，屬當重任，願竭筋骨，宣力先鋒，翦除荆棘，驅諸豺狼。自永嘉之亂，播流江表者，請一切北徙，以實河南，資其舊業，反其土宇，勸農桑之務，盡三時之利，導之以義，齊之以禮，使文武兼宣，信順交暢，井邑既修，綱維粗舉。然後陛下建三辰之章，振旂旗之旌，冕旒錫鑾，朝服濟江，則宇宙之內誰不幸甚！

夫人情昧安，難與圖始；非常之事，衆人所疑。伏願陛下決玄照之明，斷常均之外，責臣以興復之效，委臣以終濟之功。此事既就，此功既成，則陛下盛勳比靈斯前代，周宣之詠復興當年。如其不效，臣之罪也，褰裳赴鑊，其甘如薺。

詔曰：『在昔喪亂，忽涉五紀，戎狄肆暴，繼襲凶迹，眷言西顧，慨歎盈懷！知欲躬率三軍，蕩滌氛穢，廓清中畿，光復舊京，非夫外身殉國，孰能若此者哉！諸所處分，委之高算。但河洛丘墟，所營者廣，經始之勤，致勞懷也。』於是改授並、司、冀三州，以交廣遼遠，罷都督，温表辭不受。又加侍中、大司馬、都督中外諸軍事、假黄鉞。温以既總督內外，不宜在遠，又上疏陳便宜七事：其一，朋黨雷同，私議沸騰，宜抑杜浮競，莫使能植。其二，户口凋寡，不當漢之一郡，宜並官省職，令久於其事。其三，機務不可停廢，常行文案宜為限日。其四，宜明長幼之禮，獎忠公之吏。其五，褒貶賞罰，宜允其實。其六，宜述遵前典，敦明學業。其七，宜選建史官，以成晉書。有司皆奏行之。尋加羽葆鼓吹，置左右長史、司馬、從事中郎四人。受鼓吹，餘皆辭。復率舟軍進合肥。加揚州牧、録尚書事，使侍中顔旄宣旨，召温入參朝政。温上疏曰：

方攘除羣凶，掃平禍亂，當竭天下智力，與衆共濟，而朝議咸疑，聖詔彌固，事異本圖，豈敢執遂！至於入參朝政，非所敢聞。臣違離宮省

二十餘載，韆　奉戎務，役勤思苦，若得解帶逍遙，鳴玉闕廷，參贊無為之契，豫聞曲成之化，雖實不敏，豈不是願！但顧以江漢艱難，不同曩日，而益梁新平，寧州始服，懸兵漢川，戍禦彌廣，加强蠻盤牙，勢處上流，江湖悠遠，當制命侯伯，自非望實重威，無以鎮禦遐外。臣知舍此之艱危，敢背之而無怨，顧奮臂投身造事中原者，實耻帝道皇居仄陋于東南，痛神華桑梓遂埋于戎狄。若憑宗廟之靈，則雲徹席捲，呼吸蕩清。如當假息遊魂，則臣據河洛，親臨二寇，廣宣皇靈，襟帶秦趙，遠不五載，大事必定。

今臣昱以親賢贊國，光輔二世，即無煩以臣疏鈍，並是機務。且不有行者，誰捍牧圉？表裏相濟，實深實重。伏願陛下察臣所陳，兼訪內外，乞時還屯，撫寧方隅。

詔不許，復征温。温至赭圻，詔又使尚書車灌止之，温遂城赭圻，固讓內録，遥領揚州牧。屬鮮卑攻洛陽，陳祐出奔，簡文帝時輔政，會温於洌洲，議征討事，温移鎮姑孰。會哀帝崩，事遂寢。

温性儉，每燕惟下七奠柈茶果而已。然以雄武專朝，窺覦非望，或臥對親僚曰：『為爾寂寂，將為文景所笑。』衆莫敢對。既而撫枕起曰：『既不能流芳後世，不足復遺臭萬載邪！』嘗行經王敦墓，望之曰：『可人，可人！』其心迹若是。時有遠方比丘尼名有道術，於別室浴，温竊窺之。尼倮身先以刀自破腹，次斷兩足。浴竟出，温問吉凶，尼云：『公若作天子，亦當如是。』

太和四年，又上疏悉衆北伐。平北將軍郗愔以疾解職，又以温領平北將軍、徐兗二州刺史，率弟南中郎沖、西中郎袁真步騎五萬北伐。百官皆于南州祖道，都邑盡傾。軍次湖陸，攻慕容暐將慕容忠，獲之，進次金鄉。時亢旱，水道不通，乃鑿鉅野三百餘里以通舟運，自清水入河。暐將慕容垂、傅末波等率衆八萬距温，戰于林渚。温擊破之，遂至枋頭。先使袁真伐譙梁，開石門以通運。真討譙梁皆平之，而不能開石門，軍糧竭盡。温焚舟步退，自東燕出倉垣，經陳留，鑿井而飲，行七百餘里。垂以八千騎追之，戰於襄邑，温軍敗績，死者三萬人。温甚耻之，歸罪於真，表廢為庶人。真怨温誣己，據壽陽以自固，潛通苻堅、慕容。

帝遣侍中羅含以牛酒犒温于山陽，使會稽王昱會温於途中，詔以温世

子給事熙為征虜將軍、豫州刺史、假節。及南康公主薨，詔賻布千匹，錢百萬，温辭不受。又陳息熙三年之孤，且年少未宜使居偏任，詔不許。發州人築廣陵城，移鎮之。時温行役既久，又兼疾癘，死者十四五，百姓嗟怨。

袁真病死，其將朱輔立其子瑾以嗣事。慕容暐、苻堅並遣軍援瑾，温使督護竺瑤、矯陽之等與水軍擊之。時暐軍已至，瑤等與戰于武丘，破之。温率二萬人自廣陵又至，瑾嬰城固守，温築長圍守之。苻堅乃使其將王鑒、張蠔等率兵以救瑾，屯洛澗，先遣精騎五千次於肥水北。温遣桓伊及弟子石虔等逆擊，大破之，瑾衆遂潰，生擒之，並其宗族數十人及朱輔送於京都而斬之，所侍養乞活數百人悉坑之，以妻子為賞。温以功，詔加班劍十人，犒軍于路次，文武論功賞賜各有差。

温復還白石，上疏求歸姑孰。詔曰：『夫乾坤體合，而化成萬物；二人同心，則不言所利。古之哲王咸賴元輔，姬旦光於四表，而周道以隆；伊尹格於皇天，而殷化以洽。大司馬明德應期，光大深遠，上合天心，含章時發，用集大命，在予一人，功美博陸，道固萬世。今進公丞相，其大司馬本官皆如故，留公京都，以鎮社稷。』温固辭，仍請還鎮。遣侍中王坦之征温入相，增邑為萬户，又辭。詔以西府經袁真事故，軍用不足，給世子熙布三萬匹，米六萬斛，又以熙弟濟為給事中。

及帝不豫，詔温曰：『吾遂委篤，足下便入，冀得相見。便來，便來！』於是一日一夜頻有四詔。温上疏曰：『聖體不和，以經積日，愚心惶恐，無所寄情。夫盛衰常理，過備無害，故漢高枕疾，呂後問相，孝武不豫，霍光啓嗣。嗚噎以問身後，蓋所存者大也。今皇子幼稚，而朝賢時譽惟謝安、王坦之才識智皆簡在聖鑑。內輔幼君，外禦强寇，實羣情之大懼，然理盡於此。陛下便宜崇授，使羣下知所寄，而安等奉命陳力，公私為宜。至如臣温位兼將相，加陛下垂布衣之顧，但朽邁疾病，懼不支久，無所復堪托以後事。』疏未及奏而帝崩，遺詔家國事一稟之於公，如諸葛武侯、王丞相故事。温初望簡文臨終禪位於己，不爾便為周公居攝。事既不副所望，故甚憤怨，與弟沖書曰：『遺詔使吾依武侯、王公故事耳。』王、謝處大事之際，日憤憤少懷。

及孝武即位，詔曰：『先帝遺敕云：『事大司馬如事吾。』令答表便

可盡敬。』又詔：『大司馬社稷所寄，先帝托以家國，内外衆事便就關公施行。』復遣謝安征温入輔，加前部羽葆鼓吹，武賁六十人，温讓不受。及温入朝，赴山陵，詔曰：『公勳德尊重，師保朕躬，兼有風患，其無敬。』又敕尚書安等於新亭奉迎，百僚皆拜於道側。當時豫有位望者咸戰慴失色，或云因此殺王、謝，内外懷懼。温既至，以盧悚入宫，乃收尚書陸始付廷尉，責替慢罪也。於是拜高平陵，左右覺其有異，既登車，謂從者曰：『先帝向遂靈見。』既不述帝所言，故衆莫之知，但見將拜時頻言『臣不敢』而已。又問左右殷涓形狀，答者言肥短，温云：『向亦見在帝側。』初，殷浩既為温所廢死，涓頗有氣尚，遂不詣温，而與武陵王晞游，故温疑而害之，竟不識也。及是，亦見涓為祟，因而遇疾。凡停京師十有四日，歸於姑孰，遂寢疾不起。諷朝廷加己九錫，累相催促。謝安、王坦之聞其病篤，密緩其事。錫文未及成而薨，時年六十二。皇太后與帝臨於朝堂三日，詔賜九命衮冕之服，又朝服一具，衣一襲，東園秘器，錢二百萬，布二千匹，臘五百斤，以供喪事。及葬，一依太宰安平獻王、漢大將軍霍光故事，賜九旒鸞輅，黄屋左纛，緼輬車，挽歌二部，羽葆鼓吹，武賁班劍百人，優冊即前南郡公增七千五百户，進地方三百里，賜錢五千萬，絹二萬匹，布十萬匹，追贈丞相。

初，沖問温以謝安、王坦之所任，温曰：『伊等不為汝所處分。』温知己存彼不敢異，害之無益於沖，更失時望，所以息謀。

温六子：熙、濟、歆、禕、偉、玄。

綜　述

《魏書》卷八四《僭晉司馬叡傳》　桓温表廢聃揚州刺史殷浩，聃憚温，乃除其名。温遂率所統諸軍步騎四萬自鄀越關中至灞上。苻健與五十余人守長安小城，是歲大儉温軍。人懸磬，健深溝，堅壁清野，待温軍，食盡乃退。苻健遣子萇頻擊敗之。初，温次灞上，其部將振武將軍、順陽太守薛珍勸温徑進逼城，温弗從，珍以偏師獨濟，頗有所獲。温退，珍乃還，放言於衆，且矜其鋭而咎温之持重。温慚忿，殺之。聃又改年曰升平。

初温任兼將相，其不臣之心，形於音氣，曾臥對親僚，撫枕而起曰：『為爾寂寂將為文、景所笑。』衆莫敢對。後悉衆北討，冀成陵奪之勢。及枋頭奔敗，知民望之去己，既平瑾，問中書郎郗超曰：『足以雪枋頭之耻乎？』超曰：『此未厭有識之情也。公六十之年，敗于大舉，不建不世之勳，不足以鎮愜民望。』因説温以廢立之事。温既宿有此謀，深納超言。温自廣陵將旋鎮姑孰。至於白石，乃言其主弈少同閹人之疾，初在東海、琅邪國，親近嬖人相龍、朱靈寶等並侍臥内，而美人田氏、孟氏遂生三男。衆致疑惑，然莫能審其虚實。至是，將建儲立王，温因之以定廢立之計。遂率百僚並還朝堂。温率衆入，屯兵宫門，進坐殿庭，使督護竺瑤、散騎侍郎劉亨取奕璽綬。奕著白祫單衣，步下西堂，登犢車。君臣拜辭，皆殞涕。侍御史將百餘人，送出神虎門，入東海第。於是迎司馬昱而立之。

昱，叡子也。昱東向流涕，拜受璽綬。昱既僭立，改年曰咸安，以温依諸葛亮故事，甲仗入殿，進丞相，其大司馬等皆如故，留鎮建業。以奕為海西縣公。

《晉書》卷七《康帝紀》　建元元年秋七月，【略】以輔國將軍、琅邪内史桓温為前鋒小督、假節，帥衆入臨淮。【略】冬十月辛巳，【略】以琅邪内史桓温都督青徐兗三州諸軍事。

又　卷八《穆帝紀》　永和元年，【略】八月【略】庚辰，以輔國將軍、徐州刺史桓温為安西將軍、持節、都督荆司雍益梁寧六州諸軍事，領護南蠻校尉、荆州刺史。

二年，十一月辛未，安西將軍桓温帥征虜將軍周撫，輔國將軍、譙王無忌，建武將軍袁喬伐蜀，拜表輒行。

三年春正月乙卯，桓温攻成都，克之。丁亥，李勢降，益州平。【略】夏四月，地震。蜀人鄧定、隗文舉兵反，桓温又擊破之，使益州刺史周撫鎮彭模。

四年【略】秋八月，進安西將軍桓温為征西大將軍、開府儀同三司，封臨賀郡公。

五年【略】夏四月，【略】征西大將軍桓温遣督軍滕畯討範文，為文所敗。【略】六月，桓温屯安陸，遣諸將討河北。

八年，秋七月，【略】丁酉，以【略】征西大將軍桓温為太尉。

十年，【略】二月己丑，太尉、征西將軍桓温帥師伐關中。【略】夏四月己亥，温及苻健子萇戰于藍田，大敗之。【略】六月，苻健將苻雄悉衆及桓温戰于白鹿原，王師敗績。秋九月辛酉，桓温糧盡，引還。

又《哀帝紀》興寧元年，五月，加征西大將軍桓温侍中、大司馬、都督中外諸軍事、録尚書事，假黄鉞。復以西中郎將袁真都督司、冀、并三州諸軍事，北中郎將瘦希都督青州諸軍事。

（升平四年）十一月，封太尉桓温為南郡公，温弟沖為豐城縣公，子濟為臨賀郡公。

五年，夏四月，大水。太尉桓温鎮宛，使其弟豁將兵取許昌。

又《海西公紀》（興寧）三年，十一月，帥衆人劍閣，攻涪，西夷校尉毋丘棄城而遁。乙卯，圍益州刺史周楚于成都，桓温遣江夏相朱序救之。

又 卷九《簡文帝紀》（太和元年）及廢帝廢，皇太后詔曰：『丞相、録尚書、會稽王體自中宗，明德劭令，英秀玄虚，神棲事外。以具瞻允塞，故阿衡三世。道化宣流，人望攸歸，為日已久。宜從天人之心，以統皇極。主者明依舊典，以時施行。』於是大司馬桓温率百官進太極前殿，具乘輿法駕，奉迎帝于會稽邸，於朝堂變服，著平巾幘單衣，東向拜受璽綬。

咸安元年冬十一月己酉，即皇帝位。桓温出次中堂，令兵屯衛。乙卯，温奏廢太宰、武陵王晞及子綜。詔魏郡太守毛安之帥所領宿衛殿内，改元為咸安。庚戌，使兼太尉周頤告於太廟。辛亥，桓温遣弟秘逼新蔡王晃詣西堂，自列與太宰、武陵王晞等謀反。帝對之流涕，温皆收付廷尉。癸丑，殺東海二子及其母。初，帝以沖虚簡貴，歷宰三世，温素所敬憚。及初即位，温乃撰辭欲自陳述，帝引見，對之悲泣，温懼不能言。至是，有司承其旨，奏誅武陵王晞，帝不許。温固執至於再三，帝手詔報曰：『若晉祚靈長，公便宜奉行前詔。如其大運去矣，請避賢路。』温覽之，流汗變色，不復敢言。【略】己未，賜温軍三萬人，人布一匹，米一斛。庚申，加大司馬桓温為丞相，不受。辛酉，温旋自白石，因鎮姑孰。

二年，秋七月壬辰，桓温遣東海内史周少孫討希，擒之，斬于建康市。己未，立會稽王昌明為皇太子，皇子道子為琅邪王，領會稽内史。是日，帝崩於東堂，時年五十三。葬高平陵，廟號太宗。遺詔以桓温輔政，依諸葛亮、王導故事。

（文帝）嘗與桓温及武陵王晞同載遊版橋，温遽令鳴鼓吹角，車馳卒奔，欲觀其所為。晞大恐，求下車，而帝安然無懼色，温由此憚服。温既仗文武之任，屢建大功，加以廢立，威振内外。帝雖處尊位，拱默守道而已，常懼廢黜。先是，熒惑入太微，尋而海西廢。

又 卷九《孝武帝紀》（寧康元年）二月，大司馬桓温來朝。【略】秋七月己亥，使持節、侍中、都督中外諸軍事、丞相、録尚書、大司馬、揚州牧、平北將軍、徐兗二州刺史、南郡公桓温薨。

又 卷三七《司馬勳傳》勳在州常懷據蜀，有僭偽之意。桓温聞之，務相綏懷，以其子康為漢中太守。【略】桓温遣朱序討勳，勳兵潰，為序所獲，及息隴子、長史梁憚、司馬金壹等送于温，並斬之，傳首京師。

又 卷五八《周撫傳》永和初，桓温征蜀，【略】恒温使督護鄧遐助撫討之，不能拔，引退。温又令梁州刺史司馬勳等會撫伐之。

又 卷六四《元四王傳》武陵威王晞，【略】。晞無學術而有武幹，為桓温所忌。及簡文帝即位，温乃表晞【略】。逢以梁王隨晞，晞既見黜，送馬八十五匹、三百人杖以歸温。温又逼新蔡王晃使自誣與晞、綜及著作郎殷涓，【略】請誅之。簡文帝不許，温於是奏徙新安郡，家屬悉從之，而族誅殷涓等，廢晃徙沖陽郡。

又 卷六五《王珣傳》（珣）弱冠與陳郡謝玄為桓温掾，俱為温所敬重，嘗謂之曰：『謝掾年四十，必擁旄杖節。王掾當作黑頭公。皆未易才也。』珣轉主簿。時温經略中夏，竟無寧歲，軍中機務並委珣焉。

又 卷六六《陶侃傳》及桓温伐蜀，又以侃所貯竹頭作丁裝船。

又 卷六七《郗愔傳》簡文帝輔政，【略】大司馬桓温以愔與徐兗有故義，乃遷愔都督徐兗青幽揚州之晉陵諸軍事、領徐兗二州刺史、假節。

温遷大司馬，又轉為參軍。温英氣高邁，罕有所推，與超言，常謂不能測，遂傾意禮待。超亦深自結納。時王珣為温主簿，亦為温所重。府中

語曰：『髯參軍，短主簿，能令公喜，能令公怒。』超髯，珣短故也。尋除散騎侍郎。時愔在北府，徐州人多勁悍，温恒云『京口酒可飲，兵可用』，深不欲愔居之。而愔暗於事機，遣箋詣温，欲共獎王室，修復園陵。超取視，寸寸毀裂，乃更作箋，自陳老病，甚不堪人間，乞閑地自養。温得箋大喜，即轉愔為會稽太守。温懷不軌，欲立霸王之基，超為之謀。謝安與王坦之嘗詣温論事，温令超帳中臥聽之，風動帳開，安笑曰：『郗生可謂入幕之賓矣。』

又　卷七五《范汪傳》　桓温代翼為荆州，復以汪為安西長史。温西征蜀，委以留府。蜀平，進爵武興縣侯。而温頻請為長史、江州刺史，皆不就。【略】温甚恨焉。【略】既而桓温北伐，令汪率文武出梁國，以失期，免為庶人。朝廷憚温不敢執，談者為之歎恨。汪屏居吳郡，從容講肆，不言枉直。後至姑孰，見温。温時方起屈滯以傾朝廷，謂汪遠來詣己，傾身引望，謂袁宏曰：『范公來，可作太常邪？』汪既至，纔坐，温謝其遠來意。汪實來造温，恐以趨時致損，乃曰：『亡兒瘞此，故來視之。』温殊失望而止。

又　《王坦之傳》　坦之為桓温長史。温欲為子求婚於坦之。及還家省父，而述愛坦之。雖長大，猶抱置膝上。坦之因言温意。述大怒，遽排下，曰：『汝竟癡邪！詎可畏温面而以女妻兵也。』坦之乃辭以他故。温曰：『此尊君不肯耳。』遂止。

又　卷七六《王彪之傳》　桓温下鎮姑孰，威勢震主，四方修敬，皆遣上佐綱紀。【略】温以山陰縣折布米不時畢，郡不彈糾，上免彪之。彪之去郡，郡見罪謫未上州臺者，皆原散之。温復以為罪，乃檻收下吏。

是時温將廢海西公，百僚震栗，温亦色動，莫知所為。彪之既知温不臣迹已著，理不可奪。乃謂温曰：『公阿衡皇家，便當倚傍先代耳。』命取《霍光傳》。禮度儀制，定于須臾，曾無懼容。温歎曰：『作元凱不當如是邪！』時廢立之儀既絕於曠代，朝臣莫有識其故典者。彪之神彩毅然，朝服當階，文武儀准莫不取定，朝廷以此服之。温又廢武陵王遵，以事示彪之。彪之曰：『武陵親尊，未有顯罪，不可以猜嫌之間，便相廢徙。公建立聖明，遐邇歸心，當崇獎王室，伊周同美。此大事，宜更深詳。』温曰：『此已成事，卿勿復言。』

又　卷七七《殷浩傳》　時（建元初）桓温既滅蜀，威勢轉振，朝廷憚之。簡文以浩有盛名，朝野推伏，故引為心膂，以抗于温，於是與温頗相疑貳。【略】王羲之密說浩、羨，令與桓温和同，不宜內構嫌隙，浩不從。

姚襄反，浩懼，棄輜重退保譙城，器械軍儲皆為襄所掠，士卒多亡叛。浩遣劉啓、王彬之擊襄于山桑，並為襄所殺。桓温素忌浩，及聞其敗，上疏罪浩。

浩少與温齊名，而每心競。温嘗問浩：『君何如我？』浩曰：『我與君周旋久，寧作我也。』温既以雄豪自許，每輕浩，浩不之憚也。至是，温語人曰：『少時吾與浩共騎竹馬，我棄去，浩輒取之，故當出我下也。』又謂郗超曰：『浩有德有言，向使作令僕，足以儀刑百揆，朝廷用違其才耳。』

温將以浩為尚書令，遺書告之，浩欣然許焉。將答書，慮有謬誤，開閉者數十，竟達空函，大忤温意，由是遂絕。永和十二年卒。浩子涓，亦有美名，咸安初，桓温廢太宰、武陵王晞，誣涓及庾倩與晞謀反，害之。

又　卷七九《謝安傳》　征西大將軍桓温請為司馬，【略】既到，温甚喜，言生平，歡笑竟日。既出，温問左右：『頗嘗見我有如此客不？』温後詣安，值其理髮。安性遲緩，久而方罷，使取幘。温見，留之曰：『令司馬著帽進。』其見重如此。

簡文帝疾篤，温上疏薦安宜受顧命。及帝崩，温入赴山陵，止新亭，大陳兵衛，將移晉室，呼安及王坦之，欲於坐害之。坦之甚懼，問計于安。安神色不變，曰：『晉祚存亡，在此一行。』既見温，坦之流汗沾衣，倒執手版。安從容就席，坐定，謂温曰：『安聞諸侯有道，守在四鄰，明公何須壁後置人邪？』温笑曰：『正自不能不爾耳。』遂笑語移日。【略】温嘗以安所作簡文帝諡議以示坐賓，曰：『此謝安石碎金也。』時孝武帝富於春秋，政不自己，温威振內外，人情噂遝，互生同異。【略】及温病篤，諷朝廷加九錫，使袁宏具草。

又　卷七九《謝奕傳》　與桓温善。温辟為安西司馬，猶推布衣好。在温坐，岸幘笑詠，無異常日。桓温曰：『我方外司馬。』奕每因酒，無復朝廷禮，嘗逼温飲，温走入南康主門避之。主曰：『君若無狂司馬，我

何由得相見！」奕遂攜酒就聽事，引温一兵帥共飲，曰：『失一老兵，得一老兵，亦何所怪。』温不之責。

又　卷九二《羅含傳》　桓温臨州，【略】温嘗使含詣尚，有所檢劾。含至，不問郡事，與尚累日酣飲而還。温問所劾事，含曰：『公謂尚何如人？』温曰：『勝我也。』含曰：『豈有勝公而行非邪！故一無所問。』温奇其意而不責焉。轉州別駕。以廨舍喧擾，于城西池小洲上立茅屋，伐木為材，織葦為席而居，布衣蔬食，晏如也。温嘗與僚屬宴會，含後至。温問衆坐曰：『此何如人？』或曰：『可謂荆楚之材。』温曰：『此自江左之秀，豈惟荆楚而已。』征為尚書郎。温雅重其才，又表轉征西户曹參軍。俄遷宜都太守。及温封南郡公，引為郎中令。

又　《顧愷之傳》　愷之博學有才氣，【略】桓温引為大司馬參軍，甚見親昵。温薨後，愷之拜温墓，賦詩云：『山崩溟海竭，魚鳥將何依！』

又　卷九三《王濛傳》　簡文帝之為會稽王也，嘗與孫綽商略諸風流人，綽言曰：『劉惔清蔚簡令，王濛温潤恬和，桓温高爽邁出，謝尚清易令達，而濛性和暢，能言理，辭簡而有會。』

又　卷一二一《李勢載記》　大司馬桓温率水軍伐勢。温次青衣，勢大發軍距守，又遣李福與昝堅等數千人從山陽趣合水距温。謂温從步道而上，諸將皆欲設伏於江南以待王師，昝堅不從，率諸軍從江北鴛鴦碕渡向犍為，而温從山陽出江南，昝堅到犍為，方知與温異道，乃回從沙頭津北渡。及堅至，温已造成都之十里陌，昝堅衆自潰。温至城下，縱火燒其大城諸門。勢衆惶懼，無復固志，其中書監王嘏、散騎常侍常璩等勸勢降。勢以問侍中馮孚，孚言：『昔吳漢征蜀，盡誅公孫氏。今晉下書，不赦諸李，雖降，恐無全理。』勢乃夜出東門，與昝堅走至晉壽，然後送降文于温曰：『偽嘉寧二年三月十七日，略陽李勢叩頭死罪。伏惟大將軍節下，先人播流，恃險因釁，竊自汶、蜀。勢以暗弱，復統末緒，偷安荏苒，未能改圖。猥煩朱軒，踐冒險阻。將士狂愚，干犯天威。仰慚俯愧，精魂飛散，甘受斧鑕，以釁軍鼓。伏惟大晉，天網恢弘，澤及四海，恩過陽日。逼迫倉卒，自投草野。即日到白水城，謹遣私署散騎常侍王幼奉箋以聞，並敕州郡投戈釋杖。窮池之魚，待命漏刻。』勢尋輿櫬面縛軍門，温解其縛，焚其櫬，遷勢及弟福、從兄權親族十餘人于健康，封勢歸義侯。

《北史》卷三六《薛辯傳》　及桓温入關中，王猛以巾褐謁之。温曰：『江東無卿比也，秦國定多奇士，如生輩尚有幾人？吾欲與之俱南。』猛曰：『公求可與撥亂濟時者，友人薛威明其人也。』温曰：『聞之久矣。』方致朝命。强聞之，自商山來謁，與猛皆署軍謀祭酒。强察温有大志而無成功，乃勸猛止。俄而温敗。

宋·司馬光《資治通鑑》卷九七《晉紀一九·顯宗成皇帝下》

（晉康帝建元元年）庾翼為人忼慨，喜功名。琅邪內史桓温，彝之子也，桓彝死于蘇峻之難。尚南康公主，公主，明帝女。豪爽有風概，言其有風力、氣概。翼與之友善，相期以寧濟海內。翼嘗薦温于成帝曰：『桓温有英雄之才，願陛下勿以常人遇之，常佀畜之；宜委以方、邵之任，方叔、邵虎，周宣王用之以中興。必有弘濟艱難之勳。』

是年桓温為內史，鎮江乘之蒲洲金城上，求割丹楊之江乘縣境立郡，所謂『徐州之琅邪』，此也。領揚州刺史，録尚書事，輔政。以琅邪內史桓温為都督青、徐、兗三州諸軍事、徐州刺史，褚裒為衛將軍，領中書令。

又　卷九八《晉紀二〇·孝宗穆皇帝上之下》　（晉穆帝永和五年）

桓温遣督護滕畯帥交、廣之兵擊林邑王文于盧容，為文所敗，退屯九真。

桓温聞趙亂，出屯安陸，安陸縣自漢以來屬江夏郡，唐為安州治所。温自江陵出屯安陸。遣諸將經營北方。趙揚州刺史王浹舉壽春降；西中郎將陳逵進據壽春。征北大軍褚裒上表請伐趙，褚裒時鎮京口。即日戒嚴，直指泗口。朝議以裒事任貴重，宜先遣偏師。裒，太后之父，又當方面，故云事任貴重。裒奏言：『前已遣督護王頤之等徑造彭城，後遣督護麋嶷進據下邳，今宜速發，以成聲勢。』秋，七月，加裒征討大都督，督徐、兗、青、揚、豫五州諸軍事。裒帥衆三萬，徑赴彭城，北方士民降附者日以千計。

又　卷九九《晉紀二一·孝宗穆皇帝中之上》　（晉穆帝永和七年）

初，桓温聞石氏亂，上疏請出師經略中原；温蓋上疏於五年出屯安陸之時。事久不報。温知朝廷杖殷浩以抗己，甚忿之；然素知浩之為人，亦不之憚也。以國無他釁，遂得相持彌年，羈縻而已，八州士衆資調殆不為國家

用。永和元年，温都督荆、司、雍、益、梁、寧六州；五年，遣滕畯帥交、廣之兵伐林邑，蓋是時已加督交、廣二州矣。資，財也。調，賦也。屢求北伐，詔書不聽。十二月，辛未，温拜表輒行，帥衆四五萬順流而下，軍于武昌。朝廷大懼。

殷浩欲去位以避温，又欲以騶虞幡駐温軍。吏部尚書王彪之言于會稽王昱曰：『此屬皆自為計，非能保社稷，為殿下計也。若殷浩去職，人情離駭，天子獨坐，當此之際，必有任其責者，非殿下而誰乎！』又謂浩曰：『彼若抗表問罪，卿為之首。事任如此，謂浩當朝政也。猜釁已成，謂浩與温有隙也。欲作匹夫，豈有全地邪！且當靜以待之。令相王與手書，示以款誠，為陳成敗，彼必旋師；若不從，則遣中詔；又不從，乃當以正義裁。謂正温舉兵向闕之罪。柰何無故忽忽，先自猖獗乎！』浩曰：『決大事正自難，頃日來欲使人悶。聞卿此謀，意槃得了。』彪之，彬之子也。王敦之亂，彬能守正，彪之可謂克紹矣。

撫軍司馬高崧昱撫軍大將軍，以崧為司馬。言於昱曰：『王宜致書，諭以禍福，自當返旆。如其不爾，便六軍整駕，逆順於茲判矣！』言温若不還，則當整六師奉順討逆也。乃於坐為昱草書曰：『寇難宜平，時會宜接。謂是時中原豪傑相繼來降，有恢復之會，宜應接之也。難，乃旦翻。坐，徂臥翻。此實為國遠圖，經略大算，能弘斯會，非足下而誰！為，於偽翻；下同。但以比興師動衆，要當以資實為本；運轉之艱，古人所難，不可易之於始而不熟慮。頃所以深用為疑，惟在此耳。然異常之舉，衆之所駭，遊聲噂摂，想足下亦少聞之。苟患失之，無所不至，或能望風振擾，一時崩散。如此則望實並喪，社稷之事去矣。皆由吾闇弱，德信不著，不能鎮靜羣庶，保固維城，《詩》曰：宗子維城。所以內愧於心，外慚良友。吾與足下，雖職有內外，安社稷，保國家，其致一也。致，極也，言事理詣極之地則一也。天下安危，係之明德；當先思寧國而後圖其外，使王基克隆，大義弘著。所望於足下，區區誠懷，豈可復顧嫌而不盡哉！』温即上疏惶恐致謝，回軍還鎮。

十年，五月，北海王猛，【略】悠然自得，隱居華陰。《王猛傳》：猛，北海劇人，家于魏郡，徐統召而不應，遂隱于華陰山。華陰縣，前漢屬京兆，後漢、晉屬弘農郡。聞桓温入關，披褐詣之，捫虱而京談當世之務，旁若無人。温異之，問曰：『吾奉天子之命，將鋭兵十萬為旦姓除殘賊，而三秦豪傑未有至者，何也？』猛曰：『公不遠數千里，深入敵境，今長安咫尺而不渡灞水，百姓未知公心，所以不至。』温嘿然無以應，徐曰：『江東無卿比也！』猛蓋指出温之心事，以為温之伐秦，但欲以功名鎮服江東，非真有心於伐罪吊民，恢境境土；不然，何以不渡灞水，徑攻長安？此温所以無以應也。然余觀桓温用兵，伐秦至灞上，伐燕至枋頭，皆乘勝進兵，逼其國都，乃持重觀望，卒以取敗。蓋温，姦雄也，乘勝進兵，逼其國都，冀其望風畏威，有內潰之變也。逼其國都而敵無內變，故持重以待之；情見勢屈，敵因而乘之，故至於敗。蘇子由所謂以智遇智，則其智不足恃者此也。乃署猛軍謀祭酒。

又 卷一〇二《晉紀二四・海西公下》（晉廢帝海西公太和四年）

冬，十月辛丑，【略】大司馬温發徐、兗州民築廣陵城，徙鎮之。時征役既頻，加之疫癘，死者什四五，百姓嗟怨。祕書監孫盛漢桓帝置祕書監；晉武帝以祕書並中書省；惠帝復置祕書監，其屬有丞、有郎，並統著作省。作晉春秋，直書時事。大司馬温見之，怒，謂盛子曰：『枋頭誠為失利，何至乃如尊君所言！晉人於人子之前職其父為尊君、尊公。若此史遂行，自是關君門户事！』言欲滅其門也。其子遽拜謝請改之。時盛年老家居，性方嚴有軌度，子孫雖斑白，待之愈峻。至是諸子乃共號泣稽顙，請為百口切計。盛大怒，不許；諸子遂私改之。盛先已寫別本，傳之外國。及孝武帝購求異書，得之於遼東人，與見本不同，遂兩存之。史言桓温雖以威逼改孫盛之書，終不能没其實。

論說

《宋書》卷四八《傅弘之傳論》 三代之隆，畿服有品，東漸西被，無遺遐荒。及漢氏辟土，通譯四方，風教淺深，優劣已遠。晉室播遷，來宅揚、越，關、朔遙阻，隴、汧遐荒，區甸分其內外，山河判其表裏，而羌、戎雜合，久絶聲教，固宜待以荒服，羈縻而已也。若其懷道畏威，奉王受職，則通以書軌，班以王規。若負其岨遠，屈強邊垂，則距險閉關，禦其寇暴。桓温一世英人，志移晉鼎，自非兵屈霸上，戰衄枋頭，則光宅之運，中年允集。

《南齊書》卷五七《魏虜傳論》 齊、虜分，江南為國歷三代矣。華

夏分崩，舊京幅裂，觀釁阻兵，事興東晉。二庾藉元舅之盛，自許專征，元規臨邾城以覆師，稚恭至襄陽而反旆。褚裒以徐、兗勁卒，壹没于鄒、魯。殷浩驅楊、豫之衆，大敗于山桑。桓温弱冠雄姿，因平蜀之聲勢，步入咸關，野戰洛、鄴。既而鮮卑固於負海，羌、虜割有秦、代，自為敵國，情險勢分，宋武乘機，故能以次而行誅滅。

《晉書》卷九《孝武帝紀》 帝登阼，熒惑又入太微，帝甚惡（温）焉。時中書郎郗超在直，帝乃引入，【略】超曰：『大司馬臣温方内固社稷，外恢經略，非常之事，臣以百口保之。』

又 卷五六《孫綽傳》 時大司馬桓温欲經緯中國，以河南粗平，將移都洛陽。朝廷畏温，不敢為異，而北土蕭條，人情疑懼，雖並知不可，莫敢先諫。綽乃上疏曰：

伏見征西大將軍臣温表，【略】斯超世之弘圖，千載之盛事。【略】温今此舉，誠欲大覽始終，為國遠圖。向無山陵之急，亦未首決大謀，獨任天下之至難也。今發憤忘食，忠慨亮到，凡在有心，孰不致感！【略】陛下春秋方富，温克壯其猷，君臣相與，弘養德業，括囊元吉，豈不快乎！

又 卷七三《庾翼傳》 （翼）言于成帝曰：『桓温有英雄之才，願陛下勿以常人遇之，常婿畜之，宜委以方邵之任，必有弘濟艱難之勳。』

又 卷七五《王述傳》 初，桓温平洛陽，議欲遷都，朝廷憂懼，將遣侍中止之。述曰：『温欲以虚聲威朝廷，非事實也。但從之，自無所至。』事果不行。又議欲移洛陽鍾虡，述曰：『永嘉不競，暫都江左。方當蕩平區宇，旋軫舊京。若其不耳，宜改遷園陵。不應先事鍾虡。』温竟無以奪之。

又 《劉惔傳》 惔每奇温才，而知其有不臣之迹。及温為荆州，惔言於帝曰：『温不可使居形勝地，其位號常宜抑之。』【略】及温伐蜀，時咸謂未易可制，惟惔以為必克。或問其故，云：『以蒱博驗之，其不必得，則不為也。恐温終專制朝廷。』及後竟如其言。

又 卷七六《王彪之傳》 時豫州刺史謝奕卒，簡文遽使彪之舉可以代奕者。對曰：『當今時賢，備簡高監。』簡文曰：『人有舉桓雲者，君謂如何？』彪之曰：『雲不必非才，然温居上流，割天下之半。其弟復處西藩，兵權盡出一門，亦非深根固蒂之宜也。人才非可豫量，但當令不與殿下作異者耳。』

又 卷七七《何充傳》 時論者並以諸庾世在西藩，人情所歸，宜依翼所請，以安物情。充曰：『【略】桓温英略過人，有文武識度，西夏之任，無出温者。』議者又曰：『庾爰之肯避温乎？如令阻兵，恥懼不淺。』充曰：『温足能制之，諸君勿憂。』乃使温西。爰之果不敢爭。【略】充每曰：『桓温、褚裒為方伯，殷浩居門下，我可無勞矣。』

又 卷九一《范弘之傳》 時衛將軍謝石薨，請謚，下禮官議。弘之議曰：【略】又論殷浩宜加贈謚，不得因桓温之黜以為國典，仍多敍温移鼎之迹。時謝族方顯，桓宗猶盛，尚書僕射王珣，温故吏也，素為温所寵，三怨交集，乃出弘之為餘杭令。將行，與會稽王道子箋曰：【略】

桓温事迹，布在天朝，逆順之情，暴之四海。在三者臣子，情豈或異！凡厥黔首，誰獨無心！舉朝嘿嘿，未有唱言者，是以頓筆按氣，不敢多云。桓温于亡祖，雖其意難測，求之於事，止免黜耳，非有至怨也。亡父昔為温吏，推之情禮，義兼他人。所以每懷憤發，痛若身首者，明公有以尋之。王珣以下官議殷浩謚，不宜暴揚桓温之惡。珣感其提拔之恩，懷其入幕之遇，托以廢黜昏暗，建立聖明，自謂此事足以明其忠貞之節。明公試復以一事觀之。昔周公居攝，道致升平，禮樂刑政皆自己出。以德言之，周公大聖，以年言之，成王幼弱，猶復遽避君位，復子明辟。漢之霍光，大勳赫然，孝宣年未二十，亦反萬機。故能君臣俱隆，道邁千歲。若温忠為社稷，誠存本朝，便當仰遵二公，式是令矩，何不奉還萬機，退守藩屏？方提勒公王，匡總朝廷，豈為先帝幼弱，未可親政邪？將德桓温，不能聽政邪？又逼脅袁宏，使作九錫，備物光赫，其文具存，朝廷畏怖，莫不景從，惟謝安、王坦之以死守之，故得稽留耳。會上天降怒，姦惡自亡，社稷危而復安，靈命墜而復構。

又 卷九八《桓温傳論》 桓温挺雄豪之逸氣，韞文武之奇才，見賞通人，夙標令譽。時既豺狼孔熾，疆埸多虞，受寄捍城，用恢威略，乃逾越險阻，戡定岷峨，獨克之功，有可稱矣。及觀兵洛汭，修復五陵，引旆秦郊，威懷三輔，雖未能梟除凶逆，亦足以宣暢王靈。既而總戎馬之權，居形勝之地，自謂英猷不世，勳績冠時。挾震主之威，蓄無君之志，

企景文而慨息，想處仲而思齊，睥睨漢廷，窺覦周鼎。復欲立奇功于趙魏，允歸望於天人；然後步驟前王，憲章虞夏。逮乎石門路阻，襄邑兵摧，懟謀略之乖違，恥師徒之撓敗，遷怒於朝廷，委罪於偏裨，廢主以立威，殺人以逞欲，曾弗知竇命不可以求得，神器不可以力征。豈不悖哉！豈不悖哉！斯竇斧鉞之所宜加，人神之所同棄。然猶存極光寵，沒享哀榮，是知朝政之無章，主威之不立也。

又《贊》 播越江濆，政弱權分。元子悖力，處仲矜勳。迹既陵上，志亦無君。罪浮浞，心窺舜禹。樹威外略，稱兵內侮。惟身與嗣，竟罹齊斧。

又 卷一一三《苻堅載記上》 堅聞桓温廢海西公也，謂羣臣曰：『温前敗灞上，後敗枋頭，十五年間，再傾國師。六十歲公舉動如此，不能思愆免退，以謝百姓，方廢君以自悅，將如四海何！諺云「怒其室而作色于父」者，其桓温之謂乎！』

清·王夫之《讀通鑑論》卷一三《穆帝一》 王導且卒而薦何充，所以制庾氏也；庾翼卒，充授桓温以荆、梁軍事，所以奪庾氏也；**【略】**導修私怨而充怙之，以貽桓温之逆，而終成桓玄之篡。謀國而恩怨惟心，未有不貽國以尤者也。劉惔惡温而沮之，深識也；充持之，會稽王昱持之，以為唯温之英略，可以鉗束庾氏不能與爭耳。斯心也，温已見之。

又《穆帝二》 桓温西討，晉廷惴惴然尤其不克，温目笑而心鄙之，拜表即行，知晉之無人也。劉惔曰：『但恐克蜀之後，專制朝廷。』其言驗矣。乃其遂無以處此哉？温表至，朝廷信之而不疑，下詔獎之以行，而命重臣率大師以繼其後，則温軍之孤可無慮，而專制之邪心抑不敢萌。惴惴憂之，漠然聽之，敗則國受之，克則温專其功，惔誠慮及，而胡不為此謀也？蓋惔者，會稽王昱之客，非能主持國計者也。

又《穆帝七》 桓温能用殷浩，殷浩不能用桓温。温曰：『浩有德有言，為令僕，足以儀刑百辟，朝廷用違其才耳。』此温之能用浩也。温請北伐，而浩沮之，浩之不能用温也。能用之而後能制之，能制之，則予之、奪之、生之、殺之而唯吾意。不能用矣，而欲制之，必敗之道也。温之逆也，劉惔料之矣，非必温之逆為不可制也，惔知何充、殷浩之不足以制温也。夫温之始，豈有必不可制之情形哉？嫌隙已成，王彪之説會稽王，馳一紙書而即斂迹以退；其終於逆也，浩貽之也。惴惴然相恐於廷，若猛虎之且咥，温乃見人之疑我之篡，退必無以相容，乃疑我而不能制我，將與我競功；而一敗於許昌，再敗于山桑，能事見矣，於是而技癢情興，篡逆之志始奰發而不戢；微謝安、王彪之之夷猶淡漠，視猛虎如麋鹿，温必篡矣。虎不攖則不攫，不走則不追；蜂不撲則不螫，不避則不觸。豈徒温哉！董承不奉衣帶之詔，曹操不敢犯及宮闈；曹爽不爭顧命之權，司馬氏不敢擅為廢立。制之有道，用之有方，則温嶠以新附之臣，而義旗回指之言，折久任方州、上流倚重之陶侃而有餘。浩任將相之重，物望所歸，夫豈難於用温者，而徒爾惴惴也！謀愈深，禍愈成矣。

又 卷一四《晉哀帝一》 桓温請遷都雒陽，誠收復之大計也。然温豈果有遷都之情哉？慕容恪方遣呂護攻雒，温所遣援者，舟師三千人而止。温果有經略中原之志，固當自帥大師以鎮雒，然後請遷未晚。惴惴然自保荆、楚，而欲天子渡江以進圖天下，夫誰信之？為此言也，特以試朝廷所以答之者。而舉國驚憂，孫綽陳百姓震駭之説，貽温以笑。温固曰：吾一言而人皆震恐，吾何求而不得哉！王述曰：『但從之，自無所至。』温説折矣。而周章議論之情形，已早入温之目中。其云『致意興公，何不尋遂初賦，而知人家國事』，非憚綽也，笑晉人之不足與人家國也。

夫温以虛聲動朝廷，朝廷亦豈可以虛聲應之？王述之議，亦虛聲也。使果能率三吳、兩淮之衆渡江而向壽、譙，詔温移屯於雒，繕城郭、修塢戍，為戰守計，而車駕以次遷焉，温且不能中止；外可以捍燕、秦，而內亦可以折温之逆志，乘其機而用吾制勝之策，誠百年一日之會，而晉不能也。燕、秦測之，温諒之，晉不亡者幸耳！**【略】**夫桓温者，何足慮哉？慕容恪之沈鷙，苻堅之恢豁，東西交逼以相吞，而唯與温相禁制於虛聲，曾不念强夷之心馳于江介也，是足悲也！晉不成乎其為君臣，而温亦不固為操、懿者也。

雜録

南朝宋·劉義慶《世説新語·言語》 桓公北征，經金城，見前為琅邪時種柳，皆已十圍，慨然曰：『木猶如此，人何以堪！』攀枝執條，泫然流淚。

簡文作撫軍時，嘗與桓宣武俱入朝，更相讓在前，宣武不得已而先之，因曰：『伯也執殳，為王前驅。』簡文曰：『所謂無小無大，從公於邁』。【略】

桓公入峽，絶壁天懸，騰波迅急，乃歎曰：『既為忠臣，不得為孝子，如何？』【略】

劉尹與桓宣武共聽講《禮記》。桓云：『時有入心處，便覺咫尺玄門。』劉曰：『此未關至極，自是金華殿之語。』

桓征西治江陵城甚麗，會賓僚出江津望之，云：『若能目此城者，有賞。』顧長康時為客，在坐，目曰：『遥望層城，丹樓如霞。』桓即賞以二婢。【略】

顧長康拜桓宣武墓，作詩云：『山崩溟海竭，魚鳥將何依！』人問之曰：『卿憑重桓乃爾，哭之狀其可見乎？』顧曰：『鼻如廣莫長風，眼如懸河決溜。』或曰：『聲如震雷破山，淚如傾河注海。』

宣武移鎮南州，制街衢平直。人謂王東亭曰：『丞相初營建康，無所因承，而制置紆曲，方此為劣。』東亭曰：『此丞相乃所以為巧。江左地促，不如中國。若使阡陌條暢，則一覽而盡，故紆餘委曲，若不可測。』

又《政事》 桓公在荆州，全欲以德被江漢，恥以威刑肅物。令史受杖，正從朱衣上過。桓式年少，從外來，云：『向從閣下過，見令史受杖，上捎雲根，下拂地足。』意譏不著。桓公云：『我猶患其重。』

簡文為相，事動經年，然後得過。桓公甚患其遲，常加勸勉。太宗曰：『一日萬機，那得速！』

又《文學》 殷中軍為庾公長史，下都，王丞相為之集，桓公、王長史、王藍田、謝鎮西並在。丞相自起解帳帶麈尾，語殷曰：『身今日當與君共談析理。』既共清言，遂達三更。丞相與殷共相往反，其餘諸賢略無所關。既彼我相盡，丞相乃歎曰：『向來語，乃竟未知理源所歸。至於辭喻不相負，正始之音，正當爾耳。』明旦，桓宣武語人曰：『昨夜聽殷、王清言，甚佳，仁祖亦不寂寞，我亦時復造心；顧看兩王掾，輒翣如生母狗馨。』

宣武集諸名勝講易，日説一卦。簡文欲聽，聞此便還，曰：『義自當有難易，其以一卦為限邪？』

習鑿齒史才不常，宣武甚器之，未三十，便用為荆州治中。鑿齒謝箋亦云：『不遇明公，荆州老從事耳！』後至都見簡文，返命，宣武問：『見相王何如？』答云：『一生不曾見此人。』從此忤旨，出為衡陽郡，性理遂錯。於病中猶作《漢晉春秋》，品評卓逸。

桓公見謝安石作簡文謚議，看竟，擲與坐上諸客曰：『此是安石碎金。』

桓宣武命袁彦伯作《北征賦》，既成，公與時賢共看，咸嗟歎之。時王珣在坐，云：『恨少一句，得寫字足韻，當佳。』袁即於坐攬筆益云：『感不絶于餘心，泝流風而獨寫。』公謂王曰：『當今不得不以此事推袁。』

王東亭到桓公吏，既伏閣下，桓令人竊取其白事，東亭即于閣下另作，無復向一字。【略】

桓宣武北征，袁虎時從，被責免官。會須露布文，喚袁倚馬前令作。手不輟筆，俄得七紙，殊可觀。東亭在側，極歎其才。袁虎云：『當令齒舌間得利。』

又《方正》 桓大司馬詣劉尹，臥不起，桓彎彈彈劉枕，丸迸碎床褥間。劉作色而起曰：『使君，如馨地寧可鬬戰求勝？』桓甚有恨容。【略】

劉簡作桓宣武別駕，後為東曹參軍，頗以剛直見疏。嘗聽訊，簡都無言。宣武問：『劉東曹何以不下意？』答曰：『會不能用。』宣武亦無怪色。【略】

王、劉與桓公共至覆舟山看。酒酣後，劉牽脚加桓公頸，桓公甚不堪，舉手撥去。既還，王長史語劉曰：『伊詎可以形色加人不？』

王文度為桓公長史時，桓為兒求王女，王許咨藍田。既還，藍田愛念

文度，雖長大，猶抱著膝上。文度因言桓求己女婚，藍田大怒，排文度下膝，曰：『惡見文度已復癡，畏桓温面？兵，那可嫁女與之！』文度還報温云：『下官家中先得婚處。』桓公曰：『吾知矣，此尊府君不肯耳。』後桓女遂嫁文度兒。

又《**雅量**》　宣武與簡文、太宰共載，密令人在輿前後鳴鼓大叫，鹵簿中驚擾，太宰惶怖，求下輿，顧看簡文，穆然清恬。宣武語人曰：『朝廷間故復有此賢。』

桓宣武與郗超議芟夷朝臣，條牒既定，其夜同宿。明晨起，呼謝安、王坦之入，擲疏示之。郗猶在帳內。謝都無言，王直擲還，云：『多！』宣武取筆欲除，郗不覺竊從帳中與宣武言。謝含笑曰：『郗生可謂入幕賓也。』

桓公伏甲設饌，廣延朝士，因此欲誅謝安、王坦之。【略】桓憚其曠遠，乃趣解兵。

又《**識鑒**》　小庾臨終，自表以子園客為代。朝廷慮其不從命，未知所遣，乃共議用桓温。劉尹曰：『使伊去，必能克定西楚，然恐不可複製。』

桓公將伐蜀，在事諸賢咸以李勢在蜀既久，承藉累葉，且形據上流，三峽未易可克。唯劉尹云：『伊必能克蜀。觀其蒲博，不必得，則不為。』

車胤父作南平郡功曹，太守王胡之避司馬無忌之難，置郡于酆陰。是時胤十餘歲，胡之每出，嘗於籬中見而異焉。謂胤父曰：『此兒當致高名。』後遊集，恒命之。胤長，又為桓宣武所知，清通於多士之世，官至選曹尚書。

又《**賞譽**》　庾穉恭與桓温書稱：『劉道生日夕在事，大小殊快。義懷通樂既佳，且足作友，正實良器，推此與君，同濟艱不者也。』

桓温行經王敦墓邊過，望之云：『可兒！可兒！』

謝太傅為桓公司馬。桓詣謝，值謝梳頭，遽取衣幘。桓公云：『何煩此。』因下共語至暝。既去，謂左右曰：『頗曾見如此人不？』

謝公作宣武司馬，屬門生數十人于田曹中郎趙悅子。悅子以告宣武，宣武云：『且為用半。』趙俄而悉用之，曰：『昔安石在東山，縉紳敦逼，恐不豫人事。況今自鄉選，反違之邪？』【略】桓宣武表云：『謝尚神懷挺率，少致民譽。』

桓大司馬病，謝公往省病，從東門入。桓公遙望，歎曰：『吾門中久不見如此人！』

王長史與大司馬書，道淵源『識致安處，足副時談』。【略】

桓公語嘉賓：『阿源有德有言，向使作令僕，足以儀行百揆。朝廷用違其才耳。』

又《**品藻**》　會稽虞騑，元皇時與桓宣武同俠，其人有才理勝望。王丞相嘗謂騑曰：『孔愉有公才而無公望，丁潭有公望而無公才，兼之者其在卿乎？』騑未達而喪。

時人共論晉武帝出齊王之與立惠帝，其失孰多？多謂立惠帝為重。桓温曰：『不然，使子繼父業，弟承家祀，有何不可？』

桓公少於殷侯齊名，常有競心。桓問殷：『卿何如我？』殷云：『我與我周旋久，寧作我。』

撫軍問孫興公：『劉真長何如？』曰：『清蔚簡令。』『王仲祖何如？』曰：『温潤恬和。』『桓温何如？』曰：『高爽邁出。』『謝仁祖何如？』曰：『清易令達。』『阮思曠何如？』曰：『弘潤通長。』『袁羊何如？』曰：『洮洮清便。』『殷洪遠何如？』曰：『遠有致思。』『卿自謂何如？』曰：『下官才能所經，悉不如諸賢；至於斟酌時宜，籠罩當世，亦多所不及。然以不才，時復托懷玄勝，遠詠老、莊，蕭條高寄，不與時務經懷，自謂此心無所與讓也。』

桓大司馬下都，問真長曰：『聞會稽王語奇進，爾邪？』劉曰：『極進，然故是第二流中人耳。』桓曰：『第一流復是誰？』劉曰：『正是我輩耳！』

殷侯既廢，桓公語諸人曰：『少時與淵源共騎竹馬，我棄去，已輒取之，故當出我下。』

未廢海西時，王元琳問桓元子：『箕子、比干迹異心同，不審明公孰是孰非？』曰：『仁稱不異，寧為管仲。』

桓公問孔西陽：『安石何如仲文？』孔思未對，反問公曰：『何如？』答曰：『安石居然不可陵踐，其處故乃勝也。』

有人問謝安石、王坦之優劣於桓公，桓公停欲言，中悔，曰：『卿喜傳人語，不能復語卿。』

又《規箴》 羅君章為桓宣武從事，謝鎮西作江夏，往檢校之。羅既至，初不問郡事，徑就謝數日飲酒而還。桓公問：『有何事？』君章云：『不審公謂謝尚是何似人？』桓公曰：『仁祖是勝我許人。』君章云：『豈有勝公人而行非者，故一無所問。』桓公奇其意而不責也。

北魏·酈道元《水經注》卷七《濟水》 濟水與河渾濤東注，晉太和中，桓温北伐，將通之，不果而還。

又 卷八《濟水》 桓温以太和四年率衆北入，掘渠通濟。

又 卷二四《睢水》 晉太和中，大司馬桓温入河，命豫州刺史袁真開石門。鮮卑堅戍此臺，真頓甲堅城之下，不果而還。

又 卷二八《沔水》 夷水，蠻水也。桓温父名夷，改曰蠻水。

又 卷三一《淯水》 阻橋即桓温故壘處。温以升平五年，與范汪衆軍北討所營。

又 卷三四《江水》 江陵城地東南傾，故緣以金堤，自靈溪始。桓温令陳遵造。

又 《涓水》 南流，右入富水，富水又東入於涓，涓水又徑新城南。永和五年，晉大司馬桓温築。

《南齊書》卷五八《東南蠻夷傳》 汶陽本臨沮西界，二百里中，水陸迂狹，魚貫而行，有數處不通騎，而水白田甚肥腴。桓温時割以為郡。

《晉書》卷一二《天文志中》 穆帝永和十年十一月，月奄填星，在輿鬼。占曰：『秦有兵。』時桓温伐苻健，健堅壁長安，温退。十二年八月，桓温破姚襄。

升平元年七月，慕容恪攻冀州刺史呂護于野王，拔之，護奔走。時桓温以大衆次宛，聞護敗，乃退。

穆帝永和十二年七月丁卯，太白犯填星，在柳。占曰：『周地有大兵。』其年八月，桓温伐苻健，退，因破姚襄于伊水，定周地。

升平五年十月丁卯，熒惑犯歲星，在營室。占曰：『大臣有匿謀。』一曰：『衛地有兵。』時桓温擅權，謀移晉室。

簡文咸安二年正月己酉，歲星犯填星，在須女。占曰：『為内亂。』七月，帝崩，桓温擅權，謀殺侍中王坦之等，内亂之應。

又 卷一三《天文志下》 穆帝永和元年，明年，桓温又輒率衆伐蜀，執李勢，送至京都。蜀本秦地也。

十年，九月辛酉，太白犯左執法。是時，桓温擅命，朝臣多見迫脅。四月，温伐苻健，破其嶢柳軍。

（升平五年）七月，慕容恪攻冀州刺史呂護于野王，護奔滎陽。是時，桓温以大衆次宛，聞護敗，乃退。

（海西太和六年）【略】十一月，桓温廢帝，並奏誅武陵王，簡文不許，温乃徙之新安，皆臣强之應也。

簡文咸安元年十二月辛卯，熒惑逆行入太微，二年三月猶不退。占曰：『國不安，有憂。』是時，帝有桓温之逼。二年【略】，七月，帝崩，桓温以兵威擅權，將誅王坦之等，内外迫脅。又，庾希入京城，盧悚入宮，並誅滅之。

孝武寧康元年，三月丙午，月奄南斗第五星。占曰：『大臣憂，有死亡。』一曰：『將軍死。』七月，桓温薨。九月癸巳，熒惑入太微。

海西太和四年十月壬申，有大流星西下，有聲如雷。明年，遣使免袁真為庶人。桓温在壽春，真病死，息瑾代立，求救於苻堅。温破苻堅軍。六年，壽春城陷。

又 卷一九《禮志上》 穆哀之後，王猷漸替，桓温居揆，政由己出，而有司或曜斯文，增暉執事，主威長謝，臣道專行。《記》曰，『苟無其位，不可以作禮樂』，豈斯之謂歟！

又 卷二一《禮志下》 哀帝即位，欲尊崇章皇太妃。桓温議宜稱太夫人。

又 卷二三《樂志下》 咸和中，【略】庾亮為荆州，與謝尚修復雅樂，未具而亮薨。庾翼、桓温專事軍旅，樂器在庫，遂至朽壞焉。

又 卷二四《職官志》 元帝為晉王，以參軍為奉車都尉，掾屬為駙馬都尉，行參軍舍人為騎都尉，皆奉朝請。後罷奉車、騎二都尉，唯留駙馬都尉奉朝請。諸尚公主者劉惔、桓温皆為之。

又 卷二七《五行志上》 穆帝永和八年正月乙巳，雨，木冰。是年殷浩北伐，明年軍敗，十年廢黜。又曰，荀羨、殷浩北伐，桓温入關之

象也。

穆帝永和七年七月甲辰夜，濤水入石頭，死者數百人。【略】是後殷浩、桓温、謝尚、荀羨連年征伐，百姓愁怨也。

又 卷二八《五行志中》 海西初以興守三年二月即位，有野雉集於相風。此羽蟲之孽也。尋為桓温所廢也。

又 卷三二《后妃傳·康獻褚皇后》 及哀帝、海西公之世，太后復臨朝稱制。桓温之廢海西公也，太后方在佛屋燒香，内侍啓云：『外有急奏』，太后乃出。尚倚户前視奏數行，乃曰『我本自疑此』，至半便止，索筆答奏云：『未亡人罹此百憂，感念存没，心焉如割。』温始呈詔草，慮太后意異，悚動流汗，見於顔色。及詔出，温大喜。

《南史》卷一《宋紀上論》 晉自社稷南遷，王綱弛紊，朝權國命，遞回臺輔，君道雖存，主威久謝。桓温雄才蓋世，勳高一時，移鼎之業已成，天人之望將改。自斯以後，帝道彌昏，道子開其禍端，元顯成其釁末。桓玄乘時藉運，加以先資，革命受終，人無異望。宋武地非齊、晉，衆無一旅，曾不浹旬，夷凶翦暴，誅内清外，功格上下。若夫樂推所歸，謳歌所集，校之魏、晉，可謂收其實矣。然武皇將涉知命，弱嗣方育，顧有慈顔，前無嚴訓。少帝體易染之質，稟可下之姿，外物莫犯其心，所欲必從其志，嶮縱非學而能，危亡不期而集，其至顛沛，非不幸也。悲哉！

又 卷七八《夷貊傳上·海南諸國》 穆帝永和三年奴文死，子佛立，猶屯日南。征西將軍桓温遣督護滕畯、九真太守灌邃討之，追至林邑，佛乃請降。

《舊唐書》卷四三《地理志二·山南道》 江陵漢縣，南郡治所也。故楚都之郢城，今縣北十里紀南城是也。後治於郢，在縣東南。今治所，晉桓温所築城也。

又 卷九六《魏元忠傳》 儀鳳中，吐蕃頻犯塞，元忠赴洛陽上封事，言命將用兵之工拙，曰：【略】當今朝廷用人，類取將門子弟，亦有死事之家而蒙抽擢者。此等本非幹略見知，雖竭力盡誠，亦不免於傾敗，【略】桓温提數萬之兵，萬里而襲成都，劉真長期於決取。雖時有今古，人事皆可推之，取驗大體，觀其鋭志與識略耳。

《宋史》卷九三《河渠志》 東晉太和中，桓温北伐前燕，將通之（浚儀渠），不果。

又 卷一九五《兵志九·訓練之制》 黄帝始置八陣法，敗蚩尤于涿鹿。諸葛亮造八陣圖于魚復平沙之上，壘石為八行。晉桓温見之，曰：『常山蛇勢。』此即九軍陣法也。

又 卷四三三《楊萬里傳》 上書曰：【略】古者立國必有可畏，非畏其國也，畏其人也。故苻堅欲圖晉，而王猛以為不可，謂謝安、桓沖江左之望，是存晉者，二人而已。【略】昔者謝玄之北禦苻堅，而郗超知其必勝；桓温之西伐李勢，而劉惔知其必取。蓋玄於履屐之間無不當其任，温於蒱博不必得則不為，二子于平居無事之日，蓋必有以察其小而後信其大也，豈必大用而後見哉？

清·王鳴盛《十七史商榷》卷五〇《晉書八·何充薦桓温》 《何充傳》：『庾翼臨終，表以後任委息爰之。論者以諸庾世在西藩，宜依翼所請，充曰：「不然，荆楚國之西門，豈可以白面年少當此任？桓温英略過人，有文武識度，西夏之任嗎，無出温者。」乃使温西。』愚謂庾氏誠不可任，然此外豈無人？舉西夏而委之桓温，如虎傅翼，成其跋扈，晉祚幾傾，何充之罪也。

謝安分部

傳記

《晉書》卷七九《謝安傳》 謝安，字安石，尚從弟也。父裒，太常卿。安年四歲時，譙郡桓彝見而歎曰：『此兒風神秀徹，後當不減王東海。』及總角，神識沈敏，風宇條暢，善行書。弱冠，詣王濛，清言良久，既去，濛子修曰：『向客何如大人？』濛曰：『此客亹亹，為來逼人。』王導亦深器之。由是少有重名。

初辟司徒府，除佐著作郎，並以疾辭。寓居會稽，與王羲之及高陽許詢、桑門支遁遊處，出則漁弋山水，入則言詠屬文，無處世意。揚州刺史

庾冰就以安有重名，必欲致之，累下郡縣敦逼，不得已赴召，月餘告歸。復除尚書郎、琅邪王友，並不起。吏部尚書范汪舉安為吏部郎，安以書距絕之。有司奏安被召，歷年不至，禁錮終身，遂棲遲東土。嘗往臨安山中，坐石室，臨浚谷，悠然歎曰：『此去伯夷何遠！』嘗與孫綽等泛海，風起浪湧，諸人並懼，安吟嘯自若。舟人以安為悅，猶去不止。風轉急，安徐曰：『如此將何歸邪？』舟人承言即回。衆咸服其雅量。安雖放情丘壑，然每遊賞，必以妓女從。既累辟不就，簡文帝時為相，曰：『安石既與人同樂，必不得不與人同憂，召之必至。』時安弟萬為西中郎將，總藩任之重。安雖處衡門，其名猶出萬之右，自然有公輔之望，處家常以儀範訓子弟。安妻，劉惔妹也，既見家門富貴，而安獨靜退，乃謂曰：『丈夫不如此也？』安掩鼻曰：『恐不免耳。』及萬黜廢，安始有仕進志，時年已四十餘矣。

征西大將軍桓溫請為司馬，將發新亭，朝士咸送，中丞高崧戲之曰：『卿累違朝旨，高臥東山，諸人每相與言，安石不肯出，將如蒼生何！蒼生今亦將如卿何！』安甚有愧色。既到，溫甚喜，言生平，歡笑竟日。既出，溫問左右：『頗嘗見我有如此客不？』溫後詣安，值其理髮。安性遲緩，久而方罷，使取幘。溫見，留之曰：『令司馬著帽進。』其見重如此。溫當北征，會萬病卒，安投箋求歸。尋除吳興太守。在官無當時譽，去後為人所思。頃之征拜侍中，遷吏部尚書、中護軍。

簡文帝疾篤，溫上疏薦安宜受顧命。及帝崩，溫入赴山陵，止新亭，大陳兵衛，將移晉室，呼安及王坦之，欲於坐害之。坦之甚懼，問計于安。安神色不變，曰：『晉祚存亡，在此一行。』既見溫，坦之流汗沾衣，倒執手版。安從容就席，坐定，謂溫曰：『安聞諸侯有道，守在四鄰，明公何須壁後置人邪？』溫笑曰：『正自不能不爾耳。』遂笑語移日。坦之與安初齊名，至是方知坦之之劣。溫嘗以安所作簡文帝諡議以示坐賓，曰：『此謝安石碎金也。』

時孝武帝富於春秋，政不自己，溫威振內外，人情噂遝，互生同異。安與坦之盡忠匡翼，終能輯穆。及溫病篤，諷朝廷加九錫，使袁宏具草。安見，輒改之，由是歷旬不就。會溫薨，錫命遂寢。

尋為尚書僕射，領吏部，加後將軍。及中書令王坦之出為徐州刺史，詔安總關中書事。安義存輔導，雖會稽王道子亦賴弼諧之益。時強敵寇境，邊書續至，梁益不守，樊鄧陷沒，安每鎮以和靖，御以長算。德政既行，文武用命，不存小察，弘以大綱，威懷外著，人皆比之王導，謂文雅過之。嘗與王羲之登冶城，悠然遐想，有高世之志。羲之謂曰：『夏禹勤王，手足胼胝；文王旰食，日不暇給。今四郊多壘，宜思自效，而虛談廢務，浮文妨要，恐非當今所宜。』安曰：『秦任商鞅，二世而亡，豈清言致患邪？』

是時宮室毀壞，安欲繕之。尚書令王彪之等以外寇為諫，安不從，竟獨決之。宮室用成，皆仰模玄象，合體辰極，而役無勞怨。又領揚州刺史，詔以甲仗百人入殿。時帝始親萬機，進安中書監、驃騎將軍、録尚書事，固讓軍號。于時懸象失度，亢旱彌年，安奏興滅繼絕，求晉初佐命功臣後而封之。頃之，加司徒，後軍文武盡配大府，又讓不拜。復加侍中、都督揚豫徐兗青五州幽州之燕國諸軍事、假節。

時苻堅強盛，疆埸多虞，諸將敗退相繼。安遣弟石及兄子玄等應機征討，所在克捷。拜衛將軍、開府儀同三司，封建昌縣公。堅後率衆，號百萬，次於淮肥，京師震恐。加安征討大都督。玄入問計，安夷然無懼色，答曰：『已別有旨。』既而寂然。玄不敢復言，乃令張玄重請。安遂命駕出山墅，親朋畢集，方與玄圍棊賭別墅。安常棊劣于玄，是日懼，便為敵手而又不勝。安顧謂其甥羊曇曰：『以墅乞汝。』安遂遊涉，至夜乃還，指授將帥，各當其任。玄等既破堅，有驛書至，安方對客圍棊，看書既竟，便攝放床上，了無喜色，棊如故。客問之，徐答云：『小兒輩遂已破賊。』既罷，還內，過戶限，心喜甚，不覺屐齒之折，其矯情鎮物如此。以總統功，進拜太保。

安方欲混一文軌，上疏求自北征，乃進都督揚、江、荊、司、豫、徐、兗、青、冀、幽、並、寧、益、雍、梁十五州軍事，加黃鉞，其本官如故，置從事中郎二人。安上疏讓太保及爵，不許。是時桓沖既卒，荊、江二州並缺，物論以玄勳望，宜以授之。安以父子皆著大勳，恐為朝廷所疑，又懼桓氏失職，桓石虔復有沔陽之功，慮其驍猛，在形勝之地，終或難制，乃以桓石民為荊州，改桓伊于中流，石虔為豫州。既以三桓據三州，彼此無恐，各得所任。其經遠無競，類皆如此。

性好音樂，自弟萬喪，十年不聽音樂。及登臺輔，期喪不廢樂。王坦之書喻之，不從，衣冠效之，遂以成俗。又于土山營墅，樓館林竹甚盛，每攜中外子侄往來游集，肴饌亦屢費百金，世頗以此譏焉，而安殊不以屑意。常疑劉牢之既不可獨任，又知王味之不宜專城。牢之既以亂終，而味之亦以貪敗，由是識者服其知人。

時會稽王道子專權，而姦諂頗相扇構，安出鎮廣陵之步丘，築壘曰新城以避之。帝出祖于西池，獻觴賦詩焉。安雖受朝寄，然東山之志始末不渝，每形於言色。及鎮新城，盡室而行，造泛海之裝，欲須經略粗定，自江道還東。雅志未就，遂遇疾篤。上疏請量宜旋旆，並召子征虜將軍琰解甲息徒，命龍驤將軍朱序進據洛陽，前鋒都督玄抗威彭沛，委以董督。若二賊假延，來年水生，東西齊舉。詔遣侍中慰勞，遂還都。聞當輿入西州門，自以本志不遂，深自慨失，因悵然謂所親曰：『昔桓温在時，吾常懼不全。忽夢乘温輿行十六里，見一白雞而止。乘温輿者，代其位也。十六里，止今十六年矣。白雞主酉，今太歲在酉，吾病殆不起乎！』乃上疏遜位，詔遣侍中、尚書喻旨。先是，安發石頭，金鼓忽破，又語未嘗謬，而忽一誤，衆亦怪異之。尋薨，時年六十六。帝三日臨於朝堂，賜東園秘器、朝服一具、衣一襲、錢百萬、布千匹、蠟五百斤，贈太傅，謚曰文靖。以無下舍，詔府中備凶儀。及葬，加殊禮，依大司馬桓温故事。又以平苻堅勳，更封廬陵郡公。

安少有盛名，時多愛慕。鄉人有罷中宿縣者，還詣安。安問其歸資，答曰：『有蒲葵扇五萬。』安乃取其中者捉之，京師士庶競市，價增數倍。安本能為洛下書生詠，有鼻疾，故其音濁，名流愛其詠而弗能及，或手掩鼻以斅之。及至新城，築埭於城北，後人追思之，名為召伯埭。

羊曇者，太山人，知名士也，為安所愛重。安薨後，輟樂彌年，行不由西州路。嘗因石頭大醉，扶路唱樂，不覺至州門。左右白曰：『此西州門。』曇悲感不已，以馬策扣扉，誦曹子建詩曰：『生存華屋處，零落歸山丘。』慟哭而去。

安有二子：瑶、琰。瑶襲爵，官至琅邪王友，早卒。子該嗣，終東陽太守。無子，弟光禄勳模以子承伯嗣，有罪，國除。劉裕以安勳德濟世，特更封該弟澹為柴桑侯，邑千户，奉安祀。澹少歷顯位，桓玄簒位，以澹兼太尉，與王謐俱齎冊到姑孰。元熙中，為光禄大夫，復兼太保，持節奉冊禪宋。

綜述

《晉書》卷九《孝武帝紀》 寧康元年九月，丙申，以【略】吏部尚書謝安為尚書僕射，吴國内史刁彝為北中郎將、徐兗二州刺史，鎮廣陵。

三年，夏五月甲寅，以【略】，尚書僕射謝安領揚州刺史。

太元元年春正月，【略】加尚書僕射謝安中書監、録尚書事。

二年，八月【略】丁未，以尚書僕射謝安為司徒。

五年【略】五月，大水。以司徒謝安為衛將軍、儀同三司。

八年，十一月庚申，詔衛將軍謝安勞旋師于金城。

九年，三月，以衛將軍謝安為太保。

九月辛卯，【略】甲午，加太保謝安大都督揚、江、荆、司、豫、徐、兗、青、冀、幽、並、梁、益、雍、涼十五州諸軍事。

十年，夏四月【略】壬戌，太保謝安帥衆救苻堅。

八月甲午，大赦。丁酉，使持節、侍中、中書監、大都督十五州諸軍事、衛將軍、太保謝安薨。【略】冬十月丁亥，論淮肥之功，追封謝安廬陵郡公，封謝石南康公，謝玄康樂公，謝琰望蔡公，桓伊永修公，自餘封拜各有差。

又　卷六七《郗超傳》 謝安嘗與王文度共詣超，日旰未得前，文度便欲去，安曰：『不能為性命忍俄頃邪！』【略】位遇應在謝安右，而安入掌機權，愔優遊而已，恒懷憤憤，發言慷慨，由是與謝氏不穆。安亦深恨之。

又　卷七五《坦之傳》 温薨，坦之與謝安共輔幼主，遷中書令，領丹陽尹。俄授都督徐兗青三州諸軍事、北中郎將、徐兗二州刺史，鎮廣陵。

宋・張預《十七史百將傳》卷七《晉謝玄傳》 謝玄，【略】為叔父安所器重。及長，有經國才略，屢辟不起。後與王珣俱被桓温辟為掾，並禮重之。苻堅强盛，邊境數被侵寇，朝廷求文武良將可以鎮禦北方者，安

乃以玄應舉。中書郎郗超雖素與玄不善，聞而歎之曰：『安違衆舉親，明也。玄必不負舉，才也。』時咸以為不然，超曰：『吾嘗與玄共在桓公府，見其使才，雖履屐間亦得其任，所以知之。』於是召還，拜建武將軍、兗州刺史、領廣陵相、監江北諸軍事。時苻堅遣軍圍襄陽，車騎將軍桓沖禦之。詔玄發三州人丁，遣彭城内史何謙遊軍淮、泗，以為形援。

論　說

《南齊書》卷二三《王儉傳》　儉常謂人曰：『江左風流宰相，唯有謝安。』

又　卷三三《王僧虔傳》　其論書曰：『**【略】**謝安亦入能書録，亦自重，為子敬書嵇康詩。』

又　卷三四《王諶傳論》　鶉居鷇飲，裁樹司牧，板籍之起，尚未分民，所以愛字之義深，納隍之意重也。季世以後，務盡民力，量財品賦，以自奉養。下窮而上不恤，世澆而事愈變。故有竊名簿閥，忍賊肌膚，生濫死乖，趨避繩網。積虚累謬，已數十年，欺蔽相容，官民共有，為國之道，良宜矯革。若令優役輕徭，則斯詐自弭；明糾羣吏，則茲偽不行。空閲舊文，徒成民幸。是以崔琰之譏魏武，謝安之論京師。斷民之難，豈直遠在周世哉？

《晉書》卷九《孝武帝紀論》　名賢間出，舊德斯在：謝安可以鎮雅俗，彪之足以正紀綱，

又　卷七四《桓沖傳》　謝安以時望輔政，為羣情所歸，沖懼逼，**【略】**既而苻堅盡國内侵，沖深以根本為慮，乃遣精鋭三千來赴京都。謝安謂三千人不足以為損益，而欲外示閒暇，聞軍在近，固不聽。報云：『朝廷處分已定，兵革無闕，西藩宜以為防。』時安已遣兄子玄及桓伊等諸軍，沖謂不足以為廢興，召佐吏，對之歎曰：『謝安乃有廟堂之量，不閑將略。今大敵垂至，方游談不暇，雖遣諸不經事少年，衆又寡弱，天下事可知，吾其左衽矣！』

又　卷七九《謝安傳論》　建元之後，時政多虞，巨猾陸梁，權臣橫恣。其有兼將相於中外，系存亡於社稷，負扆資之以端拱，鑿井賴之以晏安者，其惟謝氏乎！簡侯任總中臺，效彰分闔；正議雲唱，喪禮墮而復弘；遺音既補，雅樂缺而還備。君子哉，斯人也！文靖始居塵外，高謝人間，嘯詠山林，浮泛江海，當此之時，蕭然有陵霞之致。暨於褫薜蘿而襲朱組，去衡泌而踐丹墀，庶績於是用康，彝倫以之載穆。苻堅百萬之衆已瞰吳江，桓温九五之心將移晉鼎，衣冠易慮，遠邇崩心。從容而杜姦謀，宴衎而清羣寇，宸居獲太山之固，惟揚去累卵之危，斯為盛矣。然激繁會於期服之辰，敦一歡于百金之費，廢禮于偷薄之俗，崇侈于耕戰之秋，雖欲混哀樂而同歸，齊奢儉於一致，而不知頹風已扇，雅道日淪，國之儀刑，豈期若是！琰稱貞幹，卒以忠勇垂名；混曰風流，竟以文詞獲譽：並階時宰，無墮家風。奕萬以放肆為高，石奴以褊濁興累，雖曰微纇，猶稱名實。康樂才兼文武，志存匡濟，淮肥之役，勍寇望之而土崩；渦潁之師，中州應之而席捲。方欲西平鞏洛，北定幽燕，廟算有遺，良圖不果，降齡何促，功敗垂成，拊其遺文，經綸遠矣。

又　《謝安傳贊》　安西英爽，才兼辯博。宣力方鎮，流聲臺閣。太保沈浮，曠若虚舟。任高百辟，情惟一丘。琰邈忠壯，奕萬虚放。為龍為光，或卿或將。偉哉獻武，功宣授斧。克翦凶渠，幾清中宇。

《舊唐書》卷一八一《杜審權傳》　制曰：**【略】**謝安以恬淡之德，亦在兵間。

宋・司馬光《資治通鑑》卷一〇一《晉紀二三・孝宗穆皇帝下》

（晉穆帝升平四年）謝安少有重名，前後征辟，皆不就；寓居會稽，以山水、文籍自娱。雖為布衣，時人皆以公輔期之，士大夫至相謂曰：『安石不出，當如蒼生何！』謝安，字安石。江東人士始焉所期望者殷浩，浩既無以滿衆望矣，繼而所望者謝安，而安卒能匡輔晉室。世之論者，皆優安而劣浩。余謂盛名之下，其實難副。浩之所以敗，正以與桓温齊名，其心易温；又值石氏之亂，以為可以立功，敗於輕率也。謝安當桓温擅政之時，又身嘗為之僚屬，而懲浩之所以失，戒温而為之備；温既死而值秦之强，兢兢焉為自保之謀，常持懼心，此其所以濟也。史氏謂其能矯情鎮物，蓋因屐齒之折、白雞之夢而知之耳。安每遊東山，東山，在今紹興府上虞縣西南四十五里。安故居今為國慶禪寺。常以妓女自隨。司徒昱聞之，曰：『安石既與人同樂，必不得不與人同憂，召之必至。』安妻，劉惔之妹也，見家門貴盛劉惔以清談貴顯；而謝尚、謝奕、謝萬皆為方伯，盛于一時。惔，徒甘翻。而安獨靜退，謂曰：『丈夫不如

此也！』安掩鼻曰：『恐不免耳。』言恐亦不免如諸兄弟也。及弟萬廢黜，安始有仕進之志，時已年四十餘。征西大將軍桓温請為司馬，安乃赴召，温大喜，深禮重之。

又　卷一〇三《晉紀二五・太宗簡文皇帝》（晉簡文帝咸安元年）

史言謝安於風流之中，能處事應物。又郗超勢燄如此，桓温既死之後，超得終於牖下，蓋以智免也。

又　卷一〇五《晉紀二七・烈宗孝武皇帝上之下》（晉孝武帝太元八年）是時秦兵既盛，都下震恐。謝玄入，問計于謝安，安夷然，夷，坦也，平也。言坦然無異平日也。答曰：『已別有旨。』既而寂然。玄不敢復言，乃令張玄重請。安遂命駕出遊山野，親朋畢集，與玄圍棋賭墅。安棋常劣于玄，是日，玄懼，便為敵手而又不勝。敵手，謂下子爭行劫，智算相敵也。玄意不在棋，故不能勝安。安遂遊陟，至夜乃還。桓沖深以根本為憂，遣精鋭三千入衛京師；謝安固卻之，曰：『朝廷處分已定，兵甲無闕，西藩宜留以為防。』沖對佐吏歎曰：諸藩府參佐為佐吏。『謝安石有廟堂之量，不閑將略。今大敵垂至，方游談不暇，遣諸不經事少年拒之，衆又寡弱，天下事已可知，吾其左衽矣！』

謝安得驛書，知秦兵已敗，時方與客圍棋，攝書置牀上，了無喜色，圍棋如故。客問之，徐答曰：『小兒輩遂已破賊。』既罷，還内，過户限，不覺屐齒之折。言其喜甚也。史言安矯情鎮物。人臣以安社稷為悦者也，大敵壓境，一戰而破之，安得不喜乎！屐齒之折，亦非安之瞢也。

謝安伲王國寶，坦之之子也；安惡其為人，每抑而不用，以為尚書郎。國寶自以望族，故事唯作吏部，不為餘曹，尚書郎，晉制三十五曹，置郎二十三人，更相統攝。及江左，無直事、右民、屯田、車部、別兵、都兵、騎兵、左、右士、運曹十曹郎。康、穆以後，又無虞曹、二千石二郎，但有殿中、祠部、吏部、儀曹、三公、比部、金部、倉部、度支、都官、左民、起部、水部、主客、駕部、庫部、中兵、外兵十八曹。後又省主客、起部、水部，餘十五曹，而吏部最為清選。固辭不拜，由是怨安。國寶從妹為會稽王道子妃，帝與道子皆嗜酒，狎昵邪諂，國寶乃譖安于道子，使離間之於帝。安功名既盛，而險詖求進之徒，多毁短安，帝由是稍抳忌之。

又　卷一〇六《晉紀二八・烈宗孝武皇帝中之上》（晉孝武帝太元十年）丁酉，建昌文靖公謝安薨。謚法：柔德安衆曰靖；寬樂令終曰靖。詔加殊禮，如大司馬温故事。晉以此崇寵謝安，安之雅志豈願與桓温同哉！庚子，以司徒琅邪王道子領揚州刺史、録尚書，都督中外諸軍事；道子得權，晉自此亂。以尚書令謝石為衛將軍。

雜　録

《宋史》卷四三三《楊萬里傳》　淳熙十二年五月，以地震，應詔上書曰：【略】古者立國必有可畏，非畏其國也，畏其人也。故苻堅欲圖晉，而王猛以為不可，謂謝安、桓沖江左之望，是存晉者，二人而已。

南朝宋・劉義慶《世説新語・德行》　謝奕作剡令，有一老翁犯法，謝以醇酒罰之，乃至過醉而尤未已。太傅時年七八歲，著青布絝，在兄膝邊坐，諫曰：『阿兄，老翁可念，何可作此！』奕於是改容曰：『阿奴欲放去邪？』遂遣之。

謝太傅絶重褚公，常稱『褚季野雖不言，而四時之氣亦備』。

謝公夫人教兒，問太傅：『那得初不見君教兒？』答曰：『我常自教兒。』

又　《言語》　謝太傅語王右軍曰：『中年傷於哀樂，與親友別，輒作數日惡。』王曰：『年在桑榆，自然至此，正賴絲竹陶寫，恒恐兒輩覺損欣樂之趣。』【略】

王右軍與謝太傅共登冶城，謝悠然遠想，有高世之志。王謂謝曰：『夏禹勤王，手足胼胝；文王旰食，日不暇給。今四郊多壘，宜人人自效；而虚談費務，浮文妨要，恐非當今所宜。』謝答曰：『秦任商鞅，二世而亡，豈清言致患邪？』

謝太傅寒雪日内集，與兒女講論文義，俄而雪驟，公欣然曰：『白雪紛紛何所似？』兄子胡兒曰：『撒鹽空中差可擬。』兄女曰：『未若柳絮因風起。』公大笑樂。即公大兄無奕女，左將軍王凝之妻也。

謝公云：『賢聖去人，其間亦邇。』子侄未之許，公歎曰：『若郗超聞此語，必不至河漢。』

晉武帝每餉山濤恒少，謝太傅以問子弟，車騎答曰：『當由欲者不多，而使與者忘少。』

孝武將講孝經，謝公兄弟與諸人私庭講習。車武子難苦問謝，謂袁羊曰：『不問則德音有遺，多問則重勞二謝。』袁曰：『必無此嫌。』車曰：『何以知爾？』袁曰：『何嘗見明鏡疲於屢照，清流憚于惠風？』【略】

謝太傅問諸子侄：『子弟亦何預人事，而正欲使其佳？』諸人莫有言者，車騎答曰：『譬如芝蘭玉樹，欲使其生於階庭耳。』

又《政事》 謝公時，兵廝逋亡，多近竄南塘下諸舫中。或欲求一時搜索，謝公不許，云：『若不容置此輩，何以為京都？』

又《文學》 謝安年少時，請阮光祿道白馬論，為論以示謝。于時謝不即解阮語，重相咨盡。阮乃歎曰：『非但能言人不可得，正索解人亦不可得！』

林道人詣謝公，東陽時始總角，新病起，體未堪勞。與林公講論，遂至相苦。母王夫人在壁後聽之，再遣信令還，而太傅留之。王夫人因自出，云：『新婦少遭家難，一生所寄，唯在此兒。』因流涕抱兒以歸。謝公語同坐曰：『家嫂辭情慷慨，致可傳述，恨不使朝士見！』

殷、謝諸人共集。謝因問殷：『眼往屬萬形，萬形來入眼不？』

謝公因子弟集聚，問：『《毛詩》何句最佳？』遏稱曰：『「昔我往矣，楊柳依依；今我來思，雨雪霏霏。」』公曰：『「訏謨定命，遠猷辰告。」』謂此句偏有雅人深致。【略】

支道林、許、謝盛德共集王家，謝顧諸人曰：『今日可謂彦會，時既不可留，此集固亦難常，當共言詠，以寫其懷。』許便問主人：『有《莊子》不？』正得《魚父》一篇，謝看題，便各使四坐通。支道林先通，作七百許語，敍致精麗，才藻奇拔，衆咸稱善。於是四坐各言懷畢，謝問曰：『卿等盡不？』皆曰：『今日之言，少不自竭。』謝後粗難，因自敍其意，作萬餘語，才峰秀逸，既自難幹，加意氣擬托，蕭然自得，四坐莫不厭心。支謂謝曰：『君一往奔詣，故復自佳耳。』

庾仲初作《揚都賦》成，以呈庾亮。亮以親族之懷，大為其名價云：『可三《二京》、四《三都》。』于此人人競寫，都下紙為之貴。謝太傅云：『不得爾，此是屋下架屋耳，事事擬學，而不免儉狹。』

謝太傅問主簿陸退：『張憑何以作母誄，而不作父誄？』退答曰：『故當是丈夫之德，表於事行；婦人之美，非誄不顯。』

桓公見謝安石作簡文謚議，看竟，擲與坐上諸客曰：『此是安石碎金。』

袁彦伯作《名士傳》成，見謝公，公笑曰：『我嘗與諸人道江北事，特作狡獪耳，彦伯遂以著書。』

又《方正》 盧志於衆坐，問陸士衡：『陸遜、陸抗是君何物？』答曰：『如卿于盧毓、盧珽。』士龍失色，既出户，謂兄曰：『何至如此，彼容不相知也。』士衡正色曰：『我父、祖名播海內，寧有不知，鬼子敢爾！』議者疑二陸優劣，謝公以此定之。

阮光祿赴山陵，至都，不往殷、劉許，過事便還。諸人相與追之，阮亦知時流必當逐己，乃遄疾而去，至方山不相及。劉尹時為會稽，乃歎曰：『我入，當泊安石渚下耳，不敢復近思曠傍，伊便能捉杖打人，不易。』【略】

桓公問桓子野：『謝安石料萬石必敗，何以不諫？』子野答曰：『故當出於難犯耳。』桓作色曰：『萬石撓弱凡才，有何嚴顔難犯！』

韓康伯病，拄杖前庭消搖。見諸謝皆富貴，轟隱交路，歎曰：『此復何異王莽時！』【略】

謝公聞羊綏佳，致意令來，終不肯詣。後綏為太學博士，因事見謝公，公即取以為主簿。【略】

王右軍與謝公詣阮公，至門，語謝：『故當共推主人。』謝曰：『推人正自難。』【略】

太極殿始成，王子敬時為謝公長史，謝送版，使王題之，王有不平色，語信云：『可擲著門外。』謝後見王，曰：『題之上殿何若？昔魏朝韋誕諸人，亦自為也。』王曰：『魏祚所以不長。』謝以為名言。

又《雅量》 桓宣武與郗超議芟夷朝臣，條牒既定，其夜同宿。明晨起，呼謝安、王坦之入，擲疏示之。郗猶在帳內。謝都無言，王直擲還，云：『多！』宣武取筆欲除，郗不覺竊從帳中與宣武言。謝含笑曰：『郗生可謂入幕賓也。』

謝太傅盤桓東山時，與孫興公諸人泛海戲。風起浪湧，孫、王諸人色並遽，便唱使還。太傅神情方旺，吟嘯不言。舟人以公貌閑意說，猶去不

止。既風轉急，浪猛，諸人皆喧動不坐。公徐云：『如此，將無歸。』衆人即承響而回。於是審其量，足以鎮安朝野。

桓公伏甲設饌，廣延朝士，因此欲誅謝安、王坦之。王甚遽，問謝曰：『當作何計？』謝神意不變，謂文度曰：『晉祚存亡，在此一行。』相與俱前。王之恐狀，轉見於色。謝之寬容，愈表於貌。望階趨席，方作洛生詠，諷『浩浩洪流』。桓憚其曠遠，乃趣解兵。王、謝舊齊名，於此始判優劣。

謝太傅與王文度共詣郗超，日旰未得前，王便欲去，謝曰：『不能為性命忍俄頃？』

謝安南免吏部尚書，還東。謝太傅赴桓公司馬，出西，相遇破岡。既當遠別，遂停三日共語。太傅欲慰其失官，安南輒引以它端。遂信宿中塗，竟不言及此事。太傅深恨在心未盡，謂同舟曰：『謝奉故是奇士。』

【略】

戴公從東出，謝太傅往看之。謝本輕戴，見，但與論琴書，戴既無吝色，而談琴書愈妙。謝悠然知其量。【略】

謝公與人圍棋，俄而謝玄淮上信至，看書竟，默然無言，徐向局。客問淮上利害，答曰：『小兒輩大破賊。』意色舉止，不異于常。

苻堅遊魂近境，謝太傅謂子敬曰：『可將當軸，了其此處。』

又《識鑑》 謝公在東山畜妓，簡文曰：『安石必出，既與人同樂，亦不得不與人同憂。』【略】

褚期生少時，謝公甚知之，恒云：『褚期生若不佳者，僕不復相士。』

又《賞譽》 世目楊朗『沈審經斷』。蔡司徒云：『若使中朝不亂，楊氏作公方未已。』謝公云：『朗是大才。』

謝太傅未冠，始出西，詣王長史，清言良久。去後，苟子問曰：『向客何如尊？』長史曰：『向客亹亹，為來逼人。』

王右軍語劉尹：『故當共推安石。』劉尹曰：『若安石東山志立，當與天下共推之。』

謝公稱藍田：『掇皮皆真。』

謝公道豫章：『若遇七賢，必自把臂入林。』【略】

謝太傅為桓公司馬。桓詣謝，值謝梳頭，遽取衣幘。桓公云：『何煩此。』因下共語至暝。既去，謂左右曰：『頗曾見如此人不？』

謝公作宣武司馬，屬門生數十人于田曹中郎趙悅子。悅子以告宣武，宣武云：『且為用半。』趙俄而悉用之，曰：『昔安石在東山，縉紳敦逼，恐不豫人事。況今自鄉選，反違之邪？』

桓大司馬病，謝公往省病，從東門入。桓公遙望，歎曰：『吾門中久不見如此人！』

謝公云：『劉尹語審細。』

謝太傅稱王修齡曰：『司州，可與林澤遊。』

謝太傅道安北：『見之乃不使人厭，然出户去，不復使人思。』

謝公云：『司州造勝遍決。』

謝太傅語真長：『阿齡於此事故欲太厲。』劉曰：『亦名士之高操者。』

謝公云：『長史語甚不多，可謂有令音。』

謝胡兒作著作郎，嘗作《王堪傳》，不諳堪是何似人，咨謝公。謝公答曰：『世胄亦被遇。堪，烈之子，阮千里姨兄弟，潘安仁中外。安仁詩所謂「子親伊姑，我父唯舅」。是許允婿。』

謝太傅重鄧僕射，常言：『天地無知，使伯道無兒。』

謝公與王右軍書曰：『敬和棲托好佳。』【略】

謝公語王孝伯：『君家藍田，舉體無常人事。』

謝車騎問謝公：『真長性至峭，何足乃重？』答曰：『是不見耳！阿見子敬，尚使人不能已。』

謝公領中書監，王東亭有事，應同上省。王后至，坐促，王、謝雖不通，太傅猶斂膝容之。王神意閑暢，謝公傾目。還謂劉夫人曰：『向見阿瓜，故自未易有，雖不相關，正是使人不能已已。』

王子敬語謝公：『公故蕭灑。』謝曰：『身不蕭灑，君道身最得，身正自調暢。』

又《品藻》 桓公問孔西陽：『安石何如仲文？』孔思未對，反問公曰：『何如？』答曰：『安石居然不可陵踐，其處故乃勝也。』

謝公與時賢共賞說，遏、胡兒並在坐。公問李弘度曰：『卿家平陽何

如樂令？」於是李凊然流涕曰：『趙王簒逆，樂令親授璽綬。亡伯雅正，耻處亂朝，遂至仰藥，恐難以相比！此自顯於事實，非私親之言。』謝公語胡兒曰：『有識者果不異人意。』【略】

有人問謝安石、王坦之優劣於桓公，桓公停欲言，中悔，曰：『卿喜傳人語，不能復語卿。』【略】

王右軍問許玄度：『卿自言何如安石？』許未答，王因曰：『安石故相為雄，阿萬當裂眼爭邪。』【略】

謝公云：『金谷中蘇紹最勝。』紹是石崇姊夫，蘇則孫，愉子也。

孫承公云：『謝公清于無奕，潤于林道。』

或問林公：『司州何如二謝？』林公曰：『故當攀安提萬。』

郗嘉賓道謝公：『造膝雖不深徹，而纏綿綸至。』又曰：『右軍詣嘉賓。』嘉賓聞之曰：『不得稱詣，政得謂之朋耳。』謝公以嘉賓言為得。

郗嘉賓問謝太傅曰：『林公談何如嵇公？』謝云：『嵇公勤著脚，裁可得去耳。』

問：『殷何如支？』謝曰：『正爾有超拔，支乃過殷；然亹亹論辯，恐殷欲制支。』

衛君長是蕭祖周婦兄，謝公問孫僧奴：『君家道衛君長云何？』孫曰：『云是世業人。』謝曰：『殊不爾，衛自是理義人。』于時以比殷洪遠。

王子敬問謝公：『林公何如庾公？』謝殊不受，答曰：『先輩初無論，庾公自足沒林公。』

謝遏諸人共道『竹林』優劣，謝公曰：『先輩初不臧貶「七賢」。』

謝太傅謂王孝伯：『劉尹亦奇自知，然不言勝長史。』

王黄門兄弟三人俱詣謝公，子猷、子重多説俗事，子敬寒温而已。既出，坐客問謝公：『向三賢孰愈？』謝公曰：『小者最勝。』客曰：『何以知之？』謝公曰：『吉人之辭寡，躁人之辭多。推此知之。』

謝公問子敬：『君書何如君家尊？』答曰：『固當不同。』公曰：『外人論殊不爾。』王曰：『外人那得知。』【略】

王孝伯問謝太傅：『林公何如長史？』太傅曰：『長史韶興。』問：『何如劉尹？』謝曰：『噫！劉尹秀。』王曰：『若如公言，並不如此二人邪？』謝云：『身意正爾也。』【略】

人有問太傅：『子敬可是先輩誰比？』謝曰：『阿敬近撮王、劉之標。』

謝公語孝伯：『君祖比劉尹，故為得逮。』孝伯云：『劉尹非不能逮，直不逮。』

王子敬問謝公：『嘉賓何如道季？』答曰：『道季誠復鈔撮清悟，嘉賓故自上。』

王孝伯道謝公濃至。又曰：『長史虚，劉尹秀，謝公融。』

王孝伯問謝公：『林公何如右軍？』謝曰：『右軍勝林公，林公在司州前亦貴徹。』【略】

桓玄問劉太常曰：『我何如謝太傅？』劉答曰：『公高，太傅深。』又曰：『何如賢舅子敬？』答曰：『楂、梨、橘、柚，各有其美。』

又《規箴》 郎在壽春敗，臨奔走，猶求玉帖鐙。太傅在軍，前後初無損益之言。爾日猶云：『當今豈須煩此！』

以謝太傅宅為營，謝混曰：『召伯之仁，猶惠及甘棠；文靖之德，更不保五畝之宅？』玄慚而止。

又《夙惠》 晉孝武年十二，時冬天，晝日不著復衣，但著單練衫五六層；夜則累茵褥。謝公諫曰：『聖體宜令有常。陛下晝過冷，夜過熱，恐非攝養之術。』帝曰：『晝動夜靜。』謝公出，歎曰：『上理不減先帝。』

又《豪爽》 王司州在謝公坐，詠『入不言兮出不辭，乘回風兮載雲旗』，語人云：『當爾時，覺一坐無人。』

又《容止》 簡文作相王時，與謝公共詣桓宣武。王珣先在內，桓語王：『卿嘗欲見相王，可住帳裏。』二客既去，桓謂王曰：『定如何？』王曰：『相王作輔，自然湛若神君。公亦萬夫之望，不然，僕射何得自沒？』

謝車騎道謝公遊肆，復無乃高唱，但恭坐，撚鼻顧睞，便自有寢處山澤間儀。

謝公云：『見林公雙眼，黯黯明黑。』孫興公見林公：『棱棱露其爽。』

又《傷逝》 王東亭與謝公交惡。王在東聞謝喪，便出都，詣子敬，道欲哭謝公。子敬始臥，聞其言，便驚起曰：『所望於法護。』王於是往哭。督帥刁約不聽前，曰：『官平生在時，不見此客。』王亦不與語，直前哭，甚慟，不執末婢手而退。

又《棲逸》 戴安道既厲操東山，而其兄欲建式遏之功。謝太傅曰：『卿兄弟志業，何其太殊？』戴曰：『下官不堪其憂，家弟不改其樂。』

又《賢媛》 謝公夫人幃諸婢，使在前作伎，使太傅暫見便下幃。太傅索更開，夫人云：『恐傷盛德。』

王右軍郗夫人謂二弟司空、中郎曰：『王家見二謝，傾筐倒庋；見汝輩來，平平爾。汝可無煩復往。』

王凝之謝夫人既往王氏，大薄凝之。既還謝家，意大不說。太傅慰釋之曰：『王郎，逸少之子，人才亦不惡，汝何以恨乃爾？』答曰：『一門叔父，則有阿大、中郎；羣從兄弟，則有封、胡、遏、末。不意天壤之中，乃有王郎！』

又《巧藝》 謝太傅云：『顧長康畫，有蒼生來所無。』

又《任誕》 謝安始出西，戲失車牛，便杖策步歸。道逢劉尹，語曰：『安石將無傷？』謝乃同載而歸。【略】

襄陽羅友有大韻，少時多謂之癡。嘗伺人祠，欲乞食，往太早，門未開。主人迎神出見，問以非時何得在此？答曰：『聞卿祠，欲乞一頓食耳。』遂隱門側，至曉得食便退，了無怍容。為人有記功，從桓宣武平蜀，按行蜀城闕觀宇，內外道陌廣狹，植種果竹多少，皆默記之。後宣武溧洲與簡文集，友亦預焉。共道蜀中事，亦有遺忘，友皆名列，曾無錯漏。宣武驗以蜀城闕簿，皆如其言。坐者嘆服。謝公云：『羅友詎減魏陽元。』後為廣州刺史，當之鎮，刺史桓豁語令莫來宿，答曰：『民已有前期，主人貧，或有酒饌之費，見與甚有舊。請別日奉命。』征西密遣人察之，至夕，乃往荊州門下書佐家，處之怡然，不異勝達。在益州語兒云：『我有五百人食器。』家中大驚，其由來清，而忽有此物，定是二百五十還烏樏。』

桓子野每聞清歌，輒喚：『奈何！』謝公聞之曰：『子野可謂一往有深情。』

又《簡傲》 謝公與謝萬共出西，過吳郡，阿萬欲相與共萃王恬許，太傅云：『恐伊不必酬汝，意不足爾。』萬猶苦要，太傅堅不回，萬乃獨往。坐少時，王便入門內，謝殊有欣色，以為厚待己。良久，乃沐頭散髮而出，亦不坐，仍據胡床，在中庭曬頭，神氣傲邁，了無相酬意。謝於是乃還，未至船，逆呼太傅，安曰：『阿螭不作爾。』

謝萬北征，常以嘯詠自高，未嘗撫慰衆士。謝公甚器愛萬，而審其必敗，乃俱行，從容謂萬曰：『汝為元帥，宜數喚諸將宴會，以說衆心。』萬從之。因召集諸將，都無所說，直以如意指四坐云：『諸君皆是勁卒。』諸將甚憤恨之。謝公欲深著恩信，自隊主將帥以下，無不身造，厚相遜謝。及萬事敗，軍中因欲除之。復云：『當為隱士。』故幸而得免。

又《排調》 謝公在東山，朝命屢降而不動。後出為桓宣武司馬，將發新亭，朝士咸出瞻送。高靈時為中丞，亦往相祖。先時多少飲酒，因倚如醉，戲曰：『卿屢違朝旨，高臥東山，諸人每相與言：「安石不肯出，將如蒼生何！」今亦蒼生將如卿何？』謝笑而不答。

初，謝安在東山居布衣時，兄弟已有富貴者，翕集家門，傾動人物。劉夫人戲謂安曰：『大丈夫不當如此乎？』謝乃捉鼻曰：『但恐不免耳！』

謝公始有東山之志，後嚴命屢臻，勢不獲已，始就桓公司馬。于時人有餉桓公藥草，中有『遠志』。公取以問謝：『此藥又名「小草」，何一物而有二稱？』謝未即答。時郝隆在坐，應聲答曰：『此甚易解，處則為「遠志」，出則為「小草」。』謝甚有愧色。桓公目謝而笑曰：『郝參軍此過乃不惡，亦極有會。』

桓公既廢海西，立簡文。侍中謝公見桓公，拜，桓驚笑曰：『安石，卿何事至爾？』謝曰：『未有君拜於前，臣立於後！』

郗重熙與謝公書道：『王敬仁聞一年少懷問鼎，不知桓公德衰？為復後生可畏？』【略】

王子猷詣謝公，謝曰：『云何七言詩？』子猷承問，答曰：『昂昂若千里之駒，泛泛若水中之鳧。』

謝遏夏月嘗仰臥，謝公清晨卒來，不暇著衣，跣出屋外，方躡履問訊。公曰：『汝可謂「前倨而後恭」。』

又《輕詆》 孫長樂兄弟就謝公宿，言至款雜。劉夫人在壁後聽之，具聞其語。謝公明日還，問昨客何似，劉對曰：『亡兄門未有如此賓客。』謝深有愧色。【略】

謝太傅謂子侄曰：『中郎始是獨有千載！』車騎曰：『中郎衿抱未虛，復那得獨有？』

庾道季詫謝公曰：『「裴郎云」謝安謂裴郎乃可不惡，何得為復飲酒？』裴郎又云：『謝安目支道林如九方皋之相馬，略其玄黃，取其俊逸。』謝公云：『都無此二語，裴自為此辭耳。』庾意甚不以為好，因陳東亭《經酒壚下賦》。讀畢，都不下賞裁，直云：『君乃復作裴氏學！』于此《語林》遂廢。今時有者，皆是先寫，無復謝語。【略】

殷覬、庾恒並是謝鎮西外孫。殷少而率悟，庾每不推。嘗俱詣謝公，謝公熟視殷，曰：『阿巢故似鎮西。』於是庾下聲語曰：『定何似？』謝公續復云：『巢頰似鎮西。』庾復云：『頰似，足作健不？』

苻宏叛來歸國，謝太傅每加接引。宏自以有才，多好上人，坐上無折之者。適王子猷來，太傅使共語。子猷直孰視良久，回語太傅云：『亦復竟不異人。』宏大慚而退。

又《假譎》 謝遏年少時，好著紫羅香囊，垂覆手。太傅患之，而不欲傷其意，乃譎與賭，得即燒之。

又《忿狷》 王令詣謝公，值習鑿齒已在坐，當與並榻。王徙倚不坐，公引之與對榻。去後，語胡兒曰：『子敬實自清立，但人為爾，多矜咳，殊足損其自然。』

又《尤悔》 謝太傅於東船行，小人引船，或遲或速，或停或待，又放船從橫，撞人觸岸，公初不呵譴，人謂公常無嗔喜。曾送兄征西葬還，日莫雨駛，小人皆醉，不可處分。公乃于車中，手取車柱撞馭人，聲色甚厲。夫以水性沈柔，入隘奔激。方之人情，固知道迫隘之地，無得保其夷粹。

又《紕漏》 謝虎子嘗上屋熏鼠，胡兒既無由知父為此事，聞人道癡人有作此者，戲笑之，時道此非復一過。太傅既了己之不知，因其言次，語胡兒曰：『世人以此謗中郎，亦言我共作此。』胡兒懊熱，一月日閉齋不出。太傅虛托引己之過，一相開悟，可謂德教。

《宋書》卷一九《樂志一》 魏、晉已來，尤重以舞相屬。所屬者代起舞，猶若飲酒以杯相屬也。謝安舞以屬桓嗣是也。近世以來，此風絕矣。

又 卷二〇《禮志中》 寧康二年七月，簡文帝崩再周而遇閏。博士謝攸、孔粲議：『魯襄二十八年十二月乙未，楚子卒，實閏月而言十二月者，附正於前月也。喪事先遠，則應用博士吳商之言，以閏月祥。』尚書僕射謝安、中領軍王劭、散騎常侍鄭襲、右衛將軍殷康、驍騎將軍袁宏、散騎侍郎殷茂、中書郎車胤、左丞劉遵、吏部郎劉耽意皆同。

又 卷二八《五行志中》 太元，九年【略】正月，謝安又出鎮廣陵，使子琰進次彭城，頻有軍役。

又 卷三一《五行志二》 晉孝武帝太元九年正月，謝安又出鎮廣陵，使子琰進次彭城。

《南齊書》卷二二《豫章文獻王傳》 沈約曰：『【略】謝安石素族之臺輔，時無麗藻，迄乃有碑無文。』

《梁書》卷二一《柳惲傳》 （齊竟陵）王嘗置酒後園，有晉相謝安鳴琴在側，

《晉書》卷二五《輿服志》 （義熙）十三年，裕定關中，又獲司南、記里諸車，制度始備。其輦，過江亦亡制度，太元中謝安率意造焉，及破苻堅於淮上，獲京都舊輦，形制無差，大小如一，時人服其精記。

《南史》卷一《宋紀上》 詔曰：『夫微禹之感，歎深後昆，愛人懷樹，猶或勿翦。雖在異代，義無廢絕，降殺之儀，一依前典。可降始興公爲縣公，廬陵公爲柴桑縣公，始安公爲荔浦縣侯，長沙公爲醴陵縣侯，康樂公即降爲縣侯，奉王導、謝安、温嶠、陶侃、謝玄之祀，其宣力義熙者，一仍本秩。』

又 卷一八《臧燾傳》 晉太元中，衛將軍謝安始立國學，徐、兗二州刺史謝玄舉燾爲助教。

又 卷二二《僧儉傳》 建元元年，改封南昌縣公。時都下舛雜，且多姦盜，上欲立符伍，家家以相檢括。儉諫曰：『京師翼翼，四方是湊，必也持符，於事既煩，理成不曠，謝安所謂「不爾何以爲京師」。』乃止。

宋·李昉等《太平廣記》卷二〇七《書二·謝安》 謝安字安石，學正於右軍。右軍云：『卿是解書者，然知『知』原作『之』，據明抄本改解書為難。』安石尤善行書，亦猶衛洗馬，風流名士，海内所瞻。王僧虔云：『謝安入能書品録也。』安石隸行草併入妙。兄尚字仁祖、萬石《法書要録》萬石作弟，萬字安石並工書。出《書斷》

《宋史》卷二九二《丁度傳》 時西疆未寧，二府三司，雖旬休不廢務。度言：『苻堅以百萬師寇晉，謝安命駕出遊以安人心。請給假如故，無使外夷窺朝廷淺深。』從之。

又 卷三〇二《王臻傳》 時發運司建議浚淮南漕渠，廢諸堰，臻言：『揚州召伯堰，實謝安為之，人思其功，以比召伯，不可廢也。浚渠亦無所益。』

又 卷三五九《李綱傳下》 紹興四年冬，金人及偽齊來攻，綱具防禦三策，謂：『【略】昔苻堅以百萬衆侵晉，而謝安以偏師破之。使朝廷措置得宜，將士用命，安知北敵不授首於我？顧一時機會所以應之者如何耳。』

又 卷三八二《李彌大傳》 （建炎元年）呂頤浩視師，以彌大為參謀官。彌大奏：『王導、謝安為都督，未嘗離朝廷，今邊圉幸無他，頤浩不宜輕動。』

清·湯球輯《續晉陽秋》卷二《穆帝》 桓温以謝安為征西司馬。初，安家於會稽上虞縣，右游山林。六七年間徵召不至。雖彈奏相屬，繼以禁錮，而晏然不屑也。初，安優遊山水，以敷文析理自娛。桓温在西藩欽其盛名，諷朝廷請為司馬。以世道未夷，志存匡濟，年四十起家應務也。安不存小察，務盡弘長之風。

又 《孝武帝》 （詔謝安總中書）謝安初攜幼稚同好，養志海濱，襟情超暢，尤好聲律。然抑之以禮，在哀能制，弟萬之喪，不聽絲竹者將十年。及輔政，而修室第園館，麗車服，雖期功之慘，不廢妓樂，王坦之苦諫焉。檀道鸞《續晉陽秋》、《世說賞鑑第八》注。

八月，苻堅大舉入寇。遣謝石、謝玄、桓伊等距之。十一月，大破秦兵於肥水。初，苻堅南寇，京師大震。謝玄入問討禦之方，謝安夷然無懼色。方命駕出墅，與兄子玄圍棋，夜還腦處分，少曰皆班。玄等既破賊，有驛書至，安方對客圍棋，看看書既畢，攝放床上，了無喜色原注：一作容，還棋如故。客問之，安徐答云：『小兒輩遂已破賊。』客罷還。內過户限，安心喜甚，不覺屐屐齒之折。其矯情鎮物，高量如此也。檀道鸞《續晉陽秋》、《御覽》、《世說》注四。

（謝安薨。）安弘雅有氣，風神調暢也。檀道鸞《續晉陽秋》、《世說賞譽第八》注。

劉裕分部

傳記

《宋書》卷一《武帝紀上》 高祖武皇帝諱裕，字德輿，小名寄奴，彭城縣綏輿里人，漢高帝弟楚元王交之後也。交生紅懿侯富，富生宗正辟强，辟强生陽城繆侯德，德生陽城節侯安民，安民生陽城釐侯慶忌，慶忌生陽城肅侯岑，岑生宗正平，平生東武城令某，某生東萊太守景，景生明經洽，洽生博士弘，弘生琅邪都尉悝，悝生魏定襄太守某，某生邪城令亮，亮生晉北平太守膺，膺生相國掾熙，熙生開封令旭孫，旭孫生混，始過江，居晉陵郡丹徒縣之京口里，官至武原令。混生東安太守靖，靖生郡功曹翹，是為皇考。高祖以晉哀帝興寧元年歲次癸亥三月壬寅夜生。及長，身長七尺六寸，風骨奇特。家貧，有大志，不治廉隅。事繼母以孝謹稱。

初為冠軍孫無終司馬。安帝隆安三年十一月，妖賊孫恩作亂於會稽，晉朝衛將軍謝琰、前將軍劉牢之東討。牢之請高祖參府軍事。十二月，牢之至吳，而賊緣道屯結，牢之命高祖與數十人，覘賊遠近。會遇賊至，衆數千人，高祖便進與戰。所將人多死，而戰意方厲，手奮長刀，所殺傷甚衆。牢之子敬宣疑高祖淹久，恐為賊所困，乃輕騎尋之。既而衆騎並至，賊乃奔退，斬獲千餘人，推鋒而進，平山陰，恩遁還入海。四年五月，恩復入會稽，殺衛將軍謝琰。十一月，劉牢之復率衆東征，恩退走。牢之屯

上虞，使高祖戍句章城。句章城既卑小，戰士不盈數百人。高祖常被堅執銳，為士卒先，每戰輒摧鋒陷陣，賊乃退還浹口。於時東伐諸帥，御軍無律，士卒暴掠，甚為百姓所苦。唯高祖法令明整，所至莫不親賴焉。

五年春，孫恩頻攻句章，高祖屢摧破之，恩復走入海。三月，恩北出海鹽，高祖追而翼之，築城於海鹽故治。賊日來攻城，城內兵力甚弱，高祖乃選敢死之士數百人，咸脫甲冑，執短兵，並鼓噪而出。賊震懼奪氣，因其懼而奔之，並棄甲散走，斬其大帥姚盛。雖連戰克勝，然衆寡不敵，高祖獨深慮之。一夜，偃旗匿衆，若已遁者。明晨開門，使羸疾數人登城。賊遙問劉諱所在，曰：『夜已走矣。』賊信之，乃率衆大上。高祖乘其懈怠，奮擊，大破之。恩知城不可下，乃進向滬瀆。高祖復棄城追之。海鹽令鮑陋遣子嗣之以吳兵一千，請為前驅。高祖曰：『賊兵甚精，吳人不習戰。若前驅失利，必敗我軍，可在後為聲援。』不從。是夜，高祖多設伏兵，兼置旗鼓，然一處不過數人。明日，賊率衆萬餘迎戰。前驅既交，諸伏皆出，舉旗鳴鼓。賊謂四面有軍，乃退。嗣之追奔，為賊所沒。高祖且戰且退，賊盛，所領死傷且盡。高祖慮不免，至向伏兵處，乃止，令左右脫取死人衣。賊謂當走反停，疑猶有伏。高祖因呼更戰，氣色甚猛，賊衆以為然，乃引軍去。高祖徐歸，然後散兵稍集。五月，孫恩破滬瀆，殺吳國內史袁山松，死者四千人。是月，高祖復破賊於婁縣。六月，恩乘勝浮海，奄至丹徒，戰士十餘萬。劉牢之猶屯山陰，京邑震動。高祖倍道兼行，與賊俱至。於時衆力既寡，加以步遠疲勞，而丹徒守軍莫有鬬志。恩率衆數萬，鼓噪登蒜山，居民皆荷擔而立。高祖率所領奔擊，大破之，投巘赴水死者甚衆。恩以彭排自載，僅得還船。雖被摧破，猶恃其衆力，徑向京師。樓船高大，值風不得進，旬日乃至白石。尋知劉牢之已還，朝廷有備，遂走向郁洲。八月，以高祖為建武將軍、下邳太守，領水軍追恩至郁洲，復大破恩，恩南走。十一月，高祖追恩於滬瀆，及海鹽，又破之。三戰，並大獲，俘馘以萬數。恩自是饑饉疾疫，死者太半，自浹口奔臨海。

元興元年正月，驃騎將軍司馬元顯西伐荆州刺史桓玄，玄亦率荆楚大衆，下討元顯。元顯遣鎮北將軍劉牢之拒之，高祖參其軍事，次溧洲。玄至，高祖請擊之，不許，將遣子敬宣詣玄請和。高祖與牢之甥東海何無忌並固請，不從。遂遣敬宣詣玄，玄克京邑，殺元顯，以牢之為會稽內史。懼而告高祖曰：『便奪我兵，禍其至矣。今當北就高雅於廣陵舉事，卿能從我去乎？』答曰：『將軍以勁卒數萬，望風降服。彼新得志，威震天下。三軍人情，都已去矣，廣陵豈可得至邪！諱當反復還京口耳。』牢之叛走，自縊死。何無忌謂高祖曰：『我將何之？』高祖曰：『鎮北去必不免，卿可隨我還京口。桓玄必能守節北面，我當與卿事之。不然，與卿圖之。今方是玄矯情任算之日，必將用我輩也。』桓玄從兄修以撫軍鎮丹徒，以高祖為中兵參軍，軍、郡如故。

孫恩自奔敗之後，徒旅漸散，懼生見獲，乃於臨海投水死。餘衆推恩妹夫盧循為主。桓玄欲且緝寧東土，以循為永嘉太守。循雖受命，而寇暴不已。五月，玄復遣高祖東征。時循自臨海入東陽。二年正月，玄復遣高祖破循於東陽。循奔永嘉，復追破之，斬其大帥張士道，追討至於晉安，循浮海南走。六月，加高祖彭城內史。

桓玄為楚王，將謀篡盜。玄從兄衛將軍謙屏人問高祖曰：『楚王勳德隆重，四海歸懷。朝廷之情，咸謂宜有揖讓，卿意以為何如？』高祖既志欲圖玄，乃遜辭答曰：『楚王，宣武之子，勳德蓋世。晉室微弱，民望久移，乘運禪代，有何不可！』謙喜曰：『卿謂可爾，便當是真可爾。』十二月，桓玄篡帝位，遷天子於尋陽。桓修入朝，高祖從至京邑。玄見高祖，謂司徒王謐曰：『昨見劉諱，風骨不恒，蓋人傑也。』每遊集，輒引接殷勤，贈賜甚厚。高祖愈惡之。或說玄曰：『劉諱龍行虎步，視瞻不凡，恐不為人下，宜蚤為其所。』玄曰：『我方欲平蕩中原，非劉諱莫可付以大事。關隴平定，然後當別議之耳。』玄乃下詔曰：『劉諱以寡制衆，屢摧妖鋒，泛海窮追，十殄其八。諸將力戰，多被重創。自元帥以下至於將士，並宜論賞，以敍勳烈。』

先是，高祖東征盧循，何無忌隨至山陰，勸於會稽舉義。高祖以為玄未據極位，且會稽遙遠，事濟為難，俟其篡逆事著，徐於京口圖之，不憂不克。至是桓修還京，高祖托以金創疾動，不堪步從，乃與無忌同船共還，建興復之計。於是與弟道規、沛郡劉毅、平昌孟昶、任城魏詠之、高平檀憑之、琅邪諸葛長民、太原王元德、隴西辛扈興、東莞童厚之，並同義謀。時桓修弟弘為征虜將軍、青州刺史，鎮廣陵。道規為弘中兵參軍，

袒為州主簿。乃令毅潛往就袒，聚徒於江北，謀起兵殺弘。長民為豫州刺史刁逵左軍府參軍，謀據歷陽相應。元德、厚之謀於京邑，聚衆攻玄，並剋期齊發。

三年二月己丑朔，乙卯，高祖托以遊獵，與無忌等收集義徒，凡同謀何無忌、魏詠之、詠之弟欣之、順之、檀憑之、憑之從子韶、弟祗、隆與叔道濟、道濟從兄範之、高祖弟道憐、劉毅、毅從弟藩、孟袒、袒族弟懷玉、河内向彌、管義之、陳留周安穆、臨淮劉蔚、從弟珪之、東莞臧熹、從弟寶符、從子穆生、童茂宗、陳郡周道民、漁陽田演、譙國範清等二十七人；願從者百餘人。丙辰，詰旦，城開，無忌服傳詔服，稱詔居前。義衆馳入，齊聲大呼，吏士驚散，莫敢動，即斬修以徇。高祖哭甚慟，厚加殯斂。孟袒勸弘其日出獵。未明開門，出獵人，袒、道規、毅等率壯士五六十人因開門直入。弘方啖粥，即斬之，因收衆濟江。義軍初克京城，修司馬刁弘率文武佐吏來赴。高祖登城謂之曰：『郭江州已奉乘輿反正於尋陽，我等並被密詔，誅除逆黨，同會今日。賊玄之首，已當梟於大航矣。諸君非大晉之臣乎，今來欲何為？』弘等信之，收衆而退。毅既至，高祖命誅弘。

毅兄邁先在京師，事未發數日，高祖遣同謀周安穆報之，使為內應。邁外雖酬許，内甚震懼。安穆見其惶駭，慮事必泄，乃馳歸。時玄以邁為竟陵太守，邁不知所為，便下船欲之郡。是夜，玄與邁書曰：『北府人情云何？卿近見劉諱何所道？』邁謂玄已知其謀，晨起白之。玄驚懼，封邁為重安侯，既而嫌邁不執安穆，使得逃去，乃殺之。誅元德、扈興、厚之等。召桓謙、卞範之等謀拒高祖。謙等曰：『亟遣兵擊之。』玄曰：『不然。彼兵速鋭，計出萬死。若行遣水軍，不足相抗；如有蹉跌，則彼氣成而吾事敗矣！不如屯大衆於覆舟山以待之。彼空行二百里，無所措手，鋭氣已挫，既至，忽見大軍，必驚懼駭愕。我案兵堅陣，勿與交鋒。彼求戰不得，自然散走。此計之上也。』謙等固請，乃遣頓丘太守吳甫之、右衛將軍皇甫敷北拒義軍。玄自聞軍起，憂懼無復為計。或曰：『劉諱等衆力甚弱，豈辦之有成，陛下何慮之甚！』玄曰：『劉諱足為一世之雄，劉毅家無擔石之儲，摴蒲一擲百萬；何無忌，劉牢之甥，酷似其舅。共舉大事，何謂無成。』

衆推高祖為盟主，移檄京邑，曰：

夫治亂相因，理不常泰，狡焉肆虐，或值聖明。自我大晉，陽九屢構。隆安以來，難結皇室。忠臣碎於虎口，貞良弊於豺狼。逆臣桓玄，陵虐人鬼，阻兵荆郢，肆暴都邑。天未亡難，凶力繁興，逾年之間，遂傾皇祚。主上播越，流幸非所；神器沉淪，七廟毁墜。夏后之罹浞、豷，有漢之遭莽、卓，方之於玄，未足為喻。自玄篡逆，於今歷年，亢旱彌時，民無生氣。加以士庶疲於轉輸，文武困於造築，父子乖離，室家分散，豈唯《大東》有杼軸之悲，《摽梅》有傾筐之怨而已哉！仰觀天文，俯察人事，此而能久，孰有可亡！凡在有心，誰不扼腕。諱等所以叩心泣血，不遑啓處者也。是故夕寐宵興，援奬忠烈，潛構崎嶇，險過履虎。輔國將軍劉毅、廣武將軍何無忌、鎮北主簿孟袒、兖州主簿魏詠之、寧遠將軍劉道規、龍驤將軍劉藩、振威將軍檀憑之等，忠烈斷金，精貫白日，荷戈奮袂，志在畢命。益州刺史毛璩，萬里齊契，掃定荆楚。江州刺史郭袒之，奉迎主上，宫於尋陽。鎮北參軍王元德等，並率部曲，保據石頭。揚武將軍諸葛長民，收集義士，已據歷陽。征虜參軍庾賾之等，潛相連結，以為內應。同力協規，所在蜂起，即日斬偽徐州刺史安城王修、青州刺史弘首。義衆既集，文武爭先，咸謂不有一統，則事無以輯。諱辭不獲已，遂總軍要。庶上憑祖宗之靈，下罄義夫之力，翦馘逋逆，蕩清京輦。公侯諸君，或世樹忠貞，或身荷爵寵，而並俯眉猾豎，自效莫由，顧瞻周道，寧不吊乎！今日之舉，良其會也。諱以虛薄，才非古人，接勢於已替之機，受任於既頽之運。丹誠未宣，感慨憤躍，望霄漢以永懷，眄山川以增厲。授檄之日，神馳賊廷。

以孟袒為長史，總攝後事；檀憑之為司馬。百姓願從者千餘人。三月戊午朔，遇吳甫之於江乘。甫之，玄驍將也，其兵甚鋭。高祖躬執長刀，大呼以沖之，衆皆披靡，即斬甫之。進至羅落橋，皇甫敷率數千人逆戰。寧遠將軍檀憑之與高祖各御一隊，憑之戰敗見殺，其衆退散。高祖進戰彌厲，前後奮擊，應時摧破，即斬敷首。初，高祖與何無忌等共建大謀，有善相者相高祖及無忌等並當大貴，其應甚近，惟云憑之無相。高祖與無忌密相謂曰：『吾等既為同舟，理無偏異。吾徒咸皆富貴，則檀不應獨殊。』深不解相者之言。至是而憑之戰死，高祖知其事必捷。

玄聞敷等並没，愈懼，使桓謙屯東陵口，卞範之屯覆舟山西，衆合二萬。己未旦，義軍食畢，棄其餘糧，進至覆舟山東，使丐士張旗幟於山上，以為疑兵；玄又遣武騎將軍庾祎之，配以精卒利器，助謙等。高祖躬先士卒以奔之，將士皆殊死戰，無不一當百，呼聲動天地。時東北風急，因命縱火，煙焰張天，鼓噪之音震京邑。謙等諸軍，一時土崩。玄始雖遣軍置陣，而走意已決，別使領軍將軍殷仲文具舟於石頭，仍將子侄浮江南走。庚申，高祖鎮石頭城，立留臺，總百官，焚桓温神主於宣陽門外，造晉新主，立於太廟。遣諸將帥追玄，尚書王嘏率百官奉迎乘輿。司徒王謐與衆議推高祖領揚州，固辭。乃以謐為録尚書事，領揚州刺史。於是推高祖為使持節、都督揚徐兖豫青冀幽並八州諸軍事、領軍將軍、徐州刺史。

先是，朝廷承晉氏亂政，百司縱弛，桓玄雖欲釐整，而衆莫從之。高祖以身範物，先以威禁內外，百官皆肅然奉職。二三日間，風俗頓改。且桓玄雖以雄豪見推，而一朝便有極位，晉氏四方牧守及在朝大臣，盡心伏事，臣主之分定矣。高祖位微於朝，衆無一旅，奮臂草萊之中，倡大義以復皇祚。由是王謐等諸人時衆民望，莫不愧而憚焉。

諸葛長民失期不得發，刁逵執送之，未至而玄敗。玄經尋陽，江州刺史郭昶之備乘輿法物資之。玄收略得二千餘人，挾天子走江陵。冠軍將軍劉毅、輔國將軍何無忌、振武將軍劉道規率諸軍追討。尚書左僕射王愉、愉子荆州刺史綏等，江左冠族。綏少有重名，以高祖起自布衣，甚相凌忽。綏，桓氏甥，亦有自疑之志。高祖悉誅之。四月，奉武陵王遵為大將軍，承制，大赦天下，唯桓玄一祖後不在赦例。

初，高祖家貧，嘗負刁逵社錢三萬，經時無以還。逵執録甚嚴，王謐造逵見之，密以錢代還，由是得釋。高祖名微位薄，盛流皆不與相知，唯謐交焉。桓玄將篡，謐手解安帝璽紱，為玄佐命功臣。及義旗建，衆並謂謐宜誅，唯高祖保持之。劉毅嘗因朝會，問謐璽紱所在，謐益懼。及王愉父子誅，謐從弟諶謂謐曰：『王駒無罪，而義旗誅之，此是剪除勝己，以絶民望。兄既桓氏黨附，名位如此，欲求免得乎？』駒，愉小字也。謐懼，奔於曲阿。高祖箋白大將軍，深相保謐，迎還復位。光禄勳丁承之、左衛將軍褚粲、遊擊將軍司馬秀役使官人，為御史中丞王禎之所糾察，謝箋言辭怨忿。承之造司宜藏。高祖與大將軍箋，白『粲等備位大臣，所懷必盡，執憲不允，自應據理陳訴，而橫興怨忿，歸咎有司，宜加裁當，以清風軌』。並免官。

桓玄兄子韶，聚衆向歷陽，高祖命輔國將軍諸葛長民擊走之。無忌、道規破玄大將郭銓等於桑落洲，衆軍進據尋陽。加高祖督江州諸軍事。玄既還荆郢，大聚兵衆，召水軍造樓船、器械，率衆二萬，挾天子發江陵，浮江東下，與冠軍將軍劉毅等相遇於崢嶸洲，衆軍下擊，大破之。玄棄衆，復挾天子還復江陵。玄黨殷仲文奉晉二皇后還京師。玄至江陵，因西走。南郡太守王騰之、荆州別駕王康產奉天子入南郡府。初，征虜將軍、益州刺史毛璩，遣從孫祐之與參軍費恬送弟喪下，有衆二百。璩弟子修之時為玄屯騎校尉，誘玄以入蜀。至枚回洲，恬與祐之迎射之。益州督護馮遷斬玄首，傳京師，又斬玄子升於江陵市。

初，玄敗於崢嶸洲，義軍以為大事已定，追躡不速。玄死幾一旬，衆軍猶不至。玄從子振逃於華容之涌中，招聚逆黨數千人，晨襲江陵城，居民競出赴之。騰之、康產皆被殺。桓謙先匿於沮川，亦聚衆以應。振為玄舉哀，立喪廷。謙率衆官奉璽綬於安帝。無忌、道規既至江陵，與桓振戰於靈溪。玄黨馮該又設伏於楊林，義軍奔敗，退還尋陽。兖州刺史辛禺懷貳。會北青州刺史劉該反，禺求征該，次淮陰，又反。禺長史羊穆之斬禺，傳首京師。十月，高祖領青州刺史。甲仗百人入殿。

劉毅諸軍復進至夏口。毅攻魯城，道規攻偃月壘，皆拔之。十二月，諸軍進平巴陵。義熙元年正月，毅等至江津，破桓謙、桓振，江陵平。天子反正。三月，天子至自江陵。詔曰：

古稱大者天地，其次君臣，所以列貫三辰，神人代序，諒理本於造昧，而運周於萬葉。故盈否時襲，四靈通其變；王道或昧，貞賢拯其危。天命所以永固，人心所以攸穆。雖夏、周中傾，賴靡、申之績，莽、倫載竊，實二代是維，或乘資藉號，或業隆異世，猶詩書以之休詠，記策用為美談。未有因心撫民，而誠發理應，援神器於已淪，若在今之盛者也。朕以寡昧，遭家不造，越自遘閔，屬當屯極。逆臣桓玄，乘釁縱慝，窮凶恣虐，滔天猾夏。遂誣罔人神，肆其篡亂。祖宗之基既湮，七廟之饗胥殄，若墜淵谷，未足斯譬。

皇度有晉，天縱英哲，使持節、都督揚徐兖豫青冀幽並江九州諸軍事、鎮軍將軍、徐青二州刺史，忠誠天亮，神武命世，用能貞明協契，義夫響臻。故順聲一唱，二溟卷波；英風振路，宸居清翳。暨冠軍將軍毅、輔國將軍無忌、振武將軍道規，舟旗遄邁，而元兇傳首；回戈疊揮，則荆、漢霧廓。俾宣、元之祚，永固於嵩、岱；傾基重造，再集於朕躬。宗廟歆七百之祜，皇基融載新之命。念功惟德，永言銘懷。固已道冠開闢，獨絶終古，書契以來，未之前聞矣。雖則功高靡尚，理至難文，而崇庸命德，哲王攸先者，將以弘道制治，深關盛衰。故伊、望膺殊命之錫，桓、文饗備物之禮，況宏征不世，顧邈百代者，宜極名器之隆，以光大國之盛。而鎮軍謙虚自衷，誠旨屢顯。朕重逆仲父，乃所以愈彰德美也。鎮軍可進位侍中、車騎將軍、都督中外諸軍事，使持節、徐青二州刺史如故。顯祚大邦，啓茲疆宇。

高祖固讓，加録尚書事，又不受，屢請歸藩。天子不許，遣百僚敦勸，又親幸公第。高祖惶懼，詣闕陳請，天子不能奪。是月，旋鎮丹徒。天子重遣大使敦勸，又不受。乃改授都督荆、司、梁、益、寧、雍、涼七州，并前十六州諸軍事，本官如故。於是受命解青州，加領兖州刺史。

盧循浮海破廣州，獲刺史吳隱之。即以循為廣州刺史，以其同黨徐道覆為始興相。二年三月，督交、廣二州。十月，高祖上言曰：『昔天禍皇室，巨狡縱篡，臣等義惟舊隸，豫蒙國恩，仰契信順之符，俯厲人臣之憤，雖社稷之靈，抑亦事由衆濟。其翼獎忠勤之佐，文武畢力之士，敷執在己之謙，用虧國體之大，輒申攝衆軍先上，同謀起義，始平京口、廣陵二城。臣及撫軍將軍毅等二百七十二人，並後赴義出都，緣道大戰，所餘一千五百六十六人。又輔國將軍長民、故給事中王元德等十人，各一千八百四十八人，乞正封賞。其西征衆軍，須論集續上。』於是尚書奏封唱義謀主鎮軍將軍諱豫章郡公，食邑萬户，賜絹三萬匹。其餘封賞各有差。鎮軍府佐史，降故太傅謝安府一等。十一月，天子重申前令，加高祖侍中，進號車騎將軍、開府儀同三司。固讓。詔遣百僚敦勸。三年二月，高祖還京師，將詣廷尉；天子先詔獄官不得受，詣闕陳讓，乃見聽。旋於丹徒。

閏月，府將駱冰謀作亂，將被執，單騎走，追斬之。誅冰父永嘉太守球。球本東陽郡史，孫恩之亂，起義於長山，故見擢用。初，桓玄之敗，以桓沖忠貞，署其孫胤。至是冰謀以胤為主，與東陽太守殷仲文潛相連結。乃誅仲文及仲文二弟。凡桓玄餘黨，至是皆誅夷。

天子遣兼太常葛籍授公策曰：『有扈滔天，夷羿乘釁，亂節幹紀，實撓皇極。賊臣桓玄，怙寵肆逆，乃摧傾華、霍，倒拔嵩、岱，五嶽既夷，六地易所。公命世英縱，藏器待時，因心資敬，誓雪國耻。慨憤陵夷，誠發宵寐。既而歲月屢遷，神器已遠，忠孝幽寄，實貫三靈。爾乃介石勝機，宣契畢舉，訴蒼天以為正，揮義旅而一驅；奔鋒數百，勢烈激電，百萬不能抗限，制路日直植城。遂使沖鯨潰流，暴鱗奔漢，廟勝遠加，重氛載滌，二儀廓清，三光反照，事遂永代，功高開闢，理微稱謂，義感朕心。若夫道為身濟，猶靡厥爵，況乃誠德俱深，勳冠天人者乎！是用建茲邦國，永祚山河，言念載懷，匪云足報。往欽哉！俾屏餘一人，長弼皇晉，流風垂祚，暉烈無窮。其降承嘉策，對揚朕命。』十二月，司徒、録尚書、揚州刺史王謐薨。

四年正月，征公入輔，授侍中、車騎將軍、開府儀同三司、揚州刺史、録尚書、徐兖二州刺史如故。表解兖州。先是，遣冠軍劉敬宣伐蜀賊譙縱，無功而返。九月，以敬宣挫退，遜位，不許。乃降為中軍將軍，開府如故。

初，偽燕王鮮卑慕容德僭號於青州，德死，兄子超襲位，前後數為邊患。五年二月，大掠淮北，執陽平太守劉千載、濟南太守趙元，驅略千餘家。三月，公抗表北討，以丹陽尹孟昶監中軍留府事。四月，舟師發京都，溯淮入泗。五月，至下邳，留船艦輜重，步軍進琅邪；所過皆築城留守。鮮卑梁父、莒城二戍並奔走。慕容超聞王師將至，其大將公孫五樓說超：『宜斷據大峴，刈除粟苗，堅壁清野以待之。彼僑軍無資，求戰不得，旬月之間，折棰以笞之耳。』超不從，曰：『彼遠來疲勞，勢不能久；但當引令過峴，我以鐵騎踐之，不憂不破也。豈有預芟苗稼，先自蹙弱邪！』初，公將行，議者以為賊聞大軍遠出，必不敢戰。若不斷大峴，當堅守廣固，刈粟清野，以絶三軍之資，非唯難以有功，將不能自反。公曰：『我揣之熟矣。鮮卑貪，不及遠計，進利克獲，退惜粟苗。謂我孤軍遠入，不能持久，不過進據臨朐，退守廣固。我一得入峴，則人無退心，驅必死之衆，向懷貳之虜，何憂不克！彼不能清野固守，為諸君

保之。』公既入峴，舉手指天曰：『吾事濟矣！』

六月，慕容超遣五樓及廣寧王賀賴盧先據臨朐城。既聞大軍至，留羸老守廣固，乃悉出。臨朐有巨蔑水，去城四十里，超告五樓曰：『急往據之，晉軍得水，則難擊也。』五樓馳進。龍驤將軍孟龍符領騎居前，奔往爭之，五樓乃退。衆軍步進，有車四千兩，分車為兩翼，方軌徐行，車悉張幔，御者執槊，又以輕騎為遊軍。軍令嚴肅，行伍齊整。未及臨朐數里，賊鐵騎萬餘，前後交至。公命兗州刺史劉藩、弟并州刺史道憐、諮議參軍劉敬宣、陶延壽、參軍劉懷玉、慎仲道、索邈等，齊力擊之。日向昃，公遣諮議參軍檀韶直趨臨朐。韶率建威將軍向彌、參軍胡藩馳往，既日陷城，斬其牙旗，悉虜超輜重。超聞臨朐已拔，引衆走。公親鼓之，賊乃大破。超遁還廣固。獲超馬、偽輦、玉璽、豹尾等，送於京師；斬其大將段暉等十餘人，其餘斬獲千計。明日，大軍進廣固，既屠大城。超退保小城。於是設長圍守之，圍高三丈，外穿三重塹。停江、淮轉輸，館穀於齊土。撫納降附，華戎歡悅；援才授爵，因而任之。七月，詔加公北青、冀二州刺史。超大將垣遵、遵弟苗並率衆歸順。公方治攻具，城上人曰：『汝不得張綱，何能為也。』綱者，超偽尚書郎，其人有巧思。會超遣綱稱藩於姚興，乞師請救。興偽許之，而實憚公，不敢遣。綱從長安還，泰山太守申宣執送之。乃升綱於樓上，以示城內，城內莫不失色。於是使綱大治攻具。超求救不獲，綱反見虜，轉憂懼，乃請稱藩，求割大峴為界，獻馬千匹。不聽，圍之轉急。河北居民荷戈負糧至者，日以千數。

録事參軍劉穆之，有經略才具，公以為謀主，動止必諮焉。時姚興遣使告公云：『慕容見與鄰好，又以窮告急，今當遣鐵騎十萬，徑據洛陽。晉軍若不退者，便當遣鐵騎長驅而進。』公呼興使答曰：『語汝姚興，我定燕之後，息甲三年，當平關、洛。今能自送，便可速來！』穆之聞有羌使，馳入，而公發遣已去。以興所言並答，具語穆之。穆之尤公曰：『常日事無大小，必賜與謀之。此宜善詳之，云何卒爾便答？公所答興言，未能威敵，正足怒彼耳。若燕未可拔，羌救奄至，不審何以待之？』公笑曰：『此是兵機，非卿所解，故不語耳。夫兵貴神速，彼若審能遣救，必畏我知，寧容先遣信命。此是其見我伐燕，內已懷懼，自張之辭耳。』九月，進公太尉、中書監，固讓。偽徐州刺史段宏先奔索虜，十月，自河北歸順。

張綱治攻具成，設諸奇巧，飛樓木幔之屬，莫不畢備。城上火石弓矢，無所用之。六年二月丁亥，屠廣固。超踰城走，征虜賊曹喬胥獲之，殺其亡命以下，納口萬餘，馬二千匹。送超京師，斬於建康市。

公之北伐也，徐道覆仍有窺窬之志，勸盧循乘虛而出，循不從。道覆乃至番禺說循曰：『本住嶺外，豈以理極於此，正以劉公難與為敵故也。今方頓兵堅城之下，未有旋日。以此思歸死士，掩襲何、劉之徒，如反掌耳。不乘此機而保一日之安，若平齊之後，小息甲養衆，不過一二年間，必璽書征君。若劉公自率衆至豫章，遣銳師過嶺，雖復將軍神武，恐必不能當也。今日之機，萬不可失。既克都邑，傾其根本。劉公雖還，無能為也。』循從之，乃率衆過嶺。是月，寇南康、廬陵、豫章，諸郡守皆委任奔走。於時平齊問未至，既馳使征公。公之初克齊也，欲停鎮下邳，清蕩河、洛，既而被征使至，即日班師。

鎮南將軍何無忌與徐道覆戰於豫章，敗績，無忌被害，內外震駭。朝廷欲奉乘輿北走就公，尋知賊定未至，人情小安。公至下邳，以船運輜重，自率精銳步歸。至山陽，聞無忌被害，則慮京邑失守，乃卷甲兼行，與數十人至淮上，問行旅以朝廷消息。人曰：『賊尚未至，劉公若還，便無所憂也。』公大喜，單船過江，徑至京口，衆乃大安。四月癸未，公至京師，解嚴息甲。

撫軍將軍劉毅抗表南征，公與毅書曰：『吾往習擊妖賊，曉其變態，新獲姦利，其鋒不可輕。宜須裝嚴畢，與弟同舉。』又遣毅從弟藩往止之。毅不從，舟師二萬，發自姑孰。循之初下也，使道覆向尋陽，自寇湘中諸郡。荊州刺史道規遣軍至長沙，為循所敗。徑至巴陵，將向江陵。道覆聞毅上，馳使報循曰：『毅兵衆甚盛，成敗事係之於此，宜並力摧之。若此克捷，天下無復事矣。根本既定，不憂上面不平也。』循即日發巴陵，與道覆連旗而下。別有八艚艦九枚，起四層，高十二丈。公以南藩覆沒，表送章綬，詔不聽。五月，劉毅敗績於桑落洲，棄船步走，餘衆不得去者，皆為賊所擒。初，循至尋陽，聞公已還，不信也。既破毅，乃審凱入之問，並相視失色。循欲退還尋陽，進平江陵，據二州以抗朝廷。道覆謂宜乘勝徑進，固爭之。疑議多日，乃見從。

毅敗問至，內外洶擾。於時北師始還，多創痍疾病。京師戰士，不盈數千。賊既破江、豫二鎮，戰士十餘萬，舟車百里不絕。奔敗還者，並聲其雄盛。孟昶、諸葛長民懼寇漸逼，欲擁天子過江，公不聽，昶固請不止。公曰：『今重鎮外傾，强寇內逼，人情危駭，莫有固志。若一旦遷動，便自瓦解土崩，江北亦豈可得至！設令得至，不過延日月耳。今兵士雖少，自足以一戰。若其克濟，則臣主同休；苟厄運必至，我當以死衛社稷，橫屍廟門，遂其由來以身許國之志，不能遠竄於草間求活也。我既決矣，卿勿復言！』昶恐其不濟，乃為表曰：『臣諱北討，衆並不同，唯臣贊諱行計，致使强賊乘間，社稷危逼，臣之罪也。今謹引分以謝天下。』封表畢，乃仰藥而死。

於是大開賞募，投身赴義者，一同登京城之科。發居民治石頭城，建牙戒嚴。時議者謂宜分兵守諸津要。公以為：『賊衆我寡，若分兵屯，則人測虛實。且一處失利，則沮三軍之心。今聚衆石頭，隨宜應赴，既令賊無以測多少，又於衆力不分。若徒旅轉集，徐更論之耳。』移屯石頭，乃柵淮斷查浦。既而羣賊大至，公策之曰：『賊若於新亭直進，其鋒不可當，宜且迴避，勝負之事，未可量也；若回泊西岸，此成擒耳。』

道覆欲自新亭、白石焚舟而上。循多疑少決，每欲以萬全為慮，謂道覆曰：『大軍未至，孟昶便望風自裁，大勢言之，自當計日潰亂。今決勝負於一朝，既非必定之道，且殺傷士卒，不如按兵待之。』公於時登石頭城以望循軍，初見引向新亭，公顧左右失色；既而回泊蔡洲。道覆猶欲上，循禁之。自是衆軍轉集，修治越城，築查浦、藥園、廷尉三壘，皆守以實衆。冠軍將軍劉敬宣屯北郊，輔國將軍孟懷玉屯丹陽郡西，建武將軍王仲德屯越城，廣武將軍劉默屯建陽門外。使寧朔將軍索邈領鮮卑具裝虎班突騎千餘匹，皆被練五色，自淮北至於新亭。賊並聚觀，咸畏憚之；然猶冀京邑及三吳有應之者。遣十餘艦來拔石頭柵。公命神弩射之，發輒摧陷，循乃止，不復攻柵。設伏兵於南岸，使羸老悉乘舟艦向白石。公憂其從白石步上，乃率劉毅、諸葛長民北出拒之，留參軍徐赤特戍南岸，命堅守勿動。公既去，賊焚查浦步上，赤特軍戰敗，死沒有百餘人。赤特棄餘衆，單舸濟淮，賊遂率數萬屯丹陽郡。公率諸軍馳歸，衆憂賊過，咸謂公當徑還拒戰，公先分軍還石頭，衆莫之曉。解甲息士，洗浴飲食之，乃出列陳於南塘。以赤特違處分，斬之。命參軍諸葛叔度、朱齡石率勁勇士千餘人過淮。羣賊數千，皆長刀矛鋋，精甲曜日，奮躍爭進。齡石所領多鮮卑，善步槊，並結陳以待之。賊短兵弗能抗，死傷者數百人，乃退走。會日暮，衆亦歸。

劉毅之敗，豫州主簿袁興國反叛，據歷陽以應賊。琅邪內史魏順之遣將謝寶討斬之。興國司馬襲寶，順之不救而退，公怒斬之。順之，詠之之弟也。於是功臣震慴，莫敢不用命。六月，更授公太尉、中書監，加黃鉞。受黃鉞，餘固辭。以司馬庾悅為建威將軍、江州刺史，自東陽出豫章。七月庚申，羣賊自蔡洲南走，還屯尋陽。遣輔國將軍王仲德、廣川太守劉鍾、河間太守蒯恩追之。公還東府，大治水軍，皆大艦重樓，高者十餘丈。盧循遣其大將荀林寇江陵，桓謙先於江陵奔羌，又自羌入蜀，偽主譙縱以為荊州刺史。謙及譙道福率軍二萬，出寇江陵，適與林會，相去百餘里。荊州刺史道規斬謙於枝江，破林於江津，追至竹町，斬之。初，循之走也，公知其必寇江陵，登遣淮陵內史索邈領馬軍步道援荊州；又遣建威將軍孫季高率衆三千，自海道襲番禺。江州刺史庾悅至五畝嶠，賊遣千餘人據斷嶠道，悅前驅鄱陽太守虞丘進攻破之。公治兵大辦。十月，率兗州刺史劉藩、寧朔將軍檀韶等舟師南伐。以後將軍劉毅監太尉留守府，後事皆委焉。是月，徐道覆率衆三萬寇江陵。荊州刺史道規又大破之，斬首萬餘級，道覆走還盆口。初，公之遣索邈也，邈在道為賊所斷，道覆敗後方達。自循東下，江陵斷絕京邑之問，傳者皆云已沒。及邈至，方知循走。

循初自蔡洲南走，留其親黨範崇民五千人，高艦百餘，戍南陵。王仲德等聞大軍且至，乃進攻之。十一月，大破崇民軍，焚其舟艦，收其散卒。循廣州守兵，不以海道為防。是月，建威將軍孫季高乘海奄至，而城池峻整，兵猶數千。季高焚賊舟艦，悉力而上，四面攻之，即日屠其城。循父以輕舟奔始興。季高撫其舊民，戮其親黨，勒兵謹守。初，公之遣季高也，衆咸以海道艱遠，必至為難；且分撤見力，二三非要。公不從。敕季高曰：『大軍十二月之交，必破妖虜。卿今時當至廣州，傾其巢窟，令賊奔走之日，無所歸投。』季高受命而行，如期克捷。

循方治兵旅舟艦，設諸攻備。公欲御以長算，乃屯軍雷池。賊揚聲不

攻雷池，當乘流徑下。公知其欲戰，且慮賊戰敗，或於京江入海，遣王仲德以水艦二百於吉陽下斷之。十二月，循、道覆率衆數萬，方艦而下，前後相抗，莫見舳艫之際。公悉出輕利鬬艦，躬提幡鼓，命衆軍齊力擊之；又上步騎於西岸。右軍參軍庾樂生乘艦不進，斬而徇之，於是衆軍並踴騰爭先。軍中多萬鈞神弩，所至莫不摧陷。公中流蹙之，因風水之勢，賊艦悉泊西岸，上軍先備火具，乃投火焚之。煙焰張天，賊衆大敗，追奔至夜乃歸。循等還尋陽。初分遣步軍，莫不疑怪，及燒賊艦，衆乃悦服。召王仲德，請還為前驅，留輔國將軍孟懷玉守雷池。循聞有大軍上，欲走向豫章，乃悉力柵斷左里。大軍至左里，將戰，公所執麾竿折，折幡沈水，衆並怪懼。公歡笑曰：『往年覆舟之戰，幡竿亦折；今者復然，賊必破矣。』即攻柵而進。循兵雖殊死戰，弗能禁。諸軍乘勝奔之，循單舸走。所殺及投水死，凡萬餘人。納其降附，宥其逼略。遣劉藩、孟懷玉輕軍追之。循收散卒，尚有數千人，徑還廣州。道覆還保始興。公旋自左里，天子遣侍中、黄門勞師於行所。

又 卷二《武帝紀中》 七年正月己未，振旅於京師，改授大將軍、揚州牧，給班劍二十人，本官悉如故，固辭。凡南北征伐戰亡者，並列上賻贈。屍喪未反，遣主帥迎接，致還本土。二月，盧循至番禺，為孫季高所破，收餘衆南走。劉藩、孟懷玉斬徐道覆於始興。

晉自中興以來，治綱大弛，權門並兼，强弱相淩，百姓流離，不得保其産業。桓玄頗欲釐改，竟不能行。公既作輔，大示軌則，豪强肅然，遠近知禁。至是，會稽餘姚虞亮復藏匿亡命千餘人，公誅亮，免會稽内史司馬休之。

天子又申前命，公固辭。於是改授太尉、中書監，乃受命。奉送黄鉞，解冀州。交州刺史杜慧度斬盧循，傳首京師。先是，諸州郡所遣秀才、孝廉，多非其人，公表天子，申明舊制，依舊策試。

征西將軍、荆州刺史道規疾患求歸。八年四月，改授豫州刺史，以後將軍、豫州刺史劉毅代之。毅與公俱舉大義，興復晉室，自謂京城、廣陵，功業足以相抗。雖權事推公，而心不服也。毅既有雄才大志，厚自矜許，朝士素望者多歸之。與尚書僕射謝混、丹陽尹郗僧施並深相結。及西鎮江陵，豫州舊府，多割以自隨，請僧施為南蠻校尉。既知毅不能居下，

終為異端，密圖之。毅至西，稱疾篤，表求從弟兗州刺史藩以為副貳，偽許焉。九月，藩入朝，公命收藩及謝混，並於獄賜死。自表討毅，又假黄鉞，率諸軍西征。以前鎮軍將軍司馬休之為平西將軍、荆州刺史，兗州刺史道憐鎮丹徒，豫州刺史諸葛長民監太尉留府事，加太尉司馬，丹陽尹劉穆之建威將軍，配以實力。壬午，發自京師。遣參軍王鎮惡、龍驤將軍蒯恩前襲江陵。十月，鎮惡克江陵，毅及黨與皆伏誅。十一月己卯，公至江陵，下書曰：

夫去弊拯民，必存簡恕，舍網修綱，雖煩易理。江、荆凋殘，刑政多闕；頃年事故，綏撫未周。遂令百姓疲匱，歲月滋甚，財傷役困，慮不幸生。凋殘之餘，而不減舊，刻剥徵求，不循政道。宰蒞之司，或非良幹，未能菲躬儉，苟求盈給，積習生常，漸不知改。

近因戎役，來涉二州，踐境親民，愈見其瘼；思欲振其所急，恤其所苦。凡租税調役，悉宜以見户為正。州郡縣屯田池塞，諸非軍國所資，利人守宰者，今一切除之。州郡縣吏，皆依尚書定制實户置。臺調癸卯梓材，庚子皮毛，可悉停省，别量所出。巴陵均折度支，依舊兵運。原五歲刑已下，凡所質録賊家餘口，亦悉原放。

以荆州十郡為湘州，公乃進督，以西陽太守朱齡石為益州刺史，率衆伐蜀。進公太傅、揚州牧，加羽葆鼓吹，班劍二十人。

九年二月乙丑，公至自江陵。初，諸葛長民貪淫驕横，為士民所患苦。公以其同大義，優容之。劉毅既誅，長民謂所親曰：『昔年醢彭越，今年誅韓信，禍其至矣。』將謀作亂。公剋期至京邑，而每淹留不進，公卿以下頻日奉候於新亭，長民亦驟出。既而公輕舟密至，已還東府矣。長民到門，引前，卻人閑語，凡平生於長民所不盡者，皆與及之；長民甚説。已密命左右壯士丁旿等自幔後出，於坐拉焉。長民墜床，又於地毆之，死於床側。輿屍付廷尉；並誅其弟黎民。 午驍勇有氣力，時人為之語曰：『勿跋扈，付丁旿。』

先是，山湖川澤，皆為豪强所專，小民薪采漁釣，皆責税直，至是禁斷之。時民居未一，公表曰：

臣聞先王制治，九土攸序；分境畫疆，各安其居；在昔盛世，人無遷業，故井田之制，三代以隆。秦革斯政，漢遂不改；富强兼併，於是

為弊。然九服弗擾，所托成舊，在漢西京，大遷田、景之族，以實關中，即以三輔為鄉閭，不復係之於齊、楚。自永嘉播越，爰托淮、海，朝有匡復之算，民懷思本之心，經略之圖，日不暇給。是以寧民綏治，猶有未遑。及至大司馬桓温，以民無定本，傷治為深，庚戌土斷，以一其業。於時財阜國豐，實由於此。自茲迄今，彌歷年載，畫一之制，漸用頽弛。雜居流寓，閭伍弗修，王化所以未純，民瘼所以猶在。

臣荷重任，耻責實深，自非改調解張，無以濟治。夫人情滯常，難與慮始，所謂父母之邦以為桑梓者，誠以生焉終焉，敬愛所托耳。今所居累世，墳壟成行，敬恭之誠，豈不與事而至。請准庚戌土斷之科，庶子本所弘，稍與事著。然後率之以仁義，鼓之以威武，超大江而跨黄河，撫九州而復舊土，則戀本之志，乃速由於當年，在始暫勤，要終所以能易。伏惟陛下，垂矜萬民，憐其所失，永懷《鴻雁》之詩，思隆中興之業。既委臣以國重，期臣以寧濟，若所啓合允，請付外施行。

於是依界土斷，唯徐、兗、青三州居晉陵者，不在斷例。諸流寓郡縣，多被並省。以公領鎮西將軍、豫州刺史。公固讓太傅、州牧及班劍，奉還黄鉞。七月，朱齡石平蜀，斬僞蜀王譙縱，傳首京師。九月，封公次子義真為桂陽縣公，以賞平齊及定盧循也。天子重申前命，授公太傅、揚州牧，加羽葆、鼓吹、班劍二十人。將吏百餘敦勸，乃受羽葆、鼓吹、班劍，餘固辭。十年，息民簡役。築東府，起府舍。

平西將軍、荆州刺史司馬休之，宗室之重，又得江漢人心，公疑其有異志。而休之兄子譙王文思在京師，招集輕俠，公執文思送還休之，令自為其所。休之表廢文思，並與公書陳謝。十一年正月，公收休之子文寶、兄子文祖，並於獄賜死。率衆軍西討，復加黄鉞，領荆州刺史。辛巳，發京師，以中軍將軍道憐監留府事。休之上表自陳曰：

臣聞運不常一，治亂代有，陽九既謝，圮終則泰。昔篡臣肆逆，皇綱絶紐。十世未改，鼎祚再隆。太尉臣諱威武明斷，首建義旗，除蕩元兇，皇居反正。布衣匹夫，匡復社稷，南剿盧循，北定廣固，千載以來，功無與等。由是四海歸美，朝野推崇。既位窮臺牧，權傾人主，不能以道處功，恃寵驕溢。自以酬賞既極，便情在無上，刑戮逆濫，政用暴苛。問鼎之迹日彰，人臣之禮頓缺。陛下四時膳御，觸事縣空，宮省供奉，十不一在。皇后寢疾之際，湯藥不周；手與家書，多所求告。皆是朝士共所聞見，莫不傷懷憤歎，口不敢言。前揚州刺史元顯第五息法興，桓玄之釁，逃遠於外，王路既開，始得歸本。太傅之胤，絶而復興，凡在有懷，誰不感慶。諱吞噬之心，不避輕重，以法興聰敏明慧，必為民望所歸；芳蘭既茂，內懷憎惡，乃妄扇異言，無罪即戮。大司馬臣德文及王妃公主，情計切逼，並狼狽請命，逆肆禍毒，誓不矜許，冤酷之痛，感動行路。自以地卑位重，荷恩崇大，乃以庶孽與德文嫡婚，致茲非偶，實由威逼。故衛將軍劉毅、右將軍劉藩、前將軍諸葛長民、尚書僕射謝混、南蠻校尉郗僧施，或盛勳德胤，令望在身，皆社稷輔弼，協贊所寄，無罪無辜，一旦夷滅。猜忍之性，終古所希。

臣自惟門户衰破，賴之獲存，皇家所重，終古難匹。是以公私歸馮，事盡祗順。再授荆州，輒苦陳告。自以才弱位隆，不宜久荷分陝，屢求解任，必不見聽。前經攜侍老母，半家俱西，凡諸子侄，悉留京輦。臣兄子譙王文思，雖年少常人，粗免咎悔，性好交遊，未知防遠，羣醜交構，為其風聲。諱遂翦戮人士，遠送文思。臣順其此旨，表送章節，請廢文思，改襲大宗，遣息文寶送女東歸。自謂推誠奉順，理不過此。豈意諱包藏禍心，遂見討伐，加惡文思，構生罪釁。羣小之言，遠近噂遝，而臣純愚，暗信必謂不然。尋臣府司馬張茂度狼狽東歸，南平太守檀範之復以此月三日委郡叛逆，尋有審問，東軍已上。諱今此舉，非有怨憎，正以臣王室之幹，位居藩嶽，時賢既盡，唯臣獨存，規以翦滅，成其篡殺。鎮北將軍臣宗之、青州刺史臣敬宣，並是諱所深忌憚，欲以次除蕩，然後傾移天日，於事可易。

今荆、雍義徒，不召而集，子來之衆，其會如林，豈臣無德所能綏致？蓋七廟之靈，理貫幽顯，輒授文思振武將軍、南郡太守，宗之子竟陵太守魯軌進號輔國將軍。臣今與宗之親御大衆，出據江津，案甲抗威，隨宜應赴。今絳旗所指，唯諱兄弟父子而已。須克蕩寇逆，尋續馳聞。由臣輕弱，致諱淩横，上慚俯愧，無以厝顔。

休之府録事參軍韓延之，故吏也，有幹用才能。公未至江陵，密使與之書曰：『文思事源，遠近所知，去秋遣康之送還司馬軍者，推至公之極也。而了不遜愧，又無表疏，文思經正不反，此是天地之不容。吾受命西

討，止其父子而已。彼土僑舊，為所驅逼，一無所問。往年郗僧施、謝邵、任集之等，交構積歲，專為劉毅謀主，所以至此。卿等諸人，一時逼迫，本無纖釁。吾處懷期物，自有由來。今在近路，正是諸人歸身之日。若大軍登道，交鋒接刃，蘭艾吾誠不分，故具示意，並同懷諸人。』延之報曰：

承親率戎馬，遠履西畿，闔境士庶，莫不蒨駭。何者？莫知師出之名故也。今辱來疏，始知以譙王前事，良增歎息。司馬平西體國忠貞，款愛待物，當於古人中求耳。以君公有匡復之勳，家國蒙賴，推德委誠，每事詢仰。譙王往以微事見劾，猶自表遜位；況以大過而當默然邪！但康之前言有所不盡，故重使胡道諮白所懷。道未及反，已奏表廢之，所不盡者命耳。推寄相與之懷，正當如此？有何不可，便興兵戈。自義旗秉權以來，四方方伯，誰敢不先相諮疇，而徑表天子邪？譙王為宰相所責，又表廢之，經正何歸，表使何因，可謂『欲加之罪，其無辭乎』！

劉諱足下，海內之人，誰不見足下此心，而復欲欺誑國士！天地所不容，在彼不在此矣。來示言『處懷期物，自有由來』。今伐人之君，啖人以利，真可謂『處懷期物，自有由來』者矣。劉藩死於閶闔之內，諸葛斃於左右之手；甘言詫方伯，襲之以輕兵，遂使席上靡款懷之士，閫外無自信諸侯，以是為得算，良可恥也。貴府將佐及朝廷賢德，寄性命以過日，心企太平久矣。吾誠鄙劣，嘗聞道於君子。以平西之至德，寧可無授命之臣乎！未能自投虎口，比迹郗、任之徒明矣。假令天長喪亂，九流渾濁，當與臧洪遊於地下，不復多言。

公視書歎息，以示諸佐曰：『事人當如此。』三月，軍次江陵。初，雍州刺史魯宗之常慮不為公所容，與休之相結，至是率其子竟陵太守軌會於江陵。江夏太守劉虔之邀之，軍敗見殺。公命彭城內史徐逵之、參軍王允之出江夏口，復為軌所敗，並沒。時公軍泊馬頭，即日率衆軍濟江，躬督諸將登岸，莫不奮踊爭先。休之衆潰，與軌等奔襄陽。江陵平，加領南蠻校尉。

將拜，值四廢日，佐史鄭鮮之、褚叔度、王弘、傅亮白遷日，不許。下書曰：『此州積弊，事故相仍，民疲田蕪，杼軸空匱。加以舊章乖昧，事役頻苦，童耄奪養，老稚服戎，空户從役，或越紼應召，每永懷民瘼，

宵分忘寢，誠宜蠲除苛政，弘茲簡惠。庶令凋風弊政，與事而新，寧一之化，成於期月。荆、雍二州，西局、蠻府吏及軍人年十二以還，六十以上，及扶養孤幼，單丁大艱，悉仰遣之。窮獨不能存者，給其長賑。府州久勤將吏，依勞銓序；並除今年租稅。』

四月，公復率衆進討，至襄陽，休之奔羌。天子復重申前命，授太傅、揚州牧，劍履上殿，入朝不趨，贊拜不名，加前部羽葆、鼓吹，置左右長史、司馬、從事中郎四人。封公第三子義隆為北彭城縣公。以中軍將軍道憐為荆州刺史。八月甲子，公至自江陵，奉還黃鉞，固辭太傅、州牧、前部羽葆、鼓吹，其餘受命。朝議以公道尊勳重，不宜復施敬護軍，既加殊禮，奏事不復稱名，以世子為兗州刺史。

十二年正月，詔公依舊辟士，加領平北將軍、兗州刺史。增都督南秦，凡二十二州。公以平北文武寡少，不宜別置，於是罷平北府，以並大府，以世子為豫州刺史。三月，加公中外大都督。

初，公平齊，仍有定關、洛之意，值盧循侵逼，故其事不諧。荆、雍既平，方謀外略。會羌主姚興死，子泓立，兄弟相殺，關中擾亂，公乃戒嚴北討。加領征西將軍、司豫二州刺史。以世子為徐、兗二州刺史。下書曰：『吾倡大義，首自本州，克復皇祚，遂建勳烈。外夷勍敵，內清姦宄，皆邦人州黨竭誠盡力之效也。情若風霜，義貫金石。今當奉辭西旆，有事關、河，弱嗣叨蒙，復忝今授，情事纏綿，可謂深矣。頃軍國務殷，刑辟未息。眷言懷之，能不多歎。其犯罪五歲以還，可一原遣。文武勞滿未蒙榮轉者，便隨班序報。』

公受中外都督及司州，並辭大司馬琅邪王禮敬，朝議從之。公欲以義聲懷遠，奉琅邪王北伐。五月，羌偽黃門侍郎尹沖率兄弟歸順。又加公北雍州刺史，前部羽葆、鼓吹，增班劍為四十人，解中書監。八月丁巳，率大衆發京師。以世子為中軍將軍，監太尉留府事。尚書右僕射劉穆之為左僕射，領監軍、中軍二府軍司，入居東府，總攝內外。九月，公次於彭城，加領徐州刺史。

先是，遣冠軍將軍檀道濟、龍驤將軍王鎮惡步向許、洛，羌緣道屯守，皆望風降服。偽兗州刺史韋華先據倉垣，亦率衆歸順。公又遣北兗刺史王仲德先以水軍入河。仲德破索虜於東郡涼城，進平滑臺。十月，衆軍

至洛陽，圍金墉。泓弟僞平南將軍洸請降，送於京師，修復晉五陵，置守衛。天子詔曰：

夫嵩、岱配極，則乾道增輝；藩嶽作屏，則帝王成務。是以夏、殷資昆、彭之伯，有周倚齊、晉之輔。鑑諸前典，儀刑萬代，翼治扶危，靡不由此。

太尉公命世天縱，齊聖廣淵，明燭四方，道光宇宙。爰自□□初迪，則投勤王國，妖蠻孔熾，則功存社稷。固以四維是荷，萬邦攸賴者矣。暨桓玄僭逆，傾蕩四海。公深秉大節，靈武霆震，弘濟朕躬，再造王室。每惟勳德，銘於厥心，遂北清海、岱，南夷百越，荆、雍稽服，庸、岷順軌，克黜方難，式遏寇虐。及阿衡王猷，班序内外，仰興絶風，傍嗣逸業。秉禮以整俗，遵王以垂訓，聲教遠被，無思不洽。爰曁木居海處之酋，被髮雕題之長，莫不忘其陋險，九譯來庭，此蓋播諸徽策，靡究其詳者也。曩者永嘉不綱，諸夏幅裂，終古帝居，淪胥戎虜，永言園陵，率土同慕。公明發遐慨，撫機電征，親董侯伯，棱威致討。旗旝首塗，則八表響震；偏師先路，則多壘雲徹。舊都載清，五陵復禮，百城屈膝，千落影從。自篇籍所載，生民以來，勳德懋功，未有若此之盛者也。

昔周、呂佐睿聖之主，因三分之形，把旄仗鉞，一時指麾，皆大啓疆宇，跨州兼國。其在桓、文，方茲尤儉，然亦顯被寵章，光錫殊品。況乃獨絶百代，顧邈前烈者哉！朕每弘鑑古訓，思遵令圖。以公深秉沖挹，用闕大禮，天人引領，於茲歷載。況今禹迹齊軌，九隩同文，司勳抗策，普天增佇。遂公高挹，大愆國章。三靈眷屬，朕實祇懼。便宜顯答羣望，允崇盛典。其進位相國，總百揆，揚州牧，封十郡為宋公，備九錫之禮，加璽綬、遠遊冠，位在諸侯王上，加相國緑綟綬。

策曰：

朕以寡昧，仰贊洪基，夷羿乘釁，蕩覆王室，越在南鄙，遷於九江。宗祀絶饗，人神無位，提挈羣凶，寄命江滸。則我祖宗之業，奄墜於地，七百之祚，翦焉既傾，若涉淵海，罔知攸濟。天未絶晉，誕育英輔，振厥弛維，再造區宇，興亡繼絶，俾昏作明。元勳至德，朕實賴焉。今將授公典策，其敬聽朕命：

乃者桓玄肆僭，滔天泯夏，拔本塞源，顛倒六位，庶僚俯眉，四方莫恤。公精貫朝日，氣淩霄漢，奮其靈武，大殲羣慝，克復皇邑，奉帝歆神。此公之大節，始於勤王者也。授律羣后，溯流長騖，薄伐崢嶸，獻捷南郢，大憝折首，羣逆畢夷，三光旋采，舊物反正。此又公之功也。出藩入輔，弘茲保弼，阜財利用，繁殖生民，編户歲滋，疆宇日啓，導德明刑，四境有截。此又公之功也。鮮卑負衆，僭盗三齊，狼噬冀、青，虔劉沂、岱，介恃遐阻，仍為邊毒。公搜乘秣駟，敻入遠疆，沖櫓四臨，萬雉俱潰，竊號之虜，顯戮司寇，拓土三千，申威龍漠。此又公之功也。盧循妖凶，伺隙五嶺，乘虚肆逆，侵覆江、豫，旍拂寰内，矢及王城，朝野喪沮，莫有固志，家獻徙卜之計，國議遷都之規。公乘轅南濟，義形於色，嶷然内湛，視險若夷，攄略運奇，英謨不世，狡寇窮恤，喪旗宵遁，俾我畿甸，拯於將墜。此又公之功也。追奔逐北，揚旌江瀆，偏旅浮海，指日遄至。番禺之功，俘級萬數，左里之捷，魚潰鳥散。元兇遠迸，傳首萬里，海南肅清，荒服來款。此又公之功也。劉毅叛涣，負釁西夏，淩上罔主，志肆姦暴，附麗協黨，扇蕩王畿。公御軌以刑，消之不日，倉兕電溯，神兵風掃，罪人斯得，荆、衡清晏。此又公之功也。譙縱怙亂，寇竊一隅，王化阻閡，三巴淪溺。公指命偏師，授以良圖，淩波浮湍，致届井絡，僭豎伏鑕，梁、岷草偃。此又公之功也。馬休、魯宗，阻兵内侮，驅率二方，連旗稱亂。公投袂星言，研其上略，江津之師，勢逾風電，回旆沔川，實繁震懾，二叛奔迸，荆、雍來蘇，玄澤浸育，温風潛被。此又公之功也。永嘉不競，四夷擅華，五都幅裂，山陵幽辱，祖宗懷没世之憤，遺泯有匪風之思。公遠齊伊宰納隍之仁，近同小白滅亡之耻，鞠旅陳師，赫然大號，公命羣帥，北徇司、兖。許、鄭風靡，鞏、洛載清，偽牧逆藩，交臂請罪，百年榛穢，一朝掃濟。此又公之功也。

公有康宇内之勳，重之以明德。爰初發迹，則奇謨冠古，電擊强妖，則鋒無前對，聿寧東畿，大造黔首。若乃草昧經綸，化融於歲計，扶危靜亂，道固於苞桑。辯方正位，納之軌度，蠲削煩苛，較若畫一，淳風美化，盈塞宇宙。是以絶域獻琛，遐夷納貢，王略所宣，九服率從。雖文命之東漸西被，咎繇之邁於種德，何以尚茲。朕聞先王之宰世也，庸勳尊賢，建侯胙土，褒以寵章，崇其徽物，所以協輔皇家，永隆藩屏。故曲阜光啓，遂荒徐宅，營丘表海，四履有聞。其在襄王，亦賴匡霸，又命晉

文，備物光錫。惟公道冠前烈，勳高振古，而殊典未加，朕甚懵焉。今進授相國，以徐州之彭城沛蘭陵下邳淮陽山陽廣陵、兗州之高平魯泰山十郡，封公為宋公。錫茲玄土，苴以白茅，爰定爾居，用建冢社。昔晉、鄭啓藩，入作卿士，周、邵保傅，出總二南，內外之重，公實兼之。命使持節、太尉、尚書左僕射、晉寧縣五等男湛授相國印綬，宋公璽紱，使持節、兼司空、散騎常侍、尚書、陽遂鄉侯泰授宋公茅土，金虎符第一至第五左，竹使符第一至第十左。相國位無不總，禮絕朝班，居常之名，宜與事革。其以相國總百揆，去『録尚書』之號。上送所假節、侍中、中外都督、太傅太尉印綬，豫章公印策。進揚州牧，領征西將軍、司豫北徐雍四州刺史如故。

公紀綱禮度，萬國是式，秉介蹈方，罔有遷志。是以錫公大輅、戎輅各一，玄牡二駟。公抑末敦本，務農重積，采蘩實殷，稼穡惟阜。是用錫公兗冕之服，赤舄副焉。公閑邪納正，移風改俗，陶鈞品物，如樂之和。是用錫公軒縣之樂，六佾之舞。公宣美王化，導揚休風，華夷企踵，遠人胥萃。是用錫公朱户以居，公官方任能，網羅幽滯，九皋辭野，髦士盈朝。是用錫公納陛以登，公當軸處中，率下以義，式遏寇仇，清除苛慝，是用錫公虎賁之士三百人。公明罰恤刑，庶獄詳允，放命幹紀，罔有攸縱。是用錫公鈇、鉞各一。公龍驤鳳矯，咫尺八紘，括囊四海，折衝無外。是用錫公彤弓一，彤矢百，盧弓十，盧矢千。公温恭孝思，致虔禋祀，忠肅之志，儀刑萬方。是用錫公秬鬯一卣，圭瓚副焉。宋國置丞相以下，一遵舊儀。欽哉！其祗服往命，茂對天休，簡恤庶邦，敬敷顯德，以終我高祖之嘉命。

置宋國侍中、黃門侍郎、尚書左丞、相，隨大使奉迎。桴罕虜乞佛熾盤遣使詣公求效力討羌，拜平西將軍、河南公。

十三年正月，公以舟師進討，留彭城公義隆鎮彭城。軍次留城，經張良廟，令曰：『夫盛德不泯，義在祀典，微管之歎，撫事彌深。張子房道亞黃中，照鄰殆庶，風雲言感，蔚為帝師，大拯横流，夷項定漢，固以參軌伊、望，冠德如仁。若乃神交圯上，道契商洛，顯晦之間，窈然難究，源流淵浩，莫測其端矣。塗次舊沛，佇駕留城，靈廟荒殘，遺象陳昧，撫迹懷人，慨然永歎。過大梁者，或佇想於夷門；遊九原者，亦流連於隨會。可改構榱桷，修飾丹青，　蘩行潦，以時致薦。以紓懷古之情，用存不刊之烈。』天子追贈公祖為太常，父為左光禄大夫，讓不受。

二月，冠軍將軍檀道濟等次潼關。三月庚辰，大軍入河。索虜步騎十萬，營據河津。公命諸軍濟河擊破之。公至洛陽。七月，至陝城。龍驤將軍王鎮惡伐木為舟，自河浮渭。八月，扶風太守沈田子大破姚泓於藍田。王鎮惡克長安，生擒泓。九月，公至長安。長安豐稔，帑藏盈積。公先收其彝器、渾儀、土圭之屬，獻於京師；其餘珍寶珠玉，以班賜將帥。執送姚泓，斬於建康市。謁漢高帝陵，大會文武於未央殿。

十月，天子詔曰：

朕聞先王之蒞天下也，上則大賓以尊德，下則建侯以褒功。是以成勳告就，文命有玄圭之錫，四海來王，姬旦饗龜、蒙之封。夫翼聖宣績，輔德弘猷，禮窮元賞，寵章希世，況明保沖昧，獨運陶鈞者哉！

朕以不德，遭家多難，雲雷作屯，夷羿竊命，失位京邑，遂播蠻荆，艱難卑約，制命凶醜。相國宋公，天縱睿聖，命世應期，誠貫三靈，大節宏發。拯朕躬於巢幕，回靈命於已崩，固已道窮北面，暉格八表者矣。及外積全國之勳，內累戡黎之伐，芟夷强妖之始，蘊崇姦猾之源，顯仁藏用之道，六府孔修之績，莫不雲行雨施，能事必舉，諒已方軌於三、五，不容於典策者焉。自永嘉喪師，綿逾十紀，五都分崩，然正朔時暨；唯三秦懸隔，未之暫賓。至令羌虜襲亂，淫虐三世，資百二之易守，恃函谷之可關，廟算韜略，不謀之日久矣。公命世撫運，闡曜威靈，內研諸侯之慮，外致上天之罰。故能倉兕甫訓，則許、鄭風偃；鉦鉞未指，則瀍、洛霧披。俾舊闕之陽，復集萬國之軫，東京父老，重睹司隸之章。俾朕負扆高拱，而保大洪烈。是用遠鑑前典，延即羣謀，敬授殊錫，光啓疆宇。乘馬之制，有陋舊章。徽稱之美，未窮上爵。豈足以顯報懋功，允塞民望；藩輔王畿，長轡六合者乎！實以公每秉謙德，卑不可逾，難進之道，以寵為戚。是故降損盛制，且有後命也。自茲迄今，洪勳彌劭，稜威九河，魏、趙底服，回轅崤、潼，連城冰泮。遂長驅灞滻，懸旍龍門，逆虜姚泓，縶頸就擒。百稔梗穢，滌於崇朝；祖宗遺憤，雪於一旦。涉禹之迹，方行天下，至於海外，罔有不服。功固萬世，其寧惟永，豈金石《雅頌》所能讚揚，實可以告於神明，勒銘嵩、岱者已。

朕又聞之，周道方遠，則摐甗鳴岐，二南播德，則麟騶呈瑞。自公大號初發，爰暨告成，靈祥炳煥，不可勝紀，豈伊素雉遠至，嘉禾近歸而已哉！朕每仰鑑玄應，俯察人謀，進惟道勳，退惟國典，豈得遂公沖挹，而久蘊盛策。便宜敬行大禮，允副幽顯之望。其進宋公爵為王，以徐州之海陵、東安、北琅邪、北東莞、北東海、北譙、北梁、豫州之汝南、北潁川、北南頓凡十郡，益宋國。其相國、揚州牧、領征西將軍、司豫北徐雍四州刺史如故。

十一月，前將軍劉穆之卒，以左司馬徐羨之代掌留任。大事昔所決於穆之者，皆悉以諮。公欲息駕長安，經略趙、魏，會穆之卒，乃歸。十二月庚子，發自長安，以桂陽公義真為安西將軍、雍州刺史，留腹心將佐以輔之。閏月，公自洛入河，開汴渠以歸。

十四年正月壬戌，公至彭城，解嚴息甲。以輔國將軍劉遵考為并州刺史，領河東太守，鎮蒲阪。公解司州，領徐、冀二州刺史，固讓進爵。六月，受相國宋公九錫之命。令曰：『孤以寡薄，負荷殊重，守位奉藩，危溢是懼。朝恩隆泰，委美推功，遂方軌齊、晉，擬議國典。雖亮誠守分，十稔於今，而成命弗回，百辟胥暨內外庶僚，敦勉周至。籍運來之功，參休明之迹，乘菲薄之資，同盛德之事，監寐永言，未知攸托。隆祚之始，思覃斯慶，其赦國內殊死以下，今月二十三日昧爽以前，悉皆原宥。鰥寡孤獨不能自存者，人賜粟五斛。府州刑罪，亦同蕩然。其餘詳依舊准。』詔崇豫章公太夫人為宋公太妃，世子為中軍將軍，副貳相國府。以太尉軍諮祭酒孔季恭為宋國尚書令，青州刺史檀祗為領軍將軍，相國左長史王弘為尚書僕射。其餘百官悉依天朝之制。又詔宋國所封十郡之外，悉得除用。

先是，安西中兵參軍沈田子殺安西司馬王鎮惡，諸將軍復殺安西長史王修，關中亂。十月，公遣右將軍朱齡石代安西將軍桂陽公義真為雍州刺史。義真既還，為佛佛虜所追，大敗，僅以身免。諸將帥及齡石並没。領軍檀祗卒，以中軍司馬檀道濟為中領軍。十二月，天子崩，大司馬琅邪王即帝位。

元熙元年正月，詔遣大使征公入輔。又申前命，進公爵為王。以徐州之海陵東海北譙北梁、豫州之新蔡、兗州之北陳留、司州之陳郡汝南潁川滎陽十郡，增宋國。七月，乃受命，赦國內五歲刑以下。遷都壽陽。以尚書劉懷慎為北徐州刺史，鎮彭城。九月，解揚州。十二月，天子命王冕十有二旒，建天子旌旗，出警入蹕，乘金根車，駕六馬，備五時副車，置旄頭雲罕，樂舞八佾，設鍾虡宮縣。進王太妃為太后，王妃為王后，世子為太子，王子、王孫爵命之號，一如舊儀。

二年四月，徵王入輔。六月，至京師。晉帝禪位於王，詔曰：

夫天造草昧，樹之司牧，所以陶鈞三極，統天施化。故大道之行，選賢與能，隆替無常期，禪代非一族，貫之百王，由來尚矣。晉道陵遲，仍世多故，爰暨元興，禍難既積，至三光貿位，冠履易所，安皇播越，宗祀墮泯，則我宣元之祚，永墜於地，顧瞻區域，翦焉已傾。相國宋王，天縱聖德，靈武秀世，一匡頹運，再造區夏，固以興滅繼絕，舟航淪溺矣。若夫仰在璿璣，旁穆七政，薄伐不庭，開復疆宇。遂乃三俘偽主，開滌五都，雕顏卉服之鄉，龍荒朔漠之長，莫不回首朝陽，沐浴玄澤。故四靈效瑞，川嶽啓圖，嘉祥雜遝，休應炳著，玄象表革命之期，華裔注樂推之願。代德之符，著乎幽顯，瞻烏爰止，允集明哲，夫豈延康有歸，咸熙告謝而已哉！

昔火德既微，魏祖底績，黃運不競，三後肆勤。故天之歷數，實有攸在。朕雖庸暗，昧於大道，永鑑廢興，為日已久。念四代之高義，稽天人之至望，予其遜位別宮，歸禪於宋，一依唐虞、漢魏故事。

詔草既成，送呈天子使書之，天子即便操筆，謂左右曰：『桓玄之時，天命已改，重為劉公所延，將二十載。今日之事，本所甘心。』甲子，策曰：

咨爾宋王：夫玄古權輿，悠哉邈矣，其詳靡得而聞。爰自書契，降逮三、五，莫不以上聖君四海，止戈定大業。然則帝王者，宰物之通器；君道者，天下之至公。昔在上葉，深鑑茲道，是以天祿既終，唐、虞弗得傳其嗣；符命來格，舜、禹不獲全其謙。所以經緯三才，澄序彝化，作範振古，垂風萬葉，莫尚於茲。自是厥後，歷代彌劭，漢既嗣德於放勳，魏亦方軌於重華。諒以協謀乎人鬼，而以百姓為心者也。

昔我祖宗欽明，辰居其極，而明晦代序，盈虧有期。翦商兆禍，非唯一世，曾是弗克，矧伊在今，天之所廢，有自來矣。惟王體上聖之姿，苞

二儀之德，明齊日月，道合四時。乃者社稷傾覆，王拯而存之；中原蕪梗，又濟而復之。自負固不賓，幹紀放命，肆逆滔天，竊據萬里。靡不潤之以風雨，震之以雷霆。九伐之道既敷，八法之化自理。豈伊博施於民，濟斯黔庶；固以義洽四海，道威八荒者矣。至於上天垂象，四靈效征，圖讖之文既明，人神之望已改；百工歌於朝，庶民頌於野，億兆抃踴，傾佇惟新。自非百姓樂推，天命攸集，豈伊在予，所得獨專！是用仰祇皇靈，俯順羣議，敬禪神器，授帝位於爾躬。大祚告窮，天祿永終。於戲！王其允執其中，敬遵典訓，副率土之嘉願，恢洪業於無窮，時膺休祐，以答三靈之眷望。

又璽書曰：

蓋聞天生蒸民，樹之以君。帝皇寄世，實公四海。崇替係於勳德，升降存乎其人。故有國必亡，卜年著其數；代謝無常，聖哲握其符。昔在上世，三聖係軌，疇咨四嶽，以弘揖讓，惟先王之有作，永垂範於無窮。及劉氏致禪，實堯是法；有魏告終，亦憲茲典。我世祖所以撫歸運而順人事，乘利見而定天保者也。而道不常泰，戎夷亂華，喪我洛食，蹙國江表，仍遘否運，淪没相因，逮於元興，遂傾宗祀。幸賴神武光天，大節宏發，匡復我社稷，重造我國家。惟王聖德欽明，則天光大，應期誕載，明保王室。內紓國難，外播宏略，誅大憝於漢陽，逋僭盜於沂渚，澄氛西岷，肅清南越，再靜江、湘，拓定樊、沔。若乃永懷區宇，思一聲教，王師首路，則伊、洛澄流；棱威崤、潼，則華嶽褰靄，偽酋銜璧，咸陽即序。雖彝器所銘，詩書所詠，庸勳之盛，莫之與二也。遂偃武修文，誕敷德政，八統以馭萬民，九職以刑邦國，思兼三王，以施四事。故能信著幽顯，義感殊方。自歷世所賓，舟車所暨，靡不謳歌仁德，抃舞來庭。

朕每敬惟道勳，永察符運，天之歷數，實在爾躬。是以五緯升度，屢示除舊之迹；三光協數，必昭布新之祥。圖讖禎瑞，皎然斯在。加以龍顏英特，天授殊姿，君人之表，煥如日月。傳稱『惟天為大，惟堯則之。』《詩》云：『有命自天，命此文王。』夫『或躍在淵』者，終以饗九五之位；『勳格天地』者，必膺大寶之業。昔土德告沴，傳祚於我有晉；今歷運改卜，永終於茲，亦以金德而傳於宋。仰四代之休義，鑑明昏之定期，詢於羣公，爰逮庶尹，咸曰休哉，罔違朕志。今遣使持節、兼太保、散騎常侍、光祿大夫澹，兼太尉、尚書宣範奉皇帝璽綬，受終之禮，一如唐虞、漢魏故事。王其允答人神，君臨萬國，時膺靈祉，酬於上天之眷命。

王奉表陳讓，晉帝已遜琅邪王第，表不獲通。於是陳留王虔嗣等二百七十人，及宋臺羣臣，並上表勸進，上猶不許。太史令駱達陳天文符瑞數十條，羣臣又固請，王乃從之。

又 卷三《武帝紀下》 永初元年夏六月丁卯，設壇於南郊，即皇帝位，柴燎告天。策曰：皇帝臣諱，敢用玄牡，昭告後天後帝。晉帝以卜世告終，歷數有歸，欽若景運，以命於諱。夫樹君宰世，天下為公，德充帝王，樂推攸集。越俶唐、虞，降暨漢、魏，靡不以上哲格文祖，元勳陟帝位，故能大拯黔首，垂訓無窮。晉自東遷，四維不振，宰輔憑依，為日已久。難棘隆安，禍成元興，遂至帝主遷播，宗禮堙滅。諱雖地非齊、晉，衆無一旅，仰憤時難，俯悼橫流，投袂一援，則皇祀克復。及危而能持，顛而能扶，姦宄具殲，僭偽必滅。誠興廢有期，否終有數。至於大造晉室，撥亂濟民，因藉時來，實尸其重。加以殊俗慕義，重譯來庭，正朔所暨，咸服聲教。至乃三靈垂象，山川告祥，人神協祉，歲月滋著。是以羣公卿士，億兆夷人，僉曰皇靈降鑒於上，晉朝款誠於下，天命不可以久淹，宸極不可以暫曠。遂逼羣議，恭茲大禮。猥以寡德，托於兆民之上，雖仰畏天威，略是小節，顧深永懷，祗懼若霣。敬簡元辰，升壇受禪，告類上帝，用酬萬國之情。克隆天保，永祚於有宋。惟明靈是饗。

禮畢，備法駕幸建康宮，臨太極前殿。詔曰：『夫世代迭興，承天統極。雖遭遇異途，因革殊事，若乃功濟區宇，道振生民，興廢所階，異世一揆。朕以寡薄，屬當艱運，藉否終之期，因士民之力，用獲拯溺，匡世揆亂，安國寧民，業未半古，功參曩烈。晉氏以多難仍遘，歷運已移，欽若前王，憲章令軌，用集大命於朕躬。惟德匪嗣，辭不獲申，遂祇順三靈，饗茲景祚，燔柴於南郊，受終於文祖。猥當與能之期，爰集樂推之運，嘉祚肇開，隆慶惟始，思俾休嘉，惠茲兆庶。其大赦天下。改晉元熙二年為永初元年。賜民爵二級。鰥寡孤獨不能自存者，人穀五斛。逋租宿債勿復收。其有犯鄉論清議、贓汙淫盜，一皆蕩滌洗除，與之更始。長徒之身，特皆原遣。亡官失爵，禁錮奪勞，一依舊准。』

封晉帝為零陵王，全食一郡。載天子旌旗，乘五時副車，行晉正朔，郊祀天地禮樂制度，皆用晉典。上書不為表，答表勿稱詔。追尊皇考為孝穆皇帝，皇妣為穆皇后，尊王太后為皇太后。詔曰：『夫微禹之感，歎深後昆，盛德必祀，道隆百世。晉氏封爵，咸隨運改，至於德參微管，勳濟蒼生，愛人懷樹，猶或勿翦，雖在異代，義無泯絕。降殺之儀，一依前典。可降始興公封始興縣公，廬陵公封柴桑縣公，各千户；始安公封荔浦縣侯，長沙公封醴陵縣侯，康樂公可即封縣侯，各五百户：以奉晉故丞相王導、太傅謝安、大將軍温嶠、大司馬陶侃、車騎將軍謝玄之祀。其宣力義熙，豫同艱難者，一仍本秩，無所減降。』封晉臨川王司馬寶為西豐縣侯，食邑千户。

庚午，以司空道憐為太尉，封長沙王。追封司徒道規為臨川王。尚書僕射徐羨之加鎮軍將軍，右衛將軍謝晦為中領軍，宋國領軍檀道濟為護軍將軍，中領軍劉義欣為青州刺史。立南郡公義慶為臨川王。又詔曰：『夫銘功紀勞，有國之要典，慎終追舊，在心之所隆。自大業創基，十有七載，世路迍邅，戎車歲動，自東徂西，靡有寧日。實賴將帥竭心，文武盡效；寧內拓外，迄用有成。威靈遠著，寇逆消蕩，遂當揖讓之禮，猥饗天人之祚。念功簡勞，無忘鑒寐，凡厥誠勤，宜同國慶。其酬賞復除之科，以時論舉。戰亡之身，厚加復贈。』乙亥，立桂陽公義真為廬陵王，彭城公義隆為宜都王，第四皇子義康為彭城王。

丁丑，詔曰：『古之王者，巡狩省方，躬覽民物，搜揚幽隱，拯災恤患，用能風澤遐被，遠至邇安。朕以寡暗，道謝前哲，因受終之期，托兆庶之上，鑒寐屬慮，思求民瘼。才弱事艱，若無津濟，夕惕永念，心馳遐域。可遣大使分行四方，旌賢舉善，問所疾苦。其有獄訟虧濫，政刑乖愆，傷化擾治，未允民聽者，皆當具以事聞。萬事之宜，無失厥中。暢朝遷乃眷之旨，宣下民壅隔之情。』戊寅，詔曰：『百官事殷俸薄，禄不代耕。雖國儲未豐，要令公私周濟。諸供納昔減半者，可悉復舊。六軍見禄粗可，不在此例。其餘官僚，或自本俸素少者，亦疇量增之。』乙卯，改晉《泰始曆》為《永初曆》。

秋七月丁亥，原放劫賊餘口没在臺府者，諸徙家並聽還本土。又運舟材及運船，不復下諸郡輸出，悉委都水別量。臺府所須，皆別遣主帥與民和市，即時裨直，不復責租民求辦。又停廢虜車牛，不得以官威假借。又以市稅繁苦，優量減降。從征關、洛，殞身戰場，幽没不反者，贍賜其家。己丑，陳留王曹虔嗣薨。辛卯，復置五校三將官，增殿中將軍員二十人，餘在員外。戊戌，後將軍、雍州刺史趙倫之進號安北將軍；征虜將軍、北徐州刺史劉懷慎進號平北將軍；征西大將軍、開府儀同三司楊盛進號車騎大將軍。甲辰，鎮西將軍李歆進號征西將軍，平西將軍乞佛熾盤進號安西大將軍，征東將軍高句驪王高璉進號征東大將軍，鎮東將軍百濟王扶餘映進號鎮東大將軍。置東宮冗從僕射、旅賁中郎將官。戊申，遷神主於太廟，車駕親奉。壬子，詔曰：『往者軍國務殷，事有權制，劫科峻重，施之一時。今王道維新，政和法簡，可一除之，還遵舊條。反叛淫盜三犯補冶士，本謂一事三犯，終無悛革。主者頃多並數衆事，合而為三，甚違立制之旨，普更申明。』

八月戊午，西中郎將、荊州刺史宜都王諱進號鎮西將軍。辛酉，開亡叛赦，限內首出，蠲租布二年。先有資狀、黄籍猶存者，聽復本注。諸舊郡縣以北為名者，悉除；寓方於南者，聽以南為號。又制有無故自殘傷者補冶士，實由政刑煩苛，民不堪命，可除此條。罷青州並兗州。戊辰，詔曰：『彭、沛、下邳三郡，首事所基，情義繾綣，事由情獎，古今所同。彭城桑梓本鄉，加隆攸在，優復之制，宜同豐、沛。其沛郡、下邳可復租布三十年。』辛未，追謚妃臧氏為敬皇后。癸酉，立王太子為皇太子。乙亥，詔曰：『朕承歷受終，猥饗天命。荷積善之祚，藉士民之力，率由令範。先後祗嚴宣訓，七廟肇建，情敬無違。加以儲宮備禮，皇基彌固，國慶家禮，爰集旬日，豈予一人，獨荷茲慶。其見刑罪無輕重，可悉原赦。限百日，以今為始。先因軍事所發奴僮，各還本主；若死亡及勳勞破免，亦依限還直。』

閏月壬午朔，詔曰：『晉世帝後及藩王諸陵守衛，宜便置格。其名賢先哲，見優前代，或立德著節，或寧亂庇民，墳塋未遠，並宜灑掃。主者具條以聞。』丁酉，特進、左光禄大夫孔季恭加開府儀同三司。辛丑，詔曰：『主者處案雖多所諮詳，若衆官命議，宜令明審。自頃或總稱參詳，於文漫略。自今有厝意者，皆當指名其人；所見不同，依舊繼啓。』又詔曰：『諸處冬使，或遣或不，事役宜省，今可悉停。唯元正大慶，不在其

例。郡縣遣冬使詣州及都督府，亦停之。』九月壬子朔，置東宮殿中將軍十人，員外二十人。壬申，置都官尚書。冬十月辛卯，改晉所用王肅祥禫二十六月儀，依鄭玄二十七月而後除。十二月辛巳朔，車駕臨延賢堂聽訟。

二年春正月辛酉，車駕祠南郊，大赦天下。丙寅，斷金銀塗。以揚州刺史廬陵王義真為司徒，以尚書僕射、鎮軍將軍徐羨之為尚書令、揚州刺史。丙子，南康揭陽蠻反，郡縣討破之。己卯，禁喪事用銅釘。罷會稽郡府。二月己丑，車駕幸延賢堂策試諸州郡秀才、孝廉。揚州秀才顧練、豫州秀才殷朗所對稱旨，並以為著作佐郎。戊申，制中二千石加公田一頃。三月乙丑，初限荊州府置將不得過二千人，吏不得過一萬人；州置將不得過五百人，吏不得過五千人。兵士不在此限。夏四月己卯朔，詔曰：『淫祠惑民費財，前典所絕，可並下在所除諸房廟。其先賢及以勳德立祠者，不在此例。』戊申，車駕於華林園聽訟。己亥，以左衛將軍王仲德為冀州刺史。五月己酉，置東宮屯騎、步兵、翊軍三校尉官。甲戌，車駕又幸華林園聽訟。六月壬寅，詔曰：『杖罰雖有舊科，然職務殷碎，推坐相尋。若皆有其實，則體所不堪；文行而已，又非設罰之意。可籌量觕為中否之格。』車駕又於華林園聽訟。甲辰，制諸署敕吏四品以下，又府署所得輒罰者，聽統府寺行四十杖。秋七月己巳，地震。八月壬辰，車駕又於華林園聽訟。九月己丑，零陵王薨。車駕三朝率百僚舉哀於朝堂，一依魏明帝服山陽公故事。太尉持節監護，葬以晉禮。冬十月丁酉，詔曰：『兵制峻重，務在得宜。役身死叛，輒考傍親，流遷彌廣，未見其極。遂令冠帶之倫，淪陷非所。宜革以弘泰，去其密科。自今犯罪充兵合舉户從役者，便付營押領。其有户統及謫止一身者，不得復侵濫服親，以相連染。』己亥，以涼州胡帥大沮渠蒙遜為鎮軍大將軍、開府儀同三司、涼州刺史。癸卯，車駕於延賢堂聽訟。以員外散騎常侍應襲為寧州刺史。

三年春正月甲辰朔，詔刑罰無輕重，悉皆原降。壬子，以前冀州刺史王仲德為徐州刺史。癸丑，以尚書令、揚州刺史徐羨之為司空、録尚書事，刺史如故。撫軍將軍、江州刺史王弘進號衛將軍、開府儀同三司，太子詹事傅亮為尚書僕射，中領軍謝晦為領軍將軍。乙卯，以輔國將軍毛德祖為司州刺史。乙丑，詔曰：『古之建國，教學為先，弘風訓世，莫尚於此；發蒙啓滯，咸必由之。故爰自盛王，迄於近代，莫不敦崇學藝，修建庠序。自昔多故，戎馬在郊，旌旗卷舒，日不暇給。遂令學校荒廢，講誦蔑聞，軍旅日陳，俎豆藏器，訓誘之風，將墜於地。後生大懼於牆面，故老竊歎於子衿。此《國風》所以永思，《小雅》所以懷古。今王略遠屆，華域載清，仰風之士，日月以冀。便宜博延胄子，陶獎童蒙，選備儒官，弘振國學。主者考詳舊典，以時施行。』二月丁丑，詔曰：『豫州南臨江滸，北接河、洛，民荒境曠，轉輸艱遠，撫蒞之宜，各有其便。淮西諸郡，可立為豫州；自淮以東，為南豫州。』以豫州刺史彭城王義康為南豫州刺史，征虜將軍劉粹為豫州刺史。又分荊州十郡還立湘州，左衛將軍張紀為湘州刺史。戊寅，以徐州之梁，還屬豫州。三月，上不豫。太尉長沙王道憐、司空徐羨之、尚書僕射傅亮、領軍將軍謝晦、護軍將軍檀道濟併入侍醫藥。羣臣請祈禱神祇，上不許，唯使侍中謝方明以疾告廟而已。丁未，以司徒廬陵王義真為車騎將軍、開府儀同三司、南豫州刺史。上疾瘳，己未，大赦天下。時秦雍流户悉南入梁州。庚申，送玥絹萬匹，荊、雍州運米，委州刺史隨宜賦給。辛酉，亡命刁彌攻京城，得入，太尉留府司馬陸仲元討斬之。夏四月乙亥，封仇池公楊盛為武都王，平南將軍楊撫進號安南將軍。丁亥，以車騎司馬徐琰為兗州刺史。庚寅，左光祿大夫、開府儀同三司孔季恭薨。五月，上疾甚，召太子誡之曰：『檀道濟雖有幹略，而無遠志，非如兄韶有難御之氣也。徐羨之、傅亮當無異圖。謝晦數從征伐，頗識機變，若有同異，必此人也。小卻，可以會稽、江州處之。』又為手詔曰：『朝廷不須復有別府，宰相帶揚州，可置甲士千人。若大臣中任要，宜有爪牙以備不祥人者，可以臺見隊給之。有征討悉配以臺見軍隊，行還復舊。後世若有幼主，朝事一委宰相，母後不煩臨朝。仗既不許入臺殿門，要重人可詳給班劍。』癸亥，上崩於西殿，時年六十。秋七月己酉，葬丹陽建康縣蔣山初寧陵。

上清簡寡欲，嚴整有法度，未嘗視珠玉輿馬之飾，後庭無紈綺絲竹之音。寧州嘗獻虎魄枕，光色甚麗。時將北征，以虎魄治金創，上大悦，命搗碎分付諸將。平關中，得姚興從女，有盛寵，以之廢事。謝晦諫，即時遣出。財帛皆在外府，內無私藏。宋臺既建，有司奏東西堂施局脚床、銀塗釘，上不許；使用直脚床，釘用鐵。諸主出適，遣送不過二十萬，無

錦繡金玉。內外奉禁，莫不節儉。性尤簡易，常著連齒木履，好出神虎門逍遙，左右從者不過十餘人。時徐羨之住西州，嘗思羨之，便步出西掖門；羽儀絡繹追隨，已出西明門矣。諸子旦問起居，入暤，脫公服，止著裙帽，如家人之禮。孝武大明中，壞上所居陰室，於其處起玉燭殿，與羣臣觀之。床頭有土鄣，壁上掛葛燈籠、麻繩拂。侍中袁顗盛稱上儉素之德。孝武不答，獨曰：『田舍公得此，以為過矣。』故能光有天下，克成大業者焉。

《南史》卷一《宋高祖紀》　宋高祖武皇帝諱裕，字德輿，小字寄奴，彭城縣綏輿里人，姓劉氏，漢楚元王交之二十一世孫也。彭城楚都，故苗裔家焉。晉氏東遷，劉氏移居晉陵丹徒之京口里。皇祖靖，晉東安太守。皇考翹，字顯宗，郡功曹。帝以晉哀帝興寧元年歲在癸亥三月壬寅夜生，神光照室盡明，是夕甘露降於墓樹。及長，雄傑有大度，身長七尺六寸，風骨奇偉，不事廉隅小節，奉繼母以孝聞。

嘗遊京口竹林寺，獨臥講堂前，上有五色龍章，衆僧見之，驚以白帝，帝獨喜曰：『上人無妄言。』皇考墓在丹徒之候山，其地秦史所謂曲阿、丹徒間有天子氣者也。時有孔恭者，妙善占墓，帝嘗與經墓，欺之曰：『此墓何如？』孔恭曰：『非常地也。』帝由是益自負。行止時見二小龍附翼，樵漁山澤，同侶或亦睹焉。及貴，龍形更大。

帝素貧，時人莫能知，唯琅邪王謐獨深敬焉。帝嘗負刁逵社錢三萬，經時無以還，被逵執，謐密以己錢代償，由是得釋。後伐荻新洲，見大蛇長數丈，射之，傷。明日復至洲，裏聞有杵臼聲，往覘之，見童子數人皆青衣，於榛中擣藥。問其故，答曰：『我王爲劉寄奴所射，合散傅之。』帝曰：『王神何不殺之？』答曰：『劉寄奴王者不死，不可殺。』帝叱之，皆散，仍收藥而反。又經客下邳逆旅，會一沙門謂帝曰：『江表當亂，安之者，其在君乎。』帝先患手創，積年不愈，沙門有一黃藥，因留與帝，既而忽亡，帝以黃散傅之，其創一傅而愈。寶其餘及所得童子藥，每遇金創，傅之並驗。

初爲冠軍孫無終司馬。晉隆安三年十一月，袄賊孫恩作亂於會稽，朝廷遣衛將軍謝琰、前將軍劉牢之東討。牢之請帝參府軍事，命與數十人覘賊，遇賊衆數千，帝便與戰，所將人多死，而帝奮長刀，所殺傷甚衆。牢之子敬宣疑帝爲賊所困，乃輕騎尋之；既而衆騎並至，遂平山陰，恩遁入海。

四年五月，恩復入會稽，殺謝琰。十一月，牢之復東征，使帝戍句章，句章城小人少，帝每戰陷陣，賊乃退還浹口。時東伐諸將，士卒暴掠，百姓皆苦之，惟帝獨無所犯。

五年春，恩頻攻句章，帝屢破之，恩復入海。三月，恩北出海鹽，帝築城於故海鹽，賊日來攻城，城內兵少，帝乃選敢死士擊走之。時雖連勝，帝深慮衆寡不敵，乃一夜偃旗示以羸弱，觀其懈，乃奮擊，大破之。恩知城不可下，進向滬瀆，帝棄城追之。海鹽令鮑陋遣子嗣之以吳兵一千爲前驅，帝以吳人不習戰，命之在後，不從。是夜帝多設奇兵，兼置旗鼓，明日戰，伏發，賊退，嗣之追奔陷沒。帝且退且戰，麾下死傷將盡，乃至向處止，令左右解取死人衣以示暇。賊疑尚有伏，乃引去。六月，恩浮海至丹徒，帝兼行與俱至，奔擊大破之。恩至建鄴，知朝廷有備，遂走郁洲。八月，晉帝以帝爲下邳太守。帝又追恩至郁洲及海鹽，頻破之。恩自是饑饉，奔臨海。

元興元年，荆州刺史桓玄舉兵東下，驃騎將軍司馬元顯遣牢之拒之，帝又參其軍事。玄至，帝請擊之，牢之不許，乃遣子敬宣詣玄請和。帝與東海何無忌並固諫，不從。玄克建鄴，以牢之爲會稽內史。牢之懼，招帝於廣陵舉兵，帝曰：『人情去矣，廣陵亦豈可得之？』牢之竟縊於新洲。何無忌謂帝曰：『我將何之？』帝曰：『可隨我還京口。玄必守臣節，當與卿事之；不然，與卿圖之。』

玄從兄修以撫軍將軍鎮丹徒，以帝爲中兵參軍。孫恩自敗後，懼見獲，乃投水死於臨海，餘衆推恩妹夫盧循爲主。玄復遣帝東征。

二年，循奔永嘉，帝追破之。六月，加帝彭城內史。

十二月，桓玄篡位，遷晉帝於尋陽。桓修入朝，帝從至建鄴，玄見帝，謂司徒王謐曰：『昨見劉裕，風骨不恒，蓋人傑也。』每遊集，贈賜甚厚。玄妻劉氏，尚書令耽之女也，聰明有智鑑，嘗見帝，因謂玄曰：『劉裕龍行虎步，視瞻不凡，恐必不爲人下，宜早爲其所。』玄曰：『我方平蕩中原，非裕莫可，待關、隴平定，然後議之。』

修尋還京口，帝托以金創疾動，不堪步從，乃與無忌同船共還，建興

復計，及弟道規、沛國劉毅、平昌孟昶、任城魏詠之、高平檀憑之、琅邪諸葛長人、太原王元德、隴西辛扈興、東莞童厚之，並同義謀。時桓修弟弘爲青州刺史，鎮廣陵，道規爲弘中兵參軍，昶爲州主簿，乃令毅就昶謀共襲弘。長人爲豫州刺史刁逵左軍府參軍，謀據歷陽相應，元德、厚之謀於建鄴攻玄，尅期齊發。

三年二月乙卯，帝托遊獵，與無忌、詠之、憑之，毅從弟藩，憑之從子韶、祗、隆、道濟，昶族弟懷玉等，集義徒凡二十七人，願從者百餘人。丙辰，候城門開，無忌等義徒服傳詔服，稱詔居前，義衆馳入齊叫，吏士驚散，即斬修以徇。帝哭之甚慟，厚加斂恤。昶勸弘其日出獵，未明，開門出獵人，昶、道規、毅等率壯士五六十人，因開門直入。弘方噉粥，即斬之，因收衆濟江。

義軍初克京城，修司馬刁弘率文武佐吏來赴，帝登城謂曰：『郭江州已奉乘輿反正於尋陽，我等並被密詔誅逆黨，今日賊玄之首已當梟於大航。諸君非大晉之臣乎？』弘等信之而退。毅既至，帝命誅弘等。

毅兄邁先在建鄴，事未發數日，帝遣同謀周安穆報之，使爲內應。邁甚懼，安穆慮事發，馳歸。時玄以邁爲竟陵太守，邁便下船，欲之郡。是夜玄與邁書曰：『北府人情云何？卿近見劉裕何所道？』邁謂玄已知其謀，晨起白之。玄驚，封邁爲重安侯，又以不執安穆故殺之，誅元德、扈興、厚之等。乃遣頓丘太守吳甫之、右衛將軍皇甫敷北拒義軍。

先是，帝造遊擊將軍何澹之，左右見帝光曜滿室，以告澹之，澹之以白玄，玄不以爲意，至是，聞義兵起，甚懼。或曰：『裕等甚弱，陛下何慮之深？』玄曰：『劉裕足爲一世之雄，劉毅家無儋石之儲，摴蒱一擲百萬，何無忌，劉牢之之外甥，酷似其舅，共舉大事，何謂無成。』時衆推帝爲盟主，以孟昶爲長史，總後事，檀憑之爲司馬，百姓願從者千餘人。軍次竹里，移檄都下曰：

夫成敗相因，理不常泰，狡焉肆虐，或遇聖明。自我大晉，屢遘陽九，隆安以來，皇家多故，貞良弊於豺狼，忠臣碎於虎口。逆臣桓玄敢肆陵慢，阻兵荆郢，肆暴都邑，天未忘難，凶力實繁，踰年之間，遂傾皇祚。主上播越，流幸非所，神器沈辱，七廟毀墜，雖夏后之離浞、豷，有漢之遭莽、卓，方之於茲，未足爲喻。自玄篡逆，於今歷載，彌年亢旱，人不聊生，士庶疲於轉輸，文武困於板築，室家分析，父子乖離，豈惟大東有杼軸之悲，摽梅有頃筐之怨而已哉！仰觀天文，俯察人事，此而可存，孰有可亡！凡在有心，誰不扼腕。裕等所以叩心泣血，不遑啓處者也。

是故夕寐宵興，搜獎忠烈，潛構崎嶇，過於履虎，乘機奮發，義不圖全。輔國將軍劉毅、廣武將軍何無忌、鎮北主簿孟昶、兗州主簿魏詠之、寧遠將軍劉道規、龍驤參軍劉藩、振威將軍檀憑之等，忠烈斷金，精貫白日，荷戈俟奮，志在畢命。益州刺史毛璩，萬里齊契，掃定荆楚。江州刺史郭昶之奉迎主上，宮於尋陽。鎮北參軍王元德等並率部曲，保據石頭。揚武將軍諸葛長人收集義士，已據歷陽。征虜參軍庾賾之等潛相連結，以爲內應。同力協契，所在蜂起，即日斬僞徐州刺史安成王修、青州刺史弘。義衆既集，文武爭先，咸謂不有一統，則事無以輯。裕辭不獲命，遂總軍要，庶上憑祖宗之靈，下罄義夫之節，翦馘逋逆，蕩清京華。公侯諸君，或世樹忠貞，或身荷爵寵，而並俛眉猾豎，無由自效，顧瞻周道，寧不吊乎！今日之舉，良其會也。裕以虛薄，才非古人，受任於既頹之運，接勢於已替之機，丹誠未宣，感慨憤激。望霄漢以永懷，眄山川以增佇，投檄之日，神馳賊庭。

三月戊午，遇吳甫之於江乘，帝躬執長刀，大呼，即斬甫之。進至羅落橋，遇皇甫敷，檀憑之戰敗，死之，衆退，帝進戰彌厲，又斬敷首。初，帝建大謀，有工相者相帝與無忌等近當大貴，惟云憑之無相。至是，憑之戰死，帝知其事必捷。

玄聞敷等没，使桓謙屯東陵口，卞範之屯覆舟山西。己未，義軍進至覆舟東，張疑兵，以油帔冠諸樹，佈滿山谷。帝先馳之，將士皆殊死戰，無不一當百，呼聲動天地。因風縱火，煙焰張天，謙等大敗。玄始雖遣軍，而走意已決，別遣領軍殷仲文具舟石頭，聞謙敗，輕船南逸。

庚申，帝鎮石頭城，立留臺百官，焚桓温主於宣陽門外，造晉新主於太廟。遣諸將追玄，命尚書王嘏率百官奉迎乘輿。司徒王謐與衆議推帝領揚州，帝固辭，乃以謐爲録尚書事、領揚州刺史，帝爲鎮軍將軍、都督八州諸軍事、徐州刺史、領軍將軍。初，晉陵人韋叟善相術，桓修令相帝當得州不，叟曰：『當得邊州刺史。』退而私於帝曰：『君相貴不可言。』

帝笑曰：『若中，當相用爲司馬。』至是，叟詣帝曰：『成王不負桐葉之信，公亦應不忘司馬之言。今不敢希鎮軍司馬，願得領軍佐。』於是用焉。時諸葛長人失期，爲刁逵執送，未至而玄敗。玄經尋陽，江州刺史郭昶之爲具乘輿法物。初，荆州刺史王綏以江左冠族，又桓氏之甥，素甚陵帝，至是，及其父尚書左僕射愉有自疑志，並及誅。

四月戊子，奉武陵王遵爲大將軍，承制，大赦，惟桓玄一祖後不免。桓玄之篡，王謐佐命，手解安帝璽紱。及義旗建，衆謂謐宜誅，惟帝素德謐，保持之。劉毅嘗因朝會，問謐璽紱所在，謐益懼。及王愉父子誅，謐從弟諶謂謐曰：『王駒無罪而誅，此是翦除勝己，兄既桓氏黨附，求免得乎？』駒，愉小字也。謐懼，奔曲阿。帝箋白大將軍迎還，復其位。

玄挾天子走江陵，又浮江東下，與劉毅、何無忌、劉道規等遇於崢嶸洲，衆軍大破之。玄黨殷仲文奉晉二皇后還建鄴。玄復挾天子至江陵，因走南郡，太守王騰之、荆州别駕王康産奉天子入南郡府。

初，益州刺史毛璩遣從孫佑之與參軍費恬送弟喪下州，璩弟子修之時爲玄屯騎校尉，誘玄入蜀，至枚回洲，恬與佑之迎射之，益州督護馮遷斬玄，傳首建鄴。玄從子振逃於華容之湧中，招集逆黨，襲江陵城，騰之、康産皆被殺。桓謙先匿沮川，亦聚衆應振。爲玄舉哀，立喪庭。謙率衆官奉璽綬於安帝。劉毅、何無忌進及桓振戰，敗績於靈溪。

十月，帝領青州刺史，甲仗百人入殿。

義熙元年正月，毅等至江津，破桓謙、桓振，江陵平。三月甲午，晉帝至自江陵。庚子，詔進帝侍中、車騎將軍、都督中外諸軍、録尚書事。帝固讓，旋鎮丹徒。九月乙巳，加帝領兗州刺史。

盧循浮海破廣州，獲刺史吳隱之，即以循爲廣州刺史，以其黨徐道覆爲始興相。

二年三月，進帝督交、廣二州。十月，論匡復勳，封帝豫章郡公，邑萬户，賜絹三萬疋。其餘封賞各有差。

三年十二月，司徒、録尚書、揚州刺史王謐薨。

四年正月，征帝入輔，授侍中、車騎將軍、開府儀同三司、揚州刺史、録尚書事，徐、兗二州刺史如故。表解兗州。先是，帝遣冠軍劉敬宣伐蜀賊譙縱，無功而還。九月，帝以敬宣挫退，遜位，不許。十月，乃降爲中軍將軍，開府如故。

五年二月，僞燕主慕容超大掠淮北。三月，帝抗表北討，以丹陽尹孟昶監中軍留府事。乃浮淮入泗。五月，至下邳，留船，步軍進琅邪，所過築城留守。

超大將公孫五樓請斷大峴，堅壁清野以待，超不從。初謀是役，議者以爲賊若嚴守大峴，軍無所資，何能自反？帝曰：『不然。鮮卑性貪，略不及遠，既幸其勝，且愛其穀，必將引我，且亦輕戰。師一入峴，吾何患焉。』及入峴，帝舉手指天曰：『吾事濟矣。』衆問其故，帝曰：『師既過險，士有必死之志，餘糧棲畝，軍無匱乏之憂，勝可必矣。』

六月，超留羸老守廣固，使其廣寧王賀剌盧及公孫五樓悉力據臨朐。去城四十里有巨蔑水，超告五樓急據之。比至，爲龍驤將軍孟龍符所保，五樓乃退。

大軍分車四千兩爲二翼，方軌徐行，車張幰，御者執肖，以騎爲遊軍，軍令嚴肅。比及臨朐，賊騎交至，帝命兗州刺史劉藩、并州刺史劉道憐等陷其陣。日向昃，戰猶酣，帝用參軍胡藩策，襲克臨朐，賊乃大奔。超遁還廣固，獲其玉璽、豹尾、輦等，送於都。丙子，克廣固大城，超固其小城。乃設長圍以守之，館穀於青土，停江、淮轉輸。

七月，超尚書郎張綱乞師於姚興，自長安反，泰山太守申宣執送之。綱有巧思，先是，帝修攻具，城上人曰：『汝不得張綱，何能爲也。』及至，升諸樓車以示之，城内莫不失色。超既求救不獲，綱反見虜，乃求稱藩，割大峴爲界，獻馬千匹，不聽。時姚興遣使，聲言將涉淮左，帝謂曰：『爾報姚興，我定青州，將過函谷，虜能自送，今其時矣。』録事參軍劉穆之遽入曰：『此言不足威敵，容能怒彼。若鮮卑未拔，西羌又至，公何以待之？』帝乃笑曰：『此兵機也，非子所及。羌若能救，不有先聲，是自强也。』

十月，張綱修攻具成，設飛樓縣梯，木幔板屋，冠以牛皮，弓矢無所用之。劉毅遣上黨太守趙恢以千餘人來援，帝夜潛遣軍會之。明旦，恢衆五千，方道而進，每晉使將到，輒復如之。六年二月丁亥，屠廣固，超踰城走，追獲之，斬於建康市。殺其王公以下，納生口萬餘，馬二千匹。

初，帝之北也，徐道覆勸盧循乘虚而出，循不從。道覆乃至番禺說循

曰：『今日之機，萬不可失。若克京都，劉公雖還，無能爲也。』循從之。是月，寇南康、廬陵、豫章諸郡，郡守皆奔走。時帝將鎮下邳，進兵河、洛，及征使至，即日班師。鎮南將軍何無忌與道覆戰，敗死於豫章，内外震駭，朝議欲奉乘輿北走。帝次山陽，聞敗，卷甲與數十人造江上征問，知賊尚未至。

四月癸未，帝至都。劉毅自表南征，帝以賊新捷鋒鋭，須嚴軍偕進，使劉藩止之，毅不從。五月壬午，盧循敗毅於桑落洲。及審帝凱入，相視失色，欲還尋陽，平江陵，據二州以抗朝廷。道覆請乘勝遂下，爭之旬日，乃從。

於時北師始還，傷痍未復，戰士纔數千，賊衆十餘萬，舳艫亙千里。孟昶、諸葛長人懼，欲擁天子過江，帝曰：『今兵士雖少，猶足一戰，若其克濟，臣主同休；如其不然，不復能草間求活，吾計決矣。』初，帝征慕容超，惟孟昶勸行，丙辰，昶乃表天子，引罪，仰藥而死。

時議者欲分兵屯守諸津，帝曰：『賊衆我寡，分其兵則人測虛實，一處失利，則沮三軍之心，若聚衆石頭，則衆力不分。』戊午，帝移鎮石城。乙丑，賊大至，帝曰：『賊若新亭直上，且將避之；若回泊蔡洲，成禽耳。』徐道覆欲自新亭焚舟而戰，循多疑少決，每求萬全，乃泊蔡洲以待軍潰。帝登石頭以望，見之，悅。庚辰，賊設伏於南岸，疑兵向白石。帝率劉毅、諸葛長人北拒焉，留參軍徐赤特戍查浦，戒令勿戰。帝既北，賊焚查浦而至張侯橋，赤特與戰，大敗，賊進屯丹陽郡。帝馳還石頭，斬徐赤特。解甲久之，乃出陣於南塘。七月庚申，循自蔡洲退，將還歸尋陽，帝遣輔國將軍王仲德等追之。使建威將軍孫處自海道襲番禺，戒之曰：『我十二月必破祆寇，卿亦足至番禺，先傾其巢窟也。』

十月，帝率舟師南伐，使劉毅監太尉留府。是月，徐道覆寇江陵，荆州刺史劉道規大破之，道覆走還湓口。十一月，孫處至番禺，克其城，盧循父嘏奔始興，處撫其人以守。十二月己卯，大軍次大雷。庚辰，賊方江而下，帝躬提幡鼓，命衆軍齊力擊之，軍中多萬鈞神弩，所至莫不摧陷。帝自於中流蹙之，因風水之勢，賊艦悉薄西岸，岸上軍先備火具焚之，大敗。循還尋陽，遂走豫章，悉力柵左里。丙申，大軍次左里，將戰，帝麾之，麾竿折，幡沈於水，衆咸懼，帝笑曰：『昔覆舟之役亦如此，今勝必矣。』攻其柵，循單舸走，衆皆降。師旋，晉帝遣侍中黄門勞師於行所。

七年正月己未，振旅而歸，改授大將軍、揚州牧，給班劍二十人，本官並如故。固辭。凡南北征伐戰亡者，並列上賻贈，屍喪未反者，遣主帥迎接，致還本土。

二月，盧循至番禺，爲孫處所破，收餘衆南走。劉藩、孟懷玉斬徐道覆於始興。

自晉中興以來，朝綱弛紊，權門兼併，百姓流離，不得保其產業。桓玄頗欲厘改，竟不能行。帝既作輔，大示軌則，豪强肅然，遠近禁止。至是，會稽餘姚虞亮復藏匿亡命千餘人。帝誅亮，免會稽内史司馬休之。

晉帝又申前詔，帝固辭。於是改授太尉、中書監，乃受命，奉送黄鉞。

交州刺史杜惠度斬盧循父子，函七首送都。先是，諸州郡所遣秀才、孝廉多非其人，帝乃表申明舊例，策試之。

荆州刺史劉道規疾患，求歸，八年四月，改授豫州刺史，以豫州刺史劉毅代之。毅既有雄才大志，與帝俱興復晉室，自謂京城、廣陵功足相抗，雖權事推帝，而心不服也。厚自矜許，朝士素望者並多歸之，與尚書僕射謝混、丹陽尹郗僧施並深相結。及鎮江陵，豫州舊府多割以自隨，請僧施爲南蠻校尉。帝知毅終爲異端，心密圖之。毅至西，稱疾篤，表求從弟兗州刺史藩以爲副貳，帝僞許焉。九月，藩入朝，帝命收藩及謝混，並賜死。自表討毅，又假黄鉞，率諸軍西征。以前鎮軍將軍司馬休之爲平西將軍、荆州刺史，兗州刺史道憐鎮丹徒，豫州刺史諸葛長人監太尉留府事，加太尉司馬丹陽尹劉穆之建威將軍，配以實力。壬午，發建鄴，遣參軍王鎮惡、龍驤將軍蒯恩前襲江陵，克之，毅及黨與皆伏誅。

十一月，帝至江陵，分荆州十郡爲湘州，帝仍進督焉。以西陽太守朱齡石爲益州刺史，使伐蜀。晉帝進帝太傅、揚州牧，加羽葆、鼓吹，班劍二十人。

九年二月乙丑，帝至自江陵。初，諸葛長人貪淫驕横，帝每優容之。劉毅既誅，長人謂所親曰：『昔年醢彭越，今年殺韓信，禍其至矣。』將謀作亂。帝剋期至都，而每淹留不進。公卿以下，頻日奉候於新亭，長人亦驟出。既而帝輕舟密至，已還東府矣。長人到門，引前，卻人閑語，凡

平生言所不盡者，皆與及之，長人甚悅。帝已密命左右丁旿自幔後出，於坐拉焉，死於床側。輿屍付廷尉，並誅其弟黎人。旿驍勇有力，時人語曰，『勿跋扈，付丁旿』。

先是，山湖川澤皆爲豪强所奪，百姓薪采漁釣，皆責稅直，至是禁斷之。時人居未一，帝上表定制，於是依界土斷，惟徐、兖、青三州居晉陵者不在斷例。諸流寓郡縣，多所並省。以帝領鎮西將軍、豫州刺史。帝固讓太傅、揚州牧及班劍，奉還黃鉞。

七月，朱齡石平蜀，斬譙縱，傳首建鄴。

九月，晉帝以帝平齊、定盧循功，封帝次子義真爲桂陽縣公；並重申前命，授帝太傅、揚州牧，加羽葆、鼓吹，班劍二十人。將吏百僚敦勸，乃受羽葆、鼓吹、班劍，餘固辭。

十年，息人簡役，築東府城，起府舍。

帝以荆州刺史司馬休之宗室之重，又得江、漢人心，疑其有異志；而休之子譙王文思在都，招聚輕俠，帝執送休之，令自爲其所。休之表廢文思，並與帝書陳謝。

十一年正月，帝收休之子文寶、兄子文祖，並賜死，率衆西討。復假黃鉞，領荆州刺史。以中軍將軍道憐監留府事。休之上表自陳，並罪狀帝。休之府録事參軍韓延之有幹用才，帝未至江陵，密書招之。延之報書曰：『承親率戎馬，遠履西偏，闔境士庶，莫不惶駭。辱疏，知以譙王前事，良增歎息。司馬平西體國忠貞，款懷待物，以公有匡復之勳，家國蒙賴，推德委誠，每事詢仰。譙王往以微事見劾，猶自表遜位；況以大過而當默邪！來示云，「處懷期物，自有由來」。今伐人之君，啖人以利，真可謂「處懷期物」者矣。劉藩死於閶闔之門，諸葛斃於左右之手，甘言詫方伯，襲之以輕兵，遂使席上靡款懷之士，閫外無自信諸侯，以爲得算，良所耻也。吾雖鄙劣，嘗聞道於君子，以平西之至德，寧可無授命之臣乎？假天長喪亂，九流渾濁，當與臧洪遊於地下。不復多云。』帝視書歎息，以示將佐曰：『事人當如此。』

三月，軍次江陵。初，雍州刺史魯宗之負力好亂，且慮不爲帝容，常爲讖曰：『魚登日，輔帝室。』與休之相結。至是，率其子竟陵太守軌會於江陵。帝濟江，休之衆潰，與軌等奔襄陽，江陵平。加領南蠻校尉。將拜南蠻，遇四廢日，佐史鄭鮮之等白遷日，不許。下書開寬大之恩。四月，進軍襄陽，休之等奔姚興。晉帝復申前令，授太傅、揚州牧，劍履上殿，入朝不趨，贊拜不名，加前部羽葆、鼓吹，置左右長史、司馬、從事中郎四人，封第三子義隆爲北彭城縣公。八月甲子，帝至自江陵，奉還黃鉞，固辭太傅、州牧、前部羽葆、鼓吹，其餘受命。

十二年正月，晉帝詔帝依舊辟士，加領平北將軍、兖州刺史，增督南秦，凡二十二州。帝以平北文武寡少，不宜別置，於是罷平北府，以並大府。三月，加帝中外大都督。

初，帝平齊，仍有定關、洛意，遇盧循侵逼，故寢。及荆、雍平，乃謀外略。會姚興死，子泓新立，兄弟相殺，關中擾亂。四月乙丑，帝表伐關、洛，乃戒嚴北討，加領征西將軍、司豫二州刺史。以世子爲徐、兖二州刺史。帝欲以義聲懷遠，奉琅邪王北伐。五月，廬江霍山崩，獲六鍾，獻之天子。癸巳，加領北雍州刺史，前後部羽葆、鼓吹，增班劍爲四十人。八月丁巳，率大衆進發，以世子爲中軍將軍，監太尉留府事，尚書右僕射劉穆之爲左僕射，領監軍、中軍二府軍司，入居東府，總攝內外。九月，帝至彭城，加領北徐州刺史。十月，衆軍至洛，圍金墉，降之。修復晉五陵，置守衛。

十二月壬申，晉帝加帝位相國、總百揆、揚州牧，封十郡爲宋公，備九錫之禮，加璽紱、遠遊冠、緑綟綬，位在諸侯王上。策曰：

朕以寡昧，仰纘洪基，夷羿乘釁，蕩覆王室，越在南鄙，遷於九江。宗祀絕饗，人神無位，提挈羣凶，寄命江浦，則我祖宗之烈，奄墜於地，七百之祚，翦焉既傾，若涉巨海，罔知攸濟。天未絕晉，誕育英輔，振厥弛維，再造區宇，興亡繼絕，俾昏作明，元勳至德，朕實攸賴。

今將授公典策，其敬聽朕命：乃者，桓玄肆僭，滔天泯夏，拔本塞源，顛蹶六位，庶僚俛眉，四方莫恤。公精貫朝日，氣陵虹蜺，奮其靈武，大殲羣慝，克復皇邑，奉歆神祇。此公之大節始於勤王者也。授律羣后，泝流長騖，薄伐崢嶸，獻捷南郢，大憝折首，羣逆畢夷，三光旋采，舊物反正。此又公之功也。出藩入輔，弘茲保弼，阜財利用，繁殖黎元，編户歲滋，疆宇日啓，導德明刑，四境有截。此又公之功也。鮮卑負衆，僭盜三齊，介恃遐阻，仍爲邊害，公捜乘秣馬，負人遠疆，沖櫓四臨，萬

雉俱潰，拓土三千，申威龍漠。此又公之功也。盧循祆凶，伺隙五嶺，侵覆江、豫，矢及王城，國議遷都之規，家獻徙卜之計，公乘轅南濟，義形於色，運奇擄略，英謨不世，狡寇窮衄，喪旗宵遁，俾我畿甸，拯於將墜。此又公之功也。追奔逐北，揚旍江濆，偏旅浮海，指日遄至，番禺之功，俘級萬數，左里之捷，鳥散魚潰，元兇遠竄，傳首萬里。此又公之功也。劉毅叛換，負釁西夏，陵上罔主，志肆姦暴，公御軌以刑，消之不日，罪人斯得，荆、衡寧晏。此又公之功也。譙縱怙亂，寇竊一隅，王化阻閡，三巴淪溺，公指命偏帥，授以良圖，陵波憑湍，致届井絡，僭竪伏鑕，梁、岷草偃。此又公之功也。馬休、魯宗，阻兵內侮，驅率二方，連旗稱亂，公投袂星言，研其上略，江津之師，勢踰風電，回旆沔川，實繁震懾，二叛奔迸，荆、雍來蘇。此又公之功也。永嘉不競，四夷擅華，五都傾蕩，山陵幽辱，祖宗懷没世之憤，遺甿有匪風之思，公遠齊阿衡納隍之仁，近同小白滅亡之耻，鞠旅陳師，赫然大號，分命羣帥，北徇司、兖，許、鄭風靡，鞏、洛載清，百年榛穢，一朝掃滌。此又公之功也。

公有康宇內之勳，重之以明德。爰初發迹，則奇謨冠古，電擊强祆，則鋒無前對，聿寧東畿，大造黔首。若乃草昧經綸，化融於歲計，扶危靜亂，道固於苞桑。蠲削煩苛，較若畫一，淳風美化，盈塞區宇。是以絕域獻琛，遐夷納賮，王略所宣，九服率從。雖文命之東漸西被，咎繇之邁於種德，何以尚兹。朕聞先王之宰世也，庸勳尊賢，建侯胙土，褒以寵章，崇其徽物，所以協輔皇室，永隆藩屏。故曲阜光啓，遂荒徐宅，營丘表海，四履有聞。其在襄王，亦賴匡霸，又命晉文，備物光賜。惟公道冠前烈，勳高振古，而殊典未飾，朕甚懵焉！今進授相國，以徐州之彭城沛蘭陵下邳淮陽山陽廣陵、兖州之高平魯泰山十郡封公爲宋公，錫兹玄土，苴以白茅，爰定爾居，用建冢社。昔晉、鄭啓藩，入作卿士，周、召保傅，出總二南，內外之任，公實兼之。今命使持節、兼太尉、尚書左僕射晉寧縣五等男湛授相國印綬，宋公璽紱，使持節、兼司空、散騎常侍、尚書陽遂鄉侯泰授宋公茅土，金虎符第一至第五左，竹使符第一至第十左。相國位無不總，禮絕朝班，居常之名，宜與事革。其以相國總百揆，去録尚書之號；上送所假節、侍中貂蟬、中外都督太傅太尉印綬、豫章公印策；進揚州刺史爲牧，領征西將軍、司豫北徐雍四州刺史如故。公紀綱禮度，萬國是式，乘介蹈方，罔有遷志，是用錫公大路、戎路各一，玄牡二駟；公抑末敦本，務農重積，采蘩實殷，稼穡惟阜，是用錫公衮冕之服，赤舄副焉；公閑邪納正，移風改俗，陶鈞品物，如樂之和，是用錫公軒縣之樂、六佾之舞；公宣美王化，導揚休風，華夷企踵，遠人胥萃，是用錫公朱户以居；公官方任能，網羅幽滯，九皋辭野，髦士盈朝，是用錫公納陛以登；公當軸處中，率下以義，式遏寇讎，滌除苛慝，是用錫公虎賁之士三百人；公明罰恤刑，庶獄詳允，放命幹紀，罔有攸縱，是用錫公鈇鉞各一；公龍驤鳳矯，咫尺八紘，括囊四海，折衝無外，是用錫公彤弓一、彤矢百，玈弓十、玈矢千；公温恭孝思，致虔禋祀，忠肅之志，儀刑四方，是用錫公秬鬯一卣，圭瓚副焉。宋國置丞相以下，一遵舊儀。欽哉，其祇服往命，茂對天休，簡恤庶邦，敬敷顯德，以終我高祖之嘉命！置宋國侍中、黄門侍郎、尚書左丞，即隨大使奉迎。枹罕虜乞伏熾盤遣使謁帝，求效力討姚泓，拜爲平西將軍、河南公。

十三年正月，帝以舟師進討，留彭城公義隆鎮彭城。軍次陳留城，經張良廟，下令以時修飾棟宇致薦焉。晉帝追贈帝祖爲太常，父爲特進、左光禄大夫，讓不受。二月，冠軍將軍檀道濟等軍次潼關。三月庚辰，帝率大軍入河。五月，帝至洛陽，謁晉五陵。七月，至陝，龍驤將軍王鎮惡舟師自河浮渭。八月，扶風太守沈田子大破姚泓軍於藍田，王鎮惡克長安，禽姚泓。始義熙九年，歲、鎮、熒惑、太白聚東井，至是而關中平。九月，帝至長安。長安豐稔，帑藏盈積，帝先收其彝器、渾儀、土圭、記里鼓、指南車及秦始皇玉璽送之都；其餘珍寶珠玉，悉以班賜將帥。還姚宗於江南，送泓斬於建康市。謁漢長陵，大會文武於未央殿。

十月，晉帝詔進宋公爵爲王，加十郡益宋國，并前爲二十郡。其相國、揚州牧、領征西將軍、司豫北徐雍四州刺史如故。帝欲息駕長安，經略趙、魏，十一月，前將軍劉穆之卒，乃歸。十二月庚子，發自長安，以桂陽公義真爲雍州刺史，鎮長安，留腹心將佐以輔之。

十四年正月壬戌，帝至彭城，解嚴息甲。以輔國將軍劉遵考爲并州刺史，領河東太守，鎮蒲阪。帝解司州，領徐、冀二州刺史，固讓進爵。時漢中成固縣漢水崖際有異聲如雷，俄頃岸崩，有銅鍾十二，出自潛壤。鞏

縣人宗曜於其田所獲嘉禾，九穗同莖，帝以獻，晉帝以歸於我。帝沖讓，乃止。六月丁亥，受相國宋公九錫之命，下命赦國内殊死以下。詔崇豫章太夫人爲宋公太妃，世子爲中軍將軍副貳，相國府百官悉依天朝之制。又詔宋國所封十郡之外，悉得除用。先是，安西中兵參軍沈田子殺安西司馬王鎮惡，諸將殺安西長史王修，關中亂。十月，帝遣右將軍朱齡石代安西將軍桂陽公義真爲雍州刺史。義真還，爲赫連勃勃所追，大敗，僅以身免，諸將帥及齡石並没。

十二月，晉安帝崩，大司馬琅邪王即帝位。元熙元年正月，晉帝詔征帝入輔，又申前令，進公爵爲王，以徐州之海陵北東海北譙北梁、豫州之新蔡、兗州之北陳留、司州之陳郡汝南潁川滎陽十郡，增宋國。七月，乃受命。赦國内五歲刑以下，遷都壽陽。九月，解揚州。十二月，晉帝命帝冕十有二旒，建天子旌旗，出警入蹕，乘金根車，駕六馬，備五時副車，置旄頭雲罕，樂舞八佾，設鍾虡宫縣。進王太妃爲太后，王妃爲王后，世子爲太子，王子、王孫爵命之號，一如舊儀。二年正月，帝表讓殊禮。竟陵郡江濱自開，出古銅禮器十餘枚，帝獻之晉帝，讓不受，於是歸諸瑞物，藏於相府。四月，詔遣敦勸，兼征帝入輔。六月壬戌，帝至都。甲寅，晉帝禪位於宋。有司草詔既成，請書之，天子即便操筆，謂左右曰：『桓玄之時，天命已改，重爲劉公所延，將二十載。今日之事，本所甘心。』甲子，遣使奉策曰：

咨爾宋王，夫玄古權輿，悠哉邈矣，其詳靡得而聞。爰自書契，降逮三、五，莫不以上聖君四海，止戈定大業。然則帝王者，宰物之通器，君道者，天下之至公也。昔在上葉，深鑑茲道，是以天禄既終，唐、虞弗得傳其嗣，符命來格，舜、禹不獲全其謙。所以經緯三才，澄序彝化，作範振古，垂風萬葉，莫尚於茲。自是厥後，歷代彌劭。漢既嗣德於放勳，魏亦方軌於重華，諒以協謀乎人鬼，而以百姓爲心者也。

昔我祖宗欽明，辰居其極，而明晦代序，盈虧有期，翦商兆禍，非惟一世，曾是弗克，矧伊在今，天之所廢，有自來矣。惟王體上聖之姿，包二儀之德，明齊日月，道合四時。乃者，社稷傾覆，王拯而存之，中原蕪梗，又濟而復之。自負固不賓，幹紀放命，肆逆滔天，竊據萬里，靡不潤之以風雨，震之以雷霆。九伐之道既敷，八法之化自理，豈伊博施於人，濟斯黔庶，固已義洽四海，道盛八荒者矣。至於上天垂象，四靈效征，圖讖之文既明，人神之望已改，百工歌於朝，庶人頌乎野，億兆抃踴，傾佇惟新。自非百姓樂推，天命攸集，豈伊在予所得獨專。是用仰祇皇靈，俯順羣議，敬禪神器，授帝位於爾躬。大祚其窮，天禄永終。於戲！王其允執其中，敬遵典訓，副率土之嘉願，恢洪業於無窮，時膺休佑，以答三靈之眷望。又遣使持節、兼太保、散騎常侍、光禄大夫謝澹，兼太尉、尚書劉宣範奉璽書，歸皇帝璽綬，受終之禮，一如唐虞、漢魏故事。帝奉表陳讓，晉帝已遜於琅邪王第，表不獲通。於是陳留王虔嗣等二百七十人及宋臺羣臣並上表勸進，猶不許。太史令駱達陳天文符應曰：『案晉義熙元年至元熙元年，太白晝見經天凡七，占曰：「太白經天，人更主，異姓興。」義熙七年，五虹見於東方，占曰：「五虹見，天子黜，聖人出。」九年，鎮星、歲星、太白、熒惑聚於東井。十三年，鎮星入太微。占曰：「鎮星守太微，有立王，有徙王。」元熙元年冬，黑龍四登於天，易傳曰：「冬，龍見，天子亡社稷，大人受命。」冀州道人釋法稱告其弟子曰：「嵩神言，江東有劉將軍，漢家苗裔，當受天命，吾以璧三十二、鎮金一餅與之，劉氏卜世之數也。」漢建武至建安末一百九十六年而禪魏，魏自黄初至咸熙末四十六年而禪晉，晉自泰始至今百五十六年，三代揖讓，咸窮於六。又漢光武社於南陽，漢末而其樹死，劉備有蜀，乃應之而興；及晉季年，舊根始萌，至是而盛矣。』若此者有數十條。羣臣又固請，乃從之。

永初元年夏六月丁卯，皇帝即位於南郊，設壇，柴燎告天曰：

皇帝臣裕敢用玄牡，昭告於皇皇后帝：

晉以卜世告終，歷數有歸，欽若景運，以命於裕。夫樹君宰世，天下爲公，德充帝王，樂推攸集。越俶唐虞，降暨漢魏，靡不以上哲格文祖，元勳陟帝位，故能大拯黔首，垂訓無窮。晉自東遷，四維不振，宰輔焉依，爲日已久。難棘隆安，禍成元興，遂至帝主遷播，宗祀堙滅。裕雖地非齊、晉，衆無一旅，仰憤時難，俯悼横流，投袂一起，則皇祀克復。及危而能持，顛而能扶，姦宄具殲，僭僞亦滅，誠興廢有期，否終有數。至於大造晉室，撥亂濟時，因藉時來，實屍其重。加以殊俗慕義，重譯來庭，正朔所暨，咸服聲教。至乃三靈垂象，山川告祥，人神協祉，歲月滋

著。是以羣公卿士，億兆夷人，僉曰：『皇靈降鑑於上，晉朝款誠於下，天命不可以久淹，宸極不可以暫曠。』遂逼羣議，恭茲大禮。猥以寡德，托於兆人之上，雖仰畏天威，略是小節，顧深永懷，祇懼若實。敬簡元日，升壇受禪，告類上帝，用酬萬國之情，克隆天保，永祚於有宋。惟明靈是饗！禮畢，備法駕，幸建康宮，臨太極前殿，大赦，改元。賜人爵二級。鰥寡孤獨不能自存者，人穀五斛，逋租宿責勿收。其犯鄉論清議，贓汙淫盜，一皆蕩滌。長徒之身，特皆原遣。亡官失爵、禁錮奪勞，一依舊准。封晉帝爲零陵王，全食一郡，載天子旌旗，乘五時副車，行晉正朔，郊祀天地，禮樂制度，皆用晉典，上書不爲表，荅表不稱詔，宮於故秣陵。追尊皇考爲孝穆皇帝，妣爲穆皇后，尊王太后爲皇太后。詔曰：『夫微禹之感，歎深後昆，愛人懷樹，猶或勿翦。雖在異代，義無廢絶，降殺之儀，一依前典。可降始興公爲縣公，廬陵公爲柴桑縣公，始安公爲荔浦縣侯，長沙公爲醴陵縣侯，康樂公即降爲縣侯，奉王導、謝安、温嶠、陶侃、謝玄之祀，其宣力義熙者，一仍本秩。』

庚午，以司空道憐爲太尉，封長沙王，立南郡公義慶爲臨川王。又詔論戰亡追贈及酬賞除復之科。乙亥，封皇子桂陽公義真爲廬陵王，彭城公義隆爲宜都王，義康爲彭城王。丁丑，使使巡行四方，旌賢舉善，問人疾苦，獄訟虧濫、政刑乖愆、傷化擾俗、未允人聽者，皆具以聞。戊寅，詔增百官奉。己卯，改晉《泰始曆》爲《永初曆》，社以子，臘以辰。

秋七月丁亥，原放劫賊餘口没在臺府者，諸流徒之家，並聽還本。又以市税繁苦，優量減降。從征關、洛，殞身不反者，贍賜其家。己丑，陳留王曹虔嗣薨。辛卯，復置五校三將官，增殿中將軍員二十人，餘在員外。戊戌，征西大將軍、開府儀同三司楊盛進號車騎大將軍。甲辰，鎮西將軍李歆進號征西大將軍，平西將軍乞伏熾盤進號安西大將軍，征東將軍高句麗王高璉進號征東大將軍，鎮東將軍百濟王扶餘映進號鎮東大將軍。置東宮冗從僕射、旅賁中郎將官。戊申，遷神主於太廟，車駕親奉。壬子，詔改權制，率從寬簡。

八月辛酉，詔舊郡縣以北爲名者悉除之，寓立於南者，聽以南爲號。戊辰，詔曰：『彭城桑梓，敦本斯隆，宜同豐、沛。其沛郡、下邳各復租布三十年。』辛未，追謚妃臧氏爲敬皇后，陵曰永寧。癸酉，立王太子義符爲皇太子。乙亥，赦見罪人。閏月壬午，置晉帝諸陵守衛，其名賢先哲，詳加灑掃。丁酉，林邑國遣使朝貢。

九月壬子，置東宮殿中將軍十人，員外二十人。壬申，置都官尚書。

是歲，魏明元皇帝泰常五年。西涼亡。

二年春正月辛酉，祀南郊，大赦。丙寅，斷金銀塗。以揚州刺史廬陵王義真爲司徒，以尚書僕射徐羨之爲尚書令、揚州刺史。己卯，禁喪事用銅釘。罷會稽郡府。

二月己丑，策試州郡秀、孝於延賢堂。倭國遣使朝貢。三月乙丑，初限荆州府置將不得過二千人，吏不得過一萬人。州置將不得過五百人，吏不得過五千人。兵士不在此限。夏四月己卯，初禁淫祀，除諸房廟。其先賢以勳德立祠者，不在此例。戊申，聽訟於華林園。

五月己酉，置東宮屯騎、步兵、翊軍三校尉官。

秋七月己巳，地震。

九月己丑，零陵王殂，宋志也。車駕率百僚臨於朝堂三日，如魏明帝服山陽公故事。使兼太尉持節護喪事，葬以晉禮。冬十月己亥，以涼州胡帥大沮渠蒙遜爲鎮軍大將軍、開府儀同三司、涼州刺史。

十一月辛亥，葬晉恭皇帝於沖平陵，車駕率百官瞻送。三年春正月甲辰朔，詔刑罰無輕重悉原之。癸丑，以尚書令揚州刺史徐羨之爲司空、録尚書事，刺史如故。進江州刺史王弘衛將軍、開府儀同三司。以太子詹事傅亮爲尚書僕射。二月丙戌，有星孛於虚、危。

三月，上不豫，太尉長沙王道憐、司空徐羨之、尚書僕射傅亮、領軍將軍謝晦、護軍將軍檀道濟併入侍醫藥。羣臣請祈禱神祇，上不許，惟使侍中謝方明以疾告廟而已。丁未，以廬陵王義真爲侍中、車騎將軍、開府儀同三司、南豫州刺史。己未，上疾瘳，大赦。

夏四月乙亥，封仇池公楊盛爲武都郡王。

五月，上疾甚，召太子，戒之曰：『檀道濟雖有幹略，而無遠志，非如兄韶有難御之氣。徐羨之、傅亮當無異圖。謝晦屢從征伐，頗識機變，若有異，必此人也。小卻，可以會稽、江州處之。』又爲手詔：『朝廷不須復有別府，宰相帶揚州，可置甲士千人。若大臣中任要，宜有爪牙，以備不祥人者，可以臺見留隊給之。有征討，悉配以臺見軍隊，行還復舊。

後世若有幼主，朝事一委任宰相，母後不煩臨朝。仗既不許入臺殿門，要重人可詳給班劍。』癸亥，上崩於西殿，時年六十。七月己酉，葬丹陽建康縣蔣山初寧陵。羣臣上謚曰武皇帝，廟號高祖。上清簡寡欲，嚴整有法度，未嘗視珠玉輿馬之飾，後庭無紈綺絲竹之音。初，朝廷未備音樂，長史殷仲文以爲言，帝曰：『日不暇給，且所不解。』仲文曰：『屢聽自然解之。』帝曰：『政以解則好之，故不習耳。』寧州嘗獻虎魄枕，光色甚麗，價盈百金。時將北伐，以虎魄療金創，上大悦，命碎分賜諸將。平關中，得姚興從女，有盛寵，以之廢事，謝晦諫，即時遣出。財帛皆在外府，內無私藏。宋臺建，有司奏東西堂施局脚床，金塗釘，上不許。使用直脚床，釘用鐵。廣州嘗獻入筒細布，一端八丈，帝惡其精麗勞人，即付有司彈太守，以布還之，並制嶺南禁作此布。帝素有熱病，並患金創，末年尤劇，坐臥常須冷物，後有人獻石床，寢之，極以爲佳，乃歎曰：『木床且費，而況石邪。』即令毀之。制諸主出適，遣送不過二十萬，無錦繡金玉。內外奉禁，莫不節儉。性尤簡易，嘗著連齒木屐，好出神武門內左右逍遙，從者不過十餘人。時徐羨之住西州，嘗思羨之，便步出西掖門，羽儀絡驛追隨，已出西明門矣。諸子旦問起居，入合脱公服，止著裙帽，如家人之禮焉。

微時躬耕於丹徒，及受命，耨耜之具頗有存者，皆命藏之，以留於後。及文帝幸舊宮，見而問焉，左右以實對，文帝色慚。有近侍進曰：『大舜躬耕歷山，伯禹親事土木，陛下不睹列聖之遺物，何以知稼穡之艱難，何以知先帝之至德乎。』及孝武大明中，壞上所居陰室，於其處起玉燭殿，與羣臣觀之，床頭有土障，壁上掛葛燈籠、麻繩拂，侍中袁顗盛稱上儉素之德，孝武不答，獨曰：『田舍公得此，已爲過矣。』故能光有天下，克成大業，盛矣哉。

綜　述

《晉書》卷一〇《安帝紀》　隆安四年，輔國司馬劉裕破恩於南山。

元興二年春二月辛丑，建威將軍劉裕破徐道覆於東陽。

三年春二月，帝在尋陽。庚寅夜，濤水入石頭，漂殺人户。乙卯，建武將軍劉裕帥沛國劉毅、東海何無忌等舉義兵。丙辰，斬桓玄所署徐州刺史桓修於京口，青州刺史桓弘於廣陵。丁巳，義師濟江。三月戊午，劉裕斬玄將吴甫之於江乘，斬皇甫敷於羅落。己未，玄衆潰而逃。庚申，劉裕置留臺，具百官。壬戌，桓玄司徒王謐推劉裕行鎮軍將軍、徐州刺史、都督揚徐兖豫青冀幽并八州諸軍事、假節。劉裕以謐領揚州刺史、録尚書事。辛酉，劉裕誅尚書左僕射王愉、愉子荆州刺史綏、司州刺史温詳。

義熙元年，劉裕及何無忌等抗表遜位，不許。庚子，以琅邪王德文為大司馬，武陵王遵為太保，加鎮軍將軍劉裕為侍中、車騎將軍、都督中外諸軍事。甲辰，詔曰：『自頃國難之後，人物凋殘，常所供奉，猶不改舊，豈所以視人如傷，禹湯歸過之誡哉！可籌量減省。』夏四月，劉裕旋鎮京口。

冬十月，論匡復之功，封車騎將軍劉裕為豫章郡公。

三年春二月己酉，車騎將軍劉裕來朝。誅東陽太守殷仲文、南蠻校尉殷叔文、晉陵太守殷道叔、永嘉太守駱球。

四年春正月甲辰，以琅邪王德文領司徒，車騎將軍劉裕為揚州刺史、録尚書事。

五年，車騎將軍劉裕帥師伐慕容超。夏六月丙寅，震於太廟。劉裕大破慕容超於臨朐。

六年春正月丁亥，劉裕攻慕容超，克之，齊地悉平。

十二月壬辰，劉裕破盧循於豫章。

八年春二月己卯，太尉劉裕害右將軍兖州刺史劉藩、尚書左僕射謝混。庚辰，裕矯詔曰：『劉毅苞藏禍心，構逆南夏，藩、混助亂，志肆姦宄。賴寧輔玄鑒，撫機挫鋭，凶黨即戮，社稷乂安。夫好生之德，所因者本，肆眚覃仁，實資玄澤。況事興大憝，禍自元兇。其大赦天下，唯劉毅不在其例。普增文武位一等。孝順忠義，隱滯遺逸，必令聞達。』己丑，劉裕帥師討毅。裕參軍王鎮惡陷江陵城，毅自殺。

九年春三月丙寅，劉裕害前將軍諸葛長民及其弟輔國大將軍黎民、從弟寧朔將軍秀之。戊寅，加劉裕鎮西將軍、豫州刺史。林邑範胡達寇九真，交州刺史杜慧度斬之。夏四月壬戌，罷臨沂、湖熟皇后脂澤田四十頃，以賜貧人，弛湖池之禁。封鎮北將軍魯宗之為南陽郡公。秋七月，朱

齡石克成都，斬譙縱，益州平。九月，封劉裕次子義真為桂陽公。

十一年春正月，荆州刺史司馬休之、雍州刺史魯宗之並舉兵貳於劉裕，裕帥師討之。

十一年春正月壬午，劉裕及休之戰於江津，休之敗，奔襄陽。

十二年春二月，加劉裕中外大都督。秋八月，劉裕及琅邪王德文帥衆伐姚泓。

十三年夏，劉裕敗魏將鵝青於河曲，斬青裨將阿薄幹。五月，劉裕克潼關。秋七月，劉裕克長安，執姚泓，收其彝器，歸諸京師。

十四年夏六月，劉裕為相國，進封宋公。

又《恭帝紀》 劉裕之北征也，帝上疏，請帥所莅，啓行戎路，修敬山陵。朝廷從之，乃與裕俱發。及有司以即戎不得奉辭陵廟，帝復上疏曰：『臣推轂閫外，將革寒暑，不獲展情埏隧，私心罔極。伏願天慈，特垂聽許，使臣微誠粗申，即路無恨。』許之。及姚泓滅，歸於京都。十四年十二月戊寅，安帝崩。劉裕矯稱遺詔曰：『唯我有晉，誕膺明命，業隆九有，光宅四海。朕以不德，屬當多難，幸賴宰輔，拯厥顛覆。仍恃保祐，克黜禍亂，遂冕旒辰極，混一六合。方憑阿衡，惟新洪業，而遘疾大漸，將遂弗興。仰惟祖宗靈命。親賢是荷。咨爾大司馬、琅邪王，體自先皇，明德光懋，屬惟儲貳，衆望攸集。其君臨晉邦，奉系宗祀，允執其中，燮和天下。闡揚末誥，無廢我高祖之景命。』是日，即帝位，大赦。

元熙元年春正月甲午，征劉裕還朝。

秋八月，劉裕移鎮壽陽。

九月，劉裕自解揚州。

二年夏六月壬戌，劉裕至於京師。傅亮承裕密旨，諷帝禪位，草詔，請帝書之。帝欣然謂左右曰：『晉氏久已失之，今復何恨。』乃書赤紙為詔。甲子，遂遜於琅邪第。劉裕以帝為零陵王，居於秣陵，行晉正朔，車旗服色一如其舊，有其文而不備其禮。

又 卷一二《天文志中》 義熙元年五月庚午。日有彩珥。六年五月丙子，日暈，有璚。時有盧循逼京都，內外戒嚴。七月，循走。七年七月，五虹見東方。占曰：『天子黜。』其後劉裕代晉。

義熙九年十二月辛卯朔，月猶見東方。是謂之仄匿，則侯王其肅。是時劉裕輔政，威刑自己，仄匿之應云。

元興三年二月，劉裕盡誅桓氏。三年二月甲辰，月醃歲星於左角。占曰：『天下兵起。』是年二月丙辰，劉裕起義兵，殺桓修等。

二年十二月丙午，月奄太白，在危。占曰：『齊亡國。』一曰：『强國君死。』五年四月，劉裕大軍北討慕容超，卒滅之。

元興元年八月庚子，太白犯歲星，在上將東南。占曰：『楚兵饑。』一曰：『災在上將。』二年，桓玄簒位。三年，劉裕盡誅桓氏。

三年二月，劉裕起義兵，桓玄逼帝東下。

義熙五年，劉裕北殄慕容超。其六月辛卯，熒惑犯辰星，在翼。占曰：『天下兵起。』八月己卯，太白奄熒惑。占曰：『有大兵。』其四年，姚略遣衆征赫連勃勃，大為所破。五年四月甲戌，熒惑犯辰星，在東井。占曰：『皆為兵。』十二月辛丑，太白犯歲星，在奎。占曰：『大兵起，魯有兵。』是年四月，劉裕討慕容超。六年二月，滅慕容超於魯地。八年七月甲申，太白犯填星，在東井。占曰：『秦有大兵。』九年二月丙午，熒惑、填星皆犯東井。占曰：『秦有兵。』三月壬辰，歲星、熒惑、填星、太白聚於東井，從歲星也。東井，秦分。十三年，劉裕定關中，其後遂移晉祚。

又 卷一三《天文志下》 安帝隆安五年，孫恩攻侵郡縣，殺內史，至京口，進軍蒲洲，於是內外戒嚴。恩遣別將攻廣陵，殺三千餘人，退據郁洲，是時劉裕又追破之。

元興三年二月，劉裕盡誅桓氏。

是年二月丙辰，劉裕殺桓修等。三月己未，破走桓玄，遣軍西討。

義熙四年三月，左僕射孔安國卒。自後政在劉裕，人主端拱而已。

義熙五年，慕容超復寇淮北。四月，劉裕大軍討之，拔臨朐。又圍廣固拔之。五年，劉裕討慕容超，滅之。

劉裕西討劉毅，斬首徇之。

九年九月庚午，歲星犯軒轅大星。己丑，月犯左角。時劉裕擅命，兵革不休。十年，裕討司馬休之。王師不利，休之等奔長安。

十二年五月甲申，歲星留房心之間，宋之分野。始封劉裕為宋公。

義熙十二年七月，劉裕伐姚泓。十三年八月，禽姚泓，司、兗、秦、

雍悉平。十四年，劉裕還彭城，受宋公。

恭帝元熙元年七月，劉裕受宋王。是年六月，帝遜位於宋。

元興三年二月，劉裕盡誅桓氏。

義熙十四年，劉裕還彭城，受宋公。

安帝隆安五年五月，孫恩侵吳郡，殺內史。六月，至京口。於是內外戒嚴，營陣屯守，劉裕追破之。

又　**卷一四《地理志上》**　及姚泓為劉裕所滅，其地尋入赫連勃勃。

又　**卷一五《地理志下》**　慕容超移青州於東萊郡，後為劉裕所滅，留長史羊穆之為青州刺史，築東陽城而居之。

又　**卷一九《禮志上》**　安帝元興三年，劉裕討桓玄，走之。己卯，告義功於南郊。

義熙九年四月，將殷祠，詔博議遷毀之禮。大司馬琅邪王德文議：『泰始之初，虛太祖之位，而緣情流遠，上及征西，故世盡則宜毀，而宣帝正太祖之位。又漢光武移十一帝主於洛邑，則毀主不設，理可推矣。宜築別室，以居四府君之主，永藏而弗祀也。』大司農徐廣議：『四府君嘗處廟堂之首，歆率土之祭，若埋之幽壤，於情理未必咸盡。謂可遷藏西儲，以為遠祧，而禘饗永絕也。』太尉諮議參軍袁豹議：『仍舊無革，殷祠猶及四府君，情理為允。』時劉裕作輔，意與大司馬議同，須後殷祠行事改制。會安帝崩，未及禘而天祿終焉。

又　**卷二五《輿服志》**　指南車，過江亡失，及義熙五年，劉裕屠廣固，始復獲焉，乃使工人張綱補緝周用。十三年，裕定關中，又獲司南、記里諸車，制度始備。義熙五年，劉裕執慕容超，獲金鉦輦、豹尾，舊式猶存。

又　**卷三二《后妃傳下·穆章何皇后》**　及劉裕建義，殷仲文奉後還京都。

又　**卷三七《宗室傳·忠王尚之》**　文思性兇暴，每違軌度，多殺弗辜。好田獵，燒人墳墓，數為有司所糾，遂與羣小謀逆。劉裕聞之，誅其黨與，送文思付父休之，令自訓厲。後與休之同怨望稱兵，為裕所敗而死，國除。

又　**《韓延之》**　韓延之，字顯宗，南陽赭陽人，魏司徒暨之後也。少以分義稱。安帝時為建威將軍、荊州治中，轉平西府録事參軍。以劉裕父名翹字顯宗，延之遂字顯宗，名兒為翹，以示不臣劉氏。與休之俱奔姚興。劉裕入關，又奔於魏。

又　**卷三八《梁孝王肜傳》**　桓玄篡位，國臣孔璞奉珍之奔於壽陽，義熙初乃歸，累遷左衛將軍、太常卿。劉裕伐姚泓，請為諮議參軍，為裕所害。國除。

又　**卷六四《梁王逢傳》**　梁王逢，字賢明，出繼梁王翹，官至永安太僕，與父晞俱廢。劉裕伐姚泓，請為諮議參軍。裕將弱王室，誣其罪害之。

又　**《會稽思世子道生傳》**　會稽思世子道生，字延長。帝為會稽王，立道生為世子，拜散騎侍郎、給事中。劉裕之伐關中，以為諮議參軍。時帝道方謝，珣之為宗室之美，與梁王珍之俱被害。

又　**《會稽文孝王道子傳》**　義熙元年，合葬於王妃陵。追謚元顯曰忠。以臨川王寶子修之為道子嗣，尊妃王氏為太妃。義熙中，有稱元顯子秀熙避難蠻中而至者，太妃請以為嗣，於是修之歸於別第。劉裕意其詐而案驗之，果散騎郎滕羨奴勺藥也，竟坐棄市。太妃不悟，哭之甚慟。修之復為嗣。

又　**卷六五《王導傳》**　初，劉裕為布衣，衆未之識也，惟謐獨奇貴之，嘗謂裕曰：『卿當為一代英雄。』及裕破桓玄，謐以本官加侍中，領揚州刺史、録尚書事。謐既受寵桓氏，常不自安。護軍將軍劉毅嘗問謐曰：『璽綬何在？』謐益懼。會王綏以桓氏甥自疑，謀反，父子兄弟皆伏誅。謐從弟諶，少驍果輕俠，欲誘謐還吳，起兵為亂，乃說謐曰：『王綏無罪，而義旗誅之，是除時望也。兄少立名譽，加位地如此，欲不危，得乎！』謐懼而出奔。劉裕箋詣大將軍、武陵王遵，遣人追躡，謐既還，委任如先，加謐班劍二十人。義熙三年卒，時年四十八。追贈侍中、司徒，謚曰文恭。三子：瓘、球、琇。入宋，皆至大官。

又　**卷六九《刁協傳》**　桓玄篡位，以逵為西中郎將、豫州刺史，鎮歷陽；暢右衛將軍；弘撫軍桓修司馬。劉裕起義，斬桓修，時暢、弘謀起兵襲裕，裕遣劉毅討之，暢伏誅；弘亡，不知所在。逵在歷陽執劉裕參軍諸葛長民，檻車送於桓玄，至當利而玄敗，送人共破檻出長民，遂

趣歷陽。逵棄城而走，為下人所執，斬於石頭。

又　卷七五《王湛傳》　愉至鎮，未幾，殷仲堪、桓玄、楊佺期舉兵應王恭，乘流奄至。愉既無備，惶遽奔臨川，為玄所得。玄盟於尋陽，以愉置壇所，愉甚耻之。及事解，除會稽內史。玄簒位，以為尚書僕射。』劉裕義旗建，加前將軍。愉既桓氏婿，父子寵貴，又嘗輕侮劉裕，心不自安，潛結司州刺史溫詳，謀作亂，事泄，被誅，子孫十餘人皆伏法。

又　卷七九《謝安傳》　劉裕以安勳德濟世，特更封該弟澹為柴桑侯，邑千户，奉安祀。澹少歷顯位，桓玄簒位，以澹兼太尉，與王謐俱齎冊到姑孰。元熙中，為光祿大夫，復兼太保，持節奉冊禪宋。

及宋受禪，謝晦謂劉裕曰：『陛下應天受命，登壇日恨不得謝益壽奉璽紱。』裕亦歎曰：『吾甚恨之，使後生不得見其風流！』

又　卷八一《桓宣傳》　瑾子修之，頻歷清顯，至右衛將軍，從劉裕平姚泓。後為安西司馬，没於魏。

德祖，瓊宗人也。父祖並没於賊中。德祖兄弟五人，相攜南渡，皆有武幹，荆州刺史劉道規以德祖為建武將軍、始平太守，又徙涪陵太守。盧循之役，道規又以為參軍，伐徐道覆於始興。尋遭母憂。劉裕伐司馬休之，版補太尉參軍、義陽太守，賜爵遷陵縣侯，轉南陽太守，從劉裕伐姚泓，頻攻滎陽、扶風、南安、馮翊數郡，所在克捷。裕嘉之，以為龍驤將軍、秦州刺史。裕留第二子義真為安西將軍、雍州刺史。以德祖為中兵參軍，領天水太守，從義真還。裕以德祖督河東平陽二郡軍事、輔國將軍、河東太守，代劉遵考守蒲阪。及河北覆敗，德祖全軍而歸。裕方欲蕩平關洛，先以德祖督九郡軍事、冠軍將軍、滎陽京兆太守，以前後功，賜爵灌陽縣男，尋遷督司雍並三州諸軍事、冠軍將軍、司州刺史，戍武牢，為魏所没。

又　卷八四《劉牢之傳》　牢之進號鎮北將軍、都督會稽五郡，率衆東征，屯上虞，分軍戍諸縣。恩復攻破吳國，殺內史袁山松。牢之使參軍劉裕討之，恩復入海。頃之。恩浮海奄至京口，戰士十萬，樓船千餘。牢之在山陰，使劉裕自海鹽赴難，牢之率大衆而還。裕兵不滿千人，與賊戰，破之。恩聞牢之已還京口，乃走郁洲，又為敬宣、劉裕等所破。及恩死，牢之威名轉振。

牢之自謂握强兵，才能算略足以經綸江表，時譙王尚之已敗，人情轉沮，乃頗納穆說，遣使與玄交通。其甥何無忌與劉裕固諫之，並不從。俄令葆宣降玄。

又　卷八五《劉毅傳》　劉裕命何無忌受毅節度，無忌以督攝為煩，輒便解統。

及何無忌為盧循所敗，賊軍乘勝而進，朝廷震駭。毅具舟船討之，將發，而疾篤，內外失色。朝議欲奉乘輿北就中軍劉裕，會毅疾瘳，將率軍南征，裕與毅書曰：『吾往與妖賊戰，曉其變態。今修船垂畢，將居前撲之。克平之日，上流之任皆以相委。』又遣毅從弟藩往止之。毅大怒，謂藩曰：『我以一時之功相推耳，汝便謂我不及劉裕也！』投書於地。遂以舟師二萬發姑孰。徐道覆聞毅將至建鄴，報盧循曰：『劉毅兵重，成敗繫此一戰，宜並力距之。』循乃引兵發巴陵，與道覆連旗而下。毅次於桑落洲，與賊戰，敗績，棄船，以數百人步走，餘衆皆為賊所虜，輜重盈積，皆棄之。毅走，經涉蠻晉，飢困死亡，至得十二三。參軍羊邃竭力營護之，僅而獲免。劉裕深慰勉之，復其本職。毅乃以邃為諮議參軍。

毅至江陵，乃輒取江州兵及豫州西府文武萬餘，留而不遣，又告疾困，請藩為副。劉裕以毅貳於己，乃奏之。

劉裕自率衆討毅，命王弘、王鎮惡、蒯恩等率軍至豫章口，於江津燔舟而進。毅參軍朱顯之逢鎮惡，以所統千人赴毅。鎮惡等攻陷外城，毅守內城，精銳尚數千人，戰至日昃，鎮惡以裕書示城內，毅怒，不發書而焚之。毅冀有外救，督士卒力戰。衆知裕至，莫有鬭心。既暮，鎮惡焚諸門，齊力攻之，毅衆乃散，毅自北門單騎而走，去江陵二十里而縊。經宿，居人以告，乃斬於市，子侄皆伏誅。毅兄模奔於襄陽，魯宗之斬送之。

毅剛猛沈斷，而專肆很愎，與劉裕協成大業，而功居其次，深自矜伐，不相推伏。及居方嶽，常怏怏不得志，裕每柔而順之。毅驕縱滋甚，每覽史籍，至藺相如降屈於廉頗，輒絶歎以為不可能也。

後於東府聚樗蒱大擲，一判應至數百萬，餘人並黑犢以還，唯劉裕及毅在後。毅次擲得雉，大喜，褰衣繞床，叫謂同坐曰：『非不能盧，不事此耳。』裕惡之，因挼五木久之，曰：『老兄試為卿答。』既而四子俱黑，

其一子轉躍未定，裕厲聲喝之，即成盧焉。毅意殊不快，然素黑，其面如鐵色焉，而乃和言曰：『亦知公不能以此見借！』既出西藩，雖上流分陝，而頓失內權，又頗自嫌事計，故欲擅其威強，伺隙圖裕，以至於敗。

又　卷八五《何無忌傳》　初，劉裕嘗為劉牢之參軍，與無忌素相親結。

初，桓玄聞裕等及無忌之起兵也，甚懼。其黨曰：『劉裕烏合之衆，勢必無成，願不以為慮。』玄曰：『劉裕勇冠三軍，當今無敵。劉毅家無儋石之儲，樗蒲一擲百萬。何無忌，劉牢之之甥，酷似其舅。共舉大事，何謂無成！』

初，桓玄克京邑，劉裕東征，無忌密至裕軍所，潛謀舉義，勸裕於山陰起兵。裕以玄大逆未彰，恐在遠舉事，克濟為難。若玄遂竊天位，然後於京口圖之，事未晚也。無忌乃還。及義師之舉，參贊大勳，皆以算略攻取為效，而此舉敗於輕脫，朝野痛之。

又　卷八五《檀憑之傳》　與劉裕有州閭之舊，又數同東討，情好甚密。義旗之建，憑之與劉毅俱以私艱，墨絰而赴。雖才望居毅之後，而官次及威聲過之，故裕以為建武將軍。裕將義舉也，嘗與何無忌、魏詠之同會憑之所。會善相者晉陵韋叟見憑之，大驚曰：『卿有急兵之厄，其候不過三四日耳。且深藏以避之，不可輕出。』及桓玄將皇甫敷之至羅落橋也，憑之與裕各領一隊而戰，軍敗，為敷軍所害。

又　《魏詠之傳》　詠之早與劉裕遊款，及玄篡位，協贊義謀。玄敗，授建威將軍、豫州刺史。

又　卷八九《張禕傳》　張禕，吳郡人也。少有操行。恭帝為琅邪王，以禕為郎中令。及帝踐阼，劉裕以禕帝之故吏，素所親信，封藥酒一罌付禕密令鴆帝。禕既受命而歎曰：『鴆君而求生，何面目視息世間哉，不如死也！』因自飲之而死。

又　卷九〇《吳隱之傳》　劉裕與循書，令遣隱之還，久方得反。歸舟之日，裝無餘資。及至，數畝小宅，籬垣仄陋，內外茅屋六間，不容妻子。劉裕賜車牛，更為起宅，固辭。

又　卷九二《郭澄之傳》　劉裕引為相國參軍。從裕北伐，既克長安，裕意更欲西伐，集僚屬議之，多不同。次問澄之，澄之不答，西向誦王粲詩曰：『南登霸陵岸，回首望長安。』裕便意定，謂澄之曰：『當與卿共登霸陵岸耳。』因還。

又　卷九九《桓玄傳》　玄自篡盜之後，驕奢荒侈，遊獵無度，以夜繼晝。兄偉葬日，旦哭晚遊，或一日之中屢出馳騁。性又急暴，呼召嚴速，直官咸繫馬省前，禁內嘩雜，無復朝廷之體。於是百姓疲苦，朝野勞瘁，怨怒思亂者十室八九焉。於是劉裕、劉毅、何無忌等共謀興復。裕等斬桓脩於京口，斬桓弘於廣陵，河內太守辛扈興、弘農太守王元德、振威將軍童厚之、竟陵太守劉邁謀為內應。至期，裕遣周安穆報之，而邁惶遽，遂以告玄。玄震駭，即殺扈興等，安穆馳去得免。封邁重安侯，一宿又殺之。

裕率義軍至竹里，玄移還上宮，百僚步從，召侍官皆入止省中。赦揚、豫、徐、兗、青、冀六州，加桓謙征討都督、假節，以殷仲文代桓脩，遣頓丘太守吳甫之、右衛將軍皇甫敷北距義軍。裕等於江乘與戰，臨陣斬甫之，進至羅落橋，與敷戰，復梟其首。玄聞之大懼，乃召諸道術人推算數為厭勝之法，乃問衆曰：『朕其敗乎？』曹靖之對曰：『神怒人怨，臣實懼焉。』玄曰：『人或可怨，神何為怒？』對曰：『移晉宗廟，飄泊失所，大楚之祭，不及於祖，此其所以怒也。』玄曰：『卿何不諫？』對曰：『輦上諸君子皆以為堯舜之世，臣何敢言！』玄愈忿懼，使桓謙、何澹之屯東陵，卞範之屯覆舟山西，衆合二萬，以距義軍。裕至蔣山，使羸弱貫油帔登山，分張旗幟，數道并前。玄偵候還云：『裕軍四塞，不知多少。』玄益憂惶，遣武衛將軍庾頤之配以精卒，副援諸軍。於時東北風急，義軍放火，煙塵張天，鼓噪之音震駭京邑。劉裕執鉞麾而進，謙等諸軍一時奔潰。玄率親信數千人聲言赴戰，遂將其子升、兄子浚出南掖門，西至石頭，使殷仲文具船，相與南奔。

劉裕以武陵王遵攝萬機，立行臺，總百官。遣劉毅、劉道規躡玄，誅玄諸兄子及石康兄權、振兄洪等。

義熙三年，東陽太守殷仲文與永嘉太守駱球謀反，欲建桓胤為嗣，曹靖之、桓石松、卞承之、劉延祖等潛相交結，劉裕以次收斬之，並誅其家屬。後桓謙走入蜀，蜀賊譙縱以謙為荊州刺史，使率兵而下，荊楚之衆多應之。謙至枝江，荊州刺史劉道規斬之，梁州刺史傅歆又斬桓石綏，桓氏

遂滅。

又 卷九九《殷仲文傳》 玄為劉裕所敗，隨玄西走，其珍寶玩好悉藏地中，皆變為土。

會鎮軍將軍劉裕匡復社稷，大弘善貸，佇一戮於微命，申三驅於大信，既惠之以首領，又申之以縶維。

時屬慕容超南侵，無忌言於劉裕曰：『桓胤、殷仲文並乃腹心之疾，北虜不足為憂。』義熙三年，又以仲文與駱球等謀反，及其弟南蠻校尉叔文伏誅。仲文時照鏡不見其面，數日而遇禍。

又 卷一〇〇《孫恩傳》 隆安四年，恩復入餘姚，破上虞，進至刑浦。琰遣參軍劉宣之距破之，恩退縮。少日，復寇刑浦，害謝琰。朝廷大震，遣冠軍將軍桓不才、輔國將軍孫無終、寧朔將軍高雅之擊之，恩復還於海。於是復遣牢之東屯會稽，吳國內史袁山松築扈瀆壘，緣海備恩。明年，恩復入浹口，雅之敗績。牢之進擊，恩復還於海。轉寇扈瀆，害袁山松，仍浮海向京口。牢之率衆西擊，未達，而恩已至，劉裕乃總兵緣海距之。及戰，恩衆大敗，狼狽赴船。尋又集衆，欲向京都，朝廷駭懼，陳兵以待之。恩至新州，不敢進而退，北寇廣陵，陷之，乃浮海而北。劉裕與劉敬宣並軍躡之於郁洲，累戰，恩復大敗，由是漸衰弱，復沿海還南。裕亦尋海要截，復大破恩於扈瀆，恩遂遠迸海中。

又 《盧循傳》 劉裕討循至晉安，循窘急，泛海到番禺，寇廣州，逐刺史吳隱之，自攝州事，號平南將軍，遣使獻貢。時朝廷新誅桓氏，中外多虞，乃權假循征虜將軍、廣州刺史、平越中郎將。

義熙中，劉裕伐慕容超，循所署始興太守徐道覆，循之姊夫也，使人勸循乘虛而出，循不從。道覆乃至番禺，說循曰：『朝廷恒以君為腹心之疾，劉公未有旋日，不乘此機而保一日之安，若平齊之後，劉公自率衆至豫章，遣銳師過嶺，雖復君之神武，必不能當也。今日之機，萬不可失。既克都邑，劉裕雖還，無能為也。君若不同，便當率始興之衆直指尋陽。』循甚不樂此舉，無以奪其計，乃從之。

又 《譙縱傳》 毛璩既死，縱以從弟洪為益州刺史，明子為鎮東將軍、巴州刺史，率其衆五千人屯白帝，自稱成都王。明年，遣使稱藩於姚興，將順流東寇，以討車騎將軍劉裕為名，乞師於姚興，且請桓謙為助，興遣之。

九年，劉裕以西陽太守朱齡石為益州刺史，寧朔將軍臧熹、下邳太守劉鍾，蘭陵太守蒯恩等率衆二萬，自江陵討縱。初謀元率，僉難其人，齡石資名素淺，裕違衆拔之，授以麾下之半。

又 卷一一七《姚興載記上》 時劉裕誅桓玄，迎復安帝，玄衛將軍、新安王桓謙，臨原王桓怡，雍州刺史桓蔚，左衛將軍桓謐，中書令桓胤，將軍何澹之等奔於興。劉裕遣大參軍衡凱之詣姚顯，請通和，顯遣吉默報之，自是聘使不絕。晉求南鄉諸郡，興許之。羣臣咸諫以為不可，興曰：『天下之善一也，劉裕拔萃起微，匡輔晉室，吾何惜數郡而不成其美乎！』遂割南鄉、順陽、新野、舞陰等十二郡歸於晉。

又 卷一一八《姚興載記下》 蜀譙縱遣使稱藩，請桓謙，欲令順流東伐劉裕。興以問謙，謙請行，遂許之。

晉河間王子國璠、章武王子叔道來奔，興謂之曰：『劉裕匡復晉室，卿等何故來也』國璠等曰：『裕與不逞之徒削弱王室，宗門能自修立者莫不害之。是避之來，實非誠款，所以避死耳。』興嘉之，以國璠為建義將軍、揚州刺史，叔道為平南將軍、兗州刺史，賜以甲第。

潁川太守姚平都自許昌來朝，言於興曰：『劉裕敢懷姦計，屯聚芍陂，有擾邊之志，宜遣燒之，以散其衆謀。』興曰：『裕之輕弱，安敢窺吾疆場！苟有姦心，其在子孫乎！』召其尚書楊佛嵩謂之曰：『吳兒不自知，乃有非分之意。待至孟冬，當遣卿率精騎三萬焚其積聚。』嵩曰：『陛下若任臣以此役者，當從肥口濟淮，直趣壽春，舉大衆以屯城，縱輕騎以掠野，使淮南蕭條，兵粟俱了，足令吳兒俯仰回惶，神爽飛越。』興大悅。

晉荊州刺史司馬休之據江陵，雍州刺史魯宗之據襄陽，與劉裕相攻，遣使求援。興遣姚成王、司馬國璠率騎八千赴之。

姚成王至於南陽，司馬休之等為劉裕所敗，引歸。休之、宗之等遂與譙王文思，新蔡王道賜，寧朔將軍、梁州刺史馬敬，輔國將軍、竟陵太守魯軌，寧朔將軍、南陽太守魯範奔於興。

休之等至長安，興謂之曰：『劉裕崇奉晉帝，豈便有闕乎？』休之曰：『臣前下都，琅邪王德文泣謂臣曰：『劉裕供御主上，克薄奇深。』

以事勢推之，社稷之憂方未可測。』興將以休之為荆州刺史，任以東南之事。

又 卷一一九《姚泓載記》 尋而晉太尉劉裕總大軍伐泓，次於彭城，遣冠軍將軍檀道濟、龍驤將軍王鎮惡入自淮、肥，攻漆丘、項城，將軍沈林子自汴入河，攻倉垣。

劉裕使沈田子及傅弘之率衆萬餘人入上洛，所在多委城鎮奔長安。田子等進及青泥，姚紹方陣而前，以距道濟。道濟固壘不戰，紹乃攻其西營，不克，遂以大衆逼之。道濟率王敬、沈林子等逆沖紹軍，將士驚散，引還定城。紹留姚鸞守險，絕道濟糧道。

時裕別將姚珍入自子午，竇霸入自洛谷，衆各數千人。泓遣姚萬距霸，姚彊距珍。姚鸞遣將尹雅與道濟司馬徐琰於潼關南，為琰所獲，送之劉裕。裕以雅前叛，欲殺之。雅曰：『前活本在望外，今死寧不甘心。明公將以大義平天下，豈可使秦無守信之臣乎！』裕嘉而免之。

劉裕次於陝城，遣沈林子率精兵萬餘，越山開道，會沈田子等於青泥，將攻堯柳。泓使姚裕率步騎八千距之，泓躬將大衆繼發。裕為田子所敗，泓退次於灞上，關中郡縣多潛通於王師。劉裕至潼關，遣將軍朱超石、徐猗之會薛帛於河北，以攻蒲阪。姚贊距裕於關西，姚難屯於香城。裕遣王鎮惡、王敬自秋社西渡渭，以逼難軍。鎮東姚璞及姚和都擊敗猗之等於蒲阪，猗之遇害，超石棄其衆奔於潼關。姚贊遣司馬休之及司馬國璠自軹關向河內，引魏軍以躡裕後。姚難既為鎮惡所逼，引師而西。時大霖雨，渭水泛溢，贊等不得北渡。鎮惡水陸兼進，追及姚難。泓自灞上還軍，次於石橋以援之。贊退屯鄭城。鎮北姚彊率郡人數千，與姚難陣於涇上，以距鎮惡。鎮惡遣毛德祖擊彊，大敗，彊戰死，難遁還長安。

劉裕進據鄭城。泓使姚裕、尚書龐統屯兵宮中，姚洸屯於灃西，尚書姚白瓜徙四軍雜户入長安，姚丕守渭橋，胡翼度屯石積，姚贊屯霸東，泓軍於逍遥園。鎮惡夾渭進兵，破姚丕於渭橋。泓自逍遥園赴之，逼水地狹，因丕之敗，遂相踐而退。姚諶及前軍姚烈、左衛姚寶安、散騎王帛、建武姚進、揚威姚蠔、尚書右丞孫玄等皆死於陣，泓單馬還宮。鎮惡入自平朔門，泓與姚裕等數百騎出奔於石橋。贊聞泓之敗也，召將士告之，衆皆以刀擊地，攘袂大泣。胡翼度先與劉裕陰通，是日棄衆奔裕。贊夜率諸軍，將會泓於石橋，王師已固諸門，贊軍不得入，衆皆驚散。

又 卷一二八《慕容超載記》 尚書都令史王儼諂事五樓，遷尚書郎，出為濟南太守，入為尚書左丞，時人為之語曰：『欲得侯，事五樓。』

又遣公孫歸等率騎三千入寇濟南，執太守趙元，略男女千餘人而去。劉裕率師將討之，超引見羣臣於節陽殿，議距王師。公孫五樓曰：『吳兵輕果，所利在戰，初鋒勇鋭，不可爭也。宜據大峴，使不得入，曠日延時，沮其鋭氣。可徐簡精騎二千，循海而南，絕其糧運，別敕段暉率兗州之軍，緣山東下。腹背擊之，上策也。各命守宰，依險自固，校其資儲之外，餘悉焚蕩，芟除粟苗，使敵無所資。堅壁清野，以待其釁，中策也。縱賊入峴，出城逆戰，下策也。』超曰：『京都殷盛，户口衆多，非可一時入守。青苗布野，非可卒芟。設使芟苗城守，以全性命，朕所不能。今據五州之強，帶山河之固，戰車萬乘，鐵馬萬羣，縱令過峴，至於平地，徐以精騎踐之，此成擒也。』賀賴盧苦諫，不從，退謂五樓曰：『上不用吾計，亡無日矣。』慕容鎮曰：『若如聖旨，必須平原用馬為便，宜出峴逆戰，戰而不勝，猶可退守。不宜縱敵入峴，自貽窘逼。昔成安君不守井陘之關，終屈於韓信；諸葛瞻不據束馬之險，卒擒於鄧艾。臣以為天時不如地利，阻守大峴，策之上也。』超不從。鎮出，謂韓𧨎曰：『主上既不能芟苗守險，又不肯徙人逃寇，酷似劉璋矣。今年國滅，吾必死之，卿等中華之士，復為文身矣。』超聞而大怒，收鎮下獄。乃攝莒、梁父二戍，修城隍，簡士馬，畜鋭以待之。

其夏，王師次東莞，超遣其左軍段暉、輔國賀賴盧等六將步騎五萬，進據臨朐。俄而王師度峴，超懼，率卒四萬就暉等於臨朐，謂公孫五樓曰：『宜進據川源，晉軍至而失水，亦不能戰矣。』五樓馳騎據之。劉裕前驅將軍孟龍符已至川源，五樓戰敗而返。裕遣諮議參軍檀韶率鋭卒攻破臨朐，超大懼，單騎奔段暉於城南。暉衆又戰敗，裕軍人斬暉。超又奔還廣固，徙郭內人入保小城，使其尚書郎張綱乞師於姚興。赦慕容鎮，進録尚書、都督中外諸軍事。引見羣臣，謝之曰：『朕嗣奉成業，不能委賢任善，而專固自由，覆水不收，悔將何及！智士逞謀，必在事危，忠臣立節，亦在臨難，諸君其勉思六奇，共濟艱運。』鎮進曰：『百姓之心，係

於一人。陛下既躬率六軍，身先奔敗，羣臣解心，士庶喪氣，內外之情，不可復恃。如聞西秦自有內難，恐不暇分兵救人，正當更決一戰，以爭天命。今散卒還者，猶有數萬，可悉出金帛、宮女，餌令一戰。天若相我，足以破賊。如其不濟，死尚為美，不可閉門坐受圍擊。」司徒慕容惠曰：「不然。今晉軍乘勝，有陵人之氣，敗軍之將，何以禦之！秦雖與勃勃相持，不足為患。且二國連橫，勢成脣齒，今有寇難，秦必救我。但自古乞援，不遣大臣則不致重兵，是以趙隸三請，楚師不出；平原一使，援至從成。尚書令韓範德望具瞻，燕秦所重，宜遣乞援，以濟時難。」於是遣範與王蒲乞師於姚興。

未幾，裕師圍城，四面皆合。人有竊告裕軍曰：「若得張綱為攻具者，城乃可得耳。」是月，綱自長安歸，遂奔於裕。裕令綱周城大呼曰：「勃勃大破秦軍，無兵相救。」超怒，伏弩射之，乃退。右僕射張華、中丞封愷並為裕軍所獲。裕令華、愷與超書，勸令早降。超乃遣裕書，請為藩臣，以大峴為界，並獻馬千區，以通和好，裕弗許。江南繼兵相尋而至。尚書張俊自長安還，又降於裕，說容曰：「今燕人所以固守者，外杖韓範，冀得秦援。範既時望，又與姚興舊昵，若勃勃敗後，秦必救燕，宜密信誘範，啖以重利，範來則燕人絕望，自然降矣。」裕從之，表範為散騎常侍，遺範書以招之。時姚興乃遣其將姚强率步騎一萬，隨範就其將姚紹於洛陽，並兵來援。會赫連勃勃大破秦軍，興追强還長安。範歎曰：「天其滅燕乎！」會得裕書，遂降於裕。裕謂範曰：「卿欲立申包胥之功，何以虛還也？」範曰：「自亡祖司空世荷燕寵，故泣血秦庭，冀匡禍難。屬西朝多故，丹誠無效，可謂天喪弊邑而贊明公。智者見機而作，敢不至乎！」翌日，裕將範循城，由是人情離駭，無復固志，裕謂範曰：「卿宜至城下，告以禍福。」範曰：「雖蒙殊寵，猶未忍謀燕。」裕嘉而不强，左右勸超誅範家，以止後叛。超知敗在旦夕，又弟言卓盡忠無貳，故不罪焉。是歲東萊雨血，廣固城門鬼夜哭。

又　卷一二九《沮渠蒙遜載記》　蒙遜聞劉裕滅姚泓，怒甚。門下校郎劉祥言事於蒙遜，蒙遜曰：「汝聞劉裕入關，敢研研然也！」遂殺之。其峻暴如是。顧謂左右曰：「古之行師，不犯歲鎮所在。姚氏舜後，軒轅之苗裔也。今鎮星在軒轅，而裕滅之，亦不能久守關中。」

又　卷一三〇《赫連勃勃載記》　勃勃引歸杏城，笑謂羣臣曰：「劉裕伐秦，水陸兼進，且裕有高世之略，姚泓豈能自固！吾驗以天時人事，必當克之。又其兄弟內叛，安可以距人！裕既克長安，利在速返，正可留子弟及諸將守關中。待裕發軫，吾取之若拾芥耳，不足復勞吾士馬。」於是秣馬厲兵，休養士卒。尋進據安定，姚泓嶺北鎮戍郡縣悉降，勃勃於是盡有嶺北之地。

俄而劉裕滅泓，入於長安，遣使遺勃勃書，請通和好，約為兄弟。勃勃命其中書侍郎皇甫徽為文而陰誦之，召裕使前，口授舍人為書，封以答裕。裕覽其文而奇之，使者又言勃勃容儀瑰偉，英武絕人。裕歎曰：「吾所不如也！」既而勃勃還統萬，裕留子義真鎮長安而還。勃勃聞之，大悅，謂王買德曰：「朕將進圖長安，卿試言取之方略。」買德曰：「劉裕滅秦，所謂以亂平亂，未有德政以濟蒼生。關中形勝之地，而以弱才小兒守之，非經遠之規也。狼狽而返者，欲速成篡事耳，無暇有意於中原。陛下以順伐逆，義貫幽顯，百姓以君命望陛下義旗之至，以日為歲矣。青泥、上洛，南師之衝要，宜置遊兵斷其去來之路。然後杜潼關，塞崤、陝，絕其水陸之道。陛下聲檄長安，申布恩澤，三輔父老皆壺漿以迎王師矣。義真獨坐空城，逃竄無所，一旬之間必面縛麾下，所謂兵不血刃，不戰而自定也。」勃勃善之，以子璝都督前鋒諸軍事，領撫軍大將軍，率騎二萬南伐長安，前將軍赫連昌屯兵潼關，以買德為撫軍右長史，南斷青泥，勃勃率大軍繼發。璝至渭陽，降者屬路。義真遣龍驤將軍沈田子率衆逆戰，不利而退，屯劉回堡。田子與義真司馬王鎮惡不平，因鎮惡出城，遂殺之。義真又殺田子。於是悉召外軍入於城中，閉門距守。關中郡縣悉降。璝夜襲長安，不克。勃勃進據咸陽，長安樵采路絕。劉裕聞之，大懼，乃召義真東鎮洛陽，以朱齡石為雍州刺史，守長安。義真大掠而東，至於灞上，百姓遂逐齡石，而迎勃入於長安。璝率衆三萬追擊義真，王師敗績，義真單馬而遁。買德獲晉寧朔將軍傅弘之、輔國將軍蒯恩、義真司馬毛脩之於青泥，積人頭以為京觀。於是勃勃大饗將士於長安，舉觴謂王買德曰：「卿往日之言，一周而果效，可謂算無遺策矣。雖宗廟社稷之靈，亦卿謀獻之力也。此觴所集，非卿而誰！」於是拜買德都官尚書，加冠軍將軍，封河陽侯。

《魏書》卷二《太祖紀》　天賜元年，島夷劉裕起兵誅桓玄。

又　卷三《太宗紀》　天賜六年，司馬德宗將劉裕，滅慕容超於廣固。

神瑞元年正月，詔平南將軍、相州刺史尉古真與司馬德宗太尉劉裕相聞，使博士王諒假平南參軍將命焉。

泰常元年，司馬德宗相劉裕，泝河伐姚泓，遣其部將王仲德為前鋒，從陸道至梁城。兗州刺史尉建畏懦，棄州北渡，王仲德遂入滑臺。詔將軍叔孫建等渡河，耀威滑臺，斬尉建於城下。

二年春二月辛酉，司馬德宗滎陽守將傅洪，遣使詣叔孫建，請以虎牢降，求軍赴接。德宗譙王司馬文思遣使王良詣闕上書，請軍討劉裕。詔司徒長孫嵩率諸軍邀擊劉裕，戰於畔城，更有負捷。帝詔止諸軍，不克。

夏四月丁未，榆山丁零翟蜀率營部遣使通劉裕。馮跋使人王特兒等通於司馬德宗，章武太守捕特兒等，囚送京師。丁巳，幸高柳。壬戌，車駕還宮。五月，汝南民胡譁等萬餘家相率內屬。乙未，司馬德宗齊郡太守王懿來降。車駕西巡，至於雲中，遂濟河，田於大漠。

八月，劉裕滅姚泓。

泰常五年，劉裕廢殺其主司馬德文，僭自稱皇帝，號宋。六年球七月壬申，劉裕遣使朝貢。

劉裕卒，子義符僭立。

又　卷二九《奚斤傳》　劉義符立，其大臣不附，國內離阻。乃遣斤收劉裕前侵河南地，假斤節，都督前鋒諸軍事、司空公、晉兵大將軍、行揚州刺史，率吳兵將軍公孫表等南征。用表計攻滑臺，不拔，求濟師。自魏初，大將行師，唯長孫嵩拒劉裕，斤征河南，獨給漏刻及十二牙旗。太宗崩，斤乃班師。

又　《叔孫建傳》　司馬德宗將劉裕伐姚泓，令其部將王仲德為前鋒，將逼滑臺。太宗令建與劉裕相聞，以觀其意。裕答言：『洛是晉之舊京，而羌姚據之。晉欲修復山陵之計久矣，而內難屢興，不暇經營。司馬休之、魯宗之父子、司馬國璠兄弟、諸桓宗屬，皆晉之蠹也，而姚氏收集此等，欲以圖晉，是以伐之。道由於魏，軍之初舉，將以重幣假途。會彼邊鎮棄守而去，故晉前軍得以西進，非敢憑陵魏境。』裕以官軍在河南，恐斷其前路，乃命引軍北寇，及班師，乃止。語在《帝紀》。建與南平公長孫嵩各簡精兵二千，觀劉裕事勢。語在《嵩傳》。

還廣阿鎮將，羣盜斂迹，威名甚震。久之，除使持節、都督前鋒諸軍事、楚兵將軍、徐州刺史，率衆自平原濟河，徇下青兗諸郡。建濟河，劉裕兗州刺史徐琰奔彭城，建遂東入青州。

又　卷三〇《丘堆傳》　劉裕泝河西伐，詔堆與建自河內次枋頭以備寇盜。姚泓既滅，堆留鎮幷州。

又　《娥清傳》　劉裕遣將朱超石寇平原，至畔城遁還。清與長孫道生追之，至河，獲其將楊豐。還，拜給事黃門侍郎。

又　卷三五《崔浩傳》　泰常元年，司馬德宗將劉裕伐姚泓，舟師自淮泗入清，欲泝河西上，假道於國。詔羣臣議之。外朝公卿咸曰：『函谷關號曰天險。一人荷戈，萬夫不得進。裕舟船步兵，何能西入？脫我乘其後，還路甚難。若北上河岸，其行為易。揚言伐姚，意或難測。假其水道，寇不可縱。宜先發軍斷河上流，勿令西過。』又議之內朝，咸同外計。太宗將從之。浩曰：『此非上策，司馬休之之徒擾其荆州，劉裕切齒來久。今興死子劣，乘其危亡而伐之。臣觀其意，必欲入關。勁躁之人，不顧後患。今若塞其西路，裕必上岸北侵，如此則姚無事而我受敵。今蠕蠕內寇，民食又乏，不可發軍。發軍赴南則北寇進擊，若其救北則東州復危。未若假之水道，縱裕西入，然後興兵塞其東歸之路，所謂卞莊刺虎，兩得之勢也。使裕勝也，必德我假道之惠；令姚氏勝也，亦不失救鄰之名。縱使裕得關中，縣遠難守，彼不能守，終為我物。今不勞兵馬，坐觀成敗，關兩虎而收長久之利，上策也。夫為國之計，擇利而為之，豈顧婚姻，酬一女子之惠哉？假令國家棄恒山以南，裕必不能發吳越之兵與官軍爭奪河北也，居然可知。』議者猶曰：『裕西入函谷，則進退路窮，腹背受敵；北上岸則姚軍必不出關助我。揚聲西行，意在北進，其勢然也。』太宗遂從羣議，遣長孫嵩發兵拒之，戰於畔城，為裕將朱超石所敗，師人多傷。太宗聞之，恨不用浩計。

二年，司馬德宗齊郡太守王懿來降，上書陳計，稱劉裕在洛，勸國家以軍絕其後路，則裕軍可不戰而克。書奏，太宗善之。會浩在前進講書傳，太宗問浩曰：『劉裕西伐，前軍已至潼關。其事如何？以卿觀之，

事得濟不？』浩對曰：『昔姚興好養虛名，而無實用。子泓又病，衆叛親離。裕乘其危，兵精將勇，以臣觀之，克之必矣。』太宗曰：『劉裕武能何如慕容垂？』浩曰：『裕勝。』太宗曰：『試言其狀。』浩曰：『慕容垂承父祖世君之資，生便尊貴，同類歸之，若夜蛾之赴火，少加倚仗，便足立功。劉裕挺出寒微，不階尺土之資，不因一卒之用，奮臂大呼而夷滅桓玄，北擒慕容超，南摧盧循等，僭晉陵遲，遂執國命。裕若平姚而還，必篡其主，其勢然也。秦地戎夷混並，虎狼之國，裕亦不能守之。風俗不同，人情難變，欲行荆揚之化於三秦之地，譬無翼而欲飛，無足而欲走，不可得也。若留衆守之，必資於寇。孔子曰：善人為邦百年，或以勝殘去殺。今以秦之難制，一二年間豈裕所能哉？且可治戎束甲，息民備境，以待其歸，秦地亦當終為國有，可坐而守也。』太宗曰：『裕已入關，不能進退，我遣精騎南襲彭城、壽春，裕亦何能自立？』浩曰：『今西北二寇未殄，陛下不可親御六師。兵衆雖盛，而將無韓白。長孫嵩有治國之用，無進取之能，非劉裕敵也。臣謂待之不晚。』太宗笑曰：『卿量之已審矣。』浩曰：『臣嘗私論近世人物，不敢不上聞。若王猛之治國，苻堅之管仲也；慕容玄恭之輔少主，慕容暐之霍光也；劉裕之平逆亂，司馬德宗之曹操也。』太宗曰：『卿謂先帝如何？』浩曰：『小人管窺縣象，何能見玄穹之廣大。雖然，太祖用漠北醇樸之人，南入中地，變風易俗，化洽四海，自與羲農齊列，臣豈能仰名？』太宗曰：『屈丐如何？』浩曰：『屈丐家國夷滅，一身孤寄，為姚氏封殖。不思樹黨強鄰，報仇雪恥，乃結忿於蠕蠕，背德於姚興，撅豎小人，無大經略，正可殘暴，終為人所滅耳。』太宗大悦，語至中夜，賜浩御縹醪酒十觚，水精戎鹽一兩。曰：『朕味卿言，若此鹽酒，故與卿同其旨也。』

三年，彗星出天津，入太微，經北斗，絡紫微，犯天棓，八十餘日，至漢而滅。太宗復召諸儒術士問之曰：『今天下未一，四方嶽峙，災咎之應，將在何國？朕甚畏之，盡情以言，勿有所隱。』咸共推浩令對。浩曰：『古人有言，夫災異之生，由人而起。人無釁焉，妖不自作。故人失於下，則變見於上，天事恒象，百代不易。《漢書》載王莽篡位之前，彗星出入，正與今同。國家主尊臣卑，上下有序，民無異望。唯僭晉卑削，主弱臣強，累世陵遲，故桓玄逼奪，劉裕秉權。彗孛者，惡氣之所生，是為僭晉將滅，劉裕篡之之應也。』諸人莫能易浩言，太宗深然之。五年，裕果廢其主司馬德文而自立。南鎮上裕改元赦書。時太宗幸東南舄鹵池射鳥，聞之，驛召浩，謂之曰：『往年卿言彗星之占驗矣，朕於今日始信天道。』

又　卷三七《司馬休之傳》　劉裕誅玄後，還建鄴，裕復以休之為荆州刺史。休之頗得江漢人心，劉裕疑其有異志。而休之子文思繼休之兄尚之為譙王，謀圖裕，裕執送休之，令自為其所。休之表廢文思，並與裕書陳謝。神瑞中，裕收休之子文寶，兄子文祖，並殺之，乃率衆討休之。休之上表自陳於德宗，與德宗鎮北將軍魯宗之、宗之子竟陵太守軌等起兵討裕。裕軍至江陵，休之不能敵，遂與軌奔襄陽。裕復進軍討之。太宗遣長孫嵩屯河東，將為之援。時姚興征虜將軍姚成王、冠軍將軍司馬國璠亦將兵救之，不及而還。休之遂與子文思及宗之等奔於姚興。

裕滅姚泓，休之與文思及德宗河間王子道賜、輔國將軍温楷、竟陵内史魯軌、荆州治中韓延之、殷約、平西參軍桓謐、桓璲及桓温孫道度、道子、勃海刁雍、陳郡袁式等數百人，皆將妻子詣嵩降。

又　《司馬楚之傳》　楚之時年十七，送父喪還丹陽。值劉裕誅夷司馬戚屬，叔父宣期、兄貞之並為所殺。楚之乃亡匿諸沙門中濟江。自歷陽西入義陽、竟陵蠻中。及從祖荆州刺史休之為裕所敗，乃亡於汝潁之間。

楚之少有英氣，能折節待士。與司馬順明、道恭等所在聚黨。及劉裕自立，楚之規欲報復，收衆據長社，歸之者常萬餘人。劉裕深憚之，遣刺客沐謙害楚之。楚之待謙甚厚。謙夜詐疾，知楚之必自來，因欲殺之。楚之聞謙病，果自齎湯藥往省之。謙感其意，乃出匕首於席下，以狀告之曰：『將軍為裕所忌憚，願不輕率，以保全為先。』楚之歎曰：『若如來言，雖有所防，恐有所失。』謙遂委身以事之。其推誠信物，得士之心，皆此類也。

又　《司馬叔璠傳》　桓玄、劉裕之際，叔璠與兄國璠北奔慕容超。後西投姚興。劉裕滅姚泓，北奔屈丐。

又　卷三八《刁雍傳》　初，暢兄逵以劉裕輕狡薄行，負社錢三萬，違時不還，執而徵焉。及裕誅桓玄，以嫌故先誅刁氏。雍為暢故吏所匿，

奔姚興豫州牧姚紹於洛陽，後至長安。雍博覽書傳，姚興以雍為太子中庶子。

泰常二年，姚泓滅，與司馬休之等歸國。上表陳誠，於南境自效。太宗許之，假雍建義將軍。雍遂於河濟之間招集流散，得五千餘人，南阻大闞，擾動徐兗，建牙誓衆，傳檄邊境。劉裕遣將李嵩等討雍，雍斬之於蒙山。於是衆至二萬，進屯固山。七年三月，雍從弟彌亦率衆入京口，規共討裕。裕遣兵破之。六月，雍又侵裕青州，雍敗，乃收散卒保於馬耳山。又為裕青州軍所逼，遂入大鄉山。

八年，太宗南幸鄴，朝於行觀。問：『先聞卿家縛劉裕，於卿親疏？』雍曰：是臣伯父。』太宗笑曰：『劉裕父子當應憚卿。』

又《王慧龍傳》 初，劉裕微時，愉不為禮，及得志，愉闔家見誅。慧龍年十四，為沙門僧彬所匿。百餘日，將慧龍過江，為津人所疑，曰：『行意匆匆彷徨，得非王氏諸子乎？』僧彬曰：『貧道從師有年，止西岸，今暫欲定省，還期無遠，此隨吾受業者，何至如君言。』既濟，遂西上江陵，依叔祖忱故吏荆州前治中習辟疆。時刺史魏詠之卒，辟疆與江陵令羅修、前別駕劉期公、土人王騰等謀舉兵，推慧龍為盟主，剋日襲州城。而劉裕聞詠之卒，亦懼江陵有變，遣其弟道規為荆州，衆遂不果。羅修將慧龍，又與僧彬北詣襄陽。司馬德宗雍州刺史魯宗之資給慧龍，送渡江，遂自虎牢奔於姚興。其自言也如此。

又《韓延之傳》 韓延之，字顯宗，南陽赭陽人，魏司徒暨之後也。司馬德宗平西府録事參軍。劉裕率伐司馬休之，未至江陵，密使與延之書招之。延之報曰：『聞親率戎馬，遠履西畿，闔境士庶，莫不怪駭。何者？莫知師出之名故也。司馬平西體國忠貞，款愛待物，當於古人中求耳。劉裕足下，海內之人誰不見足下此心，而復欲欺誑國士，天地所不容，在彼不在此矣。今伐人之君，啖人以利，真可謂處懷期物，自有由來者矣。以平西之至德，寧無授命之臣乎？假令天長喪亂，九流渾濁，當與臧洪遊於地下，不復多言。』裕得書歎息，以示諸佐曰：『事人當應如此。』劉裕父名翹，字顯宗，於是延之字顯宗，名子為翹，蓋示不臣劉氏也。

又 卷四三《薛辯傳》 劉裕平姚泓，辯舉營降裕，司馬德宗拜為寧朔將軍、平陽太守。及裕失長安，辯來歸國，仍立功於河際。太宗授平西將軍、雍州刺史，賜爵汾陰侯。泰常七年卒於位，年四十四。

子謹，字法順，容貌魁偉，頗覽史傳。劉裕擒泓，辟相府行參軍，隨裕渡江。尋轉記室參軍。

又《嚴稜傳》 嚴稜，馮翊臨晉人。遇亂避地河南，劉裕以為廣威將軍、陳留太守，戍倉垣。

又《毛修之傳》 毛修之，字敬文，滎陽陽武人也。父瑾，司馬德宗梁秦二州刺史。劉裕之擒姚泓，留子義真鎮長安，以修之為司馬。及赫連屈丐破義真於青泥，修之被俘，遂沒統萬。

又《劉修賓傳》 劉休賓，字處幹，本平原人。祖昶，從慕容德度河，家於北海之都昌縣。父奉伯，劉裕時，北海太守。休賓少好學，有文才，兄弟六人，乘民、延和等皆有時譽。

又 卷九七《島夷桓玄傳》 德宗彭城內史劉裕因是斬徐州刺史桓修環境京口，與沛國劉毅、東海何無忌收衆濟江。玄加桓謙征討都督，召侍官皆入止省中。玄移還上宮，百僚步從。赦揚、豫、徐、兗、青、冀六州。遣頓丘太守吳甫之、右衛將軍皇甫敷北拒劉裕於江乘。裕斬甫之，進至羅落橋，又梟敷首。

又《島夷劉裕傳》 島夷劉裕，字德輿，晉陵丹徒人也。其先不知所出，自云本彭城彭城人，或云本姓項，改為劉氏，然亦莫可尋也，故其與叢亭、安上諸劉了無宗次。裕家本寒微，住在京口，恒以賣履為業。意氣楚刺，僅識文字，樗蒲傾產，為時賤薄。嘗負驃騎諮議刁逵社錢三萬，經時不還。逵以其無行，録而征責，驃騎長史王謐以錢代還，事方得了。落魄不修廉隅。

天興二年，僭晉司馬德宗遣其輔國將軍劉牢之東討孫恩，裕應募，始為牢之參軍。恩北寇海鹽，裕追勝之，以功稍遷建武將軍、下邳太守。劉牢之討桓玄，裕參其軍事。牢之降，裕為玄從兄桓脩中兵參軍。孫恩死，餘衆推恩妹夫盧循為主，玄遣裕征之，裕破循於東陽、永嘉，循浮海奔逸。加裕彭城內史。

及桓玄廢德宗而自立，裕與弟道規、劉毅、何無忌潛謀舉兵。桓修弟思祖鎮廣陵，道規劉毅先為之佐。天賜初，裕與何無忌等旦候城門開，率

衆斬玄徐州刺史桓脩於京口，其日，劉毅、道規等亦斬思祖，因收衆濟江。河內太守辛扈興、恒農太守王元德、振威將軍童厚之亦與裕克是日取玄。毅兄邁時在建業，毅遣周安要之，邁懼而告玄，玄遣頓丘太守吳甫之、右衛將軍皇甫敷北拒。裕率衆宿於竹里，遇甫之於江乘，裕執長刀直入其陣，斬甫之，進至羅落橋，又斬敷首。玄使桓謙屯東陵，卞範之屯覆舟山西，裕又破之。玄大懼，乃攜子侄浮江南走。裕入鎮石頭，以德宗司徒王謐為録尚書，領揚州刺史，立留臺，總百官，裕為使持節、都督揚徐兗豫青冀幽并八州、鎮軍將軍、徐州刺史，令道規等衆追玄。裕因是相署名位，遣尚書王嘏等迎德宗，燔桓溫神主於宣陽門外。尋殺尚書左僕射王愉及其子綏、納等。裕以司馬遵為大將軍，承制，入居東宮，公卿以下莫不畢拜。乃大赦，惟玄等不在例。是夜，司徒王謐逃走。劉毅以其手解德宗璽綬，宜誅之。裕以其償錢之惠，固請免之，乃遣丹楊尹孟昶迎焉。

無忌、道規至於桑落洲，破桓玄。諸將進據尋陽，加裕都督江州。劉毅復敗桓玄於崢嶸洲，玄乃棄衆單舸奔走，挾德宗奔於江陵。裕領青州刺史，甲仗百人入殿。毅等平巴陵，德宗復位於江陵，改年曰義熙。及還建業，裕進侍中、車騎將軍、都督中外諸軍事，飾讓不受；加録尚書事，又詐不受。乃出鎮丹徒，改授都督十六州，餘如故，又領兗州，乃解青州。

盧循破廣州，裕仍以循為廣州刺史，其黨琅邪人徐道覆為始興相。裕又都督交廣二州。又封裕豫章郡公，邑萬户，絹三萬匹。加侍中，進號驃騎將軍、儀同三司。又進裕揚州刺史，録尚書事，居於東府。裕遣劉敬宣伐蜀，為譙道福所敗，乃免敬宣官，裕自降為中軍將軍，開府如故。

永興初，慕容超大掠淮北，執德宗陽平太守劉千載、濟南太守趙元，驅掠千餘家而歸。裕乃伐超，遂屠廣固，執超，斬其王公以下三千人，納口萬餘、馬二千匹，夷其城隍。送超於建業，斬之。

裕是行也，徐道覆勸盧循令乘虛而出，循從之，於是南康、廬陵、豫章諸郡守皆奔走。江州刺史何無忌率軍至豫章，戰歿。於時羣議欲令德宗北徙渡江。循遂寇湘中，破劉道規於長沙，敗劉毅於桑落洲。席捲而下。裕將孟昶、諸葛長民勸裕擁德宗過江，裕不從。昶謂事必不濟，乃自殺。裕發居人治石頭城。道覆等至，即欲於新亭白石渚焚舟而上。盧循曰：『大軍未至，孟昶便逆自殺，以此而推，建業尋應有變，但按甲守之，不憂不濟也。』乃屯軍於蔡洲。循乃率衆數萬上南岸，至於丹陽郡，遂遣焚京口、金城、姑熟，寇掠涂中及江寧、蕪湖。循以阮賜為豫州刺史，裕中軍參軍尚靖、宣城內史毛修之破賜於姑熟，猶其輜重，賜乃退。又加裕太尉、中書監，黄鉞，裕受黄鉞。盧循既不戰，乃告道覆曰：『師老矣，可還據尋陽，並力取荆州，徐以三分有二之勢與下流爭衡，猶可以濟也』乃自蔡洲南退。裕遣輔國將軍王仲德等追之。裕又遣建威將軍孫季高率衆自海道襲番禺。裕自以舟師南伐。季高乘海兼行，奄至番禺。循不以海道為防，既至而覺，衆乃大驚。季高悉力而上，四面攻之，仍屠其城。盧循父嘏及長史孫建之並以輕舟奔始興。

循與道覆率衆而下，裕衆軍擊之，循等還尋陽。循欲遁於豫章，乃悉力柵斷左里。裕諸軍乘勝而擊之，循單舸徑還廣州，道覆還始興。裕還，為大將軍、揚州牧、班劍二十人，本官如故。徐道覆至始興，猶據山澗，劉蕃等攻之，道覆先鴆妻子，然後自殺。盧循至番禺，收衆攻季高，劉蕃遣沈田子討之，循奔走。餘衆從嶺道襲合浦，克之。進攻交址，交州刺史杜惠度屢戰克捷，循投水而死。

裕自為太尉、中書監。裕殺尚書左僕射謝混、兗州刺史劉蕃。裕既權重，便懷異志，以荆州刺史劉毅頗有勇略，又據上流之所，心畏惡之，遂自討毅，遣參軍王鎮惡等襲江陵。鎮惡至豫章口，焚毅舟艦。毅兵逆戰不能抗，鎮惡馳入外城。於時毅病，乃阻內城。鎮惡焚諸門攻之，其徒乃潰。毅自北門出走，縊於道側，斬屍於市，誅其子侄。裕至江陵，誅南蠻校尉郗僧施、衛軍諮議謝邵等。裕本寒微，不參士伍，及擅時政，便肆意殺戮，以威懼下。初以刁逵縛之之怨，誅其兄弟；又以王愉、謝混、郗僧施之徒並皆時望，遂悉害之。分荆州為湘州，裕自總督。裕還於東府，召諸葛長民屏人閑語，密令壯士西昨等出自幔後，於座拉之，長民墜地，死於床側，亦以才雄見忌也。

荆州刺史司馬休之頗得衆心，裕內懷忌憚，神䴥二年，率衆討之，遣龍驤將軍蒯恩等為前軍。裕進領荆州刺史，加黄鉞。雍州刺史魯宗之率其子軌會休之於江陵。軌等軍敗，乃與休之俱奔襄陽。裕自領南蠻校尉。休之等奔姚興。裕為太傅、揚州牧；劍履上殿，入朝不趨，贊拜不名；置

左右長史、司馬，從事中郎四人；餘如故。裕又領平北將軍、徐兗二州刺史，增督南秦州，尋督中外諸軍事。

裕志傾僭晉，若不外立功名，恐人望不許，乃西伐姚泓。自領征西將軍、司豫二州刺史，尋領北雍州刺史，加前後部羽葆鼓吹，增班劍為四十人。子義符為中軍將軍，監太尉留府事，給鼓吹一部。右僕射劉穆之為左僕射，領軍、中軍二府軍司，入居東府，總攝內外。穆之謂龍驤將軍王鎮惡曰：『公今委卿以關中，卿其勉之。』鎮惡曰：『吾今不克咸陽，誓不濟江，而公九錫不至者，亦卿之責矣。』裕率衆軍至彭城，加鎮北將軍、徐州刺史。遣中兵參軍沈林子自汴入河，冠軍檀道濟與王鎮惡步出淮肥，裕將王仲德泛濟入河。德宗封裕十郡為宋公，加相國、九錫，僭擬魏晉故事。王鎮惡進至宜陽，獨取潼關，沈林子自襄邑屯於陝城，姚泓諸將不能抗。始裕入河西上，太宗遣將軍娥清、長孫嵩等屯於河畔。裕遣朱超石、劉榮祖等渡河，長孫道生破之，擒斬其將楊豐等。裕遣將軍王仲德、趙倫之率沈田子等入伍關，屯軍青泥。深林子由秦嶺會田子於堯柳城。姚泓率衆數萬，不戰而還。裕至關頭。鎮惡至渭橋，破泓軍於橫門。裕至長安，執姚泓以歸，斬於建業市。裕以其子義真為雍州刺史，鎮咸陽。進裕為宋王，增十郡，置百官，一擬舊制。裕還彭城。

赫連屈丐掠渭陽，義真遣沈田子率軍討之。田子退軍陘上，鎮惡往就田子議之，田子斬鎮惡於幕下，又殺其兄弟羣從七人。田子馳還，云『鎮惡有異志』，義真長史王修執而斬之。義真與左右多為不法，王修每裁割之，左右咸怨，白義真曰：『王修以關中阻險，兵食又足，欲謀反叛，宜早圖之。』義真遂遣左右殺修。裕聞之，以朱齡石為雍州刺史。義真發自長安，將走江東，諸將競收財貨，次於灞上。赫連昌率衆追之，既至清泥，義真大敗，蒯恩與安西司馬毛修之並被擒獲，參軍段橫，名犯高祖廟諱，單馬負義真走歸。朱齡石亦棄長安，奔就龍驤將軍王敬先於曹公故壘，既而城陷，被執見殺。

德宗死，裕立德宗弟德文，裕又自增十郡。裕遣司馬傳亮赴建業，令征己入輔。德文禪其位，遂自號為宋，改年為永初，時泰常五年也。裕既僭立，頻請和通，太宗許之。六年，裕遣其中軍將軍沈範、索季孫等朝貢。七年五月裕死。

《北史》卷一《魏紀一》　永興二年六月，晉將劉裕滅慕容超。秋七月丁巳，立射臺於陂西，仍講武。乙丑，至自北伐。

二年七月，晉劉裕滅姚泓。

泰常元年九月，晉劉裕溯河伐姚泓，遣部將王仲德從陸道至梁城。兗州刺史尉建畏懦，棄守北渡，仲德遂入滑臺。詔將軍叔孫建等度河曜威，斬尉建於城下。冬十一月戊寅，起蓬臺於北苑。十二月，南陽王良薨。

天賜元年春二月，晉劉裕起兵誅桓玄。

又　卷一八《元澄傳》　神龜元年，詔加女侍中貂蟬，同外侍中之飾。澄上表諫曰：『高祖、世宗皆有女侍中官，未見綴金蟬於象珥，極鼲貂於鬢髮。江南偽晉穆何後有女尚書而加貂璫，此乃衰亂之世，妖妄之服。且婦人而服男子之服，至陰而陽，故自穆、哀以降，國統二絕。因是劉裕所以篡逆。

又　卷二〇《叔孫建傳》　晉將劉裕伐姚泓，令其部將王仲德為前鋒，將逼滑臺。

又　卷二一《崔浩傳》　泰常元年，晉將劉裕伐姚泓，欲泝河西上，求假道。

二年，晉齊郡太守王懿來降。陳計，稱劉裕在洛，勸以軍絕其後路，則裕軍不戰而可克。書奏，帝善之。會浩在前，進講書傳。帝問浩曰：『裕西伐已至潼關，卿觀事得濟否？』浩曰：『姚興好養虛名而無實用，子泓又病，衆叛親離。乘其危亡，兵精將勇，克之必矣。』帝曰：『裕武能何如慕容垂？』浩曰：『垂承父祖之資，生便尊貴。同類歸之，若夜蛾之赴火；少加倚仗，便足立功。劉裕挺出寒微，不因一卒之用，奮臂大呼，而夷滅桓玄。北禽慕容超，南摧盧循。裕若平姚而篡其主。秦地戎夷混並，裕亦不能守之。秦地亦終當為國家所有。』帝曰：『裕已入關，不能進，不能退，我遣精騎南襲彭城、壽春，裕亦何能自立？』浩曰：『今西北二寇未殄，陛下不可親御六師。長孫嵩有經國之用，無進取之能，非劉裕敵也。臣謂待之不晚。』帝笑曰：『卿量之已審矣。』浩曰：『臣常私論近世人物，不敢不上聞。若王猛之經國，苻堅之管仲也；慕容恪之輔少主，慕容之霍光也；劉裕之平逆亂，司馬德宗之曹操也。』

三年，彗星出天津，入太微，經北斗，絡紫微，犯天棓。八十餘日，

至天漢而滅。帝復召諸儒、術士問之，曰：『災咎將在何國？朕甚畏之。』浩曰：『災異由人而起，人無釁，妖不自作。《漢書》載王莽篡位之前，彗星出入，正與今同。國家主尊臣卑，人無異望。是為僭晉將滅，劉裕篡之之應也。』

會聞宋武帝殂，帝欲取洛陽、武牢、滑臺。浩曰：『陛下不以劉裕欻起，納其使貢，裕亦敬事陛下。不幸今死，乘喪伐之，雖得之，不令。《春秋》晉士丐侵齊，聞齊侯卒，乃還。君子大其不伐喪，以為恩足以感孝子，義足以動諸侯。今國家未能一舉而定江南，宜遣人吊祭，恤其凶災，布義風於天下，令德之事也。且裕新死，黨與未離，不如緩之，待其惡稔。如其強臣爭權，變難必起，然後命將揚威，可不勞士卒而收淮北之地。』帝銳意南伐，語浩曰：『劉裕因姚興死而滅其國。裕死，我伐之，何為不可！』浩固執曰：『興死，二子交爭，裕乃伐之。』帝大怒，不從。

又　卷二二《長孫嵩傳》　晉將劉裕之伐姚泓，明元假嵩節，督山東諸軍事，傳詣平原，緣河北岸列軍，次於畔城。軍頗失利。詔假裕道。裕於舟中望嵩麾蓋，遺以酃酒及江南食物。嵩皆送京師。詔嵩厚答之。又敕簡精兵為戰備，若裕西過者，便率精鋭，南出彭、沛；如不時過，但引軍隨之。彼至崤、陝間，必與姚泓相持，一死一傷，衆力疲弊。比及秋月，徐乃乘之，則裕首可不戰而縣。於是叔孫建等。尋河趣洛，遂入關。嵩與建等自城皋南濟，晉諸屯戍皆望塵奔潰。裕克長安，嵩乃班師。

又　卷二三《于栗磾傳》　後為河内鎮將。劉裕之伐姚泓，栗磾慮北侵擾，築壘河上。裕憚之，遺栗磾書，假道西上。題書曰：『黑槊公麾下』。栗磾以狀表聞，明元因之授栗磾黑槊將軍。栗磾好持黑槊，裕望而異之，故有其號。

又　卷二六《刁雍傳》　初，晉相劉裕微時，負社錢一萬，違時不還。暢兄逵執而征焉。及誅桓玄，以嫌，先誅刁氏。雍與暢故吏遂奔姚興，為太子中庶子。

及姚泓滅，與司馬休之等歸魏，請於南境自效。明元假雍建威將軍。雍遂於河、濟間招集流散，傳檄邊境。雍弟彌，時亦率衆入京口，親共討裕。裕頻遣兵破之。明元南幸鄴，雍朝於行宮。明元問曰：『縛劉裕者，於卿親疏？』雍曰：『伯父。』帝笑曰：『劉裕父子當應憚卿。』

又　《韓延之傳》　晉將劉裕伐司馬休之，未至江陵，密與延之書招之。延之報書，辭甚激厲，曰：『劉裕足下：海内之人，誰不見足下此心，而復欲欺誑國士！』其不屈如此。

又　《袁式傳》　及劉裕執權，式歸姚興。

又　《毛修之傳》　劉裕之平關中，留子義真鎮長安，以修之為司馬。

又　卷二九《司馬休之傳》　休之頗得江漢人心。其子文思繼其兄尚之為譙王，謀圖劉裕。裕執送休之，令為其所。休之表廢文思，並與裕書陳謝。神瑞中，裕收休之子文寶、兄子文祖並殺之，乃討休之。休之與魯宗之及宗之子軌起兵討裕。兵敗，遂與子文思及宗之奔姚興。裕滅姚泓，休之與文思及晉河間王子道賜等數百人皆將妻子降長孫嵩。卒，贈征西大將軍、右光祿大夫、始平公，謚曰聲。

又　卷二九《司馬楚之傳》　會劉裕誅夷司馬氏，叔父宣期、兄貞之並遇害。

又　卷三四《趙逸傳》　逸兄温，字思恭，博學有高名，為姚泓天水太守。劉裕滅泓，遂没於氐。

又　卷九二《張宗之傳》　父孟舒，晉將劉裕西征，板假洛陽令。

又　卷九三《僭偽附庸傳》　晉將劉裕攻長安，屈丐聞而喜曰：『姚泓豈能拒裕？裕必克之。待裕去後，吾取之如拾遺耳。』於是秣馬勵兵，休養士卒。及劉裕禽泓，留子義真守長安。

天賜五年，晉將劉裕伐超，超將公孫五樓勸拒之於大峴，不從。裕入大峴，超戰於臨朐，為裕敗。退還廣固，圍之。廣固鬼夜哭，有流星長十餘丈，隕於廣固。城潰，裕執超。送建康市斬之。

晉將劉裕伐泓，長驅入關。泓戰敗請降，裕執之，於建康斬之。

及聞晉滅姚泓，怒甚。有校郎言事於蒙遜，蒙遜曰：『汝聞劉裕入關，敢研研然也！』遂殺之。尋稱藩於晉。

《隋書》卷四九《牛弘傳》　劉裕平姚，收其圖籍，五經子史，纔四千卷，皆赤軸青紙，文字古拙。

《舊五代史》卷一四二《禮志上》　宋氏先世，官閥卑微，雖追崇帝號，劉裕自為高祖。

《宋史》卷九三《河渠志三》　漢明帝時，樂浪人王景、謁者王吳始作浚儀渠，蓋循河溝故瀆也。渠成流注浚儀，故以浚儀縣為名。靈帝建寧四年，於敖城西北壘石為門，以遏渠口，故世謂之石門。渠外東合濟水，濟與河、渠渾濤東注，至敖山北，渠水至此又兼邲之水，即《春秋》晉、楚戰於邲。邲又音汳，即『汴』字，古人避『反』字，改從『汴』字。渠水又東經滎陽北，旃然水自縣東流入汴水。鄭州滎陽縣西二十里三皇山上，有二廣武城，二城相去百餘步，汴水自兩城間小澗中東流而出，而濟流自茲乃絕。唯汴渠首受旃然水，謂之鴻渠。東晉太和中，桓溫北伐前燕，將通之，不果。義熙十三年，劉裕西征姚秦，復浚此渠，始有湍流奔注，而岸善潰塞，裕更疏鑿而漕運焉。

又　卷二〇四《藝文志三》　《城冢記》一卷按序，魏文帝三年，劉裕得此記。

論說

《宋書》卷三《武帝紀論》　漢氏載祀四百，比祚隆周，雖復四海橫潰，而民繫劉氏，惵惵黔首，未有遷奉之心。魏武直以兵威服衆，故能坐移天歷；鼎運雖改，而民未忘漢。及魏室衰孤，怨非結下。晉籍宰輔之柄，因皇族之微，世擅重權，用基王業。至於宋祖受命，義越前模。晉自社廟南遷，祿去王室，朝權國命，遞歸臺輔。君道雖存，主威久謝。桓溫雄才蓋世，勳高一時，移鼎之業已成，天人之望將改。自斯以後，晉道彌昏，道子開其禍端，元顯成其末釁，桓玄藉運乘時，加以先父之業，因基革命，人無異心。高祖地非桓、文，衆無一旅，曾不浹旬，夷凶翦暴，祀晉配天，不失舊物，誅內清外，功格區宇。至於鍾石變聲，柴天改物，民已去晉，異於延康之初，功實靜亂，又殊咸熙之末。所以恭皇高遜，殆均釋負。若夫樂推所歸，謳歌所集，魏、晉采其名，高祖收其實矣。盛哉！

《南史》卷一《宋紀論》　晉自社稷南遷，王綱弛紊，朝權國命，遞回臺輔，君道雖存，主威久謝。桓溫雄才蓋世，勳高一時，移鼎之業已成，天人之望將改。自斯以後，帝道彌昏，道子開其禍端，元顯成其釁末。桓玄乘時藉運，加以先資，革命受終，人無異望。宋武地非齊、晉，衆無一旅，曾不浹旬，夷凶翦暴，誅內清外，功格上下。若夫樂推所歸，謳歌所集，校之魏、晉，可謂收其實矣。然武皇將涉知命，弱嗣方育，顧有慈顏，前無嚴訓。少帝體易染之質，稟可下之姿，外物莫犯其心，所欲必從其志，嶮縱非學而能，危亡不期而集，其至顛沛，非不幸也。悲哉！

宋・李昉等《文苑英華》卷七五二《興亡中・唐朱敬則〈宋武帝論〉》　蓋聖人不能為時，亦不能失時。歷觀帝王之祚，未有不因人墜塗炭而得志。或天下嗷嗷，新主之資也。是知秦有閻趙之隙，漢罹莽、卓之災，晉由曹氏之專h，宋實桓元之篡。始得奮其智力，救此倒懸，陳涅羿之辜，問滔天之罪。況劉裕天錫神勇，雄略命世，不待借思漢之謳，未暇假從周之會。同盟二十七，願從一百人。雷動朱方，風發竹里。龍驤虎步，獨決神襟。長劍一呼，義聲四合。蕩亡楚已成之業，復遺晉久絕之基。祀夏配天，不失舊物，雖古人用兵，不足加也。至乃網羅俊異，待物知人，動必應時，役無再舉，西盡庸蜀，北劃大河。自漢末三分，東晉拓境，未能至也。

或問，前史云：『克敵得儁，奇迹多於魏武，此確論乎？』

君子曰：『得儁雖多，前非大敵。若乃黃帝斬蚩尤，高祖制項籍，光武抗尋邑，曹公挫本初，此是奇迹也。至若慕容超政不在躬，奴僕下品；姚泓宗枝猜貳，借手於人。盧循佚寇之餘，譙縱新造之國，因釁取亂，何足可稱？至乃潛算樽俎之間，明見千里之外，揣機料日，不爽錙銖，亦古之志士，何以加焉？但禮樂文明，日不暇給；垂風邁德，盛所未能。人望不逮於建安，天命乃光於魏武。』

又問曰：『棄德非疲乏，舍舊無親，有宋功臣，多不及嗣。豈理須然乎？請聞其要。』

君子曰：『且夫姦雄者非淳德之稱，謀勇者乃果決之辭。故昔之同盟，擬覆前敵，故無材不露，無心不披。譬若同舟遇風，寧有隱哉？及高鳥盡，狡兔死，其材能我之儔也。我非積行累能，彼之知也。思已之所行，恐彼之已叛，是以雄猜內發，釁兆易萌，韓彭以之菹醢，劉葛由之覆亡。然則高談堯舜之道，不忍論桀紂之行，思燕齊之血食，見漢宋之不仁，故尉繚畏秦王之屈節，范蠡識勾踐之忍人。綺季不出於商山，嫌漢王之侮慢；嚴光潛形於草澤，知劉秀之未宏。有旨哉！』

又問曰：『宋祖入關，老相駕馬；赫連畏逼，姚氏淫昏。中原士庶，耻為臣妾。王師衆整，頗有禮焉。所以扣馬攀車，請住關右。宮室陵寢，是大漢之遺蹤；關山重復，乃有周之長世。人與不取，違衆獨歸。昔項籍見哂於韓生，宋高又失於父老，其旨可得聞乎？』

君子曰：『論項即非，在劉為是。以項王之材，天下可以力制，人心可以勢奪，因宮室之嚴，守山河之固，此九州之上腴，何彭城之足算？劉裕家本江南，全軍遠克。未能制命夏魏，施號秦涼，雖曰關中，實是邊地。鞭長不及馬腹，風末不（闕二十六字）王買德曰：』貪歸受禪，所留不過愛子。待歸一舉而可取，卒如其策。智士哉！

蕭衍分部

傳記

《梁書》卷一《武帝紀上》　高祖武皇帝，諱衍，字叔達，小字練兒，南蘭陵中都里人，漢相國何之後也。何生酇定侯延，延生侍中彪，彪生公府掾章，章生皓，皓生仰，仰生太子太傅望之，望之生光祿大夫育，育生御史中丞紹，紹生光祿勳閎，閎生濟陰太守闡，闡生吳郡太守冰，冰生中山相苞，苞生博士周，周生蛇丘長矯，矯生州從事逵，逵生孝廉休，休生廣陵郡丞豹，豹生太中大夫裔，裔生淮陰令整，整生濟陰太守轄，轄生州治中副子，副子生南臺治書道賜，道賜生皇考諱順之，齊高帝族弟也。參預佐命，封臨湘縣侯。歷官侍中，衛尉，太子詹事，領軍將軍，丹陽尹，贈鎮北將軍。高祖以宋孝武大明八年甲辰歲生於秣陵縣同夏里三橋宅。生而有奇異，兩胯駢骨，頂上隆起，有文在右手曰『武』。帝及長，博學多通，好籌略，有文武才幹，時流名輩咸推許焉。所居室常若雲氣，人或過者，體輒肅然。

起家巴陵王南中郎法曹行參軍，遷衛將軍王儉東閤祭酒。儉一見，深相器異，謂廬江何憲曰：『此蕭郎三十內當作侍中，出此則貴不可言。』竟陵王子良開西邸，招文學，高祖與沈約、謝朓、王融、蕭琛、范雲、任昉、陸倕等並遊焉，號曰八友。融俊爽，識鑒過人，尤敬異高祖，每謂所親曰：『宰制天下，必在此人。』累遷隋王鎮西咨議參軍，尋以皇考艱去職。

隆昌初，明帝輔政，起高祖為寧朔將軍，鎮壽春。服闋，除太子庶子、給事黄門侍郎，入直殿省。預蕭諶等定策勳，封建陽縣男，邑三百户。建武二年，魏遣將劉昶、王肅帥衆寇司州，以高祖為冠軍將軍、軍主，隸江州刺史王廣為援。距義陽百餘里，衆以魏軍盛，趑趄莫敢前。高祖請為先啓，廣即分麾下精兵配高祖。爾夜便進，去魏軍數里，逕上賢首山。魏軍不測多少，未敢逼。黎明，城內見援至，因出軍攻魏柵。高祖帥所領自外進戰。魏軍表裏受敵，乃棄重圍退走。軍罷，以高祖為右軍晉安王司馬、淮陵太守。還為太子中庶子，領羽林監。頃之，出鎮石頭。

四年，魏帝自率大衆寇雍州，明帝令高祖赴援。十月，至襄陽。詔又遣左民尚書崔慧景總督諸軍，高祖及雍州刺史曹虎等並受節度。明年三月，慧景與高祖進行鄧城，魏主帥十萬餘騎奄至。慧景失色，欲引退，高祖固止之，不從，乃狼狽自拔。魏騎乘之，於是大敗。高祖獨帥衆距戰，殺數十百人，魏騎稍卻，因得結陣斷後，至夕得下船。慧景軍死傷略盡，惟高祖全師而歸。俄以高祖行雍州府事。

七月，仍授持節、都督雍梁南北秦四州郢州之竟陵司州之隨郡諸軍事、輔國將軍、雍州刺史。其月，明帝崩，東昏即位，揚州刺史始安王遙光、尚書令徐孝嗣、尚書右僕射江祏、右將軍蕭坦之、侍中江祀、衛尉劉暄更直內省，分日帖敕。高祖聞之，謂從舅張弘策曰：『政出多門，亂其階矣。《詩》云：「一國三公，吾誰適從？」況今有六，而可得乎！嫌隙若成，方相誅滅，當今避禍，惟有此地。勤行仁義，可坐作西伯。但諸弟在都，恐罹世患，須與益州圖之耳。』

時高祖長兄懿罷益州還，仍行郢州事，乃使弘策詣郢，陳計於懿曰：『昔晉惠庸主，諸王爭權，遂內難九興，外寇三作。今六貴爭權，人握王憲，制主畫敕，各欲專威，睚眥成憾，理相屠滅。且嗣主在東宮本無令譽，媟近左右，蜂目忍人，一總萬機，恣其所欲，豈肯虛坐主諾，委政朝臣。積相嫌貳，必大誅戮。始安欲為趙倫，形迹已見，蹇人上天，信無此

理。且性甚猜狹，徒取亂機。所可當軸，惟有江、劉而已。祏怯而無斷，暄弱而不才，折鼎覆餗，翹足可待。蕭坦之胸懷猜忌，動言相傷，徐孝嗣才非柱石，聽人穿鼻，若隙開釁起，必中外土崩。今得守外藩，幸圖身計，智者見機，不俟終日。及今猜防未生，宜召諸弟以時聚集。後相防疑，拔足無路。郢州控帶荊、湘，西注漢、沔；雍州士馬，呼吸數萬，虎視其間，以觀天下。世治則竭誠本朝，時亂則為國剪暴，可得與時進退，此蓋萬全之策。如不早圖，悔無及也。』懿聞之變色，心弗之許。弘策還，高祖乃啓迎弟偉及憺。是歲至襄陽。於是潛造器械，多伐竹木，沉於檀溪，密為舟裝之備。時所住齋常有五色回轉，狀若蟠龍，其上紫氣騰起，形如傘蓋，望者莫不異焉。

永元二年冬，懿被害。信至，高祖密召長史王茂、中兵呂僧珍、別駕柳慶遠、功曹史吉士瞻等謀之。既定，以十一月乙巳召僚佐集於廳事，謂曰：『昔武王會孟津，皆曰「紂可伐」。今昏主惡稔，窮虐極暴，誅戮朝賢，罕有遺育，生民塗炭，天命殛之。卿等同心疾惡，共興義舉，公侯將相，良在茲日，各盡勳效，我不食言。』是日建牙。於是收集得甲士萬餘人，馬千餘匹，船三千艘，出檀溪竹木裝艦。

先是，東昏以劉山陽為巴西太守，配精兵三千，使過荊州就行事蕭穎胄以襲襄陽。高祖知其謀，乃遣參軍王天虎、龐慶國詣江陵，遍與州府書。及山陽西上，高祖謂諸將曰：『荊州本畏襄陽人，加脣亡齒寒，自有傷弦之急，寧不暗同邪？我若總荊、雍之兵，掃定東夏，韓、白重出，不能為計。況以無算之昏主，役御刀應敕之徒哉？我能使山陽至荊，便即授首，諸君試觀何如。』及山陽至巴陵，高祖復令天虎齎書與穎胄兄弟。去後，高祖謂張弘策曰：『夫用兵之道，攻心為上，攻城次之，心戰為上，兵戰次之，今日是也。近遣天虎往州府，人皆有書。今段乘驛甚急，止有兩封與行事兄弟，云「天虎口具」；及問天虎而口無所說，行事不得相聞，不容妄有所道。天虎是行事心膂，彼聞必謂行事與天虎共隱其事，則人人生疑。山陽惑於衆口，判相嫌貳，則行事進退無以自明，必漏吾謀內。是馳兩空函定一州矣。』山陽至江安，聞之，果疑不上。穎胄大懼，乃斬天虎，送首山陽。山陽信之，將數十人馳入，穎胄伏甲斬之，送首高祖。仍以南康王尊號之議來告，且曰：『時月未利，當須來年二月；遽便進兵，恐非廟算。』高祖答曰：『今坐甲十萬，糧用自竭，況所藉義心，一時驍銳，事事相接，猶恐疑怠；若頓兵十旬，必生悔吝。童兒立異，便大事不成。今太白出西方，仗義而動，天時人謀，有何不利？處分已定，安可中息？昔武王伐紂，行逆太歲，復須待年月乎？』

竟陵太守曹景宗遣杜思沖勸高祖迎南康王都襄陽，待正尊號，然後進軍。高祖不從。王茂又私於張弘策曰：『我奉事節下，義無進退，然今者以南康置人手中，彼便挾天子以令諸侯，而節下前去為人所使，此豈歲寒之計？』弘策言之，高祖曰：『若使前途大事不捷，故自蘭艾同焚；若功業克建，威懾四海，號令天下，誰敢不從！豈是碌碌受人處分？待至石城，當面曉王茂、曹景宗也。』於沔南立新野郡，以集新附。

三年二月，南康王為相國，以高祖為征東將軍，給鼓吹一部。戊申，高祖發襄陽。留弟偉守襄陽城，總州府事，弟憺守壘城，府司馬莊丘黑守樊城，功曹史吉士詢兼長史，白馬戍主黃嗣祖兼司馬，鄀令杜永兼別駕，小府録事郭儼知轉漕。移檄京邑曰：

夫道不常夷，時無永化，險泰相沿，晦明非一，皆屯困而後亨，資多難以啓聖。故昌邑悖德，孝宣聿興，海西亂政，簡文升歷，並拓緒開基，紹隆寶命，理驗前經，事昭往策。

獨夫擾亂天常，毀棄君德，姦回淫縱，歲月滋甚。挺虐於鬌剪之年，植險於髫丱之日。猜忌凶毒，觸途而著，暴戾昏荒，與事而發。自大行告漸，喜容前見，梓宮在殯，靦無哀色，歡娛遊宴，有過平常，奇服異衣，更極誇麗。至於選采妃嬪，姊妹無別，招侍巾櫛，姑侄莫辨，掖庭有稗販之名，姬姜被幹殳之服。至乃形體宣露，褻衣顛倒，斬斫其間，以為歡笑。騁肆淫放，驅屏郊邑。老弱波流，士女塗炭。行產盈路，輿屍竟道，母不及抱，子不遑哭。劫掠剽虜，以日繼夜。晝伏宵遊，曾無休息。淫酗縱肆，酣歌壚邸。寵恣愚豎，亂惑妖甗。梅蟲兒、茹法珍臧獲斯小，專制威柄，誅剪忠良，屠滅卿宰。劉鎮軍舅氏之尊，盡忠奉國；江僕射外戚之重，竭誠事上；蕭領軍葭莩之宗，志存柱石；徐司空、沈僕射搢紳冠冕，人望攸歸。或《渭陽》餘感，或勳庸允穆，或誠著艱難，或劬勞王室，並受遺托，同參顧命，送往事居，俱竭心力。宜其慶溢當年，祚隆後裔；而一朝齏粉，孩稚無遺。人神怨結，行路嗟憤。

蕭令君忠公幹伐，誠貫幽顯。往年寇賊遊魂，南鄭危逼，拔刃飛泉，孤城獨振。及中流逆命，憑陵京邑，謀猷禁省，指授羣帥，克翦鯨鯢，清我王度。崔慧景奇鋒迅駭，兵交象魏，武力喪魂，義夫奪膽，投名送款，比屋交馳，負糧影從，愚智競赴。復誓旅江甸，奮不顧身，獎厲義徒，電掩强敵，克殲大憝，以固皇基。功出桓、文，勳超伊、吕；而勞謙省己，事昭心迹，功遂身退，不祈榮滿。敦賞未聞，禍酷遄及，預稟精靈，孰不冤痛！而羣孽放命，蜂蠆懷毒，乃遣劉山陽驅扇逋逃，招逼亡命，潛圖密構，規見掩襲。蕭右軍、夏侯征虜忠斷夙舉，義形於色，奇謀宏振，應手梟懸，天道禍淫，罪不容戮。至於悖禮違教，傷化虐人，射天彈路，比之猶善，刳胎斮脛，方之非酷，盡羽縣之竹，未足紀其過，窮山澤之兔，不能書其罪。自草昧以來，圖牒所記，昏君暴後，未有若斯之甚者也。

既人神乏主，宗稷阽危，海内沸騰，氓庶板蕩，百姓懍懍，如崩厥角，蒼生喁喁，投足無地。幕府荷眷前朝，義均休戚，上懷委付之重，下惟在原之痛，豈可卧薪引火，坐觀傾覆！至尊體自高宗，特鍾慈寵，明並日月，粹昭靈神，祥啓元龜，符驗當璧，作鎮陜藩，化流西夏，謳歌攸奉，萬有樂推。右軍蕭穎胄、征虜將軍夏侯詳並同心翼戴，即宫舊楚，三靈再朗，九縣更新，升平之運，此焉復始，康哉之盛，在乎兹日。然帝德雖彰，區宇未定，元惡未黜，天邑猶梗。仰稟宸規，率前啓路。即日遣冠軍、竟陵内史曹景宗等二十軍主，長槊五萬，驥騄為羣，鶚視爭先，龍驤並驅，步出横江，直指朱雀。長史、冠軍將軍、襄陽太守王茂等三十軍主，戈船七萬，乘流電激，推鋒扼險，斜趣白城。南中郎諮議參軍、軍主蕭偉等三十九軍主，巨艦迅楫，沖波噎水，旗鼓八萬，焱集石頭。南中郎諮議參軍、軍主蕭憺等四十二軍主，熊羆之士，甲楯十萬，沿波馳艓，掩據新亭。益州刺史劉季連、梁州刺史柳惔、司州刺史王僧景、魏興太守裴帥仁、上庸太守韋睿、新城太守崔僧季，並肅奉明詔，龔行天罰。蜀、漢果鋭，沿流而下；淮、汝勁勇，望波遄騖。幕府總率貔貅，驍勇百萬，縉甲燕弧，屯兵冀馬，摐金沸地，鳴鞞聒天，霜鋒曜日，朱旗絳野，方舟千里，駱驛係進。蕭右軍訏謨上才，兼資文武，英略峻遠，執鈞匡世。擁荆南之衆，督四方之師，宣贊中權，奉衛輿輦。旍麾所指，威稜無外，龍驤虎步，並集建業。黜放愚狡，均禮海昏，廓清神甸，掃定京宇。譬猶崩泰山而壓蟻壤，決懸河而注熛燼，豈有不殄滅者哉！

今資斧所加，止梅蟲兒、茹法珍而已。諸君咸世胄羽儀，書勳王府，皆俯眉姦黨，受制凶威。若能因變立功，轉禍為福，並誓河、嶽，永紆青紫。若執迷不悟，距逆王師，大衆一臨，刑兹罔赦，所謂火烈高原，芝蘭同泯。勉求多福，無貽後悔。賞罰之科，有如白水。

高祖至竟陵，命長史王茂與太守曹景宗為前軍，中兵參軍張法安守竟陵城。茂等至漢口，輕兵濟江，逼郢城。其刺史張沖置陣據石橋浦，義師與戰不利，軍主朱僧起死之。諸將議欲並軍圍郢，分兵以襲西陽、武昌。高祖曰：『漢口不闊一里，箭道交至，房僧寄以重兵固守，為郢城人掎角。若悉衆前進，賊必絶我軍後，一朝為阻，則悔無所及。今欲遣王、曹諸軍濟江，與荆州軍相會，以逼賊壘。吾自後圍魯山，以通沔、漢。鄖城、竟陵間粟，方舟而下；江陵、湘中之兵，連旗繼至。糧食既足，士衆稍多，圍守兩城，不攻自拔，天下之事，卧取之耳。』諸將皆曰『善』。乃命王茂、曹景宗帥衆濟岸，進頓九里。其日，張沖出軍迎戰，茂等邀擊，大破之，皆棄甲奔走。荆州遣冠軍將軍鄧元起、軍主王世興、田安等數千人，會大軍於夏首。高祖築漢口城以守魯山，命水軍主張惠紹、朱思遠等遊遏江中，絶郢、魯二城信使。

三月，乃命元起進據南堂西陼，田安之頓城北，王世興頓曲水故城。是時張沖死，其衆復推軍主薛元嗣及沖長史程茂為主。乙巳，南康王即帝位於江陵，改永元三年為中興元年，遥廢東昏為涪陵王。以高祖為尚書左僕射，加征東大將軍、都督征討諸軍事，假黄鉞。西臺又遣冠軍將軍蕭穎達領兵會於軍。是日，元嗣軍主沈難當率輕舸數千，亂流來戰，張惠紹等擊破，盡擒之。四月，高祖出沔，命王茂、蕭穎達等進軍逼郢城。元嗣戰頗疲，因不敢出。諸將欲攻之，高祖不許。五月，東昏遣寧朔將軍吴子陽、軍主光子衿等十三軍救郢州，進據巴口。

六月，西臺遣衛尉席闡文勞軍，齎蕭穎胄等議，謂高祖曰：『今頓兵兩岸，不並軍圍郢，定西陽、武昌，取江州，此機已失；莫若請救於魏，與北連和，猶為上策。』高祖謂闡文曰：『漢口路通荆、雍，控引秦、梁，糧運資儲，聽此氣息，所以兵壓漢口，連絡數州。今若並軍圍城，又分兵前進，魯山必阻沔路，所謂扼喉。若糧運不通，自然離散，何謂持

久？鄧元起近欲以三千兵往定尋陽，彼若歡然悟機，一酈生亦足；脫距王師，故非三千能下。進退無據，未見其可。西陽、武昌，取便得耳，得便應鎮守。守兩城不減萬人，糧儲稱是，卒無所出。脫賊軍有上者，萬人攻一城，兩城勢不得相救。若我分軍應援，則首尾俱弱；如其不遣，孤城必陷。一城既沒，諸城相次土崩，天下大事於是去矣。若郢州既拔，席捲沿流，西陽、武昌，自然風靡，何遽分兵散衆，自貽其憂！且丈夫舉動，言靜天步；況擁數州之兵以誅羣豎，懸河注火，奚有不滅？豈容北面請救，以自示弱！彼未必能信，徒貽我醜聲。此之下計，何謂上策？卿為我白鎮軍：前途攻取，但以見付，事在目中，無患不捷，恃鎮軍靖鎮之耳。』

吳子陽等進軍武口，高祖乃命軍主梁天惠、蔡道祐據漁湖城，唐修期、劉道曼屯白陽壘，夾兩岸而待之。子陽又進據加湖，去郢三十里，傍山帶水，築壘柵以自固。魯山城主房僧寄死，衆復推助防孫樂祖代之。七月，高祖命王茂帥軍主曹仲宗、康絢、武會超等潛師襲加湖，將逼子陽。水涸不通艦，其夜暴長，衆軍乘流齊進，鼓噪攻之，賊俄而大潰，子陽等竄走，衆盡溺於江。王茂虜其餘而旋。於是郢、魯二城相視奪氣。

先是，東昏遣冠軍將軍陳伯之鎮江州，為子陽等聲援。高祖乃謂諸將曰：『夫征討未必須實力，所聽威聲耳。今加湖之敗，誰不弭服。陳虎牙即伯之之子，狼狽奔歸，彼間人情，理當恟懼，我謂九江傳檄可定也。』因命搜所獲俘囚，得伯之幢主蘇隆之，厚加賞賜，使致命焉。魯山城主孫樂祖、郢城主程茂、薛元嗣相繼請降。初，郢城之閉，將佐文武男女口十餘萬人，疾疫流腫死者十七八，及城開，高祖並加隱恤，其死者命給棺槥。

先是，汝南人胡文超起義於灄陽，求討義陽、安陸等郡以自效，高祖又遣軍主唐修期攻隨郡，並克之。司州刺史王僧景遣子貞孫入質。司部悉平。

陳伯之遣蘇隆之反命，求未便進軍。高祖曰：『伯之此言，意懷首鼠，及其猶豫，急往逼之，計無所出，勢不得暴。』乃命鄧元起率衆，即日沿流。八月，天子遣黄門郎蘇回勞軍。高祖登舟，命諸將以次進路，留上庸太守韋叡守郢城，行州事。鄧元起將至尋陽，陳伯之猶猜懼，乃收兵退保湖口，留其子虎牙守盆城。及高祖至，乃束甲請罪。九月，天子詔高祖平定東夏，並以便宜從事。是月，留少府、長史鄭紹叔守江州城。前軍次蕪湖，南豫州刺史申胄棄姑孰走，至是時大軍進據之，仍遣曹景宗、蕭穎達領馬步進頓江寧。東昏遣征虜將軍李居士率步軍迎戰，景宗擊走之。於是王茂、鄧元起、呂僧珍進據赤鼻邏，曹景宗、陳伯之為遊兵。是日，新亭城主江道林率兵出戰，衆軍擒之於陣。大軍次新林，命王茂進據越城，曹景宗據皁莢橋，鄧元起據道士墩，陳伯之據籬門。道林餘衆退屯航南，義軍迫之，因復散走，退保朱爵，憑淮以自固。時李居士猶據新亭壘，請東昏燒南岸邑屋以開戰場。自大航以西、新亭以北，蕩然矣。

十月，東昏石頭軍主朱僧勇率水軍二千人歸降。東昏又遣征虜將軍王珍國率軍主胡虎牙等列陣於航南大路，悉配精手利器，尚十餘萬人。閹人王伥子持白虎幡督率諸軍，又開航背水，以絕歸路。王茂、曹景宗等掎角奔之，將士皆殊死戰，無不一當百，鼓噪震天地。珍國之衆，一時土崩，投淮死者，積屍與航等，後至者乘之以濟，於是朱爵諸軍望之皆潰。義軍追至宣陽門，李居士以新亭壘、徐元瑜以東府城降，石頭、白下諸軍並宵潰。壬午，高祖鎮石頭，命衆軍圍六門，東昏悉焚燒門內，驅逼營署、官府併入城，有衆二十萬。青州刺史桓和紿東昏出戰，因以其衆來降。高祖命諸軍築長圍。

初，義師之逼，東昏遣軍主左僧慶鎮京口，常僧景鎮廣陵，李叔獻屯瓜步，及申胄自姑孰奔歸，又使屯破墩以為東北聲援。至是，高祖遣使曉喻，並率衆降。乃遣弟輔國將軍秀鎮京口，輔國將軍恢屯破墩，從弟寧朔將軍景鎮廣陵。吳郡太守蔡夤棄郡赴義師。

十二月丙寅旦，兼衛尉張稷、北徐州刺史王珍國斬東昏，送首義師。高祖命呂僧珍勒兵封府庫及圖籍，收嬖妾潘妃及凶黨王咺之以下四十一人屬吏誅之。宣德皇后令廢涪陵王為東昏侯，依漢海昏侯故事。授高祖中書監、都督揚、南徐二州諸軍事、大司馬、録尚書、驃騎大將軍、揚州刺史，封建安郡公，食邑萬户，給班劍四十人，黄鉞、侍中、征討諸軍事並如故；依晉武陵王遵承制故事。

己卯，高祖入屯閱武堂。下令曰：『皇家不造，遘此昏凶，禍挻動植，虐被人鬼，社廟之危，蠢焉如綴。吾身籍皇宗，曲荷先顧，受任邊疆，推轂萬里，眷言瞻烏，痛心在目，故率其尊主之情，厲其忘生之志。

雖竇歷重升，明命有紹，而獨夫醜縱，方煽京邑。投袂援戈，克弭多難。虐政横流，為日既久，同惡相濟，諒非一族。仰稟朝命，任在專征，思播皇澤，被之率土。凡厥負釁，咸與惟新。可大赦天下；唯王咺之等四十一人不在赦例。』

又令曰：『夫樹以司牧，非役物以養生；視民如傷，豈肆上以縱虐。廢主棄常，自絕宗廟。窮凶極悖，書契未有。征賦不一，苛酷滋章。緹繡土木，菽粟犬馬，征發閭左，以充繕築。流離寒暑，繼以疫癘，轉死溝渠，曾莫救恤，朽肉枯骸，烏鳶是厭。加以天災人火，屢焚宮掖，官府臺寺，尺椽無遺，悲甚《黍離》，痛兼《麥秀》。遂使億兆離心，疆徼侵弱，斯人何辜，離此塗炭！今明昏遞運，大道公行，思治之氓，來蘇茲日。猥以寡薄，屬當大寵，雖運距中興，艱同草昧，思闡皇休，與之更始。凡昏制、謬賦、淫刑、濫役，外可詳檢前源，悉皆除蕩。其主守散失，諸所損耗，精立科條，咸從原例。』

又曰：『永元之季，乾維落紐。政實多門，有殊衛文之代；權移於下，事等曹恭之時。遂使閹尹有翁媼之稱，高安有法堯之旨。鬻獄販官，錮山護澤，開塞之機，奏成小醜。直道正義，擁抑彌年，懷冤抱理，莫知誰訴。姦吏因之，筆削自己。豈直賈生流涕，許伯哭時而已哉！今理運惟新，政刑得所，矯革流弊，實在茲日。可通檢尚書衆曹，東昏時諸諍訟失理及主者淹停不時施行者，精加訊辨，依事議奏。』

又下令，以義師臨陣致命及疾病死亡者，並加葬斂，收恤遺孤。又令曰：『朱爵之捷，逆徒送死者，特許家人殯葬；若無親屬，或有貧苦，二縣長尉即為埋掩。建康城內，不達天命，自取淪滅，亦同此科。』

二年正月，天子遣兼侍中席闡文、兼黄門侍郎樂法才慰勞京邑。追贈高祖祖散騎常侍左光祿大夫，考侍中丞相。

高祖下令曰：『夫在上化下，草偃風從，世之澆淳，恒由此作。自永元失德，書契未紀，窮凶極悖，焉可勝言。既而皞室外構，傾宮內積，奇技異服，殫所未見。上慢下暴，淫侈競馳。國命朝權，盡移近習。販官鬻爵，賄貨公行。並甲第康衢，漸臺廣室。長袖低昂，等和戎之賜；珍羞百品，同伐冰之家。愚民因之，浸以成俗。驕豔競爽，夸麗相高。至乃市井之家，貂狐在御；工商之子，緹繡是襲。日入之次，夜分未反，昧爽之朝，期之清旦。聖明肇運，厲精惟始，雖曰纘戎，殆同創革。且淫費之後，繼以興師，巨橋、鹿臺，凋罄不一。孤忝荷大寵，務在澄清，思所以仰述皇朝大帛之旨，俯厲微躬鹿裘之義，解而更張，斫雕為樸。自非可以奉粢盛，修紱冕，習禮樂之容，繕甲兵之備，此外衆費，一皆禁絕。御府中署，量宜罷省。掖庭備御妾之數，大予絕鄭衛之音。其中有可以率先卿士，准的　庶，菲食薄衣，請自孤始。加羣才並軌，九官咸事，若能人務退食，競存約己，移風易俗，庶期月有成。昔毛玠在朝，士大夫不敢靡衣偷食。魏武歎曰：「孤之法不如毛尚書。」孤雖德謝往賢，任重先達，實望多士得其此心。外可詳為條格。』

戊戌，宣德皇后臨朝，入居內殿。拜帝大司馬，解承制，百僚致敬如前。詔進高祖都督中外諸軍事，劍履上殿，入朝不趨，贊拜不名。加前後部羽葆鼓吹。置左右長史、司馬、從事中郎、掾、屬各四人，並依舊辟士，餘並如故。

詔曰：夫日月麗天，高明所以表德；山嶽題地，柔博所以成功。故能庶物出而資始，河海振而不泄。二象貞觀，代之者人。是以七輔、四叔，致無為於軒、昊；韋、彭、齊、晉，靖衰亂於殷、周。

大司馬攸縱自天，體茲齊聖，文洽九功，武苞七德。欽惟厥始，徽猷早樹，誠著艱難，功參帷幄。錫賦開壤，式表厥庸。建武升歷，邊隙屢啓，公釋書輟講，經營四方。司、豫懸切，樊、漢危殆，覆强寇於沔濱，僵胡馬於鄧汭。永元肇號，難結羣醜，專威擅虐，毒被含靈，溥天惴惴，命懸晷刻。否終有期，神謨載挺，首建大策，惟新鼎祚。投袂勤王，沿流電舉，魯城雲撤，夏汭霧披，加湖羣盜，一鼓殄拔，姑孰連旍，倏焉冰泮。取新壘其如拾芥，撲朱爵其猶掃塵。霆電外駭，省闥內傾，餘醜纖蠹，蚳蝝必盡。援彼已溺，解此倒懸，塗歡里抃，自近及遠。畿甸夷穆，方外肅寧，解茲虐網，被以寬政。積弊窮昏，一朝載廓，聲教遐漸，無思不被。雖伊尹之執茲壹德，姬旦之光於四海，方斯蔑如也。

昔呂望翼佐聖君，猶享四履之命；文侯立功平後，尚荷二弓之錫，況於盛德元勳，超邁自古。黔首惵惵，待以為命，救其已然，拯其方斫，式閭表墓，未或能比；而大輅渠門，輟而莫授，眷言前訓，無忘終食。便宜敬升大典，式允羣望。其進位相國，總百揆，揚州刺史；封十郡為

梁公，備九錫之禮，加璽紱遠遊冠，位在諸王上，加相國緑綟綬。其驃騎大將軍如故。依舊置梁百司。

策曰：二儀寂寞，由寒暑而代行，三才並用，資立人以為寶，故能流形品物，仰代天工。允茲元輔，應期挺秀，裁成天地之功，幽協神明之德。撥亂反正，濟世寧民，盛烈光於有道，大勳振於無外，雖伊陟之保乂王家，姬公之有此丕訓，方之蔑如也。今將授公典策，其敬聽朕命：

上天不造，難鍾皇室，世祖以休明早崩，世宗以仁德不嗣，高宗襲統，宸居弗永，雖夙夜劬勞，而隆平不洽。嗣君昏暴，書契弗睹。朝權國柄，委之羣孽。剿戮忠賢，誅殘臺輔，含冤抱痛，噍類靡餘。實繁非一，並專國命。嚬笑致災，睚眥及禍。嚴科毒賦，載離比屋，溥天熬熬，置身無所。冤頸引決，道樹相望，無近無遠，號天靡告。公藉昏明之期，因兆民之願，援帥羣后，翊成中興。宗社之危已固，天人之望允塞，此實公紐我絕綱，大造皇家者也。

永明季年，邊隙大啓，荆河連率，招引戎荒，江、淮擾逼，勢同履虎。公受言本朝，輕兵赴襲，縻以長算，制之環中。排危冒險，强柔遞用，坦然一方，還成藩服。此又公之功也。在昔隆昌，洪基已謝，高宗慮深社稷，將行權道。公定策帷帳，激揚大節，廢帝立王，謀猷深著。此又公之功也。建武闡業，厥猷雖遠，戎狄內侵，憑陵關塞，司部危逼，淪陷指期。公治兵外討，卷甲長騖，接距交綏，電激風掃，摧堅覆鋭，咽水塗原，執俘象魏，獻馘海渚，焚廬毀帳，號哭言歸。此又公之功也。樊、漢阽切，羽書續至。公星言鞠旅，稟命徂征，而軍機戎統，事非己出，善策嘉謀，抑而莫允。鄧城之役，胡馬卒至，元帥潛及，不相告報，棄甲捐師，餌之虎口。公南收散卒，北禦雕騎，全衆方軌，案路徐歸，拯我邊危，重獲安堵。此又公之功也。漢南迴弱，咫尺勍寇，兵糧蓋闕，器甲靡遺。公作藩爰始，因資靡托，整兵訓卒，蒐狩有序，俾我危城，翻為强鎮。此又公之功也。永元紀號，瞻烏已及，雖廢昏有典，而伊、霍稱難。公首建大策，爰立明聖，義逾邑綸，勳高代人，易亂以化，俾昏作明。此又公之功也。文王之風，雖被江、漢，京邑蠢動，湮為洪流，句吳、於越，巢幕匪喻。公投袂萬里，事惟拯溺，義聲所覃，無思不韙。此又公之功也。魯城、夏汭，梗據中流，乘山置壘，縈川自固。公御此烏集，陵茲地險，頓兵坐甲，寒往暑移，我行永久，士忘歸願，經以遠圖，御以長策，費無遺矢，戰未窮兵，踐華之固，相望俱拔。此又公之功也。惟此羣凶，同惡相濟，緣江負險，蟻聚加湖。水陸盤據，規援夏首，桴鴆一臨，應時褫潰。此又公之功也。姦孽震皇，復懷舉斧，蓄兵九派，用擬勤王。公棱威直指，勢逾風電，旌旆小臨，全州稽服。此又公之功也。姑孰衝要，密邇京畿，凶徒熾聚，斷塞津路。公偏師啓塗，排方繼及，兵威所震，望旗自駭，焚舟委壁，卷甲宵遁。此又公之功也。羣豎倡狂，志在借一，豕突淮涘，武騎如雲。公爰命英勇，因機騁鋭，氣冠版泉，勢逾洹水，追奔逐北，奄有通津，熊耳比峻，未足云擬，睢水不流，曷其能及。此又公之功也。琅邪、石首，襟帶岨固，新壘、東墉，金湯是埒。憑險作守，兵食兼資，風激電駭，莫不震疊，城復於隍，於是乎在。此又公之功也。獨夫昏很，憑城靡懼，鼓鐘鞈鞳，慠若有餘。狎是邪孽，忌斯冠冕，凶狡因之，將逞孥戮。公奇謨密運，盛略潛通，忠勇之徒，得申厥效，白旗宣室，未之或比。此又公之功也。

公有拯億兆之勳，重之以明德，爰初厲志，服道儒門，濯纓來仕，清猷映代。時運艱難，宗社危殆，昆崗已燎，玉石同焚。驅率貔貅，抑揚霆電，義等南巢，功齊牧野。若夫禹功寂漠，微管誰嗣，拯其將魚，驅其被髮，解茲亂網，理此棼絲，復禮衽席，反樂河海。永平故事，聞之者歎息；司隸舊章，見之者隕涕。請我民命，還之斗極。憫憫搢紳，重荷戴天之慶；哀哀黔首，復蒙履地之恩。德逾嵩、岱，功鄰造物，超哉邈矣，越無得而言焉。

朕又聞之：疇庸命德，建侯作屏，咸用克固四維，永隆萬葉。是以《二南》流化，九伯斯征，王道淳洽，刑措罔用。覆政弗興，歷茲永久，如毀既及，晉、鄭靡依。惟公經綸天地，寧濟區夏，道冠乎伊、稷，賞薄於桓、文，豈所以憲章齊、魯，長轡宇宙。敬惟前烈，朕甚懼焉。今進授相國，改揚州刺史為牧，以豫州之梁郡歷陽、南徐州之義興、揚州之淮南宣城吳吳興會稽新安東陽十郡，封公為梁公。錫茲白土，苴以白茅，爰定爾邦，用建冢社。在昔旦、奭，入居保佑，逮於畢、毛，亦作卿士，任兼內外，禮實宜之。今命使持節兼太尉王亮授相國揚州牧印綬，梁公璽紱；使持節兼司空王志授梁公茅土，金虎符第一至第五左，竹使符第一至第十

左。相國位冠羣后，任總百司，恒典彝數，宜與事革。其以相國總百揆，去録尚書之號，上所假節、侍中貂蟬、中書監印、中外都督大司馬印綬，建安公印策，驃騎大將軍如故。又加公九錫，其敬聽後命：以公禮律兼修，刑德備舉，哀矜折獄，罔不用情，是用錫公大輅、戎輅各一，玄牡二駟。公勞心稼穡，念在民天，丕崇本務，惟穀是寶，是用錫公衮冕之服，赤舄副焉。公熔鈞所被，變風以雅，易俗陶民，載和邦國，是用錫公軒懸之樂，六佾之舞。公文德廣覃，義聲遠洽，椎髻髽首，夷歌請吏，是用錫公朱户以居。公揚清抑濁，官方有序，多士聿興，《棫呻樸》流詠，是用錫公納陛以登。公正色御下，以身軌物，式遏不虞，折衝惟遠，是用錫公虎賁之士三百人。公威同夏日，志清姦宄，放命圮族，刑茲罔赦，是用錫公鈇、鉞各一。公跨躡嵩溟，陵厲區宇，譬諸日月，容光必至，是用錫公彤弓一，彤矢百；盧弓十，盧矢千。公永言惟孝，至感通神，恭嚴祀典，祭有餘敬，是用錫公秬鬯一卣，圭瓚副焉。梁國置丞相以下，一遵舊式。欽哉！其敬循往策，祗服大禮，對揚天眷，用膺多福，以弘我太祖之休命！

高祖固辭。府僚勸進曰：『伏承嘉命，顯至佇策。明公逡巡盛禮，斯實謙尊之旨，未窮遠大之致。何者？嗣君棄常，自絕宗社，國命民主，剪為仇仇，折棟崩榱，壓焉自及，卿士懷脯斫之痛，黔首懼比屋之誅。明公亮格天之功，拯水火之切，再躔日月，重綴參辰，反龜玉於塗泥，濟斯民於坑岸，使夫匹婦童兒，羞言伊、呂，鄉校里塾，恥談五霸。而位卑乎阿衡，地狹於曲阜，慶賞之道，尚其未洽。夫大寶公器，非要非距，至公至平，當仁誰讓？明公宜祗奉天人，允膺大禮。無使後予之歌，同彼胥怨，兼濟之人，翻為獨善。』公不許。

二月辛酉，府僚重請曰：『近以朝命藴策，冒奏丹誠，奉被還令，未蒙虚受，搢紳顒顒，深所未達。蓋聞受金於府，通人弘致，高蹈海隅，匹夫小節，是以履乘石而周公不以為疑，贈玉璜而太公不以為讓。況世哲繼軌，先德在民，經綸草昧，歎深微管。加以朱方之役，荆河是依，班師振旅，大造王室。雖復累繭救宋，重胝存楚，居今觀古，曾何足云。而惑甚盜鐘，功疑不賞，皇天后土，不勝其酷。是以玉馬駿奔，表微子之去；金板出地，告龍逢之冤。明公據鞍輟哭，厲三軍之志，獨居掩涕，激義士之心，故能使海若登祇，罄圖效祉，山戎、孤竹，束馬影從，伐罪吊民，一匡靜亂。匪叨天功，實勤濡足。且明公本自諸生，取樂名教，道風素論，坐鎮雅俗，不習孫、吳，遘茲神武。驅盡誅之氓，濟必封之穀，龜玉不毁，誰之功與？獨為君子，將使伊、周何地？』於是始受相國梁公之命。

是日，焚東昏淫奢異服六十二種於都街。湘東王寶晊謀反，賜死。詔追贈梁公故夫人為梁妃。

乙丑，南兗州隊主陳文興於桓城内鑿井，得玉鏤騏驎、金鏤玉璧、水精環各二枚。又建康令羊瞻解稱鳳皇見縣之桐下里。宣德皇后稱美符瑞，歸於相國府。

丙寅，詔：『梁國初建，宜須綜理，可依舊選諸要職，悉依天朝之制。』

高祖上表曰：臣聞以言取士，士飾其言，以行取人，人竭其行。所謂才生於世，窮達惟時；而風流遂往，馳騖成俗，媒孽夸衒，利盡錐刀，遂使官人之門，肩摩轂擊。豈直暴蓋露冠，不避寒暑，遂乃戢屨杖策，風雨必至。良由鄉舉里選，不師古始，稱肉度骨，遺之管庫。加以山河梁畢，闕輿征之恩；金、張、許、史，忘舊業之替。吁，可傷哉！且夫譜牒訛誤，詐偽多緒，人物雅俗，莫肯留心。是以冒襲良家，即成冠族；妄修邊幅，便為雅士；負俗深累，遽遭寵擢；墓木已拱，方被徽榮。故前代選官，皆立選簿，應在貫魚，自有銓次。胄籍升降，行能臧否，或素定懷抱，或得之餘論，故得簡通賓客，無事掃門。頃代陵夷，九流乖失。其有勇退忘進，懷質抱真者，選部或以未經朝謁，難於進用。或有晦善藏聲，自埋衡蓽，又以名不素著，絕其階緒。必須畫刺投狀，然後彈冠，則是驅迫廉撝，奬成澆競。愚謂自今選曹宜精隱括，依舊立簿，使冠屨無爽，名實不違，庶人識崖涘，造請自息。

且聞中間立格，甲族以二十登仕，後門以過立試吏，求之愚懷，抑有未達。何者？設官分職，惟才是務。若八元立年，居阜隸而見抑；四凶弱冠，處鼎族而宜甄。是則世禄之家，無意為善；布衣之士，肆心為惡。豈所以弘奬風流，希向後進？此實巨蠹，尤宜刊革。不然，將使周人有路傍之泣，晉臣興漁獵之歎。且俗長浮競，人寡退情，若限歲登朝，必增

年就宦，故貌實昏童，籍已逾立，滓穢名教，於斯為甚。

臣總司內外，憂責是任，朝政得失，義不容隱。伏願陛下垂聖淑之姿，降聽覽之末，則彝倫自穆，憲章惟允。

詔依高祖表施行。

丙戌，詔曰：

嵩高惟嶽，配天所以流稱；大啓南陽，霸德所以光闡。忠誠簡帝，番君膺上爵之尊；勤勞王室，姬公增附庸之地。前王令典，布諸方策，長祚字　，罔不由此。

相國梁公，體茲上哲，齊聖廣淵。文教內洽，武功外暢。推轂作藩，則威懷被於殊俗；治兵教戰，則霆雷赫於萬里。道喪時昏，讒邪孔熾。豈徒宗社如綴，神器莫主而已哉！至於兆庶殲亡，衣冠殄滅，餘類殘喘，指命崇朝，含生業業，投足無所，遂乃山川反覆，草木塗地。與夫仁被行葦之時，信及豚魚之日，何其遼夐相去之遠歟！公命師鞠旅，指景長騖。而本朝危切，樊、鄧遐遠，凶徒盤據，水陸相望，爰自姑孰，屈於夏首，嚴城勁卒，憑川為固。公沿漢浮江，電激風掃，舟徒水覆，地險雲傾，藉茲義勇，前無强陣，拯危京邑，清我帝畿，撲既燎於原火，免將誅於比屋。悠悠兆庶，命不在天；茫茫六合，咸受其賜。匡俗正本，民不失職。仁信並行，禮樂同暢。伊、周未足方軌，桓、文遠有慚德。而爵後藩牧，地終秦、楚，非所以式酬光烈，允答元勳。實由公履謙為本，形於造次，嘉數未申，晦朔增佇。便宜崇斯禮秩，允副遐邇之望。可進梁公爵為王。以豫州之南譙、廬江、江州之尋陽、郢州之武昌、西陽、南徐州之南琅邪、南東海、晉陵、揚州之臨海、永嘉十郡，益梁國，并前為二十郡。其相國、揚州牧、驃騎大將軍如故。

公固辭。有詔斷表。相國左長史王瑩等率百僚敦請。

三月辛卯，延陵縣華陽邏主戴車牒稱云：『十二月乙酉，甘露降茅山，彌漫數里。正月己酉，邏將潘道蓋於山石穴中得毛龜一。二月辛酉，邏將徐靈符又於山東見白麞一。丙寅平旦，山上雲霧四合，須臾有玄黃之色，狀如龍形，長十餘丈，乍隱乍顯，久乃從西北升天。』丁卯，兗州刺史馬元和籤：『所領東平郡壽張縣見騶虞一。』

癸巳，受梁王之命。令曰：『孤以虛昧，任執國鈞，雖夙夜勤止，念在興治，而育德振民，邈然尚遠。聖朝永言舊式，隆此眷命。侯伯盛典，方軌前烈，嘉錫隆被，禮數昭崇。徒守願節，終隔體諒。羣后百司，重茲敦奬，勉茲厚顏，當此休祚。望昆、彭以長想，欽桓、文而歎息，思弘政塗，莫知津濟。邦甸初啓，藩宇惟新，思覃嘉慶，被之下國。國內殊死以下，今月十五日昧爽以前，一皆原赦。鰥寡孤獨不能自存者，賜穀五斛。府州所統，亦同蠲蕩。』

丙午，命王冕十有二旒，建天子旌旗，出警入蹕，乘金根車，駕六馬，備五時副車，置旄頭雲罕，樂舞八佾，設鍾簴宮縣。王妃王子王女爵命之號，一依舊儀。

丙辰，齊帝禪位於梁王。詔曰：

夫五德更始，三正迭興，馭物資賢，登庸啓聖，故帝迹所以代昌，王度所以改耀，革晦以明，由來尚矣。齊德淪微，危亡薦襲。隆昌凶虐，實違天地；永元昏暴，取紊人神。三光再沉，七廟如綴。鼎業幾移，含識知泯。我高、明之祚，眇焉將墜。永惟屯難，冰谷載懷。

相國梁王，天誕睿哲，神縱靈武，德格玄祇，功均造物。止宗社之橫流，反生民之塗炭。扶傾頹構之下，拯溺逝川之中。九區重緝，四維更紐。絕禮還紀，崩樂復張。文館盈紳，戎亭息警。浹海宇以馳風，罄輪裳而稟朔。八表呈祥，五靈效祉。豈止鱗羽禎奇，雲星瑞色而已哉！勳茂於百王，道昭乎萬代，固以明配上天，光華日月者也。河獄表革命之符，圖讖紀代終之運。樂推之心，幽顯共積；歌頌之誠，華裔同著。昔水政既微，木德升緒，天之歷數，實有所歸，握鏡璿樞，允集明哲。

朕雖庸蔽，暗於大道，永鑑崇替，為日已久，敢忘列代之高義，人祇之至願乎！今便敬禪於梁，即安姑孰，依唐虞、晉宋故事。

四月辛酉，宣德皇后令曰：

『西詔至，帝憲章前代，敬禪神器於梁。明可臨軒遣使，恭授璽紱，未亡人便歸於別宮。』壬戌，策曰：

咨爾梁王：惟昔邃古之載，肇有生民，皇雄、大庭之辟，赫胥、尊盧之後，斯並龍圖鳥迹以前，慌忽杳冥之世，固無得而詳焉。洎乎農、軒、炎、皞之代，放勳、重華之主，莫不以大道君萬姓，公器御八柄。居之如執朽索，去之若捐重負。一駕汾陽，便有窅然之志；暫適箕嶺，即

動讓王之心。故知戴黄屋，服玉璽，非所以示貴稱尊；乘大輅，建旗旌，蓋欲令歸趣有地。是故忘己而字兆民，殉物而君四海。及於精華内竭，畚橇外勞，則撫茲歸運，惟能是與。況兼乎笙管革文，威圖啓瑞，攝提夜朗，螢光晝發者哉！四百告終，有漢所以高揖；黄德既謝，魏氏所以樂推。爰及晉、宋，亦弘斯典。我太祖握《河》受歷，應符啓運，二葉重光，三聖係軌。嗣君喪德，昏棄紀度，毁紊天綱，凋絕地紐。茫茫九域，剪為仇仇，溥天相顧，命縣晷刻。斫涉刳孕，於事已輕；求雞徵杖，曾何足譬。是以谷滿川枯，山飛鬼哭，七廟已危，人神無主。

惟王體茲上哲，明聖在躬，稟靈五緯，明並日月。彝倫攸序，則端冕而協邕熙；時難孔棘，則推鋒而拯塗炭。功逾造物，德濟蒼生，澤無不漸，仁無不被，上達蒼昊，下及川泉。文教與鵬翼齊舉，武功與日車並運。固以幽顯宅心，謳訟斯屬；豈徒桴鼓播地，卿雲叢天而已哉！至如晝睹争明，夜飛枉矢，土淪彗刺，日既星亡，除舊之征必顯，更姓之符允集。是以義師初踐，芳露凝甘，仁風既被，素文自擾，北闕槁街之使，風車火徼之民，膜拜稽首，願為臣妾。鍾石畢變，事表於遷虞；蛟魚並出，義彰於事夏。若夫長民御衆，為之司牧，本同己於萬物，乃因心於百姓。寶命無常主，帝王非一族。今仰祇乾象，俯藉人願，敬禪神器，授帝位於爾躬。大祚告窮，天祿永終。於戲！王允執其中，式遵前典，以副昊天之望。禋上帝而臨億兆，格文祖而膺大業，以傳無疆之祚，豈不盛歟！

又璽書曰：

夫生者天地之大德，人者含生之通稱，並首同本，未知所以異也。而稟靈造化，賢愚之情不一；托性五常，强柔之分或舛。羣后靡一，爭犯交興，是故建君立長，用相司牧。非謂尊驕在上，以天下為私者也。兼以三正迭改，五運相遷，緑文赤字，徵《河》表《洛》。在昔勳、華，深達茲義，眷求明哲，授以蒸民。遷虞事夏，本因心於百姓；化殷為周，實受命於蒼昊。爰自漢、魏，罔不率由；降及晉、宋，亦遵斯典。我高皇所以格文祖而撫歸運，畏上天而恭寶歷者也。至於季世，禍亂薦臻，王度紛糾，姦回熾積。億兆夷人，刀俎為命，已然之逼，若綫之危，跼天蹐地，逃形無所。羣凶挾煽，志逞殘戮，將欲先殄衣冠，次移龜鼎。衡、保、周、召，並列宵人。巢幕累卵，方此非切。自非英聖遠圖，仁為己任，則鴟梟厲吻，剪焉已及。

惟王崇高則天，博厚儀地，熔鑄六合，陶甄萬有。鋒駟交馳，振靈武以遐略；雲雷方扇，鞠義旅以勤王。揚旍旆於遠路，戮姦宄於魏闕。德冠往初，功無與二。弘濟艱難，緝熙王道。懷柔萬姓，經營四方。舉直措枉，較如畫一。待旦同乎殷後，日昃過於周文。風化肅穆，禮樂交暢。加以赦過宥罪，神武不殺，盛德昭於景緯，至義感於鬼神。若夫納彼大麓，膺此歸運，烈風不迷，樂推攸在。治五韙於已亂，重九鼎於既輕。自聲教所及，車書所至，革面回首，謳吟德澤。九山滅祲，四瀆安流。祥風扇起，淫雨靜息。玄甲遊於芳荃，素文馴於郊苑。躍九川於清漢，鳴六象於高崗。靈瑞雜遝，玄符昭著。至於星孛紫宮，水效孟月，飛鴻滿野，長彗横天，取新之應既昭，革故之征必顯。加以天表秀特，軒狀堯姿，君臨之符，諒非一揆。《書》云：『天鑒厥德，用集大命。』《詩》云：『文王在上，於昭於天。』所以二儀乃眷，幽明允葉，豈惟宅是萬邦，緝茲謳訟而已哉！

朕是用擁璿沉首，屬懷聖哲。昔水行告厭，我太祖既受命代終；在日天祿雲謝，亦以木德而傳於梁。遠尋前典，降惟近代，百辟遐邇，莫違朕心。今遣使持節、兼太保、侍中、中書監、兼尚書令汝南縣開國侯亮，兼太尉、散騎常侍、中書令新吳縣開國侯志，奉皇帝璽紱。受終之禮，一依唐虞故事。王其陟茲元後，君臨萬方，式傳洪烈，以答上天之休命！

高祖抗表陳讓，表不獲通。於是，齊百官豫章王元琳等八百一十九人，及梁臺侍中臣雲等一百一十七人，並上表勸進，高祖謙讓不受。是日，太史令蔣道秀陳天文符讖六十四條，事並明著。羣臣重表固請，乃從之。

又 卷二《武帝紀中》 天監元年夏四月丙寅，高祖即皇帝位於南郊。設壇柴燎，告類於天曰：『皇帝臣衍，敢用玄牡，昭告於皇天後帝：齊氏以歷運斯既，否終則亨，欽若天應，以命於衍。夫任是司牧，惟能是授；天命不於常，帝王非一族。唐謝虞受，漢替魏升，爰及晉、宋，憲章在昔。咸以君德馭四海，元功子萬姓，故能大庇氓黎，光宅區宇。齊代云季，世主昏凶，狡焉羣慝，是崇是長，肆厥姦回暴亂，以播虐於我有邦，俾溥天惴惴，將墜於深壑。九服八荒之内，連率岳牧之君，蹶角頓

纇，匡救無術，臥薪待然，援天靡訴。衍投袂星言，摧鋒萬里，厲其掛冠之情，用拯兆民之切。銜膽誓衆，覆鋭屠堅，建立人主，克剪昏亂。遂因時來，宰司邦國，濟民康世，實有厥勞。而晷緯呈祥，川嶽效祉，朝夕坰牧，日月郊畿。代終之符既顯，革運之期已萃，殊俗百蠻，重譯獻款，人神遠邇，罔不和會。於是羣公卿士，咸致厥誠，並以皇乾降命，難以謙拒。齊帝脱屣萬邦，授以神器。衍自惟匪德，辭不獲許。仰迫上玄之眷，俯惟億兆之心，宸極不可久曠，民神不可乏主，遂藉樂推，膺此嘉祚。以兹寡薄，臨御萬方，顧求夙志，永言祇惕。敬簡元辰，恭兹大禮，升壇受禪，告類上帝，克播休祉，以弘盛烈，式傳厥後，用永保於我有梁。惟明靈是饗。』

禮畢，備法駕即建康宮，臨太極前殿。詔曰：『五精遞襲，皇王所以受命；四海樂推，殷、周所以改物。雖禪代相舛，遭會異時，而微明迭用，其流遠矣。莫不振民育德，光被黎元。朕以寡暗，命不先後，寧濟之功，屬當期運，乘此時來，因心萬物，遂振厥弛維，大造區夏，永言前蹤，義均慚德。齊氏以代終有征，歷數云改，欽若前載，集大命於朕躬。顧惟菲德，辭不獲命，寅畏上靈，用膺景業。執禋柴之禮，當與能之祚，繼迹百王，君臨四海，若涉大川，罔知攸濟。洪基初兆，萬品權輿，思俾慶澤，覃被率土。可大赦天下。改齊中興二年為天監元年。賜民爵二級；文武加位二等；鰥寡孤獨不能自存者，人穀五斛。逋布、口錢、宿債勿復收。其犯鄉論清議，贓汙淫盜，一皆蕩滌，洗除前注，與之更始。』

封齊帝為巴陵王，全食一郡。載天子旌旗，乘五時副車。行齊正朔。郊祀天地，禮樂制度，皆用齊典。齊宣德皇后為齊文帝妃，齊後王氏為巴陵王妃。

詔曰：『興運升降，前代舊章。齊世王侯封爵，悉皆降省。其有效著艱難者，別有後命。惟宋汝陰王不在除例。』又詔曰：『大運肇升，嘉慶惟始，劫賊餘口没在臺府者，悉可蠲放。諸流徙之家，並聽還本。』

追尊皇考為文皇帝，廟曰太祖；皇妣為獻皇后。追謚妃郗氏為德皇后。追封兄太傅懿為長沙郡王，謚曰宣武；齊後軍諮議敷為永陽郡王，謚曰昭；弟齊太常暢為衡陽郡王，謚曰宣；齊給事黃門侍郎融為桂陽郡王，謚曰簡。

是日，詔封文武功臣新除車騎將軍夏侯詳等十五人為公侯，食邑各有差。以弟中護軍宏為揚州刺史，封為臨川郡王；南徐州刺史秀安成郡王；雍州刺史偉建安郡王；左衛將軍恢鄱陽郡王；荆州刺史憺始興郡王。

丁卯，加領軍將軍王茂鎮軍將軍。以中書監王亮為尚書令、中軍將軍，相國左長史王瑩為中書監、撫軍將軍，吏部尚書沈約為尚書僕射，長兼侍中范雲為散騎常侍、吏部尚書。

詔曰：『宋氏以來，並恣淫侈，傾宮之富，遂盈數千。推算五都，愁窮四海，並嬰罹冤横，拘逼不一。撫弦命管，良家不被蠲；織室繡房，幽厄猶見役。弊國傷和，莫斯為甚。凡後宮樂府，西解暴室，諸如此例，一皆放遣。若衰老不能自存，官給廩食。』

戊辰，車騎將軍高句驪王高雲進號車騎大將軍。鎮東大將軍百濟王餘大進號征東大將軍。安西將軍宕昌王梁彌頵進號鎮西將軍。鎮東大將軍倭王武進號征東大將軍。鎮西將軍河南王吐谷渾休留代進號征西將軍。巴陵王薨於姑孰，追謚為齊和帝，終禮一依故事。

己巳，以光禄大夫張瓌為右光禄大夫。庚午，鎮南將軍、江州刺史陳伯之進號征南將軍。

詔曰：『觀風省俗，哲後弘規；狩嶽巡方，明王盛軌。所以重華在上，五品聿修；文命肇基，四載斯履。故能物色幽微，耳目屠釣，致王業於緝熙，被淳風於遐邇。朕以寡薄，昧於治方，藉代終之運，當符命之重，取監前古，懍若馭朽。思所以振民育德，去殺勝殘，解網更張，置之仁壽；而明慚照遠，智不周物，兼以歲之不易，未遑卜征，興言夕惕，無忘鑑寐。可分遣內侍，周省四方，觀政聽謠，訪賢舉滯。其有田野不辟，獄訟無章，忘公殉私，侵漁是務者，悉隨事以聞。若懷寶迷邦，藴奇待價，蓄響藏真，不求聞達，並依名騰奏，罔或遺隱。使輶軒所屆，如朕親覽焉。』

又詔曰：『金作贖刑，有聞自昔，入縑以免，施於中世，民悦法行，莫尚乎此。永言叔世，偷薄成風，嬰愆入罪，厥塗匪一。斷弊之書，日纏於聽覽；鉗釱之刑，歲積於牢犴。死者不可復生，刑者無因自返，由此而望滋實，庸可致乎？朕夕惕思治，念崇政術，斟酌前王，擇其令典，

有可以憲章邦國，罔不由之。釋愧心於四海，昭情素於萬物。俗偽日久，禁網彌繁。漢文四百，邈焉已遠。雖省事清心，無忘日用，而委銜廢策，事未獲從。可依周、漢舊典，有罪入贖，外詳為條格，以時奏聞。』

辛未，以中領軍蔡道恭為司州刺史。以新除謝沐縣公蕭寶義為巴陵王，以奉齊祀。復南蘭陵武進縣，依前代之科。征謝朏為左光祿大夫、開府儀同三司，何胤為右光祿大夫。改南東海為蘭陵郡。土斷南徐州諸僑郡縣。

癸酉，詔曰：『商俗甫移，遺風尚熾，下不上達，由來遠矣。升中馭索，增其懍然。可於公車府謗木肺石傍各置一函。若肉食莫言，山阿欲有橫議，投謗木函。若從我江、漢，功在可策，犀兕徒弊，龍蛇方縣；次身才高妙，擯壓莫通，懷傅、呂之術，抱屈、賈之歎，其理有皦然，受困包匭；夫大政侵小，豪門陵賤，四民已窮，九重莫達。若欲自申，並可投肺石函。』甲戌，詔斷遠近上慶禮。

又詔曰：『禮闈文閣，宜率舊章，貴賤既位，各有差等，俯仰拜伏，以明王度，濟濟洋洋，具瞻斯在。頃因多難，治綱弛落，官非積及，榮由幸至。六軍屍四品之職，青紫治白簿之勞。振衣朝伍，長揖卿相，趨步廣闥，並驅丞郎。遂冠履倒錯，珪甑莫辨。靜言疚懷，思返流弊。且玩法惰官，動成逋弛，罰以常科，終未懲革。夫檟楚申威，蓋代斷趾，笞捶有令，如或可從。外詳共平議，務盡厥理。』

癸未，詔『相國府職吏，可依資勞度臺；若職限已盈，所度之餘，及驃騎府並可賜滿。』

閏月丁酉，以行宕昌王梁彌邕為安西將軍、河涼二州刺史，正封宕昌王。壬寅，以車騎將軍夏侯詳為右光祿大夫。

詔曰：『成務弘風，肅厲內外，實由設官分職，互相懲糾。而頃壹拘常式，見失方奏，多容違惰，莫肯執咎，憲綱日弛，漸以為俗。今端右可以風聞奏事，依元熙舊制。』

五月乙亥夜，盜人南、北掖，燒神虎門、總章觀，害衛尉卿張弘策。戊子，江州刺史陳伯之舉兵反，以領軍將軍王茂為征南將軍、江州刺史，率衆討之。六月庚戌，以行北秦州刺史楊紹先為北秦州刺史、武都王。是月，陳伯之奔魏，江州平。前益州刺史劉季連據成都反。八月戊戌，置建康三官。乙巳，平北將軍、西涼州刺史象舒彭進號安西將軍，封鄧至王。丁未，詔中書監王瑩等八人參定律令。是月，詔尚書曹郎依昔奏事。林邑、干陁利國各遣使獻方物。冬十一月己未，立小廟。甲子，立皇子統為皇太子。十二月丙申，以國子祭酒張稷為護軍將軍。辛亥，護軍將軍張稷免。是歲大旱，米斛五千，人多餓死。

二年春正月甲寅朔，詔曰：『三訊五聽，著自聖典，哀矜折獄，義重前誥，蓋所以明慎用刑，深戒疑枉，成功致治，罔不由茲。朕自藩部，常躬訊録，求理得情，洪細必盡。末運弛網，斯政又闕，牢犴沉壅，申訴靡從。朕屬當期運，君臨兆億，雖復齋居宣室，留心聽斷；而九牧遐荒，無因臨覽。深懼懷冤就鞫，匪惟一方。可申敕諸州，月一臨訊，博詢擇善，務在確實。』乙卯，以尚書僕射沈約為尚書左僕射；吏部尚書范雲為尚書右僕射；前將軍鄱陽王恢為南徐州刺史；尚書令王亮為左光祿大夫；右衛將軍柳慶遠為中領軍。丙辰，尚書令、新除左光祿大夫王亮免。夏四月癸卯，尚書刪定郎蔡法度上《梁律》二十卷、《令》三十卷、《科》四十卷。五月丁巳，尚書右僕射范雲卒。乙丑，益州刺史鄧元起克成都，曲赦益州。壬申，斷諸郡縣獻奉二宮。惟諸州及會稽，職惟岳牧，許薦任土，若非地產，亦不得貢。六月丁亥，詔以東陽、信安、豐安三縣水潦，漂損居民資業，遣使周履，量蠲課調。是夏多癘疫。以新除左光祿大夫謝朏為司徒、尚書令。甲午，以中書監王瑩為尚書右僕射。秋七月，扶南、龜茲、中天竺國各遣使獻方物。冬十月，魏寇司州。十一月乙卯，雷電大雨，晦。是夜又雷。乙亥，尚書左僕射沈約以母憂去職。

三年春正月戊申，後將軍、揚州刺史臨川王宏進號中軍將軍。癸丑，以尚書右僕射王瑩為尚書左僕射，太子詹事柳惔為尚書右僕射，前尚書左僕射沈約為鎮軍將軍。二月，魏陷梁州。三月，隕霜殺草。五月丁巳，以扶南國王憍陳如闍耶跋摩為安南將軍。六月丙子，詔曰：『昔哲王之宰世也，每歲卜征，躬事巡省，民俗政刑，罔不必逮。末代風凋，久曠茲典。雖欲肆遠忘勞，究臨幽仄，而居今行古，事未易從，所以日晏踟躕，情同再撫。總總九州，遠近民庶，或川路幽遐，或貧羸老疾，懷冤抱理，莫由自申，所以東海匹婦，致災邦國，西土孤魂，登樓請訴。念此於懷，中夜太息。可分將命巡行州部。其有深冤鉅害，抑鬱無歸，聽詣使者，依源自

列。庶以矜隱之念，昭被四方，棨聽遠聞，事均親覽。』癸未，大赦天下。秋七月丁未，以光祿大夫夏侯詳為車騎將軍、湘州刺史，湘州刺史楊公則為中護軍。甲子，立皇子綜為豫章郡王。八月，魏陷司州，詔以南義陽置司州。九月壬子，以河南王世子伏連籌為鎮西將軍、西秦河二州刺史、河南王。北天竺國遣使獻方物。冬十一月甲子，詔曰：『設教因時，淳薄異政，刑以世革，輕重殊風。昔商俗未移，民散久矣，嬰網陷辟，日夜相尋。若悉加正法，則赭衣塞路；並申弘宥，則難用為國，故使有罪入贖，以全元元之命。今遐邇知禁，圄犴稍虛，率斯以往，庶幾刑措。金作權典，宜在蠲息。可除贖罪之科。』是歲多疾疫。

四年春正月癸卯朔，詔曰：『今九流常選，年未三十，不通一經，不得解褐。若有才同甘、顏，勿限年次。』置《五經》博士各一人。以鎮北將軍、雍州刺史、建安王偉為南徐州刺史，南徐州刺史鄱陽王恢為郢州刺史，中領軍柳慶遠為雍州刺史。丙午，省《鳳皇銜書伎》。戊申，詔曰：『夫禋郊饗帝，至敬攸在，致誠盡慤，猶懼有違；而往代多令宮人縱觀茲禮，帷宮廣設，輜軿耀路，非所以仰虔蒼昊，昭感上靈。屬車之間，見譏前世，便可自今停止。』辛亥，輿駕親祠南郊，赦天下。二月壬午，遣衛尉卿楊公則率宿衛兵塞洛口。壬辰，交州刺史李凱據州反，長史李畟討平之。曲赦交州。戊戌，以前郢州刺史曹景宗為中護軍。是月，立建興苑於秣陵建興里。夏四月丁巳，以行宕昌王梁彌博為安西將軍、河涼二州刺史、宕昌王。是月，自甲寅至壬戌，甘露連降華林園。五月辛卯，建康縣朔陰里生嘉禾，一莖十二穗。六月庚戌，立孔子廟。壬戌，歲星晝見。秋七月辛卯，右光祿大夫張瓌卒。八月庚子，老人星見。冬十月丙午，北伐，以中軍將軍、揚州刺史臨川王宏都督北討諸軍事，尚書右僕射柳惔為副。是歲，以興師費用，王公以下各上國租及田穀，以助軍資。十一月辛未，以都官尚書張稷為領軍將軍。甲午，天晴朗，西南有電光，聞如雷聲三。十二月，司徒、尚書令謝朏以所生母憂，去職。是歲大穰，米斛三十。

五年春正月丁卯朔，詔曰：『在昔周、漢，取士方國。頃代凋訛，幽仄罕被，人孤地絕，用隔聽覽，士操淪胥，因茲靡勸。豈其嶽瀆縱靈，偏有厚薄，實由知與不知，用與不用耳。朕以菲德，君此兆民，而兼明廣照，屈於堂户，飛耳長目，不及四方，永言愧懷，無忘旦夕。凡諸郡國舊族，邦內無在朝位者，選官搜括，使郡有一人。』乙亥，以前司徒謝朏為中書監、司徒、衛將軍，鎮軍將軍沈約為右光祿大夫，豫章王綜為南徐州刺史。丁丑，以尚書左僕射王瑩為護軍將軍，僕射如故。甲申，立皇子綱為晉安郡王。丁亥，太白晝見。二月庚戌，以太常張充為吏部尚書。三月丙寅朔，日有蝕之。癸未，魏宣武帝從弟翼率其諸弟來降。輔國將軍劉思效破魏青州刺史元繫於膠水。丁亥，陳伯之自壽陽率衆歸降。夏四月丙申，廬陵高昌之仁山獲銅劍二，始豐縣獲八目龜一。甲寅，詔曰：『朕昧旦齋居，惟刑是恤，三辟五聽，寢興載懷。故陳肺石於都街，增官司於詔獄，殷勤親覽，小大以情。而明慎未洽，囹圄尚壅，永言納隍，在予興愧。凡犴獄之所，可遣法官近侍，遞録囚徒，如有枉滯，以時奏聞。』五月辛未，太子左衛率張惠紹克魏宿預城。乙亥，臨川王宏前軍克梁城。辛巳，豫州刺史韋睿克合肥城。丁亥，廬江太守裴邃克羊石城；庚寅，又克霍丘城。辛卯，太白晝見。六月庚子，青、冀二州刺史桓和前軍克朐山城。秋七月乙丑，鄧至國遣使獻方物。八月戊戌，老人星見。辛酉，作太子宮。冬十一月甲子，京師地震。乙丑，以師出淹時，大赦天下。魏寇鍾離，遣右衛將軍曹景宗率衆赴援。十二月癸卯，司徒謝朏薨。

六年春正月辛酉朔，詔曰：『徑寸之寶，或隱沙泥；以人廢言，君子斯戒。朕聽朝晏罷，思闡政術，雖百辟卿士，有懷必聞，而蓄響邊遐，未臻魏闕。或屈以貧陋，或間以山川，頓足延首，無因奏達。豈所以沉浮靡漏，遠邇兼得者乎？四方士民，若有欲陳言刑政，益國利民，淪礙幽遠，不能自通者，可各詮條布懷於刺史二千石。有可申采，大小以聞。』己卯，詔曰：『夫有天下者，義非為己。凶荒疾癘，兵革水火，有一於此，責歸元首。今祝史請禱，繼諸不善，以朕身當之。永使災害不及萬姓，俾茲下民稍蒙寧息。不得為朕祈福，以增其過。特班遠邇，咸令遵奉。』二月甲辰，老人星見。三月庚申朔，隕霜殺草。是月，有三象入京師。夏四月壬辰，置左右驍騎、左右遊擊將軍官。癸巳，曹景宗、韋睿等破魏軍於邵陽洲，斬獲萬計。癸卯，以右衛將軍曹景宗為領軍將軍、徐州刺史。己酉，以江州刺史王茂為尚書右僕射，中書令安成王秀為平南將軍、江州刺史。分湘廣二州置衡州。丁巳，以中軍將軍、揚州刺史臨川王

宏為驃騎將軍、開府儀同三司，撫軍將軍建安王偉為揚州刺史，右光祿大夫沈約為尚書左僕射，尚書左僕射王瑩為中軍將軍。五月己未，以新除左驍騎將軍長沙王深業為中護軍。癸亥，以侍中袁昂為吏部尚書。己巳，置中衛、中權將軍，改驍騎為雲騎，遊擊為遊騎。辛未，右將軍、揚州刺史建安王偉進號中權將軍。六月庚戌，以車騎將軍、湘州刺史夏侯詳為右光祿大夫，新除金紫光祿大夫柳惔為安南將軍、湘州刺史。新吳縣獲四目龜一。秋七月甲子，太白晝見。丙寅，分廣州置桂州。丁亥，以新除尚書右僕射王茂為中衛將軍。八月戊子，赦天下。戊戌，大風折木。京師大水，因濤入，加御道七尺。九月，嘉禾一莖九穗，生江陵縣。乙亥，改閱武堂為德陽堂，聽訟堂為儀賢堂。丙戌，以左衛將軍呂僧珍為平北將軍、南兗州刺史，豫章內史蕭昌為廣州刺史。冬十月壬寅，以五兵尚書徐勉為吏部尚書。閏月乙丑，以驃騎將軍、開府儀同三司臨川王宏為司徒、行太子太傅，尚書左僕射沈約為尚書令、行太子少傅，吏部尚書袁昂為右僕射。戊寅，平西將軍、荆州刺史始興王憺進號安西將軍。甲申，以右光祿大夫夏侯詳為尚書左僕射。十二月丙辰，尚書左僕射夏侯詳卒。乙丑，魏淮陽鎮都軍主常邕和以城內屬。分豫州置霍州。

七年春正月乙酉朔，詔曰：『建國君民，立教為首。不學將落，嘉植靡由。朕肇基明命，光宅區宇，雖耕耘雅業，傍闡藝文，而成器未廣，志本猶闕，非所以熔範貴遊，納諸軌度。思欲式敦讓齒，自家刑國。今聲訓所漸，戎夏同風，宜大啓庠斅，博延胄子，務彼十倫，弘此三德，使陶鈞遠被，微言載表。』中衛將軍、領太子詹事王茂進號車騎將軍。戊戌，作神龍、仁虎闕於端門、大司馬門外。壬子，以領軍將軍曹景宗為中衛將軍，衛尉蕭景兼領軍將軍。二月乙卯，廬江灊縣獲銅鍾二。新作國門於越城南。乙丑，增置鎮衛將軍以下各有差。庚午，詔於州郡縣置州望、郡宗、鄉豪各一人，專掌搜薦。乙亥，以車騎大將軍高麗王高雲為撫東大將軍、開府儀同三司，平北將軍、南兗州刺史呂僧珍為領軍將軍。丙子，以中護軍長沙王深業為南兗州刺史，兼領軍將軍蕭景為雍州刺史，雍州刺史柳慶遠為護軍將軍。夏四月乙卯，皇太子納妃，赦大辟以下，頒賜朝臣及近侍各有差。辛未，秣陵縣獲靈龜一。戊寅，餘姚縣獲古銅劍二。五月己亥，詔復置宗正、太僕、大匠、鴻臚，又增太府、太舟，仍先為十二卿。癸卯，以平南將軍、江州刺史安成王秀為平西將軍、荆州刺史，安西將軍、荆州刺史始興王憺為護軍將軍，中衛將軍曹景宗為安南將軍、江州刺史。六月辛酉，復建、修二陵周回五里內居民，改陵監為令。秋七月丁亥，月犯氐。八月癸丑，安南將軍、江州刺史曹景宗卒。丁巳，赦大辟以下未結正者。甲戌，平西將軍、荆州刺史安成王秀進號安西將軍，雲麾將軍、郢州刺史鄱陽王恢進號平西將軍。老人星見。九月丁亥，詔曰：『芻牧必往，姬文垂則，雉兔有刑，姜宣致貶。藪澤山林，毓材是出，斧斤之用，比屋所資。而頃世相承，並加封固，豈所謂與民同利，惠茲黔首？凡公家諸屯戍見封熂者，可悉開常禁。』壬辰，置童子奉車郎。癸巳，立皇子績為南康郡王。己亥，月犯東井。冬十月丙寅，以吳興太守張稷為尚書左僕射。丙子，魏陽關主許敬珍以城內附。詔大舉北伐。以護軍將軍始興王憺為平北將軍，率衆入清；車騎將軍王茂率衆向宿預。丁丑，魏懸瓠鎮軍主白皁生、豫州刺史胡遜以城內屬。以皁生為鎮北將軍、司州刺史，遜為平北將軍、豫州刺史。十一月辛巳，鄞縣言甘露降。

八年春正月辛巳，輿駕親祠南郊，赦天下，內外文武各賜勞一年。壬辰，魏鎮東參軍成景儁斬宿預城主嚴仲賓，以城內屬。二月壬戌，老人星見。夏四月，以北巴西郡置南梁州。戊申，以護軍將軍始興王憺為中衛將軍，司徒、行太子太傅臨川王宏為司空、揚州刺史，車騎將軍、領太子詹事王茂即本號開府儀同三司。丁卯，魏楚王城主李國興以城內附。丙子，以中軍將軍、丹陽尹王瑩為右光祿大夫。五月壬午，詔曰：『學以從政，殷勤往哲，祿在其中，抑亦前事。朕思闡治綱，每敦儒術，軾閭辟館，造次以之。故負帙成風，甲科間出，方當置諸周行，飾以青紫。其有能通一經，始末無倦者，策實之後，選可量加敘錄。雖復牛監羊肆，寒品後門，並隨才試吏，勿有遺隔。』秋七月癸巳，巴陵王蕭寶義薨。八月戊午，老人星見。冬十月乙巳，以中軍將軍始興王憺為鎮北將軍、南兗州刺史，南兗州刺史長沙王深業為護軍將軍。

九年春正月乙亥，以尚書令、行太子少傅沈約為左光祿大夫，行少傅如故，右光祿大夫王瑩為尚書令，行中撫將軍建安王偉領護軍將軍，鎮北將軍、南兗州刺史始興王憺為鎮西將軍、益州刺史，太常卿王亮為中書監。丙子，以輕車將軍晉安王綱為南兗州刺史。庚寅，新作緣淮塘，北岸

起石頭迄東冶，南岸起後渚籬門迄三橋。三月己丑，車駕幸國子學，親臨講肆，賜國子祭酒以下帛各有差。乙未，詔曰：『王子從學，著自禮經，貴遊咸在，實惟前誥，所以式廣義方，克隆教道。今成均大啓，元良齒讓，自斯以降，並宜肄業。皇太子及王侯之子，年在從師者，可令入學。』於闐國遣使獻方物。夏四月丁巳，革選尚書五都令史用寒流。林邑國遣使獻白猴一。五月己亥，詔曰：『朕達聽思治，無忘日昃。而百司羣務，其途不一，隨時適用，各有攸宜，若非總會衆言，無以備茲親覽。自今臺閣省府州郡鎮戍應有職僚之所，時共集議，各陳損益，具以奏聞。』中書監王亮卒。六月癸丑，盜殺宣城太守朱僧勇。癸酉，以中撫將軍、領護軍建安王偉為鎮南將軍、江州刺史。閏月己丑，宣城盜轉寇吳興縣，太守蔡撙討平之。秋七月己巳，老人星見。冬十二月癸未，輿駕幸國子學，策試胄子，賜訓授之司各有差。

十年春正月辛丑，輿駕親祠南郊，大赦天下，居局治事賜勞二年。癸卯，以尚書左僕射張稷為安北將軍，青冀二州刺史，郢州刺史鄱陽王恢為護軍將軍。甲辰，以南徐州刺史豫章王綜為郢州刺史，輕車將軍南康王績為南徐州刺史。戊申，騶虞一，見荆州華容縣。以左民尚書王暕為吏部尚書。辛酉，輿駕親祠明堂。三月辛丑，盜殺東莞、琅邪二郡太守鄧晰，以朐山引魏軍，遣振遠將軍馬仙琕討之。是月，魏徐州刺史盧昶帥衆赴朐山。夏五月癸酉，安豐縣獲一角玄龜。丁丑，領軍呂僧珍卒。己卯，以國子祭酒張充為尚書左僕射，太子詹事柳慶遠為領軍將軍。六月乙酉，嘉蓮一莖三花生樂遊苑。秋七月丙辰，詔曰：『昔公卿面陳，載在前史，令僕陛奏，列代明文，所以厘彼庶績，成茲羣務。晉氏陵替，虛誕為風，自此相因，其失彌遠。遂使武帳空勞，無汲公之奏，丹墀徒辟，闕鄭生之履。三槐八座，應有務之百官，宜有所論，可入陳啓，庶藉周爰，少匡寡薄。』九月丙申，天西北隆有聲，赤氣下至地。冬十二月癸酉，山車見於臨城縣。庚辰，馬仙琕大破魏軍，斬馘十餘萬，克復朐山城。是歲，初作宮城門三重樓及開二道。宕昌國遣使獻方物。

十一年春正月壬辰，詔曰：『夫刑法悼耄，罪不收孥，禮著明文，史彰前事，蓋所以申其哀矜，故罰有弗及。近代相因，厥網彌峻，髫年華髮，同坐入愆。雖懲惡勸善，宜窮其制，而老幼流離，良亦可湣。自今逋謫之家及罪應質作，若年有老小，可停將送。』加左光祿大夫、行太子少傅沈約特進，鎮南將軍、江州刺史建安王偉儀同三司，司空、揚州刺史臨川王宏進位為太尉，驃騎將軍王茂為司空，尚書令、雲麾將軍王瑩進號安左將軍，安北將軍、青冀二州刺史張稷進號鎮北將軍。二月戊辰，新昌、濟陽二郡野蠶成繭。三月丁巳，曲赦揚、徐二州。築西靜壇於鍾山。庚申，高麗國遣使獻方物。四月戊子，詔曰：『去歲朐山大殲醜類，宜為京觀，用旌武功；但伐罪弔民，皇王盛軌，掩骼埋胔，仁者用心。其下青州悉使收藏。』百濟、扶南、林邑國並遣使獻方物。六月辛巳，以司空王茂領中權將軍。九月辛亥，宕昌國遣使獻方物。冬十一月乙未，以吳郡太守袁昂兼尚書右僕射。己酉，降太尉、揚州刺史臨川王宏為驃騎將軍、開府同三司之儀。癸丑，齊宣德太妃王氏薨。十二月己未，以安西將軍、荆州刺史安成王秀為中衛將軍，護軍將軍鄱陽王恢為平西將軍、荆州刺史。

十二年春正月辛卯，輿駕親祠南郊，赦大辟以下。二月辛酉，以兼尚書右僕射袁昂為尚書右僕射。丙寅，詔曰：『掩骼埋胔，義重周經，槥櫝有加，事美漢策。朕向隅載懷，每勤造次，收藏之命，亟下哀矜；而珝縣遐深，遵奉未洽，髐然路隅，往往而有，言湣沉枯，彌勞傷惻。可明下遠近，各巡境界，若委骸不葬，或蔭衣莫改，即就收斂，量給棺具。庶夜哭之魂斯慰，沾霜之骨有歸。』辛巳，新作太極殿，改為十三間。三月癸卯，以湘州刺史王珍國為護軍將軍。閏月乙丑，特進、中軍將軍沈約卒。夏四月，京邑大水。六月癸巳，新作太廟，增基九尺。庚子，太極殿成。秋九月戊午，以鎮南將軍、開府儀同三司、江州刺史建安王偉為撫軍將軍，儀同如故；驃騎將軍、開府同三司之儀、揚州刺史臨川王宏為司空；領中權將軍王茂為驃騎將軍、開府同三司之儀、江州刺史。冬十月丁亥，詔曰：『明堂地勢卑濕，未稱乃心。外可量就埤起，以盡誠敬。』

十三年春正月壬戌，以丹陽尹晉安王綱為荆州刺史。癸亥，以平西將軍、荆州刺史鄱陽王恢為鎮西將軍、益州刺史。丙寅，以翊右將軍安成王秀為安西將軍、郢州刺史。二月丁亥，輿駕親耕籍田，赦天下，孝悌力田賜爵一級。老人星見。三月辛亥，以新除中撫將軍、開府儀同三司建安王偉為左光祿大夫。夏四月辛卯，林邑國遣使獻方物。壬辰，以郢州刺史豫章王綜為安右將軍。五月辛亥，以通直散騎常侍韋睿為中護軍。六月己

亥，以南兗州刺史蕭景為領軍將軍，領軍將軍柳慶遠為安北將軍、雍州刺史。秋七月乙亥，立皇子綸為邵陵郡王，繹為湘東郡王，紀為武陵郡王。八月癸卯，扶南、於闐國各遣使獻方物。是歲作浮山堰。

十四年春正月乙巳朔，皇太子冠，赦天下，賜為父後者爵一級，王公以下班賚各有差，停遠近上慶禮。丙午，安左將軍、尚書令王瑩進號中權將軍。以鎮西將軍始興王憺為中撫將軍。辛亥，輿駕親祠南郊。詔曰：『朕恭祇明祀，昭事上靈，臨竹宮而登泰壇，服裘冕而奉蒼璧，柴望既升，誠敬克展，思所以對越乾元，弘宣德教；而缺於治道，政法多昧，實佇羣才，用康庶績。可班下遠近，博采英異。若有確然鄉黨，獨行州閭，肥遁丘園，不求聞達，藏器待時，未加收采；或賢良、方正、孝悌、力田，並即騰奏，具以名上。當擢彼周行，試以邦邑，庶百司咸事，兆民無隱。又世輕世重，隨時約法，前以劓墨，用代重辟，猶念改悔，其路已壅，並可省除。』丙寅，汝陰王劉胤薨。二月庚寅，芮芮國遣使獻方物。戊戌，老人星見。辛丑，以中護軍韋睿為平北將軍、雍州刺史，新除中撫將軍始興王憺為荊州刺史。夏四月丁丑，驃騎將軍、開府同三司之儀、江州刺史王茂薨。五月丁巳，以荊州刺史晉安王綱為江州刺史。秋八月乙未，老人星見。九月癸亥，以長沙王深業為護軍將軍。狼牙修國遣使獻方物。

十五年春正月己巳，詔曰：『觀時設教，王政所先，兼而利之，實惟務本，移風致治，咸由此作。頃因革之令，隨事必下，而張弛之要，未臻厥宜，民瘼猶繁，廉平尚寡，所以佇旒纊而載懷，朝玉帛而興歎。可申下四方，政有不便於民者，所在具條以聞。守宰若清潔可稱，或侵漁為蠹，分別奏上，將行黜陟。長吏勸課，躬履堤防，勿有不修，致妨農事。關市之賦，或有未允，外時參量，優減舊格。』三月戊辰朔，日有蝕之。夏四月丁未，以安右將軍豫章王綜兼護軍。高麗國遣使獻方物。五月癸未，以司空、揚州刺史臨川王宏為中書監，驃騎大將軍、刺史如故。六月丙申，改作小廟畢。庚子，以尚書令王瑩為左光祿大夫、開府儀同三司，尚書右僕射袁昂為尚書左僕射，吏部尚書王暕為尚書右僕射。秋八月，老人星見。芮芮、河南遣使獻方物。九月辛巳，左光祿大夫、開府儀同三司王瑩薨。壬辰，赦天下。冬十月戊午，以丹陽尹長沙王深業為湘州刺史。十一月丁卯，以兼護軍豫章王綜為安前將軍。交州刺史李叟斬交州反者阮宗孝，傳首京師。曲赦交州。壬午，以雍州刺史韋睿為護軍將軍。

十六年春正月辛未，輿駕親祠南郊，詔曰：『朕當扆思治，政道未明，昧旦劬勞，亟移星紀。今太皡御氣，句芒首節，升中就陽，禋敬克展，務承天休，布茲和澤。尤貧之家，勿收今年三調。其無田業者，所在量宜賦給。若民有產子，即依格優蠲。孤老鰥寡不能自存，咸加賑恤。班下四方。諸州郡縣，時理獄訟，勿使冤滯，並若親覽。』二月庚戌，老人星見。甲寅，以安前將軍豫章王綜為南徐州刺史。三月丙子，河南王遣使獻方物。夏四月甲子，初去宗廟牲。潮溝獲白雀一。六月戊申，以廬陵王續為江州刺史。七月丁丑，以郢州刺史安成王秀為鎮北將軍、雍州刺史。八月辛丑，老人星見。扶南、婆利國各遣使獻方物。冬十月，去宗廟薦修，始用蔬果。

十七年春正月丁巳朔，詔曰：『夫樂所自生，含識之常性；厚下安宅，馭世之通規。朕矜此庶氓，無忘待旦，亟弘生聚之略，每布寬恤之恩；而編戶未滋，遷徙尚有，輕去故鄉，豈其本志？資業殆闕，自返莫由，巢南之心，亦何能弭。今開元發歲，品物惟新，思俾黔黎，各安舊所。將使郡無曠土，邑靡遊民，雞犬相聞，桑柘交畛。凡天下之民，有流移他境，在天監十七年正月一日以前，可開恩半歲，悉聽還本，蠲課三年。其流寓過遠者，量加程日。若有不樂還者，即使著土籍為民，准舊課輸。若流移之後，本鄉無復居宅者，村司三老及餘親屬，即為詣縣，占請村內官地官宅，令相容受，使戀本者還有所託。凡坐為市埭諸職，割盜衰減，應被封籍者，其田宅車牛，是民生之具，不得悉以没入，皆優量分留，使得自止。其商賈富室，亦不得頓相兼併。遁叛之身，罪無輕重，並許首出，還復民伍。若有拘限，自還本役。並為條格，咸使知聞。』二月癸巳，鎮北將軍、雍州刺史安成王秀薨。甲辰，大赦天下。乙卯，以領石頭戍事南康王績為南兗州刺史。三月甲申，老人星見。丙申，改封建安王偉為南平王。夏五月戊寅，驃騎大將軍、揚州刺史臨川王宏免。己卯，幹利國遣使獻方物。以領軍將軍蕭景為安右將軍，監揚州。辛巳，以臨川王宏為中軍將軍、中書監。六月乙酉，以益州刺史鄱陽王恢為領軍將軍。中軍將軍，中書監臨川王宏以本號行司徒。癸卯，以國子祭酒蔡撙為吏部尚書。秋八月壬寅，老人星見。詔以兵騶奴婢，男年登六十，女年登五

十，免為平民。冬十月乙亥，以中軍將軍、行司徒臨川王宏為中書監、司徒。十一月辛亥，以南平王偉為左光祿大夫、開府儀同三司。

十八年春正月甲申，以領軍將軍鄱陽王恢為征西將軍、開府儀同三司、荆州刺史，荆州刺史始興王憺為中撫將軍、開府儀同三司、領軍。以尚書左僕射袁昂為尚書令，尚書右僕射王暕為尚書左僕射，太子詹事徐勉為尚書右僕射。辛卯，輿駕親祠南郊，孝悌力田賜爵一級。二月戊午，老人星見。四月丁巳，大赦天下。秋七月甲申，老人星見。於闐、扶南國各遣使獻方物。

又　卷三《武帝紀下》　普通元年春正月乙亥朔，改元，大赦天下。賜文武勞位，孝悌力田爵一級，尤貧之家，勿收常調，鰥寡孤獨，並加贍恤。丙子，日有蝕之。己卯，以司徒臨川王宏為太尉、揚州刺史，安右將軍、監揚州蕭景為安西將軍、郢州刺史。尚書左僕射王暕以母憂去職，金紫光祿大夫王份為尚書左僕射。庚子，扶南、高麗國各遣使獻方物。二月壬子，老人星見。癸丑，以高麗王世子安為寧東將軍、高麗王。三月丙戌，滑國遣使獻方物。夏四月甲午，河南王遣使獻方物。六月丁未，以護軍將軍韋睿為車騎將軍。秋七月己卯，江、淮、海並溢。辛卯，以信威將軍邵陵王綸為江州刺史。八月庚戌，老人星見。甲子，新除車騎將軍韋睿卒。九月乙亥，有星晨見東方，光爛如火。冬十月辛亥，以宣惠將軍長沙王深業為護軍將軍。辛酉，以丹陽尹晉安王綱為平西將軍、益州刺史。

二年春正月甲戌，以南徐州刺史豫章王綜為鎮右將軍。新除益州刺史晉安王綱改為徐州刺史。辛巳，輿駕親祠南郊。詔曰：『春司御氣，虔恭報祀，陶匏克誠，蒼璧禮備，思隨乾覆，布茲亭育。凡民有單老孤稚，不能自存，主者郡縣咸加收養，贍給衣食，每令周足，以終其身。又於京師置孤獨園，孤幼有歸，華髮不匱。若終年命，厚加料理。尤窮之家，勿收租賦。』戊子，大赦天下。二月辛丑，輿駕親祠明堂。三月庚寅，大雪，平地三尺。夏四月乙卯，改作南北郊。丙辰，詔曰：『夫欽若昊天，歷象無違。躬執耒耜，盡力致敬，上協星鳥，俯訓民時，平秩東作，義不在南。前代因襲，有乖禮制，可於震方，簡求沃野，具茲千畝，庶允舊章。』五月癸卯，琬琰殿火，延燒後宮屋三千間。丁巳，詔曰：『王公卿士，今拜表賀瑞，雖則百辟體國之誠，朕懷良有多愧。若其澤漏川泉，仁被動植，氣調玉燭，治致太平，爰降嘉祥，可無慚德；而政道多缺，淳化未凝，何以仰葉辰和，遠臻冥貺？此乃更彰寡薄，重增其尤。自今可停賀瑞。』六月丁卯，信威將軍、義州刺史文僧明以州叛入於魏。秋七月丁酉，假大匠卿裴邃節，督衆軍北討。甲寅，老人星見。魏荆州刺史桓叔興帥衆降。八月丁亥，始平郡中石鼓村地自開成井，方六尺六寸，深三十二丈。冬十一月，百濟、新羅國各遣使獻方物。十二月戊辰，以鎮東大將軍百濟王餘隆為寧東大將軍。

三年春正月庚子，以尚書令袁昂為中書監，吳郡太守王暕為尚書左僕射，尚書左僕射王份為右光祿大夫。庚戌，京師地震。己未，以宣毅將軍廬陵王續為雍州刺史。三月乙卯，巴陵王蕭屏薨。夏四月丁卯，汝陰王劉端薨。五月壬辰朔，日有蝕之，既。癸巳，赦天下。並班下四方，民所疾苦，咸即以聞，公卿百僚各上封事，連率郡國舉賢良、方正、直言之士。秋八月辛酉，作二郊及籍田並畢，班賜工匠各有差。甲子，老人星見。婆利、白題國各遣使獻方物。冬十月丙子，加中書監袁昂中衛將軍。十一月甲午，撫軍將軍、開府儀同三司、領軍將軍始興王憺薨。辛丑，以太子詹事蕭淵藻為領軍將軍。

四年春正月辛卯，輿駕親祠南郊，大赦天下。應諸窮疾，咸加賑恤，並班下四方，時理獄訟。丙午，輿駕親祠明堂。二月庚午，老人星見。乙亥，躬耕籍田。詔曰：『夫耕籍之義大矣哉！粢盛由之而興，禮節因之以著，古者哲王咸用此作。眷言八政，致茲千畝，公卿百辟，恪恭其儀，九推畢禮，馨香靡替。兼以風雲葉律，氣象光華，屬覽休辰，思加獎勸。可班下遠近，廣辟良疇，公私畎畝，務盡地利。若欲附農，而糧種有乏，亦加貸恤，每使優遍。孝悌力田賜爵一級。預耕之司，剋日勞酒。』三月壬寅，以鎮右將軍豫章王綜為平北將軍、南兗州刺史。六月乙丑，分益州置信州，分交州置愛州，分廣州置成州、南定州、合州、建州，分霍州置義州。秋八月丁卯，老人星見。冬十月庚午，以中書監、中衛將軍袁昂為尚書令，即本號開府儀同三司。己卯，護軍將軍昌義之卒。十一月癸未朔，日有蝕之。太白晝見。甲辰，尚書左僕射王暕卒。十二月戊午，始鑄鐵錢。狼牙脩國遣使獻方物。

五年春正月，以左光祿大夫、開府儀同三司南平王偉為鎮衛大將軍，

改領右光祿大夫，儀同三司如故。征西將軍、開府儀同三司、荆州刺史鄱陽王恢進號驃騎大將軍。太府卿夏侯亶為中護軍。右光祿大夫王份為左光祿大夫，加特進。辛卯，平北將軍、南兗州刺史豫章王綜進號鎮北將軍。平西將軍、雍州刺史晉安王綱進號安北將軍。二月庚午，特進、左光祿大夫王份卒。丁丑，老人星見。三月甲戌，分揚州、江州置東揚州。夏四月乙未，以雲麾將軍南康王績為江州刺史。六月乙酉，龍鬬於曲阿王陂，因西行至建陵城。所經處樹木倒折，開地數十丈。戊子，以會稽太守武陵王紀為東揚州刺史。庚子，以員外散騎常侍元樹為平北將軍、北青、兗二州刺史，率衆北伐。秋七月辛未，賜北討義客位一階。八月庚寅，徐州刺史成景雋克魏童棧。九月戊申，又克睢陵城。戊午，北兗州刺史趙景悅圍荆山。壬戌，宣毅將軍裴邃襲壽陽，入羅城，弗克。冬十月戊寅，裴邃、元樹攻魏建陵城，破之。辛巳，又破曲木。掃虜將軍彭寶孫克琅邪。甲申，又克檀丘城。辛卯，裴邃破狄城。丙申，又克甓城，遂進屯黎漿。壬寅，魏東海太守韋敬欣以司吾城降。定遠將軍太守曹世宗破魏曲陽城。甲辰，又克秦墟。魏鄁、潘溪守悉皆棄城走。十一月丙辰，彭寶孫克東莞城。壬戌，裴邃攻壽陽之安城，克之。丙寅，魏馬頭、安城並來降。十二月戊寅，魏荆山城降。乙巳，武勇將軍李國興攻平靜關，克之。辛丑，信威長史楊法乾攻武陽關；壬寅，攻峴關：並克之。

六年春正月丙午，安北將軍晉安王綱遣長史柳津破魏南鄉郡，司馬董當門破魏晉城。庚戌，又破馬圈、彫陽二城。辛亥，輿駕親祠南郊，大赦天下。庚申，魏鎮東將軍、徐州刺史元法僧以彭城內附。己巳，雍州前軍克魏新蔡郡。詔曰：『廟謨已定，王略方舉。侍中、領軍將軍西昌侯淵藻，可便親戎，以前啓行；鎮北將軍、南兗州刺史豫章王綜董馭雄桀，風馳次邁；其餘衆軍，計日差遣，初中後師，善得嚴辦。朕當六軍雲動，龍舟濟江。』癸酉，克魏鄭城。甲戌，以魏鎮東將軍、徐州刺史元法僧為司空。二月丁丑，老人星見。庚辰，南徐州刺史廬陵王續還朝，稟承戎略。乙未，趙景悅下魏龍亢城。三月丙午，歲星見南鬬。賜新附民長復除，應諸罪失，一無所問。己酉，行幸白下城，履行六軍頓所。乙丑，鎮北將軍、南兗州刺史豫章王綜權頓彭城，總督衆軍，並攝徐州府事。己巳，以魏假平東將軍元景隆為衡州刺史，魏征虜將軍元景仲為廣州刺史。夏五月己酉，築宿預堰，又修曹公堰於濟陰。太白晝見。壬子，遣中護軍夏侯亶督壽陽諸軍事，北伐。六月庚辰，豫章王綜奔於魏，魏復據彭城。秋七月壬戌，大赦天下。八月丙子，以散騎常侍曹仲宗兼領軍。壬午，老人星見。十二月戊子，邵陵王綸有罪，免官，削爵土。壬辰，京師地震。

七年春正月辛丑朔，赦殊死以下。丁卯，滑國遣使獻方物。二月甲戌，北伐衆軍解嚴。河南遣使獻方物。丁亥，老人星見。三月乙卯，高麗國遣使獻方物。夏四月乙酉，太尉臨川王宏薨。南州津改置校尉，增加俸秩。詔在位羣臣，各舉所知，凡是清吏，咸使薦聞，州年舉二人，大郡一人。六月己卯，林邑國遣使獻方物。秋九月己酉，驃騎大將軍、開府儀同三司、荆州刺史鄱陽王恢薨。冬十月辛未，以丹陽尹、湘東王繹為荆州刺史。十一月庚辰，大赦天下。是日，丁貴嬪薨。辛巳，夏侯亶、胡龍牙、元樹、曹世宗等衆軍克壽陽城。丁亥，放魏揚州刺史李憲還北。以壽陽置豫州，合肥改為南豫州。以中護軍夏侯亶為豫、南豫二州刺史。平西將軍、郢州刺史元樹進號安西將軍。魏新野太守以郡降。

大通元年春正月乙丑，以尚書左僕射徐勉為尚書僕射、中衛將軍。詔曰：『朕思利兆民，惟日不足，氣象環回，每弘優簡。百官俸祿，本有定數，前代以來，皆多評准，頃者因循，未遑改革。自今已後，可長給見錢，依時即出，勿令逋緩。凡散失官物，不問多少，並從原宥。惟事涉軍儲，取公私見物，不在此例。』辛未，輿駕親祠南郊。詔曰：『奉時昭事，虔薦蒼璧，思承天德，惠此下民。凡因事去土，流移他境者，並聽復宅業，蠲役五年。尤貧之家，勿收三調。孝悌力田賜爵一級。』是月，司州刺史夏侯夔進軍三關，所至皆克。三月辛未，輿駕幸同泰寺捨身。甲戌，還宫，赦天下，改元。以左衛將軍蕭淵藻為中護軍。林邑、師子國各遣使獻方物。

夏五月丙寅，成景雋克魏臨潼竹邑。秋八月壬辰，老人星見。冬十月庚戌，魏東豫州刺史元慶和以渦陽內屬。甲寅，曲赦東豫州。十一月丁卯，以中護軍蕭淵藻為北討都督、征北大將軍，鎮渦陽。戊辰，加尚書令、中衛將軍、開府儀同三司袁昂中書監。以渦陽置西徐州。高麗國遣使獻方物。

二年春正月庚申，司空元法僧以本官領中軍將軍。中書監、尚書令、

中衛將軍、開府儀同三司袁昂進號中撫大將軍。衛尉卿蕭昂為中領軍。乙酉，芮芮國遣使獻方物。二月甲午，老人星見。是月，築寒山堰。三月壬戌，以江州刺史南康王績為安右將軍。夏四月辛丑，魏郢州刺史元願達以義陽內附，置北司州。時魏大亂，其北海王元顥、臨淮王元彧、汝南王元悅並來奔；其北青州刺史元世儁、南荆州刺史李志亦以地降。六月丁亥，魏臨淮王元彧求還本國，許之。冬十月丁亥，以魏北海王元顥為魏主，遣東宮直閤將軍陳慶之衛送還北。魏豫州刺史鄧獻以地內屬。

中大通元年正月辛酉，輿駕親祠南郊，大赦天下，孝悌力田賜爵一級。甲子，魏汝南王元悅求還本國，許之。辛巳，輿駕親祠明堂。二月甲申，以丹陽尹武陵王紀為江州刺史。辛丑，芮芮國遣使獻方物。三月丙辰，以河南王阿羅真為寧西將軍、西秦、河沙三州刺史。庚辰，以中護軍蕭淵藻為中權將軍。夏四月癸未，以安右將軍南康王績為護軍將軍。癸巳，陳慶之攻魏梁城，拔之，進屠考城，擒魏濟陰王元暉業。五月戊辰，克大梁。癸酉，克虎牢城。魏主元子攸棄洛陽，走河北。乙亥，元顥入洛陽。六月壬午，大赦天下。辛亥，魏淮陰太守晉鴻以湖陽城內屬。閏月己未，安右將軍、護軍南康王績薨。己卯，魏爾朱榮攻殺元顥，復據洛陽。秋九月辛巳，朱雀航華表災。以安北將軍羊侃為青、冀二州刺史。癸巳，輿駕幸同泰寺，設四部無遮大會，因捨身，公卿以下，以錢一億萬奉贖。冬十月己酉，輿駕還宮，大赦，改元。十一月丙戌，加中撫大將軍、開府儀同三司袁昂中書監。加鎮衛大將軍、開府儀同三司南平王偉太子少傅。加金紫光祿大夫蕭琛、陸杲並特進。司空、中軍將軍元法僧進號車騎將軍。中權將軍蕭淵藻為中護軍將軍。中領軍蕭昂為領軍將軍。戊子，魏巴州刺史嚴始欣以城降。十二月丁巳，盤盤國遣使獻方物。

二年春正月戊寅，以雍州刺史晉安王綱為驃騎大將軍、揚州刺史，南徐州刺史廬陵王續為平北將軍、雍州刺史。癸未，老人星見。夏四月庚申，大雨雹。壬申，以河南王佛輔為寧西將軍、西秦、河二州刺史。六月丁巳，遣魏太保汝南王元悅還北為魏主。庚申，以魏尚書左僕射範遵為安北將軍、司州牧，隨元悅北討。林邑國遣使獻方物。壬申，扶南國遣使獻方物。秋八月庚戌，輿駕幸德陽堂，設絲竹會，祖送魏主元悅。山賊聚結，寇會稽郡所部縣。九月壬午，假超武將軍湛海珍節以討之。

三年春正月辛巳，輿駕親祠南郊，大赦天下，孝悌力田賜爵一級。丙申，以魏尚書僕射鄭先護為征北大將軍。二月辛丑，輿駕親祠明堂。甲寅，老人星見。乙卯，特進蕭琛卒。乙丑，以廣州刺史元景隆為安右將軍。夏四月乙巳，皇太子統薨。六月丁未，以前太子詹事蕭淵猷為中護軍。尚書僕射徐勉加特進、右光祿大夫。丹丹國遣使獻方物。癸丑，立昭明太子子南徐州刺史華容公歡為豫章郡王，枝江公譽為河東郡王，曲阿公察為岳陽郡王。秋七月乙亥，立晉安王綱為皇太子。大赦天下，賜為父後者及出處忠孝文武清勤，並賜爵一級。乙酉，以侍中、五兵尚書謝舉為吏部尚書。庚寅，詔曰：『推恩六親，義彰九族，班以侯爵，亦曰惟允。凡是宗戚有服屬者，並可賜沐食鄉亭侯，各隨遠近以為差次。其有昵親，自依舊章。』壬辰，以吏部尚書何敬容為尚書右僕射。癸巳，老人星見。九月庚午，以太子詹事蕭淵藻為征北將軍、南兗州刺史。戊寅，狼牙脩國奉表獻方物。冬十月己酉，行幸同泰寺，高祖升法座，為四部衆說《大般若涅盤經》義，迄於乙卯。前樂山縣侯蕭正則有罪流徙，至是招誘亡命，欲寇廣州，在所討平之。十一月乙未，行幸同泰寺，高祖升法座，為四部從說《摩訶般若波羅蜜經》義，訖於十二月辛丑。是歲，吳興郡生野穀，堪食。

四年春正月丙寅朔，以鎮衛大將軍、開府儀同三司南平王偉進位大司馬，司空元法僧進太尉，尚書令、中權大將軍、開府儀同三司袁昂進位司空。立臨川靖惠王宏子正德為臨賀郡王。戊辰，以丹陽尹邵陵王綸為揚州刺史。太子右衛率薛法護為平北將軍、司州牧，衛送元悅入洛。庚午，立嫡皇孫大器為宣城郡王。癸未，魏南兗州刺史劉世明以城降，改魏南兗州為譙州，以世明為刺史。二月壬寅，老人星見。新除太尉元法僧還北，為東魏主。以安右將軍元景隆為征北將軍、徐州刺史，雲麾將軍羊侃為安北將軍、兗州刺史，散騎常侍元樹為鎮北將軍。庚戌，新除揚州刺史邵陵王綸有罪，免為庶人。壬子，以江州刺史武陵王紀為揚州刺史，領軍將軍蕭昂為江州刺史。丙辰，邵陵縣獲白鹿一。三月庚午，侍中、領國子博士蕭子顯上表置制旨《孝經》助教一人，生十人，專通高祖所釋《孝經義》。夏四月壬申，盤盤國遣使獻方物。秋七月甲辰，星隕如雨。八月丙子，特進陸杲卒。九月乙巳，以太子詹事南平王世子恪為領軍將軍，平北將軍、

雍州刺史廬陵王續為安北將軍，西中郎將、荆州刺史湘東王繹為平西將軍，司空袁昂領尚書令。十一月己酉，高麗國遣使獻方物。十二月庚辰，以太尉元法僧為驃騎大將軍、開府同三司之儀、郢州刺史。

五年春正月辛卯，輿駕親祠南郊，大赦天下，孝悌力田賜爵一級。先是一日丙夜，南郊令解滌之等到郊所履行，忽聞空中有異香三隨風至，及將行事，奏樂迎神畢，有神光滿壇上，朱紫黄白雜色，食頃方滅。兼太宰武陵王紀等以聞。戊申，京師地震。己酉，長星見。辛亥，輿駕親祠明堂。癸丑，以宣城王大器為中軍將軍。河南國遣使獻方物。二月癸未，行幸同泰寺，設四部大會，高祖升法座，發《金字摩訶波若經》題，訖於己丑。老人星見。三月丙辰，大司馬南平王偉薨。夏四月癸酉，以御史中丞臧盾兼領軍。五月戊子，京邑大水，御道通船。六月己卯，魏建義城主蘭寶殺魏東徐州刺史，以下邳城降。秋七月辛卯，改下邳為武州。八月庚申，以前徐州刺史元景隆為安右將軍。老人星見。甲子，波斯國遣使獻方物。甲申，中護軍蕭淵猷卒。九月己亥，以輕車將軍、臨賀王正德為中護軍。甲寅，以尚書令、司空袁昂為特進、左光禄大夫，司空如故。盤盤國遣使獻方物。冬十月庚申，以尚書右僕射何敬容為尚書左僕射，吏部尚書謝舉為尚書右僕射，侍中、國子祭酒蕭子顯為吏部尚書。

六年春二月癸亥，輿駕親耕籍田，大赦天下，孝悌力田賜爵一級。三月己亥，以行河南王可還振為西秦、河二州刺史、河南王。甲辰，百濟國遣使獻方物。夏四月丁卯，熒惑在南斗。秋七月甲辰，林邑國遣使獻方物。八月己未，以南梁州刺史武興王楊紹先為秦、南秦二州刺史。冬十月丁卯，以信武將軍元慶和為鎮北將軍，率衆北伐。閏十二月丙午，西南有雷聲二。

大同元年春正月戊申朔，改元，大赦天下。二月己卯，老人星見。辛巳，輿駕親祠明堂。丁亥，輿駕躬耕籍田。辛丑，高麗國、丹丹國各遣使獻方物。三月辛未，滑國王安樂薩丹王遣使獻方物。夏四月庚子，波斯國獻方物。甲辰，以魏鎮東將軍劉濟為徐州刺史。壬戌，以安北將軍廬陵王續為安南將軍、江州刺史。秋七月乙卯，老人星見。辛卯，扶南國遣使獻方物。冬十月辛卯，以前南兖州刺史蕭淵藻為護軍將軍。十一月丁未，中衛將軍、特進、右光禄大夫徐勉卒。壬戌，北梁州刺史蘭欽攻漢中，克之，魏梁州刺史元羅降。癸亥，賜梁州歸附者復除有差。甲子，雄勇將軍、北益州刺史陰平王楊法深進號平北將軍。月行左角星。十二月乙酉，以魏北徐州刺史羊徽逸為平北將軍。戊戌，以平西將軍、秦、南秦二州刺史武興王楊紹先進號車騎將軍、平北將軍、北益州刺史陰平王楊法深進號驃騎將軍。辛丑，平西將軍、荆州刺史湘東王繹進號安西將軍。

二年春正月甲辰，以兼領軍臧盾為中領軍。二月乙亥，輿駕躬耕籍田。丙戌，老人星見。三月庚申，詔曰：『政在養民，德存被物，上令如風，民應如草。朕以寡德，運屬時來，撥亂反正，倏焉三紀。不能使重門不閉，守在海外，疆埸多阻，車書未一。民疲轉輸，士勞邊防。徹田為糧，未得頓止。治道不明，政用多僻，百辟無沃心之言，四聰闕飛耳之聽，州輟刺舉，郡忘共治。致使失理負謗，無由聞達。侮文弄法，因事生姦，肺石空陳，懸鐘徒設。《書》不云乎：「股肱惟人，良臣惟聖。」實賴賢佐，匡其不及。凡厥在朝，各獻讜言，政治不便於民者，可悉陳之。若在四遠，刺史二千石長吏，並以奏聞。細民有言事者，咸為申達。朕將親覽，以紓其過。文武在位，舉爾所知，公侯將相，隨才擢用，拾遺補闕，勿有所隱。』夏四月乙未，以驃騎大將軍、開府同三司之儀元法僧為太尉，領軍師將軍。先是，尚書右丞江子四上封事，極言政治得失。五月癸卯，詔曰：『古人有言，屋漏在上，知之在下。朕所鍾過，不能自覺。江子四等封事如上，尚書可時加檢括，於民有蠹患者，便即勒停，宜速詳啓，勿致淹緩。』乙巳，以魏前梁州刺史元羅為征北大將軍、青、冀二州刺史。六月丁亥，詔曰：『南郊、明堂、陵廟等令，與朝請同班，於事為輕，可改視散騎侍郎。』冬十月乙亥，詔大舉北伐。十一月己亥，詔北伐衆班師。辛亥，京師地震。十二月壬申，魏請通和，詔許之。丁酉，以吴興太守、駙馬都尉、利亭侯張纘為吏部尚書。

三年春正月辛丑，輿駕親祠南郊，大赦天下，孝悌力田賜爵一級。是夜，朱雀門災。壬寅，天無雲，雨灰，黄色。癸卯，以中書令邵陵王綸為江州刺史。二月乙酉，老人星見。丁亥，輿駕親耕籍田。己丑，以尚書左僕射何敬容為中權將軍，護軍將軍蕭淵藻為安右將軍、尚書左僕射。以尚書右僕射謝舉為右光禄大夫。庚寅，以安南將軍廬陵王續為中衛將軍、護軍將軍。三月戊戌，立昭明太子子岊為武昌郡王，灊為義陽郡王。夏四

月丁卯，以南琅邪、彭城二郡太守河東王譽為南徐州刺史。五月丙申，以前揚州刺史武陵王紀復為揚州刺史。六月，青州朐山境隕霜。秋七月癸卯，魏遣使來聘。己酉，義陽王灊薨。是月，青州雪，害苗稼。八月甲申，老人星見。辛卯，輿駕幸阿育王寺，赦天下。九月，南兗州大饑。是月，北徐州境內旅生稻稗二千許頃。閏月甲子，安西將軍、荊州刺史湘東王繹進號鎮西將軍，揚州刺史武陵王紀為安西將軍、益州刺史。冬十月丙辰，京師地震。是歲，饑。

四年春正月庚辰，以中軍將軍宣城王大器為中軍大將軍、揚州刺史。二月己亥，輿駕親耕籍田。三月戊寅，河南國遣使獻方物。癸未，芮芮國遣使獻方物。五月甲戌，魏遣使來聘。秋七月己未，以南琅邪、彭城二郡太守岳陽王察為東揚州刺史。癸亥，詔以東冶徒李胤之降如來真形舍利，大赦天下。八月甲辰，詔『南兗、北徐、西徐、東徐、青、冀、南北青、武、仁、潼、睢等十二州，既經饑饉，曲赦逋租宿責，勿收今年三調。』冬十二月丁亥，兼國子助教皇侃表上所撰《禮記義疏》五十卷。

五年春正月乙卯，以護軍將軍廬陵王續為驃騎將軍、開府儀同三司，安右將軍、尚書左僕射蕭淵藻為中衛將軍、開府儀同三司。中權將軍、丹陽尹何敬容以本號為尚書令，吏部尚書張纘為尚書僕射，都官尚書劉孺為吏部尚書。丁巳，御史中丞、參禮儀事賀琛奏：『今南北二郊及籍田往還並宜御輦，不復乘輅。二郊請用素輦，籍田往還乘常輦，皆以侍中陪乘，停大將軍及太僕。』詔付尚書博議施行。改素輦名大同輦。昭祀宗廟乘玉輦。辛未，輿駕親祠南郊，詔孝悌力田及州閭鄉黨稱為善人者，各賜爵一級，並勒屬所以時騰上。三月己未，詔曰：『朕四聽既闕，五識多蔽，畫可外牒，或致紕繆。凡是政事不便於民者，州郡縣即時皆言，勿得欺隱。如使怨訟，當境任失。而今而後，以為永准。』秋七月己卯，以驃騎將軍、開府儀同三司廬陵王續為荊州刺史，湘東王繹為護軍將軍、安右將軍。八月乙酉，扶南國遣使獻生犀及方物。九月庚申，以都官尚書到溉為吏部尚書。冬十一月乙亥，魏遣使來聘。十二月癸未，以吳郡太守謝舉為中書監，新除中書令鄱陽王範為中領軍。

六年春正月庚戌朔，曲赦司、豫、徐、兗四州。二月己亥，輿駕親耕籍田。丙午，以江州刺史邵陵王綸為平西將軍、郢州刺史，雲麾將軍豫章王歡為江州刺史。秦郡獻白鹿一。夏四月癸未，詔曰：『命世興王，嗣賢傳業，聲稱不朽，人代徂遷，二賓以位，三恪義在，時事浸遠，宿草榛蕪，望古興懷，言念愴然。晉、宋、齊三代諸陵，有職司者勤加守護，勿令細民妄相侵毀。作兵有少，補使充足。前無守視，並可量給。』五月戊寅，以前青、冀二州刺史元羅為右光祿大夫。己卯，河南王遣使獻馬及方物。六月丁未，平陽縣獻白鹿一。秋七月丁亥，魏遣使來聘。八月戊午，赦天下。辛未，詔曰：『經國有體，必詢諸朝，所以尚書置令、僕、丞、郎，旦旦上朝，以議時事，前共籌懷，然後奏聞。頃者不爾，每有疑事，倚立求決。古人有云，主非堯舜，何得發言便是。是故放勳之聖，猶咨四嶽，重華之睿，亦待多士。豈朕寡德，所能獨斷。自今尚書中有疑事，前於朝堂參議，然後啓聞，不得習常。其軍機要切，前須諮審，自依舊典。』盤盤國遣使獻方物。九月，移安州置定遠郡，受北徐州都督，定遠郡改屬安州。始平太守崔碩表獻嘉禾一莖十二穗。戊戌，特進、左光祿大夫、司空袁昂薨。冬十一月己卯，曲赦京邑。十二月壬子，江州刺史豫章王歡薨。以護軍將軍湘東王繹為鎮南將軍、江州刺史。置桂州於湘州始安郡，受湘州督；省南桂林等二十四郡，悉改屬桂州。

七年春正月辛巳，輿駕親祠南郊，赦天下，其有流移及失桑梓者，各還田宅，蠲課五年。辛丑，輿駕親祠明堂。二月乙巳，以行宕昌王梁彌泰為平西將軍、河涼二州刺史、宕昌王。辛亥，輿駕躬耕籍田。乙卯，京師地震。丁巳，以中領軍、鄱陽王範為鎮北將軍、雍州刺史。三月乙亥，宕昌王遣使獻馬及方物。高麗、百濟、滑國各遣使獻方物。夏四月戊申，魏遣使來聘。五月癸己，以侍中南康王會理兼領軍。秋九月戊寅，芮芮國遣使獻方物。冬十月丙午，以侍中劉孺為吏部尚書。十一月丙子，詔停在所役使女丁。丁丑，詔曰：『民之多幸，國之不幸，恩澤屢加，彌長姦盜，朕亦知此之為病矣。如不優赦，非仁人之心。凡厥愆耗逋負，起今七年十一月九日昧爽以前，在民間無問多少，言上尚書，督所未入者，皆赦除之。』又詔曰：『用天之道，分地之利，蓋先聖之格訓也。凡是田桑廢宅沒入者，公創之外，悉以分給貧民，皆使量其所能以受田分。如聞頃者，豪家富室，多占取公田，貴價僦稅，以與貧民，傷時害政，為蠹已甚。自今公田悉不得假與豪家；已假者特聽不追。其若富室給貧民種糧共營作

者，不在禁例。』己丑，以金紫光祿大夫臧盾為領軍將軍。十二月壬寅，詔曰：『古人云，一物失所，如納諸隍，未是切言也。朕寒心消志，為日久矣，每當食投箸，方眠徹枕，獨坐懷憂，憤慨申旦，非為一人，萬姓故耳。州牧多非良才，守宰虎而傅翼，楊阜是故憂憤，賈誼所以流涕。至於民間誅求萬端，或供廚帳，或供廄庫，或遣使命，或待賓客，皆無自費，取給於民。又復多遣遊軍，稱為遏防，姦盜不止，暴掠繁多，或求供設，或責脚步。又行劫縱，更相枉逼，良人命盡，富室財殫。此為怨酷，非止一事。亦頻禁斷，猶自未已，外司明加聽采，隨事舉奏。又復公私傳、屯、邸、冶，爰至僧尼，當其地界，止應依限守視；乃至廣加封固，越界分斷，水陸采捕，及以樵蘇，遂致細民措手無所。凡自今有越界禁斷者，禁斷之身，皆以軍法從事。若是公家創內，止不得輒自立屯，與公競作，以收私利。至百姓樵采以供煙爨者，悉不得禁。及以采捕，亦勿訶問。若不遵承，皆以死罪結正。』魏遣使來聘。丙辰，於宮城西立士林館，延集學者。是歲，交州土民李賁攻刺史蕭諮，諮輸賂，得還越州。

八年春正月，安成郡民劉敬躬挾左道以反，內史蕭說委郡東奔，敬躬據郡，進攻廬陵，取豫章，妖黨遂至數萬，前逼新淦、柴桑。二月戊戌，江州刺史湘東王繹遣中兵曹子郢討之。三月戊辰，大破之，擒敬躬送京師，斬於建康市。是月，於江州新蔡、高塘立頌平屯，墾作蠻田。遣越州刺史陳侯、羅州刺史寧巨、安州刺史李智、愛州刺史阮漢，同征李賁於交州。

九年春閏月丙申，地震，生毛。二月甲戌，使江州民三十家出奴婢一户，配送司州。三月，以太子詹事謝舉為尚書僕射。夏四月，林邑王破德州，攻李賁，賁將範修又破林邑王於九德，林邑王敗走。冬十一月辛丑，安西將軍、益州刺史武陵王紀進號征西將軍、開府儀同三司。十二月壬戌，領軍將軍臧盾卒；以輕車將軍河東王譽為領軍將軍。

十年春正月，李賁於交址竊位號，署置百官。三月甲午，輿駕幸蘭陵，謁建寧陵。辛丑，至修陵。壬寅，詔曰：『朕自違桑梓，五十餘載，乃眷東顧，靡日不思。今四方款關，海外有截，獄訟稍簡，國務小閑，始獲展敬園陵，但增感慟。故鄉老少，接踵遠至，情貌孜孜，若歸於父，宜有以慰其此心。並可錫位一階，並加頒賚。所經縣邑，無出今年租賦。監所責民，蠲復二年。並普賚內外從官軍主左右錢米各有差。』因作《還舊鄉》詩。癸卯，詔園陵職司，恭事勤勞，並錫位一階，並加頒賚。丁未，仁威將軍、南徐州刺史臨川王正義進號安東將軍。己酉，幸京口城北固樓，改名北顧。庚戌，幸回賓亭，宴帝鄉故老，及所經近縣奉迎候者少長數千人，各賚錢二千。夏四月乙卯，輿駕至自蘭陵。詔鰥寡孤獨尤貧者贍恤各有差。五月丁酉，尚書令何敬容免。秋九月己丑，詔曰：『今茲遠近，雨澤調適，其獲已及，冀必萬箱，宜使百姓因斯安樂。凡天下罪無輕重，已發覺未發覺，討捕未擒者，皆赦宥之。侵割耗散官物，無問多少，亦悉原除。田者荒廢、水旱不作、無當時文列，應追稅者，並作田不登公格者，並停。各備臺州以文最逋殿，罪悉從原。其有因饑逐食，離鄉去土，悉聽復業，蠲課五年。』冬十二月，大雪，平地三尺。

十一年春三月庚辰，詔曰：『皇王在昔，澤風未遠，故端居玄扈，拱默巖廊。自大道既淪，澆波斯逝，動競日滋，情偽彌作。朕負扆君臨，百年將半。宵漏未分，躬勞政事；白日西浮，不遑飧飯。退居猶於布素，含咀匪過藜藿。寧以萬乘為貴，四海為富；唯欲億兆康寧，下民安乂。雖復三思行事，而百慮多失。凡遠近分置、內外條流、四方所立屯、傳、邸、冶，市埭、桁渡，津稅、田園，新舊守宰，遊軍戍邏，有不便於民者，尚書州郡各速條上，當隨言除省，以舒民患。夏四月，魏遣使來聘。冬十月己未，詔曰：『堯、舜以來，便開贖刑，中年依古，許罪身入貲，吏下因此，不無姦猾，所以一日復敕禁斷。川流難壅，人心惟危，既乖內典慈悲之義，又傷外教好生之德。《書》云：「與殺不辜，寧失不經。」可復開罪身，皆聽入贖。』

中大同元年春正月丁未，曲阿縣建陵隧口石騏驎動，有大蛇鬬隧中，其一被傷奔走。癸丑，交州刺史楊瞟克交趾嘉寧城，李賁竄入獠洞，交州平。三月乙巳，大赦天下：凡主守割盜、放散官物，及以軍糧器甲，凡是赦所不原者，起十一年正月以前，皆悉從恩，十一年正月已後，悉原加責；其或為事逃叛流移，因饑以後亡鄉失土，可聽復業，蠲課五年，停其徭役；其被拘之身，各還本郡，舊業若在，皆悉還之。庚戌，法駕出同泰寺大會，停寺省，講《金字三慧經》。夏四月丙戌，於同泰寺解講，設法會。大赦，改元。孝悌力田為父後者賜爵一級，賚宿衛文武各有差。

是夜，同泰寺災。六月辛巳，竟天有聲，如風雨相擊薄。秋七月辛酉，以武昌王嵒為東揚州刺史。甲子，詔曰：『禽獸知母而不知父，無賴子弟過於禽獸，至於父母並皆不知。多觸王憲，致及老人。耆年禁執，大可傷滑。自今有犯罪者，父母祖父母勿坐。唯大逆不預今恩。』丙寅，詔曰：『朝四而暮三，衆狙皆喜，名實未虧，而喜怒為用。頃聞外間多用九陌錢，陌減則物貴，陌足則物賤，非物有貴賤，是心有顛倒。至於遠方，日更滋甚。豈直國有異政，乃至家有殊俗，徒亂王制，無益民財。自今可通用足陌錢。令書行後，百日為期，若猶有犯，男子謫運，女子質作，並同三年。』八月丁丑，東揚州刺史武昌王嵒薨。以安東將軍、南徐州刺史臨川王正義即本號東揚州刺史，丹陽尹邵陵王綸為鎮東將軍、南徐州刺史。甲午，渴般國遣使獻方物。冬十月癸酉，汝陰王劉哲薨。乙亥，以前東揚州刺史岳陽王察為雍州刺史。

太清元年正月壬寅，驃騎大將軍、開府儀同三司、荊州刺史廬陵王續薨；以鎮南將軍、江州刺史湘東王繹為鎮西將軍、荊州刺史。辛酉，輿駕親祠南郊，詔曰：『天行彌綸，覆燾之功博；乾道變化，資始之德成。朕沐浴齋宮，虔恭上帝，祇事槱燎，高熛太一，大禮克遂，感慶兼懷，思與億兆，同其福惠。可大赦天下，尤窮者無出即年租調；清議禁錮，並皆宥釋；所討逋叛，巧籍隱年，暗丁匿口，開恩百日，各令自首，不問往罪；流移他鄉，聽復宅業，蠲課五年；孝悌力田，賜爵一級；居局治事，賞勞二年。可班下遠近，博采英異，或德茂州閭，道行鄉邑，或獨行特立，不求聞達，咸使言上，以時招聘。』甲子，輿駕親祠明堂。二月己卯，白虹貫日。庚辰，魏司徒侯景求以豫、廣、潁、洛、陽、西揚、東荊、北荊、襄、東豫、南兗、西兗、齊等十三州內屬。壬午，以景為大將軍，封河南王，大行臺，制承如鄧禹故事。丁亥，輿駕躬耕籍田。三月庚子，高祖幸同泰寺，設無遮大會，捨身，公卿等以錢一億萬奉贖。甲辰，遣司州刺史羊鴉仁、兗州刺史桓和、仁州刺史湛海珍等應接北豫州。夏四月丁亥，輿駕還宮，大赦天下，改元，孝悌力田為父後者賜爵一級，在朝羣臣宿衛文武並加頒賚。五月丁酉，輿駕幸德陽堂，宴羣臣，設絲竹樂。六月戊辰，以前雍州刺史鄱陽王範為征北將軍，總督漢北征討諸軍事。秋七月庚申，羊鴉仁入懸瓠城。甲子，詔曰：『二豫分置，其來久矣。今汝、潁克定，可依前代故事，以懸瓠為豫州，壽春為南豫，改合肥為合州，北廣陵為淮州，項城為殷州，合州為南合州。』八月乙丑，王師北伐，以南豫州刺史蕭淵明為大都督。詔曰：『今汝南新復，嵩、潁載清，瞻言遺黎，有勞鑑寐，宜覃寬惠，與之更始。應是緣邊初附諸州部內百姓，先有負罪流亡，逃叛入北，一皆曠蕩，不問往愆。並不得挾以私仇而相報復。若有犯者，嚴加裁問。』戊子，以大將軍侯景録行臺尚書事。九月癸卯，王遊苑成。庚戌，輿駕幸苑。冬十一月，魏遣大將軍慕容紹宗等至寒山。丙午，大戰，淵明敗績，及北兗州刺史胡貴孫等並陷魏。紹宗進圍潼州。十二月戊辰，遣太子舍人元貞還北為魏主。辛巳，以前征北將軍鄱陽王範為安北將軍、南豫州刺史。

二年春正月戊戌，詔在位各舉所知。己亥，魏陷渦陽。辛丑，以尚書僕射謝舉為尚書令，守吏部尚書王克為尚書僕射。甲辰，豫州刺史羊鴉仁，殷州刺史羊思達，並棄城走，魏進據之。乙卯，以大將軍侯景為南豫州牧，安北將軍、南豫州刺史鄱陽王範為合州刺史。三月甲辰，撫東將軍高麗王高延卒，以其息為寧東將軍、高麗王、樂浪公。己未，以鎮東將軍、南徐州刺史邵陵王綸為平南將軍、湘州刺史、同三司之儀，中衛將軍、開府儀同三司蕭淵藻為征東將軍、南徐州刺史。是日，屈獠洞斬李賁，傳首京師。夏四月丙子，詔在朝及州郡各舉清人任治民者，皆以禮送京師。戊寅，以護軍將軍河東王譽為湘州刺史。五月辛丑，以新除中書令邵陵王綸為安前將軍、開府儀同三司，前湘州刺史張纘為領軍將軍。辛亥，曲赦交、愛、德三州。癸丑，詔曰：『為國在於多士，寧下寄於得人。朕暗於行事，尤闕治道，孤立在上，如臨深谷。凡爾在朝，咸思匡救，獻替可否，用相啓沃。班下方岳，傍求俊乂，窮其屠釣，盡其巖穴，以時奏聞。』是月，兩月夜見。秋八月乙未，以右衛將軍朱異為中領軍。戊戌，侯景舉兵反，擅攻馬頭、木柵、荊山等戍。甲辰，以安前將軍、開府儀同三司邵陵王綸都督衆軍討景。曲赦南豫州。九月丙寅，加左光祿大夫元羅鎮右將軍。冬十月，侯景襲譙州，執刺史蕭泰。丁未，景進攻歷陽，太守莊鐵降之。戊申，以新除光祿大夫臨賀王正德為平北將軍，都督京師諸軍，屯丹陽郡。己酉，景自橫江濟於採石。辛亥，景師至京，臨賀王正德率衆附賊。十一月辛酉，賊攻陷東府城，害南浦侯蕭推、中軍司馬

楊曒。庚辰，邵陵王綸帥武州刺史蕭弄璋、前譙州刺史趙伯超等，入援京師，頓鍾山愛敬寺。乙酉，綸進軍湖頭，與賊戰，敗績。丙戌，安北將軍鄱陽王範遣世子嗣、雄信將軍裴之高等帥衆入援，次於張公洲。十二月戊申，天西北中裂，有光如火。尚書令謝舉卒。丙辰，司州刺史柳仲禮、前衡州刺史韋粲、高州刺史李遷仕、前司州刺史羊鴉仁等並帥軍入援，推仲禮為大都督。

三年春正月丁巳朔，柳仲禮帥衆分據南岸。是日，賊濟軍於青塘，襲破韋粲營，粲拒戰死。庚申，邵陵王綸、東揚州刺史臨成公大連等帥兵集南岸。乙丑，中領軍朱異卒。丙寅，以司農卿傅岐為中領軍。戊辰，高州刺史李遷仕、天門太守樊文皎進軍青溪東，為賊所破，文皎死之。壬午，熒惑守心。乙酉，太白晝見。二月丁未南兗州刺史南康王會理、前青、冀二州刺史湘潭侯蕭退帥江州之衆，頓於蘭亭苑。庚戌，安北將軍、合州刺史鄱陽王範以本號開府儀同三司。三月戊午，前司州刺史羊鴉仁等進軍東府北，與賊戰，大敗。己未，皇太子妃王氏薨。丁卯，賊攻陷宮城，縱兵大掠。己巳，賊矯詔遣石城公大款解外援軍。庚午，侯景自為都督中外諸軍事、大丞相、録尚書。辛未，援軍各退散。丙子，熒惑守心。壬午，新除中領軍傅岐卒。夏四月己丑，京師地震。丙申，地又震。己酉，高祖以所求不供，憂憤寢疾。是月，青、冀二州刺史明少遐、東徐州刺史湛海珍、北青州刺史王奉伯各舉州附於魏。五月丙辰，高祖崩於淨居殿，時年八十六。辛巳，遷大行皇帝梓宮於太極前殿。冬十一月，追尊為武皇帝，廟曰高祖。乙卯，葬於修陵。

高祖生知淳孝。年六歲，獻皇太后崩，水漿不入口三日，哭泣哀苦，有過成人，內外親黨，咸加敬異。及丁文皇帝憂，時為齊隨王諮議，隨府在荆鎮，仿佛奉聞，便投劾星馳，不復寢食，倍道就路，憤風驚浪，不暫停止。高祖形容本壯，及還至京都，銷毁骨立，親表士友，不復識焉。望宅奉諱，氣絶久之，每哭輒歐血數升。服內不復嘗米，惟資大麥，日止二溢。拜掃山陵，涕淚所灑，松草變色。及居帝位，即於鍾山造大愛敬寺，青溪邊造智度寺，又於臺內立至敬等殿。又立七廟堂，月中再過，設淨饌。每至展拜，恒涕泗滂沲，哀動左右。加以文思欽明，能事畢究，少而篤學，洞達儒玄。雖萬機多務，猶卷不輟手，燃燭側光，常至戊夜。造《制旨孝經義》，《周易講疏》，及六十四卦、二《繫》、《文言》、《序卦》等義，《樂社義》，《毛詩答問》，《春秋答問》，《尚書大義》，《中庸講疏》，《孔子正言》，《老子講疏》，凡二百餘卷，並正先儒之迷，開古聖之旨。王侯朝臣皆奉表質疑，高祖皆為解釋。修飾國學，增廣生員，立五館，置《五經》博士。天監初，則何佟之、賀蒨、嚴植之、明山賓等覆述制旨，並撰吉凶軍賓嘉五禮，凡一千餘卷，高祖稱制斷疑。於是穆穆恂恂，家知禮節。大同中，於臺西立士林館，領軍朱異、太府卿賀琛、舍人孔子袪等遞相講述。皇太子、宣城王亦於東宮宣猷堂及揚州廨開講，於是四方郡國，趨學向風，雲集於京師矣。兼篤信正法，尤長釋典，制《涅盤》、《大品》、《淨名》、《三慧》諸經義記，復數百卷。聽覽餘閑，即於重雲殿及同泰寺講說，名僧碩學，四部聽衆，常萬餘人。又造《通史》，躬制贊序，凡六百卷。天情睿敏，下筆成章，千賦百詩，直疏便就，皆文質彬彬，超邁今古。詔銘贊誄，箴頌箋奏，爰初在田，洎登寶歷，凡諸文集，又百二十卷。六藝備閑，棋登逸品，陰陽緯候，卜筮占決，並悉稱善。又撰《金策》三十卷。草隸尺牘，騎射弓馬，莫不奇妙。勤於政務，孜孜無怠。每至冬月，四更竟，即敕把燭看事，執筆觸寒，手為皴裂。糾姦擿伏，洞盡物情，常哀矜涕泣，然後可奏。日止一食，膳無鮮腴，惟豆羹糲食而已。庶事繁擁，日儻移中，便嗽口以過。身衣布衣，木綿皁帳，一冠三載，一被二年。常克儉於身，凡皆此類。五十外便斷房室。後宮職司，貴妃以下，六宮褘褕三翟之外，皆衣不曳地，傍無錦綺。不飲酒，不聽音聲，非宗廟祭祀、大會饗宴及諸法事，未嘗作樂。性方正，雖居小殿暗室，恒理衣冠，小坐押褉，盛夏暑月，未嘗褰袒。不正容止，不與人相見，雖覲內豎小臣，亦如遇大賓也。歷觀古昔帝王人君，恭儉莊敬，藝能博學，罕或有焉。

《魏書》卷九八《蕭衍傳》 島夷蕭衍，字叔達，亦晉陵武進楚也。父順之，蕭賾光祿大夫。衍少輕薄有口辯，歷王儉衛軍府户曹屬，累遷為蕭鸞黄門侍郎、太子中庶子。太和二十二年，高祖南伐，詔諸軍圍襄陽，衍時率衆來援，為武衛將軍宇文福所破，單騎走免。

蕭鸞末，出為輔國將軍、雍州刺史。鸞死，子寶卷立，殺衍兄懿，遣巴西、梓潼二郡太守劉山陽西上，聲云之郡，實令襲衍。山陽至荆州，為

蕭穎胄所殺。景明二年，衍乃與穎胄推寶卷弟荆州刺史寶融為主，號年中興，舉兵伐寶卷。其年十二月，克建業，殺寶卷及其妻子。衍為大司馬、録尚書事、揚州刺史，建安郡公，邑萬户。三年，又自為相國、揚州牧，封十郡為梁王。

衍尋僭立，自稱曰梁，號年天監。五月，揚州小峴戍主黨法宗襲衍大峴戍，破之，擒其龍驤將軍邾菩薩送京師。衍又遣將張囂寇揚州，州軍擊破之，斬二千餘級。四年三月，揚州刺史、任城王澄遣長風戍主奇道顯攻衍陰山戍，破之，斬其龍驤將軍、都亭侯梅興祖；仍攻白槁戍，又破之，斬其寧朔將軍吳道爽等，獲數千級。衍又遣其徐州長史潘伯憐屯軍淮陵，徐州刺史司馬明素又據九山，澄遣軍並擊破之，斬伯憐，擒明素。衍將吳子陽寇白沙，中山王英大破之，擒斬千數。衍梁州刺史平陽縣開國侯翟遠、徐州刺史、永昌縣開國侯陳虎牙來降。

正始元年正月，衍將趙祖悅屯據東關，江州刺史陳伯之擊破之。二月，衍將姜慶真襲陷壽春外郭，州軍擊走之。中山王英圍衍鍾離。衍遣冠軍張惠紹率衆軍送糧於鍾離，任城王澄遣統軍王足、劉思祖邀擊於邵陽，大破之，生擒惠紹，並其驍騎將軍祁縣陽開國男趙景悅等十將，斬獲數千級。惠紹，衍舅子也。衍乃移書求之，朝議欲示威懷，遂聽惠紹等還。三月，元英破衍將王僧炳於樊城。八月，英又攻衍義陽，克之，破衍將馬仙琕，擒其冠軍將軍蔡靈恩等十餘將。九月，衍霍州刺史田道龍、義州刺史張宗之遣使内附。

十二月，衍梁秦二州行事夏侯道遷據漢中内附，詔尚書邢巒率衆赴之。二年四月，巒頻破衍軍，遂入劍閣，執其輔國將軍範始男送京師。巒又遣統軍王足破衍諸將，斬其輔國將軍馮文豪等。六月，衍遣將王超宗寇邊，揚州刺史薛真度大破之，俘斬三千級。七月，王足又大破衍衆，斬其秦梁二州刺史魯方達、王明達等三十餘將，俘虜二千五百人。九月，衍湘州刺史楊公則率衆寇壽春，揚州刺史元嵩擊破之，斬獲數千級。

三年正月，衍徐州刺史昌義之寇梁城，江州刺史王茂先寇荆州，屯河南城。平南將軍陳伯之擊義之，平南將軍楊大眼擊茂先，並大破之，斬其輔國將軍王花，俘斬二千，茂先逃潰，追奔至於漢水，拔其五城。將軍宇文福略衍司州，俘獲千餘口而還。五月，衍將蕭昞寇淮陽，張惠紹寇宿豫，蕭密寇梁城，韋叡寇合肥。平南將軍奚康生破惠紹，斬其徐州刺史宋黑。七月，衍徐州刺史王伯敖入寇陰陵，中山王英大破之，斬將二十五人，首虜五千。衍又遣將桓和屯孤山，冠軍將軍常方慶屯固城，龍驤將軍矯道儀屯蒙山。八月，安東將軍邢巒擊桓和，破之。將軍元常攻克固城，統軍畢祖朽攻克蒙山，斬獲及赴沂水死者四千有餘。衍又遣張惠紹屯宿豫，蕭昞屯淮陽。九月，都督邢巒大破之，斬其大將藍懷恭等三十餘人，惠紹、蕭昞並棄戍南去，追斬數萬級。衍中軍大將軍、臨川王蕭密，右僕射柳惔，徐州刺史昌義之等屯據梁城，中山王英大破之，密等棄城沿淮東走，追奔至於馬頭，衍冠軍將軍、馬頭戍主朱思遠棄城走，擒衍將三十餘人，斬獲五萬有餘。十月，衍征虜將軍馬仙琕率衆三萬寇義陽，郢州刺史婁悅以州軍擊走之。

永平元年十月，懸瓠城民白早生據州反叛，衍遣將齊苟仁等四將以助之。詔尚書邢巒率騎討之，巒攻克懸瓠，斬早生，擒苟仁，俘衍衆三千餘人。初，早生之反也，世宗遣主書董紹銜詔宣慰，紹為早生所執，送之於衍。衍乃厚資遣紹，令奉書朝廷，請割宿豫内屬，以求和好。時朝議或有異同，世宗以衍辭雖款順，而不稱藩，詔有司不許。十二月，衍寧朔將軍張凝等率衆寇楚城，中山王英破擒之。衍將馬仙琕據金山，郢州刺史婁悅擊走之。

二年正月，中山王英攻克衍長薄戍，殺傷數萬；仍攻撥武陽關，擒衍雲騎將軍、松滋縣開國侯馬廣，冠軍將軍、遷陵縣開男子彭甕，驍騎將軍、當陽縣開國伯徐元秀等二十六將，俘獲七千餘人；又進攻黄峴西關，衍將軍馬仙琕棄西關，李元履棄黄峴遁走。

四年春三月，衍琅邪郡民王萬壽等斬衍輔國將軍、琅邪東莞二郡太守、帶 句山戍主劉晰並將士四十餘人，以城内屬。徐州刺史盧昶遣兼郯城戍副張天惠率衆赴之，而衍郁洲已遣二軍以拒天惠，天惠與萬壽等内外齊擊，俘斬數百。永仍遣琅邪戍主傅文驥入城據守，衍又遣將張稷、馬仙琕等攻圍文驥。詔昶率衆赴之，而文驥以糧盡降衍，昶遂失利而還。

延昌二年二月，郁洲徐玄明斬送衍鎮北將軍、青冀二州刺史張稷首，以州内附。三年六月，衍遣衆寇九山，荆州刺史桓叔興大破之，斬其虎旅將軍蔡令孫、冠軍將軍席世興、貞義將軍藍次孫。四年二月，衍寧州刺史

任太洪率衆寇關城，益州長史成興孫擊破之。熙平元年正月，衍遣其恒農太守王定世等寇邊，都督元志破之，斬定世，悉俘其衆。衍豫州刺史趙祖悦率衆數萬，偷據硤石，詔鎮南將軍崔亮、鎮軍將軍李平討克之，斬祖悦，傳首京師。衍衡州刺史張齊寇益州，刺史傅豎眼討之，斬其將任太洪，齊遁走。初，衍每欲稱兵境上，窺伺邊隙，常為諸將摧破，雖懷進趣之計，而勢力不從。遂於浮山堰淮，規為壽春之害。肅宗詔征南蕭寶夤率諸將討之，大破衍衆於淮北。秋九月，堰自潰決，漂其緣淮城戍居民村落十餘萬口，流入於海。

正光元年，衍改稱普通，至三年，其弟子西豐侯正德棄衍來奔，尋復亡歸，衍初忿之，改其姓為背氏，既而復焉，封為臨賀王。五年九月，衍將裴邃、虞鴻襲據壽春外郭，刺史長孫稚擊走之。

孝昌元年正月，徐州刺史元法僧據城南叛，衍遣豫章王綜鎮彭城，綜，蕭寶卷之遺腹子也。初，衍平建業，因納其母吴氏，吴氏先有孕，後生綜，衍謂為己子，甚寵愛之。綜既長，母密告綜，綜遂潛圖叛衍，既鎮彭城，及大軍往討，綜乃拔身來奔。餘將退走，國軍追躡，所獲萬計。衍初聞之，慟哭氣絶，甚為慚惋，猶云其子，言其病風所致，時人咸笑之。

三月，衍遣其北梁州長史錫休儒、司馬魚和、上庸太守姜平洛等入寇直城，梁州刺史傅豎眼遣息敬紹率衆大敗之，擒斬三千人，休儒等遁走。四月，衍益州刺史蕭淵猷將樊文熾等率衆圍小劍戍，益州刺史邴虬遣子子達，行臺魏子建遣別將淳于誕拒擊之。五月，誕等大破文熾，俘斬二萬，擒其次將蕭世隆等十二人，文熾走免。是歲，衍又改年為大通。

二年七月，衍將元樹、湛僧珍等寇壽春。又攻逼新野，詔都督魏承祖討破之。三年二月，衍將成景俊寇彭城，行臺崔孝芬率諸將擊走之。

建義元年，衍遣其將曹義宗寇荆州，大都督費穆大破之，生擒義宗，檻送京師。初，爾朱榮入洛，北海王顥奔於衍，衍以顥為魏主，資顥士馬，令其大將陳慶之部率送顥。永安二年夏，遂入洛陽，車駕還討，破走之，唯慶之一身走免，自餘部衆皆見俘執。閏月，巴州刺史嚴始欣據州入衍，衍遣將蕭玩、張鴻等率衆赴援，都督元景夏率益梁二州軍討之。三年正月，斬始欣，衍衆敗走，又斬蕭玩等首，俘獲萬餘人。

普泰元年春，南青州刺史茹懷朗遣部將何實率步騎三千擊衍守將於琅邪，擒其雲麾將軍、徐兖二州刺史沈預，斬其宣猛將軍、齊州刺史劉相如。

永熙元年夏，衍遣其鄴王元樹及譙州刺史朱文開入據譙城，東南道行臺樊子鵠率諸軍攻克之，擒元樹、文開等送於京師。

天平元年十月，衍雄信將軍紀耕率衆入寇專嵣，都督曹仲尼破走之，斬其軍主沈達、閔莊等。二年正月，衍將湛僧珍寇南兖州，州軍擊破之。行臺元晏又破湛僧珍等於項城，虜其闕二字

刺史楊瞟。二月，衍司州刺史陳慶之、郢州刺史田樸特等寇邊，豫州刺史堯雄擊走之。五月，衍仁州刺史黄道始寇北濟陰，徐州刺史任祥討破之。十月，衍將梁秉俊寇單父，祥又大敗之，俘斬萬餘人。十一月，衍雍州刺史蕭恭遣將柳仲禮寇荆州，刺史王元軌破之於牛飲，斬其將張殖、王世興。是年，衍又改號為中大通。三年五月，豫州刺史堯雄攻衍白苟堆鎮，克之，擒其北平太守苟元曠。十月，行臺侯景攻陷衍楚城，獲其楚州刺史桓和兄弟。四年九月，衍青冀二州刺史除子彦寇圉城，南青州刺史陸景元擊走之。

先是，益州刺史傅和以城降衍，衍資送和，令申意於齊獻武王，求通交好，王志綏邊遠，乃請許之。四年冬，衍遣其散騎常侍張皋、通直常侍劉孝儀、通直常侍崔曉朝貢。二年夏，又遣散騎常侍沈山卿、通直常侍劉研朝貢。興和二年春，又遣散騎常侍柳豹、通直常侍劉景彦朝貢。其年冬，又遣散騎常侍陸晏子、通直常侍沈景徽朝貢。是年，衍改號大同。三年夏，又遣散騎常侍明少遐、通直郎謝藻朝貢。四年春，又遣散騎常侍袁狎、通直常侍賀文發朝貢。其年冬，又遣散騎常侍劉孝勝、通直常侍謝景朝貢。武定元年夏，又遣散騎常侍沈衆、通直常侍殷德卿朝貢。其年冬，又遣散騎常侍蕭確、通直常侍陸緬朝貢。三年秋，又遣散騎常侍徐君房、通直常侍庾信朝貢。四年夏，又遣散騎常侍蕭瑳、通直常侍賀德瑒朝貢。五年春，又遣散騎常侍謝蘭、通直常侍鮑至朝貢。朝廷亦遣使報之。十餘年間，南境寧息。

六年，衍又改號為中大同，其年又改為太清。是歲，司徒侯景反，遣使通衍，請其拯援。衍惑景遊説，遂絶貢使。衍子綱及朝臣並切諫以為不可，衍不從。乃遣其兄子豫州刺史、貞陽侯淵明，北兖州刺史胡貴孫等寇

逼徐州，與侯景為聲援，仍堰泗水以灌彭城。齊文襄王遣行臺慕容紹宗、儀同三司高嶽、潘相樂等率衆討之。紹宗檄衍境內曰：

夫乾坤交泰，明聖興作，有冥運行之力，俱盡變化之途。抱識含靈，融然並至；呈形賦命，混而同往。所以玄功潛運，至德旁通，百姓日用而不知，萬國受賜而無迹。豈徒鑿其耳目，易其心慮，悟以風雲，一其文軌，使夫日月之照不私，雨露之施均洽，運諸仁壽之域，納於福祿之林。自晉政多僻，金行淪蕩，中原作戰鬬之場，生民為鳥獸之餌；則我皇魏握玄帝之圖，納水靈之祉，駕雲車而自北，策龍御以圖南，致符上帝，援溺下土，怪物殛死，淫水不作，運神器於顧眄，定寶命於踟躕，恢之以武功，振之以文德，宇內反可封之俗，員首識堯舜之心。沙海荒忽之外，瀚漠羈縻之表，方志所不傳，《荒經》所不綴，莫不繩谷釣山，依風托水，共仰中國之聖，同欣大道之行。唯夫三吳、百越獨阻聲教，匪民之咎，責有由焉。

自偽晉之後，劉蕭作慝，擅僭一隅，號令自己。惟我祖宗馭宇，愛民重戰，未極謀臣之畫，不窮節將之兵，聊遣行人，降以尺一，圓臺已築，黃屋輒去，賜其几杖，置之度外。蕭衍輕險有素，士操蔑聞，睥睨君親，自少而長好亂樂禍，惡直醜正，巧用其短，以少為多。詼惑愚淺，大言以驚俗；驅扇邪僻，口兵以作威。曲體脅肩，搖脣鼓舌，候當朝之顧指，邀在位之餘論。遂污辱冠帶，偷竊藩維。及寶卷昏狂，下不堪命，曾無北面有犯之節，遽滅人倫在三之禮，憑妖假怪，鬼語神言，稱兵指闕，傾朝鴆主，陵虐孤寡，聾愚士民。天不悔禍，姦醜得志，內恣雕靡，外逞殘賊。驅羸國之兵，迫糊口之衆，南出五嶺，北防九江，屯戍不解，役無寧歲。死亡矢刃之下，夭折霧露之中，哭泣者無已，傷痍者不絕。托身人上，忽下如草。遂使頑子弟，肆行淫虐；狡猾羣小，縱極貪惏。剥割蒼生，肌肉略盡；刳剔黔首，骨髓俱罄。猛虎未方其害，餓狼詎侔其禍。惵惵周餘，救死無地。至於矯情飾詐，事非一緒。毒螫滿懷，妄敦戒業；躁競盈胸，謬治清靜。至乃大興寺塔，廣繕臺堂，昭陽到景，垂珠銜璧，崢嶸刻削，千門萬户。鞭撻疲民，盡其筋骨，延壤運石，悲歌掩途，死而可祈，甘同仙化。智淺謀疏，曾不自揆。遏桐柏之流，翻為己害；子亡齊之胤，忽為戎首。書契迄茲，罕聞其事。至於廢捐冢嫡，崇樹愚子，朋黨路開，彼我側目。疾視扼腕，十室而九，翹足有待，良亦多人。

二紀於茲，王家多敗，故則車馳之警，終有驚墜之哀，神祇痛憤，宇縣崩震。於是故相國、齊獻武高王感天壤之慘黷，激雲雷以慨然，仗高義而率民，奮大節以成務。爰有匡國定霸之圖，非直討賊雪耻之舉。於是叡略紛紜，靈武冠世，蕩滌逋孽，尊主康邦。皇上秉歷受圖，天臨日鏡，道隨玄運，德與神行。既而元首懷舞戚之風，上宰薄兵車之會，前解繫南冠，喻以好睦，舟車遵溯，川陸光華，亭徼相望，欣然自泰，反肉還童，不待羊、陸。雖嘉謀長算，爰自我始，罷戰息民，兩獲其泰。王者之信，明始四時，豈或為人君父，二三其德，書而不法，可不惜哉！

侯景一介役夫，出自凡賤，身名淪没，無或可紀。直以趨馳便習，見愛爾朱，小人叨竊，遂忝名位。及中興之際，義旗四指，無惡不赦，實在羣胡。景荷人成拔，藉其股肱，主人有丹頸之期，所天蹈族滅之釁。雖不能蔽捍左右，以命酬恩，猶當慘顏後至，義形於色。而趣利改圖，速如覆手，投身麾下，甘為僕隸。獻武王棄其瑕穢，録其小誠，得膺五命之末，預在一隊之後。參迹驅馳，庶其來效，長鞭利鍛，術以制之。既關隴逋誅，每事經略，以河南空虛之地，非兵戰之沖，薄存犄角，聊示旗鼓，豈資實效，寄以遊聲。軍機催勒，蓋唯景任，總兵統旅，別有司存。而愚褊有積，憍愎遂甚，犯違軍紀，仍自猜貳，禍心潛構，翻為亂階。負恩棄德，罔恤天討，不義不昵，厚而必顛。委慈母如脫屣，棄少弟如遺土，羣子陸陸，妻侄成行，慕姜兒之爽言，蔑伯春之宛轉。跳梁猖蹶，夫欲誰欺！比之梟獍，異類同醜；欲擬蛇鼠，顧匪其倫。及遠托關右，委命寇逆，寶炬定君臣之分，黑獺結兄弟之親，授以名器之尊，救其重圍之死，憑人縶援，假人鼻息。俄而忘恩背惠，親尋干戈，釁暴惡盈，側首無托。以金陵逋逃之藪，江南流禦之地，甘辭卑體，進熟圖身。詭言浮說，抑可知矣，叛豎救命，豈將擇音。偽朝大夫幸災忘義，主耄於上，臣蔽於下。逐雀去草，曾不是圖；竊寶叛邑，椒蘭比好。人而無禮，其能國乎！

夫安危有大勢，成敗有恒兆，不假離朱之目，不藉子野之聽，聊陳刺心之說，且吐伐謀之言。今帝道休明，皇猷允塞，四民樂業，百靈效祉。雖上相云亡，而伊陟繼事，秉文經武，虎視龍驤。驅日下之俊雄，收一世之英銳，擊刺猶雷電，合戰如風雨，控弦躍馬，固敵是求。蠕蠕昔遭離

亂，輻分瓦裂，匹馬孤征，告困於我。國家深敦鄰附，滑其入懷，盡憂人之禮，極繼絶之義，保衛出於故地，資給唯其多少，存其已亡之業，成其莫大之基。深仁厚德，鏤其骨髓，引領思報，義如手足。吐欲渾深執忠孝，膠漆不渝，萬里仰德，奏款屬路，並申以婚好，行李如歸，蠕蠕境斜界黄河，望通豳夏，飛雪千里，層冰洞積。北風轉勁，實筋角之時，沍寒方猛，正氈裘之利。吐谷渾疾彼凶逆，强兵歲舉，傾河及鄯，塵通隴峽。驅龍池之種，藉常勝之氣，二方候隙，企其移踵。加以獨孤如願擁衆秦中，治兵劫脅。黑獺北備西擬，内營腹心，救首救尾，疲於奔命。豈暇稱兵東指，出師函谷。且秋風揚塵，國有恒防，關河形勝之際，山川襟帶之所，猛將精兵，基跱嶽立。又寶炬河陰之北，黑獺芒山之走，衆無一旅，僅以身歸。就其不顧根本，輕懷進趣，斯則一勞永逸，天贊我也。言之旦旦，日月經天，舉世所知，義非徒語。持此量之，理有可見，則侯景遊辭，莫非虚誕。

夫景繩樞席牖之子，阡陌鄙俚之夫，遭風塵之會，逢馳騖之日，遂位在三吏，邑啓千社，揣身量分，久當止足。而乃周章去就，離跂不已，夫豈徒爾，事可推揚。度其衆叛親離，守死不暇，用聞將棄懸瓠，遠赴彭城。老賊姦謀，復將作矣，固揚聲赴助，計在圖襲，吞淵明之衆，招厭虐之民，舉長淮以為斷，仍鴟張歲月，南面假名，死而後已。此蓋蚌鷸之禍，我承其弊。

且偽主昏悖，不惟善鄰，賊忍之心，老而彌篤。納逋叛之詭譎，蔑信義以倡狂，天喪其神，人重其怨，將踐瓜圃之蹤，且追兒侯之轍。今征發犬羊，侵鐵徐部，築壘擁川，覬覦小利，此而可忍，孰不可懷！兵凶戰危，出不得已，謬奉朝規，肅兹九伐。打鼎拔樹之衆，超乘投石之旅，練甲爭途，波聚霧合。虎班龍文之逸，蘭池蒲梢之駔，嘘天陸野，躡影追風，振旅南轅，長驅討蹙。非直三吳鼠面，一麾魚駭，乘此而往，青蓋將歸。且衍虐綱蚩，兵權在外，持險躁之風俗，兼輕薄之子孫。蕭綸凶狡之魁，豈無商臣之佷；蕭譽失志之憤，當召專諸之客。外崩中潰，今也其時。

幕府師行以禮，兵動以義，弔民伐罪，理有存焉。其有知機審變，翻然鵲起，立功立事，去危就安，賞典未忘，事必加等。若軍威所至，敢有拒違，尺兒已土，咸從梟戮。今三禮四義之將，豹虎熊羆之士，深銜逋偽信納叛亡，違卜愎諫，實興伐役。莫不含怒作色，如赴私仇；茹肝涉血，義不旋踵。攻戰之日，事若有神，莽積麻亂，菲旦伊夕。以彼曲師危卒，望我軍鋒，何異蛣蜣被甲，蝍蛆舉尾。正恐旗鼓一接，芝藿俱摧，先事喻懷，備知翰墨。王侯無種，禍福由人，斯蓋丈夫肉食之秋，壯士封侯之會。冬冰可折，時不再來，凡百君子，勉求多福。檄之所到，咸共申省，知我國行師之意。

冬十二月，紹宗、高岳等大破衍衆寒山，擒淵明、貴孫等，俘斬五萬，其凍溺燒之而死，不可勝數。衍既慚悔，六年，復遣使羊珍孫款關乞和，並修吊書於齊文襄王。文襄王欲以威德懷之，許其通而不復其書。衍於是遣其散騎常侍謝班、通直常侍徐陵詣闕朝貢。

班等未及還而侯景舉兵襲衍，密與衍弟子臨賀王正德交通，許推為主。景至横江，衍令正德率軍拒景，正德因而迎之。景濟江，立以為主，以趣建業。衍好人佞己，末年尤甚，或有云國家强盛者，即便忿怒，有云朝廷衰弱者，因致喜悦。是以其朝臣左右皆承其風旨，莫敢正言。初景之將渡江也，衍沿道軍戍，皆有啓列，而中領軍朱異恐忤衍意，且謂景不能渡，遂不為聞。景至巘湖，方大驚駭，乃令其太子綱守中書省，軍事悉以季之。又逼居民入城，百姓因相剥掠，不可禁止。衍令直從臨俞景茂赦二冶、尚方、錢署罪人及建康、廷尉諸囚，欲押令入城以充防捍。諸徒囚放火燒冶，一時散走。衍憂懣無計，唯令其王公已下分屯諸門；攝諸寺藏錢皆入聚德陽堂，以充軍實。

景既至，便圍其城，縱火燒爇，掘長圍，築土山以攻衍。衍亦於城内起山以應之。衍令文武運土，人責二十石，於是其王侯朝貴皆自負簣。蕭綱亦欲自負，僉議以為太示迫屈，乃止。衍每募人出戰，素無號令，初或暫勝，後必奔背。景宣言曰：『城中非無菜，但無醬耳』，以戲侮之。衍太官及軍人元柴，乃發取尚書省、武庫、左右藏以充用。衍州鎮外援雖有至者，而景圍柵深固，内外斷色。衍數募人出戰，常為景所執獲。有一小兒請以飛鴟傳致消息，綱乃作數千丈繩，綴紙鴟於繩端，縛書其背，又題鴟口：『若有得鴟送援軍者賞銀百兩。』綱出太極殿，因西北風而颺之，頻放數鴟，景令走馬射取之，竟不能達也。

衍城內大饑，人相食，米一斗八十萬，皆以人肉雜牛馬而賣之。軍人共於德陽堂前立市，屠一牛得絹三千匹，賣一狗得錢二十萬。皆熏鼠捕雀而食之，至是雀鼠皆盡，死者相枕。初有盜取其池魚者，衍猶大怒，敕付廷尉，既而宿昔都盡。其不識事宜如此。

景久攻未拔，而衍外援雖多，各各乖張，無有總制，更相妒忌，不肯奮擊。唯衍子邵陵王綸再於鍾山決戰，戰敗而走。景糧既少，遂譎衍求和。衍信之，乃割江西四州授景，封為壽陽王，遣其朝貢。與部下歃血盟訖，景詐引軍還石頭。衍乃敕援軍令下，諸軍初不受詔，後重敕乃從。衍又令援軍以船三百艘給景，景猶嫌其少，又敕付二百。衍永安侯蕭確、直閤將軍趙威方頗有勇略，為景所憚。景乃謂衍曰：『確與威方頻隔岸見罵，云：「天子自與汝和，我終不置汝！」我今便不敢去，若召此二人入城者，吾當解圍。』衍復遣使征確等，確等不從。衍又為手書與諸軍，云：『確若不入者，宜以軍法送之。』確等不得已，乃赴衍。景夏謂衍曰：『始有西信至，北軍已克壽春、鍾離，我今便無委足處，求權借廣陵、譙州，待征復兩城，還以此州相歸。』衍又許之。景外云欲和，伺其懈怠，衍君臣上下信景欺詐，所有戰具，悉皆收去。後知非實，更狼狽設備，有甚於初。城轉危急，衍等計窮，乃復遣使詣景。景又詭云：『今時既熱，便不能得去，正當乞留京師，為朝廷立效耳。』而悉力大攻，七年三月遂拔之。

景自至建業，縱軍士前後虜掠，倉庫所有皆掃地盡矣。景乃從數百騎見衍，歔欷流涕，因請香火為作義兒，還以衍為主。令正德通啓云：『前為景所擒，使攝四海，辭不獲免，權總萬機，今景既入輔，乞解僭濫，以王還邸。』自景圍建業，城中多有腫病，死者相繼，無復板木，乃刳柱為棺。自雲龍、神虎門外，橫屍重遝，血汁漂流，無復行路。及景入城，悉聚屍焚之，煙氣張天，臭聞數十里。初，城中男女十餘萬人，及陷，存者才二三千人，又皆帶疾病，蓋天亡之也。衍尋為景所餓殺。自衍為景攻圍歷百餘日，衍子荊州刺史、湘東王繹，益州刺史、武陵王紀各擁兵自守，坐看衍之懸危，竟不奔赴。始景渡江至陷城之後，江南之民及衍王侯妃主、世胄子弟為景軍人所掠，或自相賣鬻，漂流入國者蓋以數十萬口，加以饑饉死亡，所在塗地，江左遂為丘墟矣。

初，衍崇信佛道，於建業起同泰寺，又於故宅立光宅寺，於鍾山立大愛敬寺，兼營長千二寺，皆窮工極巧，殫竭財力，百姓苦之。曾設齋會，自以身施同泰寺為奴，其朝臣三表不許，於是內外百官共斂珍寶而贖之。衍每禮佛，舍其法服，著乾陀袈裟。令其王侯子弟皆受佛誡，有事佛精苦者，輒加以菩薩之號。其臣下奏表上書亦稱衍為皇帝菩薩。衍所部刺史郡守初至官者，皆責其上禮獻物，多者便云稱職，所貢微少，言為弱惰。故其牧守，在官皆競事聚斂，劫剝細民，以自封殖，多妓妾、粱肉、金綺。百姓怨苦，咸不聊生。又發召兵士，皆須鎖械，不爾便即逃散。其王侯貴人，奢淫無度，弟兄子侄，侍妾或及千數，至乃回相贈遺。其風俗頹喪，綱維不舉若此。衍自以持戒，乃至祭其祖禰，不設牢牲，時人皆竊云，雖僭司王者，然其宗廟實不血食矣。衍未敗前，宵其同泰寺，衍祖父墓前石麟一旦亡失，識者咸知其將滅也。景又立衍子綱，尋復殺之。衍之親屬並見屠害矣。

綜述

《魏書》卷九《肅宗紀》　蕭衍寧州刺史任太洪率衆寇關城，益州長史成興孫擊破之。癸未，太保、高陽王雍進位太傅、領太尉，司空、清河王懌為司徒，驃騎大將軍、廣平王懷為司空。己亥，尊胡充華為皇太妃。宕昌國遣使朝獻。三月甲辰朔，皇太后出俗為尼，徙御金墉。丙辰，詔進宮臣位一級。先是，蕭衍於浮山堰淮，規為揚徐之害，詔平南將軍楊大眼討之。乙丑，進文武羣官位一級。

永平四年秋七月庚辰，蕭衍定州刺史田超秀率衆三千請降。

蕭衍將趙祖悅襲據硤石。癸亥，詔定州刺史崔亮假鎮南將軍，率諸將討之；冀州刺史蕭寶夤為鎮東將軍，次淮堰。

永平四年冬十月甲午，蕭衍弘化太守杜桂舉郡內屬。

熙平元年春正月戊辰朔，大赦，改年。荊沔都督元志大破蕭衍軍，斬其恒農太守王世定等。

熙平元年，蕭衍衡州刺史張齊寇益州，復以傅豎眼為刺史以討之，頻破賊軍，斬其將任太洪首。

熙平元年秋九月丁丑，淮堰破，蕭衍緣淮城戍村落十餘萬口，皆漂入於海。

熙平二年十有一月甲子，蕭衍平西將軍、巴州刺史牟漢寵遣使請降。

熙平三年夏四月，蕭衍義州刺史文僧明率衆内屬。

熙平四年十有二月，蕭衍遣將寇邊，詔假征南將軍崔延伯討之。

熙平五年八月，蕭衍遣將裴邃、虞鴻襲據壽春外城，刺史長孫稚擊走之，邃退屯黎漿。詔河間王琛總衆援之。衍又遣將寇淮陽，詔秘書監、安樂王鑒率衆討之。

孝昌元年春正月庚申，徐州刺史元法僧據城反，害行臺高諒，自稱宋王，號年天啓，遣其子景仲歸於蕭衍。

孝昌元年二月，蕭衍遣其北梁州長史錫休儒、司馬魚和、上康太守姜平洛等入寇直城，梁州刺史傅豎眼遣息敬紹率衆拒擊，大破之，擒斬三千餘人；休儒等走還魏興。

孝昌元年夏四月，蕭衍益州刺史蕭淵猷遣將樊文熾、蕭世澄等率衆圍小劍戍。益州刺史邴虯遣子子達、行臺魏子建遣別將淳于誕拒擊之。五月戊辰，淳于誕等大破蕭衍軍，俘斬萬計，擒蕭世澄等十一將。文熾僅以身免，走成都。戊子，驃騎大將軍、儀同三司李崇薨。六月癸未，大赦，改年。詔文武之官，從軍二百日，文官優一級，武官優二級。蠕蠕主阿那瑰率衆大破拔陵，斬其將孔雀等。諸將逼彭城，蕭綜夜潛出降，蕭衍諸將奔退，衆軍追躡，免者十一二。

前給事黄門侍郎元略自蕭衍還朝，封義陽王。

甲子，蕭衍將元樹、湛僧珍等寇壽春。

齊州平原民劉樹、劉蒼生聚衆反，州軍破走之。劉樹奔蕭衍。衍將元樹逼壽春，揚州刺史李憲力屈，以城降之。

三年春正月辛卯，蕭衍將湛僧珍圍東豫州，詔散騎常侍元暐為都督以討之。

三年春二月，蕭衍將成景儁寇彭城，詔員外常侍，崔孝芬為行臺，率將擊走之。

三年秋七月，青州刺史、彭城王劭，南青州刺史胡平，遣將斬蕭衍將彭羣首，俘獲二千餘人。

又　卷一〇《孝莊帝紀》　武泰元年四月，汝南王悅、北海王顥、臨淮王彧前後奔蕭衍，郢州刺史元願達據城南叛。

先是，蕭衍遣其將曹義宗寇荆州。癸未，以中軍將軍、吏部尚書費穆為使持節、都督南征諸軍事，節度荆州刺史王羆以討之。

武泰元年八月，太山太守羊侃據郡引蕭衍將軍王辯攻兗州。

武泰元年十月，車騎大將軍、儀同三司李叔仁討邢杲於濰水，失利而還。大都督費穆大破蕭衍軍，擒其將曹義宗，檻送京師。蕭衍以北海王顥為魏王，號年孝基，入據南兗之銍城。

武泰二年十有一月癸亥，齊獻武王、行臺於暉，與徐兗行臺崔孝芬、大都督刁宣大破羊侃於瑕丘，侃奔蕭衍。

巴州刺史嚴始欣據州南叛，蕭衍遣其將蕭玩、張鴻、江茂達等率衆赴援。

武泰二年十有二月辛亥，蕭衍兗州刺史張景邕、荆州刺史李靈起、雄信將軍蕭進明來降。

三年春正月己丑，益州刺史長孫壽、梁州刺史元俊等，遣將與征巴州都督元景夏討嚴始欣，斬之。蕭衍都督蕭玩、何難尉、陳愁敗走，斬玩首，俘獲萬餘人。

武泰三年秋七月癸巳，蕭衍民革虯、卜湯世率堡聚内附。

又　卷一一《前廢帝廣陵王紀》　普泰元年春，冠軍將軍、南青州刺史茹懷朗使其部將何賓率步騎三千擊蕭衍守將於琅邪，擒其尚書左僕射、儀同三司、雲麾將軍、徐兗二州刺史劉相如。

太昌初年，南兗城民王乞德逼前刺史劉世明以州降蕭衍，衍使其將元樹入據譙城。

二年夏四月乙亥，以車騎大將軍、儀同三司、中軍大都督高盛兼尚書僕射、北道行臺，隨機處分。爾朱仲遠奔蕭衍。

中興二年秋七月，夏州徙民郭遷據宥州反，刺史元嶷棄城走。詔行臺侯景率齊州刺史尉景、濟州刺史祭俊等攻討之。城陷，遷奔蕭衍。東南道大行臺樊子鵠大破蕭衍軍於譙城，擒其鄴王元樹及譙州刺史朱文開。

中興二年夏四月，青州人耿翔襲據膠州，殺刺史裴粲，通於蕭衍。蕭衍勞州刺史曹鳳、東荆州刺史雷能勝等舉城内屬。

永熙二年春正月，蕭衍勞州刺史曹鳳、東荆州刺史雷能勝等舉城内屬。

東徐州城民王早、簡實等殺刺史崔庠，據州入蕭衍。

永熙三年春正月己未，蕭衍假節、豫州刺史、南昌王毛香舉城内附，授以持節、安南將軍、信州刺史、義昌王。

時帝為斛斯椿、元毗、王思政、魏光等諂佞間阻，貳於齊獻武王，托討蕭衍，盛暑征發河南諸州之兵，天下怪惡之。

永熙三年春二月己未，蕭衍假節、豫州刺史、南昌王毛香舉城内附，授以持節、安南將軍、信州刺史、義昌王。

時帝為斛斯椿、元毗、王思政、魏光等諂佞間阻，貳於齊獻武王，托討蕭衍，盛暑征發河南諸州之兵，天下怪惡之。

行臺侯景討荆州，賀拔勝戰敗，走奔蕭衍。

又　卷一二《孝靜帝紀》　永熙三年閏月，蕭衍以元慶和為鎮北將軍、魏王，入據平瀨鄉。

永熙二年春正月戊戌，蕭衍司州刺史陳慶之寇豫州，刺史堯雄擊走之。冬十有一月丁未，蕭衍將柳仲禮寇荆州，刺史王元軌破之。

永熙三年春二月丁未，蕭衍光州刺史郝樹以州内附。秋七月庚子，大赦天下。蕭衍夏州刺史田獨鞞、潁川防城都督劉鸞慶並以州内附。

侯景攻克蕭衍楚州，獲刺史桓和。

永熙四年六月壬午，閶闔門災。先是，蕭衍因益州刺史傅和請通好。秋七月甲辰，遣兼散騎常侍李諧、兼吏部郎中盧元明、兼通直散騎常侍李鄴使於蕭衍。十有二月甲寅，蕭衍遣使朝貢。

元象元年春二月丙辰，遣兼散騎常侍鄭伯猷使於蕭衍。冬十月，蕭衍遣使朝貢。十有一月庚寅，遣陸操使於蕭衍。

興和元年六月丁酉，蕭衍遣使朝貢。八月壬辰，兼散騎常侍王元景、兼通直散騎常侍魏收使於蕭衍。

興和二年春三月己卯，蕭衍遣使朝貢。五月壬子，遣兼散騎常侍李象使於蕭衍。冬十月丁未，蕭衍遣使朝貢。十有二月乙卯，遣兼散騎常侍崔長謙使於蕭衍。

興和三年六月乙丑，蕭衍遣使朝貢。八月甲子，遣兼散騎常侍李騫使於蕭衍。

興和四年春正月丙辰，蕭衍遣使朝貢。夏四月丙寅，遣兼散騎常侍李繪使於蕭衍。冬十月甲寅，蕭衍遣使朝貢。十有二月辛亥，遣兼散騎常侍陽斐使於蕭衍。

武定元年六月乙亥，蕭衍遣使朝貢。壬午，遣兼散騎常侍李渾使於蕭衍。

武定二年三月，蕭衍遣使朝貢。五月甲午，遣散騎常侍御季景使於蕭衍。冬十月辛丑，蕭衍遣使朝貢。三年春正月丙申，遣兼散騎常侍李獎使於蕭衍。秋七月庚子，蕭衍遣使朝貢。冬十月，遣中書舍人尉瑾使於蕭衍。

武定五年春正月乙丑，蕭衍遣使朝貢。二月，侯景復背竇炬，歸於蕭衍。衍署景河南大將軍，承制。夏四月甲午，遣兼散騎常侍李緯使於蕭衍。秋九月辛酉，蕭衍遣其兄子貞陽侯淵明帥衆寇徐州，堰泗水於寒山，灌彭城，以應侯景。

武定六年春正月己亥，大都督高岳等於渦陽大破侯景，俘斬五萬餘人，其餘溺死於渦水，水為之不流。景走淮南。己未，齊文襄王來朝，請以寒山獲士賜百官及督將等，各有差。二月己卯，蕭衍遣使款闕乞和，並修書吊齊文襄王。九月乙酉，蕭衍遣使朝貢。冬十月戊申，侯景濟江，推蕭衍弟子臨賀王正德為主，以攻建業。

武定七年春正月戊辰，蕭衍弟子北徐州刺史、封山侯蕭正表以鍾離内屬，封蘭陵郡開國公、吳郡王。三月丁卯，侯景克建業，還以蕭衍為主。衍弟子北兗州刺史、定襄侯蕭祗，相譚侯蕭退來降。衍江北郡國皆内屬。夏四月，侯景殺蕭衍，立子綱為主。

又　卷一八《臨淮王傳》　蕭衍遣將圍逼溫湯，進彧以本官為東道行臺。會爾朱榮入洛，殺害元氏。彧撫膺慟哭，遂奔蕭衍。衍遣其舍人陳建孫迎接，並觀彧為人。建孫還報，稱彧風神閑俊。衍亦先聞名，深相器待，見彧於樂遊園，因設宴樂。彧聞樂聲，歔欷，涕淚交下，悲感傍人，衍為之不樂。

又　卷二〇《安豐王傳》　及元法僧反，詔為東道行臺、徐州大都督，節度諸軍事，與都督臨淮王彧、尚書李憲等討法僧。蕭衍遣其豫章王

綜鎮徐州。延明先牧徐方，甚得民譽，招懷舊土，遠近歸之。綜既降，因以軍乘之，復東南之境，至宿豫而還。遷都督、徐州刺史。頻經師旅，人物凋弊，延明招攜新故，人悉安業，百姓咸附。

又　卷二一《高陽王傳》　泰兄端，字宣雅。美容貌，頗涉書史。起家散騎侍郎。累遷通直常侍、鴻臚、太常少卿、散騎常侍。出為安東將軍、青州刺史。是時蕭衍遣將寇逼徐揚，除端撫軍將軍、金紫光祿大夫、使持節、東南道大使，處分軍機。

又　卷二二《汝南王傳》　俄而聞榮肆毒於河陰，遂南奔蕭衍。衍立為魏主，號年更興。衍遣其將軍王辯送置於境上，以覬侵逼。

又　卷二四《張袞傳》　往日蕭衍通敬求和，以誠肅未純，抑而不許。先帝棄戎於前，陛下交夷於後，無乃上乖高祖之心，下違世宗之意。

又　卷二六《尉古真傳》　多侯弟子慶賓，善騎射，有將略。高祖時，釋褐員外散騎侍郎，稍遷左將軍、太中大夫。肅宗時，議欲送蠕蠕主阿那瓌還國，慶賓上表固爭，不從。後蠕蠕遂執行臺元孚，大掠北境。詔尚書令李崇討之，慶賓別將隸崇，出塞而返。元法僧之外叛，蕭衍遣其豫章王蕭綜鎮徐州，又詔慶賓為別將隸安豐王延明討之。尋除後將軍、肆州刺史。時爾朱榮兵威漸盛，曾經肆州，慶賓畏惡之，據城不出。榮恨慶賓，舉兵襲之。慶賓別駕姚和內應，榮遂害慶賓僚屬，拘慶賓還秀容，呼為假父。後以母憂還都，尋起為平東將軍、光祿大夫、都督，鎮汝陰。還朝，永安二年卒。贈車騎將軍、雍州刺史，又追加侍中、司空公。

又　卷三七《司馬楚之傳》　悅與鎮南將軍元英攻義陽，克之。詔改蕭衍司州為郢州，以悅為征虜將軍，郢州刺史。蕭衍遣其豫州刺史馬仙琕、左軍將軍、永陽戍主陳可等率衆一萬，於三關南六十里因山起城，名為竹敦，遣其輔國將軍，濟陰太守蘇沛精卒二千以戍之。

永平元年，城人白早生謀為叛逆，遂斬悅首，送蕭衍。

又　卷四一《源賀傳》　景明二年，除車騎大將軍、涼州大中正。懷奏曰：『南賊遊魂江揚，職為亂逆，肆厥淫昏，月滋日甚。貴臣重將，靡不孑遺，崇信姦回，昵比閹豎，內外離心，骨肉猜叛。蕭寶融僭號於荆郢，其雍州刺史蕭衍勒兵而東襲，上流之衆已逼其郊。廣陵、京口各持兵而懷兩望，鍾離、淮陰並鼎峙而觀得失。秣陵孤危，制不出門。君子小人，並羅災禍，延首北望，朝不及夕。斯實天啓之期，吞併之會。乘厥蕭牆之釁，藉其分崩之隙，東據歷陽，兼指瓜步，緣江鎮戍，達於荆郢。然後奮雷電之威，布山河之信，則江西之地，不刃自來，吳會之鄉，指期可舉。昔士治有言，皓若暴死，更立賢主，文武之官，各得其任，則勁敵也。若蕭衍克就，上下同心，非直後圖之難，實亦揚境危逼。何則？壽春之去建鄴，七百而已，山川水陸，彼所諳利。脫江湘無波，君臣效職，藉水憑舟，倏忽而至，壽春容不自保，江南將若之何？今寶卷邑居有土崩之形，邊城無繼援之光，清蕩江區，實在今日。臣受恩既重，不敢不言。』

蕭衍亡人許周自稱為衍給事黄門侍郎，朝士翕然，咸共信待。子恭奏曰：『徐州表投化人許團並其弟周等，究其牒狀，周列云已蕭衍黄門侍郎。又稱心存山水，不好榮宦，屢曾辭讓，貽彼赫怒，遂被出為齊康郡。因爾歸國，願畢志嵩嶺。比加採訪，略無證明；尋其表狀，又復莫落。案牒推理，實有所疑。何者？昔夷齊獨往，周王不屈其志；伯況辭祿，漢帝因成其美。斯實古先哲王，必有不臣之人者也。蕭衍雖復崎嶇江左，竊號一隅，至於處物，未甚悖禮。豈有士辭榮祿而苟不聽之哉？推察情理，此則孟浪。假蕭衍昏狂，不存雅道，逼士出郡，未為死急，何宜輕去生養之土，長辭父母之邦乎？

武泰初，郢州刺史元願達以城降蕭衍，詔徵都督尉慶賓還京師，回衆隸子恭以討之。衍將夏侯夔率衆數萬來寇，遠近不安。夔乘勢分兵，遂逼新蔡，自攻毛城。子恭隨方應援，賊並破走。蕭衍豫州刺史夏侯亶復遣四將，率衆三萬，入圍南頓，北攻陳項。子恭遣軍禦之，賊復奔退。加鎮南將軍，又兼尚書行臺。子恭勒衆渡淮，徙民於淮北，立郡縣，置戍而還。蕭衍直閤將軍、軍主胡智達等八將，與其監軍閻次洪入寇，屯於州城東北四十餘里。子恭擊破之，斬智達，生擒次洪。

元顥之入洛也，加子恭車騎將軍，子恭不敢拒之，而頻遣間使參莊帝動靜。未幾，顥敗，車駕還洛，進征南將軍、兼右僕射，假車騎將軍，後加散騎常侍。板橋蠻文石活、石忌粗受蕭衍印節，扇誘黨類，據險寇竊。子恭躬率將士，徑襲其柵，數日之中，殲殪略盡。諸蠻款服，咸求輸稅。徵拜右光祿大夫、給事黄門侍郎，仍本將軍。録其前後征討功，封臨潁縣

開國侯，食邑六百户，加散騎常侍，俄遷侍中。

又 卷四二《薛辯傳》 曇賢弟和，字導穆。解褐大將軍劉昶府行參軍。轉司空長流參軍，除太尉府主簿，還諫議大夫。永平四年正月，山賊劉龍駒擾亂夏州，詔和發汾、華、東秦、夏四州之衆討龍駒，平之。和因表立東夏州，世宗從之。又行正平、潁川二郡事，除通直散騎常侍。蕭衍遣將張齊寇晉壽，詔和兼尚書左丞，為西道行臺，節度都督傅豎眼諸軍，大破齊軍。

又 卷四四《薛野傳》 曇寶弟曇尚，有容貌，性寬和。初辟御史，加奉朝請。熙平二年，除徐州谷陽戍主，行南陽平郡事。母憂去職。正光中，詔以陽平鄰接蕭衍，綏捍須人，仰尚書舉才而遣。左僕射蕭寶夤舉曇尚應選，馳驛之郡。孝昌初，徐州刺史元法僧叛入蕭衍，曇尚斬其使人，送首於都督、安樂王鑒。鑒不能援，遂為蕭衍將王希聃所陷，拘曇尚送蕭衍。衍以禮遇之，曇尚乞歸，衍乃聽還。

又 《宇文福傳》 蕭衍遣將軍曹義宗逼荆州，詔穆為使持節、南征將軍、都督南征諸軍事、大都督以援之。

又 《韋閬傳》 長子纘，字遵彦。澄出征之後，蕭衍將姜慶真乘虚攻襲，遂據外郭，雖尋克復，纘坐免官。

蕭衍遣其郢州刺史田粗憘率衆來寇，朏於石羊崗破斬之，以功封杜縣開國子，邑二百户。

又 卷四五《裴駿傳》 蕭衍遣將李國興寇邊，時四方多事，朝廷未遑外略，緣境城戍，多為國興所陷。賊既乘勝，遂向州城。詢率厲固守，垂將百日，援軍既至，賊乃退走。

先是，有陰平氏酋楊孟孫，擁户數萬，自立為王，通引蕭衍，數為邊患。

又 《辛紹先傳》 白早生之反也，蕭衍遣衆來援，因此緣淮鎮戍，相繼降没，唯祥堅城獨守。蕭衍遣將胡武城、陶平虜於州南金山之上連營侵逼，衆情大懼。

又 卷四九《李靈傳》 次叔向，為徐州鎧曹參軍，帶郭浦戍主。值刺史元法僧叛，逼入蕭衍。

蕭衍遣使朝貢，侍中李神儁舉系為尚書南主客郎。系前後接對凡十八人，頗為稱職。齊文襄王攝選，以系為司徒諮議參軍，因謂之曰：『自郎署至此，所謂不次，以卿人才，故有此舉耳。』尋加征虜將軍。武定五年，兼散騎常侍，使蕭衍，與其二兄前後將命，時人稱之。

又 卷五二《趙逸傳》 遐，初為軍主，從高祖征南陽。景明初，為梁城戍主，被蕭衍將攻圍。以固守及戰功，封牟平縣開國子，食邑二百户。後以左軍將軍、假征虜將軍、督巴東諸軍事，鎮南鄭。時蕭衍冠軍將軍、軍主姜脩衆二萬屯羊口，輔國將軍姜白龍據南城，龍驤將軍泉建率土民北入桑坯，姜脩又分軍據興勢，龍驤將軍譚思文據夾石，司州刺史王僧炳頓南安，並扇動夷獠，規翻南鄭。遐率甲士九千，所在衝擊，數百里中，莫不摧靡，前後斬首五千餘級。

還，以輔國將軍出為滎陽太守。時蕭衍將馬仙琕率衆攻圍朐城，戍主傅文驥嬰城固守。

又 《陰仲達傳》 遵和兄子道方，性和雅，頗涉書傳，深為李神儁所知賞。神儁為前將軍、荆州刺史，請道方為其府長流參軍。神儁曾使道方詣蕭衍雍州刺史蕭綱論邊事，道方風神沉正，為綱所稱。正光末，蕭綱遣其軍主曹義宗等擾動邊蠻，神儁令道方馳傳向新野，處分軍事。於路為土因村蠻所掠，送於義宗，義宗又傳致襄陽，仍送於蕭衍，因之尚方。孝昌中，始得還國。既至，拜奉朝請，轉員外散騎侍郎。孝莊初，還尚書左民郎中，修《起居注》。永安二年，詔道方與儀曹郎中王元旭使於蕭衍。至南兖州，有詔追還。

又 卷五五《劉芳傳》 於時與蕭衍和通，驚前後受敕接對其使十六人。

任城王之圍鍾離也，蕭衍遣其冠軍將軍張惠紹及彭甕、張豹子等率衆一萬送糧鍾離。時思祖為平遠將軍，領兵數千邀衍餉軍於邵陽，遣其長史元少騎一千，於鍾離之北遏其前鋒，録事參軍繆琰掩其後，思祖身率精鋭横沖其陣，三軍合擊，大破之；擒惠紹及衍驍騎將軍、祁陽縣開國男趙景悦、悦弟寧遠將軍景脩、寧遠將軍梅世和、屯騎校尉任景攸、長水校尉邊欣、越騎校尉賈慶真、龍驤將軍徐敞等，俘斬數千人。尚書論功，擬封千户侯。思祖有二婢，美姿容，善歌舞，侍中元暉求之不得，事遂停寢。後除揚烈將軍、遼西太守。思祖於路叛奔蕭衍，衍以思祖為輔國將軍、北

徐州刺史，頻寇淮北。數年而死。

纘子晰，歷蕭衍琅邪、東莞二郡太守，戍朐山。

世雄弟世明，字伯楚，頗涉書傳。自奉朝請稍遷蘭陵太守、彭城內史。屬刺史元法僧以城外叛，遂送蕭衍。衍欲加封爵，世明固辭不受，頻請衍乞還，衍聽之。肅宗時，征為諫議大夫。孝莊末，除征虜將軍、南兗州刺史。時爾朱世龍等威權自己，四方怨叛，城民王乞得逼劫世明，據州歸蕭衍。衍封世明開國縣侯，食邑千户，征西大將軍、郢州刺史，又加儀同三司。世明復辭不受，固請北歸。衍不奪其意，乃躬餞之於樂遊苑。

又　卷五六《鄭義傳》　元象初，以本官兼散騎常侍使於蕭衍。前後使人，蕭衍令其侯王於馬射之日宴對申禮。

季亮弟季明，釋褐太學博士。正光中，譙郡太守，帶渦陽戍主。頻為蕭衍遣將攻圍，兵糧寡少，外援不接，季明孤城自守，卒得保全。

又　卷五七《高佑傳》　孝昌初，蕭衍遣將裴邃等寇淮南。詔行臺酈道元、都督河間王琛討之，停師城父，累月不進。敕孝芬持節齎齊庫刀，催令赴接，賊退而還。荆州刺史李神俊為蕭衍遣將攻圍，詔加孝芬通直散騎常侍，以將軍為荆州刺史，兼尚書、南道行臺，領軍司，率諸將以援神俊，因代焉。

孝昌三年，蕭衍將成景俊率衆逼彭城，除孝芬寧朔將軍、員外常侍、兼尚書右丞，為徐州行臺。

建義初，太山太守羊侃據郡反，遠引南賊，圍逼兗州。除孝芬散騎常侍、鎮東將軍、金紫光祿大夫，仍兼尚書、東道行臺。大都督刁宣馳往救援，與行臺於暉接，至便圍之。侃突圍奔蕭衍，餘悉平定。

又　卷五八《楊播傳》　後從駕討崔慧景、蕭衍於鄧城，破之，進號平東將軍。

蕭衍豫州刺史裴邃治合肥城，規相掩襲，密購壽春郭人李瓜花、袁建等令為內應。

及車駕南還，顯令蕭衍將陳慶之守北中城，自據南岸。

又　卷五九《劉昶傳》　蕭衍既克建業，殺其兄弟，將害寶夤，以兵守之，未至嚴急。其家閹人顏文智與左右麻拱、黃神密計，穿牆夜出寶夤。具小船於江岸，脫本衣服，著烏布襦，腰繫千許錢，潛赴江畔，躡屩徒步，脚無全皮。防守者至明追之，寶夤假為釣者，隨流上下十餘里，追者不疑，待散，乃度西岸。遂委命投華文榮。文榮與其從子天龍、惠連等三人，棄家將寶夤遁匿山澗，賃驢乘之，晝伏宵行。景明二年至壽春之東城戍。戍主杜元倫推檢知實蕭氏子也，以禮延待，馳告揚州刺史、任城王澄，澄以車馬侍衛迎之。時年十六，徒步憔悴，見者以為掠賣生口也。澄待以客禮。乃請喪居斬衰之服，澄遣人曉示情禮，以喪兄之制，給其齊衰，寶夤從命。澄率官僚赴吊，寶夤居處有禮，不飲酒食肉，輟笑簡言，一同極哀之節。壽春多其故義，皆受慰唁，唯不見夏侯一族，以夏侯同蕭衍故也。改日造澄，澄深器重之。

又　卷五九《蕭寶夤傳》　景明三年冬，蕭衍江州刺史陳伯之與其長史褚胄等自壽春歸降，請軍立效。

永平四年，盧昶克蕭衍朐山戍，以琅邪戍主傅文驥守之。衍遣師攻文驥，盧昶督衆軍救之，詔寶夤為使持節、假安南將軍、別將，長驅往赴，受盧昶節度。賜帛三百匹，世宗於東堂餞之。詔曰：『蕭衍送死，連兵再離寒暑。卿忠規內挺，孝誠外亮，必欲鞭屍吳墓，戮衍江陰，故授卿以總統之任，仗卿以克捷之規，宜其勉歟？』寶夤對曰：『仇耻未復，枕戈俟旦，雖無申包之志，敢忘伍胥之心？今仰仗神謀，俯厲將帥，誓必拉彼姦勍，以清王略。聖澤下臨，不勝悲荷。』因泣涕橫流，哽咽良久。於後，盧昶軍敗，唯寶夤全師而歸。

蕭衍遣其將康絢於浮山堰淮以灌揚徐。

寶夤之在淮堰，蕭衍手書與寶夤曰：『謝齊建安王寶夤。亡兄長沙宣武王，昔投漢中，值北寇華陽，地絕一隅，內無素畜，外絕繼援，守危疏勒，計逾田單，卒能全土破敵，以弱為強。使至之日，君臣動色，左右相賀，齊明帝每念此功，未嘗不輟箸咨嗟。及至張永、崔慧景事，大將覆軍於外，小將懷貳於內，事危累卵，勢過綴旒。亡兄忠勇奮發，旋師大峴，重圍累日，一鼓魚潰，克定慧景，功逾桓文。亡弟衛尉，兄弟戮力，盡心內外。大勳不報，翻罹荼酷，百口幽執，禍害相尋。朕於齊明帝，外有龕敵之力，內盡帷幄之誠，日自三省，曾無寸咎，遠身邊外，亦復不免。遂遣劉山陽輕舟西上，來見掩襲。時危事迫，勢不得已。所以誓衆樊鄧，會逾孟津，本欲翦除梅蟲兒、茹法珍等，以雪冤酷，拔濟親屬，反身素里。

屬張稷、王珍國已建大事，寶晊、子晉屢動危機，迫樂推之心，應上天之命，事不獲已，豈其始願。所以自有天下，絕棄房室，斷除滋味，正欲使四海見其本心耳。勿謂今日之位，是為可重，朕之視此，曾不如一芥。雖復崆峒之蹤難追，汾陽之志何遠？而今立此堰，卿當未達本意。朕於昆蟲，猶不欲殺，亦何急爭無用之地，戰蒼生之命也！正為李繼伯在壽陽，侵犯邊境，歲月滋甚。或攻小城小戍，或掠一村一里。若小相酬答，終無寧日，邊邑爭桑，吳楚連禍。所以每抑鎮戍，不與校計。繼伯既得如此，濫竊彌多。今修此堰，止欲以報繼伯侵盜之役，既非大舉，所以不復文移北土。卿幼有倜儻之心，早懷縱橫之氣。往日卿於石頭舉事，雖不克捷，亦丈夫也。今止河洛，真其時矣。雖然，為卿計者，莫若行率此衆，襲據彭城，別當遣軍以相影援。得捷之後，便遣卿兄子屏侍送卿國廟，並卿室家及諸侄從。若方欲還北，更設奇計，恐機事一差，難重復集，勿為韓信，受困野雞。』

寶夤兄寶卷子贊，字德文，本名綜，入國，寶夤改焉。初，蕭衍滅寶卷，寶卷宮人吳氏始孕，匿而不言。衍乃納之，生贊，以為己子，封豫章王。

有濟陰芮文寵、安定梁話，贊曲加禮接，乃割血自誓，布以腹心。寵、話等既感其情義，敬相然諾。值元法僧以彭城叛入蕭衍，衍命贊為南兖徐二州刺史、都督江北諸軍事，鎮彭城。

至元象初，吳人盜其喪還江東，蕭衍猶以為子，祔葬蕭氏墓焉。贊江南有子，在國無後。

又　卷六一《薛安都傳》　蕭衍豫州刺史王超宗率衆圍逼小峴，真度遣兼統軍李叔仁等率步騎擊之。超宗逆來拒戰，叔仁擊破之，俘斬三千。

蕭衍遣衆入寇徐兖，安東邢巒討之，詔懷吉以本任為巒軍司。永平初，分梁州晉壽為益州，除征虜將軍、益州刺史。以元愉未平，中山王英為征東將軍討之，詔懷吉為英軍司，未發而愉平。蕭衍遣將寇陷郢州之三關，詔英南討，懷吉仍為軍司。以義陽危急，令懷吉馳驛先赴。時豫州城民白早生殺刺史，以懸瓠入蕭衍，衍將齊苟仁率衆守城。

懷景弟懷俊，撫軍將軍、光祿大夫、汾陰男。出為征南將軍、益州刺史。天平初，代還至梁州，與刺史元羅俱為蕭衍將蘭欽所擒，送江南。衍見懷俊，謂之曰：『卿父先為魏荆州，我於時猶在襄陽，且州壤連接，極相知練。卿今至此，當能住乎？若欲還者，亦以禮相遣。』顧謂左右曰：『此家在北，富貴極不可言。』懷俊便乞歸，衍聽還國。

又　《張讜傳》　景明初，蕭衍遣軍主吳子陽率衆寇三關。益宗遣光城太守梅興之步騎四千，進至陰山關南八十餘里，據長風城，逆擊子陽，大破之，斬獲千餘級。蕭衍建寧太守黄天賜築城赤亭，復遣其將黄公賞屯於漴城，與長風相持。益宗命安蠻太守梅景秀為之掎角擊討，破天賜等，斬首數百，獲其二城。上表曰：『臣聞機之所在，聖賢弗之疑；兼弱攻昧，前王莫之舍。皆拯羣生於湯炭，盛武功於方來。然霜葉將淪，非勁飆無以速其籜；天之所棄，非假手無以殲其人。竊惟蕭衍亂常，君臣交爭，江外州鎮，中分為兩，東西抗峙，已淹歲時。民庶窮於轉輸，甲兵疲於戰鬬；事救於目前，力盡於麾下。無暇外維州鎮，綱紀庶方，藩城棋立，孤存而已。不乘機電掃，廓彼蠻疆，恐後之經略，未易於此。且壽春雖平，三面仍梗，鎮守之宜，實須豫設。義陽差近淮源，利涉津要，朝廷行師，必由此道。若江南一平，有事淮外，須乘夏水汎長，列舟長淮。師赴壽春，須從義陽之北，便是居我喉要，在慮彌深。義陽之滅，今即時矣。度彼衆不過須精卒一萬二千。然行師之法，貴張形勢。請使兩荆之衆西擬隨雍，揚州之卒頓於建安，得捍三關之援；然後二豫之軍直據南關，對抗延頭。遣一都督總諸軍節度，季冬進師，迄於春末，弗過十旬，克之必矣！』

又　卷六四《郭祚傳》　蕭衍遣將康絢遏淮，將灌揚徐。祚表曰：『蕭衍狂悖，擅斷川瀆，役苦民勞，危亡已兆。然古諺有之，「敵不可縱」。夫以一酌之水，或為不測之淵；如不時滅，恐同原草。宜命一重將，率統軍三十人，領羽林一萬五千人，並科京東七州虎旅九萬，長驅電邁，遄令撲討。擒斬之勳，一如常制，賊資雜物，悉入軍人。如此，則鯨鯢之首可不日而懸。誠知農桑之時，非發衆之日，苟事理宜然，亦不得不爾。昔韋顧跋扈，殷後起昆吾之師；玁狁孔熾，周王興六月之伐。臣職忝樞衡，獻納是主，心之所懷，寧敢自嘿。並宜敕揚州選一猛將，遣當州之兵令赴浮山，表裏夾攻。』朝議從之。

又　卷六五《邢巒傳》　蕭衍梁秦二州行事夏侯道遷以漢中內附，詔加巒使持節、都督征梁漢諸軍事、假鎮西將軍，進退征攝，得以便宜從事。巒至漢中，白馬以西猶未歸順，巒遣寧遠將軍楊舉、統軍楊衆愛、氾洪雅等領卒六千討之。軍鋒所臨，賊皆款附，唯補谷戍主何法靜據城拒守。舉等進師討之，法靜奔潰，乘勝追奔至關城之下，蕭衍龍驤將軍關城流雜疑。

李侍叔逆以城降。蕭衍輔國將軍任僧幼等三十餘將，率南安、廣長、東洛、大寒、武始、除口、平溪、桶谷諸郡之民七千餘户，相繼而至。蕭衍平西將軍李天賜、晉壽太守王景胤等擁衆七千，屯據石亭。統軍韓多寶等率衆擊之，破天賜前軍趙　者，擒斬一千三百。遣統軍李義珍討晉壽，景胤宵遁，遂平之。詔曰：『巒至彼，須有板官，以懷初附。高下品第，可依征義陽都督之格也。』拜巒使持節、安西將軍、梁秦二州刺史。

蕭衍巴西太守龐景民恃遠不降，巒遣巴州刺史嚴玄思往攻之，斬景民，巴西悉平。蕭衍遣其冠軍將軍孔陵等率衆二萬，屯據深坑，冠軍將軍曾方達固南安，冠軍將軍任僧褒、輔國將軍李畎戍石同。巒統軍王足所在擊破之，梟衍輔國將軍樂保明、寧朔將軍李伯度、龍驤將軍李思賢，賊遂保回車柵。足又進擊衍輔國將軍範峻，自餘斬獲殆將萬數。孔陵等收集遺衆，奔保梓潼，足又破之，斬衍輔國將軍符伯度，其殺傷投溺者萬有餘人。開地定民，東西七百，南北千里，獲郡十四、二部護軍及諸縣戍，遂逼涪城。巒表曰：

揚州、成都相去萬里，陸途既絕，唯資水路。蕭衍兄子淵藻，去年四月十三日發揚州，今歲四月四日至蜀。水軍西上，非周年不達，外無軍援，一可圖也。益州頃經劉季連反叛，鄧元起攻圍，資儲散盡，倉庫空竭，今猶未復。兼民人喪膽，無復固守之意，二可圖也。蕭淵藻是裙屐少年，未洽治務，及至益州，便戮鄧元超、曹亮宗，臨戎斬將，則是駕馭失方。範國惠津渠退敗，鎖執在獄。今之所任，並非宿將重名，皆是左右少年而已。既不厭民望，多行殘暴，民心離解，三可圖也。蜀之所恃唯劍閣，今既克南安，已奪其險，據彼界內，三分已一。從南安向涪，方軌任意，前軍累破，後衆喪魂，四可圖也。昔劉禪據一國之地，姜維為佐，鄧艾既出綿竹，彼即投降。及苻堅之世，楊安、朱彤三月取漢中，四月至涪城，兵未及州，仲孫逃命。桓温西征，不旬月而平。蜀地昔來恒多不守。況淵藻是蕭衍兄子，骨肉至親，若其逃亡，當無死理。脫軍克涪城，淵藻復何宜城中坐而受困？若其出鬭，庸蜀之卒唯便刀槊，弓箭至少，假有遙射，弗至傷人，五可圖也。』

巒既克巴西，遣軍主李仲遷守之。仲遷得蕭衍將張法養女，有美色，甚惑之。

時蕭衍遣兵侵軼徐兗，緣邊鎮戍，相繼陷没。朝廷憂之，乃以巒為使持節、都督東討諸軍事、安東將軍，尚書如故。世宗勞遣巒於東堂曰：『蕭衍寇邊，旬朔滋甚，諸軍舛互，規致連戍陷没，宋魯之民尤罹湯炭。誠知將軍旋京未久，膝下難違，然東南之寄，非將軍莫可。將軍其勉建殊績，以稱朕懷，自古忠臣亦非無孝也。』

先是，蕭衍輔國將軍蕭及先率衆二萬，寇陷固城；冠軍將軍魯顯文、驍騎將軍相文玉等率衆一萬，屯於孤山；衍將角念等率衆一萬，擾亂龜蒙，土民從逆，十室而五。巒遣統軍樊魯討文玉，別將元恒攻固城，統軍畢祖朽討角念。樊魯大破文玉等，追奔八十餘里，斬首四千餘級。

豫州城民白早生殺刺史司馬悅，以城南入，蕭衍遣其冠軍將軍齊苟仁率衆入據懸瓠。詔巒持節率羽林精騎以討之，封平舒縣開國伯，食邑五百户，賞宿豫之功也。

測弟亢，字子高，頗有文學。釋褐司空行參軍。遷廣平王開府從事中郎，兼通直散騎常侍，使於蕭衍，時年二十八。

又　《李平傳》　先是，蕭衍遣其左遊擊將軍趙祖悅偷據西硤石，衆至數萬，以逼壽春。鎮南崔亮攻之，未克，又與李崇乖貳。

平還京師，靈太后見於宣光殿，賜以金裝刀杖一口。時南徐州表云：蕭衍堰淮水為患。詔公卿議之，平以為不假兵力，終自毀壞。

蕭衍求通和好，朝廷盛選行人，以諧兼散騎常侍，為聘使主。諧至石頭，蕭衍遣其主客郎範胥當接。

蕭衍親問諧曰：『魏朝人士，德行四科之徒凡有幾人？』諧對曰：『本朝多士，義等如林，文武賢才，布在列位，四科之美，非無其人，庸短造次，無以備啓。』衍曰：『武王有亂臣十人。魏雖人物之盛，豈得頓如卿言？』諧曰：『愚謂周稱十人，本舉佐命，至於「濟濟多士」，實是

文王之詩。皇朝廊廟之才，足與周人有競。』衍曰：『若爾，文足標異，武有冠絕者，便可指陳。』諧曰：『大丞相渤海王秉文經武，左右皇極，畫一九州，懸衡四海。錄尚書、汝陽王元叔昭、尚書令元世俊，宗室之秀，綰政朝端。左僕射司馬子如、右僕射高隆之，並時譽民英，勠力匡輔。侍中高岳、侍中孫騰，勳賢忠亮，宣贊王猷。自餘才美，不可具悉。』衍曰：『故宜輔弼幼主，永固基業，深不可言。』江南稱其才辯。

又　卷六六《李崇傳》　東荊州蠻樊安，聚衆於龍山，僭稱大號，蕭衍共為脣齒，遣兵應之。

時州人裴絢等受蕭衍假豫州刺史，因乘大水，謀欲為亂，崇皆擊滅之。

崇沉深有將略，寬厚善御衆。在州凡經十年，常養壯士數千人，寇賊侵邊，所向摧破，號曰『臥虎』，賊甚憚之。蕭衍惡其久在淮南，屢設反間，無所不至，世宗雅相委重，衍無以措其姦謀。衍乃授崇車騎大將軍、開府儀同三司、萬户郡公，諸子皆為縣侯，欲以構崇。崇表言其狀，世宗屢賜璽書慰勉之。賞賜珍異，歲至五三，親待無與為比。衍每歎息，服世宗之能任崇也。

肅宗踐祚，褒賜衣馬。及蕭衍遣其遊擊將軍趙祖悅襲據西硤石，更築外城，逼徙緣淮之人於城內。又遣二將昌義之、王神念率水軍泝淮而上，規取壽春。田道龍寇邊城，路長平寇五門，胡興茂寇開霍。揚州諸戍，皆被寇逼。崇分遣諸將，與之相持。密裝船艦二百餘艘，教之水戰，以待臺軍。蕭衍霍州司馬田休等率衆寇建安，崇遣統軍李神擊走之。又命邊城戍主邵申賢要其走路，破之於濡水，俘斬三千餘人。

又　卷七〇《傅豎眼傳》　世宗時為建武將軍，討揚州賊。破之，仍鎮於合肥，蕭衍民歸之者數千户。

蕭衍聞大軍西伐，遣其寧州刺史任太洪從陰平偷路入益州北境，欲擾動氐蜀，以絕運路。

蕭衍遣將趙祖悅入屯硤石，以逼壽春。鎮南將軍崔亮討之，以豎眼為持節、鎮南軍司。法僧既至，大失民和。蕭衍遣其信武將軍、衡州刺史張齊，因民心之怨，入寇晉壽，頻陷葭萌、小劍諸戍，進圍州城。

先是，蕭衍信義將軍、都統白水諸軍事楊興起，征虜將軍李光宗襲據白水舊城。豎眼遣虎威將軍强虬與陰平王楊太赤率衆千餘，夜渡白水，旦而交戰，大敗賊軍，斬興起首，克復舊城。又遣統軍傅曇表等大破衍寧朔將軍王光昭於陰平。

蕭衍遣其北梁州長史錫休儒、司馬魚和、上庸太守姜平洛等十軍，率衆三萬，入寇直城。豎眼遣敬紹總衆赴之，倍道而進，至直城，而賊襲據直口。敬紹以賊斷歸路，督兼統軍高徹、吳和等與賊決戰，大破之，擒斬三千餘人，休儒等走還魏興。

又　卷七一《裴叔業傳》　叔業雖云得停，而憂懼不已，遣親人馬文範以自安之計訪之於竇卷雍州刺史蕭衍曰：『天下之事，大勢可知，恐無復自立理。雍州若能堅據襄陽，輒當勠力自保；若不爾，回面向北，不失作河南公。』衍遣文範報曰：『羣小用事，豈能及遠？多遣人相代，力所不辦；少遣人，又於事不足。意計回惑，自無所成。唯應送家還都以安慰之，自然無患。若意外相逼，當勒馬步二萬直至橫江，以斷其後，則天下之事一舉可定也。若欲北向，彼必遣人相代，以河北一地相處，河南公寧復可得？如此，則南歸之望絕矣。』

彥先弟絢，揚州治中。時揚州霖雨，水入州城，刺史李崇居於城上，繫船憑焉。絢率城南民數千家泛舟南走，避水高原。謂崇還北，遂與別駕鄭祖起等送子十四人於蕭衍，自號豫州刺史。衍將馬仙琕遣軍赴之。

出帝處，時青州叛賊耿翔受蕭衍假署，寇亂三齊。粲唯高談虛論，不事防禦之術。翔乘其無備，掩襲州城。左右白言賊至，粲云：『豈有此理！』左右又言已入州門，粲乃徐云：『耿王可引上廳事，自餘部衆且付城外。』其不達時變如此。尋為翔所害，送首蕭衍，時年六十五。

蕭衍遣將圍義陽，士民應之。三關既陷，州城時甚縣急。以承祖持節，行撫軍將軍，率師討之。大破賊衆，解義陽之圍，還復三關，遂為名將。終於幷州刺史。

孝昌初，蕭衍遣將曹敬宗寇荊州，山蠻應之，大路斷絕。都督崔暹率數萬之衆，盤桓魯陽，不能前討。荊州危急，朝廷憂之。詔衍為別將、假前將軍，與恒農太守王羆率軍一萬出武關以救荊州。賊逆戰於淅陽，衍大破之，賊遂退走，荊州圍解。除使持節、散騎常侍、平東將軍、假安東將軍、北道都督，鎮鄴西之武城，封安陽縣開國子，食邑三百户。

又《席法友傳》 蕭衍遣將楊公則寇揚州，假法友征虜將軍以討之。法友未至而公則敗走。

又《淳于誕傳》 蕭衍遣將張齊攻圍益州，詔誕為統軍，與刺史傅豎眼赴援。事寧還朝。

　　蹟益州刺史劉悛召為主簿。蕭衍除步兵校尉。

又《李苗傳》 李苗，字子宣，梓潼涪人。父膺，蕭衍尚書郎、太僕卿。苗出後叔父略。略為蕭衍寧州刺史，大著威名。王足伐蜀也，衍命略拒足於涪，許其益州。及足還退，衍遂改授。略怒，將有異圖，衍使人害之。

又 卷七三《奚康生傳》 出為南青州刺史。後蕭衍郁州遣軍主徐濟寇邊，康生率將出討，破之，生擒濟。賞帛千匹。時蕭衍聞康生能引強弓，力至十餘石，故特作大弓兩張，送與康生。康生得弓，便會集文武，乃用平射，猶有餘力。其弓長八尺，把中圍尺二寸，箭粗殆如今之長笛，觀者以為希世絕倫。弓即表送，置之武庫。【略】

　　蕭衍遣將宋黑率衆寇擾彭城，時康生遭母憂，詔起為別將、持節、假平南將軍，領南青州諸軍擊走之。後衍復遣都督、臨川王蕭宏，副將張惠紹勒甲十萬規寇徐州，又假宋黑徐州刺史，領衆二萬，水陸俱進，徑圍高冢戍。

　　出為平西將軍、華州刺史，頗有聲績。轉涇州刺史，仍本將軍。以輒用官炭瓦為御史所劾，削除官爵。尋旨復之。蕭衍直閤將軍徐玄明戍於郁州，殺其刺史張稷，以城內附。詔遣康生迎接，賜細御銀纏槊一張並棗柰果。

又《楊大眼傳》 蕭衍遣其前江州刺史王茂先率衆數萬次於樊雍，招誘蠻夏，規立宛州，又令其所署宛州刺史雷豹狼、軍主曹仲宗等領衆二萬偷據河南城。世宗以大眼為武衛將軍、假平南將軍、持節，都督統軍曹敬、邴虯、樊魯等諸軍討茂先等，大破之，斬衍輔國將軍王花、龍驤將軍申天化，俘馘七千有餘，衍又遣其舅張惠紹總率衆軍，竊據宿豫。又假大眼平東將軍為別將，與都督邢巒討破之。遂乘勝長驅，與中山王英同圍鍾離，大眼軍城東，守淮橋東西二道。

　　永平中，世宗追其前勳，起為試守中山內史。時高肇征蜀，世宗慮蕭衍侵軼徐揚，乃征大眼為太尉長史、持節、假平南將軍、東征別將，隸都督元遙，遏禦淮肥。大眼至京師，時人思其雄勇，喜其更用，臺省閭巷，觀者如市。大眼次譙南，世宗崩。時蕭衍遣將康絢於浮山遏淮，規浸壽春，詔加大眼光祿大夫，率諸軍鎮荊山，復其封邑。

　　荊人畏甑生等驍勇，不敢苦追。奔於襄陽，遂歸蕭衍。

又《崔延伯傳》 永平中，轉後將軍、幽州刺史。蕭衍遣其左遊擊將軍趙祖悅率衆偷據峽石，詔延伯為別將，與都督崔亮討之。

又 卷七七《宋翻傳》 時蕭衍遣將先據荊山，規將寇竊。屬壽春淪陷，賊遂乘勢徑趨項城。翻遣將成僧達潛軍討襲，頻戰破之，自是州境帖然。

又《辛雄傳》 孝昌元年，徐州刺史元法僧以城南叛，蕭衍遣蕭綜來據彭城。時遣大都督、安豐王延明督臨淮王彧討之，盤桓不進。

　　蕭衍遣將曹義宗攻新野，詔纂持節、兼尚書左丞、南道行臺，率衆赴接，至便破之。

又 卷七八《張普惠傳》 時蕭衍義州刺史文僧明舉城歸順，揚州刺史長孫稚遣別駕封壽入城固守，衍將裴邃、湛僧率衆攻逼，詔普惠為持節、東道行臺，攝軍司赴援之。軍始渡淮，而封壽已棄城單馬而退。軍罷還朝。蕭衍弟子西豐侯正德詐稱降款，朝廷頗事當迎，普惠上疏，請赴揚州，移還蕭氏，不從。俄而，正德果逃還。

　　出除左將軍、東豫州刺史。淮南九戍十三郡猶因蕭衍前弊，別郡異縣之民錯雜居止，普惠乃依次括比，省減郡縣，上表陳狀。詔許之。宰守因此綰攝有方，姦盜不起，民以為便。蕭衍遣將胡廣來寇安陽，軍主陳明祖等脅白沙、鹿城二戍，衍又遣定州刺史田超秀、田僧達等竊陷石頭戍，徑據安陂城；郢州新塘之賊，近在州西數十里。普惠前後命將拒戰，並破之。

又 卷七九《董紹傳》 蕭衍領軍將軍呂僧珍暫與紹言，便相器重。衍聞之，遣使勞紹云：『忠臣孝子，不可無之。今當聽卿還國。』紹對曰：『老母在洛，無復方寸，既奉恩貸，實若更生。』衍又遣主書霍靈超謂紹曰：『今放卿還，令卿通兩家之好，彼此息民，豈不善也？』對曰：『通好息民，乃兩國之事，既蒙命及，輒當聞奏本朝。』衍賜紹衣

物，引入見之，令其舍人周舍慰勞，並稱：『戰爭多年，民物塗炭，是以不恥先言，與魏朝通好。比亦有書，都無報旨。卿宜備申此意，故遣傳詔周靈秀送卿至國，遲有嘉問。』又令謂紹曰：『卿知所以得不死不？今者獲卿，乃天意也。夫千人之聚，不散則亂，故須立君以治天下，不以天下養一人。凡在民上，胡不思此？若欲通好，今以宿豫還彼，彼當以漢中見歸。』先是，詔有司以所獲衍將齊苟兒等十人欲以換紹，事在《司馬悅傳》。

蕭衍將軍曹義宗、王玄真等寇荆州，據順陽馬圈，裴衍、王羆討之。既復順陽，進圍馬圈。城堅，裴、王糧少，紹上書言其必敗。未幾，裴衍等果失利，順陽復為義宗所據。紹有氣病，啓求解州，詔不許。

又《鹿悆傳》　先是，蕭衍遣將彭羣、王辯率衆七萬圍逼琅邪。

又　卷八〇《斛斯椿傳》　及爾朱榮死，椿甚憂懼。時蕭衍以汝南王悅為魏主，資其士馬，次於境上。

又《賈顯度傳》　爾朱榮之死也，顯度情不自安，南奔蕭衍，衍厚待之。

蕭衍將夏侯夔攻郢州，以智為龍驤將軍、別將討之。至則夔退，智仍入城。及刺史元顯達以城降於蕭衍，智勒城人不欲叛者與顯達交戰，相率歸闕。

時趙修延起逆荆州，蕭衍遣兵接援，世隆欲令智以功自效，遣智討之。

又《樊子鵠傳》　太昌初，兼尚書左僕射、東南道大行臺，總大都督杜德等追討爾朱仲遠。仲遠已奔蕭衍，收其兵馬甲仗。時蕭衍遣元樹入寇，陷據譙城。詔子鵠與德討之。樹屯兵梁國，欲來逆戰，見子鵠軍盛，夜退還譙。子鵠引兵追躡，樹又背城為陳。子鵠勒兵直趣城下，縱騎衝突，樹衆大敗，奔入城門，城門隘塞，多自殺害。於是斬千餘級，獲馬數百匹，大收鎧仗，遂圍城。加儀同三司。樹勒兵出戰，輒被摧衄，遂不敢出，自守而已。子鵠恐蕭衍遣救，乃分兵擊衍苞州、然州、宕州、大澗、蒙縣等五城，並望風逃散。樹既無外援，計無所出，子鵠又令人說之，樹遂請率衆歸南，以地還國。子鵠等許之，共結盟約。及樹衆半出，子鵠中擊，破之，擒樹及衍譙州刺史朱文開，俘馘甚多。班師，出帝賚馬匹。遷吏部尚書，轉尚書右僕射，尋加驃騎大將軍、開府，典選。

初，青州人耿翔聚衆反，亡奔蕭衍，衍資其兵，偷據膠州。

又　卷八一《常景傳》　徐州刺史元法僧叛入蕭衍，衍遣其豫章王蕭綜入據彭城。

又　卷八四《李同軌傳》　天平中，轉中書侍郎。興和中，兼通直散騎常侍，使蕭衍。衍深耽釋學，遂集名僧於其愛敬、同泰二寺，講《涅盤大品經》，引同軌預席。衍兼遣其朝臣並共觀聽。同軌論難久之，道俗咸以為善。

又《李業興傳》　建義四年，與兼散騎常侍李諧、兼吏部郎盧元明使蕭衍，蕭衍親問業興曰：『聞卿善於經義，儒、玄之中何所通達？』業興曰：『少為書生，止讀五典，至於深義，不辨通釋。』衍問《詩周南》，王者之風，繫之周公，《邵南》，仁賢之風，繫之邵公。何名為繫？』業興對曰：『鄭注《儀禮》云：「昔大王、王季居於岐陽，躬行《邵南》之教，以興王業。及文王行今《周南》之教以受命。作邑於酆，分其故地，屬之二公。名為繫。」』衍又問：『若是故地，應自統攝，何由分封二公？』業興曰：『文王為諸侯之時所化之本國，今既登九五之尊，不可復守諸侯之地，故分封二公。』衍又問：『《乾卦》初稱「潛龍」，二稱「見龍」，至五「飛龍」。初可名為虎。』問意小乖。業興對：『學識膚淺，不足仰酬。』衍又問：『《尚書》「正月上日受終文祖」，此是何正？』業興對：『此是夏正月。』衍言何以得知，業興曰：『案《尚書中候·運行篇》云「日月營始」，故知夏正。』衍又問：『堯時以何月為正？』業興對：『自堯以上，書典不載，實所不知。』衍又云：『「寅賓出日」，即是正月。「日中星鳥，以殷仲春」，即是二月。此出《堯典》，何得云堯時不知用何正也？』業興對：『雖三正不同，言時節者皆據夏時正月。《周禮》，仲春二月會男女之無夫家者。雖自《周書》，月亦夏時，堯之日月，亦當如此。但所見不深，無以辨析明問。』衍又曰：『《禮》，原壤之母死，孔子助其沐槨。原壤叩木而歌曰：「久矣不託音。狸首之班然，執女手之卷然。」孔子聖人，而與原壤為友？』業興對：『孔子即自解，言親者不失其為親，故者不失其為故。』又問：『原壤何處人？』業興對曰：『鄭注云：原壤，孔子幼少之舊。故是魯人。』衍又問：『孔子聖人，所

存必可法。原壤不孝，有逆人倫，何以存故舊之小節，廢不孝之大罪？」業興對曰：『原壤所行，事自彰著。幼少之交，非是今始，既無大故，何容棄之？孔子深敦故舊之義，於理無失。』衍又問：『孔子聖人，何以書原壤之事，垂法萬代？』業興對曰：『此是後人所録，非孔子自製。猶合葬於防，如此之類，《禮記》之中動有百數。』衍又問：『《易》曰太極，是有無？』業興對：『所傳太極是有，素不玄學，何敢輒酬。』

又　卷八五《邢昕傳》　尋還鄉里。既而復征，時蕭衍使兼散騎常侍劉孝儀等來朝貢，詔昕兼正員郎迎於境上。司徒孫騰引為中郎。尋除通直常侍，加中軍將軍。既有才藻，兼長几案。自孝昌之後，天下多務，世人競以吏工取達，文學大衰。司州中從事宋遊道以公斷見知，時與昕嘲謔。昕謂之曰：『世事同知文學外。』遊道有慚色。興和中，以本官副李象使於蕭衍。

又　《温子升傳》　蕭衍使張皋寫子升文筆，傳於江外。衍稱之曰：『曹植、陸機復生於北土。恨我辭人，數窮百六。』陽夏太守傅標使吐谷渾，見其國主床頭有書數卷，乃是子升文也。濟陰王暉業嘗云：『江左文人，宋有顔延之、謝靈運，梁有沈約、任昉，我子升足以陵顔轢謝，含任吐沈。』楊遵彦作《文德論》，以為古今辭人皆負才遺行，澆薄險忌，唯邢子才、王元景、温子升彬彬有德素。

齊文襄王引子升為大將軍府諮議參軍。子升前為中書郎，常詣蕭衍客館受國書，自以不修容止。

又　卷八七《晁清傳》　晁清，遼東人也。祖暉，濟州刺史、潁川公。清襲祖爵，例降為伯。為梁城戍將。蕭衍攻圍，糧盡城陷，清抗節不屈，為賊所殺。

又　《王榮世傳》　王榮世，陽平館陶人也。為三城戍主、方城縣子。蕭衍攻圍，力窮知不可全，乃先焚府庫，後殺妻妾。及賊陷城，與戍副鄧元興等俱以不屈被害。

又　卷九二《苟金龍妻劉氏傳》　苟金龍妻劉氏，平原人也。廷尉少卿劉叔宗之姊。世宗時，金龍為梓潼太守，郡帶關城戍主，蕭衍遣衆攻圍，值金龍疾病，不堪部分，衆甚危懼。劉遂率厲城民，修理戰具，一夜悉成。

又　卷九八《蕭道成傳》　軍駕幸南陽，進攻宛北城，拔之，冠軍將軍、南陽太守房伯玉以城降。又大敗鸞平北將軍崔慧景、黄門郎蕭衍於鄧城，斬獲首虜二萬有餘。

寶卷雍州刺史蕭衍據襄陽，舉兵伐之，荆州行事蕭穎胄應衍。三月，穎胄叛寶卷，以南康王寶融為天子。於是寶融僭即帝位。穎胄為侍中、尚書令；衍為左僕射、都督征討諸軍、征東大將軍，使持節如故。穎胄請封寶卷為虞陽縣侯，寶融不許，又封涪陵王。穎胄臨八州諸軍事、行荆州刺史。假衍黄鉞。蕭衍軍至沔口，郢州嬰城自守。

寶卷雍州刺史蕭衍據襄陽，舉兵伐之，荆州行事蕭穎胄應衍。三月，穎胄叛寶卷，以南康王寶融為天子。於是寶融僭即帝位。穎胄為侍中、尚書令；衍為左僕射、都督征討諸軍、征東大將軍，使持節如故。穎胄請封寶卷為虞陽縣侯，寶融不許，又封涪陵王。穎胄臨八州諸軍事、行荆州刺史。假衍黄鉞。蕭衍軍至沔口，郢州嬰城自守。

寶卷又殺巴陵王昭胄、永新侯昭秀、黄門郎蕭寅。寶卷昏暴日甚，內外不堪，其前南譙太守王靈秀等於石頭迎寶卷弟寶夤率城內文武向其臺城，百姓空手隨從者萬數。會日暮，城門閉，不克。衍兵至建業，所在棄寶卷降之。衍兵入宮，寶卷在含德殿，吹笙歌作《女兒子》，臥未及睡。聞兵入，趨出北户，欲還後宮，清曜閤已閉。閹人禁防黄泰平刀傷其膝，僕地，顧曰：『奴反也！』直後張齊斬首送衍，衍追封東昏侯，廢其皇后、太子為庶人。衍殺寶卷弟湘東王寶晊，衍又殺邵陵王寶攸、晉熙王寶松、桂陽王寶貞，其建安王寶夤來奔。尋逼寶融禪位於己，封為巴陵王，宮於姑熟。寶融尋暴死。

又　卷一〇一《蠻傳》　正始二年，蕭衍沔東太守田清喜擁七郡三十一縣，户遇九行遣使內附，乞師討衍。其雍州以東，石城以西五百餘里水陸援路，請率部曲斷之。四年，蕭衍永寧太守文雲生六部自漢東遣使歸附。

延昌三年，蕭衍遣兵討江沔，破掠諸蠻，百姓擾動。自相督率二萬餘人，頻請統帥為聲勢。叔興給一統並威儀，為之節度，蠻人遂安。其年，蕭衍雍州刺史蕭藻遣其將蔡令孫等三將寇南荆之西南，沿襄沔上下，破掠諸蠻。蠻酋衍龍驤將軍楚石廉叛衍來請援，叔興與石廉督集蠻夏二萬餘人

擊走之，斬令孫等三將。藻又遣其新陽太守邵道林於沔水之南，石城東北立清水戍，為抄掠之基。叔興遣諸蠻擊破之。四年，叔興上表請不隸東荆，許之。蕭衍每有寇抄，叔興必摧破之。

正光中，叔興擁所部南叛。蠻首成龍強率户數千内附，拜為刺史。蠻帥田午生率户二千内徙揚州，拜為郡守。蕭衍義州刺史、邊城王文僧明，鐵騎將軍、邊城太守田官德等率户萬餘舉州内屬，拜僧明平南將軍、西豫州刺史，封開封侯；官德龍驤將軍、義州刺史；自餘封授各有差。僧明、官德併入朝，蠻出山至邊城、建安者八九千户。義州尋為蕭衍將裴邃所陷。衍定州刺史田超秀亦遣使求附，請援歷年，朝廷恐輕致邊役，未之許。會超秀死，其部典相率内附，徙之六鎮、秦隴，所在反叛。二荆、西郢，蠻大擾動，斷三鵶路，殺都督，寇盜至於襄城、汝水，百姓多被其害。蕭衍遣將圍廣陵，樊城諸蠻並為前驅，自汝水以南，處處鈔劫，恣其暴掠。連年攻討，散而復合，其暴滋甚。

蕭衍梁益二州歲歲伐獠以自裨潤，公私頗藉為利。

蕭衍輔國將軍范季旭與獠王趙清荆率衆屯孝子谷，祉遣統軍魏胡擊走之。後蕭衍寧朔將軍姜白復擁夷獠入屯南城，梁州人王法慶與之通謀，衆屯於固門川，祉遣征虜將軍闕二字。討破之。暨眼施恩布信，大得獠和。後以元法僧代傅暨眼為益州，法僧在任貪殘，獠遂反叛，勾引蕭衍軍圍逼晉壽。朝廷憂之，以暨眼先得物情，復令乘傳往撫。獠聞暨眼至，莫不欣然，拜迎道路，於是而定。及元恒、元子真相繼為梁州，並無德績，諸獠苦之。

其後朝廷以梁益二州控攝險遠，乃立巴州以統諸獠，後以巴酋嚴始欣為刺史。又立隆城鎮，所綰獠二十萬户，彼謂北獠，歲輸租布，又與外人交通貿易。巴州生獠並皆不順，其諸頭王每於時節謁見刺史而已。孝昌初，諸獠以始欣貪暴，相率反叛，攻圍巴州。山南行臺勉諭，即時散罷。自是獠諸頭王相率詣行臺者相繼，子建厚勞賚之。始欣見中國多事，又失彼心，慮獲罪譴。時蕭衍南梁州刺史陰子春扇惑邊陲，始欣謀將南叛。始欣族子愷時為隆城鎮將，密知之，嚴設邏候，遂禽蕭衍使人，並封始欣詔書、鐵券、刀劍、衣冠之屬，表送行臺。子建乃啓以鎮為南梁州，愷為刺史，發使執始欣，囚於南鄭。遇子建見代，梁州刺史傅暨眼仍為行臺。暨眼久病，其子敬紹納始欣重賂，便得還州。始欣乃起衆攻愷，屠滅之，據城南叛，蕭衍將蕭玩率衆援接。時梁益二州並遣將討之，攻陷巴州，執始欣，遂大破玩軍。及斬玩，以傅曇表為刺史。後元羅在梁州，為使陷，自此遂絕。

又 卷一〇四《自序》 初，元顥内逼，莊帝北幸，子建謂所親盧義僖曰：『北海自絕社稷，稱藩蕭衍，吾老矣，豈能為陪臣？』

收兼通直散騎常侍副王昕娉蕭衍，昕風流文辯，收辭藻富逸，衍及其羣臣咸加敬異。先是，南北初和，李諧、盧元明首通使命，二人才器，並為鄰國所重。至此，衍稱曰：『盧、李命世，王、魏中興，未知後來復何如耳？』文襄啓收兼散騎常侍，修國史。武定二年，除正常侍，領兼中書侍郎，仍修史。帝宴百僚，問何故名人日，皆莫能知。收對曰：『晉議郎董勳「答問」，稱俗云正月一日為雞，二日為狗，三日為豬，四日為羊，五日為牛，六日為馬，七日為人。時邢卲亦在側，甚恧焉。自南北和好，書下紙每云『想彼境内寧靜，此率土安和』。蕭衍後使，其書乃去『彼』字，自稱猶著『此』，欲求無外之意。收定報書云：『想境内清晏，今萬國安和。』南人復書，依以為體。後獻武入朝，靜帝授相國，固讓，令收為啓。啓成呈上，文襄時侍側，獻武指收曰：『此人當復為崔光。』四年，獻武於西門豹祠宴集，謂司馬子如曰：『魏收為史官，書吾善惡。聞北伐時，諸貴常餉史官飲食，司馬僕射頗曾餉不？』因共大笑。仍謂收曰：『卿勿見元康等在吾目下趨走，謂吾以為勤勞，我後世身名在卿手，勿謂我不知。』尋加兼著作郎。

《北齊書》卷二四《杜弼傳》 弼以文武在位，罕有廉潔，言之於高祖。高祖曰：『弼來，我語爾。天下濁亂，習俗已久。今督將家屬多在關西，黑獺常相招誘，人情去留未定。江東復有一吳兒老翁蕭衍者，專事衣冠禮樂，中原士大夫望之以為正朔所在。我若急作法網，不相饒借，恐督將盡投黑獺，士子悉奔蕭衍，則人物流散，何以為國？爾宜少待，吾不忘之。』

《南史》卷五《齊紀下》 延興三年秋八月甲午，追尊景皇所生王氏爲恭太后。魏軍攻沔北。

冬十月，又逼司、雍二州。甲戌，遣太子中庶子蕭衍、右軍司馬張稷

禦之。

永泰二年十二月，雍州刺史蕭衍起兵於襄陽。

永泰三年九月甲辰，蕭衍至南豫州，輔國將軍、監南豫州事申胄軍二萬人於姑孰奔歸。丙辰，李居士與衍軍戰於新亭，見敗。

羣小以陳顯達下數日便敗，崔慧景圍城正得十日，及蕭衍師至，亦謂爲然。

蕭衍長圍既立，塹柵嚴固，然後出蕩，屢戰不捷。

帝尤惜金錢，不肯賞賜，茹法珍叩頭請之，帝曰：『賊來獨取我邪，何爲就我求物？』後堂儲數百具榜，啓爲城防，帝曰：『擬作殿。』竟不與。城防巧手，而悉令作殿，晝夜不休。又催御府細作三百人精仗，須圍解以擬屏除。金銀雕鏤雜物，倍急於常。法珍、蟲兒又說帝曰：『大臣不留意，使圍不解，宜悉誅之。』珍國、張稷懼禍，乃謀應蕭衍，以計告後合舍人錢强。强許之，密令遊蕩主崔叔智夜開雲龍門，稷及珍國勒兵入殿，分軍又從西上合入後宮，御刀豐勇之爲内應。是夜，帝在含德殿。吹笙歌作女兒子，臥未熟，聞兵入，趨出北户，欲還後宮。清曜合已閉，閹人禁防黄泰平刀傷其膝，僕地，顧曰：『奴反邪！』直後張齊斬首，送蕭衍。宣德太后令依漢海昏侯故事，追封東昏侯。

和帝諱寶融，字智昭，明帝第八子也。建武元年，封隨郡王。永元元年，改封南康王，出爲西中郎將、荆州刺史，督七州軍事。

二年十一月甲寅，長史蕭穎胄奉王舉兵。其日太白及辰星俱見西方。乙卯，教纂嚴。丙辰，以雍州刺史蕭衍爲使持節、都督前鋒諸軍事。戊午，衍表勸進。

中興元年春三月乙巳，皇帝即位，大赦，改永元三年爲中興，文武賜位二等。是夜彗星竟天。以相國左長史蕭穎胄爲尚書令，加雍州刺史蕭衍尚書左僕射、都督征討諸軍。

九月己未，詔假黄鉞蕭衍，若定京邑，得以便宜從事。冬十一月壬寅，尚書令、鎮軍將軍蕭穎胄卒。

十二月丙寅，建康城平。己巳，宣德皇太后令，以征東大將軍蕭衍爲大司馬、録尚書、驃騎大將軍、揚州刺史，封建安郡公，依晉武陵王遵承制故事。壬申，改封建安王寶寅爲鄱陽王。癸酉，以司徒、揚州刺史晉安王寶義爲太尉，領司徒。乙酉，以尚書右僕射王瑩爲左僕射。

二年春正月戊戌，宣德皇太后臨朝，入居内殿。壬寅，大司馬蕭衍都督中外諸軍事，加殊禮。己酉，以大司馬長史王亮爲守尚書令。甲寅，加大司馬蕭衍位相國，梁公，備九錫禮。

二月壬戌，誅湘東王寶晊。丙戌，進梁公蕭衍爵爲王。

又 卷六《梁紀上》 梁高祖武皇帝諱衍，字叔達，小字練兒，南蘭陵中都里人，姓蕭氏，與齊同承淮陰令整。整生皇高祖轄，位濟陰太守。轄生皇曾祖副子，位州治中從事。副子生皇祖道賜，位南臺治書侍御史。道賜生皇考，諱順之，字文緯，於齊高帝爲始族弟。

皇考外甚清和，而内懷英氣，與齊高少而款狎。嘗共登金牛山，路側有枯骨縱横，齊高謂皇考曰：『周文王以來幾年，當復有掩此枯骨者乎？』言之懍然動色。皇考由此知齊高有大志，常相隨逐。齊高每外討，皇考常爲軍副。及北討，薛索兒夜遣人入營，提刀徑至齊高眠床，皇考手刃之。頻爲齊高鎮軍司馬、長史。時宋帝昏虐，齊高謀出外，皇考以爲一旦奔亡，則危幾不測，不如因人之欲，行伊、霍之事，齊高深然之。歷黄門郎，安西長史，吴郡内史，所經皆著名。吴郡張緒常稱：『文武兼資，有德有行，吾敬蕭順之。』袁粲之據石頭，黄回與之通謀，皇考聞難作，率家兵據朱雀橋，回覘人還告曰：『朱雀橋南一長者，英威毅然，坐胡床南向。』回曰：『蕭順之也。』遂不敢出。時微皇考，石頭幾不據矣。及齊高創造皇業，推鋒決勝，莫不垂拱仰成焉。齊建元末，齊高從容謂皇考曰：『當令阿玉解揚州相授。』玉，豫章王嶷小名也。齊武帝在東宫，皇考嘗問訊，及退，齊武指皇考謂嶷曰：『非此翁，吾徒無以致今日。』及即位，深相忌憚，故不居臺輔。以參豫佐命，封臨湘縣侯。歷位侍中，衛尉，太子詹事，領軍將軍，丹陽尹，贈鎮北將軍，謚曰懿。

帝以宋孝武大明八年歲次甲辰生於秣陵縣同夏里三橋宅。初，皇妣張氏嘗夢抱日，已而有娠，遂産帝。帝生而有異光，狀貌殊特，日角龍顔，重嶽虎顧，舌文八字，項有浮光，身映日無影，兩胯駢骨，項上隆起，有文在右手曰『武』。帝爲兒時，能蹈空而行。及長，博學多通，好籌略，有文武才幹。所居室中，常若雲氣，人或遇者，體輒肅然。

初爲衛軍王儉東合祭酒，儉一見深相器異，請爲户曹屬。謂廬江何憲

曰：『此蕭郎三十內當作侍中，出此則貴不可言。』竟陵王子良開西邸，招文學，帝與沈約、謝脁、王融、蕭琛、范雲、任昉、陸倕等並遊焉，號曰『八友』。融俊爽，識鑑過人，尤敬異帝，每謂所親曰：『宰制天下，必在此人。』累遷隨王鎮西諮議參軍。行經牛渚，逢風，入泊龍濆，有一老人謂帝曰：『君龍行虎步，相不可言，天下方亂，安之者其在君乎？』問其名氏，忽然不見。尋以皇考艱去職，歸建鄴。

及齊武帝不豫，竟陵王子良以帝及兄懿、王融、劉繪、王思遠、顧暠之、范雲等爲帳內軍主。融欲因帝晏駕立子良，帝曰：『夫立非常之事，必待非常之人，融才非負圖，視其敗也。』范雲曰：『憂國家者，惟有王中書。』帝曰：『憂國欲爲周、召？欲爲豎、刁邪？』懿曰：『直哉史魚，何其木强也！』

初，皇考之薨，不得志，事見齊魚復侯傳。至是，鬱林失德，齊明帝作輔，將爲廢立計，帝欲助齊明，傾齊武之嗣，以雪心耻，齊明亦知之，每與帝謀。時齊明將追隨王，恐不從，又以王敬則在會稽，恐爲變，以問帝。帝曰：『隨王雖有美名，其實庸劣，既無智謀之士，爪牙惟仗司馬垣歷生、武陵太守卞白龍耳。此並惟利是與，若啖以顯職，無不載馳。隨王止須折簡耳。敬則志安江東，窮其富貴，宜選美女以娛其心。』齊明曰：『亦吾意也。』即征歷生爲太子左衛率，白龍遊擊將軍，並至。續召隨王至都，賜自盡。

豫州刺史崔慧景既齊武舊臣，不自安，齊明憂之，乃起帝鎮壽陽，外聲備魏，實防慧景。師次長瀨，慧景懼罪，白服來迎，帝撫而宥之。將軍房伯玉、徐玄慶並曰：『慧景反迹既彰，實是見賊，我曹武將，譬如韝上鷹，將軍一言見命，便即制之。』帝笑曰：『其如掌中嬰兒，殺之不武。』於是曲意和釋之，慧景遂安。隆昌元年，拜中書侍郎，遷黃門侍郎。

建武二年，魏將王肅、劉昶攻司州刺史蕭誕甚急，齊明遣左衛將軍王廣之赴救，帝爲偏帥隸廣之。行次熨斗洲，有人長八尺餘，容貌衣冠皓然皆白，緣江呼曰：『蕭王大貴。』帝既屢有征祥，心益自負。時去誕百里，衆軍以魏軍盛，莫敢前。帝欲大振威略，謂諸將曰：『今屯下梁之城，塞鑿峴之險，守雉脚之路，據賢首之山，以通西關，以臨賊壘，三方犄角，出其不備，破賊必矣。』廣之等不從。後遣徐玄慶進據賢首山，魏絕其糧道，衆懼，莫敢援之，惟帝獨奮請先進。於是廣之益帝精甲，銜枚夜前。失道，望見如持兩炬者，隨之果得道，徑上賢首山，廣之軍因得前。魏軍來脅，帝堅壁不進。時王肅自攻城，一鼓而退，劉昶有疑心，帝因與書，間成其隙。一旦，有風從西北起，陣雲隨之來，當肅營，尋而風回雲轉，還向西北，帝曰：『此所謂歸氣，魏師遁矣。』令軍中曰：『望麾而進，聽鼓而動。』肅乃傾壁十萬，陣於水北，帝揚麾鼓噪，響振山谷，敢死之士，執短兵先登，長戟翼之。城中見援至，因出軍攻魏柵，魏軍表裏受敵，因大崩。肅、昶單騎走，斬獲千計，流血絳野。得肅、昶巾箱中魏帝敕曰：『聞蕭衍善用兵，勿與爭鋒，待吾至；若能禽此人，則江東吾有也。』以功封建陽縣男。

尋爲司州刺史。有沙門自稱僧惲，謂帝曰：『君項有伏龍，非人臣也。』復求，莫知所之。帝在州，甚有威名。嘗有人餉馬，帝不受，餉者密以馬繫齋柱而去。帝出見馬，答書殷勤，縛之馬首，令人驅出城外，馬自還。還都爲太子中庶子，領四廂直。出鎮石頭。齊明性猜忌，帝避時嫌，解遣部曲，常乘折角小牛車。齊明每稱帝清儉，勖勵朝臣。

四年，魏孝文帝自率大衆逼雍州，刺史曹武度沔守樊城，武舊齊武腹心，齊明忌之，欲使後弟劉暄爲雍州，暄不願出外，因江祏得留。齊明帝擬帝雍州，受密旨出頓，聲爲軍事發遣。又命五兵尚書崔慧景、征南將軍陳顯達相續援襄陽。慧景與帝進行鄧城，魏孝文帥十餘萬騎奄至，慧景引退，帝止之，不從，於是大敗。帝帥衆拒戰，獨得全軍。及魏軍退，以帝爲輔國將軍，監雍州事。

先是，雍州相傳樊城有王氣，至是謠言更甚。及齊明崩，遺詔以帝爲都督、雍州刺史。時揚州刺史始安王遙光、尚書令徐孝嗣、右僕射江祏、右將軍蕭坦之、侍中江祀、衛尉劉暄更直內省，分日帖敕，世所謂『六貴』。又有御刀茹法珍、梅蟲兒、豐勇之等八人，號爲『八要』，及舍人王晅之等四十餘人，皆口擅王言，權行國憲。帝謂張弘策曰：『政出多門，亂其階矣。當今避禍，惟有此地，勤行仁義，可坐作西伯；但諸弟在都，恐離時患，須與益州圖之耳。』時上長兄懿罷益州還，仍行郢州事，乃使弘策詣郢，陳計於懿，語在懿傳。言既不從，弘策還，帝乃召弟偉及憺，是歲至襄陽。乃潛造器械，多伐竹木，沈於檀溪，密爲舟裝之備。時

帝所住齋常有氣，五色回轉，狀若蟠龍。季秋出九日臺，忽暴風起，煙塵四合，帝所居獨白日清朗，其上紫雲騰起，形如傘蓋，望者莫不異焉。

尋而大臣相次誅戮。永元二年冬，懿又被害。信至，帝密召長史王茂、中兵呂僧珍、別駕柳慶遠、功曹史吉士瞻等謀之。既定，以十一月乙巳召僚佐集於聽事，告以舉兵。是日建牙，出檀溪竹木裝舸艦，旬日大辦。百姓願從者，得鐵馬五千匹，甲士三萬人。

先是，東昏以劉山陽爲巴西太守，使過荆州就行事蕭穎胄以襲襄陽。帝知其謀，乃遣參軍王天武、龐慶國詣江陵，遍與州府人書論軍事。天武既發，帝謂諸議參軍張弘策曰：『今日天武坐收天下矣。荆州得天武至，必回遑無計，若不見同，取之如拾地芥耳。斷三峽，據巴、蜀，分兵定湘中，便全有上流。以此威聲，臨九派，斷彭蠡，傳檄江南，風之靡草，不足比也，政小引日月耳。江陵本憚襄陽人，加脣亡齒寒，必不孤立，寧得不闇見同邪。挾荆、雍之兵，掃定東夏，韓、白重出，不能爲計，況以無算之昏主，役御刀應敕之徒哉。』及山陽至巴陵，帝復令天武齎書與穎胄兄弟。去後，帝謂張弘策曰：『用兵之道，攻心爲上，攻城次之；心戰爲上，兵戰次之，今日是也。近遣天武往州府，人皆有書，今段止有兩封，與行事兄弟，云「一二天武口具」。及問天武，口無所說。天武是行事心膂，彼聞必謂行事與天武共隱其事，則人人生疑。山陽惑於衆口，判相嫌貳，則行事進退無以自明，是馳兩空函定一州矣。』山陽至江安，聞之，果疑不上。柳忱勸斬天武，送首山陽，穎胄乃謂天武曰：『天下之事，縣之在卿，今就卿借頭，以詐山陽；昔樊於期亦以頭借荆軻。』於是斬之，送首山陽，山陽信之，馳入城，將踰閾，縣門發，折其車轅，投車而走，中兵參軍陳秀拔戟逐之，斬於門外，傳首於帝。仍以南康王尊號之議來告，且曰：『時有未利，當須來年二月。遽便進兵，恐非廟算。』帝答曰：『今坐甲十萬，糧用自竭，若頓兵十旬，必生悔吝。且太白出西方，仗義而動，天時人謀，有何不利？昔武王伐紂，行逆太歲，復須待年月乎？』竟陵太守曹景宗遣杜思沖勸帝迎南康，都襄陽，待正尊號，帝不從。王茂又私於張弘策曰：『今以南康置人手中，彼挾天子以令諸侯，節下前去爲人所使，此豈歲寒之計。』弘策言之於帝，帝曰：『若前途大事不捷，故自蘭艾同焚；若功業克建，誰敢不從？豈是碌碌受人處分！』於沔南立新野郡，以集新附。

三年二月，南康王爲相國，以帝爲征東將軍。戊申，帝發襄陽。自冬積霰，至是開霽，士卒咸悅。帝遂留弟偉守襄陽城，謂曰：『當置心於襄陽人腹中，推誠信之，勿有疑也。天下一家，乃當相見。』遂移檄建鄴，闡揚威武。及至竟陵，命長史王茂與太守曹景宗爲前軍，中兵參軍張法安守竟陵城。茂、景宗帥衆濟岸，進頓九里。其日，郢州刺史張沖迎戰，茂等大破之。荆州遣冠軍將軍鄧元起、軍主王世興、田安等會大軍於夏口。帝築漢口城以守魯山，命水軍主張惠紹、朱思遠等遊遏中江，絕郢、魯二城信使。時張沖死，其衆推軍主薛元嗣及沖長史程茂爲主。

三月乙巳，南康王即帝位於江陵。遙廢東昏爲涪陵王，以帝爲尚書左僕射，加征東大將軍、都督征討諸軍，假黃鉞。西臺又遣冠軍將軍蕭穎達領兵來會。四月，帝出沔，命王茂、蕭穎達等逼郢城。五月己酉，帝移屯漢南。是日，有紫雲如蓋，蔭於壘幕。甲寅，東昏遣寧朔將軍吳子陽、光子衿等十三軍救郢州，進據巴口。七月，帝命王茂帥軍主曹仲宗、康絢、武會超等潛師襲加湖，將逼子陽。水涸不通艦，子衿喜。其夜流星墜其城，四更中無雨而水暴長，衆軍乘流齊進，鼓噪攻之，俄而大潰，子陽等竄走，衆盡溺於江，王茂虜其餘而旋。郢、魯二城相視奪氣。

先是，東昏遣冠軍將軍陳伯之鎮江州，爲子陽等聲援。帝謂諸將曰：『夫征討未必須實力，所聽威聲耳。今加湖之敗，誰不讋服。陳武牙即伯之之子，狼狽奔歸，彼間人情，理當凶懼。我謂九江傳檄可定也。』因命搜所獲俘囚，得伯之幢主蘇隆之，厚加賞賜，使致命焉。

戊午，魯山城主孫樂祖降。己未夜，郢城有數百毛人踰堞且泣，因投黃鵠磯，蓋城之精也。及旦，其城主程茂、薛元嗣遣參軍朱曉求降。帝謂曰：『城中自可不識天命，何意恒罵？』曉曰：『明公未之思耳，桀犬何嘗不吠堯。』初，郢城之閉，將佐文武男女口十餘萬人，疾疫流腫死者十七八。及城開，帝並加隱恤，其死者命給棺槥。

東昏聞郢城沒，乃爲城守計，簡二尚方二冶囚徒以配軍。其不可活者，於朱雀門內日斬百餘人。尚書令王亮苦諫，不從。陳伯之遣蘇隆之反命，求未便進軍。帝曰：『伯之此言，意懷首鼠，可及其猶豫逼之。』乃命鄧元起即日沿流。八月，天子遣兼黃門郎蘇回勞軍。帝登舟，命諸軍以

次進路，留上庸太守韋叡守郢城，行州事。鄧元起將至尋陽，陳伯之猶懼，乃收兵退保湖口，留其子武牙守盆城。及帝至，乃束甲請罪。

九月，天子詔帝平定東夏，以便宜從事。前軍之次蕪湖，南豫州刺史申胄棄姑孰走，至是大軍進據之。自發雍州，帝所乘艦恒有兩龍導引，左右莫不見者。緣道奉迎百姓，皆如挾纊。仍遣曹景宗、蕭穎達領馬步進頓江寧。東昏遣征虜將軍李居士迎戰，景宗擊走之。於是王茂、鄧元起、呂僧珍進據赤鼻邏，曹景宗、陳伯之爲遊兵。是日，新亭城主江道林率兵出戰，衆軍禽之於陣。大軍次新林，建康士庶傾都而至，送款或以血爲書。命王茂進據越城，曹景宗據阜莢橋，鄧元起據道士墩，陳伯之據籬門。道林餘衆退屯航南，迫之，因復散走，退保朱雀，憑淮自固。時李居士猶據新亭壘，請東昏燒南岸邑屋，以開戰場。自大航以西，新亭以北，蕩然矣。

十月，東昏石頭軍主朱僧勇歸降。東昏又遣征虜將軍王珍國列陣於航南大路，悉配精手利器，尚十餘萬，閹人王伥子持白虎幡督諸軍。王茂、曹景宗等掎角奔之，珍國之衆，一時土崩。衆軍追至宣陽門，李居士以新亭壘，徐元瑜以東府城降，石頭、白下諸軍並宵潰。壬午，帝鎮石頭，命衆軍圍六門。東昏悉焚門內，驅逼營署官府并入城，有衆二十萬。青州刺史桓和紿東昏出戰，因降。先是，俗語謂密相欺變者爲『和欺』。於是蟲兒、法珍等曰：『今日敗於桓和，可謂和欺矣。』帝命諸軍築長圍。

初，衆軍既逼，東昏遣軍主左僧慶鎮京口，常僧景鎮廣陵，李叔獻屯瓜步。及申胄自姑孰奔歸，又使屯破墩，以爲東北聲援。至是帝遣曉喻，並降。帝乃遣弟輔國將軍秀鎮京口，輔國將軍恢屯破墩，從弟寧朔將軍景鎮廣陵。吳郡太守蔡夤棄郡赴降。

十二月丙寅，兼衛尉張稷、北徐州刺史王珍國斬東昏，其夜以黄油裹首送軍。帝命呂僧珍、張彌勒兵封府庫及圖籍。帝乃入，收嬖妾潘妃誅之，及凶黨王咺之以下四十八人屬吏，以宫女二千人，分賚將士。宣德皇后令追廢涪陵王爲東昏侯，授帝中書監、大司馬、録尚書、驃騎大將軍、都督、揚州刺史，封建安郡公，食邑萬户，給班劍四十人，黄鉞、侍中、征討諸軍事並如故。依晉武陵王遵承制故事，百僚致敬。己卯，帝入屯閲武堂，下令大赦。丙戌，入鎮殿內。是日，鳳皇集建鄴。又下令：『凡昏制謬賦，淫刑濫役，外可詳檢前源，悉皆除蕩。其主守散失，諸所損耗，精立科條，咸從原例。』丁亥，遣豫州刺史李元履以兵五千慰勞東方十二郡。

二年正月辛卯，下令：『通檢尚書衆曹東昏時諸諍訟失理及主者淹停不時施行者，精加訊辯，依事議奏。其義師臨陣致命，疾病死亡者，並加葬斂，收恤遺孤。』甲午，天子遣兼侍中席闡文、兼黄門侍郎樂法才慰勞都下。追贈皇祖散騎常侍、左光禄大夫，皇考侍中、丞相。乙未，下令：『朱雀之捷，逆徒送死者，特許家人殯葬；若無親屬，或有貧苦，二縣長尉即爲埋掩。建康城內不達天命，自取淪滅，亦同此科。』又下令減損浮費，自非奉粢盛，修紱冕，習禮樂之容，繕甲兵之備，此外一皆禁絕。御府中署，量宜罷省，命外詳爲條格。

戊戌，宣德皇后臨朝，入居內殿，拜帝大司馬，解承制，百僚致敬如前。壬寅，詔進帝都督中外諸軍事，劍履上殿，入朝不趨，贊拜不名，加前後部羽葆、鼓吹，置左右長史、司馬、從事中郎、掾、屬各四人，並依舊辟士，餘並如故。甲寅，齊帝進帝位相國，總百揆，封十郡爲梁公，備九錫之禮，加遠遊冠，緑綟綬，位在諸王上。策曰：

上天不造，難鍾皇室，世祖以休明早崩，世宗以仁德不嗣。高宗襲統，宸居弗永，雖夙夜劬勞，而隆平不洽。嗣君昏暴，書契弗睹，朝權國柄，委之羣孽，剿戮忠賢，誅殘臺輔，含冤抱痛，噍類靡餘。公藉昏明之期，因兆庶之願，爰率羣后，翊成中興，宗社之危已固，天人之望允塞，此實公紐我絕綱，大造皇家者也。

永明季年，邊隙大啓，荆河連率，招引戎荒。公受言本朝，輕兵赴襲，排危冒險，剛柔遞用，坦然一方，還成藩服，此又公之功也。在昔隆昌，洪基已謝，高宗慮深社稷，將行權道。公定策帷帳，激揚大節，廢帝立王，謀猷深著，此又公之功也。建武闡業，厥猷雖遠，戎狄內侵，憑陵關塞，司部危逼，淪陷指期。公總兵外討，卷甲長騖，焚廬毀帳，胡哭言歸，此又公之功也。樊、漢阽切，羽書續至。公星言鞠旅，稟命徂征，拯我邊危，重獲安堵，此又公之功也。漢南迥弱，咫尺勍寇。公作藩爰始，因資靡托，練兵訓卒，搜狩有序，俾我危城，翻爲强鎮，此又公之功也。永元紀號，瞻烏已及，雖廢昏有典，而伊、霍難行。公首建大策，爰立明

聖，義踰邑綸，勳高代入，此又公之功也。文王之風，雖被江、漢，京邑蠢蠢，湮爲洪流。公投袂萬里，事惟拯溺，義聲所覃，無思不韙，此又公之功也。魯城、夏汭，梗據中流，乘山置壘，縈川自固。公御此烏集，陵茲地險，費無遺矢，戰未窮兵，踐華之固，相望俱拔，此又公之功也。惟此羣凶，同惡相濟，緣江負險，蟻聚加湖。桴旝一臨，應時褫潰，此又公之功也。姦孽震皇，復懷舉斧，畜兵九派，用擬勤王。公棱威直指，勢踰風電，旌旆小臨，全州稽服，此又公之功也。姑孰衝要，密邇京畿，凶徒熾聚，斷塞津路。公兵威所震，望旗自駭，此又公之功也。羣豎倡狂，志在借一，豕突淮涘，武騎如雲。公爰命英勇，因機騁銳，氣冠阪泉，勢踰洹水，此又公之功也。琅邪、石首，襟帶岨固，新壘、東墉，金湯是埒，憑險作守，兵食兼資，風激電駭，莫不震疊，城復於隍，於是乎在，此又公之功也。獨夫昏很，憑城靡懼，鼓鐘鞺鞳，傲若有餘，狎是邪孽，忌斯冠冕，凶狡因之，將逞孥戮。公奇謀密運，威略潛回，忠勇之徒，得申厥效，白旗宣室，未之或比，此又公之功也。公有拯億兆之勳，重之以明德。爰初厲志，服道儒門，濯纓來仕，清猷映世。時運艱難，宗社危殆，昆岡已燎，玉石同焚，驅率貔貅，抑揚霆電，義等南巢，功齊牧野。若夫禹功寂寞，微管誰嗣，拯其將魚，驅其祖髮，解茲亂網，理此棼絲，復禮衽席，反樂河海。永平故事，聞之者歎息，司隸舊章，見之者隕涕，請我人命，還之鬬極，憫憫搢紳，重符戴天之慶，哀哀黔首，復蒙履地之恩，德踰於嵩、岱，功鄰於造物，超哉邈矣，越無得而言焉。

朕又聞之：疇庸命德，建侯作屏，咸用克固四維，永隆萬葉。是以二南流化，九伯斯征，王道淳洽，刑厝罔用。惟公經綸天地，寧濟區夏，道冠乎伊、稷，賞薄於桓、文，豈所以憲章齊、魯，長轡宇宙。敬惟前烈，朕甚懼焉。今進授相國，改揚州刺史爲牧，以豫州之梁郡歷陽、南徐州之義興、揚州之淮南宣城吳吳興會稽新安東陽十郡，封公爲梁公，錫茲白土，苴以白茅，爰定爾邦，用建冢社。在昔旦、奭，入居保佑，逮於畢、毛，亦作卿士，任兼內外，禮實宜之。今命使持節、兼太尉王亮授相國揚州牧印綬、梁公璽紱；使持節、兼司空王志授梁公茅土，金虎符第一至第五左，竹使符第一至第十左。相國位冠羣后，任總百司，恒典彝數，宜與事革。其以相國總百揆，去録尚書之號，上所假節、侍中貂蟬、中書監印、中外都督大司馬印綬、建安公印策，驃騎大將軍如故。

又加公九錫，其敬聽後命：

以公禮律兼修，刑德備舉，哀矜折獄，罔不用情。是用錫公大輅、戎輅各一，玄牡二駟。公勞心稼穡，念在人天，丕崇務本，惟穀是寶。是用錫公兗冕之服，赤舄副焉。公鎔鈞所被，變風以雅，易俗陶人，載和邦國。是用錫公軒縣之樂，六佾之舞。公文德廣覃，義聲遠洽，椎髻髽首，夷歌請吏。是用錫公朱户以居。公揚清抑濁，官方有序，多士聿興，棫樸流詠。是用錫公納陛以登。公正色御下，以身範物，式遏不虞，折衝惟遠。是用錫公虎賁之士三百人。公威同夏日，志清姦宄，放命圮族，刑茲罔赦。是用錫公鈇鉞各一。公跨躡嵩溟，陵厲區宇，譬諸日月，容光必至。是用錫公彤弓一、彤矢百，盧弓十、盧矢千。公永言惟孝，至感通神，恭嚴祀典，祭有餘敬。是用錫金秬鬯一卣，圭瓚副焉。梁國置丞相以下，一遵舊式。欽哉，其敬循往策，祇服大禮，對揚天眷，用膺多福，以弘我太祖之休命。帝固辭，府僚勸進，不許。

二月辛酉，府僚重請曰：『近以朝命蘊策，冒奏丹誠，奉被還令，未蒙虛受，搢紳顒顒，深所未達。蓋聞受金於府，通人之弘致，高蹈海隅，匹夫之小節，是以履乘石而周公不以爲疑，贈玉璜而太公不以爲讓。況世哲繼軌，先德在人，經綸草昧，歎深微管，加以朱方之役，荆河是依，班師振旅，大造王室，雖復累繭救宋，重胝存楚，居今觀古，曾何足云。而惑甚盜鍾，功疑不賞，皇天后土，不勝其酷。是以玉馬駿奔，表微子之去，金板出地，告龍逢之冤。明公據鞍輟哭，厲三軍之志，獨居掩涕，激義士之心，故能使海若登隻，罄圖效祉，山戎、孤竹，束馬景從，伐罪吊人，一匡靜亂，匪叨天功，實勤濡足。龜玉不毁，誰之功歟，獨爲君子，將使伊、周何地。』於是始受相國、梁公之命。命焚東昏淫奢異服六十二種於都街。齊帝追贈梁公夫人爲梁國妃。

乙丑，南兗州隊主陳文興於宣武城內鑿井，得玉鏤騏驎、金鏤玉璧、水精環各二。又鳳凰見建康縣桐下里。宣德皇后稱美符瑞，歸於相國府。丙寅，詔梁國依舊選諸要職，悉依天朝之制。帝上表，以『前代選官，皆立選簿，請自今選曹，精加隱括，依舊立簿，使冠履無爽，名實不違，庶人識涯涘，造請自息。且聞中間立格，甲族以二十登仕，後門以過立試

吏，豈所以弘奬風流，希向後進。此實巨蠹，尤宜刊革』。詔依表施行。丙戌，詔進梁公爵爲王，以豫州之南譙廬江、江州之尋陽、郢州之武昌西陽、南徐州之南琅邪南東海晉陵、揚州之臨海永嘉十郡益梁國，并前爲二十郡。其相國、揚州牧、驃騎大將軍如故。帝固辭，有詔斷表。相國左長史王瑩等率百僚敦請。

三月癸巳，受梁王之命。下令赦國内殊死以下，鰥寡孤獨不能自存者，賜穀五斛，府州所統亦同蠲蕩。丙午，齊帝命帝冕十有二旒，建天子旌旗，出警入蹕，乘金根車，駕六馬，備五時副車，置旄頭雲罕，樂舞八佾，設鍾虡宫縣，王妃、王子、王女爵命之號，一如舊儀。丙辰，齊帝下詔禪位，即安姑孰。四月辛酉，宣德皇后令曰：『西詔至，帝憲章前代，敬禪神器於梁，明可臨軒，遣使恭授璽紱，未亡人便歸於別宫。』壬戌，策曰：

咨爾梁王，惟昔邃古之載，肇有生靈，皇雄、大庭之辟，赫胥、尊盧之後，斯並龍圖鳥迹以前，慌惚杳冥之世，固無得而詳焉。洎乎農、軒、炎、皞之代，放勳、重華之主，莫不以大道君萬姓，公器御八紘，居之如執朽索，去之若釋重負，一駕汾陽，便有窅然之志，暫適箕嶺，即動讓王之心。故知戴黄屋、服玉璽，非所以示貴稱尊，乘大輅、建旗旗，蓋欲令歸趣有地。是故忘己而字兆庶，徇物而君四海。及於菁華内竭，畚橇外勞，則撫茲歸運，惟能是與。四百告終，有漢所以高揖，黄德既謝，魏氏所以樂推。爰及晉、宋，亦弘斯典。我太祖握河受歷，應符啓運，二葉重光，三聖係軌。嗣君喪德，昏棄紀度，毁紊天綱，雕絶地紐。是以谷滿川枯，山飛鬼哭，七廟已危，人神無主。惟王體茲上哲，明聖在躬，端冕而協邕熙，推鋒而拯塗炭，武功與日車並運，文教與鵬翼齊舉。固以幽顯宅心，謳訟斯屬；豈徒桴鼓播地，卿雲叢天而已哉。至於晝睹爭明，夜飛枉矢，除舊之征必顯，更姓之符允集。今便仰祇幹象，俯從人願，敬禪神器，授帝位於爾躬。大祚告窮，天祿永終。於戲，王允執其中，式遵前典，以副昊天之望，禋上帝而臨億兆，格文祖而膺大業，以傳無疆之祚，豈不盛與。並命璽書，遣兼太保、中書監、兼尚書令王亮，兼太尉、中書令王志奉皇帝璽紱，受終之禮，一依唐、虞故事。帝抗表陳讓，表不獲通。於是齊百官豫章王元琳等八百一十九人，及梁臺侍中范雲等一百一十七人，並上表勸進，帝謙讓不受。是日，太史令蔣道秀陳天文符讖六十四條，事並明著，羣臣重表固請，乃從之。天監元年夏四月丙寅，皇帝即位於南郊，設壇柴燎告天曰：皇帝臣衍，敢用玄牡，昭告於皇皇后帝。

齊氏以歷運斯既，否終則亨，欽若天應，以命於衍。夫任是司牧，惟能是授，天命不於常，帝王非一族，唐謝虞受，漢替魏升，爰及晉、宋，憲章在昔，咸以君德馭四海，元功子萬姓，故能大庇甿黎，光宅區宇。齊代云季，世主昏凶，狡焉羣慝，是崇是長，肆厥姦回暴亂，以播虐於我有邦，俾九服八荒之内，連率岳牧之君，蹶角頓顙，匡救無術。衍投袂星言，推鋒萬里，厲其挂冠之情，用拯兆庶之切，遂因時來，宰司邦國，濟物康世，實有厥勞。而晷緯呈祥，川嶽效祉，代終之符既顯，革運之期已萃，殊俗百蠻，重譯獻款，人神遠邇，罔不和會。於是羣公卿士，咸致厥誠，並以皇乾降命，難以謙拒。衍自惟匪德，辭不獲遂，仰迫上玄之眷，俯惟億兆之心，宸極不可久曠，人神不可乏主，遂藉樂推，膺此嘉祚。以茲寡薄，臨馭萬方，顧求夙志，永言祇惕。敬簡元辰，恭茲大禮，升壇受禪，告類上帝，克播休祉，以弘盛烈，式傳厥後，用永保於我有梁，惟明靈是饗。禮畢，有詔放觀。

乃備法駕還建康宫，臨太極前殿，大赦，改元，賜人爵二級，文武位二等；鰥寡孤獨不能自存者，人穀五斛；逋布、口錢、宿責勿復收；其犯鄉論清議、贓汙淫盜，一皆蕩滌，洗除前注，與之更始。封齊帝爲巴陵王，全食一郡，載天子旌旗，乘五時副車，行齊正朔，郊祀天地，禮樂制度，皆用齊典。以齊宣德皇后爲齊文帝妃，齊帝後王氏爲巴陵王妃，齊代王侯封爵，悉皆降省，其效著艱難者，別有後命。惟宋汝陰王不在除例。劫賊餘口没在臺府者，悉皆蠲放。諸流徙之家，並聽還本。以兼尚書令王亮爲尚書令，兼尚書右僕射沈約爲尚書僕射。封皇弟中護軍宏爲臨川王，南徐州刺史秀爲安成王，雍州刺史偉爲建安王，左衛將軍恢爲鄱陽王，荆州刺史憺爲始興王。自郡王以下，列爵爲縣六等。皇弟、皇子封郡王，二千户；王之庶子爲縣侯，五百户，謂之諸侯；功臣爵邑無定科。鳳皇集南蘭陵。

丁卯，詔凡後宫、樂府、西解、暴室諸如此例被幽逼者，一皆放遣。若衰老不能自存者，官給廩食。戊辰，遣巴陵王錢二百萬，絹布各千疋，

綿二千斤。車騎將軍高麗王高雲進號車騎大將軍，鎮東大將軍百濟王餘太進號征東大將軍，鎮東大將軍倭王武進號征東大將軍。己巳，巴陵王殂於姑孰，追謚爲齊和帝，終禮一依故事。

庚午，詔分遣内侍，周省四方，觀政聽謡，訪賢舉滯。其有田野不辟，獄訟無章，忘公徇私，侵漁是務者，悉隨事以聞。若懷寶迷邦，藴奇待價，蓄響藏真，不求聞達，各依名騰奏，罔或遺隱。又詔曰：『金作贖刑，有聞自昔，入縑以免，施於中代。永言叔季，偷薄成風，嬰愆入罪，厥塗匪一。死者不可復生，刑者無因自反，由此而望滋實，庸可致乎。可依周、漢舊典，有罪入贖，外詳爲條格，以時奏聞。』辛未，以新除謝沐公蕭寶義爲巴陵王，以奉齊祀。復南蘭陵武進縣，依前代之科。征新除相國軍諮祭酒謝朏爲侍中、左光禄大夫、開府儀同三司。改南東海爲蘭陵郡，土斷南徐州諸僑郡縣。癸酉，詔『於公車府謗木、肺石傍各置一函。若肉食莫言，山阿欲有横議，投謗木函。若從我江、漢，功在可策，犀兕徒弊，龍蛇方縣；次身才高妙，擯壓莫通，懷傅、吕之術，抱屈、賈之歎，其理有皦然，受困包匭；夫大政侵小，豪門陵賤，百姓已窮，九重莫達，若欲自申，並可投肺石函』。甲戌，詔斷遠近上慶禮。

閏月丁酉，以行宕昌王梁彌邕爲安西將軍、河涼二州刺史，正封宕昌王。壬寅，詔以憲綱日弛，漸以爲俗，令端右以風聞奏事，依元熙舊制。有司奏，追尊皇考爲文皇帝，廟號太祖，皇妣張氏爲獻皇后，陵曰建陵，郗氏爲德皇后，陵曰修陵。

五月乙亥夜，盜入南北掖，燒神武門、總章觀，害衛尉卿張弘策。戊子，江州刺史陳伯之舉兵反。以領軍將軍王茂爲征南將軍、江州刺史，率衆討之。

六月庚戌，封北秦州刺史楊紹先爲武都王。是月陳伯之奔魏，江州平。前益州刺史劉季連據成都反。秋七月丁巳朔，日有蝕之。

八月戊戌，置建康三官。癸卯，鸞鳥見樂遊苑。乙巳，平北將軍、西涼州刺史象舒彭進號安西將軍，封鄧至王。丁未，命中書監王瑩等八人參定律令。詔尚書郎依昔奏事。交州獻能歌鸚鵡，詔不納。林邑、幹陁利國各遣使朝貢。

冬十一月己未，立小廟。甲子，立皇子統爲皇太子，賜天下爲父後者爵一級。

十二月，大雪，深三尺。

是歲大旱，米斗五千，人多餓死。

二年春正月乙卯，以尚書僕射沈約爲左僕射，吏部尚書范雲爲右僕射。辛酉，祀南郊，降死罪以下囚。庚辰，以仇池公楊靈珍爲北梁州刺史，封仇池王。

夏四月癸卯，尚書删定郎蔡法度上梁律二十卷，令三十卷，科四十卷。

五月，尚書右僕射范雲卒。乙丑，益州刺史鄧元起克成都，曲赦益州。

六月丁亥，以新除左光禄大夫謝朏爲司徒、尚書令。甲午，以中書監王瑩爲尚書右僕射。是夏，多癘疫。

秋七月，扶南、龜茲、中天竺國各遣使朝貢。

冬十月，皇子綱生，降都下死罪以下囚。

十一月乙卯，雷電，大雨，晦。

三年春正月癸丑，以尚書右僕射王瑩爲左僕射，太子詹事柳惔爲右僕射。

二月，魏克梁州。

三月，隕霜殺草。

夏五月丁巳，以扶南王憍陳如闍耶跋摩爲安南將軍。

六月丙子，詔分遣使巡察州部，視人冤酷。癸未，大赦。

秋七月甲子，立皇子綜爲豫章王。

八月，魏克司州。

九月壬子，以河南王世子伏連籌爲鎮西將軍、西秦河二州刺史，封河南王。北天竺國遣使朝貢。

冬十一月甲子，詔除贖罪科。

是歲，魏正始元年。

四年春正月癸卯，詔『自今九流常選，年未三十，不通一經，不得解褐；若有才同甘、顔，勿限年次』。置五經博士各一人。有司奏：吳令唐傭鑄盤龍火爐、翔鳳硯蓋。詔禁錮終身。丙午，省鳳凰銜書伎。戊申，

詔『往代多命宮人帷宮觀禋郊之禮，非所以仰虔蒼昊，自今停止』。辛亥，祀南郊，大赦。二月，初置胄子律博士。壬午，遣衛尉卿楊公則率宿衛兵塞洛口。壬辰，交州刺史李凱據州反，長史李畟討平之，曲赦交州。是月立建興苑於秣陵建興里。

夏四月丁巳，以行宕昌王梁彌博爲安西將軍、河涼二州刺史，正封宕昌王。

六月庚戌，立孔子廟。

冬十月，使中軍將軍、揚州刺史臨川王宏都督北討諸軍事侵魏。以興師費用，王公以下各上國租及田穀以助軍資。

是歲大穰，米斛三十。

五年春正月丁卯朔，詔『凡諸郡國舊族邦内無在朝位者，選官搜括，使郡有一人』。乙亥，起前司徒謝朏爲中書監、司徒。甲申，立皇子綱爲晉安王。

三月丙寅朔，日有蝕之。

夏四月甲寅，初立詔獄。詔建康縣置三官，與廷尉三官分掌獄事，號建康爲南獄，廷尉爲北獄。

五月，置集雅館以招遠學。

秋七月乙丑，鄧至國遣使朝貢。

八月辛酉，作東宮。

九月，臨川王宏軍至洛口，大潰，所亡萬計，宏單騎而歸。冬十一月甲子，都下地震，生白毛。乙丑，以師出淹時，大赦。魏人乘勝攻鍾離。

十二月癸卯，司徒謝朏薨。

六年春三月庚申，隕霜殺草。是月，有三象入建鄴。

夏四月壬辰，置左右驍騎、左右遊擊將軍官。癸巳，曹景宗、韋叡等破魏師於邵陽洲，斬獲萬計。己酉，以江州刺史王茂爲尚書右僕射。丁巳，以揚州刺史臨川王宏爲驃騎大將軍、開府儀同三司，以右光祿大夫沈約爲尚書左僕射。五月己巳，置中衛、中權將軍，改驍騎爲雲騎，遊擊爲遊騎。

秋八月戊子，赦。戊戌，都下大水。

九月乙亥，改閲武堂爲德陽堂，聽訟堂爲儀賢堂。

冬閏十月乙丑，以開府臨川王宏爲司徒，以行太子太傅；尚書左僕射沈約爲尚書令，以行太子少傅；吏部尚書袁昂爲兼尚書右僕射。甲申，以左光祿大夫夏侯詳爲左僕射。

十二月丙辰，左僕射夏侯詳卒。

七月春正月戊子，以元樹爲恒、朔二州都督，封魏郡王。戊戌，詔作神龍、仁獸闕於端門、大司馬門外。

二月乙卯，新作國門於越城南。乙丑，增置鎮衛將軍以下爲十品，以法日數；凡二十四班，以法氣序；不登十品，別有八班，以象八風；又置施外國將軍二十四班，合一百九號。庚午，詔於州郡縣置州望、郡宗、鄉豪各一人，專掌搜薦。乙亥，以車騎大將軍高麗王高雲爲撫東大將軍、開府儀同三司。夏四月乙卯，以皇太子納妃故，赦大辟以下，頒賜朝臣及近侍各有差。

五月，都下大水。戊子，詔蘭陵縣建修二陵周回五里内居人賜復終身。己亥，詔復置宗正、太僕、大匠、鴻臚，又增太府、太舟，仍先爲十二卿，及置朱衣直合將軍官。

六月辛酉，改陵監爲令。

秋八月丁巳，皇子繹生，赦大辟以下未結正者。

九月壬辰，置童子奉車郎。癸巳，立皇子績爲南康王。

冬十月丙寅，以吳興太守張稷爲尚書左僕射。丙子，詔大舉北侵。丁丑，魏縣瓠鎮主白皁生、豫州刺史胡遜以城内屬。

是歲，魏永平元年。

八年春正月辛巳，祀南郊，大赦。壬辰，魏鎮東參軍成景儁以宿預城内屬。

夏四月戊申，以司徒臨川王宏爲司空、揚州刺史，以車騎將軍、領太子詹事王茂即本號開府儀同三司。

秋七月癸巳，巴陵王蕭寶義薨。

冬十一月壬寅，立皇子續爲廬陵王。

九年春正月乙亥，以右光祿大夫王瑩爲尚書令。庚寅，新作緣淮塘。

三月己丑，幸國子學，親臨講肄，賜祭酒以下各有差。乙未，詔皇太子及王侯之子，年在從師者，皆入學。

夏四月丁巳，選尚書五都令史，革用士流。

六月癸丑，盜殺宣城太守朱僧勇。

閏六月己丑，宣城盜轉寇吳興，太守蔡撙討平之。

冬十二月癸未，幸國子學，策試胄子，賜訓授之司各有差。

是歲，於闐、林邑國並遣使朝貢。

十年春正月辛丑，祀南郊，大赦。戊申，荆州言騶虞見。

三月，盜殺東莞、琅邪二郡太守劉晣，以朐山引魏徐州刺史盧昶。

夏六月，以國子祭酒張充爲尚書右僕射。

冬十二月，山車見臨城縣。振遠將軍馬仙琕大破魏軍，斬馘十餘萬，復朐山城。

是歲，初作宮城門三重樓及開二道。宕昌國遣使朝貢，婆利國貢金席。

十一年春正月壬辰，詔『自今逋謫之家，及罪應質作，若年有老小，可停將送』。加鎮南將軍、江州刺史建安王偉開府儀同三司，司空、揚州刺史臨川王宏進位元太尉，以驃騎將軍王茂爲司空。

二月戊辰，新昌、濟陽二郡野蠶成繭。

三月丁巳，爲旱故，曲赦揚、徐二州。庚申，高麗國遣使朝貢。夏四月，百濟、扶南、林邑等國各遣使朝貢。

秋九月，宕昌國遣使朝貢。

冬十一月乙未，以吳郡太守袁昂爲兼尚書右僕射。己酉，降太尉、揚州刺史臨川王宏爲驃騎將軍、開府同三司之儀。癸丑，齊宣德太妃王氏薨。

是歲，魏延昌元年。

十二年春正月辛卯，祀南郊，赦大辟罪以下。

二月辛酉，兼尚書右僕射袁昂即正。丙寅，詔『明下遠近，若委骸不葬，或蒢衣莫改，量給棺具收斂』。辛巳，新作太極殿，改爲十三間，以從閏數。

閏三月乙丑，特進、中軍將軍沈約卒。

夏四月，都下大水。

六月癸巳，新作太廟，增基九尺。

秋九月，加揚州刺史臨川王宏位元司空，以司空王茂爲驃騎將軍、開府同三司之儀、江州刺史。

冬十月丁亥，詔曰：『明堂地居卑濕，可量就埤起，以盡誠敬。』

十三年春二月庚辰朔，震於西南，天如裂。丁亥，耕藉田，大赦，賜孝悌力田爵一級。

夏六月，都下訛言有根根，取人肝肺及血，以飴天狗。百姓大懼，二旬而止。

秋七月乙亥，立皇子綸爲邵陵王、繹爲湘東王、紀爲武陵王。

是歲，林邑、扶南、於闐國各遣使朝貢。作浮山堰。

十四年春正月乙巳朔，皇太子冠，大赦，賜爲父後者爵一級，王公以下班賚各有差。停遠近上慶禮。辛亥，祀南郊，詔班下遠近，博采英異。又前以墨刑用代重辟者，除其條。丙辰，汝陰王劉胤薨。丁巳，魏宣武皇帝崩。

夏四月丁丑，驃騎將軍、開府同三司之儀、江州刺史王茂薨。

冬十月，浮山堰壞。

是歲，蠕蠕、狼牙修國各遣使來朝貢。

十五年春三月戊辰朔，日有蝕之，既。

夏四月，高麗國遣使朝貢。

六月庚子，以尚書令王瑩爲左光祿大夫、開府儀同三司，尚書右僕射袁昂爲左僕射，吏部尚書王暕爲右僕射。

秋八月，蠕蠕、河南國各遣使朝貢。

九月辛巳，左光祿大夫、開府儀同三司王瑩薨。壬辰，大赦。

冬十一月，交州刺史李㬇斬反者阮宗孝，傳首建鄴。曲赦交州。是歲，魏孝明皇帝熙平元年。

十六年春正月辛未，祀南郊。詔尤貧家勿收今年三調，無田業者，所在量宜賦給；及優蠲産子之家，恤理寃獄，並賑孤老鰥寡不能自存者。

二月辛亥，耕藉田。甲寅，赦罪人。

三月丙子，敕太醫不得以生類爲藥；公家織官紋錦飾，並斷仙人鳥獸之形，以爲褻衣，裁翦有乖仁恕。於是祈告天地宗廟，以去殺之理，欲被之含識。郊廟牲牷，皆代以面，其山川諸祀則否。時以宗廟去牲，則爲

不復血食，雖公卿異議，朝野喧囂，竟不從。

冬十月，宗廟薦羞，始用蔬果。

是歲，河南、扶南、婆利等國各遣使朝貢。

十七年春二月癸巳，雍州刺史安成王秀薨。甲辰，大赦。

三月丙寅，改封建安郡王偉爲南平王。

夏六月乙酉，中軍將軍、中書監臨川王宏以本號行司徒。

秋八月壬寅，詔『兵騶奴婢，男年六十六，女年六十，免爲編户』。

閏八月，幹陀利國遣使朝貢。

是歲，魏神龜元年。

冬十月乙亥，以行司徒臨川王宏即正。

十一月辛亥，以南平王偉爲左光祿大夫、開府儀同三司。

十八年春正月甲申，以領軍將軍鄱陽王恢爲征西將軍、荆州刺史，以荆州刺史始興王憺爲中撫將軍，並開府儀同三司。

又 卷八〇《侯景傳》 高歡之敗於沙苑，景謂歡曰：『宇文泰恃於戰勝，今必致怠，請以數千勁騎至關中取之。』歡以告其妃婁氏，曰：『彼若得泰，亦將不歸。得泰失景，於事奚益。』歡乃止。後爲河南道大行臺，位司徒。又言於歡曰：『恨不得泰。請兵三萬，横行天下，要須濟江縛取蕭衍老公，以作太平寺主。』歡壯其言，使擁兵十萬，專制河南，仗任若己之半體。

《北史》卷三《高祖紀》 太和二十二年春三月壬午朔，大破齊將崔慧景、蕭衍軍於鄧城。

又 卷四《世宗紀》 景明二年春三月，齊雍州刺史蕭衍奉其南康王寶融為主，東赴建鄴。十二月，齊直後張齊殺其主蕭寶卷以降蕭衍。

又 卷四三《郭祚傳》 祚表曰：『蕭衍狂狡，擅斷川瀆，役苦人勞，危亡已兆。宜敕揚州選一猛將，遣當州之兵，令赴浮山，表裏夾攻。』朝議從之。除使持節、散騎常侍、都督、雍州刺史、征西將軍。

又 卷四八《爾朱榮傳》 榮便攘肘謂天穆曰：『太后女主，不能自正，推奉天子者，此是人臣常節。葛容之徒，本是奴才，乘時作亂，譬如奴走，禽獲便休。頃來受國大寵，未能混一海內，何宜今日便言勳也？如聞朝士猶自寬縱，今秋欲共兄戒勒士馬，校獵嵩原，令貪汙朝貴，入圍搏虎。仍出魯陽，歷三荆，悉擁生蠻，北填六鎮。回軍之際，因平汾胡。明年簡練精騎，分出江、淮，蕭衍若降，乞萬户侯；如其不降，徑度數千騎，便往縛取。待六合寧一，八表無塵，然後共兄奉天子巡四方，觀風俗，布政教，如此乃可稱勳耳。今若止獵，兵士懈怠，安可復用也？』

論說

《梁書》卷三《武帝紀論》 齊季告終，君臨昏虐，天棄神怒，衆叛親離。高祖英武睿哲，義起樊、鄧，仗旗建號，濡足救焚，總蒼兕之師，翼龍豹之陣，雲驤雷駭，剪暴夷凶，萬邦樂推，三靈改卜。於是御鳳歷，握龍圖，辟四門，弘招賢之路，納十亂，引諒直之規。興文學，修郊祀，治五禮，定六律，四聰既達，萬機斯理，治定功成，遠安邇肅。加以天祥地瑞，無絶歲時。征賦所及之鄉，文軌傍通之地，南超萬里，西拓五千。其中瑰財重寶，千夫百族，莫不充牣王府，蹶角闕庭。三四十年，斯為盛矣。自魏、晉以降，未或有焉。及乎耄年，委事羣幸。然朱異之徒，作威作福，挾朋樹黨，政以賄成，服冕乘軒，由其掌握，是以朝經混亂，賞罰無章。『小人道長』，抑此之謂也。賈誼有云『可為慟哭者矣』。遂使滔天羯寇，承間掩襲，鷲羽流王屋，金契辱乘輿，塗炭黎元，黍離宮室。嗚呼！天道何其酷焉。雖歷數斯窮，蓋亦人事然也。

《南史》卷七《梁紀論》 梁武帝時逢昏虐，家遭冤禍，既地居勢勝，乘機而作，以斯文德，有此武功。始用湯、武之師，終濟唐、虞之業，豈曰人謀，亦惟天命。及據圖籙，多歷歲年，製造禮樂，敦崇儒雅，自江左以來，年踰二百，文物之盛，獨美於茲。然先王文武遞用，德刑備舉，方之水火，取法陰陽，爲國之道，不可獨任；而帝留心俎豆，忘情干戚，溺於釋教，弛于刑典。既而帝紀不立，悖逆萌生，反噬彎弧，皆自子弟，履霜弗戒，卒至亂亡。自古撥亂之君，固已多矣，其或樹置失所，而以後嗣失之，未有自己而得，自己而喪。追蹤徐偃之仁，以致窮門之酷，可爲深痛，可爲至戒者乎！

宋・李昉等《文苑英華》卷七四七《釋・［唐］李德裕〈梁武帝論〉》 世人疑梁武建佛刹三百餘所，而國破家亡，殘禍甚酷，以為釋氏

之力，不能拯其顛危。余以為不然也。釋氏有六波羅密，檀風密羅是其一也。又曰：『難捨能捨，大者頭目肢體，其次國城妻子，此所謂難捨也。』餘嘗深求此理，本不戒其不貪，能自微不有其實，必不操人所實，與老氏之無欲知足，司城之不貪為寶，其義一也。庸夫謂之作福，斯為妄矣。而梁武所建佛刹，未嘗自損一毫，或出自有司，或厚斂氓俗。竭經國之費，破生人之產，勞役不止，杼柚其空，閏位偏方，不堪其弊，以此徼福，不其悖哉！此梁武所以不免也。

又　卷七五三《興亡下·〔唐〕朱敬則〈梁武帝論〉》　梁高祖聰明文思，寬厚通博，生而神異，動多奇怪，此天表也。永元之初，羣賢受命，竭懷輔正，盡力康衢。細隙未開，纖塵不動，而雄圖英算，孤識獨見。審長河之將決，知昆山之必焚。理欲先天，未違後舉，叫嘯龍虎，合集風雲。馳兩函以取荆州，連五都以震都邑。長流遠邁，獨決方寸。霜風飛掃，雲雨霑沐。白旄一麾，頑童授首。乃吊冤魂而謝牛酒，昭筐篚而軾善人。師不疲勞，人無怨讟。謳歌是逼，獄訟攸歸。代易德成，眷命斯在。然躬覽載籍，備睹興亡，留心求瘼，勵精納善。雖化未大道，時亦小康也。

若尋其德音，討其風俗，尚根淺易拔，源涸難流，禍亂相仍，蓋其宜矣。且兵號義旗，戰稱伐罪，勝非已利，功豈私成？湯有慚德，去道近也；武無愧容，其私厚也。昔魏太祖兵鋒無敵，神機獨行，大戰五十六，九州靜七八，百姓與能，天下慕德，猶且翼戴弱主，尊獎漢室。降及宋高，翦平偽孽，安復王家，義聲薄天，高誠動日。然更懸兵四嶽，決勝五湖。北靜燕塵，西清泰霧，宏勳不讓，盛德見推。備物滿庭，猶存非望。故晉帝今日之事，本所甘心。義士猶或非之，通人尚為薄德。況梁取天下，又甚於斯。南康主盟，實稱齊帝。奉之以成大順，承之而動義兵。國步既寧，家怨又雪，羣稱主祭，臣復保猜？借人之名而不復命者也。尋其錫文，考其謙讓，事同對面，理非飾詞，甯知悠悠江山，相去千里，矯情偽迹，頓至於斯？示人此心，豈躬行事，欲令節義行於比屋，其可得乎？

夫君人者，日月齊其明，陰陽質其信，江海同其量，天地偕其容。未有飾智驚愚，衒　材惑衆，較武力於羊侃，示腰腹於賀琛。商略儒宗，取異於章句；變置官品，無求於典實。每事皆欲先人，所唱復須稱讚。父作子注，君制臣歌，受佞無厭，進諂不倦，浮華道長，輕薄路開。以天譴為嘉祥，用妖怪為休祉。聚斂俱極，賞罰無章。有識為之寒心，羣僚曾不先覺。若言位是神物，何須下殿走乎？若言負重願休，何勞受贖歸乎？若言息人是務，何須納叛臣乎？若言吞伐有時，何須中許和乎？利器不藏，姦夫得志。然則侯景之兵我人也，仗我器也，驅我人揭我器而取雋者，豈異術哉？由上人之失教也。君父幽辱，宗廟傾危，帝子王孫，跨州連郡，未有晉鄭齊心。牟虛合契，五侯九伯。列海分山，罕聞申包胥之頓哭秦庭，茅夷鴻之幣謁吳國。戶口徒衆，不睹死戰之人；寵遇雖多，寧有報恩之士？江淮無波瀾之阻，城闕絕藩籬之固。長州杜若，一旦凋零，稽山竹箭，忽然摧折，可不甚歟！

或問曰：『梁主不以黄屋為尊，紫宸為貴，離欲絕愛，遺色歸空。有湯武之憂勞，若堯舜之臞臘。享國五十，若登春臺；忽為羈旅叛臣，嗚吠逋醜。長戟指闕，彊弩臨城，兵折意窮，忿毒而没。善不可恃，岐路保歸？』

君子曰：『梁主之美，誠如子言。神無與善，未敢聞命。何者？武帝暮年，荒誕實甚。殫守縣之力，不充自縱之資；盡丁口之租，纔足緇衣之費。昔夏桀以九州之富，秦皇以六合之尊，造瓊室而天下土崩，作阿房而寰中瓦解。況地比一郡，國乃三分。外有征戍之勤，內有雕靡之弊。加以金刹寶柱，煥爛雲霞，至於銀榜珠簾，的　星月。神怒人怨，禍積患生，過往必來，何足疑也？且夫惡於齊而保於我，何補也？得一夫而亡一國，非智也。昔趙納馮亭，有長平之禍；梁受侯景，成永福之災。金甌忽傷，悔之何及？』

拓跋珪分部

綜　述

《魏書》卷二《太祖紀》　太祖道武皇帝，諱珪，昭成皇帝之嫡孫，

獻明皇帝之子也。母曰獻明賀皇后。初因遷徙，遊于雲澤，既而寢息，夢日出室內，寤而見光自牖屬天，欻然有感。以建國三十四年七月七日，生太祖於參合陂北，其夜復有光明。昭成大悅，羣臣稱慶，大赦，告於祖宗。保者以帝體重倍於常兒，竊獨奇怪。明年有榆生於埋胞之坎，後遂成林。弱而能言，目有光曜，廣顙大耳，衆咸異之。年六歲，昭成崩。苻堅遣將內侮，將遷帝於長安，既而獲免。語在《燕鳳傳》。堅軍既還，國衆離散。堅使劉庫仁、劉衛辰分攝國事。南部大人長孫嵩及元他等，盡將故民南依庫仁，帝於是轉幸獨孤部。

元年，葬昭成皇帝於金陵，營梓宮，木柹盡生成林。帝雖沖幼，而嶷然不羣。庫仁常謂其子曰：帝有高天下之志，興復洪業，光揚祖宗者，必此主也。

七年，冬十月，苻堅敗於淮南。是月，慕容文等殺庫仁，庫會弟眷攝國部。

八年，慕容暐弟沖僭立。姚萇自稱大單于、萬年秦王。慕容垂僭稱燕王。

九年，庫仁子顯殺眷而代之，乃將謀逆。商人王霸知之，履帝足於衆中，帝乃馳還。是時故大人梁蓋盆子六眷，為顯謀主，盡知其計，密使部人穆崇馳告。帝乃陰結舊臣長孫犍、元他等。秋八月，乃幸賀蘭部。其日，顯果使人求帝，不及。語在《獻明太后傳》。是歲，鮮卑乞伏國仁私署大單于。苻堅為姚萇所殺，子丕僭立。

登國元年春正月戊申，帝即代王位，郊天，建元，大會於牛川。復以長孫嵩為南部大人，以叔孫普洛為北部大人。班爵敍勳，各有差。二月，幸定襄之盛樂。息衆課農。三月，劉顯自善無南走馬邑，其族奴真率所部來降。

夏四月，改稱魏王。五月，車駕東幸陵石。護佛侯部帥侯辰、乙弗部帥代題叛走。諸將追之，帝曰：『侯辰等世修職役，雖有小愆，宜且忍之。當今草創，人情未一，愚近者固應趑趄，不足追也。』

秋七月己酉，車駕還盛樂。代題復以部落來降，旬有數日，亡奔劉顯。帝使其孫倍斤代領部落。是月，劉顯弟肺泥率騎掠奴真部落，既而率以來降。初，帝叔父窟咄為苻堅徙於長安，因隨慕容永，永以為新興太守。八月，劉顯遣弟亢泥迎窟咄，以兵隨之，來逼南境。於是諸部騷動，人心顧望。帝左右于桓等，與諸部人謀為逆以應之。事泄，誅造謀者五人，餘悉不問。帝慮內難，乃北逾陰山，幸賀蘭部，阻山為固。遣行人安同、長孫賀使於慕容垂以征師。垂遣使朝貢，並令其子賀驎帥步騎以隨同等。

冬十月，賀驎軍未至而寇已前逼，於是北部大人叔孫普洛等十三人及諸烏丸亡奔衛辰。帝自弩山遷幸牛川，屯於延水南，出代谷，會賀驎於高柳，大破窟咄。窟咄奔衛辰，衛辰殺之，帝悉收其衆。十二月，慕容垂遣使朝貢，奉帝西單于印綬，封上谷王。帝不納。是歲，慕容垂僭稱皇帝於中山，自號大燕。苻丕死，苻登自立於隴東。姚萇稱皇帝於長安，自號大秦。慕容沖為部下所殺。慕容永僭立。

二年春正月，班賜功臣長孫嵩等七十三人各有差。二月，帝幸寧川。

夏五月，遣行人安同徵兵於慕容垂，垂使子賀驎率衆來會。六月，帝親征劉顯於馬邑南，追至彌澤，大破之，顯南奔慕容永，盡收其部落。秋八月，帝至自伐顯。

冬十月癸卯，幸濡源，遣外朝大人王建使於慕容垂。十一月，遂幸赤城。十有二月，巡松漠。還幸牛川。

三年春二月，帝東巡。

夏四月，幸東赤城。五月癸亥，北征庫莫奚。六月，大破之，獲其四部雜畜十餘萬，渡弱落水。班賞將士各有差。

秋七月庚申，庫莫部帥鳩集遺散，夜犯行宮。縱騎撲討，盡殺之。其月，帝還赤城。八月使九原公元儀使於慕容垂。冬十一月，慕容垂遣使朝貢。十有二月辛卯，車駕西征。至女水，討解如部。大破之，獲男女雜畜十數萬。是歲，乞伏國仁死，弟乾歸立，私署河南王。

四年春正月甲寅，襲高車諸部落，大破之。二月癸巳，至女水，討叱突鄰部，大破之。戊戌，賀染干兄弟率諸部來救，與大軍相遇，逆擊走之。

夏四月，行還赤城。五月，陳留公元虔使於慕容垂。

冬十月，垂遣使朝貢。是歲，氐呂光自稱三河王，遣使朝貢。

五年春三月甲申，帝西征。次鹿渾海，襲高車袁紇部，大破之，虜獲

生口、馬牛羊二十餘萬。慕容垂遣子賀驎率衆來會。

夏四月丙寅，行幸意辛山，與賀驎討賀蘭、紇突鄰、紇奚諸部落，大破之。六月，還幸牛川。衛辰遣子直力鞮寇賀蘭部，圍之。賀訥等請降，告困。秋七月丙子，帝引兵救之，至羊山，直力鞮退走。

八月，還幸牛川。遣秦王觚使於慕容垂。九月壬申，討叱奴部於囊曲河，大破之。

冬十月，遷雲中，討高車豆陳部於狼山，破之。十有一月，紇奚部大人庫寒舉部内屬。十有二月，紇突鄰大人屈地鞬舉部内屬。帝還次白漠。

六年春二月，幸紐垤川。三月，遣九原公元儀、陳留公元虔等西討黜弗部，大破之。

夏四月，祠天。六月，慕容賀驎破賀訥於赤城。帝引兵救之，驎退走。

秋七月壬申，講武於牛川。行，還紐垤川。慕容垂止元觚而求名馬，帝絕之。乃遣使於慕容永，永使其大鴻臚慕容鈞奉表勸進尊號。其月，衛辰遣子直力鞮出棝楊塞，侵及黑城。九月，帝襲五原，屠之。收其積穀，還紐垤川。於棝楊塞北，樹碑記功。

冬十月戊戌，北征蠕蠕。追之，及於大磧南床山下，大破之。班賜從臣各有差。其東西二部主匹候跋及縕紇提，斬別帥屋擊於。事具《蠕蠕傳》。十有一月戊辰，還幸紐垤川。戊寅，衛辰遣子直力鞮寇南部。己卯，車駕出討。壬午，大破直力鞮軍於鐵歧山南，獲其器械輜重。牛羊二十餘萬。戊子，自五原金津南渡河。辛卯，次其所居悅跋城，衛辰父子奔遁。壬辰，詔諸將追之，擒直力鞮。十有二月，獲衛辰尸，斬以徇，遂滅之。語在《衛辰傳》。衛辰少子屈丐，亡奔薛干部。車駕次於鹽池。自河以南，諸部悉平。簿其珍寶畜產，名馬三十餘萬匹，牛羊四百餘萬頭。班賜大臣各有差。收衛辰子弟宗黨無少長五千餘人，盡殺之。山胡酋大幡頹、業易於等率三千餘家降附，出居於馬邑。是歲，起河南宮。

七年春正月，幸木根山，遂次黑鹽池。饗宴羣臣，覲諸國貢使。北之美水。三月甲子，宴羣臣於水濱，還幸河南宮。西部泣黎大人茂鮮叛走，遣南部大人長孫嵩追討，大破之。夏五月，班賜諸官馬牛羊各有差。秋八月，行幸漠南，仍築巡臺。冬十有二月，慕容永遣使朝貢。是歲，皇子嗣生。

八年春正月，帝南巡。二月，幸羖羊原，赴白樓。三月，車駕西征侯呂鄰部。

夏四月，至苦水，大破之。五月，還幸白樓。慕容垂討慕容永於長子。六月，車駕北巡。永來告急，遣陳留公元虔、將軍庾岳率騎五萬東度河救之。破類拔部帥劉曜等，徙其部落。元虔等因屯秀容，慕容垂遂圍長子。

秋七月，車駕臨幸新壇。庚寅，宴羣臣，仍講武。先是，衛辰子屈丐奔薛干部，征之不送。

八月，帝南征薛干部帥太悉佛於三城，會其先出擊曹覆，帝乘虛屠其城，獲太悉佛子珍寶，徙其民而還。太悉佛聞之，來赴不及，遂奔姚興。九月，還幸河南宮。是歲，姚萇死。

九年春三月，帝北巡。使東平公元儀屯田於河北五原，至於棝楊塞外。夏五月，田於河東。

秋七月，還幸河南宮。

冬十月，蠕蠕社崘等率部落西走。事具《蠕蠕傳》。是歲，姚萇子興僭立，殺苻登。慕容垂滅永。

十年春正月，太悉佛自長安還嶺北，上郡以西皆應之。夏五月，幸鹽池。六月，還幸河南宮。

秋七月，慕容垂遣其子寶來寇五原，造舟收穀。帝遣右司馬許謙徵兵於姚興。東平公元儀徙據朔方。八月，帝親治兵於河南。九月，進師，臨河築臺告津，連旌沿河東西千里有餘。是時，陳留公元虔五萬騎在東，以絕其左，元儀五萬騎在河北，以承其後，略陽公元遵七萬騎塞其中山之路。

冬十月辛未，寶燒船夜遁。十一月己卯，帝進軍濟河。乙酉夕，至參合陂。丙戌，大破之。語在《寶傳》。生擒其陳留王紹、魯陽王倭奴、桂林王道成、濟陰公尹國、北地王世子鍾葵、安定王世子羊兒以下文武將吏數千人，器甲輜重、軍資雜財十餘萬計。於俘虜之中擢其才識者賈彝、賈閏、晁崇等與參謀議，憲章故實。班賞大臣將校各有差。十有二月，還幸雲中之盛樂。

皇始元年春正月，大搜於定襄之虎山，因東幸善無北陂。三月，慕容垂來寇桑乾川。阿留公元虔先鎮平城，時徵兵未集，虔率麾下邀擊，失利死之。垂遂至平城西北，逾山結營。聞帝將至，乃築城自守。疾甚，遂遁走，死於上谷。子寶匿喪而還，至中山乃僭立。

夏六月癸酉，遣將軍王建等三軍討寶廣寧太守劉亢泥，斬之，徙其部落。寶上谷太守慕容普鄰，捐郡奔走。丁亥，皇太后賀氏崩。是月，葬獻明太后。

秋七月，右司馬許謙上書勸進尊號，帝始建天子旌旗，出入警蹕，於是改元。八月庚寅，治兵於東郊。己亥，大舉討慕容寶，帝親勒六軍四十餘萬，南出馬邑，逾於句注。旌旗駱驛二千餘里，鼓行而前，民室皆震。別詔將軍封真等三軍，從東道出襲幽州，圍薊。九月戊午，次陽曲，乘西山，臨觀晉陽，命諸將引騎圍脅，已而罷還。寶并州牧遼西王農大懼，將妻子棄城夜出，東遁，并州平。初建臺省，置百官，封拜公侯、將軍、刺史、太守，尚書郎已下悉用文人。帝初拓中原，留心慰納。諸士大夫詣軍門者，無少長，皆引入賜見。存問周悉，人得自盡。苟有微能，咸蒙敍用。己未，詔輔國將軍奚牧略地晉川，獲慕容寶丹陽王買得等於平陶城。

冬十月乙酉，車駕出井陘，使冠軍將軍王建、左軍將軍李栗五萬騎先驅啓行。十有一月庚子朔，帝至真定。自常山以東，守宰或捐城奔竄，或稽顙軍門，唯中山、鄴、信都三城不下。別詔征東大將軍東平公儀五萬騎南攻鄴，冠軍將軍王建、左軍將軍李栗等攻信都，軍之所行，不得傷民桑棗。戊午，進軍中山；己未，引騎圍之。帝謂諸將曰：『朕量寶不能出戰，必當憑城自守，偷延日月。急攻則傷士，久守則費糧，不如先平鄴、信都，然後還取中山，於計為便。若移軍遠去，寶必散衆求食民間，如此，則人心離阻，攻之易克。』諸將稱善。丁卯，車駕幸魯口城。是歲，司馬昌明死，子德宗僭立，遣使朝貢。呂光僭稱天王，號大涼，遣使朝貢。

二年春正月己亥朔，大饗羣臣於魯口。慕容寶遣其左衛將軍慕容騰寇博陵，殺中山太守及高陽諸縣令長，抄掠租運。是時信都未下，庚申，乃進軍。壬戌，引騎圍之。其夜，寶冀州刺史宜都王慕容鳳逾城奔走，歸於中山。癸亥，寶輔國將軍張驤、護軍將軍徐超率將吏已下舉城降。寶聞帝幸信都，乃趣博陵之深澤，屯呼沱水，遣弟賀麟寇楊城，殺常山守兵三百餘人。寶悉出珍寶及宮人招募郡縣，羣盜無賴者多應之。

二月己巳，帝進幸楊城。丁丑，軍於鉅鹿之柏肆塢，臨呼沱水。其夜，寶悉衆犯營，燎及行宮，兵人駭散。帝驚起，不及衣冠，跣出擊鼓。俄而左右及中軍將士，稍稍來集。帝設奇陳，列烽營外，縱騎衝之，寶衆大敗，斬首萬餘級，擒其將軍高長等四千餘人。戊寅，寶走中山，獲其器仗輜重數十萬計。寶尚書閔亮、秘書監崔逞、太常孫沂、殿中侍御史孟輔等並降。降者相屬，賜拜職爵各有差。平原徐超聚衆反於畔城，詔將軍奚辱捕斬之。并州守將封真率其種族與徒何為逆，將攻刺史元延，延討平之。是時，柏肆之役，遠近流言，賀蘭部帥附力眷、紇突鄰部帥匿物尼、紇奚部帥叱奴根聚黨反於陰館，南安公元順率軍討之，不克，死者數千。詔安遠將軍庾岳總萬騎，還討叱奴根等，滅之。三月己酉，車駕次於盧奴。寶遣使求和，請送元觚，割常山以西奉國，乞守中山以東。帝許之。已而寶背約。辛亥，車駕次中山，命諸將圍之。是夜，寶弟賀麟將妻子出走西山。寶見賀麟走，恐先據和龍，壬子夜，遂將其妻子及兄弟宗族數千騎北遁。寶將李沈、王次多、張超、賈歸等來降。遣將軍長孫肥追之，至范陽，不及而還。城內共立慕容普鄰為主。

夏四月，帝以軍糧未繼，乃詔征東大將軍東平公元儀罷鄴圍，徙屯鉅鹿，積租楊城。普鄰出步卒六千餘人，伺間犯諸屯兵。詔將軍長孫肥等輕騎挑之，帝以虎隊五千橫截其後，斬首五千，生虜七百人，宥而遣之。夏五月庚子，大賞功臣。帝以中山城內為普鄰所脅，而大軍迫之，欲降無路，乃密招喻之。甲辰，曜兵揚威以示城內，命諸軍罷圍南徙以待其變。甲寅，以東平公元儀為驃騎大將軍、都督中外諸軍事、兗豫雍荆徐揚六州牧、左丞相，封衛王。襄城公元題，進封為王。

秋七月，普鄰遣烏丸張驤率五千餘人出城求食，寇常山之靈壽，殺害吏民。賀麟自丁零國入於驤軍，因其衆，復入中山，殺普鄰而自立。帝還幸魯口，遣將軍長孫肥一千騎襲中山，入其郛而還。八月丙寅朔，帝自魯口進軍常山之九門。時大疫，人馬牛多死。帝問疫於諸將，對曰：『在者纔十四五。』是時中山猶拒守，而饑疫並臻，羣下咸思還北。帝知其意，因謂之曰：『斯固天命，將若之何！四海之人，皆可與為國，在吾所以

撫之耳，何恤乎無民！』羣臣乃不敢復言。遣撫軍大將軍略陽公元遵襲中山，芟其禾菜，入郛而還。九月，賀麟饑窮，率三萬餘人出寇新市。甲子晦，帝進軍討之。太史令晁崇奏曰：『不吉。』帝曰：『其義云何？』對曰：『昔紂以甲子亡，兵家忌之。』帝曰：『紂以甲子亡，周武不以甲子勝乎？』崇無以對。

冬十月丙寅，帝進軍新市。賀麟退阻泒水，依漸洳澤以自固。甲戌，帝臨其營，戰於義臺塢，大破之，斬首九千餘級。賀麟單馬走西山，遂奔鄴，慕容德殺之。甲申，共所署公卿、尚書、將吏、士卒降者二萬餘人。其將張驤、李沈、慕容文等先來降，尋皆亡還，是日復獲之，皆赦而不問。獲其所傳皇帝璽綬、圖書、府庫、珍寶，簿列數萬。班賜功臣及將士各有差。中山平。乙酉，襄城王題薨。丁亥，遣三萬騎赴衛王儀，將以攻鄴。是歲，鮮卑禿髮烏孤私署大單于、西平王。

天興元年春正月，慕容德走保滑臺。儀克鄴，收其倉庫。詔賞將士各有差。儀追德至於河，不及而還。庚子，車駕自中山行幸常山之真定，次趙郡之高邑，遂幸於鄴。民有老不能自存者，詔郡縣賑恤之。帝至鄴，巡登臺榭，遍覽宮城，將有定都之意，乃置行臺，以龍驤將軍日南公和跋為尚書，與左丞賈彝率郎吏及兵五千人鎮鄴。車駕自鄴還中山，所過存問百姓。詔大軍所經州郡，復貲租一年，除山東民租賦之半。車駕將北還，發卒萬人治直道，自望都鐵關鑿恒嶺至代五百餘里。帝慮還後山東有變，乃置行臺於中山，詔左丞相、守尚書令、衛王儀鎮中山，撫軍大將軍、略陽公元遵鎮勃海之合口。右軍將軍尹國先督租於冀州，聞帝將還，謀反，欲襲信都。安南將軍長孫嵩執送，斬之。辛酉，車駕發自中山，至於望都堯山。徙山東六州民吏及徒何、高麗雜夷三十六萬，百工伎巧十萬餘口，以充京師。車駕次於恒山之陽。博陵、勃海、章武羣盜並起，略陽公元遵等討平之。廣川太守賀盧殺冀州刺史王輔，驅勒守兵，抄掠陽平、頓丘諸郡，遂南渡河，奔慕容德。

二月，車駕自中山幸繁宮，更選屯衛。詔給內徙新民耕牛，計口受田。三月，離石胡帥呼延鐵、西河胡帥張崇等聚黨數千人叛。詔安遠將軍庾岳討平之。漁陽羣盜庫傉官韜聚衆反。詔中堅將軍伊謂討之。征左丞相、衛王儀還京師，詔略陽公遵代鎮中山。

夏四月壬戌，進遵封常山王，南安公元順進封毗陵王，征虜將軍、歷陽公穆崇為太尉，安南將軍、鉅鹿公長孫嵩為司徒。帝祠天於西郊，麾幟有加焉。廣平太守、遼西公元意烈謀反，於郡賜死，原其妻子。鄴城屠各董羌、杏城盧水郝奴、河東蜀薛榆、氐帥苻興，各率其種內附。六月丙子，詔有司議定國號。羣臣曰：『昔周秦以前，世居所生之土，有國有家，及王天下，即承為號。自漢以來，罷侯置守，時無世繼，其應運而起者，皆不由尺土之資。今國家萬世相承，啓基雲代。臣等以為若取長遠，應以代為號。』詔曰：『昔朕遠祖，總御幽都，控制遐國，雖踐王位，未定九州。逮於朕躬，處百代之季，天下分裂，諸華乏主。民俗雖殊，撫之在德，故躬率六軍，掃平中土，凶逆蕩除，遐邇率服。宜仍先號，以為魏焉。布告天下，咸知朕意。』

秋七月，遷都平城，始營宮室，建宗廟，立社稷。漁陽烏丸庫傉官韜復聚黨為寇。詔冠軍將軍王建討平之。八月，詔有司正封畿，制郊甸，端徑術，標道里，平五權，較五量，定五度。遣使循行郡國，舉奏守宰不法者，親覽察黜陟之。九月，烏丸張驤子超，收合亡命，聚黨三千餘家，據勃海之南皮，自號征東大將軍、烏丸王，抄掠諸郡。詔將軍庾岳討之。

冬十月，起天文殿。十有一月辛亥，詔尚書吏部郎中鄧淵典官制，立爵品，定律呂，協音樂；儀曹郎中董謐撰郊廟、社稷、朝覲、饗宴之儀；三公郎中王德定律令，申科禁；太史令晁崇造渾儀，考天象；吏部尚書崔玄伯總而裁之。閏月，左丞相、驃騎大將軍、衛王儀及諸王公卿士，詣闕上書曰：『臣等聞宸極居中，則列宿齊其晷；帝王順天，則羣后仰其度。伏惟陛下德協二儀，道隆三五，仁風被於四海，盛化塞於大區，澤及昆蟲，恩沾行葦，謳歌所屬，八表歸心，軍威所及，如風靡草，萬姓顒顒，咸思係命。而躬履謙虛，退身後己，宸儀未彰，哀服未御，非所以上允皇天之意，下副樂推之心。宜光崇聖烈，示軌憲於萬世。臣等謹昧死以聞。』帝三讓乃許之。十有二月己丑，帝臨天文殿，太尉、司徒進璽綬，百官咸稱萬歲。大赦，改年。追尊成帝已下及后號謚。樂用《皇始》之舞。詔百司議定行次。尚書崔玄伯等奏從土德，服色尚黃，數用五；未祖辰臘，犧牲用白。五郊立氣，宣贊時令，敬授民時，行夏之正。徙六州二十二郡守宰、豪傑、吏民二千家於代都。是歲，蘭汗殺慕容寶而

自立，寶子盛殺汗僭立。慕容德自稱燕王。

二年春正月甲子，初祠上帝於南郊，以始祖神元皇帝配，降壇視燎，成禮而反。乙丑，曲赦京師。始制三駕之法。庚午，車駕北巡，分命諸將大襲高車。大將軍、常山王遵等三軍從東道出長川，鎮北將軍、高涼王樂真等七軍從西道出牛川，車駕親勒六軍從中道自駮髯水西北。

二月丁亥朔，諸軍同會，破高車雜種三十餘部，獲七萬餘口，馬三十餘萬匹，牛羊百四十餘萬。驃騎大將軍、衛王儀督三萬騎別從西北絕漠千餘里，破其遺迸七部，獲二萬餘口，馬五萬餘匹，牛羊二十餘萬頭，高車二十餘萬乘，並服玩諸物。還次牛川及薄山，並刻石記功。班賜從臣各有差。庚戌，征虜將軍庾岳破張超於勃海。超走平原，為其黨所殺。以所獲高車衆起鹿苑，南因臺陰，北距長城，東包白登，屬之西山，廣輪數十里。鑿渠引武川水注之苑中，疏為三溝，分流宮城內外。又穿鴻雁池。三月己未，車駕至自北伐。甲子，初令《五經》羣書各置博士，增國子太學生員三千人。是月，氐人李辯叛慕容德，求援於鄴行臺尚書和跋。跋輕騎往應之，克滑臺，收德宮人府藏；又破德桂林王鎮及郎吏將士千餘人。丙子，遣建義將軍庾真、越騎校尉奚斤討庫狄部帥葉亦干、宥連部帥竇羽泥於太渾川，破之。庫狄勤支子沮亦干率其部落內附。真等進破侯莫陳部，獲馬牛羊十餘萬頭，追殄遺迸，入大峨谷。中山太守仇儒亡匿趙郡，推羣盜趙准為主，號使持節、征西大將軍、冀青二州牧、鉅鹿公，仇儒為准長史，聚黨扇惑。詔中領軍長孫肥討平之。

夏四月，前清河太守傅世聚黨千餘家，自號撫軍將軍。五月癸亥，征虜將軍庾岳討破之。

秋七月，起天華殿。辛酉，大閱於鹿苑，饗賜各有差。陳郡、河南流民萬餘口內徙，遣使者存勞之。姚興遣衆圍洛陽，司馬德宗將辛恭靖請救。八月，遣太尉穆崇率騎六千往赴之。增啓京師十二門。作西武庫。除州郡民租賦之半。辛亥，詔禮官備撰衆儀，著於新令。范陽人盧溥，聚衆海濱，稱使持節、征北大將軍、幽州刺史，攻掠郡縣，殺幽州刺史封沓干。慕容盛遼西太守李朗，舉郡內屬。西河胡帥護諸於、丁零帥翟同、蜀帥韓矗，並相率內附。

冬十月，太廟成，遷神元、平文、昭成、獻明皇帝神主於太廟。十有二月甲午，慕容盛征虜將軍、燕郡太守高湖，率戶三千內屬。辛亥，詔材官將軍和突討盧溥。天華殿成。是歲，呂光立其子紹為天王，自稱太上皇。光死，庶子纂殺紹僭立。禿髮烏孤死，弟鹿孤代立，遣使朝貢。

三年春正月戊午，和突破盧溥於遼西，生獲溥及其子煥，傳送京師，轘之。癸亥，有事於北郊。分命諸官循行州郡，觀民風俗，察舉不法。賜羣臣布帛各有差。二月丁亥，詔有司祀日於東郊。始耕籍田。壬寅，皇子聰薨。三月戊午，立皇后慕容氏。是月，穿城南渠通於城內，作東西魚池。

夏四月，姚興遣使朝貢。五月戊辰，詔謁者僕射張濟使於姚興。己巳，車駕東巡，遂幸涿鹿，遣使者以太牢祠帝堯、帝舜廟。西幸馬邑，觀灅源。

秋七月壬子，車駕還宮。起中天殿及雲母堂、金華室。

十有一月，高車別帥敕力犍，率九百餘落內屬。十有二月乙未，詔曰：『世俗謂漢高起於布衣而有天下，此未達其故也。夫劉承堯統，曠世繼德，有蛇龍之徵，致雲彩之應，五緯上聚，天人俱協，明革命之主，大運所鍾，不可以非望求也。然狂狡之徒，所以顛蹶而不已者，誠惑於逐鹿之說，而迷於天命也。故有踵覆車之軌，蹈釁逆之蹤，毒甚者傾州郡，害微者敗邑里，至乃身死名頹，殃及九族，從亂隨流，死而不悔，豈不痛哉！《春秋》之義，大一統之美，吳楚僭號，久加誅絕，君子賤其偽名，比之塵垢。自非繼聖載德，天人合會，帝王之業，夫豈虛應。歷觀古今，不義而求非望者，徒喪其保家之道，而伏刀鋸之誅。有國有家者，誠能推廢興之有期，審天命之不易，察征應之潛授，杜競逐之邪言，絕姦雄之僭肆，思多福於止足，則幾於神智矣。如此，則可以保榮祿於天年，流餘慶於後世。夫然，故禍悖無緣而生，兵甲何因而起？凡厥來世，勖哉戒之，可不慎歟！』

時太史屢奏天文錯亂，帝親覽經占，多云改王易政，故數革官號，一欲防塞凶狡，二欲消災應變。已而慮羣下疑惑，心謗腹非，丙申復詔曰：『上古之治，尚德下名，有任而無爵，易治而事序，故邪謀息而不起，姦慝絕而不作。周姬之末，下凌上替，以號自定，以位制祿，卿世其官，大夫遂事，陽德不暢，議發家陪，故釁由此起，兵由此作。秦漢之弊，捨德

崇侈，能否混雜，賢愚相亂，庶官失序，任非其人。於是忠義之道寢，廉恥之節廢，退讓之風絕，毀譽之義興，莫不由乎貴尚名位，而禍敗及之矣。古置三公，職大憂重，故曰待罪宰相，將委任責成，非虛寵祿也。而今世俗，僉以臺輔為榮貴，企慕而求之。夫此職司，在人主之所任耳，用之則重，捨之則輕。然則官無常名，而任有定分，是則所貴者至矣，何取於鼎司之虛稱也。夫桀紂之南面，雖高而可薄；姬旦之為下，雖卑而可尊。一官可以效智，蓽門可以垂範。苟以道德為實，賢於覆餗蔀家矣。故量己者，令終而義全；昧利者，身陷而名滅。利之與名，毀譽之疵競；道之與德，神識之家寶。是故道義，治之本；名爵，治之末。名不本於道，不可以為宜；爵無補於時，不可以為用。用而不禁，為病深矣。能通其變，不失其正者，其惟聖人乎？來者誠思成敗之理，察治亂之由，鑑殷周之失，革秦漢之弊，則幾於治矣。』

是歲，乞伏乾歸為姚興所破，李暠私署涼州牧、涼公。

四年春正月，高車別帥率其部三千餘落內附。二月丁亥，命樂師入學習舞，釋菜于先聖、先師。丁酉，分命使者循行州郡，聽察辭訟，糾劾不法。三月，帝親漁，薦于寢廟。

夏四月辛卯，罷鄴行臺。詔有司明揚隱逸。五月，起紫極殿、玄武樓、涼風觀、石池、鹿苑臺。

秋七月，詔鎮遠將軍、兗州刺史長孫肥步騎二萬南徇許昌、彭城。詔賜天下鎮戍將士布帛各有差。冬十二月辛亥，詔征西大將軍、常山王遵等率衆五萬討破多蘭部帥木易于，材官將軍和突率騎六千襲黜弗、素古延等諸部。集博士儒生，比衆經文字，義類相從，凡四萬餘字，號曰《衆文經》。是歲，慕容盛死，寶弟熙僭立。呂光弟子隆殺纂自立。盧水胡沮渠蒙遜私署涼州牧、張掖公。蒙遜及李暠並遣使朝貢。

五年春正月丁丑，慕容熙遣將寇遼西。虎威將軍宿沓干等拒戰不利，棄令支而還。帝聞姚興將寇邊，庚寅，大簡輿徒，詔并州諸軍積穀于平陽之乾壁。戊子，材官將軍和突破黜弗、素古延等諸部，獲馬三千餘匹，牛羊七萬餘頭。辛卯，蠕蠕社崘遣騎救素古延等，和突逆擊破之于山南河曲，獲鎧馬二千餘匹。班師。賞賜將士各有差。

二月癸丑，征西大將軍、常山王遵等至安定之高平，木易于率數千騎與衛辰、屈丐棄國遁走，追至隴西瓦亭，不及而還。獲其輜重庫藏，馬四萬餘匹，駱駝、犛牛三千餘頭，牛、羊九萬餘口。班賜將士各有差。徙其民於京師。沙門張翹自號無上王，與丁零鮮于次保聚黨常山之行唐。夏四月，太守樓伏連討斬之。

五月，姚興遣其弟安北將軍、義陽公平率衆四萬來侵。平陽乾壁為平所陷。六月，治兵於東郊，部分衆軍，詔鎮西大將軍毗陵王順、長孫肥等三將六萬騎為前鋒。

秋七月戊辰朔，車駕西討。八月乙巳，至於柴壁。平固守，進軍圍之。姚興悉舉其衆來救。甲子，帝渡蒙坑，逆擊興軍，大破之。

冬十月，平赴水而死，俘其餘衆三萬餘人。語在《興傳》。獲興征虜將軍、尚書右僕射狄伯支，越騎校尉唐小方，積弩將軍姚梁國，建忠將軍雷星、康官，北中郎將康猥，平從弟伯禽已下、四品將軍已上四十餘人。獲先亡臣王次多、靳勤，並斬以徇。興頻使請和，帝不許。羣臣勸進平蒲阪，帝慮蠕蠕為難，戊申，班師。十有一月，車駕次晉陽。徵相州刺史庾岳為司空。遣左將軍莫題討上黨羣盜秦頗、丁零翟都於壺關。丁丑，上黨太守捕頗，斬之，都走林慮。十有二月辛亥，至自西征。蠕蠕社崘犯塞，詔常山王遵追之，不及而還。越勤莫弗率其部萬餘家內屬，居五原之北。

是歲，禿髮鹿孤病死，弟傉檀統任，遣使朝貢。

六年春正月辛未，朔方尉遲部別帥率萬餘家內屬，入居雲中。夏五月，大簡輿徒，將略江淮，平荆揚之亂。

秋七月，鎮西大將軍、司隸校尉、毗陵王順有罪，以王還第。戊子，車駕北巡，築離宮於犲山，縱士校獵，東北逾罽嶺，出參合、代谷。九月，行幸南平城，規度㶟南，面夏屋山，背黃瓜堆，將建新邑。辛未，車駕還宮。

冬十月，起西昭陽殿。乙卯，立皇子嗣為齊王，加車騎大將軍，位相國；紹為清河王，加征南大將軍；熙為陽平王；曜為河南王。封故秦湣王子夔為豫章王，陳留王子右將軍悅為朱提王。丁巳，詔將軍伊謂率騎二萬北襲高車。司馬德宗遣使朝貢。十有一月庚午，伊謂大破高車。是年，島夷桓玄廢其主司馬德宗而自立，僭稱大楚。

天賜元年春正月，遣離石護軍劉托率騎三千襲蒲子。三月丙寅，擒姚

興寧北將軍、泰平太守衡譚，獲三千餘口。初限縣戶不滿百罷之。

夏四月，詔尚書郎中公孫表使於江南，以觀桓玄之釁也。值玄敗而還。蠕蠕社侖從弟悅伐大那等謀殺社侖而立大那。發覺，來奔。五月，置山東諸冶，發州郡徒謫造兵甲。秋九月，帝臨昭陽殿，分置衆職，引朝臣文武，親自簡擇，量能敍用；制爵四等，曰王、公、侯、子，除伯、男之號；追録舊臣，加以封爵，各有差。是秋，江南大亂，流民繦負而奔淮北，行道相尋。

冬十月辛巳，大赦，改元。築西宮。十有一月，上幸西宮，大選朝臣，令各辨宗黨，保舉才行，諸部子孫失業賜爵者二千餘人。十有二月戊辰，車駕幸犲山宮。是歲，島夷劉裕起兵誅桓玄。

二年春二月癸亥，車駕還宮。

夏四月，車駕有事於西郊，車旗盡黑。是歲，司馬德宗復僭立。慕容德死，兄子超僭立。

三年春正月甲申，車駕北巡，幸犲山宮。校獵，至屋孤山。二月乙亥，幸代園山，建五石亭。三月庚子，車駕還宮。

夏四月庚申，復幸犲山宮。占授著作郎王宜弟造《兵法孤虛立成圖》三百六十時。遂登定襄角史山，又幸馬城。甲午，車駕還宮。是月，蠕蠕寇邊。夜召兵，將旦，賊走，乃罷。六月，發八部五百里內男丁築灅南宮，門闕高十餘丈；引溝穿池，廣苑囿；規立外城，方二十里，分置市里，經塗洞達。三十日罷。

秋七月，太尉穆崇薨。八月甲辰，行幸犲山宮，遂至青牛山。丙辰，西登武要北原，觀九十九泉，造石亭，遂之石漠。九月甲戌朔，幸漠南鹽池。壬午，至漠中，觀天鹽池；度漠，北之吐鹽池。癸巳，南還長川。丙申，臨觀長陂。

冬十月庚申，車駕還宮。

四年春二月，封皇子紹為河間王，處文為長樂王，連為廣平王，黎為京兆王。夏五月，北巡。自參合陂東過蟠羊山，大雨，暴水流輜重數百乘，殺百餘人。遂東北逾石漠，至長川，幸濡源。常山王遵有罪賜死。

秋七月，車駕自濡源西幸參合陂。築北宮垣，三旬而罷，乃還宮。八月，幸犲山宮。是月，誅司空庾岳。冬十有一月，車駕還宮。是歲，慕容寶養子高雲殺熙自立，赫連屈丐自稱大單于、大夏天王。

五年春正月，行幸犲山宮，遂如參合陂，觀漁於延水，至寧川。三月，姚興遣使朝貢。是歲，皇孫燾生。

六年夏，帝不豫。初，帝服寒食散，自太醫令陰羌死後，藥數動發，至此逾甚。而災變屢見，憂懣不安，或數日不食，或不寢達旦。歸咎羣下，喜怒乖常，謂百僚左右人不可信，慮如天文之占，或有肘腋之虞。追思既往成敗得失，終日竟夜獨語不止，若旁有鬼物對揚者。朝臣至前，追其舊惡皆見殺害，其餘或以顏色變動，或以喘息不調，或以行步乖節，或以言辭失措，帝皆以為懷惡在心，變見於外，乃手自毆擊，死者皆陳天安殿前。於是朝野人情各懷危懼。有司懈怠，莫相督攝；百工偷劫，盜賊公行，巷里之間人為希少。帝亦聞之，曰：『朕縱之使然，待過災年，當更清治之爾。』

秋七月，慕容支屬百餘家，謀欲外奔。發覺，伏誅，死者三百餘人。八月，衛王儀謀叛，賜死。

冬十月戊辰，帝崩於天安殿，時年三十九。永興二年九月甲寅，上謚宣武皇帝，葬於盛樂金陵。廟號太祖。泰常五年，改謚曰道武。

論說

《魏書》卷二《太祖紀論》 史臣曰：晉氏崩離，戎羯乘釁，僭僞紛糾，犲狼競馳。太祖顯晦安危之中，屈伸潛躍之際，驅率遺黎，奮其靈武，克剪方難，遂啓中原，朝拱人神，顯登皇極。雖冠履不暇，棲遑外土，而製作經謨，咸存長世。所謂大人利見，百姓與能，抑不世之神武也。而屯厄有期，禍生非慮，將人事不足，豈天實為之。嗚呼！

清・顧炎武《日知录》卷一四《女巫》 《周禮》女巫舞雩，但用之旱暵之時。使女巫舞旱祭者，崇陰也。《禮記・檀弓》：『歲旱，穆公召縣子而問曰：「吾欲暴巫而奚若？」曰：「天則不雨，而望之愚婦人，無乃已疏乎？」』此用女巫之證也。漢因秦滅學，祠祀用女巫，後魏郊天之禮，女巫升壇搖鼓，帝拜，后肅拜。杜岐公曰：『道武帝南平姑臧，東下山東，足為雄武之主。其時用事大臣崔浩、李順、李孝伯等多是謀猷之

士，少有通儒碩學，所以郊祀上帝，六宮及女巫預焉。』

馮太后分部

綜述

《魏書》卷一三《皇后傳・文成帝文明太后》 文成文明皇后馮氏，長樂信都人也。父朗，秦、雍二州刺史、西城郡公。母樂浪王氏。后生於長安，有神光之異。朗坐事誅，后遂入宮。世祖左昭儀，后之姑也，雅有母德，撫養教訓。年十四，高宗踐極，以選為貴人，後立為皇后。高宗崩，故事：國有大喪，三日之後，御服器物一以燒焚，百官及中宮皆號泣而臨之。后悲叫自投火中，左右救之，良久乃蘇。

顯祖即位，尊為皇太后。丞相乙渾謀逆，顯祖年十二，居于諒暗，太后密定大策，誅渾，遂臨朝聽政。及高祖生，太后躬親撫養。是後罷令，不聽政事。太后行不正，內寵李弈。顯祖因事誅之，太后不得意。顯祖暴崩，時言太后為之也。

承明元年，尊曰太皇太后，復臨朝聽政。太后性聰達，自入宮掖，粗學書計。及登尊極，省決萬機。高祖詔曰：『朕以虛寡，幼纂寶歷，仰恃慈明，緝寧四海。欲報之德，正覺是憑，諸鷙鳥傷生之類，宜放之山林。其以此地為太皇太后經始靈塔。』於是罷鷹師曹，以其地為報德佛寺。太后與高祖遊于方山，顧瞻川阜，有終焉之志。因謂羣臣曰：『舜葬蒼梧，二妃不從。豈必遠祔山陵，然後為貴哉！吾百年之後，神其安此。』高祖乃詔有司營建壽陵於方山，又起永固石室，將終為清廟焉。太和五年起作，八年而成，刊石立碑，頌太后功德。太后以高祖富於春秋，乃作《勸戒歌》三百餘章，又作《皇誥》十八篇，文多不載。太后立文宣王廟於長安，又立思燕佛圖於龍城，皆刊石立碑。太后又制：內屬五廟之孫，外戚六親緦麻，皆受復除。性儉素，不好華飾，躬御縵繒而已。宰人上膳，案裁徑尺，羞膳滋味減於故事十分之八。太后嘗以體不安，服庵蕳子。宰人昏而進粥，有蝘蜓在焉，后舉匕得之。高祖侍側，大怒，將加極罰。太后笑而釋之。

自太后臨朝專政，高祖雅性孝謹，不欲參決，事無巨細，一稟於太后。太后多智略，猜忍，能行大事，生殺賞罰，決之俄頃，多有不關高祖者。是以威福兼作，震動內外。故杞道德、王遇、張祐、苻承祖等拔自微閹，歲中而至王公；王叡出入臥內，數年便為宰輔，賞賚財帛以千萬億計，金書鐵券，許以不死之詔。李沖雖以器能受任，亦由見寵帷幄，密加錫賚，不可勝數。后性嚴明，假有寵待，亦無所縱。左右纖介之愆，動加捶楚，多至百餘，少亦數十。然性不宿憾，尋亦待之如初，或因此更加富貴。是以人人懷於利欲，至死而不思退。

太后曾與高祖幸靈泉池，燕羣臣及藩國使人、諸方渠帥，各令為其方舞。高祖帥羣臣上壽，太后忻然作歌，帝亦和歌。遂命羣臣各言其志，於是和歌者九十人。

太后外禮民望元丕、遊明根等，頒賜金帛輿馬。每至褒美叡等，皆引丕等參之，以示無私。又自以過失，懼人議己，小有疑忌，便見誅戮。迄后之崩，高祖不知所生。至如李訢、李惠之徒，猜嫌覆滅者十餘家，死者數百人，率多枉濫，天下冤之。

十四年，崩於太和殿，時年四十九。其日，有雄雉集於太華殿。高祖酌飲不入口五日，毀慕過禮。謚曰文明太皇太后，葬於永固陵。日中而反，虞於鑑玄殿。詔曰：『尊旨從儉，不申罔極之痛；稱情允禮，仰損儉訓之德。進退思惟，倍用崩感。又山陵之節，亦有成命，內則方丈，外裁掩坎，脫於孝子之心有所不盡者，室中可二丈，墳不得過三十餘步。今以山陵萬世所仰，復廣為六十步。辜負遺旨，益以痛絕。其幽房大小，棺槨質約，不設明器。至於素帳、縵茵、瓷瓦之物，亦皆不置。此則遵先志，從冊令，俱奉遺事。而有從有違，未達者或以致怪。梓宮之里，玄堂之內，聖靈所憑，是以一一奉遵，仰昭儉德。其餘外事，有所不從，以盡痛慕之情。其宣示遠近，著告羣司，上明儉誨之善，下彰違命之失。』及卒哭，孝文服衰，近臣從服，三司已下外臣衰服者，變服就練，七品已下盡除即吉。設祔祭於太和殿，公卿已下始親公事。高祖毀瘠，絕酒肉，不內御者三年。

初，高祖孝於太后，乃於永固陵東北里餘，豫營壽宮，有終焉瞻望之志。及還洛陽，乃自表纏西以為山園之所，而方山虛宮至今猶存，號曰『萬年堂』云。

雜　録

宋·司馬光《資治通鑑》卷六《宋紀下》（元徽）四年六月，魏馮太后鴆顯祖。元行沖《後魏國典》云：『太后伏壯士於禁中，太上入謁，遂崩。』按事若如此，安得不彰，而中外恬然，不以為怪，又孝文終不之知！按《後魏書》及《北史》皆無殺事。而《天象志》云『顯文暴崩』，蓋實有鴆毒之禍，今從之。

元宏分部

綜　述

《魏書》卷七上《高祖紀上》　高祖孝文皇帝，諱宏，顯祖獻文皇帝之長子。母曰李夫人。皇興元年八月戊申，生於平城紫宮，神光照於室內，天地氛氳，和氣充塞。帝生而潔白，有異姿，襁褓岐嶷，長而淵裕仁孝，綽然有君人之表，顯祖尤愛異之。三年夏六月辛未，立為皇太子。

五年秋八月丙午，即皇帝位於太華前殿，大赦，改元延興元年。丁未，劉彧遣使朝貢。九月壬戌，詔在位及民庶直言極諫，有利民益治，損政傷化，悉心以聞。壬午，青州高陽民封辯自號齊王，聚黨千餘人，州軍討滅之。高麗民奴久等相率來降，各賜田宅。

冬十月丁亥，沃野、統萬二鎮敕勒叛。詔太尉、隴西王源賀追擊，至枹罕，滅之，斬首三萬餘級；徙其遺迸於冀、定、相三州為營戶。庚寅，以征東大將軍、南安王楨為假節、都督涼州及西戎諸軍事、領護西域校尉、儀同三司，鎮涼州。朔方民曹平原招集不逞，破石樓堡，殺軍將。劉彧將垣崇祖率衆二萬自郁洲寇東兗州，屯於南城固。十有一月，刺史於洛侯討破之，崇祖還郁洲。妖賊司馬小君聚衆反於平陵，齊州刺史、武昌王平原討擒之。十有二月乙酉，以駙馬都尉穆亮為趙郡王。壬辰，詔訪舜後，獲東萊郡民媯苟之，復其家畢世，以彰盛德之不朽。復前濮陽王孔雀本封。辛丑，趙郡王穆亮徙封長樂王。

二年春正月乙卯，統萬鎮胡民相率北叛。詔寧南將軍、交阯公韓拔等追滅之。大陽蠻酋桓誕率戶內屬，拜征南將軍，封襄陽王。曲赦京師及河西，南至秦涇，西至枹罕，北至涼州諸鎮。詔假員外散騎常侍邢祐使於劉彧。二月乙巳，詔曰：『尼父稟達聖之姿，體生知之量，窮理盡性，道光四海。頃者淮徐未賓，廟隔非所，致令祠典寢頓，禮章殄滅，遂使女巫妖覡，淫進非禮，殺生鼓舞，倡優媟狎。豈所以尊明神敬聖道者也。自今已後，有祭孔子廟，制用酒脯而已，不聽婦女合雜，以祈非望之福。犯者以違制論。其公家有事，自如常禮，犧牲粢盛，務盡豐潔。臨事致敬，令肅如也。牧司之官，明糾不法，使禁令必行。』蠕蠕犯塞。太上皇帝次於北郊，詔諸將討之。虜遁走。其別帥阿大干率千餘落來降。東部敕勒叛奔蠕蠕，太上皇帝追之，至石磧，不及而還。壬子，高麗國遣使朝貢。三月，太上皇帝至自北討。戊辰，以散騎常侍、駙馬都尉萬安國為大司馬、大將軍，封安城王。庚午，車駕耕於藉田。石城郡獲曹平原，送京師，斬之。

夏四月庚子，詔工商雜伎，盡聽赴農。諸州郡課民益種菜果。辛亥，連川敕勒謀叛，徙配青、徐、齊、兗四州為營戶。劉彧遣使朝貢。癸酉，詔沙門不得去寺，浮游民間，行者仰以公文。是月，劉彧死，子昱僭立。五月丁巳，詔軍警給璽印、傳符，次給馬印。六月，安州民遇水雹，丐租賑恤。丙申，詔曰：『頃者州郡選貢，多不以實，碩人所以窮處幽仄，鄙夫所以超分妄進，豈所謂旌賢樹德者也。今年貢舉，尤為猥濫。自今所遣，皆門盡州郡之高，才極鄉閭之選。』閏月壬子，蠕蠕寇敦煌，鎮將尉多侯擊走之。又寇晉昌，守將薛奴擊走之。戊午，行幸陰山。

秋七月，光州民孫晏等聚黨千餘人叛，通劉昱，刺史叔孫璝討平之。辛丑，高麗國遣使朝貢。壬寅，詔州郡縣各遣二人才堪專對者，赴九月講武，當親問風俗。八月丙辰，百濟國遣使奉表請師伐高麗。辛酉，地豆

于、庫莫奚國遣使朝貢，昌亭國遣使獻蜀馬。河西費也頭反，薄骨律鎮將擊走之。九月辛巳，車駕還宮。戊申，統萬鎮將、河間王閭虎皮坐貪殘賜死。己酉，詔以州鎮十一水，丐民田租，開倉賑恤。又詔流迸之民，皆令還本，違者配徙邊鎮。

冬十月，蠕蠕犯塞，及於五原。十有一月，太上皇帝親討之，將度漠襲擊。蠕蠕聞軍至，大懼，北走數千里。以窮寇遠遁，不可追，乃止。丁亥，封皇叔略為廣川王。壬辰，分遣使者巡省風俗，問民疾苦。帝每月一朝崇光宮。十有二月庚戌，詔曰：『《書》云：「三載一考，三考黜陟幽明。」頃者已來，官以勞升，未久而代。牧守無恤民之心，競為聚斂，送故迎新，相屬於路，非所以固民志，隆治道也。自今牧守温仁清儉、克己奉公者，可久於其任。歲積有成，遷位一級。其有貪殘非道、侵削黎庶者，雖在官甫爾，必加黜罰。著之於令，永為彝准。』詔以代郡事同豐沛，代民先配邊戍者皆免之。

三年春正月庚辰，詔員外散騎常侍崔演使於劉昱。丁亥，改崇光宮為寧光宮。戊戌，太上皇帝還至雲中。是月，相州執送妖人榮永安於京師，斬之。詔赦其支黨。二月戊申，高麗、契丹國並遣使朝貢。癸丑，詔牧守令長，勤率百姓，無令失時。同部之內，貧富相通。家有兼牛，通借無者。若不從詔，一門之內終身不仕。守宰不督察，免所居官。戊午，太上皇帝至自北討，飲至策勳，告於宗廟。死王事者復其家。詔畿內民從役死事者，郡縣為迎喪，給以葬費。甲戌，詔縣令能靜一縣劫盜者，兼治二縣，即食其祿；能靜二縣者，兼治三縣，三年遷為郡守。二千石能靜二郡，上至三郡，亦如之，三年遷為刺史。三月壬午，詔諸倉囤穀麥充積者，出賜貧民。

夏四月戊申，詔假司空、上黨王長孫觀等討吐谷渾拾寅。壬子，契丹國遣使朝貢。詔以孔子二十八世孫魯郡孔乘為崇聖大夫，給十戶以供灑掃。六月甲子，詔曰：『往年縣召民秀二人，問以守宰治狀，善惡具聞，將加賞罰。而賞者未幾，罪者衆多。肆法傷生，情所未忍。今特垂寬恕之恩，申以解網之惠。諸為民所列者，特原其罪，盡可貸之。』

秋七月，詔河南六州之民，戶收絹一匹，綿一斤，租三十石。乙亥，行幸陰山。蠕蠕寇敦煌，鎮將樂洛生擊破之。事具《蠕蠕傳》。劉昱遣將寇緣淮諸鎮，徐州刺史、淮陽公尉元擊走之。八月己酉，高麗、庫莫奚國並遣使朝獻。庚申，帝從太上皇帝幸河西。拾寅謝罪請降，許之。九月辛巳，車駕並還宮。乙亥，劉昱遣使朝貢。己亥，詔曰：『自今京師及天下之囚，罪未分判，在獄致死無近親者，公給衣衾棺櫝葬埋之，不得曝露。』辛丑，詔遣使者十人循行州郡，檢括戶口。其有仍隱不出者，州、郡、縣、戶主並論如律。庫莫奚國遣使朝獻。

冬十月，太上皇帝親將南討。詔州郡之民，十丁取一以充行，戶收租五十石，以備軍糧。悉萬斤國遣使朝獻。武都王反，攻仇池。詔長孫觀仍回師討之。十有一月戊寅，詔以河南七州牧守多不奉法，致新邦之民莫能上達，遣使者觀風察獄，黜陟幽明。其有鰥寡孤獨貧不自存者，復其雜徭；年八十已上，一子不從役；力田孝悌、才器有益於時、信義著於鄉閭者，具以名聞。癸巳，太上皇帝南巡，至於懷州。所過問民疾苦，賜高年、孝悌力田布帛。十有二月庚戌，詔關外苑囿聽民樵采。壬子，蠕蠕犯邊，柔玄鎮二部敕勒叛應之。癸丑，沙門慧隱謀反，伏誅。是歲，州鎮十一水旱，丐民田租，開倉賑恤。相州民餓死者二千八百四十五人。吐谷渾部內羌民鍾豈渴干等二千三百戶內附。是年，妖人劉舉自稱天子，齊州刺史、武昌王平原捕斬之。

四年春正月丁丑，侍中、太尉、隴西王源賀以病辭位。辛巳，粟特國遣使朝獻。二月甲辰，太上皇帝至自南巡。辛亥，吐谷渾拾寅遣子費斗斤入侍，並獻方物。辛未，禁斷寒食。三月丁亥，詔員外散騎常侍許赤虎使於劉昱。高麗、吐谷渾、曹利諸國各遣使朝貢。

夏五月甲戌，蠕蠕國遣使朝貢。六月乙卯，詔曰：『朕應歷數開一之期，屬千載光熙之運，雖仰嚴誨，猶懼德化不寬，至有門房之誅。然下民凶戾，不顧親戚，一人為惡，殃及合門。朕為民父母，深所潛悼。自今已後，非謀反、大逆、干紀、外奔，罪止其身而已。今德被殊方，文軌將一，宥刑寬禁，不亦善乎？』闊悉國遣使朝貢。

秋七月庚午，高麗國遣使朝獻。己卯，曲赦仇池。癸巳，蠕蠕寇敦煌，鎮將尉多侯大破之。

八月庚子，吐谷渾國遣使朝獻。戊申，大閱於北郊。九月，以劉昱內相攻戰，詔將軍元蘭等五將三萬騎及假東陽王丕為後繼，伐蜀漢。丙子，

契丹、庫莫奚、地豆於諸國各遣使朝獻。

冬十月庚子，劉昱遣使朝貢。十有一月，分遣侍臣循河南七州，觀察風俗，撫慰初附。戊寅，吐谷渾國遣使朝獻。是歲，州鎮十三大饑，丐民田租，開倉賑之。十有二月，詔西征吐谷渾兵在句律城初叛軍者斬，次分配柔玄、武川二鎮。斬者千餘人。

五年春二月庚子，高麗國遣使朝獻。癸丑，詔定考課，明黜陟。閏月戊午，吐谷渾國遣使朝獻。

夏四月丁丑，龜茲國遣使朝獻。癸未，詔天下賦調，縣專督集，牧守對檢送京師，違者免所居官。詔禁畜鷹鷂，開相告之制。五月丁酉，契丹、庫莫奚國各遣使獻名馬。丙午，詔員外散騎常侍許赤虎使於劉昱。丁未，幸武州山。辛酉，幸車輪山。六月庚午，禁殺牛馬。壬申，曲赦京師死罪，遣備蠕蠕。秋八月丁卯，高麗、吐谷渾、地豆于諸國遣使朝獻。九月癸卯，洛州人賈伯奴、豫州人田智度聚黨千餘人，伯奴稱恆農王，智度上洛王，夜攻洛州。州郡擊之，斬伯奴於絳氏，執智度送京師。

冬十月，蠕蠕國遣使朝獻。太上皇帝大閱於北郊。十有二月丙寅，建昌王長樂改封安樂王。己丑，城陽王長壽薨。庚寅，劉昱遣使朝貢。

承明元年春二月，蠕蠕、高麗、庫莫奚、波斯諸國並遣使朝貢。是月，司空、東郡王陸定國坐事免官爵為兵。夏五月，冀州武邑民宋伏龍聚衆，自稱南平王。郡縣捕斬之。蠕蠕國遣使朝貢。六月甲子，詔中外戒嚴，分京師見兵為三等，第一軍出，遣第一兵，二等兵亦如之。辛未，太上皇帝崩。壬申，大赦，改年。大司馬、大將軍、安城王萬安國坐矯詔殺神部長奚買奴於苑中，賜死。戊寅，征西大將軍、安樂王長樂為太尉；尚書左僕射、南平公目辰為司徒，進封宜都王；南部尚書李欣為司空。尊皇太后為太皇太后，臨朝稱制。

秋七月甲辰，追尊皇妣李貴人為思皇后。以汝陰王天賜為征西大將軍、儀同三司。高麗、庫莫奚國並遣使朝貢。濮陽王孔雀有罪賜死。八月甲子，詔曰：『朕猥承前緒，纂戎洪烈，思隆先志，緝熙政道。羣公卿士，其各勉厥心，匡朕不逮。諸有便民利國者，具狀以聞。』壬午，蠕蠕國遣使朝貢。甲申，以長安二蠶多死，丐民歲賦之半。九月丁亥，曲赦京師。高麗、庫莫奚、契丹諸國並遣使朝獻。癸丑，宕昌、悉萬斤國並遣使朝貢。

冬十月丁巳，起七寶永安行殿。乙丑，進征西大將軍、假東陽王元丕爵為正王。己未，詔曰：『朕纂承皇極，照臨萬方，思闡遐風，光被兆庶，使朝有不諱之音，野無自蔽之響，疇咨帝載，詢及芻蕘。自今已後，羣官卿士，下及吏民，各聽上書，直言極諫，勿有所隱。諸有便宜，益治利民，可以正風俗者，有司以聞。朕將親覽，與三事大夫論其可否，裁而用之。』辛未，輿駕幸建明佛寺，大宥罪人。濟南公羅拔進爵為王。十有一月，蠕蠕國遣使朝貢。戊子，以太尉、安樂王長樂為定州刺史，京兆王子推為青州刺史，司空李欣為徐州刺史，並開府儀同三司。

太和元年春正月乙酉朔，詔曰：『朕夙承寶業，懼不堪荷，而天貺具臻，地瑞並應，風和氣晼，天人交協。豈朕沖昧所能致哉？實賴神祇七廟降福之助。今三正告初，祗感交切，宜因陽始，協典革元，其改今號為太和元年。』辛亥，詔曰：『今牧民者，與朕共治天下也。宜簡以徭役，先之勸獎，相其水陸，務盡地利，使農夫外布，桑婦內勤。若輕有徵發，致奪民時，以侵擅論。民有不從長教，惰於農桑者，加以罪刑。』起太和、安昌二殿。己酉，秦州略陽民王元壽聚衆五千餘家，自號為衝天王。雲中饑，開倉賑恤。二月丙寅，漢川民泉會、譚西等相率內屬，處之幷州。辛未，秦益二州刺史、武都公尉洛侯討破元壽，獲其妻子，送京師。癸未，高麗、契丹、庫莫奚國各遣使朝獻。三月庚子，徵征西大將軍、雍州刺史、東陽王丕為司徒。丙午，詔曰：『朕政治多闕，災眚屢興。去年牛疫，死傷大半，耕墾之利，當有虧損。今東作既興，人須肄業。其敕在所督課田農，有牛者加勤於常歲，無牛者倍庸於餘年。一夫制治田四十畝，中男二十畝。無令人有餘力，地有遺利。』庫莫奚、契丹國各遣使朝獻。

夏四月丙寅，蠕蠕國遣使朝貢。丁卯，幸白登山。壬申，幸崞山。樂安王良薨。詔復前東郡王陸定國官爵。五月乙酉，車駕祈雨於武州山，俄而澍雨大洽。蠕蠕國遣使朝貢。

秋七月壬辰，侍中、開府儀同三司、青州刺史、京兆王子推薨。庚子，定三等死刑。己酉，太和、安昌二殿成。起朱明、思賢門。是月，劉昱死，弟準僭立。八月壬子，大赦天下。丙子，詔曰：『工商皁隸，各有厥分，而有司縱濫，或染清流。自今戶內有工役者，唯止本部丞，已下准

次而授。若階藉元勳、以勞定國者不從此制。』戊寅，劉淮遣使朝貢。九月癸未，蠕蠕國遣使朝貢。乙酉，詔羣臣定律令於太華殿。辛卯，高麗國遣使朝貢。庚子，起永樂遊觀殿於北苑，穿神淵池。車多羅、西天竺、舍衛、疊伏羅諸國各遣使朝貢。

冬十月癸酉，晏京邑耆老年七十已上於太華殿，賜以衣服。是月，庫莫奚、契丹國各遣使朝獻。又詔七十已上一子不從役。龜茲國遣使朝獻。劉准葭蘆戍主楊文度遣弟鼠襲陷仇池。丙子，誅徐州刺史李欣。庫莫奚、契丹國各遣使朝貢。十有一月癸未，詔征西將軍、廣川公皮歡喜，鎮西將軍梁醜奴，平西將軍楊靈珍等率衆四萬討楊鼠。乙酉，吐谷渾國遣使朝獻。丁亥，懷州民伊祁苟初自稱堯後應王，聚衆於重山。洛州刺史馮熙討滅之。閏月，歡喜等軍到建安，楊鼠棄城南走。癸亥，粟提婆國遣使朝獻。庚子，詔員外散騎常侍李長仁使於劉准。十有二月壬寅，歡喜攻陷葭蘆，斬文度，傳首京師。甲辰，員闊、吐谷渾國並遣使朝貢。丁未，詔以州郡八水旱蝗，民饑，開倉賑恤。以安定王休為儀同三司。

二年春正月丁巳，封昌黎王馮熙第二子始興為北平王。戊午，吐谷渾遣使朝獻。二月丁亥，行幸代之湯泉。所過問民疾苦，以宮人賜貧民無妻者。戊戌，蠕蠕國遣使朝獻。癸卯，車駕還宮。三月丙子，以河南公梁彌機為宕昌王。

夏四月甲申，幸崞山。丁亥，還宮。己丑，劉准遣使朝貢。京師旱。甲辰，祈天災於北苑，親自禮焉。減膳，避正殿。丙午，澍雨大洽。曲赦京師。五月，詔曰：『婚娉過禮，則嫁娶有失時之弊；厚葬送終，則生者有糜費之苦。聖王知其如此，故申之以禮數，約之以法禁。乃者，民漸奢尚，婚葬越軌，致貧富相高，貴賤無別。又皇族貴戚及士民之家，不惟氏族，高下與非類婚偶。先帝親發明詔，為之科禁；而百姓習常，仍不肅改。朕今憲章舊典，祇案先制，著之律令，永為定準。犯者以違制論。』六月己丑，幸鹿野苑。庚子，皇叔若薨。

秋七月戊辰，龜茲國遣使獻名駝七十頭。劉準遣將寇仇池，陰平太守楊廣香擊走之。八月，分遣使者考察守宰，問民疾苦。丙戌，詔罷諸州禽獸之貢。丁亥，勿吉國遣使朝獻。九月丙辰，曲赦京師。龜茲國遣使獻大馬、名駝、珍寶甚衆。

冬十月壬辰，詔員外散騎常侍鄭羲使於劉準。十有一月庚戌，詔曰：『懸爵於朝，而有功者必縻其賞；懸刑於市，而有罪者必罹其辜。斯乃古今之成典，治道之實要。諸州刺史，牧民之官，自頃以來，遂各怠慢，縱姦納賂，背公緣私，致令賊盜並興，侵劫茲甚，姦宄之聲屢聞朕聽。朕承太平之運，屬千載之期，思光洪緒，惟新庶績；亦望蕃翰羣司敷德宣惠，以助沖人，共成斯美。幸克己復禮，思愆改過，使寡昧無愧於祖宗，百姓見德於當世。有司明為條禁，稱朕意焉。』十有二月癸巳，誅南郡王李惠。是歲，州鎮二十餘水旱，民饑，開倉賑恤。

三年春正月癸丑，坤德六合殿成。庚申，詔罷行察官。二月辛巳，帝、太皇太后幸代郡溫泉，問民疾苦，鰥貧者以宮女妻之。己亥，還宮。壬寅，乾象六合殿成。三月甲辰，曲赦京師。戊午，吐谷渾、高麗國各遣使朝獻。

夏四月壬申，劉準遣使朝獻。癸未，樂良王樂平薨。辛卯，蠕蠕國遣使朝獻。丙申，幸崞山。己亥，還宮。庚子，淮陽公尉元進爵為王。吐谷渾國遣使獻犛牛五十頭。雍州刺史、宜都王目辰有罪賜死。五月丁巳，帝祈雨於北苑，閉陽門，是日澍雨大洽。辛酉，詔曰：『昔四代養老，問道乞言。朕雖沖昧，每尚其美。今賜國老各衣一襲，綿五斤，絹布各五匹。』六月辛未，以雍州民饑，開倉賑恤。起文石室、靈泉殿於方山。

秋七月壬寅，詔宮人年老及疾病者，免之。八月壬申，詔羣臣直言盡規，靡有所隱。乙亥，幸方山，起思遠佛寺。丁丑，還宮。九月壬子，以侍中、司徒、東陽王丕為太尉；侍中、尚書右僕射、趙郡公陳建為司徒，進爵魏郡王；侍中、尚書、河南公苟頹為司空，進爵河東王；侍中、尚書、太原公王睿進爵中山王；侍中、尚書、隴東公張祐進爵新平王。己未，定州刺史、安樂王長樂有罪，征詣京師，賜死。庚申，隴西王源賀薨。高麗、吐谷渾、地豆于、契丹、庫莫奚、龜茲諸國各遣使朝獻。

冬十月己巳朔，大赦天下。十有一月癸卯，賜京師貧窮、高年、疾患不能存者衣服布帛各有差。癸丑，進假梁郡西元嘉爵為假王，督二將出淮陰；隴西西元琛三將出廣陵；河東公薛虎子三將出壽春。蠕蠕率騎十餘萬南寇，至塞而還。十有二月，粟特、州逸、河龔、疊伏羅、員闊、悉萬斤諸國各遣使朝貢。是年，島夷蕭道成廢其主劉淮而僭立，自號曰齊。

四年春正月癸卯，乾象六合殿成。洮陽羌叛，枹罕鎮將討平之。隴西元琛等攻克蕭道成馬頭戍。乙卯，廣川王略薨。雍州氐齊男王反，殺美陽令，州郡捕斬之。丁巳，罷畜鷹鷂之所，以其地為報德佛寺。戊午，襄城王韓頹有罪，削爵徙邊。蕭道成徐州刺史崔文仲寇淮北，陷茬眉戍。二月，遣尚書遊明根率騎二千南討。癸巳，詔曰：『朕承乾緒，君臨海內，夙興昧旦，如履薄冰。今東作方興，庶類萌動，品物資生，膏雨不降，歲一不登，百姓饑乏，朕甚懼焉。其敕天下，祀山川羣神及能興雲雨者，修飾祠堂，薦以牲璧。民有疾苦，所在存問。』三月丙午，詔車騎大將軍馮熙督衆迎還假梁郡王嘉等諸軍。乙卯，蠕蠕國遣使朝貢。

四月己卯，幸廷尉、籍坊二獄，引見諸囚。詔曰：『廷尉者，天下之平，民命之所懸也。朕得惟刑之恤者，仗獄官之稱其任也。一夫不耕，將或受其餒；一婦不織，將或受其寒。今農時要月，百姓肆力之秋，而愚民陷罪者甚衆。宜隨輕重決遣，以赴耕耘之業。』辛巳，幸白登山。甲申，賜天下貧人一戶之內無雜財穀帛者廩一年。五月丙申朔，幸火山。壬寅，還宮。六月丁卯，以澍雨大洽，曲赦京師。以紬綾絹布百萬匹及南伐所俘賜王公已下。

秋七月辛亥，行幸火山。壬子，改作東明觀。詔會京師耆老，賜錦彩、衣服、几杖、稻米、蜜、麪，復家人不徭役。悉萬斤國遣使朝貢。閏月丁亥，幸虎圈，親録囚徒，輕者皆免之。壬辰，頓丘王李鍾葵有罪賜死。蕭道成角城戍主請舉城內屬。八月丁酉，詔徐州刺史、假梁郡王嘉赴接之。又遣平南將軍郎大檀三將出朐城，將軍白吐頭二將出海西，將軍元泰二將出連口，將軍封匹三將出角城，鎮南將軍賀羅出下蔡。甲辰，幸方山。戊申，幸武州山石窟寺。庚戌，還宮。乙卯，詔諸州置冰室。蕭道成梁州刺史崔慧景遣長史裴叔保率衆寇武興，關城氐帥楊鼠擊破之。叔保還南鄭。九月，蕭道成汝南太守常元真、龍驤將軍胡青苟率戶內屬。乙亥，思義殿成。壬午，東明觀成。戊子，詔曰：『隆寒雪降，諸在徽纆及轉輸在都或有凍餒，朕用湣焉。可遣侍臣詣廷尉獄及有囚之所，周巡省察。飢寒者給以衣食，桎梏者代以輕鎖。』假梁郡王嘉破蕭道成將盧紹之、玄元度於朐山，其下蔡戍主棄城遁走。

冬十月丁未，詔昌黎王馮熙為西道都督，與征南將軍桓誕出義陽；鎮南將軍賀羅，自下蔡東出鍾離。蘭陵民桓富殺其縣令，與昌慮桓和北連太山羣盜張和顏等，聚黨保五固，推司馬朗之為主。詔淮陽王尉元等討之。是歲，詔以州鎮十八水旱，民饑，開倉賑恤。

五年春正月己卯，車駕南巡。丁亥，至中山。親見高年，問民疾苦。二月辛卯朔，大赦天下。賜孝悌力田、孤貧不能自存者穀帛有差；免宮人年老者還其所親。丁酉，車駕幸信都，存問如中山。癸卯，還中山。己酉，講武於唐水之陽。庚戌，車駕還都。沙門法秀謀反，伏誅。南征諸將擊破蕭道成遊擊將軍桓康於淮陽。道成豫州刺史垣崇祖寇下蔡，昌黎王馮熙擊破之。假梁郡王嘉大破道成將，俘獲三萬餘口送京師。三月辛酉朔，車駕幸肆州。癸亥，講武於雲水之陽。所經，考察守宰，加以黜陟。己巳，車駕還宮。詔曰：『法秀妖詐亂常，妄說符瑞；蘭臺御史張求等一百餘人，招結奴隸，謀為大逆，有司科以族誅，誠合刑憲。且矜愚重命，猶所弗忍。其五族者，降止同祖；三族，止一門；門誅，止身。』

夏四月己亥，行幸方山。建永固石室於山上，立碑於石室之庭；又銘太皇太后終制於金冊；又起鑑玄殿。壬子，以南俘萬餘口班賜羣臣。甲寅，詔曰：『時雨不沾，春苗萎悴。諸有骸骨之處，皆敕埋藏，勿令露見。有神祇之所，悉可禱祈。』任城王雲薨。五月庚申朔，詔曰：『乃者邊兵屢動，勞役未息，百姓因之，輕陷刑網，獄訟煩興，四民失業，朕每念之，用傷懷抱。農時要月，民須肆力，其敕天下，勿使有留獄久囚。』壬戌，鄧至國遣使朝貢。庚午，青州主簿崔次思聚衆謀叛，州軍擊之，次思走郁洲。六月甲辰，中山王睿薨。戊午，封皇叔簡為齊郡王，猛為安豐王。

秋七月甲子，蕭道成遣使朝貢。辛酉，蠕蠕別帥他稽率衆內附。甲戌，班乞養雜戶及戶籍之制五條。九月庚子，閱武於南郊，大饗羣臣。蕭道成使車僧朗以班在劉准使殷靈誕之後，辭不就席。劉准降人解奉君，刃僧朗於會中。詔誅奉君等。乙亥，封昌黎王馮熙世子誕為南平王。兗州斬司馬朗之，傳首京師。

冬十月癸卯，蠕蠕國遣使朝貢。十有二月癸巳，詔以州鎮十二民饑，開倉賑恤。

六年春正月甲戌，大赦天下。二月辛卯，詔曰：『靈丘郡土既褊塉，

又諸州路衝，官私所經，供費非一。往年巡行，見其勞瘁，可復民租調十五年。』癸巳，白蘭王吐谷渾翼世以誣罔伏誅。乙未，詔曰：『蕭道成逆亂江淮，戎旗頻舉。七州之民既有征運之勞，深乖輕繇之義，朕甚湣之。其復常調三年。』戊申，地豆於國遣使朝貢。癸丑，賜王公已下清勤著稱者穀帛有差。三月庚辰，行幸虎圈，詔曰：『虎狼猛暴，食肉殘生，取捕之日，每多傷害。既無所益，損費良多，從今勿復捕貢。』辛巳，幸武州山石窟寺，賜貧老者衣服。壬午，幸方山。是月，蕭道成死，子賾僭立。

夏四月甲辰，賜畿內鰥寡孤獨不能自存者粟帛有差。六月，蠕蠕國遣使朝貢。

秋七月，發州郡五萬人治靈丘道。八月癸未朔，分遣大使，巡行天下遭水之處，丐民租賦。貧儉不自存者，賜以粟帛。庚子，罷山澤之禁。九月辛酉，以氐楊後起為武都王。冬十有一月乙卯，吐谷渾國遣使朝貢。十有二月丁亥，詔曰：『朕以寡薄，政缺平和，不能仰緝緯象，蠲茲六沴。去秋淫雨，洪水為災，百姓嗷然，朕用嗟湣，故遣使者循方賑恤。而牧守不思利民之道，期於取辦。愛毛反裘，甚無謂也。今課督未入及將來租算，一以丐之。有司勉加勸課，以要來穰，稱朕意焉。』

七年春正月庚申，詔曰：『朕每思知百姓之所疾苦，以增修寬政。而明不燭遠，實有缺焉。故具問守宰苛虐之狀於州郡使者、秀孝、計掾，而對多不實，甚乖朕虛求之意。宜案以大辟，明罔上必誅。然情猶未忍，可恕罪聽歸。申下天下，使知後犯無恕。』丁卯，詔青、齊、光、東徐四州之民，戶運倉粟二十石，送瑕丘、琅邪，復租算一年。三月甲戌，以冀定二州民饑，詔郡縣為粥於路以食之，又馳關津之禁，任其去來。

夏四月庚子，幸崞山，賜所過鰥寡不能自存者衣服粟帛。壬寅，車駕還宮。閏月癸丑，皇子生，大赦天下。五月戊寅朔，幸武州山石窟佛寺。六月，定州上言，為粥給饑人，所活九十四萬七千餘口。

秋七月丁丑，帝、太皇太后幸神淵池。甲申，幸方山。詔假員外散騎常侍李彪、員外郎蘭英使於蕭賾。濟南王羅拔改封趙郡王。九月壬寅，詔曰：『朕承祖宗，夙夜惟懼；然聽政之際，猶慮未周，至於案文審獄，思聞己過。自今羣官奏事，當獻可替否，無或面從，俾朕之過，彰於遠近。』冀州上言，為粥給饑民，所活七十五萬一千七百餘口。

冬十月戊午，皇信堂成。十有一月辛丑，蕭賾遣使朝貢。十有二月癸丑，詔曰：『淳風行於上古，禮化用乎近葉。是以夏殷不嫌一族之婚，周世始絕同姓之娶。斯皆教隨時設，治因事改者也。皇運初基，中原未混，撥亂經綸，日不暇給，古風遺樸，未遑釐改，後遂因循，迄茲莫變。朕屬百年之期，當後仁之政，思易質舊，式昭惟新。自今悉禁絕之，有犯以不道論。』庚午，開林慮山禁，與民共之。詔以州鎮十三民饑，開倉賑恤。

八年春正月，詔隴西西元琛、尚書陸睿為東西二道大使，褒善罰惡。二月，蠕蠕國遣使朝獻。

夏四月甲寅，幸方山。戊午，車駕還宮。庚申，行幸旋鴻池，遂幸崞山。丁卯，還宮。五月己卯，詔賑賜河南七州戍兵。甲申，詔員外散騎常侍李彪、員外郎蘭英使於蕭賾。六月丁卯，詔曰：『置官班祿，行之尚矣。《周禮》有食祿之典，二漢著受俸之秩。逮於魏晉，莫不聿稽往憲，以經綸治道。自中原喪亂，茲制中絕，先朝因循，未遑釐改。朕永鑑四方，求民之瘼，夙興昧旦，至於憂勤。故憲章舊典，始班俸祿。罷諸商人，以簡民事。戶增調三匹、穀二斛九斗，以為官司之祿。均預調為二匹之賦，即兼商用。雖有一時之煩，終克永逸之益。祿行之後，贓滿一匹者死。變法改度，宜為更始，其大赦天下，與之惟新。』戊辰，武州水氾濫，壞民居舍。

秋七月乙未，行幸方山石窟寺。

八月甲辰，詔曰：『帝業至重，非廣詢無以致治；王務至繁，非博采無以興功。先王知其如此，故虛己以求過，明恕以思咎。是以諫鼓置於堯世，謗木立於舜庭，用能耳目四達，庶類咸熙。朕承累聖之洪基，屬千載之昌運，每布遐風，景行前式。承明之初，班下內外，聽人各盡規，以補其闕。中旨雖宣，允稱者少。故變時法，遠遵古典，班制俸祿，改更刑書。寬猛未允，人或異議，思言者莫由申情，求諫者無因自達，故令上明不周，下情壅塞。今制百辟卿士，工商吏民，各上便宜。利民益治，損化傷政，直言極諫，勿有所隱，務令辭無煩華，理從簡實。朕將親覽，以知世事之要，使言之者無罪，聞之者足以為戒。』

九月甲午，蕭賾遣使朝貢。戊戌，詔曰：『俸制已立，宜時班行，其以十月為首，每季一請。』於是內外百官，受祿有差。

冬十月，高麗國遣使朝貢。蕭賾雙城戍主王繼宗內屬。十有一月乙未，詔員外散常侍李彪、員外郎蘭英使於蕭賾。十有二月，詔以州鎮十五水旱，民饑，遣使者循行，問所疾苦，開倉賑恤。

九年春正月戊寅，詔曰：『圖讖之興，起於三季。既非經國之典，徒為妖邪所憑。自今圖讖、秘緯及名為《孔子閉房記》者，一皆焚之。留者以大辟論。又諸巫覡假稱神鬼，妄說吉凶，及委巷諸卜非墳典所載者，嚴加禁斷。』癸未，大饗羣臣於太華殿，班賜《皇誥》。二月己亥，制皇子封王者、皇孫及曾孫紹封者、皇女封者歲祿各有差。以廣陽王建第二子嘉紹建後，為廣陽王。乙巳，詔曰：『昔之哲王，莫不博采下情，勤求箴諫，建設旌鼓，詢納芻蕘。朕班祿删刑，慮不周允，虛懷讜直，思顯洪猷。百司卿士及工商吏民，其各上書極諫，靡有所隱。』三月丙申，宕昌國遣使朝貢。封皇弟禧為咸陽王，幹為河南王，羽為廣陵王，雍為潁川王，勰為始平王，詳為北海王。

夏四月癸丑，幸方山。甲寅，還宮。五月，高麗國及蕭賾並遣使朝貢。六月辛亥，幸方山，遂幸靈泉池。丁巳，還宮。

秋七月丙寅朔，新作諸門。癸未，遣使拜宕昌王梁彌機兄子彌承為其國王。戊子，幸魚池，登青原岡。甲午，還宮。

八月己亥，行幸彌澤。甲寅，登牛頭山。庚申，詔曰：『數州災水，饑饉薦臻，致有賣鬻男女者。天之所譴，在予一人，而百姓無辜，橫罹艱毒，朕用殷憂夕惕，忘食與寢。今自太和六年已來，買定、冀、幽、相四州饑民良口者，盡還所親，雖娉為妻妾，遇之非理，情不樂者亦離之。』甲子，還宮。

冬十月丁未，詔曰：『朕承乾在位，十有五年。每覽先王之典，經綸百氏，儲畜既積，黎元永安。爰暨季葉，斯道陵替。富强者並兼山澤，貧弱者望絕一廛，致令地有遺利，民無餘財，或爭畝畔以亡身，或因饑饉以棄業，而欲天下太平，百姓豐足，安可得哉？今遣使者，循行州郡，與牧守均給天下之田，還以生死為斷，勸課農桑，興富民之本。』戊申，高麗、吐谷渾國並遣使朝貢。辛酉，侍中、司徒、魏郡王陳建薨。詔員外散騎常侍李彪、尚書郎公孫阿六頭使蕭賾。十有二月乙卯，侍中、淮南王他為司徒。蠕蠕犯塞，詔任城王澄率衆討之。是年，京師及州鎮十三水旱傷稼。宕昌、高麗、吐谷渾等國並遣使朝貢。

又　卷七下《高祖紀下》　十年春正月癸亥朔，帝始服衮冕，朝饗萬國。壬午，蠕蠕犯塞。二月甲戌，初立黨、里、鄰三長，定民戶籍。三月丙申，蠕蠕國遣使朝貢。庚申，蕭賾遣使朝貢。

夏四月辛酉朔，始制五等公服。甲子，帝初以法服御輦，祀於西郊。癸酉，幸靈泉池。戊寅，車駕還宮。是月，高麗、吐谷渾國並遣使朝貢。六月辛酉，幸方山。己卯，名皇子曰恂，大赦天下。

秋七月戊戌，幸方山。八月乙亥，給尚書五等品爵已上朱衣、玉珮、大小組綬。九月辛卯，詔起明堂、辟雍。冬十月癸酉，有司議依故事，配始祖於南郊。十有一月，議定州郡縣官依戶給俸。十有二月壬申，蠕蠕犯塞。癸未，勿吉國遣使朝貢。乙酉，詔以汝南、潁川大饑，丐民田租，開食賑恤。

十有一年春正月丁亥朔，詔定樂章，非雅者除之。二月甲子，詔以肆州之雁門及代郡民饑，開倉賑恤。

夏四月己未，吐谷渾國遣使朝貢。五月壬辰，幸靈泉池，遂幸方山。癸巳，南平王渾薨。甲午，車駕還宮。詔復七廟子孫及外戚緦服已上，賦役無所與。詔南部尚書公孫文慶、上谷張伏千率衆南討舞陰。山闞高麗、吐谷渾國遣使朝貢。六月辛巳，秦州民饑，開倉賑恤。癸未，詔曰：『春旱至今，野無青草。上天致譴，實由匪德。百姓無辜，將罹饑饉。寤寐思求，罔知所益。公卿內外股肱之臣，謀猷所寄，其極言無隱，以救民瘼。』

秋七月己丑，詔曰：『今年穀不登，聽民出關就食。遣使者造籍，分遣去留，所在開倉賑恤。』八月壬申，蠕蠕犯塞，遣平原王陸睿討之。事具《蠕蠕傳》。庚辰，大議北伐，進策者百有餘人。辛巳，罷山北苑，以其地賜貧民。悉萬斤國遣使朝獻。九月庚戌，詔曰：『去夏以歲旱民饑，須遣就食，舊籍雜亂，難可分簡，故依局割民，閱戶造籍，欲令去留得實，賑貸平均。然乃者以來，猶有餓死衢路，無人收識。良由本部不明，籍貫未實，廩恤不周，以至於此。朕猥居民上，聞用慨然。可重遣精檢，勿令遺漏。』

冬十月辛未，詔罷起部無益之作，出宮人不執機杼者。甲戌，詔曰：『鄉飲禮廢，則長幼之敍亂。孟冬十月，民閑歲隙，宜於此時導以德義。

可下諸州，黨里之內，推賢而長者，教其里人父慈、子孝、兄友、弟順、夫和、妻柔。不率長教者，具以名聞。』十有一月丁未，詔罷尚方錦繡綾羅之工，四民欲造，任之無禁。其御府衣服、金銀、珠玉、綾羅、錦繡，太官雜器，太僕乘具，內庫弓矢，出其太半，班賚百官及京師士庶，下至工商皂隸，逮於六鎮戍士，各有差。戊申，詔曰：『朕惟上政不明，令民陷身罪戾。今寒氣勁切，杖捶難任。自今月至來年孟夏，不聽拷問罪人，又歲既不登，民多饑窘，輕繫之囚，宜速決了，無令薄罪久留獄犴。』十有二月，詔秘書丞李彪、著作郎崔光改析國記，依紀傳之體。是歲大饑，詔所在開倉賑恤。

十有二年春正月辛巳朔，初建五牛旌旗。乙未，詔曰：『鎮戍流徙之人，年滿七十，孤單窮獨，雖有妻妾而無子孫，諸如此等，聽解名還本。諸犯死刑者，父母、祖父母年老，更無成人子孫，旁無期親者，具狀以聞。』二月壬戌，高麗國遣使朝貢。三月丁亥，宕昌國遣使朝獻。中散梁衆保等謀反，伏誅。

夏四月，高麗、吐谷渾國並遣使朝貢。蕭賾將陳顯達等寇邊。甲寅，詔豫州刺史元斤率衆禦之。甲子，大赦天下。乙丑，幸靈泉池；丁卯，遂幸方山。己巳，還宮。陳顯達攻陷醴陽，左僕射、長樂王穆亮率騎一萬討之。五月丁酉，詔六鎮、雲中、河西及關內六郡，各修水田，通渠溉灌。壬寅，增置彝器於太廟。六月甲寅，宕昌國遣使朝貢。

秋七月己丑，幸靈泉池，遂幸方山。己亥，還宮。八月甲子，勿吉國貢楛矢、石砮。九月，吐谷渾、宕昌國遣使朝貢。甲午，詔曰：『日月薄蝕，陰陽之恒度耳。聖人懼人君之放怠，因之以設誡，故稱「日蝕修德，月蝕修刑」。乃癸巳夜，月蝕盡。公卿已下，宜慎刑罰以答天意。』丁酉，起宣文堂、經武殿。癸卯，侍中、司徒、淮南王他薨。吐谷渾、宕昌、武興諸國各遣使朝貢。閏月甲子，帝觀築圓丘於南郊。乙丑，高麗國遣使朝貢。辛未，幸靈泉池。癸酉，還宮。十有一月，詔以二雍、豫三州民饑，開倉賑恤。梁州刺史、臨淮王提坐貪縱，徙配北鎮。十有二月，蠕蠕伊吾戍主高羔子率衆三千以城內附。以侍中、安豐王猛為開府儀同三司。

十有三年春正月辛亥，車駕有事於圓丘，於是初備大駕。乙丑，兗州民王伯恭聚衆勞山，自稱齊王。東萊鎮將孔伯孫討斬之。戊辰，蕭賾遣衆寇邊，淮陽太守王僧俊擊走之。

二月壬午，高麗國遣使朝獻。庚子，引羣臣訪政道得失損益之宜。三月甲子，吐谷渾國遣使朝獻。夏州刺史章武王彬以貪賕削封。

夏四月丁丑，詔曰：『升樓散物，以賚百姓，至使人馬騰踐，多有毀傷。今可斷之，以本所費之物，賜窮老貧獨者。』丁亥，幸靈泉池，遂幸方山。己丑，還宮。吐谷渾國遣使朝貢。州鎮十五大饑，詔所在開倉賑恤。五月庚戌，車駕有事於方澤。六月，汝陰王天賜、南安王楨並坐贓賄免為庶人。高麗國遣使朝貢。

秋七月甲辰，陰平國遣使朝貢。丙寅，幸靈泉池，與羣臣御龍舟，賦詩而罷。立孔子廟於京師。八月乙亥，詔兼員外散騎常侍邢產、兼員外散騎侍郎侯靈紹使於蕭賾。戊子，詔諸州鎮有水田之處，各通溉灌，遣匠者所在指授。中尺國遣使朝貢。九月丁未，吐谷渾、武興、宕昌諸國各遣使朝獻。出宮人以賜北鎮人貧鰥無妻者。

冬十月甲申，高麗國遣使朝貢。十有一月己未，安豐王猛薨。十有二月丙子，侍中、司空、河東王苟頹薨。甲午，蕭賾遣使朝貢。己亥，以尚書令尉元為司徒，左僕射穆亮為司空。是歲，蠕蠕別帥叱呂勤率衆內附。

十有四年春正月乙丑，行幸方山。二月辛未，行幸靈泉池。壬申，還宮。戊寅，初詔定起居注制。己卯，詔遣侍臣循行州郡，問民疾苦。三月壬申，吐谷渾、宕昌、武興、陰平諸國並遣使朝貢。

夏四月，地豆于頻犯塞，甲戌，征西大將軍、陽平王頤擊走之。甲午，詔兼員外散騎常侍邢產、兼員外散騎侍郎蘇季連使於蕭賾。五月己酉，庫莫奚犯塞，安州都將樓龍兒擊走之。沙門司馬惠御自言聖王，謀破平原郡，擒獲伏誅。

秋七月甲辰，詔罷都牧雜制。丙午，行幸方山；丙辰，遂幸靈泉池。高麗國遣使朝貢。八月丙寅朔，車駕還宮。辛卯，宕昌國遣使朝貢。詔議國之行次。九月癸丑，太皇太后馮氏崩。壬戌，高麗國遣使朝貢。詔聽蕃鎮曾經內侍者前後奔赴。

冬十月戊辰，詔曰：『自丁荼苦，奄逾晦朔。仰遵遺旨，祖奠有期。朕將親侍龍輿，奉訣陵隧。諸常從之具，悉可停之。其武衛之官，防侍如法。』癸酉，葬文明太皇太后於永固陵。甲戌，車駕謁永固陵。羣臣固請

公除，帝不許。己卯，車駕謁永固陵。庚辰，帝居廬，引見羣僚於太和殿，太尉、東陽王丕等據權制固請，帝引古禮往復，羣臣乃止。語在《禮志》。京兆王太興有罪，免官削爵。詔曰：『公卿屢依金冊遺旨，中代權式，請過葬即吉。朕思遵遠古，終三年之制。依禮，既虞卒哭。此月二十一日授服，以葛易麻。既衰服在上，公卿不得獨釋於下，故於朕之授服，變從練禮，已下復為節降，斟酌今古，以制厥衷，且取遺旨速除之一端，粗申臣子罔極之巨痛。』癸未，詔曰：『朕遠遵古式，欲終三年之禮。百辟羣官，據金冊顧命，將奪朕心，從先朝之制。朕仰惟金冊，俯自推省，取諸二衷，不許衆議。以衰服過期，終四節之慕。又奉聖訓，聿修誥旨；不敢暗默自居，以曠機政。庶不忝遺令之意，差展哀慕之情。普下州鎮，長至三元，絕告慶之禮。』甲申，車駕謁永固陵。辛卯，詔曰：『羣官以萬機事重，請求聽政。朕仰祇遺命，亦思無怠。但哀慕纏綿，心神迷塞，未堪自力以親政事。近侍先掌機衡者，皆謀猷所寄，且可任之，如有疑事，當時與論決。』十有一月甲寅，詔曰：『垂及至節，感慕崩摧，凡在臣列，誰不哽切。內外職人先朝班次及諸方雜客，冬至之日，盡聽入臨。三品已上衰服者至夕復臨。其餘，唯旦臨而已。其拜哭之節，一依別儀。』丁巳，蕭賾遣使朝貢。十有二月壬午，詔依准丘井之式，遣使與州郡宣行條制，隱口漏丁，即聽附實。若朋附豪勢，陵抑孤弱，罪有常刑。

十五年春正月丁卯，帝始聽政於皇信東室。初分置左右史官。吐谷渾國遣使朝貢。二月乙亥，桴罕鎮將長孫百年請討吐谷渾所置洮陽、泥和二戍，許之。己丑，蕭頤遣使朝貢。三月甲辰，車駕謁永固陵。己酉，悉萬斤等五國遣使朝貢。

夏四月癸亥，帝始進蔬食。乙丑，謁永固陵。自正月不雨，至於癸酉，有司奏祈百神。詔曰：『昔成湯遇旱，齊景逢災，並不由祈山川而致雨，皆至誠發中，澍潤千里。萬方有罪，在予一人。今普天喪恃，幽顯同哀，神若有靈，猶應未忍安饗，何宜四氣未周，便欲祀事？唯當考躬責己，以待天譴。』甲戌，詔員外散騎常侍李彪、尚書郎公孫阿六頭使於蕭賾。己卯，經始明堂，改營太廟。五月己亥，議改律令，於東明觀折疑獄。乙卯，百年攻洮陽、泥和二戍，克之，俘獲三千餘人，詔悉免歸。高麗國遣使朝獻。丙辰，詔造五輅。六月丁未，濟陰王鬱以貪殘賜死。

秋七月乙丑，謁永固陵，規建壽陵。戊寅，吐谷渾國遣使朝貢。己卯，詔議祖宗，以道武為太祖。乙酉，車駕巡省京邑，聽訟而還。八月壬辰，議養老，又議肆類上帝、禋於六宗之禮，帝親臨決。詔郡國有時物可以薦宗廟者，貢之。戊戌，移道壇於桑乾之陰，改曰崇虛寺。己亥，詔諸州舉秀才，先盡才學。乙巳，親定禘祫之禮。丁巳，議律令事，仍省雜祀。九月辛巳，蕭賾遣使朝貢。壬午，吐谷渾、高麗、宕昌、鄧至諸國並遣使朝獻。

冬十月庚寅，車駕謁永固陵。是月，明堂、太廟成。十有一月丁卯，遷七廟神主於新廟。乙亥，大定官品。戊寅，考諸牧守。詔假通直散騎常侍李彪、假散騎侍郎蔣少遊使蕭賾。丙戌，初罷小歲賀。丁亥，詔二千石考在上上者，假四品將軍，賜乘黃馬一匹；上中者，五品將軍；上下者，賜衣一襲。十有二月壬辰，遷社於內城之西。癸巳，頒賜刺史已下衣冠。以安定王休為太傅，齊郡王簡為太保。帝為高麗王璉舉哀於城東行宮。己酉，車駕迎春於東郊。辛亥，詔簡選樂官。

十有六年春正月戊午朔，饗羣臣於太華殿。帝始為王公興，懸而不樂。己未，宗祀顯祖獻文皇帝於明堂，以配上帝。遂升靈臺，以觀雲物；降居青陽左個，布政事。每朔，依以為常。辛酉，始以太祖配南郊。壬戌，詔定行次，以水承金。甲子，詔罷祖禊。乙丑，制諸遠屬非太祖子孫及異姓為王，皆降為公，公為侯，侯為伯，子男仍舊，皆除將軍之號。戊辰，帝臨思義殿，策問秀孝。丙子，始以孟月祭廟。二月戊子，帝移御永樂宮。庚寅，壞太華殿，經始太極殿。辛卯，罷寒食饗。壬辰，幸北部曹，歷觀諸省，巡省京邑，聽理冤訟。甲午，初朝日於東郊，遂以為常。丁酉，詔祀唐堯於平陽，虞舜於廣寧，夏禹於安邑，周文於洛陽。丁未，改諡宣尼曰文聖尼父，告諡孔廟。三月丁卯，巡省京邑。癸酉，省西郊郊天雜事。乙亥，車駕初迎氣南郊，自此為常。辛巳，以高麗王璉孫云為其國王。蕭賾遣使朝貢。是月，高麗、鄧至國並遣使朝貢。

四月丁亥朔，班新律令，大赦天下。癸巳，契齧國遣使朝貢。甲寅，幸皇宗學，親問博士經義。五月癸未，詔羣臣於皇信堂更定律條，流徒限制，帝親臨決之。六月己丑，高麗國遣使朝貢。甲辰，詔曰：『務農重穀，王政所先；勸率田疇，君人常事。今四氣休序，時澤滂潤，宜用天

分地，悉力東畝。然京師之民，遊食者衆，不加督勸，或芸耨失時。可遣明使檢察勤惰以聞。』

秋七月庚申，吐谷渾世子賀虜頭來朝。壬戌，詔曰：『王者設官分職，垂拱責成，振網舉綱，衆目斯理。朕德謝知人，豈能一見鑑識，徒乖為君委授之義。自今選舉，每以季月，本曹與吏部銓簡。』甲戌，詔兼員外散騎常侍宋弁、兼員外散騎侍郎房亮使於蕭賾。八月庚寅，車駕初夕月於西郊，遂以為常。辛卯，高麗國遣使朝貢。乙未，詔陽平王頤、左僕射陸睿督十二將七萬騎北討蠕蠕。丙午，宕昌王梁彌承來朝。司徒尉元以老遜位。己酉，以尉元為三老，遊明根為五更。又養國老、庶老。將行大射之禮，雨，不克成。癸丑，詔曰：『文武之道，自古並行，威福之施，必也相藉。故三、五至仁，尚有征伐之事；夏殷明睿，未捨兵甲之行。然則天下雖平，忘戰者殆；不教民戰，可謂棄之。是以周立司馬之官，漢置將軍之職，皆所以輔文强武，威肅四方者矣。國家雖崇文以懷九服，修武以寧八荒，然於習武之方，猶為未盡。今則訓文有典，教武闕然。將於馬射之前，先行講武之式，可敕有司豫修場埒。其列陣之儀，五戎之數，別俟後敕。』九月甲寅朔，大序昭穆於明堂，祀文明太皇太后於玄室。辛未，帝以文明太皇太后再周忌日，哭於陵左，絕膳二日，哭不輟聲。辛巳，武興王楊集始來朝。

冬十月乙酉，鄧至國遣使朝獻。己亥，以太傅、安定王休為大司馬，特進馮誕為司徒。甲辰，詔以功臣配饗太廟。丙午，高麗國遣使朝獻。庚戌，太極殿成，大饗羣臣。十有一月乙卯，依古六寢，權制三室，以安昌殿為內寢，皇信堂為中寢，四下為外寢。十有二月，賜京邑老人鳩杖。是月，蕭賾遣使朝貢。

十有七年春正月壬子朔，帝饗百僚於太極殿。乙丑，詔曰：『夫駿奔入覲，臣下之常式；錫馬賜車，君人之恒惠。今諸邊君蕃胤，皆虔集象魏，趨鏘紫庭。貢饗既畢，言旋無遠。各可依秩賜車旗衣馬，務令優厚。其武興、宕昌，各賜錦繒纊一千；吐谷渾世子八百；鄧至世子，雖因緣至都，亦宜齊及，可賜三百。命數之差，皆依別牒。』詔兼員外散騎侍郎劉承叔使於蕭賾。乙亥，勿吉國遣使朝獻。丙子，以吐谷渾伏連籌為其國王。庚辰，蠲大司馬、安定王休，太保、齊郡王簡朔望之朝。二月乙酉，詔賜議律令之官各有差。己丑，車駕始籍田於都南。三月戊辰，改作後宮，帝幸永興園，徙御宣文堂。吐谷渾國遣使朝獻。

夏四月戊戌，立皇后馮氏。是月，蕭賾征虜將軍、直閤將軍、蠻酋田益宗率部落四千餘戶內屬。五月乙卯，宕昌、陰平、契丹、庫莫奚諸國並遣使朝獻。壬戌，宴四廟子孫於宣文堂，帝親與之齒，行家人之禮。甲子，帝臨朝堂，引見公卿已下，決疑政，録囚徒。丁丑，以旱撤膳。襄陽蠻酋雷婆思等率一千三百餘戶內徙，居於太和川。六月丙戌，帝將南伐，詔造河橋。己丑，詔免徐、南豫、陝、岐、東徐、洛、豫七州軍糧。丁未，講武。乙巳，詔曰：『六職備於周經，九列炳於漢晉，務必有恆，人守其職。此百秩雖陳，事典未敍。自八元樹位，躬加省覽，遠依往籍，近采時宜，作《職員令》二十一卷。事迫戎期，未善周悉。雖不足綱範萬度，永垂不朽，且可釋滯目前，釐整時務。須待軍回，更論所闕，權可付外施行。其有當局所疑而令文不載者，隨事以聞，當更附之。』立皇子恂為皇太子。戊申，高麗國遣使朝獻。

秋七月癸丑，以皇太子立，詔賜民為人後者爵一級，為公士；曾為吏屬者爵二級，為上造；鰥寡孤獨不能自存者，人粟五斛。戊午，中外戒嚴。是月，蕭賾死，孫昭業僭立。八月乙酉，三老、山陽郡公尉元薨。丙戌，車駕類於上帝，遂臨尉元喪。丁亥，帝辭永固陵。己丑，車駕發京師，南伐，步騎百餘萬。太尉丕奏請以宮人從。詔曰：『臨戎不語內事，宜停來請。』壬寅，車駕至肆州，民年七十已上，賜爵一級。路見眇跛者，停駕親問，賜衣食終身。戊申，幸並州。親見高年，問所疾苦。九月壬子，詔兼員外散騎常侍高聰、兼員外散騎侍郎賈禎使於蕭昭業。丁巳，詔以車駕所經，傷民秋稼者，畝給穀五斛。戊辰，濟河。詔洛、懷、並、肆所過四州之民：百年以上假縣令，九十以上賜爵三級，八十以上賜爵二級，七十以上賜爵一級；鰥寡孤獨不能自存者，粟人五斛，帛二匹；孝悌廉義、文武應求者，皆以名聞。又詔廝養之戶不得與士民婚；有文武之才、積勞應進者同庶族例，聽之。庚午，幸洛陽，周巡故宮基址。帝顧謂侍臣曰：『晉德不修，早傾宗祀，荒毀至此，用傷朕懷。』遂詠《黍離》之詩，為之流涕。壬申，觀洛橋，幸太學，觀《石經》。乙亥，鄧至王像舒彭遣子舊詣闕朝貢，並奉表，求以位授舊。詔許之。丙子，詔六軍

發軫。丁丑，戎服執鞭，御馬而出。羣臣稽顙於馬前，請停南伐。帝乃止。仍定遷都之計。

冬十月戊寅朔，幸金墉城。詔征司空穆亮與尚書李沖、將作大匠董爵經始洛京。己卯，幸河南城。乙酉，幸豫州。癸巳，次於石濟。乙未，解嚴，設壇於滑臺城東，告行廟以遷都之意。大赦天下。起滑臺宮。又詔京師及諸州從戎者賜爵一級，應募者加二級，主將加三級。癸卯，幸鄴城。乙巳，詔安定王休率從官迎家於代京，車駕送於漳水上。初，帝之南伐也，起宮殿於鄴西；十有一月癸亥，宮成，徙御焉。十有二月戊寅，巡省六軍。庚寅，陰平國遣使朝貢。乙未，詔隱恤軍士，死亡疾病務令優給。

十有八年春正月丁未朔，朝羣臣於鄴宮澄鸞殿。丁巳，高麗國遣使朝獻。癸亥，車駕南巡。詔相、兗、豫三州：百年以上假縣令，九十以上賜爵二級，七十以上賜爵一級；孤老鰥寡不能自存者，賜粟五石、帛二匹；孝悌廉義、文武應求者，皆以名聞。戊辰，經殷比干之墓，祭以太牢。乙亥，幸洛陽西宮。二月乙丑，行幸河陰，親規方澤之所。丙申，河南王幹徙封趙郡，潁川王雍徙封高陽。壬寅，車駕北巡。癸卯，濟河。蕭昭業遣使朝貢。甲辰，詔天下，喻以遷都之意。閏月癸亥，次句注陘南，皇太子朝於蒲池。壬申，至平城宮。癸酉，臨朝堂，部分遷留。甲戌，謁永固陵。三月庚辰，罷西郊祭天。壬辰，帝臨太極殿，諭在代羣臣以遷移之略。夏五月乙亥，詔罷五月五日、七月七日饗。六月己巳，詔兼員外散騎常侍盧昶、兼員外散騎侍郎王清石使於蕭昭業。

秋七月乙亥，以宋王劉昶為大將軍。壬午，侍中、大司馬、安定王休薨。辛卯，高麗國遣使朝貢。壬辰，車駕北巡。戊戌，謁金陵。辛丑，幸朔州。是月，島夷蕭鸞殺其主蕭昭業，立昭業弟昭文。八月癸卯，皇太子朝於行宮。甲辰，行幸陰山，觀雲川。丁未，幸閱武臺，臨觀講武。癸丑，幸懷朔鎮。己未，幸武川鎮。辛酉，幸撫冥鎮。甲子，幸柔玄鎮。乙丑，南還。所過皆親見高年，問民疾苦，貧窘孤老賜以粟帛。丙寅，詔六鎮及禦夷城人，年八十以上而無子孫兄弟，終身給其廩粟；七十以上家貧者，各賜粟十斛。又詔諸北城人，年滿七十以上及廢疾之徒，校其元犯，以准新律。事當從坐者，聽一身還鄉，又令一子撫養，終命之後，乃遣歸邊；自餘之處，如此之犯，年八十以上，皆聽還。戊辰，車駕次旋鴻池。庚午，謁永固陵。辛未，還平城宮。九月壬申朔，詔曰：『三載考績，自古通經；三考黜陟，以彰能否。今若待三考然後黜陟，可黜者不足為遲，可進者大成賒緩。是以朕今三載一考，考即黜陟，欲令愚滯無妨於賢者，才能不壅於下位。各令當曹考其優劣，為三等。六品以下，尚書重問；五品以上，朕將親與公卿論其善惡。上上者遷之，下下者黜之，中中者守其本任。』壬午，帝臨朝堂，親加黜陟。壬辰，陰平王楊炅來朝。

冬十月甲辰，以太尉、東陽王丕為太傅。戊申，親告太廟，奉遷神主。辛亥，車駕發平城宮。壬戌，次於中山之唐湖。乙丑，分遣侍臣巡問民所疾苦。己巳，幸信都。庚午，詔曰：『比聞緣邊之蠻，多有竊掠，致有父子乖離，室家分絕，既虧和氣，有傷仁厚。方一區宇，子育萬姓，若苟如此，南人豈知朝德哉？可詔荆、郢、東荆三州勒敕蠻民，勿有侵暴。』是月，蕭鸞廢殺其主蕭昭文而僭立。十有一月辛未朔，詔冀、定二州民：百年以上假以縣令，九十以上賜爵三級，八十以上賜爵二級，七十以上賜爵一級；鰥寡孤獨不能自存者，賜以穀帛；孝義廉貞、文武應求者具以名聞。丁丑，車駕幸鄴。甲申，經比干之墓，傷其忠而獲戾，親為弔文，樹碑而刊之。己丑，車駕至洛陽。蕭鸞雍州刺史曹虎據襄陽請降。十有二月辛丑朔，遣行征南將軍薛真度督四將出襄陽，大將軍劉昶出義陽，徐州刺史元衍出鍾離，平南將軍劉藻出南鄭。壬寅，革衣服之制。癸卯，詔中外戒嚴。戊申，優復代遷之戶租賦三歲。己酉，詔王、公、侯、伯、子、男開國食邑者：王食半，公三分食一，侯伯四分食一，子男五分食一。辛亥，車駕南伐。丁卯，詔郢豫二州之民：百齡以上假縣令，九十以上賜爵三級，八十以上賜爵二級，七十以上賜爵一級；孤寡鰥老不能自存者，賜以穀帛；緣路之民復田租一歲；孝悌廉義、文武應求具以名聞。戊辰，車駕至懸瓠。己巳，詔壽陽、鍾離、馬頭之師所獲男女之口皆放還南。

十有九年春正月辛未朔，朝饗羣臣於懸瓠。癸酉，詔禁淮北之民不得侵掠，犯者以大辟論。甲戌，檄喻蕭鸞。丙子，鸞龍陽縣開國侯王朗自渦陽來降。壬午，講武於汝水之西，大賚六軍。丙申，平南將軍王肅頻破蕭鸞將，擒其寧州刺史董巒。己亥，車駕濟淮。二月甲辰，幸八公山。路中

雨甚，詔去蓋；見軍士病者，親隱恤之。戊申，車駕巡淮而東，民皆安堵，租運屬路。壬子，高麗國遣使朝獻。丙辰，車駕至鍾離。戊午，軍士擒蕭鸞三千卒。帝曰：『在君為君，其民何罪？』於是免歸。辛酉，車駕發鍾離，將臨江水。司徒馮誕薨。壬戌，乃詔班師。丁卯，遣使臨江數蕭鸞殺主自立之罪惡。三月戊寅，幸邵陽。戊子，太師馮熙薨。乙未，幸下邳。鄧至國遣使朝貢。

夏四月庚子，車駕幸彭城。辛丑，帝為太師馮熙舉哀於行在所。丁未，曲赦徐豫二州，其運漕之士，復租賦三年。辛亥，詔賜百歲以上假縣令，九十以上賜爵三級，八十以上賜爵二級，七十以上賜爵一級；孤寡老疾不能自存者，賜以穀帛；德著丘園者具以名聞；蕭鸞民降者，給復十五年。癸丑，幸小沛，遣使以太牢祭漢高祖廟。己未，行幸瑕丘，遣使以太牢祠岱嶽。詔宿衛武官增位一級。庚申，行幸魯城，親祠孔子廟。辛酉，詔拜孔氏四人、顏氏二人為官。詔兗州刺史舉部內士人才堪軍國及守宰治行，具以名聞。又詔賜兗州民爵及粟帛如徐州。又詔選諸孔宗子一人，封崇聖侯，邑一百戶，以奉孔子之祀。又詔兗州為孔子起園栢，修飾墳壟，更建碑銘，褒揚聖德。戊辰，行幸碻磝。太和廟成。五月己巳，城陽王鸞赭陽失利，降為定襄縣王。廣川王諧薨。庚午，遷文成皇后馮氏神主於太和廟。甲戌，行幸滑臺。丙子，次于石濟。庚辰，皇太子朝於平桃城。高麗、吐谷渾國並遣使朝貢。癸未，車駕至自南伐，告于太廟。甲申，減閑官祿以裨軍國之用。乙酉，行飲至之禮，班賜有差。甲午，皇太子冠於廟。六月己亥，詔不得以北俗之語言於朝廷，若有違者，免所居官。辛丑，詔復軍士從駕渡淮者租賦三年。癸卯，詔皇太子赴平城宮。壬子，詔濟州、東郡、滎陽及河南諸縣車駕所經者，百年以上賜假縣令，九十以上賜爵三級，八十以上賜爵二級，七十以上賜爵一級；孤老鰥寡不能自存，賜以穀帛；孝悌廉義、文武應求者具以名聞。癸丑，詔求天下遺書，秘閣所無、有裨益時用者加以優賞。乙卯，曲赦梁州，復民田租三歲。丙辰，詔遷洛之民，死葬河南，不得還北。於是代人南遷者，悉為河南洛陽人。戊午，詔改長尺大斗，依《周禮》制度，班之天下。

八月甲辰，幸西宮，路見壞塚露棺，駐輦殣之。乙巳，詔選天下武勇之士十五萬人為羽林、虎賁，以充宿衛。丁巳，詔諸從兵從征被傷者皆聽還本。金墉宮成。甲子，引羣臣歷宴殿堂。九月庚午，六宮及文武盡遷洛陽。丙戌，行幸鄴。丁亥，詔曰：『諸有舊墓，銘記見存，昭然為時人所知者，三公及位從公者去墓三十步，尚書令僕、九列十五步，黄門、五校十步，各不聽墾殖。』壬辰，遣黄門郎以太牢祭比干之墓。乙未，車駕還宮。

冬十月甲辰，曲赦相州。民百年以上假郡守，九十以上假縣令，八十以上賜爵三級，七十以上賜爵二級；孤老痼疾不能自存者，賜以穀帛。丙辰，車駕至自鄴。辛酉，詔州郡諸有士庶經行修敏、文思遒逸，才長吏治、堪干政事者，以時發遣。壬戌，詔諸州牧精品屬官，考其得失，為三等之科以聞，將親覽而升降焉。詔徐、兗、光、南青、荆、洛六州嚴戎備，應須赴集。十有一月，行幸委粟山。議定圓丘。甲申，有事於圓丘。丙戌，大赦天下。十有二月乙未朔，引見羣臣於光極堂，宣示品令，為大選之始。辛酉，驃騎大將軍、司州牧、咸陽王禧為長兼太尉，前南安王楨復本封，以特進、廣陵王羽為征東大將軍、開府儀同三司、青州刺史。甲子，引見羣臣於光極堂，班賜冠服。

二十年春正月丁卯，詔改姓為元氏。壬辰，改封始平王勰為彭城王，以定襄縣王鸞復封城陽王。二月辛丑，帝幸華林，聽訟於都亭。壬寅，詔自非金革，聽終三年喪。丙午，詔畿內七十以上暮春赴京師，將行養老之禮。庚戌，幸華林，聽訟於都亭。癸丑，詔介山之邑，聽為寒食，自餘禁斷。三月丙寅，宴羣臣及國老、庶老於華林園。詔曰：『國老黄耇以上，假中散大夫、郡守；耆年以上，假給事中、縣令；庶老，直假郡縣。各賜鳩杖、衣裳。』丁丑，詔諸州中正各舉其鄉之民望，年五十以上守素衡門者，授以令長。

夏四月甲辰，廣州刺史薛法護南叛。五月丙子，詔曰：『農惟政首，稷實民先，澍雨豐洽，所宜敦勵。其令畿內嚴加課督，惰業者申以楚撻，力田者具以名聞。』丙戌，初營方澤於河陰。遣使者以太牢祭漢光武及明、章三帝陵。又詔漢、魏、晉諸帝陵，各禁方百步不得樵蘇踐蹋。丁亥，車駕有事於方澤。

七月，廢皇后馮氏。戊寅，帝以久旱，咸秩羣神；自癸未不食至於乙酉，是夜澍雨大洽。丁亥，詔曰：『炎陽爽節，秋零卷澍，在予之責，

實深悚慄，故輟膳三晨，以命上訴。靈鑑誠款，曲流雲液。雖休勿休，寧敢愆怠。將有賢人湛德，高士凝棲，雖加銓採，未能招致。其精訪幽谷，舉茲賢彥，直言極諫，匡予不及。又邪佞毀朝，固唯治蠹；貪夫竊位，大政以虧。主者彈劾不肖，明黜盜祿。又法為治要，民命尤重，在京之囚，悉命條奏，朕將親案，以時議決。又疾苦六極，人神所矜，宜時訪恤，以拯窮廢。鰥寡困乏、不能自存者，明加矜恤，令得存濟。又輕徭薄賦，君人常理，歲中恒役，具以狀聞。又夫婦之道，生民所先，仲春奔會，禮有達式，男女失時者以禮會之。又京民始業，農桑為本，田稼多少，課督以不，具以狀言。』

八月壬辰朔，幸華林園，親録囚徒，咸降本罪二等決遣之。戊戌，車駕幸嵩高。甲寅，還宮。丁巳，南安王楨薨。幸華林園聽訟。九月戊辰，車駕閱武於小平津。癸酉，還宮。丁亥，將通洛水入谷，帝親臨觀。

冬十月戊戌，以代遷之士皆為羽林、虎賁；司州之民，十二夫調一吏，為四年更卒，歲開番假，以供公私力役。己酉，曲赦京師。十有一月乙酉，復封前汝陰王天賜孫景和為汝陰王，前京兆王太興為西河王。閏月丙辰，右將軍元隆大破汾州叛胡。十有二月甲子，以西北州郡旱儉，遣侍臣循察，開倉賑恤。乙丑，開鹽池之禁，與民共之。丙寅，廢皇太子恂為庶人；丁卯，告太廟。戊辰，置常平倉。恒州刺史穆泰等在州謀反，遣行吏部尚書任城王澄案治之。樂陵王思譽坐知泰陰謀不告，削爵為庶人。

二十有一年春正月丙申，立皇子恪為皇太子，賜天下為父後者爵一級。己亥，遣兼侍中張彝、崔光，兼散騎常侍劉藻，巡方省察，問民疾苦，黜陟守宰，宣揚風化。乙巳，車駕北巡。二月壬戌，次於太原。親見高年，問所不便。乙丑，詔并州士人年六十已上，假以郡守。先是，定州民王金鈎訛言惑衆，自稱應王。丙寅，州郡捕斬之。癸酉，車駕至平城。甲戌，謁永固陵。癸未，行幸雲中。三月庚寅，車駕至自雲中。辛卯，謁金陵。乙未，車駕南巡。己酉，次離石。叛胡歸罪，宥之。甲寅，詔汾州民百年以上假縣令，九十以上賜爵三級，八十以上賜爵二級，七十以上賜爵一級。丙辰，車駕次平陽，遣使者以太牢祭唐堯。

夏四月庚申，幸龍門，遣使者以太牢祭夏禹。癸亥，行幸蒲坂，遣使者以太牢祭虞舜。戊辰，詔修堯、舜、夏禹廟。辛未，行幸長安。壬申，武興王楊集始來朝。乙亥，親見高年，問所疾苦。丙子，遣侍臣分省縣邑，賑賜穀帛。戊寅，幸未央殿、阿房宮，遂幸昆明池。癸未，大將軍、宋王劉昶薨。丙戌，遣使者以太牢祀漢帝諸陵。五月丁亥朔，衛大國遣使朝貢。己丑，車駕東旋，泛渭入河。庚寅，詔雍州士人百年以上假華郡太守，九十以上假荒郡，八十以上假華縣令，七十以上假荒縣；庶老以年各減一等，七十以上賜爵三級；其營船之夫，賜爵一級；孤寡鰥貧、窮痾廢疾，各賜帛二匹，穀五斛；其孝友德義、文學才幹，悉仰貢舉。壬辰，遣使者以太牢祭周文王於酆，祭武王於鎬。癸卯，遣使祭華嶽。六月庚申，車駕至自長安。壬戌，詔冀、定、瀛、相、濟五州發卒二十萬，將以南討。癸亥，司空穆亮遜位。丁卯，部分六師，以定行留。

秋七月甲午，立昭儀馮氏為皇后。戊辰，以前司空穆亮為征北大將軍、開府儀同三司，為京兆王，懌為清河王，懷為廣平王。壬申，行幸河南城。甲戌，講武於華林園。庚辰，車駕南討。九月丙申，詔曰：『哀貧恤老，王者所先，鰥寡六疾，尤宜矜愍。可敕司州洛陽之民，年七十已上無子孫，六十以上無期親，貧不自存者，給以衣食；及不滿六十而有廢痼之疾，無大功之親，窮困無以自療者，皆於別坊遣醫救護，給醫師四人，豫請藥物以療之。』丁酉，詔河南尹李崇討梁州叛羌，受征西源懷節度。辛丑，帝留諸將攻赭陽，引師而南。癸卯，至宛城，夜襲其郛，克之。丁未，車駕發南陽，留太尉咸陽王禧、前將軍元英攻之。己酉，車駕至新野。

冬十月丁巳，四面進攻，不克，詔左右軍築長圍以守之。乙亥，追廢貞皇后林氏為庶人。十有一月甲午，蕭鸞前軍將軍韓秀方、弋陽太守王副之、後軍將軍趙祖悅等十五將來降。丁酉，大破賊軍於沔北，獲其將軍王伏保等。於是民皆復業，九十以上假以郡守，六十五以上假以縣令。新野民張睹柵萬餘家，拒守不下。十有二月庚申，破之，俘斬萬餘。丁卯，詔流徙之囚，皆勿決遣，有登城之際，令其先鋒自效。庚午，車駕臨沔，遂巡沔東還。戊寅，車駕還新野。己卯，親行營壘，隱恤六軍。蕭鸞將王曇紛等萬餘人寇南青州黃郭戍，戍主崔僧淵擊破之，悉虜其衆。以齊郡王子琛紹河間王若後。高昌國遣使朝貢。

二十有二年春正月癸未朔，朝饗羣臣於新野行宮。丁亥，拔新野，獲

蕭鸞輔國將軍、新野太守劉忌，斬之於宛。戊子，鸞湖陽戍主蔡道福棄城遁走。辛卯，鸞赭陽戍主成公期、軍主胡松棄城遁走。壬辰，鸞輔國將軍、舞陰戍主黃瑤起及直閤將軍、臺軍主鮑舉、南鄉太守席謙相尋遁走，瑤起、鮑舉為軍人所獲送。庚戌，行幸南陽。二月乙卯，進攻宛北城。甲子，拔之，鸞冠軍將軍南陽太守房伯玉面縛出降。庚午，車駕幸新野。辛未，詔以穰民首歸大順終始若一者，給復三十年，標其所居曰『歸義鄉』；次降者給復十五年。三月壬午朔，大破鸞平北將軍崔惠景、黃門郎蕭衍軍於鄧城，斬獲首虜二萬有餘。庚寅，行幸樊城，觀兵襄沔，耀武而還。曲赦二荆、魯陽郡。鎮南將軍王肅攻鸞義陽。鸞遣將裴叔業寇渦陽。乙未，詔將軍鄭思明、嚴虛敬、宇文福等三軍繼援。辛丑，行幸湖陽。乙未，次比陽。戊申，詔荆州諸郡之民，初降次附，復同穰縣。辛亥，行幸懸瓠。

夏四月甲寅，從征武直之官進位三階，文官二級，外官一階。庚午，發州郡兵二十萬人，限八月中旬集懸瓠。趙郡王幹薨。五月丙午，詔在征身喪者，四品已下及卑兼之職給帛有差。

六月庚申，詔諸王將士戰沒皆加優贈。

秋七月壬午，詔曰：『朕以寡德，屬茲靖亂，實賴羣英，凱清南夏，宜約躬賞效，以勸茂績。后之私府，便可損半；六宮嬪御，五服男女，常恤恒供，亦令減半；在戎之親，三分省一。』是月，蕭鸞死，子寶卷僭立。八月辛亥，皇太子自京師來朝。壬子，蕭寶卷奉朝請鄧學擁其齊興郡內屬。敕勒樹者相率反叛。詔平北將軍、江陽王繼都督北討諸軍事以討之。壬午，高麗國遣使朝獻。九月己亥，帝以蕭鸞死，禮不伐喪，乃詔反旆。庚子，仍將北伐叛虜。丙午，車駕發懸瓠。

冬十月己酉朔，曲赦二豫殊死已下，復民田租一歲。十有一月辛巳，幸鄴。十有二月甲寅，以江陽王繼定敕勒，乃詔班師。

二十有三年春正月戊寅朔，朝羣臣，以帝疾瘳上壽，大饗於澄鸞殿。壬午，幸西門豹祠，遂歷漳水而還。蕭寶卷遣太尉陳顯達寇荆州。癸未，詔前將軍元英討之。乙酉，車駕發鄴。戊戌，至自鄴。

庚子，告於廟社。癸卯，行飲至策勳之禮。甲辰，大赦天下。太保、齊郡王簡薨。二月辛亥，以長兼太尉、咸陽王禧為正太尉。癸亥，以中軍大將軍、彭城王勰為司徒，復樂陵王思譽本封。癸酉，顯達攻陷馬圈戍。三月庚辰，車駕南伐。癸未，次梁城。甲申，以順陽被圍危急，詔振武將軍慕容平城率騎五千赴之。丙戌，帝不豫，司徒、彭城王勰侍疾禁中，且攝百揆。丁酉，車駕至馬圈。詔鎮南大將軍、廣陽王嘉斷均口，邀顯達歸路。戊戌，頻戰破之。其夜，顯達及崔惠景、曹虎等宵遁。己亥，收其戎資億計，班賜六軍。諸將追奔及於漢水，斬獲及赴水而死者十八九，斬寶卷左軍將軍張于達等。賊將蔡道福、成公期率數萬人棄順陽遁走。

庚子，帝疾甚，車駕北次穀塘原。甲辰，詔賜皇后馮氏死。詔司徒勰徵太子於魯陽踐阼。詔以侍中、護軍將軍、北海王詳為司空公，鎮南將軍王肅為尚書令，鎮南大將軍、廣陽王嘉為尚書左僕射，尚書宋弁為吏部尚書，與侍中、太尉公禧，尚書右僕射、任城王澄等六人輔政。顧命宰輔曰：『粵爾太尉、司空、尚書令、左右僕射、吏部尚書，惟我太祖丕丕之業，與四象齊茂；累聖重明，屬鴻歷於寡昧。兢兢業業，思纂乃聖之遺蹤。遷都嵩極，定鼎河瀍，庶南蕩甌吳，復禮萬國，以仰光七廟，俯濟蒼生。困窮早滅，不永乃志。公卿其善毗繼子，隆我魏室，不亦善歟？可不勉之！』夏四月丙午朔，帝崩于穀塘原之行宮，時年三十三。秘諱，至魯陽發哀，還京師。上謚曰孝文皇帝，廟曰高祖。五月丙申，葬長陵。

論說

《魏書》卷七下《高祖紀下》 帝幼有至性，年四歲，顯祖曾患癰，帝親自吮膿。五歲受禪，悲泣不能自勝。顯祖問帝，帝曰：『代親之感，內切於心。』顯祖甚歎異之。文明太后以帝聰聖，後或不利於馮氏，將謀廢帝。乃於寒月，單衣閉室，絕食三朝。召咸陽王禧，將立之。元丕、穆泰、李沖固諫，乃止。帝初不有憾，唯深德丕等。撫念諸弟，始終曾無纖介，惇睦九族，禮敬俱深。雖於大臣持法不縱，然性寬慈，每垂矜捨。進食者曾以熱羹傷帝手，又曾於食中得蟲穢之物，並笑而恕之。宦者先有譖帝於太后，太后大怒，杖帝數十。帝默然而受，不自申明。太后崩後，亦不以介意。

聽覽政事，莫不從善如流。哀矜百姓，恒思所以濟益。天地、五郊、

宗廟二分之禮，常必躬親，不以寒暑為倦。尚書奏案，多自尋省。百官大小，無不留心，務於周洽。每言：凡為人君，患於不均，不能推誠御物。苟能均誠，胡越之人亦可親如兄弟。常從容謂史官曰：『直書時事，無諱國惡。人君威福自己，史復不書，將何所懼？』南北征巡，有司奏請治道，帝曰：『粗修橋樑，通輿馬便止，不須去草剗令平也。』凡所修造，不得已而為之，不為不急之事損民力也。巡幸淮南，如在內地，軍事須伐民樹者，必留絹以酬其直，民稻粟無所傷踐。諸有禁忌禳厭之方非典籍所載者，一皆除罷。

雅好讀書，手不釋卷。《五經》之義，覽之便講，學不師受，探其精奧。史傳百家，無不該涉。善談《莊》、《老》，尤精釋義。才藻富贍，好為文章，詩賦銘頌，任興而作。有大文筆，馬上口授，及其成也，不改一字。自太和十年已後詔冊，皆帝之文也。自餘文章，百有餘篇。愛奇好士，情如飢渴。待納朝賢，隨才輕重，常寄以布素之意。悠然玄邁，不以世務嬰心。又少而善射，有膂力。年十餘歲，能以指彈碎羊膊骨。及射禽獸，莫不隨所志斃之。至年十五，便不復殺生，射獵之事悉止。性儉素，常服澣濯之衣，鞍勒鐵木而已。帝之雅志，皆此類也。

史臣曰：有魏始基代朔，廓平南夏，闢壤經世，咸以威武為業，文教之事，所未遑也。高祖幼承洪緒，早著叡聖之風。時以文明攝事，優游恭己，玄覽獨得，著自不言，神契所標，固以符於冥化。及躬總大政，一日萬機，十許年間，曾不暇給，殊途同歸，百慮一致。至夫生民所難行，人倫之高迹，雖尊居黃屋，盡蹈之矣。若乃欽明稽古，協御天人，帝王製作，朝野軌度，斟酌用捨，煥乎其有文章，海內生民咸受耳目之賜。加以雄才大略，愛奇好士，視下如傷，役己利物，亦無得而稱之。其經緯天地，豈虛謚也！

雜録

《南齊書》卷五七《魏虜傳》 泰始五年，萬民禪位子宏，自稱太上皇。宏立，號延興元年。至六年，萬民死，謚獻文皇帝。改號為承明元年，是歲元徽四年也。祖母馮氏，黃龍人，助治國事。初，佛狸母是漢人，為木末所殺，佛狸以乳母為太后。自此以來，太子立，輒誅其母。一云馮氏本江都人，佛狸元嘉二十七年南侵，略得馮氏，濬以為妾，獨得全焉。明年丁巳歲，改號太和。

宋明帝末年，始與虜和好。元徽昇明之世，虜使歲通。建元元年，偽太和三年也。宏聞太祖受禪，其冬，發衆遣丹陽王劉昶為太師，寇司、豫二州。明年，詔遣衆軍北討。宏遣大將郁豆眷、叚長命攻壽陽及鍾離，為豫州刺史垣崇祖、右將軍周盤龍、徐州刺史崔文仲等所破。宏又遣偽南部尚書托跋等向司州，分兵出兗、青界，十萬衆圍朐山，戍主玄元度嬰城固守。青冀二州刺史盧紹之遣子奐領兵助之。城中無食，紹之出頓州南石頭亭，隔海運糧柴供給城內。虜圍斷海道，緣岸攻城，會潮水大至，虜淹溺，元度出兵奮擊，大破之。臺遣軍主崔靈建、楊法持、房靈民萬餘人從淮入海，船艦至夜各舉兩火，虜衆望見，謂是南軍大至，一時奔退。

初，元度自云臂上有封侯志，宋世以示世祖，時世祖在東宮，書與元度曰：『努力成臂上之相也。』虜退，上議加封爵，元度歸功於紹之，紹之又讓，故並見寢。上乃擢紹之為黃門郎。鬱州呼石頭亭為平虜亭。紹之字子緒，范陽人，自云盧諶玄孫。宋大明中，預攻廣陵，勳上，紹之拔迹自投，上以為州治中，受心腹之任。官至光祿大夫。永明八年，卒。

三年，領軍將軍李安民、左軍將軍孫文顯與虜軍戰於淮陽，大敗之。初，虜寇至，緣淮驅略，江北居民猶懲佛狸時事，皆驚走，不可禁止。乃於梁山置一軍，南置三軍，慈姥置一軍，洌州置二軍，三山置二軍，白沙洲置一軍，蔡州置五軍，長蘆置三軍，菰浦置二軍，徐浦置一軍，內外悉班階賞，以示威刑。

偽昌黎王馮莎向司州，荒人桓天生說莎云：『諸蠻皆響應。』莎至，蠻竟不動。莎大怒，於淮邊獵而去。及壽春摧敗，朐山不拔，虜主出定州，大治道路。聲欲南行，不敢進。迺與偽梁郡王計曰：『兵出彭、泗間，無復鬬志，要當一兩戰得還歸。』既於淮陽被破，一時奔走。青、徐間赴義民，先是或抄虜運車，更相殺掠，往往得南歸者數千家。

上未遑外略，以虜既摧破，且欲示以威懷，遣後軍參軍車僧朗北使。虜問僧朗曰：『齊輔宋日淺，何故便登天位？』僧朗曰：『虞、夏登庸，親當革禪；魏、晉匡戰，貽厥子孫。豈二聖促於天位，兩賢謙虛以獨

善？時宜各異，豈得一揆？苟曰事宜，故屈己應物。』虜又問：『齊主悉有何功業？』僧朗曰：『主上聖性寬仁，天識弘遠。少為宋文皇所器遇，入參禁旅。泰始之初，四方寇叛，東平劉子房、張淹，北討薛索兒，兼掌軍國，豫司顧命。宋桂陽、建平二王阻兵內侮，一麾殄滅。蒼梧王反道敗德，有過桀、紂，遠遵伊、霍，行廢立之事。袁粲、劉秉、沈攸之同惡相濟，又秉旄杖鉞，大定凶黨。戮力佐時，四十餘載，經綸夷險，十五六年，此功此德，可謂物無異議。』虜又問：『南國無復齊土，何故封齊？』僧朗曰：『營丘表海，實為大國。宋朝光啓土宇，謂是呂尚先封。今淮海之間，自有青、齊，非無地也。』又問：『蒼梧何故遂加斬戮？』僧朗曰：『蒼梧暴虐，書契未聞，武王斬紂，懸之黄鉞，共是所聞，何傷於義？』昇明中，北使殷靈誕、苟昭先在虜，聞太祖登極，靈誕謂虜典客曰：『宋魏通好，憂患是同。宋今滅亡，魏不相救，何用和親？』及虜寇豫州，靈誕因請為劉昶司馬，不獲。僧朗至北，虜置之靈誕下，僧朗立席言曰：『靈誕昔是宋使，今成齊民。實希魏主以禮見處。』靈誕交言，遂相忿詈，謂虜曰：『使臣不能立節本朝，誠自慚恨。』劉昶賂客解奉君於會刺殺僧朗，虜即收奉君誅之，殯斂僧朗，送喪隨靈誕等南歸，厚加贈賻。世祖踐阼，昭先具以啓聞，靈誕下獄死，贈僧朗散騎侍郎。

永明元年冬，遣驍騎將軍劉纘、前軍將軍張謨使虜。明年冬，虜使李道固報聘，世祖於玄武湖水步軍講武，登龍舟引見之。自此歲使往來，疆埸無事。

三年，初令鄰里黨各置一長，五家為鄰，五鄰為里，五里為黨。四年，造戶籍。分置州郡，雍州、涼州、秦州、沙州、涇州、華州、岐州、河州、西華州、寧州、陝州、洛州、荆州、郢州、北豫州、東荆州、南豫州、西兖州、東兖州、南徐州、東徐州、青州、齊州、濟州二十五州在河南；秦州、懷州、（秦）［汾］州、東雍州、肆州、定州、瀛州、朔州、并州、冀州、幽州、平州、司州十三州在河北。凡分魏、晉舊司、豫、青、兖、冀、并、幽、秦、雍、涼十州地，及宋所失淮北為三十八州矣。

明年，邊人桓天生作亂，虜遣步騎萬餘人助之，至比陽，為征虜將軍戴僧靜等所破。荒人胡丘生起義懸瓠，為虜所擊，戰敗南奔。偽安南將軍遼東公、平南將軍上谷公又攻舞陰，舞陰戍主輔國將軍殷公愍拒破之。六年，虜又遣衆助桓天生，與輔國將軍曹虎戰，大敗於隔城。至七年，遣使邢產、侯靈紹復通好。先是劉纘再使虜，太后馮氏悦而親之。馮氏有計略，作《皇誥》十八篇，偽左僕射李思沖稱史臣注解。是歲，馮氏死。八年，世祖還隔城所俘獲二千餘人。

佛狸已來，稍僭華典，胡風國俗，雜相揉亂。宏知談義，解屬文，輕果有遠略。遊河北至比干墓，作《弔比干文》云：『脱非武發，封墓誰因？嗚呼介士，胡不我臣！』宏以己巳歲立圓丘、方澤，置三夫人、九嬪。平城南有干水，出定襄堺，流入海，去城五十里，世號為索干都。土氣寒凝，風砂恒起，六月雨雪。議遷都洛京。

九年，遣使李道固、蔣少游報使。少游有機巧，密令觀京師宮殿楷式。清河崔元祖啓世祖曰：『少游，臣之外甥，特有公輸之思。宋世陷虜，處以大匠之官。今為副使，必欲模範宮闕。豈可令氈鄉之鄙，取象天宮？臣謂且留少遊，令使主反命。』世祖以非和通意，不許。少游，安樂人。虜宮室制度，皆從其出。

初，佛狸討羯胡於長安，殺道人且盡。及元嘉南寇，獲道人，以鐵籠盛之。後佛狸感惡疾，自是敬畏佛教，立塔寺浮圖。宏父弘禪位後，黄冠素服，持戒誦經，居石窟寺。宏太和三年，道人法秀與苟兒王阿辱瑰王等謀反，事覺，囚法秀，加以籠頭鐵鏁，無故自解脱，虜穿其頸骨，使咒之曰：『若復有神，當令穿肉不入。』遂穿而殉之，三日乃死。偽咸陽王復欲盡殺道人，太后馮氏不許。宏尤精信，粗涉義理，宮殿內立浮圖。

宏既經古洛，是歲下偽詔尚書思慎曰：『夫覆載垂化，必由四氣運其功，曦曜望舒，亦須五星助其暉。仰惟聖母，睿識自天，業高曠古，將稽詳典範，日新皇度。不圖罪逆招禍，奄丁窮罰，追惟罔極，永無逮及。思遵先旨，敕造明堂之様。卿所制體含六合，事越中古，理圓義備，可軌之千載。信是應世之材，先固之器也。羣臣瞻見模様，莫不僉然欲速造，朕以寡昧，亦思造盛禮。卿可即於今歲停宮城之作，營建此構。興皇代之奇制，遠成先志，近副朕懷。』又詔公卿參定刑律。又詔罷臘前儺，唯年一儺。又詔：『季冬朝賀，典無成文，以袴褶事非禮敬之謂，若置寒朝服，徒成煩濁，自今罷小歲賀，歲初一賀。』又詔：『王爵非庶姓所僭，伯號是五等常秩。烈祖之胄，仍本王爵，其餘王皆為公，［公］轉為侯，侯即

為伯，子男如舊。雖名易於本，而品不異昔。公第一品，侯第二品，伯第三品，子第四品，男第五品。』

十年，上遣司徒參軍蕭琛、范雲北使。宏西郊，即前祠天壇處也。宏與偽公卿從二十餘騎戎服繞壇，宏一周，公卿七匝，謂之蹋壇。明日，復戎服登壇祠天，宏又繞三匝，公卿七匝，謂之繞天。以繩相交絡，紐木枝棖，覆以青繒，形制平圓，下容百人坐，謂之為『繖』，一云『百子帳』也。於此下宴息。次祠廟及布政明堂，皆引朝廷使人觀視。每使至，宏親相應接，申以言義。甚重齊人，常謂其臣下曰：『江南多好臣。』偽侍臣李元凱對曰：『江南多好臣，歲一易主；江北無好臣，而百年一主。』宏大慚，出元凱為雍州長史，俄召復職。

世祖初，治白下，謂人曰：『我欲以此城為上頓處。』後於石頭造露車三千乘，欲步道取彭城，形迹頗著。先是八年北使顔幼明、劉思斆反命，偽南部尚書李思沖曰：『二國之和，義在庇民。如聞南朝大造舟車，欲侵淮、泗，推心相期，何應如此？』幼明曰：『主上方弘大信於天下，不失臣妾。既與輯和，何容二三其德？壃埸之言，差不足信。且朝廷若必赫怒，使守在外，亦不近相淮瀆。』思沖曰：『我國之彊，經略淮東，何患不蕩海東嶽，政存於信誓耳。且和好既結，豈可復有不信？昔華元、子反，戰伐之際，尚能以誠相告，此意良慕也。』幼明曰：『卿未有子反之急，詎求登床之請？』

是後宏亦欲南侵徐、豫，於淮、泗間大積馬蒭。十一年，遣露布并上書，稱當南寇。世祖發揚、徐州民丁，廣設召募。北地人支酉，聚數千人，於長安城北西山起義。遣使告梁州刺史陰智伯。秦州人王度人起義應酉，攻獲偽刺史劉藻，秦、雍間七州民皆響震，衆至十萬，各自保壁，望朝廷救其兵。宏遣弟偽河南王幹、尚書盧陽烏擊秦、雍義軍，幹大敗。酉迎戰，進至咸陽北濁谷，圍偽司空長洛王繆老生，合戰，又大破之，老生走還長安。梁州刺史陰智伯遣軍主席德仁、張弘林等數千人應接酉等，進向長安，所至皆靡。

會世祖崩，宏聞關中危急，乃稱聞喪退師。太和十七年八月，使持節、安南大將軍、都督徐青齊三州諸軍事、南中郎將、徐州刺史、廣陵侯府長史、帶淮陽太守鹿樹生移齊兗州府長史府：『奉被行所尚書符騰詔：皇師雷舉，搖旆南指，誓清江祲，志廓衡靄。以去月下旬，濟次河洛。前使人邢巒等至，審知彼有大艾。以《春秋》之義，聞喪寢伐。爰敕有司，輟鑾止軔，休馬華陽，戢戈嵩北。便肇經周制，光宅中區，永皇基于無窮，恢盛業乎萬祀。宸居重正，鴻化增新，四海承休，莫不銘慶。故以往示如律令。』并遣使弔國諱。遣偽大將楊大眼、張聰明等數萬人攻西、廣等並見殺。

隆昌元年，遣司徒參軍劉斆、車騎參軍沈宏報使至北。宏稱字玄覽。其夏，虜平北將軍魯直清率衆降，以為督洛州軍事、領平戎校尉、征虜將軍、洛州刺史。是歲，宏徙都洛陽，改姓元氏。初，匈奴女名托跋，妻李陵，胡俗以母名為姓，故虜為李陵之後，虜甚諱之，有言其是陵後者，輒見殺，至是乃改姓焉。

宏聞高宗踐阼非正，既新移都，兼欲大示威力，是冬，自率大衆分寇豫、徐、司、梁四州。遣偽荆州刺史薛真度、尚書郗祁阿婆出南陽，向沙堨，築壘開溝，為南陽太守房伯玉、新野太守劉思忌所破。

建武二年春，高宗遣鎮南將軍王廣之出司州，右僕射沈文季出豫州，左衛將軍崔慧景出徐州。宏自率衆至壽陽，軍中有黑氈行殿，容二十人坐，輦邊皆三郎曷刺真，槊多白真毦，鐵騎為羣，前後相接。步軍皆烏楯槊，綴接以黑蝦蟆幡。牛車及驢駱馳載軍資妓女，三十許萬人。不攻城，登八公山，賦詩而去。別圍鍾離城，徐州刺史蕭惠休、輔國將軍申希祖拒守，出兵奮擊，宏衆敗，多赴淮死。乃分軍據邵陽州，柵斷水路，夾築二城。右衛將軍蕭坦之遣軍主裴叔業攻二城，拔之。惠休又募人出燒虜攻城車，虜力竭不能剋。

王奐之誅，子肅奔虜，宏以為鎮南將軍、南豫州刺史。遣肅與劉昶號二十萬衆，圍義陽。司州刺史蕭誕拒戰，虜築圍壍柵三重，燒居民淨盡，并力攻城，城中負楯而立。王廣之都督救援，虜遣三萬餘人逆攻太子右率蕭季敞於下梁，季敞戰不利。司州城內告急，王廣之遣軍主黃門侍郎梁王間道先進，與太子右率蕭誄、輔國將軍徐玄慶、荆州軍主魯休烈據賢首山，出虜不備。城內見援軍至，蕭誕遣長史王伯瑜及軍主崔恭祖出攻虜柵，因風放火，梁王等衆軍自外擊之，昶、肅棄圍引退，追擊破之。

輔國將軍桓和出西陰平，偽魯郡公郟城戍主帶莫樓、偽東海太守江道

僧設伏路側，和與合戰，大敗之。青、徐民降者百餘家。青、冀二州刺史王洪範遣軍主崔延攻虜紀城，並拔之。宏先又遣僞尚書盧陽烏、華州刺史韋靈智攻赭陽城，北襄城太守成公期拒守。虜攻城百餘日，設以鈎衝，不捨晝夜，期所殺傷數千人。臺又遣軍主垣歷生、蔡道貴救援，陽烏等退，官軍追擊破之。夏，虜又攻司州櫟城二戍，戍主魏僧岷、朱僧起拒敗之。

僞安南將軍、梁州刺史魏郡王元英十萬餘人通斜谷，寇南鄭。梁州刺史蕭懿遣軍主姜山安、趙超宗等數軍萬餘人，分據角弩、白馬、沮水拒戰，大敗。英進圍南鄭，土山衝車，晝夜不息。懿率東從兵二千餘人固守拒戰，隨手摧却。英攻城自春至夏六十餘日不下，死傷甚衆，軍牛糧盡，擣麴為食，畜菜葉直千錢。懿先遣軍主韓嵩等征獠，回軍援州城，至黃牛川，為虜所破。懿遣氐人楊元秀還仇池，說氐起兵斷虜運道，氐即舉衆攻破虜歷城、睪蘭、駱谷、仇池、平洛、蘇勒六戍。僞尚書北梁州刺史辛黑末戰死。英遣軍副仇池公楊靈珍據泥公山，武興城主楊集始遣弟集朗與歸國氐楊馥之及義軍主徐曜甫迎戰於黃亘，大敗奔歸。時梁州土豪范凝、梁季羣於家請英設會，伏兵欲殺英，事覺，英執季羣殺之，凝竄走。英退保濁水，聞氐衆盛，與楊靈珍復俱退入斜谷，會天大雨，軍馬含漬，截竹煮米，於馬上持炬炊而食，英至下辨，靈珍弟婆羅阿卜珍反，襲擊，英衆散，射中英頰。僞陵江將軍悅楊生領鐵騎死戰救之，得免。梁、漢平。武都太守杜靈瑗、奮武將軍望法憘、寧朔將軍望法泰、州治中皇甫耽並拒虜戰死。追贈靈瑗、法憘羽林監，法泰積射將軍。

時僞洛州刺史賈異寇甲口，為上洛太守李靜所破。三年，虜又攻司州櫟城，為戍主魏僧岷所拒破。秋，虜遣軍襲漣口，東海太守鄭延祉棄西城走，東城猶固守，臺遣冠軍將軍兗州刺史徐玄慶救援，虜引退，延祉伏罪。

初，僞太后馮氏兄昌黎王馮莎二女，大馮美而有疾，為尼，小馮為宏皇后，生僞太子詢。後大馮疾差，宏納為昭儀。宏初徙都，詢意不樂，思歸桑乾。宏制衣冠與之，詢竊毀裂，解髪為編服左衽。大馮有寵，日夜讒詢。宏出鄴城馬射，詢因是欲叛北歸，密選宮中御馬三千疋置河陰渚。皇后聞之，召執詢，馳使告宏，宏徙詢無鼻城，在河橋北二里，尋殺之，以庶人禮葬。立大馮為皇后，便立僞太子恪，是歲，僞太和二十年也。

僞征北將軍恒州刺史鉅鹿公伏鹿孤賀鹿渾守桑乾，宏從叔平陽王安壽戍懷柵，在桑乾西北。渾非宏任用中國人，與僞定州刺史馮翊公目鄰、安樂公托跋阿幹兒謀立安壽，分據河北。期久不遂，安壽懼，告宏。殺渾等數百人，任安壽如故。

先是僞荆州刺史薛真度、尚書郄祁阿婆為房伯玉所破，宏怒，以南陽小郡，誓取滅之。四年，自率軍向雍州。宏先至南陽，房伯玉嬰城拒守。宏從數萬騎，罩黃繖，去城一里。遣僞中書舍人公孫雲謂伯玉曰：『我今蕩一六合，與先行異。先行冬去春還，不為停久；今誓不有所剋，終不還北，停此或三五年。卿此城是我六龍之首，無容不先攻取。遠一年，中不過百日，近不過一月，非為難殄。若不改迷，當斬卿首，梟之軍門。闔城無貳，幸可改禍為福。但卿有三罪，今令卿知。卿先事武帝，蒙在左右，不能盡節前主，而盡節今主，此是一罪。前歲遣偏師薛真度暫來此，卿遂破傷，此是二罪。武帝之胤悉被誅戮，初無報效，而反為今主盡節，違天害理，此是三罪。不可容恕，聽卿三思，勿令闔城受苦。』伯玉遣軍副樂稚柔答曰：『承欲見攻圍，期於必剋，卑微常人，得抗大威，真可謂獲其死所。先蒙武帝採［拔］，賜預左右，犬馬知恩，寧容無感。但隆昌延興，昏悖違常，聖明纂業，家國不殊。此則進不負心，退不愧幽。前歲薛真度導誘邊氓，遂見陵突，既荷國恩，聊爾撲掃。回己而言，應略此責。』宏引軍向城南寺前頓止，從東南角溝橋上過，伯玉先遣勇士數人著斑衣虎頭帽，從伏竇下忽出，宏人馬驚退，殺數人，宏呼善射將原靈度射之，應弦而倒。宏乃過。宏時大舉南寇，僞咸陽王元憘、彭城王元勰、常侍王元嵩、寶掌王元麗、廣陵侯元燮、都督大將軍劉昶、王肅、楊大眼、奚康生、長孫稚等三十六軍，前後相繼，衆號百萬。其諸王軍朱色鼓，公侯綠色鼓，伯子男黑色鼓，並有鞶角，吹脣沸地。

宏留僞咸陽王憘圍南陽，進向新野，新野太守劉思忌亦拒守。臺先遣軍主直閤將軍胡松助北襄城太守成公期守赭陽城，軍主鮑舉助西汝南、北義陽二郡太守黃瑤起戍舞陰城。宏攻圍新野城，戰鬬不息。遣人謂城中曰：『房伯玉已降，汝南（為）［何］獨自取糜碎？』思忌令人對曰：『城中兵食猶多，未暇從汝小虜語也。』雍州刺史曹虎遣軍至均口，不進。永泰元年，城陷，縛思忌，問之曰：『今欲降未？』思忌曰：『寧為南

鬼，不為北臣。』乃死。贈冠軍將軍、梁州刺史。於是沔北大震，湖陽戍主蔡道福、赭陽城主成公期及軍主胡松、舞陰城主黃瑤起及軍主鮑舉、順陽太守席謙並棄城走。虜追軍獲瑤起，王肅募人臠食其肉。追贈冠軍將軍、兖州刺史。數日，房伯玉以城降。伯玉，清河人。既降，虜以為龍驤將軍，伯玉不肯受。高宗知其志，月給其子希哲錢五千，米二十斛。後伯玉就虜求南邊一郡，為馮翊太守。生子幼，便教其騎馬，常欲南歸。永元末，希哲入虜，伯玉大怒曰：『我力屈至此，不能死節，猶望汝在本朝以報國恩。我若從心，亦欲間關求反。汝何為失計？』遂卒虜中。

虜得沔北五郡。宏自將二十萬騎破太子率崔慧景等於鄧城，進至樊城，臨沔水而去。還洛陽，聞太尉陳顯達經略五郡，圍馬圈，宏復率大衆南攻，破顯達而死。喪還，未至洛四百餘里，稱宏詔，徵偽太子恪會魯陽。恪至，緦以宏偽法服衣之，始發喪。至洛，乃宣布州郡，舉哀制服，謚孝文皇帝。

是年，王肅為虜制官品百司，皆如中國。凡九品，品各有二。肅初奔虜，自說其家被誅事狀，宏為之垂涕。以第六妹偽彭城公主妻之。封肅平原郡公。為宅舍，以香塗壁。遂見信用。恪立，號景明元年，永元二年也。

宇文泰分部

綜　述

《周書》卷一《文帝紀上》　太祖文皇帝姓宇文氏，諱泰，字黑獺，代武川人也。其先出自炎帝神農氏，為黃帝所滅，子孫遁居朔野。有葛烏菟者，雄武多算略，鮮卑慕之，奉以為主，遂總十二部落，世為大人。其後曰普回，因狩得玉璽三紐，有文曰皇帝璽。普回心異之，以為天授。其俗謂天曰宇，謂君曰文，因號宇文國，并以為氏焉。

普回子莫那，自陰山南徙，始居遼西，是曰獻侯，為魏舅生之國。九世至侯豆歸，為慕容晃所滅。其子陵仕燕，拜駙馬都尉，封玄菟公。魏道武將攻中山，陵從慕容寶禦之。寶敗，陵率甲騎五百歸魏，拜都牧主，賜爵安定侯。天興初，徙豪傑於代都，陵隨例遷武川焉。

陵生系，系生韜，並以武略稱。韜生肱。

肱任俠有氣幹。正光末，沃野鎮人破六汗拔陵作亂，遠近多應之。其偽署王衛可孤徒黨最盛，肱乃糾合鄉里斬可孤，其衆乃散。後避地中山，遂陷於鮮于修禮。修禮令肱還統其部衆。後為定州軍所破，歿於陣。武成初，追尊曰德皇帝。

太祖，德皇帝之少子也。母曰王氏，孕五月，夜夢抱子昇天，纔不至而止。寤而告德皇帝，德皇帝喜曰：『雖不至天，貴亦極矣。』生而有黑氣如蓋，下覆其身。及長，身長八尺，方顙廣額，美須髯，髮長委地，垂手過膝。背有黑子，宛轉若龍盤之形，而有紫光，人望而敬畏之。少有大度，不事家人生業，輕財好施，以交結賢士大夫。

少隨德皇帝在鮮于修禮軍。及葛榮殺修禮，太祖時年十八，榮遂任以將帥。太祖知其無成，與諸兄謀欲逃避，計未行，會爾朱榮擒葛榮，定河北，太祖隨例遷晉陽。榮以太祖兄弟雄傑，懼或異己，遂託以他罪，誅太祖第三兄洛生，復欲害太祖。太祖自理家冤，辭旨慷慨，榮感而免之，益加敬待。

孝昌二年，燕州亂，太祖始以統軍從榮征之。先是，北海王顥奔梁，梁人立為魏主，令率兵入洛。魏孝莊帝出居河內以避之。榮遣賀拔岳討顥，仍迎孝莊帝。太祖與抽有舊，乃以別將從岳。及孝莊帝反正，以功封寧都子，邑三百戶，遷鎮遠將軍、步兵校尉。

万俟醜奴作亂關右，孝莊帝遣爾朱天光及岳等討之，太祖遂從岳入關，先鋒破偽行臺尉遲菩薩等。及平醜奴，定隴右，太祖功居多，遷征西將軍、金紫光祿大夫，增邑三百戶，加直閤將軍，行原州事。時關隴寇亂，百姓凋殘，太祖撫以恩信，民皆悅服。咸喜曰：『早值宇文使君，吾等豈從逆亂。』太祖嘗從數騎於野，忽聞簫鼓之音，以問從人，皆云莫之聞也。

普泰二年，爾朱天光東拒齊神武，留弟顯壽鎮長安。秦州刺史侯莫陳悅為天光所召，將軍衆東下。岳知天光必敗，欲留悅共圖顯壽，而計無所

出。太祖謂岳曰：『今天光尚邇，悅未有二心，若以此事告之，恐其驚懼。然悅雖為主將，不能制物，若先說其衆，必人有留心。進失爾朱之期，退恐人情變動，乘此說悅，事無不遂。』岳大喜，即令太祖入悅軍說之，悅遂不行。乃相率襲長安，令太祖輕騎為前鋒。太祖策顯壽怯懦，聞諸軍將至，必當東走，恐其遠遁，乃倍道兼行。顯壽果已東走，追至華山，擒之。

太昌元年，岳為關西大行臺，以太祖為左丞，領岳府司馬，加散騎常侍。事無巨細，皆委決焉。

齊神武既破爾朱，遂專朝政。太祖請往觀之。既至并州，齊神武問岳軍事，太祖口對雄辯，齊神武以為非常人，欲留之。太祖詭陳忠款，乃得反命，遂星言就道。齊神武果遣追之，至關，不及。太祖還謂岳曰：『高歡非人臣也。逆謀所以未發者，憚公兄弟耳。然凡欲立大功，匡社稷，未有不因地勢，總英雄，而能克成者也。侯莫陳悅本實庸材，遭逢際會，遂叨任委，既無憂國之心，亦不為高歡所忌。但為之備，圖之不難。今費也頭控弦之騎不下一萬，夏州刺史斛拔彌俄突勝兵之士三千餘人，及靈州刺史曹泥，並恃其僻遠，常懷異望。河西流民紇豆陵伊利等，戶口富實，未奉朝風。今若移軍近隴，扼其要害，示之以威，服之以德，即可收其士馬，以實吾軍。西輯氐羌，北撫沙塞，還軍長安，匡輔魏室，此桓文舉也。』岳大悅，復遣太祖詣闕請事，密陳其狀。魏帝深納之。加太祖武衛將軍，還令報岳。

岳遂引軍西次平涼，謀於其衆曰：『夏州鄰接寇賊，須加綏撫，安得良刺史以鎮之？』衆皆曰：『宇文左丞即其人也。』岳曰：『左丞吾之左右手也，如何可廢。』沈吟累日，乃從衆議。於是表太祖為使持節、武衛將軍、夏州刺史。太祖至州，伊利望風款附，而曹泥猶通使於齊神武。

魏永熙三年春正月，岳欲討曹泥，遣都督趙貴至夏州與太祖計事。太祖曰：『曹泥孤城阻遠，未足為憂。侯莫陳悅怙衆密邇，貪而無信，必將為患，願早圖之。』岳不聽，遂與悅俱討泥。二月，至於河曲，岳果為悅所害。其士衆散還平涼，唯大都督趙貴率部曲收岳屍還營。於是三軍未有所屬，諸將以都督寇洛年最長，相與推洛以總兵事。洛素無雄略，威令不行，乃謂諸將曰：『洛智能本闕，不宜統御。近者迫於羣議，推相攝領。今請避位，更擇賢材。』於是趙貴言於衆曰：『元帥忠公盡節，暴於朝野，勳業未就，奄罹凶酷。豈唯國喪良宰，固亦衆無所依。必欲糾合同盟，復仇雪恥，須擇賢者，總統諸軍。舉非其人，則大事難集，雖欲立忠建義，其可得乎。竊觀宇文夏州，英姿不世，雄謨冠時，遠邇歸心，士卒用命。加以法令齊肅，賞罰嚴明，真足恃也。今若告喪，必來赴難，因而奉之，則大事集矣。』諸將皆稱善。乃命赫連達馳至夏州，告太祖曰：『侯莫陳悅不顧盟誓，棄恩背德，賊害忠良，羣情憤惋，控告無所。公昔居管轄，恩信著聞，今無小無大，咸願推奉。衆之思公，引日成歲，願勿稽留，以慰衆望也。』太祖將赴之，夏州吏民咸泣請曰：『聞悅今在水洛，去平涼不遠。若已有賀拔公之衆，則圖之實難。願且停留，以觀其變。』太祖曰：『悅既害元帥，自應乘勢直據平涼，而反趑趄，屯兵水洛，吾知其無能為也。且難得易失者時也，不俟終日者幾也，今不早赴，將恐衆心自離。』都督彌姐元進規欲應悅，密圖太祖。事發，斬之。

太祖乃率帳下輕騎，馳赴平涼。時齊神武遣長史侯景招引岳衆。太祖至安定，遇之，謂景曰：『賀拔公雖死，宇文泰尚存，卿何為也？』景失色，對曰：『我猶箭耳，隨人所射，安能自裁。』景於此即還。太祖至平涼，哭岳甚慟。將士且悲且喜曰：『宇文公至，無所憂矣。』

於時，魏孝武帝將圖齊神武，聞岳被害，遣武衛將軍元毗宣旨慰勞，追岳軍還洛陽。毗到平涼，會諸將已推太祖。侯莫陳悅亦被敕追還，悅既附齊神武，不肯應召。太祖謂諸將曰：『侯莫陳悅枉害忠良，復不應詔命，此國之大賊，豈可容之。』乃命諸軍戒嚴，將以討悅。及元毗還，太祖表於魏帝曰：『臣前以故關西大都督臣岳竭誠奉國，橫罹非命，三軍喪氣，朝野痛惜。都督寇洛等，銜冤茹戚，志雪仇恥。以臣昔同幕府，苦賜要結。臣便以今月十四日，輕來赴軍。當發之時，已有別表。既為衆情所逼，權掌兵事。詔召岳軍入京，此乃為國良策。但高歡之衆，已至河東，侯莫陳悅猶在水洛。況此軍士多是關西之人，皆戀鄉邑，不願東下。今逼以上命，悉令赴闕，悅躡其後，歡邀其前，首尾受敵，其勢危矣。臣殞身王事，誠所甘心。恐敗國殄人，所損更大。乞少停緩，更思後圖，徐事誘導，漸就東引。』太祖志在討悅，而未測朝旨，且兵衆未集，假此為詞。因與元毗及諸將刑牲盟誓，同獎王室。

初，賀拔岳營於河曲，有軍吏獨行，忽見一老翁，鬚眉皓素，謂之曰：『賀拔岳雖復據有此衆，然終無所成。當有一宇文家從東北來，後必大盛。』言訖不見。此吏恒與所親言之，至是方驗。

魏帝詔太祖曰：『賀拔岳既殞，士衆未有所歸，卿可為大都督，即相統領。知欲漸就東下，良不可言。今亦征侯莫陳悅士馬入京。若其不來，朕當親自致罰。宜體此意，不過淹留。』太祖又表曰：『侯莫陳悅違天逆理，酷害良臣，自以專戮罪重，不恭詔命，阻兵水洛，强梁秦隴。臣以大宥既班，忍抑私憾，頻問悅及都督可朱渾元等歸闕早晚，而悅並維縶使人，不聽反報。觀其指趣，勢必異圖。臣正為此，未敢自拔。兼順衆情，乞少停緩。』

太祖乃與悅書，責之曰：

頃者正光之末，天下沸騰，塵飛河朔，霧塞荆沔。故將軍賀拔公攘袂勃起，志寧宇縣。授戈南指，拯皇靈於已墜；擁旄西邁，濟百姓於淪胥。西顧無憂，繄公是賴。勳茂賞隆，遂征關右。此乃行路所知，不籍一二談也。

君實名微行薄，本無遠量。故將軍降遷高之志，篤匪征之理，乃申啓朝廷，薦君隴右行臺。朝議以君功名闕然，未之許也。遂頻煩請謁，至於再三。天子難違上將，便相聽許。是亦遐邇共知，不復煩之翰墨。縱使木石為心，猶當知感；況在生靈，安能無愧。加以王室多故，高氏專權，主上虛心，寄隆晉鄭。君復與故將軍同受密旨，屢結盟約，期於畢力，共匡時難。而貌恭心狠，妒勝嫉賢，口血未乾，匕首已發。協黨國賊，共危本朝，孤恩負誓，有靦面目。豈不上畏於天，下慚於地！

吾以弱才，猥當藩牧，蒙朝廷拔擢之恩，荷故將軍國士之遇。聞問之日，魂守驚馳。便陳啓天朝，暫來奔赴，衆情所推，遂當戎重。比有敕旨，召吾還闕，亦有別詔，令君入朝。雖操行無聞，而年齒已宿。今日進退，唯君是視。君若督率所部，自山隴東邁，吾亦總勒師徒，北道還闕。共追廉、藺之迹，同慕寇、賈之風。如其首鼠兩端，不時奉詔，專戮違旨，國有常刑，枕戈坐甲，指日相見。幸圖利害，無貽噬臍。

悅既懼太祖謀己，詐為詔書與秦州刺史万俟普撥，令與悅為黨援。普撥疑之，封詔以呈太祖。太祖表之曰：『臣自奉詔總平涼之師，責重憂深，不遑啓處。訓兵秣馬，唯思竭力。前以人戀本土，侯莫陳悅窺窬進退，量度且宜住此。今若召悅授以內官，臣列旆東轅，匪朝伊夕。朝廷若以悅堪為邊扞，乞處以瓜、涼一蕃。不然，則終致猜虞，於事無益。』

初，原州刺史史歸為岳所親任，河曲之變，反為悅守。悅遣其黨王伯和、成次安將兵二千人助歸鎮原州。太祖遣都督侯莫陳崇率輕騎一千襲歸，擒之，并獲次安、伯和等，送於平涼。太祖表崇行原州事。万俟普撥又遣其將叱干保洛領二千騎來從軍。

三月，太祖進軍至原州。衆軍悉集，諭以討悅之意，士卒莫不懷憤。太祖乃表曰：『臣聞誓死酬恩，覆宗報主，人倫所急，赴蹈如歸。自大都督臣岳殁後，臣頻奉詔還闕，秣馬戒途，志不俟旦。直以督將已下，咸稱賀拔公視我如子，今仇恨未報，亦何面目以處世間。若得一雪冤酷，萬死無恨。且悅外附强臣，內違朝旨。臣今上思逐惡之志，下遂節士之心，冀仗天威，為國除害。小違大順，實在茲辰。克定之後，伏待斧鉞。』

夏四月，引兵上隴，留兄子導為都督，鎮原州。太祖軍令嚴肅，秋毫無犯，百姓大悅。識者知其有成。軍出木峽關，大雨雪，平地二尺。太祖知悅怯而多猜，乃倍道兼行，出其不意。悅果疑其左右有異志者，左右亦不安，衆遂離貳。聞大軍且至，退保略陽，留一萬餘人據守水洛。太祖至水洛，命圍之，城降。太祖即率輕騎數百趣略陽，以臨悅軍。悅大懼，乃召其部將議之。皆曰『此鋒不可當』，勸悅退保上邽以避之。時南秦州刺史李弼亦在悅軍，乃間道遣使，請為內應。其夜，悅出軍，軍中自驚潰，將卒或相率來降。太祖縱兵奮擊，大破之。虜獲萬餘人，馬八千匹。悅與其子弟及麾下數十騎遁走。太祖曰：『悅本與曹泥應接，不過走向靈州。』乃令原州都督導邀其前，都督賀拔潁等追其後。導至牽屯山，追及悅，斬之。太祖入上邽，收悅府庫，財物山積，皆以賞士卒，毫釐無所取。左右竊一銀鏤甕以歸，太祖知而罪之，即割賜將士，衆大悅。

時涼州刺史李叔仁為其民所執，舉州騷擾。宕昌羌梁企定引吐谷渾寇金城。渭州及南秦州氐、羌連結，所在蜂起。南岐至於瓜、鄯，跨州據郡者，不可勝數。太祖乃令李弼鎮原州，夏州刺史拔也惡蚝鎮南秦州，渭州刺史可朱渾元還鎮渭州，衛將軍趙貴行秦州事。徵豳、涇、東秦、岐四州粟以給軍。

齊神武聞秦隴克捷，乃遣使於太祖，甘言厚禮，深相倚結。太祖拒而不納。時齊神武已有異志，故魏帝深仗太祖。乃徵二千騎鎮東雍州，助為聲援，仍令太祖稍引軍而東。太祖乃遣大都督梁禦率步騎五千鎮河、渭合口，為圖河東之計。太祖之討悅也，悅遣使請援於齊神武，神武使其都督韓軌將兵一萬據蒲阪，而雍州刺史賈顯送船與軌，請軌兵入關。太祖因梁禦之東，乃逼召顯赴軍。禦遂入雍州。

魏帝遣著作郎姚幼瑜持節勞軍，進太祖侍中、驃騎大將軍、開府儀同三司、關西大都督，略陽縣公，承制封拜，使持節如故。於是以寇洛為涇州刺史，李弼為秦州刺史，前略陽郡守張獻為南岐州刺史。盧待伯拒代，遣輕騎襲擒之，待伯自殺。

時魏帝方圖齊神武，又遣徵兵。太祖乃令前秦州刺史駱超為大都督，率輕騎一千赴洛。進授太祖兼尚書僕射、關西大行臺，餘官封如故。太祖乃傳檄方鎮曰：

蓋聞陰陽遞用，盛衰相襲，苟當百六，無間三五。皇家創歷，陶鑄蒼生，保安四海，仁育萬物。運距孝昌，屯沴屢起，隴、冀騷動，燕、河狼顧。雖靈命重啓，蕩定有期，而乘釁之徒，因生羽翼。

賊臣高歡，器識庸下，出自輿皂，罕聞禮義，直以一介鷹犬，效力戎行，塤冒恩私，遂階榮寵。不能竭誠盡節，專挾姦回，乃勸爾朱榮行茲篡逆。及榮以專政伏誅，世隆以凶黨外叛，歡苦相敦勉，令取京師。又勸吐萬兒復為弑虐，暫立建明，以令天下。假推普泰，欲竊威權。並歸廢斥，俱見酷害。於是稱兵河北，假討爾朱，亟通表奏，云取讒賊。既行廢黜，遂將篡弑。以人望未改，恐鼎鑊交及，乃求宗室，權允人心。天方與魏，必將有主。翊戴聖明，誠非歡力。而歡阻兵安忍，自以為功。廣布腹心，跨州連郡。端揆禁闈，莫非親黨。皆行貪虐，窫窳人生。而舊將名臣，正人直士，橫生瘡磐，動掛網羅。故武衛將軍伊琳，清貞剛毅，禁旅攸屬。直閤將軍鮮于康仁，忠亮驍傑，爪牙斯在。歡收而戮之，曾無聞奏。司空高乾，是其黨與，每相影響，謀危社稷。但以姦志未從，恐先洩漏，乃密白朝廷，使殺高乾，方哭對其弟，稱天子橫戮。孫騰、任祥，歡之心膂，並使入居樞近，伺國間隙，知歡逆謀將發，相繼逃歸，歡益加撫待，亦無陳白。

然歡入洛之始，本有姦謀。令親人蔡儁作牧河、濟，厚相恩贍，以為東道主人。故關西大都督、清水公賀拔岳，勳德隆重，興亡攸寄，歡好亂樂禍，深相忌毒，乃與侯莫陳悅陰圖陷害。幕府以受律專征，便即討戮。歡知逆狀已露，稍懷旅距，遂遣蔡儁拒代，令竇泰佐之。又遣侯景等云向白馬，輔世珍等徑趣石濟，高隆之、疋婁昭等屯據壺關，韓軌之徒擁衆蒲阪。於是上書天子，數論得失，訾毀乘輿，威侮朝廷。藉此微庸，冀茲大寶。谿壑可盈，禍心不測。或言徑赴荊楚，開疆於外；或言分詣伊洛，取彼讒人；或言欲來入關，與幕府決戰。今聖明御運，天下清夷，百寮師師，四隩來暨。人盡忠良，誰為君側？而歡威福自己，生是亂階，緝構南箕，指鹿為馬，包藏凶逆，伺我神器。是而可忍，孰不可容！

幕府折衝宇宙，親當受脤，銳師百萬，彀騎千羣，裹糧坐甲，唯敵是俟，義之所在，糜軀匪吝。況頻有詔書，班告天下，稱歡逆亂，徵兵致伐。今便分命將帥，應機進討。或趣其要害，或襲其窟宅，電繞蛇擊，霧合星羅。而歡違負天地，毒被人鬼，乘此掃蕩，易同俯拾。歡若渡河，稍逼宗廟，則分命諸將，直取并州，幕府躬自東轅，電赴伊洛；若固其巢穴，未敢發動，亦命羣帥，百道俱前，轘裂賊臣，以謝天下。

其州鎮郡縣，率土人黎，或州鄉冠冕，或勳庸世濟，並宜舍逆歸順，立效軍門。封賞之科，已有別格。凡百君子，可不勉歟。

太祖謂諸將曰：『高歡雖智不足而詐有餘，今聲言欲西，其意在入洛。吾欲令寇洛率馬步萬餘，自涇州東引；王羆率甲士一萬，先據華州。歡若西來，王羆足得抗拒；如其入洛，寇洛即襲汾晉。吾便速駕，直赴京邑。使其進有內顧之憂，退有被躡之勢。一舉大定，此為上策。』衆咸稱善。

秋七月，太祖帥衆發自高平，前軍至於弘農。而齊神武稍逼京邑。魏帝親總六軍，屯於河橋，令左衛元斌之、領軍斛斯椿鎮武牢，遣使告太祖。太祖謂左右曰：『高歡數日行八九百里，曉兵者所忌，正須乘便擊之。而主上以萬乘之重，不能決戰，方緣津據守。且長河萬里，扞禦為難，若一處得度，大事去矣。』即以大都督趙貴為別道行臺，自蒲阪濟，趣并州。遣大都督李賢將精騎一千赴洛陽。會斌之與斛斯椿爭權不協，斌之遂棄椿還，紿帝云：『高歡兵至。』

七月丁未，帝遂從洛陽率輕騎入關。太祖備儀衛奉迎，謁見東陽驛。太祖免冠泣涕謝曰：『臣不能式遏寇虐，遂使乘輿遷幸。請拘司敗，以正刑書。』帝曰：『公之忠節，曝於朝野。朕以不德，負乘致寇。今日相見，深用厚顏。責在朕躬，無勞謝也。』乃奉帝都長安。披草萊，立朝廷，軍國之政，咸取太祖決焉。仍加授大將軍、雍州刺史，兼尚書令，進封略陽郡公，別置二尚書，隨機處分，解尚書僕射，餘如故。太祖固讓，詔敦諭，乃受。

初，魏帝在洛陽，許以馮翊長公主配太祖，未及結納，而帝西遷。至是，詔太祖尚之，拜駙馬都尉。

八月，齊神武襲陷潼關，侵華陰。太祖率諸軍屯霸上以待之。齊神武留其將薛瑾守關而退。太祖乃進軍討瑾，虜其卒七千，還長安。進位丞相。

冬十月，齊神武推魏清河王亶子善見為主，徙都於鄴，是為東魏。

十一月，遣儀同李虎與李弼、趙貴等討曹泥於靈州，虎引河灌之。明年，泥降，遷其豪帥於咸陽。

閏十二月，魏孝武帝崩。太祖與羣公定策，尊立魏南陽王寶炬為嗣，是為文皇帝。

又　卷二《文帝紀下》　魏大統元年春正月己酉，進太祖督中外諸軍事、録尚書事、大行臺，改封安定郡王。太祖固讓王及録尚書事，魏帝許之，乃改封安定郡公。東魏遣其將司馬子如寇潼關，太祖軍霸上，子如乃回軍自蒲津寇華州。刺史王羆擊走之。

三月，太祖以戎役屢興，民吏勞弊，乃命所司斟酌今古，參考變通，可以益國利民便時適治者，為二十四條新制，奏魏帝行之。

二年春三月，東魏襲陷夏州，留其將張瓊、許和守之。

夏五月，秦州刺史、建中王万俟普撥率所部叛入東魏。太祖勒輕騎追之，至河北千餘里，不及而還。

三年春正月，東魏寇龍門，屯軍蒲阪，造三道浮橋度河。又遣其將竇泰趣潼關，高敖曹圍洛州。太祖出軍廣陽，召諸將曰：『賊今掎吾三面，又造橋於河，示欲必渡，是欲綴吾軍，使竇泰得西入耳。久與相持，其計得行，非良策也。且歡起兵以來，泰每為先驅，其下多銳卒，屢勝而驕。今出其不意，襲之必克。克泰則歡不戰而自走矣。』諸將咸曰：『賊在近，捨而遠襲，事若蹉跌，悔無及也。』太祖曰：『歡前再襲潼關，吾軍不過霸上。今者大來，兵未出郊。賊顧謂吾但自守耳，無遠鬥意。又狃於得志，有輕我之心。乘此擊之，何往不克。賊雖造橋，不能徑渡。此五日中，吾取竇泰必矣。公等勿疑。』庚戌，太祖率騎六千還長安，聲言欲保隴右。辛亥，謁帝而潛出軍。癸丑旦，至小關。竇泰卒聞軍至，惶懼，依山為陣，未及成列，太祖縱兵擊破之，盡俘其衆萬餘人。斬泰，傳首長安。高敖曹適陷洛州，執刺史泉企，聞泰之歿，焚輜重棄城走。齊神武亦撤橋而退。企子元禮尋復洛州，斬東魏刺史杜密。太祖還軍長安。

六月，遣儀同于謹取楊氏壁。太祖請罷行臺，帝復申前命，太祖受録尚書事，餘固讓，乃止。

秋七月，徵兵會咸陽。

八月丁丑，太祖率李弼、獨孤信、梁禦、趙貴、于謹、若干惠、怡峰、劉亮、王德、侯莫陳崇、李遠、達奚武等十二將東伐。至潼關，太祖乃誓於師曰：『與爾有衆，奉天威，誅暴亂。惟爾士，整爾甲兵，戒爾戎事，無貪財以輕敵，無暴民以作威。用命則有賞，不用命則有戮。爾衆士其勉之。』遣于謹居軍前，徇地至盤豆。東魏將高叔禮守柵不下，謹急攻之，乃降。獲其戍卒一千，送叔禮於長安。戊子，至弘農。東魏將高干、陝州刺史李徽伯拒守。於時連雨，太祖乃命諸軍冒雨攻之。庚寅，城潰，斬徽伯，虜其戰士八千。高干走度河。令賀拔勝追擒之，並送長安。於是宜陽、邵郡皆來歸附。先是河南豪傑多據兵應東魏，至是各率所部來降。

齊神武懼，率衆十萬出壺口，趨蒲阪，將自后土濟。又遣其將高敖曹以三萬人出河南。是歲，關中饑。太祖既平弘農，因館穀五十餘日。時戰士不滿萬人，聞齊神武將度，乃引軍入關。齊神武遂度河，逼華州。刺史王羆嚴守。知不可攻，乃涉洛，軍於許原西。太祖據渭南，徵諸州兵皆未會。乃召諸將謂之曰：『高歡越山度河，遠來至此，天亡之時也。吾欲擊之何如？』諸將咸以衆寡不敵，請待歡更西，以觀其勢。太祖曰：『歡若得至咸陽，人情轉騷擾。今及其新至，便可擊之。』即造浮橋於渭，令軍人齎三日糧，輕騎度渭，輜重自渭南夾渭而西。

冬十月壬辰，至沙苑，距齊神武軍六十餘里。齊神武聞太祖至，引軍

來會。癸巳旦，候騎告齊神武軍且至。太祖召諸將謀之。李弼曰：『彼衆我寡，不可平地置陣。此東十里有渭曲，可先據以待之。』遂進軍至渭曲，背水東西為陣。李弼為右拒，趙貴為左拒。命將士皆偃戈於葭蘆中，聞鼓聲而起。申時，齊神武至，望太祖軍少，競馳而進，不為行列，總萃於左軍。兵將交，太祖鳴鼓，士皆奮起。於謹等六軍與之合戰，李弼等率鐵騎橫擊之，絶其軍為二隊，大破之，斬六千餘級，臨陣降者二萬餘人。齊神武夜遁，追至河上，復大克獲。前後虜其卒七萬。留其甲士二萬，餘悉縱歸。收其輜重兵甲，獻俘長安。還軍渭南，於是所征諸州兵始至。乃於戰所，准當時兵士，人種樹一株，以旌武功。進太祖柱國大將軍，增邑並前五千戶。李弼等十二將亦進爵增邑。並其下將士，賞各有差。

遣左僕射、馮翊王元季海為行臺，與開府獨孤信率步騎二萬向洛陽；洛州刺史李顯趨荆州；賀拔勝、李弼渡河圍蒲阪。牙門將高子信開門納勝軍。東魏將薛崇禮棄城走，勝等追獲之。太祖進軍蒲阪，略定汾、絳。

於是許和殺張瓊以夏州降。初，太祖自弘農入關後，東魏將高敖曹圍弘農，聞其軍敗，退守洛陽。獨孤信至新安，敖曹復走度河。信遂入洛陽。東魏潁州長史賀若統與密縣人張儉執刺史田迅舉城降。滎陽鄭榮業、鄭偉等攻梁州，擒其刺史鹿永吉。清河人崔彦穆、檀琛攻滎陽，擒其郡守蘇定。皆來附。自梁、陳已西，將吏降者相屬。

於是東魏將堯雄、趙育、是云寶出潁川，欲復降地。太祖遣儀同宇文貴、梁遷等逆擊，大破之。趙育來降。東魏復遣將任祥率河南兵與雄合。儀同怡峰與貴、遷等復擊破之。又遣都督韋孝寬取豫州。是云寶殺其東揚州刺史那椿，以州來附。

四年春三月，太祖率諸將入朝。禮畢，還華州。

七月，東魏遣其將侯景、厙狄干、高敖曹、韓軌、可朱渾元、莫多婁貸文等圍獨孤信於洛陽。齊神武繼其後。先是，魏帝將幸洛陽拜園陵，會信被圍，詔太祖率軍救信，魏帝亦東。

八月庚寅，太祖至穀城，莫多婁貸文、可朱渾元來逆，臨陣斬貸文，元單騎遁免，悉虜其衆送弘農。遂進軍瀍東。是夕，魏帝幸太祖營，於是景等夜解圍去。及旦，太祖率輕騎追之，至於河上。景等北據河橋，南屬邙山為陣，與諸軍合戰。太祖馬中流矢，驚逸，遂失所之，因此軍中擾亂。都督李穆下馬授太祖，軍以復振，於是大捷。斬高敖曹及其儀同李猛、西兗州刺史宋顯等，虜其甲士一萬五千，赴河死者以萬數。

是日置陣既大，首尾懸遠，從旦至未，戰數十合，氛霧四塞，莫能相知。獨孤信、李遠居右，趙貴、怡峰居左，戰並不利，又未知魏帝及太祖所在，皆棄其卒先歸。開府李虎、念賢等為後軍。遇信等退，即與俱還。由是乃班師，洛陽亦失守。大軍至弘農，守將皆已棄城西走。所虜降卒在弘農者，因相與閉門拒守。進攻拔之，誅其魁首數百人。

大軍之東伐也，關中留守兵少，而前後所虜東魏士卒，皆散在民間，乃謀為亂。及李虎等至長安，計無所出，乃與公卿輔魏太子出次渭北。關中大震恐，百姓相剽劫。於是沙苑所俘軍人趙青雀、雍州民于伏德等遂反。青雀據長安子城，伏德保咸陽，與太守慕容思慶各收降卒，以拒還師。長安大城民皆相率拒青雀，每日接戰。魏帝留止閿鄉，遣太祖討之。長安父老見太祖至，悲且喜曰：『不意今日復得見公！』士女咸相賀。華州刺史導率軍襲咸陽，斬思慶，擒伏德，南度渭與太祖會攻青雀，破之。太傅梁景睿先以疾留長安，遂與青雀通謀，至是亦伏誅。關中於是乃定。魏帝還長安，太祖復屯華州。

冬十一月，東魏將侯景攻陷廣州。

十二月，是云寶襲洛陽，東魏將王元軌棄城走。都督趙剛襲廣州，拔之。自襄、廣以西城鎮復內屬。

五年冬，大閲於華陰。

六年春，東魏將侯景出三鵶，將侵荆州，太祖遣開府李弼、獨孤信各率騎五千出武關，景乃退還。

夏，茹茹度河至夏州，太祖召諸軍民屯沙苑以備之。

七年春三月，稽胡帥、夏州刺史劉平伏據上郡叛，遣開府于謹討平之。

冬十一月，太祖奏行十二條制，恐百官不勉於職事，又下令申明之。

八年夏四月，大會諸軍於馬牧。

冬十月，齊神武侵汾、絳，圍玉壁。太祖出軍蒲阪，將擊之。軍至皂莢，齊神武退。太祖度汾追之，遂遁去。

十二月，魏帝狩於華陰，大饗將士。太祖率諸將朝於行在所。

九年春，東魏北豫州刺史高仲密舉州來附，太祖帥師迎之，令開府李遠為前軍。至洛陽，遣開府于謹攻柏谷塢，拔之。

三月，齊神武至河北。太祖還軍瀍上以引之。齊神武果度河，據邙山為陣，不進者數日。太祖留輜重於瀍曲，士皆銜枚，夜登邙山。未明，擊之。齊神武單騎為賀拔勝所逐，僅而獲免。太祖率右軍若干惠等大破齊神武軍，悉虜其步卒。趙貴等五將軍居左，戰不利。齊神武軍復合，太祖又不利，夜乃引還。既入關，屯渭上。齊神武進至陝，開府達奚武等率軍禦之，乃退。太祖以邙山之戰，諸將失律，上表請自貶。魏帝報曰：『公膺期作宰，義高匡合，仗鉞專征，舉無遺算。朕所以垂拱九載，實資元輔之力。俾九服寧謐，誠賴翊贊之功。今大寇未殄，而以諸將失律，便欲自貶，深虧體國之城。宜抑此謙光，恤予一人。』於是廣募關隴豪右，以增軍旅。

冬十月，大閲於櫟陽，還屯華州。

十年夏五月，太祖入朝。

秋七月，魏帝以太祖前後所上二十四條及十二條新制，方為中興永式，乃命尚書蘇綽更損益之，總為五卷，班於天下。於是搜簡賢才，以為牧守令長，皆依新制而遣焉。數年之間，百姓便之。

冬十月，大閲於白水。

十一年春三月，令曰：

古之帝王所以外建諸侯內立百官者，非欲富貴其身而尊榮之。蓋以天下至廣，非一人所能獨治，是以博訪賢才，助己為治。若其知賢也，則以禮命之。其人聞命之日，則慘然曰：『凡受人之事，任人之勞，何捨己而從人。』又自勉曰：『天生俊士，所以利時。彼人主者，欲與我為治，安可苟辭。』於是降心而受命。及居官也，則晝不甘食，夜不甘寢，思所以上匡人主，下安百姓。不遑恤其私而憂其家，故妻子或有飢寒之弊而不顧也。於是人主賜之以俸祿，尊之以軒冕，而不以為惠也。賢臣受之，亦不以為德也。位不虛加，祿不妄賜。為人君者，誠能以此道授官，為人臣者，誠能以此情受位，則天下之大，可不言而治矣。昔堯、舜之為君，稷、契之為臣，用此道也。及後世衰微，此道遂廢。乃以官職為私恩，爵祿為榮惠。人君之命官也，親則授之，愛則任之。人臣之受位也，可以尊身而潤屋者，則迂道而求之；損身而利物者，則巧言而辭之。於是至公之道沒，而姦詐之萌生。天下不治，正為此矣。

今聖主中興，思去澆偽。諸在朝之士，當念職事之艱難，負闕之招累，夙夜兢兢，如臨深履薄。才堪者，則審己而當之；不堪者，則收短而避之。使天官不妄加，王爵不虛受。則淳素之風，庶幾可反。

冬十月，大閲於白水，遂西狩岐陽。

十二年春，涼州刺史宇文仲和據州反。瓜州民張保害刺史成慶，以州應仲和。太祖遣開府獨孤信討之。東魏遣其將侯景侵襄州，太祖遣開府若干惠率輕騎擊之。至穰，景遁去。

夏五月，獨孤信平涼州，擒仲和，遷其民六千餘家於長安。瓜州都督令狐延起義誅張保，瓜州平。

七月，太祖大會諸軍於咸陽。

九月，齊神武圍玉壁，大都督韋孝寬力戰拒守。齊神武攻圍六旬不能下，其士卒死者什二三。會齊神武有疾，燒營而退。

十三年春正月，茹茹寇高平，至于方城。是月，齊神武薨。其子澄嗣，是為文襄帝。與其河南大行臺侯景有隙，景不自安，遣使請舉河南六州來附。齊文襄遣其將韓軌、厙狄干等圍景於潁川。

三月，太祖遣開府李弼率軍援之，軌等遁去。景請留收輯河南，遂徙鎮豫州。於是遣開府王思政據潁川，弼引軍還。

秋七月，侯景密圖附梁。太祖知其謀，悉追還前後所配景將士。景懼，遂叛。

冬，太祖奉魏帝西狩於岐陽。

十四年春，魏帝詔封太祖長子毓為寧都郡公，食邑三千戶。初，太祖以平元顥、納孝莊帝之功，封寧都縣子，至是改縣為郡，而以封毓，用彰勤王之始也。

夏五月，進授太祖太師。太祖奉魏太子巡撫西境，自新平出安定，登隴，刻石紀事。下安陽，至原州，歷北長城，大狩。將東趣五原，至蒲川，聞魏帝不豫，遂還。既至，帝疾已愈，於是還華州。

是歲，東魏遣其將高岳、慕容紹宗、劉豐生等，率衆十餘萬圍王思政於潁川。

十五年春，太祖遣大將軍趙貴帥軍至穰，兼督東南諸州兵以援思政。高岳起堰，引洧水以灌城，自潁川以北皆為陂澤，救兵不得至。

夏六月，潁川陷。

初，侯景自豫州附梁，後遂度江，圍建業。梁司州刺史柳仲禮以本朝有難，帥兵援之。梁竟陵郡守孫皓舉郡來附，太祖使大都督符貴往鎮之。及景克建業，仲禮還司州，率衆來寇，暠以郡叛。太祖大怒。

冬十一月，遣開府楊忠率兵與行臺僕射長孫儉討之，攻克隨郡。忠進圍仲禮長史馬岫於安陸。

是歲，盜殺齊文襄於鄴。其弟洋討賊，擒之，仍嗣其事，是為文宣帝。

十六年春正月，柳仲禮率衆來援安陸，楊忠逆擊於淙頭，大破之，擒仲禮，悉虜其衆。馬岫以城降。

三月，魏帝封太祖第二子震為武邑公，邑二千戶。先是，梁雍州刺史、岳陽王詧與其叔父荆州刺史、湘東王繹不睦，乃稱蕃來附，遣其世子嶚為質。及楊忠擒仲禮，繹懼，復遣其子方平來朝。

夏五月，齊文宣廢其主元善見而自立。

秋七月，太祖率諸軍東伐，拜章武公導為大將軍，總督留守諸軍事，屯涇北以鎮關中。

九月丁巳，軍出長安。時連雨，自秋及冬，諸軍馬驢多死。遂於弘農北造橋濟河，自蒲阪還。於是河南自洛陽，河北自平陽以東，遂入於齊矣。

十七年春三月，魏文帝崩，皇太子嗣位，太祖以冢宰總百揆。梁邵陵王蕭綸侵安陸，大將軍楊忠討擒之。

冬十月，太祖遣大將軍王雄出子午，伐上津、魏興；大將軍達奚武出散關，伐南鄭。

魏廢帝元年春，王雄平上津、魏興，以其地置東梁州。

夏四月，達奚武圍南鄭。月餘，梁州刺史、宜豐侯蕭循以州降。武執循還長安。

秋八月，東梁州民叛，率衆圍州城。太祖復遣王雄討之。

侯景之克建業也，還奉梁武帝為主。居數旬，梁武以憤恚薨。景又立其子綱。尋而廢綱自立。歲餘，綱弟繹討景，擒之，遣其舍人魏彥來告，仍嗣位於江陵，是為元帝。

二年春，魏帝詔太祖去丞相、大行臺，為都督中外諸軍事。

二月，東梁州平，遷其豪帥於雍州。

三月，太祖遣大將軍、魏安公尉遲迥率衆伐梁武陵王蕭紀於蜀。

夏四月，太祖勒銳騎三萬西逾隴，度金城河，至姑臧。吐谷渾震懼，遣使獻其方物。

五月，蕭紀潼州刺史楊乾運以州降，引迥軍向成都。

秋七月，太祖自姑臧至於長安。

八月，克成都，劍南平。

冬十一月，尚書元烈謀作亂。事發，伏誅。

三年春正月，始作九命之典，以敘內外官爵。以第一品為九命，第九品為一命。改流外品為九秩，亦以九為上。又改置州郡及縣：改東雍為華州，北雍為宜州，南雍為蔡州，華州為同州，北華為鄜州，東秦為隴州，南秦為成州，北秦為交州，東荆為淮州，南荆為昌州，東夏為延州，南夏為長州，東梁為金州，南梁為隆州，北梁為靜州，陽都為汾州，南汾為勳州，汾州為丹州，南豳為寧州，南岐為鳳州，南洛為上州，南廣為淯州，南襄為湖州，西涼為甘州，西郢為鴻州，西益為利州，東巴為集州，北應為輔州，恒州為均州，沙州為深州，寧州為麓州，義州為巖州，新州為溫州，江州為沔州，西安為鹽州，安州為始州，并州為隨州，肆州為塘州，冀州為順州，淮州為純州，揚州為潁州，司州為憲州，南平為升州，南郢為歸州，青州為眉州。凡改州四十六，置州一，改郡一百六，改縣二百三十。

自元烈誅，魏帝有怨言。魏淮安王育、廣平王贊等垂泣諫之，帝不聽。於是太祖與公卿定議，廢帝，尊立齊王廓，是為恭帝。

魏恭帝元年夏四月，帝大饗羣臣。魏史柳虯執簡書於朝曰：『廢帝，文皇帝之嗣子。年七歲，文皇帝託於安定公曰：「是子才，由于公，不才，亦由于公，宜勉之。」公既受茲重寄，居元輔之任，又納女為皇后，遂不能訓誨有成，致令廢黜，負文皇帝付屬之意，此咎非安定公而誰？』

太祖乃令太常盧辯作誥諭公卿曰：『嗚呼！我羣後暨衆士，維文皇帝以

繈褓之嗣託於予，訓之誨之，庶厥有成。而予罔能革變厥心，庸暨乎廢，墜我文皇帝之志。嗚呼！茲咎予其焉避。予實知之，矧爾衆人之心哉。惟予之顔，豈惟今厚，將恐來世以予為口實。』乙亥，詔封太祖子邕為輔城公，憲為安城公，邑各二千戶。

茹茹乙旃達官寇廣武。

五月，遣柱國趙貴追擊之，斬首數千級，收其輜重而還。

秋七月，太祖西狩至於原州。

梁元帝遣使請據舊圖以定疆界，又連結於齊，言辭悖慢。太祖曰：『古人有言「天之所棄，誰能興之」，其蕭繹之謂乎。』

冬十月壬戌，遣柱國于謹、中山公護、大將軍楊忠、韋孝寬等步騎五萬討之。

十一月癸未，師濟於漢。中山公護與楊忠率鋭騎先屯其城下，據江津以備其逸。丙申，謹至江陵，列營圍守。辛亥，進攻城，其日克之。擒梁元帝，殺之，並虜其百官及士民以歸。没為奴婢者十餘萬，其免者二百餘家。立蕭詧為梁主，居江陵，為魏附庸。梁將王僧辯、陳霸先於丹陽立梁元帝第九子方智為主。

魏氏之初，統國三十六，大姓九十九，後多絶滅。至是，以諸將功高者為三十六國後，次功者為九十九姓後，所統軍人，亦改從其姓。

二年，梁廣州刺史王琳寇邊。冬十一月，遣大將軍豆盧寧帥師討之。

三年春正月丁丑，初行《周禮》，建六官。以太祖為太師、大冢宰，柱國李弼為太傅、大司徒，趙貴為太保、大宗伯，獨孤信為大司馬，于謹為大司寇，侯莫陳崇為大司空。初，太祖以漢魏官繁，思革前弊。大統中，乃命蘇綽、盧辯依周制改創其事，尋亦置六卿官，然為撰次未成，衆務猶歸臺閣。至是始畢，乃命行之。

夏四月，太祖北巡狩。

秋七月，度北河。王琳遣使來附，以琳為大將軍、長沙郡公。魏帝封太祖子直為秦郡公，招為正平公，邑各一千戶。

九月，太祖有疾，還至雲陽，命中山公護受遺輔嗣子。

冬十月乙亥，崩於雲陽宮，還長安發喪。時年五十二。甲申，葬於成陵，謚曰文公。孝閔帝受禪，追尊為文王，廟曰太祖。武成元年，追尊為文皇帝。

論說

《周書》卷二《文帝紀下》 太祖知人善任使，從諫如流，崇尚儒術，明達政事，恩信被物，能駕馭英豪，一見之者，咸思用命。沙苑所獲囚俘，釋而用之，河橋之役，率以擊戰，皆得其死力。諸將出征，授以方略，無不制勝。性好樸素，不尚虛飾，恒以反風俗、復古始為心。

史臣曰：水歷將終，羣凶放命，或威權震主，或釁逆滔天。咸謂大寶可以力征，神物可以求得，莫不窺窬九鼎，睥睨兩宮，而誅夷繼及，亡不旋踵。是知巨君篡盜，終成建武之資；仲潁兇殘，實啓當途之業。天命有底，庸可滔乎。

太祖田無一成，衆無一旅，驅馳戎馬之際，躡足行伍之間。屬與能之時，應啓聖之運，鳩集義勇，糾合同盟，一舉而殄仇讎，再駕而匡帝室。於是内詢帷幄，外仗材雄，推至誠以待人，弘大順以訓物。高氏籍甲兵之衆，恃戎馬之强，屢入近畿，志圖吞噬。及英謀電發，神旆風馳，弘農建城濮之勳，沙苑有昆陽之捷。取威定霸，以弱為强。紹元宗之衰緒，創隆周之景命。南清江漢，西舉巴蜀，北控沙漠，東據伊瀍。乃擯落魏晉，憲章古昔，修六官之廢典，成一代之鴻規。德刑並用，勳賢兼敍，遠安邇悦，俗阜民和。億兆之望有歸，揖讓之期允集。功業若此，人臣以終。盛矣哉！非夫雄略冠時，英姿不世，天與神授，緯武經文者，孰能與於此乎。昔者，漢獻蒙塵，曹公成夾輔之業；晉安播蕩，宋武建匡合之勳。校德論功，綽有餘裕。

至於渚宮制勝，闔城孥戮；茹茹歸命，盡種誅夷；雖事出於權道，而用乖於德教。周祚之不永，或此之由乎。

清・王夫之《讀通鑑論》卷一七《簡文帝二》 唐之府兵，言軍制者競稱其善，蓋始於元魏大統十六年宇文泰創為之。其後籍民之有才力者為兵，免其身租、庸、調，而關中之疆，卒以東吞高氏，南併江陵。隋、唐因之，至天寶而始改。人胥曰府兵改而邊將驕，故安、史亂，河北終不能平，而唐訖以亡。而不知其不然也。府兵不成乎其為兵，而徒以厲民，

彍騎雖改，而莫能盡革其弊，唐乃無兵而倚於邊將。安、史之亂，府兵致之也，豈府兵不改而安、史不亂，安、史亂而府兵能蕩平之也哉？

三代寓兵於農，封建之天下相承然也。周之初，封建亦替矣，然其存者猶千八百國也，外無匈奴、突厥、契丹之侵偪，兄弟甥舅之國，以貪憤相攻而各相防爾。然忿忮一逞，則各驅其負耒之願民以蹀血於郊原。悲夫！三代之季，民之癉以死者，非但今之比也。禹、湯、文、武之至仁，僅能約之以禮而禁其暴亂，而卒無如此鬭農民以死之者何也！上古相承之已久矣，幸而聖王善為之法，以車戰而不以徒戰，追奔斬馘，不過數人，故民之死也不積。然而農民方務耕桑、保婦子，乃輟其田廬之計，奔命於原野；斷其醇謹之良，相習於競悍；虔劉之，㷍亂之，民之憔悴，亦大可傷矣！至於戰國，一戰而斬首者至數十萬，豈樂為兵者哉？皆南畝之農夫，欲免而不得者也。漢一天下，分兵民為兩途，而寓兵於農之害乃息。俗儒端居占畢而談軍政者，復欲踵而行之，其不仁亦慘矣哉！身幸為士，脫耒耜之勞，不耕而食農人之食，更欲驅之於白刃之下，有人心者，宜於此焉變矣。

宇文泰之為此也，則有說也。據關中一隅之區，欲幷天下，乃興師以伐高洋，不戰而退，豈畏洋哉？自顧寡弱而心早寒也。南自雒、陝，西自平陽，北極幽、薊，東漸青、兗，皆洋之有，衆寡之形，相去遠矣。且梁氏方亂，抑欲起而乘之以吞襄、郢，而北尚不支，勢不足以南及。雖前乎此者，屢以寡而勝衆，而內顧終以自危。故其所用者，仍恃其舊所慣用之兵，而特欲多其數以張大其勢。且關中北擁靈、夏，西暨河、湟，南有武都、仇池、羌、氐之地，雖耕鑿之甿，皆習戰，使充行伍，力是而情非不甘，泰可用權宜以規一時之利，未盡失也。若夫四海一，戰爭休，為固本保邦之永計，建威以銷夷狄盜賊之萌，則用武用文，剛柔異質，農出粟以養兵，兵用命以衛農，固分途而各靖。乃欲舉天下之民，旦稼穡而夕戈矛，其始也，愚民貪免賦免役之利，蹶起而受命；迨其後一著於籍，欲脫而不能。故唐之府兵業更為彍騎矣，乃讀杜甫石壕、三別之詩，流離之老婦，宛轉於縲絏；垂死之病夫，負戈而道仆；民日蹙而兵日窳，徒死其民。而救如線之宗社者，朔方邊卒、回紇援兵也。然則所謂府兵者，無益於國而徒以殃民審矣。不能反三代封建之制，幸而脫三代交爭之苦，農可安農，兵可安兵，天別之以材，人別之以習，宰制天下者，因時而利用，國本堅而民生遂，自有道矣。占畢小儒，稱説寓兵於農而弗絕，其愚以禍天下，亦至此哉，農之不可兵也，厲農而祇以弱其國也；兵之不可農也，弱兵而祇以蕪其土也。故衛所興屯之法，銷天下之兵而中國弱，以坐授洪圖於異域，所繇來久矣。且所謂屯田者，鹵莽滅裂，化肥壤為磽土，天下皆是也，可弗為永鑑乎！

雜録

宋·洪邁《容齋三筆》卷三《元魏改功臣姓氏》 魏孝文自代遷洛，欲大革胡俗，既自改拓跋為元氏，而諸功臣舊族自代來者，以姓或重複，皆改之。於是拔拔氏為長孫氏，達奚氏為奚氏，乙旃氏為叔孫氏，丘穆陵氏為穆氏，步六孤氏為陸氏，賀賴氏為賀氏，獨孤氏為劉氏，賀樓氏為樓氏，勿忸於氏為於氏，尉遲氏為尉氏，其用夏變夷之意如此。然至於其孫恭帝，翻以中原故家，易賜蕃姓，如李弼為徒河氏，趙肅、趙貴為乙弗氏，劉亮為侯莫陳氏，楊忠為普六茹氏，王雄為可頻氏，李虎、閻慶為大野氏，辛威為普毛氏，田宏為紇干氏，耿豪為和稽氏，王勇為庫汗氏，楊紹為叱利氏，侯植為侯伏侯氏，竇熾為紇豆陵氏，李穆為擒拔氏，陸通為步六孤氏，楊纂為莫胡盧氏，寇儁為若口引氏，段永為爾綿氏，韓褒為侯呂陵氏，裴文舉為賀蘭氏，王軌為烏丸氏，陳忻為尉遲氏，樊深為萬紐於氏，一何其不循乃祖彝憲也！是時蓋宇文泰顓國，此事皆出其手，遂復國姓為拓跋，而九十九姓改為單者，皆復其舊。泰方以時俗文敝，命蘇綽仿周書作大誥，又悉改官名，復周六卿之制，顧乃如是，殆不可曉也。

高歡分部

綜　述

《北齊書》卷一《神武帝紀上》　齊高祖神武皇帝，姓高名歡，字賀六渾，渤海蓨人也。六世祖隱，晉玄菟太守。隱生慶，慶生泰，泰生湖，三世仕慕容氏。及慕容寶敗，國亂，湖率衆歸魏，為右將軍。湖生四子，第三子謐仕魏，位至侍御史，坐法徙居懷朔鎮。謐生皇考樹，性通率，不事家業。住居白道南，數有赤光紫氣之異，鄰人以為怪，勸徙居以避之。皇考曰：『安知非吉？』居之自若。及神武生而皇妣韓氏殂，養於同產姊婿鎮獄隊尉景家。

神武既累世北邊，故習其俗，遂同鮮卑。長而深沉有大度，輕財重士，為豪俠所宗。目有精光，長頭高顴，齒白如玉，少有人傑表。家貧，及聘武明皇后，始有馬，得給鎮為隊主。鎮將遼西段長常奇神武貌，謂曰：『君有康濟才，終不徒然。』便以子孫為託。及貴，追贈長司空，擢其子寧用之。神武自隊主轉為函使。嘗乘驛過建興，雲霧晝晦，雷聲隨之，半日乃絕，若有神應者。每行道路，往來無風塵之色。又嘗夢履衆星而行，覺而內喜。為函使六年，每至洛陽，給令史麻祥使。詳嘗以肉啖神武，神武性不立食，坐而進之。祥以為慢己，笞神武四十。及自洛陽還，傾產以結客。親故怪問之，答曰：『吾至洛陽，宿衛羽林相率焚領軍張彝宅，朝廷懼其亂而不問。為政若此，事可知也。財物豈可常守邪？』自是乃有澄清天下之志。與懷朔省事雲中司馬子如及秀容人劉貴、中山人賈顯智為奔走之友，懷朔戶曹史孫騰、外兵史侯景亦相友結。劉貴嘗得一白鷹，與神武及尉景、蔡儁、子如、賈顯智等獵於沃野。見一赤兔，每搏輒逸，遂至回澤。澤中有茅屋，將奔入，有狗自屋中出，噬之，鷹兔俱死。神武怒，以鳴鏑射之，狗斃。屋中有二人出，持神武襟甚急。其母兩目盲，曳杖呵其二子曰：『何故觸大家！』出甕中酒，烹羊以飯客。因自言善暗相，遍捫諸人皆貴，而指麾俱由神武。又曰：『子如歷位，顯智不善終。』飯竟出，行數里還，更訪之，則本無人居，乃向非人也。由是諸人益加敬異。

孝昌元年，柔玄鎮人杜洛周反於上谷，神武乃與同志從之。醜其行事，私與尉景、段榮、蔡儁圖之。不果而逃，為其騎所追。文襄及魏永熙後皆幼，武明后於牛上抱負之。文襄屢落牛，神武彎弓將射之以決去。后呼榮求救，賴榮遽下取之以免。遂奔葛榮，又亡歸爾朱榮於秀容。先是，劉貴事榮，盛言神武美，至是始得見，以憔悴故，未之奇也。貴乃為神武更衣，復求見焉。因隨榮之廄。廄有惡馬，榮命翦之。神武乃不加羈絆而翦，竟不蹄齧，已而起曰：『御惡人亦如此馬矣。』榮遂坐神武於床下，屏左右而訪時事。神武曰：『聞公有馬十二穀，色別為羣，將此竟何用也？』榮曰：『但言爾意。』神武曰：『方今天子愚弱，太后淫亂，孽寵擅命，朝政不行。以明公雄武，乘時奮發，討鄭儼、徐紇而清帝側，霸業可舉鞭而成。此賀六渾之意也。』榮大悅，語自日中至夜半，乃出。自是每參軍謀。後從榮徙據并州，抵揚州邑人龐蒼鷹，止團焦中。每從外歸，主人遙聞行響動地。蒼鷹母數見團焦赤氣赫然屬天。又蒼鷹嘗夜欲入，有青衣人拔刀叱曰：『何故觸王！』言訖不見。始以為異，密覘之，唯見赤蛇蟠床上，乃益驚異。因殺牛分肉，厚以相奉。蒼鷹母求以神武為義子。及得志，以其宅為第，號為南宅。雖門巷開廣，堂宇崇麗，其本所住團焦，以石堊塗之，留而不毀，至文宣時，遂為宮。

既而榮以神武為親信都督。於時魏明帝銜鄭儼、徐紇，逼靈太后，未敢制，私使榮舉兵內向。榮以神武為前鋒。至上黨，明帝又私詔停之。及帝暴崩，榮遂入洛，因將篡位。神武諫，恐不聽，請鑄像卜之，鑄不成，乃止。孝莊帝立，以定策勳，封銅鞮伯。及爾朱榮擊葛榮，令神武喻下賊別稱王者七人。後與行臺於暉破羊侃於泰山，尋與元天穆破邢杲於濟南。累遷第三鎮人酋長，常在榮帳內。榮嘗問左右曰：『一日無我，誰可主軍？』皆稱爾朱兆。曰：『此正可統三千騎以還，堪代我主衆者，唯賀六渾耳。』因誡兆曰：『爾非其匹，終當為其穿鼻。』乃以神武為晉州刺史。於是大聚斂，因劉貴貨榮下要人，盡得其意。時州庫角無故自鳴，神武異之，無幾而孝莊誅榮。

及爾朱兆自晉陽將舉兵赴洛，召神武。神武使長史孫騰辭以絳蜀、汾胡欲反，不可委去。兆恨焉。騰復命，神武曰：『兆舉兵犯上，此大賊也，吾不能久事之。』自是始有圖兆計。及兆入洛，執莊帝以北，神武聞之，大驚。又使孫騰偽賀兆，因密覘孝莊所在，將劫以舉義，不果。乃以書喻之，言不宜執天子以受惡名於海內。兆不納，殺帝，而與爾朱世隆等立長廣王曄，改元建明。封神武為平陽郡公。及費也頭紇豆陵步藩入秀容，逼晉陽，兆征神武。神武將往，賀拔焉過兒請緩行以斃之。神武乃往往逗遛，辭以河無橋不得渡。步藩軍盛，兆敗走。初，孝莊之誅爾朱榮，知其黨必有逆謀，乃密敕步藩令襲其後。步藩既敗兆等，以兵勢日盛，兆又請救於神武。神武內圖兆，復慮步藩後之難除，乃與兆悉力破之。藩死，深德神武，誓為兄弟。時世隆、度律、彥伯共執朝政，天光據關右，兆據并州，仲遠據東郡，各擁兵為暴，天下苦之。

葛榮衆流入并、肆者二十餘萬，為契胡陵暴，皆不聊生，大小二十六反，誅夷者半，猶草竊不止。兆患之，問計於神武。神武曰：『六鎮反殘，不可盡殺，宜選王素腹心者私使統焉。若有犯者，直罪其帥，則所罪者寡。』兆曰：『善，誰可行也？』賀拔允時在坐，請神武。神武拳毆之，折其一齒，曰：『生平天柱時，奴輩伏處分如鷹犬，今日天下安置在王，而阿鞠泥敢誣下罔上，請殺之。』兆以神武為誠，遂以委焉。神武以兆醉，恐醒後或致疑貳，遂出，宣言受委統州鎮兵，可集汾東受令。乃建牙陽曲川，陳部分。有款軍門者，絳巾袍，自稱梗楊驛子，願厠左右。訪之，則以力聞，常於并州市搭殺人者，乃署為親信。兵士素惡兆而樂神武，於是莫不皆至。居無何，又使劉貴請兆，以并、肆頻歲霜旱，降戶掘黃鼠而食之，皆面無穀色，徒汙人國土，請令就食山東，待溫飽而處分之。兆從其議。其長史慕容紹宗諫曰：『不可，今四方擾擾，人懷異望，況高公雄略，又握大兵，將不可為。』兆曰：『香火重誓，何所慮也。』紹宗曰：『親兄弟尚爾難信，何論香火！』時兆左右已受神武金，因譖紹宗與神武舊有隙，兆乃禁紹宗而催神武發。神武乃自晉陽出滏口。路逢爾朱榮妻北鄉長公主，自洛陽來，馬三百匹，盡奪易之。兆聞，乃釋紹宗而問焉。紹宗曰：『猶掌握中物也。』於是自追神武。至襄垣，會漳水暴長，橋壞。神武隔水拜曰：『所以借公主馬，非有他故，備山東盜耳。王受公主言，自來賜追，今渡河而死不辭，此衆便叛。』兆自陳無此意，因輕馬渡，與神武坐幕下，陳謝，遂授刀引頭，使神武斫己。神武大哭曰：『自天柱薨背，賀六渾更何所仰，願大家千萬歲，以申力用。今旁人構間至此，大家何忍復出此言！』兆投刀於地，遂刑白馬而盟，誓為兄弟，留宿夜飲。尉景伏壯士欲執兆，神武齧臂止之曰：『今殺之，其黨必奔歸聚結。兵饑馬瘦，不可相支，若英雄崛起，則為害滋甚。不如且置之。兆雖勁捷，而凶狡無謀，不足圖也。』旦日，兆歸營，又召神武，神武將上馬詣之，孫騰牽衣，乃止。兆隔水肆罵，馳還晉陽。兆心腹念賢領降戶家累別為營，神武偽與之善，觀其佩刀，因取之以殺其從者，從者盡散。於是士衆咸悅，倍願附從。初，魏真君內學者奏言上黨有天子氣，云在壺關大王山。太武帝於是南巡以厭當之，累石為三封，斬其北鳳凰山，以毀其形。後上黨人居晉陽者，號上黨坊，神武實居之。及是行，舍大王山六旬而進。將出滏口，倍加約束，纖毫之物，不聽侵犯。將過麥地，神武輒步牽馬。遠近聞之，皆稱高儀同將兵整肅，歸心焉。遂前行，屯鄴，求糧相州刺史劉誕，誕不供。有軍營租米，神武自取之。

魏普泰元年二月，神武自軍次信都，高乾、封隆之開門以待，遂據冀州。是月，爾朱度律廢元曄而立節閔帝，欲羈縻神武。三月，乃白節閔帝，封神武為渤海王，徵使入覲。神武辭。四月癸巳，又加授東道大行臺、第一鎮人酋長。龐蒼鷹自太原來奔，神武以為行臺郎，尋以為安州刺史。神武自向山東，養士繕甲，禁侵掠，百姓歸心。乃詐為書，言爾朱兆將以六鎮人配契胡為部曲，衆皆愁怨。又為并州符，徵兵討步落稽。發萬人，將遣之，孫騰、尉景為請留五日，如此者再。神武親送之郊，雪涕執別，人皆號慟，哭聲動地。神武乃喻之曰：『與爾俱失鄉客，義同一家，不意在上乃爾徵召。直向西已當死，後軍期又當死，配國人又當死，奈何！』衆曰：『唯有反耳！』神武曰：『反是急計，須推一人為主。』衆願奉神武。神武曰：『爾鄉里難制，不見葛榮乎？雖百萬衆，無刑法，終自灰滅。今以吾為主，當與前異，不得欺漢兒，不得犯軍令，生死任吾則可，不爾不能為，取笑天下。』衆皆頓顙，死生唯命。神武曰若不得已。明日，椎牛饗士，喻以討爾朱之意。封隆之進曰：『千載一時，普天幸甚。』神武曰：『討賊，大順也；拯時，大業也。吾雖不武，以死繼之，

何敢讓焉！』

六月庚子，建義於信都，尚未顯背爾朱氏。及李元忠與高乾平殷州，斬爾朱羽生首來謁，神武撫膺曰：『今日反決矣。』乃以元忠為殷州刺史。是時兵威既振，乃抗表罪狀爾朱氏。世隆等秘表不通。八月，爾朱兆攻陷殷州，李元忠來奔。孫騰以為朝廷隔絕，不權立天子，則衆望無所係。十月壬寅，奉章武王融子渤海太守朗為皇帝，年號中興，是為廢帝。時度律、仲遠軍次陽平，爾朱兆會之。神武用竇泰策，縱反間，度律、仲遠不戰而還。神武乃敗兆於廣阿。十一月，攻鄴，相州刺史劉誕嬰城固守。神武起土山，為地道，往往建大柱，一時焚之，城陷入地。麻祥時為湯陰令，神武呼之曰：『麻都！』祥慚而逃。永熙元年正月壬午，拔鄴城，據之。廢帝進神武大丞相、柱國大將軍、太師。是時青州建義，大都督崔靈珍、大都督耿翔皆遣使歸附。行汾州事劉貴棄城來降。閏三月，爾朱天光自長安、兆自并州、度律自洛陽、仲遠自東郡同會鄴，衆號二十萬，挾洹水而軍，節閔以長孫承業為大行臺總督焉。神武令封隆之守鄴，自出頓紫陌。時馬不滿二千，步兵不至三萬，衆寡不敵。乃於韓陵為圓陣，連牛驢以塞歸道，於是將士皆有死志，四面赴擊之。爾朱兆責神武以背己，神武曰：『本戮力者，共輔王室，今帝何在？』兆曰：『永安枉害天柱，我報仇耳。』神武曰：『我昔日親聞天柱計，汝在戶前立，豈得言不反邪？且以君殺臣，何報之有？今日義絕矣。』乃合戰，大敗之。爾朱兆對慕容紹宗叩心曰：『不用公言，以至於此！』將輕走。紹宗反旗鳴角，收聚散卒，成軍容而西上。高季式以七騎追奔，度野馬崗，與兆遇。高昂望之不見，哭曰：『喪吾弟矣！』夜久，季式還，血滿袖。斛斯椿倍道先據河橋。初，普泰元年十月，歲星、熒惑、鎮星、太白聚於觜，參色甚明。太史占云當有王者興。是時神武起於信都，至是而破兆等。四月，斛斯椿執天光、度律送洛陽。長孫承業遣都督賈顯智、張歡入洛陽，執世隆、彥伯斬之。兆奔并州。仲遠奔梁州，遂死焉。時凶蠹既除，朝廷慶悅。初，未戰之前月，章武人張紹夜中忽被數騎將逾城，至一大將軍前，敕紹為軍導向鄴，云佐受命者除殘賊。紹回視之，兵不測，整疾無聲。將至鄴，乃放焉。及戰之日，爾朱氏軍人見陣外士馬四合，蓋神助也。

既而神武至洛陽，廢節閔及中興主而立孝武。孝武既即位，授神武大丞相、天柱大將軍、太師、世襲定州刺史，增封並前十五萬戶。神武辭天柱，減戶五萬。壬辰，還鄴，魏帝餞於乾脯山，執手而別。

七月壬寅，神武帥師北伐爾朱兆。封隆之言：『侍中斛斯椿、賀拔勝、賈顯智等往事爾朱，普皆反噬，今在京師，寵任，必構禍隙。』神武深以為然，乃歸天光、度律於京師，斬之。遂自滏口入。爾朱兆大掠晉陽，北保秀容。并州平。神武以晉陽四塞，乃建大丞相府而定居焉。爾朱兆既至秀容，分兵守險，出入寇抄。神武揚聲討之，師出止者數四，兆意怠。神武揣其歲首當宴會，遣竇泰以精騎馳之，一日一夜行三百里，神武以大軍繼之。二年正月，竇泰奄至爾朱兆庭。軍人因宴休惰，忽見泰軍，驚走。追破之於赤洪嶺。兆自縊，神武親臨厚葬之。慕容紹宗以爾朱榮妻子及餘衆自保烏突城，降，神武以義故，待之甚厚。

神武之入洛也，爾朱仲遠部下都督橋寧、張子期自滑臺歸命，神武以其助亂，且數反覆，皆斬之。斛斯椿由是內不自安，乃與南陽王寶炬及武衛將軍元毗、魏光、王思政構神武於魏帝。舍人元士弼又奏神武受敕大不敬。故魏帝心貳於賀拔岳。初，孝明之時，洛下以兩拔相擊，謠言曰：『銅拔打鐵拔，元家世將末。』好事者以二拔謂拓拔、賀拔，言俱將衰敗之兆。時司空高乾密啓神武，言魏帝之貳，神武封呈。魏帝殺之，又遣東徐州刺史潘紹業密敕長樂太守龐蒼鷹令殺其弟昂。昂先聞其兄死，以槊刺柱，伏壯士執紹業於路，得敕書於袍領，來奔。神武抱其首，哭曰：『天子枉害司空！』遽使以白武幡勞其家屬。時乾次弟慎在光州，為政嚴猛，又從部下取納，魏帝使代之。慎聞難，將奔梁。其屬曰：『公家勳重，必不兄弟相及。』乃弊衣推鹿車歸渤海。逢使者，亦來奔。於是魏帝與神武隙矣。

阿至羅虜正光以前常稱藩，自魏朝多事，皆叛。神武遣使招納，便附款。先是，詔以寇賊平，罷行臺。至是，以殊俗歸降，復授神武大行臺，隨機處分。神武常賚其粟帛，議者以為徒費無益，神武不從，撫慰如初。其酋帥吐陳等感恩，皆從指麾，救曹泥，取万俟受洛干，大收其用。河西費也頭虜紇豆陵伊利居河池，恃險擁衆，神武遣長史侯景屢招不從。

又　卷二《神武帝紀下》　天平元年正月壬辰，神武西伐費也頭虜

紇豆陵伊利於河西，滅之，遷其部於河東。

二月，永寧寺九層浮圖災。既而人有從東萊至，云及海上人咸見之於海中，俄而霧起乃滅。說者以為天意若曰，永寧見災，魏不寧矣，飛入東海，渤海應矣。

魏帝既有異圖，時侍中封隆之與孫騰私言，隆之喪妻，魏帝欲妻以妹。騰亦未之信，心害隆之，泄其言於斛斯椿。椿以白魏帝。又孫騰帶仗入省，擅殺御史。並亡來奔。稱魏帝撾舍人梁續於前，光祿少卿元子幹攘臂擊之，謂騰曰：『語爾高王，元家兒拳正如此。』領軍婁昭辭疾歸晉陽。魏帝於是以斛斯椿兼領軍，分置督將及河南、關西諸刺史。華山王鷙在徐州，神武使邸珍奪其管籥。建州刺史韓賢、濟州刺史蔡儁皆神武同義，魏帝忌之。故省建州以去賢，使御史中尉綦儁察儁罪，以開府賈顯智為濟州。儁拒之，魏帝逾怒。

五月下詔，云將征句吳，發河南諸州兵，增宿衛，守河橋。六月丁巳，魏帝密詔神武曰：『宇文黑獺自平破秦、隴，多求非分，脫有變詐，事資經略。但表啓未全背戾，進討事涉[illegible]，遂召羣臣，議其可否。僉言假稱南伐，内外戒嚴，一則防黑獺不虞，二則可威吳楚。』時魏帝將伐神武，神武部署將帥，慮疑，故有此詔。神武乃表曰：『荆州綰接蠻左，密邇畿服，關隴恃遠，將有逆圖。臣今潛勒兵馬三萬，擬從河東而渡；又遣恒州刺史厙狄干、瀛州刺史郭瓊、汾州刺史斛律金、前武衛將軍彭樂擬兵四萬，從其來違津渡；遣領軍將軍婁昭、相州刺史竇泰、前瀛州刺史堯雄、幷州刺史高隆之擬兵五萬，以討荆州；遣冀州刺史尉景、前冀州刺史高敖曹、濟州刺史蔡儁、前侍中封隆之擬山東兵七萬、突騎五萬，以征江左。皆約所部，伏聽處分。』魏帝知覺其變，乃出神武表，命羣官議之，欲止神武諸軍。神武乃集在州僚佐，令其博議，還以表聞。仍以信誓自明忠款曰：『臣為嬖佞所間，陛下一旦賜疑，今倡狂之罪，爾朱時討。臣若不盡誠竭節，敢負陛下，則使身受天殃，子孫殄絕。陛下若垂信赤心，使干戈不動，佞臣一二人願斟量廢出。』辛未，帝復録在京文武議意以答神武，使舍人温子升草敕。子升逡巡未敢作，帝據胡床，拔劍作色。子升乃為敕曰：

前持心血，遠以示王，深冀彼此共相體悉，而不良之徒坐生間貳。近孫騰倉卒向彼，致使聞者疑有異謀，故遣御史中尉綦儁具申朕懷。今得王啓，言誓懇惻，反覆思之，猶所未解。以朕眇身，遇王武略，不勞尺刃，坐為天子，所謂生我者父母，貴我者高王。今若無事背王，規相攻討，則使身及子孫，還如王誓。皇天后土，實聞此言。近慮宇文為亂，賀拔勝應之，故纂嚴欲與王俱為聲援。宇文今日使者相望，觀其所為，更無異迹。賀拔在南，開拓邊境，為國立功，念無可責。君若欲分討，何以為辭？東南不賓，為日已久，先朝已來，置之度外。今天下戶口減半，未宜窮兵極武。朕既暗昧，不知佞人是誰，可列其姓名，令朕知也。如聞厙狄干語王云：『本欲取懦弱者為主，王無事立此長君，使其不可駕御，今但作十五日行，自可廢之，更立餘者。』如此議論，自是王間勳人，豈出佞臣之口？去歲封隆之背叛，今年孫騰逃走，不罪不送，誰不怪王！騰既為禍始，曾無愧懼，王若事君盡誠，何不斬送二首。王雖啓圖西去，而四道俱進，或欲南度洛陽，或欲東臨江左，言之者猶應自怪，聞之者寧能不疑？王若守誠不貳，晏然居北，在此雖有百萬之衆，終無圖彼之心。王脫信邪棄義，舉旗南指，縱無匹馬隻輪，猶欲奮空拳而爭死。朕本寡德，王已立之，百姓無知，或謂實可。若為他所圖，則彰朕之惡，假令還為王殺，幽辱齏粉，了無遺恨。何者？王既以德見推，以義見舉，一朝背德捨義，便是過有所歸。本望君臣一體，若合符契，不圖今日，分疏到此。古語云：『越人射我，笑而道之；吾兄射我，泣而道之。』朕既親王，情如兄弟，所以投筆拊膺，不覺歔欷。

初，神武自京師將北，以為洛陽久經喪亂，王氣衰盡，雖有山河之固，土地褊狹，不如鄴，請遷都。魏帝曰：『高祖定鼎河洛，為永永之基，經營制度，至世宗乃畢。王既功在社稷，宜遵太和舊事。』神武奉詔，至是復謀焉。遣三千騎鎮建興，益河東及濟州兵，於白溝虜船不聽向洛，諸州和糴粟運入鄴城。魏帝又敕神武曰：『王若厭伏人情，杜絕物議，唯有歸河東之兵，罷建興之戍，送相州之粟，追濟州之軍，令蔡儁受代，使邸珍出徐，止戈散馬，各事家業。脫須糧廩，別遣轉輪，則讒人結舌，疑悔不生。王高枕太原，朕垂拱京洛，終不舉足渡河，以干戈相指。王若馬首南向，問鼎輕重，朕雖無武，欲止不能，必為社稷宗廟出萬死之策。決在於王，非朕能定，為山止簣，相為惜之。』魏帝時以任祥為兼尚書左僕

射，加開府，祥棄官走至河北，據郡待神武。魏帝乃敕文武官北來者任去留，下詔罪狀神武，為北伐經營。神武亦勒馬宣告曰：『孤遇爾朱擅權，舉大義於四海，奉戴主上，義貫幽明。橫為斛斯椿讒構，以誠節為逆首。昔趙鞅興晉陽之甲，誅君側惡人，今者南邁，誅椿而已。』以高昂為前鋒，曰：『若用司空言，豈有今日之舉！』司馬子如答神武曰：『本欲立小者，正為此耳。』

魏帝徵兵關右，召賀拔勝赴行在所，遣大行臺長孫承業、大都督潁川王斌之、斛斯椿共鎮武牢，汝陽王暹鎮石濟，行臺長孫子彥帥前恒農太守元洪略鎮陝，賈顯智率豫州刺史斛斯元壽伐蔡儁。神武使竇泰與左廂大都督莫多婁貸文逆顯智，韓賢逆暹。元壽軍降。泰、貸文與顯智遇於長壽津，顯智陰約降，引軍退。軍司元玄覺之，馳還。請益師。魏帝遣大都督侯幾紹赴之。戰於滑臺東，顯智以軍降，紹死之。七月，魏帝躬率大衆屯河橋。神武至河北十餘里，再遣口申誠款，魏帝不報。神武乃引軍渡河。魏帝問計於羣臣，或云南依賀拔勝，或云西就關中，或云守洛口死戰。未決。而元斌之與斛斯椿爭權不睦，斌之棄椿徑還，紿帝云：『神武兵至。』即日，魏帝遜於長安。己酉，神武入洛陽，停於永寧寺。

八月甲寅，召集百官，謂曰：『為臣奉主，匡救危亂，若處不諫爭，出不陪隨，緩則耽寵爭榮，急便逃竄，臣節安在？』遂收開府儀同三司叱列延慶、兼尚書左僕射辛雄、兼吏部尚書崔孝芬、都官尚書劉廞、兼度支尚書楊機、散騎常侍元士弼並殺之，誅其貳也。士弼籍没家口。神武以萬機不可曠廢，乃與百僚議以清河王亶為大司馬，居尚書下舍而承制決事焉。王稱警蹕，神武醜之。神武尋至恒農，遂西克潼關，執毛洪賓。進軍長城，龍門都督薛崇禮降。神武退舍河東，命行臺尚書長史薛瑜守潼關，大都督庫狄温守封陵。於蒲津西岸築城，守華州，以薛紹宗為刺史，高昂行豫州事。神武自發晉陽，至此凡四十啓，魏帝皆不答。九月庚寅，神武還於洛陽，乃遣僧道榮奉表關中，又不答。乃集百僚四門耆老，議所推立。以為自孝昌喪亂，國統中絕，神主靡依，昭穆失序。永安以孝文為伯考，永熙遷孝明於夾室，業喪祚短，職此之由。遂議立清河王世子善見。議定，白清河王。王曰：『天子無父，苟使兒立，不惜餘生。』乃立之，是為孝靜帝。魏於是始分為二。

神武以孝武既西，恐逼崤、陝，洛陽復在河外，接近梁境，如向晉陽，形勢不能相接，乃議遷鄴，護軍祖瑩贊焉。詔下三日，車駕便發，戶四十萬狼狽就道。神武留洛陽部分，事畢還晉陽。自是軍國政務，皆歸相府。先是童謡曰：『可憐青雀子，飛來鄴城里，羽翮垂欲成，化作鸚鵡子。』好事者竊言，雀子謂魏帝清河王子，鸚鵡謂神武也。

初，孝昌中，山胡劉蠡升自稱天子，年號神嘉，居雲陽谷，西土歲被其寇，謂之胡荒。二年正月，西魏渭州刺史可朱渾道元擁衆內屬，神武迎納之。壬戌，神武襲擊劉蠡升，大破之。己巳，魏帝褒詔，以神武為相國，假黃鉞，劍履上殿，入朝不趨。神武固辭。三月，神武欲以女妻蠡升太子，候其不設備，辛酉，潛師襲之。其北部王斬蠡升首以送。其衆復立其子南海王，神武進擊之，又獲南海王及其弟西海王、北海王、皇后公卿已下四百餘人，胡、魏五萬戶。壬申，神武朝於鄴。四月，神武請給遷人廩各有差。九月甲寅，神武以州郡縣官多乖法，請出使問人疾苦。

三年正月甲子，神武帥厙狄干等萬騎襲西魏夏州，身不火食，四日而至。縛槊為梯，夜入其城，禽其刺史費也頭斛拔俄彌突，因而用之。留都督張瓊以鎮守，遷其部落五千戶以歸。西魏靈州刺史曹泥與其婿涼州刺史劉豐遣使請內屬。周文圍泥，水灌其城，不没者四尺。神武命阿至羅發騎三萬徑度靈州，繞出西軍後，獲馬五十匹，西師乃退。神武率騎迎泥、豐生，拔其遺戶五千以歸，復泥官爵。魏帝詔加神武九錫，固讓乃止。二月，神武令阿至羅逼西魏秦州刺史建忠王万俟普撥，神武以衆應之。六月甲午，普撥與其子太宰受洛干、豳州刺史叱于寶樂、右衛將軍破六韓常及督將三百餘人擁部來降。八月丁亥，神武請均斗尺，班於天下。九月辛亥，汾州胡王迢觸、曹貳龍聚衆反，署立百官，年號平都。神武討平之。十二月丁丑，神武自晉陽西討，遣兼僕射行臺汝陽王暹、司徒高昂等趣上洛，大都督竇泰入自潼關。

四年正月癸丑，竇泰軍敗自殺。神武次蒲津，以冰薄不得赴救，乃班師。高昂攻克上洛。二月乙酉，神武以并、肆、汾、建、晉、東雍、南汾、泰、陝九州霜旱，人饑流散，請所在開倉賑給。六月壬申，神武如天池，獲瑞石，隱起成文曰『六王三川』。十月壬辰，神武西討，自蒲津濟，衆二十萬。周文軍於沙苑。神武以地厄少卻，西人鼓噪而進，軍大

亂，棄器甲十有八萬，神武跨橐駝，候船以歸。

元象元年三月辛酉，神武固請解丞相，魏帝許之。四月庚寅，神武朝於鄴，壬辰，還晉陽。請開酒禁，並賑恤宿衛武官。七月壬午，行臺侯景、司徒高昂圍西魏將獨孤信於金墉，西魏帝及周文並來赴救。大都督厙狄干帥諸將前驅，神武總衆繼進。八月辛卯，戰於河陰，大破西魏軍，俘獲數萬。司徒高昂、大都督李猛、宋顯死之。西師之敗，獨孤信先入關，周文留其都督長孫子彥守金墉，遂燒營以遁。神武遣兵追奔，至崤，不及而還。初，神武知西師來侵，自晉陽帥衆馳赴，至孟津，未濟，而軍有勝負。既而神武渡河，子彥亦棄城走，神武遂毀金墉而還。十一月庚午，神武朝於京師。十二月壬辰，還晉陽。

興和元年七月丁丑，魏帝進神武為相國、録尚書事，固讓乃止。十一月乙丑，神武以新宮成，朝於鄴。魏帝與神武燕射，神武降階稱賀，又辭渤海王及都督中外諸軍事，詔不許。十二月戊戌，神武還晉陽。

二年十二月，阿至羅別部遣使請降。神武帥衆迎之，出武州塞，不見，大獵而還。

三年五月，神武巡北境，使使與蠕蠕通和。

四年五月辛巳，神武朝鄴，請令百官每月面敷政事，明揚側陋，納諫屏邪，親理獄訟，褒黜勤怠，牧守有愆，節級相坐，椒掖之內，進御以序，後園鷹犬，悉皆棄之。六月甲辰，神武還晉陽。九月，神武西征。十月己亥，圍西魏儀同三司王思政於玉壁城，欲以致敵，西師不敢出。十一月癸未，神武以大雪士卒多死，乃班師。

武定元年二月壬申，北豫州刺史高慎據武牢西叛。三月壬辰，周文率衆援高慎，圍河橋南城。戊申，神武大敗之於芒山，擒西魏督將已下四百餘人，俘斬六萬計。是時軍士有盜殺驢者，軍令應死，神武弗殺，將至并州決之。明日復戰，奔西軍，告神武所在。西師盡鋭來攻，衆潰，神武失馬，赫連陽順下馬以授神武，與蒼頭馮文洛扶上俱走，從者步騎六七人。追騎至，親信都督尉興慶曰：『王去矣，興慶腰邊百箭，足殺百人。』神武勉之曰：『事濟，以爾為懷州，若死，則用爾子。』興慶曰：『兒小，願用兄。』許之。興慶鬥，矢盡而死。西魏太師賀拔勝以十三騎逐神武，河州刺史劉豐射中其二。勝槊將中神武，段孝先橫射勝馬殪，遂免。豫、洛二州平。神武使劉豐追奔，拓地至弘農而還。七月，神武貽周文書，責以殺孝武之罪。八月辛未，魏帝詔神武為相國、録尚書事、大行臺，餘如故，固辭乃止。是月，神武命於肆州北山築城，西自馬陵戍，東至土隥，四十日罷。十二月己卯，神武朝京師，庚辰，還晉陽。二年三月癸巳，神武巡行冀、定二州，因朝京師。以冬春亢旱，請蠲懸責，賑窮乏，宥死罪以下。又請授老人板職各有差。四月丙辰，神武還晉陽。十一月，神武討山胡，破平之，俘獲一萬餘戶口，分配諸州。

三年正月甲午，開府儀同三司爾朱文暢、開府司馬任胄、都督鄭仲禮、中府主簿李世林、前開府參軍房子遠等謀賊神武，因十五日夜打簇，懷刃而入，其黨薛季孝以告，並伏誅。丁未，神武請於并州置晉陽宮，以處配口。三月乙未，神武朝鄴，丙午，還晉陽。十月丁卯，神武上言，幽、安、定三州北接奚、蠕蠕，請於險要修立城戍以防之，躬自臨履，莫不嚴固。乙未，神武請釋芒山俘桎梏，配以民間寡婦。

四年八月癸巳，神武將西伐，自鄴會兵於晉陽。殿中將軍曹魏祖曰：『不可。今八月西方王，以死氣逆生氣，為客不利，主人則可。兵果行，傷大將軍。』神武不從。自東、西魏構兵，鄴下每先有黃黑蟻陣鬥，占者以為黃者東魏戎衣色，黑者西魏戎衣色，人間以此候勝負。是時黃蟻盡死。九月，神武圍玉壁以挑西師，不敢應。西魏晉州刺史韋孝寬守玉壁，城中出鐵面，神武使元盜射之，每中其目。用李業興孤虛術，萃其北。北，天險也。乃起土山，鑿十道，又於東面鑿二十一道以攻之。城中無水，汲於汾。神武使移汾，一夜而畢。孝寬奪據土山，頓軍五旬，城不拔，死者七萬人，聚為一塚。有星墜於神武營，衆驢並鳴，士皆讋懼。神武有疾。十一月庚子，輿疾班師。庚戌，遣太原公洋鎮鄴。辛亥，征世子澄至晉陽。有惡烏集亭樹，世子使斛律光射殺之。己卯，神武以無功，表解都督中外諸軍事，魏帝優詔許之。是時西魏言神武中弩，神武聞之，乃勉坐見諸貴，使斛律金作《敕勒歌》，神武自和之，哀感流涕。

侯景素輕世子，嘗謂司馬子如曰：『王在，吾不敢有異，王無，吾不能與鮮卑小兒共事。』子如掩其口。至是，世子為神武書召景。景先與神武約：得書，書背微點，乃來。書至，無點，景不至。又聞神武疾，遂擁兵自固。神武謂世子曰：『我雖疾，爾面更有餘憂色，何也？』世子未對。又問曰：

『豈非憂侯景叛耶？』曰：『然。』神武曰：『景專制河南十四年矣，常有飛揚跋扈志，顧我能養，豈為汝駕御也！今四方未定，勿遽發哀。厙狄干鮮卑老公，斛律金敕勒老公，並性遒直，終不負汝。可朱渾道元、劉豐生遠來投我，必無異心。賀拔焉過兒樸實無罪過。潘樂本作道人，心和厚，汝兄弟當得其力。韓軌少戇，宜寬借之。彭樂心腹難得，宜防護之。少堪敵侯景者唯有慕容紹宗，我故不貴之，留以與汝，宜深加殊禮，委以經略。』

五年正月朔，日蝕，神武曰：『日蝕其為我耶，死亦何恨。』丙午，陳啓於魏帝。是日，崩於晉陽，時年五十二，秘不發喪。六月壬午，魏帝於東堂舉哀，三日，制緦衰。詔凶禮依漢大將軍霍光、東平王蒼故事；贈假黃鉞、使持節、相國、都督中外諸軍事、齊王璽紱，轀輬車、黃屋、左纛、前後羽葆、鼓吹、輕車、介士，兼備九錫殊禮，謚獻武王。八月甲申，葬於鄴西北漳水之西，魏帝臨送於紫陌。天保初，追崇為獻武帝，廟號太祖，陵曰義平。天統元年，改謚神武皇帝，廟號高祖。

論說

《北齊書》卷二《神武紀下》　神武性深密高岸，終日儼然，人不能測。機權之際，變化若神。至於軍國大略，獨運懷抱，文武將吏，罕有預之。統馭軍衆，法令嚴肅，臨敵制勝，策出無方。聽斷昭察，不可欺犯。知人好士，全護勳舊。性周給，每有文教，常殷勤款悉，指事論心，不尚綺靡。擢人授任，在於得才，苟其所堪，乃至拔於厮養，有虛聲無實者，稀見任用。諸將出討，奉行方略，罔不克捷，違失指畫，多致奔亡。雅尚儉素，刀劍鞍勒無金玉之飾。少能劇飲，自當大任，不過三爵。居家如官。仁恕愛士。始，范陽盧景裕以明經稱，魯郡韓毅以工書顯，咸以謀逆見擒，並蒙恩置之第館，教授諸子。其文武之士盡節所事，見執獲而不罪者甚多。故遐邇歸心，皆思效力。至南威梁國，北懷蠕蠕，吐谷渾、阿至羅咸所招納，獲其力用，規略遠矣。

雜録

明・馮夢龍《智囊》卷二七《雜智部・狡黠》　歡計圖爾朱兆，陰收衆心。乃詐爲兆書，將以六鎮人配契胡爲部曲，衆遂愁怨。又僞爲并州符，徵兵討步落稽，發萬人，將遣之，而故令孫騰、尉景僞請留五日，如此者再。歡親送之郊，雪涕執別，於是衆皆號哭，聲動地。歡乃喻之曰：『與爾俱失鄉客，義同一家，不意乃爾。今直向西，當死；後軍期，又當死；配胡人，又當死。奈何？』衆曰：『唯有反耳。』歡曰：『反是急計，須推一人爲主。』衆願奉歡，歡曰：『爾等皆鄉里，難制，雖百萬衆，無法終灰滅。今須與前异，不得欺漢兒，不得犯軍令，否者，吾不能取笑天下。』衆皆頓首：『生死唯命。』於是明日遂椎牛享士，攻鄴，破之。

宇文邕分部

綜述

《周書》卷五《武帝紀上》　高祖武皇帝諱邕，字禰羅突，太祖第四子也。母曰叱奴太后。大統九年，生於同州，有神光照室。幼而孝敬，聰敏有器質。太祖異之，曰：『成吾志者，必此兒也。』年十二，封輔城郡公。孝閔帝踐阼，拜大將軍，出鎮同州。世宗即位，遷柱國，授蒲州諸軍事、蒲州刺史。武成元年，入為大司空、治御正，進封魯國公，領宗師。甚為世宗所親愛，朝廷大事，多其參議。性沉深有遠識，非因顧問，終不輒言。世宗每歎曰：『夫人不言，言必有中。』

武成二年夏四月，世宗崩，遺詔傳帝位於高祖。高祖固讓，百官勸進，乃從之。壬寅，即皇帝位，大赦天下。冬十二月，改作露門、應門。是歲，齊常山王高演廢其主殷而自立，是為孝昭帝。

保定元年春正月戊申，詔曰：『寒暑亟周，奄及徂歲。改元命始，國之典章。朕祇承寶圖，宜遵故實。可改武成三年為保定元年。嘉號既新，惠澤宜布，文武百官，各增四級。』以大冢宰、晉國公護為都督中外諸軍事，令五府總於天官。庚戌，祠圓丘。壬子，祠方丘。甲寅，祠感生帝於南郊。乙卯，祠太社。辛酉，突厥遣使獻其方物。戊辰，詔曰：『履端開

物，實資厥後；代終成務，諒惟宰棟。故周文公以上聖之智，翼彼姬周，爰作六典，用光七百。自茲厥後，代失其緒，俾巍巍之化，歷千祀而莫傳；郁郁之風，終百王而永墜。我太祖文皇帝稟純和之氣，挺天縱之英，德配乾元，功侔造化，故能捨末世之弊風，蹈隆周之睿典，誕述百官，厥用允集。所謂乾坤改而重構，豈帝王洪範而已哉。朕入嗣大寶，思揚休烈。今可班斯禮於太祖廟庭。』己巳，祠太廟，班太祖所述六官焉。癸酉，吐谷渾、高昌並遣使獻方物。甲戌，詔先經兵戎官年六十已上，及民七十已上，節級板授官。乙亥，親耕籍田。丙子，大射於正武殿，賜百官各有差。

二月己卯，遣大使巡察天下。於洮陽置洮州。甲午，朝日於東郊。乙未，突厥、宕昌並遣使獻方物。丙午，省輿輦，去百戲。弘農上言九尾狐見。

三月丙寅，改八丁兵為十二丁兵，率歲一月役。

夏四月丙子朔，日有食之。庚寅，以少傅、吳公尉遲綱為大司空。丁酉，白蘭遣使獻犀甲、鐵鎧。

五月丙午，封孝閔皇帝子康為紀國公，皇子贇為魯國公。晉公護獲玉斗以獻。戊辰，突厥、龜茲並遣使獻方物。

六月乙酉，遣治御正殷不害等使於陳。

秋七月戊申，詔曰：『亢旱歷時，嘉苗殄悴。豈獄犴失理，刑罰乖衷歟？其所在見囚，殊死以下，一歲刑以上，各降本罪一等；百鞭以下，悉原免之。』更鑄錢，文曰『布泉』，以一當五，與五銖並行。己酉，追封皇伯父顥為邵國公，以晉公子江陵公會為後；次伯父連為杞國公，以章武孝公子永昌公亮為後；第三伯父洛生為莒國公，以晉公子崇業公至為後；又追封武邑公震為宋國公，以世宗子實為後。並襲封。己巳，熒惑入輿鬼，犯積屍。

九月，甲辰，南寧州遣使獻滇馬及蜀鎧。乙巳，客星見於翼。

冬十月甲戌，日有蝕之。戊寅，熒惑犯太微上將，合焉。

十一月乙巳，以大將軍、衛國公直為雍州牧。陳遣使來聘。進封柱國、廣武公竇熾為鄧國公。丁巳，狩於岐陽。是月，齊孝昭帝薨，弟長廣王湛代立，是為武成帝。

十二月壬午，至自岐陽。是歲，追封皇族祖仲為虞國公。

二年春正月壬寅，初於蒲州開河渠，同州開龍首渠，以廣灌溉。丁未，以陳主弟頊為柱國，送還江南。閏月己丑，詔柱國以下，帥都督以上，母妻授太夫人、夫人、郡君、縣郡各有差。癸巳，太白入昴。己亥，柱國、大司馬、涼國公賀蘭祥薨。洛州民周共妖言惑衆，假署將相，事發伏誅。

二月壬寅，熒惑犯太微上相。癸丑，以久不雨，降宥罪人，京城三十里內禁酒。梁主蕭詧薨。以大將軍、蔡國公廣為秦州總管。

三月壬午，熒惑犯左執法。夏四月甲辰，禁屠宰，旱故也。丁巳，南陽獻三足烏。湖州上言見二白鹿從三角獸而行。己未，於伏流城置和州。癸亥，詔曰：『比以寇難猶梗，九州未一，文武之官立功效者，雖錫以茅土，而未給租賦；諸柱國等勳德隆重，宜有優崇，各准別制。邑戶聽寄食他縣。』

五月庚午，以山南衆瑞並集，大赦天下，百官及軍人，普泛二級。南陽宛縣三足烏所集，免今年役及租賦之半。壬辰，以柱國隨國公楊忠為大司空，吳國公尉遲綱為陝州總管。

六月己亥，以柱國蜀國公尉遲迥為大司馬，邵國公會為蒲州總管。分山南荊州、安州、襄州、江陵為四州總管。

秋七月己巳，封開府賀拔緯為霍國公。乙亥，太白犯輿鬼。九月戊辰朔，日有蝕之。陳遣使來聘。

冬十月戊戌，詔曰：『樹之元首，君臨海內，本乎宣明教化，亭毒黔黎；豈唯尊貴其身，侈富其位。是以唐堯疏葛之衣，粗糲之食，尚臨汾陽而永歎，登姑射而興想。況無聖人之德，而嗜欲過之，何以克厭衆心，處於尊位，朕甚恧焉。今巨寇未平，軍戎費廣，百姓空虛，與誰為足。凡是供朕衣服飲食，四時所須，爰及宮內調度，朕今手自減削。縱不得頓行古人之道，豈曰全無庶幾。凡爾百司，安得不思省約，勖朕不逮者哉。』辛亥，帝御大武殿大射，公卿列將皆會。戊午，講武於少陵原。分南寧州置恭州。

十一月丁卯，以大將軍衛國公直、大將軍趙國公招並為柱國。又以招為益州總管。壬午，熒惑犯歲星於危南。

十二月，益州獻赤烏。

三年春正月辛未，改光遷國為遷州。乙酉，太保、梁國公侯莫陳崇賜死。壬辰，於乞銀城置銀州。

二月庚子，初頒新律。辛丑，詔魏大統九年以前，都督以上身亡而子孫未齒敍者，節級授官。渭州獻三足烏。辛酉，詔曰：『二儀創闢，玄象著明。三才已備，歷數昭列。故《書》稱欽若敬授，《易》序治歷明時。此先代一定之典，百王不易之務。伏惟太祖文皇帝，敬順昊天，憂勞庶政，歷序六家，以陰陽為首。洎予小子，弗克遵行。惟斯不安，夕惕若厲。自頃朝廷權輿，事多倉卒，乖和爽序，違失先志。致風雨僣時，疾厲屢起，嘉生不遂，萬物不長，朕甚傷之。自今舉大事、行大政，非軍機急速，皆宜依月令，以順天心。』

三月乙丑朔，日有蝕之。丙子，宕昌遣使獻生猛獸二，詔放之南山。乙酉，益州獻三足烏。夏四月乙未，以柱國、鄭國公達奚武為太保，大將軍韓果為柱國。己亥，帝御正武殿録囚徒。癸卯，大雩。癸丑，有牛足生於背。戊午，幸太學，以太傅、燕國公於謹為三老而問道焉。初禁天下報仇，犯者以殺人論。壬戌，詔百官及民庶上封事，極言得失。

五月甲子朔，避正寢不受朝，旱故也。甲戌，雨。

秋七月戊辰，行幸原州。庚午，陳遣使來聘。丁丑，幸津門，問百年，賜以錢帛，又賜高年板職各有差，降死罪一等。

八月丁未，改作露寢。

九月甲子，自原州登隴山。熒惑犯太微上將。丙戌，幸同州。戊子，詔柱國楊忠率騎一萬與突厥伐齊。己丑，蒲州獻嘉禾，異畝同穎。初令世襲州郡縣者改為五等爵，州封伯，郡封子，縣封男。

冬十月壬辰，熒惑犯左執法。乙巳，以開府、杞國公亮為梁州總管。庚戌，陳遣使來聘。

十有二月辛卯，至自同州。遣太保、鄭國公達奚武率騎三萬，出平陽以應楊忠。是月，有人生子，男，而陰在背後如尾，兩足指如獸爪。有犬生子，腰以後分為二身，兩尾六足。

四年春正月庚申，楊忠破齊長城，至晉陽而還。

二月庚寅朔，日有蝕之。甲午，熒惑犯房右驂。

三月己未，熒惑又犯房右驂。庚辰，初令百官執笏。

夏四月癸卯，以柱國、鄧公竇熾為大宗伯。

五月壬戌，封世宗長子賢為畢國公。丁卯，突厥遣使獻方物。癸酉，以大將軍、安武公李穆為柱國。丁亥，改禮部為司宗，大司禮為禮部，大司樂為樂部。

六月庚寅，改御伯為納言。

秋七月戊午，粟特遣使獻方物。戊寅，焉耆遣使獻名馬。

八月丁亥朔，日有蝕之。詔柱國楊忠率師與突厥東伐，至北河而還。

九月丁巳，以柱國、衛國公直為大司空，封開府李昞為唐國公，若干鳳為徐國公。陳遣使來聘。是月，以皇世母閻氏自齊至，大赦天下。閏月己亥，以大將軍韋孝寬、大將軍長孫儉並為柱國。

冬十月癸亥，以大將軍陸通、大將軍宇文盛、蔡國公廣並為柱國。甲子，詔大將軍、大冢宰、晉國公護率軍伐齊，帝於太廟庭授以斧鉞。於是護總大軍出潼關，大將軍權景宣率山南諸軍出豫州，少師楊擣出軹關。丁卯，幸沙苑勞師。癸酉，還宮。

十一月甲午，柱國、蜀國公尉遲迥率師圍洛陽，柱國、齊國公憲營於邙山，晉公護次於陝州。十二月，權景宣攻齊豫州，刺史王士良以州降。壬戌，齊師渡河，晨至洛陽，諸軍驚散。尉遲迥率麾下數十騎捍敵，得卻，至夜引還。柱國、庸國公王雄力戰，死之。遂班師。楊擣於軹關戰沒。權景宣亦棄豫州而還。

五年春正月甲申朔，廢朝，以庸國公王雄死王事故也。辛卯，白虹貫日。庚子，令荆州、安州、江陵等總管並隸襄州總管府，以柱國、大司空、衛國公直為襄州總管。甲辰，太白、熒惑、歲星合於婁。乙巳，吐谷渾遣使獻方物。以庸國公王雄世子開府謙為柱國。二月辛酉，詔陳國公純、柱國許國公宇文貴、神武公竇毅、南安公楊薦等，如突厥逆女。甲子，鄧州獲綠毛龜。丙寅，以柱國、安武公李穆為大司空，綏德公陸通為大司寇。壬申，行幸岐州。

三月戊子，柱國、楚國公豆盧寧薨。夏四月，齊武成禪位於其太子緯，自稱太上皇帝。五月丙戌，以皇族父興為大將軍，襲虞國公封。己

亥，詔左右武伯各置中大夫一人。六月庚申，彗星出三臺，入文昌，犯上將，後經紫宮西垣入危，漸長一丈餘，指室、壁。後百餘日，稍短，長二尺五寸，在虛、危滅。辛未，詔曰：『江陵人年六十五以上為官奴婢者，已令放免。其公私奴婢有年至七十以外者，所在官司，宜贖為庶人。』

秋七月辛巳朔，日有蝕之。庚寅，行幸秦州。降死罪以下。辛丑，遣大使巡察天下。八月丙子，至自秦州。九月乙巳，益州獻三足烏。

冬十月辛亥，改函谷關城為通洛防。

十一月庚辰，岐州上言一角獸見。甲午，吐谷渾遣使獻方物。丁未，陳遣使來聘。

天和元年春正月己卯，日有蝕之。辛巳，露寢成，幸之。令羣臣賦古詩，京邑耆老並預會焉，頒賜各有差。癸未，大赦改元，百官普加四級。己亥，親耕籍田。丁未，於宕昌置宕州。以柱國、昌寧公長孫儉為陝州總管。遣小載師杜杲使於陳。

二月戊申，以開府、中山公訓為蒲州總管。戊辰，詔三公已下各舉所知。庚午，日鬥，光遂微，日里烏見。三月丙午，祠南郊。

夏四月己酉，益州獻三足烏。辛亥，雩。甲子，日有交暈，白虹貫之。是月，陳文帝薨，子伯宗嗣立。

五月庚辰，帝御正武殿，集羣臣親講《禮記》。吐谷渾龍涸王莫昌率戶內附，以其地為扶州。甲午，詔曰：『道德交喪，禮義嗣興。褒四始於一言，美三千於為敬。是以在上不驕，處滿不溢，富貴所以長守，邦國於焉乂安。故能承天靜地，和民敬鬼，明並日月，道錯四時。朕雖庸昧，有志前古。甲子乙卯，禮云不樂。萇弘表昆吾之稔，杜蕢有揚觶之文。自世道喪亂，禮儀紊毀，此典茫然，已墜於地。昔周王受命，請聞顓頊。廟有戒盈之器，室為復禮之銘。矧伊末學，而能忘此。宜依是日，省事停樂。庶知為君之難，為臣不易。貽之後昆，殷鑑斯在。』

六月丙午，以大將軍、枹罕公辛威為柱國。

秋七月戊寅，築武功、郿、斜谷、武都、留谷、津坑諸城，以置軍人。壬午，詔：『諸胄子入學，但束脩於師，不勞釋奠。釋奠者，學成之祭，自今即為恒式。』

八月己未，詔：『諸有三年之喪，或負土成墳，或寢苦骨立，一志一行，可稱揚者，仰本部官司，隨事言上。當加吊勉，以厲薄俗。』

九月乙亥，信州蠻冉令賢、向五子王反。詔開府陸騰討平之。

冬十月乙卯，太白晝見，經天。甲子，初造《山雲舞》，以備六代之樂。

十一月丙戌，行幸武功等新城。十二月庚申，還宮。

二年春正月癸酉朔，日有蝕之。己亥，親耕籍田。三月癸酉，改武遊園為道會苑。丁亥，初立郊丘壇壝制度。

夏四月乙巳，省東南諸州，以潁州、歸州、湞州、均州入唐州，油州入純州，鴻州入淮州，洞州入湖州，睢州入襄州，憲州入昌州。以大將軍、陳國公純為柱國。

五月壬申，突厥、吐谷渾、安息並遣使獻方物。丁丑，進封柱國、安武公李穆為申國公。己丑，歲星與熒惑合於井。

六月辛亥，尊所生叱奴氏為皇太后。甲子，月入畢。閏月庚午，地震。戊寅，陳湘州刺史華皎率衆來附。遣襄州總管衛國公直率柱國綏德公陸通、大將軍田弘、權景宣、元定等，將兵援之，因而南伐。壬辰，以大將軍、譙國公儉為柱國。丁酉，歲星、太白合於柳。戊戌，襄州上言慶雲見。

秋七月辛丑，梁州上言鳳凰集於楓樹，羣鳥列侍以萬數。甲辰，立露門學，置生七十二人。庚戌，太白犯軒轅。壬子，以太傅、燕國公于謹為雍州牧。九月，衛國公直等與陳將淳于量、吳明徹戰於沌口，王師失利。元定以步騎數千先度，遂没江南。冬十月辛卯，日出入時，有黑氣一，大如杯，在日中。甲午，又加一焉。經六日乃滅。十一月戊戌朔，日有蝕之。癸丑，太保、許國公宇文貴薨。

三年春正月辛丑，祠南郊。

二月丁卯，幸武功。丁亥，還宮。

三月癸卯，皇后阿史那氏至自突厥。甲辰，大赦天下。亡官失爵，並聽復舊。丁未，大會百寮及四方賓客於路寢，賜衣馬錢帛各有差。甲寅，以柱國陳國公純為秦州總管，蔡國公廣為陝州總管。戊午，太傅、柱國、燕國公于謹薨。己未，太白犯井北軒第一星。

夏四月辛巳，以太保、鄭國公達奚武為太傅，大司馬、蜀國公尉遲迥

為太保，柱國、齊國公憲為大司馬。太白入輿鬼，犯積屍。

五月庚戌，祠太廟。庚申，行幸醴泉宮。

六月甲戌，有星孛於東井，北行一月，至輿鬼，乃滅。秋七月壬寅，柱國、隨國公楊忠薨。戊午，至自醴泉宮。己未，客星見房，漸東，行入天市，犯營室，至奎，四十餘日乃滅。

八月乙丑，韓國西元羅薨。齊請和親，遣使來聘。詔軍司馬陸逞、兵部尹公正報聘焉。癸酉，帝御大德殿，集百僚及沙門、道士等親講《禮記》。

九月庚戌，太白與鎮星合於角。

冬十月癸亥，祠太廟。丙戌，太白入氐。丁亥，上親率六軍講武於城南，京邑觀者，輿馬彌漫數十里，諸蕃使咸在焉。

十一月壬辰朔，日有蝕之。甲辰，行幸岐陽。壬子，遣開府崔彥穆、小賓部元暉使於齊。甲寅，陳安成王頊廢其主伯宗自立，是為宣帝。

十二月丁丑，至自岐陽。是月，齊武成帝薨。

四年春正月辛卯朔，廢朝，以齊武成薨故也。遣司會、河陽公李綸等會葬於齊，仍弔賻焉。

二月癸亥，以柱國、昌寧公長孫儉為夏州總管。戊辰，帝御大德殿，集百僚、道士、沙門等討論釋、老義。歲星逆行，掩太微上將。庚午，有流星大如斗，出左攝提，流至天津，滅後，有聲如雷。

夏四月乙巳，齊遣使來聘。五月己丑，帝制《象經》成，集百僚講說。封魏廣平公子元謙為韓國公，以紹魏後。庚戌，行幸醴泉宮。丁巳，柱國、吳國公尉遲綱薨。

六月，築原州及涇州東城。

秋七月辛亥，至自醴泉宮。丁巳，突厥遣使獻馬。

八月庚辰，盜殺孔城防主，以其地入齊。

九月辛卯，遣柱國、齊國公憲率衆於宜陽築崇德等城。

冬十一月辛亥，柱國、昌寧公長孫儉薨。十二月壬午，罷隴州。

五年春二月己巳，邵惠公顥孫冑自齊來歸。改邵國公會為譚國公，封冑為邵國公。三月辛卯，進封柱國韋孝寬為鄖國公。甲辰，初令宿衛官住關外者，將家累入京，不樂者，解宿衛。

夏四月甲寅，以柱國宇文盛為大宗伯。行幸醴泉宮。省帥都督官。丙寅，遣大使巡天下。以陳國公純為陝州總管。

六月壬辰，封開府梁睿為蔣國公。庚子，降宥罪人，並免逋租懸調等，以皇女生故也。七月，鹽州獻白兔。乙卯，至自醴泉宮。辛巳，以柱國、譙國公儉為益州總管。九月己卯，太白、歲星合於亢。

冬十月辛巳朔，日有蝕之。丙戌，太白、鎮星合於氐。丁酉，太傅、鄭國公達奚武薨。

十一月乙丑，追封章武孝公導為豳國公，以蔡國並於豳。丁卯，柱國、豳國公廣薨。

十二月癸巳，大將軍鄭恪率師平越嶲，置西寧州。是冬，齊將斛律明月寇邊，於汾北築城，自華谷至於龍門。

六年春正月己酉朔，廢朝，以露門未成故也。詔柱國、齊國公憲率師禦斛律明月。丁卯，以大將軍張掖公王傑、譚國公會、雁門公田弘、魏國公李暉等並為柱國。

二月己丑夜，有蒼雲廣三尺許，經天，自戌加辰。

三月己酉，齊國公憲自龍門度河。斛律明月退保華谷，憲攻拔其新築五城。夏四月戊寅朔，日有蝕之。己卯，熒惑犯輿鬼。辛卯，信州蠻渠冉祖喜、冉龍驤舉兵反，遣大將軍趙誾率師討平之。甲午，以柱國、燕國公於寔為涼州總管，大將軍、杞國公亮為秦州總管。庚子，以大將軍、滎陽公司馬消難為柱國。陳國公純、雁門公田弘率師取齊宜陽等九城。以大將軍武安公侯莫陳瓊、太安公閻慶、神武公竇毅、南陽公叱羅協、平高公侯伏侯龍恩並為柱國。封開府斛斯征為岐國公，右宮伯長孫覽為薛國公。

五月癸卯，遣納言鄭詡使於陳。丙寅，以大將軍唐國公李昞、中山公訓、杞國公亮、上庸公陸騰、安義公宇文丘、北平公寇紹、許國公宇文善、犍為公高琳、鄭國公達奚震、隴東公楊纂、常山公於翼並為柱國。六月乙未，以大將軍、太原公王柬為柱國。是月，齊將段孝先攻陷汾州。

秋七月乙丑，以大將軍、越國公盛為柱國。八月癸未，鎮星、歲星、太白合於氐。九月庚申，月在婁，蝕之既，光不復。癸酉，省掖庭四夷樂、後宮羅綺工人五百餘人。

冬十月壬午，冀國公通薨。乙未，遣右武伯谷會琨、御正蔡斌使於

齊。壬寅，上親率六軍講武於城南。

十一月壬子，以大將軍梁國公侯莫陳芮、大將軍李意並為柱國。丙辰，齊遣使來聘。丁巳，行幸散關。

十二月己丑，還宮。是冬，牛大疫，死者十六七。

建德元年春正月戊午，帝幸玄都觀，親御法座講說，公卿道俗論難，事畢還宮。降死罪及流罪一等，其五歲刑已下，並宥之。

二月癸酉，遣大將軍、昌城公深使於突厥，司宗李際、小賓部賀遂禮使於齊。乙酉，柱國、安義公宇文丘薨。

三月癸卯，日有蝕之。齊遣使來聘。丙辰，誅大冢宰晉國公護、護子柱國譚國公會、會弟大將軍莒國公至、崇業公靜，並柱國侯伏侯龍恩、龍恩弟大將軍萬壽、大將軍劉勇等。大赦，改元。罷中外府。癸亥，以太傅、蜀國公尉遲迥為太師，柱國、鄧國公竇熾為太傅，大司空、申國公李穆為太保，齊國公憲為大冢宰，衛國公直為大司徒，趙國公招為大司空，柱國、枹罕公辛威為大司寇，綏德公陸通為大司馬。詔曰：『民亦勞止，則星動於天；作事不時，則石言於國。故知為政欲靜，靜在寧民；為治欲安，安在息役。頃興造無度，徵發不已，加以頻歲師旅，農畝廢業。去秋災蝗，年穀不登，民有散亡，家空杼軸。朕每旦恭己，夕惕兢懷。自今正調以外，無妄徵發。庶時殷俗阜，稱朕意焉。』

夏四月甲戌，以代國公達、滕國公逌並為柱國。詔荊州、安州、江陵等總管停隸襄州。己卯，以柱國、張掖公王傑為涇州總管，魏國公李暉為梁州總管。詔公卿以下各舉所知。遣工部代公達、小禮部辛彥之使於齊。丙戌，詔百官軍民上封事，極言得失。丁亥，詔斷四方非常貢獻。庚寅，追尊略陽公為孝閔皇帝。癸巳，立魯國公贇為皇太子。大赦天下，百官各加封級。

五月，封衛國公直長子賓為莒國公，紹莒莊公洛生後。壬戌，帝以大旱，集百官於庭，詔之曰：『盛農之節，亢陽不雨，氣序愆度，蓋不徒然。豈朕德薄，刑賞乖中歟？將公卿大臣或非其人歟？宜盡直言，無得有隱。』公卿各引咎自責。其夜澍雨。六月庚子，改置宿衛官員。

秋七月辛丑，陳遣使來聘。丙午，辰星、太白合於東井。己酉，月犯心中星。

九月庚子朔，日有蝕之。庚申，扶風掘地得玉杯以獻。冬十月庚午，詔江陵所獲俘虜充官口者，悉免為民。辛未，遣小匠師楊勰、齊馭唐則使於陳。柱國、大司馬、綏德公陸通薨。

十一月丙午，上親率六軍講武城南。庚戌，行幸羌橋，集京城以東諸軍都督以上，頒賜有差。乙卯，還宮。壬戌，以大司空、趙國公招為大司馬。乙未，月犯心中星。

十二月壬申，行幸斜谷，集京城以西諸軍都督已上，頒賜有差。丙戌，還宮。己丑，帝御正武殿，親錄囚徒，至夜而罷。庚寅，幸道會苑，以上善殿壯麗，遂焚之。

二年春正月辛丑，祠南郊。乙巳，以柱國、雁門公田弘為大司空，大將軍、徐國公若干鳳為柱國。庚戌，復置帥都督官。乙卯，祠太廟。閏月己巳，陳遣使來聘。

二月辛亥，白虹貫日。甲寅，詔皇太子贇撫巡西土。壬戌，遣司會侯莫陳凱、太子宮尹鄭譯使於齊。熒惑犯輿鬼，入積屍。省雍州內八郡，併入京兆、馮翊、扶風、咸陽等郡。

三月己卯，皇太子於岐州獲二白鹿以獻。詔答曰：『在德不在瑞。』癸巳，省六府諸司中大夫以下官，府置四司，以下大夫為之官長，上士貳之。

夏四月己亥，祠太廟。丙辰，增改東宮官員。

五月丁卯，熒惑犯右執法。丁丑，以柱國、周昌公侯莫陳瓊為大宗伯，滎陽公司馬消難為大司寇，上庸公陸騰為大司空。六月庚子，省六府員外諸官皆為丞。甲辰，月犯心中星。壬子，皇孫衍生，文武官普加一階。大選諸軍將帥。丙辰，帝御露寢，集諸軍將，勖以戎事。庚申，詔諸軍旌旗皆畫以猛獸、鷙鳥之象。

秋七月己巳，祠太廟。自春末不雨，至於是月。壬申，集百寮於大德殿，帝責躬罪己，問以治政得失。戊子，雨。

八月丙午，改三夫人為三妃。關內大蝗。九月乙丑，陳遣使來聘。癸酉，太白犯右執法。戊寅，以柱國、鄭國公達奚震為金州總管。詔曰：『政在節財，禮唯寧儉。而頃者婚嫁競為奢靡，牢羞之費，罄竭資財，甚乖典訓之理。有司宜加宣勒，使咸遵禮制。』壬午，納皇太子妃楊氏。

冬十月癸卯，齊遣使來聘。甲辰，六代樂成，帝御崇信殿，集百官以觀之。

十一月辛巳，帝親率六軍講武於城東。癸未，集諸軍都督以上五十人於道會苑大射，帝親臨射宮，大備軍容。

十二月癸巳，集羣臣及沙門、道士等，帝升高座，辨釋三教先後，以儒教為先，道教為次，佛教為後。以大將軍、樂川公赫連達為柱國。詔曰：『尊年尚齒，列代弘規；序舊酬勞，哲王明範。朕嗣承弘業，君臨萬邦，驅此兆庶，置諸仁壽。軍民之間，年多耆耋。眷言衰暮，宜有優崇。可頒授老職，使榮沾邑里。』戊午，聽訟於正武殿，自旦及夜，繼之以燭。

三年春正月壬戌，朝羣臣於露門。冊柱國齊國公憲、衛國公直、趙國公招、譙國公儉、陳國公純、越國公盛、代國公達、滕國公逌並進爵為王。己巳，祠太廟。庚午，突厥遣使獻馬。癸酉，詔：『自今已後，男年十五，女年十三已上，爰及鰥寡，所在軍民，以時嫁娶，務從節儉，勿為財幣稽留。』乙亥，親耕籍田。丙子，初服短衣，享二十四軍督將以下，試以軍旅之法，縱酒盡歡。詔以往歲年穀不登，民多乏絕，令公私道俗，凡有貯積粟麥者，皆准口聽留，以外盡糶。

二月壬辰朔，日有食之。丁酉，紀國公康、畢國公賢、酆國公貞、宋國公實、漢國公贊、秦國公贄、曹國公允並進爵為王。丙午，令六府各舉賢良清正之人。癸丑，柱國、許國公宇文善有罪免。乙卯，行幸雲陽宮。丙辰，詔曰：『民生而靜，純懿之性本均；感物而遷，嗜欲之情斯起。雖復雲鳥殊世，文質異時，莫不限以堤防，示之禁令。朕君臨萬宇，覆養黎元，思振頹綱，納之軌式。比因人有犯，與衆棄之，所在羣官有借過者，咸聽首露，莫不輕重畢陳，纖毫無隱。斯則風行草偃，從化無違，導德齊禮，庶幾可致。但上失其道，有自來矣。淩夷之弊，反本無由，宜加蕩滌，與民更始。可大赦天下。』庚申，皇太后不豫。三月辛酉，至自雲陽宮。癸酉，皇太后叱奴氏崩。帝居倚廬，朝夕共一溢米。羣臣表請，累旬乃止。詔皇太子贇總厘庶政。

夏四月乙卯，齊遣使弔贈會葬。丁巳，有星孛於東北紫宮垣，長七尺。

五月庚申，葬文宣皇后於永固陵，帝袒跣至陵所。辛酉，詔曰：『齊斬之情，經籍彝訓，近代沿革，遂亡斯禮。伏奉遺令，既葬便除。攀慕几筵，情實未忍。三年之喪，達於天子，古今無易之道，王者之所常行。但時有未諧，不得全制。軍國務重，庶自聽朝。縗麻之節，苫廬之禮，率遵前典，以申罔極。百寮以下，宜依遺令。』公卿上表，固請俯就權制，過葬即吉。帝不許。引古禮答之，羣臣乃止。於是遂申三年之制，五服之內，亦令依禮。初置太子諫議員四人，文學十人；皇弟、皇子友員各二人，學士六人。丁卯，荊州獻白烏。戊辰，詔故晉國公護及諸子，並追復先封，改葬加謚。丙子，初斷佛、道二教，經像悉毀，罷沙門、道士，並令還民。並禁諸淫祀，禮典所不載者，盡除之。六月丁未，集諸軍將，教以戰陣之法。壬子，更鑄五行大布錢，以一當十，與布泉錢並行。戊午，詔曰：『至道弘深，混成無際，體包空有，理極幽玄。但歧路既分，派源逾遠，淳離朴散，形氣斯乖。遂使三墨八儒，朱紫交競；九流七略，異說相騰。道隱小成，其來舊矣。不有會歸，爭驅靡息。今可立通道觀，聖哲微言，先賢典訓，金科玉篆，秘迹玄文，所以濟養黎元，扶成教義者，並宜弘闡，一以貫之。俾夫玩培塿者，識嵩岱之崇崛；守磧礫者，悟渤澥之泓澄，不亦可乎。』

秋七月庚申，行幸雲陽宮。乙酉，衛王直在京師舉兵反，欲突入肅章門。司武尉遲運等拒守。直敗，率百餘騎遁走。京師連雨三旬，是日霽。戊子，至自雲陽宮。八月辛卯，擒直於荊州，免為庶人。乙未，詔自建德元年八月以前犯罪，未被推糾，於後事發失官爵者，並聽復舊。丙申，行幸雲陽宮。九月庚申，幸同州。戊辰，以柱國、大宗伯、周昌公侯莫陳瓊為秦州總管。冬十月丙申，御正楊尚希、禮部盧愷使於陳。戊戌，雍州獻蒼烏。庚子，詔蒲州民遭饑乏絕者，令向鄜城以西，及荊州管內就食。甲寅，行幸蒲州。乙卯，曲赦蒲州見囚大辟以下。丙辰，行幸同州。始州民王鞅擁衆反，大將軍鄭恪討平之。

十一月戊午，以柱國、大司空、上庸公陸騰為涇州總管。於闐遣使獻名馬。己巳，大閱於城東。甲戌，至自同州。

十二月戊子，大會衛官及軍人以上，賜錢帛各有差。辛卯，月掩太白。詔荊、襄、安、延、夏五州總管內，有能率其從軍者，授官各有差。

其貧下戶，給復三年。丙申，改諸軍軍士並為侍官。丁酉，利州上言騶虞見。癸卯，集諸軍講武於臨皋澤。涼州比年地震，壞城郭，地裂，湧泉出。

又　卷六《武帝紀下》　建德四年春正月戊辰，以柱國枹罕公辛威為寧州總管，太原公王康為襄州總管。初置營軍器監。壬申，詔曰：『今陽和布氣，品物資始，敬授民時，義兼敦勸。《詩》不云乎：「弗躬弗親，庶民弗信。」刺史守令，宜親勸農，百司分番，躬自率導。事非機要，並停至秋。鰥寡孤獨不能自存者，所在量加賑恤。逋租懸調，兵役殘功，並宜蠲免。』癸酉，行幸同州。

二月丙戌朔，日有蝕之。辛卯，改置宿衛官員。己酉，柱國、廣德公李意有罪免。

三月丙辰，遣小司寇淮南西元偉、納言伊婁謙使於齊。郡縣各省主簿一人。丙寅，至自同州。甲戌，以柱國、趙王招為雍州牧。

夏四月甲午，柱國、燕國公於實有罪免。丁酉，初令上書者並為表，於皇太子以下稱啓。

六月，詔東南道四總管內，自去年以來新附之戶，給復三年。

秋七月丙辰，行幸雲陽宮。己未，禁五行大布錢不得出入關，布泉錢聽入而不聽出。丁卯，至自雲陽宮。甲戌，陳遣使來聘。丙子，召大將軍以上於大德殿，帝曰：『太祖神武膺運，創造王基，兵威所臨，有征無戰。唯彼偽齊，猶懷跋扈。雖復戎車屢駕，而大勳未集。朕以寡昧，纂承鴻緒，往以政出權宰，無所措懷。自親覽萬機，便圖東討。惡衣菲食，繕甲治兵，數年已來，戰備稍足。而偽主昏虐，恣行無道。伐暴除亂，斯實其時。今欲數道出兵，水陸兼進，北拒太行之路，東扼黎陽之險。若攻拔河陰，兖、豫則馳檄可定。然後養銳享士，以待其至。但得一戰，則破之必矣。王公以為何如？』羣臣咸稱善。丁丑，詔曰：『高氏因時放命，據有汾、漳，擅假名器，歷年永久。朕以亭毒為心，遵養時晦，遂敦聘好，務息黎元。而彼懷惡不悛，尋事侵軼，背言負信，竊邑藏姦。往者軍下宜陽，釁由彼始；兵興汾曲，事非我先。此獲俘囚，禮送相繼；彼所拘執，曾無一反。加以淫刑妄逞，毒賦繁興，齊、魯軫殄悴之哀，幽、并啓來蘇之望。既禍盈惡稔，衆叛親離，不有一戎，何以大定。今白藏在辰，涼風戒節，厲兵詰暴，時事惟宜。朕當親御六師，龔行天罰。庶憑祖宗之靈，潛資將士之力，風馳九有，電掃八紘。可分命衆軍，指期進發。以柱國陳王純為前一軍總管，滎陽公司馬消難為前二軍總管，鄭國公達奚震為前三軍總管，越王盛為後一軍總管，周昌公侯莫陳瓊為後二軍總管，趙王招為後三軍總管。齊王憲率衆二萬趣黎陽，隨國公楊堅、廣寧侯薛回舟師三萬自渭入河，柱國梁國公侯莫陳芮率衆一萬守太行道，申國公李穆帥衆三萬守河陽道，常山公於翼帥衆二萬出陳、汝。』壬午，上親率六軍，衆六萬，直指河陰。

八月癸卯，入於齊境。禁伐樹踐苗稼，犯者以軍法從事。丁未，上親率諸軍攻河陰大城，拔之。進攻子城，未克。上有疾。

九月辛酉夜，班師。水軍焚舟而退。齊王憲及於翼、李穆等所在克捷，降拔三十餘城，皆棄而不守。唯以王藥城要害，令儀同三司韓正守之。正尋以城降齊。戊寅，至自東伐。己卯，以華州刺史、畢王賢為荆州總管。

冬十月戊子，初置上柱國、上大將軍官，改開府儀同三司為開府儀同大將軍，儀同三司為儀同大將軍，又置上開府、上儀同官。甲午，行幸同州。

閏月，齊將尉相貴寇大寧，延州總管王慶擊走之。以柱國齊王憲、蜀國公尉遲迥為上柱國，柱國代王達為益州總管，大司寇滎陽公司馬消難為梁州總管。詔諸畿郡各舉賢良。

十一月己亥，改置司內官員。

十二月辛亥朔，日有食之。庚午，至自同州。丙子，陳遣使來聘。是歲，岐、寧二州民饑，開倉賑給。

五年春正月癸未，行幸同州。辛卯，行幸河東涑川，集關中、河東諸軍校獵。甲午，還同州。丁酉，詔曰：『朕克己思治，而風化未弘。永言前古，載懷夕惕。可分遣大使，周省四方，察訟聽謡，問民恤隱。其獄犴無章，侵漁黎庶，隨事究驗，條録以聞。若政績有施，治綱克舉；及行宜圭蓽，道著丘園。並須撿審，依名騰奏。其鰥寡孤獨，實可哀矜，亦宜賑給，務使周贍。』廢布泉錢。戊申，初令鑄錢者絞，其從者遠配為民。

二月辛酉，遣皇太子贇巡撫西土，仍討吐谷渾，戎事節度，並宜隨機

專決。三月庚子，月犯東井第一星。壬寅，至自同州。文宣皇后服再期，戊申，祥。夏四月乙卯，行幸同州。開府、清河公宇文神舉攻拔齊陸渾等五城。五月壬辰，至自同州。六月戊申朔，日有食之。辛亥，祠太廟。丙辰，利州總管、紀王康有罪，賜死。丁巳，行幸雲陽宮。月掩心後星。庚午，熒惑入輿鬼。秋七月乙未，京師旱。

八月戊申，皇太子伐吐谷渾，至伏俟城而還。乙卯，至自雲陽宮。乙丑，陳遣使來聘。九月丁丑，大醮於正武殿，以祈東伐。

冬十月，帝謂羣臣曰：『朕去歲屬有疹疾，遂不得克平逋寇。前入賊境，備見敵情，觀彼行師，殆同兒戲。又聞其朝政昏亂，政由羣小，百姓嗷然，朝不謀夕。天與不取，恐貽後悔。若復同往年，出軍河外，直為撫背，未扼其喉。然晉州本高歡所起之地，鎮攝要重，今往攻之，彼必來援。吾嚴軍以待，擊之必克。然後乘破竹之勢，鼓行而東，足以窮其窟穴，混同文軌。』諸將多不願行。帝曰：『幾者事之微，不可失矣。若有沮吾軍者，朕當以軍法裁之。』己酉，帝總戎東伐。以越王盛為右一軍總管，杞國公亮為右二軍總管，隨國公楊堅為右三軍總管，譙王儉為左一軍總管，大將軍竇恭為左二軍總管，廣化公丘崇為左三軍總管，齊王憲、陳王純為前軍。庚戌，熒惑犯太微上將。戊午，歲星犯太陵。癸亥，帝至晉州，遣齊王憲率精騎二萬守雀鼠谷，陳王純步騎二萬守千里徑，鄭國公達奚震步騎一萬守統軍川，大將軍韓明步騎五千守齊子嶺，烏氏公尹升步騎五千守鼓鐘鎮，涼城公辛韶步騎五千守蒲津關，柱國、趙王招步騎一萬自華谷攻汾州諸城，柱國宇文盛步騎一萬守汾水關。遣內史王誼監六軍，攻晉州城。帝屯於汾曲。齊王憲攻洪洞、永安二城，並拔之。是夜，虹見於晉州城上，首向南，尾入紫微宮，長十餘丈。帝每日自汾曲赴城下，親督戰，城中惶窘。庚午，齊行臺左丞侯子欽出降。壬申，齊晉州刺史崔景嵩守城北面，夜密遣使送款，上開府王軌率衆應之。未明，登城鼓噪，齊衆潰，遂克晉州，擒其城主特進、開府、海昌王尉相貴，俘甲士八千人，送關中。甲戌，以上開府梁士彥為晉州刺史，加授大將軍，留精兵一萬以鎮之。又遣諸軍徇齊諸城鎮，並相次降款。

十一月己卯，齊主自并州率衆來援。帝以其兵新集，且避之。乃詔諸軍班師，遣齊王憲為後拒。是日，齊主至晉州，憲不與戰，引軍度汾。齊主遂圍晉州，晝夜攻之。齊王憲屯諸軍於涑水，為晉州聲援。河東地震。癸巳，至自東伐。獻俘於太廟。甲午，詔曰：『偽齊違信背約，惡稔禍盈，是以親總六師，問罪汾、晉。兵威所及，莫不摧殄。賊衆危惶，烏棲自固。暨元戎反旆，方來聚結，遊魂境首，尚敢趑趄。朕今更率諸軍，應機除剪。』丙申，放齊諸城鎮降人還。丁酉，帝發京師。壬寅，度河，與諸軍合。

十二月戊申，次於晉州。初，齊攻晉州，恐王師卒至，於城南穿塹，自喬山屬於汾水。庚戌，帝帥諸軍八萬人，置陣東西二十餘里。帝乘常御馬，從數人巡陣處分，所至輒呼主帥姓名以慰勉之。將士感見知之恩，各思自厲。將戰，有司請換馬。帝曰：『朕獨乘良馬何所之？』齊主亦於塹北列陣。申後，齊人填塹南引。帝大喜，勒諸軍擊之，齊人便退。齊主與其麾下數十騎走還并州。齊衆大潰，軍資甲仗，數百里間，委棄山積。辛亥，帝幸晉州，仍率諸軍追齊主。諸將固請還師。帝曰：『縱敵患生。卿等若疑，朕將獨往。』諸將不敢言。甲寅，齊主遣其丞相高阿那肱守高壁。帝麾軍直進，那肱望風退散。丙辰，師次介休。齊將韓建業舉城降，以為上柱國，封郇國公。丁巳，大軍次並州。齊主留其從兄安德王延宗守并州，自將輕騎走鄴。是日，詔曰：

『夫樹之以君，司牧黔首，蓋以除其苛慝，恤其患害。朕君臨萬國，志清四海，思濟一世之人，置之仁壽之域。嗟彼齊、趙，獨為匪民，乃眷東顧，載深長想。偽主涼德早聞，醜聲夙著，酒色是耽，盤遊是悅。閹豎居阿衡之任，胡人寄喉唇之重。棟樑骨鯁，翦為仇讎；狐、趙緒餘，降成皂隸。民不見德，唯虐是聞。朕懷茲漏網，置之度外，正欲各靜封疆，共紓民瘼故也。

『爾之主相，曾不是思，欲構厲階，反貽其梗。我之率土，咸求剸刃，帷幄獻兼弱之謀，爪牙奮干戈之勇，贏糧坐甲，若赴私仇。是以一鼓而定晉州，再舉而摧逋醜。偽丞相高阿那肱驅逼餘燼，竊據高壁；偽定南王韓建業作守介休，規相抗擬。聊示兵威，應時崩潰。那肱則單馬宵遁，建業則面縛軍和。爾之逃卒，所知見也。

『若其懷遠以德，則爾難以德綏；處鄰以義，則爾難以義服。且天與不取，道家所忌；攻昧侮亡，兵之上術。朕今親馭羣雄，長驅宇內，六

軍舒旆，萬隊啓行。勢與雷電爭威，氣逐風雲齊舉。王師所次，已達近郊，望歲之民，室家相慶，來蘇之後，思副厥誠。偽主若妙盡人謀，深達天命，牽羊道左，銜璧輴門，當惠以焚櫬之恩，待以列侯之禮。偽將相王公已下，衣冠士民之族，如有深識事宜，建功立效，官榮爵賞，各有加隆。若下愚不移，守迷莫改，則委之執憲，以正刑書。嗟爾庶士，胡寧自棄。或我之將卒，逃彼逆朝，無問貴賤，皆從蕩滌。善求多福，無貽後悔。璽書所至，咸使聞知。』

自是齊之將帥，降者相繼。封其特進、開府賀拔伏恩為郜國公。其餘，官爵各有差。

戊午，高延宗僭即偽位，改年德昌。己未，軍次并州。庚申，延宗擁兵四萬出城抗拒，帝率諸軍合戰，齊人退。帝乘勝逐北，率千餘騎入東門，詔諸軍繞城置陣。至夜，延宗率其衆排陣而前，城中軍卻，人相蹂踐，大為延宗所敗，死傷略盡。齊人欲閉門，以閫下積屍，扉不得闔。帝從數騎崎嶇危險，僅得出門。至明，率諸軍更戰，大破之。擒延宗，并州平。壬戌，詔曰：

『昔天厭水運，龍戰於野，兩京圮隔，四紀於茲。朕垂拱巖廊，君臨宇縣，相邠民於海内，混楚弓於天下，一物失所，有若推溝。方欲德綏未服，義征不譓。偽主高緯，放命燕齊，怠慢典刑，俶擾天紀，加以背惠怒鄰，棄信忘義。朕應天從物，伐罪弔民，一鼓而蕩平陽，再舉而摧勍敵。偽署王公，相繼道左。高緯智窮數屈，逃竄草間。偽安德王高延宗擾攘之間，遂竊名號，與偽齊昌王莫多婁敬顯等，收合餘燼，背城抗敵。王威既振，魚潰鳥離，破竹非難，建瓴更易。延宗衆散，解甲軍門。根本既傾，枝葉自隕。幽青海岱，折簡而來；冀北河南，傳檄可定。八紘共貫，六合同風，方當偃伯靈臺，休牛桃塞，無疆之慶，非獨在餘。

『漢皇約法，除其苛政，姬王輕典，刑彼新邦。思覃惠澤，被之率土，新舊臣民，皆從蕩滌。可大赦天下。高緯及王公以下，若釋然歸順，咸許自新。諸亡入偽朝，亦從寬宥。官榮次序，依例無失。其齊偽制令，即宜削除。鄒魯縉神，幽并騎士，一介可稱，並宜銓録。百年去殺，雖或難希，期月有成，庶幾可勉。』

丙寅，出齊宮中金銀寶器珠翠麗服及宮女二千人，班賜將士。以柱國趙王招、陳王純、越王盛、杞國公亮、梁國公侯莫陳芮、庸國公王謙、北平公寇紹、鄭國公達奚震並為上柱國。封齊王憲子安城郡公質為河間王，大將軍廣化公丘崇為潞國公，神水公姬願為原國公，廣業公尉遲運為盧國公。諸有功者，封授各有差。癸酉，帝率六軍趣鄴。以上柱國、陳王純為并州總管。

六年春正月乙亥，齊主傳位於其太子恒，改年承光，自號為太上皇。壬辰，帝至鄴。齊主先於城外掘塹豎柵。癸巳，帝率諸軍圍之，齊人拒守，諸軍奮擊，大破之，遂平鄴。齊主先送其母並妻子於青州，及城陷，乃率數十騎走青州。遣大將軍尉遲勤率二千騎追之。是戰也，於陣獲其齊昌王莫多婁敬顯。帝責之曰：『汝有死罪者三：前從并走鄴，攜妾棄母，是不孝；外為偽主戮力，内實通啓於朕，是不忠；送款之後，猶持兩端，是不信。如此用懷，不死何待。』遂斬之。是日，西方有聲如雷者一。甲午，帝入鄴城。齊任城王湝先在冀州，齊主至河，遣其侍中斛律孝卿送傳國璽禪位於湝。孝卿未達，被執送鄴。詔去年大赦班宣未及之處，皆從赦例。封齊開府、洛州刺史獨孤永業為應國公。丙申，以上柱國、越王盛為相州總管。己亥，詔曰：『自晉州大陣至於平鄴，身殞戰場者，其子即授父本官。』尉遲勤擒齊主及其太子恒於青州。庚子，詔曰：『偽齊之末，姦佞擅權，濫罰淫刑，動掛羅網，偽右丞相、咸陽王故斛律明月，偽侍中、特進、開府故崔季舒等七人，或功高獲罪，或直言見誅。朕兵以義動，剪除兇暴，表閭封墓，事切下車。宜追贈謚，並窆措。其見存子孫，各隨蔭敍録。家口田宅没官者，並還之。』辛丑，詔曰：『偽齊叛渙，竊有漳濱，世縱淫風，事窮雕飾。或穿池運石，為山學海；或層臺累構，概日淩雲。以暴亂之心，極奢侈之事，有一於此，未或弗亡。朕菲食薄衣，以弘風教，追念生民之費，尚想力役之勞。方當易茲弊俗，率歸節儉。其東山、南園及三臺可並毁撤。瓦木諸物，凡入用者，盡賜下民。山園之田，各還本主。』

二月丙午，論定諸軍功勳，置酒於齊太極殿，會軍士以上，班賜有差。丁未，齊主至，帝降自阼階，以賓主之禮相見。高湝在冀州擁兵未下，遣上柱國、齊王憲與柱國、隨公楊堅率軍討平之。齊定州刺史、范陽王高紹義叛入突厥。齊諸行臺州鎮悉降，關東平。合州五十五，郡一百六

十二，縣三百八十五，户三百三十萬二千五百二十八，口二千萬六千八百八十六。乃於河陽、幽、青、南兖、豫、徐、北朔、定並置總管府，相、幷二總管各置宫及六府官。癸丑，詔曰：『無侮煢獨，事顯前書；哀彼矜人，惠流往訓。僞齊末政，昏虐實繁，災甚滔天，毒流比屋。無罪無辜，繫虜三軍之手；不飲不食，僵仆九逵之門。朕為民父母，職養黎人，念甚泣辜，誠深罪己。除其苛政，事屬改張，宜加寬宥，兼行賑恤。自僞武平三年以來，河南諸州之民，僞齊被掠為奴婢者，不問官私，並宜放免。其住在淮南者，亦即聽還。願住淮北者，可隨便安置。其有癃殘孤老，饑餒絶食，不能自存者，仰刺史守令及親民長司，躬自檢校。無親屬者，所在給其衣食，務使存濟。』乙卯，帝自鄴還京。丙辰，以柱國、隨公楊堅為定州總管。

三月壬午，詔山東諸州，各舉明經幹治者二人。若奇才異術，卓爾不羣者，弗拘多少。

夏四月乙巳，至自東伐。列齊主於前，其王公等並從，車輿旗幟及器物以次陳於其後。大駕布六軍，備凱樂，獻俘於太廟。京邑觀者皆稱萬歲。戊申，封齊主為溫國公。庚戌，大會羣臣及諸蕃客於露寢。乙卯，廢蒲、陝、涇、寧四州總管。己巳，祠太廟。詔曰：『東夏既平，王道初被，齊氏弊政，餘風未殄。朕劬勞萬機，念存康濟。恐清淨之志，未形四海，下民疾苦，不能上達，寢興軫慮，用切於懷。宜分遣使人，巡方撫慰，觀風省俗，宣揚治道。有司明立條科，務在弘益。』

五月丁丑，以柱國、譙王儉為大冢宰。庚辰，以上柱國杞國公亮為大司徒，鄭國公達奚震為大宗伯，梁國公侯莫陳芮為大司馬，柱國應國公獨孤永業為大司寇，鄖國公韋孝寬為大司空。辛巳，大醮於正武殿，以報功也。己丑，祠方丘。詔曰：『朕欽承丕緒，寢興寅畏，惡衣菲食，貴昭儉約。上棟下宇，土階茅屋，猶恐居之者逸，作之者勞，詎可廣廈高堂，肆其嗜欲。往者，冢臣專任，制度有違，正殿別寢，事窮壯麗。非直雕牆峻宇，深戒前王，而締構弘敞，有逾清廟。不軌不物，何以示後。兼東夏初平，民未見德，率先海内，宜自朕始。其露寢、會義、崇信、含仁、雲和、思齊諸殿等，農隙之時，悉可毁撤。雕斫之物，並賜貧民。繕造之宜，務從卑樸。』癸巳，行幸雲陽宫。戊戌，詔曰：『京師宫殿，已從撤毁。幷、鄴二所，華侈過度，誠復作之非我，豈容因而弗革。諸堂殿壯麗，並宜除蕩，甍宇雜物，分賜窮民。三農之隙，別漸營構，止蔽風雨，務在卑狹。』庚子，陳遣使來聘。是月，青城門無故自崩。

六月丁未，至自雲陽宫。辛亥，御正武殿録囚徒。癸亥，於河州雞鳴防置旭州，甘松防置芳州，廣川防置弘州。甲子，帝東巡。丁卯，詔曰：『同姓百世，婚姻不通，蓋惟重別，周道然也。而娶妻買妾，有納母氏之族，雖曰異宗，猶為混雜。自今以後，悉不得娶母同姓以為妻妾。其已定未成者，即令改聘。』

秋七月己卯，封齊王憲第四子廣都公負為莒國公，紹莒莊公洛生後。癸未，應州獻芝草。丙戌，行幸洛州。己丑，詔山東諸州舉有才者，上縣六人，中縣五人，下縣四人，赴行在所，共論治政得失。戊戌，以上柱國、庸公王謙為益州總管。

八月壬寅，議定權衡度量，頒於天下。其不依新式者，悉追停。詔曰：『以刑止刑，世輕世重。罪不及嗣，皆有定科。雜役之徒，獨異常憲，一從罪配，百世不免。罰既無窮，刑何以措。道有沿革，宜從寬典。凡諸雜戶，悉放為民。配雜之科，因之永削。』甲子，鄭州獻九尾狐，皮肉銷盡，骨體猶具。帝曰：『瑞應之來，必昭有德。若使五品時敍，四海和平，家識孝慈，人知禮讓，乃能致此。今無其時，恐非實録。』乃命焚之。

九月壬申，以柱國鄧國公竇熾、申國公李穆並為上柱國。戊寅，初令民庶已上，唯聽衣綢、綿綢、絲布、圓綾、紗、絹、綃、葛、布等九種，餘悉停斷。朝祭之服，不拘此例。甲申，絳州獻白雀。壬辰，詔東土諸州儒生，明一經已上，並舉送，州郡以禮發遣。癸卯，封上大將軍、上黄公王軌為郯國公。吐谷渾遣使獻方物。

冬十月戊申，行幸鄴宫。戊午，改葬德皇帝於冀州。帝服緦，哭於太極殿。百官素服哭。是月，誅溫國公高緯。

十一月庚午，百濟遣使獻方物。壬申，封皇子充為道王，兑為蔡王。癸酉，陳將吳明徹侵吕梁。徐州總管梁士彦出軍與戰，不利，退守徐州。遣上大將軍、郯國公王軌率師討之。是月，稽胡反，遣齊王憲率軍討平之。詔自永熙三年七月已來，去年十月已前，東土之民，被抄略在化内為

奴婢者；及平江陵之後，良人没為奴婢者，並宜放免。所在附籍，一同民伍。若舊主人猶須共居，聽留為部曲及客女。詔曰：『正位於中，有聖通典。質文相革，損益不同。五帝則四星之象，三王制六宮之數。劉、曹已降，等列彌繁，選擇遍於生民，命秩方於庶職。椒房丹地，有衆如雲。本由嗜欲之情，非關風化之義。朕運當澆季，思復古始，無容廣集子女，屯聚宮掖。弘贊後庭，事從約簡。可置妃二人，世婦三人，御妻三人，自茲以外，悉宜減省。』己亥晦，日有蝕之。初行《刑書要制》。持杖羣强盜一匹以上，不持杖羣强盜五匹以上，監臨主掌自盜二十匹以上，小盜及詐偽請官物三十匹以上，正長隱五戶及十丁以上、隱地三頃以上者，至死。《刑書》所不載者，自依律科。

十二月戊午，吐谷渾遣使獻方物。己未，東壽陽土人反，率衆五千襲并州城。刺史東平公宇文神舉破平之。庚申，行幸并州宮。移并州軍人四萬戶於關中。丙寅，以柱國、滕王逌為河陽總管。丁卯，以柱國、隨國公楊堅為南兗州總管，上柱國、申國公李穆為并州總管。戊辰，廢并州宮及六府。是月，北營州刺史高寶寧據州反。

宣政元年春正月癸酉，吐谷渾偽趙王他婁屯來降。壬午，行幸鄴宮。分相州廣平郡置洺州，清河郡置貝州，黎陽郡置黎州，汲郡置衛州；分定州常山郡置恒州；分并州上黨郡置潞州。辛卯，行幸懷州。癸巳，幸洛州。詔於懷州置宮。

二月甲辰，柱國、大冢宰譙王儉薨。丁巳，帝至自東巡。乙丑，以上柱國越王盛為大冢宰，陳王純為雍州牧。

三月戊辰，於蒲州置宮。廢同州及長春二宮。壬申，突厥遣使獻方物。甲戌，初服常冠。以皂紗為之，加簪而不施纓導，其制若今之折角巾也。上大將軍、郯國公王軌破陳師於呂梁，擒其將吳明徹等，俘斬三萬餘人。丁亥，詔：『柱國故豆盧寧征江南武陵、南平等郡，所有民庶為人奴婢者，悉依江陵放免。』壬辰，改元。

夏四月壬子，初令遭父母喪者，聽終制。庚申，突厥入寇幽州，殺掠吏民。議將討之。五月己丑，帝總戎北伐。遣柱國原公姬願、東平公宇文神舉等率軍五道俱入。發關中公私驢馬，悉從軍。癸巳，帝不豫，止於雲陽宮。丙申，詔停諸軍事。

六月丁酉，帝疾甚，還京。其夜，崩於乘輿。時年三十六。遺詔曰：『人肖形天地，稟質五常，修短之期，莫非命也。朕君臨宇縣，十有九年，未能使百姓安樂，刑措罔用，所以昧旦求衣，分宵忘寢。昔魏室將季，海內分崩，太祖扶危翼傾，肇開王業。燕趙榛蕪，久竊名號。朕上述先志，下順民心，遂與王公將帥，共平東夏。雖復妖氛蕩定，而民勞未康。每一念此，如臨冰谷。將欲包舉六合，混同文軌。今遘疾大漸，氣力稍微，有志不申，以此歎息。天下事重，萬機不易。王公以下，爰及庶僚，宜輔導太子，副朕遺意。令上不負太祖，下無失為臣。朕雖瞑目九泉，無所復恨。朕平生居處，每存菲薄，非直以訓子孫，亦乃本心所好。喪事資用，須使儉而合禮。墓而不墳，自古通典。隨吉即葬，葬訖公除。四方士庶，各三日哭。妃嬪以下無子者，悉放還家。』

謚曰武皇帝，廟稱高祖。己未，葬於孝陵。

論說

《周書》卷六《武帝紀下》 帝沉毅有智謀。初以晉公護專權，常自晦迹，人莫測其深淺。及誅護之後，始親萬機。克己勵精，聽覽不怠。用法嚴整，多所罪殺。號令懇惻，唯屬意於政。羣下畏服，莫不肅然。性既明察，少於恩惠。凡布懷立行，皆欲逾越古人。身衣布袍，寢布被，無金寶之飾，諸宮殿華綺者，皆撤毀之，改為土階數尺，不施櫨栱。其雕文刻鏤，錦繡纂組，一皆禁斷。後宮嬪御，不過十餘人。勞謙接下，自强不息。以海內未康，鋭情教習。至於校兵閱武，步行山谷，履涉勤苦，皆人所不堪。平齊之役，見軍士有跣行者，帝親脱靴以賜之。每宴會將士，必自執杯勸酒，或手付賜物。至於征伐之處，躬在行陣。性又果決，能斷大事。故能得士卒死力，以弱制强。破齊之後，遂欲窮兵極武，平突厥，定江南，一二年間，必使天下一統，此其志也。

史臣曰：自東西否隔，二國爭强，戎馬生郊，干戈日用，兵連禍結，力敵勢均，疆埸之事，一彼一此。高祖纘業，未親萬機，慮遠謀深，以蒙養正。及英威電發，朝政惟新，內難既除，外略方始。乃苦心焦思，克己勵精，勞役為士卒之先，居處同匹夫之儉。修富民之政，務强兵之術。乘

仇人之有釁，順大道而推亡。五年之間，大勳斯集。攄祖宗之宿憤，拯東夏之阽危。盛矣哉，其有成功者也。若使翌日之瘳無爽，經營之志獲申，黷武窮兵，雖見譏於良史，雄圖遠略，足方駕於前王者歟。

宋·洪邁《容齋三筆》卷七《周武帝宣帝》 周武帝平齊，中原盡入輿地，陳國不足平也，而雅志節儉，至是愈篤。後宮唯置妃二人，世婦三人，御妻三人，則其下保林、良使輩，度不過數十耳。一傳而至宣帝，奢淫酣縱，自比於天，廣搜美女，以實後宮，儀同以上女不許輒嫁，遂同時立五皇后。父子之賢否不同，一至於此！

雜録

元·王惲《玉堂嘉話》卷三《古今畫·閻立本畫古帝王一十四人》 十四帝除漢文、陳宣、廢帝、後主、煬帝，餘皆衮冕，若五方帝之儀。其曹丕、司馬炎、宇文邕容色皆嚴毅可畏、其宇文邕髯模糊滿頷，兩顴上亦有長須下垂。

對外關係總部

通道關設部

陸上通道分部

綜述

《三國志》卷三〇《魏志·烏丸鮮卑東夷傳》裴松之注 《魏略》曰，《西戎傳》曰：【略】西域諸國，漢初開其道，時有三十六，後分為五十餘。從建武以來，更相吞滅，於今有二十。道從敦煌玉門關入西域，前有二道，今有三道。從玉門關西出，經若羌轉西，越葱領，經縣度，入大月氏，為南道。從玉門關西出，發都護井，回三隴沙北頭，經居盧倉，從沙西井轉西北，過龍堆，到故樓蘭，轉西詣龜茲，至葱領，為中道。從玉門關西北出，經橫坑，辟三隴沙及龍堆，出五船北，到車師界戊己校尉所治高昌，轉西與中道合龜茲，為新道。【略】

南道西行，且志國、小宛國、精絕國、樓蘭國皆並屬鄯善也。戎盧國、扜彌國、渠勒國、（穴）［皮］山國皆並屬于寘。罽賓國、大夏國、高附國、天竺國皆並屬大月氏。臨兒國，《浮屠經》云其國王生浮屠。浮屠，太子也。【略】此國在天竺城中。【略】車離國一名禮惟特，一名沛隸王，在天竺東南三千餘里。【略】盤越國一名漢越王，在天竺東南數千里，與益部相近。【略】南道而西極轉東南盡矣。

中道西行，尉梨國、危須國、山王國皆並屬焉耆，姑墨國、溫宿國、尉頭國皆並屬龜茲也。楨中國、莎車國、竭石國、渠沙國、西夜國、依耐國、滿犁國、億若國、榆令國、損毒國、休脩國、琴國皆並屬疏勒。自是以西，大宛、安息、條支、烏弋。烏弋一名排特，此四國次在西，本國也，無增損。前世謬以為條支在大秦西，今其實在東。前世又謬以為強於安息，今更役屬之，號為安息西界。前世又謬以為弱水在條支西，今弱水在大秦西。前世又謬以為從條支西行二百餘日，近日所入，今從大秦西近日所入。大秦國一號犁靬，在安息、條支西大海之西，從安息界安谷城乘船，直截海西，遇風利二月到，風遲或一歲，無風或三歲。其國在海西，故俗謂之海西。有河出其國，西又有大海。海西有遲散城，從國下直北至烏丹城，西南又渡一河，乘船一日乃過。西南又渡一河，一日乃過。凡有大都三，卻從安谷城陸道直北行之海北，復直西行之海西，復直南行經之烏遲散城，渡一河，乘船一日乃過。周迴繞海，凡當渡大海六日乃到其國。【略】

大秦道既從海北陸通，又循海而南，與交趾七郡外夷比，又有水道通益州、永昌，故永昌出異物。前世但論有水道，不知有陸道，今其略如此。其民人戶數不能備詳也。自葱領西，此國最大，置諸小王甚多，故錄其屬大者矣。澤散王屬大秦，其治在海中央，北至驢分，水行半歲，風疾時一月到，最與安息安谷城相近，西南詣大秦都不知里數。驢分王屬大秦，其治去大秦都二千里。從驢分城西之大秦渡海，飛橋長二百三十里，渡海道西南行，繞海直西行。且蘭王屬大秦。從思陶國直南渡河，乃直西行之且蘭三千里。道出河南，乃西行，從且蘭復直西行之汜復國六百里。南道會汜復，乃西南之賢督國。且蘭、汜復直南，乃有積石，積石南乃有大海，出珊瑚，真珠。且蘭、汜復、斯賓阿蠻北有一山，東西行。大秦、海西東各有一山，皆南北行。賢督王屬大秦，其治東北去汜復六百里。汜復王屬大秦，其治東北去於羅三百四十里渡海也。於羅屬大秦，其治在汜復東北，渡河，從於羅東北又渡河，斯羅東北又渡河。斯羅國屬安息，與大秦接也。大秦西有海水，海水西有河水，河水西南北行有大山，西有赤水，赤水西有白玉山，白玉山有西王母，西王母西有修流沙，流沙西有大夏國、堅沙國、屬繇國、月氏國，四國西有黑水，所傳聞西之極矣。

北新道西行，至東且彌國、西且彌國、單桓國、畢陸國、蒲陸國、烏貪國，皆並屬車師後部王。王治於賴城，魏賜其王一多雜守魏侍中，號大都尉，受魏王印。轉西北則烏孫、康居，本國無增損也。北烏伊別國在康居北，又有柳國，又有巖國，又有奄蔡國，一名阿蘭，皆與康居同俗。西與大秦東南與康居接。其國多名貂，畜牧逐水草，臨大澤，故時羈屬康居，今不屬也。呼得國在葱嶺北，烏孫西北，康居東北，勝兵萬餘人，隨

畜牧，出好馬，有貂。堅昆國在康居西北，勝兵三萬人，隨畜牧，亦多貂，有好馬。丁令國在康居北，勝兵六萬人，隨畜牧，出名鼠皮，白昆子、青昆子皮。此上三國，堅昆中央，俱去匈奴單于庭安習水七千里，南去車師六國五千里，西南去康居界三千里，西去康居王治八千里。或以為此丁令即匈奴北丁令也，而北丁令在烏孫西，似其種別也。又匈奴北有渾窳國，有屈射國，有丁令國，有隔昆國，有新梨國，明北海之南自復有丁令，非此烏孫之西丁令也。烏孫長老言北丁令有馬脛國。【略】短人國在康居西北，男女皆長三尺，人衆甚多，去奄蔡諸國甚遠。康居長老傳聞常有商度此國，去康居可萬餘里。

魚豢議曰：俗以為營廷之魚不知江海之大，浮游之物不知四時之氣，是何也？以其所在者小與其生之短也。余今泛覽外夷大秦諸國，猶尚曠若發蒙矣，況夫鄒衍之所推出，《大易》、《太玄》之所測度乎！徒限處牛蹄之涔，又無彭祖之年，無緣托景風以迅遊，載騄裹以遐觀，但勞眺乎三辰，而飛思乎八荒耳。

晉·釋法顯《佛國記》 法顯昔在長安，慨律藏殘缺，於是遂以弘始二年歲在己亥，與慧景、道整、慧應、慧嵬等同契，至天竺尋求戒律。初發迹長安，度隴，至乾歸國夏坐。夏坐訖，前行至耨檀國。度養樓山，至張掖鎮。【略】夏坐訖，復進到敦煌。【略】敦煌太守李浩供給度沙河。【略】行十七日，計可千五百里，得至鄯善國。【略】住此一月日。

復西北行十五日，到傿彝國。【略】法顯得符行堂公孫經理，住二月餘日，於是還與寶雲等共。為傿彝國人不修禮義，遇客甚薄，智嚴、慧簡、慧嵬遂返向高昌，欲求行資。法顯等蒙符公孫供給，遂得直進。西南行，路中無居民。涉行艱難，所經之苦，人理莫比。

在道一月五日，得到于闐。【略】慧景、道整、慧達先發，向竭叉國。法顯等欲觀行像，停三月日。【略】既過四月行像，僧紹一人，隨胡道人向罽賓。法顯等進向子合國。在道二十五日，便到其國。【略】住此十五日已，於是南行四日，入葱嶺山，到於麾國安居。安居已止，行二十五日，到竭叉國，與慧景等合。【略】

從此西行向北天竺，在道一月，得度葱嶺。葱嶺冬夏有雪，又有毒龍，若失其意，則吐毒風、雨雪、飛沙、礫石。遇此難者，萬無一全。彼土人人即名為雪山人也。

度嶺已，到北天竺。始入其境，有一小國名陀歷。【略】於此順嶺西南行十五日。其道艱阻，崖岸險絶，其山唯石，壁立千仞，臨之目眩，欲進則投足無所。下有水，名新頭河。昔人有鑿石通路施傍梯者，凡度七百，度梯已，躡懸絙過河，河兩岸相去減八十步。九驛所記，漢之張騫、甘英皆不至。【略】渡河便到烏萇國。烏萇國是正北天竺也。【略】慧景、道整、慧達三人先發，向佛影那竭國。法顯等住此國夏坐。坐訖，南下，到宿呵多國。【略】

從此東下五日行，到犍陀衛國。【略】自此東行七日，有國名竺刹尸羅。【略】從犍陀衛國南行四日，到弗樓沙國。【略】寶雲、僧景只供養佛鉢便還。慧景、慧達、道整先向那竭國，供養佛影、佛齒及頂骨。慧景病，道整住看，慧達一人還，於弗樓沙國相見，而慧達、寶雲、僧景遂還秦土。慧應在佛鉢寺無常。由是，法顯獨進向佛頂骨所。西行十六由延，便至那竭國界醯羅城。【略】從此北行一由延，到那竭國城，【略】城東北一由延，到一谷口，有佛錫杖，亦起精舍供養。【略】入谷口四日，西行，有佛僧伽梨精舍供養。【略】那竭城南半由延，有石室，博山西南向，佛留影此中。【略】住此冬三月，法顯等三人南度小雪山。雪山冬夏積雪，山北陰中，過寒暴起，人皆噤戰。慧景一人不堪復進，口出白沫，語法顯云：『我亦不復活，便可時去，勿得俱死。』於是遂終。法顯撫之悲號：『本圖不果，命也，奈何！』復自力前，得過嶺。南到羅夷國。【略】住此夏坐。坐訖，南下行十日，到跋那國。【略】從此東行三日，復渡新頭河，兩岸皆平地。過河有國，名毗荼。【略】從此東南行減八十由延，經歷諸寺甚多，僧衆萬數。過是諸處已，到一國，國名摩頭羅。又經捕那河。【略】從是以南，名為中國。【略】自渡新頭河，至南天竺，迄於南海，四五萬里皆平坦，無大山川，正有河水。從此東南行十八由延，有國名僧伽施。【略】法顯住龍精舍夏坐。坐訖，東南行七由延，到罽饒夷城。【略】去城西六七里，恒水北岸，佛為諸弟子説法處。【略】度恒水，南行三由延，到一林，名呵梨。【略】從此東南行十由延，到沙祇大國。【略】

從此南行八由延，到拘薩羅國舍衛城。【略】出城南門千二百步，道

西，長者須達起精舍。【略】出祇洹東門，北行七十步，道西，佛昔共九十六種外道論議，國王、大臣、居士、人民皆雲集而聽。【略】城西五十里，到一邑，名都維，是迦葉佛本生處。【略】從舍衛城東南行十二由延，到一邑，名那毗伽，是拘樓秦佛所生處。【略】從此北行，減一由延，到一邑，是拘那含牟尼佛所生處。【略】從此東行，減一由延，到迦維羅衛城。【略】城東五十里，有王園，園名『論民』。【略】從佛生處東行五由延，有國名藍莫。【略】從此東行三由延，太子遣車匿、白馬還處，亦起塔。從此東行四由延，到炭塔，亦有僧伽藍。復東行十二由延到拘彝那竭城。【略】從此東南行十二由延，到諸梨車欲逐佛般泥洹處。【略】自此東行五由延，到毗舍離國。【略】從此東行三四里，有塔。【略】從此東行四由延，到五河合口。【略】度河南下一由延，到摩竭提國巴連弗邑。巴連弗邑是阿育王所治，【略】從此東南行九由延，至一小孤石山。【略】從此西南行一由延，到那羅聚落。【略】從此西行一由延，到王舍新城。【略】入谷，搏山東南上十五里，到耆闍崛山。【略】停止一宿，還向新城。出舊城北行三百餘步道西，迦蘭陀竹園精舍，【略】從此西行四由延，到伽耶城，城內亦空荒。【略】從此東北行半由延，到一石窟。【略】從北南三里行，到一山，名雞足。【略】法顯還向巴連弗邑。順恒水西下十由延，得一精舍，名曠野，佛所住處，今現有僧。復順恒水西行十二由延，到迦尸國波羅捺城。城東北十里許，符仙人鹿野苑精舍。【略】自鹿野苑精舍西北行十三由延，有國名拘睒彌。【略】從東行八由延，佛本於此度惡鬼處。【略】從此南行二百由延，有國名達嚫。【略】從波羅捺國東行，還到巴連弗邑。法顯本求戒律，而北天竺諸國皆師師口傳，無本可寫，是以遠步，乃至中天竺。【略】順恒水東下十八由延，其南岸有瞻波大國。【略】從此東行近五十由延，到多摩梨帝國，即是海口。

南朝梁・慧皎《高僧傳》卷三《譯經下・釋曇無竭》　釋曇無竭，此云法勇，姓李，幽州黃龍人也。【略】嘗聞法顯等躬踐佛國，乃慨然有忘身之誓。遂以宋永初元年，招集同志沙門僧猛、曇朗之徒二十五人，共齎幡蓋供養之具，發迹北土，遠適西方。初至河南國，仍出海西郡，進入流沙，到高昌郡，經歷龜茲、沙勒諸國。登葱嶺，度雪山，障氣千重，層冰萬里。下有大江，流急若箭。於東西兩山之脅繫索為橋，十人一過，到彼岸已，舉煙為幟，後人見煙，知前已度，方得更進，若久不見煙，則知暴風吹索人墮江中。行經三日，復過大雪山，懸崖壁立，無安足處。石壁皆有故杙孔，處處相對，人各執四杙，先拔下杙，手攀上杙，輾轉相攀，經日方過。及到平地，相待料檢，同侶失十二人。

進至罽賓國，禮拜佛鉢。【略】復西行至辛頭那提河，漢言師子口，緣河西入月氏國，禮拜佛肉髻骨及睹自沸木舫。後至檀特山南石留寺。【略】停夏坐三月日，復行向中天竺。【略】至舍衛國。

又《釋智嚴》　釋智嚴，西涼州人。【略】志欲博事名師，廣求經誥，遂周流西國，進到罽賓，入摩天陀羅精舍。【略】時有佛馱跋陀羅比丘，亦是彼國禪匠。嚴乃要請東歸，欲傳法中土。跋陀嘉其懇至，遂共東行。於是踰沙越險，達自關中。

又《釋智猛》　釋智猛，雍州京兆新豐人。【略】每聞外國道人説天竺國土有釋迦遺迹及《方等》衆經，常慨然有感，馳心遐外，以為萬里咫尺、千載可追也。遂以偽秦弘始六年甲辰之歲，招結同志沙門十有五人，發迹長安，渡河跨谷三十六所，至涼州城，出自陽關，西入流沙，淩危履險，有過前傳。遂歷鄯鄯、龜茲、于闐諸國，備矚風化。從于闐西南行二千里，始登葱嶺，而九人退還。猛與餘伴進行千七百里，至波倫國。【略】自力而前，與餘四人共度雪山，渡辛頭河，至罽賓國。【略】復西南行千三百里，至迦維羅衛國。【略】後至華氏國阿育王舊都。【略】得《大泥洹》梵本一部，又得《僧祇律》一部及餘經梵本，誓願流通，於是便反。以甲子歲發天竺，同行三伴於路無常，唯猛與曇纂俱還於涼州。

北魏・楊衒之《洛陽伽藍記》卷五《城北》　聞義里有敦煌人宋雲宅，雲與惠生俱使西域也。神龜元年十一月冬，【略】初發京師，西行四十日，至赤嶺，即國之西疆也，皇魏關防正在於此。赤嶺者，不生草木，因以為名。其山有鳥鼠同穴。異種共類，鳥雄鼠雌，共為陰陽，即所謂鳥鼠同穴。發赤嶺西行二十三日，渡流沙，至吐谷渾國。路中甚寒，多饒風雪，飛沙走礫，舉目皆滿，唯土谷渾城左右暖於餘處。【略】從吐谷渾西行三千五百里，至鄯善城。【略】從鄯善西行一千六百四十里，至左末城。【略】從左末城西行一千二百七十五里，至末城。【略】從末城西行

二十二里，至捍城。【略】從捍城西行八百七十八里，至于闐國。【略】

神龜二年七月二十九日，入朱駒波國。【略】八月初，入漢盤陀國界。西行六日，登葱嶺山。復西行三日，至鉢盂城。三日至不可依山，【略】漢盤陀國正在山頂。【略】九月中旬，入鉢和國。【略】十月之初，至嚈噠國。【略】十一月初，入波知國。【略】十一月中旬，入賒彌國。【略】十二月初，入烏場國。【略】王城北八十里，有如來履石之迹，【略】城北有陀羅寺，【略】去王城東南，山行八日，［至］如來苦行投身餓虎之處。【略】王城西南五百里，有善持山。【略】

至正光元年四月中旬，入乾陀羅國。【略】於是西行五日，至如來捨頭施人處。亦有塔寺，二十餘僧。復西行三日，至辛頭大河。【略】復西行十三日，至佛沙伏城。【略】復西行一日，至如來挑眼施人處。【略】復西行一日，乘船渡一深水，三百餘步。復西南行六十里，至乾陀羅城。東南七里，有雀離浮圖。【略】雀離浮圖南五十步，有一石塔。【略】於是西北行七日，渡一大水，至如來為尸毗王救鴿之處，亦起塔寺。【略】《道榮傳》云：至那迦羅阿國，有佛頂骨。【略】至耆賀濫寺，有佛袈裟十三條。【略】那竭城中有佛牙、佛髮，並作寶函盛之，朝夕供養。至瞿波羅窟，見佛影。

惠生在烏場國二年，【略】至正光三年二月，始還天闕。

《魏書》卷一〇二《西域傳序》 始琬等使還京師，具言凡所經見及傳聞傍國云：西域自漢武時五十餘國，後稍相并，至太延中為十六國，分其地為四域：自葱嶺以東，流沙以西為一域，葱嶺以西，海曲以東為一域，者舌以南，月氏以北為一域，兩海之間，水澤以南為一域。內諸小渠長，蓋以百數。其出西域，本有二道，後更為四：出自玉門，渡流沙，西行二千里至鄯善，為一道；自玉門渡流沙，北行二千二百里至車師，為一道；從莎車西行百里至葱嶺，葱嶺西一千三百里至伽倍，為一道；自莎車西南五百里，葱嶺西南一千三百里至波路，為一道焉。

又 《西域傳・鉢和》 鉢和國在渴盤陀西。【略】又有大雪山，望若銀峰。【略】有二道：一道西行向嚈噠，一道西南趣烏萇。

又 卷一〇三《高車傳》 世祖詔之曰：『蠕蠕、嚈噠、吐谷渾所以交通者，皆路由高昌，掎角相接。』

宋・司馬光《資治通鑑》卷九七《晉紀一九・顯宗成皇帝下》 咸康八年十月，【略】（燕王皝）將擊高句麗。高句麗有二道，其北道平闊，南道險狹。元胡三省注：北道從北置而進，南道從南陝入木底城。

海上通道分部

綜 述

晉・釋法顯《佛國記》 法顯本心欲令戒律流通漢地，於是獨還。順恒水東下十八由延，其南岸有瞻波大國。【略】從此東行近五十由延，到多摩梨帝國，即是海口。【略】法顯住此二年，寫經及畫像。於是載商人大舶，泛海西南行，得冬初信風，晝夜十四日，到師子國。【略】

又得此梵本已，即載商人大船，上可有二百餘人。後繫一小船，海行艱險，以備大船毀壞。得好信風，東下二日，便值大風。船漏水入，商人欲趣小船，小船主人恐人來多，即斫緪斷，商人大怖，命在須臾，恐船水漏，即取粗財貨擲著水中。法顯亦以軍持及澡灌並餘物棄擲海中，但恐商人擲去經像，唯一心念觀世音及歸命漢地衆僧：『我遠行求法，願威神歸流，得到所止。』如是大風晝夜十三日，到一島邊。潮退之後，見船漏處，即補塞之。於是復前。海中多有抄賊，遇輒無全。大海瀰漫無邊，不識東西，唯望日、月、星宿而進。若陰雨時，為逐風去，亦無準。當夜闇時，但見大浪相搏，晃然火色，黿鼉水性怪異之屬，商人荒遽，不知那向。海深無底，又無下石住處。至天晴已，乃知東西，還復望正而進。若值伏石，則無活路。如是九十日許，乃到一國，名耶婆提。【略】

停此國五月日，復隨他商人大船上，亦二百許人，齎五十日糧，以四月十六日發。法顯於船上安居。東北行，趣廣州。一月餘日，夜鼓二時，遇黑風暴雨，商人、賈客皆悉惶怖，法顯爾時亦一心念觀世音及漢地衆僧，蒙威神佑，得至天曉。曉已，諸婆羅門議言：『坐載此沙門，使我不利，遭此大苦。當下比丘置海島邊，不可為一人令我等危嶮。』法顯本檀越言：『汝若下此比丘，亦並下我！不爾，便當殺我！汝其下此沙門，

吾到漢地，當向國王言汝也。漢地王亦敬信佛法，重比丘僧。』諸商人躊躇，不敢便下。於時天多連陰，海師相望僻誤，遂經七十餘日。糧食、水漿欲盡，取海鹹水作食。分好水，人可得二升，遂便欲盡。商人議言：『常行時正可五十日便到廣州爾，今已過其多日，將無僻耶？』即便西北行求岸，晝夜十二日，到長廣郡界牢山南岸，便得好水、菜。但經涉險難，憂懼積日，忽得至此岸，見藜藿菜依然，知是漢地。然不見人民及形迹，未知是何許。或言未至廣州，或言已過，莫知所定。即乘小船，入浦覓人，欲問其處。得兩獵人，即將歸，令法顯譯語問之。法顯先安慰之，徐問：『汝是何人？』答言：『我是佛弟子。』又問：『汝入山何所求？』其便詭言：『明當七月十五日，欲取桃臘佛。』又問：『此是何國？』答言：『此青州長廣郡界，統屬劉家。』聞已，商人歡喜，即乞其財物，遣人往長廣。太守李嶷敬信佛法，問有沙門持經像乘船泛海而至，即將人從至海邊，迎接經像，歸至郡治。商人於是還向揚州。

南朝梁・僧祐《出三藏記集》卷一三《佛馱跋陀傳》 常欲游方弘化，備觀風俗，會沙門智嚴至西域，遂請俱東。於是杖錫跋涉，經歷三年，路由雪山，備極艱阻。既而中路附舶，循海而行，經一島下，以手指山曰：『可止於此。』舶主曰：『客行惜日，調風難遇，不可停也。』行二百餘里，風忽轉吹，舶還向島下。衆人方悟其神，咸師事之，聽其進止。後遇便風，同侶皆發。佛賢曰：『不可動。』舶主乃止。既而先發之舶，一時覆敗。後於闇夜之中，忽令衆舶俱發，無肯從者。佛賢自起收纜，唯一舶獨發。俄爾賊至，留者悉被抄害。頃之，至青州東萊郡。

又《求那跋陀羅傳》 跋陀前到師子諸國，皆傳送資供。既有緣東方，乃隨舶泛海。中塗風止，淡水復竭，舉舶憂惶。跋陀曰：『可同心並力念十方佛，稱觀世音，何往不感？』乃密誦咒經，懇到禮懺。俄而信風暴至，密雲降雨，一舶蒙濟。其誠感如此。元嘉十二年至廣州。

南朝梁・慧皎《高僧傳》卷三《譯經下・釋曇無竭》 後於南天竺隨舶泛海，達廣州。所歷事蹟，別有記傳。

又《釋智嚴》 積年禪觀而不能自了，遂更泛海，重到天竺，咨諸明達。

北魏・楊衒之《洛陽伽藍記》卷四《城西》 永明寺。【略】南中有歌營國，去京師甚遠，風土隔絕，世不與中國交通；雖二漢及魏亦未曾至也。今始有沙門菩提拔陀至焉，自云：『北行一月日，至勾稚國。北行十一日，至典孫國。從典孫國北行三十日，至扶南國。【略】從扶南國北行一月，至林邑國。出林邑，入蕭衍國。』拔陀至揚州。

《梁書》卷五四《諸夷傳・海南諸國》 其西與西域諸國接。漢元鼎中，遣伏波將軍路博德開百越，置日南郡。其徼外諸國，自武帝以來皆朝貢。後漢桓帝世，大秦、天竺皆由此道，遣使貢獻。及吳孫權時，遣宣化從事朱應、中郎康泰通焉。

《晉書》卷一〇六《載記第六・石季龍上》 季龍謀伐昌黎，遣渡遼曹伏將青州之衆渡海，戍蹋頓城，無水而還，因戍於海島，運穀三百萬斛以給之。又以船三百艘運穀三十萬斛詣高句麗，使典農中郎將王典率衆萬餘屯田於海濱。

多邊貿易分部

綜述

《三國志》卷三〇《魏志・烏丸鮮卑東夷傳》裴松之注 《魏略・西戎傳》曰：（盤越國）其人小與中國人等，蜀人賈似至焉。

《晉書》卷九七《四夷傳・南蠻・林邑國》 初，徼外諸國嘗齎寶物，自海路來貿貨。

又《四夷傳・西戎・大宛國》 善市賈，爭分銖之利。得中國金銀，輒為器物，不用為幣也。

《宋書》卷九七《夷蠻傳》 漢世西譯遐通，兼途累萬，跨頭痛之山，越繩度之險，生行死徑，身往魂歸。晉氏南移，河、隴夐隔，戎夷梗路，外域天斷。若夫大秦、天竺，迥出西溟，二漢銜役，特艱斯路，而商貨所資，或出交部，泛海陵波，因風遠至。又重峻參差，氏衆非一，殊名詭號，種別類殊，山琛水寶，由茲自出。通犀翠羽之珍，蛇珠火布之異，千名萬品，並世主之所虛心，故舟舶繼路，商使交屬。

《南齊書》卷五八《東南夷傳》 《書》稱『蠻夷猾夏』，蓋總而為言矣。至於南夷雜種，分嶼建國，四方珍怪，莫此為先。藏山隱海，環寶溢目。商舶遠屆，委輸南州，故交、廣富實，充牣積王府。充斥之事差微，聲教之道可被。若夫用德以懷遠，其在此乎？

又《東南夷傳·扶南國》 宋末，扶南王姓僑陳如，名揭耶跋摩，遣商貨至廣州。

《梁書》卷三三《王僧孺傳》 （天監初）尋出為南海太守。郡常有高涼生口及海舶每歲數至，外國賈人以通貨易。舊時州郡以半價就市，又買而即賣，其利數倍，歷政以為常。僧孺乃歎曰：『昔人為蜀部長史，終身無蜀物，吾欲遺子孫者，不在越裝。』並無所取。

又 卷五四《諸夷傳·海南諸國·中天竺國》 漢桓帝延熹九年，大秦王安敦遣使自日南徼外來獻，漢世唯一通焉。其國人行賈，往往至扶南、日南、交趾。其南徼諸國人，少有到大秦者。孫權黃武五年，有大秦賈人字秦論來到交趾，交趾太守吳邈遣送詣權。權問方土謠俗，論具以事對。時諸葛恪討丹陽，獲黝歙短人，論見之，曰：『大秦希見此人。』權以男女各十人，差吏會稽劉咸送論。咸於道物故，論乃徑還本國。

北魏·楊衒之《洛陽伽藍記》卷三《城南》 自葱嶺已西至於大秦，百國千城，莫不歡附，商胡販客，日奔塞下，所謂盡天地之區已。樂中國土風因而宅者，不可勝數。是以附化之民萬有餘家，門巷修整，閶闔填列，青槐蔭陌，綠柳垂庭，天下難得之貨咸悉在焉。別立市於洛水南，號曰四通市。民間謂永橋市伊洛之魚，多於此賣。士庶須膾，皆詣取之，魚味甚美。京師語曰：『洛鯉伊魴，貴於牛羊。』

《魏書》卷一〇二《西域傳·粟特國》 其國商人，先多詣涼土販貨。

《隋書》卷七五《何妥傳》 何妥，字棲鳳，西（城）［域］人也。父細胡，通商入蜀，遂家郫縣，事梁武陵王妃，主知金帛，因致巨富，號為西州大賈。

宋·李昉等《太平廣記》卷八一《梁四公》 間歲，南海商人齎火浣布三端，帝以雜布積之。令杰公以他事召，至於市所，杰公遙識曰：『此火浣布也，二是緝木皮所作，一是績鼠毛所作。』以詰商人，具如傑公所說。因問木鼠之異，公曰：『木堅毛柔，是何別也。以陽燧火山陰拓木之，木皮改常。』試之果驗。

明年冬，扶南大舶從西天竺國來，賣碧玻黎鏡，面廣一尺五寸，重四十斤，內外皎潔，置五色物於其上，向明視之，不見其質。問其價，約錢百萬貫文。帝令有司算之，傾府庫償之不足。其商人言：『此色界天王有福樂事，天澍大雨，衆寶如山，納之山藏，取之難得，以大獸肉投之藏中，肉爛粘寶，一鳥銜出，而即此寶焉。』舉國不識，無敢酬其價者。以示杰公，公曰：『上界之寶信矣。昔波羅尼斯國王有大福，得獲二寶鏡，鏡光所照，大者三十里，小者十里。至玄孫福盡，天火燒宮，大鏡光明，能禦災火，不至焚。小鏡光微，為火所害，雖光彩昧暗，尚能辟諸毒物。方圜百步，蓋此鏡也。時王賣得金二千餘斤，遂入商人之手，後王福薄，失其大寶，收奪此鏡，卻入王宮。此王十世孫失道，國人將謀害之，此鏡又出，當是大臣所得，其應入於商賈。其價千金，傾竭府庫不足也。』因命杰公與之論鏡，由是信伏。更問：『此是瑞寶，王令貨賣，即應大秦波羅奈國、失羅國諸大國王大臣所取。汝輩胡客，何由得之？必是盜竊至此耳。』胡客逡巡未對，俄而其國遣使追訪至梁，云其鏡為盜所竊，果如其言。出《梁四公記》

安頓外僑分部

綜述

北魏·楊衒之《洛陽伽藍記》卷三《城南》 永橋以南、圜丘以北、伊洛之間，夾御道有四夷館。道東有四館，一名金陵，二名燕然，三名扶桑，四名崦嵫。道西有四館，一曰歸正，二曰歸德，三曰慕化，四曰慕義。【略】北夷來附者處燕然館，三年已後，賜宅歸德里。【略】東夷來附者，處扶桑館，賜宅慕化里。西夷來附者，處崦嵫館，賜宅慕義里。

又 卷四《城西》 永明寺，宣武皇帝所立也，在大覺寺東。時佛法經像，盛於洛陽，異國沙門，咸來輻輳，負錫持經，適茲樂土，世宗故

立此寺以憩之。房廡連亙，一千餘間。庭列脩竹，檐拂高松，奇花異草，駢闐堦砌。百國沙門三千餘人，西域遠者，乃至大秦國，盡天地之西垂，耕耘績紡，百姓野居，邑屋相望，衣服車馬，擬儀中國。

朝貢封賜部

通紀概説分部

綜　述

《三國志》卷四《魏志·陳留王奐傳》（景元二年）秋七月，樂浪外夷韓、濊貊各率其屬來朝貢。

（咸熙二年）閏月庚辰，康居、大宛獻名馬，歸於相國府，以顯懷萬國致遠之勳。

南朝梁·蕭繹《梁元帝集·職貢圖序》　竊聞職方氏掌天下之圖，四夷八蠻，七閩九貉，其所由來久矣。漢氏以來，南羌旅距，西域憑陵，創金城，開玉關，絶夜郎，討日逐，覩犀甲則建朱崖，聞蒲萄則通大宛。以德懷遠，異乎是哉！皇帝君臨天下之四十載，垂衣裳而賴兆民，坐巖廊而彰萬國，梯山航海，交臂屈膝，占雲望日，重譯至焉。自塞以西，萬八千里，路之狹者，尺有六寸。高山尋雲，深谷絶景。雪無冬夏，與白雲而共色；冰無早晚，與素石而俱貞。踰空桑而歷昆吾，度青丘而跨丹穴。炎風弱水，不革其心；身熱頭痛，不改其節。故以明珠翠羽之珍，細而弗有；龍文汗血之驥，郤而不乘。尼丘乃聖，猶有圖人之法；晉帝君臨，實聞樂賢之象。甘泉寫閼氏之形，後宫玩單于之圖。臣以不佞，推轂上游，夷歌成章，胡人遥集，欵開蹶角，沿泝荆門，瞻其容貌，訢其風俗，如有來朝京輦，不涉漢南，別加訪採，以廣聞見，名為《貢職圖》云爾。

又《職貢圖贊》　北通玄兔，南漸朱鳶。交河悠遠，合浦迴邅。茲海無際，陰山接天。遐哉鳥穴，永矣雞田。

《晉書》卷三《武帝紀》（泰始四年）十二月，【略】扶南、林邑各遣使來獻。

（太康五年）十二月，【略】林邑、大秦國各遣使來獻。

（太康六年）夏四月，扶南等十國來獻。【略】

是歲（太康七年），扶南等二十一國、馬韓等十一國遣使來獻。【略】

（太康八年）十二月，【略】南夷扶南、西域康居國各遣使來獻。

是歲（太康十年），東夷絶遠三十餘國，西南夷二十餘國來獻。

又　卷九《簡文帝紀》（咸安）二年春正月辛丑，百濟、林邑王各遣使貢方物。

又　卷一〇《安帝紀》　是歲（義熙九年），高句麗、倭國【略】並獻方物。

又　卷三六《張華傳》　乃出華爲持節都督幽州諸軍事，領護烏桓校尉、安北將軍。撫納新舊，戎夏懷之。東夷馬韓、新彌諸國，依山帶海，去州四千餘里，歷世未附者二十餘國並遣使朝獻。於是遠夷賓服，四境無虞。

又　卷八六《張駿傳》　西域諸國獻汗血馬、火浣布、犎牛、孔雀、巨象及諸珍異二百餘品。

又　卷九七《四夷傳》　夫恢恢乾德，萬類之所資始；蕩蕩坤儀，九區之所均載。考羲軒於往統，肇承天而理物；訊炎昊於前辟，爰制地而疏疆。襲冠帶以辨諸華，限要荒以殊遐裔，區分中外，其來尚矣。九夷八狄，被青野而亙玄方；七戎六蠻，綿西宇而横南極。繁種落，異君長，遇有道則時遵聲教，鍾無妄則爭肆虔劉，趨扇風塵，蓋其常性也。詳求遐議，歷選深謨，莫不待以羈縻，防其猾夏。

武帝受終衰魏，廓境全吴，威略既申，招攜斯廣，迷亂華之議，矜來遠之名，撫舊懷新，歲時無怠，凡四夷入貢者，有二十三國。既而惠皇失德，中宗遷播，兇徒分據，天邑傾淪，朝化所覃，江外而已，賝貢之禮，於茲殆絶，殊風異俗，所未能詳。故采其可知者，為之傳云。【略】

贊曰：逖矣前王，區別羣方。叛由德弛，朝因化昌。

又　卷一一四《載記第十四・苻堅下》　是年（建元十九年），【略】海東諸國皆遣使貢其方物。

《宋書》卷五《文帝紀》　（元嘉七年秋七月）甲寅，林邑國、訶羅佗國、師子國遣使獻方物。

是歲（元嘉十一年），林邑國、扶南國、訶羅單國遣使獻方物。

（元嘉十二年）秋七月乙酉，闍婆娑達國、扶南國並遣使獻方物。

是歲（元嘉十五年），高麗國、倭國、扶南國、林邑國並遣使獻方物。

是歲（元嘉十六年），【略】林邑國、高麗國並遣使獻方物。

是歲（元嘉十八年），肅特國、高麗國、蘇靡黎國、林邑國並遣使獻方物。

（元嘉二十六年五月）丙戌，婆皇國，壬辰，婆達國，並遣使獻方物。

《南齊書》卷五八《東南夷傳》　東夷高麗國，【略】亦使魏虜，然彊盛，不受制。虜置諸國使邸，齊使第一，高麗次之。【略】

贊曰：司、雍分疆，荆及衡陽。參錯州部，地有蠻方。東夷海外，碣石、扶桑。南域景遠，極泛溟滄。非要乃貢，並亦來王。

《梁書》卷二《武帝紀中》　（天監元年）是月（八月），林邑、乾陀利國各遣使獻方物。

（天監二年）秋七月，扶南、【略】中天竺國各遣使獻方物。

（天監十一年）四月，【略】百濟、扶南、林邑國並遣使獻方物。

（天監十六年）八月，【略】扶南、婆利國各遣使獻方物。

又　卷三《武帝紀下》　（普通元年春正月）庚子，扶南、高麗國各遣使獻方物。

（普通二年）冬十一月，百濟、新羅國各遣使獻方物。

（普通三年）秋八月，【略】婆利、白題國各遣使獻方物。

（大通元年）三月，【略】林邑、師子國各遣使獻方物。

（大同元年二月）辛丑，高麗國、丹丹國各遣使獻方物。

（大同七年）三月【略】高麗、百濟、滑國各遣使獻方物。

又　卷五四《諸夷傳・東夷》　東夷之國，朝鮮為大，得箕子之化，其器物猶有禮樂云。魏時，朝鮮以東馬韓、辰韓之屬，世通中國。自晉過江，泛海東使，有高句驪、百濟，而宋、齊間常通職貢。梁興，又有加焉。扶桑國，在昔未聞也。普通中，有道人稱自彼而至，其言元本尤悉，故並録焉。

又　《諸夷傳・海南諸國》　海南諸國，大抵在交州南及西南大海洲上，相去近者三五千里，遠者二三萬里，其西與西域諸國接。漢元鼎中，遣伏波將軍路博德開百越，置日南郡。其徼外諸國，自武帝以來皆朝貢。後漢桓帝世，大秦、天竺皆由此道，遣使貢獻。及吳孫權時，遣宣化從事朱應、中郎康泰通焉。其所經及傳聞，則有百數十國，因立記傳。晉代通中國者蓋鮮，故不載史官。及宋、齊，至者有十餘國，始為之傳。自梁革運，其奉正朔，修貢職，航海歲至，逾於前代矣。今采其風俗粗著者，綴為《海南傳》云。

《陳書》卷三《世祖紀》　（天嘉三年春）閏二月己酉，以百濟王餘明為撫東大將軍，高句驪王高湯為寧東將軍。

又　卷五《宣帝紀》　（太建三年五月）辛亥，【略】新羅、丹丹、天竺、盤盤等國並遣使獻方物。

（太建四年三月）乙丑，扶南、林邑國並遣使來獻方物。

又　卷六《後主紀》　（至德二年十一月）壬申，盤盤國遣使獻方物。戊寅，百濟國遣使獻方物。

史臣曰：【略】且梯山航海，朝貢者往往歲至矣。

《魏書》卷四上《世祖紀上》　（太延三年十一月）甲申，破洛那、者舌國各遣使朝獻，奉汗血馬。

（太延五年冬十月）是月，高麗及粟特、【略】破洛那【略】諸國各遣使朝獻。

是歲（太延五年），【略】高麗、粟特、【略】破洛那、【略】等國並遣使朝貢。

（太平真君十年）十有一月，【略】破洛那、員闊諸國各遣使朝獻。

（正平元年）是月（正月），破洛那、罽賓、迷密諸國各遣使朝獻。

又　卷五《高宗紀》　（興安二年）十有二月，【略】罽賓等十餘國各遣使朝貢。

（太安元年）十有一月，【略】嚈噠、普嵐國並遣使朝獻。

（和平三年春）三月，【略】高麗、蓰王、契齧、思厭於師、【略】石那【略】諸國各遣使朝獻。

（和平六年春）二月，【略】高麗、蓰王、對曼諸國各遣使朝獻。

（和平六年）夏四月，破洛那國獻汗血馬，普嵐國獻寶劍。

又　卷六《顯祖紀》　（天安元年三月）高麗、波斯、【略】阿襲諸國遣使朝獻。

（天安元年）冬十月，曹利、彤曷國各遣使朝獻。

（皇興元年）九月壬子，高麗、【略】普嵐、粟特國各遣使朝獻。

（皇興二年夏四月）高麗、【略】波斯國各遣使朝獻。

又　卷七上《高祖紀上》　（延興四年）三月，高麗、【略】曹利諸國各遣使朝貢。

（承明元年春二月）高麗、【略】波斯諸國並遣使朝貢。

（太和元年九月）庚子，車多羅、西天竺、舍衛、疊伏羅諸國各遣使朝貢。

（太和三年）十有二月，粟特、州逸、河龔、迭伏羅、員闊、悉萬斤諸國諸國各遣使朝貢。

又　卷七下《高祖紀下》　（太和十五年三月）己酉，悉萬斤等五國遣使朝貢。

又　卷八《世宗紀》　是歲（景明三年），【略】罽賓、婆羅捺、烏萇、阿喻陀、羅婆、不侖、陀拔羅、弗波女提、斯羅、噠舍、伏耆奚那太、羅般、烏稽、悉萬斤、【略】撥斤、厭味、朱沴洛、南天竺、持沙那斯頭諸國並遣使朝貢。

（正始四年夏四月）壬寅，【略】鳩磨羅、阿拔磨拔切磨勒、悉萬斤諸國並遣使朝獻。

（正始四年六月）丁未，社蘭達那羅、舍彌、比羅直諸國並遣使朝獻。

（正始四年）九月，【略】車勒阿駒、南天竺、婆羅等諸國遣使朝獻。

（正始四年）冬十月丁巳，高麗、半社、悉萬斤、可流伽、比沙【略】諸國並遣使朝獻。辛未，嚈噠、波斯、【略】渴文提不那杖忸杖提等諸國，並遣使朝獻。

（正始四年十一月）己酉，阿與陀、呵羅盤、陀跋吐羅諸國並遣使朝獻。

（正始四年十二月）辛酉，特那杖提莎鉢離阿失勒摩致鉢諸國遣使朝貢。【略】丁丑，鉢侖、波利伏佛胄善、乾達諸國遣使朝貢。

（永平元年三月）己亥，斯羅、阿陀、比羅、阿夷義多、婆那伽、伽師達【略】諸國並遣使朝獻。

（永平元年）秋七月辛卯，【略】汗畔、罽賓諸國並遣使朝獻。

（永平二年春正月）丁亥，胡密、步就磨、忸密、般是、悉萬斤、辛豆那、越拔忸諸國並遣使朝獻。壬辰，嚈噠、薄知國遣使來朝，貢白象一。

（永平二年）三月癸未，磨石羅、阿曜社蘇突闍、地伏羅諸國並遣使朝獻。

（永平二年）十有二月，【略】疊伏羅、弗菩提、朝陀吒、波羅諸國並遣使朝獻。

（永平三年）九月壬寅，烏萇、伽秀沙尼諸國並遣使朝獻。

（永平三年冬十月）戊戌，【略】難地、那竭【略】遣使朝獻。

（永平三年）十有二月己卯，高麗、比沙杖國遣使朝獻。

（永平四年春正月）甲子，阿悅陀、不數羅國並遣使朝獻。

（永平四年）三月癸卯，婆比幡彌、烏萇、比地、乾達諸國並遣使朝獻。

（永平四年）六月乙亥，乾達、阿婆羅、達舍、越伽使密、不流沙諸國並遣使朝獻。

（永平四年）八月辛未，阿婆羅、達舍、越伽使密、不流沙等諸國並遣使朝獻。

（永平四年九月）嚈噠、【略】波羅、莫伽陀、移婆僕羅、俱薩羅、舍彌、羅槃陀等諸國並遣使朝獻。

（永平四年）冬十月丁丑，婆比幡彌、烏萇、比地、乾達等諸國並遣使朝獻。

（永平四年十一月）戊申，難地、伏羅國並遣使朝獻。

（永平四年十二月）戊子，大羅汗、婆來伽國遣使朝獻。

（延昌三年）十有一月庚戌，南天竺、佐越費實諸國並遣使朝獻。

又　卷九《肅宗紀》　（延昌四年正月）己巳，【略】尼步伽、拔但、佐越費實等諸國遣使朝獻。

（熙平二年正月）癸丑，地伏羅、罽賓國並遣使朝獻。

（熙平二年）夏四月甲午，高麗、波斯、【略】嚈噠諸國並遣使朝獻。

（熙平二年）秋七月乙丑，地伏羅、罽賓國並遣使朝獻。

（神龜元年春）二月戊申，嚈噠、高麗、【略】久末陀、末久半諸國，並遣使朝獻。

（神龜元年閏七月）丁未，波斯、【略】烏萇、【略】並遣使朝獻。

（正光二年）閏五月丁巳，居密、波斯國並遣使朝貢。

（正光三年）秋七月壬子，波斯、不漢【略】遣使朝貢。

又　卷一一《出帝紀》　（太昌元年六月丙寅）嚈噠、高麗【略】並遣使朝貢。

《北齊書》卷七《補武成帝紀》　（河清三年十二月）高麗、【略】新羅並遣使朝貢。

又　卷八《補後主紀》　是歲（武平三年），新羅、百濟【略】並遣使朝貢。

《周書》卷四九《異域傳上》　蓋天地之所覆載，至大矣；日月之所臨照，至廣矣。然則萬物之內，民人寡而禽獸多；兩儀之間，中土局而庶俗曠。求之鄒說，詭怪之迹實繁；考之山經，奇譎之詞匪一。周、孔存而不論，是非紛而莫辯。秦皇鞭笞天下，黷武於遐方；漢武士馬强盛，肆志於遠略。匈奴既卻，其國已虚；犬馬既來，其民亦困。是知鴈海龍堆，天所以絶夷夏也；炎方朔漠，地所以限内外也。況乎時非秦、漢，志甚嬴、劉，違天道以求其功，殫民力而從所欲，顛墜之釁，固不旋踵。是以先王設教，內諸夏而外夷狄；往哲垂範，美樹德而鄙廣地。雖禹迹之東漸西被，不過海及流沙；王制之自北徂南，裁稱穴居交趾。豈非道貫三古，義高百代者乎？

有周承喪亂之後，屬戰爭之日，定四表以武功，安三邊以權道。趙、魏尚梗，則結姻於北狄；廄庫未實，則通好於西戎。由是德刑具舉，聲名遐洎。卉服氈裘，輻協於屬國；商胡販客，填委於旗亭。雖東略漏三吳之地，南巡阻百越之境，而國威之所肅服，風化之所覃被，亦足為弘矣。其四夷來朝聘者，今並紀之於後。

《南史》卷七九《夷貊傳下》　自晉氏南度，介居江左，北荒西裔，隔礙莫通。至於南徼東邊，界壤所接，洎宋元嘉撫運，爰命干戈，象浦之捷，威震冥海。於是鞮譯相係，無絶歲時。以洎齊、梁，職貢有序。及侯景之亂，邊鄙日蹙。陳氏基命，衰微已甚，救首救尾，身其幾何。故西贐南琛，無聞竹素，豈所謂有德則來，無道則去者也。

《北史》卷九四《高麗等傳》　蓋天地之所覆載至大，日月之所照臨至廣。萬物之內，生靈寡而禽獸多；兩儀之間，中土局而殊俗曠。人寓形天地，稟氣陰陽，愚智本於自然，剛柔繫於水土。故霜露所會，風氣所通，九川為紀，五嶽作鎮，此之謂諸夏，生其地者，則仁義所出；昧谷嵎夷，孤竹北戶，限以丹徼紫塞，隔以滄海交河，此之謂荒裔，感其氣者，則兇德行稟。若夫九夷、八狄，種落繁熾，七戎、六蠻，充牣邊鄙，雖風土殊俗，嗜欲不同，至於貪而無厭，狠而好亂，强則旅拒，弱則稽服，其揆一也。

秦皇鞭笞天下，黷武於遐方；漢武士馬强盛，肆志於遠略。匈奴已卻，其國乃虚；天馬既來，其人亦困。是知雁海龍堆，天所以絶夷夏也；炎方朔漠，地所以限內外也。況乎時非秦、漢，志甚嬴、劉，逆天道以求其功，殫人力而從所欲，顛墜之釁，固不旋踵。是以先王設教，內諸夏而外夷狄；往哲垂範，美樹德而鄙廣地。雖禹迹之東漸西被，不過海及流沙；《王制》之自北徂南，裁猶穴居交趾。豈非道貫三古，義高百代者乎！自魏至隋，市朝屢革，其四夷朝享，亦各因時。今各編次，備《四夷傳》云。

宋·樓鑰《攻媿集》卷七六《跋傅欽甫所藏〈職貢圖〉》　中天竺國，一名身毒。天監初，其王屈多遣使獻瑠璃唾壺等。

師子國，大通元年，其王迦葉伽羅訶黎邪使使貢獻。

北天竺國，天監三年遣使朝貢。【略】

滑國，車師之別種。天監十五年，其王厭帶夷栗陁遣使獻方物。

波斯國，中大通五年，始通江左，遣使獻佛牙。

百濟國，在震旦之地，共有五十四國，百濟其一也。天監十一年，遣使朝貢。【略】

倭國，武帝進其王武為征東大將軍。

因古柯國，《梁書》及《南史》並作周古柯國，此『因』字似誤。呵跋檀國，胡密丹國，並滑國之旁小國也。普通元年，使使隨滑國使來獻方物。【略】

白題國，匈奴之別部落也。漢灌嬰與匈奴戰，斬白題騎一人。普通三年，遣使來獻方物。

林邑國，古之越裳，漢日南郡象林縣。天監九年，其王范天凱奉獻白猴。

婆利國，去廣州二月日行。天監十年，《梁書》及《南史》並作天監十六年。遣使奉表獻金度。【略】

狼牙脩國，在南海中，去廣州二萬四千里。天監十四年，遣使阿撒多奉表。

東亞諸國分部

綜　述

三　韓

《晉書》卷九七《四夷傳·東夷·馬韓·辰韓》 馬韓居山海之間。【略】武帝太康元年、二年，其主頻遣使入貢方物，七年、八年、十年，又頻至。太熙元年，詣東夷校尉何龕上獻。咸寧三年復來，明年又請內附。【略】

辰韓在馬韓之東。【略】武帝太康元年，其王遣使獻方物。二年復來朝貢，七年又來。

高　麗

《三國志》卷三《魏志·明帝紀》（青龍四年）秋七月，高句驪王宮斬送孫權使胡衛等首，詣幽州。

《晉書》卷七《成帝紀》（咸康二年二月）庚申，高句驪遣使貢方物。

又《康帝紀》（建元元年）十二月，高句驪遣使朝獻。

又卷一〇五《載記第五·石勒下》 時高句麗【略】致其楛矢【略】於勒。

又卷一一〇《載記第十·慕容儁》 高句麗王釗遣使謝恩，貢其方物。儁以釗為營州諸軍事、征東大將軍、營州刺史，封樂浪公，王如故。

又卷一二三《載記第二十四·慕容盛》 高句驪王安遣使貢方物。

《宋書》卷三《武帝紀下》（永初元年秋七月甲辰）征東將軍高句驪王高璉進號征東大將軍，鎮東將軍。

又卷四《少帝紀》（景平元年）是月（三月），高麗國遣使朝貢。【略】

景平二年春正月，【略】高麗國遣使貢獻。

又卷五《文帝紀》（元嘉十三年）六月，高麗國遣使獻方物。【略】

（元嘉二十八年）冬十月癸亥，高麗國遣使獻方物。

又卷六《孝武帝紀》（元嘉三十年十一月）丙寅，高麗國遣使獻方物。【略】

（孝建二年十一月）辛亥，高麗國遣使獻方物。【略】

（大明二年冬十月）乙未，高麗國遣使獻方物。【略】

（大明三年）十一月己巳，高麗國遣使獻方物。

（大明五年七月）丁卯，高麗國遣使獻方物。【略】

（大明七年六月戊申）高麗國遣使獻方物。【略】

（大明七年）七月乙亥，征東大將軍高麗王高璉進號車騎大將軍、開府儀同三司。

又卷八《明帝紀》（泰始六年）十一月己巳，高麗國遣使獻方物。

又卷九《後廢帝紀》（泰豫元年十一月）高麗國遣使獻方物。

【略】

（元徽三年）冬十月丙戌，高麗國遣使獻方物。

又　卷一〇《順帝紀》　（升明二年十二月）戊子，高麗國遣使獻方物。

又　卷二九《符瑞志下》　孝武帝大明三年十一月己巳，【略】高麗國譯而至。

又　卷九七《夷蠻傳·東夷·高句驪國》　高句驪王高璉，晉安帝義熙九年，遣長史高翼奉表獻赭白馬。以璉為使持節、都督營州諸軍事、征東將軍、高句驪王、樂浪公。高祖踐阼，詔曰：『使持節、都督營州諸軍事、征東將軍、高句驪王、樂浪公璉，使持節、督百濟諸軍事、鎮東將軍、百濟王映，並執義海外，遠修貢職。惟新告始，宜荷國休，璉可征東大將軍，映可鎮東大將軍。持節、都督、王、公如故。』三年，加璉散騎常侍，增督平州諸軍事。【略】

太祖世，每歲遣使獻方物。元嘉十二年，賜加除授。【略】

璉每歲遣使。十六年，太祖欲北討，詔璉送馬，璉獻馬八百匹。世祖孝建二年，璉遣長史董騰奉表慰國哀再周，並獻方物。大明三年，又獻肅慎氏楛矢石砮。七年，詔曰：『使持節、散騎常侍、督平營二州諸軍事、征東大將軍、高句驪王、樂浪公璉，世事忠義，作藩海外，誠係本朝，志剪殘險，通譯沙表，克宣王猷。宜加褒進，以旌純節。可車騎大將軍、開府儀同三司，持節、常侍、都督、王、公如故。』太宗泰始、後廢帝元徽中，貢獻不絕。

《南齊書》卷五八《東南夷傳·東夷·高麗》　宋末，高麗王樂浪公高璉為使持節、散騎常侍、都督營平二州諸軍事、車騎大將軍、開府儀同三司。太祖建元元年，進號驃騎大將軍。三年，遣使貢獻，乘船泛海，使驛常通，亦使魏虜，然強盛不受制。【略】

高璉年百餘歲卒。隆昌元年，以高麗王樂浪公高雲為使持節、散騎常侍、都督營平二州諸軍事、征東大將軍、高麗王、樂浪公。

《梁書》卷二《武帝紀中》　（天監元年四月）戊辰，車騎將軍高句驪王高雲進號車騎大將軍，鎮東大將軍百濟王餘大進號征東大將軍，安西將軍宕昌王梁彌進號鎮西將軍，鎮東大將軍倭王武進號征東大將軍，鎮西將軍河南王吐谷渾休留代進號征西將軍。

（天監七年二月）乙亥，以車騎大將軍高麗王高雲為撫東大將軍、開府儀同三司。

（天監十一年三月）庚申，高麗國遣使獻方物。

（天監十五年）夏四月，【略】高麗國遣使獻方物。

又　卷三《武帝紀下》　（普通元年二月）癸丑，以高麗王世子安為寧東將軍、高麗王。

（太清二年）三月甲辰，撫東將軍高麗王高延卒，以其息為寧東將軍、高麗王、樂浪公。

（普通七年）三月乙卯，高麗國遣使獻方物。

（大通元年）十一月，【略】高麗國遣使獻方物。

（中大通四年）十一月己酉，高麗國遣使獻方物。

又　卷五四《諸夷傳·東夷·高句驪》　至孫高璉，晉安帝義熙中，始奉表通貢職，歷宋、齊並授爵位，年百餘歲死。子雲，齊隆昌中，以為使持節、散騎常侍、都督營、平二州、征東大將軍、樂浪公。高祖即位，進雲車騎大將軍。天監七年，詔曰：『高驪王樂浪郡公雲，乃誠款著，貢驛相尋，宜隆秩命，式弘朝典。可撫東大將軍、開府儀同三司，持節、常侍、都督、王並如故。』十一年、十五年，累遣使貢獻。十七年，雲死，子安立。普通元年，詔安纂襲封爵，持節、督營、平二州諸軍事、寧東將軍。七年，安卒，子延立，遣使貢獻，詔以延襲爵。中大通四年、六年，大同元年、七年，累奉表獻方物。太清二年，延卒，詔以其子襲延爵位。

《陳書》卷三《世祖紀》　（天嘉二年）十一月乙卯，高麗國遣使獻方物。

又　卷四《廢帝紀》　（天康元年）十二月甲子，高麗國遣使獻方物。

又　卷五《宣帝紀》　（太建二年）十一月辛酉，高麗國遣使獻方物。

（太建六年春）正月，【略】高麗國遣使獻方物。

又　卷六《後主紀》　（至德三年十二月）癸卯，高麗國遣使獻方物。

《魏書》卷四上《世祖紀上》 （太延元年六月）丙午，高麗【略】遣使朝獻。

（太延三年二月）高麗【略】遣使朝獻。

又 卷六《顯祖紀》 （皇興元年春二月）高麗【略】遣使朝貢。

（皇興三年二月）高麗【略】遣使朝獻。

（皇興四年二月）高麗【略】遣使朝獻。

又 卷七上《高祖紀上》 （延興二年春二月）壬子，高麗國遣使朝貢。

（延興二年秋七月）辛丑，高麗國遣使朝貢。

（延興三年春）二月戊申，高麗【略】遣使朝貢。

（延興三年）八月己酉，高麗【略】遣使朝獻。

（延興四年）秋七月庚午，高麗國遣使朝獻。

（延興）五年春二月庚子，高麗國遣使朝獻。

（延興五年）秋八月丁卯，高麗【略】遣使朝獻。

（承明元年秋七月）高麗【略】遣使朝貢。

（承明元年九月）高麗【略】遣使朝獻。

（太和元年春二月）癸未，高麗【略】遣使朝獻。

（太和元年九月）辛卯，高麗國遣使朝貢。

（太和三年春三月戊午）高麗國【略】遣使朝獻。

（太和三年九月）高麗【略】遣使朝獻。

（太和八年）冬十月，高麗國遣使朝貢。

（太和九年）五月，高麗國【略】遣使朝貢。

（太和九年冬十月）戊申，高麗【略】遣使朝貢。

是年（太和九年），【略】高麗【略】遣使朝貢。

（太和十年）是月（四月），高麗【略】遣使朝貢。

（太和十一年五月）高麗【略】遣使朝貢。

（太和十二年）二月壬戌，高麗國遣使朝貢。

（太和十二年）夏四月，高麗【略】遣使朝貢。

（太和十二年閏十月）乙丑，高麗國遣使朝貢。

（太和十三年）二月壬午，高麗國遣使朝獻。

（太和十三年）六月，【略】高麗國遣使朝貢。

（太和十三年）冬十月甲申，高麗國遣使朝貢。

（太和十四年）七月，【略】高麗國遣使朝貢。

（太和十四年八月）壬戌，高麗國遣使朝貢。

（太和十五年五月）高麗國遣使朝獻。

（太和十五年九月壬午）高麗【略】遣使朝獻。

（太和十六年三月）辛巳，以高麗王璉孫雲為其國王。

是月（三月），高麗【略】遣使朝貢。

（太和十六年）六月己丑，高麗國遣使朝貢。

（太和十六年八月）辛卯，高麗國遣使朝貢。

（太和十六年十月）丙午，高麗國遣使朝獻。

（太和十七年六月）戊申，高麗國遣使朝獻。

（太和十八年春正月）丁巳，高麗國遣使朝獻。

（太和十八年七月）辛卯，高麗國遣使朝貢。

（太和十九年二月）壬子，高麗國遣使朝獻。

（太和十九年五月）高麗【略】遣使朝貢。

（太和二十二年八月）壬午，高麗國遣使朝獻。

又 卷八《世宗紀》 （太和二十三年）五月丙子朔，高麗國遣使朝貢。

是歲，【略】高麗國遣使朝獻。

（景明元年八月）乙未，高麗國遣使朝貢。

（景明二年春正月）辛酉，高麗國遣使朝獻。

（景明二年）十二月，高麗國遣使朝貢。

（正始元年）夏四月辛卯，高麗國遣使朝獻。

（正始三年）九月，【略】高麗國遣使朝貢。

（永平元年）五月癸未，高麗國遣使朝獻。

（永平二年）五月，高麗國遣使朝獻。

（永平三年春三月）高麗【略】遣使朝獻。

（永平三年閏六月己亥）高麗【略】遣使朝貢。

（延昌元年）五月辛卯，【略】高麗國並遣使朝獻。

（延昌）二年春正月，【略】高麗國遣使朝獻。

（延昌二年）五月，【略】高麗國遣使朝獻。

（延昌二年）十有二月，【略】高麗國遣使朝獻。

（延昌三年十一月）甲戌，高麗國遣使朝獻。

又 卷九《肅宗紀》 （永平四年冬十月）壬午，高麗【略】遣使朝獻。

（神龜元年）五月，高麗【略】遣使朝貢。

又 卷一一《出帝紀》 （太昌元年六月）乙酉，高麗【略】遣使朝貢。

（永熙三年夏四月）丙子，高麗國遣使朝貢。

又 卷一二《孝靜帝紀》 （天平二年）是春，高麗【略】遣使朝貢。

是歲（天平三年），高麗國遣使朝貢。

是歲（天平四年），高麗【略】遣使朝貢。

（元象元年）秋七月乙亥，高麗國遣使朝貢。

（元象二年）是月（五月），高麗國遣使朝貢。

是歲（興和二年），高麗【略】遣使朝貢。

是歲（興和三年），高麗【略】遣使朝貢。

是歲（興和四年），高麗【略】遣使朝貢。

是歲（武定元年），高麗【略】遣使朝貢。

是歲（武定二年），高麗【略】遣使朝貢。

是歲（武定三年），高麗【略】遣使朝貢。

是歲（武定四年），高麗【略】遣使朝貢。

是歲（武定五年），高麗【略】遣使朝貢。

是歲（武定六年），高麗【略】遣使朝貢。

是歲（武定七年），高麗【略】遣使朝貢。

又 卷一〇〇《高句麗傳》 至高祖時，璉貢獻倍前，其報賜亦稍加焉。時光州於海中得璉所遣詣蕭道成使餘奴等，高祖詔責璉曰：『道成親殺其君，竊號江左，朕方欲興滅國於舊邦，繼絕世於劉氏，而卿越境外交，遠通篡賊，豈是藩臣守節之義！今不以一過掩卿舊款，即送還藩，其感恕思衍，只承明憲，輯寧所部，動靜以聞。』【略】

又詔雲遣世子入朝，令及郊丘之禮。雲上書辭疾，惟遣其從叔升於隨使詣闕，嚴責之。自此歲常貢獻。

正始中，世宗於東堂引見其使芮悉弗，悉弗進曰：『高麗係誠天極，累葉純誠，地產土毛，無愆王貢。但黃金出自夫餘，珂則涉羅所產。今夫餘為勿吉所逐，涉羅為百濟所並，國王臣雲惟繼絕之義，悉遷於境內。二品所以不登王府，實兩賊是為。』世宗曰：『高麗世荷上將，專制海外，九夷黠虜，實得征之。瓶罄，恥，誰之咎也？昔方貢之愆，責在連率。卿宜宣朕旨於卿主，務盡威懷之略，揃披害羣，輯寧東裔，使二邑還復舊墟，土毛無失常貢也。』【略】

正光初，光州又於海中執得蕭衍所授安寧東將軍衣冠劍佩，及使人江法盛等，送於京師。安死，子延立。出帝初，詔加延使持節、散騎常侍、車騎大將軍、領護東夷校尉、遼東郡開國公、高句麗王，賜衣冠服物車旗之飾。天平中，詔加延侍中、驃騎大將軍，餘悉如故。延死，子成立。訖於武定末，其貢使無歲不至。

《北齊書》卷四《補文宣帝紀》 （天保元年）六月己卯，高麗遣使朝貢。

（天保元年）九月癸丑，以散騎常侍、車騎將軍、領東夷校尉、遼東郡開國公、高麗王成為使持節、侍中、驃騎大將軍、領護東夷校尉，王、公如故。

（天保二年五月）丁亥，高麗國遣使朝貢。

（天保六年）十一月丙戌，高麗遣使朝貢。

又 卷五《補廢帝紀》 （乾明元年）二月，【略】以高麗王世子湯為使持節、領東夷校尉、遼東郡公、高麗王。

又 卷八《補後主紀》 是歲（天統元年），高麗【略】遣使朝貢。

是歲（武平四年），高麗【略】遣使朝貢。

《周書》卷四九《異域傳上·高麗》 莫來裔孫璉，始通使於後魏。【略】

璉五世孫成，大統十二年，遣使獻其方物。成死，子湯立。建德六年，湯又遣使來貢。高祖拜湯為上開府儀同大將軍、遼東郡開國公、遼

東王。

《南史》卷七九《夷貊傳下・東夷・高句麗》　晉安帝義熙九年，高麗王高璉遣長史高翼奉表，獻赭白馬，晉以璉為使持節、都督營州諸軍事、征東將軍、高麗王、樂浪公。宋武帝踐阼，加璉征東大將軍，餘官並如故。三年，加璉散騎常侍，增督平州諸軍事。

少帝景平二年，璉遣長史馬婁等來獻方物，遣謁者朱邵伯、王邵子等慰勞之。【略】

璉每歲遣使。（元嘉）十六年，文帝欲侵魏，詔璉送馬，獻八百匹。孝武孝建二年，璉遣長史董騰奉表，慰國哀再周，並獻方物。大明二年，又獻肅慎氏楛矢石砮。七年，詔進璉為車騎大將軍、開府儀同三司，餘官並如故。明帝泰始、後廢帝元徽中，貢獻不絕，歷齊並授爵位，百餘歲死。子雲立，齊隆昌中，以為使持節、散騎常侍、都督營平二州、征東大將軍、高麗王、樂浪公。

梁武帝即位，進雲車騎大將軍。天監七年，詔為撫東大將軍、開府儀同三司，持節、常侍、都督、王並如故。十一年、十五年，累遣使貢獻。十七年，雲死，子安立。普通元年，詔安纂襲封爵，持節、督營平二州諸軍事、寧東將軍。七年，安卒，子延立，遣使貢獻。詔以延襲爵。中大通四年、六年、大同元年、七年，累奉表獻方物。太清二年，延卒，詔其子成襲延爵位。

《北史》卷九四《高麗傳》　安死，子延立。孝武帝初，詔加延使持節、散騎常侍、車騎大將軍、領護東夷校尉、遼東郡公、高句麗王。天平中，詔加延侍中、驃騎大將軍，餘悉如故。

延死，子成立。訖於武定已來，其貢使無歲不至。大統十二年，遣使至西魏朝貢。及齊受東魏禪之歲，遣使朝貢於齊。齊文宣加成使持節、侍中、驃騎大將軍，領東夷校尉、遼東郡公、高麗王如故。天保三年，文宣至營州，使博陵崔柳使於高麗，求魏末流人。敕柳曰：『若不從者，以便宜從事。』及至，不見許。柳張目叱之，拳擊成墜於床下，成左右雀息不敢動，乃謝服，柳以五千戶反命。

成死，子湯立。乾明元年，齊廢帝以湯為使持節、領東夷校尉、遼東郡公、高麗王。周建德六年，湯遣使至周，武帝以湯為上開府儀同大將軍、遼東郡公、遼東王。

宋・李昉等《太平御覽》卷三五九《兵部九十・障泥》　（南朝梁）蕭方等《三十國春秋》曰：高勾驪以千里馬、生羆皮、障泥獻於南燕，燕王超大悅，答以水牛、能言鳥。

百濟

《晉書》卷九《孝武帝紀》　（太元九年秋七月）百濟遣使來貢方物。

（太元十一年）夏四月，以百濟王世子餘暉為使持節、都督、鎮東將軍、百濟王。

《宋書》卷三《武帝紀下》　（永初元年秋七月甲辰）百濟王扶餘映進號鎮東大將軍。

又　卷五《文帝紀》　（元嘉六年）是月（七月），百濟王遣使獻方物。

是歲（元嘉十七年），百濟國遣使獻方物。

（元嘉二十七年春正月）辛卯，百濟國遣使獻方物。

又　卷六《孝武帝紀》　（大明元年冬十月）甲辰，以百濟王餘慶為鎮東大將軍。

又　卷八《明帝紀》　（泰始三年十一月）百濟國遣使獻方物。

（泰始七年）冬十一月戊午，百濟國遣使獻方物。

又　卷九七《夷蠻傳・東夷・百濟國》　義熙十二年，以百濟王餘映為使持節、都督百濟諸軍事、鎮東將軍、百濟王。高祖踐阼，進號鎮東大將軍。少帝景平二年，映遣長史張威詣闕貢獻。【略】其後每歲遣使奉表，獻方物。七年，百濟王餘毗復修貢職，以映爵號授之。【略】太宗泰始七年，又遣使貢獻。

《梁書》卷三《武帝紀下》　（普通二年）十二月戊辰，以鎮東大將軍百濟王餘隆為寧東大將軍。

（中大通六年三月）甲辰，百濟國遣使獻方物。

又　卷四《簡文帝紀》　（太清三年）十二月，百濟國遣使獻方物。

又　卷五四《諸夷傳・東夷・百濟》　晉太元中，王須；義熙中，

王餘映；宋元嘉中，王餘毗；並遣獻生口。餘毗死，立子慶。慶死，子牟都立。都死，立子牟太。齊永明中，除太都督百濟諸軍事、鎮東大將軍、百濟王。天監元年，進太號征東將軍。尋為高句驪所破，衰弱者累年，遷居南韓地。普通二年，王餘隆始復遣使奉表，稱『累破句驪，今始與通好』，而百濟更為强國。其年，高祖詔曰：『行都督百濟諸軍事、鎮東大將軍、百濟王餘隆，守藩海外，遠修貢職，乃誠款到，朕有嘉焉。宜率舊章，授茲榮命。可使持節、都督百濟諸軍事、寧東大將軍、百濟王。』五年，隆死，詔復以其子明為持節、督百濟諸軍事、綏東將軍、百濟王。【略】

太清三年，不知京師寇賊，猶遣使貢獻；既至，見城闕荒毀，並號慟涕泣。侯景怒，囚執之，及景平，方得還國。

《陳書》卷四《廢帝紀》（光大元年九月）丙辰，百濟國遣使獻方物。

又 卷五《宣帝紀》（太建九年秋七月）己卯，百濟國遣使獻方物。

又 卷六《後主紀》（至德四年秋九月）丁未，百濟國遣使獻方物。

《魏書》卷七上《高祖紀上》（延興二年）八月丙辰，百濟國遣使奉表請師伐高麗。

《北齊書》卷八《補後主紀》（天統三年冬十月）百濟【略】遣使朝貢。

（武平元年）二月癸亥，以百濟王餘昌為使持節、侍中、驃騎大將軍、帶方郡公，王如故。

（武平二年春正月）戊寅，以百濟王餘昌為使持節、都督、東青州刺史。

《周書》卷六《武帝紀下》（建德六年）十一月庚午，百濟遣使獻方物。

又 卷七《宣帝紀》（宣政元年冬十月）戊子，百濟遣使獻方物。

又 卷四九《異域傳上・百濟》 自晉、宋、齊、梁據江左，後魏宅中原，並遣使稱藩，兼受封拜。齊氏擅東夏，其王隆亦通使焉。隆死，子昌立。建德六年，齊滅，昌始遣使獻方物。宣政元年，又遣使來獻。

《南史》卷七九《夷貊傳下・東夷・百濟》 晉義熙十二年，以百濟王餘映為使持節、都督百濟諸軍事、鎮東將軍、百濟王。宋武帝踐阼，進號鎮東大將軍。少帝景平二年，映遣長史張威詣闕貢獻。元嘉二年，文帝詔兼謁者閭丘恩子、兼副謁者丁敬子等往宣旨慰勞，其後每歲遣使奉獻方物。七年，百濟王餘毗復修貢職，以映爵號授之。二十七年，毗上書獻方物，私假臺使馮野夫西河太守，表求易林、式占、腰弩，文帝並與之。毗死，子慶代立。孝武大明元年，遣使求除授，詔許之。二年，慶遣上表，言行冠軍將軍、右賢王餘紀十一人忠勤，並求顯進。於是詔並加優進。明帝泰始七年，又遣使貢獻。慶死，立子牟都。都死，立子牟大。齊永明中，除大都督百濟諸軍事、鎮東大將軍、百濟王。梁天監元年，進大號征東將軍。尋為高句麗所破，衰弱累年，遷居南韓地。普通二年，王餘隆始復遣使奉表，稱累破高麗，今始與通好，百濟更為强國。其年，梁武帝詔隆為使持節、都督百濟諸軍事、寧東大將軍、百濟王。五年，隆死，詔復以其子明為持節、督百濟諸軍事、綏東將軍、百濟王。【略】

中大通六年、大同七年，累遣使獻方物，並請涅盤等經義、《毛詩》博士並工匠、畫師等，並給之。太清三年，遣使貢獻。及至，見城闕荒毀，並號慟涕泣。侯景怒，囚執之，景平乃得還國。

《北史》卷一〇《周紀下・高祖武帝》 是歲（建德六年），【略】百濟【略】遣使朝貢。

又 《周紀下・宣帝》（宣政元年冬十月）戊子，百濟遣使朝貢。

又 卷九四《百濟傳》 自晉、宋、齊、梁據江左，亦遣使稱藩，兼受拜封。亦與魏不絕。

及齊受東魏禪，其王隆亦通使焉。淹死，子餘昌亦通使命於齊。武平元年，齊後主以餘昌為使持節、侍中、車騎大將軍、帶方郡公、百濟王如故。二年，又以餘昌為持節、都督東青州諸軍事、東青州刺史。

周建德六年，齊滅，餘昌始遣使通周。宣政元年，又遣使來獻。

新羅

《梁書》卷五四《諸夷傳・東夷・新羅》 魏時曰新盧，宋時曰新羅，或曰斯羅。其小國，不能自通使聘。普通二年，王募名秦，始使使隨百濟奉獻方物。

《陳書》卷四《廢帝紀》 （光大二年秋七月）戊申，新羅國遣使獻方物。

又 卷五《宣帝紀》 （太建二年）六月戊子，新羅國遣使獻方物。

（太建十年）秋七月戊戌，新羅國遣使獻方物。

《北齊書》卷七《補武成帝紀》 （河清四年）二月甲寅，詔以新羅國王金真興為使持節、東夷校尉、樂浪郡公、新羅王。

宋・李昉等《太平御覽》卷七八一《四夷部二・東夷二・新羅》 （前秦）車頻《秦書》曰：苻堅建元十八年，新羅國王樓寒遣使衛頭獻美女。國在百濟東，其人多美髮，髮長丈餘。

又曰：符堅時，新羅國王樓寒遣使衛頭朝貢。堅曰：『卿言海東之事，與古不同，何也？』答曰：『亦猶中國，時代變革，名號改易。』

加羅國

《南齊書》卷五八《東南夷傳・東夷・加羅國》 加羅國，三韓種也。建元元年，國王荷知使來獻。詔曰：『量廣始登，遠夷洽化。加羅王荷知款關海外，奉贄東遐。可授輔國將軍、本國王。』

日本

《三國志》卷四《魏志・齊王芳傳》 （正始四年）冬十二月，倭國女王俾彌呼遣使奉獻。

又 卷三〇《魏志・東夷傳・倭》 景初二年六月，倭女王遣大夫難升米等詣郡，求詣天子朝獻，太守劉夏遣吏將送詣京都。其年十二月，詔書報倭女王曰：『制詔親魏倭王卑彌呼：帶方太守劉夏遣使送汝大夫難升米、次使都市牛利奉汝所獻男生口四人，女生口六人、班布二匹二丈，以到。汝所在逾遠，乃遣使貢獻，是汝之忠孝，我甚哀汝。今以汝為親魏倭王，假金印紫綬，裝封付帶方太守假授汝。其綏撫種人，勉為孝順。汝來使難升米、牛利涉遠，道路勤勞，今以難升米為率善中郎將，牛利為率善校尉，假銀印青綬，引見勞賜遣還。今以絳地交龍錦五匹、絳地縐粟罽十張、蒨絳五十匹、紺青五十匹，答汝所獻貢直。又特賜汝紺地句文錦三匹、細班華罽五張、白絹五十匹、金八兩、五尺刀二口、銅鏡百枚、真珠、鉛丹各五十斤，皆裝封付難升米、牛利還到錄受。悉可以示汝國中人，使知國家哀汝，故鄭重賜汝好物也。』【略】

其四年，倭王復遣使大夫伊聲耆、掖邪狗等八人，上獻生口、倭錦、絳青縑、綿衣、帛布、丹木、犬付、短弓矢。掖邪狗等一拜率善中郎將印綬。其六年，詔賜倭難升米黃幢，付郡假授。

《晉書》卷一《宣帝紀》 魏正始元年春正月，東倭重譯納貢。

又 卷三《武帝紀》 （泰始二年）十一月己卯，倭人來獻方物。

又 卷九七《四夷傳・東夷・倭人》 宣帝之平公孫氏也，其女王遣使至帶方朝見，其後貢聘不絕。及文帝作相，又數至。泰始初，遣使重譯入貢。

《宋書》卷五《文帝紀》 （元嘉七年春正月）倭國王遣使獻方物。

【略】

（元嘉十五年夏四月）己巳，以倭國王珍為安東將軍。

是歲（元嘉二十年），【略】倭國並遣使獻方物。【略】

（元嘉二十八年）秋七月甲辰，安東將軍倭王倭濟進號安東大將軍。

又 卷六《孝武帝紀》 （大明四年十二月）倭國遣使獻方物。

【略】

（大明六年三月）壬寅，以倭國王世子興為安東將軍。

又 卷一〇《順帝紀》 （升明元年）冬十一月己酉，倭國遣使獻方物。【略】

（升明二年）五月戊午，倭國王武遣使獻方物，以武為安東大將軍。

又 卷九七《夷蠻傳・東夷・倭國》 倭國在高驪東南大海中，世修貢職。高祖永初二年，詔曰：『倭贊萬里修貢，遠誠宜甄，可賜除授。』太祖元嘉二年，贊又遣司馬曹達奉表獻方物。贊死，弟珍立，遣使貢獻。自稱使持節、都督倭百濟新羅任那秦韓慕韓六國諸軍事、安東大將

軍、倭國王。表求除正，詔除安東將軍、倭國王。珍又求除正倭隋等十三人平西、征虜、冠軍、輔國將軍號，詔並聽。二十年，倭國王濟遣使奉獻，復以為安東將軍、倭國王。二十八年，加使持節、都督倭新羅任那加羅秦韓慕韓六國諸軍事，安東將軍如故。並除所上二十三人軍、郡。濟死，世子興遣使貢獻。世祖大明六年，詔曰：『倭王世子興，奕世載忠，作藩外海，稟化寧境，恭修貢職。新嗣邊業，宜授爵號，可安東將軍、倭國王。』興死，弟武立，自稱使持節，都督倭、百濟、新羅、任那、加羅、秦韓、慕韓七國諸軍事，安東大將軍，倭國王。

順帝昇明二年，遣使上表曰：『封國偏遠，作藩於外，自昔祖禰，躬擐甲胄，跋涉山川，不遑寧處。東征毛人五十五國，西服衆夷六十六國，渡平海北九十五國，王道融泰，廓土遐畿，累葉朝宗，不愆於歲。臣雖下愚，忝胤先緒，驅率所統，歸崇天極，道逕百濟，裝治船舫，而句驪無道，圖欲見吞，掠抄邊隸，虔劉不已，每致稽滯，以失良風。雖曰進路，或通或不。臣亡考濟實忿寇仇，壅塞天路，控弦百萬，義聲感激，方欲大舉，奄喪父兄，使垂成之功，不獲一簣。居在諒暗，不動兵甲，是以偃息未捷。至今欲練甲治兵，申父兄之志，義士虎賁，文武效功，白刃交前，亦所不顧。若以帝德覆載，摧此强敵，克靖方難，無替前功。竊自假開府儀同三司，其餘咸各假授，以勸忠節。』詔除武使持節，都督倭、新羅、任那、加羅、秦韓、慕韓六國諸軍事，安東大將軍，倭王。

《南齊書》卷五八《東南夷傳・東夷》　建元元年，進新除使持節，都督倭、新羅、任那、加羅、秦韓、慕韓六國諸軍事，安東大將軍，倭王武，號為鎮東大將軍。

《梁書》卷五四《諸夷傳・東夷・倭》　至魏景初三年，公孫淵誅後，卑彌呼始遣使朝貢，魏以為親魏王，假金印紫綬。正始中，卑彌呼死，更立男王，國中不服，更相誅殺，復立卑彌呼宗女臺與為王。其後復立男王，並受中國爵命。【略】

齊建元中，除武持節，督倭、新羅、任那、伽羅、秦韓、慕韓六國諸軍事，鎮東大將軍。高祖即位，進武號征東將軍。

《南史》卷七九《夷貊傳下・東夷・倭國》　晉安帝時，有倭王贊遣使朝貢。及宋武帝永初二年，詔曰：『倭贊遠誠宜甄，可賜除授。』文帝元嘉二年，贊又遣司馬曹達奉表獻方物。【略】

二十年，倭國王濟遣使奉獻，復以為安東將軍、倭國王。二十八年，加使持節，都督倭、新羅、任那、加羅、秦韓、慕韓六國諸軍事，安東將軍如故；並除所上二十三人職。

濟死，世子興遣使貢獻。孝武大明六年，詔授興安東將軍、倭國王。【略】

齊建元中，除武持節，都督倭、新羅、任那、加羅、秦韓、慕韓六國諸軍事，鎮東大將軍。梁武帝即位，進武號征東大將軍。

扶桑

宋・李昉等《太平廣記》卷八一《梁四公》　俄而扶桑國使使貢方物，有黃絲三百斤，即扶桑蠶所吐，扶桑灰汁所煮之絲也。帝有金爐，重五十斤，繫六絲以懸爐，絲有餘力。又貢觀日玉，大如鏡，方圍尺餘，明徹如琉璃，映日以觀，見日中宮殿，皎然分明。帝令杰公與使者論其風俗土地物產，城邑山川，並訪往昔存亡。又識使者祖父伯叔兄弟，使者流涕拜首，具言情實。出《梁四公記》

東南亞諸國分部

綜述

扶南

《三國志》卷四七《吳志・吳主傳》　（赤烏六年）十二月，扶南王范旃遣使獻樂人及方物。

《晉書》卷八《穆帝紀》　（升平元年）扶南竺旃檀獻馴象。詔曰：『昔先帝以殊方異獸或為人患，禁之。今及其未至，可令還本土。』

又　卷九《孝武帝紀》　（太元十四年）二月，扶南獻方物。

又　卷九七《四夷傳・南蠻・扶南國》　武帝泰始初，遣使貢獻。

太康中，又頻來。穆帝升平初，復有竺旃檀稱王，遣使貢馴象。帝以殊方異獸，恐為人患，詔還之。

《宋書》卷九七《夷蠻傳·扶南國》　扶南國，太祖元嘉十一、十二、十五年，國王持黎跋摩遣使奉獻。

《南齊書》卷五八《東南夷傳·扶南國》　晉、宋世，通職貢。宋末，扶南王姓僑陳如，名闍耶跋摩，遣商貨至廣州。天竺道人那伽仙附載欲歸國，遭風至林邑，掠其財物皆盡。那伽仙間道得達扶南，具説中國有聖主受命。永明二年，闍耶跋摩遣天竺道人釋那伽仙上表稱：「扶南國王臣僑陳如闍耶跋摩叩頭啓曰：『天化撫育，感動靈祇，四氣調適。伏願聖主尊體起居康豫，皇太子萬福，六宮清休，諸王妃主、內外朝臣普同和睦，鄰境士庶萬國歸心，五穀豐熟，災害不生，土清民泰，一切安穩。臣及人民，國土豐樂，四氣調和，道俗濟濟，並蒙陛下光化所被，咸荷安泰。』

又曰：『臣前遣使齎雜物行廣州貨易，天竺道人釋那伽仙於廣州因附臣舶欲來扶南，海中風漂到林邑，國王奪臣貨易，並那伽仙私財。具陳其從中國來此，仰序陛下聖德仁治，詳議風化。佛法興顯，從僧殷集，法事日盛，王威嚴整，朝望國軌，慈湣蒼生，八方六合，莫不歸伏。如聽其所説，則化鄰諸天，非可為喻。臣聞之，下情踴悅，若暫奉見尊足，仰慕慈恩，澤流小國，天垂所感，率土之民，並得皆蒙恩佑。是以臣今遣此道人釋那伽仙為使，上表問訊奉貢，微獻呈臣等赤心，並別陳下情。但所獻輕陋，愧懼唯深。伏願天慈曲照，鑒其丹款，賜不垂責。』

又曰：『臣有奴名鳩酬羅，委臣逸走，別在餘處，構結凶逆，遂破林邑，仍自立為王。永不恭從，違恩負義，叛主之愆，天不容載。伏尋林邑昔為檀和之所破，久已歸化。天威所被，四海彌伏，而今鳩酬羅守執奴凶，自專很強。且林邑、扶南鄰界相接，親又是臣奴，猶尚逆去，朝廷遙遠，豈復遵奉。此國屬陛下，故謹具上啓。伏聞林邑頃年表獻簡絶，便欲永隔朝廷。豈有師子坐而安大鼠。伏願遣軍將伐凶逆，臣亦自效微誠，助朝廷剪撲，使邊海諸國，一時歸伏。陛下若欲別立餘人為彼王者，伏聽敕旨。脱未欲灼然興兵伐林邑者，伏願特賜敕在所，隨宜以少軍助臣，乘天之威，殄滅小賊，伐惡從善。平蕩之日，上表獻金五婆羅。今輕此使送臣丹誠，表所陳啓，不盡下情。謹附那伽仙並其伴口具啓聞。伏願湣所啓。並獻金鏤龍王坐像一軀，白檀像一軀，牙塔二軀，古貝二雙，瑠璃蘇鉝二口，瑇瑁檳榔柈一枚。』

《梁書》卷二《武帝紀中》　（天監三年）五月丁巳，以扶南國王僑陳如闍耶跋摩為安南將軍。

（天監十三年）八月癸卯，扶南【略】遣使獻方物。

（天監十八年）秋七月，【略】扶南國各遣使獻方物。

又　卷三《武帝紀下》　（中大通二年六月）壬申，扶南國遣使獻方物。

（大同元年七月）辛卯，扶南國遣使獻方物。

（大同五年）八月乙酉，扶南國遣使獻生犀及方物。

又　卷五四《諸夷傳·海南諸國·扶南》　晉武帝太康中，尋始遣使貢獻。穆帝升平元年，王竺旃檀奉表獻馴象。詔曰：『此物勞費不少，駐令勿送。』【略】

僑陳如死，後王持梨陁跋摩，宋文帝世奉表獻方物。齊永明中，王闍邪跋摩遣使貢獻。

天監二年，跋摩復遣使送珊瑚佛像，並獻方物。詔曰：『扶南王僑陳如闍邪跋摩，介居海表，世纂南服，厥誠遠著，重譯獻賝。宜蒙酬納，班以榮號。可安南將軍、扶南王。』【略】

十年、十三年，跋摩累遣使貢獻。其年死，庶子留陁跋摩殺其嫡弟自立。十六年，遣使竺當抱老奉表貢獻。十八年，復遣使送天竺旃檀瑞像、婆羅樹葉，並獻火齊珠、鬱金、蘇合等香。普通元年、中大通二年、大同元年，累遣使瑞獻方物。五年，復遣使獻生犀。又言其國有佛髮，長一丈二尺，詔遣沙門釋雲寶隨使往迎之。

《陳書》卷二《高祖紀下》　（永定三年五月）丙寅，扶南國遣使獻方物。

又　卷六《後主紀》　（禎明二年）六月戊戌，扶南國遣使獻方物。

晉·嵇含《南方草木狀》卷中《木類》　抱香履，抱木生於水松之旁，若寄生。然極柔弱，不勝刀鋸。乘濕時刳而為履，易如削瓜。既乾，則韌不可理也。履雖猥大，而輕者若通脱木，風至則隨飄而動。夏月納

之，可禦蒸濕之氣。出扶南、大秦諸國。泰康六年，扶南貢百雙，帝深歎異，然哂其製作之陋，但置諸外府，以備方物而已。

唐・歐陽詢等《藝文類聚》卷八四《寶玉部下・瑠璃》 《吳曆》曰：黄武四年，扶南諸外國來獻瑠璃。

林邑

《晉書》卷七《成帝紀》 （咸康六年）冬十月，林邑獻馴象。

又 卷九《孝武帝紀》 （太元二年）六月，【略】林邑貢方物。

（太元）七年春三月，林邑范熊遣使獻方物。

又 卷一〇《安帝紀》 （義熙十年）九月，【略】林邑遣使來獻方物。

（義熙十三年）六月癸亥，林邑獻馴象、白鸚鵡。

又 卷九七《四夷傳・南蠻・林邑國》 自孫權以來，不朝中國。至武帝太康中，始來貢獻。【略】文遂自立為王。【略】遣使通表，入貢於帝，其書皆胡字。【略】至孝武帝寧康中，遣使貢獻。【略】佛死，子胡達立，上疏貢金盤椀及金鉦等物。

《宋書》卷五《文帝紀》 （元嘉十年）五月，林邑王遣使獻方物。

又 卷六《孝武帝紀》 （大明二年閏十二月）壬戌，林邑國遣使獻方物。

又 卷八《明帝紀》 （泰豫元年）三月癸丑朔，林邑國遣使獻方物。

又 卷九七《夷蠻傳・林邑國》 （元嘉）十二、十五、十六、十八年，頻遣貢獻，而寇盜不已，所貢亦陋薄。【略】

世祖孝建二年，林邑又遣長史范龍跋奉使貢獻，除龍跋揚武將軍。大明二年，林邑王范神成又遣長史范流奉表獻金銀器及香布諸物。太宗泰豫元年，又遣使獻方物。

《南齊書》卷五八《東南夷傳・林邑國》 孝建二年，始以林邑長史范龍跋為揚武將軍。【略】永明九年，遣使貢獻金簟等物。詔曰：『林邑雖介在遐外，世服王化。當根純乃誠慤款到，率其僚職，遠績克宣，良有可嘉。宜沾爵號，以弘休澤。可持節、都督緣海諸軍事、安南將軍、林邑王。』范楊邁子孫范諸農率種人攻當根純，復得本國。十年，以諸農為持節、都督緣海諸軍事、安南將軍、林邑王。建武二年，進號鎮南將軍。永泰元年，諸農入朝，海中遭風溺死，以其子文款為假節、都督緣海軍事、安南將軍、林邑王。

《梁書》卷二《武帝紀中》 （天監九年）夏四月，【略】林邑國遣使獻白猴一。【略】

（天監十三年）夏四月辛卯，林邑國遣使獻方物。

又 卷三《武帝紀下》 （普通七年）六月己卯，林邑國遣使獻方物。

（中大通二年）六月，【略】林邑國遣使獻方物。

（中大通六年）秋七月甲辰，林邑國遣使獻方物。

又 卷五四《諸夷傳・海南諸國・林邑》 宋永初二年，遣使貢獻，以陽邁為林邑王。【略】孝武孝建、大明中，林邑王范神成累遣長史奉表貢獻。明帝泰豫元年，又遣使獻方物。齊永明中，范文贊累遣使貢獻。天監九年，文贊子天凱奉獻白猴，詔曰：『林邑王范天凱介在海表，乃心款至，遠修職貢，良有可嘉。宜班爵號，被以榮澤。可持節、督緣海諸軍事、威南將軍、林邑王。』十年、十三年，天凱累遣使獻方物。俄而病死，子弼毳跋摩立，奉表貢獻。普通七年，王高式勝鎧遣使獻方物，詔以為持節、督緣海諸軍事、綏南將軍、林邑王。大通元年，又遣使貢獻。中大通二年，行林邑王高式律陁羅跋摩遣使貢獻，詔以為持節、督緣海諸軍事、綏南將軍、林邑王。六年，又遣使獻方物。

《陳書》卷四《廢帝紀》 （光大二年）九月甲辰，林邑國遣使獻方物。

《南史》卷七八《夷貊傳上・海南諸國・林邑國》 孝武孝建二年，林邑又遣長史范龍跋奉使貢獻，除龍跋揚武將軍。大明二年，林邑王范神成又遣長史范流奉表獻金銀器、香、布諸物。明帝泰豫元年，又遣使獻方物。齊永明中，范文贊累遣使貢獻。梁天監九年，文贊子天凱奉獻白猴，詔加持節、督緣海諸軍事、威南將軍、林邑王。死，子弼攙跋摩立，奉表貢獻。普通七年，王高戍勝鎧遣使獻方物，詔以爲持節、督緣海諸軍事、綏南將軍、林邑王。大通元年，又遣使貢獻。大通二年，行林邑王高戍律

陀羅跋摩遣使貢獻，詔以爲持節、督緣海諸軍事、綏南將軍、林邑王。六年，又遣使獻方物。

唐·歐陽詢等《藝文類聚》卷七三《雜器物部·鉢》 《交州雜事》曰：太康四年，刺史陶璜，表送臨邑王花然所獻銀鉢一口，水精鉢一口。

又 卷九五《獸部下·象》 《萬歲曆》曰：成帝咸康六年，臨邑王獻象一，知跪拜，御者使從之。

宋·李昉等《太平御覽》卷七〇三《服用部五·唾壺》 《交州雜記事》曰：太康四年，臨邑王范熊獻紫水晶唾壺一口，青、白水精唾壺各二口。

又 卷七六〇《器物部五·碗》 《義熙起居註》曰：林邑王范明達獻金碗一副，蓋百副。

又 《蘇鉝》 《林邑記》曰：林邑王范明達獻琉璃蘇鉝二口。

訶羅陁國

《宋書》卷九七《夷蠻傳·訶羅陁國》 西南夷訶羅陁國，元嘉七年，遣使奉表曰：伏承聖主，信重三寶，興立塔寺，周滿國界。城郭莊嚴，清淨無穢，四衢交通，廣博平坦。臺殿羅列，狀若衆山，莊嚴微妙，猶如天宮。聖王出時，四兵具足，導從無數，以為守衛。都人士女，麗服光飾，市廛豐富，珍賄無量，王法清整，無相侵奪。學徒遊集，三乘競進，敷演正法，雲布雨潤。四海流通，萬國交會，長江眇漫，清淨深廣，有生咸資，莫能銷穢，陰陽調和，災厲不行。誰有斯美，大宋揚都，聖王無倫，臨覆上國。有大慈悲，子育萬物，平等忍辱，怨親無二，濟乏周窮，無所藏積，靡不照達，如日之明，無不受樂，猶如淨月。宰輔賢良，羣臣貞潔，盡忠奉主，心無異想。

伏惟皇帝，是我真主。臣是訶羅陁國王，名曰堅鎧，今敬稽首聖王足下，惟願大王知我此心久矣，非適今也。山海阻遠，無緣自達，今故遣使，表此丹誠。所遣二人，一名毗紉，一名婆田，今到天子足下。堅鎧微蔑，誰能知者，是故今遣二人，表此微心，此情既果，雖死猶生。仰惟大國，藩守曠遠，我即邊方藩守之一。上國臣民，普蒙慈澤，願垂恩逮，等彼僕臣。臣國先時人衆殷盛，不為諸國所見陵迫，今轉衰弱，鄰國競侵。伏願聖王，遠垂覆護，并市易往反，不為禁閉。若見哀念，願時遣還，令此諸國，不見輕侮，亦令大王名聲普聞，扶危救弱，正是今日。今遣二人，是臣同心，有所宣啓，誠實可信。願敕廣州時遣舶還，不令所在有所陵奪。願自今以後，賜年年奉使。今奉微物，願垂哀納。

《南史》卷七八《夷貊傳上·西南夷·訶羅陁國》 宋元嘉七年，遣使奉表曰：「伏承聖主，信重三寶，興立塔寺，周滿世界。今故遣使二人，表此微心。」

呵羅單國

《宋書》卷五《文帝紀》 （元嘉七年）夏四月癸未，訶羅單國遣使獻方物。

（元嘉十年）六月，【略】闍婆州訶羅單國遣使獻方物。

（元嘉十四年）冬十二月辛酉，【略】訶羅單國並遣使獻方物。

（元嘉二十九年）夏四月戊午，訶羅單國遣使獻方物。

又 卷九七《夷蠻傳·訶羅單國》 呵羅單國，治闍婆洲。元嘉七年，遣使獻金剛指鐶、赤鸚鵡鳥、天竺國白疊古貝、葉波國古貝等物。十年，呵羅單國王毗沙跋摩奉表曰：『常勝天子陛下：諸佛世尊，常樂安隱，三達六通，為世間道，是名如來，應供正覺，遺形舍利，造諸塔像，莊嚴國土，如須彌山，村邑聚落，次第羅匝，城郭館宇，如忉利天宮，宮殿高廣，樓閣莊嚴，四兵具足，能伏怨敵，國土豐樂，無諸患難。奉承先王，正法治化，人民良善，慶無不利，處雪山陰，雪水流注，百川洋溢，八味清淨，周匝屈曲，順趣大海，一切衆生，咸得受用。於諸國土，殊勝第一，是名震旦，大宋揚都，承嗣常勝大王之業，德合天心，仁蔭四海，聖智周備，化無不順，雖人是天，護世降生，功德寶藏，大悲救世，為我尊主常勝天子。是故至誠五體敬禮。呵羅單國王毗沙跋摩稽首問訊。』其後為子所篡奪。

十三年，又上表曰：『大吉天子足下：離淫怒癡，哀湣羣生，想好具足，天龍神等，恭敬供養，世尊威德，身光明照，如水中月，如日初出，眉間自豪，普照十方，其白如雪，亦如月光，清淨如華，顏色照耀，威儀殊勝，諸天龍神之所恭敬，以正法寶，梵行衆僧，莊嚴國土，人民熾

盛，安隱快樂。城閣高峻，如乾他山，衆多勇士，守護此城，樓閣莊嚴，道巷平正，著種種衣，猶如天服，於一切國，為最殊勝吉。揚州城無憂天主，湣念羣生，安樂民人，律儀清淨，慈心深廣，正法治化，共養三寶，名稱遠至，一切並聞。民人樂見，如月初生，譬如梵王，世界之主，一切人天，恭敬作禮。呵羅單跋摩以頂禮足，猶如現前，以體布地，如殿陛道，供養恭敬，如奉世尊，以頂著地，曲躬問訊。

忝承先業，嘉慶無量，忽為惡子所見爭奪，遂失本國。今唯一心歸誠天子，以自存命。今遣毗紉問訊大家，意欲自往，歸誠宣訴，復畏大海，風波不達。今命得存，亦由毗紉此人忠志，其恩難報。此是大家國，今為惡子所奪，而見驅擯，意頗忿惋，規欲雪復。伏願大家聽毗紉買諸鎧仗袍襖及馬，願為料理毗紉使得時還。前遣闍邪仙婆羅訶，蒙大家厚賜，悉惡子奪去，啓大家使知。今奉薄獻，願垂納受。』【略】二十九年，又遣長史媻和沙彌獻方物。

《南史》卷七八《夷貊傳上・西南夷・呵羅單國》　元嘉七年，遣使獻金剛指環、赤鸚鵡鳥、天竺國白迭、古貝、葉波國古貝等物。十年，呵羅單國王毗沙跋摩奉表曰：『常勝天子陛下，諸佛世尊，常樂安隱，三達六通，為世間導，是名如來，是故至誠五體敬禮。』其後為子所簒奪。十三年，又上表。【略】二十九年，又遣長史婆和沙彌獻方物。

宋・李昉等《太平御覽》卷七八七《四夷部八・南蠻三》　《宋元嘉起居註》曰：去年六月，闍婆洲河羅單國王毗沙跋摩遣使獻奉。

又曰：十一年，訶羅單國王尸梨毗遮耶獻銀漆盤等。

媻皇國

《宋書》卷五《文帝紀》　是歲（元嘉十九年），婆皇國遣使獻方物。

（元嘉二十八年五月）丁巳，婆皇國【略】遣使獻方物。

又　卷六《孝武帝紀》　（孝建二年）二月己丑，婆皇國遣使獻方物。

（大明三年春正月）丙申，婆皇國遣使獻方物。

又　卷七《前廢帝紀》　（大明八年秋七月）庚戌，婆皇國遣使獻方物。

又　卷二九《符瑞志下》　孝武帝大明三年正月丙申，媻皇國獻赤白鸚鵡各一。

又　卷九七《夷蠻傳・媻皇國》　媻皇國，元嘉二十六年，國王舍利媻羅跋摩遣使獻方物四十一種，太祖策命之為媻皇國王曰：『惟爾仰政邊城，率貢來庭，皇澤凱被，無幽不洽。宜班典策，授茲嘉命。爾其祗順禮度，式保厥終，可不慎歟。』二十八年，復貢獻。世祖孝建三年，又遣長史竺那媻智奉表獻方物。以那媻智為振威將軍。大明三年，獻赤白鸚鵡。大明八年、太宗泰始二年，又遣使貢獻。太宗以其長史竺須羅達、前長史振威將軍竺那媻智並為龍驤將軍。

宋・李昉等《太平御覽》卷七八七《四夷部八・南蠻三》　《宋元嘉起居註》曰：二十六年，蒲黄國獻牛黄等物，又獻鬱金香等物。

媻達國

《宋書》卷五《文帝紀》　（元嘉二十八年）夏四月癸酉，婆達國遣使獻方物。

又　卷九七《夷蠻傳・媻達國》　媻達國，元嘉二十六年，國王舍利不陵伽跋摩遣使獻方物。太祖策命之為媻達國國王，曰：『惟爾仰化懷誠，馳慕聲教，皇風遐暨，荒服來款，是用加茲顯策，式甄義順。爾其祗順憲典，永終休福，可不慎歟！』二十六年、二十八年，復遣使獻方物。

闍婆婆達國

《宋書》卷九七《夷蠻傳・闍婆婆達國》　闍婆婆達國，元嘉十二年，國王師黎婆達駝阿羅跋摩遣使奉表曰：

宋國大主大吉天子足下：敬禮一切，種智安隱，天人師降伏四魔，成等正覺，轉尊法輪，度脫衆生，教化已周，入於涅盤，舍利流布，起無量塔，衆寶莊嚴，如須彌山，經法流布，如日照明，無量淨僧，猶如列宿。國界廣大，民人衆多，宮殿城郭，如忉利天宮。名大宋揚州大國大吉天子，安處其中，紹繼先聖，王有四海，閻浮提內，莫不來服。悉以茲水，普飲一切，我雖在遠，亦沾靈潤，是以雖隔巨海，常遙臣屬，願照至誠，垂哀納受。若蒙聽許，當年遺信，若有所須，惟命是獻，伏願信受，

不生異想。今遣使主佛大駝婆、副使葛抵奉宣微誠，稽首敬禮大吉天子足下，駝婆所啓，願見信受，諸有所請，唯願賜聽。今奉微物，以表微心。

《南史》卷七八《夷貊傳上·西南夷·闍婆達國》　元嘉十二年，國王師黎婆達呵陀羅跋摩遣使奉表曰：『宋國大主大吉天子足下，教化一切，種智安隱，天人師降伏四魔，成等正覺，轉尊法輪，度脫衆生。我雖在遠，亦沾靈潤。』

干陁利國

《宋書》卷六《孝武帝紀》　（孝建二年）八月，【略】斤陁利國遣使獻方物。

《梁書》卷二《武帝紀中》　（天監十七年五月）己卯，干陁利國遣使獻方物。

又　卷五四《諸夷傳·海南諸國·干陁利》　天監元年，其王瞿曇修跋陁羅以四月八日夢見一僧，謂之曰：『中國今有聖主，十年之後，佛法大興。汝若遣使貢奉敬禮，則土地豊樂，商旅百倍；若不信我，則境土不得自安。』修跋陀羅初未能信，既而又夢此僧曰：『汝若不信我，當與汝往觀之。』乃於夢中來至中國，拜覲天子。既覺，心異之。陀羅本工畫，乃寫夢中所見高祖容質，飾以丹青，仍遣使並畫工奉表獻玉盤等物。使人既至，模寫高祖形以還其國，比本畫則符同焉。因盛以寶函，日加禮敬。後跋陁死，子毘邪跋摩立。十七年，遣長史毘員跋摩奉表曰：『常勝天子陛下：諸佛世尊，常樂安樂，六通三達，為世間尊，是名如來。應供正覺，遺形舍利，造諸塔像，莊嚴國土，如須彌山。邑居聚落，次第羅滿，城郭館宇，如忉利天宮。具足四兵，能伏怨敵。國土安樂，無諸患難，人民和善，受化正法，慶無不通。猶處雪山，流注雪水，八味清淨，百川洋溢，周回屈曲，順趨大海，一切衆生，咸得受用。於諸國土，殊勝第一，是名震旦。大梁揚都天子，仁蔭四海，德合天心，雖人是天，降生護世，功德寶藏，救世大悲，為我尊生，威儀具足。是故至誠敬禮天子足下，稽首問訊。奉獻金芙蓉、雜香、藥等，願垂納受。』普通元年，復遣使獻方物。

《陳書》卷三《世祖紀》　（天嘉）四年春正月丙子，乾陀利國遣使獻方物。

宋·李昉等《太平御覽》卷七八七《四夷部八·南蠻三》　《宋起居註》曰：孝建二年八月二日，斤陀利國王釋陀羅降陀遣長史竹留陀及多奉表獻方物。

盤盤

《宋書》卷六《孝武帝紀》　（孝建二年秋七月己酉）槃槃國遣使獻方物。

《梁書》卷三《武帝紀下》　（中大通元年）十二月丁巳，盤盤國遣使獻方物。

（中大通四年）夏四月壬申，盤盤國遣使獻方物。

（中大通五年）九月，【略】盤盤國遣使獻方物。

（大同六年）八月，【略】盤盤國遣使獻方物。

又　卷五《元帝紀》　（大寶二年九月），盤盤國獻馴象。

又　卷五四《諸夷傳·海南諸國·盤盤》　盤盤國，宋文帝元嘉，孝武孝建、大明中，並遣使貢獻。大通元年，其王使使奉表曰：『揚州閻浮提震旦天子：萬善莊嚴，一切恭敬，猶如天淨無雲，明耀滿目；天子身心清淨，亦復如是。道俗濟濟，並蒙聖王光化，濟度一切，永作舟航，臣聞之慶善。我等至誠敬禮常勝天子足下，稽首問訊。今奉薄獻，願垂哀受。』中大通元年五月，累遣使貢牙像及塔，並獻沉檀等香數十種。六年八月，復使送菩提國真舍利及畫塔，並獻菩提樹葉、詹糖等香。

《南史》卷七八《夷貊傳上·西南夷·槃槃國》　元嘉、孝建、大明中，並遣使貢獻。梁中大通元年、四年，其王使奉表累送佛牙及畫塔，並獻沉檀等香數十種。六年八月，復遣使送菩提國舍利及畫塔圖，並菩提樹葉、詹糖等香。

宋·李昉等《太平御覽》卷七八七《四夷部八·南蠻三》　《宋起居註》曰：孝建二年七月二十日，盤盤國王遣長史竺伽藍婆奉獻金銀琉璃諸香藥等物。

丹丹

《梁書》卷三《武帝紀下》（中大通三年）六月，【略】丹丹國遣使獻方物。

又　卷五四《諸夷傳・海南諸國・丹丹》　丹丹國，中大通二年，其王遣使奉表曰：『伏承聖主至德仁治，信重三寶，佛法興顯，衆僧殷集，法事日盛，威嚴整肅。朝望國執，慈湣蒼生，八方六合，莫不歸服。化鄰諸天，非可言喻。不任慶善，若暫奉見尊足。謹奉送牙像及塔各二軀，並獻火齊珠、吉貝、雜香藥等。』大同元年，復遣使獻金、銀、琉璃、雜寶、香、藥等物。

《陳書》卷五《宣帝紀》（太建三年冬十月）己亥，丹丹國遣使獻方物。

（太建十三年冬十月）壬寅，丹丹國遣使獻方物。

又　卷六《後主紀》（至德三年）冬十月己丑，丹丹國遣使獻方物。

狼牙修

《梁書》卷二《武帝紀中》（天監十四年）九月，【略】狼牙修國遣使獻方物。

又　卷三《武帝紀下》（普通四年）十二月，【略】狼牙修國遣使獻方物。

（中大通三年九月）戊寅，狼牙脩國奉表獻方物。

又　卷五四《諸夷傳・海南諸國・狼牙修》　天監十四年，遣使阿撒多奉表曰：『大吉天子足下：離淫怒癡，哀湣衆生，慈心無量。端嚴相好，身光明朗，如水中月，普照十方。眉間白毫，其白如雪，其色照曜，亦如月光。諸天善神之所供養，以垂正法寶，梵行衆增，莊嚴都邑。城閣高峻，如干陁山。樓觀羅列，道途平正。人民熾盛，快樂安穩。著種種衣，猶如天服。於一切國，為極尊勝。天王湣念羣生，民人安樂，慈心深廣，律儀清淨，正法化治，供養三寶，名稱宣揚，佈滿世界，百姓樂見，如月初生。譬如梵王，世界之主，人天一切，莫不歸依。敬禮大吉天子足下，猶如現前，忝承先業，慶嘉無量。今遣使問訊大意。欲自往，復畏大海風波不達。今奉薄獻，願大家曲垂領納。』

《陳書》卷四《廢帝紀》（光大二年九月）丙午，狼牙修國遣使獻方物。

婆利

《宋書》卷九《後廢帝紀》（元徽元年三月）婆利國遣使獻方物。

《梁書》卷五四《諸夷傳・海南諸國・婆利》　天監十六年，遣使奉表曰：『伏承聖王信重三寶，興立塔寺，校飾莊嚴，周遍國土。四衢平坦，清淨無穢；臺殿羅列，狀若天宮；壯麗微妙，世無與等。聖主出時，四兵具足，羽儀導從，佈滿左右。都人士女，麗服光飾。市廛豐富，充積珍寶。王法清整，無相侵奪。學徒皆至，三乘競集。敷説正法，雲布雨潤。四海流通，交會萬國。長江眇漫，清泠深廣。有生咸資，莫能消穢。陰陽和暢，災厲不作。大梁揚都聖王無等，臨覆上國，有大慈悲，子育萬民。平等忍辱，怨親無二。加以周窮，無所藏積。靡不照燭，如日之明；無不受樂，猶如淨月。宰輔賢良，羣臣貞信，盡忠奉上，心無異想。伏惟皇帝是我真佛，臣是婆利國主，今敬稽首禮聖王足下，惟願大王知我此心。此心久矣，非適今也。山海阻遠，無緣自達，今故遣使獻金席等，表此丹誠。』普通三年，其王頻伽復遣使珠貝智貢白鸚鵡、青蟲、兜鍪、琉璃器、吉貝、螺杯、雜香、藥等數十種。

南亞諸國分部

綜述

天竺

晉・郭璞《山海經・海內經》註　天毒即天竺國。【略】晉大興四年，天竺胡王獻珍寶。

晉・王嘉《拾遺記》卷九《晉時事》　因墀國獻五足獸，狀如獅子，玉錢千緡，其形如環，環重十兩，上有『天壽永吉』之字。問其使者：『五足獸是何變化？』對曰：『東方有解形之民，使頭飛於南海，左手飛於東山，右手飛於西澤，自臍已下兩足孤立，至暮頭還肩上，兩手遇疾風飄於海外，落玄洲之上，化為五足獸，則一指為一足也。其人既失兩手，使傍人割裏肉以為兩臂，宛然如舊也。』因墀國在西域之北。送使者以鐵為車輪，十年方至晉。及還，輪皆絶鋭，莫知其遠近也。

太始十年，有浮支國獻望舒草，其色紅，葉如荷，近望則如卷荷，遠望則如舒荷，團團似蓋。亦云，月出則荷舒，月没則葉卷。植於宫中，因穿池廣百步，名曰望舒荷池。愍帝之末，移入胡，胡人將種還胡中。至今絶矣，池亦填塞。

《宋書》卷五《文帝紀》　是歲（元嘉五年），天竺國遣使獻方物。

又　卷九七《夷蠻傳・天竺迦毗黎國》　天竺迦毗黎國，元嘉五年，國王月愛遣使奉表曰：伏聞彼國，據江傍海，山川周固，衆妙悉備，莊嚴清淨，猶如化城，宫殿莊嚴，街巷平坦，人民充滿，歡娱安樂。聖王出遊，四海隨從，聖明仁愛，不害衆生，萬邦歸仰，國富如海。國中衆生，奉順正法，大王仁聖，化之以道，慈施羣生，無所遺惜。帝修淨戒，軌道不及，無上法船，濟諸沈溺，羣僚百官，受樂無怨，諸天擁護，萬神侍衛，天魔降伏，莫不歸化。王身莊嚴，如日初出，仁澤普潤，猶如大雲，聖賢承業，如日月天，於彼真丹，最為殊勝。

臣之所住，名迦毗河，東際於海，其城四邊，悉紫紺石，首羅天護，令國安隱。國王相承，未嘗斷絶，國中人民，率皆修善，諸國來集，共遵道法，諸寺舍中，皆七寶形像，衆妙供具，如先王法。臣自修檢，不犯道禁，臣名月愛，棄世王種。

惟願大王聖體和善，羣臣百官，悉自安隱。今以此國羣臣吏民，山川珍寶，一切歸屬，五體歸誠大王足下。山海遐隔，無由朝覲，宗仰之至，遣使下承。使主父名天魔悉達，使主名尼駝達，此人由來良善忠信，是故今遣奉使表誠。大王若有所須，珍奇異物，悉當奉送，此之境土，便是王國，王之法令，治國善道，悉當承用。願二國信使往來不絶，此反使還，願賜一使，具宣聖命，備敕所宜。款至之誠，望不空反，所白如是，願加哀愍。

奉獻金剛指環、摩勒金環諸寶物、赤白鸚鵡各一頭。太宗泰始二年，又遣使貢獻，以其使主竺扶大、竺阿彌並為建威將軍。

元嘉十八年，蘇摩黎國王那鄰那羅跋摩遣使獻方物。世祖孝建二年，斤駝利國王釋婆羅那鄰駝遣長史竺留駝及多獻金銀寶器。後廢帝元徽元年，婆黎國遣使貢獻。

《梁書》卷二《武帝紀中》　（天監三年）九月，【略】北天竺國遣使獻方物。

又　卷五四《諸夷傳・海南諸國・中天竺》　漢和帝時，天竺數遣使貢獻，後西域反叛，遂絶。至桓帝延熹二年、四年，頻從日南徼外來獻。魏、晉世，絶不復通。【略】天監初，其王屈多遣長史竺羅達奉表曰：『伏聞彼國據江傍海，山川周固，衆妙悉備，莊嚴國土，猶如化城。宫殿莊飾，街巷平坦，人民充滿，歡娱安樂。大王出遊，四兵隨從，聖明仁愛，不害衆生。國中臣民，循行正法，大王仁聖，化之以道，慈悲羣生，無所遺棄。常修淨戒，式導不及，無上法船，沈溺以濟。百官氓庶，受樂無恐。諸天護持，萬神侍從，天魔降服，莫不歸仰。王身端嚴，如日初出，仁澤普潤，猶如大雲，於彼震旦，最為殊勝。臣之所住國土，首羅天守護，令國安樂。王王相承，未曾斷絶。國中皆七寶形像，衆妙莊嚴，臣自修檢，如化王法。臣名屈多，奕世王種。惟願大王，聖體和平。今以此國羣臣民庶，山川珍重，一切歸屬，五體投地，歸誠大王。使人竺達多由來忠信，是故今遣。大王若有所須珍奇異物，悉當奉送。此之境土，便是大王之國；王之法令善道，悉當承用。願二國信使往來不絶。此信返還，願賜一使，具宣聖命，備敕所宜。款至之誠，望不空返，所白如允，願加采納。今奉獻琉璃唾壺、雜香、吉貝等物。』

《魏書》卷八《世宗紀》　（景明四年夏四月）庚寅，南天竺國獻辟支佛牙。

（永平元年）二月辛未，【略】南天竺國並遣使朝獻。

又　卷九《肅宗紀》　（正光二年五月）乙酉，烏萇國遣使朝貢。

《北史》卷九七《西域傳・南天竺》　宣武時，其國王婆羅化遣使獻駿馬、金銀。自此，每使朝貢。

宋·李昉等《太平御覽》卷七八七《四夷部八·南蠻三·毗加梨國》 《宋元嘉起居註》曰：五年，天竺毗加梨國王月受遣使上表，幷奉金剛指環一枚、剛印摩勒金環一枚、一具、白旃檀六段、白赤鸚鵡各一頭、細疊兩張。

罽　賓

《魏書》卷四上《世祖紀上》 （正平元年春正月）罽賓【略】遣使朝獻。

又 卷八《世宗紀》 （永平元年）秋七月辛卯，【略】罽賓【略】遣使朝獻。

又 卷九《肅宗紀》 （熙平二年正月癸丑）罽賓國並遣使朝獻。（熙平二年）秋七月乙丑，【略】罽賓國並遣使朝獻。

《北史》卷九七《西域傳·罽賓》 每使朝獻。

師子國

南朝梁·慧皎《高僧傳》卷一三《興福·釋慧力》 又有師子國四尺二寸玉像，並皆在焉。昔師子國王，聞晉孝武精於奉法，故遣沙門曇摩抑遠獻此佛，在道十餘年，至義熙中乃達晉。

《宋書》卷五《文帝紀》 （元嘉十二年）是月（六月），【略】師子國遣使獻方物。

又 卷九七《夷蠻傳·師子國》 師子國，元嘉五年，國王刹利摩訶南奉表曰：謹白大宋明主，雖山海殊隔，而音信時通。伏承皇帝道德高遠，覆載同於天地，明照齊乎日月，四海之外，無往不伏，方國諸王，莫不遣信奉獻，以表歸德之誠。或泛海三年，陸行千日，畏威懷德，無遠不至。我先王以來，唯以修德為正，不嚴而治，奉事三寶，道濟天下，欣人為善，慶若在己，欲與天子共弘正法，以度難化。故托四道人遣二白衣送牙臺像以為信誓，信還，願垂音告。至十二年，又復遣使奉獻。

《梁書》卷五四《諸夷傳·海南諸國·師子》 晉義熙初，始遣獻玉像，經十載乃至。【略】宋元嘉六年、十二年，其王刹利摩訶遣使貢獻。大通元年，後王伽葉伽羅訶梨邪使奉表曰：『謹白大梁明主：雖山海殊隔，而音信時通。伏承皇帝道德高遠，覆載同於天地，明照齊乎日月，四海之表，無有不從，方國諸王，莫不奉獻，以表慕義之誠。或泛海三年，陸行千日，畏威懷德，無遠不至。我先王以來，唯以修德為本，不嚴而治。奉事正法道天下，欣人為善，慶若己身，欲與大梁共弘三寶，以度難化。信還，伏聽告敕。今奉薄獻，願垂納受。』

宋·李昉等《太平御覽》卷七八七《四夷部八·南蠻三·師子國》 《宋元嘉起居註》曰：師子國王遣使奉獻，詔曰：『此《小乘經》甚少，彼國所有，皆可悉為寫送之。聞彼鄰多有師子，此所未睹，可悉致之。』

中亞諸國分部

綜　述

大月氏

《三國志》卷三《魏志·明帝紀》 （太和三年十二月）癸卯，大月氏王波調遣使奉獻，以調為親魏大月氏王。

大　宛

晉·張華《博物志》卷三《異獸》 大宛國有汗血馬，天馬種。漢魏西域，時有獻者。

《晉書》卷三《武帝紀》 （泰始六年）九月，大宛獻汗血馬。

又 卷九七《四夷傳·西戎·大宛國》 太康六年，武帝遣使楊顥拜其王藍庾為大宛王。藍庾卒，其子摩之立，遣使貢汗血馬。

又 卷一〇五《載記第五·石勒下》 涼州牧張駿遣長史馬詵奉圖，送【略】大宛使，獻其方物。

《北史》卷九七《西域傳·破洛那》 太和三年，遣使獻汗血馬。自此每使朝貢。

宋・李昉等《太平御覽》卷八二〇《布帛部七・白疊》 （晉）吳篤《趙書》曰：石勒建平二年，大宛獻珊瑚、琉璃、白疊。

康居

《晉書》卷九七《四夷傳・西戎・康居國》 泰始中，其王那鼻遣使上封事，並獻善馬。

迷密

《魏書》卷一〇二《西域傳・迷密國》 正平元年，遣使獻一峰黑橐駝。

《北史》卷九七《西域傳・迷密》 正平元年，遣使獻一峰黑橐駝。

悉萬斤

《魏書》卷七上《高祖紀上》 （延興三年）冬十月，【略】悉萬斤國遣使朝獻。

（承明元年九月）癸丑，【略】悉萬斤國並遣使朝貢。

（太和四年）七月，【略】悉萬斤國遣使朝貢。

又 卷七下《高祖紀下》 （太和十一年）八月，【略】悉萬斤國遣使朝獻。

《北史》卷九七《西域傳・悉萬斤》 其國南有山名伽色那山，出師子。每使朝貢。

粟特

《宋書》卷九五《索虜傳》 （芮芮）其東，【略】又有粟特國。太祖世，並奉表貢獻。粟特大明中遣使獻生獅子、火浣布、汗血馬，道中遇寇，失之。

《魏書》卷四上《世祖紀上》 （太延元年八月丙戌）粟特國遣使朝獻。

（太延三年三月癸巳）粟特【略】遣使朝獻。

又 卷四下《世祖紀下》 （太平真君五年）十二月，粟特國遣使朝貢。

又 卷五《高宗紀》 （太安）三年春正月，【略】粟特【略】遣使朝貢。

又 卷七上《高祖紀上》 （延興四年春正月）辛巳，粟特國遣使朝獻。

《周書》卷五《武帝紀上》 （保定四年）秋七月戊午，粟特遣使獻方物。

又 卷五〇《異域傳下・粟特》 保定四年，其王遣使獻方物。

《北史》卷一〇《周紀下・高祖武帝》 是歲（保定四年），粟特【略】遣使朝貢。

又 卷九七《西域傳・粟特》 周保定四年，其王遣使貢方物。

者舌

《魏書》卷四上《世祖紀上》 （太延三年十一月甲申）者舌國【略】遣使朝獻，奉汗血馬。

又 卷一〇二《西域傳・者舌國》 太延三年，遣使朝貢。自是不絕。

《北史》卷九七《西域傳・者舌》 太延三年，遣使朝貢不絕。

副貨

《魏書》卷一〇二《西域傳・副貨國》 其王遣使朝貢。

《北史》卷九七《西域傳・副貨》 其王遣使朝貢。

疊伏羅

《魏書》卷八《世宗紀》 （正始四年）三月丙子，疊伏羅國遣使朝貢。

又 卷九《肅宗紀》 （孝昌二年）是月（二月），疊伏羅國遣使朝貢。

《北史》卷九七《西域傳・疊伏羅》 宣武時，其國王伏陀末多遣使獻方物。自是，每使朝貢。

吐呼羅

《魏書》卷五《高宗紀》（和平五年）十有二月，【略】吐呼羅國遣使朝獻。

《北史》卷九七《西域傳・吐呼羅》 其王曾遣使朝貢。

嚈噠

南朝梁・蕭繹《職貢圖・滑國國使題記》 魏晉以來，不通中國。天監十五年，國王姓厭帶，名夷栗陁，始使蒲多達□□賓□皮毛名纈杯。普通元年，又遣富何了了獻黄師子、白貂裘、波斯師子錦。王妻□□亦遣使康符真同貢物。其使人莘頭剪髮，著波斯錦褶黄錦袴，朱麋皮長壅鞾。其語言則河南人重譯而通焉。

《梁書》卷三《武帝紀下》（普通元年）三月丙戌，滑國遣使獻方物。

（普通七年春正月）丁卯，滑國遣使獻方物。

（大同元年）三月辛未，滑國王安樂薩丹王遣使獻方物。

又 卷五四《諸夷傳・西北諸戎・滑》 滑國者，車師之別種也。漢永建元年，八滑從班勇擊北虜有功，勇上八滑為後部親漢侯。自魏、晉以來，不通中國。至天監十五年，其王厭帶夷栗陁始遣使獻方物。普通元年，又遣使獻黄師子、白貂裘、波斯錦等物。七年，又奉表貢獻。

《魏書》卷八《世宗紀》（延昌元年冬）是月（十月），嚈噠【略】遣使朝獻。

（延昌二年秋八月）庚戌，嚈噠【略】遣使朝獻。

又 卷九《肅宗紀》（神龜二年）夏四月乙丑，嚈噠國遣使朝貢。

（正光五年）閏二月癸巳，嚈噠國遣使朝貢。

（正光五年十二月）嚈噠【略】遣使朝貢。

又 卷一〇《敬宗紀》（永安三年）六月，【略】嚈達國獻師子一。

又 卷一一《出帝紀》（太昌元年六月）癸酉，【略】嚈噠國遣使朝貢。

《周書》卷四《明帝紀》（二年）六月癸亥，嚈噠遣使獻方物。

又 卷五〇《異域傳下・嚈噠》 大統十二年，遣使獻其方物。魏廢帝二年，明帝二年，並遣使來獻。後為突厥所破，部落分散，職貢遂絶。

《北史》卷九《周紀上・世宗明帝》（二年）六月癸亥，嚈噠國遣使朝貢。

又 卷九七《西域傳・嚈噠》 自太安以後，每遣使朝貢，正光末，遣貢師子一，至高平，遇万俟醜奴反，因留之。醜奴平，送京師。永熙以後，朝獻遂絶。【略】

至大統十二年，遣使獻其方物。廢帝二年、周明帝二年，並遣使來獻。後為突厥所破，部落分散，職貢遂絶。

北魏・楊衒之《洛陽伽藍記》卷三《城南》 永橋南道東有白象、獅子二坊。白象者，永平二年乾陀羅國胡王所獻，背施五采屏風，七寶坐床，容數人，真是異物。常養象于乘黄曹，象常壞屋敗牆，走出於外，逢樹即拔，遇牆亦倒。百姓驚怖，奔走交馳。太后遂徙象於此坊。

滑旁小國

南朝梁・蕭繹《職貢圖・胡蜜丹國使題記》 胡蜜丹，滑旁小國也。普通元年使使隨滑使來朝。其表曰：（楊）［揚］州天子出處大國聖主，胡蜜王名□僕遙長跪合掌作禮千萬。今滑使到聖國，用附函啓並水精鐘一口，馬一疋。聖主有若所勑，不敢有異。

又 《呵跋檀國使題記》 呵跋檀，滑旁小國。普通元年隨滑使入貢。其表曰：最所應恭敬吉天子，東方大地呵跋檀王問訊□一過，乃百千萬億。天子安（隱）［穩］。我今遣使手送此書，書不空，故上馬一疋，銀器一故。

又 《周古柯國使題記》 周古柯，滑旁小國。普通元年。隨滑使朝貢。其表曰：一切所恭敬，一切吉具足，如天靜無雲，滿月明曜天子身清靜，具足亦如此。為四海弘願，以為舟揚州閻浮提第一廣大國人□佈滿歡樂，莊嚴如天上不異。周古柯王頂禮弁拜問訊天子□□，今上金□一，琉璃碗一，馬一疋。

《梁書》卷五四《諸夷傳・西北諸戎・呵跋檀》 普通元年，使使隨滑使來獻方物。

又《西北諸戎・胡蜜丹》 普通元年，使使隨滑使來獻方物。

又《西北諸戎・周古柯》 普通元年，使使隨滑來獻方物。

《南史》卷七九《夷貊傳下・西域・滑國》 呵跋檀、周古柯、胡密丹等國，並滑旁小國也。凡滑旁之國，衣服容貌皆與滑同。普通元年，使使隨滑使來貢獻方物。

白題

南朝梁・蕭繹《職貢圖・白題國使題記》 國王姓支名使□毅。普通三年，白題道釋氈獨活使安遠憐伽到京師貢獻。

《梁書》卷五四《諸夷傳・西北諸戎・白題》 普通三年，遣使獻方物。

西亞諸國分部

綜述

安息

《周書》卷五《武帝紀上》（天和二年）五月壬申，【略】安息並遣使獻方物。

又卷五〇《異域傳下・安息》 天和二年，其王遣使來獻。

《北史》卷一〇《周紀下・高祖武帝》 是歲（天和二年），【略】安息【略】遣使朝貢。

又卷九七《西域傳・安息》 周天和二年，其王遣使朝獻。

波斯

南朝梁・蕭繹《職貢圖・波斯國使題記》 大通二年，遣使至安越，奉表獻佛牙。

《梁書》卷三《武帝紀下》（中大通五年八月）甲子，波斯國遣使獻方物。

（大同元年）夏四月庚子，波斯國獻方物。

又卷五四《諸夷傳・西北諸戎・波斯》 中大通二年，遣使獻佛牙。

《魏書》卷五《高宗紀》（太安元年）冬十月，波斯【略】遣使朝貢。

（和平二年）八月戊辰，波斯國遣使朝獻。

又卷一九中《任城王澄傳》 西域嚈噠、波斯諸國各因公使，並遺（任城王元）澄駿馬一匹。澄請付太僕，以充國閑。詔曰：『王廉貞之德，有過楚相，可敕付廄，以成君子大哉之美。』

《周書》卷五〇《異域傳下・波斯》 魏廢帝二年，其王遣使來獻方物。

《北史》卷九七《西域傳・波斯》 神龜中，其國遣使上書貢物，云：『大國天子，天之所生，願日出處常為漢中天子。波斯國王居和多千萬敬拜。』朝廷嘉納之。自此，每使朝獻。恭帝二年，其王又遣使獻方物。

北魏・楊衒之《洛陽伽藍記》卷三《城南》 永橋南道東有白象、獅子二坊。【略】獅子者，波斯國胡王所獻也，為逆賊万俟醜奴所獲，留於寇中。永安末，醜奴破，始達京師。莊帝謂侍中李彧曰：『朕聞虎見獅子必伏，可覓試之。』於是詔近山郡縣捕虎以送。鞏縣、山陽並送二虎一豹，帝在華林園觀之，於是虎豹見獅子，悉皆瞑目，不敢仰視。園中素有一盲熊，性甚馴，帝令取試之。虞人牽盲熊至，聞獅子氣，驚怖跳踉，曳鎖而走，帝大笑。普泰元年，廣陵王即位，詔曰：『禽獸囚之，則違其性，宜放還山林。』獅子亦令送歸本國。送獅子胡以波斯道遠，不可送達，遂在路殺獅子而返。有司糾核，罪以違旨論，廣陵王曰：『豈以獅子而罪人也？』遂赦之。

歐洲大秦分部

綜述

《晉書》卷九七《四夷傳·西戎·大秦國》 武帝太康中，其王遣使貢獻。

晉·嵇含《南方草木狀》卷中《木類》 蜜香紙，以蜜香樹皮葉作之。微褐色，有紋如魚子，極香而堅韌。水漬之，不潰爛。泰康五年，大秦獻三萬幅，常以萬幅賜鎮南大將軍當陽侯杜預，令寫所撰《春秋釋例》及《經傳集解》以進。未至而預卒，詔賜其家，令上之。

《北史》卷二《魏紀第二·高宗文成帝》 （太安二年）普嵐【略】遣使朝貢。

（和平六年夏四月）普嵐國獻寶劍。

任用域外人士分部

綜述

南朝梁·僧祐《出三藏記集》卷一三《支謙傳》 支謙，字恭明，一名越，大月支人也。【略】後吳主孫權聞其博學有才慧，即召見之，因問經中深隱之義。越應機釋難，無疑不析。權大悅，拜為博士，使轉導東宮，甚加寵秩。

《魏書》卷一三《皇后傳·孝文昭皇后》 孝文昭皇后高氏，司徒公肇之妹也。父颺，母蓋氏，凡四男三女，皆生於東裔。高祖初，乃舉室西歸，達龍城鎮，鎮表后德色婉豔，任充宮掖。及至，文明太后親幸北部曹，見后姿貌，奇之，遂入掖庭，時年十三。

又 卷一一四《釋老志》 京師沙門師賢，本罽賓國王種人，少入道，東遊涼城，涼平赴京。罷佛法時，師賢假為醫術還俗，而守道不改。於修復日，即反沙門，其同輩五人。帝乃親為下髮。師賢仍為道人統。

《北史》卷九二《和士開傳》 其先西域商胡，本姓素和氏。父安，恭敏善事人，稍遷中書舍人。魏靜帝嘗夜與朝賢講集，命安看斗柄所指，安曰：『臣不識北斗。』齊神武聞之，以為淳直，由是啓除給事黄門侍郎，位儀州刺史。士開貴，贈司空公、尚書左僕射、冀州刺史，謚文貞公。【略】

安吐根，安息胡人，曾祖入魏，家於酒泉。吐根魏末充使蠕蠕，因留塞北。天平初，蠕蠕主使至晉陽，吐根密啓本蕃情狀，神武得為之備。蠕蠕果遣兵入掠，無獲而反。神武以其忠款，厚加賞賚。其後與蠕蠕和親，結成婚媾，皆吐根為行人也。吐根性和善，頗有計策，頻使入朝，為神武親待。在其本蕃，為人所譖，奔投神武。文襄嗣事，以為假節、涼州刺史、率義侯，稍遷儀同三司，食永昌郡幹。皇建中，加開府。齊亡年，卒。

《周書》卷二九《高琳傳》 高琳字季珉，其先高句麗人也。六世祖欽，為質於慕容廆，遂仕於燕。五世祖宗，率衆歸魏，拜第一領民酋長，賜姓羽真氏。祖明、父遷仕魏，咸亦顯達。

宋·司馬光《資治通鑑》卷一〇九《晉紀三一·安皇帝甲》 （隆安元年）四月，【略】寶以高雲為建威將軍，封夕陽公，養以為子。雲，高句麗之支屬也。元胡三省注：高句麗自云高陽氏之後裔，故以高為氏。燕王皝破高句麗，徙於青山，由是世為燕臣。

唐·張彥遠《歷代名畫記》卷八《北齊·曹仲達》 曹仲達，本曹國人也。北齊最稱工，能畫梵像。官至朝散大夫。僧悰云：曹師於袁，冰寒於水；外國佛像，亡競於時。

遣使通好部

出使東亞諸國分部

綜述

高麗

《三國志》卷三《魏志·明帝紀》 初，權遣使浮海與高句驪通，欲襲遼東。

又 卷四七《吳志·吳主傳》裴松之注 《吳書》曰：【略】於是推（秦）旦、（黄）彊使前，德獨留守羣，捕菜果食之。旦、彊別數日，得達句驪（王宮），因宣詔於句驪王宮及其主簿，詔言有賜為遼東所攻奪。宮等大喜，即受詔，命使人隨旦還迎羣、德。其年，宮遣皁衣二十五人送旦等還，奉表稱臣，貢貂皮千枚，鶡雞皮十具。旦等見權，悲喜不能自勝。權義之，皆拜校尉。間一年，遣使者謝宏、中書陳恂拜宮為單于，加賜衣物珍寶。恂等到安平口，先遣校尉陳奉前見宮，而宮受魏幽州刺史諷旨，令以吳使自效。奉聞之，倒還。宮遣主簿笮咨、帶固等出安平，與宏相見。宏即縛得三十餘人質之，宮於是謝罪，上馬數百匹。宏乃遣咨、固奉詔書賜物與宮。是時宏船小，載馬八十匹而還。

唐·許嵩《建康實錄》卷二《吳·太祖下》 （嘉禾元年）冬十月，魏遼東太守公孫淵叛魏，使校尉宿舒、閬中令孫綜來奉表稱藩請援，并獻方物。帝【略】遣太常張彌、執金吾許晏、將軍周賀、賀達、校尉裴潛將兵一萬，浮海應接，并齎珍寶、九錫備物，封淵為燕王，領幽青二州十七郡諸軍事。

二年三月，【略】公孫淵果反為魏，魏將田預要擊破周賀、裴潛等於成山，而淵殺張彌、許晏、賀達三人，分其部伍，秦旦、杜德等走於玄菟。八月，旦等自玄菟走句麗，句麗王見旦、德等，甚敬之，曰：『此天子邊人也。』乃發皁衣使二十五人送歸，兼表獻方物，豹皮千枚，鶡鷄皮十具。帝喜句麗，大怒公孫淵，將自征遼東。尚書薛綜等率大臣切諫，【略】帝乃止。冬十月，詔使中書郎陳恂、謝宏往拜句麗王宮為單于，并賜衣服。恂至，句麗已受魏幽州牧諷旨，不受詔賜，遂郊止吳使，令主簿笮資、帶固往與恂、宏相見。恂等怒，乃縛資、固為質，使讓句麗。句麗王謝罪，獻馬百疋，乃釋資等，令奉詔賜物，而將馬還。

宋·司馬光《資治通鑑》卷七二《魏紀四·烈祖明皇帝中之上》 （青龍元年）初，張彌、許晏等至襄平，公孫淵欲圖之，乃先分散其吏兵，中使秦旦、張羣、杜德、黄彊等及吏兵六十人置玄菟。元胡三省注：中使，中節人使也。【略】於是推旦、彊使前，德獨留守，羣採菜果食之。旦、彊別數日，得達句麗，因宣吳主詔於句麗王位宮及其主簿，紿言有賜，為遼東所劫奪。位宮等大喜，即受詔，命使人隨旦還迎羣，遣皁衣二十五人送旦等還吳，奉表稱臣，貢貂皮千枚，鶡雞皮十具。旦等見吳主，悲喜不能自勝。吳主壯之，皆拜校尉。

又 卷一〇〇《晉紀二二·孝宗穆皇帝中之下》 （永和十一年）十二月，高句麗王遣使詣燕納質修貢，以請其母。燕主儁許之，遣殿中將軍刁龕送釗母周氏歸其國，以釗為征東大將軍、營州刺史，封樂浪公，王如故。

《晉書》卷九《簡文帝紀》 （咸安）二年六月，遣使拜百濟王句為鎮東將軍，領樂浪太守。

北魏·崔鴻《十六國春秋》卷二七《前燕錄五·慕容儁下》 （元璽四年）十二月，高句驪王釗遣使詣儁納質修貢，以請其母，許之。遣殿中將軍刁龕送釗母周氏歸國。釗復遣使謝恩，貢其方物，以釗為錄營諸軍事、征東大將軍、營州刺史，封樂浪公，王如故。

《宋書》卷九七《夷蠻傳·東夷·高句驪國》 少帝景平二年，璉遣長史馬婁等詣闕獻方物，遣使慰勞之。曰：『皇帝問使持節、散騎常侍、都督營平二州諸軍事、征東大將軍、高句驪王、樂浪公，纂戎東服，庸績繼軌，厥惠既彰，款誠亦著，逾遼越海，納貢本朝。朕以不德，忝承鴻

緒，永懷先蹤，思覃遺澤。今遣謁者朱邵伯、副謁者王邵子等，宣旨慰勞。其茂康惠政，永隆厥功，式昭往命，稱朕意焉。』

《魏書》卷四《世祖紀上》（太延二年二月）壬辰，遣使者十餘輩詣高麗東夷諸國，詔諭之。

又　卷三二《封軌傳》　太和中，拜著作佐郎，稍遷尚書儀曹郎中，兼員外散騎常侍。銜命高麗，高麗王雲恃其偏遠，稱疾不親受詔。軌正色詰之，喻以大義，雲乃北面受詔。先是，契丹虜掠邊民六十餘口，又為高麗擁掠東歸。軌具聞其狀，移書徵之，雲悉資給遣還。有司奏軌遠使絕域，不辱朝命，權宜曉慰，邊民來蘇，宜加爵賞。世宗詔曰：『權宜徵口，使人常體，但光揚有稱，宜賞一階。』轉考功郎中，除本郡中正。

又　卷三九《李佐傳》　高祖初，兼散騎常侍，銜命使高麗。以奉使稱旨，還拜常山太守，賜爵真定子。

又　卷四五《杜洪太傳》　延興中，為中書博士。後使高麗，除安遠將軍、下邳太守，轉梁郡太守。

又　卷五五《劉芳傳》　神龜中，（劉永）兼大鴻臚卿，持策拜高麗王安。

又　卷五七《高祐傳》　假散騎常侍、平東將軍、蓚縣侯，使高麗。

又　卷六〇《程駿傳》　延興末，高麗王璉求納女於掖庭，顯祖許之，假駿散騎常侍，賜爵安豐男，加伏波將軍，持節如高麗迎女，賜布帛百匹。駿至平壤城，或勸璉曰：『魏昔與燕婚，既而伐之，由行人具其夷險故也。今若送女，恐不異於馮氏。』璉遂謬言女喪。駿與璉往復經年，責璉以義方，璉不勝其忿，遂斷駿從者酒食。璉欲逼辱之，憚而不敢害。會顯祖崩，乃還，拜秘書令。

又　卷六七《崔庠傳》　頻使高麗。

又　卷七二《房亮傳》　兼員外常侍，使高麗，高麗王托疾不拜。以亮辱命，坐白衣守郎中。

又　《朱元旭傳》　頻使高麗。

又　卷七八《孫紹傳》　正光初，兼中書侍郎，使高麗。還為鎮遠將軍、右軍將軍。

又　卷七九《馮元興傳》　轉殿中，除奉朝請，三使高麗。

又　卷八四《張偉傳》　子仲慮，太和初，假給事中、高麗副使，尋假散騎常侍、高麗使。

又　卷一〇〇《高句麗傳》　世祖時，釗曾孫璉始遣使者安東奉表貢方物，並請國諱，世祖嘉其誠款，詔下帝系外名諱於其國，遣員外散騎侍郎李敖拜璉為都督遼海諸軍事、征東將軍、領護東夷中郎將、遼東郡開國公、高句麗王。敖至其所居平壤城，訪其方事。【略】時馮文通率衆奔之，世祖遣散騎常侍封撥詔璉，令送文通。【略】

後文明太后以顯祖六宮未備，敕璉令薦其女。璉奉表，云女已出嫁，求以弟女應旨，朝廷許焉，乃遣安樂王真、尚書李敷等至境送幣。璉惑其左右之說，云朝廷昔與馮氏婚姻，未幾而滅其國，殷鑒不遠，宜以方便辭之。璉遂上書妄稱女死。朝廷疑其矯詐，又遣假散騎常侍程駿切責之，若女審死者，聽更選宗淑。璉云：『若天子恕其前愆，謹當奉詔。』會顯祖崩，乃止。【略】

太和十五年，璉死，年百餘歲。高祖舉哀於東郊，遣謁者僕射李安上策贈車騎大將軍、太傅、遼東郡開國公、高句麗王，謚曰康。又遣大鴻臚拜璉孫雲使持節、都督遼海諸軍事、征東將軍、領護東夷中郎將、遼東郡開國公、高句麗王，賜衣冠服物車旗之飾。【略】

神龜中，雲死，靈太后為舉哀於東堂，遣使策贈車騎大將軍、領護東夷校尉、遼東郡開國公、高句麗王。又拜其世子安為安東將軍、領護東夷校尉、遼東郡開國公、高句麗。

北魏・崔鴻《十六國春秋》卷九九《北燕錄二・馮弘》　太興六年春二月戊子，弘遣使入貢於魏，請送侍子，世祖不許，將舉兵討之。壬辰，遣使者十餘輩，詣東方高麗等諸國，告諭之。

百濟

《宋書》卷九七《夷蠻傳・東夷・百濟國》　元嘉二年，太祖詔之曰：『皇帝問使持節、都督百濟諸軍事、鎮東大將軍、百濟王。累葉忠順，越海效誠，遠王纂戎，聿修先業，慕義既彰，厥懷赤款，浮桴驪水，獻騕執贄，故嗣位方任，以藩東服，勉勖所涖，無墜前蹤。今遣兼謁者閭丘恩子、兼副謁者丁敬子等宣旨慰勞，稱朕意。』

《南齊書》卷五八《東南夷傳・東夷・百濟國》 使兼謁者僕射孫副策命大襲亡祖父牟都為百濟王。曰：『於戲！惟爾世襲忠勤，誠著遐表，滄路肅澄，要貢無替。式循彝典，用纂顯命。往欽哉！其敬膺休業，可不慎歟！制詔行都督百濟諸軍事、鎮東大將軍百濟王牟大今以大襲祖父牟都為百濟王，即位章綬等玉銅虎竹符四。王其拜受，不亦休乎！』

《魏書》卷一〇〇《百濟傳》 （延興二年）顯祖以其僻遠，冒險朝獻，禮遇優厚，遣使者邵安與其使俱還。【略】安等至高句麗，璉稱昔與餘慶有仇，不令東過，安等於是皆還。乃下詔切責之。五年，使安等從東萊浮海，賜餘慶璽書，褒其誠節。安等至海濱，遇風飄蕩，竟不達而還。

日本

《三國志》卷三〇《魏志・東夷傳・倭》 正治元年，太守弓遵遣建中校尉梯俊等奉詔書印綬詣倭國，拜假倭王，並齎詔賜金、帛、錦罽、刀、鏡、采物，倭王因使上表答謝恩詔。【略】其八年，太守王頎到官。倭女王卑彌呼與狗奴國男王卑彌弓呼素不和，遣倭載斯、烏越等詣郡説相攻擊狀。遣塞曹掾史張政等因齎詔書、黄幢，拜假難升米，為檄告喻之。

政等以檄告喻一與，一與遣倭大夫率善中郎將掖邪狗等二十人送政等還，因詣臺，獻上男女生口三十人，貢白珠五千，孔青大句珠二枚，異文雜錦二十匹。

出使東南亞諸國分部

綜述

《三國志》卷六〇《吴志・呂岱傳》 （黄初七年）岱既定交州，【略】又遣從事南宣國化，暨徼外扶南、林邑、堂明諸王，各遣使奉貢。權嘉其功，進拜鎮南將軍。

《梁書》卷五四《諸夷傳・海南諸國》 海南諸國，【略】及吴孫權時，遣宣化從事朱應、中郎康泰通焉。其所經及傳聞，則有百數十國。

又《中天竺國》 其時吴遣中郎康泰使扶南，及見陳、宋等，具問天竺土俗，云：『佛道所興國也。人民敦厖，土地饒沃。其王號茂論。所都城郭，水泉分流，繞於渠壍，下註大江。其宮殿皆雕文鏤刻，街曲市里，屋舍樓觀，鐘鼓音樂，服飾香華；水陸通流，百賈交會，奇玩珍瑋，恣心所欲。左右嘉維、舍衛、葉波等十六大國，去天竺或二三千里，共尊奉之，以為在天地之中也。』

《宋書》卷九七《夷蠻傳・訶羅單國》 此後又遣使。（元嘉）二十六年，太祖詔曰：『訶羅單、媻皇、媻達三國，頻越遐海，款化納貢，遠誠宜甄，可並加除授。』乃遣使策命之曰：『惟汝慕義款化，效誠荒遐，恩之所洽，殊遠必甄，用敷典章，顯茲策授。爾其欽奉凝命，永固厥職，可不慎歟！』

《南史》卷七八《夷貊傳上・西南夷・呵羅單國》 （元嘉）二十六年，文帝詔曰：『呵羅單、婆皇、婆達三國，頻越遐海，款化納貢，遠誠宜甄，可並加除授。』乃遣使策命之。

《魏書》卷五七《崔挺傳》 掖縣有人，年逾九十，板輿造州。自稱少曾充使林邑，得一美玉，方尺四寸，甚有光彩，藏之海島，垂六十歲。忻逢明治，今願奉之。挺曰：『吾虽德謝古人，未能以玉为宝。』遣船隨取，光潤果然。竟不肯受，仍表送京都。

唐・釋道宣《續高僧傳》卷一《譯經篇初》 梁武皇帝，德加四域，盛唱三寶。大同中，敕直後張汜等送扶南獻使返國，仍請《名德三藏》、《大乘諸論》、《雜華經》等。

宋・李昉等《太平御覽》卷七八七《四夷部八・南蠻三・蒲林國》 《晉起居註》曰：興寧元年閏月，蒲林王國新開通，前所奉表詣先帝，令達到其國慰諭。

出使南亞諸國分部

綜述

北魏・楊衒之《洛陽伽藍記》卷五《城北》 聞義里有敦煌人宋雲宅，雲與惠生俱使西域也。神龜元年十一月冬，太后遣崇立寺比丘惠生向西域取經，凡得一百七十部，皆是大乘妙典。

《魏書》卷一一四《釋老志》 熙平元年，詔遣沙門惠生使西域，采諸經律。正光三年冬，還京師。所得經論一百七十部，行於世。

唐・釋道世《法苑珠林》卷二一《敬佛篇第六之二・觀佛部・感應緣》 梁祖武帝以天鑒元年正月八日，夢檀像入國，因發詔，募往迎。【略】時決勝將軍郝騫、謝文華等八十人應募往達，具狀祈請。舍衛王曰：『此中天正像，不可適邊。』乃令三十二匠更剋紫檀，人圖一相。卯時運手，至午便就，相好具足而像頂放光，降微細雨，并有異香。故《優填王經》云『真身既隱，次二像現，普為衆生深作利益者』是也。騫等負第二像，行數萬里，備歷艱關，難以具聞。又渡大海，冒涉風波，隨浪至山。【略】至天鑒十年四月五日，騫等達于楊都。帝與百僚徒行四十里，迎還太極殿，建齋度人，大赦斷煞。

出使中亞諸國分部

綜述

《魏書》卷三二《高徽傳》 延昌中，假員外散騎常侍，使於嚈噠，西域諸國莫不敬憚之，破洛侯、烏孫並因之以獻名馬。還，拜冗從僕射。神龜中，【略】使嚈噠。

又 卷一〇二《西域傳序》 太延中，魏德益以遠聞，西域龜茲、疏勒、烏孫、悅般、渴槃陁、鄯善、焉耆、車師、粟特諸國王始遣使來獻。世祖以西域漢世雖通，有求則卑辭而來，無欲則驕慢王命，此其自知絕遠，大兵不可至故也。若報使往來，終無所益，欲不遣使。有司奏：九國不憚遐嶮，遠貢方物，當與其進，安可豫抑後來？乃從之。於是始遣行人王恩生、許綱等西使。恩生出流沙，為蠕蠕所執，竟不果達。又遣散騎侍郎董琬、高明等多齎錦帛，出鄯善，招撫九國，厚賜之。初，琬等受詔：便道之國，可往赴之。琬過九國，北行至烏孫國。其王得朝廷所賜，拜受甚悅，謂琬曰：『傳聞破洛那、者舌，皆思魏德，欲稱臣致貢，但患其路無由耳。今使君等既到此，可往二國，副其慕仰之誠。』琬於是自向破洛那，遣明使者舌，烏孫王為發導譯，達二國。琬等宣詔慰賜之，已，而琬、明東還，烏孫、破洛那之屬遣使與琬俱來貢獻者，十有六國。自後相繼而來，不間于歲，國使亦數十輩矣。

宋・司馬光《資治通鑑》卷一二二《宋紀四・太祖文皇帝上之下》 （元嘉十二年）魏主以漢世雖通西域，有求則卑辭而來，無求則驕慢不服；蓋自知去中國絕遠，大兵不能至故也。今報使往來，徒為勞費，終無所益，欲不遣使。有司固請，以為『九國不憚險遠，慕義入貢，不宜拒絕，以抑將來。』乃遣使者王恩生等二十輩使西域。恩生等始渡流沙，為柔然所執，恩生見敕連可汗，持魏節不屈。魏主聞之，切責敕連，敕連乃遣恩生等還，竟不能達西域。

又 卷一二三《宋紀五・太祖文皇帝中之上》 （元嘉十四年十一月）魏主復遣散騎侍郎董琬、高明等多齎金帛使西域，招撫九國。琬等至烏孫，其王甚喜，曰：『破洛那、者舌二國，元胡三省注：破落那，漢大宛國也，去代萬四千四百五十里。者舌，漢康居國也，去代萬五千四百五十里也。皆欲稱臣致貢於魏，但無路自致耳，今使君宜過撫之。』乃遣導譯送琬詣破落那，明詣者舌。旁國聞之，爭遣使者隨琬等入貢，凡十六國。自是每歲朝貢不絕。

出使西亞諸國分部

綜　述

北魏・楊衒之《洛陽伽藍記》卷四《城西》（高陽王元）琛在秦州，多無政績，遣使向西域求名馬，遠至波斯國，得千里馬，號曰『追風赤驥』。

《周書》卷三六《令狐整傳》　衆【略】於是乃推波斯使主張道義行［瓜］州事。具以狀聞。

宋・司馬光《資治通鑑》卷一五九《梁紀一五・高祖武皇帝十五》（中大同元年五月）衆【略】乃推魏所遣使波斯者張道義行［瓜］州事，具以狀聞。

對外政策部

維護和平分部

綜　述

《南齊書》卷五八《東南夷傳・扶南國》　那伽仙詣京師，言其國俗事摩胏首羅天神，神常降於摩耽山。土氣恒暖，草木不落。其上書曰：『吉祥利世間，感攝於羣生。所以其然者，天感化緣明。仙山名摩柷，吉樹敷嘉榮。摩寔首羅天，依此降尊靈。國土悉蒙佑，人民皆安寧。由斯恩被故，是以臣歸情。菩薩行忍慈，本迹起凡基。一發菩提心，二乘非所期，歷生積功業，六度行大悲。勇猛超劫數，財命捨無遺。生死不為厭，六道化有緣。具修於十地，遺果度人天。功業既已定，行滿登正覺。萬善智圓備，惠日照塵俗。衆生感緣應，隨機授法藥。佛化遍十方，無不蒙濟擢。皇帝聖弘道，興隆於三寶。垂心覽萬機，威恩振八表。國土及城邑，仁風化清皎。亦如釋提洹，衆天中最超。陛下臨萬民，四海共歸心。聖慈流無疆，被臣小國深。』

詔報曰：『具摩胏降靈，流施彼土，雖殊俗異化，遙深欣贊。知鳩酬羅於彼背叛，竊據林邑，聚凶肆掠，殊宜剪討。彼雖介遐陬，舊修蕃貢，自宋季多難，海譯致壅，皇化惟新，習迷未革。朕方以文德來遠人，未欲便興干戈。王既敌列忠到，遠請軍威，今詔交部隨宜應接。伐叛柔服，實惟國典，勉立殊效，以副所期。那伽仙屢銜邊譯，頗悉中土闊狹，令其具宣。』

《魏書》卷一〇〇《百濟傳》　延興二年，其王餘慶始遣使上表曰：『臣建國東極，豺狼隔路，雖世承靈化，莫由奉藩，瞻望雲闕，馳情罔極。涼風微應，伏惟皇帝陛下協和天休，不勝係仰之情，謹遣私署冠軍將軍、駙馬都尉弗斯侯，長史餘禮，龍驤將軍、帶方太守、司馬張茂等投舫波阻，搜徑玄津，托命自然之運，遣進萬一之誠。冀神祇垂感，皇靈洪復，克達天庭，宣暢臣志，雖且聞夕沒，永無餘恨。』

又云：『臣與高句麗源出夫餘，先世之時，篤崇舊款。其祖釗輕廢鄰好，親率士衆，陵踐臣境。臣祖須整旅電邁，應機馳擊，矢石暫交，梟斬釗首。自爾已來，莫敢南顧。自馮氏數終，餘燼奔竄，醜類漸盛，遂見陵逼，構怨連禍，三十餘載，財殫力竭，轉自孱踧。若天慈曲矜，遠及無外，速遣一將，來救臣國，當奉送鄙女，執掃後宮，並遣子弟，牧圉外廄。尺壤匹夫不敢自有。』

又云：『今璉有罪，國自魚肉，大臣彊族，戮殺無已，罪盈惡積，民庶崩離。是滅亡之期，假手之秋也。且馮族士馬，有鳥畜之戀；樂浪諸郡，懷首丘之心。天威一舉，有征無戰。臣雖不敏，志效畢力，當率所統，承風回應。且高麗不義，逆詐非一，外慕隗囂藩卑之辭，內懷凶禍豕突之行。或南通劉氏，或北約蠕蠕，共相脣齒，謀陵王略。昔唐堯至聖，致罰丹水；孟常稱仁，不捨塗詈。涓流之水，宜早壅塞，今若不取，將貽後悔。去庚辰年後，臣西界小石山北國海中見屍十餘，並得衣器鞍勒，

視之非高麗之物，後聞乃是王人來降臣國。長蛇隔路，以沉於海，雖未委當，深懷憤恚。昔宋戮申舟，楚莊徒跣；鷂撮放鳩，信陵不食。充敵建名，美隆無已。夫以區區偏鄙，猶慕萬代之信，況陛下合氣天地，勢傾山海，豈令小豎，跨塞天逵。今上所得鞍一，以為實驗。』

顯祖以其僻遠，冒險朝獻，禮遇優厚，遣使者邵安與其使俱還。詔曰：『得表聞之，無恙甚善。卿在東隅，處五服之外，不遠山海，歸誠魏闕，欣嘉至意，用戢於懷。朕承萬世之業，君臨四海，統御羣生。今宇內清一，八表歸義，繈負而至者不可稱數，風俗之和，士馬之盛，皆餘禮等親所聞見。卿與高麗不穆，屢致陵犯，苟能順義，守之以仁，亦何憂於寇仇也。前所遣使，浮海以撫荒外之國，從來積年，往而不返，存亡達否，未能審悉。卿所送鞍，比校舊乘，非中國之物。不可以疑似之事，以生必然之過。經略權要，已具別旨。』

又詔曰：『知高麗阻疆，侵軼卿土，修先君之舊怨，棄息民之大德，兵交累載，難結荒邊。使兼申胥之誠，國有楚越之急，乃應展義扶微，乘機電舉。但以高麗稱藩先朝，供職日久，於彼雖有自昔之釁，於國未有犯令之愆。卿使命始通，便求致伐，尋討事會，理亦未周。故往年遣禮等至平壤，欲驗其由狀。然高麗奏請頻煩，辭理俱詣，行人不能抑其請，司法無以成其責，故聽其所啓，詔禮等還。若今復違旨，則過咎益露，後雖自陳，無所逃罪，然後興師討之，於義為得。九夷之國，世居海外，道暢則奉藩，惠戢則保境，故羈縻著於前典，楛貢曠於歲時。卿備陳強弱之形，具列往代之迹，欲殊事異，擬貺乖衷，洪規大略，其致猶在。今中夏平一，宇內無虞，每欲陵威東極，懸旌域表，拯荒黎於偏方，舒皇風於遠服。良由高麗即敘，未及卜征。今若不從詔旨，則卿之來謀，載協朕意元戎啓行，將不云遠。便可豫率同興，具以待事，時遣報使，速究彼情。師舉之日，卿為鄉導之首，大捷之後，又受元功之賞，不亦善乎。所獻錦布海物雖不悉達，明卿至心。今賜雜物如別。』

又 卷一〇二《西域傳》 西域雖通魏氏，而中原始平，天子方以混一為心，未遑征伐。其信使往來，深得羈縻勿絕之道耳。

義感德化分部

綜　述

《晉書》卷一一三《載記第十三・苻堅上》 先是，梁熙遣使西域，稱揚堅之威德，並以繒彩賜諸國王，於是朝獻者十有餘國。大宛獻天馬千里駒，皆汗血、朱鬛、五色、鳳膺、麟身，及諸珍異五百餘種。堅曰：『吾思漢文之返千里馬，咨嗟美詠。今所獻馬，其悉反之，庶克念前王，仿佛古人矣。』乃命羣臣作《止馬詩》而遣之，示無欲也。其下以為盛德之事，遠同漢文，於是獻詩者四百餘人。【略】

堅自平諸國之後，國內殷實，遂示人以侈。懸珠簾于正殿，以朝羣臣。宮宇車乘，器物服御，悉以珠璣、琅玕奇寶珍怪飾之。尚書郎裴元略諫曰：『臣聞堯舜茅茨，周卑宮室，故致和平慶隆八百。始皇窮極奢麗，嗣不及孫。願陛下則采椽之不琢，鄙瓊室而不居，敷純風於天下，流休範於無窮。賤金玉，珍穀帛，勤恤人隱，勸課農桑，捐無用之器，棄難得之貨，敦至道以厲薄俗，修文德以懷遠人。然後一軌九州，同風天下，刑措既登，告成東嶽，蹤軒皇以齊美，哂二漢之徒封。臣之願也。』堅大悅，命去珠簾。以元略為諫議大夫。【略】大宛獻汗血馬，【略】天竺獻火浣布，康居【略】及海東諸國凡六十有二王，皆遣使貢其方物。

《宋書》卷九七《夷蠻傳・東夷・百濟國》 毗死，子慶代立。世祖大明元年，遣使求除授，詔許。二年，慶遣使上表曰：『臣國累葉，偏受殊恩，文武良輔，世蒙朝爵。行冠軍將軍右賢王餘紀等十一人，忠勤宜在顯進，伏願垂滑，並聽賜除。』仍以行冠軍將軍右賢王餘紀為冠軍將軍。以行征虜將軍左賢王餘昆、行征虜將軍餘暈並為征虜將軍。以行輔國將軍餘都、餘乂並為輔國將軍。以行龍驤將軍沐衿、餘爵並為龍驤將軍。以行寧朔將軍餘流、麇貴並為寧朔將軍。以行建武將軍於西、餘婁並為建武將軍。

《南齊書》卷五八《東南夷傳・東夷・百濟國》 建武三年此下闕文

報功勞勤，實存名烈。假行寧朔將軍臣姐瑾等四人，振竭忠效，攘除國難，志勇果毅，等威名將，可謂扞城，固蕃社稷，論功料勤，宜在甄顯。今依例輒假行職。伏願恩澤，聽除所假。寧朔將軍、面中王姐瑾，歷贊時務，武功並列，今假行冠軍將軍、都將軍、都漢王。建威將軍、八中侯餘古，弱冠輔佐，忠效夙著，今假行寧朔將軍、阿錯王。建威將軍餘歷，忠款有素，文武烈顯，今假行龍驤將軍、邁盧王。廣武將軍餘固，忠效時務，光宣國政，今假行建威將軍、弗斯侯。

牟大又表曰：『臣所遣行建威將軍、廣陽太守、兼長史臣高達，行建威將軍、朝鮮太守、兼司馬臣楊茂，行宣威將軍、兼參軍臣會邁等三人，志行清亮，忠款夙著。往泰始中，比使宋朝，今任臣使，冒涉波險，尋其至效，宜在進爵，謹依先例，各假行職。且玄澤靈休，萬里所企，況親趾天庭，乃不蒙賴。伏願天監特滑除正。達邊效夙著，勤勞公務，今假行龍驤將軍、帶方太守。茂志行清一，公務不廢，今假行建威將軍、廣陵太守。邁執志周密，屢致勤效，今假行廣武將軍、清河太守。』詔可，並賜軍號，除太守。為使持節、都督百濟諸軍事、鎮東大將軍。【略】

建武二年，牟大遣使上表曰：『臣自昔受封，世被朝榮，忝荷節鉞，剋攘列辟。往姐瑾等並蒙光除，臣庶咸泰。去庚午年，獫狁弗悛，舉兵深逼。臣遣沙法名等領軍逆討，宵襲霆擊，匈梨張惶，崩若海蕩。乘奔追斬，僵屍丹野。由是摧其銳氣，鯨暴韜凶。今邦宇謐靜，實名等之略；尋其功勳，宜在褒顯。今假沙法名行征虜將軍、邁羅王，贊首流為行安國將軍、辟中王，解禮昆為行武威將軍、弗中侯，木干那前有軍功，又拔臺舫，為行廣威將軍、面中侯。伏願天恩特滑聽除。』又表曰：『臣所遣行龍驤將軍、樂浪太守兼長史臣慕遺，行建武將軍、城陽太守兼司馬臣王茂，兼參軍、行振武將軍、朝鮮太守臣張塞，行揚武將軍陳明，在官忘私，唯公是務，見危授命，蹈難弗顧。今任臣使，冒涉波險，盡其至誠。實宜進爵，各假行署。伏願聖朝特賜除正。』詔可，並賜軍號。【略】

《梁書》卷五四《諸夷傳》　史臣曰：　海南東夷西北戎諸國，地窮邊裔，各有疆域。若山奇海異，怪類殊種，前古未聞，往牒不記。故知九州之外，八荒之表，辯方物土，莫究其極。高祖以德懷之，故朝貢歲至，美矣。

《魏書》卷一〇二《西域傳・粟特國》　其國商人，先多詣涼土販貨。及克姑臧，悉見虜。高宗初，粟特王遣使請贖之，詔聽焉。

又　卷一〇八之三《禮志三》　是年（太和十五年），高麗王死，十二月詔曰：『高麗王璉守蕃東隅，累朝貢職，年逾期頤，勤德彌著。今既不幸，其赴使垂至，將為之舉哀。而古者同姓哭廟，異姓隨其方，皆有服制。今既久廢，不可卒為之哀，且欲素委貌、白布深衣，於城東為盡一哀，以見其使也。朕雖不嘗識此人，甚悼惜之。有司可申敕備辦。』事如別儀。

《南史》卷七九《夷貊傳下・東夷・高句麗》　元嘉十五年，馮弘為魏所攻，敗奔高麗北豐城，表求迎接。文帝遣使王白駒、趙次興迎之，並令高麗資遣。璉不欲弘南，乃遣將孫漱、高仇等襲殺之。白駒等率所領七千餘人生禽漱，殺仇等二人。璉以白駒等專殺，遣使執送之。上以遠國，不欲違其意，白駒等下獄見原。

又　《倭國》　贊死，弟珍立，遣使貢獻，自稱使持節、都督倭、百濟、新羅、任那、秦韓、慕韓六國諸軍事，安東大將軍、倭國王，表求除正。詔除安東將軍、倭國王。珍又求除正倭洧等十三人平西、征虜、冠軍、輔國將軍等號，詔並聽之。【略】

興死，弟武立，自稱使持節、都督倭、百濟、新羅、任那、加羅、秦韓、慕韓七國諸軍事，安東大將軍、倭國王。順帝升明二年，遣使上表，言『自昔祖禰，躬擐甲胄，跋涉山川，不遑寧處。東征毛人五十五國，西服衆夷六十六國，陵平海北九十五國。王道融泰，廓土遐畿，累葉朝宗，不愆於歲。道徑百濟，裝飾船舫，而句麗無道，圖欲見吞。臣亡考濟方欲大舉，奄喪父兄，使垂成之功，不獲一簣。今欲練兵申父兄之志，竊自假開府儀同三司，其餘咸各假授，以勸忠節』。詔除武使持節、都督倭、新羅、任那、加羅、秦韓、慕韓六國諸軍事，安東大將軍、倭王。

《北史》卷九四《高麗等傳》　論曰：　廣谷大川異制，人生其間異俗，嗜欲不同，言語不通，聖人因時設教，所以達其志而通其俗也。九夷所居，與中夏懸隔，然天性柔順，無橫暴之風，雖綿貌山海，而易以道御。夏、殷之世，時或來王。暨箕子避地朝鮮，始有八條之禁，疏而不

漏，簡而可入，化之所感，千載不絕。

今遼東諸國，或衣服參冠冕之容，或飲食有俎豆之器，好尚經術，愛樂文史，遊學於京都者，往來繼路，或没世不歸，非先哲之遺風，其孰能致於斯也？故孔子曰：『言忠信，行篤敬，雖蠻貊之邦行矣。』誠哉斯言。其俗之可采者，豈苦矢之貢而已乎？自魏迄隋，年移四代，時方爭競，未遑外略。洎開皇之末，方征遼左，天時不利，師遂無功。二代承基，志苞宇宙，頻踐三韓之地，屢發千鈞之弩。小國懼亡，敢同困獸，兵不載捷，四海騷然，遂以土崩，喪身滅國。兵志有之曰：『務廣德者昌，務廣地者亡。』然遼東之地，不列於郡縣久矣，諸國朝正奉貢，無闕於歲時。二代震而矜之，以為人莫己若，不能懷以文德，遽動干戈，內恃富强，外思廣地，以驕取怨，以怒興師，若此而不亡，自古未聞也。然四夷之戒，安可不深念哉！

吸納域外文明部

帝王士庶崇佛分部

綜　述

《三國志》卷四九《吴志・劉繇傳》　笮融者，丹陽人。初聚衆數百，往依徐州牧陶謙，謙使督廣陵、彭城運漕，遂放縱擅殺，坐斷三郡委輸以自入。乃大起浮圖祠，以銅為人，黄金塗身，衣以錦采，垂銅槃九重，下為重樓閣道，可容三千餘人，悉課讀佛經，令界内及旁郡人有好佛者聽受道，復其他役，以招致之，由此遠近前後至者五千餘人戶。每浴佛，多設酒飯，布席於路，經數十里，民人來觀及就食且萬人，費以巨億計。

《宋書》卷九七《夷蠻傳・天竺迦毗黎國》　凡此諸國，皆事佛道。佛道自後漢明帝，法始東流，自此以來，其教稍廣，自帝王至於民庶，莫不歸心。經誥充積，訓義深遠，別為一家之學焉。【略】

先是，晉世庾冰始創議，欲使沙門敬王者，後桓玄復述其義，並不果行。大明六年，世祖使有司奏曰：『臣聞邃宇崇居，非期宏峻，拳跪盤伏，非止敬恭，將以施張四維，締制八宇。故雖儒法枝派，名墨條分，至於崇親嚴上，厥由靡爽。唯浮圖為教，逖自龍堆，反經提傳，訓遐事遠，練生瑩識，恒俗稱難，宗旨緬謝，微言淪隔，拘文蔽道，在末彌扇。遂乃陵越典度，偃倨尊戚，失隨方之眇迹，迷制化之淵義。夫佛法以謙儉自牧，忠虔為道，不輕比丘，遭道人斯拜，目連桑門，過長則禮，寧有屈膝四輩，而簡禮二親，稽顙耆臘，而直體萬乘者哉。故咸康創議，元興載述，而事屈偏黨，道挫餘分。今鴻源遙洗，羣流仰鏡，九仙盡寶，百神聳職，而畿輦之內，舍弗臣之氓，陛席之間，延抗體之客，懼非所以澄壹風範，詳示景則者也。臣等參議，以為沙門接見，比當盡虔禮敬之容，依其本俗，則朝徽有序，乘方兼遂矣。』詔可。前廢帝初，復舊。

世祖寵姬殷貴妃薨，為之立寺，貴妃子子鸞封新安王，故以新安為寺號。前廢帝殺子鸞，乃毀廢新安寺，驅斥僧徒，尋又毀中興、天寶諸寺。太宗定亂，下令曰：『先帝建中興及新安諸寺，所以長世垂範，弘宣盛化。頃遇昏虐，法像殘毀，師徒奔迸，甚以矜懷。妙訓淵謨，有扶名教。可招集舊僧，普各還本，並使材官，隨宜修復。』

宋世名僧有道生。道生，彭城人也。父為廣戚令。生出家為沙門法大弟子。幼而聰悟，年十五，便能講經。及長，有異解，立頓悟義，時人推服之。元嘉十壹年，卒於廬山。沙門慧琳為之誄。

慧琳者，秦郡秦縣人，姓劉氏。少出家，住冶城寺，有才章，兼外內之學，為廬陵王義真所知。嘗著《均善論》，其詞曰：

有白學先生，以為中國聖人，經綸百世，其德弘矣，智周萬變，天人之理盡矣；道無隱旨，教罔遺筌，聰睿迪哲，何負於殊論哉。有黑學道士陋之，謂不照幽冥之途，弗及來生之化，雖尚虛心，未能虛事，不逮西域之深也。於是白學訪其所以不逮云爾。白曰：『釋氏所論之空，與老氏所言之空，無同異乎？』黑曰：『異。釋氏即物為空，空物為壹。老氏有無兩行，空有為異，安得同乎！』白曰：『釋氏空物，物信空邪？』

黑曰：『然。空又空，不翅於空矣。』白曰：『三儀靈長於宇宙，萬品盈生於天地，孰是空哉？』黑曰：『空其自性之有，不害因假之體也。今構羣材以成大廈，罔專寢之實，積壹毫以致合抱，無檀木之體，有生莫俄頃之留，泰山蔑累息之固，興滅無常，因緣無主，所空在於性理，所難據於事用，吾以為誤矣。』白曰：『所言實相，空者其如是乎？』黑曰：『然。』白曰：『浮變之理，交於目前，視聽者之所同了邪？解之以登道場，重之以輕異學，誠未見其淵深。』黑曰：『斯理若近，求之實遠。夫情之所重者虛，事之可重者實。今虛其真實，離其浮偽，愛欲之惑，不得不去。愛去而道場不登者，吾不知所以相曉也。』白曰：『今析豪空樹，無□乘蔭之茂，離材虛室，不損輪奐之美，明無常增其惕蔭之情，陳若偏篤其競辰之慮。貝錦以繁采發輝，和羹以鹽梅致旨，齊侯追爽鳩之樂，燕王無延年之術，恐和合之辯，危脆之教，正足戀其嗜好之欲，無以傾其愛競之惑也。』黑曰：『斯固理絕於諸華，墳素莫之及也。』白曰：『山高累卑之辭，川樹積小之詠，舟壑火傳之談，堅白唐肆之論，蓋盈於中國矣，非理之奧，故不舉以為教本耳。子固以遺情遺累，虛心為道，而據事剖析者，更由指掌之間乎！』黑曰：『周、孔為教，正及壹世，不見來生無窮之緣，積善不過子孫之慶，累惡不過餘殃之罰，報效止於榮祿，誅責極於窮賤，視聽之外，冥然不知，良可悲矣。釋迦關無窮之業，拔重關之險，陶方寸之慮，宇宙不足盈其明，設壹慈之救，羣生不足勝其化，敘地獄則民懼其罪，敷天堂則物歡其福，指泥洹以長歸，乘法身以遐覽，神變無不周，靈澤靡不覃，先覺翻翔於上世，後悟騰翥而不紹，坎井之局，何以識大方之家乎！』白曰：『固能大其言矣，今效神光無徑寸之明，驗靈變罔纖介之異，勤誡者不睹善救之貌，篤學者弗剋陵虛之實，徒稱無量之壽，孰見期頤之叟，咨嗟金剛之固，安覿不朽之質。苟於事不符，宜尋立言之指，遺其所寄之說也。且要天堂以就善，曷若服義而蹈道，懼地獄以敕身，孰與從理以端心。禮拜以求免罪，不由祇肅之意，施壹以僥百倍，弗乘無吝之情。美泥洹之樂，生耽逸之慮，贊法身之妙，肇好奇之心，近欲未弭，遠利又興，雖言菩薩無欲，羣生固以有欲矣。甫救交敝之氓，永開利競之俗，澄神反道，其可得乎？』黑曰：『不然。若不示以來生之欲，何以權其當生之滯。物情不能頓至，故積漸以誘之。奪此俄頃，要彼無窮，若弗勤春稼，秋墻何期。端坐井底，而息意庶慮者，長淪於九泉之下矣。』白曰：『異哉！何所務之乖也。道在無欲，而以有欲要之，北行求郢，西征索越，方長迷於幽都，永謬滯於昧谷。遼遼閩、楚，其可見乎！所謂積漸者，日損之謂也。當先遺其所輕，然後忘其所重，使利欲日去，淳白自生耳。豈得以少要多，以粗易妙，俯仰之間，非利不動，利之所蕩，其有極哉！乃丹青眩媚彩之目，土木誇好壯之心，興糜費之道，單九服之財，樹無用之事，割羣生之急，致營造之計，成私樹之權，務權化之業，結師黨之勢，苦節以要厲精之譽，護法以展陵競之情，悲矣！夫道其安寄乎？是以周、孔敦俗，弗關視聽之外；老、莊陶風，謹守性分而已。』黑曰：『三遊本於仁義，盜跖資於五善，聖迹之敝，豈有內外。且黃、老之家，符章之偽，水祝之誣，不可勝論。子安於彼，駭於此，玩於濁水，違於清淵耳。』白曰：『有迹不能不敝，有術不能無偽，此乃聖人所以桎梏也。今所惜在作法於貪，遂以成俗，不正其敝，反以為高耳。至若淫妄之徒，世自近鄙，源流蔑然，因不足論。』黑曰：『釋氏之教，專救夷俗，便無取於諸華邪？』白曰：『喝為其然。為則開端，宜懷屬緒，愛物去殺，尚施周人，息心遺榮華之願，大士布兼濟之念，仁義玄壹者，何以尚之。惜乎幽旨不亮，末流為累耳。』黑曰：『子之論善殆同矣，便事盡於生乎？』白曰：『幽冥之理，固不極於人事矣。周、孔疑而不辨，釋迦辨而不實，將宜廢其顯晦之迹，存其所要之旨。請嘗言之。夫道之以仁義者，服理以從化；帥之以勸戒者，循利而遷善。故甘辭興於有欲，而滅於悟理，淡說行於天解，而息於貪偽。是以示來生者，蔽虧於道、釋不得已，杜幽暗者，冥符於姬、孔閉其兌。由斯論之，言之者未必遠，知之者未必得，不知者未必失，但知六度與五教並行，信順與慈悲齊立耳。殊塗而同歸者，不得守其發輪之轍也。』

《論》行於世。舊僧謂其貶黜釋氏，欲加擯斥。太祖見論賞之，元嘉中，遂參權要，朝廷大事，皆與議焉。賓客輻湊，門車常有數十兩，四方贈賂相係，勢傾壹時。註《孝經》及《莊子·逍遙篇》、《文論》，傳於世。

又有慧嚴、慧議道人，並住東安寺，學行精整，為道俗所推。時鬭場寺多禪僧，京師為之語曰：『鬭場禪師窟，東安談義林。』世祖大明四

年，於中興寺設齋。有壹異僧，衆莫之識，問其名，答言名明慧，從天安寺來，忽然不見。天下無此寺名，乃改中興曰天安寺。大明中，外國沙門摩訶衍苦節有精理，於京都多出新經，《勝鬘經》尤見重內學。

南朝梁·僧祐《出三藏記集》卷五《小乘迷學竺法度造異儀記》　夫至人應世，觀衆生根，根力不同，設教亦異。是以三乘立軌，隨機而發；五時說法，應契而化。沿粗以至妙，因小以及大，階漸殊時，教之體也。自正法稍遠，受學乖互，外域諸國，或偏執小乘，最後涅槃，顯明佛性，而猶執初教，可謂膠柱鼓瑟者也。

元嘉中，外國商人竺婆勒久停廣州，每往來求利。於南康郡生兒，仍名南康，長易字金伽。後得入道，為曇摩耶舍弟子，改名法度。其人貌雖外國，實生漢土，天竺科軌，非其所諳。但性存矯異，欲以攝物，故執學小乘，云無十方佛，唯禮釋迦而已，大乘經典不聽讀誦。反抄著衣，以此為法，常用銅鉢，無別應器。乃令諸尼作鎮肩衣，似尼師壇，縫之為囊，恒著肩上，而不用坐，以表衆異。每至出路，相捉而行；布薩悔過，但伏地相向，而不胡跪。法度善閑漢言，至授戒先作胡語，不令漢知。案律之明文，授法資解，言不相領，不得法事。而竺度昧罔，面行詭術，明識之衆，咸共駭棄。唯宋故丹陽尹顏竣女宣業寺尼法弘，交州刺史張牧女弘光寺尼普明等信受其教，以為真實。雖出貴族，而識謝慧心，毀呰方等。既絕法雨，妄學詭科，乖背律儀，來苦方深，良可潸傷。

自正化東流，大乘日曜，英哲頂受，遍服膺。而使迷偽之人，專行偏教，莫或振止，何其甚哉！昔慧導拘滯，疑惑《大品》；曇樂偏執，非撥《法華》。罔天下之明，信己情之謬，關中大人，固已指為無間矣！至如彭城僧淵，誹謗《涅槃》，舌根銷爛，現表厥殃，大乘難誣，亦可驗也。尋三人之惑，並惡止其躬，而竺度之悖，以毒飲人。凡女人之性，智弱信强，一受偽教，則同惑相挺。故京師數寺遂塵異法，東境尼衆亦時染此風，將恐邪路易開，淄汙不已。嗟乎！斯豈魔斷大乘，故先侮女人歟？此實開士之所痛悼，而法主所宜匡制也。《大方便經》云：『釋迦如來昔為比丘，專以《四阿含》教化，謗毀方等，於無數劫，受大苦報，從阿鼻出，發大乘心致成正覺。』後進之賢，宜思防斷。古今明誡，可不慎乎！

又　卷一三《尸梨蜜傳》　尸梨蜜，西域人也。時人呼之為高座。傳云國王之子，當承繼世，而以國讓弟，闇軌太伯。既而悟心天啓，遂為沙門。蜜天資高朗，風骨邁舉，直爾對之，便自卓出於物。西晉永嘉中始到此土，止建初寺。丞相王導一見而奇之，以為吾之徒也。由是名顯。

太尉庾元規、光祿周伯仁、太常謝幼輿、廷尉桓茂倫，皆一代名士，見之終日累歎，披衿至契。導常詣蜜，蜜解帶偃伏，悟言神解。時尚書令卞望之亦與蜜致善。卞令風裁貴整，以度格物。須臾卞至，蜜乃更斂衿飾容，端坐對之。諸公於是歎其精神灑厲，皆得其所。桓廷尉曾欲為蜜作目，久之未得，有云，尸梨蜜可稱卓朗。於是桓乃咨嗟絕歎，以為標題之極。

大將軍王處仲時在南夏，聞王、周諸公器重蜜，疑以為失鑒。及自見蜜，乃振欣奔至，一面便盡虔。周顗為僕射領選，臨入，過視蜜，乃撫背而歎：『若使太平世，盡得選此賢輩，真令人無恨！』俄而顗遇害，蜜往省其孤，對坐作胡唄三契，梵響淩雲。次誦咒數千言，聲音高暢，顏容不變。既而揮涕抆淚，神氣自若。其哀樂廢興，皆此類也。王公嘗謂蜜曰：『外國正當有君，一人而已耳。』蜜笑而答曰：『若使我如諸君，今日豈得在此。』當時以為佳言。

蜜性高簡，不學晉語。諸公與之語言，蜜因傳譯，然而神領意得，頓盡言前，莫不歎其自然天拔，悟得非常。蜜善持咒術，所向皆驗。初江東未有咒法，蜜傳出《孔雀王》諸神咒，又授弟子覓歷高聲梵唄，傳響於今。年八十餘，咸康中卒。諸公聞之，痛惜流涕。宣武桓公嘗云少見高座，稱其精神淵著，當年出倫。其為名士所歎如此。

又　卷一五《道安法師傳》　釋道安，本姓衛，常山扶柳人也。年十二出家，神性聰敏，而形貌至陋，不為師之所重。驅使田舍，至於三年，執勤就勞，曾無怨色。篤性精進，齋戒無闕，數歲之後，方啓師求經。師與《辯意經》一卷，可五千餘言。安齋經入田，因息尋覽。暮歸，以經還師，復求餘經。師曰：『昨經不讀，今復求耶！』對曰：『即已闇誦。』師雖異之，而未信也。復與《成具光明經》一卷，可減萬言，齋之如初，暮復還師。師執經覆之，不差一字。師大驚嗟，敬而異之。後為受具戒，恣其游方。至鄴，入中寺，遇佛圖澄。澄見而嗟歎，與語終日。

衆見其形望不稱，咸共輕怪。澄曰：『此人遠識，非爾儔也。』

初，經出已久，而舊譯時謬，致使深義隱没未通。每至講説，唯敘大意，轉讀而已。安窮覽經典，鉤深致遠。其所注《般若》、《道行》、《密迹》、《安般》諸經，並尋文比句，為起盡之義，及《析疑》、《甄解》，凡二十二卷。序致淵富，妙盡玄旨。條貫既敘，文理會通，經義克明，自安始也。

又自漢暨晉，經來稍多，而傳經之人，名字弗記。後人追尋，莫測年代。安乃總集名目，表其時人，銓品新舊，撰為經録。衆經有據，實由其功。

四方學士，競往師之，受業弟子法汰、慧遠等五百餘人。及石氏之亂，乃謂其衆曰：『今天災旱蝗，寇賊縱横，聚則不立，散則不可。』遂率衆入王屋女機山。頃之，復渡河依陸渾，山棲木食修學。俄而慕容俊逼陸渾，遂南投襄陽。行至新野，復議曰：『今遭凶年，不依國主則法事難立。又教化之體，宜令廣布。』咸曰：『隨法師教！』乃令法汰詣揚州，曰：『彼多君子，好尚風流。』法和入蜀，『山水可以修閑』。安與弟子慧遠等五百餘人渡河，夜行值雷雨，乘電光而進。前得人家，見門裏有一雙馬，間懸一馬篼，可容一斛。安便呼林伯升。主人驚出，果姓林，名伯升。謂是神人，厚相禮接。既而弟子問何以知其姓字？安曰：『兩木為林，篼容百升也。』遂住襄陽。

習鑿齒聞而詣之。既坐而稱曰：『四海習鑿齒。』安曰：『彌天釋道安。』時人咸以為名答。鑿齒嘗餉安梨數十枚。正值講坐，便手自割分，梨盡人遍，無參差者。高平郗超遣使遺米千石，修書累紙，深致殷勤。安答書曰：『損米彌覺有待之為煩！』鑿齒與謝安書曰：『來此見釋道安，故是遠勝，非常道士。師徒數百，齋講不倦。無變化會術可以惑常人之耳目，無重威大勢可以整羣小之參差，而師徒肅肅，自相尊敬，洋洋濟濟，乃是吾由來所未見。其人理懷簡衷，多所博涉，內外羣書，略皆遍觀，陰陽算數，亦皆能通。佛經故最是所長，作義乃似法蘭、法祖輩，統以大無，不肯稍齊物等智，在方中馳騁也。恨不使足下見之！其亦每言思得一見足下。』其為時賢所重如此。

安在樊沔十五載，每歲常再遍講《放光經》，未嘗廢闕。桓沖要出江陵，朱序西鎮，復請還襄陽。苻堅素聞其聲，每云：『襄陽有釋道安是名器，方欲致之，以輔朕躬。』後堅攻襄陽，安與朱序俱獲於堅。堅謂僕射權翼曰：『朕以十萬之師取襄陽，唯得一人半。』翼曰：『誰耶？』堅曰：『安公一人，習鑿齒半人也。』既至，住長安城內五重寺，僧衆數千人，大弘法化。

初，魏晉沙門依師為姓，故姓各不同。安以為大師之本，莫尊釋迦，乃以釋命氏。後獲《增一阿含經》，果稱四河入海，無復河名；四姓為沙門，皆稱釋種。既懸與經符，遂為後式焉。安外涉羣書，善為文章。長安中衣冠子弟為詩賦者，皆依附致譽。與學士楊弘仲論《詩風雅》，皆有理致。

初，堅承石氏之亂，至是民戶殷富，四方略定，唯有東南一隅，未能抗服。堅每與侍臣談話，未嘗不欲平一江左，欲以晉帝為僕射，謝安為侍中。堅弟平陽公融及朝臣石越、原紹並切諫，終不能回。衆以安為堅所敬信，乃共請曰：『主上將有事東南，公何能不為蒼生致一言耶？』會堅出東苑，命安升輿同載。僕射權翼諫曰：『臣聞天子法駕，侍中陪乘，道安毁形，寧可參廁乘輿！』堅懔然作色曰：『安公道德可尊，朕將舉天下而不易。雖輿輦之榮，乃是為其臭腐耳！』即敕翼扶之而登輿。俄而顧謂安公曰：『朕將與公南游吴越，整六師而巡狩，陟會稽而觀滄海，不亦樂乎！』安對曰：『檀越應天御世，有八州之富，居中土而制四海，宜棲神無為，與堯舜比靈斯。今欲以百萬之衆，求厥田下下之土；且東南地卑氣癘，昔舜、禹遊而不反，秦皇適而弗歸。以貧道觀之，非愚心所同也。平陽公懿戚，石越重臣，並謂不可，猶尚見拒；貧道輕淺，言必不允。既荷厚遇，敢不盡誠耳！』堅曰：『非為地不廣，民不足治也。將簡天心，明大運所在耳！順時巡狩，亦著前典，若如來言，則帝王無省方之文乎？』安曰：『若鑾駕必動，可暫幸洛陽，抗威畜鋭，傳檄江南。如其不服，伐之未晚。』堅不從，遂遣平陽公融等精鋭二十五萬為前鋒，堅躬率步騎六十萬。到頃，晉遣征虜將軍謝石、徐州刺史謝玄拒之。堅軍大潰，晉軍還逐北三十餘里，死者相枕。融馬倒殞首，堅單騎而遁，如所諫焉。堅尋為慕容沖所圍。時安同在長安城內，以偽建元二十一年二月八日，齋畢無疾而卒。葬五級寺中。

未終之前，隱士王嘉往候安。安曰：『世事如此，行將及人，相與去乎？』嘉曰：『誠如所言，師且前行，吾有小債未了，不得俱去。』及姚萇之得長安也，嘉故在城內。萇與苻登相持甚久，萇患之，問嘉曰：『吾得天下不？』答曰：『略得。』萇怒曰：『得當言得，何略之有？』遂斬之，嘉所謂負債者也。萇死，其子略方得殺登稱帝，所謂『略得』者也。嘉字子年，隴西人。形貌鄙陋，似若不足，滑稽好語笑，然不食五穀，清虛服氣，人咸宗而事之。往問善惡，嘉隨而應答，語則可笑，狀如調戲，辭似讖記，不可領解，事過皆驗。及嘉之死，其日有人於隴上見之。法師之潛契神人，皆此類也。

初，安聞羅什在西域，思共講析微言，安勸堅取之。什亦遠聞其風，謂是東方聖人，恒遙而禮之。初，安生，便左臂上有一皮，廣寸許，著臂如釧，捋可得上下，唯不得出手而已。時人謂之印手菩薩。安終後二十餘年而什方至。什恨不相見，甚悲恨焉。初，安篤志經典，務在宣法，所請外國沙門僧伽跋澄、曇摩難提及僧伽提婆等，譯出衆經百餘萬言。常與沙門法和銓定音字，詳核文旨，新出衆經，於是獲正。孫興公為《名德沙門論目》云：『釋道安博物多才，通經明理。』其見述於世如此。

又《慧遠法師傳》 釋慧遠，本姓賈，雁門樓煩人也。弱而好書，珪璋秀發。年十三，隨舅令狐氏遊學許、洛，故少為諸生。博綜六經，尤善《老》、《莊》，性度弘偉，風鑒朗拔，雖宿儒才彥，莫不服其深致焉。年二十一，俗渡江東，就范宣子共契嘉遁。值王路屯阻，有志不果。乃於關左遇見安公，一面盡敬，以為真吾師也。遂投簪落，委質受業。既入乎道，厲然不羣，常欲總攝綱維，以大法為己任，精思諷持，以夜續晝。沙門曇翼每給以燈燭之費，安公聞而喜曰：『道士誠知人矣！』遠藉慧解於前因，資勝心於曠劫，故能神明英越，機鑒遐深。無生實相之玄，般若中道這妙，即色空慧之秘，緣門寂觀之要，無微不析，無幽不暢。志共理冥，言與道合，安公常歎曰：『使道流東國，其在遠乎！』

後隨安公南遊攀、沔。晉太元之初，襄陽失守，安公入關。遠乃遷於尋陽，葺宇廬嶽。江州刺史桓伊為造殿房。此山儀形九派，峻聳天絕，棲集隱淪，吐納靈異。遠創造精舍，洞盡山美。卻負香爐之峰，傍帶瀑布之壑，仍石壘基，即松栽構，清泉環階，白雲滿室。復於寺內別置禪林，森樹煙凝，石逕苔合。凡在瞻履，皆神清而氣肅焉。

遠聞北天竺有佛影，欣感交懷。乃背山臨流，營築龕室，妙算畫工，采圖寫。色疑積空，望似輕霧，暉相炳曖，若隱而顯。遂傳寫京都，莫不嗟歎。於是率衆行道，昏曉不絕，釋迦餘化，於斯復興。既而謹律息心之士，絕塵清信之賓，並不期而至，望風遙集。彭城劉遺民、雁門周續之、新蔡畢穎之、南陽宗炳，並棄世遺榮，依遠遊止。遠乃於精舍無量壽像前，建齋立誓，共期西方。其文曰：

惟歲在攝提，秋七月戊辰朔，二十八日乙未，法師釋慧遠，貞感參見冥，宿懷特發。乃延命同志，息心清信之士百有二十三人，集於廬山之陰，般若臺精舍阿彌陀像前，率以香華，敬薦而誓焉。

惟斯一會之衆，夫緣化之理既明，則三世之傳顯矣；遷感之數既符，則善惡之報必矣。推交臂之潛淪，悟無常之期切，審三報之相催，知嶮趣之難拔。此其同志諸賢，所以夕惕宵勤，仰思攸濟者也。

蓋神者可以感涉，而不可以迹求。必感之有物，則幽路咫尺；苟求之無主，則渺茫何津？今幸以不謀，而僉心西境，叩篇開信，亮情天發，乃機象通於寢夢，欣歡百於子來。於是靈圖表輝，景侔神造，功由理諧，事非人運。茲實天啓其誠，冥數來萃者矣，可不剋心重精，疊思以凝其慮哉！

然其景績參差，功福不一，雖晨祈云同，夕最悠隔，即我師友之眷，良可悲矣。是以慨焉。胥命整襟法堂，等施一心，亭懷幽極，誓茲同人，俱遊絕域。其有驚出絕倫，首登神界，則無獨善於雲嶠，忘兼全於幽谷。先進之與後升，勉思匯征之道。然後妙觀大儀，啓心貞照，識以悟新，形由化革。藉芙蓉於中流，蔭瓊柯以詠言，飄雲衣於八極，泛香風以窮年。體忘安而彌穆，心超樂以自怡，臨三塗而緬謝，傲天宮而長辭。紹衆靈以繼軌，指大息以為期，究茲道也，豈不弘哉！

司徒王謐，護軍王默等並欽慕風德，遙致師敬。謐修書曰：『年始四十七，而衰同耳順。』遠答曰：『古人不愛尺璧而重寸陰。觀其所存，似不在長年。檀越既履順而遊性，乘佛理以御心，因此而推，復何羨於遐齡耶？想斯理久已得之，為復酬來訊耳。』

初經流江東，多有未備，禪法無聞，律藏殘闕。遠大存教本，憤慨道

缺，乃命弟子法淨等遠尋衆經，逾越沙雪，曠載方還。皆獲胡本，得以傳譯。每逢西域一賓，輒懇惻諮訪。屢遣使入關，迎請禪師，解其擯事，傳出《禪經》。又請罽賓沙門僧伽提婆出數經。所以禪法經戒，皆出廬山，幾且百卷。初關中譯出《十誦》，所餘一分未竟，而弗若多羅亡，遠常慨其未備。及聞曇摩流支入秦，乃遣書祈請，令於關中更出餘分。故《十誦》一部，具足無闕，晉地獲本，相傳至今。葱外妙典，關中勝說，所以來集茲土者，皆遠之力也。外國衆僧咸稱漢地有大乘道士，每至燒香禮拜，輒東向致敬。其神理之迹，固未可測也。

常以支竺舊義，未窮妙實，乃著《法性論》，理奧文詣。羅什見而歎曰：『邊國人未見經，便闇與理合，豈不妙哉！』遠翹勤弘道，懔厲為法。每致書羅什，訪核經要。什亦高其勝心，萬里響契。姚略欽想風名，歎其才思，致書殷勤，信餉歲通。贈以龜茲國細鏤雜變石像，以申款心。又令姚嵩獻其珠像。

《釋論》初出，興送論並遺書曰：『《大智度論》新訖，此既龍樹所作，又是方等旨歸，宜為一序，以宣作者之意。然此諸道士咸相推謝，無敢動手。法師可為作序，以貽後之學者。』遠答云：『欲令作《大智論序》，以申作者之意。貧道聞懷大非小渚所容，汲深非短綆所測。披省之日，有愧高命。又體羸多病，觸事有廢，不復屬意已來，其日亦久。緣來告之重，輒粗綴所懷。至於研究之美，當復寄諸明德。』其名高遠國如此。遠常謂《大智論》文句繁積，初學難尋，乃刪煩剪亂，令質文有體，撰為二十卷，序致淵雅，以貽學者。

後桓玄以震主之威，苦相延致。乃貽書騁說，勸令登仕。遠答辭堅正，確乎不拔，志逾丹石，終莫能屈。俄而玄欲沙汰衆僧，教僚屬曰：『沙門有能申述經誥，暢説義理；或禁行修整，足以宣寄大化。其有違於此，皆悉罷遣。唯廬山道德所居，不在搜簡之例。』初成帝時，庾冰輔政，以為沙門宜敬王者。尚書令何充奏不應敬禮。官議悉同充等。門下承冰旨為駁，同異紛然，竟莫能定。及玄在姑孰，欲令盡敬。乃書與均匀，具述其意。遠懼大法將墜，報書懇切，以為袈裟非朝宗之服，鉢盂輩廊廟之器。又著《沙門不敬王者論》，辭理精峻。玄意感悟，遂不果行。其荷持法任，皆此類也。

臨川太守謝靈運，負才傲俗，少所推崇，及一相見，肅然心服。自止居廬阜，三十餘載，影不出山，迹不入俗，故送客游履，常以虎溪為界焉。義熙末卒於廬山精舍，春秋八十有三，遺命露骸松下，同之草木。既而弟子收葬，謝靈運造碑墓側，銘其遺德焉。初，遠善屬文章，辭氣清越，席上談論，精義簡要。加以儀容端雅，風采灑落，故圖像於寺，遐邇式瞻。所著論、序、銘、贊、詩、書，集為十卷，五十餘篇，並見重於世。

南朝梁・慧皎《高僧傳》卷四《義解一》　康僧淵，本西域人，生於長安。貌雖梵人，語實中國，容止詳正，志業弘深，誦《放光》、《道行》二《波若》，即《大小品》也。晉成之世，與康法暢、支敏度等俱過江。【略】琅琊王茂弘以鼻高眼深戲之，淵曰：『鼻者面之山，眼者面之淵。山不高則不靈，淵不深則不清。』時人以為名答。後於豫章山立寺，去邑數十里，帶江傍嶺，林竹鬱茂，名僧勝達，響附成羣。以常持《心梵經》，空理幽遠，故偏加講說，尚學之徒往還填委。後卒於寺焉。

又　卷六《義解三》　釋道融，汲郡林慮人，【略】聞羅什在關，故往咨稟。什見而奇之，謂姚興曰：『昨見融公，復是奇特聰明釋子。』興引見歎重，敕入逍遙園參正詳譯。因請什出菩薩戒本，今行於世。後譯《中論》，始得兩卷，融便就講，剖折文言，預貫終始。什又命融令講新《法華》，什自聽之，乃歎曰：『佛法之興，融其人也。』俄而師子國有一婆羅門，聰辯多學，西土俗書罕不披誦，為彼國外道之宗。聞什在關大行佛法，乃謂其徒曰：『寧可使釋氏之風獨傳震旦，而吾等正化不洽東國？』遂乘駝負書，來入長安。姚興見其口眼便僻，頗亦惑之。婆羅門乃啓興曰：『至道無方，各尊其事。今請與秦僧捔其辯力，隨有優者即傳其化。』興即許焉。時關中僧衆相視缺然，莫敢當者。什謂融曰：『此外道聰明殊人，捔言必勝，使無上大道在吾徒而屈，良可悲矣。若使外道得志，則法輪摧軸，豈可然乎？如吾所睹，在君一人。』融自顧才力不減，而外道經書未盡披讀，乃密令人寫婆羅門所讀經目，一披即誦。後剋日論義，姚興自出，公卿皆會闕下，關中僧衆四遠必集。融與婆羅門擬相詶抗，鋒辯飛玄，彼所不及。婆羅門自知辭理已屈，猶以廣讀為誇。融乃列其所讀書並秦地經史名目卷部，三倍多之。什因嘲之曰：『君不聞大秦廣

學，那忽輕爾遠來？』婆羅門心愧悔伏，頂禮融足，數日之中無何而去。像運再興，融有力也。

又　卷九《神異上》　竺佛圖澄者，西域人也。本姓帛氏，少出家，清真務學，誦經數百萬言，善解文義。雖未讀此土儒史，而與諸學士論辯疑滯，皆闇若符契，無能屈者。自云：『再到罽賓，受誨名師。』西域咸稱得道。以晉懷帝永嘉四年來適洛陽，志弘大法。善誦神咒，能役使鬼物。以麻油雜胭脂塗掌，千里外事皆徹見掌中，如對面焉，亦能令潔齋者見。又聽鈴音以言事，無不効驗。欲於洛陽立寺，值劉曜寇斥洛臺，帝京擾亂，澄立寺之志遂不果，乃潛澤草野以觀世變。

時石勒屯兵葛陂，專以殺戮為威，沙門遇害者甚衆。澄憫念蒼生，欲以道化勒，於是杖策到軍門。勒大將軍郭黑略素奉法，澄即投止略家。略從受五戒，崇弟子之禮。略後從勒征伐，輒預剋勝負。勒疑而問曰：『孤不覺卿有出衆智謀，而每知行軍吉凶，何也？』略曰：『將軍天挺神武，幽靈所助，有一沙門術智非常，云將軍當略有區夏，已應為師。臣前後所白，皆其言也。』勒喜曰：『天賜也。』召澄問曰：『佛道有何靈驗？』澄知勒不達深理，正可以道術為徵，因而言曰：『至道雖遠，亦可以近事為證。』即取應器，盛水燒香咒之。須臾，生青蓮花，光色曜目。勒由此信服，澄因而諫曰：『夫王者德化洽於宇內，則四靈表瑞；政弊道消，則彗孛見於上。恒象著見，休咎隨行，斯乃古今之常徵，天人之明誡。』勒甚悦之，凡應被誅餘殘蒙其益者，十有八九。於是中州胡晉略皆奉佛。時有痼疾，世莫能治者，澄為醫療，應時瘳損，陰施默益者不可勝記。

勒自葛陂還河北，過坊頭，坊頭人夜欲斫營。澄語黑略曰：『須臾賊至，可令公知。』果如其言，有備故不敗。勒欲試澄，夜冠冑衣甲執刀而坐，遣人告澄云：『夜來不知大將軍所在。』使人始至，未及有言，澄逆問曰：『平居無寇，何故夜嚴？』勒益敬之。勒後因忿欲害諸道士，並欲苦澄。澄乃避至黑略舍，告弟子曰：『若將軍信至問吾所在者，報云不知所之。』信人尋至，覓澄不得，使還報勒。勒驚曰：『吾有惡意向聖人，聖人捨我去矣。』通夜不寢，思欲見澄。澄知勒意悔，明旦造勒。勒曰：『昨夜何行？』澄曰：『公有怒心，昨故權避；公今改意，是以敢來。』勒大笑曰：『道人謬耳。』

襄國城塹水源在城西北五里團丸祀下，其水暴竭。勒問澄何以致水，澄曰：『今當敕龍。』勒字世龍，謂澄嘲己，答曰：『正以龍不能致水，故相問耳。』澄曰：『此誠言，非戲也。水泉之源必有神龍居之。今往敕語，水必可得。』乃與弟子法首等數人至泉源上。其源故處久已乾燥，坼如車轍。從者心疑，恐水難得。澄坐繩床，燒安息香，咒願數百言，如此三日，水泫然微流。有一小龍，長五六寸許，隨水來出。諸道士見，競往視之。澄曰：『龍有毒，勿臨其上。』有頃，水大至，隍塹皆滿。

澄閑坐歎曰：『後二日，當有一小人驚動此下。』既而襄國人薛合有二子，既小且驕，輕弄鮮卑奴，奴忿抽刃刺殺其弟，執兄於室以刀擬心。若人入屋，便欲加手，謂合曰：『送我還國，我活汝兒，不然共死。』於此內外驚愕，莫不往觀。勒乃自往視之，謂薛合曰：『送奴以全卿子，誠為善事。此法一開，方為後害。卿且寬情，國有常憲。』命人取奴，奴遂殺兒而死。

鮮卑段波攻勒，其衆甚盛。勒懼問澄，澄曰：『昨寺鈴鳴云：明旦食時當擒段波。』勒登城望波軍，不見前後，失色曰：『軍行地傾，波豈可獲？是公安我辭耳。』更遣夔安問澄，澄曰：『已獲波矣。』時城北伏兵出，遇波執之。澄勸勒宥波，遣還本國，勒從之，卒獲其用。

時劉載已死，載從弟曜篡襲偽位，稱元光初。光初八年曜遣從弟偽中山王岳，將兵攻勒，勒遣石虎率步騎拒之，大戰洛西。岳敗保石梁塢，虎堅柵守之。澄與弟子自官寺至中寺，始入寺門，歎曰：『劉岳可憫。』弟子法祚問其故，澄曰：『昨日亥時岳已被執。』果如所言。

至光初十一年，曜自率兵攻洛陽，勒欲自往拒曜，內外僚佐無不必諫。勒以訪澄，澄曰：『相輪鈴音云：秀支替戾岡，僕谷劬禿當。』此羯語也。秀支，軍也。替戾岡，出也。僕谷，劉曜胡位也。劬禿，當捉也。此言軍出捉得曜也。時徐光聞澄此旨，苦勸勒行。勒乃留長子石弘，共澄以鎮襄國，自率中軍步騎，直指洛城。兩陣纔交，曜軍大潰，曜馬沒水中，石堪生擒之送勒。澄時以物塗掌觀之，見有大衆，衆中縛一人，朱絲約項。其時因以告弘，當爾之時正生擒曜也。

曜平之後，勒乃僭稱趙天王行皇帝事，改元建平，是歲東晉成帝咸和五年也。

勒登位已後，事澄彌篤。時石葱將叛，其年，澄誡勒曰：『今年葱中有蟲食，必害人，可令百姓無食葱也。』勒班告境内，慎無食葱。到八月，石葱果走。勒益加尊重，有事必咨而後行，號大和上。

石虎有子名斌，後勒愛之甚重，忽暴病而亡，已涉二日，勒曰：『朕聞虢太子死，扁鵲能生。大和上，國之神人，可急往告，必能致福。』澄乃取楊枝咒之，須臾能起，有頃平復。由是勒諸稚子多在佛寺中養之，每至四月八日，勒躬自詣寺灌佛，為兒發願。

至建平四年四月，天靜無風，而塔上一鈴獨鳴，澄謂衆曰：『鈴音云：國有大喪，不出今年矣。』是歲七月勒死，子弘襲位。少時，虎廢弘自立，遷都於鄴，稱元建。虎傾心事澄，有重於勒，乃下書曰：『和上國之大寶，榮爵不加，高祿不受，榮祿匪及，何以旌德？從此已往，宜衣以綾錦，乘以雕輦，朝會之日，和上昇殿，常侍以下，悉助舉輿，太子、諸公扶翼而上，主者唱大和上至，衆坐皆起，以彰其尊。』又敕偽司空李農：『旦夕親問，太子、諸公五日一朝，表朕敬焉。』

澄時止鄴城内中寺，遣弟子法常北至襄國。弟子法佐從襄國還，相遇在梁基城下共宿，對車夜談，言及和上，比旦各去。法佐至，始入覲澄，澄逆笑曰：『昨夜爾與法常交車共説汝師耶？先民有言：不曰敬乎？幽而不改，不曰慎乎？獨而不怠。幽獨者敬慎之本，爾不識乎？』佐愕然愧懺，於是國人每共相語：『莫起惡心，和上知汝。』及澄之所在，無敢向其方面涕唾便利者。

時太子石邃有二子在襄國，澄語邃曰：『小阿彌比當得疾，可往迎之。』邃即馳信往視，果已得病。大醫殷騰及外國道士，自言能治。澄告弟子法雅曰：『正使聖人復出不愈此病，況此等乎！』後三日果死。石邃荒酒，將圖為逆，謂内豎曰：『和上神通，儻發吾謀，明日來者當先除之。』澄月望將入覲虎，謂弟子僧慧曰：『昨夜天神呼我曰：「明日若入，還勿過人。」我儻有所過，汝當止我。』澄常入必過邃，邃知澄入，要候甚苦。澄將上南臺，僧慧引衣，澄曰：『事不得止。』坐未安便起，邃固留不住，所謀遂差。還寺歎曰：『太子作亂，其形將成。欲言難言，欲忍難忍。』乃因事從容箴虎，虎終不解，俄而事發，方悟澄言。

後郭黑略將兵征長安北山羌，墮羌伏中。時澄在堂上坐，弟子法常在側，澄慘然改容曰：『郭公今厄。』唱云：『衆僧咒願。』澄又自咒願，須臾更曰：『若東南出者活，餘向則困。』復更咒願，有頃曰：『脱矣。』後月餘日黑略還，自説墮羌圍中，東南走馬之際，正遇帳下人推馬與之，曰：『公乘此馬，小人乘公馬，濟與不濟，任命也。』略得其馬，故獲免。推檢日時，正是澄咒願時也。

偽大司馬燕公石斌，虎以為幽州牧鎮。蓟羣凶湊聚，因以肆暴，澄誡虎曰：『天神昨夜言，疾收馬還，至秋齊當癰爛。』虎不解此語，即敕諸處收馬送還。其秋有人譖斌於虎，虎召斌鞭之三百，殺其所生齊氏。虎彎弓撚矢，自視斌行罰輕，虎乃手殺五百。澄諫曰：『心不可縱，死不可生，禮不親殺，以傷恩也。何有天子手行罰乎？』虎乃止。

後晉軍出淮泗，隴比凡城皆被侵逼，三方告急，人情危擾，虎乃嗔曰：『吾之奉佛供僧，而更致外寇，佛無神矣。』澄明旦早入，虎以事問澄，澄因諫虎曰：『王過去世經為大商主，至罽賓寺，嘗供大會。中有六十羅漢，吾此微身亦預斯會。時得道人謂吾曰：「此主人命盡當受雞身，後王晉地。」今王為王，豈非福耶？疆埸軍寇，國之常耳，何為怨謗三寶，夜興毒念乎？』虎乃信悟，跪而謝焉。

虎常問澄：『佛法云何？』澄曰：『佛法不殺。』『朕為天下之主，非刑殺無以肅清海内。既違戒殺生，雖復事佛，詎獲福耶？』澄曰：『帝王之事佛，當在心體恭心順，顯暢三寶，不為暴虐，不害無辜。至於凶愚無賴，非化所遷，有罪不得不殺，有惡不得不刑。但當殺可殺、刑可刑耳。若暴虐恣意，殺害非罪，雖復傾財事法，無解殃禍。願陛下省欲興慈，廣及一切，則佛教永隆，福祚方遠。』虎雖不能盡從，而為益不少。虎尚書張離、張良家富事佛，各起大塔。澄謂曰：『事佛在於清靖無欲，慈矜為心。檀越雖儀奉大法，而貪吝未已，遊獵無度，積聚不窮，方受現世之罪，何福報之可悕耶？』離等後並被戮滅。時又久旱，自正月至六月，虎遣太子詣臨漳西釜口祈雨，久而不降，虎令澄自行，即有白龍二頭降於祠所，其日大雨，方數千里，其年大收。戎貊之徒先不識法，聞澄神驗，皆遙向禮拜，並不言而化焉。

澄常遣弟子向西域市香，既行，澄告餘弟子曰：『掌中見買香弟子，在某處初被劫垂死。』因燒香咒願，遙救護之。弟子後還云：『某月某日

某處為賊所劫，垂當見殺，忽聞香氣，賊無故自驚曰：「救兵已至。」棄之而走。』虎於臨漳修治舊塔，少承露盤。澄曰：『臨淄城內有古阿育王塔，地中有承露盤及佛像，其上林木茂盛，可掘取之。』即畫圖與使，依言掘取，果得盤像。虎每欲伐燕，澄諫曰：『燕國運未終，卒難可克。』虎屢伐敗績，方信澄誡。

澄道化既行，民多奉佛，皆營造寺廟，相競出家，真偽混淆，多生愆過。虎下書問中書曰：『佛號世尊，國家所奉，里閭小人無爵秩者，為應得事佛與不？又沙門皆應高潔貞正，行能精進，然後可為道士。今沙門甚衆，或有奸宄避役，多非其人，可料簡詳議偽。』中書著作郎王度奏曰：『夫王者郊祀天地，祭奉百神，載在祀典，禮有嘗饗。佛出西域，外國之神，功不施民，非天子諸華所應祠奉。往漢明感夢，初傳其道，唯聽西域人得立寺都邑以奉其神，其漢人皆不得出家。魏承漢制，亦修前軌。今大趙受命，率由舊章，華戎制異，人神流別，外不同內，饗祭殊禮，荒夏服祀，不宜雜錯。國家可斷趙人悉不聽詣寺燒香禮拜以遵典禮，其百辟卿士下逮衆隸，例皆禁之，其有犯者與淫祀同罪。其趙人為沙門者，還從四民之服。』偽中書令王波同度所奏。虎下書曰：『度議云：佛是外國之神，非天子諸華所可宜奉。朕生自邊壤，忝當期運，君臨諸夏，至於饗祀，應兼從本俗，佛是戎神，正所應奉。夫制由上行，永世作則，苟事無虧，何拘前代？其夷趙百蠻，有捨其淫禮樂事佛者，悉聽為道。』於是慢戒之徒因之以厲。黃河中舊不生黿，忽得一以獻虎。澄見而歎曰：『桓溫其入河不久。』溫字元子，後果如言也。

時魏縣有一流民，莫識氏族，恒著麻襦布裳，在魏縣市中乞丐，時人謂之麻襦。言語卓越，狀如狂病，乞得米穀不食，輒散置大路，云飴天馬。超興太守籍拔收送詣虎。先是，澄謂虎曰：『國東二百里，某月某日，當送一非常人，勿殺之也。』如期果至，虎與共語，了無異言，唯言『陛下當終一柱殿下。』虎不解此語，令送以詣澄。麻襦謂澄曰：『昔在光和中，會奄至今日。酉戌受玄命，絕曆終有期。金離消於壤，邊荒不能遵。驅除靈期迹，莫已已之懿。裔苗葉繁，其來方積，休期於何期，永以歎之。』澄曰：『天回運極，否將不支。九木水為難，無可以術寧。玄哲雖存世，莫能基必頹。久游閻浮利，擾擾多此患。行登陵雲宇，會於靈遊間。』澄與麻襦講語終日，人莫能解，有竊聽者，唯得此數言，推計似如論數百年事。虎遣驛馬送還本縣，既出城外，辭能步行，云：『我當有所過，未便得發，至合口橋可留見待。』使如言馳去。未至合口，而麻襦已在橋上，考其行步有若飛也。

澄有弟子道進，學通內外，為虎所重，嘗言及隱士事。虎謂進曰：『有楊軻者，朕之民也。徵之十餘年，不恭王命，故往省視，傲然而臥。朕雖不德，君臨萬邦，乘輿所向，天沸地湧。雖不能令木石屈膝，何匹夫而長傲耶？昔太公之齊，先誅華士。太公賢哲，豈其謬乎？』進對曰：『昔舜優蒲衣，禹造伯成，魏軾干木，漢美周黨。管寧不應曹氏，皇甫不屈晉世。二聖四君共加其節，將欲激厲貪競以峻清風。願陛下遵舜禹之德，勿效太公用刑。君舉必書，豈可令趙史遂無隱遁之傳乎？』虎悅其言，即遣軻還其所止，差十家供給之，進還具以白澄，澄晥然笑曰：『汝言善也，但軻命有所懸矣。』後秦州兵亂，軻弟子以牛負軻西奔，戍軍追擒，並為所害。

虎嘗晝寢，夢見羣羊負魚從東北來。寤以訪澄，澄曰：『不祥也。鮮卑其有中原乎？』慕容氏後果都之。澄又嘗與虎共昇中堂，澄忽驚曰：『變變幽州當火災。』仍取酒灑之，久而笑曰：『救已得矣。』虎遣驗，幽州云：『爾日火從四門起，西南有黑雲來，驟雨滅之，雨亦頗有酒氣。』

至虎建武十四年七月，石宣、石韜將圖相殺。宣時到寺與澄同坐，浮圖一鈴獨鳴。澄謂宣曰：『解鈴音乎？鈴云胡子落度。』宣變色曰：『是何言歟？』澄謬曰：『老胡為道，不能山居無言，重茵美服，豈非落度乎？』石韜後至，澄熟視良久。韜懼而問澄，澄曰：『怪公血臭，故相視耳。』至八月，澄使弟子十人齋於別室，澄時暫入東閤。虎與后杜氏問訊澄，澄曰：『脅下有賊，不出十日自佛圖以西，此殿以東，當有流血，慎勿東行也。』杜后曰：『和上耄耶？何處有賊？』澄即易語云：『六情所受，皆悉是賊。老自應耄，但使少者不悟。』遂便寓言，不復彰的。』後二日，宣果遣人害韜於佛寺中。欲因虎臨喪仍行大逆，虎以澄先誡故獲免。及宣事發被收，澄諫虎曰：『既是陛下之子，何為重禍耶？陛下若含怒加慈者，尚有六十餘歲；如必誅之，宣當為彗星下掃鄴宮也。』虎不從，以鐵鎖穿宣頷，牽上薪積而焚之，收其官屬三百餘人，皆

轘裂支解，投之漳河。澄乃敕弟子罷別室齋也。

後月餘日，有一妖馬，髦尾皆有燒狀，入中陽門，出顯陽門，東首東宮皆不得入，走向東北，俄爾不見。澄聞而歎曰：『災其及矣。』至十一月，虎大饗羣臣於太武前殿。澄吟曰：『殿乎殿乎，棘子成林，將壞人衣。』虎令發殿石下視之，有棘生焉。澄還寺，視佛像曰：『悵恨不得莊嚴。』獨語曰：『得三年乎？』自答：『不得！不得！』又曰：『得二年、一年、百日、一月乎？』自答：『不得！』乃無復言。還房謂弟子法祚曰：『戊申歲禍亂漸萌，己酉石氏當滅。吾及其未亂，先從化矣。』即遣人與虎辭曰：『物理必遷，身命非保。貧道焰幻之軀，化期已及。既荷恩殊重，故逆以仰聞。』虎愴然曰：『不聞和上有疾，乃忽爾告終。』即自出宮，詣寺而慰喻焉。澄謂虎曰：『出生入死，道之常也。修短分定，非人能延。道重行全，德貴無怠。苟業操無虧，雖亡若在。違而獲延，非其所願。今意未盡者，以國家心存佛理，奉法無吝。興起寺廟，崇顯壯麗，稱斯德也，宜享休祉。而布政猛烈，淫刑酷濫，顯違聖典，幽背法誡，不自懲革，終無福祐。若降心易慮，惠此下民，則國祚延長，道俗慶賴，畢命就盡，沒無遺恨。』虎悲慟嗚咽，知其必逝，即為鑿壙營墳。至十二月八日卒於鄴宮寺，是歲晉穆帝永和四年也。士庶悲哀，號赴傾國，春秋一百一十七矣。仍窆於臨漳西紫陌，即虎所創冢也。

俄而梁犢作亂。明年虎死，冉閔纂殺，石種都盡。閔小字棘奴，澄先所謂棘子成林者也。澄左乳傍先有一孔，圍四五寸，通徹腹內，有時腸從中出，或以絮塞孔。夜欲讀書輒拔絮，則一室洞明。又齋日輒至水邊，引腸洗之，還復內中。

澄身長八尺，風姿詳雅。妙解深經，傍通世論，講說之日，止標宗致，使始末文言昭然可了。加復慈洽蒼生，拯救危苦，當二石凶强，虐害非道，若不與澄同日，孰可言哉？但百姓蒙益，日用而不知耳。

佛調、須菩提等數十名僧，皆出自天竺、康居，不遠數萬之路，足涉流沙，詣澄受訓。樊沔釋道安、中山竺法雅並跨越關河，聽澄講說，皆妙達精理，研測幽微。澄自說生處去鄴九萬餘里，棄家入道一百九年。酒不踰齒，過中不食，非戒不履，無欲無求。受業追游常有數百，前後門徒幾且一萬，所歷州郡興立佛寺八百九十三所。弘法之盛莫與先矣。

初，虎殮澄，以生時錫杖及鉢內棺中。後冉閔篡位開棺，唯得鉢杖，不復見屍。或言澄死之月，有人見在流沙。虎疑不死，開棺不見屍。後慕容俊都鄴，處石虎宮中，每夢見虎齧其臂，意謂石虎為祟，乃募覓虎屍。於東明館掘得之，屍僵不毀，俊蹋之，罵曰：『死胡敢怖生天子！汝作宮殿成，而為汝兒所圖，況復他耶？』鞭撻毀辱，投之漳河，屍倚橋柱不移。秦將王猛乃收而葬之。麻襦所謂一柱殿也。後符堅征鄴，俊子暐為堅大將郭神虎所執，實先夢之驗也。田融《趙記》云：『澄未亡數年，自營冢壙。』澄既知冢必開，又屍不在中，何容預作？恐融之謬矣。澄或言佛圖磴，或言佛圖橙，或言佛圖澄，皆取梵音之不同耳。

又　卷一一《習禪》　釋慧明，姓康，康居人，祖世避地於東吳。明少出家，止章安東寺。齊建元中，與沙門共登赤城山石室，見猷公屍骸不朽，而禪室荒蕪，高蹤不繼，乃雇人開剪，更立堂室，造臥佛並猷公像。於是棲心禪誦，畢命枯槁。後於定中見一女神，自稱呂姥，云常加護衛。或時有白猿、白鹿、白蛇、白虎遊戲階前，馴伏宛轉，不令人畏。齊竟陵文宣王聞風只挹，頻遣三使殷勤敦請，乃暫出京師到第，文宣敬以師禮。少時辭還山，苦留不止，於是資給發遣。以建武之末卒於山中，春秋七十矣。

又　《明律》　釋慧猷，江左人。【略】時有西國律師卑摩羅叉，來適江陵，大弘律藏，猷從之受業。沉思積時，乃大明《十誦》，講說相續，陝西律師莫不宗之。後卒於江陵，著《十誦義疏》八卷。

又　卷一三《經師》　支曇籥，本月支人，寓居建業。少出家清苦蔬食，憩吳虎丘山。晉孝武初，敕請出都止建初寺。孝武從受五戒，敬以師禮。

又　《興福》　釋法獻，【略】先聞猛公西遊備矚靈異，乃誓欲忘身往觀聖迹，以宋元徽三年發踵金陵，西游巴蜀，路出河南，道經芮芮。既到于闐，欲度葱嶺，值棧道斷絕，遂於于闐而反。獲佛牙一枚、舍利十五身，並《觀世音滅罪咒》及《調達品》，又得龜茲國金鍾鍱像，於是而還。其經途危阻，見其別記。佛牙本在烏纏國，自烏纏來芮芮，自芮芮來梁土，獻齎牙還京。五十有五載，密自禮事，餘無知者。至文宣感夢，方傳道俗。獻律行精純，德為物範。琅琊王肅、王融、吳國張融、張綣、沙

門慧令、智藏等，並投身接足，崇其誡訓。

獻以永明之中，被敕與長干玄暢同為僧主，分任南北兩岸。暢本秦州人，亦律禁清白，文惠太子奉為戒師。獻後被敕三吳使，妙簡二衆。暢亦東行，重申受戒之法。

時暢與獻二僧，皆少習律檢，不競當世，與武帝共語，每稱名而不坐。後中興僧鍾，於乾和殿見帝，帝問鍾如宜，鍾答：『貧道比苦氣，帝嫌之。』乃問尚書王儉：『先輩沙門與帝王共語，何所稱？正殿坐不？』儉答：『漢魏佛法未興，不見其記傳。自偽國稍盛，皆稱「貧道」，亦預坐。及晉初亦然。中代有庾冰、桓玄等，皆欲使沙門盡敬，朝議紛紜，事皆休寢。宋之中朝亦頗令致禮，而尋竟不行。自爾迄今，多預坐而稱「貧道」。』帝曰：『暢、獻二僧道業如此，尚自稱名，況復餘者。挹拜則太甚，稱名亦無嫌。』自爾沙門皆稱名於帝王，自暢、獻始也。

又　卷一四《序録》　原夫至道沖漠，假蹄筌而後彰；玄致幽凝，藉師保以成用。是由聖迹迭興，賢能異托。辯忠烈孝慈，以定名教之道；明《詩》、《書》、《禮》、《樂》，以成風俗之訓。或忘功遺事，尚彼虛沖；或體任榮枯，重茲達命。而皆教但域中，功存近益。斯蓋漸染之方，未奧盡其神性。至若能仁之為訓也，考業果之幽微，則循復三世；言至理之高妙，則貫絕百靈。若夫啓《十地》以辯慧宗，顯《三諦》以詮智府，窮神盡性之旨，管一樞極之致。餘教方之，亦猶羣流之歸巨壑，衆星之拱北辰，懋哉邈矣。信難得以言尚。至乃教滿三千，形遍六道，皆所以接引幽昏，為大利益。而以淨穢異聞，升墜殊見。故秋方先音形之奉，東國後見聞之益，雲能表於夜明，風虎彰乎宵夢。洪風既扇，大化斯融。自爾西域名僧，往往而至，或傳度經法，或教授禪道，或以異迹化人，或以神力拯物。

自漢之梁，紀曆彌遠，世踐六代，年將五百。此土桑門，含章秀發，羣英間出，迭有其人。衆家記錄，敘載各異。沙門法濟，偏敘高逸一迹。沙門法安，但列志節一行。沙門僧寶，止命游方一科。水門法進，乃通撰論傳，而辭事闕略，並皆互有繁簡，出没成異。考之行事，未見其歸。宋臨川康王義慶《宣驗記》及《幽明錄》，太原王琰《冥祥記》，彭城劉俊《益部寺記》，沙門曇宗《京師寺記》，太原王延秀《感應傳》，朱君台《徵應傳》，陶淵明《搜神錄》，並傍出諸僧，敘其風素，而皆是附見，亟多疏闕。齊竟陵文宣王《三寶記傳》，或稱佛史，或號僧錄。既三寶共敘，辭旨相關，混濫難求，更為蕪昧。琅邪王巾所撰《僧史》，意似該綜，而文體未足。沙門僧套《三藏記》，止有三十餘僧，所無甚衆。中書郗景興《東山僧傳》，治中張孝秀《廬山僧傳》，中書陸明霞《沙門傳》，各競舉一方，不通今古，務存一善，不及餘行。逮乎即時，亦繼有作者。然或褒贊之下，過相揄揚；或敘事之中，空引辭費，求之實理，無的可稱。或復嫌以繁廣，刪減其事，而抗迹之疇，多所遺削，謂出家之士，處國賓王，不應勵然自遠，高蹈獨絕。辭榮棄愛，本以異俗為賢，若此而不論，竟何所紀？

嘗以暇日，遇覽羣作，輒搜檢雜錄。數十餘家，及晉、宋、齊、梁春秋書史，秦、趙、燕、涼荒朝偽曆，地理雜篇，孤文片記，並博諮故老，廣訪先達，校其有無，取其同異。始于漢明帝永平十年，終至梁天監十八年，凡四百五十三載，二百五十七人，又傍出附見者二百餘人。開其德業，大為十例，一曰譯經，二曰義解，三曰神異，四曰習禪，五曰明律，六曰遺身，七曰誦經，八曰興福，九曰經師，十曰唱導。然法流東土，蓋由傳譯之勳。或逾越沙險，或泛漾洪波，皆亡形殉道，委命弘法。震旦開明，一焉是賴，茲德可崇，故列之篇首。至若慧解開神，則道兼萬億；通感適化，則强暴以綏；靖念安禪，則功德森茂；弘贊毗尼，則禁行清潔；忘形遺體，則矜吝革心；歌誦法言，則幽顯含慶；樹興福善，則遺像可傳。凡此八科，並以軌迹不同，化洽殊異，而皆德效四依，功在三業，故為羣經之所稱美，衆聖之所褒述。及夫討核源流，商取捨，皆列諸贊論，備之後文。而論所著辭，微異恒體，始標大意，類猶前序，未辯時人，事同後議。若間使前後，如謂煩雜，故總布一科之末，通稱為論。其轉讀宣唱，雖源出非遠，然而應機悟俗，實有偏功。故齊、宋雜記，咸條列秀才者，今之所取，必其制用超絕。及有一介通感，乃編之傳末，如或異者，非所存焉。凡十科所敘，皆散在衆記。今止刪聚一處，故述而無作，俾夫披覽於一本之内，可兼諸要。其有繁辭虛贊，或德不及稱者，一皆省略。故述六代賢異止為十三卷，並序錄合十四軸，號曰『高僧傳』。自前代所撰，多曰名僧。然名者，本實之賓也。若實行潛光，則高而不

名；寡德適時，則名而不高。名而不高，本非所紀；高而不名，則備今錄。故省名音，代以高字，其間草創，或有遺逸。今此十四卷，備贊論者，意以為定，如未隱括，覽者詳焉。

唐・釋道宣《廣弘明集》卷一九《〔南朝梁〕蕭子顯〈御講摩訶般若經序〉》 自皇太子、王侯已下，侍中、司空袁昂等六百九十八人，其僧正慧令等義學僧鎮座一千人，晝則同心聽受，夜則更述制意。其餘僧尼及優婆塞、優婆夷、衆男冠道士、女冠道士、白衣居士、波斯國使、于闐國使、北館歸化人。講肆所班，供帳所設，三十一萬九千六百四十二人，又二宮武衛宿直之身，植葆戈，駐金甲，並蒙講鑠。別錫泉府，復數萬人，不在聽衆之例。外國道人沙呵耶奢，年將百歲，在檀特山中坐禪，聞中國應有大講，故自遠而至，機感先通，咫尺萬里，言語不達，重譯乃宣，三藏之解，聖情懸照。又波斯國使王安拘，越荒服遠夷，列參近座，膜拜露頂，欣受未聞。多種出家，聞義為貴。即有四人，同時落髮。

北魏・楊衒之《洛陽伽藍記》卷一《城内》 永寧寺，熙平元年靈太后胡氏所立也。在宮前閶闔門南一里御道西。【略】中有九層浮圖一所，架木為之，舉高九十丈，有刹復高十丈，合去地一千尺，去京師百里，已遥見之。刹上有金寶瓶，容二十五石。寶瓶下有承露金盤三十重，周匝皆垂金鐸，復有鐵鏁四道，引刹向浮圖。四角鏁上亦有金鐸，鐸大小如一石甕子。浮圖有九級，角角皆懸金鐸，合上下有一百二十鐸。浮圖有四面，面有三戶六窻，戶皆朱漆。扉上有五行金釘，其十二門二十四扇，合有五千四百枚。復有金環鋪首，殫土木之功，窮造形之巧。佛事精妙，不可思議，繡柱金鋪，駭人心目。至於高風永夜，寶鐸和鳴，鏗鏘之聲聞及十餘里。浮圖北有佛殿一所，形如太極殿。殿中有丈八金像一軀，中長金像十軀，繡珠像三軀，金織成像五軀，作功奇巧，冠於當世。僧房樓觀一千餘間，雕梁粉壁，青璅綺疏，難得而言。栝柏松椿，扶疏簷霤，藂竹香草，布護堦墀。是以常景製碑云：『須彌寶殿，兜率淨宮，莫尚於斯也。』外國所獻經像，皆在此寺。【略】

時有西域沙門菩提達摩者，波斯國胡人也。起自荒裔，來遊中土。見金盤炫日，光照雲表，寶鐸含風，響出天外。歌詠讚歎，實是神功。自云：『年一百五十歲，歷涉諸國，靡不周遍，而此寺精麗，閻浮所無也。極佛境界，亦未有此！』口唱南無，合掌連日。

又 卷四《城西》 法雲寺，西域烏場國胡沙門曇摩羅所立也。在寶光寺西，隔牆並門。摩羅聰慧利根，學窮釋氏。至中國，即曉魏言隸書，凡聞見，無不通解，是以道俗貴賤，同歸仰之。作祇洹寺一所，工制甚精。佛殿僧房，皆為胡飾。丹素炫彩，金玉垂輝，摹寫真容，似丈六之見鹿苑；神光壯麗，若金剛之在雙林。伽藍之內，花果蔚茂，芳草蔓合，嘉木被庭。京師沙門好胡法者，皆就摩羅受持之。戒行真苦，難可揄揚。秘咒神驗，閻浮所無。咒枯樹能生枝葉，咒人變為驢馬，見之莫不忻怖。西域所齎舍利骨及佛牙經像皆在此寺。【略】

融覺寺，清河文獻王懌所立也。在閶闔門外御道南，有五層浮圖一所，與沖覺寺齊等。佛殿僧房，充溢一里。比丘曇謨最善於禪學，講《涅槃》、《花嚴》，僧徒千人。天竺國胡沙門菩提流支見而禮之，號為菩薩。流支解佛義，知名西土，諸夷號為羅漢。曉魏言及隸書，翻《十地》、《楞伽》及諸經論二十三部，雖石室之寫金言，草堂之傳真教，不能過也。流支讀曇謨最《大乘義章》，每彈指讚歎，唱言微妙，即為胡書寫之，傳之於西域。西域沙門常東向遙禮之，號曇謨最為東方聖人。

《魏書》卷一一四《釋老志》 浮屠正號曰佛陀，佛陀與浮圖聲相近，皆西方言，其來轉為二音。華言譯之則謂淨覺，言滅穢成明，道為聖悟。凡其經旨，大抵言生生之類，皆因行業而起。有過去、當今、未來，歷三世，識神常不滅。凡為善惡，必有報應。漸積勝業，陶冶粗鄙，經無數形，藻練神明，乃致無生而得佛道。其間階次心行，等級非一，皆緣淺以至深，藉微而為著。率在於積仁順，蠲嗜欲，習虛靜而成通照也。故其始修心則依佛、法、僧，謂之三歸，若君子之三畏也。又有五戒，去殺、盜、淫、妄言、飲酒，大意與仁、義、禮、智、信同，名為異耳。云奉持之，則生天人勝處，虧犯則墜鬼畜諸苦。又善惡生處，凡有六道焉。

諸服其道者，則剃落鬚髮，釋累辭家，結師資，遵律度，相與和居，治心修淨，行乞以自給。謂之沙門，或曰桑門，亦聲相近，總謂之僧，皆胡言也。僧，譯為和命衆，桑門為息心，比丘為行乞。俗人之信憑道法者，男曰優婆塞，女曰優婆夷。其為沙門者，初修十誡，曰沙彌，而終於二百五十，則具足成大僧。婦入道者曰比丘尼。其誡至於五百，皆以□為

本，隨事增數，在於防心、攝身、正口。心去貪、忿、癡，身除殺、淫、盜，口斷妄、雜、諸非正言，總謂之十善道。能具此，謂之三業清淨。凡人修行粗為極。云可以達惡善報，漸階聖迹。初階聖者，有三種人，共根業太差，謂之三乘，聲聞乘、緣覺乘、大乘。取其可乘運以至道為名。此三人惡迹已盡，但修心蕩累，濟物進德。初根人為小乘，行四諦法；中根人為中乘，受十二因緣；上根人為大乘，則修六度。雖階三乘，而要由修進萬行，拯度億流，彌長遠，乃可登佛境矣。

所謂佛者，本號釋迦文者，譯言能仁，謂德充道備，堪濟萬物也。釋迦前有六佛，釋迦繼六佛而成道，處今賢劫。文言將來有彌勒佛，方繼釋迦而降世。釋迦即天竺迦維衛國王之子。天竺其總稱，迦維別名也。初，釋迦於四月八日夜，從母右脅而生。既生，姿相超異者三十二種。天降嘉瑞以應之，亦三十二。其《本起經》說之備矣。釋加生時，當周莊王九年。《春秋》魯莊公七年夏四月，恆星不見，夜明。是也。至魏武定八年，凡一千二百三十七年云。釋迦年三十成佛，導化羣生，四十九載，乃於拘屍那城娑羅雙樹間，以二月十五日而入般槃涅。涅槃譯云滅度，或言常樂我淨，明無遷謝及諸苦累也。

諸佛法身有二種義，一者真實，二者權應。真實身，謂至極之體，妙絕拘累，不得以方處期，不可以形量限，有感斯應，體常湛然。權應身者，謂和光六道，同塵萬類，生滅隨時，修短應物，形由感生，體非實有。權形雖謝，真體不遷，但時無妙感，故莫得常見耳。明佛生非實生，滅非實滅也。佛既謝世，香木焚屍。靈骨分碎，大小如粒，擊之不壞，焚亦不焦，或有光明神驗，胡言謂之『舍利』。弟子收奉，置之寶瓶，竭香花，致敬慕，建宮宇，謂為『塔』。塔亦胡言，猶宗廟也，故世稱塔廟。於後百年，有王阿育，以神力分佛舍利，於諸鬼神，造八萬四千塔，布於世界，皆同日而就。今洛陽、彭城、姑臧、臨淄皆有阿育王寺，蓋成其遺迹焉。釋迦雖般涅槃，而留影迹爪齒於天竺，於今猶在。中土來往，並稱見之。

初，釋迦所說教法，既涅槃後，有聲聞弟子大迦葉、阿難等五百人，撰集著錄。阿難親承囑授，多聞總持，蓋能綜核深致，無所漏失。乃綴文字，撰載三藏十二部經，如九流之異統，其大歸終以三乘為本。後數百年，有羅漢、菩薩相繼著論，贊明經義，以破外道，《摩訶衍大、小阿毗曇》、《中論》、《十二門論》、《百法論》、《成實論》等是也。皆傍諸藏部大義，假立外問，而以內法釋之。【略】

晉元康中，有胡沙門支恭明譯佛經《維摩》、《法華》、《三本起》等。微言隱義，未之能究。後有沙門常山衛道安性聰敏，日誦經萬餘言，研求幽旨。慨無師匠，獨坐靜室十二年，覃思構精，神悟妙賾，以前所出經，多有舛駁，乃正其乖謬。石勒時，有天竺沙門浮圖澄，少於烏萇國就羅漢入道，劉曜時到襄國。後為石勒所宗信，號為大和尚，軍國規謨頗訪之，所言多驗。道安曾至鄴候澄，澄見而異之。澄卒後，中國紛亂，道安乃率門徒，南游新野。欲令玄宗在所流布，分遣弟子，各趣諸方。法汰詣揚州，法和入蜀，道安與慧遠之襄陽。道安後入苻堅，堅素欽德問，既見，宗以師禮。時西域有胡沙門鳩摩羅什，思通法門，道安思與講釋，每勸堅致羅什。什亦承安令問，謂之東方聖人，或時遙拜致敬。道安卒後二十餘載而羅什至長安，恨不及安，以為深慨。道安所正經義，與羅什譯出，符會如一，初無乖舛。於是法旨大著中原。

魏先建國於玄朔，風俗淳一，無為以自守，與西域殊絕，莫能往來。故浮圖之教，未之得聞，或聞而未信也。及神元與魏、晉通聘，文帝又在洛陽，昭成又至襄國，乃備究南夏佛法之事。太祖平中山，經略燕趙，所逕郡國佛寺，見諸沙門、道士，皆致精敬，禁軍旅無有所犯。帝好黃老，頗覽佛經。但天下初定，戎車屢動，庶事草創，未建圖宇，招延僧衆也。然時時旁求。先是，有沙門僧朗，與其徒隱於泰山之琨而谷。帝遣使致書，以繒、素、旃罽、銀鉢為禮。今猶號曰朗公谷焉。天興元年，下詔曰：『夫佛法之興，其來遠矣。濟益之功，冥及存没，神蹤遺軌，信可依憑。其敕有司，於京城建飾容範，修整宮舍，令信向之徒，有所居止。』是歲，始作五級佛圖、耆闍崛山及須彌山殿，加以績飾。別構講堂、禪堂及沙門座，莫不嚴具焉。太宗踐位，遵太祖之業，亦好黃老，又崇佛法，京邑四方，建立圖像，仍令沙門敷導民俗。

初，皇始中，趙郡有沙門法果，誡行精至，開演法籍。太祖聞其名，詔以禮徵赴京師。後以為道人統，綰攝僧徒。每與帝言，多所愜允，供施甚厚。至太宗，彌加崇敬，永興中，前後授以輔國、宜城子、忠信侯、安

成公之號，皆固辭。帝常親幸其居，以門小狹，不容輿輦，更廣大之。年八十餘，泰常中卒。未殯，帝三臨其喪，追贈老壽將軍、越胡靈公。初，法果每言，太祖明叡好道，即是當今如來，沙門宜應盡禮，遂常致拜。謂人曰：『能鴻道者人主也，我非拜天子，乃是禮佛耳。』法果四十，始為沙門。有子曰猛，詔令襲果所加爵。帝后幸廣宗，有沙門曇證，年且百歲。邀見於路，奉致果物。帝敬其年老志力不衰，亦加以老壽將軍號。

是時，鳩摩羅什為姚興所敬，於長安草堂寺集義學八百人，重譯經本。羅什聰辯有淵思，達東西方言。時沙門道彤、僧略、道恆、道⿰礻剽、僧肇、曇影等，與羅什共相提挈，發明幽致。諸深大經論十有餘部，更定章句，辭義通明，至今沙門共所祖習。道彤等皆識學洽通，僧肇尤為其最。羅什之撰譯，僧肇常執筆，定諸辭義，注《維摩經》，又著數論，皆有妙旨，學者宗之。

又沙門法顯，慨律藏不具，自長安遊天竺。歷三十餘國，隨有經律之處，學其書語，譯而寫之。十年，乃於南海師子國，隨商人泛舟東下。晝夜昏迷，將二百日。乃至青州長廣郡不其勞山，南下乃出海焉。是歲，神瑞二年也。法顯所逕諸國，傳記之，今行於世。其所得律，通譯未能盡正。至江南，更與天竺禪師跋陀羅辯定之，謂之《僧祇律》，大備於前，為今沙門所持受。先是，有沙門法領，從揚州入西域，得《華嚴經》本。定律後數年，跋陀羅共沙門法業重加譯撰，宣行於時。

世祖初即位，亦遵太祖、太宗之業，每引高德沙門，與其談論。於四月八日，輿諸佛像，行於廣衢，帝親御門樓，臨觀散花，以致禮敬。

先是，沮渠蒙遜在涼州，亦好佛法。有罽賓沙門曇摩讖，習諸經論。於姑臧，與沙門智嵩等，譯《涅槃》諸經十餘部。又曉術數、禁咒，歷言他國安危，多所中驗。蒙遜每以國事諮之。【略】智嵩亦爽悟，篤志經籍。後乃以新出經論，於涼土教授。辯論幽旨，著《涅槃義記》。戒行峻整，門人齊肅。【略】涼州自張軌後，世信佛教。敦煌地接西域，道俗交得其舊式，村塢相屬，多有塔寺。太延中，涼州平，徙其國人於京邑，沙門佛事皆俱東，象教彌增矣。尋以沙門衆多，詔罷年五十已下者。

世祖初平赫連昌，得沙門惠始，姓張。家本清河，聞羅什出新經，遂詣長安見之，觀習經典。坐禪於白渠北，晝則執城聽講，夕則還處靜坐。三輔有識多宗之。劉裕滅姚泓，留子義真鎮長安，義真及僚佐皆敬重焉。【略】統萬平，惠始到京都，多所訓導，時人莫測其迹。世祖甚重之，每加禮敬。始自習禪，至於没世，稱五十餘年，未嘗寢臥。或時跣行，雖履泥塵，初不汙足，色愈鮮白，世號之曰白腳師。太延中，臨終於八角寺，齊潔端坐，僧徒滿側，凝泊而絕。【略】送葬者六千餘人，莫不感慟。中書監高允為其傳，頌其德迹。惠始冢上，立石精舍，圖其形像。經毀法時，猶自全立。【略】

高宗踐極，下詔曰：『夫為帝王者，必祗奉明靈，顯彰仁道，其能惠著生民，濟益羣品者，雖在古昔，猶序其風烈。是以《春秋》嘉崇明之禮，祭典載功施之族。況釋迦如來功濟大千，惠流塵境，等生死者歎其達觀，覽文義者貴其妙明，助王政之禁律，益仁智之善性，排斥羣邪，開演正覺。故前代已來，莫不崇尚，亦我國家常所尊事也。世祖太武皇帝，開廣邊荒，德澤遐及。沙門道士善行純誠，惠始之倫，無遠不至，風義相感，往往如林。夫山海之深，怪物多有，姦淫之徒，得容假託，講寺之中，致有凶黨。是以先朝因其瑕釁，戮其有罪。有司失旨，一切禁斷。景穆皇帝每為慨然，值軍國多事，未遑修復。朕承洪緒，君臨萬邦，思述先志，以隆斯道。今制諸州郡縣，於衆居之所，各聽建佛圖一區，任其財用，不制會限。其好樂道法，欲為沙門，不問長幼，出於良家，性行素篤，無諸嫌穢，鄉里所明者，聽其出家。率大州五十，小州四十人，其郡遙遠臺者十人。各當局分，皆足以化惡就善，播揚道教也。』天下承風，朝不及夕，往時所毀圖寺，仍還修矣。佛像經論，皆復得顯。【略】

是年，詔有司為石像，令如帝身。既成，顏上足下，各有黑石，冥同帝體上下黑子。論者以為純誠所感。興光元年秋，敕有司於五緞大寺內，為太祖已下五帝，鑄釋迦立像五，各長一丈六尺，都用赤金二萬五千斤。【略】

和平初，師賢卒。曇曜代之，更名沙門統。初，曇曜以復佛法之明年，自中山被命赴京，值帝出，見於路，御馬前銜曜衣，時以為馬識善人。帝后奉以師禮。曇曜白帝，於京城西武州塞，鑿山石壁，開窟五所，鐫建佛像各一。高者七十尺，次六十尺，雕飾奇偉，冠於一世。曇曜奏：平齊戶及諸民，有能歲輸穀六十斛入僧曹者，即為『僧祇戶』，粟為『僧

祇粟』，至於儉歲，賑給饑民。又請民犯重罪及官奴以為『佛圖戶』，以供諸寺掃灑，歲兼營田輸粟。高宗並許之。於是僧祇戶、粟及寺戶，遍於州鎮矣。曇曜又興天竺沙門常那邪舍等，譯出新經十四部。又有沙門道進、僧超、法存等，並有名於時，演唱諸異。

顯祖即位，敦信尤深，覽諸經論，好老莊。每引諸沙門及能談玄之士，與論理要。初，高宗太安末，劉駿於丹陽中興寺設齋。有一沙門，容止獨秀，舉衆往目，皆莫識焉。沙門惠璩起問之，答名惠明。又問所住，答云，從天安寺來。語訖，忽然不見。駿君臣以為靈感，改中興為天安寺。是後七年而帝踐祚，號天安元年。是年，劉彧徐州刺史薛安都始以城地來降。明年，盡有淮北之地。其歲，高祖誕載。於時起永寧寺，構七級佛圖，高三百餘尺，基架博敞，為天下第一。又於天宮寺，造釋迦立像。高四十三尺，用赤金十萬斤，黃金六百斤。皇興中，又構三級石佛圖。榱棟楣楹，上下重結，大小皆石，高十丈。鎮固巧密，為京華壯觀。

高祖踐位，顯祖移御北苑崇光宮，覽習玄籍。建鹿野佛圖於苑中之西山，去崇光右十里，巖房禪堂，禪僧居其中焉。

延興二年夏四月，詔曰：『比丘不在寺舍，遊涉村落，交通奸猾，經歷年歲。令民間五五相保，不得容止。無籍之僧，精加隱括，有者送付州鎮，其在畿郡，送付本曹。若為三寶巡民教化者，在外齎州鎮維那文移，在臺者齎都維那等印牒，然後聽行。違者加罪。』又詔曰：『內外之人，興建福業，造立圖寺，高敞顯博，亦足以輝隆至教矣。然無知之徒，各相高尚，貧富相競，費竭財產，務存高廣，傷殺昆蟲含生之類。苟能精緻，累土聚沙，福鍾不朽。欲建為福之因，未知傷生之業。朕為民父母，慈養是務。自今一切斷之。』又詔曰：『夫信誠則應遠，行篤則感深，歷觀先世靈瑞，乃有禽獸易色，草木移性。濟州東平郡，靈像發輝，變成金銅之色。殊常之事，絕於往古；熙隆妙法，理在當今。有司與沙門統曇曜令州送像達都，使道俗咸睹實相之容，普告天下，皆使聞知。』

三年十二月，顯祖因田鷹獲鴛鴦一，其偶悲鳴，上下不去。帝乃惕然，問左右曰：『此飛鳴者，為雌為雄？』左右對曰：『臣以為雌。』帝曰：『何以知？』對曰：『陽性剛，陰性柔，以剛柔推之，必是雌矣。』帝乃慨然而歎曰：『雖人鳥事別，至於資識性情，竟何異哉！』於是下詔，禁斷鷙鳥，不得畜焉。

承明元年八月，高祖於永寧寺，設太法供，度良家男女為僧尼者百有餘人，帝為剃髮，施以僧服，令修道戒，資福於顯祖。是月，又詔起建明寺。太和元年二月，幸永寧寺設齋，赦死罪囚。三月，又幸永寧寺設會，行道聽講，命中、秘二省與僧徒討論佛義，施僧衣服、寶器有差。又於方山太祖營壘之處，建思遠寺。自正光至此，京城內寺新舊且百所，僧尼二千餘人，四方諸寺六千四百七十八，僧尼七萬七千二百五十八人。四年春，詔以鷹師為報德寺。【略】

十六年詔：『四月八日、七月十五日，聽大州度一百人為僧尼，中州五十人，下州二十人，以為常准，著於令。』十七年，詔立《僧制》四十七條。

十九年四月，帝幸徐州白塔寺。顧謂諸王及侍官曰：『此寺近有名僧嵩法師，受《成實論》於羅什，在此流通。後授淵法師，淵法師授登、紀二法師。朕每玩《成實論》，可以釋人深情，故至此寺焉。』時沙門道登，雅有義業，為高祖眷賞，恆侍講論。曾於禁內與帝夜談，同見一鬼。二十年卒，高祖甚悼惜之，詔施帛一千匹。又設一切僧齋，並命京城七日行道。又詔：『朕師登法師奄至徂背，痛怛摧慟，不能已已。比藥治慎喪，未容即赴，便準師義，哭諸門外。』緇素榮之。

又有西域沙門名跋陀，有道業，深為高祖所敬信。詔於少室山陰，立少林寺而居之，公給衣供。二十一年五月，詔曰：『羅什法師可謂神出五才，志入四行者也。今常住寺，猶有遺地，欽悅修蹤，情深遐遠，可於舊堂所，為建三級浮圖。又見逼昏虐，為道殄軀，既暫同俗禮，應有子胤，可推訪以聞，當加敘接。』

先是，立監福曹，又改為昭玄，備有官屬，以斷僧務。高祖時，沙門道順、惠覺、僧意、惠紀、僧範、道弁、惠度、智誕、僧顯、僧義、僧利，並以義行知重。

世宗即位，永平元年秋，詔曰：『緇素既殊，法律亦異。故道教彰於互顯，禁勸各有所宜。自今已後，衆僧犯殺人已上罪者，仍依俗斷，餘悉付昭玄，以內律僧制之。二年冬，沙門統惠深上言：『僧尼浩曠，清濁混流，不遵禁典，精粗莫別。輒與經律法師羣議立制：諸州、鎮、郡維那、

上坐、寺主，各令戒律自修，咸依內禁，若不解律者，退其本次。又，出家之人，不應犯法，積八不淨物。然經律所制，通塞有方。依律，車牛淨人，不淨之物，不得為己私畜。唯有老病年六十以上者，限聽一乘。又，比來僧尼，或因三寶，出貸私財。緣州外。又，出家捨著，本無凶儀，不應廢道從俗。其父母三師，遠聞凶問，聽哭三日。若在見前，限以七日。或有不安寺舍，遊止民間，亂道生過，皆由此等。若有犯者，脫服還民。其有造寺者，限僧五十以上，啓聞聽造。若有輒營置者，處以違敕之罪，其寺僧衆擯出外州。僧尼之法，不得為俗人所使。若有犯者，還配本屬。其外國僧尼來歸化者，求精檢有德行合三藏者聽住，若無德行，遣還本國，若其不去，依此僧制治罪。』詔從之。

先是，於恒農荊山造璿玉丈六像一。三年冬，迎置於洛濱之報德寺，世宗躬觀致敬。

四年夏，詔曰：『僧祇之粟，本期濟施，儉年出貸，豐則收入。山林僧尼，隨以給施；民有窘弊，亦即賑之。但主司冒利，規取贏息，及其徵責，不計水旱，或償利過本，或翻改券契，侵蠹貧下，莫知紀極。細民嗟毒，歲月滋深。非所以矜此窮乏，宗尚慈拯之本意也。自今已後，不得傳委維那、都尉，可令刺史共加監括。尚書檢諸有僧祇穀之處，州別列其元數，出入贏息，賑給多少，並貸償歲月，見在未收，上臺錄記。若收利過本，及翻改初券，依律免之，勿復徵責。或有私債，轉施償僧，即以丐民，不聽收檢。後有出貸，先盡貧窮，徵債之科，一準舊格。富有之家，不聽輒貸。脫仍冒濫，依法治罪。』

又尚書令高肇奏言：『謹案：故沙門統曇曜，昔於承明元年，奏涼州軍戶趙苟子等二百家為僧祇戶，立課積粟，擬濟饑年，不限道俗，皆以拯施。又依內律，僧祇戶不得別屬一寺。而都維那僧暹、僧頻等，進違成旨，退乖內法，肆意任情，奏求逼召，致使吁嗟之怨，盈於行道，棄子傷生，自縊溺死，五十餘人。豈是仰贊聖明慈育之意，深失陛下歸依之心。遂令此等，行號巷哭，叫訴無所，至乃白羽貫耳，列訟宮闕。悠悠之人，尚為哀痛，況慈悲之士，而可安之。請聽苟子等還鄉課輸，儉乏之年，周給貧寡，若有不虞，以擬邊捍。其暹等違旨背律，謬奏之愆，請付昭玄，依僧律推處。』詔曰：『暹等特可原之，餘如奏。』

世宗篤好佛理，每年常於禁中，親講經論，廣集名僧，標明義旨。沙門條錄，為《內起居》焉。上既崇之，下彌企尚。至延昌中，天下州郡僧尼寺，積有一萬三千七百二十七所，徒侶逾衆。

熙平元年，詔遣沙門惠生使西域，采諸經律。正光三年冬，還京師。所得經論一百七十部，行於世。【略】

景明初，世宗詔大長秋卿白整準代京靈巖寺石窟，於洛南伊闕山，為高祖、文昭皇太后營石窟二所。初建之始，窟頂去地三百一十尺。至正始二年中，始出斬山二十三丈。至大長秋卿王質，謂斬山太高，費功難就，奏求下移就平，去地一百尺，南北一百四十尺。永平中，中尹劉騰奏為世宗復造石窟一，凡為三所。從景明元年至正光四年六月已前，用功八十萬二千三百六十六。肅宗熙平中，於城內太社西，起永寧寺。靈太后親率百僚，表基立刹。佛圖九層，高四十餘丈，其諸費用，不可勝計。景明寺佛圖，亦其亞也。至於官私寺塔，其數甚衆。

元象元年秋，詔曰：『梵境幽玄，義歸清曠，伽藍淨土，理絕囂塵。前朝城內，先有禁斷，自聿來遷鄴，率由舊章。而百辟士民，屆都之始，城外新城，並皆給宅。舊城中暫時普借，更擬後須，非為永久。如聞諸人，多以二處得地，或捨舊城所借之宅，擅立為寺。知非己有，假此一名。終恐因習滋甚，有虧恒式。宜付有司，精加隱括。且城中舊寺及宅，並有定帳，其新立之徒，悉從毀廢。』冬，又詔：『天下牧守令長，悉不聽造寺。若有違者，不問財之所出，並計所營功庸，悉以枉法論。』興和二年春，詔以鄴城舊宮為天平寺。

世宗以來至武定末，沙門知名者，有惠猛、惠辨、惠深、僧暹、道欽、僧獻、道晞、僧深、惠光、惠顯、法營、道長，並見重於當世。

自魏有天下，至於禪讓，佛經流通，大集中國，凡有四百一十五部，合一千九百一十九卷。正光已後，天下多虞，工役尤甚，於是所在編民，相與入道，假慕沙門，實避調役，猥濫之極，自中國之有佛法，未之有也。略而計之，僧尼大衆二百萬矣，其寺三萬有餘。流弊不歸，一至於此，識者所以歎息也。

《舊唐書》卷二〇一《方伎傳・神秀》 昔後魏末，有僧達摩者，本天竺王子，以護國出家，入南海，得禪宗妙法，云自釋迦相傳，有衣缽為

記，世相付授。達摩齎衣鉢航海而來，至梁，詣武帝。帝問以有為之事，達摩不說。乃之魏，隱於嵩山少林寺，遇毒而卒。其年，魏使宋雲於葱嶺回，見之，門徒發其墓，但有衣履而已。達摩傳慧可，慧可嘗斷其左臂，以求其法。慧可傳璨，璨傳道信，道信傳弘忍。

宋·釋志磐《佛祖統紀》卷三六《法運通塞志十七之二·三國·魏·文帝》 黃初元年。吳主孫權於武昌建昌樂寺。

五年，月氏國優婆塞支謙來雒陽。謙受業於支亮，亮受業於支讖，世稱『天下博知，無出三支。』謙細長黑瘦，眼白睛黃。時人語曰：『支郎眼中黃，形軀雖細是智囊。』後避地歸吳。拜為博士。

六年。陳思王曹植每讀佛經，輒留連嗟翫，以為至道之宗極。嘗遊漁山，聞空中梵天之響，乃摹其聲節，寫為梵唄，撰文制音，凡六契，傳為後式。

又《明帝》 太和三年。吳潘夫人於武昌建慧寶寺。

又《齊王》 正始二年。吳赤烏四年，康居國沙門康僧會來吳國。人初見，咸驚異之。吳主曰：『是漢明所夢佛神之遺風乎？』乃召問之。會曰：『如來遷化，已逾千載。靈骨舍利，神應無方。』吳主曰：『舍利可得，當為立塔。若其無驗，國有常刑。』會謂其徒曰：『大法廢興，在此一舉。當潔齋以懇求。』七日無驗，展至三七日。衆且懼，忽鏗然有聲，視瓶中，舍利五色。吳主自執瓶瀉銅盤中，盤即破裂，火燒鎚擊，一無所損。因起浮圖，置建初寺，名其地曰佛陀里。

三年，吳尚書令闞澤捨宅為德潤寺。吳主問曰：『孔子教化世俗，老莊放蕩山林，何事佛為？』澤對曰：『孔老法天制用，不敢違天。諸天奉行佛教，不敢違佛。以此言之，實非比對。』吳主曰：『佛教入中國，何緣不及東方？』澤曰：『永明十四年，五嶽道士褚善信、費叔才等與西僧角法，費叔才自感而死。至今百七十年。離亂歲深，方至於此。』

述曰：三國之時，各務戰守，而於此道，未之能弘。然吳之君臣稍有知者，故建寺譯經，奉舍利，論佛教，班班可見。魏之境，獨陳思王能知之。蜀則蔑聞，意戰國遐阻，未便能至耳。

嘉平二年，中天竺三藏曇摩迦羅至洛陽譯僧祇戒，立大僧羯磨受戒。先是，比丘出家，特剪髮而已，未有律儀，凡齋懺法事，如祠祀狀。及迦羅至，始出戒本，遂為日用。

又《高貴鄉公》 正元元年，漢魏以來，二衆唯受三歸，大僧沙彌，曾無區別。曇摩迦羅乃上書，乞行受戒法。與安息國沙門曇諦同在洛，出曇無德部四分戒本。十人受戒羯磨法。沙門朱士行，為受戒之始。

甘露元年，【略】吳主孫皓不敬佛法，毀廢寺宇，詰康僧會曰：『佛言善惡報應，可得聞乎？』會曰：『明主以孝道治天下，則赤烏翔，老人見；以仁德育萬物，則醴泉涌，嘉禾生。善既有徵，惡亦如之。』他日，宿衛治圃得金像，皓使置穢處，灌以不潔，俄得腫疾。占者云：『坐犯大神。』皓悟，迎像供事，請會說法，禮拜悔罪，受五戒，疾獲愈。奉會為師，復營立塔寺。

又 卷三七《法運通塞志十七之三·晉·武帝》 泰始二年，侍中荀勗於洛陽造金像佛菩薩十二身，放大光明。都人競集瞻禮。

四年。【略】荊州都督羊祜日供給武當山寺。有問其故，祜曰：『前身多有諸過，賴造此寺，故獲中濟。所以供養之情，偏重於此。』

又《惠帝》 永康元年，會稽諸葛氏，錢自井出，乃捨宅為靈寶寺。

永興元年，西竺沙門祇域至洛陽，指沙門竺法淵曰：『此菩薩羊中來。』見竺法興曰：『此菩薩天中來。』又云：『比丘衣服華麗，大違戒律。』望帝所宮闕曰：『大略似忉利天。疲民之力，不亦侈乎！』未幾，洛陽亂。

又《懷帝》 永嘉四年，西竺沙門佛圖澄至洛陽，時石勒屯兵葛陂，沙門多遇害。召澄試術，呪鉢水，生青蓮華，由是神敬。及與劉曜戰，以訪澄。澄曰：『塔鈴音云：「秀支、替戾剛、僕谷、禿劬當。」秀支，軍也；替戾剛，出也；僕谷，劉曜胡位也；禿劬當，捉也。此皆羯語，言軍出，捉得劉曜也。』又取麻油燕脂塗掌，以示童子。見一人乘馬，朱絲縛肋。澄曰：『此劉曜也。』遂出戰，果生禽曜。勒遂即王位，國號趙。勒愛子斌暴卒，歎曰：『吾聞扁鵲，起號太子。』乃令告澄，取楊枝呪水灑之，遂蘇。

勒殂，弟季龍立。傾心事澄，每乘輿升殿，唱『大和上』。至晉兵入淮，季龍怒曰『吾奉佛反致寇，佛無神矣。』澄曰：『王前身為商，經屬

賓僧寺設會，有六應真，吾其一也。時聖者記曰：「此檀越報盡，當王晉地。」今為天子，豈非奉佛而致？邊疆侵擾，有國之常，何為興怨謗乎？』季龍乃悔謝。澄將去，入辭曰：『國家存心佛理而布政苛猛，致國祚不延也。』即安坐而逝。後有沙門自雍州還，見澄入關，季龍發冢，視唯塊石焉。季龍惡之，曰：『石，吾姓也。葬吾而去，其能久乎？』未幾果亡。

六年，武邑太守盧歆請道安法師於郡講經，傾城人士來聽，讚歎諠席。

又《**元帝**》 太興元年，詔沙門竺潛入內殿講經，以方外重德，令著屐登殿。

永昌元年，西竺沙門吉友至建康，丞相王導見之，曰『我輩人也。』一時名公，皆造門結友。每見王導，解帶自若。尚書令卞壺至，則正容肅然。有問其故，對曰：『王公風道期人，卞令軌度格物。吾正當以此處之耳。』廷尉桓彝欲為友作目，友曰『吉友可謂卓朗。』彝絕歎服，以謂盡品目之極。友善持呪，所向多驗，時號高座法師。

又《**明帝**》 太寧元年，帝手御丹青，圖釋迦佛于大內樂賢堂。又往興皇寺，集義學沙門百員，講論佛道。

又《**成帝**》 咸和元年，西天沙門竺慧理至錢塘武林山，驚曰：『中天竺靈鷲小嶺，何年飛來此地耶？』因名天竺山飛來峯，建寺曰靈隱，仙翁葛洪書額。

三年，蘇峻為亂，焚燒宮室，獨樂賢堂明帝所畫釋迦像不壞。帝敕著作製《頌》，以彰聖德。

五年，許詢以會稽永興新居為崇化寺，建塔四層。物產既罄，猶乏相輪，一朝風雨，輪盤自備，當時訪知剡縣飛來。詔會稽寶山法義法師入禁中，傳授五戒。

咸康【略】二年，尚書令李邈捨句容宅為靈曜寺。

六年，右將軍王羲之為西天達摩多羅於廬山建歸宗寺。

庾冰輔政，議沙門盡敬王者。尚書令何充等議曰：『武皇以盛明革命，明帝以聰聖玄覽，豈此時沙門不易屈膝？顧以不變其修善之法，所以通天下之志耳。』疏三上，冰議遂寢。

又《**康帝**》 建元元年，中書令何充捨宅為建福寺，以居比丘尼。【略】充性好釋典，崇修佛寺，供給沙門以百數，糜費巨億而不吝。阮裕戲之曰：『卿志大宇宙，勇邁終古。』充問其故，裕曰：『我圖數千戶郡尚未得，卿圖作佛，不亦大乎！』時郗愔及弟曇奉天師道，而充與弟準崇信釋氏。謝萬譏之曰：『二郗諂於道，二何佞於佛。』

又《**穆帝**》 升平【略】五年，上有疾，召高僧法開視脈，知不起，不肯進藥，后怒囚之。俄有崩，獲免。或問曰：『高明剛簡，何以醫術經懷？』師曰：『明六度以除四魔之疾，調九候以療風寒之病，自利利人，不亦可乎？』孫綽曰：『才辨縱橫，以數術通大教，其開公乎！』

又《**哀帝**》 興寧元年，詔以瓦官窑地賜沙門慧力，建瓦官寺。

時朝賢注疏者不過十萬，顧長康素貧，注錢百萬，人皆笑之。一日於殿壁畫維摩像，將點眸子，曰：『第一日開見者責施十萬，第二日開見者五萬，第三日開見者任例責施。』及開戶，光明照寺，施者填塞，果得錢百萬。

二年，詔法師竺潛講般若于禁中，後辭還剡山，詔支遁相繼講法，一時名士與結方外之友。劉系談莊子，以適性為逍遙，遁曰：『桀跖以殘虐為性，豈亦逍遙乎？』王濛極思，作數百語，遁曰：『與君別久，而所見不長，何耶？』郗超問謝安曰：『遁談何如稽中散？』安曰：『稽盡力道，纔得半耳。』遁嘗寓書於潛，求買沃洲山小嶺，潛曰：『欲來便給，未聞巢由買山而隱。』

又《**廢帝**》 太和二年，支遁表求還山，詔建沃洲寺以居之。遁每講多會宗遺文，為守文者所陋。謝安聞而歎曰：『此九方歅之相馬，略玄黃而取神駿也。』嘗講維摩於山陰，處士許詢為都講。詢發一問，衆謂遁不能通；遁通一議，衆謂詢無以難。

三年，洛陽東寺尼道馨為衆說法華維摩，聽者如市。

又《**簡文帝**》 咸安【略】二年，敕長干寺造三級塔。畢功之日，光照櫩宇。

帝嘗幸瓦官寺，聽竺法汰講放光般若。每讀佛經，以為陶鍊神明，則聖人可至。

又《**孝武帝**》 寧康元年，【略】王坦之為中書令，與沙門竺法汰

甚厚。每共論幽冥報應，要先死者報其事。後師來云：『貧道已死，罪福不虛。唯當勤修道德，以升濟神明耳。』言訖不見。

道安法師於襄陽檀溪寺建浮圖銅像，能自起行，至方山光明燭天，傾都瞻拜。

高士習鑿齒詣安，自稱『四海習鑿齒』，安答曰『彌天釋道安』。時以為名對。上聞安名，詔曰：『法師以道德照臨天人，宜日食王公祿，所司以時奉給。』

二年，竺潛法師亡，詔曰：『潛法師捐宰相之榮，襲緇衣之行，方賴宣道，以濟蒼生，奄從遷謝，用痛於懷。可賜錢五十萬，助建塋塔。』

太元元年，西天沙門涉公至長安，秦主符堅尊奉之。常呪龍致雨，以濟時旱，國人賴之。

慧永法師至廬山，居西林香谷。潯陽刺史陶範捨所居以為寺。

四年，秦人攻拔襄陽，獲道安、習鑿齒，送往長安。秦主符堅喜曰：『晉正吳會，利在二陸。今破襄陽，獲士裁一人半。』堅出東苑，命安同載。僕射權翼諫曰：『道安毀形，不可參乘。』堅怒曰：『安公道德所尊。』乃令翼扶安登輦。

安入關，沙門皆隨師姓。安曰：『師莫如佛，應沙門，宜以釋為姓。』及《增一阿含經》至有云：『四河入海，無復異名。四姓出家，同稱釋氏。』

藍田得古鼎，腹有篆文，朝無識之者。以問安，安曰：『魯襄公所鑄也。』秦主敕二館學士有所疑，皆以問安。國人為之語曰：『學不師安，義不禁難。』

安貌銳而姿黑，喜談論。故諺曰：『漆道人，驚四鄰。』左臂有肉方寸，隆起如印，世號印手菩薩。

六年。帝於內殿立精舍奉佛，召沙門名德者居中行道。

慧遠法師自襄陽至廬山，立龍泉精舍。初師至山，夢神告曰：『此山足可棲神，願毋他往。』夕大雨雷電，見林壑廣開，素沙布地，楩楠文梓，縱橫充斥。九江刺史桓伊乃為建寺曰東林，殿曰神運。

二十年。荊州牧桓沖命曇翼法師渡江，造東西二寺。自晉宋齊梁陳氏，常及萬僧。

又**《安帝》**隆安二年，【略】桓玄輔政，勸上沙汰僧尼。詔曰：『有能伸述經牒、演說義理、律行修正者，並聽依所習，餘悉令罷道。唯廬山，道德所居，不在搜簡。』遠法師以書力辨，事遂寢。

元興【略】二年，桓玄欲重申庾冰之議，令沙門盡敬王者。遠法師致書云：『袈裟非朝宗之服，鉢盂非廊廟之器。塵外之容，不應致敬王者。』玄得書，即下令不行。師復著《沙門不敬王者論》，以警當世。

初，東土未有涅槃常住之說，但云壽命長遠。遠法師曰：『佛是至極，至極則無變。無變之理，豈有窮哉？』乃著《法性論》。其要有曰：『至極以不變為性，得性以體極為宗。』後羅什見《論》，歎曰：『晉人未見經，闇與理會。』師聞羅什入關，通書申好，什答書并偈。

秦安城侯姚嵩寄羅什新譯《智論》，祈師為序。師以文廣，鈔二十卷而別序之。

羅什弟子有生、肇、融、叡，時號關中四聖。道生者，初入廬山蓮社，後至長安從羅什。見法顯譯《泥洹經》云：『除一闡提，皆有佛性。』師曰：『阿闡提人，含生之類。何得獨無佛性？此經來，未盡耳。』乃唱闡提之人皆當成佛。衆以為邪說背經，於律當擯。生對衆誓曰：『若所說契合佛心，願捨報日，踞師子座。』於是束身，還入虎丘山，聚石為徒，講《涅槃經》。至闡提處，則說有佛性。且曰：『如我所說，契佛心否？』羣石皆為點頭。後還廬山，聞曇無讖重譯《涅槃》，至『聖行品果』云：『一闡提人，雖復斷善，猶有佛性。』慰喜不勝。嘗謂聖教東流，譯人重阻，多滯權文，鮮通圓義，於是檢閱真俗，精練空有，乃著《善不受報論》、《頓悟成佛論》、《佛性常有論》、《法身無色論》、《佛無淨土論》，並籠罩舊說，妙有淵旨。守文之徒，嫌嫉競起。一日升座說法，俄見麈尾墮地，隱几而化。

僧肇初見什，什曰：『法中龍象也。』著《般若無知論》、《物不遷論》、《不真空論》、《涅槃無名論》。什曰：『吾解不謝子文，當相揖也。』

道融從羅什。久之，師子國婆羅門馱其書至關中，乞辨論。什令融當之。融先閱外道經書，使人錄其目。秦主大集，以能博觀為誇。融數其書，并秦地經史，十倍之。乘勝嘲曰：『卿乃未聞大秦有博學者乎？』婆羅門愧服，再拜而去。

僧叡初遊，外歷諸國，後入廬山遠師社，來京師，止烏衣寺講說。久之，入關中，從羅什。風神明澈，見者畏敬。秦主因朝會，指師謂姚嵩曰：『四海僧望也。』

義熙二年，【略】遠法師所居東林，流泉匝寺，下入於溪。師每送客過此，有虎號鳴，因號虎溪。後送客，未嘗過，獨陶潛、道士陸修靜至，語道契合，不覺過虎溪，因相與大笑。世傳為《三笑圖》。

六年，初，劉程之入廬山，依遠法師念佛。師曰：『官祿巍巍，何以不為？』程之曰：『君臣相疑，吾何以為？』居山十五年，專志念佛。是年八月，見阿彌陀佛放光摩頂，即對像焚香，祝曰：『我以釋迦遺教，知有西方淨土。願持此香，先當上奉釋迦世尊，次用供養阿彌陀佛，願賜攝取。第三奉供《妙法蓮華經》，所以得生，由持此經。』言已臥床，西向而逝。程之有隱德，謝安、劉裕相推薦甚力，辭不屈，乃旌之曰遺民。

周續之，幼通五經五緯，時號十經童子。公卿交辟，無所就，入廬山，預遠公社。布衣蔬食，終身不娶，世稱通隱。

雷次宗入廬山蓮社，立館東林之側。及遠公亡，與子姪書曰：『吾託業廬山，事釋和上二十年。淵匠既傾，良朋亦喪。及今未耄，尚可厲志，成四歸之津梁。自今以往，勿以家務相聞。』

九年，迦維衛國沙門佛馱跋陀羅至廬山入社，遠法師請譯禪數諸經。自是江東，始耽禪悅。

十年，廬山西林永法師示疾，忽合掌西向曰：『佛來也。』安坐而化。異香七日方歇。遠法師居東林三十年，師居西林亦如之。鎮南將軍何無忌至虎溪召之，遠師久持名望，從徒百人。高言華論，舉止可觀。而永公納衣半脛，荷錫持鉢，松下飄然而來，神氣自若。無忌歎曰：『永公清散之風，乃多於遠公也。』

十二年，遠法師久修淨業，三睹佛相，以是年八月六日感佛來迎，倏然神化，遺言露屍林下。弟子不忍，乃奉全軀，葬於西嶺。謝靈運製碑，張野作序，宗炳復立碑於寺門。初，師在山行道，名儒劉遺民、雷次宗、周續之、宗炳、張野、張詮，沙門永法師、慧持、道生、曇順、慧叡、曇恒、道丙、曇詵、道敬、佛馱耶舍、佛馱跋陀羅常同遊止，世號廬山十八賢。復與僧俗百二十三人結社念佛，令劉遺民著誓辭，共期西升。謝靈運負才傲物，一見師，肅然心服，為鑿東西二池，種白蓮，因名白蓮社。靈運嘗永入社，師以其心雜，止之。嘗以書招陶潛，潛曰：『許飲即往。』師許之，遂造焉，忽攢眉而去。所著《法性論》、《不拜王者論》等及詩序銘讚，凡十卷，號《廬山集》。

述曰：佛法起於漢，至晉而益盛。然競演經論，各事專門，獨東林法師始以念佛三昧之道，開先一時，貽則千古。蓋知其為此土人根為道之要，故能結社招賢，來名儒而致高釋。臨終神化感佛迎，以獲往生。斯為一生取證、永居不退之至道也。師之言曰：『功高易進，念佛為先。』凡在修門，請事斯語云。

會稽太守孟顗事佛精懇，而為謝靈運所輕。嘗謂顗曰：『得道應須慧業。丈夫生天當在靈運前，成佛必居靈運後。』顗憾之。

又《恭帝》 元熙元年，帝深敬佛道，詔於瓦官寺鑄釋迦佛丈六金像。畢功之日，放光滿寺，傾都人士，咸致供養。

又《法運通塞志十七之三·宋·高祖》 永初元年，帝設齋內殿，令沙門道照陳詞，至『百年迅速，苦樂俄頃』之句，帝善之，別賜嚫金三萬。

帝始生，有神光之異。既長遊下邳，遇異沙門於逆旅曰：『天下喪亂。拯之者，其君乎！』時患手瘡，沙門以黃散藥留之，忽不見。以藥傅瘡，一治而愈。嘗遊京口竹林寺，獨臥講堂前，有五色龍章。諸僧驚以白帝，帝曰：『上人無妄言。』冀州沙門法稱謂其弟子曰：『嵩嶽神言：江東有劉將軍，漢之苗裔，應天受命。吾以璧三十二枚、鎮金一鉼為信。』帝聞之，令釋慧義往嵩山求之。俄夢長須翁以杖指石下，來日詣廟所石壇，求之果獲，因得獻上。帝夢異僧語之曰：『君前世曾施維衛佛一鉢之飯，今報斯位。』

司徒王謐見東掖門地有光，掘之，得金佛一軀，高七尺二，敕置臺中供養。車騎范泰於宅西建祇洹寺。謝靈運於石壁山建招提寺。

又《文帝》 元嘉元年，罽賓國沙門曇摩密多至建康，譯禪經《觀普賢行法經》等十部。自袁皇后、皇子以下，傾都禮敬。

西天沙門畺良耶舍譯《觀無量壽佛經》。

述曰：文帝嗣位之初，《觀普賢》、《無量壽》二經同時而至，至今

持誦者為尤盛。是知元嘉之際，尊敬大乘，五國來貢，咸贊奉法。自渡江以來，未有此時之光大也。

二年，詔於京師為高祖建報恩寺。

敕沙門道祐往鄮縣修阿育王寺，掘地得金合，盛三舍利佛爪佛髮。詔建浮圖三級。

四年，【略】沙門慧琳以才學得幸，詔與顏延之同議朝政。琳著高屐、披貂裘，孔顗戲之曰：『何用此黑衣宰相？』嘗著《黑白論》，與佛理違戾，衆論排之。琳後感膚肉糜爛，歷年竟死。時以為叛教之報。【略】

六年，帝幸祇洹寺，觀度童子慧基。

七年，【略】初，帝聞罽賓三藏求那跋摩名，詔交州遣沙門道敏杭海邀之。跋摩忻然，附舶至廣州。上遣使迎至金陵，命居祇洹寺。僕射何尚之等，並師事之。【略】帝嘗問曰：『朕欲齋戒不殺，迫於狥物，不獲於志。』對曰：『帝王匹夫，所修各異。匹夫身賤名劣，言令不威，若不克己，將何以濟？帝王以四海為家，兆民為子。出一嘉言，士民咸說；布一善政，人神以和，則風雨應時，百穀滋茂。如此持齋，德亦大矣。寧在輟半日之餐，全一禽之命，然後弘濟耶？』帝歎曰：『俗迷遠理，僧滯近教。如法師之言，可謂盡天人際。』師在祇洹講《華嚴十地品》，帝率公卿，日集座下，法門稱榮。【略】

十一年，求那跋摩於南林寺立戒壇，為僧尼受戒，為震旦戒壇之始。時師子國比丘尼八人來，未幾，復有尼鐵索羅三人至，足為十衆。乃請僧伽跋摩為師，為景福寺尼慧果等於南材戒壇，依二衆重受具戒，度三百餘人。

述曰：《僧史略》之言云：漢度阿潘，受三歸也；晉度淨檢，從一衆也；二衆得戒，自此年慧果始也。

十二年，【略】敕尼寶賢為京邑尼僧正。

帝謂侍中何尚之曰：『范泰、謝靈運常言：「六經本在濟俗。若求性靈真要，則必以佛理為指南。」近見顏延之《折達性論》、宗炳《難白黑論》，並明達至理，開奬人意。若率土皆淳此化，則朕坐致太平矣。』尚之曰：『渡江已來，王導、周顗、庾亮、謝安、戴逵、許詢、臣高祖兄弟，莫不稟志歸依。夫人能行一善，則去一惡；去一惡，則息一刑。一刑息於家，萬刑息於國。此明旨，所謂坐致太平者也。故圖澄適趙，二石減暴；靈塔放光，符犍損虐。神道助化，昭然可觀。至土木之功，雖若糜費，然植福報思，不可頓絕。』尚之又曰：『夫禮隱逸則戰士息，貴仁德則兵氣銷。以孫吳為志，動期吞幷，則將無取乎堯舜之道，豈特釋教而已哉？』帝說，曰：『釋門之有卿，猶孔門之有季路，所謂惡言不入於耳也。』

竺道生，卒於廬山。立佛性義，為帝所重。王弘、范泰，與之為友。帝設御齋，親臨地坐。食至衆，疑非時。帝曰：『始可中矣。』生曰：『白日麗天，天言始中，何得非中？』取筯便食，一衆歎其機辯。

曇摩密多於鄮縣建阿育王寺塔。

十三年，詔求沙門能述生法師頓悟義者，庾登之以法瑗聞，召見，瑗申辯詳明。何尚之歎曰：『意謂生公之没，微言永絕，今復聞象外之談。』湘宮寺成，召師居之。帝每臨幸聽法。【略】

二十年，沙門慧嚴卒，帝詔慰曰：『嚴法師氣識淵遠，道學之匠，奄爾遷神，痛悼於懷。可給錢五萬、布五十疋。』

二十二年，初，范曄負才不得志，與孔熙先謀廢立。事敗，死獄中。祇洹寺沙門曇遷素與曄友，賣衣盂為營葬具。魏世祖聞而歎賞，謂徐爰曰：『卿著《宋書》，無遺此事。』

又《孝武帝》敕沙門慧璩為京邑都維那。

文帝諱日，上於中興寺建八關齋。中食竟，從臣袁敏孫等更進魚肉。帝怒，並與免官。

召沙門道猷入內殿說法，上稱善，敕為新安寺法主。

大明四年，路太后於中興寺造普賢像設齋，忽有異僧見於座，衆驚問之，對曰：『慧明自天安來。』言訖不見。因詔改為天安寺。敕沙門道溫為都邑僧正。

五年，【略】魏使李道固來朝，帝以中興寺僧鍾有才辯，召為館伴。與語不已，過中不食。道固曰：『無乃為聲聞耶？』鍾曰：『應以聲聞身得度者，即現聲聞身而為說法。』時稱名對。

六年，四月八日，帝於內殿，灌佛齋僧。

七年，竹林寺沙門慧益誦《法華》，誓焚身。帝遣使諫，不聽。以佛生日，詣闕辭帝，囑以佛法。往鍾山，入油鑊，以吉布纏身，焚之。帝駕往勸止，不從。衆聞誦《藥王品》，忽聞笳管之聲，異香分馥。夜，帝夢師囑付護法。翌日設大會，詔於焚身處建藥王寺。

又《明帝》 泰始元年，詔於建陽門置興皇寺，敕沙門道猛為綱領。帝曰：『人能弘道，今得法師，非直道益蒼生，亦乃有光世望。』乃下詔曰：『猛法師風道多濟，朕所賓友。可月給錢三萬，令史四人，白簿吏二十人，車及步輿各一乘。』又詔僧瑾為天下僧主，賜法技一部，親信二十人，月給錢三萬及車輿吏力。

三年，帝幸莊嚴寺，觀三教談論。

周顒遷直殿省，時帝好玄理而遇人慘毒，不敢顯諫，輒舉佛經罪福事，帝為之遷善。顒著《三宗論》言空假義，西涼州道人智林遺書以贊美之。

敕尼淨秀所居為禪林院。秀有神異。【略】所服袈裟，色如熟椹。見諸尼不如法，即行摩那埵懺悔之法。自是京師二部，莫不精持。

逸士顧歡作《夷夏論》，以佛、道二教齊乎達化，而有夷夏之別。歡雖同二法，而意黨道教。司徒袁粲託沙門通公為《論》以駁之，謂孔、老教俗為本，釋氏出世為宗，發軫既殊，其歸亦異，常侍何鎮之？亦以書詆歡，言道家經籍簡陋，如靈寶妙真之類，采撮法華，制用尤拙。上清黃庭，餐霞咀石。非徒法不可效，道亦難同。雖五千之文稍長，終不若三乘共引九流，俱接之為得也

又《順帝》 昇明元年，敕沙門法持為天下僧正。

又《法運通塞志十七之三・齊・高帝》 建元元年，帝幸莊嚴寺，聽僧達法師講《維摩經》。御座稍遠，中書令張緒請遷席以鄰帝座。

二年，益州刺史傅琰言：沙門玄暢建齊隆寺，感青衣神人遶山守衛。敕蠲百戶，用充資給。

帝幸鍾山僧遠所居，遠床坐，辭以老病，不出迎。以房門狹不容車，遣使特勞問。

四年，詔沙門法穎為京邑僧主。詔迎皖山誌公入京，公勢其面為十二面觀音，帝以其惑衆，惡之。

又《武帝》 永明元年，帝以華林園設八關齋戒。帝微時，避難揭陽山中，累石為浮圖。【略】

鍾山僧遠居山五十年，天下仰其高德。及亡，帝致書，慰弟子法獻曰：『承遠上無常，弟子中夜，已自冥知。遠上此去甚嘉，遲見法師，方可敘瑞夢耳。』

敕長干寺玄暢同法獻為僧主，分任江南北事，時號黑衣二傑。

二年，詔沙門僧鍾見於乾和殿，但稱『貧道』。帝問僕射王儉曰：『古之沙門，何所稱？』對曰：『漢魏此道未盛，無所傳聞。晉宋以來，多稱「貧道」，而使預座。晉之中世，庾冰、桓玄欲使盡敬，事竟不行。』帝曰：『獻、暢二師，道行如此，尚乃稱名，況復餘者！揖拜則非制，稱名亦無嫌。』

五年，【略】司徒竟陵王子良居西邸，招致名僧，講論佛法。造經唄新聲。數營齋戒，躬為僧倫賦食行水。嘗夢東方普光世界天王如來說淨住淨行法門，因著《淨住子》二十卷及《三寶記》。

劉歊隱居求志，事母兄以孝悌。母每病，夢歊進藥，翌日有間。弟劉訏精意釋典，歊聽講鍾山諸寺，因共卜築東澗。

七年，平原居士明僧紹捨攝山宅為棲霞寺。

帝以誌公幻惑俗衆，收付建康獄。是日，國人咸見大士遊行市井。其夕，語吏曰：『門外有兩輿食，為我取之。』既而文惠太子、竟陵王送供至，建康令以聞。帝悔謝，奉迎至禁中，館於華林園。

竟陵王於弘濟寺講《成實》三論，夢中作維摩一契，命僧辯傳詠之。羣鶴飛舞於階，詠畢而去。

八年，帝不豫，詔諸沙門祈佛聖僧。至七日，感天香滿殿，聖僧影迹堂內，金錫振響，已而康復。

晉安王蕭子懋年七歲，母阮淑媛病，請僧行道。有獻蓮華供佛者，漬銅罌中。王流涕禮佛曰：『若阿姨因此和勝，願華竟齋不萎。』七日齋畢，華更鮮紅，視罌中，稍有根須，母疾遂愈。當世稱其孝感。

又《明帝》 建武二年，召劉虯為國子博士，不起。虯隱居江陵沙洲，衣麻辟穀，六時禮佛。注《華嚴經》，以頓、漸二門判教。又注《法華經》，躬自講說。

四年，【略】徐陵兒時，父携之以候（誌）公。公摩其頂曰：『天上石麒麟也。』

又　卷三八《法運通塞志十七之四·梁·武帝》　天監元年，帝夢釋迦檀像入國，乃遣郝騫等往西竺求之。

制僧尼犯過，並依佛律行罰。

庾詵少與帝善，及起兵，署為記室，不就。山居蔬食，六時禮懺，誦《法華經》。於後夜見一道人，自稱『願公』，呼詵為『上行先生』。後寢食驚覺，曰：『願公復來，吾其去矣。』舉家聞上行先生已生淨土，詔謚貞節處士。

二年，帝問誌公：『國有難否？』誌指喉及頸。『享國幾何？』曰：『元嘉元嘉。』帝臨政苛急，誌假帝神力，見先君受苦地下，由是恤刑。嘗詔張僧繇寫誌真，誌以指剺破面門，出十二面觀音相，或慈或威，僧繇竟不能寫。時法雲、雲光二師每講《法華》，天華飛集。帝以其證聖，於便殿夜焚書。請誌公及光雲齋，翌日誌公獨至。

四月八日，帝於重雲殿親製文，率羣臣士庶二萬人，發菩提心永棄道教。其文云：『願使未來生世童真出家，廣弘經教，化度含識，同成佛道。寧在正法中長淪惡道，不樂依老子教暫得生天。』

十一月，敕公卿百僚、侯王宗族並棄道教，捨邪歸正。

三年，帝御重雲殿講經，以枳園寺法彪為都講。彪先一問，帝方酬答，載索載徵，並通玄妙。

帝嘗夢神僧曰：『六道四生，受苦無量。何不作水陸大齋，普濟羣靈？』帝乃披覽藏經，創製儀文，三年乃成。遂於金山寺修供，命沙門僧祐宣文，大彰感驗。

敕於舊宅建光宅寺，因宅七日放光，故以為名。敕法雲法師為光宅寺主，創立僧制，為後世法。

沙門智稜善涅槃、淨名，尤通莊、老。後值寇還俗，道士孟悉達勸為黃冠。見道家諸經，略無宗旨，遂引佛教，為之潤色。解《西昇》、《妙真》諸經義，皆自稜始。武帝未捨道教時，引稜於五明殿豎義。暮年為諸道士講《西昇經》，忽失音舌卷，於座上委頓而死。衆以為叛教之報。

六年，御注《大品般若經》，詔光宅雲法師為百僚講說。

十年，中天竺釋迦檀像至，帝率百僚，迎入太極殿，建齋度人，大赦斷殺。絓是弓刀，並作蓮華塔形。【略】其後元帝於荊州城北造大明寺，奉安其像。

詔僧旻法師入殿講《勝鬘經》，公卿畢集。劉業問曰：『法師佛學有餘，何故多申儒旨？』旻曰：『昔生公以頓悟通經，次公以毘曇發論。若貧道，初不以儒、釋為限，但據文義所向耳。』

何胤入鍾山定林寺，聽內典，通其旨。後隱居若邪山雲門寺，二兄求、點並從棲遁，號點為大山，胤為小山。亦曰何氏三高。

謝舉長玄理及釋氏義，為晉陵郡守，與義學沙門互講經論，徵士何胤自武丘出赴。

光宅雲法師講《法華經》，感天花滿空，下如飛雪。帝以亢陽問誌公，公曰『雲能致雨』，帝因請講《法華》，至其澤普洽，即大霔。

上集諸沙門製文立誓，永斷酒食。其略云：『弟子蕭衍，從今已去，若飲酒放逸，啖食衆生，乃至乳蜜酥酪，願一切鬼神先當苦治弟子，將付地獄。衆生成佛，猶在阿鼻。僧尼飲酒食肉，亦應如此加治。』是時復集僧尼一千四百四十八人於華林殿，請雲法師講《涅槃經》中『食肉斷大慈悲種子』之文，上親席地，與衆同聽。

十一年，敕寶亮法師撰《涅槃經疏》，上親為製序。

十二年，特進沈約著《中食論》，謂勢利榮名、妖妍靡曼、甘旨肥醲，皆使心神昏惑，不能得道，故聖人禁此三事。

十三年，初，誌公嘗與帝登鍾山，指獨龍岡曰：『此為陰宅，先行者得之。』是年，順化於華林園佛堂。帝憶其言，詔有司具葬此地，建浮圖五級其上。車駕臨葬致奠，忽見大士涌身雲間，乃為立開善寺。

十五年，【略】華陽真人陶弘景建菩提白塔于三茅山，嘗夢佛授記名勝力菩薩，乃詣鄮縣阿育王塔，自誓受五大戒，臨終不用沐浴，以大袈裟覆衾蒙首足。弟子遵之。

十六年，敕太醫不得以生類為藥，郊廟牲牷皆代以麪，宗廟薦羞始用蔬果。

述曰：祭天地，祀宗社，必殺牲以備物。皇王以來，用以為法。有國家者掌之為故，且不敢有所議也。夫司天地之化，所以稱上帝、稱皇天

后土者，至聖至神也，烏有神聖而好殺牲牢之命，肯歆腥臊之食哉？由夫上古之俗，茹毛飲血，以是養己，必以是事神。樸陋之見，曾不知牲牢腥臭之為瀆也。蒸民既粒，俗不能變，聖賢教世，師古法以著之《禮經》，於是後王遵而行之，莫或敢議其可不者以養己，猶古不思事神之不當瀆也。夫果於殺命，不仁也；薦以腥臭，不義也。以不仁不義為養己之舊習，尚當思有以節以求全好之心，豈於事天地祖宗之神靈，而欲以牲牢腥臭之物以瀆之哉？自佛法東漸，勸修齋戒，天帝尚知事佛，豈人事天而不知事佛乎？知所以事佛，則不當以牲牢瀆天，為可信矣。惟梁有武皇，魏有獻文，敕郊廟祭祀不用牲牷，而易之以蔬麪酒果，可謂達古。而道奉黍稷，薦明水，是亦三代之祀法也，烏在乎牲牢腥臭之物哉？

慈雲法師於天台勸民俗祀神，改祭為齋。其文有曰：『天子七廟，下至庶人，皆同祭祀圓丘方澤上下神祇。國之常典，勸令斷祭，無乃太傷國風乎？釋曰祭祀出俗典，改祭據佛經。俗典則未逃殺害，佛經則唯重慈悲。殺害則報在三途，慈悲則果成萬德。以善改惡，無不可者。』

敕廢天下道觀，道士皆返俗。

敕沙門慧超為壽光殿學士，召衆僧法集，講論注解經文，並居禁中。

十八年，會稽沙門慧皎謂寶唱《名僧傳》頗多汎濫，因著《高僧傳》，始漢永平開德業，為十科。其自序云：『前古撰集，多曰《名僧》。然名者，實之賓也。若實行潛光，則高而不名；若寡德適時，則名而不高。名而不高，茲焉用紀？高而不名，則備今錄。』世以為確論。

普通元年，【略】帝於禁中築圓壇，將稟歸戒，妙選賢明，朝議以草堂慧約法師應詔。四月八日，帝服田衣，北面敬禮，受具足戒。方行羯磨，甘露降於庭，有三足烏、孔雀二歷階馴伏。錫師號曰智者。自是入朝，必設特榻，而帝坐其側。自太子諸王、公卿僧俗從約受戒著錄者四萬八千人，沙門耆艾亦從師重稟。法雲獨曰：『吾既受戒矣，其可以法為人事耶？』議者高之。

普通二年，詔雲光法師於內殿講《法華經》，天雨寶華。

三年，詔修鄮縣阿育王寺。

六年，敕光宅寺法雲為大僧正，官給吏力。

大通元年，南天竺菩提達磨汎海至廣州，詔入見。帝問曰：『如何是聖諦第一義？』師云：『廓然無聖。』帝曰：『對朕者誰？』師云：『不識。』帝不契師，遂渡江入魏。

駕幸同泰寺捨身，羣臣以錢一億萬奉贖皇帝歸宮。

中大通元年，京城大疫，帝於重雲殿為百姓設救苦齋，以身為禱。復幸同泰寺，設四部無遮大會。披法衣，行清淨大捨，素床瓦器，乘小車，親升法座，為衆開涅槃經題，羣臣以錢一億萬奉贖皇帝。設道俗大齋五萬人。

二年，帝幸同泰寺，設平等大齋。

三年，十月，帝幸同泰寺，講《涅槃經》。十一月，講《金字般若經》。

五年，帝幸同泰寺，發《金字般若經》題。自太子已下聽法者三十萬九千六百人。

吏部尚書到溉家居蔬食，朝夕從僧禮誦。帝為月三致淨饌。所得奉祿皆充蔣山二寺。及卒，顏色如生，手屈二指。

六年，烏傷居士傅翕至松山，結庵雙檮樹間，自號雙林當來下生善慧大士。令弟子奉書詣闕，稱帝為國主救世菩薩。詔報曰：『大士為度衆生，欲來隨意。』帝預敕鎖門，以觀其異。大士袖出木槌，一扣諸門盡開，見帝於善言殿。謁者三贊，不拜，直上御榻對語。設齋食，竟出鍾山，坐定林松下。大士一日披納、頂冠、靸履見上，上問：『是僧耶？』士以手指冠。『是道耶？』以手指履。『是俗耶？』以手指納衣。

剡川尼法宣誦通《法華》，坐臥見帳蓋覆其上，父母令就齊明寺出家，是日帳蓋即不見。自是博覽經論，深探奧理。衡王元簡為郡守，請為越城母師。

大同元年，帝幸同泰寺，設無遮大會。

智者約法師亡，帝輟朝三日，素服哭之。從師受戒者四萬八千人，皆服緦麻哭送。塔于誌公之左。

敕於重雲殿為善慧大士別設一榻，講《三慧般若經》。公卿畢集，天子至，衆皆起迎。大士不動，御史問其故，答曰：『法地若動，一切法不安。』帝善之。

隱士趙伯休於廬山遇律師弘度，得衆聖點記，云佛滅後，優波離結集

律藏，以其年七月十五日自恣竟，於律藏子便下一點，年年如是。波離以後，師師相付。至僧伽跋陀羅將律藏至廣州，當齊永明七年庚午七月十五日，自恣竟，即下一點。其年凡得九百七十五點，伯休問曰：『永明七年後，云何不點？』度曰：『已前皆得道人，手自下點。吾徒凡夫，止可奉持耳。』伯休因點記推至大同初，凡一千二十年。與傳記參合，世尊生滅之年皆不同，蓋其宗承有異也。

二年，帝幸同泰寺，設無礙大會。是年，凡三設大會。

華陽真人陶弘景告化，香氣積日不散，謚貞白先生。所撰書曰《真誥》，有云：清虛裴真人弟子三十四人，其十八人學佛道，餘學仙道。紫陽周真人弟子十五人，四人解佛法。桐柏真人王子喬弟子二十五人，八人學佛法。對會稽東去岸七萬里，其西小方諸山，多有奉佛道。有浮圖高百丈，金玉鏤之。

三年，詔修長干塔，掘基得石函，内有金罌流離瓶，盛舍利爪髮。敕分入二塔，同放光明。

帝幸同泰寺，鑄十方佛金銅像。復往阿育王寺，設無礙法食，大赦天下。

昭明太子統薨。太子天性好佛，於東宮别立慧義殿，為法集之所。招延名僧，立三諦義。當世美之。

岳陽王蕭詧鎮越州，重修甄木二塔。

四年，帝幸同泰寺，設盂蘭盆齋。

通事舍人劉勰雅為太子所重，凡寺塔碑碣，皆其所述。是年，表求出家，賜名慧地。

五年，敕沙門寶雲往扶南國迎佛髮。

六年，詔越州守臣蕭詧重修鄮縣阿育王寺。

扶南國王遣使朝貢，請釋迦像及經論，敕賜《制止涅槃》、《般若金光明講疏》一百三卷。

北齊慧文禪師於河南為慧思禪師說三觀口決。

七年，百濟國遣使朝貢請經論，敕賜《涅槃疏》。

中大同元年，帝幸同泰寺，講《金字三慧般若經》，行清淨大捨，皇太子、羣臣以錢一億萬奉贖歸宮。是夜寺浮圖災，上曰：『此魔所為也。』乃詔曰：『道高魔盛，行善障生。』遂更起十二層浮圖。

太清元年，帝幸同泰寺，設無遮大會，行清淨大捨。升妙嚴殿，講《金字三慧般若經》，羣臣以錢一億萬奉贖歸宮。

時釋子多縱逸，主僧不能制。帝欲以律行僧正事，詔下藏法師，執不可，帝不能奪。藏謂衆曰：『衣冠子弟十輩，豈能俱稱父意？今糅雜五方之衆，而欲以一己好惡繩之，可乎？』

帝自受具戒，寢處略同沙門，雖宮禁，亦恣僧遊覽。日藏師竟登御座，左右訶之。藏曰：『貧道定光金輪之裔，寧愧此座？倘欲見殺，不慮無受生處。』帝特令不問。

三年，侯景至建康，陷臺城。【略】景既自稱丞相，帝憂憤寢疾，齋戒不衰。口苦索蜜未至，舉手曰『荷荷』，遂崩。帝【略】晚奉佛道，日止一食，唯豆羹糲飯。布衣皂帳，一冠三載。五十便絕房室。不飲酒聽樂。製《涅槃》、《大品般若》、《淨名》、《三慧》諸經《義記》數百卷。

江陵居士陸法和，隱居奉佛。及侯景遣將任約擊湘東王於江陵，法和與弟子八百人役神祠陰兵擊敗之。復於江夏聚兵，欲伐侯景。王慮其為亂，止之。和曰：『貧道求佛者，尚不希釋梵坐處，況人王位乎！但以空王佛所有香火緣，今知王宿報，欲救之耳。既已見疑，當是定業不可移也。』元帝既即位，以為郢州刺史。帝為魏所執，和與弟子俱入於齊。

又《簡文帝》 大寶元年，四月八日詔度人出家，親制願文云：『弟子蕭綱以此建齋度人功德，普度六道四生。出離愛欲，永拔無明。修習般若，為真佛子。』

二年，【略】北齊慧文禪師因閱《大論》，至《四諦品偈》云：『因緣所生法，我說即是空。亦名為假名，亦名中道義。』怳然大悟，乃遠承龍樹，依《論》立觀，以授慧思禪師。

又《元帝》 承聖元年，【略】帝嘗著書，曰《金樓子》，云：余於僧中重招提琰法師，隱士重華陽陶真白，士大夫重汝南周弘正。

招提寺琰法師，少時相者曰：『童子聰明而壽不永。』師即發願，入山誦《般若經》。久之，見僧長丈餘，語之曰：『此經功德，不可思議。』後二十年，逢前相者，驚曰：『得何妙藥而獲延年？』琰曰：『持經耳。』

又　《法運通塞志十七之四・陳・武帝》　永定元年，詔迎佛牙於杜姥宅，設四部無遮大會。

二年，五月，帝幸大莊嚴寺捨身。翌日，羣臣表請還宮。十一月，復幸莊嚴寺，發金光明經題。十二月，幸莊嚴寺，設無礙大會，行清淨大捨。翌日，羣臣表請還宮。金陵七百寺，值侯景焚蕩幾盡。自帝登極，悉令修復，翻經講道，不替前朝。

三年，敕大内設仁王大齋。詔沙門寶瓊於重雲殿講《大品般若經》。

高郵有尼，誦《妙法華》不捨晝夜，十爪二掌皆生華。上召見内殿，觀其華，大嘉敬之。世號華手尼。

又　《文帝》　天嘉元年，敕寶瓊為京邑大僧統。梁魏以來，僧統盛飾杖直，儗於官府。至是，瓊奏罷之。每出，從數頭陀仗笠而已。海東十二國聞瓊道德，遣使奉金帛，求畫像以歸。

思禪師於光州大蘇山為顗禪師説安樂行，示普賢道場。

四年，帝於太極殿設無礙大會，行捨身法，復集僧行方等陀羅尼法、法華懺、金光明懺，並別製願辭，稱菩薩戒弟子皇帝。

又　《廢帝》　光大二年，思禪師入居南岳。是歲，為岳君受戒。

又　《宣帝》　大建元年，四月，善慧大士示寂七日，縣令陳鍾耆來禮敬，傳香之次猶反掌受香，舉衆驚異。敕徐陵撰碑山中。

顗禪師於瓦官寺為儀同沈君理等講《法華經》，後常與衆講《大智度論説》，次第禪門。

思禪師居南岳，九仙觀道士歐陽正則詭奏師為帝蠱事。帝遣使召之，則見師自空中來，驚悟其神，一無所問。以道士誣告，罪當棄市，師請貸之，令給事僧衆。乃敕有司：冶十四鐵券，識十四姓名其上，令隨師還山，服役舂米。久之，願以田充香積贖老身，因名留田莊。於是藏其鐵券，勒石為記，名曰《陳朝皇帝賜南岳思大禪師降伏道士鐵券記》。

四年，敕沙門慧恒於樂遊園為七廟講《大品般若》。

齊使崔武子來朝，上以沙門洪偃才德兩優，命為館伴。武子每與語，輒大歎服。朝議欲加偃冠，師絕食自誓，帝乃止。

五年，海東玄光沙門受《法華安樂行義》於南岳禪師，歸國演教，為海東諸國傳教之始。

六年，周武帝罷佛道二教，沙門靖嵩、靈侃三百人皆相率歸南朝。帝令駙馬蔡凝宣敕曰：『法師等善明治亂，歸寄有序，宜於都郭大寺安居，所司供給。』

七年，顗禪師入天台佛隴。

九年二月，詔曰：『顗禪師佛法雄傑，時匠所宗，訓兼道俗，國之望也。宜割始豐縣調，以充衆費。』

淮淝之戰，轉輸不繼，敕所在僧侶任其役。律師智文上書曰：『君子為國，必以禮義。主上誠知宇文廢滅之過，豈宜以勝上福田為胥下之事？非止敵人輕眥，亦恐國家受殃。』帝大感悔，亟下寢之。一時建議主役者，皆寘重罰。

十年，左僕射徐陵以顗禪師創寺請於朝，賜號修禪。師為兄陳鍼述小止觀，咨受修習。

十三年，詔國内初受戒者參律五夏。敕曇瑗律師總知監檢，有司給其衣食，勿使經營，致虧功績。不踰數載，道器大成，乃以瑗為國僧正。

十四年，皇太子即位，設無遮大會於太極殿，捨身大赦。

又　《後主》　至德元年，敕慧恒為京邑大僧正。永陽王伯智出鎮東陽，請顗禪師赴鎮開講，王與子湛及家人同稟菩薩戒法。

二年，詔虎丘智聚法師赴太極殿，講《金光明經》。

三年，詔顗禪師入京，居靈曜寺。四月，赴太極殿，講大智度論題、般若經題。久之，還居光宅寺。帝幸寺，聽講《仁王經》，躬禮三拜。

朝議以僧尼類多無業，欲令策經不通者皆休道。顗禪師諫帝曰：『調達日誦萬言，未免淪墜；槃特唯憶一偈，乃證四果。篤論為道，豈關多誦？』帝大説，即停搜簡。

四年，正月，詔顗禪師赴崇正殿，為皇太子授菩薩戒，設千僧齋。

禎明元年，顗禪師於光宅寺講《法華經》，時章安預聽。

都官尚書徐孝克，性好惠施，不免飢寒。後主敕以石頭津稅給之，孝克悉用設齋寫經。初居錢塘，與諸僧討論釋典，遂通三論。旦講《法華經》，晚講《禮傳》，受業者常數百人。蔬食長齋，持菩薩戒。【略】

又　卷三九《法運通塞志十七之五・北魏・太祖》　皇始二年，詔姚察讀藏經畢，日西向坐正念云：『一切空寂。』

趙郡法果為沙門統。帝生知信佛，初平中山，所經郡國，見沙門皆致敬，禁軍旅毋得有犯。

天興元年，詔於京城建五級浮圖、須彌殿、耆闍山、禪房講堂，悉務壯麗。

又《明元》 永興元年，詔封法果為輔國宜城子。

神瑞元年，加封法果為忠信侯。

泰常元年，加封法果為安城公，壽八十餘卒。帝三臨其喪，謚靈公。

又《太武》 始光元年，敕天下寺改名招提。四月八日，輿諸寺像行於廣衢。帝御門樓，臨觀散華致禮。

二年，帝誕節，詔於佛寺建祝壽道場。

神䴥元年，帝誕節，詔天下佛寺並建道場。

延和元年，初，涼土沙門玄高妙善禪觀，上遣使迎入平城，甚加敬重，命太子晃師事之。

又《文成》 興安元年，【略】初，罽賓沙門師賢五人來京，值罷佛法，假醫術以守道。復教之日，帝親為五人下髮，以師賢為沙門統。

和平元年，詔沙門統曇曜為昭玄沙門都統，待以師禮。

又《獻文》 興皇元年，敕於五級太寺為太祖已下五帝鑄釋迦佛五軀，各長丈六，用赤金二十五萬斤。

三年，昭玄都統曇曜言：平齊戶及民間能歲輸粟入僧曹，號僧祇粟，遇凶年則出賑饑民。又諸民犯重罪者為佛圖戶，供諸寺掃灑。帝許之。於是僧祇粟遍天下。

五年，帝雅好佛學，每引朝士、沙門共談玄理，有遺世之心。是年，詔傳位太子，徙居崇光宮，稱上皇。建鹿野寺，與禪僧數百習學禪定。

又《孝文》 延興二年，【略】上皇敕：『自今祭天地宗社，勿復用牲，唯薦以酒脯。』歲活七萬五千牲命。

五臺北寺法聰律師為衆專講《四分律》，門人道覆錄為《義疏》。敕思遠寺主僧顯為沙門都統。

十七年，詔懿德法師聽一月三入殿，俾朕餐稟道味，飾光朝廷。帝數幸王園寺，與沙門談論佛道。

十九年，帝幸徐州白塔寺，令道登法師講《成實論》。謂左右曰：『朕每覽此《論》，可以釋人深情。』

京兆王太子興久病，祈佛獲愈，願捨王爵，求出家。表十上，乃許，賜名僧懿。敕皇太子以四月八日，為落髮于嵩岳寺。

二十年，太后馮氏出俗為尼，居瑤光寺。

二十一年，詔為太后建報德寺。為羅什法師於所居舊堂建三級浮圖。詔四月八日，迎洛京諸寺佛像，入閶闔宮。受皇帝散華禮敬，歲以為常。詔諸郡僧寺長夏安居。令清衆數處講說，以僧祇粟供備。

又《宣武》 景明二年，詔僧犯殺人，依俗格斷，餘犯悉付昭玄都統，以內律、僧制判之。時崔暹好佛法，以僧尼猥濫，奏設《科條》一篇，事密而法平。敕付昭玄都統法上，以為檢約。

永平【略】二年，帝御式乾殿，講《維摩經》。時西域沙門，至者三千人。南方歌榮國，世不與東土通，有僧菩提跋陀來。詔建永明寺，以居外國沙門。

延昌四年，太后高氏出俗為尼，居瑤光寺。

洛陽段暉所居，聞地下鐘聲，掘之，得金佛一、菩薩像二。趺上銘曰『晉泰始二年中書監荀勗造』，暉遂捨宅為寺。

裴植母夏侯氏年踰七十，以身自施三寶為婢，供寺掃灑。三子瑜、粲、衍並奴服，泣涕以從，各以布帛贖免之。其後竟出家為尼，入嵩高山，積歲乃還。植官度支尚書，瑜等皆至刺史。母臨終遺令，以沙門禮葬。粲深好釋學，每升座講說，聽者服其理辯。

又《孝明》 熙平元年，太后胡氏於洛陽建永寧寺，佛殿如太極殿，門南如端門。作真金像，高丈六。浮圖九層，高九十丈，上剎高十丈。每夜靜，鈴鐸之聲聞於十里。

神龜元年，詔諸郡立五級浮圖。

正光【略】四年，【略】帝加元服，命沙門道士講道禁中。帝曰：『佛與老子同時否？』道士姜斌曰：『《開天經》云：「老子定王三年生，年八十五西入化胡，以佛為侍者。」』沙門曇謨最曰：『吾佛以昭王二十六年生，穆王五十二年滅。自滅後至定王三年凡三百四十五年，老子方生，而言化胡，無乃謬甚。』帝令羣臣詳定真偽，太尉蕭綜等劾奏《開天》偽經，罪當惑衆。詔流斌于馬邑。

武泰元年，十月，達磨自梁入魏，止嵩高山少林寺，面壁而坐。帝聞師異迹，三詔不至，就賜磨納袈裟、金鉢銀水瓶、繒帛。

又《孝莊》 永安元年，太后胡氏出俗為尼，居瑤光寺。【略】三年，宗玄先生孟仲暉造夾紵佛。

又《節閔》 普泰元年，國子博士盧景祐通達佛法，人稱居士，帝亦待以不臣。從兄仲禮作亂，累及景，繫晉陽獄。景祐至心誦經，枷鎖自脱。帝聞其異，貸出之。

又《孝武》 永熙元年，洛京平等寺建浮圖成，帝設萬僧齋。石像俯首終日，大衆感其神應。

又《文帝》 大統元年，敕沙門道臻為沙門大統。

初祖達磨坐少林九年。先傳法及袈裟於慧可。乃往禹門千聖寺。十月五日端坐示滅。門人奉全身葬熊耳山定林寺。明年使者宋雲西域還。遇師手携隻履翩翩獨邁。雲歸為言。門人啓壙視之。唯空棺隻履。宋雲使西域，至孝明正光四年還國，據今十三年矣。今稱雲還遇達磨者，恐曾再使，不然則別一使人，誤書為宋雲耳。

又《孝靜》 興和四年，時魏境有寺三萬所，僧尼二百萬人。

又《法運通塞志十七之五・北齊・文宣》 天保元年，詔高僧法常入内講《涅槃經》，拜為國師。

法師曇延，長九尺六寸，帝每召入問道。會周使周弘正來聘，大臣舉師接伴。弘正恃才任氣，及見延，悠然意消，求師畫象、所著經疏以歸。帝益加重，進位昭玄上統。

二年，詔稠禪師至鄴都，建雲門寺以居之。師宴坐一室，未嘗送迎。帝至，弟子勸之。師曰：『賓頭盧迎王七步，致王失國。吾德雖不逮，儀相似之，所以不敢自欺，冀致福於帝耳。』帝惑左右，以師慢己，欲躬加害。師旦出寺二十里，拱立道旁。帝怪，問之，師曰：『恐血汚伽藍耳。』帝即悔謝，謂僕射揚遵彦曰：『如此真人，何可謗耶？』遂同輦還宮。問曰：『弟子前身何人？』師曰：『曾作羅刹王，今猶好殺。』祝盆水使視之，見羣羅刹在後。帝大敬信，請受菩薩戒，永不食肉，盡停五坊鷹犬傷生之具及境内屠殺。

詔置昭玄上統，以沙門法上為大統，令史員置五十餘人。所部僧尼四百餘萬，四萬餘寺，咸稟風教。帝築壇具禮，尊為國師，布髪于地，令上統踐之升座，后妃重臣皆受菩薩戒。

帝在晉陽，使人乘一駞，敕曰：『可向寺取經函。』使問所在，帝曰：『任駞出城。』及出，奄然如夢，至山腹，有寺。羣沙彌見之曰：『高洋駝來。』使引見老僧。僧問：『高洋作天子何如？』使曰：『聖明。』僧曰：『汝來何為？』使曰：『令取經函。』僧曰：『洋在寺，嬾讀經。』令於北行取之，使者反命。

六年，初，道士陸修靜以梁武棄老子教，遂奔入魏。暨文宣事佛，靜等忌之，詣闕自陳，請與釋子角法。帝許之。靜以呪術，令僧衣鉢皆飛，宮殿樑柱皆震。帝顧謂大統法上曰：『佛門豈無人哉？』上統舉曇顯，顯時被酒，出曰：『汝曹問者，敢以小術自肆！』即以稠禪師衣置地，道流并力不能動。顯自取置梁間，使呪樑柱，亦不動。靜曰：『釋自標為内教，内即小也。』顯曰：『天子居九重之內，亦應小於百官乎？』靜氣咽無對。羣臣皆忭躍，帝乃下詔，令道士自謂得神仙者，可上三爵臺飛騰遠舉；其不能者，宜詣昭玄上統剃度。有不從者，殺四人。遂下詔曰：『祭酒道者，世中假妄，麴糵是味，清虚焉在？瞿脯斯甘，慈悲永隔，上異仁祠，下乖祭典。宜皆禁絕，不復遵事。』於是齊境皆無道士。

梁荆州居士陸法和以元帝為魏所破，遂歸於齊。帝以為太尉，賜甲第，和乞為佛寺。其徒七百人，悉修禪法。一朝禮佛，坐床上而終。【略】嘗題壁云：『十年天子猶尚可，百日天子急如火，周年天子遞代坐。』人懼，塗削之，終不能滅。

十年，帝幸遼陽甘露寺，禪居深觀，敕非軍國大事不得聞。

又《武成》 河清二年，詔慧藏法師於太極殿講《華嚴經》。

又《後主》 隆化元年，詔修鄴都白馬寺佛圖澄所造塔，得舍利三，盛以寶瓶。廣武王邕置水晶鉢行道祈請，舍利忽浮水面，右轉七匝。

又《法運通塞志十七之五・北周・閔帝》 元年，詔僧實禪師為周國三藏。詔以舍利藏蒲州常念寺，大放光明，自瓶而出，乃建浮圖，以表祥異。

帝獵於檀山，遥指山上問羣臣：『有所見乎？』掌書記盧光獨曰：『見一沙門。』帝曰：『是矣。』即解圍而還，乃令光於見處造浮圖，掘基

一丈，得錫杖瓦鉢。

又《**武帝**》保定三年，詔曰：「歲在昭陽，龍集天井。當令所司奉造一切經藏，始乎生滅之教，訖於泥洹之說。」云云。

天和四年，【略】詔名儒、僧、道申述三教。沙門道安作《二教論》，以儒、道、九流為外教，釋氏為內教。帝信道士張賓、衛元嵩之讚，以讖緯黑衣當王，心忌釋氏。張賓說帝曰：「唐虞無佛圖而國安，齊梁有寺舍而祚短。但利民益國，即稱佛心。夫佛以大慈為本，終不苦役黎民，虔恭泥木，請造平延大寺，容著四海蒼生；不立曲見伽藍，遍安大乘五典。以平延者，無問道俗，罔擇怨親。以城隍為塔寺，即皇帝是如來；用郭邑作僧坊，和夫妻為聖衆。推令德作三綱，尊耆年為上座，選仁智充知事，求勇恪作法師，是以六合無怨紂之心，八方有歌周之詠。」云云。

四年，二月，集百僚僧道於文德殿，討論釋、老同異。

建德元年，正月，帝幸玄都觀，自升座講說。公卿僧道，互為難問。

又《**宣帝**》大成元年，先是，沙門道林以學業進見，與武帝議論二十日，酬酢七十番。帝不能屈，遂許以復教。會帝殂，至是道林申請尤力，上許之，遂下詔曰：「先帝惑於異論，以釋道為無益，故廢而不行。然大教所繫，詎宜罷黜？今簡耆舊有道者二百二十人，勿翦髮毀形，於東西二京陟岵寺為國行道。」乃敕智藏等長髮為菩薩僧，充寺主。華冠瓔珞，作菩薩大士相。

詔曰：「三寶尊重，特宜修敬。其令舊沙門有德行者，於政成殿西，安居行道。」

又《**靜帝**》大定元年，詔天下并復釋、道二教，復立佛天尊像。丞相楊堅與陟岵寺智藏、靈乾等再落髮，度僧二百二十人。

宣譯佛經分部

綜述

南朝梁·僧祐《出三藏記集》卷一《出三藏記集序》 夫真諦玄凝，法性虛寂，而開物導俗，非言莫津。是以不二默酬，會於義空之門；一音震辯，應乎羣有之境。自我師能仁之出世也，鹿苑唱其初言，金河究其後說；契經以誘小學，方典以勸大心。妙輪區別，十二惟部，法聚總要，八萬其門。至善逝晦迹，而應真結藏，始則《四含》集經，中則五部分戒，大寶斯在，含識資焉。然道由人弘，法待緣顯。有道無人，雖文存而莫悟；有法無緣，雖並世而弗聞。聞法資乎時來，悟道藉於機至；機至然後理感，時來然後化通矣。

昔周代覺興，而靈津致隔；漢世像教，而妙典方流。法待緣顯，信有徵矣。至漢末安高，宣譯轉明；魏初康會，注述漸暢。道由人弘，於茲驗矣。自晉氏中興，三藏彌廣，外域勝賓，稠疊以總至；中原慧士，曄而秀生。提、什舉其宏綱，安、遠震其奧領，渭濱務逍遙之集，廬嶽結般若之臺。像法得人，於斯為盛。

原夫經出西域，運流東方，提挈萬里，翻轉胡漢。國音各殊，故文有同異；前後重來，故顯有新舊。而後之學者，鮮克研核，遂乃書寫繼踵，而不知經出之歲，誦說比肩，而莫測傳法之人。授受之道，亦已闕矣。夫一時聖集，猶五事證經，況千載交譯，寧可昧其人世哉！

昔安法師以鴻才淵鑒，爰撰經錄，訂正聞見，炳然區分。自茲已來，妙典間出，皆是大乘寶海，時競講習。而年代人名，莫有銓貫，歲月逾邁，本源將沒，後生疑惑，奚所取明？祐以庸淺，豫憑法門，翹仰玄風，誓弘大化。每至昏曉諷持，秋夏講說，未嘗不心馳庵園，影躍靈鷲。於是牽課羸恙，沿波討源，綴其所聞，名曰《出三藏記集》。一撰緣記，二銓名錄，三總經序，四述列傳。緣記撰則原始之本克昭，名錄銓則年代之目不墜，經序總則勝集之時足徵，列傳述則伊人之風可見。並鑽析內經，研鏡外籍，參以前識，驗以舊聞。若人代有據，則表為司南；聲傳未詳，則文歸蓋闕。秉牘凝翰，志存信史，三復九思，事取實錄。有證者既標，則無源者自顯。庶行潦無雜於醇乳，燕石不亂於荆玉。但井識管窺，多慚博練，如有未備，請寄明哲。

又《**胡漢譯經文字音義同異記**》 夫神理無聲，因言辭以寫意；言辭無迹，緣文字以圖音，故字為言蹄，言為理筌，音義合符，不可偏失。是以文字應用，彌綸宇宙，雖迹繫翰墨，而理契乎神。昔造書之主凡

有三人：長名曰梵，其書右行；次曰佉樓，其書左行；少者蒼頡，其書下行。梵及佉樓居於天竺，黄史蒼頡在於中夏。梵佉取法於淨天，蒼頡因華於鳥迹。文畫誠異，傳理則同矣。

仰尋先覺所説，有六十四書，鹿輪轉眼，筆制區分，龍鬼八部，字體殊式。唯梵及佉樓為世勝文，故天竺諸國謂之天書。西方寫經，雖同祖梵文，然三十六國往往有異。譬諸中土，猶篆籀之變體乎。案蒼頡古文，沿世代變，古移為籀，籀遷至篆，篆改成隸，其轉易多矣。至於傍生八體，則有仙龍云；二十四書，則有揩草鍼殳。名實雖繁，為用蓋尠。然原本定義，則體備於六文，適時為敏，則莫要於隸法。東西之書源，亦可得而略究也。

至於梵音為語，單復無恒，或一字以攝衆理，或數言而成一義。尋《大涅槃經》列字五十，總釋衆義十有四音，名為字本。觀其發語裁音，宛轉相資，或舌根脣末，以長短為異。且胡字一音不得成語，必餘言足句，然後義成。譯人傳意，豈不艱哉。又梵書制文，有半字滿字。所以名半字者，義未具足，故字體半偏，猶漢文「月」字，虧其傍也。所以名滿字者，理既究竟，故字體圓滿，猶漢文「日」字，盈其形也。故半字惡義，以譬煩惱；滿字善義，以譬常住。又半字為體，如漢文「言」字；滿字為體，如漢文「諸」字。以「者」配「言」，方成「諸」字。「諸」字兩合，即滿之例也；「言」字單立，即半之類也。半字雖單，為字根本，緣有半字，得成滿字。譬凡夫始於無明，得成常住，故因字制義，以譬涅槃。梵文義奧，皆此類也。

是以宣領梵文，寄在明譯。譯者釋也，交釋兩國，言謬則理乖矣。自前漢之末，經法始通，譯音胥訛，未能明練。故「浮屠」、「桑門」，遺謬漢史。音字猶然，況於義乎？案中夏彝典，誦《詩》執《禮》，師資相授，猶有訛亂。《詩》云：「有免斯首」，「斯」當作「鮮」。齊語音訛，遂變《詩》文，此「桑門」之例也。《禮記》云「孔子蚤人」，「蚤」當作「早」。而字同蚤虱，此古字同文，即「浮屠」之例也。中國舊經，而有「斯」、「蚤」之異，華戎遠譯，何怪於「屠」、「桑」哉！若夫度字、傳義，則置言由筆，所以新舊衆經，大同小異。天竺語稱「維摩詰」，舊譯解云「無垢稱」，關中譯云「淨名」。「淨」即「無垢」，「名」即是「稱」，此言殊而義均也。舊經稱「衆佑」，新經云「世尊」，此立義之異旨也。舊經云「乾遝和」，新經云「乾闥婆」，此國音之不同也。略舉三條，餘可類推矣。

是以義之得失由乎譯人，辭之質文繫於執筆。或善胡義而不了漢旨，或明漢文而不曉胡意，雖有偏解，終隔圓通。若胡漢兩明，意義四暢，然後宣述經奥，於是乎正。前古譯人，莫能曲練，所以舊經文意，致有阻礙，豈經礙哉，譯之失耳！

昔安息世高，聰哲不羣，所出衆經，質文允正。安玄、嚴調，既亹亹以條理，支越、竺蘭，亦彬彬而雅暢。凡斯數賢，並見美前代。及護公專精，兼習華戎，譯文傳經，不愆於舊。逮乎羅什法師，俊神金照，秦僧融、肇，慧機水鏡。故能表發揮翰，克明經奥，大乘微言，於斯炳焕。至曇讖之傳《涅槃》，跋陀之出《華嚴》，辭理辯暢，明逾日月，觀其為，繼軌什公矣。至於雜類細經，多出《四含》，或以漢來，或自晉出，譯人無名，莫能詳究。然文過則傷豐，質甚則患野，野豔為弊，同失經體。故知明允之匠，難可世遇矣。

佑竊尋經言，異論咒術，言語文字，皆是佛説。然則言本是一，而胡漢分音；義本不二，則質文殊體。雖傳譯得失，運通隨緣，而尊經妙理，湛然常照矣。既仰集始緣，故次述末譯。始緣興於西方，末譯行於東國，故原始要終，寓之記末云爾。

又 卷二《序》 法寶所被遠矣。夫神理想一寂，感而後通，緣應中夏，始自漢代。昔劉向校書，已見佛經。故知成帝之前，法典久至矣。逮孝明感夢，張騫遠使，西於月支寫經《四十二章》，韜藏蘭臺，帝王所印。於是妙像麗於城闈，金刹曜乎京洛，慧教發揮，震照區寓矣。竊尋兩漢之季，世構亂離，西京蕩覆，墳典皆散，東都播遷，載籍多亡。子政所睹，其文雖没，而顯宗所寫，厥篇猶存。東流初法，於斯有徵。佑檢閲三藏，訪核遺源，古經現在，莫先於《四十二章》；傳譯所始，靡逾於張騫之使。洎章、和以降，經出蓋闕。良由梵文雖至，緣運或殊，有譯乃傳，無譯則隱，苟非其人，道不虚行也。邇及桓、靈，經來稍廣。安清、朔佛之儔，支讖、嚴調之屬，翻譯轉梵，萬里一契，離文合義，炳焕相接矣。

法輪屈心，莫或條敘。爰自安公，始述各錄，銓品譯才，標列負月。妙典可徵，實賴伊人。敢以末學，響附前規，率其管見，接為新錄。兼廣訪別目，括正異同，追討支、竺，時獲異經。《安錄》所記，則為未盡，今悉更苞舉，以備錄體。發源有漢，迄於大梁，運歷六代，歲漸五百，梵文證經四百有十九部，華戎傳譯八十有五人，魚貫名第，略為備矣。或同是一經，而先後異出，新舊舛駁，卷數參差，皆別立章條，使無疑亂。至於律藏初啓，則詳書本源，審核人代，列於上錄。若經存譯亡，則編於下卷。將使傳法之緣有乎，聞道之心無惑。敬貽來世，庶在不墜焉。

又 卷三《新集律來漢地四部記錄》 昔甘露初開，經法是先，因事結戒，律教方盛。及疊毛夢表其五分，而毱多當其異部。故知道運推移，化緣不臺矣。至於中夏聞法，亦先經而後律。律藏稍廣，始自晉末。而迦葉維部猶未東被。既總集五家，故存其名錄。若乃梵文至止之歲，胡漢宣譯之人，大衆講集之處，名德書翰之文，並具舉遺事，交相為證。使覽者昭然，究其始末云爾。

薩婆多部《十誦律》六十一卷

薩婆多部者，梁言一切有也。所說諸法，一切有相，學內外典，好破異道，所集經書，說無有我所，受難能答，以此為號。昔大迦葉具持法藏，次傳阿難，至於第五師優波掘。本有八十誦，優波掘以後世鈍根，不能具受，故刪為十誦。以誦為名，謂法應誦持也。自茲已下，師資相傳五十餘人。至秦弘始之中，有罽賓沙門弗若多羅，誦此《十誦》胡本，來游關右。羅什法師於長安逍遙國，三千僧中共譯出之。始得二分，餘未及竟而多羅亡。俄而有外國沙門曇摩流支，續至長安。於是廬山遠法師慨律藏未備，思在究竟。聞其至止，乃與流支書曰：

佛教之興，先行上國，自分流已來，近四百年，至於沙門德式，所闕猶多。頃西域道士弗若多羅者，是罽賓持律，其人誦《十誦》胡本。有鳩摩耆婆者，通才博見，為這傳譯。《十誦》之中，始備其二，多羅早喪，中塗而廢。不得究竟大業，慨恨良深。傳聞仁者齎此經自隨，甚欣所遇，冥運之來，豈人事而已耶！想弘道為物，感時而動，叩之有人，必情無所恡。若能為律學之衆留此經本，開示梵行，洗其耳目，使始涉之流，不失無上之津；參懷勝業者，日月彌朗。此則惠深德厚，人神同感矣！幸望垂懷，不孤往心。一二悉諸道人所具，不復多白。

曇摩流支得書，方於關中共什出所餘律，遂具一部，凡五十八卷。後有罽賓律師卑摩羅叉來游長安，羅什先在西域，從其受律。羅叉後自秦適晉，住壽春石澗寺，重校《十誦律》本，名品遂正，分為六十一卷，至今相傳焉。

曇無德《四分律》四十卷，或分為四十五卷

曇無德者，梁言法鏡，一音曇摩毱多。如來涅槃後，有諸弟子顛倒解義，覆隱法藏。以覆法故，名曇摩毱多，是為《四分律》，蓋罽賓三藏法師佛陀耶舍所出也。初耶舍於罽賓誦《四分律》，不齎胡本，而來游長安。秦司隸校尉姚爽欲請耶舍於中寺安居。仍令出之。姚主以無胡本，難以證信，衆僧多有不同，故未之許也。羅什法師勸曰：『耶舍甚有記功，數聞誦習，未曾脫誤。』於是姚主即以藥方一卷，民籍一卷，並可四十許紙，令其誦之三日，便集僧執文請試之。乃至銖兩、人數、年紀，不謬一字。於是咸信伏，遂令出焉。故肇法師作《長阿含序》云：

秦弘始十二年，歲上章掩茂，右將軍司隸校尉姚爽於長安中寺集名德沙門五百人，請罽賓三藏佛陀耶舍出律藏《四分》四十卷，十四年訖。十五年，歲昭陽奮若，出《長阿含》，涼州沙門佛念為譯，秦國道士道含筆受。餘以嘉運，猥參聽次，雖無翼善之功，而預親承之末。略記時事，以示來賢。

又答江東隱士劉遺民書，末云：

法師於大寺出新至諸經，法藏淵曠，日有異聞禪師於瓦官寺教習禪道，門徒數百，夙夜匪懈，邕邕肅肅，致可欣樂。三藏法師於中寺出律，本末精悉，若睹初制。毗婆沙於石羊寺出《舍利弗阿毗曇》胡本，雖未及譯，時問中事，發言奇新。貧道一生，預參嘉會，遇茲盛化，自不睹釋迦祇洹之集，餘復何恨！而恨不得與道勝君子同斯法集耳。故撮舉肇公書序，以顯其證焉。

《婆粗富羅律》四十卷

婆粗富羅者，受持經典，皆說有我，不說空相，猶如小兒，故名為婆粗富羅，比一名《僧祇律》。律後記云：

中天竺昔時暫有惡王御世，三藏比丘及諸沙門皆遠避四奔。惡王既

死，善王更立，還請沙門歸國供養。時巴連弗邑有五百僧欲斷事，既無律師，又闕律文，莫知承案，即遣使到祇洹精舍，寫此律文，衆共奉行。其後五部傳集，諸律師掃義不同，各以相承為是，爭論紛然。於是阿育王言：『我今何以測其是非？』於是問僧：『佛法斷事云何？』皆言：『法應從多。』王言：『若爾，當行籌知何衆多。』既而行籌，婆粗富羅衆籌甚多。以衆多故，改名摩訶僧祇。摩訶僧祇者，言大衆也。沙門釋法顯遊西域，於摩竭提巴連弗邑阿育王塔天王精舍寫得梵本，齎還京都。以晉義熙十二年，歲次壽星，十一月，共天竺禪師佛馱跋陀於道場寺譯出，至十四年二月末乃訖。

《彌沙塞律》三十四卷

彌沙塞者，佛諸弟子受持十二部經，不作地相，水、火、風相，虛空識相，是故名為彌沙塞部。此名為《五分律》，比丘釋法顯於師子國所得者也。《法顯記》云：

顯本求戒律，而北天竺諸國皆師師口傳，無本可寫。是以遠涉，乃至中天竺，於摩訶乘僧伽藍得一部律，是《摩訶僧祇》，復得一部抄律，可七千偈，是《薩婆多衆律》，即此秦地衆僧所行者也。又得《雜阿毗曇心》，可六千偈。又得一部《綖經》，二千五百偈。又得一部《方等泥洹經》，可五千偈。又得《摩訶僧祇阿毗曇》。法顯住三年，學梵書梵語，悉寫之，於是還。又至師子國二年，更求得《彌沙塞律》梵本。

法顯以晉義熙二年還都，歲在壽星，衆經多譯，唯《彌沙塞》一部未及譯出而亡。到宋景平元年七月，有罽賓律師佛大什來至京都。其年冬十一月，瑯耶王練、比丘釋慧嚴、竺道生於龍光寺請外國沙門佛大什出之。時佛大什手執胡文，于闐沙門智勝為譯，至明年十二月都訖。

《迦葉維律》未知卷數

迦葉維者，一音迦葉毗，佛諸弟子受持十二部經，説無有我及以受者，輕諸煩惱，猶如死屍，是故名為迦葉毗。此一部律不來梁地。昔先師獻正遠適西域，誓尋斯文，勝心所感，多值靈瑞。而葱嶺險絶，弗果兹典。故知此律於梁土衆僧，未有其緣也。

右五部，其四部至中夏，凡一百有八十卷。部卷已入經錄最限。

又　卷七《放光經記》　惟昔大魏潁川朱士行，以甘露五年出家學道為沙門，出塞西至于闐國，寫得正品梵書胡本九十章，六十萬餘言。以太康三年遣弟子弗如檀，晉字法饒，送經胡本至洛陽。住三年，復至許昌。二年後至陳留界倉垣水南寺，以元康元年五月十五日，衆賢者共集議，晉書正寫。時執胡本者，于闐沙門無羅叉，優婆塞竺叔蘭口傳，祝太玄、周玄明共筆受。正書九十章，凡二十萬七千六百二十一言。時倉垣諸賢者等，大小皆勸助供養，至其年十二月二十四日寫都訖。經義深奧，又前後寫者參校不能善悉。至太安二年十一月十五日，沙門竺法寂來至倉垣水北寺求經本。寫時檢取現品五部並胡本，與竺叔蘭更共考校書寫，永安元年四月二日訖，於前後所寫校最為差定，其前所寫可更取校。晉胡音訓暢義難通，諸開士大學文生書寫供養諷誦讀者，願留三思，恕其不逮也。

又　《法句經序》　又諸佛興，皆在天竺，天竺言語與漢異音，云其書為天書，語為天語，名物不同，傳實不易。唯昔藍調、安侯世高、都尉、弗調，譯胡為漢，審得其體，斯以難繼。後之傳者，雖不能密，猶尚貴其實，粗得大趣。始者維祇難出自天竺，以黄武三年來適武昌。僕從受此五百偈本，請其同道竺將炎為譯。將炎雖善天竺語，未備曉漢，其所傳言，或得胡語，或以義出音，近於質直。僕初嫌其辭不雅，維祇難曰：『佛言「依其義不用飾，取其法不以嚴」。其傳經者，當令易曉，勿失厥義，是則為善。』座中咸曰：『老氏稱「美言不信，信言不美」；仲尼亦云「書不盡言，言不盡意」。明聖人意深邃無極。今傳胡義，實宜徑達。』是以自竭，受譯人口，因循本旨，不加文飾，譯所不解，則闕不傳。故有脱失，多不出者。然此雖辭樸而旨深，文約而義博，事均衆經，章有本故，句有義説。其在天竺，始進業者，不學《法句》，謂之越敘。此乃始進者之鴻漸，深入者之奧藏也。可以啓蒙辯惑，誘人自立，學之功微，而所苞者廣，實可謂妙要者哉！

又　卷一三《安世高傳》　安清，字世高，安息國王正后之太子也。【略】以漢桓帝之初，始到中夏。世高才悟機敏，一聞能達，至止未久，即通習華語。於是宣譯衆經，改胡為漢，出《安般守意》、《陰持入經》、《大小十二門》及《百六十品》等。初，外國三藏衆護撰述經要為二十七章，世高乃剖析護所集七章，譯為漢文，即《道地經》也。其先後所出經凡三十五部，義理明析，文字允正，辯而不華，質而不野，凡在讀者，

皆亹亹而不倦焉。【略】

世高本既王種，名高外國，所以西方賓旅猶呼安侯，至今為號焉。天竺國自稱書為天書，語為天語，音訓詭蹇，與漢殊異，先後傳譯，多致謬濫。唯世高出經，為羣譯之首。安公以為『若及面稟，不異見聖』。列代明德，咸贊而思焉。

又《支讖傳》 支讖，本月支國人也。【略】以靈帝光和、中平之間，傳譯胡文，出《般若道行品》、《首楞嚴》、《般舟三昧》等三經。又有《阿闍世王》、《寶積》等十部經，以歲久無錄，安公校練古今，精尋文體，云『似讖所出』。凡此諸經，皆審得本旨，了不加飾，可謂善宣法要，弘道之士也。後不知所終。

沙門竺朔佛者，天竺人也。漢桓帝時，亦齎《道行經》來適洛陽，即轉胡為漢。譯人時滯，雖有失旨，然棄文存質，深得經意。朔又以靈帝光和二年於洛陽譯出《般舟三昧經》，時讖為傳言，河南洛陽孟福、張蓮筆受。時又有支曜譯出《成具光明經》云。

又《安玄傳》 安玄，安息國人也。【略】漢靈帝末，游賈洛陽。【略】常以法事為己務。漸練漢言，志宣經典，常與沙門講論道義，世所謂都尉玄也。玄與沙門嚴佛調共出《法鏡經》，玄口譯梵文，佛調筆受。理得音正，盡經微旨，郢匠之美，見述後代。

佛調，臨淮人也。綺年穎悟，敏而好學，信慧自然遂出家修道。通譯經典，見重於時。世稱安侯、都尉、佛調三人傳譯，號為難繼。佛調又撰《十慧》，並傳於世。安公稱：『佛調出經，省而不煩，全本妙巧。』

次有康孟詳者，其先康居人也。譯出《中本起》。安公稱：『孟詳出經，奕奕流便，足騰玄趣。』

後有沙門維祇難者，天竺人也。以孫權黄武三年，齎《曇鉢經》胡本來至武昌，《曇鉢》即《法句經》也。時支謙請出經，乃令其同道竺將炎傳譯，謙寫為漢文。將炎未善漢言，頗有不盡。然志存義本，近於質實，今所傳《法句》是也。

白延者，不知何許人。魏正始之末，重譯出《首楞嚴》，又須賴及《除災患經》，凡三部云。

又《康僧會傳》 康僧會，其先康居人，世居天竺。其父因商賈，移於交阯。【略】會於建初寺譯出經法，《阿難念彌經》、《鏡面王》、《察微王》、《梵皇王經》、《道品》及《六度集》，並妙得經體，文義允正。又注《安般守意》、《法鏡》、《道樹》三經，並制經序，辭趣雅贍，義旨微密，並見重後世。會以晉武帝太康元年卒。

又《朱士行傳》 朱士行，潁川人也。【略】出家以後，便以大法為己任。常謂入道資慧，故專務經典。初天竺朔佛，以漢靈帝時出《道行經》，譯人口傳，或不領，輒抄撮而過，故意義首尾頗有格礙。士行嘗於洛陽講《小品》，往往不通。每歎此經大乘之要，而譯理不盡，誓志捐身，遠求《大品》。遂以魏甘露五年，發迹雍州，西渡流沙。既至于闐，果寫得正品梵書，胡本九十章，六十萬餘言。遣弟子不如檀，晉言法饒，凡十人，送經胡本還洛陽。未發之間，于闐小乘學衆遂以白王云：『漢地沙門欲以婆羅門書惑亂正典，王為地主，若不禁之，將斷大法，聾盲漢地，王之咎也！』王即不聽齎經。士行憤慨，乃求燒經為證。王欲試驗，乃積薪殿庭，以火燔之。士行臨階而誓曰：『若大法應流漢地者，經當不燒；若其無應，命也如何！』言已投經，火即為滅，不損一字，皮牒如故。大衆駭服，稱其神感，遂得送至陳留倉垣水南寺。河南居士竺叔蘭，善解方言，譯出為《放光經》二十卷。士行年八十而卒。

又《支謙傳》 支謙，字恭明，一名越，大月支人也。【略】越以大教雖行，而經多胡文，莫有解者，既善華戎之語，乃收集衆本，譯為漢言。從黄武元年至建興中，所出《維摩詰》、《大般泥洹》、《法句》、《瑞應本起》等二十七經，由得聖義，辭旨文雅。又依《無量壽》、《中本起經》，制贊菩薩連句梵唄三契，注《了本生死經》，皆行於世。

又《竺法護傳》 竺法護，其先月支國人也，世居敦煌郡。年八歲出家，事外國沙門竺高座為師。【略】是時晉武帝之世【略】遂隨師至西域，遊歷諸國。【略】遂大齎胡本，還歸中夏。自敦煌至長安，沿路傳譯，寫為晉文。所獲大小乘經《賢劫》、《大哀》、《正法華》、《普耀》等凡一百四十九部。孜孜所務，唯以弘通為業，終身譯寫，勞不告惓。經法所以廣流中華者，護之力也。【略】

初，護於西域得《超日明經》胡本，譯出頗多繁重。時有信士聶承遠，乃更詳正文偈，刪為二卷，今之所傳經是也。承遠明練有才理，篤志

法務，護公出經，多參正焉。

惠懷之際，有沙門法炬者，不知何許人。譯出《樓炭經》。炬與沙門法立共出《法句喻》及《福田》二經。法立又訪得胡本，別譯出百餘首，未及繕寫，會病而卒。尋值永嘉擾亂，湮滅不存。

又《竺叔蘭傳》 竺叔蘭，本天竺人也。【略】專志經法。以晉元康元年譯出《放光經》及《異維摩詰》十餘萬言。既學兼胡漢，故譯義精允。

又《僧伽跋澄傳》 僧伽跋澄，罽賓人也。【略】苻堅之末，來入關中。先是大乘之典未廣，禪數之學甚盛。既至長安，咸稱法匠焉。堅秘書郎趙政字文業，博學有才章，即堅之琳、瑀也。崇仰大法，嘗聞外國宗習《阿毗曇毗婆沙》，而跋澄諷誦，乃四事禮供，請譯梵文。遂共名德法師釋道安集僧宣譯。跋澄口誦經本，外國沙門曇摩難提筆受為梵文，佛圖羅刹宣譯，秦沙門敏智筆受為漢文。以偽建元十九年譯出，自孟夏至仲秋方訖。

初，跋澄又齎《婆須蜜》梵本自隨，明年，趙政復請出之。跋澄乃與曇摩難提及僧伽提婆三人共執梵本，秦沙門竺佛念宣譯，慧嵩筆受，安公、法和對共校定。故二經流布，傳學迄今。跋澄戒德整峻，虛靜離俗，關中僧衆，則而象之。後不知所終。

佛圖羅刹者，不知何國人。德業純白，該覽經典，久遊中土，善閑流言。其宣譯梵文，見重苻世焉。

又《曇摩難提傳》 曇摩難提，兜佉勒國人也。【略】齠歲出家，聰慧夙成。研諷經典，以專精緻業。遍觀三藏，闇誦《增一》、《中阿含經》。博識洽聞，靡所不綜。是以國內遠近，咸共推服。少而觀方，遍涉諸國。常謂弘法之體，宜宣佈未聞。故遠冒流沙，懷寶東遊，以苻堅建元二十年至於長安。先是中土羣經，未有《四含》。堅侍臣武威太守趙政，志深法藏，乃與安公共請出經。是時慕容沖已叛，起兵擊堅，關中騷動。政於長安城內集義學僧寫出丙經梵本，方始翻譯。竺佛念傳譯，慧嵩筆受。自夏迄春，綿歷二年方訖。具二《阿含》，凡一百卷。自經流東夏，迄於苻世，卷數之繁，唯此為廣。難提學業既優，道聲甚盛，堅屢禮請，厚致供施。在秦積載，後不知所終。

竺佛念，涼州人也。志行弘美，辭才辯贍，博見多聞，雅識風俗。家世河西，通習方語。故能交譯華梵，宣法關渭，苻、姚二代，常參傳經，二《含》之具，蓋其功也。

又《僧伽提婆傳》 僧伽提婆，罽賓國人也，姓瞿曇氏。【略】苻氏建元中，入關宣流法化。初，安公之出《婆須蜜經》也，提婆與僧伽跋澄共執梵文。後令曇摩難提出二《阿含》，時有慕容之難，戎世建法，倉卒未練。安公先所出《阿毗曇》、《廣説》、《三法度》等諸經，凡百餘萬言，譯人造次，未善詳審，義旨句味，往往衍謬。俄而安公棄世，不及改正。後山東清平，提婆乃與冀州沙門法和，俱適洛陽。四五年間，研講前經，居華歲積，轉明漢語，方知先所出經多有乖失。法和歎恨未定，重請譯改，乃更出《阿毗曇》及《廣説》，先出衆經，漸改定焉。

頃之，姚興王秦，法事甚盛。於是法和入關，而提婆度江。先是廬山慧遠法師翹勤妙典，廣集經藏，虛心側度，延望遠賓。聞其至止，即請入廬嶽，以太元十六年，請譯《阿毗曇心》及《三法度》等經。提婆乃於波若臺手執胡本，口宣晉言，去華存實，務盡義本。今之所傳，蓋其文也。

至隆安元年，游於京師。【略】其年冬，珣集京都義學沙門四十餘人，更請提婆於其寺譯出《中阿含》，罽賓沙門僧伽羅叉執胡本，提婆翻為晉言，至來夏方訖。其在關、洛、江左所出衆經，垂百餘萬言。歷游華戎，備悉風俗。從容機警，善於談笑，其道化聲譽，莫不聞焉。

又 卷一四《鳩摩羅什傳》 鳩摩羅什，齊言童壽，天竺人也。【略】停涼積年，呂光父子既不弘道，故韞其經法，無所宣化。苻堅已亡，竟不相見。姚萇聞其高名，虛心要請，到晉隆安二年，呂隆始聽什東。既至姑臧，會萇卒，子興立，遣使迎什。弘始三年，有樹連理生於廟庭，逍遙園葱變為薤。到其年十二月二十日，什至長安，興待以國師之禮，甚見優寵。自大法東被，始於漢明，歷涉魏、晉，經論漸多。而支、竺所出，多滯文格義。興少崇三寶，鋭志講集。什既至止，仍請入西明閣、逍遙園，譯出衆經。什率多闇誦，無不究達。轉解秦言，音譯流利。既覽舊經，義多乖謬，皆由先譯失旨，不與胡本相應。於是興使沙門僧肇、僧、僧遷等八百餘人諮受什旨，更令出《大品》。什持胡本，與執舊

經，以相讎校。其新文異舊者，義皆圓通，衆心愜服，莫不欣讚焉。興宗室常山公顯、安成侯嵩，並篤信緣業，屢請什於長安大寺講説新經。續出《小品》、《金剛般若》、《十住》、《法華》、《維摩》、《思益》、《首楞嚴》、《華首》、《持世》、《佛藏》、《菩薩藏》、《遺教》、《菩提》、《呵欲》、《自在王》、《因緣觀》、《無量壽》、《新賢劫》、《諸法無行》、《禪經》、《禪法要》、《禪要解》、《彌勒成佛》、《彌勒下生》、《稱揚諸佛功德》、《十誦律》、《戒本》、《大智》、《成實》、《十住》、《中》、《百》、《十二門》諸論三十三部，三百餘卷。並顯暢神源，發揮幽致。於時四方義學沙門，不遠萬里。名德秀拔者才、暢二公，乃至道恒、僧標、僧叡、僧敦、僧弼、僧肇等三千餘僧，稟訪精研，務窮幽旨。廬山慧遠，道業沖粹，乃遣使修問。龍光道生，慧解洞微，亦入關諮稟。傳法之宗，莫與競爽，盛業久大，至今式仰焉。

初，沙門僧叡，才識高朗，常隨什傳寫。什每為叡論西方辭體，商略同異，云：『天竺國俗甚重文藻，其宮商體韻，以入弦為善。凡覲國王，必有贊德；見佛之儀，以歌歎為尊。經中偈頌，皆其式也。但改梵為秦，失其藻蔚，雖得大意，殊隔文體。有似嚼飯與人，非徒失味，乃令嘔噦也。』什嘗作頌贈沙門法和云：『心山育德薰。流芳萬由旬。哀鸞鳴孤桐，清響徹九天。』凡為十偈，辭喻皆爾。什雅好大乘，志在敷廣，嘗歎曰：『吾若著筆作大乘《阿毗曇》，非迦旃延子比也。今在秦地，深識者寡，折翮於此，將何所論！』乃淒然而止。唯為興著《實相論》二卷，並注《維摩》，出言成章，無所删改，辭喻婉約，莫非淵奧。【略】

什臨終，力疾與衆僧告別曰：『因法相遇，殊未盡伊心，方復異世，惻愴何言！自以闇昧，謬充傳譯，若所傳無謬，使焚身之後，舌不燋爛。』以晉義熙中卒於長安，即於逍遙園，依外國法以火焚屍，薪滅形化，唯舌不變。後有外國沙門來曰：『羅什所諳，十不出一。』初什一名鳩摩羅耆婆，外國制名，多以父母為本，什父鳩摩炎，母字耆婆，故兼取為名云。

又《佛陀耶舍傳》 佛陀耶舍，齊言覺明，罽賓人也。【略】因至龜茲，法化甚盛。【略】什聞其至姑臧，勸興迎之，興不納。頃之命什譯出經藏，什曰：『夫弘宣法教，宜令文義圓通。貧道雖誦其文，未善其理，唯佛陀耶舍深達經致，今在姑臧，願下詔徵之。一言三詳，然後著筆，使微言不墜，取信千載也。』興從之。【略】於時羅什出《十住經》，一月餘日，疑難猶豫，尚未操筆。耶舍既至，共相徵決，辭理方定。道俗三千餘人，皆歎其賞要。舍為人髭赤，善解《毗婆沙》，故時人號曰赤髭毗婆沙。既為羅什之師，亦稱大毗婆沙。【略】

耶舍先譯《曇無德律》，偽司隸校尉姚爽請令出之。姚興疑其遺謬，乃試耶舍，令誦民籍、藥方各四十餘紙。三日乃執文覆之，不誤一字。衆服其强記。即以弘始一年譯出為四十五卷，並出《長阿含經》，減百萬言。涼州沙門竺佛念譯為秦言，道含執筆。至十五年解座。【略】耶舍後還外國，至罽賓，尋得《虚空藏經》一卷，寄賈客傳與涼州諸僧。後不知所終。

又《曇無讖傳》 曇無讖，中天竺人也。【略】河西王沮渠蒙遜聞讖名，呼與相見，接待甚厚。蒙遜素奉大法，志在弘通，請令出其經本。讖以未參土言，又無傳譯，恐言舛於理，不許即翻。於是學語三年，翻為漢言，方共譯寫。是時沙門慧嵩、道朗，獨步河西，值其宣出法藏，深相推重。轉易梵文，嵩公筆受，道俗數百人疑難縱橫，讖臨機釋滯，未嘗留礙。嵩、朗等更請廣出餘經，次譯《大集》、《大雲》、《大虚空藏》、《海龍王》、《金光明》、《悲華》、《優婆塞戒》、《菩薩地持》，並前所出《菩薩戒經》、《菩薩戒本》垂二十部。讖以《涅槃經》本品數未足，還國尋求。值其母亡，遂留歲餘。後於于闐更得經本，復還姑臧譯之，續為三十六卷焉。

又《佛馱跋陀傳》 佛馱跋陀，齊言佛賢，北天竺人也。【略】先是，廬山釋慧遠久服其風，乃遣使入關致書祈請。後聞其被斥，乃致書與姚主解其擯事，欲迎出禪法。頃之，佛賢至廬山，遠公相見欣然，傾蓋若舊。自夏迄冬，譯出禪數諸經。

佛賢志在游化，居無求安。以義熙八年，遂適荆州。【略】先是，支法領於于闐國所得《華嚴經》胡本三萬六千偈，未有宣譯。到義熙十四年，吳郡内史孟顗、右衛將軍褚叔度，即請佛賢為譯匠。乃手執梵文，共沙門慧嚴、慧義等百有餘人，於道場寺譯，銓定文旨，會通華戎，妙得經體，故道場寺猶有華嚴堂焉。其先後所出六卷《泥洹》、《新無量壽》、

《大方等如來藏》、《菩薩十住》、《本業》、《出生無量門持》、《淨六波羅蜜》、《新微密持》、《禪經》、《觀佛三昧經》凡十一部，並究其幽旨，妙盡文意。以元嘉六年卒，春秋七十有一。

又《求那跋摩傳》　求那跋摩，齊言功德鎧，罽賓王之支胤也。【略】以元嘉八年正月至都，即住祇洹寺，文帝引見勞差別，屢設供施。頃之，於祇洹譯出衆經《菩薩地》、《曇無德羯磨》、《優婆塞五戒略論》、《三歸》及《優婆塞二十二戒》。初，元嘉三年，徐州刺史王仲德於彭城請外國沙門伊葉波羅譯出《雜心》，至《擇品》未竟，而緣礙遂輟。至是乃更請跋摩於寺重更校定，正其文旨。弘道宣法，遠近歸之，貴賤禮覲，車馬相繼。

又《僧伽跋摩傳》　僧伽跋摩，齊言僧鎧，天竺人也。【略】以宋元嘉十年步自流沙，至於京都。【略】頃之，名德大德慧觀等以跋摩妙解《雜心》，諷誦通達，即以其年九月，乃於長干寺招集學士，更請出焉。寶雲譯語，觀公筆受，研校精悉，周年方訖。續出《摩得勒伽》、《分別業報略》、《勸發諸王要偈》及《請聖僧浴文》凡四部。跋摩遊化為志，不滯一方，既傳經事畢，將還本國，衆咸祈止，莫之能留。以元嘉中隨西域賈人舶還外國，莫詳其終。

又《曇摩蜜多傳》　曇摩蜜多，齊言法秀，罽賓人也。【略】常以江左王畿，志欲傳法。以宋元嘉元年輾轉至蜀。俄而出峽，停止荆州，於長沙寺造立禪館。居頃之，沿流東下，至於京師，即住祇洹寺。其道聲素著，傾都禮訊，自宋文袁皇后及皇子公主，莫不設齋桂宮，請戒椒掖，參候之使，旬日相屬。即於祇洹寺譯出諸經《禪法要》、《普賢觀》、《虛空藏觀》凡三部經。常以禪道教授，或千里諮受，四輩遠近，皆號大祥師焉。

又《求那跋陀羅傳》　求那跋陀羅，齊言功德賢，中天竺人也。【略】元嘉十二年至廣州。【略】頃之，衆僧共請出經，於祇洹寺集義學諸僧譯出《雜阿含經》，東安寺出《法鼓經》。後於丹陽郡譯出《勝鬘》、《楞伽經》。徒衆七百餘人，寶雲傳譯，慧觀執筆。往復諮析，妙得本旨。

後譙王鎮荆州，請與俱行，安止辛寺，更創殿房。即於辛寺出《無憂王》、《過去現在因果》及一卷《無量壽》、一卷《泥洹》、《央掘魔》、《相續解脫》、《波羅蜜了義》、《第一義五相略》、《八吉祥》等諸經，凡一百餘卷。

又《沮渠安陽侯傳》　時有外國沙門功德直者，不知何國人。以宋大明中游方至荆州，寓禪房寺。沙門玄暢請其譯出《念佛三昧經》六卷，及《破魔陀羅尼》。停荆歷年，後不知所終。

又《求那毗地傳》　求那毗地，中天竺人也。【略】建元初，來至京師，止毗耶離寺，執錫從徒，威儀端肅，王公貴勝，迭相供請焉。初，僧伽斯於天竺國抄集修多羅藏十二部經中要切譬喻，撰為一部，凡有百事，以教授新學。毗地悉皆通誦，兼明義旨。以永明十年秋譯出為齊文，凡十卷，即《百句譬喻經》也。復出《十二因緣》及《須達長者經》各一卷。自大明以後，譯經殆絕，及其宣流法寶，世咸美之。

南朝梁·慧皎《高僧傳》卷三《譯經下·論》　傳譯之功尚矣，固無得而稱焉。【略】

夫神化所被遠近斯屆，一聲一光輒震他土，一臺一蓋動覆恒國。振丹之與迦維，雖路絕蔥河，里逾數萬，若以聖之神力，譬猶武步之間，而令聞見限隔，豈非時也？及其緣運將感，名教潛洽，或稱為浮屠之主，或號為西域大神。故漢明帝詔楚王英云：『王誦黃老之微言，尚浮屠之仁祀。』及通夢金人遣使西域，乃有攝摩騰、竺法蘭懷道來化，挾策孤征，艱苦必達，傍峻壁而臨深，躡飛絙而渡險。遺身為物，處難能夷，傳法宣經，初化東土，後學與聞，蓋其力也。爰至安清、支讖、康會、竺護等，並異世一時，繼踵宏贊。

然夷夏不同，音韻殊隔，自非精括詁訓，領會良難。屬有支謙、聶承遠、竺佛念、釋寶雲、竺叔蘭、無羅叉等，並妙善梵漢之音，故能盡翻譯之致。一言三復，辭旨分明，然後更用此土宮商，飾以成制。論曰：『隨方俗語，能示正義，于正義中，置隨義語。』蓋斯謂也。其後鳩摩羅什，碩學鉤深，神鑒奧遠，歷遊中土，備翻方言，復恨支、竺所譯，文制古質，未盡善美，乃更臨梵本，重為宣譯，故致今古二經，言殊義一。時有生、融、影、睿、嚴、觀、恒、肇，皆領悟言前，辭潤珠玉，執筆承旨，任在伊人，故長安所譯，鬱為稱首。是時姚興竊號，跨有皇畿，崇愛三寶，城漸遺法。使夫慕道來儀，遐邇煙萃，三藏法門，有緣必睹，自像運

東遷，在茲為盛。其佛賢比丘江東所譯《華嚴》大部，曇無讖河西所翻《涅槃》妙教及諸師所出四《含》、五部、犍度、婆沙等，並皆言符法本，理愜三印。而童壽有別室之衍，佛賢有擯黜之迹，考之實錄，未易詳究。或以時運澆薄，道喪人漓，故所感見，爰至於此。若以近迹而求，蓋亦圭璋一玷也。又世高、無讖、法祖、法祚等，並理思淹通，仁澤成務，而皆不得其死，將由業有傳感，義無違避。故羅漢雖諸漏已盡，尚有貫惱之厄；比干雖忠謹竭誠，猶招賜斂之禍，匪其然乎？聞有竺法度者，自言專執小乘，而與三藏乖越，貪用銅缽，本非律儀所許；伏地相向，又是懺法所無。且法度生本南康，不遊天竺，晚值曇摩耶舍，又非專小之師，直欲壑其身，故為矯異。然而達量君子，未曾回適，尼衆易從，初稟其化。夫女人理教難愜，事蹟易翻，聞因果則悠然扈背，見變術則奔波傾飲，隨墜之義即斯謂也。竊惟正法淵廣，數盈八億，傳譯所得，卷止千餘。皆由逾越沙阻，履跨危絕，或望煙渡險，或附弋前身，及相會推求，莫不十遺八九。是以法顯、智猛、智嚴、法勇等，發迹則結旅成羣，還至則顧影唯一，實足傷哉！當知一經達此，豈非列賜受命？而頃世學徒，唯慕鑽求一典，謂言廣讀多惑，斯蓋惰學之辭，匪曰通方之訓。何者？夫欲考尋理味，決正法門，豈可斷以胸襟，而不博尋衆典？遂使空勞傳寫，永翳箱匣；甘露正説，竟莫披尋；無上寶珠，隱而弗用，豈不惜哉！若能貫采禪律，融冶經論，雖復祇樹息蔭，玄風尚扇；娑羅變葉，佛性猶彰。遠報能仁之恩，近稱傳譯之德，倘護身命，寧不勖歟？

又《贊》 頻婆掩唱，疊教攸陳。五乘競轉，八萬彌綸。周星隱曜，漢夢通神。騰、蘭、讖、什，殉道來臻。慈雲徙蔭，慧水傳津。俾夫季末，方樹洪因。

又《譯經下》 梁初有僧伽婆羅者，亦外國學僧，儀貌謹潔，善於談對。至京師，亦止正觀寺。今上甚加禮遇，敕於正觀寺及壽光殿占雲館中譯出《大育王經》、《解脫道論》等，釋寶唱、袁曇允等筆受。

唐·釋道宣《續高僧傳》卷一《譯經篇初》 僧伽婆羅，梁言僧養，亦云僧鎧，扶南國人也。【略】聞齊國弘法，隨舶至都，住正觀寺，為天竺沙門求那跋陀之弟子也。復從跋陀研精方等，未盈炎燠，博涉多通，乃解數國書語。值齊曆亡墜，道教淩夷，婆羅靜潔身心，外絕交故，故擁室栖閑，養素資業。大梁御宇，搜訪術能，以天監五年被敕徵召，於楊都壽光殿、華林園、正觀寺、占雲館、扶南館等五處傳譯，訖十七年，都合一十一部，四十八卷，即《大育王經》、《解脫道論》等是也。初翻經日，於壽光殿武帝躬臨法座，筆受其文，然後乃付譯人，盡其經本。敕沙門寶唱、慧超、僧智、法雲及袁曇允等，相對疏出，華質有序，不墜譯宗。【略】

梁初又有扶南沙門曼陀羅者，梁言弘弱。大齎梵本，遠來貢獻。敕與婆羅共譯《寶雲》、《法界體性》、《文殊般若經》三部合一十一卷。雖事傳譯，未善梁言，故所出經文多隱質。【略】

菩提流支，魏言道希，北天竺人也。遍通三藏，妙入總持，志在弘法，廣流視聽，遂挾道宵征，遠莅葱左，以魏永平之初，來遊東夏。宣武皇帝下敕引勞，供擬殷華，處之永寧大寺，四事將給七百梵僧。敕以留支為譯經之元匠也。【略】先時流支奉敕創翻《十地》，宣武皇帝命章一日親對筆受，然後方付沙門僧辯等，訖盡論文。佛法隆盛，英俊蔚然，相從傳授，孜孜如也。帝又敕清信士李廓撰《衆經錄》。廓學通玄素，條貫經論雅有標擬。故其《錄》云：三藏流支自洛及鄴，爰至天平二十餘年，凡所出經三十九部，一百二十七卷。【略】

於時又有中天竺僧勒那摩提，魏云寶意。博贍之富，理事兼通，誦一億偈，偈有三十二字，尤明禪法，意存遊化，以正始五年初屆洛邑，譯《十地寶積論》等大部二十四卷。

又有北天竺僧佛陀扇多，魏言覺定。從正光元年至元象二年，於洛陽白馬寺及鄴都金華寺，譯出《金剛》、《上味》等經十部。當翻經日，於洛陽內殿，流支傳本，餘僧參助，其後三德乃徇流言，各傳師習不相詢訪。帝以弘法之盛，略敘曲煩，敕三處各翻訖乃參校，其間隱没互有不同，致有文旨時兼異綴，後人合之共成通部，見寶唱等《錄》。【略】

又熙平元年，有南天竺波羅柰城婆羅門，姓瞿曇氏，名般若流支，魏言智希。從元年至興和末，於鄴城譯正法念聖善住迴諍唯識等經論，凡一十四部，八十五卷，沙門曇林僧昉等筆受。當時有沙門菩提流支與般若流支前後出經，而衆《錄》傳寫率多輕略，各去上字但云『流支』，而不知是何流支，迄今羣《錄》譯目相涉，難得詳定。【略】

至周文帝二年，有波頭摩國律師攘那跋陀羅，周言智賢，共耶舍崛多等譯《五明論》，謂聲醫工術及符印等，並沙門智僊筆受。

建武帝天和年，有摩勒國沙門達摩流支，周言法希，奉敕為大冢宰晉陽公宇文護譯《婆羅門天文》二十卷。又令摩伽陀國禪師闍那耶舍，周言藏稱，共弟子闍那崛多等，於長安故城四天王寺，譯《定意天子問經》六部，沙門圓明、道辯及城陽公蕭吉等筆受。【略】

拘那羅陀，陳言親依，或云波羅末陀，譯云真諦，並梵文之名字也。本西天竺優禪尼國人焉。【略】自諦來東夏，雖廣出衆經，偏宗《攝論》，故討尋教旨者，通覽所譯，則彼此相發，綺繢輔顯，故隨處翻傳，親注疏解，依心勝相。後疏並是僧宗所陳，躬對本師，重為釋旨，增減或異，大義無虧。宗公別著《行狀》，廣行於世。且諦之梁時逢喪亂，感竭運終，道津靜濟，流離弘化，隨方卷行，至於部帙或分，譯人時別，今總歷二代，共通數之，故始梁武之末，至陳宣即位，凡二十三載，所出經論記傳六十四部，合二百七十八卷。【略】

時有中天竺優禪尼國王子月婆首那，陳言高空，遊化東魏，生知俊朗，體悟幽微，專學佛經，尤精義理，洞曉音韻，兼善方言。譯《僧伽吒經》等三部七卷，以魏元象年中，於鄴城司徒公孫騰第出，沙門僧昉筆受。【略】至太清二年，忽遇于闐僧求那跋陀，陳言德賢，齎《勝天王般若》梵本。那因期請，乞願弘通，嘉其雅操，豁然授與，那得保持，用為希遇。屬侯景作亂，未暇翻傳，携負東西，諷持供養。至陳天嘉乙酉之歲，始於江州興業寺譯之，沙門智昕筆受陳文，凡六十日，覆疏陶練，勘閱俱了，江州刺史黃法為檀越，僧正釋惠恭等監掌，具經後序。那後不知所終。

時又有扶南國僧須菩提，陳言善吉，於揚都城內至敬寺為陳主譯《大乘寶雲經》八卷，與梁世曼陀羅所出七卷者同，少有差耳。並見《隋代三寶錄》。

西行求法巡禮分部

綜述

晉·釋法顯《佛國記》 法顯發長安，六年到中國，停六年還，三年達青州。凡所遊歷，減三十國。沙河已西，迄於天竺，衆僧威儀法化之美，不可詳說。竊唯諸師未得備聞，是以不顧微命，浮海而還，艱難具更，幸蒙三尊威靈，危而得濟，故竹帛疏所經歷，欲令賢者同其聞見。

是歲甲寅。晉義熙十二年，歲在壽星，夏安居末，迎法顯道人。既至，留共冬齋。因講集之際，重問遊歷。其人恭順，言輒依實。由是先所略者，勸令詳載。顯復具敘始末。自云：『顧尋所經，不覺心動汗流。所以乘危履險，不惜此形者，蓋是志有所存，專其愚直，故投命於不必全之地，以達萬一之冀。』於是感歎斯人，以為古今罕有。自大教東流，未有忘身求法如顯之比。然後知誠之所感，無窮否而不通；志之所獎，無功業而不成。成夫功業者，豈不由忘夫所重，重夫所忘者哉！

南朝梁·僧祐《出三藏記集》卷一三《竺法護傳》 竺法護，其先月支國人也，世居敦煌郡。年八歲出家，事外國沙門竺高座為師，誦經日萬言，過目則能。天性純懿，操行精苦，篤志好學，萬里尋師。是以博覽六經，涉獵百家之言，雖世務毀譽，未嘗介於視聽也。是時晉武帝之世，寺廟圖像，雖崇京邑；而方等深經，蘊在西域。護乃慨然發憤，志弘大道。遂隨師至西域，遊歷諸國。外國異言，三十有六種，書亦如之，護皆遍學，貫綜詁訓，音義字體，無不備曉。遂大齎胡本，還歸中夏。

又 卷一五《法顯法師傳》 釋法顯，本姓龔，平陽武陽人也。顯有三兄並齠齔而亡。其父懼禍及之，三歲便度為沙彌。居家數年，病篤欲死，因送還寺，信宿便差。不復肯歸，母欲見之不能得，為立小屋於門外，以擬去來。十歲遭父憂，叔父以其母寡獨不立，逼使還俗。顯曰：『本不以有父而出家也。正欲遠塵離俗，故入道耳。』叔父善其言，乃止。頃之母喪，至性過人。葬事既畢，仍即還寺。嘗與同學數十人於田中刈

稻，時有饑賊欲奪其穀，諸沙彌悉奔走，唯顯獨留。語賊曰：『若欲須穀，隨意所取。但君等昔不佈施，故此生饑貧，今復奪人，恐來世彌甚。貧道預為君憂，故相語耳！』言訖即還。賊棄穀而去。衆僧數百人，莫不嘆服。

二十受大戒，志行明潔，儀軌整肅。常慨經律舛闕，誓志尋求。以晉隆安三年，與同學慧景、道整、慧應、慧嵬等發自長安，西度沙河。上無飛鳥，下無走獸，四顧茫茫，莫測所之。唯視日以准東西，人骨以標行路耳。屢有熱風惡鬼，遇之必死，顯任緣委命，直過險難。有頃，至葱嶺。嶺冬夏積雪，有惡龍吐毒，風雨沙礫，山路艱危，壁立千仞。昔有人鑿石通路，傍施梯道，凡度七百餘梯。又躡懸絙過河數十餘處。仍度小雪山，遇寒風暴起，慧景噤戰不能前，語顯云：『吾其死矣！卿可時去，勿得俱殞。』言絕而卒。顯撫之號泣曰：『本圖不果，命也奈何！』復自力孤行，遂過山險。

凡所經歷三十餘國，至北天竺。未至王舍城三十餘里，有一寺，逼暮仍停。明旦，顯欲詣耆闍崛山，寺僧諫曰：『路甚艱嶮，且多黑師子，亟經啖人，何由可至？』顯曰：『遠涉數萬，誓到靈鷲。寧可使積年之誠，既至而廢耶？雖有嶮難，吾不懼也！』衆莫能止，乃遣兩僧送之。顯既至山中，日將曛夕，遂欲停宿。兩僧危懼，捨之而還。顯獨留山中，燒香禮拜，翹感舊迹，如睹聖儀。至夜，有三黑師子來蹲顯前，舐唇搖尾。顯誦經不輟，一心念佛，師子乃低頭下尾，伏顯足前。顯以手摩之，咒曰：『汝若欲相害，待我誦竟；若見試者，可便退去。』師子良久乃去。明晨還反，路窮幽深，榛木荒梗，禽獸交橫，正有一逕通行而已。未至里餘，忽逢一道人，年可九十，容服粗素，而神氣俊遠。雖覺其韻高，而不悟是神人。須臾進前，逢一年少道人。顯問：『向逢一老道人是誰耶？』答曰：『頭陀弟子大迦葉也。』顯方惋慨良久。既至山前，有一大石橫塞室口，遂不得入。顯乃流涕，致敬而去。

又至迦施國，精舍裏有白耳龍，與衆僧約，令國內豐熟，皆有信效。沙門為起龍舍，並設福食。每至夏坐訖日，龍輒化作一小蛇，兩耳悉白。衆咸識是龍，以銅盂盛酪，置於其中，從上座至下行之，遍乃化去。年輒一出，顯亦親見此龍。

後至中天竺，於摩竭提巴連弗邑阿育王塔南天王寺得《摩訶僧祇律》，又得《薩婆多律抄》、《雜阿毗曇心》、《綖經》、《方等泥洹》等經。顯留三年，學梵書梵語，躬自書寫。於是持經像，寄附商客到師子國。顯同侶十餘，或留或亡，顧影唯己，常懷悲慨。忽於玉像前見商人以晉地一白團扇供養，不覺淒然下淚。停二年，復得《彌沙塞律》、《長阿含》、《雜阿含》及《雜藏》本，並漢土所無。

既而附商人大舶還東。舶二百許人，值大暴風，舶壞水入。衆人惶怖，即取雜物棄之。顯恐商人棄其經像，唯一心念觀世音，及歸命漢土衆僧。大風晝夜十三日，吹舶至島下，治舶竟前。時陰雨晦冥，不知何之，唯任風而已。若值伏石及賊，萬無一全。行九十日，達耶婆提國。停五月日，復隨他商侶東趣廣州。舉帆月餘日，中夜忽遇大風，舉舶震懼。衆共議曰：『坐載此沙門，使我等狼狽，不可以一人故，令一衆俱亡。』欲推棄之。法顯檀越厲聲呵商人曰：『汝若下此沙門，亦應下我，不爾便當見殺。漢地帝王奉佛敬僧，我至彼告王，必當罪汝！』商人相視失色，黽勉而止。既水盡糧竭，唯任風隨流。忽至岸，見藜藿菜依然，知是漢地，但未測何方。即乘小舶入浦尋村，遇獵者二人，顯問：『此何地耶？』獵人曰：『是青州長廣郡牢山南岸。』獵人還，以告太守李嶷。嶷素敬信，忽聞沙門遠至，躬迎勞。顯持經像隨還。

頃之，欲南歸。時刺史請留過冬，顯曰：『貧道投身於不返之地，志在弘通，所期未果，不得久停。』遂南造京師，就外國禪師佛馱跋陀羅，於道場寺譯出六卷《泥洹》、《摩訶僧祇律》、《方等泥洹經》、《綖經》、《雜阿毗曇心》未及譯者，垂有百萬言。顯既出《大泥洹經》，流布教化，咸使見聞。有一家失其姓名，居近楊都朱雀門，世奉正化，自寫一部，讀誦供養。無別經室，與雜書共屋。後風火忽起，延及其家，資物皆盡，唯《泥洹經》儼然具存，煨燼不侵，卷色無異。揚州共傳，咸稱神妙。後到荆州，卒於辛寺，春秋八十有二。衆咸慟惜。其所聞見風俗，別有傳記。

又《智嚴法師傳》　釋智嚴，不知何許人。弱冠出家，便以精勤著名，納衣宴坐，蔬食永歲。志欲廣求經法，遂周流西域。進到罽賓，遇禪師佛馱跋陀羅，志欲傳法中國，乃竭誠要請。跋陀嘉其懇至，遂共東行。於是逾涉雪山，寒苦嶮絕，飲冰茹木，頻於危殆。綿歷數載，方達關

中。常依隨跋陀，止於長安大寺。頃者，跋陀橫為秦僧所擯，嚴與西來徒衆並分散出關，仍憩山東精舍，坐禪誦經，力精修學。【略】

嚴前還於西域，得胡本衆經，未及譯寫。到宋元嘉四年，乃共沙門寶雲譯出《普耀》、《廣博嚴淨》及《四天王》凡三部經。在寺不受別請，遠近道俗敬而服之。其未出家時，嘗受五戒，有所虧犯。後入道受具足，常疑不得戒，每以為懼，積年禪觀，而不能自了。遂更泛海，重到天竺，諮諸明達。值羅漢比丘，具以事問羅漢。羅漢不敢判決，乃為嚴入定，往兜率宮諮彌勒。彌勒答稱得戒。嚴大喜躍，於是步歸。行至罽賓，無疾而卒，時年七十八。

又《寶雲法師傳》　釋寶雲，未詳其氏族，傳云涼州人也。弱年出家，精勤有學行。志韻剛潔，不偶於世，故少以直方純素為名。而求法懇惻，忘身徇道，誓欲躬睹靈迹，廣尋羣經。遂以晉隆安之初，遠適西域。與法顯、智嚴先後相隨，涉履流沙，登逾雪嶺，勤苦艱危，不以為難，遂歷于闐、天竺諸國，備睹靈異。乃經羅刹之野，聞天鼓之音，釋迦影迹，多所瞻禮。雲在外域，遍學胡書，天竺諸國音字詁訓，悉皆貫練。後還長安，隨禪師佛馱跋陀羅受業，修道禪門，孜孜不怠。俄而禪師橫為秦僧所擯，徒衆悉同其咎，雲亦奔散。會廬山釋慧遠解其擯事，共歸揚州，安止道場寺。僧衆以雲志力堅猛，弘道絕域，莫不披衿諮問，敬而愛焉。

雲譯出《新無量壽》，晚出諸經，多雲所譯。常手執胡本，口宣晉語，華戎兼通，音訓允正。雲之所定，衆咸信服。初，關中沙門竺佛念善於宣譯，於苻、姚二世，顯出衆經。江左譯梵，莫逾於雲。故於晉、宋之際，弘通法藏，沙門慧觀等咸友而善之。雲性好幽居，以保閑寂。遂適六合山寺，譯出《佛所行贊經》。山多荒民，俗好草竊，雲説法教誘，多有改惡，禮事供養，十室而八九。頃之，道場慧觀臨卒，請雲還都，總理寺任。雲不得已而還。居歲餘，復還六合。以元嘉二十六年卒，春秋七十餘。其所造外國，別有記傳。徵士豫章雷次宗為其傳序。

又《智猛法師傳》　釋智猛，雍州京兆郡新豐縣人也。稟性端明，礪行清白。少襲法服，修業專至，諷誦之聲，以夜續晝。每見外國道人説釋迦遺迹，又聞方等衆經布在西域，常慨然有感，馳心遐外，以為萬里咫尺，千載可追也。遂以偽秦弘始六年，戊辰之歲，招結同志沙門十有五人，發迹長安。渡河順谷三十六渡，至涼州城。既而西出陽關，入流沙，二千餘里，地無水草，路絕行人。冬則嚴厲，夏則瘴熱。人死，聚骨以標行路。駞負糧，理極辛阻。遂歷鄯鄯、龜茲、于闐諸國，備觀風俗。

從于闐西南行二千里，始登葱嶺，而同侶九人退還。猛遂與餘伴進行千七百餘里，至波淪國。三度雪山，冰崖皓然，百千餘仞，飛絙為橋，乘虛而過，窺不見底，仰不見天，寒氣慘酷，影戰魂栗。漢之張騫、甘英所不至也。

復南行千里，至罽賓國，再渡辛頭河，雪山壁立，轉甚於前。下多瘴氣，惡鬼繼路，行者多死。猛誠心冥徹，履險能濟。既至罽賓城，恒有五百羅漢住此國中，而常往反阿耨達池。有大德羅漢見猛至止，歡喜讚歎。猛諮問方土，為説四天下事，具在其傳。猛先於奇沙國見佛文石唾壺，又於此國見佛鉢，光色紫紺，四邊燦然。猛花香供養，頂戴發願：『鉢若有應，能輕能重。』既而轉重，力遂不堪，及下案時，復不覺重。其道心所應如此。

復西南行千三百里，至迦惟羅衛國，見佛髮、佛牙及肉髻骨，佛影、佛迹，炳然具在。又睹泥洹堅固之林，降魔菩提之樹。猛喜心內充，設供一日，兼以寶蓋大衣，覆降魔像。其所遊踐，究觀靈變，天梯龍池之事，不可勝數。

後至華氏城，是阿育王舊都。有大智婆羅門，名羅閱宗，舉族弘法，王所欽重。造純銀塔高三丈，沙門法顯先於其家已得六卷《泥洹》。及見猛，問云：『秦地有大乘學不？』答曰：『悉大乘學。』羅閱驚歎曰：『稀有稀有，將非菩薩往化耶！』猛就其家得《泥洹》胡本一部，又尋得《摩訶僧祇律》一部及餘經胡本，誓願流通。

於是便反，以甲子歲發天竺，同行四僧於路無常，唯猛與曇纂俱還於涼州。譯出《泥洹》本，得二十卷。以元嘉十四年入蜀，十六年七月七日於鍾山定林寺造傳。猛以元嘉末卒。

又《法勇法師傳》　釋法勇者，胡言曇無竭，本姓李氏，幽州黃龍國人也。幼為沙彌，便修苦行，持戒諷經，為師僧所敬異。嘗聞沙門法顯、寶雲諸僧躬踐佛國，慨然有忘身之誓。遂以宋永初之元，招集同志沙

門僧猛、曇朗之徒二十有五人，共齎幡蓋供養之具，發迹北土，遠適西方。

初至河南國，仍出海西郡，進入流沙。到高昌郡，經歷龜茲、沙勒諸國，前登葱嶺雪山。棧路險惡，驢駝不通，層冰峨峨，絕無草木，山多瘴氣，下有大江，浚急如箭。於東西兩山之脅，繫索為橋，相去五里，十人一過。到彼岸已，舉煙為幟，後人見煙，知前已度，方得更進若久不見煙，則知暴風吹索，人墮江中。行葱嶺三日方過。復上雪山，懸崖壁立，無安足處，石壁皆有故杙孔，處處相對。人各執四杙，先拔下杙，手攀上杙，輾轉相代。三日方過，乃到平地相待，料檢同侶，失十二人。

進至罽賓國，禮拜佛鉢。停歲餘，學胡書竟，便解胡語。求得《觀世音受記經》梵文一部。無竭同行沙門餘十三人，西行到新頭那提河，漢言師子口。緣河西入月氏國，禮拜佛肉髻骨，及睹自沸水船。後至檀特山南石留寺，住僧三百人，雜三乘學。無竭便停此寺，受具足戒。天竺沙門佛陀多羅，齊言佛救，彼方衆僧云其已得道果。無竭請為和上，漢沙門志定為阿闍梨。於寺夏坐三月日。

復北行至中天竺，曠絕之處，常齎石蜜為糧。其同八人路亡，五人俱行，屢經危棘。無竭所齎《觀世音經》，常專心繫念。進涉舍衛國，中野逢山象一羣，無竭稱名歸命，即有師子從林中出，象驚怖奔走。後渡恒河，復值野牛一羣鳴吼而來，將欲害人。無竭歸命如初，尋有大鷲飛來，野牛驚散，遂得免害。其誠心所感，在嶮克濟，皆此類也。後於南天竺，隨舶泛海達廣州，所歷事迹，別有記傳。其所譯出《觀世音受記經》，今傳於京師。後不知所終。

南朝梁・慧皎《高僧傳》卷四《義解一》 于法蘭，高陽人。少有異操，十五出家，便以精勤為業。【略】居剡少時，欻然歎曰：『大法雖興，經道多闕，若一聞圓教，夕死可也。』乃遠適西域，欲求異聞，至交州遇疾，終於象林。【略】

于道邃，燉煌人。【略】至年十六出家，事蘭公為弟子。【略】後隨蘭適西域，於交趾遇疾而終，春秋三十有一矣。

又 卷一一《習禪》 釋慧嵬，不知何許人，止長安大寺。【略】後以晉隆安三年，與法顯俱遊西域，不知所終。【略】

釋慧覽，姓成，酒泉人。少與玄高俱以寂觀見稱。覽曾游西域，頂戴佛鉢，仍於罽賓從達摩比丘咨受禪要。達摩曾入定往兜率天，從彌勒受菩薩戒，後以戒法授覽。覽還至于填，復以戒法授彼方諸僧。後乃歸，路由河南，河南吐谷渾慕延世子瓊等敬覽德問，遣使並資財，令於蜀立左軍寺，覽即居之。後移羅天宮寺。宋文請下都，止鍾山定林寺。孝武起中興寺，復敕令移住，京邑禪僧皆隨踵受業。吳興沈演、平昌孟顗，並欽慕道德，為造禪室於寺。宋大明中卒，春秋六十餘矣。

唐・釋道宣《釋迦方志・遊履篇》 自文字之興，庖犧為始，曁至唐運，歷代可紀而聞矣。秦周已前，人尚純素，情不逮遠，故使通聘，止約神州。漢魏以後，文字廣行，能事鬱興，博見彌遠，故象胥載庇，槁街斯立，逾空桑而歷昆丘，度雞田而跨鳥穴。龍文汗血之驥，雖絕域而可追；明珠翠羽之珍，乃天涯而必舉。窮兵黷武，誠大宛之勞師；擁節泥海，信王命之遐弊。及顯宗之感瑞也，創開仁化之源，奉信懷道，自斯漸盛。或慨生邊壤，投命西天；或通法揚化，振策東宇；或躬開教迹，不遠尋經；或靈相舊規，親往詳閱。斯之多舉，並歸釋宗，故總別之，用開神略。始於前漢，至我大唐，前後通數，使之往返，將二十許。且張騫尋河，本惟凡俗，然創開佛名，則釋化之漸也，故亦通敘求法之例。今搜括傳記，條序使途，列其前後，顯然有據。【略】

三謂後漢獻帝建元十年秦州刺史遣成光子，從鳥鼠山度鐵橋而入，窮於達嚫，旋歸之日，還踐前途，自出別傳。

四謂晉武世燉煌沙門竺法護，西游三十六國，大齎胡經，沿路譯出。至長安青門外立寺，結衆千餘。教相廣流東夏者，法護深有殊功。故釋道安云：『若親得此公筆，自綱領必正。』斯至言也。

五謂東晉隆安初，涼州沙門釋寶雲與釋法顯、釋智嚴等，前後相從，俱入天竺。而雲通歷大夏諸國，解諸音義，後還長安，及以江表詳譯諸經，即當今盛行，莫非雲出。而樂棲幽靜，終於六合山。遊西有傳。

六謂東晉後秦姚興弘始年，京兆沙門釋智猛與同志十五人，西自涼州鄯善諸國至罽賓，見五百羅漢，問顯方俗。經二十年至甲子歲，與伴一人還東，達涼入蜀。宋元嘉末，卒成都。遊西有傳，大有明據，題云《沙門智猛遊行外國傳》，曾於蜀部見之。

七謂後燕建興末，沙門曇猛者從大秦路入達王舍城。及返之日，從陀歷道而還東夏。

八謂後秦弘始二年，沙門法顯與同學慧景等發自常安，歷于填道，凡經三十餘國。獨身達南海師子國，乃泛海將經像還，至青州牢山登晉地，往楊、荊等州出經。所行出傳。

九謂宋初，涼州沙門智嚴遊西域，至罽賓受禪法，還長安，南至楊州宋都，廣譯諸經。然以受戒有疑，重往天竺。羅漢不決，為上天咨彌勒，告之得戒。於是返至罽賓而卒，遣弟子智羽等報徵西返。

十謂宋永初六年，黃龍沙彌釋法勇操志雄遠，思慕聖迹，招集同志僧猛、曇朗等二十五人，發迹雍部，西入雪山，乘索橋，幷傳杙，度石壁，及至平地，已喪十二人。餘伴相攜，進達罽賓，南歷天竺，後泛海東還廣州。所行有傳。

十一謂宋元嘉中，涼州沙門道泰西游諸國，獲《大毗婆沙》還，於涼都沮渠氏集衆譯出。

十二謂宋元嘉中，冀州沙門慧睿游蜀之西界，至南天竺，曉方俗音義。還廬山，又入關，又返江南。

十三謂後魏太武末年，沙門道藥從疏勒道入，經懸度，到僧伽施國。及返還，尋故道。著傳一卷。

十四謂宋世高昌沙門道普經游大夏，四塔道樹靈迹通謁。別有大傳。又高昌法盛者，亦經往佛國。著傳四卷。

十五謂後魏神龜元年，燉煌人宋雲及沙門道生等，從赤嶺山傍鐵橋，至乾陀衛國雀離浮圖所。及返，尋於本路。

宋·釋志磐《佛祖統紀》卷三九《法運通塞志十七之五·北齊·後主》 武平六年，沙門寶暹十人往西天求經，還得梵本二百六十部。

祆教入華分部

綜　述

《晉書》卷一〇七《載記第七·石季龍下》 龍驤孫伏都、劉銖等結羯士三千，伏于胡天。

《梁書》卷五四《諸夷傳·西北諸戎·滑國》 無職官，事天神火神。每日則出戶祀神而後食，其跪一拜而止。

《魏書》卷一三《皇后傳·宣武靈皇后》 後幸嵩高山，夫人、九嬪、公主已下，從者數百人，昇于頂中，廢諸淫祀而胡天神不在其列。

又 卷一〇一《高昌傳》 俗事天神，兼信佛法。

又 卷一〇二《西域傳·康國》 有胡律，置於祆祠。將決罰，則取而斷之。

又《波斯》 俗事火神天神。

又《焉耆》 俗事天神，並崇信佛法。

《隋書》卷七《禮儀志二》 後齊**【略】**後主末年，祭非其鬼，至於躬自鼓儛，以事胡天，鄴中遂多淫祀，兹風至今不絶。

後周欲招來西域，又有拜胡天制，皇帝親焉。其儀並從夷俗，淫僻不可紀也。

汲取東方藝術分部

綜　述

美　術

南朝梁·僧祐《出三藏記集》卷一五《慧遠法師傳》 遠聞北天竺有佛影，欣感交懷。乃背山臨流，營築龕室，妙算畫工，采圖寫。色疑積空，望似輕霧，暉相炳曖，若隱而顯。遂傳寫京都，莫不嗟歎。

《梁書》卷五四《諸夷傳·海南諸國·師子》 晉義熙初，始遣獻玉像，經十載乃至。像高四尺二寸，玉色潔潤，形制殊特，殆非人工。此像歷晉、宋世在瓦官寺，寺先有徵士戴安道手制佛像五軀，及顧長康維摩畫圖，世人謂為三絶。

南朝陳·姚最《續畫品》 釋迦佛陀　吉底俱　摩羅菩提

右此數手，並外國比丘，既華戎殊體，無以定其差品。光宅威公雅躭好此法，下筆之妙，頗為京洛所知聞。

北魏・楊衒之《洛陽伽藍記》卷五《城北》（烏場國乾陀羅城）東南七里，有雀離浮圖。【略】雀離浮圖南五十步，有一石塔。【略】惠生遂減割行資，妙簡良匠，以銅摹寫雀離浮圖儀一軀，及釋迦四塔變。

《魏書》卷一一四《釋老志》　太安初，有師子國胡沙門邪奢遺多、浮陀難提等五人，奉佛像三，到京都。皆云備歷西域諸國，見佛影迹及肉髻，外國諸王相承，咸遣工匠，摹寫其容，莫能及難提所造者，去十餘步，視之炳然，轉近轉微。又沙勒胡沙門，赴京師致佛鉢並畫像迹。

唐・張彥遠《歷代名畫記》卷五《晉・戴逵》　逵既巧思，又善鑄佛像及雕刻。曾造無量壽木像，高丈六，并菩薩。逵以古制樸拙，至於開敬，不足動心，乃潛坐帷中，密聽衆論，所聽褒貶，輒加詳研，積思三年，刻像乃成，迎至山陰靈寶寺。

唐・許嵩《建康實錄》卷一七《梁・高祖武皇帝》　陳尚書令江總捨書堂於寺，今之堂是也。寺門遍畫凹凸花，代稱張僧繇手迹。其花乃天竺遺法，朱及青綠所成，遠望眼暈如凹凸，就視即平。世咸異之，乃名凹凸寺。

樂舞雜技

晉・干寶《搜神記》卷二　晉永嘉中，有天竺胡人，來渡江南。其人有數術：能斷舌復續，吐火。所在人士聚觀。將斷時，先以舌吐示賓客，然後刀截，血流覆地，乃取置器中，傳以示人，視之舌頭，半舌猶在，既而還取含續之。坐有頃，坐人見舌則如故，不知其實斷否。其續斷，取絹布，與人合執一頭，對翦中斷之；已而取兩斷合視，絹布還連續，無異故體。時人多疑以為幻，陰乃試之，真斷絹也。其吐火，先有藥在器中，取火一片，與黍餹合之，再三吹呼，已而張口，火滿口中，因就爇取以炊，則火也。又取書紙及繩縷之屬，投火中，衆共視之，見其燒爇了盡；乃撥灰中，舉而出之，故向物也。

《魏書》卷一〇九《樂志五》　（天興）六年冬，詔太樂、總章、鼓吹，增修雜伎，造五兵、角觝、麒麟、鳳皇、仙人、長蛇、白象、白虎及諸畏獸、魚龍辟邪、鹿馬仙車、高絙百尺、長趫緣橦、跳丸五案，以備百戲。大饗，設之於殿庭，如漢晉之舊也。太宗初，又增修之，撰合大曲，更為鐘鼓之節。

《隋書》卷一四《音樂志中》　及天和六年，武帝罷掖庭四夷樂。其後帝聘皇后於北狄，得其所獲康國、龜茲等樂，更雜以高昌之舊，並於大司樂習焉。採用其聲，被於鍾石，取周官制以陳之。

明帝武成二年正月朔旦，會羣臣於紫極殿，始用百戲。武帝保定元年，詔罷之。及宣帝即位，而廣召雜伎，增修百戲，魚龍漫衍之伎常陳殿前，累日繼夜，不知休息。

《舊唐書》卷二九《音樂志二》　散樂者，歷代有之，非部伍之聲，俳優歌舞雜奏。漢天子臨軒設樂，舍利獸從西方來，戲於殿前，激水成比目魚，跳躍嗽水，作霧翳日，化成黃龍，修八丈，出水遊戲，輝耀日光。繩繫兩柱，相去數丈，二倡女對舞，上切肩而不傾。如是雜變，總名百戲。江左猶有高絙紫鹿、跂行鼈食、齊王捲衣、笮鼠、夏育扛鼎、巨象行乳、神龜抃戲、背負靈嶽、桂樹白雪、畫地成川之伎。晉成帝七年，散騎侍郎顧臻表曰：『末世之樂，設外方之觀，逆行連倒。四海朝覲帝庭，而足以蹈天，頭以履地，反天地之順，傷彝倫之大。』乃命太常悉罷之。其後復高絙紫鹿。後魏、北齊亦有魚龍辟邪、鹿馬仙車、吞刀吐火、剝車剝驢、種瓜拔井之戲。周宣帝徵齊樂，並會關中。【略】大抵散樂雜戲多幻術，幻術皆出西域，天竺尤甚。漢武帝通西域，始以善幻人至中國。安帝時，天竺獻伎，能自斷手足，刳剔腸胃。自是歷代有之。【略】苻堅嘗得西域倒舞伎。【略】漢世有橦木伎，又有盤舞，晉世加之以杯，謂之杯盤舞。樂府詩云：『妍袖陵七盤』，言舞用盤七枚也。梁謂之舞盤伎。梁有長蹻伎、擲倒伎、跳劍伎、吞劍伎，今並存。又有舞輪伎，蓋今戲車輪者；透三峽伎，蓋今透飛梯之類也；高絙伎，蓋今之戲者是也。梁有獼猴幢伎，今有緣竿，又有獼猴緣竿，未審何者爲是。

吸收域外科技分部

綜　述

醫藥學

南朝宋·陶弘景《陶隱居集·肘後百一方序》　且佛經云：人用四大成身，一大輙有一百一病。是故身宜自想，上自通人，下逮衆庶，莫不各加繕寫，而究括之途，又別撰《效驗方》五卷，具論諸病證候，因藥變通而病是大治，非窮居所資。

《魏書》卷九九《盧水胡沮渠蒙遜傳》　始，罽賓沙門曰曇無讖，東入鄯善，自云『能使鬼治病，令婦人多子。』與鄯善王妹曼頭陀林私通，發覺，亡奔涼州。蒙遜寵之，號曰『聖人』。曇無讖以男女交接之術教授婦人，蒙遜諸女、子婦皆往受法。世祖聞諸行人言曇無讖之術，乃召曇無讖。

《隋書》卷三四《經籍志三·子·醫方》　《龍樹菩薩藥方》四卷。《西域諸仙所說藥方》二十三卷。目一卷，本二十五卷。《香山仙人藥方》十卷。《西域波羅仙人方》三卷。《西域名醫所集要方》四卷。本十二卷。《諸仙藥方》二十卷。《婆羅門藥方》五卷。《耆婆所述仙人命論方》二卷。目一卷，本三卷。

《乾陀利治鬼方》十卷。《新錄乾陀利治鬼方》四卷。本五卷，闕。

《龍樹菩薩和香法》二卷。《龍樹菩薩養性方》一卷。《四海類聚方》二千六百卷。《四海類聚單要方》三百卷。

宋·王堯臣等《崇文總目》卷七《醫書類》　《龍樹眼論》一卷。闕。

宋·趙希弁《郡齋讀書後志》卷二《子類·醫家類》　《龍樹眼論》三卷。右佛經龍樹大士者，能治眼疾。或假其說，集治七十二種目病之方。

天文算法

《隋書》卷三四《經籍志三·子·天文》　《婆羅門天文經》二十一卷。婆羅門捨仙人所說。《婆羅門竭伽仙人天文說》三十卷。《婆羅門天文》一卷。

又《經籍志三·子·曆數》　《婆羅門筭法》三卷。《婆羅門陰陽筭曆》一卷。《婆羅門筭經》三卷。

工　藝

魏·曹植《曹子建集》卷八《上先帝賜鎧表》　先帝賜臣鎧，黑光、明光各一領，兩當鎧一領，環鎖鎧一領，馬鎧一領。今代以昇平，兵革無事，乞悉以付鎧曹自理。

《晉書》卷一二二《載記第二十二·呂光》　胡便弓馬，善矛矟，鎧如連鎖，射不可入。以革索為羂，策馬擲人，多有中者。

晉·葛洪《抱朴子内篇》卷一《論僊》　外國作水精椀，實是合五種灰以作之。今交廣多有得其法而鑄作之者。

《北史》卷九七《西域傳·大月氏》　太武時，其國人商販京師，自云能鑄石為五色琉璃。於是採礦山中，於京師鑄之，既成，光澤乃美於西方來者。乃詔為行殿，容百餘人，光色映徹，觀者見之，莫不驚駭，以為神明所作。自此，國中琉璃遂賤，人不復珍之。

研習梵文分部

綜　述

《隋書》卷三二《經籍志一·經·小學》　《婆羅門書》一卷。梁有《扶南胡書》一卷。《外國書》四卷。**【略】**

自後漢佛法行於中國，又得西域胡書，能以十四字貫一切音，文省而義廣，謂之婆羅門書，與八體六文之義殊別。今取以附體勢之下。

外物内引分部

綜述

晉・嵇含《南方草木狀》卷上《草類》 耶悉茗花、末利花，皆胡人自西國移植於南海。南人憐其芳香，競植之。陸賈《南越行紀》曰：南越之境，五穀無味，百花不香。此二花特芳香者，緣自胡國移至，不隨水土而變，與夫橘北為枳異矣。彼之女子，以彩絲穿花心，以為首飾。末利花似薔蘼之白者，香愈於耶悉茗。

豆蔻花，其苗如蘆，其葉似薑。其花作穗，嫩葉卷之而生。花微紅，穗頭深色，葉漸舒，花漸出。舊說此花食之破氣消痰，進酒增倍。泰康二年，交州貢一篚，上試之有驗，以賜近臣。

山薑花，莖葉即薑也，根不堪食。於葉間吐花，作穗如麥粒，軟紅色，煎服之，治冷氣甚效。出九真、交趾。

甘藷，蓋薯蕷之類，或曰芋之類。根葉亦如芋，實如拳，有大如甌者。皮紫而肉白，蒸鬻食之，味如薯蕷。性不甚冷。舊珠崖之地，海中之人皆不業耕稼，惟掘地種甘藷，秋熟收之，蒸曬切如米粒，倉圌貯之，以充糧糗，是名藷糧。北方人至者，或盛具牛豕膾炙，而末以甘藷薦之，若粳粟然。大抵南人二毛者，百無一二。惟海中之人壽百餘歲者，由不食五穀，而食甘藷故爾。

蒟醬，蓽茇也。生於蕃國者，大而紫，謂之蓽茇。生於番禺者，小而青，謂之蒟焉。可以調食，故謂之醬焉。交趾、九真人家多種，蔓生。

留求子，形如梔子，棱瓣深而兩頭尖，似訶梨勒而輕。及半黃，已熟，中有肉，白色，甘如棗，核大，治嬰孺之疾。南海、交趾俱有之。

諸蔗，一曰甘蔗，交趾所生者。圍數寸，長丈餘，頗似竹。斷而食之甚甘，笮取其汁，曝數日成飴，入口消釋，彼人謂之石蜜。吳孫亮使黃門以銀碗並蓋，就中藏吏取交州所獻甘蔗餳。黃門先恨藏吏，以鼠屎投餳中，啓言吏不謹。亮呼吏持錫器入，問曰：『此器既蓋之，且有油覆，無緣有此，黃門將有恨汝？』吏叩頭曰：『嘗從臣求莞席，臣以席有數，不敢與。』亮曰：『必是此。』問之，具服。南人云：甘蔗可消酒。又名干蔗。司馬相如《樂歌》曰：太尊蔗漿折朝酲，是其義也。泰康六年，扶南國貢諸蔗，一丈三節。

又 卷中《木類》 楓香，樹似白楊，葉圓而岐分，有脂而香。其子大如鴨卵，二月華發，乃著實。八九月熟，曝乾可燒。惟九真郡有之。

指甲花，其樹高五六尺，枝條柔弱，葉如嫩榆。與耶悉茗、末利花皆雪白，而香不相上下，亦胡人自大秦國移植於南海。而此花極繁細，纔如半米粒許。彼人多折置襟袖間，蓋資其芬馥爾。一名散沫花。

桄榔，樹似栟櫚實，其皮可作綆，得水則柔韌，胡人以此聯木為舟。皮中有屑如麵，多者至數斛，食之與常麵無異。木性如竹，紫黑色，有紋理，工人解之，以製弈枰。出九真、交趾。

訶梨勒，樹似木梡。花白，子形如橄欖，六路，皮肉相著，可作飲，變白髭髮令黑。出九真。

蘇枋，樹類槐花，黑子。出九真。南人以染絳，漬以大庾之水，則色愈深。

水松，葉如檜而細長，出南海。土產衆香，而此木不大香，故彼人無佩服者。嶺北人極愛之，然其香殊勝在南方時。植物，無情者也，不香於彼而香於此，豈屈於不知己而伸於知己者歟？物理之難窮如此。

刺桐，其木為林。三月三時，布葉繁密，後有花赤色，間生葉間，旁照他物，皆朱殷。然三五房凋，則三五復發，如是者竟歲。九真有之。

榼藤，依樹蔓生，如通草藤也。其子紫黑色，一名象豆，三年方熟。其殼貯藥，歷年不壞。生南海。解諸藥毒。

又 卷下《果類》 檳榔樹高十餘丈，皮似青桐，節如桂竹，下本不大，上枝不小，調直亭亭，千萬若一。森秀無柯，端頂有葉。葉似甘蕉，條派開破，仰望眇眇，如插叢蕉於竹杪。風至獨動，似舉羽扇之掃天。葉下繫數房，房綴數十實，實大如桃李，天生棘重累其下，所以禦衛其實也。味苦澀，剖其皮，鬻其膚，熟如貫之，堅如乾棗。以扶留藤古賁灰並食，則滑美下氣消穀。出林邑。彼人以為貴，婚族客必先進，若邂逅不設，用相嫌恨。一名賓門藥餞。

椰樹，葉如栟櫚，高六七丈，無枝條。其實大如寒瓜，外有粗皮，次有殼，圓而且堅。剖之有白膚，厚半寸，味似胡桃，而極肥美。有漿，飲之得醉。俗謂之越王頭，云昔林邑王與越王有故怨，遣俠客刺得其首，懸之於樹，俄化為椰子。林邑王憤之，命剖以為飲器，南人至今效之。當刺時，越王大醉，故其漿猶如酒。

楊梅，其子如彈丸，正赤。五月中熟，熟時似梅，其味甜酸。陸賈《南越行紀》曰：羅浮山頂有胡楊梅，山桃繞其際，海人時登採拾，止得於上飽啖，不得持下。東方朔《林邑記》曰：林邑山楊梅，其大如杯碗，青時極酸，既紅味如崖蜜，以釀酒，號梅香酎。非貴人重客，不得飲之。

柑及橘之屬，滋味甘美特異者也。有黃者，有赬者，赬者謂之壺柑。交趾人以席囊貯蟻，鬻於市者，其窠如薄絮，囊皆連枝葉，蟻在其中，并窠而賣。蟻赤黃色，大於常蟻。南方柑樹，若無此蟻，則其實皆為羣蠹所傷，無復一完者矣。今華林園有柑二株，遇結實，上命羣臣宴飲於旁，摘而分賜焉。

橄欖樹，身聳，枝皆高數丈。其子深秋方熟，味雖苦澀，咀之芬馥，勝含鷄骨香。吳時歲貢，以賜近侍。本朝自泰康後亦如之。

龍眼樹，如荔枝，但枝葉稍小。殼青黃色，形圓如彈丸，核如木梡子而不堅。肉白而帶漿，其甘如蜜，一朵五六十顆，作穗如葡萄然。荔枝過即龍眼熟，故謂之荔枝奴，言常隨其後也。《東观漢記》曰：單于來朝，賜橙、橘、龍眼、荔枝。魏文帝詔羣臣曰：南方果之珍異者，有龍眼、荔枝，令歲貢焉。出九真、交趾。

海棗樹，身無閒枝，直聳三四十丈，樹頂四面共生十餘枝，葉如栟櫚。五年一實，實甚大，如杯碗。核兩頭不尖，雙卷而圓。其味極甘美。安邑御棗，無以加也。泰康五年，林邑獻百枚。

千歲子，有藤蔓出土，子在根下，鬚綠色，交加如織。其子一苞恒二百餘顆，皮殼青黃色，殼中有肉如栗，味亦如之。乾者殼肉相離，撼之有聲，似肉豆蔻。出交趾。

五斂子，大如木瓜。黃色，皮肉脆軟，味極酸。上有五棱，如刻出。南人呼棱為斂，故以為名。以蜜漬之，甘酢而美。出南海。

鉤緣子，形如瓜，皮似橙而金色，胡人重之。極芬香，肉甚厚白，如蘆菔。女工競雕鏤花鳥，漬以蜂蜜，點燕檀巧麗妙絕，無與為比。泰康五年，大秦貢十缶，帝以三缶賜王愷，助其珍味，夸示於石崇。

海梧子樹似梧桐，色白，葉似青桐，有子如大栗，肥甘可食。出林邑。

海松子樹與中國松同，但結實絕大，形如小栗，三角，肥甘香美，亦樽俎間佳果也。出林邑。

菴摩勒樹葉細，似合昏花。黃實似李，青黃色。核圓，作六七棱。食之先苦後甘。術士以變白鬚髮，有驗。出九真。

石栗樹與栗同，但生於山石罅間。花開三年方結實。其殼厚而肉少，其味似胡桃仁。熟時或為羣鸚鵡至，啄食略盡，故彼人極珍貴之。出日南。

人面子，樹似含桃，結子如桃實。無味，其核正如人面，故以為名。以蜜漬之，稍可食。以其核可玩，於席間飣餖禦客。出南海。

又《竹類》　雲丘竹，一節為船。出扶南。然今交廣有竹，節長二丈，其圍一二丈者，往往有之。

石林竹，似桂竹，勁而利，削為刀，割象皮如切芋。出九真、交趾。

思摩竹，如竹大而筍生其節，筍既成竹，至春節復生笋焉。交廣所在有之。

簞竹，葉疏而大，一節相去六七尺。出九真。彼人取嫩者硾浸紡績為布，謂之竹疏布。

北魏・賈思勰《齊民要術》卷一〇《五穀果蓏菜茹非中國物產者・稻》　《異物志》曰：稻，一歲夏冬再種，出交趾。俞益期《牋》曰：交趾稻，再熟也。

禾　火禾，高丈餘，子如小豆。出粟特國。

橘　《南中八郡志》曰：交趾特出好橘，大且甘，而不可多啖，令人下痢。

甘蔗　《異物志》曰：甘蔗遠近皆有，交趾所產甘蔗特醇好，本末無薄厚，其味至均。圍數寸，長丈餘，頗似竹。斬而食之既甘，迮取汁如飴餳，名之曰糖，益復珍也。又煎而曝之，既凝而冰，破如博棋，食之，

入口消釋，時人謂之石蜜者也。《家政法》曰：三月可種甘蔗。

椰　《廣志》曰：椰出交趾，家家種之。

檳榔　《林邑圖記》曰：檳榔樹高丈餘，皮似青桐，節如桂竹，下森秀無柯，頂端有葉，葉下繫數房，房綴數十子。家有數百樹。

益智　《廣志》曰：益智葉似蘘荷，長丈餘。其根上有小枝，高八九寸。無華蕚。其子叢生著之，大如棗。肉瓣黑，皮白。核小者曰益智。含之隔涎濊，出萬壽。亦生交趾。

芭蕉　《廣志》曰：芭蕉一曰芭菹，或曰甘蕉。莖如荷芋，重皮相裹，大如盂升。葉廣二尺，長一丈。子有角，子長六七寸，有蔕三四寸，角著蔕生，爲行列，兩兩共對，若相抱形。剥其上皮，色黄白，味似葡萄，甜而脆，亦飽人。其根大如芋魁，大一石，青色。其莖解散如絲，織以爲葛，謂之蕉葛。雖脆而好，色黄白，不如葛色。出交阯、建安。

木緜　《吳録·地理志》曰：交阯定安縣有木緜樹，高丈。實如酒杯，口有緜，如蠶之緜也，又可作布，名曰白緤，一名毛布。

又云：交趾有欀木，其皮中有如白米屑者，乾擣之，以水淋之，似麪，可作餅。

槃多　《嵩山記》曰：嵩寺中忽有思惟樹，即貝多也。有人坐貝多樹下思惟，因以名焉。漢道士從外國來，將子於山西腳下種，極高大。今有四樹，一年三花。

摩廚　《南州異物志》曰：木有摩廚，生於斯調國。其汁肥潤，其澤如脂膏，馨香馥郁，可以煎熬食物，香美如中國用油。

石南　《南方記》曰：石南樹野生，二月花色，仍連著實。實如鷰卵，七八月熟。人採之，取核，乾其皮，中作肥魚羹，和之尤美。出九真

國樹　《南方記》曰：國樹子如雁卵，野生。三月花色連著實，九月熟。曝乾訖，剥殼取食之，味似栗。出交趾。

楮　《南方記》曰：楮樹子似桃實。二月花色連著實，七八月熟。鹽藏之，味辛。出交趾。

橽　《南方記》曰：橽樹子如桃實，長寸餘。二月花色連實，五月熟，色黄。鹽藏味酸，似白梅。出九真。

前樹　《南方記》曰：前樹野生，二月花色連著實，如手指，長三寸，五六月熟。以湯滴之，削去核食，以糟鹽藏之，味辛可食。出交趾。

傳布中華文明部

綜述

絲綢

《三國志》卷三〇《魏志·東夷傳·倭》　（景初二年）十二月，詔書報倭女王曰：【略】『今以絳地交龍錦五匹、絳地縐粟罽十張、蒨絳五十匹、紺青五十匹，答汝所獻貢直。又特賜汝紺地句文錦三匹、細班華罽五張、白絹五十匹。』

又《魏志·烏丸鮮卑東夷傳》裴松之注　《魏略·西戎傳》曰：大秦國一號犂靬。【略】又常利得中國絲，解以為胡綾，故數與安息諸國交市於海中。

唐·歐陽詢等《藝文類聚》卷八五《綾》　《魏畧》曰：大秦國有金縷雜色綾。其國利得中國絲素，解以為胡綾。

《咸康起居注》曰：詔臨邑王使，主范柳所貢物多，絳綾是其所珍，可籌量增賜。

《南齊書》卷五八《東南夷傳·扶南國》　那伽仙詣京師，【略】上報以絳紫地黄碧綠紋綾各五匹。

唐·許嵩《建康實録》卷一六《齊·東南夷·扶南國》　晉惠帝永明二年，闍耶始因天竺道人那伽仙而遣使於中國，奉表獻金鏤龍王座像一軀、白檀像一軀、牙像一軀、牙塔二軀、古貝二雙、瑠璃蘇鉝二口、瑇瑁柈一枚。詔回紫絳地黄碧綠綾各百匹。

又《東夷高麗國》　重中國綵纈，丈夫衣之。

制度

北魏·酈道元《水經注》卷三六《温水》　椎嘗使文遠行商賈，北到上國，多所聞見，以晉湣帝建興中，南至林邑，教王范逸，制造城他，繕治戎甲，經始廓略。

《晉書》卷九七《四夷傳·南蠻·林邑國》　文，日南西卷縣夷帥范稚奴也。【略】隨商賈往來，見上國制度，至林邑，遂教逸作宫室、城邑及器械。

《南齊書》卷五八《東南夷傳·林邑國》　晉建興中，日南夷帥范稚奴文數商賈，見上國制度，教林邑王范逸起城池樓殿。

《梁書》卷五四《諸夷傳·海南諸國·林邑》　文本日南西卷縣夷帥范稚家奴。【略】范稚常使之商賈，至林邑，因教林邑王作宫室及兵車器械，王寵任之。

《周書》卷四九《異域傳上·百濟》　用宋《元嘉曆》，以建寅月為歲首。

學術

南朝梁·慧皎《高僧傳》卷一〇《神異下》　釋曇始，關中人。自出家以後，多有異迹。晉孝武大元之末，齎經律數十部往遼東宣化，顯授三乘，立以歸戒，蓋高句驪聞道之始也。

北魏·楊衒之《洛陽伽藍記》卷五《城北》　（神龜二年）十二月初，入烏場國。【略】國王見宋雲云大魏使來，膜拜受詔書。聞太后崇奉佛法，即面東合掌，遥心頂禮。遣解魏語人問宋雲曰：『卿是日出人也？』宋雲答曰：『我國東界有大海水，日出其中，實如來旨。』王又問曰：『彼國出聖人否？』宋雲具説周、孔、莊、老之德；次序蓬萊山上銀闕金堂，神仙聖人並在其上；説管輅善卜，華陀治病，左慈方術；如此之事，分別説之。王曰：『若如卿言，即是佛國。我當命終，願生彼國。』【略】

去王城東南，山行八日，［至］如來苦行投身餓虎之處。高山巃嵸，危岫入雲，嘉木靈芝，叢生其上，林泉婉麗，花綵曜目。宋雲與惠生割捨行資，於山頂造浮圖一所，刻石隸書，銘魏功德。

元·釋念常《佛祖歷代通載》卷一〇《陳》　法師寶瓊，陳宣帝命為僧統，綏御有法，四衆安之。屢入重雲殿講道，帝尊之為師。初，梁魏間僧統盛飾仗直，僭擬官府，至瓊奏罷之。每出，從數頭陀杖笠而已。於時海東有十二國，聞瓊道德，不可見，遣使奉金帛，求瓊畫像。其為天下敬慕如此。

經史典籍

《宋書》卷九七《夷蠻傳·東夷·百濟國》　（元嘉）二十七年，毗上書獻方物，私假臺使馮野夫西河太守，表求《易林》、《式占》、腰弩，太祖並與之。

《梁書》卷五四《諸夷傳·東夷·百濟》　中大通六年、大同七年，累遣使獻方物；並請《涅盤》等經義、《毛詩》博士，並工匠、畫師等，敕並給之。

又《海南諸國·扶南》　吳時，遣中郎康泰、宣化從事朱應使於尋國，國人猶裸，唯婦人著貫頭。泰、應謂曰：『國中實佳，但人褻露可怪耳。』尋始令國内男子著横幅。横幅，今干漫也。大家乃截錦為之，貧者乃用布。

《陳書》卷三三《儒林傳·陸詡》　陸詡少習崔靈恩《三禮義宗》。梁世，百濟國表求講禮博士，詔令詡行。還，除給事中，定陽令。

宋·范成大《吳郡志》卷二一《人物》　陸詡，郡人。【略】詡少習崔靈恩之《禮》，入梁時，百濟國表求講禮博士，詔令詡行。天嘉中，為祠部郎。

《周書》卷四九《異域傳上·高麗》　書籍有五經、三史、《三國志》、《晉陽秋》。

研判諸國國情部

通紀概說分部

綜述

晉・葛洪《太清金液神丹經》卷下　葛洪曰：【略】洪曾見人撰南方之異同，記外域之奇生。雖粗該近實而所履蓋淺甚，不足甄四遐之妖逸，銘殊方於內目哉！洪既因而敷之，使流分有測，徹其廣視，書其名域，令南北審定，東西不惑。【略】

余少欲學道，志遊遐外，昔以少暇，因旅南行。初謂觀交嶺而已，有緣之便，遂到扶南。扶南者，地方千餘里，衆以億計，包山帶海，邈乎其邈。意亦以為南極之國，齊此而已。至於中夏之月，凱風時動，又有自南而來者，至若川流。問其地土，考其國俗，乃云自天竺、月支以來，名邦大國若扶南者，十有幾焉。且自大奈、拂林地，各方三萬里。其間細國往往而處者，不可稱數也。名字處所，既有本末，且觀士女，信各不同，乃知夫乾壤之間廣矣。【略】

奚自扶南、頓遜，逮于林邑、杜薄、無倫，五國之中，朱砂、琉黄，曾青、石精之所出，諸導仙服食之藥，長生所保之石，實無求不有，不能復縷其名也。【略】

行邁靡靡，泛舟洪川，發自象林，迎箕背辰，乘風因流，電邁星奔，宵明莫停，積日倍旬，乃及扶南，有王有君。厥國悠悠，萬里為垠。北款林邑，南函典遜。左牽杜薄，右接無倫。民物無數，其會如雲。忽爾尚罔，界此無前，謂已天際，丹穴之間。逮于仲夏，月紀之賓，凱風北邁，南旅來臻。怪問無由，各有鄉鄰。我謂南極，攸號朔邊，乃說邦國，厥數無原。句稚、歌營，林揚、加陳。師漢、扈犁，斯調、大秦。古奴、察牢，棄波，罽賓。天竺、月支，安息、優錢。大方累萬，小規數千，過此以往，莫識其根。

象林，今日南縣也。昔馬援為漢開南境，立象林縣，過日南四五百里，立兩銅柱，為漢南界。後漢衰微，外夷內侵，没取象林國，銅柱所在海邊，在林邑南，可三百里，今則別為西圖國，國至多丹砂如土。出日南壽靈浦，由海正南行，故背辰星而向箕星也，晝夜不住，十餘日，乃到扶南。

扶南在林邑西南三千餘里，自立為王，諸屬國皆君長。王號炮到大國，次王者號為鄱歎小國。君長及王之左右大臣，皆號為昆侖也。扶南地多朱砂珍石。從扶南北至林邑三千里，其地豐饒，多朱丹、硫黄。

典遜在扶南南，去五千里。本別為國，扶南先王范曼有勇略，討服之，今屬扶南。其地土出鐵。其南又有都昆、比嵩、句稚諸國，范曼時皆跨討服，故曰名函典遜。典遜去日南二萬里，扶南去林邑似不過三千七八百里也。何以知之？舶船發壽靈浦口，調風晝夜不解帆，十五日乃到典遜。一日一夕，帆行二千里。

問曰：『今長江舟船，高檣廣帆，因流順風而下，日纔行三百里耳。吾子今陳海行，晝夜三千里，豈不虛哉？答曰：『余昔數曾問之，舶船高張，四帆斯作，云當得行之日，試投物于水，俯仰一息之頃，以過百步。推之而論，疾于逐鹿。其于走馬，馬有千里，以此知之，故由千里左右也。』其國出丹砂、曾青、硫黄、紫白石英。

杜薄，闍婆國名也，在扶南東漲海中洲。從扶南船行，直截海度，可數十日乃到。其土人民衆多，稻田耕種，女子織作白疊花布。男女白色，皆著衣服。土地饒金及錫鐵，丹砂如土，以金為錢貨。出五色鸚鵡，豕鹿，豢水牛、犬羊、雞鴨，無犀象及虎豹。男女溫謹，風俗似廣州人也。

無倫國，在扶南西二千餘里。有大道，左右種桄榔及諸華果。白日行其下，陰涼蔽熱。十餘里一亭，亭皆有井水。食菱飯、蒲桃酒。木實如膠，若飲時以水沃之。其酒甘美，其地人多考壽，或有得二百年者。

句稚國，去典遜八百里。有江口，西南向，東北入。【略】外徼人乘舶船【略】皆止句稚，貨易而還也。

歌營國，在句稚南。可一月行，乃到其國。又灣中有大山林，迄海

邊，名曰蒲羅。中有殊民，尾長六寸而好啖人。論體處類人、獸之間，言純為人則有尾且啖人，言純為獸則截頭而倚行，尾同於獸而行同于人。由形言之，則在人、獸之間，末黑如漆，齒正白銀，眼正赤。男女裸形，無衣服。父子兄弟姊妹，露身對面同臥。此是歌營國夷人耳，別自有佳人也。

林楊，在扶南西二千餘里。男女白昜，多仁和，皆奉道。用金銀為錢。多丹砂、硫黃、曾青、空青、紫石英。好用絳絹白珠，處地所服也。

加陳國，在歌營西南海邊國。海水服淺，有諸國梁人常伺行人，劫掠財物，賈人當須輩旅乃敢行。

師漢國，在句稚西南。從句稚去，船行可十四五日，乃到其國。國稱王，皆奉大道。清潔修法度，漢家威儀，是以名之曰師漢國。上有神仙人，及出明月珠。但行仁善，不忍殺生。土地平博，民萬餘家。多金玉、硫黃之物。

扈犁國，古奴斯調西南。入大灣中，七八百里有大江，源出崑崙，西北流，東南注大海。自江口西行，距大秦國萬餘里。乘大舶，載五六百人，張七帆，時風一月，乃到大秦國。

大道以中，斯調國，海中洲名也。在歌營國東南，可三千里。其上有國王居民，專奉大道，似中國人，言語、風俗亦然。治城郭、市里、街巷。土地沃美，人士濟濟。多出珍奇，金銀、白珠、瑠璃、水精及馬珂。又有火珠，大如鵝鴨子，視之如冰，著手中洞洞如月光照人掌，夜視亦然。以火珠白日向日，以布艾屬之，承其下，須臾見光火從珠中直下，漉漉如屋霤下物，勃然煙發，火乃然，猶陽燧之取火也。其向陰有水出者，名曰夜光珠，如陰合之取水。至於火珠、夜光俱如一，但以其精所得，水、火而異其名耳。斯調洲土東南望，夜視常見有火光照天，如作大冶，冥夜望其火光之照也，云是炎洲所在也。有火山，冬夏有火光。

隱章國，去斯調當三四萬里，稀有至其處者。數十年中，炎洲人時乘舶船往斯調耳，云火珠是此國之所賣有也，故斯調人買得之耳。又有丘陵水田，魚肉果稼，粢粱豆芋等。又有麻廚木，其木如松，煮其皮葉，取汁以作餌，煎而食之，其味甜香絕美，食之如飴，又使人養氣，殆食物也。

大秦國，在古奴斯調西，可四萬餘里。地方三萬里，最大國也。人士煒燁，角巾塞路，風俗如長安人。此國是大道之所出，談虛說妙，脣理絕殊，非中國諸人輩作，一云妄語也。道士比肩，有上古之風。不畜奴婢，雖天王王婦猶躬耕籍田，親自拘桑織經。以道使人，人以義觀，不用刑辟刀刃戮罰。人民溫睦，皆多壽考。水土清涼，不寒不熱。士庶推讓，國無凶人。斯道氣所陶，君子之奧丘，顯罪福之科教，令萬品奉其化也。始於大秦國人宗道，以示八遐矣，亦如老君入流沙化胡也。從海濟入大江，七千餘里乃到其國。天下珍寶所出，家居皆以珊瑚為棁櫨，瑠璃為牆壁，水精為階阤。

昔中國人往扶南，復從扶南乘船，船入海，欲至古奴國，而風轉不得達，乃他去，晝夜帆行不得息，經六十日乃到岸邊，不知何處也。上岸索人而問之，云是大秦國。此商人本非所往處，甚驚恐，恐見執害，乃詐扶南王使，詣大秦王。王見之，大驚曰：『爾海邊極遠，故復有人。子何國人乎？來何為扶南使者？』答曰：『臣北海際扶南王使臣，來朝王庭闕，北面奉首矣。又聞王國有奇貨珍寶，并欲請乞玄黃，以光鄙邑也。』大秦王曰：『子是周國之邊民耶？乃冒洪海二十萬里朝王庭，良辛苦也。向見子至，恐觀化我方，察風俗之厚薄，睹人事之流味耳。豈悟遠貪難得之貨，開爭競之門戶哉？招玄黃以病耳目，長姦盜以益勤苦耶？何乃輕性命於洪川，簸一身於大海乎？若夫周立政，但以輕貨為馳騁者，豈不賤也，豈不弊哉？吾遙睹其化，亂兆已表於六合，姦政已彰於八外矣。然故來請乞，復宜賜以往反。』乃付紫金夜光，五色玄珠，珊瑚神璧，白和朴英，交頸神玉瓊虎，金剛諸神珍物，以與使者，發遣便去。語之曰：『我國固貴尚道德而慢賤此物，重仁義而惡貪賊，愛貞賢而棄淫泆，尊神仙以求靈和，敬清虛以保四氣，□此輩物斑駁玄黃，如飛鴻之視蟲蟫。子後復以此貨物來往者，將競吾淳國，傷民耳目，姦爭生於其治，風流由此而弊。當敕關吏，不令子得進也。言為心盟，戒之！』使者無言而退也，還，四年乃到扶南。

使者先以船中所有彩絹千匹，奉獻大王。王笑曰：『夷狄彩絹耳，何猥薄！物薄則人弊，諒不虛耳。非我國之所用。』即還不取，因示使者玉帛之妙，八采之綺，流飛蒼錦，玉縷結成之帛，金間孔文之碧，白則如雪，赤則如霞，青過翠羽，黑似飛烏，光精耀煇，五色紛敷，幅廣四尺，

無有好驫，而忽見使者凡弊之躬，北地之帛，真可笑也。自云大秦國無所不有，皆好中國物，永無相比方理矣。至於竈炊，皆然熏陸朮為焦，香芳郁積，國無穢臭，實盛國者也。使既歸，具說本末如此。自是以來，無敢往復至大秦者。商旅共相傳如此，遂永絕也。

洪謂唯當躬行仁義，守操澹泊，躭虛味道，內情無欲者，推此而遊，夫大秦國，必或得意耶？如其不爾，以交易相尋求者，實無理也。又大秦人白易長大出一丈者，形儀嚴整，舉以禮度，止則澄靜，言氣浚雲，交遊蔚挺。而忽見商旅之夫，言無異音，不知經綸進趣，唯貪貨賄，大秦王是益賤之，盡言周國之人皆當然也。昔老君以周衰，將入化大秦，故號扶南使者為周人矣。周時四海彌服，扶南皆賓，所以越裳人抱白雉而獻象牙於周也。今四夷皆呼中國作漢人，呼作晉人者，大秦去中國遼遠，莫相往來，唯當是老君曾為周史，既入大秦，必稱周國爾，乃號曰周人，不知周國已經百代也矣。

古奴斯調國，去歌營可萬許里。土地人民有萬餘家，皆多白皙易長大。民皆乘四輪車，車駕二馬或四馬，四會所集也。舶船常有百餘艘，市會萬餘人，晝夜作市，船行皆播號鳴鼓吹角，人民衣服如中國無異。土地有金玉如瓦石。此國亦奉大道焉。

察牢國，在安息、大秦中間，大國也。去天竺五千餘里。人民勇健，舉一國人，自稱王種。國無常王，國人常選耆老有德望者立為王。三年一更，舉國尊之。土地所出，與天竺同，尤多珍物，不可名字。察牢國人自慕其地土生，不出國遠行，人民安樂，國無刑殺，唯修仁義福德為業，甚雍雍然也。

葉波國，去天竺三千里。人民土地有無，與天竺同。

罽賓國，在月支西北，大國也。土地平博，人民溫和，有苜蓿草木，雜奇木，檀梓竹漆，鬱金香，種五穀、蒲萄諸果。治國園地，多下濕，必種稻。人民多巧，雕文刻鏤，織罽之繡。好冷飲酒食。有獼猴、孔雀，珠璣、琥珀，瑠璃、水精。其畜與中國同也。

苜蓿草木，神珍物也。云形如芋。人病盲，兩目空盡，云絞其根汁而服，火煮其莖葉為煎，傅空爛中，則七八日許，乃更生珠瞳而都愈矣。古人相傳，有一人病眼，卒被時主國王所召，當往到命，不展服藥，神師令借其婦一目用之，乃聽師言。師以刃刻婦目，借行經宿，乃反以還之。師初取目時，乃檮草根汁服并漬目，乃刻之，刻之不痛；著己眶中，亦用此汁和之，便立為其一體，上用以鑒照萬物也。當還時，人又用此汁，即復如初。此天縱靈草，神妙不可得而言也。故名曰苜蓿草，由借目經宿也。

余年少時，曾聞此語，虛妄不信之。定至南徼，問人士。有識者乃云：苜蓿草生在罽賓國別一山上，百餘年一生，生如中國菖蒲華，難得也。非精進，弗可見也。此山今名苜蓿山，山有衆泉水青色。罽賓國人老少有病目者，輒相檐輿詣此山泉澡灑之，無不愈也。水猶能差疾病之目，況百年一生神草，不以愈於空爛乎！如古來相傳，驗其山川，當有髣髴也。外地人有石彥章者，久居扶南，數往來外國。云曾至罽賓，見苜蓿山，不能高大也。山不生他，唯雜奇木，形如柘。伐其木，經十餘年破，用作几橙、車座、屋宇雜碎他物。後分別埋著土中，皆事事便生，如栽楊柳狀，名曰雜奇木云。還埋苜蓿山下土中，他地不生矣。

洪按此山，必是長生之丘阜也。何以言之？其草出，用令爛目反明而成光，伐木則猶百年而後植，乃將山石之神，能續人之精。泉流所育，使乃朽木復生，諒可處身，以養形骸，以隨山氣，以享無傾。豈彼國之久未之悟耶？

月支在天竺北，可七千里。駞馬珍物如天竺。土地高涼，皆乘四輪車，駕四五或六七，軛之在車無小大，車有容二十人。有國王稱天子。都邑人乘，常數十萬。城郭宮室，與大秦相似。人形胡而絕潔白。被服禮儀，父慈子孝，法度恭卑，坐不蹲踞，如此天竺不及也。或有奉大道者，中分地，亦方二萬里。多寒，饒霜雪。種薑不生，仰天竺薑耳。無蠶桑，皆織毛而為紗縠也。犬羊毛有長二三尺者，男女通續用之。

安息，在月支西八千里。國土風俗，盡與月支同。人馬精勇。土方五千里。金玉如石，用為錢。國王死，輒更鑄錢。有犬馬，有大爵。其國左有土地百餘，王治別住，不屬月支也。

優錢，在天竺東南七千里。土地人民舉止，並與天竺同。珍玩所出，奇瑋之物，勝諸月支。

如此乃知天地廣大，不可意度。此諸國雖遠，當後有表，但人莫知其

限崖耳。其大秦、月支，欲接崑崙，在日南海行之西南也，最是所聞見大國也。

衆香雜類，各自有原。木之沈浮，出于日南。都梁、青靈，出于典遜。雞舌、芬蘿，生于杜薄。幽簡、茹來，出于無倫。青木天竺，鬱金罽賓，蘇合安息，薰陸大秦。咸自草木，各自所珍，或華或膠，或心或枝。唯夫甲香、螺蚌之倫，生於歌營、句稚之淵。萎蕤月支，硫黄都昆，白附師漢，光鼻加陳，蘭艾斯調，幽穆優錢。餘各妙氣，無及震檀也。

《宋書》卷九七《夷蠻傳》 南夷、西南夷，大抵在交州之南及西南，居大海中洲上，相去或三五千里，遠者二三萬里，乘船舉帆，道里不可詳知。外國諸夷雖言里數，非定實也。

北魏·酈道元《水經注》卷一《河水》 釋氏《西域記》曰：阿耨達太山，其上有大淵水，宮殿樓觀甚大焉。山，即昆侖山也。《穆天子傳》曰：天子升於昆侖，觀黄帝之宮，而封豐隆之葬。豐隆，雷公也。黄帝宮，即阿耨達宮也。其山出六大水，山西有大水，名新頭河。郭義恭《廣志》曰：甘水也，在西域之東，名曰新陶水，山在天竺國西，水甘，故曰甘水。有石鹽，白如水精，大段則破而用之。康泰曰：安息、月氏、天竺至伽那調御，皆仰此鹽。

釋法顯曰：度葱嶺，已入北天竺境。於此順嶺西南行十五日，其道艱阻，崖岸險絶，其山惟石，壁立於仞，臨之目眩，欲進則投是無所。下有水，名新頭河。昔人有鑿石通路施倚梯者，凡度七百梯，度已，躡懸絙過河，河兩岸，相去咸八十步。九譯所絶，漢之張騫、甘英皆不至也。余診諸史傳，即所謂罽賓之境，有磐石之隥，道狹尺餘，行者騎步相持，絙橋相引，二十許里，方到懸度，阻險危害，不可勝言。郭義恭曰：烏秅之西，有懸度之國，山溪不通，引繩而度，故國得其名也。其人山居，佃於石壁間，累石為室。民接手而飲，所謂猿飲也。有白草、小步馬，有驢無牛，是其懸度乎？釋法顯又言：度河便到烏長國。烏長國即是北天竺，佛所到國也。佛遺足迹於此，其迹長短在人心念，至今猶爾，及曬衣石尚在。新頭河又西南流，屈而東南流，徑中天竺國。兩岸平地，有國名毗荼，佛法興盛。又徑蒲那般河。河邊左右，有二十僧伽藍。此水徑摩頭羅國，而下合新頭河。自河以西，天竺諸國，自是以南，皆為中國，人民殷富。中國者，服食與中國同，故名之為中國也。泥洹已來，聖衆所行，威儀法則，相承不絶。自新頭河至南天竺國，迄於南海，四萬里也。

釋氏《西域記》曰：新頭河經罽賓、犍越、摩訶剌諸國，而入南海是也。阿耨達山西南有水，名遙奴；山西南小東有水，名薩罕；小東有水，名恒伽。此三水同出一山，俱入恒水。

康泰《扶南傳》曰：恒水之源，乃極西北，出昆侖山中，有五大源，諸水分流，皆由此五大源。枝扈黎大江出山西北流，東南注大海。枝扈黎，即恒水也，故釋氏《西域記》有恆曲之目。恒北有四國，最西頭恒曲中者是也。有拘夷那褐國。《法顯傳》曰：恒水東南流，徑拘夷那褐國南，城北雙樹間，有希連禪河。河邊，世尊於此北首般泥洹，分舍利處。支僧載《外國事》曰：佛泥洹後，天人以新白緤裹佛，以香花供養，滿七日，盛以金棺，送出王宮，度一小水，水名醯蘭那，去王宮可三里許，在宮北。以栴檀木為薪，天人各以火燒薪，薪了不燃，大迦葉從流沙還，不勝悲號，感動天地，從是之後，他薪不燒而自然也。王斂舍利，用金作斗，量得八斛四斗，諸國王、天龍神王各得少許，齎還本國，以造佛寺。阿育王起浮屠於佛泥洹處，雙樹及塔，今無復有也。此樹名娑羅樹，其樹花名娑羅佉也。此花色白如霜雪，香無比也。竺枝《扶南記》曰：林楊國去金陳國步道二千里，車馬行，無水道。舉國事佛，有一道人命過燒葬，燒之數千束樵，故坐火中，乃更著石室中，從來六十餘年，屍如故不朽，竺枝目見之。夫金剛常住，是明永存，舍利刹見，畢天不朽，所謂智空罔窮，大覺難測者矣。其水亂流注於恒。恒水又東徑毗舍利城北。

釋氏《西域記》曰：毗舍利，維邪離國也。支僧載《外國事》曰：維邪離國去王舍城五十由旬，城周圓三由旬，維詰家在大城里宮之南，去宮七里許，屋宇壞盡，惟見處所爾。釋法顯云：城北有大林重閣，佛住於此，本奄婆羅女家施佛起塔也。城之西北三里，塔名放弓仗。恒水上流有一國，國王小夫人生肉胎，大夫人妒之，言汝之生，不祥之徵，即盛以木函，擲恒水中。下流有國王游觀，見水上木函，開看，見千小兒端正殊好，王取養之，遂長大，甚勇健，所往征伐，無不摧服。次欲伐父王本國，王大愁憂。小夫人問：何故愁憂？王曰：彼國王有千子，勇健無

比，欲來伐吾國，是以愁爾。小夫人言：勿愁，但於城西作高樓，賊來時，上我置樓上，則我能卻之。王如是言。賊到，小夫人於樓上語賊云：汝是我子，何故反作逆事？賊曰：汝是何人，云是我母？小夫人曰：汝等若不信者，盡張口仰向。小夫人即以兩手捋乳，乳作五百道，俱墜千子口中。賊知是母，即放弓仗。父母作是思惟，皆得辟支佛。今其塔猶在，後世尊成道，告諸弟子，是吾昔時放弓仗處。後人得知，於此處立塔，故以名焉。千小兒者，即賢劫千佛也。

釋氏《西域記》曰：恒曲中次東，有僧迦扇奈揭城，佛下三道寶階國也。《法顯傳》曰：恒水東南流，徑僧迦施國南。佛自忉利天東下三道寶階，為母說法處。寶階既没，阿育王於寶階處作塔。後作石柱，柱上作師子像，外道少信，師子為吼，怖效心誠。恒水又東徑罽賓饒夷城。城南接恒水，城之西北六七里，恒水北岸，佛為諸弟子說法處。恒水又東南徑沙祇國北。出沙祇城，南門道東，佛嚼楊枝刺土中，生長七尺，不增不減，今猶尚在。恒水又東南，徑迦維羅衛城北。故淨王宮也，城東五十里有王園，園有池水，夫人入池洗浴，出北岸二十步，東向舉手，扳樹生太子。太子墮地，行七步，二龍吐水浴太子，遂成井池，衆僧所汲養也。太子與難陀等撲象角力，射箭入地。今有泉水，行旅所資飲也。釋氏《西域記》曰：城北三里恒水上，父王迎佛處，作浮圖，作父抱佛像。

《外國事》曰：邊維羅越國今無復王也。城池荒穢，惟有空處，有優婆塞姓釋，可二十餘家，是昔淨王之苗裔，故為四姓，住在故城中，為優婆塞，故尚精進，猶有古風。彼日浮圖壞盡，條王彌更修治一浮圖，私河條王送物助成，今有十二道人住其中。太子始生對，妙後所扳樹，樹名須訶。阿育王以青石作後扳生太子像。昔樹無復有，後諸沙門取昔樹栽種之，輾轉相承到今，樹枝如昔，尚蔭石像。又太子見行七步足迹，今日文理見存。阿育王以青石挾足迹兩邊，復以一長青石覆上。國人今日恒以香花供養，尚見足七形，文理分明。今雖有石覆無異，或人復以數重吉貝，重覆貼著石上，逾更明也。太子生時，以龍王夾太子左右，吐水浴太子，見一龍吐水暖，一龍吐水冷，遂成二池。今尚一冷一暖矣。太子未出家前十日，出往王田閻浮樹下坐，樹神以七寶奉太子，太子不受，於是思惟欲出家也。王田去宮一據。據者，晉言十里也。太子以三月十五日夜出家，四天王來迎，各捧馬足。爾時諸神天人側塞，空中散天香花。此時以至河南摩強水，即於此水邊作沙門。河南摩強水在迦維羅越北，相去十由旬。此水在羅閱祇瓶沙國，相去三十由旬。菩薩於是暫過，瓶沙王出見菩薩，菩薩於瓶沙隨樓那果園中住一日，日暮便去半達鉢愁宿。半達，晉言白也；鉢愁，晉言山也。白山北去瓶沙國十里，明旦便去，暮宿曇蘭山，去白山六由旬。於是徑詣貝多樹，貝多樹在閱祇北，去曇蘭山二十里。太子年二十九出家，三十五得道，此言與經異，故記所不同。竺法維曰：迎維衛國，佛所生天竺國也。三千日月、萬二千天地之中央也。

康泰《扶南傳》曰：昔范旃時，有嘾楊國人家翔梨，嘗從其本國到天竺，輾轉流賈至扶南，為旃說天竺土俗，道法流通，金寶委積，山川饒沃，恣所欲，左右大國，世尊重之。旃問云：今去何時可到，幾年可回？梨言：天竺去此，可三萬餘里，往還可三年逾。及行，四年方返，以為天地之中也。恒水又東徑藍莫塔。塔邊有池，池中龍守護之。阿育王欲破塔，作八萬四千塔，悟龍王所供，知非世有，遂止。此中空荒無人，羣象以鼻取水灑地，若蒼梧、會稽，象耕、鳥耘矣。

恒水又東至五河口，蓋五水所會，非所詳矣。阿難從摩竭國向毗舍利，欲般泥洹，諸天告阿闍世王，王追至河上，梨車聞阿難來，亦復來迎，俱到河上。阿難思惟，前則阿闍世王致恨，卻則梨車復怨，即於中河，入火光三昧，燒具兩般泥洹。身二分，分各在一岸，二王各持半舍利，還起二培。渡河南下一由巡，到摩竭提國巴連弗邑。邑，即是阿育王所治之城。城中宮殿皆起牆闕，雕文刻鏤，累大石作山，山下作石室，長三丈，廣二丈，高丈餘，有大乘婆羅門子，名羅汰私婆，亦名文殊師利，住此城裏，爽悟多智，事無不達，以清淨自居，國王宗敬師事之。賴此一人，宏宣佛法，外不能陵。凡諸國中，惟此城為大，民人富盛，競行仁義。阿育王壞七塔，作八萬四千塔。最初作大塔，在城南二里餘，此塔前有佛迹，起精舍，北戶向塔，塔南有石柱，大四五圍，高三丈餘，上有銘，題云：阿育王以閻浮提佈施四方。僧還以錢贖塔。塔北三百步，阿育王於此作泥犁城，城中有石柱，亦高三丈餘，上有師子柱，有銘記，作泥犁城因緣，及年數日月。恒水又東南徑小孤石山。山頭有石室，石室南向，佛昔坐其中，天帝釋以四十二事問佛，佛一一以指畫石，畫迹故在。

恒水又西逕王舍新城。是阿闍世王所造，出城南四里，入谷至五山裏，五山周圍，狀若城郭，即是蓱沙王舊城也。東西五六里，南北七八里，阿闍世王始欲害佛處。其城空荒，又無人徑，入谷傅山，東南上十五里，到耆闍崛山，未至頂三里，有石窟南向，佛坐禪處。西北四十步，復有一石窟，阿難坐禪處。天魔波旬化作雕鷲恐阿難，佛以神力，隔石舒手摩阿難肩，怖即得止。鳥迹、手孔悉存，故曰雕鷲窟也。其山峰秀端嚴，是五山之最高也。

釋氏《西域記》云：耆闍崛山在阿耨達王舍城東北，西望其山，有兩峰雙立，相去二三里，中道鷲鳥，常居其嶺，土人號曰耆闍崛山。胡語耆闍，鷲也。又竺法維云：羅閱祇國有靈鷲山，胡語云耆闍崛山。山是青石，石頭似鷲鳥。阿育王使人鑿石，假安兩翼兩腳，鑿治其身，今見存，遠望似鷲鳥形，故曰靈鷲山也。數説不同，遠邇亦異，今以法顯親宿其山，誦《首楞嚴》，香華供養，聞見之宗也。又西逕迦那城南。三十里，到佛苦行六年坐樹處，有林木。西行三里，到佛入水洗浴、天王按樹枝得扳出池處。又北行二里，得彌家女奉佛乳糜處。從此北行二里，佛於一大樹下石上東向坐食糜處，樹石悉在，廣長六尺，高減二尺。國中寒暑均調，樹木或數千歲，乃至萬歲。從此東北行二十里，到一石窟，菩薩入中，西向結跏趺坐，心念若我成道，當有神驗。石壁上即有佛影見，長三尺許，今猶明亮。時天地大動，諸天在空言，此非過去當來諸佛成道處，去此西南行，減半由旬，貝多樹下，是過去當來諸佛成道處。諸天導引菩薩起行，離樹三十步，天授吉祥草，菩薩受之，復行十五步，五百青雀飛來，繞菩薩三匝西去。菩薩前到貝多樹下，敷吉祥草，東向而坐。時魔王遣三玉女從北來試菩薩。魔王自從南來，菩薩以足指按地，魔兵卻散，三女變為老姥，不自服。佛於尼拘律樹下方石上東向坐，梵天來詣佛處，四天王捧鉢處皆立塔。

《外國事》曰：毗婆梨佛在此一樹下六年，長者女以金鉢盛乳糜上佛，佛得乳糜，住足尼連禪河浴。浴竟，於河邊啖糜竟，擲鉢水中，逆流百步，鉢没河中，迦梨郊龍王接取在宮供養，先三佛鉢亦見。佛於河傍坐摩訶菩提樹，摩訶菩提樹去貝多樹二里，於此樹下七日，思惟道成，魔兵試佛。釋氏《西域記》曰：尼連水南注恒水，水西有佛樹，佛於此苦行，日食糜六年。西去城五里許，樹東河上，即佛入水浴處。東上岸尼拘律樹下坐修，捨女上糜於此。於是西度水，於六年樹南貝多樹下坐，降魔得佛也。佛圖調曰：佛樹中枯，其來時更生枝葉。竺法維曰：六年樹去佛樹五里，書其異也。法顯從此東南行，還已連弗邑，順恒水西下，得一精舍，名曠野，佛所住處。復順恒水西下，到迦尸國波羅奈城。竺法維曰：波羅奈國在迦維羅衛國南千二百里，中間有恒水，東南流，佛轉法輪處，在國北二十里，樹名春浮，維摩所處也。法顯曰：城之東北十里許，即鹿野苑，本辟支佛住此，常有野鹿棲宿，故以名焉。法顯從此還，居巴連弗邑。又順恒水東行，其南岸有瞻婆大國。釋氏《西域記》曰：恒曲次東有瞻婆國城，南有卜佉蘭池，恒水在北，佛下説戒處也。恒水又逕波麗國。即是佛外祖國也。法顯曰：恒水又東到多摩梨軒國，即是海口也。

釋氏《西域記》曰：大秦一名梨軒。康泰《扶南傳》曰：從迦那調洲西南入大灣，可七八百里，乃到枝扈黎大江口，度江逕西行，極大秦也。又云：發拘利口，入大灣中，正西北入，可一年餘，得天竺江口，名恒水。江口有國，號擔袟，屬天竺。遣黄門字興為擔袟王。釋氏《西域記》曰：恒水東流入東海。蓋二水所注，兩海所納，自為東西也。

又 卷二《河水二》 河水重源有三，非惟二也。一源西出捐毒之國葱嶺之上。西去休循二百餘里，皆故塞種也。南屬葱嶺，高千里。《西河舊事》曰：葱嶺在敦煌西八千里，其山高大，上生葱，故曰葱嶺也。河源潛發其嶺，分為二水，一水西逕休循國南，在葱嶺西。郭義恭《廣志》曰：休循國居葱嶺，其山多大葱。又逕難兜國北，北接休循，西南去罽賓國三百四十里。河水又西逕罽賓國北。月氏之破，塞王南君罽賓，治循鮮城。土地平和，無所不有，金銀珍寶，異畜奇物，逾於中夏，大國也。山險，有大頭痛、小頭痛之山，赤土，身熱之阪，人畜同然。河水又西逕月氏國南。治監氏城，其俗與安息同。匈奴冒頓單于破月氏，殺其王，以頭為飲器。國遂分，遠過大宛，西居大夏，為大月氏；其餘小衆不能去者，共保南山、羌中，號小月氏，故有大月氏、小月氏之名也。又西逕安息國南，城臨媯水，地方數千里，最大國也。有商賈車船行旁國，畫革旁行為書記也。河水與蜺羅跂禘水同注雷翥海。釋氏《西域記》

曰：蜺羅跂禘出阿耨達山之北，西徑于闐國。《漢書·西域傳》曰：于闐之西，水皆西流，注西海。又西徑四大塔北。釋法顯所謂糺屍羅國，漢言截頭也。佛為菩薩時，以頭施人，故因名國。國東有投身飼餓虎處，皆起塔。又西徑揵陀衛國北。是阿育王子法益所治邑。佛為菩薩時，亦於此國以眼施人，其處亦起大塔。又有弗樓沙國，天帝釋變為牧牛小兒，聚土為佛塔，法王因而成大塔，所謂四大塔也。《法顯傳》曰：國有佛鉢，月氏王大興兵衆，來伐此國，欲持鉢去，置鉢象上，象不能進；更作四輪車載鉢，八象共牽，復不進。王知鉢緣未至，於是起塔留鉢供養。鉢容二斗，雜色而黑多，四際分明，厚可二分，甚光澤。貧人以少花投中便滿；富人以多花供養，正復百千萬斛，終亦不滿。佛圖調曰：佛鉢，青玉也，受三斗許，彼國寶之。供養時，願終日香花不滿，則如言；願一把滿，則亦便如言。

又案道人竺法維所説，佛鉢在大月支國，起浮圖，高三十丈，七層，鉢處第二層，金絡絡鎖縣鉢，鉢是青石。或云懸鉢虚空。須菩提置鉢在金機上，佛一足迹與鉢共在一處，國王、臣民，悉持梵香、七寶、璧玉供養。塔迹、佛牙、袈裟、頂相舍利，悉在弗樓沙國。釋氏《西域記》曰：揵陀越王城西北有鉢吐羅越城，佛袈裟王城也，東有寺。重復尋川水，西北十里有河步羅龍淵。佛到淵上浣衣處，浣石尚存。其水至安息，注雷翥海。又曰：揵陀越西，西海中有安息國。竺枝《扶南記》曰：安息國去私訶條國二萬里，國土臨海上，即《漢書》天竺安息國也。戶近百萬，最大國也。《漢書·西域傳》又云：犂靬、條支臨西海。長老傳聞，條支有弱水，西王母亦未嘗見。自條支乘水西行，可百餘日，近日所入也。或河水所通西海矣。故《涼土異物志》曰：葱嶺之水，分流東西，西入大海，東為河源，《禹記》所云昆侖者焉。張騫使大宛而窮河源，謂極於此，而不達於昆侖也。河水自葱嶺分源，東徑迦舍羅國。釋氏《西域記》曰：有國名伽舍羅逝。此國狹小，而總萬國之要道，無不由。城南有水，東北流，出羅逝西山。山即葱嶺也。徑岐沙谷，出谷分為二水。一水東流，徑無雷國北。治盧城，其俗與西夜、子合同。又東流徑依耐國北。去無雷五百四十里，俗同子合。河水又東徑蒲犁國北。治蒲犁谷，北去疏勒五百五十里，俗與子合同。河水又東徑皮山國北。治皮山城，西北去莎車三百八十里。

又　卷三六《温水》

《林邑記》曰：其城治二水之間，三方際山，南北瞰水。東西澗浦，流湊城下。城西折十角，周圍六里，一百七十步，東西度六百五十步，磚城二丈，上起磚墻一丈，開方隙孔。磚上倚板，板上五重層閣，閣上架屋，屋上架樓，樓高者七八丈，下者五六丈。城開十三門，凡宮殿南向，屋宇二千一百餘間。市居周繞，阻峭地險。故林邑兵器戰具，悉在區粟。多城壘，自林邑王范胡達始。秦餘徒民，染同夷化，日南舊風，變易俱盡，巢棲樹宿，負郭接山，榛棘蒲薄，騰林拂雲，幽煙冥緬，非生人所安。區粟建八尺表，日影度南八寸，自此影以南，在日之南，故以名郡。望北辰星，落在天際，日在北，故開北戶以向日，此其大較也。范泰《古今善言》曰：日南張重，舉計入洛。正旦大會，明帝問：日南郡北向視日邪？重曰：今郡有雲中、金城者，不必皆有其實。日亦俱出於東耳。至於風氣暄暖，日影仰當，官民居止隨情，面向東西南北，回背無定。人性凶悍，果於戰鬭，便山習水，不閑平地。古人云：五嶺者，天地以隔內外，況綿途於海表，顧九嶺而彌邈，非復行路之徑阻，信幽荒之冥域者矣。【略】

康泰《扶南記》曰：從林邑至日南盧容浦口，可二百餘里。從口南發，往扶南諸國，常從此口出也。故《林邑記》曰：盡紘滄之徼遠，極流服之先外，地濱滄海，衆國津徑。【略】《林邑記》曰：九德，九夷所極，故以名郡。郡名所置，周越裳氏之夷國。《周禮》九夷，遠極越裳。白稚象牙，重九譯而來。自九德通類口，水源從西北遠荒，徑寧州界來也。【略】

浦西即林邑都也，治典沖，去海岸四十里。處荒流之徼表，國越裳之疆南，秦、漢象郡之象林縣也，東濱滄海，西際徐狼，南接扶南，北連九德，後去象林、林邑之號。建國起自漢末，初平之亂，人懷異心，象林功曹姓區，有子名逵，攻其縣，殺令，自號為王。值世亂離，林邑遂立，後乃襲代，傳位子孫。三國鼎爭，未有所附。吳有交土，與之鄰接，進侵壽令，以為疆界。自區逵以後，國無文史，失其纂代，世數難詳，宗胤滅絶，無復種裔。外孫范熊代立，人情樂推。後熊死，子逸立，有范文，日南西卷縣夷帥范稚奴也。文為奴時，山澗牧羊，於澗水中，得兩鯉魚，隱

藏挾歸，規欲私食。郎知檢求，文大慚懼，起托雲：將而石還，非為魚也。郎至魚所，見是兩石，信之而去。文始異之。石有鐵，文入山中，就石冶鐵，鍛作兩刀。舉刀向鄣，因祝曰：鯉魚變化，冶石成刀，斫石鄣破者，是有神靈，文當得此，為國君王。斫不入者，是刀無神靈。進斫石鄣，如龍淵、干將之斬蘆槁，由是人情漸附。今斫石尚在，魚刀猶存，傳國子孫，如斬蛇之劍也。椎嘗使文遠行商賈，北到上國，多所聞見，以晉湣帝建興中，南至林邑，教王范逸，制造城他，繕治戎甲，經始廓略。王愛信之，使為將帥，能得衆心。文讒王諸子，或徒或奔，王乃獨立。成帝咸和六年死，無胤嗣。文迎王子於外國，海行取水，置毒子中。飲而殺之，遂脅國人，自立為王。取前王妻妾，置高樓土，有從己者，取而納之，不從己者，絕其飲食而死。

《江東舊事》云：范文，本揚州人，少被掠為奴，賣墮交州。年十五六，遇罪當得杖，畏怖因逃，隨林邑賈人渡海遠去，没入於王，大被幸愛。經十餘年，王死，文害王二子，詐殺侯將，自立為王，威加諸國。或夷椎蠻語，口食鼻飲，或雕面鏤身，狼裸種，漢魏流赭，威為其用。建元二年，攻日南、九德、九真，百姓奔迸，千里無煙，乃還林邑。林邑西去廣州二千五百里，城西南角高山長嶺，連接天鄣嶺，北接澗。大源淮水出郍郍遠界，三重長洲，隱山繞西，衛北回東，其嶺南開澗。小源淮水出松根界，上山壑流，隱山繞南曲街回，東合淮流，以註典沖。其城西南際山，東北瞰水，重塹流浦，周繞城下。東南塹外，因傍薄城，東西横長，南北縱狹，北邊西端，回折曲入。城周圍八里一百步，磚城二丈，上起磚墻一丈，開方隙孔，磚上倚板，板上層閣，閣上架屋，屋上構樓。高者六七丈，下者四五丈。飛觀鴟尾，迎風拂雲，緣山瞰水，騫翥嵬嵲。但制造壯拙。稽古夷俗，城開四門，東為前門，當兩淮諸濱，於曲路有古碑，夷書銘贊前王胡達之德。西門當兩重塹，北回上山，山西即淮流也。南門度兩重塹，對温公壘。【略】

北門濱淮，路斷不通。城内小城，周圍三百二十步，合堂瓦殿，南壁不開，兩頭長屋，脊出南北，南擬背日。西區城内，石山順淮面陽，開東向殿，飛檐鴟尾，青瑣丹墀，榱題桷椽，多諸古法。閣殿上柱，高城丈餘五，牛屎為埿。墻壁青光回度，曲掖綺牖，紫窗椒房，嬪媵無別，宮觀路寢，永巷，共在殿上，臨踞東軒，徑與下語。子弟臣侍，皆不得上。屋有五十餘區，連甍接棟，檐宇相承。神祠鬼塔，小大八廟，層臺重樹，狀似佛刹。郭無市里，邑寡人居，海岸蕭條，非生民所處，而首渠以永安，養國十世，豈久存哉？【略】

初，陽邁母懷身，夢人鋪陽邁金席，與其兒落席上，金光色起，昭晰艶曜。華俗謂上金為紫磨金，夷俗謂上金為陽邁金，父胡達死，襲王位，能得人情，自以靈夢，為國祥慶。其太子初名咄，後陽邁死，咄年十九，代立，慕先君之德，復改名陽邁。昭穆二世，父子共名，知林邑之將亡矣。其城隍塹之外，林棘荒蔓，榛梗冥郁，藤盤筀秀，參錯際天。其中香桂成林，氣清煙澄。桂父，縣人也，棲居此林，服桂得道。時禽異羽，翔集間關，兼比翼鳥，不比不飛，鳥名歸飛，鳴聲自呼，此戀鄉之思孔悲，桑梓之敬成俗也，豫章俞益期，性氣剛直，不下曲俗，容身無所，遠適在南，《與韓康伯書》曰：惟檳榔樹，最南遊之可觀，但性不耐霜，不得北植，不遇長者之目，令人恨深。嘗對飛鳥戀土，增思寄意。謂此鳥其背青，其腹赤，丹心外露，鳴情未達，終日歸飛，飛不十千，路餘萬里，何由歸哉！

九真太守任延，始教耕犂，俗化交土，風行象林，知耕以來，六百餘年，火耨耕藝，法與華同，名白田，種白穀，七月火作，十月登熟；名赤田，種赤穀，十二月作，四月登熟，所謂兩熟之稻也。至於草甲萌芽，穀月代種，穜早晚，無月不秀，耕耘功重，收獲利輕，熟速故也。米不外散，恒為豐國。桑蠶年八熟繭。《三都賦》所謂八蠶之綿者矣。其崖小水，常吐飛溜，或雪霏沙漲，清寒無底，分溪別壑，津濟相通。其水自城東北角流，水上懸起高橋，渡淮北岸，即彭龍、區粟之通逵也。檀和之東橋大戰，陽邁被創落象，即是處也。其水又東南流徑船官口，船官川源徐狼外，夷皆裸身，男以竹筒掩體，女以樹葉蔽形，外名狼，所謂裸國者也。雖習俗裸袒，猶耻無蔽，惟依暝夜，與人交市暗中，奥金便知好惡，明朝曉看，皆如其言。

自此外行，得至扶南。按竺枝《扶南記》曰：扶南去林邑四千里，水步道通。檀和之令軍入邑浦，據船官口城六里者也。自船官下註大浦之東湖，大水連行，潮上西流。潮水日夜長七八尺，從此以西，朔望並潮，

一上七日，水長丈六七。六日之後，日夜分為再潮，水長一二尺。春夏秋冬，厲然一限，高下定度，水無盈縮，是為海運，亦曰象水也，又兼象浦之名。《晉功臣表》所謂金磷清徑，象諸澄源者也。其川浦諸，有水蟲彌微，攢木食船，數十日壞。源潭湛瀨，有鮮魚，色黑，身五丈，頭如馬首，伺人入水，便來為害。【略】

鬱水又南，自壽令縣註於海。昔馬文淵積石為塘，達於象浦，建金標為南極之界。俞益期《箋》曰：馬丈淵立兩銅柱於林邑岸北，有遺兵十餘家不反，居壽令岸南，而對銅柱。悉姓馬，自婚姻，今有二百戶。交州以其流寓，號曰馬流。言語飲食，尚與華同。山川移易，銅柱今復在海中，正賴此民以識故處也。《林邑記》曰：建武十九年，馬援樹兩銅柱於象林南界，與西屠國分，漢之南疆也。土人以之流寓，號曰馬流，世稱漢子孫也。《山海經》曰：鬱水出象郡而西南註南海，入須陵東南者也。應劭曰：鬱水出廣信東入海。言始或可，終則非矣。

北魏·楊衒之《洛陽伽藍記》卷四《城西》 南中有歌營國，去京師甚遠，風土隔絕，世不與中國交通，雖二漢及魏亦未曾至也。今始有沙門菩提拔陀至焉，自云：『北行一月日，至句稚國。北行十一日，至典孫國。從典孫國北行三十日，至扶南國，方五千里，南夷之國，最為強大，民戶殷多，出明珠今玉及水精珍異，饒檳榔。從扶南國北行一月，至林邑國。出林邑，入蕭衍國。』拔陀至楊州，歲餘，隨楊州比丘法融來至京師。沙門問其南方風俗，拔陀云：『有古奴調國，乘四輪馬為車。斯調國出火浣布，以樹皮為之。其樹入火不燃。凡南方諸國，皆因城郭而居，多饒珍麗。民俗淳善，質直好義，亦與西國大秦、安息、身毒諸國交通往來，或三方四方，浮浪乘風，百日便至。率奉佛教，好生惡煞。』

又 卷五《城北》 （神龜二年）十月之初，至嚈噠國。土田庶衍，山澤彌望，居無城郭，游軍而治。以氈為屋，隨逐水草，夏則隨涼，冬則就溫。鄉土不識文字，禮教俱闕。陰陽運轉，莫知其度，年無盈閏，月無大小，用十二月為一歲。受諸國貢獻，南至牒羅，北盡勑懃，東被于闐，西及波斯，四十餘國皆來朝賀。王張大氈帳，方四十步，周迴以氍毹為壁。王著錦衣，坐金牀，以四金鳳皇為牀腳。見大魏使人，再拜跪受詔書。至於設會，一人唱，則客前；後唱，則罷會。惟有此法，不見音樂。嚈噠國王妃亦著錦衣，垂地三尺，使人擎之。頭戴一角，長八尺，奇長三尺，以玫瑰五色裝飾其上。王妃出則輿之，入坐金牀，以六牙白象、四獅子為牀。自餘大臣妻皆隨傘，頭亦似有角，團圓下垂，狀似寶蓋。』觀其貴賤，亦有服章。四夷之中，最為強大。不信佛法，多事外神。殺生血食，器用七寶。諸國奉獻，甚饒珍異。按嚈噠國去京師二萬餘里。

十一月初，入波斯（知）國。境土甚狹，七日行過。人民山居，資業窮煎，風俗凶慢，見王無禮。國王出入，從者數人。其國有水，昔日甚淺，後山崩截流，變為二池，毒龍居之。多有災異，夏喜暴雨，冬則積雪，行人由之，多致艱難。雪有白光，照耀人眼，令人閉目，茫然無見。祭祀龍王，然後平復。

十一月中旬，入賒彌國。此國漸出葱嶺，土田嶢崅，民多貧困。峻路危道，人馬僅通。一直一道，從鉢盧勒國向烏塲國，鐵鎖為橋，縣虛為渡，下不見底，旁無挽捉，倏忽之間，投軀萬仞，是以行者望風謝路耳。

《南史》卷七九《夷貊傳下》 玉門以西達於西海，考之漢史，通爲西域，高昌迄於波斯，則其所也。自晉、宋以還，雖有時而至，論其風土，甚未能詳。今略備西域諸國，編之於次云。

《北史》卷九七《西域傳》 案西域開於往漢，年世積久，雖離並多端，見聞殊說，此所以前書後史，踳駁不同，豈其好異，地遠故也。人之所知，未若其所不知，信矣。但可取其梗概，夫何是非其間哉？

宋·李昉等《太平廣記》卷八一《梁四公》 杰公嘗與諸儒語及方域云：『東至扶桑，扶桑之蠶長七尺，圍七寸，色如金，四時不死。五月八日嘔黃絲，布於條枝，而不為繭。脆如綖，燒扶桑木灰汁煮之，其絲堅韌，四絲為繫，足勝一鈞。蠶卵大如燕雀卵，產於扶桑下。齎卵至句麗國，蠶變小，如中國蠶耳。其王宮內有水精城，可方一里，天未曉而明如晝，城忽不見，其月便蝕。

『西至西海，海中有島，方二百里，島上有大林，林皆寶樹，中有萬餘家，其人皆巧，能造寶器，所謂拂林國也。島西北有坑，盤坳深千餘尺，以肉投之，鳥銜寶出，大者重五斤，彼云是色界天王之寶藏。四海西北，無慮萬里，有女國，以蛇為夫，男則為蛇，不噬人而穴處。女為臣妾官長，而居宮室。俗無書契，而信呪詛，直者無他，曲者立死。神道設

教，人莫敢犯。

『南至火洲之南，炎昆山之上，其土人食蝑蟹髯蛇以辟熱毒。洲中有火木，其皮可以為布，炎丘有火鼠，其毛可以為褐，皆焚之不灼，汙以火浣。

『北至黑谷之北，有山極峻造天，四時冰雪，意燭龍所居。晝無日，北向更明。夜直上觀北極。西有酒泉，其水味如酒，飲之醉人。北有漆海，毛羽染之皆黑，西有乳海，其水白滑如乳。三海間方七百里，水土肥沃，大鴨生駿馬，大鳥生人，男死女活，鳥自銜其女，飛行哺之，銜不勝則負之，女能跬步，則為酋豪所養。女皆殊麗，美而少壽，為人姬媵，未三十而死。有兔大如馬，毛潔白，長尺餘，有貂大如狼，毛純黑，亦長尺餘，服之禦寒。』朝廷聞其言，拊掌笑謔，以為誑妄，曰：『鄒衍九州、王嘉《拾遺》之談耳。』出《梁四公記》

《舊唐書》卷四六《經籍志上・史部・地理》 《南州異物志》一卷。萬震撰。《扶南異物志》一卷。朱應撰。【略】《四海百川水記》一卷。釋道安撰。【略】《魏聘使行記》五卷。【略】《外國傳》一卷。釋智猛撰。《歷國傳》二卷。釋法盛撰。【略】《日南傳》一卷。《職貢圖》一卷。梁元帝撰。《林邑國記》一卷。《真臘國事》一卷。《魏國已西十一國事》一卷。宋雲撰。《交州已來外國傳》一卷。

研判東亞諸國國情分部

綜述

三韓

《三國志》卷三〇《魏志・東夷傳・韓》 韓在帶方之南，東西以海為限，南與倭接，方可四千里。有三種，一曰馬韓，二曰辰韓，三曰弁韓。辰韓者，古之辰國也。馬韓在西。其民土著，種植，知蠶桑，作綿布。各有長帥，大者自名為臣智，其次為邑借，散在山海間，無城郭。有爰襄國、牟水國、桑外國、小石索國、大石索國、優休牟涿國、臣濆沽國、伯濟國、速盧不斯國、日華國、古誕者國、古離國、怒藍國、月支國、諮離牟盧國、素謂乾國、古爰國、莫盧國、卑離國、占離卑國、臣釁國、支侵國、狗盧國、卑彌國、監奚卑離國、古蒲國、致利鞠國、冉路國、兒林國、駟盧國、內卑離國、感奚國、萬盧國、辟卑離國、臼斯烏旦國、一離國、不彌國、支半國、狗素國、捷盧國、牟盧卑離國、臣蘇塗國、莫盧國、古臘國、臨素半國、臣云新國、如來卑離國、楚山塗卑離國、一難國、狗奚國、不雲國、不斯濆邪國、爰池國、乾馬國、楚離國，凡五十餘國。大國萬餘家，小國數千家，總十餘萬戶。辰王治月支國。臣智或加優呼臣雲遣支報安邪踧支濆臣離兒不例拘邪秦支廉之號。其官有魏率善、邑君、歸義侯、中郎將、都尉、伯長。【略】

其俗少綱紀，國邑雖有主帥，邑落雜居，不能善相制御。無跪拜之禮。居處作草屋土室，形如塚，其戶在上，舉家共在中，無長幼男女之別。其葬有槨無棺，不知乘牛馬，牛馬盡於送死。以瓔珠為財寶，或以綴衣為飾，或以縣頸垂耳，不以金銀錦繡為珍。其人性強勇，魁頭露紒，如炅兵，衣布袍，足履革蹻蹋。其國中有所為及官家使築城郭，諸年少勇健者，皆鑿脊皮，以大繩貫之，又以丈許木鍤之，通日嚾呼作力，不以為痛，既以勸作，且以為健。常以五月下種訖，祭鬼神，羣聚歌舞，飲酒晝夜無休。其舞，數十人俱起相隨，踏地低昂，手足相應，節奏有似鐸舞。十月農功畢，亦復如之。信鬼神，國邑各立一人主祭天神，名之天君。又諸國各有別邑，名之為蘇塗。立大木，縣鈴鼓，事鬼神。諸亡逃至其中，皆不還之，好作賊。其立蘇塗之義，有似浮屠，而所行善惡有異。其北方近郡諸國差曉禮俗，其遠處直如囚徒奴婢相聚。無他珍寶。禽獸草木略與中國同。出大栗，大如梨。又出細尾雞，其尾皆長五尺餘。其男子時時有文身。又有州胡在馬韓之西海中大島上，其人差短小，言語不與韓同，皆髡頭如鮮卑，但衣韋，好養牛及豬。其衣有上無下，略如裸勢。乘船往來，市買韓中。

辰韓在馬韓之東，其耆老傳世，自言古之亡人避秦役來適韓國，馬韓割其東界地與之。有城柵。其言語不與馬韓同，名國為邦，弓為弧，賊為寇，行酒為行觴。相呼皆為徒，有似秦人，非但燕、齊之名物也。名樂浪

人為阿殘；東方人名我為阿，謂樂浪人本其殘餘人。今有名之為秦韓者。始有六國，稍分為十二國。

弁辰亦十二國，又有諸小別邑，各有渠帥，大者名臣智，其次有險側，次有樊濊，次有殺奚，次有邑借。有已柢國、不斯國、弁辰彌離彌凍國、弁辰接塗國、勤耆國、難彌離彌凍國、弁辰古資彌凍國、弁辰古淳是國、冉奚國、弁辰半路國、弁樂奴國、軍彌國（弁軍彌國）、弁辰彌烏邪馬國、如湛國、弁辰甘路國、戶路國、州鮮國（馬延國）、弁辰狗邪國、弁辰走漕馬國、弁辰安邪國（馬延國）、弁辰瀆盧國、斯盧國、優由國。弁、辰韓合二十四國，大國四五千家，小國六七百家，總四五萬戶。其十二國屬辰王。辰王常用馬韓人作之，世世相繼。辰王不得自立為王。土地肥美，宜種五穀及稻，曉蠶桑，作縑布，乘駕牛馬。嫁娶禮俗，男女有別。以大鳥羽送死，其意欲使死者飛揚。國出鐵，韓、濊、倭皆從取之。諸市買皆用鐵，如中國用錢，又以供給二郡。俗喜歌舞飲酒。有瑟，其形似筑，彈之亦有音曲。兒生，便以石厭其頭，欲其褊。今辰韓人皆褊頭。男女近倭，亦文身。便步戰，兵仗與馬韓同。其俗，行者相逢，皆住讓路。

弁辰與辰韓雜居，亦有城郭。衣服居處與辰韓同。言語法俗相似，祠祭鬼神有異，施灶皆在戶西。其瀆盧國與倭接界。十二國亦有王，其人形皆大。衣服絜清，長髮。亦作廣幅細布。法俗特嚴峻。

《晉書》卷九七《四夷傳·東夷·馬韓·辰韓》 韓種有三：一曰馬韓，二曰辰韓，三曰弁韓。辰韓在帶方南，東西以海為限。

馬韓居山海之間，無城郭，凡有小國五十六所，大者萬戶，小者數千家，各有渠帥。俗少綱紀，無跪拜之禮。居處作土室，形如塚，其戶向上，舉家共在其中，無長幼男女之別。不知乘牛馬，畜者但以送葬。俗不重金銀錦罽，而貴瓔珠，用以綴衣或飾髮垂耳。其男子科頭露紒，衣布袍，履草蹻，性勇悍。國中有所調役，及起築城隍，年少勇健者皆鑿其背皮，貫以大繩，以杖搖繩，終日歡呼力作，不以為痛。善用弓楯矛櫓，雖有鬪爭攻戰，而貴相屈服。俗信鬼神，常以五月耕種畢，羣聚歌舞以祭神；至十月農事畢，亦如之。國邑各立一人主祭天神，謂為天君。又置別邑，名曰蘇塗，立大木，懸鈴鼓。其蘇塗之義，有似西域浮屠也，而所行善惡有異。【略】

辰韓在馬韓之東，自言秦之亡人避役入韓，韓割東界以居之，立城柵，言語有類秦人，由是或謂之為秦韓。初有六國，後稍分為十二，又有弁辰，亦十二國，合四五萬戶，各有渠帥，皆屬於辰韓。辰韓常用馬韓人作主，雖世世相承，而不得自立，明其流移之人，故為馬韓所制也。地宜五穀，俗饒蠶桑，善作縑布，服牛乘馬。其風俗可類馬韓，兵器亦與之同。初生子，便以石押其頭使扁。喜舞，善彈瑟，瑟形似筑。

清·阿桂等《欽定滿洲源流考》卷首《清高宗上諭》 又《後漢書·三韓傳》謂：辰韓人兒生，欲令頭匾，押之以石。夫兒初墮地，豈堪以石押頭？其說甚悖於理。國朝舊俗，兒生數日，置臥具，令兒仰寢其中，久而腦骨自平，頭形似匾，斯乃習而自然，無足為異。辰韓或亦類是。范蔚宗不得其故，曲為之解，甚矣。其妄也，若夫三韓命名，第列辰韓、馬韓、弁韓，而不詳其義。意當時三國必有三汗，各統其一。史家不知『汗』為君長之稱，遂以音同誤譯，而庸鄙者甚至訛『韓』為族姓，尤不足當一噱。向曾有《三韓訂謬》之作，惜未令人盡讀之而共喻耳。若唐時所稱『雞林』，應即今『吉林』之訛。而新羅、百濟諸國亦皆其附近之地，顧昔人無能考證者，致明季狂誕之徒尋摘字句，肆為詆毀。此如桀犬之吠，無庸深較，而舛誤之甚者則不可以不辨。

又 卷二《部族二·三韓附清高宗〈御製三韓訂謬〉》 嘗讀《後漢書·三韓傳》，稱『辰韓人兒生，欲令頭扁，皆押之以石』，訝其說之悖於理而肆為詭誕以惑世也。夫以石押頭，壯夫且不能堪，而以施之初墮地之小兒，實非人情所宜。有問考三韓建國本末，諸史率多牴牾。以方位準之，蓋在今奉天東北吉林一帶，壤接朝鮮，與我國朝始基之地相近。國朝舊俗，兒生數日，即置臥具，令兒仰寢其中，久而腦骨自平，頭形似扁，斯乃習而自然，無足為異。辰韓或亦類是耳。范蔚宗不得其故，從而曲為之解，甚矣。其妄也，且如漢人生兒，常令側臥，久而左右角平，頭形似狹。蒙古人生兒，以韋帶束之，木板植立於地，長則股形微箕，此亦皆習而自然，無足為異。藉如蔚宗所言，豈漢人、蒙古亦皆以石押之，令其頭狹而股箕乎？

若夫三韓命名，史第列馬韓、辰韓、弁韓，亦曰『弁辰』。而不詳所

以稱『韓』之義。陳壽《魏志》直云『韓地』、『韓王』，魚豢《魏畧》且以為朝鮮王準冒姓韓氏，其為附會尤甚。蓋國語及蒙古語皆謂君長為『汗』，『韓』與『汗』音相混。史載三韓各數十國，意當時必有三汗分統之。史家既不知汗之為君，而庸鄙者至譌韓為族姓，何異扣槃捫籥以喻日哉？且中外語言不通不能强為詮解者，勢也。今夫天昭昭在上，人皆仰之，然漢語謂之『天』，國語謂之『阿卜喀』，蒙古語謂之『騰格里』，西番語謂之『那木喀』，回語謂之『阿思滿』。以彼語此，各不相曉，而人之所以敬與天之所以感則無弗同。若必一一以漢字牽附臆度之，能乎不能？

夫『韓』與『汗』音似義殊，謬而失之，誣猶可也；至於『以石押頭』之謬，實悖於理，斯不可也。然則余之《三韓訂謬》之作，烏容已乎哉！

又《部族二·三韓》 謹按：三韓雖與漢時諸郡毗連，然音譯多訛，往往以漢字轉相附會，於是異説分歧。至范蔚宗有『生兒以石押頭』之論，誕妄不經，莫斯為甚矣。恭讀《御製三韓訂謬》，以國語、蒙古語證『韓』之當為『汗』，而即漢人、蒙古習俗之不同并推及國朝生兒仰寢卧具，見理之至常而無足怪。審音知義，曠若發蒙，據事揆情，瞭如指掌，誠非歷代紀載家所能窺測也。謹錄冠諸書之前以昭準則。【略】

按：三韓統名『辰國』。自漢初已見，後為新羅、百濟所併。其七十八國之名備載於《魏志》。國名多繫以『卑離』二字，如『監奚卑離』、『內卑離』、『辟卑離』、『如來卑離』，以滿洲語考之，當為『貝勒』之轉音，正猶『汗』之訛為『韓』，而三汗之統諸貝勒，於體制洽相符合也。至馬韓亦作『慕韓』，辰韓亦作『秦韓』，弁韓亦作『弁辰』，又作『卞韓』。《尚書傳》『扶餘』、『馯』並稱，《正義》謂馯即韓也。當時祗以諧音，並非漢語。范蔚宗始稱為韓國、韓人，《魏志》遂有『韓地』、『韓王』之目，甚者至訛為『韓氏』。又如弁韓，在三韓中記載獨少。考《史記》真番注謂：番音普寒切。遼東有潘汗縣，或即『弁韓』之轉音，亦未可定。或有以三韓為高麗者，蓋因《宋史·高麗傳》有『崇寧後鑄三韓通寶』之文，又《遼史·外紀》遼時常以『三韓國公』為高麗封號，遂謂三韓之地盡入高麗，不知高麗之境亦屬三韓所統，當時假借用之，未經深考耳。至遼之三韓縣，乃取高麗俘户所置，並非其故壤也。

高麗

《三國志》卷三〇《魏志·東夷傳·高句麗》 高句麗在遼東之東千里，南與朝鮮、濊貊，東與沃沮，北與夫餘接。都於丸都之下，方可二千里，户三萬。多大山深谷，無原澤。隨山谷以為居，食澗水。無良田，雖力佃作，不足以實口腹。其俗節食，好治宮室，於所居之左右立大屋，祭鬼神，又祀靈星、社稷。其人性凶急，善寇鈔。其國有王，其官有相加、對盧、沛者、古雛加、主簿、優台丞、使者、皁衣先人，尊卑各有等級。東夷舊語以為夫餘別種，言語諸事，多與夫餘同，其性氣衣服有異。本有五族，有涓奴部、絶奴部、順奴部、灌奴部、桂婁部。本涓奴部為王，稍微弱，今桂婁部代之。漢時賜鼓吹技人，常從玄菟郡受朝服衣幘，高句麗令主其名籍。後稍驕恣，不復詣郡，於東界築小城，置朝服衣幘其中，歲時來取之，今胡猶名此城為幘溝漊。溝漊者，句麗名城也。其置官，有對盧則不置沛者，有沛者則不置對盧。王之宗族，其大加皆稱古雛加。涓奴部本國主，今雖不為王，適統大人，得稱古雛加，亦得立宗廟，祠靈星、社稷。絶奴部世與王婚，加古雛之號。諸大加亦自置使者、皁衣先人，名皆達於王，如卿大夫之家臣，會同坐起，不得與王家使者、皁衣先人同列。其國中大家不佃作，坐食者萬餘口，下户遠擔米糧魚鹽供給之。

其民喜歌舞，國中邑落，暮夜男女羣聚，相就歌戲。無大倉庫，家家自有小倉，名之為桴京。其人絜清自喜，喜藏釀。跪拜申一脚，與夫餘異，行步皆走。以十月祭天，國中大會，名曰東盟。其公會，衣服皆錦繡金銀以自飾。大加主簿頭著幘，如幘而無餘，其小加著折風，形如弁。其國東有大穴，名隧穴，十月國中大會，迎隧神還於國東上祭之，置木隧於神坐。無牢獄，有罪諸加評議，便殺之，没入妻子為奴婢。其俗作婚姻，言語已定，女家作小屋於大屋後，名婿屋，婿暮至女家户外，自名跪拜，乞得就女宿，如是者再三，女父母乃聽使就小屋中宿，傍頓錢帛，至生子已長大，乃將婦歸家。其俗淫。男女已嫁娶，便稍作送終之衣。厚葬，金銀財幣，盡於送死，積石為封，列種松柏。其馬皆小，便登山。國人有氣力，習戰鬭，沃沮、東濊皆屬焉。又有小水貊。句麗作國，依大水而居，

西安平縣北有小水，南流入海，句麗別種依小水作國，因名之為小水貊，出好弓，所謂貊弓是也。【略】

伊夷模無子，淫灌奴部，生子名位宮。伊夷模死，立以為王，今句麗王宮是也。其曾祖名宮，生能開目視，其國人惡之，及長大，果凶虐，數寇鈔，國見殘破。今王生墮地，亦能開目視人。句麗呼相似為位，似其祖，故名之為位宮。位宮有力勇，便鞍馬，善獵射。

《宋書》卷九七《夷蠻傳·東夷·高句驪國》　高句驪國，今治漢之遼東郡。

《南齊書》卷五八《東南夷傳·東夷·高麗國》　高麗國，西與魏虜接界。【略】高麗俗服窮袴，冠折風一梁，謂之幘。知讀《五經》。使人在京師，中書郎王融戲之曰：『服之不衷，身之災也。頭上定是何物？』答曰：『此即古弁之遺像也。』

《梁書》卷五四《諸夷傳·東夷·高句驪》　高句驪者，其先出自東明。東明本北夷卯離王之子。離王出行，其侍兒於後任娠，離王還，欲殺之。侍兒曰：『前見天上有氣如大雞子，來降我，因以有娠。』王囚之，後遂生男。王置之豕牢，豕以口氣噓之，不死，王以為神，乃聽收養。長而善射，王忌其猛，復欲殺之，東明乃奔走，南至淹滯水，以弓擊水，魚鱉皆浮為橋，東明乘之得渡，至夫餘而王焉。其後支別為句驪種也。其國，漢之玄菟郡也，在遼東之東，去遼東千里。漢、魏世，南與朝鮮、穢貊，東與沃沮，北與夫餘接。漢武帝元封四年，滅朝鮮，置玄菟郡，以高句驪為縣以屬之。

句驪地方可二千里，中有遼山，遼水所出。其王都於丸都之下，多大山深谷，無原澤，百姓依之以居，食澗水。雖土著，無良田，故其俗節食。好治宮室，於所居之左立大屋，祭鬼神，又祠零星、社稷。人性凶急，喜寇抄。其官，有相加、對盧、沛者、古鄒加、主簿、優台、使者、皁衣、先人，尊卑各有等級。言語諸事，多與夫餘同，其性氣、衣服有異。本有五族，有消奴部、絕奴部、慎奴部、藿奴部、桂婁部。本消奴部為王，微弱，桂婁部代之。漢時賜衣幘、朝服、鼓吹，常從玄菟郡受之。後稍驕，不復詣郡，但於東界築小城以受之，至今猶名此城為幘溝婁。『溝婁』者，句驪名『城』也。其置官，有對盧則不置沛者，有沛者則不置對盧。其俗喜歌儛，國中邑落男女，每夜羣聚歌戲。其人潔清自喜，善藏釀，跪拜申一腳，行步皆走。以十月祭天大會，名曰『東明』。其公會衣服，皆錦繡金銀以自飾。大加、主簿頭所著似幘而無後；其小加著折風，形如弁。其國無牢獄，有罪者，則會諸加評議殺之，沒入妻子。其俗好淫，男女多相奔誘。已嫁娶，便稍作送終之衣。其死葬，有槨無棺。好厚葬，金銀財幣盡於送死。積石為封，列植松柏。兄死妻嫂。其馬皆小，便登山。國人尚氣力，便弓矢刀矛。有鎧甲，習戰鬬，沃沮、東穢皆屬焉。

《魏書》卷一〇〇《高句麗傳》　高句麗者，出於夫餘，自言先祖朱蒙。朱蒙母河伯女，為夫餘王閉於室中，為日所照，引身避之，日影又逐。既而有孕，生一卵，大如五升。夫餘王棄之與犬，犬不食；棄之與豕，豕又不食；棄之於路，牛馬避之；後棄之野，衆鳥以毛茹之。夫餘王割剖之，不能破，遂還其母。其母以物裹之，置於暖處，有一男破殼而出。及其長也，字之曰朱蒙，其俗言『朱蒙』者，善射也。夫餘人以朱蒙非人所生，將有異志，請除之，王不聽，命之養馬。朱蒙每私試，知有善惡，駿者減食令瘦，駑者善養令肥。夫餘王以肥者自乘，以瘦者給朱蒙。後狩於田，以朱蒙善射，限之一矢。朱蒙雖矢少，殪獸甚多。夫餘之臣又謀殺之。朱蒙母陰知，告朱蒙曰：『國將害汝，以汝才略，宜遠適四方。』朱蒙乃與烏引、烏違等二人，棄夫餘，東南走。中道遇一大水，欲濟無梁，夫餘人追之甚急。朱蒙告水曰：『我是日子，河伯外孫，今日逃走，追兵垂及，如何得濟？』於上魚鱉並浮，為之成橋，朱蒙得渡，魚鱉乃解，追騎不得渡。朱蒙遂至普述水，遇見三人，其一人著麻衣，一人著納衣，一人著水藻衣，與朱蒙至紇升骨城，遂居焉，號曰高句麗，因以為氏焉。

初，朱蒙在夫餘時，妻懷孕，朱蒙逃後生一子，字始閭諧。及長，知朱蒙為國主，即與母亡而歸之，名之曰閭達，委之國事。朱蒙死，閭達代立。閭達死，子如栗代立。如栗死，子莫來代立，乃征夫餘，夫餘大敗，遂統屬焉。莫來子孫相傳，至裔孫宮，生而開目能視，國人惡之。及長凶虐，國以殘破。宮曾孫位宮亦生而視，人以其似曾祖宮，故名為位宮，高句麗呼相似為『位』。位宮亦有勇力，便弓馬。【略】

（李）敖至其所居平壤城，訪其方事，云：遼東南一千餘里，東至柵城，南至小海，北至舊夫餘，民戶參倍於前魏時。其地東西二千里，南北一千餘里。民皆土著，隨山谷而居，衣布帛及皮。土田薄塉，蠶農不足以自供，故其人節飲食。其俗淫，好歌舞，夜則男女羣聚而戲，無貴賤之節，然潔淨自喜。其王好治宫室。其官名有謁奢、太奢、大兄、小兄之號。頭著折風，其形如弁，旁插鳥羽，貴賤有差。立則反拱，跪拜曳一腳，行步如走。常以十月祭天，國中大會。其公會，衣服皆錦繡，金銀以為飾。好蹲踞。食用俎凡。出三尺馬，云本朱蒙所乘，馬種即果下也。

《周書》卷四九《異域傳上·高麗》　高麗者，其先出於夫餘。自言始祖曰朱蒙，河伯女感日影所孕也。朱蒙長而有材略，夫餘人惡而逐之。土於紇斗骨城，自號曰高句麗，仍以高為氏。其孫莫來漸盛，擊夫餘而臣之。【略】

其地，東至新羅，西渡遼水二千里，南接百濟，北鄰靺鞨千餘里。治平壤城。其城，東西六里，南臨浿水。城內唯積倉儲器備，寇賊至日，方入固守。王則別為宅於其側，不常居之。其外有國內城及漢城，亦別都也，復有遼東、玄菟等數十城，皆置官司，以相統攝。

大官有大對盧，次有太大兄、大兄、小兄、意俟奢、烏拙、太大使者、大使者、小使者、褥奢、翳屬、仙人並褥薩凡十三等，分掌內外事焉。其大對盧，則以强弱相陵，奪而自為之，不由王之署置也。其刑法：謀反及叛者，先以火焚爇，然後斬首，籍没其家。盜者，十餘倍徵贓。若貧不能備，及負公私債者，皆聽評其子女為奴婢以償之。

丈夫衣同袖衫、大口褲、白韋帶、黃革履。其冠曰骨蘇，多以紫羅為之，雜以金銀為飾。其有官品者，又插二鳥羽於其上，以顯異之。婦人服裙襦，裾袖皆為襈。【略】兵器有甲弩弓箭戟矟矛鋋。賦稅則絹布及粟，隨其所有，量貧富差等輸之。

土田塉薄，居處節儉。然尚容止。多詐偽，言辭鄙穢，不簡親疏，乃至同川而浴，共室而寢。風俗好淫，不以為愧。有游女者，夫無常人。婚娶之禮，略無財幣，若受財者，謂之賣婢，俗甚耻之。父母及夫喪，其服制同於華夏。兄弟則限以三月。敬信佛法，尤好淫祀。又有神廟二所：一曰夫餘神，刻木作婦人之象；一曰登高神，云是其始祖夫餘神之子。並置官司，遣人守護。蓋河伯女與朱蒙云。

《北史》卷九四《室韋傳》　其國無鐵，取給於高麗。

晉·崔豹《古今注》卷中《音樂》　《箜篌引》，朝鮮津卒霍里子高妻麗玉所作也。子高晨起，刺船而棹。有一白首狂夫，被髮提壺，亂流而渡。其妻隨呼止之，不及，遂墮河水死。於是援箜篌而鼓之，作《公無渡河》之歌。聲甚悽愴，曲終，自投河而死。霍里子高還，以其聲語妻麗玉，玉傷之，乃引箜篌而寫其聲，聞者莫不墮淚飲泣焉。麗玉以其聲傳鄰女麗容，名曰《箜篌引》焉。

南朝宋·劉敬叔《異苑》卷三　貂出句麗國，常有一物共居穴。或見之，形貌類人，長三尺，能制貂，愛樂刀子。其俗：人欲得貂皮，以刀投穴口。此物夜出穴，置皮刀邊，須人持皮去，乃敢取刀。

宋·李昉等《太平御覽》卷八九七《獸部九·馬五》　桓公《世論》曰：朝鮮之馬，被鬛踶齧，能使其成騏驥者，習之故也。

清·鍾淵映《歷代建元考》卷九《外國考·高句麗》　新大王伯固。次大王弟，為臨丁答夫所立，在位十五年薨。

故國川王男武。新大王太子，在位十九年薨。

山上王延優。故國川王弟，為故國川王于后所立，在位三十一年薨。

東川王優位居。山上王太子，以漢安樂公建興五年丁未立，在位二十二年薨。

中川王然弗。東川王太子，以漢安樂公延熙十一年戊辰立，在位二十三年薨。

西川王藥盧。中川王子，以晉世祖泰始六年庚寅立，在位二十三年薨。

烽上王相夫。西川王太子，以晉惠帝元康二年壬子立，為國相倉卒利所弑。

美川王乙弗。烽上王弟子，以晉惠帝永康元年庚申立，在位二十三年薨。

故國原王思由。美川王太子，以晉成帝咸和六年辛卯立，改名釗，在位四十一年，與百濟戰，中流矢薨。

小獸林王丘夫。故國原王太子，以晉太宗咸安元年辛未立，在位十五

年薨。

故國壤王伊連。小獸林王弟，以晉烈宗大元九年甲申立，在位九年薨。

廣開土王談德。故國壤王太子，以晉烈宗大元十七年壬辰立，在位二十二年薨。

長壽王巨璉。廣開土王太子，以晉安帝義熙九年癸丑立，在位七十九年薨，魏高祖冊謚為康王。《北史》止稱璉。自璉至元與《北史》無異，但封爵及名字不同耳。

文咨王羅雲。《北史》『雲』。長壽王太孫，以齊武帝永明元年癸亥立，在位二十九年薨。

安藏王興安。《北史》：『安』。文咨王太子，以梁高祖天監八年己丑立，在位十三年薨。

安延王寶延。《北史》：『延』。安藏王弟，以梁天監二十年辛丑立，在位十五年薨。

陽原王平成。《北史》：『成』。安延王太子，以梁天監二十一年壬寅立，在位十五年薨。

平原王陽。《北史》：『陽』。陽原王太子，以陳高祖永定三年己卯立，在位二十三年薨。

百濟

《宋書》卷九七《夷蠻傳·東夷·百濟國》 百濟國，本與高驪俱在遼東之東千餘里，其後高驪略有遼東，百濟略有遼西。百濟所治，謂之晉平郡晉平縣。

《梁書》卷五四《諸夷傳·東夷·百濟》 百濟者，其先東夷有三韓國，一曰馬韓，二曰辰韓，三曰弁韓。弁韓、辰韓各十二國，馬韓有五十四國。大國萬餘家，小國數千家，總十餘萬戶，百濟即其一也。後漸强大，兼諸小國。其國本與句驪在遼東之東，晉世句驪既略有遼東，百濟亦據有遼西、晉平二郡地矣，自置百濟郡。【略】

號所治城曰固麻，謂邑曰簷魯，如中國之言郡縣也。其國有二十二簷魯，皆以子弟宗族分據之。其人形長，衣服淨潔。其國近倭，頗有文身者。今言語服章略與高驪同，行不張拱，拜不申足則異。呼帽曰冠，襦曰復衫，袴曰褌。其言參諸夏，亦秦、韓之遺俗云。

《魏書》卷一〇〇《百濟傳》 百濟國，其先出自夫餘。其國北去高句麗千餘里，處小海之南。其民土著，地多下濕，率皆山居。有五穀，其衣服飲食與高句麗同。

《周書》卷四九《異域傳上·百濟》 百濟者，其先蓋馬韓之屬國，夫餘之別種。有仇台者，始國於帶方。故其地界東極新羅，北接高句麗，西南俱限大海。東西四百五十里，南北九百餘里。治固麻城。其外更有五方：中方曰古沙城，東方曰得安城，南方曰久知下城，西方曰刀先城，北方曰熊津城。

王姓夫餘氏，號於羅瑕，民呼為鞬吉支，夏言並王也。妻號於陸，夏言妃也。官有十六品。左平五人，一品；達率三十人，二品；恩率三品；德率四品；扞率五品；柰率六品。六品已上，冠飾銀華。將德七品，紫帶；施德八品，皂帶；固德九品，赤帶；（李）〔季〕德十品，青帶；對德十一品，文督十二品，皆黃帶；武督十三品，佐軍十四品，振武十五品，克虞十六品，皆白帶。自恩率以下，官無常員，各有部司，分掌衆務。內官有前內部、穀部、肉部、內掠部、外掠部、馬部、刀部、功德部、藥部、木部、法部、後官部。外官有司軍部、司徒部、司空部、司寇部、點口部、客部、外舍部、綢部、日官部、都市部。都下有萬家，分為五部，曰上部、前部、中部、下部、後部，統兵五百人。五方各有方領一人，以達率為之；郡將三人，以德率為之。方統兵一千二百人以下，七百人以上。城之內外民庶及餘小城，咸分（肄）〔隸〕焉。

其衣服，男子略同於高麗。若朝拜祭祀，其冠兩廂加翅，戎事則不。拜謁之禮，以兩手據地為敬。婦人衣（以）〔似〕袍，而袖微大。在室者，編髮盤於首，後垂一道為飾；出嫁者，乃分為兩道焉。兵有弓箭刀矛。俗重騎射，兼愛墳史。其秀異者，頗解屬文。又解陰陽五行。【略】亦解醫藥卜筮占相之術。有投壺、樗蒲等雜戲，然尤尚奕棊。

僧尼寺塔甚多，而無道士。賦稅以布絹絲麻及米等，量歲豐儉，差等輸之。其刑罰：反叛、退軍及殺人者，斬；盜者，流，其贓兩倍徵之；婦人犯奸者，沒入夫家為婢。婚娶之禮，略同華俗。父母及夫死者，三年

治服；餘親，則葬訖除之。土田下濕，氣候温暖。五穀雜果菜蔬及酒醴肴饌藥品之屬，多同於内地。唯無駝驢騾羊鵝鴨等。其王以四仲之月，祭天及五帝之神。又每歲四祠其始祖仇台之廟。

清·鍾淵映《歷代建元考》卷九《外國考·百濟與〈北史〉不同》

仇首王。肖古王子，以漢獻帝建安十九年甲午立，在位二十一年薨。

古爾王。仇首王弟，以漢安樂公建興十二年癸丑立，在位五十五年薨。

責稽王。古爾王子，以晉世祖太康九年戊申立，在位十三年，為貊兵所害。

汾西王。責稽王子，以晉惠帝元康八年戊午立，在位七年，為刺客所殺。

比流王。仇首王子，以晉懷帝永嘉九年丁卯為國人所立，在位四十一年薨。

契王。汾西王子，以晉康帝建元二年甲辰立，在位二年薨。

近肖古王。比流王子，以晉穆帝永和二年丙午立，在位三十年薨。

近仇首王。近肖古王子，以晉烈宗寧康三年乙亥立，在位十年薨。

枕流王。近仇首王子，以晉烈宗大元九年甲申立，在位一年薨。

辰斯王。枕流王弟，以晉烈宗大元十年乙酉立，在位八年，因獵薨於行營。

阿莘王。以晉烈宗大元十八年癸巳立，在位十四年薨。

腆支王。阿莘王太子，以晉安帝義熙元年乙巳立，在位十六年薨。

久爾辛王。腆支王子，以宋高祖永初元年庚申立，在位八年薨。

毗有王。久爾辛王子，以宋太祖元嘉四年丁卯立，在位二十九年薨。

蓋鹵王餘慶。毗有王子，嗣立，為高句麗王巨璉所殺。

文周王。蓋鹵王太子，以宋蒼梧王元徽三年乙卯立，為兵官佐平解仇所殺。

三斤王。文周王太子，以宋順帝昇明元年丁巳立，三年薨。

東城王牟大。文周王之弟子，以宋順帝昇明三年己未立，為其臣苩加所弑。

武寧王餘隆。東城王太子，以齊和帝中興元年辛巳討賊嗣立。薨，子明農立。

聖明王農。武寧王子嗣位，以梁元帝承聖二年癸酉率兵侵新羅，被殺。

威德王昌。聖王子，以梁承聖三年甲戌立，在位四十五年薨。

惠王季明。威德王子，嗣位二年薨。

法王宣。惠王子，嗣位二年薨。

武王璋。法王子，嗣位二十四年薨。

清·阿桂等《欽定滿洲源流考》卷三《部族三·百濟》 按：此所載百濟人地名，有與滿洲語相近者。若「牟大」當為「穆丹」，韵也；「弗斯」當為「富森」，滋生也；「牟都」當為「穆敦」，切磋之磋也；「弗中」當為「法珠」，樹杈也。又如沙氏、解氏、木氏，皆百濟大族，其名如「首流」當為「舒嚕」，珊瑚也；「干那」當為「噶納」，往取也。時代雖遥，尚亦有可通者耳。【略】

謹按：百濟自後漢時已見史傳，歷晉迄唐，使命歲通。王本夫餘王仇台之後，以「夫餘」為氏，舊國屬馬韓。晉代以後，盡得馬韓故地，兼有遼西、晉平二郡，自置百濟郡。《宋書》言所治謂之晉平郡晉平縣，都城號居拔城，則百濟郡即晉平，而居拔城即晉平城也。馬端臨謂晉平在唐柳城、北平之間，實今錦州寧遠、廣寧之境。《一統志》謂居拔城在今朝鮮境内者，殆梁天監時遷居南韓之城歟？普通以後，累破高麗，斬其王釗，更為强國，號所治城曰「固麻」。《北史》謂居拔城即固麻城。以滿洲語考之，「固麻」為「格們」之轉音。《唐書》云王居有東西兩城，則「居拔」即滿洲語之「卓巴」，兩城皆王都，故均以「格們」稱之。其曰「建居拔」者，「建」字乃漢文。《通考》連三字為城名，誤也。【略】其聲明文物之盛，與新羅埒。史言俗重騎射，兼愛墳史，信矣。其國内衆建侯王以酬勳懿，自宋齊時已然，則又地廣民稠之驗也。

新羅

《梁書》卷五四《諸夷傳·東夷·新羅》 新羅者，其先本辰韓種也。辰韓亦曰秦韓，相去萬里，傳言秦世亡人避役來適馬韓，馬韓亦割其東界居之，以秦人，故名之曰秦韓。其言語名物有似中國人，名國為邦，

弓為弧，賊為寇，行酒為行觴。相呼皆為徒，不與馬韓同。又辰韓王常用馬韓人作之，世相係，辰韓不得自立為王，明其流移之人故也；恒為馬韓所制。辰韓始有六國，稍分為十二，新羅則其一也。其國在百濟東南五千餘里。其地東濱大海，南北與句驪、百濟接。【略】

其俗呼城曰健牟羅，其邑在内曰啄評，在外曰邑勒，亦中國之言郡縣也。國有六啄評，五十二邑勒。土地肥美，宜植五穀。多桑麻，作縑布。服牛乘馬，男女有別。其官名，有子賁旱支、齊旱支、謁旱支、一告支、奇貝旱支。其冠曰遺子禮，襦曰尉解，袴曰柯半，靴曰洗。其拜及行與高驪相類。無文字，刻木為信。語言待百濟而後通焉。

《北史》卷九四《新羅傳》 新羅者，其先本辰韓種也。地在高麗東南，居漢時樂浪地。辰韓亦曰秦韓。相傳言秦世亡人避役來適，馬韓割其東界居之，以秦人，故名之曰秦韓。其言語名物，有似中國人，名國為邦，弓為弧，賊為寇，行酒為行觴，相呼皆為徒，不與馬韓同。又辰韓王常用馬韓人作之，世世相傳，辰韓不得自立王，明其流移之人故也。恒為馬韓所制。辰韓之始，有六國，稍分為十二，新羅則其一也。或稱魏將毌丘儉討高麗破之，奔沃沮，其後復歸故國，有留者，遂為新羅，亦曰斯盧。其人雜有華夏、高麗、百濟之屬，兼有沃沮、不耐、韓、濊之地。其王本百濟人，自海逃入新羅，遂王其國。初附庸於百濟，百濟征高麗，不堪戎役，後相率歸之，遂致强盛。因襲百濟，附庸於迦羅國焉。傳世三十，至真平。【略】

其官有十七等：一曰伊罰干，貴如相國，次伊尺干，次迎干，次破彌干，次大阿尺干，次阿尺干，次乙吉干，次沙咄干，次及伏干，次大奈摩干，次奈摩，次大舍，次小舍，次起士，次大烏，次小烏，次造位。外有郡縣。其文字、甲兵，同於中國。選人壯健者悉入軍，烽、戍、邏俱屯營部伍。風俗、刑政、衣服略與高麗、百濟同。每月旦相賀，王設宴會，班賚羣官。其日，拜日月神主。八月十五日設樂，令官人射，賞以馬、布。其有大事，則聚官詳議定之。服色尚畫素，婦人辮髮繞頸，以雜彩及珠為飾。婚嫁禮唯酒食而已，輕重隨貧富。新婦之夕，女先拜舅姑，次即拜大兄、夫。死有棺斂，葬送起墳陵。王及父母妻子喪，居服一年。田甚良沃，水陸兼種。其五穀、果菜、鳥獸、物產，略與華同。

清・鍾淵映《歷代建元考》卷九《外國考・新羅》 奈解王。伐休王孫，以漢獻帝建安元年丙子嗣立，在位三十五年薨。

助賁王。伐休王太子，骨正之子，以漢安樂公建興五年丁未立，在位十八年薨。

沾解王。助賁王弟，以漢安樂公延熙三年庚申立，在位十五年薨。

味鄒王。姓金氏，助賁王婿，以漢安樂公景曜四年辛巳立，在位二十三年薨。

儒理王。昔氏，以晉武帝太康五年甲辰立，在位十五年薨。

基臨王。助賁王孫，以晉惠帝元康八年戊午立，在位十三年薨。

訖解王。昔氏，後以晉懷帝永嘉元年丁卯立，在位四十七年薨。

奈勿王。金氏，味鄒王弟子，以晉穆帝永和十一年乙卯立，在位四十七年薨。

寔聖王。金氏，以晉安帝元興元年壬寅立，後為訥祇王所弑。

訥祇王。奈勿王子，在位四十二年薨。

慈悲王。訥祇王子，以宋世祖大明二年戊戌立，在位二十三年薨。

昭智王。慈悲王子，在位十二年薨。

智證王。新羅謚法始此。智大路。昭智王再從弟，以齊東昏侯永元二年庚辰立，始定國號『新羅』。前此或稱『斯盧』。在位十五年薨。

法興王原宗。智證王子，以梁天監十一年壬辰嗣立，在位二十七年薨。王以南北分裂，始建年號：建元。

真興王麥興。法興王弟，以梁高祖大同六年庚申立，在位三十七年薨。改元一：鴻濟。

真智王金輪。真興王子，以陳宣帝大建八年丙申立，在位四年薨。

真平王伯净。真智王孫，太子銅鑰之子，以陳大建十二年辛丑嗣立，在位五十四年薨。

清・阿桂等《欽定滿洲源流考》卷四《部族四・新羅》 按：《南史》、《通志》、《太平御覽》皆作姓慕名秦。《通考》引《梁史》亦同，且云未詳易姓之由。新羅金姓，相承已久，不應於梁時忽稱姓慕。考中國人本稱秦人，此『慕秦』二字，當為書語，非姓名也。

謹按：新羅自魏時始見，謂之『斯盧』，亦曰『新盧』，實一國也。

【略】考新羅故地，本與百濟、高麗為鄰。《通考》云在百濟東南，其西北界出高麗、百濟之間。《唐書》、《唐會要》言在百濟東北。以《新唐書・高麗傳》考之，高麗東跨海距新羅，南跨海距百濟，西北渡遼水接營州，北接靺鞨。則自今奉天遼陽南至鳳凰城，渡鴨淥江，至今朝鮮之咸鏡、平安等道者高麗也；自今開元、廣寧、錦義、寧遠南至蓋、平、復州、寧海，又東南跨海極朝鮮之全羅、黃海、忠清等道者，百濟也；而新羅之境，東南兼有今朝鮮慶尚、江原二道，西北直至今吉林烏拉，又西近開元、鐵嶺，出高麗、百濟之間，故百濟之東北、東南皆相鄰近高麗，介處其中。《通考》所云亦在高麗東南，《奉使行程錄》所云自咸州至同州東望大山，即新羅界，《遼・志》所云海州東界新羅是也。【略】

諸史又云新羅始保沃沮。考《後漢書》、《魏志》、《通考》俱有東沃沮、南沃沮、北沃沮之文，無大君長，邑落各自有帥，而其地或在挹婁、夫餘之南，或在挹婁之北，或屬元菟，或屬樂浪，或屬句驪，東濱海而南接濊，所載皆朝鮮、句驪及漢樂浪諸郡事。則沃沮者應即今之窩集。盛京邊外東南北諸處在在有之。新羅所保，據《毌丘儉傳》，在肅慎界南千餘里，則當在吉林烏拉之南，近長白山，殆納沁庫魯訥納魯諸窩集之地歟？王本百濟人，金姓，隋初已三十餘世，唐武德至會昌又十八世，五代以後史弗能詳。至其山林盤互，法令修明，道不拾遺，人嫻書射，史稱君子之國，不虛也。若休忍、躭羅諸國，並為新羅所併，其遺迹皆在今朝鮮南界云。

沃沮

《三國志》卷三〇《魏志・東夷傳・東沃沮》　東沃沮在高句麗蓋馬大山之東，濱大海而居。其地形東北狹，西南長，可千里，北與挹婁、夫餘，南與濊貊接。戶五千，無大君王，世世邑落，各有長帥。其言語與句麗大同，時時小異。【略】

夷狄更相攻伐，唯不耐濊侯至今猶置功曹、主簿諸曹，皆濊民作之。沃沮諸邑落渠帥，皆自稱三老，則故縣國之制也。國小，迫於大國之間，遂臣屬句麗。句麗復置其中大人為使者，使相主領，又使大加統責其租稅，貊布、魚、鹽、海中食物，千里擔負致之，又送其美女以為婢妾，遇之如奴僕。

其土地肥美，背山向海，宜五穀，善田種。人性質直彊勇，少牛馬，便持矛步戰。食飲居處，衣服禮節，有似句麗。其葬作大木槨，長十餘丈，開一頭作戶。新死者皆假埋之，纔使覆形，皮肉盡，乃取骨置槨中。舉家皆共一槨，刻木如生形，隨死者為數。又有瓦，置米其中，編縣之於槨戶邊。【略】

北沃沮一名置溝婁，去南沃沮八百餘里，其俗南北皆同，與挹婁接。挹婁喜乘船寇鈔，北沃沮畏之，夏月恒在山巖深穴中為守備，冬月冰凍，船道不通，乃下居村落。王頎別遣追討宮，盡其東界。問其耆老『海東復有人不』？耆老言國人嘗乘船捕魚，遭風見吹數十日，東得一島，上有人，言語不相曉，其俗常以七月取童女沈海。又言有一國亦在海中，純女無男。又說得一布衣，從海中浮出，其身如中（國）人衣，其兩袖長三丈。又得一破船，隨波出在海岸邊，有一人項中復有面，生得之，與語不相通，不食而死。其域皆在沃沮東大海中。

晉・張華《博物志》卷二《異俗》　毌丘儉遣王頎追高句麗王宮，盡沃沮東界，問其耆老，言國人常乘船捕魚，遭風吹，數十日，東得一島，上有人，言語不相曉。其俗常以七夕取童女沉海。

濊

《三國志》卷三〇《魏志・東夷傳・濊》　濊南與辰韓，北與高句麗、沃沮接，東窮大海，今朝鮮之東皆其地也。戶二萬。昔箕子既適朝鮮，作八條之教以教之，無門戶之閉而民不為盜。其後四十餘世，朝鮮侯（淮）［準］僭號稱王。陳勝等起，天下叛秦，燕、齊、趙民避地朝鮮數萬口。燕人衛滿，魋結夷服，復來王之。漢武帝伐滅朝鮮，分其地為四郡。自是之後，胡、漢稍別。無大君長，自漢已來，其官有侯邑君、三老，統主下戶。其耆老舊自謂與句麗同種。其人性愿慤，少嗜欲，有廉恥，不請（句麗）［匄］。言語法俗大抵與句麗同，衣服有異。男女衣皆著曲領，男子繫銀花廣數寸以為飾。自單單大山領以西屬樂浪，自領以東七縣，都尉主之，皆以濊為民。後省都尉，封其渠帥為侯，今不耐濊皆其種也。漢末更屬句麗。其俗重山川，山川各有部分，不得妄相涉入。同姓

不婚。多忌諱，疾病死亡輒損棄舊宅，更作新居。有麻布，蠶桑作綿。曉候星宿，豫知年歲豐約。不以誅玉為寶。常用十月節祭天，晝夜飲酒歌舞，名之為舞天，又祭虎以為神。其邑落相侵犯，輒相罰責生口牛馬，名之為責禍。殺人者償死。少寇盜。作矛長三丈，或數人共持之，能步戰。樂浪檀弓出其地。其海出班魚皮，土地饒文豹，又出果下馬，漢桓時獻之。

宋·李昉等《太平御覽》卷八九七《獸部九·馬五》　《博物志》曰：穢貊國，南與辰韓、北與句麗、沃沮接，東窮大海。海中出班魚皮，陸出文豹。又出果下馬，高三尺，漢時獻之，駕輂車。正始六年，樂浪太守劉茂、葱藿太守弓遵領東穢。屬句麗伐之，舉邑降。

耽牟羅

《北史》卷九四《百濟傳》　其南，海行三月有耽牟羅國，南北千餘里，東西數百里，土多麞鹿，附庸於百濟。西行三日，至貊國千餘里云。

日本

《三國志》卷三〇《魏志·東夷傳·倭》　倭人在帶方東南大海之中，依山島為國邑。舊百餘國，漢時有朝見者，今使譯所通三十國。從郡至倭，循海岸水行，歷韓國，乍南乍東，到其北岸狗邪韓國，七千餘里，始度一海，千餘里至對馬國。其大官曰卑狗，副曰卑奴母離。所居絕島，方可四百餘里，土地山險，多深林，道路如禽鹿徑。有千餘戶，無良田，食海物自活，乘船南北市糴。

又南渡一海千餘里，名曰瀚海，至一大國，官亦曰卑狗，副曰卑奴母離。方可三百里，多竹木叢林，有三千許家，差有田地，耕田猶不足食，亦南北市糴。又渡一海，千餘里至末盧國，有四千餘戶，濱山海居，草木茂盛，行不見前人。好捕魚鰒，水無深淺，皆沉没取之。東南陸行五百里，到伊都國，官曰爾支，副曰泄謨觚、柄渠觚。有千餘戶，世有王，皆統屬女王國，郡使往來常所駐。

東南至奴國百里，官曰兕馬觚，副曰卑奴母離，有二萬餘戶。東行至不彌國百里，官曰多模，副曰卑奴母離，有千餘家。南至投馬國，水行二

十日，官曰彌彌，副曰彌彌那利，可五萬餘戶。南至邪馬一國，女王之所都，水行十日，陸行一月。官有伊支馬，次曰彌馬升，次曰彌馬獲支，次曰奴佳鞮，可七萬餘戶。自女王國以北，其戶數道里可得略載，其餘旁國遠絕，不可得詳。

次有斯馬國，次有已百支國，次有伊邪國，次有都支國，次有彌奴國，次有好古都國，次有不呼國，次有姐奴國，次有對蘇國，次有蘇奴國，次有呼邑國，次有華奴蘇奴國，次有鬼國，次有為吾國，次有鬼奴國，次有邪馬國，次有躬臣國，次有巴利國，次有支惟國，次有烏奴國，次有奴國，此女王境界所盡。其南有狗奴國，男子為王，其官有狗古智卑狗，不屬女王。自郡至女王國萬二千餘里。

男子無大小皆黥面文身。自古以來，其使詣中國，皆自稱大夫。夏后少康之子封於會稽，斷髮文身以避蛟龍之害。今倭水人好沉没捕魚蛤，文身亦以厭大魚水禽，後稍以為飾。諸國文身各異，或左或右，或大或小，尊卑有差。計其道里，當在會稽、東冶之東。

其風俗不淫，男子皆露紒，以木綿招頭。其衣橫幅，但結束相連，略無縫。婦人被髮屈紒，作衣如單被，穿其中央，貫頭衣之。種禾稻、紵麻，蠶桑、緝績，出細紵、縑綿。其地無牛馬虎豹羊鵲。兵用矛、楯、木弓。木弓短下長上，竹箭或鐵鏃或骨鏃，所有無與儋耳、朱崖同。倭地溫暖，冬夏食生菜，皆徒跣。有屋室，父母兄弟臥息異處，以朱丹塗其身體，如中國用粉也。食飲用籩豆，手食。其死，有棺無槨，封土作冢。始死停喪十餘日，當時不食肉，喪主哭泣，他人就歌舞飲酒。已葬，舉家詣水中澡浴，以如練沐。其行來渡海詣中國，恒使一人，不梳頭，不去蟣虱，衣服垢汙，不食肉，不近婦人，如喪人，名之為持衰。若行者吉善，共顧其生口財物；若有疾病，遭暴害，便欲殺之，謂其持衰不謹。

出真珠、青玉。其山有丹，其木有柟、杼、豫樟、楺櫪、投橿、烏號、楓香，其竹篠簳、桃支。有薑、橘、椒、蘘荷，不知以為滋味。有獮猴、黑雉。其俗舉事行來，有所云為，輒灼骨而卜，以占吉凶，先告所卜，其辭如令龜法，視火坼占兆。其會同坐起，父子男女無別，人性嗜酒。見大人所敬，但搏手以當跪拜。其人壽考，或百年，或八九十年。其俗，國大人皆四五婦，下戶或二三婦。婦人不淫，不妒忌。不盜竊，少諍

訟。其犯法，輕者没其妻子，重者滅其門户。及宗族尊卑，各有差序，足相臣服。收租賦。有邸閣國，國有市，交易有無，使大倭監之。自女王國以北，特置一大率，檢察諸國，諸國畏憚之。

常治伊都國，於國中有如刺史。王遣使詣京都、帶方郡、諸韓國，及郡使倭國，皆臨津搜露，傳送文書賜遺之物詣女王，不得差錯。下户與大人相逢道路，逡巡入草。傳辭説事，或蹲或跪，兩手據地，為之恭敬。對應聲曰噫，比如然諾。

其國本亦以男子為王，住七八十年，倭國亂，相攻伐歷年，乃共立一女子為王，名曰卑彌呼，事鬼道，能惑衆，年已長大，無夫婿，有男弟佐治國。自為王以來，少有見者。以婢千人自侍，唯有男子一人給飲食，傳辭出入。居處宫室樓觀，城柵嚴設，常有人持兵守衛。

女王國東渡海千餘里，復有國，皆倭種。又有侏儒國在其南，人長三四尺，去女王四千餘里。又有裸國、黑齒國復在其東南，船行一年可至。參問倭地，絶在海中洲島之上，或絶或連，周旋可五千餘里。【略】

卑彌呼以死，大作冢，徑百餘步，徇葬者奴婢百餘人。更立男王，國中不服，更相誅殺，當時殺千餘人。復立卑彌呼宗女一與，年十三為王，國中遂定。

又《魏志·東夷傳·倭》裴松之注　《魏略》曰：其俗不知正歲四節，但計春耕秋收為年紀。

《晉書》卷九七《四夷傳·東夷·倭人》　倭人在帶方東南大海中，依山島為國，地多山林，無良田，食海物。舊有百餘小國相接，至魏時，有三十國通好。户有七萬。男子無大小，悉黥面文身。自謂太伯之後，又言上古使詣中國，皆自稱大夫。昔夏少康之子封於會稽，斷髮文身以避蛟龍之害，今倭人好沈没取魚，亦文身以厭水禽。計其道里，當會稽東冶之東。其男子衣以横幅，但結束相連，略無縫綴。婦人衣如單被，穿其中央以貫頭，而皆被髮徒跣。其地温暖，俗種禾稻紵麻而蠶桑織績。土無牛馬，有刀楯弓箭，以鐵為鏃。有屋宇，父母兄弟臥息異處。食飲用俎豆。嫁娶不持錢帛，以衣迎之。死有棺無槨，封土為冢。初喪，哭泣，不食肉。已葬，舉家入水澡浴自潔，以除不祥。其舉大事，輒灼骨以占吉凶。不知正歲四節，但計秋收之時以為年紀。人多壽百年，或八九十。國多婦女，不淫不妒。無爭訟，犯輕罪者没其妻孥，重者族滅其家。舊以男子為主。漢末，倭人亂，攻伐不定，乃立女子為王，名曰卑彌呼。

《南齊書》卷五八《東南夷傳·東夷·倭國》　倭國，在帶方東南大海島中。漢末以來，立女王。土俗已見前史。

《梁書》卷五四《諸夷傳·東夷·倭》　倭者，自云太伯之後，俗皆文身。去帶方萬二千餘里，大抵在會稽之東，相去絶遠。從帶方至倭，循海水行，歷韓國，乍東乍南，七千餘里始度一海；海闊千餘里，名瀚海，至一支國；又度一海千餘里，名未盧國；又東南陸行五百里，至伊都國；又東南行百里，至奴國；又東行百里，至不彌國；又南水行二十日，至投馬國；又南水行十日，陸行一月日，至祁馬台國，即倭王所居。其官有伊支馬，次曰彌馬獲支，次曰奴往鞮。民種禾稻紵麻，蠶桑織績。有薑、桂、橘、椒、蘇，出黑雉、真珠、青玉。有獸如牛，名山鼠；又有大蛇吞此獸。蛇皮堅不可斫，其上有孔，乍開乍閉，時或有光，射之中，蛇則死矣。物產略與儋耳、朱崖同。地温暖，風俗不淫。男女皆露紒。富貴者以錦繡雜采為帽，似中國胡公頭。食飲用籩豆。其死，有棺無槨，封土作冢。人性皆嗜酒。俗不知正歲，多壽考，多至八九十，或至百歲。其俗女多男少，貴者至四五妻，賤者猶兩三妻。婦人無淫妒。無盜竊，少諍訟。若犯法，輕者没其妻子，重則滅其宗族。

漢靈帝光和中，倭國亂，相攻伐歷年，乃共立一女子卑彌呼為王。彌呼無夫婿，挾鬼道，能惑衆，故國人立之。有男弟佐治國。自為王，少有見者，以婢千人自侍，唯使一男子出入傳教令。所處宫室，常有兵守衛。【略】晉安帝時，有倭王贊。贊死，立弟彌；彌死，立子濟；濟死，立子興；興死，立弟武。【略】

其南有侏儒國，人長三四尺。又南黑齒國、裸國，去倭四千餘里，船行可一年至。又西南萬里有海人，身黑眼白，裸而醜。其肉美，行者或射而食之。

唐·歐陽詢等《藝文類聚》卷八三《寶玉部上·玉》　（晉）郭義恭《廣志》曰：青玉出倭國。

宋·李昉等《太平御覽》卷七八二《四夷部三·東夷三·日本國》　《南海經》曰：南倭、北倭屬倭國，在帶方東大海中，以女為

王。其俗零結衣服，無針功，以丹朱塗身，不妒忌，一男子數十婦。

又《紵嶼人》 《外國記》曰：周詳泛海，落紵嶼。上多紵，有三千餘家，云是徐福童男之後，風俗似吳人。

清・鍾淵映《歷代建元考》卷一〇《外國考・日本》 仲哀天皇。景行孫，在位九年。

神功天皇。開化天皇五世孫，息長宿禰女，仲哀納為后，仲哀歿，遂主國事，在位六十九年，壽一百歲。

應神天皇。仲哀第四子，母神功，在位四十一年，壽一百有十歲。

仁德天皇。應神第四子，應神歿，二年無主，乃立，在位八十七年，壽一百有十歲。

履中天皇。仁德太子，在位六年。

返正天皇。仁德次子，在位六年

允恭天皇。仁德第三子，在位四十三年。

安康天皇。允恭第二子，初允恭立太子，以性惡殺之，立安康。安康立，殺仁德之子大草香王，而娶其妻為后，其子眉輪王殺之，在位三年。

雄畧天王。名大泊瀨稚武，允恭第四子，在位二十三年，壽一百有四歲。

清寧天皇。雄畧第三子，在位五年。

飯豐天皇。清寧女弟即位，是冬歿，國人以小楯迎顯宗立之。

顯宗天皇。履中孫，在位三年。

仁賢天皇。名大脚，顯宗同母兄，先是飯豐歿，讓位顯宗，至是立，在位十一年。

武烈天皇。仁賢太子，在位八年。

繼體天皇。應仁五世孫，立十六年始建年號，在位二十五年。改元三：善化，正和，發口。

安閒天皇。繼體第二子，繼體歿，二年無主，乃立，仍用『發口』紀元，在位二年。

宣化天皇。繼體第三子，在位四年。改元一：僧聽。

欽明天皇。一名天國排開廣庭天皇，宣化長子，以梁高祖大同八年壬戌立，十一年始傳佛法於百濟，在位三十二年。改元八：同要、貴樂、結清、兄弟、藏和、師安、和僧、金光。

敏達天皇。一作『達海』。欽明第二子，在位十四年。改元三：賢接、元年仍用金光，立五年乃改。鏡當、勝照。

用明天皇。欽明第四子立，隋開皇中仍用『勝照』紀年，在位二年。

崇俊天皇。欽明第五子，在位五年。改元一：端政。

文身

《梁書》卷五四《諸夷傳・東夷・文身》 文身國在倭國東北七千餘里。人體有文如獸，其額上有三文，文直者貴，文小者賤。土俗歡樂，物豐而賤，行客不齎糧。有屋宇，無城郭。其王所居，飾以金銀珍麗。繞屋為塹，廣一丈，實以水銀，雨則流於水銀之上。市用珍寶。犯輕罪者則鞭杖；犯死罪則置猛獸食之，有枉則猛獸避而不食，經宿則赦之。

大漢

《梁書》卷五四《諸夷傳・東夷・大漢》 大漢國在文身國東五千餘里。無兵戈，不攻戰。風俗並與文身國同而言語異。

扶桑

《梁書》卷五四《諸夷傳・東夷・扶桑》 扶桑國者，齊永元元年，其國有沙門慧深來至荆州，說云：『扶桑在大漢國東二萬餘里，地在中國之東，其土多扶桑木，故以為名。』扶桑葉似桐，而初生如筍，國人食之，實如梨而赤，績其皮為布以為衣，亦以為綿。作板屋，無城郭。有文字，以扶桑皮為紙。無兵甲，不攻戰。其國法，有南北獄。若犯輕者入南獄，重罪者入北獄。有赦則赦南獄，不赦北獄。在北獄者，男女相配，生男八歲為奴，生女九歲為婢。犯罪之身，至死不出。貴人有罪，國乃大會，坐罪人於坑，對之宴飲，分訣若死別焉。以灰繞之，其一重則一身摒退，二重則及子孫，三重則及七世。名國王為乙祁；貴人第一者為大對盧，第二者為小對盧，第三者為納咄沙。國王行有鼓角導從。其衣色隨年改易，甲乙年青，丙丁年赤，戊己年黃，庚辛年白，壬癸年黑。有牛角甚長，以角載物，至勝二十斛。車有馬車、牛車、鹿車。國人養鹿，如中國畜牛，

以乳為酪。有桑梨，經年不壞。多蒲桃。其地無鐵有銅，不貴金銀。市無租估。其婚姻，婿往女家門外作屋，晨夕灑掃，經年而女不悅，即驅之，相悅乃成婚。婚禮大抵與中國同。親喪，七日不食；祖父母喪，五日不食；兄弟伯叔姑姊妹，三日不食。設靈為神像，朝夕拜奠，不制縗絰。嗣王立，三年不視國事。其俗舊無佛法，宋大明二年，罽賓國嘗有比丘五人遊行至其國，流通佛法、經像，教令出家，風俗遂改。

慧深又云：『扶桑東千餘里有女國，容貌端正，色甚潔白，身體有毛，髮長委地。至二、三月，競入水則任娠，六七月產子。女人胸前無乳，項後生毛，根白，毛中有汁，以乳子，一百日能行，三四年則成人矣。見人驚避，偏畏丈夫。食鹹草如禽獸。鹹草葉似邪蒿，而氣香味鹹。』天監六年，有晉安人渡海，為風所飄至一島，登岸，有人居止。女則如中國，而言語不可曉；男則人身而狗頭，其聲如吠。其食有小豆，其衣如布。築土為牆，其形圓，其戶如竇云。

研判東南亞諸國國情分部

綜述

林邑

《晉書》卷九七《四夷傳・南蠻・林邑國》　林邑國本漢時象林縣，則馬援鑄柱之處也，去南海三千里。後漢末，縣功曹姓區，有子曰連，殺令自立為王，子孫相承。其後王無嗣，外孫范熊代立。熊死，子逸立。其俗皆開北戶以向日，至於居止，或東西無定。人性凶悍，果於戰鬬，便山習水，不閑平地。四時暄暖，無霜無雪，人皆倮露徒跣，以黑色為美。貴女賤男，同姓為婚，婦先聘婿。女嫁之時，著迦盤衣，橫幅合縫如井欄，首戴寶花。居喪翦鬢謂之孝，燔屍中野謂之葬。其王服天冠，被纓絡，每聽政，子弟侍臣皆不得近之。【略】

咸康二年，范逸死，奴文篡位。文，日南西卷縣夷帥范稚奴也。嘗牧牛澗中，獲二鯉魚，化成鐵，用以為刀。刀成，乃對大石章而咒之曰：『鯉魚變化，冶成雙刀，石章破者，是有神靈。』進斫之，石即瓦解。文知其神，乃懷之。隨商賈往來，見上國制度，至林邑，遂教逸作宮室、城邑及器械。逸甚愛信之，使為將。文乃譖逸諸子，或徙或奔。及逸死，無嗣，文遂自立為王。以逸妻妾悉置之高樓，從己者納之，不從者絕其食。於是乃攻大岐界、小岐界、式僕、徐狼、屈都、乾魯、扶單等諸國，并之，有衆四五萬人。

《南齊書》卷五八《東南夷傳・林邑國》　林邑國，在交州南，海行三千里，北連九德，秦時故林邑縣也。漢末稱王。晉太康五年始貢獻。宋永初元年，林邑王范楊邁初產，母夢人以金席藉之，光色奇麗。中國謂紫磨金，夷人謂之『楊邁』，故以為名。楊邁死，子咄立，慕其父，復改名楊邁。

林邑有金山，金汁流出於浦。事尼干道，鑄金銀人像，大十圍。【略】楊邁子孫相傳為王，未有位號。夷人范當根純攻奪其國，篡立為王。【略】范楊邁子孫范諸農率種人攻當根純，復得本國。【略】

王服天冠如佛冠，身被香纓絡。國人凶悍，習山川，善鬬。吹海蠡為角。人皆裸露。四時暄暖，無霜雪。貴女賤男，謂師君為婆羅門。羣從相姻通，婦先遣娉求婿。女嫁者，迦藍衣橫幅合縫如井闌，首戴花寶。婆羅門牽婿與婦握手相付，咒願吉利。居喪剪髮，謂之孝。燔屍中野以為葬。遠界有靈鷲鳥，知人將死，集其家食死人肉盡，飛去，乃取骨燒灰投海中水葬。人色以黑為美，南方諸國皆然。區粟城建八尺表，日影度南八寸。

《梁書》卷五四《諸夷傳・海南諸國・林邑》　林邑國者，本漢日南郡象林縣，古越裳之界也。伏波將軍馬援開漢南境，置此縣。其地縱廣可六百里，城去海百二十里，去日南界四百餘里，北接九德郡。其南界，水步道二百餘里，有西國夷亦稱王，馬援植兩銅柱表漢界處也。

其國有金山，石皆赤色，其中生金。金夜則出飛，狀如螢火。又出玳瑁、貝齒、吉貝、沉木香。吉貝者，樹名也，其華成時如鵝毳，抽其緒紡之以作布，潔白與鑰布不殊，亦染成五色，織為斑布也。沉木者，土人斫斷之，積以歲年，朽爛而心節獨在，置水中則沉，故名曰沉香。次不沉不浮者，曰裸香也。

漢末大亂，功曹區達，殺縣令自立為王。傳數世，其後王無嗣，立外甥范熊。熊死，子逸嗣。晉成帝咸康三年，逸死，奴文篡立。文本日南西卷縣夷帥范稚家奴，常牧牛於山澗，得鱧魚二頭，化而為鐵，因以鑄刀。鑄成，文向石而咒曰：『若斫石破者，文當王此國。』因舉刀斫石，如斷芻槁，文心獨異之。范稚常使之商賈至林邑，因教林邑王作宮室及兵車器械，王寵任之。後乃讒王諸子，各奔餘國。及王死無嗣，文偽於鄰國迓王子，置毒於漿中而殺之，遂脅國人自立。舉兵攻旁小國，皆吞滅之，有衆四五萬人。【略】

須達死，子敵真立，其弟敵鎧攜母出奔。敵真追恨不能容其母弟，舍國而之天竺，禪位於其甥，國相藏覺固諫不從。其甥既立而殺藏覺，藏覺子又攻殺之，而立敵鎧同母異父之弟曰文敵。文敵後為扶南王子當根純所殺，大臣范諸農平其亂，而自立為王。諸農死，子陽邁立。【略】陽邁死，子咄立，慕其父，復曰陽邁。

其國俗：居處為閣，名曰於蘭，門戶皆北向；書樹葉為紙；男女皆以橫幅吉貝繞腰以下，謂之干漫，亦曰都縵；穿耳貫小鐶；貴者著革屣，賤者跣行。自林邑、扶南以南諸國皆然也。其王著法服，加瓔珞，如佛像之飾。出則乘象，吹螺擊鼓，罩吉貝傘，以吉貝為幡旗。國不設刑法，有罪者使象踏殺之。其大姓號婆羅門。嫁娶必用八月，女先求男，由賤男而貴女也。同姓還相婚姻，使婆羅門引壻見婦，握手相付，咒曰『吉利吉利』，以為成禮。死者焚之中野，謂之火葬。其寡婦孤居，散髮至老。國王事尼干道，鑄金銀人像，大十圍。

《北史》卷九五《林邑傳》　林邑，其先所出，事具《南史》。其國延袤數千里，土多香木、金寶，物產大抵與交趾同。以磚為城，蜃灰塗之，東向戶。尊官有二，其一曰西那婆帝，其二曰薩婆地歌。其屬官三等，其一曰倫多姓，次歌倫致帝，次乙地伽蘭。外官分為二百餘部，其長官曰弗羅，次曰可輪，如牧宰之差也。王戴金花冠，形如章甫，衣朝霞布，珠璣瓔絡，足躡革履，時服錦袍。良家子侍衛者二百許人，皆執金裝。兵有弓、箭、刀、槊。以為竹為弩，傅毒於矢。樂有琴、笛、琵琶、五弦，頗與中國同。每擊鼓以警衆，吹蠡以即戎。其人深目高鼻，髮拳色黑。俗皆徒跣，以幅巾纏身，冬月衣袍。婦人椎髻。施椰葉席。每有婚媾，令媒者齎金銀釧、酒二壺、魚數頭至女家，於是擇日，夫家會親賓，歌舞相對，女家請一婆羅門送女至男家，壻盥手，因牽女授之。王死，七日而葬；有官者，三日；庶人，一日。皆以函盛屍，鼓舞導從，轝至水次，積薪焚之。收其餘骨，王則內金罌中，沉之於海；有官者，以銅罌，沉之海口；庶人以瓦，送之於江。男女皆截髮，哭至水次，盡哀而止，歸則不哭。每七日，燃香散花，復哭盡哀而止，百日、三年皆如之。人皆奉佛，文字同於天竺。

宋・李昉等《太平御覽》卷三九八《人事部三十九・吉夢下》

《林邑記》曰：林邑俗謂上金為紫磨金，夷俗謂上金為楊邁金。初，范楊邁母懷身，夢人鋪楊邁金席與其生兒。兒落席上，金色光起，昭晰豔燿。及其生也，名曰楊邁。後襲王位，能得人情。

又　卷八一三《珍寶部十二・銅》　《林邑記》曰：林邑王范文鑄銅為牛，銅屋行宮。

又　卷八二五《資產部五・蠶》　《林邑記》曰：九真郡，蠶年八熟，繭小輕薄，絲弱綿細。

又　卷九二八《羽族部・衆鳥》　（晉）俞益期《與韓豫章牋》曰：林邑有鳥名歸飛。

扶南

《晉書》卷九七《四夷傳・南蠻・扶南國》　扶南西去林邑三千餘里，在海大灣中，其境廣袤三千里，有城邑宮室。人皆醜黑拳髮，倮身跣行。性質直，不為寇盜，以耕種為務，一歲種，三歲穫。又好雕文刻鏤，食器多以銀為之，貢賦以金銀珠香。亦有書記府庫，文字有類於胡。喪葬婚姻略同林邑。

其王本是女子，字葉柳。時有外國人混潰者，先事神，夢神賜之弓，又教載舶入海。混潰旦詣神祠，得弓，遂隨賈人泛海至扶南外邑。葉柳率衆禦之，混潰舉弓，葉柳懼，遂降之。於是混潰納以為妻，而據其國。後胤衰微，子孫不紹，其將范尋復世王扶南矣。

《南齊書》卷五八《東南夷傳・扶南國》　自林邑西南三千餘里，至扶南。扶南國在日南之南大海西蠻灣中，廣袤三千餘里，有大江水西流入

海。其先有女人為王，名柳葉。又有激國人混填，夢神賜弓一張，教乘舶入海。混填晨起於神廟樹下得弓，即乘舶向扶南。柳葉見舶，率衆欲禦之。混填舉弓遙射，貫船一面通中人。柳葉怖，遂降。混填娶以為妻。惡其裸露形體，乃迭布貫其首。遂治其國，子孫相傳。至王盤況死，國人立其大將范師蔓。蔓病，姊子旃篡立，殺蔓子金生。十餘年，蔓少子長襲殺旃，以刃鑱旃腹曰：『汝昔殺我兄，今為父兄報汝。』旃大將范尋又殺長，國人立以為王，是吳、晉時也。【略】

扶南人黠惠知巧，攻略傍邑不賓之民為奴婢，貨易金銀彩帛。大家男子截錦為橫幅，女為貫頭，貧者以布自蔽，鍜金環鏆銀食器。伐木起屋，國王居重閣，以木柵為城。海邊生大箬葉，長八九尺，編其葉以覆屋。人民亦為閣居。為船八九丈，廣裁六七尺，頭尾似魚。國王行乘象，婦人亦能乘象。鬭雞及犬希為樂。無牢獄，有訟者，則以金指環若雞子投沸湯中，令探之，又燒鎖令赤，著手上捧行七步，有罪者手皆燋爛，無罪者不傷。又令没水，直者入即不沈，不直者即沈也。有甘蔗、諸蔗、安石榴及橘，多檳榔，鳥獸如中國。人性善，不便戰，常為林邑所侵擊，不得與交州通，故其使罕至。

《梁書》卷五四《諸夷傳·海南諸國·扶南》 扶南國在日南郡之南海西大灣中，去日南可七千里，在林邑西南三千餘里。城去海五百里。有大江廣十里，西北流，東入於海。其國輪廣三千餘里，土地洿下而平博，氣候風俗大較與林邑同。出金、銀、銅、錫、沉木香、象牙、孔翠、五色鸚鵡。【略】

扶南國俗本裸體，文身被髮，不制衣裳。以女人為王，號曰柳葉。年少壯健，有似男子。其南有徼國，有事鬼神者字混填，夢神賜之弓，乘賈人舶入海。混填晨起即詣廟，於神樹下得弓，便依夢乘船入海，遂入扶南外邑。柳葉人衆見舶至，欲取之，混填即張弓射其舶，穿度一面，矢及侍者，柳葉大懼，舉衆降混填。混填乃教柳葉穿布貫頭，形不復露，遂治其國，納柳葉為妻，生子分王七邑。其後王混盤況以詐力間諸邑，令相疑阻，因舉兵攻並之，乃遣子孫中分治諸邑，號曰小王。

盤況年九十餘乃死，立中子盤盤，以國事委其大將范蔓。盤盤立三年死，國人共舉蔓為王。蔓勇健有權略，復以兵威攻伐旁國，咸服屬之，自號扶南大王。乃治作大船，窮漲海，攻屈都昆、九稚、典孫等十餘國，開地五六千里。次當伐金鄰國，蔓遇疾，遣太子金生代行。蔓姊子旃，時為二千人將，因篡蔓自立，遣人詐金生而殺之。蔓死時，有乳下兒名長，在民間，至年二十，乃結國中壯士襲殺旃，旃大將范尋又殺長而自立。更繕治國內，起觀閣遊戲之，朝旦中晡三四見客。

民人以焦蔗龜鳥為禮。國法無牢獄。有罪者，先齋戒三日，乃燒斧極赤，令訟者捧行七步。又以金鐶、雞卵投沸湯中，令探取之，若無實者，手即焦爛，有理者則不。又於城溝中養鱷魚，門外圈猛獸，有罪者，輒以餵猛獸及鱷魚，魚獸不食為無罪，三日乃放之。鱷大者長二丈餘，狀如鼉，有四足，喙長六七尺，兩邊有齒，利如刀劍，常食魚，遇得麞鹿及人亦啖之，蒼梧以南及外國皆有之。【略】

其後王憍陳如，本天竺婆羅門也。有神語曰『應王扶南』，憍陳如心悅，南至盤盤，扶南人聞之，舉國欣戴，迎而立焉。復改制度，用天竺法。【略】

今其國人皆醜黑，拳髮。所居不穿井，數十家共一池引汲之。俗事天神，天神以銅為像，二面者四手，四面者八手，手各有所持，或小兒，或鳥獸，或日月。其王出入乘象，嬪侍亦然。王坐則偏踞翹膝，垂左膝至地，以白迭敷前，設金盆香爐於其上。國俗，居喪則剃除鬚髮。死者有四葬：水葬則投之江流，火葬則焚為灰燼，土葬則瘞埋之，鳥葬則棄之中野。人性貪吝，無禮義，男女恣其奔隨。

晉·崔豹《古今注》卷下《草木第六》 蘇枋木，出扶南、林邑外國。取細破煮之以染色。【略】

紫梅木，出扶南，色紫，亦謂之紫檀。

南朝宋·劉敬叔《異苑》卷三 扶南王范尋常畜虎五六頭及鱷魚十頭。若有訟，未知曲直，便投與魚虎，魚虎不食則為有理。穢貊之人祭虎為神，將有以也。

又 卷九 扶南國治生皆用黃金僦船東西，遠近雇一斤。時有不至所屆，欲減金數，舡主便作幻誑，使船底砑折，狀欲淪滯海中，進退不動。衆人惶怖，還請賽船合如初。

唐·歐陽詢等《藝文類聚》卷九五《獸部下·象》 《吳時外國傳》

曰：扶南王盤況，少而雄桀，聞山林有大象，輒生捕取之，教習乘騎，諸國聞而伏之。

宋·李昉等《太平御覽》卷七八六《四夷部七·南蠻二·扶南國》 《抱朴子》曰：扶南國出金鋼，可以刻玉，狀似紫石英。其所生在百丈水底盤石上，如鍾乳。人没水取之，竟日乃出。以鐵槌之不傷，鐵反自損。以羖羊角扣之，灌然冰泮。

《外國傳》曰：扶南人，若戶中亡器物者，即以米一升，詣神廟，乞神見盜者，以米著神足下。明日取米，呼戶中奴婢，分令嚙之，盜者口中血出，米完不碎；不盜者入口即敗。從日南至僥外悉爾。

又曰：扶南國人，最大居舍，雕文刻鏤，好布施，多禽獸。王好獵，皆乘象，一去月餘日。

《南州異物志》曰：扶南國在林邑西三千餘里，自立為王，諸屬皆有官長，及王之左右大臣，皆號為昆侖。

又 卷九三八《鱗介部十·鱷魚》 《吳時外國傳》曰：鱷魚大者長二三丈，有四足，似守宮，常吞食人。扶南王范尋敕捕取置溝塹中，尋有所忿者，縛以食鱷。若罪當死，鱷便食之；如其不食，便解放，以為無罪。

頓遜

《梁書》卷五四《諸夷傳·海南諸國·扶南》 其南界三千餘里有頓遜國，在海崎上，地方千里，城去海十里。有五王，並羈屬扶南。頓遜之東界通交州，其西界接天竺、安息徼外諸國，往還交市。所以然者，頓遜回入海中千餘里，漲海無崖岸，船舶未曾得徑過也。其市，東西交會，日有萬餘人。珍物寶貨，無所不有。又有酒樹，似安石榴，采其花汁停甕中，數日成酒。

唐·歐陽詢等《藝文類聚》卷七六《内典部上·内典》 《扶南記》曰：頓遜國，屬扶南，西出海中，國主名昆侖，有天竺胡五百家，兩佛圖婆羅門千餘人，頓遜人敬奉其道，以香花自洗，精進不捨晝夜，香有區撥摩花，冬夏不衰，日載數千車貨之，燥更香好。

宋·李昉等《太平御覽》卷三七五《人事部十六·骨》 《扶南傳》曰：頓遜國人死，鳥葬或火葬。鳥葬者，病困便歌舞，送郭外，有鳥如鵝，緑色，飛來萬許，啄食都盡，斂骨焚之，沈於海水，此必生天上。鳥若不食，自悲傷，乃就火葬，取骨埋之。

又 卷七一九《服用部二十一·粉》 《扶南傳》曰：頓遜國有磨夷花，末之為粉，大香。

竺芝《扶南記》曰：頓遜國屬扶南國，主名昆侖。國有天竺胡五百家，兩佛圖，天竺婆羅門千餘人。頓遜敬奉其道，嫁女與之，故多不去，惟讀《天神經》。以香花自洗，精進不捨晝夜。疾困便發願鳥葬，歌舞送之邑外，有鳥啄食，餘骨作灰，甕盛沈海。鳥若不食，乃藍盛火，葬者投火，餘灰函盛埋之。祭祠無年限。又酒樹有似安石榴，取花與汁停甕中，數日乃成酒，美而醉人。

又 卷九八一《香部一·香》 《扶南傳》曰：頓遜國，人恒以香花事天神。香有多種：區撥葉逆花、途致各逐花、摩夷花，冬夏不聖，日載數十車於市賣之，燥乃益香。亦可為粉，以傅身體。

毗騫

《梁書》卷五四《諸夷傳·海南諸國·扶南》 頓遜之外，大海洲中，又有毗騫國，去扶南八千里。傳其王身長丈二，頭長三尺，自古來不死，莫知其年。王神聖，國中人善惡及將來事，王皆知之，是以無敢欺者。南方號曰長頸王。國俗，有室屋、衣服，啖粳米。其人言語，小異扶南。有山出金，金露生石上，無所限也。國法刑罪人，並於王前啖其肉。國内不受估客，有往者亦殺而啖之，是以商旅不敢至。王常樓居，不血食，不事鬼神。其子孫生死如常人，唯王不死。扶南王數遣使與書相報答，常遺扶南王純金五十人食器，形如圓盤，又如瓦塸，名為多羅，受五升，又如碗者，受一升。王亦能作天竺書，書可三千言，說其宿命所由，與佛經相似，並論善事。

宋·李昉等《太平御覽》卷七八八《四夷部九·南蠻四》 竺芝《扶南記》曰：毗騫國，去扶南八千里，在海中。國王身長三丈，頸長三尺，自古以來不死，知神聖未然之事。亦有子孫，子孫生死如常人，惟此王不死耳，號曰長頸王。食器皆純金，金如此間之石，無央限也。不聽

妄取，有偷者知則殺食之。長頸王亦能作天竺書，自道宿命所經，與佛語相似。作書可三千言，皆道世事。其國法，有罪者共在王前食之，平常不啖人也。

諸薄國

《梁書》卷五四《諸夷傳·海南諸國·扶南》　又傳扶南東界即大漲海，海中有大洲，洲上有諸薄國，國東有馬五洲。復東行漲海千餘里，至自然大洲。其上有樹生火中，洲左近人剝取其皮，紡績作布，極得數尺以為手巾，與焦麻無異而色微青黑；若小垢汙，則投火中，復更精潔。或作燈炷，用之不知盡。

宋·李昉等《太平御覽》卷八二〇《布帛部七·白疊》　《廣志》曰：白疊布，毛織，出諸簿洲。

《吳時外國傳》曰：諸簿國女子織作白疊花布。

干陁利

《梁書》卷五四《諸夷傳·海南諸國·干陁利》　干陁利國在南海洲上。其俗與林邑、扶南略同。出班布、吉貝、檳榔，檳榔特好，為諸國之極。

狼牙修

《梁書》卷五四《諸夷傳·海南諸國·狼牙修》　狼牙修國，在南海中。其界東西三十日行，南北二十日行，去廣州二萬四千里。土氣物產與扶南略同，偏多裸、沉、婆律香等。其俗男女皆袒而被髮，以吉貝為干縵。其王及貴臣乃加雲霞布覆胛，以金繩為絡帶，金鐶貫耳。女子則被布，以瓔珞繞身。其國累磚為城，重門樓閣。王出乘象，有幡旄旗鼓，罩白蓋，兵衛甚設。國人說，立國以來四百餘年，後嗣衰弱，王族有賢者，國人歸之。王聞知，乃加囚執，其鏁無故自斷，王以為神，因不敢害，乃斥逐出境，遂奔天竺，天竺妻以長女。俄而狼牙王死，大臣迎還為王。二十餘年死，子婆伽達多立。

婆　利

《梁書》卷五四《諸夷傳·海南諸國·婆利》　婆利國在廣州東南海中洲上，去廣州二月日行。國界東西五十日行，南北二十日行。有一百三十六聚。土氣暑熱，如中國之盛夏。穀一歲再熟，草木常榮。海出文螺、紫貝。有石名蚶貝羅，初采之柔軟，及刻削為物乾之，遂大堅强。其國人披吉貝如帊，及為都縵。王乃用班絲布，以瓔珞繞身，頭著金冠高尺餘，形如弁，綴以七寶之飾，帶金裝劍，偏坐金高坐，以銀蹬支足。侍女皆為金花雜寶之飾，或持白毦拂及孔雀扇。王出，以象駕輿，輿以雜香為之，上施羽蓋珠簾，其導從吹螺擊鼓。王姓憍陳如，自古未通中國。問其先及年數，不能記焉，而言白淨王夫人即其國女也。

優鈸國

宋·李昉等《太平御覽》卷七八七《四夷部八·南蠻三·優鈸國》　康泰《扶南土俗》曰：優鈸國者，在天竺之東南可五千里，國土熾盛，城郭、珍玩、謠俗與天竺同。

横趺國

宋·李昉等《太平御覽》卷七八七《四夷部八·南蠻三·横趺國》　康泰《扶南土俗》曰：横趺國在優鈸之東南，城郭饒樂不及優鈸也。

比攎洲

宋·李昉等《太平御覽》卷七八七《四夷部八·南蠻三·比攎洲》　康泰《扶南土俗》曰：諸薄之東南有比攎洲，出錫，轉賣與外徼。

馬五洲

宋·李昉等《太平御覽》卷七八七《四夷部八·南蠻三·馬五洲》　康泰《扶南土俗》曰：諸薄之東有馬五洲，出雞舌香，樹木多華

少實。

又　卷九八一《香部一・雞舌》《吳時外國傳》曰：五馬洲，出雞舌香。

薄嘆洲

宋・李昉等《太平御覽》卷七八七《四夷部八・南蠻三・薄嘆洲》　康泰《扶南土俗》曰：諸薄之西北有薄嘆洲，土地出金，常以采金為業，轉賣與諸賈人，易量米雜物。

耽蘭洲

宋・李昉等《太平御覽》卷七八七《四夷部八・南蠻三・耽蘭洲》　康泰《扶南土俗》曰：諸薄之西北有耽蘭之洲，出鐵。

巨延洲

宋・李昉等《太平御覽》卷七八七《四夷部八・南蠻三・巨延洲》　康泰《扶南土俗》曰：諸轉薄之東北有巨迹洲，人民無田種芋，浮船海中，截大蚶螺杯往扶南。

賓郍專國

宋・李昉等《太平御覽》卷七八七《四夷部八・南蠻三・賓郍專國》　康泰《扶南土俗》曰：賓郍專國出馬及金，俗民皆有衣被結髮也。

烏文國

宋・李昉等《太平御覽》卷七八七《四夷部八・南蠻三・烏文國》　康泰《扶南土俗》曰：烏文國，昔混湞初，載賈人大舶所成此國。

林陽國

宋・李昉等《太平御覽》卷七八七《四夷部八・南蠻三・林陽國》　康泰《扶南土俗》曰：扶南之西南有林陽國，去扶南七千里。土地奉佛，有數千沙門，持戒六齊，曰魚肉不得入國。一日再市，朝市諸雜米、甘果、石密，暮市但貨香花。

《南州物異志》曰：林陽在扶南西七千餘里，地皆平博，民十餘萬家。男女行仁善，皆侍佛。

盤盤國

宋・李昉等《太平御覽》卷七八七《四夷部八・南蠻三・盤盤國》　《梁書》曰：盤盤，南海大洲中，北與林邑隔小海，自交州船行四十日至其國。王曰楊粟翟。粟翟父曰楊德武連，以上無得而紀。百姓多緣水而居，國無城，皆豎木為柵。王坐金龍床，每坐，諸大人皆兩手交抱肩而跪。及其國多有婆羅門，自天竺來就王乞財物，王甚重之。其大臣曰勃郎索濫，次曰昆侖帝也，次曰昆侖勃和，次曰昆侖勃帝索甘且。其言『昆侖』、『古龍』，聲相近，故或有謂為『古龍』者。其在外城者曰那延，猶中夏刺史、縣令。其矢多以石為鏃，槊則以鐵為刃。有僧尼寺十所，僧尼讀佛經，皆食肉而飲酒。亦有道士寺一所，道士不飲食酒肉，讀阿修羅王經，其國不甚重之。俗皆呼僧為比丘，呼道士為貪。

典遜

宋・李昉等《太平御覽》卷七八八《四夷部九・南蠻四・典遜》《南州異物志》曰：典遜在扶南三千餘里，本為別國，扶南先王范蔓有勇略，討服之。今屬扶南。

無論國

宋・李昉等《太平御覽》卷七九〇《四夷部十一・南蠻六・無論國》　《南州異物志》曰：無論國有大道，左右種桃、枇杷及諸花果。白曰行其下，陰涼蔽熱，十餘里一亭，皆有井水。食麥飯，飲葡萄酒，如膠，若欲飲，以水和之，其味甘美。

句稚國

宋・李昉等《太平御覽》卷七九〇《四夷部十一・南蠻六・句稚

國》《南州異物志》曰：句稚，去典遜八百里。

歌營國

宋·李昉等《太平御覽》卷七九〇《四夷部十一·南蠻六·歌營國》《南州異物志》曰：歌營國在句稚南，可一月行到，其南文灣中有洲名蒲類，上有居人，皆黑如漆，齒正白，眼赤，男女皆裸形。

康泰《扶南土俗記》云：大載而去，常望海過則遮船，將雞豬山果易鐵器。

加陳國

宋·李昉等《太平御覽》卷七九〇《四夷部十一·南蠻六·加陳國》《南州異物志》曰：加陳在歌營西南。

師漢國

宋·李昉等《太平御覽》卷七九〇《四夷部十一·南蠻六·師漢國》《南州異物志》曰：師漢國在句稚西，從稚去行可十四、五日乃到其國。亦稱王，上有神人及明月珠。但仁善，不忍殺生。土地平博，民有萬餘家。

扈利國

宋·李昉等《太平御覽》卷七九〇《四夷部十一·南蠻六·扈利國》《南州異物志》曰：扈利國在奴調洲，西南邊海。

姑奴國

宋·李昉等《太平御覽》卷七九〇《四夷部十一·南蠻六·姑奴國》《南州異物志》曰：姑奴國去歌營可八千里，民人萬餘戶，皆乘四轅車，駕二馬或四馬，四會所集也。舶船常有百餘艘，市會萬餘人，晝夜作市，船皆鳴鼓吹角。人民衣被同中國。

類人國

宋·李昉等《太平御覽》卷七九〇《四夷部十一·南蠻六·類人國》《南州異物志》曰：扶南海隅有人如獸，此人，扶南之東，緣海邊，略如禽獸，人無道也。身黑若漆，齒白如素。扶南以外，民皆漆齒使黑，而此人身體惟獨不漆齒，故正白也。隨時流移，居無常處。此民不知安立屋宅，乃隨寒暑素飲。身體雖小，夏則入水捕魚螺，冬則登山射麋鹿也。食惟魚肉，不識禾稼。寒無衣服，以沙自覆。此人無衣服，若小遇寒涼，輒以沙自覆，惟以出面目耳。時或屯聚，豬、犬、雞雜糅。此人無衣服，若遇寒涼，以沙自覆，惟以出面目耳。時或雖忝人形，無逾六畜。此人或時權有可得停，猶知立一小屋，以自藉。家中男女大小並止，豬犬共息其中，無復分別也。

西屠國

宋·李昉等《太平御覽》卷七九〇《四夷部十一·南蠻六·西屠國》《（南州）異物志》曰：西屠國在海外，以草漆齒，用白作黑，一染則歷年不復變。一號黑齒。

《交州以南外國傳》曰：有銅柱表，為漢之南極界，左右十餘小國，悉屬西屠。有夷民，所在二千餘家。

金鄰國

宋·李昉等《太平御覽》卷一一《天部十一·霽》《扶南日南傳》曰：金陳國入四月便雨，六月乃止，少有晴日。六月不雨常晴。歲歲如此。

又　卷七九〇《四夷部十一·南蠻六·金鄰國》《（南州）異物志》曰：金鄰，一名金陳，去扶南可二千餘里。地出銀，人民多好獵大象，生得乘騎，死則取其牙齒。

《外國傳》曰：從扶南西去金陳，二千餘里到金陳。

波遼國

宋·李昉等《太平御覽》卷七九〇《四夷部十一·南蠻六·波遼國》《外國傳》曰：從西圖南去百餘里到波遼十餘國，皆在海邊。

屈都乾國

宋·李昉等《太平御覽》卷七九〇《四夷部十一·南蠻六·屈都乾國》 《外國傳》曰：從波遼國南去，乘船可三千里，到屈都乾國地。有人民可二千餘家，皆曰朱吾縣民，叛居其中。

波延洲

宋·李昉等《太平御覽》卷七九〇《四夷部十一·南蠻六·波延洲》 《外國傳》曰：從屈都乾國東去，船行可千餘里，到波延洲。有民人二百餘家，專采金，賣與屈都乾國。

究原國

宋·李昉等《太平御覽》卷七九〇《四夷部十一·南蠻六·究原國》 《外國傳》曰：究原有僚民，出錫、鐵、雞舌香及赤白五色鸚鵡鳥。究原達永昌一歲。

奴後國

宋·李昉等《太平御覽》卷七九〇《四夷部十一·南蠻六·奴後國》 《外國傳》曰：從林陽西去二千里奴後國，可二萬餘戶，與永昌接界。

研判南亞諸國國情分部

綜述

天竺

《三國志》卷三〇《魏志·烏丸鮮卑東夷傳》裴松之注 《魏略·西戎傳》曰：【略】罽賓國、大夏國、高附國、天竺國皆並屬大月氏。臨兒國，《浮屠經》云：其國王生浮屠。浮屠，太子也。父曰屑頭邪，母云莫邪。浮屠身服色黄，髮青如青絲，乳青毛，蛉赤如銅。始莫邪夢白象而孕，及生，從母左脅出，生而有結，墮地能行七步。此國在天竺城中。天竺又有神人，名沙律。【略】

車離國一名禮惟特，一名沛隸王，在天竺東南三千餘里，其地卑濕暑熱。其王治沙奇城，有別城數十，人民怯弱，月氏、天竺擊服之。其地東西南北數千里，人民男女皆長一丈八尺，乘象、橐駝以戰，今月氏役稅之。盤越國一名漢越王，在天竺東南數千里，與益部相近，其人小與中國人等，蜀人賈似至焉。南道而西極轉東南盡矣。

晉·釋法顯《佛國記》 度嶺已到北天竺。始入其境，有一小國名陀歷，亦有衆僧，皆小乘學。其國昔有羅漢，以神足力，將一巧匠上兜術天，觀彌勒菩薩長短、色貌，還下，刻木作像。前後三上觀，然後乃成。像長八丈，足趺八尺，齋日常有光明，諸國王競興供養。今故現在。

於此順嶺西南行十五日。其道艱阻，崖岸險絕，其山唯石，壁立千仞，臨之目眩，欲進則投足無所。下有水，名新頭河。昔人有鑿石通路施傍梯者，凡度七百，度梯已，躡懸絙過河，河兩岸相去減八十步。九驛所記，漢之張騫、甘英皆不至。衆僧問法顯：『佛法東過，其始可知耶？』顯云：『訪問彼土人，皆云古老相傳，自立彌勒菩薩像後，便有天竺沙門齎經、律過此河者。像立在佛泥洹後三百許年，計於周氏平王時。由茲而言，大教宣流，始自此像。非夫彌勒大士繼軌釋迦，孰能令三寶宣通，邊人識法。固知冥運之開，本非人事，則漢明之夢，有由而然矣。』

渡河便到烏萇國。烏萇國是正北天竺也。盡作中天竺語，中天竺所謂中國。俗人衣服、飲食亦與中國同。佛法盛甚，名衆僧住止處為僧伽藍，凡有五百僧伽藍，皆小乘學。若有客比丘到，悉供養三日，三日過已，乃令自求所安常。傳言佛至北天竺，即到此國已，佛遺足迹於此。迹或長或短，在人心念，至今猶爾。及曬衣石、度惡龍處亦悉現在。石高丈四，闊二丈許，一邊平。慧景、道整、慧達三人先發，向佛影那竭國。法顯等住此國夏坐。

坐訖，南下，到宿呵多國。其國佛法亦盛。昔天帝釋試菩薩，化作鷹、鴿，割肉貿鴿處，佛即成道，與諸弟子遊行，語云：『此本是吾割肉

貿鴿處。』國人由是得知，於此處起塔，金銀校飾。

從此東下五日行，到犍陀衛國，是阿育王子法益所治處。佛為菩薩時，亦於此國以眼施人。其處亦起大塔，金銀校飾，此國人多小乘學。自此東行七日，有國名竺刹尸羅。竺刹尸羅，漢言『截頭』也。佛為菩薩時，於此處以頭施人，故因以為名。復東行二日，至投身餧餓虎處。此二處亦起大塔，皆衆寶校飾。諸國王、臣民，競興供養，散華然燈，相繼不絶。通上二塔，彼方人亦名為四大塔也。

從犍陀衛國南行四日，到弗樓沙國。佛昔將諸弟子遊行此國，語阿難云：『吾般泥洹後，當有國王名罽膩伽，於此處起塔。』後膩伽王出世，出行游觀時，天帝釋欲開發其意，化作牧牛小兒，當道起塔。王問言：『汝作何等？』答曰：『作佛塔。』王言：『大善。』於是王即於小兒塔上起塔，高四十餘丈，衆寶校飾。凡所經見塔廟，壯麗威嚴，都無此比。傳云：『閻浮提塔，唯此為上。』王作塔成已，小塔即自傍出大塔南，高三尺許。佛鉢即在此國。昔月氏王大興兵衆，來伐此國。欲取佛鉢。既伏此國已，月氏王篤信佛法，欲持鉢去，故興供養。供養三寶畢，乃校飾大象，置鉢其上，象便伏地，不能得前。更作四輪車。載鉢，八象共牽，復不能進。王知與鉢緣未至，深自愧歎，即於此處起塔及僧伽藍，並留鎮守，種種供養。可有七百餘僧，日將中，衆僧則出鉢，與白衣等種種供養，然後中食。至暮燒香時復爾。可容二斗許，雜色而黑多，四際分明，厚可二分，瑩徹光澤。貧人以少華投中便滿，有大富者，欲以多華而供養，正復百千萬斛，終不能滿。

寶雲、僧景止供養佛鉢便還。慧景、慧達、道整先向那竭國，供養佛影、佛齒及頂骨。慧景病，道整住看，慧達一人還，於弗樓沙國相見，而慧達、寶雲、僧景遂還秦土。慧應在佛鉢寺無常。由是，法顯獨進向佛頂骨所。

西行十六由延，便至那竭國界醯羅城，中有佛頂骨精舍，盡以金薄、七寶校飾。國王敬重頂骨，慮人抄奪，乃取國中豪姓八人，人持一印，印封守護。清晨，八人俱到，各視其印，然後開戶。開戶已，以香汁洗手，出佛頂骨，置精舍外高座上，以七寶圓椹，椹下，琉璃鐘覆上，皆珠璣校飾。骨黃白色，方圓四寸，其上隆起，每日出後，精舍人則登高樓，擊大鼓，吹螺，敲銅鈸。王聞已，則詣精舍，以華香供養。供養已，次第頂戴而去。從東門入，西門出。王朝朝如是供養、禮拜，然後聽國政，居士、長者亦先供養，乃修家事。日日如是，初無懈惓。供養都訖，乃還頂骨於精舍。中有七寶解脱塔，或開或閉，高五尺許，以盛之。精舍門前，朝朝恒有賣華香人，凡欲供養者，種種買焉。諸國王亦恒遣使供養。精舍處方四十步，雖復天震地裂，此處不動。

從此北行一由延，到那竭國城，是菩薩本以銀錢貿五莖華，供養定光佛處。城中亦有佛齒塔，供養如頂骨法。城東北一由延，到一谷口，有佛錫杖，亦起精舍供養。杖以牛頭栴檀作，長丈六七許，以木筒盛之，正復百千人，舉不能移。入谷口四日，西行，有佛僧伽梨精舍供養。彼國土亢旱，府國人相率出衣，禮拜供養，天即大雨。那竭城南半由延，有石室，博山西南向，佛留影此中。去十餘步，觀之如佛真形，金色相好，光明炳著，轉近轉微，仿佛如有。諸方國王遣工畫師模寫，莫能及。彼國人傳云，千佛盡當於此留影。影西百步許，佛在時剃髮剪爪，佛自與諸弟子共造塔，高七八丈，以為將來塔法，今猶在。邊有寺，寺中有七百餘僧，此處有諸羅漢、辟支佛塔乃千數。

住此冬二月，法顯等三人南度小雪山。【略】復自力前，得過嶺。南到羅夷國。近有三千僧，兼大小乘學。住此夏坐。坐訖，南下行十日，到跋那國。亦有三千許僧，皆小乘學。

從此東行三日，復渡新頭河，兩岸皆平地。過河有國，名毗荼。佛法興盛，兼大小乘學，見秦道人往，乃大憐愍，作是言：『如何邊地人，能知出家為道，遠求佛法？』悉供給所須，待之如法。從此東南行減八十由延，經歷諸寺甚多，僧衆萬數。

過是諸處已，到一國，國名摩頭羅。又經捕那河，河邊左右有二十僧伽藍，可有三千僧，佛法轉盛。凡沙河已西，天竺諸國，國王皆篤信佛法。供養衆僧時，則脱天冠，共諸宗親、羣臣，手自行食。行食已，鋪氈於地，對上座前坐，於衆僧前不敢坐床。佛在世時，諸王供養法式，相傳至今。

從是以南，名為中國。中國寒暑調和，無霜、雪。人民殷樂，無戶籍官法，唯耕王地者乃輸地利，欲去便去，欲住便住。王治不用刑罔，有罪

者但罰其錢，隨事輕重，雖復謀為惡逆，不過截右手而已。王之侍衛、左右，皆有供祿。舉國人民悉不殺生，不飲酒，不食葱蒜，唯除旃荼羅。旃荼羅名為惡人，與人別居，若入城市，則擊木以自異，人則識而避之，不相唐突。國中不養豬、雞，不賣生口，市無屠行及酤酒者。貨易則用貝齒，唯旃荼羅、獵師賣肉耳。

自佛般泥洹後，諸國王、長者、居士為衆僧起精舍供養，供給田宅、園圃、民戶、牛犢，鐵券書錄，後王王相傳，無敢廢者，至今不絕。衆僧住止房舍、床褥、飲食、衣服，都無缺乏，處處皆爾。衆僧常以作功德為業，及誦經、坐禪。客僧往到，舊僧迎逆，代擔衣鉢，給洗足水，塗足油，與非時漿。須臾，息已，復問其臘數，次第得房舍、臥具，種種如法。衆僧住處，作舍利佛塔、目連、阿難塔，並《阿毗曇》律、經塔。安居後一月，諸希福之家勸化供養僧，作非時漿。衆僧大會說法。說法已，供養舍利弗塔，種種香華，通夜然燈。使彼人作舍利弗本婆羅門時詣佛求出家。大目連、大迦葉亦如是。諸比丘尼多供養阿難塔，以阿難請世尊聽女人出家故。諸沙彌多供養羅云。《阿毗曇》師者，供養《阿毗曇》。律師者，供養律。年年一供養，各自有日。摩訶衍人，則供養般若波羅蜜、文殊師利、觀世音等。衆僧受歲竟，長者、居士、婆羅門等各持種種衣物、沙門所須，以佈施僧衆。僧亦自各各佈施。佛泥洹已來，聖衆所行威儀法則，相承不絕。

自渡新頭河，至南天竺，迄於南海，四五萬里皆平坦，無大山川，正有河水。從此東南行十八由延，有國名僧伽施。佛上忉利天三月為母說法來下處。佛上忉利天，以神通力，都不使諸弟子知。未滿七日，乃放神足。阿那律以天眼遙見世尊，即語尊者大目連，汝可往問訊世尊。目連即往，頭面禮足，共相問訊。問訊已，佛語目連：『吾卻後七日，當下閻浮提。』目連既還，於時八國大王及諸臣民，不見佛久，咸皆渴仰，雲集此國，以待世尊。時優缽羅比丘尼即自心念：『今日國王、臣民皆當奉迎佛，我是女人，何由得先見佛？』即以神足化作轉輪聖王，最前禮佛。佛從忉利天上來向下，下時化作三道寶階：佛在中道七寶階上行，梵天王亦化作白銀階，在右邊執白拂而侍；天帝釋化作紫金階，在左邊執七寶蓋而侍。諸天無數從佛下。佛既下，三階俱沒於地，餘有七級現。後阿育王欲知其根際，遣人掘看，下至黃泉，根猶不盡。王益信敬，即於階上起精舍。當中階作丈六立像，精舍後立石柱，高三十肘，上作師子，柱內四邊有佛像，內外映徹，淨若琉璃。有外道論師與沙門諍此住處，時沙門理屈，於是共立誓言：『此處若是沙門住處者，今當有靈驗。』作是言已，住頭師子乃大鳴吼見證，於是外道懼怖，心伏而退。佛以受天食三月故，身作天香，不同世人。即便浴身，後人於此處起浴室，浴室猶在。優缽羅比丘尼初禮佛處，今亦起塔。佛在世時，有剪髮、爪作塔，及過去三佛並釋迦文佛坐處、經行處，及作諸佛形像處，盡有塔，今悉在。天帝釋、梵天王從佛下處亦起塔。此處僧及尼可有千人，皆同衆食，雜大、小乘學。住處一白耳龍，與此衆僧作檀越，令國內豐熟，雨澤以時，無諸災害，使衆僧得安。衆僧感其惠，故為作龍舍，敷置坐處，又為龍設福食供養。衆僧日日衆中別差三人，到龍舍中食。每至夏坐訖，龍輒化形作一小蛇，兩耳邊白。衆僧識之，銅盂盛酪，以龍置中。從上座至下座行之，似若問訊，遍便化去，年年一出。其國豐饒，人民熾盛，最樂無比。諸國人來，無不經理，供給所須。

寺北五十由延，有一寺名火境。火境者，惡鬼名也。佛本化是惡鬼。後人於此處起精舍，以精舍佈施阿羅漢，以水灌手，水瀝滴地，其處故在。正復掃除，常現不滅。此處別有佛塔，善鬼神常掃灑，初不須人工。有邪見國王言：『汝能如是者，我常多將兵衆住此，益積糞穢，汝復能除不？』鬼神即起大風，吹之令淨。此處有百枚小塔，人終日數之，不能得知。若至意欲知者，便一塔邊置一人已，復計數人，人或多或少，其不可得知。有一僧伽藍，可六七百僧。此中有辟支佛食處、泥洹地，大如車輪。餘處生草，此處獨不生。及曬衣地處，亦不生草。衣條著地迹，今故現在。

法顯住龍精舍夏坐，坐訖，東南行七由延，到罽饒夷城。城接恒水，有二僧伽藍，盡小乘學。去城西六七里，恒水北岸，佛為諸弟子說法處。傳云：說無常、苦，說身如泡沫等。此處起塔猶在。

度恒水，南行三由延，到一林，名呵梨。佛於此中說法、經行、坐處，盡起塔。

從此東南行十由延，到沙祇大國。出沙祇城南門道東，佛本在此嚼楊

枝，刺土中，即生長七尺，不增不減。諸外道婆羅門嫉妒，或斫或拔，遠棄之，其處續生如故。此中亦有四佛經行、坐處，起塔故在。

從此南行八由延，到拘薩羅國舍衛城。城内人民稀曠，都有二百餘家。即波斯匿王所治城也。大愛道故精舍處，須達長者井壁，及鴦掘魔得道、般泥洹、燒身處，後人起塔，皆在此城中。諸外道婆羅門生嫉妒心，欲毁壞之，天即雷電霹靂，終不能得壞。出城南門千二百步，道西，長者須達起精舍。精舍東向開門戶，兩廂有二石柱，左柱上作輪形，右柱上作牛形。池流清淨，林木尚茂，衆華異色，蔚然可觀，即所謂祇洹精舍也。佛上忉利天為母説法九十日，波斯匿王思見佛，即刻牛頭栴檀作佛像，置佛坐處。佛後還入精舍，像即避出迎佛。佛言：『還坐。吾般泥洹後，可為四部衆作法式。』像即還坐。此像最是衆像之始，後人所法者也。佛於是移住南邊小精舍，與像異處，相去二十步。祇洹精舍本有七層，諸國王、人民競興供養，懸繒幡蓋，散華燒香，然燈續明，日日不絕。鼠銜燈炷，燒花幡蓋，遂及精舍，七重都盡。諸國王、人民皆大悲惱，謂栴檀像已燒。卻後四五日，開東小精舍戶，忽見本像，皆大歡喜，共治精舍，得作兩重，還移像本處。【略】

（祇洹）精舍西北四里有榛，名曰『得眼』。本有五百盲人，依精舍在此。佛為説法，盡還得眼。盲人歡喜，刺杖著地，頭面作禮。杖遂生長大，世人重之，無敢伐者，遂成為榛，是故以『得眼』為名。祇洹衆僧中食後，多往彼榛中坐禪。祇洹精舍東北六七里，毗舍怯母作精舍，請佛及僧，此處故在。祇洹精舍大援落有二門，一門東向，一門北向。此園即須達長者布金錢買地處也。精舍當中央，佛住此處最久。説法、度人、經行、坐處，亦盡起塔，皆有名字，乃孫陀利殺身謗佛處。

出祇洹東門，北行七十步，道西，佛昔共九十六種外道論議，國王、大臣、居士、人民皆雲集而聽。時外道女名旃遮摩那，起嫉妒心，乃懷衣著腹前，似若妊身，於衆會中謗佛以非法。於是天帝釋即化作白鼠，齧其腰帶斷，所懷衣墮地，地即劈裂，生入地獄。及調達毒爪欲害佛，生入地獄處，後人皆標識之。又於論議處起精舍，精舍高六丈許，裏有坐佛。其道東有外道天寺，名曰『影覆』，與論議處精舍夾道相對，亦高六丈許。所以名『影覆』者，日在西時，世尊精舍影則映外道天寺；日在東時，外道天寺影則北映，終不得映佛精舍也。外道常遣人守其天寺，掃灑、燒香，然燈供養。至明旦，其燈輒移在佛精舍中。婆羅門恚言：『諸沙門取我燈，自供養佛。』為爾不止。婆羅門於是夜自伺候，見其所事天神，持燈繞佛精舍三帀，供養佛已，忽然不見。婆羅門乃知佛神大，即捨家入道。傳云：近有此事。繞祇洹精舍有九十八僧伽藍，盡有僧住處，唯一處空。此中國有九十六種外道，皆知今世，各有徒衆，亦皆乞食，但不持鉢。亦復求福，於曠路側立福德舍，屋宇、床臥、飲食，供給行路人及出家人、來去客，但所期異耳。調達亦有衆在，供養過去三佛，唯不供養釋迦文佛。舍衛城東南四里，琉璃王欲伐舍夷國，世尊當道側立，立處起塔。城西五十里，到一邑，名都維，是迦葉佛本生處。父子相見處、般泥洹處，皆悉起塔。迦葉如來全身舍利亦起大塔。

從舍衛城東南行十二由延，到一邑，名那毗伽，是拘樓秦佛所生處。父子相見處、般泥洹處，亦有僧伽藍起塔。從此北行，減一由延，到一邑，是拘那含牟尼佛所生處。父子相見處、般泥洹處，亦皆起塔。

從此東行，減一由延，到迦維羅衛城。城中都無王民，甚如丘荒，只有衆僧、民戶數十家而已。白淨王故宫處，作太子母形像，乃太子乘白象入母胎時。太子出城東門，見病人回車還處，皆起塔。阿夷相太子處，與難陀等撲象、捔、射處，箭東南去三十里，入地令泉水出，後世人治作井，令行人飲之。佛得道還見父王處。五百釋子出家，向優波離作禮，地六種震動處。佛為諸天説法，四天王守四門，父王不得入處。佛在尼拘律樹下東向坐，大愛道佈施佛僧伽梨處，此樹猶在。琉璃王殺釋種子，釋種子先盡得須陀洹，立塔，今亦在。城東北數里有王田，太子樹下觀耕者處。

城東五十里，有王園，園名『論民』。夫人入池洗浴，出池北岸二十步，舉手攀樹枝，東向生太子。太子墮地行七步，二龍王浴太子身，浴處遂作井。及上洗浴池，今衆僧常取飲之。凡諸佛有四處常定：一者成道處；二者轉法輪處；三者説法論議伏外道處；四者上忉利天為母説法來下處。餘則隨時示現焉。迦維羅衛國大空荒，人民稀疏。道路怖畏白象、師子，不可妄行。

從佛生處東行五由延，有國名藍莫。此國王得佛一分舍利，還歸起

塔，即名藍莫塔。塔邊有池，池中有龍，常守護此塔，晝夜供養。阿育王出世，欲破八塔作八萬四千塔，破七塔已，次欲破此塔，龍便現身，持阿育王入其宮中，觀諸供養具已，語王言：『汝供若能勝是，便可壞之持去，吾不與汝爭。』阿育王知其供養具非世之有，於是便還。此中荒蕪，無人灑掃。常有羣象以鼻取水灑地，取雜華香而供養塔。諸國有道人來，欲禮拜塔，遇象大怖，依樹自翳，見象如法供養。道人大自悲感：此中無有僧伽藍可供養此塔，乃令象灑掃。道人即捨大戒，還作沙彌，自挽草木，平治處所，使得淨潔，勸化國王作僧住處，已為寺。今現有僧住。此事在近。自爾相承至今，恒以沙彌為寺主。

從此東行三由延，太子遣車匿、白馬還處，亦起塔。從此東行四由延，到炭塔，亦有僧伽藍。

復東行十二由延到拘彝那竭城。城北雙樹間希連河邊，世尊於此北首而般泥洹，及須跋最後得道處，以金棺供養世尊七日處，金剛力士放金杵處，八王分舍利處，諸處皆起塔，有僧伽藍，今悉現在。其城中人民亦稀曠，止有衆僧民戶。

從此東南行十二由延，到諸梨車欲逐佛般泥洹處。而佛不聽，戀佛不肯去。佛化作大深壍，不得渡。佛與鉢作信，遣還其家。立石柱，上有銘題。

自此東行五由延，到毗舍離國。毗舍離城北大林重閣精舍佛住處，及阿難半身塔。其城里本庵婆羅女家，為佛起塔，今故現在。城南三里道西，庵婆羅女以園施佛，作佛住處。佛將般泥洹，與諸弟子出毗舍離城西門，回身右轉，顧看毗舍離城，告諸弟子：『是吾最後所行處。』後人於此處起塔。城西北三里，有塔，名放弓仗。以名此者，恒水上流有一國王，王小夫人生一肉胎，大夫人妒之，言：『汝生不祥之徵。』即盛以木函，擲恒水中。下流有國王游觀，見水上木函，開看，見千小兒端正殊特，王即取養之。遂便長大，甚勇健，所往征伐，無不摧伏。次伐父王本國，王大愁憂。小夫人問王何故愁憂，王曰：『彼國王有千子，勇健無比，欲來伐吾國，是以愁耳。』小夫人言：『王勿愁憂。但於城東作高樓，賊來時置我樓上，則我能卻之。』王如其言。至賊到時，小夫人於樓上語賊言：『汝是我子，何故作反逆事？』賊曰：『汝是何人，云是我母？』小夫人曰：『汝等若不信者，盡仰向張口。』小夫人即以兩手捋兩乳，乳各作五百道，墮千子口中。賊知是我母，即放弓仗。二父王於是思惟，皆得辟支佛。二辟支佛塔猶在。後世尊成道，告諸弟子：『是吾昔時放弓仗處。』後人得知，於此立塔，故以名焉。千小兒者，即賢劫千佛是也。佛於放弓仗塔邊告阿難言：『我卻後三月，當般泥洹。』魔王嬈固阿難，使不得請佛住世。

從此東行三四里，有塔。佛般泥洹後百年，有毗舍離比丘錯行戒律，十事證言佛說如是。爾時諸羅漢及持戒律比丘凡夫者，有七百僧，更檢校律藏。後人於此處起塔，今亦在。

從此東行四由延，到五河合口。阿難從摩竭國向毗舍離，欲般涅盤，諸天告阿闍世王，即自嚴駕，將士衆追到河上。毗舍離諸梨車聞阿難來，亦復來迎，俱到河上。阿難思惟：『前則阿闍世王致恨，還則梨車復怨。』則於河中央入火光三昧，燒身而般泥洹，分身作二分，一分在一岸邊。於是二王各得半身舍利，還歸起塔。

度河南下一由延，到摩竭提國巴連弗邑。巴連弗邑是阿育王所治，城中王宮殿皆使鬼神作，累石起牆闕，雕文刻鏤，非世所造。今故現在。阿育王弟得羅漢道，常住耆闍崛山，志樂閒靜，王敬心請於家供養。以樂山靜，不肯受請。王語弟言：『但受我請，當為汝於城里作山。』王乃具飲食，召詣鬼神而告之曰：『明日悉受我請，無坐席，各自齎來。』明日諸大鬼神各持大石來，辟方四五步，坐訖，即使鬼神累作大石山。又於山底以五大方石作石室，可長三丈，廣二丈，高丈餘。有一大乘婆羅門子，名羅汰私婆迷，住此城里。爽悟多智，事無不達，以清淨自居。國王宗敬師事，若往問訊，不敢並坐。王設以愛敬心執手，執手已，婆羅門輒自灌洗。年可五十餘，舉國瞻仰。賴此一人弘宣佛法，外道不能得加陵衆僧。於阿育王塔邊造摩訶衍僧伽藍，甚嚴麗。亦有小乘寺，都合六七百僧衆。威儀庠序可觀。四方高德沙門及學問人，欲求義理，皆詣此寺。婆羅門子師亦名文殊師利，國內大德沙門、諸大乘比丘，皆宗仰焉，亦住此僧伽藍。

凡諸中國，唯此國城邑為大。民人富盛，競行仁義。年年常以建卯月八日行像。作四輪車，縛竹作五層，有承櫨、揠戟，高二丈餘許，其狀如

塔。以白氎纏上，然後彩畫，作諸天形像。以金、銀、琉璃莊校其上，懸繒幡蓋。四邊作龕，皆有坐佛，菩薩立侍。可有二十車，車車莊嚴各異。當此日，境內道俗皆集，作倡伎樂，華香供養。婆羅門子來請佛，佛次第入城，入城內再宿。通夜然燈，伎樂供養。國國皆爾。其國長者、居士，各於城中立福德醫藥舍，凡國中貧窮、孤獨、殘跛一切病人，皆詣此舍，種種供給。醫師看病隨宜，飲食及湯藥皆令得安，差者自去。阿育王壞七塔，作八萬四千塔。最初所作大塔，在城南三里餘。此塔前有佛腳迹，起精舍，戶北向塔。塔南有一石柱，圍丈四、五，高三丈餘。上有銘題，云：『阿育王以閻浮提佈施四方僧，還以錢贖，如是三反。』塔北三四百步，阿育王本於此作泥犁城。中央有石柱，亦高三丈餘，上有師子。柱上有銘，記作泥犁城因緣及年數、日月。

從此東南行九由延，至一小孤石山。山頭有石室，石室南向。佛坐其中，天帝釋將天樂般遮彈琴樂佛處。帝釋以四十二事問佛，一一以指畫石，畫迹故在。此中亦有僧伽藍。從此西南行一由延，到那羅聚落。是舍利弗本生村。舍利弗還，於此村中般泥洹，即此處起塔。今亦現在。

從此西行一由延，到王舍新城。新城者，是阿闍世王所造，中有二僧伽藍。出城西門三百步，阿闍世王得佛一分舍利起塔，高大嚴麗。出城南四里，南向入谷，至五山里。五山周圍，狀若城郭，即是蓱沙王舊城。城東西可五六里，南北七八里。舍利弗、目連初見頞鞞處，尼犍子作火坑、毒飯請佛處，阿闍世王酒飲黑象欲害佛處，城東北角曲中，耆舊於菴婆羅園中起精舍，請佛及千二百五十弟子供養處，今故在。其城中空荒，無人住。

入谷，搏山東南上十五里，到耆闍崛山。未至頭三里，有石窟南向，佛本於此坐禪。西北三十步，復有一石窟，阿難於中坐禪，天魔波旬化作鵰鷲，住窟前恐阿難。佛以神足力隔石舒手摩阿難肩，怖即得止。鳥迹、手孔，今悉存，故曰『鵰鷲窟山』。窟前有四佛坐處。又諸羅漢各各有石窟坐禪處，動有數百。佛在石室前，東西經行。調達於山北嶮巇間，橫擲其石傷佛足指處，石猶在。佛説法堂已毀壞，止有磚壁基在。其山峰秀端嚴，是五山最高。【略】

出舊城北行三百餘步道西，迦蘭陀竹園精舍，今現在，衆僧掃灑。精舍北二三里有尸摩賒那。尸摩賒那者，漢言棄死人墓田。搏南山西行三百步，有一石室，名賓波羅窟，佛食後常於此坐禪。又西行五六里，山北陰中有一石室，名車帝。佛泥洹後，五百阿羅漢結集經處。出經時，鋪三空座，莊嚴校飭，舍利弗在左，目連在右。五百數中少一阿羅漢。大迦葉為上座。時阿難在門外不得入。其處起塔，今亦在。搏山亦有諸羅漢坐禪石窟甚多。出舊城北東下三里，有調達石窟。離此五十步，有大方黑石。昔有比丘在上經行，思惟是身無常、苦、空，不得淨觀，厭患是身，即提刀欲自殺。復念世尊制戒不得自殺。又念雖爾，我今但欲殺三毒賊。便以刀自刎。始傷，再得須陀洹，既半得阿那含，斷已成阿羅漢果，般泥洹。

從此西行四由延，到伽耶城，城內亦空荒。復南行二十里，到菩薩本苦行六年處，處有林木。從此西行三里，到佛入水洗浴，天按樹枝得攀出池處。又北行二里，得彌家女奉佛乳糜處。從此北行二里，佛於一大樹下石上，東向坐食糜。樹、石今悉在，石可廣長六尺，高二尺許。中國寒暑均調，樹木或數千歲，乃至萬歲。

從此東北行半由延，到一石窟。菩薩入中，西向結跏趺坐。心念：『若我成道，當有神驗。』石壁上即有佛影現，長三尺許，今猶明亮。時天地大動，諸天在空中白言：『此非過去、當來諸佛成道處，去此西南行，減半由延，貝多樹下，是過去、當來諸佛成道處。』諸天説是語已，即便在前唱導，導引而去。菩薩起行，離樹三十步，天授吉祥草，菩薩受之。復行十五步，五百青雀飛來，繞菩薩三匝而去。菩薩前到貝多樹下，敷吉祥草，東向而坐。時魔王遣三玉女從北來試，魔王自從南來試，菩薩以足指按地，魔兵退散，三女變老。自上苦行六年處，反此諸處，後人皆於中起塔立像，今皆在。佛成道已，七日，觀樹受解脱樂處；佛於貝多樹下東西經行七日處。諸天化作七寶屋供養佛七日處；文鱗盲龍七日繞佛處；佛於尼拘律樹下方石上東向坐，梵天來請佛處；四天王奉鉢處；五百賈客授麨蜜處；度迦葉兄弟師徒千人處，此諸處亦起塔。佛得道處有三僧伽藍，皆有僧住。衆僧民戶供給饒足，無所乏少。戒律嚴峻，威儀、坐起、入衆之法，佛在世時聖衆所行，以至於今。

佛泥洹已來，四大塔處相承不絕。四大塔者：佛生處、得道處、轉法輪處、般泥洹處。阿育王昔作小兒時，當道戲。遇釋迦佛行乞食，小兒

歡喜，即以一掬土施佛。佛持還，泥經行地。因此果報，作鐵輪王，王閻浮提。乘鐵輪案行閻浮提，見鐵圍兩山間地獄治罪人，即問羣臣：『此是何等？』答言：『是鬼王閻羅治罪人。』王自念言：『鬼王尚能作地獄治罪人，我是人主，何不作地獄治罪人耶？』即問臣等：『誰能為我作地獄主治罪人者？』臣答言：『唯有極惡人能作耳。』王即遣臣遍求惡人。見泄水邊有一長壯、黑色、髮黃、眼青，以脚鉤兼魚，口呼禽獸，禽獸來便射殺，無得脱者。得此人已，將來與王。王密敕之：『汝作四方高牆，內殖種種華果，並好浴池，莊嚴校飾，令人渴仰。牢作門戶，有人入者輒捉，種種治罪莫使得出。設使我入，亦治罪莫放。今拜汝作地獄王。』有比丘次第乞食入其門，獄卒見之，便欲治罪。丘惶怖，求請須臾，聽我中食。俄頃得有人入，獄卒內置碓臼中擣之，赤沫出。比丘見已，思惟此身無常、苦、空，如泡如沫，即得阿羅漢。既而獄卒捉內鑊湯中，比丘心顏欣悦，火滅，湯冷，中生蓮華，比丘坐上。獄卒即往白王，獄中奇怪，願王往看。王言：『我前有要，今不敢往。』獄卒言：『此非小事，王宜疾往。』更改先要，王即隨入。比丘為説法，王得信解，即壞地獄，悔前所作衆惡。由是信重三寶，常至貝多樹下，悔過自責，受八齋。王夫人問：『王常遊何處？』羣臣答言：『恒在貝多樹下。』夫人伺王不在時，遣人伐其樹倒。王來見之，迷悶躃地。諸臣以水灑而良久乃蘇。王即以磚累四邊，以百罌牛乳灌樹根，身四布地，作是誓，言：『若樹不生，我終不起。』誓已，樹便即根上而生，以至於今。今高減十丈。

從北南三里行，到一山，名雞足。大迦葉今在此山中。劈山下入，入處不容人，下入極遠，有旁孔，迦葉全身在此中住。孔外有迦葉本洗手土，彼方人若頭痛者，以此土塗之即差。此山中即曰故有諸羅漢住，彼方諸國道人年年往供養迦葉，心濃至者，夜即有羅漢來，其言論，釋其疑已，忽然不現。此山榛木茂盛，又多師子、虎、狼，不可妄行。【略】

復順恒水西行十二由延，到迦尸國波羅捺城。城東北十里許，符仙人鹿野苑精舍。此苑本有辟支佛住，常有野鹿棲宿。世尊將成道，諸天於空中唱言：『白淨王子出家學道，卻後七日當成佛。』辟支佛聞已，即取泥洹，故名此處為仙人鹿野苑。世尊成道已，後人於此處起精舍。佛欲度拘驎等五人，五人相謂言：『此瞿曇沙門本六年苦行，日食一麻、一米，尚不得道，況入人間，恣身、口、意，何道之有！今日來者，慎勿與語。』佛到，五人皆起作禮處。復北行六十步，佛於此東向坐，始轉法輪度拘驎等五人處。其北二十步，佛為彌勒授記處。其南五十步，翳羅鉢龍問佛：『我何時當得免此龍身？』此處皆起塔，見在。中有二僧伽藍，悉有僧住。

自鹿野苑精舍西北行十三由延，有國名拘睒彌。其精舍名瞿師羅園，佛昔住處。今故有衆僧，多小乘學。

從東行八由延，佛本於此度惡鬼處。亦嘗在此住，經行、坐處皆起塔。亦有僧伽藍，可百餘僧。

從此南行二百由延，有國名達嚫。是過去迦葉佛僧伽藍，穿大石山作之，凡有五重：最下重作象形，有五百間石室；第二層作師子形，有四百間；第三層作馬形，有三百間；第四層作牛形，有二百間；第五層作鴿形，有百間。最上有泉水，循石室前繞房而流，周圍迴曲，如是乃至下重，順房流，從戶而出。諸層室中，處處穿石，作窗牖通明。室中朗然，都無幽暗。其室四角頭穿石，作梯磴上處。今人形小，緣梯上，正得至昔人一脚所躡處。因名此寺為波羅越，波羅越者，天竺名鴿也。其寺中常有羅漢住。此土丘荒無人民居，去山極遠方有村，皆是邪見，不識佛法、沙門、婆羅門及諸異學。彼國人民常見人飛來入此寺。於時諸國道人欲來禮此寺者，彼村人則言：『汝何以不飛耶？我見此間道人皆飛。』道人方便答言：『翅未成耳。』達嚫國險，道路艱難，而知處欲往者，要當齎錢貨施彼國王，王然後遣人送，輾轉相付，示其逕路。【略】

從波羅捺國東行，還到巴連弗邑。【略】法顯住此三年，學梵書、梵語，寫律。【略】於是獨還。順恒水東下十八由延，其南岸有瞻波大國。佛精舍、經行處及四佛坐處悉起塔，現有僧住。從此東行近五十由延，到多摩梨帝國，即是海口。其國有二十四僧伽藍，盡有僧住，佛法亦興。

北魏·楊衒之《洛陽伽藍記》卷五《城北》（神龜二年）十二月初，入烏場國。北接葱嶺，南連天竺，土氣和暖，地方數千里。民物殷阜，匹臨淄之神州；原田膴膴，等咸陽之上土。鞞羅施兒之所，薩埵投身之地，舊俗雖遠，土風猶存。國王精進，菜食長齋，晨夜禮佛，擊鼓吹貝，琵琶箜篌，笙簫備有。日中已後，始治國事。假有死罪，不立殺刑，

唯徙空山，任其飲啄。事涉疑似，以藥服之，清濁則驗。隨事輕重，當時即決。土地肥美，人物豐饒。五穀盡登，百果繁熟，夜聞鐘聲，遍滿世界。土饒異花，冬夏相接，道俗采之，上佛供養。【略】（城外）水東有佛曬衣處。初，如來在烏場國行化，龍王瞋怒，興大風雨，佛僧迦梨表裏通濕。雨止，佛在石下東面而坐，曬袈裟。年歲雖久，彪炳若新，非直條縫明見，至於細縷亦彰。乍往觀之，如似未徹，假令刮削，其文轉明。佛坐處及曬衣所，並有塔記。水西有池，龍王居之，池邊有一寺，五十餘僧。龍王每作神變，國王祈請，以金玉珍寶投之池中，在後湧出，令僧取之。此寺衣食，待龍而濟，世人名曰龍王寺。王城北八十里，有如來履石之迹，起塔籠之。履石之處，若水踐泥，量之不定，或長或短。今立寺，可七十餘僧。塔南二十步，有泉石。佛本清淨，嚼楊枝，植地即生，今成大樹，胡名曰婆樓。城北有陀羅寺，佛事最多。浮圖高大，僧房逼側，周匝金像六千軀。王年常大會，皆在此寺。國內沙門，咸來雲集。【略】王城東南【略】如來苦行投身餓虎之處。高山巃嵸，危岫入雲。嘉木靈芝，叢生其上。林泉婉麗，花彩曜目。【略】山有收骨寺，三百餘僧。王城南一百餘里，有如來昔作摩休國剝皮為紙，拆骨為筆處，阿育王起塔籠之，舉高十丈。拆骨之處，髓流著石，觀其脂色，肥膩若新。王城西南五百里，有善持山，甘泉美果，見於經記。山谷和暖，草木冬青。當時太簇御辰，温熾已扇，鳥鳴春樹，蝶舞花叢。【略】山頂東南，有太子石室，一口兩房。太子室前十步，有大方石。云太子常坐其上，阿育王起塔記之。塔南一里，［有］太子草庵處。去塔一里，東北下山五十步，有太子男女繞樹不去，婆羅門以杖鞭之流血灑地處，其樹猶存。灑血之地，今為泉水。室西三里，天帝釋化為師子，當路蹲坐，遮嫚之處。石上毛尾爪迹，今悉炳然。阿周陀窟及閃子供養盲父母處，皆有塔記。山中有昔五百羅漢床，南北兩行相向坐處，其次第相對。有大寺，僧徒二百人。太子所食泉水北有寺，恒以驢數頭運糧上山，無人驅逐，自然往還。寅發午至，每及中餐。此是護塔神濕婆仙使之然。此寺昔日有沙彌，常除灰，因入神定。維那輓之，不覺皮連骨離，濕婆仙代沙彌除灰處。國王與濕婆仙立廟，圖其形像，以金傅之。隔山嶺有婆奸寺，夜叉所造，僧徒八十人。云羅漢夜叉常來供養，灑掃取薪，凡俗比丘，不得在寺。【略】

至正光元年四月中旬，入乾陀羅國。土地亦與烏場國相似，本名業波羅國，為嚈噠所滅，遂立敕勤為王。治國以來，已經二世。立性凶暴，多行殺戮，不信佛法，好祀鬼神。國中人民，悉是婆羅門種，崇奉佛教，好讀經典，忽得此王，深非情願。自恃勇力，與罽賓爭境，連兵戰鬬，已歷三年。王有鬬象七百頭，一負十人，手持刀楂，象鼻縛刀，與敵相擊。王常停境上，終日不歸，師老民勞，百姓嗟怨。【略】

復西行十三日，至佛沙伏城。川原沃壤，城郭端直，民戶殷多，林泉茂盛。土饒珍寶，風俗淳善。其城內外，凡有古寺，名僧德衆，道行高奇。城北一里有白象宮。寺內佛事，皆是石像，裝嚴極麗，頭數甚多，通身金箔，眩耀人目。寺前［有］繫白象樹，此寺之興，實由茲焉。花葉似棗，季冬始熟。父老傳云，此樹滅，佛法亦滅。寺內圖太子夫妻以男女乞婆羅門像，胡人見之，莫不悲泣。【略】

復西南行六十里，至乾陀羅城。東南七里，有雀離浮圖。《道榮傳》云：城東四里。推其本緣，乃是如來在世之時，與弟子游化此土，指城東曰：『我入涅槃後二百年，有國王名迦尼色迦在此處起浮圖。』佛入涅槃後二百年，果有國王字迦尼色迦出遊城東，見四童子累牛糞為塔，可高三尺，俄然即失。《道榮傳》云：童子在虛空中向王說偈。王怪此童子，即作塔籠之。糞塔漸高，挺出於外，去地四百尺然後止。王始更廣塔基三百餘步。《道榮傳》云：『三百九十步。』從此構木，始得齊等。《道榮傳》云：其高三丈。悉用文石為階砌櫨栱，上構衆木，凡十三級。上有鐵柱，高三百尺，金槃十三重，合去地七百尺。《道榮傳》云：鐵柱八十八尺，八十圍，金盤十五重，去地六十三丈二尺。施功既訖，糞塔如初，在大塔南三步。時有婆羅門不信是糞，以手探看，遂作一孔。年歲雖久，糞猶不爛，以香泥填孔，不可充滿。今有天宮籠蓋之。雀離浮圖自作以來，三經天火所燒，國王脩之，還復如故。父老云：此浮圖天火七燒，佛法當滅。《道榮傳》云：王修浮圖，木工既訖，猶有鐵柱，無有能上者。王於四角起大高樓，多置金銀及諸寶物，王與夫人及諸王子悉在上燒香散花，至心精神，然後轆轤絞索，一舉便到。故胡人皆云四天王助之。若其不爾，實非人力所能舉。塔內佛事，悉是金玉，千變萬化，難得而稱。旭日始開，則金盤晃朗，微風漸發，則寶鐸和鳴，西域浮圖，最為第

一。此塔初成，用真珠為羅網覆於其上。於後數年，王乃思量，此珠網價值萬金，我崩之後，恐人侵奪；復慮大塔破壞，無人修補，即解珠網，以銅鑊盛之，在塔西北一百步掘地埋之。上種樹，樹名菩提，枝條四布，密葉蔽天。樹下四面坐像，各高丈五，恒有四龍典掌此珠。若興心欲取，則有禍變。刻石為銘，囑語將來，若此塔壞，勞煩後賢出珠修治。雀離浮圖南五十步，有一石塔，其形正圓，高二丈，甚有神變，能與世人表吉凶。觸之，若吉者，金鈴鳴應；若凶者，假令人搖撼，亦不肯鳴。【略】如來為尸毗王救鴿之處，亦起塔寺。昔尸毗王倉庫為火所燒，其中粳米燋然，至今猶在。若服一粒，永無瘧患。彼國人民須禁日取之。

《道榮傳》云：至那迦羅阿國，有佛頂骨，方圓四寸，黃白色，下有孔，受人手指，閟然似仰蜂窠。至耆賀濫寺，有佛袈裟十三條，以尺量之，或短或長。復有佛錫杖，長丈七，以水筩盛之，金箔其上。此杖輕重不定，值有重時，百人不舉，值有輕時，二人勝之。那竭城中有佛牙、佛髮，並作寶函盛之，朝夕供養。至瞿波羅窟，見佛影。入山窟，去十五步，四面向戶遙望，則衆相炳然；近看瞑然不見。以手摩之，唯有石壁。漸漸卻行，始見其相。容顏挺特，世所稀有。窟前有方石，石上有佛迹。窟西南百步，有佛浣衣處。窟北一里，有目連窟。窟北有山，山下有六佛手作浮圖，高十丈。云此浮圖陷入地，佛法當滅。並為七塔，七塔南石銘，云如來手書，胡字分明，於今可識焉。

惠生在烏場國二年，西胡風俗大同小異，不能具錄。至正元二年二月，始還天闕。

《梁書》卷五四《諸夷傳・海南諸國・中天竺》 中天竺國，在大月支東南數千里，地方三萬里，一名身毒。漢世張騫使大夏，見邛竹杖、蜀布，國人云，市之身毒。身毒即天竺，蓋傳譯音字不同，其實一也。從月支、高附以西，南至西海，東至槃越，列國數十，每國置王，其名雖異，皆身毒也。漢時羈屬月支，其俗土著與月支同，而卑濕暑熱，民弱畏戰，弱於月支。國臨大江，名新陶，源出昆侖，分為五江，總名曰恒水。其水甘美，下有真鹽，色正白如水精。土俗出犀、象、貂、鼲、玳瑁、火齊、金、銀、鐵、金縷織成金皮罽、細摩白疊、好裘、氍。火齊狀如雲母，色如紫金，有光耀，別之則薄如蟬翼，積之則如紗縠之重踏也。其西與大秦、安息交市海中，多大秦珍物珊瑚、琥珀、金碧珠璣、琅玕、鬱金、蘇合。蘇合是合諸香汁煎之，非自然一物也。又云大秦人采蘇合，先笮其汁以為香膏，乃賣其滓與諸國賈人，是以展轉來達中國，不大香也。鬱金獨出罽賓國，華色正黃而細，與芙蓉華裹被蓮者相似。國人先取以上佛寺，積日香槁，乃糞去之；賈人從寺中徵雇，以轉賣與佗國也。【略】魏、晉世，絕不復通。唯吳時扶南王范旃遣親人蘇物使其國，從扶南發投拘利口，循海大灣中正西北入歷灣邊數國，可一年餘到天竺江口，逆水行七千里乃至焉。天竺王驚曰：『海濱極遠，猶有此人。』即呼令觀視國內，仍差陳、宋等二人以月支馬四匹報旃，遣物等還，積四年方至。

《北史》卷九七《西域傳・南天竺》 南天竺國，去代三萬一千五百里。有伏醜城，周匝十里。城中出摩尼珠、珊瑚。城東三百里有拔賴城，城中出黃金、白真檀、石蜜、蒲桃。土宜五穀。

又《烏萇》 烏萇國，在賒彌南。北有蔥嶺，南至天竺。婆羅門胡為其上族。婆羅門多解天文吉凶之數，其王動則訪決焉。土多林果，引水灌田，豐稻、麥。事佛，多諸寺塔，極華麗。人有爭訴，服之以藥，曲者發狂，直者無恙。為法不殺，犯死罪唯徙於靈山。西南有檀特山，山上立寺，以驢數頭運食山下，無人控御，自知往來也。

又《乾陁》 乾陁國，在烏萇西。本名業波，為嚈噠所破，因改焉。其王本是敕勒，臨國已二世矣。好征戰，與罽賓鬭，三年不罷，人怨苦之。有鬭象七百頭，十人乘一象，皆執兵仗，象鼻縛刀以戰。所都城東南七里有佛塔，高七十丈，周三百步，即所謂『雀離佛圖』也。

唐・歐陽詢等《藝文類聚》卷七六《內典部上・內典》 釋道安《西域志》曰：波羅奈斯國，佛轉法輪處，在此國也。

又曰：須剌國，有五百沙彌真人寺，望晦日，寺前有方青石，大人來下石上。

又曰：摩訶賴國有阿耨達山，王舍城在山東南角，竹園精舍在城西。又有佛浴所，六年苦行處。

又曰：維那國，去舍衛國五十由旬。由旬者，晉言四十里。維摩詰家在城內，基井尚存。

又曰：迦維羅越國，今屬播黎越國，猶有優婆塞，姓釋，可二十餘

家，是白靜王之苗裔。昔太子生時，有二龍王，一吐冷水，一吐暖水。今有池，尚一冷一暖。

又曰：佛在拘私那竭國般泥洹，欲泥洹時，自然有寶床從地出，有八萬四千國王，爭將佛歸。神妙天人曰：『佛應就此土。』那竭王乃作金棺榎檀車，送喪佛，積薪不燒自燃，王將舍利歸宮。八萬四千國興兵爭舍利，婆羅門分之，用金升量舍利，得八斛四，諸國各得，還立浮圖。

《史記》卷一二三《大宛列傳》張守節正義 萬震《南州志》云：『（天竺）地方三萬里，佛道所出。其國王居城郭，殿皆彫文刻鏤。街曲市里，各有行列。左右諸大國凡十六，皆共奉之，以天地之中也。』

宋・李昉等《太平御覽》卷七九二《四夷部十三・西戎一・天竺》 《異物志》曰：天竺，大國也，方三萬里，佛道所在。其國王治城郭，宮殿皆雕文刻鏤，鐘鼓音樂，跳丸躍劍。

拘夷國

南朝宋・劉敬叔《異苑》卷二 西域句夷國山上有石駱馳，腹下出水。以金鐵及手承取，即便對過，惟瓠蘆盛之者則得飲之，令人身體香淨而升仙。其國神秘，不可數遇。

宋・李昉等《太平御覽》卷七九七《四夷部十八・西戎六・拘夷》 釋道安《西域志》曰：拘夷國，北去城數百里。山上有石駱駝，溺水滴下，以金、銅、鐵及木器、手掌承之皆漏，惟瓢瓠不漏，服之令人身臭，毛皮盡脫得止。其國有婆羅門守視。

波羅泰斯國

宋・李昉等《太平御覽》卷七九七《四夷部十八・西戎六》 釋道安《西域志》曰：波羅泰斯國，佛轉法輪、調達入地獄、土陷處，皆在其國。

波麗越

宋・李昉等《太平御覽》卷七九七《四夷部十八・西戎六・波麗越》 釋道安《西域志》曰：羅衛國東西四百里，至波麗越國。波麗越國，即佛外祖國也。

又 支僧載《外國事》曰：播黎曰國者，昔是小國耳，今是外國之大都，流沙之外，悉稱臣妾。

舍衛國

宋・李昉等《太平御覽》卷七九七《四夷部十八・西戎六・舍衛國》 支僧載《外國事》曰：舍衛國，今無復王，盡屬播黎曰國，王遣小兒住，國人不奉佛法。

維耶離國

宋・李昉等《太平御覽》卷七九七《四夷部十八・西戎六・維耶離國》 支僧載《外國事》曰：維耶離國，去舍衛五十由旬，由旬者晉言三十里。維摩詰家在城內。國人不復奉佛，悉事水火，餘外道也。

迦維羅越

宋・李昉等《太平御覽》卷七九七《四夷部十八・西戎六・迦維羅越》 支僧載《外國事》曰：迦維羅越國，今無復王也。國人亦屬播黎日國，今尚精進。昔太子生時，有二龍，一吐水，一吐火，一冷一暖。今有二池，尚一冷一暖。

郁訶維國

宋・李昉等《太平御覽》卷七九七《四夷部十八・西戎六・郁訶維國》 支僧載《外國事》曰：郁訶維國，土豐樂，多民物。在迦維越南，相去三十里。

拘郁舍

宋・李昉等《太平御覽》卷七九七《四夷部十八・西戎六・拘郁舍》 支僧載《外國事》曰：拘郁舍國，牟尼佛所生也。亦名拘那舍，在迦維羅越西，相去復三十里。

波羅奈

宋・李昉等《太平御覽》卷七九七《四夷部十八・西戎六・波羅奈》　支僧載《外國事》曰：彌勒佛，當生波羅奈國，是《屈陀羅經》所説，在迦羅越南。

拘宋婆國

宋・李昉等《太平御覽》卷七九七《四夷部十八・西戎六・拘宋婆國》　支僧載《外國事》曰：拘宋婆國，今見過去佛四所，住處四屋。迦葉佛住中，教化四十年，釋迦文佛住五年，二佛不説。

拘私郍竭國

宋・李昉等《太平御覽》卷七九七《四夷部十八・西戎六・拘私郍竭國》　支僧載《外國事》曰：佛在拘私郍竭國。佛欲入涅槃時，自然有寶床從地出，有八萬四千國王爭將佛歸，神妙天人曰：『佛應就此亡。』那竭王乃作金棺栅檀車送佛喪，積薪不燒自燃。王將舍利歸宮。八萬四千國興兵爭舍利，婆羅門分之，乃用金升量舍利，得八斛四斗，諸國各得少許，還國各立浮屠。

摩竭提國

唐・歐陽詢等《藝文類聚》卷七三《雜器物部・鉢》　支僧載《外國事》曰：摩竭提國，在迦維越之南，相去四十由旬，貝多樹去摩竭提三十里，一名毗波梨，佛唯在此一樹下坐，滿六年，長者女以金鉢盛牛乳糜上佛，佛得乳糜，往尼連禪河浴，浴竟，於水邊啖糜，啖糜竟，擲鉢水中，逆流可百步許，然後鉢復流河中，架梨那龍王接取鉢，在宮中供養。

罽賓

《北史》卷九七《西域傳・罽賓》　罽賓國，都善見城，在波路西南，去代一萬四千二百里。居在四山中，其地東西八百里，南北三百里。地平，温和，有苜蓿、雜草、奇木、檀、槐、梓、竹。種五穀。糞園。田

地下濕，生稻。冬食生菜。其人工巧，雕文刻鏤，織罽。有金、銀、銅、錫，以為器物。市用錢。他畜與諸國同。

唐・歐陽詢等《藝文類聚》卷七六《内典部上・内典》　支僧載《外國事》曰：罽賓國在舍衛之西，國王民人，悉奉佛。道人及沙門到冬，未中前飲少酒，過中不復飯。

宋・李昉等《太平御覽》卷七九七《四夷部十八・西戎六・罽密》　支僧載《外國事》曰：罽密，小國耳，在舍衛之西。國王民人愉悉奉佛。土地寒，邏漢道人及沙門，到冬月日未中前飲少酒，過中後不復飲酒，食果。國屬大秦。國人共傳王始祖曰馨孽，至曷擷支傳十二世。

南朝宋・劉敬叔《異苑》卷三　罽賓國王買得一鸞，欲其鳴不可致，飾金繁饗珍羞，對之愈戚，三年不鳴。夫人曰：『嘗聞鸞見類則鳴，何不懸鏡照之？』王從其言。鸞覩影，悲鳴冲霄，一奮而絶。

師子國

晉・法顯《佛國記》　到師子國。彼國人云，相去可七百由延。其國大在洲上，東西五十由延，南北三十由延。左右小洲乃有百數，其間相去或十里、二十里，或二百里，皆統屬大洲。多出珍寶珠璣。有出摩尼珠地，方可十里。王使人守護，若有采者，十分取三。其國本無人民，正有鬼神及龍居之。諸國商人共市易，市易時，鬼神不自現身，但出寶物，題其價直，商人則依價直直取物。因商人來、往、住故，諸國人聞其土樂，悉亦復來，於是遂成大國。其國和通，無冬夏之異，草木常茂，田種隨人，無有時節。佛至其國，欲化惡龍。以神足力，一足躡王城北，一足躡山頂，兩迹相去十五由延。於王城北迹上起大塔，高四十丈，金銀莊校，衆寶合成。塔邊復起一僧伽藍，名無畏山，有五千僧。起一佛殿，金銀刻鏤，悉以衆寶。中有一青玉像，高一丈許，通身七寶炎光，威相嚴顯，非言所載。右掌中有一無價寶珠。【略】

其國前王遣使中國，取貝多樹子於佛殿旁種之，高可二十丈。其樹東南傾，王恐倒，故以八九圍柱拄樹。樹當拄處心生，遂穿柱而下，入地成根。大可四圍許，柱雖中裂，猶裹在其外，人亦不去。樹下起精舍，中有坐像，道俗敬仰無倦。

城中又起佛齒精舍，皆七寶作。王淨修梵行，城內人信敬之情亦篤。其國立治已來，無有饑荒喪亂。衆僧庫藏多有珍寶、無價摩尼，其王入僧庫遊觀，見摩尼珠，即生貪心，欲奪取之。三日乃悟，即詣僧中，稽首悔前罪心。告白僧言，願僧立制，自今已後，勿聽王入其庫看，比丘滿四十臘，然後得入。其城中多居士、長者、薩薄商人。屋宇嚴麗，巷陌平整。四衢道頭皆作説法堂，月八日、十四日、十五日，鋪施高座，道俗四衆皆集聽法。其國人云，都可五六萬僧，悉有衆食，王別於城內供五六千人衆食，須者持本鉢往取，隨器所容，皆滿而還。佛齒常以三月中出之。未出十日，王莊校大象，使一辯説人，著王衣服，騎象上，擊鼓喝言：『菩薩從三阿僧祇劫，苦行不惜身命，以國、妻、子及挑眼與人，割肉貿鴿，截頭佈施，投身餓虎，不吝髓腦，如是種種苦行，為衆生故。成佛在世四十九年，説法教佗，令不安者安，不對賄度，衆生緣盡，乃般泥洹。泥洹已來一千四百九十七年，世間眼滅，衆生長悲。卻後十日，佛齒當出至無畏山精舍。國內道俗欲植福者，各各平治道路，嚴飾巷陌，辦衆華香、供養之具！』如是唱已，王便夾道兩邊，作菩薩五百身已來種種變現，或作須大拏，或作睒變，或作象王，或作鹿、馬。如是形像，皆彩畫莊校，狀若生人。然後佛齒乃出，中道而行，隨路供養，到無畏精舍佛堂上。道俗雲集，燒香、然燈，種種法事，晝夜不息。滿九十日乃還城內精舍。城內精舍至齋日則開門戶，禮敬如法。

無畏精舍東四十里，有一山。山中有精舍，名跋提，可有二千僧。僧中有一大德沙門，名達摩瞿諦，其國人民皆共宗仰。住一石室中四十許年，常行，慈心，能感蛇鼠，使同止一室而不相害。

城南七里有一精舍，名摩訶毗訶羅，有三千僧住。有一高德沙門，戒行清潔，國人或疑是羅漢。臨終之時，王來省視，依法集僧而問：『比丘得道耶？』其便以實答，言：『是羅漢。』既終，王即案經律，以羅漢法葬之。於精舍東四五里，積好大薪，縱、廣可三丈餘，高亦爾，近上著栴檀、沈水諸香木，四邊作階，上持淨好白氎周匝蒙積上，作大轝床，似此間輪車，但無龍魚耳。當闍維時，王及國人、四衆咸集，以華香供養。從轝至墓所，王自華香供養。供養訖，轝著闍上，酥油遍灌，然後燒之。火然之時，人人敬心，各脫上服，及羽儀、傘蓋，遙擲火中，以助闍維。闍維已，即檢取骨，即以起塔。法顯至，不及其生存，唯見葬時。王篤信佛法，欲為衆僧作新精舍。先設大會，飯食僧。供養已，乃還好上牛一雙，金銀、寶物莊校角上。作好金犁，王自耕頃四邊，然後割給民戶、田宅，書以鐵券。自是已後，代代相承，無敢廢易。

《梁書》卷五四《諸夷傳·海南諸國·師子》　師子國，天竺旁國也。其地和適，無冬夏之異。五穀隨人所種，不須時節。其國舊無人民，止有鬼神及龍居之。諸國商估來共市易，鬼神不見其形，但出珍寶，顯其所堪價，商人依價取之。諸國人聞其土樂，因此競至，或有停住者，遂成大國。

唐·歐陽詢等《藝文類聚》卷七六《內典部上·內典》　釋道安《西域志》曰：支僧載《外國事》曰：和訶條國，在大海之中，地方二萬里。國有大山，山有石井，井中生千葉白蓮花，井邊青石上，有四佛足迹，合有八迹。月六齋日，彌勒菩薩與諸天神禮佛變竟，便飛去。浮圖講堂皆七寶。國王長者常作金樹銀花，銀樹金花，供養佛。

宋·李昉等《太平御覽》卷七八七《四夷部八·南蠻三·斯調國》

康泰《扶南土俗》曰：斯調洲，灣中有自然盤螺，如細石子。國人取之，一車輪王，餘自入。

《南州異物志》曰：斯調，海中洲名也，在歌營東南可三千里。上有王國，城市街巷，土地沃美。

萬震《南方異物志》曰：斯調國，又有中洲焉。春夏生火，秋冬死。有木生於火中，秋冬枯死，以皮為布。

又　卷七九七《四夷部十八·西戎六·和訶條》　支僧載《外國事》曰：和訶條國，在大海中，地方二萬里。大山名三漫屈，有石井，井中生千葉白蓮花數種。井邊石上有四佛足迹，每月六齋日，彌勒菩薩常以諸天神禮佛迹，畢便飛去。國王長者常作金樹銀花、銀樹金花以供奉佛。

研判中亞諸國國情分部

綜述

大宛

《晉書》卷九七《四夷傳・西戎・大宛國》 大宛國去洛陽萬三千三百五十里，南至大月氏，北接康居，大小七十餘城。土宜稻麥，有蒲陶酒，多善馬，馬汗血。其人皆深目多須。其俗娶婦先以金同心指鐶為聘，又以三婢試之。不男者絕婚。奸淫有子，皆卑其母。與人馬乘不調墜死者，馬主出斂具。善市賈，爭分銖之利。得中國金銀，輒為器物，不用為幣也。

《史記》卷一二三《大宛列傳》裴駰集解 《漢書音義》曰：大宛國有高山，其上有馬，不可得，因取五色母馬置其下，與交，生駒汗血，因號曰天馬子。

《北史》卷九七《西域傳・破洛那》 破洛那國，故大宛國也。都貴山城，在疏勒西北，去代萬四千四百五十里。

宋・李昉等《太平御覽》卷七九三《四夷部十四・西戎二・大宛》 《異物志》曰：大宛馬有肉角數寸，或有解人語及知音，舞與鼓節相應。

《西域圖記》曰：其烏馬、騮馬多白耳，白馬、驄馬多赤耳，黃馬、赤馬多黑耳。

康居

《晉書》卷九七《四夷傳・西戎・康居國》 康居國在大宛西北可二千里，與粟弋、伊列鄰接。其王居蘇薤城。風俗及人貌、衣服略同大宛。地和暖，饒桐柳蒲陶，多牛羊，出好馬。

《魏書》卷一〇二《西域傳・康國》 康國者，康居之後也。遷徙無常，不恒故地，自漢以來，相承不絕。其王本姓温，月氏人也。舊居祁連山北昭武城，因被匈奴所破，西踰葱嶺，遂有其國。枝庶各分王，故康國左右諸國，並以昭武為姓，示不忘本也。王字世夫畢，為人寬厚，甚得衆心。其妻突厥達度可汗女也。都於薩寶水上阿祿廸城，多人居。大臣三人，共掌國事。其王索髮，冠七寶金花，衣綾羅、錦繡、白疊。其妻有髻，幪以皂巾。丈夫剪髮，錦袍。名為彊國，西域諸國多歸之。米國、史國、曹國、何國、安國、小安國、那色波國、烏那曷國、穆國，皆歸附之。有胡律，置於祆祠。將決罰，則取而斷之。重者族，次罪者死，賊盜截其足。人皆深目高鼻，多髯。善商賈，諸夷交易，多湊其國。有大小鼓、琵琶、五弦箜篌。婚姻喪制，與突厥同。國立祖廟，以六月祭之，諸國皆助祭。奉佛，為胡書。氣候溫宜，宜五穀，勤修園蔬，樹木滋茂。出馬、駝、驢、犎牛、黃金、硇沙、䀀香、阿薛那香、瑟瑟、麖皮、氍毹、錦、疊。多蒲萄酒，富家或致千石，連年不敗。

者舌

《北史》卷九七《西域傳・者舌》 者舌國，故康居國。在破洛那西北，去代一萬五千四百五十里。

粟特

《周書》卷五〇《異域傳下・粟特》 粟特國在葱嶺之西，蓋古之奄蔡，一名温那沙。治於大澤，在康居西北。

《北史》卷九七《西域傳・粟特》 粟特國，在葱嶺之西，古之奄蔡，一名温那沙。居於大澤，在康居西北，去代一萬六千里。先是，匈奴殺其王而有其國，至王忽倪，已三世矣。

《史記》卷一二三《大宛列傳》張守節正義 《漢書解詁》云：奄蔡，即闔蘇也。

《魏略》云：西與大秦通，東南與康居接。其國多貂，畜牧水草，故時羈屬康居也。

迷密

《北史》卷九七《西域傳·迷密》　迷密國，都迷密城，在者至拔西，去代一萬二千一百里。【略】其國東有山名郁悉滿山，出金、玉，亦多鐵。

悉萬斤

《北史》卷九七《西域傳·悉萬斤》　悉萬斤國，都悉萬斤城，在迷密西，去代一萬二千七百二十里。其國南有山名伽色那山，出師子。

忸密

《北史》卷九七《西域傳·忸密》　忸密國，都忸密城，在悉萬斤西，去代二萬二千八百二十八里。

色知顯

《北史》卷九七《西域傳·色知顯》　色知顯國，都色知顯城，在悉萬斤西北，去代一萬二千九百四十里。土平，多五果。

伽色尼

《北史》卷九七《西域傳·伽色尼》　伽色尼國，都伽色尼城，在悉萬斤南，去代一萬二千九百里。土出赤鹽，多五果。

薄知

《北史》卷九七《西域傳·薄知》　薄知國，都薄知城，在伽色尼國南，去代一萬三千三百二十里。多五果。

牟知

《北史》卷九七《西域傳·牟知》　牟知國，都牟知城，在忸密西南，去代二萬二千九百二十里。土平，禽獸草木類中國。

阿弗太汗

《北史》卷九七《西域傳·阿弗太汗》　阿弗太汗國，都阿弗太汗城，在忸密西，去代二萬三千七百二十里。土平，多五果。

呼似密

《北史》卷九七《西域傳·呼似密國》　呼似密國，都呼似密城，在阿弗太汗西，去代二萬四千七百里。土平，出銀、琥珀，有師子，多五果。

諾色波羅

《北史》卷九七《西域傳·諾色波羅國》　諾色波羅國，都波羅城，在忸密南，去代二萬三千四百二十八里。土平，宜稻、麥，多五果。

早伽至

《北史》卷九七《西域傳·早伽至》　早伽至國，都早伽至成，在忸密西，去代二萬三千七百二十八里。土平，少田殖，取稻、麥於鄰國，有五果。

伽不單

《北史》卷九七《西域傳·伽不單》　伽不單國，都伽不單城，在悉萬斤西北，去代一萬二千七百八十里。土平，宜稻、麥，有五果。

伽倍

《北史》卷九七《西域傳·伽倍》　伽倍國，故休密翕侯，都和墨城，在莎車西，去代一萬三千里。人居山谷間。

折薛莫孫

《北史》卷九七《西域傳·折薛莫孫》　折薛莫孫國，故雙靡翕侯，都雙靡城，在伽倍西，去代一萬三千五百里。居山谷間。

鉗敦

《北史》卷九七《西域傳·鉗敦》　鉗敦國，故貴霜翕侯，都護澡城，在折薛莫孫西，去代一萬三千五百六十里，居山谷間。

弗敵沙

《北史》卷九七《西域傳·弗敵沙》　弗敵沙國，故肹頓翕侯，都薄茅城，在鉗敦西，去代一萬三千六百六十里。居山谷間。

閻浮謁

《北史》卷九七《西域傳·閻浮謁》　閻浮謁國，故高附翕侯，都高附城，在弗敵沙南，去代一萬三千七百六十里。居山谷間。

大月氏

《北史》卷九七《西域傳·大月氏》　大月氏國，都剩鹽氏城，在弗敵沙西，去代一萬四千五百里。北與蠕蠕接，數為所侵，遂西徙都薄羅城，去弗敵沙二千一百里。其王寄多羅勇武，遂興師越大山，南侵北天竺。自乾陀羅以北五國，盡役屬之。

南朝宋·劉敬叔《異苑》卷二　月支國有佛髮，盛以琉璃罌。

唐·歐陽詢等《藝文類聚》卷七三《雜器物部·缽》　支僧載《外國事》曰：佛缽在大月氏國，一名佛律婆越國，是天子之都也。起浮圖，浮圖高四丈，七層，四壁里有金銀佛像，像悉如人高，缽處中央，在第二層上，作金絡絡缽，鏈懸缽。缽是石也，其色青。

《史記》卷一二三《大宛列傳》張守節正義　萬震《南州志》云：在天竺北可七千里，地高燥而遠。國王稱『天子』。國中騎乘常數十萬匹，城郭宮殿與大秦國同。人民赤白色，便習弓馬。土地所出，及奇瑋珍物，被服鮮好，天竺不及也。

康泰《外國傳》云：外國稱天下有三眾：中國為人眾，秦為寶眾，月氏為馬眾也。

宋·李昉等《太平御覽》卷七九三《四夷部十四·西戎二·大月氏》　《異物志》曰：月氏俗乘四輪車，或四牛，或八牛，可容二十人。王稱天子。

吐呼羅

《北史》卷九七《西域傳·吐呼羅》　吐呼羅國，去代一萬二千里。東至范陽國，西至悉萬斤國，中間相去二千里；南至連山，不知名，北至波斯國，中間相去一萬里。薄提城周匝六十里，城南有西流大水，名漢樓河。土宜五穀，有好馬、駝、騾。

副貨

《北史》卷九七《西域傳·副貨》　副貨國，去代一萬七千里。東至阿富使且國，西至没誰國，中間相去一千里；南有連山，不知名，北至奇沙國，相去一千五百里。國中有副貨城，周匝七十里。宜五穀、蒲桃，唯有馬、駝、騾。國王有黃金殿，殿下有金駝七頭，各高三尺。

疊伏羅

《北史》卷九七《西域傳·疊伏羅》　疊伏羅國，去代三萬一千里。國中有勿悉城，城北有鹽奇水，西流。有白象。並有阿末黎木，皮中織作布。土宜五穀。

嚈噠國

南朝梁·蕭繹《職貢圖·滑國國使題記》　有功勇與□□□部索虜入居桑乾，滑為小國，屬芮芮。齊時始走莫□而居。後强大，征其旁國，破波斯、槃槃、罽賓、烏纏、龜茲、疏勒、于闐、勾般等國，開地千里。其土温暖，多山川，少林木，有五穀。國人以麨及羊肉為粮。獸有師子、兩腳駱駝、野驢有角。人善騎射，著小袖長身袍，金玉為絡帶如□被裘。頭上刻木為角，長六尺，金銀飾之。少女子，兄弟共妻。無城郭，氈屋為居，東向開戶。其王坐金床，隨太歲轉，與妻並坐接賓客。無文字，以木為契刻之，約物數。與旁國通，則使旁國胡為胡書。羊皮為紙。無職

官，所降小國，使其王為奴隸。事天神，每日則出戶祀神而後食。其跪一拜而止，止即嗚其王手足，賤者嗚王□□。以木為槨，父母死，子截一耳，葬已即去。

《梁書》卷五四《諸夷傳・西北諸戎・滑》　滑國者，車師之別種也。【略】元魏之居桑乾也，滑猶為小國，屬芮芮。後稍强大，征其旁國波斯、盤盤、罽賓、焉耆、龜茲、疏勒、姑墨、于闐、句盤等國，開地千餘里。土地温暖，多山川樹木，有五穀。國人以罝及羊肉為糧。其獸有師子、兩腳駱駝，野驢有角。人皆善射，著小袖長身袍，用金玉為帶。女人被裘，頭上刻木為角，長六尺，以金銀飾之。少女子，兄弟共妻。無城郭，氈屋為居，東向開戶。其王坐金床，隨太歲轉，與妻並坐接客。無文字，以木為契。與旁國通，則使旁國胡為胡書，羊皮為紙。無職官。事天神、火神，每日則出戶祀神而後食。其跪一拜而止。葬以木為槨。父母死，其子截一耳，葬訖即吉。其言語待河南人譯然後通。

《周書》卷五〇《異域傳下・嚈噠》　嚈噠國，大月氏之種類，在于闐之西，東去長安一萬百里。其王治拔底延城，蓋王舍城也。其城方十餘里。刑法、風俗，與突厥略同。其俗又兄弟共娶一妻。夫無兄弟者，其妻戴一角帽；若有兄弟者，依其多少之數，更加帽角焉。其人凶悍，能戰鬬。于闐、安息等大小二十餘國，皆役屬之。

《北史》卷九七《西域傳・嚈噠》　嚈噠國，大月氏之種類也，亦曰高車之別種。其原出於塞北。自金山而南，在于闐之西，都烏滸水南二百餘里，去長安一萬一百里。其王都拔底延城，蓋王舍城也。其城方十里餘，多寺塔，皆飾以金。風俗與突厥略同。其俗，兄弟共一妻，夫無兄弟者，妻戴一角帽，若有兄弟者，依其多少之數更加帽角焉。衣服類加以纓絡，頭皆翦髮。其語與蠕蠕、高車及諸胡不同。衆可有十萬，無城邑，依隨水草，以氈為屋，夏遷涼土，冬逐暖處，分其諸妻，各在別所，相去或二百、三百里。其王巡歷而行，每月一處。冬寒之時，三月不徙。王位不必傳子，子弟堪者，死便受之。其國無車，有輿，多駝、馬。用刑嚴急，偷盜無多少，皆腰斬，盜一責十。死者，富家累石為藏，貧者掘地而埋，隨身諸物，皆置塚內。其人凶悍，能鬬戰，西域康居、于闐、沙勒、安息及諸小國三十許，皆役屬之，號為大國。與蠕蠕婚姻。【略】其國去漕國千五百里，東去瓜州六千五百里。

初，熙平中，明帝遣賸伏子統宋雲、沙門法力等使西域，訪求佛經，時有沙門慧生者，亦與俱行。正光中，還。慧生所經諸國，不能知其本末及山川里數，蓋舉其略云。

呵跋檀

《梁書》卷五四《諸夷傳・西北諸戎・呵跋檀》　呵跋檀國，亦滑旁小國也。凡滑旁之國，衣服容貌皆與滑同。

胡蜜丹

《梁書》卷五四《諸夷傳・西北諸戎・胡蜜丹》　胡蜜丹國，亦滑旁小國也。

周古柯

《梁書》卷五四《諸夷傳・西北諸戎・周古柯》　周古柯國，滑旁小國也。

白題

南朝梁・蕭繹《職貢圖・白題國使題記》　白題，匈奴旁別種胡也。漢初灌嬰與匈奴戰，斬白題騎一人。今在滑國東六十日行，西極波斯二十日行。土地出粟麥果食，衣物與滑國略同。

《梁書》卷五四《諸夷傳・西北諸戎・白題》　白題國，王姓支名史稽毅，其先蓋匈奴之別種胡也。漢灌嬰與匈奴戰，斬白題騎一人。今在滑國東，去滑六日行，西極波斯。土地出粟、麥、瓜果，食物略與滑同。

波知

《北史》卷九七《西域傳・波知》　波知國，在鉢和西南。土狹人貧，依託山谷，其王不能總攝。有三池，傳云大池有龍，次者有龍婦，小者有龍子，行人經之，設祭乃得過，不祭，多遇風雪之困。

賒　彌

《北史》卷九七《西域傳·賒彌》　賒彌國，在波知之南。山居，不信佛法，專事諸神。亦附嚈噠。

東有鉢盧勒國，路險，緣鐵鎖而度，不下見底。熙平中，宋雲等竟不能達。

研判西亞諸國國情分部

綜　述

安　息

《魏書》卷一〇二《西域傳·安息》　安息國在葱嶺西，都蔚搜城。北與康居，西與波斯相接。在大月氏西北，去代二萬一千五百里。

《周書》卷五〇《異域傳下·安息》　安息國在葱嶺之西，治蔚搜城。北與康居，西與波斯相接，東去長安一萬七千五百五十里。

波　斯

南朝梁·蕭繹《職貢圖·波斯國使題記》　波斯，蓋波斯匿王之後也。王子祇陁之子孫，以王父字為氏，因為國稱。釋道安《西域諸國志》：　揵陁越西西海中有安息國，揵陁越南波羅陁國，波羅陁國西有波羅斯國，城周迴三十二里，高四［丈］，皆築土為基。城門皆有樓，觀城內屋宇數百閒。城外有寺一百四。五十里有土山，泉下流向南。山中有鷲鳥噉羊，時時下地銜羊而去，土人患之。又優鉢曇花。出龍駒馬。別有城池，生珊瑚、馬碯、虎魄、真珠、璸玫等寶，土人不甚珍交易用金銀。婚禮以金帛奴婢、牛馬羊等，以四轝，馬為五彩為蓋，迎婦兄弟把手付度。國東萬五千里滑國，西萬里極婆羅門國，南萬里有又婆羅門國，北萬里即沉壞國。

《梁書》卷五四《諸夷傳·西北諸戎·波斯》　波斯國，其先有波斯匿王者，子孫以王父字為氏，因為國號。國有城，周迴三十二里，城高四丈，皆有樓觀，城內屋宇數百千間，城外佛寺二三百所。西去城十五里有土山，山非過高，其勢連接甚遠，中有鷲鳥啖羊，土人極以為患。國中有優鉢曇花，鮮華可愛。出龍駒馬。鹹池生珊瑚樹，長一二尺。亦有琥珀、馬腦、真珠、玫等，國內不以為珍。市買用金銀。婚姻法：下聘訖，女婿將數十人迎婦，婿著金線錦袍、師子錦袴，戴天冠，婦亦如之。婦兄弟便來捉手付度，夫婦之禮，於茲永畢。國東與滑國，西及南俱與婆羅門國，北與汎慄國接。

《周書》卷五〇《異域傳下·波斯》　波斯國，大月氏之別種，治蘇利城，古條支國也。東去長安一萬五千三百里。城方十餘里，戶十餘萬。王姓波斯氏。坐金羊床，戴金花冠，衣錦袍、織成帔，皆飾以珍珠寶物。其俗：丈夫剪髮，戴白皮帽，貫頭衫，兩廂近下開之，並有巾帔，緣以織成；婦女服大衫，披大帔，其髮前為髻，後被之，飾以金銀華，仍貫五色珠，絡之於膊。

王於其國內別有小牙十餘所，猶中國之離宮也，每年四月出遊處之，十月乃還。王即位以後，擇諸子內賢者，密書其名，封之於庫，諸子及大臣皆莫之知也。王死，乃衆共發書視之，其封內有名者，即立以為王，餘子各出就邊任。兄弟更不相見也。國人號王曰翳囋，妃曰防步率，王之諸子曰殺野。大官有摸胡壇，掌國內獄訟；泥忽汗，掌庫藏關禁；地卑勃，掌文書及衆務。次有遏羅訶地，掌王之內事；薩波勃，掌四方兵馬。其下皆有屬官，分統其事。兵器有甲矛圓排劍弩弓箭。戰並乘象，每象百人隨之。

其刑法：重罪懸諸竿上，射而殺之；次則繫獄，新王立乃釋之；輕罪則劓、刖若髡，或翦半須，及繫排於項上，以為耻辱；犯強盜者，禁之終身；奸貴人妻者，男子流，婦人割其耳鼻。賦稅則准地輸銀錢。俗事火祆神。婚合亦不擇尊卑，諸夷之中，最為醜穢矣。民女年十歲以上有姿貌者，王收養之，有功勳人，即以分賜。死者多棄屍於山，一月治服。城外有人別居，唯知喪葬之事，號為不淨人。若入城市，搖鈴自別。以六月為歲首，尤重七月七日、十二月一日。其日，民庶以上，各相命

召，設會作樂，以極歡娛。又以每年正月二十日，各祭其先死者。

氣候暑熱，家自藏冰。地多沙磧，引水溉灌。其五穀及禽獸等，與中夏略同，唯無稻及黍秫。土出名馬及駝，富室至有數千頭者。又出白象、師子、大鳥卵、珍珠、離珠、頗黎、珊瑚、琥珀、琉璃、馬瑙、水晶、瑟瑟、金、銀、鍮石、金剛、火齊、鑌鐵、銅、錫、朱沙、水銀、綾、錦、白迭、毾、氍毹、、赤麞皮，及熏六、鬱金、蘇合、青木等香，胡椒、蓽撥、石蜜、千（牛）〔年〕棗、香附子、訶災勒、無食子、鹽綠、雌黃等物。

察牢國

宋・李昉等《太平御覽》卷七九〇《四夷部十一・南蠻六・察牢國》

《南州異物志》曰：察牢，在安息中間，大國也，去天竺五千里。民國勇健，舉國人皆稱王種。國無常王，國人常選耆老有德者立為王，三歲一更舉。土地所與天竺同。慕其土地，不出國遠行。

伏盧尼

《北史》卷九七《西域傳・伏盧尼》　伏盧尼國，都伏盧尼城，在波斯國北，去代二萬七千三百二十里。累石為城，東有大河南流，中有鳥，其形似人，亦有如橐駝、馬者，皆有翼，常居水中，出水便死。城北有雲尼山，出銀、珊瑚、琥珀，多師子。

條支

《北史》卷九七《西域傳・條支》　條支國，在安息西，去代二萬九千四百里。

研判歐洲大秦國情分部

綜述

《三國志》卷三〇《魏志・烏丸鮮卑東夷傳》裴松之注　《魏略・西戎傳》曰：【略】大秦國一號犂靬，在安息、條支西大海之西，從安息界安谷城乘船，直截海西，遇風利二月到，風遲或一歲，無風或三歲。其國在海西，故俗謂之海西。有河出其國，西又有大海。海西有遲散城，從國下直北至烏丹城，西南又渡一河，乘船一日乃過。西南又渡一河，一日乃過。凡有大都三，卻從安谷城陸道直北行之海北，復直西行之海西，復直南行經之烏遲散城，渡一河，乘船一日乃過。周迴繞海，凡當渡大海六日乃到其國。國有小城邑合四百餘，東西南北數千里。其王治濱側河海，以石為城郭。其土地有松、柏、槐、梓、竹、葦、楊柳、梧桐、百草。民俗，田種五穀，畜乘有馬、騾、驢、駱駝。桑蠶。俗多奇幻，口中出火，自縛自解，跳十二丸巧妙。其國無常主，國中有災異，輒更立賢人以為王，而生放其故王，王亦不敢怨。其俗人長大平正，似中國人而胡服。自云本中國一別也，常欲通使於中國，而安息圖其利，不能得過。其俗能胡書。其制度，公私宮室為重屋，旌旗擊鼓，白蓋小車，郵驛亭置如中國。從安息繞海北到其國，人民相屬，十里一亭，三十里一置，終無盜賊。但有猛虎、獅子為害，行道不羣則不得過。其國置小王數十，其王所治城周迴百餘里，有官曹文書。王有五宮，一宮間相去十里，其王平旦之一宮聽事，至日暮一宿，明日復至一宮，五日一周。置三十六將，每議事，一將不至則不議也。王出行，常使從人持一韋囊自隨，有白言者，受其辭投囊中，還宮乃省為決理。以水晶作宮柱及器物。作弓矢。其別枝封小國曰澤散王，曰驢分王，曰且蘭王，曰賢督王，曰汜復王，曰于羅王，其餘小王國甚多，不能一一詳之也。國出細絺。作金銀錢，金錢一當銀錢十。有織成細布，言用水羊毳，名曰海西布。此國六畜皆出水，或云非獨用羊毛也，亦用木皮或野繭絲作，織成氍毹、毾、罽帳之屬皆好，其色又鮮於海東諸國所作也。又常利得中國絲，解以為胡綾，故數與安息諸國交市於海中。海水苦不可食，故往來者希到其國中。山出九色次玉石，一曰青，二曰赤，三曰黃，四曰白，五曰黑，六曰綠，七曰紫，八曰紅，九曰紺。今伊吾山中有九色石，即其類。陽嘉三年時，疏勒王臣盤獻海西青石、金帶各一。又今西域舊圖云罽賓、條支諸國出琦石，即次玉石也。大秦多金、銀、銅、鐵、鉛、錫、神龜、白馬、朱髦、駭雞犀、玳瑁、玄熊、赤螭、辟毒鼠、大貝、車渠、瑪瑙、南金、翠爵、羽翮、象牙、符采玉、明月

珠、夜光珠、真白珠、虎珀、珊瑚、赤白黑緑黄青紺縹紅紫十種流離、璆琳、琅玕、水精、玫瑰、雄黄、雌黄、碧、五色玉、黄白黑緑紫紅絳紺金黄縹留黄十種氍毹、五色毾毲、五色九色首下毾、金縷繡、雜色綾、金塗布、緋持布、發陸布、緋持渠布、火浣布、阿羅得布、巴則布、度代布、温宿布、五色桃布、絳地金織帳、五色斗帳、一微木、二蘇合、狄提、迷迷、兜納、白附子、熏陸、鬱金、芸膠、熏草木十二種香。大秦道既從海北陸通，又循海而南，與交趾七郡外夷比，又有水道通益州、永昌，故永昌出異物。前世但論有水道，不知有陸道，今其略如此。其民人戶數不能備詳也。自葱領西，此國最大，置諸小王甚多，故錄其屬大者矣。

《晉書》卷九七《四夷傳·西戎·大秦國》 大秦國一名犁鞬，在西海之西，其地東西南北各數千里。有城邑，其城周迴百餘里。屋宇皆以珊瑚為棁栭，琉璃為墻壁，水精為柱礎。其王有五宮，其宮相去各十里，每旦於一宮聽事，終而復始。若國有災異，輒更立賢人，放其舊王，被放者亦不敢怨。有官曹簿領，而文字習胡，亦有白蓋小車、旌旗之屬，及郵驛制置，一如中州。其人長大，貌類中國人而胡服。其土多出金玉寶物、明珠、大貝，有夜光璧、駭雞犀及火浣布，又能刺金縷繡及積錦縷罽。以金銀為錢，銀錢十當金錢之一。安息、天竺人與之交市於海中，其利百倍。鄰國使到者，輒廩以金錢。途經大海，海水鹹苦不可食，商客往來皆賫三歲量，是以至者稀少。

《北史》卷九七《西域傳·大秦》 大秦國，一名黎軒，都安都城，從條支西渡海曲一萬里，去代三萬九千四百里。其海滂出，猶渤海也，而東西與渤海相望，蓋自然之理。地方六千里，居兩海之間。其地平正，人居星布。其王都城分為五城，各方五里，周六十里。王居中城，城置八臣，以主四方。而王城亦置八臣，分主四城。若謀國事及四方有不決者，則四城之臣，集議王所，王自聽之，然後施行。王三年一出觀風化。人有冤枉詣王訴訟者，當方之臣，小則讓責，大則黜退，令其舉賢人以代之。其人端正長大，衣服、車旗，擬儀中國，故外域謂之大秦。其土宜五穀、桑、麻，人務蠶、田。多璆琳、琅玕、神龜、白馬朱鬣、明珠、夜光璧。東南通交趾，又水道通益州永昌郡。多出異物。

大秦西海水之西有河，河西南流。河西有南北山，山西有赤水，西有白玉山，玉山西有西王母山，玉為堂室云。從安息西界循海曲，亦至大秦，回萬餘里。於彼國觀日月星辰，無異中國，而前史云：條支西行百里，日入處，失之遠矣。

唐·歐陽詢等《藝文類聚》卷八〇《火部·燈》 魏殷臣《鯨魚燈賦》曰：横海之魚，厥號惟鯨。普彼鱗族，莫與之京。大秦美焉，乃觀乃詳。寫載其形，託於金燈。隆脊矜尾，鬐甲舒張。垂首俛視，蟠於華房。狀欣欣以竦峙，若將飛而未翔。懷蘭膏於胸臆，明制節之謹度。伊工巧之奇密，莫尚美於斯器。因綺麗以致用，設機變而罔匱。匪雕文之足瑋，差利事之為貴。永作式於將來，跨千載而弗墜。

又 《瑠璃》 《廣志》曰：瑠璃出黄支、斯調、大秦、日南諸國。

又 《車渠》 《廣志》曰：車渠出大秦國及西域諸國。

又 卷八五《布帛部·錦》 梁皇太子《謝勑賚魏國所獻錦等啓》曰：山羊之毳，東燕之席，尚傳登高之文，北鄰之錦，猶見胡綾織大秦之草，戎布紡玄菟之花。

又 《布》 晉殷臣《奇布賦》曰：惟泰康二年，安南將軍廣州牧騰侯作鎮南方。余時承乏，忝備下僚。俄而大秦國奉獻琛，來經於州，衆寶既麗，火布尤奇，乃作賦曰：

伊荒服之外國，逮大秦以為名。仰皇風而悅化，超重譯而來庭。貢方物之綺麗，亦受氣於妙靈。美斯布之出類，禀太陽之純精。越常品乎意外，獨詭異而特生。森森豐林在海之洲，煌煌烈火禁焉靡休。天性固然，滋殖是由。牙萌炭中，穎發燼隅。葉因焰潔，翹與炎敷。焱榮華實，焚灼萼珠。丹輝電近，彤炯星流。飛耀衝霄，光赫天區。惟造化之所陶，理萬端而難察。燎無爍而不燋，在兹林而獨昵。火焚木而弗枯，木吐火而無竭。同五行而並在，與大椿其相牽。乃採乃析，是紡是績。每以為布，不盈數尺。以為布帊服之無斁，既垢既汙，以焚為濯，投之朱鑪，載燃載赫，停而冷之，皎潔凝白。

又 卷八七《菓部下·胡桃》 《吳時外國志》曰：大秦國有棗、榛、胡桃、蓮藕、雜菓。

《史記》卷一二三《大宛列傳》張守節正義 康氏《外國傳》云：

『（黎軒）其國城郭皆青水精為，及五色水精為壁。人民多巧，能化銀為金。國土市買皆金銀錢。』萬震《南州志》云：『大家屋舍，以珊瑚為柱，琉璃為牆壁，水精為礎舄。海中斯調上有木，冬月往剝取其皮，績以為布，極細，手巾齊數匹，與麻焦布無異，色小青黑，若垢汙欲浣之，則入火中，便更精潔，世謂之火浣布。秦云定重參問門樹皮也。』《括地志》云：『火山國在扶風南東大湖海中。其國中山皆火，然火中有白鼠皮及樹皮，績為火浣布。』《魏略》云：『大秦在安息、條支西大海之西，故俗謂之海西。從安息界乘船直載海西，遇風利時三月到，風遲或一二歲。其公私宮室為重屋，郵驛亭置如中國。從安息繞海北陸到其國，人民相屬，十里一亭，三十里一置。無盜賊。其俗人長大平正，似中國人而胡服。』宋膺《異物志》云：『秦之北附庸小邑，有羊羔自然生於土中，候其欲萌，築牆繞之，恐獸所食。其臍與地連，割絕則死。擊物驚之，乃驚鳴，臍遂絕，則逐水草為羣。又大秦金二枚，皆大如瓜，植之滋息無極，觀之如用則真金也。』

宋・李昉等《太平御覽》卷四六九《人事部・憂下》 辛氏《三秦記》曰：大秦國隔海，心無憂患，遇善風二十日得過；心憂，數年不得渡。諺曰：『心無憂患，不經二旬；心若憂患，遠離三春。』土人質直，男女皆長一丈，端正。國主風雨不和，則讓賢而治。

又 卷八〇八《珍寶部七・琥珀》 《典略》曰：大秦國多琥魄。

又《頗黎》 《玄中記》曰：大秦國有五色頗黎，紅色最貴。

又《水精》 《廣志》曰：水精出大秦、黃支國。

政治思想總部

國家論部

正閏觀分部

正統論

論　說

《三國志》卷四三《蜀志・黄權傳》裴松之注　《蜀記》曰：魏明帝問權：『天下鼎立，當以何地為正？』權對曰：『當以天文為正。往者熒惑守心而文皇帝崩，吳、蜀二主平安，此其徵也。』

又　卷四七《吳志・吳主傳》裴松之注　《吳書》曰：魏文帝因酒酣，嘲問曰：『吳、魏峙立，誰將平一海内者乎？』化對曰：『《易》稱帝出乎震，加聞先哲知命，舊説紫蓋黄旗，運在東南。』帝曰：『昔文王以西伯王天下，豈復在東乎？』化曰：『周之初基，太伯在東，是以文王能興於西。』

《宋書》卷一六《禮志三》　孫權初稱尊號于武昌，祭南郊告天。【略】其後自以居非中土，不復修設。中年，羣臣奏議，宜修郊祀，權曰：『郊祀當於中土，今非其所。』重奏曰：『普天之下，莫非王土。王者以天下為家。昔周文、武郊於酆、鎬，非必中土。』權曰：『武王伐紂，即阼於鎬京，而郊其所也。文王未為天子，立郊於酆，見何經典？』復奏曰：『伏見《漢書・郊祀志》，匡衡奏徙甘泉河東郊於長安，言文王郊於酆。』權曰：『文王德性謙讓，處諸侯之位，明未郊也。經傳無明文，由匡衡俗儒意説，非典籍正義，不可用也。』虞喜《志林》曰：『吳主糾駁郊祀，追貶匡衡，凡在見者，莫不慨然稱善也。』何承天曰：『案權建號繼天，而郊享有闕，固非也。末年雖一南郊，而遂無北郊之禮。環氏《吳紀》：「權思崇嚴父配天之義，追上父堅尊號為吳始祖。」如此説，則權末年所郊，堅配天也。權卒後，三嗣主終吳世不郊祀，則權不享配帝之禮矣。』

北魏・楊衒之《洛陽伽藍記》卷二《景寧寺》　永安二年，蕭衍遣主書陳慶之送北海入洛陽僭帝位。慶之為侍中。景仁在南之日，與慶之有舊，遂設酒引邀慶之過宅。司農卿蕭彪、尚書右丞張嵩並在其座，彪亦是南人。唯有中大夫楊元慎、給事中大夫王昫是中原士族。慶之因醉謂蕭張等曰：『魏朝甚盛，猶曰五胡，正朔相承，當在江左。秦朝玉璽，今在梁朝。』元慎正色曰：『江左假息，僻居一隅，地多濕蟄，攢育蟲蟻，壃土瘴癘，蛙黽共穴，人鳥同羣。短髮之君，無杼首之貌；文身之民，稟蕞陋之質。浮於三江，棹於五湖，禮樂所不沾，憲章弗能革。雖復秦餘漢罪，雜以華音，復閩楚難言，不可改變。雖立君臣，上慢下暴。是以劉劭殺父於前，休龍淫母於後，見逆人倫，禽獸不異。加以山陰請婿賣夫，朋淫於家，不顧譏笑。卿沐其遺風，未沾禮化，所謂陽翟之民不知癭之為醜。我魏膺籙受圖，定鼎嵩洛，五山為鎮，四海為家。移風易俗之典，與五帝而並迹，禮樂憲章之盛，凌百王而獨高。豈卿魚鱉之徒，慕義來朝，飲我池水，啄我稻粱，何為不遜，以至於此？』

《魏書》卷六五《李諧傳》　孝靜初，【略】蕭衍求通和好，朝廷盛選行人，以諧兼散騎常侍，為聘使主。諧至石頭，蕭衍遣其主客郎范胥當接。【略】胥曰：『金陵王氣兆於先代，黄旗紫蓋，本出東南，君臨萬邦，故宜在此。』諧答曰：『帝王符命，豈得與中國比隆？紫蓋黄旗，終於入洛，無乃自害也？有口之説，乃是俳諧，亦何足道！』

又　卷一〇八《禮志一》　（太和）十四年八月【略】中書監高閭議以為：『【略】臣聞居尊據極，允應明命者，莫不以中原為正統，神州為帝宅。苟位當名全，化迹流洽，則不專以世數為與奪，善惡為是非。故堯舜禪揖，一身異尚；魏晉相代，少紀運殊。桀紂至虐，不廢承歷之敍；厲惠至昏，不闕周晉之録。計五德之論，始自漢劉，【略】魏承漢，火生土，故魏為土德。晉承魏，土生金，故晉為金德。趙承晉，金生水，故趙為水德。燕承趙，水生木，故燕為木德。秦承燕，木生火，故秦為火

德。秦之未滅，皇魏未克神州，秦氏既亡，大魏稱制玄朔。故平文之廟，始稱「太祖」，以明受命之證，如周在岐之陽。若繼晉，晉亡已久；若棄秦，則中原有寄。推此而言，承秦之理，事為明驗。故以魏承秦，魏為土德，又五緯表驗，黄星曜彩，考氏定實，合德軒轅，承土祖未，事為著矣。又秦趙及燕，雖非明聖，各正號赤縣，統有中土，郊天祭地，肆類咸秩，明刑制禮，不失舊章。奄岱踰河，境被淮漢。非若齷齪邊方，僭擬之屬，遠如孫權、劉備，近若劉裕、道成，事繫蠻夷，非關中夏。伏惟聖朝，德配天地，道被四海，承乾統曆，功侔百王。光格同於唐虞，享祚流於周漢，正位中境，奄有萬方。今若幷棄三家，遠承晉氏，則蔑中原正次之實。存之無損於此，而有成於彼；廢之無益於今，而有傷於事。臣愚以為宜從尚黄，定為土德。又前代之君，明賢之史，皆因其可褒褒之，可貶貶之。今議者偏據可絶之義，而不録可全之禮。所論事大，垂之萬葉。宜並集中秘羣儒，人人別議，擇其所長，於理為悉。』

秘書丞臣李彪、著作郎崔光等議以為：『尚書閭議，繼近秦氏。臣職掌國籍，頗覽前書，惜此正次，慨彼非緒。輒仰推帝始，遠尋百王。魏雖建國君民，兆眹振古，祖黄制朔，緜迹有因。然此帝業，神元為首。案神元、晉武，往來和好。至于桓、穆，洛京破亡。二帝志摧聰、勒，思存晉氏，每助劉琨，申威幷冀。是以晉室銜扶救之仁，越石深代王之請。平文、太祖，抗衡苻石，終平燕氏，大造中區。則是司馬祚終於郟鄏，而元氏受命於雲代。蓋自周之滅及漢正號，幾六十年，著符尚赤。後雖張、賈殊議，暫疑而卒從火德，以繼周氏。排虐嬴以比共工，蔑暴項而同吳廣。近蠲謬偽，遠即神正，若此之明也。寧使白蛇徒斬，雕雲空結哉！自有晉傾淪，暨登國肇號，亦幾六十餘載，物色旗幟，率多從黑。是又自然合應，玄同漢始。且秦幷天下，革創法度，漢仍其制，少所變易。猶仰推五運，竟踵隆姬。而況劉、石、苻、燕，世業促褊，綱紀弗立。魏接其弊，自有彝典，豈可異漢之承木，捨晉而為土邪？夫皇統崇極，承運至重，必當推協天緒，考審王次，不可雜以僭竊，參之强狡。神元既晉武同世，桓、穆與懷、愍接時。晉室之淪，平文始大，廟號太祖，抑亦有由。紹晉定德，孰曰不可，而欲次兹偽僭，豈非惑乎？臣所以慺慺惜之，唯垂察納。』詔令羣官議之。

十五年正月，侍中、司空、長樂王穆亮，侍中、尚書左僕射、平原王陸叡，侍中、吏部尚書、中山王王元孫，侍中、尚書、駙馬都尉、南平王馮誕，散騎常侍、都曹尚書、新泰侯游明根，散騎常侍、南部令鄧侍祖，秘書中散李愷，尚書左丞郭祚，右丞、霸城子衛慶，中書侍郎封琳，中書郎、泰昌子崔挺，中書侍郎賈元壽等言：『臣等受敕共議中書監高閭、秘書丞李彪等二人所議皇魏行次。尚書高閭以石承晉為水德，以燕承石為木德，以秦承燕為火德，大魏次秦為土德，皆以地據中夏，以為得統之徵。皇魏建號，事接秦末，晉既滅亡，天命在我。故因中原有寄，即而承之。彪等據神元皇帝與晉武並時，桓、穆二帝，仍修舊好。始自平文，逮于太祖，抗衡秦、趙，終平慕容。晉祚終於秦方，大魏興於雲朔。據漢棄秦承周之義，以皇魏承晉為水德。二家之論，大略如此。臣等謹共參論，伏惟皇魏世王玄朔，下迄魏、晉，趙、秦、二燕雖地據中華，德祚微淺，並獲推敍，於理未愜。又國家積德修長，道光萬載。彪等職主東觀，詳究圖史，所據之理，其致難奪。今欲從彪等所議，宜承晉為水德。』詔曰：『越近承遠，情所未安。然考次推時，頗亦難繼。朝賢所議，豈朕能有違奪。便可依為水德，祖申臘辰。』

《晉書》卷八二《習鑿齒傳》 是時温覬覦非望，鑿齒在郡，著《漢晉春秋》以裁正之。起漢光武，終於晉愍帝。於三國之時，蜀以宗室爲正，魏武虽佳受漢禪晉，尚爲篡逆，至文帝平蜀，乃爲漢亡而晉始興焉。引世祖諱炎興而爲禪受，明天心不可以勢力强也。凡五十四卷。【略】（習鑿齒）臨終上疏曰：

臣每謂皇晉宜越魏繼漢，不應以魏後爲三恪。而身微官卑，無由上達，懷抱愚情，三十餘年。今沈淪重疾，性命難保，遂嘗懷此，當與之朽烂，區區之情，切所悼惜，謹力疾著論一篇，寫上如左。願陛下考尋古义，求經常之表，超然遠覽，不以臣微賤廢其所言。論曰：

或問：『魏武帝功蓋中夏，文帝受禪於漢，而吾子謂漢終有晉，豈實理乎？且魏之見廢，晉道亦病，晉之臣子寧可以同此言哉！』

答曰：『此乃所以尊晉也。但絶節赴曲，非常耳所悲，見殊心異，雖奇莫察，請為子言焉。

『昔漢氏失御，九州殘隔，三國乘間，鼎峙數世，干戈日尋，流血百

載，雖各有偏平，而其實亂也。宣皇帝勢逼當年，力制魏氏，蠖屈從時，遂羈戎役，晦明掩耀，龍潛下位，俛首重足，鞠躬屏息，道有不容之難，躬蹈履霜之險，可謂危矣！魏武既亡，大難獲免，始南擒孟達，東蕩海隅，西抑勁蜀，旋撫諸夏，摧吳人入侵之鋒，掃曹爽見忌之黨，植靈根以跨中嶽，樹羣才以翼子弟，命世之志既恢，非常之業亦固。景文繼之，靈武冠世，克伐貳違，以定厥庸，席卷梁益，奄征西極，功格皇天，勳侔古烈，豐規顯祚，故以灼如也。至於武皇，遂并强吳，混一宇宙，乂清四海，同軌二漢。除三國之大害，靜漢末之交爭，開九域之蒙晦，定千載之盛功者，皆司馬氏也。而推魏繼漢，以晉承魏，比義唐虞，自託純臣，豈不惜哉！

『今若以魏有代王之德，則其道不足；有靜亂之功，則孫劉鼎立。道不足則不可謂制當年，當年不制於魏，則魏未曾為天下之主；王道不足於曹，則曹未始為一日之王矣。昔共工伯有九州，秦政奄平區夏，鞭撻華戎，專總六合，猶不見序於帝王，淪没於戰國，何況暫制數州之人，威行境內而已，便可推為一代者乎！

『若以晉嘗事魏，懼傷皇德，拘惜禪名，謂不可割，則惑之甚者也。何者？隗囂據隴，公孫帝蜀，蜀隴之人雖服其役，取之大義，于彼何有！且吳楚僭號，周室未亡，子文、延陵不見貶絕。宣皇帝官魏，逼於性命，舉非擇木，何虧德美，禪代之義，不同堯舜，校實定名，必彰於後，人各有心，事胡可掩！定空虛之魏以屈於己，孰若杖義而以貶魏哉！夫命世之人正情遇物，假之際會，必兼義勇。宣皇祖考立功於漢，世篤爾勞，思報亦深。魏武超越，志在傾主，德不素積，義險冰薄，宣帝與之，情將何重！雖形屈當年，意申百世，降心全己，憤慨於下，非道服北面，有純臣之節，畢命曹氏，忘濟世之功者也。

『夫成業者係於所為，不係所藉；立功者言其所濟，不言所起。是故漢高稟命於懷王，劉氏乘斃於亡秦，超二偽以遠嗣，不論近而計功，考五德於帝典，不疑道於力政，季無承楚之號，漢有繼周之業，取之既美，而己德亦重故也。凡天下事有可借喻於古以曉於今，定之往昔而足為來證者。當陽秋之時，吳楚二國皆僭號之王也，若使楚莊推鄢郢以尊有德，闔閭舉三江以奉命世，命世之君、有德之主或藉之以應天，或撫之而光宅，彼必自係於周室，不推吳楚以為代明矣。況積勳累功，靜亂寧衆，數之所録，衆之所與，不資于燕噲之授，不賴於因藉之力，長轡廟堂，吳蜀兩斃，運奇二紀而平定天下，服魏武之所不能臣，蕩累葉之所不能除者哉！

『自漢末鼎沸五六十年，吳魏犯順而强，蜀人杖正而弱，三家不能相一，萬姓曠而無主。夫有定天下之大功，為天下之所推，孰如見推於闇人，受尊於微弱？配天而為帝，方駕於三代，豈比俛首於曹氏，側足於不正？即情而恒實，取之而無慚，何與詭事而託偽，開亂於將來者乎？是故故舊之恩可封魏後，三恪之數不宜見列。以晉承漢，功實顯然，正名當事，情體亦厭，又何為虛尊不正之魏而虧我道於大通哉！

『昔周人詠祖宗之德，追述翦商之功；仲尼明大孝之道，高稱配天之義。然后稷勤於所職，聿來未以翦商，異於司馬氏仕乎曹族，三祖之寓於魏世矣。且夫魏自君之道不正，則三祖臣魏之義未盡。義未盡，故假塗以運高略；道不正，故君臣之節有殊。然則弘道不以輔魏而無逆取之嫌，高拱不勞汗馬而有靜亂之功者，蓋勳足以王四海，義可以登天位，雖我德慚於有周，而彼道異於殷商故也。

『今子不疑共工之不得列於帝王，不嫌漢之係周而不係秦，何至於一魏猶疑滯而不化哉！夫欲尊其君而不知推之於堯舜之道，欲重其國而反厝之於不勝之地，豈君子之高義！若猶未悟，請於是止矣。』

又　卷一一四《苻堅載記下》　及疾篤，（苻）堅親臨省病，問以後事。（王）猛曰：『晉雖僻陋吳越，乃正朔相承。親仁善鄰，國之寶也。臣没之後，願不以晉為圖。』【略】

（苻）堅謂江東可平，寢不暇旦。（苻）融每諫曰：『知足不辱，知止不殆，窮兵極武，未有不亡。且國家，戎族也，正朔會不歸人。江東雖不絕如綖，然天之所相，終不可滅。』堅曰：『帝王曆數豈有常哉，惟德之所授耳！汝所以不如吾者，正病此不達變通大運。劉禪可非漢之遺祚，然終為中國之所并。吾將任汝以天下之事，奈何事事折吾，沮壞大謀！汝尚如此，況於衆乎！』

又　卷一一六《姚弋仲載記》　弋仲有子四十二人，常戒諸子曰：『吾本以晉室大亂，石氏待吾厚，故欲討其賊臣以報其德。今石氏已滅，中原無主，自古以來未有戎狄作天子者。我死，汝便歸晉，當竭盡臣節，

無為不義之事。』

唐・杜佑《通典》卷四二《禮典三・吉禮三・郊天上》 魏文帝南巡在潁陰，有司為壇於繁陽故城。庚午，登壇受紱，降壇視燎成禮，未有祖配。明帝即位，於太和元年正月丁未，郊祭，以武帝配天，文皇帝配上帝。以二漢郊制存焉。至景初元年十月乙卯，始營洛陽南委粟山為圓丘。詔曰：『曹氏代系，出自有虞氏。今祀圓丘，以始祖帝舜配，號圓丘曰皇皇帝天。郊所祭曰皇天之神，劉邵云：『宜曰皇天帝。』以太祖武帝配。祀稱嗣皇帝。』十二月壬子日冬至，始祀皇天帝於圓丘，以始祖帝舜配。高堂崇表云：『按古典可以武皇配天。』魚豢議曰：『昔后稷以功配天。漢出自堯，不以堯配天，明不紹也。且舜已越數代，武皇肇創洪業，宜以配天。』自正始以後，終魏代不復郊祀。孫權初稱尊號於武昌，祭南郊告天，用玄牡。後自以居非土中，不修設。末年南郊，追上父堅尊號為吳始祖以配天。後王嗣位，終吳代不郊祀。劉備章武元年，即位，設壇於成都武擔山南，用玄牡。二年十月，詔丞相諸葛亮營南郊於成都。

國家安全觀分部

論說

《三國志》卷六四《吳志・諸葛恪傳》 恪遂有輕敵之心，以（建興元年）十二月戰克，明年春，復欲出軍。諸大臣以為數出罷勞，同辭諫恪，恪不聽。中散大夫蔣延或以固爭，扶出。

恪乃著論諭衆意曰：『夫天無二日，土無二王，王者不務兼并天下而欲垂祚後世，古今未之有也。昔戰國之時，諸侯自恃兵強地廣，互有救援，謂此足以傳世，人莫能危。恣情從懷，憚於勞苦，使秦漸得自大，遂以并之，此既然矣。近者劉景升在荊州，有衆十萬，財穀如山，不及曹操尚微，與之力競，坐觀其強大，吞滅諸袁。北方都定之後，操率三十萬衆來向荊州，當時雖有智者，不能復為畫計，於是景升兒子，交臂請降，遂為囚虜。凡敵國欲相吞，即仇讎欲相除也。有讎而長之，禍不在己，則在後人，不可不為遠慮也。昔伍子胥曰：「越十年生聚，十年教訓，二十年之外，吳其為沼乎！」夫差自恃強大，聞此邈然，是以誅子胥而無備越之心，至於臨敗悔之，豈有及乎？越小於吳，尚為吳禍，況其強大者邪？昔秦但得關西耳，尚以并吞六國，今賊皆得秦、趙、韓、魏、燕、齊九州之地，地悉戎馬之鄉，士林之藪。今以魏比古之秦，土地數倍；以吳與蜀比古六國，不能半之。然今所以能敵之，但以操時兵衆，於今適盡，而後生者未悉長大，正是賊衰少未盛之時。加司馬懿先誅王淩，續自隕斃，其子幼弱，而專彼大任，雖有智計之士，未得施用。當今伐之，是其厄會。聖人急於趨時，誠謂今日。若順衆人之情，懷偷安之計，以為長江之險可以傳世，不論魏之終始，而以今日遂輕其後，此吾所以長歎息者也。自（本）［古］以來，務在產育，今者賊民繁歲月滋，但以尚小，未可得用耳。若復十數年後，其衆必倍於今，而國家勁兵之地，皆已空盡，唯有此見衆可以定事。若不早用之，端坐使老，復十數年，略當損半，而見子弟數不足言。若賊衆一倍，而我兵損半，雖復使伊、管圖之，未可如何。今不達遠慮者，必以此言為迂。夫禍難未至而豫憂慮，此固衆人之所迂也。及於難至，然後頓顙，雖有智者，又不能圖。此乃古今所病，非獨一時。昔吳始以伍員為迂，故難至而不可救。劉景升不能慮十年之後，故無以詒其子孫。今恪無具臣之才，而受大吳蕭、霍之任，智與衆同，思不經遠，若不及今日為國斥境，俛仰年老，而讎敵更強，欲刎頸謝責，寧有補邪？今聞衆人或以百姓尚貧，欲務閒息，此不知慮其大危，而愛其小勤者也。昔漢祖幸已自有三秦之地，何不閉關守險，以自娛樂，空出攻楚，身被創痍，介胄生蟣蝨，將士厭困苦，豈甘鋒刃而忘安寧哉？慮於長久不得兩存者耳！每覽荊邯說公孫述以進取之圖，近見家叔父表陳與賊爭競之計，未嘗不喟然歎息也。夙夜反側，所慮如此，故聊疏愚言，已達二三君子之末。若一朝隕歿，志畫不立，貴令來世知我所憂，可思於後。』

《宋書》卷六四《何承天傳》 時索虜侵邊，太祖訪羣臣威戎御遠之略，承天上表曰：

伏見北藩上事，虜犯青、兗，天慈降鑒，矜此黎元，博逮羣策，經綸戎政，臣以愚陋，預聞訪及。竊尋獫狁告難，爰自上古，有周之盛，南仲出車，漢氏方隆，衛、霍宣力。雖飲馬瀚海，揚旍祁連，事難役繁，天下

騷動，委輸負海，貲及舟車。凶狡倔强，未肯受弱，得失報復，裁不相補。宣帝末年，值其乖亂，推亡固存，始獲稽服。自晉喪中原，戎狄侵擾，百餘年間，未暇以北虜為念。大宋啓祚，兩燿靈武，而懷德畏威，用自款納。陛下臨御以來，羈縻遵養，十餘年中，貢譯不絕。去歲三王出鎮，思振遠圖，獸心易駭，遂生猜懼，背違信約，深搆攜隙。貪禍恣毒，無因自反，恐烽燧之警，必自此始。臣素庸懦，才不經武，率其管窺，謹撰《安邊論》。意及淺末，懼無可採。若得詢之朝列，辨覈同異，庶或開引羣慮，研盡衆謀，短長畢陳，當否可見。其論曰：

漢世言備匈奴之策，不過二科，武夫盡征伐之謀，儒生講和親之約，課其所言，互有遠志。加塞漠之外，胡敵掣肘，必未能摧鋒引日，規自開張。當由往年冀土之民，附化者衆，二州臨境，三王出藩，經略既張，宏圖將舉，士女延望，華、夷慕義。故昧於小利，且自矜侈，外示餘力，內堅偽衆。今若務存遵養，許其自新，雖未可羈致北闕，猶足鎮靜邊境。然和親事重，當盡廟算，誠非愚短，所能究言。若追蹤衛、霍瀚海之志，時事不等，致功亦殊。寇雖習戰來久，又全據燕、趙，跨帶秦、魏，山河之險，終古如一。自非大田淮、泗，內實青、徐，使民有贏儲，野有積穀，然後分命方、召，總率虎旅，精卒十萬，使一舉盪夷，則不足稍勤王師，以勞天下。何以言之？今遺黎習亂，志在偷安，非皆恥為左衽，遠慕冠冕，徒以殘害剝辱，視息無寄，故繦負歸國，先後相尋。虜既不能校勝循理，攻城略地，而輕兵掩襲，急在驅殘，是其所以速怨召禍，滅亡之日。今若遣軍追討，報其侵暴，大翦幽、冀，屠城破邑，則聖朝愛育黎元，方濟之以道。若但欲撫其歸附，伐罪弔民，則駿馬奔走，不肯來征，徒興巨費，無損於彼。復奇兵深入，殺敵破軍，苟陵患未盡，則困獸思鬬，報復之役，將遂無已。斯秦、漢之末策，輪臺之所悔也。

安邊固守，於計為長。臣以安邊之計，備在史策，李牧言其端，嚴尤申其要，大略舉矣。曹、孫之霸，才均智敵，江淮之間，不居各數百里，魏捨合肥，退保新城，吳城江陵，移民南涘，濡須之戍，家停羨溪。及襄陽之屯，民夷散雜，晉宣王以為宜徙沔南，以實水北，曹爽不許，果亡柤中，此皆前代之殷鑑也。何者？斥候之郊，非畜牧之所；轉戰之地，非耕桑之邑。故堅壁清野，以俟其來，整甲繕兵，以乘其敝。雖時有古今，勢有强弱，保民全境，不出此塗。要而歸之有四：一曰移遠就近，二曰浚復城隍；三曰纂偶車牛；四曰計丁課仗。良守疆其土田，驍帥振其風略。蒐獮宣其號令，俎豆訓其廉恥。縣爵以縻之，設禁以威之。徭稅有程，寬猛相濟。比及十載，民知義方。然後簡將授奇，揚旍雲朔，風卷河冀，電掃嵩恒，燕弧折卻，代馬摧足，秦首斬其右臂，吳蹄絕其左肩，銘功於燕然之阿，饗徒於金微之曲。

寇雖亂亡有徵，昧弱易取，若天時人事，或未盡符，抑銳俟機，宜審其算。若邊戍未增，星居布野，勤惰異教，貧富殊資，疆埸之民，多懷彼此，虜在去就，不根本業，難可驅率，易在振蕩。又狡虜之性，食肉衣皮，以馳騁為儀容，以游獵為南畝，非有車輿之安，宮室之衛，櫛風沐雨，不以為勞，露宿草寢，維其常性，勝則競利，敗不羞走，彼來或驟，而此已奔疲。且今春踰濟，既獲其利，乘勝忸忕，未虞天誅，比及秋末，容更送死。猋騎蟻聚，輕兵鳥集，並踐禾稼，焚爇閭井，雖邊將多略，未審何以禦之。若盛師連屯，廢農必衆，馳車奔駟，起役必遲，散金行賞，損費必大，換土客戍，怨曠必繁。孰若因民所居，並修農戰，無動衆之勞，有扞衛之實，其為利害，優劣相縣也。

一曰移遠就近，以實內地。今青、兗舊民，冀州新附，在界首者二萬家，此寇之資也。今悉可內徙，青州民移東萊、平昌、北海諸郡，兗州、冀州移泰山以南，南至下邳，左沭右沂，田良野沃，西阻蘭陵，北阨大峴，四塞之內，其號險固。民性重遷，闇於圖始，無虜之時，喜生咨怨。今新被鈔掠，餘懼未息，若曉示安危，居以樂土，宜其歌抃就路，視遷如歸。

二曰浚復城隍，以增阻防。舊秋冬收斂，民人入保，所以警備暴客，使防衛有素也。古之城池，處處皆有，今雖頹毀，猶可修治。粗計戶數，量其所容，新徙之家，悉著城內，假其經用，為之閭伍，納稼築場，還在一處。婦子守家，長吏為師，丁夫匹婦，春夏佃牧，秋冬入保。寇至之時，一城千室，堪戰之士，不下二千，其餘羸弱，猶能登陴鼓譟。十則圍之，兵家舊説，戰士二千，足抗羣虜三萬矣。

三曰纂偶車牛，以飾戎械。計千家之資，不下五百耦牛，為車伍伯兩。參合鉤連，以衛其衆。設使城不可固，平行趨險，賊所不能干。既已

族居，易可檢括。號令先明，民知夙戒。有急徵發，信宿可聚。

四曰計丁課仗，勿使有闕。千家之邑，戰士二千，隨其便能，各自有仗，素所服習，銘刻由己，還保輸之於庫，出行請以自衛。弓簳利鐵，民不辦得者，官以漸充之，數年之內，軍用粗備矣。

臣聞軍國異容，施於封畿之內；兵農並修，在於疆埸之表。攻守之宜，皆因其習，任其怯勇。山陵川陸之形，寒暑温凉之氣，各由本性，易則害生。是故戍申作［刺，怨起及瓜，今若以荆、吳鋭］師遠屯清濟，功費既重，嗟怨亦深。以臣料之，未若即用彼衆之易也。管子治齊，寄令在民；商君為秦，設以耕戰。終申威定霸，行其志業，非苟任强，實由有數。梁用走卒，其邦自滅；齊用技擊，厥衆亦離。漢、魏以來，兹制漸絶，蒐田非復先王之禮，治兵徒逞耳目之欲，有急之日，民不知戰，至乃廣延賞募，奉以厚秩，發遽奔救，天下騷然。方伯刺史，拱手坐聽，自無經略，唯望朝廷遣軍，此皆忘戰之害，不教之失也。今移民實內，浚治城隍，族居聚處，課其騎射，長吏簡試，差品能不，甲科上第，漸就優別，明其勳才，表言州郡。如此則屯部有常，不遷其業，內護老弱，外通宦塗，朋曹素定，同憂等樂，情由習親，藝因事著，晝戰見貌足相識，夜戰聞聲足相救，斯教戰之一隅，先哲之遺術。論者必以古城荒毁，難可修復。今不謂頓便加功，整麗如舊，但欲先定民居，營其閭術，墉壑存者，因而即之，其有毁缺，權時柵斷。足以禦彼輕兵，防遏遊騎，假以方將，漸就完立。車牛之賦，課仗之宜，攻守所資，軍國之要，今因民所利，導而率之。耕農之器，為府庫之寶，田蠶之氓，兼捍城之用，千家總倍旅之兵，萬戶具全軍之衆，兵强而敵不戒，國富而民不勞，比於優復隊伍，坐食廩糧者，不可同年而校矣。

今承平未久，邊令弛縱，弓簳利鐵，既不都斷，往歲棄甲，垂二十年，課其所住，理應消壞。謂宜申明舊科，嚴加禁塞，諸商賈往來，幢隊挾藏者，皆以軍法治之。又界上嚴立關候，杜廢間蹊。城保之境，諸所課仗，並加雕鐫，別造程式。若有遺鏃亡刃，及私為竊盜者，皆可立驗，於事為長。又鉅野湖澤廣大，南通洙、泗，北連青、齊，有舊縣城，正在澤內。宜立式修復舊堵，利其埭遏，給輕艦百艘。寇若入境，引艦出戰，左右隨宜應接，據其師津，毁其航漕。此以利制車，運我所長，亦微徹敵之要也。

又 卷七〇《袁淑傳》 時索虜南侵，遂至瓜步，太祖使百官議防禦之術，淑上議曰：

臣聞函車之獸，離山必斃；絶波之鱗，宕流則枯。羯冠遺醜，趨致畿甸，蟻萃螽集，聞已崩殪。天險巖曠，地限深遐，故全魏戢其圖，盛晉輟其議，情屈力殫，氣挫勇竭，諒不虞於來臨，本無怵於能濟矣。乃者變定攜遠，阻違授律，由將有弛拙，故士少鬬志。圍潰之衆，匪寇傾淪，攻制之師，空自班散，濟西勁騎，急戰犨旅，淮上訓卒，簡備靡旗。是由綏整寡衷，戎昭多昧，遂使潞子入患，伊川來擾，紛殄姬風，泯毒禹績，騰書有渭陰之迫，懸烽均咸陽之警。然而切揣虛實，伏匿先彰，校索伎能，譎詭既顯。綿地千里，彌行阻深，表裏躓硋，後先介逼。捨陵衍之習，競湍沙之利。今虹見萍生，土膏泉動，津陸陷溢，痁禍洊興，蒭藁已單，米粟莫系，水宇衿帶，進必傾賈，河隘扁固，退亦隍滅。所謂栖鳥於烈火之上，養魚於叢棘之中。

或謂損緩江右，寬繕淮內。竊謂拯扼閩城，舊史為允，棄遠涼土，前言稱非。限此要荒，猶弗委割。況聯被京國，咫尺神甸，數州摧掃，列邑殲痍，山淵反覆，草木塗地。今丘賦千乘，井算萬集，肩摩倍於長安，締袂百於臨淄，什一而籍，實慊氓願，履畝以稅，既協農和。戶競戰心，人含鋭志，皆欲贏糧請奮，釋緯乘城。謂宜懸金鑄印，要壯果之士，重幣甘辭，招摧決之將，舉薦板築之下，抽登臺阜之間，賞之以焚書，報之以相爵，俄而昭才賀闕，異能間至。

戎貪而無謀，肆而不整，迷乎向背之次，謬於合散之宜，犯軍志之極害，觸兵家之甚諱。咸蓄憤矣，僉策戰矣，稱願影從，謠言縉命。宜選敢悍數千，鶩行潛掩，偃旗裹甲，鉗馬銜枚，檜稽而起，晨壓未陣，旌譟亂舉，火鼓四臨，使景不暇移，塵不及起，無不禽鎩獸聾，冰解霧散，掃洗噍類，漂鹵浮山。如有決衆漏網，逡竄逗穴，命淮、汝戈船，遏其還逕，究部勁卒，梗其歸塗。必剪元雄，懸首麾下，乃將隻輪不反，戰轊無旋矣。於是信臣騰威，武士繕力，緹組接陰，鞞柝聯響。

若其偽遁瀛漲，出没無際，楚言漢旆，顯默如神，固已日月蔽虧，川谷蕩貿。負塞殘孽，阻山燼黨，收險竊命，憑城借一，則當因威席卷，乘

機芟剿。泗、汴秀士，星流電燭，徐、阜嚴兵，雨淒雲集，靨亂桑溪之北，搖潰澣海以南，絕其心根，勿使能植，銜索之枯，幾何不蠹。是由涸澤而漁，焚林而狩，若浚風之儛輕籜，杲日之拂浮霜。既而尉洽荷掠之餘，望吊綱悲之鬼。然後天行樞運，猋舉煙升，青蓋西巡，翠華東幸，經啓州野，舉無遺策，俾高闕再勒，燕然後銘。方乃奠山沉河，創禮輯策，闡燿炎、昊之遺則，貫軼商、夏之舊文。

今衆賈拳勇，而將術疏怯，意者稔泰日積，承平歲久，邑無驚赴之急，家緩餽戰之勤，闕閱訓之禮，簡參屬之飾，且亦薦採之法，庸未甄歟。若乃邦造里選，擢論深切，躬擐盡幽，斬帶尋遠，設有沉明能照，俊偉自宣，誠感泉雨，流通金石，氣懾飛、賁，知窮苴、起，審邪正順逆之數，達昏明益損之宜，能睽合民心，愚叡物性，登丹墀而敷策，躡青蒲而揚謀，上説辰鑑，下弭素言，足以安民紓國，救災恤患。則宜拔過寵貴之上，褒升戚舊之右，別其旂章，榮其班祿，出得專譽，使不稟命，降席折節，同廣武之請，設壇致禮，均淮陰之授。必有要盟之功，竊符之捷。

夷裔暴很，內外侮棄，始附之衆，分莜無序，蠱以威利，勢必攜離，首順之徒，靡然自及。今泳繹故典，瀍土纓緌，翦焉幽播，折首凶狡。是猶眇者願明，痿之思步，動商遄會，功終易感。劫晉在於善覘，全鄭實寄良諜，多縱反間，汩惑心耳，發險易之前，抵興喪之術，衝其猜伏，拂其嫌嗜，汩以連率之貴，餌以析壤之資，罄筆端之用，展辭鋒之銳，振辯則堅圍可解，馳羽而巖邑易傾。必府鬲土崩，枝幹瓦裂，故燕、樂相悔，項、范交疑矣。

或乃言約功深，事邇應廣，齊圉反駕，趙養還君，盡輿誦之道，畢能事之效。臣幸得出內層禁，游息明代，澤與身泰，恩隨年行，無以逢迎昌運，潤飾鴻法。今塗有遺鏃，蠆未息蜂，敢思涼識，少酬閎施。但坐幕既乏昭文，免冑不能致果，竊觀都護之邊論，屬國之兵謨，終、晁之抗辭，杜、耿之言事，咸云及經之棘，猶闕上算，燭郛之敬，裁收下策。自恥懦木，智不綜微，敢露昧見，無會昭採。

又 卷九四《徐爰傳》 孝建三年，索虜寇邊，詔問羣臣防禦之策，爰議曰：

詔旨『虜犯邊塞，水陸遼遠，孤城危棘，復不可置。』臣以戎虜猖狂，狡焉滋廣，列卒擬候，伺覘間隙，不勞大舉，終莫永寧。然連旍千里，費固巨萬，而中興造創，資儲未積，是以齊斧徘徊，朔氣稽掃。今皇運洪休，靈威遐懾，蠢爾遺燼，懼在誅剪，思肆蜂蠆，以表有餘，雖不敢深入濟、沛，或能草竊邊塞。羽林鞭長，太倉遙阻，救援之日，勢不相及。且當使緣邊諸戍，練卒嚴城，凡諸督統，聚糧蓄田，籌計資力，足相抗擬。小鎮告警，大督電赴，塢壁邀斷，州郡犄角，儻有自送，可使匹馬不反。

詔旨『胡騎倏忽，抄暴無漸，出耕見虜，野粒資寇，比及少年，軍實無擬，江東根本，不可俱竭，宜立何方，可以相贍』？臣以為方鎮所資，實宜且田且守，若使堅壁而春墾輟耕，清野而秋登莫擬，私無生業，公成虛罄，遠引根本，二三非宜。救之之術，唯在盡力防衛，來必拒戰，去則邀躡，據險保隘，易為首尾。胡馬既退，則民豐廩實，比及三載，可以長驅。

詔旨『賊之所向，本無前謀，兵之所進，亦無定所。比歲戎戍，倉庫多虛，先事聚衆，則消費糧粟，敵至倉卒，又無以相應』。臣以為推鋒前討，大須資力，據本應末，不俟多衆。今寇無傾國豕突，列城勢足脣齒，養卒得勇，所任得才，臨事而懼，應機無失，豈煩空聚兵衆，以待未然。

詔旨『戎狄貪婪，唯利是規，不挫凶圖，姦志歲結』。臣以為不擊則必侵掠，侵掠不已，則民失農桑，農桑不收，則王戍不立，為立之方，擊之為要。

詔旨『若令邊地歲驚，公私失業，經費困於遙輸，遠圖決無遂事，寢弊贊略，逆應有方』。臣以為威虜之方，在於積粟塞下。若使邊民失業，列鎮寡儲，非唯無以遠圖，亦不能制其侵抄。今當使小戍制其始寇，大鎮赴其入境，一被毒手，便自吹齏鳥逝矣。

《晉書》卷五二《阮種傳》 又問戎蠻猾夏。對曰：『戎蠻猾夏，侵敗王略，雖古盛世，猶有此虞。故《詩》稱「獫狁孔熾」，《書》歎「蠻夷帥服」。自魏氏以來，夷虜內附，鮮有桀悍侵漁之患。由是邊守遂怠，鄣塞不設。而今醜虜內居，與百姓雜處，邊吏擾習，人又忘戰。受方任者，又非其材，或以狙詐，侵侮邊夷；或干賞啗利，妄加討戮。夫以微羈而御悍馬，又乃操以煩策，其不制者，固其理也。是以羣醜蕩駭，緣間

而動。雖三州覆敗，牧守不反，此非胡虜之甚勁，蓋用之者過也。臣聞王者之伐，有征無戰，懷遠以德，不聞以兵。夫兵凶器，而戰危事也。兵興則傷農，衆集則費積；農傷則人匱，積費則國虛。昔漢武之世，承文帝之業，資海內之富，役其材臣，以甘心匈奴，競戰勝之功，貪攻取之利，良將勁卒，屈於沙漠，勝敗相若，克不過當，夭百姓之命，填餓狼之口。及其以衆制寡，令匈奴遠迹，收功祁連，飲馬瀚海，天下之耗，已過太半矣。夫虛中國以事夷狄，誠非計之得者也。是以盜賊蜂起，山東不振。暨宣元之時，趙充國征西零，馮奉世征南羌，皆兵不血刃，摧抑强暴，擒其首惡，此則折衝厭難，勝敗相辨，中世之明效也。』

又　卷七三《庾龢傳》　叔父翼將遷襄陽，龢年十五，以書諫曰：『承進據襄陽，耀威荆楚，且田且戍，漸臨河洛，使向化之萌懷德而附，凶愚之徒畏威反善，太平之基，便在於旦夕。昔殷伐鬼方，三年而克；樂生守齊，遂至歷載。今皇朝雖隆，無有殷之盛；凶羯雖衰，猶醜類有徒。而沔漢之水，無萬仞之固；方城雖峻，無千尋之險。加以運漕供繼有泝流之艱，徵夫勤役有勞來之歎。若窮寇慮逼，送死一決，東西互出，首尾俱進，則廩糧有抄截之患，遠略乏率然之勢。進退惟思，不見其可。此明闇所共見，賢愚所共聞，況於臨事者乎！願迴師反旆，詳擇全勝，修城池，立壘壁，勤耕農，練兵甲。若凶運有極，天亡此虜，則可泛舟北濟，方軌齊進，水陸騁邁，亦不踰旬朔矣。願詳思遠猷，算其可者。』

又　卷七五《范汪傳》　時庾翼將悉郢漢之衆以事中原，軍次安陸，尋轉屯襄陽。汪上疏曰：

臣伏思安西將軍翼今至襄陽，倉卒攻討，凡百草創，安陸之調，不復為襄陽之用。而玄冬之月，沔漢乾涸，皆當魚貫而行，排推而進。設一處有急，勢不相救。臣所至慮一也。又既至之後，桓宣當出。宣往，實翦豺狼之林，招攜貳之衆，待之以至寬，御之以無法。田疇墾闢，生產始立，而當移之，必有嗷然，悔吝難測。臣所至慮二也。襄陽頓益數萬口，奉師之費，皆當出於江南。運漕之難，船人之力，不可不熟計。臣之所至慮三也。且申伯之尊，而與邊將並驅。又東軍不進，殊為孤懸。兵書云：『知彼知此，百戰不殆。知彼不知此，一勝一負。』賊誠衰弊，然得臣猶在；我雖方隆，今實未暇。而連兵不解，患難將起。臣所至慮四也。

翼豈不知兵家所患常在於此，顧以門戶事任，憂責莫大，晏然終年，非心情所安，是以抗表輒行，畢命原野。以翼宏規經略，文武用命，忽遇釁會，大事便濟。然國家之慮，常以萬全，非至安至審，王者不舉。臣謂宜嚴詔諭翼，還鎮養銳，以為後圖。若少合聖聽，乞密出臣表，與車騎臣冰等詳共集議。

國家治亂興亡論分部

論說

漢・仲長統《昌言・闕名》　昔高祖誅秦、項而陟天子之位，光武討篡臣而復已亡之漢，皆受命之聖主也。蕭、曹、丙、魏、平、勃、霍光之等，夷諸呂，尊大宗，廢昌邑而立孝宣，經緯國家，鎮安社稷，一代之名臣也。二主數子之所以震威四海、布德生民、建功立業、流名百世者，唯人事之盡耳，無天道之學焉。然則王天下、作大臣者，不待於知天道矣。所貴乎用天之道者，則指星辰以授民事，順四時而興功業，其大略也。吉凶之祥又何取焉？故知天道而無人略者，是巫醫卜祝之伍、下愚不齒之民也。信天道而背人事者，是昏亂迷惑之主、覆國亡家之臣也。

問者曰：治天下者，壹之乎人事，抑亦有取諸天道也？曰：所取於天道者，謂四時之宜也；所壹於人事者，謂治亂之實也。《周禮》之馮相、保章，其無所用耶？曰：大備於天人之道耳，是非治天下之本也，是非理生民之要也。曰：然則本與要，奚所存耶？曰：『王者官人無私，唯賢是親，勤卹政事，屢省功臣，賞錫期於功勞，刑罰歸乎罪惡，政平民安，各得其所，則天地將自從我而正矣，休祥將自應我而集矣，惡物將自舍我而亡矣。求其不然，乃不可得也。王者所官者，非親屬則寵幸也；所愛者，非美色則巧佞也。以同異爲善惡，以喜怒爲賞罰。取乎麗女，怠乎萬機。黎民寃枉，類殘賊。雖五方之兆不失四時之禮，斷獄之政不違冬日之期，蓍龜積於廟門之中，犧牲羣於麗碑之間，馮相坐臺上而不下，祝史伏壇旁而不去，猶無益於敗亡也。從此言之，人事爲本，天道爲

末，不其然與？

故審我已善，而不復恃乎天道，上也；疑我未善，引天道以自濟者，其次也；不求諸己，而求諸天者，下愚之主也。今夫王者誠忠心於自省，專思慮於治道，自省無愆，治道不謬，則彼嘉物之生，休祥之來，是我汲井而水出、爨竈而火燃者耳，何足以爲賀者耶？故歡於報應，喜於珍祥，是劣者之私情，未可謂大上之公德也。

三國吴・陸景《典語》 政有宜於古而不利於今，有長於彼而不行於此者，風移俗易，每世則變，故結繩之治，五帝不行，三代損益，政法不同，隨時改制，所以救弊也。《易》曰：『隨時之義大矣哉！』孔子曰：『不教民戰，是謂棄之。』司馬法曰：『國雖大，好戰必亡；天下雖安，忘戰必危。』明用武有時。昔秦杖威用武，卒成王業，吞滅六國，帝有天下，而不斟酌唐虞，以美其治；損益三代，以御其世，爾乃廢先聖之教，任殘酷之政，阻兵行威，暴虐海內，故百姓怨毒，雄桀奮起，至於二世，社稷湮滅，非武不能取，而所守之者非也。《傳》曰：『夫兵猶火也，不戢將自焚。』秦無戢兵之慮，故有自焚之禍，好戰必亡，此之謂也。徐偃王好行仁義，不修武備，楚人伐之，身死國滅。天下雖安，武不可廢。況以區區之徐，處爭奪之世乎！忘戰必危，此之謂也。漢高帝發迹泗水，龍起豐沛，仁以懷遠，武以弭難，任奇納策，遂埽秦項，被以惠澤，飾以文德，文武幷作，祚流世長，此高帝之舉也。秦漢俱杖兵用武，以取天下，漢何以昌，秦何以亡？秦知取而不知守，漢取守之俱備矣乎！中世孝武以成功恢帝綱，元成以儒術失皇綱，德不堪也。王莽之世，內尚文章，外繕師旅，立明堂之制，修辟雝之禮，招集儒學，思遵古道，文武之事備矣！然而命絕於漸臺，支解於漢刃者，豈文武之不能治世哉？而用之者拙也。班輸騁功於利器，拙夫操刀而傷手，非利器有害於工匠。而夫膏粱旨饌，時或生疾，針艾藥石，時或瘳疾，故體病則攻之以針艾，疾瘳則養之以膏粱。文武之道，亦猶是矣。世亂則威之以師旅，道治則被之以文德。

三國魏・李康《運命論》 夫治亂，運也；窮達，命也；貴賤，時也。故運之將隆，必生聖明之君。聖明之君，必有忠賢之臣。其所以相遇也，不求而自合；其所以相親也，不介而自親。唱之而必和，謀之而必從，道德玄同，曲折合符，得失不能疑其志，讒構不能離其交，然後得成功也。其所以得然者，豈徒人事哉？授之者天也，告之者神也，成之者運也。

夫黄河清而聖人生，里社鳴而聖人出，羣龍見而聖人用。故伊尹，有莘氏之媵臣也，而阿衡於商。太公，渭濱之賤老也，而尚父於周。百里奚在虞而虞亡，在秦而秦霸，非不才於虞而才於秦也。張良受黄石之符，誦《三略》之説，以游於羣雄，其言也，如以水投石，莫之受也；及其遭漢祖，其言也，如以石投水，莫之逆也。非張良之拙説於陳項，而巧言於沛公也。然則張良之言一也，不識其所以合離？合離之由，神明之道也。故彼四賢者，名載於籙圖，事應乎天人，其可格之賢愚哉？孔子曰：『清明在躬，氣志如神。嗜慾將至，有開必先。天降時雨，山川出雲。』《詩》云：『惟嶽降神，生甫及申；惟申及甫，惟周之翰。』運命之謂也。豈惟興主，亂亡者亦如之焉。幽王之惑褒女也，祅始於夏庭。曹伯陽之獲公孫强也，徵發於社宮。叔孫豹之暱豎牛也，禍成於庚宗。吉凶成敗，各以數至。咸皆不求而自合，不介而自親矣。

昔者，聖人受命河洛曰：以文命者，七九而衰；以武興者，六八而謀。及成王定鼎於郟鄏，卜世三十，卜年七百，天所命也。故自幽、厲之間，周道大壞，二霸之後，禮樂陵遲。文薄之弊，漸於靈景；辯詐之僞，成於七國。酷烈之極，積於亡秦。文章之貴，棄於漢祖。雖仲尼至聖，顔冉大賢，揖讓於規矩之內，誾誾於洙、泗之上，不能遏其端；孟軻、孫卿體二希聖，從容正道，不能維其末，天下卒至于溺而不可援。夫以仲尼之才也，而器不周於魯衛；以仲尼之辯也，而言不行於定哀；以仲尼之謙也，而見忌於子西；以仲尼之仁也，而取讎於桓魋；以仲尼之智也，而屈厄於陳蔡；以仲尼之行也，而招毀於叔孫。夫道足以濟天下，而不得貴於人；言足以經萬世，而不見信於時；行足以應神明，而不能彌綸於俗；應聘七十國，而不一獲其主；驅驟於蠻夏之域，屈辱於公卿之門，其不遇也如此。及其孫子思，希聖備體，而未之至，封己養高，勢動人主。其所遊歷諸侯，莫不結駟而造門；雖造門猶有不得賓者焉。其徒子夏，升堂而未入於室者也。退老於家，魏文侯師之，西河之人肅然歸德，比之於夫子而莫敢間其言。故曰：治亂，運也；窮達，命也；貴

賤，時也。而後之君子，區區於一主，歎息於一朝。屈原以之沈湘，賈誼以之發憤，不亦過乎！

然則聖人所以為聖者，蓋在乎樂天知命矣。故遇之而不怨，居之而不疑也。其身可抑，而道不可屈；其位可排，而名不可奪。譬如水也，通之斯為川焉，塞之斯為淵焉，升之於雲則雨施，沈之於地則土潤。體清以洗物，不亂於濁；受濁以濟物，不傷於清。是以聖人處窮達如一也。夫忠直之迕於主，獨立之負於俗，理勢然也。故木秀於林，風必摧之；堆出於岸，流必湍之；行高於人，衆必非之。前監不遠，覆車繼軌。然而志士仁人，猶蹈之而弗悔，操之而弗失，何哉？將以遂志而成名也。求遂其志，而冒風波於險塗；求成其名，而歷謗議於當時。彼所以處之，蓋有筭矣。子夏曰：『死生有命，富貴在天。』故道之將行也，命之將貴也，則伊尹呂尚之興於商周，百里子房之用於秦漢，不求而自得，不徼而自遇矣。道之將廢也，命之將賤也，豈獨君子恥之而弗為乎？蓋亦知為之而弗得矣。凡希世苟合之士，蘧蒢戚施之人，俛仰尊貴之顔，逶迆勢利之間，意無是非，讚之如流；言無可否，應之如響。以闚看為精神，以向背為變通勢之所集，從之如歸市；勢之所去，棄之如脫遺。其言曰：名與身孰親也？得與失孰賢也？榮與辱孰珍也？故遂絜其衣服，矜其車徒，冒其貨賄，淫其聲色，脈脈然自以為得矣。蓋見龍逢比干之亡其身，而不惟飛廉惡來之滅其族也。蓋知伍子胥之屬鏤於吳，而不戒費無忌之誅夷於楚也。蓋譏汲黯之白首於王爵，而不懲張湯牛車之禍也。蓋笑蕭望之跋躓於前，而不懼石顯之絞縊於後也。

故夫達者之筭也，亦各有盡矣。曰：凡人之所以奔競於富貴，何為者哉？若夫立德必須貴乎？則幽厲之為天子，不如仲尼之為陪臣也。必須勢乎？則王莽董賢之為三公，不如楊雄仲舒之閴其門也。必須富乎？則齊景之千駟，不如顔回原憲之約其身也。其為實乎？則執杓而飲河者，不過滿腹；棄室而灑雨者，不過濡身；過此以往，弗能受也。其為名乎？則善惡書於史册，毁譽流於千載；賞罰懸於天道，吉凶灼乎鬼神，固可畏也。將以娛耳目、樂心意乎？譬命駕而遊五都之市，則天下之貨畢陳矣。褰裳而涉汶陽之丘，則天下之稼如雲矣。椎紒而守敖庾海陵之倉，則山坻之積在前矣。扱衽而登鍾山藍田之上，則夜光璵璠之珍可觀矣。夫如是也，為物甚衆，為己甚寡，不愛其身，而嗇其神。風驚塵起，散而不止。六疾待其前，五刑隨其後。利害生其左，攻奪出其右，而自以為見身名之親疏，分榮辱之客主哉。天地之大德曰生，聖之大寶曰位，何以守位曰仁，何以正人曰義。故古之王者，蓋以一人治天下，不以天下奉一人也。古之仕者，蓋以官行其義，不以利冒其官也。古之君子，蓋恥得之而弗能治也，不恥能治而弗得也。原乎天人之性，核乎邪正之分，權乎禍福之門，終乎榮辱之筭，其昭然矣。故君子舍彼取此。若夫出處不違其時，默語不失其人，天動星迴而辰極猶居其所，璣旋輪轉，而衡軸猶執其中，既明且哲，以保其身，貽厥孫謀，以燕翼子者，昔吾先友，嘗從事於斯矣。

《後漢書》卷四九《仲長統傳》 因著論名曰《昌言》，凡三十四篇，十餘萬言。**【略】**

《理亂篇》曰：豪傑之當天命者，未始有天下之分者也。無天下之分，故戰爭者競起焉。于斯之時，並偽假天威，矯據方國，擁甲兵與我角才智，程勇力與我競雌雄，不知去就，疑誤天下，蓋不可數也。角知者皆窮，角力者皆負，形不堪復伉，執不足復校，乃始羈首係頸，就我之銜紲耳。夫或曾為我之尊長矣，或曾與我為等儕矣，或曾臣虜我矣，或曾執囚我矣。彼之蔚蔚，皆匈詈腹詛，幸我之不成，而以奮其前志，詎肯用此為終死之分邪？

及繼體之時，民心定矣。普天之下，賴我而得生育，由我而得富貴，安居樂業，長養子孫，天下晏然，皆歸心於我矣。豪傑之心既絶，士民之志已定，貴有常家，尊在一人。當此之時，雖下愚之才居之，猶能使恩同天地，威侔鬼神。暴風疾霆，不足以方其怒；陽春時雨，不足以喻其澤；周、孔數千，無所復角其聖；賁、育百萬，無所復奮其勇矣。

彼後嗣之愚主，見天下莫敢與之違，自謂若天地之不可亡也，乃奔其私嗜，騁其邪欲，君臣宣淫，上下同惡。目極角觝之觀，耳窮鄭衛之聲。入則耽於婦人，出則馳於田獵。荒廢庶政，弃亡人物，澶漫彌流，無所底極。信任親愛者，盡佞諂容說之人也；寵貴隆豐者，盡后妃姬妾之家也。使餓狼守庖廚，飢虎牧牢豚，遂至熬天下之脂膏，斲生人之骨髓。怨毒無

聊，禍亂並起，中國擾攘，四夷侵叛，土崩瓦解，一朝而去。昔之為我哺乳之子孫者，今盡是我飲血之寇讎也。至於運徙執去，猶不覺悟者，豈非富貴生不仁，沈溺致愚疾邪？存亡以之迭代，政亂從此周復，天道常然之大數也。

又政之為理者，取一切而已，非能斟酌賢愚之分，以開盛衰之數也。日不如古，彌以遠甚，豈不然邪？漢興以來，相與同為編戶齊民，而以財力相君長者，世無數焉。而清絜之士，徒自苦於茨棘之閒，無所益損於風俗也。豪人之室，連棟數百，膏田滿野，奴婢千羣，徒附萬計。船車賈販，周於四方；廢居積貯，滿於都城。琦賂寶貨，巨室不能容；馬牛羊豕，山谷不能受。妖童美妾，填乎綺室；倡謳伎樂，列乎深堂。賓客待見而不敢去，車騎交錯而不敢進。三牲之肉，臭而不可食；清醇之酎，敗而不可飲。睇盼則人從其目之所視，喜怒則人隨其心之所慮。此皆公侯之廣樂，君長之厚實也。苟能運智詐者，則得之焉；苟能得之者，人不以為罪焉。源發而橫流，路開而四通矣。求士之舍榮樂而居窮苦，弃放逸而赴束縛，夫誰肯為之者邪！夫亂世長而化世短。亂世則小人貴寵，君子困賤。當君子困賤之時，跼高天，蹐厚地，猶恐有鎮厭之禍也。逮至清世，則復入於矯枉過正之檢。老者耄矣，不能及寬饒之俗；少者方壯，將復困於衰亂之時。是使姦人擅無窮之福利，而善士挂不赦之罪辜。苟目能辯色，耳能辯聲，口能辯味，體能辯寒温者，將皆以脩絜為諱惡，設智巧以避之焉，況肯有安而樂之者邪？斯下世人主一切之愆也。

昔春秋之時，周氏之亂世也。逮乎戰國，則又甚矣。秦政乘并兼之埶，放虎狼之心，屠裂天下，吞食生人，暴虐不已，以招楚漢用兵之苦，甚於戰國之時也。漢二百年而遭王莽之亂，計其殘夷滅亡之數，又復倍乎秦、項矣。以及今日，名都空而不居，百里絕而無民者，不可勝數。此則又甚於亡新之時也。悲夫！不及五百年，大難三起，中閒之亂，尚不數焉。變而彌猜，下而加酷，推此以往，可及於盡矣。嗟乎！不知來世聖人救此之道，將何用也？又不知天若窮此之數，欲何至邪？

《晉書》卷五四《陸雲傳》 時晏信任部將，使覆察諸官錢帛，雲又陳曰：『【略】亂之所興，在於小人得親，治之所廢，在於君子自替。廢興治亂，由此而已。【略】』

又 卷九二《伏滔傳》 大司馬桓温引為參軍，深加禮接，每宴集之所，必命滔同游。從温伐袁真，至壽陽，以淮南屢叛，著論二篇，名曰《正淮》。其上篇曰：

淮南者，三代揚州之分也。當春秋時，吳、楚、陳、蔡之與地，戰國之末，楚全有之，而考烈王都焉。秦并天下，建立郡縣，是為九江。劉項之際，號曰東楚。爰自戰國至於晉之中興，六百有餘年，保淮南者九姓，稱兵者十一人，皆亡不旋踵，禍溢於世，而終莫戒焉。其天時歟，地勢歟，人事歟？何喪亂之若是也！試商較而論之。

夫懸象著明，而休徵表於列宿；山河衿帶，而地險彰於丘陵；治亂推移，而興亡見於人事。由此而觀，則兼也必矣。昔妖星出於東南而弱楚以亡，飛孛橫於天漢而劉安誅絕，近則火星晨見而王淩首謀，長彗宵暎而毌丘襲亂。斯則表乎天時也。彼壽陽者，南引荊汝之利，東連三吳之富；北接梁宋，平塗不過七日；西援陳許，水陸不出千里；外有江湖之阻，內保淮肥之固。龍泉之陂，良疇萬頃，舒六之貢，利盡蠻越，金石皮革之具萃焉，苞木箭竹之族生焉，山湖藪澤之隈，水旱之所不害，土產草滋之實，荒年之所取給。此則係乎地利者也。其俗尚氣力而多勇悍，其人習戰爭而貴詐偽，豪右并兼之門，十室而七；藏甲挾劍之家，比屋而發。然而仁義之化不漸，刑法之令不及，所以屢多亡國也。

昔考烈以衰弱之楚屢遷其都，外迫强秦之威，內遘陽申之禍，逃死劫殺，三世而滅。黥布以三雄之選，功成垓下，淮陰既囚，梁越受戮，嫌結震主之威，慮生同體之禍，遂謀圖全之計，庶幾後亡之福，衆潰於一戰，身脂於漢斧。劉長支庶，奄王大國，承喪亂之餘，御新化之俗，無德而寵，欲極禍發。王安內懷先父之憾，外眩姦臣之説，招引賓客，沈溺數術，藉二世之資，恃戈甲之盛，屈强江淮之上，西向而圖宗國，言未絕口，身嗣俱滅。李憲因亡新之餘，袁術當衰漢之末，負力幸亂，遂生僭逆之計，建號九江，稱制下邑，狼狽奔亡，傾城受戮。及至彥雲、仲恭、公休之徒，或憑宿名，或怙前功，握兵淮楚，力制東夏，屬當多難之世，仍值廢興之會，謀非所議，相係禍敗。祖約助逆，身亡家族。彼十亂者，成乎人事者也。然則侵弱昏迷，以至絕滅，亡楚當之。恃强畏逼，遂謀叛亂，黥布有焉。二王遘逆，寵之之過也。公路僭偽，乘釁之盗也。二將以

圖功首難，士少以驕矜樂禍。本其所因，考其成迹，皆寵盛禍淫，福過災生，而制之不漸，積之有由也。

其下篇曰：昔高祖之誅黥布也，撮三策之要，馳赦過之書，乘人主之威以除逆節之虜，然猶決戰陳都，暴尸横野，僅乃克之，害亦深矣！長安之謀，雖兵未交於山東，禍未徧於天下，而馳説之士與闔境之人幽囚誅放者，亦已衆矣。光武連兵於肥舒，魏祖馳馬於蕲苦，而廬九之間流溺兵凶者十而七八焉。夫王淩面縛，得之於矿石；仲恭接刃，成之於後覺也。而高祖以之宵征，世宗以之發疾，豈不勤哉！文皇挾萬乘之威，杖伊周之權，内舉京畿之衆，外徵四海之鋭，雲合雨集，推鋒以臨淮浦，而誕欽晏然，方嬰城自固，憑軾以觀王師。於是築長圍，起棼櫓，高壁連塹，負戈擊柝以守之。自夏及春，而後始知亡焉。然則屠城之禍，其可極言乎？約之出奔，淮左為墟，悲夫！

信哉魯哀之言，夫生乎深宫，長於膏粱，憂懼不切於身，榮辱不交於前，則其仁義之本淺矣。奉以南面之尊，藉以列城之富，宅以制險之居，養以衆强之盛，而無德以臨之，無制以節之，則厭溢樂禍之心生矣。夫以昏主御姦臣，利甲資堅城，僞令行於封内，邪惠結於人心，乘間幸濟之説日交於側，猾詐錮咎之羣各馳於前，見利如歸，安在其不為亂乎！況乘舊寵，挾前功，畏逼懼亡，以謀圖身之舉者，望其俛首就羈，不亦迂哉！《易》稱『履霜堅冰，馴致之道』，蓋言漸也。嗚呼！斯所以亂臣賊子亡國覆家累世而不絶者歟！

昔先王之宰天下也，選於有德，訪之三吏，正其分位，明其等級，畫之封疆，宣之政令，上下有序，無僭差之嫌，四人安業，無并兼之國。三載考陟，功罪不得逃其迹，九伐時修，刑賞無所謬其實。令之有漸，軌之有度，寵之有節，權不外授，威不下黷，所以杜其萌際，重其名器，深根固本，傳之百世。雖時有盛衰，弱者無所懼其亡；道有興廢，强者不得資其弊。夫如是，將使天下從風，穆然軌道，慶自一人，惠流萬國，安有向時之患哉！

政治主體論部

帝王國君論分部

論説

唐·魏徵等《羣書治要》卷四六《徐幹〈中論〉卷下〈務本〉》

人君之大患也，莫大於詳於小事而略於大道，察其近物而闇於遠數，故自古及今，未有如此而不亂也，未有如此而不亡也。夫詳於小事而察於近物者，謂耳聽乎絲竹歌謠之和，目視乎琱琢采色之章，口給乎辯慧切對之辭，心通乎短言小説之文，手習乎射御書數之巧，體鶩乎俯仰折旋之容。凡此者，觀之足以盡人之心，學之足以動人之志，且先王之末教也，非有小才小智則亦不能為也。是故能為之者，莫不自悦乎其事，而無取於人，以人皆不能故也。夫居南面之尊，秉生殺之權者，其勢固足以勝人也，而加以勝人之能，懷是己之心，誰敢犯之者乎？以匹夫行之，猶莫之敢規也，而況人君哉。故罪惡若山而已不見也，謗聲若雷而已不聞也，豈不甚矣乎。夫小事者味甘，而大道者醇淡；近物者易驗，而遠數者難效。非大明君子，則不能兼通者也。故皆惑於所甘而不能至乎所淡；眩於所易，而不能反於所難。是以治君世寡，而亂君世多也。

故人君之所務者，其在大道遠數乎？大道遠數者，為仁足以覆幬羣生，惠足以撫養百姓，明足以照見四方，智足以統理萬物，權足以變應無端，義足以阜生財用，威足以禁遏姦非，武足以平定禍亂，詳於聽受，而審於官人，達於興廢之原，通於安危之分，如此則君道畢矣。夫人君非無治為也，失所先後故也。道有本末，事有輕重，聖人之異乎人者無他焉，蓋如此而已矣。

魯莊公容貌美麗，且多技藝，然而無君才大智，不能以禮防正其母，

使與齊侯淫亂不絕，驅馳道路，故《詩》刺之曰：『猗嗟名兮，美目清兮，儀既成兮，終日射侯，不出正兮，展我甥兮。』下及昭公，亦善有容儀之習，以亟。其朝晉也，自郊勞至於贈賄，禮無違者。然而不恤國政，政在大夫，弗能取也。子家羈賢，而不能用也。奸大國之明禁，凌虐小國。利人之難，而不知其私。公室四分，民食於他，思莫在於公，不圖其終，卒有出奔之禍。《春秋》書而絕之曰：『公孫於齊次於陽州。』故《春秋外傳》曰：『國君者服寵以為美，安民以為樂，聽德以為聰，致遠以為明。』又《詩》陳文王之德曰：『惟此文王，帝度其心。貊其德音，其德克明。克明克類，克長克君。王此大邦，克順克比比于文王，其德靡悔。既受帝祉，施于孫子。』『心能制義曰度，德政應和曰貊，照臨四方曰明，施勤無私曰類，教誨不倦曰長，賞慶刑威曰君，慈和徧服曰順，擇善而從曰比，經緯天地曰文。』如此則為九德之美，何技藝之尚哉。

今使人君視如離婁，聰如師曠，御如王良，射如夷羿，書如史籀，計如隸首，走追駟馬，力折門鍵。有此六者，可謂善於有司之職矣，何益於治乎？無此六者，可謂乏於有司之職矣，何增於亂乎？必以廢仁義，妨道德。何則？小器弗能兼容。治亂既不繫於此，而中才之人好也。昔潞酆舒晉智伯瑤之亡，皆怙其三才，恃其五賢，而以不仁之故也。故人君多技藝、好小智，而不通於大道者，適足以距諫者之說，而鉗忠直之口也；秖足以追亡國之迹，而背安家之軌也。不其然耶？不其然耶？

三國魏·桓範《政要論·為君難》 或曰：『仲尼稱為君難。夫人君者，處尊高之位，執賞罰之柄，用人之才，因人之力，何為不成？何求不得？功立則受其功，治成則厚其福，故官人舜也，治水禹也，稼穡棄也，理訟皋陶也，堯無事焉，而由之聖治，何為君難耶？』曰：『此其所以為難也。夫日月照於晝夜，風雨動潤於萬物，陰陽代以生殺，四時迭以成歲，不見天事，而猶貴之者，其所以運氣陶演，協和施化，皆天之為也。是以天，萬物之覆；君，萬物之燾也。懷生之類，有不浸潤於澤者，天以為負；員首之民，有不霑濡於惠者，君以為恥。是以在上者，體人君之大德，懷恤下之小心，闡化立教，必以其道，發言則通四海，行政則動萬物，慮之於心，思之於內，布之於天下，正身於廟堂之上，而化應於行里之外。雖黈纊塞耳，隱屏而居，照幽達情，燭於宇宙，動作周旋，無事不慮。服一綵，則念女功之勞；御一穀，則恤農夫之勤；決不聽之獄，則懼刑之不中；進一士之爵，則恐官之失賢。賞毫釐之善，必有所勸；罰纖芥之惡，必有所沮。使化若春氣，澤如時雨，消凋污之人，移薄偽之俗，救衰世之弊，反之於上古之朴，至德加於天下，惠厚施於百姓。故民仰之如天地，愛之如父母，敬之如神明，畏之如雷霆，且佐治之臣，歷世難遇，庸人衆而賢才寡。是故君人者，不能皆得稷契之幹，伊呂之輔，猶造父不能皆得騏驥之乘，追風之匹也。御駑必煩轡銜，統庸臣必勞智慮，是以人君其所以濟輔羣下，均養小大，審覈真偽，考察變態，在於幽冥窈妙之中，割毫折芒纖微之間，非天下之至精，孰能盡於此哉！故臣有立小忠以售大不忠，效小信以成大不信，可不慮之以詐乎？臣有貌厲而內荏，色取仁而行違，可不慮之以虛乎？臣有害同儕以專朝，塞下情以壅上，可不慮之以嫉乎？臣有進邪說以亂是，因似然以傷賢，可不慮之以姧乎？臣有因賞以恩，因罰以佐威，可不慮之以奸乎？臣有外顯相薦，內陰相謀，事託公而實俠私，可不慮之以欺乎？臣有事左右以求進，托重臣以自結，可不慮之以偽乎！臣有和同以取諧，苟合以求進，可不慮之以禍乎？臣有悅君意以求親，悅主言以取容，可不慮之以佞乎？此九慮者，所以防惡也。臣有辭拙而意工，言逆而事順，可不恕之以直乎？臣有樸騃而辭訥，外疏而內敏，可不恕之以質乎？臣有犯難以為上，離謗以為國，可不恕之以忠乎？臣有守正以逆衆意，執法而違私志，可不恕之以公乎？臣有不曲己以求合，不耦世以取容，可不恕之以貞乎？臣有從側陋而進顯言，由卑賤而陳國事，可不恕之以難乎？臣有孤特而執節，分立而見毀，可不恕之以勁乎？此七恕者，所以進善接下之理也。御臣之道，豈徒七恕九慮而已哉？

又《決壅》 夫人君為左右所壅制，此有目而無見，有耳而無聞。積無聞見，必至亂正。故國有壅臣，禍速近鄰。人臣之欲壅其主者，無國無之，何也？利在於壅也。壅則擅寵於身，威權獨於己，此人臣日夜所禱祝而求也。人臣之壅其君，微妙工巧，見壅之時不知也。率至亡敗，然後悔焉。為人君之務，在於決壅；決壅之務，在於進下；進下之道，在於博聽；博聽之義，無貴賤同異，隸豎牧圉皆得達焉。若此則所聞見者廣，所聞見者廣，則雖欲求壅，弗得也。人主之好惡，不可見於外也，所

好惡見於外，則臣妾乘其所好惡以行壅制焉。故曰：『人君無見其意，將為下餌。』昔晉公好色，驪女乘色以壅之；吳王好廣地，太宰陳伐以壅之；桓公好味，易牙烝首子以壅之。及薛公進美珥以勸立后，龍陽臨釣魚行微巧之詐，以壅制其主，沈寞無端，甚可畏矣。古今亡國多矣，皆由壅蔽於帷幄之內，沈溺於諂諛之言也。而秦二世獨甚，趙高見二世好淫游之樂，遺於政，因曰：『帝王貴有天下者，貴得縱欲恣意，尊嚴若神，固可得聞，而不可得覩。』高遂專權欺內。二世見殺望夷，臨死乃知見之禍，悔復無及，豈不哀哉！

三國魏·杜恕《體論·君》 人主之大患，莫大乎好名。人主好名，則羣臣知所要矣。夫名，所以名善者也。善脩而名自隨之，非好之之所能得也。苟好之甚，則必偽行要名，而姦臣以偽事應之，一人而受其慶，則舉天下應之矣。君以偽化天下，欲貞信敦樸，誠難矣。雖有至聰至達之主，由無緣見其非而知其偽，況庸主乎！人主之高而處隩，譬猶遊雲夢而迷惑，當借左右以正東西者也。左曰功巍巍矣，右曰名赫赫乎。今日聞斯論，明日聞斯論，苟不校之以事類，則人主囂然自以為名齊乎堯舜，而化洽乎泰平也。羣臣璅璅，皆不足任也。堯舜之君，宜獨斷者也。不足任之臣，當受成者也。以獨斷之君，與受成之臣，帥訛偽之俗，而天下治者，未之有也。

夫聖人之修其身，所以御羣臣也，御羣臣也，所以化萬民也，其法輕而易守，其禮簡而易持，其求諸己也誠，其化諸人也深。苟非其人，道不虛行，苟非其道，治不虛應。是以古之聖君之於其臣也，疾則視之無數，死則臨其大斂小斂，為徹膳不舉樂，豈徒色取仁而實違之者哉？乃慘怛之心，出於自然，形於顏色，世未有不自然而能得人自然者也。色取仁而實違之者，謂之虛。不以誠待其臣，而望其臣以誠事己，謂之愚。虛愚之君，未有能得人之死力者也。故《書》稱君為元首，臣為股肱，期其一體相須而成也。而儉偽淺薄之士，有商鞅、韓非、申不害者，專飾巧辯邪偽之術，以熒惑諸侯，著法術之書，其言云『尊君而卑臣』，上以尊君取容於人主，下以卑臣得售其姦說，此聽受之端，參言之要，不可不慎。元首已尊矣，而復云尊之，是以君過乎頭也。股肱已卑矣，而復曰卑之，是使其臣不及乎手足也。君過乎頭而臣不及乎手足，是離其體也；君臣體離而望治化之洽，未之前聞也。且夫術家說又云『明主之道，當外御羣臣，內疑妻子』，其引證連類，非不辯且悅也。然不免於利口之覆國家也。何以言之？夫善進，不善無由入；不善進，善亦無由入。故湯舉伊尹而不仁者遠，何畏乎驩兜？何遷乎有苗？夫姦臣賊子，下愚不移之人，自古及今，未嘗不有也。百歲一人，是爲繼踵；千里一人，是為比肩。而舉以為戒，是猶一噎而禁食也。噎者雖少，餓者必多，未知姦臣賊子處之云何？且令人主魁然獨立，是無臣子也，又誰為君父乎？是猶髡其枝而欲根之蔭，揜其目而欲視之明，襲獨立之迹而願其扶疏也。

夫徇名好術之主，又有惑焉。皆曰為君之道，凡事當密，人主苟密，則羣臣無所容其巧，而不敢怠於職，此即趙高之教二世不當聽朝之類也，是好乘高履危而笑先僵者也。《易》曰：『機事不密則害成。』《易》稱機事，不謂凡事也，不謂宜共而獨之也，不謂釋公而行私也。人主欲以之匿病飾非，而人臣反以之竊寵擅權，疑似之間，可不察歟？

夫設官分職，君之體也；委任責成，君之體也；好謀無倦，君之體也；寬以得衆，君之體也；含垢藏疾，君之體也；不動如山，君之體也；難知如淵，君之體也。君有君人之體，其臣畏而愛之，此文王所以戒百辟也。夫何法術之有哉？故善為政者，務在於擇人而已，及其求人也，總其大略，不具其小善，則不失賢矣。故曰：『記人之功，忘人之過，宜為君者也。』人有厚德，無問其小節；人有大譽，無訾其小故。自古及今，未有能全其行者也。和氏之璧，不能無瑕；隋侯之珠，不能無纇。然天下寶之者，不以小故妨大美也。不以小故妨大美，故能成大功。夫成大功，在己而已，何具之於人也？今之從政者，稱賢聖則先乎商、韓，言治道則師乎法術。法術之御世，有似鐵轡之御馬，非必能制馬也，適所以梏其手也。人君之數至少，而人臣之數至衆，以至少御衆，其勢不勝也。人主任術，而欲御其臣無術，其勢不禁也。俱任術，則至少者不便也。故君使臣以禮，則臣事君以忠。晏平仲對齊景公：『君若弃禮，則齊國五尺之童皆能勝嬰，又能勝君。所以服者，以有禮也。』今末世弃禮，任術之君之於其身也，得無所不能勝五尺之童子乎？三代之亡，非其法亡也，御法者非其人也。苟得其人，王良、造父能以腐索御奔駟，伊尹太公能以敗法御捍民。苟非其人，不由其道，索雖堅，馬必敗；法雖明，

民必叛。奈何乎萬乘之主釋人而任法哉！且世未嘗無賢也，求賢之務非其道，故常不遇之也。除去湯武聖人之君，任賢之功，近觀齊桓，中才之主耳，猶知勞於索人，逸於任之，不疑子糾之親，不忘射鉤之怨，蕩然而委政焉，不已明乎？九合諸侯，壹匡天下，不已榮乎？一曰仲父，二曰仲父，不已優乎？孰與秦二世懸石程書，愈密愈亂，為之愈勤，而天下愈叛，至於弒死？以斯二者觀之，優劣之相懸，存亡之相背，不亦昭昭乎？夫人生莫不欲安存而惡危亡，莫不欲榮樂而惡勞辱也，終恒不得其所欲，而不免乎所惡者何？誠失道也。欲宮室之崇麗也，必懸重賞而求良匠，內不以阿親戚，外不以遺疏遠，必得其人然後授之，故宮室崇麗，而處之逸樂。至於求其輔佐，獨不若是之公也，唯便辟親近者之用，故圖國不如圖舍，是人主之大患也。使賢者為之，與不肖者議之；使智者慮之，與愚者斷之；使修士履之，與邪人疑之，此又人主之所患也。夫賞賢使能，則民知其方；賞罰明必，則民不偷；兼聽齊明，則天下歸之。然後明分職，序事業，公道開而私門塞矣。如此，則忠公者進，而佞悅者止；虛偽者退，而貞實者起。自羣臣以下，至乎庶人，莫不修己而後敢安其職業，變心易慮，反其端愨，此之謂政化之極。審斯論者，明君之體畢矣。

又《政》　孔子曰：『為政以德。』又曰：『導之以德，齊之以禮，有恥且格。』然則德之為政大矣，而禮次之也。夫德禮也者，其導民之具歟？太上養化，使民日歡善，而不知其所以然，此治之上也；其次使民交讓，處勞而不怨，此治之次也；其下正法，使民利賞而勸善，畏刑而不敢為非，此治之下也。夫善御民者，其猶御馬乎。正其銜勒，齊其轡策，均馬力，和馬心，故能不勞而極千里。善御民者，壹其德禮，正其百官，齊民力，和民心，是故令不再而民從，刑不用而天下化治。所貴聖人者，非貴其隨罪而作刑也，貴其防亂之所生也。是以至人之為治也，民有小罪，必求其善，以赦其過；民有大罪，必原其故，以仁輔化。是故上下親而不離，道化流而不蘯。夫君子欲政之速行，莫如以道御之也。皋繇瘖而為大理，有不貴乎言也；師曠盲而為大宰，有不貴乎見也，唯神化之為貴。是故聖王冕而前旒，所以蔽明；黈纊充耳，所以揜聽也。觀夫弊俗偷薄之政，耳目以效聰明，設倚伏以探民情，是為以軍政虜其民也。而望民之信向之，可謂不識乎分者矣。

又《聽察》　夫聽察者，乃存亡之門戶，安危之機要也。若人主聽察不博，偏受所信，則謀有所漏，不盡良策。若博其觀聽，納受無方，考察不精，則數有所亂矣。人主以獨聽之聰，考察成敗之數，利害之說雜而並至，以干闕聽。如此，誠至精之難，在於人主耳，不在竭誠納謀，盡己之策者也。若人主聽察不差，納受不謬，則計濟事全，利倍功大，治隆而國富，民強而敵滅矣。若過聽不精，納受不審，則計困事敗，利喪功虧，國貧而兵弱，治亂而勢危矣。聽察之所考，不可不精，不可不審者，如此急也。凡有國之主，不可謂舉國無深謀之臣，闔朝無智策之士也。在聽察所考，精與不精，審與不審耳。何以驗其然乎？在昔漢祖者，聰聽之主也。納陳恢之謀，則下南陽；不用婁敬之計，則困平城。廣武君者，策謀之士也。韓信納其計，則燕齊舉；陳餘不用其謀，則泜水敗。由此觀之，漢祖之聽，未必一闇一聰也，在於精與不精耳。廣武之謀，非為一拙一工也，在用與不用耳。不可謂事濟者有計策之士，覆敗者無深謀之臣也。吳王夫差拒子胥之謀，納宰嚭之說，國滅身亡者，不可謂無深謀之臣也。楚懷王拒屈原之計，納靳尚之策，沒秦而不反者，不可謂無計畫之士也。虞公不用宮奇之謀，滅於晉；仇由不聽赤章之言，亡於智氏。蹇叔之哭，不能濟崤澠之覆；趙括之母，不能救長平之敗。此皆人主之聽不精不審耳。由此觀之，天下之國，莫不皆有忠臣謀士也。或喪師敗軍，危身亡國者，誠在人主之聽，不精不審。取忠臣，謀博士，將何國無之乎？

臣以為忠良慮治益國之臣，必竭誠納謀，懇惻而不隱者，欲以究盡治亂之數，舒展安危之策耳。故準聖主明君，莫不皆有獻可退否納忠之臣也。昔者帝舜，大聖之君也，猶有咎繇獻謨，夏禹納戒。暨至殷之成湯、周之文武，皆亦至聖之君也，然必俟伊尹為輔，呂尚為師，然後乃能興功濟業，混一天下者，誠視聽之聰察，須忠良為耳目也。由此觀之，忠良慮治益國之臣者，得不師蹤往古，襲迹前聖，投命自盡，以輔佐視聽乎？

夫人君者，以至尊之聰聽，總萬機而賢之，以至貴之明察，料治亂而考焉，將當能皆窮究其孔要，料盡其門戶乎？其數必用有所遺漏，不有忠臣良謀輔佐視聽者，則凡百機微有所不聞矣。何以論其然乎？夫人君

所以尊異於人者，順志養真也。歡康之虞，則嚴樂盈耳，玩好足目，美色充慾，麗服適體。遠眺迴望則登雲表之崇臺，逍遙容豫則歷飛閣之高觀。嬉乎綠水之清池，遊乎桂林之芳園。弋鳧與雁，從禽逐獸。行與毛嬙俱，入與西施處，將當何從體覺窮愁之戚悴，識鰥獨之難堪乎？食則膳鼎几俎，庶羞兼品，酸甘盈備，珍饌充庭，奏樂而進，鳴鐘而徹，間饋代至，口不絕味，將當何從覺饑餒之阨艱，識困餓之難堪乎？暑則被霧縠，襲纖絺，處華屋之大廈，居重蔭之玄堂，褰羅帷以來清風，烈凝冰以遏微暑，侍者御粉扇，典衣易輕裳，飄飄焉有秋日之涼，將當何從體覺炎夏之鬱赫，識毒熱之難堪乎？寒則服綿袍，襲輕裘，綿衾貂蓐，疊茵累席，居隩密之深室，處複帟之重幄，熾猛炭於室隅以起溫，御玉卮之旨酒以禦寒，餤餤焉有夏日之熱，將當何從體覺隆冬之慘烈，識毒寒之難堪乎？此數者誠無從得而知之者也。凡百機微如此比類者，必用遺漏，有所未詳也。如此則至忠之臣者，得不輔佐視聽以起痦遺忘乎？

《三國志》卷五三《吳志·薛綜傳》 時公孫淵降而復叛，權盛怒，欲自親征。綜上疏諫曰：『夫帝王者，萬國之元首，天下之所繫命也。是以居則重門擊柝以戒不虞，行則清道案節以養威嚴，蓋所以存萬安之福，鎮四海之心。昔孔子疾時，託乘桴浮海之語，季由斯喜，拒以無所取才。漢元帝欲御樓船，薛廣德請刎頸以血染車。何則？水火之險至危，非帝王所宜涉也。諺曰：「千金之子，坐不垂堂。」況萬乘之尊乎？【略】』時羣臣多諫，權遂不行。

又《吳志·張紘傳》 （孫）策身臨行陳，紘諫曰：『夫主將乃籌謨之所自出，三軍之所繫命也，不宜輕脫，自敵小寇。原麾下重天授之姿，副四海之望，無令國內上下危懼。』【略】

後權以紘為長史，從征合肥。權率輕騎將往突敵，紘諫曰：『夫兵者凶器，戰者危事也。今麾下恃盛壯之氣，忽強暴之虜，三軍之衆，莫不寒心，雖斬將搴旗，威震敵場，此乃偏將之任，非主將之宜也。願抑賁、育之勇，懷霸王之計。』權納紘言而止。既還，明年將復出軍，紘又諫曰：『自古帝王受命之君，雖有皇靈佐於上，文德播於下，亦賴武功以昭其勳。然而貴於時動，乃後為威耳。今麾下值四百之厄，有扶危之功，宜且隱息師徒，廣開播殖，任賢使能，務崇寬惠，順天命以行誅，可不勞而定也。』於是遂止不行。

又 卷六一《吳志·陸凱傳》 （孫）晧遣親近趙欽口詔報凱前表曰：『孤動必遵先帝，有何不平？君所諫非也。又建業宮不利，故避之，而西宮室宇摧朽，須謀移都，何以不可徙乎？』凱上疏曰：

臣竊見陛下執政以來，陰陽不調，五星失晷，職司不忠，姦黨相扶，是陛下不遵先帝之所致。夫王者之興，受之於天，脩之由德，豈在宮乎？【略】縱令陛下一身得安，百姓愁勞，何以用治？此不遵先帝一也。

臣聞有國以賢為本，夏殺龍逢，殷獲伊摯，斯前世之明效，今日之師表也。【略】先帝親賢，陛下反之，是陛下不遵先帝二也。

臣聞宰相國之柱也，不可不彊，是故漢有蕭、曹之佐，先帝有顧、步之相，【略】是不遵先帝三也。

先帝愛民過於嬰孩，民無妻者以妾妻之，見單衣者以帛給之，枯骨不收而取埋之。而陛下反之，是不遵先帝四也。

昔桀紂滅由妖婦，幽厲亂在嬖妾，先帝鑑之，以為身戒，故左右不置淫邪之色，後房無曠積之女。【略】是不遵先帝五也。

先帝憂勞萬機，猶懼有失。【略】是不遵先帝六也。

先帝篤尚朴素，服不純麗，宮無高臺，物不雕飾，故國富民充，姦盜不作。【略】是不遵先帝七也。

先帝外仗顧、陸、朱、張，內近胡綜、薛綜，是以庶績雍熙，邦內清肅。【略】是不遵先帝八也。

先帝每宴見羣臣，抑損醇醲，臣下終日無失慢之尤，百寮庶尹，並展所陳。【略】夫酒以成禮，過則敗德，此無異商辛長夜之飲也，是不遵先帝九也。

昔漢之桓、靈，親近宦豎，大失民心。【略】是不遵先帝十也。【略】

先帝在時，亦養諸王太子，若取乳母，其夫復役，賜與錢財，給其資糧，時遣歸來，視其弱息。【略】是不遵先帝十二也。

先帝歎曰：『國以民為本，民以食為天，衣其次也。三者，孤存之於心。』【略】是不遵先帝十三也。

先帝簡士，不拘卑賤，任之鄉閭，效之於事，舉者不虛，受者不妄。【略】是不遵先帝十四也。

先帝戰士，不給他役，使春惟知農，秋惟收稻，江渚有事，責其死效。【略】是不遵先帝十五也。

夫賞以勸功，罰以禁邪，賞罰不中，則士民散失。【略】是不遵先帝十六也。【略】

夫校事，吏民之仇也。先帝末年，雖有呂壹、錢欽，尋皆誅夷，以謝百姓。【略】是不遵先帝十八也。

先帝時，居官者咸久於其位，然後考績黜陟。【略】是不遵先帝十九也。

先帝每察竟解之奏，常留心推按，是以獄無冤囚，死者吞聲。今則違之，是不遵先帝二十也。

晉·葛洪《抱樸子外篇》卷五《君道》 抱朴子曰：『清玄剖而上浮，濁黄判而下沈。尊卑等威，於是乎著。往聖取諸兩儀，而君臣之道立；設官分職，而雍熙之化隆。君人者，必修諸己以先四海，去偏黨以平王道，遺私情以標至公，擬宇宙以籠萬殊。真偽既明於物外矣，而兼之以自見；聽受既聰於接來矣，而加之以自聞。儀決水以進善，鈞絕弦以黜惡，昭德塞違，庸親昵賢。使規盡其圓，矩竭其方，繩肆其直，斤效其斲。器無量表之任，才無失授之用。

『考名責實，屢省勤恤，樹訓典以示民極，審褒貶以彰勸沮，明檢齊以杜僭濫，詳直枉以違晦吝。其與之也，無叛理之幸；其奪之也，有百氏之掩。匠之以六藝，軌之以忠信，莅之以慈和，齊之以禮刑。揚仄陋以伸沈抑，激清流以澄臧否。使物無詭道，事無非分。立朝牧民者，不得侵官越局；推轂即戎者，莫敢憚危顧命。悦近以懷遠，修文以招攜。阜百姓之財粟，闡進德之廣塗，杜機偽之繁務，則明罰勑法，哀敬折獄；淳化治，則匿瑕藏疾，五教在寬。

『外總多士於文武，內建維城之穆屬，使親疏相持，尾為身幹。枝雖茂而無傷本之憂，流雖盛而無背源之勢。石磐岳峙，式遏覬覦。見三苗之傾殄，則知川源之未可恃也；覩翳幽之不守，則覺巖嶮之不足賴也。夫江、漢猶存，而强楚虜辱；劍閣自如，而子陽赤族。四岳三塗，實不一姓；金城湯池，未若人和。守在海外，匪山河也。

『是以賢君抱懼不足，而改過恐有餘。謀當計得，猶思危而弗休焉；戰勝地廣，猶戒盈而夕惕焉。象渾穹以遐燾，式坤厚以廣載。運重光以表微，致遠思乎未兆。資春景以嫗煦，範秋霜以肅物。詶諮以校同異，平衡以銓羣言。虛己以盡下情，推功以勸將來。御之以術，則終始可竭也；整之以度，則參差可齊也。嶷若閬風之凌霄，而諸下不得以輕重料焉；窈若玄淵之萬仞，而褻近不能以少多量焉。然則君之流源不窮，而百僚之才力畢陳矣；我之涯畔無外，而彼之斤兩可限矣。

『發號吐令，則鞫若震霆之激響，而不為邪辯改其正。畫法創制，則炳若七曜之麗天，而不以愛惡曲其情。宏畧遠罩，則藹若密雲之高結。居貞成務，則確若嵩、岱之根地。料倚伏於未萌之前，審毀譽於巧言之口。不使敦朴散於雕偽，不使一體澆於二端。雖能獨斷，必博納乎芻蕘；雖務含弘，必清耳於浸潤。

『民之饑寒，則哀彼責此；百姓有罪，則謂之在予。嘉祥之臻，則念得神之佑；或逢天之怒，則思桑林之引咎。不吝改絃於宜易之調，不恥反迷於朝過之塗。虎眄以警密，麟跱以接疏。路無擊壤之叟，則羞聞和音之作；民有不粒之匱，則媿臨方丈之膳。處飛閣之概天，則懼役夫之勞瘁；茹柔嘉之旨脃，則憂敬授之失時；聆管絃之宴羡，則戚逸樂之有過；瞻藻麗之采粲，則慮賦斂之慘烈。遵放勳之粗裘，準衛文之大帛；追有夏之卑宮，識露臺之不果；鑑章華之召災，悟阿房之速禍。

誥誓，則念依時之失信。耽玩，則覺褒妲之惑我。征伐，則量力度時，不令百里有號泣之憤。誅戮，則遺情任理，不使鴟夷有抱枉之魂。鑑操彤之杜伯，惟人立之呼豕。廢嫡，則戒晉獻之巨惑。立庶，則念劉表之殄祀。蒐畋，則樂失獸而得士，識弛網而悦遠。偏愛，則慮袖蜂之譖巧，飛燕之專寵。獨任，則悟鹿馬之作威，恭、顯之惡直。納策，則思漢祖之吐哺，孝景之誅錯。

『旨甘之進，則疏儀狄。容悦姑息，則沈欒激。除蒸子之諂，親放麑之仁。鑑白龍以輟輕脫，觀羸以節無饜。防人彘之變，於六宮之中。止汗血之求於絕域之外。除惡犬，以遏酒酗之患。市馬骨，以招追風之駿。軾怒鼃以勸勇，避螳螂以勵武。聆公盧之讜言，容保申之正直。剔腹背無益之毛，攬六翮凌虛之用。烹如簧以謐司原之箴，折菀若以迪梁伯之美。放丹姬以弭婉孌之迷，退子瑕以杜餘桃之惑。藏淵中之魚，操利器之柄。

勿憚徙薪之煩，以省焦爛之費。鼓廉恥之陶冶，明考試之準的。

『恕不越法以加虐，喜不踰憲以厚遺。割情於所愛，而有犯者無赦；採善於所憎，而有勞者不遺。傾下以納忠，聞逆耳而不諱。廣乞言於誹謗，雖委抑而不距。掩細瑕而録大用，忘近惡而念遠功，使夫曹劌、孟明有修來之效，魏尚、張敞立雪恥之績；射鉤之賊臣，著匡合之弘勳，釋縛之左車，吐止戈之高策。則鵂梟化為鴛鸞，邪偽變成忠貞；芒穎秀於斥鹵，夜光起乎泥濘。剡鋭載胥，九功允諧，西面逡巡，以延師友之才；尊事老叟，以敦孝悌之行。

『是以淵蟠者仰赴，山棲者俯集。炳蔚內弼，虓闞外御。政得於上，而物傾於下；惠發乎邇，而澤邁乎遠。明哲宣力於攸莅，黔庶讓畔於藪澤。爾乃躅滋章之法令，振大和之清風。蒲輪玉帛，以抽丘園之俊民；元豈畢集，以究論道之損益。減牧羊之多人，反不酤之至醇，張仁讓之闡，杜華競之津，旌義正之操，弘道素之格。使附德者，若潛萌之悅甘雨；見歸者，猶行潦之赴大川。黎民安之，若緑葉之綴修柯；左衽仰之，若衆星之繫北辰。

『是以七政不亂象於玄極，寒温不謬節而錯集。四靈備覿，芝華灼粲。甘露淋漉以霄墜，嘉穗婀娜而盈箱。丹魃逐於神潢，玄厲拘於廣朔。百川無沸騰之異，南箕謐偃禾之暴，物無詭時之凋，人無嗟慨之響。囹圄虛陳，五刑寢厝。正朔所不加，冕紳所不暨，氈裘皮服，山棲海竄，莫不含歡革面，感和重譯，靈禽貢於彤庭，瑤環獻自西極。員首遽善，猶氤氳之順勁風；要荒承指，若響亮之和絕音。誠升隆之盛致，三、五之軌躅也。故能固廟祧於罔極，繁本枝乎百世矣。

『夫根深則末盛矣，下樂則上安矣。馬不調，造父不能超千里之迹；民不附，唐、虞不能致同天之美。馬極則變態生，而傾僨惟憂矣；民困則多離叛，其禍必振矣。可不戰戰以待旦乎！可不慄慄而慮危乎！人主不澄思於治亂，不深鑑於亡徵，雖目分百尋之秋毫，耳精八音之清濁，文則琳琅墮於筆端，武則鉤鉻摧於指掌，心苞萬篇之誦，口播濤波之辯，猶無補於土崩，不救乎瓦解也。何者？不居其大，而務其細，滯乎下人之業，而闇元本之端也。

『誠能事過乎儉，臨深履冰，居安不忘乘奔之戒，處存不廢慮亡之懼，操綱領以整毛目，握道數以御衆才，韓、白畢力以折衝，蕭、曹竭能以經國，介一人之心致其果毅，謀夫協思進其長筭；則人主雖從容玉房之內，逍遥雲閣之端，羽爵腐於甘醪，樂人疲於拚儛，猶可以垂拱而任賢，高枕以責成。何必居茅茨之狹陋，食薄味之大羹，躬監門之勞役，懷損命之辛勤，然後可以惠流蒼生，道洽海外哉？

『昏惑之君，則不然焉。其為政也：或仁而不斷，朱紫混漫，正者不賞，邪者不罰。或苛猛慘酷，或純威無恩，刑過乎重，不恕不逮。根露基積，危猶巢幕，而自比於天日，擬固於泰山，謂克明俊德者不難及，小心翼翼者未足筭也。於是無罪無辜，淫刑以逞，民不見德，唯戮是聞。

『官人則以順志者為賢，擢才則以近習者為前。上宰鼎列，委之母后之族；專斷顧問，決之阿諂之徒。所揚引則遠九族外親，而不簡其器幹；所信仗則在於瑣才曲媚，而憎乎方直；所抑退則從雷同，而不察之以情；所寵進則任美談，而不考其績用。掌要治民之官，御戎專征之將，或貪汙以壞所在矣，或營私以亂朝廷矣，或懦弱以敗庶事矣，或恇怯以失軍利矣。終於不覺，不忍黜斥，猶加親委，冀其晚效。器小任大，遂及於禍。良才遠量無援之士，或披褐而朝隱，或沈淪於窮否，懷道括囊，展力莫由，陵替之災，所以多有也。

『又經典規戒，弗聞弗覽；玩弄褻宴，是耽是務。高樓觀而下道德，廣苑囿而狹招納，深池沼而淺恩信，悅狗馬而惡蹇諤，貴珠玉而賤智略，豐綺紈而約惠澤，緩賑濟而急聚斂，勤畋弋而忽稼穡，重兼幷而輕民命，進優倡而退儒雅，厚嬖幸而薄戰士，流聲色而忘庶事，先酣遊而後聽斷，數苦役而疏犒賜，工造費好不急之器，圈聚食肉靡穀之物。然則危亡不可以怨天，微弱不可以尤人也。夫吉凶由己，湯、武豈一哉？

『昔周文掩未埋之骨，而天下稱其仁。殷紂剖比干之心，而四海疾其虐。望在具瞻，毀譽尤速。得失之舉，不在多也。凡譽重則蠻、貊歸懷，而不可以虛索也；毀積即華夏離心，而不可以言救也。是以小善雖無大益，而不可不為；細惡雖無近禍，而不可不去也。

『若乃肆情縱欲，而不與天下共其樂，故有憂莫之恤也。削基憎峻，而不覺下墮則上崩，故傾積莫之扶也。於是轡策去於我手，神物假而不還，力勤財匱，民不堪命，衆怨於下，天怒於上，田成盜全齊於帷幄，姬

昌取有二於西鄰，陳、吳之徒，奮劍而大呼，劉、項之倫，揮戈而飈駭，雲梯乘於百雉之上，皓刃交於象魏之下，飛鋒內萃，禁兵外潰，而乃憂悲以思遜世之大賢，擁篲以延巖棲之智士，慕伊、呂於嵩岫，招孫、吳於草萊，拜昌言而無所，思嘉筭而莫問，猶大廈既燔，而運水於滄海，洪潦淩室，而造船於長洲矣。

『夫巍巍之稱，不可驕吝搆；而東嶽之封，未易以恣欲修也。上聖兼策載馳，猶懼不逮前；而庸主緩步按轡，而自以為過之。或於安而思危，或在嶮而自逸。或功成治定，而匪怠匪荒；或綴旒累卵，而不覺不寤。不有辛、癸之没溺，曷用貴欽明之高濟哉？念茲在茲，庶乎庶乎！』

《三國志》卷四《魏志・齊王芳傳》裴松之注　習鑿齒曰：司馬大將軍引二敗以為己過，過消而業隆，可謂智矣。夫民忘其敗，而下思其報，雖欲不康，其可得邪？若乃諱敗推過，歸咎萬物，常執其功而隱其喪，上下離心，賢愚解體，是楚再敗而晉再克也，謬之甚矣！君人者，苟統斯理而以御國，則朝無秕政，身靡留愆，行失而名揚，兵挫而戰勝，雖百敗可也，況於再乎！

又　卷四二《蜀志・譙周傳》裴松之注　孫盛曰：《春秋》之義，國君死社稷，卿大夫死位，況稱天子而可辱於人乎！周謂萬乘之君偷生苟免，亡禮希利，要冀微榮，惑矣。

又　卷五三《吳志・張紘傳》裴松之注　《周禮・太宰職》曰：以八柄詔王馭羣臣。一曰爵，以馭其貴。二曰祿，以馭其富。三曰予，以馭其幸。四曰置，以馭其行。五曰生，以馭其福。六曰奪，以馭其貧。七曰廢，以馭其罪。八曰誅，以馭其過。

《後漢書》卷六《順帝紀論》　古之人君，離幽放而反國祚者有矣，莫不矯鑒前違，審識情偽，無忘在外之憂，故能中興其業。

《宋書》卷六〇《范泰傳》　元嘉二年，表賀元正，并陳旱災，曰：元正改律，品物惟新。陛下藉日新以畜德，仰乾元以履祚，吉祥集室，百福來庭。頃旱魃為虐，亢陽愆度，通川燥流，異井同竭。老弱不堪遠汲，貧寡單於負水。租輸既重，賦稅無降，百姓怨咨。臣年過七十，未見此旱。陰陽并隔，則和氣不交，豈惟凶荒，必生疾疫，其為憂虞，不可備序。雩禜之典，以誠會事，巫祝常祈，罕能有感，上天之譴，不可不察。漢東海枉殺孝婦，亢旱三年，及祭其墓，澍雨立降，歲以有年。是以衛人伐邢，師興而雨。伏願陛下式遵遠猷，思隆高構，推忠恕之愛，矜冤枉之獄，遊心下民之瘼，厝思幽冥之紀。令謗木暨闕，諫鼓鳴朝，察芻牧之言，總統御之要。如此，則苞桑可繫，危幾無兆。斯而災害不消，未之有也。故夏禹引百姓之罪，殷湯甘萬方之過，太戊資桑穀以進德，宋景藉熒惑以修善，斯皆因敗以轉成，往事之昭晰也。循末俗者難為風，就正路者易為雅。臣疾患日篤，夕不謀朝，會及歲慶，得一聞達，微誠少亮，無恨泉壤，永違聖顔，拜表悲咽。【略】

其年（三年）秋旱蝗，又上表曰：

【略】災變雖小，要有以致之。守宰之失，臣所不能究，上天之譴，臣所不敢誣。有蝗之處，縣官多課民捕之，無益於枯苗，有傷於殺害。臣聞桑穀時亡，無假斤斧，楚昭仁愛，不禜自瘳，卓茂去無知之蟲，宋均囚有異之虎，蝗生有由，非所宜殺。石不能言，星不自隕，《春秋》之旨，所宜詳察。

禮婦人有三從之義，而無自專之道，《周書》父子兄弟，罪不相及，女人被宥，由來尚矣。謝晦婦女，猶在尚方，始貴後賤，物情之所甚苦，匹婦一至，亦能有所感激。臣於謝氏，不容有情，蒙國重恩，寢處思報，伏度聖心，已當有在。

禮春夏教詩，無一而闕也。臣近侍坐，聞立學當在入年。陛下經略粗建，意存民食，入年則農功興，農功興則田里闕，入秋治庠序，入冬集遠生，二塗並行，事不相害。夫事多以淹稽為戒，不遠為患，任臣學官，竟無微績，徒墜天施，無情自處。臣之區區，不望目覩盛化，竊慕子囊城郢之心，庶免荀偃不瞑之恨。【略】

時旱災未已，加以疾疫，泰又上表曰：『頃亢旱歷時，疾疫未已，方之常災，實為過差，古以為王澤不流之徵。陛下昧旦臨朝，無懈治道，躬自菲薄，勞心民庶，以理而言，不應致此。意以為上天之於賢君，正自殷懃無已。陛下同規禹湯引百姓之過，言動于心，道敷自遠。桑穀生朝而殞，熒惑犯心而退，非唯消災弭患，乃所以大啓聖明，靈雨立降，百姓改瞻，應感之來，有同影響。陛下近當仰推天意，俯察人謀，升平之化，尚存舊典，顧思與不思，行與不行耳。大宋雖揖讓受終，未積有虞之道，先

帝登遐之日，便是道消之初。至乃嗣主被殺，哲藩嬰禍，九服徘徊，有心喪氣，佐命託孤之臣，俄為戎首。天下蕩蕩，王道已淪，自非神英，撥亂反正，則宗社非復宋有。革命之與隨時，其義尤大。是以古今異用，循方必壅，大道隱於小成，欲速或未必達。深根固蒂之術，未洽於愚心，是用猖狂妄作而不能緘默者也。

南朝梁·蕭繹《金樓子》卷四《立言篇九上》 勢者君之輿，威者君之策，臣者君之馬，民者君之輪。勢固則輿安，威定則策勁，臣從則馬良，民和則輪利。

《魏書》卷六〇《韓顯宗傳》 既定遷都，顯宗上書：

其一曰：竊聞輿駕今夏若不巡三齊，當幸中山，竊以為非計也。何者？當今徭役宜早息，洛京宜速成。省費則徭役可簡，并功則洛京易就。往冬輿駕停鄴，是閑隙之時，猶編戶供奉，勞費為劇。聖鑑矜愍，優旨殷勤，爵浹高年，賚周鰥寡，雖賑貸普霑，今猶恐來夏菜色。況三農要時，六軍雲會，其所損業，實為不少。雖調斂輕省，未足稱勞，然大駕親臨，誰敢寧息？往來承奉，紛紛道路，田蠶暫廢，則將來無資。此國之深憂也。且向炎暑，而六軍暴露，恐生癘疫，此可憂之次也。臣願輿駕早還北京，以省諸州供帳之費，并功專力，以營洛邑。則南州免雜徭之煩，北都息分析之歎，洛京可以時就，遷者僉爾如歸。

其二曰：自古聖帝必以儉約為美，亂主必以奢侈貽患。仰惟先朝，皆卑宮室而致力於經略，故能基宇開廣，業祚隆泰。今洛陽基址，魏明帝所營，取譏前代。伏願陛下損之又損。頃來北都富室，競以第宅相尚，今因遷徙，宜申禁約，令貴賤有檢，無得踰制。端廣衢路，通利溝渠，使寺署有別，四民異居，永垂百世不刊之範，則天下幸甚矣。

其三曰：竊聞輿駕還洛陽，輕將數千騎。臣甚為陛下不取也。夫千金之子，猶坐不垂堂，況萬乘之尊，富有四海乎？警蹕於闈闥之內者，豈以為儀容而已，蓋以戒不虞也。清道而後行，尚恐銜蹶之或失，況履涉山河，而不加三思哉！此愚臣之所以悚息，伏願少垂省察。

其四曰：伏惟陛下耳聽法音，目玩墳典，口對百辟，心虞萬機，晷昃而食，夜分而寢。加以孝思之至，隨時而深；文章之業，日成篇卷。雖叡明所用，未足為煩，然非所以嗇神養性，頤無疆之祚。莊周有言：形有待而智無涯，以有待之形，役無涯之智，殆矣。此愚臣所不安，伏願陛下垂拱司契，委下責成，唯冕旒垂纊，而天下治矣。

又 卷六七《崔光傳》 正始元年夏，有典事史元顯獻四足四翼雞，詔散騎侍郎趙邕以問光，光表答曰：

臣謹按：《漢書·五行志》：宣帝黄龍元年，未央殿路軨中，雌雞化為雄，毛變而不鳴不將，無距。元帝初元中，丞相府史家雌雞伏子，漸化為雄，冠距鳴將。永光中，有獻雄雞生角。劉向以為雞者小畜，主司時起居，小臣執事為政之象也。言小臣將乘君之威，以害政事，猶石顯也。竟寧元年，石顯伏辜，此其效也。靈帝光和元年，南宫寺雌雞欲化為雄，一身毛皆似雄，但頭冠尚未變。詔以問議郎蔡邕，邕對曰：『貌之不恭，則有雞禍。臣竊推之，頭為元首，人君之象也，今雞一身已變，未至於頭，而上知之，是將有其事，而不遂成之象也。若應之不精，政無所改，頭冠或成，為患滋大。』是後張角作亂，稱『黄巾賊』，遂破壞四方，疲於賦役，民多叛者。上不改政，遂至天下大亂。今之雞狀雖與漢不同，而其應頗相類矣。向、邕並博達之士，考物驗事，信而有證，誠可畏也。

臣以邕言推之，翅足衆多，亦羣下相扇助之象，雛而未大，脚羽差小，亦其勢尚微，易制御也。臣聞災異之見，皆所以示吉凶，明君覩之而懼，乃能招福；闇主視之彌慢，所用致禍。《詩》、《書》、《春秋》、秦、漢之事多矣，此陛下所覩者也。今或有自賤而貴，關預政事，殆亦前代君房之匹比者。南境死亡千計，白骨横野，存有酷恨之痛，歿為怨傷之魂。義陽屯師，盛夏未返；荆蠻狡猾，征人淹次。東州轉輪，往多無還，百姓困窮，絞縊以殞。北方霜降，蠶婦輟事。羣生憔悴，莫甚於今。此亦賈誼哭歎，谷永切諫之時。司寇行戮，君為之不舉，陛下為民父母，所宜矜恤。國重戎戰，用兵猶火，内外怨弊，易以亂離。陛下縱欲忽天下，豈不仰念太祖取之艱難，先帝經營劬勞也。

誠願陛下留聰明之鑑，警天地之意，禮處左右，節其貴越。往者鄧通、董賢之盛，愛之正所以害之。又躬饗加罕，宴宗或闕，時應親肅郊廟，延敬諸父。檢訪四方，務加休息，爰發慈旨，撫振貧瘼。簡費山池，減撤聲飲，晝存政道，夜以安身。博采芻蕘，進賢黜佞。則兆庶幸甚，妖弭慶進，禎祥集矣。【略】

二年八月，光表曰：『去二十八日，有物出于太極之西序，敕以示臣，臣按其形，即《莊子》所謂「蒸成菌」者也。又云「朝菌不終晦朔」，雍門周所稱「磨蕭斧而伐朝菌」，皆指言蒸氣鬱長，非有根種，柔脆之質，凋殞速易，不延旬月，無擬斧斤。又多生墟落穢濕之地，罕起殿堂高華之所。今極宇崇麗，牆築工密，糞朽弗加，沾濡不及，而茲菌欻構，厥狀扶疏，誠足異也。夫野木生朝，野鳥入廟，古人以為敗亡之象。然懼災修德者，咸致休慶，所謂家利而怪先，國興而妖豫。是故桑穀拱庭，太戊以昌；雊雉集鼎，武丁用熙。自比鴟鵲巢于廟殿，梟鵬鳴於宮寢，菌生賓階軒坐之正，準諸往記，信可為誡。且南西未靜，兵革不息，郊甸之內，大旱跨時，民勞物悴，莫此之甚。承天子育者，所宜矜恤。伏願陛下追殷二宗感變之意，側躬聳誠，惟新聖道，節夜飲之忻，强朝御之膳，養方富之年，保金玉之性，則魏祚可以永隆，皇壽等於山岳。』

《周書》卷四七《黎景熙傳》 保定三年，盛營宮室。春夏大旱，詔公卿百寮，極言得失。季明上書曰：

臣聞成湯遭旱，以六事自陳。宣王太甚，而珪圭璧斯竭。豈非遠慮元元，俯哀兆庶。方今農要之月，時雨猶愆，率土之心，有懷渴仰。陛下垂情萬類，子愛羣生，覲禮百神，猶未豐洽者，豈或作事不節，有違時令，舉措失中，儻邀斯旱。

《春秋》，君舉必書，動為典禮，水旱陰陽，莫不應行而至。孔子曰：『言行，君子之所以動天地，可不慎乎。』《春秋》莊公三十一年冬，不雨。《五行傳》以為是歲一年而三築臺，奢侈不恤民也。僖公二十一年夏，大旱。《五行傳》以為時作南門，勞民興役。漢惠帝二年夏，大旱。五年夏，大旱，江河水少，谿澗水絕。《五行傳》以為先是發民十四萬六千人城長安。漢武帝元狩三年夏，大旱。《五行傳》以為是歲發天下故吏穿昆明池。然則土木之功，動民興役，天輒應之以異。典籍作誡，儻或可思。上天譴告，改之則善。今若息民省役，以答天譴，庶靈澤時降，嘉穀有成，則年登可覬，子來非晚。《詩》云：『民亦勞止，迄可小康。惠此中國，以綏四方。』或恐極陽生陰，秋多雨水，年復不登，民將無覬。如又荐飢，為慮更甚。

《晉書》卷二《景帝紀》 （景帝）上書訓于天子曰：『荊山之璞雖美，不琢不成其寶；顏冉之才雖茂，不學不弘其量。仲尼有云：「予非生而知之者，好古敏以求之者也。」仰觀黃軒五代之主，莫不有所稟則，顓頊受學於綠圖，高辛問道於柏招。逮至周成，旦望作輔，故能離經辯志，安道樂業。夫然，故君道明於上，兆庶順於下。刑措之隆，實由於此。宜遵先王下問之義，使講誦之業屢聞於聽，典謨之言日陳於側也。』

又 卷三八《齊王攸傳》 數年，（攸）授太子太傅，獻箴於太子曰：『伊昔上皇，建國立君，仰觀天文，俯察地理，創業恢道，以安人承祀，祚延統重，故援立太子。尊以弘道，固以貳己，儲德既立，邦有所恃。夫親仁者功成，邇佞者國傾，故保相之材，必擇賢明。昔在周成，旦奭作傅，外以明德自輔，內以親親立固，德以義濟，親則自然。嬴廢公族，其崩如山；劉建子弟，漢祚永傳。楚以無極作亂，宋以伊戾興難。張禹佞給，卒危强漢。輔弼不忠，禍及乃躬；匪徒乃躬，乃喪乃邦。無曰父子不間，昔有江充；無曰至親匪貳，或容潘崇。諛言亂真，譖潤離親，驪姬之讒，晉侯疑申。固親以道，勿固以恩；修身以敬，勿託以尊。自損者有餘，自益者彌昏。庶事不可以不恤，大本不可以不敦。見亡戒危，睹安思存。冢子司義，敢告在闇。』

又 卷三九《王沈傳》 褚䂮復白曰：『堯、舜、周公所以能致忠諫者，以其款誠之心著也。冰炭不言，而冷熱之質自明者，以其有實也。若好忠直，如冰炭之自然，則諤諤之臣，將濟濟而盈庭；逆耳之言，不求而自至。若德不足以配唐虞，明不足以並周公，實不可以同冰炭，雖懸重賞，忠諫之言未可致也。昔魏絳由和戎之功，蒙女樂之賜，管仲有興齊之勳，而加上卿之禮，功勳明著，然後賞勸隨之。未聞張重賞以待諫臣，懸穀帛以求盡言也。』

又 卷五一《摯虞傳》 策問曰：『頃日食正陽，水旱為災，將何所修，以變大眚？及法令有不宜於今，為公私所患苦者，皆何事？凡平世在於得才，得才者亦借耳目以聽察。若有文武器能有益於時務而未見申敘者，各舉其人。及有負俗謗議，宜先洗濯者，亦各言之。』虞對曰：『臣聞古之聖明，原始以要終，體本以正末。故憂法度之不當，而不憂人物之失所；憂人物之失所，而不憂災害之流行。誠以法得於此，則物理於彼；人和於下，則災消於上。其有日月之眚，水旱之災，則反聽內視，

求其所由，遠觀諸物，近驗諸身。耳目聽察，豈或有蔽其聰明者乎？動心出令，豈或有傾其常正者乎？大官大職，豈或有授非其人者乎？賞罰黜陟，豈或有不得其所者乎？河濱山巖，豈或有懷道釣築而未感於夢兆者乎？方外遐裔，豈或有命世傑出而未蒙膏澤者乎？推此類也，以求其故，詢事考言，以盡其實，則天人之情可得而見，咎徵之至可得而救也。若推之於物則無忤，求之於身則無尤，萬物理順，內外咸宜，祝史正辭，言不負誠，而日月錯行，夭癘不戒，此則陰陽之事，非吉凶所在也。期運度數，自然之分，固非人事所能供御，其亦振廩散滯，貶食省用而已矣。是故誠遇期運，則雖陶唐、殷湯有所不變；苟非期運，則宋衛之君，諸侯之相，猶能有感。惟陛下審其所由，以盡其理，則天下幸甚。』

又　卷五二《阮种傳》　策曰：『在昔哲王，承天之序，光宅宇宙，咸用規矩乾坤，惠康品類，休風流衍，彌于千載。朕應踐洪運統位，七載于今矣。惟德弗嗣，不明於政，宵興惕厲，未燭厥猷。子大夫韞櫝道術，儼然而進，朕甚嘉焉。其各悉乃心，以闡喻朕志，深陳王道之本，勿有所隱，朕虛心以覽焉。』

种對曰：『夫天地設位，聖人成能，王道至深，所以行化至遠。故能開物成務，而功業不匱，近無不聽，遠無不服，德逮羣生，澤被區宇，聲施無窮，而典垂百代。故《經》曰：「聖人久於其道，而天下化成。」宜師蹤往代，襲迹三五，矯世更俗，以從人望。令率士遷義，下知所適，播醇美之化，杜邪枉之路，斯誠羣黎之所欣想盛德而幸望休風也。』

又問政刑不宣，禮樂不立。對曰：『政刑之宣，故由乎禮樂之用。昔之明王，唯此之務，所以防遏暴慢，感動心術，制節生靈，而陶化萬姓也。禮以體德，樂以詠功，樂本於和，而禮師於敬矣。』【略】

又問咎徵作見。對曰：『陰陽否泰，六沴之災，則人主修政以禦之，思患而防之，建皇極之首，詳庶徵之用。《詩》曰「敬之敬之，天惟顯思」，天聰明自我人聰明，是以人主祖承天命，日慎一日也。故能應受多福而永世克祚，此先王之所以退災消眚也。』

又　卷六八《顧榮傳》　時（元）帝所幸鄭貴嬪有疾，以祈禱頗廢萬機，榮上千慮一牋諫曰：『昔文王父子兄弟乃有三聖，可謂窮理者也。而文王日昃不暇食，周公一沐三握髮，何哉？誠以一日萬機，不可不理；一言蹉跌，患必及之故也。當今衰季之末，屬亂離之運，而天子流播，豺狼塞路，公宜露營野次，星言夙駕，伏軾怒蛙以募勇士，懸膽於庭以表辛苦。貴嬪未安，藥石實急；禱祀之事，誠復可修；豈有便塞參佐白事，斷賓客問訊？今强賊臨境，流言滿國，人心萬端，去就紛紜。願沖虛納下，廣延儁彥，思畫今日之要，塞鬼道淫祀，弘九合之勤，雪天下之恥，則羣生有賴，開泰有期矣。』

又　卷七三《庾冰傳》　康帝即位，又進車騎將軍。冰懼權盛，乃求外出。【略】冰臨發，上疏曰：【略】

今强寇未殄，戎車未戢，兵弱於郊，人疲於內，寇之侵逸，未可量也；黎庶之困，未之安也；羣才之用，未之盡也。而陛下崇高，事與下隔，視聽察覽，必寄之羣下。羣下宜忠，不引不進；百司宜勤，不督不勸。是以古之帝王勤於降納，雖日總萬機，猶兼聽將相；或借訟輿人，或求謗芻蕘，良有以也。況今日之弊，開闢之極，而陛下曆數屬當其運，否剝之難嬰之聖躬，普天所以痛心於既往而傾首於將來者也。實冀否終而泰，屬運在今。誠願陛下弘天覆之量，深地載之厚，宅沖虛以為本，勤訓督以為務。廣引時彥，詢於政道，朝之得失必關聖聽，人之情偽必達天聽。然後覽其大當，以總國綱，躬儉節用，堯舜豈遠！大布之衣，衛文何人！是以古人有云：『非知之難，行之難；非行之難，安之難也。』願陛下既思日側於勞謙，納其起予之情，則天下幸甚矣。臣朝夕伏膺，猶不能暢，臨疏徘徊，不覺辭盡。

又　卷七五《王坦之傳》　溫薨，坦之【略】俄授都督徐兖青三州諸軍事、北中郎將、徐兖二州刺史，鎮廣陵。將之鎮，上表曰：

臣聞人君之道以孝敬為本，臨御四海以委任為貴。恭順無為，則盛德日新；親杖賢能，則政道邕睦。昔周成、漢昭，並以幼年纂承大統。當時天下未為無難，終能顯揚祖考，保安社稷，蓋尊尊親親，信納大臣之所致也。【略】

又天聽雖聰，不啓不廣；羣情雖忠，不引不盡。宜數引侍臣，詢求讜言。平易之世，有道之主猶尚誠懼，日昃不倦；況今艱難理盡，慮經安危，祖宗之基繫之陛下，不可不精心務道，以申先帝堯舜之風。可不敬修至德，以保宣元天地之祚？

又　卷一〇九《慕容皝載記》（皝）聞庾亮薨，弟冰、翼繼為將相，乃表曰：

臣究觀前代昏明之主，若能親賢並建，則功致升平；若親黨后族，必有傾辱之禍。是以周之申伯號稱賢舅，以其身藩于外，不握朝權。降及秦昭，足為令主，委信二舅，幾至亂國。逮于漢武，推重田蚡，萬機之要，無不決之。及蚡死後，切齒追恨。成帝闇弱，不能自立，內惑艷妻，外恣五舅，卒令王莽坐取帝位。每覽斯事，孰不痛惋！設使舅氏賢若穰侯、王鳳，則但聞有二臣，不聞有二主。若其不才，則有竇憲、梁冀之禍。凡此成敗，亦既然矣。苟能易軌，可無覆墜。【略】

昔徐福陳霍氏之戒，宣帝不從，至令忠臣更為逆族，良由察之不審，防之無漸。臣今所陳，可謂防漸矣。

宋·李昉等《太平御覽》卷七六《皇王部一·敘皇王上》《唐子》曰：君人者，秉南面之尊，操殺生之柄，威如秋霜，恩如春養，何求而不得，何化而不從？君人者，當以江海為腹，山林為面，當使其觀者不知江河藏，山何有。

又　卷六三八《刑法部四·律令下》《傅子》【略】又曰：天為有形之主，君為有國之主。天以春生，猶君之有仁令也；天以秋殺，猶君之有威令也。故仁令之發，天下樂之；威令之發，天下畏之。樂之故樂從其令，畏之故不敢違其令。若寬令發而人不樂，無以稱仁矣。威令發而下不畏，無以言威矣。無仁可樂，無威可畏，而能保國致治者，未之有也。

文臣武官論分部

論說

三國魏·桓範《政要論·臣不易》　昔孔子言為臣不易，或人以為易，言臣之事君，供職奉命，勑身恭己，忠順而已。忠則獲寵安之福，順則無危辱之憂，曷為不易哉？此言似易，論之甚難。

夫君臣之接，以愚奉智不易，以明事闇為難，唯以賢事聖，以聖事賢為可。然賢聖相遭既稀，又周公之於成王，猶未能得，斯誠不易也。且父子以恩親，君臣以義固，恩有所為虧，況義能無所為缺哉？苟有虧缺，亦何容易！且夫事君者，竭忠義之道，盡忠義之節，服勞辱之事，當危之難，肝腦塗地，膏液潤草。而不辭者，以安上治民，宣化成德，使君為一代之聖明，己為一世之良輔，輔千乘則念過管、晏，佐天下則思醜稷、禹，豈為七尺之軀，寵一官之貴，貪充家之祿，榮華囂之觀哉？以忠臣之事主，投命委身，期於成功立事，便國利民，故不為難易變節，安危革行也。然為大臣者，或仍舊德，藉故勢，或見拔擢重任，其所以保寵成功，承上安下，則當遠威權之地，避嫌疑之分，知虧盈之數，達止足之義，動依典禮，事念忠篤，乃當匡上之行，諫主之非，獻可濟否，匪躬之故，剛亦不吐，柔亦不茹，所謂大臣以道事君也。然當託於幽微，當行於隱密，使怨咎從己身，而衆善自君發，為羣寮之表式，作萬官之儀範，豈得偷樂容悅而已哉！然或為邪臣所譖，幸臣所亂，聽一疑而不見信，事似然而不可釋，忠計詭而為非，善事而變為惡，罪結於天，無所禱請，激直言而無所訴。深者即時伏劍賜死，淺者以漸斥逐放棄。蓋比干、龍逢所以見害於飛廉、惡來，孔子、周公所以見毀於管、蔡、季孫也。斯則大臣所以不易也。

為小臣者，得任則治其職，受事則脩其業，思不出其位，慮不過其責，竭力致誠，忠信而已。然或困辱而不均，厭抑而失所，是以賢者或非其議，預非其事，不著其陋，不嫌其卑，庶貫一言而利一事。然以至輕至微，至疏至賤，干萬乘之主，約以禮義之度，匡以行事之非，忤執政之臣，暴其所短，説合則裁自若，不當則離禍害，或計不欲人知，事不從人豫，而已策謀適合，陳偶同上者，或顯戮其身以神其計，在下者或妬其人而奪其策。蓋關思見殺於鄭，韓非受誅於秦，龐涓刖孫臏之足，魏齊折應侯之脅，斯又孤宦小臣所以為難也。

為小臣者，一當恪恭職司，出內惟允，造膝詭辭，執心審密，忠上愛主，媚不求奧竈而已，若為苟若此，患為外人所彈，邪臣所嫉，以職近而言易，身親而見信，奉公俠私之吏，求害之以見直；懷姦抱邪之臣，欲除之以示忠。言有若是，事有似然，雖父子之間，猶不能明，況臣之於君

而得之乎？故上官毀屈平，爰盎譖朝錯，公孫排主父，張湯陷嚴助，夫數子者，雖示純德，亦親近之臣所以為難也。

為外臣者，盡力致死，其義一也。不以遠而自外，疏而自簡，親涉其事而掌其任。苟有可以興利除害，安危定亂，雖違本朝之議，詭常法之道，陳之於主，行之於身，志於忠上濟事，憂公無私，善否之間，在己典主可也。然患為左右所輕重，貴臣所壅制，或逆而毀之，使不得用；或用而害之，使不得成；或成而譖之，使不得其所。吳起見毀於魏，李牧見殺於趙，樂毅被讒於燕，章邯畏誅於秦，斯又外臣所以為危也。

此舉梗槩耳，曲折纖妙，豈可得備論之哉！

又《諫諍》 夫諫争者，所以納君於道，矯枉正非，救上之謬也。上苟有謬，而無救焉，則害於事；害於事，則危道也。故曰危而不持，顛而不扶，則將焉用彼相？扶之之道，莫過於諫矣。故子從命者，不得為孝；臣苟順者，不得為忠。是以國之將興，貴在諫臣；家之將盛，貴在諫子。若託物以風喻，微生而不切，不切則不改，唯正諫、直諫，可以補缺也。《詩》云：『袞職有缺，仲山甫補之。』柔亦不茹，剛亦不吐，正諫者也。《易》曰：『王臣蹇蹇。』《傳》曰：『謇謇者昌。』直諫者也。然則咈人之耳，逆人之意。變人之情，抑人之欲，不爾不為諫也。雖有父子兄弟，猶用生怨隙焉。況臣於君，有天壤之殊，無親戚之屬，以至賤于至貴，以至稀間至親，何庸易耶？惡死亡而樂生存，恥困辱而樂榮寵，雖甚愚人，猶知之也。況士君子乎？今正言直諫，則近死辱而遠榮寵，人情何好焉？此乃欲忠於主耳。夫不能諫則君危，固諫則身殆，賢人君子，不忍觀上之危，而不愛身之殆。故蒙危辱之災，逆人主之鱗，及罪而弗避者，忠也，義也，深思諫士之事，知進諫之難矣。

三國魏·杜恕《體論·臣》 凡人臣之於其君也，猶四支之戴元首，耳目之為心使也，皆相須而成為體，相得而後為治者也。故《虞書》曰：『臣作股肱耳目。』而屠蒯亦云：『汝為君目，將司明也；汝為君耳，將司聰也。』然則君人者，安可以斯須無臣？臣人者，安可以斯須無君？斯須無君，斯須無臣，是斯須無身也。故臣之事君，猶子之事父，而加敬焉。父子至親矣，然其相須，尚不及乎身之與手足也。身之於手足，可謂無間矣。然而聖人猶復督而致之，故其化益淳，其恩益密，自然不覺教化之移也。姦人離而間之，故使其臣自疑於下，而令其君孤立乎上，君臣相疑，上下離心，乃姦人之所以為劫殺之資也。然夫中才之主，明不及乎治化之原，而感於偽術似是之説，故備之愈密，而姦人愈甚，譬猶登高者，愈懼愈危，愈危愈墜，孰如早去邪徑，而就夫大道乎？

凡士之結髮束脩，立志於家門，欲以事君也。宗族稱孝焉，鄉黨稱悌焉，及志乎學，自託於師友，師貴其義，而友安其信，孝悌以篤，信義又著，以此立身，以此事君，何待乎法然後為安？及其為人臣也，稱才居位，稱能受祿，不面譽以求親，不偷悅以苟合，公家之利，知無不為也。上足以尊主安國，下足以豐財阜民。謀事不忘其君，圖身不忘其國。內匡其過，外揚其義，不下比以闇上，不上同以病下。見善行之如不及，見賢舉之如不容。內舉不避親戚，外舉不避仇讎。程功積事，而不望其報；進賢達能，而不求其賞。道塗不爭險易之利，見難而無苟免之心。其身可殺，而其守不可奪。此直道之臣，所以佐賢明之主，致治平之功者也。

若夫主明而臣闇，主闇而臣偽，有盡忠不見信，有見信而不盡忠，溷淆於臣主之分，出入於治亂之間，或被褐懷玉以待時，或巧言令色以容身，又可勝盡哉？是以古之全其道者，進則正，退則曲，正則與世樂其業，曲則全身歸於道，不傲世以華衆，不立高以為名，不為苟得以偷安，不為苟免而無恥。夫脩之於鄉閭，壞之於朝廷，可惜也；脩之於己立，壞之於闔棺，可惜也。君子惜兹二者，是以有殺身以成仁，無求生以害仁，況害仁以求寵乎？故孔子曰：『不義而富且貴，於我如浮雲。』若夫智慮足以圖國，忠貞足以悟主，公平足以懷衆，温柔足以服人，不誹毀以取進，不刻人以自入，不苟容以隱忠，不耽祿以傷高。通則使上恤其下，窮則教下順其上。故用於上則民安，行於下則君尊，可謂進不失忠，退不失行。此正士之義，為臣之體也。

凡趣舍之患，在於見可欲而不慮其敗，見可利而不慮其害，故動近於危辱。昔孫叔敖三相楚國而其心愈卑，每益祿而其施愈博，位滋高而其禮愈恭。正考父傴僂而走。晏平仲辭其賜邑。此皆守滿以沖，為臣之體也。夫不憂主之不尊於天下，而唯憂己之不富貴，此古之所謂庸人，而今之所謂顯士。小人之所榮慕，而君子之所以為耻也。

凡人臣之論，所以事君者有四：有賢主之臣，有明主之臣，有中主

之臣，有庸主之臣。上能尊主，下能壹民，物至能應，事起能辨，教化流於下，如影響之應形聲，此賢主之臣也。內足以壹民，外足以拒難，民親而士信之，身之所長，不以怫君，身之所短，不以取功，此明主之臣也，君有過事能一心同力，相與諫而正之，以解國之大患，成君之大榮，此中主之臣也。端殼而守法，壹心以事君，君有過事，雖不能正諫，其憂見於顏色，此庸主之臣也。以庸主之臣事賢主則從，以賢主之臣事庸主則凶，古之所以成其名者，皆度主而行者也。脩之在己，而遭遇有時，是以古人抱麟而泣也。夫名不可以虛偽取也，不可以比周爭也。故君子務脩諸內而讓之於外，務積於身而處之以不足。夫為人臣，其猶土乎？萬物載焉而不辭其重，水潰汙焉而不辭其下，草木殖焉而不有其功，此成功而不處，為臣之體也。若夫處大位，任大事，荷重權於萬乘之國，必無後患者，其上莫如推賢讓能，而安隨其後，不為管仲，即為鮑叔耳。其次莫如廣樹而並進之，不為魏成子，即為翟黄耳，安有壅君蔽主專權之害哉？此事君之道，為臣之體也。

《三國志》卷一六《魏志·蘇則傳》裴松之注　孫盛曰：夫士不事其所非，不非其所事。趣舍出處，而豈徒哉！則既策名新朝，委質異代，而方懷二心生忿，欲奮爽言，豈大雅君子去就之分哉？《詩》云：『士也罔極，二三其德。』士之二三，猶喪妃耦，況人臣乎！

又　卷二五《魏志·高堂隆傳》裴松之注　習鑿齒曰：高堂隆可謂忠臣矣。君侈每思諫其惡，將死不忘憂社稷，正辭動於昏主，明戒驗於身後，謇諤足以勵物，德音没而彌彰，可不謂忠且智乎！《詩》云：『聽用我謀，庶無大悔。』又曰：『曾是莫聽，大命以傾。』其高堂隆之謂也。

又　卷二八《魏志·鍾會傳》裴松之注　習鑿齒曰：向伯茂可謂勇於蹈義也，哭王經而哀感市人，葬鍾會而義動明主，彼皆忠烈奮勁，知死而往，非存生也。況使經、會處世，或身在急難，而有不赴者乎？故尋其奉死之心，可以見事生之情，覽其忠貞之節，足以愧背義之士矣。王加禮而遣，可謂明達也。

又　《魏志·毌丘儉傳》裴松之注　習鑿齒曰：毌丘儉感明帝之顧命，故為此役。君子謂毌丘儉事雖不成，可謂忠臣矣。夫竭節而赴義者我也，成之與敗者時也，我苟無時，成何可必乎？亡我而不自必，乃所以為忠也。古人有言：『死者復生，生者不愧。』若毌丘儉可謂不愧也。

又　卷五二《吴志·張昭傳》裴松之注　習鑿齒曰：張昭於是乎不臣矣！夫臣人者，三諫不從則奉身而退，身苟不絕，何忿懟之有？且秦穆違諫，卒霸西戎，晉文暫怒，終成大業。遺誓以悔過見録，狐偃無怨絕之辭，君臣道泰，上下俱榮。今權悔往之非而求昭，後益迴慮降心，不遠而復，是其善也。昭為人臣，不度權得道，匡其後失，夙夜匪懈，以延來譽，乃追忿不用，歸罪於君，閉戶拒命，坐待焚滅，豈不悖哉！

《後漢書》卷四九《仲長統傳》　《法誡篇》曰：

《周禮》六典，冢宰貳王而理天下。春秋之時，諸侯明德者，皆一卿為政。爰及戰國，亦皆然也。秦兼天下，則置丞相，而貳之以御史大夫。自高帝逮于孝成，因而不改，多終其身。漢之隆盛，是惟在焉。夫任一人則政專，任數人則相倚。政專則和諧，相倚則違戾。和諧則太平之所興也，違戾則荒亂之所起也。光武皇帝愠數世之失權，忿彊臣之竊命，矯枉過直，政不任下，雖置三公，事歸臺閣。自此以來，三公之職，備員而已；然政有不理，猶加譴責。而權移外戚之家，寵被近習之豎，親其黨類，用其私人，內充京師，外布列郡，顛倒賢愚，貿易選舉，疲駑守境，貪殘牧民，撓擾百姓，忿怒四夷，招致乖叛，亂離斯瘼。怨氣並作，陰陽失和，三光虧缺，怪異數至，蟲螟食稼，水旱為灾，此皆戚宦之臣所致然也。反以策讓三公，至於死免，乃足為叫呼蒼天，號咷泣血者也。又中世之選三公也，務於清慤謹慎，循常習故者。是婦女之檢柙，鄉曲之常人耳，惡足以居斯位邪？執既如彼，選又如此，而欲望三公勳立於國家，績加於生民，不亦遠乎？昔文帝之於鄧通，可謂至愛，而猶展申徒嘉之志。夫見任如此，則何患於左右小臣哉？至如近世，外戚宦豎請託不行，意氣不滿，立能陷人於不測之禍，惡可得彈正者哉！曩者任之重而責之輕，今者任之輕而責之重。昔賈誼感絳侯之困辱，因陳大臣廉恥之分，開引自裁之端。自此以來，遂以成俗。繼世之主，生而見之，習其所常，曾莫之悟。嗚呼，可悲夫！左手據天下之圖，右手刎其喉，愚者猶知難之，況明哲君子哉！光武奪三公之重，至今而加甚，不假后黨以權，數世而不行，蓋親疏之埶異也。母后之黨，左右之人，有此至親之埶，故其貴任萬世。常然之敗，無世而無之，莫之斯鑑，亦可痛矣。未若置丞相自總

之。若委三公，則宜分任責成。夫使為政者，不當與之婚姻；婚姻者，不當使之為政也。如此，在位病人，舉用失賢，百姓不安，爭訟不息，天地多變，人物多妖，然後可以分此罪矣。

或曰：政在一人，權甚重也。曰：人實難得，何重之嫌？昔者霍禹、竇憲、鄧騭、梁冀之徒，籍外戚之權，管國家之柄；及其伏誅，以一言之詔，詰朝而決，何重之畏乎？今夫國家漏神明於媟近，輸權重於婦黨，筭十世而為之者八九焉。不此之罪而彼之疑，何其詭邪！

隋・虞世南《北堂書鈔》卷一一七《武功部・兵勢》 《唐子》云：將者專命千里，總帥六師，攻如雷擊，避如電收。

《晉書》卷三《武帝紀》 （武帝）詔曰：『郡國守相，三載一巡行屬縣，必以春，此古者所以述職宣風展義也。見長吏，觀風俗，協禮律，考度量，存問耆老，親見百年。録囚徒，理冤枉，詳察政刑得失，知百姓所患苦。無有遠近，便若朕親臨之。敦喻五教，勸務農功，勉勵學者，思勤正典，無為百家庸末，致遠必泥。士庶有好學篤道，孝弟忠信，清白異行者，舉而進之；有不孝敬於父母，不長悌於族黨，悖禮棄常，不率法令者，糾而罪之。田疇闢，生業修，禮教設，禁令行，則長吏之能也。人窮匱，農事荒，姦盜起，刑獄煩，下陵上替，禮義不興，斯長吏之否也。若長吏在官公廉，慮不及私，正色直節，不飾名譽者，及身行貪穢，諂黷求容，公節不立，而私門日富者，並謹察之。揚清激濁，舉善彈違，此朕所以垂拱總綱，責成於良二千石也。於戲戒哉！』

唐・徐堅《初學記》卷一八《人部中・諷諫》 《顧子》曰：不諫則危君，諫則危身，是賢人君子上不敢危君，下不敢危身，三諫不從，則去矣。

宋・李昉等《太平御覽》卷四四七《人事部八十八・品藻下》 習鑿齒《周魯通諸葛論》曰：客問曰：周瑜、魯肅何人也？主人曰：小人也。客曰：周瑜奇孫策於總角，定大計於一面，摧魏武百勝之鋒，開孫氏偏王之業，威震天下，名馳四海。魯肅一見孫權，建東帝之略。子謂之小人，何也？主人曰：此乃真所以為小人也。夫君子之道，故將竭其忠直，佐扶帝室，尊主寧時，遠崇名教。若乃力不能合，事與志違，躬耕南畝，遁迹當年，何由盡臣禮于孫氏於漢室未亡之日邪？客曰：諸葛武侯翼戴玄德，與瑜肅何異，而子重諸葛，毁瑜肅，何其偏也？主人曰：夫論古今者，故宜先定其所為之本，迹其致用之源。諸葛武侯龍蟠江南，託好管樂，有匡漢之望，是有宗本之心也。今玄德漢高之正胄也，信義著於當年，將使漢室亡而更立，宗廟絕而復繼，誰云不可哉？

又 卷七五八《器物部三・瓶》 《唐子》曰：猛將之發，觀于虎而覽于鷹，故攻如擊電，避如收霧，閉之如在瓶，開之如散星。

知識階層論分部

論說

晉・葛洪《抱扑子外篇》卷四六《正郭》 抱朴子曰：『嵇生以爲「太原郭林宗竟不恭三公之命，學無不涉。名重於往代，加之以知人。知人則哲，蓋亞聖之器也。及在衰世，棲棲惶惶，席不暇温，志在乎匡斷行道，與仲尼相似。」

余答曰：「夫智與不智，存於一言。樞機之玷，亂乎白圭。愚謂亞聖之評，未易以輕有許也。夫所謂亞聖者，必具體而微，命世絕倫，與彼周、孔其閒無所復容之謂也。若人者，亦何足登斯格哉！林宗拔萃翹特，鑒識朗徹，方之常人，所議固多，引之上及，實復未足也。」

「此人有機辯風姿，又巧自抗遇而善用；且好事者為之羽翼，延其聲譽於四方。故能挾之見推慕於亂世，而為過聽不覈實者所推策。及其片言所褒，則重於千金；遊涉所經，則賢愚波蕩。謂龍鳳之集，奇瑞之出也。吐聲則餘音見法，移足則遺迹見擬。可謂善擊建鼓而當揭日月者耳，非真隱也。」

「蓋欲立朝，則世已大亂，欲潛伏，則悶而不堪。或躍，則畏禍害；確爾，則非所安。彰偟不定，載肥載臞。而世人逐其華而莫研其實，翫其形而不究其神。故遭雨巾壞，猶復見傚。不覺其短，皆是類也。俗民追聲，一至於是！故其雖有缺隟，莫之敢指也。夫林宗學涉知人，非無分也。然而未能避過實之名，而闇於自料也。」

或勸之以出仕進者。林宗對曰：「吾晝察人事，夜看乾象，天之所廢，不可支也。方今運在明夷之爻，值勿用之位，蓋盤桓潛居之時，非在天利見之會也。雖在原陸，猶恐滄海橫流，吾其魚也；況可冒衝風而乘奔波乎？未若巖岫頤神，娛心彭、老，優哉遊哉，聊以卒歲。」

「按林宗之言，其知漢之不可救，非其才之所辦，審矣。法當仰隮商洛，俯泛五湖，追巢父於峻嶺，尋漁父於滄浪。若不能結蹤山客，離羣獨往，則當掩景淵洿，韜鱗括囊。而乃自西徂東，席不暇溫，欲慕孔、墨棲棲之事。

「聖者憂世，周流四方，猶為退士所見譏彈。林宗才非應期，器不絕倫，出不能安上治民，移風易俗；入不能揮毫屬筆，祖述六藝。行自衒耀，亦既過差；收名赫赫，受饒頗多。然卒進無補於治亂，退無迹於竹帛，觀傾視汨，冰泮草靡，未有異庸人也。」

「無故沈浮於波濤之間，倒屣於埃塵之中，遨集京邑，交關貴游，輪刓簸弊，匪遑啓處？遂使聲譽翕熠，秦、胡景附。巷結朱輪之軌，堂列赤紱之客，軺車盈街，載奏連車。誠為游俠之徒，未合逸隱之科也。」

「有道之世而臻此者，猶不得復廁高潔之條貫，為祕丘之俊民；而修茲在於危亂之運，奚足多哉！孰不謂之闇於天人之否泰，蔽於自量之優劣乎！空背恬默之塗，竟無有為之益，不值禍敗，蓋其幸耳。」

「以此為憂世念國，希擬素王，有似蹇足之尋龍騏，斥鷃之逐鴻鵠，焦冥之方雲鵬，鼷鼱之比巨象也。然則林宗可謂有耀俗之才，無固守之質，見無不了，庶幾大用。符采外發，精神內虛，不勝煩躁，言行相伐，口稱靜退，心希榮利，未得□玄圃之棲禽，九淵之潛靈也。

自衒自媒，士女之醜事也。知其不可而尤傚尤師，亞聖之器，其安在乎？雖云知人，知人之明，乃唐、虞之所難，尼父之所病。夫以明並日月，原始見終，且猶有失，不能常中，況於林宗螢燭之明，得失半解，已為不少矣。」

「然則名稱重於當世，美談盛於既没，故其所得者，則世共傳聞；而所失者，則莫之有識爾。雖頗甄無名之士於草萊，指未剖之璞於丘園，然未能進忠烈於朝廷，立禦侮於疆場，解亡徵於倒懸，折逆謀之競逐。若鮑子之推管生，平仲之達穰苴。

林宗名振於朝廷，敬於一時，三、九肉食，莫不欽重。力足以拔才，言足以起滯，而但養疾京輦，招合賓客，無所進致，以匡危蔽。徒能知人，不肯薦舉，何異知沃壤之任良田，識直木之中梁柱，而終不墾之以播嘉穀，伐之以構梁棟，奚解於不粒，何救於露居哉！其距貢舉者，誠高操也；其走不休者，亦其疾也。」

嵇生又曰：「林宗存為一世之所式，没則遺芳永播，碩儒俊士，未或指點，而吾生獨評其短，無乃見嗤於將來乎？」

抱朴子曰：「曷為其然哉！苟吾言之允者，當付之於後；後之識者，何恤於寡和乎？且前賢多亦譏之，獨皇生褒過耳。」

故太傅諸葛元遜亦曰：「林宗隱不修遁，出不益時，實欲揚名養譽而已。街談巷議以為辯，訕上謗政以為高。時俗貴之，歙然，猶郭解、原涉見趨於曩時也。後進慕聲者，未能考之於聖王之典，論之於先賢之行，徒惑華名，咸競準的，學之者如不及，談之者則盈耳，中人猶不覺，童蒙安能知。」

故零陵太守殷府君伯緒，高才篤論之士也。亦曰：「林宗入交將相，出游方國，崇私議以動衆，關毀譽於朝廷。其所善，則風騰雨驟，改價易姿；其所惡則摧頓陸沈，士人不齒。□其名賢，遭亂隱遁，含光匿景，未為遠矣。君子行道，以匡君也，以正俗也。于時君不可匡，俗不可正，林宗周旋清談閭閻，無救於世道之陵遲，無解於天民之憔悴也。」

又故中書郎周生恭遠，英偉名儒也。亦曰：「夫遇治而贊之，則謂之樂道。遭亂而救之，則謂之憂道。亂不可救而避之，則謂之守道。虞舜，樂道者也。仲尼，憂道者也。微子，守道者也。漢世將傾，世務交游，林宗法當慨然虛心，要同契君子共矯而正之；而身棲棲為之雄伯，非救世之宜也。于時雖諸黄門，六畜自寓耳。其陳蕃、竇武之徒，雖鼎司牧伯，皆貴重林宗，信其言論臧否，取定於匡危易俗，不亦可冀乎？

而林宗既不能薦有為之士，立毫毛之益，而逋逃不仕者，則方之巢許；廢職待客者，則比之周公；養徒避役者，則擬之仲尼；棄親依豪者，則同之游、夏。是以世眩名實，而大亂滋甚也。若謂林宗不知，則無以稱聰明；若謂知之而不改，則無以言憂道。昔四豪似周公而不能為周公，今林宗似仲尼而不得為仲尼也。」

於是問者慨而歎曰：「然則斯人乃避亂之徒，非全隱之高矣。」』

又　卷四七《彈禰》　抱朴子曰：『漢末有禰衡者，年二十有三，孔文舉齒過知命，身居九列，文學冠羣，少長稱譽，名位殊絕，而友衡於布衣，又表薦之於漢朝，以為宜起家作臺郎。云「惟嶽降神，異人並出。目所一見，輒誦於口；耳所暫聞，不忘於心。性與道合，思若有神。」其歎之如此。

『衡遊許下，自公卿國士以下，衡初不稱其官，皆名之云阿某，或以姓呼之為某兒，呼孔融為大兒，呼楊脩為小兒，荀彧猶强可與語。過此以往，皆木梗泥偶，似人而無人氣，皆酒瓮飯囊耳。

百官大會，衡時在坐，忽顰𩔰悽愴，哀歎忼慨。或譏之曰：「英豪樂集，非所歎也。」衡顧眄歷視稠衆而答曰：「在此積尸列柩之間，仁人安能不悲乎？」』

『曹公嘗切齒欲殺之，然復無正有入法應死之罪，又惜有殺儒生之名，乃謫作鼓吏。衡了無悔情恥色，乃縛角於柱，口就吹之，乃有異聲，並摇𩕊擊鼓。聞者不知其一人也。而論更劇，無所顧忌。』

『尋亡走投荆州牧劉表，表欲作書與孫權，討逆于時已全據江東，帶甲百萬，欲結輔車之援，與共距中國。使諸文士立草，盡思而不得表意，乃示衡。衡省之曰：「但欲使孫左右持刀兒視之者，此可用爾；儻令張子布見此，大辱人也。」即摧壞投地。』

『表悵然有怪色，謂衡曰：「為了不中芸鋤乎？惜之也。」衡索紙筆，便更書之。衆所作有十餘通，衡凡一歷視之，而已暗記。書之畢以還表。表以還主。或有録所作之本也，以比校之，無一字錯。乃各大驚。表乃請衡更作，衡即作成，手不停輟。表甚以為佳，而施用焉。』

衡驕傲轉甚，一州人士莫不憎恚。而表亦不復堪，欲殺之。或諫以為曹公名為嚴酷，猶能容忍；衡少有虚名，若一朝殺之，則天下游士，莫復擬足於荆楚者也。表遂遣之。

『衡走到夏口，依將軍黄祖，祖待以上賓。祖大兒黄射與衡偕行，過人墓下，俱讀碑銘一過而去。久之，射曰：「前所視碑文大佳，恨不寫也。」衡曰：「卿存其名目耳。我一覽尚記之。」即為暗書之，末有一字石缺，乃不分明。衡與半字，曰：「疑此當作某字，恐不審也。」射省可。』

『雖言行輕人，寧願榮顯，是以高游鳳林，不能幽翳蒿萊；然修己駮刺，迷而不覺。故開口見憎，舉足蹈禍。齎如此之伎倆，亦何理容於天下而得其死哉！猶梟鳴狐嚾，人皆不喜，音響不改，易處何益？』

『許下人物之海也，文舉為之主。任荷之足，爲至到於此，不安已可知矣。猶必死之病，俞附、越人所無如何；朽木鉛鋌，班輸、歐冶所不能匠也。而復走投荆、楚閒，終陷極害，此乃衡懵蔽之效也。蓋欲之而不能得，非能得而弗用者矣。於戲，才士可勿戒哉！

嵇生曰：『吾所惑者，衡之虚名也；子所論者，衡之實病也。敢不寤寐於指南，投杖於折中乎？』

聖賢觀分部

論　說

《三國志》卷一五《魏志·賈逵傳》裴松之注　習鑿齒曰：夫賢人者，外身虚己，内以下物，嫌忌之名，何由而生乎？有嫌忌之名者，必與物為對，存勝負於己身者也。若以其私憾敗國殄民，彼雖傾覆，於我何利？我苟無利，乘之曷為？以是稱説，臧獲之心耳。今忍其私忿而急彼之憂，冒難犯危而免之於害，使功顯於明君，惠施於百姓，身登於君子之塗，義愧於敵人之心，雖豺虎猶將不覺所復，而況於曹休乎？然則濟彼之危，所以成我之勝，不計宿憾，所以服彼之心，公義既成，私利亦弘，可謂善爭矣。在於未能忘勝之流，不由於此而能濟勝者，未之有也。

又　卷一八《魏志·閻温傳》裴松之注　昔孔子歎顔回，以為三月不違仁者，蓋觀其心耳。孰如孫、祝菜色於市里，顛倒於牢獄，據有實事哉？且夫濮陽周氏不敢匿迹，魯之朱家不問情實，是何也？懼禍之及，且心不安也。而太史公猶貴其竟脱季布，豈若二賢，厥義多乎？今故遠收孫、祝，而近録楊、鮑，既不欲其泯滅，且敦薄俗。至於鮑出，不染禮教，心痛意發，起於自然，迹雖在編戶，與篤烈君子何以異乎？若夫楊

阿若，少稱任俠，長遂蹈義，自西徂東，摧討逆節，可謂勇而有仁者也。

又　卷一九《魏志・任城陳蕭王傳論》裴松之注　魚豢曰：諺言『貧不學儉，卑不學恭』，非人性分也，勢使然耳。此實然之勢，信不虛矣。假令太祖防遏植等，在於疇昔，此賢之心，何緣有窺望乎？彰之挾恨，尚無所至。至於植者，［豈能興難？］乃令楊脩以倚注遇害，丁儀以希意族滅，哀夫！余每覽植之華采，思若有神。以此推之，太祖之動心，亦良有以也。

又　卷二三《魏志・裴潛傳》裴松之注　世稱君子之德其猶龍乎？蓋以其善變也。昔長安市儈有劉仲始者，一為市吏所辱，乃感激，蹋其尺折之，遂行學問，經明行脩，流名海內。後以有道徵，不肯就，衆人歸其高。余以為前世偶有此耳，而今徐、嚴復參之，若皆非似龍之志也。其何能至於此哉？李推至道，張工度主，韓見識異，黃能拔萃，各著根於石上，而垂陰乎千里，亦未為易也。游翁慷慨，展布腹心，全軀保郡，見延帝王，又放陸生，優游宴戲，亦一實也。梁、趙及裴，雖張、楊不足，至於檢己，老而益明，亦難能也。

《晉書》卷一二四《慕容盛載記》　（慕容）盛曰：『卿徒因成文而未原大理，朕今相為論之。昔周自后稷積德累仁，至于文武。文、武以大聖應期，遂有天下。生靈仰其德，四海歸其仁。成王雖幼統洪業，而卜世修長，加呂、召、毛、畢為之師傅。若無周公攝政，王道足以成也。周公無故以安危為己任，專臨朝之權，闕北面之禮。管蔡忠存王室，以為周公代主非人臣之道，故言公將不利于孺子。周公當明大順之節，陳誠義以曉羣疑，而乃阻兵都邑，擅行誅戮。不臣之罪彰于海內，方貽王《鴟鴞》之詩，歸非於主，是何謂乎！又周公舉事，稱告二公，二公足明周公之無罪而坐觀成王之疑，此則二公之心亦有猜於周公也。但以疏不間親，故寄言於管蔡，可謂忠不見於當時，仁不及於兄弟。知羣望之有歸，天命之不在己，然後返政成王，以為忠耳。大風拔木之徵，乃皇天祐存周道，不忘文武之德，是以赦周公之始愆，欲成周室之大美。考周公之心，原周公之行，乃天下之罪人，何至德之謂也！周公復位，二公所以杜口不言其本心者，以明管蔡之忠也。』

政治關係論部

君臣關係論分部

論説

漢・仲長統《昌言・闕名》　古者君之于臣，無不答拜也。雖王者有變，不必相因，猶宜存其大者。御史大夫，三公之列也，今不為起，非也。為太子時太傅，即位之後，宜常答其拜。少傅可比三公，為之起。《周禮》：王為三公六卿錫衰，為諸侯緦衰，為大夫士疑衰。及于其病時，皆自問焉。古禮雖難悉奉行，師傅、三公所不宜闕者也。凡在京師，大夫以上疾者，可遣使修賜問之恩。州牧、郡守遠者，其死然後有弔贈之禮也。

坐而論道謂之三公，作而行之謂士大夫。論道必求高明之士，幹事必使良能之人。非獨三太三少可與言也，凡在列位者，皆宜及焉。故士不與其言，何以知其術之淺深？不試之事，何以知其能之高下？與羣臣言議者，又非但用觀彼之志行、察彼之才能也，乃所以自弘天德、益聖性也。猶十五志學，朋友講習，自强不息，德與年進，至于七十，然後從心而不踰矩。況于不及中規者乎，而不自勉也？公卿列校，侍中尚書，皆九州之選也。而不與之從容言議，諮論古事，訪國家正事，問四海豪英，琢磨珪璧，染練金錫，何以昭仁心于民物、廣令聞于天下哉？

人主有常不可諫者五焉：一曰廢后黜正，二曰不節情欲，三曰專愛一人，四曰寵幸佞諂，五曰驕貴外戚。廢后黜正，覆其國家者也；不節情欲，伐其性命者也；專愛一人，絕其繼嗣者也；寵幸佞諂，壅蔽忠正者也；驕貴外戚，淆亂政治者也。此爲疾痛，在於膏肓；此爲傾危，比於累卵者也。然而人臣破首分形，所不能救止也。不忌初故，仁也；以

計御情，智也；以嚴專制，禮也；豐之以財，而勿與之位，亦足以爲恩也；封之以土，而勿與之權，亦足以爲厚也。何必友年彌世，惑賢亂國，然後于我心乃快哉？

漢·徐幹《中論》卷下《慎所從》 夫人之所常稱曰：『明君舍己而從人，故其國治以安；闇君違人而專己，故其國亂以危。』乃一隅之偏説也，非大道之至論也。凡安危之勢，治亂之分，在乎知所從，不在乎必從人也。人君莫不有從人，然或危而不安者，失所從也；莫不有違人，然或治而不亂者，得所違也。若夫明君之所親任也皆貞良聰智，其言也皆德義忠信，故從之則安，不從則危。闇君之所親任也皆佞邪愚惑，其言也皆姦回諂諛，從之安得治？不從之安得亂乎？昔齊桓公從管仲而安，二世從趙高而危；帝舜違四凶而治，殷紂違三仁而亂。故不知所從而好從人，不知所違而好違人，其敗一也。孔子曰：『知不可由，斯知所由矣。』

夫言或似是而非實，或似美而敗事，或似順而違道，此三者非至明之君不能察也。燕昭王使樂毅伐齊，取七十餘城，莒與即墨未拔。昭王卒，惠王爲太子時，與毅不平，即墨守者田單縱反間於燕，使宣言曰：『王已死。城之不拔者二耳。樂毅與新王有隙，懼誅而不敢歸，外以伐齊爲名，實欲因齊人未附，故且緩即墨，以待其事。齊人所懼，惟恐他將之來，即墨殘矣。』惠王以爲然，使騎劫代之，大爲田單所破。此則似是而非實者也。燕相子之有寵於王，欲專國政，人爲之言於燕王噲曰：『人謂堯賢者，以其讓天下於許由也。許由不受，有讓天下之名，而實不失天下。今王以國讓於相子之，子之必不敢受，是堯與王同行也。』燕噲從之，其國大亂。此則似美而敗事者也。齊景公欲廢太子陽生而立庶子荼，謂大夫陳乞曰：『吾欲立荼，如何？』乞曰：『所樂乎爲君者，欲立則立之，不欲立則不立。君欲立之，則臣請立之。』於是立荼。此則似順而違道者也。

且夫言畫施於當時，事效在於後日。後日遲至，而當時速決也。故今巧者常勝，拙者常負，其勢然也。此謂中主之聽也。至於闇君，則不察辭之巧拙也，二策並陳，而從其順己之欲者。明君不察辭之巧拙也，二策並陳，而從其致己之福者。故高祖、光武能收羣策之所長，棄羣策之所短，以得四海之內，而立皇帝之號也。吳王夫差、楚懷王、頃襄王棄伍員、屈平之良謀，收宰嚭、上官之諛言，以失江漢之地，而喪宗廟之主。此二帝三王者，亦有從人，亦有違人，然而成敗殊馳、興廢異門者，見策與不見策耳。不知從人甚易，而見策甚難。夷考其驗，斯爲甚矣。

問曰：夫人莫不好生而惡死，好樂而惡憂，然觀其舉措也，或去生而就死，或去樂而就憂，將好惡與人異乎？

曰：非好惡與人異也，乃所以求生與求樂者失其道也，譬如迷者欲南而反北也。今略舉一驗以言之。昔項羽既敗，爲漢兵所追，乃謂其餘騎曰：『吾起兵至今八年，身經七十餘戰，所擊者服，遂霸天下。今而困於此，此天亡我，非戰之罪也。』斯皆存亡所由，欲南反北者也。夫攻戰，王者之末事也，非所以取天下也。王者之取天下也有大本，有仁智之謂也。仁則萬國懷之，智則英雄歸之，御萬國，總英雄以臨四海，其誰與爭？若夫攻城必拔，野戰必克，將帥之事也。羽以小人之器，闇於帝王之教，謂取天下一由攻戰，矜勇有力，詐虐無親，貪嗇專利，功勤不賞。有一范增，既不能用，又從而疑之，至令憤氣傷心，疽發而死。豪傑背叛，謀士違離，以至困窮，身爲之虜。然猶不知所以失之，反嗔目潰圍，斬將取旗，以明非戰之罪，何其謬之甚歟！高祖數其十罪，蓋其大略耳。若夫纖介之失，世所不聞，其可數哉。且亂君之未亡也，人不敢諫；及其亡也，人莫能窮，是以至死而不寤，亦何足怪哉。

又《亡國》 凡亡國之君，其朝未嘗無致治之臣也，其府未嘗無先王之書也，然而不免乎亡者，何也？其賢不用，其法不行也。苟書法而不行其事，爵賢而不用其道，則法無異乎路説，而賢無異乎木主也。昔桀奔南巢，紂蹈於京，厲流於彘，幽滅於戲，當是時也，三后之典尚在，良謀之臣猶存也。下及春秋之世，楚有伍舉、左史倚相、右尹子革、白公子張，而靈王喪師；衛有太叔儀、公子鱄、蘧伯玉、史鰌，而獻公出奔；晉有趙宣子、范武子、太史董狐，而靈公被殺；魯有子家羈、叔孫婼，而昭公野死；齊有晏平仲、南史氏，而莊公不免；虞、虢有宮之奇、舟之僑，而二公絶祀。由是觀之，苟不用賢，雖有無益也。

然此數國者，皆先君，舊臣世祿之士，非遠求也。乃有遠求而不用之者。昔齊宣王立稷下之官，設大夫之號，招致賢人而尊寵之，自孟軻之徒皆遊於齊；楚春申君亦好賓客，敬待豪傑，四方並集，食客盈館，且聘

荀卿，置諸蘭陵。然齊不益强，黄歇遇難，不用故也。夫遠求賢而不用之，何哉？賢者之爲物也，非若美嬪麗妾之可觀於目也，非若端冕帶裳之可加於身也，非若嘉肴庶羞之可實於口也，將以言策，策不用，雖多，亦奚以爲？若欲備百僚之名，而不問道德之實，則莫若鑄金爲人而列於朝也，且無食禄之費矣。然彼亦知有馬必待乘之而後致遠，有醫必待使之而後愈疾。至於有賢，則不知必待用之而後興治者，何哉？賢者難知歟？何以遠求之？易知歟？何以不能用也？豈爲寡不足用，欲先益之歟？此又惑之甚也。賢者稱於人也，非以力也。力者必須多，而知者不待衆也。故王卒七萬，而輔佐六卿也。故舜有臣五人，而天下治；周有亂臣十人，而四海服。此非用寡之驗歟？

且六國之君雖不用賢，及其致人也，猶脩禮盡意，不敢侮慢也。至於王莽，既不能用，及其致之也，尚不能言。莽之爲人也，内實姦邪，外慕古義，亦聘求名儒，徵命術士。政煩教虐，無以致之，於是脅之以峻刑，威之以重戮，賢者恐懼，莫敢不至，徒張設虚名以誇海内，莽亦卒以滅亡。且莽之爵人，其實囚之也。囚人者，非必著之桎梏而置之囹圄之謂也，拘係之愁憂之之謂也。使在朝之人，欲進則不得陳其謀，欲退則不得安其身，是則以綸組爲繩索，以印佩爲鉗鐵也，小人雖樂之，君子則以爲辱。故明王之得賢也，得其心也，非謂得其軀也。苟得其軀而不論其心也，斯與籠鳥檻獸無以異也，則賢者之於我也亦猶怨佳言佳也，豈爲我用哉？日雖班萬鍾之禄，將何益歟？故苟得其心，萬里猶近；苟失其心，同衾爲遠。今不修所以得賢者之心，而務循所以執賢者之身，至於社稷顛覆，宗廟廢絶，豈不哀哉。

荀子曰：『人主之患，不在乎言不用賢，而在乎誠不用賢。言用賢者口也，卻賢者行也，口行相反，而欲賢者進，不肖者退，不亦難乎？夫照蟬者，務明其火，振其樹而已，火不明，雖振其樹，無益也。人主有能明其德者，則天下其歸之若蟬之歸火也。』善哉，言乎。昔伊尹在田畝之中，以樂堯舜之道，聞成湯作興，而自夏如商；太公避紂之惡，居於東海之濱，聞文王作興，亦自商如周；其次則甯戚如齊，百里奚入秦，范蠡如越，樂毅遊燕。故人君苟修其道義，昭其德音，愼其威儀，審其教令，刑無頗僻，獄無放殘，仁愛普殷，惠澤流播，百官樂職，萬民得所，則賢者仰之如天地，愛之如親戚，樂之如塤篪，歆之如蘭芳，故其歸我也，猶決壅導滯，注之大壑，何不至之有？苟麤穢暴虐，馨香不登，讒邪在側，佞媚充朝，殺戮不辜，刑罰濫害，宫室崇侈，妻妾無度，撞鐘舞女，淫樂日縱，賦稅繁多，財力匱竭，百姓凍餓，死莩盈野，矜己自得，諫者被誅，内外震駭，遠近怨悲，則賢者之視我容貌也如魍魎，臺殿也如狴犴，采服也如衰絰，絃歌也如號哭，酒醴也如滫滌，肴饌也如糞土，從事舉錯，每無一善，彼之惡我也如是，其肯至哉？今不務明其義，而徒設其禄，可以獲小人，難以得君子。君子者，行不媮合，立不易方，不以天下枉道，不以樂生害仁，安可以禄誘哉？雖强搏執之而不獲已，亦杜口佯愚，苟免不暇，國之安危將何賴焉？故《詩》曰：『威儀卒迷，善人載尸。』此之謂也。

漢・劉廙《政論・欲失》 夫人君莫不願衆心之一於己也，而疾奸黨之比於人也。欲得之而不知所以得之，故欲之益甚，而不可得亦甚；疾之益力，而為之者亦益勤矣。何也？彼將恐其黨也。任之而不知所以信之。朝任其身，夕訪於惡，惡無毀實，善無賞分，事無大小，訪而後知。彼衆之不必同於道也，又知訪之不能於己也。雖至誠至忠，俾曾參以事其親，借龍逢以貫其忠，猶將屈於私交，況世俗之庸臣哉？故為君而欲使其臣之無黨者，得其人也；得其人而使必盡節於國者，信之於己也。

又《疑賢》 自古人君，莫不願得忠賢而用之也。既得之，莫不訪之於衆人也。忠於君者，豈能必利於人？苟無利於人，又何能保譽於人哉？故常願之於心，而常先之於人也。非願之之不篤而失之也。所以定之之術非也。故為忠者獲小賞，而大乖違於人，恃人君之獨知之耳，而獲訪之於人。此為忠者福無幾，而禍不測於身也。得於君，不過斯須之歡；失於君，而終身之故患，荷賞名而實窮於罰也。是以忠者逝而遂，智者慮而不為，為忠者不利，則其為不忠者利矣。凡利之所在，人無不欲，人無不欲，故無不為不忠矣。為君者，以一人而獨慮於衆姦之上，雖至明而猶困於見闇，又況庸君之能覩之哉？庸人知忠之無益於己，而私名之可以得於人，得於人可以重於君也。故篤私交，薄公義，為己者殖而長之，為國也抑而割之，是以真實之人黜於國，阿欲之人盈於朝矣。由是田季之恩隆，而齊魯之政衰也。雖成之市朝，示之刀鋸，私欲益盛，齊魯

日困，何也？誠威之以言，而賞之以實也。好惡相錯，政令日弊，昔人曰為君難，不其然哉？

又《任臣》 人君所以尊敬人臣者，以其知任人臣委所信，而保治於己也。是以其聽察，其明昭，身日高而視日下，事日遠而聽日近，業至難而身至易，功至多而勤至少也。若多疑而自任也，則其臣不思其所以為國，而思其所以得於君，深其計而淺其事，以求其指撝。人主淺之，則不陷於之難；人主深之，則進而順之，以取其心。所闕者，忠於國而難明於君者也；所修者，不必忠於國而易行於時者也。因其所貴者貴之，故能同其貴；因其所賤者賤之，故能殊於賤。其所貴者不必賢，所賤者不必愚也。家懷因循之術，人為悅心易見之行。夫美大者深而難明，利長者不可以倉卒形也。故難明長利之事廢於世，阿易見之行塞於側，為非不知過，知困不知其乏，此為天下共一人之智，以一人而獨治于四海之內也。其業大，其智寡，豈不蔽哉？以一蔽主而臨不量之阿欲，能不惑其功者，未之有也。苟惑之，則人得其志矣；人得其志，則君之志失矣。君勞臣逸，上下易所，是一君為臣，而萬臣為君也。以一臣而事萬君，鮮不用矣。有不用人之名，而終為人所用也，是以明主慎之。不貴知所用於己，而貴知所用於人。能用人，故人無不為己用也。昔舜恭己正南面而已，天下不多皋陶、稷、契之數，而貴聖舜獨治之功。故曰為之者不必名其功，獲其業者不必勤其身也，其舜之謂與？

三國魏・蔣濟《萬機論・政略》 夫君王之治，必須賢佐，然後為泰。故君稱元首，臣為股肱，譬之一體，相須而行也。是以陶唐欽明，羲氏平秩，有虞明目，元愷敷教，皆此君唱臣和，同亮天功，故能天成地平，咸熙於和穆，盛德之治也。

三國魏・曹植《曹子建集》卷一《成王漢昭論》 周公以天下初定，武王既終，而成王尚幼，未能定南面之事。是以推以忠誠，稱制假號。二弟流言，召公疑之，發金縢之匱，然後用寤，亦未決也。至於昭帝，所以不疑於霍光，亦緣武帝有遺詔於光。使光若周公，踐天子之位，行周公之事，吾恐叛者非徒二弟，疑者非徒召公也。且賢者固不能知聖賢，自其宜爾！昭帝固可不疑霍光，周王自可疑周公也。若以昭帝勝成王，霍光當踰周公耶？若以堯舜為成王，湯禹作管、蔡、召公，周公之不見疑必也。

晉・傅玄《傅子》 上好德則下修行，上好言則下飾辯，修行則仁義興焉，飾辯則大偽起焉，此必然之徵也。德者，難成而難見者也，言者，易撰而易悅者也，先王知言之易而悅之者衆，故不尚焉。不尊賢尚德，舉善以教，而以一言之悅取人，則天下之棄德飾辯以要其上者不尠矣。何者？德難為而言易飾也。夫貪榮重利，常人之性也。上之所好，榮利存焉。故上好之，下必趣之，趣之不已，雖死不避也。先王知人有好善尚德之性，而又貪榮而重利也，故貴其所尚而抑其所貪。貴其所尚，故禮讓興；抑其所貪，故廉耻存。夫榮利者可抑而不可絕也，故明為顯名高位，豐祿厚賞，使天下希而慕之。不修行崇德則不得此名，不居此位，不食此祿，不獲此賞，此先王立教之大體也。夫德修之難，不積其實，不成其名。夫言撰之易，合所悅而大用，修之不久，所悅無常，故君子不貴也。【略】

古之賢君，樂聞其過，故直言得至以補其闕。古之忠臣，不敢隱君之過，故有過者知所以改，其戒不改，以死繼之，不亦至直乎！

至矣哉！季文子之事君也，使惡人不得行其境內，況在其君之側乎！推公心而行直道，有臣若此，其君稀陷乎不義矣。

晉・袁準《袁子正書》 有王子者，著《主失》之書，子張甚善之，為袁子稱之曰：

夫人之所以貴於大人者，非為其官爵也，以其言忠信，行篤敬，人主授之不虛，人臣受之不妄也。若居其位，不論其能；賞其身，不議其功；則私門之路通，而公正之道塞矣。凡世之所患，非患人主之有過失也，患有過欲改而不能得也。是何也？夫姦臣之事君，固欲苟悅其心。夫物未嘗無似象，似象之言，漫潤之諛，非明者不能察也。姦臣因以似象之言，而為之容說，人主不能別也。是而悅之，惑亂其心，舉動日繆，而常自以為得道，此有國之常患也。夫佞邪之言，柔順而有文；忠正之言，簡直而多逆。使忠臣之言是也，人主固弗快之矣。今姦臣之言，已揜於人主，不自以為非。忠臣以逆迕之言說之，人主方以為誣妄，何其言之見聽哉？是以大者刳腹，小者見奴。忠臣涉危死而言不見聽，姦臣饗榮利而言見悅，則天下奚蹈夫危死而不用、去夫榮樂而見聽哉？故有被髮而為狂，有竄伏於窟穴，此古今之常也。凡姦臣者，好為難成之事，以徼幸成

功之利，而能先得人主之心。上之人不能審察，而悅其巧言，則見其賞而不見其罰矣。為人臣，有禮未必尊，無禮未必卑，則姦臣知所以事主矣。雖有今日之失，必知明日所以復之塗也。故人主賞罰一不當，則邪人為巧滋生，其為姦滋甚，知者雖見其非不敢言，為將不用也。

夫先王之道，遠而難明；當世之法，近而易知。凡人莫不違其疏而從其親，見其小而闇其大。今賢者固遠主矣，而執遠而難明之物；姦人固近主矣，而執近而易知之理。則忠正之言奚時而得達哉？故主蔽於上，姦成於下，國亡而家破。伍子胥為吳破楚，令闔閭霸，及夫差立，鴟夷而浮之江。樂毅為燕王破强齊，報大耻，及惠王立而驅逐之。夫二子之於國家，可謂有功矣，夫差、惠王足以知之矣，然猶不免於危死者，人主不能常明，而忠邪之道異故也。又況於草茅孤遠之臣，而無二子之功，涉姦邪之門，經傾險之塗，欲其身達，不亦難哉？今人雖有子產之賢，而無子皮之舉；有解狐之德，而無祁奚之直；亦何由得達而進用哉？故有祁奚之直，而無宣子之聽；有子皮之賢，而無當國之權；則雖荆山之璞，猶且見瓦耳。故有管仲之賢，有鮑叔之友，必遇桓公而後達；有陳平之智，有無知之友，必遇高祖而後聽。桓公、高祖不可遇，雖有二子之才，夫奚得用哉？

《三國志》卷一二《魏志·司馬芝傳》　芝為教與羣下曰：『蓋君能設教，不能使吏必不犯也。吏能犯教，而不能使君必不聞也。夫設教而犯，君之劣也；犯教而聞，吏之禍也。君劣於上，吏禍於下，此政事所以不理也。可不各勉之哉！』

又　卷一四《魏志·蔣濟傳》　濟上疏曰：『大臣太重者國危，左右太親者身蔽，古之至戒也。往者大臣秉事，外內扇動。陛下卓然自覽萬機，莫不祗肅。夫大臣非不忠也，然威權在下，則衆心慢上，勢之常也。陛下既已察之於大臣，願無忘於左右。左右忠正遠慮，未必賢於大臣，至於便辟取合，或能工之。今外所言，輒云中書，雖使恭慎不敢外交，但有此名，猶惑世俗。況實握事要，日在目前，儻因疲倦之間有所割制，衆臣見其能推移於事，即亦因時而向之。一有此端，因當內設自完，以此衆語，私招所交，為之內援。若此，臧否毀譽，必有所興，功負賞罰，必有所易；直道而上者或壅，曲附左右者反達；因微而入，緣形而出，意所狎信，不復猜覺。此宜聖智所當早聞，外以經意，則形際自見。或恐朝臣畏言不合而受左右之怨，莫適以聞。臣竊亮陛下潛神默思，公聽並觀，若事有未盡於理而物有未周於用，將改曲易調，遠與黃、唐角功，近昭武、文之迹，豈近習而已哉！然人君猶不可悉天下事以適己明，當有所付。三官任一臣，非周公旦之忠，又非管夷吾之公，則有弄機敗官之弊。當今柱石之士雖少，至于行稱一州，智效一官，忠信竭命，各奉其職，可並驅策，不使聖明之朝有專吏之名也。』

又　卷二四《魏志·高柔傳》　柔上疏曰：『天地以四時成功，元首以輔弼興治；成湯仗阿衡之佐，文、武憑旦、望之力，逮至漢初，蕭、曹之儔並以元勳代作心膂，此皆明王聖主任臣於上，賢相良輔股肱於下也。今公輔之臣，皆國之棟梁，民所具瞻，而置之三事，不使知政，遂各偃息養高，鮮有進納，誠非朝廷崇用大臣之義，大臣獻可替否之謂也。古者刑政有疑，輒議於槐棘之下。自今之後，朝有疑議及刑獄大事，宜數以咨訪三公。三公朝朔望之日，又可特延入，講論得失，博盡事情，庶有裨起天聽，弘益大化。』

又　卷五七《吳志·張溫傳》　將軍駱統表理溫曰：『【略】昔賈誼，至忠之臣也，漢文，大明之君也，然而絳、灌一言，賈誼遠退。何者？疾之者深，譖之者巧也。然而誤聞於天下，失彰於後世，故孔子曰「為君難，為臣不易」也。【略】君臣之義，義之最重，朋友之交，交之最輕者也。【略】境外之交，謂無君命而私相從，非國事而陰相聞者也；若以命行，既脩君好，因敘己情，亦使臣之道也。故孔子使鄰國，則有私覿之禮；季子聘諸夏，亦有燕譚之義也。古人有言，欲知其君，觀其所使，見其下之明明，知其上之赫赫。【略】是以晉趙文子之盟于宋也，稱隨會於屈建；楚王孫圉之使于晉也，譽左史於趙鞅。亦向他國之輔，而歎本邦之臣，經傳美之以光國，而不譏之以外交也。【略】

臣竊念人君雖有聖哲之姿，非常之智，然以一人之身，御兆民之衆，從層宮之內，瞰四國之外，照羣下之情，求萬機之理，猶未易周也，固當聽察羣下之言，以廣聰明之烈。』

晉·葛洪《抱朴子外篇》卷七《良規》　抱朴子曰：『翔集而不擇木者，必有離罻之禽矣。出身而不料時者，必有危辱之士矣。時之得也，

則飄乎猶應龍之覽景雲；時之失也，則蕩然若巨魚之枯崇陸。是以智者藏其器以有待也，隱其身而有為也。若乃高巖將實，非細縷所綴；龍門沸騰，非掬壤所遏。則不苟且於乾沒，不投險於僥倖矣。』

抱朴子曰：『周公之攝王位，伊尹之黜太甲，霍光之廢昌邑，孫綝之退少帝，謂之舍道用權，以安社稷。然周公之放逐狼跋，流言載路；伊尹終於受戮，大霧三日；霍光幾於及身，家亦尋滅，孫綝桑蔭未移，首足異所。皆笑音未絕，而號咷已及矣。

『夫危而不持，安用彼相？爭臣七人，無道可救。致令王莽之徒，生其姦變，外引舊事以飾非，內包豺狼之禍心，由於伊、霍，基斯亂也。將來君子，宜深鑑茲矣。夫廢立之事，小順大逆，不可長也。召王之譎，已見貶抑。況乃退主，惡其可乎！此等皆計行事成，徐乃受殃者耳。若夫陰謀始權，而貪人賣之，赤族殄祀；而他家封者，亦不少矣。

『若有姦佞翼成驕亂，若桀之干辛、推哆，紂之崇侯、惡來，厲之黨也，改置忠良，不亦易乎？除君側之衆惡，流凶族於四裔，擁兵持疆，直道守法，嚴操柯斧，正色拱繩，明賞必罰，有犯無赦，官賢任能，唯忠是與，事無專擅，請而後行；君有違謬，據理正諫。戰戰競競，不忘恭敬，使社稷永安於上，己身無患於下。功成不處，乞骸告退，高選忠能，進以自代，不亦綽有餘裕乎？何必奪至尊之璽紱，危所奉之見主哉！

『夫君，天也，父也。君而可廢，則天亦可改，父亦可易也。功蓋世者不賞，威震主身危。此徒戰勝攻取，勳勞無二者，且猶鳥盡而弓棄，兔訖而犬烹。況乎廢退其君，而欲後主之愛己，是奚異夫為人子而舉其所生捐之山谷，而取他人養之，而云我能為伯瑜、曾參之孝，但吾親不中奉事，故棄去之。雖曰享三牲，昏定晨省，豈能見憐信邪？

『霍光之徒，雖當時增班進爵，賞賜無量，皆以計見崇，豈斯人之誠心哉？夫納棄妻而論前婿之惡，買僕虜而毀故主之暴，凡人庸夫，猶不平之。何者？重傷其類，自然情也。故樂羊以安忍見疏，而秦西以過厚見親。而世人誠謂湯、武為是，而伊、霍為賢，此乃相勸為逆者也。

『又見廢之君，未必悉非也。或輔翼少主，作威作福，罪大惡積，慮於為後患；及尚持勢，因而易之，以延近局之禍。規定策之功，計在自利，未必為國也。取威既重，殺生決口。見廢之主，神器去矣，下流之罪，莫不歸焉。雖知其然，孰敢形言？無東牟、朱虛以致其計，無南史、董狐以證其罪，將來今日，誰又理之？獨見者乃能追覺桀、紂之惡不若是其惡，湯、武之事不若是其美也。

『方策所載，莫不尊君卑臣，强榦弱枝。《春秋》之義，天不可讎。大聖著經，資父事君。民生在三，奉之如一。而許廢立之事，開不道之端，下陵上替，難以訓矣。俗儒沈淪鮑肆，困於詭辯，方論湯、武為食馬肝，以彈斯事者，為不知權之為變，貴於起善而不犯順，不謂反理而叛義正也。

『而前代立言者，不折之以大道，使有此情者加夫立剡鋒之端，登方崩之山，非所以延年長世，遠危之術。雖策命暫隆，弘賞暴集，無異乎犧牛之被紋繡，淵魚之愛莽麥，渴者之資口於雲日之酒，飢者之取飽於鬱肉漏脯也。而屬筆者皆共褒之，以為美談，以不容誅之罪為知變，使人於悒而永慨者也。』

或諫余以此言為傷聖人，必見譏貶。余答曰：『舜、禹歷試內外，然後受終文祖。雖有好傷，聖人者豈能傷哉！昔人嚴延年廷奏霍光為不道，於時上下肅然，無以折也。況吾為世之誡，無所指斥，何慮乎常言哉！』

又　卷八《時難》　抱朴子曰：盡節無隱者，可為也。若夫使言必納而身必安者，須時。時之否也。夫姦凶之徒，妒所不逮，擁上抑下，惡直醜正，憂畏公方之彈擊邪枉，是以務除勝己以紓其誅。明主不世而出，庸君迷於皂白，既不能受用忠益，或乃宣泄至言。於是弘恭、石顯之徒，飾巧辭以搆象似，假至公以售私姦。令獻長生之術者，反獲立死之罪；進安上之計者，旋受危身之禍。故曰：非言之難也，談之時難也。

夫以賢說聖，猶未必即受，故伊尹干湯，至於七十也。以智告愚，則必不入，故文王諫紂，終不納也。言不見信，猶之可也。若乃李斯之誅韓非，龐涓之刖孫臏，上官之毀屈平，袁盎之中晁錯，不可勝載也。為臣不易，豈一塗也哉！蓋往而不反者，所以功在身後；而藏器俟時者，所以百無一遇。高勳之臣，曠代而一有；陷冰之徒，委積乎史策。悲夫，時之難遇也，如此其甚哉！由茲以言，吾知渭濱呂尚之儔，巖間傅說之屬，懷其王佐之器，抱其邈世之材，秉竿擁築，老死於庸兒之伍，而遂不遭文王、高宗者，必不訾矣。

又 卷九《官理》 抱朴子曰：『騄駬之騁逸迹，由造父之御也；禹、稷之序百揆，遭唐、虞之主也。故能不勞而千里至，揖讓而頌聲作。若乃臧獲之乘驌驦，殷辛之臨三仁，欲長驅輕騖，則轡急轅逼，欲盡規竭忠，則禍如發機。所以車傾於險塗，國覆而不振也。故良駿敗於拙御，智士躓於闇世。仲尼不能止魯侯之出，晏嬰不能遏崔杼之亂。其才則是，主則非也。

『夫君猶器也，臣猶物也，器小物大，不能相受矣。髫孺背千金而逐蛺蜨，越人棄八珍而甘鼃黽，即患不賞好，又病不識惡矣。夫不用，則雖珍而不貴矣；莫與，則傷之者必至。昔衛靈聽聖言而數驚，秦孝聞高談而睡寐，而欲緝隆平之化，收良能之勳，猶却行以逐馳，適楚而首燕也。』

《三國志》卷三《魏志·明帝紀》裴松之注 魚豢曰：為上者不虛授，處下者不虛受，然後外無《伐檀》之歎，內無『尸素』之刺，雍熙之美著，太平之律顯矣。而佞倖之徒，但姑息人主，至乃無德而榮，無功而祿，如是焉得不使中正日朘，傾邪滋多乎！以武皇帝之慎賞，明皇帝之持法，而猶有若此等人，而況下斯者乎？【略】

孫盛曰：【略】魏明帝【略】優禮大臣，開容善直，雖犯顏極諫，無所摧戮，其君人之量如此之偉也。

又 卷六《魏志·袁紹傳》裴松之注 孫盛曰：觀田豐、沮授之謀，雖良、平何以過之？故君貴審才，臣尚量主；君用忠良，則伯王之業隆，臣奉闇后，則覆亡之禍至。存亡榮辱，常必由茲。豐知紹將敗，敗則己必死，甘冒虎口以盡忠規，烈士之於所事，慮不存己。夫諸侯之臣，義有去就，況豐與紹非純臣乎！《詩》云：『逝將去汝，適彼樂土』言去亂邦，就有道可也。

又 卷三五《諸葛亮傳》裴松之注 《袁子》曰：張子布薦亮於孫權，亮不肯留。人問其故，曰：『孫將軍可謂人主，然觀其度，能賢亮而不能盡亮，吾是以不留。』【略】

孫盛曰：夫杖道扶義，體存信順，然後能匡主濟功，終定大業。語曰弈者舉棊不定猶不勝其偶，況量君之才否而二三其節，可以摧服强鄰囊括四海者乎？備之命亮，亂孰甚焉！世或有謂備欲以固委付之誠，且以一蜀人之志。君子曰，不然；苟所寄忠賢，則不須若斯之誨，如非其人，不宜啓篡逆之塗。是以古之顧命，必貽話言；詭偽之辭，非託孤之謂。幸值劉禪闇弱，無猜險之性，諸葛威略，足以檢衛異端，故使異同之心無由自起耳。不然，殆生疑隙不逞之釁。謂之為權，不亦惑哉！【略】

或問諸葛亮何如人也，袁子曰：【略】（劉備）晚得諸葛亮，因以為佐相，而羣臣悅服，劉備足信、亮足重故也。及其受六尺之孤，攝一國之政，事凡庸之君，專權而不失禮，行君事而國人不疑，如此即以為羣臣百姓之心欣戴之矣。

又 卷三七《蜀志·龐統傳》裴松之注 習鑿齒曰：夫霸王者，必體仁義以為本，仗信順以為宗，一物不具，則其道乖矣。今劉備襲奪璋土，權以濟業，負信違情，德義俱愆，雖功由是隆，宜大傷其敗，譬斷手全軀，何樂之有？龐統懼斯言之泄宣，知其君之必悟，故衆中匡其失，而不脩常謙之道，矯然太當，盡其蹇諤之風。夫上失而能正，是有臣也，納勝而無執，是從理也；有臣則陛隆堂高，從理則羣策畢舉；一言而三善兼明，暫諫而義彰百代，可謂達乎大體矣。若惜其小失而廢其大益，矜此過言，自絕遠讜，能成業濟務者，未之有也。

又 卷四八《吴志·孫皓傳》裴松之注 《漢晉春秋》載晉文王與皓書曰：『聖人稱有君臣然後有上下禮義，是故大必字小，小必事大，然後上下安服，羣生獲所。逮至末塗，純德既毁，剿民之命，以爭彊於天下，違禮順之至理，則仁者弗由也。』

又 卷五二《吴志·張昭傳》裴松之注 習鑿齒曰：張昭於是乎不臣矣！夫臣人者，三諫不從則奉身而退，身苟不絕，何忿懟之有？且秦穆違諫，卒霸西戎，晉文暫怒，終成大業。遺誓以悔過見録，狐偃無怨絕之辭，君臣道泰，上下俱榮。今權悔往之非而求昭，後益迴慮降心，不遠而復，是其善也。昭為人臣，不度權得道，匡其後失，夙夜匪懈，以延來譽，乃追忿不用，歸罪於君，閉戶拒命，坐待焚滅，豈不悖哉！

又 卷五五《吴志·淩統傳》裴松之注 孫盛曰：觀孫權之養士也，傾心竭思，以求其死力，泣周泰之夷，殉陳武之妾，請呂蒙之命，育淩統之孤，卑曲苦志，如此之勤也。是故雖令德無聞，仁澤罔著，而能屈彊荊吴，僭擬年歲者，抑有由也。然霸王之道，期於大者遠者，是以先王建德義之基，恢信順之宇，制經略之綱，明貴賤之序，易簡而其親可久，

體全而其功可大，豈委瑣近務，邀利於當年哉？《語》曰：『雖小道，必有可觀者焉，致遠恐泥』，其是之謂乎！

《後漢書》卷一六《鄧寇傳論》　夫變通之世，君臣相擇，斯最作事謀始之幾也。鄧公嬴糧徒步，觸紛亂而赴光武，可謂識所從會矣。於是中分麾下之軍，以臨山西之隙，至使關河響動，懷赴如歸。功雖不遂，而道亦弘矣！及其威損栒邑，兵散宜陽，褫龍章於終朝，就侯服以卒歲，榮悴交而下無二色，進退用而上無猜情，使君臣之美，後世莫闚其閒，不亦君子之致為乎！

《晉書》卷五一《皇甫謐傳》　濟陰太守蜀人文立，表以命士有贄為煩，請絕其禮幣，詔從之。謐聞而歎曰：『亡國之大夫不可與圖存，而以革歷代之制，其可乎！夫「束帛戔戔」，《易》之明義，玄纁之贄，自古之舊也。故孔子稱夙夜強學以待問，席上之珍以待聘。士於是乎三揖乃進，明致之難也；一讓而退，明去之易也。若殷湯之於伊尹，文王之於太公，或身即莘野，或就載以歸，唯恐禮之不重，豈吝其煩費哉！且一禮不備，貞女恥之，況命士乎！孔子曰：「賜也，爾愛其羊，我愛其禮。」棄之如何？政之失賢，於此乎在矣。』

又　卷六一《周嵩傳》　是時帝以王敦勢盛，漸疏忌王導等。嵩上疏曰：

臣聞明君思隆其道，故賢智之士樂在其朝；忠臣將明其節，故量時而後仕。樂在其朝，故無過任之譏；將明其節，故無過寵之謗。是以君臣並隆，功格天地。近代以來，德廢道衰，君懷術以御臣，臣挾利以事君，君臣交利而禍亂相尋，故得失之迹難可詳言。臣請較而明之。

夫傅說之相高宗，申召之輔宣王，管仲之佐齊桓，衰范之翼晉文，或宗師其道，垂拱受成，委以權重，終致匡主，未有憂其逼己，還為國蠹者也。始田氏擅齊，王莽篡漢，皆藉封土之強，假累世之寵，因闇弱之主，資母后之權，樹比周之黨，階絕滅之勢，然後乃能行其私謀，以成篡奪之禍耳。豈遇立功之主，為天人所相，而能運其姦計，以濟其不軌者哉！光武以王族奮於閭閻，因時之望，收攬英奇，遂續漢業，以美中興之功。及天下既定，頗廢黜功臣者，何哉？武力之士不達國體，以立一時之功，不可久假以權勢，其興廢之事，亦可見矣。近者三國鼎峙，並以雄略之才，命世之能，皆委賴俊哲，終成功業，貽之後嗣，未有愆失遺方來之恨者也。

【略】夫安危在號令，存亡在寄任，以古推今，豈可不寒心而哀歎哉！

又　卷六二《袁宏傳》　（袁宏）後為《三國名臣頌》曰：

夫百姓不能自牧，故立君以治之；明君不能獨治，則為臣以佐之。然則三五迭隆，歷代承基，揖讓之與干戈，文德之與武功，莫不宗匠陶鈞而羣才緝熙，元首經略而股肱肆力。雖遭罹不同，迹有優劣，至於體分冥固，道契不墜，風美所扇，訓革千載，其揆一也。故二八升而唐朝盛，伊呂用而湯武寧，三賢進而小白興，五臣顯而重耳霸。中古陵遲，斯道替矣。居上者不以至公理物，為下者必以私路期榮，御員者不以信誠率衆，執方者必以權謀自顯。於是君臣離而名教薄，世多亂而時不治，故蘧甯以之卷舒，柳下以之三黜，接輿以之行歌，魯連以之赴海。衰世之中，保持名節，君臣相體，若合符契，則燕昭、樂毅古之流矣。夫未遇伯樂，則千載無一驥；時值龍顏，則當年控三傑，漢之得賢，於斯為貴。高祖雖不以道勝御物，羣下得盡其忠；蕭曹雖不以三代事主，百姓不失其業。靜亂庇人，抑亦其次。夫時方顛沛，則顯不如隱；萬物思治，則默不如語。是以古之君子不患弘道難，患遭時難；遭時匪難，遇君難。故有道無時，孟子所以咨嗟；有時無君，賈生所以垂泣。夫萬歲一期，有生之通塗；千載一遇，賢智之嘉會。遇之不能無欣，喪之何能無慨。古人之言，信有情哉！

又　卷八四《殷仲堪傳》　桓玄在南郡，論四皓來儀漢庭，孝惠以立。而惠帝柔弱，呂后凶忌，此數公者，觸彼埃塵，欲以救弊。二家之中，各有其黨，奪彼與此，其讐必興。不知匹夫之志，四公何以逃其患？素履終吉，隱以保生者，其若是乎！以其文贈仲堪。仲堪乃答之曰：

隱顯默語，非賢達之心，蓋所遇之時不同，故所乘之塗必異。道無所屈而天下以之獲寧，仁者之心未能無感。若夫四公者，養志巖阿，道高天下，秦網雖虐，游之而莫懼，漢祖雖雄，請之而弗顧，徒以一理有感，汎然而應，事同賓客之禮，言無是非之對，孝惠以之獲安，莫由報其德，如意以之定藩，無所容其怨。且爭奪滋生，主非一姓，則百姓生心，祚無常人，則人皆自賢，況夫漢以劍起，人未知義，式遏姦邪，特宜以正順為

寶。天下，大器也，苟亂亡見懼，則滄海橫流。原夫若人之振策，豈為一人之廢興哉！苟可以暢其仁義，與夫伏節委質可榮可辱者，道迹懸殊，理勢不同，君何疑之哉！

又謂諸呂强盛，幾危劉氏，如意若立，必無此患。夫禍福同門，倚伏萬端，又未可斷也。啓時天下新定，權由上制，高祖分王子弟，有磐石之固，社稷深謀之臣，森然比肩，豈瑣瑣之祿產所能傾奪之哉！此或四公所預，於今亦無以辯之，但求古賢之心，宜存之遠大耳。端本正源者，雖不能無危，其危易持，苟啓競津，雖未必不安，而其安難保。此最有國之要道，古今賢哲所同惜也。

又　卷九一《儒林傳·范弘之》　出弘之為餘杭令。將行，與會稽王道子牋曰：【略】

竊以人君居廟堂之上、智周四海之外者，非徒聰明內照，亦賴羣言之助也。是以舜之佐堯，以啓闢為首；咎繇謩禹，以侃侃為先，故下無隱情之責，上收神明之功。【略】

每觀載籍，志士仁人有發中心任直道而行者，有懷知陽愚負情曲從者，所用雖異，而並傳後世。故比干處三仁之中，箕子為名賢之首。後人用捨，參差不同，各信所見，率應而至，或榮名顯赫，或禍敗係踵，此皆不量時趣，以身嘗禍，雖有硜硜之稱，而非大雅之致。【略】臣之事君，惟思盡忠而已，不應復計利鈍，事不允心則讜言悟主，義感於情則陳辭靡悔。若懷情藏意，蘊而不言，此乃古人所以得罪於明君，明君所以致法於羣下者也。【略】

昔周公居攝，道致升平，禮樂刑政皆自己出。以德言之，周公大聖，以年言之，成王幼弱，猶復遽避君位，復子明辟。漢之霍光，大勳赫然，孝宣年未二十，亦反萬機。故能君臣俱隆，道邁千歲。

《宋書》卷六九《劉湛等傳論》　古之人云：『利令智昏。』甚矣，利害之相傾。劉湛識用才能，實苞經國之略，豈不知移弟為臣，則君臣之道用，變兄成主，則兄弟之義殊乎。而義康數懷姦計，苟相崇說，與夫推長戟而犯魏闕，亦何以異哉。

《南齊書》卷二五《張敬兒傳》　時（沈）攸之遺太祖書曰：

吾聞魚相忘於江湖，人相忘於道術，彼我可謂通之矣。大明之中，謬奉聖主，忝同侍衛，情存契闊，義著斷金，乃分帛而衣，等粮而食。值景和昏暴，心爛形燋，若斯之苦，寧可言盡。吾自分碎首於閣下，足下亦懼滅族於舍人。爾時盤石之心既固，義無貳計，贓迫時難，相引求全。天道矜善，此理不空。結姻之始，實關於厚。及明帝龍飛，諸人皆為鬼矣。吾與足下，得蒙大造，親過夙眷，遇若代臣，録其心迹，復忝驅使，臨崩之日，吾豫在遺託，加榮授寵，恩深位高。雖復情謝古人，粗識忠節，誓心仰報，期之必死。此誠志竟未申遂，先帝登遐，微願永奪。自爾已來，與足下言面殆絕，非唯分張形迹，自然至此，脫枉一告，未常不對紙流涕，豈願相誚於今哉。苟有所懷，不容不白。

初得賢子賾疏，云得家信，云足下有廢立之事。安國寧民，此功巍巍，非吾等常人所能信也。俄奉皇太后假令，云足下潛構深略，獨斷懷抱，一何能壯。但冠雖弊，不可承足，蓋共尊高故耳。足下交結左右，親行殺逆，以免身患。卿當謂龍逢、比干，癡人耳。凡廢立大事，不可廣謀，但袁、褚遺寄，劉又國之近戚，數臣地籍實為膏腴，人位並居時望，若此不與議，復誰可得共披心胸者哉？昏明改易，自古有之，豈獨大宋中屯邪？

前代盛典，煥盈篇史，請為足下言之。羣公共議，宜啓太后，奉令而行，當以王禮出第。足下乃可不通大理，要聽君子之言，豈可罔滅天理，一何若茲？《孝經》云『資於事父以事君』。縱為宗社大計，不爾，寧不識有君親之意邪？乃復慮以家危，啗以爵賞，小人無狀，遂行弑害。吾雖寡識，竊求古比，豈有為臣而有近日之事邪？使一旦荼毒，身首分離，生自可恨，死者何罪？且有登齋之賞，此科出於何文？凡在臣隸，誰不惋駭。華夷扣心，行路泣血。乃至不殯，使流蟲在戶，自古以來，此例有幾？衛國微小，故有弘演，不圖我宋，獨無其人。撫膺惆悵，不能自已。足下與向之殺者何異？人情易反，還成嗟悲，為子君者，無乃難乎！蹊田之譬，豈復有異？管仲有言，君善未嘗不諫。足下諫諍不聞，甘崔杼之罪，何惡逆之苦！

昔太甲還位，伊不自疑；昌邑之過，不可稱數，霍光荷託，尚共議於朝班，然後廢之。由有湯沐之施，論者不以劫主為名。桓温之心，未忘於篡，海西失道，人倫頓盡，廢之以公，猶禮處之。當温强盛，誰能相

抗，尚畏懼於形迹，四海不惬，未嘗有樂推之者。伊尹、霍光，名高於臣節，桓氏亦得免於脅奪，凡是諸事，布於書策，若此易曉，豈待指掌。卿常言比迹夷、叔，如何一旦行過桀、跖邪？

聖明啓運，蒼生重造，普天率土，誰不歌抃，實是披心罄節、奉公忘私之日。而卿大收宫妓，劫奪天藏，器械金寶，必充私室，移易朝舊，布置私黨，被甲入殿，內外宫閣管籥，悉關家人。吾不知子孟、孔明遺訓如此？王、謝、陶、庾行此舉止？

且朱方帝鄉，非親不授，足下非國戚也，一旦專縱自樹，云是兒守臺城，父居東府，一家兩録，何以異此？知卿防固重複，猜畏萬端，言以禦遠，實為防內。若德允物望，夷貊猶可推心共處，如其失理乖道，金城湯池無所用也。文長以戈戟自衛，何解滅亡。吳起有云：『義禮不脩，舟中之人皆讎也。』足下既無伍員之痛，苟懷貪啉，而有賊宋之心，吾寧捐申包之節邪？

聞求忠臣者必出孝子之門，卿忠孝於斯盡矣！今竊天府金帛以行姦惠，盜國權爵以結人情，且授非其理，合我則賞，此事已復不可恒用，用之既訖，恐非忠策。且受者不感，識者不知，不能遏姦折謀，誠節慨惋。隔礙數千，無因自對，不能知復何情顔，當與足下敍平生舊款？吾聞前哲絶交，不出惡言，但此自陳名節於胸心，因告别於千載。放筆增歎，公私潸淚，想不深怪往言。然天下耳目，豈伊可誣。抑亦當自知投杖無疆，為必先及。

宋・李昉等《太平御覽》卷四四七《人事部八十八・品藻下》

《袁子正書》【略】又曰：或云：『少府楊阜，豈非忠哉？』答曰：『然。可謂直士，忠臣則吾不知也。夫為人臣，見人主失道，指其非而播揚其惡，可謂直士，未為忠臣。故司空陳羣則不然，其談論終日，未嘗言人主之非，書數十上而外不知。君子謂陳羣於是乎長者。』

君臣民關係論分部

論說

漢・徐幹《中論》卷下《民數》 治平在庶功興，庶功興在事役均，事役均在民數周。民數周，爲國之本也。故先王周知其萬民衆寡之數，乃分九職焉。九職既分，則劬勞者可見，怠惰者可聞也，然而事役不均者未之有也。事役既均，故民盡其心而人竭其力，然而庶功不興者未之有也。庶功既興，故國家殷富，大小不匱，百姓休和，下無怨疚焉，然而治不平者未之有也。故曰：『水有源，治有本。』道者，審乎本而已矣。

《周禮》，孟冬，司寇獻民數於王，王拜而受之，登於天府，內史、司會、冢宰貳之。其重之如是也。今之爲政者，未知恤已矣。譬由無田而欲樹藝也，雖有良農，安所措其彊力乎？是以先王制六鄉、六遂之法，所以維持其民而爲之綱目也。使其鄰比相保相愛，刑罰慶賞相延相及。故出入存亡、臧否順逆可得而知矣。如是，姦無所竄，罪人斯得。迨及亂君之爲政也，戶口漏於國版，夫家脱於聯伍，避役者有之，棄捐者有之，浮食者有之，於是姦心競生僞端並作矣。小則盜竊，大則攻劫，嚴刑峻法不能救也。

故民數者，庶事之所自出也，莫不取正焉。以分田里，以令貢賦，以造器用，以制禄食，以起田役，以作軍旅。國以之建典，家以之立度，五禮用脩，九刑用措者，其惟審民數乎！

三國魏・曹丕《典論》 主與民有三求，求其為己勞，求其為己死，求其為己生。

三國魏・桓範《政要論・政務》 凡吏之於君，民之於吏，莫不聽其言而則其行，故為政之務，務在正身，身正於此，而民應於彼。《詩》云：『爾之教矣，民胥效矣。』是以葉公問政，孔子對曰：『子帥以正，孰敢不正。』又曰：『苟正其身，於從政乎何有？不能正其身，如正人何？』故君子為政，以正己為先，教禁為次。若君正於上，則吏不敢邪於下，吏正於下，則民不敢僻於野。國無傾君，朝無邪吏，野無僻民，而政之不善者，未之有也。凡政之務，務在節事。事節於上，則民有餘力於下；下有餘力，則無爭訟之有乎民。民無爭訟，則政無為而治，教不言而行矣。

三國魏・杜恕《體論》 難哉為君也！夫君，尊嚴而威，高遠而危，民者，卑賤而恭，愚弱而神，惡之則國亡，愛之則國存。御民者必明此要，故南面而臨官，不敢以其富貴驕人，有諸中而能圖外，取諸身而能暢遠，觀一

物而貫乎萬者，以身為本也。夫欲知天之終始也，今日是也；欲知千萬之情，一人情是也。故為政者不可以不知民之情，知民然後民乃從令。己所不欲，不施之於人，令安得不從乎？故善政者簡而易行，則民不變；法存身而民象之，則民不怨。近臣便嬖，百官因之而後達，則羣臣自汙也。是以為政者，必慎擇其左右，左右正則人主正矣，人主正則夫號令安得曲耶？天下大惡有五，而盜竊不豫焉：一曰心達而性險，二曰行僻而志堅，三曰言偽而辭辯，四曰記醜而喻博，五曰循非而言澤。此五者有一於人，則不可以不誅。況兼而有之，置之左右，訪之以事，而人主能立其身者，未之有也。

三國吳・陸景《典語》 天生烝民，授之以君，所以綜理四海，收養品庶也。王者據天位，御萬國，臨兆民之衆，有率士之資，此所以尊者也。然宮室壯觀，出於民力；器服珍玩，生於民財；千乘萬騎，由於民衆。無此三者，則天子魁然獨在，無所為尊者也。明主智君，階民以為尊，國須政而後治。其恤民也，憂勞待旦，日側忘飡，恕己及下，務在博愛。臨御華殿，軒檻華美，則欲民皆有容身之宅，廬室之居；窈窕盈堂，美女侍側，則欲民皆有配匹之偶，室家之好；肥肉淳酒，珠膳玉食，則欲民皆有餘糧之資，充飢之餡；輕裘累煖，衣裳重疊，則欲民皆有温身之服，禦寒之備。凡四者生民之本性，人情所共有，故明主樂之於上，亦欲士女歡之於下，是以仁惠廣洽，家安厥所。臨軍則士忘其死，御政則民戴其化，此先王之所以豐動祚享長期者也。若居無庇首之廬，家無配匹之偶，口無充飢之食，身無蔽形之衣，婚姻無以致娉，死葬無以相卹，飢寒入於腸骨，悲愁出於肝心，雖百舜不能杜其怨聲，千堯不能成其治迹。是以明主御世，恤民養士，恕下以身，自近及遠，化通宇宙，丕懼民之不安，故能康厥世治，播其德教焉。

晉・傅玄《傅子》 民富則安，貧則危。明主之治也，分其業而壹其事，業分則不相亂，事壹則各盡其力，而不相亂則民必安矣。重親民之吏而不數遷，重則樂其職，不數遷則志不流於他官；樂其職而志不流於他官，則盡心恤其下；盡心以恤其下，則民必安矣。附法以寬民者賞，尅法以要名者誅。寬民者賞，則法不虧於下；尅民者誅，而名不亂於上，則民必安矣。量時而置官，則吏省而民供。吏省則精，精則當才而不遺力，民則供順，供順則思義而不背上。上愛其下，下樂其上，則民必安矣。篤鄉閭之教，則民存知相恤，而亡知相救。存相恤而亡相救，則鄰居相恃，懷土而無遷志。鄰居相恃，懷土無遷志，則民必安矣。度時宜而立制，量民力以役賦。役賦有常，上無横求，則事事有儲而幷兼之隙塞。事有儲，幷兼之隙塞，則民必安矣。圖遠必驗之近，興事必度之民，知稼穡之艱難，重用其民，如保赤子，則民必安矣。職業無分，事務不壹，職荒事廢，相督不已，若是者民危。親民之吏不重，有資者無勞而數遷，競營私以害公，飾虚以求進，仕宦如寄，視用其民如用路人，若是者民危。以法寬民者不賞，尅民為能者必進，下力盡矣，而用之不已，若是者民危。吏多而民不能供，上下不相樂，若是者民危。鄉閭無教，存不相恤，而亡不相救，若是者民危。不度時而立制，不量民而役賦無常，横求相仍，弱窮迫不堪其命，若是者民危。視遠而忘近，興事不度於民，不知稼穡艱難而轉用之，如是者民危。

安民而上危，民危而上安者，未之有也。《虞書》曰：『安民則惠，黎民懷之。』其為治之要乎？今之刺史，古之牧伯也。今之郡縣，古之諸侯也。州總其統，郡舉其綱，縣理其目，各職守不得相干，治之經也。夫彈枉正邪，糾其不法，擊一以警百者，刺史之職也。比物校成，考定能否，均其勞逸，同其得失，有大不可而後舉之者，太守之職也。親民授業，平理百事，猛以威吏，寬以容民者，令長之職也。然則令長者，最親民之吏，百姓之命也。國以民為本，親民之吏，不可以不留意也。

《三國志》卷二五《魏志・楊阜傳》 後詔大議政治之不便於民者。阜議以為：『致治在於任賢，興國在於務農。若舍賢而任所私，此忘治之甚者也。廣開宮館，高為臺榭，以妨民務，此害農之甚者也。百工不敦其器，而競作奇巧，以合上欲，此傷本之甚者也。孔子曰：「苛政甚於猛虎。」今守功文俗之吏，為政不通治體，苟好煩苛，此亂民之甚者也。』

又 卷二七《魏志・王基傳》 明帝盛脩宮室，百姓勞瘁。基上疏曰：『臣聞古人以水喻民，曰「水所以載舟，亦所以覆舟」。故在民上者，不可以不戒懼。夫民逸則慮易，苦則思難，是以先王居之以約儉，俾不至於生患。昔顔淵云東野子之御，馬力盡矣而求進不已，是以知其將敗。今事役勞苦，男女離曠，願陛下深察東野之弊，留意舟水之喻，息奔駟於未盡，節力役於未困。昔漢有天下，至孝文時唯有同姓諸侯，而賈誼憂之曰：「置火積薪之下而寢其上，因謂之安也。」今寇賊未殄，猛將擁

兵，檢之則無以應敵，久之則難以遺後，當盛明之世，不務以除患，若子孫不競，社稷之憂也。使賈誼復起，必深切于曩時矣。』

又　卷六一《吳志·陸凱傳》　晧徙都武昌，揚土百姓泝流供給，以為患苦，又政事多謬，黎元窮匱。凱上疏曰：

臣聞有道之君，以樂樂民；無道之君，以樂樂身。樂民者，其樂彌長；樂身者，不樂而亡。夫民者，國之根也，誠宜重其食，愛其命。民安則君安，民樂則君樂。【略】

臣聞吉凶在天，猶影之在形，響之在聲也。形動則影動，形止則影止，此分數乃有所繫，非在口之所進退也。昔秦所以亡天下者，但坐賞輕而罰重，政刑錯亂，民力盡於奢侈，目眩於美色，志濁於財寶，邪臣在位，賢哲隱藏，百姓業業，天下苦之，是以遂有覆巢破卵之憂。漢所以彊者，躬行誠信，聽諫納賢，惠及負薪，躬請巖穴，廣采博察，以成其謀。此往事之明證也。

近者漢之衰末，三家鼎立，曹失綱紀，晉有其政。又益州危險，兵多精彊，閉門固守，可保萬世，而劉氏與奪乖錯，賞罰失所，君恣意於奢侈，民力竭於不急，是以為晉所伐，君臣見虜。此目前之明驗也。【略】

臣謹奏耳目所聞見，百姓所為煩苛，刑政所為錯亂，願陛下息大功，損百役，務寬盪，忽苛政。【略】

臣聞翼星為變，熒惑作妖，童謠之言，生於天心，乃以安居而比死，足明天意，知民所苦也。

臣聞國無三年之儲，謂之非國，而今無一年之畜，此臣下之責也。而諸公卿位處人上，祿延子孫，曾無致命之節，匡救之術，苟進小利於君，以求容媚，荼毒百姓，不為君計也。【略】願陛下一息此輩，矜哀孤弱，以鎮撫百姓之心。此猶魚鱉得免毒螫之淵，鳥獸得離羅網之綱，四方之民繈負而至矣。如此，民可得保，先王之國存焉。

《三國志》卷一二《魏志·崔琰傳》裴松之注　魚豢曰：古人有言曰：『得鳥者，羅之一目也，然張一目之羅，終不得鳥矣。鳥能遠飛，遠飛者，六翮之力也，然無衆毛之助，則飛不遠矣。』以此推之，大魏之作，雖有功臣，亦未必非茲輩胥附之由也。

又　卷六一《吳志·陸凱傳》裴松之注　《江表傳》曰：【略】初，晧始起宮，凱上表諫，不聽，凱重表曰：『【略】夫興土功，高臺榭，既致水旱，民又多疾，其不疑也？為父長安，使子無倚，此乃子離於父，臣離於陛下之象也。臣子一離，雖念克骨，茅茨不翦，復何益焉？【略】』

《宋書》卷六《孝武帝紀論》　役己以利天下，堯、舜之心也；利己以及萬物，中主之志也；盡民命以自養，桀、紂之行也。觀大明之世，其將盡民命乎！雖有周公之才之美，猶終之以亂，何益哉！

《魏書》卷四八《高允傳》　恭宗季年，頗親近左右，營立田園，以取其利。允諫曰：『天地無私，故能覆載；王者無私，故能包養。昔之明王，以至公宰物，故藏金於山，藏珠於淵，示天下以無私，訓天下以至儉。故美聲盈溢，千載不衰。今殿下國之儲貳，四海屬心，言行舉動，萬方所則，而營立私田，畜養雞犬，乃至販酤市鄽，與民爭利，議聲流布，不可追掩。夫天下者，殿下之天下，富有四海，何求而不獲，何欲而弗從，而與販夫販婦競此尺寸。昔虢之將亡，神乃下降，賜之土田，卒喪其國。漢之靈帝，不修人君之重，好與宮人列肆販賣，私立府藏，以營小利，卒有顛覆傾亂之禍。前鑑若此，甚可畏懼。夫為人君者，必審於擇人。故稱知人則哲，惟帝難之。《商書》云：「無邇小人」，孔父有云，小人近之則不遜，遠之則怨矣。武王愛周、邵、齊、畢，所以王天下。殷紂愛飛廉、惡來，所以喪其國。歷觀古今存亡之際，莫不由之。今東宮誠曰乏人，儁乂不少。頃來侍御左右者，恐非在朝之選。故願殿下少察愚言，斥出佞邪，親近忠良，所在田園，分給貧下，畜產販賣，以時收散。如此則休聲日至，謗議可除。』【略】

給事中郭善明，性多機巧，欲逞其能，勸高宗大起宮室。允諫曰：『臣聞太祖道武皇帝既定天下，始建都邑。其所營立，非因農隙，不有所興。今建國已久，宮室已備，永安前殿足以朝會萬國，西堂溫室足以安御聖躬，紫樓臨望可以觀望遠近。若廣修壯麗為異觀者，宜漸致之，不可倉卒。計斫材運土及諸雜役須二萬人，丁夫充作，老小供餉，合四萬人，半年可訖。古人有言：一夫不耕，或受其飢；一婦不織，或受其寒。況數萬之衆，其所損廢，亦以多矣。推之於古，驗之於今，必然之效也。誠聖主所宜思量。』

又　卷五四《高閭傳》　淮南王他奏求依舊斷祿，文明太后令召羣臣議之。閭表曰：

天生烝民，樹之以君，明君不能獨理，必須臣以作輔。君使臣以禮，臣事君以忠。故車服有等差，爵命有分秩；德高者則位尊，任廣者則祿重。下者祿足以代耕，上者俸足以行義。庶民均其賦，以展奉上之心；君王聚其材，以供事業之用。君班其俸，垂惠則厚；臣受其祿，感恩則深。於是貪殘之心止，竭效之誠篤，兆庶無侵削之煩，百辟備禮容之美。斯則經世之明典，為治之至術。自堯舜以來，逮于三季，雖優劣不同，而斯道弗改。【略】

又洪波奔激，則隄防宜厚；姦悖充斥，則禁網須嚴。且飢寒切身，慈母不保其子；家給人足，禮讓可得而生。但廉清之人，不必皆富；豐財之士，未必悉賢。今給其俸，則清者足以息其濫竊，貪者足以感而勸善；若不班祿，則貪者肆其姦情，清者不能自保。【略】

（太和）十四年秋，閭上表曰：【略】

又聞常士困則濫竊生，匹婦餒則慈心薄。凶儉之年，民輕違犯，可緩其使役，急其禁令。宜於未然之前，申敕外牧。又一夫幽枉，王道為虧，京師之獄，或恐未盡。可集見囚於都曹，使明折庶獄者，重加究察。輕者即可決遣，重者定狀以聞。罷非急之作，放無用之獸。此乃救凶之常法，且以見憂於百姓。《論語》曰：『不患貧而患不安。』苟安而樂生，雖遭凶年，何傷於民庶也。

政治道德論部

君德論分部

論說

漢・劉廙《政論・慎愛》　夫人主莫不愛愛己，而莫知愛己者之不足愛也。故惑小臣之佞，而不能廢也；忘違己之益己，而不能用也。夫犬之為猛也，莫不愛其主矣。見其主，則騰踊而不能自禁，此歡愛之甚也。有非則鳴吠，而不違於夙夜，此自效之至也。昔宋人有沽酒者，酒酸而不售，何也？以其有猛犬之故也。夫犬知愛其主，而不能為其主慮酒酸之患者，不噬也。夫小臣之欲忠其主也，知愛之而不能去其嫉妒之心，又安能敬有道為已願稷契之佐哉？此養犬以求不貧，愛小臣以喪良賢也。悲夫！為國者之不可不察也。

又《審愛》　為人君者，莫不利小人以廣其視聽，謂視聽之可以益於己也。今彼有惡而已不見，無善而己愛之者，何也？智不周其惡，而義不能割其情也。己不能割情於所愛，慮不能覩其得失之機，彼亦能見己成敗於所闇，割私情以事其上哉？其勢適足以厚姦人之資，此朋黨者之所以日固，獨善之所以孤弃也。故視聽日多，而闇蔽日甚，豈不詭哉？

又《下視》　夫自足者不足，自明者不明。日月至光至大，而有所不遍者，以其高於衆之上也。燈燭至微至小，而無不可之者，以其明之下，能照日月之所蔽也。聖人能覩往知來，不下堂而知四方。蕭墻之表，有所不喻焉，誠無所以知之也。夫有所以知之，無遠而不覩；無所以知之，雖近不如童昏之履之也。人豈踰於日月而皆賢於聖哉？故高於人之上者，必有以應於人，其察之也視下，視下者見之詳矣。人君誠能知所不知，不遺燈燭童昏之見，故無不可知而不知也。何幽冥之不盡，況人情之足蔽哉？

三國魏・桓範《政要論・節欲》　夫人生而有情，情發而為欲；物見於外，情動於中。物之感人也無窮，而情之所欲也無極，是物至而人化也。人化也者，滅天理矣。夫欲至無極，以尋難窮之物，雖有聖賢之姿，鮮不衰敗，故脩身治國也，要莫大於節欲。《傳》曰：『欲不可縱』。歷觀有家有國，其得之也，莫不階於儉約；其失之也，莫不由於奢侈。儉者節欲，奢者放情。放情者危，節欲者安。堯舜之居，土階三等，夏日衣葛，冬日鹿裘。禹卑宮室而菲飲食。此數帝者，非其情之不好，乃節儉之至也。故其所取民賦也薄，而使民力也寡；其育物也廣，而興利也厚。故家給人足，國積饒而羣術也，以仁義興而四海安。孔子曰：『以約失之者鮮矣。』且夫閉情無欲者上也。咈心消除者次之。昔帝舜藏黃金於嶄巖之山，抵珠玉於深川之底，及儀狄獻旨酒而禹甘之，於是疏遠儀狄，純上

旨酒，此能閉情於無欲者也。楚文王悅婦人而廢朝政，好獠獵而忘歸，於是放逐丹姬，斷殺如黃，及共王破陳而得夏姬，其艷國色，王納之宮，從巫臣之諫，壞後垣而出之，此能咈心消除之也。既不能閉情欲，能抑除之斯可矣，故舜、禹之德，巍巍稱聖，楚文用朝鄰國，恭王終謚為恭也。

晉・傅玄《傅子・戒言》 上好德則下修行，上好言則下飾辯。修行則仁義興焉，飾辯則大僞起焉，此必然之徵也。德者，難成而難見者也。言者，易撰而易悅者也。先王知言之易而悅之者衆，故不尚焉。不尊賢尚德，舉善以教，而以一言之悅取人，則天下之棄德飾辯以要其上者不尠矣。何者？德難為而言易飾也。夫貪榮重利，常人之性也。上之所好，榮利存焉。故上好之，下必趣之。趣之不已，雖死不避也。先王知人有好善尚德之性，而又貪榮而重利，故貴其所尚，而抑其所貪。貴其所尚，故禮讓興。抑其所貪，故廉恥存。夫榮利者，可抑而不可絶也。故明為顯名高位，豐祿厚賞，使天下希而慕之。不修行崇德，則不得此名，不居此位，不食此祿，不獲此賞，此先王立教之大體也。夫德修之難，不積其實，不成其名。夫言撰之易，合所悅而大用，修之不久，所悅無常，故君子不貴也。

又《正心》 立德之本，莫尚乎正心。心正而後身正，身正而後左右正。左右正而後朝廷正，朝廷正而後國家正，國家正而後天下正。故天下不正，修之國家；國家不正，修之朝廷；朝廷不正，修之左右；左右不正，修之身；身不正，修之心。所修彌近，而所濟彌遠。禹湯罪己，其興也勃焉，正心之謂也。心者，神明之主，萬物之統也。動而不失正，天地可感，而況於人乎，況於萬物乎。

夫有正心必有正德，以正德臨民，猶樹表望影，不令而行。《大雅》云：『儀刑文王，萬邦作孚。』此之謂也。有邪心必有枉行，以枉行臨民，猶樹曲表而望其影之直也。若乃身坐廊廟之內，意馳雲夢之野，臨朝宰事，情繫曲房之娛，心與體離，情與志乖，形神且不相保，孰左右之能正乎哉？忠正仁理存乎心，則萬品不失其倫矣。禮度儀法存乎體，則遠邇內外咸知所象矣。古之大君子，修身治人，先正其心，自得而已矣。能自得，則無不得矣。苟自失，則無不失矣。無不得者，治天下有餘，故否則保身居正，終年不失其和，達則兼善天下，物無不得其所。無不失者，營妻子不足，故否則是己非人，而禍逮乎其身，達則縱情用物，而殃及乎天下。昔者有虞氏彈五弦之琴，而天下樂其和者，自得也。秦始皇築長城之塞以為固，禍幾發於左右者，自失也。夫推心以及人，而四海蒙其佑，則文王其人也。不推心以虐用天下，則左右不可保，亡秦是也。秦之暴君，目玩傾城之色，天下男女怨曠而不肯恤也；耳淫亡國之聲，天下小大哀怨而不知撫也。意盈四海之外，口窮天下之味，宮室連天而起，萬國為之癉瘁，猶未足以逞其欲。不推心以況人，故視用人如用草芥，使用人如用己，惡有不得其性者乎？古之達治者，知心為萬事主，動而無節則亂，故先正其心。其心正於內，而後動靜不妄。以率先天下，而後天下履正，而咸保其性也。斯遠乎哉？求之心而已矣。

《三國志》卷一二《魏志・鮑勳傳》 文帝將出游獵，勳停車上疏曰：『臣聞五帝三王，靡不明本立教，以孝治天下。陛下仁聖惻隱，有同古烈，臣冀當繼蹤前代，令萬世可則也。如何在諒闇之中，修馳騁之事乎！臣冒死以聞，唯陛下察焉。』

又 卷一三《魏志・王朗傳》 時帝頗出游獵，或昏夜還宮。朗上疏曰：『夫帝王之居，外則飾周衛，內則重禁門，將行則設兵而後出幄，稱警而後踐墀，張弧而後登輿，清道而後奉引，遮列而後轉轂，靜室而後息駕，皆所以顯至尊，務戒慎，垂法教也。近日車駕出臨捕虎，日昃而行，及昏而反，違警蹕之常法，非萬乘之至慎也。』

又 卷二四《魏志・高柔傳》 後大興殿舍，百姓勞役；廣采衆女，充盈後宮；後宮皇子連夭，繼嗣未育。柔上疏曰：『二虜狡猾，潛自講肄，謀動干戈，未圖束手；宜畜養將士，繕治甲兵，以逸待之。而頃興造殿舍，上下勞擾；若使吳、蜀知人虛實，通謀并勢，復俱送死，甚不易也。昔漢文惜十家之資，不營小臺之娛；去病慮匈奴之害，不遑治第之事。況今所損者非惟百金之費，所憂者非徒北狄之患乎？可粗成見所營立，以充朝宴之儀。乞罷作者，使得就農。二方平定，復可徐興。昔軒轅以二十五子，傳祚彌遠；周室以姬國四十，歷年滋多。陛下聰達，窮理盡性，而頃皇子連多夭逝，熊羆之祥又未感應。羣下之心，莫不悒戚。《周禮》，天子后妃以下百二十人，嬪嬙之儀，既以盛矣。竊聞後庭之數，或復過之，聖嗣不昌，殆能由此。臣愚以為可妙簡淑媛，以備內官

之數，其餘盡遣還家。且以育精養神，專靜為寶。如此，則螽斯之徵，可庶而致矣。』

又　卷二五《魏志・高堂隆傳》　青龍中，大治殿舍，西取長安大鐘。隆上疏曰：『昔周景王不儀刑文、武之明德，忽公旦之聖制，既鑄大錢，又作大鐘，單穆公諫而弗聽，泠州鳩對而弗從，遂迷不反，周德以衰，良史記焉，以為永鑑。然今之小人，好説秦、漢之奢靡以盪聖心，求取亡國不度之器，勞役費損，以傷德政，非所以興禮樂之和，保神明之休也。』是日，帝幸上方，隆與卞蘭從。帝以隆表授蘭，使難隆曰：『興衰在政，樂何為也？化之不明，豈鐘之罪？』隆曰：『夫禮樂者，為治之大本也。故簫韶九成，鳳皇來儀，雷鼓六變，天神以降，政是以平，刑是以錯，和之至也。新聲發響，商辛以隕，大鐘既鑄，周景以弊，存亡之機，恒由斯作，安在廢興之不階也？君舉必書，古之道也，作而不法，何以示後？聖王樂聞其闕，故有箴規之道；忠臣願竭其節，故有匪躬之義也。』帝稱善。

又　卷五三《吴志・張紘傳》　（張紘）臨困，授子靖留牋曰：『自古有國有家者，咸欲脩德政以比隆盛世，至於其治，多不馨香。非無忠臣賢佐，闇於治體也，由主不勝其情，弗能用耳。夫人情憚難而趨易，好同而惡異，與治道相反。《傳》曰「從善如登，從惡如崩」，言善之難也。人君承奕世之基，據自然之勢，操八柄之威，甘易同之歡，無假取於人；而忠臣挾難進之術，吐逆耳之言，其不合也，不亦宜乎！（雖）［離］則有釁，巧辯緣間，眩於小忠，戀於恩愛，賢愚雜錯，長幼失敍，其所由來，情亂之也。故明君悟之，求賢如飢渴，受諫而不厭，抑情損欲，以義割恩，上無偏謬之授，下無希冀之望。宜加三思，含垢藏疾，以成仁覆之大。』

又　卷六五《吴志・賀劭傳》　皓兇暴驕矜，政事日弊。邵上疏諫曰：

古之聖王，所以潛處重闈之内而知萬里之情，垂拱衽席之上，明照八極之際者，任賢之功也。【略】

臣聞興國之君樂聞其過，荒亂之主樂聞其譽；聞其過者過日消而福臻，聞其譽者譽日損而禍至。是以古之人君，揖讓以進賢，虚己以求過，譬天位於乘犇，以虎尾為警戒。【略】昔高宗思佐，夢寐得賢，而陛下求之如忘，忽之如遺。【略】

夫小人求入，必進姦利。【略】昔高宗脩己以消鼎雉之異，宋景崇德以退熒惑之變【略】

《傳》曰：『國之興也，視民如赤子；其亡也，以民為草芥。』【略】

夫民者國之本，食者民之命也。【略】

臣聞否泰無常，吉凶由人，長江之限不可久恃，苟我不守，一葦可航也。昔秦建皇帝之號，據殽函之阻，德化不脩，法政苛酷，毒流生民，忠臣杜口，是以一夫大呼，社稷傾覆。近劉氏據三關之險，守重山之固，可謂金城石室萬世之業，任授失賢，一朝喪没，君臣係頸，共為羈僕。此當世之明鑑，目前之炯戒也。願陛下遠考前事，近鑑世變，豐基彊本，割情從道，則成康之治興，而聖祖之祚隆矣。

《三國志》卷二八《魏志・諸葛誕傳》裴松之注　習鑿齒曰：自是天下畏威懷德矣。君子謂司馬大將軍於是役也，可謂能以德攻矣。夫建業者異矣，各有所尚，而不能兼并也。故窮武之雄斃于不仁，存義之國喪于懦退，今一征而禽三叛，大虜吳衆，席卷淮浦，俘馘十萬，可謂壯矣。而未及安坐，喪王基之功。種惠吳人，結異類之情，寵鴦葬欽，忘疇昔之隙，不咎誕衆，使揚土懷愧，功高而人樂其成，業廣而敵懷其德，武昭既敷，文算又洽，推此道也，天下其孰能當之哉？

又　卷六一《吴志・陸凱傳》裴松之注　《江表傳》曰：皓所行彌暴，凱知其將亡，上表曰：『臣聞惡不可積，過不可長；積惡長過，喪亂之源也。是以古人懼不聞非，故設進善之旌，立敢諫之鼓。武公九十，思聞警戒，《詩》美其德，士悦其行。【略】』初，皓始起宮，凱上表諫，不聽，凱重表曰：『【略】臣聞為人主者，攘災以德，除咎以義。故湯遭大旱，身禱桑林，熒惑守心，宋景退殿，是以旱魃銷亡，妖星移舍。』

《南齊書》卷二八《崔祖思傳》　（崔祖思）又曰：『漢文集上書囊以為殿帷，身衣弋綈，以韋帶劍，慎夫人衣不曳地，惜中人十家之產，不為露臺。劉備取帳鈎銅鑄錢以充國用。魏武遺女，皁帳，婢十人，東阿婦以繡衣賜死，王景興以淅米見誚。宋武節儉過人，張妃房唯碧綃蚊幬，三齊苮席，五盞盤桃花米飯。殷仲文勸令畜伎，答云「我不解聲」。仲文

曰「但畜自解」，又答「畏解，故不畜」。歷觀帝王，未嘗不以約素興，侈麗亡也。伏惟陛下，體唐城儉，踵虞為樸。寢殿則素木卑構，膳器則陶瓢充御。瓊簪玉筯，碎以為塵，珍裘繡服，焚之如草。斯實風高上代，民偃下世矣。然教信雖孚，氓染未革，宜加甄明，以速歸厚。詳察朝士，有柴車蓬館，高以殊等；雕墻華輪，卑其稱謂。馳禽荒色，長違清編，嗜音酣酒，守官不徙。物識義方，且懼且勸，則調風變俗，不俟終日。』

又　卷四〇《竟陵王子良傳》　世祖好射雉，子良諫曰：

鑾轝亟動，天蹕屢巡，陵犯風烟，驅馳野澤。萬乘至重，一羽甚微。從甚微之懽，忽至重之誡。頃郊郛以外，科禁嚴重，匪直芻牧事罷，遂乃窀掩殆廢。且田月向登，桑時告至，士女呼嗟，易生噂議，棄民從欲，理未可安。曩時巡幸，必盡威防，領軍景先、詹事赤斧堅甲利兵，左右屯衛。今馳騖外野，交侍疏闊，晨出晚還，頓遺清道，此實愚臣最所震迫。狡虜玩威，甫獲款關，二漢全富，猶加曲待。如聞使臣，頻亦怨望，前會東宮，遂形言色。昔宋氏遺使，舊列階下，劉纘銜使，始登朝殿。今既反命，宜賜優禮。

伏謂中堂雲構，實惟峻絕，檐陛深嚴，事隔涼暑，而別為一室，如或有疑。邊帶廣途，訛言孔熾，毀立之易，過於轉圓，若依舊制通敞，實允觀聽。

頃市司驅扇，租估過刻，吹毛求瑕，廉察相繼，被以小罪，責以重備。愚謂宜勑有司，更詳優格。

臣年方朝賢，齒未相及，以管窺天，猶知失得，廊廟之士，豈闇是非。未聞一人開一説為陛下憂國家，非但面從，亦畏威耳。臣若不啓，陛下於何聞之？【略】

永明末，上將射雉。子良諫曰：

忽聞外議，伏承當更射雉。臣下情震越，心懷憂悚，猶謂疑妄，事不必然。伏度陛下以信心明照，所以傾金寶於禪靈，仁愛廣洽，得使禽魚養命於江澤，豈惟國慶民懽，乃以翱翔治樂。夫衛生保命，人獸不殊；重軀愛體，彼我無異。故《禮》云『聞其聲不食其肉，見其生不忍其死』。且萬乘之尊，降同匹夫之樂，夭殺無辜，傷仁害福之本。菩薩不殺，壽命得長。施物安樂，自無恐怖。不惱衆生，身無患苦。臣見功德有此果報，所以日夜劬懃，厲身奉法，實願聖躬康御若此。每至寢夢，脫有異見，不覺身心立就燋爛。陛下常日捨財脩福，臣私心顒顒，尚恨其少，豈可今日見此事？一損福業，追悔便難。臣此啓聞，私心實切。若是大事，不可易改，亦願陛下照臣此誠，曲垂三思。況此嬉遊之閒，非關當否，而動輒傷生，實可深慎。

臣聞子孝奉君，臣忠事主，莫不靈祇通感，徵祥證登。臣近段仰啓，賜希受戒，天心洞遠，誠未達勝善之途，而聖恩遲疑，尚未垂履曲降尊極，豈可今月復隨此事？臣不隱心，即實上啓。

《魏書》卷四八《高允傳》　（允上）《酒訓》曰：

臣被敕論集往世酒之敗德，以為《酒訓》。臣以朽邁，遭人倫所棄，而殊恩過隆，録臣於將殁之年，勗臣於已墜之地。奉命驚惶，喜懼兼甚，不知何事可以上答。伏惟陛下以叡哲之姿，撫臨萬國，太皇太后以聖德之廣，濟育羣生。普天之下，罔不稱賴。然日昃憂勤，虛求不已，思監往事，以為警戒。此之至誠，悟通百靈，而況於百官士民。不勝踴躍，謹竭其所見，作《酒訓》一篇。但臣愚短，加以荒廢，辭義鄙拙，不足觀採。伏願聖慈，體臣悾悾之情，恕臣狂瞽之意。其詞曰：

自古聖王，其為饗也，玄酒在堂而醠酒在下，所以崇本重原，降於滋味。雖汎爵旅行，不及於亂。故能禮章而敬不虧，事畢而儀不忒。非由斯致，是失其道。將何以範時軌物，垂之於世？歷觀往代成敗之效，吉凶由人，不在數也。商辛耽酒，殷道以之亡；公旦陳誥，周德以之昌。子反昏酣而致斃，穆生不飲而身光。或長世而為戒，或百代而流芳。酒之為狀，變惑情性，雖曰哲人，孰能自競。在官者殆於政也，為下者慢於令也，聰達之士荒於聽也，柔順之倫興於諍也，久而不悛，致於病也。豈止於病，乃損其命。諺亦有云，其益如毫，其損如刀。言所益者止於一味之益，不亦寡乎。言所損者夭年亂志，夭亂之損，不亦夥乎。無以酒荒而陷其身，無以酒狂而喪其倫。迷邦失道，流浪漂津。不師不遵，反將何因。《詩》不言乎，『如切如瑳，如琢如磨』，朋友之義也。作官以箴之，申謨以禁之，君臣之道也。其言也善，則三覆而佩之；言之不善，則哀矜而貸之。此實先王納規之意。往者有晉，士多失度，肆散誕以為不羈，縱長酣以為高達，調酒之頌，以相眩曜。稱堯舜有千鍾百觚之飲，著非法之

言，引大聖為譬，以則天之明，豈其然乎？且子思有云，夫子之飲，不能一升。以此推之，千鍾百觚皆為妄也。

今大魏應圖，重明御世，化之所暨，無思不服，仁風敦洽於四海。太皇太后以至德之隆，誨而不倦，憂勤備於皇情，誥訓行於無外。故能道協兩儀，功同覆載。仁恩下逮，罔有不遵，普天率土，靡不蒙賴。在朝之士，有志之人，宜克己從善，履正存貞。節酒以為度，順德以為經。悟昏飲之美疾，審敬慎之彌榮。遵孝道以致養，顯父母而揚名。蹈閔曾之前軌，遺仁風於後生。仰以答所授，俯以保其成。可不勉歟！可不勉歟！

又　卷五四《高閭傳》　是年（太和三年）冬至，高祖、文明太后大饗羣官。高祖親舞於太后前，羣臣皆舞。高祖乃歌，仍率羣臣再拜上壽。閭進曰：『臣聞：大夫行孝，行合一家；諸侯行孝，聲著一國；天子行孝，德被四海。今陛下聖性自天，敦行孝道，稱觴上壽，靈應無差。臣等不勝慶踊，謹上千萬歲壽。』高祖大悦，賜羣臣帛，人三十匹。

北齊·劉晝《劉子》卷三《從化》　君以民為體，民以君為心。心好之，身必安之；君好之，民必從之。未見心好而身不從，君欲而民不隨也。人之從君，如草之從風也，水之從器。故君之德，風之與器也；人之情，草之與水也。草之戴風，風鶩東則東靡，風鶩西則西靡，是隨風之東西也。水之在器也，器方則水方，器圓則水圓，是隨器之方圓也。下之事上，從其所行，猶影之隨形，響之應聲，言下虛也。上所好物，下必有甚。《詩》云：『誘人孔易。』言從上也。

昔齊桓公好衣紫，闔境盡被異綵；晉文公不好服羔裘，羣臣皆衣牂羊；魯哀公好儒服，舉國皆着儒衣；趙武靈王好鵕鸃，國人咸冠鵕冠。紫非正色，牂非美毳，儒非俗服，鵕非冠飾，而競之者，隨君所好也。楚靈王好細腰，臣妾為之約食，餓死者多。越王勾踐好勇而揖鬭蛙，國人為之輕命，兵死者衆。命者，人之所重；死者，人之所惡。今輕其所重，重其所惡者，何也？從君所好也。

堯、舜之人，可比家而封；桀、紂之人，可接屋而誅。非堯、舜之民性盡仁義，而桀、紂之人生輒姦邪，而善惡性殊者，染化故也。是以明君慎其所好，以正時俗，樹之風聲，以流來世。或謂上化而下不必從，君好而人未必同也。故唐堯之世而四凶縱，殷紂之時而三仁獨貞，漢文儉而人庶奢，齊景奢而晏嬰儉，此未達之詞也。何者？冬之德陰，而有炎震，夏之德陽，而有霜霰。以天地之德，由不能一於陰陽，況其賢聖，豈能一於萬民哉？

故權衡雖正，不能無毫釐之差；鈞石雖平，不能無抄撮之較。從君之化，以多言之。唐堯居上，天下皆治，而四凶獨亂，猶曰堯治，治者多也。殷紂在位，天下皆亂，而三仁獨治，猶曰紂亂，亂者衆也。漢文節儉，而人有奢，猶曰世儉，儉者多也。齊景太奢而晏嬰躬儉，猶曰國奢，奢者衆也。水性宜冷，而有華陽温泉，猶曰水冷，冷者多也。火性宜熱，而有蕭丘寒炎，猶曰火熱，熱者多也。迅風揚波，高下相臨。山隆谷窪，差以尋常。較而望之，猶曰水平，舉大體也。故世之論事，皆取其多者，以為之節。今觀言者，當顧言外之旨，不得拘之以害意也。

《晉書》卷五二《阮种傳》　（晉武）帝乃更延羣士，庭以問之。

【略】

（阮）种對曰：『【略】臣聞天生蒸庶，樹君以司牧之，人君道洽，則彝倫攸序，五福來備。若政有愆失，刑理頗僻，則庶徵不應，而淫亢為災。此則天人之理，而興廢之由也。昔之聖王，政道備而制先具，軌人以務，致之於本，是以雖有水旱之眚，而無饑饉之患也。自頃陰陽隔并，水旱為災，亦猶期運之致。不然，則亦有司之不帥，不能宣承聖德，以贊揚大化，故和氣未降而人事未敍也。方今百姓凋弊，公私無儲，誠在於休役靜人，勸嗇務分，此其救也。人之所患，由於役煩網密而信道未孚也。役煩則百姓失業，網密則下背其誠，信道未孚則人無固志。此則損益之至務，安危之大端也。傳曰：「始與善，善進，則不善蔑由至。」孔子曰：「視其所以，觀其所由，人焉廋哉！」』

又　卷五五《潘尼傳》　（潘尼）為《乘輿箴》，其辭曰：

《易》稱『有天地然後有人倫，有父子然後有君臣』。傳曰：『大者天地，其次君臣。』然君臣父子之道，天地人倫之本，未有以先之者也。故天生蒸人而樹之君，使司牧之，將以導羣生之性，而理萬物之情。豈以寵一人之身，極無量之欲，如斯而已哉！夫古之為君者，無欲而至公，故有茅茨土階之儉；而後之為君，有欲而自利，故有瑤臺瓊室之奓。無欲者，天下共推之；有欲者，天下共爭之。推之之極，雖禪代猶脱屣；

爭之之極，雖劫殺而不避。故曰『天下非一人之天下，乃天下之天下』，安可求而得，辭而已者乎！

夫修諸己而化諸人，出乎邇而見乎遠者，言行之謂也。故人主所患，莫甚於不知其過；而所美，莫美於好聞其過。若有君於此，而曰予必無過，唯其言而莫之違，斯孔子所謂其庶幾乎一言而喪國者也。蓋君子之過，如日月之蝕：過也，人皆見之；更也，人皆仰之。雖以堯、舜、湯、武之盛，必有誹謗之木，敢諫之鼓，盤杅之銘，無諱之史，所以閑其邪僻而納諸正道，其自維持如此之備。故箴規之興，將以救過補闕，然猶依違諷喻，使言之者無罪，聞之者足以自誡。先儒既援古義，舉內外之殊，而高祖亦序六官，論成敗之要，義正辭約，又盡善矣。自《虞人箴》以至于《百官》，非唯規其所司，誠欲人主斟酌其得失焉。《春秋傳》曰『命百官箴王闕』，則亦天子之事也。

尼以為王者膺受命之期，當神器之運，總萬機而撫四海，簡羣才而審所授，孜孜於得人，汲汲於聞過，雖廷爭面折，猶將祈請而求焉。至於箴規，諫之順者，曷為獨闕之哉？

又　卷五六《江統傳》　太子頗闕朝覲，又奢費過度，多諸禁忌，統上書諫曰：

臣聞古之為臣者，進思盡忠，退思補過，獻可替否，拾遺補闕。是以人主得以舉無失行，言無口過，德音發聞，揚名後世。臣等不逮，無能云補，思竭愚誠，謹陳五事如左，惟蒙一省再省，少垂察納。

其一曰，六行之義，以孝為首，虞舜之德，以孝為稱，故太子以朝夕視君膳為職，左右就養無方，文王之為世子，可謂篤於事親者也，故能擅三代之美，為百王之宗。自頃聖體屢有疾患，數闕朝侍，遠近觀聽者不能深知其故，以致疑惑。伏願殿下雖有微苦，可堪扶輿，則宜自力。《易》曰：『君子終日乾乾。』蓋自勉强不息之謂也。

其二曰，古之人君雖有聰明之姿，叡喆之質，必須輔弼之助，相導之功，故虞舜以五臣興，周文以四友隆。及成王之為太子也，則周召為保傅，史佚昭文章，故能聞道早備，登崇大業，刑措不用，流聲洋溢。伏惟殿下天授逸才，聰鑑特達，臣謂猶宜時發聖令，宣揚德音，諮詢保傅，訪逮侍臣，覲見賓客，得令接盡，壅否之情沛然交泰，殿下之美煥然光明。如此，則高朗之風，扇於前人；弘範令軌，永為後式。

其三曰，古之聖王莫不以儉為德，故堯稱采椽茅茨，禹稱卑宮惡服，漢文身衣弋綈，足履革舄，以身先物，政致太平，存為明王，沒見宗祀。及諸侯修之者，魯僖以躬儉節用，聲列《雅》、《頌》；蚡冒以篳路藍縷，用張楚國。大夫修之者，文子相魯，妾不衣帛；晏嬰相齊，鹿裘不補，亦能匡君濟俗，興國隆家。庶人修之者，顏回以簞食瓢飲，揚其仁聲；原憲以蓬戶繩樞，邁其清德。此皆聖主明君賢臣智士之所履行也。故能懸名日月，永世不朽，蓋儉之福也。及到末世，以奢失之者，帝王則有瑤臺瓊室，玉杯象箸，肴膳之珍則熊蹯豹胎，酒池肉林。諸侯為之者，至於丹楹刻桷，鏞徵百牢。大夫有瓊弁玉纓，庶人有擊鍾鼎食。亦罔不亡國喪宗，破家失身，醜名彰聞，以為後戒。竊聞後園鏤飾金銀，刻磨犀象，畫室之巧，課試日精。臣等以為今四海之廣，萬物之富，以今方古，不足為侈也。然上之所好，下必從之，是故居上者必慎其所好也。昔漢光武皇帝時，有獻千里馬及寶劍者，馬以駕鼓車，劍以賜騎士。世祖武皇帝有上雉頭裘者，即詔有司焚之都街。高世之主，不尚尤物，故能正天下之俗，刑四方之風。臣等以為畫室之功，可且減省，後園雜作，一皆罷遣，肅然清靜，優游道德，則日新之美光于四海矣。

其四曰，以天下而供一人，以百里而供諸侯，故王侯食籍而衣稅，公卿大夫受爵而資祿，莫有不贍者也。是以士農工商四業不雜。交易而退，以通有無者，庶人之業也。《周禮》三市，旦則百族，晝則商賈，夕則販夫販婦。買賤賣貴，販鬻菜果，收十百之盈，以救旦夕之命，故為庶人之貧賤者也。樊遲匹夫，請學為圃，仲尼不答；魯大夫臧文仲使妾織蒲，又譏其不仁；公儀子相魯，則拔其園葵，言食祿者不與貧賤之人爭利也。秦漢以來，風俗轉薄，公侯之尊，莫不殖園圃之田，而收市井之利，漸冉相放，莫以為恥，乘以古道，誠可愧也。今西園賣葵菜、藍子、雞、麪之屬，虧敗國體，貶損令問。

其五曰，竊見禁土，令不得繕修牆壁，動正屋瓦。臣以為此既違典彝舊義，且以拘攣小忌而廢弘廓大道，宜可蠲除，於事為宜。

又　卷七一《王鑒傳》　中常侍王沈養女年十四，有妙色，聰立為左皇后。尚書令王鑒、中書監崔懿之、中書令曹恂等諫曰：

臣聞王者之立后也，將以上配乾坤之性，象二儀敷育之義，生承宗廟，母臨天下，亡配后土，執饋皇姑，必擇世德名宗，幽閑淑令，副四海之望，稱神祇之心。是故周文造舟，姒氏以興，《關雎》之化饗，則百世之祚永。孝成任心縱欲，以婢為后，使皇統亡絕，社稷淪傾。有周之隆既如彼矣，大漢之禍又如此矣。從麟嘉以來，亂淫於色，縱沈之弟女，刑餘小醜，猶不可塵瓊寢，汙清廟，況其家婢邪！六宮妃嬪皆公子公孫，奈何一旦以婢主之，何異象榱玉簀，而對腐木朽楹哉！臣恐無福於國家也。

又　卷八三《江逌傳》　穆帝將修後池，起閣道，逌上疏曰：

臣聞王者處萬乘之極，享富有之大，必顯明制度以表崇高，盛其文物以殊貴賤，建靈臺，浚辟雍，立宮館，設苑囿，所以弘於皇之尊，彰臨下之義。前聖創其禮，後代遵其矩，當代之君咸營斯事。周宣興百堵之作，鴻雁歌安宅之歡；魯僖修泮水之宮，採芹有思樂之頌。蓋上之有為非予欲是盈，下之奉上不以劬勞為勤，此自古之令典，軌儀之大式也。

夫理無常然，三正相詭，司牧之體，與世而移，致飾則素，故賁返於剝；有大必盈，則受之以謙。損上益下，順兆庶之悅；享以二簋，用至約之義。是以唐虞流化於茅茨，夏禹垂美於卑室。過儉之陋，非中庸之制，然三聖行之以致至道。漢高祖當營建之始，怒宮庫之壯；孝文處既富之世，愛十家之產，亦以播惠當時，著稱來葉。

今者二虜未殄，神州荒蕪，舉江左之衆，經略艱難，漕楊越之粟，北餽河洛，兵不獲戢，運戍悠遠，倉庫內罄，百姓力竭。加春夏以來，水旱為害，遠近之收普減常年，財傷人困，大役未已，軍國之用無所取給。方之往代，豐弊相懸。損之又損，實在今日。伏惟陛下聖質天縱，凝曠清虛，闡日新之盛，茂欽明之量，無欲體於自然，沖素刑乎萬國。韶既盡美，則必盡善。宜養以玄虛，守以無為，登覽不以臺觀，游豫不以苑沼，偃息畢於仁義，馳騁極於六藝，觀巍巍之隆，鑑二代之文，仰味羲農，俯尋周孔。其為逍遙，足以尊道德之輔，親搢紳之秀。疇咨以時，顧問不倦，獻替諷諫，日月而聞，則庶績惟凝，六合咸熙，中興之盛邁於殷宗，休嘉之慶流乎無窮。

昔漢起德陽，鍾離抗言，魏營宮殿，陳羣正辭。臣雖才非若人，然職忝近侍，言不足採，而義在以聞。

又　卷一〇一《劉元海載記》　元海曰：『【略】夫帝王豈有常哉，大禹出於西戎，文王生於東夷，顧惟德所授耳。今見衆十餘萬，皆一當晉十，鼓行而摧亂晉，猶拉枯耳。上可成漢高之業，下不失為魏氏。雖然，晉人未必同我。漢有天下世長，恩德結於人心，是以昭烈崎嶇於一州之地，而能抗衡於天下。吾又漢氏之甥，約為兄弟，兄亡弟紹，不亦可乎？且可稱漢，追尊後主，以懷人望。』

又　卷一一三《苻堅載記上》　及苻生嗣偽位，讚、翼說堅曰：『今主上昏虐，天下離心。有德者昌，無德受殃，天之道也。神器業重，不可令他人取之，願君王行湯武之事，以順天人之心。』【略】

堅自臨晉登龍門，顧謂其羣臣曰：『美哉山河之固！婁敬有言，「關中四塞之國」，真不虛也。』權翼、薛讚對曰：『臣聞夏殷之都非不險也，周秦之衆非不多也，終於身竄南巢，首懸白旗，軀殘於犬戎，國分於項籍昔何也？德之不修故耳。吳起有言：「在德不在險。」深願陛下追蹤唐虞，懷遠以德，山河之固不足恃也。』堅大悅，乃還長安。

又　卷一二二《呂纂載記》　纂游田無度，荒耽酒色，其太常楊穎諫曰：『臣聞皇天降鑑，惟德是與。德由人弘，天應以福，故勃焉之美奄在聖躬。大業已爾，宜以道守之。廓靈基於日新，邀洪福於萬祀。自陛下龍飛，疆宇未闢，崎嶇二嶺之內，綱維未振於九州。當兢兢夕惕，經略四方，成先帝之遺志，拯蒼生於荼蓼。而更飲酒過度，出入無恒，宴安遊盤之樂，沈湎樽酒之間，不以寇讎為慮，竊為陛下危之。糟丘酒池，洛汭不返，皆陛下之殷鑑。臣蒙先帝夷險之恩，故不敢避干將之戮。』纂曰：『朕之罪也。不有貞亮之士，誰匡邪僻之君！』

臣德官德論分部

論說

《三國志》卷二二《魏志·陳羣傳》　夫臣下雷同，是非相蔽，國之

大患也。若不和睦則有讎黨，有讎黨則毀譽無端，毀譽無端則真僞失實，不可不深防備，有以絕其源流。

又　卷五二《吳志·步騭傳》　潁川周昭著書稱步騭及嚴畯等曰：『古今賢士大夫所以失名喪身傾家害國者，其由非一也，然要其大歸，總其常患，四者而已。急論議一也，爭名勢二也，重朋黨三也，務欲速四也。急論議則傷人，爭名勢則敗友，重朋黨則蔽主，務欲速則失德，此四者不除，未有能全者也。當世君子能不然者，亦比有之，豈獨古人乎！然論其絕異，未若顧豫章、諸葛使君、步丞相、嚴衛尉、張奮威之為美也。《論語》言「夫子恂恂然善誘人」，又曰「成人之美，不成人之惡」，豫章有之矣。「望之儼然，即之也溫，聽其言也厲」，使君體之矣。「恭而安，威而不猛」，丞相履之矣。學不求祿，心無苟得，衛尉、奮威蹈之矣。此五君者，雖德實有差，輕重不同，至於趣舍大檢，不犯四者，俱一揆也。昔丁諝出於孤家，吾粲由於牧豎，豫章揚其善，以並陸、全之列，是以人無幽滯而風俗厚焉。使君、丞相、衛尉三君，昔以布衣俱以友善，諸論者因各敍其優劣。初，先衛尉，次丞相，而後有使君也；其後並事明主，經營世務，出處之才有不同，先後之名須反其初，此世常人所決勤薄也。至於三君分好，卒無虧損，豈非古人交哉！又魯橫江昔杖萬兵，屯據陸口，當世之美業也，能與不能，孰不願焉？而橫江既亡，衛尉應其選，自以才非將帥，深辭固讓，終於不就。後徙九列，遷典八座，榮不足以自曜，祿不足以自奉。至於二君，皆位為上將，窮富極貴。衛尉既無求欲，二君又不稱薦，各守所志，保其名好。孔子曰：「君子矜而不爭，羣而不黨。」斯有風矣。又奮威之名，亦三君之次也，當一方之戍，受上將之任，與使君、丞相不異也。然歷國事，論功勞，實有先後，故爵位之榮殊焉。而奮威將處此，決能明其部分，心無失道之欲，事無充詘之求，每升朝堂，循禮而動，辭氣謇謇，罔不惟忠。叔嗣雖親貴，言憂其敗，蔡文至雖疏賤，談稱其賢。女配太子，受禮若弔，慷愾之趨，惟篤人物，成敗得失，皆如所慮，可謂守道見機，好古之士也。若乃經國家，當軍旅，於馳騖之際，立霸王之功，此五者未為過人。至其純粹履道，求不苟得，升降當世，保全名行，邈然絕俗，實有所師。故粗論其事，以示後之君子。』

晉·葛洪《抱朴子外篇》卷六《臣節》　抱朴子曰：『昔在唐、虞，稽古欽明，猶俟羣后之翼亮，用臻巍巍之成功。故能熙帝之載，庶績其凝，四門穆穆，百揆時序，蠻夷無猾夏之變，阿閣有鳴鳳之巢也。喻之元首，方之股肱，雖有尊卑之殊，邈實若一體之相賴也。

『君必度能而授者，備乎覆餗之敗；臣必量才而受者，故無流放之禍。夫如影如響，俯伏惟命者，偷容之尸素也。違令犯顏，蹇蹇匪躬者，安上之民翰也。先意承指者，佞諂之徒也；匡過弼違者，社稷之骾也。必將伏斧鑕而正諫，據鼎鑊而盡言。忠而見疑，諍而不得者，待放可也；必死無補，將增主過者，去之可也。

『其動也，匪訓典弗據焉；其靜也，匪憲章弗循焉。請託無所容，申繩不顧私。明刑而不濫乎所恨，審賞而不加乎附己。不專命以招權，不含洿而談潔。進思盡言以攻謬，退念推賢而不蔽。夙興夜寐，慼庶事之不康也；儉躬約志，若策奔於薄冰也。

『納謀貢士，不宣之於口；非義之利，不棲之乎心。立朝則以砥矢為操，居己則以羔羊為節。當危值難，則忘家而不顧命。擥衡執銓，則平懷而無彼此。儀蕭、曹之指揮，羨張、陳之奇畫，追周勃之盡忠，準二鮑之直視，蹈嬰、弘之節儉，執恬、毅之守終，甘此離、紀炙身之分，戒彼韓、英失忠之禍。出不辭勞，入不數功，歸勳引過，讓以先下，專誠祇慄，恒若天威之在顏也；宵夙虔竦，有如湯鑊之在側也。

『負荷寄託，則以伊、周為師表；宣力四方，則以吉、召為軌儀；送往視居，則竭忠貞而不迴；搏噬干紀，則若鷹鸇之鷙鳥雀；蕃扞疆場，則慕魏絳李牧之高蹤；莅衆撫民，則希文翁、信臣之德化。夫忠至者無以為國，況懷智以迷上乎？義督者滅祀而無憚，況黜辱之敢辭乎？故能保勞貴以顯親，託良哉於興歌。昆吾彝器，能者鐫勳。皋陶、后稷，亦何人哉！』

抱朴子曰：『人臣勳不弘，則恥俸祿之虛厚也；績不茂，則羞爵命之妄高也。履信思順，天人攸贊；畏盈居謙，乃終有慶。舉足則蹈道度，抗手則奉繩墨，褒崇雖淹留，而悔辱亦必遠矣。若夫損上以附下，廢公以營私，阿媚曲從，以水濟水，君舉雖謬，而諂笑贊善。數進玩好，陷主於惡。巧言毀政，令色取悅，上蔽人主之明，下杜進賢之路；外結出境之交，內樹背公之黨。雖才足飾非，言足文過，專威若趙高，擅朝如董卓，

未有不身膏焫鋒，家糜湯火者也。然而愚瞽舍正即邪，違真侶僞，親覽傾僨，不改其軌，殃禍之集，匪降自天也。』

抱朴子曰：『臣喻股肱，則手足也。履冰執熱，不得辭焉。是以古人方之於地，掘之則出水泉，樹之則秀百穀；生者立焉，死者入焉。功多而不望賞，勞瘁而不敢怨。審識斯術，保己之要也。』

抱朴子曰：『臣職分則治，統廣則多滯。非賁獲之壯，不可以舉兼人之重；非萬夫之特，不可以總異言之局。韓侯所以罪侵冒之典，子元所以懼不勝之禍也。若乃才力絕倫，文武兼允，入有腹心之高筭，出有折衝之遠略，雖事殷而益舉，兩循而俱濟，舍之則彝倫斁，委之而無其人者，兼之可也；非此器也，宜自忖引，輮若載重，尠不及矣。常人貪榮，不慮後患，身既傾溺，而禍逮君親，不亦哀哉！人皆辭斧斤所未閑，而莫讓攝官所不堪。嗟乎！陳、李所以作戒於力以，而子房所以高蹈於挹盈也。』

《三國志》卷四四《蜀志・姜維傳》裴松之注　孫盛曰：異哉郤氏之論也！夫士雖百行，操業萬殊，至於忠孝義節，百行之冠冕也。姜維策名魏室，而外奔蜀朝，違君徇利，不可謂忠；捐親苟免，不可謂孝；害加舊邦，不可謂義；敗不死難，不可謂節；且德政未敷而疲民以逞，居禦侮之任而致敵喪守，於夫智勇，莫可云也。凡斯六者，維無一焉。實有魏之逋臣，亡國之亂相，而云人之儀表，斯亦惑矣。縱維好書而微自藻潔，豈異夫盜者分財之義，而程、鄭降階之善也。

又　卷四六《吴志・孫討逆傳》裴松之注　《吴録》載策使张紘为書曰：『蓋上天垂司過之星，聖王建敢諫之鼓，設非謬之備，急箴闕之言，何哉？凡有所長，必有所短也。去冬傳有大計，無不悚懼；旋知供備貢獻，萬夫解惑。頃聞建議，復欲追遵前圖，即事之期，便有定月。益使憮然，想是流妄；設其必爾，民何望乎？曩日之舉義兵也，天下之士所以響應者，董卓擅廢置，害太后、弘農王，略烝宮人，發掘園陵，暴逆至此，故諸州郡雄豪聞聲慕義。神武外振，卓遂內殲。元惡既斃，幼主東顧，俾保傅宣命，欲令諸軍振旅，然河北通謀黑山，曹操放毒東徐，劉表稱亂南荊，公孫瓚炰烋北幽，劉繇決力江滸，劉備爭盟淮隅，是以未獲承命橐弓戢戈也。今備、繇既破，操等飢餒，謂當與天下合謀，以誅醜類。捨而不圖，有自取之志，非海內所望，一也。昔成湯伐桀，稱有夏多罪；武王伐紂，曰殷有罪罰重哉。此二王者，雖有聖德，宜當君世；如使不遭其時，亦無繇興矣。幼主非有惡於天下，徒以春秋尚少，脅於强臣，若無過而奪之，懼未合於湯、武之事，二也。卓雖狂狡，至廢主自與，亦猶未也，而天下聞其桀虐，攘臂同心而疾之，以中土希戰之兵，當邊地勁悍之虜，所以斯須游魂也。今四方之人，皆玩敵而便戰鬬矣，可得而勝者，以彼亂而我治，彼逆而我順也。見當世之紛，若欲大舉以臨之，適足趣禍，三也。天下神器，不可虛干，必須天贊與人力也。殷湯有白鳩之祥，周武有赤烏之瑞，漢高有星聚之符，世祖有神光之徵，皆因民困悴於桀、紂之政，毒苦於秦、莽之役，故能芟去無道，致成其志。今天下非患於幼主，未見受命之應驗，而欲一旦卒然登即尊號，未之或有，四也。天子之貴，四海之富，誰不欲焉？義不可，勢不得耳。陳勝、項籍、王莽、公孫述之徒，皆南面稱孤，莫之能濟。帝王之位，不可橫冀，五也。幼主岐嶷，若除其偪，去其鯁，必成中興之業。夫致主於周成之盛，自受旦、奭之美，此誠所望於尊明也。縱使幼主有他改異，猶望推宗室之譜屬，論近親之賢良，以紹劉統，以固漢宗。皆所以書功金石，圖形丹青，流慶無窮，垂聲管絃。捨而不爲，為其難者，想明明之素，必所不忍，六也。五世為相，權之重，勢之盛，天下莫得而比焉。忠貞者必曰宜夙夜思惟，所以扶國家之躓頓，念社稷之危殆，以奉祖考之志，以報漢室之恩。其忽履道之節而强進取之欲者，將曰天下之人非家吏則門生也，孰不從我？四方之敵非吾匹則吾役也，誰能違我？盍乘累世之勢，起而取之哉？二者殊數，不可不詳察，七也。所貴於聖哲者，以其審於機宜，慎於舉措。若難圖之事，難保之勢，以激羣敵之氣，以生衆人之心，公義故不可，私計又不利，明哲不處，八也。世人多惑於圖緯而牽非類，比合文字以悅所事，苟以阿上惑衆，終有後悔者，自往迄今，未嘗無之，不可不深擇而熟思，九也。九者，尊明所見之餘耳，庶備起予，補所遺忘。忠言逆耳，幸留神聽！』

又　卷五二《吴志・張昭傳》裴松之注　《江表傳》曰：『君王以含垢為德，臣下以恭謹為節。昔蕭何、吴漢並有大功，何每見高帝，似不能言；漢奉光武，亦信恪勤。汝之於國，寧有汗馬之勞，可書之事邪？

但階門戶之資，遂見寵任耳，何有舞不復知止？雖為酒後，亦由恃恩忘敬，謙虛不足。損吾家者必爾也。

《後漢書》卷二七《宣秉等傳論》　夫利仁者或借仁以從利，體義者不期體以合義。季文子妾不衣帛，魯人以為美談。公孫弘身服布被，汲黯譏其多詐。事實未殊而譽毀別議。何也？將體之與利之異乎？宣秉、王良處位優重，而秉甘疏薄，良妻荷薪，可謂行過乎儉。然當世咨其清，人君高其節，豈非臨之以誠哉！語曰：『同言而信，則信在言前；同令而行，則誠在令外。』不其然乎！張湛不屑矜偽之誚，斯不偽矣。王丹難於交執之道，斯知交矣。

又　卷六二《荀淑等傳論》　荀爽、鄭玄、申屠蟠俱以儒行為處士，累徵並謝病不詣。及董卓當朝，復備禮召之。蟠、玄竟不屈以全其高。爽已黃髮矣，獨至焉，未十旬而取卿相。意者疑其乖趣舍，余竊商其情，以為出處君子之大致也，平運則弘道以求志，陵夷則濡迹以匡時。荀公之急急自勵，其濡迹乎？不然，何為違貞吉而履虎尾焉？觀其遜言遷都之議，以救楊、黃之禍。及後潛圖董氏，幾振國命，所謂『大直若屈』，道固逶迤也。

又　卷六四《吳祐等傳論》　風霜以別草木之性，危亂而見貞良之節，則盧公之心可知矣。夫蜂蠆起懷，雷霆駭耳，雖賁、育、荊、諸之論，未有不冘豫奪常者也。當植抽白刃嚴閤之下，追帝河津之間，排戈刃，赴戕折，豈先計哉？君子之於忠義，造次必於是，顛沛必於是也。

又　卷六五《皇甫規等傳論》　孔子稱『其言之不怍，則其為之也難』。察皇甫規之言，其心不怍哉！夫其審己則干祿，見賢則委位，故干祿不為貪，而委位不求讓；稱己不疑伐，而讓人無懼情。故能功成於戎狄，身全於邦家也。

又　卷六六《陳蕃王允傳論》　桓、靈之世，若陳蕃之徒，咸能樹立風聲，抗論惛俗。而驅馳嶮阸之中，與刑人腐夫同朝爭衡，終取滅亡之禍者，彼非不能絜情志，違埃霧也。愍夫世士以離俗為高，而人倫莫相恤也。以遯世為非義，故屢退而不去；以仁心為己任，雖道遠而彌厲。及遭際會，協策竇武，自謂萬世一遇也。懍懍乎伊、望之業矣！功雖不終，然其信義足以攜持民心。漢世亂而不亡，百餘年閒，數公之力也。【略】士雖以正立，亦以謀濟。若王允之推董卓而引其權，伺其閒而敝其罪，當此之時，天下懸解矣。而終不以猜忤為釁者，知其本於忠義之誠也。故推卓不為失正，分權不為苟冒，伺閒不為狙詐。及其謀濟意從，則歸成於正也。

又　卷七〇《鄭太孔融荀彧傳論》　自遷帝西京，山東騰沸，天下之命倒縣矣。荀君乃越河、冀，閒關以從曹氏。察其定舉措，立言策，崇明王略，以急國艱，豈云因亂假義，以就違正之謀乎？誠仁為己任，期紓民於倉卒也。及阻董昭之議，以致非命，豈數也夫！世言荀君者，通塞或過矣。常以為中賢以下，道無求備，智筭有所研疏，原始未必要末，斯理之不可全詰者也。夫以衛賜之賢，一說而斃兩國。彼非薄於仁而欲之，蓋有全必有喪也，斯又功之不兼者也。方時運之屯邅，非雄才無以濟其溺，功高埶彊，則皇器自移矣。此又時之不可並也。蓋取其歸正而已，亦殺身以成仁之義也。

《宋書》卷五三《張茂度等傳論》　為國之道，食不如信，立人之要，先質後文。士君子當以體正為基，蹈義為本，然後飾以藝能，文以禮樂，苟或難備，不若文不足而質有餘也。是以小心翼翼，可祇事於上帝，嗇夫喋喋，終不離於虎圈。江夷、謝方明、謝弘微、王惠、王球，學義之美，未足以成名，而貞心雅體，廷臣所罕及。《詩》云：『溫溫恭人，惟德之基』，信矣。

又　卷六一《武三王等傳論》　戒懼乎其所不覩，恐畏乎其所不聞，在於慎所忽也。江夏王，高祖寵子，位居上相，大明之世，親典冠朝。屈體降情，槃辟於軒檻之上，明其為卑約亦已至矣。得使虐朝暴主，顧無猜色，歷載踰十，以尊戚自保。及在永光，幼主南面，公旦之重，屬有所歸。自謂踐冰之慮已除，泰山之安可恃，曾未云幾，而磔體分肌。古人以隱微致戒，斯為篤矣。

又　卷六三《王華等傳論》　元嘉初，誅滅宰相，蓋王華、孔寧子之力也。彼羣公義雖往結，恩實今疏，而任即曩權，意非昔主，居上六之窮爻，當來寵之要轍，顛覆所基，非待他釁，況於廢殺之重，其隙易乘乎！夫殺人而取其璧，不知在己興累；傾物而移其寵，不忌自我難持。若二子永年，亦未知來禍所止也。有能戒彼而悟此，則所望於來哲。

又　卷六四《鄭鮮之傳》　兗州刺史滕恬為丁零翟遼所没，屍喪不反，恬子羨仕宦不廢，議者嫌之。桓玄在荆州，使羣僚博議，鮮之議曰：

名教大極，忠孝而已，至乎變通抑引，每事輒殊，本而尋之，皆是求心而遺迹。迹之所乘，遭遇或異。故聖人或就迹以助教，或因迹以成罪，屈申與奪，難可等齊，舉其阡陌，皆可略言矣。天可逃乎？而伊尹廢君；君可脅乎？而鬻權見善；忠可愚乎？而箕子同仁。自此以還，殊實而齊聲，異轡而等美者，不可勝言。而欲令百代之下，聖典所闕，正斯事於一朝，豈可易哉。

然立言明理，以古證今，當使理厭人情。如滕羨情事者，或終身隱處，不關人事；或昇朝理務，無譏前哲。通滕者則以無譏為證，塞滕者則以隱處為美。折其兩中，則異同之情可見矣。然無譏前哲者，厭情之謂也。若王陵之母，見烹於楚，陵不退身窮居，終為社稷之臣，非為榮也。鮑勳蹇諤魏朝，亡身為效，觀其志非貪爵也。凡此二賢，非滕之諭。夫聖人立教，猶云『有禮無時，君子不行』。有禮無時，政以事有變通，不可守一故耳。若滕以此二賢為證，則恐人人自賢矣。若不可人人自賢，何可獨許其證。譏者兼在於人，不但獨證其事。漢、魏以來，記闕其典，尋而得者無幾人。至乎大晉中朝及中興之後，楊臻則七年不除喪，三十餘年不關人事，温公則見逼於王命，庾左丞則終身不著袷，高世遠則為王右軍、何驃騎所勸割，無有如滕之易者也。若以縗麻非為哀之主，無所復言矣。文皇帝以東關之役，尸骸不反者，制其子弟，不廢婚宦。明此，孝子已不自同於人倫，有識已審其可否矣。若其不爾，居宗輔物者，但當即聖人之教，何所復明制於其間哉。及至永嘉大亂之後，王敦復申東關之制於中興，原此是為國之大計，非謂訓範人倫，盡於此也。

何以言之？父讎明不同載天日，而為國不可許復讎，此自以法奪情，即是東關、永嘉之喻也。何妨綜理王務者，布衣以處之。明教者自謂世非橫流，凡士君子之徒，無不可仕之理，而雜以情譏，謂宜在貶裁耳。若多引前事以為通證，則孝子可顧法而不復讎矣。文皇帝無所立制於東關，王敦無所明之於中興。每至斯會，輒發之於宰物，是心可不喻乎。

且夫求理當先以遠大，若滄海橫流，家國同其淪溺，若不仕也，則人有餘力。人有餘力，則國可至乎亡，家可至乎滅。當斯時也，匹婦猶亡其身，況大丈夫哉。既其不然，天下之才，將無所理。滕但當盡《陟岵》之哀，擬不仕者之心，何為證喻前人，以自通乎？且名為大才之所假，而小才之所榮，榮與假乘常，已有慚德，無欣工進，何有情事乎。若其不然，則工進無欣，何足貴於千載之上邪。苟許小才榮其位，則滕不當顧常疑以自居乎。所謂柳下惠則可，我則不可也。

且有生之所宗者聖人，聖人之為教者禮法，即心而言，則聖人之法，不可改也。而秦以郡縣治天下，莫之能變；漢文除肉刑，莫之能復。彼聖人之為法，猶見改於後王，況滕賴前人，而當必通乎？若人皆仕，未知斯事可俟後聖與不？況仕與不仕，各有其人，而不仕之所引，每感三年之下。見議者弘通情紀，每傍中庸，又云若許譏滕，則恐亡身致命之仕，以此而不盡。何斯言之過與。夫忠烈之情，初無計而後動。若計而後動，則懼法不盡命。若有不盡，則國有常法。故古人軍敗於外，而家誅於內。苟忠發自內，或懼法於外，復有踟躕顧望之地邪！若有功不賞，有罪不誅，可致斯喻耳。無有名教翼其子弟，而子弟不致力於所天。不致力於所天，則王經忠不能救主，孝不顧其親，是家國之罪人耳，何所而稱乎。夫恩宥十世，非不隆也。功高賞厚，非不報也。若國憲無負於滕恬，則羨之通塞，自是名教之所及，豈是勸沮之本乎？

議者又以唐虞邈矣，孰知所歸，尋言求意，將所負者多乎。後漢亂而不亡，前史猶謂數公之力。魏國將建，荀令君正色異議，董昭不得枕蘇則之膝，賈充受辱於庾純。以此而推，天下之正義，終自傳而不没，何為發斯歎哉。若以時非上皇，便不足復言多者，則夷齊於奭、望，子房於四人，亦無所復措其言矣。至於陳平默順避禍，以權濟屈，皆是衛生免害，非為榮也。滕今生無所衛，鞭塞已冥，義安在乎。昔陳壽在喪，使婢丸藥，見責鄉閭；阮咸居哀，騎驢偷婢，身處王朝。豈可以阮獲通於前世，便無疑於後乎。且賢聖抑引，皆是究其始終，定其才行。故雖事有驚俗，而理必獲申，郤詵葬母後園，而身登宦，所以免責，以其孝也。日磾殺兒無譏，以其忠也。今豈可以二事是忠孝之所為，便可許殺兒葬母後園乎？不可明矣。既其不可，便當究定滕之才行，無所多辯也。

滕非下官鄉親，又不周旋，才能非所能悉。若以滕謀能決敵，才能周用，此自追蹤古人，非議所及。若是士流，故謂宜如子夏受曾參之詞，可

謂善矣，而子夏無不孝之稱也。意之所懷，都盡於此，自非名理，何緣多其往復；如其折中，裁之居宗。

又　卷八五《王景文傳》　景文彌懼，乃自陳求解揚州，【略】上詔答曰：【略】

貴高有危殆之懼，卑賤有溝壑之憂，張、單雙災，木雁兩失，有心於避禍，不如無心於任運。夫千仞之木，既摧於斧斤；一寸之草，亦瘁於踐蹋。高崖之修榦，與深谷之淺條，存亡之要，巨細一揆耳。晉卿畢萬七戰皆獲，死於牖下，蜀相費禕，從容坐談，斃於刺客。故甘心於履危，未必逢禍；縱意於處安，不必全福。但貴者自惜，故每憂其身；賤者自輕，故易忘其己。然為教者，每誡貴不誡賤，言其貴滿好自恃也。凡名位貴達，人以在懷，泰則觸人改容，不則行路嗟愕。至如賤者，否泰不足以動人，存亡不足以絓數，死於溝瀆，死於塗路者，天地之間，亦復何限，人不以係意耳。

以此而推，貴何必難處，賤何必易安。但人生也自應卑慎為道，行己用心，務思謹惜。若乃吉凶大期，正應委之理運，遭隨參差，莫不由命也。既非聖人，不能見吉凶之先，正是依俙於理，言可行而為之耳。得吉者是其命吉，遇不吉者是其命凶。以近事論之，景和之世，晉平庶人從壽陽歸亂朝，人皆為之戰慄，而乃遇中興之運；袁顗圖避禍於襄陽，當時皆羨之，謂為陵霄駕鳳，遂與義嘉同滅。駱宰見幼主，語人云：『越王長頸鳥喙，可與共憂，不可與共樂。范蠡去而全身，文種留而遇禍。今主上口頸，頗有越王之狀，我在尚書中久，不去必危。』遂求南江小縣。諸都令史住京師者，皆遭中興之慶，人人蒙爵級；宰值義嘉染罪，金木纏身，性命幾絕。卿耳眼所聞見，安危在運，何可預圖邪。

又　卷八九《袁粲傳論》　闢運創基，非機變無以通其務，世及繼體，非忠貞無以守其業。闢運之君，千載一有，世及之主，無乏於時，□□須機變之用短，資忠貞之路長也。故漢室□□，文舉不屈曹氏，魏鼎將移，夏侯義不北面。若悉以二子為心，則兩代宜不亡矣。袁粲清標簡貴，任屬負圖，朝野之望雖隆，然未以大節許也。及其赴危亡，審存滅，豈所謂義重於生乎。雖不達天命，而其道有足懷者。昔王經被旌於晉世，粲等亦改葬於聖朝，盛代同符，美矣。

《晉書》卷三四《羊祜傳》　後加車騎將軍，開府如三司之儀。祜上表固讓曰：『【略】臣聞古人之言，德未為人所服而受高爵，則使才臣不進；功未為人所歸而荷厚祿，則使勞臣不勸。【略】蓋聞古人申於見知，大臣之節，不可則止。臣雖小人，敢緣所蒙，念存斯義。今天下自服化以來，方漸八年，雖側席求賢，不遺幽賤，然臣不能推有德，達有功，使聖聽知勝臣者多，而未達者不少。假令有遺德於版築之下，有隱才於屠釣之間，而朝議用臣不以為非，臣處之不以為愧，所失豈不大哉！臣忝竊雖久，未若今日兼文武之極寵，等宰輔之高位也。且臣雖所見者狹，據今光祿大夫李憙執節高亮，在公正色；光祿大夫魯芝潔身寡欲，和而不同；光祿大夫李胤清亮簡素，立身在朝，皆服事華髮，以禮終始。雖歷位外內之寵，不異寒賤之家，而猶未蒙此選，臣更越之，何以塞天下之望，少益日月！是以誓心守節，無苟進之志。今道路行通，方隅多事，乞留前恩，使臣得速還屯。不爾留連，必於外虞有闕。』

又　卷五〇《秦秀傳》　咸寧中，為博士。何曾卒，下禮官議謚。秀議曰：

故太宰何曾，雖階世族之胤，而少以高亮嚴肅，顯登王朝。事親有色養之名，在官奏科尹模，此二者實得臣子事上之概。然資性驕奢，不循軌則。《詩》云：『節彼南山，惟石巖巖，赫赫師尹，人具爾瞻。』言其德行高峻，動必以禮耳。丘明有言：『儉，德之恭；侈，惡之大也。』【略】而乃驕奢過度，名被九域，行不履道，而享位非常。以古義言之，非惟失輔相之宜，違斷金之利也。穢皇代之美，壞人倫之教，生天下之醜，示後生之傲，莫大於此。自近世以來，宰臣輔相，未有受垢辱之聲，被有司之劾，父子塵累而蒙恩貸若曾者也。

周公弔二季之陵遲，哀大教之不行，於是作謚以紀其終。曾參奉之，啓手歸全，易簀而沒，蓋明慎終，死而後已。齊之史氏，亂世陪臣耳，猶書君賊，累死不懲。況於皇代守典之官，敢畏強盛，而不盡禮。管子有言：『禮義廉恥，是謂四維，四維不張，國乃滅亡。』宰相大臣，人之表儀，若生極其情，死又無貶，是則帝室無正刑也。王公貴人，復何畏哉！所謂四維，復何寄乎！謹按《謚法》：『名與實爽曰繆，怙亂肆行曰醜。』曾之行己，皆與此同，宜謚繆醜公。

又　卷七〇《卞壼傳》　時召南陽樂謨為郡中正，潁川庾怡為廷尉評。謨、怡各稱父命不就。壼奏曰：『人無非父而生，職無非事而立。有父必有命，居職必有悔。有家各私其子，此為王者無人，職不軌物，官不立政。如此則先聖之言廢，五教之訓塞，君臣之道散，上下之化替矣。樂廣以平夷稱，庾珉以忠篤顯，受寵聖世，身非己有，況及後嗣而可專哉！所居之職若順夫羣心，則戰戍者之父母皆當以命子，不以處也。若順謨父之意，則人皆不為郡中正，人倫廢矣。順怡父之意，人皆不為獄官，則刑辟息矣。凡如是者，其可聽歟？若不可聽，何以許謨、怡之得稱父命乎！此為謨以名父子可以虧法，怡是親戚可以自專。以此二塗服人示世，臣所未悟也。宜一切班下，不得以私廢公。絕其表疏，以為永制。』【略】（弘）訥重議曰：『夫事親莫大於孝，事君莫尚於忠。唯孝也，故能盡敬竭誠；唯忠也，故能見危授命。此在三之大節，臣子之極行也。【略】昔許男疾終，猶蒙二等之贈，況壼伏節國難者乎！夫賞疑從重，況在不疑！謂可上準許穆，下同嵇紹，則允合典謨，克厭衆望。』

又　卷一〇八《慕容廆載記》　毖之與三國謀伐廆也，瞻固諫以為不可，毖不從。及毖奔敗，瞻隨衆降于廆。廆署為將軍，瞻稱疾不起。廆敬其姿器，數臨候之，撫其心曰：『君之疾在此，不在餘也。今天子播越，四海分崩，蒼生紛擾，莫知所係，孤思與諸君匡復帝室，翦鯨豕于二京，迎天子於吳會，廓清八表，侔勳古烈，此孤之心也，孤之願也。君中州大族，冠冕之餘，宜痛心疾首，枕戈待旦，柰何以華夷之異，有懷介然。且大禹出于西羌，文王生于東夷，但問志略何如耳，豈以殊俗不可降心乎！』

又　卷一二四《慕容盛載記》　盛聽詩歌及周公之事，顧謂羣臣曰：『周公之輔成王，不能以至誠感上下，誅兄弟以杜流言，猶擅美於經傳，歌德於管絃。【略】』乃命中書更為《燕頌》以述恪之功焉。

又引中書令常忠、尚書陽璆、秘書監郎敷于東堂，問曰：『古來君子皆謂周公忠聖，豈不謬哉！』

璆曰：『周公居攝政之重，而能達君臣之名，及流言之謗，致烈風以悟主，道契神靈，義光萬代，故累葉稱其高，後王無以奪其美。』

盛曰：『常令以為何如？』

忠曰：『昔武王疾篤，周公有請命之誠，流言之際，義感天地，楚撻伯禽以訓就王德。周公為臣之忠，聖達之美，《詩》、《書》已來未之有也。』

盛曰：『異哉二君之言！朕見周公之詐，未見其忠聖也。昔武王得九齡之夢，白文王，文王曰：「我百，爾九十，吾與爾三焉。」及文王之終，已驗武王之壽矣。武王之算未盡而求代其死，是非詐乎！若惑于天命，是不聖也。據攝天位而丹誠不見，致兄弟之間有干戈之事。夫文王之化自近及遠，故曰「刑于寡妻，至于兄弟」。周公親違聖父之典而蹈嫌疑之蹤，戮罰同氣以逞私忿，何忠之有乎！但時無直筆之史，後儒承其謬談故也。』

忠曰：『啓《金縢》而返風，亦足以明其不詐。遭二叔流言之變，而能大義滅親，終安宗國，復子明辟，輔成大業，以致太平，制禮作樂，流慶無窮，亦不可謂非至德也。』

盛曰：『卿徒因成文而未原大理，朕今相為論之。昔周自后稷積德累仁，至于文、武。文、武以大聖應期，遂有天下。生靈仰其德，四海歸其仁。成王雖幼統洪業，而卜世修長，加呂、召、毛、畢為之師傅。若無周公攝政，王道足以成也。周公無故以安危為己任，專臨朝之權，闕北面之禮。管、蔡忠存王室，以為周公代主非人臣之道，故言公將不利於孺子。周公當明大順之節，陳誠義以曉羣疑，而乃阻兵都邑，擅行誅戮。不臣之罪彰于海內，方貽王《鴟鴞》之詩，歸非於主，是何謂乎！又周公舉事，稱告二公，二公足明周公之無罪而坐觀成王之疑，此則二公之心亦有猜於周公也。但以疏不間親，故寄言於管、蔡，可謂忠不見於當時，仁不及于兄弟。知羣望之有歸，天命之不在己，然後返政成王，以為忠耳。大風拔木之徵，乃皇天祐存周道，不忘文、武之德，是以赦周公之始愆，欲成周室之大美。考周公之心，原周公之行，乃天下之罪人，何至德之謂也！周公復位，二公所以杜口不言其本心者，以明管、蔡之忠也。』

又謂常忠曰：『伊尹、周公孰賢？』

忠曰：『伊尹非有周公之親而功濟一代，太甲亂德，放於桐宮，思愆改善，然後復之。使主無怨言，臣無流謗，道存社稷，美溢來今，臣謂伊尹之勳有高周旦。』

盛曰：『伊尹以舊臣之重，顯阿衡之任，太甲嗣位，君道未洽，不能竭忠輔導。而放黜桐宮，事同夷羿，何周公之可擬乎！』

郎敷曰：『伊尹處人臣之位，不能匡制其君，恐成、湯之道墜而莫就，是以居之桐宮，與小人從事，使知稼穡之艱難，然後返之天位，此其忠也。』

盛曰：『伊尹能廢而立之，何不能輔之以至於善乎？若太甲性同桀紂，則三載之間未應便成賢后，如其性本休明，義心易發，當務盡匡規之理以弼成君德，安有人臣幽主而據其位哉！且臣之事君，惟力是視，奈何挾智藏仁以成君惡！夫太甲之事，朕已鑑之矣。太甲，至賢之主也，以伊尹歷奉三朝，績無異稱，將失顯祖委授之功，故匿其日月之明，受伊尹之黜，所以濟其忠貞之美。夫非常之人，然後能立非常之事，非常人之所見也，亦猶太伯之三讓，人無德而稱焉。』

敷曰：『太伯三以天下讓，至仲尼而後顯其至德。太甲受謗於天下，遭陛下乃申其美。』

因而談讌賦詩，賜金帛各有差。

《北史》卷六二《王羆等傳論》 王羆剛峭有餘，弘雅未之聞也。情安儉率，志在公平。既而奮節危城，抗辭勍敵，梁人為之退舍，高氏不敢加兵。以此見稱，信非虛矣。至述不隕門風，亦足稱也。

王思政驅馳有事之秋，慷慨功名之際。及乎策名霸府，作鎮潁川，設縈帶之險，修守禦之術，以一城之衆，抗傾國之師，率疲駘之兵，當勁勇之卒，猶能亟摧大敵，屢建奇功。忠節冠於本朝，義聲動於鄰聽。運窮事蹙，城陷身囚，壯志高風，亦足奮於百世矣。

尉遲迥地則舅甥，職惟台衮，沐恩累葉，荷眷一時，居形勝之地，受藩維之託，顛而不扶，憂責斯在。及主威云謝，鼎業將遷，九服移心，三靈改卜，遂能志存赴蹈，投袂稱兵。忠君之勤未宣，違天之禍便及。校其心，翟義、葛誕之儔歟。綱、運積宣王室，勤勞出內。觀其自致榮寵，豈唯恩澤而已乎。

夫士之成名，其途不一，蓋有不待爵祿而貴，不因學藝而重者何？亦云忠孝而已。若乃竭力以奉其親者，人子之行也；致身以事其君者，人臣之節也。斯固彌綸三極，囊括百代。當宣帝之在東朝，凶德方兆，王軌志惟無諱，極議於骨肉之間，竟遇淫刑，以至夷滅。若斯人者，人或以為其不忠，則天下莫之信也。觀樂運之所以行己之節，其有古之遺直之風乎。

士操士風論分部

論說

漢·任奕《任子》 治己審則可以治人，治人審則可以治天下。

神龍不處網罟之水，鳳凰不翔罻羅之鄉，賢人不入危國，智者不輔亂君。

【略】

漢·仲長統《昌言·闕名》 人之事親也，不去乎父母之側，不倦乎勞辱之事。唯父母之所言也，唯父母之所欲也。于其體之不安，則不能寢；于其湌之不飽，則不能食。孜孜爲此，以没其身。惡有爲此人父母而憎之者也？人之事君也，言無小大，無所愆也；事無勞逸，無所避也。其見識知也，則不恃恩寵而加敬；其見遺忘也，則不懷怨恨而加勤。安危不貳其志，險易不革其心。孜孜爲此，以没其身。惡有爲此人君長而憎之者也？人之交士也，仁愛篤恕，謙遜敬讓，忠誠發乎內，信效著乎外，流言無所受，愛憎無所偏，幽闇則攻己之所短，會同則述人之所長。有負我者，我又加厚焉；有疑我者，我又加信焉。患難必相恤，利必相及。行潛德而不有，立潛功而不名。孜孜爲此，以没其身。惡有與此人交而憎之者也？

故事親而不爲親所知，是孝未至者也。事君而不爲君所知，是忠未至者也。與人交而不爲人所知，是信義未至者也。父母怨咎人不以正，已審其不然，可違而不報也。父母欲與人以官位爵祿，而才實不可，可違而不從也。父母欲爲奢泰侈靡，以適心快意，可違而不許也。父母不好學問，疾子孫之爲之，可違而學也。父母不好善士，惡子孫交之，可違而友也。士友有患，故待己而濟，父母不欲其行，可違而往也。故不可違而違，非

孝也；可違而不違，亦非孝也；好不違，非孝也；好違，亦非孝也。其得義而已也。

三國魏・杜恕《體論・行》 夫君子直道以耦世，小人枉行以取容。君子揜人之過以長善，小人毀人之善以為功。君子寬賢容衆以為道，小人徼訐懷詐以為智。君子下學而無常師，小人耻學而羞不能。此又君子小人之分界也。君子心有所定，計有所守，智不務多，務行其所知，行不務多，務審其所由，安之若性，行之如不及。小人則不然，心不在乎道義之經，口不吐乎訓誥之言，不擇賢以託身，不力行以自定，隨轉如流，不知所執。此又君子小人之分界也。君子之養其心，莫善於誠。夫誠，君子所以懷萬物也。天不言而人推高焉，地不言而人推厚焉，四時不言而人期焉，此以至誠者也。誠者，天地之大定，而君子之所守也。天地有紀矣，不誠則不能化育。君臣有義矣，不誠則不能相臨。父子有禮矣，不誠則疏。夫婦有恩矣，不誠則離。交接有分矣，不誠則絕。以義應當，曲得其情，其唯誠乎。

《嵇康集》卷二《與山巨源絕交書》 康白：足下昔稱吾於潁川，吾常謂之知言。然經怪此意，尚未熟悉於足下，何從便得之也。前年從河東還，顯宗阿都，説足下議以吾自代，事雖不行，知足下故不知之。足下傍通，多可而少怪。吾直性狹中，多所不堪，偶與足下相知耳。間聞足下遷，惕然不喜，恐足下羞庖人之獨割，引尸祝以自助，手薦鸞刀，漫之羶腥，故具為足下陳其可否。

吾昔讀書，得并介之人，或謂無之，今乃信其真有耳。性有所不堪，真不可强。今空語同知有達人，無所不堪，外不殊俗而內不失正，與一世同其波流而悔吝不生耳。老子莊周，吾之師也，親居賤職；柳下惠東方朔達人也，安乎卑位，吾豈敢短之哉。又仲尼兼愛，不羞執鞭，子文無欲卿相，而三登令尹，是乃君子思濟物之意也。所謂達能兼善而不渝，窮則自得而無悶。以此觀之，故堯舜之君世，許由之巖，子房之佐漢，接輿之行歌，其揆一也。仰瞻數君，可謂能遂其志者也。故君子百行，殊塗而同致。循性而動，各附所安，故有處朝廷而不出，入山林而不反之論。且延陵高子臧之風，長卿慕相如之節，志氣所託，不可奪也。

吾每讀尚子平臺孝威傳，慨然慕之，想其為人。少加孤露，母兄見驕，不涉經學，性復疏嬾。筋駑肉緩，頭面常一月十五日不洗，不大悶癢，不能沐也。每常小便而忍不起，令胞中略轉乃起耳。又縱逸來久，情意傲散。簡與禮相背，嬾與慢相成，而為儕類見寬，不攻其過。又讀《莊》、《老》，重增其放，故使榮進之心日頹，任實之情轉篤。此由禽鹿少見訓育，則服從教制，長而見羈，則狂顧頓纓，赴蹈湯火，雖飾以金鑣，饗以嘉肴，逾思長林而志在豐草也。阮嗣宗口不論人過，吾每師之而未能及。至性過人，與物無傷，唯飲酒過差耳。至為禮法之士所繩，疾之如讎，幸賴大將軍保持之耳。吾不如嗣宗之賢，而有慢弛之闕。又不識人情，闇於機宜，無萬石之慎，而有好盡之累。久與事接，疵釁日興，雖欲無患，其可得乎？

又人倫有禮，朝廷有法。自惟至熟，有必不堪者七，甚不可者二：臥喜晚起，而當關呼之不置，一不堪也；抱琴行吟，弋釣草野，而吏卒守之，不得妄動，二不堪也；危坐一時，痺不得搖，性復多蝨，把搔無已，而當裹以章服，揖拜上官，三不堪也；素不便書，又不喜作書，而人間多事，堆案盈机，不相酬答，則犯教傷義，欲自勉强，則不能久，四不堪也；不喜弔喪，而人道以此為重，已為未見恕者所怨，至欲中傷者，雖瞿然自責，然性不可化，欲降心順俗，則詭故不情，亦終不能獲無咎無譽。如此，五不堪也；不喜俗人，而當與之共事，或賓客盈坐，鳴聲聒耳，囂塵臭處，千變百伎，在人目前，六不堪也；心不耐煩，而官事鞅掌，機務纏其心，世故繁其慮，七不堪也。

又每非湯、武而薄周、孔，在人間不止，此事會顯，世教所不容，此甚不可一也；剛腸疾惡，輕肆直言，遇事便發，此甚不可二也。以促中小心之性，統此九患，不有外難，當有內病，寧可久處人間邪？又聞道士遺言，餌术、黃精，令人久壽，意甚信之。遊山澤，觀魚鳥，心甚樂之。一行作吏，此事便廢。安能舍其所樂，而從其所懼哉？夫人之相知，貴識其天性，因而濟之。禹不逼伯成子高，全其節也；仲尼不假蓋於子夏，護其短也。近諸葛孔明不逼元直以入蜀，華子魚不强幼安以卿相；此可謂能相終始、真相知者也。足下見直木，必不可以為輪；曲者，不可以為桷。蓋不欲以枉其天才，令得其所也。故四民有業，各以得志為樂，唯達者為能通之，此足下度內耳。不可自見好章甫，强越人以文冕

也；己嗜臭腐，養鴛雛以死鼠也。吾頃學養生之術，方外榮華，去滋味，遊心於寂寞，以無為為貴。縱無九患，尚不顧足下所好者。又有心悶疾，頃轉增篤，私意自試，不能堪其所不樂，自卜己審，若道盡途窮則已耳，足下無事寃之，令轉於溝壑也。吾新失母兄之歡，意常悽切。女年十三，男年八歲，未及成人，況復多病，顧此悢悢，如何可言！今但願守陋巷，教養子孫，時與親舊敍闊，陳說平生。濁酒一杯，彈琴一曲，志願畢矣。足下若嬲之不置，不過欲為官得人，以益時用耳；足下舊知吾潦倒□疏，不切事情，自惟亦皆不如今日之賢能也。若以俗人皆喜榮華，獨能離之，以此為快，此最近之可得言耳。然使長才廣度，無所不淹，而能不營，乃可貴耳。若吾多病困，欲離事自全，以保餘年，此真所乏耳，豈可見黄門而稱貞哉？若趣欲共登王塗，期於相致，時為歡益，一旦迫之，必發其狂疾，自非重怨，不至於此也。野人有快炙背而美芹子者，欲獻之至尊，雖有區區之意，亦已疏矣。願足下勿似之。其意如此，既以解足下，并以為別。

《三國志》卷一四《魏志·董昭傳》 昭書與（袁）春卿曰：『蓋聞孝者不背親以要利，仁者不忘君以徇私，志士不探亂以徼幸，智者不詭道以自危。足下大君，昔避內難，南游百越，非疏骨肉，樂彼吳會，智者深識，獨或宜然。曹公愍其守志清恪，離羣寡儔，故特遣使江東，或迎或送，今將至矣。就令足下處偏平之地，依德義之主，居有泰山之固，身為喬松之偶，以義言之，猶宜背彼向此，舍民趣父也。且邾儀父始與隱公盟，魯人嘉之，而不書爵，然則王所未命，爵尊不成，《春秋》之義也。況足下今日之所託者乃危亂之國，所受者乃矯誣之命乎？苟不逞之與羣，而厥父之不恤，不可以言孝。忘祖宗所居之本朝，安非正之奸職，難可以言忠。忠孝並替，難以言智。又足下昔日為曹公所禮辟，夫戚族人而疏所生，內所寓而外王室，懷邪祿而叛知己，遠福祚而近危亡，棄明義而收大恥，不亦可惜邪！若能翻然易節，奉帝養父，委身曹公，忠孝不墜，榮名彰矣。宜深留計，早決良圖。』

又　卷二七《魏志·王昶傳》 遂書戒之（子侄）曰：

夫人為子之道，莫大於寶身全行，以顯父母。此三者人知其善，而或危身破家，陷于滅亡之禍者，何也？由所祖習非其道也。夫孝敬仁義，百行之首，行之而立，身之本也。孝敬則宗族安之，仁義則鄉黨重之，此行成於內，名著于外者矣。人若不篤於至行，而背本逐末，以陷浮華焉，以成朋黨焉；浮華則有虛偽之累，朋黨則有彼此之患。此二者之戒，昭然著明，而循覆車滋衆，逐末彌甚，皆由惑當時之譽，昧目前之利故也。夫富貴聲名，人情所樂，而君子或得而不處，何也？惡不由其道耳。患人知進而不知退，知欲而不知足，故有困辱之累，悔吝之咎。語曰：『如不知足，則失所欲。』故知足之足常足矣。覽往事之成敗，察將來之吉凶，未有干名要利，欲而不厭，而能保世持家，永全福祿者也。欲使汝曹立身行己，遵儒者之教，履道家之言，故以玄默沖虛為名，欲使汝曹顧名思義，不敢違越也。古者盤杅有銘，几杖有誡，俯仰察焉，用無過行；況在己名，可不戒之哉！夫物速成則疾亡，晚就則善終。朝華之草，夕而零落；松柏之茂，隆寒不衰。是以大雅君子惡速成，戒闕黨也。若范匄對秦客，至武子擊之折其委笄，惡其掩人也。夫人有善鮮不自伐，有能者寡不自矜；伐則掩人，矜則陵人。掩人者人亦掩之，陵人者人亦陵之。故三郤為戮于晉，王叔負罪於周，不惟矜善自伐好爭之咎乎？故君子不自稱，非以讓人，惡其蓋人也。夫能屈以為伸，讓以為得，弱以為彊，鮮不遂矣。夫毀譽，愛惡之原而禍福之機也，是以聖人慎之。孔子曰：『吾之於人，誰毀誰譽；如有所譽，必有所試。』又曰：『子貢方人。賜也賢乎哉，我則不暇。』以聖人之德，猶尚如此，況庸庸之徒而輕毀譽哉？

昔伏波將軍馬援戒其兄子，言：『聞人之惡，當如聞父母之名；耳可得而聞，口不可得而言也。』斯戒至矣。人或毀己，當退而求之於身。若己有可毀之行，則彼言當矣；若己無可毀之行，則彼言妄矣。當則無怨于彼，妄則無害於身，又何反報焉？且聞人毀己而忿者，惡醜聲之加人也，人報者滋甚，不如默而自脩己也。諺曰：『救寒莫如重裘，止謗莫如自脩。』斯言信矣。若與是非之士，凶險之人，近猶不可，況與對校乎？其害深矣。夫虛偽之人，言不根道，行不顧言，其為浮淺較可識別；而世人惑焉，猶不檢之以言行也。近濟陰魏諷、山陽曹偉皆以傾邪敗沒，熒惑當世，挾持姦慝，驅動後生。雖刑於鈇鉞，大為炯戒，然所污染，固以衆矣。可不慎與！

若夫山林之士，夷、叔之倫，甘長飢於首陽，安赴火於緜山，雖可以

激貪勵俗，然聖人不可為，吾亦不願也。今汝先人世有冠冕，惟仁義為名，守慎為稱，孝悌於閨門，務學於師友。吾與時人從事，雖出處不同，然各有所取。潁川郭伯益，好尚通達，敏而有知。其為人弘曠不足，輕貴有餘；得其人重之如山，不得其人忽之如草。吾以所知親之昵之，不願兒子為之。北海徐偉長，不治名高，不求苟得，澹然自守，惟道是務。其有所是非，則託古人以見其意，當時無所褒貶。吾敬之重之，願兒子師之。東平劉公幹，博學有高才，誠節有大意，然性行不均，少所拘忌，得失足以相補。吾愛之重之，不願兒子慕之。樂安任昭先，淳粹履道，內敏外恕，推遜恭讓，處不避洿，怯而義勇，在朝忘身。吾友之善之，願兒子遵之。若引而伸之，觸類而長之，汝其庶幾舉一隅耳。及其用財先九族，其施舍務周急，其出入存故老，其論議貴無貶，其進仕尚忠節，其取人務實道，其處世戒驕淫，其貧賤慎無戚，其進退念合宜，其行事加九思，如此而已。吾復何憂哉？

又 卷四二《蜀志·郤正傳》 （郤正）依則先儒，假文見意，號曰《釋譏》，【略】其辭曰：

或有譏余者曰：『聞之前記，夫事與時並，名與功偕，然則名之與事，前哲之急務也。是故創制作範，匪時不立，流稱垂名，匪功不記。名必須功而乃顯，事亦俟時以行止，身沒名滅，君子所恥。是以達人研道，探賾索微，觀天運之符表，考人事之盛衰，辯者馳說，智者應機，謀夫演略，武士奮威，雲合霧集，風激電飛，量時揆宜，用取世資，小屈大申，存公忽私，雖尺枉而尋直，終揚光以發輝也。今三方鼎跱，九有未乂，悠悠四海，嬰丁禍敗，嗟道義之沈塞，愍生民之顛沛，此誠聖賢拯救之秋，烈士樹功之會也。吾子以高朗之才，珪璋之質，兼覽博闚，留心道術，無遠不致，無幽不悉；挺身取命，幹茲奧秘，躊躇紫闥，喉舌是執，九考不移，有入無出，究古今之真偽，計時務之得失。雖時獻一策，偶進一言，釋彼官責，慰此素飧，固未能輸竭忠款，盡瀝胸肝，排方入直，惠彼黎元，俾吾徒草鄙並有聞焉也。盍亦綏衡緩轡，回軌易塗，輿安駕肆，思馬斯徂，審厲揭以投濟，要夷庚之赫憮，播秋蘭以芳世，副吾徒之披圖，不亦盛與！』

余聞而歎曰：『嗚呼，有若云乎邪！夫人心不同，實若其面，子雖光麗，既美且豔，管闚筐舉，守厥所見，未可以言八紘之形埒，信萬事之精練也。』

或人率爾，仰而揚衡曰：『是何言與！是何言與！』

余應之曰：『虞帝以面從為戒，孔聖以悅己為尤，若子之言，良我所思，將為吾子論而釋之。昔在鴻荒，矇昧肇初，三皇應籙，五帝承符，爰暨夏、商，前典攸書。姬衰道缺，霸者翼扶，嬴氏慘虐，吞嚼八區，於是從橫雲起，狙詐如星，奇邪蠭動，智故萌生；或飾真以讎偽，或挾邪以幹榮，或詭道以要上，或鬻技以自矜；背正崇邪，棄直就佞，忠無定分，義無常經。故鞅法窮而慝作，斯義敗而姦成，呂門大而宗滅，韓辯立而身刑。夫何故哉？利回其心，寵耀其目，赫赫龍章，鑠鑠車服，偷幸苟得，如反如仄，淫邪荒迷，恣睢自極，和鸞未調而身在轅側，庭宁未踐而棟折榱覆。天收其精，地縮其澤，人弔其躬，鬼芟其頟。初升高岡，終隕幽壑，朝含榮潤，夕為枯魄。是以賢人君子，深圖遠慮，畏彼咎戾，超然高舉，寧曳尾於塗中，穢濁世之休譽。彼豈輕主慢民，而忽於時務哉？蓋《易》著行止之戒，《詩》有靖恭之歎，乃神之聽之而道使之然也。

自我大漢，應天順民，政治之隆，皓若陽春，俯憲坤典，仰式乾文，播皇澤以熙世，揚茂化之醲醇，君臣履度，各守厥真，上垂詢納之弘，下有匡救之責，士無虛華之寵，民有一行之迹，粲乎亹亹，尚此忠益。然而道有隆窊，物有興廢，有聲有寂，有光有翳。朱陽否於素秋，玄陰抑於孟春，羲和逝而望舒係，運氣匿而耀靈陳。沖、質不永，桓、靈墜敗，英雄雲布，豪傑蓋世，家挾殊議，人懷異計，故從橫者欻披其胸，狙詐者暫吐其舌也。

今天綱已綴，德樹西鄰，丕顯祖之宏規，縻好爵於士人，興五教以訓俗，豐九德以濟民，肅明祀以礿祭，幾皇道以輔真。雖跱者未一，偽者未分，聖人垂戒，蓋均無貧；故君臣協美於朝，黎庶欣戴於野，動若重規，靜若疊矩。濟濟偉彥，元凱之倫也，有過必知，顏子之仁也，侃侃庶政，冉、季之治也，鷹揚鷙騰，伊、望之事也；總羣俊之上略，含薛氏之三計，敷張、陳之秘策，故力征以勤世，援華英而不遑，豈暇脩枯籜於榛穢哉！

然吾不才，在朝累紀，託身所天，心焉是恃。樂滄海之廣深，歎嵩嶽

之高跱，聞仲尼之贊商，感鄉校之益己，彼平仲之和羹，亦進可而替否；故矇冒瞽説，時有攸獻，譬遒人之有采于市閭，游童之吟詠乎疆畔，庶以增廣福祥，輪力規諫。若其合也，則以闇協明，進應靈符；如其違也，自我常分，退守己愚。進退任數，不矯不誣，循性樂天，夫何恨諸？此其所以既入不出，有而若無者也。狹屈氏之常醒，濁漁父之必醉，溷柳季之卑辱，褊夷叔之高懟。合不以得，違不以失，得不克詘，失不慘悸；不樂前以顧軒，不就後以慮輊，不鬻譽以干澤，不辭愆以忌絀。何責之釋？何殆之卹？何方之排？何直之入？九考不移，固其所執也。

方今朝士山積，髦俊成羣，猶鱗介之潛乎巨海，毛羽之集乎鄧林，游禽逝不為之尠，浮魴臻不為之殷。且陽靈幽於唐葉，陰精應於商時，陽盱請而洪災息，桑林禱而甘澤滋。行止有道，啓塞有期。我師遺訓，不怨不尤，委命恭己，我又何辭？辭窮路單，將反初節，綜墳典之流芳，尋孔氏之遺藝，綴微辭以存道，憲先軌而投制，韙叔肸之優游，美疏氏之遐逝，收止足以言歸，汎皓然以容裔，欣環堵以恬娛，免咎悔於斯世，顧茲心之未泰，懼末塗之泥滯，仍求激而增憤，肆中懷以告誓。昔九方考精於至貴，秦牙沈思於殊形；薛燭察寶以飛譽，瓠梁託絃以流聲；齊隸拊髀以濟文，楚客潛寇以保荆；雍門援琴而挾説，韓哀秉轡而馳名；盧敖翱翔乎玄闕，若士竦身于雲清。余實不能齊技於數子，故乃靜然守己而自寧。』

又　卷五九《吴志·孫和傳》　（孫和）常言當世士人宜講脩術學，校習射御，以周世務，而但交游博弈以妨事業，非進取之謂。後羣寮侍宴，言及博弈，以爲妨事費日而無益於用，勞精損思而終無所成，非所以進德脩業，積累功緒者也。且志士愛日惜力，君子慕其大者，高山景行，恥非其次。夫以天地長久，而人居其閒，有白駒過隙之喻，年齒一暮，榮華不再。凡所患者，在於人情所不能絕，誠能絕無益之欲以奉德義之塗，棄不急之務以脩功業之基，其於名行，豈不善哉？夫人情猶不能無嬉娛，嬉娛之好，亦在於飲宴琴書射御之閒，何必博弈，然後為歡。

又　卷六五《吴志·韋曜傳》　時蔡穎亦在東宮，性好博弈，太子和以為無益，命曜論之。其辭曰：

蓋聞君子恥當年而功不立，疾没世而名不稱，故曰學如不及，猶恐失之。是以古之志士，悼年齒之流邁而懼名稱之不立也，故勉精厲操，晨興夜寐，不遑寧息，經之以歲月，累之以日力，若甯越之勤，董生之篤，漸漬德義之淵，棲遲道藝之域。且以西伯之聖，姬公之才，猶有日昃待旦之勞，故能隆興周道，垂名億載，況在臣庶，而可以已乎？歷觀古今立功名之士，皆有累積殊異之迹，勞身苦體，契闊勤思，平居不墮其業，窮困不易其素，是以卜式立志於耕牧，而黄霸受道於囹圄，終有榮顯之福，以成不朽之名。故山甫勤於夙夜，而吴漢不離公門，豈有游惰哉？

今世之人多不務經術，好□博弈，廢事棄業，忘寢與食，窮日盡明，繼以脂燭。當其臨局交爭，雌雄未決，專精鋭意，心勞體倦，人事曠而不脩，賓旅闕而不接，雖有太牢之饌，《韶夏》之樂，不暇存也。至或賭及衣物，徙易行，廉恥之意弛，而忿戾之色發，然其所志不出一枰之上，所務不過方罫之間，勝敵無封爵之賞，獲地無兼土之實，技非六藝，用非經國；立身者不階其術，徵選者不由其道。求之於戰陳，則非孫、吴之倫也；考之於道藝，則非孔氏之門也；以變詐為務，則非忠信之事也；以劫殺為名，則非仁者之意也；而空妨日廢業，終無補益。是何異設木而擊之，置石而投之哉！且君子之居室也勤身以致養，其在朝也竭命以納忠，臨事且猶旰食，而何博弈之足耽？夫然，故孝友之行立，貞純之名彰也。

方今大吴受命，海内未平，聖朝乾乾，務在得人，勇略之士則受熊虎之任，儒雅之徒則處龍鳳之署，百行兼苞，文武並騖，博選良才，旌簡髦俊，設程試之科，垂金爵之賞，誠千載之嘉會，百世之良遇也。當世之士，宜勉思至道，愛功惜力，以佐明時，使名書史籍，勳在盟府，乃君子之上務，當今之先急也。

夫一木之枰孰與方國之封？枯棊三百孰與萬人之將？袞龍之服，金石之樂，足以兼棊局而貿博弈矣。假令世士移博弈之力而用之於詩書，是有顔、閔之志也；用之於智計，是有良、平之思也；用之於資貨，是有猗頓之富也；用之於射御，是有將帥之備也。如此則功名立而鄙賤遠矣。

三國·唐滂《唐子》　有父不能孝，有兄不能敬，而論人父子之義、昆弟之節，猶彎弓而自射也。【略】

君子守真仗信，遭時不容，雖有詘辱之恥，幽垢之謗，猶傷體毛耳。

【略】

古人目短于自見，故以鏡觀形，心短于自治，故以禮自防。【略】

君子不以昏行易操，不以夜昧易容。【略】

暴至之榮，智者不居；守財不施，謂之錢奴。

晉·葛洪《抱朴子外篇》卷一《嘉遁》 抱朴子曰：有懷冰先生者，薄周流之棲遑，悲吐握之良苦。讓膏壤於陸海，爰躬耕乎斥鹵。秘六奇以括囊，含琳琅而不吐。謐清音則莫之或聞，掩輝藻則世不得覿。背朝華於朱門，保恬寂乎蓬戶。絕軌躅於金張之間，養浩然於幽人之仵。謂榮顯為不幸，以玉帛為草土。抗靈規於雲表，獨違今而遂古。庇峻岫之巍峨，藉翠蘭之芳茵。漱流霞之澄液，茹八石之精英。思眇眇焉若居乎虹霓之端，意飄飄焉若在乎倒景之鄰。萬物不能攪其和，四海不足汩其神。

於是有赴勢公子聞之，慨然而嘆曰：『空谷有項領之駿者，孫陽之恥也；太平遺冠世之才者，賞真之責也。安可令俊民全其獨善之分，而使聖朝乏乎元凱之用哉！』

乃造而說曰：『徒聞振翅竦身，不能淩厲九霄，騰蹋玄極，攸敘彝倫者，非英偉也。今先生操立斷之鋒，掩炳蔚之文，玩圖籍於絕迹之藪，括藻麗乎鳥獸之羣，陳龍章於晦夜，沈琳琅於重淵，蟄伏於盛夏，藏華於當春；雖復下帷覃思，殫毫騁藻，幽贊太極，闡釋元本，言歡則木梗怡顏如巧笑，語戚則偶嚬顣而滂沱，抑輕則鴻羽沈於弱水，抗重則玉石漂於飛波，離同則肝膽為象胡越，合異則萬殊而一和，切論則秋霜春肅，溫辭則冰條吐葩，摧高則峻極頹淪，竦卑則淵池嵯峨，疵清則倚暗夜光，救濁則立澄黃河。然不能沾大惠於庶物，著弘勳於皇家，名與朝露皆晞，體與蜉蝣並化，忽崇高於聖人之寶，忘川逝於大耋之嗟，竊為先生不取焉。

『蓋聞大者天地，其次君臣。先聖憂時，思行其道，三月無君，皇皇如也。恥令聖主不與堯舜一致，愍此黎民不可比屋而封，故或負鼎而龍躍，或扣角以鳳歌，不須蒲輪而後動，不待文王而後興。潛初飛五，與時消息，進有攸往之利，退無濡尾之累，明哲以保身，宣化以濟俗。使夫承蘭風以傾柯，濯清波以遺穢者，若沈景之應朗鑑，方圓之赴規矩。故勳格上下，惠沾八表。夫有唐所以巍巍，重華所以恭己，西伯所以三分，姬發所以革命，桓文所以一匡，漢高所以應天，未有不致羣賢為六翮，託豪傑為舟楫者也。若令各守洗耳之高，人執耦耕之分，則稽古之化不建，英明之盛不彰，明良之歌不作，括天之網不張矣。

『故藏器者珍於變通隨時，英逸者貴於吐奇撥亂。若乃耀靈翳景於雲表，則麗天之明不著；哮虎韜牙而握爪，則搏噬之捷不揚；太阿潛鋒而不擊，則立斷之勁不顯；驥騄踠趾而不馳，則追風之迅不形；並默則子貢與喑者同口，咸瞑則離朱與矇瞽不殊矣。先生潔身而忽大倫之亂，得意而忘安上之義，存有關機之累，没無金石之聲，庸人且猶憤色，何有大雅而無心哉！

『夫繩舒則木直，正進則邪凋，有虞舉則四凶戮，宣尼任則少卯梟，猶震雷駭則鼙鼓堙，朝日出則螢燭幽也。不拯招魂之病，則無為效越人之絕伎；不獎多難之世，則無以知非常之遠量。高拱以觀溺，非勿踐之仁也，懷道以迷國，非作者之務也。若俟中唐殖占日之草，朝陽繁鳴鳳之音，郊踦獨角之獸，野攢連理之林，長旍卷而不懸，干戈戢而莫尋，少伯方將告退於成功，孰能相擢乎陸沈哉？深願先生不遠迷復哉！』

於是懷冰先生蕭然遐眺，遊氣天衢，情神遼緬，旁若無物。俯而荅曰：『嗚呼！有是言乎？蓋至人無為，棲神沖漠，不役志於祿利，故害辱不能加也；不躡峙於險途，故傾墜不能為患也。藜藿不供，而意佚於方丈；齊編庸民，而心歡於有土。寢宜僚之舍，閉干木之間，攜莊萊之友，治陋巷之居，確岳峙而不拔，豈有懷於卷舒乎？以欲廣則濁和，故委世務而不紆眄；以位極者憂深，故背勢利而無餘疑。其貴不以爵也，富不以財也。侶雲鵬以高逝，故不縶翮於腐鼠；以蓄武為厚誡，故不改樂於簞瓢。

『且夫玄黃遐邈，而人生倏忽，以過隙之促，託罔極之間，迅乎猶奔星之蹔見，飄乎似飛矢之電經。聊且優游以自得，安能苦形於外物哉！夫鸞不絓網，驎不墮穽，相彼鳥獸，猶知為患，風塵之徒，曾是未吝也？

若夫要離滅家以效功，紀信赴燔以誑楚，陳賈刎頸以證弟，仲由投命而葅醢，嬴門伏劍以表心，聶政感惠而屠葅，荊卿絕臏以報燕，樊公含悲而授首，皆下愚之狂惑，豈上智之攸取哉！

『蓋祿厚者責重，爵尊者神勞。故漆園垂綸，而不顧卿相之貴；柏成操耜，而不屑諸侯之高。羊說安乎屠肆，楊朱吝其一毛。僥求之徒，昧乎

可欲，集不擇木，仕不料世，貪進不慮負乘之禍，受任不計不堪之敗；論榮貴則引伊周以救溺，言亢悔則諱覆餗而不記；伺河龍之睡而撥明珠，居量表之寵而冀無患；耽漏刻之安，蔽必至之危；無朝菌之榮，望大椿之壽；似蹈薄冰以待夏日，登朽枝而須勁風；淵魚之引芳餌，澤雉之咽毒粒；咀漏脯以充飢，酣鴆酒以止渴也。

『昔箕子覩象箸而流泣，尼父聞偶葬而永歎，蓋尋微以知著，原始以見終。然而闇夫蹈機不覺，何前識之至難，而利欲之疢篤邪！周成賢而信流言，公旦聖而走南楚，託鴟鴞以告悲，賴金縢以僅免。況能寤之主，不世而一有；不悅之謗，無時而蹔乏。德不以激烈風而起斃禾，事不以載玨璧而稱多才，嗟泣靡及，宜其然也。

『夫漸漬之久，則膠漆解堅；浸潤之至，則骨肉乖析；塵羽之積，則沈舟折軸；三至之言，則市虎以成。故江充疏賤，非親於元儲，后母假繼，非密於伯奇；而掘梗之誣，滅父子之恩；袖蜂之詐，破天性之愛。又況其他，安可自必。嗟乎！伍員所以懷忠而漂尸；悲夫！白起所以秉義而刎頸也。蓋徹鑑所為寒心，匠人之所眩惑矣。

『又欲推短才以釐雷同，仗獨是以彈衆非。然不覩金雖克木，而錐鑽不可以伐鄧林；水雖勝火，而升合不足以救焚山。寸膠不能治黃河之濁，尺水不能卻蕭丘之熱。是以身名並全者甚稀，而先笑後號者多有也。畏亢悔而貪榮之欲不滅，忌毀辱而爭肆之情不遣，亦猶惡溼而泳深淵，憎影而不就陰，穿舟而息漏，猛爨而止沸者也。

『夫七尺之骸，稟之以所生，不可受全而歸殘也；方寸之心，制之在我，不可放之於流遁也。躬耕以食之，穿井以飲之，短褐以蔽之，蓬廬以覆之，彈詠以娛之，呼吸以延之，逍遙竹素，寄情玄毫，守常待終，斯亦足矣。且夫道存則尊，德勝則貴，隋珠彈雀，知者不為。何必須權而顯，俟祿而飽哉！

『且夫安貧者以無財為富，甘卑者以不仕為榮。故幼安浮海而澄神，胡子甘心於退耕。逢比有令德之罪，信布陷功大之刑。一枝足以戢鸞羽，何煩乎豐林？潢洿足以泛龍鱗，豈事乎滄海？藜藿嘉於八珍，寒泉旨於醽醁；攝履美於赤舄，緼袍麗於袞服；把橦安於杖鉞，鳴條樂乎絲竹；茅茨黼於丹楹，采椽珍於刻桷；登嵩峰為臺榭，疵巖霤為華屋；積篇章為敖庾，寶玄談為金玉；棄細人之近戀，捐庸隸之所欲；遊九皐以含歡，遺智慧以絕俗。同屈尺蠖，藏光守樸；表拙示訥，知止常足。然後咀嚼芝芳，風飛雲浮；晞景九陽，附翼高遊；仰棲梧桐，俯集玄洲。孰與銜轡而伏櫪，同被繡於犧牛哉！』

赴勢公子曰：『夫入而不出者，謂之耽寵忘退；往而不反者，謂之不任無義。故達者以身非我有，任乎所值。隱顯默語，無所必固。時止則止，時行則行。束帛之集，庭燎之舉，則君子道長，在天利見。若運涉陽九讖勝之時，則不出戶庭，括囊勿用。龍起鳳戢，隨時之宜。古人所以或避危亂而不肯入，或色斯而不終日者，慮巫山之失火，恐芝艾之并焚耳。

方今聖皇御運，世夷道泰，仁及蒼生，惠風遐邁，威肅鬼方，澤沾九裔；儀坤德以厚載，擬乾穹以高蓋；神化則雲行雨施，玄澤則烟熅汪濊；四門穆穆以博延，主思英逸以俾乂。此乃千載所希值，剖判之一會。而先生慕嘉遁之偏枯，不覺狷華之患害也；務乎單豹之養內，未睹暴虎之犯外也。是聞涉水之或溺，則謂乘舟者皆敗；以商臣之凶逆，則謂繼體無類也。』

懷冰先生曰：『聖化之盛，誠如高論。出處之事，人各有懷。故堯舜在上，而箕潁有巢棲之客；夏后御世，而窮藪有握耒之賢。豈有慮於此險哉？蓋各附於所安也。是以高尚其志，不仕王侯，存夫爻象，匹夫所執，延州守節，聖人許焉。』

『僕所以逍遙於丘園，斂迹乎草澤者，誠以才非政事，器乏治民，而多士雲起，髦彥鱗萃，文武盈朝，庶事既康，故不欲復舉熠耀以廁日月之間，拊甂瓴於洪鍾之側，貢輕扇於堅冰之節，衒裘鑪乎隆暑之月，必見捐於無用，速非時之巨嗤。若攡經著述，可以全真成名，有補末化；若強所不堪，則將顛沛惟咎，同悔小狐。故居其所長，以全其所短耳。雖無立朝之勳，即戎之勞；然切磋後生，弘道養正，殊塗一致，非損之民也。劣者全其一介，何及於許由，聖世恕而容之，同曠於有唐，不亦可乎！』

赴勢公子勃然自失，肅爾改容，曰：『先生立言助教，文討姦違，摽退靜以抑躁競之俗，興儒教以救微言之絕，非有出者，誰敍彝倫？非有隱者，誰誨童蒙？普天率土，莫匪臣民。亦何必垂纓執笏者為是，而樂飢衡門者可非乎！夫羣迷乎雲夢者，必須指南以知道；並乎滄海者，必

仰辰極以得反。今聞嘉訓，乃覺其蔽。請負衣冠，策駑希驥，汎愛與進，不嫌擇焉。』

又　卷二《逸民》　凡所謂志人者，不必在乎祿位，不必須乎勳伐也。太上無己，其次無名，能振翼以絕羣，騁迹以絕軌，為常人所不能為，割近才所不能割，少多不為凡俗所量，恬粹不為名位所染，淳風足以濯百代之穢，高操足以激將來之濁。何必紆朱曳紫，服冕乘軺，被犧牛之文繡，吞詹何之香餌，朝為張天之炎熱，夕成冰冷之季灰！

夫斥鷃不以蓬榛易雲霄之表，王鮪不以幽岫貿滄海之曠，虎豹入廣厦而懷悲，鴻鶤登嵩巒而含慼。物各有心，安其所長。莫不泰於得意，而慘於失所也。經世之士，悠悠皆是，一日無君，惶惶如也。譬猶藍田之積玉，鄧林之多材，良工大匠，肆意所用。亦何必棲魚而沈鳥哉！嘉遁高蹈，先聖所許；或出或處，各從攸好。

蓋士之所貴，立德立言。若夫孝友仁義，操業清高，可謂立德矣；窮覽《墳》、《索》，著述粲然，可謂立言矣。夫善卷無治民之功，未可謂之減於俗吏；仲尼無攻伐之勳，不可以為不及於韓白矣。身名並全，謂之為上。隱居求志，先民嘉焉。夷齊一介，不合變通，古人嗟嘆，謂不降辱。夫言不降者，明隱逸之為高也；不辱者，知羈縶之為洿也。聖人之清者，孟軻所美，亦云天爵貴於印綬。志修遺榮，孫卿所尚，道義既備，可輕王公。而世人所畏唯勢，所重唯利。盛德身滯，便謂庸人；器小任大，便謂高士。或有乘危冒嶮，投死忘生，棄遺體於萬仞之下，邀榮華乎一朝之間，比夫輕四海愛脛毛之士，何其緬然邪！

夫麟不吠守，鳳不司晨，騰黃不引犁，尸祝不治庖也。且夫揚大明乎無外，宣嫗煦之和風者，日也；耀華燈於闇夜，冶金石以致用者，火也。天下不可以經時無日，不可以一旦無火，然其大小，不可同也。江海之外，彌綸二儀，升為雲雨，降成百川；而朝夕之用，不及累仞之井，灌田溉園，未若溝渠之沃。校其巨細，孰為曠哉？

桀紂帝王也，仲尼，陪臣也，今見比於桀紂，則莫不怒焉；見擬於仲尼，則莫不悅焉。爾則貴賤果不在位也。故孟子云：禹稷顏淵，易地皆然矣。宰予亦謂：孔子賢於堯舜遠矣。夫匹庶而鈞稱於王者，儒生高極乎唐虞者，德而已矣，何必官哉！

且夫交靈升於造化，運天地於懷抱，恢恢然世故不棲於心術，茫茫然寵辱不汩其純白，流俗之所欲，不能染其神，近人之所惑，不能移其志。榮華，猶贅疣也；萬物，猶蜩翼也。若然者，豈肎詰屈其支體，俯仰其容儀，挹酌於其所不喜，脩索於其所棄遺，怡顏以取進，曲躬以避退，恐俗人之不悅，慼我身之淩遲，屈龍淵為錐鑽之用，抑靈鼖為㹻聾之音，推黃鉞以適釤鎌之持，撓華旗以入林杞之下乎！

古公杖策而捐之，越翳入穴以逃之，季札退耕以委之，老萊灌園以遠之，從其所好，莫與易也。故醇而不雜，斯則富矣；身不受役，斯則貴矣。若夫剖符有土，所謂祿利耳，非富貴也。且夫官高者其責重，功大者人忌之，獨有貧賤，莫與我爭，可得長寶，而無憂焉。

濯裘布被，拔葵去織，豘不掩豆，菜肴糲飡，又獲逼下邀偽之譏，樹塞反坫，三歸玉食，穰侯之富，安昌之泰，則有僭上洿濁之累。未若遊神典文，吐故納新，求飽乎耒相之端，索緼乎杼軸之間，腹仰河而已滿，身集一枝而餘安，萬物芸芸，化為埃塵矣。饘粥糊口，布褐緼袍，淡泊肆志，不憂不喜，斯為尊樂，喻之無物也。

夫仕也者，欲以為名邪？則修毫可以洩憤懣，篇章可以寄姓字，何假乎良史，何煩乎鑱鼎哉！孟子不以矢石為功，揚雲不以治民益世，求仁而得，不亦可乎？

又　卷二四《酒誡》　抱朴子曰：目之所好，不可從也；耳之所樂，不可順也；鼻之所喜，不可任也；口之所嗜，不可隨也；心之所欲，不可恣也。故惑目者，必逸容鮮藻也；惑耳者，必妍音淫聲也；惑鼻者，必茝蕙芬馥也；惑口者，必珍羞嘉旨也；惑心者，必勢利功名也。五者畢惑，則或承之禍為身患者，不亦信哉！

是以智者嚴櫽括於性理，不肆神以逐物，檢之以恬愉，增之以長算。其抑情也，劇乎隄防之備決；其御性也，過乎腐轡之乘奔。故能內保永年，外免釁累也。蓋飢寒難堪者也，而清節者不納不義之穀帛焉；困賤難居者也，而高尚者不處危亂之榮貴焉。蓋計得則能忍之心全矣，道勝則害性之事棄矣。

夫酒醴之近味，生病之毒物，無毫分之細益，有丘山之巨損，君子以之敗德，小人以之速罪，耽之惑之，尠不及禍。世之士人，亦知其然，既

莫能絕，又不冐節，縱心口之近欲，輕召災之根源，似熱渴之恣冷，雖適己而身危也。小大亂喪，亦罔非酒。

然而俗人是酣是湎，其初筵也，抑抑濟濟，言希容整，詠《湛露》之『厭厭』，歌『在鎬』之『愷樂』，舉『萬壽』之觴，育『温克』之義。日未移晷，體輕耳熱。夫琉璃海螺之器並用，滿酌罰餘之令遂急。醉而不止，拔轄投井。

於是口涌鼻溢，濡首及亂。屢舞蹮蹮，舍其坐遷，載號載呶，如沸如羹。或爭辭尚勝，或啞啞獨笑，或無對而談，或嘔吐几筵，或值蹷良倡，或冠脫帶解。

貞良者流華督之顧眄，怯懦者效慶忌之蕃捷，遲重者蓬轉而波擾，整肅者鹿踴而魚躍。口訥於寒暑者，皆搖掌而譜聲，謙卑而不競者，悉裨瞻以高交。廉恥之儀毀，而荒錯之疾發；闒茸之性露，而傲佷之態出。

精濁神亂，臧否顛倒。或奔車走馬，赴阬谷而不憚，以九折之阪為蛭封；或登危蹋積，雖墮墜而不覺，以呂梁之淵為牛迹也。或肆忿於器物，或酗醟於妻子；加枉酷於臣僕，用剡鋒乎六畜；熾火烈於室廬，掊寶玩於淵流；遷威怒於路人，加暴害於士友。褻嚴主以夷戮者，有矣；犯凶人而受困者，有矣。

言雖尚辭，煩而叛理；拜伏徒多，勞而非敬。臣子失禮於君親之前，幼賤悖慢於耆宿之坐。謂清談為詆詈，以忠告為侵己。於是白刃抽而忘思難之慮，棒杖奮而罔顧乎前後。搆漉血之讎，招大辟之禍。

以少凌長，則鄉黨加重責矣；辱人父兄，則子弟將推刃矣；發人所諱，則壯士不能堪矣；計數深尅，則醒者不能恕矣。起衆患於須臾，結百痾於膏肓。奔駟不能追既往之悔，思改而無自反之蹊。蓋智者所深防，而愚人所不免也。其為禍敗，不可勝載。

然而歡集，莫之或釋，舉白盈耳，不論於能否。計瀝霤於小餘，以稽遲為輕己。傾匡注於所敬，殷勤變而成薄。勸之不持，督之不盡，怨色醜音所由而發也。

夫風經府藏，使人惚怳，及其劇者，自傷自虞。或遇斯疾，莫不憂懼，吞苦忍痛，欲其速愈。至於醉之病性，何異於兹。而獨居密以逃風，不能割情以節酒。若畏酒如畏風，憎醉如憎病，則荒沈之咎塞，而流連之失止矣。夫風之為疾，猶展攻治，酒之為變，在乎呼噏。及其悶亂，若存若亡，視泰山如彈丸，見滄海如盤盂，仰嚾天墮，俯呼地陷，臥待虎狼，投井赴火，而不謂惡也。夫用身之如此，亦安能惜敬恭之禮，護喜怒之失哉！

昔儀狄既疏，大禹以興。糟丘酒池，辛癸以亡。豐侯得罪，以戴尊銜盃。景升荒壞，以三雅之爵。劉松爛腸，以逃暑之飲。郭珍發狂，以無日不醉。信陵之凶短，襄子之亂政，趙武之失衆，子反之誅戮，漢惠之伐命，灌夫之滅族，陳遵之遇害，季布之疏斥，子建之免退，徐邈之禁言，皆是物也。世人好之樂之者甚多，而戒之畏之者至少，彼衆我寡，良箴安施？且願君節之而已。

曩者既年荒穀貴，人有醉者相殺，牧伯因此輒有酒禁，嚴令重申，官司搜索，收執榜徇者相辱，制鞭而死者太半。防之彌峻，犯者至多。至乃穴地而釀，油囊懷酒。民之好此，可謂篤矣。余以匹夫之賤，託此空言之書，末如之何矣。

又臨民者雖設其法，而不能自斷斯物，緩己急人，雖令不從，弗躬弗親，庶民弗信。以此而教，教安得行；以此而禁，禁安得止哉？沽賣之家，廢業則困，遂修飾賂遺，依憑權右，所屬吏不敢問。無力者獨止，而有勢者擅市。張爐專利，乃更倍售，從其酤買，公行靡憚，法輕利重，安能免乎哉？

或人難曰：『夫夏桀殷紂之亡，信陵漢惠之殘，聲色之過，豈唯酒乎！以其生患於古，而斷之於今，所謂以褒姒喪周，而欲人君廢六宮，以阿房之危秦，而使王者結草庵也。蓋聞昊天表酒旗之宿，坤靈挺空桑之化，燎柴員丘，瘞薶圻澤，祼鬯儀彝，寘降神祇，酒為禮也。

千鍾百觚，堯舜之飲也。唯酒無量，仲尼之能也。姬旦酒肴不徹，故能制禮作樂。漢高婆娑巨醉，故能斬蛇鞠旅。于公引滿一斛，而斷獄益明。管輅傾仰三斗，而清辯綺粲。揚雲酒不離口，而《太玄》乃就。子圉醉無所識，而霸功以舉。一瓶之醪傾，而三軍之衆悅。解毒之觴行，而盜馬之屬感。消憂成禮，策勳飲至，降神合人，非此莫以也。內速諸父，外將嘉賓，如淮如澠，《春秋》所貴。由斯言之，安可識乎？』

抱朴子答曰：『酒旗之宿，則有之矣。譬猶懸象著明，莫大乎日月；

水火之原，於是在焉。然節而宣之，則以養生立功；用之失適，則焚溺而死。豈可恃懸象之在天，而謂水火不殺人哉？宜生之具，莫先於食；食之過多，實結癥瘕。況於酒醴之毒物乎！

『夫使彼夏桀殷紂信陵漢惠荒流於亡國之淫聲，沈溺於傾城之亂色，皆由乎酒熏其性，醉成其勢，所以致極情之失，忘修飾之術者也。我論其本，子識其末，謂非酒禍，禍其安出？是獨知猛雨之霑衣，而不知雲氣之所作；唯患飛埃之糝目，而不覺飈風之所為也。

『千鍾百斛，不經之言，不然之事，明者不信矣。夫聖人之異自才智，至於形骸非能兼人，有七尺三丈之長，萬倍之大也。一日之飲，安能至是？仲尼則畏性之變，不敢及亂。周公則終日百拜，肴乾酒澄。上聖戰戰，猶且若斯，況乎庸人，能無悔乎？

『漢高應天，承運革命，向雖不醉，猶當斬蛇。于公聰達，明於聽斷，小大以情，不失枉直。是以刑不濫加，世無怨民。但其健飲，不即廢事。若論大醉，亦俱無知。決疑之才，何賴於酒？未聞衆繇甫侯子產釋之，醉乃折獄也。

『管輅年少，希當劇談，故假酒勢以助膽氣。若過其量，亦必迷錯。及其刺毫釐於爻卦，索鬼神之變化，占氣色以決盛衰，聆鳴鳥以知方來，候風雲而尅吉凶，觀碑柏而識禍福，豈復須酒，然後審之？

『揚雲通人，才高思遠，英贍之富，稟之自天，豈藉外物，以助著述？及其數飲，由於偶好，亦或有疾，以宜藥勢耳。子圉肆志，蓋已素定。雖復不醉，亦於終果。瓶罌悅衆，寓言之喻。誠能賞罰允當，威恩得所，長算縱橫，應機無方，則士思果毅，人樂奮命。其不然也，雖流酒淵，何補勝負？繆公飲盜，造次之權，舍法長惡，何足多稱哉！豈如慎之邪？』

又 卷二五《疾謬》 抱朴子曰：『世故繼有，禮教漸穨，敬讓莫崇，傲慢成俗。儔類飲會，或蹲或踞，暑夏之月，露首袒體。盛務唯在摴蒱彈棊，所論極於聲色之閒，舉足不離綺襦紈袴之側，游步不去勢利酒客之門。不聞清談講道之言，專以醜辭嘲弄為先。以如此者為高遠，以不爾者為騃野。

『於是馳逐之庸民，偶俗之近人，慕之者猶宵蟲之赴明燭，學之者猶輕毛之應飆風。嘲戲之談，或上及祖考，或下逮婦女。往者務其必深焉，報者恐其不重焉。倡之者不慮見答之後患，和之者恥於言輕之不塞。周禾之芟，溫麥之刈，實由報恨，不能已也。利口者扶強而黨勢，辯給者借鍒以刺瞂。以不應者為拙劣，以先止者為負敗。如此交惡之辭，焉能默哉！

『其有才思者之為之也，猶善於依因機會，準擬體例，引古喻今，言微理舉，雅而可笑，中而不傷，不根人之所諱，不犯人之所惜。若夫拙者之為之也，則枉曲直湊，使人愕愕然。妍之與媸，其於宜絕，豈唯無益而已哉！

『乃有使酒之客，及於難侵之性，不能堪之，拂衣拔棘，而手足相及。醜言相加於所尊，歡心變而成讎，絕交壞身，構隙致禍。以杯螺相擲者有矣，以陰私相訐者有矣。昔陳靈之被矢，灌氏之泯族，匪降自天，口實為之。樞機之發，榮辱之主，三緘之戒，豈欺我哉！

『激雷不能追既往之失辭，班輸不能磨斯言之既玷。雖不能三思而吐清談，猶可息謔調以防禍萌也。尊其辭令，敬其威儀，使言無口過，體無倨容，可法可觀，可畏可愛。蓋遠辱之良術，全交之要道也。

『且夫慢人者不愛其親者也。輕鬭者，不重遺體者也。皆陷不孝，可不詳乎！然而迷謬者無自見之明，觸情者諱逆耳之規。疾美而無直亮之鍼艾，羣惑而無指南以自反。諂媚小人，歡笑以贊善；面從之徒，拊節以稱功。益使惑者不覺其非，自謂有端、晏之捷，過人之辯，而不悟斯乃招患之旌，召害之符，傳非之驛，傾身之車也；豈徒減其方策之令聞，虧其沒世之德音而已哉！

『蓋雖有偕老之慎，不能救一朝之過；雖有陶朱之富，不能贖片言之謬。故毫氂之失，有千里之差；傷人之語，有劍戟之痛。積微致著，累淺成深，鴻羽所以沈龍舟，羣輕所以折勁軸，寸飆所以燔百尋之室，蠹蝎所以仆連抱之木也。古賢何獨跼蹐恂恂之如彼，今人何其慣慢傲放之如此乎！

『是以高世之士，望塵而旋迹。輕薄之徒，響赴而影集。謀事無智者之助，居危無切磋之益。良史懸筆，無可書之善。談者含音，無足傳之美。令聞不著，醜聲宣流。沒有餘敗，貽譏將來。始無可法，終無可紀。斯亦志士之恥也。

『安忍為之，過而不改，斯誠委夷路而陷叢棘，舍嘉旨而咽鉤吻者也。豈所謂以小善為無益而不為，以小惡為無損而不止，以至惡積而不可掩，罪大而不可解者邪？余願世人改其無檢之行，除其驕吝之失，遣其誇矜尚人之疾，絕息嘲弄不典之言，則趙勝之門無去客，黃祖之棓無所用矣。』

抱朴子曰：『或有不治清德以取敬，而仗氣力以求畏。其入衆也，則亭立不坐，爭處端上，作色諧聲，逐人自安。其不得意，恚懟不退。其行出也，則逼狹之地，恥於作塗，振策長驅，推人於險，有不即避，更加攄頓。嗚呼，悲哉！此云古之卑而不可踰，推蔭讓路，勞謙下士，無競於物，立若不勝衣，行若不容身者，何其緬然之不肖哉！

『夫德盛操清，則雖深自挹降，而人猶貴之。若履蹈不高，則雖行淩暴，而人猶不敬。假令外服人體，內失人心，所謂見憎惡，非為見尊重也。昔莊生未食，趙王側立。騶衍入疆，燕君擁篲。康成之里，逆虜望拜，林宗之庭，莫不卑肅。非力之所服也。

『夫以抄盜致財，雖巨富不足嘉；凶德脅人，雖見憚不足榮也。然而庸民為之不惡，故聞其言者，猶鴟梟之來鳴也；覩其面者，若鬼魅之見形也。其所至詣，則如妖怪之集也；其在道塗，則甚逢虎之羣也。愚夫行之，自矜為豪；小人徵之，以為橫階。亂靡有定，寔此之由也。

『然敢為此者，非必篤頑也，率多冠蓋之後，勢援之門，素頗力行善事，以竊虛名；名既粗立，本情便放：或假財色以交權豪，或因時運以佻榮位，或以婚姻而連貴戚，或弄毀譽以合威柄。器盈志溢，態發病出，黨成交廣，道通步高。清論所不能復制，繩墨所不能復彈，遂成鷹頭之蠅，廟垣之鼠。

『所未及者，則低眉埽地以奉望之；居其下者，作威作福以控御之。故勝己者則不得聞，聞亦陽不知也；減己者則不敢言，言亦不能禁也。夫災蟲害穀，至降霜則殄矣。佞雄亂羣，值嚴時則敗矣。獨善其身者，唯可以不肯事之，不行傚之而已耳。有斧無柯，其如之何哉？』

抱朴子曰：『《詩》美睢鳩，貴其有別。在禮，男女無行媒，不相見，不雜坐，不通問，不同衣物，不得親授。姊妹出適而反，兄弟不共席而坐，外言不入，內言不出，婦人送迎不出門，行必擁蔽其面。道路男由左，女由右，此聖人重別杜漸之明制也。

『且夫婦之間，可謂昵矣，而猶男子非疾病不晝居於內，將終不死婦人之手，況於他乎？昔魯女不幽居深處，以致扈犖之變。孔妻不密潛戶庭，以起華督之禍。史激無防，有汗種之悔。王孫不嚴，有杜門之辱。而今俗婦女，休其蠶織之業，廢其玄紞之務。不績其麻，市也婆娑。舍中饋之事，修周施之好。更相從詣，之適親戚，承星舉火，不于于行。多將侍從，暐曄盈路，婢使吏卒，錯雜如市，尋道褻謔，可憎可惡。

『或宿于他門，或冒夜而反，遊戲佛寺，觀視漁畋，登高臨水，出境慶弔，開車褰幃，周章城邑，杯觴路酌，絃歌行奏。轉相高尚，習非成俗，生致因緣，無所不肯，誨淫之源，不急之甚。刑于寡妻，家邦乃正。願諸君子，少可禁絕。婦無外事，所以防微矣。』

抱朴子曰：『輕薄之人，迹廁高深，交成財贍，名位粗會，便背禮判教，托云率任，才不逸倫，强為放達，以傲兀無檢者為大度，以惜護節操者為澀少。於是臘鼓垂無賴之子，白醉耳熱之後，結黨合羣，遊不擇類，奇士碩儒，或隔籬而不接；妄行所在，雖遠而必至，攜手連袂，以遨以集，入他堂室，觀人婦女，指玷修短，評論美醜。不解此等何為者哉。

『或有不通主人，便共突前，嚴飾未辦，不復窺聽，犯門折關，踰垝穿隙，有似抄劫之至也。其或妾媵藏避不及，至搜索隱僻，就而引曳，亦怪事也。夫君子之居室，猶不掩家人之不備。故入門則揚聲，升堂則下視。而唐突他家，將何理乎！

『然落拓之子，無骾而好隨俗者，以通此者為親密，距此者為不恭，誠為當世不可以不爾。於是要呼憒雜，入室視妻，促膝之狹坐，交杯觴於咫尺，絃歌淫冶之音曲，以誂文君之動心。載號載呶，謔戲醜褻，窮鄙極黷，爾乃笑亂男女之大節，蹈《相鼠》之無儀。

『夫桀傾紂覆，周滅陳亡，咸由無禮，況匹庶乎！蓋信不由中，則屢盟無益。意得神至，則形器可忘。君子之交也，以道義合，以志契親，故淡而成焉；小人之接也，以勢利結，以狎慢密，故甘而敗焉。何必房集內讌，爾乃款誠，著妻妾飲會，然後分好昵哉！

『古人鑑淫敗之曲防，杜傾邪之端漸，可謂至矣。修之者為君子，背之者為罪人。然禁疏則上宮有穿窬之男，網漏則桑中有奔隨之女。縱而肆之，其猶烈猛火於雲夢，開積水乎萬仞，其可撲以箒篲，遏以撮壤哉！

然而俗習行慣，皆曰此乃京城上國，公子王孫貴人所共為也。』

余每折之曰：『夫中州禮之所自出也，禮豈然乎？蓋衰亂之所興，非治世之舊風也。夫老聃清虛之至者也，猶不敢見乎所欲，以防心亂。若使柳下惠潔高行，屢接褻讌，將不能不使情生於中，而色形于表。況乎情淡者萬未一，而抑情者難多得。如斯之事，何足長乎！

『窮士雖知此風俗不足引進，而名勢並乏，何以整之？每以為慨。故常獲憎於斯黨，而見謂為野朴之人，不能隨時之宜。余期於信己而已，亦安以我之不可，從人之可乎！可歎非一，率如此也。已矣夫，吾未如之何也！彼之染入邪俗，淪胥以敗者，曷肯納逆耳之讜言，而反其東走之遠迹哉？』

抱朴子曰：『俗間有戲婦之法，於稠衆之中，親屬之前，問以醜言，責以慢對，其為鄙黷，不可忍論。或蹙以楚撻，或繫腳倒懸。酒客酗醟，不知限齊，至使有傷於流血，踒折支體者，可歎者也。古人感離別而不滅燭，悲代親而不舉樂。禮論：娶者羞而不賀。今既不能動蹈舊典，至於德為鄉閭之所敬，言為人士之所信，誠宜正色矯而呵之，何謂同其波流，長此弊俗哉！然民間行之日久，莫覺其非，或清談所不能禁，非峻刑不能止也。遂訕周而疵孔，謂傲放為邈世矣。

『或因變故，佻竊榮貴，或賴高援，翻飛拔萃。於是便驕矜誇驁，氣淩雲物，步高視遠，眇然自足，顧瞻否滯失羣之士，雖實英異，忽焉若草。或傾枕而延賓，或稱疾以距客。欲令人士立門以成林，車騎填噎於閭巷，呼謂尊貴，不可不爾。

『夫以勢位言之，則周公勤於吐握；以聞望校之，則仲尼恂恂善誘。咸以勞謙為務，不以驕慢為高。漢之末世，則異於茲，蓬髮亂鬢，橫挾不帶，或褻衣以接人，或裸袒而箕踞，朋友之集，類味之遊，莫切切進德，誾誾修業，攻過弼違，講道精義。

『其相見也，不復敍離闊，問安否。賓則入門而呼奴，主則望客而喚狗。其或不爾，不成親至，而棄之不與為黨。及好會，則狐蹲牛飲，爭食競割，掣、撥、淼、摺，無復廉恥。以同此者為泰，以不爾者為劣。終日無及義之言，徹夜無箴規之益。誣引老、莊，貴於率任，大行不顧細禮，至人不拘檢括，嘯傲縱逸，謂之體道。嗚呼惜乎！豈不哀哉！

『於是嘲族以敍歡交，極黷以結情款。以傾倚申腳者為妖妍標秀，以風格端嚴者為田舍朴騃，以蚩鎮抗指者為勳令鮮倚，以出言有章者為摺答猝突。凡彼輕薄之徒，雖便辟偶俗，廣結伴流，更相推揚，取達速易；然率皆皮膚狡澤，而懷空抱虛，有似蜀人瓠壺之喻，胸中無一紙之誦，所識不過酒炙之事。所謂傲很明德，即聾從昧，冒于貨財，貪于飲食，左生所載不才之子也。

『若問以《墳》、《索》之微言，鬼神之情狀，萬物之變化，殊方之奇怪，朝廷宗廟之大禮，郊祀禘祫之儀品，三正四始之原本，陰陽律歷之道度，軍國社稷之典式，古今因革之異同，則悅悖自失，喑嗚俛仰，蒙蒙焉，莫莫焉，雖心覺面牆之困，而外護其短乏之病，不肯謐己，强張大談曰：「雜碎故事，蓋是窮巷諸生章句之士，吟詠而向枯簡，匍匐以守黃卷者所宜識，不足以問吾徒也。」

『誠知不學之弊，碩儒之貴，所祖習之非，所輕易之謬；然終於迷而不返者，由乎放誕者無損於進趨故也。若高人以格言彈而呵之，有不畏大人而長惡不悛者，下其名品，則宜必懼然，冰泮而革面，旋而東走之迹矣。』

又 卷二六《譏惑》 抱朴子曰：『澄濁剖判，庶物化生。羽族或能應對焉，毛宗或有知言焉，于玃識往，歸終知來，玄禽解陰陽，虵螘遠泉流，蓍龜無以過焉，甘石不能勝焉。夫唯無禮，不廁貴性。

『厥初邃古，民無階級，上聖悼混然之甚陋，愍巢穴之可鄙，故構棟宇以去鳥獸之羣，制禮數以異等威之品；教以盤旋，訓以揖讓，立則磬折，拱則抱鼓，趨步升降之節，瞻視接對之容，至於三千。蓋檢溢之隄防，人理之所急也。

『故儼若冠於《曲禮》，望貌首於五事，出門有見賓之肅，閑居有敬獨之戒，顏生整儀於宵浴，仲由臨命而結纓，恭容暫廢，惰慢已及。安上治民，非此莫以。蓋人之有禮，猶魚之有水矣。魚之失水，雖暫假息，然枯糜可必待也。人之棄禮，雖猶靦然，而禍敗之階也。

『魯秉周禮，暴兵不加。魏式干木，銳寇旋旆。大楚帶甲百萬，而有振槁之脆。强秦殽、函襲嶮，而無折柳之固。豈非棄三本而喪根柢之攸召哉！矧乎安逸觸情，喪亂日久，風頹教沮，抑斷之儀廢，簡脫之俗成。

近人值政化之蚩役，庸民遭道綱之絕紊，猶網魚之去水罟，圍獸之出陸羅也。

『喪亂以來，事物屢變。冠履衣服，袖袂財制，日月改易，無復一定。乍長乍短，一廣一狹，忽高忽卑，或粗或細，所飾無常，以同為快。其好事者，朝夕放效，所謂京輦貴大眉，遠方皆半額也。余寔凡夫，拙於隨俗，其服物變不勝，故不變。無所損者，余未曾易也。雖見指笑，余亦不理也。豈苟欲違衆哉！誠以為不急耳！

『上國衆事，所以勝江表者多，然亦有可否者。君子行禮，不求變俗，謂違本邦之他國不改其桑梓之法也。況其在於父母之鄉，亦何為當事棄舊而强更學乎？

『吳之善書，則有皇象、劉纂、岑伯然、朱季平皆一代之絕手。如中州有鍾元常胡孔明張芝索靖各一邦之妙。並用古體，俱足周事。余謂廢已習之法，更勤苦以學中國之書，尚可不須也。況於乃有轉易其聲音以效北語，既不能便良，似可恥可笑。所謂不得邯鄲之步，而有匍匐之嗤者。此猶其小者耳。

『乃有遭喪者而學中國哭者，令忽然無復念之情。昔鍾儀、莊舄，不忘本聲古人韙之。孔子云：喪親者若嬰兒之失母，其號豈常聲之有！寧令哀有餘而禮不足。哭以洩哀，妍拙何在？而乃治飾其音，非痛切之謂也。

『又聞貴人在大哀，或有疾病服石散，以數食宜藥勢，以飲酒為性命，疾患危篤，不堪風冷，幃帳茵褥，任其所安。於是凡瑣小人之有財力者，了不復居於喪位，常在別房，高牀重褥，美食大飲，或與密客引滿投空，至於沈醉。曰：「此京洛之法也。」不亦惜哉！

『余之鄉里先德君子，其居重難，或并在衰老，於禮唯應縗麻在身，不成喪致毀者，皆過哀啜粥，口不經甘。時人雖不肖者，莫不企及自勉，而今人乃自取如此，何其相去之遼緬乎！

『又凡人不解，呼謂中國之人居喪者多皆奢溢，殊不然也。吾聞晉之宣、景、文、武四帝居親喪，皆毀瘠踰制；又不用王氏二十五月之禮，皆行七月服。于時天下之在重哀者，咸以四帝為法。世人何獨不聞此而虛誣高人，不亦惑乎！』

又　卷二七《刺驕》　抱朴子曰：『生乎世貴之門，居乎熱烈之勢，率多不與驕期而驕自來矣。非夫超羣之器，不辯於免盈溢之過也。蓋勞謙虛己，則附之者衆；驕慢倨傲，則去之者多。附之者衆，則安之徵也；去之者多，則危之診也。存亡之機，於是乎在。輕而為之，不亦蔽哉！

『亦有出自卑碎，由微而著。徒以翕肩斂迹，偓伊側立，低眉屈膝，奉附權豪，因緣運會，超越不次，毛成翼長，蟬蛻泉壤，便自軒昂，目不步足，器滿意得，視人猶芥。

『或曲晏密集，管絃嘈雜，後賓填門，不復接引。或於同造之中，偏有所見，復未必全得也。直以求之差勤，以數接其情，苞苴繼到，壺榼不曠者耳。孟軻所謂「愛而不敬，豕畜之也」。而多有行諸，云是自尊重之道。自尊重之道，乃在乎以貴下賤，卑以自牧，非此之謂也。乃衰薄之弊俗，膏肓之癈疾，安共為之，可悲者也。

『若夫偉人巨器，量逸韻遠，高蹈獨往，蕭然自得。身寄波流之閒，神躋九玄之表，道足於內，遺物於外，冠摧履決，藍縷帶索，何肯與俗人競幹佐之便僻，修佞幸之媚容，效上林喋喋之嗇夫，為春蜩夏蠅之聒耳？

『求之以貌，責之以妍，俗人徒覩其外形之粗簡，不能察其精神之淵邈。務在皮膚，不料心志。雖懷英抱異，絕倫邁世，事動可以悟舉世之術，言發足以解古今之惑，含章括囊，非法不談。而茅蓬不能動萬鈞之鏗鏘，侏儒不能看重仞之弘麗。因而蚩之，謂為凡慣。

『夫非漢濱之人，不能料明珠於泥淪之蚌，非泣血之民，不能識夜光於重崖之裏。蟭螟屯蚊眉之中，而笑彌天之大鵬；寸鮒游牛迹之水，不貴橫海之巨鱗。故道業不足以相涉，聰明不足以相逮，理自不合，無所多怪。所以疾之而不能默者，願夫在位君子，無以貌取人，勉勖謙損，以永天秩耳。』

抱朴子曰：『世人聞戴叔鸞、阮嗣宗傲俗自放，見謂大度。而不量其材力，非傲生之匹，而慕學之：或亂項科頭，或裸袒蹲夷，或濯脚於稠衆，或溲便於人前，或停客而獨食，或行酒而止所親。此蓋衽之所為，非諸夏之快事也。

『夫以戴、阮之才學，猶以跣踔自病，得失財不相補。向使二生敬蹈檢括，恂恂以接物，競競以御用，其至到何適但爾哉！況不及之遠者，

而遵修其業，其速禍危身，將不移陰，何徒不以清德見待而已乎？

『昔者西施痛心而臥於道側，姿顏妖麗，蘭麝芬馥，見者咸美其容而念其疾，莫不躊躇焉。於是鄰女慕之，因偽疾伏於路間，形狀既醜，加之酷臭，行人皆憎其貌而惡其氣，莫不睨面掩鼻，疾趨而過焉。今世人無戴阮之自然，而效其倨慢，亦是醜女闇於自量之類也。

『帝者猶執子弟之禮於三老五更者，率人以敬也。人而無禮，其刺深矣。夫慢人必不敬其親也，蓋欲人之敬之，必見自敬焉。不修善事，則為惡人。無事於大，則為小人。紂為無道，見稱獨夫。仲尼陪臣，謂為素王。則君子不在乎富貴矣。今為犯禮之行，而不喜聞遄死之譏，是負豕而憎人説其臭，投泥而諱人言其汙也。

『昔辛有見被髮而祭者，知戎之將熾。余觀懷、愍之世，俗尚驕褻，夷虜自遇。其後羌胡猾夏，侵掠上京。及悟斯事，乃先著之妖怪也。今天下向平，中興有徵，何可不共改既往之失，脩濟濟之美乎！

『夫入虎狼之羣，後知賁育之壯勇；處禮廢之俗，乃知雅人之不渝。道化淩遲，流遁遂往，賢士儒者，所宜共惜。法當扣心同慨，矯而正之。若力之不能，末如之何，且當竹柏其行，使歲寒而無改也。何有便當崩騰，競逐其闒茸之徒，以取容於若曹邪？去道彌遠，可謂為痛歎者也！

『其或峨然守正，確爾不移，不蓬轉以隨衆，不改雅以入鄭者，人莫能憎而知其善，而斯以不同於己者，便共仇讎而不數之。嗟乎衰弊，乃可爾邪！君子能使以亢亮方楞，無黨於俗，揚清波以激濁流，執勁矢以厲羣枉，不過當不見容與不得富貴耳。天爵苟存於吾體者，以此獨立不達，亦何苦何恨乎？而便當伐本瓦合，餔糟握泥，剸足適履，毀方入圓，不亦劇乎？

『夫節士不能使人敬之，而志不可奪也；不能使人不憎之，而道不可屈也；不能令人不辱之，而榮猶在我也，不能令人不擯之，而操不可改也。故分定計決，勸沮不能干；樂天知命，憂懼不能入。困瘁而益堅，窮否而不悔，誠能用心如此者，亦安肯草靡萍浮，以索鑿枘，斂乎禮之所棄者之所為哉！』

抱朴子曰：『聞之漢末，諸無行自相品藻次第，羣驕慢傲，不入道檢者，為都魁雄伯，四通八達。皆背叛禮教而從肆邪僻，訕毀真正，中傷非黨，口習醜言，身行弊事，凡所云為，使人不忍論也。夫古人所謂通達者，謂通於道德，達於仁義耳。豈謂通乎褻黷而達於淫邪哉！有似盜跖自謂有聖人之道五者也。此俗之傷破人倫，劇於寇賊之來，不能經久，豈所損壞，一服而已！

『若夫貴門子孫及在位之士，不惜典刑，而皆科頭袒體，踞見賓客。既辱天官，又移染庸民。後生晚出，見彼或已經清資，或佻竊虛名，而躬自為之；則凡夫便謂立身當世，莫此之為美也。夫守禮防者苦且難，而其人多窮賤焉；恣驕放者樂且易，而為者皆速達焉。於是俗人莫不委此而就彼矣。

『世間或有少無清白之操業，長以買官而富貴；或亦其所知足以自飾也，其黨與足以相引也，而無行之子，便指以為證曰：「彼縱情恣慾，而不妨其赫奕矣；此敕身履道，而不免於貧賤矣。」而不知榮顯者有幸，而頓淪者不遇，皆不由其行也。

『然所謂四通八達者，愛助附己為之，履不及納，帶不暇結，攜手升堂，連袂入室，出則接膝。請會則直致，所惠則得多；屬托則常聽，所欲則必副；言論則見饒，有患則見救；所論薦則蹇驢蒙龍駿之價，所中傷則孝己受商臣之談。故小人之赴也，若決積水於萬仞之高堤，而放烈火乎雲夢之枯草焉。欲望肅雍濟濟，後生有式，是猶炙冰使燥，積灰令熾矣。』

又 卷四二《應嘲》 抱朴子曰：『客嘲余云：「先生載營抱一，韜景靈淵，背俗獨往，邈爾蕭然。計決，而猶豫不棲於心術；分定，而世累無繫於胸間。伯陽以道德為首，莊周以逍遙冠篇，用能標峻格於九霄，宣芳烈於罔極也。

今先生高尚勿用，身不服事，而著君道臣節之書；不交於世，而作譏俗救生之論；甚愛骭毛，而綴用兵戰守之法；不營進趨，而有審舉、窮達之篇。蒙竊惑焉。」

抱朴子曰：「君臣之大，次於天地。思樂有道，出處一情，隱顯任時，言亦何繫？大人君子，與事變通。老子無為者也，鬼谷終隱者也，而著其書，咸論世務。何必身居其位，然後乃言其事乎？

「夫器非瓊瑤，楚和不泣；質非潛蚪，風雲不集。余才短德薄，幹不

適治，出處同歸，行止一致，豈必達官，乃可議政事，居否則不可論治亂乎？

常恨莊生言行自伐，桎梏世業。身居漆園而多誕談，好畫鬼魅，憎圖狗馬。狹細忠貞，貶毀仁義。可謂彫虎畫龍，難以徵風雲；空板億萬，不能救無錢；孺子之竹馬，不免於脚剥；土柈之盈案，無益於腹虛也。」

或人又曰：「然吾子所著，彈斷風俗，言苦辭直，吾恐適足取憎在位，招擯於時，非所以揚聲發譽，見貴之道也。」

抱朴子曰：「夫制器者珍於周急，而不以采飾外形為善；立言者貴於助教，而不以偶俗集譽為高。若徒阿順諂諛，虛美隱惡，豈所匡失弼違，醒迷補過者乎？

盧寡和而廢白雪之音，嫌難售而賤連城之價，余無取焉。非不能屬華豔以取悅，非不知抗直言之多吝，然不忍違情曲筆，錯濫真僞。欲令心口相契，顧不愧景，冀知音之在後也。否泰有命，通塞聽天，何必書行言用，榮及當年乎？

「夫君子之開口動筆，必戒悟藪，式整雷同之傾邪，磋礱流遁之闇穢。而著書者徒飾弄華藻，張磔迂濶，屬難驗無益之辭，治靡麗虛言之美，有似堅白厲修之書，公孫刑名之論。雖曠籠天地之外，微入無閒之内，立解連環，離同合異，鳥影不動，雞卵有足，犬可為羊，大龜長虵之言，適足示巧表奇以誑俗。

何異乎畫敖倉以救飢，仰天漢以解渴。説崑山之多玉，不能賑原憲之貧；覩藥藏之簿領，不能治危急之疾。墨子刻木雞以厲天，不如三寸之車鎋；管青鑄騏驥於金象，不如駑馬之周用。言高秋天而不可施者，丘不與易也。」」

《三國志》卷二一《魏志·王粲傳》裴松之注 魚豢曰：尋省往者，魯連、鄒陽之徒，援譬引類，以解締結，誠彼時文辯之儁也。今覽王、繁、阮、陳、路諸人前後文旨，亦何昔不若哉？其所以不論者，時世異耳。余又竊怪其不甚見用，以問大鴻臚卿韋仲將。仲將云：『仲宣傷於肥戇，休伯都無格檢，元瑜病於體弱，孔璋實自粗疏，文蔚性頗忿鷙。』如是彼為，非徒以脂燭自煎糜也，其不高蹈，蓋有由矣。然君子不責備于壹人，譬之朱漆，雖無楨幹，其為光澤亦壯觀也。

南朝宋·劉義慶《世説新語·言語》 諸葛靚在吳，於朝堂大會。孫皓問：『卿字仲思，爲何所思？』對曰：『在家思孝，事君思忠，朋友思信，如斯而已。』

《後漢書》卷三七《桓榮等傳論》 伏氏自東西京相襲為名儒，以取爵位。中興而桓氏尤盛，自榮至典，世宗其道，父子兄弟代作帝師，受其業者皆至卿相，顯乎當世。孔子曰：『古之學者為己，今之學者為人。』為人者，憑譽以顯物；為己者，因心以會道。桓榮之累世見宗，豈其為己乎！【略】

孔子曰『太伯三以天下讓，民無得而稱焉』。孟子曰『聞伯夷之風者，貪夫廉，懦夫有立志』。若乃太伯以天下而違周，伯夷率絜情以去國，並未始有其讓也。故太伯稱至德，伯夷稱賢人。後世聞其讓而慕其風，徇其名而昧其致，所以激詭行生而取與妄矣。至夫鄧彪、劉愷，讓其弟以取義，使弟受非服而己厚其名，於義不亦薄乎！君子立言，非苟顯其理，將以啓天下之方悟者；立行，非獨善其身，將以訓天下之方動者。言行之所開塞，可無慎哉！原丁鴻之心，主於忠愛乎？何其終悟而從義也！異夫數子類乎徇名者焉。

又 卷四三《朱暉樂恢何敞傳論》 朱穆見比周傷義，偏黨毀俗，志抑朋游之私，遂著《絕交》之論。蔡邕以為穆貞而孤，又作《正交》而廣其致焉。蓋孔子稱『上交不諂，下交不黷』，又曰『晏平仲善與人交』，子夏之門人亦問交於子張。故《易》明『斷金』之義，《詩》載『讌朋』之謠。若夫文會輔仁，直諒多聞之友，時濟其益，紵衣傾蓋，彈冠結綬之夫，遂隆其好，斯固交者之方焉。至乃田、竇、衛、霍之游客，廉頗、翟公之門賓，進由埶合，退因衰異。又專諸、荆卿之感激，侯生、豫子之投身，情為恩使，命緣義輕。皆以利害移心，懷德成節，非夫交照之本，未可語失得之原也。穆徒以友分少全，因絕同志之求；黨俠生敝而忘得朋之義。蔡氏貞孤之言，其為然也！

又 卷四九《仲長統傳》 統性俶儻，敢直言，不矜小節，默語無常，時人或謂之狂生。每州郡命召，輒稱疾不就。常以為凡遊帝王者，欲以立身揚名耳，而名不常存，人生易滅，優遊偃仰，可以自娱，欲卜居清曠，以樂其志，論之曰：『使居有良田廣宅，背山臨流，溝池環帀，竹木

周布，埸圃築前，果園樹後。舟車足以代步涉之艱，使令足以息四體之役。養親有兼珍之膳，妻孥無苦身之勞。良朋萃止，則陳酒肴以娛之；嘉時吉日，則亨羔豚以奉之。蹰躇畦苑，遊戲平林，濯清水，追涼風，釣游鯉，弋高鴻。諷於舞雩之下，詠歸高堂之上。安神閨房，思老氏之玄虛；呼吸精和，求至人之仿佛。與達者數子，論道講書，俯仰二儀，錯綜人物。彈南風之雅操，發清商之妙曲。消搖一世之上，睥睨天地之閒。不受當時之責，永保性命之期。如是，則可以陵霄漢，出宇宙之外矣。豈羨夫入帝王之門哉！』

又　卷五一《李恂等傳論》　任棠、姜岐，世著其清。結甕牖而辭三命，殆漢陽之幽人乎？龐參躬求賢之禮，故民悅其政；橋玄厲邦君之威，而衆失其情。夫豈力不足歟？將有道在焉。如令其道可忘，則强梁勝矣。語曰：『三軍可奪帥，匹夫不可奪志。』子貢曰：『寧喪千金，不失士心。』昔段干木踰牆而避文侯之命，泄柳閉門不納穆公之請。貴必有所屈，賤亦有所申矣。

又　卷六三《李固杜喬傳論》　夫稱仁人者，其道弘矣！立言踐行，豈徒徇名安己而已哉，將以定去就之槩，正天下之風，使生以理全，死與義合也。夫專為義則傷生，專為生則騫義，專為物則害智，專為己則損仁。若義重於生，舍生可也；生重於義，全生可也。上以殘暗失君道，下以篤固盡臣節。臣節盡而死之，則為殺身以成仁，去之不為求生以害仁也。順桓之閒，國統三絕，太后稱制，賊臣虎視。李固據位持重，以爭大義，確乎而不可奪。豈不知守節之觸禍，恥夫覆折之傷任也。觀其發正辭，及所遺梁冀書，雖機失謀乖，猶戀戀而不能已。至矣哉，社稷之心乎！其顧視胡廣、趙戒，猶糞土也。

又　卷七〇《鄭太孔融荀彧傳論》　昔諫大夫鄭昌有言：『山有猛獸者，藜藿為之不𢷤。』是以孔父正色，不容弑虐之謀；平仲立朝，有紓盜齊之望。若夫文舉之高志直情，其足以動義槩而忤雄心。故使移鼎之迹，事隔於人存；代終之規，啓機於身後也。夫嚴氣正性，覆折而已。豈有員园委屈，可以每其生哉！懍懍焉，皜皜焉，其與琨玉秋霜比質可也。

《宋書》卷四三《傅亮傳》　亮見世路屯險，著論名曰《演慎》，曰：

大道有言，慎終如始，則無敗事矣。《易》曰：『括囊無咎。』慎不害也。又曰：『藉之用茅，何咎之有。』慎之至也。文王小心，《大雅》詠其多福；仲由好勇，馮河貽其苦箴。《虞書》著慎身之譽，周廟銘陛坐之側。因斯以談，所以保身全德，其莫尚於慎乎。

夫四道好謙，三材忌滿，祥萃虛室，鬼瞰高屋，豐屋有蔀家之災，鼎食無百年之貴。然而徇欲厚生者，忽而不戒；知進忘退者，曾莫之懲。前車已摧，後鑾不息，乘危以庶安，行險而徼幸，於是有顛墜覆亡之禍，殘生夭命之釁。其故何哉？流溺忘反，而以身輕於物也。

故昔之君子，同名爵於香餌，故傾危不及；思憂患而豫防，則針石無用。洪流壅於涓涓，合拱挫於纖蘖，介焉是式，色斯而舉，悟高鳥以風逝，鑑醴酒而投紱。夫豈敝著而後謀通，患結而後思復云爾而已哉。故《詩》曰：『慎爾侯度，用戒不虞。』言防萌也。

夫單以營內喪表，張以治外失中，齊、秦有守一之敗，偏恃無兼濟之功，冰炭滌於胸心，巖牆絕於四體。夫然，故形神偕全，表裏寧一，營魄內澄，百骸外固，邪氣不能襲，憂患不能及，然可以語至而言極矣。

夫以嵇子之抗心希古，絕羈獨放，五難之根既拔，立生之道無累，人患殆乎盡矣。徒以忽防於鍾、呂，肆言於禹、湯，禍機發於豪端，逸翮鎩於垂舉。觀夫貽書良友，則匹厚味於甘酖，□□□□□□□□其懼患也，若無轡而乘奔，其慎禍也，猶履冰而臨谷。或振褐高棲，揭竿獨往，或保約違豐，安于卑位。故漆園外楚，忌在龜犧，商洛遐遯，畏此駟馬。平仲辭邑，殷鑑於崔、慶，張臨挹滿，灼戒乎桑霍。若君子覽茲二塗，則賢鄙之分既明，全喪之實又顯。非知之難，慎之惟艱，慎也者，言行之樞管乎。

夫據圖揮刃，愚夫弗為，臨淵登峭，莫不惴慄。何則？害交故慮篤，患切而懼深。故《詩》曰：『不敢暴虎，不敢馮河。』慎微之謂也。故庖子涉族，怵然為戒，差之一毫，弊猶如此。況乎觸害犯機，自投死地。禍福之具，內充外斥，陵九折於邛僰，泛衡波於呂梁，傾側成於俄頃，性命哀而莫救。嗚呼！嗚呼！故語有之曰，誠能慎之，福之根也。曰是何傷，禍之門爾。言慎而已矣。

又 卷八一《顧覬之傳》 仲尼云：『道之將行，命也；道之將廢，命也。』丘明又稱：『天之所支不可壞，天之所壞不可支。』卜商亦曰：『死生有命，富貴在天。』孟軻則以不遇魯侯為辭。斯則運命奇偶，生數離合，有自來矣。馬遷、劉向、揚雄、班固之徒，著書立言，咸以為首，世之論者，多有不同。嘗試申之曰：

夫生之資氣，清濁異源；命之稟數，盈虛乖致。是以心貌詭貿，性運舛殊，故有邪正昏明之差，修夭榮枯之序，皆理定於萬古之前，事徵於千代之外，沖神寂鑑，一以貫之。至乃卜相末技，巫史賤術，猶能豫題興亡，逆表成敗。禍福指期，識照不能徙；吉凶素著，威衛不能防。若夏氓宅生於帝宮，豈蠲殘傷之祟；漢臣衍貨於天府，寧免餧𩟺之魂。且又善惡之理雖詳，而禍福之驗常昧，逆順之體誠分，而吉凶之效常隱。智絡天地，猶罹沈牖之災；明照日月，必嬰深匡之難。增信積德，離患於長飢；席義枕仁，徼禍於促算。何則？理運苟其必至，聖明其猶病諸。況乃蕞迹流惑之徒，投心顯蒙之域，而欲役慮以揣利害，策情以算窮通，其為重傷，豈不惑甚。是以通人君子，閑泰其神，沖緩其度，不矯俗以延聲，不依世以期榮。審乎無假，自求多福，榮辱修夭，夫何為哉。

問曰：夫《書》稱惠迪貽吉，《易》載履信逢祐，前哲餘議，亦以將迎有會，淪塞無兆，宣攝有方，夭閼無命。善游銷魂於深梁，工騎燼生於曠野，明珠招駭於闇至，蟠木取悅於先容。是以罕、樂以陽施長世；景、惠以陰德遐紀。彭、竇以繕衛延命；盈、忌以荒湎促齡。陳、張稱台鼎之祟；嚴、辛衍宰司之盛。若乃遊惡蹈凶，處逆踐禍，宣昭史策，易以研正。至如神仙所序，天竺所書，事雖難徵，理未易詰，留滯傾光，思聞通裁。

對曰：子可謂扶繩而辨，循刻而議。若乃宣攝有方，豈非吉運所屬；將迎有會，實亦凶數自挺。若夫陽施陰德，長世遐年，揆厥所原，孰往非命。研復來旨，讎校往説，起予惟商，未識所異。資生稟運，參差萬殊，逆順吉凶，理數不一。原夫飡椒非養生之術，咀劍豈衛性之經。命之所延，人肉其骨，而含嚼膏粱，時或嬰患。深澗乖徼寵之津，空穀絕探榮之轍，運之所集，物稊其枯，而俯仰竿牘，終然離沮。爾乃蹻跖橫行；曾、原窘步，湯、周延世，詡、邑絕緒。吉凶徵應，糾纆若茲。畢萬保軀，宓賤琖領，梁野之言，豈不或妄。穀南、魯北，甘此促生；彭翁、竇叟，將以何術。晉平、趙敬，淫放已該；漢主、魏相，奚獨傷夭。同異若斯，是非孰正。至如雷濱凝分，挫志遠圖；棘津陰拱，振功高世。樊生沖矯，鐫旌善之文，華子高抗，銘懲非之策，皆士衡所云『同川而異歸』者也。殊塗均致，實繁有徵。即理易推，在言可略。昔兩都全盛，六合殷昌，霧集貴寵之間，雲動權豪之術，鈞貿貽談，豈唯陳張而已。觀夫二子，才未越衆，而此以藉榮揮價，彼獨擯景淪聲，通否之運，斷可知矣。嚴、辛不安時任命，而委罪亮直，亦地脈之徒歟。若神仙所序，顯明修習，齊強燕平，厥驗未著，李覃董芬，其效安在。喬、松之侶，雲飛天居，夷、列之徒，風行水息，良由理數懸挺，實乃鍾茲景命。天竺遺文，星華方策，因造前定，果報指期，貧豪莫差，修夭無爽，有允瑣辭，無愆鄙説，統而言之，孰往非命。冥期前定，各從所歸，善惡無所矯其趨，愚智焉能殊其理。若乃得議其工，失蚩其拙，操之則慄，舍之則悲，斯固染情於近累，豈不貽誚於通識。

問曰：清論光心，英辯溢目，求諸鄙懷，良有未盡。若動止皆運，險易自天，理定前期，靡非闇至。玉門犁丘，叡識弗免。豈非聖愚齊致，仁虐同功。昏明之用，將何施而可？

對曰：夫聖人懷虛以涵育，凝明以洞照。惟虛也，故無往而不通；惟明也，故無來而不燭。涸海流金，弗染溫涼之峘；巖兵猛兕，無累爪刃之災。忘生而生愈全，遺神而神彌暢。若玉門犁丘，蓋同迹於人，故同人有患，然而均心於天，亦均天無害。大賢則體備形器，慮盡藏假，靜默以居否，深拱以違殰，皆數在清全，故鍾茲妙識。是以稟仲尼之道，不在奔車之上；資伯夷之運，不處覆舟之下。若乃越難趨險，逡巡弗獲，履危踐機，僶俛從事，愚之所司，聖亦何為。及中下之流，馳心妄動，是非舛斡，倚伏移貿，故北宮意逆而功順，東門心晦而迹明；宣應遺筮而逢吉，張松協數而遘禍。且智防有紀，患累無方。爾乃猘狗逐而華子奔，腐鼠遺而虞氏滅；匣猨逸而林木殘，櫝珠亡而池水竭。凡厥條流，曲難詳備，傜形役思，其效安徵。豈若澡雪靈府，洗練神宅，據道為心，依德為慮，使迹窮則義斯暢，身泰則理兼通，豈不美哉！何必遺此而取彼。

問曰：夫建極開化，樹聲貽則，典防之興，由來尚矣。必乃幽符懸

兆，冥數指期，善惡前徵，是非素定，名教之道，不亦幾乎息哉。

對曰：天生蒸民，樹之物則，教義所稟，豈非冥數。何則？形氣之具，必有待而存；顓蒙之倫，豈無因而立。必假纖紈以安生，藉粱豢以延祀，資信禮以繕性，秉廉義以劾情。聖人聰明深懿，履道測化，通體天地，同情日月，仰觀俯察，撫運裁風。於是乎昭日星之紀，正霜雨之度，張雲霞之明，衍風露之渥，浮舟翼滯，騰駕振幽。又乃甄理三才，辨綜五德，弘鋪七體之端，宣昭八經之緒。是以時雍在運，羣方自通，抱德煬和，全真保性。故信食相資，代為脣齒；富教相假，遞成輔車。今弛棄纖紈，損絕粱豢，必云徼生委命，豈不已曉其迷。至乎湮斥廉義，屏黜信禮，責以祈存推數，遂乃未辨其惑，連類若斯，乖妄滋甚。然則教義之道，生運所資，寵辱榮枯，常由此作。斯固命中之一物，非所以為難也。

問曰：循復前旨，既以理命縣兆，生數冥期。研覆後文，又云依杖名教，帥循訓範。若藉數任天，則放情蕩思；拘訓馴範，則防慮檢喪。函矢殊用，矛戈異適，雙美之談，豈能兩遂。

對曰：夫性運乖舛，心貌詭殊，請布末懷，略言其要。若乃吉命所鍾，縱情蹈道，訓性而順，因心則靈。凶數所挺，率由踐逆，聞言不信，長惡無悛。此愚智不移，聲訓所遺者也。其有見善如不及，從諫如順流，是則命待教全，運須化立。譬以良醫之室，病者所存，至如澄神清魂，平心實氣，無妄之痾，勿藥有喜，所謂縱情蹈道，無假隱括。若膏肓之疾，長桑不治，體府之病，陽慶弗理，此則率由踐逆，自絕調御。至乃趙儲之命宜永，須扁鵲而後全，齊后之數必延，待文摯而後濟。亦猶運鍾循奬，彝範所興，善惡無主，唯運所集而異。膏粱方丈，沈疾弗顧；瑤碧盈尺，阽危弗存。夫靜躁之容，造次必於是，曲直之性，顛沛不可移。是以夷惠均聖而異方；遵、竦齊通而殊事。雖復鉗桎羿、奡，思服巢、許之情；捶勒曾史，言膺蹻跖之慮。不然之事，斷可知也。必幽符鑽仰，冥數修習，雖存陵惰，其可得乎。故運屬波流，勢無防慮，命徼山立，理無放情。用殊函矢，雙美奚躓；談異矛戈，兩濟何傷。

問曰：夫君臣恩深，師資義固，所以霑榮塗施，提飾荷聲。故刳心流腸，捐生以亢節；火妻灰子，埋名以償義。若幽期天兆，則明勦可遺；冥數自賓，則感效宜絕。豈其然乎？

對曰：論之所明，原本以為理，難之所疑，即末以為用。蓋陰閉之巧不傳，萌漸之調長絕。故知妄言賞理，古人所難。吾所謂命，固以綿絡古今，彌貫終始，爰及君臣父子，師友夫妻，皆天數冥合，神運玄至。逮乎睽愛離會，既命之所甄，昏爽順戾，亦運之所漸。爾乃松柳異質，薺荼殊性，故疾風知勁草，嚴霜識貞木，何異忠孝之質，資行夙昭。至於刻志酬生，題誠復施，殉節投命，馴義忘己。亦由石雖可毀，堅不可銷，丹雖可磨，赤不可滅。因斯而言，君臣師資，既幽期自賓，心力感效，亦冥數天兆。夫獨何怪哉。

又 卷八二《周朗傳》 元嘉二十七年春，朝議當遣義恭出鎮彭城，為北討大統。朗聞之解職。及義恭出鎮，府主簿羊希從行，與朗書戲之，勸令獻奇進策。朗報書曰：【略】

夫天下之士，砥行磨名，欲不辱其志氣；選奇蓄異，將進善於所天。非但有建國之謀不及，安民之論不與，至反以孝潔生議於鄉曲，忠烈起謗於君察。身不絓王臣之籙，名不廁通人之班，顛倒國門，湮銷丘里者，自數十年以往，豈一人哉。若吾身無他伎，而出值明君，變官望主，歲增恩價，竟不能柔心飾帶，取重左右。校於向士，則榮已多，料於今識，則笑亦廣。而足下方復廣吾以馳志之時，求予以安邊之術，何足下不知言也。若以賢未登，則今之登賢如此；以才應進，則吾之非才若是。豈可欲以殞海之鬐，望鼓鰓於暨鱗之肆；墜風之羽，覬振翮於軒毳之間。其不能俱陪淥水，並負青天，可無待於明見。若乃闕奇謀深智之術，無悅主狎俗之能，亦不可復稍為卿說。但覩以上國再毀之臣，望府一逐之吏，當復是天下才否，此皆足下所親知。

吾雖疲冗，亦嘗聽君子之餘論，豈敢忘之。凡士之置身有三耳：一則雲戶岫寢，欒危桂榮，秣芝浮霜，翦松沈雪，憐肌蓄髓，實氣愛魂，非但土石侯卿，腐鴆粱錦，實迺竚意天后，睨目羽人。次則刳心掃智，剖命驅生，横議於雲臺之下，切辭於宣室之上，衍主德而批民患，進貞白而黜姦猾，委玉入而齊聲禮，揭金出而烹勍寇，使車軌一風，甸道共德，令功日濟而已無迹，道日富而君難名，致諸侯斂手，天子改觀。其末則屨粭而出，望旃而入，結冕兩宮之下，鼓袖六王之間，俛眉脅肩，言天下之道德，瞋目扼腕，陳縱横於四海，理有泰則止而進，調覺迕則反而還，閑居

違官，交造頓罷，捐慕遺憂，夷毀銷譽，呼噏以補其氣，繕嚼以輔其生。凡此三者，皆志士仁人之所行。

南朝齊・蕭子良《與孔中丞書》 孟子有云，君王無好智，君王無好勇，勇智之過，生乎患禍，所遵正當仁義為本。今因修釋訓，始見斯行之所發，誓念履行，欲卑高同其美，且取解脫之喻，不得不小失存其大，至於形外之間，自不足及言，真俗之教，其致一耳。取之者未達，故橫起異同。君云積業栖信，便是言行相舛，豈有奉親一毀一敬，而云大孝，未之前聞。夫仁人之行，非殘害加其美，廉潔之操，不藉貪竊成其德。如此則三歸五戒，豈得一念而可捨；十善八正，寧暫想之可遺。未見輕其本而能重其末，所謂本既傾矣，而後枝葉從之。今云二途雖異，何得相順，此言故是見其淺近之談耳。君非不覩經律所辨，何為偏志一方，埋没通路。夫士未嘗離俗施訓，即世之教，可以知之。若云斯法，空成詭妄，更增疑惑，應當毁滅。就即因而言，閨門孝悌者，連鄉接黨，竟有幾人，今可得以無其多，綷諸訓誥經史箴誡，悉可焚之不？君今遲疑於內教，亦復與此何殊哉？所以歸心勝法者，本不以禮敬標其心，兢仰祇崇者，不以在我故忘物。今之慇懃克己者，政為君輩之徒耳。欲今相與去憍矜，除慢慠，節情慾，制貪求，修禮讓，習謙恭，奉仁義，敦孝悌，課之以博施，廣之以泛愛，賞之以英賢，拔之以儁異，復何慚於鬼神乎？孜孜策勵，良在於斯，雖未能奉遵，亦意不忘之。今未有夜光之投，而按劍已起，欲相望於道德，寧不多愧，當由未見此情，故常信期心耳。在懷則不然，每苦其不及。司徒之府，本五教是勸，方共敦斯美行，以率無慾，使詭妄諂佞，望門而自殄；浮偽蕩逸，踐庭而變迹。等彼息心之館，齊此無慾之臺，不亦善乎！一則以仰順宸極普天之慈，二則敬奉儲皇垂愛之善。宵旦而警惕者，正患此心無遂耳。悠悠之語，好自多端。其云願善，政言未知傷化之重，儻令詭事以忠孝，佞悅以仁義，虛設以禮讓，假枉以方直，乃至一日克己，天下歸仁，況能旬則有朔，所望過矣。本自開心所納，正苦此矯不多，如其此煩未廣，故鄙薄深慨，君正應規諫其乖，開發未達。云何言傷孝本，語損義基，於邑有懷，非所望也。若此事可棄，則欣聞餘善。又云，未必勸人持戒，當令善由下發，必如此而弘教者，放勳須四凶革而啓聖，虞舜待商均賢而德明，如斯而遂美，其可望乎？茨君之此意，則應廣有所折，便當詰堯以土階之儉，嘉離宮之麗，貶禹以茅之陋，崇阿房之貴，恥汲黯之正容，榮祝鮀之媚色，其餘節義貞信謙恭之德，皆當改途而反面，復何行之可修也。凡聞於言，必察其行，覩於行必求於理，若理不乖而行不越者，請無造於異端，真殊途同歸，未必孱然一貫。【略】

夫人心之不同，猶若其貌，豈其容一而等其智乎？鑑有待之參差，足見情靈之乖舛矣。一得其志者，非言談之所盡；一背其途者，豈遊説之所翻。見君雖復言面委盡，而不及此處者，良由彼我之見既異，幸可各保其方差，無須空構是非，橫起謗議耳。棲心入信者，前良不無此志。今以效善之為樂，故挫憍陵以待物。君若以德越往賢，聖逾前修，智超羣羣，位極人貴者，自可逍遙世表，以道化物，高其懷無求自足，而退於前良，恐未能懸絶，空秉兩途，獨異勝法。

北齊・劉晝《劉子》卷一《清神》 形者，生之器也；心者，形之主也；神者，心之寶也。故神靜而心和，心和而形全；神躁而心蕩，心蕩則形傷。將全其形，先在理神。故恬和養神，則自安於內；清虛棲心，則不誘於外。神恬心清，則形無累矣；虛室生白，吉祥至矣。

人不照於昧爍金而照於瑩鏡者，以瑩能明也；不鑑於流波而鑑於靜水者，以靜能清也。鏡水以明清之性，故能形物之形。由此觀之，神照則垢滅，形靜則神清。垢滅則內欲永盡，神清則外累不入。今清歌奏而心樂，悲聲發而心哀，神居體而遇感推移。以此而言之，則情之變動，自外至也。夫一哀一樂，猶搴正性，況萬物之衆而能清以生心神哉！故萬人彎弧，以嚮一鵠，鵠能無中乎？萬物眩曜以惑一生，生能無傷乎？

七竅者，精神之戶牖也；血氣者，五臟之使候也。耳目之於聲色，鼻口之於芳味，肌體之於安適，其情一也。七竅蔽於攻取，則精神馳騖而不守；血氣縻於趣舍，則五臟滔蕩而不安。嗜慾連綿於外，心腑壅塞於內。蔓衍於荒淫之波，留連於是非之境，而不敗德傷生者，蓋亦寡矣。是以聖人清目而不視，靜耳而不聽，閉口而不言，棄心而不慮。貴德而忘賤，故尊勢不能動，樂道而忘貧，故厚利不能傾。容身而處，適情而游，一氣浩然，純白於衷。故形不養而性自全，心不勞而道自至也。

又《防慾》 人之稟氣，必有性情。性之所感者，情也；情之所

安者，慾也。情出於性而情違性，慾由於情而慾害情。情之傷性，慾之妨情，猶煙冰之與水火也。煙生於火而煙鬱火，冰出於水而冰遏水。故煙微而火盛，冰泮而水通；性貞則情銷，情熾則性滅。是以殊瑩則塵埃不能附，性明而情慾不能染也。

故林之性靜，所以動者，風搖之也；水之性清，所以濁者，土渾之也；人之性貞，所以邪者，慾眩之也。身之有慾，如樹之有蝎。樹抱蝎則還自鑿，身抱慾則還自害。故蝎盛則樹木折，慾熾則身亡。將收情慾，先斂五關。五關者，情欲之路，嗜好之府也。目愛彩色，命曰伐性之斤；耳樂淫聲，命曰攻心之鼓；口貪滋味，命曰腐腸之藥；鼻悅芳馨，命曰燻喉之煙；身安輿駟，命曰召蹶之機。此五者，所以養生，亦所以傷生。耳目之於聲色，鼻口之於芳味，肌體之于安適，其情一也。然亦以之死，亦以之生，或爲賢智，或為庸愚，由于處之異也。譬由愚者之養魚鳥也，見天之寒，則內魚于溫湯之中，而棲鳥于火林之上。水木者，所以養魚鳥也；養之失理，必至燋爛。聲色芳味，所以悅人也，悅之過理，還以害生。故明者刳情以遣累，約慾以守貞，食足以充虛接氣，衣足以蓋形禦寒。靡麗之華，不以滑性，哀樂之感，不以亂神。處於止足之泉，立於無害之岸，此全性之道也。

夫蜂蠆螫指，則窮日煩擾；蚊虻噆膚，則通宵失寐。蜂蚊小害，指膚外疾，人入山則避蜂蠆，入室則驅蚊虻。何者？以其害於體也。嗜慾攻心，正性顛倒，嗜欲大害，攻心內疾，方於指膚，亦以多也。外疾之害，輕於秋毫，人知避之；內疾之害，重於太山，而莫之避。是棄輕患而負重害，不亦倒乎？

人有牛馬，放逸不歸，必知收之；情慾放逸而不知收之，不亦惑乎？將收情慾，必在脆微。情慾之萌，如木之將蘖，火之始熒，手可掣而斷，露可滴而滅。及其熾也，結條凌雲，煽熛章華，雖窮力運斤，竭池灌火，而不能禁，其勢盛也。嗜欲之萌，耳目可關而心意可鑰。至於熾也，雖襞情卷慾，而不能收，其性敗也。如不能塞情於未形，禁慾於脆微，雖求悔悋，其可得乎？

又 《去情》 情者，是非之主，而利害之根。有是必有非，能利亦能害。是非利害存於衷，而彼此還相礙。故無情以接物，在遇而恒通。有情以接人，觸應而成礙。由此觀之，則情之所處，物之所疑也。

是以媒楊譽人，而受譽者不以為德；取庸强飯，而蒙飽者不以為惠；嬰兒傷人，而被傷者不以為怨；侏儒嘲人，而獲嘲者不以為辱。何者？無情於譽飽，雖蒙惠而非德；無情於傷辱，雖獲毀而無憾。魚不畏網而畏鵜，復讎者不怨鏌鋣而怨其人，網無心而鳥有情，劍無情而人有心也。使信士分財，不如投策探鈎；使廉士守藏，不如閉扃全封。何者？有心之於平，不若無心之於不平也；有慾之於廉，不若無慾之於不廉也。

今人目若驪珠，心如權衡，評人好醜，雖言得其實，彼必嫌怨。及其自照明鏡，模刻其容，醜狀既露，則內慙而不怨。嚮之評者，與鏡無殊，然而嚮怨今慙者，以鏡無情而人有心也。三人居室，二人交爭，必取信於不爭者，以辯彼此之得失。夫不爭者未必平，而交爭者未必偏，而信於不爭者，何也？以爭者之心，並挾勝情故也。飄瓦擊人，虛舟觸己，雖有忮心而不怒者，以彼無情於繫觸故也。是以聖人棄智以全真，遺情以接物，不為名尸，不為謀府，混然無際，而俗莫能累矣。

又 《韜光》 物之寓世，未嘗不韜形滅影，隱質遐外，以全性棲命者也。夫含奇佩美，衒異露才者，未有不以此傷性毀命者也。是故翠以羽自殘，龜以智見害，丹以含色磨肌，石以抱玉碎質。此四者，生於異俗，與人非不隔也，託性於山林，寄情於物外，非有求於人也，然而自貽伊患者，未能隱其形也。若使翠斂翮於丹丘之林，則解羽之患永脫；龜曳尾於暘谷之泥，則鑽灼之悲不至；丹伏光於春山之底，則磨肌之患永絕；石安體於玄圃之嵒，則剖琢之憂不及。故窮巖曲岫之梓檪，生於積石，穎貫青天，根鑿黃泉，分條布葉，輪菌磊硊，麒麟戲其下，鵷鸞游其顛，浮雲棲其側，清風激其間，終歲無毫釐之憂，免刀斧之害者，非與人有得也；能韜光隱質，故致全性也。路側之榆，樵人採其條，匠者伐其柯，餘有尺蘖，而為行人所折者，非與人有讎也，然而致寇者，形不隱也。故周鷄斷尾，獲免於犧；山狙見巧，終必招害。由此言之，則出處之理，亦可知矣。

是以古之有德者，韜迹隱智，以密其外；澄心封情，以定其內。內定則神府不亂，外密則形骸不擾。以此處身，不亦全乎？

又 《崇學》 至道無言，非立言無以明其理；大象無形，非立象

無以測其奧。道象之妙，非言不傳；傳言之妙，非學不精。未有不因學而鑑道，不假學以光身者也。夫繭繅以為絲，織為縑紈，繢以黼黻，則王侯服之；人學為禮儀，絲以文藻，而世人榮之。繭之不繅，則素絲蠹於筐籠；人之不學，則才智腐於心胸。海蚌未剖，則明珠不顯；崑竹未斷，則鳳音不彰；情性未鍊，則神明不發。譬諸金木，金性苞水，木性藏火。故鍊金則水出，鑽木而火生。人能務學，鑽鍊其性，則才惠發矣。

青出於藍而青於藍，染使然也；冰生於水而冷於水，寒使然也；鏡出於金而明於金，瑩使然也；戎夷之子，生而同聲，長而異語，教使然也。山抱玉而草木潤焉，川貯珠而岸不枯焉，口內滋味而百節肥焉，心受典誥而五性通焉。故不登峻嶺，不知天之高；不瞰深谷，不知地之厚；不游六藝，不知智之深。遠而光華者，飾也；近而愈明者，學也。故吳榦質勁，非筈羽而不美；越劍性利，非淬礪而不銛；人性還惠，非積學而不成。沿淺以及深，披闇而覩，不可以傳聞稱，非得以汎濫善也。

夫還鄉者心務見家，不可以一步至也，慕學者情纏典素，不可以一讀能也。故為山者基於一簣之土，以成千丈之峭；鑿井者起於三寸之坎，以就萬仞之深。靈珠如豆，不見其長，疊歲而大；鐸舌如指，不覺其損，累時而折。懸巖滴溜，終能穴石；規車牽索，卒至斷軸。水非石之鑽，繩非木之鋸，然而斷穴者，積漸之所成也。耳形完而聽不聞者，聾也；目形全而視不見者，盲也；人性美而不監道者，不學也。耳之初窒，目之始昧，必不恡百金，而迎醫千里。人不涉學，猶心之聾盲，不知遠祈明師，以攻心術，性之蔽也。故宣尼臨歿，手不釋卷；仲舒垂卒，口不輟誦；有于惡臥，自焠其掌；蘇生患睡，親錐其股。以聖賢之性，猶好學無倦，矧伊傭人而可怠哉？

又《專務》 學者出於心，心為身之主，耳目候於心。若心不在學，則聽訟不聞，視簡不見。如欲鍊業，必先正其心，而後理義入焉。

夫兩葉掩目，則冥默無覩；雙珠瑱耳，必寂寞無聞。葉作目蔽，珠為耳鯁，二關外擁，視聽內隔，固其宜也。而離婁察秋毫之末，不聞雷霆之聲；季子聽清角之韻，不見嵩、岱之形。視不關耳而耳不見，聞不關目而目不見者，何也？心溺秋毫，意入清角故也。

是以心駐於目，必忘其耳，則聽不聞；心駐於耳，必遺其目，則視而不見也。使左手畫方，右手畫圓，令一時俱成，雖執規矩之心，迴剞劂之手，而不能者，由心不兩用，則手不並運也。

奕秋，通國之善奕也，當奕之思，有吹笙過者，傾心聽之，將聞未聞之際，問以奕道，則不知也。非奕道深微，情有暫闇，笙猾之也。隸首，天下之善筭也。當筭之際，有鳴鴻過者，彎弧擬之，將發未發之間，問以三五，則不知也。非三五難筭，意有暴昧，鴻亂之也。以奕秋之奕，隸首之筭，窮微盡數，非有差也。然而心在笙鴻而奕敗筭撓者，是心不專一，遊情外務也。瞽無目而耳不可以察，專於聽也；聾無耳而目不可以聞，專於視也。以瞽聾之微，而聽察聰明者，用心一也。

夫蟬之難取，而黏之如掇；卷耳易採，而不盈傾筐，專與不專也。是故學者必精勤專心，以入於神。若心不在學而强諷誦之者，雖入於耳而不諦於心，譬若聾者之歌，效人為之，無以自樂，雖出於口則越而散矣。

又 卷二《履信》 信者，行之基，行者，人之本。人非行無以成，行非信無以立。故行之於人，辟濟之須舟也。信之於行，猶舟之待楫也。將涉大川，非舟何以濟之？欲泛方舟，非檝何以行之？今人雖欲為善而不知立行，猶無舟而濟川也；知欲立行而不知立信，猶無檝而行舟也。是適郢土而首冥山，背道愈遠矣。

自古皆有死，人非信不立。故豚魚著，信之所及也。允矣哉言非信不成。齊桓不背曹劌之盟，晉文不棄伐原之誓，吳起不虧移轅之賞，魏侯不乖虞人之期。用能德光於宇宙，名流於古今，不朽者也。故春之得風，風不信則花萼不茂，花萼不茂，則發生之德廢。夏之得炎，炎不信則卉木不長，卉木不長則長嬴之德廢。秋之得雨，雨不信則百穀不實，百穀不實則收成之德廢。冬之得寒，寒不信則水土不堅，水土不堅則安靜之德廢。以天地之靈，氣候不信，四時猶廢，而況於人乎？

昔齊攻魯，求其岑鼎。魯侯偽獻他鼎而請盟焉。齊侯不信，曰：『使柳季云是，則請受之。』魯使柳季，柳季曰：『君以鼎免國，信者，亦臣之國。今欲破臣之國，全君之國，臣所難也。』乃獻岑鼎。小邾射以邑奔魯，曰：『使季路要我，吾無盟矣。』乃使子路，子路辭焉。季孫謂之曰：『千乘之國，不信其盟而信子之一言，子何辱焉？』子路曰：『彼不臣而濟其言，是義之也。由不能矣。』

夫柳季、季路，魯之匹夫，立信於衡門，而馳聲於天下。故齊邾不信千乘之盟，而重二子之言，信之為德，豈不大哉！

秦孝公使商鞅攻魏，魏遣公子昂逆而拒之。鞅謂昂曰：『昔鞅與公子善，今俱為兩國將，不忍相攻，願一飲西燕，以休二師。』公子許焉，遂與之會。鞅伏甲虜公子，擊破魏軍。及惠王即位，疑其行詐，遂車裂於市。

夫商鞅，秦之柱臣。名重於海內，貪詐偽之小功，棄誠信之大義，一為不信，終身見尤，卒至屠滅，為天下所笑也。嗚呼！無信之弊，一至於此，豈不重乎？

故言必如言，信之符也。同言而信，信在言前；同教而行，誠在言外。君子知誠信之為貴，必抗信而後行。指麾動靜，不失其符。以施教則立，以莅事則正，以懷遠則附，以賞罰則明。由此而言，信之為行，其德大矣。

又《思順》 七緯順度，以光天象；五性順理，以成人行。行象為美，美於順也；夫人為失，失在于逆。

故七緯逆則天象變，五性逆則人道敗。變而不生災，敗而不傷行者，未之有也。山海爭水，水必歸海，非海求之，其勢順也。塞利西南，就土順也；不利東北，登山逆也。是以去濕就燥，火之勢也；違高從下，水之性也。今導泉向澗，則為易下之流；激波陸山，必成難昇之勢。水之無情，猶知違逆趣順，矧人心乎？

故忠、孝、仁、義，德之順也；悖傲無禮，德之逆也。順者福之門，逆者禍之府。由是觀之：逆性之難，順性之易，斷可識矣。

今使孟説引牛之尾，尾斷臏裂，不行十步。若環桑之條，以貫其鼻，纍以尋綯，被髮童子，騎而策之，風于廣澤，恣情所趣。何者？十步之行，非遠於廣澤，被髮之童，非勇於孟説，然而近不及遠，强不如弱者，逆之與順也。

司馬蒯聵，天下之攻劍者也。令提劍鋒而掉劍觚，必刎其指，而不能以陷腐木，而況金甲乎？若提其觚而掉其鋒，雖則凡夫，可以陸斬犀象，水截蛟龍矣。順理而行，若執劍觚，逆情而動，如執劍鋒，能無傷乎豈乎？

后稷善播植，不能使禾稼冬生，逆天時也。禹善治水，鑿九川，不能水西流，逆地勢也。人雖才藝卓絕，不能悖理成行，逆人道也。故循理處情，雖愚惷可以立名；反道為務，雖賢哲猶有禍害。君子如能忠孝仁義，履信思順，自天祐之，吉無不利也。

又《慎獨》 善者，行之總，不可斯須離也，若可離，則非善也。人之須善，猶首之須冠，足之待履。首不加冠，是越類也，足不躡履，是夷民也。今處顯而循善，在隱而為非，是清旦冠履而昏夜倮跣也。

荃蓀孤植，不以巖隱而歇其芳；石泉潛流，不以澗幽而不清；人在暗密，豈以隱翳而迴操？是以戒慎所不睹，恐懼所不聞。居室如見賓，入虛如有人。故蘧瑗不以昏行變節，顏淵不以夜浴改容，勾踐拘於石室，君臣之禮不替，冀缺耕於坰野，夫婦之敬不虧。斯皆慎乎隱微，枕善而居。不以視之不見而移其心，聽之不聞而變其情也。

謂天蓋高而聽甚卑，謂日蓋遠而照甚近，謂神蓋幽而察甚明。《詩》云：『相在爾室，尚不媿於屋漏。無曰不顯，莫予云覯。』暗昧之事，未有幽而不顯；昏惑之行，無有隱而不彰。修操於明，行悖於幽，以人不知。若人不知，則鬼神知之，鬼神不知，則己知之。而云不知，是盜鐘掩耳之智也。

孔徒晨起，為善孳孳；東平居室，以善為樂。故身恒居善，則內無憂慮，外無畏懼。獨立不慚於影，獨寢不媿于衾，上可以接神明，下可以固人倫。德被幽明，慶祥臻矣。

又 卷六《慎言》 日月者，天之文也；山川者，地之文也；言語者，人之文也。天文失，必有謫蝕之變；地文失，必有崩竭之灾；人文失，必有傷身之患。

故口者，言語之門戶；舌者，門戶之關鑰。關鑰動則門戶開，門戶開則言語出。出言之善，則千里應之；出言之惡，則千里違之。言失於己，不可遏於人；情發於近，不可止於遠。是以君子慎其關鑰，以密言語。言語在口，譬含鋒刃，不可動也。動鋒刃者，必傷喉舌；言失之害，非惟鋒刃，其所傷者，不惟喉舌。故天有卷舌之星，人有緘口之銘，所以警佻言，防口訛也。

口舌者，患禍之官，亡滅之府也；語言者，性命之所屬，而形骸之

所繫也。言出患入，語失身亡。身亡不可復存，言出不可復追。其猶射也，懸機未發，則猶可止，矢一離絃，雖欲返之，弗可得也。《易》誡樞機，《詩》刺言玷。斯言一玷，非礛䃴所磨；樞機既發，豈駭電所追？皆前聖之至慎，後人之娗鎔。明者慎言，故無失言；闇者輕言，身致害滅。昔智伯失言於水灌，韓魏躡其肘足；魏武漏語於英雄，玄德遺其匕箸。是以頭為穢器，師馳徐州；地分三晉，土割岷蜀。亡敗長釁，為天下笑，不慎言也。韓昭侯與棠谿公謀而終夜獨寢，慮夢言露於妻妾也；孔光不對溫室之樹，恐言之泄於左右也。

言者，風也，無足而行，無翼而飛，不可易也。是以聖人當言而懼，發言而憂，如蹈水火，臨危險也。禮然後動，則動如春風，人不厭其動；時然後言，則言如金石，人不厭其言。故身無失行，口無過言也。

又 卷七《貴言》 越劍性銳，必托槌砧，以成純鈞；楚柘質勁，必資榜檠，以成弴弓；人性雖敏，必籍善言，以成德行。故槌砧者，夷不平也；榜檠者，矯不正也；善言者，正不善也。

人目短於自見，故借鏡以觀面；髮拙于自理，必假櫛以脩束；心暗於自照，則假言以榮行。面之所以形，明鏡之力也；髮之所以理，玄櫛之功也；行之所以榮，善言之益也。鏡櫛理形，其惠輕也，善言成德，其惠重也。人皆悅鏡之明己形，而不慕士之明己心；人皆欲櫛之理其髮，不願善言之理其情。是棄重德而採輕惠，不亦倒乎？

為衣冠者，己手不能，則知越鄉借人以製之，至於理身，而不知借言以脩其行，是處其身輕。而於冠重，不亦謬乎？

君子重正言之惠，賢於軒璧之贈，樂聞其過，勝於德義之名。故楚莊王輕千乘之國，而重申叔一言；范獻賤萬畝之田，以貴舟人片説；季路抱五慎之誡，趙孟佩九言之箴。由此觀之，軒璧之與田邑，豈能與善言齊價哉！夫桓侯不採越人之説，卒成骨髓之疾；吳王不聽枚乘之言，終受夷滅之禍。夫人之將疾者，必不甘魚肉之味；身之將敗者，必不納忠諫之言。故臨死者謂無良醫之藥，將敗者謂無直諫之臣。而不聽善言，是耳聾也。非其耳之有塞，善言不入耳乎。

是以明者納規於未形，採言於意表，從善如轉圓，遺惡如讎敵，正音日聞於耳，禍害逾遠於身。昔帝堯建招諫之鼓，舜樹誹謗之木，湯立司過之士，武王立誡慎之鼗。以聖哲之神鑑，窮機洞微，非有毫釐之謬也，猶設廣聽之術，開嘉言之路，豈不貽厥將來，表正言之益邪？

以夫先聖，猶能採言於芻蕘，奚況布衣，而不貴言乎？故臣子之於君父，則有獻可替否諷諫之文。如交之於朋友，亦有切磋琢磨相成之義。君子若能聽言如響，從善如流，則身安南山，德茂松柏，聲振金石，名流千載也。

又 《傷讒》 譽者，揚善之樞也；毀者，宣惡之機也。揚善生於性美，宣惡出於情妬。性美以成物為恒，情妬以傷人為務。故譽以論善，則辭以極善為功；毀以舉過，則言以窮惡為巧。何者？俗人好奇，不奇不用也。譽人不增其美，則聞者不快於心；毀人不益其惡，則聽者不滿於耳。代之善人少而惡人多，則者寂寞。而讒者喧嘩。

是以洗垢求痕，吹毛覓瑕，揮空爲有，轉白為黑，提輕當重，引寸至尺。墨子所以泣素絲，楊朱所以泣岐路，以其變為青黃，迴成左右也。昔人興讒言於青繩，譬利口於刀劍者，以其點素成緇，刃勁傷物。故有四畏，不可不慎。鳥之曲喙屑距者，羽類畏之；獸之方喙鈎爪者，毛羣畏之；魚之哆脣鋸齒者，鱗族畏之；人之利口讒謟者，人共畏之。讒嫉之人，必好聞人惡，惡聞人善。妬才智之在己前，朞富貴之在己上。猶喉中有噎，吞之思入；目上有翳，決之願去。吞決之情深，則萋斐之辭作。故揚娥眉者，為醜女之所妬；行貞潔者，為讒邪之所嫉。昔直不疑未嘗有兄，而讒者謂之盜嫂；第五倫三娶孤女，而世人譖其撾婦翁。此皆聽虛而責響，視空而索影，悖情倒理，誣罔之甚也。以二子之賢，非身行之不潔，與人有讎也，而不免於世謗者，豈非獸惡其網，人惡其上耶？

故讒邪之蔽善人也，猶朝日洞明，霧甚則不見天，沙石至淨，流濁則不見地，雖有明淨之質，而不發明者，水霧蔽之也。蘭蓀欲茂，秋風害之；賢哲欲正，讒人敗之。故讒者但。知害嫉於他人，而不知傷所説之主，知傷所説之主，而不知還害其身。故無極之讒，子常蒙謗，郄費雙滅。讒謟之流弊，一至於斯。嗚呼！後代之君子，可不諸也。

又 《慎隙》 過者，怨之梯也；怨者，禍之府也。禍之所生，必由積怨；過之所始，多因忽小。小過之來，出於意表；積怨之成，在於慮外。故其來也，不可防；不可悔。其成也，防怨不密，而禍害臻焉。

故登峭坂而不跌墜者，慎於大也；跨阜垤而好顛蹷者，輕於小也。苟慎其步，雖履險能安；輕易其足，雖夷路亦躓。智者識輕小之為害，故慎微細之危患，每畏輕微，懔懔焉若朽索之馭六馬也。

鴻毛性輕，積之沉舟；魯縞質薄，疊之折軸。以毛縞之輕微，能敗舟軸者，積多之所至也。故牆之崩隤，必因其隙；劍之毀折，皆由於璺。尺蚓穿堤，能漂一邑；寸煙泄突，致灰千室。怨之始也，微於隙璺，及其爲害，大於牆劍。禍之所傷，甚於邑室，將防其萌，急於水火。

《夏書》曰：『怨豈在明，不見是圖。』故怨不在大，亦不在小。熒熒不滅，能焚崑山；涓涓不絕，能成江、河。怨之所生，不可類推；禍之所延，非可情測。或怨大而成小，或禍輕而至重。深讐不必危，而睚眦未可易也。譬如風焉，披雲飛石，卷水蹶木，而人血脉不為之傷。隙穴之風，輕塵不運，毛髮不搖，及中肌膚，以為深疾，大不為害，小而成患者，大風散漫，小風激射也。

故漢祖免貫高之逆，魏后泄張繡之讐，韓信削少年之辱，安國釋田甲之慢。此皆遇英達之主、寬廓之衿，得以深怨而不為讐也。魯酒薄而邯鄲圍，羊羹偏而宋師敗，郈孫以鬬鷄亡身，齊侯以笑嬪破國。皆以輕蔑細怨，忘樹禍端，以酒食戲笑之故，敗國滅身，為天下笑，不慎故也。

代之闇者，皆以輕小害易微事，以至於大患。禍之至也，人自生之；福之來也，人自成之。禍與福同門，害與利同鄰，若非至精，莫能分矣。是以智慮者，禍福之門戶；動靜者，利害之樞機，不可不慎也。

又 《誡盈》 四時之序，節滿即謝；五行之性，功成必退。故陽極而陰降，陰極而陽昇，日中則昊，月盈則虧，此天之常道也。勢積則損，財聚必散，年盛返衰，樂極還悲，此理之恒情也。

昔仲尼觀欹器而革容，鑑損益嘆息，此察象而識類，睹霜而知冰也。夫知進而不知退，則踐盈滿之危；處存而不忘危，必履泰山之安。故雷在天上曰大壯，山在地中曰謙。謙則裒多益寡，壯則非禮勿履。處壯而能用禮，居謙而能益寡，降高以就卑，抑强而同弱。未有挹損而不光，驕盈而不斃者也。

聖人知盛滿之難持，每居德而謙沖。雖聰明叡智而志愈下，富貴廣大而心愈降，勳蓋天下而情愈惕，不以德厚而矜物，不以身尊而驕民。故楚莊王功立而心懼，晉文公戰勝而色憂。非憎榮而惡勝，乃功大而心小，居安而念危也。夏禹一饋而七起，周公一沐而三握，食不遑飽，沐不及晞，非耐飢而樂勞，是能心急於接士，德處于謙光也。

《易》曰：『以貴下賤，大得民也。』是以君子高而能卑，富而能儉，貴而能賤，智而能愚，勇而能怯，辯而能訥，博而能淺，明而能闇，是謂損而不窮也。

又 《明謙》 天道下濟而光明，江湖善下而為王。故山在地中成謙，王侯以孤寡為損。謙則榮而逾高，損則顯而彌貴。高必以下為基，貴則以賤為本。在貴而忘貴，故能以貴下民；處高而遺高，故能以高就卑。是以大壯往則復，天地之謙也；極昇必降，陰陽之謙也；滿終則虧，日月之謙也；道盈體沖，聖人之謙也。

《易》稱：『謙尊而彌光。』《老子》云：『不伐故有功。』謙者，在於降己，以高從卑，以聖從鄙。不伐在於有功不矜，有德不言，歸於沖退，謙挹之流也。好盈自賢，矜功伐善者，俗之恒情，聖人之惡也。必矜其功，雖賞之而稱勞，情猶不足；苟伐其善，雖與之賞多，必怨其少，則慊望之情生，躁競之色見，矜伐之路開，患難之釁作矣。君子則不然，在榮以挹損為基，有功而不矜，有善而不伐，遺其功而功常存，忘其善而善自全。情常忘善，故欲以善下物，情恒存善，故能以善勝人。

是以情存功善，非心謙也；口虛托謙，豈非矯乎？心遺功善，非矜伐也；口及其善，豈非實乎？故心存功善，口雖不言，未免矜伐；心舍功善，口雖明言，無傷於謙。故夏禹昌言，明稱伐功；咎繇陳謨，云説我惠。豈其矜功而存惠哉！

夫言善非伐，而伐善者每稱其善；言惠非矜，而矜惠者常存其惠。聖人知人情尚賢而好伐，故發言裁典，多由謙退，所以棄其驕誇，競垂世則也。

又 《大質》 火之性也，大寒慘悽，凝冰裂地，而炎氣不為之衰；大熱烜爀，燋金爍石，而炎氣不為之熾者，何也？有自然之質，而寒暑不能移也。故丹可磨，而不可奪其色；蘭可燔，而不可滅其馨；玉可碎而不可改其白，金可銷而不可易其剛，各抱自然之性，非可强變者也。士有忠義之性，懷貞直之操，不移之質，亦如茲者也。

是以生苟背道，不以為利；死必合義，不足為害。故不趨利而逃害，不忻生而憾死，不可以威脅而變其操，不可以利誘而易其心。昔子閭之劫也，擬之白刃而其心不傾；晏嬰之盟也，鈎以曲戟而其志不迴。不可以利害移其情矣。

夫士有忠義之行，踐繩墨之節，其於爲作，乃無異於衆人。及至處患蹈難，而志氣貞剛，然後知其殊也。譬如鍾山之玉，寒嶺之松，比之瑞珉梓柳無殊也。及其燒以爐炭，三日而色潤不改；處於積冰，終歲而枝葉不凋，然後知其異於他玉衆木也。

故祖裼暴虎，而後勇氣發焉；超騰絶坂，而後迅梗露焉；手提萬鈞，而後多力見焉；處難踐患，而後貞勇出焉。不用干將，奚以知其鋭也；不引烏號，奚以知其勁也。勁鋭之質，卓然易見，猶因人獲顯，況乃志行難覩，曷得不因事而後明乎？

又 卷八《和性》 夫歐冶鑄劍，太剛則折，太柔則卷。欲劍無折，必加其錫；欲劍無卷，必加其金。何者？金性剛而錫質柔。剛柔均平，則為善矣。良工塗漆，緩則難晞，急則弗牢。均其緩急，使之調合，則為美也。人之含性，有似於兹。剛者傷於嚴猛，柔者失於軟懦，緩者悔於後機，急者敗於懁促。故鑄劍者，使金不至折，錫不及卷；製器者，使緩而能晞，急而能牢；理性者，使剛而不猛，柔而不懦，緩而不後機，急而不懁促。故能劍器兼善而性氣淳和也。

昔徐偃王軟而國滅，齊簡公懦而身亡，此性太柔之失也。晉陽處父以純剛致害，鄭子陽以嚴猛致斃，此性太剛之過也。楚子西寬而招敗，郲莊公懁而自禍，此性偏急之灾也。西門豹性急，佩韋皮以自緩；董安于性緩，帶絲絃以自急。彼各能以一物所長，攻其所短也。

故陰陽調，天地和也；剛柔均，人之和也。陰陽不和則水旱失節，剛柔不均則强弱乖政。水旱失節則歲敗，强弱乖政則身亡。是以智者寛而慄，嚴而温，柔而毅，猛而仁，剛而濟其柔，柔而其抑强，强弱相參，緩急相弼。以斯善性，未聞迮物而有悔吝者也。

又 卷九《觀量》 夫註思於細者，必忘其大；鋭精於近者，必略於遠。由心不並駐，則事不兼通，小有所係，大必有所忘也。故仰而貫針，望不見天；俯而拾蝨，視不見地。天地至大而不見者，眸掩於針蝨故也。

是以智者知小道之妨大務，小察之傷大明，捐棄細識，舒散情性。以斯觀之：人有小察細計者，其必無遐志廣度，亦可知矣。奚以明之？夫覩焦僥之節，知非防風之脛；視象之牙，知其大於豕也；見貍之尾，知其小於豹也。故覩一可以知百，觀此可以明彼。

是以蹄窪之内，不生蛟龍；培塿之上，不植松柏，非水土之性有所不生，乃其營宇隘也。數粒而炊，秤薪而爨，非苟為艱難，由性褊悋而細碎也。項羽不學一藝，韓信不營一飡，非其心不愛藝，口不嗜味，由其性大不綴細業也。晉文種米，曾子架羊，非性闇惷不辨方隅，以其運大不習小務也。智伯，庖人亡炙一篋而即知之，韓、魏將反而不能知；邯鄲子陽，園亡一桃而即覺之，其自忘也而不能知。斯皆鋭情於小而忘其大者也。

夫鈞者，雖有籊竿纖綸，芒鈎芳餌，增以詹何之妙，不能與罾罟爭多；弋者挾繁弱之弓，貫會稽之箭，加以蒲苴之巧，不能與尉羅競獲。何者，術小故也。江河之流，爛胔漂屍，縱横接連，而人飲之者，量大故也。盆盂之水，鼠尾一曳，必嘔吐而棄之者，量小故也。枳棘之生，數寸而抽枝；豫樟之植，百尺而蒔柯。其何故耶？豈非質小者而枝條戢，而體大者節目疏乎？是以達者之懷，則滉瀁而無涯；褊人之情，必刻覈而煩細。自上觀之，趨舍之迹，寛隘之量，斷可識矣。

又 《隨時》 時有淳澆，俗有華戎，不得以一體齊也。故無為以化，三皇之時；法術以禦，七雄之世。德義以柔中國之心，政刑以威四夷之性。故《易》貴隨時，《禮》尚從俗，適時而行也。霜風慘烈，周棄不蓺禾，炎氣赫曦，曹明不製裘，知時不可也；貨章甫者，不造閩越，衒赤舄者，不入跣狭，知俗不宜也。故救飢者以圓寸之珠，不如與之粟；貽溺者以方尺之玉，不如與之短綆。非粟綆之貴而珠玉之賤，然而美不要者，各在其所急也。方於饑溺之時，珠玉寧能救生哉？是以中流失船，一壺千金，貴賤無常，時使然也。

昔秦攻，梁惠王謂孟軻曰：『先生不遠千里，辱幸弊邑，今秦攻梁，先生何以禦乎？』孟軻對曰：『昔太王居邠，狄人攻之，事之以玉帛，不可。太王不欲傷其民，乃去邠之岐。今王奚不去梁乎？』惠王不悦。夫

梁所寶者，國也。今使去梁，非其能去也，非黓之所宜行也。故其言雖仁義，非惠王所須也，亦何異救饑而與之珠，拯溺而投之玉乎？秦孝公問商鞅治秦之術，鞅對以變法峻刑。行之三年，人富兵强，國以大治，威服諸侯。以孟軻之仁義，論太王之去邠，而不合於世用；以商君之淺薄，行刻削之苛法，而反以成治。非仁義之不可行，而刻削之苛為美，由於淳澆異迹，則政教宜殊，當合縱之代，而仁義未可全行也。

故明鏡所以照形，而盲者以之蓋卮；玉笄所以飾首，而禿嫗以之掛杙。非鏡笄之不美，無用於彼也。庖丁解牛，適俗所須；朱泙屠龍，無所用功。苟乖世務，雖有妙術，歸於無用。故老聃至西戎，而效夷言；夏禹入裸國，忻然而解裳。非欲忘禮，隨俗宜也。墨子儉嗇，而非樂者，往見荆王，衣錦吹笙；非苟違性，隨時好也。魯哀公好儒而削，代君修墨而殘，徐偃王行仁而亡，燕噲為義而滅。夫削殘亡滅，暴亂之所招，而此以仁義儒墨而遇之，非仁義儒墨之不行，行非于時之所致也。

又《利害》 利害者，得失之本也，得失者，成敗之源也。故就利而避害，愛得而憎失，物之恒情也。人皆知就利而避害，莫知緣害而見利，皆識愛得而憎失，莫識由失以至得。有知利之為害，害之為利，得之成失，失之成得，則可與談利害而語得失矣。

夫内熱者之飲毒藥，非不害也；疽瘞用砭石，非不痛也；然而為之者，以小痛來而大痛滅，小害至則巨害除也。飢而倍食，渴而大飲，熱而投水，寒而投火，雖暫怡性，必為後患。菖蒲去蚤蝨而來蚰蜒；礬石止齲痛而朽牙根，躁痛雖弭，必生後害，此取小利而忘大利，雖去輕害而負重害也。瘕疾填胸，而不敢破，蠆尾螫跗，而不敢斫，非好疾而愛毒，以破斫之患，甚於疾螫也。酖酒盈卮，渴者弗飲，非不渴也，飲之立死；銷金在爐，盜者不掬，非不欲也，掬而灼爛。虓虎在前，地有隋珠，雖貪如盜蹠，則手不暇拾，懸彀嚮心，路有西施，雖淫如景陽，則目不暇視。非不愛寶而悦色，而不顧者，利緩而害急也。昔齊有貨美錦於市者，盜於衆中而竊之。吏執而問之曰：『汝何盜錦於衆中？』對曰：『吾但見錦，不見有人，故取之耳。』若斯人者，眩於利，而忘於害。黄口以貪餌而忘害，故擒於羅者；異鵲以見利而忘身，且怵于莊周。是以智者見利而思難，闇者見利而忘患。思難而難不至，忘患而患反生。以是觀之，利害之道，去就之理，亦以明矣。

又《禍福》 禍福同根，妖祥共域。禍之所倚，反以為福；福之所伏，還以成禍。妖之所見，或能為吉；祥之所降，亦迴成凶。有知禍之為福，福之為禍，妖之為吉，祥之為凶，則可與言物類矣。

吴兵大勝，以為福也，而有姑蘇之困；越棲會稽，以為禍也，而有五湖之霸；戎王强盛，以為福也，而有樽下之執；陳駢出奔，以為禍也，終有厚遇之福。禍福迴旋，難以類推。

昔宋人有白犢之祥，而有失明之禍。雖有失明之禍，以至獲全之福。北叟有胡馬之利，卒有奔墜之患。雖有奔墜之患，以至保身之福。是以見不祥而修善，則妖反為祥；見祥而不為善，即祥還成妖矣。

昔武丁之時，亳有桑穀，共生於朝，史占之曰：『野草生朝，朝其亡乎！』武丁恐懼，側身修德，桑穀自枯。八紘之内，重譯而來，殷道中興。帝辛之時，有雀生鳶於城之隅。史占之曰：『以小生大，國家必王。』帝辛驕暴，遂亡殷國。

故妖孽者，所以警王侯也，怪夢者，所以警庶人也。妖孽不勝善政，則凶反成吉；怪夢不勝善行，則禍轉為福。人有禍必懼，懼必有敬，敬則有福，福則有喜，喜則有驕，驕則有禍。

是以君子祥至不深喜，逾敬慎以儉身；妖見不為戚，逾修德以為務。故招慶於神祇，灾消而福降也。

又《貪愛》 小利，大利之殬；小忝，大禍之津。苟貪小利則大利必亡，不遺小忝則大禍必至。

昔蜀侯性貪，秦惠王聞而欲伐之。山澗峻險，兵路不通，乃琢石為牛，多與金，日置牛後，號牛糞金，言以遺蜀侯。蜀侯貪之，乃斬山填谷，使五丁力士以迎石牛，秦人帥師隨後而至，滅國亡身，為天下所笑。以貪小利失其大利也。

楚白公勝，其性貪忝，既殺子西，據有荆國，積斂財寶，填之府庫，不以分衆。石乞諫曰：『今患至，國將危，不顧。勝敗存亡之機，固已形於胸中矣，不能散財以求人心，則不如焚之，無令彼衆還以害我。』又不能從。及葉公入，乃發大府之貸以與衆，出高庫之兵以賦民，因而攻之，十有九日，白公身滅。財非己有而欲有之，以此小忝而大禍生焉。

寒土有獸，其名曰狍，生角當心，俯而磨之，潰心而死；炎州有鳥，其名曰梟，嫗伏其子，百日而長，羽翼既成，食母而飛。蜀侯之貪石牛，牛愈近而身轉危，何異狍磨其角，角愈利而身速亡乎。白公之據財，財愈積而身愈滅，何異梟之養子，子愈長而身就害也。

是以達人覩禍福之機，鑑成敗之原，不以苟得自傷，不以過希忝自害。老子曰：多藏必厚亡。禮云：積而能散。皆明止足之分，祛貪之萌也。

又　卷一〇《惜時》　夫停燈於缸，先焰非後焰，而明者不能見；藏山於澤，今形非昨形，而智者不能知。何者？火則時時滅，山亦時時移。夫天迴日轉，其謝如矢，騤褭迅足，弗能追也。人之短生，猶如石火，炯然以過，唯立德貽愛，為不朽也。

昔之君子，欲行仁義於天下，則與時競馳，不忝盈尺之璧，而珍分寸之陰。故大禹之趨時，冠挂而不顧；南榮之訪道，踵趼而不休；仲尼棲棲，突不暇黔；墨翟遑遑，席不及煖。皆行其德義，拯世救溺，立功垂模，延芳百世。今人退不知臭腐榮華，剗絕嗜欲，被麗弦歌，取媚泉石；進小能被策樹勳，毗贊明時，空蝗粱黍，枉沒歲華。生為無聞之人，歿成一棺之土，亦何殊草木自生自死者哉！歲之秋也，涼風鳴條，清露變葉，則寒蟬抱樹而長叫，吟烈悲酸，瑟於落日之際，何也？哀其時命，迫於嚴霜，而寄悲于菀柳。今日嚮西峰，道業未就，鬱聲於窮岫之陰，無聞於休明之世。已矣夫！亦奚能不霑衿於將來，染意於松煙者哉！

又　《言苑》　忠孝者，百行之寶歟？忠孝不修，雖有他善，則猶玉屑盈匣，不可琢為珪璋；蚪絲滿篋，不可織為綺綬，雖多，亦奚以為也。信讓者，百行之順也；誕伐者，百行之悖也。信讓乖禮，迴而成悖；誕伐合義，翻而成順。直躬證父，蒼梧讓兄，信讓悖也；弦高矯命，大禹昌言，誕伐順也；謂牧園以桀，紂，艴然而怒；比王侯爲夷、齊，怡然而喜。仁義所在，匹夫為重；仁義所去，則尊貴為輕。事可以必成，理可以情通。睇秋月明，而知孀婦思；聞林風響，而見舟人驚。陽氣主生，物所樂也；陰氣主殺，物所憾也。故春葩含日似笑，秋葉泫露如泣。

夫善交者不以出入易意，不以生死移情，在終如始，在始如終，猶日月也。故日之出入符俱明，月之生死同形。天無情於生死，則不可以情而憾怨。故暄然而春，榮華者不謝；悽然而秋，凋零者不憾。榮凋有命，困遇有期。故春蘂雖茂，假朝露而抽翠；秋葉誠危，因微風而飄零。萬物居温則柔，入寒則剛。故春角可卷，夏條可結，秋露可凝，冬冰可折。人皆愛少而惡老，重榮而輕悴。故簪珥英華，而焚灰枯朽。莫識枯朽生於英華，英華歸於枯巧。山抱玉則鑿之；江懷珠則竭之，豹佩文則剝之；人含智，則嫉之。智能知人不能自知；神能衛物不能自衛。故神龜以智見灼，靈蛇以神見曝，孰知不智為智，不神為神乎！

妙必假物，而物非生妙；巧必因器，而器非成巧。是以羿非弧矢，不能中微，其中微者，非弧矢也；倕無斧斤，不能善斲，其善斫者，非斧斤也。畫以摹形，故先質後文；言以寫情，故先實後辯。無質而文，則畫非形也；不實而辯，則言非情也。紅黛飾容，欲以為豔，而動目者稀；揮弦繁弄，欲以為悲，而驚耳者寡；由於質不美，曲不和也。質不美者，雖崇飾而不華；曲不和者，雖響疾而不哀。理動於心而見於色，情發於衷，而形於聲。故强歡者雖笑不樂，强哭者雖哀不悲。耳聞所惡，不若無聞；目見所惡，不如不見。故雷震必塞耳，掣電必掩目，為仁則不利，為利則不仁。故販粟者欲歲之饑者藥者欲人之疾。物各重其所主，而桀、紂之狗可以吠堯。故盜蹠之徒，賢盜蹠而鄙仲尼。

運屈而恚天，辱至而怨人，是以火焚而怨燧人，溺井而尤伯益。宿不樹惠，臨難而施恩；本不防萌，害成而修慎。是以臨渴而穿井，方飢而植禾，雖疾，無所及也。

公儀嗜魚，屈到嗜芰，雖非至味，人皆甘之，與衆同也；文王嗜膽曾哲嗜棗，膽苦棗酸，聖賢甘之，與衆異也。鹿形似馬而迅於馬；豺形似犬而健於犬。國有千金之馬而無千金之鹿，家有十金之犬而無千金之豺。以犬馬有用而豺鹿無用也。

唐·歐陽詢等《藝文類聚》卷二三《人部七·鑑誡》　魏王昶家誡曰：夫立功者有二難，功就而身不退，一難也；退而不靜，務伐其功，二難也。且懷祿之士，躭寵之臣，苟患失之，何所不至？若樂毅帥弱燕之衆，東破强齊，收七十餘城，其功盛矣，知難而退，保身全名。張良杖劍建策，光濟大漢，辭三萬戶封，學養性之道，棄人間之事，卒無砦悔。

何二賢綽綽有餘裕哉！治家亦有患焉，積而不能散，則有鄙悋之累；積而好奢，則有離驕上之罪。大者破家，小者辱身，此二患也。【略】

吴姚信誡子曰：古人行善者，非名之務，非人之為，心自甘之，以為己度，嶮易不虧，終始如一，進合神契，退同人道，故神明祐之，衆人尊之，而聲名自顯，榮祿自至，其勢然也。又有内析外同，吐實懷詐，見賢則暫自新，獨居則縱所欲，聞譽則驚自飾，見尤則弃善端，凡失名位恒多怨人而害善，怨一人則衆人疾之，害一善則衆人怨之，雖欲陷人而進己，不可得也，祇所以自毁耳，顧真偽不可掩，褒貶不可妄，舍偽從實，遺己察人，可以通矣，舍己就人，去否適泰，可以弘矣，貴賤無常，唯人所速，苟善，則疋夫之子，可至王公，苟不善，則王公之子，反為凡庶，可不勉哉。

吴陸景誡盈曰：富貴天下之至榮，位勢人情之所趍，然古之智士，或山藏林竄，忽而不慕，或功成身退，逝若脱屣者，何哉，蓋居高畏其危，處滿懼其盈，富貴榮勢，本非禍始，而多以凶終者，持之失德，守之背道，道德喪而身隨之矣，是以留侯范蠡，弃貴如遺，叔敖蕭何，不宅美地，此皆知盛衰之分，識倚伏之機，故身全名著，與福始卒，自此以來，重臣貴戚，隆盛之族，莫不離患搆禍，鮮以善終，大者破家，小者滅身，唯金張子弟，世履忠篤，故保貴持寵，祚鍾昆嗣。【略】

晉李充起居誡曰：温良恭儉，仲尼所以為貴，小心翼翼，文王所以稱美，聖德周達無名，斯亦聖中之目也，中人而有斯行，則亦聖人之一隅矣，而末俗謂守慎為拘炁，退慎為怯弱，不遜以為勇，無禮以為達，異乎吾所聞也。【略】

晉袁宏《去伐论》曰：夫君者，必量才任以授官，參善惡以毁譽，課功過以賞罰者也，苟伐其善，必忘其惡，於是怨責之情，必存乎心，希望之氣，必形乎色，此矜伐之士，自賢之人，所以為薄，而先王甚惡之者也，君子則不然，勞而不伐，施而不德，致恭以存其位，下人不隱其功，處不避汙，官不辭卑，唯懼不任，唯患弗能，故力有餘而智不屈，遠咎悔而行成名立也。

又 卷三六《隱逸》 魏麋元譏許由曰：潛居默靜，隱於箕山。身在布衣，而輕天下。世人歸其高行，學者以為美談。夫際會之間，矯時所譽。至乃抽簪散髮，背時逆命。隱于山林之中，以此自高，非以勸智能之士，入通遠之教，故譏而責之曰：

太上貴德，其次立功。世殊時異，不得而同。故伯、禹過門而不入，稷、契刻節而奮庸。股肱帝室，作民王公。今子生聖明之世，得覩雍熙之法，則當攄不朽之功，暢不羈之志，龍飛鳳起，修攝君司；佐天理物，幹成王事。若子以堯為闇主，則歷代載其功；以民為貪亂，則比屋可封。若夫世濁時昏，上無賢君；忠臣不出，小人聚羣。即當撥煩理亂，跨騰風雲；光顯時主，拔濟生民。何得偃蹇，藏影蔽身？夫道不虚行，士不徒生。生則幹時，為國之楨。故伊尹干湯，周公相成，興治濟世，以致太平。生有顯功，没有美名。人生於世，貴能立功。何得逃位，矯世絶蹤，丹朱不肖，朝有四凶，堯放求賢，遜位于子。度才處分，不能則已。何所感激？臨河洗耳。山居巢處，執心不傾。辭君之禄，忘君之榮。居君之地，避君之庭。立身若此，非子之貞。欲言子智，則不仕聖君。欲言子高，則鳥獸同羣。無功可紀，無事可論。

《晉書》卷三三《王祥傳》 及疾篤，（王祥）著遺令訓子孫曰：『夫言行可覆，信之至也；推美引過，德之至也；揚名顯親，孝之至也；兄弟怡怡，宗族欣欣，悌之至也；臨財莫過于讓：此五者，立身之本。顔子所以為命，未之思也，夫何遠之有！』

又 卷四七《傅咸傳》 衛公云：『酒色之殺人，此甚於作直。坐酒色死，人不為悔。逆畏以直致禍，此由心不直正，欲以苟且為明哲耳！自古以直致禍者，當自矯枉過直，或不忠允，欲以亢厲為聲，故致忿耳。安有悾悾為忠益，而當見疾乎！』

又 卷五一《皇甫謐傳》 或勸謐修名廣交，謐以為『非聖人孰能兼存出處，居田里之中亦可以樂堯、舜之道，何必崇接世利，事官鞅掌，然後為名乎』。作《玄守論》以答之，曰：

或謂謐曰：『富貴人之所欲，貧賤人之所惡，何故委形待於窮而不變乎？且道之所貴者，理世也；人之所美者，及時也。先生年邁齒變，饑寒不贍，轉死溝壑，其誰知乎？』

謐曰：『人之所至惜者，命也；道之所必全者，形也；性形所不可犯者，疾病也。若擾全道以損性命，安得去貧賤存所欲哉？吾聞食人之

祿者懷人之憂，形强猶不堪，況吾之弱疾乎！且貧者士之常，賤者道之實，處常得實，没齒不憂，孰與富貴擾神耗精者乎！又生為人所不知，死為人所不惜，至矣！喑聾之徒，天下之有道者也。夫一人死而天下號者，以為損也；一人生而四海笑者，以為益也。然則號笑非益死損生也。是以至道不損，至德不益。何哉？體足也。如迴天下之念以追損生之禍，運四海之心以廣非益之病，豈道德之至乎！夫唯無損，則至堅矣；夫唯無益，則至厚矣。堅故終不損，厚故終不薄。苟能體堅厚之實，居不薄之真，立乎損益之外，游乎形骸之表，則我道全矣。』【略】

時魏郡召上計掾，舉孝廉；景元初，相國辟，皆不行。其後鄉親勸令應命，謐為《釋勸論》以通志焉。其辭曰：

相國晉王辟余等三十七人，及泰始登禪，同命之士莫不畢至，皆拜騎都尉，或賜爵關内侯，進奉朝請，禮如侍臣。唯余疾困，不及國寵。宗人父兄及我僚類，咸以為天下大慶，萬姓賴之，雖未成禮，不宜安寢，縱其疾篤，猶當致身。余唯古今明王之制，事無巨細，斷之以情，實力不堪，豈慢也哉！乃伏枕而歎曰：『夫進者，身之榮也；退者，命之實也。設余不疾，執高箕山，尚當容之，況余實篤！故堯舜之世，士或收迹林澤，或過門不敢入。咎繇之徒兩遂其願者，遇時也。故朝貴致功之臣，野美全志之士。彼獨何人哉！今聖帝龍興，配名前哲，仁道不遠，斯亦然乎！客或以常言見逼，或以逆世為慮。余謂上有寬明之主，下必有聽意之人，天網恢恢，至否一也。何尤於出處哉！』遂究賓主之論，以解難者，名曰《釋勸》。

客曰：『蓋聞天以懸象致明，地以含通吐靈。故黄鍾次序，律呂分形。是以春華發萼，夏繁其實，秋風逐暑，冬冰乃結。人道以之，應機乃發。三材連利，明若符契。故士或同升於唐朝，或先覺於有莘，或通夢以感主，或釋釣於渭濱，或叩角以干齊，或解褐以相秦，或冒謗以安鄭，或乘駟以救屯，或班荆以求友，或借術於黄神，故能電飛景拔，超次邁倫，騰高聲以奮遠，抗宇宙之清音。由此觀之，進德貴乎及時，何故屈此而不伸？今子以英茂之才，游精於六藝之府，散意於衆妙之門者有年矣。既遭皇禪之朝，又投祿利之際，委聖明之主，偶知己之會，時清道真，可以沖邁，此真吾生濯髮雲漢、鴻漸之秋也。韜光逐藪，含章未曜，龍潛九泉，𥓓焉執高，棄通道之遠由，守介人之局操，無乃乖於道之趣乎？

『且吾聞招搖昏迴則天位正，五教班敍則人理定。如今王命切至，委慮有司，上招迕主之累，下致駭衆之疑。達者貴同，何必獨異？羣賢可從，何必守意？方今同命並臻，饑不待餐，振藻皇塗，咸秩天官。子獨栖遲衡門，放形世表，遜遁丘園，不睨華好，惠不加人，行不合道，身嬰大疢。性命難保。若其羲和促轡，大火西穨，臨川恨晚，將復何階！夫貴陰賤璧，聖所約也；顛倒衣裳，明所箴也。子其鑑先哲之洪範，副聖朝之虚心，沖靈翼於雲路，浴天池以濯鱗，排閶闔，步玉岑，登紫闥，侍北辰，翻然景曜，雜沓英塵。輔唐虞之主，化堯舜之人，宣刑錯之政，配殷周之臣，銘功景鍾，參敍彝倫，存則鼎食，亡為貴臣，不亦茂哉！而忽金白之輝曜，忘青紫之班瞵，辭容服之光粲，抱弊褐之終年，無乃勤乎！』

主人笑而應之曰：『吁！若賓可謂習外觀之暉暉，未睹幽人之髣髴也；見俗人之不容，未喻聖皇之兼愛也；循方圓於規矩，未知大形之無外也。故曰天玄而清，地靜而寧，含羅萬類，旁薄羣生，寄身聖世，托道之靈。若夫，春以陽散，冬以陰凝，泰液含光，元氣混蒸，衆品仰化，誕制殊徵。故進者享天祿，處者安丘陵。是以寒暑相推，四宿代中，陰陽不治，運化無窮，自然分定，兩克厥中。二物俱靈，是謂大同；彼此無怨，是謂至通。

『若乃衰周之末，貴詐賤誠，牽於權力，以利要榮。故蘇子出而六主合，張儀入而横勢成，廉頗存而趙重，樂毅去而燕輕，公叔没而魏敗，孫臏刖而齊寧，蠡、種親而越霸，屈子疏而楚傾。是以君無常籍，臣無定名，損義放誠，一虚一盈。故馮以彈劍感主，女有反賜之說，項奮拔山之力，蒯陳鼎足之勢，東郭劫於田榮，顔闔恥於見逼。斯皆棄禮喪真，苟榮朝夕之急者也。豈道化之本與！

『若乃聖帝之創化也，參德乎二皇，齊風乎虞夏，欲温温而和暢，不欲察察而明切也；欲混混若玄流，不欲蕩蕩而名發也；欲索索而條解，不欲契契而繩結也；欲芒芒而無垠際，不欲區區而分別也；欲闇然而日章，不欲示白若冰雪也；欲醇醇而任德，不欲瑣瑣而執法也。是以見機者以動成，好遁者無所迫。故曰，一明一昧，得道之概；一弛一張，合

禮之方；一浮一沈，兼得其真。故上有勞謙之愛，下有不名之臣；朝有聘賢之禮，野有遁竄之人。是以支伯以幽疾距唐，李老寄迹於西鄰，顏氏安陋以成名，原思娛道於至貧，榮期以三樂感尼父，黔婁定謚於布衾，干木偃息以存魏，荆萊志邁於江岑，君平因蓍以道著，四皓潛德於洛濱，鄭真躬耕以致譽，幼安發令乎今人。皆持難奪之節，執不回之意，遭拔俗之主，全彼人之志。故有獨定之計者，不借謀於衆人；守不動之安者，不假慮於羣賓。故能棄外親之滑通內道之真，去顯顯之明路，入昧昧之埃塵，宛轉萬情之形表，排託虛寂以寄身，居無事之宅，交釋利之人。輕若鴻毛，重若泥沈，損之不得，測之愈深。真吾徒之師表，余迫疾而不能及者也。子議吾失宿而駭衆，吾亦怪子較論而不折中也。

『夫才不周用，衆所斥也；寢疾彌年，朝所棄也。是以胥克之廢，丘明列焉；伯牛有疾，孔子斯歎。若黄帝創制於九經，岐伯剖腹以蠲腸，扁鵲造虢而尸起，文摯徇命于齊王，醫和顯術于秦晉，倉公發祕於漢皇，華陀存精於獨識，仲景垂妙於定方。徒恨生不逢乎若人，故乞命訴乎明王。求絕編於天録，亮我躬之辛苦，冀微誠之降霜，故俟罪而窮處。』

又《束皙傳》　束皙閑居，門人並侍。方下帷深譚，隱几而咍，含毫散藻，考撰同異，在側者進而問之曰：『蓋聞道尚變通，達者無窮。世亂則救其紛，時泰則扶其隆。振天維以贊百務，熙帝載而鼓皇風。生則率土樂其存，死則宇內哀其終。是以君子屈己伸道，不恥干時。上國有不索何獲之言，《周易》著躍以求進之辭。莘老負金鉉以陳烹割之説，齊客當康衢而咏《白水》之詩。今先生耽道修藝，嶷然山峙，潛朗通微，洽覽深識，夜兼忘寐之勤，晝騁鑽玄之思，曠年累稔，不墮其志。鱗翼成而愈伏，術業優而不試。乃欲闔櫝辭價，泥蟠深處，永戢琳琅之耀，匿首窮魚之渚，當唐年而慕長沮，邦有道而反寧武。識彼迷此，愚竊不取。

『若乃士以援登，進必待求，附勢之黨横擢，則林藪之彥不抽，丹墀步紈袴之童，東野遺白顛之叟。盍亦因子都而事博陸，憑鷂首以涉洪流，蹈翠雲以駭逸龍，振光耀以驚沈鱗。徒屈蟠於埳井，眄天路而不遊，學既積而身困，夫何為乎祕丘。

『且歲不我與，時若奔駟，有來無反，難得易失。先生不知盱豫之識悔遲，而忘夫朋盍之義務疾，亦豈能登海湄而抑東流之水，臨虞泉而招西歸之日？徒以曲畏為梏，儒學自桎，因大道於環堵，苦形骸於蓬室。豈若托身權戚，憑勢假力，擇棲芳林，飛不待翼，夕宿七娥之房，朝享五鼎之食，匡三正則太階平，贊五教而玉繩直。孰若茹藿餐蔬，終身自匿哉！』

束子曰：『居！吾將導爾以君子之道，諭爾以出處之事。爾其明受余訊，謹聽余志。

『昔元一既啓，兩儀肇立，離光夜隱，望舒晝戢，羽族翔林，蟨蛁赴溼，物從性之所安，士樂志之所執，或背豐榮以栖巖，或排蘭闥而求入，在野者龍逸，在朝者鳳集。雖其軌迹不同，而道無貴賤，必安其業，交不相羨，稷契奮庸以宣道，巢由洗耳以避禪，同垂不朽之稱，俱入賢者之流。參名比譽，誰劣誰優？何必貪與二八為羣，而恥為七人之疇乎！且道睽而通，士不同趣，吾竊綴處者之末行，未敢聞子之高喻，將忽蒲輪而不眄，夫何權戚之云附哉！

『昔周漢中衰，時難自託，福兆既開，患端亦作，朝遊巍峩之宫，夕墜崢嶸之壑，晝笑夜歎，晨華暮落，忠不足以衛己，禍不可以預度，是士諱登朝而競赴林薄。或毁名自汙，或不食其禄，比從政於匣笥之龜，譬官者於郊廟之犢，公孫泣涕而辭相，楊雄抗論於赤族。

『今大晉熙隆，六合寧静，蜂蠆止毒，熊羆輟猛，五刑勿用，八紘備整，主無驕肆之怒，臣無犛纓之請，上下相安，率禮從道。朝養觸邪之獸，庭有指佞之草，禍戮可以忠逃，寵禄可以順保。

『且夫進無險懼，而惟寂之務者，率其性也。兩可俱是，而舍彼趣此者，從其志也。蓋無為可以解天下之紛，澹泊可以救國家之急，當位者事有所窮，陳策者言有不入，翟璜不能迴西鄰之寇，平勃不能正如意之立，幹木臥而秦師退，四皓起而戚姬泣。夫如是何舍何執，何去何就？謂山岑之林為芳，穀底之莽為臭。守分任性，唯天所授，鳥不假甲於龜，魚不假足於獸，何必笑孤竹之貧而羨齊景之富！恥布衣以肆志，寧文裘而拖繡。且能約其躬，則儋石之播以豐；苟肆其欲，則海陵之積不足；存道德者，則匹夫之身可榮；忘大倫者，則萬乘之主猶辱。將研六籍以訓世，守寂泊以鎮俗，偶鄭老於海隅，匹嚴叟於僻蜀。且世乙太虛為輿，玄鑪為肆，神游莫競之林，心存無營之室，榮利不擾其覺，殷憂不干其寐，捐会

者之所貪，收躁務之所棄，蒐聖籍之荒蕪，總羣言之一至，全素履於丘園，背纓緌而長逸，請子課吾業於千載，無聽吾言於今日也。』

又　卷五五《夏侯湛傳》　泰始中，舉賢良，對策中第，拜郎中，累年不調，乃作《抵疑》以自廣。其辭曰：

當路子有疑夏侯湛者而謂之曰：『吾聞有其才而不遇者，時也；有其時而不遇者，命也。吾子童幼而岐立，弱冠而著德，少而流聲，長而垂名。拔萃始立，而登宰相之朝；揮翼初儀，而受卿尹之舉。蕩典籍之華，談先王之言。入閶闔，躡丹墀，染彤管，吐洪煇，干當世之務，觸人主之威，有效矣。而官不過散郎，舉不過賢良。鳳棲五荐，龍蟠六年，英耀秃落，羽儀摧殘。而獨雍容藝文，蕩駘儒林，志不輟著述之業，口不釋《雅》、《頌》之音，徒費情而耗力，勞神而苦心，此術亦以薄矣。而終莫之辯，宜吾子之陸沈也。且以言乎才，則吾子優矣。以言乎時，則子之所與二三公者，義則骨肉之固，交則明道之觀也。富於德，貴於官，其所發明，雖叩牛操築之客，傭賃拘關之隸，負俗懷譏之士，猶將登為大夫，顯為卿尹。於何有寶咳唾之音，愛錙銖之力？向若垂一鱗，迴一翼，令吾子攀其飛騰之勢，挂其羽翼之末，猶奮迅於雲霄之際，騰驤於四極之外。今乃金口玉音，漠然沈默。使吾子栖遲窮巷，守此困極，心有窮志，貌有饑色。吝江河之流，不以濯舟船之畔；惜東壁之光，不以寓貧婦之目。抑非二三公之蔽賢也，實吾子之拙惑也。』

夏侯子曰：『噫！湛也幸，有過，人必知之矣。吾子所以褒飾之太矣。斟酌之喻，非小醜之所堪也。然過承古人之誨，抑因子大夫之忝在弊室也，敢布其腹心，豈能隱几以覽其概乎！』

客曰：『敢祗以聽。』

夏侯子曰：『吾聞先大夫孔聖之言：「德之不修，學之不講，聞義不能徙，不善不能改，是吾憂也。」四德具而名位不至者，非吾任也。是以君子求諸己，小人求諸人。僕也承門戶之業，受過庭之訓，是以得接冠帶之末，充乎士大夫之列，頗闚《六經》之文，覽百家之學。弱年而入公朝，蒙蔽而當顯舉，進不能拔羣出萃，卻不能抗排當世，志則乍顯乍昧，文則乍幽乍蔚。知之者則謂之欲逍遙以養生，不知之者則謂之欲遑遑以求達，此皆未是僕之所匱也。

『僕又聞，世有道，則士無所執其節；黜陟明，則下不在量其力。是以當舉而不辭，入朝而酬問。僕，東野之鄙人，頑直之陋生也。不識當世之便，不達朝廷之情，不能倚靡容悅，出入崎傾，逐巧點妍，嘔喁辯佞。隨羣班之次，伏簡墨之後。當此之時，若失水之魚，喪家之狗，行不勝衣，言不出口，安能干當世之務，觸人主之威，適足以露狂簡而增塵垢。縱使心有至言，言有偏直，此委巷之誠，非朝廷之欲也。

『今天子以茂德臨天下，以八方六合為四境，海內無虞，萬國玄靜，九夷之從王化，猶洪聲之收清響；黎苗之樂函夏，若遊形之招惠景。鄉曲之徒，一介之士，曾諷《急就》、習甲子者，皆奮筆揚文，議制論道，出草苗，起林藪，御青瑣，入金墉者，無日不有。充三臺之寺，盈中書之閣。有司不能竟其文，當年不能編其籍，此執政之所厭聞也。若乃羣公百辟，卿士常伯，被朱佩紫，耀金帶白，坐而論道者，又充路盈寢，黃幄玉階之內，飽其尺牘矣。若僕之言，皆糞土之説，消磨灰爛，垢辱招穢，適可充衛士之爨，盈掃除之器。譬猶投盈寸之膠，而欲使江海易色；燒一羽之毛，而欲令大鑪增勢。若燎原之煙，彌天之雲，噓之不益其熱，噏之不減其氣。今子見僕入朝暫對，便欲坐望高位，吐言數百，謂陵嶒一世，何吾子之失評也！僕固脂車以須放，秣馬以待却，反耕於枳落，歸志乎渦瀨，從容乎農夫，優游乎卒歲矣。

『古者天子畫士以封羣后，羣后受國以臨其邦，懸大賞以樂其成，列九伐以討其違，興衰相形，安危相傾。故在位者以求賢為務，受任者以進才為急。今也則九州為一家，萬國為百郡，政有常道，法有恒訓，因循而禮樂自定，揖讓而天下大順。夫道學之貴游，閭邑之搢紳，皆高門之子，世臣之胤，弘風長譽，推成而進，悠悠者皆天下之彥也。諷詁訓，傳《詩》、《書》，講儒墨，説玄虛，僕皆不如也。二三公之簡僕於凡庸之肆，顯僕於細猥之中，則為功也重矣；時而清談，則為親也周矣。且古之君子，不知士，則不明不安。是以居逸而思危，對食而肴乾。今也則否。居位者以善身為靜，以寡交為慎，以弱斷為重，以怯言為信。不知士者無公誹，不得士者不私愧。彼在位者皆稷、契、咎、益、伊、呂、周、召之倫，叔豹、仲熊之儔，稽古則踰黃、唐，經緯則越虞、夏，蔑昆吾之功，嗤桓文之勳，抵㧙管仲，蹉雹晏嬰。其遠則欲升鼎湖，近則欲超太平。方

將保重嗇神，獨善其身，玄白沖虛，仡爾養真。雖力挾太山，將不舉一羽；揚波萬里，將不濯一鱗。咳唾成珠玉，揮袂出風雲。豈肯？蹴躃鄙事，取才進人，此又吾子之失言也。子獨不聞夫神人乎！噏風飲露，不食五穀。登太清，遊山嶽，靡芝草，弄白玉。不因而獨備，無假而自足。不與人路同嗜欲，不與世務齊榮辱。故能入無窮之門，享不死之年。以此言之，何待進賢！』

客曰：『聖人有言曰：「邦有道，貧且賤焉，恥也。」今子值有道之世，當太平之會，不攘袂奮氣，發謀出奇。使鳴鶴受和，好爵見縻。抑乃沈身郎署，約志勤卑，不亦羸哉！且伊尹之干成湯，寧戚之迕桓公，或投己鼎俎，或庸身飯牛，明廢興之機，歌《白水》之流，德入殷王，義感齊侯。故伊尹起庖廚而登阿衡，寧戚出車下而階大夫。外無微介，內無請謁，矯身擢手，徑躡名位。吾子亦何不慕賢以自厲，希古以慷慨乎！』

夏侯子曰：『嗚呼！是何言歟！富與貴則人之所欲，非僕之所惡也。夫干將之劍，陸斷狗馬，水截蛟龍，而鈆鉛刀不能入泥。騏驥騂騮之乘，一日而致千里，而駑蹇不能邁畝。百鍊之鑑，別鬚眉之數，而壁土不見泰山。鴻鵠一舉，橫四海之區，出青雲之外，而尺鷃不陵桑榆。此利鈍之覺，優劣之決也。夫欲進其身者，不過千萬乘，而僕以上朝堂，答世問，不過顯所知。僕以竭心思，盡才學，意無雅正可準，論無片言可採，是以頓於鄙劣而莫之能起也。以此言之，僕何為其不自衒哉！子不嫌僕德之不劭，而疑其位之不到，是猶反鏡而索照，登木而下釣，僕未以此為不肖也。

『若乃伊尹負鼎以干湯，呂尚隱遊以徼文，傅説操築以寤主，寧戚擊角以要君，此非僕所能也。莊周駘蕩以放言，君平賣卜以自賢，接輿陽狂以蔽身，梅福棄家以求仙，此又非僕之所安也。若乃季札抗節於延陵，揚雄覃思於《太玄》，伯玉和柔於人懷，柳惠三絀於士官，僕雖不敏，竊頗仿佛其清塵。』

又《張載傳》 載又為《榷論》曰：

夫賢人君子將立天下之功，成天下之名，非遇其時，曷由致之哉！故嘗試論之：殷湯無鳴條之事，則伊尹，有莘之匹夫也；周武無牧野之陣，則呂牙，渭濱之釣翁也。若茲之類，不可勝紀。蓋聲發響應，形動影從，時平則才伏，世亂則奇用，豈不信歟！設使秦莽修三王之法，時致隆平，則漢祖，泗上之健吏；光武，舂陵之俠客耳，況乎附麗者哉！故當其有事也，則足非千里，不入於輿；刃非斬鴻，不韜於鞘。是以駑蹇望風而退，頑鈍未試而廢。及其無事也，則牛驥共牢，利鈍齊列，而無長塗犀革以決之，此離朱與瞽者同眼之説也。處守平之世，而欲建殊常之勳，居太平之際，而吐違俗之謀，此猶卻步而登山，鬻章甫於越也。漢文帝見李廣而歎曰：『惜子不遇，當高帝時，萬戶侯豈足道哉！』故智無所運其籌，勇無所奮其氣，則勇怯一也；才無所騁其能，辯無所展其説，則頑慧均也。是以吳榜越船，不能無水而浮；青虯赤螭，不能無雲而飛。故和璧之在荊山，隨珠之潛重川，非遇其人，焉有連城之價，照車之名乎！青骹繁霜，縶於籠中，何以效其撮東郭於韝下也？白猨玄豹，藏於欞檻，何以知其接垂條於千仞也？孱夫與烏獲訟力，非龍文赤鼎，無以明之；蓋聶政與荆卿爭勇，非強秦之威，孰能辨之？故餓夫庸隸，抱關屠釣之倫，一旦而都卿相之位，建金石之號者，或有懷顏孟之術，抱伊管之略，沒世而不齒者，此言有事之世易為功，無為之時難為名也。若斯湮滅而不稱，曾不足以多説。

況夫庸庸之徒，少有不得意者，則自以為枉伏。莫不飾小辯、立小善以偶時，結朋黨、聚虛譽以驅俗。進之無補於時，退之無損於化。而世主相與雷同齊口，吹而煦之，豈不哀哉！今士循常習故，規行矩步，積階級，累閥閱，碌碌然以取世資。若夫魁梧儁傑，卓躒俶儻之徒，直將伏死嶔岑之下，安能與步驟共爭道里乎！至如軒冕黻班之士，苟不能匡化輔政，佐時益世，而徒俯仰取容，要榮求利，厚自封之資，豐私家之積，此沐猴而冠耳，尚焉足道哉。

又卷九二《文苑傳・曹毗》 以名位不至，著《對儒》以自釋。其辭曰：

或問曹子曰：『夫寶以含珍為貴，士以藏器為峻，麟以絕迹標奇，松以負霜稱儁。是以蘭生幽澗，玉輝千仞。故子州浮滄瀾而龍蟠，吳季忽萬乘以解印，虞公潛崇巖以頤神，梁生適南越以保慎，固能全真養和，夷迹洞潤，陵冬揚芳，披雪獨振也。

『今子少睎希冥風，弱挺秀容，奇發幼齡，翰披孺童。吐辭則藻落楊

班，抗心則志擬高鴻，味道則理貫莊肆，研妙則穎奪豪鋒。固以騰廣莫而萋蒨，排素薄而青葱者矣，何必以刑禮為己任，申韓為宏通！既登東觀，染史筆；又據太學，理儒功。曾無玄韵淡泊，逸氣虛洞，養采幽翳，晦明蒙籠。不追林棲之迹，不希抱鱗之龍，不營練真之術，不慕內聽之聰。而處汎位以核物，扇塵教以自濛，負鹽車以顯能，飾一己以求恭。退不居漆園之場，出不躡曾城之衡，遊不踐綽約之室，趠不希騄駬之蹤；徒以區區之懷而整名目之典，覆簣之量而塞北川之洪，檢名實於俄頃之間，定得失乎一管之鋒。

『子若謂我果是邪？則是不必以合俗。子若云俗果非邪？則俗非不可以苟從。俗我紛以交爭，利害渾而彌重，何異執朽轡以御逸駟，承勁風以握秋蓬，役恬性以充勞府，對羣物以耦怨雙者乎？子不聞乎終軍之穎，賈生之才，拔奇山東，玉映漢臺，可謂響播六合，聲駭嬰孩，而見毀絳灌之口，身離狼狽之災。由此言之，名為實賓，福萌禍胎，朝敷榮華，夕歸塵埃，未若澄虛心於玄圃，蔭瑤林於蓬萊，絕世事而雋黃綺，鼓滄川而浪龍鰓者矣。蒙竊惑焉。』

主人煥耳而笑，欣然而言曰：『夫兩儀既闢，陰陽汗浩，五才迭用，化生紛擾，萬類云云，孰測其兆！故不登閬風，安以瞻殊目之形？不步景宿，何以觀恢廓之表？是以迷粗者循一往之智，狷介者守一方之矯，豈知火林之蔚炎柯，冰津之擢陽草！故大人達觀，任化昏曉，出不極勞，處不巢皓，在儒亦儒，在道亦道，運屈則紓其清暉，時申則散其龍藻，此蓋員動之用舍，非尋常之所寶也。

『今三明互照，二氣載宣，玄教夕凝，朗風晨鮮，道以才暢，化隨理全。故五典克明於百揆，虞音齊響於五弦，安期解褐於秀林，漁父擺鉤于長川。如斯則化無不融，道無不延，風澄於俗，波清於川。方將舞黃虯於慶雲，招儀鳳於靈山，流玉醴乎華闥，秀朱草於庭前。何有違理之患，累真之嫌，子徒知辯其説而未測其源，明朝菌不可喻晦朔，蟪蛄無以觀大年，固非管翰之所述，聊敬對以終篇。』

又 卷九四《戴逵傳》 （逵）性高潔，常以禮度自處，深以放達為非道，乃著論曰：

夫親没而採藥不反者，不仁之子也；君危而屢出近關者，苟免之臣也。而古之人未始以彼害名教之體者何？達其旨故也。達其旨，故不惑其迹。若元康之人，可謂好遁迹而不求其本，故有捐本徇末之弊，舍實逐聲之行，是猶美西施而學其顰眉，慕有道而折其巾角，所以為慕者，非其所以為美，徒貴貌似而已矣。夫紫之亂朱，以其似朱也。故鄉原似中和，所以亂德；放者似達，所以亂道。然竹林之為放，有疾而為顰者也，元康之為放，無德而折巾者也。可無察乎！

且儒家尚譽者，本以興賢也，既失其本，則有色取之行。懷情喪真，以容貌相欺，其弊必至於末偽。道家去名者，欲以篤實也。苟失其本，又有越檢之行。情禮俱虧，則仰詠兼忘，其弊必至於本薄。夫偽薄者，非二本之失，而為弊者，必託二本以自通。夫道有常經，而弊無常情，是以六經有失，王政有弊，苟乖其本，固聖賢所無奈何也。

嗟夫！行道之人自非性足體備，闇蹈而當者，亦曷能不棲情古烈，擬規前修，苟迷擬之然後動，議之然後言，固當先辯其趣舍之極，求其用心之本，識其枉尺直尋之旨，採其被褐懷玉之由。若斯，塗雖殊，而其歸可觀也；迹雖亂，而其契不乖也。不然，則流遁忘反，為風波之行，自驅以物，自誑以偽，外眩囂華，內喪道實，以矜尚奪其真主，以塵垢翳其天正，貽笑千載，可不慎歟！

唐·徐堅等《初學記》卷一七《人部上·賢》 任嘏《道德論》曰：夫賢人者，積禮義於朝，播仁風於野，使天下欣欣然歌舞其德。《呂氏春秋》曰：魏文侯過段干木之閭而軾曰：『干木蓋賢人也。』干木富乎義，賈人富乎財。

宋·李昉等《太平御覽》卷四〇二《人事部四十三·敘賢》 《任子》曰：夫賢人者，至德以為己心，行道以為己任；處則不求私名，仕則不求私寵；不為其身，不阿其君；積禮義於朝，播仁風於民。使天下之人翼翼焉向戴其君之尊，欣欣焉歌舞其君之德。

又 卷四六八《人事部一百九·樂》 譙周《法訓》曰：或曰：『君子處陋巷之中，奚樂也？』曰：『樂得其親，樂得其友，樂聖人之道也。』

又 卷七四五《工藝部二·射中》 《苻子》【略】又曰：夏王使羿射於方矢之皮，徑寸之的，乃命羿曰：『子射之中，則賞子以萬金之

費；不中，則削子以十邑之地。』羿容無定色，氣戰於胷中，乃援弓而射之，不中，更射之，又不中。夏王謂傅弥仁曰：『斯羿也，發無不中，而與之賞罰，則不中的者，何也？』傅弥仁曰：『若羿也，口懼爲之災，萬金為之患矣。人能遺其喜，去其萬金，則天下之人，皆不愧於羿矣。』夏王曰：『人聞子之言，始得無欲之道。』

修習之術論分部

論説

漢・徐幹《中論》卷上《治學》 昔之君子，成德立行，身没而名不朽，其故何哉？學也。學也者，所以疏神達思，怡情理性，聖人之上務也。民之初載，其矇未知？譬如寶在於玄室，有所求而不見，白日照焉，則羣物斯辯矣。學者，心之白日也，故先王立教官掌教國子，教以六德，曰智仁聖義忠和；教以六行，曰孝友睦姻任恤；教以六藝，曰禮樂射御書數；三教備而人道畢矣。學猶飾也，器不飾則無以為美觀，人不學則無以有懿德。有懿德，故可以經人倫；為美觀，故可以供神明。故《書》曰：『若作梓材，既勤樸斲，惟其塗丹雘。』夫聽黄鍾之聲，然後知擊缶之細，視衮龍之文然後知被褐之陋，涉庠序之教然後知不學之困。故學者如登山焉，動而益高；如寤寐焉，久而愈足，顧所由來，則杳然其遠，以其難而懈之，誤且非矣。《詩》云『高山仰止，景行行止』，好學之謂也。倚立而思遠，不如速行之必至也；矯首而徇飛，不如修雌之必獲也；孤居而願智，不如務學之必達也。故君子心不苟願，必以求學；身不苟動，必以從師；言不苟出，必以博聞。是以情性合人，而德音相繼也。孔子曰：『弗學何以行，弗思何以得，小子勉之。』斯可謂師人矣。馬雖有逸足，而不閑輿則不為良駿；人雖有美質，而不習道則不為君子。故學者，求習道也。若有似乎畫采立黄之色既著，而純皓之體斯亡，敝而不渝，孰知其素歟？子夏曰：『日習則學不忘，自勉則身不墮，亟聞天下之大言則志益廣。』故君子之於學也，其不懈猶上天之動，猶日月之行，終身亹亹，没而後已。故雖有其才，而無其志，亦不能興其功也。志者，學之師也，才者，學之徒也，學者不患才之不贍，而患志之不立，是以為之者億兆，而成之者無幾。故君子必立其志。《易》曰：『君子以自强不息。』大樂之成非取乎一音；嘉膳之和非取乎一味，聖人之德非取乎一道。故曰學者，所以總羣道也。羣道統乎己心，羣言一乎己口，唯所用之。故出則元亨，處則利貞，默則立象，語則成文，述千載之上若共一時，論殊俗之類若與同室，度幽明之故若見其情，原治亂之漸若指已效。故《詩》曰『學有緝熙于光明』，其此之謂也。

夫獨思則滯而不通，獨為則困而不就。人心必有明焉，必有悟焉，如火得風而炎熾，如水赴下而流速，故太昊觀天地而畫八卦，燧人察時令而鑽火，帝軒聞鳳鳴而調律，倉頡視鳥迹而作書，斯大聖之學乎神明而發乎物類也。賢者不能學於遠乃學於近，故以聖人為師。昔顔淵之學聖人也，聞一以知十，子貢聞一以知二，斯皆觸類而長之，篤思而聞之者也。非唯賢者學於聖人，聖人亦相因而學也。孔子因於文武，文武因於成湯，成湯因於夏后，夏后因於堯舜，故六籍者，羣聖相因之書也。其人雖亡，其道猶存。今之學者，勤心以取之，亦足以到昭明而成博達矣。凡學者，大義為先，物名為後，大義舉而物名從之。然鄙儒之博學也，務於物名，詳於器械，矜於詁訓，摘其章句，而不能統其大義之所極，以獲先王之心，此無異乎女史誦詩，内豎傳令也。故使學者勞思慮而不知道，費日月而無成功，故君子必擇師焉。

又《法象》 夫法象立所以為君子。法象者，莫先乎正容貌，慎威儀。是故先王之制禮也，為冕服采章以旌之，為珮玉鳴璜以聲之，欲其尊也，欲其莊也，焉可懈慢也？夫容貌者，人之符表也。符表正故情性治，情性治故仁義存，仁義存故盛德著，盛德著故可以為法象，斯謂之君子矣。君子者，無尺土之封而萬民尊之，無刑罰之威而萬民畏之，無羽籥之樂而萬民樂之，無爵禄之賞而萬民懷之，其所以致之者，一也。故孔子曰：『君子威而不猛，泰而不驕。』《詩》云：『敬爾威儀，維民之則。』若夫墮其威儀，恍其瞻視，忽其辭令，而望民之則我者，未之有也。莫之則者，則慢之者至矣，小人見慢而致怨乎人，患己之卑而不知其所以然，哀哉！故《書》曰：『惟聖罔念作狂惟狂，克念作聖。』

人性之所簡也存乎幽微，人情之所忽也存乎孤獨。夫幽微者，顯之原也；孤獨者，見之端也，胡可簡也？胡可忽也？是故君子敬孤獨而慎幽微，雖在隱蔽，神不得見其隙也。《詩》云：『肅肅兔罝，施於中林。』處獨之謂也。又有顛沛而不可亂者，則成王季路其人也。昔者成王將崩，體被冕服，然後發顧命之辭。季路遭亂，結纓而後死白刃之難。夫以□留之困，白刃之難猶不忘敬，況於遊宴乎。故《詩》曰：『就其深矣，方之舟之；就其淺矣，泳之遊之。』言必濟也。君子口無戲謔之言，言必有防。身無戲謔之行，行必有檢。故雖妻妾不可得而黷也，雖朋友不可得而狎也。是以不愠怒而德行行於閨門，不諫諭而風聲化乎鄉黨。傳稱大人正己而物自正者，蓋此之謂也。以匹夫之居猶然，況得意而行於天下者乎？唐堯之帝允恭克讓而光被四表，成湯不敢怠遑而奄有九域，文王祗畏而造彼區夏。《易》曰：『觀盥而不薦，有孚顒若。』言下觀而化也。禍敗之由也，則有媟慢以為階，可無慎乎？昔宋敏碎首於棊局，陳靈被禍於戲言，閻邴造逆於相詬，子公生弒於嘗黿。是故君子居身也謙，在敵也讓，臨下也莊，奉上也敬，四者備而怨咎不作，福祿從之。《詩》云：『靖恭爾位，正直是與。神之聽之，式穀以汝。』故君子之交人也，歡而不媟，和而不同，好而不佞詐，學而不虛行，易親而難媚，多恕而寡非，故無絕交，無畔朋，《書》曰：『慎始而敬終，終以不困。』

夫禮也者，人之急也，可終身蹈而不可須臾離也。須臾離則慆慢之行臻焉，須臾忘則慆慢之心生焉，況無禮而可以終始乎？夫禮也者，敬之經也；敬也者，禮之情也，無敬無以行禮，無禮無以節敬。道不偏廢，相須而行，是故能盡敬以從禮者，謂之成人。過則生亂，亂則災及其身。昔晉惠公以慢瑞而無嗣，文公以肅命而興國，郤犨以傲享徵亡，冀缺以敬妻受服；子圉以大明昭亂，薳罷以既醉保祿，良宵以鶉奔喪家，子展以草蟲昌族。君子感凶德之如彼，見吉德之如此，故立必磬折，坐必抱鼓，周旋中規，折旋中矩，視不離乎結襘之間，言不越乎表著之位，聲氣可範，精神可愛，俯仰可宗，揖讓可貴，述作有方，動靜有常，帥禮不荒，故為萬夫之望也。

又《修本》 人心莫不有理道，至乎用之則異矣。或用乎己，或用乎人。用乎己者，謂之務本，用乎人者，謂之近末。君子之理也，先務其本，故德建而怨寡。小人之理也，先近其末，故功廢而讐多。孔子之制《春秋》也，詳內而略外，急己而寬人，故於魯也，小惡必書，於衆國也大惡始筆。夫見人而不自見者謂之矇，聞人而不自聞者謂之聵，慮人而不自慮者謂之瞀。故明莫大乎自見，聰莫大乎自聞，睿莫大乎自慮。此三者舉之甚輕，行之甚邇，而人莫之知也。故知者舉甚輕之事以任天下之重，行甚邇之路以窮天下之遠，故德彌高而基彌固，勝彌衆而愛彌廣。《易》曰：『復亨，出入無疾，朋來無咎。』其斯之謂歟！君子之於己也，無事而不懼焉。我之有善，懼人之未吾好也；我之有不善，懼人之未吾惡也；見人之善，懼我之不能脩也；見人之不善，懼我之必若彼也。故其嚮道，止則隅坐，行則駿，懸乎冠緌，下繫乎帶珮。晝也與之遊，夜也與之息，此盤銘之謂『日新』，《易》曰『日新之謂盛德』，孔子曰『弟子勉之！汝毋自舍，人猶舍汝，況自舍乎？人違汝其遠矣』。故君子不恤年之將衰而憂志之有倦。

不寢道焉，不宿義焉。言而不行，斯寢道矣；行而不時，斯宿義矣。夫行異乎言，言之錯也，無周於智；言異乎行，行之錯也，有傷於仁，是故君子務以行前言也。人之過，在於哀死而不愛生，悔往而不慎懷來，喜語乎已然，好爭乎遂事，墮於今日而懈於後旬，如斯以及於老。故野人之事不勝其悔，君子之悔不勝其事。孔子謂子張曰：『師吾欲聞彼將以改此也。』聞彼而不改此，雖聞何益？故《書》舉穆公之誓，善變也；《春秋》書衛北宮括伐秦，善攝也。夫珠之含礫，瑾之挾瑕，斯其性與。良工為之，以純其性，若夫素然。故觀二物之既純，而知仁德之可粹也。優者取多焉，劣者取少焉，在人而已，孰禁我哉。乘扁舟而濟者，其身也安；粹大道而動者，其業也美，故《詩》曰：『追琢其章，金玉其相。勉勉我王，綱紀四方。』

先民有言，明出乎幽，著生于微。故宋井之霜，以基昇正之寒；黃蘆之萌，以兆大中之暑，事亦如之。故君子修德，始乎笄丱，終乎鮐背，創乎夷原，成乎喬嶽。《易》曰：『升，元亨，用見大人，勿恤。南征吉。』積小致大之謂也。小人朝為而夕求其成，坐施而立望其反，行一日之善而求終身之譽，譽不至，則曰『善無益矣』，遂疑聖人之言，背先王之教，存其舊術，順其常好，是以身辱名賤，而不免為人役也。孔子曰：

『小人何以壽為？一日之不能善矣。久惡，惡之甚也。』蓋人有大惑而不能自知者，舍有而思無也，舍易而求難也。身之與家，我之有也，治之誠易而不肯為也；人之與國，我所無也，治之誠難，而願之也。雖曰『吾有術，吾有術』，誰信之歟？故上懷疾者，人不使為醫；行穢者，人不使畫法，以無驗也。子思曰：『能勝其心，於勝人乎何有？不能勝其心，如勝人何？』故一尺之錦足以見其巧，一仞之身足以見其治，是以君子慎其寡也。道之於人也，其簡且易耳。其脩之也，非若採金攻玉之涉歷艱難也，非若求盈司利之競逐囂煩也。不要而遘，不徵而盛，四時嘿而成，不言而信，德配乎天地，功侔乎四時，名參乎日月，此虞舜、大禹之所以由匹夫登帝位，解布衣被文采者也。故古語曰：『至德之貴，何往不遂；至德之榮，何往不成。』後之君子雖不及，行亦將至之云耳。琴瑟鳴不為無聽而失其調；仁義行不為無人而滅其道。故絃絕而宮商亡，身死而仁義廢。曾子曰：『士任重而道遠，仁以為己任，不亦重乎！死而後已，不亦遠乎！』夫路不險則無以知馬之良，任不重則無以知人之德，君子曰：强其所重以取福，小人日安其所輕以取禍。或曰：『斯道豈信哉？』曰：『何為其不信也？』世之治也，行善者獲福，為惡者得禍，及其亂也，行善者不獲福，為惡者不得禍，變數也。知者不以變數疑常道，故循福之所自來，防禍之所由至也。遇不遇，非我也，其時也。夫施吉報凶謂之命，施凶報吉謂之幸，守其所志而已矣。《易》曰：『君子以致命遂志。』然行善而不獲福猶多，為惡而不得禍猶少，總夫二者，豈可舍多而從少也。曾子曰：『人而好善，福雖未至，禍其遠矣。人而不好善，禍雖未至，福其遠矣。』故《詩》曰：『習習谷風，惟山崔巍，何木不死，何草不萎。』言盛陽布德之月，草木猶有枯落而與時謬者，況人事之應報乎？故以歲之有凶穰而荒其稼穡者，非良農也；以利之有盈縮而棄其資貨者，非良賈也；以行之有禍福而改其善道者，非良士也。《詩》云：『顒顒卬卬，如珪如璋。令聞令望。愷悌君子，四方為綱。』舉珪璋以喻其德，貴不變也。

又《**虛道**》　人之為德，其猶虛器歟，器虛則物注，滿則止焉。故君子常虛其心志，恭其容貌，不以逸羣之才加乎衆人之上，視彼猶賢，自視猶不足也，故人願告之而不厭，誨之而不倦。《易》曰：『君子以虛受人。』《詩》曰：『彼姝者子，何以告之？』君子之於善道也，大則大識之，小則小識之，善無大小，咸載於心，然後舉而行之。我之所有既不可奪，而我之所無又取於人，是以功常前人，而人後之也。故夫才敏過人，未足貴也，博辯過人未足貴也；勇決過人未足貴也。君子之所貴者，遷善懼其不及，改惡恐其有餘，故孔子曰：『顏氏之子其殆庶幾乎？有不善未嘗不知，知之未嘗復行。』惡猶疾也，攻之則益悛，不攻則日甚，故君子之相求也，非特興善也，將以攻惡也。惡不廢則善不興，自然之道也。《易》曰：『否之匪人，不利君子貞，大往小來。』陰長陽消之謂也。先民有言，人之所難者二，樂攻其惡者難，以惡告人者難。夫惟君子，然後能為己之所難能，致人之所難致。既能其所難也，猶恐舉人惡之輕，而舍己惡之重。君子患其如此也，故反之復之，鑽之核之，然後彼之所懷者竭，始盡知己惡之重矣。既知己惡之重者而不能取彼，又將舍己，況拒之者乎？夫酒食，人之所愛者也，而人相見莫不進焉，不吝於所愛者，以彼之嗜之也。使忠言者甚於酒食，人豈愛之？故忠言之不出，以未有嗜之者也。《詩》云：『匪言不能，胡斯畏忌。』目也者，能遠察天際不能近見其皆心亦如之。君子誠知心之似目也，是以務鑑於人以觀得失。故視不過垣墻之里而見邦國之表，聽不過閾轂之內而聞千里之外，因人也。人之耳目盡為我用，則我之聰明無敵於天下矣。是謂人一之，我萬之；人塞之，我通之。故知其高不可為員，其廣不可為方。先王之禮，左史記事，右史記言，師、瞽誦詩，庶僚箴誨，器用載銘，筵席書戒，月考其為，歲會其行，所以自供正也。昔衛武公年過九十，猶夙夜不怠，思聞訓道，命其羣臣曰：『無謂我老耄而舍我，必朝夕交戒。』又作《抑》詩以自儆也。衛人誦其德，為賦《淇澳》，且曰『睿聖』。凡興國之君，未有不然者也。故《易》曰：『君子以恐懼脩省。』下愚反此道也，以為己既仁矣，智矣，神矣，明矣，兼此四者，何求乎衆人？是以辜罪昭著，腥德發聞，百姓傷心，鬼神怨痛，曾不自聞，愈休如也。若有告之者，則曰：『斯事也，徒生乎子心，出乎子口！』於是刑焉，戮焉，辱焉，禍焉，不能免，則曰：『與我異德故也，未達我道故也，又安足責？』是已之非遂初之繆，至於身危國亡，可痛矣夫。《詩》曰：『誨爾諄諄，聽之藐藐。匪用為教，覆用為虐。』蓋聞舜之在鄉黨也，非家饋而戶贈之也，

人莫不稱善焉，象之在鄉黨也，非家奪而戶掠之也，人莫不稱惡焉。由此觀之，人無賢愚，見善則譽之，見惡則謗之，此人情也，未必有私愛也，未必有私憎也。今夫立身不為人之所譽，而為人之所謗者，未盡為善之理也，盡為善之理，將若舜焉。人雖與舜不同，其敢謗之乎？故語稱救寒莫如重裘，止謗莫如脩身，療暑莫如親冰，信矣哉！

又《貴驗》　事莫貴乎有徵，言莫棄乎無徵，言之未有益也，不言未有損也。水之寒也，火之熱也，金石之堅剛也，此數物未嘗有言，而人莫不知其然者，信著乎其體也。使吾所行之信若彼數物，而誰其疑我哉。今不信吾所行，而怨人之不信己，猶教人執鬼縛魅，而怨人之不得也，惑亦甚矣。孔子曰：『欲人之信己也，則微言而篤行之。篤行之，則用日久，用日久則事著明，事著明則有目者莫不見也，有耳者莫不聞也，其可誣哉！』故根深而枝葉茂，行久而名譽遠。《易》曰：『恒，亨，無咎，利貞。』言久於其道也。伊尹放太甲，展季覆寒女，商魯之民不稱淫、篡焉，何則？稽之於素也。故染不積則人不觀其色，行不積則人不信其事。子思曰：『同言而信，信在言前也。同令而化，化在令外也。』謗言也，皆缘類而作，倚事而興，加其似者也。誰謂華岱之不高，江漢之不長與？君子脩德，亦高而長之，將何患矣。故求己而不求諸人，非自强也，見其所存之富耳。子思曰：『事自名也，聲自呼也，貌自眩也，物自處也，人自官也，無非自己者。』故怨人之謂壅，怨己之謂通，通也知所悔，壅也遂所誤，遂所誤也，親戚離之；知所悔也，疏遠附之。疏遠附也常安樂，親戚離也常危懼。自生民以來，未有不然者也。殷紂為天子而稱『獨夫』，仲尼為匹夫而稱『素王』，盡此類也。故善鈞者不易淵而殉魚，君子不降席而追道。治乎八尺之中而德化光矣。古之人歌曰：『相彼玄鳥，止於陵阪。仁道在近，求之無遠。』人情也莫不惡謗，而卒不免乎謗，其故何也？非愛致力而不已之也，已之之術。反也；謗之為名也，逃之而愈至，距之而愈來，訟之而愈多，明乎此，則君子不足為也。闇乎此，則小人不足得也。帝舜屢省，禹拜昌言，明乎此者也。厲王蒙戮，吳起刺之，闇乎此者也。夫人也皆書名前策，著形列圖，或為世法，或為世戒，可不慎之？曾子曰：『或言予之善，予惟恐其聞。或言予之不善，惟恐過而見予之鄙色焉。』故君子服過也，非徒飾其辭而已，誠發乎中心，形乎容貌，其愛之也深，其更之也速，如追兔惟恐不逮，故有進業無退功。《詩》曰：『相彼脊令，載飛載鳴。我日斯邁，而月斯征。』遷善不懈之謂也。夫聞過而不改，謂之喪心；思過而不改，謂之失體。失體喪心之人，禍亂之所及也，君子舍旃。《周書》有言：『人毋鑑於水，鑑於人也。』鑑也者可以察形，言也者可以知德。小人恥其面之不及子都也，君子恥其行之不如舜禹也。故小人尚明鑑，君子尚至言。至言也，非賢友則無取之，故君子必求賢友也。《詩》曰：『伐木丁丁，鳥鳴嚶嚶。出自幽谷，遷于喬木。』言朋友之義務在切直，以升於善道者也。故君子不友不如己者，非羞彼而大我也。不如己者，須己而植者也。然則扶人不暇，將誰相我哉。吾之憒也，亦無日矣。故憒庳則水縱，友邪則己僻也，是以君子慎取友也。孔子曰：『居而得賢友，福之次也。』夫賢者，言足聽，貌足象，行足法，加乎善獎人之美而，好攝人之過，其不隱也如影，其不諱也如響，故我之憚之，若嚴君在堂，而神明處室矣。雖欲為不善，其敢乎？故求益者之居遊也，必近所畏，而遠所易。《詩》云：『無棄爾輔，員于爾輻。屢顧爾僕，不輸爾載。』親賢求助之謂也。

又《貴言》　君子必貴其言，貴其言則尊其身，尊其身則重其道，重其道所以立其教。言費則身賤，身賤則道輕，道輕則教廢；故君子非其人則弗與之言，若與之言，必以其方。農夫則以稼穡，百工則以技巧，商賈則以貴賤，府、史則以官守，大夫及士則以法制，儒生則以學業。故《易》曰：『艮其輔，言有序。』不失事中之謂也。若夫父慈子孝，姑愛婦順，兄友弟恭，夫敬妻聽，朋友必信，師長必教，有司日月慮知乎州閭矣。雖庸人，則亦循循然與之言此可也，過此而往則不可也。故君子之與人言也，使辭足以達其知慮之所至，事足以合其性情之所安，弗過其任而强牽制也。苟過其任而强牽制，則將昏瞀委滯，而遂疑君子以爲欺我也，不則曰：『無聞知矣。』非故也，明偏而示之以幽，弗能照也；聽寡而告之以微，弗能察也，斯所資於造化者也。雖曰無訟，其如之何？故孔子曰：『可與言而不與之言，失人；不可與言而與之言，失言。知者不失人，亦不失言。』

夫君子之於言也，所致貴也。雖有夏后之璜，商湯之駟，弗與易也。今以施諸俗士，以爲志誣而弗貴聽也，不亦辱己而傷道乎？是以君子將

與人語大本之源，而談性義之極者，必先度其心志，本其器量，視其鋭氣，察其墮衰。然後唱焉以觀其和，導焉以觀其隨。隨和之徵發乎音聲，形乎視聽，著乎顔色，動乎身體，然後可以發邇而步遠，功察而治微。於是乎闓張以致之，因來以進之，審諭以明之，雜稱以廣之，立準以正之，疏煩以理之；疾而勿迫，徐而勿失，雜而勿結，放而勿逸；欲其自得之也。故大禹善治水，而君子善導人。導人必因其性，治水必因其勢，是以功無敗而言無弃也。荀卿曰：『禮恭，然後可與言道之方；辭順，然後可與言道之理；色從，然後可與言道之致。有爭氣者勿與辨也。』孔子曰：『惟君子然後能貴其言，貴其色，小人能乎哉？』仲尼、荀卿先後知之。

問者曰：『或有周乎上哲之至論，通乎大聖之洪業，而好與俗士辨者何也？』曰：以俗士爲必能識之故也。何以驗之？使彼有金石絲竹之樂，則不奏乎聾者之側；有山龍華蟲之文，則不陳乎瞽者之前。知聾者之不聞也，知瞽者之不見也。於己之心，分數明白。至與俗士而獨不然者，知分數者不明也。不明之故何也？夫俗士之牽達人也，猶鶉鳥之欺孺子也。鶉鳥之性善近人，飛不峻也，不速也，蹲蹲然似若將可獲也，卒至乎不可獲，是孺子之所以蟈踠足而不以爲弊也。俗士之與達人言也，受之雖不枂，拒之則無説，然而有贊焉，有和焉，若將可痦，卒至乎不可痦，是達人之所以乾唇竭聲而不舍也。斯人也，固達之蔽者也，非達之達者也，雖能言之，猶夫俗士而已矣。

非惟言也，行亦如之。得其所則尊榮，失其所則賤辱。昔倉梧丙娶妻美，而以與其兄，欲以爲讓也，則不如無讓焉。尾生與婦人期於水峤，水暴至不去而死，欲以爲信也，則不如無信焉。葉公之黨，其父攘羊而子證之，欲以爲直也，則不如無直焉；陳仲子不食母兄之食，出居於陵，欲以爲潔也，則不如無潔焉；宗魯受齊豹之謀，死孟縶之難，欲以爲義也，則不如無義焉。故凡道，蹈之既難，錯之益不易，是以君子慎諸己，以爲往鑑焉。

又《藝紀》 藝之興也，其由民心之有智乎？造藝者，將以有理乎民。生而心知物，知物而欲作，欲作而事繁，事繁而莫之能理也。故聖人因智以造藝，因藝以立事，二者近在乎身，而遠在乎物。藝者，所以旌智飾能，統事御羣也，聖人之所不能已也；藝者以事成德者也，德者，以道率身者也。藝者，德之枝葉也；德者，人之根幹也。斯二物者，不偏行，不獨立。木無枝葉則不能豐其根幹，故謂之瘣；人無藝則不能成其德，故謂之野。若欲爲夫君子，必兼之乎。

先王之欲人之爲君子也，故立保氏掌教六藝，一曰五禮，二曰六樂，三曰五射，四曰五御，五曰六書，六曰九數。教六儀，一曰祭祀之容，二曰賓客之容，三曰朝廷之容，四曰喪紀之容，五曰軍旅之容，六曰車馬之容。大胥掌學士之版，春入學，舍采合萬舞，秋班學，合聲，諷誦講習，不解於時。故《詩》曰：『菁菁者莪，在彼中阿。既見君子，樂且有儀。』美育人材，其猶人之於藝乎？既脩其質，且加其文，文質著然後體全，體全然後可登乎清廟，而可羞乎王公。故君子非仁不立，非義不行，非藝不治，非容不莊，四者無愆，而聖賢之器就矣！《易》曰：『富有之謂大業。』其斯之謂歟？君子者，表裏稱而本末度者也。故言貌稱乎心志，藝能度乎德行，美在其中，而暢於四支，純粹内實，光輝外著。孔子曰：『君子恥有其服而無其容，恥有其容而無其辭，恥有其辭而無其行。』故寶玉之山，土木必潤；盛德之士，文藝必衆。昔在周公，嘗猶豫於斯矣。

孔子稱安上治民莫善於禮，移風易俗莫善於樂。存乎六藝者，著其末節也，謂夫陳籩豆，置尊俎，執羽籥，擊鐘磬，升降趨翔，屈伸俯仰之數也，非禮樂之本也。禮樂之本也者，其德音乎？《詩》云：『我有嘉賓，德音孔昭。視民不恌，君子是則是效。我有旨酒，嘉賓式宴以敖。』此禮樂之所貴也。故恭恪廉讓，藝之情也；中和平直，藝之實也；齊敏不匱，藝之華也；威儀孔時，藝之飾也。通乎羣藝之情實者，可與論道；識乎羣藝之華飾者，可與講事。事者有司之職也；道者，君子之業也。先王之賤藝者，蓋賤有司也；君子兼之，則貴也。故孔子曰：『志於道，據於德，依於仁，游於藝。』藝者，心之使也，仁之聲也，義之象也。故禮以考敬，樂以敦愛，射以平志，御以和心，書以綴事，數以理煩。敬考則民不慢，愛敦則羣生悦，志平則怨尤亡，心和則離德睦，事綴則法戒明，煩理則物不悖。六者雖殊，其致一也。其道則君子專之，其事則有司共之，此藝之大體也。

又《覈辯》 俗士之所謂辯者，非辯也。非辯而謂之辯者，蓋聞辯之名，而不知辯之實，故目之，妄也。俗之所謂辯者，利口者也。彼利口者，苟美其聲氣，繁其辭令，如激風之至，如暴雨之集，不論是非之性，不識曲直之理，期於不窮，務於必勝，以故淺識而好奇者，見其如此也，固以爲辯。不知木訥而達道者，雖口屈而心不服也。夫辯者，求服人心也，非屈人口也。故辯之爲言別也，爲其善分別事類而明處之也。非謂言辭切給而以陵蓋人也。故《傳》稱《春秋》微而顯、婉而辯者。然則辯之言必約以至，不煩而諭，疾徐應節，不犯禮教，足以相稱。樂盡人之辭，善致人之志，使論者各盡得其願，而與之得解，其稱也無其名，其理也不獨顯，若此則可謂辯。故言有拙而辯者焉，有巧而不辯者焉。君子之辯也，欲以明大道之中也，是豈取一坐之勝哉。

人心之於是非也，如口於味也。口者，非以己之調膳則獨美，而與人調之則不美也。故君子之於道也，在彼猶在己也，苟得其中，則我心悦焉，何擇於彼？苟失其中，則我心不悦焉，何取於此？故其論也，遇人之是則止矣。遇人之是而猶不止，苟言苟辯，則小人也。雖美説，何異乎鵙之好鳴，鐸之喧譁哉。故孔子曰：『小人毁訾以爲辯，絞急以爲智，不遜以爲勇。』斯乃聖人所惡，而小人以爲美，豈不哀哉！

夫利口之所以得行乎世也，蓋有由也。夫利口者，心足以見小數，言足以盡巧辭，給足以應切問，難足以斷俗疑，然而好説而不倦，諜諜如也。夫類族辯物之士者寡，而愚闇不達之人者多，孰知其非乎？此其所以無用而不見廢也，至賤而不見遺也。先王之法，析言破律、亂名改作者殺之，行僻而堅，言僞而辯，記醜而博，順非而澤者，亦殺之。爲其疑衆惑民，而潰亂至道也。孔子曰『巧言亂德』、『惡似而非者』也。

又《智行》 或問曰：『士或明哲窮理，或志行純篤，二者不可兼，聖人將何取？』對曰：其明哲乎？夫明哲之爲用也，乃能殷民阜利，使萬物無不盡其極者也。聖人之可及，非徒空行也，智也。伏羲作八卦，文王增其辭，斯皆窮神知化，豈徒特行善而已乎？《易・離象》稱『大人以繼，明照於四方』，且大人，聖人也，其餘象皆稱『君子』，蓋君子通於賢者也。聰明惟聖人能盡之，大才通人有而不能盡也。《書》美唐堯，欽明爲先，驩兜之舉共工，四嶽之薦鯀，堯知其行，衆尚未知信也。若非堯，則裔土多凶族，兆民長愁苦矣。明哲之功也如是，子將何從？

或曰：『俱謂賢者耳，何乃以聖人論之？』對曰：賢者亦然。人之行莫大於孝，莫顯於清。曾參之孝，有虞不能易；原憲之清，伯夷不能間。然不得與游、夏列在四行之科，以其才不如也。仲尼問子貢曰：汝與回也孰愈？對曰：賜也何敢望回？回也聞一以知十，賜也聞一以知二。子貢之行不若顔淵遠矣，然而不服其行，服其聞一知十。由此觀之，盛才所以服人也。仲尼亦奇顔淵之有盛才也，故曰：『回也非助我者也，於吾言無所不説。』顔淵達於聖人之情，故無窮難之辭，是以能獨獲亹亹之譽，爲七十子之冠。曾參雖質孝，原憲雖體清，仲尼未甚嘆也。

或曰：『苟有才智，而行不善，則可取乎？』對曰：何子之難喻也？水能勝火，豈一升之水灌一林之火哉。柴也愚，何嘗自投於井？夫君子仁以博愛，義以除惡，信以立情，禮以自節，聰以自察，明以觀色，謀以行權，智以辨物，豈可無一哉，謂夫多少之間耳。且管仲背君事讐，奢而失禮，使桓公有九合諸侯、一匡天下之功。仲尼稱之曰：『微管仲，吾其被髪左衽矣！』召忽伏節死難，人臣之美義也，仲尼比爲匹夫匹婦之爲諒矣。是故聖人貴才智之特能立功立事，益於世矣。如愆過多，才智少，作亂有餘，而立功不足，仲尼所以避陽貨而誅少正卯也，何謂可取乎？漢高祖數賴張子房權謀以建帝業，四皓雖美行，而何益夫倒懸？此固不可同日而論矣。

或曰：『然則仲尼曰未知，焉得仁？乃高仁耶，何謂也？』對曰：仁固大也。然則仲尼此亦有所激然，非專小智之謂也。若有人相語曰：『彼尚無有一智也，安得乃知爲仁乎？』昔武王崩，成王幼，周公居攝，管、蔡啓殷畔亂，周公誅之，成王不達，周公恐之。天乃雷電風雨，以彰周公之德，然後成王寤。成王非不仁厚於骨肉也，徒以不聰叡之故，助畔亂之人，幾喪周公之功，而墜文、武之業。召公見周公之既反政而猶不知，疑其貪位，周公爲之作《君奭》，然後悦。夫以召公懷聖之資，而猶若此乎？末業之士，苟失一行，而智略褊短，亦可懼矣！仲尼曰：『可與立，未可與權。』孟軻曰：『子莫執中，執中無權，猶執一也。』仲尼、孟軻可謂達於權智之實者也。

殷有三仁，微子介於石，不終日；箕子内難而能正其志；比干諫而

剖心。君子以微子爲上，箕子次之，比干爲下。故《春秋》，大夫見殺，皆譏其不能以智自免也。且徐偃王知脩仁義而不知用武，終以亡國；魯隱公懷讓心而不知佞僞，終以致殺；宋襄公守節而不知權，終以見執；晉伯宗好直而不知時變，終以隕身；叔孫豹好善而不知擇人，終以凶餓：此皆蹈善而少智之謂也。故《大雅》貴『既明且哲，以保其身』。夫明哲之士者，威而不懾，困而能通；決嫌定疑，辨物居方，禳禍於忽杪，求福於未萌；見變事則達其機，得經事則循其常，巧言不能推，令色不能移，動作可觀則，出辭爲師表，比諸志行之士，不亦謬乎！

又《爵祿》 或問：古之君子貴爵祿歟？曰：然。諸子之書稱爵祿非貴也，資財非富也，何謂乎？曰：彼遭世之亂，見小人富貴，而有是言，非古也。古之制爵祿也，爵以居有德，祿以養有功。功大者祿厚，德遠者其爵尊；功小者其祿薄，德近者其爵卑。是故觀其爵則別其人之德也，見其祿則知其人之功也，不待問之。古之君子貴爵祿者，蓋以此也。非以黼黻華乎其身，芻豢之適於其口也；非以美色悅乎其目，鐘鼓之樂乎其耳也。孔子曰：『邦有道，貧且賤焉，恥也。』明王在上，序爵班祿而不以逮也，君子以爲至羞，何賤之有乎？先王將建諸侯而錫爵祿也，必於清廟之中陳金石之樂，宴賜之禮，宗人擯相，內史作策也。其頌曰：『文王既勤止，我應受之。敷時繹思，我徂維求定，時周之命，於繹思。』由此觀之，爵祿者，先王之所重也，非所輕也。故《書》曰：『無曠庶官，天工人其代之。』

爵祿之賤也，由處之者不宜也；賤其人斯賤其位矣；其貴也，由處之者宜之也；貴其人，斯貴其位矣。《詩》云：『君子至止，黻衣繡裳。佩玉鏘鏘，壽考不忘。』黻衣繡裳，君子之所服也，愛其德，故美其服也。暴亂之君子，非無此服也，而民弗美也，位亦如之。昔周公相王室以君天下，聖德昭聞，王勳弘大，成王封以少昊之墟，地方七百里，錫之山川、土田、附庸，備物典策，官司彝器，龍旗九旒，祀帝於郊。太公亮武王克商寧亂，王封之爽鳩氏之墟，東至於海，西至於河，南至於穆陵，北至於無棣，『五侯九伯，汝實征之，世祚太師，撫寧東夏。』當此之時，孰謂富貴不爲榮寵者乎？自時厥後，文武之教衰，黜陟之道廢，諸侯僭恣，大夫世位，爵人不以德，祿人不以功，竊國而貴者有之，竊地而富者有之，姦邪得願，仁賢失志，於是則以富貴相詬病矣。故孔子曰：『邦無道，富且貴焉，恥也。』然則富貴美惡，存乎其世也。

《易》曰：『聖人之大寶曰位。』何以爲聖人之大寶曰位？位也者，立德之機也；勢也者，行義之杼也。聖人蹈機握杼，織成天地之化，使萬物順焉，人倫正焉，六合之內各竟其願，其爲大寶不亦宜乎？故聖人以無勢位爲窮，百工以無器用爲困。困則其資亡，窮則其道廢，故孔子栖栖而不居者，蓋憂道廢故也。《易》曰：『井渫不食，爲我心惻。可用汲，王明，並受其福。』夫登高而建旌則其所視者廣矣，順風而振鐸，則其所聞者遠矣。非旌色之益明、非鐸聲之益遠也，所託者然也。況居富貴之地，而行其政令者也？故舜爲匹夫，猶民也，及其受終於文祖，稱曰『予一人』，則西王母來獻白環。周公之爲諸侯，猶臣也，及其踐明堂之阼，負斧扆而立，則越裳氏來獻白雉。故身不尊則施不光，居不高則化不博。《易》曰：『豐，亨，無咎。王假之，勿憂。宜日中。』身尊、居高之謂也。斯事也，聖人之所務也。雖然，求之有道，得之有命。舜、禹、孔子可謂求之有道矣，舜、禹得之，孔子不得之，可謂有命矣。非惟聖人，賢者亦然。稷、契、伯益、伊尹、傅說，得之者也；顏淵、閔子騫、冉耕、仲弓，不得者也。故良農不患壃場之不脩，而患風雨之不節；君子不患道德之不建，而患時世之不遇。《詩》曰：『駕彼四牡，四牡項領。我瞻四方，蹙蹙靡所騁。』傷道之不遇也。豈一世哉，豈一世哉！

又 卷下《考僞》 仲尼之没，於今數百年矣，其間聖人不作，唐虞之法微，三代之教息，大道陵遲，人倫之中不定。於是惑世盜名之徒，因夫民之離聖教日久也，生邪端，造異術，假先王之遺訓以緣飾之，文同而實違，貌合而情遠，自謂得聖人之眞也。各兼說特論，誣謠一世之人，誘以僞成之名，懼以虛至之謗，使人憧憧乎得亡，惙惙而不定，喪其故性而不自知其迷也，咸相與祖述其業而寵狎之。斯術之於斯民也，猶內關之疾也，非有痛癢煩苛於身，情志慧然，不覺疾之已深也。然而期日既至，則血氣暴竭。故內關之疾，疾之中夭，而扁鵲之所甚惡也。以盧醫不能別，而遘之者不能攻也。

昔楊朱、墨翟、申不害、韓非、田駢、公孫龍汨亂乎先王之道，譸張乎戰國之世，然非人倫之大患也，何者？術異乎聖人者易辨，而從之者

不多也。今爲名者之異乎聖人也微，視之難見，世莫之非也；聽之難聞，世莫之舉也。何則？勤遠以自旌，託之乎疾固；廣求以合衆，託之乎仁愛；枉直以取舉，託之乎隨時；屈道以弭謗，託之乎畏愛；多識流俗之故，麤誦詩書之文，託之乎博文；飾非而言好，無倫而辭察，託之乎通理；居必人才，遊必帝都，託之乎觀風；然而好變易姓名，求之難獲，託之乎能靜；卑屈其體，輯柔其顔，託之乎熅恭，然而時有距絶，擊斷嚴厲，託之乎獨立；獎育童蒙，訓之以己術，託之乎勤誨；金玉自待，以神其言，託之乎説道，其大抵也。苟可以收名而不必獲實，則不去也；可以獲實而不必收名，則不居也。汲汲乎常懼當時之不我尊也，皇皇爾又懼來世之不我尚也。心疾乎内，形勞於外，然其智調足以將之，便巧足以莊之，稱託比類足以充之，文辭聲氣足以飾之。是以欲而如讓，躁而如靜，幽而如明，跛而如正。考其所由來，則非堯舜之律也；核其所自出，又非仲尼之門也。其回遹而不度，窮涸而無源，不可經方致遠，甄物成化，斯乃巧人之雄也，而僞夫之傑也。然中才之徒，咸拜手而贊之，揚聲以和之，被死而後論其遺烈，被害而猶恨己不逮。悲夫！人之陷溺蓋如此乎？孔子曰『不患人之不己知』者，雖語我曰『吾爲善』，吾不信之矣。何者？以其泉不自中湧，而注之者從外來也。苟如此，則處道之心不明，而執義之意不著，雖依先王，稱《詩》《書》，將何益哉！以此毒天下之民，莫不離本趣末，事以僞成，紛紛擾擾，馳鶩不已。其流於世也，至於父盗子名，兄竊弟譽，骨肉相詒，朋友相詐，此大亂之道也。故求名者，聖人至禁也。

昔衛公孟多行無禮，取憎於國人，齊豹殺之以爲名。《春秋》書之曰『盗』，其《傳》曰：『是故君子動則思禮，行則思義；不爲利回，不爲義疚。或求名而不得，或欲蓋而名章，懲不義也。齊豹爲衛司寇，守嗣大夫，作而不義，其書爲「盗」。邾庶其、莒牟夷、邾黑肱以土地出，求食而已，不求其名。賤而必書。此二物者，所以懲肆而去貪也。若艱難其身，以險危大人，而有名章徹，攻難之士將奔走之。若竊邑叛君，以徼大利而無名，貪冒之民將寘力焉。是以《春秋》書齊豹曰「盗」，三叛人名，以懲不義，數惡無禮，其善志也。』

問者曰：齊豹之殺人，以爲己名，故仲尼惡而盗之，今爲名者豈有殺之罪耶？』曰：『春秋之中，其殺人者不爲少，然而不盗不已。聖人之善惡也，必權輕重、數衆寡以定之。夫爲名者，使眞僞相冒，是非易位，而民有所化，此邦家之大災也。殺人者一人之害也，安可相比也？然則何取於殺人者以書「盗」乎？荀卿亦曰：盗名不如盗貨。鄉愿亦無殺人之罪也，而仲尼惡之，何也？以其亂德也。今僞名者之亂德也，豈徒鄉願之謂乎？萬事雜錯，變數滋生，亂德之道固非一端而已。《書》曰：靜言庸違，象「恭滔天」，皆亂德之類也。《春秋外傳》曰：姦仁爲佻，姦禮爲羞，姦勇爲賊。夫仁、禮、勇，道之美者也，然行之不以其正，則不免乎大惡。故君子之於道也，審其所以守之，慎其所以行之。』

問者曰：『仲尼惡歿世而名不稱，又疾僞名，然則將何執？』曰：『是安足怪哉？名者，所以名實也，實立而名從之，非名立而實從之也。故長形立而名之曰「長」，短形立而名之曰「短」，非長短之名先立而長短之形從之也。仲尼之所貴者，名實之名也，貴名乃所以貴實也。夫名之繫於實也，猶物之繫於時也。物者，春也吐華，夏也布葉，秋也凋零，冬也成實，斯無爲而自成者也。若强爲之，則傷其性矣。名亦如之，故僞名者皆欲傷之者也。人徒知名之爲善，不知僞善者爲不善也，惑甚矣！求名有三，少而求多，遲而求速，無而求有。此三者不僻，爲幽昧，離乎正道，則不獲也。固非君子之所能也。君子者，能成其心，心成則内定，内定則物不能亂，物不能亂則獨樂其道，獨樂其道則不聞爲聞、不顯爲顯。故《禮》稱：「君子之道闇然而日彰，小人之道的然而日亡。君子之道淡而不厭，簡而文，温而理，知遠之近，知風之自，知微之顯，可與入德矣。」君子之不可及者，其惟人之所不見乎。夫如是者，豈將反側於亂世，而化庸人之末稱哉。』

三國魏・曹植《曹子建集》卷一〇《藉田説二》 封人有能以輕鑿脩鉤去樹之蠍者，樹得以繁茂。中舍人曰：『不識治天下者，亦有蠍乎？』寡人告之曰：『昔三苗、共工、鯀、驩兜，非鯀、堯之蠍與？』問曰：『諸侯之國，亦有蠍乎？』寡人告之曰：『齊之諸田，晉之六卿，魯之三桓，非諸侯之蠍與？然三國無輕鑿脩鈎之任，終於齊簒魯弱，晉國以分，不亦痛乎？』曰：『不識為君子者，亦有蝎乎？』寡人告之曰：『固有之也。富而慢，貴而驕，殘仁賊義，甘財悦色，亦君子之蝎

也。天子勤耘以牧一國，大夫勤耘以收世禄，君子勤耘以顯令德。夫農者，始於種，終於獲。澤既時矣，苗既美矣，棄而不耘，則改為荒疇。蓋豐年者，期於必收，譬脩道，亦期於歿身也。』

晉·葛洪《抱朴子外篇》卷三《勖學》 抱朴子曰：夫學者所以清澄性理，簸揚埃穢，雕鍛鑛璞，礱鍊屯鈍，啓導聰明，飾染質素，察往知來，博涉勸戒，仰觀俯察，於是乎在，人事王道，於是乎備。進可以為國，退可以保己。是以聖賢罔莫孜孜而勤之，夙夜以勉之，命盡日中而釋，飢寒危困而不廢。豈以有求於當世哉？誠樂之自然也。

夫斲削刻畫之薄伎，射御騎乘之易事，猶須慣習，然後能善，況乎人理之曠，道德之遠，陰陽之變，鬼神之情，緬邈玄奧，誠難生知。雖云色白，匪染弗麗；雖云味甘，匪和弗美。故瑤華不琢，則耀夜之景不發；丹青不治，則純鉤之劲不就。火則不鑽不生，不扇不熾；水則不決不流，不積不深。故質雖在我，而成之由彼也。登閬風，捫晨極，然後知井谷之暗闇也；披七經，玩百氏，然後覺面牆之至困也。

夫不學而求知，猶願魚而無網焉，心雖勤而無獲矣；廣博以窮理，猶須風而託焉，體不勞而致遠矣。粉黛至則西施以加麗，而宿瘤以藏醜；經術深則高才者洞達，鹵鈍者醒悟。文梓干雲，而不可名臺榭者，未加班輸之結構也；天然爽朗，而不可謂之君子者，不識大倫之臧否也。

欲超千里於終朝，必假追影之足；欲淩洪波而遐濟，必因艘楫之器；欲見無外而不下堂，必由之乎載籍；欲測淵微而不役神，必得之乎明師。故朱綠所以改素絲，訓誨所以移蒙蔽。披玄雲而揚大明，則萬物無所隱其狀矣；舒竹帛而考古今，則天地無所藏其情矣。況於鬼神乎？而況於人事乎？泥涅可令齊堅乎金玉，曲木可攻之以應繩墨，百獸可教之以戰陳，畜牲可習之以進退，沈鱗可動之以聲音，機石可感之以精誠，又況乎含五常而稟最靈者哉！

低仰之驅，教之功也；鷙擊之禽，習之馴也。與彼凡馬野鷹，本實一類，此以飾貴，彼以質賤。運行潦而勿輟，必混流乎滄海矣；崇一簣而弗休，必鈞高乎峻極矣。大川滔瀁，則虬螭羣游；日就月將，則德立道備。乃可以正。夢乎丘旦，何徒解桎乎困蒙哉！

昔仲由冠鷄帶豘，簧珥鳴蟬，杖劍而見，拔刀而舞，盛稱南山之勁竹，欲任掘强之自然；尼父善誘，染以德教，遂成升堂之生，而登四科之哲。子張鄙人，而灼聚凶猾，漸漬道訓，成化名儒，乃抗禮於王公，豈直免於庸陋！

以是賢人悲寓世之倏忽，疾泯没之無稱；感朝聞之弘訓，悟通微之無類；懼將落之明戒，覺罔念之作狂；不飽食以終日，不棄功於寸陰；鑑逝川之勉志，悼過隙之電速；割遊情之不急，損人間之末務；洗憂貧之心，遣廣願之穢，息畋獵博弈之戲，矯晝寢坐睡之懈怠；知徒思之無益，遂振策於聖途。學以聚之，問以辯之，進德脩業，温故知新。

夫周公上聖，而日讀百篇。仲尼天縱，而韋編三絕。墨翟大賢，載文盈車。仲舒命世，不窺園門。倪寬帶經以芸鉏，路生截蒲以寫書，黄霸抱桎梏以受業，甯子勤夙夜以倍功，故能究覽道奧，窮測微言，觀萬古如同日，知八荒若户庭，考七耀之盈虚，步三、五之變化，審盛衰之方來，驗善否於既往，料玄黄於掌握，甄未兆以如成。故能盛德大業，冠於當世，清芒令問，播于罔極也。

且夫聞商羊而戒浩瀁，訪鳥砮而洽東肅，諮萍實而言色味，訊土狗而識墳羊，披《靈寶》而知山隱，因折俎而説專車，瞻離畢而分陰陽之候，由冬螽而覺閏餘之錯，何神之有？學而已矣。夫童謡猶助聖人之耳目，豈況《墳》《索》之弘博哉！

才性有優劣，思理有脩短。或有夙知而早成，或有提耳而後喻。夫速悟時習者，驥騄之腳也；遲解晚覺者，鶉鵲之翼也。彼雖尋飛絕景，止而不行，則步武不過焉；此雖咫尺以進，往而不輟，則山澤可越焉。明暗之學，其猶茲乎？蓋少則志一而難忘，長則神放而易失，故脩學務早，及其精專，習與性成，不異自然也。若乃絕倫之器，盛年有故，雖失之於暘谷，而收之於虞淵。方知良田之晚播，愈於座歲之荒蕪也。日燭之喻，斯言當矣。

世道多難，儒教淪喪，文、武之軌，將遂凋墜。或沈溺於聲色之中，或驅馳於競逐之路。孤貧而精六藝者，以游、夏之資，而抑頓乎九泉之下；因風而附鳳翼者，以駑庸之質，猶廻遑乎霞霄之表。舍本逐末者，謂之勤脩庶幾；擁經求己者，謂之陸沈迂闊。於是莫不蒙塵觸雨，戴霜履冰，懷黄握白，提清挈肥，以赴邪徑之近易，規朝種而暮獲矣。

若乃下帷高枕，遊神九典，精義賾隱，味道居靜，確乎建不拔之操，揚青於歲寒之後，不揆世以投迹，不隨衆以萍漂者，蓋亦鮮矣。汲汲於進趨，悒悶於否滯者，豈能舍至易速達之通途，而守甚難必窮之塞路乎？此川上所以無人，《子衿》之所為作。愍俗者所以痛心而長慨，憂道者所以含悲而積思也。

夫寒暑代謝，否終則泰，文武迭貴，常然之數也。冀羣寇畢滌，中興在今，七耀遵度，舊邦惟新，振天惠以廣埽，鼓九陽之洪爐，運大鈞乎皇極，開玄模以軌物。陶冶庶類，匠成翹秀，蕩汰積埃，革邪反正。戢干戈，櫜弓矢，興辟雍之庠序，集國子，脩文德，發金聲，振玉音。降風雲於潛初，旅束帛乎丘園，令抱翼之鳳，奮翮於清虚；項領之駿，騁迹於千里。使夫含章抑鬱，窮覽洽聞者，申公、伏生之徒，發玄纁，登蒲輪，吐結氣，陳立素，顯其身，行其道，俾聖世迪唐、虞之高軌，馳升平之廣途，玄流沾於九垓，惠風被乎無外。五刑厝而頌聲作，和氣洽而嘉穟生，不亦休哉！

昔秦之二世，不重儒術，舍先聖之道，習刑獄之法。民不見德，唯戮是聞。故惑而不知反迷之路，敗而不知自救之方，遂墮墜於雲霄之上，而虀粉乎不測之下。惟尊及卑，可無鑑乎！

又　卷三五《守堉》　抱朴子曰：余友人有潛居先生者，慕寢丘之莫爭，簡堉土以葺宇，鋭精藝文，意忽學稼，屢失有年，飢色在顔。

或人難曰：『夫知禮在於廩實，施博由乎貨豐，高出於有餘，儉生乎不足。故十千美於詩人，食貨首乎八政。躬稼基克配之業，耦耕有不改之樂。奇士之居也，進則侶鴻鷺以振翮，退則叁陶白之理生，仕必霸王，居必千金，是以昔人必科膏壤以分利，勤四體以稼穡，播原菽之與與，茂嘉蔬之翼翼，收穄秬之千倉，積我庾之惟億，出連騎以遊畋，入侯服而玉食。而先生之宅此也，亢陽則出谷颺塵，重陰則滔天淩丘；陸無含秀之苗，水無吐穗之株，稗糲曠於圖廩，薪爨廢於庖廚。怡爾執待兔之志，坦然無去就之謨。吾恐首陽之事，必見於今；丹山之困，可立而須。人為子寒心，子何晏然而弗憂也？夫睹機而不作，不可以言明；安土而不移，衆庶之常事，豈翫飽者忘蘭，而大迷者易性乎？何先生未寤之久也！鄙人惑焉，不識所謂。夫衮冕非御鋒鏑之服，典誥非救飢寒之具也。胡不眎沃衍於四郊，躬田畯之良業，捨六藝之迂闊，收萬箱以賑乏乎？』

潛居先生曰：『夫聵者不可督之以分雅鄭，瞽者不可責之以别丹漆，井鼃不可語以滄海，庸俗不可説以經術。吾子苟知老農之小功，未喻面牆之巨拙，何異拾瑣沙而捐隋、和，向炯燭而背白日也。夫好尚不可以一概杚，趨舍不可以彼我易也。夫欲隮閬風、陟嵩、華者，必不留行於丘垤；意在乎游南溟，泛滄海者，豈暇逍遙於潢洿？是以注清聽於九韶者，巴人之聲不能悦其耳；烹大牢饗方丈者，荼蓼之味不能甘其口。鵾鵬戾赤霄以高翔，鶺鴒傲蓬林以鼓翼，洿隆殊途，亦飛之極。晦朔甚促，朝菌不識。蜉蝣忽忽於寸陰，野馬六月而後息，鯈鮒汎濫以暴鱗，靈虯勿用乎不測，行業乖舛，意何可得？余雖藜湌之不充，而足於鼎食矣。

『故列子不以其乏，而貪鄭陽之禄，曾三不以其貧，而易晉、楚之富。夫收微言於將墜者，周、孔之遐武也；情孳孳以為利者，孟叟之罪人也。造遠者莫能兼通於岐路，有為者莫能並舉於耕學，體瘁而神豫，亦何病於居約？且又處堉則勞，勞則不學清而清至矣。居沃則逸，逸則不學奢而奢來矣。清者，福之所集也；奢者，禍之所赴也。福集，則雖微可著，雖衰可興焉；禍赴，則雖强可弱，雖存可亡焉。此不期而必會，不招而自來者也。故君子欲正其末，必端其本；欲輟其流，則遏其源。故道德之功建，而奓靡之門閉矣。姜望至德，而佃不復種，重華大聖，而漁不償網，然後玉璜表營丘之祚，大功有二十之高，何必譏之以惰嬾，而察才以相士乎！夫一人分財，取少為廉余，今讓天下之豐沃，處兹邦之褊堉，舍安昌之膏腴，取北郭之無欲，誠萬物之可細，亦何往而不足哉！北辰以不改為衆星之尊，五嶽以不遷為羣望之宗。蟋蟀屢移而不貴，禽魚屢深則逢患。方將墾九典之蕪薉，播六德之嘉穀，厥田邈於上士之科，其收盈乎天地之間。何必耕耘為務哉！昔被衣以弃財止盜，庚氏以推讐厲貪，疏廣散金以除子孫之禍，叔敖取堉以弭可欲之憂，牛缺以載珍致寇，陶谷以多藏召殃。得失較然，可無鑑乎！』

於是問者抑然良久，口張而不能嗑，首俛而不能仰。慨而嗟乎，始悟立不朽之言者，不以産業汨和，追下帷之績者，不以窺園涓目。子以臭雞之甘呼鴛鳳，擗蟹之計要猛虎，豈不陋乎！鄙哉，子之不夙知也！

又　卷三六《安貧》　抱朴子曰：昔漢火寢耀，龍戰虎爭，九有幅

裂，三家鼎據。有樂天先生者，避地蓬轉，播流岷、益，始處昵於文休，末見知於孔明。而言高行方，獨立不羣，時人憚焉，莫之或與。時二公之力，不能違衆，遂令斯生沈抑衡蕐，齒漸桑榆，而韋布不改。而時主思賢，不聞不知；當途之士，莫舉莫貢。潛側武之陋巷，竄繩樞之蓬屋，進廢經世之務，退忘治生之事，藜湌屢空，朝不謀夕。

於是偶俗公子造而詰之曰：『蓋聞有伊、呂之才者，不久滯於窮賤；懷猗頓之術者，不長處於飢寒。達者貴其知變，智士驗乎不匱。故范生出則滅吳霸越，為命世之佐；入則貨殖營生，累萬金之貲。夫貧在六極，富在五福，《詩》美哿可矣，《易》貴聚人，垂餌香則鱣鮪來，懸賞厚則果毅奮，長卿所以解犢鼻而擁朱旄，曲逆所以下席扉而享茅土，不韋所以食十萬之邑，絳侯所以拔囹圄之困也。故下鄉儉而獲悔咎之辱，漂嫗豐而蒙千金之報。先生無少伯之奇略，專鋭思乎六經，忽絕粻之實禍，慕不朽之虛名，恥詭遇以干祿，羞衒沽以要榮；冀西伯之亏畋，俟黄河之將清。甘列子之菜色，邈全神而遺形，何異圖畫騏驥，以代徒行之勞；遙指海水以解口焦之渴；張魚網於峻極之巔，施鈎緡於脩木之末；雖自以為得所，猶未免乎迂闊也。事無身後之功，物無違時之盛。今海內瓜分，英雄力競，象恭滔天，猾夏放命，駑蹇星馳以兼路，豺狼奮口而交爭。當途投袂以訟屈，素士蒙塵以履徑，純儒釋皇道而治五霸之術，碩生弃四科而恤月旦之評。筐篚實者，進於草菜；乏資地者，退於朝廷；握黄白者，排金門而陟玉堂，誦方策者，結世讎而委泥濘；贄幣濃者，瓦石成珪璋；請詑薄者，龍駿弃林坰；黨援多者，偕鷩飈以淩雲；交結狹者，侶跛鱉以沈泳。夫丸泥已不能遏彭蠡之沸騰，獨賢亦焉能反流遁之失正？

『今先生入無儋石之儲，出無束脩之調。徒含章如龍鳳，被文如虎豹，吐之如波濤，陳之如錦繡，而凍餓於環堵，何計疏之可弔！奚不汎輕舟以詑迅，御御飛帆以遠之。交瑰貨於朔、南，收金碧於九疑。迪崔烈之遐武，縻好爵於清時？徒疲勞於述作，豈蟬蛻之有期也？獨苦身以為名，乃黄、老之所蚩也！』

樂天先生答曰：『六藝備研，《八》索必該。斯則富矣，振翰摛藻，德音無窮，斯則貴矣。求仁仁至，舍旃焉如。夫棲重淵以頤靈，外萬物而自得，遺紛埃於險塗，澄精神於玄默；不窺牖以遐覽，判微言而靡惑。雖復設之以台鼎，猶確爾而弗革也。曷肯憂貧而與賈豎爭利，戚窮而與凡瑣競達哉！吾子苟知商販可以崇寶，耕也可以，不識逐麋者不顧兔，道遠者其到遲也。且夫尚父之鼓刀，素首乃吐奇也；萬鈞之為重，衝飈不能移；簫韶未九成，靈鳥紆儀也。是以俟扶搖而登蒼霄者，不充詘於蓬蒿之杪；騁蘭筋以陟六萬者，不爭途乎蹇驢之羣。大孝必畏辱親之險，故子春戰悸於下堂；上智不貴難得之財，故唐虞捐金而抵璧。明哲消禍於未來，知士聞利則慮害，而吾子訊僕以汎舟，孳孳於潤屋，勸隋珠之彈雀，控虎口以奪肉，輕遺體於不測，觸重險以遠至，忘髮膚之明戒，尋乾没於難冀。若乃焚輪傾巖，木拔石飛，陽侯山峙，洪濤山罪巍，輕艘塵漂，力與心違，從嗟泣而罔逮，乃悟達者之見微也。

『昔回、憲以清苦稱高，陳平以無金免危，廣漢以好利喪身，牛缺以載寶灰糜。匹夫枉死於懷璧，豐狐召災於美皮。今吾子督余以誨盜之業，敦餘以召賊之策，進酖酒以獻酬，非養壽之忠益。夫士以三墳為金玉，《五典》為琴箏，講肆為鍾鼓，百家為笙簧，使味道者以辭飽，酣德者以義醒，超流俗以高蹈，軼億代以揚聲，方長驅以獨往，何貨賄之穢情？夫藏多者亡厚，好謙者忌盈，含夜光者速剖，循覆車者必傾，过載者沈其舟，欲勝者殺其生。蓋下士所用心，上德所未嘗也。』於是問者茫然自失，請備門生之末編，永寶長生之良方焉。

又　卷三七《仁明》　抱朴子曰：門人共論仁明之先後，各據所見，乃以諮余。余告之曰：『三光垂象者，乾也；厚載無窮者，坤也。乾有仁而兼明，坤有仁而無明。卑高之數，不以邈乎！夫唯聖人與天合德。故唐堯以欽明冠典，仲尼以明義首篇。明明在上，元首之尊稱也；明哲保身，《大雅》之絕蹤也。蜎飛蠕動，亦能有仁。故其意愛弘於長育，哀傷著於啁噍。然赴阬穽而無猜，入罻羅而不覺。有仁無明，故並趨禍而攸失。熾潛景以易咀生，結棟宇以免巢穴，選禾稼以代毒烈，制衣裳以改裸飾。後舟楫以濟不通，服牛馬以息負步，序等威以鎮禍亂，造器械以戒不虞，創書契以治百官，制禮律以肅風教，皆大明之所為，非偏人之所能辯也。

『夫心不違仁而明不經國，危亡之禍，無以杜遏，亦可知矣。夫料盛衰於未兆，探機事於無形，指倚伏於理外，距浸潤於根生者，明之功也。

垂惻隱於昆蟲，雖見犯而不校，覩觳觫而改牲，避行葦而不蹈者，仁之事也。爾則明者才也，行者行也。殺身成仁之行可力為而至，鑑玄測幽之明難安假。精粗之分，居然殊矣。夫體不忍之仁，無臧否之明，則心惑偽真，神亂朱紫，思算不分，邪正不識。不逮安危，則一身之不保，何暇立以濟物乎！昔姬公非無友于之愛，而涕泣以滅親；石碏非無天性之慈，而割私以奉公。蓋明見事體，不溺近情，遂為純臣。以義斷恩，舍仁用明，以計抑仁，仁可時廢，而明不可無也。湯、武逆取順守，誠不仁也；應天革命，以其明也。徐偃脩仁以朝同班，外墜城池之險，內無戈甲之備，亡國破家，不明之禍也。』

門人曰：『仲尼歎仁為「任重而道遠。」又云：「人而不仁如禮何？」「若聖與仁，則吾豈敢！」孟子曰：「仁，宅也；義，路也。」人無惻隱之心，非仁也。「三代得天下以仁，失天下以不仁。」此皆聖賢之格言，竹素之顯證也。而先生貴明，未見典據。小子蔽闇，竊所惑焉。』

抱朴子答曰：『古人云：「好仁不好學，其蔽也愚。」子近之矣。曩六國相吞，豺虎力競，高權詐而下道德，尚殺伐而廢退讓，孟生方欲抑頓貪殘，褒隆仁義，安得不勤勤諄諄獨稱仁邪？然未有片言云仁勝明也。譬猶疫癘之時，醫巫為貴，異口同辭，唯論藥石，豈可便謂鍼艾之伎，過於長生久視之道乎？且吾以為仁明之事，布於方策，直欲切理示大較精神，舉一隅耳。而子猶日用而不知，云明事之無據乎？《乾》稱「大明終始，六位時成」。是立天以明，無不包也。《坤》云至哉，萬物資生，是地德仁，承順而已。先後之理，不亦炳然！《詩》云：「明明上天，照臨下土。明明天子，令問不已。」《易》曰：「王明，並受其福。」幽贊神明，神而明之。此則明之與神合體，誠非純仁所能企擬也。孔子曰「聰明神武」，不云「聰仁」，又曰「昔者，明王之治天下」，不曰「仁王」。《春秋傳》曰：「明德惟馨」，不云「仁德」。《書》云：「元首明哉！」不曰「仁哉」。老子歎上士，則曰：「明白四達」，其說衰薄，則曰：「失道而後德，失德而後仁」。《易》曰：「王者南面向明」，不云「向仁」也。我欲仁，斯仁至矣。又曰「為仁由己」，斯則人人可為之也。至於聰明，何可督哉！故孟子云，凡見赤子將入井，莫不趨而救之。以此觀之，則莫不有仁心，但厚薄之間，而聰明之分，時而有耳。昔崔杼不殺晏嬰，晏嬰謂杼為大不仁而有小仁。然則姦臣賊子，猶能有仁矣。』

門人又曰：『《易》稱立人之道，曰仁與義，然則人莫大於仁也。』

抱朴子答曰：『所以云爾者，以為仁在於行，行可力為；而明入於神，必須天授之才，非所以訓故也。

又 卷四一《循本》 抱朴子曰：玄寂虛靜者，神明之本也；陰陽柔剛者，二儀之本也；巍峩巖岫者，山嶽之本也。德行文學者，君子之本也。莫或無本而能立焉。是以欲致其高，必豐其基；欲茂其末，必深其根。鄉党之友不洽，而勤遠方之求；涖官之稱不著，而索不次之顯。是以雖佻虛譽，猶狂華幹霜以吐曜，不崇朝而零瘁矣；雖竊大寶於不料，冒惟塵以負乘，猶鮮介附騰波以高淩，顧眄已枯株於危陸矣。聖賢孜孜，勉之若彼，淺近口止喬口止喬，忽之如此。積習則忘鮑肆之臭，裸鄉不覺呈形之醜，自非遁世而無悶，齊物於通塞者，安能棄近易而尋迂闊哉！將救斯弊，其術無他，徒擢民於巖岫，任才而不計也。

又 卷四九《知止》 抱朴子曰：禍莫大於無足，福莫厚乎知止。抱盈居沖者，必全之筭也；宴安盛滿者，難保之危也。若夫善卷、巢、許、管、胡之徒，咸蹈雲物以高鶱，依龍鳳以竦迹，覘韜鋒於香餌之中，寤覆車乎來軔之路，違險塗以遐濟，故能免詹何之鈞緡，可謂善料微景於形外，覿堅冰於未霜，徙薪曲突於方熾之火，纜舟弭檝於衝風之前，瞻九犗而深沈，望密蔚而曾逝，不託巢於葦苕之末，不偃寢乎崩山之崖者也。斯皆器大量弘，審機識致，淩儕獨往，不牽常欲，神叅造化，心遺萬物。可欲不能蘯介其純粹，近理不能耗滑其清澄。苟無若人之自然，誠難企及乎絕軌也。徒令知功成者身退，慮勞大者不賞，狡兔訖則知獵犬之不用，高鳥盡則覺良弓之將棄。鑑彭、韓之明鏡，而念抽簪之術，覩越種之闇機，則識金象之貴。若范公汎艘以絕景，薛生遜亂以全潔，二疏投印於方盈，田豫釋紱於漏盡，進脫亢悔之咎，退無濡尾之吝，清風足以揚千載之塵，德音足以祛將來之惑。方之陳寶，不亦邈乎！

或智小敗於謀大，或轅弱折於載重，或獨是陷於衆非，或盡忠訏於兼會，或倡高筭而受晁錯之禍，或竭心力而遭吳起之害。故有跼高蹐厚，猶不免焉。公旦之放，仲尼之行，賈生逐擯於下士，子長熏骨乎無辜，樂毅平齊，伍員破楚，白起以百勝拓疆，文子以九術霸越，韓信功蓋於天

下，黜布滅家以佐命，榮不移晷，辱已及之。不避其禍，豈智者哉！為臣不易，豈將一途，要而言之，決在擇主。我不足賴，其驗如此。告退避賢，潔而且安，美名厚實，福莫大焉。能脩此術，萬未有一。吉凶由人，可勿思乎！逆耳之言，樂之者希。獻納期榮，將速身禍，救誹謗其不暇，何信受之可必哉！

夫熷繳紛紜，則鴛鶵徊翮；坑穽充蹊，則麟、虞斂迹。情不可極，慾不可滿，達人以道制情，以計遣慾。為謀者猶宜使忠，況自為策而不詳哉！蓋知足者，常足也；不知足者，無足也。常足者，福之所赴也；無足者，禍之所鍾也。生生之厚，殺哉生矣，宋氏引苗，郢人張革，誠欲其快，而實速萎裂，知進忘退，斯之以乎？

夫筴奔而不止者，尠不傾墜；凌波而無休者，希不沈溺。弄刃不息者，傷刺之由也；斫擊不輟者，缺毀之原也。盈則有損，自然之理，周廟之器，豈欺我哉？故養由之射，行人識以弛弦，東野之御，顏子知其方敗，成功之下，未易久處也。夫飲酒者不必盡亂，而亂者多焉；富貴者豈其皆危，而危者有焉。智者料事於倚伏之表，伐木於毫末之初，吐高言不於累棊之際，議治裘不於羣狐之中，古人佯狂為愚，豈所樂哉？時之宜然，不獲已也。亦有深逃而陸遭濤波，幽遁而水被焚燒，若龔勝之絕粒以殞命，李業煎鼈以吞酖，由乎迹之有朕，景之不滅也。若使行如蹈冰，身如居陰，動無遺蹤可尋，靜與無為為一，豈有斯患乎！又況乎揭日月以隱形骸，擊建鼓以徇利器者哉！夫值明時則優於濟四海，遇險世則劣於保一身，為此永慨，非一士也。

吾聞無熾不滅，靡溢不損，煥赫有委灰之兆，春草為秋瘁之端，日中則昃，月盈則蝕，四時之序，成功者退。遠取諸物，則構高崇峻之無限，則積壞惟憂矣；近取諸身，則嘉膳旨酒之不節，則結疾傷性矣。況乎其高概雲霄，而積之猶不止；其威震人主而加崇，又不息者乎！蚊蝱墮山，適足翱翔；兕虎之墜，碎而為虀。此言大物不可失所也。且夫正色彈違，直道而行，打撲干紀，不慮讐隟，則怨深恨積。若舍法容非，屬如響，吐剛茹柔，委曲繩墨，則忠□喪敗，居此地者，不亦勞乎？是以身名並全者甚希，而折足覆餗者不乏也。然而入則蘭房窈窕，朱帷組帳，文茵兼舒於華第，豔容粲爛於左右，輕體柔聲，清歌妙舞，宋、蔡之巧，陽阿之妍，口吐採菱、延露之曲，足躡淥水、七盤之節，和音悅耳，冶姿娛心，密宴繼集，醽醁不撤，仰登綺閣，俯映清淵，遊果林之丹翠，戲蕙圃之芬馥，文鱗瀺灂，朱習頡頏，飛繳墮雲鴻，沈綸引魴鯉，遠珍不索而交集，玩弄紛華而自至。出則朱輪耀路，高蓋接軫；丹旗雲蔚，麾節翕赫，金口嘈囋，戈甲璀錯，得意詫於後乘，嘉旨盈乎屬車；窮遊觀之娛，極畋漁之懽。聖明之譽，滿耳而入；諂悅之言，異口同辭。于時眇然，意蔑古人，謂伊、呂、管、晏不足算也。

豈覺崇替之相為首尾，哀樂之相為朝暮？肯謝貴盛乞骸骨，背朱門而反丘園哉！若乃聖明在上，大賢讚事，百揆非我則不敘，兆民非我則不濟，高而不以危為憂，滿而不以溢為慮者，所不論也。

又　卷五一《重言》　抱朴子曰：余友人玄泊先生者，齒在志學，固已窮覽《六略》，旁綜《河》、《洛》，晝競羲和之末景，夕照望舒之餘輝，道靡遠而不究，言無微而不測，以儒墨為城池，以機神為干戈，故談者莫不望塵而銜璧，文士寅目而格筆。俄而寤智者之不言，覺寸一之無咎，意得則齊荃蹄之可棄，道乖則覺唱高而和寡，於是奉老氏多敗之戒，思金人三緘之義，括鋒穎而如訥，韜脩翰於彤管，含金懷玉，抑謐華辯，終日彌夕，或無一言。

門人進曰：『先生默然，小子胡述？且與庸夫無殊焉。竊謂鍾號不鳴，則不異於積銅；浮磬息音，則未別乎聚石也。』

玄泊先生答曰：『吾特收遠名於萬代，求知己於將來，豈能競見知於今日，標格於一時乎？陶甄以盛酒，雖美不見酣；身卑而言高，雖是不見信。徒卷舌而竭聲，將何救於流遁？古人六十笑五十九，不遠迷復，乃覺有以也。夫玉之堅也，金之剛也，冰之冷也，火之熱也，豈須自言，然後明哉！且八音九奏，不能無長短之病，養由百發，不能止，將有一失之疏，翫憑河者，數溺於水；好劇談者，多漏於口。伯牙謹於操絃，故終無煩手之累；儒者敬其辭令，故終無樞機之辱。淺近之徒，則不然焉：辯虛無之不急，爭細事以費言；論廣脩、堅白無用之說，誦諸子非聖過正之書，損教益惑，謂之深遠，委棄正經，競治邪學。或與闇見者較脣吻之勝負，為不識者吐清商之談。對非敵力之人，旁無賞解之客，何異奏雅樂於木梗之側，陳玄黃於土偶之前哉！徒口枯氣乏，椎杭抵掌，斤

斧缺壞，而盤節不破，勃然戰色，而乖忤愈遠，致令恚容表顏，醜言自口，偷薄之變，生乎其間，既玷之謬，不可救磨。未若希聲不全大音，約説以俟識者矣。』

《三國志》卷一三《魏志·王肅傳》裴松之注　魚豢曰：『學之資於人也，其猶藍之染於素乎！故雖仲尼，猶曰「吾非生而知之者」，況凡品哉！且世人所以不貴學者，必見夫有「誦《詩》三百而不能專對於四方」故也。余以為是則下科耳，不當顧中庸以上，材質適等，而加之以文乎！今此數賢者，略余之所識也。檢其事能，誠不多也。但以守學不輟，乃上為帝王所嘉，下為國家名儒，非由學乎？由是觀之，學其胡可以已哉！』

北齊·顏之推《顏氏家訓·慕賢》　古人云：『千載一聖，猶旦暮也；五百年一賢，猶比髆也。』言聖賢之難得，疏闊如此。儻遭不世明達君子，安可不攀附景仰之乎？吾生於亂世，長於戎馬，流離播越，聞見已多；所值名賢，未嘗不心醉魂迷向慕之也。人在少年，神情未定，所與款狎，熏漬陶染，言笑舉動，無心於學，潛移暗化，自然似之；何況操履藝能，較明易習者也？是以與善人居，如入芝蘭之室，久而自芳也；與惡人居，如入鮑魚之肆，久而自臭也。墨翟悲於染絲，是之謂矣。君子必慎交遊焉。孔子曰：『無友不如己者。』顏、閔之徒，何可世得！但優於我，便足貴之。

世人多蔽，貴耳賤目，重遙輕近。少長周旋，如有賢哲，每相狎侮，不加禮敬；他鄉異縣，微藉風聲，延頸企踵，甚於飢渴。校其長短，覈其精麤，或彼不能如此矣。所以魯人謂孔子為東家丘，昔虞國宮之奇，少長於君，君狎之，不納其諫，以至亡國，不可不留心也。

用其言，棄其身，古人所恥。凡有一言一行，取於人者，皆顯稱之，不可竊人之美，以為己力；雖輕雖賤者，必歸功焉。竊人之財，刑辟之所處；竊人之美，鬼神之所責。

梁孝元前在荊州，有丁覘者，洪亭民耳，頗善屬文，殊工草隸；孝元書記，一皆使之。軍府輕賤，多未之重，恥令子弟以為楷法，時云：『丁君十紙，不敵王褒數字。』吾雅愛其手迹，常所寶持。孝元嘗遣典簽惠編送文章示蕭祭酒，祭酒問云：『君王比賜書翰，及寫詩筆，殊為佳手，姓名為誰？那得都無聲問？』編以實答。子雲歎曰：『此人後生無比，遂不為世所稱，亦是奇事。』於是聞者少復刮目。稍仕至尚書儀曹郎，末為晉安王侍讀，隨王東下。及西臺陷歿，簡牘湮散，丁亦尋卒於揚州；前所輕者，後思一紙，不可得矣。

侯景初入建業，臺門雖閉，公私草擾，各不自全。太子左衛率羊侃坐東掖門，部分經略，一宿皆辦，遂得百餘日抗拒凶逆。于時，城內四萬許人，王公朝士，不下一百，便是恃侃一人安之，其相去如此。古人云：『巢父、許由，讓於天下；市道小人，爭一錢之利。』亦已懸矣。

齊文宣帝即位數年，便沈湎縱恣，略無綱紀；尚能委政尚書令楊遵彥，內外清謐，朝野晏如，各得其所，物無異議，終天保之朝。遵彥後為孝昭所戮，刑政於是衰矣。斛律明月齊朝折衝之臣，無罪被誅，將士解體，周人始有吞齊之志，關中至今譽之。此人用兵，豈止萬夫之望而已也！國之存亡，繫其生死。

張延雋之為晉州行臺左丞，匡維主將，鎮撫疆埸，儲積器用，愛活黎民，隱若敵國矣。羣小不得行志，同力遷之；既代之後，公私擾亂，周師一舉，此鎮先平。齊亡之迹，啓於是矣。

又《名實》　名之與實，猶形之與影也。德藝周厚，則名必善焉；容色姝麗，則影必美焉。今不脩身而求令名於世者，猶貌甚惡而責妍影於鏡也。上士忘名，中士立名，下士竊名。忘名者，體道合德，享鬼神之福佑，非所以求名也；立名者，脩身慎行，懼榮觀之不顯，非所以讓名也；竊名者，厚貌深姦，干浮華之虛構，非所以得名也。

人足所履，不過數寸，然而咫尺之途，必顛蹶於崖岸，拱抱之梁，每沈溺於川谷者，何哉？為其旁無餘地故也。君子之立己，抑亦如之。至誠之言，人未能信，至潔之行，物或致疑，皆由言行聲名，無餘地也。吾每為人所毀，常以此自責。若能開方軌之路，廣造舟之航，則仲由之言信，重於登壇之盟，趙熹之降城，賢於折衝之將矣。

吾見世人，清名登而金貝入，信譽顯而然諾虧，不知後之矛戟，毀前之干櫓也。宓子賤云：『誠於此者形於彼。』人之虛實真偽在乎心，無不見乎迹，但察之未熟耳。一為察之所鑑，巧偽不如拙誠，承之以羞大矣。伯石讓卿，王莽辭政，當于爾時，自以巧密；後人書之，留傳萬代，可

為骨寒毛豎也。近有大貴，孝著聲，前後居喪，哀毁踰制，亦足以高於人矣。而嘗於苫塊之中，以巴豆塗臉，遂使成瘡，表哭泣之過。左右童豎，不能掩之，益使外人謂其居處飲食，皆為不信。以一偽喪百誠者，乃貪名不已故也。

有一士族，讀書不過二三百卷，天才鈍拙，而家世殷厚，雅自矜持，多以酒犢珍玩，交諸名士，甘其餌者，遞共吹噓。朝廷以為文華，亦嘗出境聘。東萊王韓晉明篤好文學，疑彼製作，多非機杼，遂設讌言，面相討試。竟日歡諧，辭人滿席，屬音賦韻，命筆為詩，彼造次即成，了非向韻。衆客各自沈吟，遂無覺者。韓退歎曰：『果如所量！』韓又嘗問曰：『玉珽杼上終葵首，當作何形？』乃答云：『珽頭曲圜，勢如葵葉耳。』韓既有學，忍笑為吾説之。

治點子弟文章，以為聲價，大弊事也。一則不可常繼，終露其情；二則學者有憑，益不精勵。

鄴下有一少年，出為襄國令，頗自勉篤。公事經懷，每加撫卹，以求聲譽。凡遣兵役，握手送離，或齎梨棗餅餌，人人贈別，云：『上命相煩，情所不忍；道路飢渴，以此見思。』民庶稱之，不容於口。及遷為泗州別駕，此費日廣，不可常周，一有偽情，觸塗難繼，功績遂損敗矣。

或問曰：『夫神滅形消，遺聲餘價，亦猶蟬殼蛇皮，獸迒鳥迹耳，何預於死者，而聖人以為名教乎？』對曰：『勸也，勸其立名，則獲其實。且勸一伯夷，而千萬人立清風矣；勸一季劄，而千萬人立仁風矣；勸一柳下惠，而千萬人立真風矣；勸一史魚，而千萬人立直風矣。故聖人欲其魚鱗鳳翼，雜沓參差，不絶於世，豈不弘哉？四海悠悠，皆慕名者，蓋因其情而致其善耳。抑又論之，祖考之嘉名美譽，亦子孫之冕服牆宇也，自古及今，獲其庇廕者亦衆矣。夫脩善立名者，亦猶築室樹果，生則獲其利，死則遺其澤。世之汲汲者，不達此意，若其與魂爽俱昇，松柏偕茂者，惑矣哉！』

又《涉務》 士君子之處世，貴能有益於物耳，不徒高談虛論，左琴右書，以費人君祿位也。國之用材，大較不過六事：一則朝廷之臣，取其鑑達治體，經綸博雅；二則文史之臣，取其著述憲章，不忘前古；三則軍旅之臣，取其斷決有謀，强幹習事；四則藩屏之臣，取其明練風俗，清白愛民；五則使命之臣，取其識變從宜，不辱君命；六則興造之臣，取其程功節費，開略有術，此則皆勤學守行者所能辨也。人性有長短，豈責具美於六塗哉？但當皆曉指趣，能守一職，便無媿耳。

吾見世中文學之士，品藻古今，若指諸掌，及有試用，多無所堪。居承平之世，不知有喪亂之禍；處廟堂之下，不知有戰陳之急；保俸祿之資，不知有耕稼之苦；肆吏民之上，不知有勞役之勤，故難可以應世經務也。晉朝南渡，優借士族；故江南冠帶，有才幹者，擢為令僕已下尚書郎中書舍人已上，典掌機要。其餘文義之士，多迂誕浮華，不涉世務；纖微過失，又惜行捶楚，所以處於清名，蓋護其短也。至於臺閣令史，主書監帥，諸王籤省，並曉習吏用，濟辦時須，縱有小人之態，皆可鞭杖肅督，故多見委使，蓋用其長也。人每不自量，舉世怨梁武帝父子愛小人而疏士大夫，此亦眼不能見其睫耳。

梁世士大夫，皆尚褒衣博帶，大冠高履，出則車輿，入則扶侍，郊郭之內，無乘馬者。周弘正為宣城王所愛，給一果下馬，常服御之，舉朝以為放達。至乃尚書郎乘馬，則糾劾之。及侯景之亂，膚脆骨柔，不堪行步，體羸氣弱，不耐寒暑，坐死倉猝者，往往而然。

古人欲知稼穡之艱難，斯蓋貴穀務本之道也。夫食為民天，民非食不生矣，三日不粒，父子不能相存。耕種之，茠鉏之，刈獲之，載積之，打拂之，簸揚之，凡幾涉手，而入倉廩，安可輕農事而貴末業哉？江南朝士，因晉中興，而渡江，本為羈旅，至今八九世，未有力田，悉資俸祿而食耳。假令有者，皆信僮僕為之，未嘗目觀起一撥土，耘一株苗；不知幾月當下，幾月當收，安識世間餘務乎？故治官則不了，營家則不辦，皆優閑之過也。

又《省事》 銘金人云：『無多言，多言多敗；無多事，多事多患。』至哉斯戒也！能走者奪其翼，善飛者減其指，有角者無上齒，豐後者無前足，蓋天道不使物有兼焉也。古人云：『多為少善，不如執一；鼫鼠五能，不成伎術。』近世有兩人，朗悟士也，性多營綜，畧無成名，經不足以待問，史不足以討論，文章無可傳於集録，書迹未堪以留愛翫，卜筮射六得三，醫藥治十差五，音樂在數十人下，弓矢在千百人中，天文、畫繪、棋博，鮮卑語，煎胡桃油，鍊錫為銀，如此之類，畧得梗概，

皆不通熟。惜乎，以彼神明，若省其異端，當精妙也。

上書陳事，起自戰國，逮於兩漢，風流彌廣。原其體度：攻人主之長短，諫諍之徒也；訐羣臣之得失，訟訴之類也；陳國家之利害，對策之伍也；帶私情之與奪，遊說之儔也。摠此四塗，賈誠以求位，鬻言以干祿。或無絲毫之益，而有不省之困，幸而感悟人主，為時所納，初獲不貲之賞，終陷不測之誅，則嚴助、朱買臣、吾丘壽王、主父偃之類甚衆。良史所書，蓋取其狂狷一介，論政得失耳，非士君子守法度者所為也。今世所睹覩，懷瑾瑜而握蘭桂者，悉恥為之。守門詣闕，獻書言計，率多空薄，高自矜夸，無經畧之大體，咸糠之微事，十條之中，一不足採，縱合時務，已漏先覺，非謂不知，但患知而不行耳。或被發姦私，面相酬證，事途迴穴，翻懼僭尤；人主外護聲教，脫加倉養，此乃僥倖之徒，不足與比肩也。

諫諍之徒，以正人君之失爾，必在得言之地，當盡匡贊之規，不容苟免偷安，垂頭塞耳；至於就養有方，思不出位，于非其任，斯則罪人。故表記云：『事君，遠而諫，則諂也；近而不諫，則尸利也。』論語曰：『未信而諫，人以為謗己也。』

君子當守道崇德，蓄價待時，爵祿不登，信由天命。須求趨競，不顧羞慙，比較材能，斟量功伐，厲色揚聲，東怨西怒；或有劫持宰相瑕疵，而獲酬謝，或有諠聒時人視聽，求見發遣；以此得官，謂為才力，何異盜食致飽，竊衣取溫哉！世見躁競得官者，便爲『弗索何獲』；不知時運之來，不然亦至也。見靜退未遇者，便爲『弗為胡成』；不知風雲不與，徒求無益也。凡不求而自得，求而不得者，焉可勝算乎！

齊之季世，多以財貨託附外家，諠動女謁。拜守宰者，印組光華，車騎輝赫，榮兼九族，取貴一時。而為執政所患，隨而伺察，既以利得，必以利治，微染風塵，便乖肅正，坑穽殊深，瘡痏未復，縱得免死，莫不破家，然後噬臍，亦復何及。吾自南及北，未嘗一言與時人論身分也，不能通達，亦無尤焉。

王子晉云：『佐饗得嘗，佐鬬得傷。』此言為善則預，為惡則去，不欲黨人非義之事也。凡損於物，皆無與焉。然而窮鳥入懷，仁人所憫；況死士歸我，當棄之乎？伍員之託漁舟，季布之入廣柳，孔融之藏張儉，孫高之匿趙岐，前代之所貴，而吾之所行也，以此得罪，甘心瞑目。至如郭解之代人報讎，灌夫之橫怒求地，游俠之徒，非君子之所為也。如有逆亂之行，得辠於君親者，又不足衂焉。親友之迫危難也，家財己力，當無所吝；若横生圖計，無理請謁，非吾教也。墨翟之徒，世謂熱腹，楊朱之侶，世謂冷腸；腸不可冷，腹不可熱，當以仁義為節文爾。

前在修文令曹，有山東學士與關中太史競曆，凡十餘人，紛紜累歲，內史牒付議官平之。吾執論曰：『大抵諸儒所爭，四分并減分兩家爾。曆象之要，可以晷景測之；今驗其分至薄蝕，則四分疏而減分密。疏者則稱政令有寬猛，運行致盈縮，非算之失也；密者則云日月有遲速，以術求之，預知其度，無災祥也。用疏則藏姦而不信，用密則任數而違經。且議官所知，不能精於訟者，以淺裁深，安有肯服？既非格令所司，幸勿當也。』舉曹貴賤，咸以為然。有一禮官，恥為此議，苦欲留連，强加考覈。機杼既薄，無以測量，還復採訪訟人，窺望長短，朝夕聚議，寒暑煩勞，背春涉冬，竟無與奪，怨誚滋生，赧然而退，終為內史所迫：此好名之辱也。

又《止足》 《禮》云：『欲不可縱，志不可滿。』宇宙可臻其極，情性不知其窮，唯在少欲知，止為立涯限爾。先祖靖侯戒子姪曰：『汝家書生門戶，世無富貴；自今仕宦不可過二千石，婚姻勿貪勢家。』吾終身服膺，以為名言也。

天地鬼神之道，皆惡滿盈。謙虛沖損，可以免害。人生衣趣以覆寒露，食趣以塞飢乏爾。形骸之內，尚不得奢靡，己身之外，而欲窮驕泰耶？周穆王、秦始皇、漢武帝，富有四海，貴為天子，不知紀極，猶自敗累，況士庶乎？常以二十口家，奴婢盛多，不可出二十人，良田十頃，堂室纔蔽風雨，車馬僅代杖策，蓄財數萬，以擬吉凶急速，不啻此者，以義散之；不至此者，勿非道求之。

仕宦稱泰，不過處在中品，前望五十人，後顧五十人，足以免耻辱，無傾危也。高此者，便當罷謝，偃仰私庭。吾近為黃門郎，已可收退；當時羇旅，懼罹謗讟，思為此計，僅未暇爾。自喪亂已來，見因託風雲，儌幸富貴，旦執機權，夜填坑谷，朔歡卓、鄭，晦泣顏、原者，非十人五人也。慎之哉！慎之哉！

《宋書》卷七三《顏延之傳》　顏延之為《庭誥》曰：

道者識之公，情者德之私。公通，可以使神明加嚮；私塞，不能令妻子移心。是以昔之善為士者，必捐情反道，合公屏私。

尋尺之身，而以天地為心；數紀之壽，常以金石為量。觀夫古先垂戒，長老餘論，雖用細制，每以不朽見銘；繕築末迹，咸以可久承志。況樹德立義，收族長家，而不思經遠乎。曰身行不足遺之後人。欲求子孝必先慈，將責弟悌務為友。雖孝不待慈，而慈固植孝；悌非期友，而友亦立悌。

夫和之不備，或應以不和；猶信不足焉，必有不信。儻知恩意相生，情理相出，可使家有參、柴，人皆由、損。夫內居德本，外夷民譽，言高一世，處之逾默；器重一時，體之滋沖。不以所能干衆，不以所長議物，淵泰入道，與天為人者，士之上也。若不能遺聲，欲人出己，知柄在虛求，可校得，敬慕謙通，畏避矜踞，思廣監擇，從其遠猷，文理精出，而言稱未達，論問宣茂，而不以居身，此其亞也。若乃聞實之為貴，以辯畫所克，見聲之取榮，謂爭奪可獲，言不出於戶牖，自以為道義久立，才未信於僕妾，而曰我有以過人，於是感苟銳之志，馳傾觖之望，豈悟已掛有識之裁，入脩家之誡乎！記所云『千人所指，無病自死』者也。行近於此者，吾不願聞之矣。

凡有知能，預有文論，若不練之庶士，校之羣言，通才所歸，前流所與，焉得以成名乎。若呻吟於牆室之內，喧囂於黨輩之間，竊議以迷寡聞，妲語以敵要說，是短算所出，而非長見所上。適值尊朋臨座，稠覽博論，而言不入於高聽，人見棄於衆視，則慌若迷塗失偶，黶如深夜撤燭，銜聲茹氣，腆默而歸，豈識向之夸慢，祇足以成今之沮喪邪！此固少壯之廢，爾其戒之。

夫以怨誹為心者，未有達無心救得喪，多見誚耳。此蓋臧獲之為，豈識量之為事哉！是以德聲令氣，愈上每高，忿言懟議，每下愈發。有尚于君子者，寧可不務勉邪！雖曰恒人，情不能素盡，故當以遠理勝之，么算除之，豈可不務自異，而取陷庸品乎。

富厚貧薄，事之懸也。以富厚之身，親貧薄之人，非可一時同處。然昔有守之無怨，安之不悶者，蓋有理存焉。夫既有富厚，必有貧薄，豈其證然，時乃天道。若人皆厚富，是理無貧薄。然乎？必不然也。若謂富厚在我，則宜貧薄在人。可乎？又不可矣。道在不然，義在不可，而橫意去就，謬生希幸，以為未達至分。

蠶温農飽，民生之本，躬稼難就，止以僕役為資，當施其情願，庀其衣食，定其當治，遞其優劇，出之休饗，後之捶責，雖有勸恤之勤，而無霑曝之苦。務前公稅，以遠吏讓，無急傍費，以息流議，量時發斂，視歲穰儉，省贍以奉己，損散以及人，此用天之善，御生之得也。

率下多方，見情為上；立長多術，晦明為懿。雖及僕妾，情見則事通；雖在畎畝，明晦則功博。若奪其常然，役其煩務，使威烈雷霆，猶不禁其欲；雖棄其大用，窮其細瑕，或明灼日月，將不勝其邪。故曰：『孱焉則差，的焉則闇。』是以禮道尚優，法意從刻。優則人自為厚，刻則物相為薄。耕收誠鄙，此用不忒，所謂野陋而不以居心也。

含生之氓，同祖一氣，等級相傾，遂成差品，遂使業習移其天識，世服沒其性靈。至夫願欲情嗜，宜無間殊，或役人而養給，然是非大意，不可侮也。隅奧有竈，齊侯蔑寒，犬馬有秩，管、燕輕飢。若能服温厚而知穿弊之苦，明周之德；厭滋旨而識寡嗛之急，仁恕之功。豈與夫比肌膚于草石，方手足於飛走者，同其意用哉！罰慎其濫，惠戒其偏。罰濫則無以為罰，惠偏則不如無惠，雖爾眇末，猶扁庸保之上，事思反己，動類念物，則其情得，而人心塞矣。

抃博蒲塞，會衆之事，諧調哂謔，適坐之方，然失敬致侮，皆此之由。方其剋瞻，彌喪端儼，況遭非鄙，慮將醜折。豈若拒其容而簡其事，靜其氣而遠其意，使言必諍厭，賓友清耳；笑不傾撫，左右悅目。非鄙無因而生，侵侮何從而入，此亦持德之管籥，爾其謹哉。

嫌惑疑心，誠亦難分，豈唯厚貌蔽智之明，深情怯剛之斷而已哉。必使猜怨愚賢，則嚬笑入戾，期變犬馬，則步顧成妖。況動容竊斧，束裝濫金，又何足論。是以前王作典，明慎議獄，而僭濫易意；朱公論璧，光澤相如，而倍薄異價。此言雖大，可以戒小。

遊道雖廣，交義為長。得在可久，失在輕絕。久由相敬，絕由相狎。愛之勿勞，當扶其正性；忠而勿誨，必藏其枉情。輔以藝業，會以文辭，使親不可褻，疏不可間，每存大德，無挾小怨。率此往也，足以相終。

酒酌之設，可樂而不可嗜，嗜而非病者希，病而遂眚者幾。既眚既病，將蔑其正。若存其正性，紓其妄發，其唯善戒乎？聲樂之會，可簡而不可違，違而不背者鮮矣，背而非弊者反矣。既弊既背，將受其毀。必能通其礙而節其流，意可為和中矣。

善施者豈唯發自人心，乃出天則。與不待積，取無謀實，並散千金，誠不可能。贍人之急，雖乏必先，使施如王丹，受如杜林，亦可與言交矣。

浮華怪飾，滅質之具；奇服麗食，棄素之方。動人勸慕，傾人顧盼，可以遠識奪，難用近欲從。若覩其淫怪，知生之無心，為見奇麗，能致諸非務，則不抑自貴，不禁自止。

夫數相者，必有之徵，既聞之術人，又驗之吾身，理可得而論也。人者兆氣二德，稟體五常。二德有奇偶，五常有勝殺，及其為人，寧無叶沴。亦猶生有好醜，死有夭壽，人皆知其懸天；至於丁年乖遇，中身迂合者，豈可易地哉！是以君子道命愈難，識道愈堅。

古人恥以身為溪壑者，屏欲之謂也。欲者，性之煩濁，氣之蒿蒸，故其為害，則燻心智，耗真情，傷人和，犯天性。雖生必有之，而生之德，猶火含煙而煙妨火，桂懷蠹而殘桂，然則火勝則煙滅，蠹壯則桂折。故性明者欲簡，嗜繁者氣惛，去明即惛，難以生矣。是以中外羣聖，建言所黜，儒道衆智，發論是除。然有之者不患誤深，故藥之者恒苦術淺，所以毀道多而於義寡。頓盡誠難，每指可易，能易每指，亦明之末。

廉嗜之性不同，故畏慕之情或異，從事於人者，無一人我之心，不以己之所善謀人，為有明矣。不以人之所務失我，能有守矣。己所謂然，而彼定不然，弈棋之蔽；悅彼之可，而忘我不可，學嚬之蔽。將求去蔽者，念通怍介而已。

流言謗議，有道所不免，況在闕薄，難用算防。接應之方，言必出己。或信不素積，嫌間所襲，或性不和物，尤怨所聚，有一于此，何處逃毀。苟能反悔在我，而無責於人，必有達鑑，昭其情遠，識迹其事。日省吾躬，月料吾志，寬默以居，潔靜以期，神道必在，何恤人言。

喭曰，富則盛，貧則病矣。貧之病也，不唯形色粗黶，或亦神心沮廢；豈但交友疎棄，必有家人誚讓。非廉深識遠者，何能不移其植。故欲蠲憂患，莫若懷古。懷古之志，當自同古人，見通則憂淺，意遠則怨浮，昔有琴歌於編蓬之中者，用此道也。

夫信不逆彰，義必幽隱，交賴相盡，明有相照。一面見旨，則情固丘岳；一言中志，則意入淵泉。以此事上，水火可蹈，以此託友，金石可弊。豈待充其榮實，乃將議報，厚之篚筐，然後圖終。如或與立，茂思無忽。

祿利者受之易，易則人之所榮；蠶穡者就之艱，艱則物之所鄙。艱易既有勤倦之情，榮鄙又間向背之意，此二塗所為反也。以勞定國，以功施人，則役徒屬而擅豐麗；自埋於民，自事其生，則督妻子而趨耕織。必使陵侮不作，懸企不萌，所謂賢鄙處宜，華野同泰。

人以有惜為質，非假嚴刑；有恒為德，不慕厚貴。有惜者，以理葬；有恒者，與物終。世有位去則情盡，斯無惜矣。又有務謝則心移，斯不恒矣。又非徒若此而已，或見人休事，則懃蕲結納，及聞否論，則處彰離貳，附會以從風，隱竊以成釁，朝吐面譽，暮行背毀，昔同稽款，今猶叛戾，斯為甚矣。又非唯若此而已，或憑人惠訓，藉人成立，與人餘論，依人揚聲，曲存稟仰，甘赴塵軌。衰没畏遠，忌聞影迹，又蒙蔽其善，毀之無度，心短彼能，私樹己拙，自崇恒輩，罔顧高識，有人至此，實蠹大倫。每思防避，無通閭伍。

覩驚異之事，或涉流傳；遭卒迫之變，反思安順。若異從己發，將尸謗人，迫而又迕，愈使失度。能夷異如裴楷，處逼如裴遐，可稱深士乎。

喜怒者有性所不能無，常起於褊量，而止於弘識。然喜過則不重，怒過則不威，能以恬漠為體，寬愉為器，則爲美矣。大喜蕩心，微抑則定，甚怒煩性，小忍即歇。故動無愆容，舉無失度，則物將自懸，人將自止。

習之所變亦大矣，豈唯蒸性染身，乃將移智易慮。故曰：『與善人居，如入芷蘭之室，久而不知其芬。』與之化矣。『與不善人居，如入鮑魚之肆，久而不知其臭。』與之變矣。是以古人慎所與處。唯夫金真玉粹者，乃能盡而不汙爾。故曰：『丹可滅而不能使無赤，石可毀而不可使無堅。』苟無丹石之性，必慎浸染之由。能以懷道為念，必存從理之心。道可懷而理可從，則不議貧，議所樂爾。或云：『貧何由樂？』此未求道

意。道者，瞻富貴同貧賤，理固得而齊。自我喪之，未為通議，苟議不喪，夫何不樂。

或曰，温飽之貴，所以榮生，飢寒在躬，空曰從道，取諸其身，將非篤論，此又通理所用。凡養生之具，豈間定實，或以膏腴夭性，有以菽藿登年。中散云，所足在内，不由於外。是以稱體而食，貧歲愈嗛；量腹而炊，豐家餘飡。非粒實息耗，意有盈虚爾。況心得優劣，身獲仁富，明白入素，氣志如神，雖十旬九飯，不能令飢，業席三屬，不能為寒。豈不信然！

且以己為度者，無以自通彼量。渾四遊而斡五緯，天道弘也。振河海而載山川，地道厚也。一情紀而合流貫，人靈茂也。昔之通乎此數者，不為剖判之行，必廣其風度，無挾私殊，博其交道，靡懷曲異。故望塵請友，則義士輕身，一遇拜親，則仁人投分。此倫序通允，禮俗平一，上獲其用，下得其和。

南朝梁·蕭繹《金樓子》卷四《戒子篇》 東方生戒其子以上容，首陽為拙，柱下為工，飽食安步，以仕易農。依隱玩世，詭時不逢。詳其為談，異乎今之世也。方今堯舜在上，千載一朝，人思自勉，吾不欲使汝曹為之也。

后稷廟堂金人銘曰：『戒之哉，無多言，多言多敗；無多事，多事多患。勿謂何傷，其禍將長；勿謂何害，其禍將大。』崔子玉座右銘曰：『無道人之短，無説己之長。施人慎勿念，受恩慎勿忘。』凡此兩銘，並可習誦。杜恕家戒曰：『張子臺視之似鄙朴人，然其心中不知天地間何者為美，何者為惡。敦然與陰陽合德。作人如此，自可不富貴，禍害何因而生？』

馬文淵曰：『聞人之過失，如聞親之名。親之名可聞而口不可得言也。好論人長短，忘其善惡者，寧死不願聞也。龍伯高敦厚周慎，謙約節儉，吾愛之重之，願汝曹效之。杜季良憂人之憂，樂人之樂。有父喪致客，數郡畢至，吾愛之重之，不願汝曹效之。效伯高不得，猶為謹敕之士，所謂刻鵠不成尚類鶩者也。效季良不得，所謂畫虎不成反類狗者也。』裴松之以為援此戒，可謂切至之言，不刊之訓。若乃行事得失，已暴於世。因其善惡，即以為戒云。然戒龍伯高之美言，杜季良之惡行，吾謂託古人以見意，斯為善也。

王文舒曰：『孝敬仁義，百行之首，而立身之本也。孝敬則宗族安之，仁義則鄉黨重之。行成於内，名著於外者矣。未有干名要利，欲而不厭，而能保於世，永全福祿者也。欲使汝曹立身行己，遵儒者之教，履道家之言，故以元默冲虚為名，欲使顧名思義，不敢違越也。古者盤盂有銘，几杖有戒，俯仰察焉。夫物速成而疾亡，晚就而善終。朝華之草，戒旦零落，松柏之茂，隆冬不衰。是以大雅君子惡速成，戒闕黨也。夫人有善，鮮不自伐；有能，寡不自矜。伐則掩人，矜則陵人。掩人者人亦掩之，陵人者人亦陵之也。』

陶淵明言曰：『天地賦命，有生必終。自古聖賢，誰能獨免？但恨室無萊婦，抱茲苦心，良獨惘惘。』汝輩既稚小，雖不同生，當思四海皆為兄弟之義。鮑叔敬仲，分財無猜。歸生伍舉，班荆道舊。遂能以敗為成，因喪立功。他人尚爾。況共父之人哉？潁川陳元長，漢末名士，身處卿佐，八十而終。兄弟同居，至于没齒。濟北氾稚春，晉時積行人也。七世同居，家人無怨色。《詩》云：『高山仰止，景行行止。』汝其慎哉！

顔延年云：『喜怒者，性所不能無。常起於褊量，而止於宏識。』然喜過則不重，怒過則不威。能以恬漠為體，寬裕為器，善矣。大喜蕩心，微抑則定；甚怒傾性，小忍則歇。故動無響容，舉無失度，則為善也。欲求子孝，必先為慈；將責弟悌，務念為友。雖孝不待慈，而慈固植孝；悌非期友，而友亦立悌。夫和之不備，或應以不和，猶信不足焉必有不信。倘知恩意相生，情理相出，可以使家有參柴，人皆由損。枚叔有言：欲人不聞，莫若不言；欲人不知，莫若勿為。御寒莫如重裘，止謗莫若自脩。《論語》云：『内省不疚，夫何憂何懼？』

單襄公曰：『君子不自稱也，必以讓也。惡其蓋人也。吾弱年重之中朝，名士抑揚於詩酒之際，吟咏於嘯傲之間。自得如山，忽人如草。好為辭費，頗事抑揚，末甚悔之，以為深戒。』

向朗遺言戒子曰：『貧非人患，以和為貴。汝其勉之，以為深戒。酒酌之設，可樂而不可嗜。聲樂之會，可簡而不可違。淫華怪飾，奇服麗食，慎毋為也。』

曾子曰：『狎甚則相簡，莊甚則不親。是故君子之狎足以交歡，其莊

足以成禮也。』

子夏曰：『與人以實，雖疏必密；與人以虛，雖戚必疏。帥人以正，誰敢不正；敬人以禮，孰敢不禮。使人必須先勞後逸，先功後賞。戒慎乎其所不睹，恐懼乎其所不聞。莫見乎隱，莫顯乎微。故君子慎其獨也。必使長者安之，幼者愛之，朋友信之。是以君子居其室，出其言善，則千里之外應之；出其言不善，則千里之外違之。況其邇者乎！言出乎身，加乎民；行發乎近，至于遠也。言行君子之樞機，樞機之發，榮辱之主，可不慎乎！處廣廈之下，細氈之上，明師居前，勸誦在後。豈與夫馳騁原獸同日而語哉！凡讀書必以五經為本，所謂非聖人之書勿讀。讀之百遍，其義自見。此外衆書，自可汎觀耳。正史既見得失成敗，此經國之所急。五經之外宜以正史為先譜牒，所以別貴賤，明是非，尤宜留意。或復中表親疏，或復通塞升降，百世衣冠，不可不悉。』

任彦升云：『人皆有榮進之心，政復有多少耳。然口不及，迹不營，居當為勝。』王文舒曰：『人或毁己，當退而求之於身。若己有可毁之行，則彼言當矣；若己無可毁之行，則彼言妄矣。當則無怨於彼，妄則無害於身。又何反報焉。且聞人毁己而忿者，惡醜聲之加己，反報者滋甚，不如默而自脩也。』

顔延年言：『流言謗議，有道所不免。況在闕薄，難用筭防。應之之方，必先本己。或信不素積，嫌間所為；或性不和物，尤怨所聚。有一於此，何處逃之。日省吾躬，月料吾志，斯道必存，何卹人言。任蝦每獻忠言，輒手懷草，自在禁省，歸書不封，何其美乎！入仕之後，此其勖哉！昔孔光有人問温室之樹，笑而不答，誠有以也。』

中行桓子為衛之士師，刖人之足。衛有蒯聵之亂，刖者守門焉。謂季羔曰：『於此有室！』季羔入焉。既追者罷，季羔將去，刖者曰：『今吾在難，此正子報怨之時，而子逃我何？』曰：『曩君治臣以法，臣知之。獄決罪定，臨當論刑，君愀然不樂見於顔，臣又知之。君豈私於臣哉！天生君子，其道固然。此臣之所以待君子。』孔子聞之曰：『善哉為吏，其用法一也。』

歸義隱蕃為豪傑所善，潘承明子翥與之善。承明問曰：『何故與輕薄通，使人心震面熱？』廣陵陽竺，幼而有聲，陸遜謂之必敗，令其兄子穆與其別族。季豐年十五，賓客填門，乃曰神童，而遂無週身之防，果見誅夷。相國掾魏諷有盛名，同郡任覽與諷善，鄭袞謂：『諷姦雄，心以禍終，子宜絕之。』諷果敗焉。王仲回加子以？櫝楚，朱公叔寄言以絕交，此有深意，最宜思之。

又《立言篇上》與人善言，煖於布帛；傷人以言，深於矛戟。贈人以言，重於金石珠玉；觀人以言，美於黼黻文章；聽人以言，樂於鐘鼓琴瑟。

儉約之德，其義大哉。齊之遷衛於楚邱也，衛文公大布之服，大帛之冠，務材訓農，敬教勸學，元年有車三十乘，季年三百乘也。豈不宏之在人。【略】

君子無邑邑於窮，無忽忽於賤。譽之而不加苡勸，非之而不加沮，定外內之分，夷平榮辱之心，立不易方，斯有恒也。

夫言行在於美，不在於多。出一美言美行，而天下從之，或見一惡意醜事，而萬民違之，可不慎乎？《易》曰：『言行，君子之樞機。』樞機之發，榮辱之主也。昔成湯教民去三面之網，而諸侯向之；齊宣王活釁鐘之牛，而孟軻以王道求之；周文王掘地得死人骨，哀憫而收葬，而天下嘉之也。

《易》言：『不恒其德，或承之羞。』《論語》言：『無恒之人，不可卜筮。』故知人之為行，不可不恒。《詩》言：『無恒之人，其如飄風。胡不自南，胡不自北』者也。般輸不為拙工改繩準，逄羿不為拙射變弦筈？，君子懷道德之有檢。《詩》云：『如月之恒，如日之升。』孔子稱：『大哉中庸之為德，其至矣乎！』又曰：『君子之道，忠恕而已矣。』伯樂教其所憎者相千里馬，其所愛者相駑馬。千里之馬不時有，其利緩；駑馬日售，其利急。所謂下言而上用者也。

夫驕奢者衆，縱逸日多，如輕埃之應風，似宵蟲之赴燭也。玉不琢，不成器；人不學，不知道。若雖有天縱，曾無學術，猶若伯牙空彈，無七弦則不悲；王良失轡，處駟馬則不疾。晉平公問師曠曰：『吾年已老，學將晚耶？』對曰：『少好學者如日盛陽，老好學者如炳燭夜行。』追味斯言，可為師也。

《淮南》言：『蕭條者形之君，寂寞者身之主。』又云：『教者生於

君子，以被小人；利者興於小人，以潤君子。』孟子言：『禹惡旨酒而樂善言。』又云：『若我得志，不為食前方丈，妾數百人。』斯言至矣。故原憲之緼袍賢於季孫之狐貉，趙宣之肉食旨於智伯之芻豢，子之銀佩美於虞公之垂棘。驕淫之理，豈可恣歟！人非有柳下延陵之才，蒙莊柱史之志，其以此者，蓋有以焉。雖復拔山蓋世之雄，回天倒地之力，玉几為樽，金湯設險，驪山無罪之囚，五嶺不歸之戍，一有驕奢，三代同滅，鐫金石者難為力，摧枯朽者易為功，居得其勢也。

哲人君子戒盈思沖者何也？政以戒懼所不睹，恐畏所不聞，況其甚此者乎？夫生自深宮之中，長於婦人之手，憂懼之所不加，寵辱之所未至。粵自齠齓，便作邦君，其天姿卓爾，則河間所以高步，窮凶極悖，廣川所以顯戮，致之有由者也。錫瑞蕃國，執玉秉圭，春朝則驅馳千乘，秋謁則儀百辟，江都廣川，可以意者耳。請論之，一曰驕，二曰富，三曰媱，四曰忌。幼饗尊貴，驕也；名田縣道，富也；歌鐘盈室，媱也；殺戮無辜，忌也。

夫刑罰不中則民無所措手足，況倍此者邪？夫貴而不驕者鮮矣，驕而輕於憲網，富則恃於金寶，媱則惑於昏縱，忌則輕於生殺。既不知稼穡之艱難，又不知民天之有本，徒見珠璣犀甲之翫，金錢翠羽之奇。動容則燕歌鄭舞，顧盼則秦箏齊瑟。

謂與椿鵠齊齡，寧知蕣華易晚，覆其宗社，曾不三省；損其身名，不逄八議。異矣哉，古之欲月明明德於天下者，先治其國，欲治其國者，先齊其家，欲齊其家者，先脩其身，欲脩其身者，先正其心，欲正其心者，無為不善而怨人。刑已至而呼天，身不善而怨人，不亦反乎？刑至而呼天，不亦晚乎？太公曰：『夫為人惡聞其情，而喜聞人之情；惡聞已之惡，喜聞人之惡。是以不必治也。』

鳥與鳥遇則相躅，獸與獸遇則相角，馬與馬遇則趹踶，愚與愚遇則相傷。天之生此物，多其力而少其智。智者之謀，萬有一失；狂夫之言，萬有一得。是以君子取狂夫之言，補萬得之一失也。行人不休息於松柏而止於楊柳者，以松柏有幽僻之窮，楊柳有路側之勢故也。

君子當去二輕取四重：言重則有法，行重則有德，貌重則有威，好重則有觀；言輕則招罪，貌輕則招辱。

周公没五百年有孔子，孔子没五百年有太史公。五百年運，余何敢讓焉？但水至清則無魚，人至察則無徒，斯言至矣。正當不窮似智，正諫似直，應諧似優，穢德似隱。嘗謂人曰：『諸葛武侯桓宣武並翼贊王室，宣威遐外，此鄙夫之所以慕也；董仲舒劉子政深精《洪範》，妙達《公羊》，鄙夫之所以希也；榮啓期擊磬縱酒行歌，斯為至樂，鄙夫之所以重也。何者？請試論之：夫以武侯之賢，宣武之智，自天佑之，蓋有以然也。』

假使逢文明之后，值則哲之君，不足為鄙夫扶轂，豈青紫之可望邪？東方鼠虎之諭，斯得之矣。及仲舒之學術，子政之探微，見重元光之初聲，高建始之末，通宵忘寐，終日下帷，不有學術，何以成器？川溜決石，可不勉乎？馳光不留，逝川倏忽。尺石非寶，寸陰可惜。文武二途，並得儔匹。啓期擊磬，彼獨何人，寧止伯鸞之詩，將同威輦之詠。一以我為馬，一以我為牛，莊周往矣，嗣宗長逝。吾知宇宙之內，更有人哉。

飽食高卧，立言何求焉？脩德履道，身何憂焉？居安慮危，戚也；見險懷懼，憂也。紛紛然，榮枯寵辱之動也，人其能不動乎？仲尼其人也，抑吾其次之，有佞而進，有退，其寧退乎？予不喜遊宴淹留，每宴輒早罷，不復沾酌矣。

大虛所以高者，以其輕而無累也。人生苟清而無欲，則飄飄之氣淩焉。

擣衣清而徹，有悲人者，此是秋士悲於心。擣衣感於外，內外相感，愁情結悲，而後哀怨生焉。苟無感，何嗟何怨也？長沮浴，桀溺問焉：『今日浴佳耶？』曰：『佳。』長沮曰：『浴須浴其內，然後其表。五臟六腑，尚有未潔，四支八體，何為者耶？夫浴者，將使表裏潔也。內苟含瑕，何遽浴耶？』

夫鬪者，忘其身也，忘其親者也。行須臾之怒，而鬪終身之禍，然而為之，是忘其身也。

往者承華殿災，詔問高堂隆：『此何灾？』隆曰：『殿名崇華，而為天災所除。是天欲使節儉，勿復興崇華之飾也。』君子有三患：未之聞，患弗得聞。既聞之，患弗能學。既學之，患弗能行。君子有四恥：有其位無其言，君子恥之；無其行，君子恥之；既得之又失之，君子恥之；地有餘而民不足，君子恥之。

其美者足以敍情志，敦風俗；其弊者秪以煩簡牘，疲後生。往者既積，來者未已。翹足志學，白首不遍。或昔之所重今反輕，今之所重，古之所賤。嗟我後生博達之士，有能品藻異同，删整蕪穢，使卷無瑕玷，覽無遺功，可謂學矣。

夫聰明疏通者戒於太察，寡聞少見者戒於壅蔽，勇猛剛强者戒於太暴，仁愛温良者戒於無斷也。

世有習干戈者賤乎俎豆，脩儒行者忽行武功。范寧以王弼比桀紂，謝混以簡文方赧獻。季長有顯武之論，文莊有廢莊之説。余以為不然。余以孫吳為營壘，以周孔為冠帶，以老莊為歡宴，以權實為稻糧，以卜筮為神明，以政治為手足。一圍之木持千鈞，五寸之楗制開闔，總之者明也。

顔回希舜，所以早亡；賈誼好學，遂令速殞。揚雄作賦，有夢腸之談；曹植為文，有反胃之論。生也有涯，智也無涯，以有涯之生，逐無涯之智，余將養性養神，獲麟余金樓之制也。夫石田不生五穀，構山不游麋鹿，何哉？以其無所因也。故龍藉風而飛，龜由火而兆，有其資焉。

常善利物，無棄人也。富貴不可以傲貧，賢明不可以輕暗。夷吾侈而鮑叔廉，其性不同也；張竦潔而陳遵污，其行不齊也。然而終能相善者，蓋無棄人之謂也。或説人須才學，不資矜素。余謂不然。昔孔文舉有言：三人同行，兩人聰雋，一夫底下，飢年無食，謂宜食底下者，譬猶蒸一猩猩，賁一鸚鵡耳。此蓋悖道之言也，寧有是乎！禰衡云：苟彧彊可與語，餘人皆酒瓮飯囊。魏時劉陶語人曰：智者弄愚人，如弄一丸於掌中。

世人有才學不勝朋友，而好作文章，苦辱朋友，此謂學螳螂之鈇，運口蛣蜣之甲，何足以云？吾少讀兵書，三十餘年，搜纂數千，止為一帙。菁華領袖，備在其中。性頗尚仁，每宏解網，重囚將死，或許伉儷自看，城樓夜寒，必綈絕之賜。狴牢併遣，犴圄空虚。盗者更鳴，還取將軍之帳；姦夫改往，復錫舍人之車。

唐·歐陽詢等《藝文類聚》卷二三《人部七·鑑誡》 蜀諸葛亮誡子曰：『夫君子之行，靜以脩身，儉以養德，非澹泊無以明志，非寧靜無以致遠。夫學須靜也，才須學也，非學無以廣才，非志無以成學。慆慢則不能勵精，險躁則不能治性，年與時馳，意與歲去，遂成枯落，悲歎窮廬，將復何及。』【略】

嵇康《家誡》曰：人無志，非人也，但君子用心，有所准行，當量其善者，擬議而後動，若心之所之，則口與心誓，守死無貳，耻躬不逮，期於必濟，若心疲體懈，或牽於外物，或累於內欲，不堪近患，不忍小情，則議於去就，議於去就，則二心交爭，二心交爭，則向所以見役之情勝矣，或有中道而廢，或有未成而敗，以之守則不固，以之攻則怯弱，與之誓則多違，與之謀則善泄，臨樂則肆情，處逸則極意，故雖榮華熠熠，無結秀之勤，終年之勤，無一日之功，斯君子所以歎息也，若夫申胥之長吟，夷叔之全潔，展季之執信，蘇武之守節，可謂固矣，故以無心守之，安而體之，若自然也，乃是守志盛者也。【略】

羊祜《誡子書》曰：【略】恭為德首，慎為行基，願汝等言則忠信，行則篤敬，無口許人以財，無傳不經之談，無聽毁譽之語，聞人之過，耳可得受，口不得宣，思而後動，若言行無信，身受大謗，自入刑論，豈復惜汝，耻及祖考，思乃父言，纂乃父教，各諷誦之。

《晉書》卷五五《潘尼傳》 尼少有清才，與岳俱以文章見知。性靜退不競，唯以勤學著述為事。著《安身論》以明所守，其辭曰：

蓋崇德莫大乎安身，安身莫尚乎存正，存正莫重乎無私，無私莫深乎寡欲。是以君子安其身而後動，易其心而後語，定其交而後求，篤其志而後行。然則動者，吉凶之端也；語者，榮辱之主也；求者，利病之幾也；行者，安危之決也。故君子不妄動也，動必適其道；不徒語也，語必經於理；不苟求也，求必適於義；不虚行也，行必由於正。夫然，用能免或繫之凶，享自天之祐。故身不安則殆，言不從則悖，交不審則惑，行不篤則危。四者行乎中，則憂患接乎外矣。憂患之接，必生於自私，而興於有欲。自私者不能成其私，有欲者不能濟其欲，理之至也。欲苟不濟，能無爭乎？私苟不從，能無伐乎？人人自私，家家有欲，衆欲並爭，羣私交伐。爭，則亂之萌也；伐，則怨之府也。怨亂既構，危害及之，得不懼乎？

然棄本要末之徒，知進忘退之士，莫不飾才鋭智，抽鋒擢穎，傾側乎勢利之交，馳騁乎當塗之務。朝有彈冠之朋，野有結綬之友，黨與熾於前，榮名扇其後。握權，則赴者鱗集；失寵，則散者瓦解；求利，則託刎頸之歡；爭路，則構刻骨之隙。於是浮僞波騰，曲辯雲沸，寒暑殊聲，朝夕異價，駑蹇希奔放之迹，鈆刀競一割之用。至於愛惡相攻，與奪交

戰，誹謗噂䜺，毀譽縱橫，君子務能，小人伐技，風積於上，俗弊於下。禍結而恨爭也不强，患至而悔伐之未辯，大者傾國喪家，次則覆身滅祀。其故何邪？豈不始於私欲而終於爭伐哉！

君子則不然。知自私之害公也，然後外其身；知有欲之傷德也，故遠絕榮利；知爭競之遘災也，故犯而不校；知好伐之招怨也，故有功而不德。安身而不為私，故身正而私全；慎言而不適欲，故言濟而欲從；定交而不求益，故交立而益厚；謹行而不求名，故行成而名美。止則立乎無私之域，行則由乎不爭之塗，必將通天下之理，而濟萬物之性。天下猶我，故與天下同其欲；己猶萬物，故與萬物同其利。

夫能保其安者，非謂崇生生之厚而耽逸豫之樂也，不忘危而已。有期進者，非謂窮貴寵之榮而藉名位之重也，不忘退而已。存其治者，非謂嚴刑政之威而明司察之禁也，不忘亂而已。故寢蓬室，隱陋巷，披短褐，茹藜藿，環堵而居，易衣而出，苟存乎道，非不安也。雖坐華殿，載文軒，服黼繡，御方丈，重門而處，成列而行，不得與之齊榮。用天時，分地利，甘布衣，安藪澤，沾體塗足，耕而後食，苟崇乎德，非不進也。雖居高位，饗重祿，執權衡，握機祕，功蓋當時，勢侔人主，不得與之比逸。遺意慮，沒才智，忘肝膽，棄形器，貌若無能，志若不及，苟正乎心，非不治也。雖繁計策，廣術藝，審刑名，峻法制，文辯流離，論議絕世，不得與之爭功。故安也者，安乎道者也。進也者，進乎德者也。治也者，治乎心者也。未有安身而不能保國家，進德而不能處富貴，治心而不能治萬物者也。

然思危所以求安，慮退所以能進，懼亂所以保治，戒亡所以獲存也。若乃弱志虛心，曠神遠致，徙倚乎不拔之根，浮游乎無垠之外，不自貴於物而物宗焉，不自重於人而人敬焉。可親而不可慢也，可尊而不可遠也。親之如不足，天下莫之能狎也；舉之如易勝，而當世莫之能困也。達則濟其道而不榮也，窮則善其身而不悶也，用則立於上而非爭也，舍則藏於下而非讓也。夫榮之所不能動者，則辱之所不能加也；利之所不能勸者，則害之所不能嬰也；譽之所不能益者，則毀之所不能損也。

今之學者誠能釋自私之心，塞有欲之求，杜交爭之原，去矜伐之態，動則行乎至通之路，靜則入乎大順之門，泰則翔乎寥廓之宇，否則淪乎渾冥之泉，邪氣不能干其度，外物不能擾其神，哀樂不能盪其守，死生不能易其真，而以造化為工匠，天地為陶鈞，名位為糟粕，勢利為埃塵，治其內而不飾其外，求諸己而不假諸人，忠肅以奉上，愛敬以事親，可以御一體，可以牧萬民，可以處富貴，可以安賤貧，經盛衰而不改，則庶幾乎能安身矣。

又　卷八七《涼武昭王傳》　李玄盛誡其子曰：『吾自立身，不營世利，經涉累朝，通否任時；初不役智，有所要求，今日之舉，非本願也。然事會相驅，遂荷州土，憂責不輕，門戶事重。雖詳人事，未知天心，登車理轡，百慮填胸。後事付汝等，粗舉旦夕近事數條，遭意便言，不能次比。至於杜漸防萌，深識情變，此當任汝所見深淺，非吾敕誡所益也。汝等雖年未至大，若能克己纂脩，比之古人，亦可以當事業矣，苟其不然，雖至白首，亦復何成！汝等其戒之慎之。

『節酒慎言，喜怒必思，愛而知惡，憎而知善，動念寬恕，審而後舉。眾之所惡，勿輕承信，詳審人，核真偽，遠佞諛，近忠正，蠲刑獄，忍煩擾，存高年，恤喪病，勤省案，聽訟訴。刑法所應，和顏任理，慎勿以情輕加聲色。賞勿漏疏，罰勿容親。耳目人間，知外患苦；禁御左右，無作威福。勿伐善施勞，逆詐億必，以示己明。廣加諮詢，無自專用，從善如順流，去惡如探湯。富貴而不驕者，至難也，念此貫心，勿忘須臾。僚佐邑宿，盡禮承敬，讌饗饌食，事事留懷。古今成敗，不可不知，退朝之暇，念觀典籍，面牆而立，不成人也。』

政治文化論部

政治價值觀分部

論說

晉・傅玄《傅子・仁論》　昔者聖人之崇仁也，將以興天下之利也。利或不興，須仁以濟天下。有不得其所，若己推而委之於溝壑然。夫仁

者，蓋推己以及人也。故己不欲，無施於人。推己所欲，以及天下。推己心孝於父母，以及天下，則天下之為人子者，不失其事親之道矣。推己心有樂於妻子，以及天下，則天下之為人父者，不失其室家之歡矣。推己之不忍於飢寒，以及天下之心，含生無凍餒之憂矣。此三者，非難見之理，非難行之事，唯不内推其心，以恕乎人，未之思耳，夫何遠之有哉！古之仁人，推所好以訓天下，而民莫不尚德；推所惡以誡天下，而民莫不知耻。或曰：耻者其至者乎，曰未也。夫至者自然由仁；何耻之有？赴谷必墜，失水必溺，人見之也。赴阱必陷，失道必沉，人不見之也，不察之故。君子慎乎所不察。不聞大論，則志不宏；不聽至言，則心不固。思唐虞於上世，瞻仲尼於中古，而知夫小道者之足羞也。相伯夷于首陽，省四皓于商山，而知夫穢志者之足耻也。存張騫於西極，念蘇武於朔垂，而知懷閭室者之足鄙也。推斯類也，無所不至矣。德比於上，欲比於下。德比于上故知耻，欲比于下故知足。耻而知之，則聖賢其可幾；知足而已，固陋其可安也。

聖賢斯幾，況其為慝乎？固陋斯安，況其為侈乎？是謂有撿。純乎純哉其上也！其次得概而已矣，莫非概也！漸其概，苟無邪，斯可矣。君子内省其身，怒不亂德，喜不亂義也。孔子曰：『仁遠乎哉？我欲仁，斯仁至矣。』此之謂也。若子方惠及於老馬，西巴不忍而放麑，皆仁之端也。推而廣之，可以及乎遠矣。

又《義信》　蓋天地著信，而四時不悖；日月著信，而昏明有常；王者體信，而萬國以安；諸侯秉信，而境内以和；君子履信，而厥身以立。古之聖君賢佐，將化世美俗；去信須臾，而能安上治民者，未之有也。

夫象天則地，履信思順，以壹天下，此王者之信也。據法持正，行以不貳，此諸侯之信也。言出乎口，結乎心，守以不移，以立其身，此君子之信也。講信脩義，而人道定矣。若君不信以御臣，臣不信以奉君，父不信以教子，子不信以事父，夫不信以遇婦，婦不信以承夫；則君臣相疑於朝，父子相聚于家，夫婦相疑於室矣。小大混然而懷奸心，上下紛然而競相欺，人倫於是亡矣。

夫信由上而結者也。故君以信訓其臣，則臣以信忠其君，父以信誨其子，則子以信孝其父。夫以信先其婦，則婦以信其夫，上秉常以化下，下服常而應上，其不化者，百未有一也。夫為人上，竭至誠，開信以待下，則懷信者歡然而樂進，不信者赧然而回意矣。老子不云乎：『信不足，焉有不信也？』故以信待人，不信思信；不言待人，信斯不信。況本無信者乎？

先王欲下之信也，故示之以款誠，而民莫欺其上；申之以禮教，而民篤於義矣。夫以上接下，而以不信隨之，是亦日夜見災也。周幽以詭烽滅國，齊襄以瓜時致殺，非其顯乎！故禍莫大於無信，無信則不知所親，不知所親，則左右盡己之所疑，況天下乎！信者亦疑，不信亦疑，則忠誠者喪心而結舌，懷姦者飾邪以自納。此無信之禍也。

又《通志》　夫能通天下之志者，莫大乎至公；能行至公者，莫要乎無忌心。唯至公，故近者安焉，遠者歸焉，枉直取正，而天下信之；唯無忌心，故進者自盡，而退不懷疑，其道泰然，浸潤之譖，不敢幹也。《虞書》曰『開四門』，則天下之人輻湊其庭矣；『明四目』，則天下之人樂為之視矣；『達四聰』，則天下之人樂為之聽矣。江海所以能為百谷王者，以其不逆之也。苟所有逆，衆流之不至者多矣。衆流不至者多，則無以成其深矣。夫有公心，必有公道；有公道，必有公制。丹朱、商均，子也，不肖，堯舜黜之；管叔、蔡叔，弟也，為惡，周公誅之。苟不善，雖子弟不赦，則於天下無所私矣。鯀亂政，舜殛之；禹聖明，舉用之。戮其父而授其子，則於天下無所忌矣。石厚子也，石碏誅之。冀缺讎也，晉侯舉之。是之謂公道。夫在人上，天下皆樂為之用，無遠無近，苟所懷得達，死命可致也。唯患衆流異源，清濁不同，愛惡相攻，而親疏黨別。上之人或有所好，所好之流獨進，而所不好之流退矣。通者一而塞者萬，則公道廢而私道行矣。於是天下之志，塞而不通，欲自納者因左右而達，則權移左右，而上勢分矣。昧於利者知趣左右之必通，必變業以求進矣。昧於利者變業而黨成，正士守志而日否，則雖見者盈庭，而上之所聞實寡。外倦於人，而内寡聞，此自閉之道也。

故先王之教，進賢者為上賞，蔽賢者為上戮，順理者進，逆法者誅；設誹謗之木，容狂狷之人，任公而去私，內恕而無忌，是之謂公制也。公道行，則天下之志通；公制立，則私曲之情塞矣。凡有血氣，苟不相順，

夢有爭心，隱而難分，微而害深者，莫甚於言矣。君人者，將和衆定民，而殊其善惡，以通天下之志者也。聞言不可不審也。聞言未審，而以定善惡，則是非有錯，而飾辯巧言之流起矣。故聽言不如觀事，觀事不如觀行，聽言必審其本，觀事必校其實，觀行必考其迹。參三者而詳之，近少失矣。問曰：漢之官制，皆用秦法。秦不二世而滅，漢二十餘世而後亡者，何也？答曰：其制則同，用之則異。秦任私而有忌心，法峻而惡聞其失，任私則遠者怨，有忌心則天下疑，法峻則民不順之，惡聞其失，則過不上聞，此秦之所以不二世而滅也。漢初入秦，約法三章，論功定賞，先封所憎。約法三章，公而簡也。先封所憎，無忌也。雖網漏吞舟，而百姓安之者，能通天下之志，得其略也。世尚寬簡，尊儒貴學，政雖有失，能容直臣。簡則不苟，寬衆歸之；尊儒貴學，則民篤於義；能容直臣，則上之失不害於下，而民之患上聞矣。自非聖人，焉能無失？失而能改，則所失少矣，心以為是，故言行由之，其或不是，不自知也。

先王患人之不自知其失，而處尊者天下之命在焉，順之則生，逆之則死，順而無節，則諂諛進；逆而畏死，則直道屈。明主患諛己者衆，而無由聞失也。故開敢諫之路，納逆己之言，敬所言出於忠誠，雖事不盡，是猶歡然受之，所以通直言之塗，引而致之，非為名也。以為直言不聞，則己之耳目塞，耳目塞於內，諛者順之於外，此三季所以至亡而不自知也。周昌比高祖于桀紂，而高祖托以愛子；周亞夫申軍令，而太宗為之不驅；朱雲折檻，辛慶忌叩頭流血，斯乃寬簡之風，漢所以歷年四百也。

又《利天下》 傅子曰：利天下者，天下亦利之；害天下者，天下亦害之。利則利，害則害，無有幽深隱微，無不報也。仁人在位，常為天下所歸者，無他也。善為天下興利而已矣。

又《問政》 劉子問政。傅子曰：政在去私。私不去，則公道亡。公道亡，則禮教無所立。禮教無所立，則刑賞不用情。而下從之者，未之有也。夫去私者，所以立公道也。唯公然後可正天下。

傅子曰：善為政者，天地不能害也，而況於人乎？堯水湯旱，而人無菜色，猶太平也，不以美乎？晉飢吳懈，而為秦越禽，人且害之，而況於天地乎！

又《問刑》 傅子曰：秦始皇之無道，豈不甚哉！視殺人如殺狗彘，狗彘仁人用之猶有節，始皇之殺人觸情而已，其不以道如是。而李斯又深刑峻法，隨其指而妄殺人，秦不二世而滅，李斯無遺類，以不道愚人，人亦以不道報之，人讎之，天絶之，行無道，未有不亡者也。

又《平役賦》 上不興非常之賦，下不進非常之貢，上下同心，以奉常教，民雖輸力致財而莫怨其上者，所務公而制有常也。

晉・袁準《袁子正書・悦近》 孔子曰：『為上不寬，吾何以觀之。』苟政甚於猛虎，詩人疾掊克在位，是以聖人體德居簡，而以虚受人。夫有德則謙，謙則能讓，虚則寬，寬則愛物，世俗以公刻為能，以苛察為明，以忌諱為深，三物具則國危矣。故禮法欲其簡，禁令欲其約，事業欲其希；簡則易明，約則易從，希則有功，此聖賢之務也。漢高祖，山東之匹夫也，起兵之日，天下英賢奔走而歸之，賢士輻湊而樂為之用，是以王天下而莫之能御。唯其以簡節寬大，受天下之物故也。是故寬則得衆，虚則受物，信則不疑，不忌諱則下情達，而人心安。夫高祖非能舉必當也，唯以其心曠，故人不疑，況乎以至公處物，而以聰明治人乎？堯先親九族，文王刑于寡妻，物莫不由內及外，由大信而結，則易簡而上安，由仁厚而下親。今諸侯王國之制，無一成之田，一旅之衆，獨坐空宮之中，民莫見其面。其所以防御之備甚于仇讎，內無公族之輔，外無藩屏之援，是以兄弟無睦親之教，百姓無光明之德；弊薄之俗興，忠厚之禮衰；近者不親，遠者不附；人主孤立於上，而本根無庇蔭之助：此天下之大患也。聖人者，以仁義為本，以大信持之，根深而基厚，故風雨不愆伏也。

又《貴公》 治國之道萬端，所以行之在一。一者何？曰公而已矣，唯公心而後可以有國，唯公心可以有家，唯公心可以有身。身也者，為國之本也；公也者，為身之本也。夫私，人之所欲，而治之所甚惡也。欲為國者一，不欲為國者萬，凡有國而以私臨之，則國分為萬矣。故立天子，所以治天下也，置三公，所以佐其王也。觀事故而立制，瞻民心而立法，制不可以輕重，輕重即頗邪；法不可以私倚，私倚即姦起。古之人有當市繁之時而竊人金者，人問其故，曰：『吾徒見金，不見人也。』故其愛者，必有大迷。宋人有子甚醜，而以勝曾上之美。故心倚於私者，即所知少也。亂於色者，即目不別精麤；沈於聲者，則耳不別清濁；偏於

愛者，即心不別是非。是以聖人節欲去私，故能與物無尤，與人無爭也。明主知其然也，雖有天下之大，四海之富，而不敢私其親，故百姓超然背私而向公。公道行，即邪利無所隱矣。向公即百姓之所道者一，向私即百姓之所道者萬。一向公，則明不勞而姦自息，一向私，則繁刑罰而姦不禁。故公之為道，言甚約而用之甚博。

《三國志》卷一三《魏志·王肅傳》 景初間，宮室盛興，民失農業，期信不敦，刑殺倉卒。肅上疏曰：

夫務畜積而息疲民，在於省徭役而勤稼穡。夫信之於民，國家大寶也。仲尼曰：『自古皆有死，民非信不立。』夫區區之晉國，微微之重耳，欲用其民，先示以信。是故原雖將降，顧信而歸，用能一戰而霸，余今見稱。

又 卷二三《魏志·趙儼傳》 孫盛曰：盛聞為國以禮，民非信不立。周成不棄桐葉之言，晉文不違伐原之誓，故能隆刑措之道，建一匡之功。儼既詐留千人，使效心力，始雖權也，宜以信終。兵威既集，而又逼徙。信義喪矣，何以臨民？

治國指導思想部

道治論分部

論說

晉·傅玄《傅子·假言》 天地至神，不能同道而生萬物；聖人至明，不能一撿而治百姓。故以異致同者，天地之道也；因物制宜者，聖人之治也。既得其道，雖有詭常之變，相害之物，不傷乎治體矣。水火之性相滅也。善用之者，陳釜鼎乎其間，爨之煑之，而能兩盡其用，不相害也。五味以調，百品以成，天下之物，為火水者多矣。若施釜鼎乎其間，則何憂乎相害，何患乎不盡其用也？

《晉書》卷九二《文苑傳·李充》 幼好刑名之學，深抑虛浮之士，嘗著《學箴》，稱：

《老子》云：『絕仁棄義，家復孝慈。』豈仁義之道絕，然後李慈乃生哉？蓋患乎情仁義者寡而利仁義者衆也。道德喪而仁義彰，仁義彰而名利作，禮教之弊，直在茲也。先王以道德之不行，故以仁義化之，行仁義之不篤，故以禮律檢之；檢之彌繁，而偽亦愈廣，老莊是乃明無為之益，塞爭欲之門。夫極靈智之妙、總會通之和者，莫尚乎聖人。革一代之弘制，垂千載之遺風，則非聖不立。然則聖人之在世，吐言則為訓辭，莅事則為物軌，運通則與時隆，理喪則與世弊矣。是以大為之論以標其旨。物必有宗，事必有主，寄責於聖人而遺累乎陳迹也。故化之以絕聖棄智，鎮之以無名之樸。聖教救其末，老莊明其本，本末之塗殊而為教一也。人之迷也，其日久矣！見形者衆，及道者尠，不覿千仞之門而遂適物之迹，逐迹逾篤，離本逾遠，遂使華端與薄俗俱興，妙緒與淳風並絕，所以聖人長潛而迹未嘗滅矣。懼後進惑其如此，將越禮棄學而希無為之風，見義教之殺而不覿其隆矣，略言所懷，以補其闕。引道家之弘旨，會世教之適當，義之違本，言不流放，庶以祛困蒙之蔽，悟一往之惑乎！其辭曰：

芒芒太初，悠悠鴻荒，蚩蚩萬類，與道兼忘。聖迹未顯，賢名不彰，怡此鼓腹，率我猖狂。資生既廣，羣塗思通，闇實師明，匪予求蒙，遺己濟物而天下為公。大庭唱基，羲農宏贊，六位時成，離暉大觀，澤洽雨濡，化流風散，比屋同塵而人罔僭亂。爰暨中古，哲王胥承，質文代作，禮統迭興，事藉用以繁，化因阻而凝，動非性擾，靜豈神澄！名之攸彰，道之攸廢，乃損所隆，乃崇所替，刑作由於德衰，三辟興乎叔世，既敦既誘，乃矯乃厲。敦亦既備，矯亦既深，彫琢生文，抑揚成音，羣能騁技，衆巧竭心，野無陸馬，山無散林。風罔不動，化罔不移，人之失德，反正作奇。乃放欲以越禮，不知希競之為病，違彼夷塗而遵此險徑。狡兔陵岡，遊魚遁川，至賾深妙，大象幽玄，棄餌收罝而責功蹄筌，先統喪歸而寄旨忘言。政異徵辭，拔本塞源，遁迹永日，尋響窮年，刻意離性而失其常然。世有險夷，運有通圮，損益適時，升降惟理。道不可以一日廢，亦

不可以一朝擬，禮不可以千載制，亦不可以當年止。非仁無以長物，非義無以齊恥，仁義固不可遠，去其害仁義者而已。力行猶懼不逮，希企邈以遠矣。室有善言，應在千里，況乎行止復禮克己。風人司箴，敬貽君子。

宋·李昉等《太平御覽》卷七六九《舟部二·敘舟中》 譙周《法訓》曰：以道為天下者，猶乘安舟而由廣路：安舟難成，可久處也；廣路難至，可常行也。

又 卷八六一《飲食部十九·漿》 《顧子》曰：非其道，壺漿不可受；是其道，雖天下不可讓。

明·陳耀文《天中記》卷二四《聖·華譚〈新論〉》 夫體道者聖，游神者哲。體道然後寄意形骸之外，游神然後窮變化之端；故寂然不動而萬物為我用，塊然玄默而衆機為我運。

德治論分部

論說

漢·仲長統《昌言·闕題》 德教者，人君之常任也，而刑罰爲之佐助焉。古之聖帝明王，所以能親百姓、訓五品、和萬邦、蕃黎民、召天地之嘉應、降鬼神之吉靈者，實德是爲，而非刑之攸致也。至於革命之期運，非征伐用兵，則不能定其業；姦宄之成羣，非嚴刑峻法，則不能破其黨。時勢不同，所用之數亦宜異也。教化以禮義爲宗，禮義以典籍爲本。常道行於百世，權宜用於一時。高辛已往，則聞其人，不見其書；唐、虞、夏、殷，則見其書，不詳其事；周氏已來，載籍具矣，所不可得而易者也。故制不足，則引之無所至；禮無等，則用之不可依；法無常則網羅當道路，教不明，則士民無所信。引之無所至，則難以致治，用之不可依，則無所取正；羅網當道路則不可得而避，士民無所信，則其志不知所定，非治理之道也。

誠令方來之作，禮簡而易用，儀省而易行，法明而易知，教約而易從。篇章既著，勿復刊剟；儀故既定，勿復變易。而人主臨之以至公，行之以至仁，壹德於恒久，先之用己身；又使通治亂之大體者，總綱紀而爲輔佐；知稼穡之艱難者，親民事而布惠利；政不分於外戚之家，權不入於宦豎之門，下無侵民之吏，京師無佞邪之臣，則天神可降，地祇可出。大治之後，有易亂之民者，安寧無故邪心起也；大亂之後，有易治之勢者，創艾禍災，樂生全也。刑繁而亂益甚者，法難勝避，苟免而無恥也；教興而罰罕用者，仁義相厲，廉恥成也。任循吏於大亂之會，必有恃仁恩之敗；用酷吏於清治之世，必有殺良民之殘。此其大數也。

我有公心焉，則士民不敢念其私矣；我有平心焉，則士民不敢行其險矣；我有儉心焉，則士民不敢放其奢矣。此躬行之所徵者也。開道塗焉，起提防焉，舍我塗而不由，踰提防而横行，逆我政者也。詰之而知罪，可使悔過於後矣；詰之而不知罪，明刑之所取者也。教有道，禁不義，而身以先之，令德者也；身不能先，而聰略能行之，嚴明者也；忠仁爲上，勤以守之，其成雖遲，君子之德也。譎詐以御其下，欺其民而取其心，雖有立成之功，至德之所不貴也。

三國魏·杜恕《體論·政》 孔子曰：『為政以德。』又曰：『導之以德，齊之以禮，有耻且格。』然則德之為政大矣，而禮次之也。夫德禮也者，其導民之具歟？大上養化，使民日遷善，而不知其所以然，此治之上也；其次使民交讓，處勞而不怨，此治之次也；其下正法，使民利賞而勸善，畏刑而不敢為非，此治之下也。

夫善御民者，其猶御馬乎。正其銜勒，齊其轡策，均馬力，和馬心，故能不勞而極千里。善御民者，壹其德禮，正其百官，齊民力，和民心，是故令不再而民從，刑不用而天下化治。所貴聖人者，非貴其隨罪而作刑也，貴其防亂之所生也。是以至人之為治也，民有小罪，必求其善，以赦其過；民有大罪，必原其故，以仁輔化。則故上下親而不離，道化流而不蘊。夫君子欲政之速行，莫如以道御之也。皋繇瘖而為大理，有不貴乎言也；師曠盲而為大宰，有不貴乎見也。唯神化之為貴。是故聖王冕而前旒，所以蔽明；黈纊充耳，所以揜聰也。觀夫弊俗偷薄之政，耳目以效聰明，設倚伏以探民情，是為以軍政虜其民也。而望民之信向之，可謂不識乎分者矣！

《三國志》卷一一《魏志·袁渙傳》 渙言曰：

夫兵者，凶器也，不得已而用之。鼓之以道德，征之以仁義，兼撫其民而除其害。夫然，故可與之死而可與之生。自大亂以來十數年矣，民之欲安，甚於倒懸，然而暴亂未息者，何也？意者政失其道歟！渙聞明君善於救世，故世亂則齊之以義，時偽則鎮之以樸。世異事變，治國不同，不可不察也。夫制度損益，此古今之不必同者也。若夫兼愛天下，而反之於正，雖以武平亂，而濟之以德，誠百王不易之道也。公明哲超世，古之所以得其民者，公既勤之矣，今之所以失其民者，公既戒之矣，海內賴公，得免於危亡之禍，然而民未知義，其惟公所以訓之，則天下幸甚。【略】

今天下大難已除，文武並用，長久之道也。以為可大收篇籍，明先聖之教，以易民視聽，使海內斐然向風，則遠人不服可以文德來之。

又 《張範傳》 （袁術）問曰：『昔周室陵遲，則有桓、文之霸。秦失其政，漢接而用之。今孤以土地之廣，士民之衆，欲徼福齊桓，擬迹高祖，何如？』承對曰：『在德不在彊，夫能用德以同天下之欲，雖由匹夫之資，而興霸王之功，不足為難。若苟僭擬，干時而動，衆之所棄，誰能興之？』

又 卷二二《魏志・陳羣傳》 是時，帝初蒞政，羣上疏曰：《詩》稱『儀刑文王，萬邦作孚』；又曰『刑于寡妻，至于兄弟，以御于家邦』，道自近始，而化洽於天下。自喪亂以來，干戈未戢，百姓不識王教之本，懼其陵遲已甚。陛下當盛魏之隆，荷二祖之業，天下想望至治，唯有以崇德布化，惠恤黎庶，則兆民幸甚。

又 卷二五《魏志・高堂隆傳》 隆疾篤，口占上疏曰：

臣常疾世主莫不思紹堯、舜、湯、武之治，而蹈踵桀、紂、幽、厲之迹，莫不蚩笑季世惑亂亡國之主，而不登踐虞、夏、殷、周之軌，悲夫！以若所為，求若所致，猶緣木求魚，煎水作冰，其不可得，明矣。尋觀三代之有天下也。聖賢相承，歷載數百，尺土莫非其有，一民莫非其臣，萬國咸寧，九有有截，鹿臺之金，巨橋之粟，無所用之，仍舊南面，夫何為哉！然癸、辛之徒，恃其旅力，知足以拒諫，才足以飾非，諂諛是尚，臺觀是崇，淫樂是好，倡優是說，作靡靡之樂，安濮上之音，上天不蠲，眷然回顧，宗國為墟，不［下］夷于隸，紂縣白旗，桀放鳴條；天子之尊湯、武有之，豈伊異人，皆明王之胄也。且當六國之時，天下殷熾，秦既兼之，不脩聖道，乃構阿房之宮，築長城之守，矜夸中國，威服百蠻，天下震竦，道路以目；自謂本枝百葉，永垂洪暉，豈寤二世而滅，社稷崩圮哉？近漢孝武乘文、景之福，外攘夷狄，內興宮殿，十餘年間，天下囂然。乃信越巫，懟天遷怒，起建章之宮，千門萬戶，卒致江充妖蠱之變，至於宮室乖離，父子相殘，殃咎之毒，禍流數世。【略】

昔周之東遷，晉、鄭是依，漢呂之亂，實賴朱虛，斯蓋前代之明鑑。夫皇天無親，惟德是輔，民詠德政，則延期過歷，下有怨歎，掇録授能。由此觀之，天下之天下，非獨陛下之天下也。

又 卷四二《蜀志・譙周傳》 時後主頗出遊觀，增廣聲樂。周上疏諫曰：

昔王莽之敗，豪傑並起，跨州據郡，欲弄神器，於是賢才智士思望所歸，未必以其勢之廣狹，惟其德之薄厚也。是故於時更始、公孫述及諸有大衆者多已廣大，然莫不快情恣欲，怠於為善，游獵飲食，不恤民物。世祖初入河北，馮異等勸之曰：『當行人所不能為。』遂務理冤獄，節儉飲食，動遵法度，故北州歌歎，聲布四遠。於是鄧禹自南陽追之，吳漢、寇恂未識世祖，遙聞德行，遂以權計舉漁陽、上谷突騎迎于廣阿。其餘望風慕德者邳彤、耿純、劉植之徒，至于輿病齎棺，繈負而至者，不可勝數，故能以弱為彊，屠王郎，吞銅馬，折赤眉而成帝業也。及在洛陽，嘗欲小出，車駕已御，銚期諫曰：『天下未寧，臣誠不願陛下細行數出。』即時還車。及征隗囂，潁川盜起，世祖還洛陽，但遣寇恂往，恂曰：『潁川以陛下遠征，故姦猾起叛，未知陛下還，恐不時降；陛下自臨，潁川賊必即降。』遂至潁川，竟如恂言。故非急務，欲小出不敢，至於急務，欲自安不為，故帝者之欲善也如此！故《傳》曰『百姓不徒附』，誠以德先之也。

又 卷四八《吳志・孫休傳》 永安元年冬十月壬午，詔曰：『夫褒德賞功，古今通義。』

南朝梁・蕭統《文選》卷四九《史論上・干寶〈晉紀・總論〉》 夫天下大器也，羣生，重畜也，愛惡相攻，利害相奪，其勢常也，若積水于防，燎火於原，未嘗暫靜也。器大者，不可以小道治，勢動者，不可以爭

競擾，古先哲王，知其然也，是以扞其大患而不有其功，御其大災而不尸其利，百姓皆知上德之生己，而不謂浚己以生也，是以感而應之，悅而歸之，如晨風之鬱北林，龍魚之趣淵澤也。順乎天而享其運，應乎人而和其義，然後設禮文以治之，斷刑罰以威之，謹好惡以示之，審禍福以喻之，求明察以官之，篤慈愛以固之，故衆知向方，皆樂其生而哀其死，悅其教而安其俗，君子勤禮，小人盡力，廉恥篤於家閭，邪僻銷於胸懷，故其民有見危以授命，而不求生以害義，又況可奮臂大呼，聚之以幹紀作亂之事乎？基廣則難傾，根深則難拔，理節則不亂，膠結則不遷，是以昔之有天下者，所以長久也。夫豈無僻主，賴道德典刑以維持之也。故延陵季子聽樂，以知諸侯存亡之數，短長之期者，蓋民情風教，國家安危之本也。

昔周之興也，后稷生於姜嫄，而天命昭顯，文武之功，起於后稷，故其《詩》曰：『思文后稷，克配彼天。』又曰：『立我蒸民，莫匪爾極。』又曰：『實穎實栗，即有部胎家室。』至于公劉，遭狄人之亂，去部之豳，身服厥勞，故其《詩》曰：『乃裹餱糧，于槖于囊』，『陟則在巘，復降在原。以處其民』。以至于太王，為戎翟所逼，而不忍百姓之命，杖策而去之。故其《詩》曰：『來朝走馬，帥西水滸，至于岐下。』周民從而思之，曰：仁人不可失也。故從之如歸市，居之一年成邑，二年成都，三年五倍其初，每勞來而安集之，故其《詩》曰：『乃慰乃止，乃左乃右，乃疆乃理，乃宣乃畝。』以至于王季，能貊其德音，故其《詩》曰：『克明克類，克長克君，載錫之光。』至于文王，備脩舊德，而惟新其命，故其《詩》曰：『惟此文王，小心翼翼，昭事上帝，聿懷多福。』由此觀之，周家世積忠厚，仁及草木，內睦九族，外尊事黃耇，養老乞言，以成其福祿者也。而其妃后躬行四教，尊敬師傅，服瀚濯之衣，脩煩辱之事，化天下以婦道，故其《詩》曰：『刑于寡妻，至于兄弟，以御于家邦。』是以漢濱之女，守絜白之志，中林之士，有純一之德，故曰：文武自天保以上治內，采薇以下治外，始於憂勤，終於逸樂，於是天下三分有二，猶以服事殷；諸侯不期而會者八百，猶曰天命未至；以三聖之智，伐獨夫之紂，猶正其名教，曰逆取順守；保大定功，安民和衆，猶著大武之容曰未盡善也。及周公遭變，陳后稷先公風化之所由，致王業之艱難者，則皆農夫女工衣食之事也。故自后稷之始基靜民，十五王而文始平之，十六王而武始居之，十八王而康克安之。故其積基樹本，經緯禮俗，節理人情，恤隱民事，如此之纏緜也。爰及上代，雖文質異時，功業不同，及其安民立政者，其揆一也。

《三國志》卷四五《蜀志・宗預傳》裴松之注　孫盛曰：夫帝王之保，唯道與義；道義既建，雖小可大：殷、周是也。苟任詐力，雖彊必敗，秦、項是也。況乎居偏鄙之城，恃山水之固，而欲連横萬里，永相資賴哉！昔九國建合從之計，而秦人卒併六合；囂、述營輔車之謀，而光武終兼隴、蜀。夫以九國之彊，隴、漢之大，莫能相救，坐視屠覆，何者？道德之基不固，而彊弱之心難一故也。而云『吳不可無蜀，蜀不可無吳』，豈不諂哉！

又　卷五八《吳志・陸抗傳》裴松之注　習鑿齒曰：夫理勝者天下之所保，信順者萬人之所宗，雖大猷既喪，義聲久淪，狙詐馳於當塗，權略周乎急務，負力從横之人，臧獲牧豎之智，未有不憑此以創功，捨茲而獨立者也。是故晉文退舍，而原城請命。穆子圍鼓，訓之以力，冶夫獻策，而費人斯歸，樂毅緩攻，而風烈長流。觀其所以服物制勝者，豈徒威力相詐而已哉？自今三家鼎足，四十有餘年矣，吳人不能越淮、沔而進取中國，中國不能陵長江以爭利者，力均而智侔，道不足以相傾也。夫殘彼而利我，未若利我而無殘；振武以懼物，未若德廣而民懷。匹夫猶不可以力服，而況一國乎？力服猶不如以德來，而況不制乎？是以羊祜恢大同之略，思五兵之則，齊其民人，均其施澤，振義網以羅彊吳，明兼愛以革暴俗，易生民之視聽，馳不戰乎江表。故能德音悅暢，而襁負雲集，殊鄰異域，義讓交弘，自吳之遇敵，未有若此者也。抗見國小主暴，而晉德彌昌，人積兼己之善，而己無固本之規，百姓懷嚴敵之德，闔境有棄主之慮，思所以鎮定民心，緝寧外內，奮其危弱，抗權上國者，莫若親行斯道，以侔其勝，使彼德靡加吾，而此善流聞，歸重邦國，弘明遠風，折衝於枕席之上，校勝於帷幄之內，傾敵而不以甲兵之力，保國而不浚溝池之固，信義感於寇讎，丹懷體於先日，豈設狙詐以危賢，徇己身之私名，貪外物之重我，闇服之而不備者哉！由是論之，苟守局而保疆，一卒之所能；協數以相危，小人之近事；積詐以防物，臧獲之餘慮；威勝以求

安，明哲之所賤。賢人君子，所以拯世重範，舍此而取彼者，其道良弘故也。

《魏書》卷二《太祖紀》（天興三年十二月）丙申復詔曰：【略】

上古之治，尚德下名，有任而無爵，易治而事序，故邪謀息而不起，姦慝絕而不作。周姬之末，下凌上替，以號自定，以位制祿，卿世其官，大夫遂事，陽德不暢，議發家陪，故釁由此起，兵由此作。秦漢之弊，捨德崇侈，能否混雜，賢愚相亂，庶官失序，任非其人。於是忠義之道寢，廉恥之節廢，退讓之風絕，毀譽之議興，莫不由乎貴尚名位，而禍敗及之矣。古置三公，職大憂重，故曰『待罪宰相』，將委任責成，非虛寵祿也。而今世俗，僉以台輔為榮貴，企慕而求之。夫此職司，在人主之所任耳，用之則重，舍之則輕。然則官無常名，而任有定分，是則所貴者至矣，何取於鼎司之虛稱也。夫桀紂之南面，雖高而可薄；姬旦之為下，雖卑而可尊。一官可以效智，蓽門可以垂範。苟以道德為實，賢於覆餗蔀家矣。故量己者，令終而義全；昧利者，身陷而名滅。利之與名，毀譽之疵競；道之與德，神識之家寶。是故道義，治之本；名爵，治之末。名不本於道，不可以為宜；爵無補於時，不可以為用。用而不禁，為病深矣。能通其變，不失其正者，其惟聖人乎？來者誠思成敗之理，察治亂之由，鑑殷周之失，革秦漢之弊，則幾於治矣。

《晉書》卷一一三《苻堅載記上》　及苻生嗣偽位，讚、翼說堅曰：『今主上昏虐，天下離心。有德者昌，無德受殃，天之道也。神器業重，不可令他人取之，願君王行湯、武之事，以順天人之心。』【略】

堅自臨晉登龍門，顧謂其羣臣曰：『美哉山河之固！婁敬有言，「關中四塞之國」，真不虛也。』權翼、薛讚對曰：『臣聞夏、殷之都非不險也，周、秦之衆非不多也，終於身竄南巢，首懸白旗，軀殘於犬戎，國分於項籍者何也？德之不脩故耳。吳起有言：「在德不在險。」深願陛下追蹤唐、虞，懷遠以德，山河之固不足恃也。』堅大悅，乃還長安。

又　卷一二二《呂纂載記》　纂游田無度，荒耽酒色，其太常楊穎諫曰：『臣聞皇天降鑒，惟德是與。德由人弘，天應以福，故勃焉之美奄在聖躬。大業已爾，宜以道守之。廓靈基於日新，邀洪福於萬祀。自陛下龍飛，疆宇未闢，崎嶇二嶺之內，綱維未振於九州。當兢兢夕惕，經略四方，成先帝之遺志，拯蒼生於荼蓼。而更飲酒過度，出入無恒，宴安游盤之樂，沈湎樽酒之間，不以寇讎為慮，竊為陛下危之。糟丘酒池，洛汭不返，皆陛下之殷鑑。臣蒙先帝夷險之恩，故不敢避干將之戮。』纂曰：『朕之罪也。不有貞亮之士，誰匡邪僻之君！』

禮治論分部

論說

漢·劉廙《政論·正名》　夫名不正，則其事錯矣；物無制，則其用淫矣。錯則無以知其實，淫則無以禁其非。故王者必正名以督其實，制物以息其非。名其何以正之哉？曰行不美則名不得稱，稱必實所以然，效其所以成，故實無不稱於名，名無不當於實也。曰：物又何以制之哉？曰：物可以養生，而不可廢之於民者。富之備之，無益於養生；而可以寶於世者，則隨尊卑而為之制。使不為此官，不得服此服，不得備此飾。故其物甚可欲，民不得服，雖捐之曠野，而民不敢取也，雖簡於禁，而民皆無欲也。是以民一於業，本務而末息，有益之物阜而賤，無益之寶省而貴矣。所謂貴者，民貴願之也，匪謂賈貴於市也。故其政惠，其民潔，其法易，其業大。昔人曰：『唯器與名，不可以假人。』其此之謂與？

晉·傅玄《傅子·禮樂》　傅子曰：能以禮教興天下者，其知大本之所立乎！夫大本者，與天地並存，與人道俱設，雖蔽天地，不可以質文損益變也。大本有三，一曰君臣，以立邦國；二曰父子，以定家室；三曰夫婦，以別內外。三本者立，則天下正；三本不立，則天下不可得而正。天下不可得而正，則有國有家者亟亡，而立人之道廢矣。

禮之大本，存乎三者，可不謂之近乎？用之而蔽天地，可不謂之遠乎？由近以知遠，推己以況人，此禮之情也。

商君始殘禮樂。至乎始皇，遂滅其制，賊九族，破五教，獨任其威刑酷暴之政。內去禮義之教，外無列國之輔，日縱桀紂之淫樂，君臣競留意

於刑書，雖荷戟百萬，石城造天，威涵滄海，胡越不動，身死未收，姦謀內發，而太子已死於外矣，胡亥不覺，二年而滅，曾無盡忠效節之臣以救其難，豈非敬義不立，和愛先亡之禍也哉？禮義者，先王之藩衛也。秦廢禮義，是去其藩衛也。夫齎不訾之寶，獨宿於野，其為危敗，甚於累卵。方之於秦，猶有泰山之安。《易》曰：『上慢下暴，盜思代之。』其秦之謂與！

晉・葛洪《抱朴子外篇》卷三一《省煩》 抱朴子曰：安上治民，莫善於禮，彌綸人理，誠為曲備。然冠、婚、飲、射，何煩碎之甚邪！人倫雖以有禮為貴，但當令足以敍等威而表情敬，何在乎升降揖讓之繁重，拜起俯伏之無已邪！往者天下乂安，四方無事，好古官長，時或脩之，至乃講試累月，督以楚撻，晝夜脩習，廢寢與食。經時學之，一日試之，執卷從事，案文舉動，黜謫之罰，又在其間，猶有過誤，不得其意。而欲以為以此為生民之常事，至難行也。此墨子所謂累世不能盡其學，當年不能究其事者也。

古人詢于草蕘，博採童謠，狂夫之言，猶在擇焉。至於墨子之論，不能非也。但其張刑網，開途徑，浹人事，備王道，不能曲述耳。至於譏葬厚，刺禮煩，未可棄也。

自建安之後，魏之武文，送終之制，務在儉薄，此則墨子之道，有可行矣。余以為喪亂既平，朝野無為，王者所制，自君作古。可命精學洽聞之士，才任損益，免於拘愚者，使刪定三禮，割棄不要，次其源流，總合其事類，集以相從。其煩重遊說，辭異而義同者存之，不可常行除之。無所傷損，卒可斷約而舉之，勿令沈隱，復有凝滯。其吉凶器用之物，俎豆觚觶之屬，衣冠車服之制，旗章采色之美，宮室尊卑之品，朝饗賓主之儀，祭奠殯葬之變，郊祀禘祫之法，社稷山川之禮，皆可減省，務令約儉。夫約則易從，儉則用少；易從則不煩，用少則費薄。不煩，則涖事者無過矣，費薄，則調求者無苛矣。拜休揖讓之節，升降盤旋之容，使足敍事，無令小碎。條牒各別，令易案用。

今五禮混撓，雜飾紛錯，枝分葉散，重出互見，更相貫涉。舊儒尋案，猶多所滯，駁難漸廣異同無已，殊理兼說，歲增月長，自非至精，莫不惑悶。躊躇岐路之衢，悉勞羣疑之藪，煎神瀝思，考校叛例，嘗有窮年，竟不豁了。治之勤苦，決嫌無地呻吟，尋析憔悴，決角脩之，華首不立。妨費日月，廢棄他業，愁困後生，真未央矣。長致章句，多於本書。今若破合雜俗，次比種稷，刪削不急，抗其綱較其令，炳若日月之著明，灼若五色之有定，息學者萬倍之役，弭諸儒爭訟之煩，將來達者觀之，當美於今之視周矣。此亦改燒石去血食之比，無所憚難，而恨恨於惜懷推車，遲於去巢居也。

然守常之徒，而卒聞此義，必將愕然創見，謂之狂生矣。夫三王不相沿樂，五帝不相襲禮，而其移風易俗，安上治民一也。或革或因，損益懷善，何必當乘船以登山，策馬以涉川，被甲以升廟堂，重裘以當隆暑乎！若謂古事終不可變，則棺椁不當代薪埋，衣裳不宜改裸袒矣。

《宋書》卷五五《傅隆傳》 （義熙）十四年，太祖以新撰《禮論》付隆使下意，隆上表曰：【略】

原夫禮者，三千之本，人倫之至道。故用之家國，君臣以之尊，父子以之親。用之婚冠，少長以之仁愛，夫妻以之義順。用之鄉人，友朋以之三益，賓主以之敬讓。所謂極乎天，播乎地，窮高遠，測深厚，莫尚於禮也。其樂之五聲，《易》之八象，《詩》之《風》《雅》，《書》之《典》《誥》，《春秋》之微婉勸懲，無不本乎禮而後立也。其源遠，其流廣，其體大，其義精，非夫叡哲大賢，孰能明乎此哉。

《魏書》卷三八《刁雍傳》 和平六年，表曰：

臣聞有國有家者，莫不禮樂為先。故《樂記》云：禮所以制外，樂所以脩內。和氣中釋，恭敬温文。是以安上治民，莫善於禮，易俗移風，莫善於樂。且於一民一俗，尚須崇而用之，況統御八方，陶鈞六合哉？故帝堯脩五禮以明典章，作《咸池》以諧萬類，顯皇軌於云岱，揚鴻化於介丘。令木石革心，鳥獸率舞。包天地之情，達神明之德。夫感天動神，莫近於禮樂。故大樂與天地同和，大禮與天地同節。和，故百物阜生；節，故報天祭地。禮行於郊，則上下和肅。肅者，禮之情；和者，樂之致。樂至則無怨，禮至則不違。揖讓而治天下者，禮樂之謂歟？

唯聖人知禮樂之不可以已，故作樂以應天，制禮以配地。所以承天之道，治人之情。故王者治定制禮，功成作樂。虞、夏、殷、周，易代而起。及周之末，王政陵遲。仲尼傷禮樂之崩亡，痛文武之將墜，自衛返魯，各

得其中。逮乎秦皇，翦棄道術，灰滅典籍，坑燼儒士，盲天下之目，絕象魏之章，《簫》、《韶》來儀，不可復矣。賴大漢之興，改正朔，易服色，協音樂，制禮儀，正聲古禮，粗欲周備。至於孝章，每以三代損益，優劣殊軌，歎其薄德，無以易民視聽。博士曹褒睹斯詔也，知上有製作之意，乃上疏求定諸儀，以為漢禮。

又　卷四八《高允傳》　允以高宗纂承平之業，而风俗仍舊，婚娶喪葬，不依古式，允乃諫曰：

前朝之世，屢發明詔，禁諸婚娶不得作樂，及葬送之日，歌謠、鼓舞、殺牲、燒葬，一切禁斷。雖條旨久頒，而俗不革變。將由居上者未能悛改，為下者習以成俗，教化陵遲，一至於斯。昔周文以百里之地，脩德布政，先於寡妻，及於兄弟，以至家邦，三分天下而有其二。明為政者先自近始。《詩》云：『爾之教矣，民胥效矣。』人君舉動，不可不慎。

《禮》云：嫁女之家，三日不息燭，娶婦之家，三日不舉樂。今諸王納室，皆樂部給伎，以為嬉戲，而獨禁細民，不得作樂，此一異也。

古之婚者，皆揀擇德義之門，妙選貞閑之女，先之以媒娉，繼之以禮物，集僚友以重其別，親御輪以崇其敬，婚姻之際，如此之難。今諸王十五，便賜妻別居。然所配者，或長少差舛，或罪入掖庭，而作合宗王，妃嬪藩懿。失禮之甚，無復此過。往年及今，頻有檢劾。誠是諸王過酒致責，迹其元起，亦由色衰相棄，致此紛紜。今皇子娶妻，多出宮掖，令天下小民，必依禮限，此二異也。

萬物之生，靡不有死，古先哲王，作為禮制，所以養生送死，折諸人情。若毀生以奉死，則聖人所禁也。然葬者藏也，死者不可再見，故深藏之。昔堯葬穀林，農不易畝；舜葬蒼梧，市不改肆。秦始皇作為地市，下固三泉，金玉寶貨不可計數，死不旋踵，尸焚墓掘。由此推之，堯舜之儉，始皇之奢，是非可見。今國家營葬，費損巨億，一旦焚之，以為灰燼。苟靡費有益於亡者，古之臣奚獨不然。今上為之而不輟，而禁下民之必止，此三異也。

古者祭必立尸，序其昭穆，使亡者有憑，致食饗之禮。今已葬之魂，人直求貌類者，事之如父母，燕好如夫妻，損敗風化，瀆亂情禮，莫此之甚。上未禁之，下不改絕，此四異也。

夫饗者，所以定禮儀，訓萬國，故聖王重之。至乃爵盈而不飲，肴乾而不食，樂非雅聲則不奏，物非正色則不列。今之大會，內外相混，酒醉喧譊，罔有儀式。又俳優鄙褻，污辱視聽。朝廷積習以為美，而責風俗之清純，此五異也。

今陛下當百王之末，踵晉亂之弊，而不矯然釐改，以厲頹俗，臣恐天下蒼生，永不聞見禮教矣。

《梁書》卷二五《徐勉傳》　普通六年，（徐勉）上脩五禮表曰：

臣聞立天之道，曰陰與陽，立人之道，曰仁與義。故稱導之以德，齊之以禮。夫禮所以安上治人，弘風訓俗，經國家，利後嗣者也。唐虞三代，咸必由之。在乎有周，憲章尤備，因殷革夏，損益可知。雖復經禮三百，曲禮三千，經文三百，威儀三千，其大歸有五，即宗伯所掌典禮，吉為上，凶次之，賓次之，軍次之，嘉為下也。故祠祭不以禮，則不齊不莊，喪紀不以禮，則背死忘生者衆，賓客不以禮，則朝覲失其儀，軍旅不以禮，則致亂於師律，冠婚不以禮，則男女失其時，為國脩身，於斯攸急。洎周室大壞，王道既衰，官守斯文，日失其序，禮樂征伐，出自諸侯，《小雅》盡廢，舊章缺矣。是以韓宣適魯，知周公之德，叔侯在晉，辨郊勞之儀。戰國從橫，政教愈泯。暴秦滅學，掃地無餘，漢氏鬱興，日不暇給，猶命叔孫於外野，方知帝王之為貴。

《晉書》卷四七《傅玄傳》　帝初即位，廣納直言，開不諱之路，玄及散騎常侍皇甫陶共掌諫職。玄上疏曰：『臣聞先王之臨天下也，明其大教，長其義節；道化隆於上，清議行於下，上下相奉，人懷義心。亡秦蕩滅先王之制，以法術相御，而義心亡矣。近者魏武好法術，而天下貴刑名；魏文慕通達，而天下賤守節。其後綱維不攝，而虛無放誕之論盈於朝野，使天下無復清議，而亡秦之病復發於今。』

又　卷五〇《庾峻傳》　是時風俗趣競，禮讓陵遲。峻上疏曰：

臣聞黎庶之性，人衆而賢寡；設官分職，則官寡而賢衆。為賢衆而多官則妨化，以無官而棄賢，則廢道。是故聖王之御世也，因人之性，或出或處，故有朝廷之士，又有山林之士。朝廷之士，佐主成化，猶人之有股肱心膂，共為一體也。山林之士，被褐懷玉，太上棲於丘園，高節出於衆庶。其次輕爵服，遠恥辱以全志。最下就列位，惟無功而能知止。彼其

清劭足以抑貪汙，退讓足以息鄙事。故在朝之士聞其風而悅之，將受爵者皆恥躬之不逮。斯山林之士、避寵之臣所以為美也！先王嘉之。節雖離世，而德合於主；行雖詭朝，而功同於政。故大者有玉帛之命，其次有几杖之禮，以厚德載物，出處有地。既廊廟多賢才，而野人亦不失為君子，此先王之弘也。

秦塞斯路，利出一官。雖有處士之名，而無爵列於朝者，商君謂之六蝎，韓非謂之五蠹。時不知德，惟爵是聞。故閭閻以公乘侮其鄉人，郎中以上爵傲其父兄。漢祖反之，大暢斯否。任蕭曹以天下，重四皓於南山。以張良之勳，而班在叔孫之後；蓋公之賤，而曹相諮之以政。帝王貴德於上，俗亦反本於下。故田叔等十人，漢廷臣無能出其右者，而未嘗干祿於時。以釋之之貴，結王生之韈於朝，而其名愈重。自非主臣尚德兼愛，孰能通天下之志，如此其大者乎！

夫不革百王之弊，徒務救世之政，文士競智而務入，武夫恃力而爭先。官高矣，而意未滿；功報矣，其求不已。又國無隨才任官之制，俗無難進易退之恥。位一高，雖無功而不見下，已負敗而後見用。故因前而升，則處士之路塞矣。又仕者黜陟無章，是以普天之下，先競而後讓，舉世之士，有進而無退。大人溺於動俗，執政撓於羣言，衡石為之失平，清濁安可復分？昔者先王患向之所以取天下者，今之為弊，是故功成必改其物，業定必易其教。雖以爵祿使下，臣無貪陵之行；雖以甲兵定功，主無窮武之悔也。

臣愚以為古者大夫七十懸車，今自非元功國老，三司上才，可聽七十致仕，則士無懷祿之嫌矣。其父母八十，可聽終養，則孝莫大於事親矣。吏歷試無績，依古終身不仕，則官無秕政矣。能小而不能大，可降還涖小，則使人以器矣。人主進人以禮，退人以禮，人臣亦量能受爵矣。其有孝如王陽，臨九折而去官，潔如貢禹，冠一免而不著，及知止如王孫，知足如疎廣，雖去列位而居東野，與人父言，依於慈，與人子言，依於孝，此其出言合於國檢，危行彰於本朝。去勢如脫屣，路人為之隕涕；辭寵如金石，庸夫為之興行。是故先王許之，而聖人貴之。

夫人之性陵上，猶水之趣下也，益而不已必決，升而不已必困。始於匹夫行義不敦，終於皇輿為之敗績，固不可不慎也。下人並心進趣，上宜以退讓去其甚者，退讓不可以刑罰使，莫若聽朝士時時從志，山林往往間出。無使入者不能復出，往者不能復反。然後出處交泰，提衡而立，時靡有爭，天下可得而化矣。**【略】**

司徒西曹掾劉斌議以為：『敦敍風俗，以人倫為先；人倫之教，以忠孝為主。忠故不忘其君，孝故不忘其親。若孝必專心於色養，則明君不得而臣；忠必不顧其親，則父母不得而子也。是以為臣者，必以義斷其恩；為子也，必以情割其義。在朝則從君之命，在家則隨父之制。然後君父兩濟，忠孝各序。』

又 卷五一《皇甫謐傳》 著論為葬送之制，名曰《篤終》，曰：

玄晏先生以為存亡天地之定制，人理之必至也。故禮六十而制壽，至于九十，各有等差，防終以素，豈流俗之多忌者哉！吾年雖未制壽，然嬰疢彌紀，仍遭喪難，神氣損劣，困頓數矣。常懼夭隕不期，慮終無素。是以略陳至懷。

夫人之所貪者，生也；所惡者，死也。雖貪，不得越期；雖惡，不可逃遁。人之死也，精歇形散，魂無不之，故氣屬于天；寄命終盡，窮體反真，故尸藏于地。是以神不存體，則與氣升降；尸不久寄，與地合形。形神不隔，天地之性也；尸與土並，反真之理也。今生不能保七尺之軀，死何故隔一棺之土？然則衣衾所以穢尸，棺槨所以隔真，故桓司馬石槨不如速朽；季孫璵璠比之暴骸；文公厚葬，《春秋》以為華元不臣；楊王孫親土，《漢書》以為賢於秦始皇。如令魂必有知，則人鬼異制，黃泉之親，死多於生，必將備其器物，用待亡者。今若以存況終，非即靈之意也。如其無知，則空奪生用，損之無益，而啓姦心，是招露形之禍，增亡者之毒也。

夫葬者，藏也；藏也者，欲人之不得見也。而大為棺槨，備贈存物，無異於埋金路隅而書表於上也。雖甚愚之人，必將笑之。豐財厚葬以啓姦心，或剖破棺槨，或牽曳形骸，或剝臂捋金環，或捫腸求珠玉。焚如之形，不痛於是？自古及今，未有不死之人，又無不發之墓也。故張釋之曰：『使其中有欲，雖固南山猶有隙；使其中無欲，雖無石槨，又何戚焉！』斯言達矣，吾之師也。夫贈終加厚，非厚死也，生者自為也。遂生意於無益，棄死者之所屬，知者所不行也。《易》稱『古之葬者，衣之以

薪，葬之中野，不封不樹。』是以死得歸真，亡不損生。

故吾欲朝死夕葬，夕死朝葬，不設棺槨，不加纏斂，不脩沐浴，不造新服，殯唅之物，一皆絕之。吾本欲露形入阬，以身親土，或恐人情染俗來久，頓革理難，今故觕為之制，奢不石槨，儉不露形。氣絕之後，便即時服，幅巾故衣，以籧篨裹尸，麻約二頭，置尸牀上。擇不毛之地，穿阬深十尺，長一丈五尺，廣六尺，阬訖，舉床就阬，去牀下尸。平生之物，皆無自隨，唯齎《孝經》一卷，示不忘孝道。籧篨之外，便以親土。土與地平，還其故草，使生其上，無種樹木、削除，使生迹無處，自求不知。不見可欲，則姦不生心，終始無怵惕，千載不慮患。形骸與后土同體，魂爽與元氣合靈，真篤愛之至也。若亡有前後，不得移祔。祔葬自周公來，非古制也。舜葬蒼梧，二妃不從，以為一定，何必周禮。無問師工，無信卜筮，無拘俗言，無張神坐，無十五日朝夕上食。禮不墓祭，但月朔於家設席以祭，百日而止。臨必昏明，不得以夜。制服常居，不得墓次。夫古不崇墓，智也。今之封樹，愚也。若不從此，是戮尸地下，死而重傷。魂而有靈，則冤悲沒世，長為恨鬼。王孫之子，可以為誡。死誓難違，幸無改焉！

又 卷五二《阮种傳》 又問經化之務。對曰：

夫王道之本，經國之務，必先之以禮義，而致人於廉恥。禮義立，則君子軌道而讓於善；廉恥立，則小人謹行而不淫於制度。賞以勸其能，威以懲其廢。此先王所以保子定功，化洽黎元而勳業長世也。故上有克讓之風，則下有不爭之俗；朝有矜節之士，則野無貪冒之人。夫廉恥之於政，猶樹藝之有豐壤，良歲之有膏澤，其生物必油然茂矣。若廉恥不存，而惟刑是御，則風俗彫弊，人失其性，錐刀之末，皆有爭心，雖峻刑嚴辟，猶不勝矣。其於政也，如農者之殖磽野，旱年之望豐穡，必不幾矣。此三代所以享德長久，風醇俗美，皆數百年保天之祿。而秦二世而弊者，蓋其所由之塗殊也。

又 卷一一七《姚興載記上》 興母虵氏死，興哀毀過禮，不親庶政。羣臣議請依漢、魏故事，既葬即吉。興尚書郎李嵩上疏曰：『三王異制，五帝殊禮。孝治天下，先王之高事也，宜遵聖性，以光道訓。既葬之後，應素服臨朝，率先天下，仁孝之舉也。』尹緯駮曰：『帝王喪制，漢、魏為準。嵩矯常越禮，愆于軌度，請付有司，以專擅論。既葬即吉，乞依前議。』興曰：『嵩忠臣孝子，有何咎乎？尹僕射棄先王之典，而欲遵漢、魏之權制，豈所望於朝賢哉！其一依嵩議。』

法治論分部

重法論

論說

三國魏·杜恕《體論·法》 夫淫逸盜竊，百姓之所惡也。我從而刑之、殘之、刻剝之，雖過乎當，百姓不以為暴者，公也。怨曠飢寒，亦百姓之所惡也。遁而陷於法，我從而寬宥之，雖及于刑，必加隱惻焉，百姓不以我為偏者，公也。我之所重，百姓之所憎也。我之所輕，百姓之所憐也。是故賞約而勸善，刑省而禁姦。由此言之，公之於法，無不可也；過輕亦可，過重亦可，私之於法無可也。過輕則縱姦，過重則傷善。今之為法者，不平公私之分，而辯輕重之文；不本百姓之心，而謹奏當之書：是治化在身而走求之也。聖人之於法也，已公矣，然猶身懼其末也，故曰『與其害善，寧其利淫』。知刑當之難必也，從而救之以化，此上古之所務也。後之治獄者則不然。未訊罪人，則驅而致之意，謂之能；下不探獄之所由生為之分，而上求人主之微旨以為制，謂之忠。其當官也能，其事上也忠。則名利隨而與之；驅世而陷此，以望道化之隆，亦不幾矣！

凡聽訟決獄，必原父子之親，立君臣之義，權輕重之敘，測淺深之量，悉其聰明，致其忠愛，然後察之。疑則與衆共之，衆疑則從輕者。所以重之也，非為法不具也，以為法不獨立，當須賢明共聽斷之也。故舜命皋繇曰：『汝作士，惟刑之恤，又復加之以三辭。』衆所謂善，然後斷之，是以為法參之人情也。故《春秋傳》曰：『小大之獄，雖不能察，

必以情。』而世俗拘愚苛刻之吏，以為情也者，取貨賂者也，立愛憎者也，祐親戚者也，陷怨讎者也。何世俗小吏之情，與夫古人之懸遠乎？無乃風化使之然邪？有司以此情疑之羣吏，人主以此情疑之有司，是君臣上下不通相疑也。不通相疑，欲其盡忠立節，亦難矣。苟非忠節，免而無耻。免而無耻，以民安所厝其手足乎？

春秋之時，王道浸壞，教化不行，子產相鄭而鑄刑書，偷薄之政，自此始矣。逮至戰國，韓任申子，秦用商鞅，連相坐之法，造參夷之誅。至於始皇，兼吞六國，遂滅禮義之官，專任刑罰，而姦邪並生，天下叛之。高祖約法三章，而天下大悅。及孝文即位，躬脩元默，論議務在寬厚，天下化之，有刑厝之風。至於孝武，徵發煩數，百姓虛耗，窮民犯法，酷吏擊斷，姦宄不勝。於是張湯趙禹之屬，條定法令，轉相比況，禁固積密，文書盈於机格，典者不能遍覩，姦吏因緣為市，議者咸怨傷之。

凡治獄之情，必本所犯之事以為之主，不放訊，不旁求，不貴多端，以見聰明也。故律正其舉劾之法，參伍其辭，以求實也。非所以飾實也。但當參伍聽明之耳目，不使獄吏斷練飾治，成辭於手也。孔子曰：『古之聽獄，求所以生之也，今之聽獄，求所以殺之也。』故斥言以破律，詆案以成法，執左道以亂政，皆王誅之所必加也。

晉・袁準《袁子正書・刑法》 禮法明，則民無私慮；事業專，則民無邪僞；百官具，則民不要功。故有國者，為法欲其正也，事業欲其久也，百官欲其常也。天下之事以次為，爵祿以次進，士君子以精精德顯。夫德有次則行脩，官有次則人靜，事有次則民安。農夫思其疆畔，百工思其規矩，士君子思其德行，羣臣百官思其分職，上之人思其一道，侵官無所由，離業無所至。夫然。故天下之道正而民壹，夫變化者，聖人之事也；非常者，上智之任也。此入於權道，非賢者之所窺也。才智至明，而好為異事者，亂之端也。是以聖人甚惡奇功。

天下有可赦之心，而有可赦之罪，無可赦之心，而無可赦之罪。明王之不赦罪，非樂殺而惡生也。以為樂生之實，在於此物也。夫思可赦之法，則法出入；法出入，則姦邪得容其議；姦邪得容其議，則法日亂，犯罪者多，而私議並興，則雖欲無赦，不可已。夫數賞則賢能不勸，數赦則罪人徼幸，明主知之，故不為也。夫可赦之罪，千百之一也。得之於一，而傷之於萬，治道不取也。故先王知赦罪不可為也。故所俘虜，壹斷之於法，務求所以立法，而不求可赦之法也。法立令行則民不犯法，法不立令不行則民多觸死。故曰能殺而後能生，能斷而後仁立，國之治亂，在於定法，定法，則民心定，移法，則民心移。法者所以正之事者也，一出而正，再出而邪，三出而亂。法出而不正，是無法也；法正而不行，是無君也。是以明君將有行也，必先求之於心，慮先定而後書之於策，言出而不可易也，令下而不可反也。如陰陽之動，如四時之行，如風雨之施，所至而化，所育而長，夫天之不可逆者時也。君之不可逆者法也。使四時而可逆，則非天也；法令而可違，是非君也。今有十人彍弩於百萬之衆，未有不震怖者也。夫十矢之不能殺百萬人，可知也。然一軍皆震者，以為唯無向則已，所中必死也。明君正其禮，明其法，嚴其刑，持滿不發，以牧萬民。犯禮者死，逆法者誅。賞無不信，刑無不必，則暴亂之人莫敢試矣。故中人必死，一矢可以懼萬人；有罪必誅，一刑可以禁天下，是以明君重法慎令。

《三國志》卷一三《魏志・王肅傳》 景初間，宮室盛興，民失農業，期信不敦，刑殺倉卒。肅上疏曰：【略】

凡陛下臨時之所行刑，皆有罪之吏，宜死之人也。然衆庶不知，謂為倉卒。故願陛下下之於吏，而暴其罪，鈞其死也。無使汙于宮掖，而為遠近所疑。且人命至重，難生易殺，氣絕而不續者也。是以聖賢重之。孟軻稱：殺一無辜以取天下，仁者不為也。漢時有犯蹕驚乘輿馬者，廷尉張釋之奏使罰金，文帝怪其輕。而釋之曰：『方其時上使誅之則已。今下廷尉，廷尉，天下之平也。一傾之，天下用法皆為輕重，民安所措其手足？臣以為大失其義，非忠臣所宜陳也。』廷尉者，天子之吏也，猶不可以失平，而天子之身，反可以惑謬乎？斯重於為己，而輕於為君，不忠之甚也。周公曰：『天子無戲言，言則史書之，工誦之，士稱之。』言猶不戲，而況行之乎！故釋之之言，不可不察；周公之戒，不可不法也。

又　卷二四《魏志・高柔傳》 魏國初建，為尚書郎。轉拜丞相理曹掾，令曰：『夫治定之化，以禮為首。撥亂之政，以刑爲先。是以舜流四凶族，臯陶作士。漢祖除秦苛法，蕭何定律。掾清識平當，明于憲典，勉恤之哉！』

晉・葛洪《抱朴子外篇》卷一四《用刑》 抱朴子曰：莫不貴仁，而無能純仁以致治也；莫不賤刑，而無能廢刑以整民也。咸云：『明后御世，風向草偃。道洽化醇，安所用刑？』余乃論之曰：『夫德教者，黼黻之祭服也；刑罰者，捍刃之甲冑也。若德教治狡暴，猶以黼黻御剡鋒也；以刑罰施平世，是以甲冑升廟堂也。故仁者養物之器，刑者懲非之具，我欲利之，而彼欲害之，加仁無悛，非刑不止。刑為仁佐，於是可知也。

『譬存玄胎息，呼吸吐納，含景內視，熊經鳥伸者，長生之術也。然艱而且遲，為者尠成，能得之者，萬而一焉。病篤痛甚，身困命危，則不得不攻之以鍼石，治之以毒烈。若廢和、鵲之方，而慕松、喬之道，則死者衆矣。仁之為政，非為不美也。然黎庶巧偽，趨利忘義。若不齊之以威，糾之以刑，遠羨羲、農之風，則亂不可振，其禍深大。以殺止殺，豈樂之哉！

『八卦之作，窮理盡性，明罰用獄，著於《噬嗑》；繫以徽纆，存乎《習坎》。然用刑其來尚矣。逮於軒轅，聖德尤高，而躬親征伐，至於百戰，殭屍涿鹿，流血阪泉，猶不能使時無叛逆，載戢干戈。亦安能使百姓皆良，民不犯罪而不治者，未之有也。唐、虞之盛，象天用刑，竄、殛、放、流，天下乃服。漢文玄默，比隆成、康，猶斷四百，鞭死者多。夫匠石不舍繩墨，故無不直之木。明主不廢戮罰，故無陵遲之政也。

『蓋天地之道，不能純仁，故青陽闡陶育之和，素秋厲肅殺之威，融風扇則枯瘁攄藻，白露凝則繁英彫零。是以品物阜焉，歲功成焉。溫而無寒，則蠕動不蟄，根植冬榮。寬而無嚴，則姦宄並作，利器長守。故明賞以存正，必罰以閑邪。勸沮之器，莫此之要。觀民設教，濟其寬猛，使懦不可狎，剛不傷恩。五刑之罪，至于三千，是繩不可曲也；司寇行刑，君為不舉，是法不可廢也。繩曲，則姦回萌矣；法廢，則禍亂滋矣。

『亡國非無令也，患於令煩而不行；敗軍非無禁也，患於禁設而不止。故衆慝彌蔓，而下黷其上。夫賞貴當功而不必重，罰貴得罪而不必酷也。鞭朴廢於家，則僮僕怠惰；征伐息於國，則羣下不虔。愛待敬而不敗，故制禮以崇之；德須威而久立，故作刑以肅之。班倕不委規矩，故方圓不戾於物；明君不釋法度，故機詐不肆其巧。唐虞其仁如天，而不原四罪；姬公友于兄弟，而不赦二叔。仲尼之誅正卯，漢武之殺外甥，垂淚惜法，蓋不獲已也。

『故誅一以振萬，損少以成多，方之櫛髮，則所利者衆；比於割疽，則所全者大。是以灸刺慘痛而不可止者，以痊病也。刑法凶醜，而不可罷者，以救弊也。六軍如林，未必皆勇。排鋒陷火，人情所憚。然恬顔以勸之，則投命者尠；斷斬以威之，則莫不奮擊。故役歡笑者，不及叱咤之速；用誘悅者，未若刑戮之齊。

『是以安于感深谷而嚴其法，衛子疾弃灰而峻其辟。夫以其所畏，禁其所翫，峻而不犯，全民之術也。明治病之術者，杜未生之疾；達治亂之要者，遏將來之患。若乃以輕刑禁重罪，以薄法衛厚利，陳之滋章，而犯者彌多，有似穿穽以當路，非仁人之用懷也。

『善為政者，必先端此以率彼，治親以整疏，不曲法以行意，必有罪而無赦。若石碏之割愛以烕親，晉文之忍情以斬頡。故仁者，為政之脂粉；刑者，御世之轡策；脂粉非體中之至急，而轡策須臾不可無也。肅恭少怠，則慢惰已至；威嚴暫弛，則羣邪生心。當怒不怒，姦臣為虎；當殺不殺，大賊乃發。水久壞河，山起咫尺。尋木千丈，始于毫末；鑽燧之火，勺水可滅；鵠卵未孚，指掌可縻。及其乘衝飈而燎巨野，奮六羽以淩朝霞，則雖智勇不能制也。

『故明君治難於其易，去惡於其微，不伐善以長亂，不操柯而猶豫焉。然則刑之為物，國之神器，君所自執，不可假人，猶長劍不可倒捉，巨魚不可脫淵也。乃崇替之所由，安危之源本也。田常之奪齊，六卿之分晉，趙高之弑秦，王莽之篡漢，履霜逮冰，由來漸矣。或永歎於海濱，或拊心乎望夷，禍延宗祧，作戒將來者，由乎慕虛名於往古，忘實禍於當己也。』

或人曰：『刑辟之興，蓋存叔世。立人之道，唯仁與義。我清靜而民自正，我無欲而民自樸，烹鮮之戒，不欲其煩。寬以愛人則得衆，悅以使人則下附。故孟子以體仁為安，揚子雲謂申、韓為屠宰。夫繁策急轡，非造父之御；嚴刑峻罰，非三、五之道。故有虞手不指揮，口不煩言，恭己南面，而治化雍熙矣。宓生政以率俗，彈琴詠詩，身不下堂，而漁者宵肅矣。

『必能厚惠薄斂，救乏擢滯，舉賢任才，勸穡省用，招攜以禮，懷遠

以德，陶之以成均，治之以庠序。化上而興善者，必若靡草之逐驚風；洗心而革面者，必若清波之滌輕塵。朝有德讓之羣后，野無犯禮之軌躅。圜土可以虛蕪，楚革可以永格，何必賞罰可以為國乎！』

抱朴子答曰：『《易》稱「明罰敕法」，《書》有「哀矜折獄」。爵人於朝，刑人於市，有自來矣，豈從叔世！多仁則法不立，威寡則下侵上。夫法不立，則庶事汩矣；下侵上，則逆節明矣。至醇既澆於三代，大樸又散於秦、漢，道衰於疇昔，俗薄乎當今，而欲結繩以整姦欺，不言以化狡猾，委轡策而乘奔馬於險塗，舍柁櫓而汎虛舟以凌波，盤旋以逐走盜，揖讓以救災火，斬晁錯以卻七國，舞干戈以平赤眉，未見其可也！

『蓋三皇步而五常驟，霸王以來，載馳載騖。當其弊也，吏欺民巧，寇盜公行，髡鉗不足以懲無恥，族誅不能以禁覬覦。重目以廣視，累耳以遠聽，抗燭以理滯事，焦心以息姦源，而猶市朝有呼嗟之音，邊鄙有不聞之枉。

『作威作福者，或發乎瞻視之下；凶家害國者，或搆乎蕭牆之內。而欲以太昊之道，治偷薄之俗；以畫一之歌，救鼎湧之亂，非識因革之隨時，明損益之變通也。所謂刻舟以摸遺劍，參而射五步，擐犀兕之甲，以涉不測之淵；衫卻寒之裘，以御鬱隆之暑，踵之解除，頤之搔背，其為憒憒，莫此之劇矣！

『但當先令而後誅，得情而勿喜，使伯氏無怨於失邑，虞、芮知恥而無訟耳。若强暴掩容，操繩而不憚，誘於含垢，草蔓而不除，恃藏疾之大言，忘膏肓之近急，何異焦喉之渴切身，而遙指滄海於萬里之外，滔天之水已及，而方造舟於長洲之林，安得免夸父之禍，脫淪水之害哉！

『世人薄申、韓之實事，嘉老、莊之誕談。然而為政莫能錯刑，殺人者原其死，傷人者赦其罪，所謂土柈瓦胾，無救朝飢者也。道家之言，高則高矣，用之則弊，遼落迂闊，譬猶干將不可以縫線，巨象不可使捕鼠，金舟不能淩陽侯之波，玉馬不任騁千里之迹也。

『若行其言，則當燔桎梏，墮囹圄，罷有司，滅刑書，鑄干戈，平城池，散府庫，毀符節，撤關梁，掊衡量。膠離朱之目，塞子野之耳。泛然不系，反乎天牧；不訓不營，相忘江湖。朝廷闃若無人，民則至死不往來。可得而論，難得而行也。

『俗儒徒聞周以仁興，秦以嚴亡，而未覺周所以得之不純仁，而秦所以失之不獨嚴也。

『昔周用肉刑，刖足劓鼻。盟津之令，後至者斬，畢力賞罰，誓有孥戮。考其所為，未盡仁也。及其叔世，罔法翫文，人主苛虐，號令不出宇宙，禮樂征伐，不復由己。羣下力競，還為長蛇。伐本塞源，毀冠裂冕。或沈之於漢，或流之於彘。失柄之敗，由於不嚴也。

『秦之初興，官人得才。衛鞅、由餘之徒，式法於內；白起、王翦之倫，攻取於外。兼弱攻昧，取威定霸，吞噬四鄰，咀嚼羣雄，拓地攘戎，龍變虎視，實賴明賞必罰，以基帝業。降及杪季，驕於得意，窮奢極泰。加之以威虐，築城萬里，離宮千餘，鍾鼓女樂，不徙而具。驪山之役，太半之賦，閭左之戍，坑儒之酷，北擊獫狁，南征百越，暴兵百萬，動數十年。天下有生離之哀，家戶懷怨曠之歎。白骨成山，虛祭布野。徐福出而重號咷之讎，趙高入而屯豺狼之黨。天下欲反，十室九空。其所以亡，豈由嚴刑？此為秦以嚴得之，非以嚴失之也。

『且刑由刃也，巧人以自成，拙者以自傷，為治國有道，而助之以刑者，能令慝偽不作，凶邪改志。若綱絕網紊，得罪于天，用刑失理，其危必速。亦猶水火者所以活人，亦所以殺人，存乎能用之與不能用。

『夫癥瘕不除，而不脩越人之術者，難圖老彭之壽也。姦黨實繁，而不嚴彈違之制者，未見其長世之福也。但當簡于張之徒，任以法理世；選趙、陳之屬，委以案劾。明主留神於上，忠良盡誠於下，見不善則若鷹鸇之搏鳥雀，覩亂萌則若草薙日之芟蕪薉。慶賞不謬加，而誅戮不失罪，則太平之軌不足迪。令而不犯，可庶幾廢刑致治，未敢謂然也。』

或曰：『然則刑罰果所以助教興善，式遏軌忒也。若夫古之肉刑，亦可復與？』

抱朴子曰：『曷為而不可哉！昔周用肉刑，積祀七百。漢氏廢之，年代不如。至於改以鞭笞，大多死者。外有輕刑之名，內有殺人之實也。及於犯罪，上不足以至死，則其下唯有徒謫鞭杖，或遇赦令，則身無損；且髡其更生之髮，撾其方愈之創，殊不足以懲次死之罪。今除肉刑，則死罪之下無復中刑在其間，而次死罪不得不止於徒謫鞭杖，是輕重不得適也。又犯罪者希而時有耳，至於殺之則恨重，而鞭之則恨輕，犯此者為

多。今不用肉刑，是次死之罪，常不見治也。

『今若自非謀反大逆，惡于君親，及軍臨敵犯軍法者，及手殺人者，以肉刑代其死，則亦足以懲示凶人。而刑者猶任坐役，能有所為，又不絕其生類之道，而終身殘毀，百姓見之，莫不寒心，亦足使未犯者肅慄，以彰示將來，乃過於殺人。殺人，非不重也。然辜之三日，行埋弃之，不知者衆，不見者多也。若夫肉刑者之為摽戒也多。

『昔魏世數議此事，諸碩儒達學，洽通殷理者，咸謂宜復肉刑，而意異者駮之，皆不合也。魏武帝亦以為然。直以二陲未賓，遠人不能統至理者，卒聞中國刖人肢體，割人耳鼻，便當望風謂為酷虐，故且權停，以須四方之並耳。通人揚子雲亦以為肉刑宜復也。但廢之來久矣，坐而論道者，未以為急耳。』

《魏書》卷五四《高閭傳》 又議政於皇信堂，高祖曰：『百揆多途，萬機事猥，未周之闕，卿等宜有所陳。』閭對曰：『臣伏思太皇太后十八條之令，及仰尋聖朝所行，事周於百揆，理兼於庶務。孔子至聖，三年有成；子產治鄭，歷載乃就。今聖化方宣，風政驟改，行之積久，自然致治。理之必明，不患事闕。又為政之道，終始若一，民可使由之，不可使知之。政令既宣，若有不合於民者，因民之心而改之。願終成其事，使至教必行。臣反覆三思，理畢於此，不知其他。但使令之法度，必理、必明、必行、必久，勝殘去殺，可不遠而致。』高祖曰：『刑法者，王道之所用。何者為法？何者為刑？施行之日，何先何後？』閭對曰：『臣聞刑制立會，軌物齊衆，謂之法；犯違制約，致之於憲，謂之刑。然則法必先施，刑必後著。自鞭杖已上至於死罪，皆謂之刑。刑者，成也，成而不可改。』高祖曰：『《論語》稱：冉子退朝，孔子問曰：「何晏也？」對曰：「有政。」子曰：「其事也。如有政，雖不吾以，吾其與聞之。」何者是政？何者為事？』閭對曰：『臣聞：政者，君上之所施行，合於法度，經國治民之屬，皆謂之政；臣下奉教承旨，作而行之，謂之事。然則天下大同，風軌齊一，則政出於天子；王道衰，則政出於諸侯；君道缺，則政出於大夫。故《詩序》曰：「王道衰，政教失，則國異政，家殊俗。」政者，上之所行；事者，下之所奉。』高祖曰：『若君命為政，子夏為莒父宰，問政，此應奉命而已，何得稱政？』尚書游明根曰：『子夏宰民，故得稱政。』帝善之。

北齊・劉晝《劉子》卷三《法術》 法術者，人主之所執，為治之樞也。術藏於內，隨務應變；法設於外，適時御人。人用其道而不知其數者，術也；懸教設令以示人者，法也。人主以術化世，猶天以氣變萬物；氣變萬物，而不見其象；以術化人，而不見其形。故天以氣為靈，主以術為神。術以神隱成妙，法以明斷為工。淳風一澆，則人有爭心，情僞既動，則立法以檢之。建國君人者，雖能善政，未有棄法而成治也。故神農不施刑罰而人善，為政者不可廢法而治人，舜執干戚而服有苗，征伐者不可釋甲而制寇。

立法者，譬如善御：必察馬之力，揣途之數，齊其御轡，以其從勢。故能登高赴險，無覆轍之敗；乘危涉遠，無越軌之患。君猶御也，法猶轡也，人猶馬也，理猶軌也。執轡者，欲馬之遵軌也，明法者，欲人之循理也。轡不均齊，馬失軌也；法不適時，人乖理也。

是以明主務循其法，因時制宜：苟利於人，不必法古；苟周於事，不可循舊。夏、商之衰，不變法而亡；三代之興，不相襲而王；堯、舜異道，而德蓋天下；湯、武殊治，而名施後代。由此觀之，法宜變動，非一代也。

今法者則溺於古律，儒者則拘於舊禮，而不識情移法宜變改也。此可與守法而施教，不可與論法而立教。故智者作法，愚者制焉；賢者更禮，不肖者拘焉。拘禮之人，不足以言事；制法之士，不足以論理。若握一世之法，以傳百世之人，由以一衣礙寒暑，一藥治痤瘕也。若載一時之禮，以訓無窮之俗，是刻舟而求劍，守株而待兔也。

故法者，為治之所由，而非所以為治也。禮者，成化之所宗，而非所以成化也。成化之宗，在於隨時，為治之本，在於因世。不因世而欲治，不隨時而成化，以斯治政，未為忠也。

《晉書》卷三〇《刑法志》 時劉頌為三公尚書，又上疏曰：【略】

夫法者，固以盡理為法，而上求盡善，則諸下牽文就意，以赴主之所許，是以法不得全。刑盡徵文，徵文必有乖於情聽之斷，而上安於曲當，故執平者因文可引，則生二端。是法多門，令不一，則吏不知所守，下不知所避。姦僞者因法之多門，以售其情，所欲淺深，苟斷不一，則居上者

難以檢下，於是事同議異，獄犴不平，有傷於法。

古人有言：『人主詳，其政荒；人主期，其事理。』詳匪他，盡善則法傷，故其政荒也。期者輕重之當，雖不厭情，苟入於文，則循而行之，故其事理也。夫善用法者，忍違情不厭聽之斷，輕重雖不允人心，經於凡覽，若不可行，法乃得直。又君行之分，各有所司。法欲必奉，故令主者守文；理有窮塞，故使大臣釋滯；事有時宜，故人主權斷。主者守文，若釋之執犯蹕之平也；大臣釋滯，若公孫弘斷郭解之獄也；人主權斷，若漢祖戮丁公之為也。天下萬事，自非斯格重為，故不近似此類，不得出以意妄議，其餘皆以律令從事。然後法信於下，人聽不惑，吏不容姦，可以言政。人主軌斯格以責羣下，大臣小吏各守其局，則法一矣。

古人有言：『善為政者，看人設教。』看人設教，制法之謂也。又曰：『隨時之宜。』當務之謂也。然則看人隨時，在大量也，而制其法。法軌既定則行之，行之信如四時，執之堅如金石，羣吏豈得在成制之內，復稱隨時之宜，傍引看人設教，以亂正典哉！何則？始制之初，固已看人而隨時矣。今若設法未盡當，則宜改之。若謂已善，不得盡以為制，而使奉用之司公得出入以差輕重也。夫人君所與天下共者，法也。已令四海，不可以不信以為教，方求天下之不慢，不可繩以不信之法。且先識有言，人至愚而不可欺也。不謂平時背法意斷，不勝百姓願也。

上古議事以制，不為刑辟。夏殷及周，書法象魏。三代之君齊聖，然咸棄曲當之妙鑑，而任徵文之直準，非聖有殊，所遇異也。今論時敦朴，不及中古，而執平者欲適情之所安，自託於議事以制。臣竊以為聽言則美，論理則違。然天下至大，事務衆雜，時有不得悉循文如令。故臣謂宜立格為限，使主者守文，死生以之，不敢錯思於成制之外，以差輕重，則法恒全。事無正據，名例不及，大臣論當，以釋不滯，則事無閡。至如非常之斷，出法賞罰，若漢祖戮楚臣之私己，封趙氏之無功，唯人主專之，非奉職之臣所得擬議。然後情求傍請之迹絕，似是而非之奏塞，此蓋齊法之大準也。主者小吏，處事無常。何則？無情則法徒克，有情則撓法。積克似無私，然乃所以得其私，又恒所岨以衛其身。斷當恒克，世謂盡公，時一曲法，迺所不疑。故人君不善倚深似公之斷，而責守文如令之奏，然後得為有檢，此又平法之一端也。

夫出法權制，指施一事，厭情合聽，可適耳目，誠有臨時當意之快，勝於徵文不允人心也。然起為經制，終年施用，恒得一而失十。故小有所得者，必大有所失；近有所漏者，必遠有所苞。故諳事識體者，善權輕重，不以小害大，不以近妨遠。忍曲當之近適，以全簡直之大準。不牽於凡聽之所安，必守徵文以正例。每臨其事，恒御此心以決斷，此又法之大概也。

又律法斷罪，皆當以法律令正文，若無正文，依附名例斷之，其正文名例所不及，皆勿論。法吏以上，所執不同，得為異議。如律之文，守法之官，唯當奉用律令。至於法律之內，所見不同，迺得為異議也。今限法曹郎令史，意有不同為駁，唯得論釋法律，以正所斷，不得援求諸外，論隨時之宜，以明法官守局之分。【略】

侍中、太宰、汝南王亮奏以為：

夫禮以訓世，而法以整俗，理化之本，事實由之。若斷不斷，常輕重隨意，則王憲不一，人無所錯矣。故觀人設教，在上之舉；守文直法，臣吏之節也。臣以去太康八年，隨事異議。周懸象魏之書，漢詠畫一之法，誠以法與時共，義不可二。今法素定，而法為議，則有所開長。以為宜如頌所啓，為永久之制。【略】

主簿熊遠奏曰：

禮以崇善，法以閑非，故禮有常典，法有常防，人知惡而無邪心。是以周建象魏之制，漢創畫一之法，故能闡弘大道，以至刑厝。律令之作，由來尚矣。經賢智，歷夷險，隨時斟酌，最為周備。自軍興以來，法度陵替，至於處事不用律令，競作屬命，人立異議，曲適物情，虧傷大例。府立節度，復不奉用，臨事改制，朝作夕改，至於主者不敢任法，每輒關諮，委之大官，非為政之體。若本曹處事不合法令，監司當以法彈違，不得動用開塞，以壞成事。按法蓋粗術，非妙道也，矯割物情，以成法耳。若每隨物情，輒改法制，此為以情壞法。法之不一，是謂多門，開人事之路，廣私請之端，非先王立法之本意也。凡為駁議者，若違律令節度，當合經傳及前比故事，不得任情以破成法。愚謂宜令録事更立條制，諸立議者皆當引律令經傳，不得直以情言，無所依準，以虧舊典也。若開塞隨宜，權道制物，此是人君之所得行，非臣子所宜專用。主者唯當徵文據

法，以事為斷耳。

又　卷三四《杜預傳》　與車騎將軍賈充等定律令，既成，預為之注解，乃奏之曰：

法者，蓋繩墨之斷例，非窮理盡性之書也。故文約而例直，聽省而禁簡。例直易見，禁簡難犯。易見則人知所避，難犯則幾於刑厝。刑之本在於簡直，故必審名分。審名分者，必忍小理。古之刑書，銘之鐘鼎，鑄之金石，所以遠塞異端，使無淫巧也。今所注皆綱羅法意，格之以名分。使用之者執名例以審趣舍，伸繩墨之直，去析薪之理也。

又　卷七五《范堅傳》　時廷尉奏殿中帳吏邵廣盜官幔三張，合布三十四，有司正刑棄市。廣二子，宗年十三，雲年十一，黄幡撾登聞鼓乞恩，辭求自没為奚官奴，以贖父命。尚書郎朱暎議以為天下之人父，無子者少，一事遂行，便成永制，懼死罪之刑，於此而弛。堅亦同暎議。時議者以廣為鉗徒，二兒没入，既足以懲，又使百姓知父子之道，聖朝有垂恩之仁。可特聽減廣死罪為五歲刑，宗等付奚官為奴，而不為永制。堅駁之曰：『自淳朴澆散，刑辟仍作，刑之所以止刑，殺之所以止殺。雖時有赦過宥罪，議獄緩死，未有行小不忍而輕易典刑者也。且既許宗等，宥廣以死，若復有宗比而不求贖父者，豈得不擯絕人倫，同之禽獸邪！案主者今奏云，惟特聽宗等而不為永制。臣以為王者之作，動關盛衰，嚬笑之間，尚慎所加，况于國典，可以徒虧！今之所以宥廣，正以宗等耳。人之愛父，誰不如宗？今既居然許宗之請，將來訴者，何獨匪民！特聽之意，未見其益；不以為例，交興怨讟。此為施一恩於今，而開萬怨於後也。』成帝從之，正廣死刑。

宋・李昉等《太平御覽》卷六三六《刑法部二・敍刑下》　杜恕《篤論》曰：聖王之制刑也，非以害民也，將以利民也，故民從而安之；非以慆民也，將以導民也，故民從而化之。斷一人之獄，而天下義之，是安之也；斷一人之獄，而天下伏之，是化之也。當於民心，合於道理，所斷於民者，不行於身，公之也。

又　卷六三八《刑法部四・律令下》　《阮子》曰：漁人張網於淵，以制吞舟之魚；明主張法於天，以制强良之人。立法以隄民，百姓不能干；立防以堤水，江河不能犯。

寬刑慎罰論

論説

《三國志》卷一三《魏志・鍾繇傳》　初，太祖下令，使平議死刑可宫割者。繇以為『古之肉刑，更歷聖人，宜復施行，以代死刑。』議者以為非悦民之道，遂寢。及文帝臨饗羣臣，詔謂『大理欲復肉刑，此誠聖王之法。公卿當善共議。』**【略】**

司徒王朗議，以為：『繇欲輕減大辟之條，以增益刖刑之數，此即起偃為豎，化屍為人矣。然臣之愚，猶有未合微異之意。夫五刑之屬，著在科律。自有減死一等之法，不死即為減，施行已久，不待遠假斧鑿于彼肉刑，然後有罪次也。前世仁者，不忍肉刑之慘酷，是以廢而不用。不用已來，歷年數百，今復行之，恐所減之文，未彰于萬民之目，而肉刑之問，已宣于寇讎之耳，非所以來遠人也。今可案繇所欲輕之死罪，使減死之髡、刖。嫌其輕者，可倍其居作之歲數。内有以生易死不訾之恩，外無以刖易釱駭耳之聲。』

又　《王朗傳》　上疏勸育民、省刑曰：

兵起已來三十餘年，四海盪覆，萬國殄瘁。賴先王芟除寇賊，扶育孤弱，遂令華夏復有綱紀。鳩集兆民，于兹魏土，使封鄙之内，雞鳴狗吠，達於四境，蒸庶欣欣，喜遇升平。今遠方之寇未賓，兵戎之役未息，誠令復除足以懷遠人，良宰足以宣德澤，阡陌咸脩，四民殷熾，必復過於曩時而富於平日矣。《易》稱敕法，《書》著祥刑，一人有慶，兆民賴之，慎法獄之謂也。昔曹相國以獄市為寄，路温舒疾治獄之吏。夫治獄者得其情，則無冤死之囚；丁壯者得盡地力，則無飢饉之民；窮老者得仰食倉廩，則無餧餓之殍。嫁娶以時，則男女無怨曠之恨；胎養必全，則孕者無自傷之哀，新生必復，則孩者無不育之累；壯而後役，則幼者無離家之思；二毛不戎，則老者無頓伏之患。醫藥以療其疾，寬繇以樂其業，威罰以抑其强，恩仁以濟其弱，賑貸以贍其乏，十年之後，既笄者必盈

卷；二十年之後，勝兵者必滿野矣。

又　卷二五《魏志·高堂隆傳》　時軍國多事，用法深重。隆上疏曰：『夫拓迹垂統，必俟聖明，輔世匡治，亦須良佐，用能庶績其凝而品物康乂也。夫移風易俗，宣明道化，使四表同風，回首面內，德教光熙，九服慕義，固非俗吏之所能也。今有司務糾刑書，不本大道，是以刑用而不措，俗弊而不敦。宜崇禮樂，班敍明堂，脩三雍、大射、養老，營建郊廟，尊儒士，舉逸民，表章制度，改正朔，易服色，布愷悌，尚儉素，然後備禮封禪，歸功天地，使《雅》、《頌》之聲盈于六合，緝熙之化混于後嗣。斯蓋至治之美事，不朽之貴業也。然九域之內，可揖讓而治，尚何憂哉！不正其本而救其末，譬猶棼絲，非政理也。可命羣公卿士通儒，造具其事，以為典式。』

又　卷五八《吳志·陸遜傳》　遜雖身在外，乃心於國。上疏陳時事曰：『臣以為科法嚴峻，下犯者多。頃年以來，將吏罹罪，雖不慎可責，然天下未一，當圖進取，小宜恩貸，以安下情。且世務日興，良能為先，自（不）［非］姦穢入身，難忍之過，乞復顯用，展其力效。此乃聖王忘過記功，以成王業。昔漢高舍陳平之愆，用其奇略，終建勳祚，功垂千載。夫峻法嚴刑，非帝王之隆業；有罰無恕，非懷遠之弘規也。』

又　《陸抗傳》　聞武昌左部督薛瑩徵下獄，抗上疏曰：

夫俊乂者，國家之良寶，社稷之貴資，庶政所以倫敍，四門所以穆清也。故大司農樓玄、散騎中常侍王蕃、少府李勖，皆當世秀穎，一時顯器，既蒙初寵，從容列位，而並旋受誅殛，或圮族替祀，或投棄荒裔。蓋《周禮》有赦賢之辟，《春秋》有宥善之義。《書》曰：『與其殺不辜，寧失不經。』而蕃等罪名未定，大辟以加，心經忠義，身被極刑，豈不痛哉！且已死之刑，固無所識，至乃焚爍流漂，棄之水濱，懼非先王之正典，或甫侯之所戒也。

又　卷一二《魏志·何夔傳》　裴松之注　干寶《晉紀》：夫司寇作典，建三等之制；甫侯脩刑，通輕重之法。叔世多變，秦立重辟，漢又修之。大魏承秦、漢之弊，未及革制，所以追戮已出之女，誠欲殄絕醜類之族也。然則法貴得中，刑慎過制。臣以為女人有三從之義，無自專之道，出適他族，還喪父母，降其服紀，所以明外成之節，異在室之恩。而父母有罪，追刑已出之女；夫黨見誅，又有隨姓之戮，一人之身，內外受辟。今女既嫁，則為異姓之妻，或如產育，則為他族之母，此為元惡之所忽。戮無辜之所重，於防則不足懲姦亂之源，於情則傷孝子之心；男不得罪於他族，而女獨嬰於二門，非所以哀矜女弱，蠲明法制之本分也。臣以為在室之女，從父母之誅；既醮之婦，從夫家之罰。宜改舊科，以為永制。

又　卷二四《魏志·高柔傳》　裴松之注　臣松之以為辨章事理，貴得當時之宜，無為虛唱大言而終歸無用。浮誕之論，不切於實，猶若畫魑魅之象，而躓於犬馬之形也。質任之興，非（防）［仿］近世，況三方鼎峙，遼東偏遠，羈其親屬以防未然，不為非矣。柔謂晃有先言之善，宜蒙原心之宥。而盛責柔不能開張遠理，蠲此近制。不達此言竟為何謂？若云猜防為非，質任宜廢，是謂應大明先王之道，不預任者生死也。晃之為任，歷年已久，豈得於殺活之際，方論至理之本。是何異叢棘既繁，事須判決，空論刑措之美，無聞當不之實哉？其為迂闊，亦已甚矣。漢高事窮理迫，權以濟親，而總之酷忍之科，既已大有所誣。且自古以來，未有子弟妄告父兄以圖全身者，自存之悖，未之或聞。晃以兄告弟，而其事果驗。謂晃應殺，將以遏防。若言之亦死，不言亦死，豈不杜歸善之心，失正刑之中哉？若趙括之母，以先請獲免，鍾會之兄，以密言全子，古今此比，蓋為不少。晃之前言，事同斯例，而獨遇否閉，良可哀哉！

《後漢書》卷七六《陳寵傳》　是時承永平故事，吏政尚嚴切，尚書決事率近於重。寵以帝新即位，宜改前世苛俗，乃上疏曰：

臣聞先王之政，賞不僭，刑不濫，與其不得已，寧僭不濫。故唐堯著典：『眚災肆赦。』周公作戒，『勿誤庶獄』。伯夷之典，『惟敬五刑，以成三德』。由此言之，聖賢之政，以刑罰為首。往者斷獄嚴明，所以威懲姦慝，姦慝既平，必宜濟之以寬。陛下即位，率由此義，數詔羣僚，弘崇晏晏。而有司執事，未悉奉承，典刑用法，猶尚深刻。斷獄者急於篣格酷烈之痛，執憲者煩於詆欺放濫之文，或因公行私，逞縱威福。夫為政猶張琴瑟，大弦急者小弦絕。故子貢非臧孫之猛法，而美鄭喬之仁政。《詩》云：『不剛不柔，布政優優。』方今聖德充塞，假于上下，宜隆先王之道，蕩滌煩苛之法。輕薄箠楚，以濟羣生；全廣至德，以奉天心。【略】

寵又鈎校律令條法，溢於《甫刑》者除之。曰：

臣聞禮經三百，威儀三千，故《甫刑》大辟二百，五刑之屬三千。禮之所去，刑之所取，失禮則入刑，相為表裏者也。今律令死刑六百一十，耐罪千六百九十八，贖罪以下二千六百八十一，溢於《甫刑》者千九百八十九，其四百一十大辟，千五百耐罪，七十九贖罪。《春秋保乾圖》曰：『王者三百年一蠲法。』漢興以來，三百二年，憲令稍增，科條無限。又律有三家，其説各異。宜令三公、廷尉平定律令，應經合義者可使大辟二百，而耐罪、贖罪二千八百，并為三千，悉刪除其餘令，與禮相應，以易萬人視聽民改易視聽，以致刑措之美，傳之無窮。

又　卷七〇《孔融傳》　時論者多欲復肉刑，融乃建議曰：

古者敦庬，善否不別，吏端刑清，政無過失。百姓有罪，皆自取之。末世陵遲，風化壞亂，政撓其俗，法害其人。故曰上失其道，民散久矣。而欲繩之以古刑，投之以殘弃，非所謂與時消息者也。紂斮朝涉之脛，天下謂為無道。夫九牧之地，千八百君，若各刖一人，是下常有千八百紂也。求俗休和，弗可得也。且被刑之人，慮不念生，志在思死，類多趨惡，莫復歸正。夙沙亂齊，伊戾禍宋，趙高、英布，為世大患。不能止人遂為非也。適足絕人還為善耳。雖忠如鬻拳，信如卞和，智如孫臏，冤如巷伯，才如史遷，達如子政，一離刀鋸，沒世不齒。是太甲之思庸，穆公之霸秦，南睢之骨立，衛武之《初筵》，陳湯之都賴，魏尚之守邊，無所復施也。漢開改惡之路，凡為此也。故明德之君，遠度深惟，弃短就長，不苟革其政者也。

《宋書》卷八《明帝紀》　（泰始四年）九月戊辰，詔曰：『夫愆有小大，憲隨寬猛，故五刑殊用，三典異施。而降辟次網，便暨鉗撻，求之法科，差品滋遠。朕務存欽卹，每有矜貸。尋劫制科罪，輕重同之大辟，即事原情，未為詳衷。自今凡竊執官仗，拒戰邏司，或攻剽亭寺，及害吏民者，凡此諸條，悉依舊制。五人以下相逼奪者，可特賜黥刖，投畀四遠，仍用代殺，方古為優，全命長戶，施同造物。庶簡惠之化，有孚羣萌，好生之德，無漏幽品。』

又　卷四二《王弘傳》　殿中郎謝元議謂：

事必先正其本，然後其末可理。本所以押士大夫於符伍者，所以檢小人邪？為使受檢於小人邪？案左丞稱士庶天隔，則士無弘庶之由，以不知而押之於伍，則是受檢於小人也。然則小人有罪，士人無事，僕隸何罪，而令坐之。若以實相交關，責其聞察，則意有未因。何者？名實殊章，公私異令，奴不押符，是無名也。民乏貲財，是私賤也。以私賤無名之人，預公家有實之任，公私混淆，名實非允。由此而言，謂不宜坐。還從其主，於事為宜。無奴之士，不在此例。若士人本檢小人，則小人有過，已應獲罪，而其奴則義歸戮僕，然則無奴之士，未合宴安，使之輸贖，於事非謬。二科所附，惟制之本耳。此自是辯章二本，欲使各從其分。至於求之管見，宜附前科，區別士庶，於義為美。盜制，按左丞議，士人既終不為兵革，幸可同寬宥之惠，不必依舊律，於議咸允。

又　卷五六《孔琳之傳》　（桓）玄又議復肉刑，琳之以為：

唐、虞象刑，夏禹立辟，蓋淳薄既異，致化實同，寬猛相濟，惟變所適。《書》曰『刑罰世輕世重』，言隨時也。夫三代風純而事簡，故罕蹈刑辟；季末俗巧而務殷，故動陷憲網。若三千行於叔世，必有踊貴之尤。此五帝不相循法，肉刑不可悉復者也。漢文發仁惻之意，傷自新之路莫由，革古創制，號稱刑厝，然名輕而實重，反更傷民。故孝景嗣位，輕之以緩。緩而民慢，又不禁邪，期于刑罰之中，所以見美在昔，歷代詳論而未獲厥中者也。兵荒後，罹法更多。棄市之刑，本斬右趾，漢文一謬，承而弗革，所以前賢恨恨，議之而未辯。鍾繇、陳羣之意，雖小有不同，而欲右趾代棄市。若從其言，則所活者衆矣。降死之生，誠為輕法，然人情慎顯而輕昧，忽遠而驚近，是以盤盂有銘，韋弦作佩，況在小人，尤其所惑，或目所不覩，則忽而不戒，日陳于前，則驚心駭矚。由此言之，重之不必不傷，輕之不必不懼，而可以全其性命，蕃其產育，仁既濟物，功亦益衆。又今之所患，逋逃為先，屢叛不革，宜令逃身靡所，亦以肅戒未犯，永絕惡原。至於餘條，宜依舊制。豈曰允中，貴獻管穴。

又　卷八五《謝莊傳》　大明元年，起為都官尚書，奏改定刑獄，曰：『臣聞明慎用刑，厥存姬典，哀矜折獄，實暉呂命。罪疑從輕，既前王之格範，寧失弗經，亦列聖之恒訓。用能化致升平，道臻恭己。逮漢文傷不辜之罰，除相坐之令，孝宣倍深文之吏，立鞫訊之法，當是時也，號稱刑清。』

《魏書》卷七上《高祖紀上》（延興四年）六月乙卯，詔曰：『朕應歷數開一之期，屬千載光熙之運，雖仰嚴誨，猶懼德化不寬，至有門房之誅。然下民凶戾，不顧親戚，一人為惡，殃及合門。朕為民父母，深所滑悼。自今已後，非謀反、大逆、干紀、外奔，罪止其身而已。今德被殊方，文軌將一，宥刑寬禁，不亦善乎？』

又 卷七下《高祖紀下》（太和十一年十一月）戊申，詔曰：『朕惟上政不明，令民陷身罪戾。今寒氣勁切，杖捶難任。自今月至來年孟夏，不聽拷問罪人。又歲既不登，民多飢窘，輕繫之囚，宜速決了，無令薄罪，久留獄犴。』【略】（十有二年春正月）乙未，詔曰：『鎮戍流徙之人，年滿七十，孤單窮獨，雖有妻妾而無子孫，諸如此等，聽解名還本。諸犯死刑者，父母、祖父母年老，更無成人子孫，旁無期親者，具狀以聞。』【略】（七月）甲午，詔曰：『日月薄蝕，陰陽之恒度耳，聖人懼人君之放怠，因之以設誡，故稱「日蝕脩德，月蝕脩刑」。迺癸巳夜月蝕盡。公卿已下，宜慎刑罰，以答天意。』

又 卷九《肅宗紀》（正光元年五月）癸未，詔曰：『攘災招應，脩政為本，民乃神主，實宜率先。刺史守令與朕共治天下，宜哀矜勿喜，視民如傷。況今炎旱歷時，萬姓彫弊，而不撫恤窮冤，理決庶獄。可嚴敕州郡，善加綏隱，務盡聰明，加之祇肅，必使事允人神，時致靈應。其賦役不便於民者，具以狀聞，便當蠲罷。』

又 卷一一一《刑罰志》 高祖馭宇，留心刑法。故事，斬者皆裸形伏質，入死者絞，雖有律，未之行也。太和元年，詔曰：『刑法所以禁暴息姦，絕其命不在裸形。其參詳舊典，務從寬仁。』司徒元丕等奏言：『聖心垂仁恕之惠，使受戮者免裸骸之恥。普天感德，莫不幸甚。臣等謹議，大逆及賊各棄市袒斬，盜及吏受賕各絞刑，踣諸甸師。』又詔曰：『民由化穆，非嚴刑所制。防之雖峻，陷者彌甚。今犯法至死，同入斬刑，去衣裸體，男女媟見。豈齊之以法，示之以禮者也？今具為之制。』三年，下詔曰：『治因政寬，弊由綱密。今候職千數，姦巧弄威，重罪受賕不列，細過吹毛而舉。其一切罷之。』

《周書》卷六《武帝紀下》（建德六年八月）詔曰：『以刑止刑，世輕世重。罪不及嗣，皆有定科。雜役之徒，獨異常憲，一從罪配，百世不免。罰既無窮，刑何以措。道有沿革，宜從寬典，凡諸雜戶，悉放為民，配雜之科，因之永削。』

《晉書》卷三《武帝紀》（咸寧四年春正月）戊子，詔曰：『古設象刑而衆不犯，今雖參夷而姦不絕，何德刑相去之遠哉！先帝深愍黎元，哀矜庶獄，乃命羣后，考正典刑。朕守遺業，永惟保子皇基，思與萬國以無為為政。方今陽春養物，東作始興，朕親率王公卿士，耕藉田千畝。又律令既就，班之天下，將以簡法務本，惠育海內。宜寬有罪，使得自新，其大赦天下。』

又 卷三八《齊王攸傳》（攸）常歎公府不案吏，然以董御戎政，復有威克之宜，乃下教曰：『夫先王馭世，明罰敕法，鞭扑作教，以正逋慢。且唐虞之朝，猶須督責。前欲撰次其事，使粗有常。懼煩簡之宜，未審其要，故令劉、程二君詳定。然思惟之，鄭鑄刑書，叔向不韙；范宣議制，仲尼譏之。令皆如舊，無所增損。其常節度所不及者，隨事處決。』

又 卷六九《劉隗傳》 建興中，丞相府斬督運令史淳于伯而血逆流，隗又奏曰：

古之為獄必察五聽，三槐九棘以求民情。雖明庶政，不敢折獄。死者不得復生，刑者不可復續，是以明王哀矜用刑。曹參去齊，以市獄為寄。自頃蒸荒，殺戮無度，罪同斷異，刑罰失宜。謹案行督運令史淳于伯刑血著柱，遂逆上終極柱末二丈三尺，旋復下流四尺五寸。百姓讙譁，士女縱觀，咸曰其冤。伯息忠訴辭稱枉，云伯督運訖去二月，事畢代還，無有稽乏。受賕使役，罪不及死。軍是戍軍，非為征軍，以乏軍興論，於理為枉。四年之中，供給運漕，凡諸徵發租調百役，皆有稽停，而不以軍興論，至於伯也，何獨明之？捶楚之下，無求不得，囚人畏痛，飾辭應之。理曹，國之典刑，而使忠等稱冤明時。謹按從事中郎周莚、法曹參軍劉胤屬李匡幸荷殊寵，並登列曹，當思敦奉政道，詳法慎殺，使兆庶無枉，人不稱訴。而今伯枉同周青，冤魂哭於幽都，訴靈恨於黃泉，嗟嘆甚於杞梁，血妖過於崩城，故有殞霜之人，夜哭之鬼。伯有晝見，彭生為豕，刑殺失中，妖眚並見，以古況今，其揆一也。皆由莚等不勝其任，請皆免官。

又 卷七二《郭璞傳》 于時陰陽錯繆，而刑獄繁興，璞上疏曰：

臣聞《春秋》之義，貴元慎始，故分至啓閉以觀雲物，所以顯天人之統，存休咎之徵。臣不揆淺見，輒依歲首粗有所占，卦得《解》之《既濟》。案爻論思，方涉春木王龍德之時，而為廢水之氣來見乘，加升陽未布，隆陰仍積，《坎》為法象，刑獄所麗，變《坎》加《離》，厥象不燭。以義推之，皆為刑獄殷繁，理有壅濫。又去年十二月二十九日，太白蝕月。月者屬《坎》，羣陰之府，所以照察幽情，以佐太陽者也。太白，金行之星，而來犯之，天意若曰刑理失中，自壞其所以為法者也。【略】又去秋以來，沈雨跨年，雖為金家涉火之祥，然亦是刑獄充溢，怨歎之氣所致。往建興四年十二月中，行丞相令史淳于伯刑於市，而血逆流長摽。伯者小人，雖罪在未允，何足感動靈變，致若斯之怪邪！明皇天所以保祐金家，子愛陛下，屢見災異，殷勤無已。陛下宜側身思懼，以應靈譴。皇極之謫，事不虛降。不然，恐將來必有愆陽苦雨之災，崩震薄蝕之變，狂狡蠢戾之妖，以益陛下旰食之勞也。

臣謹尋按舊經，《尚書》有五事供御之術，京房《易傳》有消復之救，所以緣咎而致慶，因異而邁政。故木不生庭，太戊無以隆；雉不鳴鼎，武丁不為宗。夫寅畏者所以饗福，怠傲者所以招患，此自然之符應，不可不察也。案《解卦》繇云：『君子以赦過宥罪。』《既濟》云：『思患而豫防之。』臣愚以為宜發哀矜之詔，引在予之責，蕩除瑕釁，贊陽布惠，使幽斃之人應蒼生以悅育，否滯之氣隨谷風而紓散。此亦寄時事以制用，藉開塞而曲成者也。

臣竊觀陛下貞明仁恕，體之自然，天假其祚，奄有區夏，啓重光於已昧，廓四祖之遐武，祥靈表瑞，人鬼獻謀，應天順時，殆不尚此。然陛下即位以來，中興之化未闡，雖躬綜萬機，勞逾日昃，玄澤未加於羣生，聲教未被乎宇宙，臣主未寧于上，黔細未輯于下，《鴻雁》之詠不興，康哉之歌不作者，何也？杖道之情未著，而任刑之風先彰，經國之略未震，而軌物之迹屢遷。夫法令不一則人情惑，職次數改則覬覦生，官方不審則秕政作，懲勸不明則善惡渾，此有國者之所慎也。臣竊為陛下惜之。夫以區區之曹參，猶能遵蓋公之一言，倚清靖以鎮俗，寄市獄以容非，德音不忘，流詠于今。漢之中宗，聰悟獨斷，可謂令主，然厲意刑名，用虧純德。《老子》以禮為忠信之薄，況刑又是禮之糟粕者乎！夫無為而為之，不宰以宰之，固陛下之所體者也。恥其君不為堯舜者，亦豈惟古人！是以敢肆狂瞽，不隱其懷。若臣言可採，或所以為塵露之益；若不足採，所以廣聽納之門。願陛下少留神鑒，賜察臣言。【略】

其後日有黑氣，璞復上疏曰：【略】

臣前云升陽未布，隆陰仍積，『坎』為法象，刑獄所麗，變『坎』加『離』，厥象不燭，疑將來必有薄蝕之變也。此月四日，日出山六七丈，精光潛昧，而色都赤，中有異物大如雞子，又有青黑之氣共相薄擊，良久方解。案時在歲首純陽之月，日在癸亥全陰之位，而有此異，殆元首供御之義不顯，消復之理不著之所致也。計去微臣所陳，未及一月，而便有此變，益明皇天留情陛下懇懇之至也。

往年歲末，太白蝕月，今在歲始，日有咎謫，曾未數旬，大眚再見。日月告釁，見懼詩人，無曰天高，其鑑不遠。故宋景言善，熒惑退次；光武寧亂，呼沲結冰。此明天人之懸符，有若形影之相應。應之以德，則休祥臻；酬之以怠，則咎徵作。陛下宜恭承靈譴，敬天之怒，施沛然之恩，諧玄同之化，上所以允塞天意，下所以弭息羣謗。

臣聞人之多幸，國之不幸。赦不宜數，實如聖旨。臣愚以為子產之鑄刑書，非政事之善，然不得不作者，須以救弊故也。今之宜赦，理亦如之。隨時之宜，亦聖人所善者。此國家大信之要，誠非微臣所得干預，今聖朝明哲，思弘謀猷，方闢四門以亮采，訪輿誦於羣心，況臣蒙珥筆朝末，而可不竭誠盡規哉！【略】

永昌元年，皇孫生，璞上疏曰：

有道之君未嘗不以危自持，亂世之主未嘗不以安自居。故存而不忘亡者，三代之所以興也；亡而自以為存者，三季之所以廢也。是以古之令主開納忠讜，以弼其違；摽顯切直，用攻其失。至乃聞一善則拜，見規誡則懼。何者？蓋不私其身，處天下以至公也。臣竊惟陛下符運至著，勳業至大，而中興之祚不隆，聖敬之風未躋者，殆由法令太明，刑教太峻。故水至清則無魚，政至察則衆乖，此自然之勢也。

臣去春啓事，以囹圄充斥，陰陽不和，推之卦理，宜因郊祀作赦，以蕩滌瑕穢。不然，將來必有愆陽苦雨之災，崩震薄蝕之變，狂狡蠢戾之妖。其後月餘，日果薄鬭。去秋以來，諸郡並有暴雨，水皆洪潦，歲用無

年。適聞吳興復欲有構妄者，咎徵漸成，臣甚惡之。頃者以來，役賦轉重，獄犴日結，百姓困擾，甘亂者多，小人愚嶮，共相扇惑。雖勢無所至，然不可不虞。案《洪範傳》，君道虧則日蝕，人憤怨則水湧溢，陰氣積則下代上。此微理潛應已著實於事者也。假令臣遂不幸謬中，必貽陛下側席之憂。

今皇孫載育，天固靈基，黔首顒顒，實望惠潤。又歲涉午位，金家所忌。宜於此時崇恩布澤，則火氣潛消，災譴不生矣。陛下上承天意，下順物情，可因皇孫之慶大赦天下。然後明罰敕法，以肅理官，克厭天心，慰塞人事，兆庶幸甚，禎祥必臻矣。

又　卷八二《虞預傳》　咸和初，夏旱，詔衆官各陳致雨之意。預議曰：『臣聞天道貴信，地道貴誠。誠信者，蓋二儀所以生植萬物，人君所以保子黎蒸。是以殺伐擬於震電，推恩象於雲雨。刑罰在於必信，慶賞貴於平均。臣聞間者以來，刑獄轉繁，多力者則廣牽連逮，以稽年月；無援者則嚴其櫝楚，期於入重。是以百姓嗷然，感傷和氣。臣愚以為輕刑耐罪，宜速決遣，殊死重囚，重加以請。寬傜息役，務遵節儉，砥礪朝臣，使各知禁。』

又　卷一二二《呂光載記》　時刑法峻重，參軍段業進曰：『嚴刑重憲，非明王之義也。』光曰：『商鞅之法至峻，而兼諸侯；吳起之術無親，而荆蠻以霸，何也？』業曰：『明公受天眷命，方君臨四海，景行堯、舜，猶懼有弊，奈何欲以商、申之末法臨道義之神州，豈此州士女所望於明公哉！』光改容謝之，於是下令責躬，及崇寬簡之政。

嚴刑峻法論

論說

三國魏·蔣濟《萬機論·刑論》　患之巨者，狡猾之獄焉。狡黠之民，不事家事，煩貸鄉黨，以見厭賤；因反忿恨，看國家忌諱，造誹謗，崇飾戲言，以成醜語；被以叛逆，告白長吏，長吏或內利疾惡盡節之名，外以為功，遂使無罪並門滅族，父子孩耄，肝腦塗地，豈不劇哉！求媚之臣，側入取舍，雖忝子咲君，孤已悅主，而不憚也。況因捕叛之時，無悅親之民，必獲盡節之稱乎！夫妄造誹謗，虛書叛逆，狡黠之民也；而詐忠者知而族之，此國之大殘，不可不察也。

《三國志》卷二四《魏志·高柔傳》　孫盛曰：聞五帝無誥誓之文，三王無盟祝之事，然則盟誓之文，始自三季，質任之作，起於周微。夫貞夫之一，則天地可動，機心內萌，則鷗鳥不下。況信不足焉而祈物之必附，猜生於我而望彼之必懷，何異挾冰求温，抱炭希涼者哉？且夫要功之倫，陵肆之類，莫不背情任計，昧利忘親，縱懷慈孝之愛，或慮傾身之禍。是以周、鄭交惡，漢高請羹，隗囂捐子，馬超背父，其為酷忍如此之極也。安在其因質委誠，取任永固哉？世主若能遠覽先王閑邪之至道，近鑑狡肆徇利之凶心，勝之以解網之仁，致之以來蘇之惠，燿之以雷霆之威，潤之以時雨之施，則不恭可斂衽於一朝，炰哮可屈膝於象魏矣。何必拘厥親以求其情，逼所愛以制其命乎？苟不能然，而仗夫計術，籠之以權數，檢之以一切，雖覽一室而庶徵於四海，法生鄙局，冀或半之暫益。自不得不有不忍之刑，以遂孥戮之罰，亦猶瀆盟由乎一人，而云俾墜其師，無克遺育之言耳。豈得復引四罪不及之典，司馬牛獲宥之義乎？假令任者皆不保其父兄，輒有二三之言，曲哀其意而悉活之，則長人子危親自存之悖。子弟雖質，必無刑戮之憂，父兄雖逆，終無勦絕之慮。柔不究明此術，非盛王之道，宜開張遠義，蠲此近制，而陳法內之刑以申一人之命，可謂心存小善，非王者之體。古者殺人之中，又有仁焉。刑之於獄，未為失也。

《宋書》卷四二《王弘傳》　奏彈謝靈運曰：『臣聞閑厥有家，垂訓《大易》，作威專戮，致誡《周書》。斯典或違，刑茲無赦。世子左衛率康樂縣公謝靈運，力人桂興淫其嬖妾，殺興江涘，棄尸洪流。事發京畿，播聞遐邇。宜加重劾，肅正朝風。案世子左衛率康樂縣公謝靈運，過蒙恩獎，頻叨榮授，聞禮知禁，為日已久。而不能防閑閫闈，致茲紛穢，罔顧憲軌，忿殺自由。此而勿治，典刑將替。請以見事免靈運所居官，上臺削爵士，收付大理治罪。御史中丞都亭侯王准之，顯居要任，邦之司直，風聲噂囗嵴，曾不彈舉。若知而弗糾，則情法斯撓；如其不知，則尸昧已

甚。豈可復預班清階，式是國憲。請免所居官，以侯還散輩中。內臺舊體，不得用風聲舉彈，此事彰赫，曝之朝野，執憲蔑聞，羣司循舊，國典既頹，所虧者重。臣弘忝承人乏，位副朝端，若復謹守常科，則終莫之糾正。所以不敢拱默，自同秉彝。違舊之愆，伏須准裁。』【略】

弘議曰：『尋律令既不分別士庶，又士人坐同伍罹謫者，無處無之，多為時恩所宥，故不盡親謫耳。吳及義興適有許、陸之徒，以同符合給，二千石論啓丹書，己未間，會稽士人云十數年前，亦有四族坐此被責，以時恩獲停。而王尚書云，人舊無同伍坐，所未之解。恐莅任之日，偶不值此事故邪？聖明御世，士人誠不憂至苦，然要須臨事論通，上干天聽為紛擾，不如近為定科，使輕重有節也。又尋甲符制，蠲士人不傳符耳，令史復除，亦得如之。共相押領，有違糾列，了無等衰，非許士人閭里之外也。諸議云士庶緬絕，不相參知，則士人犯法，庶民得不知。若庶民不許不知，何許士人不知。小民自非超然簡獨，永絕塵粃者，比門接棟，小以為意，終自聞知，不必須日夕來往也。右丞百司之言，粗是其況。如衰陵士人，實與里巷關通，相知情狀，乃當於冠帶小民。今謂之士人，便無小人之坐；署為小民，輒受士人之罰。於情於法，不其頗歟？且都令不及士流，士流為輕，則小人令使徵預其罰，便事至相糾，閭伍之防，亦為不同。謂士人可不受同伍之謫耳，罪其奴客，庸何傷邪？無奴客，可令輸贖，又或無奴僮，為衆所明者，官長二千石，便當親臨列上，依事遺判。又主偷五疋，常偷四十疋，謂應見優量者，實以小吏無知，臨財易昧，或由疏慢，事蹈重科，求之於心，常有可愍，故欲小進匹數，寬其性命耳。至於官長以上，荷蒙祿榮，付以局任，當正己明憲，檢下防非，而親犯科律，亂法昌利，五疋乃已為弘矣。士人無私相偷四十匹理，就使至此，致以明罰，固其宜耳，並何容復加哀矜。且此輩士人，可殺不可謫，有如諸論，本意自不在此也。近聞之道路，聊欲共論，不呼乃爾難精。既衆議糾紛，將不如其已。若呼不應停寢，謂宜集議奏聞，決之聖旨。』

唐·歐陽詢等《藝文類聚》卷五四《刑法部》　晉曹志議曰：『嚴刑以殺，犯之者寡；刑輕易犯，蹈惡者多。臣謂玩常苟免，犯法乃衆。黥刖彰罪而民甚恥。且創制墨刖，見者知禁，彰罪表惡，假使惡多尚不至死，無妨產育，苟能殺以止殺，為惡縱寡，積而不已，將至無人，天無以神君無以尊矣。故古人寧過不殺。是以為上寧寬得衆，不寧急積殺。若及于張聽訟，刑以止刑，可不革舊。過此以往，肉刑是宜，假令漢文于張，承大亂之後，創基七十，國寡民稀，止禁刑書，鞭杖為治也。

《晉書》卷三〇《刑法志》　及帝即位，展為廷尉，又上言：『古者肉刑，事經前聖，漢文除之，增加大辟。今人戶彫荒，百不遺一，而刑法峻重，非句踐養胎之義也。愚謂宜復古施行，以隆太平之化。』詔內外通議。於是驃騎將軍王導、太常賀循、侍中紀瞻、中書郎庾亮、大將軍諮議參軍梅陶、散騎郎張嶷等議，以：『肉刑之典，由來尚矣。肇自古先，以及三代，聖哲明王所未曾改也。豈是漢文常主所能易者乎！時蕭曹已沒，絳灌之徒不能正其義。逮班固深論其事，以為外有輕刑之名，內實殺人。又死刑太重，生刑太輕，生刑縱於上，死刑怨於下，輕重失當，故刑政不中也。且原先王之造刑也，非以過怒也，非以殘人也，所以救姦，所以當罪。今盜者竊人之財，淫者好人之色，亡者避叛之役，皆無殺害也，則加之以刑。刑之則止，而加之斬戮，戮過其罪，死不可生，縱虐於此，歲以巨計。此迺仁人君子所不忍聞，而況行之于政乎！若乃惑其名而不練其實，惡其生而趣其死，此畏水投舟，避坎蹈井，愚夫之不若，何取於政哉！今大晉中興，遵復古典，率由舊章，起千載之滯義，拯百殘之遺黎，使皇典廢而復存，黔首死而更生，至義暢於三代之際，遺風播乎百世之後，生肉枯骨，惠侔造化，豈不休哉！惑者乃曰，死猶不懲，而況于刑？然人者冥也，其至愚矣，雖加斬戮，忽為灰土，死事日往，生欲日存，未以為改。若刑諸市朝，朝夕鑑戒，刑者詠為惡之永痛，惡者覩殘刖之長廢，故足懼也。然後知先王之輕刑以御物，顯誡以懲愚，其理遠矣。』

尚書令刁協、尚書薛兼等議，以為：『聖上悼殘荒之遺黎，傷犯死之繁衆，欲行刖以代死刑，使犯死之徒得存性命，則率土蒙更生之澤，兆庶必懷恩以反化也。今中興祚隆，大命惟新，誠宜設寬法以育人。然懼羣小愚蔽，習翫所見而忽異聞，或未能咸服。愚謂行刑之時，先明申法令，樂刑者刖，甘死者殺，則心必服矣。古典刑不上大夫，今士人有犯者，謂宜如舊，不在刑例，則進退為允。』

尚書周顗、郎曹彥、中書郎桓彝等議，以為：『復肉刑以代死，誠是

聖王之至德，哀矜之弘私。然竊以為刑罰輕重，隨時而作。時人少罪而易威，則從輕而寬之；時人多罪而難威，則宜化刑而濟之。肉刑平世所應立，非救弊之宜也。方今聖化草創，人有餘姦，習惡之徒，為非未已，截頭絞頸，尚不能禁，而乃更斷足劓鼻，輕其刑罰，使欲為惡者輕犯寬刑，蹈罪更衆，是為輕其刑以誘人於罪，殘其身以加楚酷也。昔之畏死刑以為善人者，今皆犯輕刑而殘其身，畏重之常人，反為犯輕而致囚，此則何異斷刖常人以為恩仁邪！受刑者轉廣，而為非者日多，踴貴屨賤，有鼻者醜也。徒有輕刑之名，而實開長惡之源。不如以殺止殺，重以全輕，權小停之。須聖化漸著，兆庶易威之日，徐施行也。』

議奏，元帝猶欲從展所上。大將軍王敦以為：『百姓習俗日久，忽復肉刑，必駭遠近。且逆寇未殄，不宜有慘酷之聲，以聞天下。』於是乃止。

又　卷一一二《苻生載記》　生下書曰：『朕受皇天之命，承祖考之業，君臨萬邦，子育百姓，嗣統以來，有何不善，而謗讀言言之音扇滿天下！殺不過千，而謂刑虐。行者比肩，未足為稀。方當峻刑極罰，復如朕何？』

又　卷一二八《慕容超載記》　于時超不恤政事，畋遊是好，百姓苦之。其僕射韓□切諫，不納。超議復肉刑、九等之選，乃下書於境內曰：

陽九數纏，永康多難。自北都傾陷，典章淪滅，律令法憲，靡有存者。綱理天下，此焉為本，既不能導之以德，必須齊之以刑。且虞舜大聖，猶命咎繇作士，刑之不可以已也如是！先帝季興，大業草創，兵革尚繁，未遑脩制。朕猥以不德，嗣承大統，撫御寡方，致蕭牆釁發，遂戎馬生郊，典儀寖廢。今四境無虞，所宜脩定，尚書可召集公卿。至如不忠不孝若封嵩之輩，梟斬不足以痛之，宜致烹轘之法，亦可附之律條，納以大辟之科。肉刑者，乃先聖之經，不刊之典，漢文易之，輕重乖度。今犯罪彌多，死者稍衆。肉刑之于化也，濟育既廣，懲慘尤深，光壽、建興中，二祖已議復之，未及而晏駕。其令博士已上，參考舊事，依《呂刑》及漢、魏、晉律令，消息增損，議成燕律。五刑之屬三千，而罪莫大於不孝。孔子曰：『非聖人者無法，非孝者無親，此大亂之道也。』孉裂之刑，烹产賁之戮，雖不在五品之例，然亦行之自古。渠彌之轘，著之《春秋》，哀公之烹，爰自中代。世宗都齊，亦愍刑罰失中，咨嗟寢食。王者之有刑糾，猶人之有左右手焉。故孔子曰：『刑罰不中，則人無所措手足。』是以蕭何定法令而受封，叔孫通以制儀受奉常。立功立事，古之所重，其明議損益，以成一代準式，周漢有貢士之條，魏立九品之選，二者孰愈，亦可詳聞。

唐·杜佑《通典》卷一六八《刑法六·肉刑議》　李勝曰：且肉刑之作，乃自上古，《書》載『五刑有服』，又曰『天討有罪，而五刑五用哉』。割劓之屬也。《周官》之制，亦著五刑。歷三代，經至治，周公行之，孔子不議也。今諸議者唯以斷截為虐，豈不輕於死亡耶？云妖逆是翦，以除大災，此明治世之不能去就矣。

夫殺之與刑，皆非天地自然之理，不得已而用之也。傷人者不改，則刖、劓可以改之，何為疾其不改，便當陷之於死地乎？妖逆者懲之而已，豈必除之邪？刑一人而戒千萬人，何取一人之能改哉？盜斷其足，淫而宮之，雖欲不改，復安所施？而全其命，懲其心，何傷於大德？

今有弱子，罪當大辟，問其慈父，必請以肉刑代之矣。慈父猶施之於弱子，況君加之百姓哉？且蝮蛇螫手，則壯士斷其腕；系蹄在足，則猛獸絕其蹯。蓋毀支而全生者也。夫一人哀泣，一堂為之不樂，此言殺戮謂之不當也，何事於肉刑之間哉？赭衣滿道，有鼻者醜，當此時也。長城之役，死者相繼，六經之儒，填谷滿坑，何恤於鼻之好醜乎，此吾子故猶哀刑而不悼死也。

賞罰并重論

論　説

漢·徐幹《中論》卷下《賞罰》　政之大綱有二，二者何也？賞罰之謂也。人君明乎賞罰之道，則治不難矣。夫賞罰者不在乎必重，而在於必行。必行則雖不重而民肅，不行則雖重而民怠。故先王務賞罰之必行。《書》曰：『爾無不信，朕不食言。爾不從誓言，予則孥戮汝，罔有攸赦。』天生烝民，其性一也；刻肌虧體，所同惡也；被文垂藻，所同好

也。此二者常存，而民不治其身，有由然也。當賞者不賞，當罰者不罰。夫當賞者不賞，則為善者失其本望，而疑其所行。當罰者不罰，則為惡者輕其國法，而怙其所守，苟如是也，雖日用斧鉞於市而民不去惡矣，日錫爵祿於朝而民不興善矣。是以聖人不敢以親戚之恩而廢刑罰，不敢以怨讐之忿而廢慶賞。夫何故哉？將以有救也。故司馬法曰：『賞罰不踰時，欲使民速見善惡之報也。』踰時且猶不可，而況廢之者乎！賞罰不可以疎，亦不可以數，數則所及者多，疎則所漏者多。賞罰不可以重，亦不可以輕，賞輕則民不勸，罰輕則民亡懼。賞重則民徼倖，罰重則民無聊。故先生明庶以聽之，思中以平之，而不失其節。故《書》曰：『罔非在中，察辭於差。』夫賞罰之於萬民，猶轡策之於駟馬也，轡策不調，非徒遲速之分也，至於覆車而摧轅。賞罰之不明也，則非徒治亂之分也，至於滅國而喪身，可不慎乎！可不慎乎！故《詩》云：『執轡如組，兩驂如舞。』言善御之可以為國也。

晉・傅玄《傅子・治體》　治國有二柄：一曰賞，二曰罰。賞者，政之大德也。罰者，政之大威也。人所以畏天地者，以其能生而殺之也。為治審持二柄，能使殺生不妄，則其威德與天地並矣。信順者，天地之正道也。詐逆者，天地之邪路也。民之所好莫甚於生，所惡莫甚於死。善治民者，開其正道，因所好而賞之，則民樂其德也；塞其邪路，因所惡而罰之，則民畏其威矣。善賞者，賞一善而天下之善皆勸；善罰者，罰一惡而天下之惡皆懼者何？賞公而罰不貳也。有善，雖疏賤必賞；有惡，雖貴近必誅。可不謂公而不貳乎？若賞一無功，則天下飾詐矣；罰一無罪，則天下懷疑矣。是以明德慎賞，而不肯輕之；明德慎罰，而不肯忽之。夫威德者，相須而濟者也。故獨任威刑而無德惠，則民不樂生；獨任德惠而無威刑，則民不畏死。

晉・袁準《袁子正書・明賞罰》　夫干祿者，唯利所在，智足以取當世，而不能日月不違仁。當其用智以御世，賢者有不如也。聖人明於此道。故張仁義以開天下之門，抑情偽以塞天下之戶，相賞罰以隨之。賞足榮而罰可畏，智者知榮辱之必至，是故勸善之心生，而不軌之姦息。賞一人而天下知所從，罰一人而天下知所避，明開塞之路，使百姓曉然知軌疏之所由，是以賢者不憂，知者不懼，干祿者不邪。是故仁者安仁，智者利仁，畏罪者强仁，天下盡為仁，明法之謂。死者，人之所甚惡也。殺人者，仁人之所不忍也。人之於利欲，有犯死罪而為之。先王制肉刑，斷人之體，徹膳去樂，咨嗟而行之者，不得已也。刑不斷則不威，避親貴是法日弊，如是則姦不禁，而犯罪者多，惠施一人之身，而傷天下生也。聖人計之於利害，故行之不疑，是故刑殺者，乃愛人之心也。涕泣而行之。故天下明其仁也。雖貴重不得免，故天下知其斷也。仁見故民不怨，立斷下不犯，聖王之所以禁姦也。先王制為八議赦宥之差，斷之以三槐九棘之聽，服念五六日至于旬時，全正義也。而後斷之，仁心如此之厚，故至刑可為也。

《三國志》卷八《魏志・張魯傳》　習鑿齒曰：魯欲稱王，而閻圃諫止之，今封圃為列侯。夫賞罰者，所以懲惡勸善也，苟其可以明軌訓於物，無遠近幽深矣。今閻圃諫魯勿王，而太祖追封之將來之人，孰不思順！塞其本源而末流自止，其此之謂與！若乃不明於此而重燋爛之功，豐爵厚賞止於死戰之士，則民利於有亂，俗競於殺伐，阻兵仗力，干戈不戢矣。太祖之此封，可謂知賞罰之本，雖湯武居之，無以加也。

北齊・劉晝《劉子》卷三《賞罰》　治民御下，莫正於法；立法施教，莫平於賞罰。賞罰者，國之利器，而制人之柄也。

故天以晷數成歲，國以法教為治。晷運於天，則時成於地；法施於上，則治成於下。晷之運也，先春後秋，法之動也，先賞後罰。是以温風發春，所以動萌華也；寒露降秋，所以殞茂葉也；明賞自德，所以勸善人也；顯罰有過，所以禁下姦也。

善賞者，因民所喜以勸善，善罰者，因民所惡以禁姦。故賞少而善勸，刑薄而姦息。賞一人而天下喜之，罰一人而天下畏之，用能教狹而治廣，用寡而功衆也。

昔王良之善御也，識馬之飢飽規矩徐疾之節，故鞭策不載而千里可期；然不可以無鞭策者，以馬之有佚也。聖人之為治也，以爵賞勸善，以仁化養民，故刑罰不用，太平可致；然而不可廢刑罰者，以民之有縱也。是以賞雖勸善，不可無罰，罰雖禁惡，不可無賞；賞平罰當，則理道立矣。

故君者賞罰之所歸，誘人以趣善也。其利重矣，其威大矣。空懸小

利，足以勸善；虛設輕威，可以懲姦。矧復張厚賞以飢下，操大威以驅民哉！

故一賞不可不信也，一罰不可不明也。賞而不信，雖賞不勸；罰而不明，雖刑不禁。不勸不盡，則善惡失理，是以明主之賞善罰惡，非為己也，以為國也。適於己，而無功於國者，不加賞焉，逆于己，而便於國者，不施罰焉。罰必施於有過，賞必加於有功，苟善賞信而罰明，則萬人從之，若舟之循川，車之遵路，亦奚向而不濟，何行而弗臻矣！

《晉書》卷六九《刁協傳》　左光祿大夫蔡謨與冰書曰：

夫爵人者，宜顯其功；罰人者，宜彰其罪，此古今之所慎也。凡小之人猶尚如此，刁令中興上佐，有死難之名，天下不聞其罪，而見其貶，致令刁氏稱冤，此乃為王敦復讎也。內沮忠臣之節，論者惑之。若實有大罪，宜顯其事，令天下知之，明聖朝不貶死難之臣。《春秋》之義，以功補過，過輕功重者，得以加封；功輕過重者，不免誅絕；功足贖罪者無黜。雖先有邪佞之罪，而臨難之日黨於其君者，不絕之也。孔寧、儀行父親與靈公淫亂於朝，君殺國滅，由此二臣，而楚尚納之。傳稱有禮不絕其位者，君之黨也。若刁令有罪，重于孔儀，絕之可也。若無此罪，宜見追論。

或謂明帝之世已見寢廢，今不宜復改，吾又以為不然。夫大道宰世，殊塗一致，萬機之事，或異或同，同不相善，異不相譏，故堯抑元凱而舜舉之，堯不為失，舜不為非，何必前世所廢便不宜改乎？漢蕭何之後坐法失侯，文帝不封而景帝封之，後復失侯，武昭二帝不封而宣帝封之。近去元年，車駕釋奠，拜孔子之坐，此亦元明二帝所不行也。又刁令但是明帝所不贈耳，非誅之也。王平子、第五猗皆元帝所誅，而今日所贈，豈以改前為嫌乎！凡處事者，當上合古義，下準今例，然後談者不惑，受罪者無怨耳。案周僕射、戴征西，本非王敦唱檄所讎也。事定後乃見害耳；周莚、郭璞等並亦非為主御難也，自平居見殺耳，皆見褒贈。刁令事義豈輕於此乎？自頃員外散騎尚得追贈，況刁令位亞三司。若先自壽終，不失員外散騎之例也。就不蒙贈，不失以本官殯葬也。此為一人之身，壽終則蒙贈，死難則見絕，豈所以明事君之道？厲為臣之節乎？宜顯評其事，以解天下疑惑之論。

又聞談者亦多謂宜贈。凡事不允當，而得衆助者，若以善柔得衆，而刁令粗剛多怨；若以貴也，刁氏今賤；若以富也，刁氏今貧。人士何故反助寒門而此言之？足下宜察此意。

宋·李昉等《太平御覽》卷六三三《治道部十四·賞賜》　《周生烈子》曰：行賞不洽於仁，是春半半生也；行罰不威，是秋半半死也。半生之春不洽於仁，半死之秋不專於義。

德主刑輔論分部

論　說

三國魏·桓範《政要論·治本》　夫治國之本有二，刑也，德也。二者相須而行，相待而成矣，天以陰、陽成歲，人以刑、德成治，故雖聖人為政，不能偏用也。

故任德多，用刑少者，五帝也；刑德相半者，三王也；杖刑多，任德少者，五霸也；純用刑强而亡者，秦也。夫人君欲治者，既達專持刑德之柄矣，位必使當其德，祿必使當其功，官必使當其能：此三者，治亂之本也。位當其德，則賢者居上，不肖者居下；祿當其功，則有勞者勸，無勞者慕，未之有也。凡國無常治，亦無常亂；欲治者治，不欲治者亂。後之國士人民，亦前之有也；前之有，亦後之有也。而禹獨以安，幽、厲獨以危：斯不易天地異人民，欲與不欲也。吳坂之馬，庸夫統銜，則為弊乘，伯樂執轡，即為良驥，非馬更異，教民亦然也。故遇禹湯則為良民，遭桀、紂則為凶頑，治使然也。故善治國者，不尤斯民，而罪諸己；不責諸下，而求諸身。《傳》曰：『禹湯罪己，其興也勃焉；桀紂罪人，其亡也忽焉。』由是言之，長民治國之本在身。故詹何曰：『未聞身治而國亂者也。若詹者，可謂知治本矣。』

又《詳刑》　夫刑辟之作，所從來尚矣，聖人以治，亂人以亡，故古今帝王，莫不詳慎之者，以為人命至重，壹死不生，一斷不屬故也。夫堯舜之明，猶惟刑之恤也。是以後聖制法，設三槐九棘之吏，肺石、嘉

石之訊，然猶復三判。僉曰『可殺』，然後殺之，罰若有疑，即從其輕，此蓋詳慎之至也。故苟詳則死者不恨，生者不忿，忿恨不作，則災害不生；災害不生，大平之治也。是以聖主用其刑也。詳而行之，必欲民犯之者寡，而畏之者衆。明刑至於無刑，善殺至於無殺，此之謂矣。夫闇亂之主，用刑彌繁，而犯之者益多，而殺之者彌衆，而慢之者尤甚者何？由用之不詳，而行之不必也。不詳則罪不值，所罪不值則當死反生，不必則令有所虧，令有所虧，則刑罰不齊矣。失此二者，雖曰用五刑，而民猶輕犯之。故亂刑之刑，刑以生刑；惡殺之殺，殺以致殺。此之謂也。

晉·傅玄《傅子·法刑》 立善防惡謂之禮，禁非立是謂之法。法者，所以正不法也。明書禁令曰法，誅殺威罰曰刑。治世之民，從善者多，上立德而下服其化，故先禮而後刑也。亂世之民，從善者少，上不能以德化之，故先刑而後禮也。《周書》曰：『小乃不可不殺，乃有大罪，非終乃惟眚裁。』然則心惡者，雖小必誅；意善過誤，雖大必赦：此先王所以立刑法之本也。

禮法殊塗而同歸，賞刑遞用而相濟矣。是故聖帝明王，惟刑之恤，敬五刑以成三德；若乃暴君昏主，刑殘法酷，作五虐之刑，設炮烙之辟，而天下之民，無所措其手足矣。故聖人傷之，乃建三典，殊其輕重，以定厥中，司寇行刑，君為之不舉樂，哀矜之心至也。八辟議其故而宥之，仁愛之情篤也。柔願之主，聞先王之有哀矜仁愛，議獄緩死也，則妄輕其刑而赦元惡。刑妄輕，則威政墮而法易犯；元惡赦，則姦人興而善人困。剛猛之主，聞先王之以五刑糾萬民，舜誅四凶而天下服也。於是峻法酷刑以侮天下，罪連三族，戮及善民，無辜而死者過半矣。下民怨而思叛，諸侯乘其弊而起，萬乘之主死於人手者，失其道也。齊秦之君，所以威制天下，而或不能自保其身，何也？法峻而教不設也。末儒見峻法之生叛，則去法而純仁，偏法見弱法之失政，則去仁而法刑，此法所以世輕世重，而恒失其中也。

晉·袁準《袁子正書·厚德》 恃門戶之閉以禁盜者，不如明其刑也。明其刑，不如厚其德也。故有教禁，有刑禁，有物禁，聖人者，兼而用之。故民知耻而無過行也。不能止民惡心，而欲以刀鋸禁其外，雖日刑人於市，不能制也。明者知制之在於本，故退而脩德：為男女之禮，妃匹之合，則不淫矣；為廉耻之教，知足之分，則不盜矣；以賢制爵，令民德厚矣。故聖人貴恒，恒者德之固也。聖人久於其道，而天下化成，未有不恒而可以成德，無德而可以持久者也。

《三國志》卷二四《魏志·高柔傳》 孫盛曰：聞五帝無誥誓之文，三王無盟祝之事，然則盟誓之文，始自三季，質任之作，起於周微。夫貞夫之一，則天地可動，機心內萌，則鷗鳥不下。況信不足焉而祈物之必附，猜生於我而望彼之必懷，何異挾冰求温，抱炭希涼者哉？且夫要功之倫，陵肆之類，莫不背情任計，昧利忘親，縱懷慈孝之愛，或慮傾身之禍。是以周、鄭交惡，漢高請羹，隗囂捐子，馬超背父，其為酷忍如此之極也。安在其因質委誠，取任永固哉？世主若能遠覽先王閑邪之至道，近鑑狡肆徇利之凶心，勝之以解網之仁，致之以來蘇之惠，燿之以雷霆之威，潤之以時雨之施，則不恭可斂衽於一朝，梟哮可屈膝於象魏矣。何必拘厥親以求其情，逼所愛以制其命乎？苟不能然，而仗夫計術，籠之以權數，檢之以一切，雖覽一室而庶徵於四海，法生鄙局，冀或半之暫益。自不得不有不忍之刑，以遂孥戮之罰，亦猶瀆盟由乎一人，而云俾墜其師，無克遺育之言耳。豈得復引四罪不及之典，司馬牛獲宥之義乎？假令任者皆不保其父兄，輒有二三之言，曲哀其意而悉活之，則長人子危親自存之悖。子弟雖質，必無刑戮之憂，父兄雖逆，終無剿絕之慮。柔不究明此術，非盛王之道，宜開張遠義，蠲此近制，而陳法內之刑以申一人之命，可謂心存小善，非王者之體。古者殺人之中，又有仁焉。刑之於獄，未為失也。

又 卷四〇《蜀志·李嚴傳》 習鑿齒曰：昔管仲奪伯氏駢邑三百，没齒而無怨言，聖人以為難。諸葛亮之使廖立垂泣，李平致死，豈徒無怨言而已哉！夫水至平而邪者取法，鏡至明而醜者無怒，水鏡之所以能窮物而無怨者，以其無私也。水鏡無私，猶以免謗，況大人君子懷樂生之心，流矜恕之德，法行於不可不用，刑加乎自犯之罪，爵之而非私，誅之而不怒，天下有不服者乎！諸葛亮於是可謂能用刑矣。自秦、漢以來未之有也。

《宋書》卷五七《蔡廓傳》 時桓玄輔晉，議復肉刑，廓上議曰：『夫建封立法，弘治稽化，必隨時置制，德刑兼施。貞一以閑其邪，教禁

以檢其慢，灑湛露以膏潤，厲嚴霜以肅威，晞風者陶和而安恬，畏戾者聞憲而警慮。雖復質文迭用，而斯道莫革。肉刑之設，肇自哲王。蓋由曩代風淳，民多惇謹，圖像既陳，則機心冥戢，刑人在途，則不逞改操，故能勝殘去殺，化隆無為。季末澆偽，法網彌密，利巧之懷日滋，恥畏之情轉寡，終身劇役，不足止其姦，況乎黥劓，豈能反其善，徒有酸慘之聲，而無濟治之益。至於棄市之條，實在不赦之罪，事非手殺，考律同歸，輕重均科，減降路塞，鍾、陳以之抗言，元皇所為留愍。今英輔翼讚，道邈伊、周，雖閉否之運甫開，而遐遺之難未已。誠宜明慎用刑，愛民弘育，申哀矜以革濫，移大辟於支體，全性命之至重，恢繁息於將來。使將斷之骨，荷更榮於三陽，干時之華，監商飆而知懼。威惠俱宣，感畏偕設，全生拯暴，於是乎在。』

《北齊書》卷四五《樊遜傳》 又問刑罰寬猛，遜對曰：『臣聞惟王建國，刑以助禮，猶寒暑之贊陰陽，山川之通天地，爰自末葉，法令稍滋，秦篆無以窮書，楚竹不能盡載。有司因此，開以二門，高下在心，寒熱隨意。《周官》三典，棄之若吹毛；漢律九章，違之如覆手。遂使長平獄氣，得酒而後消；東海孝婦，因災而方雪。詔書挂壁，有善而莫遵；姦吏到門，無求而不可。皆由上失其道，民不見德。而議者守迷，不尋其本。鍾繇、王朗，追怨張蒼；祖訥、梅陶共尤文帝。便謂化屍起偃，在復肉刑；致治興邦，無關周禮。伏惟陛下昧旦坐朝，留心政術，明罰以糾諸侯，申恩以孩百姓。黃旗紫蓋，已絕東南；白馬素車，將降軹道。若復峻典深文，臣實未悟。何則？人肖天地，俱稟陰陽，安則願存，擾則圖死。故王者之治，務先禮樂，如有未從，刑書乃用，寬猛兼設，水火俱陳，未有專任商、韓而能長久。昔秦歸士會，晉盜來奔；舜舉皋陶，不仁自遠。但令釋之、定國迭作理官，龔遂、文翁繼為郡守，科問律令，一此憲章，欣聞汲黯之言，泣斷昭平之罪。則天下自治，大道公行，乳獸含牙，蒼鷹垂翅，楚王錢府，不復須封，漢獄冤囚，自然蒙理。後服之徒，既承風而慕化；有截之內，皆蹈德而詠仁。號以成、康，何難之有？』

唐・歐陽詢等《藝文類聚》卷五四《刑法部》 晉楊乂《刑禮論》曰：**【略】**蓋刑禮之本，經緯陰陽，擬則乾坤；先王所以化民理物，興國濟治也。或者取證於《春秋》，有意乎尋本以綜末。然猶未離於先後，亦速難之始也。夫陰陽異制，化物則鈞；萬物本一，變而殊形。故王者去彼而適此為生，而於彼為死；夫死者去此而適彼，於此為死，而於彼為生矣。禮生於讓，刑生於爭。讓者割己以與人，是刑加於己而禮加於人也。爭者奪人以崇己，是刑施於人而禮施於己也。由此言之，讓非純禮，爭非純刑也。慶賞以勸善，而為惡者懲，如有所懲，刑亦存矣。刑罰以懲惡，而為善者勸；如有所勸，禮亦存矣。故亡刑則禮不獨施。大道廢焉；則刑禮俱錯；大道行焉，則刑禮俱興。不合而成，未之有也。

《晉書》卷七二《郭璞傳》 于時陰陽錯繆，而刑獄繁興，璞上疏曰：臣聞《春秋》之義，貴元慎始，故分至啓閉以觀雲物，所以顯天人之統，存休咎之徵。臣不揆淺見，輒依歲首粗有所占，卦得《解》之《既濟》。案爻論思，方涉春木王龍德之時，而為廢水之氣來見乘，加升陽未布，隆陰仍積，《坎》為法象，刑獄所麗，變『坎』加『離』，厥象不燭。以義推之，皆為刑獄殷繁，理者有壅濫。又去年十二月二十九日，太白蝕月。月者屬『坎』，羣陰之府，所以照察幽情，以佐太陽者也。太白，金行之星，而來犯之，天意若曰刑理失中，自壞其所以為法者也。臣術學庸近，不練內事，卦理所及，敢不盡言。又去秋以來，沈雨跨年，雖為金家涉火之祥，然亦是刑獄充溢，怨歎之氣所致。往建興四年十二月中，行丞相令史淳于伯刑於市，而血逆流長摽。伯者小人，雖罪在未允，何足感動靈變，致若斯之怪邪！明皇天所以保祐金家，子愛陛下，屢見災異，殷勤無已。陛下宜側身思懼，以應靈譴。皇極之謫，事不虛降。不然，恐將來必有愆陽苦雨之災，崩震薄蝕之變，狂狡蠢戾之妖，以益陛下旰食之勞也。

臣謹尋案舊經，《尚書》有五事供御之術，京房《易傳》有消復之救，所以緣咎而致慶，因異而邁政。故木不生庭，太戊無以隆；雉不鳴鼎，武丁不為宗。夫寅畏者所以饗福，怠傲者所以招患，此自然之符應，不可不察也。案《解卦》繇云：『君子以赦過宥罪。』《既濟》云：『思患而豫防之。』臣愚以為宜發哀矜之詔，引在予之責，蕩除瑕釁，贊陽布惠，使幽斃之人應蒼生以悅育，否滯之氣隨谷風而紓散。此亦寄時事以制用，藉開塞而曲成者也。

臣竊觀陛下貞明仁恕，體之自然，天假其祚，奄有區夏，啓重光於已昧，廓四祖之遐武，祥靈表瑞，人鬼獻謀，應天順時，殆不尚此。然陛下

即位以來，中興之化未闡，雖躬綜萬機，勞逾日昃，玄澤未加於羣生，聲教未被乎宇宙，臣主未寧于上，黔細未輯于下，《鴻鴈》之詠不興，康哉之歌不作者，何也？杖道之情未著，而任刑之風先彰，經國之略未震，而執物之迹屢遷。夫法令不一則人情惑，職次數改則覬覦生，官方不審則秕政作，懲勸不明則善惡渾，此有國者之所慎也。臣竊為陛下惜之。夫以區區之曹參，猶能遵蓋公之一言，倚清靖以鎮俗，寄市獄以容非，德音不忘，流詠于今，漢之中宗，聰悟獨斷，可謂令主。然厲意刑名，用虧純德，《老子》以禮為忠信之薄，況刑又是禮之糟粕者乎？夫無為而為之，不宰以宰之，固陛下之所體者也。

唐·杜佑《通典》卷一六八《刑六·肉刑議》 丁謐又論曰：《堯典》曰：『象之典刑，流宥五刑，鞭作官刑，朴作教刑，金作贖刑，眚災肆赦怙終賊刑。』《咎繇》曰：『天討有罪，五刑五用哉。』《呂刑》曰：『蚩尤惟始作亂，延及于平人，罔不寇賊鴟義，姦宄寇攘矯虔。苗人弗用靈惟作五虐之刑曰法，殺戮無辜，爰始淫為刑劓斫黥。』按：此肉刑在於蚩尤之代，而堯舜以流放代之，故黥劓之文，不載唐、虞之籍，而五刑之數，亦不具於聖人之旨也。禹承舜禪，與堯同治，必不釋二聖而遠則凶頑，固可知矣。湯武之王，獨將奚取于与於呂侯？故叔向云：『三辟之興，皆叔世也。』此則近君子有徵之言矣。

政治戰略與政治策略部

務得民心論分部

論　説

晉·傅玄《傅子·平賦役》 昔先王之興役賦，所以安上濟下，盡利用之宜，是故隨時質文，不過其節。計民豐約而平均之，使力足以供事，財足以周用，乃立壹定之制，以為常典。甸都有常分，諸侯有常職焉。萬國致其貢，器用殊其物，上不興非常之賦，下不進非常之貢，上下同心，以奉常教，民雖輸力致財，而莫怨其上者，所務公而制有常也。

戰國之際，弃德任威，競相吞代，而天下之民困矣。秦並海內，遂滅先王之制，行其暴政，內造阿房之宮，繼以驪山之役，外築長城之限，重以百越之戍，賦過大半，傾天下之財不足以盈其欲，役及閭左，竭天下之力不足以周其事，於是蓄怨積憤，同聲而起。陳涉、項梁之疇，奮劍大呼，而天下之民，應以從之。驪山之基未閉，而敵國已收其圖籍矣。

昔者東野畢御，盡其馬之力，而顔回知其必敗，況御天下而可盡人之力也哉？夫用人之力，歲不過三日者，謂治平無事之世，故周之典制載焉。若黃帝之時，外有赤帝、蚩尤之難，內設舟車門衛甲兵之備，六興大役，再行天誅，居無安處，即天下之民，亦不得不勞也。勞而不怨，用之至平也。禹鑿龍門，闢伊闕，築九山，滌百川，過門不入，薄飲食，卑宮室，以率先天下，天下樂盡其力而不敢辭勞者，儉而有節，所趣公也。故世有事，即役煩而賦重世無事，即役簡而賦輕。役簡賦輕則奉上之禮宜崇，國家之制宜備，此周公所以定六典也。役煩賦重，即上宜損制以恤其下，事宜從省以致其用，此黃帝、夏禹之所以成其功也。後之為政，思黃帝之至平，夏禹之積儉，周制之有常，隨時益損而息耗之，庶幾雖勞而不怨矣。

《三國志》卷二四《魏志·高柔傳》 是時，殺禁地鹿者身死，財產沒官，有能覺告者厚加賞賜。柔上疏曰：

聖王之御世，莫不以廣農為務，儉用為資。夫農廣則穀積，用儉則財畜，畜財積穀而有憂患之虞者，未之有也。古者，一夫不耕，或為之飢；一婦不織，或為之寒。中間已來，百姓供給衆役，親田者既減，加頃復有獵禁，羣鹿犯暴，殘食生苗，處處為害，所傷不貲。民雖障防，力不能御。至如滎陽左右，周數百里，歲略不收，元元之命，實可矜傷。方今天下生財者甚少，而麋鹿之損者甚多。卒有兵戎之役，凶年之災，將無以待之。惟陛下覽先聖之所念，愍稼穡之艱難，寬放民間，使得捕鹿，遂除其禁，則衆庶久濟，莫不悅豫矣。

又　卷二五《魏志·高堂隆傳》 詔問隆：『吾聞漢武帝時，柏梁

災，而大起宮殿以厭之，其義云何？』隆對曰：『臣聞西京柏梁既災，越巫陳方，建章是經，以厭火祥，乃夷越之巫所為，非聖賢之明訓也。《五行志》曰：「柏梁災，其後有江充巫蠱衛太子事。」如《志》之言，越巫建章無所厭也。孔子曰：「災者脩類應行，精祲相感，以戒人君。」是以聖主覩災責躬，退而脩德，以消復之。今宜罷散民役。宮室之制，務從約節，內足以待風雨，外足以講禮儀。清埽所災之處，不敢於此有所立作，蓮莆、嘉禾必生此地，以報陛下虔恭之德。豈可疲民之力，竭民之財！實非所以致符瑞而懷遠人也。』【略】

陵霄闕始構，有鵲巢其上，帝以問隆。對曰：『《詩》云：「惟鵲有巢，維鳩居之。」今興宮室，起陵霄闕，而鵲巢之，此宮室未成身不得居之象也。天意若曰，宮室未成，將有他姓制御之，斯乃上天之戒也。夫天道無親，惟與善人，不可不深防，不可不深慮。夏、商之季，皆繼體也。不欽承上天之明命，惟讒諂是從，廢德適欲，故其亡也忽焉。太戊、武丁，覩災竦懼，祗承天戒，故其興也勃焉。今若休罷百役，儉以足用，增崇德政，動遵帝則，除普天之所患，興兆民之所利，三王可四，五帝可六，豈惟殷宗轉禍為福而已哉！臣備腹心，苟可以繁祉聖躬，安存社稷，臣雖灰身破族，猶生之年也。豈憚忤逆之災，而令陛下不聞至言乎？』【略】

是歲，有星孛于大辰。隆上疏，曰：『凡帝王徙都立邑，皆先定天地社稷之位，敬恭以奉之。將營宮室，則宗廟為先，廄庫為次，居室為後。【略】《書》曰：「天聰明自我民聰明，天明畏自我民明威。」輿人作頌，則嚮以五福，民怒吁嗟，則威以六極，言天之賞罰，隨民言，順民心也。是以臨政務在安民為先，然後稽古之化，格于上下，自古及今，未嘗不然也。未采椽卑宮，唐、虞、大禹之所以垂皇風也；玉臺瓊室，夏癸、商辛之所以犯昊天也。』

又 卷五八《吳志・陸遜傳》 時謝淵、謝厷等各陳便宜，欲興利改作，以事下遜。遜議曰：國以民為本，彊由民力，財由民出。夫民殷國弱，民瘠國彊者，未之有也。故為國者，得民則治，失之則亂，若不愛利，而令盡用立效，亦為難也。是以《詩》歎『宜民宜人，受祿于天』。乞垂聖恩，寧濟百姓，數年之間，國用少豐，然後更圖。

《南齊書》卷四六《顧憲之傳》 憲之議曰：【略】《書》云『與其有聚斂之臣，寧有盜臣』。此言盜公為損蓋微，斂民所害乃大也。【略】然掌斯任者，應簡廉平，廉則不竊於公，平則無害於民矣。愚又以便宜者，蓋謂便於公，宜於民也。【略】死且不憚，矧伊刑罰；身且不愛，何況妻子。是以前檢未窮，後巧復滋，網辟徒峻，猶不能悛。竊尋民之多偽，實由宋季軍旅繁興，役賦殷重，不堪勤劇，倚巧祈優，積習生常，遂迷忘反。四海之大，黎庶之衆，心用參差，難卒澄一。化宜以漸，不可疾責。誠存不擾，藏疾納汙，實增崇曠，務詳寬簡，則稍自歸淳。

《魏書》卷六八《甄琛傳》 琛表曰：王者道同天壤，施齊造化，濟時拯物，為民父母。故年穀不登，為民祈祀。乾坤所惠，天子順之；山川秘利，天子通之。苟益生民，損躬無吝，如或所聚，唯為賑恤。是以月令稱：山林藪澤，有能取蔬食禽獸者，皆野虞教導之；其迭相侵奪者，罪之無赦。此明導民而弗禁，通有無以相濟也。《周禮》雖有川澤之禁，正所以防其殘盡，必令取之有時。斯所謂鄣護雖在公，更所以為民守之耳。且一家之長，惠及子孫，一運之君，澤周天下，皆所以厚其所養，以為國家之富。未有尊居父母，而醯醢是吝，富有萬品，而一物是規。今者天為黔首生鹽，國與黔首障護，假獲其利，是猶富專口斷，不及四體也。且天下夫婦，歲貢粟帛。四海之有，備奉一人；軍國之資，取給百姓。天子亦何患乎貧，而苟禁一池也。

古之王者，世有其民，或水火以濟其用，或巢宇以誨其居，或教農以去其飢，或訓衣以除其弊。故周《詩》稱『教之誨之，飲之食之』，皆所以撫覆導養，為之求利者也。臣性昧知理，識無速尚，每觀上古愛民之迹，時讀中葉驟稅之書，未嘗不歎彼遠大，惜此近狹。今偽弊相承，仍崇關鄽之稅；大魏恢博，唯受穀帛之輸。是使遠方聞者，罔不歌德。昔亶父以棄寶得民，《碩鼠》以受財失衆。君王之義，宜其高矣；魏之簡稅，惠實遠矣。語稱出內之吝，有司之福；施惠之難，人君之禍。夫以府藏之物，猶以不施而為災，況府外之利，而可吝之於黔首？且善藏者藏於民，不善藏者藏於府。藏於民者，民欣而君富；藏於府者，國怨而民貧。國怨則示化有虧，民貧則君無所取。願弛茲鹽禁，使沛然遠及，依《周

禮》置川衡之法，使之監導而已。

宋·李昉等《文苑英華》卷七五四《史論一·何元之〈梁典·高祖事論〉》 夫根深者葉茂，源廣者流長，故聖王欲其茂長，前為深廣，是以擇沃壤以置王，畿國都圜於六鄉，封城號於千里，其外則布之以五等，列之以萬國，分疆畫野，立樹黨閭，境隴以懷其仁，桑梓以安其俗，諸侯守境土，以事於上，天子執賞罰，以臨于下，有功則褒，無道則廢，二伯弼于內朝，九牧佐于外政，間之以賢戚，参之以懿親，弘仁義於區中，被禮樂於遐表，忠信之禮達，謙讓之風行，爾乃覬覦之心絕，兵戈疊息，刑辟靡用，獄訟罔興，然後龜龍遊於池沼，鸞鳳栖於苑囿。及其末世，雖主昏於上，民亂於下，猶晉、鄭有依，桓、文是相，絕而更續，顛而必扶，數百年外，方至於滅。

周道既没，斯風漸喪，洎于後代，其弊尤甚，罔恤民之不存，而憂士之不祿，蒞民之長，守次更為，前人未安，後人便及，迎新送故，疲於道塗，為君者甚多，為民者甚少，由是君臣之義薄，狡惡之萌興，下上逓憎，甚於仇敵，百城恣其暴奪，億兆困其徵求，損棄舊卿，奔亡他縣，地荒邑散，私少官多，於是倉庫既空，賦斂更重，天示譴禍，地出妖祥，飢疫互生，水旱交至，民不堪命，轟然土崩，數十年間，還為黎庶。

北齊·劉晝《劉子》卷三《愛民》 天生蒸民，而樹之君，君者，民之天也。天之養物，以陰陽為本；君之化民，以政教為務。故寒暑不時則疾疫，風雨不節則歲飢。刑罰者，民之寒暑也；教令者，民之風雨也。刑罰不時，則民傷；教令不節，則俗弊。故水濁無掉尾之魚，土埆無葳蕤之木，政煩無逸樂之民。政之於人，猶琴瑟也，大弦急，則小弦絕，小弦絕則，大弦闕矣。

夫足寒傷心，民勞傷國；足温而心平，人佚而國寧。是故善為理者，必以仁愛為本，不以苛酷為先。寬宥刑罰，以全民命，省徹徭役，以休民力；輕約賦斂，不匱人財，不奪農時，以足民用；則家給國富，而太平可致也。人之於君，猶子之於父母也。未有父母富而子貧，父母貧而子富也。故人饒足者，非獨人之足，亦國之足也；渴乏者，非獨人之渴乏，亦國之渴乏也。故有若曰：『百姓足，君孰與不足，百姓不足，君孰與足？』此之謂也。

先王之治，上順天時，下養萬物，草木昆蟲，不失其所；獺未祭魚，不施網罟，豺未祭獸，不脩田獵；鷹隼未擊，不張罻羅；霜露未霑，不伐草木。草木有生而無識，禽獸有識而無知，猶施仁愛以及之，奚況生人而不愛之乎？

故君者，其仁如春，其德如雨，泽潤萬物，則人為之死矣。昔太王去邠，而人隨之，仁愛有餘也；夙沙之君，而人背之，仁愛不足也。仁愛附人，堅於金石，金石可銷，而人不可離。故君者，壤地也；人者，卉木也。未聞壤地肥而卉木不茂，君仁而萬民不盛矣。

《周書》卷五《武帝紀上》 詔曰：民亦勞止，則星動於天；作事不時，則石言於國。故知為政欲靜，靜在寧民；為治欲安，安在息役。

《晉書》卷八七《涼武昭王傳》 士業用刑頗嚴，又繕筑不止，從事中郎張顯上疏諫曰：『入歲已賫，陰陽失序，屢有賊風暴雨，犯傷和氣。今區域三分，勢不久併，幷兼之本，實在農戰，懷遠之略，事帰寬簡。而更繁刑峻法，宮室是務，人力凋殘，百姓愁悴。致畄之咎，實此之由。』主簿氾稱又上疏諫曰：

臣聞天之子愛人后，殷勤至矣。故政之不脩，則垂災譴以戒之。改者雖危必昌，宋景是也。其不改者，雖安必亡，虢公是也。元年三月癸卯，敦煌謙德堂陷。八月，效穀地裂。二年元日，昏霧四塞，四月，日赤無光，二旬乃復，十一月，狐上南門。今茲春夏地頻五震，六月，隕星于建康。臣雖學不稽古，敏謝仲舒，頗亦聞道於先師，且行年五十有九，請為殿下略言耳目之所聞見，不復能遠論書傳之事也。

乃者咸安之初，西平地裂，狐入謙光殿前，俄而秦師奄至，都城不守。梁熙既為涼州，藉秦氏兵亂，規有全涼之地，外不撫百姓，內多聚斂，建元十九年姑臧南門崩，隕石於閑豫堂，二十年而呂光東反，子敗於前，身戮於後。段業因羣胡創亂，遂稱制此方，三年之中，地震五十餘所，既而先王龍興於瓜州，蒙遜殺於張掖。此皆目前之成事，亦殿下之所聞知。效穀，先王鴻漸之始，謙德，即尊之室，基陷地裂，大凶之征也。日者大陽之精，中國之象，赤而無光，中國將為胡夷之所陵滅。諺曰：『野獸入家，主人將去。』今狐上南門，亦災之大也。又狐者胡也，天意若曰：將有胡人入居于此城，南面而居者也。昔春秋之世，星隕于宋，襄公卒為楚所擒。地者至陰，胡夷之象，當靜而動，反亂天常，天意若

曰：胡夷將震動中國，中國若不脩德，將有宋襄之禍。

臣蒙先朝布衣之眷，輒自同子弟之親，是以不避忤上之誅，昧死而進愚款。願殿下親仁善鄰，養威觀釁，罷宮室之務，止游畋之娛。後宮嬪妃，諸夷子女，躬受分田，身勸蠶績，以清儉素德為榮，息茲奢靡之費，百姓租稅，專擬軍國。虛衿下士，廣招英雋，脩秦氏之術，以强國富俗。待國有數年之積，庭盈文武之士，然後命韓白為前驅，納子房之妙算，一鼓而姑臧可平，長驅可以飲馬涇渭，方東面而爭天下，豈蒙遜之足憂！不然，臣恐宗廟之危，必不出紀。

强國富民論分部

論說

晉·傅玄《傅子·檢商賈》 夫商賈者，所以伸盈虛而獲天地之利，通有無而壹四海之財，其人可甚賤，而其業不可廢，蓋衆利之所充，而積偽之所生，不可不審察也。

古者民樸而化淳，上少欲而下尠偽，衣足以暖身，食足以充口器足以給用，居足以避風雨，養以大道，而民樂其生；敦以大質，而下無逸心。日中為市，民交易而退，各得其所，蓋化淳也。暨周世殷盛，承變極文，而重為之防，國有定制，下供常事，役賦有恒，而業不廢，君臣相與，一體上下，譬之形影，官恕民忠，而恩侔父子。上不徵非常之物，下不供非常之求，君不索無用之寶，民不鬻無用之貨。自公侯至於皂隸僕妾，尊卑殊禮，貴賤異等，萬機運於上，百事動於下，而六合晏如者，分數定也。夫神農正其綱，先之以無欲，而咸安其道。周綜其目，壹之以中典，而民不越法。及秦亂四民而廢常賤，競逐末利而弃本業，苟合壹切之風起矣。於是士樹姦於朝，賈窮偽於市，臣挾邪以內其君，子懷利以詐其父，一人唱欲而億兆和。上逞無厭之欲，下充無極之求，都有專市之賈，邑有傾世之商，商賈富乎公室，農夫伏於隴畝而墮溝壑。上愈增無常之好以徵下，下窮死而不知所歸，哀夫！且末流濫溢而本源竭，纖靡盈市而穀帛罄，其勢然也。古言非典義，學士不以經心；事非田桑，農夫不以亂業；器非時用，工人不以措手；物非世資，商賈不以適市。士思其訓，農思其務，工思其用，賈思其常，是以上用足而下不匱。故壹野不如壹市，壹市不如壹朝，壹朝不如一用，一用不如上息欲，上息欲而下反真矣。不息欲於上，而欲求下之安靜，此猶縱火焚林，而索原野之不彫瘁，難矣。

故明君止欲而寬下，急商而緩農，貴本而賤末，朝無蔽賢之臣，市無專利之賈，國無擅山澤之民。一臣蔽賢，則上下之道壅；商賈專利，則四方之資困；民擅山澤，則兼并之路開。兼并之路開而上以無常役，下賦一物，非民所生，而請於商賈，則民財暴賤；民財暴賤，而非常暴貴；非常暴貴，則本竭而末盈；末盈本竭，而國富民安，未之有矣。

晉·袁準《袁子正書·治亂》 治國之要有三：一曰食，二曰兵，三曰信。三者國之急務、存亡之機，明主之所重也。民之所惡者莫如死，豈獨百姓之心然？雖堯舜亦然。民困衣食，將死亡，而望其奉法從教，不可得也。夫唯君子而後能固窮。故有國而不務食，是責天下之人而為君子之行也。伯夷餓死於首陽之山，傷性也。管仲分財自取多，傷義也。夫有伯夷之節，故可以不食而死；有管仲之才，故可以不讓而取。然死不如生，爭不如讓。故有民而國貧者，則君子傷道，小人傷行矣。君子傷道則教虧，小人傷行則姦起。夫民者，君之所求用也。民富則所求盡得，民貧則所求盡失。用而不得。故無强兵；求而皆失，故無興國，明主知為國之不可以不富也。故率民於農。

富國有八政：一曰儉以足用，二曰時以生利，三曰貴農賤商，四曰常民之業，五曰出入有度，六曰以貨均財，七曰抑談說之士，八曰塞朋黨之門。夫儉則能廣，時則農脩，貴農則穀重，賤商則貨輕，有常則民壹，有度則不散，貨布則並兼塞，抑談說之士則百姓不淫，塞朋黨之門則天下歸本。知此八者，國雖小必王；不知此八者，國雖大必亡。凡上之所以能制其下者，以有利權也。貧者能富之之謂利，有罪者能罰之之謂權。今為國不明其威禁，使刑賞利祿，壹出於己，則國貧而家富，離上而趣下矣。夫處至貴之上，有一國之富，不可以不明其威刑而納公實之言，此國之所以治亂也。至貴者人奪之，至富者人取之，是以明君不敢恃其尊，以道為尊；不敢恃其强，以法為强。親道不親人，故天下皆親也；愛義不

愛近，故萬里為近也天下同道，萬里一心，是故以人治人，以國治國，以天下治天下，聖王之道也。凡有國者，患在壅塞。故不可以不公；患在虛巧，故不可以不實；患在詐偽，故不可以不信。三者明則國安，三者不明則國危。苟功之所在，雖疏遠必賞；苟罪之所在，雖親近必罰。辨智無所橫其辭，左右無所開其說，君子卿大夫其敬懼如布衣之慮。故百姓蹈法而無徼幸之心，君制而臣從，令行而禁止，壅塞之路閉，而人主安太山矣。夫禮者所以正君子也，法者所以治小人也，治在於君子，功在於小人。故為國而不以禮，則君子不讓；制民而不以法，則小人不懼。君子不讓則治不立，小人不懼則功不成，是以聖人之法，使貴賤不同禮，賢愚不同法。毀法者誅，有罪者罰。爵位其才行，不計本末；刑賞以其功過，不計輕重。言必出於公實，行必落於法理，是以百姓樂義，不敢為非也。太上使民知道，其次使民知心，其下使民不得為非。使民知道者德也，使民知心者義也，使民不得為非者威禁也。威禁者，賞必行刑必斷之謂也。此三道者，治天下之具也。欲王而王，欲霸而霸，欲强而强，在人主所志也。

《三國志》卷一《魏志・武帝紀》裴松之注 《魏書》：夫定國之術，在于彊兵足食，秦人以急農兼天下，孝武以屯田定西域，此先代之良式也。

《宋書》卷六〇《范泰傳》 時言事者多以錢貨減少，國用不足，欲悉市民銅，更造五銖錢。泰又諫曰：

流聞將禁私銅，以充官銅，民雖失器，終於獲直，國用不足，其利實多。臣愚意異，不寧寢默。臣聞治國若烹小鮮，拯敝莫若務本。百姓不足，君孰與足？未有民貧而國富，本不足而末有餘者也。故囊漏貯中，識者不吝；反裘負薪，存毛實難。王者不言有無，諸侯不言多少，食祿之家，不與百姓爭利。故拔葵所以明治，織蒲謂之不仁，是以貴賤有章，職分無爽。

今之所憂，在農民尚寡，倉廩未充，轉運無已，資食者衆，家無私積，難以御荒耳。夫貨存貿易，不在少多，昔日之貴，今者之賤，彼此共之，其揆一也。但令官民均通，則無患不足，若使必資貨廣，以收國用者，則龜貝之屬，自古所行。尋銅之為器，在用也博矣。鍾律所通者遠，機衡所揆者大。夏鼎負《圖》，實冠衆瑞，晉鐸呈象，亦啓休徵。器有要用，則貴賤同資；物有適宜，則家國共急。今毀必資之器，而為無施之錢，於貨則功不補勞，在用則君民俱困，校之以實，損多益少。陛下勞謙終日，無倦庶務，以身率物，勤素成風，而頌聲不作，版、渭不至者，良由基根未固，意在遠略。伏願思可久之道，賒欲速之情，弘山海之納，擇芻收之說，則嘉謀日陳，聖慮可廣。其亡存心，然後苞桑可繫。愚誠一至，用忘寢食。

又 卷六六《何尚之傳》 先是，患貨重，鑄四銖錢，民間頗盜鑄，多翦鑿古錢以取銅，上患之。（義熙）二十四年，録尚書江夏王義恭建議，以一大錢當兩，以防翦鑿，議者多同。尚之議曰：

伏鑑明命，欲改錢制，不勞採鑄，其利自倍，實救弊之弘算，增貨之良術。求之管淺，猶有未譬。夫泉貝之興，以估貨為本，事存交易，豈假數多。數少則幣重，數多則物重，多少雖異，濟用不殊。況復一以當兩，徒崇虛價者邪。凡創制改法，宜從民情，未有違衆矯物而可久也。泉布廢興，未容驟議，前代赤仄白金，俄而罷息，六貨憒亂，民泣於市。良由事不畫一，難用遵行，自非急病權時，宜守久長之業。煩政曲雜，致遠常泥。且貨偏則民病，故先王立井田以一之，使富不淫侈，貧不過匱。雖茲法久廢，不可頓施，要宜而近，粗相放擬。若今制遂行，富人貲貨自倍，貧者彌增其困，懼非所以欲均之意。又錢之形式，大少多品，直云大錢，則未知其格。若止於四銖五銖，則文皆古篆，既非下走所識，加或漫滅，尤難分明，公私交亂，爭訟必起，此最是其深疑者也。命旨兼慮翦鑿日多，以至消盡；鄙意復謂殆無此嫌。民巧雖密，要有蹤迹，且用錢貨銅，事可尋檢，直由屬所怠縱，糾察不精，致使立制以來，發覺者寡。今雖有懸金之名，竟無酬與之實，若申明舊科，禽獲即報，畏法希賞，不日自定矣。愚者之議，智者擇焉，猥參訪逮，敢不輸盡。【略】

中領軍沈演之以為：

龜貝行於上古，泉刀興自有周，皆所以阜財通利，實國富民者也，歷代雖遠，資用彌便，但採鑄久廢，兼喪亂累仍，糜散湮滅，何可勝計。晉遷江南，疆境未廓，或土習其風，錢不普用，其數本少，為患尚輕。今王略開廣，聲教遐暨，金鏹所布，爰逮荒服，昔所不及，悉已流行之矣。用

彌廣而貨愈狹，加復競竊翦鑿，銷毁滋繁，刑禁雖重，姦避方密，遂使歲月增貴，貧室日虛。啓作肆力之氓，徒勤不足以供贍。誠由貨貴物賤，常調未革，弗思釐改，為弊轉深，斯實親教之良時，通變之嘉會。愚謂若以大錢當兩，則國傳難朽之寶，家贏一倍之利，不俟加憲，巧源自絶，施一令而衆美兼，無興造之費，莫盛於兹矣。

又 卷七五《顔竣傳》 元嘉中，鑄四銖錢，輪郭形制，與五銖同，用費損，無利，故百姓不盜鑄。及世祖即位，又鑄孝建四銖。三年，尚書右丞徐爰議曰：『貴貨利民，載自五政，開鑄流圜，法成九府，民富國實，教立化光。及時移俗易，則通變適用，是以周、漢俶遷，隨世輕重。降及後代，財豐用足，因循前貫，無復改創。年歷既遠，喪亂屢經，堙焚剪毁，日月銷減，貨薄民貧，公私俱困，不有革造，將至大乏。謂應式遵古典，收銅繕鑄，納贖刊刑，著在往策，今宜以銅贖刑，隨罰為品。』

【略】

始興郡公沈慶之立議曰：『昔秦幣過重，高祖是患，普令民鑄，改造榆莢，而貨輕物重，又復乖時。太宗放鑄，賈誼致譏，誠以采山術存，銅多利重，耕戰之器，曩時所用，四民競造，為害或多。而孝文弗納，民鑄遂行，故能朽貫盈府，天下殷富。況今耕戰不用，采鑄廢久，鎔冶所資，多因成器，功艱利薄，絶吴、鄧之資，農民不習，無釋耒之患。方今中興開運，聖化惟新，雖復偃甲銷戈，而倉庫未實，公私所乏，唯錢而已。愚謂宜聽民鑄錢，郡縣開置錢署，樂鑄之家，皆居署內，平其準式，去其雜偽，官斂輪郭，藏之以為永寶。去春所禁新品，一時施用，今鑄悉依此格。萬税三千，嚴檢盜鑄，并禁翦鑿。數年之間，公私豐贍，銅盡事息，姦偽自止。且禁鑄則銅轉成器，開鑄則器化為財，翦華利用，於事為益。』

上下其事公卿，太宰江夏王義恭議曰：『伏見沈慶之議，「聽民私鑄，樂鑄之室，皆入署居。平其准式，去其雜偽」。愚謂百姓不樂與官相關，由來甚久。又多是人士，蓋不願入署。凡盜鑄為利，利在偽雜，偽雜既禁，樂入必寡。云「斂取輪郭，藏為永寶」。愚謂上之所貴，下必從之，百姓聞官斂輪郭，輪郭之價百倍，大小對易，誰肯為之。强制使換，則狀似逼奪。又「去春所禁新品，一時施用」。愚謂此條在可開許。又云「今鑄宜依此格，萬税三千」。又云「嚴檢盜鑄，不得更造」。愚謂禁制之設，非惟一旦，昧利犯憲，羣庶常情，不患制輕，患在冒犯。今入署必萬輸三千，私鑄無十三之税，逐利犯禁，居然不斷。又云「銅盡事息，姦偽自禁」。愚謂赤縣内銅，非可卒盡，比及銅盡，姦偽已積。又云「禁鑄則銅轉成器，開鑄則器化為財」。然頃所患，患於形式不均，加以剪鑿，又鉛錫衆。雜止於盜鑄銅者，亦無須苦禁。』

竣議曰：『泉貨利用，近古所同，輕重之議，定於漢世，魏晉以降，未之能改。誠以物貨既均，改之偽生故也。世代漸久，弊運頓至，因革之道，宜有其術。今云開署放鑄，誠所欣同。但慮採山事絶，器用日耗，銅既轉少，器亦彌貴。設器直一千，則鑄之減半，為之無利，雖令不行。又云：「去春所禁，一時施用。」是欲使天下豐財。若細物必行，而不從公鑄，利已既深，情偽無極，私鑄翦鑿，盡不可禁。五銖半兩之屬，不盈一年，必至於盡。財貨未贍，大錢已竭，數歲之間，悉為塵土，豈可令取弊之道，基於皇代。今百姓之貨，雖為轉少，而市井之民，未有嗟怨，此新禁初行，品式未一，須臾自止，不足以垂聖慮。唯府藏空匱，實為重憂。今縱行細錢，官無益賦之理，百姓雖贍，無解官乏。唯簡費去華，設在節儉，求贍之道，莫此為貴。然錢有定限，而消失無方，翦鑄雖息，終致窮盡者，亡應官開取銅之署，絶器用之塗，定其品式，日月漸鑄，歲久之後，不為世益耳。』

《南齊書》卷三七《劉悛傳》 宋代太祖輔政，有意欲鑄錢，以禪讓之際，未及施行。建元四年，奉朝請孔覬上《鑄錢均貨議》，辭證甚博。其略以為：

食貨相通，理勢自然。李悝曰：『糴甚貴傷民，甚賤傷農。』民傷則離散，農傷則國貧。甚賤與甚貴，其傷一也。三吴國之關閫，比歲被水潦而糴不貴，是天下錢少，非穀穰賤，此不可不察也。鑄錢之弊，在輕重屢變，重錢患難用，而難用為累輕，輕錢弊盜鑄，而盜鑄為禍深。民所盜鑄，嚴法不禁者，由上鑄錢惜銅愛工也。惜銅愛工者，謂錢無用之器，以通交易，務欲令輕而數多，使省工而易成，不詳慮其為患也。自漢鑄五銖錢，至宋文帝，歷五百餘年，制度世有廢興，而不變五銖錢者，明其輕重可法，得貨之宜也。以為宜開置泉府，方牧貢金，大興鎔鑄，錢重五銖，一依漢法。府庫已實，國用有儲，乃量奉禄，薄賦税，則家給民足。頃盜

鑄新錢者，皆效作翦鑿，不鑄大錢也。摩澤淄染，始皆類故；交易之後，渝變還新。良民弗皆淄染，不復行矣。所鬻賣者，皆徒失其物。盜鑄者，復賤買新錢，淄染更用，反復生詐，循環起姦，此明主尤所宜禁而不可長也。若官鑄已布於民，（使）［便］嚴斷翦鑿，小輕破缺無周郭者，悉不得行，官錢細小者，稱合銖兩，銷以為大。利貧良之民，塞姦巧之路。錢貨既均，遠近若一，百姓樂業，市道無爭，衣食滋殖矣。

《魏書》卷一九中《任城王澄傳》 澄表曰：

伏惟世宗宣武皇帝命將授旗，隨陸啓顙；運籌制勝，淮漢自賓。節用勞心，志清六合，是故纘武脩文，仍世彌盛。陛下當周康靖治之時，豈得晏安於玄默。然取外之理，要由內强，圖人之本，先在自備。蕭衍雖虐使其民，而窺覦不已。若遇我虛疲，士民凋窘，賊衍年老志張，思播虺毒，此之弗圖，恐受其病。伏惟陛下妙齡在位，聖德方昇；皇太后總御天機，乾乾夕惕。若留意於負荷，忿車書之未一。進賢拔能，重官人之舉；標賞忠清，旌養人之器；脩干戈之用，畜熊虎之士；愛時鄙財，輕寶重穀。七八年間，陛下聖略方剛，親王德幹壯茂，將相膂力未衰，愚臣猶堪戎伍，荷戈帶甲之衆蓄鋭於今，燕弧冀馬之盛充物在昔；又賊衍惡積禍盈，勢不能久，子弟闇悖，釁逆已彰，亂亡之兆，灼然可見。兼弱有徵，天與不遠，大同之機，宜須蓄備。昔漢帝力疾，討滅英布；高皇臥病，親除顯達。夫以萬乘之主，豈忘宴安，實以侵名亂正，計不得已。今宜慕二帝之遠圖，以肅寧為大任。

然頃年以來，東西難寇，艱虞之興，首尾連接，雖尋得翦除，亦大損財力。且飢饉之氓，散亡莫保，收入之賦不增，出用之費彌衆，不愛力以悅民，無豐資以待敵，此臣所以夙夜懷憂，悚息不寧者也。《易》曰：『何以守位曰仁，何以聚人曰財。』故曰：財者，非天不生，非地不長，非時不成，非人不聚。生聚之由，如此其難，集人守位，若此之重。興替之道，焉可不慮。又古者使民，歲不過三日，食壯者之糧，任老者之智。此雖太平之法，難卒而因，然妨民害財，不亦宜戒！今墉雉素脩，廒庫崇列，雖府寺膠墊，少有未周，大抵省府，粗得庇憩理務，諸寺靈塔，俱足致虔講道。唯明堂辟雍，國禮之大。來冬司徒兵至，請籌量減徹，專力經營，務令早就。其廣濟數施之財，酬商互市之弊，凡所營造，自非供御切須，戎仗急要，亦宜微減，以務阜積，庶府無橫損，民有全力。夫食土簋而媯德昭，寢卑室而禹功盛，章台麗而楚力衰，阿宮壯而秦財竭，存亡之由，灼然可睹。願思前王一同之功，畜力聚財，以待時會。

又 卷七七《高謙之傳》 於時朝議鑄錢，以謙之為鑄錢都將長史。乃上表求鑄三銖錢曰：

蓋錢貨之立，本以通有無，便交易。故錢之輕重，世代不同。太公為周置九府圜法，至景王時更鑄大錢。秦兼海內，錢重半兩。漢興，以秦錢重，改鑄榆莢錢。至文帝五年，復為四銖。孝武時，悉復銷壞，更鑄三銖。至元狩中，變為五銖。又造赤仄之錢，以一當五。王莽攝政，錢有六等，大錢重十二銖，次九銖，次七銖，次五銖，次三銖，次一銖。魏文帝罷五銖錢，至明帝復立。孫權江左，鑄大錢，一當五百。權赤烏年，復鑄大錢，一當千。輕重大小，莫不隨時而變。

竊以食貨之要，八政為首；聚財之貴，詒訓典文。是以昔之帝王，乘天地之饒，御海內之富，莫不腐紅粟於太倉，藏朽貫於泉府，儲蓄既盈，民無困敝，可以寧謐四極，如身使臂者矣。昔漢之孝武，地廣財豐，外事四戎，遂虛國用。於是草萊之臣，出財助國，興利之計，納稅廟堂。市列榷酒之官，邑有告緡之令。鹽鐵既興，錢幣屢改，少府遂豐，上林饒積。外闢百蠻，內不增賦者，皆計利之由也。今羣妖未息，四郊多壘，徵稅既煩，千金日費，資儲漸耗，財用將竭，誠楊氏獻稅之秋，桑、兒言利之日。夫以西京之盛，錢猶屢改，並行小大，子母相權，況今寇難未除，州郡淪敗，民物凋零，軍國用少，別鑄小錢，可以富益，何損於政，何妨於人也？且政興不以錢大，政衰不以錢小，惟貴公私得所，政化無虧，既行之於古，亦宜效之於今矣。昔禹遭大水，以歷山之金鑄錢，救民之困。湯遭大旱，以莊山之金鑄錢，贖民之賣子者。今百姓窮悴，甚於曩日，欽明之主豈得垂拱而觀之哉？

臣今此鑄，以濟交乏，五銖之錢，任使並用，行之無損，國得其益，穆公之言，於斯驗矣。臣雖術愧計然，識非心算，暫充錢官，頗覩其理。苟有所益，不得不言。脫以為疑，求下公卿博議。如謂為允，即乞施行。

又 《高恭之傳》 於時用錢稍薄，道穆表曰：

四民之業，錢貨為本，救弊改鑄，王政所先。自頃以私鑄薄濫，官司

糾繩，挂網非一。在市銅價，八十一文得銅一斤，私造薄錢，斤餘二百。既示之以深利，又隨之以重刑，罹罪者雖多，姦鑄者彌衆。今錢徒有五銖之文，而無二銖之實，薄甚榆莢，上貫便破，置之水上，殆欲不沉。此乃因循有漸，科防不切，朝廷之愆，彼復何罪。昔漢文帝以五分錢小，改鑄四銖，至武帝復改三銖為半兩，此皆以大易小，以重代輕也。論今據古，宜改鑄大錢，文載年號，以記其始，則一斤所成止七十六文。銅價至賤五十有餘，其中人功、食料、錫炭、鉛沙，縱復私營，不能自潤。直置無利，自應息心，況復嚴刑廣設也。以臣測之，必當錢貨永通，公私獲允。

又 卷一一〇《食貨志》 熙平初，尚書令、任城王澄上言：

臣聞《洪範》八政，貨居二焉。《易》稱：『天地之大德曰生，聖人之大寶曰位，何以守位曰仁，何以聚人曰財。』財者，帝王所以聚人守位，成養羣生，奉順天德，治國安民之本也。夏殷之政，九州貢金，以定五品。周仍其舊。太公立九府之法，於是圜貨始行，定銖兩之楷。齊桓循用，以霸諸侯。降及秦始、漢文，遂有輕重之異。吳濞、鄧通之錢，收利遍于天下，河南之地，猶甚多焉。逮于孝武，乃更造五銖，其中毀鑄，隨利改易，故使錢有小大之品。竊尋太和之錢，高祖留心創制，後與五銖並行，此乃不刊之式。但臣竊聞之，君子行禮，不求變俗，因其所宜，順而致用。太和五銖，雖利於京邑之肆，而不入徐揚之市。土貨既殊，貿鬻亦異，便於荆郢之邦者，則礙於兖豫之域。致使貧民有重困之切，王道貽隔化之訟。去永平三年，都座奏斷天下用錢不依準式者，時被敕云：『不行之錢，雖有常禁，其先用之處，權可聽行，至來年末，悉令斷之。』延昌二年，徐州民儉，刺史啓奏，求行土錢，旨聽權依舊用。謹尋不行之錢，律有明式，指謂雞眼、鐶鑿，更無餘禁。計河南諸州，今所行者，悉非制限。昔來繩禁，愚竊惑焉。又河北州鎮，既無新造五銖，設有舊者，而復禁斷，並不得行，專以單絲之縑，疏縷之布，狹幅促度，不中常式，裂匹為尺，以濟有無。至今徒成杼軸之勞，不免飢寒之苦，良由分截布帛，壅塞錢貨。實非救恤凍餒，子育黎元。謹惟自古以來，錢品不一，前後累代，易變無常。且錢之為名，欲泉流不已。愚意謂今之太和與新鑄五銖，及諸古錢方俗所便用者，雖有大小之異，並得通行。貴賤之差，自依鄉價。庶貨環海內，公私無壅。其不行之錢，及盜鑄毀大為小，巧偽不如法者，據律罪之。【略】

臣猥屬樞衡，庶罄心力，常願貨物均通，書軌一範。謹詳《周禮》，外府掌邦布之入出。布猶泉也，其藏曰泉，其流曰布。然則錢之興也，始於一品，欲令世匠均同，圜流無極。爰暨周景，降逮亡新，易鑄相尋，參差百品，遂令接境乖商，連邦隔貿。臣比奏求宣下海內，依式行錢。登被旨敕，『錢行已久，且可依舊』。謹重參量，以為太和五銖乃大魏之通貨，不朽之恒模，寧可專貿於京邑，不行於天下！但今戎馬在郊，江疆未一，東南之州，依舊為便。至於京西、京北域內州鎮未用錢處，行之則不足為難，塞之則有乖通典。何者？布帛不可尺寸而裂，五穀則有負檐之難，錢之為用，貫繦相屬，不假斗斛之器，不勞秤尺之平，濟世之宜，謂為深允。請並下諸方州鎮，其太和及新鑄五銖並古錢內外全好者，不限大小，悉聽行之。雞眼、鐶鑿，依律而禁。河南州鎮，先用錢者，既聽依舊，不在斷限。唯太和、五銖二錢得用公造新者，其餘雜種，一用古錢，生新之類，普同禁約。諸方之錢，通用京師，其聽依舊之處，與太和錢及新造五銖並行，若盜鑄者，罪重常憲。既欲均齊物品，廛井斯和，若不繩以嚴法，無以肅茲違犯。符旨一宣，仍不遵用者，刺史守令依律治罪。

《梁書》卷三《武帝紀下》 （中大同元年秋七月）丙寅，詔曰：『朝四而暮三，衆狙皆喜。名實未虧，而喜怒為用。頃聞外間多用九陌錢，陌減則物貴，陌足則物賤，非物有貴賤，是心有顛倒。至於遠方，日更滋甚。豈直國有異政，乃至家有殊俗，徒亂王制，無益民財。自今可通用足陌錢，令書行後，百日為期，若猶有犯，男子謫運，女子質作，並同三年。』

《晉書》卷二六《食貨志》 安帝元興中，桓玄輔政，立議欲廢錢用穀帛。孔琳之議曰：

《洪範》八政，貨爲食次，豈不以交易之所資，為用之至要者乎？若使百姓用力於為錢，則是妨其為生之業，禁之可也。今農自務穀，工自務器，各隸其業，何嘗致勤於錢？故聖王制無用之貨，以通有用之財，既無毀敗之費，又省難運之苦，此錢所以嗣功龜貝，歷代不廢者也。穀帛為寶，本充衣食，今分之為貨，則致損甚多。又勞毀於商販之手，耗棄於割截之用，此之為弊，著自於囊。故鍾繇曰：『巧偽之人，競溼濕穀以要

利，制薄絹以充資。』魏世制以嚴刑，弗能禁也。是以司馬芝以為用錢非徒豐國，亦所以省刑。錢之不用，由於兵亂積久，自致於廢，有由而然，漢末是也。今既用而廢之，則百姓頓亡其利。今括囊天下之穀，以周天下之食，或倉廩充溢，或糧靡并儲，以相資通，則貧者仰富，致富之道，實假於錢。一朝斷之，便為棄物，是有錢無糧之人，皆坐而以困，此斷之，又立弊也。

且據今用錢之處，不以為貧，用穀之處，不以為富。又人習來久，革之必惑。語曰：『利不百，不易業』。況又錢便于穀邪？魏明帝時錢廢，穀用既久，不以便於人，乃舉朝大議。精才達政之士，莫不以宜復用錢，人無異情，朝無異論。彼尚舍穀帛而用錢，足以明穀帛之弊，著於已誡也。

世或謂魏氏不用錢久，積累巨萬，故欲行之，利公富國。斯殆不然。晉文後舅犯之謀，而先成季之信，以為雖有一時之勳，不如萬世之益。于時名賢在列，君子盈朝，大謀天下之利害，將定經國之要術。若穀實便錢，義不昧當時之近利，而廢永用之通業，斷可知矣。斯實由困而思革，改而更張耳。近孝武之末，天下無事，時和年豐，百姓樂業，穀帛殷阜，幾乎家給人足，驗之實事，錢又不妨人也。

頃兵革屢興，荒饉荐及，飢寒未振，實此之由。公既援而拯之，大革視聽，弘敦本之教，明廣農之科，敬授人時，各從其業，游蕩知反，務末自休，同以南畝競力，野無遺壤矣。於此以往，將升平必至，何衣食之足卹。愚謂救弊之術，無取於廢錢。

崇本重農論分部

論　說

三國魏・曹植《曹子建集》卷一〇《藉田說一》　春耕于藉田，郎中令侍寡人焉，顧而謂之曰：『昔者神農氏始嘗萬草，教民種植。今寡人之興此田，將欲以擬乎治國，非徒供耳目而已也。夫營疇萬畝，厥田上

下。經以大陌，帶以橫阡。此亦寡人之封疆也；日殄没而歸館，晨未昕而即野，此亦寡人之先下也；菽藿特疇，禾黍異田，此亦寡人之理政也。及其息泉涌，庇重陰，懷有虞，撫素琴，此亦寡人之所習樂也；蘭蕙荃蘅，植之近疇，此亦寡人之所親賢也；刺藜臭蔚，棄之遠疆，此亦寡人之所遠佞也。若年豐歲登，果茂菜滋，則臣僕小人，咸取驗焉。』

《三國志》卷一二《魏志・司馬芝傳》　先是諸典農各部吏民，末作治生，以要利人。芝奏曰：

王者之治，崇本抑末，務農重穀，《王制》：『無三年之儲，國非其國也。』《管子・區言》以積穀為急。方今二虜未滅，師旅不息，國家之要，惟在穀帛。武皇帝特開屯田之官，專以農桑為業。建安中，天下倉廩充實，百姓殷足。自黃初以來，聽諸典農治生，各為部下之計，誠非國家大體所宜也。夫王者以海內為家，故《傳》曰：『百姓不足，君誰與足！』富足之由，在於不失天時而盡地力。今商旅所求，雖有加倍之顯利，然於一統之計，已有不貲之損，不如墾田益一畝之收也。夫農民之事田，自正月耕種，耘鋤條桑，耕熯種麥，獲刈築場，十月乃畢。治廩繫橋，運輸租賦，除道理梁，墐塗室屋，以是終歲，無日不為農事也。今諸典農，各言『留者為行者宗田計，課其力，勢不得不爾。不有所廢，則當素有餘力』。臣愚以為不宜復以商事雜亂，專以農桑為務，於國計為便。

又　卷一六《魏志・杜恕傳》　乃上疏曰：『帝王之道，莫尚乎安民；安民之術，在於豐財。豐財者，務本而節用也。方今二賊未滅，戎車亟駕，此自熊虎之士展力之秋也。然搢紳之儒，横加榮慕，搤腕抗論，以孫、吳為首，州郡牧守，咸共忽恤民之術，脩將率之事。農桑之民，競干戈之業，不可謂務本。帑藏歲虛而制度歲廣，民力歲衰而賦役歲興，不可謂節用。今大魏奄有十州之地，而承喪亂之弊，計其戶口不如往昔一州之民，然而二方僭逆，北虜未賓，三邊遘難，繞天略帀；所以統一州之民，經營九州之地，其為艱難，譬策羸馬以取道里，豈可不加意愛惜其力哉？以武皇帝之節儉，府藏充實，猶不能十州擁兵；郡且二十也。今荆、揚、青、徐、幽、并、雍、涼緣邊諸州皆有兵矣，其所恃內充府庫外制四夷者，惟兗、豫、司、冀而已。臣前以州郡典兵，則專心軍功，不勤民事，宜別置將守，以盡治理之務；而陛下復以冀州寵秩呂昭。冀州戶

口最多，田多墾闢，又有桑棗之饒，國家徵求之府，誠不當復任以兵事也。若以北方當須鎮守，自可專置大將以鎮安之。計所置吏士之費，與兼官無異。然昭於人才尚復易；中朝苟乏人，兼才者勢不獨多。以此推之，知國家以人擇官，不為官擇人也。官得其人，則政平訟理；政平故民富實，訟理故囹圄空虛。陛下踐阼，天下斷獄百數十人，歲歲增多，至五百餘人矣。民不益多，法不益峻。以此推之，非政教陵遲，牧守不稱之明效歟？往年牛死，通率天下十能損二；麥不半收，秋種未下。若二賊遊魂於疆埸，飛芻輓粟，千里不及。究此之術，豈在彊兵乎？武士勁卒愈多，愈多愈病耳。夫天下猶人之體，腹心充實，四支雖病，終無大患；今兗、豫、司、冀亦天下之腹心也。是以愚臣慺慺，實願四州之牧守，獨脩務本之業，以堪四支之重。然孤論難持，犯欲難成，衆怨難積，疑似難分，故累載不為明主所察。凡言此者，類皆疏賤；疏賤之言，實未易聽。若使善策必出於親貴，親貴固不犯四難以求忠愛，此古今之所常患也。

又　卷四八《吳志・孫休傳》　（永安二年）三月，備九卿官，詔曰：

朕以不德，託于王公之上，夙夜戰戰，忘寢與食。今欲偃武脩文，以崇大化。推此之道，當由士民之贍，必須農桑。《管子》有言：『倉廩實，知禮節；衣食足，知榮辱。』夫一夫不耕，有受其飢；一婦不織，有受其寒。飢寒並至，而民不為非者，未之有也。自頃年已來，州郡吏民及諸營兵，多違此業，皆浮船長江，賈作上下，良田漸廢，見穀日少，欲求大定，豈可得哉？亦由租入過重，農人利薄，使之然乎？今欲廣開田業，輕其賦稅，差科彊羸，課其田畝，務令優均，官私得所，使家給戶贍，足相供養，則受身重命，不犯科法，然後刑罰不用，風俗可整。以羣僚之忠賢，若盡心於時，雖太古盛化，未可卒致，漢文升平，庶幾可及。及之則臣主俱榮，不及則損削侵辱，何可從容俯仰而已？諸卿尚書，可共咨度，務取便佳。田桑已至，不可後時。事定施行，稱朕意焉。

又　卷六五《吳志・華覈傳》　時倉廩無儲，世俗滋侈，覈上疏曰：

今寇虜充斥，征伐未已，居無積年之儲，出無應敵之畜，此乃有國者所宜深憂也。夫財穀所生，皆出於民，趨時務農，國之上急。而都下諸官，所掌別異，各自下調，不計民力，輒與近期。長吏畏罪，晝夜催民，委舍佃事，遑赴會日，定送到都，或蘊積不用，而徒使百姓消力失時。到秋收月，督其限入，奪其播殖之時，而責其今年之稅，如有逋懸，則籍沒財物，故家戶貧困，衣食不足。宜暫息衆役，專心農桑。

古人稱一夫不耕，或受其飢；一女不織，或受其寒。是以先王治國，惟農是務。軍興以來，已向百載，農人廢南畝之務，女工停機杼之業。推此揆之，則蔬食而長飢，薄衣而履冰者，固不少矣。臣聞主之所求於民者二，民之所望於主者三。二謂求其為己勞也，求其為己死也。三謂飢者能食之，勞者能息之，有功者能賞之。民以致其二事而主失其三望者，則怨心生而功不建。今帑藏不實，民勞役猥，主之二求已備，民之三望未報。且飢者不待美饌而後飽，寒者不俟狐貉而後溫。為味者口之奇，文繡者身之飾也。今事多而役繁，民貧而俗奢，百工作無用之器，婦人為綺靡之飾，不勤麻枲，並繡文黼黻，轉相倣效，恥獨無有。兵民之家，猶復逐俗，內無儋石之儲，而出有綾綺之服，至於富賈商販之家，重以金銀，奢恣尤甚。天下未平，百姓不贍，宜一生民之原，豐穀帛之業，而棄功於浮華之巧，妨日於侈靡之事，上無尊卑等級之差，下有耗財費物之損。今吏士之家，少無子女，多者三四，少者一二，通令戶有一女，十萬家則十萬人，人織績一歲一束，則十萬束矣。使四疆之內同心戮力，數年之間，布帛必積。恣民五色，惟所服用，但禁綺繡無益之飾。且美貌者不待華采以崇好，豔姿者不待文綺以致愛，五采之飾，足以麗矣。若極粉黛，窮盛服，未必無醜婦；廢華采，去文繡，未必無美人也。若實如論，有之無益廢之無損者，何愛而不暫禁，以充府藏之急乎？此救乏之上務，富國之本業也。使管、晏復生，無以易此。漢之文、景，承平繼統，天下已定，四方無虞，猶以彫文之傷農事，錦繡之害女紅，開富國之利，杜飢寒之本。況今六合分乖，豺狼充路，兵不離疆，甲不解帶，而可以不廣生財之原，充府藏之積哉？

《宋書》卷五《文帝紀》　（元嘉八年）閏月庚子，詔曰：

自頃農桑惰業，遊食者衆，荒萊不闢，督課無聞。一時水旱，便有罄匱，苟不深存務本，豐給靡因。郡守賦政方畿，縣宰親民之主，宜思獎訓，導以良規。咸使肆力，地無遺利，耕蠶樹藝，各盡其力。若有力田殊

衆，歲竟條名列上。【略】

（二十年十二月）壬午，詔曰：

國以民為本，民以食為天。故一夫輟稼，飢者必及。倉廩既實，禮節以興。自頃在所貧罄，家無宿積；賦役暫偏，則人懷愁墊。歲或不稔，而病乏比室。誠由政德弗孚，以臻斯弊。抑亦耕桑未廣，地利多遺。宰守微化導之方，萌庶忘勤分之義。永言弘濟，明發載懷。雖制令亟下，終莫懲勸，而坐望滋殖，庸可致乎？有司其班宣舊條，務盡敦課。遊食之徒，咸令附業，考覈勤惰，行其誅賞，觀察能殿，嚴加黜陟。古者躬耕帝籍，敬供粢盛，仰瞻前王，思遵令典。便可量處千畝，考卜元辰。朕當親率百辟，致禮郊甸，庶幾誠素，將被斯民。

又　卷六《孝武帝紀》　詔曰：『首食尚農，經邦本務，貢士察行，寧朝當道。內難甫康，政訓未洽，衣食有仍耗之弊，選造無觀國之美。昔衛文勤民，高宗恭默，卒能收賢巖穴，大殷季年。朕每側席疚懷，無忘鑑寐。凡諸守莅親民之官，可詳申舊條，勤盡地利，力田善蓄者，在所具以名聞。褒甄之科，精為其格；四方秀孝，非才勿舉，獻答允值，即就銓擢。若止無可採，猶賜除署。若有不堪酬奉，虛竊榮薦，遣還田里，加以禁錮。尚書百官之元本，庶績之樞機，丞郎列曹，局司有在。而頃事無巨細，悉歸令僕，非所以衆材成構，羣能濟業者也。可更明體制，咸責厥成，糾覈勤惰，嚴施賞罰。』

又　卷八《明帝紀》　詔曰：『古者衡虞置制，蝝蚳不收；川澤產育，登器進御。所以繁阜民財，養遂生德。頃商販逐末，競早爭新。折未實之菓，收豪家之利，籠非膳之翼，為戲童之資。豈所以還風尚本，捐華務實。宜脩道布仁，以革斯蠹。自今鱗介羽毛，肴核衆品，非時月可採，器味所須，可一皆禁斷，嚴為科制。』

又　卷四二《王弘傳》　時農務頓息，末役繁興，弘以為宜建屯田，陳之曰：

近面所諮立屯田事，已具簡聖懷。南畝事興，時不可失，宜早督田畯，以要歲功。而府資役單刻，控引無所，雖復厲以重勸，肅以嚴威，適足令囹圄充積，而無救於事實也。伏見南局諸治，募吏數百，雖資以廩贍，收入甚微。愚謂若回以配農，必功利百倍矣。然軍器所須，不可都廢，今欲留銅官大治及都邑小治各一所，重其功課，一准揚州，州之求取，亦當無乏，餘者罷之，以充東作之要。又欲二局田曹，各立典軍募吏，依治募比例，并聽取山湖人，此皆無損於私，有益於公者也。其中亦應疇量，分判番假，及給廩多少，自可一以委之本曹。親局所統，必當練悉，且近東曹板水曹參軍納之領此任，其人頗有幹能，自足了其事耳。頃年以來，斯務弛廢，田蕪廩虛，實亦由此。弘過蒙飾擢，志輸短效，豈可相與寢默，有懷弗聞邪，至於當否，尊自當裁以遠鑑。若所啓謬允者，伏願便以時施行，庶歲有務農之勤，倉有盈廩之實，禮節之興，可以垂拱待也。

又　卷五二《袁湛傳》　毅時建議大田，豹上議曰：

國因民以為本，民資食以為天，脩其業則教興，崇其本則末理，實為治之要道，致化之所階也。不敦其本，則末業滋章；飢寒交湊，則廉恥不立。當今接篡偽之末，值凶荒之餘，爭源既開，彫薄彌啓。榮利蕩其正性，賦斂罄其所資，良疇無側趾之耦，比屋有困餒之患，中間多故，日不暇給。自卷甲郤馬，甫一二年，積弊之黎，難用克振，實仁懷之所矜恤，明教之所爰發也。

然斯業不脩，有自來矣。司牧之官，莫或為務，俗吏庸近，猶秉常科，依勸督之故典，迷民情之屢變。譬猶脩堤以防川，忘淵丘之改易，膠柱於昔弦，忽宮商之乖調，徒有考課之條，而無毫分之益。不悟清流在於澄源，止輪由乎高閎，患生於本，治之於末故也。夫設位以崇賢，疏爵以命士，上量能以審官，不取人於浮譽，則比周道息，遊者言歸，游子既歸，則南畝闢矣。分職以任務，置吏以周役，職不以無任立，吏必以非用省，冗散者廢，則萊荒墾矣。器以應用，商以通財，勦靡麗之巧，棄難得之貨，則彫偽者賤，穀稼重矣。耕耨勤悴，力殷收寡，工商逸豫，用淺利深，增賈販之稅，薄疇畝之賦，則末技抑而田畯喜矣。居位無義從之徒，在野靡幷兼之黨，給賜非可恩致，力役不入私門，則遊食者反本，肆勤自勸，游食省而肆勤衆，則東作繁矣。密勿者甄異，怠慢者顯罰，明勸課之令，峻糾違之官，則嬾惰無所容，力田有所望，力者欣而惰者懼，則穡人勸矣。凡此數事，亦務田之端趣也。莅之以清心，鎮之以無欲，勗之以弗倦，翼之以廉謹，舍日計之小成，期遠致於莫歲，則澆薄自淳，心化有

漸矣。

又　卷五六《謝瞻孔琳之傳論》　民生所貴，曰食與貨。貨以通幣，食為民天。是以九棘播於農皇，十朋興於上代。昔醇民未離，情嗜疎寡，奉生贍己，事有易周。一夫躬稼，則餘食委室；匹婦務織，則兼衣被體。雖懋遷之道，通用濟乏，龜貝之益，為功蓋輕。而事有譌變，隆敝代起，昏作役苦，故穡人去而從商，商子事逸，末業流而浸廣，泉貨所通，非復始造之意。於是競收罕至之珍，遠蓄未名之貨，明珠翠羽，無足而馳，絲罽文犀，飛不待翼，天下蕩蕩，咸以棄本為事。豐衍則同多稌之資，飢凶又減田家之蓄。錢雖盈尺，既不療飢於堯年；貝或如輪，信無救渴於湯世，其蠹病亦已深矣。固宜一罷錢貨，專用穀帛，使民知役生之路，非此莫由。夫千匹為貨，事難於懷璧；萬斛為市，未易於越鄉，斯可使末伎自禁，遊食知反。而年世推移，民與事習，或庫盈朽貫，而高廩未充，或家有藏鏹，而良疇罕闢。若事改一朝，廢而莫用，交易所寄，旦夕無待，雖致乎要術，而非可卒行。先宜削華止僞，還淳反古，抵璧幽峰，捐珠清壑。然後驅一世之民，反耕桑之路，使縑粟羨溢，同於水火。既而蕩滌圜法，銷鑄勿遺，立制垂統，永傳于後，比屋稱仁，豈伊唐世。桓玄知其始而不覽其終，孔琳之覩其末而不統其本，豈慮有開塞，將一往之談可然乎？

北魏・賈思勰《齊民要術・序》　蓋神農為耒耜，以利天下。堯命四子，敬授民時。舜命后稷，食為政首。禹制土田，萬國作乂。殷周之盛，《詩》、《書》所述，要在安民，富而教之。管子曰：一農不耕，民有飢者；一女不織，民有寒者。倉廩實，知禮節；衣食足，知榮辱。丈人曰：四體不勤，五穀不分，孰為夫子？傳曰：人生在勤，勤則不匱。語曰：力能勝貧，謹能勝禍。蓋言勤力可以不貧，謹身可以避禍。故李悝為魏文侯作盡地利之教，國以富强；秦孝公用商君急耕戰之賞，傾奪鄰國而雄諸侯。《淮南子》曰：聖人不耻身之賤也，愧道之不行也。不憂命之長短，而憂百姓之窮。是故禹為治水，以身解於陽盱之河。湯由苦旱，以身禱於桑林之祭。神農憔悴，堯瘦癯，舜黎黑，禹胼胝，由此觀之，則聖人之憂勞百姓亦甚矣。故自天子以下，至于庶人，四肢不勤，思慮不用，而事治求贍者，未之聞也。故田者不强，囷倉不盈。將相不强，功烈不成。仲長子曰：天為之時，而我不農，穀亦不可得而取之。青春至焉，時雨降焉，始之耕田，終之簠簋。惰者釜之，勤者鍾之，矧夫不為而尚乎食也哉？譙子曰：朝發而夕異宿，勤則菜盈傾筐。且苟有羽毛，不織不衣，不能茹草飲水，不耕不食，安可以不自力哉？晁錯曰：聖王在上，而民不凍不飢者，非能耕而食之，織而衣之，為開其資財之道也。夫寒之於衣，不待輕煖，飢之於食，不待甘旨。飢寒至身，不顧廉恥。一日不再食則飢，終歲不製衣則寒。夫腹飢不得食，體寒不得衣，慈母不能保其子，君亦安能以有民？夫珠玉金銀，飢不可食，寒不可衣。粟米布帛，一日不得而飢寒至，是故明君貴五穀而賤金玉。劉陶曰：民可百年無貨，不可一朝有飢，故食為至急。陳思王曰：寒者不貪尺玉而思短褐，飢者不願千金而美一食。千金尺玉至貴，而不若一食短褐之惡者，物時有所急也。誠哉言乎！神農、倉頡，聖人者也，其於事也，有所不能矣。故趙過始為牛耕，實勝耒耜之利；蔡倫立意造紙，豈方縑牘之煩；且耿壽昌之常平倉，桑弘羊之均輸法，益國利民，不朽之術也。諺曰：智如禹湯，不如常更。是以樊遲，請學稼。孔子答曰：吾不如老農。然則聖賢之智，猶有所未達，而況於凡庸者乎？猗頓魯窮士，聞陶朱公富，問術焉，告之曰：欲速富，畜五牸。乃畜牛羊，子息萬計。九真廬江，不知牛耕，每致困乏；任延王景乃令鑄作田器，教之墾闢，歲歲開廣，百姓充給。敦煌不曉作耬犁，及種，人牛功力既費，而收穀更少。皇甫隆乃教作耬犁，所省庸力過半，得穀加五。又燉煌俗婦女作裙，攣縮如羊腸，用布一匹，隆又禁改之，所省復不貲。茨充為桂陽令，俗不種桑，無蠶織絲麻之利，類皆以麻枲頭貯衣。民惰窳少麤履，足多剖裂血出，盛冬皆然火燎炙。充教民益種桑柘，養蠶織履。復令種紵麻。數年之間，大賴其利，衣履温暖。今江南知桑蠶織履，皆充之教也。五原土宜麻枲，而俗不知織績。民冬月無衣，積細草臥其中，見吏則衣草而出。崔寔為作紡績織絍之具以教，民得免寒苦，安在不教乎？黃霸為潁川，使郵亭鄉官皆畜雞豚，以贍鰥寡貧窮者。及務耕桑節用，殖財種樹。鰥寡孤獨，有死無以葬者，鄉部書言霸，具為區處。某所大木，可以為棺，某亭豚子，可以祭，吏往皆如言。龔遂為渤海，勸民務農桑，令口種一株榆，百本韰，五十本葱，一畦韭，家二母彘五母雞。民有帶持刀劍者，使賣劍買牛，賣刀

買犢。曰何爲帶牛佩犢，春夏不得不趣田畝，秋冬課收斂，益畜果實菱芡，吏民皆富實。召信臣為南陽，好為民興利，務在富之。躬勤耕農，出入阡陌，止舍離鄉亭，稀有安居。時行視郡中水泉，開通溝瀆，起水門提閼凡數十處，以廣溉灌，民得其利，蓄積有餘。禁止嫁娶送終奢靡，務出於儉約。郡中莫不耕稼力田，吏民親愛信臣，號曰召父。僮种為不其令，率民養一豬，雌雞四頭，以供祭祀，死買棺木。顏裴為京兆，乃令整阡陌，樹桑果。又課以閑月取材，使得轉相教匠作車。又課民無牛者令畜豬，投貴時賣以買牛。始者民以為煩，一二年間，家有丁車大牛，整頓豐足。王丹家累千金，好施與周人之急。每歲時農收後，察其强力收多者，輒歷載酒肴，從而勞之，便於田頭樹下飲食勸勉之，因留其餘肴而去。其惰孄者獨不見勞，各自恥不能致丹，其後無不力田者，聚落以致殷富。杜畿為河東，課民畜牸牛草馬，下逮雞豚，皆有章程，家家豐實。此等豈好為煩擾而輕費損哉？蓋以庸人之性，率之則自力，縱之則惰窳耳。故仲長子曰：叢林之下，為倉庾之坻，魚鼈之堀，為耕稼之場者，此君長所用心也。是以太公封而斥鹵播嘉穀，鄭白成而關中無飢年。蓋食魚鱉而藪澤之形可見，觀草木而肥磽之勢可知。又曰：稼穡不脩，桑果不茂，畜產不肥，鞭之可也。柂落不完，垣牆不牢，掃除不淨，笞之可也。此督課之方也。且天子親耕，皇后親蠶，況夫田父而懷窳惰乎？李衡於武陵龍陽汎洲上作宅，種甘橘千樹。臨死勑兒曰：吾州里有千頭木奴，不責汝衣食，歲上一匹絹，亦可足用矣。吳末甘橘成，歲得絹數千匹，恒稱太史公所謂江陵千樹橘與千戶侯等者也。樊重欲作器物，先種梓漆，時人嗤之。然積以歲月，皆得其用。向之笑者，咸求假焉。此種植之不可已也。諺曰：一年之計，莫如樹穀；十年之計，莫如樹木。此之謂也。《書》曰：『稼穡之艱難。』《孝經》曰：『用天之道，因地之利。護身節用，以養父母。』《論語》曰：『百姓不足，君孰與足？』漢文帝曰：『朕為天下守財矣，安敢妄用哉！』孔子曰：居家理，治可移於官。然則家猶國，國猶家，是以家貧思良妻，國亂則思良相，其義一也。夫財貨之生，既艱難矣，用之又無節，凡人之性，好懶惰矣。率之又不篤，加以政令失所，水旱為災，一穀不登，胔腐相繼，古今同患，所不能止也。嗟乎！且飢者有過甚之願，渴者有兼量之情。既飽而後輕食，既暖而後輕衣。或由年穀豐穰而忽於蓄積，或由布帛優贍而輕於施與，窮窘之來，所由有漸。故管子曰：桀有天下，而用不足；湯有七十二里，而用有餘。天非獨為湯雨菽粟也，蓋言用之以節。

《魏書》卷七上《高祖紀上》（太和元年春正月）辛亥，詔曰：『今牧民者，與朕共治天下者也。宜簡以徭役，先之勸獎，相其水陸，務盡地利，使農夫外布，桑婦內勤。若輕有徵發，致奪民時，以侵擅論。民有不從長教，惰於農桑者，加以罪刑。』【略】

（三月）丙午，詔曰：『朕政治多闕，災眚屢興。去年牛疫，死傷太半，耕墾之利，當有虧損。今東作既興，人須肄業。其敕在所，督課田農，有牛者加勤於常歲，無牛者倍庸於餘年。一夫制治田四十畝，中男二十畝。無令人有餘力，地有遺利。』【略】

（太和四年）四月己卯，幸廷尉、籍坊二獄，引見諸囚。詔曰：『廷尉者，天下之平，民命之所懸也。朕得惟刑之恤者，仗獄官之稱其任也。一人不耕，將或受其餒；一婦不織，將或受其寒。今農時要月，百姓肆力之秋，而愚民陷罪者甚衆。宜隨輕重決遣，以赴耕耘之業。』【略】

（九年）冬十月丁未，詔曰：『朕承乾在位，十有五年。每覽先王之典，經綸百氏，儲畜既積，黎元永安。爰暨季葉，斯道陵替，富强者并兼山澤，貧弱者望絕一廛，致令地有遺利，民無餘財，或爭畝畔以忘身，或因飢饉以棄業，而欲天下太平，百姓豐足，安可得哉？今遣使者，循行州郡，與牧守均給天下之田，還受以生死為斷，勸課農桑，興富民之本。』

又 卷八《世宗紀》（景明二年）十有二月戊子，詔曰：『民本農桑，國重蠶籍，粢盛所憑，冕織攸寄。比京邑初基，耕桑暫缺，遺規往旨，宜必祗脩。今寢殿顯成，移御維始，春郊無遠，拂羽有辰。便可表營千畝，開設宮壇，秉耒援筐，躬勸億兆。』

又 卷五三《李安世傳》 時民困飢流散，豪右多有占奪。安世乃上疏曰：『臣聞量地畫野，經國大式；邑地相參，致治之本。井稅之興，其來日久；田萊之數，制之以限。蓋欲使土不曠功，民罔游力。雄擅之家，不獨膏腴之美；單陋之夫，亦有頃畝之分。所以恤彼貧微，抑兹貪欲，同富約之不均，一齊民於編戶。竊見州郡之民，或因年儉流移，棄賣田宅，漂居異鄉，事涉數世。三長既立，始返舊墟，廬井荒毀，桑榆改

植。事已歷遠，易生假冒。强宗豪族，肆其侵凌，遠認魏晉之家，近引親舊之驗。又年載稍久，鄉老所惑，羣證雖多，莫可取據。各附親知，互有長短，兩證徒具，聽者猶疑，爭訟遷延，連紀不判。良疇委而不開，柔桑枯而不採，僥倖之徒興，繁多之獄作。欲令家豐歲儲，人給資用，其可得乎！愚謂今雖桑井難復，宜更均量，審其徑術，令分藝有準，力業相稱，細民獲資生之利，豪右靡餘地之盈。則無私之澤，乃播均於兆庶，如阜如山，可有積於比戶矣。又所爭之田，宜限年斷，事久難明，悉屬今主。然後虚妄之民，絶望於覬覦；守分之士，永免於凌奪矣。』

又　卷六〇《韓麒麟傳》　太和十一年，京都大飢，麒麟表陳時務曰：

古先哲王，經國立治，積儲九稔，謂之太平。故躬籍千畝，以勵百姓，用能衣食滋茂，禮教興行。逮於中代，亦崇斯業，人粟者與斬敵同爵，力田者與孝悌均賞，實百王之常軌，為治之所先。

今京師民庶，不田者多，遊食之口，三分居二。蓋一夫不耕，或受其飢，況於今者，動以萬計。故頃年山東遭水，而民有餒終，今秋京都遇旱，穀價踊貴，實由農人不勸，素無儲積故也。

伏惟陛下天縱欽明，道高三、五，昧旦憂勤，思恤民弊，雖帝虞一日萬幾，周文昃不暇食，蔑以為喻。上垂覆載之澤，下有凍餒之人，皆由有司不為明制，長吏不恤其本。自承平日久，豐穰積年，競相矜誇，遂成侈俗。車服第宅，奢僭無限；喪葬婚娶，為費實多；貴富之家，童妾袨服；工商之族，玉食錦衣。農夫餔糟糠，蠶婦乏短褐。故令耕者日少，田有荒蕪。穀帛罄於府庫，寶貨盈於市里；衣食匱於室，麗服溢於路。飢寒之本，實在於斯。愚謂凡珍玩之物，皆宜禁斷，吉凶之禮，備為格式，令貴賤有別，民歸朴素。制天下男女，計口受田。宰司四時巡行，臺使歲一按檢。勤相勸課，嚴加賞賜。數年之中，必有盈贍。雖遇災凶，免於流亡矣。

往年校比戶貫，租賦輕少。臣所統齊州，租粟才可給俸，略無入倉。雖於民為利，而不可長久。脱有戎役，或遭天災，恐供給之方，無所取濟。可減絹布，增益穀租，年豐多積，歲儉出賑。所謂私民之穀，寄積於官，官有宿積，則民無荒年矣。

北齊·劉晝《劉子》卷三《貴農》　衣食者，民之本也，民者，國之本也。民恃衣食，猶魚之須水，國之恃民，如人之倚足。魚無水，則不可以生；人失足，必不可以步；國失民，亦不可以治。先王知其如此，而給民衣食。

故農祥晨正，辰集娵訾，陽氣憤盈，土木脉發，天子親耕於東郊，后妃躬桑於北郊。國非無良農也，而王者親耕；世非無蠶妾也，而后妃躬桑；上可以供宗廟，下可以勸兆民。《神農》之法曰：『丈夫丁壯而不耕，天下有受其飢者；婦人當年而不織，天下有受其寒者。』故天子親耕，后妃親織，以為天下先。是以其耕不强者，無以養其生；其織不力者，無以蓋其形。衣食饒足，姦邪不生；安樂無事，天下和平；智者無以施其策，勇者無以行其威。故衣食為民之本，而工巧為其末也。

是以雕文刻鏤，傷於農事，錦繡纂組，害於女工。農事傷，則飢之本也；女工害，則寒之源也。飢寒並至，而欲禁人為盜，是揚火而欲無其炎，撓水而望其靜，不可得也。『衣食足，知榮辱；倉廩實，知禮節。』故建國者必務田蠶之實，而棄美麗之華，以穀帛為珍寶，比珠玉於糞土。何者？珠玉止於虛玩，而穀帛有實用也。假使天下瓦礫悉化為，沙石皆變為隋珠，如值水旱之歲，瓊粒之年，則璧不可以御寒，珠未可以充飢也。雖有奪日之、代月之光，歸於無用也。何異畫為西施，美而不可悅；刻作桃李，似而不可食也。衣之與食，唯生人之所由，其最急者，食為本也。霜雪巖巖，苫蓋不可以代裘；室如懸磬，草木不可以當糧。故先王治國，有九年之儲，可以備非常，救實厄也。堯湯之時，并有十年之蓄，及遭九年洪水，七載大旱，不聞飢饉相望，捐棄溝壑者，蓄積多故也。穀之所以不積者，在於游食者多而農人少故也。夫螟螣秋生而秋死，一時為灾，數年乏食。今一人耕而百人食之，其為螟螣，亦以甚矣！是以先王敬授民時，勸課農桑，省游食之人，減徭役之費，則倉廩充實，頌聲作矣。雖有戎馬之興，水旱之沴，國未嘗有憂，民終無害也。

《梁書》卷二《武帝紀中》　（天監）十七年春正月丁巳朔，詔曰：

夫樂所自生，含識之常性，厚下安宅，馭世之通規。朕矜此庶氓，無忘待旦，亟弘生聚之略，每布寬卹之恩，而編戶未滋，遷徙尚有，輕去故鄉，豈其本志？資業殆闕，自返莫由，巢南之心，亦何能弭。今開元發

歲，品物惟新，思俾黔黎，各安舊所，將使郡無曠土，邑靡游民，鷄犬相聞，桑柘交畛。凡天下之民，有流移他境，在天監十七年正月一日以前，開恩半歲，悉聽還本，蠲課三年。其流寓過遠者，量加程日。若有不樂還者，即使著土籍為民，准舊課輸。若流移之後，本鄉無復居宅者，村司三老，及餘親屬，即為詣縣，占請村內官地官宅，令相容受，使變本者還有所託。凡坐為市埭諸職、割盜衰滅應被封籍者，其田宅車牛，是民生之具，不得悉以没入，皆優量分留，使得自止。其商賈富室，亦不得頓相兼併。遁叛之身，罪無輕重，並許首出，還復民伍。若有拘限，自還本役，並為條格，咸使知聞。

又　卷五《元帝紀》（承聖二年）三月庚午，詔曰：『食乃民天，農為治本，垂之千載，貽諸百王，莫不敬授民時，躬耕帝藉。是以稼穡為寶，《周頌》嘉其樂章；禾麥不成，《魯史》書其方册。秦人有農力之科，漢氏開屯田之利。頃歲屯否，多難荐臻，干戈不戢，我則未暇。廣田之令，無聞於郡國；載師之職，有陋於官方。今元惡殄殲，海內方一，其大庇黔首，庶拯橫流。一廛曠務，勞心日仄；一夫廢業，鳥鹵無遺。國富刑清，家給民足。其力田之身，在所蠲免。』

《陳書》卷三《世祖紀》（天嘉元年八月）壬午，詔曰：『菽粟之貴，重於珠玉。自頃寇戎，游手者衆，民失分地之業，士有佩犢之譏。朕哀矜黔庶，念康弊俗，思俾阻飢，方存富教。麥之為用，要切斯甚，今九秋在節，萬實可收。其班宣遠近，並令播種，守宰親臨勸課，務使及時，其有尤貧，量給種子。』

又　卷六《後主紀》（太建十四年）三月辛亥，詔曰：『躬推為勸，義顯前經，力農見賞，事昭往誥，斯乃國儲是資，民命攸屬，豐儉隆替，靡不由之。夫入賦自古，輸藁惟舊，沃饒貴于十金，磽确至於三易，腴塉既異，盈縮不同，詐偽日興，簿書歲改，稻田使者，著自西京，不實峻刑，聞諸東漢，老農懼於祇應，俗吏因而侮文，輟耒成羣，遊手為伍，永言妨蠹，良可太息。今陽和在節，膏澤潤下，宜展春耨，以望秋坻。其有新闢塍畎，進墾蒿萊，廣袤勿得度量，徵租悉皆停免，私業久廢，咸許占作，公田荒縱，亦隨肆勤；儻良守教耕，淳民載酒，有茲督課，議以賞擢，外可為格班下，稱朕意焉。』

《周書》卷六《武帝紀下》（建德四年正月）壬申，詔曰：『今陽和布氣，品物資始，敬授民時，義兼敦勸。《詩》不云乎「弗躬弗親，庶民弗信」？刺史守令，宜親勸農，百司分番，躬自率導。事非機要，並停至秋。鰥寡孤獨不能自存者，所在量加賑卹，逋租懸調，兵役殘功，並宜蠲免。』

《晉書》卷二六《食貨志》　及晉受命，武帝欲平一江表。時穀賤而布帛貴，帝欲立平糴法，用布帛市穀，以為糧儲。議者謂軍資尚少，不宜以貴易賤。泰始二年，帝乃下詔曰：『夫百姓年豐則用奢，凶荒則窮匱，是相報之理也。故古人權量國用，取贏散滯，有輕重平糴之法。理財鈞施，惠而不費，政之善者也。然此事廢久，天下希習其宜。加以官蓄未廣，言者異同，財貨未能達通其制。更令國寶散於穰歲而上不收，貧弱困於荒年而國無備。豪人富商，挾輕資，蘊重積，以管其利。故農夫苦其業，而末作不可禁也。今者省徭務本，并力墾殖，欲令農功益登，耕者益勸，而猶或騰踊，至於農人並傷。今宜通糴，以充儉乏。主者平議，具為條制。』然事竟未行。是時江南未平，朝廷厲精於稼穡。四年正月丁亥，帝親耕藉田。庚寅，詔曰：『使四海之內，棄末反本，競農務功，能奉宣朕志，令百姓勸事樂業者，其唯郡縣長吏乎！先之勞之，在於不倦。每念其經營職事，亦為勤矣。【略】』

杜預上疏曰：

臣輒思惟，今者水災東南特劇，非但五稼不收，居業并損，下田所在停汙，高地皆多磽塉，此即百姓困窮方在來年。雖詔書切告長吏二千石為之設計，而不廓開大制，定其趣舍之宜，恐徒文具，所益蓋薄。當今秋夏蔬食之時，而百姓已有不贍，前至冬春，野無青草，則必指仰官穀，以為生命。此乃一方之大事，不可不豫為思慮者也。

臣愚謂既以水為困，當恃魚菜螺蜯，而洪波汎濫，貧弱者終不能得。今者宜大壞兗、豫州東界諸陂，隨其所歸而宣導之。交令飢者盡得水產之饒，百姓不出境界之內，旦暮野食，此目下日給之益也。水去之後，填淤之田，畝收數鍾至春大種五穀，五穀必豐，此又明年益也。

臣前啓，典牧種牛不供耕駕，至於老不穿鼻者，無益於用，而徒有吏士穀草之費，歲送任駕者甚少，尚復不調習，宜大出賣，以易穀及為賞

直。詔曰：『孳育之物，不宜減散。』事遂停寢。問主者，今典虞右典牧種產牛，大小相通，有四萬五千餘頭。苟不益世用，頭數雖多，其費日廣。古者匹馬匹牛，居則以耕，出則以戰，非如猪羊類也。今徒養宜用之牛，終為無用之費，甚失事宜。東南以水田為業，人無牛犢。今既壞陂，可分種牛三萬五千頭，以付二州將吏士庶，使及春耕。穀登之後，頭責二百斛。是為化無用之費，得運水次成穀七百萬斛，此又數年後之益也。加以百姓降丘宅土，將來公私之饒乃不可計。其所留好種萬頭，可即令右典牧都尉官屬養之。人多畜少，可並佃牧也，明其考課。此又三魏近甸，歲當復入數十萬斛穀，牛又皆當調習，動可駕用，皆今日之可全者也。

預又言：

諸欲脩水田者，皆以火耕水耨為便，非不爾也，然此事施於新田草萊，與百姓居相絕離者耳。往南東南草創人稀，故得火田之利。自頃戶口日增，而陂堨歲決，良田變生蒲葦，人居沮澤之際，水陸失宜，放牧絕種，樹木立枯，皆陂之害也。陂多則土薄水淺，潦不下潤。故每有雨水，輒復橫流，延及陸田。言者不思其故，因云此土不可陸種。臣計漢之戶口日，以驗今之陂處，皆陸業也。其或有舊陂舊堨，則堅完脩固，非今所謂當為人害者也。臣前見尚書胡威啓宜壞陂，其言懇至。臣中者又見宋侯相應遵上便宜，求壞泗陂，徙運道。時下都督度支共處當，各據所見，不從遵言，臣案遵上事，運道東詣壽春，有舊渠，可不由泗陂。泗陂在遵地界壞地凡萬三千餘頃，傷敗成業。遵縣應領佃二千六百口，可謂至少，而猶患地狹，不足肆力，此皆水之為害也。當所共恤，而都督度支方復執異，非所見之難，直以不同害理也。人心所見既不同，利害之情又有異。軍家之與郡縣，士大夫之與百姓，其意莫有同者，此皆偏其利以忘其害者也。此理之所以未盡，而事之所以多患也。

臣又案，豫州界二度支所領佃者，州郡大軍雜士，凡用水田七千五百餘頃耳，計三年之儲，不過二萬餘頃。以常理言之，無為多積無用之水，況於今者水澇瓫溢，大為災害。臣以為與其失當，寧瀉之不滀。宜發明詔，敕刺史二千石，其漢氏舊陂舊堨及山谷私家小陂，皆當脩繕以積水。其諸魏氏以來所造立，及諸因雨決溢蒲葦馬腸陂之類，皆決瀝之。長吏二千石躬親勸功，諸食力之人並一時附功令，比及水凍，得粗枯涸，其所脩功實之人皆以俾之。其舊陂堨溝勾渠當有所補塞者，皆尋求微迹，一如漢時故事，豫為部分列上，須冬東南休兵交代，各留一月以佐之。夫川瀆有常流，地形有定體，漢氏居人衆多，猶以為患，今因其所患而宣寫之，迹古事以明近，大理顯然，可坐論而得。臣不勝愚意，竊謂最是今日之實益也。【略】

後軍將軍應詹表曰：

夫一人不耕，天下必有受其飢者。而軍興以來，征戰運漕，朝廷宗廟，百官用度，既已殷廣，下及工商流寓僮僕不親農桑而遊食者，以十萬計。不思開立美利，而望國足人給，豈不難哉！古人言曰，飢寒并至，堯舜不能使野無寇盜；貧富並兼，雖皋陶不能使強不陵弱。故有國有家者，何嘗不務農重穀。近魏武皇帝用棗祗、韓浩之議，廣建屯田，又於征伐之中，分帶甲之士，隨宜開墾，故下不甚勞，而大功克舉也。間者流人奔東吳，東吳今儉，皆已還反。江西良田，曠廢未久，火耕水耨，為功差易。宜簡流人，興復農官，功勞報賞，皆如魏氏故事，一年中與百姓，二年分稅，三年計賦稅以使之，公私兼濟，則倉盈庾億，可計日而待也。

又 卷三八《齊王攸傳》 攸每朝政大議，悉心陳之。詔以比年飢饉，議所節省，攸奏議曰：

臣聞先王之教，莫不先正其本。務農重本，國之大綱。當今方隅清穆，武夫釋甲，廣分休假，以就農業。然守相不能勤心恤公，以盡地利。昔漢宣歎曰：『與朕理天下者，惟良二千石乎！』勤加賞罰，黜陟幽明，于時翕然，用多名守。計今地有餘羨，而不農者衆，加附業之人復有虛假，通天下謀之，則飢者必不少矣。今宜嚴敕州郡，檢諸虛詐害農之事，督實南畝，上下同奉所務。則天下之穀可復古政，豈患於暫一水旱，便憂飢餒哉！考績黜陟，畢使嚴明，畏威懷惠，莫不自厲。又都邑之內，遊食滋多，巧伎末業，服飾奢麗，富人兼美，猶有魏之遺弊，染化日淺，靡財害穀，動復萬計。宜申明舊法，必禁絕之。使去奢即儉，不奪農時，畢力稼穡，以實倉廩。則榮辱禮節，由之而生，興化反本，於兹為盛。

又 卷四七《傅咸傳》 時帝留心政事，詔訪朝臣政之損益。咸上言曰：『陛下處至尊之位，而脩布衣之事，親覽萬機，勞心日昃。在昔帝王，躬自菲薄，以利天下，未有踰陛下也。然泰始開元以暨于今，十有五

年矣。而軍國未豐，百姓不贍，一歲不登便有菜色者，誠由官衆事殷，復除猥濫，蠶食者多而親農者少也。臣以頑疏，謬忝近職，每見聖詔以百姓飢饉為慮，無能云補，伏用慚恧，敢不自竭，以對天問。舊都督有四，今並監軍，乃盈於十。夏禹敷土，分為九州，今之刺史，幾向一倍。戶口比漢十分之一，而置郡縣更多。空校牙門，無益宿衛，而虛立軍府，動有百數。五等諸侯，復坐置官屬。諸所寵給，皆生於百姓，一夫不農，有受其飢，今之不農，不可勝計，縱使五稼普收，僅足相接；暫有災患，便不繼贍。以為當今之急，先幷官省事，靜事息役，上下用心，惟農是務也。』

又　卷五一《束晳傳》　時欲廣農，晳上議曰：

伏見詔書，以倉廩不實，關右飢窮，欲大興田農，以蕃嘉穀，此誠有虞戒大禹盡力之謂。然農穰可致，所由者三：一曰天時不僭，二曰地利無失，三曰人力咸用。若必春無霢霂之潤，秋繁滂沲之患，水旱失中，雩禳有請。雖使羲和平秩，后稷親農，理疆甽於原隰，勤薦蓘於中田，猶不足以致倉庾盈億之積也。然地利可以計生，人力可以課致，詔書之旨，亦將欲盡此理乎？

今天下千城，人多游食，廢業占空，無田課之實。較計九州，數過萬計。可申嚴此防，令監司精察，一人失課，負及郡縣，此人力之可致也。

又州司十郡，土狹人繁，三魏尤甚，而猪羊馬牧，布其境內，宜悉破廢，以供無業。業少之人，雖頗割徙，在者猶多，田諸菀牧，不樂曠野，貪在人間。故謂北土不宜畜牧，此誠不然。案古今之語，以為馬之所生，實在冀北，大賈牂羊，取之清渤，放豕之歌，起於鉅鹿，是其效也。可悉徙諸牧，以充其地，使馬牛猪羊齕草於空虛之田，游食之人受業於賦給之賜，此地利之可致者也。昔騂駜在坰，史克所以頌魯僖；却馬務田，老氏所以稱有道，豈利之所以會哉？又如汲郡之吳澤，良田數千頃，濘水停洿，人不墾植。聞其國人，皆謂通泄之功不足為難，舄鹵成原，其利甚重。而豪强大族，惜其魚捕之饒，構説官長，終於不破。此亦谷口之謠，載在史篇。謂宜復下郡縣，以詳當今之計。荆、揚、兗、豫，汙泥之土，渠塢之宜，必多此類，最是不待天時而豐年可獲者也。以其雲雨生於畚臿，多稌生於決泄，不必望朝隮而黄潦臻，禜山川而霖雨息。是故兩周爭東西之流，史起惜漳渠之浸，明地利之重也。宜詔四州刺史，使謹案以聞。

又昔魏氏徙三郡人在陽平頓丘界，今者繁盛，合五六千家。二郡田地逼狹，謂可徙遷西州，以充邊土，賜其十年之復，以慰重遷之情。一舉兩得，外實內寬，增廣窮人之業，以闢西郊之田，此又農事之大益也。

又　卷一〇九《慕容皝載記》　皝記室參軍封裕諫曰：

臣聞聖王之宰國也，薄賦而藏於百姓，分之以三等之田，十一而稅之；寒者衣之，飢者食之，使家給人足。雖水旱而不為災者，何也？高選農官，務盡勸課，人治周田百畝，亦不假牛力，力田者受旌顯之賞，惰農者有不齒之罰。又量事置官，量官置人，使官必稱須，人不虛位，度歲人多少，裁而祿之。供百僚之外，藏之太倉，三年之耕，餘一年之粟。以斯而積，公用於何不足？水旱其如百姓何！雖務農之令屢發，二千石令長，莫有志勤在公，銳盡地利者。故漢祖知其如此，以墾田不實，徵殺二千石以十數，是以明章之際，號次升平。自永嘉喪亂，百姓流亡，中原蕭條，千里無煙，飢寒流隕，相繼溝壑。先王以神武聖略，保全一方，威以殄姦，德以懷遠，故九州之人，塞表殊類，襁負萬里，若赤子之歸慈父，流人之多於舊土，十倍有餘，人殷地狹，故無田者十有四焉。殿下以英聖之資，克廣先業，南摧强趙，東滅句麗，開境三千，戶增十萬，繼武闡廣之功，有高西伯。宜省罷諸苑，以業流人。人至而無資產者，賜之以牧牛。人既殿下之人，牛豈失乎！善藏者藏於百姓，若斯而已矣。邇者深副樂土之望，中國之人皆將壺壺奉迎，石季龍誰與居乎！且魏晉雖道消之世，猶削百姓不至於七八，持官牛田者，官得六分，百姓得四分，私牛而官田者，與官中分，百姓安之，人皆悅樂。臣猶曰非明王之道，而況增乎！且水旱之厄，堯湯所不免，王者宜濬治溝澮，循鄭白、西門、史起溉灌之法，旱則決溝為雨，水則入於溝瀆，上無《雲漢》之憂，下無昏墊之患。

皝乃令曰：【略】

君以黎元為國，黎元以穀為命。然則農者，國之本也，而二千石令長，不導孟春之令，惰農弗勸，宜以尤不脩闢者，措之刑法，肅厲屬城。主者明詳推檢，具狀以聞。苑囿悉可罷之，以給百姓無田業者。貧者全無資產，不能自存，各賜牧牛一頭。若私有餘力，樂取官牛墾官田者，其依

魏晉舊法。溝洫溉灌，有益官私，主者量造，務盡水陸之勢。中州未平，兵難不息，勳誡既多，官僚不可以減也。待克平凶醜，徐更議之，百工商賈數，四佐與列將，速定大員，餘者還農。

强幹弱枝論分部

論說

晉・袁準《袁子正書・經國》 先王之制，立爵五等，所以立蕃屏、利後嗣者也。是故國治而萬世安。秦以列國之勢而并天下，於是去五等之爵而置郡縣，雖有親子母弟，皆為匹夫。及其衰，一夫大呼而天下去。及至漢家見亡秦之以孤特亡也，於是大封子弟，或連城數十，廓地千里，自關已東，皆為王國，力多而權重。故亦有七國之難。魏興，以新承大亂之後，民人損減，不可則以古治。於是封建侯王，皆使寄地，空名而無其實。王國使有老兵百餘人，以衛其國，雖有王侯之號，而力儕於匹夫，縣隔千里之外，無朝聘之儀；鄰國無會同之制；諸侯遊獵，不得過三十里；又為設防輔監國之官，以司察之。王侯皆思為布衣不能得。既違宗國蕃屏之義，又虧親戚骨肉之恩。

昔武王既克殷，下車而封子弟同姓之國五十餘，然亦卜世三十，卜年七百，至乎王赧之後，海內無主三十餘年。故諸侯之治，則輔車相持，翼戴天子，以禮征伐。雖有亂君暴主，若吳楚之君者，不過恣睢其國，惡能為天下害乎？周以千乘之賦封諸侯，今也曾無一城之田，何周室之奢泰而今日之儉少也？豈古今之道不同而今日之勢然哉？未之思耳。夫物莫不有弊，聖人者豈能無衰？能審終始之道，取其長者而已。今雖不能盡建五等，猶宜封諸親戚，使少有土地，制朝聘會同之義，以合親戚之恩；講禮以明其職業，黜陟以討其不然。如是，則國有常守，兵有常强，保世延祚，長久而有家矣。

《三國志》卷五九《吴志・孫奮傳》 孫奮字子揚，霸弟也。母曰仲姬。太元二年，立為齊王，居武昌。權薨，太傅諸葛恪不欲諸王處江濱兵馬之地，徙奮於豫章。奮怒，不從命，又數越法度。恪上牋諫曰：『帝王之尊，與天同位，是以家天下，臣父兄，四海之內，皆為臣妾。仇讎有善，不得不舉；親戚有惡，不得不誅。所以承天理物，先國後身，蓋聖人立制，百代不易之道也。昔漢初興，多王子弟，至於太彊，輒為不軌，上則幾危社稷，下則骨肉相殘，其後懲戒，以為大諱。自光武以來，諸王有制，惟得自娛於宮內，不得臨民，干與政事，其與交通，皆有重禁，遂以全安，各保福祚。此則前世得失之驗也。近袁紹、劉表各有國土，土地非狹，人衆非弱，以嫡庶不分，遂滅其宗祀。此乃天下愚智，所共嗟痛。大行皇帝覽古戒今，防芽遏萌，慮於千載。是以寢疾之日，分遣諸王，各早就國，詔策殷勤，科禁嚴峻，其所戒敕，無所不至，誠欲上安宗廟，下全諸王，使百世相承，無凶國害家之悔也。』

又　卷二〇《魏志・武文世王公傳》裴松之注 《魏氏春秋》載：宗室曹冏上書曰：

臣聞古之王者，必建同姓以明親親，必樹異姓以明賢賢。故《傳》曰：『庸勳親親，昵近尊賢。』《書》曰：『克明俊德，以親九族。』《詩》云：『懷德維寧，宗子維城。』由是觀之，非賢無與興功，非親無與輔治。夫親親之道，專用則其漸也微弱；賢賢之道，偏任則其弊也劫奪。先聖知其然也，故博求親疏而並用之：近則有宗盟藩衛之固，遠則有仁賢輔弼之助；盛則有與共其治，衰則有與守其土；安則有與享其福，危則有與同其禍。夫然，故能有其國家，保其社稷，歷紀長久，本枝百世也。今魏尊尊之法雖明，親親之道未備。《詩》不云乎：『鶺鴒在原，兄弟急難。』以斯言之，明兄弟相求於喪亂之際，同心於憂禍之間，雖有鬩牆之忿，不忘御侮之事。何則？憂患同也。今則不然。或任而不重，或釋而不任。一旦疆埸稱警，關門反拒，股肱不扶，胸心無衛。臣竊惟此，寢不安席，思獻丹誠，貢策朱闕，謹撰合所聞，敍論成敗。

論曰：昔夏、殷、周歷世數十，而秦二世而亡。何則？三代之君，與天下共其民，故天下同其憂。秦王獨制其民，故傾危而莫救。夫與民共其樂者，人必憂其憂；與民同其安者，人必拯其危。先王知獨治之不能久也，故與人共治之；知獨守之不能固也，故與人共守之。兼親疏而兩用，參同異而並建。是以輕重足以相鎮，親疏足以相衛。並兼路塞，逆節

不生。及其衰也。桓、文帥禮，苞茅不貢；齊師伐楚，宋不城周。晉戮其宰，王綱弛而復張，諸侯傲而復肅。二霸之後，浸以陵遲，吳、楚憑江，負固方城。雖心希九鼎，而畏迫宗姬。姦情散於胸懷，逆謀消於唇吻。斯豈非信重親戚，任用賢能？枝葉碩茂，本根賴之與。自此之後，轉相攻伐。吳并於越，晉分為三，魯滅於楚，鄭兼於韓。暨于戰國，諸姬微矣，惟燕、衛獨存，然皆弱小。西迫彊秦，南畏齊、楚，憂懼滅亡，匪遑相恤。至於王赧，降為庶人，猶枝幹相持，得居虛位。海內無主，四十餘年。

秦據勢勝之地，騁譎詐之術，征伐關東，蠶食九國。至於始皇，乃定天位，曠日若彼，用力若此，豈非深固根蒂，不拔之道乎？《易》曰：『其亡其亡，繫于苞桑。』周德其可謂當之矣。秦觀周之弊，以為小弱見奪。於是廢五等之爵，立郡縣之官，棄禮樂之教，任苛刻之政。子弟無尺寸之封，功臣無立錐之地，內無宗子以自毗輔，外無諸侯以為藩衛。仁心不加於親戚，惠澤不流於枝葉。譬猶芟刈股肱，獨任胸腹；浮舟江海，捐棄楫櫂。觀者為之寒心，而始皇晏然，自以為關中之固，金城千里，子孫帝王萬世之業也。豈不悖哉！是時淳于越諫曰：『臣聞殷、周之王，封子弟功臣千有餘（城）。［歲］今陛下君有海內，而子弟為匹夫，卒有田常六卿之臣，而無輔弼，何以相救？事不師古而能長久者，非所聞也。始皇聽李斯偏說而絀其議，至於身死之日，無所寄付。委天下之重於凡夫之手，託廢立之命於姦臣之口，至令趙高之徒，誅鉏宗室。胡亥少習刻薄之教，長遭凶父之業，不能改制易法，寵任兄弟，而乃師譚申、商，諮謀趙高，自幽深宮，委政讒賊，身殘望夷，求為黔首，豈可得哉！遂乃郡國離心，衆庶潰叛，勝、廣倡之於前，劉、項斃之於後，向使始皇納淳于之策，抑李斯之論，割裂州國，分王子弟，封三代之後，報功臣之勞，士有常君，民有定主，枝葉相扶，首尾為用，雖使子孫有失道之行，時人無湯武之賢，姦謀未發，而身已屠戮，何區區之陳、項，而復得措其手足哉！

故漢祖奮三尺之劍，驅烏集之衆，五年之中，遂成帝業。自開闢以來，其興立功勳，未有若漢祖之易也。夫伐深根者難為功，摧枯朽者易為力，理勢然也。漢監秦之失，封殖子弟，及諸呂擅權，圖危劉氏，而天下所以不傾動，百姓所以不易心者，徒以諸侯彊大，磐石膠固，東牟、朱虛受命於內，齊、代、吳、楚作衛於外故也。向使高祖踵亡秦之法，忽先王之制，則天下已傳，非劉氏有也。然高祖封建，地過古制，大者跨州兼郡，小者連城數十，上下無別，權侔京室，故有吳、楚七國之患。賈誼曰：『諸侯彊盛，長亂起姦。夫欲天下之治安，莫若衆諸侯而少其力，令海內之勢，若身之使臂，臂之使指，則下無背叛之心，上無誅伐之事。』文帝不從，至於孝景，猥用晁錯之計，削黜諸侯，親者怨恨，疎者震恐。吳、楚倡謀，五國從風，兆發高帝，釁鍾文、景，由寬之過制，急之不漸故也。所謂末大必折，尾大難掉。尾同於體，猶或不從，況乎非體之尾，其可掉哉！武帝從主父之策，下推恩之令。自是之後，齊分為七，趙分為六，淮南三割，梁、代五分。遂以陵遲，子孫微弱，衣食租稅，不預政事。或以酎金免削，或以無後國除。至於成帝，王氏擅朝，劉向諫曰：『臣聞公族者，國之枝葉，枝葉落則本根無所庇蔭。方今同姓疎遠，母黨專政，排擯宗室，孤弱公族，非所以保守社稷，安固國嗣也。』其言深切，多所稱引，成帝雖悲傷歎息而不能用。至於哀、平，異姓秉權，假周公之事，而為田常之亂。高拱而竊天位，一朝而臣四海。漢宗室王侯，解印釋紱，貢奉社稷，猶懼不得為臣妾。或乃為之符命，頌莽恩德，豈不哀哉！由斯言之，非宗子獨忠孝於惠、文之間，而叛逆於哀、平之際也。徒權輕勢弱，不能有定耳。賴光武皇帝挺不世之姿，禽王莽於已成，紹漢嗣於既絕，斯豈非宗子之力邪？而曾不監秦之失策，襲周之舊制，踵亡國之法，而僥倖無疆之期。至於桓、靈，閹豎執衡，朝無死難之臣，外無同憂之國，君孤立於上，臣弄權於下，本末不能相御，身首不能相使。由是天下鼎沸，姦凶並爭，宗廟焚為灰燼，宮室變為榛藪。居九州之地，而身無所安處。悲夫！

魏太祖武皇帝躬聖明之資，兼神武之略，恥王綱之廢絕，愍漢室之傾覆。龍飛譙沛，鳳翔袞豫，掃除凶逆，翦滅鯨鯢，迎帝西京，定都潁邑。德動天地，義感人神。漢氏奉天，禪位大魏。大魏之興，于今二十有四年矣。觀五代之存亡，而不用其長策；覩前車之傾覆，而不改其轍迹。子弟王空虛之地，君有不使之民。宗室竄於閭閻，不聞邦國之政。權均匹夫，勢齊凡庶。內無深根不拔之固，外無磐石宗盟之助，非所以安社稷，

為萬世之業也。且今之州牧、郡守，古之方伯、諸侯，皆跨有千里之土，兼軍武之任。或比國數人，或兄弟並據，而宗室子弟，曾無一人間廁其間，與相維持，非所以彊幹弱枝備萬一之虞也。

今之用賢，或超為名都之主，名為偏師之帥，而宗室有文者，必限以小縣之宰；有武者，必置于百人之上。使夫廉高之士，畢志於衡軛之內；才能之人，恥與非類為伍，非所以勸進賢能，褒異宗室之禮也。夫泉竭則流涸，根朽則葉枯。枝繁者蔭根，條落者本孤。故語曰：『百足之蟲，至死不殭。』以扶之者衆也。此言雖小，可以譬大。且墉基不可倉卒而成，威名不可一朝而立，皆為之有漸，建之有素。譬之種樹，久則深固其本根，茂盛其枝葉。若造次徙於山林之中，植於宮闕之下，雖壅之以黑墳，煖之以春日，猶不救於枯槁，而何暇繁育哉？夫樹猶親戚，土猶士民。建置不久，則輕下慢上。平居猶懼其離叛，危急將若之何。是以聖王安而不逸，以慮危也；存而設備，以懼亡也。故疾風卒至，而無摧拔之憂；天下有變，而無傾危之患矣。

又　卷四七《吴志・吴主傳》裴松之注　《魏略》載魏三公奏曰：

臣聞枝大者披心，尾大者不掉，有國有家之所慎也。昔漢承秦弊，天下新定。大國之王，臣節未盡。以蕭、張之謀，不備録之，至使六王前後反叛。已而伐之，戎車不輟。又文、景守成，忘戰戢役，驕縱吴、楚，養虺成蛇，既為社稷大憂。蓋前事之不忘，後事之師也。吴王孫權，幼豎小子，無尺寸之功，遭遇兵亂。因父兄之緒，少蒙翼卵昫伏之恩，長含鴟梟反逆之性，背棄天施，罪惡積大。復與關羽，更相覘伺，逐利見便，挾為卑辭。先帝知權姦以求用，時以于禁敗於水災，等當討羽，因以委權。先帝委裘下席，權不盡心。誠在惻怛，欲因大喪，寡弱王室。希託董桃傳先帝令，乘未得報許，擅取襄陽。及見驅逐，乃更折節，邪辟之態，巧言如流。雖重驛累使，發遣禁等，內包隗囂顧望之姦，外欲緩誅，支仰蜀賊。聖朝含弘，既加不忍，優而赦之，與之更始。猥乃割地王之，使南面稱孤，兼官累位，禮備九命，名馬百駟，以成其勢，光寵顯赫，古今無二。權為犬羊之姿，横被虎豹之文，不思靖力致死之節，以報無量不世之恩。臣每見所下權前後章表，又以愚意採察權旨，自以阻帶江湖，負固不服，狃忕累世，詐偽成功。上有尉佗、英布之計，下誦伍被屈彊之辭，終非不侵不叛之臣。以為晁錯不發削弱王侯之謀，則七國同衡，禍久而大；蒯通不決襲歷下之策，則田横自慮，罪深變重。臣謹考之《周禮》九伐之法，平權凶惡，逆節萌生，見罪十五。昔九黎亂德，黄帝加誅。項羽罪十，漢祖不捨，權所犯罪釁明白，非仁恩所養，宇宙所容。臣請免權官，鴻臚削爵土，捕治罪。敢有不從，移兵進討，以明國典好惡之常，以靜三州元元之苦。

《宋書》卷六一《江夏王義恭傳》　義恭常慮為世祖所疑，及海陵王休茂於襄陽為亂，乃上表曰：

古先哲王，莫不廣植周親，以屏帝宇，諸侯受爵，亦願永固邦家。至有管蔡梁燕，致禍周、漢，上乖顯授之恩，下亡血食之業。夫善積慶深，宜享長久，而歷代侯王，甚乎匹庶。豈異姓皆賢，宗室悉不賢。由生於深宮，不覩稼穡，左右近習，未值田蘇，富貴驕奢，自然而至，聚毛折軸，遂乃危禍。漢之諸王，並置傅相，猶不得禁逆，七國連謀，實由强盛，晉氏列封，正足成永嘉之禍。尾大不掉，終古同疾，不有更張，則其源莫救。

日者庶人恃親，殆傾王業。去歲西寇藉寵，幾敗皇基。不圖襄楚，復生今釁，良以地勝兵勇，獎成凶惡。前事之不忘，後事之明兆。【略】竊謂諸王貴重，不應居邊，至於華州優地，時可暫出。既以有州，不須置府。若位登三事，止乎長史掾屬。若宜鎮御，別差扞城大將。若情樂沖虛，不宜逼以戎事。若捨文好武，尤宜禁塞。僚佐文學，足充話言，遊梁之徒，一皆勿許。文武從鎮，以時休止，妻子室累，不煩自隨。百僚脩詣，宜遵晉令，悉須宣令齊到，備列賓主之則。衡泌之士，亦無煩干候貴王。器甲於私，為用蓋寡，自金銀裝刀劍戰具之服，皆應輸送還本。曲突徙薪，防之有素，庶善者無懼，惡者止姦。

《晉書》卷四八《段灼傳》　灼後復陳時宜曰：

臣聞天時不如地利，地利不如人和。三里之城，五里之郭，圜圍而攻之，有不克者，此天時不如地利。城非不高，池非不深，穀非不多，兵非不利，委而去之，此地利不如人和。然古之王者，非不先推恩德，結固人心。人心苟和，雖三里之城，五里之郭，不可攻也。人心不和，雖金城湯池，不能守也。臣推此以廣其義，舜彈五絃之琴，詠《南風》之詩，而

天下自理，由堯人可比屋而封也。曩者多難，姦雄屢起，攪亂衆心，刀鋸相乘，流死之孤，哀聲未絕。故臣以為陛下當深思遠念，杜漸防萌，彈琴詠詩，垂拱而已。其要莫若推恩以協和黎庶，故推恩足以保四海，不推恩不足以保妻子，是故唐堯以親睦九族為先，周文以刑于寡妻為急，明王聖主莫不先親後疏，自近及遠。臣以為太宰、司徒、衛將軍三王宜留洛中鎮守，其餘諸王自州征足任者，年十五以上悉遣之國。為選中郎傅相，才兼文武，以輔佐之。聽於其國繕脩兵馬，廣布恩信。必撫下猶子，愛國如家，君臣分定，百世不遷，連城開地，為晉、魯、衛。所謂磐石之宗，天下服其强矣。雖云割地，譬猶囊漏貯中，亦一家之有耳。若慮後世强大，自可豫為制度，使得推恩以分子弟。如此則枝分葉布，稍自削小，漸使轉至萬國，亦後世之利，非所患也。

昔在漢世，諸呂自疑，內有朱虛、東牟之親，外有諸侯九國之强，故不敢動搖。於今之宜，諸侯强大，是為太山之固。非我族類，其心必異。而魏法禁錮諸王，親戚隔絕，不祥莫大焉。間者無故又瓜分天下，立五等諸侯。上不象賢，下不議功，而是非雜糅，例受茅土。似權時之宜，非經久之制，將遂不改，此亦煩擾之人，漸亂之階也，夫國之興也。由於九族親睦，黎庶協和；其衰也，在於骨肉疏絕，百姓離心。故夏邦不安，伊尹歸殷；殷邦不和，呂氏入周。殷監在於夏后，去事之誡，誠來事之鑑也。

又　卷五〇《庾旉傳》　旉與博士太叔廣、劉暾、繆蔚、郭頤、秦秀、傅珍等上表諫曰：

《書》稱『帝堯克明俊德，以親九族。』武王光有天下，兄弟之國十有六人，同姓之國四十人，元勳睦親，顯以殊禮，而魯、衛、齊、晉大啓士宇，並受分器。所謂惟善所在，親疏一也。大晉龍興，隆唐周之遠迹，王室親屬，佐命功臣，咸受爵土，而四海乂安。今吳會已平，詔大司馬齊王出統方嶽，當遂撫其國家，將準古典，以垂永制。

昔周之選建明德以左右王室也，則周公為太宰，康叔為司寇，聃季為司空。及召、芮、畢、毛諸國，皆入居公卿大夫之位，明股肱之任重，守地之位輕也，未聞古典以三事之重出之國者。漢氏諸侯王位尊勢重，在丞相三公上。其入讚朝政者，乃有兼官，其出之國，亦不復假台司虛名為隆寵也。

昔申無宇曰：『五大不在邊』，先儒以為貴寵公子公孫，累世正卿也。又曰『五細不在庭』，先儒以為賤妨貴，少陵長，遠間親，新間舊，小加大也。不在庭，不在朝廷為政也。又曰：『親不在外，羇不在內。今棄疾在外，鄭丹在內，君其少戒之。』叔向有言：『公室將卑，其枝葉先落。』公族，公室之本，而去之，諺所謂芘焉而縱尋斧柯者也。

今使齊王賢邪，則不宜以母弟之親尊，居魯衛之常職；不賢邪，不宜大啓土宇，表建東海也。古禮，三公無職，坐而論道，不聞以方任嬰之。惟周室大壞，宣王中興，四夷交侵，救急朝夕，然後命召穆公征淮夷。故其詩曰『徐方不回，王曰旋歸』，宰相不得久在外也。今天下已定，六合為家，將數延三事，與論太平之基，而更出之，去王城二千里，違舊章矣。

又　卷五四《陸機傳》　機又以聖王經國，義在封建，因採其遠指，著《五等論》曰：

夫體國經野，先王所慎，創制垂基，思隆後葉。然而經略不同，長世異術。五等之制，始于黄唐，郡縣之治，創於秦漢，得失成敗，備在典謨，是以其詳可得而言。

夫王者知帝業至重，天下至廣。廣不可以偏制，重不可以獨任；任重必於借力，制廣終乎因人。故設官分職，所以輕其任也；並建伍長，所以弘其制也。於是乎立其封疆之典，裁其親疏之宜，使萬國相維，以成磐石之固；宗庶雜居，而定維城之業。又有以見綏世之長御，識人情之大方，知其為人不如厚己，利物不如圖身；安上在於悅下，為己存乎利人。故《易》曰：『悅以使人，人忘其勞。』孫卿曰：『不利而利之，不如利而後利之利也。』是以分天下以厚樂，則己得與之同憂；饗天下以豐利，而己得與之共害。利博而恩篤，樂遠則憂深，故諸侯享食士之實，萬國受傳世之祚。夫然，則南面之君各務其政，九服之內知有定主，上之子愛於是乎生，下之禮信於是乎結，世平足以敦風，道衰足以御暴。故强毅之國不能擅一時之勢，雄俊之人無所寄霸王之志。然後國安由萬邦之思化，主尊賴羣后之圖身，譬猶衆目營方，則天網自昶；四體辭難，而心膂獲乂。蓋三代所以直道，四王所以垂業也。

夫盛衰隆弊，理所固有，教之廢興，繫乎其人，原法期於必諒，明道有時而闇。故世及之制弊於强御，厚下之典漏於末折，侵弱之釁遣自三

季，陵夷之禍終乎七雄。昔成湯親照夏后之鑑，公旦目涉商人之戒，文質相濟，損益有物。然五等之禮，不革于時，封畛之制，有隆爾者，豈玩二王之禍而闇經世之算乎？固知百世非可懸御，善制不能無弊，而侵弱之辱愈於殄祀，土崩之困痛於陵夷也。是以經始獲其多福，慮終取其少禍，非謂侯伯無可亂之符，郡縣非興化之具。故國憂賴其釋位，主弱憑于翼戴。及承微積弊，王室遂卑，猶保名位，祚垂後嗣，皇統幽而不輟，神器否而必存者，豈非事勢使之然歟！

降及亡秦，棄道任術，懲周之失，自矜其得。尋斧始於所庇，制國昧於弱下，國慶獨饗其利，主憂莫與共害。雖速亡趨亂，不必一道，顛沛之釁，實由孤立。是蓋思五等之小怨，亡萬國之大德，知陵夷之可患，闇土崩之為痛也。周之不競，有自來矣。國乏令主，十有餘世。然片言勤王，諸侯必應，一朝振矜，遠國先叛，故强晉收其請隧之圖，暴楚頓其觀鼎之志，豈劉項之能窺關，勝廣之敢號澤哉！借使秦人因循其制，雖則無道，有與共亡，覆滅之禍，豈在曩日！

漢矯秦枉，大啓王侯，境土逾溢，不遵舊典，故賈生憂其危，晁錯痛其亂。是以諸侯岨其國家之富，憑其士庶之力，勢足者反疾，土狹者逆遲，六臣犯其弱綱，七子衝其漏網，皇祖夷於黔徒，西京病於東帝。是蓋過正之災，而非建侯之累也。然呂氏之難，朝士外顧，宋昌策漢，必稱諸侯。逮至中葉，忌其失節，割削宗子，有名無實，天下曠然，復襲亡秦之軌矣。是以五侯作威，不忌萬國；新都襲漢，易於拾遺也。光武中興，纂隆皇統，而由遵覆車之遺轍，養喪家之宿疾，僅及數世，姦宄充斥。卒有强臣專朝，則天下風靡，一夫從衡，而城池自夷，豈不危哉！

在周之衰，難興王室，放命者七臣，干位者三子，嗣王委其九鼎，凶族據其天邑，鉦鼙震於闉宇，鋒鏑流於絳闕，然禍止畿甸，害不覃及，天下晏然，以安待危。是以宣王興於共和，襄惠振於晉鄭。豈若二漢階闥暫擾，而四海已沸，孽臣朝入，九服夕亂哉！

遠惟王莽篡逆之事，近覽董卓擅權之際，億兆悼心，愚智同痛。然周以之存，漢以之亡，夫何故哉？豈世乏曩時之臣，士無匡合之志歟？蓋遠績屈於時異，雄心挫於卑勢耳。故烈士扼腕，終委寇讎之手；中人變節，以助虐國之桀。雖復時有鳩合同志以謀王室。然上非奥主，下皆市人，師旅無先定之班，君臣無相保之志，是以義兵雲合，無救劫殺之禍，衆望未改，而已見大漢之滅矣。

或以『諸侯世位，不必常全，昏主暴君，有時比迹，故五等所以多亂。今之牧守，皆官方庸能，雖或失之，其得固多，故郡縣易以為政。』夫德之休明，黜陟日用，長率連屬，咸述其職，而淫昏之君無所容過，何則其不治哉！故先代有以興矣。苟或衰陵，百度自悖，鬻官之吏以貨准財，則貪殘之萌皆羣後也，安在其不亂哉！故後王有以之廢矣。且要而言之，五等之君，為己思政，郡縣之長，為吏圖物。何以徵之？蓋企及進取，仕子之常志；脩己安人，良士所希及。夫進取之情鋭，而安人之譽遲，是故侵百姓以利己者，在位所不憚；損實事以養名者，官長所夙慕也。君無卒歲之圖，臣挾一時之志。五等則不然。知國為己土，衆皆我民；民安，己受其利；國傷，家嬰其病。故前人欲以垂後，後嗣思其堂構，為上無苟且之心，羣下知膠固之義。使其並賢居政，則功有厚薄，兩愚處亂，則過有深淺。然則八代之制，幾可以一理貫；秦漢之典，殆可以一言蔽也。

又　卷八九《忠義傳・王豹》　（司馬）冏驕縱，失天下心，（王）豹致箋於冏曰：

豹聞王臣蹇蹇，匪躬之故，將以安主定時，保存社稷者也。是以為人臣而欺其君者，刑罰不足以為誅；為人主而逆其諫者，靈厲不足以為謚。【略】

昔武王伐紂，封建諸侯為二伯，自陝以東，周公主之，自陝以西，召公主之，及至其末，霸國之世，不過數州之地，四海强兵不敢入闚九鼎，所以然者，天下習於所奉故也。今誠能尊用周法，以成都為北州伯，統河北之王侯，明公為南州伯，以攝南土之官長，各因本職，出居其方，樹德於外，盡忠於內，歲終率所領而貢於朝，簡良才，命賢儁，以為天子百官，則四海長寧，萬國幸甚，明公之德當與周召同其至美，危敗路塞，社稷可保。願明公思高祖納婁敬之策，悟張良覆足之謀，遠臨深之危，保泰山之安。若合聖思，宛許可都也。

書入，無報，豹重箋曰：【略】

蓋霸王之神寶，安危之秘術，不可須臾而忽者也。伏思明公挾大功，

抱大名，懷大德，執大權，此四大者，域中所不能容，賢聖所以戰戰兢兢，日昃不暇食，雖休勿休者也。昔周公以武王為兄，成王為君，伐紂有功，以親輔政，執德弘深，聖恩博遠，至忠至仁，至孝至敬。而攝事之日，四國流言，離主出奔，居東三年，賴風雨之變，成王感悟。若不遭皇天之應，神人之察，恐公旦之禍未知所限也。至於執政，猶與召公分陝為伯。【略】君子不有遠慮，必有近憂，憂至乃悟，悔無所及也。

今若從豹此策，皆遣王侯之國，北與成都分河為伯，成都在鄴，明公都宛，寛方千里，以與圻內侯伯子男小大相率，結好要盟，同獎皇家；貢御之法，一如周典。

《北史》卷五八《周室諸王傳論》 昔賢之議者，咸以周建五等，歷載八百；秦立郡縣，二世而亡。雖得失之迹可尋，是非之理互起，而因循莫變，復古未聞。良由著論者溺於貴遠，司契者難於易業，詳求適變之道，並未窮於至當也。嘗試論之：

夫皇王迭興，為國之道匪一；聖賢間出，立德之指殊塗。斯豈故為相反哉，亦云為政而已矣。何則？五等之制，行于商、周之前；郡縣之設，始于秦、漢之後。論時則澆淳理隔，易地則用捨或殊。譬猶干戚日用，難以成垓下之業；稷嗣所述，不可施成周之朝。是知因時制宜者，為政之上務也；觀人立教者，經國之長策也。且夫裂封疆，建侯伯，擇賢能，署牧守，循名雖曰異軫，責實抑亦同歸。盛則與之共安，衰則與之共患。共安繫乎善惡，非禮義無以敦風共患寄以存亡，非甲兵不能靖亂。是以齊、晉帥禮，鼎業傾而復振；温、陶釋位，王綱弛而更張。然則周之列國，非一姓也，晉之羣臣，非一族也，豈齊、晉忠於列國，温、陶賢於羣臣哉？蓋位重者易以立功，權輕者難以盡節故也。由斯言之，建侯置守，乃古今之異術；兵權爵位，蓋安危之所階乎。

持樞理綱論分部

論說

唐・魏徵等《羣書治要》卷四七《劉廙〈政論・備政〉》 夫政之相須，猶輗軏之在車，無輗軏，猶可以小進也。謂之歷遠而不頓躓者，未之有也。夫為政者，輕一失而不矜之，猶乘無軏之車，安其少進，而不覩其頓躓之患也。夫車之患近，故無不覩焉；國之患遠，故無不忽焉。知其體者，夕惕若厲，慎其愆矣。

又 卷五〇《袁準〈袁子正書・禮政〉》 治國之大體有四：一曰仁義，二曰禮制，三曰法令，四曰刑罰；四本者具，則帝之功立矣。

所謂仁者，愛人者也。愛人，父母之行也。為民父母，故能興天下之利也。所謂義者，能辨物理者也。物得理，故能除天下之害也。興利除害者，則賢人之業也。夫仁義禮制者，治之本也。法令刑罰者，治之末也。無本者不立，無末者不成，夫禮教之治，先之以仁義，示之以敬讓，使民遷善日用而不知也。儒者見其如此，因謂治國不須刑法，不知刑法承其下，而後仁義興於上也。法令者，賞善禁淫，居治之要會，商、韓見其如此，因曰治國不待仁義，不知仁義為之體，故法令行於下也。是故導之以德，齊之以禮，則民有恥；導之以政，齊之以刑，則民苟免，是治之貴賤者也。先仁而後法，先教而後刑，是治之先後者也。夫遠物難明，而近理易知。故禮讓緩而刑罰急，是治之緩急也。夫仁者使人有德，不能使人知禁；禮者使人知禁，不能使人必仁。故本之者仁，明之者禮也，必行之者刑罰也。

先王為禮以達人之性理，刑以承禮之所不足。故以仁義為不足以治者，不知人性者也，是故失教。失教者無本也。以刑法為不可用者，是不知情偽者也，是故失威。失威者不禁也。故有刑法而無仁義，久則民忽，民忽則怒也。有仁義而無刑法，則民慢，民慢則姦起也。故曰本之以仁，成之以法，使兩通而無偏重，則治之至也。夫仁義雖弱而持久，刑殺雖強而速亡，自然之治也。

《三國志》卷一《武帝紀》裴松之注 《九州春秋》曰：『【略】治天下之大具有二，文與武也；用武則先威，用文則先德，威德足以相濟，而後王道備矣。』

修文教化論分部

論說

漢·仲長統《昌言·闕名》 廉隅貞潔者，德之令也；流逸奔隨者，行之汙也。風有所從來。俗有所由起，疾其末者刈其本，惡其流者塞其源。夫男女之際，明别其外內，遠絕其聲音，激厲其廉耻，塗塞其巇隙，由尚有冒心之逸念，睇盻之過視，而況開其門，導其徑者乎？今嫁娶之會，捶杖以督之戲謔，酒醴以趣情欲，宣淫佚於廣衆之中，顯陰私於族親之間，汙風詭俗，生淫長奸，莫此之甚，不可不斷者也。【略】

和神氣，懲思慮，避風濕，節飲食，適嗜欲，此壽考之方也。不幸而有疾，則鍼石湯藥之所去也。肅禮容，居中正，康道德，履仁義，敬天地，恪宗廟，此吉祥之術也。不幸而有災，則克己責躬之所復也。然而有禱祈之禮、史巫之事者，盡中正，竭精誠也。下世其本而爲姦邪之階，於是淫厲亂神之禮興焉，侜張變怪之言起焉，丹書厭勝之物作焉。

故常俗忌諱可笑事，時世之所遂往而通人所深疾也。且夫堀地九仞以取水，鑿山百步以攻金，入林伐木不卜日，適野刈草不擇時，及其搆而居之，制而用之，則疑其吉凶，不亦迷乎？簡郊社，慢祖禰，逆時令，背大順，而反求福祐於不祥之物，取信誠於愚惑之人，不亦誤乎？彼圖家畫舍，轉局指天者，不能自使室家滑利，子孫貴富，而望其能致之於我，不亦惑乎？今有嚴禁於下，而上不去，非教化之法也。諸厭勝之物，非禮之祭，皆所宜急除者也。情無所止，禮爲之儉；欲無所齊，法爲之防。越禮宜貶，踰法宜刑，先王之所以紀綱人物也。若不制此二者，人情之縱横馳騁，誰能度其所極者哉？表正則影直，範端則器良。行之於上，禁之於下，非元首之教也。君臣士民，並順私心，又大亂之道也。

頃皇子皇女有夭折，年未及殤，爵加王、主之號，葬從成人之禮，非也。及下殤以上，已有國邑之名，雖不合古制，行之可也。王侯者，所與共受氣於祖考，幹合而支分者也。性類純美，臭味芬香，孰有加此乎？然而生長於驕溢之處，自恣於色樂之中，不聞典籍之法言，不因師傅之良教，故使其心同於夷狄，其行比於禽獸也。長幼相效，子孫相襲，家以爲風，世以爲俗，故姓族之門不與王侯婚者，不以其五品不和睦，閨門不潔盛耶！所貴於善者，以其有禮義也；所賤於惡者，以其有罪過也。今以所貴者教民，以所賤者教親，不亦悖乎？可令王侯子弟，悉入大學，廣之以他山，肅之以二物，則腥臊之汙可除，而芬芳之風可發矣。

有天下者，莫不君之以王，而治之以道。道有大中，所以爲貴也。又何慕於空言高論、難行之術哉！今為宮室者，崇臺數十層，長階十百仞，延袤臨浮雲，上樹九大旗，珠玉翡翠以為飾，連帷為城，搆帳為宮。起（『今為』以下四十一字據《類聚》卷六十一補）臺榭則高數十百尺，壁帶加珠玉之物，木土被綈錦之飾。不見夫之女子，成市於宮中，未曾御之婦人，生幽於山陵。繼體之君，誠欲行道，雖父之所興，可有所壞者也；雖父之美人，可有所嫁者也。至若門庭足以容朝賀之會同，公堂足以陳千人之坐席，臺榭足以覽都民之有無，防閾足以殊五等之尊卑。宇殿高顯敞，而不加以雕采之巧，錯塗之飾，是自其中也。菀囿池沼，百里而還，使蒭蕘雉菟者，得時往焉。隨農郄而講事，因田狩以教戰。上虔郊廟，下虞賓客，是又自其中也。嫡庶之數，使從周制。妾之無子，與希幸者，以時出之。均齊恩施，以廣子姓。使令之人，取足相供。時其上下，通其隔曠，是又自然其中也。【略】

在位之人，有乘柴馬弊車者矣，有食菽藿者矣，有親飲食之蒸烹者矣，有過客不敢沽酒市脯者矣，有妻子不到官舍者矣，有還奉祿者矣，有辭爵賞者矣，莫不稱述以爲清邵。非不清邵，而不可以言中也。好節之士，有遇君子而不食其食者矣，有妻子凍餒而不納善人之施者矣，有茅茨蒿屏而上漏下濕者矣，有窮居僻處求而不可得見者矣，莫不歎美以爲高潔。此非不高潔，而不可以言中也。夫世之所以高此者，亦有由然。先古之制休廢，時王之政不平，直正不行，詐僞獨售，於是世俗同共知節義之難復持也，乃舍正從邪，背道而馳奸；彼獨能介然不爲，故見貴也。如使王度昭明，禄除從古，服章不中法，則詰之以典制，貨財不及禮，則間之以志故，向所稱以清邵者，將欲何矯哉？向所歎云高潔者，欲以何厲哉？故人主能使違時詭俗之行，無所復剴摩；困苦難爲之約，無所復激

切；步驟乎平夷之塗，偃息乎大中之居；人享其宜，物安其所，然後足以稱賢聖之王公，中和人君子矣。

晉・傅玄《傅子・貴教》 虎至猛也，可畏而服。鹿至粗也，可教而使。木至勁也，可柔而屈。石至堅也，可消而用。況人含五常之性，有善可因，有惡可改者乎！人之所重，莫重乎身。貴教之道行，士有仗節成義死而不顧者矣。此先王因善教義，因義而立禮者也。因善教義，故義成而教行；因義立禮，故禮設而義通。若夫商韓孫吳，知人性之貪得樂進，而不知兼濟其善，於是束之以法，要之以功，使下唯力是恃，唯爭是務，恃力務爭，至有探湯赴火而忘其身者，好利之心獨用也。人懷好利之心，則善端沒矣。

中國所以常制四夷者，禮義之教行也。失其所以教，則同乎夷狄矣。其所以同，則同乎禽獸矣。不唯同乎禽獸，亂將甚焉，何者？禽獸保其性然者也。人以智役力者也，智役力而無教節，是智巧日用，而相殘無極也。相殘無極，亂孰大焉？不濟其善，而唯力是恃，其不大亂幾稀耳。人之性，避害從利，故利出於禮讓，即脩禮讓；利出於力爭，則任力爭。脩禮讓，則上安下順而無侵奪；任力爭，則父子幾乎相危，而況於悠悠者乎！

《三國志》卷二《魏志・文帝紀》 詔曰：昔仲尼資大聖之才，懷帝王之器，當衰周之末，無受命之運，在魯、衛之朝，教化乎洙、泗之上，悽悽焉，皇皇焉，欲屈己以存道，貶身以救世。于時王公終莫能用之，乃退考五代之禮，脩素王之事，因魯史而制《春秋》，就太師而正《雅》、《頌》，俾千載之後，莫不采其文以述作，卬其聖以成謀，咨！可謂命世之大聖，億載之師表者已。遭天下大亂，百祀墮壞，舊居之廟，毀而不脩，褒成之後，絕而莫繼，闕里不聞講頌之聲，四時不睹蒸嘗之位，斯豈所謂崇禮報功，盛德百世必祀者哉！其以議郎孔羨為宗聖侯，邑百戶，奉孔子祀。令魯郡脩起舊廟，置百石吏卒以守衛之，又於其外廣為室屋宇以居學者。

又 卷二五《魏志・高堂隆傳》 始，景初中，帝以蘇林、秦靜等並老，恐無能傳業者。乃詔曰：『昔先聖既沒，而其遺言餘教，著於六藝。六藝之文，禮又為急，弗可斯須離者也。末俗背本，所由來久。故閔子譏原伯之不學，荀卿醜秦世之坑儒，儒學既廢，則風化曷由興哉？方今宿生巨儒，並各年高，教訓之道，孰為其繼？昔伏生將老，漢文帝嗣以晁錯；《穀梁》寡疇，宣帝承以士郎。其科郎吏高才解經義者三十人，從光祿勳隆、散騎常侍林、博士靜，分受四經三禮，主者具為設課試之法。夏侯勝有言：「士病不明經術，經術苟明，其取青紫如俯拾地芥耳。」今學者有能究極經道，則爵祿榮寵，不期而至。可不勉哉！』

又 卷四八《吳志・孫休傳》 詔曰：『古者建國，教學為先，所以道世治性，為時養器也。自建興以來，時事多故，吏民頗以目前趨務，去本就末，不循古道。夫所尚不惇，則傷化敗俗。其案古置學官，立五經博士，核取應選，加其寵祿；科見吏之中及將吏子弟有志好者，各令就業。一歲課試，差其品第，加以位賞。使見之者樂其榮，聞之者羨其譽。以敦王化，以隆風俗。』

晉・葛洪《抱朴子外篇》卷四《崇教》 蓋聞帝之元儲，必入太學，承師問道。齒於國子者，以知為臣，然後可以為君；知為子，然後可以為父也。故學立而仕，不以政學，操刀傷割，鄭喬所歎。觸情縱欲，謂之非人。而貴遊子弟，生乎深宮之中，長乎婦人之手，憂懼之勞，未常經心，或未免於繈褓之中，而加青紫之官；纔勝衣冠，而居清顯之位。操殺生之威，提黜陟之柄，榮辱決於與奪，利病感於脣吻，愛惡無時暫乏，毀譽括厲於耳。嫌疑象類，似是而非，因機會以生無端，藉素信以設巧言，交構之變，千端萬緒，巧算所不能詳，毫墨所不能究也。無術學，則安能見邪正之真偽，具古今之行事？自悟之理，無所感假，能無傾巢覆車之禍乎！

先哲居高，不敢忘危，愛子欲教之義方，雕琢切磋，弗納於邪偽。選明師以象成之，擇良友以漸染之，督之以博覽，示之以成敗，使之察往以悟來，觀彼以知此，驅之於直道之上，斂之乎檢括之中，懔乎若跟掛於萬仞，慄然有如乘、奔以履冰。故能多遠悔吝，保其貞吉也。

昔諸竇蒙遺教之福，霍禹受率意之禍，中山、東平以好古而安，燕剌由面牆而危。前事不忘，今之良鑑也。湯、武染乎伊、呂，其興勃然；辛、癸染乎推、崇，其亡忽焉。朋友師傅，尤宜精簡。必取寒素德行之士，以清苦自立，以不羣見憚者。其經術如仲舒、桓榮者，強直若龔遂、

王吉者，能朝夕講論忠孝之至道，正色證存亡之軌迹，以洗濯垢涅，閑邪矯枉，宜必抑情遵憲法，入德訓者矣。

漢之末世，吳之晚年，則不然焉。望冠蓋以選用，任朋黨之華譽，有師友之名，無拾遺之實。匪唯無益，乃反為損。故其所講說，非道德也；其所貢進，非忠益也。唯在於新聲豔色，輕體妙手，評歌謳之清濁，理管絃之長短，相狗馬之勦駑，議遨遊之處所，比錯途之好惡，方雕琢之精粗，校彈棊樗蒲之巧拙，計漁獵相掊之勝負，品藻妓妾之妍蚩，指摘衣服之鄙野，爭騎乘之善否，論弓劍之疏密。招奇合異，至於無限，盈溢之過，日增月甚。

其談宮殿，則遠擬瑤臺瓊室，近效阿房、林光，以千門萬戶為局促，以昆明、太液為淺陋，笑茅茨為不肖，以土階為朴騃。民力竭於功役，儲蓄靡於不急，起土山以准嵩、霍，決渠水以象九河；登淩霄之華觀，闢雲際之綺窗。淫音噪而惑耳，羅袂揮而亂目，濮上北里，迭奏迭起；或號或呼，俾晝作夜。流連於羽觴之間，沈淪乎弦節之側。

或建翠翳之青蔥，或射勇禽於郊坰，馳輕足於嶮峻之上，暴僚隸於盛日之下，舉火而往，乘星而返，機事廢而不脩，賞罰棄而不治。或浮文艘於滉瀁，布密網於綠川，垂香餌於漣潭，縱擢歌於清淵，飛高繳以下輕鴻，引沈綸以拔潛鱗；或結罝罘於林麓之中，合重圍於山澤之表，列丹飈於豐草，騁逸騎於平原，縱盧獵，以噬狡獸，飛輕鷂以鷙翔禽，勁弩殪狂兕，長戟斃熊虎。如此，既彌年而不厭，歷載而無已矣。

而又加之以四時請會，祖送慶賀，要思數之密客，接執贄之嘉賓。人間之務，密勿罔極。是以雅正稍遠，遨逸漸篤。其去儒學，緬乎邈矣。能獨見崇替之理，自拔淪溺之中，舍敗德之嶮途，履長世之大道者，良甚鮮矣。嗟乎！此所以保國安家者至稀，而傾撓泣血者無算也。

今聖明在上，稽古濟物，堅堤防以杜決溢，明褒貶以彰勸沮；想宗室公族，及貴門富年，必當競尚儒術，撙節藝文，釋、老、莊之意不急，精六經之正道也。

《宋書》卷三《武帝紀下》（永初三年正月）乙丑，詔曰：『古之建國，教學為先，弘風訓世，莫尚於此；發蒙啓滯，咸必由之。故爰自盛王，迄於近代，莫不敦崇學藝，脩建庠序。自昔多故，戎馬在郊，旌旗卷舒，日不暇給。遂令學校荒廢，講誦蔑聞，軍旅日陳，俎豆藏器，訓誘之風，將墜於地。後生大懼於牆面，故老竊歎於子衿。此《國風》所以永思，《小雅》所以懷古。今王略遠屆，華域載清，仰風之士，日月以冀。便宜博延胄子，陶獎童蒙，選備儒官，弘振國學。主者考詳舊典，以時施行。』

又　卷五《文帝紀》（元嘉）十九年正月乙巳，詔曰：『夫所因者本，聖哲之遠教，本立化成，教學之為貴。故詔以三德，崇以四術，用能納諸義方，致之軌度。盛王聖世，咸必由之。』

又　卷一四《禮志一》　散騎常侍戴邈又上表曰：

臣聞天道之所運，莫大於陰陽；帝王之至務，莫重於禮學。是以古之建國，教學為先。國有明堂辟雍之制，鄉有庠序黌校之儀，皆所以抽導幽滯，啓廣才思，蓋以六四有困蒙之吝，君子大養正之功也。昔仲尼列國之大夫耳。興禮脩學於洙、泗之間，四方髦俊，斐然向風，受業身通者七十餘人。自茲以來，千載寂漠，豈天下小於魯國，賢哲乏於曩時？厲與不厲故也。

自頃遭無妄之禍，社稷有綴旒之危，寇羯飲馬于長江，凶狡虎步於萬里。遂使神州蕭條，鞠為茂草；四海之內，人迹不交。霸王有旰食之憂，黎民懷荼毒之痛，戎首交並于中原，何遽籩豆之事哉！然『三年不為禮，禮必壞，三年不為樂，樂必崩』。況曠載累紀，如此之久邪？今末進後生，目不睹揖讓升降之禮，耳不聞鐘鼓管弦之音。文章散滅胡馬之足，圖讖無復孑遺於世。此蓋聖達之所深悼，有識之所咨嗟也。夫治世尚文，遭亂尚武。文武迭用，長久之道。譬之天地，昏明之迭，自古以來，未有不由之者也。今或以天下未壹，非興禮學之時，此言似是而非。夫儒道深奧，不可倉卒而成。古之俊乂，必三年而通一經，比須寇賊清夷，天下平泰，然後脩之，則功成事定，誰與制禮作樂者哉！又貴遊之子，未必有斬將搴旗之才，亦未有從軍征戍之役，不及盛年講肄道義，使明珠加瑩磨之功，荊、隨發采琢之美，不亦良可惜乎！

愚以世喪道久，民情玩於所習，純風日去，華競日彰，猶火之消膏而莫之覺也。今天地造始，萬物權興。聖朝以神武之德，值革命之運，蕩近世之流弊，繼千載之絕軌，篤道崇儒，創立大業，明主唱之於上，宰輔督

之于下，夫上之所好，下必有過之者焉。是故雙劍之節崇，而飛白之俗成；挾琴之容飾，而赴曲之和作。君子之德風，小人之德草，實在所以感之而已。【略】

征西將軍庾亮在武昌，開置學官。教曰：

人情重交而輕財，好逸而惡勞，學業致苦，而禄答未厚，由捷徑者多，故莫肯用心。洙、泗邈遠，《風》、《雅》彌替，後生放任，不復憲章典謨。臨官宰政者，務目前之治，不能閑以典誥。遂令《詩》、《書》荒塵，頌聲寂漠，仰瞻俯省，能弗歎慨。自胡夷交侵，殆三十年矣。而未革面嚮風者，豈威武之用盡，抑文教未洽，不足綏之邪？昔魯秉周禮，齊不敢侮；范會崇典，晉國以治。楚、魏之君，皆阻帶山河，憑城據漢，國富民殷，而不能保其强大，吳起屈完所以為歎也。由此言之，禮義之固，孰與金城湯池？季路稱攝乎大國之間，加之以師旅，因之以飢饉，為之三年，猶欲行其義方。況今江表晏然，王道隆盛，而不能弘敷禮樂，敦明庠序，其何以訓彝倫而來遠人乎！魏武帝於馳騖之時，以馬上為家，逮于建安之末，風塵未弭，然猶留心遠覽，大學興業。所謂顛沛必於是，真通才也。

孝武帝太元九年，尚書謝石又陳之曰：

立人之道，曰仁與義，翼善輔性，惟禮與學，雖理出自然，必須誘導，故洙、泗闡弘道之風，《詩》、《書》垂軌教之典；敦《詩》悅《禮》，王化以斯而隆，甄陶九流，羣生於是乎穆。世不常治，道亦時亡。光武投戈而習誦，魏武息馬以脩學：懼墜斯文，若此之至也。大晉受命，值世多阻，雖聖化日融，而王道未備。庠序之業，或廢或興，遂令陶鑄闕日用之功，民性靡素絲之益，亹亹玄緒，翳焉莫抽，臣所以遠尋伏念，寤寐永歎者也。今皇威遐震，戎車方靜，將灑玄風於四區，導斯民於至德，豈可不弘敷禮樂，使煥乎可觀！請興復國學以訓冑子，班下州郡，普脩鄉校；雕琢琳琅，和寶必至；大啓羣蒙，茂茲成德；匪懈於事，必由之以通：則人競其業，道隆學備矣。【略】

國子祭酒殷茂言之曰：

臣聞弘化正俗，存乎禮教，輔性成德，必資於學。先王所以陶鑄天下，津梁萬物，閑邪納善，潛被於日用者也。故能疏通玄理，窮綜幽微，一貫古今，彌綸治化。且夫子稱回，以好學為本，七十希仰，以善誘歸宗。《雅》、《頌》之音，流詠千載，聖賢之淵範，哲王所同風。

清河人李遼又上表曰：

臣聞教者，治化之本，人倫之始，所以誘達羣方，進德興仁，譬諸土石，陶冶成器，雖復百王殊禮，質文參差，至於斯道，其用不爽。自中華湮没，闕里荒毁，先王之澤寢，聖賢之風絶。自此迄今，將及百年，造化有靈，否終以泰，河、濟夷徙，海、岱清通，黎庶蒙蘇，鳧藻奮化。而典訓弗敷，《雅》、《頌》寂蔑，久凋之俗，大弊未改，非演迪斯文，緝熙宏猷，將何以光贊時邕，克隆盛化哉。

又 卷五五《臧燾等傳論》 選賢於野，則治身業弘；求士於朝，則飾智風起。《六經》奥遠，方軌之正路；百家淺末，捷至之偏道。漢世登士，閭黨為先，崇本務學，不尚浮詭，然後可以俯拾青組，顧蔑籯金。於是人厲從師之志，家競專門之術，藝重當時，所居一旦成市，黌舍暫啓，著録或至萬人。是故仕以學成，身由義立。自魏氏膺命，主愛雕蟲，家棄章句，人重異術。又選賢進士，不本鄉閭，銓衡之寄，任歸臺閣。以一人之耳目，究山川之險情，賢否臆斷，萬不值一。由是仕憑借譽，學非為己，崇詭遇之巧速，鄙稅駕之遲難，士自此委笥植《經》，各從所務，早往晏退，以取世資。庠序黌校之士，傳經聚徒之業，自黄初至於晉末，百餘年中，儒教盡矣。高祖受命，議創國學，宫車早晏，道未及行。迄於元嘉，甫獲克就，雅風盛烈，未及曩時，而濟濟焉，頗有前王之遺典。天子鸞旗警蹕，清道而臨學館，儲后冕旒黼黻，北面而禮先師，後生所不嘗聞，黄發未之前睹，亦一代之盛也。臧燾、徐廣、傅隆、裴松之、何承天、雷次宗，並服膺聖哲，不為雅俗推移，立名於世，宜矣。潁川庾蔚之、雁門周野王、汝南周王子、河内向琰、會稽賀道養，皆托志經書，見稱於後學。蔚之略解《禮記》，并注賀循《喪服》，行於世云。

又 卷六〇《范泰傳》 明年，議建國學，以泰領國子祭酒。泰上表曰：

臣聞風化興於哲王，教訓表於至世。至説莫先講習，甚樂必寄朋來。古人成童入學，易子而教，尋師無遠，負糧忘艱，安親光國，莫不由此。若能出不由戶，則斯道莫從。是以明詔爰發，已成渙汗，學制既下，遠近

遵承。臣之愚懷，少有未達。今惟新告始，盛業初基。天下改觀，有志景慕。而置生之制，取少停多，開不來之端，非一塗而已。臣以家推國，則知所聚不多，恐不足以宣大宋之風，弘濟濟之美。臣謂合選之家，雖制所未達，父兄欲其入學，理合開通，雖小違晨昏，所以大弘孝道。不知《春秋》，則所陷或大，故趙盾忠而書弒，許子孝而得罪，以斯為戒，可不懼哉。十五志學，誠有其文，若年降無幾，而深有志尚者，何必限以一格，而不許其進邪。楊烏豫《玄》，實在弱齒；五十學《易》，乃無大過。

《南齊書》卷六《明帝紀》 （建武四年春，正月）詔曰：嘉肴停俎，定方旨於必甘；良玉在攻，表珪璋於既就，是以陶鈞萬品，務本為先，經緯九區，學斆為大。往因時康，崇建庠序，屯虞薦有，權從省廢，謳誦寂寥，倏移年稔，永言古昔，無忘旰昃。今華夏乂安，要荒慕嚮，締脩東序，寔允適時。便可式依舊章，廣延國胄，弘敷景業，光被後昆。

【略】

（永泰三年）戊申，詔曰：

仲尼明聖在躬，允光上哲，弘厥雅道，大訓生民，師範百王，軌儀千載，立人斯仰，忠孝攸出，玄功潛被，至德彌闡。雖反袂遐曠，而祧薦靡闕，時祭舊品，秩比諸侯。頃歲以來，祀典陵替，俎豆寂寥，牲奠莫舉，豈所以克昭盛烈，永隆風教者哉！可式循舊典，詳復祭秩，使牢餼備禮，欽饗兼申。

又 卷九《禮志上》 建武四年正月，詔立學。永泰元年，東昏侯即位，尚書符依永明舊事廢學。領國子助教曹思文上表曰：

古之建國君民者，必教學為先，將以節其邪情，而禁其流欲，故能化民裁俗，習與性成也。是以忠孝篤焉，信義成焉，禮讓行焉，尊教宗學，其致一也。是以成均煥於古典，虎門炳於前經，陛下體睿淳神，纘承鴻業，今制書既下，而廢學先聞，將恐覩國之光者，有以擬議也。若以國諱故宜廢，昔漢成立學，爰洎元始，百餘年中，未嘗暫廢，其間閒有國諱也。且晉武之崩，又其學猶存，斯皆先代不以國諱而廢學之明文也。永明以無太子故廢，斯非古典也。尋國之有學，本以興化致治也，天子於以諮謀焉，於以行禮焉，《記》云：『天子出征，受命於祖，受成於學，執有罪，反，釋奠於學。』又云：『食三老五更於太學，天子袒而割牲，執爵而酳，以教諸侯悌也。』於斯學，是天子有國之基，教也。或以之。所言皆大學事也，今引太學不非證也。據臣所見，今之國學，即古之太學。晉初大學生三千人，既多猥雜，惠帝時，欲辯其涇渭，故元康三年，始立國子學，官品第五以上，得入國學，天子去太學入國學，以行禮也，太子去大學入國學，以齒讓也，太學之與國學，斯是晉世殊其士庶，異其貴賤耳。然貴賤士庶，皆須教成，故國學太學，兩存之也，非有太子故立也。然繫廢興於太子者，此永明之鉅失也。漢崇雅儒，幾致刑厝，而猶道謝三五者，以其致教之術未篤也。古之教者，家有塾，黨有庠，術有序，國有學，以諷誦相摩。今學非唯不宜廢而已，乃宜更崇向其道，望古作規，使郡縣有學，鄉閭立教，請付尚書及二學庠議。

又 卷二八《崔祖思傳》 上初即位，祖思啓陳政事曰：

《禮誥》者，人倫之襟冕，帝王之樞柄。自古開物成務，必以教學為先。世不習學，民罔志義，悖競因斯而興，禍亂是焉而作。故篤俗昌治，莫先道教，不得以夷［險］革慮，儉泰移業。今無員之官，空受祿力。三載無考績之效，九年闕登黜之序。國儲以之虛匱，民力為之凋散。能否無章，涇渭混流。宜大廟之南，弘脩文序；司農以北，廣開武校。台［府］州國，限外之職，問其所樂，依方課習，各盡其能。月供僮幹，如先充給。若有廢墮，遣還故郡。殊經奇藝，待以不次。士脩其業，必有異等，民識其利，能無勉勵。

《魏書》卷四六《李訢傳》 訢上疏求立學校曰：『臣聞至治之隆，非文德無以經綸王道，太平之美，非良才無以光贊皇化。是以昔之明主，建庠序於京畿，立學官於郡邑，教國子弟，習其道藝。然後選其俊異，以為造士。今聖治欽明，道隆三五，九服之民，咸仰德化，而所在州土，學校未立。臣雖不敏，誠願備之，使後生聞雅頌之音，童幼睹經教之本。』

又 卷五五《劉芳傳》 芳表曰：夫為國家者，罔不崇儒尊道，學校為先，誠復政有質文，茲範不易，諒由萬端資始，衆務稟法故也。唐虞已往，典籍無據；隆周以降，任居虎門。《周禮·大司徒》云：『師氏，掌以媺詔王，居虎門之左，司王朝，掌國中失之事，以教國子弟。』蔡氏《勸學篇》云：『周之師氏，居虎門左，敷陳六藝，以教國子。』今之祭酒，即周師氏。《洛陽記》：『國子學宮與天子宮對，太學在開陽門外。』

案《學記》云：『古之王者，建國親民，教學為先。』鄭氏注云：『內則設師保以教，使國子學焉，外則有太學、庠序之官。』由斯而言，國學在內，太學在外明矣。

又　卷五六《鄭道昭傳》　道昭又表曰：臣聞唐虞啓運，以文德為本，殷、周致治，以道藝為先。然則，禮樂者為國之基，不可斯須廢也。是故周敷文教，四海宅心，魯秉周禮，强齊歸義。及至戰國紛紜，干戈遞用，五籍灰焚，羣儒坑殄，賊仁義之經，貴戰爭之術，遂使天下分崩，黔黎荼炭，數十年間，民無聊生者，斯之由矣。爰暨漢祖，於行陳之中，尚優引叔孫通等。光武中興於撥亂之際，乃使鄭衆、范升校書東觀。降逮魏、晉，何嘗不殷勤於篇籍，篤學于戎伍。伏惟大魏之興也，雖羣凶未殄，戎馬在郊，然猶招集英儒，廣開學校，用能闡道義於八荒，布盛德於萬國，教靡不懷，風無不偃。今者承休平之基，開無疆之祚，定鼎伊瀍，惟新寶曆，九服感至德之和，四垠懷擊壤之慶。而蠢爾閩吳，阻化江湫，先帝爰震武怒，戎車不息。而停鑾佇蹕，留心典墳，命故御史中尉臣李彪與吏部尚書、任城王澄等妙選英儒，以崇文教。澄等依旨，置四門博士四十人，其國子博士、大學博士及國子助教，宿已簡置。伏尋先旨，意在速就，但軍國多事，未遑營立。自爾迄今，垂將一紀，學官凋落，四術寢廢。遂使碩儒耆德，卷經而不談；俗學後生，遺本而逐末。進競之風，實由於此矣。伏惟陛下欽明文思，玄鑑洞遠。越會未款，務脩道以來之；遐方後服，敷文教而懷之。垂心經素，優柔墳籍。將使化越軒唐，德隆虞夏。

又　卷六六《李崇傳》　崇上表曰：臣聞世室明堂，顯於周、夏；二黌兩學，盛自虞、殷。所以宗配上帝，以著莫大之嚴；宣佈下土，以彰則天之軌。養黃發以詢格言，育青襟而敷典式，用能享國久長，風徽萬祀者也。故孔子稱巍巍乎其有成功，郁郁乎其有文章，此其盛矣。爰暨亡秦，政失其道，坑儒滅學，以蔽黔首。國無黌序之風，野有非時之役，故九服分崩，祚終二世。炎漢勃興，更脩儒術，文景已降，禮樂復彰，化致升平，治幾刑措。故西京有六學之美，東都有三本之盛，莫不紛綸掩藹，響流無已。逮自魏晉，撥亂相因，兵革之中，學校不絕，遺文燦然，方軌前代。

仰惟高祖孝文皇帝稟聖自天，道鏡今古，徙馭嵩河，光宅函洛，模唐、虞以革軌儀，規周漢以新品制，列教序於鄉黨，敦詩書於郡國。使揖讓之禮，橫被於崎嶇；歌詠之音，聲溢於仄陋。但經始事殷，戎軒屢駕，未遑多就，弓斂弗追。世宗統歷，聿遵先緒，永平之中，大興板築，續以水旱，戎馬生郊，雖逮為山，還停一簣。

竊以皇遷中縣，垂二十祀。而明堂禮樂之本，乃鬱荊棘之林；膠序德義之基，空盈牧豎之迹。城隍嚴固之重，闕磚石之功；庸堞顯望之要，少樓榭之飾。加以風雨稍侵，漸致虧墜。又府寺初營，頗亦壯美，然一造至今，更不脩繕，廳宇凋朽，牆垣頹壞，皆非所謂追隆堂構，儀形萬國者也。伏聞朝議，以高祖大造區夏，道侔姬文，擬祀明堂，式配上帝。今若基宇不脩，仍同丘畎，即使高皇神享，闕於國陽，宗事之典，有聲無實。此臣子所以匪寧，億兆所以失望也。

臣又聞官方授能，所以任事，事既任矣，酬之以祿。如此，上無曠官之譏，下絕尸素之謗。今國子雖有學官之名，而無教授之實，何異兔絲燕麥，南箕北斗哉！昔劉向有言：『王者宜興辟雍，陳禮樂，以風化天下。夫禮樂所以養人，刑法所以殺人，而有司勤勤請定刑法，至於禮樂，則曰未敢，是則敢於殺人，不敢於養人也。』臣以為當今四海清平，九服寧晏，經國要重，理應先營；脫復稽延，則劉向之言徵矣。但事不兩興，須有進退。以臣愚量，宜罷尚方雕靡之作，頗省永寧土木之功，並減瑤光材瓦之力，兼分石窟鐫琢之勞，及諸事役非急者，三時農隙，脩此數條。使辟雍之禮，蔚爾而復興，調誦之音，煥然而更作。美榭高墉，嚴壯於外；槐宮棘宇，顯麗於中。道發明令，重遵鄉飲，敦進郡學，精課經業。如此，則元、凱可得之於上序，游夏可致之於下國，豈不休歟！誠知佛理淵妙，含識所宗，然比之治要，容可小緩。苟使魏道熙緝，元首唯康，爾乃經營，未為晚也。

又　卷六七《崔光傳》　神龜元年夏，光表曰：《詩》稱：『蔽芾甘棠，勿翦勿伐，邵伯所茇。』又云：『雖無老成人，尚有典刑。』《傳》曰：『思其人，猶愛其樹，況用其道，不恤其人。』是以《書》始稽古，《易》本山泉，觀於天文，以察時變，觀于人文，以化成天下。孟子口實，匡張訓說。安世記篋於汾南，伯山抱卷於河右。元始孤論，充漢帝之

坐，孟皇片字，懸魏王之帳。前哲之寶重墳籍，珍愛分篆，猶若此之至也。矧乃聖典鴻經，炳勒金石，理為國楷，義成家範，迹實世模，事則人軌，千載之格言，百王之盛烈，而令焚荒汙毀，積榛棘而弗埽，為鼯鼬之所栖宿，童豎之所登踞者哉！誠可為痛心疾首，拊膺扼腕。伏惟皇帝陛下孝敬日休，自天縱睿，垂心初學，儒業方熙。皇太后欽明慈淑，臨制統化，崇道重教，留神翰林。將披雲台而問禮，拂麟閣以招賢。誠宜遠開闕里，清彼孔堂，而使近在城闉，面接宮廟，舊校為墟，子衿永替。豈所謂建國君民，教學為先，京邑翼翼，四方是則也？尋石經之作，起自炎劉，繼以曹氏《典論》，初乃三百餘載，計末向二十紀矣。昔來雖屢經戎亂，猶未大崩侵。如聞往者剌史臨州，多構圖寺，道俗諸用，稍有發掘，基蹠泥灰，或出於此。皇都始遷，尚可補復，軍國務殷，遂不存檢。官私顯隱，漸加剝撤。播麥納菽，秋春相因。囗生蒿杞，時致火燎，由是經石彌減，文字增缺。職忝胄教，參掌經訓，不能繕脩頹墜，興復生業，倍深慚恥。今求遣國子博士一人，堪任幹事者，專主周視，驅禁田牧，制其踐穢，料閱碑牒所失次第，量厥補綴。

又　卷一一四《釋老志》　高宗踐極，下詔曰：『夫為帝王者，必祇奉明靈，顯彰仁道，其能惠著生民，濟益羣品者，雖在古昔，猶序其風烈。是以《春秋》嘉崇明之禮，祭典載功施之族。況釋迦如來功濟大千，惠流塵境，等生死者歎其達觀，覽文義者，貴其妙用，明助王政之禁律，益仁智之善性，排斥羣邪，開演正覺。故前代已來，莫不崇尚，亦我國家常所尊事也。』

北齊・顏之推《顏氏家訓・勉學》　自古明王聖帝，猶須勤學，況凡庶乎！此事遍於經史，吾亦不能鄭重，聊舉近世切要，以啓寤汝耳。士大夫子弟，數歲已上，莫不被教，多者或至禮、傳，少者不失詩、論。及至冠婚，體性稍定；因此天機，倍須訓誘。有志尚者，遂能磨礪，以就素業；無履立者，自茲墮慢，便為凡人。人生在世，會當有業：農民則計量耕稼，商賈則討論貨賄，工巧則致精器用，伎藝則沈思法術，武夫則慣習弓馬，文士則講議經書。多見士大夫恥涉農商，差務工伎，射則不能穿札，筆則纔記姓名，飽食醉酒，忽忽無事，以此銷日，以此終年。或因家世餘緒，得一階半級，便自為足，安能自苦；及有吉凶大事，議論得失，蒙然張口，如坐雲霧；公私宴集，談古賦詩，塞默低頭，欠伸而已。有識傍觀，代其入地。何惜數年勤學，長受一生愧辱哉！

梁朝全盛之時，貴遊子弟，多無學術，至於諺云：『上車不落則著作，體中何如則秘書。』無不熏衣剃面，傅粉施朱，駕長簷車，跟高齒屐，坐碁子方褥，憑斑絲隱囊，列器玩於左右，從容出入，望若神仙。明經求第，則顧人答策；三九公讌，則假手賦詩。當爾之時，亦快士也。及離亂之後，朝市遷革，銓衡選舉，非復曩者之親；當路秉權，不見昔時之黨。求諸身而無所得，施之世而無所用。被褐而喪珠，失皮而露質，兀若枯木，泊若窮流，鹿獨戎馬之間，轉死溝壑之際。當爾之時，誠駑材也。有學藝者，觸地而安。自荒亂已來，諸見俘虜。雖百世小人，知讀論語、孝經者，尚為人師；雖千載冠冕，不曉書記者，莫不耕田養馬。以此觀之，安可不自勉耶？若能常保數百卷書，千載終不為小人也。

夫明六經之指，涉百家之書，縱不能增益德行，敦厲風俗，猶為一藝，得以自資。父兄不可常依，鄉國不可常保，一旦流離，無人庇廕，當自求諸身耳。諺曰：『積財千萬，不如薄伎在身。』伎之易習而可貴者，無過讀書也。世人不問愚智，皆欲識人之多，見事之廣，而不肯讀書，是猶求飽而懶營饌，欲暖而惰裁衣也。夫讀書之人，自羲、農已來，宇宙之下，凡識幾人，凡見幾事，生民之成敗好惡，固不足論，天地所不能藏，鬼神所不能隱也。

有客難主人曰：『吾見强弩長戟，誅罪安民，以取公侯者有矣；文義習吏，匡時富國，以取卿相者有矣；學備古今，才兼文武，身無祿位，妻子飢寒者，不可勝數，安足貴學乎？』主人對曰：『夫命之窮達，猶金玉木石也；脩以學藝，猶磨瑩雕刻也。金玉之磨瑩，自美其礦璞，木石之段塊，自醜其雕刻；安可言木石之雕刻，乃勝金玉之礦璞哉？不得以有學之貧賤，比於無學之富貴也。且負甲為兵，咋筆為吏，身死名滅者如牛毛，角立傑出者如芝草；握素披黃，吟道詠德，苦辛無益者如日蝕，逸樂名利者如秋荼，豈得同年而語矣。且又聞之：生而知之者上，學而知之者次。所以學者，欲其多知明達耳。必有天才，拔羣出類，為將則闇與孫武、吳起同術，執政則懸得管仲、子產之教，雖未讀書，吾亦謂之學矣。今子即不能然，不師古之蹤迹，猶蒙被而臥耳。』

人見鄰里親戚有佳快者，使子弟慕而學之，不知使學古人，何其蔽也哉？世人但見跨馬被甲，長槊強弓，便云我能為將；不知明乎天道，辯乎地利，比量逆順，鑑達興亡之妙也。但知承上接下，積財聚穀，便云我能為相；不知敬鬼事神，移風易俗，調節陰陽，薦舉賢聖之至也。但知私財不入，公事夙辦，便云我能治民；不知誠己形物，執轡如組，反風滅火，化鴟為鳳之術也。但知抱令守律，早刑晚舍，便云我能平獄；不知同轅觀罪，分劍追財，假言而姦露，不問而情得之察也。爰及農商工賈，廝役奴隸，釣魚屠肉，飯牛牧羊，皆有先達，可為師表，博學求之，無不利於事也。

夫所以讀書學問，本欲開心明目，利於行耳。未知養親者，欲其觀古人之先意承顏，怡聲下氣，不憚劬勞，以致甘腝，惕然慚懼，起而行之也，未知事君者，欲其觀古人之守職無侵，見危授命，不忘誠諫，以利社稷，惻然自念，思欲效之也；素驕奢者，欲其觀古人之恭儉節用，卑以自牧，禮為教本，敬者身基，瞿然自失，斂容抑志也；素鄙悋者，欲其觀古人之貴義輕財，少私寡欲，忌盈惡滿，賙窮恤匱，赧然悔恥，積而能散也；素暴悍者，欲其觀古人之小心黜己，齒弊舌存，含垢藏疾，尊賢容衆，苶然沮喪，若不勝衣也；素怯懦者，欲其觀古人之達生委命，強毅正直，立言必信，求福不回，勃然奮厲，不可恐懾也：歷茲以往，百行皆然。縱不能淳，去泰去甚。學之所知，施無不達。世人讀書者，但能言之，不能行之，忠孝無聞，仁義不足；加以斷一條訟，不必得其理；宰千戶縣，不必理其民；問其造屋，不必知楣橫而梲豎也；問其為田，不必知稷早而黍遲也；吟嘯談謔，諷詠辭賦，事既優閑，材增迂誕，軍國經綸，略無施用：故為武人俗吏所共嗤詆，良由是乎！

夫學者所以求益爾。見人讀數十卷書，便自高大，淩忽長者，輕慢同列；人疾之如讎敵，惡之如鴟梟。如此以學自損，不如無學也。

古之學者為己，以補不足也；今之學者為人，但能說之也。古之學者為人，行道以利世也；今之學者為己，脩身以求進也。夫學者猶種樹也，春玩其華，秋登其實；講論文章，春華也，脩身利行，秋實也。

人生小幼，精神專利，長成已後，思慮散逸，固須早教，勿失機也。吾七歲時，誦靈光殿賦，至於今日，十年一理，猶不遺忘；二十之外，所誦經書，一月廢置，便至荒蕪矣。然人有坎壈，失於盛年，猶當晚學，不可自棄。孔子云：『五十以學《易》，可以無大過矣。』魏武、袁遺，老而彌篤，此皆少學而至老不倦也。曾子七十乃學，名聞天下；荀卿五十，始來遊學，猶為碩儒；公孫弘四十餘，方讀《春秋》，以此遂登丞相；朱雲亦四十，始學《易》、《論語》；皇甫謐二十，始受《孝經》、《論語》：皆終成大儒，此並早迷而晚寤也。世人婚冠未學，便稱遲暮，因循面牆，亦為愚耳。幼而學者，如日出之光，老而學者，如秉燭夜行，猶賢乎瞑目而無見者也。

學之興廢，隨世輕重。漢時賢俊，皆以一經弘聖人之道，上明天時，下該人事，用此致卿相者多矣。末俗已來不復爾，空守章句，但誦師言，施之世務，殆無一可。故士大夫子弟，皆以博涉為貴，不肯專儒。梁朝皇孫已下，總丱之年，必先入學，觀其志尚，出身已後，便從文吏，略無卒業者。冠冕為此者，則有何胤、劉瓛、明山賓、周捨、朱异、周弘正、賀琛、賀革、蕭子政、劉縚等，兼通文史，不徒講說也。洛陽亦聞崔浩、張偉、劉芳，鄴下又見邢子才：此四儒者，雖好經術，亦以才博擅名。如此諸賢，故為上品，以外率多田里間人，音辭鄙陋，風操蚩拙，相與專固，無所堪能，問一言輒酬數百，責其指歸，或無要會。鄴下諺云：『博士買驢，書券三紙，未有驢字。』使汝以此為師，令人氣塞。孔子曰：『學也祿在其中矣。』今勤無益之事，恐非業也。夫聖人之書，所以設教，但明練經文，粗通注義，常使言行有得，亦足為人；何必『仲尼居』即須兩紙疏義，燕寢講堂，亦復何在？以此得勝，寧有益乎？光陰可惜，譬諸逝水。當博覽機要，以濟功業；必能兼美，吾無閑焉。

唐·歐陽詢等《藝文類聚》卷三八《禮部上》 梁元帝《請於州立學校表》曰：臣聞公宮之南，四術、四教；司樂成均，六詩、六律。韶濩既舞，羽籥之道行焉；黨塾茲備，離經之志辯焉。故不升嵩、霍，豈識乾行之峻；不臨溟、渤，安知地載之厚？洎乎秦焚金篆，周亡玉鏡，羣言爭亂，諸子相騰，《書》則夏侯、歐陽，《易》則神輪、道訓，《詩》乃齊、魯、毛、韓，《傳》稱鄒、左、張、夾，《禮》有曲臺、王史之異，《樂》有龍德趙定之殊。伏惟陛下，撫五辰而建五長，播九德而導九州。容成為曆，興景雲之瑞；伶倫吹律，應黃鍾之琯。撥亂反正，經武也；

制禮作樂，緯文也。若非六經庖廚，百家異饌，三墳為瑚璉，五典為笙簧，豈能暴以秋陽，紆就望之景，濯以江漢，播垂天之澤。

《梁書》卷二《武帝紀中》（天監）七年春正月乙酉朔，詔曰：『建國君民，立教為首。不學將落，嘉植靡由。朕肇基明命，光宅區宇，雖耕耘雅業，傍闡藝文，而成器未廣，志本猶闕，非所以鎔範貴遊，納諸軌度。思欲式敦讓齒，自家刑國。今聲訓所漸，戎夏同風，宜大啓庠斆，博延胄子，務彼十倫，弘此三德，使陶鈞遠被，微言載表。』

《陳書》卷六《後主紀》（至德三年）十一月己未，詔曰：『宣尼誕膺上哲，體資至聖，祖述憲章之典，並天地而合德，樂正雅頌之奧，與日月而偕明，垂後昆之訓範，開生民之耳目，梁季湮微，靈寢忘處，鞠為茂草，三十餘年。敬仰如在，永惟愾息。今雅道雍熙，由庚得所，斷琴故履，零落不追，閱笥開書，無因循復。外可詳之禮典，改築舊廟，蕙房桂棟，咸使惟新，芳蘩潔潦，以時饗奠。』

又　卷三三《儒林傳・沈不害》自梁季喪亂，至是國學未立，不害上書曰：

臣聞立人建國，莫尚於尊儒，成俗化民，必崇於教學。故東膠西序，事隆乎三代，環林璧水，業盛於兩京。自淳源既遠，澆波已扇，物之感人無窮，人之逐欲無節，是以設訓垂範，啓導心靈，譬彼染藍，類諸琢玉，然後人倫以睦，卑高有序，忠孝之理既明，君臣之道攸固，執禮自基，魯公所以難侮，歌樂已細，鄭伯於是前亡，干戚舞而有苗至，泮宮成而淮夷服，長想洙、泗之風，載懷淹、稷之盛，有國有家，莫不尚已。

《北齊書》卷三六補《邢劭傳》後楊愔與魏收及劭請置學。奏曰：『世室明堂，顯于周、夏，一黌兩學，盛自虞、殷，所以宗配上帝，以著莫大之嚴，宣佈下土，以彰則天之軌，養黃發以詢哲言，育青衿而敷教典，用能享國長久，風徽萬祀者也。』

《晉書》卷三九《王沈傳》沈探尋善政，案賈逵以來法制禁令，諸所施行，擇善者而從之。又教曰：『後生不聞先王之教，而望政道日興，不可得也。文武並用，長久之道也。俗化陵遲，不可不革。革俗之要，實在教學。昔原伯魯不悅學，閔馬父知其必亡，將吏子弟，優閑家門，若不教之，必致遊戲，傷毀風俗矣。』

又　卷六五《王導傳》於時軍旅不息，學校未脩，導上書曰：

夫風化之本，在於正人倫。人倫之正，存乎設庠序。庠序設，五教明，德化洽通，彝倫攸敘，而有恥且格，父子兄弟夫婦長幼之序順，而君臣之義固矣。《易》所謂『正家而天下定』者也。故聖王蒙以養正，少而教之，使化沾肌骨，習以成性，有若自然，日遷善遠罪，而不自知。行成德立，然後裁之以位，雖王之世子，猶與國子齒，使知道而後貴。其取才用士，咸先本之於學。故《周禮》，鄉大夫『獻賢能之書於王，王拜而受之。』所以尊道而貴士也。人知士之貴，由道存。則退而脩其身，脩其身以及其家，正家以及鄉，學於鄉以登朝。反本復始，各求諸己，敦素之業著，浮偽之道息，教使然也。故以之事君則忠，用之莅下則仁，孟軻所謂『未有仁而遺其親，義而後其君者也』。

自頃皇綱失統，頌聲不興，於今將二紀矣，《傳》曰：『三年不為禮，禮必壞，三年不為樂，樂必崩。』而況如此久者乎！先進忘揖讓之容，後生唯金鼓是闻，干戈日尋，俎豆不設，先王之道彌遠，華偽之俗遂滋，非所以端本抑末之謂也。殿下以命世之資，屬阳陽九之運，禮樂征伐，翼成中興，誠宜經綸稽古，建明學業，以訓後生，漸之教義使文武之道，墜而復興。俎豆之儀幽而更彰方今戎虜扇熾，國恥未雪。忠臣義士，所以扼腕拊心，苟禮義膠固，純風載著，則化之所感者深，而德之所被者大，使帝典闕而復補，皇綱弛而更張，饕餮改情，獸心革面，饕餮檢情，揖讓而服四夷，緩帶而天下從，得乎其道，豈難也哉？故有虞舞干戚而化三苗，魯僖作泮宮而服淮夷，桓、文之霸，皆先教而後戰。今若聿遵前典，興復道教，擇朝之子弟，并入于學，選明博脩禮之士而為之師，化成俗定，莫尚於斯。

又　卷七〇《應詹傳》詹上疏陳便宜，曰：

先王設官，使君有常尊，臣有定卑，上無苟且之志，下無覬覦之心。下至亡秦，罷侯置守，本替末陵，綱紀廢絕。漢興，雖未能興復舊典，猶雜建侯守，故能享年享世，殆參古迹。今大荒之後，制度改創，宜因斯會，釐正憲則，先舉盛德元功以為封首，則聖世之化比隆唐虞矣。【略】

性相近，習相遠，訓導之風，宜慎所好。魏正始之間，蔚為文林。元康以來，賤經尚道，以玄虛宏放為夷達，以儒術清儉為鄙俗。永嘉之弊，

未必不由此也。今雖有儒官，教養未備，非所以長育人材，納之軌物也。宜脩辟雍，崇明教義，先令國子受訓，然後皇儲親臨釋奠，則普天尚德，率土知方矣。

又　卷八二《虞溥傳》　除鄱陽內史。大脩庠序，廣詔學徒，移告屬縣曰：『學所以定情理性而積衆善者也。情定於內而行成於外，善積於心而名顯於教，故中人之性隨教而移，積善則習與性成。唐虞之時，皆比屋而可封，及其廢也，而云可誅，豈非化以成俗，教移人心者哉！自漢氏失御，天下分崩，江表寇隔，久替王教，庠序之訓，廢而莫脩。今四海一統，萬里同軌，熙熙兆庶，咸休息乎太和之中，宜崇尚道素，廣開學業，以讚協時雍，光揚盛化。』乃具為條制。於是至者七百餘人。溥乃作誥以獎訓之，曰：

文學諸生皆冠帶之流，年盛志美，始涉學庭，講脩典訓，此大成之業，立德之基也。夫聖人之道淡而寡味，故始學者不好也。及至朞月，所觀彌博，所習彌多，日聞所不聞，日見所不見，然後心開意朗，敬業樂羣，忽然不覺大化之陶己，至道之入神也。故學之染人，甚於丹青。丹青吾見其久而渝矣，未見久學而渝者也。

夫工人之染，先脩其質，後事其色，質脩色積，而染工畢矣。學亦有質，孝悌忠信是也。君子內正其心，外脩其行，行有餘力，則以學文，文質彬彬，然後為德。夫學者不患才不及，而患志不立，故曰希驥之馬，亦驥之乘，希顏之徒，亦顏之倫也。又曰鍥而舍之，朽木不知；鍥而不捨，金石可虧。斯非其效乎！

今諸生口誦聖人之典，體閑庠序之訓，比及三年，可以小成。而令名宣流，雅譽日新，朋友欽而樂之，朝士敬而歎之，於是州府交命，擇官而仕，不亦美乎！若乃含章舒藻，揮翰流離，稱述世務，深賾究奇，使楊班韜筆，仲舒結舌，亦惟才所居，固無常人也。然積一勺以成江河，累微塵以崇峻極，匪志匪勤，理無由濟也。諸生若絕人間之務，心專親學，累一以貫之，積漸以進之，則亦或遲或速，或先或後耳，何滯而不通，何遠而不至邪！

又　卷八三《袁瓌傳》　于時喪亂之後，禮教陵遲，瓌上疏曰：

臣聞先王之教也，崇典訓以弘遠代，明禮學以流後生，所以導萬物之性，暢為善之道也。宗周既興，文中載煥，端委治於南蠻，頌聲溢于四海，故延州聘入魯，聞《雅》而歎；韓起適魯，觀《易》而美。何者？立人之道，於斯為首。孔子恂恂以教洙泗，孟軻係之，誨誘無倦，是以仁義之聲於今猶存，禮讓之節，時或有之。

疇昔皇運陵替，喪亂屢臻，儒林之教暫頹，庠序之禮有闕，國學索然，墳籍莫啓，有心之徒，抱志無由。昔魏武帝身親介胄，務在武功，猶尚廢鞍覽卷，投戈吟詠，況今陛下以聖明臨朝，百官以虔恭涖事，朝野無虞，江外謐靜，如之何泱泱之風漠然無聞，洋洋之美墜於聖世乎！古人有言：『《詩》、《書》義之府，禮樂德之則。』實宜留心經籍，闡明學義，使諷誦之音盈於京室，味道之賢是則是詠，豈不盛哉！若得給其宅地，備其學徒，博士僚屬粗有其官，則臣之願也。

又　卷一二五《馮跋傳》　跋下書曰：

武以平亂，文以經務，寧國濟俗，實所憑焉。自頃喪難，禮壞樂崩，閭閻絕諷誦之音，後生無庠序之教，子衿之歎，復興於今，豈所以穆章風化，崇闡斯文！可營建大學，以長樂劉軒、營丘張熾、成周翟崇為博士郎中，簡二千石已下子弟年十三已上教之。

和戎防戎論分部

論說

《宋書》卷七五《顏竣傳》　〔元嘉〕二十八年，虜自彭城北歸，復求互市，竣議曰：

愚以為與虜和親無益，已然之明效。何以言其然？夷狄之欲侵暴，正苦力之不足耳。未嘗拘制信義，用輟其謀。昔年江上之役，乃是和親之所招。歷稔交聘，遂求國婚，朝廷羈縻之義，依違不絕，既積歲月，漸不可誣，獸心無厭，重以忿怒，故至於深入。幸今因兵交之後，華、戎隔判，若言互市，則復開釁敝之萌。議者不過言互市之利在得馬，今棄此所重，得彼下駟，千匹以上，尚不足言，況所得之數，裁不十百邪。一相交

關，卒難閉絕。寇負力玩勝，驕黠已甚，雖云互市，實覘國情，多贍其求，則桀傲罔已，通而為節，則必生邊虞。不如塞其端漸，杜其觖望，內脩德化，外經邊事，保境以觀其釁，於事為長。

《南齊書》卷四八《孔稚珪傳》 稚珪以虜連歲南侵，征役不息，百姓死傷。乃上表曰：

匈奴為患，自古而然，雖三代智勇，兩漢權奇，算略之要，二途而已。一則鐵馬風馳，奮威沙漠；二則輕車出使，通驛虜庭。榷而言之，優劣可睹。今之議者，咸以丈夫之氣，恥居物下，況我天威，寧可先屈？吳、楚勁猛，帶甲百萬，截彼鯨鯢，何往不碎？請和示弱，非國計也。臣以為戎狄獸性，本非人倫。鴟鳴狼踞，不足喜怒；蜂目蠆尾，何關美惡。唯宜勝之以深權，制之以遠竿，弘之以大度，處之以蟊賊。豈足肆天下之忿，捐蒼生之命，發雷電之怒，爭蟲鳥之氣。百戰百勝，不足稱雄，橫屍千里，無益上國。而蟻聚蠶攢，窮誅不盡，馬足毛羣，難與競逐。漢高橫威海表，窘迫長圍；孝文國富刑清，事屈陵辱；宣帝撫納安靜，朔馬不驚；光武卑辭厚禮，寒山無靄。是兩京四主，英濟中區，輸寶貨以結和，遣宗女以通好，長轡遠馭，子孫是賴。豈不欲戰，惜民命也。唯漢武藉五世之資，承六合之富，驕心奢志，大事匈奴。遂連兵積歲，轉戰千里，長驅瀚海，飲馬龍城，雖斬獲名王，屠走凶羯，而漢之[卒]甲士十亡其九。故衛霍出關，千隊不反；貳師入漢，百旅頓降。李廣敗於前鋒，李陵没於後陣。其餘奔北，不可勝數。遂使國儲空懸，戶口減半，好戰之功，其利安在？戰不及和，相去何若？

自西朝不綱，東晉遷鼎，羣胡沸亂，羌狄交橫，荆棘攢於陵廟，豺虎咆於宮闈，山淵反覆，黔首塗地，逼迫崩騰，開闢未有。是時得失，略不稍陳。近至元嘉，多年無事，末路不量，復挑强敵。遂乃連城覆徙，虜馬飲江，青、徐[州]之際，草木為人耳。建元之初，胡塵犯塞，永明之始，復結通和，十餘年間，邊候且息。

陛下張天造曆，駕日登皇，聲雷宇宙，勢壓河岳。而封豕殘魂，未屠劍首，長蛇餘喘，偷窺外甸，烽亭不靜，五載於斯。昔歲蟻壞，瘺食樊、漢，今茲蟲毒，浸淫未已。興師十萬，日費千金，五歲之費，寧可貲計。陛下何惜匹馬之驛，百金之賂，數行之詔，誘此凶頑，使河塞息肩，關境全命，蓄甲養民，以觀彼弊。我策若行，則為不世之福，若不從命，不過如戰失一隊耳。或云『遣使不受，則為辱命。』夫以天下為量者，不計細恥，以四海為任者，寧顧小節。一城之没，尚不足惜；一使不反，曾何取慚？且我以權取貴，得我略行，何嫌其恥？所謂尺蠖之屈，以求伸也。臣不言遣使必得和，自有可和之理；猶如欲戰不必勝，而有可勝之機耳。今宜早發大軍，廣張兵勢，征犀甲於岷峨，命樓船於浦海。使自青徂豫，候騎星羅，沿江入漢，雲陣萬里。據險要以奪其魂，斷糧道以折其膽，多設疑兵，使精銷而計亂，固列金湯，使神茹而慮屈。然後發衷詔，馳輕驛，辯辭重幣，陳列吉凶。北虜頑而愛奇，貪而好古貨，畏我之威，喜我之賂，畏威喜賂，願和必矣。陛下用臣之啓，行臣之計，何憂玉門之下，而無款塞之胡哉？

彼之言戰既殷勤，臣之言和亦慊闊。伏願察兩塗之利害，檢二事之多少，聖照玄省，灼然可斷。所表謬奏，希下之朝省，使同博議。臣謬荷殊恩，奉佐侯岳，敢肆瞽直，伏奏千里。

又 卷五四《顧歡傳》 佛道二家，立教既異，學者互相非毀。歡著《夷夏論》曰：

夫辯是與非，宜據聖典。尋二教之源，故兩標經句。道經云：『老子入關之天竺維衛國，國王夫人名曰淨妙，老子因其晝寢，乘日精入淨妙口中，後年四月八日夜半時，剖左腋而生，墮地即行七步，於是佛道興焉。』此出《玄妙內篇》。佛經云：『釋迦成佛，有塵劫之數。』出《法華》、《無量壽》。或『為國師道士，儒林之宗。』出《瑞應本起》。

歡論之曰：五帝、三皇，莫不有師，國師道士，無過老、莊，儒林之宗，孰出周、孔。若孔、老非佛，誰則當之。然二經所說，如合符契。道則佛也，佛則道也。其聖則符，其迹則反。或和光以明近；或曜靈以示遠。道濟天下，故無方而不入；智周萬物，故無物而不為。其入不同，其為必異。各成其性，不易其事。是以端委搢紳，諸華之容；翦髮曠衣，羣夷之服。擎跽磬折，侯甸之恭；狐蹲狗踞，荒流之肅。棺殯槨葬，中夏之制；火焚水沈，西戎之俗。全形守禮，繼善之教；毀貌易性，絕惡之學。豈伊同人，爰及異物。鳥王獸長，往往是佛，無窮世界，聖人代興。或昭五典，或布三乘。在鳥而鳥鳴，在獸而獸吼，教華而華言，化夷

而夷語耳。雖舟車均於致遠，而有川陸之節；佛道齊乎達化，而有夷夏之別。若謂其致既均，其法可換者，而車可涉川，舟可行陸乎？今以中夏之性，效西戎之法，既不全同，又不全異。下棄妻孥，上廢宗祀，嗜欲之物，皆以禮伸；孝敬之典，獨以法屈。悖禮犯順，曾莫之覺。弱喪忘歸，孰識其舊？且理之可貴者，道也；事之可賤者，俗也。捨華效夷，義將安取？若以道邪？道固符合矣。若以俗邪？俗則大乖矣。

屢見刻舷沙門，守株道士。交諍大小，互相彈射。或域道以為兩，或混俗以為一。是牽異以為同，破同以為異。則乖爭之由，淆亂之本也。尋聖道雖同，而法有左右。始乎無端，終乎無末。泥洹仙化，各是一術。佛號正真，道稱正一。一歸無死，真會無生。在名則反，在實則合。但無生之教賒，無死之化切。切法可以進謙弱，賒法可以退夸强，佛教文而博，道教質而精。精非粗人所信，博非精人所能。佛言華而引，道言實而抑，抑則明者獨進，引則昧者競前。佛經繁而顯，道經簡而幽。幽則妙門難見，顯則正路易遵。此二法之辨也。

聖匠無心，方圓有體，器既殊用，教亦異施。佛是破惡之方，道是興善之術。興善則自然為高，破惡則勇猛為貴。佛迹光大，宜以化物；道迹密微，利用為己。優劣之分，大略在茲。

夫蹲夷之儀，婁羅之辯，各出彼俗，自相聆解。猶蟲嚾鳥聒，何足述效。【略】

案道經之作，著自西周，佛經之來，始乎東漢，年逾八百，代懸數十。若謂黃老雖久，而濫在釋前，是呂尚盜陳恒之齊，劉季竊王莽之漢也。

經云，戎氣强獷，乃復略人頰車邪？又夷俗長跽，法與華異，翹左跂右，全是蹲踞。故周公禁之於前，仲尼戒之於後。又舟以濟川，車以征陸，佛起於戎，豈非戎俗素惡邪？道出於華，豈非華風本善邪？今華風既變，惡同戎狄，佛來破之，良有以矣？佛道實貴，故戒業可遵；戎俗實賤，故言貌可棄。今諸華士女，民族弗革，而露首偏踞，濫用夷禮，云於翦落之徒，全是胡人，國有舊風，法不可變。

又若觀風流教，其道必異，佛非東華之道，道非西戎之法，魚鳥異淵，永不相關，安得老、釋二教，交行八表。今佛既東流，道亦西邁，故知世有精粗，教有文質。然則道教執本以領末，佛教救末以存本。請問所異，歸在何許？若以翦落為異，則胥靡翦落矣。若以立像為異，則俗巫立像矣。此非所歸，歸在常住。常住之象，常道孰異？

神仙有死，權便之說。神仙是大化之總稱，非窮妙之至名。至名無名，其有名者二十七品，仙變成真，真變成神。或謂之聖，各有九品，品極則入空寂，無為無名。若服食茹芝，延壽萬億，壽盡則死，藥極則枯，此脩考之士，非神仙之流也。

《魏書》卷一八補《元孚傳》　蠕蠕王阿那瓌既得返國，其人大飢，相率入塞，阿那瓌上表請臺賑給。詔孚為北道行臺，詣彼賑恤。孚陳便宜，表曰：

皮服之人，未嘗粒食。宜從俗因利，拯其所無。昔漢建武中，單于款塞，時轉河東米糒二萬五千斛、羊三萬六千頭以給之。斯即前代和戎、撫新、柔遠之長策也。乞以牸牛產羊糊其口命。且畜牧繁息，是其所便，毛血之利，惠兼衣食。

又尚書奏云，如其仍住七州，隨宜置之。臣謂人情戀本，寧肯徙內。若依臣請，給賑雜畜，愛本重鄉，必還舊土。如其不然，禁留益損。假令逼徙，事非久計。何者？人面獸心，去留難測，既易水草，痾恙將多，憂悉致困，死亡必甚。兼其餘類尚在沙磧，脫出狂勃，翻歸舊巢，必殘掠邑里，遺毒百姓。亂而方塞，未若杜其未萌。

又貿遷起於上古，交易行於中世，漢與胡通，亦立關市。今北人阻飢，命懸溝壑，公給之外，必求市易，彼若願求，宜見聽許。

營大者不計小名，圖遠者弗拘近利。雖戎狄衰盛，歷代不同，叛服之情，略可論討。周之北伐，僅獲中規；漢氏外攘，裁收下策。昔在代京，恒為重備，將帥勞止，甲士疲力。前世苦之，計未能致。今天祚大魏，亂亡在彼。朝廷垂天覆之恩，廓大造之德。鳩其散亡，禮送令返。宜因此時，善思遠策。

竊以理雖萬變，可以一觀；來事雖懸，易以往卜。昔漢宣之世，呼韓款塞，漢遣董忠、韓昌領邊郡士馬，送出朔方，因留衛助。又光武時，亦令中郎將段彬置安集掾史，隨單于所在，參察動靜。斯皆守吉之元龜，安邊之勝策。計今朝廷成功，不減曩時；蠕蠕國弊，亦同疇日。宜准昔

成謨，略依舊事。借其所閑地，聽使田牧；粗置官屬，示相慰撫；嚴戒邊兵，以見保衛。馭以寬仁，縻以久策。使親不至矯詐，疏不容叛反。今北鎮諸將舊常云一人代外邏，因令防察。所謂天子有道，守在四夷者也。

先人有奪人之心，待降如受強敵。武非專外，亦以防內。若從處分割配，諸州鎮遼遠，非轉輸可到，悔叛之情，變起難測。又居人畜業，布在原野，戎夷性貪，見則思盜。防彼肅此，少兵不堪，渾流之際，易相干犯。驅之還本，未必樂去，配州內徙，復不肯從。既其如此，為費必大。

又　卷二四《張倫傳》　熙平中，蠕蠕主醜奴遣使來朝，抗敵國之書，不脩臣敬。朝議將依漢答匈奴故事，遣使報之。倫表曰：

臣聞古之聖王，疆理物土，辨章要甸，荒遐之俗，政所不及。故《禮》有壹見之文，《書》著羈縻之事。太祖以神武之姿，聖明之略，經略帝圖，日有不暇，遂令豎子，游魂一方，亦由中國多虞，急諸華而緩夷狄也。高祖光宅土中，業隆卜世，赫雷霆之威，振熊羆之旅，方役南轅，未遑北伐。昔舊京烽起，虜使在郊，主上案劍，璽書不出。世宗運籌帷幄，開境揚旌，衣裳所及，舟車萬里。於時醜類款關，上亦述尊遺志。今大明臨朝，澤及行葦，國富兵強，能言率職。何憚而為之，何求而行此？往日蕭衍，通敬求和，以誠肅未純，抑而不許。先帝棄戎于前，陛下交夷於後，無乃上乖高祖之心，下違世宗之意。

且虜雖慕德，亦來觀我，懼之以強，儻即歸附，示之以弱，窺覦或起，《春秋》所謂『以我卜也』。又小人難近，夷狄無親，疏之則怨，狎之則侮，其所由來久矣。是以高祖、世宗，知其若此，來既莫逆，去又不追。不一之義，於是乎在。必其委贄玉帛之辰，屈膝蕃方之禮，則可豐其勞賄，籍以珍物。至於王人遠役，銜命虜庭，優以匹敵之尊，加之相望之寵，恐徒生虜慢，無益聖朝。假令選衆而舉，使乎稱職，資酈生之辯，騁終軍之辭，憑軾下齊，長纓系越。苟異曩時，猶為不願，而況極之以隆崇，申之以宴好，臣雖下愚，輒敢固執。

若事不獲已，應頒制詔，示其上下之儀，宰臣致書，諷以歸順之道。若聽受忠誨，明我話言，則萬乘之盛不失位於域中，天子之聲必籠罩於無外。脫或未從，焉能損益。徐舞干戚以招之，敷文德而懷遠。如迷心不已，或肆犬羊，則當命辛、李之將，勤衛、霍之師，蕩定雲沙，埽清逋孽，飲馬瀚海之濱，鏤石燕然之上，開都護，置戊己，斯亦陛下之高功，不世之盛事。如思按甲、養民、務農、安邊之術，經國之防，豈可以戎夷兼併，而遽虧典制。將取笑於當時，貽醜於來葉。昔文公請隧，襄後有言，荊莊問鼎，王孫是抑。以古方今，竊為陛下不取。又陛下方欲禮神岷瀆，致禮衡山，登稽嶺，窺蒼梧，而反與夷虜之君，酋渠之長，結昆弟之忻，抗分庭之義，將何以瞰文命之遐景，迹重華之高風者哉？臣以為報使甚失如彼，不報甚得如此。願留須臾之聽，察愚臣之言。

又　卷一〇一《吐谷渾傳》　世祖詔公卿朝會議答施行。太尉長孫嵩及議郎、博士二百七十九人議曰：

前者有司所處以為秦王荒外之君，本非政教所及，來則受之，去則不禁。皇威遠被，西秦王慕義畏威，稱臣納貢，求受爵號。議者以為古者要荒之君，雖人土衆廣，而爵不擬華夏。陛下加寵王官，乃越常分，容飾車旗，班同上國。至於繒絮多少，舊典所無，皆當臨時以制豐寡。自漢魏以來，撫接荒遐，頗有故事。呂後遺單于御車二乘、馬二駟，單于答馬千匹。其後匈奴和親，敵國遺繒絮不過數百；呼韓邪稱臣，身自入朝，始至萬匹。今西秦王若以土無桑蠶，便當上請，不得言『財不周賞』。昔周室衰微，齊侯小白，一匡天下，有賜胙之命，無益土之賞；晉侯重耳破楚城濮，唯受南陽之田，為朝宿之邑。西秦所致，唯定而已。塞外之人，因時乘便，侵入秦、涼，未有經略拓境之勳，爵登上國，統秦、涼、河、沙四州之地，而云『土不增廓』。比聖朝于弱周，而自同於五霸，無厭之情，其可極乎？西秦王忠款于朝廷，原其本情，必不至此，或左右不敏，因致斯累。檢西秦流人賊時所抄，悉在蒲阪，今既稱藩，四海咸泰，天下一家，可敕秦州送詣京師，隨後遣還。所請乞佛三人，昔為賓國之使，來在王庭，國破家遷，即為臣妾，可勿聽許。

又　卷一〇三補《蠕蠕傳》　（正光元年）九月，蠕蠕後主俟匿伐來奔懷朔鎮，阿那瓌兄也，列稱規望乞軍，並請阿那瓌。十月，録尚書事高陽王雍等奏曰：

竊聞漢立南、北單于，晉有東、西之稱，皆所以相維御難，為國藩籬。今臣等參議，以為懷朔鎮北土名無結山吐若奚泉，敦煌北西海郡即漢晉舊障，二處寬平，原野彌沃。阿那瓌宜置西吐若奚泉，婆羅門宜置西海

郡，各令總率部落，收離聚散。其爵號及資給所須，唯恩裁處。彼臣下之官，任其舊俗。阿那環所居，既是境外，宜少優遣，以示威刑。請沃野、懷朔、武川鎮各差二百人，令當鎮軍主監率，給其糧仗，送至前所，仍於彼為其造構，功就聽還。諸於北來，在婆羅門前投化者，令州鎮上佐，准程給糧，送詣懷朔阿那瓌，鎮與使人量給食廩。在京館者，任其去留，阿那瓌草創，先無儲積，請給朔州麻子乾飯二千斛，官駝運送。婆羅門居於西海，既是境內，資衛不得同之。阿那瓌等新造藩屏，宜各遣使持節馳驛先詣慰喻，並委經略。

《晉書》卷五六《江統傳》　時關隴屢為氐、羌所擾，孟觀西討，自擒氐帥齊萬年。統深惟四夷亂華，宜杜其萌，乃作《徙戎論》。其辭曰：

夫夷蠻戎狄，謂之四夷，九服之制，地在要荒。《春秋》之義，內諸夏而外夷狄。以其言語不通，贄幣不同，法俗詭異，種類乖殊；或居絕域之外，山河之表，崎嶇川谷阻險之地，與中國壤斷土隔，不相侵涉，賦役不及，正朔不加，故曰『天子有道，守在四夷』。禹平九土，而西戎即敘。其性氣貪婪，兇悍不仁，四夷之中，戎狄為甚。弱則畏服，强則侵叛。雖有賢聖之世，大德之君，咸未能以通化率導，而以恩德柔懷也。當其强也，以殷之高宗而憊於鬼方，有周文王而患昆夷、獫狁，高祖困于白登，孝文軍於霸上。及其弱也，周公來九譯之貢，中宗納單于之朝，以元成之微，而猶四夷賓服。此其已然之效也。故匈奴求守邊塞，而侯應陳其不可，單于屈膝未央，望之議以不臣。是以有道之君牧夷狄也，惟以待之有備，御之有常，雖稽顙執贄，而邊城不馳固守；為寇賊强暴，而兵甲不加遠征，期令境內獲安，疆埸不侵而已。

及至周室失統，諸侯專征，以大兼小，轉相殘滅，封疆不固，而利害異心。戎狄乘間，得入中國。或招誘安撫，以為己用。故申繒之禍，顛覆宗周；襄公要秦，遽興羌戎。當春秋時，義渠、大荔居秦晉之域，陸渾陰戎處伊洛之間，鄋瞞之屬害及濟東，侵入齊宋，陵虐邢衛，南夷與北狄交侵中國，不絕若綫。齊桓攘之，存亡繼絕，北伐山戎，以開燕路。故仲尼稱管仲之力，嘉左衽之功。逮至春秋之末，戰國方盛，楚吞蠻氏，晉翦陸渾，趙武胡服，開榆中之地，秦雄咸陽，滅義渠之等。始皇之并天下也，南兼百越，北走匈奴，五嶺長城，戎卒億計。雖師役煩殷，寇賊横暴，然一世之功，戎虜奔卻，當時中國無復四夷也。

漢興而都長安，關中之郡號曰三輔，《禹貢》雍州，宗周豐、鎬之舊也。及至王莽之敗，赤眉因之，西都荒毀，百姓流亡。建武中，以馬援領隴西太守，討叛羌，徙其餘種於關中，居馮翊、河東空地，而與華人雜處。數歲之後，族類蕃息，既恃其肥强，且苦漢人侵之。永初之元，騎都尉王弘使西域，發調羌氐，以為行衛。於是羣羌奔駭，互相扇動，二州之戎，一時俱發，覆沒將守，屠破城邑。鄧騭之征，棄甲委兵，輿尸喪師，前後相繼，諸戎遂熾，至於南入蜀漢，東掠趙魏，唐突軹關，侵及河內。及遣北軍中候朱寵將五營士於孟津距羌，十年之中，夷夏俱斃，任尚、馬賢僅乃克之。此所以為害深重累年不定者，雖由御者之無方，將非其才，亦豈不以寇發心腹，害起肘腋，疢篤難療，瘡大遲愈之故哉！自此之後，餘燼不盡，小有際會，輒復侵叛。馬賢狃忕，終於覆敗；段熲臨沖，自西徂東。雍州之戎，常為國患，中世之寇，惟此為大。漢末之亂，關中殘滅。魏興之初，與蜀分隔，疆埸之戎，一彼一此。魏武皇帝令將軍夏侯妙才討叛氐阿貴、千萬等，後因拔棄漢中，遂徙武都之種于秦川，欲以弱寇强國，扞御蜀虜。此蓋權宜之計，一時之勢，非所以為萬世之利也。今者當之，已受其弊矣。

夫關中土沃物豐，厥田上上，加以涇渭之流溉其舄鹵，鄭國、白渠灌浸相通，黍稷之饒，畝號一鍾，百姓謠詠其殷實，帝王之都每以為居，未聞戎狄宜在此土也。非我族類，其心必異，戎狄志態，不與華同。而因其衰弊，遷之畿服，士庶翫習，侮其輕弱，使其怨恨之氣毒於骨髓。至於蕃育衆盛，則坐生其心。以貪悍之性，挾憤怒之情，候隙乘便，輒為横逆。而居封域之內，無障塞之隔，掩不備之人，收散野之積，故能為禍滋擾，暴害不測。此必然之勢，已驗之事也。當今之宜，宜及兵威方盛，衆事未罷，徙馮翊、北地、新平、安定界內諸羌，著先零、罕幵、析支之地；徙扶風、始平、京兆之氐，出還隴右，著陰平、武都之界。廩其道路之糧，令足自致，各附本種，反其舊土，使屬國、撫夷就安集之。戎晉不雜，並得其所，上合往古即敘之義，下為盛世永久之規。縱有猾夏之心，風塵之警，則絕遠中國，隔閡山河，雖為寇暴，所害不廣。是以充國、子明能以數萬之衆制羣羌之命，有征無戰，全軍獨克，雖有謀謨深計，廟勝

遠圖，豈不以華夷異處，戎夏區別，要塞易守之故得成其功也哉！

難者曰：方今關中之禍，暴兵二載，征戍之勞，老師十萬，水旱之害，薦飢累荒，疫癘之災，札瘥夭昏。凶逆既戮，悔惡初附，且款且畏，咸懷危懼，百姓愁苦，異人同慮，望寧息之有期，若枯旱之思雨露，誠宜鎮之以安豫。而子方欲作役起徒，興功造事，使疲悴之衆，徙自猜之寇，以無穀之人，遷乏食之虜，恐勢盡力屈，緒業不卒，羌戎離散，心不可一，前害未及弭，而後變復横出矣。

答曰：羌戎狡猾，擅相號署，攻城野戰，傷害牧守，連兵聚衆，載離寒暑矣。而今異類瓦解，同種土崩，老幼繫虜，丁壯降散，禽離獸迸，不能相一。子以此等為尚挾餘資，悔惡反善，懷我德惠而來柔附乎？將勢窮道盡，智力俱困，懼我兵誅以致於此乎？曰無有餘力，勢窮道盡故也。然則我能制其短長之命，而令其進退由己矣。夫樂其業者不易事，安其居者無遷志。方其自疑危懼，畏怖促遽，故可制以兵威，使之左右無違也。迨其死亡散流，離逷未鳩，與關中之人，戶皆為讎，故可遐遷遠處，令其心不懷土也。夫聖賢之謀事也，為之於未有，理之於未亂，道不著而平，德不顯而成。其次則能轉禍為福，因敗為功，值困必濟，遇否能通。今子遭弊事之終而不圖更制之始，愛易轍之勤而得覆車之軌，何哉？且關中之人百餘萬口，率其少多，戎狄居半，處之與遷，必須口實。若有窮乏糝粒不繼者，故當傾關中之穀以全其生生之計，必無擠於溝壑而不為侵掠之害也。今我遷之，傳食而至，附其種族，自使相贍，而秦地之人得其半穀，此為濟行者以廩糧，遺居者以積倉，寬關中之逼，去盜賊之原，除旦夕之損，建終年之益。若憚暫舉之小勞，而忘永逸之弘策；惜日月之煩苦，而遺累世之寇敵，非所謂能開物成務，創業垂統，崇基拓迹，謀及子孫者也。

并州之胡，本實匈奴桀惡之寇也。漢宣之世，凍餒殘破，國内五裂，後合為二。呼韓邪遂衰弱孤危，不能自存，依阻塞下，委質柔服。建武中，南單于復來降附，遂令入塞，居於漠南，數世之後，亦輒叛戾，故何熙、梁慬戎車屢征。中平中，以黄巾賊起，發調其兵，部衆不從，而殺羌渠。由是於彌扶羅求助於漢，以討其賊。仍值世喪亂，遂乘釁而作，鹵掠趙魏，寇至河南。建安中，又使右賢王去卑誘質呼廚泉，聽其部落散居六郡。咸熙之際，以一部太强，分為三率。泰始之初，又增為四。於是劉猛内叛，連結外虜。近者郝散之變，發於穀遠。今五部之衆，戶至數萬，人口之盛，過於西戎。然其天性驍勇，弓馬便利，倍於氐羌。若有不虞風塵之慮，則并州之域可為寒心。滎陽句驪本居遼東塞外，正始中，幽州刺史毌丘儉伐其叛者，徙其餘種。始徙之時，戶落百數，子孫孳息，今以千計，數世之後，必至殷熾。今百姓失職，猶或亡叛，犬馬肥充，則有噬齧，況于夷狄，能不為變！但顧其微弱勢力不陳耳。

夫為邦者，患不在貧而在不均，憂不在寡而在不安。以四海之廣，士庶之富，豈須夷虜在内，然後取足哉！此等皆可申諭發遣，還其本域，慰彼羈旅懷土之思，釋我華夏纖介之憂。惠此中國，以綏四方，德施永世，於計為長。

宏圖大計分部

論說

《三國志》卷九《魏志·夏侯玄傳》 宣王報書曰：『審官擇人，除重官，改服制，皆大善。禮鄉閭本行，朝廷考事，大指如所示。而中間一相承習，卒不能改。秦時無刺史，但有郡守長吏。漢家雖有刺史，奉六條而已，故刺史稱傳車，其吏言從事，居無常治，吏不成臣，其後轉更為官司耳。昔賈誼亦患服制，漢文雖身服弋綈，猶不能使上下如意。恐此三事，當待賢能然後了耳。』玄又書曰：『漢文雖身衣弋綈，而不革正法度，内外有僭擬之服，寵臣受無限之賜，由是觀之，似指立在身之名，非篤齊治制之意也。今公侯命世作宰，追蹤上古，將隆至治，抑末正本，若制定於上，則化行於衆矣。夫當宜改之時，留殷勤之心，令發之日，下之應也猶響尋聲耳，猶垂謙謙，曰「待賢能」，此伊周不正殷姬之典也。竊未喻焉。』

又 卷二七《魏志·王昶傳》 嘉平初，太傅司馬宣王既誅曹爽，乃秦博問大臣得失。昶陳治略五事：

其一，欲崇道篤學，抑絕浮華，使國子入太學而脩庠序；其二，欲用考試，考試猶準繩也。未有舍準繩而意正曲直，廢黜陟而空論能否也；其三，欲令居官者久於其職，有治績則就增位賜爵；其四，欲約官實祿，勵以廉恥，不使與百姓爭利；其五，欲絕侈靡，務崇節儉，令衣服有章，上下有敍，儲穀畜帛，反民於樸。

《後漢書》卷四九《仲長統傳》《損益篇》曰：

作有利於時，制有便於物者，可為也。事有乖於數，法有翫於時者，可改也。故行於古有其迹，用於今無其功者，不可不變。變而不如前，易而多所敗者，亦不可不復也。漢之初興，分王子弟，委之以士民之命，假之以殺生之權。於是驕逸自恣，志意無厭。魚肉百姓，以盈其欲；報蒸骨血，以快其情。上有篡叛不軌之姦，下有暴亂殘賊之害。雖藉親屬之恩，蓋源流形埶使之然也。降爵削土，稍稍割奪，卒至於坐食奉祿而已。然其洿穢之行，淫昏之罪，猶尚多焉。故淺其根本，輕其恩義，猶尚假一日之尊，收士民之用。況專之於國，擅之於嗣，豈可鞭笞叱咤，而使唯我所為者乎？時政彫敝，風俗移易，純樸已去，智惠已來。出於禮制之防，放於嗜欲之域久矣，固不可授之以柄，假之以資者也。是故收其奕世之權，校其從横之埶，善者早登，否者早去，故下土無壅滯之士，國朝無專貴之人。此變之善，可遂行者也。

井田之變，豪人貨殖，館舍布於州郡，田畝連於方國。身無半通青綸之命，而竊三辰龍章之服；不為編戶一伍之長，而有千室名邑之役。榮樂過於封君，埶力侔於守令。財賂自營，犯法不坐。刺客死士，為之投命。至使弱力少智之子，被穿帷敗，寄死不斂，冤枉窮困，不敢自理。雖亦由網禁疎闊，蓋分田無限使之然也。今欲張太平之紀綱，立至化之基趾，齊民財之豐寡，正風俗之奢儉，非井田實莫由也。此變有所敗，而宜復者也。

肉刑之廢，輕重無品，下死則得髡鉗，下髡鉗則得鞭笞。死者不可復生，而髡者無傷於人。髡笞不足以懲中罪，安得不至於死哉！夫雞狗之攘竊，男女之淫奔，酒醴之賂遺，謬誤之傷害，皆非值於死者也。殺之則甚重，髡之則甚輕。不制中刑以稱其罪，則法令安得不參差，殺生安得不過謬乎？今患刑輕之不足以懲惡，則假臧貨以成罪，託疾病以諱殺。科條無所準，名實不相應，恐非帝王之通法，聖人之良制也。或曰：過刑惡人，可也；過刑善人，豈可復哉？曰：若前政以來，未曾枉害善人者，則有罪不死也，是為忍於殺人，而不忍於刑人也。今令五刑有品，輕重有數，科條有序，名實有正，非殺人逆亂鳥獸之行甚重者，皆勿殺。嗣周氏之祕典，續呂侯之祥刑，此又宜復之善者也。

《易》曰：『陽一君二臣，君子之道也；陰二君一臣，小人之道也。』然則寡者，為人上者也；衆者，為人下者也。一伍之長，才足以長一伍者也；一國之君，才足以君一國者也；天下之王，才足以王天下者也。愚役於智，猶枝之附幹，此理天下之常法也。制國以分人，立政以分事，人遠則難綏，事總則難了。今遠州之縣，或相去數百千里，雖多山陵洿澤，猶有可居人種穀者焉。當更制其境界，使遠者不過二百里。明版籍以相數閱，審什伍以相連持，限夫田以斷并兼，定五刑以救死亡，益君長以興政理，急農桑以豐委積，去末作以一本業，敦教學以移情性，表德行以厲風俗，覈才蓺以敍官宜，簡精悍以習師田，脩武器以存守戰，嚴禁令以防僭差，信實罰以驗懲勸，糾游戲以杜姦邪，察苛刻以絕煩暴。審此十六者以為政務，操之有常，課之有限，安寧勿懈墯，有事不迫遽，聖人復起，不能易也。

向者，天下戶過千萬，除其老弱，但戶一丁壯，則千萬人也。遺漏既多，又蠻夷戎狄居漢地者尚不在焉。丁壯十人之中，必有堪為其什伍之長，推什長已上，則百萬人也。又十取之，則佐史之才已上十萬人也。又十取之，則可使在政理之位者萬人也。以筋力用者謂之人，人求丁壯；以才智用者謂之士，士貴耆老。充此制以用天下之人，猶將有儲，何嫌乎不足也？故物有不求，未有無物之歲也；士有不用，未有少士之世也。夫如此，然後可以用天性，究人理，興頓廢，屬斷絕，網羅遺漏，拱柙天人矣。

或曰：善為政者，欲除煩去苛，并官省職，為之以無為，事之以無事，何子言之云云也？曰：若是，三代不足摹，聖人未可師也。君子用法制而至於化，小人用法制而至於亂。均是一法制也，或以之化，或以之亂，行之不同也。苟使豺狼牧羊豚，盜跖主征稅，國家昏亂，吏人放肆，則惡復論損益之閒哉！夫人待君子然後化理，國待蓄積乃無憂患。君子

非自農桑以求衣食者也，蓄積非横賦斂以取優饒者也。奉禄誠厚，則割剥貿易之罪乃可絕也；蓄積誠多，則兵寇水旱之灾不足苦也。故由其道而得之，民不以為奢；由其道而取之，民不以為勞。天灾流行，開倉庫以稟貸，不亦仁乎？衣食有餘，損靡麗以散施，不亦義乎？彼君子居位為士民之長，固宜重肉累帛，朱輪四馬。今反謂薄屋者為高，藿食者為清，既失天地之性，又開虛偽之名，使小智居大位，庶績不咸熙，未必不由此也。得拘絜而失才能，非立功之實也。以廉舉而以貪去，非士君子之志也。夫選用必取善士，善士富者少而貧者多，禄不足以供養，安能不少營私門乎？從而罪之，是設機置穽，以待天下之君子也。

盗賊凶荒，九州代作，飢饉暴至，軍旅卒發，横税弱人，割奪吏禄，所恃者寡，所取者猥，萬里懸乏，首尾不救，徭役並起，農桑失業，兆民呼嗟於昊天，貧窮轉死於溝壑矣。今通肥饒之率，計稼穡之入，令畝收三斛，斛取一斗，未為甚多。一歲之間，則有數年之儲，雖興非法之役，恣奢侈之欲，廣愛幸之賜，猶未能盡也。不循古法，規為輕税，及至一方有警，一面被灾，未逮三年，校計騫短，坐視戰士之蔬食，立望餓殍之滿道，如之何為君行此政也？二十税一，名之曰貊，況三十税一乎？夫薄吏禄以豐軍用，緣於秦征諸侯，續以四夷，漢承其業，遂不改更，危國亂家，此之由也。今田無常主，民無常居，吏食日稟，班禄未定。可為法制，畫一定科，租税十一，更賦如舊。今者土廣民稀，中地未墾；雖然，猶當限以大家，勿令過制。其地有草者，盡曰官田，力堪農事，乃聽受之。若聽其自取，後必為姦也。

《宋書》卷八二《周朗傳》　時普責百官讜言，朗上書曰：

昔仲尼有言：『治天下若寘諸掌。』豈徒言哉！方策之政，息舉在人，蓋當世之君不為之耳。況乃運鍾澆暮，世膺亂餘，重以宫廟遭不更之酷，江服被未有之痛，千里連死，萬井共泣。而秦、漢余敝，尚行於今，魏、晉遺謬，猶布於民，是而望國安於今，化崇於古，卻行及前之言，積薪待然之譬，臣不知所以方。然陛下既基之以孝，又申之以仁，民所疾苦，敢不略薦。凡治者何哉？為教而已。今教衰已久，民不知則，又隨以刑逐之，豈為政之道歟。欲為教者，宜二十五家選一長，百家置一師。男子十三至十七，皆令學經；十八至二十，盡使脩武。訓以書記圖律，忠孝仁義之禮，廉讓勤恭之則；授以兵經戰略，軍部舟騎之容，挽强擊刺之法。官長皆月至學所，以課其能。習經者五年有立，則言之司徒；用武者三年善藝，亦升之司馬。若七年而經不明，五年而勇不達，則更求其言政置謀，迹其心術行履，復不足取者，雖公卿子孫，長歸農畝，終身不得為吏。其國學則宜詳考占數，部定子史，令書不煩行，習無靡力。凡學，雖凶荒不宜廢也。

農桑者，實民之命，為國之本，有一不足，則禮節不興。若重之，宜罷金錢，以穀帛為賞罰。然愚民不達其權，議者好增其異。凡自淮以北，萬匹為市；從江以南，千斛為貨。亦不患其難也。今且聽市至千錢以還者用錢，餘皆用絹布及米，其不中度者坐之。如此，則墾田自廣，民資必繁，盗鑄者罷，人死必息。又田非膠水，皆播麥菽，地堪滋養，悉藝珝麻，蔭巷緣藩，必樹桑柘，列庭接宇，唯植竹栗。若此令既行，而善其事者，庶民則敍之以爵，有司亦從而加賞。若田在草間，木物不植，則撻之而伐其餘樹，在所以次坐之。

又取税之法，宜計人為輸，不應以貲。云何使富者不盡，貧者不蠲。乃令桑長一尺，圍以為價，田進一畝，度以為錢，屋不得瓦，皆責貲實。民以此，樹不敢種，土畏妄墾，棟焚榱露，不敢加泥。豈有剝善害民，禁衣惡食，若此苦者。方今若重斯農，則宜務削兹法。

凡為國，不患威之不立，患恩之不下；不患士之不廣，患民之不育。自華、夷爭殺，戎、夏競威，破國則積屍竟邑，屠將則覆軍滿野，海內遺生，蓋不餘半。重以急政嚴刑，天灾歲疫，貧者但供吏，死者弗望埋，鰥居有不願娶，生子每不敢舉。又戍淹徭久，妻老嗣絕，及淫奔所孕，皆復不收。是殺人之日有數途，生人之歲無一理，不知復百年間，將盡以草木為世邪，此最是驚心悲魂、慟哭太息者。法雖有禁殺子之科，設蚤娶之令，然觸刑罪，忍悼痛而為之，豈不有酷甚處邪。今宜家寬其役，戶減其税。女子十五不嫁，家人坐之。特雉可以聘妻妾，大布可以事舅姑，若待禮足而行，則有司加糾。凡宫中女隸，必擇不復字者。庶家內役，皆令各有所配。要使天下不得有終獨之生，無子之老。所謂十年存育，十年教訓，如此，則二十年間，長戶勝兵，必數倍矣。

又亡者亂郊，饉人盈甸，皆是不為其存計，而任之遷流，故飢寒一

至，慈母不能保其子，欲其不為寇盜，豈可得邪。既御之使然，復止之以殺，彼於有司，何酷至是。且草樹既死，皮葉皆枯，是其粱肉盡矣。冰霜已厚，苫蓋難資，是其衣裘敗矣。比至陽春，生其餘幾。今自江以南，在所皆穰，有食之處，須官興役，宜募遠近能食五十口一年者，賞爵一級。不過千家，故近食十萬口矣。使其受食者，悉令就佃淮南，多其長帥，給其糧種。凡公私遊手，歲發佐農，令堤湖盡脩，原陸並起。仍量家立社，計地設閭，檢其出入，督其遊惰。須待大熟，可移之復舊。淮以北悉使南過江，東旅客盡令西歸。

故毒之在體，必割其緩處，函、渭靈區，闃為荒窟，伊、洛神基，蔚成茂草，豈可不懷歟？歷下、泗間，何足獨戀。議者必以為胡衰不足避，而不知我之病甚於胡矣。若謂民之既徙，狄必就之，若其來從，我之願也。胡若能來，必非其種，不過山東雜漢，則是國家由來所欲覆育。既華得坐實，戎空自遠，其為來，利固善也。今空守孤城，徒費財役，亦行見淮北必非境服有矣，不亦重辱喪哉。使虜但發輕騎三千，更互出入，春來犯麥，秋至侵禾，水陸漕輸，居然復絕。於賊不勞，而邊已困，不至二年，卒散民盡，可蹻足而待也。設使胡滅，則中州必有興者，決不能有奉土地、率民人以歸國家矣。誠如此，則徐、齊終逼，亦不可守。

且夫戰守之法，當恃人之不敢攻。頃年兵之所以敗，皆反此也。今人知不以羊追狼，蟹捕鼠，而令重車弱卒，與肥馬悍胡相逐，其不能濟，固宜矣。漢之中年能事胡者，以馬多也，胡之後服漢者，亦以馬少也，既兵不可去，車騎應蓄。今宜募天下使養馬一匹者，蠲一人役，三匹者，除一人為吏，自此以進，階賞有差，邊亭徼驛，一無發動。

又將者，將求其死也。自能執干戈，幸而不亡，筋力盡於戎役，其於望上者，固已深矣。重有澄風掃霧之甘懃，驅波滌塵之力，此所自矜，尤復為甚。近所功賞，人知其濃，然似頗謬虛實，怨怒實衆。垂臂而反唇者，往往為部，耦語而觖望者，處處成羣。凡武人意氣，特易崩沮，設一旦有變，則向之怨者皆為敵也，今宜國財與之共竭，府粟與之同罄，去者應遣，濃加寵爵，發所在祿之，將秩未充，餘費宜闕，他事負輦，長不應與，唯可教以蒐狩之禮，習以鉦鼓之節。若假勇以進，務黜其身。老至而罷，賞延於嗣。

又緣淮城壘，皆宜興復，使烽鼓相達，兵食相連。若邊民請師，皆宜莫許。遠夷貢至，止於報答，語以國家之未暇，示以何事而非君。須內教既立，徐料寇形，辦騎卒四十萬，而國中不擾，取穀支二十歲，而遠邑不驚，然後越淮窮河，跨隴出漠，亦何適而不可。

又教之不敦，一至於是。今士大夫以下，父母在而兄弟異計，十家而七矣。庶人父子殊產，亦八家而五矣。凡甚者，乃危亡不相知，飢寒不相恤，又嫉謗讒害，其間不可稱數。宜明其禁，以革其風。先有善於家者，即務其賞，自今不改，則沒其財。

又三年之喪，天下之達喪，以其哀並衷出，故制同外興，日久均痛，故愈遲齊典。漢氏節其臣則可矣，薄其子則亂也。云何使衰苴之容盡，嗚號之音息。夫佩玉啓旒，深情弗忍，冕珠視朝，不亦甚乎。凡法有變於古而刻於情，則莫能順焉。至乎敗於禮而安於身，必遽而奉之，何乃厚於惡，薄於善歟。今陛下以大孝始基，宜反斯謬。

且朝享臨御，當近自身始，妃主典制，宜漸加矯正。凡舉天下以奉一君，何患不給。或帝有集皂之陋，后有帛布之鄙，亦無取焉。且一體炫金，不及百兩。一歲美衣，不過數襲，而必收寶連櫝，集服累笥，目豈常親，身未時視，是為櫝帶寶，笥著衣，空散國家之財，徒奔天下之貨，而主以此惰禮，妃以此傲家，是何糜蠹之劇，惑鄙之甚。逮至婢豎，皆無定科，一婢之身，重婢以使，一豎之家，列豎以役。塗金披繡，漿酒藿肉者，故不可稱紀。至有列軿以遊遨，飾兵以驅叱，不亦重甚哉。若禁行賜薄，不容致此。且細作始並，以為儉節，而市造華怪，即傳於民。如此，則遷也，非罷也。凡天下得治者以實，而治天下者常虛，民之耳目，既不可誑，治之盈耗，立亦隨之。故凡厥庶民，制度日侈，商販之室，飾等王侯，傭賣之身，製均妃後。凡一袖之大，足斷為兩，一裾之長，可分為二，見車馬不辨貴賤，視冠服不知尊卑。尚方今造一物，小民明已睥睨。宮中朝制一衣，庶家晚已裁學。侈麗之原，實先宮閫。又妃主所賜，不限高卑，自今以去，宜為節目。金魄翠玉，錦繡縠羅，奇色異章，小民既不得服，在上亦不得賜。若工人復造奇伎淫器，則皆焚之，而重其罪。

又置官者，將以燮天平氣，贊地成功，防姦御難，治煩理劇，使官稱事立，人稱官置，無空樹散位，繁進冗人。今高卑貿實，大小反稱，名之

不定，是謂官邪。而世廢姬公之制，俗傳秦人之法，惡明君之典，好闇主之事，其憎聖愛愚，何其甚矣。今則宜先省事，從而並官，置位以周典為式，變名以適時為用，秦漢末制，何足取也。當使德厚者位尊，位尊者祿重，能薄者官賤，官賤者秩輕。纓冕紱佩，稱官以服，車騎容衛，當職以施。

又寄土州郡，宜通廢罷，舊地民戶，應更置立。豈吳邦而有徐邑，揚境而宅兗民，上淆辰紀，下亂畿甸。其地如朱方者，不宜置州，土如江都者，應更建邑。

又民少者易理，君近者易歸，凡吏皆宜每詳其能，每厚其秩，為縣不得復用恩家之貧，為郡不得復選勢族之老。

又王侯識未堪務，不應強仕，須合冠而啓封，能政而議爵。且帝子未官，人誰為賤。但宜詳置賓友，選擇正人，亦何必列長史、參軍、別駕、從事，然後為貴哉。又世有先後，業有難易，明帝能令其兒不匹光武之子，馬貴人能使其家不比陰後之族，盛矣哉，此於後世不可忘也。至當輿抑碎首之忿，陛殿延辟戟之威，此亦復不可忘也。內外之政，實不可雜。若妃主為人請官者，其人宜終身不得為官，若請罪者，亦終身不得赦罪。

凡天下所須者才，而才誠難知也。有深居而言寡，則蘊學而無由知，有卑處而事隔，則懷奇而無由進。或復見忌於親故，或亦遭讒於貴黨，其欲致車右而動御席，語天下而辯治亂，焉可得哉。漫言舉賢，則斯人固未得矣。宜使世之所稱通經達史、辨詞精數，吏能將謀，偏術小道者，使獵纓危膝，博求其用。制內外官與官之遠近及仕之類，令各以所能而造其室，降情以誘之，卑身以安之，然後察其擢脣吻，樹頰胲，動精神，發意氣，語之所至，意之所執，不過數四間，不亦盡可知哉。若忠孝廉清之比，強正惇柔之倫，難以檢格立，不可須臾定，宜使鄉部求其行，守宰察其能，竟皆見之於選貴，呈之於相主，然後處其職宜，定其位用。如此，故應愚鄙盡捐，賢明悉舉矣。又俗好以毀沈人，不知察其所以致毀，以譽進人，不知測其所以致譽。毀徒皆鄙，則宜擢其毀者，譽黨悉庸，則宜退其譽者。如此，則毀譽不妄，善惡分矣。又既謂之才，則不宜以階級限，不應以年齒齊。凡貴者好疑人少，不知其少於人矣。老者亦輕人少，不知其不及少矣。

自釋氏流教，其來有源，淵檢精測，固非深矣。舒引容潤，既亦廣矣。然習慧者日替其修，束誡者月繁其過，遂至糜散錦帛，侈飾車從。復假精醫術，託雜卜數，延姝滿室，置酒浹堂，寄夫託妻者不無，殺子乞兒者繼有。而猶倚靈假像，背親傲君，欺費疾老，震損宮邑，是乃外刑之所不容戮，內教之所不悔罪，而橫天地之間，莫不糾察。人不得然，豈其鬼歟？今宜申嚴佛律，裨重國令，其疵惡顯著者，悉皆罷遣，餘則隨其蓺行，各為之條，使禪義經誦，人能其一，食不過蔬，衣不出布。若應更度者，則令先習義行，本其神心，必能草腐人天，竦精以往者，雖侯王家子，亦不宜拘。

凡鬼道惑衆，妖巫破俗，觸木而言怪者不可數，寓采而稱神者非可算。其原本是亂男女、合飲食，因之而以祈祝，從之而以報請，是亂不誅，為害未息。凡一苑始立，一神初興，淫風輒以之而甚，今脩隄以北，置園百里，峻山以右，居靈十房，糜財敗俗，其可稱限。又針藥之術，世寡復脩，診脈之伎，人鮮能達，民因是益徵於鬼，遂棄於醫，重令耗惑不反，死夭復半。今太醫宜男女習教，在所應遣使受業，如此故當愈於媚神之愚，懲艾腠理之敝矣。

凡無世不有言事，無時不有令下，然而升平不至，昏危是繼，何哉？蓋設令之本非實也。又病言不出於謀臣，事不便於貴黨，輕者抵訾呵駭，重者死壓窮擯，故西京有方調之誅，東都有黨錮之戮。陛下若欲申常令，循末典，則羣臣在焉；若欲改舊章，興王道，則微臣存矣。敢昧死以陳，唯陛下察之。

《南齊書》卷二八《崔祖思傳》 上初即位，祖思啓陳政事曰：

《禮》、《誥》者，人倫之襟冕，帝王之樞柄。自古開物成務，必以教學為先。世不習學，民忘志義，悖競因斯而興，禍亂是焉而作。故篤俗昌治，莫先道教，不得以夷險革慮，儉泰移業。今無員之官，空受祿力。三載無考績之效，九年闕登黜之序。國儲以之虛匱，民力為之凋散。能否無章，涇渭混流。宜太廟之南，弘脩文序；司農以北，廣開武校。臺府州國，限外之職，問其所樂，依方課習，各盡其能。月供僮幹，如先充給，若有廢墮，遣還故郡。殊經奇藝，待以不次，士脩其業，必有異等，民識其利，能無勉勵。

漢文集上書囊以為殿帷，身衣弋綈，以韋帶劍，慎夫人衣不曳地，惜中人十家之產，不為露臺。劉備取帳鉤銅鑄錢以充國用，魏武遺女，皂帳，婢十人，東阿婦以繡衣賜死，王景興以淅米見誚。宋武節儉過人，張妃房帷碧綃蚊幬，三齊茵席，五盞盤桃花米飯。殷仲文勸令畜伎，答云：『我不解聲。』仲文曰：『但畜自解。』又答：『畏解，故不畜。』歷觀帝王，未嘗不以約素興，侈麗亡也。伏惟陛下，體唐成儉，踵虞為樸。寢殿則素木卑構，膳器則陶瓢充御。瓊簪玉筋，碎以為塵，珍裘繡服，焚之如草。斯實風高上代，民偃下世矣。然教信雖孚，氓染未革，宜加甄明，以速歸厚。詳察朝士，有柴車蓬館，高以殊等；雕牆華輪，卑其稱謂。馳禽荒色，長違清編，嗜音酣酒，守官不徙，物識義方，且懼且勸，則調風變俗，不俟終日。

憲律之重，由來尚矣。故曹參去齊，唯以獄市為寄，餘無所言。路溫舒言『秦有十失，其一尚在，治獄之吏是也。』寔宜清置廷尉，茂簡三官，寺丞獄主，彌重其選，研習律令，刪除繁苛。詔獄及兩縣，一月三訊，觀貌察情，欺枉必達。使明慎用刑，無忝大《易》；寧失不經，靡愧《周書》。漢來治律有家，子孫並世其業，聚徒講授，至數百人。故張、于二氏，絜譽文、宣之世，陳、郭兩族，流稱武、明之朝。決獄無冤，慶昌枝裔，槐兗相襲，蟬紫傳輝。今廷尉律生，乃令史門戶，族非咸、弘，庭缺于訓。刑之不措，抑此之由。如詳擇篤厚之士，使習律令，試簡有徵，擢為廷尉僚屬。苟官世其家而不美其績，鮮矣；廢其職而欲善其事，未之有也。若劉累傳守其業，庖人不乏龍肝之饌，斷可知矣。

樂者，動天地，感鬼神，正情性，立人倫，其義大矣。按前漢編戶千萬，太樂伶官方八百二十九人，孔光等奏罷不合經法者四百四十一人，正樂定員，惟置三百八十八人。今戶口不能百萬，而太樂雅、鄭，元徽時校試千有餘人，後堂雜伎，不在其數，糜廢力役，傷敗風俗。今欲撥邪歸道，莫若罷雜伎，王庭唯置鍾簴羽戚、登歌而已。如此，則官充給養，國反淳風矣。

論儒者以德化為本，談法者以刻削為體。道教治世之粱肉，刑憲亂世之藥石，故以教化比雨露，名法方風霜。是以有恥且格，敬讓之樞紐；令行禁止，為國之關楗。然則天下治者，賞罰而已矣。賞不事豐，所病於不均；罰不在重，所困於不當。如令甲勳少，乙功多，賞甲而捨乙，天下必有不勸矣；丙罪重，丁眚輕，罰丁而赦丙，天下必有不悛矣。是賞罰空行，無當乎勸沮。將令見罰者寵習之臣，受賞者仇讎之士，戮一人而萬國懼，賞匹夫而四海悅。

籍稅以厚國，國虛民貧；廣田以實廩，國富民贍。堯資用天之儲，實拯懷山之數，湯憑分地之積，以勝流金之運。近代魏置典農，而中都足食；晉開汝、潁，而汴河委儲。今將掃辟咸、華，題鏤龍漠，宜簡役敦農，開田廣稼。時罷山池之威禁，深抑豪右之兼擅，則兵民優贍，可以出師。

古者左史記言，右史記事，故君舉必書，盡直筆而不污；上無妄動，知如絲之成綸。今者著作之官，起居而已；述事之徒，褒諛為體。世無董狐，書法必隱；時闕南史，直筆未聞。

廢諫官，則聽納靡依。雖課勵朝僚，徵訪芻輿，莫若推舉質直，職思其憂。夫越任於事，在言為難；當官而行，處辭或易。物議既以無言望己，己亦當以吞默慙人。中丞雖謝咸、玄，未有全廢劾簡；廷尉誠非釋之，寧容都無訊牒。故知與其謬人，寧不廢職，目前之明效也。漢徵貢禹為諫大夫，矢言先策，夏侯勝狂直拘系，出補諷職，伐柯非遐，行之即善。

天地無心，賦氣自均，寧得誕秀往古，而獨寂寥一代，將在知與不知，用與不用耳。夫有賢而不知，知賢而不用，用賢而不委，委賢而不信，此四者，古今之通患也。今誠重郭隗而招劇辛，任鮑叔以求夷吾，則天下之士，不待召而自至矣。

又《劉善明傳》 善明至郡，上表陳事曰：

『周以三聖相資，再駕乃就。漢值海內無主，累敗方登。魏挾主行令，實逾二紀。晉廢立持權，遂歷四世。景祚攸集，如此之難者也。陛下凝暉自天，照湛神極，睿周萬品，道洽無垠。故能高嘯閑軒，鯨鯢自翦，垂拱雲甯，九服載晏，靡一戰之勞，無半辰之棘，苞池江海，籠苑嵩岱，神祇樂推，普天歸奉，二三年間，允膺寶命，冑臨皇曆，正位宸居，開闢以來，未有若斯之盛者也。夫常勝者無憂，恒成者好怠。故雖休勿休，姬旦作《誥》；安不忘危，尼父垂範。今皇運草創，萬化始基，乘宋季葉，

政多澆苛，億兆倒懸，仰齊蘇振。臣早蒙殊養，志輸肝血，徒有其誠，曾闕埃露。夙宵慚戰，如墜淵穀，不識忌諱，謹陳愚管，瞽言芻議，伏待斧鉞。』

所陳事凡十一條：其一，以為：『天地開創，人神慶仰，宜存問遠方，宜廣慈澤。』其二，以為：『京師浩大，遠近所歸，宜遣醫藥，問其疾苦。年九十以上及六疾不能自存者，隨宜量賜。』其三，以為：『宋氏赦令，蒙原者寡。愚謂下赦書，宜令事實相副。』其四，以為：『匈奴未滅，劉昶猶存，秋風揚塵，容能送死。境上諸城，宜應嚴備，特簡雄略，以待事機，資實所須，皆宜豫辦。』其五，以為：『宜除宋氏大明太始以來諸苛政細制，以崇簡易。』其六，以為：『凡諸土木之費，且可權停。』其七，以為：『帝子王姬，宜崇儉約。』其八，以為：『宜詔百官及府州郡縣，各貢讜言，以弘唐虞之美。』其九，以為：『忠貞孝悌，宜擢以殊階，清儉苦節，應授以民政。』其十，以為：『革命惟始，天地大慶，宜時擇才辯，北使匈奴。』其十一，以為：『交州險夐，要荒之表，宋末政苛，遂至怨叛。今大化創始，宜懷以恩德，未應遠勞將士，搖動邊氓。且彼土所出，唯有珠寶，實非聖朝所須之急。討伐之事，謂宜且停。』

《魏書》卷一九《任城王澄傳》 澄表上《皇誥宗制》並《訓詁》各一卷，意欲皇太后覽之，思勸戒之益。又奏利國濟民所宜振舉者十條。一曰律度量衡，公私不同，所宜一之。二曰宜興學校，以明黜陟之法。三曰宜興滅繼絕，各舉所知。四曰五調之外，一不煩民，任民之力，不過三日。五曰臨民之官，皆須黜陟，以旌賞罰。六曰逃亡代輸，去來年久者，若非伎作，任聽即住。七曰邊兵逃走，或實陷没，皆須精檢；三長及近親，若實隱之，徵其代輸，不隱勿論。八曰工商世業之戶，復徵租調，無以堪濟，今請免之，使專其業。九曰三長禁姦，不得隔越相領，戶不滿者，隨近幷合。十曰羽林虎賁，邊方有事，暫可赴戰，常戍宜遣蕃兵代之。

又 卷五四《高閭傳》 閭後上表曰：

臣聞為國之道，其要有五：一曰文德，二曰武功，三曰法度，四曰防固，五曰刑賞。故遠人不服，則脩文德以來之；荒狡放命，則播武功以威之；民未知戰，則制法度以齊之；暴敵輕侵，則設防固以御之；臨事制勝，則明刑賞以勸之。用能闢國寧方，征伐四克。北狄悍愚，同於禽獸，所長者野戰，所短者攻城。若以狄之所短，奪其所長，則雖衆不能成患，雖來不能內逼。又狄散居野澤，隨逐水草，戰則與家產並至，奔則與畜牧俱逃，不齎資糧而飲食足。是以古人伐北方，攘其侵掠而已。歷代為邊患者，良以倏忽無常故也。六鎮勢分，倍衆不鬬，互相圍逼，難以制之。昔周命南仲，城彼朔方；趙靈、秦始，長城是築；漢之孝武，踵其前事。此四代之君，皆帝王之雄傑，所以同此役者，非智術之不長，兵衆之不足，乃防狄之要事，其理宜然故也。《易》稱天險不可升，地險山川丘陵，王公設險以守其國，長城之謂歟？今宜依故於六鎮之北築長城，以御北虜。雖有暫勞之勤，乃有永逸之益，如其一成，惠及百世。即於要害，往往開門，造小城於其側。因地却敵，多有弓弩。狄來有城可守，其兵可捍。既不攻城，野掠無獲，草盡則走，終必懲艾。

宜發近州武勇四萬人及京師二萬人，合六萬人為武士，於苑內立征北大將軍府，選忠勇有志幹者以充其選。下置官屬，分為三軍，二萬人專習弓射，二萬人專習戈盾，二萬人專習騎矟。脩立戰場，十日一習，採諸葛亮八陣之法，為平地御寇之方，使其解兵革之宜，識旌旗之節，器械精堅，必堪御寇。使將有定兵，兵有常主，上下相信，晝夜如一。七月發六部兵六萬人，各備戎作之具，敕臺北諸屯倉庫，隨近作米，俱送北鎮。至八月，征北部率所領與六鎮之兵，直至磧南，揚威漠北。狄若來拒，與之決戰，若其不來，然後散分其地，以築長城。計六鎮東西不過千里，若一夫一月之功，當三步之地，三百人三里，三千人三十里，三萬人三百里，則千里之地，强弱相兼，計十萬人一月必就，運糧一月不足為多。人懷永逸，勞而無怨。

計築長城，其利有五：罷遊防之苦，其利一也；北部放牧，無抄掠之患，其利二也；登城觀敵，以逸待勞，其利三也；省境防之虞，息無時之備，其利四也；歲常遊運，永得不匱，其利五也。

又任將之道，特須委信，遣之以禮，恕之以情，閫外之事，有利輒決，赦其小過，要其大功，足其兵力，資其給用，君臣相體，若身之使臂，然後忠勇可立，制勝可果。是以忠臣盡其心，征將竭其力，雖三敗而踰榮，雖三背而彌寵。

詔曰：『覽表，具卿安邊之策。比當與卿面論一二。』

又　卷六二《李彪傳》　彪又表曰：

臣聞昔之哲王，莫不亹亹孜孜，思納讜言，以康黎庶。是以訪童問師，不避淵澤，詢謀諮善，不棄芻蕘，用能光茂實於竹素，播徽聲於金石。臣屬生有道，遇無諱之朝，敢脩往式，竊揆時宜，謹冒死上封事七條。狂瞽之言，伏待刑戮。

其一曰：自太和建號，逾於一紀，典刑德政，可得而言也。立圜丘以昭孝，則百神不乏饗矣。舉賢才以酬諮，則多士盈朝矣。開至誠以軌物，則朝無佞人矣。敦六順以教人，則四門無凶人矣。制冠服以明秩，則典式復彰矣。作雅樂以協人倫，則人神交慶矣。深慎罰以明刑，則庶獄得衷矣。薄服味以示約，則儉德光昭矣。單宮女以配鰥，則人無怨曠矣。傾府藏以賑錫，則大賚周渥矣。省賦役以育人，則編戶巷歌矣。宣德澤以懷遠邇，則華荒抃舞矣。垂至德以暢幽顯，則禎瑞效質矣。生生得所，事事惟新，巍巍乎猶造物之曲成也。然臣愚以為行儉之道，猶自闕如。何者？今四人豪富之家，習華既深，敦樸情淺，未識儉素之易長，而行奢靡之難久。壯制第宅，美飾車馬，僕妾衣綾綺，土木被文繡，僭度違衷者衆矣。古先哲王之為制也，自天子以至公卿，下及抱關擊柝，其宮室車服，各有差品，小不得逾大，賤不得逾貴。夫然，故上下序而人志定。今時浮華相競，情無常守，大為消功之物，巨制費力之事，豈不謬哉！消功者，錦繡雕文是也。費力者，廣宅高宇、壯制麗飾是也。其妨男業、害女工者，焉可勝言哉。漢文時，賈誼上疏云『今之王政，可為長太息者六』，此即是其一也。夫上之所好，下必從之，故越王好勇而士多輕死，楚靈好瘠而國有飢人，今二聖躬行儉素，詔令殷勤，而百姓之奢猶未革者，豈楚越之人易變如彼，大魏之士難化如此？蓋朝制弗宣，人未見德，使之然耳。臣愚以為第宅車服，自百官以至於庶人，宜為其等制，使貴不逼賤，卑不僭高，不可以稱其侈意，用違經典。今或者以為習俗日久，不可卒革，臣謹言古人革之之漸。昔子產為政一年，百姓歌之曰：『我有田疇，子產伍之，我有衣冠，子產貯之，孰殺子產，吾其與之。』及三年，乃改歌曰：『我有田疇，子產殖之，我有子弟，子產誨之，子產若死，其誰繼之。』然則鄭人之智，豈前昏而後明哉？且從政者須漸，受化者難頓故也。今若為制以差品之，始末之情，魏士與鄭人同矣。既同鄭人，是為卒有善歌，豈可憚其初怨，而不為終善哉？夫尚儉者開福之源，好奢者起貧之兆。然則儉約易以教行，華靡難以財滿，是以聖人留意焉，賢人希准焉。故夏禹卑宮室而惡衣服，殷湯寢黃屋而乘輅輿。此示儉於後王，後王所宜觀其意而取折衷也。孔子為魯司寇，乘柴車而駕駑馬；晏嬰為齊正卿，冠濯冠而衣故裘。此示儉於後臣，後臣所宜識其情而消息之也。前志云：『作法於涼，其弊猶貪。』此言雖略，有達治道。臣之瞽言，儻或可採，比及三年，可以有成。有成則人務本，人務本則奢費除，奢費除則穀帛豐，穀帛豐則人逸樂，人逸樂則皇基固矣。

其二曰：《易》稱：『主器者，莫若長子。』《傳》曰：『太子奉冢嫡之粢盛。』然則祭亡主則宗廟無所饗，冢嫡廢則神器無所傳。聖賢知其如此，故垂誥以為長世之法。昔姬王得斯道也，故恢崇儒術，以訓世嫡，世嫡於是乎習成懿德，用大協于黎蒸。是以世統生人，載祀八百。建嬴氏之君於秦也。殆棄德政，坑焚儒典，弗以義方，教厥冢子，於是習成凶德，肆虐以臨黔首。是以享年不永，二世而亡。亡之與興，其道在於師傅，師傅之損益，可得而言。益者，周公傅成王，教以孝仁禮義，逐去邪人，嚮使見惡人，選天下之端士、孝悌博聞有道術者以為衛翼。衛翼良，成王正，周道之所以長久也。損者，趙高傅胡亥，教以刑戮斬劓及夷人族，逐去正人，不得見善士，諂佞讒賊者為其左右。左右邪，胡亥僻，秦祚之所以短促也。夫皇天，輔德者也，豈私周而疏秦哉？由所行之道殊，故禍福之途異耳。昔光武議為太子置傅，以問其羣臣，羣臣望意，皆言太子舅執金吾、新陽侯陰就可。博士張佚正色曰：『今立太子，為陰氏乎？為天下乎？即為陰氏，則陰侯可，為天下，則固宜用天下之賢才。』光武稱善，曰：『置傅，以輔太子也。今博士不難正朕，況太子乎？』即拜佚為太子太傅，漢明卒為賢主。然則佚之傅漢明，非乃生之漸也，尚或有稱，而況乃生訓之以正道，其為益也固以大矣。故禮曰：『太子生，因舉以禮，使士負之，有司齊肅端冕，見於南郊。』明冢嫡之重，見乎天也。『過闕則下，過廟則趨』，明孝敬之道也。然古之太子，『自為赤子，而教固以行矣』。此則遠世之鏡也。高宗文成皇帝慨少時師不勤教，嘗謂羣臣曰：『朕始學之日，年尚幼沖，情未能專，既臨萬機，不遑溫習，今而思

之，豈唯予咎，抑亦師傅之不勤。』尚書李訢免冠而謝，此則近日之可鑑也。伏惟太皇太后翼贊高宗，訓成顯祖，使巍巍之功，邈乎前王，陛下幼蒙鞠誨，聖敬之躋，及儲宮誕育，復親撫誥，日省月課，實勞神慮。今誠宜准古，立師傅以訓導太子，訓導正則太子正，太子正則皇家慶，皇家慶則人幸甚矣。

其三曰：臣聞國本黎元，人資粒食。是以昔之哲王，莫不勤勸稼穡，盈畜倉廩。故堯湯水旱，人無菜色者，蓋由備之有漸，積之有素。暨於漢家，以人食少，乃設常平以給之；魏氏以兵糧乏，制屯田以供之。用能不匱當時，軍國取濟。又《記》云，國無三年之儲，謂國非其國。光武以一畝不實，罪及牧守。聖人之憂世重穀，殷勤如彼，明君之恤人勸農，相切如此。頃年山東飢，去歲京師儉，內外人庶，出入就豐，既廢營產，疲而乃達，又於國體，實有虛損。若先多積谷，安而給之，豈有驅督老弱糊口千里之外？以今況古，誠可懼也。臣以為宜析州郡常調九分之二，京都度支歲用之餘，各立官司，年豐糴積於倉，時儉則加私之二，糶之於人。如此，民必力回以買官絹又務貯財以取官粟，年登則常積，歲凶則直給。又別立農官，取州郡戶十分之一，以為屯民。相水陸之宜，料頃畝之數，以贓贖雜物餘財市牛科給，令其肆力。一夫之田，歲責六十斛，蠲其正課，並征戍雜役。行此二事，數年之中，則穀積而人足，雖災不為害。臣又聞前代明主，皆務懷遠人，禮賢引滯。故漢高過趙，求樂毅之胄；晉武廓定，旌吳蜀之彥。臣謂宜於河表七州人中，擢其門才，引令赴闕，依中州官比，隨能序之。一可以廣聖朝均新舊之義，二可以懷江漢歸有道之情。

其四曰：昔帝舜命咎繇，惟刑之恤，周公誥成王，勿誤於庶獄，斯皆君臣相誡，重刑之至也。今二聖哀矜罪辜，小大二情，讞決之日，多從降恕，時不得已，必垂惻隱，雖前王之勤聽肆赦，亦如斯而已。至若行刑犯時，愚臣竊所未安。漢制，舊斷獄報重，常盡季冬，至孝章時，改盡十月，以育三微。後歲旱，論者以十月斷獄，陰氣微，陽氣泄，以故致旱。事下公卿，尚書陳寵議，冬至陽氣始萌，故十一月有射干、芸、荔之應，周以為春；十二月陽氣上通，雉雊雞乳，殷以為春，十三月陽氣已至，蟄蟲皆震，夏以為春。三微成著，以通三統，三統之月，斷獄流血，是不稽天意也。《月令》：仲冬之月，身欲寧，事欲靜。以起隆怒，不可謂寧，以行大刑，不可謂靜。章帝善其言，卒於十月斷。今京都及四方，斷獄極重，常竟季冬，不推三正以育三微。寬宥之情，每過於昔，遵時之憲，猶或闕然，豈所謂助陽發生、垂奉微之仁也？誠宜遠稽周典，近採漢制，天下斷獄，起自初秋，盡于孟冬，不於三統之春行，斬絞之刑。如此，則道協幽顯，仁垂後昆矣。

其五曰：古者，大臣有坐不廉而廢者，不謂之不廉，乃曰簠簋不飾。此君之所以禮貴臣，不明言其過也。臣有大譴，則白冠氂纓，盤水加劍，造請室而請死，此臣之所以知罪而不敢逃刑也。聖朝賓遇大臣，禮同古典。自太和以降，有負罪當陷大辟者，多得歸第自盡。遣之日，深垂隱愍，言發淒淚，百官莫不見，四海莫不聞。誠足以感將死之心，慰戚屬之情。然恩發至衷，未著永制，此愚臣所以敢陳末見。昔漢文時，人有告丞相周勃謀反者，逮繫長安獄，頓辱之與皂隸同。賈誼乃上書，極陳君臣之義，不宜如是。夫貴臣者，天子為其改容而體貌之，吏人為其俯伏而敬貴之。其有罪過，廢之可也，賜之死可也。若束縛之，輸之司寇，榜笞之，小吏詈罵之，殆非所以令衆庶見也。及將刑也，臣則北面再拜，跪而自裁。天子曰：子大夫自有過耳，吾遇子有禮矣。上不使人抑而刑之也。孝文深納其言，是後大臣有罪，皆自殺不受刑。至孝武時，稍復人獄，良由孝文行之當時，不為永制故耳。伏惟聖德慈惠，豈與漢文比靈哉！今天下有道，庶人不議之時，臣安可陳瞽言於朝，但恐萬世之後，繼體之主有若漢武之事焉。夫道貴長久，所以樹之風聲也。法尚不虧，所以貽厥孫謀也。焉得行恩當時，而不著長世之制乎？

其六曰：《孝經》稱『父子之道天性』，《書》云『孝乎，惟孝友于兄弟』，二經之旨，蓋明一體而同氣，可共而不可離者也。及其有罪，罪不相及者，乃君上之厚恩也。至若有懼，懼應相連者，固自然之恒理也。無情之人，父兄繫獄，子弟無慘惕之容，子弟逃刑，父兄無愧恧之色。宴安榮位，游從自若，車馬仍華，衣冠猶飾，寧是同體共氣、分憂均戚之理也？昔秦伯以楚人圍江，素服而示懼，宋仲子以失舉桓譚，免冠而謝罪。然則子弟之於父兄，父兄之於子弟，惟其情至，豈與結盟相知者同年語其深淺哉？二聖清簡風俗，孝慈是先。臣愚以為父兄有犯，宜令子弟素服

肉袒，詣闕謝罪。子弟有坐，宜令父兄露板引咎，乞解所司。若職任必要，不宜許者，慰免留之。如此，足以敦厲凡薄，使人知有所恥矣。

其七曰：《禮》云，臣有大喪，君三年不呼其門。此聖人緣情制禮，以終孝子之情者也。周季陵夷，喪禮稍亡。是以要絰即戎，素冠作刺，逮于虐秦，殆皆泯矣。漢初，軍旅屢興，未能遵古。至宣帝時，民當從軍屯者，遭大父母、父母死，未滿三月，皆弗徭役，其朝臣喪制，未有定聞。至後漢元初中，大臣有重憂，始得去官終服。暨魏武、孫、劉之世，日尋干戈，前世禮制，復廢而不行。晉時，鴻臚鄭默喪親，固請終服，武帝感其孝誠，遂著令以為常。聖魏之初，撥亂反正，未遑建終喪之制。今四方無虞，百姓安逸，誠是孝慈道洽，禮教興行之日也。然愚臣所懷，竊有未盡。伏見朝臣丁父憂者，假滿赴職，衣錦乘軒，從郊廟之祀，鳴玉垂緌，同節慶之醼，傷人子之道，虧天地之經。愚謂如有遭大父母、父母喪者，皆聽終服。若無其人有曠庶官者，則優旨慰喻，起令視事，但綜司出納，敷奏而已，國之吉慶，一令無預。其軍戎之警，墨縗從役，雖愆於禮，事所宜行也。如臣之言，少有可採，願付有司，別為條制。

又 卷六七《韓顯宗傳》 顯宗又上言曰：

進賢求才，百王之所先也。前代取士，必先正名，故有賢良、方正之稱。今之州郡貢察，徒有秀、孝之名，而無秀、孝之實，而朝廷但檢其門望，不復彈坐。如此，則可令別貢門望，以敍士人，何假冒秀、孝之名也？夫門望者，是其父祖之遺烈，亦何益於皇家？益於時者，賢才而已。苟有其才，雖屠釣奴虜之賤，聖皇不耻以為臣。苟非其才，雖三後之胤，自墜於皂隸矣。是以大才受大官，小才受小官，各得其所，以致雍熙。議者或云，今世等無奇才，不若取士於門，此亦失矣，豈可以世無周邵，便廢宰相而不置哉？但當校其有寸長銖重者，即先敍之，則賢才無遺矣。

又曰：夫帝皇所以居尊以御下者，威也；兆庶所以徙惡以從善者，法也。是以有國有家，必以刑法為治，生民之命，於是而在。有罪必罰，罰必當辜，則雖箠撻之刑，而人莫敢犯也。有制不行，人得僥倖，則雖參夷之誅，不足以肅。自太和以來，未多坐盜棄市，而遠近肅清。由此言之，止姦在於防檢，不在嚴刑也。今州郡牧守，邀當時之名，行一切之法。臺閣百官，亦咸以深酷為無私，以仁恕為容盜。迭相敦厲，遂成風俗。陛下居九重之內，視人如赤子；百司分萬務之要，遇下如仇讎。是則堯、舜止一人，而桀、紂以千百。和氣不至，蓋由於此。《書》曰：『與其殺不辜，寧失不經。』實宜敕示百僚，以惠元元之命。

又曰：昔周王為犬戎所逐，東遷河洛，鎬京猶稱『宗周』，以存本也。光武雖曰中興，實自創革，西京尚置京尹，亦不廢舊。今陛下光隆先業，遷宅中土，稽古復禮，於斯為盛，豈若周、漢，出於不得已哉。按《春秋》之義，有宗廟曰都，無則謂之邑，此不刊之典也。況北代宗廟在焉，山陵託焉，王業所基，聖躬所載，其為神鄉福地，實亦遠矣。今便同之郡國，臣竊不安。愚謂代京宜建畿置尹，一如故事，崇本重舊，以光萬葉。

又曰：伏見洛京之制，居民以官位相從，不依族類。然官位非常，有朝榮而夕悴，則衣冠淪於厮豎之邑，臧獲騰於膏腴之里。物之顛倒，或至於斯。古之聖王，必令四民異居者，欲其業定而志專。業定則不偽，志專則不淫。故耳目所習，不督而就；父兄之教，不肅而成。仰惟太祖道武皇帝創基撥亂，日不暇給，然猶分別士庶，不令雜居，伎作屠沽，各有攸處。但不設科禁，賣買任情，販貴易賤，錯居混雜。假令一處彈箏吹笛，緩舞長歌；一處嚴師苦訓，誦詩講禮。宣令童齓，任意所從，其走赴舞堂者萬數，往就學館者無一。此則伎作不可雜居，士人不宜異處之明驗也。故孔父云里仁之美，孟母弘三徙之訓，賢聖明誨，若此之重。今令伎作家習士人風禮，則百年難成；令士人兒童效伎作容態，則一朝可得。是以士人同處，則禮教易興；伎作雜居，則風俗難改。朝廷每選舉人士，則校其一婚一宦，以為升降，何其密也。至於開伎作宦途，得與膏粱華望，接閣連甍，何其略也。此愚臣之所惑。今稽古建極，光宅中區，凡所徙居，皆是公地，分別伎作，在於一言，有何為疑，而闕盛美。

又曰：自南偽相承，竊有淮北，欲擅中華之稱，且以招誘邊民，故僑置中州郡縣。自皇風南被，仍而不改，凡有重名，其數甚衆。疑惑書記，錯亂區宇，非所以疆域物土，必也正名之謂也。愚以為可依地理舊名，一皆釐革。小者并合，大者分置。及中州郡縣，昔以戶少併省，今人口既多，亦可復舊。君人者以天下為家，不得有所私也。倉庫儲貯，以俟

水旱之災，供軍國之用，至於有功德者，然後加賜。爰及末代，乃寵之所隆，賜賚無限。自比以來，亦為太過，在朝諸貴，受祿不輕，土木被錦綺，僮妾厭粱肉，而復厚賚屢加，動以千計。若分賜鰥寡，瞻濟實多。如不悛革，豈周急不繼富之謂也？愚謂事有可賞，則明旨褒揚，稱事加賜，以勸為善，不可以親近之昵，猥損天府之儲。

又曰：諸宿衛內直者，宜令武官習弓矢，文官諷書傳。而今務其蒱博之具，以成褻狎之容，長矜爭之心，恣喧囂之慢，徒損朝儀，無益事實。如此之類，一宜禁止。

又　卷七二《陽固傳》　時世宗廣訪得失，固上讜言表曰：『臣聞為治不在多方，在於力行而已。當今之務，宜早正東儲，立師傅以保護，立官司以防衛，以係蒼生之心；攬權衡，親宗室，强幹弱枝，以立萬世之計；舉賢良，黜不肖，使野無遺才，朝無素餐，孜孜萬幾，躬勤庶務，使民無謗讟之響；省徭役，薄賦斂，脩學官，遵舊章，貴農桑，賤工賈，絕談虛窮微之論，簡桑門無用之費。以存元元之民，以救飢寒之苦。上合昊天之心，下悅億兆之望。然後備器械，脩甲兵，習水戰，滅吳會，撰封禪之禮，襲軒唐之軌，同彼七十二君之徽號。協定鼎嵩河之心，副高祖殷勤之寄，上與三皇比隆，下與五帝齊美，豈不茂哉！臣位卑識昧，言不及義，屬聖明廣訪，敢獻瞽言。伏願陛下留神，少垂究察。』

又　卷七八《張普惠傳》　時史官尅日蝕，豫敕罷朝。普惠以逆廢非禮，上疏陳之。又表論時政得失。一曰：審法度，平斗尺，租調務輕，賦役務省。二曰：聽輿言，察怨訟，先皇舊事有不便於政者，請悉追改。三曰：進忠謇，退不肖，任賢勿貳，去邪勿疑。四曰：興滅國，繼絕世，動親之胤，所宜收敘。

又　《孫紹傳》　延昌中，紹表曰：

臣聞建國有計，雖危必安；施化能和，雖寡必盛；治乖人理，雖合必離；作用失機，雖成必敗。此乃古今同然，百王之定法也。伏惟大魏應天明命，兆啓無窮，畢世後仁，祚隆七百。今二號京門，下無嚴防；南、北二中，復闕固守。長安、鄴城，股肱之寄；穰城、上黨，腹背所憑。四軍五校之軌，領、護分事之式，徵兵儲粟之要，舟車水陸之資，山河要害之權，緩急去來之用，持平赴救之方，節用應時之法，特宜脩置，以固堂堂之基。持盈之體，何得而忽？居安之辰，故應危懼矣。

且法開清濁，而清濁不平；申滯理望，而卑寒亦免。士庶同悲，兵徒懷怨。中正賣望於下里，主案舞筆於上臺，真偽混淆，知而不糾，得者不欣，失者倍怨。使門齊身等，而涇渭奄殊；類應同役，而苦樂懸異。士人居職，不以為榮；兵士役苦，心不亡亂。故有競棄本生，飄藏他土。或詭名託養，散在人間；或亡命山藪，漁獵為命；或投仗强豪，寄命衣食。又應遷之戶，逐樂諸州；應留之徒，避寒歸暖。兼職人子弟，隨逐浮游，南北東西，卜居莫定。關禁不脩，任意取適。如此之徒，不可勝數。爪牙不復為用，百工爭棄其業。混一之計，事實闕如；考課之方，責辦無日。流浪之徒，決須精校。今强敵窺時，邊黎伺隙，內民不平，久戍懷怨，戰國之勢，竊謂危矣。必造禍源者，北邊鎮戍之人也。

若夫一統之年，持平用之者，大道之計也；亂離之期，縱橫作之者，行權之勢也。故道不可久，須文質以換情；權不可恒，隨汚隆以牧物。文質應世，道形自安；汚隆獲衷，權勢亦濟。然則，王者計法之趣，化物之規，圓方務得其境，人物不失其地。又先帝時，律令並議，律尋施行，令獨不出，十餘年矣。臣以令之為體，即帝王之身也。分處百揆之儀，安置九服之節；經緯三才之倫，包羅六卿之職；措置風化之門，作用賞罰之要；乃是有為之樞機，世法之大本也。然脩令之人，亦皆博古，依古撰置，大體可觀，比之前令，精粗有在。但主議之家，太用古制。若令依古，高祖之法，復須昇降，誰敢措意有是非哉？以是爭故，久廢不理。然律令相須，不可偏用，今律班令止，於事甚滯。若令不班，是無典法，臣下執事，何依而行？臣等脩律，非無勤止，署下之日，臣乃無名。是謂農夫盡力，他食其秋，功名之所，實懷於悒。

又　卷九三《恩幸傳·王叡》　及疾篤，上疏曰：

臣聞忠於事君者，節義著於臨終；孝於奉親者，淳誠表於垂沒。故孔明卒軍，不忘全蜀之計；曾參疾甚，情存善言之益。雖則庸昧，敢忘景行。臣荷天地覆載之恩，蒙大造生成之德，漸風訓于華年，服道教於弱冠。濯纓清朝，垂周三紀，受先帝非分之眷，叨陛下殊常之寵。遂乃齊迹功舊，內侍幃幄，爵列諸王，位班上等，從容聞道，與知國政。誠思竭盡力命，以報所受，不謂事與心違，忽嬰重疾。每屈輿駕親臨問之，榮洽生

平，惠流身後，犬馬之誠，銜佩罔極。今所病遂篤，慮必不起，延首闕庭，鯁戀終日。仰恃皇造宿眷之隆，敢陳愚昧管窺之見。

臣聞為治之要，其略有五：一者慎刑罰，二者任賢能，三者親忠信，四者遠讒佞，五者行黜陟。夫刑罰明則姦宄息，賢能用則功績著，親忠信則視聽審，遠讒佞則疑間絕，黜陟行則貪叨改。是以欽恤惟刑，載在《唐典》；知人則哲，唯帝所難。《周書》垂好德之文，漢史列防姦之論，考省幽明，先王大典。又八表既廣，遠近事殊，撫荒裔宜待之以寬信，綏華甸宜惠之以明簡。哀恤孤獨，賑施困窮，録功舊，赦小罪，輕傜役，薄賦斂，脩福業，禁淫祀。願聽政餘暇，賜垂覽察。使子囊之誠，重申於當世；將墜之志，獲用於明時。

《周書》卷二三《蘇綽傳》　太祖方欲革易時政，務弘彊國富民之道，故綽得盡其智能，贊成其事。減官員，置二長，並置屯田以資軍國。又為六條詔書，奏施行之。其一，先治心。曰：凡今之方伯守令，皆受命天朝，出臨下國，論其尊貴，並古之諸侯也。是以前世帝王，每稱共治天下者，唯良宰守耳。明知百僚卿尹，雖各有所司。然其治民之本，莫若宰守之最重要也。凡治民之體，先當治心。心者，一身之主，百行之本。心不清淨，則思慮妄生。思慮妄生，則見理不明。見理不明，則是非謬亂。是非謬亂，則一身不能自治，安能治民也？是以治民之要，在清心而已。夫所謂清心者，非不貪貨財之謂也。乃欲使心氣清和，志意端靜。心和志靜，則邪僻之慮，無因而作。邪僻不作，則凡所思念，無不皆得至公之理。率至公之理以臨其民，則彼下民孰不從化。是以稱治民之本，先在治心。

其次又在治身。凡人羣之身者，乃百姓之表，一國之的也。表不正，不可求直影；的不明，不可責射中。今羣身不能自治，而望治百姓，是猶曲表而求直影也；君行不能自脩，而欲百姓脩行者，是猶無的而責射中也。故為人羣者，必心如清水，形如白玉，躬行仁義，躬行孝悌，躬行忠信，躬行禮讓，躬行廉平，躬行儉約。然後繼之以無倦，加之以明察。行此八者，以訓其民。是以其人畏而愛之，則而象之，不待家教日見而自興行矣。

其二，敦教化。曰：天地之性，唯人為貴。明其有中和之心，仁恕之行，異于木石，不同禽獸，故貴之耳。然性無常守，隨化而遷。化於敦樸者，則質直，化於澆偽者，則浮薄。浮薄者，則衰弊之風，質直者，則淳和之俗。衰弊則禍亂交興，淳和則天下自治。治亂興亡，無不皆由所化也。

然世道彫喪，已數百年。大亂滋甚，且二十歲。民不見德，唯兵革是聞，上無教化，惟刑罰是用。而中興始爾，大難未平，加之以師旅，因之以饑饉，凡百草創，率多權宜。臻使禮讓弗興，風俗未改。比年稍登稔，傜賦差輕，衣食不切，則教化可脩矣。凡諸牧守令長，宜洗心革意，上承朝旨，下宣教化矣。夫化者，貴能扇之以淳風，浸之以太和，被之以道德，示之以朴素。使百姓亹亹，中遷於善，邪偽之心，嗜欲之性，潛以消化，而不知其所以然，此之謂化也。然後教之以孝悌，使民慈愛；教之以仁順，使民和睦；教之以禮義，使民敬讓。慈愛則不遺其親，和睦則無怨於人，敬讓則不競於物。三者既備，則王道成矣。此之謂教也。先王之所以移風易俗，還淳反素，垂拱而治天下以至太平者，莫不由此。此之謂要道也。

其三，盡地利。曰：人生天地之間，以衣食為命。食不足則飢，衣不足則寒。飢寒切體，而欲使民興行禮讓者，此猶逆阪走丸，勢不可得也。是以古之聖王，知其若此，故先足其衣食。然後教化隨之。夫衣食所以足者，在於地利盡，地利所以盡者，由於勸課有方。主此教者，在乎牧守令長而已。民者冥也，智不自周，必待勸教。然後盡其力。諸州郡縣，每至歲首，必戒敕部民，無問少長，但能操持農器者，皆令就田，墾發以時，勿失其所。及布種既訖，嘉苗須理，麥秋在野，蠶停於室，若此之時，皆宜少長悉力，男女併功，若援溺、救火、寇盜之將至，然後可使農夫不廢其業，蠶婦得就其功。若有遊手怠惰，早歸晚出，好逸惡勞，不勤事業者，則正長牒名郡縣，守令隨事加罰，罪一勸百。此則明宰之教也。

夫百畝之田，必春耕之，夏種之，秋收之，然後冬食之。此三時者，農之要也。若失其一時，則穀不可得而食。故先王之戒曰：『一夫不耕，天下必有受其飢者；一婦不織，天下必有受其寒者。』若此三時不務省事，而令民廢農者，是則絕民之命，驅以就死然。單劣之戶，及無牛之家，勸令有無相通，使得兼濟。三農之隙，及陰雨之暇，又當教民種桑、

植果，藝其菜蔬，脩其園圃，畜育雞豚，以備生生之資，以供養老之具。

夫為政不欲過碎，碎則民煩；勸課亦不容太簡，簡則民怠。善為政者，必消息時宜而適煩簡之中。故《詩》曰：『不剛不柔，布政優優，百祿是求。』如不能爾，則必陷於刑辟矣。

其四，擢賢良。曰：天生蒸民，不能自治，故必立君以治之。人羣不能獨治，故必置臣以佐之。上自帝王，下及郡國，置臣得賢則治，失賢則亂，此乃自然之理，百五不能易也。

今刺史守令，悉有僚吏，皆佐治之人也。刺史府官則命於天朝，其州吏以下，並牧守自置。自昔以來，州郡大吏，但取門資，多不擇賢良；末曹小吏，唯試刀筆，並不問志行。夫門資者，乃先世之爵祿，無妨子孫之愚瞽；刀筆者，乃身外之末材，不廢性行之澆偽。若門資之中而得賢良，是則策騏驥而取千里也；若門資之中而得愚瞽，是則土牛木馬，形似而用非，不可以涉道也。若刀筆之中而得志行，是則金相玉質，內外俱美，實為人寶也；若刀筆之中而得澆偽，是則飾畫朽木，悅目一時，不可以充榱椽之用也。今之選舉者，當不限資蔭，唯在得人。苟得其人，自可起廝養而為卿相，伊尹、傅說是也，而況州郡之職乎？苟非其人，則丹朱、商均雖帝王之胤，不能守百里之封，而況於公卿之胄乎？而此而言，官人之道可見矣。

凡所求材藝者，為其可以治民。若有材藝而以正直為本者，必以其材而為治也；若有材藝而以姦偽為本者，將由其官而為亂也。何治之可得乎？是故將求材藝，必先擇志行。其志行善者，則舉之，其志行不善者，則之。而今擇人者，多云『邦國無賢，莫知所舉』。此乃未之思也，非適理之論。所以然者，古人有言：明主聿興，不降佐於昊天；大人基命，不擢才於後土。常引一世之人，治一世之務。故殷、周不待稷、契之臣，魏、晉無假蕭、曹之佐。仲尼曰：『十室之邑，必有忠信如丘者焉。』豈有萬家之都，而云無士？但求之不勤，擇之不審，或用之不得其所，任之不盡其材，故云無耳。古人云：『千人之秀曰英，萬人之英曰儁。』今之智效一官，行聞一邦者，豈非近英儁之士也。但能勤而審之，去虛取實，各得州郡之最而用之，則民無多少，皆足治矣。孰云無賢？

夫良玉未剖，與瓦石相類；名驥未馳，與駑馬相雜。及其剖而瑩之，馳而試之，玉石駑驥，然後始分。彼賢士之未用也，混於凡品，竟何以異。要任之以事業，責之以成務，方與彼庸流較然不同。昔呂望之屠釣，百里奚之飯牛，甯生之扣角，管夷吾之三敗，當此之時，悠悠之徒，豈謂其賢。及升王朝，登霸國，積數十年，功成事立，始只其奇士也。於是後世稱之，不容於口。彼瓌偉之材，不世之傑，尚不能以未遇之時，自異於凡品，況降此者哉。若必待太公而後用，是千載無太公，必待夷吾而後任，是百世無夷吾。所以然者，士必從微而至著，功必積小以至大，豈有未任而已成，不用而先達也。若識此理，則賢可求，士可擇。得賢而任之，得士而使之，則天下之士，何向而不可成也。

然善官人者，必先省其官。官省，則善人易充，善人易充，則事無不理；官煩，則必雜不善之人，雜不善之人，則政必有得失。故語曰：『官省則事省，事省則民清；官煩則事煩，事煩則民濁。』清濁之由，在於官之煩省。案今吏員，其數不少。昔民殷事廣，尚能克濟，況今戶口減耗，依員而置，猶以為少。如聞在下州郡，尚有兼假，擾亂細民，甚為無理。諸如此輩，悉宜罷黜，無得習常。

非直州郡之官，宜須善人，爰至黨族閭里正長之職，皆當審擇，各得一鄉之選，以相監統。夫正長者，治民之基。基不傾者，上必安。

凡求賢之路，自非一途。然所以得之審者，必由任而試之，考而察之。起於居家，至於鄉黨，訪其所以，觀其所由，則人道明矣，賢與不肖別矣。率此以求，則庶無愆悔矣。

其五，卹獄訟。曰：人受陰陽之氣以生，有情有性。性則為善，情則為惡。善惡既分，而賞罰隨焉。賞罰得中，則惡止而善勸；賞罰不中，則民無所措手足。民無所措手足，則怨叛之心生。是以先王重之，特加戒慎。夫戒慎者，欲使治獄之官，精心悉意，推究事源。先之以五聽，參之以證驗，妙睹情狀，窮鑑隱伏，使姦無所容，罪人必得。然後隨事加刑，輕重皆當，赦過矜愚，得情勿喜。又能消息情理，斟酌禮律，無不曲盡人心，遠明大教，使獲罪者如歸。此則善之上也。然宰守非一，不可人人皆有通識，推理求情，時或難盡。唯當率至公之心，去阿枉之志，務求曲直，念盡平當。聽察之理，必窮所見。然後栲訊以法，不苛不暴，有疑則從輕，未審不妄罰，隨事斷理，獄無停滯。此亦其次。若乃不仁恕而肆其

殘暴，同民木石，專任捶楚。巧詐者雖事彰而獲免，辭弱者乃無罪而被罰。有如此者，斯則下矣，非共治所寄。今之宰守，當勤於中科，而慕其上善。如在下條，則刑所不矣。當深思遠大，念存德教。先王之制曰：與殺無辜，寧赦有罪；與其害善，寧其利淫。明必不得中，寧濫捨有罪，不謬害善人也。今之從政者則不然。深文巧劾，寧致善人于法，不免有罪於刑。所以然者，皆非好殺人也，但云為吏寧酷，可免後患。此則情存自便，不念至公，奉法如此，皆姦人也。夫人者，天地之貴物，一死不可復生。然楚毒之下，以痛自誣，不被申理，遂陷刑戮者，將恐往往而有。是以自古以來，設五聽三宥之法，著明慎庶獄之典，此皆愛民甚也。凡伐木殺草，田獵不順，尚違時令，而虧帝道。況刑罰不中，濫害善人，寧不傷天心，犯和氣也！天心傷，和氣損，而欲陰陽調適，四時順序，萬物阜安，蒼生悅樂者，不可得也。故語曰：一夫吁嗟，王道為之傾覆，正謂此也。凡百宰守，可無慎乎！

若有深姦巨猾，傷化敗俗，悖亂人倫，不忠不孝，故為背道者，殺一利百，以清王化，重刑可也。識此二途，則刑政盡矣。

其六，均賦役。曰：聖人之大寶曰位，何以守位曰仁，何以聚人曰財。明先王必以財聚人，以仁守位。國而無財，位不可守。是故三五以來，皆有徵稅之法。雖輕重不同，而濟用一也。今逆寇未平，軍用資廣，雖未遑減省，以恤民瘼。然令平均，使下無匱。夫平均者，不捨豪彊而徵貧弱，不縱姦巧而困愚拙，此之謂均也。故聖人曰：『蓋均無貧』。

然財貨之生，其功不易。織紝紡績，起於有漸，非旬日之間，所可造次。必須勸課，使預營理。絹鄉先事織紝，麻土早脩紡績。先時而備，至時而輸，故王賦獲供，下民無困。如其不預勸戒，臨時迫切，復恐稽緩，以為己過，捶朴交至，取辨目前。富商大賈，緣茲射利，有者從之貴買，無者與之舉息。輸稅之民，於是弊矣。

租稅之時，雖有大式，至於斟酌貧富，差次先後，皆事起於正長，而繫之於守令。若斟酌得所，則政和而民悅；若檢理無方，則吏姦而民怨。又差發徭役，多不存意。致令貧弱者或重徭而遠戍，富強者或輕使而近防。守令用懷如此，不存恤民之心，皆王政之罪人也。

又　卷四五《樂遜傳》　武成元年六月，以霖雨經時，詔百官上封事。遜陳時宜一十四條，其五條切於政要。其一，崇治方，曰：竊惟今之在官者，多求清身克濟，不至惠民愛物。何者？比來守令年期既促，歲責有成。蓋謂猛濟為賢，未甚優美。此政既代，後者復然。夫政之於民，過急則刻薄，傷緩則馳慢。是以周失舒緩，秦敗急酷。民非赤子，當以赤子遇之。宜在舒疾得衷，不使勞擾。頃承魏之衰政，人習逋違，先王朝憲備行，民咸識法。但可宣風正俗，納民軌訓而已，自非軍旅之中，何用過為迫切。至於興邦致治，事由德教，漸以成之，非在倉卒。竊謂姬周盛德，治興文、武，政穆成、康。自斯厥後，不能無事。昔申侯將奔，楚子誨之曰：『無適小國。』言以政狹法峻，將不汝容。敬仲入齊，稱曰『幸若獲宥，及於寬政』。然關東諸州，淪陷日久，人在塗炭，當慕息肩。若不布政優優，聞諸境外，將何以使彼勞民，歸就樂土。

其二，省造作，曰：頃者魏都洛陽，一時殷盛，貴勢之家，各營第宅，車服器玩，皆尚奢靡。世逐浮競，人習澆薄，終使禍亂交興，天下喪敗。比來朝貢，器服稍化，百工造作，務盡奇巧。臣誠恐物逐好移，有損政欲。如此等事，頗宜禁省，《記》言『無作淫巧，以蕩上心』。《傳》稱『宮室崇稱，民力彫弊』。漢景有云：『黃金珠玉，飢不可食，寒不可衣。』『雕文刻鏤，傷農事者也。錦繡纂組，害女功者也。』以二者為飢寒之本源矣。然國家非為軍戎器用、時事要須而造者，皆徒費功力，損國害民。未如廣勸農桑，以衣食為務，使國儲豐積，大功易舉。

其三，明選舉，曰：選曹賞録勳賢，補擬官爵，必宜與衆共之，有明揚之授，使人得盡心，如睹白日。其材有升降，其功有厚薄，祿秩所加，無容不審。即如州郡選置，猶集鄉閭，況天下選曹，不取物望。若方州郡，自可內除，此外付選曹銓敍者，既非機事，何足可密。人生處世，以榮祿為重，脩身履行，以纂身為名。然逢時既難，失時為易。其選置之日，宜令衆心明白，然後呈奏，使功勤見知，品物稱悅。

其四，重戰伐，曰：魏祚告終，天睠在德。而高洋稱僭，先迷未敗，擁逼山東，事切肘腋。譬猶棊劫相持，爭行先後。若一行非當，或成彼利。誠應捨小營大，先保封域，不宜貪利在邊，輕為興動。捷則勞兵分守，敗則所損已多。國家雖強，洋不受弱。《詩》云：『德則不競，何憚於病。』惟德可以庇民，非恃彊也。夫力均勢敵，則進德者勝。君子道長，

則小人道消。故昔之善戰者，先為不可勝，以待敵之可勝。彼行暴戾，我則寬仁。彼為刻薄，我必惠化。使德澤旁流，人思有道。然後觀釁而作，可以集事。

其五，禁奢侈，曰：案禮，人有貴賤，物有等差，使用之有節，品類之有度。馬后為天下母，而身服大練，所以率下也。季孫相三君矣。家無衣帛之妾，所以勵俗也。比來富貴之家，為意稍廣，無不資裝婢隸，作車後容儀，服飾華美，眩曜街衢，仍使行者輟足，路人傾蓋。論其輸力公家，未若介胄之士。然其坐受優賞，自逾攻戰之人。縱令不惜功費，豈不有虧厥德。必有儲蓄之餘，孰與務恤軍士，魯莊公有云：『衣食所安，不敢愛也。必以分人。』《詩》言：『豈曰無衣，與子同袍。』皆所以取人力也。

又陳事上議之徒，亦應不少，當有上徹天聽者，未聞是非，陛下雖念存物議，欲盡天下之情，而天下之情，猶為未盡。何者？取人受言，貴在顯用。若納而不顯，是而不用，則言之者或寡矣。

《晉書》卷四六《劉頌傳》 頌在郡，上疏曰：

伏見詔書，開啓土宇，以支百世，封建戚屬，咸出之藩，夫豈不懷，公理然也。樹國全制，始成於今，超秦、漢、魏氏之局節，紹五帝三代之絕迹。功被無外，光流後裔，巍巍盛美，三五之君殆有慚德。何則？彼因自然而就之，異乎絕迹之後更創之。雖然，封幼稚皇子于吳蜀，臣之愚慮，謂未盡善。夫吳越剽輕，庸蜀險絕，此故變釁之所出，易生風塵之地。且自吳平以來，東南六州將士更守江表，此時之至患也。又內兵外守，吳人有不自信之心，宜得壯主以鎮撫之，使內外各安其舊。又孫氏為國，文武衆職，數擬天朝，一旦堙替，同於編戶。不識所蒙更生之恩，而災困逼身，自謂失地，用懷不靖。今得長王以臨其國，隨才授任，文武並敍，士卒百役不出其鄉，求富貴者取之於國內。內兵得散，新邦又安，兩獲其所，於事為宜。宜取同姓諸王年二十以上人才高者，分王吳、蜀。以其去近就遠，割裂土宇，令倍於舊。以徙封故地，用王幼稚，須皇子長乃遣君之，於事無晚也。急所須地，交得長主，此事宜也。臣所陳封建，今大義已舉，然餘衆事，儻有足采，以參成制，故皆並列本事。

臣聞：不憚危悔之患，而願獻所見者，盡忠之臣也；垂聽逆耳，甘納苦言者，濟世之君也。臣以期運，幸遇無諱之朝。雖嘗抗疏陳辭，汜論政體，猶未悉所見，指言得失，徒荷恩寵，不異凡流。臣竊自愧，不盡忠規，無以上報，謹列所見如左。臣誠未自許所言必當，然要以不隱所懷為上報之節。若萬一足採，則微臣更生之年；如皆瞽妄，則國之福也。願陛下缺半日之間，垂省臣言。

伏維陛下雖應天順人，龍飛踐阼，為創基之主，然所遇之時，實是叔世。何則？漢末陵遲，閹豎用事，小人專朝，君子在野，政荒衆散，遂以亂亡。魏武帝以經略之才，撥煩理亂，兼肅文教，積數十年，至於延康之初，然後吏清下順，法始大行。逮至文、明二帝，奢淫驕縱，傾殆之主也。然內盛臺榭聲色之娛，外當三方英豪嚴敵，事成克舉，少有愆違，其故何也？實賴前緒，以濟勳業。然法物政刑，固已漸頹矣。自嘉平之初，晉祚始基，逮於咸熙之末，其間累年。雖鈇鉞屢斷，翦除凶醜，然其存者咸蒙遭時之恩，不軌於法。泰始之初，陛下踐阼，其所服乘皆先代功臣之胤，非其子孫，則其曾玄。古人有言，膏粱之性難正，故曰時遇叔世。當此之秋，天地之位始定，四海洗心整綱之會也。然陛下猶以用才因宜，法寬有由，積之在素，異于漢、魏之先。三祖崛起易朝之為，未可一旦直繩御下，誠時宜也。然至所以為政，矯世衆務，自宜漸出公塗，法正威斷，日遷就肅。譬由行舟，雖不橫截迅流，然俄向所趣，漸靡而往，終得其濟。積微稍著，以至於今，可以言政。而自秦始以來，將三十年，政功美績，未稱聖旨，凡諸事業，不茂既往。以陛下明聖，猶未及叔世之弊，以成始初之隆，傳之後世，不無慮乎！意者，臣言豈不少概聖心夫！

顧惟萬載之事，理在二端。天下大器，一安難傾。一傾難正。故慮經後世者，必精目下之政，政安遺業，使數世賴之。若乃兼建諸侯而樹藩屏，深根固蒂，則祚延無窮，可以比迹三代。如或當身之政，遺風餘烈不及後嗣，雖樹親戚，而成國之制不建，使夫後世獨任智力以安大業。若未盡其理，雖經異時，憂責猶追在陛下，將如之何！願陛下善當今之政，樹不拔之勢，則天下無遺憂矣。

夫聖明不世及，後嗣不必賢，此天理之常也。故善為天下者，任勢而不任人。任勢者，諸侯是也；任人者，郡縣是也。郡縣之察，小政理而大勢危；諸侯為邦，近多違而遠慮固。聖王推終始之弊，權輕重之理，

包彼小違以據大安，然後足以藩固內外，維鎮九服。夫武王聖主也，成王賢嗣也，然武王不恃成王之賢而廣封建者，慮經無窮也。且善言今者，必有驗之於古。唐虞以前，書文殘缺，其事難詳。至於三代，則並建明德，及興王之顯親，列爵五等，開國承家，以藩屏帝室，延祚久長，近者五六百歲，遠者僅將千載。逮至秦氏，罷侯置守，子弟不分尺土，孤立無輔，二世而亡。漢承周、秦之後，雜而用之，前後二代各二百餘年。揆其封建不用，雖强弱不適，制度舛錯，不盡事中，然迹其衰亡，恒有同姓失職，諸侯微時，不在强盛。昔呂氏作亂，幸賴齊、代之援，以寧社稷。七國叛逆，梁王捍之，卒弭其難。自是之後，威權削奪，諸侯止食租奉，甚者至乘牛車。是以王莽得擅本朝，遂其姦謀，傾蕩天下，毒流生靈。光武紹起，雖封樹子弟，而不建成國之制，祚亦不延，魏氏承之，圈閉親戚，幽囚子弟，是以神器速傾，天命移在陛下。長短之應，禍福之徵，可見於此。又魏氏雖正位居體，南面稱帝，然三方未賓，正朔有所不加，實有戰國相持之勢。大晉之興，宣帝定燕，太祖平蜀，陛下滅吳，可謂功格天地，土廣三王，舟車所至，人迹所及，皆為臣妾，四海大同，始於今日。宜承大勳之籍，及陛下聖明之時，開啓土宇，使同姓必王，建久安於萬載，垂長世於無窮。

臣又聞國有任臣則安，有重臣則亂。而王制，人君立子以適不以長，立適以長不以賢，此事情之不可易者也。而賢明至少，不肖至衆，此固天理之常也。物類相求，感應而至，又自然也。是以闇君在位，則重臣盈朝；明後臨政，則任臣列職。夫任臣之與重臣，俱執國統而立斷者也。然成敗相反，邪正相背，其故何也？重臣假所資以樹私，任臣因所籍以盡公。盡公者，政之本也；樹私者，亂之源也。推斯言之，則泰日少，亂日多，政教漸頽，欲國之無危，不可得也。又非徒唯然而已。借令愚劣之嗣，蒙先哲之遺緒，得中賢之佐，而樹國本根不深，無幹輔之固，則所謂任臣者化而為重臣矣。何則？國有可傾之勢，則執權者見疑，衆疑難以自信，而甘受死亡者非人情故也。若乃建基既厚，藩屏强御，雖置幼君赤子而天下不懼，曩之所謂重臣者，今悉反忠而為任臣矣。何則？理無危勢，懷不自猜，忠誠得著，不惕於邪故也。聖王知賢哲之不世及，故立相持之勢以御其臣。是以五等既列，臣無忠慢，同於竭節，以徇其上。羣后既建，繼體賢鄙，亦均一契，等於無慮。且樹國苟固，則所任之臣，得賢益理；次委中智，亦足以安。何則？勢固易持故也。

然則建邦苟盡其理，則無向不可。是以周室自成康以下，逮至宣王，宣王之後，到于赧王，其間歷載，朝無名臣，而宗廟不隕者，諸侯維持之也。故曰，為社稷計，莫若建國。夫邪正逆順者，人心之所繫服也。今之建置，宜審量事勢，使諸侯率義而動，同忿俱奮，令其力足以維帶京邑。若包藏禍心，惕於邪而起，孤立無黨，所蒙之籍不足獨以有為。然齊此甚難，陛下宜與達古今善識事勢之士深共籌之。建侯之理，使君樂其國，臣榮其朝，各流福祚，傳之無窮；上下一心，愛國如家，視百姓如子，然後能保荷天禄，兼翼王室。今諸王裂土，皆兼於古之諸侯，而君賤其爵，臣恥其位，莫有安志，其故何也？法同郡縣，無成國之制故也。今之建置，宜使率由舊章，一如古典。然人心繫常，不累十年，好惡未改，情願未移。臣之愚慮，以為宜早創大制，遲回衆望，猶在十年之外，然後能令君臣各安其位，榮其所蒙，上下相持，用成藩輔。如今之為，適足以虧天府之藏，徒棄穀帛之資，無補鎮國衛上之勢也。

古者封建既定，各有其國，後雖王之子孫，無復尺土，此今事之必不行者也。若推親疏，轉有所廢，以有所樹，則是郡縣之職，非建國之制。今宜豫開此地，令十世之內，使親者得轉處近。十世之遠，近郊地盡，然後親疏相維，不得復如十世之內。然猶樹親有所，遲天下都滿，已彌數百千年矣。今方始封而親疏倒施，甚非所宜。宜更大量天下土田方里之數，都更裂土分人，以王同姓，使親疏遠近不錯其宜，然後可以永安。古者封國，大者不過土方百里，然後人數殷衆，境内必盈其力，足以備充制度。今雖一國周環近將千里，然力實寡，不足以奉國典。所遇不同，故當因時制宜，以盡事適今。宜令諸王國容少而軍容多，然於古典所應有者悉立其制，然非急所須，漸而備之，不得頓設也。須車甲器械既具，羣臣乃服綵章；倉廩已實，乃營宫室；百姓已足，乃備官司；境内充實，乃作禮樂。唯宗廟社稷，則先建之。至於境内之政，官人用才，自非內史、國相命於天子，其餘衆職及死生之斷、穀帛資實、慶賞刑威、非封爵者，悉得專之。今臣所舉二端，蓋事之大較；其所不載，應在二端之屬者，以此為率。今諸國本一郡之政耳，若備舊典，則官司以數，事所不須，而以虛

制損實力。至於慶賞刑斷，所以衛下之權，不重則無以威衆人而衛上。故臣之愚慮，欲令諸侯權具，國容少而軍容多，然亦終於必備今事為宜。

周之建侯，長享其國，與王者並，遠者僅將千載，近者猶數百年；漢之諸王，傳祚曁至曾玄。人性不甚相遠，古今一揆，而短長甚違，其故何邪？立意本殊而制不同故也。周之封建，使國重於君，公侯之身輕於社稷，故無道之君不免誅放。敦興滅繼絶之義，故國祚不泯。不免誅放，則羣后思懼，胤嗣必繼，是無亡國也。諸侯思懼，然後軌道，下無亡國，天子乘之，理勢自安，此周室所以長在也。漢之樹置君國，輕重不殊，故諸王失度，陷於罪戮，國隨以亡。不崇興滅繼絶之序，故下無固國。下無固國，天子居上，勢孤無輔，故姦臣擅朝，易傾大業。今宜反漢之弊，脩周舊迹。國君雖或失道，陷於誅絶，又無子應除，苟有始封支胤，不問遠近，必紹其祚。若無遺類，則虚建之，須皇子生，以繼其統，然後建國無滅。又班固稱『諸侯失國亦猶網密』，今又宜都寛其檢。且建侯之理，本經盛衰，大制都定，班之羣后，著誓丹青，書之玉版，藏之金匱，置諸宗廟，副在有司。寡弱小國猶不可危，豈況萬乘之主！承難傾之邦而加其上，則自然永久居重固之安，可謂根深華嶽而四維之也。臣之愚，願陛下置天下于自安之地，寄大業于固成之勢，則可以無遺憂矣。

今閻閭少名士，官司無高能。其故何也？清議不肅，人不立德，行在取容，故無名士。下不專局，又無考課，吏不竭節，故無高能。無高能，則有疾世事；少名士，則後進無準，故臣思立吏課而肅清議。夫欲富貴而惡貧賤，人理然也。聖王大諳物情，知不可去，故直同公私之利，而詭其求道，使夫欲富者必先由貧，欲貴者必先安賤。安賤則不矜，不矜然後廉恥厲，守貧者必節欲，節欲然後操全。以此處務，乃得盡公。盡公者，富貴之徒也，為無私者終得其私，故公私之利同也。今欲富者不由貧自得富，欲貴者不安賤自得貴，公私之塗既乖，而人情不能無私，私利不可以公得，則恒背公而横務。是以風節日頽，公理漸替，人士富貴，非軌道之所得。以此為政，小大難期，然教頽來既久，難反一朝。又世放都靡，營欲比肩，羣士渾然，庸行相似，不可頓肅，甚殊黜陟也。且教不求盡善，善在抑尤，同侈之中，猶有甚泰。使夫昧適情之樂者，損其顯榮之貴，俄在不鮮之地；約己潔素者，蒙儉德之報，列于清官之上。二業分流，今各有蒙，然俗放都奢，不可頓肅，故臣私慮，願先從事於漸也。

天下至大，萬事至衆，人君至少，同于天日，故非垂聽所得周覽。是以聖王之化，執要而已，委務於下而不以事自嬰也。分職既定，無所與焉，非憚日昃之勤，而牽於逸豫之虞，誠以政體宜然，事勢致之也。何則？夫造創謀始，逆闇是非，以別能否，甚難察也。既以施行，因其成敗，以分功罪，甚易識也。易識在考終，難察在造始，故人君恒居其易則安，人臣不處其難則亂。今陛下每精事始而略於考終，故羣吏慮事懷成敗之懼輕，飾文采以避目下之譴重，此政功所以未善也。今人主能恒居易執要以御其下，然後人臣功罪形於成敗之徵，無逃其誅賞。故罪不可蔽，功不可誣。功不可誣，則能者勸；罪不可蔽，則違慢日肅，此為國之大略也。臣竊惟陛下聖心，意在盡善，懼政有違，故精事始，以求無失。又以衆官勝任者少，故不委務，寧居日昃也。臣之愚慮，竊以為今欲盡善，故宜考終。何則？精始難校故也。又羣官多不勝任，亦宜委務，使能者得以成功，不能者得以著敗。敗著可得而廢，功成可得遂任，然後賢能常居位以善事，闇劣不得以尸禄害政。如此不已，則勝任者漸多，經年少久，即羣司遍得其人矣。此校才考實政之至務也。今人主不委事仰成，而與諸下共造事始，則功罪難分。下不專事，居官不久，故能否不別。何以驗之？今世士人決不悉良能也，又決不悉疲軟也。然今欲舉一忠賢，不知所賞；求一負敗，不知所罰。及其免退，自以犯法耳，非不能也。登進者自以累資及人間之譽耳，非功實也。若謂不然，則當今之政未稱聖旨，此其徵也。陛下御今法為政將三十年，而功未日新，其咎安在？古人有言：『琴瑟不調，甚者必改而更張。』凡臣所言，誠政體之常，然古今異宜，所遇不同。陛下縱未得盡仰成之理，都委務於下，至如今事應奏御者，蠲除不急，使要事得精可三分之二。

古者六卿分職，冢宰為師。秦漢已來，九列執事，丞相都總。今尚書制斷，諸卿奉成，於古制為重，事所不須，然今未能省並。可出衆事付外寺，使得專之，尚書為其都統，若丞相之為。惟立法創制，死生之斷，除名流徙，退免大事，及連度支之事，臺乃奏處。其餘外官皆專斷之，歲終臺閣課功校簿而已。此為九卿造創事始，斷而行之，尚書書主，賞罰繩之，其勢必愈考成司非而已。於今親掌者動受成於上，上之所失，不得復

以罪下，歲終事功不建，不知所責也。夫監司以法舉罪，獄官案劾盡實，法吏據辭守文，大較雖同，然至於施用，監司與夫法獄體宜小異。獄官唯實，法吏唯文，監司則欲舉大而略小。何則？夫細過微闕，謬妄之失，此人情之所必有，而悉糾以法，則朝野無全人，此所謂欲理而反亂者也。

故善為政者綱舉而網疏，綱舉則所羅者廣，網疏則小必漏，所羅者廣則為政不苛，此為政之要也。而自近世以來，為監司者，類大綱不振而微過必舉。微過不足以害政，舉之則微而益亂；大綱不振，則豪强橫肆，豪强橫肆，則百姓失職矣，此錯所急而倒所務之由也。今宜令有司反所常之政，使天下可善化。及此非難也，人主不善碎密之案，必責犯强舉尤之奏，當以盡公，則害政之姦自然禽矣。夫大姦犯政而亂兆庶之罪者，類出富强，而豪富者其力足憚，其貨足欲，是以官長顧勢而頓筆。下吏縱姦，懼所司之不舉，則謹密網以羅微罪。使奏劾相接，狀似盡公，而撓法不亮固已在其中矣。非徒無益於政體，清議乃由此而益傷。古人有言曰：『君子之過，如日之蝕焉。』又曰：『過而能改。』又曰：『不貳過。』凡此數者，皆是賢人君子不能無過之言也。苟不至於害政，則皆天網之所漏；所犯在甚泰，然後王誅所必加，此舉罪淺深之大例者也。

故君子得全美以善事，不善者必夷戮以警衆，此為政誅赦之准式也。何則？所謂賢人君子，苟不能無過，小疵不可以廢其身，而輒繩以法，則愧於明時。何則？雖有所犯，輕重甚殊，於士君子之心受責不同而名不異者，故不軌之徒得引名自方，以惑衆聽，因名可亂，假力取直，故清議益傷也。凡舉過彈違，將以肅風論而整世教，今舉小過，清議益穨。是以聖人深識人情而達政體，故其稱曰：『不以一眚掩大德。』又曰：『赦小過，舉賢才。』又曰：『無求備於一人。』故冕而前旒，充纊塞耳，意在善惡之報必取其尤，然後簡而不漏，大罪必誅，法禁易全也。何則？害法在犯尤，而謹搜微過，何異放兕豹於公路，而禁鼠盜於隅隙。古人有言：『鈇鉞不用而刀鋸日弊，不可以為政。』此言大事緩而小事急也。時政所失，少有此類，陛下宜反而求之，乃得所務也。

夫權制不可以經常，政乖不可以守安，此言攻守之術異也。百姓雖愚，望不虛生，必因時而發。有因而發，則望不可奪；事變異前，則時不可違。明聖達政，應赴之速，不及下車，故能動合事機，大得人情。昔魏武帝分離天下，使人役居戶，各在一方；既事勢所須，且意有曲為，權假一時，以赴所務，非正典也。然逡巡至今，積年未改，百姓雖身丁其困，而私怨不生，誠以三方未悉蕩并，知時未可以求安息故也。是以甘役如歸，視險若夷。至於平吳之日，天下懷靜，而東南二方，六州郡兵，將士武吏，戍守江表，或給京城運漕，父南子北，室家分離，咸更不寧。又不習水土，運役勤瘁，並有死亡之患，勢不可久。此宜大見處分，以副人望。魏氏錯役，亦應改舊。此二者各盡其理，然黔首感恩懷德，謳吟樂生必十倍於今也。自董卓作亂以至今，近出百年，四海勤瘁，丁難極矣。六合渾並，始於今日，兆庶思寧，非虛望也。然古今異宜，所遇不同，誠亦未可以希遵在昔，放息馬牛；然使受百役者不出其國，兵備待事其鄉，實在可為。縱復不得悉然為之，苟盡其理，可靜三分之二，吏役可不出千里之內。但如斯而已，天下所蒙已不訾矣。

政務多端，世事之未盡理者，難遍以疏舉，振領總綱，要在三條。凡政欲靜，靜在息役，息役在無為。倉廩欲實，實在利農，利農在平糴。為政欲著信，著信在簡賢，簡賢在官久。官久非難也，連其班級，自非才宜，不得傍轉以終其課，則事善矣。平糴已有成制，其未備者可就周足，則穀積矣。無為匪他，卻功作之勤，抑似益而損之利。如斯而已，則天下靜矣。此三者既舉，雖未足以厚化，然可以為安有餘矣。夫王者之利，在生天地自然之財，農是也。所立為指於此，事誠有功益。苟或妨農，皆務所息，此悉似益而損之謂也。然今天下自有事所必須，不得止已，或用功甚少而所濟至重。目下為之，雖少有廢，而計終已大益。農官有十百之利，及其妨害，在始似如未急，終作大患，宜逆加功，以塞其漸。如河、汴將合，沈萊苟善，則役不可息。諸如此類，亦不得已已。然事患緩急，權計輕重，自非近如此類，准以為率，乃可興為，其餘皆務在靜息。然能善算輕重，權審其宜，知可興可廢，甚難了也。自非上智遠才，不幹此任。夫創業之美，動在垂統，使夫後世蒙賴以安。其為安也，雖昏猶明，雖愚若智。濟世功者，實在善化之為，要在靜國。

又 卷四七《傅玄傳》 玄復上疏曰：

臣聞舜舉五臣，無為而化，用人得其要也。天下羣司猥多，不可不審得其人也。不得其人，一日則損不貲，況積日乎！《典謨》曰『無曠庶

官』，言職之不可久廢也。諸有疾病滿百日不差，宜令去職，優其禮秩而寵存之，既差而後更用。臣不廢職於朝，國無曠官之累，此王政之急也。

臣聞先王分士農工商以經國制事，各一其業而殊其務。自士已上子弟，為之立太學以教之，選明師以訓之，各隨其才優劣而授用之。農以豐其食，工以足其器，商賈以通其貨。故雖天下之大，兆庶之衆，無有一人遊手。分數之法，周備如此。漢魏不定其分，百官子弟不脩經藝而務交遊，未知莅事而坐享天祿；農工之業多廢，或逐淫利而離其事；徒繫名於太學，然不聞先王之風。今聖明之政資始，而漢魏之失未改，散官衆而學校未設，遊手多而親農者少，工器不盡其宜。臣以為宜亟定其制，而通計天下若干人為士，足以副在官之吏；若干人為農，三年足有一年之儲；若干人為工，足其器用；若干人為商賈，足以通貨而已。尊儒尚學，貴農賤商，此皆事業之要務也。

前皇甫陶上事，欲令賜拜散官皆課使親耕，天下享足食之利。禹、稷躬稼，祚流後世，是以《明堂》、《月令》著帝籍之制。伊尹古之名臣，耕於有莘；晏嬰齊之大夫，避莊公之難，亦耕於海濱。昔者聖帝明王，賢佐俊士，皆嘗從事於農矣。王人賜官，冗散無事者，不督使學，則當使耕，無緣放之使坐食百姓也。今文武之官既衆，而拜賜不在職者又多，加以服役為兵，不得耕稼，當農者之半，南面食祿者參倍於前。使冗散之官農，而收其租稅，家得其實，而天下之穀可以無乏矣。夫家足食，為子則孝，為父則慈，為兄則友，為弟則悌。天下足食，則仁義之教可不令而行也。為政之要，計人而置官，分人而授事，士農工商之分不可斯須廢也。若未有精其防制，計天下文武之官足為副貳者使學，其餘皆歸之於農。若百工商賈有長者，亦皆歸之於農。務農若此，何有不贍乎！《虞書》曰：『三載考績，三步黜陟幽明。』是為九年之後乃有遷敍也。故居官久，則念立慎終之化；居不見久，則競為一切之政。六年之限，日月淺近，不周黜陟。陶之所上，義合古制。

夫儒學者，王教之首也。尊其道，貴其業，重其選，猶恐化之不崇；忽而不以為急，臣懼日有陵遲而不覺也。仲尼有言『人能弘道，非道弘人。』然則尊其道者，非惟尊其書而已，尊其人之謂也。貴其業者，不妄教非其人也。重其選者，不妄用非其人也。若此，而學校之綱舉矣。

時頗有水旱之災，玄復上疏曰：

臣聞聖帝明王受命，天時未必無災，是以堯有九年之水，湯有七年之旱，惟能濟之以人事耳。故洪水滔天而免沈溺，野無生草而不困匱。伏惟陛下聖德欽明，時小水旱，人未大飢，下祗畏之詔，求極意之言，同禹湯之罪己，侔周文之夕惕。臣伏歡喜，上便宜五事：

其一曰：耕夫務多種而耕暵不熟，徒喪功力而無收。又舊兵持官牛者，官得六分，士得四分；自持私牛者，與官中分；施行來久，衆心安之。今一朝減持官牛者，官得八分，士得二分；持私牛及無牛者，官得七分，士得三分；人失其所，必不歡樂。臣愚以為宜佃兵持官牛者與四分，持私牛與官中分，則天下兵作歡然悅樂，愛惜成穀，無有損棄之憂。

其二曰：以二千石雖奉務農之詔，猶不勤心以盡地利。昔漢氏以墾田不實，徵殺二千石以十數。臣愚以為宜申漢氏舊典，以警戒天下郡縣，皆以死刑督之。

其三曰：以魏初未留意於水事，先帝統百揆，分河堤為四部，並本凡五謁者，以水功至大，與農事並興，非一人所周故也。今謁者一人之力，行天下諸水，無時得遍。伏見河堤謁者車誼不如水勢，轉為他職，更選知水者代之。可分為五部，使各精其方宜。

其四曰：古以步百為畝，今以二百四十步為一畝，所覺過倍。近魏初課田，不務多其頃畝，但務脩其功力，故白田收至十餘斛，水田收數十斛。自頃以來，日增田頃畝之課，而田兵益甚，功不能脩理，至畝數斛已還，或不足以償種。非與曩時異天地，橫遇災害也，其病正在於務多頃畝而功不脩耳。竊見河堤謁者石恢甚精練水事及田事，知其利害，乞中書召恢，委曲問其得失，必有所補益。

其五曰：臣以為胡夷獸心，不與華同，鮮卑最甚。本鄧艾苟欲取一時之利，不慮後患，使鮮卑數萬散居人間，此必為害之勢也。秦州刺史胡烈素有恩信於西方，今烈往，諸胡雖已無惡，必且消弭，然獸心難保，不必其可久安也。若後有動釁，烈計能制之。惟恐胡虜適困於討擊，便能東入安定，西赴武威，外名為降，可動復動。此二郡非烈所制，則惡胡東西有窟穴浮游之地，故復為患，無以禁之也。宜更置一郡于高平川，因安定西州都尉募樂徒民，重其復除以充之，以通北道，漸以實邊。詳議此二郡

及新置郡，皆使並屬秦州，令烈得專御邊之宜。

又 卷四八《段灼傳》 灼前後陳事，輒見省覽。然身微宦孤，不見進序，乃取長假還鄉里。臨去，遺息上表曰：

語有之曰：『華言虛也，至言實也，苦言藥也，甘言疾也。』臣欲言天下太平，而靈龜神狐未見，仙芝蓮莆未生，麒麟未遊乎靈禽之囿，鳳凰未儀於太極之庭，此臣之所以不敢華言而為佞者也。昔漢高祖初定天下，於時戍卒婁敬上書諫曰：『陛下取天下不與成周同，而欲比隆成周，臣竊以為不侔。』於是漢祖感悟，深納其言，賜姓為劉氏。又顧謂陸賈曰：『為我著秦所以亡，而吾所以得之者。』賈乃作《新語》之書，述敍前世成敗，以為勸戒。又田肯建一言之計，非親子弟莫可使王齊者，而受千金之賜。故世稱漢祖之寬明博納，所以能成帝業也。

今之言世者，皆曰堯舜復興，天下已太平矣。臣獨以為未，亦竊有所勸焉。且百王垂制，聖賢吐言，來事之明鑑也。孟子曰：『堯不能以天下與舜，則舜之有天下也，天與之也。昔舜為相，堯崩，三年之喪畢，舜避堯之子於南河，天下諸侯朝覲者、獄訟者，不之堯之子而之舜。舜曰天也，乃之中國，踐天子位焉。若居堯之宮，逼堯之子，非天所與者也。』曩昔西有不臣之蜀，東有僭號之吳，三主鼎足，並稱天子。魏文帝率萬乘之衆，受禪於靡陂，而自以德同唐虞，以為漢獻即是古之堯，自謂即是今之舜，乃謂孟軻、孫卿不通禪代之變，遂作禪代之文，刻石垂戒，班示天下，傳之後世，亦安能使將來君子皆曉然心服其義乎！然魏文徒希慕堯、舜之名，推新集之魏，欲以同於唐虞之盛，忽骨肉之恩，忘藩屏之固，竟不能使四海賓服，混一皇化，而於時羣臣莫有諫者，不其過矣哉！孫卿曰：『堯、舜禪讓，是不然矣。天下者，至重也。非至强莫之能任；至大也，非至辯莫之能分；至衆也，非至明莫之能見。此三至者，非聖人莫之能盡。』由此言之，孫卿、孟軻亦各有所不取焉。陛下受禪，從東府入西宮，兵刃耀天，旍旗翳日。雖應天順人，同符唐虞，然法度損益，則亦不異於昔魏文矣，故宜資三至以强制之。而今諸王有立國之名，而無襟帶之實。又蜀地有自然之險，是歷世姦雄之所闕口，逋逃之所聚也，而無親戚子弟之守，此豈深思遠慮，杜漸防萌者乎！昔漢文帝據已成之業，六合同風，天下一家。而賈誼上疏陳當時之勢，猶以為譬如抱火厝於積薪之下，而寢其上，火未及然，因謂之安。此言誠存不忘亡，安不忘亂者也。然臣之慺慺，亦竊願陛下居安思危，無曰高高在上，常念臨深之義，不忘履冰之戒。盡除魏世之弊法，綏以新政之大化，使萬邦欣欣，喜戴洪惠，蜫蟲草木，咸蒙恩澤。朝廷詠《康哉》之歌，山藪無伐檀之人，此固天下所視望者也。陛下自初踐阼，發無諱之詔，置箴諫之官，赫然寵異諤諤之臣，以明好直言之信，恐陳事者知直言之不用，皆杜口結舌，祥瑞亦曷由來哉！

臣無陸生之才，不在顧問之地，蓋聞主聖臣直，義在於有犯無隱。臣不惟疏遠，未信而言，敢歷論前代隆名之君及亡敗之主廢興所由，又博陳舉賢之路，廣開養老之制，崇必信之道，又張設議者之難，凡五事以聞。臣之所言，皆直陳古今已行故事，非新聲異端也。辭義實淺，不足採納。然臣私心，誠謂有可發起覺悟遺忘，願陛下察臣愚忠，滑臣狂直，無使天下以言首為戒。疾痛增篤，退念《桑梓》之詩，惟狐死之義，輒取長休，歸近墳墓。顧瞻宮闕，繫情皇極，不勝丹款，遺息穎表言。

其一曰：臣聞善有章也，著在經典；惡有罰也，戒在刑書。上自遠古，下洎秦漢，其明王霸主及亡國暗君，故可得而稱；至於忠蹇賢相及佞諂姦臣，亦可得而言。故朝有諤諤盡規之臣，無不昌也；任用阿諛唯唯之士，無不亡也。是有國者皆欲求忠以自輔，舉賢以自佐；而亡國破家者相繼，皆由任失其人。所謂賢者不賢，忠者不忠也。臣謹言前任賢所由興，任不肖所以亡者。堯之末年，四凶在朝而不去，八元在家而不舉，然致天平地寧，四門穆穆，其功固在重華之為相。夏癸放於鳴條，商辛梟於牧野，此俱萬乘之主，而國滅身擒，由不能屬任賢相，用婦人之言，荒淫無道，肆志沈宴，作靡靡之樂，長夜之飲，於是登糟丘，臨酒池，觀牛飲，望肉林，龍逢忠而被害，比干諫而剖心，天下之所以歸惡者也。太甲暴虐，顛覆湯之典制，於是伊尹放之桐宮，而能改悔反善，三年而後歸於亳。既已放而復還，殷道微而復興，諸侯咸服，號稱太宗，實賴阿衡之盡忠也。周室既衰，諸侯並爭，天王微弱，政遂陵遲。齊桓公，淫亂之主耳；然所以能九合一匡之功，有尊周之名，誠管夷吾之力。及其死也，蟲流出門，豈非任豎貂之過乎！且一桓公之身，得管仲、其功如彼；用豎貂，其亂如此。夫榮辱存亡，實在所任，可不審哉！秦本伯翳之後，

微微小邑，至秦仲始大，有車馬禮樂侍御之好焉。自穆公至於始皇，皆能留心待賢，遠求異士，招由餘余西戎，致五羖于宛市，取丕豹於晉鄉，迎蹇叔於宗里，由是四方雄俊繼踵而至，故能世為强國，吞滅諸侯，奄有天下，兼稱皇帝，由謀臣之助也。道化未淳，崩於沙丘。胡亥乘虐，用詐自悮，不能弘濟統緒，克成堂構，而乃殘賊仁義，毒流黔首。故陳勝、吳廣，奮臂大呼，而天下嚮應。於是趙高逆亂，閻樂承指，二世窮迫，自戮望夷。子嬰雖立，去帝為王，孤危無輔，四旬而亡。此由邪臣擅命，指鹿為馬，所以速秦之禍也。秦失其鹿，豪傑競逐，項羽既得而失之，其咎在烹韓生，而范增之謀不用。假令羽既距項伯之邪説，斬沛公於鴻門，都咸陽以號令諸侯，則天下無敵矣。而羽距韓生之忠諫，背范增之深計，自謂霸王之業已定，都彭城，還故鄉，為晝被文繡，此蓋世俗兒女之情耳，而羽榮之。是故五載為漢所擒，至此尚不知覺悟，乃曰『天亡我，非戰之罪』，甚痛矣哉！且夫士之歸仁，猶水之歸下，禽之走曠野，故曰『為川驅魚者獺也。為藪驅雀者鸇也，為湯、武驅人者桀、紂也』。漢高祖起於布衣，提三尺之刃而取天下，用六國之資，無唐虞之禪，豈徒賴良、平之奇謀，盡英雄之智力而已乎，亦由項氏為驅人也。子孫承基二百餘年，逮成帝委政舅家，使權勢外移。安昌侯張禹者，漢之三公，成帝保傅也。帝親幸其家，拜禹床下，深問天災人事。禹當惟大臣之節，為社稷深慮，忠言嘉謀，陳其災患，則王氏不得專權寵，王莽無緣乘勢位，遂托雲龍而登天衢，令漢祚中絕也。禹佞諂不忠，挾懷私計，徒低仰於五侯之間，苟取容媚而已。是以朱雲抗節求尚方斬馬劍，欲以斬禹，以戒其餘，可謂忠矣。而成帝尚復不寤，乃以為居下訕上，廷辱保傅，罪死無赦，詔御史將雲下，欲急烹之。雲攀殿折檻，幸賴左將軍辛慶忌叩頭流血，以死爭之。若不然，則雲已摧碎矣。後雖釋檻不脩，欲以彰明直臣，誠足以為後世之戒，何益於漢室所由亡也哉！然世之論者以為亂臣賊子無道之甚者莫過於莽，此亦猶紂之不善不如是之甚也。傳稱莽始起外戚，折節力行，以要名譽，宗族稱孝，朋友歸仁。及其輔政成哀之際，勤勞國家，動見稱述。然于時人士詣闕上書薦莽者不可稱紀，內外羣臣莫不歸莽功德。遭遇漢室中微，國嗣三絕，而太后壽考，為之宗主，故莽得遂策命孺子而奪其位也。昔湯武之興，亦逆取而順守之耳。向莽深惟殷周取守之術，崇道德，務仁義，履信實，去華偽，施惠天下，十有八年，恩足以感百姓，義足以結英雄，人懷其德，豪傑並用，如此，宗廟社稷，宜未滅也。光武雖復賢才，大業詎可冀哉！莽即位之後，自謂得天人之助，以為功廣三王，德茂唐虞，乃自驕矜，奮其威詐，班宣符讖，震暴殘酷，窮兇極惡，人怨神怒，冬雷電以驚其耳目，夏地動以愓其心腹。而莽猶不知覺悟，方復重行不順時之令，竟連伍之刑，佞媚者親幸，忠諫者誅夷。由是天下忿憤，內外俱發，四海分崩，城池不守，身死於匹夫之手，為天下笑，豈不異哉！其所由然者，非取之過，而守之非道也。莽既屠肌，六合雲擾，劉聖公已立而不辨，盆子承之而覆敗，公孫述又稱帝於蜀漢。如此數子，固非所謂應天順人者，徒為光武之驅除者耳。夫天下者，蓋亦天下之天下，非一人之天下也。『殷商之旅，其會如林，矢於牧野，維予侯興。』又曰：『侯服于周，天命靡常。』由此言之，主非常人也，有德則天下歸之，無德則天下叛之。故古之明王，其勞心遠慮，常如臨川無津涯。於是法天地，象四時，隆恩德，敬大臣，近忠直，遠佞人。仁孝著乎宮牆，弘化洽乎兆庶；為平直如砥矢，信義感人神。雖有椒房外戚之寵，不受其委曲之言；雖有近習愛幸之豎，不聽其姑息之辭。四門穆穆，闢而不闔，待諫者而無忌。恒戰戰慄栗，不忘戒懼，所以欲永終天祿，恐為將來賢聖之驅除也。且臣聞之，懼危者，常安者也；憂亡者，恒存者也。使夫有國之君能安不忘危，則本枝百世，長保榮祚，名位與天地無窮，亦何慮乎為來者之驅除哉！傳有之曰：『狂夫之言，明主察焉』。

其二曰：士之立業，行非一概。吳起貪官，母死不歸，殺妻求將，不孝之甚。然在魏，使秦人不敢東向；在楚，則三晉不敢南謀。曾參、閔騫，誠孝子也，不能宿夕離其親，豈肯出身致死，涉危險之地哉！今大晉應期運之所授，齊聖美於有虞，而吳人不臣，稱帝私府，此亦國之羞也。陛下誠欲致熊羆之士，不二心之臣，使奮威淮浦、震服蠻荆者，故宜疇咨博采，廣開貢士之路，薦巖穴，舉賢才，徵命考試，匪俊莫用。今台閣選舉，塗塞耳目，九品訪人，唯問中正。故據上品者，非公侯之子孫，則當塗之昆弟也。二者苟然，則篳門蓬戶之俊，安得不有陸沈者哉！

其三曰：昔田子方養老馬，而窮士知所歸，況居天下之廣居，立天下之正位，行天下之大道乎！昔明王聖主，無不養老。老人衆多，未必

皆賢，不可悉養。故父事三老，所以明孝；宗事五老，所以明敬。孟子曰：『吾老以及人之老，吾幼以及人之幼。』今天下雖定，而華山之陽無放馬之羣，桃林之下未有休息之牛，故以吳人尚未臣服故也。夫飢者易為食，渴者易為飲，天下元元瞻望新政。願陛下思子方之仁，念犬馬之勞，思帷蓋之報，發仁惠之詔，廣開養老之制。

其四曰：法令賞罰，莫大乎信。古人有言：『人而無信，不知其可。』況有養人以惠，使人以義，而可以不信行之哉！臣前為西郡太守，被州所下《己未詔書》：『羌胡道遠，其但募取樂行，不樂勿强。』臣被詔書，輒宣恩廣募，示以賞信，所得人名即條言征西。其晉人自可差簡丁强，如法調取；至於羌胡，非恩意告諭，則無欲度金城、河西者也。自往每興軍渡河，未曾有變，故刺史郭綏勸帥有方，深加獎勵，要許重報。是以所募感恩利賞，遂立績效，功在第一。今州郡督將，並已受封，羌胡健兒，或王或侯，不蒙論敍也。晉文猶不貪原而失信，齊桓不惜地而背盟，況聖主乎！

其五曰：昔周漢之興，樹親建德，周因五等之爵，漢有河山之誓。及其衰也，神器奪於重臣，國祚移於他人。故滅周者秦，非姬姓也；代漢者魏，非劉氏也。於今國家大計，使異姓無裂土專封之邑，同姓並據有連城之地，縱復令諸王後世子孫還自相並，蓋亦楚人失繁弱於雲夢，尚未為亡其弓也。其於神器不移他族，則始祖不遷之廟，萬年億兆不改其名矣。大晉諸王二十餘人，而公侯伯子男五百餘國，欲言其國皆小乎，則漢祖之起，俱無尺土之地，況有國者哉！將謂大晉世世賢聖，而諸侯之胤常不肖邪，則放勳欽明而有丹朱，瞽瞍頑凶而有虞舜。天下有事無不由兵，而無故多樹兵本，廣開亂原，臣故曰五等不便也。臣以為可如前表，諸王宜大其國，增益其兵，悉遣守藩，使形勢足以相接，則陛下可高枕而臥耳。臣以為諸侯伯子男名號皆宜改易之，使封爵之制，祿奉禮秩，並同天下諸侯之例。

又　卷五二《郤詵傳》　泰始中，詔天下舉賢良直言之士，太守文立舉詵應選。

詔曰：『蓋太上以德撫時，易簡無文。至于三代，禮樂大備，制度彌繁。文質之變，其理何由？虞夏之際，聖明係踵，而損益不同。周道既衰，仲尼猶曰從周。因革之宜，又何殊也？聖王既没，遺制猶存，霸者迭興而翼輔之，王道之缺，其無補乎？何陵遲之不反也？豈霸德之淺歟？期運不可致歟？且夷吾之智，而功止於霸，何哉？夫昔人之為政，革亂亡之弊，建不刊之統，移風易俗，刑措不用，豈非化之盛歟？何脩而嚮茲？朕獲承祖宗之休烈，于茲七載，而人未服訓，政道罔述。以古況今，何不相逮之遠也？雖明之弗及，猶思與羣賢慮之，將何以辨所聞之疑昧，獲至論於讜言乎？加自頃戎狄內侵，災害屢作，邊甿流離，征夫苦役，豈政刑之謬，將有司非其任歟？各悉乃心，究而論之。上明古制，下切當今。朕之失德，所宜振補。其正議無隱，將敬聽之。』

詵對曰：

伏惟陛下以聖德君臨，猶垂意於博採，故招賢正之士，而臣等薄陋，不足以降大問也。是以竊有自疑之心，雖致身於闕庭，亦僶俛矣。伏讀聖策，乃知下問之旨篤焉。

臣聞上古推賢讓位，教同德一，故易簡而人化；三代世及，季末相承，故文繁而後整。虞夏之相因，而損益不同，非帝王之道異，救弊之路殊也。周當二代之流，承彫偽之極，盡禮樂之致，窮制度之理，其文詳備，仲尼因時宜而曰從周，非殊論也。臣聞聖王之化先禮樂，五霸之興勤政刑。禮樂之化深，政刑之用淺。勤之則可以小安，墮之則遂陵遲。所由之路本近，故所補之功不侔也。而齊桓失之葵丘，夷吾淪于小器，功止于霸，不亦宜乎！

策曰：『建不刊之統，移風易俗，使天下洽和，何脩而嚮茲？』臣以為莫大於擇人而官之也。今之典刑，匪無一統，宰牧之才，優劣異績，或以之興，或以之替，此蓋人能弘政，非政弘人也。舍人務政，雖勤何益？臣竊觀乎古今，而考其美惡：古人相與求賢，今人相與求爵。古之官人，君責之於上，臣舉之於下，得其人有賞，失其人有罰，安得不求賢乎！今之官者，父兄營之，親戚助之，有人事則通，無人事則塞，安得不求爵乎！賢苟求達，達在脩道，窮在失義，故靜以待之也。爵苟可求，得在進取，失在後時，故動以要之也。動則爭競，爭競則朋黨，朋黨則誣誷，誣誷則臧否失實，真偽相冒，主聽用惑，姦之所會也。靜則貞固，貞固則正直，正直則信讓，信讓則推賢，推賢不伐，相下無饜，主聽用察，

德之所趣也。故能使之靜，雖日高枕而人自正；不能禁動，雖復夙夜，俗不一也。且人無愚智，咸慕名宦，莫不飾正於外，藏邪於內，故邪正之人難得而知也。任得其正，則衆正益至；若得其邪，則衆邪亦集。物繁其類，誰能止之！故亡國失世者，未嘗不為衆邪所積也。方其初作，必始於微，微而不絕，其終乃著。天地不能頓為寒暑，人主亦不能頓為隆替；故寒暑漸於春秋，隆替起於得失。當今之世，宦者無關梁，邪門啓矣；朝廷不責賢，正路塞矣。得失之源，何以甚此！所謂責賢，使之相舉也；所謂關梁，使之相保也。賢不舉則有咎，保不信則有罰。故古者諸侯必貢士，不貢者削，貢而不適亦削。夫士者，難知也；不適者，薄過也。不得不責，强其所不知也；罰其所不適，深其薄過，非恕也。且天子於諸侯，有不純臣之義，斯責之矣。施行之道，寧縱不濫之矣。今皆反是，何也？夫賢者天地之紀，品物之宗，其急之也，故寧濫以得之，無縱以失之也。今則不然，世之悠悠者，各自取辨耳。故其材行並不可必，於公則政事紛亂，於私則汙穢狼籍。自頃長吏特多此累，有亡命而被購懸者矣，有縛束而絞戮者矣。貪鄙竊位，不知誰升之者？獸兕出檻，不知誰可咎者？漏網吞舟，何以過此！人之於利，如蹈水火焉。前人雖敗，後人復起，如彼此無已，誰止之者？風流日競，誰憂之者？雖今聖思勞於夙夜，所使為政，恒得此屬，欲聖世化美俗平，亦俟河之清耳。若欲善之，宜創舉賢之典，峻關梁之防。其制既立，則人慎其舉而不苟，則賢者可知。知賢而試，則官得其人矣。官得其人，則事得其序；事得其序，則物得其宜；物得其宜，則生生豐植，人用資給，和樂興焉。是故寡過而遠刑，知恥以近禮，此所以建不刊之統，移風易俗，刑措而不用也。

策曰：『自頃夷狄內侵，災眚屢降，將所任非其人乎？何由而至此？』臣聞蠻夷猾夏，則臯陶作士，此欲善其末，則先其本也。夫任賢則政惠，使能則刑怨。政惠則下仰其施，刑怨則人懷其勇。施以殖其財，勇以結其心。故人居則資贍而知方，動則親上而志勇。苟思其利而除其害，以生道利之者，雖死不貳；以逸道勞之者，雖勤不怨。故其命可授，其力可竭，以戰則克，以攻則拔。是以善者慕德而安服，惡者畏懼而削迹。止戈而武，義實在文，唯任賢然後無患耳。若夫水旱之災，自然理也。故古者三十年耕必有十年之儲，堯湯遭之而人不困，有備故也。自頃風雨雖頗不時，考之萬國，或境土相接，而豐約不同；或頃畝相連，而成敗異流，固非天之必害於人，人實不能均其勞苦。失之於人，而求之於天，則有司惰職而不勸，百姓殆業而咎時，非所以定人志，致豐年也。宜勤人事而已。

又《華譚傳》　譚至洛陽，武帝親策之曰：『今四海一統，萬里同風，天下有道，莫斯之盛。然北有未羈之虜，西有醜施之氏，故謀夫未得高枕，邊人未獲晏然，將何以長弭斯患，混清六合？』對曰：『臣聞聖人之臨天下也，祖乾綱以流化，順穀風以興仁，兼三才以御物，開四聰以招賢。故勞謙日昃，務在擇才，宣明巖穴，垂光隱滯。俊乂龍躍，帝道以光；清德鳳翔，王化克舉。是以臯陶見舉，不仁者遠；陸賈重漢，遠夷折節。今聖朝德音發於帷幄，清風翔乎無外，戎旗南指，江漢席捲；干戈西征，羌蠻慕化，誠闡四門之秋，興禮教之日也。故髦俊聞聲而響赴，殊才望險而雲集。虛高館以俟賢，設重爵以待士，急善過於飢渴，用人疾於影響，杜佞諂之門，廢鄭聲之樂，混清六合，實由乎此。雖西北有未羈之寇，殊漠有不朝之虜，征之則勞師，得之則無益，故班固云：「有其地不可耕而食，得其人不可臣而畜，來則懲而御之，去則備而守之。」蓋安邊之術也。』

又策曰：『吳、蜀恃險，今既蕩平。蜀人服化，無攜貳之心；而吳人趑睢，屢作妖寇。豈蜀人敦樸，易可化誘；吳人輕鋭，難安易動乎？今將欲綏靜新附，何以為先？』對曰：『臣聞漢末分崩，英雄鼎峙，蜀棲岷隴，吳據江表。至大晉龍興，應期受命，文皇運籌，安樂順軌；聖上潛謀，歸命向化。蜀染化日久，風教遂成；吳始初附，未改其化，非為蜀人敦慤而吳人易動也。然殊俗遠境，風土不同，吳阻長江，舊俗輕悍。所安之計，當先籌其人士，使雲翔閶闔，進其賢才，待以異禮；明選牧伯，致以威風；輕其賦斂，將順咸悅，可以永保無窮，長為人臣者也。』

又策曰：『聖人稱如有王者，必世而後仁。今天成地平，大化無外，雖匈奴未羈，羌氏驕黠，將修文德以綏之，舞干戚以來之，故兵戈載戢，武夫寢息。如此，已可消鋒刃為佃器，罷尚方武庫之用未邪？』對曰：

『夫唐堯歷載，頌聲乃作；文武相承，禮樂大同。清一八紘，綏邊無外，萬國順軌，海內斐然。雖復被髮之鄉，徒跣之國，皆習章甫而入朝，要衣裳以磬折。夫大舜之德，猶有三苗之征；以周之盛，獫狁為寇。雖有文德，又須武備。備豫不虞，古之善教；安不忘危，聖人常誡。無為罷武庫之常職，鑠鋒刃為佃器。自可倒載干戈，苞以獸皮，將帥之士，使為諸侯，於散樂休風，未為不泰也。』

又策曰：『夫法令之設，所以隨時制也。時險則峻法以取平，時泰則寬網以將化。今天下太平，四方無事，百姓承德，將就無為而乂。至於律令，有所損益不？』對曰：『臣聞五帝殊禮，三王異教，故或禪讓以光正，或干戈以攻取。至於興禮樂以和人，流清風以寧俗，其歸一也。今誠風教大同，四海無虞，人皆感化，去邪從政。夫以堯舜之盛，而猶設象刑；殷周之隆，而甫侯制律。律令之存，何妨於政。若乃大道四達，禮樂交通，凡人脩行，黎庶勵節，刑罰懸而不用，律令存而無施，適足以隆太平之雅化，飛仁風乎無外矣。』

又策曰：『昔帝舜以二八成功，文王以多士興周。夫制化在於得人，而賢才難得。今大統始同，宜搜才實。州郡有貢薦之舉，猶未獲出羣卓越之倫。將時無其人？有而致之未得其理也？』對曰：『臣聞興化立法，非賢無以光其道；平世理亂，非才無以宣其業。上自皇羲，下及帝王，莫不張惶綱以羅遠，飛仁風以被物。故得賢則教興，失人則政廢。今四海一統，萬里同風，州郡貢秀孝，臺府簡良才，以八紘之廣，兆庶之衆，豈當無卓越雋逸之才乎！譬猶南海不少明月之寶，大宛不乏千里之駒也。異哲難見，遠數難睹，故堯舜太平之化，二八由舜而甫顯；殷湯革王之命，伊尹負鼎而方用。當今聖朝禮亡國之士，接遐裔之人，或貂蟬於帷幄，或剖符於千里，巡狩必有呂公之遇，宵夢必有巖穴之感。賢儁之出，可企踵而待也。』

又　卷六七《温嶠傳》　是時天下凋弊，國用不足，詔公卿以下詣都坐論時政之所先，嶠因奏軍國要務。

其一曰：祖約退舍壽陽，有將來之難。今二方守御，為功尚易。淮、泗都督，宜竭力以資之。選名重之士，配徵兵五千人，又擇一偏將，將二千兵，以益壽陽，可以保固徐、豫，援助司土。

其二曰：一夫不耕，必有受其飢者。今不耕之夫，動有萬計。春廢勸課之制，冬峻出租之令，應下未見施，惟賦是聞。賦不可以已，當思令百姓有以殷實。司徒置田曹掾，州一人，勸課農桑，察吏能否，今宜依舊置之。必得清恪奉公，足以宣示惠化者，則所益實弘矣。

其三曰：諸外州郡將兵者及都督府非臨敵之軍，且田且守。又先朝使五校出田，今四軍五校有兵者，及護軍所統外軍，可分遣二軍出，並屯要處。緣江上下，皆有良田，開荒須一年之後即易。且軍人累重者在外，有樵采蔬食之人，於事為便。

其四曰：建官以理世，不以私人也。如此則官寡而材精。周制六卿涖事，春秋之時，入作卿輔，出將三軍。後代建官漸多，誠由事有煩簡耳。然今江南六州之土，尚又荒殘，方之平日，數十分之一耳。三省軍校無兵者，九府寺署，可有並相領者，可有省半者，粗計閑劇，隨事減之。荒殘之縣，或同在一城可併合之。如此選既可精，祿俸可優，令足代耕，然後可責以清公耳。

其五曰，古者親耕藉田以供粢盛，舊置藉田、廩犧之官。今臨時市求，既上黷至敬，下費生靈，非所以虔奉宗廟蒸嘗之旨。宜如舊制，立此二官。

其六曰：使命愈遠，益宜得才，宣揚王化，延譽四方。人情不樂，遂取卑品之人，虧辱國命，生長患害。故宜重其選，不可減二千石見居二品者。

其七曰：罪不相及，古之制也。近者大逆，誠由凶戾。凶戾之甚，一時權用。今遂施行，非聖朝之令典，宜如先朝除三族之制。

又　卷六八《紀瞻傳》　（瞻）後舉秀才，尚書郎陸機策之曰：『昔三代明王，啓建洪業，文質殊制，而令名一致。然夏人尚忠，忠之弊也朴，救朴莫若敬。殷人革而脩焉，敬之弊也鬼，救鬼莫若文。周人矯而變焉，文之弊也薄，救薄則又反之於忠。然則王道之反覆其無一定邪，亦所祖之不同而功業各異也？自無聖王，人散久矣。三代之損益，百姓之變遷，其故可得而聞邪？今將反古以救其弊，明風以蕩其穢，三代之制將何所從？太古之化有何異道？』瞻對曰：『瞻聞有國有家者，皆欲邁化隆政，以康庶績，垂歌億載，永傳于後。然而俗變事弊，得不隨時，雖

經聖哲，無以易也。故忠弊質野，敬失多儀。周鑑二王之弊，崇文以辯等差，而流遁者歸薄而無款誠，款誠之薄，則又反之於忠。三代相循，如水濟火，所謂隨時之義，救弊之術也。羲皇簡朴，無為而化；後聖因承，所務或異。非賢聖之不同，世變使之然耳。今大晉闡元，聖功日躋，承天順時，九有一貫，荒服之君，莫不來同。然而大道既往，人變由久，謂當今之政宜去文存朴，以反其本，則兆庶漸化，太和可致也。」

又問：「在昔哲王象事備物，明堂所以崇上帝，清廟所以寧祖考，辟雍所以班禮教，太學所以講藝文，此蓋有國之盛典，爲之大司。亡秦廢學，制度荒闕。諸儒之論，損益異物。漢氏遺作，居爲異事，而蔡邕《月令》謂之物。將何所從？」對曰：「周制明堂，所以宗其祖以配上帝，敬恭明祀，永光孝道也。其大數有六。古者聖帝明王南面而聽政，其六則以明堂為主。又其正中，皆云太廟，以順天時，施行法令，宗祀養老，訓學講肄，朝諸侯而選造士，備禮辯物，一教化之由也。故取其宗祀之類，則曰清廟；取其正室之貌，則曰太廟；取其室，則曰太室；取其堂，則曰明堂；取其四門之學，則曰太學；取其周水圜如璧，則曰璧雍。異名同事，其實一也。是以蔡邕謂之一物。」

又問：「庶明亮采，故時雍穆唐，有命既集，而多士隆周。故《書》稱明良之歌，《易》貴金蘭之美。此長世所以廢興，有邦所以崇替。夫成功之君勤於求才，立名之士急於招世，理無世不對，而事千載恒背。古之興王何道而如彼？後之衰世何闕而如此？」對曰：「興隆之政務在得賢，清平之化急於拔才，故二八登庸，則百揆序；有亂十人，而天下泰。武丁擢傅巖之徒，周文攜渭濱之士，居之上司，委之國政，故能龍奮天衢，垂勳百代。先王身下白屋，搜揚仄陋，使山無扶蘇之才，野無《伐檀》之詠。是以化厚物感，神祇來應，翔鳳飄颻，甘露豐墜，醴泉吐液，朱草自生，萬物滋茂，日月重光，和氣四塞，大道以成；序君臣之義，敦父子之親，明夫婦之道，別長幼之宜，自九州，被八荒，海外移心，重譯入貢，頌聲穆穆，南面垂拱也。今貢賢之塗已閭，而教學之務未廣，是以進競之志恒銳，而務學之心不脩。若闢四門以延造士，宣五教以明令德，考績殿最，審其優劣，厝之百僚，置之羣司，使調物度宜，節宣國典，必協濟康哉，符契往代，明良來應，金蘭復存也。」

又問：「昔唐虞垂五刑之教民，周公明四罪之制，故世歎清問而時歌緝熙。姦宄既殷，法物滋有。叔世崇三辟之文，暴秦加族誅之律，淫刑淪胥，虐濫已甚。漢魏尊承，因而弗革。亦由險泰不同，而救世異術，不得已而用之故也。寬克之中，將何立而可？族誅之法足爲永制不？」對曰：「二儀分則兆庶生，兆庶生則利害作。利害之作，有由而然也。太古之時，化道德之教，賤勇力而貴仁義。仁義貴則強不陵弱，衆不暴寡。三皇結繩而天下泰，非惟象刑緝熙而已也。且太古知法，所以遠獄。及其末，不失有罪，是以獄用彌繁，而人彌暴，法令滋章，盜賊多有。《書》曰：『惟敬五刑，以成三德。』叔世道衰，既興三辟，而文公之弊，又加族誅，淫刑淪胥，感傷和氣，化染後代，不能變改。故漢祖指麾而六合回應，魏承漢末，因而未革，將以俗變由久，權時之宜也。今四海一統，人思反本，漸尚簡樸，則貪夫不競；尊賢黜否，則不仁者遠。爾則斟參夷之刑，除族誅之律，品物各順其生，緝熙異世而偕也。」

又問曰：「夫窮神知化，才之尽稱；備物致用，功之極目。以之爲政，則黄羲之規可踵；以之革亂，則玄古之風可紹。然而唐虞密皇人物之闊網，夏殷繁帝者之约法，機心起而日進，淳德往而莫返。豈太樸一離，理不可振，將聖人之道稍有降殺邪？」對曰：「政因時以興，機隨物而動，故聖王究窮通之源，審始終之理，適時之宜，期於濟世。皇代質朴，禍難不作，結繩為信，人知所守。大道既離，智惠擾物，夷險不同，否泰異數，故唐虞密皇人之網，夏殷繁帝者之法，皆廢興有由，輕重以節，此窮神之道，知化之術，隨時之宜，非有降殺也。」

又　卷七五《范寧傳》　帝詔公卿牧守普議得失，寧又陳時政曰：

古者分土割境，以益百姓之心；聖王作制，籍無黄白之別。昔中原喪亂，流寓江左，庶有旋反之期，故許其挾注本郡。自爾漸久，人安其業，丘壟墳柏，皆以成行，雖無本邦之名，而有安土之實。今宜正其封疆，以土斷人戶，明考課之科，脩閭伍之法。難者必曰：『人各有桑梓，俗自有南北。一朝屬戶，長為人隸，君子則有土風之慨，小人則懷下役之慮。』斯誠並兼者之所執，而非通理者之篤論也。古者失地之君，猶臣所寓之主，列國之臣，亦有違適之禮。隨會仕秦，致稱《春秋》；樂毅宦燕，見褒良史。且今普天之人，原其氏出，皆隨世遷移，何至於今而獨

不可？

凡荒郡之人，星居東西，遠者千餘，近者數百，而舉召役調，皆相資須，期會差違，輒致嚴坐，人不堪命，叛為盜賊。是以山湖日積，刑獄愈滋。今荒小郡縣，皆宜并合，不滿五千戶，不得為郡，不滿千戶，不得為縣。守宰之任，宜得清平之人。頃者選舉，惟以恤貧為先，雖制有六年，而富足便退。又郡守長吏，牽置無常，或兼臺職，或帶府官。夫府以統州，州以監郡，郡以蒞縣，如令互相領帖，則是下官反為上司，賦調役使無復節限。且牽曳百姓，營起廨舍，東西流遷，人人易處，文書簿籍，少有存者。先之室宇，皆為私家，後來新官，復應脩立。其為弊也，胡可勝言！

又方鎮去官，皆割精兵器仗以為送，故米布之屬不可稱計。監司相容，初無彈糾，其中或有清白，亦復不見甄異。送兵多者至於千餘家，少者數十戶。既力入私門，復資官廩布。兵役既竭，枉服良人，牽引無端，以相充補。若是功勳之臣，則已享裂土之祚，豈應封外復置吏兵乎！謂送故之格宜為節制，以三年為斷。夫人性無涯，奢儉由勢。今并兼之士亦多不贍，非力不足以厚身，非祿不足以富家，是得之有由，而用之無節。蒱酒永日，馳鶩卒年，一宴之饌，費過十金，麗服之美，不可貲算，盛狗馬之飾，營鄭衛之音，南畝廢而不墾，講誦闕而無聞，凡庸競馳，傲誕成俗。謂宜驗其鄉黨，考其業尚，試其能否，然後升進。如此，匪惟家給人足，賢人豈不繼踵而至哉！

官制謫兵，不相襲代。頃者小事，便以補役，一愆之違，辱及累世，親戚傍支，罹其禍毒，戶口減耗，亦由於此，皆宜料遣，以全國信。禮，十九為長殤，以其未成人也。十五為中殤，以為尚童幼也。今以十六為全丁，則備成人之役矣。以十三為半丁，所任非復童幼之事矣。豈可傷天理，違經典，困苦萬姓，乃至此乎！今宜脩禮文，以二十為全丁，十六至十九為半丁，則人無夭折，生長滋繁矣。

《南史》卷七〇《郭祖深傳》　帝溺情內教，朝政縱弛，祖深輿櫬詣闕上封事，其略曰：

大梁應運，功高百王，慈悲既弘，憲律如替。愚輩罔識，褫慢斯作。各競奢侈，貪穢遂生。頗由陛下寵勳太過，馭下太寬，故廉潔者自進無途，貪苛者取入多徑，直弦者淪溺溝壑，曲鉤者升進重沓。飾口利辭，競相推薦，訥直守信，坐見埋沒。勞深勳厚，祿賞未均，無功側入，反加寵擢。昔宋人賣酒，犬惡致酸，陛下之犬，其甚矣哉。臣聞人為國本，食為人命，故《禮》曰：國無六年之儲，謂非其國也。推此而言，農為急務。而郡縣苛暴，不加勸奬，今年豐歲稔，猶人有飢色，設遇水旱，何以救之？陛下昔歲尚學，置立五館，行吟坐詠，誦聲溢境。比來慕法，普天信向，家家齋戒，人人懺禮，不務農桑，空談彼岸。夫農桑者，今日濟育，功德者，將來勝因，豈可墮本勤末，置邇效賒也。今商旅轉繁，遊食轉衆，耕夫日少，杼軸日空。陛下若廣興屯田，賤金貴粟，勤農桑者，擢以階級，惰耕織者，告以明刑。如此數年，則家給人足，廉讓可生。

夫君子小人，智計不同，君子志於道，小人謀於利。志於道者，安國濟人，志於利者，損物圖己。道人者，害國小人也，忠良者，捍國君子也。臣見疾者，詣道士則勸奏章，僧尼則令齋講，俗師則鬼禍須解，醫診則湯熨散丸，皆先自為也。臣謂為國之本，與療病相類，療病當去巫鬼，尋華、扁，為國當黜佞邪，用管晏。今之所任，腹背之毛耳。論外則有勉、捨，說內則有雲、旻。雲、旻所議，則傷俗盛法，勉、捨之志，唯願安枕江東，主慈臣恇，息謀外甸，使中國士女，南望懷冤，若賈誼重生，豈不慟哭。臣今直言犯顏，罪或容宥，而乖忤貴臣，則禍在不測。所以不憚鼎鑊，區區必聞者，正以社稷計重，而螻蟻命輕。使臣言入身滅，臣何所恨。

夫謀臣良將，何代無之，貴在見知，要在用耳。陛下皇基兆運，二十餘載，臣子之節，諫爭是誰？執事皆同而不和，答問唯唯而已。入對則言聖旨神衷，出論則云誰敢逆耳。過實在下，而謫見於上，遂使聖皇降誠，躬自引咎，宰輔晏然，曾無謙退。且百僚卿士，尠有奉公，尸祿競利，不尚廉潔。累金積鏹，侍列如仙，不田不商，何故而爾？法者人之父母，惠者人之仇讎，法嚴則人思善，德多則物生惡。惡不可長，欲不可縱。伏願去貪濁，進廉平，明法令，嚴刑罰，禁奢侈，薄賦斂，則天下幸甚。謹上封事二十九條，伏願抑獨斷之明，少察愚瞽。時常大弘释典，將以易俗，故祖深尤言其事，條以爲：都下佛寺五百餘所，窮極宏麗。僧尼十餘萬，資產豐沃。所在郡縣，不可勝言。道人又有白徒，尼則皆畜養

女，皆不貫人籍，天下戶口，幾亡其半。而僧尼多非法，養女皆服羅紈，其蠹俗傷法，抑由於此。請精加檢括，若無道行，四十已下，皆使還俗附農。罷白徒養女，聽畜奴婢。婢唯著青布衣，僧尼皆令蔬食。如此，則法興俗盛，國富人殷。不然，恐方來處處成寺，家家剃落，尺土一人，非復國有。

朝廷擢用勳舊，為三陲州郡，不顧御人之道，唯以貪殘為務。迫脅良善，害甚豺狼。江、湘人尤受其弊。自三關以外，是處遭毒。而此勳人，投化之始，但有一身，及被任用，皆募部曲，而揚、徐之人，逼以衆役，多投其募，利其貨財。皆虛名上簿，止送出三津，名在遠役，身歸鄉里。又懼本屬檢問，於是逃亡他境，僑戶之興，良由此故。

又梁興以來，發人征役，號為三五。及投募將客，主將無恩，存卹失理，多有物故，輒刺叛亡。或有身殞戰場，而名在叛目，監符下討，稱為逋叛，録質家丁。合家又叛，則取同籍，同籍又叛，則取比伍，比伍又叛，則望村而取。一人有犯，則合村皆空。雖肆眚時降，蕩滌惟始，而監符猶下舊日，限以嚴程。上不任信下，轉相督促。臺使到州，州又遣押使至郡，州郡競急切，同趣下城。令宰多庸才，望風畏伏。於是斂戶課，薦其筐篚，使人納重貨，許立空文。其百里微欲矯俗，則嚴科立至，自是所在恣意貪利，以事上官。

選人用人論部

治在得人論分部

論說

唐・魏徵等《羣書治要》卷四九《傅玄〈傅子・舉賢〉》 賢者，聖人所與共治天下者也。故先王以舉賢為急。舉賢之本，莫大正身而壹其聽。身不正，聽不壹，則賢者不至；雖至不為之用矣。古之明君，簡天下之良材，舉天下之賢人，豈家至而戶閱之乎？開至公之路，秉至平之心，執大象而致之，亦云誠而已矣。夫任誠，天地可感，而況於人乎！傅說，巖下之築夫也。高宗引而相之；呂尚，屠釣之賤老也，文武尊而宗之；陳平，項氏之亡臣也，高祖以為腹心。四羣不以小疵忘大德，三臣不以疏賤而自疑，其建帝王之業，不亦宜乎！文王內舉周公旦，而天下不以為私其子；外舉太公望，天下稱其公。周公誅弟而典刑立；桓公任讎而齊國治。苟其無私，他人之于骨肉，其於誅賞，豈二法哉？唯至公然後可以舉賢也。

夏禹有言：『知人則哲，惟帝其難之。』因斯以談，君莫賢於高祖，臣莫奇於韓信。高祖在巴漢，困矣；韓信去楚而亡，窮矣。夫以高祖之明，困而思士，信之奇材窮而願進。其相遭也，宜萬里回響應，不移景而相取矣。然信歸漢，歷時而不見知，非徒不見知而已，又將案法而誅之。向不遇滕公，則身不免於戮死，不值蕭何，則終不離於亡命。幸而得存，固水濱之餓夫，市中之怯子，又安得市人可驅而立乎天下之功也哉？蕭何一言，而不世之交合，定傾之功立，豈蕭何知人之明絕于高祖，而韓信求進之意曲於蕭何乎？尊卑之勢異，而高下之處殊也。高祖勢尊而處高，故思進者難；蕭何勢卑而處下，故自納者易。然則居尊高之位者，其接人之道固難，而在卑下之地者，其相知之道固易矣。昔人知居上取士之難，故虛心而下聽；知在下相接之易，故因人以致人。舜之舉咎陶難，處咎陶致天下之士易；湯之舉伊尹難，得伊尹致天下之士易。故舉一人而聽之者，王道也。舉二人而聽之者，霸道也。舉三人而聽之者，僅存之道也。聽一人何以王也？任明而致，信也。聽二人何以霸也？任術而設疑也。聽三人何以僅存也？從二而求一也。明主任人之道專，致人之道博，任人之道專，故邪不得間；致人之道博，故下無所壅；任人之道不專，則讒說起而異心生；致人之道不博，則殊塗塞而良材屈。使舜未得咎陶，湯未得伊尹，而不求賢，則上下不交，而大業廢矣。既得咎陶既得伊尹，而又人人自用，是代大匠斲也。羣臣易位，勞神之道也。

今之人或抵掌而言，稱古多賢，患世無人，退不自三省，而坐誣一世，豈不甚邪？夫聖人者，不世而出者也。賢能之士，何世無之？何以

知其然？舜興而五臣顯，武王興而九賢進；齊桓之霸，管仲為之謀；秦孝之強，商君佐之以法。欲王則王佐至，欲霸則霸臣出；欲富國強兵，則富國強兵之人往。求無不得，唱無不和。是以天下之不乏賢也。顧求與不求耳。何憂天下之無人乎？

《三國志》卷九《魏志·夏侯玄傳》 太傅司馬宣王問以時事，玄議以為：『夫官才用人，國之柄也，故銓衡專於臺閣，上之分也，孝行存乎閭巷，優劣任之鄉人，下之敍也。夫欲清教審選，在明其分敍，不使相涉而已。何者？上過其分，則恐所由之不本，而干勢馳騖之路開；下踰其敍，則恐天爵之外通，而機權之門多矣。夫天爵下通，是庶人議柄也；機權多門，是紛亂之原也。自州郡中正品度官才之來，有年載矣，緬緬紛紛，未聞整齊，豈非分敍參錯，各失其要之所由哉！若令中正但考行倫輩，倫輩當行均，斯可官矣。何者？夫孝行著於家門，豈不忠恪於在官乎？仁恕稱於九族，豈不達於為政乎？義斷行於鄉黨，豈不堪於事任乎？三者之類，取於中正，雖不處其官名，斯任官可知矣。行有大小，比有高下，則所任之流，亦渙然明別矣。奚必使中正干銓衡之機於下，而執機柄者有所委仗於上，上下交侵，以生紛錯哉？且臺閣臨下，考功校否，衆職之屬，各有官長，旦夕相考，莫究於此；閭閻之議，以意裁處，而使匠宰失位，衆人驅駭，欲風俗清靜，其可得乎？天臺縣遠，衆所絕意。所得至者，更在側近，孰不脩飾以要所求？所求有路，則脩己家門者，已不如自達于於鄉黨矣。自達鄉黨者，已不如自求之於州邦矣。苟開之有路，而患其飾眞離本，雖復嚴責中正，督以刑罰，猶無益也。豈若使各帥其分，官長則各以其屬能否獻之臺閣，臺閣則據官長能否之第，參以鄉閭德行之次，擬其倫比，勿使偏頗。中正則唯考其行迹，別其高下，審定輩類，勿使升降。臺閣總之，如其所簡，或有參錯，則其責負自在有司。官長所第，中正輩擬，比隨次率而用之，如其不稱，責負在外。然則內外相參，得失有所，互相形檢，孰能相飾？斯則人心定而事理得，庶可以靜風俗而審官才矣。』

又 卷五二《吳志·步騭傳》 時權太子登駐武昌，愛人好善，與騭書曰：『夫賢人君子，所以興隆大化，佐理時務者也。受性暗蔽，不達道數，雖實區區欲盡心於明德，歸分于君子，至於遠近士人，先後之宜，猶或緬焉，未之能詳。《傳》曰：「愛之能勿勞乎？忠焉能勿誨乎？」斯其義也，豈非所望於君子哉！』騭於是條于時事業在荆州界者，諸葛瑾、陸遜、朱然、程普、潘濬、裴玄、夏侯承、衛旌、李肅、周條、石幹十一人，甄別行狀，因上疏獎勸曰：『臣聞人君不親小事，百官有司各任其職。故舜命九賢，則無所用心，彈五弦之琴，詠南風之詩，不下堂廟而天下治也。齊桓用管仲，被髮載車，齊國既治，又致匡合。近漢高祖擥三傑以興帝業，西楚失雄俊以喪成功。汲黯在朝，淮南寢謀；郅都守邊，匈奴竄迹。故賢人所在，折衝萬里，信國家之利器，崇替之所由也。方今王化未被於漢北，河、洛之濱尚有僭逆之醜，誠擥英雄拔俊任賢之時也。願明太子重以經意，則天下幸甚！』

又 卷六五《樓玄傳》 東觀令華覈上疏曰：『臣竊以治國之體，其猶治家。主田野者，皆宜良信。又宜得一人總其條目，為作維綱，衆事乃理。《論語》曰：「無為而治者其舜也與！恭己正南面而已。」言所任得其人，故優游而自逸也。今海內未定，天下多事，事無大小，皆當關聞，動經御坐，勞損聖慮。陛下既垂意博古，綜極藝文，加勤心好道，隨節致氣，宜得閒靜以展神思，呼翕清淳，與天同極。臣夙夜思惟，諸吏之中，任幹之事，足委仗者，無勝於樓玄。玄清忠奉公，冠冕當世，衆服其操，無與爭先。夫清者則心平而意直，忠者惟正道而履之，如玄之性，終始可保，乞陛下赦玄前愆，使得自新，擢之宰司，責其後效，使為官擇人，隨才授任，則舜之恭己，近亦可得。』

晉·葛洪《抱朴子外篇》卷一〇《務正》 抱朴子曰：南溟引朝宗以成不測之深，玄圃崇本石以致極天之峻。大夏淩霄，賴羣榱之積；輪曲轅直，無可闕之物。故元凱之佐登，而格天之化洽；折沖之才周，則逐鹿之姦寢。舜、禹所以有天下而不與，衛靈所以雖驕恣而不危也。

衆力並，則萬鈞不足舉也；羣智用，則庶績不足康也。故繁足者死而不弊，多士者亂而不亡。然劍戟不長於縫緝，錐鑽不可以擊斷，牛馬不能吠守，雞犬不任駕乘。役其所長，則事無廢功；避其所短，則世無棄材矣。

《宋書》卷八五《謝莊傳》 于時搜才路狹，（莊）乃上表曰：

臣聞功照千里，非特燭車之珍，德柔鄰國，豈徒秘璧之貴。故《詩》

稱殄悴，《誓》述榮懷，用能道臻無積，化至恭己。伏惟陛下膺慶集圖，締宇開縣，夕爽選政，昃旦調風，采言廝輿，觀謠仄遠，斯實辰階告平，頌聲方製。臣竊惟隆陂所漸，治亂之由，何嘗不興資得才，替因失士。故楚書以善人為寶，《虞典》以則哲為難。進選之軌，既弛中代，登造之律，未闡當今。必欲崇本康務，庇民濟俗，匪更惉懘，奚取九成。夫才生於時，古今豈貳，士出於世，屯泰焉殊。升歷中陽，英賢起於徐、沛，受籙白水，茂異出於荆、宛，寧二都智之所產，七隩才之所集，實遇與不遇，用與不用耳。今大道光亨，萬務俟德，而九服之曠，九流之艱，提鈞懸衡，委之選部。一人之鑑易限，而天下之才難原，以易限之鑑，鏡難原之才，使國罔遺授，野無滯器，其可得乎。昔公叔與僎同升，管仲取臣於盜，趙文非親士疏嗣，祁奚豈讎比子，茹茅以彙，作範前經，舉爾所知，式昭往牒。且自古任薦，賞罰弘明，成子舉三哲而身致魏輔，應侯任二士而己捐秦相，臼季稱冀缺而疇以田采，張勃進陳湯而坐以褫爵，此先事之盛准，亦後王之彝鑑，如臣愚見，宜普命大臣，各舉所知，以付尚書，依分銓用。若任得其才，舉主延賞，有不稱職，宜及其坐。重者免黜，輕者左遷，被舉之身，加以禁錮，年數多少，隨愆議制。若犯大辟，則任者刑論。

又政平訟理，莫先親民，親民之要，實歸守宰，故黄霸治潁川累稔，杜畿居河東歷載，或就加恩秩，或入崇輝寵。今蒞民之職，自非公私必應代換者，宜遵六年之制，進獲章明庸墮，退得民不勤擾。如此則下無浮謬之愆，上靡棄能之累，考績之風載泰，槱薪之歌克昌。臣生屬亨路，身漸鴻猷，遂得奉詔左右，陳愚於側，敢露芻言，懼氛恒典。

《魏書》卷七七《辛雄傳》（雄）上疏曰：

帝王之道，莫尚於安民，安民之本，莫加於禮律。禮律既設，擇賢而行之，天下雍熙，無非任賢之功也。故虞舜之盛，穆穆標美；文王受命，濟濟以康。高祖孝文皇帝，天縱大聖，開復典謨，選三代之異禮，採二漢之典法。端拱而四方安，刑措而兆民治。世宗重光繼軌，每念聿脩，官人有道，萬里清謐。陛下劬勞日昃，躬親庶政，求瘼恤民，無時暫憩，而黔首紛然，兵車不息。以臣愚見，可得而言。自神龜末來，專以停年為選。士無善惡，歲久先敘；職無劇易，名到授官。執按之吏，以差次日月為功能；銓衡之人，以簡用老舊為平直。且庸劣之人，莫不貪鄙。委斗筲以共治之重，托碩鼠以百里之命，皆貨賄是求，肆心縱意。禁制雖煩，不勝其欲。致令徭役不均，發調違謬，箕斂盈門，囚執滿道。二聖明詔，寢而不遵；畫一之法，懸而不用。自此夷夏之民相將為亂。豈有餘憾哉？蓋由官授不得其人，百姓不堪其命故也。當今天下黔黎，久經寇賊，父死兄亡，子弟淪陷，流離艱危，十室而九，白骨不收，孤煢靡恤，財殫力盡，無以卒歲。宜及此時，早加慰撫。蓋助陛下治天下者，惟在守令，最須簡置，以康國道。但郡縣選舉，由來共輕；貴游儁才，莫肯居此。宜改其弊，以定官方。請上等郡縣為第一清，中等為第二清，下等為第三清。選補之法，妙盡才望，如不可並，後地先才。不得拘以停年，竟無銓革。三載黜陟，有稱者補在京名官，如前代故事，不歷郡縣不得為內職。則人思自勉，上下同心，枉屈可申，强暴自息，刑政日平，民俗奉化矣。復何憂於不治，何恤於逆徒也。竊見今之守令，清慎奉治，則政平訟理；有非其才，則綱維荒穢。伏願陛下暫留天心，校其利害，則臣言可驗，不待終朝。昔杜畿寬惠，河東無警；蘇則分糧，金城克復。略觀今古，風俗遷訛，罔不任賢，以相化革，朝任夕治，功可立待。若遵常習故，不明選典，欲以靜民，便恐無日。

北齊·劉晝《劉子》卷四《薦賢》 國之需賢，譬車之恃輪，猶舟之倚楫也。車摧輪，則無以行；舟無楫，則無以濟；國乏賢，則無以理。國之多賢，如托造父之乘，附越客之舟，身不勞而千里可期，足不行而蓬萊可至。朝之乏賢，若鳳虧六翮，欲望背磨青天，臆沖絳煙，終莫由也。

峻極之山，非一石所成，凌雲之樹，非一末所構；狐白之裘，非一腋之毳，宇宙為宅，非一賢所治；是以古之人君，必招賢搜隱，人臣則獻士舉知。唐昇二八，流睦睦之風；周保十亂，播濟濟之詠。仲尼在衛，趙鞅折謀，干木處魏，秦人罷兵。宫奇未亡，獻公不侵；子玉猶存，文公側坐。以此而言，則立政致治，折衝壓難者，舉賢之效也。

夫連城之璧，瘞影荆山；夜光之珠，潛輝合浦。玉無翼而飛，珠無脛而行，揚聲於章華之臺，炫耀於綺羅之堂者，蓋人君之舉也。賢士有脛而不肯至者，蠹材於幽岫，毀迹于柴蓽者，蓋人不能自薦，未有為之

舉也。

人臣競舉所知，爭引其類，才苟適治，不問世冑，智苟能謀，奚妨秕行？昔時人君，拔奇於囚虜，擢能於屠販；內薦不避子，外薦不避讎；身受進賢之賞，名有不朽之芳。昔子貢問於孔子曰：『誰為大賢？』子曰：『齊有鮑叔，鄭有子皮。』子貢曰：『齊豈無管仲，鄭豈無子產乎？』子曰：『吾聞進賢為賢，排賢為不肖。鮑叔薦管仲，子皮薦子產，未聞二子有所舉也。』進賢為美，逾身之賢，矧復抑賢者乎？故黔息碎首以明百里，北郭刎頸以申晏嬰，所以致命而不辭者，為國薦士，滅身無悔，忠之至也，德之難也。臧文仲不進展禽，仲尼謂之竊位，公孫弘不引董生，汲黯將為妒賢；虞丘不薦叔敖，樊姬貶為不肖；東閭不達髦士，後行乞於中路。故為國入寶，不如能獻賢，進賢受上賞，蔽賢蒙顯戮。斯前識之良規，後代之明鏡矣。

《北齊書》卷四五《文苑傳·樊遜》 又問求才審官，遜對曰：『臣聞彫獸畫龍，徒有風雲之勢；金舟玉馬，終無水陸之功。三駕禮賢，將收實用，一毛不拔，復何足取。是以堯作虞賓，遂全箕山之操；周移商鼎，不納孤竹之言。但處士盜名，雖云久矣；朝臣竊位，蓋亦實多。漢拜丞相，便有鍾鼓之妖；魏用三公，乃致孫權之笑。故山林之與朝廷，得容非毀；肥遁之與賓王，翻有優劣。至於時非蹈海，而曰羞作秦民；事異出關，而言恥從衛亂。雖復星干帝座，不易高尚之心；月犯少微，終存耿介之志。

『自我太嶽之後，克廣洪業，禹至神宗，舜格文祖。陛下受天之明命，光華日月，爰自納麓，乃格文祖，儀天地以設官，象星辰以布職。漢家神鳳，慚用紀年；魏氏青龍，羞將改號。上膺列宿，咸是異人；下法山川，莫非奇士。所以晝堂甲觀，脩德日新，廟鼎歌鍾，王勳歲委。循名責實，選衆舉能，朝無銅臭之功，世絕《錢神》之論。昔百里相秦，名存《雀箓》；蕭、張輔沛，姓在《河書》。今日公卿，抑亦天授，與之為治，何欲不從。未必稽首天師，方聞牧馬之術；膝行山上，始得治身之道。但使帝德休明，自強不息，甲夜觀書，支日通奏。周昌桀、紂之論，欣然開納；劉毅桓、靈之比，終自含弘。高懸王爵，唯能是與，管庫靡遺，漁鹽畢録。無令桓譚非讖，官止於郡丞；趙壹負才，位終於計掾。則天下宅心，幽明知感，歲精仕漢，風伯朝周，真人去而復歸，台星坼而還斂。《詩》稱多士，《易》載羣龍，從此而言，可以無愧。』

《晉書》卷四三《山簡傳》 簡欲令朝臣各舉所知，以廣得才之路。上疏曰：

臣以爲：自古興替，實在官人；苟得其才，則無物不理。《書》言『知人則哲，惟帝難之』。唐虞之盛，元愷登庸；周室之隆，濟濟多士。秦漢已來，風雅漸喪。至於後漢，女君臨朝，尊官大位，出於阿保，斯亂之始也。是以郭泰、許劭之倫，明清議於草野；陳蕃、李固之徒，守忠節於朝廷。然後君臣名節，古今遺典，可得而言。自初平之元，訖於建安之末，三十年中，萬姓流散，死亡略盡，斯亂之極也。世祖武皇帝應天順人，受禪于魏，泰始之初，躬親萬機，佐命之臣，咸皆率職。時黄門侍郎王恂、庾純始於太極東堂聽政，評尚書奏事，多論刑獄，不論選舉。臣以為不先所難，而辨其所易。陛下初臨萬國，人思盡誠，每於聽政之日，命公卿大臣先議選舉，各言所見後進儁才、鄉邑尤異、才堪任用者，皆以名奏，主者隨缺先敍。是爵人於朝，與衆共之之義也。

又 卷五一《摯虞傳》 舉賢良，與夏侯湛等十七人策為下第，拜中郎。武帝詔曰：『省諸賢良答策，雖所言殊塗，皆明於王義，有益政道。欲詳覽其對，究觀賢士大夫用心。』因詔諸賢良方正直言，會東堂策問，曰：『頃日食正陽，水旱為災，將何所脩，以變大眚？及法令有不宜於今，為公私所患苦者，皆何事？凡平世在於得才，得才者亦借耳目以聽察。若有文武器能有益於時務而未見申敍者，各舉其人。及有負俗謗議，宜先洗濯者，亦各言之。』虞對曰：『臣聞古之聖明，原始以要終，體本以正末。故憂法度之不當，而不憂人物之失所；憂人物之失所，而不憂災害之流行。誠以法得於此，則物理於彼；人和於下，則災消於上。其有日月之眚，水旱之災，則反聽內視，求其所由，遠觀諸物，近驗諸身。耳目聽察，豈或有蔽其聰明者乎？動心出令，豈或有傾其常正者乎？大官大職，豈或有授非其人者乎？賞罰黜陟，豈或有不得其所者乎？河濱山巖，豈或有懷道釣築而未感於夢兆者乎？方外遐裔，豈或有命世傑出而未蒙膏澤者乎？推此類也，以求其故，詢事考言，以盡其實，則天人之情可得而見，咎徵之至可得而救也。若推之於物則無忤，求之於

身則無尤，萬物理順，內外咸宜，祝史正辭，言不負誠，而日月錯行，夭癘不戒，此則陰陽之事，非吉凶所在也。期運度數，自然之分，固非人事所能供御，其亦振廩散滯，貶食省用而已矣。是故誠遇期運，則雖陶唐、殷湯有所不變；苟非期運，則宋、衛之君，諸侯之相，猶能有感。唯陛下審其所由，以盡其理，則天下幸甚。臣生長蓽門，不逮異物，雖有賢才，所未接識，不敢瞽言妄舉，無以疇答聖問。』

又 卷五二《郤詵傳》 詵對曰：【略】

臣聞上古推賢讓位，教同德一，故易簡而人化；三代世及，季末相承，故文繁而後整。虞夏之相因，而損益不同，非帝王之道異，救弊之路殊也。周當二代之流，承雕偽之極，盡禮樂之致，窮制度之理，其文詳備，仲尼因時宜而曰從周，非殊論也。臣聞聖王之化先禮樂，五霸之興勤政刑。禮樂之化深，政刑之用淺。勤之則可以小安，墮之則遂陵遲。所由之路本近，故所補之功不侔也。而齊桓失之葵丘，夷吾淪於小器，功止於霸，不亦宜乎！

策曰：『建不刊之統，移風易俗，使天下洽和，何脩而嚮茲？』臣以為莫大於擇人而官之也。今之典刑，匪無一統，宰牧之才，優劣異績，或以之興，或以之替，此蓋人能弘政，非政弘人也。舍人務政，雖勤何益？臣竊觀乎古今，而考其美惡：古人相與求賢，今人相與求爵。古之官人，君責之於上，臣舉之於下，得其人有賞，失其人有罰，安得不求賢乎！今之官者，父兄營之，親戚助之，有人事則通，無人事則塞，安得不求爵乎！賢苟求達，達在脩道，窮在失義，故靜以待之也。爵苟可求，得在進取，失在後時，故動以要之也。動則爭競，爭競則朋黨，朋黨則誣謅，誣謅則臧否失實，真偽相冒，主聽用惑，姦之所會也。靜則貞固，貞固則正直，正直則信讓，信讓則推賢，推賢不伐，相下無饜，主聽用察，德之所趣也。故能使之靜，雖日高枕而人自正；不能禁動，雖復夙夜，俗不一也。且人無愚智，咸慕名宦，莫不飾正于外，藏邪於內，故邪正之人難得而知也。任得其正，則衆正益至；若得其邪，則從邪亦集。物繁其類，誰能止之！故亡國失世者，未嘗不為衆邪所積也。方其初作，必始於微，微而不絕，其終乃著。天地不能頓為寒暑，人主亦不能頓為隆替；故寒暑漸於春秋，隆替起於得失。當今之世，宦者無關梁，邪門啓矣；朝廷不責賢，正路塞矣。得失之源，何以甚此！所謂責賢，使之相舉也；所謂關梁，使之相保也。賢不舉則有咎，保不信則有罰。故古者諸侯必貢士，不貢者削，貢而不適亦削。夫士者，難知也；不適者，薄過也。不得不責，强其所不知也；罰其所不適，深其薄過，非恕也。且天子於諸侯，有不純臣之義，斯責之矣。施刑之道，寧縱不濫之矣。今皆反是，何也？夫賢者天地之紀，品物之宗，其急之也，故寧濫以得之，無縱以失之也。今則不然，世之悠悠者，各自取辨耳。故其材行並不可必，於公則政事紛亂，於私則汙穢狼籍。自頃長吏特多此累，有亡命而被購懸者矣，有縛束而絞戮者矣。貪鄙竊位，不知誰升之者？獸兕出檻，不知誰可咎者？漏網吞舟，何以過此！人之於利，如蹈水火焉。前人雖敗，後人復起，如彼此無已，誰止之者？風流日競，誰憂之者？雖今聖思勞於夙夜，所使為政，恒得此屬，欲聖世化美俗平，亦俟河之清耳。若欲善之，宜創舉賢之典，峻關梁之防。其制既立，則人慎其舉而不苟，則賢者可知。知賢而試，則官得其人矣。官得其人，則事得其序；事得其序，則物得其宜；物得其宜，則生生豐植，人用資給，和樂興焉。是故寡過而遠刑，知恥以近禮，此所以建不刊之統，移風易俗，刑措而不用也。

又 《阮种傳》 又問：『將使武成七德，文濟九功，何路而臻於茲？凡厥庶事，曷後曷先？』對曰：『夫文武經德，所以成功丕業，咸熙庶績者，莫先於選建明哲，授方任能。令才當其官而功稱其職，則萬機咸理，庶僚不曠。《書》曰：「天工人其代之。」然則繼天理物，寧國安家，非賢無以成也。夫賢才之畜於國，猶良工之須利器，巧匠之待繩墨也。器用利，則斫削易而材不病；繩墨設，則曲直正而衆形得矣。是以人主必勤求賢，而佚以任之也。賢臣之於主，進則忠國愛人，退則砥節潔志，營職不干私義，出心必由公塗，明度量以呈其能，審經制以效其功。此昔之聖王所以恭己南面而化於陶鈞之上者，以其所任之賢與所賢之信也。方今海內之士，皆傾望休光，希心紫極，唯明主之所趣舍。若開四聰之聽，廣疇咨之求，抽羣英，延俊乂，考工授職，呈能制官，朝無素餐之士，如此化流罔極，樹功不朽矣。』

又 卷六八《賀循傳》 循稱疾篤，箋疏十餘上。帝遺之書曰：

夫百行不同，故出處道殊，因性而用，各任其真耳。當宇宙清泰，彝倫攸敘，隨運所遇，動默在己。或有遐棲高蹈，輕舉絕俗，逍遙養和，恬神自足，斯蓋道隆人逸，勢使其然。若乃時運屯弊，主危國急，義士救時，驅馳拯世，燭之武乘縋以入秦，園綺彈冠而匡漢，豈非大雅君子卷舒合道乎！

虛薄寡德，忝備近親，謬荷寵位，受任方鎮，餐服玄風，景羨高矩，常願棄結駟之軒軌，策柴篳而造門，徒有其懷，而無從賢之實者何？良以寇逆殷擾，諸夏分崩，皇居失御，黎元荼毒，是以日夜憂懼，慷慨發憤，志在竭節耳。

前者顧公臨朝，深賴高算。元凱既登，巢、許獲逸。至於今日，所謂道之云亡，邦國殄悴，羣望顒顒，實在君侯。苟義之所在，豈得讓勞居逸！想達者亦一以貫之也。庶稟徽猷，以弘遠規。今上尚書，屈德為軍司，謹遣參軍沈禎銜命奉授，望必屈臨，以副傾遲。

又　卷七一《陳頵傳》　頵與王導書曰：

中華所以傾弊，四海所以土崩者，正以取才失所，先白望而後實事，浮競驅馳，互相貢薦，言重者先顯，言輕者後敘，遂相波扇，乃至淩遲。加有莊老之俗傾惑朝廷，養望者為弘雅，政事者為俗人，王職不恤，法物墜喪。夫欲制遠，先由近始，故出其言善，千里應之。今宜改張，明賞信罰，拔卓茂於密縣，顯朱邑於桐鄉，然後大業可舉，中興可冀耳。

又　卷八二《虞預傳》　太興二年，大旱，詔求讜言直諫之士，預上書諫曰：【略】

國之要在於得才，得才之術在於抽引。苟其可用，讎賤必舉。高宗、文王思佐發夢，拔巖徒以為相，載釣老而師之。下至列國，亦有斯事，故燕重郭隗而三士競至，魏式干木而秦兵退舍。今天下雖弊，人士雖寡，十室之邑，必有忠信，世不乏驥，求則可致。而束帛未賁於丘園，蒲輪頓轂而不駕，所以大化不洽而雍熙有闕者也。

預以寇賊未平，當須良將，又上疏曰：

臣聞承平之世，其教先文，撥亂之運，非武不克；故牧野之戰，呂望杖鉞；淮夷作難，召伯專征；玁狁為暴，衛霍長驅。故陰陽不和，擢士為相；三軍不勝，拔卒為將。漢帝既定天下，猶思猛士以守四方；孝文志存鉅鹿，馮唐進説，魏尚復守。《詩》稱『赳赳武夫，公侯幹城』，折沖之佐，豈可忽哉！況今中州荒弊，百無一存，牧守官長非戎貊之族類，即寇竊之幸脫。陛下登阼，威暢四遠，故令此等反善向化。然狼子獸心，輕薄易動，羯虜未殄，益使難安。周撫、陳川相系背叛；徐龕驕黠，無所拘忌，放兵侵掠，罪已彰灼。

昔葛伯違道，湯獻之牛；吳濞失禮，錫以幾杖，惡成罪著，方復加戮。龕之小醜，可足不滅。然豫備不虞，古之善教，矧乃有虞，可不為防！為防之術，宜得良將。將不素簡，難以應敵。壽春無鎮，祖逖孤立，前有勁虜，後無系援，雖有智力，非可持久。願陛下諮之羣公，博舉於衆。若當局之才，必允其任，則宜獎厲，使不顧命。旁料冗猥，或有可者，厚加寵待，足令忘身。昔英布見慢，恚欲自裁，出觀供置，然後致力。禮遇之恩，可不隆哉！

誠知山河之量非塵露可益，神鑑之慮非愚淺所測；然匹夫嫠婦猶有憂國之言，況臣得廁朝堂之末，蒙冠帶之榮者乎！

人才標準論分部

論説

三國魏·劉卲《人物志·材理》　夫建事立義，莫不須理而定；及其論難，鮮能定之。夫何故哉？蓋理多品而人異也。夫理多品則難通，人材異則情詭；情詭難通，則理失而事違也。

夫理有四部，明有四家，情有九偏，流有七似，説有三失，難有六構，通有八能。若夫天地氣化，盈虛損益，道之理也。法制正事，事之理也。禮教宜適，義之理也。人情樞機，情之理也。

四理不同，其於才也，須明而章，明待質而行。是故，質於理合，合而有明，明足見理，理足成家。是故，質性平淡，思心玄微，能通自然，道理之家也；質性警徹，權略機捷，能理煩速，事理之家也；質性和平，能論禮教，辯其得失，義禮之家也；質性機解，推情原意，能適其

變，情理之家也。

四家之明既異，而有九偏之情：以性犯明，各有得失：

剛略之人，不能理微；故其論大體則弘博而高遠，歷纖理則宕往而疏越。

抗厲之人，不能回撓；論法直則括處而公正，說變通則否戾而不入。

堅勁之人，好攻其事實；指機理則穎灼而徹盡，涉大道則徑露而單持。

辯給之人，辭煩而意銳；推人事則精識而窮理，即大義則恢愕而不周。

浮沉之人，不能沉思；序疏數則豁達而傲博，立事要則爁炎而不定。

淺解之人，不能深難；聽辯說則擬鍔而愉悅，審精理則掉轉而無根。

寬恕之人，不能速捷；論仁義則弘詳而長雅，趨時務則遲緩而不及。

溫柔之人，力不休彊；味道理則順適而和暢，擬疑難則濡愞而不盡。

好奇之人，橫逸而求異；造權譎則倜儻而瓌壯，案清道則詭常而恢迂。

此所謂性有九偏，各從其心之所，可以為理。

若乃性不精暢，則流有七似：

有漫談陳說，似有流行者。

有理少多端，似若博意者。

有回說合意，似若贊解者。

有處後持長，從衆所安，似能聽斷者。

有避難不應，似若有餘，而實不知者。

有慕通口解，似悅而不懌者。

有因勝情失，窮而稱妙，跌則掎蹠，實求兩解，似理不可屈者。

凡此七似，衆人之所惑也。

夫辯，有理勝，有辭勝。理勝者，正白黑以廣論，釋微妙而通之；辭勝者，破正理以求異，求異則正失矣。夫九偏之材，有同、有反、有雜。同則相解，反則相非，雜則相恢。故善接論者，度所長而論之；歷之不動則不說也，傍無聽達則不難也。不善接論者，說之以雜、反；說之以雜、反，則不入矣。善喻者，以一言明數事；不善喻者，百言不明一意；百言不明一意，則不聽也。是說之三失也。

善難者，務釋事本；不善難者，舍本而理末。舍本而理末，則辭構矣。

善攻彊者，下其盛銳，扶其本指以漸攻之；不善攻彊者，引其誤辭以挫其銳意。挫其銳意，則氣構矣。

善躡失者，指其所跌；不善躡失者，因屈而抵其性。因屈而抵其性，則怨構矣。或常所思求，久乃得之，倉卒諭人；人不速知，則以為難諭。以為難諭，則忿構矣。夫盛難之時，其誤難迫。故善難者，徵之使還；不善難者，淩而激之，雖欲顧藉，其勢無由。其勢無由，則妄構矣。

凡人心有所思，則耳且不能聽。是故，並思俱說，競相制止，欲人之聽己。人亦以其方思之，故不了己意，則以為不解。人情莫不諱不解，諱不解則怒構矣。

凡此六構，變之所由興也。然雖有變構，猶有所得；若說而不難，各陳所見，則莫知所由矣。

由此論之，談而定理者眇矣。必也：聰能聽序，思能造端，明能見機，辭能辯意，捷能攝失，守能待攻，攻能奪守，奪能易予。兼此八者，然後乃能通於天下之理，通於天下之理，則能通人矣。不能兼有八美，適有一能，則所達者偏，而所有異目矣。是故：

聰能聽序，謂之名物之材。

思能造端，謂之構架之材。

明能見機，謂之達識之材。

辭能辯意，謂之贍給之材。

捷能攝失，謂之權捷之材。

守能待攻，謂之持論之材。

攻能奪守，謂之推徹之材。

奪能易予，謂之貿說之材。

通材之人，既兼此八材，行之以道，與通人言，則同解而心喻；與衆人言，則察色而順性。雖明包衆理，不以尚人；聰叡資給，不以先人。善言出己，理足則止；鄙誤在人，過而不迫。寫人之所懷，扶人之所能。不以事類犯人之所嫺，不以言例及己之所長。說直說變，無所畏惡。采蟲

聲之善音，贊愚人之偶得。奪與有宜，去就不留。方其盛氣，折謝不吝；方其勝難，勝而不矜；心平志諭，無適無莫，期於得道而已矣，是可與論經世而理物也。

又 《英雄》 夫草之精秀者為英，獸之特羣者為雄；故人之文武茂異，取名於此。是故，聰明秀出，謂之英；膽力過人，謂之雄。此其大體之別名也。

若校其分數，則牙則須，各以二分，取彼一分，然後乃成。何以論其然？夫聰明者，英之分也，不得雄之膽，則說不行；膽力者，雄之分也，不得英之智，則事不立。是故，英以其聰謀始，以其明見機，待雄之膽行之；雄以其力服衆，以其勇排難，待英之智成之；然後乃能各濟其所長也。

若聰能謀始，而明不見機，乃可以坐論，而不可以處事。聰能謀始，明能見機，而勇不能行，可以循常，而不可以慮變。若力能過人，而勇不能行，可以為力人，未可以為先登。力能過人，勇能行之，而智不能斷事，可以為先登，未足以為將帥。必聰能謀始，明能見機，膽能決之，然後可以為英：張良是也。氣力過人，勇能行之，智足斷事，乃可以為雄：韓信是也。

體分不同，以多為目，故英雄異名。然皆偏至之材，人臣之任也。故英可以為相，雄可以為將。若一人之身，兼有英雄，則能長世；高祖、項羽是也。然英之分，以多於雄，而英不可以少也。英分少，則智者去之，故項羽氣力蓋世，明能合變，而不能聽采奇異，有一范增不用，是以陳平之徒，皆亡歸高祖。英分多，故羣雄服之，英才歸之，兩得其用，故能吞秦破楚，宅有天下。

然則英雄多少，能自勝之數也。徒英而不雄，則雄材不服也；徒雄而不英，則智者不歸往也。故雄能得雄，不能得英；英能得英，不能得雄。故一人之身，兼有英雄，乃能役英與雄。能役英與雄，故能成大業也。

《三國志》卷一《魏志·武帝紀》 （建安）十五年春，下令曰：『自古受命及中興之君，曷嘗不得賢人君子與之共治天下者乎！及其得賢也，曾不出閭巷，豈幸相遇哉？上之人不求之耳。今天下尚未定，此特求賢之急時也。「孟公綽為趙、魏老則優，不可以為滕、薛大夫。」若必廉士而後可用，則齊桓其何以霸世！今天下得無有被褐懷玉而釣於渭濱者乎？又得無盜嫂受金而未遇無知者乎？二三子其佐我明揚仄陋，唯才是舉，吾得而用之。』【略】

（建安十九年十二月）乙未，令曰：『夫有行之士未必能進取，進取之士未必能有行也。陳平豈篤行，蘇秦豈守信邪？而陳平定漢業，蘇秦濟弱燕。由此言之，士有偏短，庸可廢乎！有司明思此義，則士無遺滯，官無廢業矣。』

晉·葛洪《抱朴子外篇》卷一五《審舉》 抱朴子曰：華霍所以能崇極天之峻者，由乎其下之厚也；唐、虞所以能臻巍巍之功者，實賴股肱之良也。雖有孫陽之手，而無騏驥之足，則不得致千里矣。雖有稽古之才，而無宣力之佐，則莫緣凝庶績矣。人君雖明並日月，神鑑未兆，然萬機不可以獨統，曲碎不可以親總，必假目以遐覽，借耳以廣聽，誠須有司，是康是贊。

故聖君莫不根心招賢，以舉才為首務，施玉帛於丘園，馳翹車於巖藪，勞於求人，逸於用能，上自槐棘，降逮皂隸，論道經國，莫不任職。恭己無為，而治平刑措；而化洽無外，萬邦咸寧。設官分職，其猶構室，一物不堪，則崩橈之由也。然夫貢舉之士，格以四科，三事九列，是之自出，必簡標穎拔萃之俊，而漢之末葉，桓、靈之世，柄去帝室，政在姦臣，網漏防潰，風頹教沮，抑清德而揚諂媚，退履道而進多財。力競成俗，苟得無恥，或輸自售之寶，或賣要人之書，或父兄貴顯，望門而辟命；或低頭屈膝，積習而見收。

夫銓衡不平，則輕重錯謬；斗斛不正，則少多混亂；繩墨不陳，則曲直不分，准格傾側，則滓雜實繁。以之治人，則虐暴而豺貪，受取聚斂，以補買官之費；立之朝廷，則亂劇於棼絲。引用駑庸，以為黨援，而望風向草偃，庶事之康，何異懸瓦礫而責夜光，絃不調而索清音哉！何可不澄濁飛沉，沙汰臧否，嚴試對之法，峻貪夫之防哉！殄瘁攸階，可勿畏乎？

古者諸侯貢士，適者謂之有功，有功者增班進爵；貢士不適者謂之有過，有過者黜位削地。猶復不能令詩人謐大車、素餐之刺，山林無伐

檀、罝兔之賢。況舉之無非才之罪，受之無負乘之患。衡量一失其格，多少安可復損乎？夫孤立之翹秀，藏器以待賈；瑣碌之輕薄，人事以邀速。夫唯待價，故頓淪於窮瘁矣；夫唯邀速，故佻竊而騰躍矣。

蓋鳥鴟屯飛，則鴛鳳幽集；豺狼當路，則麒麟遐遁。舉善而教，則不仁者遠矣；姦偽榮顯，則英傑潛逝。高概恥與闒茸為伍，清節羞入饕餮之貫。舉任並謬，則羣賢括囊；羣賢括囊，則凶邪相引；凶邪相引，則小人道長；小人道長，則檮杌比肩。頌聲所以不作，怨嗟所以嗷嗷也。

高幹長材，恃能勝己，屈伸默語，聽天任命，窮通得失，委之自然；亦焉得不墮多黨者之後，而居有力者之下乎？逸倫之士，非禮不動，山峙淵渟，知之者希，馳逐之徒，蔽而毀之，故思賢之君，終不知奇才之所在，懷道之人，願效力而莫從。雖抱稷离之器，資邈世之量，遂沈滯詣死，不得登敍也。而有黨有力者，紛然鱗萃，人乏官曠，致者又美，亦安得不拾掇而用之乎？

靈、獻之世，閹官用事，羣姦秉權，危害忠良。臺閣失選用於上，州郡輕貢舉於下。夫選用失於上，則牧守非其人矣；貢舉輕於下，則秀、孝不得賢矣。故時人語曰：『舉秀才，不知書；察孝廉，父別居。寒素清白濁如泥，高第良將怯如雞。』又云：『古人欲達勤誦經，今世圖官免治生。』蓋疾之甚也。

於時懸爵而賣之，猶列肆也；爭津者買之，猶市人也。有直者無分而徑進，空拳者望途而收迹。其貨多者其官貴，其財少者其職卑。故東園積賣官之錢，崔烈有銅臭之嗤。上為下效，君行臣甚。故阿佞幸，獨談親容。桑梓議主，中正吏部，並為魁儈，各責其估。清貧之士，何理有望哉！是既然矣。又邪正不同，譬猶冰炭；惡直之人，憎於非黨。刀尺顛到者，則恐人之議己也；達不由道者，則患言論之不美也。乃共構合虛誣，中傷清德，瑕累橫生，莫敢救拔。

於是曾、閔獲商臣之謗，孔、墨蒙盜蹠之垢。懷正居貞者，填笮乎泥濘之中，而狡猾巧偽者，軒翥乎虹霓之際矣。而凡夫淺識，不辯邪正，謂守道者為陸沈，以履徑者為知變。俗之隨風而動，逐波而流者，安能復身於德行，苦思於學問哉！是莫不棄檢括之勞，而赴用賂之速矣。斯誠有漢之所以傾，來代之所宜深鑑也。

或曰：『吾子論漢末貢舉之事，誠得其病也。今必欲戒既往之失，避傾車之路，改有代之弦調，防法翫之或變，令濮上《巴人》，反安樂之正音，腠理之疾，無退走之滯患者，豈有方乎？士有風姿豐偉，雅望有餘，而懷空抱虛，幹植不足，以貌取之，則不必得賢，徐徐先試，則不可倉卒。將如之何？』

抱朴子答曰：『知人則哲，上聖所難。今使牧守皆能審良才於未用，保性履之始終，誠未易也。但共遣其私情，竭其聰明，不為利欲動，不為屬托屈。所欲舉者，必澄思以察之，博訪以詳之，脩其名而考其行，校同異以備虛飾。令親族稱其孝友，邦閭歸其信義。嘗小仕者，有忠清之效，治事之幹，則寸錦足以知巧，刺鼠足以觀勇也。

『又秀、孝皆宜如舊試經答策，防其罪對之姦，當令必絕其不中者勿署，吏加罰禁錮。其所舉書不中者，刺史太守免官，不中左遷。中者多不中者少，後轉不得過故。若受賕而舉所不當，發覺有驗者除名，禁錮終身，不以赦令原，所舉與舉者同罪。今試用此法，治一二歲之間，秀孝必多不行者，亦足以知天下貢舉不精之久矣。過此，則必多脩德而勤學者矣。

『又諸居職，其犯公坐者，以法律從事；其以貪濁贓汙為罪，不足死者，刑竟及遇赦，皆宜禁錮終身，輕者二十年。如此，不廉之吏，必將化為夷、齊矣。若臨官受取，金錢山積，發覺則自恤得了，免退則旬日復用者，曾、史亦將變為盜蹠矣。如此，則雖貢士皆中，不辭於官長之不良。』

或曰：『能言不必能行，今試經對策雖過，豈必有政事之才乎？』

抱朴子答曰：『古者猶以射擇人，況經術乎？如其舍旃，則未見餘法之賢乎此也。夫豐草不秀瘠土，巨魚不生小水，格言不吐庸人之口，高文不墮頑夫之筆。故披《洪範》而知箕子有經世之器，覽九術而見范生懷治國之略，省夷吾之書，而明其有撥亂之幹，視不害之文，而見其精霸王之道也。今孝廉必試經無脫謬，而秀才必對策無失指，則亦不得暗蔽也。良將高第取其膽武，猶復試之以策，況文士乎？假令不能必盡得賢能，要必愈於了不試也。

『今且令天下諸當在貢舉之流者，莫敢不勤學。但此一條，其為長益風教，亦不細矣。若使海內畏妄舉之失，凡人息僥倖之求，背競逐之末，

歸學問之本，儒道將大興，而私貨必漸絶，奇才可得而役，庶官可以不曠矣。』

或曰：『先生欲急貢舉之法，但禁錮之罪，苛而且重，懼者甚衆。夫急轡繁策，伯樂所不為；密防峻法，德政之所恥。』

抱朴子曰：『夫骨填肉補之藥，長於養體益壽，而不可以救暍溺之急也。務寬含垢之政，可以蒞敦御樸，而不可以拯衰弊之變也。虎狼見逼，不揮戈奮劍，而彈琴詠詩，吾未見其身可保也。燎火及室，不奔走灌注，而揖讓盤旋，吾未見其焚之自息也。今與知欲賣策者論此，是與跖議捕盜也。』

抱朴子曰：『今普天一統，九垓同風，王制政令，誠宜齊一。夫衡量小器，猶不可使往往有異，況人士之格，而可參差而無檢乎？江表雖遠，密邇海隅，然染道化，率禮教，亦既千餘載矣。往雖暫隔，不盈百年，而儒學之事，亦不偏廢也。惟以其土宇褊於中州，故人士之數，不得鈞其多少耳。及其德行才學之高者，子游、仲任之徒，亦未謝上國也。

『昔吳土初附，其貢士見偃以不試。今太平已近四十年矣，猶復不試，所以使東南儒業衰於在昔也。此乃見同於左衽之類，非所以別之也。且夫君子猶愛人以禮，況為其愷悌之父母邪！法有招患，令有損化，其此之謂也。今貢士無復試者，則必皆脩飾馳逐，以競虛名，誰肎復開卷受書哉？所謂饒之適足以敗之者也。

『自有天性好古，心悦藝文。學不為禄，味道忘貧，若法高卿、周生烈者。學精而不仕，徇乎榮利者，萬之一耳。至於寧越、倪寬、黄霸之徒，所以强自篤勵於典籍者，非天性也，皆由患苦困瘁，欲以經術自拔耳。向使非漢武之世，則朱買臣、嚴助之屬，亦未必讀書也。今若取富貴之道，幸有易於學者，而復素無自然之好，豈肯復空自勤苦，執灑埽為諸生，遠行尋師問道者乎？

『兵興之世，武貴文寢，俗人視儒士如僕虜，見經誥如芥壤者，何哉？由於聲名背乎此也。夫不用譬猶售章甫於夷越，徇髯蛇於華夏矣。今若遐邇一例，明考課試，則必多負笈千里，以尋師友，轉其禮賂之費，以買記籍者，不俟終日矣。』

抱朴子曰：『才學之士堪秀、孝者，已不可多得矣。就令其人若桓、靈之世，舉吏不先以財貨，便安臺閣主者，則雖諸經兼本解，於問無不對，猶見誣枉，使不得過矣。常追恨於時執事，不重為之防。』

『余意謂新年當試貢舉者，今年便可使儒官才士，豫作諸策，計足周用。集上禁其留草殿中，封閉之；臨試之時，亟賦之。人事因緣於是絶。當答策者，皆可會著一處，高選臺省之官親監察之。又嚴禁其交關出入，畢事乃遣。違犯有罪無赦。如此，屬托之翼窒矣。夫明君恃己之不可欺，不恃人之不欺己也。亦何恥於峻為斯制乎？若試經法立，則天下可以不立學官，而人自勤樂矣。』

『案四科亦有明解法令之狀，今在職之人，官無大小，悉不知法令。或有微言難曉，而小吏多頑，而使之決獄，無以死生委之，以輕百姓之命，付無知之人也。作官長不知法，為下吏所欺而不知，又決其口筆者，憒憒不能知食法，與不食不問，不以付主者。或以意斷事，蹉跌不慎法令，亦可令廉良之吏，皆取明律令者試之如試經，高者隨才品敍用。如此，天下必少弄法之吏，失理之獄矣。』

又　卷一七《備闕》　抱朴子曰：『驥裹能奮蘭筋以絶景，而不能履冰以乘深；猛虎能似雷霆搏噬，而不能踊雲霧以淩虛；鴻、鶤不能振翅於籠罩之中，輕鷂不能電擊於几筵之下。物既然矣，人亦如之。故能調和陰陽者，未必能兼百行，修簡書也；能敷五邁九者，不必能全小潔，經曲碎也。』

惠子上相之標也，而不能役舟楫以淩陽侯；漢高神武之傑也，而不能治產業，端檢括；淮陰良將之元也，而不能脩農商，免飢寒；周勃社稷之骾也，而不能答錢穀，責獄辭。若以所短棄所長，則逸儕拔萃之才不用矣；責具體而論細禮，則匠世濟民之勳不著矣。

『天不能平其西北，地不能隆其東南，日月不能擿光於曲穴，衝風不能揚波於井底。擿齒，則松櫝不及一寸之筵，挑耳，則棟梁不如鷦鷯之羽；彈鳥，則千金不及丸泥之用；縫緝，則長劍不及數分之針。何必伏巨象而捕鼠，制大鵬以司晨乎？故姜牙賣煦無所售，而見師於文、武；蔣生憒慢於百里，而獨步三槐。』

又　卷二〇《名實》　門人問曰：『聞漢末之世，靈、獻之時，品藻乖濫，英逸窮滯，饕餮得志，名不准實，賈不本物，以其通者為賢，塞

者為愚。其故何哉？』

抱朴子答曰：『夫雷霆車訇磕，而或不聞焉；七曜經天，而或不見焉。豈唯形器有聾瞽哉！心神所蔽，亦又如之。是以聞格言而不識者，非無耳也；見英異而不知者，非無目也；由乎聰不經妙，而明不逮奇也。夫智大量遠者，盤桓以山峙；器小志近者，蓬飛而萍浮。夫唯山峙，故莫之能動焉；夫唯萍浮，故流而不滯焉。

『方之貨也，則緘縢以待賈者，唯至珍而難售；鳴鼓以徇之者，雖凡蔽而易盡。比之材也，則結根於嵩、岱者，雖竦蓋千仞，垂蔭萬畝，而莫之知也；插株塗要者，雖鉤曲戾細而速朽，而猶見用也。故廟堂有枯楊之瑚、簋，窮谷多不伐之梓、豫也。』

『是以竊華名者，螻蛄騰於雲霄；失實賈者，翠虯淪乎九泉。於是斥鷃淩風以高奮，靈鳳卷翮以幽戢，鉛鋒充太阿之寶，犬羊佻虎狼之資矣。夫佞者鼓珍賂為勁羽，則無高而不到矣；乘朋黨為舟楫，則無遠而不濟矣。』

『持之以夙興側立，加之以先意承指，其利口諛辭也似辯，其道聽塗説也似學，其心險貌柔也似仁，其行汙言潔也似廉，其好説人短也似忠，其不知忌諱也似直，故多通焉。且亦奉望我者，欲我益之，不求我者，我不能愛，自然之理也。』

夫賢常少而愚常多，多則比周而匿瑕，少則孤弱而無援，佞人相汲引而柴正路，俊哲處下位而不見知，拔茅之義圮，而負乘之羣興，亢龍高墜，泣血漣如。故子西逐大聖之仲尼，臧倉毀命世之孟軻。二生不免斯患，降茲亦何足言！斯禍蓋與開闢並生，苦之匪唯一世也。歷覽振古，多同此疾。

『至於駑蹇矯首於瑚輦，駃騠委牧乎林垌，彼己尸祿，邦國殄瘁，下淩上替，實此之由。或蟲流而莫斂，或逆竄於申亥，或擢筋於廟梁，或絕命於望夷，蓋所拔之非真，而忠能之不用也。』

故明君勤於招賢，而汲汲於擢奇，導達凝滯，而嚴防壅蔽。才誠足委，不拘於屠釣；言審可施，抽之於戎戍。或舉於牛口之下，而加之於羣僚之上；或拔於桎梏之中，而任以社稷之重。故能勳業隆濟，拓境服遠，取威定功，垂統長世也。

『夫直繩者，枉木之所憎也；清公者，姦慝之所讎也。人主不能運玄鑑以索隱，而必須當塗之所舉。然每觀前代專權之徒，率其所舉皆在乎附己者也，所薦者先乎利己者也。毀所畏而進所愛，所畏則至公者也，所愛則同私者也。至公用則姦黨破，衆私立則主威奪矣；姦黨破則昇泰之所由也，主威奪則危亡之端漸矣。毀所畏則恐辭之不痛，雖刖劓之，猶未嗛意焉，故必除之而後快也；彼進所愛則苦談之不美，雖位超之，猶未逞心焉，故必危彼以安此也。是故抱枉而死，無愆而黜者，有自來矣。』

所以體道合真，巋然特立，才遠量逸，懷霜履冰，思綿天地，器兼元凱，執經衡門，淵渟嶽立。寧潔身以守滯，恥脅肩以苟合。樂飢陋巷，以勵高尚之節；藏器全真，以待天年之盡。非時不出，非禮不動。結褐嚼蔬，而不悒悒也；黄髮終否，而不悢悢也。安肯釐太山之峻，以適鑿枘之中；斂垂天之羽，為戒旦之役？編於仕類，而抑鬱庸兒之下。捨鸞鳳之林，適枳棘之藪，競腐鼠於鵄鴟，而枉尺以直尋哉！

『且大賢之狀也至拙，其為味也甚淡，蕭然自足，泊爾無知，知之者稀而不慼，時不能用而不悶。雖並日無藜藿之糝，不以易不義之太牢也；雖縕袍無卒歲之服，不肯樂無道之狐白也。獨可散發高枕，守其所有己，絕不曲躬低眉，求其所未須也。』

『德薄位厚，弗交也；名與實違，弗親也；榮華馳逐，弗務也；豪俠姦權，弗接也；俗説細辨，不答也；脅肩所赴，弗隨也。貌愚而志遠，面垢而行潔。確乎若嵩、岱，銓衡所不能測也；浩乎若滄海，斗斛所不能校也。峻其重仞之高，隱其百官之富。覩彼佻竊，若草莽也。邈世之操，眇焉冠秋雲之表；遺俗之神，緬焉棲九玄之端。雖窮賤，而不可脅以威；雖危苦，而不可動以利。』

『其所業耳，可聞而不可盡也；其所執守，可見而不可論也。故疾之者，齊聲而側目；愛之者，寡弱而無益。亦猶撮壤不能填決河，升水不能殄原火。於是鼖鼓戢雷霆之音，鞉鞞恣喋聱之響。芳蕙芟夷，臭鮑佩御。玄鬯傾棄而不羞，醨酪專灌於圓丘。汗血驅放而垂耳，跛蹇馳騁於鑾軒。此古人之所以懷沙負石，赴流魚葬，而不堪與之同世也。已矣！悲夫！』

『然捐玄黎於汚濘，非夜光之不真也，由莫識焉；投形盧而不彎，非

繁弱之不勁也，坐莫賞焉。故瓊瑤俟荆和而顯連城之價，烏號須逢門而著陷堅之功，飛菟待子豫而飈騰，俊民值知己而宣力。若夫美玉不出重岫，良弓不鑿百札，驥騄不服朱軒，命世不履爵勢，則孰知其能攄符彩之耀曄，頓雲禽於千仞，騁逸迹以追風，康庶績於百揆乎？』

『夫其不遇，亦得不雜糅於瓦石，鈞賤於朽木，列鑣於下乘，等望於凡瑣哉！嗟乎！彍棘矢而望高手於渠、廣，策疲駑而求繼軌於周穆，放斧斤而欲雙巧於班墨，忽良才而欲彝倫之攸敍，不亦難乎？名實雖漏於一世，德音可邀乎將來。樂天知命，何慮何憂？安時處順，何怨何憂哉！』

又　卷二一《清鑑》　抱朴子曰：咸謂勇力絶倫者，則上將之器；治聞治亂者，則三、九之才也。然張飛、關羽萬人之敵，而皆喪元辱主，授首非所；孔融、邊讓文學邈俗，而並不達治務，所在敗績。鄧禹、馬援田間諸生，而善於用兵；蕭何、曹参不涉經誥，而優於宰輔。爾則知人果未易也。欲試可乃已，則恐成折足覆餗；欲聽言察貌，則或似是而非，真僞混錯。然而世人甚以為易，經耳過目，謂可精盡。余甚猜焉，未敢許也。

區別臧否，瞻形得神，存乎其人，不可力為。自非明並日月，聽聞無音者，願加清澄，以漸進用，不可頓任。輕假利器，收還之既甚難，所損者亦已多矣。無以一事闇保其餘，同乎己者，未必可用；異於我者，未必可忽也。

或難曰：『夫在天者垂象，在地者有形，故望山度水，則高深可推；風起雲飛，則吉凶可步。智者睹木不瘁，則悟美玉之在山；觀岸不枯，則覺明珠之沈淵。彗星出，則知鱣魚之方死；日月蝕，則識騏驎之共鬭。華霍不須稱，而無限之重可知矣；江河不待量，而不測之數已定矣。鴻鵠之翼，騄騏之足，雖未飛走，輕迅可必也。豪曹之劍，徐氏匕首，雖未奮擊，其立斷無疑也。

『駮子有吞牛之容，鶚鶵有淩鷙之貌。卉茂者土必沃，魚大者水必廣。虎尾不附狸身，象牙不出鼠口。叔魚無猒之心，見於初生之狀；食我滅宗之徵，著乎開胞之始。申童覺竊妻之巫臣，張負知將貴之陳平。范子所以絶迹於五湖者，以句踐蜂目而鳥喙也。趙人所以息意於爭鋒者，以白起首鋭而視直也。文王之接呂尚，桑陰未移，而知其足師矣。玄德之見孔明，晷景未改，而腹心已委矣。

『郭泰中才，猶能知人，故入潁川則友李元禮，到陳留則結符偉明，入外黄則親韓子助，至蒲亭則師仇季知，止學舍則收魏德公，觀耕者則拔茅季偉，奇孟敏於擔負，戒元艾之必敗。終如其言，一無差錯。必能簡精鈍於符表，詳舒急乎聲氣，料明闇於舉厝，察清濁於財色，觀取與於宜適，謂虚實於言行，考操業於閨閫，校始終於信效，善否之驗，不其易乎？』

抱朴子答曰：『余非謂人物了不可知，知人挺無形理也。徒以斯術存乎大明，非夫當人自許。然而世士各謂能之，是以有云，以警付任耳。夫貌望豐偉者不必賢，而形器尪瘁者不必愚，咆哮者不必勇，淳淡者不必怯。或外候同而用意異，或氣性殊而所務合。非若天地有常候，山川有定止也。

『物亦故有遠而易知，近而難料，譬猶眼能察天衢，而不能周項領之間；耳能聞雷霆，而不能識蟲豈虱之音也。唐、呂、樊、許，善於相人狀，唯知壽夭貧富，官秩尊卑，而不能審情性之寬克，志行之洿隆。惟帝難之，況庸人乎？而吾子舉論形之例，詰精神之談，未脩其本，殆失指矣。

『夫亡射之箭，皆破秋毫。然准的恒不得為工。叔向之母，申氏之子，非不一得，然不能常也。陶唐稽古而失任，姬公欽明而謬授。尼父遠得崇替於未兆，近失澹臺於形骸。延州審清濁於千載之外，而蔽奇士於咫尺之内。知人之難，如此其甚。郭泰所論，皆為此人過上聖乎？但其所得者，顯而易識；其所失者，人不能紀。

『且夫所貴，貴乎見俊才於無名之中，料逸足乎吳阪之間，掇懷珠之蚌於九淵之底，指含光之珍於積石之中。若伯喈識絶音之器於煙燼之餘，平子剔逸響之竹於未用之前。六軍之聚，市人之會，暫觀一睹，無所眩惑，探其潛生之心計，定其始終之事行，乃為獨見不傳之妙耳。若如未論，必俟考其操蹈之全毁，觀其云為之好醜，此為絲線既銓衡，布帛已歷於丈尺，徐乃説其斤兩之輕重，端匹之脩短，人皆能之，何煩於明哲哉！』

又　卷二二《行品》　抱朴子曰：擬玄黄之覆載，揚明並以表微；文彪昺而備體，獨澄見以入神者，聖人也。稟高亮之純粹，抗峻標以邈俗，虛靈機以如愚，不貳過而諂黷者，賢人也。居寂寞之無為，蹈脩直而執平者，道人也。盡烝嘗於存亡，保髮膚以揚名者，孝人也。垂惻隱於有生，恒恕己以接物者，仁人也。端身命以徇國，經險難而一節者，忠人也。覿微理於難覺，料倚伏於將來者，明人也。量理亂以卷舒，審去就以保身者，智人也。順通塞而一情，任性命而不滯者，達人也。不枉尺以直尋，不降辱以苟合者，雅人也。據體度以動靜，每清詳而無悔者，重人也。體冰霜之粹素，不染潔於勢利者，清人也。篤始終於寒暑，雖危亡而不猜者，義人也。守一言於久要，歷衰而不渝者，信人也。摛鋭藻以立言，辭炳蔚而清允者，文人也。奮果毅之壯烈，騁干戈以靜難者，武人也。甄《墳》《索》之淵奥，該前言以窮理者，儒人也。鋭乃心於精義，吝寸陰以進德者，益人也。識多藏之厚亡，臨祿利而如遺者，廉人也。不改操於得失，不傾志於可欲者，貞人也。恤急難而忘勞，以憂人為己任者，篤人也。潔皎分以守終，不遜避而苟免者，節人也。飛清機之英麗，言約暢而判滯者，辯人也。每居卑而推功，雖處泰而滋恭者，謙人也。崇敦睦於九族，必居正以赴理者，順人也。臨凝結而能斷，操繩墨而無私者，幹人也。拔朱紫於中構，剖猶豫以允當者，理人也。步七曜之盈縮，推興亡之道度者，術人也。赴白刃而忘生，格兕虎於林谷者，勇人也。整威容以肅衆，仗法度而無二者，嚴人也。創機巧以濟用，總音數而並精者，藝人也。淩强御而無憚，雖險逼而不沮者，黠人也。執匪懈於夙夜，忘勞瘁於深峻者，勤人也。蒙謗讟言而晏如，不懾懼於可畏者，勁人也。聞榮譽而不歡，遭憂難而不變者，審人也。知事可而必行，不猶豫於羣疑者，果人也。循繩墨以進止，不乾没於僥倖者，謹人也。奉禮度以戰兢，及親疏而無尤者，良人也。履道素而無欲，時雖移而不變者，朴人也。凡此諸行，了無一然，而不躋善人之迹者，下人也。

門人請曰：『善人之行，既聞其目矣；惡者之事，可以戒俗者，願文垂誥焉。』

抱朴子曰：『不致養於所生，損道而危身者，悖人也。懷邪偽以偷榮，豫利己而忘生者，逆人也。背仁義之正途，苟危人以自安者，凶人也。好爭奪而無厭，專醜正而害直者，惡人也。出繩墨以傷刻，心好殺而安忍者，虐人也。飾邪説以浸潤，構謗累於忠貞者，讒人也。雖言巧而行違，實履濁而假清者，佞人也。不原本於枉直，苟好勝而肆怒者，暴人也。措細善以取信，陰挾毒而無親者，姦人也。承風指以苟容，揆主意而扶非者，諂人也。言不計於反覆，好輕諾而無實者，虛人也。睹利地而忘義，棄廉恥以苟得者，貪人也。睹豔逸而心蕩，飾絝綺而思邪者，淫人也。見成事而疑惑，動失計而多悔者，闇人也。背訓典而自任，恥請問於勝己者，損人也。知善事而不逮，雖多為而無成者，劣人也。委德行而不脩，奉權勢以取媚者，弊人也。履蹊徑以僥速，推貨賄以爭津者，邪人也。既傲很以無禮，好淩辱乎勝己者，悍人也。被抑枉則自誣，事無苦而振懾者，怯人也。治細辯於稠衆，非其人而盡言者，淺人也。闇事宜之可否，雖企慕而不及者，頑人也。知事非而不改，聞良規而增劇者，惑人也。無濟恤之仁心，輕告絶於親舊者，薄人也。既疾其所不逮，喜他人之有災者，妒人也。專財穀而輕義，觀困匱而不振者，吝人也。冒至危以僥倖，植禍敗而不悔者，愚人也。情局碎而偏黨，志唯務於盈利者，小人也。騁鷹犬於原獸，好博戲而無已者，迷人也。忘等威之異數，快飾玩之誇麗者，奢人也。耽聲色於飲讌，廢慶弔於人理者，荒人也。既無心於脩尚，又怠惰於家業者，懶人也。無抑斷之威儀，每脱易而不思者，輕人也。觀道義而如醉，聞貨殖而波擾者，穢人也。杖淺短而多謬，暗趨舍之臧否者，笨人也。憎賢者而不貴，聞高言而如聾者，嚚人也。睹朱紫而不分，雖提耳而不悟者，蔽人也。違道義以趦趄，冒禮刑而罔顧者，亂人也。每動作而受嗤，言發口而違理者，拙人也。事酋豪如僕虜，值衰微而背惠者，慝人也。捐貧賤之故舊，輕人士而踞傲者，驕人也。棄衰色而廣欲，非宦學而遠遊者，蕩人也。無忠信之純固，背恩養而趨利者，叛人也。當交顏而面從，至析離而背毀者，偽人也。習强梁而專己，距忠告而不納者，刺人也。』

抱朴子曰：人技未易知，真偽或相似。士有顏貌脩麗，風表閑雅，望之溢目，接之適意，威儀如龍虎，盤旋成規矩。然心蔽神否，才無所堪，心中所有，盡附皮膚。口不能吐片奇，筆不能屬半句；入不能宰民，出不能用兵；治事則事廢，銜命則命辱。動靜無宜，出處莫可。蓋難分

之一也。

士有貌望樸悴，容觀矬陋，聲氣雌弱，進止質澀。然而含英懷寶，經明行高，幹過元凱，文蔚春林。官則庶績康用，武則克全獨勝。蓋難分之二也。

士有謀猷淵邃，術略入神，智周成敗，思洞幽玄，才兼能事，神器無宜；而目不傳心，筆不盡意，造次之接，不異凡庸。蓋難分之三也。

士有機變清銳，巧言綺粲，擥引譬喻，淵湧風厲；然而口之所談，身不能行；長於識古，短於理今，為政政亂，牧民民怨。蓋難分之四也。

士有外形足恭，容虔言恪，而神疏心慢，中懷散放，受任不憂，居局不治，蓋難分之五也。

士有控弦命中，空拳入白，倒乘立騎，五兵畢習；而體輕慮淺，手剿心怯，虛試無對，而實用無驗。望塵奔北，聞敵失魄。蓋難分之六也。

士有梗概簡緩，言希貌樸，細行闕漏，不為小勇，跼蹐拘檢，犯而不校，握爪垂翅，名為弱愿。然而膽勁心方，不畏强御，義正所在，視死猶歸，支解寸斷，不易所守。蓋難分之七也。

士有孝友溫淑，恂恂平雅，履信思順，非禮不蹈，安困潔志，操清冰霜；而疏遲迂闊，不達事要，見機不作，所為無成，居己梁倡，受任不舉。蓋難分之八也。

士有行己高簡，風格峻峭，嘯傲偃蹇，淩儕慢俗，不肅檢括，不護小失，適情率意，旁若無人，朋黨排讒，談者同敗，士友不附，品藻所遺。而立朝正色，知無不為，忠於奉上，明以攝下。蓋難分之九也。

士有含弘曠濟，虛己受物，藏疾匿瑕，溫恭廉潔，勞謙沖退，救危全信，寄命不疑，托孤可保；而純良暗權，仁而不斷，善不能賞，惡不忍罰，忠貞有餘，而幹用不足，操柯猶豫，廢法效非，枉直混錯，終於負敗。蓋難分之十也。

夫物有似而實非，若然而不然。料之無惑，望形得神，聖者其將病諸，況乎常人？故用才取士，推昵結友，不可以不精擇，不可以不詳試也。若乃性行之惑變，始正而終邪，若王莽初則美於伊、霍，晚則劇於趙高，又非中才所能逆盡也。

若令士之易別，如鷦鷯之與鴻鵠，狐兔之與龍麟者，則四凶不得官於堯朝，管、蔡不得幾危宗周，仲尼無澹臺之失，延陵無捐金之恨，伊尹無七十之勞，項羽無嫌范之悔矣。所患於其如碔砆之亂瑾瑜，鷦螟之似鳳皇，凝冰之類水精，煙熏之疑雲氣，故令不謬者尠也。惟帝難之，矧乎近人哉！

夫惟大明，玄鑑幽微，靈銓揣物，思灼沈昧，瞻山識璞，臨川知珠。士於難分之中，而無取舍之恨者，使臧否區分，抑揚咸允。武丁、姬文不獨治，而傅說、呂尚不永棄。高、莽宰嚭不得成其惡，弘恭、石顯無所容其偽矣。斯蓋取士之較略，選擇之大都耳。精微以求，存乎其人，固非毫翰之所備縷也。

又　卷二八《百里》　抱朴子曰：三台九列，坐而論道；州牧郡守，操綱舉領。其官益大，其事愈優，煩劇所鍾，其唯百里。衆役於是乎出，誅求之所叢赴，牧守雖賢而令長不堪，則國事不舉，萬機有闕，其損敗豈徒止乎一境而已哉！令長尤宜得才，乃急於臺省之官也。用之不得其人，其故無他也，在乎至公之情不行，而任私之意不違也。或父兄貴重，而子弟以聞望見選；或高人屬托，而凡品以無能見敍；或是所宿念，或親戚匪他，知其不可而能用，此等亦時有快者，不為盡無所中也。要於不精者，率多矣。其能自效立，勉脩清約，夙夜在公，以求衆譽，懼風績之不美，恥知己之謬舉，尠矣！庸猥之徒，器小志近，冒於貨賄，唯富是圖，肆情恣欲，無止無足。在所司官，知其有足，賴主人舉劾彈糾，終於當解，慮其結怨，反見中傷，不敢犯觸，而恣其貪殘矣。如此，黎庶亦安得不困毒而離判！離叛者衆，則不得屯聚而為羣盜矣。

夫百尋之室，焚於分寸之飇；千丈之陂，潰於一蟻之穴。何可不深防乎！何可不改張乎！而秉斤兩者，或舍銓衡而任情；掌柯斧者，或曲繩墨於附己。選之者既不為官擇人，而求之者又不自謂不任，於是蒞政而政荒，牧民而民散，或有穢濁驕奢，而困百姓者矣，或有苛虐酷烈，而多怨判者矣，或有暗塞退憒而庶事亂者矣，或有潦倒疏緩而致馳壞者矣，或有好興不急而疲人力者矣，或有藏養逋逃而行淩暴者矣，或有不曉法令而受欺弄者矣，或有以音聲酒色而致荒湎者矣，或有圍棋樗蒲而廢政務者矣，或有田獵遊飲而忘庶事者矣，或有不省辭訟而刑獄亂者矣。百姓不堪，起為寇賊，釁咎發聞，寘于叢棘，虧君上之明，益刑書之煩，而民之

荼毒，亦已深矣！

夫用非其人，譬猶被木馬以繁纓，何由騁迹於追風；以壤龍當雲雨，安能耀景於天衢哉？若秉國之鈞，出納王命者，審良、藥之顧眄，不令跛蹇廁騏騄，冒昧苟得，闇於自量者，慮中道之顛躓，不以駑蕭服鸞衡，則何患庶績之不康，何憂四凶之不退，三皇豈足四，五帝難六哉！

又　卷二九《接疏》　抱朴子曰：以英逸而遭大明，則桑蔭未移，而金蘭之協已固矣；以長才而遇深識，則不待歷試，而相知之情已審矣。飄乎猶起鴻之乘勁風，翩乎若勝鱗之躡鶩雲也。若以沈抑而可忽乎，則姜公不用於周矣；若以疏賤而可距乎，則毛生不貴乎趙矣；若積素行乃托政，則甯戚不顯於齊矣；若貴宿名而委任，則陳、韓不録於漢矣。明者舉大略細，不忮不求，故能取威定功，成天平地，豈肯稱薪而爨，數粒乃炊，並瑕棄璧，披毛索厭黑哉！

又　卷五〇《窮達》　或問：『一流之才，而或窮或達，其故何也？俊逸縶滯，其有憾乎？』

抱朴子答曰：『夫器業不異，而有抑有揚者，無知己也。故否泰時也，通塞命也。審時者何怨於沈潛，知命者何恨於卑瘁乎！故沈閭、渟鈞，精勁之良也，而不以擊，則朝菌不能斷焉；珧、華、黎、綠，連城之寶也，委之泥濘，則瓦礫積其上焉。故可珍而不必見珍也，可用而不必見用也。庸俗之夫，闇於別物，不分朱紫，不辯菽麥，唯以達者為賢，而不知僥求者之所達也；唯以窮者為劣，而不詳守道者之所窮也。且夫懸象不麗天，則不能揚大明灼無外，嵩岱不托地，則不能竦峻極概雲霄。兔足因夷塗以騁迅，龍艘汎激流以效速，離光非燧人不熾，楚金非歐冶不剡，豐華俟發春而表豔，棲鴻待衝飈而輕戾，四嶽不明揚，則有鰥不登庸，叔牙不推賢，則夷吾不式厚，穰苴賴平仲以超踔，淮陰因蕭公以鷹揚，雋生由勝之之談，曲逆緣無知之薦，元直起龍縈之孔明，公瑾貢虎臥之興霸，故能美名垂於帝籍，弘勳著於當世也。

『漢之末年，吳之季世，則不然焉。舉士也必附己者為前；取人也必多黨者為決；而附己者不必足進之器也，同乎我故不能遺焉；而多黨者不必逸羣之才也，信衆口，故謂其可焉。或信此之庸猥，而不能遺所念之近情；或識彼之英異，而不能平心於至公。於是釋銓衡而以疏數為輕重矣；棄度量而以綸集為多少矣。於時之所謂雅人高韻，秉國之鈞，黜陟決己，褒貶由口者，尠哉免乎斯累也。又況於胸中率有憎獨立，疾非黨，忌勝己，忽寒素者乎？悲夫！邈俗之士，不羣之人，所以比肩不遇，不可勝計，或抑頓於藪澤，或立朝而斥退也。

『蓋脩德而道不行，藏器而時不會，或俟河清而齒已沒，或竭忠勤而不見知，遠行不騁於一世，勳澤不加於生民。席上之珍，鬱於泥濘，濟物之才，終於無施，操築而不值武丁，抱竿而不遇西伯，自曩迄今，將有何限？而獨悲之，不亦陋哉！瞻徑路之遠而恥由之；知大道之否，而不改之。齊通塞於一途，付榮辱於自然者，豈懷悒悶於知希，興永歎於川逝乎！疑其有憾，是未識至人之用心也。小年之不知大年，井蛙之不曉滄海，自有來矣。』

《三國志》卷一《魏志·武帝紀》裴松之注　《魏書》載庚申令曰：『議者或以軍吏雖有功能，德行不足堪任郡國之選，所謂「可與適道，未可與權」。管仲曰：「使賢者食於能則上尊，鬬士食於功則卒輕於死，二者設於國則天下治。」未聞無能之人，不鬬之士，並受祿賞，而可以立功興國者也。故明君不官無功之臣，不賞不戰之士；治平尚德行，有事賞功能。論者之言，一似管窺虎歟！』【略】

《魏書》曰：【略】秋八月，令曰：『昔伊摯信、傅說出於賤人，管仲，桓公賊也，皆用之以興。蕭何、曹參，縣吏也，韓信、陳平負汙辱之名，有見笑之恥，卒能成就王業，聲著千載。吳起貪將，殺妻自信，散金求官，母死不歸，然在魏，秦人不敢東向，在楚則三晉不敢南謀。今天下得無有至德之人放在民間，及果勇不顧，臨敵力戰；若文俗之吏，高才異質，或堪為將守；負汙辱之名，見笑之行，或不仁不孝而有治國用兵之術：其各舉所知，勿有所遺。』

《宋書》卷五九《殷淳等傳論》　夫將帥者，御衆之名；士卒者，一夫之用。坐談兵機，制勝千里，安在乎蒙楯前驅，履腸涉血而已哉。山濤之稱羊祜曰：『大將雖不須筋力，軍中猶宜强健。』以此為言，則叔子之幹力弱矣。杜預文士儒生，射不能穿札，身未嘗跨馬，一朝統大衆二十餘萬，為平吳都督。王戎把臂入林，亦受專征之寄。何必山西猛士，六郡良家，然後可受脤於朝堂，荷推轂之重。及虜兵深入，徐服恇震，非張暢

正言，則彭、汴危矣。豈其身扞飛鏑，手折雲衝，方足使窮堞假命，危城載安乎。仁者之有勇，非為臆說。

北齊・劉晝《劉子》卷五《命相》 命者，生之本也；相者，助命而成者也。命則有命，不形於形；相則有相，而形於形。有命必有相，有相必有命，同禀於天，相須而成也。

人之命相，賢愚貴賤，脩短吉凶，制氣結胎受生之時。其真妙者：或感五星三光，或應龍迹氣夢；降及凡庶，亦禀天命，皆屬星辰，其值吉宿則吉，值凶宿則凶。受氣之始，相命既定，即鬼神不能移改而聖智不能回也。

華胥履大人之迹，而生伏羲；女媧感瑤光貫月，而生顓頊；慶都與赤龍合而生唐堯；握登見大虹而生虞舜；脩紀見洞流星而生夏禹；夫都見白氣貫月，而生殷湯；太妊夢見長人而生文王；顏征感黑帝而生孔子；劉媼感赤龍而生漢祖；薄姬感蒼龍而生文帝。微子感牽牛星，顏淵感中台星，張良感孤星，樊噲感狼墾，老子感火星，苦此之類，皆聖賢受天瑞命而生者也。

相者，或見肌骨，或見聲色，賢愚貴賤，脩短吉凶，皆有表診，故五嶽崔嵬，有峻極之勢；四瀆皎潔，有川流之形；五色鬱然，有雲霞之觀；五聲鏗然，有鐘磬之音。善觀察者，猶風胡之別刃，孫陽之相馬，覽其機妙，不亦難乎？

伏羲日角，黃帝龍顏，帝嚳戴肩，顓頊駢骭，堯眉八彩，舜目重瞳，禹耳三漏，湯肩二肘，文王四乳，武王並齒，孔子返宇，顏回重瞳，皋陶鳥喙。若此之類，皆聖賢受天殊相而生者也。舜目重瞳，是至明之相，而項羽、王莽，亦目重瞳子。越王勾踐，長頸鳥喙，非善終之象，而夏禹亦長頸鳥喙；王莽之重瞳，譬駑馬有驥之一毛，而小可謂之驥也；勾踐長頸鳥喙，猶蛇有龍之一鱗，而不可謂之龍也。

愛及衆庶，皆有診相。故穀子豐下，叔服知其有後；衛青方顙，黥徒明其富貴；亞夫縱理，許負見其餓死；羊石聲豺，叔姬鑑其滅族。

命相吉凶，懸之於天。命當貧賤，雖富貴，猶有禍患；命當富貴，雖欲殺之，猶不能害。

夏孔甲畋於昔山，大風晦暝，入於人家。主人方乳，或占之曰：『後來而產，是子不詳，終必有殃。』孔甲取之曰：『苟以為余子，誰敢殃之？』子長析薪，斧斬其左足，遂為大閽。孔甲曰：『嗚呼！有疾！命矣夫！』漢文以夢而寵鄧通，相者占通當貧餓死。帝曰：『能富在我，何謂貧乎？』與之銅山，專得冶鑄。後假衣食，寄死人家。子文之生，妘子棄之，虎乃乳之，遂收養焉，卒為楚相。褒離國王，侍婢有娠，王欲殺之。婢曰：『氣從天來，故我有娠。』及子之產，捐豬圈中，豬以氣噓之，棄馬櫪中，馬復噓之，故得不死，卒為夫餘之王。

故善惡之命，若從天墮，若從地出，不得以理數推，非可以智力要。今人不知命之有限，而妄覬於多貪；命在於貧賤，而穿鑿求富貴；命在於短折，而臨危求長壽。皆惑之甚者也。

又 卷六《妄瑕》 无道混然無形，寂然無聲，視之不見，聽之不聞，非可以影響求，不得以毀譽稱也。降此以往，則事不雙美，名不並盛矣。雖天地之人，三光之明，聖賢之智，猶未免乎訾也。故天有拆之象，地有裂之形，日月有謫蝕之變，五星有悖彗之妖；堯有不慈之誹，舜有卑父之謗，湯有放君之稱，武有殺主之譏；齊桓有貪淫之目，晉文有不臣之聲，伊尹有誣君之迹，管仲有僭上之名。以夫二儀七曜之靈，不能無虧沴；堯舜湯武之聖，不能免於誹謗；桓、文、伊、管之賢，不能無纖瑕之過。由此觀之：宇宙庸流，奚能自免於怨謗而無悔吝耶？

是以荊岫之玉，必含纖瑕，驪龍之珠，亦有微纇，然馳光於千里，飛價於侯王者，以小惡不足以傷其大美也。今志人之細短，忘人之所長，以此招賢，是畫空而尋迹，披水而覓路，不可得也。定國之臣亦有細短，人主所以不棄之者，不以小妨大也；以小掩大，非求士之謂也。

伊尹，夏之庖廚；傅說，殷之胥靡；百里奚，虞之亡虜；段干木，魏之大駔。此四於者，非下賢也，而其迹不免污也。名不兩盛，事不俱美。

昔魏文侯問於李克曰：『吳起何如人也?』克對曰：『起貪而好色，然其善用兵，司馬穰苴不能過也。』乃以為將，拔秦五城，北滅燕趙，蓋起之力也。魏無知薦陳平於漢王，或人譏之曰：『平雖美丈夫，如冠玉耳，其中未必有可用也，且聞盜嫂而受金。』王乃疏平，讓無知。無知曰：『臣進策謀之士，誠足以利國耳，且其小過豈妨公家之大務哉！』

乃擢為護軍，得施其策。故范增疽發死而楚國亡，闕氏開陣而漢軍全者，平之謀也。高祖棄陳平之小譽，採六奇之大謀；文侯舍吳起之小失，而取五城之大功。嚮使二主以其小過，棄彼良材，則魏國之存亡不可知而漢、楚之雄雌未可決也。而吳起必埋名於貪淫，陳平陷身於賄盜矣。

俗之觀士者，見其威儀屑屑，好行細浩，乃謂之英彥；士有大趣，不脩容儀，不惜小檢，而謂之棄人。是見朱橘一子蠹，固剪樹而弁之；睹縟錦一寸點，乃全匹而燔之。

齊桓深知甯戚，將任之以政，羣臣爭讒之曰：「甯戚衛人，去齊不遠，君可使人問之。若果真賢，用之未晚也。」公曰：『不然。患其有小惡者，以人之小惡忘其大美，此世所以失天下之士也。』乃夜舉火而爵之，以為卿相，九合諸侯，一匡天下。桓公可謂善求士矣。

故仲尼見人一善，而忘其百非；鮑叔聞人一過，而終身不忘。夫子如斯之弘，鮑叔如斯之隘也。以是觀之，聖哲之量，相去遠矣！

牛躅之窪，不生魴鱮；巢幕之窠，不容鵠卵；崇山廓澤，不辭污穢；佐世良材，不拘細行。何者？量小不足以包大形，器大無分小瑕也。人之情性，皆有細短，若其大略是也，雖有小過，不足以為累；若其大略非也，雖有衡門小操，未足與論大謀。

樊灌屠販之豎，蕭、曹，斗筲之吏，英布，刑墨之隸，周勃，俳優之任，其行皆中律，其質則將才也。景陽，郢中之大淫也，而威諸侯；顏濁鄒，梁父之大盜也，而為齊勳臣。此皆有所短，然而功名不朽者，大略得也。袁精目、鮑焦，厲節抗行，不食非義之食，乃餓而死，不能立功拯溺者，小節不伸而大節屈也。

伯夷、叔齊，冰清玉潔，義以不為孤竹之嗣，不食周粟，餓死首陽。楊朱，全身養性，去脛之一毛，以刺天下，則不為也。若此二子，德非不茂，行非不高，亦能安治代紊、蹈白刃而達功名乎？此可以為百代之鎔軌，不可居伊、管之任也。

唐・歐陽詢等《藝文類聚》卷九三《獸部上》 《苻子》曰：齊景公好馬，命善畫者圖之訪。殫百乘之價，期年而不得。像過實也。今使愛賢之君，考古籍以求其人，雖期百年，亦不可得也。

《梁書》卷二《武帝紀中》 （天監十四年正月）辛亥，輿駕親祠南郊。詔曰：「【略】實佇羣才，用康庶績，可班下遠近，博採英異。若有確然鄉黨，獨行州閭，肥遁丘園，不求聞達，藏器待時，未加收採。或賢良方正，孝弟、力田，並即騰奏，具以名上。當擢彼周行，試以邦邑，庶百司咸事，兆民無隱。」

《晉書》卷四六《李重傳》 司徒左長史荀組以為：「寒素者，當謂門寒身素，無世祚之資。原為列侯，顯佩金紫，先為人間流通之事，晚乃務學，少長異業，年逾始立，草野之譽未洽，德禮無聞，不應寒素之目。」重奏曰：案如《癸酉詔書》，廉讓宜崇，浮競宜黜。其有履謙寒素靖恭求己者，應有以先之。如詔書之旨，以二品繫資，或失廉退之士，故開寒素以明尚德之舉。司徒總御人倫，實掌邦教，當務峻准評，以一風流。然古之厲行高尚之士，或棲身巖穴，或隱迹丘園，或克己復禮，或耄斯稱道，出處默語，唯義所在。未可以少長異操，疑其所守之美，而遠同始終之責，非所謂擬人必於其倫之義也。誠當考之於邦黨之倫，審之於任舉之主。沈為中正，親執銓衡，陳原隱居永志，篤古好學，學不為利，行不要名，絕迹窮山，韞韣道藝，外無希世之容，內全遁逸之節，行成名立，搢紳慕之，委質受業者千里而應，有孫孟之風，嚴鄭之操。始舉原，先諮侍中、領中書監華，前州大中正、後將軍嬰，河南尹軼。去三年，諸州還朝，幽州刺史許猛特以原名聞，擬之西河，求加徵聘。如沈所列，州黨之議既舉，又刺史班詔表薦，如此而猶謂草野之譽未洽，德禮無聞，舍所徵檢之實，而無明理正辭，以奪沈所執。且應二品，非所求備。但原定志窮山，脩述儒道，義在可嘉。若遂抑替，將負幽邦之望，傷敦德之教。如詔書所求之旨，應為二品。

唐・杜佑《通典》卷一六《選舉四・雜議論上》 裴子野又論曰：「《書》云：『貴貴』，為其近於君也，天下無生而貴者，是故道義可尊，無擇負販，苟非其人，何取世族。周衰禮壞，政出臣下，卿士大夫，自相繼及，非夫嗣嫡，猶等家臣。且徒步匹夫，見禮侯伯，軾閭擁篲，無絕於時，其四方豪勢之家，門客千數，卑身折節，比食同袍，雖相傾倚，亦成風俗。迄於二漢，尊儒重道，朝廷州里，學行是先，雖名公子孫，還齊布衣之伍，士庶雖分，而無華素之隔。自晉以來，其流稍改，草澤之士，猶顯清塗，降及季年，專限閥閱，自是三公之子，傲九棘之家，黃散之孫，

蔑令長之室，轉相驕矜，互爭銖兩，所論必門戶，所議莫賢能，苟且之俗成，傲慢之禍作，非所以敦弘退讓，厲德興化之道也。』

人才識拔論分部

論說

三國魏・劉邵《人物志・九徵》 蓋人物之本，出乎情性。情性之理，甚微而玄；非聖人之察，其孰能究之哉？凡有血氣者，莫不含元一以為質，稟陰陽以立性，體五行而著形。苟有形質，猶可即而求之。

凡人之質量，中和最貴矣。中和之質，必平淡無味；故能調成五材，變化應節。是故，觀人察質，必先察其平淡，而後求其聰明。聰明者，陰陽之精。陰陽清和，則中叡外明；聖人淳耀，能兼二美。知微知章，自非聖人，莫能兩遂。故明白之士，達動之機，而暗於玄慮；玄慮之人，識靜之原，而困於速捷。猶火日外照，不能內見；金水內映，不能外光。二者之義，蓋陰陽之別也。

若量其材質，稽諸五物；五物之徵，亦各著於厥體矣。其在體也：木骨、金筋、火氣、土肌、水血，五物之象也。五物之實，各有所濟。是故：

骨植而柔者，謂之弘毅；弘毅也者，仁之質也。

氣清而朗者，謂之文理；文理也者，禮之本也。

體端而實者，謂之貞固；貞固也者，信之基也。

筋勁而精者，謂之勇敢；勇敢也者，義之決也。

色平而暢者，謂之通微；通微也者，智之原也。

五質恒性，故謂之五常矣。

五常之別，列為五德。是故：

溫直而擾毅，木之德也。

剛塞而弘毅，金之德也。

願恭而理敬，水之德也。

寬栗而柔立，土之德也。

簡暢而明砭，火之德也。

雖體變無窮，猶依乎五質。故其剛柔、明暢、貞固之徵，著乎形容，見乎聲色，發乎情味，各如其象。故心質亮直，其儀勁固；心質休決，其儀進猛；心質平理，其儀安閑。夫儀動成容，各有態度：直容之動，矯矯行行；休容之動，業業蹌蹌；德容之動，顒顒卬卬。夫容之動作，發乎心氣；心氣之徵，則聲變是也。夫氣合成聲，聲應律呂：有和平之聲，有清暢之聲，有回衍之聲。夫聲暢於氣，則實存貌色，故：誠仁，必有溫柔之色；誠勇，必有矜奮之色；誠智，必有明達之色。

夫色見於貌，所謂徵神。徵神見貌，則情發於目。故仁目之精，愨然以端；勇膽之精，曄然以彊；然皆偏至之材，以勝體為質者也。故勝質不精，則其事不遂。是故，直而不柔則木，勁而不精則力，固而不端則愚，氣而不清則越，暢而不平則蕩。是故，中庸之質，異於此類：五常既備，包以澹味，五質內充，五精外章。是以，目彩五暉之光也。

故曰：物生有形，形有神精；能知精神，則窮理盡性。性之所盡，九質之徵也。然則：平陂之質在於神，明暗之實在於精，勇怯之勢在於筋，彊弱之植在於骨，躁靜之決在於氣，慘懌之情在於色，衰正之形在於儀，態度之動在於容，緩急之狀在於言。其為人也：質素平澹，中叡外朗，筋勁植固，聲清色懌，儀正容直，則九徵皆至，則純粹之德也。九徵有違，則偏雜之材也。

三度不同，其德異稱。故偏至之材，以材自名；兼材之人，以德為目；兼德之人，更為美號。是故：兼德而至，謂之中庸；中庸也者，聖人之目也。具體而微，謂之德行；德行也者，大雅之稱也。一至，謂之偏材；偏材，小雅之質也。一徵，謂之依似；依似，亂德之類也。一至一違，謂之間雜；間雜，無恒之人也。無恒、依似，皆風人末流；末流之質，不可勝論，是以略而不概也。

又《體別》 夫中庸之德，其質無名。故鹹而不鹻，淡而不𩞄，質而不縵，文而不繢；能威能懷，能辨能訥；變化無方，以達為節。是以抗者過之，而拘者不逮。

夫拘抗違中，故善有所章，而理有所失。是故：厲直剛毅，材在矯

正，失在激訐。柔順安恕，每在寬容，失在少決。雄悍傑健，任在膽烈，失在多忌。精良畏慎，善在恭謹，失在多疑。彊楷堅勁，用在楨幹，失在專固。論辨理繹，能在釋結，失在流宕。普博周給，弘在覆裕，失在溷濁。清介廉潔，節在儉固，失在拘扃。休動磊落，業在攀躋，失在疏越。沉靜機密，精在玄微，失在遲緩。樸露徑盡，質在中誠，失在不微。多智韜情，權在譎略，失在依違。

及其進德之日，不止揆中庸，以戒其材之拘抗；而指人之所短，以益其失；猶晉楚帶劍，遞相詭反也。是故：

强毅之人，狠剛不和，不戒其彊之搪突，而以順為撓，厲其抗；是故，可以立法，難與入微。柔順之人，緩心寬斷，不戒其事之不攝，而以抗為劌，安其舒；是故，可與循常，難與權疑。雄悍之人，氣奮勇決，不戒其勇之毀跌，而以順為恇，竭其勢；是故，可與涉難，難與居約。懼慎之人，畏患多忌，不戒其懊於為義，而以勇為狎，增其疑；是故，可與保全，難與立節。淩楷之人，秉意勁特，不戒其情之固護，而以辨為偽，彊其專；是故，可以持正，難與附衆。辨博之人，論理贍給，不戒其辭之氾濫，而以楷為繫，遂其流；是故，可與汎序，難與立約。

弘普之人，意愛周洽，不戒其交之溷雜，而以介為狷，廣其濁；是故，可以撫衆，難與厲俗。狷介之人，砭清激濁，不戒其道之隘狹，而以普為穢，益其拘；是故，可與守節，難以變通。休動之人，志慕超越，不戒其意之大猥，而以靜為滯，果其銳；是故，可以進趨，難與持後。沉靜之人，道思回復，不戒其靜之遲後，而以動為疏，美其懊；是故，可與深慮，難與捷速。樸露之人，中疑實蹈，不戒其實之野直，而以譎為誕，露其誠；是故，可與立信，難與消息。韜譎之人，原度取容，不戒其術之離正，而以盡為愚，貴其虛；是故，可與贊善，難與矯違。

夫學所以成材也，恕所以推情也；偏材之性，不可移轉矣。雖教之以學，材成而隨之以失；雖訓之以恕，推情各從其心。信者逆信，詐者逆詐；故學不入道，恕不周物；此偏材之益失也。

又 《**接識**》 夫人初甚難知，而士無衆寡，皆自以為知人。故以己觀人，則以為可知也；觀人之察人，則以為不識也。夫何哉？是故，能識同體之善，而或失異量之美。

何以論其然？夫清節之人，以正直為度，故其歷衆材也，能識性行之常，而或疑法術之詭。

法制之人，以分數為度，故能識較方直之量，而不貴變化之術。

術謀之人，以思謨為度，故能成策略之奇，而不識遵法之良。

器能之人，以辨護為度，故能識方略之規，而不知制度之原。

智意之人，以原意為度，故能識韜諝之權，而不貴法教之常。

伎倆之人，以邀功為度，故能識進趣之功，而不通道德之化。

臧否之人，以伺察為度，故能識訶砭之明，而不暢倜儻之異。

言語之人，以辨析為度，故能識捷給之惠，而不知含章之美。

是以互相非駁，莫肯相是。取同體也，則接論而相得；取異體也，雖歷久而不知。凡此之類，皆謂一流之材也。若二至已上，亦隨其所兼，以及異數。故一流之人，能識一流之善。二流之人，能識二流之美。盡有諸流，則亦能兼達衆材。故兼材之人，與國體同。欲觀其一隅，則終朝足以識之；將究其詳，則三日而後足。何謂三日而後足？夫國體之人，兼有三材，故談不三日，不足以盡之：一以論道德，二以論法制，三以論策術，然後乃能竭其所長，而舉之不疑。然則，何以知其兼偏而與之言乎？其為人也，務以流數，杼人之所長，而為之名目，如是兼也；如陳以美，欲人稱之，不欲知人之所有，如是者偏也。

不欲知人，則言無不疑。是故，以深説淺，益深益異；異則相返，反則相非。是故，多陳處直，則以為見美；靜聽不言，則以為虛空；抗為高談，則為不遜；遜讓不盡，則以為淺陋；言稱一善，則以為不博；歷發衆奇，則以為多端；先意而言，則以為分美；因失難之，則以為不喻；説以對反，則以為較己；博以異雜，則以為無要。論以同體，然後乃悦；於是乎有親愛之情、稱舉之譽。此偏材之常失。

又 《**八觀**》 八觀者：

一曰觀其奪救，以明間雜。

二曰觀其感變，以審常度。

三曰觀其志質，以知其名。

四曰觀其所由，以辨依似。

五曰觀其愛敬，以知通塞。

六曰觀其情機，以辨恕惑。

七曰觀其所短，以知所長。

八曰觀其聰明，以知所達。

何謂觀其奪救，以明間雜？

夫質有至有違，若至勝違，則惡情奪正，若然而不然。故仁出於慈，有慈而不仁者；仁必有恤，有仁而不恤者；厲必有剛，有厲而不剛者。若夫見可憐則流涕，將分與則吝嗇，是慈而不仁者。睹危急則惻隱，將赴救則畏患，是仁而不恤者。處虛義則色厲，顧利欲則內荏，是厲而不剛者。然則慈而不仁者，則吝奪之也。仁而不恤者，則懼奪之也。厲而不剛者，則欲奪之也。故曰：慈不能勝吝，無必其能仁也；仁不能勝懼，無必其能恤也；厲不能勝欲，無必其能剛也。是故，不仁之質勝，則伎力為害器；貪悖之性勝，則強猛為禍梯。亦有善情救惡，不至為害；愛惠分篤，雖傲狎不離；助善者明，雖疾惡無害也；救濟過厚，雖取人不貪也。是故，觀其奪救，而明間雜之情，可得知也。

何謂觀其感變，以審常度？夫人厚貌深情，將欲求之，必觀其辭旨，察其應贊。夫觀其辭旨，猶聽音之善醜；察其應贊，猶視智之能否也。故觀辭察應，足以互相別識。然則：論顯揚正，白也；不善言應，玄也；經緯玄白，通也；移易無正，雜也；先識未然，聖也；追思玄事，叡也；見事過人，明也；以明為晦，智也；微忽必識，妙也；美妙不昧，疏也；測之益深，實也；假合炫耀，虛也；自見其美，不足也；不伐其能，有餘也。

故曰：凡事不度，必有其故：憂患之色，乏而且荒；疾疢之色，亂而垢雜；喜色，愉然以懌；慍色，厲然以揚；妒惑之色，冒昧無常；及其動作，蓋並言辭。是故，其言甚懌，而精色不從者，中有違也；其言有違，而精色可信者，辭不敏也；言未發而怒色先見者，意憤溢也；言將發而怒氣送之者，彊所不然也。

凡此之類，徵見於外，不可奄違，雖欲違之，精色不從，感愕以明，雖變可知。是故，觀其感變，而常度之情可知。

何謂觀其至質，以知其名？凡偏材之性，二至以上，則至質相發，而令名生矣。是故，骨直氣清，則休名生焉；氣清力勁，則烈名生焉；勁智精理，則能名生焉；智直彊慤，則任名生焉。集於端質，則令德濟焉；加之學，則文理灼焉。是故，觀其所至之多少，而異名之所生可知也。

何謂觀其所由，以辨依似？夫純訐性違，不能公正；依訐似直，以訐訐善；純宕似流，不能通道；依宕似通，行傲過節。故曰：直者亦訐，訐者亦訐，其訐則同，其所以為訐則異；通者亦宕，宕者亦宕，其宕則同，其所以為宕則異。然則，何以別之？直而能溫者，德也；直而好訐者，偏也；訐而不直者，依也；道而能節者，通也；通而時過者，偏也；宕而不節者，依也；偏之與依，志同質違，所謂似是而非也。是故，輕諾似烈而寡信，多易似能而無效，進銳似精而去速，訶者似察而事煩，詐施似惠而無成，面從似忠而退違，此似是而非者也。

亦有似非而是者，大權似姦而有功，大智似愚而內明，博愛似虛而實厚，正言似訐而情忠。夫察似明非，御情之反，有似理訟，其實難別也。非天下之至精，其孰能得其實？故聽言信貌，或失其真；詭情御反，或失其賢；賢否之察，實在所依。是故，觀其所依，而似類之質可知也。

何謂觀其愛敬，以知通塞？蓋人道之極，莫過愛敬。是故，《孝經》以愛為至德，以敬為要道；《易》以感為德，以謙為道；《老子》以無為德，以虛為道；《禮》以敬為本；《樂》以愛為主。然則，人情之質，有愛敬之誠，則與道德同體；動獲人心，而道無不通也。然愛不可少於敬，少於敬，則廉節者歸之，而眾人不與。愛多於敬，則雖廉節者不悅，而愛接者死之。何則？敬之為道也，嚴而相離，其勢難久；愛之為道也，情親意厚，深而感物。是故，觀其愛敬之誠，而通塞之理可得而知也。

何謂觀其情機，以辨恕惑？夫人之情有六機：杼其所欲則喜，不杼其所能則怨，以自代歷則惡，以謙損下之則悅，犯其所乏則婟，以惡犯婟則妒；此人性之六機也。夫人情莫不欲遂其志，故：烈士樂奮力之功，善士樂督政之訓，能士樂治亂之事，術士樂計策之謀，辨士樂陵訊之辭，貪者樂貨財之積，幸者樂權勢之尤。

苟贊其志，則莫不欣然，是所謂杼其所欲則喜也。若不杼其所能，則不獲其志，不獲其志則戚。是故：功力不建則烈士奮，德行不訓則正人

哀哀，政亂不治則能者歎歎，敵能未弭則術人思思，貨財不積則貪者憂憂，權勢不尤則幸者悲，是所謂不杍其能則怨也。

人情莫不欲處前，故惡人之自伐。自伐，皆欲勝之類也。是故，自伐其善則莫不惡也，是所謂自伐歷之則惡也。

人情皆欲求勝，故悅人之謙；謙所以下之，下有推與之意。是故，人無賢愚，接之以謙，則無不色懌；是所謂以謙下之則悅也。

人情皆欲掩其所短，見其所長。是故，人駁其所短，似若物冒之，是所謂駁其所乏則婟也。

人情陵上者也，陵犯其所惡，雖見憎未害也；若以長駁短，是所謂以惡犯婟，則妒惡生矣。

凡此六機，其歸皆欲處上。是以君子接物，犯而不校，不校則無不敬下，所以避其害也。小人則不然，既不見機，而欲人之順己。以佯愛敬為見異，以偶邀會為輕。苟犯其機，則深以為怨。是故，觀其情機，而賢鄙之志可得而知也。

何謂觀其所短，以知所長？夫偏材之人，皆有所短。故：直之失也訐，剛之失也厲，和之失也懦，介之失也拘。

夫直者不訐，無以成其直；既悅其直，不可非其訐；訐也者，直之徵也。

剛者不厲，無以濟其剛；既悅其剛，不可非其厲；厲也者，剛之徵也。

和者不懦，無以保其和；既悅其和，不可非其懦；懦也者，和之徵也。

介者不拘，無以守其介；既悅其介，不可非其拘；拘也者，介之徵也。

然有短者，未必能長也；有長者必以短為徵。是故，觀其徵之所短，而其材之所長可知也。

何謂觀其聰明，以知所達？夫仁者德之基也，義者德之節也，禮者德之文也，信者德之固也，智者德之帥也。夫智出於明，明之於人，猶晝之待白日，夜之待燭火；其明益盛者，所見及遠，及遠之明難。是故，守業勤學，未必及材；材藝精巧，未必及理；理義辨給，未必及智；智能經事，未必及道；道思玄遠，然後乃周。是謂學不及材，材不及理，理不及智，智不及道。道也者，回復變通。是故，別而論之：各自獨行，則仁為勝；合而俱用，則明為將。故以明將仁，則無不懷；以明將義，則無不勝；以明將理，則無不通。然則，苟無聰明，無以能遂。故好聲而實不充則恢，好辯而理不至則煩，好法而思不深則刻，好術而計不足則偽。是故，鈞材而好學，明者為師；比力而爭，智者為雄；等德而齊，達者稱聖，聖之為稱，明智之極明也。是以觀其聰明，而所達之材可知也。

又《七繆》　七繆：

一曰察譽有偏頗之繆；

二曰接物有愛惡之惑；

三曰度心有大小之誤；

四曰品質有早晚之疑；

五曰變類有同體之嫌；

六曰論材有申壓之詭；

七曰觀奇有二尤之失。

夫采訪之要，不在多少。然徵質不明者，信耳而不敢信目。故人以為是，則心隨而明之；人以為非，則意轉而化之；雖無所嫌，意若不疑。且人察物，亦自有誤，愛憎兼之，其情萬原；不暢其本，胡可必信。是故，知人者，以目正耳；不知人者，以耳敗目。故州閭之士，皆譽皆毀，未可為正也；交遊之人，譽不三周，未必信是也。夫實厚之士，交遊之間，必每所在肩稱；上等援之，下等推之，苟不能周，必有咎毀。故偏上失下，則其終有毀；偏下失上，則其進不傑。故誠能三周，則為國所利，此正直之交也。故皆合而是，亦有違比；皆合而非，或在其中。若有奇異之材，則非衆所見。而耳所聽采，以多為信，是繆於察譽者也。

夫愛善疾惡，人情所常；苟不明賢，或疏善善非。何以論之？夫善非者，雖非猶有所是；以其所是，順己所長，則不自覺情通意親，忽忘其惡。善人雖善，猶有所乏；以其所乏，不明己長；以其所長，輕己所短；則不自知志乖氣違，忽忘其善。是惑於愛惡者也。

夫精欲深微，質欲懿重，志欲弘大，心欲嗛小。精微所以入神妙也，

懿重所以崇德宇也，志大所以戡物任也，心小所以慎咎悔也。故《詩》詠文王：『小心翼翼』，『不大聲以色』，小心也；『王赫斯怒，以對於天下』，志大也。由此論之，心小志大者，聖賢之倫也；心大志大者，豪傑之雋也；心大志小者，傲蕩之類也；心小志小者，拘愞之人也。衆人之察，或陋其心小，或壯其志大，是誤於小大者也。

夫人材不同，成有早晚：有早智速成者，有晚智而晚成者，有少無智而終無所成者，有少有令材遂為雋器者：四者之理，不可不察。夫幼智之人，材智精達；然其在童髦，皆有端緒。故文本辭繁，辯始給口，仁出慈恤，施發過與，慎生畏懼，廉起不取。早智者淺惠而見速，晚成者奇識而舒遲，終暗者並困於不足，遂務者周達而有餘。而衆人之察，不慮其變，是疑於早晚者也。

夫人情莫不趣名利、避損害。名利之路，在於是得；損害之源，在於非失。故人無賢愚，皆欲使是得在己。能明己是，莫過同體；是以偏材之人，交遊進趨之類，皆親愛同體而譽之，憎惡對反而毀之，序異雜而不尚也。推而論之，無他故焉；夫譽同體、毀對反，所以證彼非而著己是也。至於異雜之人，於彼無益，於己無害，則序而不尚。是故，同體之人，常患於過譽；及其名敵，則尠能相下。是故，直者性奮，好人行直於人，而不能受人之訐；盡者情露，好人行盡於人，而不能納人之徑；務名者樂人之進趨過人，而不能出陵己之後。是故，性同而材傾，則相援而相賴也；性同而勢均，則相競而相害也；此又同體之變也。故或助直而毀直，或與明而毀明。而衆人之察，不辨其律理，是嫌於體同也。

夫人所處異勢，勢有申壓：富貴遂達，勢之申也；貧賤窮匱，勢之壓也。

上材之人，能行人所不能行，是故，達有勞謙之稱，窮有著明之節。

中材之人，則隨世損益，是故，藉富貴則貨財充於內，施惠周於外；見贍者求可稱而譽之，見援者闡小美而大之，雖無異材，猶行成而名立。處貧賤則欲施而無財，欲援而無勢，親戚不能恤，朋友不見濟，分義不復立，恩愛浸以離，怨望者並至，歸非者日多；雖無罪尤，猶無故而廢也。故世有侈儉，名由進退：天下皆富，則清貧者雖苦，必無委頓之憂，且有辭施之高，以獲榮名之利；皆貧，則求假無所告，而有窮乏之患，且生鄙吝之訟。是故：鈞材而進，有與之者，則體益而茂遂；私理卑抑，有累之者，則微降而稍退。而衆人之觀，不理其本，各指其所在，是疑於申壓者也。

夫清雅之美，著乎形質，察之寡失；失繆之由，恒在二尤。二尤之生，與物異列：故尤妙之人，含精於內，外無飾姿；尤虛之人，碩言瑰姿，內實乖反。而人之求奇，不可以精微測其玄機，明異希；或以貌少為不足，或以瑰姿為巨偉，或以直露為虛華，或以巧飾為真實。是以早拔多誤，不如順次；夫順次，常度也。苟不察其實，亦焉往而不失。故遺賢而賢有濟，則恨在不早拔；拔奇而奇有敗，則患在不素別；任意而獨繆，則悔在不廣問；廣問而誤己，則怨己不自信。是以驥子發足，衆士乃誤；韓信立功，淮陰乃震。夫豈惡奇而好疑哉？乃尤物不世見，而奇逸美異也。是以張良體弱而精彊，為衆智之雋也；荆叔色平而神勇，為衆勇之傑也。然則，雋傑者，衆人之尤也；聖人者，衆尤之尤也。其尤彌出者，其道彌遠。故一國之雋，於州為輩，未得為第也；一州之第，於天下為棍；天下之棍，世有優劣。是故，衆人之所貴，各貴其出己之尤，而不貴尤之所尤。是故，衆人之明，能知輩士之數，而不能知第目之度；輩士之明，能知第目之度，不能識出尤之良也；出尤之人，能知聖人之教，不能究之入室之奧也。由是論之，人物之理妙，不可得而窮已。

又《效難》 蓋知人之效有二難：有難知之難，有知之而無由得效之難。

何謂難知之難？人物精微，能神而明，其道甚難，固難知之難也。是以衆人之察，不能盡備；故各自立度，以相觀采：或相其形容，或候其動作，或揆其終始，或揆其儗象，或推其細微，或恐其過誤，或循其所言，或稽其行事。八者遊雜，故其得者少，所失者多。是故，必有草創信形之誤，又有居止變化之謬；故其接遇觀人也，隨行信名，失其中情。故：

淺美揚露，則以為有異。

深明沉漠，則以為空虛。

分別妙理，則以為離婁。

口傳甲乙，則以為義理。

好説是非，則以為臧否。
講目成名，則以為人物。
平道政事，則以為國體。

猶聽有聲之類，名隨其音。夫名非實，用之不效；故曰名猶口進，而實從事退。中情之人，名不副實，用之有效；故名由衆退，而實從事章。此草創之常失也。故必待居止，然後識之。故居視其所安，達視其所舉，富視其所與，窮視其所為，貧視其所取。然後乃能知賢否。此又已試，非始相也。所以知質未足以知其略，且天下之人，不可得皆與遊處。或志趣變易，隨物而化：或未至而懸欲，或已至而易顧，或窮約而力行，或得志而從欲；此又居止之所失也。由是論之，能兩得其要，是難知之難。

何謂無由得效之難？上材已莫知，或所識者在幼賤之中，未達而喪；或所識者，未拔而先没；或曲高和寡，唱不見贊；或身卑力微，言不見亮；或器非時好，不見信貴；或不在其位，無由得拔；或在其位，以有所屈迫。是以良材識真，萬不一遇也；須識真在位，識百不一有也；以位勢值可薦致之宜，十不一合也。或明足識真，有所妨奪，不欲貢薦；或好貢薦，而不能識真。是故，知與不知，相與分亂於總猥之中；實知者患於不得達效，不知者亦自以為未識。所謂無由得效之難也。

故曰：知人之效有二難。

漢・徐幹《中論》卷下《審大臣》 帝者昧旦而視朝廷，南面而聽天下，將與誰爲之，豈非羣公卿士歟？故大臣不可以不得其人也。大臣者，君之股肱耳目也，所以視聽也，所以行事也。先王知其如是也，故博求聰明睿哲君子，措諸上位，執邦之政令焉。執政聰明叡哲，則其事舉；其事舉則百僚任莫不其職；百僚任其職，百僚任其職，則庶事莫不致其治；庶事致其治，則九牧之民莫不得其所。故《書》曰：『元首明哉，股肱良哉，庶事康哉。』

故大臣者，治萬邦之重器也，不可以衆譽著也，人主所宜親察也，衆譽者可以聞斯人而已。故堯之聞舜也以衆譽，及其任之者，則以心之所自見。又有不因衆譽而獲大賢，其文王乎？畋於渭水邊，道遇姜太公，皤然皓首，方秉竿而釣，文王召而與之言，則帝王之佐也，乃載之歸，以爲太師。姜太公當此時，貧且賤矣，年又老矣，非有貴顯之舉也，其言誠當乎賢君之心，其術誠合乎致平之道，文王之識也，灼然若披雲而見日，霍然若開霧而觀天斯豈假之於衆人哉！非惟聖然也，霸者亦有之。昔齊桓公夙出，甯戚方爲旅人，宿乎大車之下，擊牛角而歌，歌聲悲激，其辭有疾於世，桓公知其非常人也，召而與之言，乃立功之士也，於是舉而用之，使知國政。凡明君之用人也，未有不悟乎己心而徒因衆譽也，用人而因衆譽焉，斯不欲爲治也，將以爲名也，然則見之不自知而以衆譽爲驗也，此所謂效衆譽也，非所謂效得賢能也。苟以衆譽爲賢能，則伯鯀無羽山之難，而唐虞無九載之費矣。聖人知衆譽之或是或非，故其用人也，則亦或因或獨，不以一驗爲也，況乎舉非四嶽也。世非有唐虞也，大道寢矣，邪説行矣，臣已詐矣，民已惑矣，非有獨見之明，專任衆人之譽，不以己察，不以事考，亦何由獲大賢哉！

且大賢在陋巷也，固非流俗之所識也，何則？大賢爲行也，裒然不自見，偭然若無能，不與時爭是非，不與俗辯曲直，不矜名，不辭謗，不求譽，其味至淡，其觀至拙，夫如是則何以異乎人哉！其異乎人者，謂心統乎羣理而不繆，智周乎萬物而不過，變故暴至而不惑，真僞叢萃而不迷。故其得志，則邦家治以和，社稷安以固，兆民受其慶，羣生賴其澤，八極之内同爲一，斯誠非流俗之所豫知也。不然，安得赫赫之譽哉！其赫赫之譽者，皆形乎流俗之觀，而曲同乎流俗之聽也，君子固不然矣。昔管夷吾嘗三戰而皆北，人皆謂之無勇；與之分財，取多，人皆謂之不廉；不死子糾之難，人皆謂之背義。若時無鮑叔之舉，霸君之聽，休功不立於世，盛名不垂於後，則長爲賤丈夫矣。魯人見仲尼之好讓而不爭也，亦謂之無能，爲之謠曰：『素韠羔裘，求之無尤；黑裘素韠，求之無戾。』夫以聖人之德，昭明顯融，高宏博厚，宜其易知也，且猶若此，而況賢者乎？以斯論之，則時俗之所不譽者未必爲非也，其所譽者未必爲是也。故《詩》曰：『山有扶蘇，隰有荷華，不見子都，乃見狂且。』言所謂好者非好，醜者非醜，亦由亂之所致也。治世則不然矣。叔世之君生乎亂，求大臣，置宰相，而信流俗之説，故不免乎國風之譏也。而欲與之興天和，致時雍，遏禍亂，弭妖災，無異策穿蹄之乘，而登太行之險，亦必顛躓矣。故《書》曰：『股肱墮哉，萬事墮哉。』此之謂也。

然則君子不爲時俗之所稱，曰孝悌忠信之稱也則有之矣，治國致平之稱則未之有也。其稱也，無以加乎習訓詁之儒也。夫治國致平之術，不兩得其人，則不能相通也。其人又寡矣，寡不稱衆，將誰使辨之？故君子不遇其時，則不如流俗之士聲名章徹也；非徒如此，又爲流俗之士所裁制焉。高下之分，貴賤之賈，一由彼口，是以没齒窮年不免於匹夫。昔荀卿生乎戰國之際，而有叡哲之才，祖述堯、舜，憲章文、武，宗師仲尼，明撥亂之道，然而列國之君以爲迂濶，不達時變，終莫之肯用也。至於遊説之士，謂其邪術，率其徒黨，而名震乎諸侯，所如之國靡不盡禮郊迎，擁篲先驅，受爵賞爲上客者，不可勝數也。故名實之不相當也，其所從來尚矣！何世無之，天下有道，然後斯物廢矣。

唐·魏徵等《羣書治要》卷四七《桓範〈政要論·辨能〉》 夫商鞅、申、韓之徒，其能也，貴尚譎詐，務行苛克，廢禮義之教，任刑名之數，不師古始，敗俗傷化，此則伊尹、周、邵之罪人也。然其尊君卑臣，富國强兵，守法持術。有可取焉。逮至漢興，有甯成、郅都之輩，放商、韓之治，專以殺伐，殘暴為能，順人主之意，希旨而行，要時趨利，敢行禍敗，此又商、韓之罪人也。然其抑豪强，撫孤弱。清己禁姦，背私立公，尚有可取焉。

其晚世之所謂能者，乃犯公家之法，赴私門之勢，廢百姓之務，趣人間之事，決煩理務，臨時苟辨，但使官無譴負之累，不省下民吁嗟之冤，復是申韓、甯、郅之罪人也。而俗猶共言其能，執政者選用不廢者，何也？為貴勢之所持，人間之士所稱，聽聲用名者衆，察實審能者寡，故使能否之分不定也。夫定令長之能者，守相也；定守相之能者，州牧刺史也。然刺史之徒，未必能考論能否也。未必能端平也。或委任下吏，聽浮游之譽；或受其戚黨貴勢之托，其整頓傳舍，待望迎賓，聽其請謁，供其私求，則行道之人言其能也。治政以威嚴為先，行事務邀時取辨，悕望上官之指，敬順監司之教，期會之命，無。降身以接士之來，違法以供其求，欲人間之事無不循，言説之談無不用，則寄寓遊行幅巾之士言其能也。有此三者為之談，聽聲譽者之所以可惑，能否之所以不定也。

又 卷五〇《袁準〈袁子正書·致賢〉》 雖有離婁之目，不能兩視而明；夔、曠之耳，不能兩聽而聰，仲尼之智，不能兩慮而察。夫以天下之至明至智，猶不能參聽而俱存之，而況於凡人乎？故以目，雖至明有所不知；以因，雖凡人無所不得。故善學者，假先王以論道；善因者，借外智以接物。故假人之目以視，奚適夫兩見？假人之耳以聽，奚適夫兩聞？假人之智以慮，奚適夫兩察。故夫處天下之大道而智不窮，興天下之大業而慮不竭，統齊羣言之類而口不勞，兼聽古今之辨而志不倦者，其唯用賢乎？

《宋書》卷六三《王華傳》 寧子先為高祖太尉主簿，陳損益曰：隆化之道，莫先於官得其才；枚卜之方，莫若人慎其舉。雖復因革不同，損益有物，求賢審官，未之或改。師錫僉曰，焕乎欽明之誥，拔茅征吉，著於幽《賁》之爻。晉師有成，瓜衍作賞，楚乘無入，爲賈不賀。今舊命惟新，幽人引領，《韶》之盡美，已備於振綱；《武》之未盡，或存於理目。雖九官之職，未可備舉，親民之選，尤宜在先。愚欲使天朝四品官，外及守牧，各舉一人堪為二千石長吏者，以付選官，隨缺敘用，得賢受賞，失舉任罰。夫惟帝之難，豈庸識所易，然舉爾所知，非求多人，因百官之明，孰與一識之見，執咎在己，豈容徇物之私。今非以選曹所銓，果於乖謬，衆職所舉，必也惟良，蓋宜使求賢闢其廣塗，考績取其少殿。若才實拔羣，進宜尚德，治阿之宰，不必計年，免徒之守，豈限資秩。自此以還，故當才均以資，資均以地。宰莅之官，誠曰吏職，然監觀民瘼，翼化宣風，則隱厚之求，急於刀筆，能事之功，接於德心，以此論才，行之年歲，豈惟政無秕蠹，民庇手足而已，將使公路日清，私請漸塞。士多心競，仁必由己，處士砥自求之節，仕子藏交馳之情。甯子庸微，不識治體，冒昧陳愚，退懼違謬。

又 卷八二《周朗等傳論》 史臣曰：昔婁敬戍卒，委輅而遷帝都；馮唐老賤，片詞以悟明主。素無王公卿士之貴，非有積譽取信之資，徒以一言合旨，仰感萬乘。自此山壑草萊之人，布衣韋帶之士，莫不踵闕縣書，煙霏霧集。自漢至魏，此風未爽。暨于晉氏，浮偽成俗，人懷獨善，仕貴遺務。降及宋祖，思反前失，雖革薄捐華，抑揚名教，而辟聰之路未啓，采言之制不弘。至於賤隸卑臣，義合朝算，徒以事非己出，知允莫從。昔之開之若彼，今之塞之若此，非為徐樂、嚴安，偏富漢世，東方、主父，獨闕宋時，蓋由用與不用也。徒置乞言之旨，空下不諱之令，

慕古飾情，義非側席，文士因斯，各存炫藻。周朗辯博之言，多切治要，而意在摛詞，文實忤主。文詞之為累，一至此乎！

《魏書》卷五四《高閭傳》 高祖又引見王公已下於皇信堂，高祖曰：『政雖多途，治歸一體，朕每蒙慈訓，猶自昧然。誠知忠佞有損益，而未識其異同，恒懼忠貞見毀，佞人便進。寤寐思此，如有隱憂。國彥朝賢，休戚所共，宜辨斯真偽，以釋朕懷。』尚書游明根對曰：『忠佞之士，實亦難知，依古爵人，先試之以官，官定然後祿之，三載考績，然後忠佞可明。』閭曰：『竊謂袁盎徹慎夫人席，是其忠；譖殺晁錯，是其佞。若以異人言之，望之為忠，石顯是佞。』高祖曰：『自非聖人，忠佞之行，時或互有，但忠功顯即謂之忠，佞迹成斯謂之佞。史官據成事而書，於今觀之，有別明矣。朕所問者，未然之前；卿之所對，已然之後。』閭曰：『佞者，飾智以行事；忠者，發心以附道。譬如玉石，皦然可知。』高祖曰：『玉石同體而異名，忠佞異名而同理。求之於同，則得其所以異；尋之於異，則失其所以同。出處同異之間，交換忠佞之境，豈是皦然易明哉？或有託佞以成忠，或有假忠以飾佞。如楚子綦後事顯忠，初非佞也。』閭曰：『子綦諫楚，初雖隨述，終致忠言，此適欲幾諫，非為佞也。子綦若不設初權，後忠無由得顯。』高祖善閭對。

北齊·劉晝《劉子》卷四《知人》 龍之潛也，慶雲未附，則與魚鱉為鄰；驥之伏也，孫陽未賞，必與駑駘同櫪；士之翳也，知己未顧，亦與傭流雜處。自非神機洞明，莫能分也。

故明哲之相士，聽之於未聞，察之於未形，而鑑其神智，識其才能，可謂知人矣。若功成事遂，然後知之者，何異耳聞雷霆而稱為聰，目見日月而謂之明乎？

故孔方諲之相馬也，雖未追風逐電，絕塵滅影，而迅足之勢，固已見矣。薛燭之賞劍也，雖未陸斬玄犀，水截蛟龍，而銳忍之資，亦已露矣！故范蠡吠於犬竇，文種聞而拜之，鮑龍跪石而吟，仲尼為之下車；堯之知舜，不違桑陰；文王之知呂望，不以永日。眉睫之微，接而形於色；音聲之妙，感而動於心。賢聖觀察，不待成功而知之也。陳平之棄楚歸漢，魏無知識其善謀；韓信之亡于黑水，蕭何知其能將，豈待吐六奇而後明，破趙魏而方識哉？若于臨機能謀而知其智，犯難涉危乃見其勇，是凡夫之識，非明哲之鑑。

故公輸之刻鳳也，冠距未成，翠羽未樹，人見其身者，謂之䲹鴉，見其首者，名曰鵜鶘，皆訾其醜，而笑其拙。及鳳之成，翠冠雲聳，朱距電搖，錦身霞散，綺翮焱發，翽然一翥，翻翔雲棟，三日而不集，然後贊其奇而稱其巧。

堯遭洪水，浩浩滔天，蕩蕩懷山，下民昏墊。禹為匹夫，未有功名，堯深知之，使治水焉，乃鑿龍門，斬荊山，導熊耳，通鳥鼠，櫛奔風，沐驟雨，面目黧黚，手足胼胝，冠絓不暇取，經門不及過，使百川東注於海，西被于流沙，人民免為魚鱉之患。於是衆人咸歌詠，始知其賢。

故見其樸而知其巧者，是王爾之知公輸也；鳳成而知其巧者，是衆人之知公輸也；未有功而知其賢者，是堯之知禹也；有功而知其賢者，是衆人之知禹也。故知人之難未易遇也。

侯生，夷門抱關之吏，見知於無忌；豫子，范、中行之亡虜，蒙異於智伯，名尊而身顯，榮滿於當世，雖復刎頸魏庭，漆身趙地，揣情酬德，未報知己虛左之顧，國士之遇也。世之烈士，願為賞者授命，猶瞽者之思視，躄者之想行，而目終不得開，足終不得伸，徒自悲夫！

又《因顯》 夫火以吹爇生焰，鏡以瑩拂成鑑。火不吹則無外耀之光，鏡不瑩必闕內影之照。故吹成火之光，瑩為鏡之華。人之寓代也，亦須聲譽以發光華，猶顧火、鏡假吹，瑩也。

今雖智如樗里，才若賈生，居環堵之室，無知己之談，望迹流於地，聲聞於天，不可得也。柳下惠不遇仲尼，則貞潔之行不顯，未免於三黜之臣，無恥之人也；季布不遇曹丘，則百金之諾不揚，未離於凡虜無羞之人也。二子所以德洽於當時，而聲流於萬代者，聖賢吹瑩也。

昔有賣良馬於市者，已三旦矣，而市人不顧。乃謂伯樂曰：『吾賣良馬，而市人莫賞。願子一顧，請獻半馬之價。』於是伯樂造市，來而迎睇之，去而目送之，一朝之價，遂至千金。此馬非昨馬駑駘，今成駃騠也，由人莫之賞，未有為之顧眄者也。

夫樟木盤根鉤枝，瘦節蠹皮，輪囷擁腫，則衆眼不顧。匠者採焉，制為殿梁，塗以丹漆，畫為黼藻，剛百辟卿士，莫不順眄仰視。木性猶是也，而昔賤今貴者，良工為之容也。

荆磎之璧，夜光之珠，薦之侯王，必藏之於玉匣，緘之以金縢。若闇以投人，則莫不相眄以愕，按劍而怒。何者？為無因而至故也。若物無所因，良馬勞於駔闠，美材朽於幽谷，寶珠觸於按劍。名有所因而至，則良馬一顧千金，粲木光於紫殿，珠璧擎之玉匣。今人之居代，雖抱才智，幽鬱窮閨，而無所因，則未有為之聲譽，先之以吹瑩。欲望身之光、名之顯，猶捫虚縛風，煎湯覓雪，豈可得乎？

又《托附》　夫含氣庶品，未有不托附物勢以成其便者也。故霜雁托於秋風，以成輕舉之勢；騰蛇附於春霧，以希淩霄之遊，蹶鼠附於蛩蛩，以攀追日之步；碧蘿附於青松，以茂淩雲之葉。與夫鳥獸蟲卉之志，猶知因風假霧，托峻附高，以成其事，況於人，而無托附以就其名乎？

故所托英賢，則身光名顯，所附闇蔽，則身悴名朽。天之始旭，則目察輕塵；歲之將暮，則蓬卷雲中。目之能見，蓬之能高，托日之光，附風之勢也。綴羽於金鐵，置之江湖，必也沉溺，陷於泥沙，非羽質重而性沉，所托沉也；載石於舟，置之江湖，則披風截波，汎颺長瀾，非石質輕而性浮，所托浮也。搏牛之蝱，飛極百步若附鸞尾，則一翥萬里，非其翼工，所托迅也。樓季足捷，追越奔兕，若駕疲羸，則日不涉一舍，非其脛遲，所托蹇也。以是觀之：附得其所，則重石可浮，短翅能遠；附失其所，則輕羽淪溺，迅足成蹇。

夫燕之巢幙，銜泥補綴，爛若綬紋，雖陶匠逞妙，不能為之，可謂固矣。然凱旋剔幕，則巢破子裂青，所托危也。鷦鷯巢葦之莖，紩之以絲發，珠圓羅纚，雖女工運巧，不能為之，可謂固矣。然虹風欻至，則葦折卵破者，何也？所托輕弱，使之然也。故鳥有擇木之性，魚有選潭之情，所以務其翔集，蓋斯為美也。

又《心隱》　二儀之大，可以章程測也，三光之動，可以表裏度也。雷霆之聲，可以鐘鼓傳也。風雨之變，可以音律知也。故其象可觀，不能匿其影；有形可見，不能隱其迹；有聲可聞，不能藏其響；有色可察，不能滅其情。以夫天地陰陽之難明，猶可以術數揆，而耳目可知。至於人也，心居於內，情伏於裏，非可以算數測也。凡人之心，險於山川，難於知天。天有春夏秋冬，旦暮之期猶有可知；人者厚貌深情，不可而知之也。故心有剛而色柔，容强而質弱，貌願而行慢，性懁而事緩，假飾於外，以明其情。喜不必愛，怒不必憎，笑不必樂，泣不必哀，其藏情隱行，未易測也。日在天之外，而光在人之外，物亦照焉。照之於外，不可而偽內者也，而偽猶生焉；心在人之內，而智又在其內，神亦照焉，外之於內，無所取徵也。而欲求其情，不亦難乎！不潔在面，人皆恥之；不潔在心，人不肯愧。以面露外而心伏內，故善飾其情，潛姦隱智，終身不可得而見也。

少正卯在魯，與孔子同時，孔子門人三盈三虚，唯顏淵不去。獨知聖人之德也！夫門人去仲尼而皈少正卯，非徒不知仲尼之聖，亦不知少正卯之佞。子貢曰：『少正卯，魯之丈人也，夫子為政，何以先之？』子曰：『賜也退，非爾所及也！夫少正卯心逆而憸，行辟而聖，言偽而辯，詞鄙而博，順非而澤。有此五偽，而亂聖人。』以子貢之明，見不能見。知人之難也，以是觀之：佞與賢相類，詐與信相似，辨與智相亂。愚直相像，若薺苨之亂人參，蛇床之似蘪蕪也。俗之常情，莫不自貴而鄙物，重己而輕人。觀其意也，非苟欲以愚勝賢，以短加長，由於人心難知，非可以准衡乎！未能虚己相推，故有以輕抑重，以短淩長，是以嫫母窺井，自謂媚勝西施；齊桓矜德，自稱賢於堯舜。若子貢始事孔子，一年自謂勝之，二年以為同德，三年方知不及。以子貢之才，猶不識聖人之德，望風相崇，奚況世人而能推勝己耶？是以真偽綺錯，賢愚雜揉，自非明哲，莫能辯也。

唐·歐陽詢等《藝文類聚》卷五二《治政部上·論政》　晉潘嶽《九品議》曰：天生蒸民，而樹之君，使司牧之，勿失其性，君不獨治，於是乎建牧立監，陳其輔佐，故曰天工人其代之。然則高官厚祿，非明崇賢，所以興治，卑位下役，非為鄙愚，所以供職，雖或開榮辱之門，有爭競之弊，而百王莫之能《易》者，此道不可以二故也。方今天下隆平，四海攸同，薦賢達善，各以類進，夫觀民宣化，為治之本，雖實小邑，猶須其人，又中正之身，優劣懸殊，苟知人者智，則不知者謬矣。莫如達官各舉其屬，萬嶽九列，朝所取信，郡守雖輕，有刺史存，舉之當否，實司其事，考績累名，施黜陟焉，進賢受賞，不進賢甘戮，沮勸既明，為人自為謀，庶公道大行，而私謁息矣。

《徐孝穆集箋注》卷三《在吏部尚書答諸求官人書》 自古有吏部尚書者，品藻人倫，簡其才能，尋其門冑，逐其少多，量其官爵。但古來數千年，非無明時也，非無明主也，自有才用雖美，階級不通，門戶雖高，官資殊屈，若斯人者，其例甚多，請問諸君，此是何義？夫一千錢一斛，米之多少，猶關相祿，況復皇朝官爵，理係玄天，內典謂之為業，外書稱之為命，五行有驛馬之言，六甲有官鬼之説，必令驛馬時發，官鬼克身，為驛馬邪？若見問尚書，何不分判用與不用，許與不許，僕答云，君非所望偕榮，便當果遂，如其不爾，決是難諧，豈可改尚書作官鬼，驅老僕屈滯，豈可相期，決言應果，若今驛馬差爽，便是乖信，此關君命，僕何以相答邪？若朝散之流，行止之屬，門戶相似，人才不殊，選家斟酌，無能為爾。若陟大位清官，悉由玄命。夫人君賓用，並是前緣，故宋文帝云：『人世豈無運命，每有好官缺，輒憶羊玄保。』梁武帝云：『世間人言有目色，我特不目色范悌。』自此而論，豈非前業？且世諺云：『圖官在亂世，覓富在荒年。』梁孝元帝承侯景之凶荒，王太尉接荊州之禍敗，爾時喪亂，無復典章，故使官方，窮此紛雜。自紹泰太平，及永定中，聖朝草創，爾時州州自帝，郡郡稱王，天下干戈，尚無條序，兼以府庫空虛，賞賜懸乏，白銀之寶難得，黃紙之板易營，假以官榮，代於錢絹，義在撫綏，無計多少。又有非舊非勳，非地非才，託節將而求官，因時人以買位，賣官既賤，皆為清顯，故員外常侍，路上比肩，諮議參軍，市中無數，四軍五校，車載斗量，豈是朝章，應其如此？今衣冠禮樂，日富年華，主上體成王之風，太傅弘周公之德，西羌北狄，畏我王威，時既清矣，時既平矣，何可猶作亂世意，而覓非分之官邪？凡人所以稱屈滯者，身已不無寸能，官又不及父祖，既是明時，可以於邑；所見諸君，多踰本分，猶言太屈，未喻高懷。若問梁朝朱領軍異亦為卿相，此不踰其本分邪？此天子所用，非關選序舊章。秦有車府令趙高，直爲丞相，漢有高廟令田千秋，亦為丞相，此復可為例邪？

《晉書》卷四七《傅咸傳》 會丙寅，詔羣僚舉郡縣之職以補內官。咸復上書曰：

臣咸以為夫興化之要，在於官人。才非一流，職有不同。譬諸林木，洪纖枉直，各有攸施。故明揚逮於仄陋，疇咨無拘內外。內外之任，出處隨宜，中間選用，惟內是隆；外舉既頹，復多節目，競內薄外，遂成風俗。此弊誠宜亟革之，當內外通塞無所偏耳。即使通塞無偏，若選用不平，有以深責；責之苟深，無憂不平也。且膠柱不可以調瑟，況乎官人而可以限乎！伏思所限者，以防選用不能出人。不能出人，當隨事而制，無須限法。法之有限，其於致遠，無乃泥乎！或謂不制其法，以何為貴？臣聞刑懲小人，義責君子，君子之責，在心不在限也。正始中，任何晏以選舉，內外之衆職各得其才，粲然之美於斯可觀。如此，非徒御之以限，法之所致，乃委任之由也。委任之懼，甚於限法。是法之失，非己之尤，尤不在己，責之無懼，所謂『齊之以刑，人免而無恥』者也。苟委任之，一則慮罪之及，二則懼致怨謗。己快則朝野稱詠，不善則衆惡是歸，此之戰戰，孰與倚限法以苟免乎！

又 卷七一《熊遠傳》 時冬雷電，且大雨，帝下書責躬引過，遠復上疏曰：選官用人，不料實德，惟在白望，不求才幹，鄉舉道廢，請托交行。有德而無力者退，脩望而有助者進；稱職以違俗見譏，虛資以從容見貴。是故公正道虧，私塗日開，强弱相陵，冤枉不理。今當官者以理事為俗吏，奉法為苛刻，盡禮為諂諛，從容為高妙，放蕩為達士，驕蹇為簡雅，此三失也。

世所謂三失者，公法加其身；私議貶其非；轉見排退，陸沈泥滓。時所謂三善者，王法所不加；清論美其賢；漸相登進，仕不輟官，攀龍附鳳，翱翔雲霄。遂使世人削方為圓，撓直為曲，豈待顧道德之清塗，踐仁義之區域乎！是以萬機未整，風俗偽薄，皆此之由。不明其黜陟，以審能否，此則俗未可得而變也。

今朝廷羣司以從順為善，相違見貶，不復論才之曲直，言之得失也。時有言者，或不見用，是以朝少辯爭之臣，士有祿仕之志焉。郭翼上書，武帝擢為屯留令，又置諫官，所以容受直言，誘進將來，故人得自盡，言無隱諱。任官然後爵之，位定然後祿之。敷奏以言，明試以功，車服以庸。舜猶歷試諸難，而今先祿不試，甚違古義，亂之所由也。求才急於疏賤，用刑先於親貴，然後令行禁止，野無遺滯。堯取舜於仄陋，舜拔賢於巖穴，姬公不曲繩於天倫，叔向不虧法於孔懷。今朝廷法吏多出於寒賤，是以章書日奏而不足以懲物，官人選才，而不足以濟事。宜招賢良於屠

釣，聘耿介於丘園。若此道不改，雖並官省職，無救弊亂也。能哲而惠，何憂乎驩兜，何遷乎有苗，何畏乎巧言令色孔壬！此官得其人之益也。

唐・趙蕤《長短經・知人》 《傅子》曰：知人之難，莫難於別真偽。設所脩出於為道者，則言自然而貴元虛；所脩出於為儒者，則言分制而貴公正；所脩出於為縱橫者，則言權宜而貴變常。九家殊務，各有所長，非所為難也。以默者觀其行，以語者觀其辭，以出者觀其治，以處者觀其學：四德或異，所觀者有微，又非所為難也。所為難者，典說詭合，轉應無窮：辱而言高，貪而言廉，賊而言仁，怯而言勇，詐而言信，淫而言貞，能設似而亂真，多端以疑闇，此凡人之所常惑，明主之所甚疾也。

唐・杜佑《通典》卷一四《選舉・歷代制中》 裴子野曰：官人之難，先王言之詳矣。居家視其孝友，鄉黨察其誠信，出入觀其志義，憂難取其智謀，煩之以事，以求其理，臨之以利，以察其廉。周禮，始於學校，論之州里，告諸六事，而後貢於王庭。其在漢家，尚猶然也，州郡積其功能，然後為五府所辟，五府舉其掾屬，而升之於朝，三公參其得失，除署，尚書奏之天子。一人之身，所閱者衆，一賢之進，其課也詳，故能官得其才，鮮有敗事。魏晉易是，而所失弘多。夫厚貌深衷，險如谿壑，擇言觀行，猶懼弗周，況今萬品千羣，俄折乎一面，庶僚百位，專斷於一司，於是囂風遂行，不可止也。已擊轂攘袂，填彼寺臺，求者干進，以務必得，加之以諂黷，吏曹按閥而選舉，不遑訪采於鄉邑，父誨其子曰，不索何獲，兄勵其弟曰，努力窺覦，無復廉恥之風，謹願之操，官邪國敗，而不可紀綱。假使龍作納言，舜居南面，而治致平章，不可必也。況後之官人者哉？孝武雖分曹為兩，不能反之於周漢，朝三暮四，其病瘉甚也。

人才使用論分部

論説

三國魏・劉邵《人物志・流業》 蓋人流之業，十有二焉：有清節家，有法家，有術家，有國體，有器能，有臧否，有伎倆，有智意，有文章，有儒學，有口辨，有雄傑。

若夫德行高妙，容止可法，是謂清節之家，延陵、晏嬰是也。建法立制，彊國富人，是謂法家，管仲、商鞅是也。思通道化，策謀奇妙，是謂術家，范蠡、張良是也。兼有三材，三材皆備，其德足以厲風俗，其法足以正天下，其術足以謀廟勝，是謂國體，伊尹、呂望是也。兼有三材，三材皆微，其德足以率一國，其法足以正鄉邑，其術足以權事宜，是謂器能，子產、西門豹是也。兼有三材之別，各有一流。清節之流，不能弘恕，好尚譏訶，分別是非，是謂臧否，子夏之徒是也。法家之流，不能創思遠圖，而能受一官之任，錯意施巧，是謂伎倆，張敞、趙廣漢是也。術家之流，不能創制垂則，而能遭變用權，權智有餘，公正不足，是謂智意，陳平、韓安國是也。凡此八業，皆以三材為本。故雖波流分別，皆為輕事之材也。能屬文著述，是謂文章，司馬遷、班固是也。能傳聖人之業，而不能幹事施政，是謂儒學，毛公、貫公是也。辯不入道，而應對資給，是謂口辯，樂毅、曹丘生是也。膽力絶衆，材略過人，是謂驍雄，白起、韓信是也。凡此十二材，皆人臣之任也。主德不預焉。主德者，聰明平淡，總達衆材，而不以事自任者也。是故主道立，則十二材各得其任也。清節之德，師氏之任也。法家之材，司寇之任也。術家之材，三孤之任也。三材純備，三公之任也。三材而微，冢宰之任也。臧否之材，師氏之佐也。智意之材，冢宰之佐也。伎倆之材，司空之任也。儒學之材，安民之任也。文章之材，國史之任也。辯給之材，行人之任也。驍雄之材，將帥之任也。是謂主道得而臣道序，官不易方，而太平用成。若道不平淡，與一材同用好，則一材處權，而衆材失任矣。

又《材能》 或曰：『人材有能大而不能小，猶函牛之鼎不可以烹雞。』愚以為此非名也。夫能之為言，已定之稱；豈有能大而不能小乎？凡所謂能大而不能小，其語出於性有寬急。性有寬急，故宜有大小。寬弘之人，宜為郡國，使下得施其功，而總成其事。急小之人，宜理百里，使事辦於己。然則郡之與縣，異體之大小者也。以實理寬急論辯之，則當言大小異宜，不當言能大不能小也。若夫雞之與牛，亦異體之小大也，故鼎亦宜有大小。若以烹犢，則豈不能烹雞乎？故能治大郡，則亦

能治小郡矣。推此論之，人材各有所宜，非獨大小之謂也。

夫人材不同，能各有異：有自任之能，有立法使人從之之能，有消息辨護之能，有德教師人之能，有行事使人譴讓之能，有司察糾摘之能，有權奇之能，有威猛之能。

夫能出於材，材不同量。材能既殊，任政亦異。是故自任之能，清節之材也。故在朝也，則冢宰之任為國則矯直之政。立法之能，治家之材也。故在朝也，則司寇之任，為國則公正之政。計策之能，術家之材也。故在朝也，則三孤之任，為國則變化之政。人事之能，智意之材也。故在朝也，則冢宰之佐，為國則諧合之政。行事之能，譴讓之材也。故在朝也，則司寇之佐，為國則督責之政。權奇之能，伎倆之材也。故在朝也，則司空之任，為國則藝事之政。司察之能，臧否之材也。故在朝也，則師氏之佐，為國則刻削之政。威猛之能，豪傑之材也。故在朝也，則將帥之任，為國則嚴厲之政。凡偏材之人，皆一味之美。故長於辦一官，而短於為一國。何者？夫一官之任，以一味協五味；一國之政，以無味和五味。又國有俗化，民有劇易，而人材不同，故政有得失。是以王化之政，宜於統大，以之治小則迂。辨護之政，宜於治煩，以之治易則無易。策術之政，宜於治難，以之治平則無奇。矯抗之政，宜於治侈，以之治弊則殘。諧和之政，宜於治新，以之治舊則虛。公刻之政，宜於糾姦，以之治邊則失衆。威猛之政，宜於討亂，以之治善則暴。伎倆之政，宜於治富，以之治貧則勞而下困。故量能授官，不可不審也。凡此之能，皆偏材之人也。故或能言而不能行，或能行而不能言，至於國體之人，能言能行，故為衆材之雋也。

人君之能，異於此。故臣以自任為能，君以用人為能；臣以能言為能，君以能聽為能。臣以能行為能，君以能賞罰為能。所能不同，故能君衆材也。

又《利害》 蓋人業之流，各有利害。夫節清之業，著於儀容，發於德行；未用而章，其道順而有化。故其未達也，為衆人之所進；既達也，為上下之所敬。其功足以激濁揚清，師範僚友。其為業也，無弊而常顯，故為世之所貴。

法家之業，本於制度，待乎成功而效。其道前苦而後治，嚴而為衆。故其未達也，為衆人之所忌；已試也，為上下之所憚。其功足以立法成治。其弊也，為羣枉之所讐。其為業也，有敝而不常用，故功大而不終。

術家之業，出於聰思，待於謀得而章。其道先微而後著，精而且玄。其未達也，為衆人之所不識。其用也，為明主之所珍。其功足以運籌通變。其退也，藏於隱微。其為業也，奇而希用，故或沉微而不章。

智意之業，本于原度，其道順而不忤。故其未達也，為衆人之所容矣；已達也，為寵愛之所嘉。其功足以贊明計慮。其蔽也，知進而不退，或離正以自全。其為業也，諝而難持，故或先利而後害。

臧否之業，本乎是非，其道廉而且砭。故其未達也，為衆人之所識；已達也，為衆人之所稱。其功足以變察是非。其蔽也，為詆訶之所怨。其為業也，峭而不裕，故或先得而後離衆。

伎倆之業，本於事能，其道辨而且速。其未達也，為衆人之所異；已達也，為官司之所任。其功足以理煩糾邪。其蔽也，民勞而下困。其為業也，細而不泰，故為治之末也。

唐·魏徵等《羣書治要》卷四七《蔣濟〈萬機論·用奇〉》 或曰：『官人用士，累功積效，以次相敍，明主之法，忠臣之節盡矣。若拔奇求異，超等逾第，非臣之事也。』應之曰：『顧當憂世無奇人，儻有又不能識耳，明法忠節，未必已盡也。自昔五帝之冠，固有黜陟之謨矣，復勤揚側陋；殷有考誠之誥矣，復力索巖穴；西伯有呈效之誓矣，復旁求魚釣；小伯有督課之法矣，復遽求囚俘；漢祖有賞爵之約矣，復急追亡信。若脩敍為明法，拔奇為非事，是兩帝三君非聖哲，而鮑、蕭非忠吏也。然則考功案第，守成之法也；拔奇取異，定社稷之事也。當多事之世，而論無事之法；處用奇之時，而必效一官之智。此所以上古多無嚴之國也。是以高世之主，成功之臣，張法以御常人，厚禮以延奇逸，求之若不及，索之若骨肉，故能消災除難，君臣同烈也。曩使五主二臣，牽於有司，束於脩常，不念疇諮，則唐民「康哉之歌」不作，殷無高宗之號，周無殪商雅頌之美，齊無九合功，漢殲於京索而不帝矣。故明君良臣，垂意於奇異，誠欲濟其事也。使奇異填於溝壑，有國者將不興其治矣。』

又 卷四八《陸景〈典語〉》 爵祿賞罰，人主之威柄，帝王之所以為尊者也。故爵祿不可不重：重之則居之者貴，輕之則處之者賤。居之

者貴，則君子慕義；取之者賤，則小人覬覦。君子慕義，治道之兆；小人覬覦，亂政之漸也。《易》曰：『聖人之大寶曰位，何以守位曰人。』故先王重於爵位，慎於官人；制爵必俟有德，班祿必施有功。是以見其爵者昭其德，聞其祿者知其功。然猶戒以威罰，勸以黜陟，顯以錫命，耀以車服，故朝無曠官之譏，士無尸位之責矣。夫無功而受祿，君子猶不可，況小人乎？孔子所以恥稟丘之封，而惡季氏之富也。故曰『富與貴，是人之所欲，不以其道得之，不處』。苟得其志，執鞭可為；苟非其道，卿相猶避。明君不可以虛授，人臣亦不可以苟受也。《書》曰：『天工人其代之。』是以聖帝明王，重器與名，尤慎官人。故周褒申伯，吉甫箸誦；祈父失職，詩人作刺；王商為宰，單于震畏；千秋登相，匈奴輕漢。推此言之，官人封爵，不可不慎也。官得其人，方類相求，雖在下位，士以為榮也。俗以貨成，位失其守，雖則三公，士以為辱也。故王陽在位，貢公彈冠；王許並立，班伯恥之。天子據率土之資，總三才之任，以制御六合，統理羣生，固未易為也。是以聖帝明王，憂勞待旦，勤於日昃，未有不汲汲於求賢，勤勤於遠惡者也。故大舜招二八於唐朝，投四凶於荒裔，殛鯀不嫌登禹，親仁也；舉子不為宥父，遠惡也，以能昭德立化，為百王之命也。夫世之治亂，國之安危，非由他也。俊乂在官，則治道清；姦佞干政，則禍亂作。故王者任人，不可不慎也。得人之道，蓋在於敬賢而誅惡也；敬一賢則衆賢悅，誅一惡則衆惡懼。昔魯誅少正，佞人變行；燕禮郭隗，羣士嚮至，非其效與？然人主處於深宮之中，生於禁闥之內，眼不親見臣下之得失，耳不親聞賢愚之否臧，焉知臣下誰忠誰否、誰是誰非？須當留意隱括，聽言觀行，驗之以實，效之以事，能推事效實，則賢愚明而治道清矣。

王者所以稱天子者，以其號令政治，法天而行故也。夫天之育萬物也，耀之以日月，紀之以星辰，運之以陰陽，成之以寒暑，震之以雷霆，潤之以雲雨。天不親事，而萬事歸功者，以所任者得其宜也。然握璿璣，御七辰，調四時，制五行，此蓋之所為任者也。孔子曰：『唯天為大，唯堯則之。』帝王之盛莫過虞。昔帝堯之末，洪水有滔天之災，烝民有昏墊之憂，於是咨嗟四嶽，舉及側陋。虞舜既登，百揆時敍，二八龍騰，並幹唐朝，故能揚嚴億載，冠德百王。舜既受終，並簡俊德，咸列庶官，從容垂拱，身無一勞，而庶事歸功，光炎百世者，所任得其人也。

天子所以立公卿、大夫、列士之官者，非但欲備員數設虛位而已也。以天下至廣，庶事總猥，非一人之身所能周理，故分官別職，各守其位。事有大小，故官有尊卑；人有優劣，故爵有等級。三公者，帝王之所杖也。自非天下之俊德，當世之良材，即不得而處其任；處其任者，必荷其責；在其任者，必知所職。夫臣輔社稷，佐日揚光，協齊七政，宣化四方，此三公之職。籩豆之事，則有司存。大臣不親細事，猶周鼎不調小味也。故《書》曰：『元首叢脞哉？股肱惰哉？庶事墮哉？』此之謂也。陳平曰：『宰相者，上佐天子，下理陰陽，外撫四夷諸侯，內親附百姓，使卿大夫各得任其職也。』可謂知其任者也。

天下至廣，萬機至繁，人主以一人之身，處重仞之內，而御至廣之士，聽至繁之政，安知萬國之聲息，民俗之動靜乎？故古之聖帝，立輔弼之臣，列官司之守，勸之以爵賞，戒之以刑罰，故明誡以效其功，考績以核其能，德高者位尊，才優者任重，人主總君謨以觀衆智，杖忠賢而布政化，明耳目以來風聲，進直言以求得失。夫如是，雖廣必周，雖繁必理。何則？御之有此具也。夫君稱元首，臣云股肱，明大臣與人主一體者也。堯明俊德，守位以人，所以强四支而輔體也。其為己用，豈細也哉？苟非其選，器不虛假；苟得其人，委之無疑。君之任臣，如身之信手；臣之事君，亦宜如手之繫身，安則共樂，痛則同憂。其上下協心，以治世事，不俟命而自勤，不求容而自親，何則？相信之忠著也。是以天子改容於大臣，所以重之也；人臣盡命於君上，所以報德也。寵之以爵級，而天下莫不尊其位；任之以重器，天下莫不敬其人；顯之以車服，天下莫不瞻其榮者，以其荷光景於辰耀，登階於天路也。若此之人，進退必足動天地而應列宿也。故選不可以不精，任不可以不信，進不可以不禮，退不可以權辱。昔賈生嘗陳階級，而文帝加重大臣，每賢其遺言，博引古今，文辭雅偉，真君人之至道，王臣之碩謨也。

夫料才覈能，治世之要也。凡人之才，用有所周，能有偏達，自非聖人，誰兼資百行，備貫衆理乎？故明君聖主，裁而用焉。昔舜命羣司，隨才守位；漢述功臣，三傑異稱，況非此儔，而可備責乎？且造父善御，師曠知音，皆古之至奇也。使其探事易伎，則彼此俱屈，何則？才

有偏達也。人之才能，率皆此類，不可不料也。若任得其才，才堪其任，而國不治者，未之有也。或有用士而不能以治者，既任之，不盡其才，不覈其能，故功難成而世不治也。馬無輦重之任，牛無千里之迹，違其本性，責其效事，豈可得哉？使韓信下帷，仲舒當戎，於公馳説，陸賈聽訟，必無曩時之勳，而顯今日之名也。何則？素非才之所長也。推此論之，何可不料哉！

又　**卷四九《傅玄〈傅子·重爵禄〉》**　爵禄者，國柄之本，而貴富之所由，不可以不重也。然則爵非德不授，禄非功不與，二教即立，則良士不敢以賤德受貴爵，勞臣不敢以微功受重禄；況無德無功，而敢虚干爵禄之制乎！

然則先王之用爵禄，不可謂輕矣；夫爵者位之級，而禄者官之實也。級有等而稱其位，實足利而周其官，此立爵禄之分也。爵禄之分定，必明選其人而重用之。德貴功多者，受重爵大位，厚禄尊官；德淺功寡者，受輕爵小位，薄禄卑官。厚足以衍宗黨，薄足以代其耕。居官奉職者，坐而食於人，既食於人，不敢以私利經心；既受禄於官，而或營私利，則公法繩之於上，而顯議廢之於下。是以仁讓之教存，廉耻之化行，貪鄙之路塞，嗜欲之情滅，百官各敬其職，大臣論道於朝，公議日興，而私利日廢矣。

明君必順善制而後致治，非善制之能獨治也，必須良佐有以行之也。欲治其民，而不省其事，則事繁而職亂。知省其職，而不知節其吏，厚其禄也，則下力既竭而上猶未供；薄其禄也。則吏競背公義，營私利。此教之所以必廢而不行也。

凡欲為治者，無不欲其吏之清也。不知所以致清而求其清，此猶滑其源而望其流之絜也。知所以致清，則雖舉盜蹠，不敢為非；不知所以致清，則雖舉夷、叔，必犯其制矣。夫授夷、叔以事，而薄其禄，近不足以濟其身，遠不足以及室家，父母餓於前，妻子餒於後；不營則骨肉之道虧，營之則奉公之制犯。骨肉之道虧，則怨毒之心生；怨毒之心生，則仁義之理衰矣。使夷、叔有父母存，無以致養，必不采薇於首陽，顧公制而守死矣。由此言之，吏禄不重，則夷、叔必犯矣。夫棄家門，委身於公朝，榮不足以庇宗人，禄不足以濟家室，骨肉怨於内，交黨離於外，仁孝之道虧，名譽之利損，能守志而不移者鮮矣。主不詳察，聞其怨興於内，而交離于外，薄其名，必時黜其身矣。家困而身黜，不移之士，不顧私門之怨，不憚遠近之謫，死而後已，不改其行；上不見信於君，下不見明於俗，遂委死溝壑，而莫之能知也。豈不悲夫？天下知為清之若此，則改行而從俗矣。清者化而為濁，善者變而陷於非，若此而能以致治者，未之聞也。

又　**《授職》**　夫裁徑尺之帛，刊方寸之木，不任左右，必求良工者，裁帛刊木，非左右之所能故也。徑尺之帛，方寸之木，薄物也，非良工不能裁之；況帝王之佐，經國之任，可不審擇其人乎？故構大廈者，先擇匠，然後簡材；治國家者，先擇佐，然後定民。大匠構屋，必大材為棟，小材為榱橑，苟有所中，尺寸之木無棄也。非獨屋有棟樑，國家亦然。大者為宰相，此國之棟樑也。審其棟樑，則經國之本立矣。經國之本立，則庶官無曠，而天工時敍矣。

又　**卷五〇《袁準〈袁子正書·設官〉》**　古者三公論王職，六卿典事業，事大者官大，事小者官小。今三公之官，或無事，或職小；又有貴重之官，無治事之實：此官虚設者也。秦漢置丞相九卿之官，以治萬機。其後天子不能與公卿造事，外之而置尚書，又外之而置中書，轉相重累，稍執機事，制百官之本，公卿之職遂輕，則失體矣。又有兵士而封侯者。古之尊貴者，以職大故貴。今列侯無事，未有無職而空貴者也。世衰禮廢，五等散亡，故有賜爵封侯之賞。既公且侯，失其制。今有卿相之才，居三公之位，脩其治政，以安寧國家，未必封侯也。而今軍政之法，斬一牙門將者封侯，夫斬一將之功，孰與安寧天下也？安寧天下者不爵，斬一將之功者封侯，失封賞之意矣。夫離古意制，外内不壹，小大錯貿，轉相重累，是以人執異端，窺欲無極，此治道之所患也。先王置官，各有分職，使各以其屬達之于王，自己職事則是非精練，百官奏，則下情不塞，先王之道也。

又　**《用賢》**　治國有四：一曰尚德，二曰考能，三曰賞功，四曰罰罪。四者明則國治矣。夫論士不以其德，而以其舊；考能不以其才，而以其久；而求下之貴上，不可得也。賞可以勢求，罰可以力避，而求下之無姦，不可得也。為官長非苟相君也，治天下也。用賢非以役之，尚

德也。行之以公，故天下歸之。故明王之使人有五：一曰以大體期之，二曰要其成功，三曰忠信不疑，四曰至公無私，五曰與天下同憂。以大體期之，則臣自重；要其成功，則臣勤懼；忠信不疑，則臣盡節；至公無私，則臣盡情；與天下同憂，則臣盡死。夫唯信而後可以使人。昔者齊威王使章子將而伐魏，人言其反者三，威王不應也。自是之後，為齊將者，無有自疑之心，是以兵强於終始也。唯君子為能信，一不信則終身之行廢矣。故君子重之。漢高祖，山東之匹夫也，無有咫尺之土，十室之聚，能任天下之智力，舉大體而不苛，故王天下，莫之能御也。項籍，楚之世將，有重於民，橫行天下，然而卒死東城者，何也。有一范增不能用，意忌多疑，不信大臣故也。寬則得衆，用賢則多功，信則人歸之。

又《世治》 天地之道貴大，聖人之道貴寬，無分寸之曲，至直也。以是繩之，則工不足於材矣。無纖分之短，至善也。以是規之，則人主不足於人矣。故凡用人者，不求備於一人。桓公之于甯戚也，知之矣。夫有近會者無遠期。今之為法，曰『選舉之官不得見人』，曰『以絕姦私』也。夫處深宮之中，而選天下之人以為明，奚從而知之？夫交接人之道，不可絕也。故聖人求所以治交，而不求絕交，人莫問不交，以人禁人，足以私禁私也。先王之用人不然：不論貴賤，不禁交遊，以德底爵，以能底官，以功底祿，具賞罰以待其歸，雖使之遊，誰敢離道哉？

又《王子主失》 有王子者，著《主失》之書，子張甚善之，為袁子稱之曰：夫人之所以貴於大人者，非為其官爵也，以其言忠信，行篤敬，人主授之不虛，人臣受之不妄也。若居其位，不論其能；賞其身，不議其功；則私門之路通，而公正之道塞矣。凡世之所患，非患人主之有過失也，患有過欲改而不能得也。是何也？夫姦臣之事君，固欲苟悅其心。夫物未嘗無似象。似象之言，浸潤之諛，非明者不能察也。姦臣因以似象之言，而為之容説，人主不能別也。是而悅之，惑亂其心，舉動日繆，而常自以為得道，此有國之常患也。夫佞之言，柔順而有文；忠正之言，簡直而多逆。使忠臣之言是也，人主固弗快之矣。今姦臣之言，已搶於人主，不自以為非；忠臣以逆迕之言説之，人主方以為誣妄，何其言之見聽哉？是以大者剄腹，小者見奴。忠臣涉危死而言不見聽，姦臣饗榮利而言見悅，則天下奚蹈夫危死而不用、去夫榮樂而見聽哉？故有被髪而為狂，有竄伏於窟穴，此古今之常也。凡姦臣者，好為難成之事，以徼幸成功之利，而能先得人主之心。上之人不能審察，而悅其巧言則見其賞而不見其罰矣。為人臣，有禮未必尊，無禮未必卑，則姦臣知所以事主矣。雖有今日之失，必知明日所以復之塗也。故人主賞罰一不當，則邪人為巧滋生；其為姦滋甚，知者雖見其非而不敢言，為將不用也。

夫先王之道遠而難明；當世之法近而易知。凡人莫不違其疏而從其親，見其小而闇其大。今賢者固遠主矣，而執遠而難明之物；姦人固近主矣，而執近而易知之理。則忠正之言奚時而得達哉？故主蔽於上，姦成於下，國亡而家破。伍子胥為吳破楚，令闔閭霸，及夫差立，鴟夷而浮之江；樂毅為燕王破强齊，報大恥，及惠王立而驅逐之。夫二子之於國家，可謂有功矣，夫差、惠王足以知之矣，然猶不免於危死者，人主不能常明，而忠邪之道異故也。又況於草茅孤遠之臣，而無二子之功，涉姦邪之門，經傾險之塗，欲其身達，不亦難哉？今人雖有子產之賢，而無子皮之舉；有解狐之德，而無祁奚之直；亦何由得達而進用哉？故有祁奚之直，而無宣子之聽；有子皮之賢，而無當國之權；則雖荆山之璞，猶且見瓦耳。故有管仲之賢，有鮑叔之友，必遇桓公而後達；有陳平之智，有無知之友，必遇高祖而後聽。桓公、高祖不可遇，雖有二子之才，夫奚得用哉？

《三國志》卷一二《魏志·何夔傳》 夔言於太祖曰：

自軍興以來，制度草創，用人未詳其本，是以各引其類，時忘道德。夔聞以賢制爵，則民慎德；以庸制祿，則民興功。以為自今所用，必先核之鄉閭，使長幼順敘，無相逾越。顯忠直之賞，明公實之報，則賢不肖之分，居然別矣。又可脩保舉故不以實之令，使有司別受其負。在朝之臣，時受教與曹並選者，各任其責。上以觀朝臣之節，下以塞爭競之源，以督羣下，以率萬民，如是，則天下幸甚。

又 卷一六《魏志·杜恕傳》 樂安廉昭以才能拔擢，頗好言事。恕上疏極諫曰：【略】

夫聖人不擇世而興，不易民而治，然而生必有賢智之佐者，蓋進之以道，率之以禮故也。古之帝王之所以能輔世長民者，莫不遠得百姓之歡心，近盡羣臣之智力。誠使今朝任職之臣皆天下之選，而不能盡其力，不

可謂能使人。若非天下之選，亦不可謂能官人。陛下憂勞萬機，或親燈火，而庶事不康，刑禁日馳，豈非股肱不稱之明效歟？原其所由，非獨臣有不盡忠，亦主有不能使。百里奚愚於虞而智於秦，豫讓苟容中行而著節智伯，斯則古人之明驗矣。今臣言一朝皆不忠，是誣一朝也；然其事類可推而得。陛下感帑藏之不充實，而軍事未息，至乃斷四時之賦衣，薄御府之私穀，帥由聖意，舉朝稱明，與聞政事密勿大臣，寧有懇懇憂此者乎？

騎都尉王才，幸樂人孟思所為不法，振動京都，而其罪狀發於小吏，公卿大臣初無一言。自陛下踐阼以來，司隸校尉、御史中丞寧有舉綱維以督姦宄，使朝廷肅然者邪？若陛下以為今世無良才，朝廷乏賢佐，豈可追望稷、契之遐蹤，坐待來世之儁乂乎！今之所謂賢者，盡有大官而享厚祿矣，然而奉上之節未立，向公之心不一者，委任之責不專，而俗多忌諱故也。臣以為忠臣不必親，親臣不必忠。何者？以其居無嫌之地而事得自盡也。今有疏者毀人不實其所毀，而必曰私報所憎，譽人不實其所譽，而必曰私愛所親，左右或因之以進憎愛之説。非獨毀譽有之，政事損益，亦皆有嫌。陛下當思所以闡廣朝臣之心，篤厲有道之節，使之自同古人，望與竹帛耳。反使如廉昭者擾亂其間，臣懼大臣遂將容身保位，坐觀得失，為來世戒也！

昔周公戒魯侯曰：『無使大臣怨乎不以。』不言賢愚，明皆當世用也。堯數舜之功，稱去四凶，不言大小，有罪則去也。今者朝臣不自以為不能，以陛下為不任也；不自以為不智，以陛下為不問也。陛下何不遵周公之所以用，大舜之所以去？使侍中、尚書，坐則侍帷幄，行則從華輦，親對詔問，所陳必達，則羣臣之行，能否皆可得而知；忠能者進，闇劣者退，誰敢依違而不自盡？以陛下之聖明，親與羣臣論議政事，使羣臣人得自盡，人自以為親，人思所以報，賢愚能否，在陛下之所用。以此治事，何事不辨？以此建功，何功不成？每有軍事，詔書常曰：『誰當憂此者邪？吾當自憂耳。』近詔又曰：『憂公忘私者必不然，但先公後私即自辨也。』伏讀明詔，乃知聖思究盡下情，然亦怪陛下不知其本而憂其末也。人之能否，實有本性，雖臣亦以為朝臣不盡稱職也。明主之用人也。使能者不敢遺其力，而不能者不得處非其任。選舉非其人，未必為有罪也；舉朝共容非其人，乃為怪耳。陛下知其不盡力也。而代之憂其職，知其不能也。而教之治其事，豈徒主勞而臣逸哉，雖聖賢並世，終不能自此為治也。

陛下又患臺閣禁令之不密，人事請屬之不絶，聽伊尹作迎客出入之制，選司徒更惡吏以守寺門，威禁由之，實未得為禁之本也。昔漢安帝時，少府竇嘉辟廷尉郭躬無罪之兄子，猶見舉奏，章劾紛紛。近司隸校尉孔羨辟大將軍狂悖之弟，而有司嘿爾，望風希指，甚於受屬。選舉不以實，人事之大者也。嘉有親戚之寵，躬非社稷重臣，猶尚如此，以今況古，陛下自不督必行之罰以絶阿党之原耳。伊尹之制，與惡吏守門，非治世之具也。使臣之言少蒙察納，何患於姦不削滅而養若昭等乎！

夫糾擿姦宄，忠事也。然而世憎小人行之者，以其不顧道理而苟求容進也。若陛下不復考其終始，必以違衆忤世為奉公，密行白人為盡節，焉有通人大才而更不能為此邪？誠顧道理而弗為耳，使天下皆背道而趨利，則人主之所最病者，陛下將何樂焉？胡不絶其萌乎！夫先意承旨以求容美，率皆天下淺薄無行義者，其意務在於適人主之心而已，非欲治天下、安百姓也。陛下何不試變業而示之，彼豈執其所守以違聖意哉？夫人臣得人主之心，安業也；處尊顯之官，榮事也；食千鍾之祿，厚實也。人臣雖愚，未有不樂此而喜幹干者也。迫於道，自彊耳。誠以為陛下當憐而佑之，少委任焉，如何反録昭等傾側之意，而忽若人者乎？今者外有伺隙之寇，內有貧曠之民，陛下當大計天下之損益，政事之得失，誠不可以怠也。

又 **卷五二《吳志・步騭傳》** 騭上疏曰：【略】『懸賞以顯善，設刑以威姦，任賢而使能，審明於法術，則何功而不成？何事而不辨？何聽而不聞？何視而不睹哉？若今郡守百里，皆各得其人，共相經緯，如是，庶政豈不康哉！竊聞諸縣並有備吏，吏多民煩，俗以之弊。但小人因緣銜命，不務奉公而作威福，無益視聽，更為民害，愚以為可一切罷省。』

又 **卷五八《吳志・陸抗傳》** 時何定弄權，閹官預政。抗上疏曰：『臣聞開國承家，小人勿用，靖譖庸回，唐書攸戒，是以雅人所以怨刺，仲尼所以歎息也。春秋已來，爰及秦、漢，傾覆之釁，未有不由斯者

也。小人不明理道，所見既淺，雖使竭情盡節，猶不足任，況其姦心素篤，而憎愛移易哉？苟患失之，無所不至。今委以聰明之任，假以專制之威，而冀雍熙之聲作，肅清之化立，不可得也。方今見吏，殊才雖少，然或寇冕之胄，少漸道教。或清苦自立，資能足用，自可隨才授職，抑黜羣小，然後俗化可清，庶政無穢也。』

晉·葛洪《抱朴子外篇》卷一一《貴賢》　抱朴子曰：舍輕艘而涉無涯者，不見其必濟也；無良輔而羨隆平者，未聞其有成也。鴻鸞之淩虛者，六翮之力也；淵虬之天飛者，雲霧之偕也。故招賢用才者，人主之要務也；立功立事者，髦俊之所思也。若乃樂治定而忽智士者，何異欲致遠塗而棄騏騄哉！

夫拔丘園之否滯，舉遺漏之幽人，職盡其才，祿稱其功者，君所以待賢者也；勤夙夜之在公，竭心力於百揆，進善退惡，知無不為者，臣所以報知己也。世有隱逸之民，而無獨立之主者，士可以嘉遁而無憂，君不可以無臣而致治。是以傅説、呂尚不汲汲於聞達者，道德備則輕王公也。而殷高、周文乃夢想乎得賢者，建洪勳必須良佐也。

患於生乎深宮之中，長乎婦人之手，不識稼穡之艱難，不知憂懼之何理，承家繼體，蔽乎崇替。所急在乎侈靡，至務在乎游晏，般於畋獵，湎於酣樂，聞淫聲則驚聽，見豔色則改視。役聰用明，止此二事。鑑澄人物，不以經神，唯識玩弄可以悅心志，不知奇士可以安社稷。犀象珠玉，無足而至自萬里之外；定傾之器，能行而淪乎四境之內。二豎之疾既據而募良醫，棟橈之禍已集而思謀夫，何異乎火起乃穿井，覺飢而占田哉！夫庸隸猶不可以不拊循而卒盡其力，安可以無素而暴得其用哉？

又　卷一二《任能》　或曰：『尾大於身者，不可掉；臣賢於君者，不可任。故口不容而强吞之者，必哽，才非匹而安仗之者，見輕。』

抱朴子曰：『詭哉言乎！昔者荆子總角而攝相事，實賴二十五老，臻乎惠康。子賤起家而治大邦，實由勝己者多，而招其弘益。齊桓殺兄而立，鳥獸其行，被髮彝酒，婦閭三百，委政仲父，遂為霸宗；夷吾既終，禍亂亟起。魯用季子二十餘年，內無秕政，外無侵削；人之亡没，殄瘁響集。豈非才所不逮，其功如彼；自任其事，其禍如此乎！

『漢高決策於玄幃，定勝乎千里，則不如良、平；治兵多而益善，所向無敵，則不如信布；兼而用之，帝業克成。故疾步累趨，未若托乘乎逸足；尋飛逐走，未若假仗乎鷹犬。夫勁弩難彀，而可以摧堅逮遠；大舟難乘，而可以致重濟深；猛將難御，而可以折沖拓境；高賢難臨，而可以攸敍彝倫。

『昔魯哀庸主也，而仲尼上聖，不敢不盡其節；齊景下才也，而晏嬰大賢，不敢不竭其誠。豈有人臣當與其君校智力之多少，計局量之優劣，必須堯舜乃為之役哉！何事非君？何使非民？恥令其君不及唐虞，此亦達者之用心也。』

又　卷一三《欽士》　抱朴子曰：由余在戎，而秦穆惟憂。楚殺得臣，而晉文乃喜。樂毅出而燕壞，種、蠡入而越霸。破國亡家，失士者也。豈徒有之者重，無之者輕而已哉！柳惠之墓，猶挫元寇之鋭，況於坐之於朝廷乎？木木之隱，猶退踐境之攻，況於置之於端右乎？郅都之象，使勁虜振懾。孔明之尸，猶令大國寢鋒。以此御侮，則地必不侵矣；以此率師，則主必不辱矣。

是以明主旅束帛於窮巷，揚滯羽於瘁林，飛翹車於河梁，闢四門而不倦，不吝金璧，不遠千里，不憚屈己，不恥卑辭，而以致賢為首務，得士為重寶。舉之者受上賞，蔽之者為竊位。

故公旦執贄於白屋，秦邵拜昌於張生。鄒子涉境，而燕君擁彗；莊周未食，而趙惠竦立。晉平接亥唐，腳痹而坐不敢正；齊任之造稷丘，雖頻繁而不辭其勞。楚王受笞於保申，囗簡去甲於公廬，彼雖降高抑滿，以貴下賤，終亦並目以遠其明，假耳以廣其聰。龍騰虎踞，宜其然也。

又　卷一八《擢才》　抱朴子曰：華章藻蔚，非蒙瞍所玩；英逸之才，非淺短所識。夫瞻視不能接物，則袞龍與素褐同價矣；聰鑑不足相涉，則俊民與庸夫一概矣。眼不見，則美不入神焉；莫之與，則傷之者至焉。且夫愛憎好惡，古今不均，時移俗易，物同價異。譬之夏後之璜，曩直連城，鬻之於今，賤於銅鐵。故昔以隱居求志為高士，今以山林之儒為不肖。故聖世人之良幹，乃闇俗之罪人也；往者之介潔，乃末葉之羸劣也。

弘偉之士，履道之生，其崇信匪徒重仞之牆，其淵澤不唯呂梁之深也，故短近不能賞，而淺促不能測焉。因以異乎己而薄之矣，以不求我而

疾之矣，不貴不用，何足言乎？乃有播埃塵於白珪，生瘡痏於玉肌，訕疵雷同，攻伐獨立，曾叁蒙劫剽之垢，巢、許獲穿踰之謗。自匪明並懸象，玄鑑表微者，焉能披泥抽淪玉，澄川掇沈珠哉！夫珪璋居肆而不售，矧乃翳於盤璞乎？奇士扣角而見遏，況乃潛於四羊藪乎？

孫臏思騁其秘略，而司馬刖之；韓非願建治績，而李斯殺之；賈誼慷慨，懷經國之術，而武夫排之；子政忠良，有匡危之具，而恭、顯陷之。和氏所以抱璞而泣血，禽息所以發憤而碎首也。夫玉石易別於賢愚，愛寶情篤於好士，以易別之寶，合篤好之物，猶獲罪截趾，歷世受誣。況乎難知之賢，非意所急，讒人畫蛇足於無形，姦臣畏忠貞之害己，體曲者忌繩墨之容，夜裸者憎明燭之來。是以高譽美行，抑而不揚，虛構之謗，先形生影。又無楚人號哭之薦，萬無一遇，固其宜矣。

夫以玉為石者，亦將以石為玉矣；以賢為愚者，亦將以愚為賢者矣。以石為玉，未有傷也；以愚為賢者，亡之診也。蓋診亡者，雖存而必亡，猶脈死者，雖生而必死也。可勿慎乎！於戲，悲夫！莫之思者也。昔仲尼上聖也，東受累於齊人，南見塞於子西。文種大賢也，初不齒於荆俗，末雍遊於鈞如。競年立功，不亦難乎？夫結綠、玄黎，非陶、猗不能市也；千鈞之重，非賁、獲不能抱也。《白雪》之弦，非靈素不能徽也；邁倫之才，非明主不能用也。

然耀靈、光夜之珍，不為莫求而虧其質，以苟且於賤賈；洪鍾周鼎，不為委淪而輕其體，取見舉於侏儒；嶧陽、雲和，不為不御而息唱，以競顯於淫哇；冠羣之德，不以沈抑而履徑，而輖節於流俗。是以和璧變為滯貨，柔木廢於勿用，赤刀之礦，不得經歐冶之爐；元凱之疇，終不值四門之闢也。

又 卷一九《任命》 抱朴子曰：余之友人有居泠先生者，恬愉靜素，形神相忘，外不飾驚愚之容，內不寄有容之心，遊精墳誥，樂以忘憂。晝競羲和之末景，夕照望舒之餘耀，道靡遠而不究，言無微而不研。然車迹不軔權右之國，尺牘不經貴勢之庭。是以名不出蓬戶，身不離畎畝。

於是翼亮大夫候而難之曰：『余聞淵蟠起則玄雲赴，道化需則逸才奮。故康衢有角歌之音，鼎俎發淩風之迹。沽之則收不貲之賈，踴之則超在天之舉。耀逸景於暘穀，播大明乎九垓。勳蔭當世，聲揚罔極。故尋仞之途甚近而弗往者，雖追風之腳不能到也；楹棁之下至卑而不動者，雖鴻、鶤之翅未之及也。況乎寢足於大荒之表，斂羽於幽梧之枝，安得效迅以尋景，振輕乎蒼霄哉？

『年期奄冉而不久，托世飄迅而不再，智者履霜則知堅冰之必至，處始則悟生物之有終。六龍促軌於大渾，華顛倏忽而告暮，古人所以映順流而顧歎，眄過隙而興悲矣。

『先生資命世之逸量，含英偉以邈俗，銳翰汪濊以波湧，六奇抑鬱而淵稸；然不能淩扶搖以高竦，揚清耀於九玄，器不陳於瑚、簋之末，體不免於負薪之勞，猶奏和音於聾俗之地，鬻章甫於被髮之域。徒忘寤於翰林，銳意以窮神，崇琬琰於懷抱之內，吐琳琅於毛墨之端，躬困屢空之儉，神勞堅高之間，譬若埋尺璧於重壤之下，封文錦於沓匱之中，終無交易之富，孰賞堙翳之珍哉？

『夫龍驥維縶，則無以別乎蹇驢；赤刀韜鋒，則曷用異於鉛刃。鱣鮪不居牛迹，大鵬不滯蒿林。願先生委龍蛇之穴，升利見之塗，釋戶庭之獨潔，覽二鼠而遠寤，越窮谷以登高，襲丹藻以改素，競驚飈於清晨，不盤旋以錯度，收名器於崇高，饗鍾鼎之慶祚。柏成一介之夫，辨薇可足多慕乎？』

居泠先生應曰：『蓋聞靈機冥緬，混芒眇昧，禍福交錯乎倚伏之間，興亡纏綿乎盈虛之會；迅遊者不能脫逐身之景，樂成者不能免理致之敗；匡流末者，未若挺治乎無兆之中；整已然者，不逮反本乎玄樸之外。是以覺蠖者，甘屈以保伸；識通塞者，不慘悅於否泰。

『且夫洪陶範物，大象流形，躁靜異尚，翔沈舛情。金寶其重，羽矜其輕。篤隘者，執束於滓涅，達妙者，逍遙於玄清。潢洿納行潦而潘溢，渤澥吞百川而不盈。鮋蝦踴悅於泥濘，赤螭淩厲乎高冥。嚼香餌者，快嗜欲而赴死；味虛淡者，含天和而趨生；識機神者，瞻無兆而弗惑；暗休咎者，觸強弩而不驚。各附攸好，安肯改營？

『吾聞五玉不能自剖於嵩岫，騰蛇不能無霧而電征，龍淵不能勿操而斷犀兕，景鍾不能莫扣而揚洪聲。金芝須商風而激耀，倉庚俟煙煴而脩鳴，騏騄不苟馳以赴險，君子不詭遇以毀名。運屯，則沈淪於勿用，時

行，則高竦乎天庭。士以自衒為不高，女以自媒為不貞。何必委洗耳之峻標，效負俎之干榮哉？

『夫其窮也，則有虞婆娑而陶釣，尚父見逐於愚嫗，范生來辱於溺簀，弘、式匿奇於耕牧；及其達也，則淮陰投竿而稱孤，文種解屩而紆青，傅説釋築而論道，管子脱桎為上卿。蓋君子藏器以有待也，穡德以有為也，非其時不見也，非其君不事也，窮達任所值，出處無所繫。其靜也，則為逸民之宗；其動也，則為元凱之表。或運思於立言，或銘勳乎國器。殊途同歸，其致一焉。

『士能為可貴之行，而不能使俗必貴之也；能為可用之才，而不能使世必用之也。被褐、茹草垂綸罝兔，則心歡意得，如將終身，服冕乘軺，兼朱重紫，則若固有之。常如布衣，此至人之用懷也。

『若席上之珍不積，環堵之操不粹者，予之罪也。知之者希，名位不臻，以玉為石，謂鳳曰鷃者，非余罪也。夫汲汲於見知，悒悒於否滯者，裳民之情也；浩然而養氣，淡爾而靡欲者，無悶之志也。時至道行，器大者不悦；天地之間，知命者不憂。若乃徇萬金之貨，以索百十之售，多失骭毛，我則未暇矣。』

《三國志》卷一二《魏志·何夔傳》裴松之注　孫盛曰：夫君使臣以禮，臣事君以忠，是以上下休嘉，道光化洽。公府掾屬，古之造士也，必擢時儁，搜揚英逸，得其人則論道之任隆，非其才則覆餗之患至。苟有疵釁，刑黜可也。加其捶扑之罰，肅以小懲之戒，豈『導之以德、齊之以禮』之謂與？然士之出處，宜度德投趾；可不之節，必審於所蹈。故高尚之徒，抗心於青雲之表，豈王侯之所能臣，名器之所羈紲哉？自非此族，委身世途，否泰榮辱，制之由時。故箕子安於孥戮，柳下夷於三黜，蕭何、周勃亦在縲紲，夫豈不辱，君命故也。夔知時制，而甘其寵，挾藥要君，以避微恥。《詩》云：『唯此褊心。』何夔其有焉！放之，可也；宥之，非也。

又《毛玠傳》裴松之注　孫盛曰：魏武於是失政刑矣。《易》稱『明庶折獄』，《傳》有『舉直措枉』，庶獄明則國無怨民，枉直當則民無不服；未有徵青蠅之浮聲，信浸潤之譖訴，可以允釐四海，惟清緝熙者也。昔者漢高獄蕭何，出復相之；玠之一責，永見擯放。二主度量，豈不殊哉？

又卷一七《張遼傳》裴松之注　孫盛曰：夫兵固詭道，奇正相資。若乃命將出征，推轂委權，或賴率然之形，或憑掎角之勢，羣帥不和，則棄師之道也。至於合肥之守，縣弱無援，專任勇者則好戰生患；專任怯者則懼心難保。且彼衆我寡，心懷貪墮；以致命之兵，擊貪墮之卒，其勢必勝；勝而後守，守則必固。是以魏武推選方員，參以同異，為之密教，節宣其用，事至而應，若合符契，妙矣夫！

又卷三九《蜀志·馬良傳》裴松之注　習鑿齒曰：諸葛亮之不能兼上國也，豈不宜哉！夫晉人規林父之後濟，故廢法而收功；楚成闇得臣之益已，故殺之以重敗。今蜀僻陋一方，才少上國，而殺其俊傑，退收駑下之用，明法勝才，不師三敗之道，將以成業，不亦難乎！且先主誡謖之不可大用，豈不謂其非才也？亮受誡而不獲奉承，明謖之難廢也。為天下宰匠，欲大收物之力，而不量才節任，隨器付業；知之大過，則違明主之誡，裁之失中，即殺有益之人，難乎其可與言智者也。

《後漢書》卷二二《朱祐等傳論》　中興二十八將，前世以為上應二十八宿，未之詳也。然咸能感會風雲，奮其智勇，稱為佐命，亦各志能之士也。議者多非光武不以功臣任職，至使英姿茂績，委而勿用。然原夫深圖遠算，固將有以焉爾。若乃王道既衰，降及霸德，猶能授受惟庸，勳賢皆序，如管、隰之迭升桓世，先、趙之同列文朝，可謂兼通矣。降自秦、漢，世資戰力，至於翼扶王運，皆武人屈起。亦有鬻繒屠狗輕猾之徒，或崇以連城之賞，或任以阿衡之地，故執疑則隙生，力侔則亂起。蕭、樊且猶縲紲，信、越終見葅戮，不其然乎！自茲以降，迄于孝武，宰輔五世，莫非公侯。遂使縉紳道塞，賢能蔽壅，朝有世及之私，下多抱關之怨。其懷道無聞，委身草莽者，亦何可勝言。故光武鑑前事之違，存矯枉之志，雖寇、鄧之高勳，耿、賈之鴻烈，分土不過大縣數四，所加特進、朝請而已。觀其治平臨政，課職責咎，將所謂『導之以政，齊之以刑』者乎！若格之功臣，其傷已甚。何者？直繩則虧喪恩舊，橈情則違廢禁典，選德則功不必厚，舉勞則人或未賢，參任則羣心難塞，並列則其敝未遠。不得不校其勝否，即以事相權。故高秩厚禮，允答元功，峻文深憲，責成吏職。建武之世，侯者百余，若夫數公者，則與參國議，分均休咎，其餘並

優以寬科，完其封祿，莫不終以功名延慶於後。昔留侯以為高祖悉用蕭、曹故人，而郭伋亦譏南陽多顯，鄭興又戒功臣專任。夫崇恩偏授，易啓私溺之失，至公均被，必廣招賢之路，意者不其然乎！

又 卷二三《竇融傳論》 衛青、霍去病資强漢之衆，連年以事匈奴，國耗太半矣，而猾虜未之勝，所世猶傳其良將，豈非以身名自終邪！竇憲率羌胡邊雜之師，一舉而空朔庭，至乃追奔稽落之表，飲馬比鞮之曲，銘石負鼎，薦告清廟。列其功庸，兼茂於前多矣，而後世莫稱者，章末釁以降其實也。是以下流，君子所甚惡焉。夫二三子得之不過房幄之間，非復搜揚仄陋，選舉而登也。當青、病奴僕之時，竇將軍念咎之日，乃庸力之不暇，思鳴之無晨，何意裂膏腴，享崇號乎？東方朔稱『用之則為虎，不用則為鼠』，信矣。以此言之，士有懷琬琰以就煨塵者，亦何可支哉！

北齊·劉晝《劉子》卷六《適才》 物有美惡，施用有宜；美不常珍，惡不終棄。紫貂白狐，制以為裘，鬱若慶雲，皎如荆玉，此毳衣之美也；壓菅蒼蒯，編以蓑芒，葉微疏系，黯若朽穰，此卉服之美也。裘蓑雖異，被服實同；美惡雖殊，適用則均。今處繡戶洞房，則蓑不如裘；被雪淋雨，則裘不如蓑。以此觀之，適才所施，隨時成務，各有宜也。

伏臘合歡，必歌《採菱》，牽石拖舟，則歌噓與，非無《激楚》之音，然而棄不用者，方引重抽力，不知噓與之宜也。

卞莊子之昇殷庭也，鳴佩趨蹌，温色怡聲；及其搏虎，必攘袂鼓肘，瞋目震呼。非不知温顔下氣之美，然而不能及者，方格猛獸，不如攘袂之宜也。安陵神童，通國之麗也，八音繁會，使以嗷吹噴聲而人悦之，則不及瞽師侏儒之美。蛇銜之珠，百代之傳寶也，以之彈鵲，則不如泥丸之勁也。棠溪之劍，天下之銛也，用之獲穗，曾不如鉤鐮之功也。此四者，美不常珍，惡不終廢，用各有宜也。

昔野人棄子貢之辯，而悦馬圉之辭；越王退吹籟之音，而好鄙野之聲。非子貢不及馬圉，吹籟不若野聲，然而美不必合，惡而見珍者，物各有用也。

水火金木土穀，六府異物，而皆有施；規、矩、權、衡、准、繩，六法殊形，而各有任。故伊尹之興土功也，長脛者使之蹋鍤，强脊者使之負土，眇目者使之準繩，傴僂者使之塗地。因事施用，仍便效才，各盡其分而立功焉。

商歌之士，雞鳴之客，才各有施，不可棄也。若使甯子結客於孟嘗，則未免追軍之至，囚繫之辱也。若使雞鳴托於齊桓，必不能光輔於霸道，九合諸侯也。時須過關，莫若雞鳴；欲隆霸主，莫若商歌。商歌之雅，而雞鳴之鄙，雖美惡有殊，至於適理排難，其揆一也。

楚之市偷，天下之大盜，而能卻齊軍，雖使孫、吳用兵，彼必與之拒戰，未肯有望風而退也。晉之叔魚，一國之佞邪也，而能歸季孫，雖使甘、蘇聘説，彼必與之較辯，不至恐懾而逃還也。大盜讒佞，民之殫害，無用之人也，苟有一術，猶能為國興利除害，矧乃明智煉才，其為大益，豈可棄耶？

《關雎》興於鳥，而為《風》之道，美其摯而有別也；《鹿鳴》興於獸，而為《雅》之端，嘉其得食而相呼也。以夫鳥獸之醜，苟有一善，詩人歌詠，以為美談，奚況人之有善而可棄乎？

夫樫柏之斷也，大者為之棟樑，小者為之椽桁，直者中繩，曲者中鉤，隨材所施，未有可棄者，是以君子善能撥士，故無棄人；良匠善能運釿，故無棄材。賢能人物交泰，各盡其分而立功焉。《詩》云：『雖有絲麻，無棄菅蒯；雖有姬姜，無棄憔悴。此之謂也。』

又《文武》 規者，所以法圓，裁局則乖；矩者，所以象方，制鏡必背。輪者，所以輾地，入水則溺；舟者，所以涉川，施陸必躓。何者？方圓殊形，舟車異用也。雖形殊而用異，而適用則均。盛暑炎蒸，必藉涼風；寒交冰結，必處温室。夏不御氈，非憎惡之，炎有餘也；冬不臥簟，非怨讐之，涼自足也。不以春日遲遲而毀羔裀、秋露灑葉而剔箚席，白羽相望，霜刃競接，則文不及武；干戈既韜，禮樂聿脩，則武不及文。不可以九畿懾然而棄武，四郊多壘而擯文，士用各有時，未可偏無也。五行殊性，俱為人用，文武異材，為國大益。猶救火者，或提盆榼，或執瓶盂，其器方圓，形體雖返，名質相乖，至於盛水滅火，功亦齊焉。繳者身仰，釣者身俯，俯仰別狀，取利同焉。織者漸進，耕者漸退，進退異勢，成務等焉。

墨子救宋，重跰而行；干木在魏，身不下堂。行止異迹，存國一焉。文以贊治，武以淩敵，趨舍殊律，為績平焉。秦之季葉，土崩瓦解，漢祖

躬提三尺之劍，為黔首請命，跋涉山川，蒙犯矢石，出百死以績一生，而爭天下之利，奮武厲誠，以決一旦之命。當斯之時，冠章甫，衣縫掖，未若戴金胄而擐犀甲也。嬴項既滅，海內大定，以武創業，以文止戈，徵鄒、魯諸生，而制禮儀，脩三代之樂，朝萬國於咸陽。當此之時，脩文者榮顯，習武者慙忸，一世之間而文武遞為雄雌。以此言之，治亂異時，隨務引才也。

今代之人，為武者則非文，為文者則嗤武，各執其所長而相是非，猶以宮笑角，以白非黑，非適才之情、得實之論也。

又《均任》 器有寬隘，量有巨細，材有大小，則任其輕重，所處之分，未可乖也。是以萬碩之鼎，不可滿以盂水；一鈞之鐘，不可容於泉流；十圍之木，不可蓋以茅茨，榛棘之柱，不可負於廣廈，即小非大之量，大非小之器，重非輕之任，輕非重之制也。以大量小，必有枉分之失；以小容大，則致傾溢之患；以重處輕，必有傷折之過；以輕載重，則致壓覆之害。

故鵾鵬一軒，橫厲寥廓，背負蒼天，足蹠浮雲，有六翮之資也；騕驕一騖，騰光萬里，絕塵掣微，有迅足之勢也。今以燕雀之羽，而慕沖天之迅；犬羊之蹄，而覬追日之步，勢不能及，亦可知也。

故奔蜂不能化藿蠋，而能化螟蛉；越雞不能伏鵠卵，而魯雞能伏之。夫蠋藿與螟蛉俱蟲也，魯雞與越雞同禽也，然化與不化，伏與不伏者，蠋大越鶏小也。

夫龍蛇有飛騰之質，故能乘雲依霧；賢才有政理之德，故能踐勢處位。雲霧雖密，蟻蚓不能升者，無其質也；勢位雖高，庸敝不能治者，乏其德也。故智小不可以謀大，狹德不可以處廣。以小謀大必危，以狹處廣必敗。子游治武城，夫子發割雞之歎；尹何為邑宰，子產出制錦之諫。德小而任大，謂之濫也；德大而任小，謂之降也。而其失也，寧降無濫。

是以君子量才而授任，量任而授爵，則君無虛授，臣無虛任。故無負山之累，折足之憂也。

唐·杜佑《通典》卷一六《選舉四·雜議上》 晉始平王李重又以爲等级繁多，又外官轻而内官重，使風俗大弊，宜釐改，重外選，簡階级，使官久。議曰：『古之聖王，建官垂制，所以體國經野。自帝王以下，代有增損：舜命九官，周分六職，秦采古制，漢仍秦舊，倚丞相，任九卿。雖置五曹尚書令僕射之職，始於掌封奏以宣外內，事任尚輕，而郡守牧人之官重，故漢宣稱：「所與為理，唯良二千石」，其有殊政者，或賜爵進秩，諒得為理大體，所以遠比三代也。及於東京，尚書雖漸優重，然令、僕出為郡守，鍾離意、黃香、胡廣是也；郡守入為三公，虞延、第五倫、桓虞、鮑昱是也。近自魏朝名守杜畿、滿寵、田國讓、胡質等，居郡或十餘年，或二十年，或加秩假節，而不去郡，此亦古人「苟善其事，雖沒代不徙官」之義也。漢魏以來，內官之貴，於今最崇。而百官等級遂多，遷補轉徙如流，能否無以著，黜陟不得彰，此為理之大弊也。夫階級繁多而冀官久，官不久而冀理功成，不可得也。《虞書》云：「三考黜陟幽明。」《周官》，三年大計羣吏之理，而行其誅賞。漢法，官人或不真秩。魏初，用輕資，以先試守。臣以為今宜大并羣官等級，使同班者不得復稍遷；又簡法外議罪之制，明試守左遷之例，則官人之理盡，士必量能而受爵矣。居職者日久，則政績可考，人心自定，務求諸己也。』帝雖善之，竟不能行。

唐·歐陽詢等《藝文類聚》卷四八《職官部四》 《袁子》曰：魏家置吏部尚書，專選天下百官。夫用人人君之所司，不可以假人者也。使治亂制在一人之手，權重而人才難得，居此職，稱此才者，未有一也。

《晉書》卷五二《華譚傳》 刺史嵇紹舉譚秀才，將行，別駕陳總餞之，因問曰：『思賢之主以求才為務，進取之士以功名為先，何仲舒不仕武帝之朝，賈誼失分漢文之時？此吳晉之滯論，可辯此理而後別。』譚曰：『夫聖人在上，物無不理，百揆之職，非賢不居。故山林無匿景，衡門不棲遲。至承統之王，或是中才，或復凡人，居聖人之器，處兆庶之上，是以其教日頹，風俗漸弊。又中才之君，所資者偏，物以類感，必於其黨，黨言雖非，彼以為是。以所授有顏冉之賢，所用有廊廟之器，居官者日冀元凱之功，在上者日庶堯舜之義，彼豈知其政漸毀哉！朝雖有求賢之名，而無知才之實。言雖當，彼以為誣；策雖奇，彼以為妄。誣則毀己之言入，妄則不忠之責生。豈故為哉？淺明不見深理，近才不睹遠體也。是以言不用，計不施，恐死亡之不暇，何論功名之立哉！故上官昵而屈原放，宰嚭寵而伍員戮，豈不哀哉！若仲舒抑於孝武，賈誼失於

漢文，蓋復是其輕者耳。故白起有云：「非得賢之難，用之難。非用之難，信之難。」得賢而不能用，用而不能信，功業豈可得而成哉！』

又《袁甫傳》（淮南袁甫）嘗詣中領軍何勖，自言能為劇縣。勖曰：『唯欲宰縣，不為臺閣職，何也？』甫曰：『人各有能有不能。譬繒中之好莫過錦，錦不可以為帽；穀中之美莫過稻，稻不可以為虀。是以聖王使人，必先以器，苟非周材，何能悉長！黄霸馳名於州郡，而息譽於京邑。廷尉之材，不為三公，自昔然也。』

又 卷七〇《應詹傳》 遷使持節、都督江州諸軍事、平南將軍、江州刺史。詹將行，上疏曰：

夫欲用天下之智力者，莫若使天下信之也。商鞅移木，豈禮也哉？有由而然。自經荒弊，綱紀頽陵，清直之風既澆，糟秕之俗猶在，誠宜濯以滄浪之流，漉以吞舟之網，則幽顯明別，於變時雍矣。

弘濟茲務，在乎官人。今南北雜錯，屬托者無保負之累，而輕舉所知，此博采所以未精，職理所以多闕。今凡有所用，宜隨其能否而與舉主同乎褒貶，則人有慎舉之恭，官無廢職之吝。昔冀缺有功，胥臣蒙先茅之賞；子玉敗軍，子文受蔿賈之責。古既有之，今亦宜然。漢朝使刺州行部，乘傳奏事，猶恐不足以辨彰幽明，弘宣政道，故復有繡衣直指。今之艱弊，過於往昔，宜分遣黄、散若中書郎等循行天下，觀採得失，舉善彈違，斷截苟且，則人不敢為非矣。漢宣帝時，二千石有居職修明者，則入為公卿；其不稱職免官者，皆還為平人。懲勸必行，故歷世長久。中間以來，遷不足競，免不足懼。或有進而失意，退而得分。莅官雖美，當以素論降替；在職實劣，直以舊望登敘。校游談為多少，不以實事為先後。以此責成，臣未見其兆也。今宜峻左降舊制，可二千石免官，三年乃得敘用，長史六年，戶口折半，道里倍之。此法必明，使天下知官難得而易失，必人慎其職，朝無惰官矣。都督可課佃二十頃，州十頃，郡五頃，縣三頃。皆取文武吏醫卜，不得撓亂百姓。三臺九府，中外諸軍，有可減損，皆令附農。市息末伎，道無游人，不過一熟，豐穰可必。然後重居職之俸，使祿足以代耕。

又 卷九一《徐邈傳》 君子之心，誰毁誰譽？如有所譽，必由歷試；如有所毁，必以著明。托社之鼠，政之甚害。自古以來，欲為左右耳目者，無非小人，皆先因小忠而成其大不忠，先藉小信而成其大不信，遂使君子道消，善人輿尸，前史所書，可為深鑑。

足下選綱紀必得國士，足以攝諸曹；諸曹皆是良吏，則足以掌文案；又擇公方之人以為監司，則清濁能否，與事而明。足下但平心居宗，何取於耳目哉！昔明德馬後未嘗顧與左右言，可謂遠識，況大丈夫而不能免此乎！

《北史》卷七七《裴政等傳論》 大廈之構，非一本之枝，帝王之功，非一士之略，長短殊用，大小異宜，栢棁棟梁，莫可棄也。裴政、李諤、鮑宏、高構、榮毗、陸知命等，或文能道義，或才足幹時，識用顯於當年，故事留於臺閣。參之有隋多士，取其開物成務，皆廊廟之榱桷，亦北辰之衆星也。趙綽居大理，囹圄無冤。柳彧之處憲臺，姦邪自肅。然不畏御，梁毗得之矣。邦之司直，柳彧近之矣。杜整以聲績著美，其有以取之乎！

唐・趙蕤《長短經》卷一《大體》 《傅子》曰：士大夫分職而聽，諸侯之君分土而守，三公總方而議，則天子拱己而正矣。何以明其然邪？當堯之時，舜為司徒，契為司馬，禹為司空，后稷為田疇，夔為樂正，倕為工師，伯夷為秩宗，皋陶為理官，益掌驅禽，堯不能為一焉，奚以為君？而九子者為臣，其故何也？堯知九職之事，使九子各授其事，皆勝其任，以成九功，堯遂乘成功以王天下。

澄清吏治論部

整飭官場論分部

論說

《三國志》卷一三《魏志・王肅傳》（肅）又上疏陳政本曰：

『除無事之位，損不急之祿，止浮食之費，并從容之官，使官必有職，職任其事，事必受祿，祿代其耕，乃往古之常式，當今之所宜也。官寡而祿厚，則公家之費鮮，進仕之志勸。各展才力，莫相倚杖。敷奏以言，明試以功。能之與否，簡在帝心。是以唐、虞之設官分職，申命公卿，各以其事，然後惟龍為納言，猶今尚書也，以出內帝命而已。夏、殷不可得而詳，《甘誓》曰六事之人，明六卿亦典事者也。《周官》則備矣，五日視朝，公卿大夫並進，而司士辨其位焉。其《記》曰：「坐而論道，謂之王公；作而行之，謂之士大夫。」及漢之初，依擬前代，公卿皆親以事升朝，故高祖躬追反走之周昌，武帝遙可奉奏之汲黯，宣帝使公卿五日一朝，成帝始置尚書五人。自是陵遲，朝禮遂闕。可復五日視朝之儀，使公卿尚書各以事進。廢禮復興，光宣聖緒，誠所謂名美而實厚者也。』

《宋書》卷四四《謝晦傳論》　謝晦坐璽封違謬，遂免侍中，斯有以見高祖之識治，宰臣之稱職也。夫拏戮所施，事行重釁，左黜或用，義止輕愆。輕愆，物之所輕，重釁，人之所重。故斧鉞希行於世，徽簡日用於朝，雖貴臣細故，不以任隆弛法，至乎下肅上尊，用此道也。自太祖臨務，茲典稍違，網以疏行，法為恩息，妨德害美，抑此之由。降及大明，傾詖愈甚，自非訐竊深私，陵犯密諱，則左降之科，不行于權戚。若有身觸盛旨，釁非國刑，免書裁至，吊客固望其門矣。由是律無恒條，上多弛行，綱維不舉，而網目隨之。所以吉人防著在微，慎大由小，蓋為此云。

《魏書》卷一九中《任城王澄傳》　初，正始之末，詔百司普昇一級，而執事者不達旨意，刺史、守、令限而不及。澄奏曰：『竊惟雲構鬱起，澤及百司，企春望榮，內外同慶。至於賞陟，不及守宰，爾來十年，冤訟不絕。封回自鎮遠、安州入為太尉長史，元匡自征虜、恒州入作宗卿，二人遷授，並在先詔。應蒙之理，備在於斯。兼州佐停私之徒，陪臣郡丞之例，尚蒙天澤下降，榮及當時。然參佐之來，皆因府主，今府主不霑，佐官獨預，棄本賞末，愚謂未允。今計刺史、守、宰之官，請準回匡，悉同汎限，上允初旨百司之章，下覆訟者元元之心。』【略】

澄奏曰：『臣聞堯懸諫諍之鼓，舜置誹謗之木，皆所以廣耳目於芻蕘，達四聰於天下。伏惟太祖開基，化隆自遠，累聖相承，於今九帝。重光疊照，污隆必同，與奪隨時，道無恒體。思過如渴，言重千金，故稱無諱之朝，邁蹤三、五。高祖沖年纂曆，文明協統，變官易律，未為違典。及慈聖臨朝，母儀宇縣，爰發慈令，垂心滯獄，深枉者仰日月於九泉，微屈者希曲照於盆下。今乃格以先朝，限以一例，斯誠奉遵之本心，實乖元元之至望。在于謙挹，有乖舊典。謹尋抱枉求直，或經累朝。毫釐之差，正之宜速，謬若千里，駟馬弗追。故禮有損益，事有可否，父有諍子，君有諫臣，琴瑟不調，理宜改作。是以防川之論，小決則通；鄉校之言，擁則敗國。矧伊陳屈，而可抑以先朝。且先朝屈者，非故屈之，或有司愛憎，或執事濁僻，空文致法，以誤視聽。如此冤塞，彌在可哀。僭之與濫，寧失不經，乞收今旨，還依前詔。』【略】

澄表曰：『臣聞三季之弊，由於煩刑；火德之興，在於三約。是以老聃云「法令滋彰，盜賊多有」，又曰「其政察察，其民缺缺」，又曰「天網恢恢，疏而不漏」。是故欲求治本，莫若省事清心。昔漢文斷獄四百，歲致刑措，省事所致也。蕭曹為相，載其清靜畫一之歌，清心之本也。今欲求之於本，宜以省事為先，使在位羣官，纂蕭曹之心，以毗聖化。如此，則上下相安，遠近相信，百司不怠，事無愆失。豈宜擾世教以深文，烹小鮮以煩手哉。』

臣竊惟景明之初暨永平之末，內外羣官三經考課。逮延昌之始，方加黜陟。五品以上，引之朝堂，親決聖目；六品以下，例由敕判。自世宗晏駕，大宥三行，所以蕩除故意，與物更始。革世之事，方相窮核，以臣愚見，謂為不可。

又尚書職分，樞機出納。昔魏明帝卒至尚書門，陳矯亢辭，帝慚而返。夫以萬乘之重，非所宜行，猶屈一言，慚而回駕，羣官百司，而可相亂乎？故陳平不知錢穀之數，邴吉不問僵道之死，當時以為達治，歷代用為美談。但宜各守其職，思不出位，潔己以勵時，靖恭以致節。又尋御史之體，風聞是司，至於冒勳妄考，皆有處別，若一處有風謠，即應攝其一簿，研檢虛實，若差舛不同，偽情自露，然後繩以典刑，人孰不服。豈有移一省之案，取天下之簿，尋兩紀之事，窮革世之尤，如此求過，誰堪其罪！斯實聖朝所宜填重也。

又　卷二四《張白澤傳》　顯祖詔諸監臨之官，所監治受羊一口、酒一斛者，罪至大辟，與者以從坐論。糾告得尚書已下罪狀者，各隨所糾

官輕重而授之。白澤上表諫曰：『伏見詔書，禁尚書以下受禮者刑身，糾之者代職。伏惟三載考績，黜陟幽明，斯乃不易之令軌，百王之通式。今之都曹，古之公卿也，皆翊扶萬機，讚徽百揆，風化藉此而平，治道由茲而穆。且周之下士，尚有代耕，況皇朝貴仕，而服勤無報，豈所謂祖襲堯舜，憲章文武者乎？羊酒之罰，若行不已，臣恐姦人闚望，忠臣懈節。而欲使事靜民安，治清務簡，至於委任責成，下民難辯。如臣愚量，請依律令舊法，稽同前典，班祿酬廉，首去亂羣，常刑無赦。苟能如此，則升平之軌，期月可望，刑措之風，三年必致矣。』

又　卷四一《源懷傳》　時有詔，以姦吏犯罪，每多逃遁，因眚乃出，並皆釋然。自今已後，犯罪不問輕重，而藏竄者悉遠流。若永避不出，兄弟代徙。懷乃奏曰：『謹按條制，逃吏不在赦限。竊惟聖朝之恩，事異前宥，諸流徙在路，尚蒙旋反，況有未發而仍遣邊戍？按守宰犯罪逃走者衆，祿潤既優，尚有茲失，及蒙恩宥，卒然得還。今獨苦此等，恐非均一之法。如臣管執，謂宜免之。【略】

懷重奏曰：『臣以法貴經通，治尚簡要，刑憲之設，所以網羅罪人。苟理之所備，不在繁典；行之可通，豈容峻制？此乃古人之達政，救世之恒規。伏尋條制，勳品已下，罪發逃亡，遇恩不宥，仍流妻子。雖欲抑絕姦途，匪為通式。謹案事條，侵官欺法，專據流外，豈九品已上，人皆貞白也？其諸州守宰，職任清流，至有貪濁，事發逃竄，而遇恩免罪。勳品已下，獨乖斯例。如此，則寬縱上流，法切下吏，育物有差，惠罰不等。又謀逆滔天，輕恩尚免，吏犯微罪，獨不蒙赦，使大宥之經不通，開生之路致擁，進違古典，退乖今律，輒率愚見，以為宜停。』

又　卷七七《高恭之傳》　（高）道穆又上疏曰：『臣聞舜命皋陶，姦宄是托；禹泣辜人，堯心為念。所以舉直措枉，事切囊賢；明德慎罰，議存先典。高祖太和之初，置廷尉司直，論刑辟是非，雖事非古始，交濟時要。所謂禮樂互興，不相沿襲者矣。臣以無庸，忝當今任，所思報效，未忘寢興。但識謝知今，業慚稽古，未能進一言以利國，説一策以興邦，索米長安，豈不知愧。至於職司其憂，猶望僶俛。竊見御史出使，悉受風聞，雖時獲罪人，亦不無枉濫。何者？得堯之罰，不能不怨。守令為政，容有愛憎。姦猾之徒，恒思報惡，多有妄造無名，共相誣謗。御史一經檢究，恥於不成，杖木之下，以虛為實，無罪不能自雪者，豈可勝道哉。臣雖愚短，守不假器，繡衣所指，冀以清肅。若仍踵前失，或傷善人，則尸祿之責，無所逃罪。所以夙夜為憂，思有悛革。如臣鄙見，請依太和故事，還置司直十人，名隸廷尉，秩以五品，選歷官有稱，心平性正者為之。御史若出糾劾，即移廷尉，令知人數。廷尉遣司直與御史俱發，所到州郡，分居別館。御史檢了，移付司直覆問，事迄與御史俱還。中尉彈聞，廷尉科按，一如舊式。庶使獄成罪定，無復稽寬；為惡取敗，不得稱枉。若御史、司直糾劾失實，悉依所斷獄罪之。聽以所檢，迭相糾發。如二使阿曲，有不盡理，聽罪家詣門下通訴，別加按檢。如此，則肺石之傍，怨訟可息；叢棘之下，受罪吞聲者矣。』

《晉書》卷三《武帝紀》　（太康九年春正月）詔曰：『興化之本，由政平訟理也。二千石長吏不能勤恤人隱，而輕挾私故，興長刑獄，又多貪濁，煩撓百姓。其敕刺史二千石糾其穢濁，舉其公清，有司議其黜陟，令內外羣官舉清能，拔寒素。』

肅貪倡廉論分部

論　説

唐·魏徵等《羣書治要》卷四七《劉廙〈政論·備政〉》　夫為政者，莫善於清其吏也。故選托於由夷；而又威之以篤罰，欲其貪之必懲，令之必從也。而姦益多，巧彌大，何也？知清之為清，而不知所以清之，故免而無恥也。日欲其清，而薄其祿，祿薄所以不得成其清。夫飢寒切於肌膚，固人情之所難也。其甚又將使其父不父，子不子，兄不兄，弟不弟，夫不夫，婦不婦矣。貧則仁義之事狹，而怨望之心篤。從政者捐私門，而委身於公朝，榮不足以光室族，祿不足以代其身，骨肉飢寒，離怨於內；朋友離叛，衰捐於外，虧仁孝，損名譽。能守之而不易者，萬無一也。不能原其所以然，又將佐其室族之不和，合門之不登也。疑其名，必將忘其實，因而下之。不移之士，雖苦身於內，冒謗於外，捐私門

之患，畢死力於國；然猶未獲見信之衷，不免黜放之罪。故守清者，死於溝壑，而猶有遺謗於世也。為之至難，其罰至重，誰能為之哉？人知守清之必困於終也，違清而又懼卒罰之及其身也，故不為昭昭之行，而咸思暗昧之利；姦巧機於內，而虛名逸於外。人主貴其虛名，而不知賤其所以為名也。虛名彰於世，姦實隱於身。人主眩其虛，必有以闇其實矣，故因而貴之，敬而用之，此所謂惡貪而罰於由夷，好清而賞於盜跖也。名實相違，好惡相錯，此欲清而不知重其祿之故也。不知重其祿，非徒失於清也。又將使清分於私，而知周於欺。推此一失，以至於欺；苟欺之行，何事而不亂哉！故知清而不知所以重其祿者，則欺而濁；知重其祿，而不知所以少其吏者，則竭而不足；知少其吏，則不知所以盡其力者，則事繁而職闕。

《魏書》卷五《高宗紀》（興光二年）九月戊辰，詔曰：『夫褒賞必於有功，刑罰審於有罪，此古今之所同，由來之常式。牧守莅民，侵食百姓，以營家業，王賦不充，雖歲滿去職，應計前逋，正其刑罪。而主者失於督察，不加彈正，使有罪者優遊獲免，無罪者妄受其辜，是啓姦邪之路，長貪暴之心，豈所謂原情處罪，以正天下。自今諸遷代者，仰列在職殿最，案制治罪。克舉者加之爵寵，有愆者肆之刑戮，使能否殊貫，刑賞不差。主者明為條制，以為常楷。』

《晉書》卷四一《劉寔傳》以世多進趣，廉遜道闕，（寔）乃著《崇讓論》以矯之。其辭曰：

古者聖王之化天下，所以貴讓者，欲以出賢才，息爭競也。夫人情莫不欲己之賢也。故勸令讓賢以自明賢，豈假讓不賢哉！故讓道興，賢能之人不求而自出矣，至公之舉自立矣，百官之副亦豫具矣。一官缺，擇眾官所讓最多者而用之，審之道也。在朝之士相讓於上，草廬之人咸皆化之，推賢讓能之風從此生矣。為一國所讓，則一國士也；天下所共推，則天下士也。推讓之風行，則賢與不肖灼然殊矣。此道之行，在上者無所用其心，因成清議，隨之而已。故曰：蕩蕩乎堯之為君，莫之能名。言天下自安矣，不見堯所以化之，故不能名也。又曰：舜禹之有天下而不與焉，無為而化者其舜也歟。賢人相讓於朝，大才之人恒在大官，小人不爭於野，天下無事矣。以賢才化無事，至道興矣。已仰其成，復何與焉！故可以歌《南風》之詩，彈五弦之琴也。成此功者非有他，崇讓之所致耳。孔子曰：能以禮讓為國，則不難也。

在朝之人不務相讓久矣，天下化之。自魏代以來，登進辟命之士，及在職之吏，臨見授敍，雖自辭不能，終莫肯讓有勝己者。夫推讓之風息，爭競之心生。孔子曰，上興讓則下不爭，明讓不興下必爭也。推讓之道興，則賢能之人日見推舉；爭競之心生，則賢能之人日見謗毀。夫爭者之欲自先，甚惡能者之先，不能無毀也。故孔墨不能免世之謗己，況不及孔墨者乎！議者僉然言，世少高名之才，朝廷不有大才之人可以為大官者。山澤人小官吏亦復云，朝廷之士雖有大官名德，皆不及往時人也。余以為此二言皆失之矣。非時獨乏賢也，時不貴讓。一人有先眾之譽，毀必隨之，名不得成使之然也。雖令稷契復存，亦不復能全其名矣。能否混雜，優劣不分，士無素定之價，官職有缺，主選之吏不知所用，但案官次而舉之。同才之人先用者，非勢家之子，則必為有勢者之所念也。非能獨賢，因其先用之資，而復遷之無已。遷之無已，不勝其任之病發矣。觀在官之人，政績無聞，自非勢家之子，率多因資次而進也。

向令天下貴讓，士必由於見讓而後名成，名成而官乃得用之。諸名行不立之人，在官無政績之稱，讓之者必矣，官無因得而用之也。所以見用不息者，由讓道廢，因資用人之有失久矣。故自漢魏以來，時開大舉，令眾官各舉所知，唯才所任，不限階次，如此者甚數矣。其所舉必有當者，不聞時有擢用，不知何誰最賢故也。所舉必有不當，而罪不加，不知何誰最不肖也。所以不可得知，由當時之人莫肯相推，賢愚之名不別，令其如此，舉者知在上者察不能審，故敢漫舉而進之。或舉所賢，因及所念，一頓而至，人數猥多，各言所舉者賢；加之高狀，相似如一，難得而分矣。參錯相亂，真偽同貫，更復由此而甚。雖舉者不能盡忠之罪，亦由上開聽察之路濫，令其爾也。昔齊王好聽竽聲，必令三百人合吹而後聽之，廩以數人之俸。南郭先生不知吹竽者也，以三百人合吹可以容其不知，因請為王吹竽，虛食數人之俸。嗣王覺而改之，難彰先王之過。乃下令曰：『吾之好聞竽聲有甚于先王，欲一一列而聽之。』先生於此逃矣。推賢之風不立，濫舉之法不改，則南郭先生之徒盈於朝矣。才高守道之士日退，馳走有勢之門日多矣。雖國有典刑，弗能禁矣。

夫讓道不興之弊，非徒賢人在下位，不得時進也。國之良臣荷重任者，亦將以漸受罪退矣。何以知其然也？孔子以為顏氏之子不貳過耳，明非聖人皆有過矣。寵貴之地欲之者多矣，惡賢能者塞其路，其過而毀之者亦多矣。夫謗毀之生，非徒空設，必因人之微過而甚之者也。毀謗之言數聞，在上者雖欲弗納，不能不杖所聞，因事之來而微察之也，無以，其驗至矣。得其驗，安得不理其罪。若知而縱之，王之威日衰，令之不行自此始矣。知而皆理之，受罪退者稍多，大臣有不自固之心。夫賢才不進，貴臣日疏，此有國者之深憂也。《詩》曰：『受祿不讓，至于已斯亡。』不讓之人憂亡不暇，而望其益國朝，不亦難乎！

竊以為改此俗甚易耳。何以知之？夫一時在官之人，雖雜有凡猥之才，其中賢明者亦多矣，豈可謂皆不知讓賢為貴邪！直以其時皆不讓，習以成俗，故遂不為耳。人臣初除，皆通表上聞，名之謝章，所由來尚矣。原謝章之本意，欲進賢能以謝國恩也。昔舜以禹為司空，禹拜稽首，讓于稷契及咎繇。使益為虞官，讓于朱虎、熊、羆。使伯夷典三禮，讓于夔龍。唐虞之時，衆官初除，莫不皆讓也。謝章之義，蓋取於此。《書》記之者，欲以永世作則。季世所用，不賢不能讓賢，虛謝見用之恩而已。相承不變，習俗之失也。

夫敍用之官得通章表者，其讓賢推能乃通，其不能有所讓徒費簡紙者，皆絕不通。人臣初除，各思推賢能而讓之矣，讓之文付主者掌之。三司有缺，擇三司所讓最多者而用之。此為一公缺，三公已豫選之矣。且主選之吏，不必任公而選三公，不如令三公自共選一公為詳也。四征缺，擇四征所讓最多者而用之，此為一征缺，四征已豫選之矣，必詳於停缺而令主者選四征也。尚書缺，擇尚書所讓最多者而用之，此為八尚書共選一尚書，詳於臨缺令主者選八尚書也。郡守缺，擇衆郡所讓最多者而用之，詳於任主者令選百郡守也。

夫以衆官百郡之讓，與主者共相比，不可同歲而論也。雖復令三府參舉官，本不委以舉選之任，各不能以根其心也。其所用心者裁之不二三，但令主者案官次而舉之，不用精也。賢愚皆讓，百姓耳目盡為國耳目。夫人情爭則欲毀己所不知，讓則競推於勝己。故世爭則毀譽交錯，優劣不分，難得而讓也。時讓則賢智顯出，能否之美歷歷相次，不可得而亂也。當此時也，能退身脩己者，讓之者多矣。雖欲守貧賤，不可得也。馳騖進趣而欲人見讓，猶卻行而求前也。夫如此，愚智咸知進身求通，非脩之於己則無由進矣。遊外求者，於此相隨而歸矣。浮聲虛論，不禁而自息矣。人人無所用其心，任衆人之議，而天下自化矣。不言之化行，巍巍之美於此著矣。讓可以致此，豈可不務之哉！

《春秋傳》曰：『范宣子之讓，其下皆讓。欒黶雖汰，弗敢違也。晉國以平，數世賴之。』上世之化也，君子尚能而讓其下，小人力農以事其上，上下有禮，讒慝遠黜，由不爭也。及其亂也，國家之弊，恒必由之。篤論了了如此。在朝君子典選大官，能不以人廢言，舉而行之，各以讓賢舉能為先務，則羣才猥出，能否殊別，蓋世之功，莫大於此。

崇儉戒奢論分部

論説

唐・魏徵等《羣書治要》卷四七《桓範〈政要論・節欲〉》　夫人生而有情，情發而為欲；物見於外，情動於中。物之感人也無窮，而情之所欲也無，是物至而人化也。人化也者，滅天理矣。夫欲至無極，以尋難窮之物，雖有聖賢之姿，鮮不衰敗，故脩身治國之要，莫大於節欲。《傳》曰：『欲不可縱。』歷觀有家有國，其得之也，莫不階於儉約；其失之也，莫不由於奢侈。儉者節欲，奢者放情。放情者危，節欲者安。堯、舜之居，土階三等，夏日衣葛，冬日鹿裘。禹卑宮室而菲飲食。此數帝者，非其情之不好，乃節儉之至也。故其所取民賦也薄，而使民力也寡；其育物也廣，而興利也厚。故家給人足，國積饒而羣生遂，以仁義興而四海安。孔子曰：『以約失之者鮮矣。』且夫閉情無欲者上也，咈心消除者次之。昔帝舜藏黃金於嶄巖之山，抵珠玉於深川之底，及儀狄獻旨酒而禹甘之，於是疏遠儀狄，純上旨酒，此能閉情於無欲者也。楚文王悅婦人而廢朝政，好獠獵而忘歸，於是放逐丹姬，斷殺如黃，及共王破陳而得夏姬，其艷國色，王納之宮，從巫臣之諫，壞後垣而出之，此能咈心消

除之也。既不能閉情欲，能抑除之，斯可矣，故舜、禹之德，巍巍稱聖，楚文用朝鄰國，恭王終謚為恭也。

又 卷四九《傅玄〈傅子·校工〉》 天下之福，莫大於無欲，天下之禍，莫大於不知足。無欲則無求，無求者，所以成其儉也。不知足，則物莫能盈其欲矣。莫能盈其欲，則雖有天下，所求無已，所欲無極矣。海內之物不益，萬民之力有盡；縱無已之求，以滅不益之物；逞無極之欲，而役有盡之力；此殷士所以倒戈於牧野，秦民所以不期而周叛，曲論之好奢而不足者，豈非天下之大禍耶邪？

又 《曲制》 天下之害，莫甚於女飾。上之人不節其耳目之欲，殫生民之巧，以極天下之變。一首之飾，盈千金之價，婢妾之服，兼四海之珍。縱欲者無窮，用力者有盡。用有盡之力，逞無窮之欲，此漢靈之所以失其民也。上欲無節，衆下肆情，淫侈並興，而百姓受其殃毒矣。嘗見漢末一筆之柙，雕以黃金，飾以和璧，綴以隨珠，發以翠羽。此筆非文犀之植，必象齒之管，豐狐之柱，秋兔之翰。用之者必珠繡之衣，踐雕玉之履。由是推之，其極靡不至矣。然公卿大夫，刻石為碑，鐫石為虎，碑虎崇僞，陳於三衢，妨功喪德，異端並起，衆邪之亂正若此，豈不哀哉！夫經國立功之道有二：一曰息欲，二曰明制。欲息制明，而天下定矣。

《三國志》卷九《魏志·夏侯玄傳》 （玄）又以爲：『文質之更用，猶四時之迭興也。王者體天理物，必因弊而濟通之。時彌質則文之以禮，時泰侈則救之以質。今承百王之末，秦漢餘流，世俗彌文，宜大改之以易民望。今科制自公、列侯以下，位從大將軍以上，皆得服綾錦、羅綺、紈素、金銀飾鏤之物，自是以下，雜彩之服，通于賤人。雖上下等級，各示有差，然朝臣之制，已得侔至尊矣，玄黃之采，已得通於下矣。欲使市不鬻華麗之色，商不通難得之貨，工不作雕刻之物，不可得也。是故宜大理其本，準度古法，文質之宜，取其中則，以為禮度，車輿服章，皆從質樸，禁除末俗華麗之事，使幹朝之家，有位之室，不復有錦綺之飾，無兼采之服、纖巧之物，自上以下，至于樸素之差，示有等級而已，勿使過一二之覺。若夫功德之賜，上恩所特加，皆表之有司，然後服用之。夫上之化下，猶風之靡草。樸素之教興於本朝。則彌侈之心自消於下矣。』

又 卷一三《魏志·王朗傳》 是時方營脩宮室，朗上疏曰：『【略】昔大禹將拯天下之大患，故乃先卑其宮室，儉其衣食，用能盡有九州，弼成五服。句踐欲廣其御兒之疆，馘夫差於姑蘇，故亦約其身以及家，儉其家以施國，用能囊括五湖，席卷三江，取威中國，定霸華夏。漢之文、景亦欲恢弘祖業，增崇洪緒。故能割意於百金之臺，昭儉於弋綈之服，內減太官而不受貢獻，外省徭賦而務農桑，用能號稱升平，幾致刑錯。孝武之所以能奮其軍勢，拓其外境，誠因祖考畜積素足，故能遂成大功。霍去病，中才之將，猶以匈奴未滅，不治第宅。明恤遠者略近，事外者簡內。自漢之初及其中興，皆於金革略寢之後，然後鳳闕猥閌，德陽並起，今當建始之前足用列朝會，崇華之後足用序內官，華林、天淵足用展遊宴。若且先成閶闔之象魏，使足用列遠人之朝貢者，脩城池，使足用絕逾越，成國險，其餘一切，且須豐年。一以勤耕農為務，習戎備為事，則國無怨曠，戶口滋息，民充兵强。而寇戎不賓，緝熙不足，未之有也。』

又 卷二三《魏志·和洽傳》 洽以為：『民稀耕少，浮食者多。國以民為本，民以穀為命。故費一時之農，則失育命之本。是以先王務蠲煩費，以專耕農。自春夏以來，民窮於役，農業有廢，百姓囂然，時風不至，未必不由此也。消復之術，莫大於節儉。太祖建立洪業，奉師徒之費，供軍賞之用，吏士豐於資食，倉府衍於穀帛，由不飾無用之宮，絕浮華之費。方今之要，固在息省勞煩之役，損除他餘之務，以為軍戎之儲。三邊守御，宜在備豫。料賊虛實，蓄士養衆，算廟勝之策，明攻取之謀，詳詢衆庶以求厥中。若謀不素定，輕弱小敵，軍人數舉，舉而無庸，所謂「悅武無震」，古人之戒也。』

又 卷二五《魏志·楊阜傳》 時初治宮室，發美女以充後庭，數出入弋獵。秋，大雨震電，多殺鳥雀。（杨）阜上疏曰：『臣聞明主在上，羣下盡辭。堯、舜聖德，求非索諫；大禹勤功，務卑宮室；成湯遭旱，歸咎責己；周文刑於寡妻，以御家邦；漢文躬行節儉，身衣弋綈；此皆能昭令問，貽厥孫謀者也。伏惟陛下奉武皇帝開拓之大業，守文皇帝克終之元緒，誠宜思齊往古聖賢之善治，總觀季世放盪之惡政。所謂善治者，務儉約、重民力也；所謂惡政者，從心恣欲，觸情而發也。惟陛下稽古世代之初所以明赫，及季世所以衰弱至於泯滅，近覽漢末之變，足以

動心戒懼矣。曩使桓、靈不廢高祖之法，文、景之恭儉，太祖雖有神武，於何所施其能邪？而陛下何由處斯尊哉？今吳、蜀未定，軍旅在外，願陛下動則三思，慮而後行，重慎出入，以往鑑來，言之若輕，成敗甚重。頃者天雨，又多卒暴雷電非常，至殺鳥雀。天地神明，以王者為子也。政有不當，則見災譴。克己內訟，聖人所記。惟陛下慮患無形之外，慎萌纖微之初，法漢孝文出惠帝美人，令得自嫁；頃所調送小女，遠聞不令，宜為後圖。諸所繕治，務從約節。《書》曰：『九族既睦，協和萬國。』事思厥宜，以從中道，精心計謀，省息費用。吳、蜀以定，爾乃上安下樂，九親熙熙。如此以往，祖考心歡，堯舜其猶病諸。今宜開大信於天下，以安衆庶，以示遠人。』【略】

帝既新作許宮，又營洛陽宮殿觀閣。（楊）阜上疏曰：

堯尚茅茨而萬國安其居，禹卑宮室而天下樂其業；及至殷、周，或堂崇三尺，度以九筵耳。古之聖帝明王，未有極宮室之高麗以凋弊百姓之財力者也。桀作璇室、象廊，紂為傾宮、鹿臺，以喪其社稷，楚靈以築章華而身受其禍；秦始皇作阿房而殃及其子，天下叛之，二世而滅。夫不度萬民之力，以從耳目之欲，未有不亡者也。陛下當以堯、舜、禹、湯、文、武為法則，夏桀、殷紂、楚靈、秦皇為深誡。高高在上，實監後德。慎守天位，以承祖考，巍巍大業，猶恐失之。不夙夜敬止，允恭恤民，而乃自暇自逸，惟宮臺是侈是飾，必有顛覆危亡之禍。《易》曰：「豐其屋，蔀其家，窺其戶，闃其無人。」王者以天下為家，言豐屋之禍，至於家無人也。』

又《高堂隆傳》 天作淫雨，冀州水出，漂没民物。（高堂）隆上疏切諫曰：

蓋『天地之大德曰生，聖人之大寶曰位；何以守位？曰仁；何以聚人？曰財』。然則士民者，乃國家之鎮也；穀帛者，乃士民之命也。穀帛非造化不育，非人力不成。是以帝耕以勸農，后桑以成服，所以昭事上帝，告虔報施也。昔在伊唐，世值陽九厄運之會，洪水滔天，使鯀治之，績用不成，乃舉文命，隨山刊木，前後歷年二十二載。災眚之甚，莫過於彼，力役之興，莫久於此，堯、舜君臣，南面而已。禹敷九州，庶士庸勳，各有等差，君子小人，物有服章。今無若時之急，而使公卿大夫並與廝徒共供事役，聞之四夷，非嘉聲也，垂之竹帛，非令名也。是以有國有家者，近取諸身，遠取諸物，嫗煦養育，故稱『愷悌君子，民之父母』。今上下勞役，疾病凶荒，耕稼者寡，飢饉荐臻，無以卒歲；宜加愍恤，以救其困。

臣觀在昔書籍所載，天人之際，未有不應也。是以古先哲王，畏上天之明命，循陰陽之逆順，矜矜業業，惟恐有違。然後治道用興，德與神符，災異既發，懼而脩政，未有不延期流祚者也。爰及末葉，闇君荒主，不崇先王之令軌，不納正士之直言，以遂其情志，恬忽變戒，未有不尋踐禍難，至於顛覆者也。

天道既著，請以人道論之。夫六情五性，同在於人，嗜欲廉貞，各居其一。及其動也，交爭于心。欲强質弱，則縱濫不禁；精誠不制，則放溢無極。夫情之所在，非好則美，而美好之集，非人力不成，非穀帛不立。情苟無極，則人不堪其勞，物不充其求。勞求並至，將起禍亂。故不割情，無以相供。仲尼云：『人無遠慮，必有近憂。』由此觀之，禮義之制，非苟拘分，將以遠害而興治也。

今吳、蜀二賊，非徒白地小虜、聚邑之寇，乃據險乘流，跨有士衆，僭號稱帝，欲與中國爭衡。今若有人來告，權、備並脩德政，復履清儉，輕省租賦，不治玩好，動咨耆賢，事遵禮度。陛下聞之，豈不惕然惡其如此，以為難卒討滅，而為國憂乎？若使告者曰：彼二賊並為無道，崇侈無度，役其士民，重其徵賦，下不堪命，籲嗟日甚，陛下聞之，豈不勃然，忿其困我無辜之民，而欲速加之誅；其次，豈不幸彼疲弊而取之不難乎？苟如此，則可易心而度，事義之數亦不遠矣。

且秦始皇不築道德之基，而築阿房之宮，不憂蕭牆之變，而脩長城之役。當其君臣為此計也，亦欲立萬世之業，使子孫長有天下，豈意一朝匹夫大呼，而天下傾覆哉？故臣以為使先代之君知其所行必將至於敗，則弗為之矣。是以亡國之主自謂不亡，然後至於亡；賢聖之君自謂將亡，然後至於不亡。昔漢文帝稱為賢主，躬行約儉，惠下養民，而賈誼方之，以為天下倒縣，可為痛哭者一，可為流涕者二，可為長歎息者三。況今天下凋弊，民無儋石之儲，國無終年之畜，外有强敵，六軍暴邊，內興土功，州郡騷動，若有寇警，則臣懼版築之士不能投命虜庭矣。

又，將吏奉祿，稍見折減，方之於昔，五分居一；諸受休者又絕稟賜，不應輸者今皆出半；此為官入兼多於舊，其所出與參少於昔。而度支經用，更每不足，牛肉小賦，前後相繼。反而推之，凡此諸費，必有所在。且夫祿賜穀帛，人主所以惠養吏民而為之司命者也，若今有廢，是奪其命矣。既得之而又失之，此生怨之府也。《周禮》，天府掌九賦之財，以給九式之用，入有其分，出有其所，不相干乘而用各足。各足之後，乃以式貢之餘，供王玩好。又上用財，必考于司會。今陛下所與共坐廊廟治天下者，非三司九列，則臺閣近臣，皆腹心造膝，宜在無諱，若見豐省而不敢以告，從命奔走，惟恐不勝，是則具臣，非鯁輔也。昔李斯教秦二世曰：『為人主而不恣睢，命之曰天下桎梏。』二世用之，秦國以覆，斯亦滅族。是以史遷議其不正諫，而為世誡。【略】

明帝時，衆役並興，戚屬疏斥，（棧）潛上疏曰：『天生蒸民而樹之君，所以覆燾羣生，熙育兆庶，故方制四海匪為天子，裂土分疆匪為諸侯也。始自三皇，爰暨唐、虞，咸以博濟加于天下，醇德以洽，黎元賴之。三王既微，降逮于漢，治日益少，喪亂弘多，自時厥後，亦罔克乂。太祖濬哲神武，芟除暴亂，克復王綱，以開帝業。文帝受天明命，廓恢皇基，踐阼七載，每事未遑。【略】臣聞文王作豐，經始勿亟，百姓子來，不日而成。靈沼、靈囿，與民共之。【略】昔秦據殽函以制六合，自以德高三皇，功兼五帝，欲號謚至萬葉，而二世顛覆，願為黔首，由枝幹既杌，本實先拔也。蓋聖王之御世也。克明俊德，庸勳親親；俊乂在官，則功業可隆，親親顯用，則安危同憂；深根固本，並為幹翼，雖歷盛衰，內外有輔。昔成王幼沖，未能莅政，周、呂、召、畢，並在左右。』

晉·陸雲《陸雲集》卷一〇《啓疏·諫吳王起西園第宜遵節儉啓》（陸雲）臣聞有國者不患宮室之不崇，患在令名之不立。是以賢人之在富貴，莫不卑身節欲，損己挹情，用能保其國家，令聞百世。歷觀古今，以約失之者實寡，以奢失之者蓋多。非天下之至德，孰能居直行儉、在富能貧？

《三國志》卷三《魏志·明帝紀》裴松之注 《魏略》曰：『臣聞古之直士，盡言于國，不避死亡。故周昌比高祖於桀紂，劉輔譬趙後於人婢，天生忠直，雖白刃沸湯，往而不顧者，誠為時主愛惜天下也。建安以來，野戰死亡，或闔門殫盡，雖有存者，遺孤老弱，若今宮室狹小，當廣大之，猶宜隨時，不妨農務，況乃作無益之物，黃龍、鳳皇，九龍、承露盤，土山、淵池，此皆聖明之所不興也。其功參倍於殿舍。三公九卿侍中尚書，天下至德，皆知非道而不敢言者，以陛下春秋方剛，心畏雷霆。今陛下既尊羣臣，顯以冠冕，被以文繡，載以華輿，所以異于小人；而使穿方舉土，面目垢黑，沾體塗足，衣冠了鳥，毀國之光以崇無益，甚非謂也。孔子曰：「君使臣以禮，臣事君以忠。」無忠無禮，國何以立？故有君不君，臣不臣，上下不通，心懷鬱結，使陰陽不和，災害屢降，凶惡之徒，因間而起，誰當為陛下盡言事者乎？又誰當干萬乘以死為戲乎？臣知言出必死，而臣自比於牛之一毛，生既無益，死亦何損？秉筆流涕，心與世辭。臣有八子，臣死之後，累陛下矣！』

又 卷二二《魏志·陳羣傳》裴松之注 孫盛曰：《周禮》，天子之宮，有斲礱之制。然質文之飾，與時推移。漢承周、秦之弊，宜敦簡約之化，而何崇飾宮室，示侈後嗣。此乃武帝千門萬戶所以大興，豈無所復增之謂邪？況乃魏氏方有吳、蜀之難，四海罹塗炭之艱，而述蕭何之過議，以為令軌，豈不惑於大道而昧得失之辨哉？使百代之君，眩於奢侈之中，何之由矣。《詩》云：『斯言之玷，不可為也。』其斯之謂乎！

又 卷二三《魏志·和洽傳》裴松之注 孫盛曰：昔先王御世，觀民設教，雖質文因時，損益代用，至於車服禮秩，貴賤等差，其歸一揆。魏承漢亂，風俗侈泰，誠宜仰思古制，訓以約簡，使奢不陵肆，儉足中禮，進無蜉蝣之刺，退免采莫之譏；如此則治道隆而頌聲作矣。夫矯枉過正則巧偽滋生，以克訓下則民志險隘，非聖王所以陶化民物，閑邪存誠之道。和洽之言，於是允矣。

又 卷六一《吳志·陸凱傳》裴松之注 （陸凱）臣聞：為人主者，攘災以德，除咎以義，故湯遭大旱，身禱桑林，熒惑守心，宋景退殿，是以旱魃銷亡，妖星移舍。今宮室之不利，但當克己復禮，篤湯、宋之至道，愍黎庶之困苦，何憂宮之不安，災之不銷乎？陛下不務脩德，而務築宮室，若德之不脩，行之不貴，雖殷辛之瑤臺，秦皇之阿房，何止而不喪身覆國，宗廟作墟乎？夫興土功，高臺榭，既致水旱，民又多疾，其不疑也？

《梁書》卷一《武帝紀》 高祖下令曰：『夫在上化下，草偃風從，俗之澆淳，恒由此作。自永元失德，書契未紀，窮凶極悖，焉可勝言。既

而璇室外構，傾宮內積，奇伎異服，單所未見，上慢下暴，淫侈競馳，國命朝權，盡移近習，販官鬻爵，賄貨公行。並甲第康衢，漸臺廣室，長袖低昂，等和戎之賜，珍羞百品，同伐冰之家。愚民因之，浸以成俗。驕豔競爽，夸麗相高，至乃市井之家，貂狐在御，工商之子，緹繡是襲，日入之次，夜分未反，昧爽之朝，期之清旦。聖明肇運，厲精惟始，雖曰纘戎，殆同創革。且淫費之後，繼以興師，巨橋、鹿臺，凋罄不一。孤忝荷大寵，務在澄清，思所以仰書述皇朝大帛之旨，俯厲微躬鹿裘之義，解而更張，斫雕為樸。自非可以奉粢盛，脩紱冕，習禮樂之容，繕甲兵之備，此外眾費，一皆禁絕，御府中署，量宜罷省。掖廷備御妾之數，大予絕鄭衛之音。其中有可以率先卿士，准的甿庶，非食薄衣，請自孤始。加以羣才並軌，九官咸事，若能人務退食，競存約己，移風易俗，庶朞月有成。昔毛玠在朝，士大夫不敢靡衣偷食，魏武歎曰：「孤之法不如毛尚書。」孤雖德謝往賢，任重先達，實望多士得其此心外可詳為條格。』

《晉書》卷四七《傅咸傳》 （傳）咸以世俗奢侈，又上書曰：『臣以為穀帛難生，而用之不節，無緣不匱。故先王之化天下，食肉衣帛，皆有其制。竊謂奢侈之費，甚於天災。古者堯有茅茨，今之百姓競豐其屋。古者臣無玉食，今之賈豎皆厭粱肉。古者后妃乃有殊飾，今之婢妾被服綾羅。古者大夫乃不徒行，今之賤隸乘輕驅肥。古者人稠地狹而有儲蓄，由於節也；今者土廣人稀而患不足，由於奢也。欲時之儉，當詰其奢；奢不見詰，轉相高尚。昔毛玠為吏部尚書，時無敢好衣美食者。魏武帝歎曰：「孤之法不如毛尚書。」令使諸部用心，各如毛玠，風俗之移，在不難矣。』

又 卷六四《琅邪悼王煥傳》 帝悼念無已，將葬，以煥既封列國，加以成人之禮，詔立凶門柏歷，備吉凶儀服，營起陵園，功役甚眾。琅邪國右常侍會稽孫霄上疏諫曰：

臣聞法度典制，先王所重，吉凶之禮，事貴不過。是以世豐不使奢放，凶荒必務約殺。朝聘嘉會，足以展庠序之儀；殯葬送終，務以稱哀榮之情。上無奢泰之謬，下無匱竭之困。故華元厚葬，君子謂之不臣；嬴博至儉，仲尼稱其合禮。明傷財害時，古人之所譏；節省簡約，聖賢之所嘉也。語曰，上之化下，如風靡草。京邑翼翼，四方所則，明教化法制，不可不慎也。陛下龍飛踐阼，興微濟弊，聖懷勞謙，務從簡儉，憲章舊制，猶欲節省，禮典所無，而反尚飾，此臣愚情竊所不安也。棺槨輿服旒旐之屬，禮典舊制，不可廢闕。凶門柏歷，禮典所無，天晴可不用，遇雨則無益，此至宜節省者也。若琅邪一國一時所用，不為大費，臣在機近，義所不言。今天台所居，王公百僚聚在都輦，凡有喪事，皆當供給材木百數、竹薄千計，凶門兩表，衣以細竹及材，價直既貴，又非表凶哀之宜，如此過飾，宜從粗簡。

又案《禮記》，國君之葬，棺槨之間容柷，大夫容壺，士容甒。以壺甒為差，則柷財大於壺明矣，槨周於棺，槨不甚大也。語曰，葬者藏也。藏欲其深而固也。槨大則難為堅固，無益於送終，而有損於財力。凶荒殺禮，經國常典，既減殺而猶過舊，此為國之所厚惜也。又《禮》，將葬，遷柩于廟祖而行，及墓即窆，葬之日即反哭而虞。如此，則柩不宿於墓上也。聖人非不哀親之在土而無情於丘墓，蓋以墓非安神之所，故脩虞於殯宮。始則營草宮於山陵，遷神柩於墓側，又非典也。非禮之事，不可以訓萬國。

臣至愚至賤，忽求革前之非，可謂狂瞽不知忌諱。然今天下至弊，自古所希，宗廟社稷，遠托江表半州之地，凋殘以甚。加之荒旱，百姓困瘁，非但不足，死亡是懼。此乃陛下至仁之所矜愍，可憂之至重也。正是匡矯末俗，改張易調之時，而猶當竭已罷之人，營無益之事，殫已困之財，脩無用之費，此固臣之所不敢安也。今琅邪之於天下，國之最大，若割損非禮之事，務遵古典，上以彰聖朝簡易之至化，下以表萬世無窮之規則，此芻蕘之言有補萬一，塵露之微有增山海。

提高行政效率論分部

論說

《三國志》卷九《魏志・夏侯玄傳》 （玄）又以為：古之建官，所以濟育羣生，統理民物也，故為之君長以司牧之。司牧之主，欲一而專，一則官任定而上下安，專則職業脩而事不煩。夫事簡業脩，上下相安

而不治者，未之有也。先王建萬國，雖其詳未可得而究，然分疆畫界，各守土境，則非重累羈絆之體也。下考殷、周五等之敍，徒有小大貴賤之差，亦無君官臣民而有二統互相牽制者也。夫官統不一，則職業不脩；職業不脩，則事何得而簡？事之不簡，則民何得而靜？民之不靜，則邪惡並興，而姦僞滋長矣。先王達其如此，故專其職司而一其統業。始自秦世，不師聖道，私以御職，姦以待下；懼宰官之不脩，立監牧以董之，畏督監之容曲，設司察以糾之；宰牧相累，監察相司；人懷異心，上下殊務。漢承其緒，莫能匡改。魏室之隆，日不暇及，五等之典，雖難卒復，可麤立儀準以一治制。今之長吏，皆君吏民。横重以郡守，累以刺史。若郡所攝，唯在大較，則與州同，無為再重。宜省郡守，但任刺史；刺史職存則監察不廢，郡吏萬數，還親農業，以省煩費，豐財殖穀，一也。大縣之才，皆堪郡守，是非之訟，每生意異，順從則安，直己則爭。夫和羹之美，在於合異，上下之益，在能相濟，順從乃安，此琴瑟一聲也，蕩而除之，則官省事簡，二也。又幹郡之吏，職監諸縣，營護黨親，鄉邑舊故，如有不副，而因公掣頓，民之困弊，咎生于此。若皆并合，則亂原自塞，三也。今承衰弊，民人凋落，賢才鮮少，任事者寡，郡縣良吏，往往非一，郡受縣成，其劇在下，而吏之上選，郡當先足，此為親民之吏，專得底下，吏者民命，而常頑鄙，今如并之，吏多選清良者造職，大化宣流，民物獲寧，四也。制使萬戶之縣，名之郡守，五千以上，名之都尉，千戶以下，令長如故，自長以上，考課遷用，轉以能升，所牧亦增，此進才效功之敍也若經制一定，則官才有次，治功齊明，五也。若省郡守，縣皆徑達，事不擁隔，官無留滯，三代之風，雖未可必，簡一之化，庶幾可致，便民省費，在於此矣。』

又　卷一四《魏志・程昱傳》　時校事放横，（程）曉上疏曰：『《周禮》云：「設官分職，以為民極。」《春秋傳》曰：「天有十日，人有十等。」愚不得臨賢，賤不得臨貴。於是並建聖哲，樹之風聲。明試以功，九載考績。各脩厥業，思不出位。故欒書欲拯晉侯，其子不聽；死人横於街路，邴吉不問。上不責非職之功，下不務分外之賞，吏無兼統之勢，民無二事之役，斯誠為國要道，治亂所由也。遠覽典志，近觀秦漢，雖官名改易，職司不同，至于崇上抑下，顯分明例，其致一也。初無校事之官干與庶政者也。昔武皇帝大業草創，衆官未備，而軍旅勤苦，民心不安，乃有小罪，不可不察，故置校事，取其一切耳，然檢御有方，不至縱恣也。此霸世之權宜，非帝王之正典。其後漸蒙見任，復為疾病，轉相因仍，莫正其本。遂令上察宮廟，下攝衆司，官無局業，職無分限，隨意任情，唯心所適。法造於筆端，不依科詔；獄成於門下，不顧覆訊。其選官屬，以謹慎為粗疏，以謥詷為賢能，其治事，以刻暴為公嚴，以循理為怯弱。外則托天威以為聲勢，内則聚羣姦以為腹心。大臣恥與分勢，含忍而不言，小人畏其鋒芒，鬱結而無告。至使尹模公于目下肆其姦慝；罪惡之著，行路皆知，纖惡之過，積年不聞。既非《周禮》設官之意，又非《春秋》十等之義也。今外有公卿將校總統諸署，内有侍中尚書綜理萬機，司隸校尉督察京輦，御史中丞董攝宮殿，皆高選賢才以充其職，申明科詔以督其違。若此諸賢猶不足任，校事小吏，益不可信。若此諸賢，各思盡忠，校事區區，亦復無益。若更高選國士以為校事，則是中丞司隸重增一官耳。若如舊選，尹模之姦今復發矣。進退推算，無所用之。昔桑弘羊為漢求利，卜式以為獨烹弘羊，天乃可雨。若使政治得失必感天地，臣恐水旱之災，未必非校事之由也。曹恭公遠君子，近小人，《國風》托以為刺，衛獻公舍大臣，與小臣謀，定姜謂之有罪。縱令校事有益於國，以禮義言之，尚傷大臣之心，況姦回暴露，而復不罷，是衮闕不補，迷而不返也。』

《晉書》卷三九《荀勖傳》　時又議省州郡縣半吏以赴農功，（荀）勖議以為：

省吏不如省官，省官不如省事，省事不如清心。昔蕭曹相漢，載其清靜，致畫一之歌，此清心之本也。漢文垂拱，幾致刑措，此省事也。光武併合吏員，縣官國邑裁置十一，此省官也。魏太和中，遣王人四出，減天下吏員，正始中亦併合郡縣，此省吏也。今必欲求之於本，則宜以省事為先。凡居位者，使務思蕭曹之心，以翼佐大化。篤義行，崇敦睦，使昧寵忘本者不得容，而僞行自息，浮華者懼矣。重敬讓，尚止足，令賤不妨貴，少不陵長，遠不間親，新不間舊，小不加大，淫不破義，則上下相安，遠近相信矣。位不可以進趣得，譽不可以朋黨求，則是非不妄而明，官人不惑於聽矣。去奇技，抑異説，好變舊以徼非常之利者必加其誅，則官業有常，人心不遷矣。事留則政稽，政稽則功廢。處位者而孜孜不息，

奉職司者而夙夜不懈，則雖在挈瓶而守不假器矣。使信若金石，小失不害大政，忍忿悁以容之。簡文案，略細苛，令之所施，必使人易視聽。願之如陽春，畏之如雷震。勿使微文煩撓，為百吏所黷，二三之命，為百姓所饜，則吏竭其誠，下悅上命矣。設官分職，委事責成。君子心競而不力爭，量能受任，思不出位，則官無異業，政典不姦矣。凡此皆愚心謂省事之本也。苟無此愆，雖不省吏，天下必謂之省矣。若欲省官，私謂九寺可并於尚書，蘭臺宜省付三府。然施行歷代，世之所習，是以久抱愚懷而不敢言。至於省事，實以為善。若直作大例，皆減其半，恐文武衆官郡國職業，及事之興廢，不得皆同。凡發號施令，典而當則安，儻有駁者，或致壅否。凡職所臨履，先精其得失。使忠信之官，明察之長，各裁其中，先條上言之。然後混齊大體，詳宜所省，則令下必行，不可搖動。如其不爾，恐適惑人聽。比前行所省，皆須臾輒復，或激而滋繁，亦不可不重。』

又　卷七六《王彪之傳》　時衆官漸多，而遷徙每速，彪之上議曰：

為政之道，以得賢為急，非謂雍容廊廟，標的而已，固將任贊時，職思其憂也。得賢之道，在於莅任；莅任之道，在於能久；久於其道，天下化成。是以三載考績，三考黜陟，不收一切之功，不采速成之譽。故勳格辰極，道融四海，風流遐邈，聲冠百代。凡庸之族衆，賢能之才寡，才寡於世而官多於朝，焉得不賢鄙共貫，清濁同官！官衆則闕多，闕多則遷速，前後去來，更相代補，非為故然，理固然耳。所以職事未脩，朝風未澄者也。職事之脩，在於省官；朝風之澄，在於並職。官省則選清而得久，職並則吏簡而俗靜；選清則勝人久於其事，事久則中才猶足有成。

今內外百官，較而計之，固應有並省者矣。六卿之任，太常望雅而職重，然其所司，義高務約，宗正所統蓋尠，可以並太常。宿衛之重，二衛任之，其次驍騎、左軍各有所領，無兵軍校皆應罷廢。四軍皆罷，則左軍之名不宜獨立，宜改遊擊以對驍騎。內官自侍中以下，舊員皆四，中興之初，二人而已。二人對直，或有不周，愚謂三人，於事則無闕也。凡餘諸官，無綜事實者，可令大官隨才位所帖而領之。若未能頓廢，自可因缺而省之。委之以職分，責之以有成，能否因考績而著，清濁隨黜陟而彰。雖緝熙之隆，康哉之歌未可，使庶官之選差清，莅職之日差久，無奉祿之虛費，簡吏寺之煩役矣。

政治批判部

暴君論分部

論說

唐·馬總《意林》卷五《任奕〈任子〉》　（漢）武帝輕人命，重武功，飾宮室，厚賦斂，土地益廣，德惠彌狹。

《三國志》卷四八《吳志·孫皓傳論》　皓之淫刑所濫，隕斃流黜者，蓋不可勝數。是以羣下人人惴恐，皆日日以冀，朝不謀夕。其熒惑、巫祝，交致祥瑞，以為至急。昔舜、禹躬稼，至聖之德。猶或矢誓衆臣，予違女弼，或拜昌言，常若不及。況皓凶頑，肆行殘暴，忠諫者誅，讒諛者進，虐用其民，窮淫極侈，宜腰首分離，以謝百姓。

《三國志》卷四八《吳志·三嗣主傳》裴松之注　孫盛曰：夫古之立君，所以司牧羣黎，故必仰協乾坤，覆燾萬物；若乃淫虐是縱，酷被羣生，則天殛之，剿絕其祚，奪其南面之尊，加其獨夫之戮。是故湯、武抗鉞，不犯不順之譏；漢高奮劍，而無失節之議。何者？誠四海之酷讎，而人神之所擯故也。況皓罪為逋寇，虐過辛、癸，梟首素旗，猶不足以謝冤魂，荐室薦社，未足以紀暴迹，而乃優以顯命，寵錫仍加，豈龔行天罰，伐罪弔民之義乎？是以知僭逆之不懲，而凶酷之莫戒。《詩》云：『取彼譖人，投畀豺虎。』聊譖猶然，矧譖虐乎！且神旗電掃，兵臨偽窟，理窮勢迫，然後請命。不赦之罪既彰，三驅之義又塞，極之權道，亦無取焉。

《宋書》卷七《前廢帝紀論》　若夫武王數殷紂之釁，不能絓其萬一；霍光書昌邑之過，未足舉其毫釐。假以中才之君，有一于此，足以

賣社殘宗，污宮瀦廟，況總斯惡以萃一人之體乎！其得亡亦為幸矣。

又 卷九《後廢帝紀論》 喪國亡家之主，雖適末同途，發軫或異也。前廢帝卑遊褻幸，皆龍駕帝飾，傳警清路；蒼梧王則藏璽懷紱，魚服忘反，危冠短服，匹馬孤征。至於殞身覆祚，其理若一。姫、夏之隆，質文異尚，亡國之道，其亦然乎！

《晉書》卷一〇六《石季龍載記上》 冠軍苻洪諫曰：『臣聞聖王之馭天下也，土階三尺，茅茨不翦，食不累味，刑措而不用。亡君之馭海內也，傾宮瓊榭，象箸玉杯，截脛剖心，脯賢刳孕，故其亡也忽焉。今襄國、鄴宮足康帝宇，長安、洛陽何為者哉？盤于游田，耽於女德，三代之亡恒必由此。而忽為獵車千乘，養獸萬里，奪人妻女，十萬盈宮。尚書朱軌，納言大臣，以道路不脩，將加酷法，此自陛下政之失和，陰陽灾沴，暴降霖雨七旬，霽方二日，縱有鬼兵百萬，尚未及脩之，而況人乎！刑政如此，其如史筆何！其如四海何！特願止作徒，休宮女，赦朱軌，允衆望。』

昏君論分部

論說

《三國志》卷四七《吴志·吴主傳》裴松之注 孫盛曰：盛聞國將興，聽於民；國將亡，聽於神。權年老志衰，讒臣在側，廢適立庶，以妾為妻，可謂多涼德矣；而僞設符命，求福妖邪。將亡之兆，不亦顯乎？

《後漢書》卷八《靈帝紀論》 《秦本紀》説趙高譎二世，指鹿為馬，而趙忠、張讓亦紿靈帝不得登高臨觀，故知亡敝者同其致矣。然則靈帝之為靈也優哉！

制度缺失論分部

論說

《南齊書》卷三四《虞玩之傳》 玩之上表曰：『宋元嘉二十七年，八條取人，孝建元年書籍，衆巧之所始也。元嘉中，故光禄大夫傅隆，年出七十，猶手自書籍，躬加隱校。隆何必有石建之慎，高柔之勤，蓋以世屬休明，服道修身故耳。今陛下日旰忘食，未明求衣，詔逮幽愚，謹陳妄説。古之共治天下，唯良二千石，今欲求治取正，其在勤明令長。凡受籍，縣不加檢合，但封送州，州檢得實，方卻歸縣。吏貪其賂，民肆其姦，姦彌深而卻彌多，賂愈厚而答愈緩。自泰始三年至元徽四年，揚州等九郡四號黄籍，共卻七萬一千餘户。于今十一年矣，而所正者猶未四萬。神州奥區，尚或如此，江、湘諸部，倍不可念。愚謂宜以元嘉二十七年籍為正。民惰法既久，今建元元年書籍，宜更立明科，一聽首悔，迷而不反，依制必戮。使官長審自檢校，必令明洗。然後上州，永以為正。若有虚昧，州縣同咎。今户口多少，不減元嘉，而板籍頓闕，弊亦有以。自孝建以來，入勳者衆，其中操干戈衛社稷者，三分殆無一焉。勳簿所領，而詐注辭籍，浮游世要，非官長所拘録，復為不少，尋蘇峻平後，庾亮就温嶠求勳簿，而嶠不與，以為陶侃所上，多非實録。尋物之懷私，無世不有，宋末落紐，此巧尤多。又將位既衆，舉恤為祿，實潤甚微，而人領數萬，如此二條，天下合役之身，已據其太半矣。又有改注籍狀，詐入仕流，（苦）［昔］為人役者，今反役人。又生不長髮，便謂為道［人］，填街溢巷，是處皆然。或抱子並居，竟不編户，遷徙去來，公違土斷。屬役無滿，流亡不歸。寧喪終身，疾病長臥。法令必行，自然競反。又四鎮戍將，有名寡實，隨才部曲，無辨勇懦，署位借給，巫媪比肩，彌山滿海，皆是私役。行貨求位，其塗甚易，募役卑劇，何為投補？坊吏之所以盡，百里之所以單也。今但使募制明信，滿復有期，民無逕路，則坊可立表而盈矣。為治不患無制，

患在不行，不患不行，患在不久。』

《晉書》卷五五《潘嶽傳》　時以逆旅逐末廢農，姦淫亡命，多所依湊，敗亂法度，敕當除之。十里一官樆，使老小貧戶守之，又差吏掌主，依客舍收錢。岳議曰：『謹案：逆旅，久矣其所由來也。行者賴以頓止，居者薄收其直，交易貿遷，各得其所。官無役賦，因人成利，惠加百姓而公無末費。語曰：「許由辭帝堯之命，而舍於逆旅。」《外傳》曰：「晉陽處父過寧，舍於逆旅。」魏武皇帝亦以為宜，其詩曰：「逆旅整設，以通商賈。」然則自堯到今，未有不得客舍之法。唯商鞅尤之，固非聖世之所言也。方今四海會同，九服納貢，八方翼翼，公私滿路。近畿輻輳，客舍亦稠。冬有溫爐，夏有涼蔭，芻秣成行，器用取給。疲牛必投，乘涼近進，發槅寫鞍，皆有所憩。

『又諸劫盜皆起於迥絕，止乎人衆。十里蕭條，則姦軌生心；連陌接館，則寇情震懾。且聞聲有救，已發有追，不救有罪，不追有戮，禁暴捕亡，恒有司存。凡此皆客舍之益，而官樆之所乏也。又行者貪路，告糴炊爨，皆以昏晨。盛夏晝熱，又兼星夜，既限早閉，不及樆門。或避晚關，迸逐路隅，祇是慢藏誨盜之原。苟以客舍多敗法教，官守棘樆，獨復何人？彼河橋孟津，解券輸錢，高第督察，數入校出，品郎兩岸相檢，猶懼或失之。故懸以祿利，許以功報。今賤吏疲人，獨專樆稅，管開閉之權，藉不校之勢，此道路之蠹，姦利所殖也。率歷代之舊俗，獲行留之歡心，使客舍灑掃，以待征旅擇家而息，豈非衆庶顒顒之望。』請曹列上，朝廷從之。

又　卷七一《陳頵傳》　（陈）初，趙王倫篡位，三王起義，制《己亥格》，其後論功雖小，亦皆依用。頵意謂不宜以為常式，駁之曰：『聖王懸爵賞功，制罰糾違，斯道苟明，人赴水火。且名器之實，不可妄假，非才謂之致寇，寵厚戒在斯亡。昔孫秀口唱篡逆，手弄天機，惠皇失御，九服無戴。三王建議，席卷四海，合起義之衆，結天下之心，故設《己亥義格》以權濟難。此自一切之法，非常倫之格也。其起義以來，依格雜猥，遭人為侯，或加兵士，或出皁僕，金紫佩士卒之身，符策委庸隸之門，使天官降辱，王爵黷賤，非所以正皇綱重名器之謂也。請自今以後宜停之。』

又　卷七八《孔坦傳》　帝欲除署孝廉，而秀才如前制。（孔）坦奏議曰：『臣聞經邦建國，教學為先，移風崇化，莫尚斯矣。古者且耕且學，三年而通一《經》，以平康之世，猶假漸漬，積以日月。自喪亂以來，十有餘年，干戈載揚，俎豆禮戢，家廢講誦，國闕庠序，率爾責試，竊以為疑。然宣下以來，涉歷三載，累遇慶會，遂未一試。揚州諸郡，接近京都，懼累及君父，多不敢行。其遠州邊郡，掩誣朝廷，冀於不試，冒昧來赴，既到審試，遂不敢會。臣愚以不會與不行，其為闕也同。若當偏加除署，是為肅法奉憲者失分，僥倖投射者得官，頹風傷教，懼於是始。』

夫王言如絲，其出如綸，臨事改制，示短天下，人聽有惑，臣竊惜之。愚以王命無貳，憲制宜信。去年察舉，一皆策試如不能試，可不拘到，遣歸不署。又秀才雖以事策，亦汜問經義，苟所未學，實難暗通，不足復曲碎垂例，違舊造異。謂宜因其不會，徐更革制。可申明前下，崇脩學校，普延五年，以展講習，鈞法齊訓，示人軌則。夫信之與法，為政之綱，施之家室，猶弗可貳，況經國之典而可翫黷乎？』

官場弊病論分部

任用親私論

論說

唐·魏徵等《羣書治要》卷四《五仲長統〈昌言·闕名〉》　漢興以來，皆引母、妻之黨爲上將，謂之輔政，而所賴以治理者甚少，而所坐以危亂者甚衆。妙採於萬夫之望，其良猶未可得而遇也，況欲求之妃妾之黨，取之於驕盈之家，徼天幸以自獲其人者哉？夫以丈夫之智，猶不能久處公正，長思利害，耽榮樂寵，死而後已。又況婦人之愚，而望其遵巡正路，謙虛節儉，深圖遠慮，爲國家校計者乎？故其欲關豫朝政，恆快私願，是乃理之自然也。

昔趙綰不奏事於太后，而受不測之罪；王章陳日蝕之變，而取背叛之誅。夫二后不甚名爲無道之婦人，猶尚若此，又況呂后、飛燕、傅昭儀之等乎？夫母之於我尊且親，於其私親，亦若我父之欲厚其父兄子弟也；妻之於我愛且媟，於其私親，亦若我之欲厚我父兄子弟也。我之欲盡孝順於慈母，無所擇事矣；我之欲效恩情於愛妻妾，亦無所擇力矣。而所求於我者，非使我有四體之勞苦，肌膚之疾病也。夫以此欬唾昑睇之間，至易也，誰能違此者乎？唯不世之主，抱獨斷絶異之明，有堅剛不移之氣，然後可庶幾其不陷没流湎耳。

《三國志》卷二《魏志・文帝紀》裴松之注　孫盛曰：夫經國營治，必憑俊喆之輔，賢達令德，必居參亂之任，故雖周室之盛，有婦人與焉。然則坤道承天，南面罔二，三從之禮，謂之至順。至於號令自天子出，奏事專行，非古義也。昔在申、呂，實匡有周。苟以天下為心，惟德是杖，則親疏之授，至公一也，何至后族而必斥遠之哉？二漢之季世，王道陵遲，故令外戚憑寵，職為亂階。（於）此自時昏道喪，運祚將移，縱無王、呂之難，豈乏田、趙之禍乎？而後世觀其若此，深懷酖毒之戒也。至于魏文，遂發一概之詔，可謂有識之爽言，非帝者之宏議。

信從讒佞論

論　説

漢・仲長統《昌言・闕名》　宦豎者，傳言給使之臣也。拚埽是爲，超走是供，傳近房臥之內，交錯婦人之間，又亦實刑者之所宜也。天文，宦者四星，在帝坐傍，而《周禮》有其官職。至于武皇，游宴後庭，置中之官，領受軍事。孝宣之世，則以弘恭爲中書令，石顯爲僕射。中宗嚴明，二豎不敢容錯其奸心也。後暨孝元，常抱病而留好於音樂，悉以樞機委之石顯，則昏迷霧亂之政起，而仇忠害正之禍成矣。嗚呼！父子之間，相監至近，而明闇之分若此，豈不良足悲耶！孝桓皇帝起自蠡吾，而登至尊。侯覽、張讓之等以亂承亂，政令多門，權利並作，迷荒帝主，濁亂海內。高命士惡其如此，直言正諭，與相摩切，被誣見陷，謂之黨人。靈皇帝登自解犢，以繼孝桓。中常侍曹節、侯覽等造爲維綱，帝終不寤，寵之日隆，唯其所言，無求不得。凡貪淫放縱、僭1潾橫恣、撓亂內外、螫噬民化，隆自順、桓之時，盛極孝靈之世，前後五十餘年，天下亦何緣得不破壞耶？古之聖人，立禮垂典，使子孫少在師保，不令處於婦女小人之間，蓋猶見此之良審也。

晉・傅玄《傅子・矯違》　傅子曰：正道之不行，常佞人亂之也。故桀信其佞臣推侈，以殺其正臣關龍逢，而夏以亡；紂信其佞臣惡來，以割其正臣王子比干之心，而殷以亡。

曰：惑佞之不可用如此，何惑者之不息也？傅子曰：佞人，善養人私欲也。故多私欲者悦之，唯聖人無私欲，賢者能去私欲也。有見人之私欲，必以正道矯之者，正人之徒也。違正而從之者，佞人之徒也。自察其心，斯知佞正之分矣。

或問：佞孰為大？傅子曰：行足以服俗，辨足以惑衆，言必稱乎仁義，隱其惡心而不可卒見，伺主之欲微合之，得其志，敢以非道陷善人，稱之有術，飾之有利，非聖人不能別，此大佞也。其次心不欲為仁義，言亦必稱之，行無大可非，動不違乎俗，合主所欲而不敢正也，有害之者，然後陷之。最下佞者，行不顧乎天下，唯求主心，使文巧辭，自利而已，顯然害善，行之不怍。若四凶，可謂大佞者也。若安昌侯張禹，可謂次佞也。若趙高、石顯，可謂最下佞者也。大佞形隱，為害深，下佞形露，為害淺，形露猶不別之，可謂至暗也已。

《宋書》卷九四《恩倖傳・序》　夫人君南面，九重奧絶，陪奉朝夕，義隔卿士，階闥之任，宜有司存。既而恩以幸生，信由恩固，無可憚之姿，有易親之色。孝建、泰始，主威獨運，官置百司，權不外假，而刑政糾雜，理難遍通，耳目所寄，事歸近習。賞罰之要，是謂國權，出內王命，由其掌握，於是方塗結軌，輻湊同奔。人主謂其身卑位薄，以為權不得重。曾不知鼠憑社貴，狐藉虎威，外無逼主之嫌，內有專用之功，勢傾天下，未之或悟。挾朋樹黨，政以賄成，鈇鉞創痏，構於筵笫之曲，服冕乘軒，出乎言笑之下。南金北毳，來悉方艚，素縑丹魄，至皆兼兩，西京許、史，蓋不足云，晉朝王、庾，未或能比。及太宗晚運，慮

經盛衰，權幸之徒，慴憚宗戚，欲使幼主孤立，永竊國權，構造同異，興樹禍隙，帝弟宗王，相繼屠剿。民忘宋德，雖非一塗，寶祚夙傾，實由於此。

《魏書》卷九三《恩幸傳・序》 夫令色巧言，辭情飾貌，邀眄睞之利，射咳唾之私，此蓋苟進之常也。故甚者刑身淪子，其次舐痔嘗癰，況乃散金秦貨，輸錢漢爵，又何怪哉？若夫地窮尊貴，嗜欲所攻，聖達其猶病諸，中庸固不能免。男女性態，其揆斯一，二代之亡，皆是物也。據天下之圖，持海內之命，顧指如意，高下在心，此乃夏桀、殷紂喪二邦，秦母、呂雉穢兩國也。魏世，王叡幸太和之初，鄭儼寵孝昌之季，主幼於前，君稚於後，乘間宣淫，殆無忌畏，樹列朋黨，蔽塞天聰。高祖明聖外彰，人神繫仰，御之有術，宗社弗墜。肅宗不言垂拱，潛濟罕方，六合淆然，至於隕覆。且承顏色，竊光寵，勢等秋風，氣同夏日，亦何世而不有哉？此周旦所以誡其朋，詩人是為疾羣小也。太宗時，王、車之徒，雖云幸念，皆宣力夷險，誠效兼存，未加趙脩等出於近習趨走之地，坐擅威刑，勢傾都鄙，得之非道，君子所以賤之。書其變態，備禍福之由焉。

賞罰不公論

論説

唐・魏徵等《羣書治要》卷五〇《袁準〈袁子正書・人主〉》 人主莫不欲得賢而用之，而所用者不免於不肖；莫不欲得姦而除之，而所除者不免於罰賢。若是者，賞罰之不當，任使之所由也。人主之所賞，非謂其不可賞也。必以為當矣。人主之所罪，非以為不可罰也，必以為信矣。智不能見是非之理，明不能察浸潤之言，所任者不必智，所用者不必忠。故有賞賢罰暴之名，而有戮能養姦之實，此天下之大患也。

又《設官》 又有兵士而封侯者。古之尊貴者，以職大故貴。今列侯無事，未有無職而空貴者。世衰禮廢，五等散亡，故有賜爵封侯之賞。既公且侯，失其制。今有卿相之才，居三公之位，脩其治政，以安寧國家，未必封侯也。而今軍政之法，斬一牙門將者封侯，夫斬一將之功，孰與安寧天下者乎？安寧天下者不爵，斬一將之功者封侯，失封賞之意矣。夫離古意制，外內不壹，小大錯貿，轉相重累，是以人執異端，竅欲無極，此治道之所患也。先王置官，各有分職，使各以其屬達之于王，自己職事則是非精練，百官奏則下情不塞，先王之道也。

奔競傾軋論

論説

《三國志》卷一四《魏志・董昭傳》 太和四年，行司徒事，六年，拜真。（董）昭上疏陳末流之弊曰：『凡有天下者，莫不貴尚敦樸忠信之士，深疾虛偽不真之人者，以其毀教亂治，敗俗傷化也。近魏諷則伏誅建安之末，曹偉則斬戮黃初之始。伏惟前後聖詔，深疾浮偽，欲以破散邪黨，常用切齒了；而執法之吏，皆畏其權勢，莫能糾擿，毀壞風俗，侵欲滋甚。竊見當今年少，不復以學問為本，專更以交遊為業；國士不以孝悌清脩為首，乃以趨勢遊利為先。合黨連羣，互相褒歎，以毀訾為罰戮，用黨譽為爵賞，附己者則歎之盈言，不附者則為作瑕釁。至乃相謂「今世何憂不度邪？」但求人道不勤，羅之不博耳；又何患其不知己矣，但當呑之以藥而柔調耳。」聞或有使奴客名作在職家人，冒之出入，往來禁奧，交通書疏，有所探問。凡此諸事，皆法之所不取，刑之所不赦，雖諷、偉之罪，無以加也。』

晉・葛洪《抱朴子外篇》卷一六《交際》 抱朴子曰：『余以朋友之交，不宜浮雜。面而不心，揚雄攸譏。故雖位顯名美，門齊年敵，而趨舍異規，業尚乖互者，未嘗結焉。或有矜其先達，步高視遠，或遺忽陵遲之舊好，或簡棄後門之類味，或取人以官而不論德，其不遭知己，零淪丘園者，雖才深智遠，操清節高者，不可也。其進趨偶合，位顯官通者，雖面牆庸瑣，必及也。如此之徒，雖能令壤蟲雲飛，斥鷃戾天，手捉刀尺，

口為禍福，得之則排冰吐華，失之則當春彫悴，餘代其踧踖，恥與共世。

『窮之與達，不能求也。然而輕薄之人，無分之子，曾無疾非俄然之節，星言宵征，守其門廷，翕然謟笑，卑辭悅色，提壺執贄，時行索媚；勤苦積久，猶見嫌拒，乃行因托長者以搆合之。其見受也，則踴悅過於幽繫之遇赦；其不合也，則懊悴劇於喪病之逮己也。通塞有命，道貴正直，否泰付之自然，津途何足多咨。嗟乎細人，豈不鄙哉！人情不同，一何遠邪？每為慨然，助彼羞之。

『昔莊周見惠子從車之多，而棄其餘魚。余感俗士不汲汲於攀及至也。瞻彼云云，馳騁風塵者，不懋建德業，務本求己，而偏徇高交以結朋黨，謂人理莫比之要，當世莫此之急也。以嶽峙獨立者，為澀吝疏拙；以奴顏婢睞者，為曉解當世。風成俗習，莫不逐末，流遁遂往，可慨者也。

『或有德薄位高，器盈志溢，聞財利則驚掉，見奇士則坐睡。繿縷杖策，被褐負笈者，雖文豔相、雄，學優融、玄，同之埃芥，不加接引。若夫程鄭、王孫、羅裒之徒，乘肥衣輕，懷金挾玉者，雖筆不集劄，菽麥不分辨，為之倒屣，吐食握髮。

『余徒恨不在其位，有斧無柯，無以為國家流穢濁於四裔，投畀於有北。彼雖赫奕，刀尺決乎勢力足以移山拔海，吹呼能令泥象登雲，造其門庭，我則未暇也。而多有下意怡顏，匍匐膝進，求交於若人，以圖其益。悲夫！生民用心之不鈞，何其遼邈之不肖也哉！餘所以同生聖世而抱困賤，本後顧而不見者，今皆追瞻而不及，豈不有以乎！然性苟不堪，各從所好，以此存亡，予不能易也。』

或又難曰：『時移世變，古今別務，行立乎己，名成乎人。金玉經於不測者，托於輕舟也；靈鳥萃於玄霄者，扶搖之力也；芳蘭之芬烈者，清風之功也；屈士起於丘園者，知己之助也。今先生所交必清澄其行業，所厚必沙汰其心性，孑然隻跱，失棄名輩，結讎一世，招怨流俗，豈合和光以籠物，同塵之高義乎？若比智而交，則白屋不降公旦之貴；若鈞才而遊，則尼父必無入室之客矣。』

抱朴子曰：『吾聞詳交者不失人，而泛結者多後悔。故曩哲先擇而後交，不先交而後擇也。子之所論，出人之計也。吾之所守，退士之志也。子云玉浮鳥高，皆有所因，誠復別理一家之説也。吾以為寧作不載之寶，不飛之鵬，不颸之蘭，無黨之士，亦（何）損於夜光之質，垂天之大，含芳之卉，不朽之蘭乎？且夫名多其實，位過其才，處之者猶尠免於禍辱，交之者何足以為榮福哉！

『由茲論之，則交彼而遇者，雖得達不足貴；茈之而誤者，譬如蔭朽樹之被笮也。彼尚不能自止其顛蹶，亦安能救我之碎首哉！吾聞大丈夫之自得而外物者，其於庸人也，蓋逼迫不獲已而與之形接，雖以千計，猶蚤虱之積乎衣，而贅疣之攢乎體也。失之雖以萬數，猶飛塵之去嵩、岱，鄧林之墮朽條耳。豈以有之為益，無之覺損乎？

『且夫朋友也者，必取乎直諒多聞，拾遺斥謬，生無請言，死無託辭，終始一契，寒暑不渝者。然而此人良未易得，而或默語殊途，或憎愛異心，或盛合衰離，或見利忘信。其處今也，璧猶禽魚之結侶，冰炭之同器，欲其久合，安可得哉！夫父子天性，好惡宜鈞，而子政、子駿，平論異隔；南山、伯奇，辯訟有無。面別心殊，其來尚矣。總而混之，不亦難哉！

『世俗之人，交不論志，逐名趨勢，熱來冷去；見過不改，視迷不救；有利則獨專而不相分，有害則苟免而不相恤；或事便則先取而不讓，值機會則賣彼以安此。凡如是，則有不如無也。

『天下不為盡不中交也，率於為益者寡而生累者衆。知人之明，上聖所難。而欲力厲近才，短於鑑物者，務廣其交，又欲使悉得，可與經夷險而不易情，歷危苦而相負荷者，吾未見其可多得也。雖搜琬琰於培塿之上，索鸞鳳乎鷦鷯之巢，未為難也。吾亦豈敢謂藍田之陽，丹穴之中，為無此物哉！亦直言其稀已矣。

『夫操尚不同，猶金沈羽浮也。志好之乖次，猶火升而水降也。苟不可同，雖造化之靈，大塊之匠，不可使同也，何可强乎！餘所稟訥騃，加之以天挺篤嬾，諸戲弄之事，彈棊博弈，皆所惡見；及飛輕走迅，遊獵傲覽，咸所不為，殊不喜嘲褻。凡此數者，皆時世所好，莫不躭之，而餘悉闕焉，故親交所以尤遼也。加以挾直，好吐忠蓋，藥石所集，甘心者尠。又欲勉之以學問，諫之以馳競，止其摴蒱，節其沈湎，此又常人所不能悅也。

『毀方瓦合，違情偶俗，人之愛力，甚所不堪，而欲好日新，安可得

哉！知其如此而不辯改之，可不謂之暗於當世，拙於用大乎？夫交而不卒，合而又離，則兩受不弘之名，俱失克終之美。夫厚則親愛生焉，薄則嫌隙結焉，自然之理也，可不詳擇乎！為可臨觴者拊背，執手須臾，欲多其數而必其全，吾所懼也。』

或曰：『然則都可以無交乎？』

抱朴子答曰：『何其然哉！夫畏水者何必廢舟楫，忌傷者何必棄斧斤？交之為道，其來尚矣。天地不交則不泰，上下不交即乖志。夫不泰則二氣隔並矣，志乖則天下無國矣。然始之甚易，終之竟難。患乎所結非其人，敗於爭小以忘大也。《易》美多蘭，《詩》詠百朋，雖有兄弟，不如友生。切思三益，大聖所嘉，門人所以增親，惡言所以不至，管仲所以免誅戮而立霸功，子元所以去亭長而驅朱軒者，交之力也。

『單弦不能發《韶》《夏》之和音，孑色不能成衮龍之瑋燁，一味不能合伊鼎之甘，獨木不能致鄧林之茂。玄圃極天，蓋由衆石之積。南溟浩瀁，實須羣流之赴。明鏡舉則傾冠見矣，羲和照則曲影覺矣，檃括脩則枉刺之疾消矣，良友結則輔仁之道弘矣。

『達者知其然也，所企及則必簡乎勝己，所降結則必料乎同志。其處也則講道進德，其出也則齊心比翼。否則釣魚釣之業，泰則協經世之務。安則有以精義，危則有以相恤。恥令譚、青專面地之篤，不使王、貢擅彈冠之美。夫然，故交道可貴也。

『然實未易知，勢利生去就，積毀壞刎頸之契，漸漬釋膠漆之堅。於是有忘素情之惆歎，或睚眥而不思，遂令元伯、巨卿之好，獨著於昔；張耳、陳餘之變，屢搆於今。推往尋來，良可歎也。夫梧禽不與鴟梟同枝，麟虞不與豺狼連羣，清源不與濁潦混流，仁明不與凶暗同處。何者？漸染積而移直道，暴迫則生害也。』

或人曰：『敢問全交之道可得聞乎？』

抱朴子答曰：『君子交絕猶無惡言，豈肯向所異辭乎？殺身猶以許友，豈名位之足競乎？善交狎而不慢，和而不同，見彼有失，則正色而諫之；告我以過，則速改而憚不。不以忤彼心而不言，不以逆我耳而不納，不以巧辨飾其非，不以華辭文其失，不形同而神乖，不若情而口合，不面從而背憎，不疾人之勝己，護其短而引其長，隱其失而宣其得，外無計數之諍，內遺心競之累。夫然後《鹿鳴》之好全，而《伐木》之刺息。若乃輕合而不重離，易厚而不難薄，始如形影，終為三辰，至歡變為篤恨，接援化成讎敵，不詳之悔，亦無以（缺）。

『往者漢季陵遲，皇轡不振，在公之義替，紛競之俗成。以違時為清高，以救世為辱身。尊卑禮壞，大倫遂亂。在位之人，不務盡節，委本趨末，背實尋聲。王事廢者其譽美，姦過積者其功多。莫不飛輪兼策，星言假寐，冒寒觸暑，以走權門，市虛華之名於秉勢之口，買非分之位於賣官之家。或爭所欲，還相屠滅。

『於是公叔、偉長疾其若彼，力不能正，不忍見之，爾乃發憤著論，杜門絕交，斯誠感激有為而然。蓋矯枉而過正，非經常之永訓也。徒當遠非類之黨，慎諂黷之源。何必裸袒以詭彼己，斷粒以刺玉食哉！夫交之為非，重諫而不止，遂至大亂。故禮義之所棄，可以絕矣。』

又 卷三三《漢過》 抱朴子曰：『歷覽前載，逮乎近代，道微俗弊，莫劇漢末也。當途端右、閹官之徒，操弄神器，秉國之鈞，廢正興邪，殘仁害義，蹲踏背憎，即聾從昧，同惡成羣，汲引姦黨。吞財多藏，不知紀極，而不能散錙銖之薄物，施振清廉之窮儉焉。進官，則非多財者不達也；獄訟，則非厚貨者不直也。官高勢重，力足拔才，而不能發毫氂之片言，進益時之翹俊也。其所用也，不越於妻妾之戚屬；其惠澤也，不出乎近習之庸瑣。莫戒臧文竊位之譏，靡追解狐忘私之義，分祿以擬王林，致事以由方回。

『故列子比屋，而門無鄭陽之恤；高概成羣，而不遭暴生之薦。抑挫獨立，推進附己，此樊姬所以掩口，馮唐所以永慨也。于斡時率皆素餘容，掩德蔽賢，忌有功而危之，疾清白而排之，諱忠讜而陷之，惡特立而擯之。柔媚者受崇飾之祐，方稜者蒙訕棄之患。養豺狼而殲騶虞，殖枳棘而翦椒桂。

『於是傲兀不檢，丸轉萍流者，謂之弘偉大量；苛碎峭嶮，懷螫挾毒者，謂之公方正直；令色警慧、有貌無心者，謂之機神朗徹；利口小辯，希指巧言者，謂之標領清妍；猝突萍鶩，驕矜輕侻者，謂之巍峨瑰傑；嗜酒好色，闒茸無疑者，謂之率任不矯；求取不廉，好奪無足者，謂之淹曠遠節；蓬發褻服，遊集非類者，謂之通美泛愛；反經詭聖，順

非而博者，謂之莊老之客；嘲弄嗤妍，淩尚侮慢者，謂之蕭豁雅韻；毁方投圓，面從回應者，謂之絕倫之秀；憑倚權豪，推貨履徑者，謂之知變炎奇；懶看文書，望空下名者，謂之業大志高；仰賴强親，位過其才者，謂之四豪之匹；輸貨勢門，以市名爵者，謂之輕財貴義；結黨合譽，行與口違者，謂之以文會友；左道邪術，假託鬼怪者，謂之通靈神人；卜占小數，誑飾禍福者，謂之知來之妙；盤馬弄稍，一夫之勇者，謂之上將之元；合離道聽，偶俗而言者，謂之英才碩儒。

『若夫體亮行高，神清量遠，不諂笑以取悦，不曲言以負心，含霜履雪，義不苟合，據道推方，嶷然不羣，風雖疾而枝不撓，身雖困而操不改。進則切辭正論，攻過箴闕，退則端誠杜私，知無不為者，謂之闒駮徒苦；夙興夜寐，退食自公，憂勞損益，畢力為政者，謂之小器俗吏。

『於是明哲色斯而幽遁，高俊括囊而佯愚，疏賤者奮飛以擇木，縶制者曲從而朝隱，知者不肯吐其秘算，勇者不為致其果毅。忠謇離退，姦凶得志，邪流溢而不可遏也，偽途辟而不可杜也，以臻乎淩上替下，盜賊多有。宦者奪人主之威，三，九死庸豎之手。忠賢望士，謂之黨人，囚捕誅鋤，天下嗟歎，無罪無辜，閉門遇禍。

『微煙起於蕭牆，而飆焚徧於宇宙；淺隙發於膚寸，而波濤漂乎四極。金城屠於庶寇，湯池航於一葦。勁鋭望塵而冰泮，征人倒戈而奔北。飛鋒薦於扆闥，左衽掠於禁省，禾黍生於廟堂，榛莠秀乎玉階，雲觀變為狐兔之藪，象魏化為虎豹之蹊，東序煙燼於委灰，生民燋淪於淵火。凶家害國，得罪竹帛。良史無褒言，金石無德音。夫何哉？夫人故也。』

攀援趨附論

論說

漢·徐幹《中論》卷下《譴交》　世之衰矣，上無明天子，下無賢諸侯，君不識是非，臣不辨黑白。取士不由於鄉黨，考行不本於閥閲。多助者爲賢才，寡助者爲不肖。序爵聽無證之論，班祿采方國之謠。民見其如此者，知富貴可以從衆爲也，知名譽可以虛譁獲也，乃離其父兄，去其邑里，不脩道藝，不治德行，講偶時之説，結比周之黨，汲汲皇皇，無日以處，更相歎揚，迭爲表裏，檮杌生華，憔悴布衣，以欺人主、惑宰相、竊選舉、盜榮寵者，不可勝數也。既獲者賢，已而遂往，羨慕者並驅而追之，悠悠皆是，孰能不然者乎？桓、靈之世其甚者也，自公卿大夫、州牧郡守，王事不恤，賓客爲務，冠蓋填門，儒服塞道，飢不暇餐，倦不獲已，殷殷沄沄，俾夜作晝，下及小司，列城墨綬，莫不相商以得人。自矜以下士，星言夙駕，送往迎來，亭傳常滿，吏卒侍門，炬火夜行，閽寺不閉；把臂捩腕，扣天矢誓，推託恩好，不較輕重；文書委於官曹，繫囚積於囹圄，而不遑省也。詳察其爲也，非欲憂國恤民，謀道講德也，徒營己治私，求勢逐利而已。有策名於朝，而稱門生於富貴之家者，比屋有之。為師無以教訓，弟子亦不受業。然其於事也，至乎懷丈夫之容，而襲婢妾之態，或奉貨而行賂，以自固結，求志屬託，規圖仕進，然擲目指掌，高談大語，若此之類，言之猶可羞，而行之者不知恥。嗟乎！王教之敗，乃至於斯乎？且夫交遊者出也，或身歿於他邦，或長幼而不歸。父母懷煢獨之思，室人抱東山之哀，親戚隔絕，閨門分離，無罪無辜，而亡命是效。古者行役，過時不反，猶作詩刺怨。故《四月》之篇，稱先祖匪人，胡寧忍予？又況無君命而自爲之者乎！以此論之，則交遊乎外，久而不歸者，非仁人之情也。

紀綱廢弛論

論說

《三國志》卷二《魏志·文帝紀》裴松之注　孫盛曰：昔者先王之以孝治天下也，內節天性，外施四海，存盡其敬，亡極其哀，思慕諒闇，寄政冢宰，故曰『三年之喪，自天子達于庶人』；夫然，故在三之義惇，臣子之恩篤，雍熙之化隆，經國之道固，聖人之所以通天地，厚人倫，顯至教，敦風俗，斯萬世不易之典，百王服膺之制也。是故喪禮素冠，鄶人

著庶見之譏，宰予降期，仲尼發不仁之歎；子頹忘戚，君子以為樂禍；魯侯易服，《春秋》知其不終。豈不以墜至痛之誠心，喪哀樂之大節者哉？故雖三季之末，七雄之弊，猶未有廢縗斬於旬朔之間，釋麻杖於反哭之日者也。逮于漢文，變易古制，人道之紀，一旦而廢，縗素奪於至尊，四海散其遏密，義感闕於羣後，大化墜於君親；雖心存貶約，慮在經綸。至於樹德垂聲，崇化變俗，固已道薄於當年，風頹於百代矣。且武王載主而牧野不陳，晉襄墨縗而三帥為俘，應務濟功，服其焉害？魏王既追漢制，替其大禮，處莫重之哀而設饗宴之樂，居詒厥之始而墜王化之基。及至受禪，顯納二女，忘其至恤以誣先聖之典，天心喪矣，將何以終！是以知王齡之不遐，卜世之期促也。

又 卷五《魏志·文昭甄后傳》裴松之注 孫盛曰：於禮，婦人既無封爵之典，況于孩末，而可建以大邑乎？惪自異族，援繼非類，匪功匪親，而襲母爵，違情背典，於此為甚。陳羣雖抗言，楊阜引事比並，然皆不能極陳先王之禮，明封建繼嗣之義，忠至之辭，猶有闕乎！《詩》云：『赫赫師尹，民具爾瞻。』宰輔之職，其可略哉！

又 卷一九《魏志·陳思王植傳》裴松之注 孫盛曰：異哉，魏氏之封建也！不度先王之典，不思藩屏之術，違敦睦之風，背維城之義。漢初之封，或權侔人主，雖云不度，時勢然也。魏氏諸侯，陋同匹夫，雖懲七國，矯枉過也。且魏之代漢，非積德之由，風澤既微，六合未一，而彫翦枝幹，委權異族，勢同瘣木，危若巢幕，不嗣忽諸，非天喪也。五等之制，萬世不易之典，六代興亡，曹冏論之詳矣。

《宋書》卷四二《王弘傳論》 晉綱弛紊，其漸有由。孝武守文於上，化不下及，道子昏德居宗，憲章墜矣。重之以國寶啓亂，加之以元顯嗣虐，而祖宗之遺典，羣公之舊章，莫不葉散冰離，掃地盡矣。主威不樹，臣道專行，國典人殊，朝綱家異，編戶之命，竭於豪門，王府之蓄，變為私藏。由是禍基東妖，難結天下，蕩蕩然王道不絕者若綖。

《晉書》卷六九《劉波傳》 苻堅敗，朝廷欲鎮靖北方，出波督淮北諸軍、冀州刺史，以疾未行。上疏曰：

臣聞天地以弘濟為仁，君道以惠下為德，是以禹湯有身勤之績，唐虞有在予之誥，用能惠被蒼生，勳流後葉。宣帝開拓洪圖，始基成命；爰及文武，曆數在躬，而猶虛心側席，卑己崇物。然後知積累之功重，勤王之業艱，先君之德弘，貽厥之賜厚。惠皇不懷，委政內任，遂使神器幽淪，三光翳曜；園陵懷九泉之感，宮廟集胡馬之迹；所謂肉食失之于朝，黎庶暴骸於外也。賴元皇帝神武應期，祚隆淮海，振乾綱於已墜，紐絕維而更張。陛下承宣帝開始之宏基，受元帝克終之成烈，保大定功，戢兵靜亂，故使負鱗橫海之鯨，僭位滔天之寇，望雲旗而宵潰，睹太陽而霧散，巍巍蕩蕩，人無名焉。而頃年已來，天文違錯，妖怪屢生。會稽先帝本封，而地動經年。昔周之文武有魚烏之瑞，君臣猶懷震悚，況今災變衆集，曾莫之疑。公旦有勿休之誡，賈誼有積薪之喻。臣鑑先徵，竊惟今事，是以敢肆狂瞽，直言無諱。

往者先帝以玄風御世，責成羣后，坐運天綱，隨化委順，故忘日計之功，收歲成之用。今禮樂征伐自天子出，相王賢儁，協和百揆，六合承風，天下響振，而鈞臺之詠弗聞，景亳之命未布。將羣臣之不稱，陛下用之不盡乎？

凡聖王之化，莫不敦崇忠信，存正棄邪。傷化毀俗者，雖親雖貴，必疏而遠之；清公貞脩者，雖微雖賤，必親而近之。今則不然，此風既替，利競滋甚，朋黨比周，毀譽交興，鑽求苟進，人希分外。見賢而居其上，受祿每過其量，希旨承意者以為奉公，共相讚白者以為忠節。舉世見之，誰敢正言。陛下不明必行之法以絕穿鑿之源者，恐脫因疲倦以誤視聽。且苻堅滅亡，於今五年，舊京殘毀，山陵無衛，百姓塗炭，未蒙拯接。伏願遠觀漢魏衰滅之由，近覽西朝傾覆之際，超然易慮，為於未有，則靈根永固，社稷無虞。臣豈誣一朝之人皆無忠節，但任非其才，求之不至耳。

今政煩役殷，所在凋弊，倉廩空虛，國用傾竭，下民侵削，流亡相屬。略計戶口，但咸安已來，十分去三。百姓懷浮游之歎，《下泉》興周京之思。昔漢宣有云：『與我共治天下者，其惟良二千石乎！』是以臨下有方者就加璽贈，法苛政亂者恤刑不赦，事簡於上，人悅於下。今則不然，告時乞職者以家弊為辭，振窮恤滯者以公爵為施。古者為百姓立君，使之司牧；今者以百姓恤君，使之蠶食，至乃貪汙者謂之清勤，慎法者謂之怯劣。何反古道一至於此！

陛下雖躬自節儉，哀矜於上，而羣寮肆欲，縱心於下，六司垂翼，三

事拱默，故有識者睹人事以歎息，觀妖眚而大懼。昔宋景退熒惑之災，殷宗消鼎雉之異。伏願陛下仰觀大禹過門之志，俯察商辛沈湎之失，遠思《國風》恭公之刺，深惟定姜小臣之喻。暫回聖恩，大詢羣後，延納衆賢，訪以得失；令百僚率職，人言損益。察其所由，觀其所以，審識羣才，助鼎和味。克念作聖，以答天休。則四海宅心，天下幸甚。

政出多門論

論説

《三國志》卷五二《吴志・諸葛瑾傳》（孙权别咨諸葛瑾）曰：『夫威柄不專，則其事乖錯，如昔張耳、陳餘，非不敦睦，至於秉勢，自還相賊，乃事理使然也。【略】羣下爭利，主幼不御，其為敗也焉得久乎？所以知其然者，自古至今，安有四五人把持刑柄，而不離刺轉相蹄齧者也！强當陵弱，弱當求援，此亂亡之道也。』

稽延廢職論

論説

《晉書》卷八六《張重華傳》 重華自以連破勍敵，頗怠政事，希接賓客。司直索遐諫曰：『殿下承四聖之基，當升平之會，荷當今之任，憂率土之塗炭，宜躬親萬機，開延英乂，夙夜乾乾，勉於庶政。自頃內外嚻然，皆云去賊投誠者應即撫慰，而彌日不接。國老朝賢，當虛己引納，詢訪政事，比多經旬積朔，不留意接之。文奏入內，歷月不省，廢替見務，注情於棋弈之間，繾綣左右小臣之娛，不存將相遠大之謀。至使親臣不言，朝吏杜口，愚臣所以回惶忘寢與食也。今王室如毀，百姓倒懸，正是殿下銜膽茹辛厲心之日。深願垂心朝政，延納直言，周爰五美，以成六德，捐彼近習，弭塞外聲，脩政聽朝，使下觀而化。』

法苛刑濫論

論説

唐・魏徵等《羣書治要》卷四七《蔣濟〈萬機論・用奇〉》 漢元帝為太子時，諫持法泰深，求用儒生。宣帝作色怒之云：『俗儒不達不足任，亂吾家者太子也。』據如斯言，漢之中滅，職由宣帝，非太子也。乃知班固步驟盛衰，發明是非之理，弗逮古史遠矣。昔秦穆公近納英儒，招致智辯，知富國强兵。至于始皇，乘歷世餘，滅吞六國，建帝號，而坑儒任刑，疏扶蘇之諫，外蒙恬之直，受胡亥之曲，信趙高之諛，身没三歲，秦無噍類矣。前史書二世之禍，始皇所起也。夫漢祖初以三章，結黔首之心，並任儒辯，以並諸侯，然後罔漏吞舟之魚，烝民樸謹，天下大治。宣帝受六世之洪業，繼武昭之成法，四夷怖征伐之威，生民厭兵革之苦，海內歸勢，適當安樂時也。而以峻法繩下，賤儒貴刑，名，是時名則石顯弘恭之徒，便僻危險，杜塞公論，專制幹事，使其君負無窮之謗也。如此，誰果亂宣帝家哉？向使宣帝豫料柱石之士，骨鯁之臣，屬之社稷，不令宦豎秉持天機，豈近於元世棟橈榱崩，三十年間，漢為新家哉？推計之，始皇任刑，禍近及身；宣帝好刑，短喪天下。不同于秦，禍少者耳。

又 卷四九《傅玄〈傅子・問刑〉》 傅子曰：秦始皇之無道，豈不甚哉！視殺人如殺狗彘，狗彘仁而用之猶有節，始皇之殺人，觸情而已，其不以道如是。而李斯又深刑峻法，隨其指而妄殺人。秦不二世而滅，李斯無遺類。以不道愚人，人亦以不道報之。人讎之，天絕之，行無道，未有不亡者也。或曰：漢太宗除肉刑，可謂仁乎？傅子曰：匹夫之仁也，非王天下之仁也。夫王天下者，大有濟者也，非小不忍之謂也。先王之制，殺人者死，故生者懼；傷人者殘其體，故終身懲。所刑者寡，而所濟者衆，故天下稱仁焉。今不忍殘人之體，而忍殺之，既不類傷人刑輕，是失其所以懲也。失其所以懲，則易傷人；人易相傷，亂之漸也。

猶有不忍之心，故曰匹夫之仁也。

《三國志》卷五二《吳志・步騭傳》　後中書呂壹典校文書，多所糾舉，騭上疏曰：『伏聞諸典校擿抉細微，吹毛求瑕，重案深誣，趣欲陷人以成威福；無罪無辜，橫受大刑，是以使民跼天蹐地，誰不戰慄？昔之獄官，惟賢是任，故皋陶作士，呂侯贖刑，張、于廷尉，民無冤枉，休泰之祚，實由此興。今之小臣，動與古異，獄以賄成，輕忽人命，歸咎於上，為國速怨。夫一人吁嗟，王道為虧，甚可仇疾。明德慎罰，哲人惟刑，書傳所美。自今蔽獄，都下則宜諮顧雍，武昌則陸遜、潘濬，平心專意，務在得情，騭黨神明，受罪何恨？

又　卷四四《蜀志・費禕傳》裴松之注　殷基《通語》曰：【略】甲以為曹爽兄弟凡品庸人，苟以宗子枝屬，得蒙顧命之任，而驕奢僭逸，交非其人，私樹朋黨，謀以亂國。懿奮誅討，一朝殄盡，此所以稱其任，副士民之望也。乙以為懿感曹仲附己不一，豈爽與相干？事勢不專，以此陰成疵瑕。初無忠告侃爾之訓，一朝屠戮，攙其不意，豈大人經國篤本之事乎！若爽信有謀主之心，大逆已搆，而發兵之日，更以芳委爽兄弟。懿父子從後閉門舉兵，蹙而向芳，必無悉寧，忠臣為君深慮之謂乎？以此推之，爽無大惡明矣。若懿以爽奢僭，廢之刑之可也，滅其尺口，被以不義，絕子丹血食，及何晏子魏之親甥，亦與同戮，為僭濫不當矣。

唐・歐陽詢等《藝文類聚》卷五四《刑法部》　晉傅玄《釋法篇》曰：釋法任情，姦佞在下，多疑少決，譬執腐索以御奔馬。專任刑名，民不聊生。通儒達道，政乃升平。浩浩大海，百川歸之。洋洋聖化，九服仰之。春風暢物，秋霜肅殺，同則相濟，異若胡越。

法外施恩論

論說

《三國志》卷三七《蜀志・法正傳》裴松之注　孫盛曰：夫威福自下，亡家害國之道，刑縱於寵，毀政亂理之源，安可以功臣而極其陵肆，嬖幸而藉其國柄者哉？故顛頡雖勤，不免違命之刑，揚干雖親，猶加亂行之戮，夫豈不愛，王憲故也。諸葛氏之言，於是乎失政刑矣。

又　卷五六《吳志・朱桓傳》裴松之注　孫盛曰：《書》云臣無作威作福，作威作福，則凶于而家，害于而國。桓之賊忍，殆虎狼也，人君且猶不可，況將相乎？語曰得一夫而失一國，縱罪虧刑，失孰大焉！

窮兵黷武論

論說

《三國志》卷四二《蜀志・譙周傳》　于時軍旅數出，百姓凋瘁，周與尚書令陳祗論其利害，退而書之，謂之《仇國論》，其辭曰：『因余之國小，而肇建之國大，並爭於世而為仇敵。因餘之國有高賢卿者，問於伏愚子曰：「今國事未定，上下勞心，往古之事，能以弱勝强者，其術何如？」伏愚子曰：「吾聞之，處大無患者恒多慢，處小有憂者恒思善；多慢則生亂，思善則生治，理之常也。故周文養民，以少取多，句踐恤衆，以弱斃强，此其術也。」賢卿曰：「曩者項强漢弱，相與戰爭，無日寧息。然項羽與漢約分鴻溝為界，各欲歸息民；張良以為民志既定，則難動也，尋帥追羽，終斃項氏，豈必由文王之事乎？肇建之國方有疾疢，我因其隙，陷其邊陲，覬增其疾而斃之也。」伏愚子曰：「當殷、周之際，王侯世尊，君臣久固，民習所專；深根者難拔，據固者難遷。當此之時，雖漢祖安能杖劍鞭馬而取天下乎？當秦罷侯置守之後，民疲秦役，天下土崩，或歲改主，或月易公，鳥驚獸駭，莫知所從，於是豪强並爭，虎裂狼分，疾搏者獲多，遲後者見吞。今我與肇建皆傳國易世矣，既非秦末鼎沸之時，實有六國並據之勢，故可為文王，難為漢祖。夫民疲勞則騷擾之兆生，上慢下暴則瓦解之形起。諺曰：『射幸數跌，不如審發。』是故智者不為小利移目，不為意似改步，時可而後動，數合而後舉，故湯、武之師不再戰而克，誠重民勞而度時審也。如遂極武黷征，土崩勢生，不幸遇難，雖有智者將不能謀之矣。若乃奇變縱橫，出入無間，衝波

截轍，超谷越山，不由舟楫而濟盟津者，我愚子也。實所不及。』』

又　卷五七《吳志・陸瑁傳》　孫權忿公孫淵之巧詐反覆，欲親征之，瑁上疏諫曰：『臣聞聖王之御遠夷，羈縻而已，不常保有，故古者制地，謂之荒服，言慌惚無常，不可保也。今淵東夷小醜，屏在海隅，雖託人面，與禽獸無異。國家所為不愛貨寶遠以加之者，非嘉其德義也，誠欲誘納愚弄，以規其馬耳。淵之驕黠，恃遠負命，此乃荒貊常態，豈足深怪？昔漢諸帝亦嘗銳意以事外夷，馳使散貨，充滿西域，雖時有恭從，然其使人見害，財貨並沒，不可勝數。今陛下不忍悁悁之忿，欲越巨海，身踐其土，羣臣愚議，竊謂不安。何者？北寇與國，壤地連接，苟有間隙，應機而至。夫所以越海求馬，曲意於淵者，為赴目前之急，除腹心之疾也，而更棄本追末，捐近治遠，忿以改規，激以動衆，斯乃猾虜所願聞，非大吳之至計也。又兵家之術，以功役相疲，勞逸相待，得失之間，所覺輒多。且沓渚去淵，道里尚遠，今到其岸，兵勢三分，使强者進取，次當守船，又次運糧，行人雖多，難得悉用；加以單步負糧，經遠深入，賊地多馬，邀截無常。若淵狙詐，與北未絕，動從之日，脣齒相濟。若實孑然無所憑賴，其畏怖遠迸，或難卒滅。使天誅稽於朔野，山虜承間而起，恐非萬安之長慮也。』權未許。

瑁重上疏曰：『夫兵革者，固前代所以誅暴亂，威四夷也，然其役皆在姦雄已除，天下無事，從容廟堂之上，以餘議議之耳。至于中夏鼎沸，九域槃互之時，率須深根固本，愛力惜費，務自休養，以待鄰敵之闕，未有正於此時，舍近治遠，以疲軍旅者也。昔尉佗叛逆，僭號稱帝，於時天下乂安，百姓殷阜，帶甲之數，糧食之積，可謂多矣，然漢文猶以遠征不易，重興師旅，告喻而已。今凶桀未殄，疆埸猶警，雖蚩尤、鬼方之亂，故當以緩急差之，未宜以淵為先。願陛下抑威住計，暫寧六師，潛神嘿規，以為後圖，天下幸甚。』

又　卷五八《吳志・陸遜傳》　權欲遣偏師取夷州及朱崖，皆以咨遜，遜上疏曰：『臣愚以為四海未定，當須民力，以濟時務。今兵興歷年，見衆損減，陛下憂勞聖慮，忘寢與食，將遠規夷州，以定大事。臣反覆思惟，未見其利，萬里襲取，風波難測，民易水土，必致疾疫。今驅見衆，經涉不毛，欲益更損，欲利反害。又珠崖絕險，民猶禽獸，得其民不足濟事，無其兵不足虧衆。今江東見衆，自足圖事，但當畜力而後動耳。昔桓王創基，兵不一旅，而開大業。陛下承運，拓定江表。臣聞治亂討逆，須兵為威，農桑衣食，民之本業，而干戈未戢，民有飢寒。臣愚以為宜育養士民，寬其租賦，衆克在和，義以勸勇，則河渭可平，九有一統矣。』【略】

及公孫淵背盟，權欲往征，遜上疏曰：【略】方今天下雲擾，羣雄虎爭，英雄踴躍，張聲大視。【略】今不忍小忿，而發雷霆之怒，違垂堂之戒，輕萬乘之重，此臣之所惑也。臣聞志行萬里者，不中道而輟足；圖四海者，匪懷細以害大。强寇在境，荒服未庭，陛下乘桴遠征，必致闚閲，戚至而憂，悔之無及。若使大事時捷，則淵不討自服；今乃遠惜遼東衆之與馬，奈何獨欲捐江東萬安之本業而不惜乎？乞息六師，以威大虜，早定中夏，垂曜將來。』

又　《陸抗傳》　時師旅仍動，百姓疲弊。抗上疏曰：『臣聞《易》貴隨時，《傳》美觀釁，故有夏多罪而殷湯用師，紂作淫虐而周武授鉞。苟無其時，玉臺有憂傷之慮，孟津有反旆之軍。今不務富國强兵，力農畜穀，使文武之才效展其用，百揆之署無曠厥職，明黜陟以厲庶尹，審刑罰以示勸沮，訓諸司以德，而撫百姓以仁，然後順天承運，席捲宇內，而聽諸將徇名，窮兵黷武，動費萬計，士卒彫瘁，寇不為衰，而我已大病矣！今爭帝王之資，而昧十百之利，此人臣之姦便，非國家之良策也。昔齊魯三戰，魯人再克而亡不旋踵。何則？大小之勢異也。況今師所克獲，不補所喪哉？且阻兵無衆，古之明鑑，誠宜蹔息進取小規，以畜士民之力，觀釁伺隙，庶無悔吝。』

《晉書》卷八〇《王羲之傳》　又與會稽王牋陳浩不宜北伐，並論時事曰：

古人恥其君不為堯舜，北面之道，豈不願尊其所事，比隆往代，況遇千載一時之運？顧智力屈於當年，何得不權輕重而處之也。今雖有可欣之會，內求諸己，而所憂乃重於所欣。《傳》云：『自非聖人，外寧必有內憂。』今外不寧，內憂已深。古之弘大業者，或不謀於衆，傾國以濟一時功者，亦往往而有之。誠獨運之明足以邁衆，暫勞之弊終獲永逸者可也。求之於今，可得擬議乎！

夫廟算決勝，必宜審量彼我，萬全而後動。功就之日，便當因其衆而即其實。今功未可期，而遺黎殲盡，萬不餘一。且千里饋糧，自古為難，況今轉運供繼，西輸許洛，北入黄河。雖秦政之弊，未至於此，而十室之憂，便以交至。今運無還期，徵求日重，以區區吴越經緯天下十分之九，不亡何待！而不度德量力，不弊不已，此封内所痛心歎悼而莫敢吐誠。往者不可諫，來者猶可追，願殿下更垂三思，解而更張，令殷浩、荀羨還據合肥、廣陵，許昌、譙郡、梁、彭城諸軍皆還保淮，為不可勝之基，須根立勢舉，謀之未晚，此實當今策之上者。若不得此，社稷之憂可計日而待。安危之機，易於反掌，考之虚實，著於目前，願運獨斷之明，定之於一朝也。【略】

國家之慮深矣，深恐伍員之憂不獨在昔，麋鹿之游將不止林藪而已。願殿下暫廢虚遠之懷，以救倒懸之急，可謂以亡為存，轉禍為福，則宗廟之慶，四海有賴矣。

空耗民力論

論説

《三國志》卷五七《吴志·駱統傳》　是時徵役繁數，重以疫癘。民戶損耗，統上疏曰：『臣聞君國者，以據疆土為强富，制威福為尊貴，曜德義為榮顯，永世胤為豐祚。然財須民生，强賴民力，威恃民勢，福由民殖，德俟民茂，義以民行，六者既備，然後應天受祚，保族宜邦。《書》曰：「衆非後無能胥以寧，後非衆無以辟四方。」推是言之，則民以君安，君以民濟，不易之道也。

今强敵未殄，海内未乂，三軍有無已之役，江境有不釋之備，徵賦調數，由來積紀，加以殃疫死喪之災，郡縣荒虚，田疇蕪曠，聽聞屬城，民戶浸寡，又多殘老，少有丁夫，聞此之日，心若焚燎。思尋所由，小民無知，既有安土重遷之性，且又前後出為兵者，生則困苦無有温飽，死則委棄骸骨不反，是以尤用戀本畏遠，同之於死。每有徵發，羸謹居家重累者先見輸送。小有財貨，傾居行賂，不顧窮盡。輕剽則迸入險阻，黨就羣惡。百姓虚竭，嗷然愁擾，愁擾則不營業，不營業則致窮困，致窮困則不樂生，故口腹急，則姦心動而攜叛多也。又聞民間，非居處小能自供，生產兒子，多不起養；屯田貧兵，亦多棄子。天則生之，而父母殺之，既懼干逆和氣，感動陰陽。且惟殿下開基建國，乃無窮之業也，强鄰大敵非造次所滅，疆埸常守非期月之戍，而兵民減耗，後生不育，非所以歷遠年，致成功也。

夫國之有民，猶水之有舟，停則以安，擾則以危，愚而不可欺，弱而不可勝，是以聖王重焉，禍福由之，故與民消息，觀時制政。方今長吏親民之職，惟以辨具為能，取過目前之急，少復以恩惠為治，副稱殿下天覆之仁，勤恤之德者。官民政俗，日以彫弊，漸以陵遲，勢不可久。夫治疾及其未篤，除患貴其未深，願殿下少以萬機餘間，留神思省，補復荒虚，深圖遠計，育殘餘之民，阜人財之用，參曜三光，等崇天地。臣統之大願，足以死而不朽矣。』

《宋書》卷六四《鄭鮮之傳》　佛佛虜陷關中，高祖復欲北討，行意甚盛。鮮之上表諫曰：『伏思聖略深遠，臣之愚管無所措其意。然臣愚見，竊有所懷。虜凶狡情狀可見，自關中再敗，皆是帥師違律，非是内有事故，致外有敗傷。虜聞殿下親御六軍，必謂見伐，當重兵守潼關，其勢然也。若陵威長驅，臣實見其未易；若輿駕頓洛，則不足上勞聖躬。如此，則進退之機，宜在孰慮。賊不敢乘勝過陝，遠懾大威故也。今盡用兵之算，事從屈申，遣師撲討，而南夏清晏，賊方懼將來，永不敢動。若輿駕造洛而反，凶醜更生揣量之心，必啓邊戎之患，此既必然。江南顒顒，傾注輿駕，忽聞遠伐，不測師之深淺，必以殿下大申威靈，未還，人情恐懼，事又可推。往年西征，劉鍾危殆，前年劫盜破廣州，人士都盡。三吴心腹之内，諸縣屢敗，皆由勞役所致。又聞處處大水，加遠師民敝，敗散自然之理。殿下在彭城，劫盜破諸縣，事非偶爾，皆是無賴凶慝。凡順而撫之，則百姓思安，違其所願，必為亂矣。古人所以救其煩穢，正在於斯。漢高身困平城，呂后受匈奴之辱，魏武軍敗赤壁，宣武喪師枋頭，神武之功，一無所損。況偏師失律，無虧於廟堂之上者邪。即之事實，非敗之謂，惟齡石等可念耳。若行也，或速其禍，反覆思惟，愚謂不煩殿下親征小劫。

西虜或為河洛之患，今正宜通好北虜，則河南安。河南安，則濟、泗靜。伏願聖鑒察臣愚懷。』

《晉書》卷五六《孫綽傳》 時大司馬桓温欲經緯中國，以河南粗平，將移都洛陽。朝廷畏温，不敢為異，而北土蕭條，人情疑懼，雖並知不可，莫敢先諫。綽乃上疏曰：【略】

帝王之興，莫不藉地利人和以建功業，貴能以義平暴，因而撫之。懷滑不建，淪胥秦京，遂令胡戎交侵，神州絶綱，土崩之釁，誠由道喪。然中夏蕩蕩，一時橫流，百郡千城曾無完郛者，何哉？亦以地不可守，投奔有所故也。天祚未革，中宗龍飛，非惟信順協天人而已，實賴萬里長江畫而守之耳。《易》稱『王公設險以守其國』，險之明義大矣哉！斯已然之明效也。今作勝談，自當任道而遺險；校實量分，不得不保小以固存。自喪亂以來六十餘年，蒼生殄滅，百不遺一，河洛丘虛，函夏蕭條，井堙木刊，阡陌夷滅，生理茫茫，永無依歸。播流江表，已經數世，存者長子老孫，亡者丘隴成行。雖北風之思感其素心，目前之哀實為交切。若遷都旋軫之日，中興五陵，即復緬成遐域。泰山之安既難以理保，烝烝之思豈不纏於聖心哉！

温今此舉，誠欲大覽始終，為國遠圖。向無山陵之急，亦未首決大謀，獨任天下之至難也。今發憤忘食，忠慨亮到，凡在有心，孰不致感！而百姓震駭，同懷危懼者，豈不以反舊之樂賒，而趣死之憂促哉！何者？植根于江外數十年矣，一朝拔之，頓驅踧於空荒之地，提挈萬里，逾險浮深，離墳墓，棄生業，富者無三年之糧，貧者無一飡之飯。田宅不可復售，舟車無從而得，舍安樂之國，適習亂之鄉，出必安之地，就累卵之危，將頓僕道途，飄溺江川，僅有達者。夫國以人為本，疾寇所以為人，衆喪而寇除，亦安所取裁？此仁者所宜哀矜，國家所宜深慮也。自古今帝王之都，豈有常所，時隆則宅中而圖大，勢屈則遵養以待會。使德不可勝，家人有三年之積，然後始可謀太平之事耳。今天時人事，有未至者矣，一朝欲一宇宙，無乃頓而難舉乎？

臣之愚計，以為且可更遣一將有威名資實者，先鎮洛陽，於陵所築二壘以奉衛山陵，掃平梁許，清一河南，運漕之路既通。然後盡力於開墾，廣田積穀，漸為徙者之資。如此，賊見亡徵，勢必遠竄。如其迷逆不化，復欲送死者，南北諸軍風馳電赴，若身手之救痛癢，率然之應首尾，山陵既固，中夏小康。陛下且端委紫極，增脩德政，躬行漢文簡樸之至，去小惠，節遊費，審官人，練甲兵，以養士滅寇為先。十年行之，無使隳廢，則貧者殖其財，怯者充其勇，人知天德，赴死如歸，以此致政，猶運諸掌握。何故舍百勝之長理，舉天下而一擲哉！

又 卷八二《虞預傳》 太守庾琛命為主簿，預上記陳時政所失，曰：『軍寇以來，賦役繁數，兼值年荒，百姓失業，是輕徭薄斂，寬刑省役之時也。自頃長吏輕多去來，送故迎新，交錯道路。受迎者惟恐船馬之不多，見送者惟恨吏卒之常少。窮奢竭費謂之忠義，省煩從簡呼為薄俗，轉相放效，流而不反，雖有常防，莫肯遵脩。加以王塗未夷，所在停滯，送者經年，永失播植。一夫不耕，十夫無食，況轉百數，所防不訾。愚謂宜勤屬縣，若令尉先去官者，人船吏侍皆具條列，到當依法減省，使公私允當。又今統務多端，動加重制，每有特急，輒立督郵。計今直兼三十餘人，人船吏侍皆當出官，益不堪命，宜復減損，嚴為之防。』

政治理論辯駁部

有君論與無君論分部

論説

晉・阮籍《阮籍集》卷上《大人先生傳》 昔者天地開闢，萬物並生。大者恬其性，細者靜其形。陰藏其氣，陽發其精。害無所避，利無所爭。放之不失，收之不盈。亡不為夭，存不為壽。福無所得，禍無所咎。各從其命，以度相守。明者不以智勝，暗者不以愚敗。弱者不以迫畏，強者不以力盡。蓋無君而庶物定，無臣而萬事理，保身脩性，不違其紀。惟茲若然，故能長久。今汝造音以亂聲，作色以詭形。外易其貌，內隱其

情。懷欲以求多，詐偽以要名。君立而虐興，臣設而賊生。坐制禮法，束縛下民。欺愚誑拙，藏智自神。强者睽而暴，弱者憔悴而事人。假廉而成貪，内險而外仁。罪至不悔過，幸遇則自矜。馳此以奏除，故循滯而不振。

夫無貴則賤者不怨，無富則貧者不爭，各足於身而無所求也。恩澤無所歸，則死敗無所仇。奇聲不作，則耳不易聽；淫色不顯，則目不改視，耳目不相易改，則無以亂其神矣。此先世之所至止也。

晋·葛洪《抱朴子外篇》卷四八《詰鮑》 鮑生敬言好老、莊之書，治劇辯之言，以為『古者無君勝於今世』。故其著論云：『儒者曰：「天生烝民，而樹之君。」豈其皇天諄諄然，亦將欲之者為辭哉！夫强者凌弱，則弱者服之矣；智者詐愚，則愚者事之矣。服之，故君臣之道起焉；事之，故力寡之民制焉。然則隸屬役御，由乎爭强弱而校愚智，彼蒼天果無事也。「夫混茫以無名為貴，羣生以得意為歡。故剝桂刻漆，非木之願；拔鶡裂翠，非鳥所欲；促轡銜鑣，非馬之性；荷軏運重，非牛之樂。詐巧之萌，任力違真，伐生之根，以飾無用，捕飛禽以供華玩，穿本完之鼻，絆天放之腳，蓋非萬物並生之意。夫役彼黎烝，養此在官，貴者祿厚而民亦困矣。」

『夫死而得生，欣喜無量，則不如向無死也。讓爵辭祿，以釣虚名，則不如本無讓也。天下逆亂焉，而忠義顯矣；六親不和焉，而孝慈彰矣。

『曩古之世，無君無臣，穿井而飲，耕田而食，日出而作，日入而息。泛然不繫，恢爾自得，不競不營，無榮無辱。山無蹊徑，澤無舟梁。川谷不通，則不相並兼；士衆不聚，則不相攻伐。是高巢不探，深淵不漉，鳳鸞棲息於庭宇，龍鱗羣游於園池，飢虎可履，虺蛇可執，涉澤而鷗鳥不飛，入林而狐兔不驚。勢利不萌，禍亂不作，干戈不用，城池不設，萬物玄同，相忘於道，疫癘不流，民獲考終。純白在胸，機心不生，含餔而熙，鼓腹而遊。其言不華，其行不飾。安得聚斂以奪民財，安得嚴刑以為坑穽？

『降及杪季，智用巧生，道德既衰，尊卑有序，繁升降損益之禮，飾紱冕玄黄之服；起土木於淩霄，構丹綠於棼橑；傾峻搜寶，泳淵採珠。聚玉如林，不足以極其變；積金成山，不足以贍其費。澶漫於淫荒之域，而叛其大始之本，去宗日遠，背朴彌增，尚賢，則民爭名；貴貨，則盜賊起，見可欲，則真正之心亂；勢利陳，則劫奪之途開。造剡鋭之器，長侵割之患。弩恐不勁，甲恐不堅，矛恐不利，盾恐不厚。若無淩暴，此皆可棄也。

『故曰：「白玉不毁，孰為珪璋？道德不廢，安取仁義？」使夫桀、紂之徒，得燔人，辜諫者，脯諸侯，葅方伯，剖人心，破人脛，窮驕淫之惡，用炮烙之虐。若令斯人，並為匹夫，性雖凶奢，安得施之？使彼肆酷恣欲，屠割天下，由於為君，故得縱意也。

『君臣既立，衆慝日滋，而欲攘臂乎桎梏之間，愁勞於塗炭之中；人主憂栗於廟堂之上，百姓煎擾乎困苦之中，閑之以禮度，整之以刑罰，是猶辟滔天之源，激不測之流，塞之以撮壤，障之以指掌也。』

抱朴子難曰：『蓋聞沖昧既辟，降濁升清。穹隆仰燾，旁泊俯停。乾坤定位，上下以形。遠取諸物，則天尊地卑，以著人倫之體。近取諸身，則元首股肱，以表君臣之序，降殺之軌，有自來矣。

『若夫太極混沌，兩儀無質，則未若玄黄剖判，七耀垂象，陰陽陶冶，萬物羣分也。由滋以言，亦知鳥聚獸散，巢棲穴竄，毛血是茹，結草斯服。入無六親之尊卑，出無階級之等威。未若庇體廣夏，稉粱嘉旨，黼黻綺紈，御冬當暑，明辟蒞物，良宰匠世，設官分職，宇宙穆如也。

『貴賤有章，則慕賞畏罰；勢齊力均，則爭奪靡憚。是以有聖人作，受命自天：或結罟以畋漁，或瞻辰而鑽燧，或嘗卉以選粒，或構宇以仰蔽。備物致用，去害興利，百姓欣戴，奉而尊之。君臣之道，於是乎生，安有詐愚淩弱之理？

『三、五迭興，道教遂隆。辯章勸沮，德盛刑清。明良之歌作，蕩蕩之化成。太階既平，七政遵度，梧禽激響於朝陽，麟、虞覿靈而來出，龜、龍吐藻於河湄，景、老摛耀於天路，皇風振於九域，兇器戢乎府庫。是以禮制則君安，樂作而刑厝也。

『若夫奢淫狂暴，由乎人己，豈必有君便應爾乎？而鮑生獨舉衰世之罪，不論至治之義，何也？

『且夫遠古質朴，蓋其未變，民尚童蒙，機心不動。譬夫嬰孩，智慧未萌，非為知而不為，欲而忍之也。若人與人爭草萊之利，家與家訟巢窟

之地，上無治枉之官，下有重類之黨，則私門過於公戰，木石鋭於干戈，交尸布野，流血絳路。久而無君，噍類盡矣。

『至於擾龍馴鳳，河圖洛書，或麟銜甲負，或黄魚波湧，或丹禽翔授，或回風三集，皆在有君之世，不出無王之時也。夫祥瑞之徵，指發玄極：或以表革命之符，或以彰至治之盛，若令有君不合天意，彼嘉應之來，孰使之哉？子若以混冥為美乎？則乾坤不宜分矣；若以無名為高乎？則八卦不當畫矣。豈造化有謬，而太昊之暗哉！

『雅論所尚，唯貴自然，請問夫識母忘父，羣生之性也；拜伏之敬，世之末飾也。然性不可任，必尊父焉；飾不可廢，必有拜焉。任之，廢之，子安乎？

『古者生無棟宇，死無殯葬，川無舟楫之器，陸無車馬之用。吞啖毒烈，以至殞斃；疾無醫術，枉死無限。後世聖人，改而垂之，民到于今，賴其厚惠，機巧之利，未易敗矣。

『今使子居則反巢穴之陋，死則捐之中野，限水則泳之遊之，山行則徒步負戴，棄鼎鉉而為生臊之食，廢針石而任自然之病。裸以為飾，不用衣裳；逢女為偶，不假行媒。吾子亦將曰：「不可也。」況於無君乎？若令上世人如木石，玄冰結而不寒，資糧絕而不飢者，可也。衣食之情，苟在其心，則所爭豈必金玉，所競豈必榮位！橡草予可以生鬥訟，藜藿足用，致侵奪矣。夫有欲之性，萌於受氣之初，厚己之情，著於成形之日，賊殺並兼，起於自然，必也不亂，其理何居！夫明王在上，羣後盡規，坐以待旦，昧朝旰食，延誹謗以攻過，責昵屬之補察，聽輿謡以屬省，鑑履尾而夕惕，飈清風以埽穢，厲秋威以肅物，制峻網密，有犯無赦，刑戮以懲小罪，九伐以討大憝，猶豺狼之當路，感彝倫之不敍，憂作威之凶家，恐姦宄之害國。故嚴司鷹揚以彈違，虎臣杖鉞於方嶽，而狂狡之變，莫世乏之，而令放之，使無所憚，則盜蹠將横行以掠殺，而良善端拱以待禍，無主所訴，無强所憑，而冀家為夷齊，人皆柳惠，何異負豕而欲無臭，憑河而欲不濡，無轡筴而御奔馬，棄柂櫓而乘輕舟，未見其可也。』

鮑生又難曰：『夫天地之位，二氣範物，樂陽則雲飛，好陰則川處。承柔剛以率性，隨四八而化生，各附所安，本無尊卑也。君臣既立，而變化遂滋，夫獺多則魚擾，鷹衆則鳥亂，有司設則百姓困，奉上厚則下民貧，壅崇寶貨，飾玩台榭，食則方丈，衣則龍章，内聚曠女，外多鰥男，辨難得之寶，貴奇怪之物，造無益之器，恣不已之欲，非鬼非神，財力安出哉？

『夫穀帛積則民有飢寒之儉，百官備則坐靡供奉之費，宿衛有徒食之衆，百姓養游手之人，民乏衣食，自給已劇，況加賦斂，重以苦役，下不堪命，且凍且飢，冒法斯濫，於是乎在。王者憂勞於上，台鼎顰顣於下，臨深履薄，懼禍之及。恐智勇之不用，故厚爵重祿以誘之；恐姦釁之不虞，故嚴城深池以備之。而不知祿厚則民匱而臣驕，城嚴則役重而攻巧。

『故散鹿臺之金，發鉅橋之粟，莫不歡然；況乎本不聚金，而不斂民粟乎？休牛桃林，放馬華山，載戢干戈，載櫜弓矢，猶以為泰；況乎本無軍旅，而不戰不戍乎？茅茨土階，棄織拔葵，雜囊為幃，濯衣布被，妾不衣帛，馬不秣粟；儉以率物，以為美談。所謂盜跖分財，取少為讓；陸處之魚，相煦以沫也。

『夫身無在公之役，家無輸調之費，安土樂業，順天分地，内足衣食之用，外無勢利之爭，操杖攻劫，非人情也。象刑之教，民莫之犯。法令滋彰，盜賊多有。豈彼無利性，而此專貪殘。蓋我清静則民自正，下疲怨則智巧生也。

『任之自然，猶慮凌暴。勞之不休，奪之無已，田蕪倉虚，杼柚之空，食不充口，衣不周身，欲令勿亂，其可得乎！所以救禍而禍彌深，峻禁而禁不止也。關梁所以禁非，而猾吏因之以為非焉了；衡量所以檢僞，而邪人因之以為偽焉。大臣所以扶危，而姦臣恐主之不危。兵革所以静難，而寇者盜之以為難。此皆有君之所致也。

『民有所利，則有爭心。富貴之家，所利重矣。且夫細民之爭，不過小小；匹夫校力，亦何所至？無疆土之可貪，無城郭之可利，無金寶之可欲，無權柄之可競；勢不能以合徒衆，威不足以驅異人。孰與王赫斯怒，陳師鞠旅，推無讎之民，攻無罪之國，僵尸則動以萬計，流血則漂櫓丹野！無道之君，無世不有，肆其虐亂，天下無邦，忠良見害於内，黎民暴骨於外，豈徒小小爭奪之患邪？

『至於移父事君，廢孝為忠，申令無君，亦同有之耳。古之為屋足以蔽風雨，而今則被以朱紫，飾以金玉；古之為衣足以掩身形，而今則玄

黃黼黻，綿綺羅紈；古之為樂足以定人情，而今則煩乎淫聲，驚魂傷和；古之飲食足以充飢虛，而今則焚林漉淵，宰割羣生。豈可以事之有過而都絕之乎？

『若虞在上，稷令、唐、咼贊事，卑宮薄賦，使民以時，崇節儉之清風，肅玉食之明禁；質素簡約者，貴而顯之，亂化侵民者，黜而戮之，則頌聲作而黎庶安矣。何必慮火災而壞屋室，畏風波而填大川乎？』

抱朴子曰：『鮑生貴上古無君之論，餘既駁之矣。後所答余文，多不能盡載，餘稍條其論而牒詰之云。』

鮑生曰：『人君採難得之寶，聚奇怪之物，飾無益之用，厭無已之求。』抱朴子詰曰：『請問古今帝王，盡採難得之寶，聚奇怪之物乎？有不爾者也！余聞唐堯之為君也，捐金於山；虞舜之禪也，捐璧於谷。疏食菲服，方之監門，其不汔淵剖珠，傾巖刊玉，鑿石鑠黃白之礦，越海裂翡翠之羽，網瑇瑁於絕域，掘丹青於岷漢，亦可知矣。

『夫服章無殊，則威重不著，名位不同，則禮物異數。是以周公辨貴賤上下之異式：宮室居處，則有堵雉之限；冠蓋旌旗，則有文物之飾；車服器用，則有多少之制；庖廚供羞，則有法膳之品；年凶災眚，又減撤之。無已之欲，不在有道，子之所云，可以聲桀、紂之罪，不足以定雅論之證也。』

鮑生曰：『人君後宮三千，豈皆天意？穀帛積則民飢寒矣。』抱朴子詰曰：『王者妃妾之數，聖人之所制也。聖人，與天地合其德者也。其德與天地合，豈徒異哉！夫豈徒欲以順情盈欲而已乎！乃所以佐六宮，理陰陽教爾。崇奉祖廟，祇承大祭，供玄紞之服，廣本支之路。

『且案周典九土之記，及漢氏地理之書，天下女數，多於男焉。王者所宗，豈足以逼當娶者哉！姬公思之，似已審矣。

『帝王帥百僚以藉田，后妃將命婦以蠶織下及黎庶，農課有限，力佃有賞，怠惰有罰。十一而稅，以奉公用。家有備凶之儲，國有九年之積。各得順天分地，不奪其時，調薄役希，民無飢寒。衣食既足，禮讓以興。

『昔文、景之世，百姓務農，家給戶豐，官倉之米，至腐赤不可勝計。然而士庶猶侯服鼎食，牛馬蓋澤。由於賦斂有節，不足損下也。

『至於季世，官失佃課之制，私務浮末之業，生穀之道不廣，而遊食之徒滋多，故上下同之，而犯非者衆。鮑生乃歸咎有君。若夫譏采擇之過限，刺農課之不實，責牛飲之三千，貶履畝與太半。但使後宮依周禮，租調不橫加，斯則可矣，必無君乎？夫一日晏起，則事有失所。「即鹿無虞，維入於林中。」安可終已！靡所宗統，則君子失所仰，凶人得其志。網疏猶漏，可都無網乎？』

鮑生曰：『人之生也，衣食已劇；況又加之以斂賦，重之以力役。飢寒並至，下不堪命，冒法犯非，於是乎生。』

抱朴子詰曰：『蜘蛛張網，蚤虱不餒，使人智巧，役用萬物。食口衣身，何足劇乎？但患富者無知止之心，貴者有無限之用耳。豈可以一蹶之故，而終身不行；以桀、紂之虐，思乎無主也。

『夫言主事，彌張賦斂之重於住古，民力之疲於末務，飢寒所緣以譏之，可也。而言有役有賦，使國亂者，請問唐、虞升平之世，三代有道之時，為無賦役，以相供奉，元首股肱，躬耕以自給邪？鮑生乃唯知飢寒並至，莫能固窮就；獨不知衣食並足，而民知榮辱乎！』

鮑生曰：『王者臨深履尾，不足喻危。假寐待旦，日昃旰食，將何為懼禍及也。』

抱朴子難曰：『審能如此，乃聖主也。王者所病，在乎驕奢。賢者不用，用者不賢。夏癸指天日以自喻，秦始憂萬世之同謚，故致傾亡，取笑將來。若能懼危夕惕，廣納規諫，詢蒭蕘以待聽，養黃發以乞言，何憂機事之有違，何患百揆之不康？夫戰兢則彝倫敍，怠荒則姦宄作。豈況無君，能無亂乎？』

鮑生曰：『王者欽想奇瑞，引誘幽荒，欲以崇德邁威，厭耀未服。白雉玉環，何益齊民乎！』抱朴子詰曰：『夫王者德及天，則有天瑞；德及地則有地應。若乃景星摛光以佐望舒之耀，冠日含采以表羲和之晷，靈禽嚶喈於阿閣，金象焜晃乎清沼，此豈卑辭所致，厚幣所誘哉！王莽姦猾，包藏禍心，文致太平，誑眩朝野，見遺外域，使送瑞物，豈可以此謂古皆然乎？』

『夫見盈丈之尾，則知非咫尺之軀；睹尋仞之牙，則知非膚寸之口。故王母之遺使，明其玄化通靈，無遠不懷也。越裳之重譯，足知惠沾殊方，澤被無外也。

『夫絕域不可以力服，蠻貊不可以威攝，自非至治，焉能然哉！

『何者鮑生謂為不用。夫周室非乏玉，而須王母之環以為富也；非儉膳，而渴越裳之雉以充庖也。所以貴之者，誠以斯物為太平。則上無苛虐之政，下無失所之人。蜎飛蠕動，咸得其懽，有國之美，孰多於斯！而云不用，無益於齊民。源遠體大，固未易見。鮑生之言，不亦宜乎！』

鮑生曰：『人君恐姦釁之不虞，故嚴城以備之也。』抱朴子詰曰：『侯王設險，大《易》所貴。不審嚴城，何譏焉爾。夫兩儀肇辟，萬物化生，則邪正存焉爾。

『夫聖人知凶醜之自然，下愚之難移，猶春陽之不能榮枯朽，炎景之不能鑠金石。冶容慢藏，誨淫召盜，故取法乎《習坎》，備豫於未萌，重門有擊柝之警，治戎遏暴客之變，而欲除之，其理何居？

『兕之角也，鳳之距也，天實假之，何必日用哉！蜂蠆挾毒以衛身，智禽銜蘆以扞網，獾曲其穴以備徑至之鋒，水牛結陣以卻虎豹之暴。而鮑生欲棄甲胄以遏利刃，墮城池以止衝鋒，若令甲胄既捐而利刃不住，城池既壞，而衝鋒猶集，公輸、墨翟，猶不自全。不審吾生計將安出乎？』

或曰：『苟夫可欲之物，雖無城池之固，敵亦不來者也。』抱朴子答曰：『夫可欲之物，何必金玉！錐刀之末，愚民競焉。越人之大戰，由乎分蚺虵之不鈞。吳、楚之交兵，起乎一株之桑葉。飢荒之世，人人相食。素手裸跣。遠則甫侯子羔，近則于公、釋之，控情審罰，剖毫析芒，受戮者吞聲而歌德，刖劓者沒齒無怨言。此皆非無君之時也。

『昔有鯀在下，而四嶽不蔽；明揚仄陋，而元凱畢舉。或投屠刀而排金門，或釋版築而躡玉堂，或委芻豢而登卿相，或自亡命而為上將，伯柳達讎人，解狐薦怨家，方回叩頭以致士，禽息碎首以推賢，敢問於時有君否邪？』

又云：『田蕪廩虛，皆由有君。』『夫君非塞田之蔓草，臣非耗倉之雀鼠也。其蕪其虛，卒由戹運，水旱疫癘，以臻凶荒。豈在賦稅，令其然乎？至於八政之首食，謂之民天。后稷躬稼，有虞親耕，豐年多黍多稌，我庾惟億，民食其陳。白渠開，而斥鹵膏壤。邵父起陽陵之陂，而積穀為山；叔敖創期思，而家有腐粟；趙過造三犁之巧，而關右以豐；任延教九真之佃，而黔庶殷飽。此豈無君之時乎？』

革易之際政治思潮部

禪代革命論分部

論説

宋・洪适《隸釋》卷一九《[三國魏]衛覬〈受禪表〉》　書契所録帝王遺事，義莫顯於禪德，美莫盛於受終。故《書》陳『納于大麓』，《傳》稱『歷數□□□是以降』。世且二百，年歲三千，堯舜之事，復存于今。允皇代之上儀，帝者之高致也。

《三國志》卷二《文帝紀》　使兼御史大夫張音持節奉璽綬禪位，册曰：『咨爾魏王：昔者帝堯禪位於虞舜，舜亦以命禹，天命不于常，惟歸有德。』

南朝梁・蕭統《文選》卷四九《史論上・干寶〈晉紀・論晉武帝革命〉》　史臣曰：帝王之興，必俟天命，苟有代謝，非人事也。文質異時，興建不同，故古之有天下者，柏皇栗陸以前，為而不有，應而不求，執大象也。鴻黃世及，以一民也。堯舜內禪，體文德也。漢魏外禪，順大名也。湯武革命，應天人也。高光爭伐，定功業也。各因其運而天下隨時，隨時之義大矣哉！古者敬其事則命以始，今帝王受命而用其終，豈人事乎？其天意乎？

《三國志》卷一《武帝紀》裴松之注　《魏略》：臣愚以為虞、夏不以謙辭，殷、周不吝誅放，畏天知命，無所與讓也。

又　卷二《文帝紀》裴松之注　袁宏《漢紀》載漢帝詔曰：**【略】**大道之行，天下為公，選賢與能。故唐堯不私於厥子，而名播於無窮。朕羨而慕之。**【略】**

《獻帝傳》載禪代衆事曰：**【略】**魏王侍中劉廙**【略】**等言：

『【略】堯稱曆數在躬，璇璣以明天道；周武未戰而赤烏銜書；漢祖未兆而神母告符；孝宣仄微，字成木葉；光武布衣，名已勒讖。是天之所命以著聖哲，非有言語之聲，芬芳之臭，可得而知也，徒縣象以示人，微物以效意耳。』【略】

辛亥，太史丞許芝條魏代漢見讖緯于魏王曰：『【略】臣聞帝王者，五行之精；易姓之符，代興之會，以七百二十年為一軌。有德者過之，至于八百，無德者不及，至四百載。是以周家八百六十七年，夏家四百數十年，漢行夏正，訖今四百二十二歲。又高祖受命，數雖起乙未，然其兆徵始于獲麟。獲麟以來七百餘年，天之曆數將以盡終。帝王之興，不常一姓。【略】昔黃帝受命，風后受河圖；舜、禹有天下，鳳皇翔，洛出書；湯之王，白烏為符；文王為西伯，赤烏銜丹書；武王伐殷，白魚升舟；高祖始起，白蛇為徵。巨迹瑞應，皆為聖人興。』【略】

於是侍中辛毗【略】等奏曰：『【略】古先哲王所以受天命而不辭者，誠急遵皇天之意，副兆民之望，弗得已也。且《易》曰：「觀乎天文以察時變，觀乎人文以化成天下。」又曰：「天垂象，見吉凶，聖人則之；河出圖，洛出書，聖人效之。」以為天文因人而變，至于河洛之書，著于《洪範》，則殷、周效而用之矣。斯言，誠帝王之明符，天道之大要也。是以由德應録者代興于前，失道數盡者迭廢于後，《傳》譏萇弘欲支天之所壞，而説蔡墨「雷乘乾」之説，明神器之存亡，非人力所能建也。』【略】

癸丑，宣告羣寮。督軍御史中丞司馬懿【略】等言：『【略】臣等聞有唐世衰，天命在虞，虞氏世衰，天命在夏；然則天地之靈，曆數之運，去就之符，惟德所在。故孔子曰：「鳳鳥不至，河不出圖，吾已矣夫！」【略】夫大人者，先天而天弗違，後天而奉天時，天時已至而猶謙讓者，舜、禹所不為也，故生民蒙救濟之惠，羣類受育長之施。【略】』令曰：『世之所不足者道義也，所有餘者苟妄也；常人之性，賤所不足，貴所有餘，故曰「不患無位，患所以立」。』【略】

乙卯，册詔魏王禪代天下曰：『【略】夫命運否泰，依德升降，三代卜年，著于《春秋》，是以天命不于常，帝王不一姓，由來尚矣。【略】』於是尚書令桓階等奏曰：『【略】夫天命弗可得辭，兆民之望弗可得違。』【略】

庚午，册詔魏王曰：『【略】夫不辭萬乘之位者，知命達節之數也，虞、夏之君，處之不疑，故勳烈垂于萬載，美名傳于無窮。』

《宋書》卷二《武帝紀中》（元熙二年六月）晉帝禪位於王，詔曰：

夫天造草昧，樹之司牧，所以陶鈞三極，統天施化。故大道之行，選賢與能，隆替無常期，禪代非一族，貫之百王，由來尚矣。【略】

甲子，策曰：

【略】爰自書契，降逮三、五，莫不以上聖君四海，止戈定大業。然則帝王者，宰物之通器；君道者，天下之至公也。昔在上葉，深鑑兹道，是以天禄既終，唐、虞弗得傳其嗣，符命來格，舜、禹不獲全其謙。所以經緯三才，澄序彝化，作範振古，垂風萬葉，莫尚於兹。自是厥後，歷代彌劭，漢既嗣德於放勳，魏亦方軌於重華。諒以協謀乎人鬼，而以百姓為心者也。【略】

又璽書曰：

蓋聞天生蒸民，樹之以君，帝皇寄世，實公四海，崇替系於勳德，升降存乎其人。故有國必亡，卜年著其數，代謝無常，聖哲握其符。昔在上世，三聖系軌，疇咨四嶽，以弘揖讓。惟先王之有作，永垂範於無窮。及劉氏致禪，實堯是法，有魏告終，亦憲茲典。【略】《傳》稱『惟天為大，惟堯則之』。《詩》：『有命自天，命此文王。』夫『或躍在淵』者，終饗九五之位；『勳格天地』者，必膺大寶之業。

又 卷三《武帝紀下》 永初元年夏六月丁卯，設壇於南郊，即皇帝位，柴燎告天。策曰：【略】

夫樹君宰世，天下為公，德充帝王，樂推攸集。越俶唐、虞，降暨漢、魏，靡不以上哲格文祖，元勳陟帝位，故能大拯黔首，垂訓無窮。【略】天命不可以久淹，宸極不可以暫曠。【略】

禮畢，備法駕幸建康宮，臨太極前殿。詔曰：『夫世代迭興，承天統極，雖遭遇異途，因革殊事，若乃功濟區宇，道振生民，興廢所階，異世一揆。』

又 卷一〇《順帝紀論》 聖王膺録，自非接亂承微，則天曆不至也。自三、五以來，受命之主，莫不乘淪亡之極，然後符樂推之運。水德

遷謝，其來久矣，豈止于區區汝陰揖禪而已哉！』

又　卷六一《江夏王義恭傳》　世祖時在新林浦，義恭既至，上表勸世祖即位，曰：『臣聞治亂無兆，倚伏相因，乾靈降禍，二凶極逆，深酷巨痛，終古未有。【略】昔張武抗辭，代王順請；耿純陳款，光武正位。況今罪逆無親，惡盈釁滿，阻兵安忍，戮善崇姦，履地戴天，畢命俄頃，宜早定尊號，以固社稷。景平之季，實惟樂推，王室之亂，天命有在，故抱拜兆於壓璧，赤龍表於霄徵。伏惟大明無私，遠存家國七廟之靈，近哀黔首荼炭之切，時陟帝祚，永慰羣心。』

《南齊書》卷一《高帝紀上》　（升明三年三月）甲寅，策相國齊公曰：

天地變通，莫大乎炎涼，懸象著明，莫崇乎日月。嚴冬播氣，貞松之操自高，光景時昏，若華之映彌顯。是故英睿當亂而不移，忠賢臨危而盡節。【略】

（四月）壬辰，策命齊王曰：

伊太古初陳，萬物紛綸，開耀靈以鑑品物，立元後以馭蒸人。若夫容成、大庭之世，宓羲、五龍之辰，靡得而詳焉。自軒黄以降，墳素所紀，略可言者，莫崇乎堯舜。披金繩而握天鏡，開玉匣而總地維，德之休明，宸居靈極。期運有終，歸禪與能。所以大唐遜位，[言勞]然興歌，有虞揖讓，卿雲發采。亮符命之攸臻，坦至公以成務，懷生載懌，靈祇效祉，遺風餘烈，光被無垠。漢魏因循，弗敢失墜，爰逮晉氏，亦遵前儀。【略】

再命璽書曰：

夫昏明相襲，晷景之恒度，春秋遞運，時歲之常序。求諸天數，猶且隆替，矧伊在人，能無終謝。是故勳華弘風於上業，漢魏垂式於後昆。【略】

《書》不云乎，『皇天無親，惟德是輔』。民心無常，惟惠之懷。神祇之眷如彼，蒼生之願如此。

又　卷二《高帝紀下》　建元元年夏四月甲午，上即皇帝位於南郊，設壇柴燎告天曰：『【略】夫肇自生民，樹以司牧，所以闡極則天，開元創物，肆茲大道。天下惟公，命不于常。昔在虞、夏，受終上代，粵自漢、魏，揖讓中葉，咸炳諸典謨，載在方册。【略】禮畢，大駕還宮，臨太極前殿。詔曰：五德更紹，帝迹所以代昌，三正迭隆，王度所以改耀。世有質文，時或因革，其資元膺曆，經道振民，固以異術同揆，殊流共貫者矣。』

《魏書》卷二《太祖紀》　（天興三年）十有二月乙未，詔曰：『世俗謂漢高起於布衣而有天下，此未達其故也。夫劉承堯統，曠世繼德，有蛇龍之徵，致雲彩之應，五緯上聚，天人俱協，明革命之主，大運所鍾，不可以非望求也。然狂狡之徒，所以顛蹶而不已者，誠惑於逐鹿之説，而迷於天命也。故有踵覆車之軌，蹈釁逆之蹤，毒甚者傾州郡，害微者敗邑里，至乃身死名頹，殃及九族，從亂隨流，死而不悔，豈不痛哉！《春秋》之義，大一統之美，吳楚僭號，久加誅絶，君子賤其僞名，比之塵垢。自非繼聖載德，天人合會，帝王之業，夫豈虚應。歷觀古今，不義而求非望者，徒喪其保家之道，而伏刀鋸之誅。有國有家者，誠能推廢興之有期，審天命之不易，察徵應之潛授，杜競逐之邪言，絶姦雄之僭肆，思多福於止足，則幾於神智矣。如此，則可以保榮禄於天年，流餘慶於後世。夫然，故禍悖無緣而生，兵甲何因而起？凡厥來世，勖哉戒之，可不慎歟！』

唐·歐陽詢等《藝文類聚》卷一四《帝王部四·陳武帝》　陳沈炯《為百官勸進陳武帝表》曰：臣聞春榮秋落，四時所以迭代，金行水流，五德所以互序。昔陶唐告終，有虞氏作，漢魏禪讓，晉宋以之登庸。夫有非常之功，有非常之賞，能利天下者，受天下之利。

《梁書》卷一《武帝紀上》　（中興二年三月）丙辰，齊帝禪位于梁王。詔曰：

夫五德更始，三正迭興，馭物資賢，登庸啓聖，故帝迹所以代昌，王度所以改耀，革晦以明，由來尚矣。【略】

又璽書曰：

夫生者天地之大德，人者含生之通稱，並首同本，未知所以異也。而稟靈造化，愚賢之情不一；托性五常，强柔之分或舛，羣後靡一，爭犯交興，是故建君立長，用相司牧。非謂尊驕在上，以天下為私者也。兼以三正迭改，五運相遷，緑文赤字，徵《河》表《洛》，在昔勳、華，深達茲義，眷求明哲，授以蒸人，遷虞事夏，本因心於百姓；化殷為周，實受命於蒼昊。爰自漢、魏，罔不率由；降及晉、宋，亦遵斯典。

又　卷五《元帝紀》　是月（大寶二年十月），太宗崩。侍中、征東將軍、開府儀同三司、江州刺史、尚書令、長寧縣侯王僧辯等奉表曰：

臣聞喪君有君，《春秋》之茂典；以德以長，先王之通訓。少康則牧衆撫職，祀夏所以配天；平王則居正東遷，宗周所以卜世。漢光以能捕不道，故景歷重昌；中宗以不違羣議，故江東可立。儔今考古，更無二謀。【略】臣聞日月貞明，太陽不可以闕照；天地貞觀，乾道不可以久愓。黄屋左纛，本為億兆而尊；鸞輅龍章，蓋以郊禋而貴。寶器存乎至重，介石慎於易差。黔首豈可少選無君，宗祏豈可一日無主。【略】

十一月乙亥，王僧辯又奉表曰：

紫宸曠位，赤縣無主，百靈聳動，萬國回皇。雖醉醒相扶，同歸景亳，式歌且誦，總赴唐郊，猶懼陛下俛首潛然，讓德不嗣。傳車在道，方慎宋昌之謀；法駕已陳，尚杜耿純之勸。岳牧翹首，天民累息。

臣聞星回日薄，擊雷鞭電者之謂天；岳立川流，吐霧蒸雲者之謂地。苞天地之混成，洞陰陽之不測，而以裁成萬物者，其在聖人乎！故云『天地之大德曰生，聖人之大寶曰位』。黄屋廟堂之下，本非獲已而居。明鏡四衢之樽，蓋由應物取訓。

《陳書》卷一《武帝紀上》　（太平二年十月）辛未，梁帝禪位于陳，詔曰：

五運更始，三正迭代，司牧黎庶，是屬聖賢，用能經緯乾坤，彌綸區宇，大庇黔首，闡揚洪烈。革晦以明，積代同軌，百王踵武，咸此由則。【略】

策曰：

咨爾陳王：惟昔上古，厥初生民，驪連、栗陸之前，容成、大庭之代，並結繩寫鳥，杳冥慌忽，故靡得而詳焉。自羲、農、軒、昊之君，陶唐、有虞之主，或垂衣而御四海，或無為而子萬姓，居之如馭朽索，去之如脫敝屣。裁遇許由，便能舍帝，暫逢善卷，即以讓王。故知玄扈璇璣，非關尊貴，金根玉輅，示表君臨。及南觀河渚，東沈刻璧，精華既竭，耄勤已倦，則抗首而笑，唯賢是與，髝然作歌，簡能斯授，遺風餘烈，昭晰圖書，漢、魏因循，是為故實，宋、齊授受，又弘斯義。【略】

又璽書曰：

君子者自昭明德，達人者先天弗違，故能進退咸亨，動靜元吉。朕雖蒙寡，庶乎景行。何則？三才剖判，九有區分，情性相乖，亂離云起，是以建彼司牧，推乎聖賢，授受者任其時來，皇王者本非一族，人謀是與，屈己從萬物之心，天意斯歸，鞠躬奉百靈之命，謳歌所往，則攘袂以膺之，菁華已竭，乃褰裳而去之。昔在唐、虞，鑑于天道，舉其黎獻，授彼明哲，雖復質文殊軌，沿革不同，歷代因循，斯風靡替。

《北齊書》卷四《文宣帝紀》　（武定八年夏五月）魏帝遣兼太尉彭城王韶、司空潘相樂册命曰：

於戲，敬聽朕命！夫惟天為大，列晷宿而垂象；謂地蓋厚，疏川嶽以阜物。所以四時代序，萬類騈羅，庶品得性，羣形不夭。然則皇王統曆，深視高居，拱默垂衣，寄成師相，此則夏伯、殷尹竭其股肱，周成、漢昭無為而治。【略】

魏帝以天人之望有歸，丙辰，下詔曰：

三才剖判，百王代興，治天靜地，和神敬鬼，庇民造物，咸自靈符，非一人之大寶，實有道之神器。【略】

又使兼太尉彭城王韶、兼司空敬顯儁奉册曰：

咨爾相國齊王：夫氣分形化，物系君長，皇王遞興，人非一姓。昔放勳馭世，沉璧屬子；重華握曆，持衡擁璇。所以英賢茂實，昭晰千古，豈盛衰有運，興廢在時，知命不得不授，畏天不可不受。是故漢劉告否，當塗順民，曹歷不永，金行納禪，此皆重規襲矩，率由舊章者也。【略】

戊午，乃即皇帝位於南郊，升壇柴燎告天曰：【略】

否泰相沿，廢興迭用，至道無親，應運斯輔。上覽唐、虞，下稽魏、晉，莫不先天揖讓，考歷終歸。

《周書》卷三《孝閔帝紀》　（魏恭帝三年三月）庚子，禪位於帝。詔曰：『予聞皇天之命不于常，惟歸於德。故堯授舜，舜授禹，時其宜也。天厭我魏邦，垂變以告，惟爾罔弗知。予雖不明，敢弗龔天命，格有德哉。今踵唐虞舊典，禪位於周，庸佈告遐邇焉。使大宗伯趙貴持節奉册書曰：『咨爾周公，帝王之位弗有常，有德者受命，時乃天道。』

《晉書》卷一三〇《赫連勃勃載記》　刻石都南，頌其功德，曰：『夫庸大德盛者，必建不刊之業；道積慶隆者，必享無窮之祚。』

政治思想家部

徐幹分部

傳記

《三國志》卷二一《魏志・徐幹傳》　（王）粲與北海徐幹字偉長、廣陵陳琳字孔璋、陳留阮瑀字元瑜、汝南應瑒字德璉、東平劉楨字公幹並見友善。幹為司空軍謀祭酒掾屬、五官將文學。

綜述

《三國志》卷二一《魏志・徐幹傳》裴松之注　《先賢行狀》曰：幹清玄體道，六行脩備，聰識洽聞，操翰成章，輕官忽祿，不耽世榮。建安中，太祖特加旌命，以疾休息。後除上艾長，又以疾不行。

元・郝经《續後漢書》卷六九中《高士傳・漢・徐幹》　徐幹字偉長，北海人也。聰識洽聞，操翰成章，篤行體道，委謝榮寵。曹操特加旌命，辟為司空軍謀祭酒掾屬，轉五官將丕文學，輒告休假。除上艾長，復稱疾不行，以著述自娱。

論說

漢・徐幹《中論・佚名〈序〉》　予以荀卿子、孟軻懷亞聖之才，著一家之法，繼明聖人之業，皆以姓名自書，猶至於今。厥字不傳，原思其故，皆由戰國之世，樂賢者寡，同時之人，不早記録，豈況徐子《中論》之書不以姓名為目乎？恐歷久遠，名或不傳。故不量其才，喟然感歎。先目其德以發其姓名，述其雅好不刊之行，屬之篇首，以為之序。其辭曰：

世有雅達君子者，姓徐名幹，字偉長，北海劇人也。其先業以清亮臧否為家，世濟其美，不隕其德，至君之身十世矣。君含元休清明之氣，持造化英哲之性，放口而言，則樂誦九德之文；通耳而識，則教不再言，未志乎學，蓋已誦文數十萬言矣。年十四，始讀五經，發憤忘食，下帷專思，以夜繼日。父恐其得疾，常禁止之。故能未至弱冠，學五經悉載於口，博覽傳記，言則成章，操翰成文矣。此時靈帝之末年也。國典隳廢，冠族子弟，結黨權門，交援求名，競相尚爵號，君病俗迷昏，遂閉戶自守，不與之羣，以六籍娛心而已，君子之達也。學無常師，有一業勝己者，便從學焉，必盡其所知，而後釋之；有一言之美，不令過耳，必心識之。志在總衆言之長，統道德之微，恥一物之不知，愧一藝之不克。故日夜亹亹，昃不暇食，夕不解衣，晝則研精經緯，夜則歷觀列宿，考混元於未形，補聖德之空缺，誕長慮於無窮，旌微言之將墜，何暇謹小學，治浮名，與俗士相彌縫哉？故浮淺寡識之人，適解驅使榮利，豈知大道之根？然其餘以疏略為太簡，曾無憂樂；徒以為習書之儒，不足為上。欣之者衆，辯之者寡。故令君州閭之稱，不早彰徹。然秉正獨立，志有所存，俗之毁譽，有如浮雲。若有覺而還反者，則以道進之，忘其前之謗己也。其犯而不校，下學而上達，皆此之類也。

于時董卓作亂，幼主西遷，姦雄滿野，天下無主。聖人之道息，邪偽之事興；營利之士得譽，守貞之賢不彰，故令君譽聞不振于華夏，玉帛安車，不至於門。考其德行文藝，實帝王之佐也；道之不行，豈不惜哉？君避地海表，自歸舊都，州郡牧守禮命踧踖連武欲致之。君以為縱横之世，乃先聖之所厄困也，豈況吾徒哉？有譏孟軻，不度其量，擬聖行道，傳食諸侯，深美顔淵、荀卿之行，故絶迹山谷，幽居研幾，用思深妙，以發疾疢。潛伏延年，會上公撥亂，王路始辟，遂力疾應命，從戍征行。歷載五六，疾稍沈篤，不堪王事，潛身窮巷，頤志保真，淡泊無為，惟存正道，環堵之牆以庇妻子，並日而食不以為戚。養浩然之氣，習羨門之術。時人或有聞其如此而往觀之，或有頗識其真而從之者。君無不容而見之，厲以聲色，度其情志，倡其言論，知可以道長者，則微而誘之，令

益者不自覺，而大化陰行。其所匡濟，亦已多矣。君之交也，則不以其短，各取其長，而善之取，故少顯盡已之交，亦無孜孜和愛之好。統聖人中和之業，蹈賢哲守度之行，淵默難測，誠寶偉之器也。

君之性，常欲損世之有餘，益俗之不足，見辭人美麗之文，並時而作，曾無闡弘大義，敷散道教，上求聖人之中，下救流俗之昏者，故廢詩、賦、頌、銘、贊之文，著《中論》之書二十二篇，其所甄紀，邁君昔志，蓋千百之一也。文義未究，年四十八，建安二十三年春二月遭厲疾，大命隕頹，豈不痛哉！餘數侍坐，觀君之言常怖，篤意自勉，而心自薄也。何則？自顧才志，不如之遠矣耳。然宗之仰之，以為師表。自君之亡，有子貢山梁之行，故追述其事，麤舉其顯露易知之數，沈冥幽微、深奧廣遠者，遺之精通君子，將自贊明之也。

又 《曾鞏〈序〉》 臣始見館閣及世所有徐幹《中論》二十篇，以謂盡於此。及觀《貞觀政要》，怪太宗稱嘗見幹《中論·復三年喪篇》，而今書此篇闕。因考之《魏志》，見文帝稱幹著《中論》二十餘篇，於是知館閣及世所有幹《中論》二十篇者，非全書也。幹字偉長，北海人，生於漢魏之間。魏文帝稱幹『懷文抱質，恬淡寡欲，有箕山之志』。而《先賢行狀》亦稱幹『篤行體道，不耽世榮，魏太祖特旌命之，辭疾不就，後以為上艾長，又以疾不行』。蓋漢承周衰及秦滅學之餘，百氏雜家與聖人之道並傳，學者罕能獨觀於道德之要，而不牽於俗儒之說。至於治心養性，去就語默之際，能不悖於理者固希矣，況至於魏之濁世哉！幹獨能考六藝，推仲尼、孟軻之旨，述而論之。求其辭，時若有小失者；要其歸，不合於道者少矣。其所得於內者，又能信而充之，逡巡濁世，有去就顯晦之大節。臣始讀其書，察其意而賢之。因其書以求其為人，又知其行之可賢也。惜其有補於世，而識之者少。蓋迹其言行之所至，而以世俗好惡觀之，彼惡足以知其意哉。顧臣之力，豈足以重其書，使學者尊而信之！因校其脫繆，而序其大略，蓋所以致臣之意焉。

又 《陸友〈後記〉》 《中論》二卷，漢司空軍謀祭酒掾屬、五官將文學北海徐幹偉長譔。有序而無名氏。幹，鄴下七子之一人也。建安之間，疾辭人美麗之文不能敷散道教，故著《中論》，辭義典雅，當世嘉之。按：《唐志》六卷，今本二卷二十篇。宋大理正山陰石邦哲手校題識。邦哲字熙明，再世藏書。至治二年得之錢塘仇遠氏，明年夏五月己酉，平原陸友友仁父記。

《三國志》卷二一《魏志·王粲傳》 （魏）文帝書與元城令吳質曰：『昔年疾疫，親故多離其災，徐、陳、應、劉，一時俱逝。觀古今文人，類不護細行，鮮能以名節自立。而偉長獨懷文抱質，恬淡寡欲，有箕山之志，可謂彬彬君子矣。著《中論》二十餘篇，辭義典雅，足傳於後。【略】諸子但為未及古人，自一時之俊也。』

又 卷二七《魏志·王昶傳》 遂書戒之曰：『【略】北海徐偉長，不治名高，不求苟得，澹然自守，惟道是務。其有所是非，則托古人以見其意，當時無所褒貶。吾敬之重之，願兒子師之。』

又 卷二一《魏志·王粲傳》裴松之注 《典论》曰：今之文人，魯國孔融、广陵陈琳、山阳王粲、北海徐幹、陈留阮瑀、汝南应瑒、東平劉楨，斯七子者，於学无所遺，於辞無所假，咸自以聠騏驥於千里，仰齊足而幷馳。粲長於辭賦。幹時有逸氣，然非粲匹也。如粲之初徵、登樓、槐賦、徵思，幹之玄猨、漏卮、圓扇、橘賦，雖张、蔡不過也，然於他文未能稱是。

宋·晁公武《郡齋讀書志》卷三上《中論二卷》 右後漢徐幹所撰。幹，『鄴下七子』之一人也。仕魏王國文學。建安之間，嫉詞人美麗之文不能敷散道教，故著《中論》二十餘篇，辭義典雅，當世嘉之。

宋·章如愚《羣書考索》卷一一《諸子百家門》 《中論》，後漢徐幹撰。幹病辭人工麗美之文，乃著《中論》二十篇，闡宏大義，以示學者。其書雜論治道、脩身、學問之要，旁及歷家壽夭之說。

宋·項安世《項氏家說》卷九《讀徐幹〈中論〉》 予讀徐幹《中論》，至《攷偽》、《遣交》二篇，釋然而笑曰，『前篇蓋詆郭林宗之徒周行郡國，訓掖後學。後篇蓋詆徐孺子之徒游學四方，千里會葬者也。然以諸賢皆前世所重，故但歷述其行而不敢正出其名。且言是人之生也，人抃手而贊之，揚聲而和之，及其死也，又論其遺烈而恨已不逮，則其為林宗諸人明矣。其終篇以為此皆聖人之所禁，春秋之所誅，姦亂盜賊之人也。嗟夫！士生末世，為富貴所誘，禍難所迫，雖博聞自好之士，其所議論悖謬至此，況餘人乎！幹雅為魏氏父子兄弟所敬，想見當時人士，講說

大率類此。故魏氏之興，卒變節義而為通人，則幹之所願亦已行矣。予於是知東都黨錮之後，漢祚未亡之時，學者又有此一等詆名毀學、虧節壞教之議論也。其後何晏、夏侯玄、嵇康、吕安之徒相繼誅死，雖才識器度優劣不同，然大要皆建立名行，表覈清濁，正幹等議論之所不赦也。略而言之，互有長短，諸人所為誠新國之所不便，如幹等所言亦豈舊君之所便也哉。

元·郝經《續後漢書》卷六九中《高士傳·漢·徐幹》 議曰：堯舜始言中以為傳心之典，列聖授受，統理根極，至子思子著《中庸》而其義備矣。歷秦漢五百有餘歲，諸儒馳説，偏倚駁雜，不復及是。幹乃傑然著論，推本堯舜之初，非有所得，能若是乎！觀其切於畏敬，篤於力行，其辭緩，其旨遠，無非誠信為己之學，進德脩業之方，則真知夫中者也。不事操丕父子，不食篡朝之禄，與幼安比高而儒雅過之。傳曰：國無道，至死不變彊哉矯。偉長有焉。

明·王世貞《讀書后》卷二《讀徐幹〈中論〉》 徐偉長於七子中不甚錚錚，其所著《玄猿》、《漏卮》、《扇》、《橘》諸賦見推於曹子桓者，今多不之見，而獨《中論》十一篇，即子桓所稱成一家言者。東漢之季，其文氣最為緩弱不流暢，然頗樸而近於理，如幹《中論》是也。《視學》已自近裏，《法象》猶足禔身，然此二者非孟德之所急。《考偽》一章所條為名之弊凡數，總而斥之曰『盜夫』，斥之曰盜誠惡之也，然而孟德倡之也，孟德倡之而偉長斥之，子桓以為稱而不之覺。嗚呼！其真不之覺邪，將不滿於孟德邪！

明·馮時可《雨航雜録》卷上 徐偉長曰：『鄙儒之博學也，務於名物，詳於器械，矜於古訓，摘其章句，而不能統其大義，以獲先王之心，此何異女史誦詩，内豎傳令？今之學《史》、《漢》者大都然哉。』

幹之《中論》可稱論篤，當繁響嘈雜之際，而獨朱絃疏越也，寧諧衆耳哉，然其志則顯矣。陳思王稱其『懷文抱質，恬澹寡欲』，亦可驗於斯。

明·佚名《歷代名賢確論》卷五四《徐幹》 幹字偉長，恬淡寡欲，有箕山之志。魏太祖特旌命之，辭疾不就。後以為上艾長，又以疾不行。蓋漢承周衰及秦滅學之餘，百夫雜家與聖人之道並傳，學者罕能獨觀於道德之要而不牽於俗儒之説，至於治心養性，去就語默之際，能不悖理者固希矣，況至於魏之濁世哉！幹獨能考六藝，推仲尼、孟軻之旨，述而論之，求其辭，時若有小失者，要其歸不合於道者少矣。其所得於内者又能信而充之，逡巡濁世有去就顯晦之大節。

清·黄宗羲《明儒學案》卷四二《甘泉學案六·唐伯元》 自徐偉長始合《大學》、《中庸》。

清·于敏中等《欽定天禄琳琅書目》卷九《徐幹中論》 漢徐幹著，上下二卷，前無名氏序，次宋曾鞏序，後宋石邦哲、元陸友《識語》二篇。考《中論》一書，陳振孫《書録解題》謂《唐志》六卷，今本二十篇，有序而無名氏，蓋同時人所作。晁氏《讀書志》、馬氏《通考》所載俱稱二十篇，分上下二卷，與今本篇目無異。按石邦哲識語稱，紹興二十八年，假朱丞本校於博古堂。陸友識語稱邦哲字照明，再世藏書，至治二年得之錢塘仇遠氏。是此書乃初校於宋，再刻於元，而今本則又為明時翻刻者。版小而字畫精潔，不減宋梓。邦哲紹興時官大理評事，友字友仁，博雅好古，工漢隸八分，嘗著《硯史》、《墨史》、《印記》，並見淩迪知《萬姓統譜》。仇遠字仁近，自號近村，又號山村，見《兩浙名賢録》。

清·紀昀等《欽定四庫全書總目》卷九一《子部·儒家類·中論二卷》 漢徐幹撰。幹字偉長，北海劇人。建安中為司空軍謀祭酒掾屬、五官將文學。事蹟附見《魏志·王粲傳》，故相沿稱為魏人。然幹歿後三四年，魏乃受禪，不得遽以帝統予魏。陳壽作史，託始曹操，稱為太祖，遂併其僚屬均入《魏志》，非其實也。是書《隋、唐·志》皆作六卷，《隋·志》又注云『梁目一卷』，《崇文總目》亦作六卷，而晁公武《讀書志》、陳振孫《書録解題》並作二卷，與今本合，則宋人所併矣。書凡二十篇，大都闡發義理，原本經訓，而歸之於聖賢之道，故前史皆列之儒家。曾鞏《校書序》云，『始見館閣《中論》二十篇，及觀《貞觀政要》，太宗稱嘗見幹《中論·復三年喪篇》，今書獨闕。又臣考之《魏志》，文帝稱幹著《中論》二十餘篇，乃知館閣本非全書』。而晁公武又稱李獻民所見別本實有《復三年喪》、《制役》二篇。李獻民者，李淑之字，嘗撰《邯鄲書目》者也。是其書在宋仁宗時尚未盡殘闕，鞏特據館閣不全本著之於録，相沿既久。所謂別本者不可復見，於是二篇遂佚不存。又書前有

原序一篇，不題名字，陳振孫以為幹同時人所作。今驗其文，頗類漢人體格，似振孫所言為不誣。惟《魏志》稱幹卒於建安二十二年，而序乃作於二十三年二月，與史頗異，傳寫必有一訛，今亦莫考其孰是矣。乾隆四十六年九月恭校上。

藝文

宋·黃庭堅《山谷集》外集卷三《以十扇送徐天隱》 人貧鵝鴈聒鄰墻，公貧琢詩聲繞梁。坐客有氈吾不愛，暑榻無扇公自涼。黨錮諸君尊孺子，建安七人先偉長。遣奴送箑非爲好，恐有佳客或升堂。

宋·慕容彥《摛文堂集》卷二《題婺州多福寺壁》 我僕雖勞日未央，秋風行色稻花香。歸心那解同元亮，官況由來似偉長。

明·徐有貞《武功集》卷五《徐徵士子讓挽詩》 徵君學行繼前脩，處世逍遙七十秋。迹比偉長居北海，名同孺子在南州。

明·王立道《具茨集》卷三《天柱篇贈徐子芳》 建安諸子空高名，王粲元非偉長倫。《中論》年來篇幾著，獨行已出今時人。

又 《送徐槐溪》 迢迢南陌望歸軒，白馬青袍聖主恩。共喜偉長來北海，何知司馬病文園。佩聲遥憶趨青瑣，春色愁看付緑尊。芳草長安門外滿，王孫何日到長垣。

又 卷五《徐雷溪掌羅山教》 初隨計吏入秦關，暫假君恩曳組還。泮水平橋春雨後，藏書猶憶敬亭山。

千里長淮古豫州，離離遠樹接芳洲。偉長一去憐王粲，明月何人共倚樓。

明·李攀龍《滄溟集》卷四《代建安從軍公燕詩并引·代徐偉長》 自我出從軍，涉旬東南行。文學託後乘，顧瞻亦已深。中流萬艘集，陶陶層波生。淒風旗幟繁，秋日戈甲精。沈陰結戰氣，唯聞金鼓聲。壯士何飛揚，各願一先鳴。志已馳九關，豈但懷不庭，雖君在只尺，搔首未遑寧。

又 《寄吴舍人兼呈徐子與》 薊門春酒別同袍，念我風塵解佩刀。楚客久無鸚鵡賦，舍人殊有鳳凰毛。書來月色漳河滿，北望秋陰漢闕高。行矣舊遊還自愛，偉長今在白雲曹。

明·王世貞《弇州四部稿》卷四二《予與自聞明卿自貴同日書至有感其二》 故人嶺海尚棲遲，九列雖叨敢道宜。季重有書方悔俠，偉長《中論》未逢知。

明·王世貞《弇州四部稿》續稿卷一五《哭子與方伯五首其三》 慈烏別宿舊林枝，寡鵠啼霜聽轉悲。論比偉長差有位，年齊摩詰總無兒。吳雲欲散青籬館，滇海虚傳白雪辭。從此箬溪西去路，的應難似舊游時。

明·胡應麟《少室山房集》卷三一《徐方伯子與將之江右過訪有贈其一》 豈謂看山地，能令結駟來。人非中散卧，客是偉長才。

又 卷四五《贈徐司空十七韻》 何來星斗色，永晝駐干將。意氣高元直，聲華擅偉長。

又 卷四九《望雲遥祝為興化徐別駕題》 千花晴日滿林皋，鶴髮鸞箋照錦袍。紫氣乍占函谷迥，白雲遥望武夷高。天瓢露染三春树，海屋霞明萬歲桃。不道偉長詩興淺，晝筵留客幾揮毫。

又 卷五五《覲餘往吳中》 握手新知興欲狂，熒煌燈火夾華堂。荆州意氣歸元直，鄴郡聲名擅偉長。

清·吳綺《林蕙堂全集》卷六《贈徐浩然序》 文舉好賢，門多雅客；偉長博古，時得異人，則有浩然徐君者，其流亞矣。

清·毛奇齡《西河集》卷一百五十《徐徵士初度之作》 陶令嘆歸去，正當五十時。偉長今著論，又歷九秋思。

雜録

宋·樓鑰《攻媿集》卷四一《給事中黃裳禮部尚書制》 建安七子之賢，先推徐幹。

宋·葉廷圭《海録碎事》卷八下《素辭》 徐幹少無宦情，故仕多素辭。

又 卷一三下《庇生顧總》 顧總為小吏，厭苦之。忽見二人稱王粲、徐幹，謂總前生是劉楨，為侍中，以納賂金謫為小吏。因誦楨卒後篇，籍中所無者。縣宰見總言狀，大驚曰：「不可使劉公幹為小吏。」即解遣，以賓禮待之。時人曰：死劉楨猶庇生顧總。

清・倪濤《六藝之一録》卷二九一《綴事》 魏徐幹字偉長，曰『書以綴事，數以理煩』。

劉劭分部

傳記

《三國志》卷二一《魏志・劉劭傳》 劉劭字孔才，廣平邯鄲人也。建安中，為計吏，詣許。太史上言：『正旦當日蝕。』劭時在尚書令荀彧所，坐者數十人，或云當廢朝，或云宜卻會。劭曰：『梓慎、裨竈，古之良史，猶占水火，錯失天時。《禮記》曰諸侯旅見天子，及門不得終禮者四，日蝕在一。然則聖人垂制，不為變異豫廢朝禮者，或災消異伏，或推術謬誤也。』彧善其言。敕朝會如舊，日亦不蝕。

御史大夫郗慮辟劭，會慮免，拜太子舍人。遷秘書郎。黃初中，為尚書郎、散騎侍郎。受詔集五經羣書，以類相從，作《皇覽》。明帝即位，出為陳留太守，敦崇教化，百姓稱之。徵拜騎都尉，與議郎庾嶷、荀詵等定科令，作《新律》十八篇，著《律略論》。遷散騎常侍。時聞公孫淵受孫權燕王之號，議者欲留淵計吏，遣兵討之。助以為『昔袁尚兄弟歸淵父康，康斬送其首，是淵先世之效忠也。又所聞虛實，未可審知。古者要荒未服，脩德而不征，重勞民也。宜加寬貸，使有以自新。』後淵果斬送權使張彌等首。劭嘗作《趙都賦》，明帝美之，詔劭作《許都》、《洛都賦》。時外興軍旅，內營宮室，劭作二賦，皆諷諫焉。

青龍中，吳圍合肥。時東方吏士皆分休，征東將軍滿寵表請中軍兵，並召休將士，須集擊之。劭議以為『賊衆新至，心專氣鋭。寵以少人自戰其地，若便進擊，不必能制。寵求待兵，未有所失也。以為可先遣步兵五千，精騎三千，軍前發，揚聲進道，震曜形勢。騎到合肥，疏其行隊，多其旌鼓，曜兵城下，引出賊後，擬其歸路，要其糧道。賊聞大軍來，騎斷其後，必震怖遁走，不戰自破賊矣。』帝從之。兵比至合肥，賊果退還。

時詔書博求衆賢。散騎侍郎夏侯惠薦劭曰：『伏見常侍劉劭，深忠篤思，體周於數，凡所錯綜，源流弘遠，是以羣才大小，咸取所同而斟酌焉。故性實之士服其平和良正，清靜之人慕其玄虛退讓，文學之士嘉其推步詳密。法理之士明其分數精比，意思之士知其沈深篤固，文章之士愛其著論屬辭，制度之士貴其化略較要，策謀之士贊其明思通微，凡此諸論，皆取適己所長而舉其支流者也。臣數聽其清談，覽其篤論，漸漬歷年，服膺彌久，實為朝廷奇其器量。以為若此人者，宜輔翼機事，納謀幃幄，當與國道俱隆，非世俗所常有也。惟陛下垂優游之聽，使劭承清閒之歡，得自盡於前，則德音上通，輝耀日新矣。』

景初中，受詔作《都官考課》。劭上疏，曰：『百官考課，王政之大較，然而歷代弗務，是以治典闕而未補，能否混而相蒙。陛下以上聖之宏略，愍王綱之弛頽，神慮內鑑，明詔外發。臣奉恩曠然，得以啓矇，輒作《都官考課》七十二條，又作《説略》一篇。臣學寡識淺，誠不足以宣暢聖旨，著定典制。』又以為宜制禮作樂，以移風俗，著《樂論》十四篇，事成未上。會明帝崩，不施行。正始中，執經講學，賜爵關內侯。凡所撰述，《法論》、《人物志》之類百餘篇。卒，追贈光祿勳。子琳嗣。

綜述

《三國志》卷二一《魏志・傅嘏傳》 時散騎常侍劉劭作考課法，事下三府。嘏難劭論曰：『蓋聞帝制宏深，聖道奧遠，苟非其才，則道不虛行，神而明之，存乎其人。暨乎王略虧頽而曠載罔綴，微言既没，六籍泯玷。何則？道弘致遠而衆才莫晞也。案劭考課論，雖欲尋前代黜陟之文，然其制度略以闕亡。禮之存者，惟有周典，外建侯伯，藩屏九服，內立列司，筦齊六職，土有恒貢，官有定則，百揆均任，四民殊業，故考績可理而黜陟易通也。大魏繼百王之末，承秦、漢之烈，制度之流，靡所脩采。自建安以來，至於青龍，神武撥亂，肇基皇祚，掃除凶逆，芟夷遺寇，旌旗卷舒，日不暇給。及經邦治戎，權法並用，百官羣司，軍國通任，隨時之宜，以應政機。以古施今，事雜義殊，難得而通也。所以然者，制宜經遠，或不切近，法應時務，不足垂後。夫建官均職，清理民物，所以立本也；循名考實，糾勵成規，所以治末也。

本綱未舉而造制未呈，國略不崇而考課是先，懼不足以料賢愚之分、精幽明之理也。昔先王之擇才，必本行於州閭，講道於痒序，行具而謂之賢，道脩則謂之能。鄉老獻賢能于王，王拜受之，舉其賢者，出使長之，科其能者，入使治之，此先王收才之義也。方今九州之民，爰及京城，未有六鄉之舉，其選才之職，專任吏部。案品狀則實才未必當，任薄伐則德行未為敍，如此則殿最之課，未盡人才。述綜王度，敷贊國式，體深義廣，難得而詳也。」

又　卷二二《魏志・盧毓傳》　先是，散騎常侍劉劭受詔定律，未就。毓上論古今科律之意，以為法宜一正，不宜有兩端，使姦吏得容情。

又　卷二四《魏志・崔林傳》　散騎常侍劉劭作《考課論》，制下百僚。林議曰：「案《周官》考課，其文備矣，自康王以下，遂以陵遲，此即考課之法存乎其人也。及漢之季，其失豈在乎佐吏之職不密哉？方今軍旅，或猥或卒，備之以科條，申之以內外，增減無常，固難一矣。且萬目不張舉其綱，衆毛不整振其領。皋陶仕虞，伊尹臣殷，不仁者遠。五帝三王未必如一，而各以治亂。《易》曰：『易簡，而天下之理得矣。』太祖隨宜設辟，以遺來今，不患不法古也。以為今之制度，不為疏闊，惟在守一勿失而已。若朝臣能任仲山甫之重，式是百辟，則孰敢不肅？」

《晉書》卷一九《禮志上》　至康帝建元元年，太史上元日合朔，後復疑應卻會與否。庾冰輔政，寫劉邵議以示八坐。于時有謂邵為不得禮意，荀彧從之，是勝人之一失。故蔡謨遂著議非之，曰：『邵論災消異伏，又以梓慎、裨灶猶有錯失，太史上言，亦不必審，其理誠然也。而云聖人垂制，不為變異豫廢朝禮，此則謬矣。災祥之發，所以譴告人君，王者之所重誡，故素服廢樂，退避正寢，百官降物，用幣伐鼓，躬親而救之。夫敬誡之事，與其疑而廢之，寧慎而行之。故孔子、老聃助葬於巷黨，以喪不見星而行，故日蝕而止柩，曰安知其不見星也。而邵廢之，是棄聖賢之成規也。魯桓公壬申有災，而以乙亥嘗祭，《春秋》譏之。災事既過，猶追懼未已，故廢宗廟之祭，況聞天眚將至，行慶樂之會，於禮乖矣。《禮記》所云諸侯入門不得終禮者，謂日官不豫言，諸侯既入，見蝕乃知耳，非先聞當蝕而朝會不廢也。引此，可謂失其義旨。劉邵所執者《禮記》也，夫子、老聃巷黨之事，亦《禮記》所言，復違而反之，進退無據。然荀令所善，漢朝所從，遂使此言至今見稱，莫知其誤矣，後來君子將擬以為式，故正之云爾。』於是冰從衆議，遂以卻會。【略】

至景初二年，大議其神，朝士紛紜，各有所執。惟散騎常侍劉邵以為萬物負陰而抱陽，沖氣以為和。六宗者，太極沖和之氣，為六氣之宗者也。《虞書》謂之六宗，《周書》謂之天宗。是時考論異同，而從其議。

又　卷三〇《刑法志》　其後，天子又下詔改定刑制，命司空陳羣、散騎常侍劉邵、給事黃門侍郎韓遜、議郎庾嶷、中郎黃休、荀詵等刪約舊科，傍采漢律，定為魏法，制《新律》十八篇，《州郡令》四十五篇，《尚書官令》、《軍中令》，合百八十餘篇。

宋・潘自牧《記纂淵海》卷二一《磁州・人物》　劉劭，邯鄲人，魏文帝時為尚書郎，授詔集五經羣書。凡所著作皆寓諷諫，又有《人物志》行於世，賜爵關內侯。

宋・章定《名賢士族言行類稿》卷三〇《劉》　劉劭字孔才，為散騎侍郎，受詔作《皇覽》。出為陳留太守，敦崇教化，百姓稱之夏侯惠，薦之曰：『性實之士服其平和良正，清靜之人慕其玄虛退讓，文學之士嘉其推步詳密，文章之士愛其著論屬辭，實為朝廷奇其器量。若人宜輔翼機事，納謀幃幄，當與國道俱隆，非世俗所常有也。』又作《都官考課》七十二條。

論說

三國魏・劉劭《人物志・［宋］文彥博〈跋〉》　右《人物志》三卷十二篇，魏劉邵撰。案《隋、唐・經籍志》，篇第皆與今同，列於名家。十六國時，燉煌劉昞重其書，始作注解。然世所傳本多謬誤，今合官私書校之，去其復重附益之文為定本，內或疑字無書可證者，今據衆本皆相承傳，疑難輒意改云。邵之敍五行曰『簡暢而明砭，火之德也』，偏檢書傳，無『明砭』之證。案字書，砭者以石刺病，此外更無他訓。然自魏晉以後，轉相傳寫，豕亥之變，莫能究知，不爾，則邵當別有異聞，今則亡矣。愚謂『明砭』都無意義，自東晉諸公草書『啓』字為然，疑為『簡暢而明啓』耳。文寬夫題。

又《[宋]王三省〈後序〉》 嘗三復《人物志》而竊有感焉。夫人德性資之繼成，初未始有異也，而終之相去懸絶者，醇駁較於材，隆汙判諸習，曰三品，曰五儀，胥是焉而賢不肖殊途矣。是以知人之哲，古人難之；言貌而取人者，聖人弗是也，茲劉卲氏之所以志人物也乎。脩己者得之以自觀，用人者持之以照物，焉可廢諸？然用舍之際，人材之趨向由之，可不慎乎？精於擇而庸適其能，篤於任而弗貳以私，則真材獲用，大猷允升矣。其或偏聽眩志而用不以道，動曰『才難』，吾恐蕭艾弗擇，魚目混珠也。左馮翊王三省識。

《三國志》卷二一《魏志·劉劭傳》 劉劭該覽學籍，文質周洽。

又 卷二一《魏志·傅嘏傳論》 昔文帝、陳王以公子之尊，博好文采，同聲相應，才士並出。惟粲等六人最見名目。【略】劉劭該覽學籍，文質周洽。

唐·劉知幾《史通》卷一〇《自序》 五常異稟，百行殊執，能有兼偏，知有長短，苟隨才而任使，則片善不遺；必求備而後用，則舉世莫可，故劉劭《人物志》生焉。

唐·李翱《李文公集》卷六《答朱載言書》 義不深不至於理，言不信不在於教勸，而詞句怪麗者有之矣，《劇秦美新》、王褒《僮約》是也；其理往往有是者，而詞章不能工者有之矣，劉氏《人物表》、王氏《中説》、俗傳《太公家教》是也。

唐·李德裕《李衛公外集》卷三《評史三·〈人物志〉論》 余嘗覽《人物志》，觀其索隱精微，研幾元妙，實天下奇才。然品其人物，往往不倫。以管仲、商鞅俱為法家，是不究其成敗之術也。以子產、西門豹俱為器能，是不辨其精粗之迹也。子產多識博聞，叔向且猶不及，故仲尼敬事之，西門豹非其匹也。其甚者曰：『辨不入道，而應對資給，是謂口辯，樂毅、曹丘生是也。』樂毅，中代之賢人，潔去就之分，明君臣之義，自得卷舒之道，深識存亡之機。曹丘生招權傾金，毀譽在口，季布以為非長者，焉可以比君子哉！又曰：『一人之身兼有英雄，高祖、項羽是也。』其下雖曰項羽英分少，有范增不能用，陳平去之。然稱羽能合變，斯言謬矣。項羽坑秦卒以結怨關中，棄咸陽而眷懷舊土，所謂倒持太阿，授人以柄，豈得謂之合變乎！又顧與漢王挑戰，漢王笑曰：『吾寧鬬智，不能鬬力。』及將敗也，自為歌曰：『力拔山兮氣蓋世。』其所恃者氣力而已矣。可為雄於韓信，氣又過之。所以能為漢王敵。聰明睿智，不足稱也。

宋·高似孫《子略》卷三《管子》 劉劭之志人物也，曰管仲，曰商鞅，皆以隸之法家。李德裕以劭之索隱精微，研幾元妙，實天下奇才，至以管仲與商鞅俱人物之品，往往不倫。德裕顧未嘗熟讀其書耳。劭所謂皆出於法者，其至論歟！

宋·晁公武《郡齋讀書志》卷二《名家類·人物志三卷》 右魏劉劭撰，凡一十二篇，偽涼劉昞注。以人物情性、志氣不同，當審察材理，各等列云。

宋·陳振孫《直齋書録解題》卷一〇《法家類·人物志三卷》 魏散騎常侍邯鄲劉劭孔才撰。梁儒林祭酒燉煌劉昞注。梁史無劉昞，《中興書目》云爾。晁氏云偽涼人。

宋·王欽臣《王氏談録·性貴平淡》 昔劉劭論人物亦以平淡為先也。

宋·晁迥《道院集要》卷三《化識歸真》 劉劭《人物志》剖析人情物理，曲盡其妙，以禪觀明之，則是意識也。凡人一切分別謂之識，聖人一切混融謂之智，分別起一切塵勞，混融復不二真性。

明·顧定芳《〈人物志〉跋》 夫人賦材之理妙，觀采之法難，是故孔孟猶慎之。後世愛惡偏用，毀譽之習興，是非淆雜，依似之偽作，而弊日滋矣。魏劉常侍卲有感而著《人物志》，凡十二篇。窮思極微，出入性情。原度量體形品目，隱顯悉舉，萬世人物本真，若妍媸對鑑，毫髮莫遁焉。宋阮逸嘉其書而序傳之。今無善本矣。定芳獲睹抄本于儼山伯氏，請録較鏤，以廣脩身知人之意，如阮氏所冀望云。嘉靖己丑秋九月既望，上海後學顧定芳謹識。

明·鄭旻《重刻〈人物志〉跋》 劉卲《人物志》凡十二篇，辨性質而准之中庸，甄材品以程其職任。事核詞章，三代而下，善評人品者，莫或能逾之矣。卲生漢末，乃其著論體裁纚然，有荀卿、韓非風致，而亹亹成一家言。即《九征》、《八觀》之論，質之孔孟觀人之法，唐虞九德之旨，自有發所未發者。後世欲辨官論才，惡可以不知也！顧其書獲見

者少，又脱落難讀。大中丞真定梁公，持節鉞鎮中州。熊車所莅，吏稱民安。爰覓善本加訂正，刻之宋郡，用以傳之，人人授簡。屬吏旻綴一言于末簡。旻得卒業，反復《流業篇》，國體、器能之説，深有味乎其言之也。隆慶六年壬申仲夏之吉，歸德府知府揭陽鄭旻謹書。

明·李芮《〈人物志〉跋》　端木方人，宣尼少之，視以察安，獨拳拳焉。聖人之心，何有二哉！顧所用者，何如心乎？為己，則觀善惡以勸懲，別臧否以取捨，胥善道也。違是，矜己長，議人短，其為學者病，可朦言哉？噫！作《人物志》者，良有隱憂也。餘自垂髫業舉子事，先君授是卷，讀之厭其詞深以刻也。茫茫焉，掩卷若不相值矣。宦遊十五年來，困心衡慮，日求寡過，思自得師而未能。每於處人，竊以自照，若印證焉，乃知此卷之趣。假令叩洙泗門，口口口所與。古人云：以人為鑑，其斯之謂歟！顧海内乏善本，爰構一帙，訂而繡諸梓，期與脩德者共。以之取友，以之檢身，皆心乎，為己爾。萬曆丁丑春正月，海岱環洲居士李芮識於思益軒之白雲行窩。

明·謝肇淛《文海披沙》　劉邵《人物志》，體別當矣，至於流業分類雖明，而援引未當。聖門高弟，豈徒臧否之科；漢廷循良，難廁伎倆之列；昌國全才，猥雲口辨；淮陰智略，屬列武安。至欲以法家任司寇，將為屠伯矣；以術家任三孤，將為坐嘯矣。又謂商君、吳起，為君枉之所讎，功大而不終，豈知人者哉！

清·臧琳《經義雜記》　《顏氏家訓》、《人物志》，精義美言，時時間出，亦學者不可不讀之書也。

劉勰《文心雕龍》之論文章，劉劭《人物志》之論人，劉知幾《史通》之論史，可稱千古絕唱，餘所深嗜而快讀者。著書人皆劉姓，亦奇事也。

清·紀昀等《欽定四庫全書總目》卷一一七《子部·雜家類·人物志三卷》魏劉邵撰，邵字孔才，邯鄲人。黄初中官散騎常侍，正始中賜爵關内侯，事蹟具《三國志》本傳。別本或作劉劭，或作劉卲。此書未有宋庠跋，云據今官書《魏志》作勉劭之劭，從力，他本或從邑者，晉邑之名。按字書，此二訓外別無他釋，然俱不協孔才之義，《説文》則爲卲音，同上，但召旁從卩耳，訓高也。李舟《切韻》訓美也，高美又與孔才義符揚子《法言》，曰『周副都御史黄登賢家藏本，公之才之卲是也』。所辨精核，今從之。其註爲劉昞所作，昞字廷明，燉煌人，舊本名上結，銜題『涼儒林祭酒』，蓋李暠時嘗授是官，然十六國春秋稱沮渠？遜平酒泉，授昞秘書郎，專管註記。魏太武時又授樂平從事中郎，則昞歷事三主，惟署涼官者，誤矣。邵書凡十二篇，首尾完具，晁公武《讀書志》作十六篇，疑傳寫之誤。其書主於論辨人才，以外見之符驗内藏之器，分別流品，研析疑似，故《隋志》以下皆著録於名家，然所言究悉物情而精覈近理，視尹文之説，兼陳黄老申韓公孫龍之説，惟析堅白同異者迥乎不同，蓋其學雖近乎名家，其理則弗乖於儒者也。昞註不涉訓詁，惟疏通大意，而文詞簡古，猶有魏晉之遺。漢魏叢書所載，惟每篇之首存其解題十六字，且以卷首阮逸之序訛題晉人，殊爲疏舛。此本爲萬歷甲申河間劉用霖所刊，蓋用隆慶壬申鄭旻舊板而脩之，猶古本云。

清·王謨《〈人物志〉跋》　右《人物志》三卷，魏邯鄲劉邵孔才撰，有傳見《三國志》，云邵所撰述，《法論》、《人物志》之類百餘篇。《法論》不傳，《人物志》亦只十六篇，大意以人之材能、心尚不同，當以『九征』『八觀』審察而任使耳。邵曾奉詔作《都官考課》七十二條，以綜核名實，甄別人物，因本此意著書，故隋唐志均以此書入名家也。時有散騎侍郎、夏侯惠疏薦邵云：『深忠篤思，體周於數。凡所錯綜，源流宏遠。故性實之士服其平和良正，清靜之士慕其玄虚退讓，文學之士嘉其推步詳審，法理之士明其分數精比，意思之士知其沉深篤固，文章之士愛其著論屬辭，制度之士貴其化略較要，策謀之士贊其明思通微。』裴松之雖以是為多溢美之辭，然觀夏侯所以稱薦邵者，不即得邵所以別人物之意歟？

清·周中孚《鄭堂讀書記》卷五二《子部·雜家類》　《人物志》三卷，魏劉邵撰，北魏劉昞注，《四庫全書》著録。其書凡《九征》、《體別》、《流業》、《材理》、《才能》、《利害》、《接識》、《英雄》、《八觀》、《七繆》、《效難》、《釋爭》十二篇。宋阮逸序之，稱其述性品上下，材質之兼偏，研幽摘微，一貫於道。若度之長短，權之輕重，無銖發蔽也。大抵考諸行事，而約人於中庸之域，誠一家之善志也。又稱是書博而暢，辨而不肆，非衆説之流也。王者得之，為知人之高抬貴手，士君子得之，為

治性脩身之檃括，其效不為小矣。蓋其學雖出於名家，不悖於儒家之旨也。延明著書甚富，存者惟有是注。其注疏通大義，不沾沾於訓詁，詞致簡括，尚有輔嗣注《老》、子元注《莊》遺意。且並孔才原序注之，則又得乎經學家法矣。

清·李慈銘《越縵堂讀書記》 閱魏劉邵《人物志》，是書共十二篇，雖各為標目，而實一意相承。其旨主於別材器使，為名家之學，而推重術家之流，如范蠡、張良者，奇謀通變，能用能藏。又以道之平淡元遠為極致，蓋申韓而參以黄老。其中名言雋理，可味者多。文筆亦峻厲廉悍，在並時《申鑒》《中論》之間，較為簡古。武進臧玉林氏嘗以此與《文心雕龍》及《史通》並稱謂三劉之書，最堪玩味也，是也。惟向無善本，所見叢書諸刻，類多产芊譌奪，其中頗有僻澀之字，而又輾轉烏焉，幾不可解。是刻有明人文寬夫跋，謂其敍五行曰『簡暘而明砭，火之德也』，明砭字無義，當作簡暢而明啓，其不知妄改，宋明人之陋而可笑，往往如是。

清·許文靖《管城頭記》卷一九 劉劭《人物志》『簡暢而明砭，火之德也』，文寬夫曰：『明砭無意義，自東晉諸公草書「啓」字為然，疑謂簡暢而明啓。』按《人物志·體別篇》『砭清激濁』，《利害篇》『其道廉而且砭』，《接識篇》『故能識訶砭之明』，是豈盡為『啓』字之譌乎？延明注明而不砭則翳，又砭去纖芥，則『砭』為借用之事無疑。

雜録

明·楊慎《丹鉛總録》卷一五《劉卲之卲從卩不從阝》 劉卲字孔才，宋庠曰：『卲從卩，《說文》高也，故字孔才。揚子、周公之才之卲是也。《三國志》作『劭』或作『邵』，從邑，皆非，不叶孔字之義，從卩為卲方叶。』

仲長統分部

傳記

《後漢書》卷四九《仲長統傳》 仲長統字公理，山陽高平人也。少好學，博涉書記，贍於文辭。年二十餘，遊學青、徐、並冀之間，與交友者多異之。并州刺史高幹，袁紹甥也。素貴有名，招致四方遊士，士多歸附。統過幹，幹善待遇，訪以當時之事。統謂幹曰：『君有雄志而無雄才，好士而不能擇人，所以為君深戒也。』幹雅自多，不納其言，統遂去之。無幾，幹以并州叛，卒至於敗。並、冀之士皆以是異統。

統性俶儻，敢直言，不矜小節，默語無常，時人或謂之狂生。每州郡命召，輒稱疾不就。常以為凡遊帝王者，欲以立身揚名耳，而名不常存，人生易滅，優遊偃仰，可以自娱，欲卜居清曠，以樂其志，論之曰：

【略】

又作詩二篇，以見其志，辭曰：『飛鳥遺迹，蟬蛻亡殼。騰蛇棄鱗，神龍喪角。至人能變，達士拔俗。乘雲無轡，騁風無足。垂露成幃，張霄成幄。沆瀣當餐，九陽代燭。恒星豔珠，朝霞潤玉。六合之內，恣心所欲。人事可遺，何為局促？

大道雖夷，見幾者寡。任意無非，適物無可。古來繞繞，委曲如瑣。百慮何為，至要在我。寄愁天上，埋憂地下。叛散《五經》，滅棄《風》、《雅》。百家雜碎，請用從火。抗志山栖，游心海左。元氣為舟，微風為柂。敖翔太清，縱意容冶。』

尚書令荀彧聞統名，奇之，舉為尚書郎。後參丞相曹操軍事。每論說古今及時俗行事，恒發憤歎息。因著論名曰《昌言》，凡三十四篇，十余萬言。獻帝遜位之歲，統卒，時年四十一。友人東海繆襲常稱統才章足繼西京董、賈、劉、楊。

綜述

《三國志》卷二一《魏志・劉劭傳》 劭同時東海繆襲亦有才學，多所述叙，官至尚書、光禄勳。襲友人山陽仲長統，漢末為尚書郎，早卒。著《昌言》，詞佳可觀省。

又 《魏志・劉劭傳》裴松之注 襲撰《昌言》表稱統字公理，少好學，博涉書記，贍於文辭。年二十餘，遊學青、徐、并、冀之間，與交者多異之。并州刺史高幹素貴有名，招致四方遊士，多歸焉。統過幹，幹善待遇之，訪以世事。統謂幹曰：『君有雄志而無雄才，好士而不能擇人，所以為君深戒也。』幹雅自多，不納統言。統去之，無幾而幹敗。并、冀之士，以是識統。大司農常林與統共在上黨，為臣道統性倜儻，敢直言，不矜小節，每列郡命召，輒稱疾不就。默語無常，時人或謂之狂。漢帝在許，尚書令荀彧領典樞機，好士愛奇，聞統名，啓召以為尚書郎。後參太祖軍事，復還為郎。延康元年卒，時年四十餘。統每論説古今世俗行事，發憤歎息，輒以為論，名曰《昌言》，凡二十四篇。

宋・李昉等《太平御覽》卷六〇二《文部十八・著書下》 《抱朴子》曰：余謂仲長統作《昌言》，未竟而亡。後董襲撰次之。

論説

南朝梁・劉勰《文心雕龍》 若夫陸賈《典語》，賈誼《新書》，揚雄《法言》，劉向《説苑》，王符《潛夫》，崔寔《政論》，仲長《昌言》，杜夷《幽求》，咸叙經典，或明政術，雖標論名，歸乎諸子。何者？博明萬事為子，適辨一理為論，彼皆蔓延雜説，故入諸子之流。

又 《史傳》 及班固述漢，因循前業，觀司馬遷之辭，思實過半，其十志該富，贊序弘麗，儒雅彬彬，信有遺味。至於宗經矩聖之典，端緒豐贍之功，遺親攘美之罪，徵賄鬻筆之愆，公理辨之究矣。

唐・韓愈《韓昌黎全集》卷一二《後漢三賢贊三首之三》 仲長統公理，山陽高平，謂高幹有雄志而無雄才，其後果敗，以此有聲。俶儻敢言，語默無常，人以為狂生。州郡會召，稱疾不就。著論見情，初舉尚書郎，後參丞相軍事，卒不至於榮。論説古今，發憤著書，《昌言》是名，友人繆襲稱其文章足繼西京。四十一終。何其短邪！嗚呼先生！

宋・王堯臣等《崇文總目》卷五《雜家類・仲長子昌言三卷》 漢仲長統撰。按本傳，統論説古今及時俗行事，著論名《昌言》，凡三十四篇，十餘萬言。《隋、唐書》目十卷，今所存十五篇，分為三卷，餘皆亡。

宋・章如愚《羣書考索》卷一一《諸子百家門》 《昌言》，後漢仲長統撰，論説古今及時俗行事，因著論，名《昌言》，凡三十四篇，今存十六篇。

清・嚴可均《鐵橋漫稿》卷五《昌言》 《隋・志・雜家》仲長子《昌言》十二卷，《録》一卷。漢尚書郎仲長統撰。《舊唐・志》作十卷。《新唐・志》移入儒家，亦十卷。《崇文總目》稱今所存十五篇，分為二卷，餘皆亡。《郡齋讀書志》、《直齋書録解題》不著録。明陳第《世善堂書目》有二卷。疑即十五篇本。今所見刻本僅明胡維新《兩京遺編》有《理亂》、《損益》、《法誡》三篇；歸有光《諸子匯函》有《理亂》、《損益》二篇；皆出本傳，無所增多。餘從《羣書治要》寫出九篇，益以本傳三篇，以《意林》次第之。本傳：統字公理，山陽高平人，著論三十四篇，十餘萬言。今此收輯，纔萬餘言，亡者蓋十八九。而《治要》所載，又頗删節，斷續亻瓜離，殆所不免；然其閫陳善道，指抲時弊，剴切之忱，踔厲震盪之氣，有不容摩滅者。繆熙伯方之董、賈、劉、揚，非過譽也。神仙家言，儒者所弗道，而《昌言》有其一篇，故是雜家。

雜録

《後漢書》卷五二《崔寔傳》 （崔寔）明於政體，吏才有餘，論當世便事數十條，名曰《政論》。指切時要，言辯而確，當世稱之。仲長統曰：『凡為人主，宜寫一通，置之坐側。』

劉廙分部

傳記

《三國志》卷二一《魏志·劉廙傳》 劉廙字恭嗣，南陽安衆人也。年十歲，戲於講堂上，潁川司馬德操拊其頭曰：『孺子，孺子，「黃中通理」，寧自知不？』廙兄望之，有名於世，荆州牧劉表辟為從事。而其友二人，皆以讒毁，為表所誅。望之又以正諫不合，投傳告歸。廙謂望之曰：『趙殺鳴、犢，仲尼回輪。今兄既不能法柳下惠和光同塵於內，則宜模范蠡遷化於外。坐而自絕於時，殆不可也！』望之不從，尋復見害。廙懼，奔揚州，遂歸太祖。太祖辟為丞相掾屬，轉五官將文學。文帝器之，命廙通草書。廙答書曰：『初以尊卑有逾，禮之常分也。是以貪守區區之節，不敢脩草。必如嚴命，誠知勞謙之素，不貴殊異若彼之高，而惇白屋如斯之好，苟使郭隗不輕於燕，九九不忽於齊，樂毅自至，霸業以隆。虧匹夫之節，成巍巍之美，雖愚不敏，何敢以辭？』魏國初建，為黃門侍郎。

太祖在長安，欲親征蜀，廙上疏曰：『聖人不以智輕俗，王者不以人廢言。故能成功於千載者，必以近察遠，智周於獨斷者，不恥於下問，亦欲博采必盡於衆也。且韋弦非能言之物，而聖賢引以自匡。臣才智暗淺，願自比於韋弦。昔樂毅能以弱燕破大齊，而不能以輕兵定即墨者，夫自為計者雖弱必固，欲自潰者雖強必敗也。自殿下起軍以來，三十餘年，敵無不破，強無不服。今以海內之兵，百勝之威，而孫權負險於吳，劉備不賓於蜀。夫夷狄之臣，不當冀州之卒，權、備之籍，不比袁紹之業。然本初以亡，而二寇未捷，非暗弱於今而智武於昔也。斯自為計者，與欲自潰者異勢耳。故文王伐崇，三駕不下，歸而脩德，然後服之。秦為諸侯，所征必服，及兼天下，東向稱帝，匹夫大呼而社稷用隳。是力斃於外，而不恤民於內也。臣恐邊寇非六國之敵，而世不乏才，土崩之勢，此不可不察也。天下有重得，有重失：勢可得而我勤之，此重得也；勢不可得而我勤之，此重失也。於今之計，莫若料四方之險，擇要害之處而守之，選天下之甲卒，隨方面而歲更焉。殿下可高枕於廣夏，潛思於治國。廣農桑，事從節約，脩之旬年，則國富民安矣。』太祖遂進前而報廙曰：『非但君當知臣，臣亦當知君。今欲使吾坐行西伯之德，恐非其人也。』

魏諷反，廙弟偉為諷所引，當相坐誅。太祖令曰：『叔向不坐弟虎，古之制也。』特原不問，徙署丞相倉曹屬。廙上疏謝曰：『臣罪應頃宗，禍應覆族。遭乾坤之靈，值時來之運，揚湯止沸，使不燋爛；起煙於寒灰之上，生華於已枯之木。物不答施於天地，子不謝生於父母，可以死效，難用筆陳。』廙著書數十篇，及與丁儀共論刑禮，皆傳於世。文帝即王位，為侍中，賜爵關內侯。黃初二年卒。無子。帝以弟子阜嗣。

綜述

《三國志》卷二一《魏志·陳羣傳》 初，太祖時，劉廙坐弟與魏諷謀反。當誅。羣言之太祖，太祖曰：『廙，名臣也，吾亦欲赦之。』乃復位。廙深德羣。

論說

《三國志》卷二一《魏志·傅嘏傳論》 昔文帝、陳王以公子之尊，博好文采，同聲相應，才士並出。惟粲等六人最見名目。【略】劉廙以清鑒著，傅嘏用才達顯云。

又 卷五八《吳志·陸遜傳》 南陽謝景善劉廙先刑後禮之論，遜呵景曰：『禮之長於刑久矣，廙以細辯而詭先聖之教，皆非也。君今侍東宮，宜遵仁義以彰德音，若彼之談，不須講也。』

又 卷二一《魏志·劉廙傳》裴松之注 《廙別傳》：初，廙弟偉與諷善，廙戒之曰：『夫交友之美，在於得賢，不可不詳。而世之交者，不審擇人，務合黨衆，違先聖人交友之義，此非厚己輔仁之謂也。吾觀魏諷，不脩德行，而專以鳩合為務，華而不實，此直攪世治名者也。卿其慎之，勿復與通。』偉不從。故及於難。

蔣濟分部

傳記

《三國志》卷一四《魏志·蔣濟傳》　蔣濟字子通，楚國平阿人也。仕郡計吏、州別駕。建安十三年，孫權率衆圍合肥。時大軍征荆州，遇疾疫，唯張遺將軍張喜單將千騎，過領汝南兵以解圍，頗復疾疫。濟乃密白刺史，僞得喜書，云步騎四萬已到雩婁，遣主簿迎喜。三部使齎書語城中守將，一部得入城，二部為賊所得。權信之，遽燒圍走，城用得全。明年使於譙，太祖問濟曰：『昔孤與袁本初對官渡，徙燕、白馬民，民不得走，賊亦不敢鈔。今欲徙淮南民，何如？』濟對曰：『是時兵弱賊强，不徙必失之。自破袁紹，北拔柳城，南向江、漢，荆州交臂，威震天下，民無他志。然百姓懷土，實不樂徙，懼必不安。』太祖不從，而江、淮間十餘萬衆，皆驚走吳。後濟使詣鄴，太祖迎見大笑曰：『本但欲使避賊，乃更驅盡之。』拜濟丹陽太守。大軍南征還，以温恢為揚州刺史，濟為別駕。令曰：『季子為臣，吳宜有君。今君還州，吾無憂矣。』民有誣告濟為謀叛主率者，太祖聞之，指前令與左將軍于禁、沛相封仁等曰：『蔣濟寧有此事！有此事，吾為不知人也。此必愚民樂亂，妄引之耳。』促理出之。辟為丞相主簿西曹屬。令曰：『舜舉臯陶，不仁者遠；臧否得中，望于賢屬矣。』關羽圍樊、襄陽。太祖以漢帝在許，近賊，欲徙都。司馬宣王及濟說太祖曰：『于禁等為水所没，非戰攻之失，於國家大計未足有損。劉備、孫權，外親内疏，關羽得志，權必不願也。可遣人勸躡其後，許割江南以封權，則樊圍自解。』太祖如其言。權聞之，即引兵西襲公安、江陵。羽遂見擒。

文帝即王位，轉為相國長史。及踐阼，出為東中郎將。濟請留，詔曰：『高祖歌曰：「安得猛士守四方」！天下未寧，要須良臣以鎮邊境。如其無事，乃還鳴玉，未為後也。』濟上《萬機論》，帝善之。入為散騎常侍。時有詔，詔征南將軍夏侯尚曰：『卿腹心重將，特當任使。恩施足死，惠愛可懷。作威作福，殺人活人』。尚以示濟。濟既至，帝問曰：『卿所聞見天下風教何如？』濟對曰：『未有他善，但見亡國之語耳。』帝忿然作色而問其故，濟具以答，因曰：『夫「作威作福」，《書》之明誡。「天子無戲言」，古人所慎。惟陛下察之！』於是帝意解，遣追取前詔。黄初三年，與大司馬曹仁征吳，濟别襲羨溪。仁欲攻濡須洲中，濟曰：『賊據西岸，列船上流，而兵入洲中，是為自内地獄，危亡之道也。』仁不從，果敗。仁薨，復以濟為東中郎將，代領其兵。詔曰：『卿兼資文武，志節慷慨，常有超江湖吞吳會之志，故復授將率之任。』頃之，徵為尚書。車駕幸廣陵，濟表水道難通，又上《三州論》以諷帝。帝不從，於是戰船數千皆滯不得行。議者欲就留兵屯田，濟以為東近湖，北臨淮，若水盛時，賊易為寇，不可安屯。帝從之，車駕即發。還到精湖，水稍盡，盡留船付濟。船本歷適數百里中，濟更鑿地作四五道，蹴船令聚；豫作土豚遏斷湖水，皆引後船，一時開遏入淮中。帝還洛陽，謂濟曰：『事不可不曉。吾前決謂分半燒船于山陽池中，卿於後致之，略與吾俱至譙。又每得所陳，實入吾意。自今討賊計畫，善思論之。』

明帝即位，賜爵關内侯。大司馬曹休帥軍向皖，濟表以為『深入虜地，與權精兵對，而朱然等在上流，乘休後，臣未見其利也。』軍至皖，吳出兵安陸，濟又上疏曰：『今賊示形於西，必欲并兵圖東，宜急詔諸軍往救之。』會休軍已敗，盡棄器仗輜重退還。吳欲塞夾口，遇救兵至，是以官軍得不没。遷為中護軍。時中書監、令號為專任，濟上疏曰：『大臣太重者國危，左右太親者身蔽，古之至戒也。往者大臣秉事，外内扇動。陛下卓然自覽萬機，莫不祗肅。夫大臣非不忠也，然威權在下，則衆心慢上，勢之常也。陛下既已察之於大臣，願無忘於左右。左右忠正遠慮，未必賢於大臣，至於便辟取合，或能工之。今外所言，輒云中書，雖使恭慎不敢外交，但有此名，猶惑世俗。況實握事要，日在目前，儻因疲倦之間有所割制，衆臣見其能推移於事，即亦因時而向之。一有此端，因當内設自完，以此衆語，私招所交，為之内援。若此，臧否毁譽，必有所興，功負賞罰，必有所易；直道而上者或壅，曲附左右者反達；因微而入，緣形而出，意所狎信，不復猜覺。此宜聖智所當早聞，外以經意，則形際自見。或恐朝臣畏言不合而受左右之怨，莫適以聞。臣竊亮陛下潛神默思，

公聽並觀。若事有未盡於理而物有未周於用，將改曲易調，遠與黃、唐角功，近昭武、文之迹，豈近習而已哉！然人君猶不可悉天下事以適己明，當有所付。三官任一臣，非周公旦之忠。又非管夷吾之公，則有弄機敗官之弊。當今柱石之士雖少，至於行稱一州，智效一官，忠信竭命，各奉其職，可並驅策，不使聖明之朝有專吏之名也。』詔曰：『夫骨鯁之臣，人主之所仗也。濟才兼文武，服勤盡節，每軍國大事，現有奏議，忠誠奮發，吾甚壯之。』就遷為護軍將軍，加散騎常侍。

景初中，外勤征役，内務宮室，怨曠者多，而年穀飢儉。濟上疏曰：『陛下方當恢崇前緒，光濟遺業，誠未得高枕而治也。今雖有十二州，至于民數，不過漢時一大郡。二賊未誅，宿兵邊陲，且耕且戰，怨曠積年。宗廟宮室，百事草創，農桑者少，衣食者多，今其所急，唯當息耗百姓，不至甚弊。弊劬之民，儻有水旱，百萬之衆，不為國用。凡使民必須農隙，不奪其時。夫欲大興功之君，先料其民力而燠休之。勾踐養胎以待用，昭王恤病以雪仇。故能以弱燕服强齊，羸越滅勁吳。今二敵不攻不滅，不事即侵，當身不除，百世之責也。以陛下聖明神武之略，舍其緩者，專心討賊，臣以為無難矣。又歡娛之耽，害于精爽；神太用則竭，形太勞則弊。願大簡賢妙，足以充「百斯男」者。其冗散未齒，且悉分出，務在清靜。』詔曰：『微護軍，吾弗聞斯言也。』

齊王即位，徙為領軍將軍，進爵昌陵亭侯，遷太尉。初，侍中高堂隆論郊祀事，以魏為舜後，推舜配天。濟以為舜本姓嬀，其苗曰田，非曹之先，著文以追詰隆。是時，曹爽專政，丁謐、鄧颺等輕改法度。會有日蝕變，詔羣臣問其得失，濟上疏曰：『昔大舜佐治，戒在比周；周公輔政，慎于其朋；齊侯問災，晏嬰對以布惠；魯君問異，臧孫荅以緩役。應天塞變，乃實人事。今二賊未滅，將士暴露已數十年，男女怨曠，百姓貧苦。夫為國法度，惟命世大才，乃能張其綱維以垂于後，豈中下之吏所宜改易哉？終無益于治，適足傷民，望宜使文武之臣各守其職，率以清平，則和氣祥瑞可感而致也。』以隨太傅司馬宣王屯洛水浮橋，誅曹爽等，進封都鄉侯，邑七百戶。濟上疏曰：『臣忝寵上司，而爽敢苞藏禍心，此臣之無任也。太傅奮獨斷之策，陛下明其忠節，罪人伏誅，社稷之福也。夫封寵慶賞，必加有功。今論謀則臣不先知，語戰則非臣所率，而上失其制，下受其弊。臣備宰司，民所具瞻。誠恐冒賞之漸自此而興，推讓之風由此而廢。』固辭，不許。是歲薨，謚曰景侯。

綜述

《三國志》卷二六《魏志·滿寵傳》　青龍元年，寵上疏，曰：『合肥城南臨江湖，北遠壽春，賊攻圍之，得據水為勢；官兵救之，當先破賊大輩，然後圍乃得解。賊往甚易，而兵往救之甚難，宜移城内之兵，其西三十里，有奇險可依，更立城以固守，此為引賊平地而掎其歸路，于計為便。』護軍將軍蔣濟議，以為：『既示天下以弱，且望賊煙火而壞城，此為未攻而自拔。一至於此，劫略無限，必以淮北為守。』帝未許。

又　卷二七《魏志·胡質傳》　胡質【略】少與蔣濟、朱績俱知名於江、淮間，仕州郡。蔣濟為別駕，使見太祖。太祖問曰：『胡通達，長者也，寧有子孫不？』濟曰：『有子曰質，規模大略不及於父，至於精良綜事過之。』

又　卷二八《魏志·鍾會傳》　鍾會【略】少敏惠夙成。中護軍蔣濟著論，謂『觀其眸子，足以知人。』會年五歲，繇遣見濟，濟甚異之，曰：『非常人也。』

又　卷三八《秦宓傳論》　許靖夙有名譽，既以篤厚為稱，又以人物為意，雖行事舉動，未悉允當，蔣濟以為『大較廊廟器』也。

又　卷一四《魏志·蔣濟傳》裴松之注　司馬彪《戰略》：太和六年，明帝遣平州刺史田豫乘海渡，幽州刺史王雄陸道，並攻遼東。蔣濟諫曰：『凡非相吞之國，不侵叛之臣，不宜輕伐。伐之而不制，是驅使為賊。故曰：「虎狼當路，不治狐狸。先除大害，小害自已。」今海表之地，累世委質，歲選計考，不乏職貢，議者先之。正使一舉便克，得其民不足益國，得其財不足為富，儻不如意，是為結怨失信也。』帝不聽，豫行竟無成而還。【略】

《漢晉春秋》曰：公孫淵聞魏將來討，復稱臣于孫權，乞兵自救。帝問濟：『孫權其救遼東乎？』濟曰：『彼知官備以固，利不可得，深入則非力所能，淺入則勞而無獲，權雖子弟在危，猶將不動，況異域之

人，兼以往者之辱乎！今所以以外揚此聲者，譎其行人疑於我，我之不克，冀折後事已耳。然沓渚之間，去淵尚遠，若大軍相持，事不速決，則權之淺規，或能輕兵掩襲，未可測也。』【略】

《列異傳》：濟為領軍，其婦夢見亡兒涕泣曰：『死生異路，我生時為卿相子孫，今在地下為泰山伍伯，憔悴困辱不可復言。今太廟西謳士孫阿，今見召為泰山令，願母為白侯，屬阿令轉我得樂處。』言訖，母忽然驚寤，明日以白濟。濟曰：『夢為爾耳，不足怪也。』明日暮，復夢曰：『我來迎新君，止在廟下。未發之頃，暫得來歸。新君明日日中當發，臨發多事，不復得歸，永辭於此。侯氣强，難感悟，故自訴於母，願重啓侯，何惜不一試驗之？』遂道阿之形狀，言甚備悉。天明，母重啓侯：『雖云夢不足怪，此何太適，適亦何惜不一驗之？』濟乃遣人詣太廟下，推問孫阿，果得之，形狀證驗悉如兒言。濟涕泣曰：『幾負吾兒！』於是乃見孫阿，具語其事。阿不懼當死，而喜得為泰山令，惟恐濟言不信也。曰：『若如節下言，阿之願也。不知賢子欲得何職？』濟曰：『隨地下樂者與之。』阿曰：『輒當奉教。』乃厚賞之，言訖遣還。濟欲速知其驗，從領軍門至廟下，十步安一人，以傳阿消息。辰時傳阿心痛，巳時傳阿劇，日中傳阿亡。濟泣曰：『雖哀吾兒之不幸，且喜亡者有知。』後月餘，兒復來語母曰：『已得轉為録事矣。』【略】

《世語》曰：初，濟隨司馬宣王屯洛水浮橋，濟書與曹爽，言宣王旨『惟免官而已』，爽遂誅滅。濟病其言之失信，發病卒。

《晉書》卷一二《天文志中·史傳事驗》 （正始）八年二月庚午朔，日有蝕之。是時曹爽專政，丁謐、鄧颺等轉改法度。會有日蝕之變，詔羣臣問得失。蔣濟上疏曰：『昔大舜佐治，戒在比周。周公輔政，慎於其朋。齊侯問災，晏子對以布惠；魯君問異，臧孫答以緩役。塞變應天，乃實人事。』濟旨譬甚切，而君臣不悟，終至敗亡。

又 卷四九《阮籍傳》 籍嘗隨叔父至東郡，兖州刺史王昶請與相見，終日不開一言，自以不能測。太尉蔣濟聞其有儁才而辟之，籍詣都亭奏記曰：『【略】今籍無鄒卜之道，而有其陋，猥見采擇，無以稱當。方將耕於東皋之陽，輸黍稷之餘稅。負薪疲病，足力不强，補吏之召，非所克堪。乞回謬恩，以光清舉。』初，濟恐籍不至，得記欣然。遣卒迎之，而籍已去，濟大怒。於是鄉親共喻之，乃就吏。

宋·李昉等《太平御覽》卷四九七《人事部一百三十八·酣醉》 《魏典略》【略】又曰：時苗字德胄，出為壽春令，揚州治在其縣。時蔣濟為治中，苗以初至，往欲謁濟，濟素嗜酒，適會其醉不能見，恚恨，還刻木為人，署曰『酒徒蔣濟』，暨之於牆下，旦夕射之。

宋·鄭樵《通志》卷一一五上《魏列傳·蔣濟》 初濟為揚州別駕。有時苗者【略】出為壽春令，揚州治在其縣。苗初至往謁濟，濟素嗜酒，會醉不能見苗，苗怒還，刻木為人，署曰『酒徒蔣濟』，置之墻下，旦夕射之。州郡雖知其不恪，然以其履行過人，無若之何。【略】濟復位台司，不以苗前毀已為嫌，苗亦不為濟貴，更屈意。【略】濟薨，子秀嗣。秀薨，子凱嗣。咸熙中，開建五等，以濟著勳前朝，改封凱為下蔡子。

論説

《三國志》卷一四《程郭董劉蔣劉傳論》 程昱、郭嘉、董昭、劉曄、蔣濟才策謀略，世之奇士，雖清治德業，殊于荀攸，而籌畫所料，是其倫也。

又 《魏志·蔣濟傳》裴松之注 孫盛曰：蔣濟之辭邑，可謂不負心矣。語曰『不為利回，不為義疚』，蔣濟其有焉。

唐·李德裕《李衛公外集》卷一《評史一·三國論》 蔣濟睹魏文帝與夏侯尚詔曰『作福作威』為亡國之言。所謂柄者，威福是也，豈可假於臣下哉？後代睹三國之事，可不戒懼哉？

宋·陳振孫《直齋書録解題》卷一〇《雜家類·蔣子萬機論二卷》 魏太尉平河蔣濟子通撰。案《館閣書目》十卷，五十五篇，今惟十五篇，恐非全書也。

藝文

宋·宋庠《元憲集》卷五《五言律詩·讀書多所廢忘》 舊學紛無幾，幽懷斷復尋。蒼茫《萬機論》，零落《九州箴》。

杜恕分部

傳記

又　卷一六《魏志·杜恕傳》　恕字務伯，太和中為散騎黃門侍郎。恕推誠以質，不治飾，少無名譽。及在朝，不結交援，專心向公。每政有得失，常引綱維以正言，於是侍中辛毗等器重之。

時公卿以下大議損益，恕以為『古之刺史，奉宣六條，以清靜為名，威風著稱，今可勿令領兵，以專民事。』俄而鎮北將軍呂昭又領冀州，乃上疏曰：

時又大儀考課之制，以考內外衆官。恕以為用不盡其人，雖才且無益，所存非所務，所務非世要。上疏曰：【略】後考課竟不行。樂安廉昭以才能拔擢，頗好言事。恕上疏極諫曰：【略】恕在朝八年，其論議亢直，皆此類也。

出為弘農太守，數歲轉趙相，以疾去官。起家為河東太守，歲余，遷淮北都督護軍，復以疾去。恕所在，務存大體而已，其樹惠愛，益得百姓歡心，不及於畿。頃之，拜御史中丞。恕在朝廷，以不得當世之和，故屢在外任。復出為幽州刺史，加建威將軍，使持節，護烏丸校尉。時征北將軍程喜屯薊，尚書袁侃等戒恕曰：『程申伯處先帝之世，傾田國讓於青州。足下今俱杖節，使共屯一城，宜深有以待之。』而恕不以為意。至官未期，有鮮卑大人兒，不由關塞，徑將數十騎詣州，州斬所從來小子一人，無表言上。喜於是劾奏恕，下廷尉，當死。以父畿勤事水死，免為庶人，徙章武郡，是歲嘉平元年。恕倜儻任意，而思不防患，終至此敗。

初，恕從趙郡還，陳留阮武亦從清河太守征，俱自薄廷尉。謂恕曰：『相觀才性可以由公道而持之不厲，器能可以處大官而求之不順，才學可以述古今而志之不一，此所謂有其才而無其用。今向閑暇，可試潛思，成一家言。』在章武，遂著《體論》八篇。又著《興性論》一篇，蓋興於為己也。四年，卒於徙所。

甘露二年，河東樂詳年九十餘，上書訟畿之遺績，朝廷感焉。詔封恕子預為豐樂亭侯，邑百戶。恕奏議論駁皆可觀，掇其切世大事著於篇。

綜述

《三國志》卷一一《魏志·邴原傳》　杜恕著《家戒》稱閣曰：『張子臺視之似鄙樸人，然其心中不知天地間何者為美，何者為好，敦然似能與陰陽合德者。作人如此，自可不富貴，然而患禍當何從而來？世有高亮如子台者，皆多力慕，體之不如也。』

《三國志》卷一六《魏志·杜恕傳》裴松之注　《杜氏新書》曰：恕少與馮翊、李豐俱為父任，總角相善。及各成人，豐砥礪名行以要世譽，而恕誕節直意，與豐殊趣。豐竟馳名一時，京師之士多為之遊說。而當路者或以豐名過其實，而恕被褐懷玉也。由是為豐所不善。恕亦任其自然，不力行以合時。豐以顯仕朝廷，恕猶家居自若。明帝以恕大臣子，擢拜散騎侍郎，數月，轉補黃門侍郎。【略】

《杜氏新書》曰：時李豐為常侍，黃門郎袁侃見轉為吏部郎，荀俁出為東郡太守，二人皆恕之同班友善。【略】

《杜氏新書》曰：恕遂去京師，營宜陽一泉塢，因其壘塹之固，小大家焉。明帝崩時，人多為恕言者。【略】

《杜氏新書》曰：（程）喜欲恕折節謝己，諷司馬宋權示之以微意。恕答權書曰：『況示委曲。夫法天下事，以善言相待，無不致快也；以不善意相待，無不致嫌隙也。而議者言，凡人天性皆不善，不當待以善意，更墮其調中。僕得此輩，便欲歸蹈東海乘桴耳，不能自諧在其間也。然以年五十二，不見廢棄者，頗亦遭明達君子亮其本心；若不見亮，使人刳心著地，正與數斤肉相似，何足有所明，故終不自解說。程征北功名宿著，在僕前甚多，有人出征北乎！若令下官事無大小，咨而後行，則非上司彈繩之意；若咨而不從，又非上下相順之宜。故推一心，任一意，直而行之耳。殺胡之事，天下謂之是邪，是僕諧也；呼為非邪，僕自受之，無所怨咎。程征北明之亦善，不明之亦善，諸君子自共為其心耳，不在僕言也。』喜於是遂深文劾恕。

《杜氏新書》曰：人倫之大綱，莫重於君臣；立身之基本，莫大于言行；安上理民，莫精于政法；勝殘去殺，莫善於用兵。夫禮也者，萬物之體也。萬物皆得其體，無有不善，故謂之《體論》。

《晉書》卷四五《劉毅傳》 ［劉］毅幼有孝行，少厲清節，然好臧否人物，王公貴人望風憚之。僑居平陽，太守杜恕請為功曹，沙汰郡吏百餘人，三魏稱焉。為之語曰：『但聞劉功曹，不聞杜府君。』

論說

明·陳耀文《天中記》卷三七《諸子》 《體論》：杜恕著，《體論》八篇以為人倫之大綱莫重於君臣，立身之基本莫大於言行，安上理民莫精於政法，勝殘去殺莫善於用兵。夫禮也者，萬物之體也，萬物皆得其體，無有不善，故謂之《體論》。其荅宋權書云：『恕以年五十二，不見廢棄，頗亦遭明達君子亮其本心，若不見亮，使刳心著地，正與數片肉相似，何足有所明。』故終不自解說。《杜氏新書》

明·羅洪先《念庵文集》卷一《策》 欲精考課在久賢能之任，明賞罰之權。久任則杜恕所謂辟親民長吏轉為郡守，有績則進爵加秩者可法也；明權則傅嘏所謂君志定，國體崇，而後責其成者，可取也。如是而課有不精乎？

桓範分部

傳記

《三國志》卷九《魏志·曹爽傳》裴松之注 《魏略》曰：【略】

桓範字元則，世為冠族。建安末，入丞相府。延康中，為羽林左監。以有文學，與王象等典集《皇覽》。明帝時為中領軍尚書，遷征虜將軍、東中郎將，使持節都督青、徐諸軍事，治下邳。與徐州刺史鄭岐爭屋，引節欲斬岐，為岐所奏，不直，坐免還。復為兗州刺史，怏怏不得意。又聞當轉為冀州牧。是時冀州統屬鎮北，而鎮北將軍呂昭才實仕進，本在範後。范謂其妻仲長曰：『我寧作諸卿，向三公長跪耳，不能為呂子展屈也。』其妻曰：『君前在東，坐欲擅斬徐州刺史，衆人謂君難為作下，今復羞為呂屈，是復難為作上也。』範忿其言觸實，乃以刀環撞其腹。妻時懷孕，遂墮胎死。範亦竟稱疾，不赴冀州。

正始中拜大司農。範前在臺閣，號為曉事，及為司農，又以清省稱。範嘗抄撮漢書中諸雜事，自以意斟酌之，名曰《世要論》。蔣濟為太尉，嘗與範會社下，羣卿列坐有數人，範懷其所撰，欲以示濟，謂濟當虛心觀之。範出其書以示左右，左右傳之示濟，濟不肯視，範心恨之。因論他事，乃發怒謂濟曰：『我祖薄德，公輩何似邪？』濟性雖强毅，亦知範剛毅，睨而不應，各罷。範於沛郡，仕次在曹真後。

于時曹爽輔政，以範鄉里老宿，於九卿中特敬之，然不甚親也。及宣王起兵，閉城門，以範為曉事，乃指召之，欲使領中領軍。範欲應召，而其子諫之，以車駕在外，不如南出。範疑有頃，兒又促之。範欲去而司農丞吏皆止範。範不從，乃突出至平昌城門，城門已閉。門候司蕃，故範舉吏也，範呼之，舉手中版以示之，矯曰：『有詔召我，卿促開門！』蕃欲求見詔書，範呵之，言『卿非我故吏邪，何以敢爾？』乃開之。範出城，顧謂蕃曰：『太傅圖逆，卿從我去！』蕃徒行不能及，遂避側。範南見爽，勸爽兄弟以天子詣許昌，徵四方以自輔。爽疑，羲又無言。範自謂羲曰：『事昭然，卿用讀書何為邪！於今日卿等門戶倒矣！』俱不言。範又謂羲曰：『卿別營近在闕南，洛陽典農治在城外，呼召如意。今詣許昌，不過中宿，許昌別庫，足相被假；所憂當在穀食，而大司農印章在我身。』羲兄弟默然不從，中夜至五鼓，爽乃投刀於地，謂諸從駕羣臣曰：『我度太傅意，亦不過欲令我兄弟向己也。我獨有以不合於遠近耳！』遂進謂帝曰：『陛下作詔免臣官，報皇太后令。』範知爽首免而己必坐唱義也。範乃曰：『老子今茲坐卿兄弟族矣！』

爽等既免，帝還宮，遂令範隨從。到洛水浮橋北，望見宣王，下車叩頭而無言。宣王呼範姓曰：『桓大夫何為爾邪！』車駕入宮，有詔範還復位。範詣闕拜章謝，待報。會司蕃詣鴻臚自首，具説範前臨出所道。宣王乃忿然曰：『誣人以反，於法何應？』主者曰：『科律，反受其罪。』

乃收範於闕下。時人持範甚急，範謂部官曰：『徐之，我亦義士耳。』遂送廷尉。

綜述

《三國志》卷九《魏志・曹爽傳》（高平陵之變）大司農沛國桓範聞兵起，不應太后召，矯詔開平昌門，拔取劍戟，略將門候，南奔爽。宣王知，曰：『範畫策，爽必不能用範計。』範說爽使車駕幸許昌，招外兵。爽兄弟猶豫未決，範重謂羲曰：『當今日，卿門戶求貧賤復可得乎？且匹夫持質一人，尚欲望活。今卿與天子相隨，令於天下，誰敢不應者？』羲猶不能納。【略】於是收爽、羲、訓、晏、颺、謐、軌、勝、範、當等，皆伏誅，夷三族。

又 卷二二《魏志・徐宣傳》 明帝即位，封津陽亭侯，邑二百戶。中領軍桓範薦宣曰：『臣聞帝王用人，度世授才，爭奪之時，以策略為先，分定之後，以忠義為首。故晉文行舅犯之計而賞雍季之言，高祖用陳平之智而托後於周勃也。竊見尚書徐宣，體忠厚之行，秉直亮之性。清雅特立，不拘世俗。確然難動，有社稷之節。歷位州郡，所在稱職。今僕射缺，宣行掌後事。腹心任重，莫宜宣者。』帝遂以宣為左僕射，後加侍中光祿大夫。

又 卷九《魏志・曹爽傳》裴松之注 干寶《晉書》：桓範出赴爽，宣王謂蔣濟曰：『智囊往矣。』濟曰：『范則智矣，駑馬戀棧豆，爽必不能用也。』【略】

《魏氏春秋》曰：爽既罷兵，曰：『我不失作富家翁。』範哭曰：『曹子丹佳人，生汝兄弟，犢耳！何圖今日坐汝等族滅矣。』

論說

唐・司空圖《司空表聖文集》卷二《與惠生書》 漢魏之際，其弊簒極。懲馬融、胡廣之流，故李膺質而峻。誡何晏、桓範之俗，則王衍簡而清。矯之而不和，滯之而不顧。始以類聚相扇，終以浮黨見嫉，而至家國皆瘁而不瘖也。悲夫！

宋・蘇軾《東坡志林》卷九 司馬懿討曹爽，桓範往奔之。懿謂蔣濟曰：『智囊往矣。』濟曰：『範則智矣，駑馬戀棧豆，必不能用也。』範說爽移車駕幸許昌，招外兵，爽不從。範曰：『所憂在兵食，而大司農印在吾許。』爽不能用。呂布既擒，曹操謂陳宮曰：『公臺平生自謂智有餘，今日何如？』宮曰：『此子不用宮言，不然，未可知也。』僕嘗論此二人者，呂布、曹爽何人也，而為之用，尚何言智？臧武仲曰：『抑君似鼠，此之謂智。』

宋・章如愚《羣書考索》卷九 魏桓範之有《世要論》，【略】此豈非法家者歟？所謂名家者何也？

清・王懋竑《白田雜著》卷五《魏志餘論》 範與曹爽僅鄉里之舊，其赴爽也，蓋逆知懿之必篡魏矣，而不能識爽之無成，何也？然人臣之義，當以桓範為正。範初出即曰：『太傅謀逆。』謂爽等曰：『坐汝族滅。』被收曰：『我亦義士。』前後語自分明。懿以太后詔召範，乃矯詔也，矯詔豈可從乎？懿勒兵先據武庫，師屯司馬門直舉兵稱亂耳，其遣高柔據爽營，王觀據羲營，必不謀之，非倉卒問事也。既以王觀行中領軍，何復以中領軍召範？此直脅之使隨已同屯洛水耳。範之出也，司農諸吏皆止之，不聽，非僅聽兒子言者。其見懿叩頭不知有無。然範嘗曰：『我寧作卿向三公長跪。』則平時見懿當拜，亦非為畏死而叩頭也。懿收張當考問，又令司蕃自首，皆以大逆誅滅之。《魏書》晉臣所作，不敢盡其辭，而微見其意。《通鑑》多因舊史綱目分注，亦未及改正，是不能無待於後人也。蔣濟、桓範皆魏之大臣，非懿黨也，幸則為蔣濟，不幸則為桓範，必無自全之理矣。故曰：危邦不入，亂邦不居。

藝文

唐・李德裕《李衛公別集》卷一《賦上・智囊賦並序》 余嘗感漢晁錯、魏桓範皆號為智囊，不能全身，竟罹大患。揚子稱：『或問多以智殺身，雄對曰：皐陶以其智為帝謨，箕子以其智為武王陳《洪範》，殺

身者遠矣。』餘久欲賦之，比屬逾紀總戎，願言不暇。今俟罪江徼，結逅晟睿筐篋之中，黃籍皆闕，聊以所記古今興敗，粗成此賦。【略】今我所謂智者，乘五湖之浩蕩，永終老於扁舟。

唐・陸龜蒙《麗澤叢書》卷五《幽居賦》 初陳梗槩，漸入精微，探桓範之智囊，掘張憑之理窟。

明・李日華《六研齋筆記》三筆卷一《倪瓚〈戲為七言長律奉寄維寅徵君賢伯仲聊以寫久間之懷耳〉》 智囊自足包桓範，藝圃深期訪馬卿。

雜録

南朝宋・劉義慶《世説新事・賢媛》 許允婦是阮衛尉女，德如妹，奇醜。交禮竟，允無復入理，家人深以為憂。會允有客至，婦令婢視之，還答曰：『是桓郎。』桓郎者，桓範也。婦云：『無憂，桓必勸入。』桓果語許云：『阮家既嫁醜女與卿，故當有意，卿宜察之。』許便回入內，既見婦，即欲出。婦料其此出，無復入理，便捉裾停之。許因謂曰：『婦有四德，卿有其幾？』婦曰：『新婦所乏唯容爾。然士有百行，君有幾？』許云：『皆備。』婦曰：『夫百行以德為首，君好色不好德，何謂皆備？』允有慚色，遂相敬重。

傅玄分部

傳記

《晉書》卷一七《傅玄傳》 傅玄字休奕，北地泥陽人也。祖燮，漢漢陽太守。父幹，魏扶風太守。玄少孤貧，博學善屬文，解鐘律。性剛勁亮直，不能容人之短。郡上計吏再舉孝廉，太尉辟，皆不就。州舉秀才，除郎中，與東海繆施俱以時譽選入著作，撰集魏書。後參安東、衛軍軍事，轉溫令，再遷弘農太守，領典農校尉。所居稱職，數上書陳便宜，多所匡正。五等建，封鶉觚男。武帝為晉王，以玄為散騎常侍。及受禪，進爵為子，加附馬都尉。

帝初即位，廣納直言，開不諱之路，玄及散騎常侍皇甫陶共掌諫職。玄上疏曰：『【略】陛下聖德，龍興受禪，弘堯舜之化，開正直之路，體夏禹之至儉，綜殷周之典文，臣詠歎而已，將又奚言！惟未舉清遠有禮之臣，以敦風節；未退虛鄙，以懲不恪，臣是以猶敢有言。』詔報曰：『舉清遠有禮之臣者，此尤今之要也。』乃使玄草詔進之。玄復上疏【略】

書奏，帝下詔曰：『二常侍懇懇於所論，可謂乃心欲佐益時事者也。而主者率以常制裁之，豈得不使發憤耶！二常侍所論，或舉其大較而未備其條目，亦可便令作之，然後主者八坐廣共研精。凡關言於人主，人臣之所至難。而人主若不能虛心聽納，自古忠臣直士之所慷慨，至使杜口結舌。每念於此，未嘗不歎息也。故前詔敢有直言，勿有所距，庶幾得以發懞補過，獲保高位。苟言有偏善，情在忠益，雖文辭有謬誤，言語有失得，皆當曠然恕之。古人猶不拒誹謗，況皆善意在可採録乎！近者孔晁、綦毋皆案以輕慢之罪，所以皆原，欲使四海知區區之朝無諱言之忌也。』俄遷侍中。

初，玄進皇甫陶，及入而抵，玄以事與陶爭，言喧嘩，為有司所奏，二人竟坐免官。泰始四年，以為御史中丞。時頗有水旱之災，玄復上疏【略】

詔曰：『得所陳便宜，言農事得失及水官興廢，又安邊御胡政事寬猛之宜，申省周備，一二具之，此誠為國大本，當今急務也。如所論皆善，深知乃心，廣思諸宜，動靜以聞也。』

五年，遷太僕。時比年不登，羌胡擾邊，詔公卿會議。玄應對所問，陳事切直，雖不盡施行，而常見優容。轉司隸校尉。

獻皇后崩於弘訓宮，設喪位。舊制，司隸於端門外坐，在諸卿上，絕席。其入殿，按本品秩在諸卿下，以次坐，不絕席。而謁者以弘訓宮為殿內，制玄位在卿下。玄恚怒，厲聲色而責謁者。謁者妄稱尚書所處，玄對百僚而罵尚書以下。御史中丞庾純奏玄不敬，玄又自表不以實，坐免官。然玄天性峻急，不能有所容；每有奏劾，或值日暮，捧白簡，整簪帶，竦踴不寐，坐而待旦。於是貴遊懾伏，臺閣生風。尋卒於家，時年六十

二，謚曰剛。

玄少時避難於河內，專心誦學，後雖顯貴，而著述不廢。撰論經國九流及三史故事，評斷得失，各為區例，名為《傅子》，為內、外、中篇，凡有四部、六録，合百四十首，數十萬言，並文集百餘卷行於世。玄初作內篇成，子咸以示司空王沈。沈與玄書曰：『省足下所著書，言富理濟，經綸政體，存重儒教，足以塞楊墨之流遁，齊孫孟於往代。每開卷，未嘗不歎息也。「不見賈生，自以過之，乃今不及」，信矣！』

綜述

《晉書》卷一七《傅玄傳論》 武帝覽觀四方，平章百姓，永言啓沃，任切爭臣。傅玄體強直之姿，懷匪躬之操，抗辭正色，補闕弼違，諤諤當朝，不忝其職者矣。及乎位居三獨，彈擊是司，遂能使臺閣生風，貴戚斂手。雖前代鮑葛，何以加之！然而惟此褊心，乏弘雅之度，驟聞競爽，為物議所譏，惜哉！古人取戒于韋弦，良有以也。長虞風格凝峻，弗墜家聲。及其納諫汝南，獻書臨晉，居諒直之地，有先見之明矣。傅祗名父之子，早樹風猷，崎嶇危亂之朝，匡救君臣之際，卒能保全祿位，可謂有道存焉。

又 卷二二《樂志上》 至泰始五年，尚書奏，使太僕傅玄、中書監荀勖、黃門侍郎張華各造正旦行禮及王公上壽酒、食舉樂歌詩。

又 卷二三《樂志下》 及武帝受禪，乃令傅玄製為二十二篇，亦述以功德代魏。【略】

案魏晉之世，有孫氏善弘舊曲，宋識善擊節唱和，陳左善清歌，列和善吹笛，郝索善彈箏，朱生善琵琶，尤發新聲。故傅玄著書曰：『人若欽所聞而忽所見，不亦惑乎！設此六人生於上世，越今古而無儷，何但夔牙同契哉！』案此說，則自茲以後，皆孫朱等之遺則也。

又 卷二七《五行志上》 魏武帝以天下凶荒，資財乏匱，始擬古皮弁，裁縑帛為白帢，以易舊服。傅玄曰：『白乃軍容，非國容也。』【略】

尚書何晏好服婦人之服，傅玄曰：『此妖服也。夫衣裳之制，所以定上下殊內外也。《大雅》云「玄袞赤舄，鉤膺鏤錫」，歌其文也。《小雅》云「有嚴有翼，共武之服」，詠其武也。若內外不殊，王制失敍，服妖既作，身隨之亡。末嬉冠男子之冠，桀亡天下；何晏服婦人之服，亦亡其家，其咎均也。』

又 卷三三《何曾傳》 曾性至孝，閨門整肅，自少及長，無聲樂嬖幸之好。年老之後，與妻相見，皆正衣冠，相待如賓。己南向，妻北面，再拜上酒，酬酢既畢便出。一歲如此者不過再三焉。初，司隸校尉傅玄著論稱曾及荀顗曰：『以文王之道事其親者，其潁昌何侯乎，其荀侯乎！古稱曾、閔，今日荀、何。內盡其心以事其親，外崇禮讓以接天下。孝子，百世之宗；仁人，天下之命。有能行孝之道，君子之儀表也。《詩》云：「高山仰止，景行行止。」令德不遵二夫子之景行者，非樂中正之道也。』又曰：『荀、何，君子之宗也。』又曰：『潁昌侯之事親，其盡孝子之道乎！存盡其和，事盡其敬，亡盡其哀，予於潁昌侯見之矣。』又曰：『見其親之黨，如見其親，六十而孺慕，予于潁昌侯見之矣。』

又 卷三四《羊祜傳》 初，文帝崩，祜謂傅玄曰：『三年之喪，雖貴遂服，自天子達；而漢文除之，毀禮傷義，常以歎息。今主上天縱至孝，有曾閔之性，雖奪其服，實行喪禮。喪禮實行，除服何為邪！若因此革漢魏之薄，而興先王之法，以敦風俗，垂美百代，不亦善乎！』玄曰：『漢文以末世淺薄，不能行國君之喪，故因而除之。除之數百年，一旦復古，難行也。』祜曰：『不能使天下如禮，且使主上遂服，不猶善乎！』玄曰：『主上不除而天下除，此為但有有父子，無復君臣，三綱之道虧矣。』祜乃止。

又 卷五五《張載傳》 （張）載又為《蒙汜賦》，司隸校尉傅玄見而嗟歎，以車迎之，言談盡日，為之延譽，遂知名。

又 卷六〇《索靖傳》 索靖字幼安，敦煌人也。【略】靖少有逸羣之量，與鄉人氾衷、張甝、索紾、索永俱詣太學，馳名海內，號稱『敦煌五龍』。四人並早亡，唯靖該博經史，兼通內緯。州辟別駕，郡舉賢良方正，對策高第。傅玄、張華與靖一面，皆厚與之相結。

又 卷九六《列女傳》 杜有道妻嚴氏，字憲，【略】（女）韓亦有

淑德，傅玄求為繼室，憲便許之。時玄與何晏、鄧颺不穆，晏等每欲害之，時人莫肯共婚。及憲許玄，內外以為憂懼。或曰：『何、鄧執權，必為玄害，亦由排山壓卵，以湯沃雪耳，奈何與之為親？』憲曰：『爾知其一，不知其他。晏等驕移，必當自敗，司馬太傅獸睡耳，吾恐卵破雪銷，行自有在。』遂與玄為婚。

論説

南朝梁·劉勰《文心雕龍》卷一〇《才略》 傅玄篇章，義多規鏡，長虞筆奏，世執剛中；並杶、幹之實才，非羣華之韡蕚也。

唐·劉知幾《史通》卷八《書事》 傅玄之貶班固也，論國體則飾主闕而折忠臣，敍世教則貴取容而賤直節，述時務則謹辭章而略事實，此其所失也。

又 卷九《核才》 昔傅玄有云：『觀孟堅《漢書》，實命代奇作，及與陳宗、尹敏、杜撫、馬嚴撰《中興紀傳》，其文曾不足觀。豈拘于時乎？不然，何不類之甚也！是後劉珍、朱穆、盧植、楊彪之徒，又踵而成之，豈亦各拘於時而不得自盡乎？何其益陋也！』

宋·葉適《習學記言》卷三〇《晉書·列傳》 傅玄言：『魏文慕通達而天下賤守節，相承不已而虛無放蕩之論盈於朝野』。應詹言：『訓導之風，宜慎所好，魏正始之間蔚為文林，元康以來賤經尚道，以虛放為夷遠，以儒術清儉為鄙俗。』然則虛無放蕩是魏末晉初之患，而元康之俗正始之所不為也，學者盡歸罪王弼、何晏，恐亦未考。

又 卷三一《南史·宋書》 按傅玄有慕通達之論，而言之不詳，此自魏晉相承記魏文云，然宜得其實也。《晉志》削不載，今當復存，乃正始虛本原所自也。

宋·王應麟《困學紀聞》卷一三《考史》 晉傅玄曰：『魏武好法術而天下貴刑名，魏文慕通達而天下賤守節。』然則放曠之風，魏文實倡之。程子謂：『東漢之士知名節，而不知節之以禮，遂至苦節，苦節既極，故魏晉之士變而為曠蕩。』愚謂東都之季，或附曹，羣忘漢，荃蕙化為茅矣，苦節之士安在哉？傅玄之言得之。

宋·胡寅《斐然集》卷一一《請行三年喪劄子》 晉武帝爲文帝服喪，雖從權除服，而猶素冠蔬食，如居喪中者。羊祜欲請帝遂服三年，裴秀、傅玄難于復古，且以君服不除，而臣下除之，是有父子無君臣也，其議遂止。當時未有以孟子之言曉之者。然武帝至孝感慕，遂以蔬素終三年。故司馬光曰：『漢文師心不學，變古壞禮，後世帝王不能篤於哀戚之情，而羣臣諂諛，莫肯釐正。晉武以天性矯而行之，可謂不世之賢君。而裴、傅庸臣，習常玩故，不能將順其美，惜哉！』夫有父之親，有君之尊，服莫重焉，豈爲難于復古歟？臣下不行，而自廢人子所當爲之大事乎？方滕之百官皆不從也，文公猶以爲疑，孟子曰：『上有好者如風，下之從者如草，歠粥面深墨，即位而哭，百官莫敢不哀者，以身先之故也。』文公篤信而力行，顔色戚，哭泣哀，於是時四方來弔者皆悦其得禮。何則？舉措合于人之良心，良心不可滅故也。今在陛下斷之于心，身自行之，裴秀傅玄之言曾何足恤乎？

宋·王堯臣《崇文總目》卷五《雜家類·傅子五卷》 晉傅休奕撰，集史經治國之説，評斷得失，各為區例。本傳載內外中篇凡四篇，亡録合一百四十篇，今亡一百一十七。

明·王世貞《弇州四部稿》卷一四六《説部·藝苑巵言三》 平子《四愁》千古絶唱，傅玄擬之，致不足言，大是笑資耳。玄又有《日出東南隅》一篇，汰去精英，竊其常語，尤有可厭者。本詞『使君自有婦，羅敷自有夫』於意已足，綽有餘味，今復益以『天地正位』之語，正如低措大記舊文不全，時以已意續貂，罰飲墨水一斗可也。

明·胡應麟《少室山房集》卷二《樂府·漢鐃歌十八首·補蜀漢鐃歌十二首·序》 每讀《鼓吹鐃歌》至繆襲、韋昭、傅玄諸作，不勝搤腕，至欲鼓而攻之。噫！彼各自尊其主，勢則宜然，百世之後，是非大明。

明·張溥《漢魏六朝百三家集》卷三九《傅玄集題詞》 晉代郊祀宗廟樂歌多推傅休奕，顧其文采與荀、張等耳，《苦相篇》與《襍詩》二首頗有《四愁》定情之風，《歷九秋篇》讀者疑為漢古辭，非相如、枚乘不能作。其言文聲永，誠詩家六言之祖也。休奕天性峻急，正色白簡，臺閣生風，獨為詩篇，辛婉温麗，善言兒女，强直之士懷情正深，賦好色者

何必宋玉哉！後人致疑，廣平抑固哉高叟也。晉武受禪，廣納直言，休奕《時務》、《便宜》諸疏剴切中理，至云『魏武好法術天下貴刑名，魏文慕通遠天下賤守節』，請退虛鄙，如逐鳥雀，晉衰薄俗先有隱憂。干令升論曰：『覽傅玄、劉毅之言而得百官之邪，核傅咸之奏《錢神》之論而覩寵賂之彰，悼禍亂而美知幾，清泉藥石可世守也。』爭言罵座，兩遭免官，褊心有誚，亦汲長孺之微戇乎？

明·安磐《頤山詩話》　古辭《陌上桑》曰：『日出東南隅，照我秦氏樓。秦氏有好女，自名為羅敷。』傅玄改為《艷歌行》，首四句全與此同，但改名為字。古辭曰：『頭上倭墮髻，耳中明月珠。緗綺為下裙，紫綺為上襦。』傅玄曰：『首戴金翠飾，耳綴明月珠。白素為下裾，丹霞為上襦。』古辭曰：『使君從南來，五馬立踟躕。使君遣吏往，問是誰家姝？』傅玄曰：『使君自南來，駟馬立踟躕。遣吏謝賢女，豈可同行車。』古辭曰：『羅敷前致辭，使君亦何愚。使君自有婦，羅敷自有夫。』傅玄曰：『斯女長跪對，使君言何殊。使君自有婦，賤妾有鄙夫。』首尾皆襲其語，而韻亦同，不知何也。

清·紀昀等《欽定四庫全書總目》卷九一《子部·儒家類·傅子一卷》　晉傅元撰。元字休奕，北地人，官至司隸校尉，封鶉觚子。《晉書》本傳稱元撰論經國九流及三史故事，評斷得失，各爲區別，名爲《傅子》，爲內外中篇，凡有四部、六録，合百四十首，數十萬言行世。元初作《內篇》成，以示司空王沈，沈與元書曰：『省足下所著書，言富理濟，經綸政體，惟重儒教，足以塞楊墨之流，遁齊孫孟於往代。』其爲當時所重如此。《隋書·經籍》、《永樂大典》本志、《唐書·藝文志》皆載《傅子》一百四十卷，馬總《意林》亦同是。唐世尙爲完本，宋《崇文總目》僅載二十三篇，較之原目已亡一百一十七篇。故《宋史·藝文志》僅載有五卷。其後惟尤袤《遂初堂書目》尙見其名，元明以後藏書家遂不著録，蓋已久佚。今檢《永樂大典》中散見頗多，且所標篇目咸在。謹采掇裒次，得文義完具者十有二篇，曰《正心》，曰《仁論》，曰《義信》，曰《通志》，曰《舉賢》，曰《重爵禄》，曰《禮樂》，曰《貴教》，曰《檢商賈》，曰《校工》，曰《戒言》，曰《假言》。又文義未全者十二篇，曰《問政》，曰《治體》，曰《授職》，曰《官人》，曰《曲制》，曰《信直》，曰《矯違》，曰《問刑》，曰《安民》，曰《刑法》，曰《平役賦》，曰《鏡總敍》，篇目視《崇文總目》較多，其一疑《問刑》、《刑法》本屬一篇，《永樂大典》誤分爲二耳，其《宋志》五卷原第已不可考，謹依文編綴總爲一卷，其有《永樂大典》未載而見於他書所徵引者，復蒐輯得三十餘條，別爲附録，繫之於後。晉代子家今傳於世者，惟張華《博物志》、干寶《搜神記》、葛洪《抱朴子》、稽含《草木狀》、戴凱之《竹譜》尙存，然《博物志》、《搜神記》皆經後人竄改，已非原書，《草木狀》、《竹譜》記録瑣屑，無關名理，《抱朴子》又多道家詭誕之說，不能悉軌於正，獨元此書，所論皆關切治道，闡啓儒風，精意名言往往而在，以視《論衡》、《昌言》皆當遜之，殘編斷簡收拾於缺佚之餘者，尙得以考見其什一，是亦可爲寶貴也。

藝文

唐·王維《王右丞集》卷一八《與工部李侍郎書》　才非張載，枉傅玄以車相迎；德謝侯生，辱信陵虛左見待。

明·李夢陽《空同集》卷二四《五言律·南康聞還山之報》　傅玄非侮世，陶令合辭官。客路青陽逼，歸心白髮寬。江城消雪送，春鴈倚舟看。自此茫茫去，都門昨掛冠。

明·何景明《大復集》卷二三《五言排律·上李石樓方伯》　分陝推公奭，封侯得傅玄。

明·鄭善夫《少谷集》卷七《七言律·五日遊道山同宗呂木虛》　故情幸不遺高適，豪論能無屈傅玄。萬事糾紛人代裏，聊為酩酊答風煙。

清·毛奇齡《西河集》卷一二五《賦·白石榴花賦》　將移緗的于東園兮，發青房于西海。雖夏侯所不得賦兮，孰傅玄之能解。

又　卷一七八《七言律詩五·金生西行》　金城萬里惜分攜，仗劍爭看洗鸊鵜。偶訪傅玄來隴右，頓從柴紹出關西。胭脂嶺下河流駛，鳥鼠山空木葉低。前去臨洮知有意，新詩應向馬頭題。

雜録

南朝梁·劉勰《文心雕龍》卷二《樂府》　逮于晉世，則傅玄曉音，創定雅歌，以詠祖宗。

袁準分部

傳記

《晉書》卷八三《袁準傳》　準字孝尼，以儒學知名，注《喪服經》。官至給事中。

綜述

《三國志》卷一一《袁渙傳》裴松之注　《袁氏世紀》：準字孝尼，忠信公正，不恥下問，唯恐人之不勝己。以世事多險，故常恬退而不敢求進。著書十餘萬言，論治世之務，為《易》、《周官》、《詩》傳，及論《五經》滯義、聖人之微言，以傳於世。此準之自序也。荀綽《九州記》稱準有儁才，泰始中為給事中。

又　卷二二《陳羣傳》裴松之注　袁子曰：『故少府楊阜豈非忠臣哉？見人主之非，則勃然怒而觸之。與人言未嘗不道也，豈非所謂王臣謇謇，非躬之故」者歟？』答曰：『然可謂直幹，忠臣則吾不知也。夫仁者愛人，施於君謂之忠，施於親謂之孝。忠孝者，其本一也。故仁愛之至者，君親有過，諫而不入，求之反覆，不得已。而言，不忍宣也。今為人臣，見人主失道，直詆其非而播揚其惡，可謂直士，未為忠臣也。故司空陳羣則不然，其談論終日，未嘗言人主之非；書數十上而外人不知。君子謂陳羣於是乎長者矣。』

雜録

《晉書》卷四九《嵇康傳》　康將刑東市，【略】康顧視日影，索琴彈之，曰：『昔袁孝尼嘗從吾學《廣陵散》，吾每靳固之，《廣陵散》於今絶矣！』

宋·李昉等《太平御覽》卷九七七《菜茹部二·蒜》　《袁子正書》曰：袁子曰：吾嘗與陳子息於鄴東門之外，見一老父，方坐而食，其子授之蒜，食畢有餘，欲棄則惜，欲持去則暑，遂盡食。於是火辛螫其腸胃，兩目盡赤，陳子笑之。吾謂之曰，子之牛羊數千，而不敢食，天暑有渴死者而後食之，病子之軀，亦猶是也。

葛洪分部

傳記

《晉書》卷七二《葛洪傳》　葛洪字稚川，丹陽句容人也。祖系，吴大鴻臚。父悌，吴平後入晉，為邵陵太守。洪少好學，家貧，躬自伐薪以貿紙筆，夜輒寫書誦習，遂以儒學知名。性寡欲，無所愛翫，不知棋局幾道，摴蒱齒名。為人木訥，不好榮利，閉門卻掃，未嘗交遊。于余杭山見何幼道、郭文舉，目擊而已，各無所言。時或尋書問義，不遠數千里崎嶇冒涉，期於必得，遂究覽典籍，尤好神仙導養之法。從祖玄，吴時學道得仙，號曰葛仙公，以其練丹秘術授弟子鄭隱。洪就隱學，悉得其法焉。後師事南海太守上黨鮑玄。玄亦內學，逆占將來，見洪深重之，以女妻洪。洪傳玄業，兼綜練醫術，凡所著撰，皆精核是非，而才章富贍。

太安中，石冰作亂，吴興太守顧秘為義軍都督，與周玘等起兵討之，秘檄洪為將兵都尉，攻冰別率，破之，遷伏波將軍。冰平，洪不論功賞，徑至洛陽，欲搜求異書以廣其學。

洪見天下已亂，欲避地南土，乃參廣州刺史嵇含軍事。及含遇害，遂

停南土多年，征鎮檄命一無所就。後還鄉里，禮辟皆不赴。元帝為丞相，辟為掾。以平賊功，賜爵關內侯。咸和初，司徒導召補州主簿，轉司徒掾，遷諮議參軍。干寶深相親友，薦洪才堪國史，選為散騎常侍，領大著作，洪固辭不就。以年老，欲鍊丹以祈遐壽，聞交阯出丹，求為句漏令。帝以洪資高，不許。洪曰：『非欲為榮，以有丹耳。』帝從之。洪遂將子侄俱行。至廣州，刺史鄧岳留不聽去，洪乃止羅浮山煉丹。嶽表補東官太守，又辭不就。嶽乃以洪兄子望為記室參軍。在山積年，優遊閑養，著述不輟。其自序曰：

洪體乏進趣之才，偶好無為之業。假令奮翅則能陵厲玄霄，騁足則能追風躡景，猶欲戢勁翮於鷦鷯之羣，藏逸迹於跛驢之伍，豈況大塊禀我以尋常之短羽，造化假我以至駑之蹇足？自卜者審，不能者止，又豈敢力蒼蠅而慕沖天之舉，策跛鱉而追飛兔之軌；飾嫫母之篤陋，求媒陽之美談；推沙礫之賤質，索千金于和肆哉！夫僬僥之步而企及夸父之蹤，近才所以躓礙也；要離之羸而强赴扛鼎之勢，秦人所以斷筋也。是以望絕於榮華之途，而志安乎窮圮之域；藜藿有八珍之甘，蓬蓽有藻棁之樂也。故權貴之家，雖咫尺弗從也；知道之士，雖艱遠必造也。考覽奇書，既不少矣，率多隱語，難可卒解，自非至精不能尋究，自非篤勤不能悉見也。

道士弘博洽聞者寡，而意斷妄説者衆。至於時有好事者，欲有所脩為，倉卒不知所從，而意之所疑又無足諮。今為此書，粗舉長生之理。其至妙者不得宣之於翰墨，蓋粗言較略以示一隅，冀悱憤之徒省之可以思過半矣。豈謂暗塞必能窮微暢遠乎，聊論其所先覺者耳。世儒徒知服膺周孔，莫信神仙之書，不但大而笑之，又將謗毀真正。故予所著子言黃白之事，名曰《內篇》，其餘駁難通釋，名曰《外篇》，大凡內外一百一十六篇。雖不足藏諸名山，且欲緘之金匱，以示識者。

自號抱朴子，因以名書。其餘所著碑誄詩賦百卷，移檄章表三十卷，神仙、良吏、隱逸、集異等傳各十卷，又抄《五經》、《史》、《漢》、百家之言、方技雜事三百一十卷，《金匱藥方》一百卷，《肘後要急方》四卷。

洪博聞深洽，江左絕倫。著述篇章富於班馬，又精辯玄賾，析理入微。後忽與嶽疏云：『當遠行尋師，克期便發。』嶽得疏，狼狽往別。而洪坐至日中，兀然若睡而卒，嶽至，遂不及見。時年八十一。視其顏色如生，體亦柔軟，舉屍入棺，甚輕，如空衣，世以為屍解得仙云。

綜述

《晉書》卷一一《天文志上》 成帝咸康中，會稽虞喜因宣夜之説作《安天論》，以為『天高窮於無窮，地深測於不測。天確乎在上，有常安之形；地塊焉在下，有居靜之體。當相覆冒，方則俱方，員則俱員，無方員不同之義也。其光曜布列，各自運行，猶江海之有潮汐，萬品之有行藏也』。葛洪聞而譏之曰：『苟辰宿不麗於天，天為無用，便可言無，何必復云有之而不動乎？』由此而談，稚川可謂知言之選也。**【略】**

漢王仲任據蓋天之説，以駁渾儀**【略】**。丹陽葛洪釋之曰：《渾天儀注》云：『天如雞子，地如雞中黃，孤居於天內，天大而地小。天表裏有水，天地各乘氣而立，載水而行。周天三百六十五度四分度之一，又中分之，則半覆地上，半繞地下，故二十八宿半見半隱，天轉如車轂之運也。』

又 卷五四《陸機傳》 葛洪著書，稱『（陸）機文猶玄圃之積玉，無非夜光焉，五河之吐流，泉源如一焉。其弘麗妍贍，英銳漂逸，亦一代之絕乎！』

又 卷七六《張闓傳》 （張闓）時所部四縣並以旱失田，闓乃立曲阿新豐塘，溉田八百餘頃，每歲豐稔。葛洪為其頌。

又 卷九四《郭文傳》 余杭令顧颺與葛洪共造之，而攜與俱歸。**【略】**（卒後）葛洪、庾闡並為作傳，讚頌其美云。

論説

唐·李德裕《李衛公外集》卷四《評史四·黃冶論》 劉向、葛洪，皆下士上達，極天地之際，謂之可就，必有精理。

宋·李昉等《文苑英華》卷七三九《道·梁肅〈神仙傳論〉》 予嘗覽葛洪所記，以為神仙之道，昭昭焉足徵已。

宋・高似孫《緯略》卷八《葛洪論史記》　《西京雜記》曰：『司馬遷發憤作《史記》一百三十篇，先達稱為良史之才。其以伯夷居列傳之首，以為善而無報也。次為《項羽本紀》，以據高位者非關有德也。及其敍屈原、賈誼，辭旨抑揚，悲而不傷，亦一代之偉才。』然觀太史公之言，曰：『夫《詩》、《書》隱約者，欲遂其志之思，故述往事，思來者。』嗟乎，知遷之志，洪其庶幾乎！

明・宋濂《文憲集》卷二七《諸子辨》　《抱朴子》，晉葛洪撰。洪字稚川，著《內篇》二十卷，言神仙黃白變化之事。《外篇》十卷，駁難通釋。洪深溺方技家言，謂神仙決可學，學之無難，合丹砂黃金為藥而服之，即令人壽與天地相畢，乘雲駕龍，上下大清。其他雜引黃帝御女及三皇內文劾召鬼神之事，皆誕褻不可訓。昔漢魏伯陽約《周易》作《叅同契》上中下篇，其言脩煉之術甚具。洪乃時與之戾，不識何也？洪嘗自言馬迹山中，受九鼎金液三經於鄭君。鄭君名隱，又得之葛仙公，洪從祖也。其後鄭君知江南將亂，負笈持藥東投霍山，莫知所在，亦不識其仙歟否也。洪博聞深洽，江左絕倫，為文辭雖不近古，紆徐蔚茂，旁引而曲證，必達己意乃已。要之，洪亦奇士，使舍是而學《六藝》，夫孰御之哉？惜也！

明・胡應麟《少室山房筆叢》卷一五《四部正譌中》　《抱朴子》內外篇四十卷，晉葛洪稚川撰。洪以博洽名江左，身所著書殆六百餘卷，自漢以來稱撰述亡盛於洪，蓋篤志負才而游方之外者也。黃東發詆洪不應以神仙誤天下後世，持論甚公，而以此書為僞，則失考。洪本傳明言抱朴諸篇，歷唐宋以還未有疑其僞者。今讀其言，比物聯類，紆徐鬱茂，滑稽不窮。其外篇蓋擬王氏《論衡》，故旁引曲喻，必達其詞，雖時失繁冗，非淺見狹識所窺也。且洪既為神仙之學，其異於吾儒，勢固應爾，又曷僞焉？

又　卷一六《四部正譌下》　《西京雜記》，世以葛洪僞撰，余詳辯之矣。或又以為吳均者，無他據，止《酉陽雜俎》記六朝人，欲用《西京雜記》事，既而中止，曰此吳均語，恐不足用。然洪序篇末甚明，安知非《雜俎》誤？又《述異記》晁公武謂任昉作，而《唐・志》稱祖同，晁以為非。然《隋・志》無昉書而有祖沖之撰者十卷，竟未知孰是也。

藝文

北周・庾信《庾子山集》卷一《賦・小园賦》　問葛洪之藥性，訪京房之卜林。

清・彭定求等《全唐詩》卷八六三《嵩山女〈書任生案〉》　葛洪還有婦，王母亦有夫。神仙盡靈匹，君意合何如？

唐・顧況《華陽集》卷中《山中一作朱放詩，題作山中聽子規》　野人愛向山中宿，況在葛洪丹井西。庭前有個長松樹，夜半子規來上啼。

清・彭定求等《全唐詩》卷三四三《韓愈〈井〉》　賈誼宅中今始見，葛洪山下昔曾窺。寒泉百尺空看影，正是行人渴死時。

《刘禹锡集》卷七《赴和州于武昌縣再遇毛仙翁十八兄因成一絕》　武昌山下蜀江東，重向仙舟見葛洪。又得案前親禮拜，大羅天訣玉函封。

清・彭定求等《全唐詩》卷七二三《李洞〈戲贈侯常侍〉》　葛洪卷與江淹賦，名動天邊傲石居。兩蜀詞人多載後，同君諱卻馬相如。

又　卷七四六《陳陶〈宿天竺寺〉》　一宵何期此靈境，五粒松香金地冷。西僧示我高隱心，月在中峰葛洪井。

又　卷五九《李嶠〈紙〉》　妙迹蔡侯施，芳名左伯馳。雲飛錦綺落，花發縹紅披。舒卷隨幽顯，廉方合軌儀。莫驚反掌字，當取葛洪規。

又　卷二七三《戴叔倫〈寄贈翠巖奉上人〉》　蘭若倚西岡，年深松桂長。似聞葛洪井，還近贊公房。

唐・齊己《白蓮集》卷七《荆渚感懷寄僧達禪弟三首》　丹訪葛洪無舊灶，詩尋靈觀有遺文。莫將離別為相隔，心似虛空幾處分。

清・彭定求等《全唐詩》卷二八〇《盧綸〈送王尊師〉一作道士》　夢別一仙人，霞衣滿鶴身。旌幢天路晚，桃杏海山春。種玉非求稔，燒金不為貧。自憐頭白早，難與葛洪親。

唐・貫休《禪月集》卷一四《寄杭州靈隱寺宋震使君》　罷郡歸侵夏，仍聞靈隱居。僧房謝脁語，寺額葛洪書。月樹獼猴睡，山池菡萏疏。吾皇愛清靜，莫便結吾廬。

清・彭定求等《全唐詩》卷二五〇《皇甫冉〈彭祖井〉一本題上有『奉和王相公』五字》　訪古因知彭祖宅，得仙何必葛洪鄉。

又　卷五〇七《崔郾〈贈毛仙翁〉》　存亡去住一壺中，兄事安期弟葛洪。

又　卷五四八《薛逢〈贈剡客〉》　扁舟幾處逢溪雪，長笛何人怨柳花。若到天臺洞陽觀，葛洪丹井在雲涯。

又　卷五四九《趙嘏〈題橫水驛雙峰院松〉一作『橫水館雙松』》　更憶葛洪丹井畔，數株臨水欲成龍。

又　卷五六九《李羣玉〈送陶少府赴選〉》　自是葛洪求藥價，不關梅福戀簪裾。

又　卷六一四《皮日休〈寄題羅浮軒轅先生所居〉》　從此謁師知不遠，求官先有葛洪心。

又　卷六二五《陸龜蒙〈奉和襲美懷華陽潤卿博士三首〉》　火景應難到洞宮，蕭閑堂冷任天風。談玄麈尾抛雲底，服散龍胎在酒中。有路還將赤城接，無泉不共紫河通。奇編早晚教傳授，免以神仙問葛洪。

又　卷六四〇《曹唐〈送羽人王錫歸羅浮〉》　風前整頓紫荷巾，常向羅浮保養神。石磴倚天行帶月，鐵橋通海入無塵。龍蛇出洞閑邀雨，犀象眠花不避人。最愛葛洪尋藥處，露苗煙蕊滿山春。

又　卷八五二《范堯佐〈一字至七字詩・書同王起諸公送白居易分司東都作〉》　書。憑雁，寄魚。出王屋，入匡廬。文生益智，道著清虛。葛洪一萬卷，惠子五車餘。銀鉤屈曲索靖，題橋司馬相如。別後莫暌千里信，數封緘送到閒居。

又　卷二六九《耿湋〈甘泉詩〉》　異井甘如醴，深仁遠未涯。氣寒堪破暑，源淨自蠲邪。脩綆懸冰甃，新桐蔭玉沙。帶星凝曉露，拂霧湧秋華。綠溢涵千仞，清泠飲萬家。何能葛洪宅，終日閉煙霞。

又　卷二七九《盧綸〈過樓觀李尊師一作過李尊師院〉》　城闕望煙霞，常悲仙路賒。寧知樵子徑，得到葛洪家。犬吠松間月，人行洞裏花。留詩千歲鶴，送客五雲車。訪世山空在，觀棋日未斜。不知塵俗士，誰解種胡麻？

又　卷一三三二《李頎〈贈蘇明府〉》　願聞素女事，去采山花叢。誘我為弟子，逍遙尋葛洪。

唐・杜甫《杜工部詩集》卷一《贈李白》　秋來相顧尚飄蓬，未就丹砂愧葛洪。痛飲狂歌空度日，飛揚跋扈為誰雄。

又　《奉寄河南韋尹丈人》　濁酒尋陶令，丹砂訪葛洪。江湖漂短褐，霜雪滿飛蓬。

又　卷二二《詠懷二首》　未辭炎瘴毒，擺落跋涉懼。虎狼窺中原，焉得所歷住。葛洪及許靖，避世常此路。

又　卷二三《風疾舟中伏枕書懷三十六韻，奉呈湖南親友》　葛洪屍定解，許靖力還任。家事丹砂訣，無成涕作霖。

清・彭定求等《全唐詩》卷六一八《陸龜蒙〈奉和襲美太湖詩二十首・縹緲峰〉》　葛洪話剛氣，去地四千里。苟能乘之遊，止若道路耳。

又　卷二六四《顧況〈從江西至彭蠡入浙西淮南界道中寄齊相公〉》　大賢舊丞相，作鎮江山雄。自鎮江山來，何人得如公。處士待徐孺，仙人期葛洪。一身控上游，八郡趨下風。

宋・周麟之《海陵集》卷一《呈郫人李簽判》　為歎干戈何日休，浮家泛宅江海遊。丹砂鍊就葛洪鼎，茶灶行隨魯望稱。

《全宋詩》卷三一三七《白玉蟾〈贈周龐齋居士〉》　漢時欒巴七十七，紅爐煉就一朱橘。晉鄭思遠七十七，方與葛洪一相識。

又　卷三一三八《白玉蟾〈畫中衆仙歌〉》　張臻虛心而學竹，風雨瀟瀟生錦軸。風枝雨幹欲化龍，不堪裁杖扶葛洪。

宋・楊傑《無為集》卷七《寶林院五松》　葛洪井上兩三株，不與孤秦作大夫。借問東山歲寒木，得毋羞見水西無。

宋・董嗣杲《英溪集・題意香壁》　養生肯羨葛洪砂，醒困還評陸羽茶。溪上攬雲歸酒屋，雨中看瀑憶樵家。

宋・李復《潏水集》卷一三《答徐耘朝散》　萬紛銷寂默。一氣抱沖融。更約丹砂訣，他時訪葛洪。

宋・李新《跨鼇集》卷三《某夏夜酣寢飄然身若淩雲其覺也作夢游仙以原其所自與狀其所以歸獻》　鳳簫一聲輕哽咽，霧卷雲收天水徹。葛洪伯喬兩無知，送下九霄不言別。時人學仙不得仙，未能白日升青天。無心卻向夢中見，千萬人中何處傳。

宋・林景熙《霽山文集》卷一《贈玉泉真士》　紫霞之佩緣玉筇，鞭笞鸞鳳八級空。碧泓照人懸萬瞳，黄冠無數趨下風。自言試邑滄海東，飄忽風雨傾槐宫。湛盧夜吼將安從，爾來和嘯招葛洪。丹氣不死横為虹，全胎十月還倥侗。三花自聚天無功，笑人雙鬢垂秋蓬。十年白石煮不紅，安得四方如雲龍。

清・厲鶚《宋詩紀事》卷九〇《劉玄英〈題潭州壽寧觀〉》　醉走白雲來，倒提銅尾秉。引個碧眼奴，擔著獨壺癭。自言秦世家，家住葛洪井。不讀黄庭經，豈燒龍虎鼎。

宋・樓鑰《攻媿集》卷五《又次王□叔韻》　人為天地最靈物，野卉無情猶若此。石間薜荔水昌陽，卷柏生崖並葛藟。是皆草中號長久，未見縣空解葩蘤。柯葉不改耐歲寒，土著青松那可擬。不須丹砂訪葛洪，毋用仙方傳李耳。未知此種誰為傳，烏有先生子虚賦。

宋・李綱《梁谿集》卷五《嘉禾道中遇夏侯子陽》　京華契闊已再冬，扁舟野岸欣相逢。天寒水遠飛霜風，談笑坐覺廻春容。年踰七十兩頰紅，真氣上泝泥丸宫。剖符南海窺祝融，欲求丹砂訪葛洪。問予執筆侍九重，胡為謫墮溪山中。迂愚久合親耕農，君恩未報徒忡忡。飄零孤迹隨斷蓬，他日相憶看雲鴻。

又　卷二三《次貴州二首其一》　青楓夾道鷓鴣啼，古郡荒涼接島夷。陸績故城依石巘，葛洪遺竈俯江湄。光風苒苒吹香草，煙雨濛濛濕荔枝。欲作終焉卜居計，自應痴傻不吾欺。

又　卷二六《再賦一章寄諸季約同隱羅浮》　枕海仙山舞翠蛟，葛洪丹竈尚餘凹。兵戈滿眼歸何地，雲木連天思結巢。豈有聲名同八士，當令蹤迹繼三茅。攜家早作來遊計，玉戶金關幸可敲。

宋・汪藻《浮溪集》卷三二《上蔡太師生辰二首其二》　芝草盈田紫，蟠桃照海紅。後彫凝秀髮，難老湛方瞳。冰質期姑射，丹砂喚葛洪。潛機神宇定，睟表德符充。瑞鶴千年羽，靈蓍五色叢。舊傳調鼎客，今識釣璜翁。世世聯台衮，年年拱帝聰。欲知耆算永，元氣等無窮。

宋・李光《莊簡集》卷一《送孟博二首其一》　葛洪隱岣嶁，蒼梧真帝鄉。汝歸固不惡，淹泊庸何傷。作詩送汝行，示汝鴻雁行。

宋・劉一止《苕溪集》卷二《與家姪季高夜語用毛内相韻》　寒燈夜語耿不寐，自覺冰雪生齒牙。頗言室有法喜妻，幸是元無翁可撾。何如從吾巢雲巔，共訪葛洪學丹砂。

宋・王洋《東牟集》卷二《尤生説字附詩》　洞中僊子丹藥成，鬼神妒嫉喘且驚。龍門虎踞工守視，始知異類窺僊靈。先生本是玉京客，藍橋邂逅邀雲英。是宜收藏此丹鼎，貔貅呵禁門長扃。亦如猛虎守厲禁，千山不許一鳥鳴。主人日食大尉府，都騎自合連輜軿。只嫌底事苦未足，要有蘭玉羅階庭。行人過者莫回面，牆東鞦韆不可見。我有丹砂不似君，待與葛洪評貴賤。

宋・潘良貴《默成文集》卷四《為事詩文雄深雅健追古作者云》　學道悠悠未見功，敢言凡質有仙風。他年一鉢江湖去，先向苕溪訪葛洪。

宋・孫覿《鴻慶居士集》卷四《別雲閣黎》　邂逅不煖席，躊躕空復情。復隨孤月出，又作片雲征。已振空中錫，聊班地上荆。他年葛洪井，更欲問三生。

宋・陸游《劍南詩稿》卷二八《晚過鄰曲》　陽狂跌宕送年華，信步來尋野老家。淺瀨水清逢立鷺，横林葉盡數棲鴉。書生一飽依耕耒，壯士孤愁入戍笳。王績但思酣美醞，葛洪不復問丹砂。

又　卷四一《旅思》　支遁山前看月門，葛洪井上聽松聲。廢亭草滿青騾健，野店燈殘寶劍鳴。萬事竟當歸定論，寸心那得媿平生。悠然酌罷無人語，寄意孤桐一再行。

又　卷六八《出遊》　來往人間不計年，一枝筇竹雪垂肩。掃除身外閑名利，師友書中古聖賢。支遁山前饒石水，葛洪井畔慘風煙。小癡大黠君無笑，買斷秋光不用錢。

宋・蘇轍《欒城集》卷六《柳子玉郎中挽詞二首》　晚歲抽身塵土中，灊山仍乞古仙宫。羞將白髮隨馮叟，欲就丹砂繼葛洪。龍虎未能留物化，芭蕉久已悟身空。騷人欲作招魂賦，蟬蛻疑非世俗同。

宋・王安石《臨川文集》卷三五《處士葛君挽辭》　楚人黄歇地，晉代葛洪家。特擅山川秀，相承黻冕華。猗君有清尚，於世不雄誇。令子能傳業，流光未可涯。

宋・徐鉉《騎省集》卷二二《送李補闕知韶州》　南國求良牧，中朝輟諫官。君恩偏念遠，臣節豈辭難。騎影過梅嶺，溪聲上贛灘。曲江宜

訪古，韶石好憑欄。詩影緣情遠，民心逐政寬。衰翁尋舊分，為致葛洪丹。

《全宋詩》卷二三五八《徐泳〈壽廣東陶漕〉》　曉了羅浮杳靄中，一琴一劍一枯笻。官清便是長生訣，謾把丹砂問葛洪。

又　卷四〇九《楊蟠〈遊天竺上寺呈東山仲靈沖晦〉》　入林已忻猿鳥樂，共傲浮生勝大還。身外是非雲不擊，社中留戀雨相關。籃輿寂寞愧彭澤，拄杖風流肖德山。寄語葛洪巖下水，莫流表夢落人間。

又　卷三七八三《趙永言〈紫麟峰〉》　千仞奇峰薄上清，葛洪于此尚留名。紫麟瑞靄春風暖，白虎丹成夜月明。點點蒼苔空有迹，菲菲芳草軟無聲。高蹤回首今何在，山水猶含萬古情。

宋·鄭剛中《北山集》卷三《題洪州新建張令寄齋》　合倚金華步石渠，丹砂寧駐葛洪車。有成用底三年政，必葺聊成一日居。簿令優遊閑制錦，簽牌盤礴飽觀書。後來令尹須留意，莫道前人叱宿廬。

《全宋詩》卷二七七五《鄭瀛〈丹崖〉》　丹崖之山丹氣浮，葛洪老仙居上頭。丹成一去幾千載，至今猿鶴生清愁。丹井有泉石有拇，流芳直與天地久。我來問山山不知，坐費山僧一杯酒。

宋·謝薖《竹友集》卷四《讀葛洪傳》　葛洪鍊丹砂，卻老得遐壽。鶴髮安在哉？巖穴遺井舊。勞生亦何為？荏苒度昏晝。煌煌崑山芝，未暇擷三秀。寄謝浮丘翁，何由挹其□。

宋·洪龜父《洪龜父集》卷上《邃清閣分韻得洪字》　曜靈速天機，四序如轉蓬。行行早求道，咄咄就秃公。南紀臥徐穉，丹沙媿葛洪。婆娑一宇宙，萬物閱雌雄。

宋·周麟之《海陵集》卷一《呈郫人李簽判》　丹砂鍊就葛洪鼎，茶竈行隨魯望舟。

宋·周必大《文忠集》卷九《夢仙賦》　安邦煉五石之精，葛洪成九轉之丹。

宋·蔡戡《定齋集》卷一九《挽胡通判》　方期束帛迎申老，忽舉空衣葬葛洪。

宋·何夢桂《鐵牛翁遺稿·重到比原與茂卿同宿偶成》　二紀重來訪葛洪，舊知大半白頭翁。

宋·曾覿《海野詞·浣溪沙》　葛洪爐內藥初成，金盤乳酪齒流冰。

宋·韓元吉《南澗甲乙稿》卷七《水龍吟·夜宿化城得張安國長短句戲用其韻》　金衲松成，葛洪丹就，如今千載。

宋·高觀國《竹屋痴语·瑞鶴仙》　笑葛洪、陂外騰飛，渺渺水閑煙迴。

宋·秦觀《淮海集》卷三八《龍井記》　龍井，舊名龍泓，距錢塘十里，吳赤烏中方士葛洪嘗煉丹於此，事見圖記。其地當西湖之西，浙江之北，風篁嶺之上，實深山亂石中之泉也。每歲旱，禱雨於他有不獲，則禱於此，其禱輒應，故相傳以為有龍居之。

元·耶律楚材《湛然居士集》卷一《和南質張學士敏之見贈七首其五》　竊同居易了無生，誰羡葛洪學不死？一榻蒲團膝足容，翛然丈室塞虛空。

元·釋善住《穀響集》卷二《贈羽人》　霞珮星冠老葛洪，何年飛下玉華宮？石鑪香冷易初罷，山鶴睡醒琴未終。

元·劉因《靜脩集》卷一六《題贈郤道人詩卷》　唐水堯山猶樂國，葛洪張果有仙村。

元·王旭《蘭軒集》卷九《晚牧》　葛洪澤畔三生夢，寧戚山前半夜歌。

元·釋大訢《蒲室集》卷一〇《婺州永康縣光惠寺記》　婺之永康縣東南三十里有三峰，衡出其西，少折曰白雲峰，相傳葛洪鍊丹其下。

元·侯克中《艮齋詩集》卷八《獨立》　歸計謀陶令，還丹問葛洪。

元·丁復《檜亭集》卷八《送僧之臨江》　葛洪丹熟還勾漏，可道年高鬢也銀。

元·許有壬《至正集》卷八一《憶秦娥和希孟張中丞韻》　移文莫待山英校，煙霞曾結三好。三生好，白雲深，鎖葛洪丹竈。

元·潘默成《禮部集》卷一六《題潘默成贈方仁聲詩後》　他年一鉢江湖去，先向苕溪訪葛洪。

元·張翥《蛻菴集》卷三《天竺山中訪項可立不遇》　葛洪川畔千年寺，路繞長松一澗分。

元·陳鎰《午溪集》卷六《紫虛觀》　紫虛宮近少微垣，俯瞰粼粼

碧一川。刼火不燒鍾呂像，古碑尚記李唐年。龍飛劍影來深洞，鳳載簫聲下九天。千載葛洪丹井在，神光猶自發靈泉。（觀遭兵火鍾呂二像如故）

元·吳景奎《藥房樵唱》卷三《送黄錬師絶句二首其二》 葛洪井畔煉丹成，手把芙蓉禮太清。

元·貢師泰《玩齋集》卷四《送醫士張景遠歸太平之黄池》 司馬賦多方病渴，葛洪丹熟尚封泥。

元·劉仁本《羽廷集》卷一《將南歸》 葛洪鼎溢流成湖，翩翩紫鳳在何許？

元·張雨《句曲外史集》卷上《葛嶺新居》 葛洪川上有餘地，善和里中無故書。為惜人間秋水觀，鷄鳴犬吠又移居。

又 《補遺》卷上《題西湖何氏隱真館》 雞犬雲中豹一斑，路隣仙冢昔躋攀。説經僧去黄龍卧，負藥童歸白鶴閑。酒仰秫田陶令宅，井分丹水葛洪山。不因草結昭臺約，此地從知幾往還。

又 《宿瑪瑙寺》 一宿葛洪丹井上，化為蝴蝶夢魂清。

元·丁鶴年《丁鶴年集》卷一《挽章處士定海人晚年好道》 卜築隣蓬島，移家類葛洪。

元·李繼本《一山文集》卷二《題呂仙翁廟》 策名文彩動蟾宫，飛上丹梯笑葛洪。劒影冷涵雲氣濕，笛聲清繞月輪空。黑翻詩壁研磨外，神現松精候謁中。幾擬細詢仙歲月，芙蓉溪上又秋風。

元·錢惟善《江月松風集》卷二《次彦清韻送斯道》 葛洪有約遊天竺，惠遠無心過石橋。溪樹鎖青嵐雨霽，湖風皺碧岸氷銷。忘形野老時分席，洗耳山人昔掛瓢。横碧齋西夢泉上，春猿秋鶴定相招。

又 《劉時守待制見和定山十詠作詩以謝》 清興寄林泉，孤蹤遠市廛。扶笻芳草径，吹笛落花天。满載西江月，躬耕東野烟。機關俱不識，人笑葛洪仙。

元·葉顒《樵雲獨唱》卷五《逸興二首其一》 清興寄林泉，孤蹤遠市廛。扶笻芳草徑，吹笛落花天。滿載西江月，躬耕東野煙。機關俱不識，人笑葛洪仙。

元·貢性之《南湖集》卷下《題畫》 石上三生夙有緣，十年重見葛洪川。分明一覺荒唐夢，浪作人間畫裏傳。

元·倪瓚《清閟閣全集》卷五《寄陳庶子》 丹砂擬訪葛洪井，湖水堪乘范蠡舟。

元·呂誠《來鶴亭集》卷三《緑淨軒為茜上郁敏仲作》 葛洪井在丹光合，雲母屏深翠雨寒。

元·趙汸《東山存稿》卷一《黄氏棣華碑》 花間市隱如潘閬，湖上仙居近葛洪。

元·張昱《可聞老人集》卷四《挈家圖為尤仲斌賦》 葛洪挈家赴勾漏，何異龐公歸鹿門。

明·劉基《誠意伯文集》卷四《題界畫卧龍山樓閣圖》 短衣瘦策尋葛洪，噉服石髓餐晴虹。翩然遠逐浮丘公，不須懷古意慘戚，伯夷綺季俱蒿蓬。

明·汪廣洋《鳳池吟稿》卷七《題鍾山勝景應制》 北山佳氣鬱葱葱，高處深藏七佛宫。松下鵰眠無客到，洞中龍出有雲從。茶煎紫筍逢支遁，藥煉丹砂羡葛洪。更欲躡凫凌絶巘，扶摇大塊鼓雄風。

又 卷一〇《嶺南雜録三十首第二六》 羅浮山下葛洪家，遺履軒前尚種花。鄧嶽早能參妙契，也從勾漏覓丹砂。

明·劉崧《槎翁詩集》卷三《詹君行》 我聞葛洪好錬丹，海内名山多往還。似君心性本清逸，服御元氣良非艱。

又 卷五《寄贈翠巖泰上人》 蘭若倚西岡，年深松桂長。似聞葛洪井，還近賛公房。掛衲雲林浄，翻經石榻涼。下方一回首，煙霧日蒼蒼。

明·謝肅《密庵集》卷三《次永樂寺歸庵長老見寄韻》 寶坊千仞俯層空，定起龍山第幾重。一筆妙書連翥鳳，五弦清響送飛鴻。化行日本朝唐帝，藥煉丹砂伏葛洪。坐我寸田寬似海，等閒擒得火中龍。

明·貝瓊《清江詩集》卷三《己酉歲初度日書懷》 殘編掩黄石，虚室生蒼苔。故人且共棄，王孫誰復哀。終歸葛洪井，詎上鳳皇臺。衰榮置勿論，待月酌金罍。

又 卷四《鳳凰山歌》 杜鵑夜叫葛洪井，燕子春歸蘇小家。燕歸不識更新主，王氣淒涼作風雨。城南楊柳鬱金黄，一束纖腰為誰舞？

又 卷六《葛洪井下天竺寺，晉時葛洪嘗煉丹於此，今名煉丹井》 洗

藥源頭路，通人有石門。水涵青壁靜，雲與紫崖奔。鼓翼朝飛鳥，連肱夜飲猿。仙翁今不見，濯足弄潺湲。

又　**卷八《發草試筆》**　葛洪井畔應堪老，范蠡湖邊又見春。

又　**《再用韻畣古道》**　聞有仙人葛洪井，丹砂乞我駐紅顏。

明·孫作《滄螺集》卷一《送葛倅還金陵》　勾漏人傳舊葛洪，夜深吹笛向江東。海樓會散金山寂，淮月清懸石壘空。

明·藍智《藍澗集》卷二《經歷》　秋山木落山正空，客行已逐南飛鴻。明年把釣三山去，更向丹丘問葛洪。

明·林鴻《鳴盛集》卷二《冬日同林秀才遊衍真觀》　苔竹已成龍去，人因訪鶴來。欲飛王令舄，且醉葛洪盃。

明·孫蕡《西庵集》卷五《游羅浮三首其三》　四百峯巒拱御臺，蕊珠樓閣倚雲開。荔支花落山鳩語，盧橘子生江燕來。黃野故居羊化石，葛洪丹竈錦為苔。仙遊倘遂淩風約，羽服黃冠亦快哉。

明·郭奎《望雲集》卷四《秋興三首其二》　忽思鱸鱠輒張翰，將學丹砂就葛洪。秪恨兵戈猶在目，秋來衰鬢對飛蓬。

明·陳謨《海桑集》卷二《葛洪丹井》　豈復風流似葛洪，尋仙還到紫陽宮。遙聞環佩鏘雲表，尚想丹砂浴井中。白髮那能生羽翼，蒼生坐待起疲癃。銀瓶素綆中宵汲，怕有蟠龍觧噴風。

明·袁凱《海叟集》卷二《題葛洪移家圖》　按《晉書》，葛洪字稚川，當東晉元帝時，王導舉為散騎有序常侍。時江左卑弱，亂臣叛將迄無寧歲，一時諸賢如周、戴、劉、鍾俱斃於桀逆之手，洪於是求為勾漏令，覓丹砂為神仙事。神仙虚無，君子之所不道。以予觀之，其與留侯從赤松子意同，世俗不知，遂以為真有此事，甚可笑也。吾友顧德文蓄洪《移家圖》一卷，觀其妻子、奴僕、牛畜、傢俱，纍纍相從，皆人道之常，求仙者固如是乎？此蓋院人筆，當時亦知神仙為不足信，略無一毫詭怪荒誕之意。予甚愛之，因為賦詩一章，以袪千載之惑而申洪之志云。

當時司馬衷，愚騃回不慧。牝雞肆淫虐，骨肉互吞噬。淵、聰秉時起，諸夏受其敝。瑯琊遂東來，單弱何由濟。賴此晉夷吾，草草正神器。國步未盡康，禍亂亦遄至。王敦反上游，蘇峻復凶悖。淵、顗已云亡，超、雅從茲斃。葛生當是時，皤然思遠逝。駕言覓丹砂，神仙或可致。青牛載妻子，舁册付奴婢。遙遙向南海，蓋欲避斯世。嬴秦亂黔首，留侯佐高帝。婉婉幕中畫，取勝千里外。韓、彭既誅醢，相國下廷尉。辟穀謝人間，赤松乃吾契。明哲終保身，疇能測其意。生也雖後來，心迹頗相類。茫茫宇宙中，清風飄無際。斯人不可見，撫卷增歎喟。

明·胡奎《鬥南老人集》卷三《葛洪丹井》　聞道仙人句漏令，燒丹此地學長生。林光每散金銀氣，石髓猶含日月精。仙藥九還為白雪，靈泉一勺勝金莖。不須更借三山鶴，便碾飆輪上玉京。

又　**《丹竈》**　海上仙人有葛洪，騎雲八極杳無蹤。十年舐鼎來雞犬，九轉丹成變虎龍。玉髓豈無金液鍊，絳泥猶有紫苔封。只今誰得長生術，獨有南州鶴髮翁。

又　**卷四《葛洪丹井》**　吾聞句漏仙翁之丹井，乃在紫微之陽，東山之頂。仙翁丹成去不歸，但見一泓寒碧涵秋影。當年仙翁鍊丹砂，呼吸沆瀣餐朝霞。陶鎔日月精，鍊冶紫河車。玄液化白雪，真胎結黃芽。一朝騎龍去，翱翔太清家。遺此百尺井，千古令人嗟。轆轤無聲石苔紫，子規啼老長松花。我來汲井淩絕頂，夜半飛出黃金鴉。直疑此水接東海，上通銀漢之靈槎。靈槎迢迢貫明月，漢使西回持絳節。矯如黃鵠摩晴空，何待金丹蛻凡骨。酌以丹井水，載歌仙人篇。永言保之合自然，勿因離別損顏色，此水可以期長年。

又　**《贈峽川醫士部員》**　紫薇山前鶴髮翁，古心古貌古人同。朝漱玉于葛洪之丹井，夕棲雲於顧況之青峰。大丹鍊就金芙蓉，神方傳自娑竭宮。白石可裂，黃金可鎔。有恒之心，天地無窮。

又　**卷五《題紅梅》**　葛洪井畔是仙家，鍊得芙蓉伏火砂。玉骨年來都蛻盡，不須更服海東霞。

又　**《題紅梅為紫微山人作》**　玉顏老去怕風沙，學得仙人服片霞。丹井西頭曾一見，縞衣都染葛洪砂。

又　**《題紅梅為嵩上人作》**　玉骨生來不怕寒，多應鍊就葛洪丹。散花天女朝酣酒，只許維摩帳底看。

明·練子寧《中丞集》卷下《次答本素上舍》　滿城車馬自相求，高臥衡門四壁秋。翡翠蘭苕差後識，蒹葭玉樹愧同遊。葛洪峯下山連屋，陶侃臺西月滿樓。不有故人能見問，此中高處有誰儔。

明・唐文鳳《梧岡集》卷七《跋道士康雪坡風吟詩集》　興國邑治之西郭有琳宮，額以治平，乃洞陰福地也。昔晉仙翁葛洪稚川留居煉丹，有丹池、丹井，今丹池湮塞，而丹井猶存，嘗留題云：『洞陰泠泠，風颯清清。仙居浩刼，花木長榮。』想仙翁至此，豈遊空同之山而為勾漏令問丹之時乎？

明・薛瑄《敬軒文集》卷七《秋日家山雜詠五首其四》　黯淡輕陰結遠天，無邊秋色正蕭然。蒼崖斷岸西風裏，古刹荒祠夕照邊。黄菊已隨陶令老，丹砂不信葛洪仙。豪華靡靡皆如此，惟有騷人麗句傳。

明・韓雍《襄毅文集》卷三《題三洲巖在德慶》　感古思羊祜，脩真慕葛洪。登臨動高興，長嘯海天空。

明・陳獻章《陳白沙集》卷五《題朴軒》　葛洪亦號抱朴子，安知朴翁不是仙？莫將甲子編年看，人道翁生大撓前。

又　卷七《南歸寄鄉舊》　物色求鍾鼎，丹砂訪葛洪。芙蓉開十丈，天際白龍宮。

又　《梅花》　彼美枝頭雪，微韜嶺上雲。低迷明月寺，掩映葛洪墳。

明・程敏政《篁墩文集》卷七二《閻文振方伯王景端都閫諸公邀餞靈隱寺三首其三》　石古誰參圓澤偈，井湮猶帶葛洪名。酒酣又是分攜處，情比江潮晚未平。

明・黄仲昭《未軒文集》卷九《題馮醫士藥園幽趣卷和陸脩撰鼎儀先生韻》　但令枯槁陽春轉，肯受尋常世利侵？醫國不殊秦緩手，濟時還契葛洪心。

明・吴寬《家藏集》卷一〇《五答李賓之》　不是葛洪川畔路，李源休覔舊精魂。

明・吴儼《吴文肅摘稿》卷二《壽程宗魯父母》　深靜初疑王母宅，幽閒又道葛洪家。

明・胡居仁《胡文敬集》卷三《往山下石巖醉臥成詩三首其二》　浮雲滿長空，閒客醉巖中。不學丹砂術，何勞問葛洪？

明・祝允明《懷星堂集》卷六《赴報國院海會喜侯二（瑤）、葛大（懌）同集》　隔水應霜鐘，尋聲入寶宮。刹那依啖慧，六萬繞神通。歡喜來侯白，清真遇葛洪。獨慚文字累，未得此緣空。

又　卷八《謝道士竹鶴齋》　千箇虛心雍伯玉，一丸浮頂葛洪丹。

明・邊貢《華泉集》卷三《別顧華玉同年四首其四》　葛洪勾漏尹，阮籍步兵廚。未識圖南志，相逢説著書。

又　卷七《集杜句贈胡三良醫》　此身飄泊苦西東，未就丹砂愧葛洪。多病所須惟藥物，知君才是濟川功。

明・鄭善夫《少穀集》卷一下《贈周用賓歸江郎五首其四》　黄泥天雞没，感子何所適？葛洪以丹砂，玄聖終沙磧。

又　卷八《天臺雜詩四首其二》　赤城雲閉玉真符，桐栢宫涵滄海珠。早晚移家葛洪井，璚臺？闕是仙都。

明・黎民表《瑶石山人稿》卷八《廉張茂才飲青霞樓》　五馬能供具，關門駐使車。飯香抄白石，酒味瀝丹砂。入幕風初起，扳林日未斜。笙歌臨路發，歸去葛洪家。

又　卷一三《尋葛洪東山菴故址》　勾漏西遊心不愜，棲真雲搆在層巒。梅花夢裏禽聲聒，符竹陰中鳥篆殘。仙吏時來玉局觀，野樵留得紫金丹。霓衣一去稀行迹，始信人間脱屣難。

明・丘雲霄《南行集》卷二《玄妙觀》　青簡貧原憲，丹砂老葛洪。玄關更何許？悵望倚松風。

明・王世貞《弇州四部稿》卷一六《歌行長短三首贈梁公實謝病歸三首其三》　汝謀結室羅浮頂，下飲僊人葛洪井。桂樹宛宛山日深，松花濛濛白雲冷。我亦僅買蜻蜓舟，歸與少年為薄遊。采蓮一曲杳然去，得醉即臥清溪頭。

又　《續稿》卷一七《將斷文字緣作此》　奇人縱可敵揚雄，才鬼那能勝葛洪。仙字囑完還作蠹，古文雕盡僅名蟲。迂謀欲寄千秋後，夙業都收一寸中。最好祖龍眞解事，談天非馬頓成空。

明・葉春及《石洞集》卷一八《黄鶴樓席上口占》　欲乘黄鶴鶴不來，黄鶴仙人安在哉？雪飛樓閣客腸斷，歲莫江湖老鬢催。蝸角誤我葛洪洞，駿骨欺人郭隗臺。澤上那能歌獨醒，為君一飲三百杯。

又　《贈羅浮吴道士》　羽人絳節自雲中，四百峰頭訪葛洪。他年天柱如相見，玄鶴飄飄舞碧空。

明・謝榛《四溟集》卷一〇《訪葛徵君》 西城閒訪葛洪家，籬落秋餘白荳花。高枕自知無俗夢，數椽茅屋在煙霞。

明・盧柟《蠛蠓集》卷五《贈謝山人四溟》 春桂綠華滋，芬芳合待時。君今餌玉葉，聊以駐僊姿。擬著三湘賦，深題五嶽詩。相期共方眼，為覓葛洪陂。

明・胡應麟《少室山房集》卷二一《幔亭雲氣歌為督學滕公作》 眼中軒冕如埃塵，葛洪、王遠時相聞。清夢常隨巖際月，幽懷每逐洞中雲。

又 卷四九《病中王山人過訪有贈》 寶籙自探俞跗訣，金函長秘葛洪書。

又 卷五一《再過婁江訪二王先生二首其一》 百里婁江路未遐，丹砂重問葛洪家。

又 卷七五《邦相臥病金華寄訊二絶時余亦伏枕山莊》 挾策歸來似轉蓬，卧彈長鋏送飛鴻。金華舊是尋仙地，可道雙旌駐葛洪。

明・徐熥《幔亭集》卷九《雲陽葛隱君雙壽詩》 句容元説葛洪家，配得仙姬萼綠華。幾度化龍陂上竹，尋常喂鶴鼎中砂。笙吹緱嶺聲聲月，衣剪茅山片片霞。待到丹成同拔宅，遥空雙駕紫鸞車。

清・愛新覺羅・弘曆《御製詩集・初集》卷二一《米黻雲山圖》
疑有仙人宅此中，天宇不許凡塵通。松下忽逢採藥童，告我其師曰葛洪。

又《二集》卷二八《賦得窗中列遠岫得同字八韻選館試題》 横嶂還含秀，遥峰若接空。形容堪意入，呼吸與神通。手豈煩王宰，肩如拍葛洪。雲端常縹緲，天外尚穹窿。

又《三集》卷七一《松岡晚眺》 茅屋深藏崿嶂中，相攜斷岸眺長空。倩他谷口白雲鎖，防有人來訪葛洪。

清・吴偉業《梅村集》卷八《閬園詩其五》 絶壑非人境，丹砂廢井留。移家依鶴砦，穿水遇龍湫。白石心長在，黄金藥可求。何時棄妻子，還伴葛洪遊。

清・魏裔介《兼濟堂文集》卷一八《申子覺盟【略】將行也作此贈之》 子今歸去洺水東，烹煉丹砂慕葛洪。扶持元氣灝虛空，三十六帝外臣同。

清・施閏章《學余堂文集・詩集》卷一七《送羅弘載》 聞君有別業，遠在稽山隅。白雲南接葛洪井，綠水還臨康樂湖。

又《詩集》卷四七《西湖竹枝詞二首其二》 儂作葛洪井中水，郎似飛來峰上雲。怪他昨日成輕薄，載酒偏澆蘇小墳。

清・吴綺《林蕙堂全集》卷二三《題黄荃畫三生石上圖二首其二》 改面回頭日漸非，多生心事此生違。葛洪井畔無相識，手指長松一笑歸。

清・王士禛《精華録》卷二《膠東張雉畫葛洪移家圖歌》 下簾臥清晝，遠夢生羅浮。覺來北堂上，素練横滄洲。依稀三萬六千丈，風吹絶壑紅泉流。何人ナ檇持雜負戴，全家避地來山幽。先生身騎烏牸牛，丹雞白犬隨行輈。鮑家小女兩丫髻，手把芙蓉居上頭。惠、懷之際那可道，萬乘不洗金墉羞。王家寧馨失三窟，華亭鶴唳悲清秋。回首銅駞洛陽陌，名士對泣新亭囚。伏波將軍不受賞，丹砂欲就來交州。大鵬詎可伍鷦鷯，跛鼈坐笑追驊騮。張生妙筆擅黔陬，令我逸興生丹邱。夙昔讀書慕仙意，望而不見中心愁。十年婚宦願粗畢，青鞵快作逍遥遊。刀圭為我留井竈，此生未作坳堂舟。

清・陳廷敬《午亭文編》卷四《送施峴山侍御》 珥筆儒勳上景鐘，猶龍異世繼仙蹤。身有葛洪丹竈術，名成王掾黑頭公。

清・毛奇齡《西河集》卷一四八《書郭生嶺表詩卷後》 龍海看雲客，羊城返道人。葛洪攜笈遠，陸賈著《新書》。

又 卷一六四《仙人歌謝之詞頗不敍致其意》 昔者葛洪得神術，著書金匱稱仙人。千載以後鮮繼起，肘後有方空復陳。

清・宋犖《西陂類稿》卷一一《羅浮仙蝶歌寄至兒》 俄驚霄漢去無蹟，神仙窟宅隨鸞驂。葛洪遺衣迥茫昧，此理揣測余何堪。夜闌高詠誠一快，千里屬和催中男。

清・田雯《古歡堂集》卷六《陳維崧〈移居詩〉》 竹爐瓦銚響戛觸，亂書破硯堆攲斜。葛洪移居絶類此，那得水部官梅花。

又 卷七《送祝山人回滇》 葛洪、鮑姑同講席，坐擁弟子毆神丁。

又 卷一三《移家濟南》 柳條初綠齊河道，杏酪新沽濼水邊。一輛青油小車子，鮑姑在後葛洪前。

雜録

唐·歐陽詢等《藝文類聚》卷七八《靈異部》 《晉中興書》曰：葛洪字稚川，亡時年八十一，視其貌如平生，體亦軟弱。舉屍入棺，其輕如空衣時，咸以為屍解得仙。

宋·曾慥《類説》卷四《至誠金石為開》 李廣獵北平，見臥虎，一矢而斃。他日又見臥虎，射之，矢飲羽，進而視之，乃石。退而更射，鏃破簳折而石不傷。葛洪以問揚雄，曰：『至誠則金石為開。』洪曰：『昔有遊東海者，遇風，漂船至一孤洲。植纜登洲，煮食，食未熟而舟沒，洲乃大魚，吸波吐浪而去。又陳縞入山采薪，見墓前石馬，謂鹿也，斧缺柯折，石馬不傷。兩者亦至誠，何金石所感偏乎？』雄無以應之。

宋·李昉等《太平御覽》卷四七《地部十二·會稽東越諸山·龍頭山》 孔靈符《會稽記》曰：上虞縣有龍頭山，上有蘭峰，峰頂盤石廣丈餘，葛洪學仙坐其上。

宋·葉廷珪《海録碎事》卷七下《排草入》 葛洪貧無僮僕，籬頭頹破，常披榛出門，排草入堂。

宋·佚名《錦繡萬花谷續集》卷三七《玄圃積玉》 陸機字士衡，少有異才，文章冠世。君苗見其文，輒欲焚筆硯，葛洪謂其文猶玄圃之積玉。

元·黎則《安南志略》卷九 葛洪字稚川，年老欲煉丹延壽，聞交阯出丹砂，求為勾漏令。

元·吴萊《淵潁集》卷九《南海山水人物古蹟記》 浮丘山在南海西，本羅山朱明之門戶，浮在水中，篙痕宛然。今去海四里有葛洪珊瑚井，洪煉丹，海神獻珊瑚。

明·彭大翼《山堂肆考》卷一七《洞上八仙》 白石山在潯州府城南，兩峰並立，下有巖洞，即道書第二十一洞天，通北流勾漏洞。世傳葛洪嘗往來其間，洞之上有會仙巖、丹竈及八仙石存焉。

又 卷二七《葛僊社山園》 葛僊園在肇慶府德慶州東社山絶頂，相傳為葛洪煉丹所，今產躑躅花。

又 卷一五〇《葛洪尸解》 晉葛洪字稚川，玄之從孫，以儒學知名，尤好神仙導養之法。元帝時，聞交阯出丹砂，求為勾漏令，將子姪俱至。廣州刺史鄧嶽留之不聽，去，乃止於羅浮山。煉丹成道，自號抱朴子，因以名書。卒年八十一，顏色如生，體亦柔軟，舉尸入棺，如空衣然。人謂之尸解。

明·董斯張《廣博物志》卷五 葛洪嘗過贛之興國境，見山靈水秀，遂結廬築壇，鑿池洗藥，留四言詩一首曰：洞陰泠泠，風佩清清。仙居永刼，花木長榮。今其地有洗藥池。

劉晝分部

傳記

《北齊書》卷四四《儒林傳·劉晝》 劉晝，字孔昭，渤海阜城人也。少孤貧，愛學，負笈從師，伏膺無倦。與儒者李寶鼎同鄉里，甚相親愛，受其《三禮》。又就馬敬德習《服氏春秋》，俱通大義。恨下里少墳籍，便杖策入都。知太府少卿宋世良家多書，乃造焉。世良納之。恣意披覽，晝夜不息。

河清初，還冀州，舉季才入京，考策不第。乃恨不學屬文，方復緝綴辭藻，言甚古拙。制一首賦，以『六合』為名，自謂絶倫，吟諷不輟。乃歎曰：『儒者勞而少工，見於斯矣。我讀儒書二十餘年而答策不第，始學作文，便得如是。』曾以此賦呈魏收，收謂人曰：『賦名六合，其愚已甚，及見其賦，又愚於名。』

晝又撰《高才不遇傳》三篇。在皇建、大寧之朝，又頻上書，言亦切直，多非世要，終不見收采。自謂博物奇才，言好矜大，每云：『使我數十卷書行於後世，不易齊景之千駟也。』而容止舒緩，舉動不倫，由是竟無仕進。

天統中，卒於家，年五十二。

《北史》卷八一《儒林傳上·劉晝》 劉晝字孔昭，勃海阜城人也。

少孤貧，愛學，伏膺無倦。常閉户讀書，暑月唯着犢鼻褌。與儒者李寶鼎同鄉，甚相親愛。寶鼎授其《三禮》，又就馬敬德習《服氏春秋》，俱通大義。恨下里少墳籍，便杖策入都。知鄴令宋世良家有書五千卷，乃求為其子博士，恣意披覽，晝夜不息。

還，舉秀才，策不第，乃恨不學屬文，方復緝綴辭藻。言甚古掘，制一首賦，以六合為名，自謂絕倫，乃歎儒者勞而寡功。曾以賦呈魏收而不拜。收忿之，謂曰：『賦名六合，已是太愚，文又愚於六合。君四體又甘於文。』晝不忿，又以示邢子才。子才曰：『君此賦，正似疥駱駝，伏而無嫵媚。』晝求秀才，十年不得，發憤撰《高才不遇傳》。冀州刺史酈伯偉見之，始舉晝，時年四十八。

刺史隴西李璵，亦嘗以晝應詔。先告之，晝曰：『公自為國舉才，何勞語晝！』齊河南王孝瑜聞晝名，每召見，輒與促席對飲。後遇有密親，使且在齋坐，晝須臾徑去，追謝要之，終不復屈。孝昭即位，好受直言。晝聞之，喜曰：『董仲舒、公孫弘可以出矣。』乃步詣晉陽上書，言亦切直，而多非世要，終不見收采。編録所上之書，為《帝道》。河清中，又著《金箱璧言》，蓋以指機政之不良。

晝夜嘗夢貴人若吏部尚書者補交州興俊令，寤而密書記之。卒後旬餘，其家幼女鬼語，聲似晝，云『我被用為興俊縣令，得假暫來辭別』云。

晝常自謂博物奇才，言好矜大。每言：『使我數十卷書行於後世，不易齊景之千駟也。』容止舒緩，舉動不倫，由是竟無仕，卒於家。

論説

宋·晁公武《郡齋讀書志》卷五上　《劉子》三卷，右齊劉晝字孔昭之書也。或云劉勰所撰，或曰劉歆之制，或謂劉孝標之作。袁孝政為序之際，已不能明辨之矣。《唐·藝文志》列於雜家。

宋·陳振孫《直齋書録解題》卷一〇　《劉子》五卷，劉晝孔昭撰。播州録事叅軍袁孝政為序。案：《劉子》序係袁孝政作，原本脱姓，今補入。凡五十篇。案《唐志》十卷，劉勰撰。今序云晝傷己不遇，天下陵遲，播遷江表，故作此書。時人莫知，謂為劉勰，或曰劉歆、劉孝標作，孝政之言云爾。終不知晝為何代人。其書近出，傳記無稱，莫詳其始末，不知何以知其名晝而字孔昭也。

元·馬端臨《文獻通考》卷二一四《經籍考四一·雜家》　陳氏曰：『劉晝孔昭撰，播州録事參軍袁孝政為序，凡五十五篇。』按《唐志》十卷，劉勰撰。今序云：『晝傷己不遇，天下陵遲，播遷江表，故作此書。時人莫知，謂為劉勰，或曰劉歆、劉孝標作。』孝政之言云爾，終不知晝為何代人，其書近出，傳記無稱，莫詳其始末，不知何以知其名晝字孔昭也。

鼂氏曰：唐袁孝政注。言修心治身之道，而辭頗俗薄。

明·宋濂《文憲集》卷二七《諸子辨》　《劉子》五卷，五十五篇，不知何人所作。《唐·志》十卷直云梁劉勰撰，今考勰所著《文心雕龍》，文體與此正類，其可徵不疑，第卷數不同，為少異爾。袁孝政謂劉晝孔昭傷己不遇，遭天下淩遲，播遷江表，故作此書，非也。孝政以無傳記可憑，復致疑於劉歆、劉勰、劉孝標所為，黄氏遂謂孝政所托，亦非也。其書本黄老言，雜引諸家之説，以足成之，絶無甚高論。末論九家之學，迹異歸同，尤為鄙淺。然亦時時有可喜者，《清神》章云：『萬人彎弧以向一鵠，鵠能無中乎？萬物眩曜以惑一生，生能無傷乎？』《亢倉子》同。三復其言，為之出涕。

明·鄧伯羔《藝彀》卷上《僞書》　《省心録》沈道原作，世以為林君復作。《龍城録》王性之作，世以為柳子厚作。《元經》關朗作，世以為王仲淹作。《化書》譚紫霄作，世以為宋超回作。《劉子》劉晝作，世以為勰、為歆、為孝標作，皆非也。

明·胡應麟《少室山房筆叢》卷一五《四部正譌中》　劉子《新論》，諸家咸以劉晝孔昭。按《北史》晝傳，晝好學而文辭俚拙，嘗作賦名《六合》以示魏收，收調之曰：『賦名《六合》已是大愚，及觀其賦，又愚於名。』晝不服，又示邢劭，劭曰：『君此賦似疥駱駝，伏而無媚態。』收輕薄吻流，不足深據。劭非誣詆人者，此書雖無甚高論，而詞頗清旨，意非晝所能也。宋景濂謂劉勰撰者，近之。然《唐志》篇目不同，安知即此？蓋漢魏六朝文士劉姓者甚多，著論以『新』名者甚衆，若此

書體制，決在齊梁之間。袁孝政云，時人疑為劉歆，宋承旨直謂袁誤，蓋未詳察也。晝傳載《北史》甚明，又嘗為《高才不遇傳》，袁孝政序正據晝傳言之。陳振孫謂終不知晝何代人，殊失考。黄東發直以袁孝政作託名於晝，則亦未然。凡依託之書，必前代聖賢墳籍，冀以取重廣傳。晝之聲價在六朝甚泯泯，即孝政何苦託之？勘僞書者，此義又當察也。

明·王世貞《讀書後》卷一《讀劉子》 劉晝孔昭所作，五十五篇。其詞雖骫骳爽健而不悖理，道識是非有布帛菽粟之致，《清神》、《防欲》、《知情》、《韜光》諸篇苦李蒙莊之藩，隱然若窺見者。當六季之末而不墮月露煙華，亦足貴矣。鄙名以後，小露學問，無關本真，茲則多生之餘習矣。

清·紀昀等《欽定四庫全書總目》卷一一七《雜家類·劉子十卷》 案《劉子》十卷，《隋·志》不著録。《唐志》作梁劉勰撰。陳振孫《書録解題》、晁公武《讀書志》據唐播州録事叅軍袁孝政序，作北齊劉晝撰。《宋史·藝文志》亦作劉晝。自明以來刊本不載孝政註，亦不載其序。惟陳氏載其序，畧曰：晝傷己不遇，天下陵遲，播遷江表，故作此書，時人莫知，謂爲劉勰、劉歆、劉孝標作云云。不知所據何書。故陳氏以爲終不知晝爲何代人。按梁通事舍人劉勰，史惟稱其撰《文心雕龍》五十篇，不云更有別書。且《文心雕龍·樂府篇》稱：『塗山歌於候人，始爲南音。有娀謠乎飛燕，始爲北聲。夏甲歎於東陽，東音以發。殷整思於西河，西音以興。』此書《辨樂篇》稱：『夏甲作破斧之歌，始爲東音。』與勰説合。其稱『殷辛作靡靡之樂，始爲北音』，則與勰説迥異，必不出於一人。又史稱勰長於佛理，嘗定定林寺經藏，後出家，改名慧地。此書末篇乃歸心道教，與勰志趣迥殊。白雲霽《道藏目録》亦收之太元部無字號中，其非奉佛者明甚。近本仍刻劉勰，殊爲失考。劉孝標之説，《南史》、《梁書》俱無明文，未足爲據。劉歆之説，則《激通篇》稱：『班超憤而習武，卒建西域之績。』其説可不攻而破矣。惟北齊劉晝，字孔昭，渤海阜城人，名見《北史·儒林傳》，然未嘗播遷江表，與孝政之序不符。傳稱晝『孤貧受學，恣意披覽，晝夜不息。舉秀才不第，乃恨不學屬文，方復綴輯詞藻，言甚古拙』。與此書之縟麗輕蒨亦不合。又稱『求秀才十年不得，乃發憤撰《高才不遇傳》。孝昭時出詣晉陽上書，言亦切直而多非世要，終不見收。乃編録所上之書爲《帝道》。河清中又著《金箱壁言》，以指機政之不良』。亦不云有此書。豈孝政所指又別一劉晝歟？觀其書末《九流》一篇，所指得失皆與《隋書·經籍志》子部所論相同，使《隋·志》襲用其説，不應反不錄其書。使其剽襲《隋·志》，則貞觀以後人作矣。或袁孝政採掇諸子之言，自爲此書而自注之，又恍惚其著書之人，使後世莫可究詰，亦未可知也。然劉勰之名，今既確知其非，自當刊正。劉晝之名，則介在疑似之間，難以確斷，姑仍晁氏、陳氏二家之目，題晝之名而附著牴牾如右。

藝文

明·王褘《王忠文集》卷一《次韻奉答林彥文參謀》 遯迹懷樊英，著書擬劉晝。布衣倘非窮，吾將謝文繡。

明·魏學洢《茅簷集》卷四《秋殘十詠小引》 夫士之坎壈懷不平也，雖春原芳艸，裘馬翩躚，對之常有悽清之色。矧以秋人為秋聲，且得不神顇乎！若劉晝每言使我書數十卷傳世，當不易千駟。今蘭九挾崎嶇歷落之調，其所以致窮有餘矣。

雜録

唐·釋道宣《廣弘明集》卷六《敍列代王臣滯惑解》 劉晝，渤海人，才術不能自給，齊不士之，著《高才不遇傳》以自況也。上書言佛法詭誑，避役者以為林藪。又詆訶婬蕩，有尼有優婆夷，實是僧之妻妾，損胎殺子，其狀難言。今僧尼二百許萬，並俗女向有四百餘萬，六月一損胎，如是，則年族二百萬戶矣。驗此，佛是疫胎之鬼也，全非聖人之言。道士非老莊之本，籍佛邪説，為其配坐而已。詳晝此言，殊塵聽視，專言墮胎殺子，豈是正士言哉？孔子見人一善而亡其百，非鮑生見人一惡而終身不忘，弘隘之迹，断可知矣，狂哲之心相去遠矣。然則天下高尚沙門有逾百萬，財色不顧，名位莫緣，斯德隱之。妄張婬殺，一年誅二子。沙門且然，一歲有二男編戶，誰是吐言孟浪，末足廣之，而奕重為正諫，及後上事還陳此畧考校，則劉晝之門人矣。

《魏晉南北朝政治分典》引用書目

（共計八三八種）

孔融集　孔融　三國　文津閣四庫全書本
申鑒　荀悅　三國　四部叢刊本
阮瑀集　阮瑀　三國　文津閣四庫全書本
王粲集　王粲　三國　中華書局一九八〇年本
建安七子集　孔融等　三國　中華書局一九八九年本
中論　徐幹　三國　四部叢刊本
曹操集　曹操　三國　中華書局上海編輯所一九五九年本
魏文帝集　曹丕　三國　人民文學出版社一九五八年本
曹子建集　曹植　三國　文淵閣四庫全書本、人民文學出版社
一九八四年本、續修四庫全書本
諸葛忠武書　諸葛亮　三國　文淵閣四庫全書本
諸葛亮集　諸葛亮　三國　中華書局一九六〇年本
人物志　劉卲　三國　明正德間刊本、文淵閣四庫全書本
王弼集　王弼　三國　中華書局一九八〇年本
嵇康集　嵇康　三國　人民文學出版社一九六二年本
土地記　張氏　三國　中華書局一九六一年漢唐地理書鈔本
孔子家語　王肅　三國　四部叢刊本
阮籍集　阮籍　晉　中華書局一九八七年本
三國志　陳壽　晉　中華書局一九五九年本
六朝事迹編類　張敦頤　宋　文淵閣四庫全書本、上海古籍出版社
一九九五年本
編樂府詩集　郭茂倩　宋
三國志文類　佚名　宋　中華書局一九八〇年本
傅鶉觚集　傅玄　晉　文津閣四庫全書本
傅子　傅玄　晉　續修四庫全書本
文津閣四庫全書本、武英殿聚珍版
書、廣雅書局本
臨海水土異物志　沈瑩　晉　農業出版社一九八一年本
物理論　楊泉　晉　平津館叢書本
帝王世紀　皇甫謐　晉　中華書局一九六四年本、續修四庫全
書本、叢書集成初編本
帝王經界紀　皇甫謐　晉　中華書局一九六一年漢唐地理書鈔本
太康地記　佚名　晉　中華書局一九六一年漢唐地理書鈔本
元康地記　佚名　晉　中華書局一九六一年漢唐地理書鈔本
左太沖集　左思　晉　江蘇古籍出版社二〇〇二年漢魏六朝
百三名家集本
博物志　張華　晉　中華書局一九八〇年本、士禮居黃氏
叢書本、文淵閣四庫全書本
博物地名記　張華　晉　中華書局一九六一年漢唐地理書鈔本
夏侯常侍集　夏侯湛　晉　續修四庫全書本
孫馮翊集　孫楚　晉　續修四庫全書本

傅中丞集	傅咸	晉	續修四庫全書本
潘安仁集	潘岳	晉	江蘇古籍出版社二〇〇二年漢魏六朝百三名家集本、中州古籍出版社二〇〇一年本
陸機集	陸機	晉	續修四庫全書本、中華書局一九八二年點校本
陸雲集	陸雲	晉	文淵閣四庫全書本、中華書局一九八八年點校本
南方草木狀	嵇含	晉	文淵閣四庫全書本
古今注	崔豹	晉	文淵閣四庫全書本、四部叢刊本
潘太常集	潘尼	晉	續修四庫全書本
摯虞集	摯虞	晉	文津閣四庫全書本
晉地道記	王隱	晉	中華書局一九六一年漢唐地理書鈔本
十四州記	黃恭	晉	中華書局一九六一年漢唐地理書鈔本
郭弘農集	郭璞	晉	續修四庫全書本、山西人民出版社一九九〇年本
抱樸子	葛洪	晉	上海古籍出版社一九九〇年本
抱樸子外篇	葛洪	晉	中華書局一九九七年本
葛洪集	葛洪	晉	江蘇廣陵古籍刻印社一九九二年本
西京雜記	葛洪	晉	中華書局一九八五年本
搜神記	干寶	晉	中華書局一九七九年本
華陽國志	常璩	晉	上海古籍出版社一九八七年本、巴蜀書社一九八四年本
孫廷尉集	孫綽	晉	續修四庫全書本
後漢紀	袁宏	晉	明嘉靖二十七年黃姬水刻本、中華書局二〇〇二年本
襄陽耆舊記	習鑿齒	晉	雲南民族出版社一九八六年本
西域志	释道安	晉	麓山精舍叢書本
佛國記（法顯傳）	释法顯	晉	思溪園覺藏本、文淵閣四庫全書本、上海古籍出版社一九八五年本
拾遺記	王嘉	晉	中華書局一九八一年本、文淵閣四庫全書本、明嘉靖四年顧氏思玄堂刊本
郡國志	袁山松	晉	中華書局一九六一年漢唐地理書鈔本
南燕書	張詮	南燕	叢書集成初編本
廣州記	裴淵	晉	中華書局一九六一年漢唐地理書鈔本
鄴中記	陸翽	晉	文淵閣四庫全書本、叢書集成初編本
吳地理志	張勃	晉	中華書局一九六一年漢唐地理書鈔本
搜神後記	陶淵明	晉	中華書局一九八一年本
陶淵明詩	陶淵明	晉	中華書局一九七九年本
陶淵明集	陶淵明	晉	文淵閣四庫全書本、人民文學出版社一九五六年本、中華書局一九七九年本
謝康樂集	謝靈運	南朝宋	中州古籍出版社一九八七年本
謝法曹集	謝惠連	南朝宋	續修四庫全書本
後漢書	范曄	南朝宋	中華書局一九六五年本
荊州記	盛弘之	南朝宋	中華書局一九六一年漢唐地理書鈔本
幽明録	劉義慶	南朝宋	文化藝術出版社一九八八年本
世説新語	劉義慶	南朝宋	中華書局一九八四年本
十三州志	闞駰	南朝宋	中華書局一九六一年漢唐地理書鈔本
齊諧記	東陽無疑	南朝宋	江蘇廣陵古籍刻印社續金華叢書本
荊州記	郭仲産	南朝宋	中華書局一九六一年漢唐地理書鈔本
集異記	郭孝産	南朝宋	浙江古籍出版社一九八四年本
丹陽記	山謙之	南朝宋	北京圖書館出版社一九八九年漢學堂知足齋叢書本
永初山川記	劉澄之	南朝齊	中華書局一九六一年漢唐地理書鈔本
永初郡國志	劉澄之	南朝齊	中華書局一九六一年漢唐地理書鈔本
謝光録集	謝莊	南朝宋	續修四庫全書本
異苑	劉敬叔	南朝宋	學津討原本、文淵閣四庫全書本、中華書局一九九六年本

鮑氏集　鮑照　南朝宋　文淵閣四庫全書本、上海古籍出版社一九八〇年本
王寧朔集　王融　南朝齊　續修四庫全書本
謝宣城詩集　謝朓　南朝齊　文淵閣四庫全書本、上海古籍出版社一九九一年本
孔詹事集　孔稚圭　南朝齊　江蘇古籍出版社二〇〇二年漢魏六朝百三名家集本
梁武帝御製集　蕭衍　南朝梁　續修四庫全書本
梁簡文帝御製集　蕭綱　南朝梁　續修四庫全書本
梁元帝御製集　蕭繹　南朝梁　續修四庫全書本
古今同姓名録　蕭繹　南朝梁　文淵閣四庫全書本、上海古籍出版社一九九三年影印本
江文通集　江淹　南朝梁　文淵閣四庫全書本、續修四庫全書本、中華書局一九八四年本
任中丞集　任昉　南朝梁　續修四庫全書本
弘明集　釋僧祐　南朝梁　文淵閣四庫全書本、中華書局四部備要本
詩品　鍾嶸　南朝梁　上海古籍出版社一九九四年本
何記室集　何遜　南朝梁　文淵閣四庫全書本、續修四庫全書本、天津古籍出版社一九八九年本、中華書局二〇一〇年本
宋書　沈約　南朝梁　中華書局一九七四年本
沈隱侯集　沈約　南朝梁　明萬曆十三年沈啓原刊本、續修四庫全書本
南齊書　蕭子顯　南朝梁　中華書局一九七二年本
沈侍中集　沈炯　南朝梁　續修四庫全書本
劉秘書集　劉孝綽　南朝梁　續修四庫全書本
殷芸小説　殷芸　南朝梁　上海古籍出版社一九八四年本
陸太常集　陸倕　南朝梁　續修四庫全書本
昭明文選　蕭統　南朝梁　上海古籍出版社一九八六年本
梁昭明太子集　蕭統　南朝梁　清貴池劉氏玉海堂覆刻宋本、文淵閣四庫全書本
金樓子　蕭繹　南朝梁　百子全書本
劉庶子集　劉孝威　南朝梁　續修四庫全書本
文心雕龍　劉勰　南朝梁　中華書局一九五七年本
眞誥　陶弘景　南朝梁　文淵閣四庫全書本
冥通記　陶弘景　南朝梁　叢書集成初編本
陶隱居集　陶弘景　南朝梁　續修四庫全書本
高僧傳　釋慧皎　南朝梁　中華書局一九九二年本
論語義疏　皇侃　南朝梁　文津閣四庫全書本
續齊諧記　吳均　南朝梁　顧氏文房小説本、文淵閣四庫全書本
吳朝請集　吳均　南朝梁　續修四庫全書本
劉户曹集　劉峻　南朝梁　續修四庫全書本
王詹事集　王筠　南朝梁　續修四庫全書本
劉豫章集　劉潛　南朝梁　續修四庫全書本
庾度支集　庾肩吾　南朝梁　續修四庫全書本
王左丞集　王僧孺　南朝梁　續修四庫全書本
荆楚歲時記　宗懔　南朝梁　文淵閣四庫全書本
三輔黄圖　佚名　南朝梁陳　古典文學出版社一九五八年本
陰常侍集　陰鏗　南朝陳　天津古籍出版社一九八九年本
張散騎集　張正見　南朝陳　續修四庫全書本
王司空集　王褒　南朝陳　續修四庫全書本
徐孝穆集　徐陵　南朝陳　文淵閣四庫全書本、續修四庫全書本、四部叢刊本
玉臺新咏　徐陵　南朝陳　中華書局一九八五年本
江令君集　江總　南朝陳　續修四庫全書本
陳後主集　陳叔寶　南朝陳　續修四庫全書本
十六國春秋　崔鴻　北魏　文淵閣四庫全書本
別本十六國春秋　崔鴻　北魏　文淵閣四庫全書本
高令公集　高允　北魏　續修四庫全書本

燕史　高閭　北魏　叢書集成初編本
水經注　酈道元　北魏　中華書局二〇〇七年本、江蘇古籍出版社一九八九年本
洛陽伽藍記　楊衒之　北魏　中華書局一九六三年本、上海古籍出版社一九七八年本
齊民要術　賈思勰　北魏　中國農業出版社一九九八年本
温侍讀集　温子昇　北魏　續修四庫全書本
魏書　魏收　东魏　中華書局一九七四年本
魏特進集　魏收　东魏　續修四庫全書本
顔氏家訓　顔之推　北齊　抱經堂叢書本、上海古籍出版社一九八〇年本
冤魂志　顔之推　北齊　巴蜀書社二〇〇一年本
劉子　劉晝　北齊　文淵閣四庫全書本
邢特進集　邢邵　北齊　續修四庫全書本
大魏諸州記　佚名　北魏　中華書局一九六一年漢唐地理書鈔本
輿圖風土記　佚名　北魏　中華書局一九六一年漢唐地理書鈔本
庾子山集　庾信　北周　文淵閣四庫全書本、續修四庫全書本、四部叢刊本、中華書局一九八〇年本
歷代三寶記　費長房　隋　續修四庫全書本
談藪　陽玠　隋　中華書局一九九六年本
中説　王通　隋　四部叢刊本
晉書　房玄齡等　唐　中華書局一九七四年本
梁書　姚思廉　唐　中華書局一九七三年本
陳書　姚思廉　唐　中華書局一九七二年本
北齊書　李百藥　唐　中華書局一九七二年本
周書　令狐德棻　唐　中華書局一九七一年本
北史　李延壽　唐　中華書局一九七四年本
南史　李延壽　唐　中華書局一九七五年本
隋書　魏徵等　唐　中華書局一九七三年本
經典釋文序録　陸德明　唐　中華書局一九八四年本
括地志　李泰　唐　中華書局一九八〇年本
史通　劉知幾　唐　文淵閣四庫全書本、上海古籍出版社一九七八年本
初學記　徐堅等　唐　中華書局一九六二年本
藝文類聚　歐陽詢　唐　文淵閣四庫全書本、上海古籍出版社一九八二年本
唐六典　張九齡、李林甫　唐　中華書局一九九二年本
貞觀政要　吴兢　唐　四部叢刊本、中華書局二〇〇三年本
廣弘明集　釋道宣　唐　文渊阁四库全書本、四部叢刊本
古文苑　佚名　唐　四部叢刊本
帝範　李世民　唐　文津閣四庫全書本
金鏡　李世民　唐　文苑英華本
北堂書鈔　虞世南　唐　中國書店一九八九年本
周易正義　孔穎達　唐　續修四庫全書本
周易集解　李鼎祚　唐　北京圖書館出版社二〇〇〇年北京圖書館古籍珍本叢刊本
李衛公問對　李靖　唐　中國兵書集成本
王子安集　王勃　唐　四部叢刊本
法苑珠林　釋道世　唐　北宋重和元年福州開元寺刻毗盧大藏本
陳子昂集　陳子昂　唐　中華書局一九六〇年本
晉書音義　何超　唐　書目文獻出版社二十四史訂補本
常建詩　常建　唐　文津閣四庫全書本
建康實録　許嵩　唐　宋紹興一八年荊湖北路安撫使司刻遞修本、中華書局一九八五年本
李白集　李白　唐　上海古籍出版社一九八〇年本、中華書局二〇〇三年本
李遐叔文集　李華　唐　文津閣四庫全書本
太白陰經　李筌　唐　中國兵書集成本

杜工部詩集　杜甫　唐　中華書局一九五七年本
宗玄集　吳筠　唐　文津閣四庫全書本
歐陽行周文集　歐陽詹　唐　四部叢刊本
通典　杜佑　唐　中華書局一九八八年本
呂衡州集　呂温　唐　文津閣四庫全書本
元和郡縣圖志　李吉甫　唐　中華書局一九八三年本
孟東野詩集　孟郊　唐　四部叢刊本
柳宗元集　柳宗元　唐　中華書局一九七九年本
意林　馬總　唐　文津閣四庫全書本
博異志　谷神子（鄭懷古）　唐　中華書局一九八〇年本
昌黎文集　韓愈　唐　四部叢刊本
皇甫持正集　皇甫湜　唐　四部叢刊本
玄怪録　牛僧孺　唐　中華書局一九八二年本
續玄怪録　李復言　唐　中華書局一九八二年本
集異記　薛用弱　唐　中華書局一九八〇年本
劉禹錫集　劉禹錫　唐　上海人民出版社一九七五年本
白居易集　白居易　唐　中華書局一九七九年本
竇氏聯珠集　褚藏言　唐　文津閣四庫全書本
會昌一品集　李德裕　唐　四部叢刊本
李商隱詩集疏注　李商隱　唐　人民文學出版社一九八五年本
劉蛻集　劉蛻　唐　四部叢刊本
伸蒙子　林慎思　唐　文津閣四庫全書本
續孟子　林慎思　唐　文津閣四庫全書本
素履子　張弧　唐　文津閣四庫全書本
孫可之文集　孫樵　唐　上海古籍出版社一九七九年本、文津閣四庫全書本
温飛卿詩集箋注　温庭筠　唐　上海古籍出版社一九八〇年本
詠史詩　胡曾　唐　四部叢刊本
笠澤叢書　陸龜蒙　唐　四部叢刊本
甫里先生文集　陸龜蒙　唐　河南大學出版社一九九六年本
無能子　佚名　唐　中華書局一九八一年本
皮子文藪　皮日休　唐　上海古籍出版社一九八一年本
法書要録　張彦遠　唐　上海書畫出版社一九八六年本
羅隱集　羅隱　唐　中華書局一九八三年本
兼明書　丘光庭　唐　文津閣四庫全書本
浣花集　韋莊　唐　文津閣四庫全書本
呂衡州集　呂温　唐　上海古籍出版社一九九三年本
禪月集　釋貫休　唐　四部叢刊本
吳地記　陸方微　唐　江蘇古籍出版社一九九九年本
黄御史集　黄滔　唐　四部叢刊本
釣磯文集　徐夤　唐　續修四庫全書本
舊唐書　刘昫　後晉　中華書局一九七五年本
中華古今注　馬縞　後唐　文淵閣四庫全書本、四部備要本
碧雲集　李中　南唐　四部叢刊本
新唐書　歐陽修　宋　中華書局一九七五年本
詩本義　歐陽修　宋　四部叢刊本
五代會要　王溥　宋　上海古籍出版社一九七八年本
舊五代史　薛居正　宋　中華書局一九七六年本
後周文紀　梅鼎祚　明　文津閣四庫全書本
文苑英華　李昉等　宋　中華書局一九六六年本
太平御覽　李昉等　宋　中華書局一九六〇年本
唐語林　王讜　宋　中華書局一九八七年本
唐文粹　姚鉉　宋　四部叢刊本
唐賢三昧集　王士禎　清　文津閣四庫全書本
全唐詩　彭定求等　清　中華書局一九六〇年本、中州古籍出版社二〇〇八年本
全唐文　董誥等編　清　廣雅書局清光緒二十七年本、中華書局一九八三年本
唐文拾遺　陸心源　清　中華書局一九八三年本、上海古籍出版社一九九〇年本

南北史續世説　李垕　宋　東方出版中心一九九六年本
萬首唐人絶句　洪邁　宋　文學古籍刊行社一九五五年本
容齋隨筆　洪邁　宋　中華書局二〇〇五年本
容齋三筆　洪邁　宋　上海古籍出版社一九九三年本
泠然齋集　蘇泂　宋　文津閣四庫全書本
金陵百詠　曾極　宋　文津閣四庫全書本
太平寰宇記　樂史　宋　中華書局二〇〇七年本
騎省集　徐鉉　宋　四部叢刊本
小畜集　王禹偁　宋　四部叢刊本
論語註疏　邢昺　宋　阮元十三經注疏本
册府元龜　王欽若等　宋　中華書局一九六〇年本
石曼卿集　石曼卿　宋　文津閣四庫全書本
徂徠集　石介　宋　中華書局一九八四年本
南北朝雜記　劉敞　宋　學海類編本
文莊集　夏竦　宋　文津閣四庫全書本
范文正集　范仲淹　宋　四部叢刊本
儒志編　王開祖　宋　文津閣四庫全書本
孫明復小集　孫復　宋　文津閣四庫全書本
周易口義　胡瑗　宋　文津閣四庫全書本
李覯集　李覯　宋　中華書局一九八一年本
宛陵集　梅堯臣　宋　四部叢刊本
公是集　劉敞　宋　文津閣四庫全書本
公是弟子記　劉敞　宋　文津閣四庫全書本
鄖溪集　鄭獬　宋　上海書店一九九五年叢書集成續編本
祠部集　强至　宋　文津閣四庫全書本
伊川擊壤集　邵雍　宋　四部叢刊本
皇極經世書　邵雍　宋　文津閣四庫全書本
張載集　張載　宋　中華書局一九七八年本
資治通鑑外紀　劉恕　宋　文淵閣四庫全書本、四部叢刊本
潏水集　李復　宋　文津閣四庫全書本
元豐九域志　王存等　宋　中華書局一九八四年本
二程遺書　朱熹　宋　四部備要本
二程粹言　楊時　宋　文津閣四庫全書本
雲巢編　沈遼　宋　四部叢刊本
龍學文集　祖無擇　宋　文津閣四庫全書本
資治通鑑　司馬光　宋　中華書局一九五六年本
傳家集　司馬光　宋　四部叢刊本
臨川文集　王安石　宋　中華書局一九五九年本
帝學　范祖禹　宋　文津閣四庫全書本
樂全集　張方平　宋　北京圖書館出版社二〇〇〇年北京圖書館古籍珍本叢刊本
六朝通鑑博議　李燾　宋　文淵閣四庫全書本
演繁露　程大昌　宋　文淵閣四庫全書本
無爲集　楊傑　宋　文津閣四庫全書本
古史　蘇轍　宋　文津閣四庫全書本
東坡全集　蘇軾　宋　文津閣四庫全書本
東坡志林　蘇軾　宋　中華書局一九八一年本
蘇轍集　蘇轍　宋　中華書局一九九〇年本
欒城後集　蘇轍　宋　文淵閣四庫全書本
山谷集　黄庭堅　宋　四部叢刊本
伊川易傳　程頤　宋　四部備要本
淮海集　秦觀　宋　文津閣四庫全書本
歷代地理指掌圖　稅安禮　宋　續修四庫全書本
後山集　陳師道　宋　上海書店一九九五年叢書集成續編本
元城語録解　馬永卿　宋　文津閣四庫全書本
張耒集　張耒　宋　中華書局一九九〇年本
周易新講義　耿南仲　宋　文津閣四庫全書本
三國雜事　唐庚　宋　文淵閣四庫全書本、叢書集成初編本
眉山集　唐庚　宋　文津閣四庫全書本
遊廌山集　遊酢　宋　文津閣四庫全書本

續世説　孔平仲　宋　守山閣叢書本
輿地廣記　歐陽忞　宋　士禮居黄氏叢書本
石門文字禪　釋惠洪　宋　四部叢刊本
上易傳　朱震漢　宋　四部叢刊本
龜山集　楊時　宋　文津閣四庫全書本
跨鼇集　李新　宋　文津閣四庫全書本
漢濱集　王之望　宋　文津閣四庫全書本
易詳説　李光讀　宋　文津閣四庫全書本
皇王大紀　胡宏　宋　文津閣四庫全書本
學林　王觀國　宋　中華書局一九八八年本
丹陽集　葛勝仲　宋　上海書店一九九五年叢書集成續編本
郡齋讀書志　晁公武　宋　上海古籍出版社一九九〇年本
屏山集　劉子翬　宋　文津閣四庫全書本
香溪集　范浚　宋　四部叢刊本
易小傳　沈該　宋　上海書店一九九五年叢書集成續編本
斐然集　胡寅　宋　文津閣四庫全書本
蓮峰集　史堯弼　宋　文津閣四庫全書本
巖易傳　張浚紫　宋　文津閣四庫全書本
孟子傳　張九成　宋　四部叢刊本
横浦集　張九成　宋　文津閣四庫全書本
通志　鄭樵　宋　武英殿三通合刻本、中華書局一九八七年本
知言　胡宏　宋　文津閣四庫全書本
五峰集　胡宏　宋　文津閣四庫全書本
太倉稊米集　周紫芝　宋　文津閣四庫全書本
澹齋集　李流謙　宋　文津閣四庫全書本
左氏博議　呂祖謙　宋　文津閣四庫全書本
梅溪集　王十朋　宋　四部叢刊本
路史　羅泌　宋　四部備要本、文津閣四庫全書本
論語集注　朱熹　宋　文津閣四庫全書本
論語精義　朱熹　宋　文津閣四庫全書本
詩集傳　朱熹　宋　四部叢刊本
晦庵集　朱熹　宋　四部叢刊本
浪語集　薛季宣　宋　上海書店一九九五年叢書集成續編本
癸巳論語解　張栻　宋　文津閣四庫全書本
南軒集　張栻　宋　文津閣四庫全書本
性理大全書　胡廣　宋　文津閣四庫全書本
宋文鑑　呂祖謙　宋　四部叢刊本
麗澤論説集録　呂喬年　宋　文津閣四庫全書本
周易經傳集解　林栗　宋　文津閣四庫全書本
童溪易傳　王宗傳　宋　文津閣四庫全書本
石鼓論語答問　戴溪　宋　文津閣四庫全書本
南澗甲乙稿　韓元吉　宋　文津閣四庫全書本
雙溪集　蘇籀　宋　文津閣四庫全書本
網山集　林亦之　宋　文津閣四庫全書本
明本釋　劉荀　宋　文津閣四庫全書本
吳郡志　范成大　宋　擇是居叢書初集影刻宋紹定本、江蘇古籍出版社一九八六年本
范石湖集　范成大　宋　上海古籍出版社一九八一年本
陳亮集　陳亮　宋　中華書局一九七四年本
三國紀年　陳亮　宋　叢書集成初編本
論語意原　鄭汝諧　宋　文津閣四庫全書本
洺水集　程珌　宋　文津閣四庫全書本
職官分紀　孫逢吉　宋　中華書局一九八八年本
成都文類　袁説友　宋　文津閣四庫全書本
文公易説　朱鑑　宋　文津閣四庫全書本
清江三孔集　孔文仲、孔武仲、孔平仲　宋　文津閣四庫全書本
朱子語類　黎靖德　宋　中華書局一九八六年本
項氏家説　項安世　宋　文津閣四庫全書本

野客叢書　王楙　宋	中華書局一九八七年本
論學繩尺　魏天應　宋	文津閣四庫全書本
江湖長翁集　陳造　宋	文津閣四庫全書本
歷代兵制　陳傅良　宋	墨海金壺本、文淵閣四庫全書本
東塘集　袁説友　宋	文津閣四庫全書本
通鑑紀事本末　袁樞　宋	中華書局一九六四年本
救荒活民書　董煟　宋	墨海金壺本、文淵閣四庫全書本
誠齋集　楊萬里　宋	四部叢刊本
龍洲集　劉過　宋	上海古籍出版社一九七八年本
稼軒詞　辛棄疾　宋	文津閣四庫全書本、長江文藝出版社一九九〇年本
稼軒長短句　辛棄疾　宋	文津閣四庫全書本
增修東萊書説　時瀾　宋	文津閣四庫全書本
書經集傳　蔡沈　宋	文津閣四庫全書本
鶴林集　吳泳　宋	文津閣四庫全書本
涉齋集　許及之　宋	文津閣四庫全書本
劍南詩稿　陸遊　宋	上海古籍出版社一九八五年本
攻媿集　樓鑰　宋	四部叢刊本
東漢會要　徐天麟　宋	清初毛氏汲古閣影宋抄本、中華書局一九五五年本
輿地紀勝　王象之　宋	續修四庫全書本
習學記言　葉適　宋	中華書局一九七七年本
葉適集　葉適　宋	中華書局一九六一年本
北溪大全集　陳淳　宋	文津閣四庫全書本
十先生奥論注前集　佚名　宋	文津閣四庫全書本
毛詩講義　林岊　宋	文津閣四庫全書本
絜齋集　袁燮　宋	文津閣四庫全書本
絜齋家塾書鈔　袁燮　宋	文津閣四庫全書本
歷代名賢確論　佚名　宋	文津閣四庫全書本
靈巖集　唐士恥　宋	文津閣四庫全書本
大學衍義　眞德秀　宋	文津閣四庫全書本
西山文集　眞德秀　宋	四部叢刊本
篔窗集　陳耆卿　宋	文津閣四庫全書本
鶴山集　魏了翁　宋	文津閣四庫全書本
方輿勝覽　祝穆　宋	中華書局二〇〇三年本
鐵菴集　方大琮　宋	北京圖書館出版社二〇〇〇年北京圖書館古籍珍本叢刊本
林同孝詩　林同孝　宋	文津閣四庫全書本
景定建康志　周應合　宋	文津閣四庫全書本
鶴林玉露　羅大經　宋	中華書局一九八三年本
蒙川遺稿　劉黻　宋	文津閣四庫全書本
直齋書録解題　陳振孫　宋	上海古籍出版社一九八七年本
秋崖集　方嶽　宋	文津閣四庫全書本
資治通鑑前編　金履祥　宋	文津閣四庫全書本
資治通鑑前編舉要　金履祥　宋	文津閣四庫全書本
後村集　劉克莊　宋	四部叢刊本
慮齋續集　林希逸　宋	文津閣四庫全書本
魯齋集　王柏　宋	文津閣四庫全書本
羅滄州集　羅公升　宋	續修四庫全書本
江湖小集　陳起　宋	文津閣四庫全書本
三國志辨誤　佚名　宋	文淵閣四庫全書本、書目文獻出版社二十四史訂補本、叢書集成初編本
後漢書三國志補表三十種　熊方等　宋	中華書局一九八四年本
識遺　羅璧　宋	文津閣四庫全書本
黄氏日抄　黄震　宋	文津閣四庫全書本
困學紀聞　王應麟　宋	商務印書館一九五九年本
玉海　王應麟　宋	文津閣四庫全書本
文山集　文天祥　宋	四部叢刊本
齊東野語　周密　宋	中華書局一九八三年本

一百二十四圖詩集　鄭思肖　宋　四部叢刊本
宋史　脱脱等　元　中華書局一九七七年本
全宋詞　唐圭璋　當代　中華書局一九六五年本
全宋詩　傅璇琮等　當代　北京大學出版社一九九三年至一九九九年本
全宋詩訂補　陳新　當代　大象出版社二〇〇五年本
拙軒集　王寂　金　文津閣四庫全書本
滏水集　趙秉文　金　四部叢刊本
滹南集　王若虚　金　四部叢刊本
遺山集　元好問　金　四部叢刊本
金史　脱脱等　元　中華書局一九七五年本
湛然居士集　耶律楚材　元　四部叢刊本
還山遺稿　楊奐　元　上海書店一九九五年叢書集成續編本
陵川集　郝經　元　北京圖書館出版社二〇〇〇年北京圖書館古籍珍本叢刊本
道園學古録　虞集　元　文津閣四庫全書本
雙溪醉隱集　耶律鑄　元　上海書店一九九五年叢書集成續編本
野趣有聲畫　楊公遠　元　文津閣四庫全書本
紫山大全集　胡祗遹　元　文津閣四庫全書本
蘭軒集　王旭　元　文津閣四庫全書本
十一經問對　何異孫　元　文津閣四庫全書本
類編長安志　駱天驤　元　續修四庫全書本、中華書局一九九〇年本
史纂通要　胡一桂　元　文津閣四庫全書本
秋澗集　王惲　元　四部叢刊本
周易衍義　胡震　元　文津閣四庫全書本
陳剛中詩集　陳孚　元　文津閣四庫全書本
剡源文集　戴表元　元　四部叢刊本
静軒集　閻復　元　上海書店一九九五年叢書集成續編本
勿軒文集　熊禾　元　叢書集成初編本
石堂遺集　陳普　元　續修四庫全書本
湖山類稿　汪元量　元　文津閣四庫全書本
雪樓集　程鉅夫　元　文津閣四庫全書本
檜亭集　丁復　元　文津閣四庫全書本
養吾齋集　劉將孫　元　文津閣四庫全書本
山村遺集　仇遠　元　續修四庫全書本
同恕榘菴集　仇遠　元　續修四庫全書本
艮齋詩集　侯克中　元　文津閣四庫全書本
清容居士集　袁桷　元　四部叢刊本
吳文正集　吳澄　元　文津閣四庫全書本
石田文集　馬祖常　元　北京圖書館出版社二〇〇〇年北京圖書館古籍珍本叢刊本
淵穎集　吳萊　元　四部叢刊本
傅與礪詩集　傅若金　元　北京圖書館出版社二〇〇〇年北京圖書館古籍珍本叢刊本
待制集　柳貫　元　文津閣四庫全書本
玉堂嘉話　王惲　元　中華書局二〇〇六年本
麗則遺音　楊維楨　元　文津閣四庫全書本
鐵崖賦稿　楊維楨　元　續修四庫全書本
瀛奎律髓　方回　元　文津閣四庫全書本
文獻通考　馬端臨　元　武英殿三通合刻本、中華書局一九八六年本
燕石集　宋褧　元　北京圖書館出版社二〇〇〇年北京圖書館古籍珍本叢刊本
文獻集　黃溍　元　四部叢刊本
圭齋文集　歐陽玄　元　四部叢刊本
寓菴詩集　葉蘭　元　叢書集成續編影印鄱陽五家集本
近光集　周伯琦　元　文津閣四庫全書本
鐵崖古樂府　楊維楨　元　續修四庫全書本
江月松風集　錢惟善　元　上海書店一九九五年叢書集成續編本

九靈山房集	戴良	元	四部叢刊本
梧溪集	王逢	元	文津閣四庫全書本
元史	宋濂	明	中華書局一九七六年本
母音遺響	張烈	明	文津閣四庫全書本
母音	孫原理等	明	文津閣四庫全書本
全元散曲	隋樹森	當代	中華書局一九六四年本
全元文	李修生	當代	鳳凰出版社二〇〇五年本
眉庵集	楊基	明	文津閣四庫全書本
王忠文集	王禕	明	北京圖書館出版社二〇〇〇年北京圖書館古籍珍本叢刊本
玉笥集	鄧雅	明	北京圖書館出版社二〇〇〇年北京圖書館古籍珍本叢刊本
海桑集	陳謨	明	文津閣四庫全書本
石門集	梁寅	明	北京圖書館出版社二〇〇〇年北京圖書館古籍珍本叢刊本
三略直解	劉寅	明	武經七書直解本
密庵集	謝肅	明	四部叢刊本
劉彥昺集	劉炳	明	文津閣四庫全書本
誠意伯文集	劉基	明	四部叢刊本
三國演義	羅貫中	明	醉耕堂刊本
遜志齋集	方孝孺	明	四部叢刊本
竹齋集	王冕	明	文津閣四庫全書本
梁園寓稿	王翰	明	文津閣四庫全書本
斗南老人集	胡奎	明	文津閣四庫全書本
永樂大典	解縉等	明	中華書局一九八六年影印本
歷代名臣奏議	黃維等	明	明永樂間內府本、文淵閣四庫全書本、上海古籍出版社一九八九年影印本
明太祖實録	姚廣孝等	明	上海書店一九八三年影印本
抑菴文後集	王直	明	文津閣四庫全書本
敬軒文集	薛瑄	明	文津閣四庫全書本
古穰集	李賢	明	文津閣四庫全書本
翠渠摘稿	周瑛	明	文津閣四庫全書本
武功集	徐有貞	明	文津閣四庫全書本
古城集	張吉	明	文津閣四庫全書本
大學衍義補	丘濬	明	文津閣四庫全書本
立齋遺文	鄒智	明	文津閣四庫全書本
方洲集	張寧	明	文津閣四庫全書本
東溪日談録	周琦	明	文津閣四庫全書本
小鳴稿	朱誠泳	明	文津閣四庫全書本
篁墩文集	程敏政	明	文津閣四庫全書本
居業録	胡居仁	明	文津閣四庫全書本
四書蒙引	蔡清	明	文津閣四庫全書本
醫閭集	賀欽	明	上海書店一九九五年叢書集成續編本
方齋存稿	林文俊	明	文津閣四庫全書本
南園漫録	張志淳	明	文津閣四庫全書本
懷麓堂集	李東陽	明	文津閣四庫全書本
少谷集	鄭善夫	明	文津閣四庫全書本
空同集	李夢陽	明	文津閣四庫全書本
山齋文集	鄭岳	明	文津閣四庫全書本
泰泉集	黃佐	明	文津閣四庫全書本
涇野子內篇	呂柟	明	文津閣四庫全書本
全蜀藝文志	周復俊	明	文津閣四庫全書本
易經存疑	林希元	明	文津閣四庫全書本
太倉考	劉斯潔	明	北京圖書館出版社一九九九年本
楊忠介集	楊爵	明	文津閣四庫全書本
苑洛集	韓邦奇	明	文津閣四庫全書本
青霞集	沈鍊	明	文津閣四庫全書本
古詩紀	馮惟訥	明	文津閣四庫全書本
升菴集	楊慎	明	文津閣四庫全書本

丹鉛餘録　楊慎　明　文津閣四庫全書本
荆川集　唐順之　明　四部叢刊本
論語類考　陳士元　明　文津閣四庫全書本
文簡集　孫承恩　明　文津閣四庫全書本
正楊　陳耀文　明　文津閣四庫全書本
本語　高拱　明　文津閣四庫全書本
晉書鈎玄　錢普　明　四庫未收書輯刊本
鯤溟詩集　郭諫臣　明　文津閣四庫全書本
備忘集　海瑞　明　文津閣四庫全書本
明會典　趙用賢等　明　續修四庫全書本
讀書後　王世貞　明　文津閣四庫全書本
弇州四部稿　王世貞　明　文津閣四庫全書本
呻吟語摘　呂坤　明　文津閣四庫全書本
海壑吟稿　趙完璧　明　文津閣四庫全書本
醫旨緒餘　孫一奎　明　文津閣四庫全書本
晉五胡指掌　張大齡　明　書目文獻出版社二十四史訂補本
古今鹽略　汪砢玉　明　續修四庫全書本、北京圖書館出版社一九九九年本
少室山房集　胡應麟　明　上海書店一九九五年叢書集成續編本
疑耀　張萱　明　文津閣四庫全書本
歷代名臣奏疏　王錫爵　明　續修四庫全書本
絲絹全書　程任卿　明　北京圖書館出版社一九九九年影印本
古今禪藻集　釋正勉　明　文津閣四庫全書本
周易像象述　吳桂森　明　文津閣四庫全書本
神農本草經疏　繆希雍　明　文津閣四庫全書本
古奏議　黄汝亨　明　續修四庫全書本
論語學案　劉宗周　明　文津閣四庫全書本
古今治平略　朱健　明　續修四庫全書本
歷代史論　張溥　明　續修四庫全書本
歷朝茶馬奏議　廖攀龍等　明　續修四庫全書本
鹽政全書　周昌晉　明　續修四庫全書本
周易象正　黄道　明　文津閣四庫全書本
通雅　方以智　明　文津閣四庫全書本
陶庵全集　黄淳耀　明　文津閣四庫全書本
石倉歷代詩選　曹學佺　明　文津閣四庫全書本
周易玩辭困學記　張次仲　明　文津閣四庫全書本
編明文海　黄宗羲　清　文津閣四庫全書本
春明夢餘録　孫承澤　清　中華書局一九八七年影印本
明夷待訪録　黄宗羲　清　中華書局一九七四年本
智囊　馮夢龍　明　中華書局二〇一〇年本
明史　張廷玉等　清　中華書局一九七四年本
南北史合注　李清　清　續修四庫全書本
歷代馬政志　蔡方炳　清　續修四庫全書本
歷代武舉考　譚吉璁　清　續修四庫全書本
歷代宅京記　顧炎武　清　中華書局一九八四年本
讀通鑑論　王夫之　清　岳麓書社一九八二年船山全書本、中華書局一九七五年本
讀史方輿紀要　顧祖禹　清　中華書局二〇〇五年本
四書近指　孫奇逢　清　文津閣四庫全書本
繹史　馬驌　清　中華書局二〇〇二年王利器整理本
日講四書解義　庫勒納等　清　文津閣四庫全書本
日知録　顧炎武　清　續修四庫全書本
日講易經解義　牛鈕等　清　文津閣四庫全書本
學餘堂詩集　施閏章　清　文津閣四庫全書本
古文淵鑑　徐乾學等　清　文津閣四庫全書本
兼濟堂文集　魏裔介　清　中華書局二〇〇七年本
湯子遺書　湯斌　清　文津閣四庫全書本
六藝之一録　倪濤　清　文津閣四庫全書本
三魚堂賸言　陸隴其　清　上海書店一九九五年叢書集成續編本
易酌　刁包　清　文津閣四庫全書本

義府　黄生　清　文津閣四庫全書本
周易象辭　黄宗炎　清　文津閣四庫全書本
讀書敏求記　錢曾　清　書目文獻出版社一九八四年本
三國大事年表　萬斯同　清　二十五史補編本
三國漢季方鎮年表　萬斯同　清　二十五史補編本
三國諸王世表　萬斯同　清　二十五史補編本
魏國將相大臣年表　萬斯同　清　二十五史補編本
魏將相大臣年表　萬斯同　清　二十五史補編本
魏方鎮年表　萬斯同　清　二十五史補編本
漢將相大臣年表　萬斯同　清　二十五史補編本
吳將相大臣年表　萬斯同　清　二十五史補編本
兩晉諸帝統系圖　萬斯同　清　二十五史補編本
晉諸王世表　萬斯同　清　二十五史補編本
晉功臣世表　萬斯同　清　二十五史補編本
晉將相大臣年表　萬斯同　清　二十五史補編本
東晉將相大臣年表　萬斯同　清　二十五史補編本
晉方鎮年表　萬斯同　清　二十五史補編本
東晉方鎮年表　萬斯同　清　二十五史補編本
晉僭僞諸國世表　萬斯同　清　二十五史補編本
晉僭僞諸國年表　萬斯同　清　二十五史補編本
僞漢將相大臣年表　萬斯同　清　二十五史補編本
僞成將相大臣年表　萬斯同　清　二十五史補編本
僞趙將相大臣年表　萬斯同　清　二十五史補編本
僞燕將相大臣年表　萬斯同　清　二十五史補編本
僞秦將相大臣年表　萬斯同　清　二十五史補編本
僞後秦將相大臣年表　萬斯同　清　二十五史補編本
僞後燕將相大臣年表　萬斯同　清　二十五史補編本
僞南燕將相大臣年表　萬斯同　清　二十五史補編本
宋諸王世表　萬斯同　清　二十五史補編本
宋將相大臣年表　萬斯同　清　二十五史補編本
宋方鎮年表　萬斯同　清　二十五史補編本
齊諸王世表　萬斯同　清　二十五史補編本
齊將相大臣年表　萬斯同　清　二十五史補編本
齊方鎮年表　萬斯同　清　二十五史補編本
梁諸王世表　萬斯同　清　二十五史補編本
梁將相大臣年表　萬斯同　清　二十五史補編本
陳諸王世表　萬斯同　清　二十五史補編本
陳將相大臣年表　萬斯同　清　二十五史補編本
魏諸帝統系圖　萬斯同　清　二十五史補編本
魏諸王世表　萬斯同　清　二十五史補編本
魏異姓諸王世表　萬斯同　清　二十五史補編本
魏外戚諸王世表　萬斯同　清　二十五史補編本
魏將相大臣年表　萬斯同　清　二十五史補編本
西魏將相大臣年表　萬斯同　清　二十五史補編本
東魏將相大臣年表　萬斯同　清　二十五史補編本
北齊諸王世表　萬斯同　清　二十五史補編本
北齊異姓諸王世表　萬斯同　清　二十五史補編本
北齊將相大臣年表　萬斯同　清　二十五史補編本
周諸王世表　萬斯同　清　二十五史補編本
周公卿年表　萬斯同　清　二十五史補編本
補歷代史表　萬斯同　清　文淵閣四庫全書本
尚書古文疏證　閻若璩　清　文津閣四庫全書本
明詩綜　朱彝尊　清　文津閣四庫全書本
歷代賦彙　陳元龍等　清　文津閣四庫全書本
歷代題畫詩類　陳邦彥等　清　文津閣四庫全書本
午亭文編　陳廷敬　清　文津閣四庫全書本
淵鑑類函　張英等　清　文津閣四庫全書本
精華録　王士禛　清　文津閣四庫全書本
西河集　毛奇齡　清　文津閣四庫全書本
榕村集　李光地　清　文津閣四庫全書本

義門讀書記　何焯　清　中華書局一九八七年本
十六國年表　張愉曾　清　二十五史補編本
治河全書　張鵬翮　清　續修四庫全書本
史記疑問　邵泰衢　清　文津閣四庫全書本
雍正山西通志　石麟等　清　文津閣四庫全書本
雍正山東通志　岳濬等　清　文津閣四庫全書本
雍正陝西通志　劉於義等　清　文津閣四庫全書本
雍正甘肅通志　許容等　清　文津閣四庫全書本
廿一史四譜　沈炳震　清　江蘇廣陵古籍刻印社一九八九年本、四庫未收書輯刊（第七輯）本
化治四書文　方苞　清　文津閣四庫全書本
正嘉四書文　方苞　清　文津閣四庫全書本
啓禎四書文　方苞　清　文津閣四庫全書本
本朝四書文　方苞　清　文津閣四庫全書本
古今圖書集成　陳夢雷、蔣廷錫　清　巴蜀書社一九八五年本
石渠寶笈　張照等　清　文津閣四庫全書本
尚史　李鍇　清　文津閣四庫全書本
詩疑辨證　黃中松　清　文津閣四庫全書本
周易述義　傅恒等　清　文津閣四庫全書本
三國志注補、補遺　趙一清、陶元珍　清　續修四庫全書本
河南通志　王士俊等　清　文津閣四庫全書本
南北史表　周嘉猷　清　續修四庫全書本、叢書集成初編本
後漢書補注　惠棟　清　續修四庫全書本
聖祖仁皇帝御製文集　愛新覺羅·玄燁　清　文津閣四庫全書本
清高宗御選唐宋文醇　愛新覺羅·弘曆　清　文津閣四庫全書本
詩義折中　愛新覺羅·弘曆　清　文津閣四庫全書本
清高宗御製詩集初集　愛新覺羅·弘曆　清　文津閣四庫全書本
清高宗御製文集二集　愛新覺羅·弘曆　清　文津閣四庫全書本
清高宗御製詩集四集　愛新覺羅·弘曆　清　文津閣四庫全書本
樂善堂全集定本　愛新覺羅·弘曆　清　文津閣四庫全書本
乾隆御製文集　愛新覺羅·弘曆　清　文津閣四庫全書本
全史詩　愛新覺羅·顒琰　清　清內府寫刻本
古詩源　沈德潛　清　中華書局一九六三年本
三國志補注附諸史然疑　杭世駿　清　文淵閣四庫全書本、社二十四史訂補本、叢書集成初編本
晉書補傳贊　杭世駿　清　書目文獻出版社二十四史訂補本
三國紀年表　周嘉猷　清　二十五史補編本
廿二史劄記　趙翼　清　文津閣四庫全書本、中華書局一九八四年本
晉書考證　孫人龍　清　書目文獻出版社二十四史訂補本
晉書天文志校正　盧文弨　清　二十五史補編本
晉書禮志校正　盧文弨　清　二十五史補編本
魏書禮志校補　盧文弨　清　二十五史補編本
晉書地理志新補正　畢沅　清　二十五史補編本、續修四庫全書本
十七史商榷　王鳴盛　清　清光緒六年太原王氏校刊本、中華書局一九八五年本
廿二史考異　錢大昕　清　續修四庫全書本、上海古籍出版社二〇〇四年本、中國書店一九八七年本
諸史拾遺　錢大昕　清　續修四庫全書本
十駕齋養心餘録　錢大昕　清　續修四庫全書本
西魏書　謝啓昆　清　書目文獻出版社二十四史訂補本、叢書集成初編本
歷代職官表　紀昀等　清　武英殿本、文淵閣四庫全書本
四庫全書總目　紀昀等　清　中華書局一九六五年本
金石萃編　王昶編　清　中國書店一九八五年本

東晉疆域志　洪亮吉　清　二十五史補編本
十六國疆域志　洪亮吉　清　二十五史補編本
補三國疆域志　洪亮吉、謝鍾英　清　二十五史補編本、四庫未收書輯刊（第三輯）本
後漢書辨疑　錢大昭　清　續修四庫全書本
三國志辨疑　錢大昭　清　續修四庫全書本、書目文獻出版社二十四史訂補本
三國職官表　洪飴孫　清　二十五史補編本、續修四庫全書本
商考信録　崔述　清　上海古籍出版社一九八三年本
古今錢略　倪模　清　上海古籍出版社一九九二年本
補宋書刑法志　郝懿行　清　二十五史補編本
補宋書食貨志　郝懿行　清　二十五史補編本
癸巳存稿　俞正燮　清　商務印書館一九五七年本
宋書補表　盛大士　清　二十五史補編本
泉史　盛大士　清　上海古籍出版社一九九二年本
後漢書疏證　沈欽韓　清　續修四庫全書本
三國志補注　沈欽韓　清　書目文獻出版社二十四史訂補本
補三國藝文志　侯康　清　二十五史補編本
三國志補注續　侯康　清　書目文獻出版社二十四史訂補本、叢書集成初編本
西秦百官表　練恕　清　二十五史補編本
北周公卿表　練恕　清　二十五史補編本
晉略　周濟　清　清道光十九年初刊本
三國志考證　潘眉　清　續修四庫全書本、書目文獻出版社二十四史訂補本、叢書集成初編本
歷代名人年譜　吳榮光　清　上海書店出版社一九八九年本、中國書店一九九六年本、北京圖書館出版社二〇〇二年本
三國志旁證　梁章鉅　清　續修四庫全書本、書目文獻出版社二十四史訂補本、叢書集成初編本
三國志證聞　錢儀吉　清　書目文獻出版社二十四史訂補本
補晉兵志　錢儀吉　清　二十五史補編本
三國會要　錢儀吉　清　上海古籍出版社一九九一年本
南朝會要　錢儀吉　清　續修四庫全書本
魏書地形志校録　温曰鑑　清　二十五史補編本
晉官五種　黄奭　清　續修四庫全書本
歷代職官表　黄本驥　清　中華書局上海編輯所一九六五年本、上海古籍出版社一九八〇年本
補梁疆域志　洪齮孫　清　二十五史補編本
三國志補義　康發祥　清　四庫未收書輯刊（第三輯）本、書目文獻出版社二十四史訂補本
三國志辨微、續附雜詠　尚鎔　清　四庫未收書輯刊（第六輯）本
新校晉書地理志　方愷　清　二十五史補編本
九家舊晉書輯本　湯球　清　廣雅書局本、書目文獻出版社二十四史訂補本、叢書集成初編本、中州古籍出版社一九九一年本
十六國春秋輯補　湯球　清　商務印書館一九五八年本
古謠諺　杜文瀾　清　中華書局一九五八年本
八瓊室金石補正　陸增祥　清　文物出版社一九八五年本
宋州郡志校勘記　成蓉鏡　清　二十五史補編本
後漢書注補正　周壽昌　清　續修四庫全書本
三國志注證遺　周壽昌　清　書目文獻出版社二十四史訂補本、叢書集成初編本
三國志質疑　徐紹楨　清　清光緒十二年刻本
三國會要　楊晨　清　續修四庫全書本、中華書局一九五六年本
南朝宋會要　朱銘盤　清　續修四庫全書本、上海古籍出版社一九八四年本
南朝齊會要　朱銘盤　清　續修四庫全書本、上海古籍出版社一

九八五年本
南朝梁會要　朱銘盤　清　續修四庫全書本、上海古籍出版社一九八四年本
南朝陳會要　朱銘盤　清　續修四庫全書本、上海古籍出版社一九八六年本
越縵堂文集　李慈銘　清　續修四庫全書本
宋書劄記　李慈銘　清　書目文獻出版社二十四史訂補本
梁書劄記　李慈銘　清　書目文獻出版社二十四史訂補本
魏書劄記　李慈銘　清　書目文獻出版社二十四史訂補本
三國郡縣表附考證　吳增僅　清　二十五史補編本、四庫未收書輯刊（第六輯）本
晉書考證　傅雲龍　清　書目文獻出版社二十四史訂補本
歷代錢法備考　沈學詩　清　續修四庫全書本
補晉書藝文志　秦榮光　清　二十五史補編本
補晉書藝文志　文廷式　清　二十五史補編本
三國藝文志　姚振宗　清　二十五史補編本
三國大事表　謝鍾英　清　二十五史補編本
三國疆域表　謝鍾英　清　二十五史補編本
三國疆域志疑　謝鍾英　清　二十五史補編本
讀三國志雜志　林國贊　清　中華書局一九五九年本
三國志裴注述　林國贊　清　中華書局一九五九年本、書目文獻出版社二十四史訂補本
歷代名臣謚法考　劉長華　清　江蘇廣陵古籍刻印社一九八九年本
補陳疆域志　臧勵和　清　二十五史補編本
晉書校勘記　周家祿　清　文淵閣四庫全書本、書目文獻出版社二十四史訂補本
全上古三代秦漢三國六朝文　嚴可均　清　中華書局一九五八年本
六典通考　閻鎮珩　清　續修四庫全書本
補南齊書經籍志　陳鴻儒等　清　書目文獻出版社二十四史訂補本
魏書官氏志疏證　陳毅　清　二十五史補編本
南北朝僑置州郡考　胡孔福　清　書目文獻出版社二十四史訂補本
三國志三公宰輔年表　黃大華　清　二十五史補編本
補三國食貨志　佚名　清　書目文獻出版社二十四史訂補本
補北齊書疆域志　佚名　清　書目文獻出版社二十四史訂補本
北齊書校證　願學齋主人　清　書目文獻出版社二十四史訂補本
北齊書旁證　願學齋主人　清　書目文獻出版社二十四史訂補本
晉書補表　趙在翰　清　書目文獻出版社二十四史訂補本
全清詞（順康卷）　南京大學中國語言文學系　當代　中華書局一九九四年至二〇〇二年本
三國志瑣言　沈家本　近代　書目文獻出版社二十四史訂補本
歷代刑法考　沈家本　近代　中華書局一九八五年本
後漢書集解　王先謙　近代　續修四庫全書本
魏書校勘記　王先謙　近代　書目文獻出版社二十四史訂補本
晉書校文　丁國鈞　近代　書目文獻出版社二十四史訂補本
補晉書藝文志、補遺、附録、附刊誤　丁國鈞　近代　二十五史補編本
後涼百官表　繆荃孫　近代　二十五史補編本
南涼百官表　繆荃孫　近代　二十五史補編本
西涼百官表　繆荃孫　近代　二十五史補編本
北涼百官表　繆荃孫　近代　二十五史補編本
夏百官表　繆荃孫　近代　二十五史補編本
北燕百官表　繆荃孫　近代　二十五史補編本
兩漢三國學案　唐晏　近代　中華書局一九八六年本
補晉執政表　秦錫圭　近代　二十五史補編本
補晉方鎮表　秦錫圭　近代　二十五史補編本
九朝律考　程樹德　近代　中華書局二〇〇六年本
晉書地理志注　馬與龍　近代　湘潭馬氏時習堂一九三二年鉛印本、書目文獻出版社二十四史訂補本
鹽法通志　周慶雲　近代　江蘇廣陵古籍刻印社一九八七年本

補晉書經籍志　吳士鑑　近代　二十五史補編本
録漢魏六朝詩三百首　周貞亮　近代　中華書局一九六二年影印本
三國志質疑　徐紹楨　近代　書目文獻出版社二十四史訂補本
稿本晉會要　汪兆鏞　近代　書目文獻出版社一九八八年本
補晉宗室王侯表　秦錫田　近代　二十五史補編本
補晉異姓封爵表　秦錫田　近代　二十五史補編本
補晉僭國年表　秦錫田　近代　二十五史補編本
三國志證聞校勘記　羅振玉　近代　書目文獻出版社二十四史訂補本
補宋書宗室世系表　羅振玉　近代　二十五史補編本
梁書斠議　羅振玉　近代　書目文獻出版社二十四史訂補本
陳書斠議　羅振玉　近代　書目文獻出版社二十四史訂補本
魏書宗室傳注校補　羅振玉　近代　書目文獻出版社二十四史訂補本
北齊書斠議　羅振玉　近代　書目文獻出版社二十四史訂補本
周書斠議　羅振玉　近代　書目文獻出版社二十四史訂補本
敦煌石室遺書　羅振玉　近代　清宣統元年誦芬室排印本
魏書宗室傳注　羅振玉　近代　書目文獻出版社二十四史訂補本
晉五胡表　沈惟賢　近代　二十五史補編本
三國方鎮年表　吳廷燮　近代　書目文獻出版社二十四史訂補本
晉方鎮年表　吳廷燮　近代　二十五史補編本
東晉方鎮年表　吳廷燮　近代　二十五史補編本
元魏方鎮年表　吳廷燮　近代　二十五史補編本
補晉書藝文志　黄逢元　近代　二十五史補編本
全漢三國晉南北朝詩　丁福保　近代　中華書局一九五九年本
晉書纂注　姚懷箴　當代　上海集成印製廠一九五五年本
補宋書藝文志　聶崇岐　當代　二十五史補編本
晉書斠注　吳士鑑、劉承幹　當代　續修四庫全書本、上海古籍書店一九六五年本
晉令輯存　張鵬一　近代　三秦出版社一九八九年本
流沙墜簡　王國維、羅振玉　近代　中華書局一九九九年本
歷代各族傳記彙編（第一、二編）
翦伯贊等　當代　中華書局一九五八年本
北周地理志　王仲犖　當代　中華書局一九八〇年本
中西交通史料彙編　張星烺　當代　中華書局一九七七年本
中西交通史料彙編（全六册）
張星烺　當代　中華書局一九七七年、一九七八年、一九七九年本
先秦漢魏晉南北朝石刻文獻全編
國家圖書館善本金石組　當代　北京圖書館出版社二〇〇四年本
後漢書補表校録　陳漢章　當代　中華書局一九五九年本
三國志集解　盧弼　當代　中華書局一九八二年本
三國志世系表　周明泰　當代　二十五史補編本
三國志世系表補遺附訂訛
陶元珍　當代　二十五史補編本
補南齊書藝文志　陳述　當代　二十五史補編本
南齊書校議　朱季海　當代　中華書局一九八四年本
魏書源流考　李正奮　當代　書目文獻出版社二十四史訂補本
後魏書藝文志　李正奮　當代　書目文獻出版社二十四史訂補本
補魏書兵志　谷霽光　當代　二十五史補編本
漢魏南北朝墓志集釋　趙萬里　當代　科學出版社一九五六年本
先秦漢魏晉南北朝詩　逯欽立　當代　中華書局一九八三年本
六朝墓志檢要　王壯弘、馬成名　當代　上海書畫出版社一九八五年本
三曹資料彙編　河北師院中
文系古典文學教研組　當代　中華書局一九八〇年本
漢魏南北朝墓志彙編　趙超　當代　天津古籍出版社一九九二年本
敦煌曲子詞集　王重民　當代　商務印書館一九五六年本
敦煌變文集　王重民　當代　人民文學出版社一九五七年本
全唐詩補編　陳尚君　當代　中華書局一九九二年本、二〇〇五年本
全唐文補遺　吳鋼　當代　三秦出版社一九九四年至二〇〇七年本
全唐文新編　周紹良　當代　吉林文史出版社二〇〇〇年本
敦煌詩集殘卷輯考　徐俊　當代　中華書局二〇〇〇年本
中國載籍中南亞史料彙編
北京大學南亞研究所　當代　上海古籍出版社一九九四年本

絲綢之路資料彙抄　中華全國圖書館文獻縮微複製中心　當代　北京圖書館出版社一九九二年本
東北古史資料叢編（先秦兩漢三國卷）　馮繼欽、東郭士等　當代　遼沈書社一九八九年本
東北古史資料叢編（兩晉—隋卷）　孫進己　當代　遼沈書社一九八九年本
當代柔然資料輯録　中國科學院歷史研究所史料編纂組　當代　中華書局一九六二年本
匈奴史料彙編　林幹　當代　中華書局一九八八年本
當代中國古籍中有關柬埔寨資料彙編　陸峻嶺、周紹泉　當代　中華書局一九八六年本
中日關係史資料彙編　汪向榮、夏應元　當代　中華書局一九八四年本
中國古籍中有關菲律賓資料彙編　中山大學東南亞歷史研究所　當代　中華書局一九八〇年本

《中華大典》辦公室

主　　任：于永湛
副主任：伍　傑
　　　　姜學中
編　　審：趙含坤
　　　　崔望雲
　　　　馮寶志
　　　　宋志英
　　　　谷笑鵬
封面裝幀設計：章耀達

《中華大典·政治典·魏晉南北朝政治分典》

責任編輯：王　萍　邵永忠　劉志江
　　　　　沈　偉　詹　奪　黄煦明
美術編輯：肖　輝　王歡歡

圖書在版編目（CIP）數據

中華大典．政治典．魏晉南北朝政治分典：全三冊／《中華大典》工作委員會，《中華大典》編纂委員會編纂．—北京：人民出版社，2017．8
ISBN 978-7-01-017188-3

Ⅰ．①中…　Ⅱ．①中…　②中…　Ⅲ．①百科全書—中國　②政治制度史—中國—魏晉南北朝時代　Ⅳ．①Z227　②D69

中國版本圖書館CIP數據核字(2016)第303955號

中華大典·政治典·魏晉南北朝政治分典

編纂：《中華大典》工作委員會
《中華大典》編纂委員會

出版：人民出版社
（北京市東城區隆福寺街99號　郵政編碼 100706）

印刷：北京墨閣印刷有限公司

經銷：全國新華書店

開本：787毫米×1092毫米　1/16

印張：207.75　字數：6600千字

2017年8月第1版　2017年8月北京第1次印刷

書號：ISBN 978-7-01-017188-3

定價：1500.00圓（全三冊）

ISBN 978-7-01-017188-3